Code de l'urbanisme

Codes bleus annotés
Code civil 2005 – A. Lucas
Code de commerce 2005 – M.-J. Campana
Code pénal 2005 – H. Pelletier et J. Perfetti
Code de procédure pénale 2005 – G. Azibert
Code de procédure civile 2005 – L. Cadiet
Code de la sécurité sociale 2005 – Ph. Coursier
Code du travail 2005 – B. Teyssié
Code de droit social européen 2004 – B. Teyssié
Code de la propriété intellectuelle 2005 – M. Vivant et J.-L. Bilon
Code de la route 2004 – J.-Cl. Roumilhac
Code de l'environnement 2004 – C. Huglo et J. de Malafosse
Code général des collectivités territoriales 2005 – J.-J. Bienvenu, C. Debouys, G. Marcou, J. Moreau et D. Turpin
Code des sociétés et autres groupements 2005 – F. Deboissy et G. Wicker
Code de la consommation 2005 – sous la direction de L. Leveneur
Code des douanes 2003 – B. de Mordant de Massiac et Ch. Soulard

Codes bleus commentés
Code de l'administration 2004 – B. Stirn, S. Formery, C. Landais, C. Leroy, H. Moysan, L. Olléon, F. Saint-Bonnet et E. Thiers
Code de la santé publique 2004 – sous la direction de F. Dreifuss-Netter
Code de la justice administrative 2004-2005 – C. Huglo et C. Lepage
Code de la copropriété 2005 – J. Lafond et B. Stemmer
Code de l'expropriation 2004 – R. Houstiou
Code des baux 2004-2005 – B. Saintourens, J. Lafond et B. Vial-Pedroletti
Code des personnes et des familles – J. Hauser et J. Casey
Code constitutionnel 2005 – Th. S. Renoux et M. de Villiers
Code de l'entrée et du séjour des étrangers en France 2004 – V. Tchen et F. Renault-Malignac
Code monétaire et financier 2004-2005 – A. Pezard
Code électoral 2004 – J.-Y. Vincent et M. de Villiers
Code général de la fonction publique 2003 – D. Jean-Pierre
Code de la Convention européenne des droits de l'homme 2003-2004 – J.-L. Charrier
Code de l'éducation 2003 – C. Durand-Prinborgne et A. Legrand
Code rural 2003 – J.-M. Gilardeau et J.-P. Moreau

Dans les autres collections :
Collection Litec Immo
Dix ans de baux commerciaux – 1993-2003 – J. Monéger
Guide pratique de l'investissement locatif – B. Couette, T. Ouazan
Guide des sociétés civiles immobilières – T. Andrier
Expropriation et préemption – R. Houstiou, J.-F. Struillou
Les marchands de biens et autres activités immobilières – S. Gaillard, H. Tubiana
Comment reprendre un logement loué ? – Th. Julien
Le syndic de copropriété – G. Vigneron

Collection Carré droit
Copropriété – Les nouvelles règles (incidences de la loi SRU) – J. Lafond
Les nouveaux droits du conjoint – J.-F. Pillebout, J. Hugot

Autres publications LexisNexis
La Semaine Juridique, Notariale et Immobilière
La Semaine Juridique, Administrations et Collectivités Territoriales
La Revue de Droit Rural
Le JurisClasseur Baux Ruraux
Le JurisClasseur Droit Rural

Retrouvez l'ensemble du catalogue sur lexisnexis. fr, rubrique Boutique

Code de l'urbanisme

Bernard LAMORLETTE
avocat à la cour d'appel de Paris,
chargé d'enseignement
aux universités Paris II et Paris XII

Dominique MORENO
docteur en droit, sous-directrice à la Chambre
de commerce et d'industrie de Paris
chargée de cours à l'université de Paris XII

Le Code de l'urbanisme Litec, commenté et annoté, a été conçu en 1978, puis actualisé au cours des dix éditions suivantes, par Fernand Bouyssou, professeur à la faculté de droit de Toulouse et Jean Hugot, ancien rédacteur en chef du Juris-Classeur Construction.

LexisNexis®
Litec

LexisNexis SA
141, rue de Javel – 75015 Paris

MISE À JOUR AU 15 AVRIL 2005

Avertissement de l'éditeur

Toute utilisation ou traitement automatisé, par des tiers, de données personnelles pouvant figurer dans cet ouvrage sont interdits.

DANGER

LE PHOTOCOPILLAGE TUE LE LIVRE

Le logo qui figure sur la couverture de ce livre mérite une explication. Son objet est d'alerter le lecteur sur la menace que représente pour l'avenir de l'écrit, tout particulièrement dans les domaines du droit, de l'économie et de la gestion, le développement massif du photocopillage.

Le Code de la propriété intellectuelle du 1er juillet 1992 interdit en effet expressément la photocopie à usage collectif sans autorisation des ayants droit. Or, cette pratique s'est généralisée dans les établissements d'enseignement supérieur, provoquant une baisse brutale des achats de livres au point que la possibilité même pour les auteurs de créer des œuvres nouvelles et de les faire éditer correctement soit aujourd'hui menacée.

Siège social : 141, rue de Javel – 75015 Paris

ISBN 2-7110-0381-7
ISSN 0248-580X

MODE D'EMPLOI DU CODE

C. monét. fin., art. L. 111-2 **La monnaie**

monnaie de chacun des États de l'Union économique et monétaire et en décidant de remplacer des monnaies nationales par l'euro selon le taux de conversion applicable, le règlement, dans sa fonction de loi monétaire (*lex monetea*) de la Communauté européenne, établit un lien récurrent (*recurrent link*) entre chacune des monnaies nationales et la nouvelle monnaie, autrement dit la continuité des anciennes monnaies nationales dans l'euro.

Code monétaire et financier, art. L. 111-2.— Jusqu'au 31 décembre 2001, le franc est la subdivision nationale de l'euro. Jusqu'à la même date, les billets et pièces libellés en francs ont seuls cours.

Subdivision temporaire de l'euro. Les anciennes monnaies nationales n'ont plus un statut légal de monnaie ou de devise à part entière. Le franc n'est plus qu'une subdivision non décimale et temporaire de l'euro, auquel le cours légal demeure attaché jusqu'à la fin de la période de retrait des pièces et des billets nationaux. 0110

Paiements en liquide. Du 1er janvier au 17 février 2002, les paiements en liquide chez les commerçants pourront se faire indifféremment en francs ou en euros, mais la monnaie sera obligatoirement rendue en euros. 0111

Délai de conversion. Le délai pour la conversion des billets en euros est de 10 ans et de 3 ans pour les pièces. L'échange ne sera possible qu'auprès du Trésor public et/ou de la Banque de France. 0112

Validité des clauses d'indexation. Les dispositions de l'ordonnance du 30 décembre 1958 modifiée par celle du 4 février 1959 doivent être interprétées restrictivement (Cass. 3e civ., 15 févr. 1972 : *D. 1972*, p. 339 ; *JCP* 1972, II, 17094, note Lévy.) 0113
La validité d'une clause d'indexation doit être appréciée au moment de la conclusion du contrat (Cass. 1re civ., 6 juin 1984 : *JCP* 1985, II, 20471, note Lévy ; *RTD* civ. 1985, p. 173, obs. Mestre).

Code monétaire et financier, art. L. 112-10 — Le salaire est payé dans les conditions fixées par l'article L. 143-1 du Code du travail.

Voir aussi : circulaire DRT n° 98-12 du 17 nov. 1998 relative aux conséquences du passage à l'euro sur le paiement des salaires (*BOMT* n° 99/1), 0052

Code du travail, art. L. 143-1 – Sous réserve des dispositions législatives imposant le paiement des salaires sous une forme déterminée, le salaire doit être payé en monnaie métallique ou fiduciaire ayant cours légal ou par chèque barré ou par virement à un compte bancaire ou postal, nonobstant toute stipulation contraire, à peine de nullité.
Toutefois, en dessous d'un montant mensuel fixé par décret, le salaire est payé en espèces au salarié qui le demande.
Au-delà d'un montant mensuel fixé par décret, le salaire est payé par chèque barré ou par virement à un compte bancaire ou postal.

Bibliographie : G. Pignarre, *Salaire et accessoires, paiement : J.-Cl. Travail*, Fasc. 26-22, 1998.

Section II Obligation de faire l'appoint

Code monétaire et financier, art. L. 112-5 — En cas de paiement en billets et pièces, il appartient au débiteur de faire l'appoint.

Parcmètre et appoint. Fait une exacte application de l'article 7 du décret du 22 avril 1790 la cour d'appel qui énonce que l'usager d'un parcmètre est tenu de se conformer aux modalités de paiement fixées par l'autorité publique (obligation de se munir de monnaie) (Cass. crim., 21 avr. 1993 : *Dr. pén.* 1993, 186. — Cass. crim., 27 oct. 1993 : *Bull. crim.*, n° 317 ; *Dr. pén.* 1994, 64. — CA Paris, 20 mai 1997 : *Bull. inf. C. cass.* 15 déc. 1997, n° 1476. — CA Paris, 6 juin 1997 : *Juris-Data* n° 1997-021827). 0114

© LexisNexis SA 115

Articles du texte principal

Commentaires de l'auteur à propos des articles du texte principal et du ou des textes complémentaires

Conseils pratiques, alertes, informations importantes...

Jurisprudence se rapportant à l'article du texte principal et des textes complémentaires

Renvoi à d'autres textes ou à de la doctrine (commentaire, jurisprudence, conseil pratique)

Textes complémentaires éclairant et complétant le texte principal

Renvois bibliographiques aux fascicules du Juris-Classeur

MODE D'EMPLOI DU CODE

PRINCIPALES ABRÉVIATIONS

Ab.	Abrogé
Aj.	Ajouté
AJDA	Actualité juridique droit administratif
AJPI	Actualité juridique propriété immobilière
Ann. fr. dr. urb.	Annuaire français de droit de l'urbanisme
BJDU	Bulletin de jurisprudence du droit de l'urbanisme
BMO	Bulletin municipal officiel de la Ville de Paris
BODGI	Bulletin officiel de la Direction générale des impôts
BOULT	Bulletin officiel de l'urbanisme, du logement et des transports
Bull. civ.	Bulletin civil de la Cour de cassation
Bull. CNEIL	Bulletin du Centre national d'études et d'initiatives en faveur du logement
Bull. crim.	Bulletin criminel de la Cour de cassation
C. assur.	Code des assurances
C. civ.	Code civil
C. com.	Code de commerce
C. expr.	Code de l'expropriation pour cause d'utilité publique
C. for.	Code forestier
C. min.	Code minier
C. rur.	Code rural
C. urb.	Code de l'urbanisme
CA	Cour d'appel
CAA	Cour administrative d'appel
Cass. civ.	Cour de cassation, chambres civiles
Cass. crim.	Cour de cassation, chambre criminelle
CCH	Code de la construction et de l'habitation
CE	Conseil d'État
CGI	Code général des impôts
CJEG	Cahiers juridiques de l'électricité et du gaz
Constr.-urb.	Construction-urbanisme
CMP	Contrats et marchés publics
CUH	Code de l'urbanisme et de l'habitation
D.	Décret
D.	Recueil Dalloz
DA	Dalloz analytique
Defrénois	Répertoire du notariat Defrénois
Dr. adm.	Droit administratif
Dr. fisc.	Bulletin de droit fiscal
Dr. pén.	Droit pénal
Ét. fonc.	Études foncières
Gaz. Pal.	Gazette du Palais
J. not.	Journal des notaires et des avocats
J.-Cl.	Juris-Classeur
JCP N	Juris-Classeur périodique (Semaine juridique), édition notariale et immobilière

JCP	Juris-Classeur périodique (Semaine juridique)
JO Sénat	Journal officiel, édition des débats du Sénat
JO	Journal officiel, édition lois et décrets
JOAN	Journal officiel, édition des débats de l'Assemblée nationale
Juris-Data	Juris-Data
Mon. TP	Moniteur des travaux publics
Quot. jur.	Quotidien juridique
RD imm.	Revue de droit immobilier
RD publ.	Revue de droit public
Rec. CE	Recueil Lebon des arrêts du Conseil d'État
Rev. adm.	Revue administrative
Rev. jur. env.	Revue juridique de l'environnement
Rev. loyers	Revue des loyers
RFDA	Revue française de droit administratif
RJF	Revue de jurisprudence fiscale
RPDA	Revue pratique de droit administratif
RTD civ.	Revue trimestrielle de droit civil
S.	Recueil Sirey
T. confl.	Tribunal des conflits
TA	Tribunal administratif
TGI	Tribunal de grande instance

Dans la partie réglementaire du présent code, les articles précédés d'un ou de deux astérisques sont délibérées en Conseil d'État ; ceux précédés de deux astéristiques sont pris en assemblée générale, sauf dispense.

AVANT-PROPOS

À la suite des textes sectoriels parus lors de la dernière décennie, dont la loi Bosson du 9 février 1994, petite loi de l'urbanisme qui devait être prolongée par une grande loi, laquelle n'a jamais vu le jour, il a fallu attendre le passage de l'an 2000 pour assister à une réforme ambitieuse et profonde du secteur immobilier comprenant un volumineux volet urbanistique. Cette démarche est à rapprocher par son ampleur des grandes lois d'orientation foncière de 1967 – qui ont vu naître les POS et les ZAC – et de 1976 ; ainsi que des lois de décentralisation réformant l'urbanisme et l'aménagement entre 1982 et 1985.

La loi n° 2000-1208 du 13 décembre 2000 (*JO* 14 déc., p. 19777, avec décision du Conseil constitutionnel n° 2000-435, 7 déc. 2000) relative à la solidarité et au renouvellement urbains, dite loi SRU, apporte des réformes de natures diverses :

– l'aspect sémantique, par la disparition des notions de schémas directeurs, plans d'occupation des sols, concessions d'aménagement, lois d'aménagement et d'urbanisme et l'émergence d'appellations et d'instruments nouveaux : schémas de cohérence territoriale (SCOT), plans locaux d'urbanisme (PLU), convention publique d'aménagement ;

– l'appréhension d'un urbanisme de renouvellement, de meilleure répartition des fonctions urbaines, la réelle prise en compte du bâti existant. La mixité des espaces urbanisés se décline pour les différentes destinations : habitat, activités économiques, transport.

La genèse de cette loi (V. Barbé in *Ann. fr. dr. urb.* 2001, GRIDAUH, p. 25 et s.) se révèle dès décembre 1997, avec les principes fondateurs de la politique d'aménagement et de développement du territoire.

Mais le caractère global, fédérateur et transversal des nouveaux documents rend leur conception longue et délicate. Une réflexion d'ensemble qui s'inscrit dans une dynamique de projet, voulue optimale et consensuelle, demande du temps... Aussi, les périodes transitoires tardent-elles à s'achever, les « anciens » instruments continuent-ils à régir l'existant, au risque de susciter ensuite des « décalages » difficiles à maîtriser.

Cette « course contre le temps » s'est d'ailleurs traduite dans des démarches législatives. En 2002, la loi du 2 janvier sur les SEM, celle du 27 février sur la démocratie de proximité et celle du 4 mars ont retardé les échéances et tenté de tenir compte des contingences locales et du nécessaire dialogue entre les acteurs impliqués.

Parallèlement, certains problèmes de fond liés à des dispositions contestées de la loi SRU se faisaient de plus en plus pressants. Faut-il « geler » l'urbanisation dans un rayon de 15 km des agglomérations tant que le périmètre du schéma de cohérence territoriale n'est pas arrêté ? Pourquoi exclure de la participation financière pour voies nouvelles et réseaux, les travaux sur les voies existantes ? Faut-il rétablir la possibilité pour les communes de fixer une surface minimale de terrain constructible ?

Autant de questions qui surgissaient des débats lors de l'élaboration des SCOT et des PLU. Le texte SRU allait devoir être réformé plus avant. La loi n° 2003-590 du 2 juillet 2003 (loi Robien) Urbanisme et habitat, procède à des ajustements pour régler les difficultés pratiques en suspens. Mais il ne s'agit nullement d'une remise en cause, l'esprit SRU est conservé.

À l'été 2003, la loi n° 2003-699 du 30 juillet 2003 sur les risques technologiques et naturels ne le touche certes qu'à la marge, comme la loi n° 2003-707 du 1er août 2003 sur l'archéologie préventive, de nouveau amendée en 2004, et la loi n° 2003-710 du 1er août 2003 sur la ville et la rénovation urbaine.

En 2004 et 2005, d'autres textes ont touché également le Code de l'urbanisme : la loi n° 2004-809 du 13 août 2004 sur les libertés et les responsabilités locales modernise et rapproche des citoyens certaines procédures administratives, la loi n° 2005-32 du 18 janvier 2005 de programmation pour la cohésion sociale renforce les instruments opérationnels et institutionnels en faveur de la construction de logements, ce qui se traduit en termes urbanistiques. Par ailleurs, les préoccupations environnementales sont confortées dans notre droit de l'urbanisme, notamment à travers l'ordonnance n° 2004-489 du 3 juin 2004 transposant une directive concernant les incidences de certains plans et programmes. La loi n° 2005-157 du 23 février 2005 sur le développement des territoires ruraux s'inscrit aussi dans ce souci de protection et de valorisation d'espaces plus fragiles, comme le décret n° 2004-310 du 29 mars 2004 sur les espaces remarquables du littoral. Cela étant, il a fallu attendre le 9 juin 2004 pour que le décret n° 2004-531 adapte la partie réglementaire du Code à la loi Urbanisme-Habitat.

Enfin, on relèvera un large effort de codification de textes périphériques à l'urbanisme mais qui ont sur lui des impacts plus ou moins directs, avec le Code du patrimoine, ou encore, le Code du tourisme de 2004. D'importantes évolutions jurisprudentielles ont également marqué ces années 2003-2005 dans le régime des autorisations dans un sens d'allègement du formalisme, dans le droit de préemption quant aux conséquences de l'illégalité des décisions des autorités préemptrices sur les rapports de droit privé, ou encore s'agissant de l'aménagement en ZAC dont le régime devra être substantiellement remanié.

Mais les plus grandes réformes sont à venir ; les années 2005-2006 devraient en être riches. La loi n° 2004-1343 du 9 décembre 2004 de simplification du droit habilite, dans un laps de temps maximum d'une année, le gouvernement à prendre les ordonnances pour rationaliser le régime des autorisations d'urbanisme et autres procédures, comme celles relatives aux monuments historiques ou sites protégés. La présente édition du Code de l'urbanisme en donne quelques pistes, tirées principalement du rapport Pelletier paru en janvier 2005, dans les chapitres et articles susceptibles d'être concernés.

Bibliographie générale

Droit de l'aménagement et de l'urbanisme, de l'habitat, GRIDAUH-Moniteur 2003.

L'esprit de la loi SRU mis à mal : Dr. et patrimoine janv. 2003, n° 111, p. 6, interview de M. Cheuvreux, notaire.

F. Bouyssou, *Les réformes apportées aux règles locales et à la fiscalité de l'urbanisme par la loi du 2 juillet 2003 : JCP* N 2003, n° 29, 1447.

J. Morand-Devilier, *Droit de l'urbanisme,* Mémento Dalloz 2003.

Actes du colloque de Toulouse, 25-26 oct. 2001, *La loi SRU et le droit de l'urbanisme : Droit et ville* 2002, n°s 53-54.

Le projet de développement et d'aménagement durable du PLU, publication du ministère de l'Équipement 2002.

P. Baffert, *Sur la réforme de la loi SRU : BJDU* 5/2002.

M. Caillaud et B. Aubert, *La loi SRU en 90 questions,* Éd. le Moniteur, coll. « Guides pratiques » 2002.

C. Daval, *La réforme de certains instruments d'aménagement par la loi SRU : JCP* N 2002, n° 29, p. 1070.

P. Gérard, *Pratique du droit de l'urbanisme,* Eyrolles, coll. « Droit » 3e éd., 2002.

J. Morand-Devilier, *La commune, l'urbanisme et le droit,* LGDJ, coll. « Politique locales » 2002.

Circulaire n° 2001-3/UHC/DU, 18 janv. 2001 et son annexe.

Numéro spécial de l'*AJDA,* 20 janv. 2001.

Actes du Colloque du GRIDAUH d'Orléans, 25-26 janv. 2001, publiés dans l'*Annuaire français du droit de l'urbanisme* mai 2001.

Série d'articles des *Petites affiches,* 30 janv. 2001, 26 février 2001, 12 mars 2001.

Circulaire UHC/PS/18, n° 2001-63, 6 sept. 2001 relative au rôle de l'État dans la relance de la planification : *BO Équip.*, n° 2001-18.

Accompagnement méthodologique de la mise en œuvre de la loi SRU, pour une approche des périmètres des schémas de cohérence territoriale, doc. CERTU oct. 2001.

J.-B. Auby et H. Périnet-Marquet, *Droit de l'urbanisme et de la construction,* Montchrestien, coll. « Domat », 6e éd., 2001.

H. Jacquot et F. Priet, *Droit de l'urbanisme,* Précis Dalloz, 4e éd., 2001.

Y. Jegouzo, *L'impact de la loi SRU sur la nature du droit de l'urbanisme : BJDU* 4/2001, p. 226.

J.-P. Lay, *Commentaire des dispositions de la loi SRU relatives à l'urbanisme : Rev. Administrer* mai 2001.

D. Larralde et P. Wallut, *Modifications législatives du Code de l'urbanisme et pratique notariale : JCP* N 2001, nos 7-8, p. 327.

P. Soler-Couteaux, *Le droit de l'urbanisme après la loi SRU, ni tout à fait le même, ni tout à fait un autre : RD imm.* 2001, n° 4.

Dossier spécial de la *Revue de droit immobilier* janv.-mars 2000.

Numéro spécial du *Bulletin de jurisprudence du droit de l'urbanisme* juin 2000.

P. Baffert et B. Phémolant, *Une nouvelle approche de l'aménagement et des questions de densité urbaine : BJDU* 6/2000, p. 374.

Le juge et l'urbanisme dans les pays de l'Europe de l'Ouest, Cahiers du GRIDAUH 2004, n° 9.

D. Labetoulle, *Droit du contentieux de l'urbanisme et droit du contentieux administratif,* Mélanges Waline 2002.

S. Pérignon, *Le nouvel ordre urbanistique – Urbanisme, propriétés, libertés,* Éd. CRIDON, Répertoire Defrénois 2004.

Loi urbanisme et habitat – Services après-vote, Brochure du Ministère de l'Équipement, août 2003.

Dossier spécial loi Urbanisme-habitat : *AJDA,* 8 sept. 2003.

Les nouvelles dispositions en matière d'urbanisme, Courrier des maires, janv. 2004, p. 77.

J.-H. Driard, *Finances – Droit des sols et gestion des espaces – La révolution discrète de la loi urbanisme-habitat : JCP* G, 5 nov. 2003, n° 173, I, ; *JCP* N 2004, n° 24 p. 944.

J.-H. Driard, *La loi Urbanisme et habitat : la loi SRU remise en question : JCP* G 2003, I n° 157.

Mise en cohérence des documents d'urbanisme, p. 32 – *Les documents d'urbanisme,* p. 50, 23 févr. 2004, Dossier Gazette des communes.

J.-P. Meng, *Loi urbanisme et habitat du 2 juillet 2003 – Remise en cause ou adaptation du volet urbanisme de la loi SRU,* Éd. CRIDON, Collection Conférences 2003.

P. Soler, *Après la loi SRU, la loi urbanisme et habitat : continuité dans la lettre, rupture dans l'esprit, RD imm.* 2004, p. 1.

P. Soler-Couteaux, *Droit de l'aménagement, de l'urbanisme et de l'habitat, dont La loi urbanisme-habitat du 2 juillet 2003, point final ou point de départ ? : DAUH* 2004, p. 15.

J. Tremeau, *La loi urbanisme et habitat et la réforme du droit de l'urbanisme* : *BJDU,* mars 2003, p. 154.

J.-F. Davignon, *Droit de l'urbanisme,* Litec 2004.

AVERTISSEMENT

Suite à l'ordonnance n° 2004-178 du 20 février 2004, les textes cités ci-dessous sont désormais codifiés au sein du Code du patrimoine.

Loi n° 79-18 du 3 janvier 1979 sur les archives

Loi n° 80-532 du 15 juillet 1980 relative à la protection des collections publiques contre les actes de malveillance

Loi n° 83-663 du 22 juillet 1983 complétant la loi n° 83-8 du 7 janvier 1983 relative à la répartition de compétences entre les communes, les départements et les régions

Loi n° 85-699 du 11 juillet 1985 tendant à la constitution d'archives audiovisuelles de la justice

Loi n° 90-615 du 13 juillet 1990 tendant à réprimer tout acte raciste, antisémite ou xénophobe

Loi n° 92-1477 du 31 décembre 1992 relative aux produits soumis à certaines restrictions de circulation et à la complémentarité entre les services de police, de gendarmerie et de douanes

Loi n° 92-546 du 20 juin 1992 relative au dépôt légal

Loi n° 95-877 du 3 août 1995 portant transposition de la directive 93/7 du 15 mars 1993 du Conseil des Communautés européennes relative à la restitution des biens culturels ayant quitté illicitement le territoire d'un État membre

Loi n° 96-590 du 2 juillet 1996 relative à la « Fondation du patrimoine »

Loi n° 2003-517 du 18 juin 2003 relative à la rémunération au titre du prêt en bibliothèque et renforçant la protection sociale des auteurs

Loi du 10 juillet 1914 portant création d'une Caisse nationale des monuments historiques et préhistoriques

Loi du 31 décembre 1921 portant fixation du budget général de l'exercice 1922

Loi n° 2002-5 du 4 janvier 2002 relative aux musées de France

Loi n° 2001-44 du 17 janvier 2001 relative à l'archéologie préventive

Loi du 27 septembre 1941 portant réglementation des fouilles archéologiques

Loi n° 89-874 du 1er décembre 1989 relative aux biens culturels maritimes

Loi du 27 septembre 1941 portant réglementation des fouilles archéologiques

Loi n° 89-900 du 18 décembre 1989 relative à l'utilisation des détecteurs de métaux

Loi du 27 septembre 1941 portant réglementation des fouilles archéologiques

Loi n° 89-874 du 1er décembre 1989 relative aux biens culturels maritimes

Loi n° 89-900 du 18 décembre 1989 relative à l'utilisation des détecteurs de métaux

Loi n° 97-179 du 28 février 1997 relative à l'instruction des autorisations de travaux dans le champ de visibilité des édifices classés ou inscrits et dans les secteurs sauvegardés

Loi du 31 décembre 1913 sur les monuments historiques

Loi n° 83-8 du 7 janvier 1983 modifiée relative à la répartition de compétences entre les communes, les départements, les régions et l'État

INTRODUCTION À LA PREMIÈRE ÉDITION

I. - LE DROIT DE L'URBANISME

1. Les grandes étapes. – Les règles juridiques relatives à l'aménagement des villes, pourtant très anciennes, n'ont acquis une autonomie que récemment, au cours du XXe siècle. Précédemment, divers impératifs d'intérêt public rejaillissaient, mais seulement de manière indirecte, sur l'activité de la construction, sans qu'une législation d'ensemble appréhende de façon synthétique le phénomène urbain. Ainsi, l'édit d'Henri IV de 1607, relatif à l'alignement, a pour but premier la protection du domaine public : cette préoccupation apparaît de nouveau dans un édit de Louis XV en 1765 et dans une déclaration de Louis XVI en 1783. De même, la loi du 21 juin 1898 sur les immeubles menaçant ruine et celle du 15 février 1902 sur la santé publique influencent le visage de la ville ; mais il s'agit, en définitive, d'une simple police administrative, dans le sens le plus traditionnel : sécurité et salubrité. Le souci de l'esthétique urbaine ne se manifeste qu'avec la loi du 31 décembre 1913 sur les monuments historiques, mais celle-ci ne vise encore qu'une préoccupation sectorielle.

Le droit de l'urbanisme apparaît plus tard, dès la fin de la première guerre, dans la mesure où il est permis à la règle de droit de s'inscrire sur le sol, au moyen de règles locales de planification urbaine, rassemblant dans une approche nouvelle les anciennes préoccupations sectorielles. La loi du 14 mars 1919, modifiée par la loi du 19 juillet 1924, constitue à cet égard le premier jalon. Mais c'est la loi du 15 juin 1943 qui marque vraiment le pas décisif : pour la première fois, le terme même d'urbanisme figure dans la loi, et le service de l'urbanisme s'intègre dans la structure administrative. Les règles d'urbanisme et de construction sont étoffées, et une autorisation préalable assure leur contrôle de manière synthétique : c'est le permis de bâtir désormais applicable sur tout le territoire. Tout au long de la IVe République, les impératifs de la reconstruction entraînent des changements incessants sur le plan réglementaire, mais la base législative demeure la loi du 15 juin 1943, validée par une ordonnance du 27 octobre 1945. Le Code de l'urbanisme et de l'habitation (CUH), publié par le décret n° 54-766 du 26 juillet 1954, marque seulement le souci d'appréhender dans un document unique des règles de plus en plus complexes, sans cesse remaniées.

Un effort de stabilisation et de synthèse résulte pourtant de la loi-cadre n° 57-908 du 7 août 1957, que le pouvoir réglementaire remplira au début de la Ve République : se fondant sur les articles 92 et 37 de la Constitution, le gouvernement Debré transforme le droit de l'urbanisme par deux ordonnances et neuf décrets du 31 décembre 1958. Faute de travaux préparatoires, l'interprétation de cette législation gouvernementale s'avère bien délicate pour le juriste.

Et, plus récemment, trois lois importantes, votées en une période de dix ans, ont profondément réformé le droit de l'urbanisme : la loi d'orientation foncière n° 67-1253 du 30 décembre 1967 (résultant du PLOFU élaboré sous la direction de M. Pisani) et les deux lois Galley n° 75-1328 et n° 76-1285 des 31 décembre 1975 et 1976.

2. Les tendances actuelles. – Des tendances nouvelles s'affirment au triple niveau des politiques urbaines, des procédures d'urbanisme et des règles juridiques.

A. – La politique foncière, dont la mise en œuvre avait d'abord été recherchée par le droit de l'expropriation (loi foncière n° 53-683 du 6 août 1953), inspire le droit de l'urbanisme depuis une vingtaine d'années. Alors que d'autres moyens sont moins utilisés (réforme de la fiscalité foncière, droit des collectivités locales), le droit de l'urbanisme est devenu le principal instrument destiné à faciliter les acquisitions publiques : droit de préemption dans les ZUP, les ZAD, les ZIF et les périmètres sensibles ; réserves de terrains par les plans d'urbanisme et les POS ; non-indemnisation des servitudes d'urbanisme ; politique des réserves foncières.

C'est sensiblement à la même époque que remonte la volonté de pratiquer l'urbanisme concerté, afin que la puissance publique coordonne ses efforts d'équipement avec la réalisation de zones par le secteur privé ou parapublic : les ZUP en sont l'instrument après 1958 et les ZAC les remplacent aujourd'hui.

Le droit de l'urbanisme est aussi destiné à procurer à la puissance publique des moyens financiers : participation financière du constructeur, taxes d'équipement, versement pour dépassement du plafond légal de densité. Cette évolution donne à ce droit une coloration pour partie financière, voire fiscale.

Enfin, le dernier souci qui inspire actuellement la politique d'urbanisme est celui de l'environnement. Les deux dernières lois en portent témoignage : à côté des zones d'environnement protégé (ZEP) qui expriment cette préoccupation, la réforme des POS permet des mesures de protection quasiment irréversibles. Ceci rejaillit sur les procédures d'autorisation. Le permis de démolir et le permis d'édifier les clôtures résultent principalement de ce souci nouveau.

B. – Sur le plan des procédures, des efforts ont été entrepris pour limiter le vice principal du droit de l'urbanisme : sa clandestinité. Dans ce but, un décret du 10 juillet 1973 a permis, dans les grandes villes, la décentralisation de l'instruction des demandes d'autorisation préalable (permis de construire, permis de démolir, autorisation de lotissement, etc.).

De même, l'information des collectivités locales et même des citoyens est en principe recherchée, dans le cadre de l'élaboration des POS notamment. Dans ce domaine, la loi du 31 décembre 1976 institue la participation des associations agréées pour la défense du cadre de vie.

C. – Au fur et à mesure que les règles d'urbanisme se multiplient, le droit de l'urbanisme acquiert son autonomie, non seulement vis-à-vis des anciennes préoccupations de police (sécurité, salubrité, domanialité), mais encore à l'égard du droit de la construction : ainsi, l'ancien Code de l'urbanisme et de l'habitation a éclaté en deux documents distincts : le Code de l'urbanisme et le Code de la construction et de l'habitation.

Le droit de l'urbanisme devient chaque jour un peu plus du droit public économique, distinct du droit administratif général. Cette évolution ne facilite pas son étude : de façon paradoxale, l'autonomie croissante du droit de l'urbanisme par rapport au droit de la construction multiplie les interférences avec d'autres branches du droit public : droit de l'expropriation, droit de l'environnement, fiscalité immobilière, aménagement du territoire. Ces nombreuses interférences, ajoutées au changement fréquent de réglementation, constituent des facteurs essentiels de complexité.

II. – LE CODE DE L'URBANISME

La codification de l'ensemble des textes relatifs au droit de l'urbanisme est un facteur de clarification non négligeable, dans un domaine apparemment confus. À la différence de la codification de 1954, le Code de l'urbanisme ne comporte pas de dispositions relatives à la construction proprement dite (organismes constructeurs, aides de l'État, etc.). Sur le fondement de la loi n° 72-535 du 30 juin 1972, qui en avait posé le principe, deux décrets n° 73-1022 et n° 73-1023 du 8 novembre 1973 ont respectivement établi la partie législative et la partie réglementaire du code, conformément à la pratique des codifications sous la Ve République. Par la suite, s'est ajouté le décret n° 77-38 du 3 janvier 1977, qui a établi une troisième partie constituée par les arrêtés à caractère réglementaire.

La première partie a reçu une consécration législative (L. n° 76-1285, 31 déc. 1976, art. 80-I). Elle a donc force de loi, de sorte que sont en conséquence abrogées les dispositions plus anciennes. Sur le plan contentieux, il est désormais inutile de s'interroger sur la validité des modifications formelles qui résulteraient de sa codification.

Les trois parties du code correspondent entre elles : un même sujet – caractérisé par un numéro à trois chiffres – est traité à la fois dans la partie législative, dans la partie réglementaire et dans la partie arrêtés. Par exemple, le numéro 421 désigne le permis de construire : il convient donc de rechercher selon le cas l'article L. 421, R. 421 ou A. 421 ; et plusieurs articles d'une même partie étant consacrés à cette matière, il faut préciser article R. 421-1 ou R. 421-N.

Chaque partie est divisée en livres, eux-mêmes subdivisés en titres et chapitres. Ainsi, la numérotation des articles n'est pas continue : au premier chiffre correspond le numéro du livre, au second le numéro du titre, et au troisième le numéro du chapitre (par exemple, 421 signifie : livre IV, titre II, chap. I).

Les cinq livres qui composent le code sont classés d'une manière logique :

– Livre I : Règles d'urbanisme.

– Livre II : Droit de préemption.

– Livre III : Opérations d'urbanisme.

– Livre IV : Procédures.

– Livre V : Aménagement du territoire.

III. – LE CODE COMMENTÉ ET ANNOTÉ

1. **Un commentaire différencié. –** Pour la partie « législative », le commentaire présente un caractère synthétique. Il a semblé nécessaire de guider le lecteur, surtout s'il n'est pas un familier du droit de l'urbanisme, en indiquant l'origine et l'esprit des dispositions législatives, globalement considérées au niveau d'un titre, voire d'un livre. Cette introduction générale, par grandes masses, a pour but l'utilisation de l'ouvrage comme instrument de formation permanente, voire autodidactique.

Pour la partie « réglementaire » et la partie « arrêtés à caractère réglementaire », il a paru préférable de se borner à des annotations brèves, à la suite de chaque article analysé. Dans certains cas, toutefois, des références d'ensemble sont fournies en tête de chapitre. De manière très rare, y figure aussi un commentaire introductif. Tel est le cas notamment pour les règles générales d'urbanisme et les lotissements.

2. **Un commentaire sélectif. –** Tous les articles ne méritent pas des annotations d'égale importance. En effet, la simple lecture suffit souvent, le texte ne comportant pas d'ambiguïtés. D'autre part, l'accent a été mis sur les dispositions récentes, pouvant parfois prêter à équivoque, et sur les dispositions controversées ayant donné lieu à jurisprudence.

3. **Un commentaire pratique. –** La volonté d'être utile aux praticiens de l'urbanisme et aux praticiens du droit a conduit à commenter principalement les dispositions les plus fréquemment utilisées.

Les annotations ont été écrites dans un double but : fournir aux lecteurs les références documentaires correspondant à l'article commenté (circulaires, jurisprudence) ; susciter un raisonnement analogique, par comparaison avec d'autres dispositions du code (par exemple, comparaison entre la procédure du lotissement et celle du permis de construire, ou encore comparaison entre les effets des POS et ZEP).

Enfin, lorsque l'article commenté se réfère à un texte étranger au Code de l'urbanisme (C. rur., C. expr., loi sur la protection de la nature), le texte de référence est sommairement analysé, dans la mesure où cela est indispensable pour la compréhension du Code de l'urbanisme.

4. **Un commentaire critique. –** Par-delà les références documentaires ou les analyses de jurisprudence, les auteurs livrent leur opinion personnelle. C'est notamment le cas pour la partie législative. En revanche, lorsqu'une telle opinion est émise sous forme d'annotations (deuxième et troisième parties), elle est spécialement mentionnée par la formule « à notre avis » ou une formule équivalente. Le lecteur peut ainsi distinguer les certitudes résultant de la jurisprudence ou des instructions administratives et les opinions des auteurs.

5. **Un commentaire permanent. –** En tête de chaque article est indiquée la référence des textes modificatifs intervenus depuis les premiers décrets de codification. Le lecteur est donc alerté, s'il doit se référer, en matière contentieuse par exemple, à l'état du droit antérieur.

Pour l'avenir, sont envisagées, suivant l'importance de l'évolution législative, réglementaire et jurisprudentielle, une mise à jour, une nouvelle édition ou même une refonte.

F. B. et J. H.

LIVRE PREMIER

RÈGLES GÉNÉRALES D'AMÉNAGEMENT ET D'URBANISME

TITRE PREMIER

RÈGLES GÉNÉRALES D'UTILISATION DU SOL

Articles L. 110 à L. 112-7. La loi n° 75-1328 du 31 décembre 1975 portant réforme de la politique 0001
foncière a institué un plafond légal de densité, de sorte que les articles L. 112-1 à L. 113-2, issus d'un même texte, malgré les modifications apportées par la loi n° 82-1126 du 29 décembre 1982, la loi n° 85-729 du 18 juillet 1985 et la loi n° 86-1290 du 23 décembre 1986, présentaient, jusqu'à la loi SRU du 13 décembre 2000, une homogénéité certaine.

En revanche, les articles L. 110 à L. 111-11 sont plus disparates. Les articles L. 111-7 à L. 111-11 résultent du regroupement par la loi n° 76-1285 du 31 décembre 1976, de dispositions éparses relatives aux différents cas de sursis à statuer. Les articles L. 110, L. 111-1-1 à L. 111-1-4 résultent de la loi n° 83-8 du 7 janvier 1983 : ils posent les principes généraux de l'utilisation du territoire qui s'imposent aux règles locales de planification urbaine ; ils posent aussi le principe de l'inconstructibilité des sols non couverts par un tel document local de planification urbaine, ainsi que les assouplissements à ce principe.

D'origine plus ancienne, les articles L. 111-1, L. 111-2, L. 111-3 et L. 111-4 se bornent à rappeler d'importantes habilitations législatives, conférant à des décrets en Conseil d'État des pouvoirs d'une extrême importance (règlement national d'urbanisme, règlement général de construction), alors que l'article L. 111-5 (issu de la loi n° 75-1328, 31 déc. 1975) institue un contrôle de certaines divisions foncières non constitutives de lotissement. Son champ d'application très excessif a été réduit par la loi n° 85-729 du 18 juillet 1985.

Bibliographie : Sur les réformes introduites par la loi du 7 janvier 1983, V. Chapuisat et Bouyssou : *AJDA* 1983, p. 81. – Danan : *AJPI* 1983, p. 223. – Jegouzo et Helin : *RD imm.* 1983, p. 145.

C. urb., art. L. 110 *(L. n° 83-8, 7 janv. 1983 ; L. n° 87-565, 22 juill. 1987 ; L. n° 91-662, 13 juill. 1991).* — Le territoire français est le patrimoine commun de la nation. Chaque collectivité publique en est le gestionnaire et le garant dans le cadre de ses compétences. Afin d'aménager le cadre de vie, d'assurer sans discrimination aux populations résidentes et futures des conditions d'habitat, d'emploi, de services et de transports répondant à la diversité de ses besoins et de ses ressources, de gérer le sol de façon économe, d'assurer la protection des milieux naturels et des paysages ainsi que la sécurité et la salubrité publiques et de promouvoir l'équilibre entre les populations résidant dans les zones urbaines et rurales *(Mots aj., L. n° 96-1236, 30 déc. 1996, art. 17-I-1° et 17-II)* « et de rationaliser la demande de déplacements », les collectivités publiques harmonisent, dans le respect réciproque de leur autonomie, leurs prévisions et leurs décisions d'utilisation de l'espace.

C. urb., art. L. 110-1 à L. 110-4 *(Devenus respectivement les articles L. 111-1, L. 111-2, L. 111-3 et L. 111-4, L. n° 75-1328, 31 déc. 1975, art. 1er-II).*

Champ d'application. Constituant l'article frontispice du Code de l'urbanisme, cette disposition 0002
proclamatoire s'impose néanmoins à l'ensemble des administrations susceptibles d'émettre des actes administratifs relatifs à la gestion et à l'utilisation de l'espace. Les dispositions de l'article L. 110 ont été jugées opposables à un zonage de POS (CE, 21 oct. 1994, *Cne de Bennwihr : Rec. CE,* T. 1235 ; *RD publ.* 1996, p. 284), à la création des zones d'aménagement différé (CE, sect., 3 juill. 1998, *Département des Yvelines, Préfet des Yvelines : EDCE* 1999, n° 50, p. 52 ; *BJDU* 6/1998, p. 440, concl. Lamy ; *Rec. CE* 276 ; *Ét. fonc.* 1998, n° 80, p. 56) ou encore à des permis de construire dans les communes non dotées de POS rendu public ou approuvé (CE, 17 mars 1993, *Me Meunier et autres : Rec. CE,* T. 1109 et 1077) ou délivré par un préfet et portant sur une construction devant abriter une exploitation soumise au régime des installations classées (CAA Bordeaux, 6 déc. 2004,

req. n° 00BX02012, *Association de défense de l'environnement d'une usine située aux maisons à Saint-Jory-Lasbloux*).

0003 **Portée.** Bien que la circulaire n° 91-57 du 31 juillet 1991 (*Mon. TP* 23 août 1991, p. 194) déniait à cet article L. 110 une quelconque portée juridique, le Conseil d'État a adopté à maintes reprises une solution contraire.

Il apparaît désormais évident que les dispositions de l'article L. 110 tiennent un rôle particulier dans la pyramide des normes du droit de l'urbanisme, au même titre que celles de l'article L. 121-1, même si ces dernières apparaissent parfois plus précises.

0004 **Article L. 110 et loi SRU.** La loi SRU du 13 décembre 2000 n'a pas modifié cet article, contrairement à l'article L. 121-1 (ex-art. L. 121-10) lequel a été complété par la loi du 13 décembre 2000 d'un certain nombre de principes généraux.

Les principes énoncés à l'article L. 110 doivent désormais être respectés par l'ensemble des documents d'urbanisme : pour les cartes communales, voir l'article L. 124-2 ; pour les PLU, voir l'article R. 123-3 ; pour les SCOT, voir les articles L. 122-1 et R. 122-2.

0005 **Rôle du préfet.** Tant au stade du porter à connaissance que dans le cadre du contrôle de légalité effectué a posteriori, le préfet ne saurait méconnaître la nécessaire harmonie des documents d'urbanisme et des opérations d'aménagement avec les dispositions de l'article L. 110. Sur le contrôle de légalité exercé sur les POS, TA Nice, 25 mai 1987, req. n° 180-86-II, *Cne de Caillan : Ét. fonc.* 1988, n° 32, p. 22, note Danna).

0006 **Contrôle du juge.** Respectueux des pouvoirs décentralisés des collectivités locales en matière d'urbanisme, le juge administratif exerce un contrôle minimum du respect des règles de l'article L. 110. Voir s'agissant de la création d'une zone NA en matière d'intégration dans l'environnement (CE, 21 oct. 1994, *Cne de Bennwihr*, préc.) ou encore d'un zonage susceptible de méconnaître un objectif de « salubrité publique » (TA Pau, 26 mars 1997, *Sepanso Landes : AFDUH* 1998, n° 2, p. 14).

Le contrôle restreint limite à l'erreur manifeste d'appréciation a également été appliqué dans le cadre de simples mutations de documents d'urbanisme : révision d'un POS (CE, 21 oct. 1994, *Cne de Bennwihr*, préc.) ou modification des orientations d'un schéma directeur (TA Bordeaux, 30 juin 1988, req. n° 86487, *SA Château-Bourcaut*).

Pour un exemple de mise en relation des dispositions de l'article L. 110 (« sécurité et salubrité publiques ») avec les modalités d'application du RNU approuvées par arrêté préfectoral (cf. CAA Lyon, 29 avr. 2003, req. n° 99LY00351, *M. Riffard et autres*).

Bibliographie : Hocreitere, *La portée normative de l'article L. 110 : DA* novembre 1993, p. 1. – Savari, *Le patrimoine commun de la notion, déclaration de principe ou notion juridique à part entière ? : RFD adm.* 1998, p. 305.

Chapitre premier

Règles générales de l'urbanisme

C. urb., art. L. 111-1 ***(Anc. art. L. 110-1 dénuméroté, L. n° 75-1328, 31 déc. 1975 ; mod., L. n° 76-1285, 31 déc. 1976 ; L. n° 77-2, 3 janv. 1977).*** **— Les règles générales applicables en dehors de la production agricole en matière d'utilisation du sol, notamment en ce qui concerne la localisation, la desserte, l'implantation et l'architecture des constructions, le mode de clôture et la tenue décente des propriétés foncières et des constructions, sont déterminées par des décrets en Conseil d'État.**

Ces décrets en Conseil d'État peuvent prévoir les conditions dans lesquelles des dérogations aux règles qu'ils édictent sont apportées dans certains territoires.

Les règles générales mentionnées ci-dessus s'appliquent dans toutes les communes à l'exception des territoires dotés ***(Mots rempl., L. n° 2000-1208, 13 déc. 2000, art. 202-I)*** **« d'un plan d'occupation des sols rendu public ou d'un plan local d'urbanisme**

approuvé » ou du document en tenant lieu. Un décret en Conseil d'État fixe celles de ces règles qui sont ou peuvent néanmoins demeurer applicables sur les territoires couverts par ces documents.

Principe. Cet article constitue le fondement législatif de la réglementation nationale d'urbanisme (art. R. 111-1 à R. 111-27). Il s'agit d'une habilitation très large accordée au pouvoir réglementaire, comme c'était déjà le cas, précédemment, avec l'article 91 du Code de l'urbanisme et de l'habitation sur le fondement duquel se sont succédés deux règlements nationaux (D. n° 55-1164, 29 août 1955, puis D. n° 61-1298, 30 nov. 1961). Renvoyant à des dispositions réglementaires appelées Règlement national d'urbanisme (RNU) et insérées aux articles R. 111-1 à R. 111-26 du Code de l'urbanisme, l'article L. 111-1 organise un mécanisme dual : les dispositions du RNU cessent de s'appliquer dans les communes dotées d'un POS ou d'un PLU approuvé (CAA Marseille, 1er juillet 2004, req. n° 00MA00615, *Cne du Beausset*) ou d'un document en tenant lieu (PAZ, CE, 15 mai 1981, *Assoc. sauvegarde environnement Maillot-Champerret : JCP* 1981, II, 19686, concl. Genevois, obs. Bouyssou. – PSMV, TA Nantes, 17 déc. 1987, *Assoc. nantaise défense-environnement : Gaz. Pal.* 1988, 2, somm. p. 387). Pour autant, les règles d'ordre public visées à l'article R. 111-1 continuent à s'appliquer même en présence d'un document d'urbanisme opposable. Le territoire concerné est donc couvert à la fois par les règles générales d'ordre public du RNU et par les règles d'urbanisme locales établies par les communes ou les établissements publics de coopération intercommunale. 0007

Voir aussi : C. urb., art. R. 111-1 à R. 111-26, p. 481.

Réglementation nationale d'urbanisme. L'énumération du premier alinéa (localisation, implantation et architecture des constructions) n'est pas limitative, ce qui explique que la réglementation nationale d'urbanisme puisse s'attacher à d'autres préoccupations : aires de jeux et de loisirs pour enfants et adolescents (art. R. 111-13) ; locaux commerciaux (art. R. 111-14, *c*). 0008
Réciproquement, toutes les règles d'utilisation du sol (hors celles relatives à la production agricole) ne sont pas limitativement fixées par le Code de l'urbanisme. En particulier, de très nombreuses servitudes administratives rejaillissent sur l'utilisation du sol (V. lois relatives à la protection des monuments historiques et des sites). Il faut citer aussi, à titre de simples exemples, les règles fixées par le Code minier, la loi du 4 janvier 1993 et le décret du 9 juin 1994 (mines et carrières), la loi n° 76-663 du 19 juillet 1976 sur les installations classées, et la loi n° 76-629 du 10 juillet 1976 sur la protection de la nature. L'utilisation du sol peut aussi être affectée par des mesures de police (ex., immeubles menaçant ruine, CCH, art. L. 511-1 et R. 511-1 et s. ; immeubles insalubres, C. santé publ., art. L. 26 et s.).
Pour les règles relatives à la production agricole : art. 72 de la loi d'orientation agricole, n° 80-502 du 4 juillet 1980.

Voir aussi : Les lois relatives à la protection des monuments historiques et des sites ; immeubles menaçant ruine, CCH, art. L. 511-1 et R. 511-1 et s. ; immeubles insalubres, C. santé publ., art. L. 26 et s.

RNU et permis de construire. Les dispositions du RNU sont opposables aux demandes de PC, à l'exception de l'article R. 111-9 qui vise spécifiquement les lotissements. Elles sont également opposables à une demande de permis de construire formulée par un acheteur de lots, dans un lotissement (CAA Paris, 27 avril 1999, *Cne de Saint-Chéron et autres : RFD adm.* 1999, p. 1076 ; *BJDU* 3/1999, p. 234). 0009

RNU et lotissements. Même sur les communes dotées d'un POS opposable, et hormis l'article R. 111-9, les dispositions du RNU dans leur partie d'ordre public ne peuvent s'appliquer (CE, 4 févr. 1994, req. n° 116225, *M. Michel Ablain*. – CE, 30 mai 1994, *Cne de Saint-Étienne-de-Grossey*). Pour autant, les juges du fond n'ont pas arrêté de solution définitive, voir l'article R. 111-21 opposable à une autorisation de lotir dans une commune couverte par un POS (CAA Douai, 9 nov. 2000, req. n° 98DA10914, *SA Terre et Famille*, à l'inverse, l'article R. 111-2 également d'ordre public n'est pas opposable à une autorisation de lotir dans une commune (CAA Marseille, 10 déc. 1998, *SCI Biscompte-Albère : RFD adm.* 1999, p. 1261). 0010

0011 **RNU et certificats d'urbanisme.** En tant que des certificats d'urbanisme de l'article L. 410-1, ont vocation à refléter l'état des règles applicables, voire même la constructibilité d'un terrain, les dispositions du RNU doivent y être appréhendées.

Avec la loi du 22 juillet 1983 décidant que lorsque toute demande d'autorisation pourrait du seul fait de la localisation du terrain, être refusée, en fonction des dispositions d'urbanisme et notamment, des règles générales d'urbanisme, la réponse à la demande de certificat d'urbanisme est négative, le juge a admis que l'administration devait délivrer un certificat négatif du seul fait de la localisation du terrain, alors même qu'était envisagé ultérieurement la délivrance des autorisations demandées (CE, 20 sept. 1991, req. n° 85224, *Charbonnier-les-Mines : JCP* G 1994, IV, p. 432).

0012 **RNU et autres modes d'occupation du sol.** Hormis des cas évoqués ci-dessus, les dispositions du RNU ne sont pas opposables aux autres modes d'occupation du sol.

0013 **Application du RNU après contentieux.** Reprenant les dispositions de l'ancien article L. 125-5, l'article L. 121-8 nouveau issu de la loi SRU prévoit, de l'annulation ou de la déclaration d'illégallité d'un document d'urbanisme, le retour aux dispositions du document immédiatement antérieur. Si ce dernier est lui-même illégal, il convient alors d'opérer un retour aux règles du RNU dans leur ensemble.

0014 **Cartes communales.** En revanche, les « cartes communales » n'écartent pas l'application de la réglementation nationale d'urbanisme mais elles en précisent les modalités d'application.

Voir aussi : C. urb., art. L. 124-1 et s., p. 72.

Bibliographie : DEMOUVEAUX, *Droit de l'urbanisme applicable aux zones rurales ou faiblement urbanisées : Rev. droit rural n° 327*, 1er novembre 2004, p. 574 et s.

C. urb., art. L. 111-1-1 ***(L. n° 83-8, 7 janv. 1983 ; rempl., L. n° 95-115, 4 févr. 1995, art. 4).*** **— *(Al. ab., L. n° 2000-1208, 13 déc. 2000, art. 11-1°).***

Des directives territoriales d'aménagement peuvent fixer, sur certaines parties du territoire, les orientations fondamentales de l'État en matière d'aménagement et d'équilibre entre les perspectives de développement, de protection et de mise en valeur des territoires. Elles fixent les principaux objectifs de l'État en matière de localisation des grandes infrastructures de transport et des grands équipements, ainsi qu'en matière de préservation des espaces naturels, des sites et des paysages. Ces directives peuvent également préciser pour les territoires concernés les modalités d'application *(Mots rempl., L. n° 2000-1208, 13 déc. 2000, art. 11-2°)* « des dispositions particulières aux zones de montagne et au littoral figurant aux chapitres V et VI du titre IV du présent livre », adaptées aux particularités géographiques locales. *(Phrase suppr., L. n° 2000-1208, 13 déc. 2000, art. 11-2°)* « ... ».

(Al. rempl., L. n° 99-533, 25 juin 1999, art. 47-1°) Les directives territoriales d'aménagement sont élaborées sous la responsabilité de l'État, à son initiative ou, le cas échéant, sur la demande d'une région, après consultation du conseil économique et social régional.

Les projets de directives sont élaborés en association avec les régions, les départements, les communes chefs-lieux d'arrondissement ainsi que les communes de plus de 20 000 habitants et les groupements compétents en matière d'aménagement de l'espace ou d'urbanisme intéressés et les comités de massifs. Leur avis est réputé favorable s'il n'est pas intervenu dans un délai de trois mois à compter de leur saisine. *(Phrase créée, L. n° 99-533, 25 juin 1999, art. 47-2° ; suppr., L. n° 2000-1208, 13 déc. 2000, art. 11, 3°)* « ... ». *(Phrase créée, L. n° 2000-1208, 13 déc. 2000, art. 11-4°)* « Ces projets sont soumis à enquête publique dans des conditions prévues par décret. » Les directives éventuellement modifiées pour tenir compte de ces avis sont approuvées par décret en Conseil d'État.

(Al. rempl., L. n° 2000-1208, 13 déc. 2000, art. 11-5°) Les schémas de cohérence territoriale et les schémas de secteur doivent être compatibles avec les directives territoriales d'aménagement et avec les prescriptions particulières prévues par le III de l'article L. 145-7. En l'absence de ces documents, ils doivent être compatibles avec les

dispositions particulières aux zones de montagne et au littoral des articles L. 145-1 et suivants et L. 146-1 et suivants.

(Al. rempl., L. n° 2000-1208, 13 déc. 2000, art. 11-5°) **Les plans locaux d'urbanisme, les cartes communales ou les documents en tenant lieu doivent être compatibles avec les orientations des schémas de cohérence territoriale et des schémas de secteur. En l'absence de ces schémas, ils doivent être compatibles avec les directives territoriales d'aménagement et avec les prescriptions particulières prévues par le III de l'article L. 145-7. En l'absence de ces documents, ils doivent être compatibles avec les dispositions particulières aux zones de montagne et au littoral des articles L. 145-1 et suivants et L. 146-1 et suivants.**

Les dispositions des directives territoriales d'aménagement qui précisent les modalités d'application des articles L. 145-1 et suivants sur les zones de montagne et des articles L. 146-1 et suivants sur les zones littorales s'appliquent aux personnes et opérations qui y sont mentionnées.

I. – Rédaction de 1995

Origine. La rédaction du présent article est issue de l'article 4 de la loi n° 95-115 du 4 février 1995. Conformément au souhait du Conseil d'État (Rapport CE, *L'urbanisme : pour un droit plus efficace*, La documentation française 1992), il est institué un nouvel instrument juridique, la directive territoriale d'aménagement, dans une perspective de meilleur encadrement des documents d'urbanisme par l'État. 0015
Cependant, contrairement aux vœux du rapport du Conseil d'État, les directives territoriales n'ont plus vocation à remplacer les schémas directeurs ; elles ne remplacent que les prescriptions qui devaient être fixées en application des lois d'aménagement du territoire (ancien art. L. 111-1-1) et qui ne sont jamais intervenues.
Les craintes émises par certains auteurs, soucieux de la complexité du droit de l'urbanisme, souhaitant que ce « droit dérivé » ne soit jamais institué (en ce sens, V. Ravanel, *L'État et la commune de montagne*, Sirey 1986. – Bouyssou, *La loi montagne et les règles d'urbanisme : Droit et Ville* 1987, n° 24, p. 239) risquent de se trouver confortées par l'instauration de ce nouvel échelon dans la hiérarchie des normes dont la relation avec les documents existants suscite déjà de nombreuses interrogations (V. note interministérielle, 9 mai 1995 : *Mon. TP* 9 juin 1995).
En outre, cette nouvelle disposition traduit sans doute une volonté recentralisatrice.
Toutefois, la rédaction résultant de la loi n° 99-533 du 25 juin 1999 d'orientation pour l'aménagement et le développement durable du territoire ouvre également l'initiative aux régions. Elle traduit également une volonté de transparence, par la mise à disposition du projet de DTA au public pendant deux mois.
En application du présent article, les schémas de mise en valeur de la mer (L. 7 janv. 1983, art. 57), le schéma directeur de la région Île-de-France (art. L. 141-1), le schéma d'aménagement de la Corse (art. L. 144-5), les schémas d'aménagement régional des régions d'outre-mer ont valeur de directives territoriales d'aménagement.

Voir aussi : La circulaire du 23 juillet 1996 sur les DTA (*Mon. TP* 13 sept. 1996) ; l'article L. 121-1 dont certaines dispositions sont applicables au DTA.

DTA. Les directives de protection et de mise en valeur des paysages (L. n° 93-24, 8 janv. 1993 ; D. n° 94-283, 11 avr. 1994. – Circ. n° 94-88, 21 nov. 1994. – Circ. intermin. n° 95-23, 15 mars 1995 : *Mon. TP* 14 juill. 1995) ont les mêmes effets que les DTA. Elles ne peuvent s'appliquer à des territoires couverts par une DTA. Elles concernent des territoires remarquables par leur intérêt paysager, fixent les orientations et les principes fondamentaux de protection des structures paysagères. Outre leur opposabilité aux documents d'urbanisme, elles sont dans certains cas opposables (à la différence des DTA) aux autorisations d'occupation du sol. 0016

II. – Rédaction de 2000

Lois d'aménagement et d'urbanisme (LAU) abrogées. L'article L. 111-1-1 supprime en premier lieu toutes références à la notion de loi d'aménagement et d'urbanisme (LAU), lesquelles se 0017

situaient au sommet de la hiérarchie des normes d'urbanisme applicables. Toutefois, bien que ces lois disparaissent en tant que catégorie juridique spécifique, les textes du code qui avaient cette qualification de LAU demeurent intégralement applicables avec les mêmes effets juridiques, et notamment de s'imposer aux documents d'urbanisme dans un rapport de comptabilité.
Cf. Toutefois pour un contentieux relatif à des faits antérieurs à la loi SRU dans lequel le rapport de présentation d'un POS a justifié de la compatibilité de ses dispositions avec l'article L. 111-1-1 ayant valeur de LAU (CAA Bordeaux, 29 avr. 2004, req. n° 02BX02493, *Cne de Saint-Clément-des-Baleines*).
Pour le schéma d'aménagement régional de la Martinique de 1998 qui a les mêmes effets que les prescriptions définies en application de l'article L. 111-1-1 (cf. CE, 29 juin 2002, req. n° 245518, *Sté Usine du marin : BJDU* n° 4/2003, p. 240, concl. Austry).

Bibliographie : MESNARD, *Les lois d'aménagement et d'urbanisme : une catégorie nouvelle de lois ou des lois ordinaires : Cah. IATEUR.* 1986, n°s 7-8, p. 25. – GIVAUDAN, *Du virus de la directive aux toxines des lois d'aménagement et d'urbanisme : RFD adm.* 1987, p. 464.

0018 **Les DTA.** Les DTA en charge notamment de traduire certaines particularités géographiques locales des loi littoral ou montagne ne peuvent bien évidemment méconnaître les prescriptions de ces dernières (Cons. const., 26 janv. 1995, n° 94-358 : *JO* 1er févr. 1995, les DTA devront, par ailleurs, prendre en compte les enjeux relatifs à la conservation des sites « Natura 2000 » dans la mesure où elles ont notamment pour objet d'assurer la préservation des écosystèmes, en vertu des dispositions de l'article L. 121-1 (Rép. min. n° 35732 : *JO* Sénat, 21 févr. 2002, p. 558).

0019 **Premières jurisprudences.** Dans l'attente de mesurer précisément les effets précis des DTA, le juge a appliqué classiquement le principe selon lequel on ne peut se prévaloir de leurs dispositions alors que la DTA n'était pas encore entrée en vigueur (CAA Marseille, 3 juin 2004, req. n° 02MA01516, *Société les Hauts de Saint-Antoine*).
À propos du schéma d'aménagement de la Corse : opposabilité directe des DTA aux permis de construire en ce qu'elles précisent les modalités des ex-LAU (CAA Marseille, 18 mars 1999, req. n°s 98MA00851 et 98MA00623, *min. Équip. et SCI Verticella : Ét. fonc.* 1999, n° 84, p. 48). À propos du SDRIF et de son entrée en vigueur sur les documents inférieurs (CAA Paris, 18 mai 1999, req. n° 98778, *Cne de Clairefontaine-en-Yvelines : BJDU* 4/1999, p. 254, concl. Phémolant, V. aussi CE, 17 janv. 1997, *Assoc. de défense du site de l'environnement de Gallois : BJDU* 1997, n° 1, p. 58, concl. Bonichot). Illégalité d'un POS communal qui devient incompatible avec le SDRIF alors que ce dernier est entré en vigueur postérieurement à l'adoption du plan (CAA Versailles, 2 décembre 2004, req. n° 02VE04118, *Cne de Buno Bonneveaux*).
Sur le SDRIF également, qui a les mêmes effets que les DTA, définies par l'article L. 111-1-1, mais ne constitue pas un schéma directeur au sens des dispositions de l'article L. 5333-2 du Code général des collectivités territoriales (CAA Paris, 18 mars 2003, req. n° 00PA00273, *Syndicat de l'agglomération nouvelle de Saint-Quentin-en-Yvelines*).
La loi SRU précise le régime des directives territoriales d'aménagement (DTA) en les soumettant au mécanisme de l'enquête publique et réserve une place particulière aux massifs de montagne pour lesquels les décrets qui organiseront leur régime spécifique auront même valeur que les DTA.
Pour la première DTA élaborée (DTA des Alpes-Maritimes), voir décret n° 2003-1169 du 2 décembre 2003 (*JO* 9 déc., p. 20969).
Voir aussi sur l'élaboration des DTA : *JCP* A 2004, p. 168.

0020 **Principes.** La nouvelle rédaction du texte maintient en revanche deux principes essentiels :
– le principe du rapport de compatibilité des documents d'urbanisme entre eux ;
– le principe de subsidiarité entre une norme inférieure et des normes supérieures susceptibles de s'appliquer à elle.

0021 **Compatibilité.** Au regard de l'ancien article L. 111-1-1 mais dont le texte remanié postérieur à la loi SRU a maintenu le rapport de compatibilité entre les documents et urbanisme, il y a lieu de citer quelques exemples jurisprudentiels : compatibilité d'un zonage NA de POS avec un périmètre de « zone verte du SDRIF » (CE, 3 mai 2004, req. n° 251383, *Cne de Deuil-la-Barre*), d'un zonage UCa permettant l'implantation d'une caserne de CRS avec les règles de protection des forêts de plus de 100 hectares du SDRIF (CAA Paris, 4 févr. 2003, req. n° 01PA04021, *Min. de l'Intérieur*). Incompatibilité d'un secteur NCs d'un POS prévoyant l'exploitation de carrières avec les orientations d'un schéma directeur local ne le permettant pas (CAA Lyon, 21 oct. 2003, req. n° 99LY01684).

En outre, le principe de compatibilité fixé par les dispositions de l'article L. 111-1-1 n'est applicable qu'« aux seuls documents d'urbanisme énumérés à cet article, au nombre desquels ne figurent les schémas directeurs d'aménagement des eaux » (CAA Douai, 25 sept. 2003, req. n° 00DA00657, *Assoc. Sauvegarde et Amélioration du cadre de vie et de l'environnement [SAVE]*).

Bibliographie : PRIET et autres, *Le nouveau droit des paysages : Annuaire des collectivités locales*, Litec, 1995, p. 457 à 530. – BOUYSSOU, *La protection des paysages naturels : Droit et Ville* 1996, p. 9. – MORAND-DEVILLER, *Environnement et paysage : AJDA* 1995, p. 588. – INSERGUET-BRISSET, *Les directives paysages : Petites affiches*, 2 déc. 1994. – PÉRINET-MARQUET, *Les directives territoriales d'aménagement : RFDA* 1995, p. 905. – BERSANI, *Les DTA, ou le retour de l'État gendarme : Ét. fonc.*, 1999, n° 83, p. 8. – DRIARD, *La mauvaise application d'une bonne idée : les directives territoriales d'aménagement : Constr. -urb.* 1999, chron. 6. – JACQUOT, *Les effets des DTA à l'égard des documents et des autorisations d'urbanisme* in *Les directives territoriales d'aménagement*, colloque IDEF-CREDECO, Nice 24-25 février 2000, *Droit et Ville*.

C. urb., art. L. 111-1-2 ***(L. n° 83-8, 7 janv. 1983 ; L. n° 86-972, 19 août 1986).— (Mots rempl., L. n° 2000-1208, 13 déc. 2000, art. 202-II)*** **« En l'absence de plan local d'urbanisme ou de carte communale » opposable aux tiers, ou de tout document d'urbanisme en tenant lieu, seules sont autorisées, en dehors des parties actuellement urbanisées de la commune :**

1° ***(Mots rempl., L n° 2008-590, 2 juill. 2003, art. 34-I)*** **« L'adaptation, le changement de destination, la réfection » ou l'extension des constructions existantes ;**

2° Les constructions et installations nécessaires à des équipements collectifs, à la réalisation d'aires d'accueil ou de terrains de passage de gens du voyage, ***(Mots aj., L. n° 2000-614, 5 juill. 2000, art. 8-1°)*** **« à la réalisation d'aires d'accueil ou de terrains de passage des gens du voyage, » à l'exploitation agricole, à la mise en valeur des ressources naturelles et à la réalisation d'opérations d'intérêt national ;**

3° Les constructions et installations incompatibles avec le voisinage des zones habitées et l'extension mesurée des constructions et installations existantes ;

4° Les constructions ou installations, sur délibération motivée du conseil municipal, si celui-ci considère que l'intérêt de la commune ***(Mots aj., L. n° 2000-1208, 13 déc. 2000, art. 33)*** **« , en particulier pour éviter une diminution de la population communale, » le justifie, dès lors qu'elles ne portent pas atteinte à la sauvegarde des espaces naturels et des paysages, à la salubrité et à la sécurité publique, qu'elles n'entraînent pas un surcroît important de dépenses publiques et que le projet n'est pas contraire aux objectifs visés à l'article L. 110 et** ***(Mots rempl., L. n° 95-115, 4 févr. 1995, art. 5-A-I)*** **« aux dispositions des chapitres V et VI du titre IV du livre I ou aux directives territoriales d'aménagement précisant leurs modalités d'application ».**

I. – Généralités

Principes. Cet article, entré en vigueur le 1er octobre 1984 (L. 7 janv. 1983, art. 4 et 38-II), a été très discuté lors du débat parlementaire. Il pose le principe général de constructibilité limitée du sol en dehors d'un document local de planification urbaine. Cependant, le texte définitif comporte de nombreuses exceptions, de sorte que le principe d'inconstructibilité est relativement illusoire. La doctrine administrative parle pudiquement « d'exceptions par nature » et « d'exceptions ponctuelles » à la règle de « constructibilité limitée ». Avec la loi SRU, on doit ajouter une nouvelle exception tirée d'un motif démographique, susceptible d'entraîner une application relativement compréhensive de la règle, ainsi qu'une nouvelle disposition propre à permettre aux communes de délivrer des autorisations nécessaires à la réalisations de zones d'accueil pour les gens de voyage. 0022

Repérage. L'identification des « parties actuellement non urbanisées de la commune » dans lesquelles la construction est désormais interdite, se fait de manière quasi photographique. L'exis- 0023 tence de terrains non construits, mais néanmoins desservis par des réseaux, ne peut modifier l'appréciation des parties actuellement non urbanisées (Rép. min. : *JOAN* 5 nov. 1984, p. 4891 ; *JCP* N 1985, Prat. 9341).

Cette analyse est confirmée par TA Nice, 30 juin 1986 : *D.* 1987, inf. rap. p. 251. Cf. aussi CAA Bordeaux, 8 nov. 2004, req. n° 00BX02866, *Préfet des Deux-Sèvres*. – CAA Bordeaux, 8 nov. 2004, req. n° 01BX02535, *Cne de Mênigoute*).

Lorsque s'applique le principe de constructibilité limitée, un certificat d'urbanisme négatif était délivré, alors même qu'existaient des exceptions à ce principe (CE, 9 oct. 1989, *Mme Steiner*. – CE, 12 févr. 1990, *Époux Caussade : D.* 1991, somm. p. 262, note Charles. – CE, 3 avr. 1991, *Waryn* ; dans le même sens, Rép. min. : *JOAN* 31 juill. 1989, p. 3409. – CE, 22 févr. 1993, *Renaudin*. – CE, 18 oct. 2002, req. n° 236056, *M. Dembele*).

Mais un certificat d'urbanisme positif devait au contraire être délivré, lorsqu'une construction préexistait, même si un changement de destination était envisagé, telle la transformation d'une ancienne caserne en discothèque (CE, 25 févr. 1998, *SCI les Peupliers : Rec. CE*, p. 62 ; *DA* 1998, n° 147).

Pour apprécier un terrain, il convient d'appréhender, le cas échéant, sa « configuration particulière » d'ensemble, et non une seule partie qui serait limitrophe d'avec une zone bâtie (CAA Bordeaux, 3 mai 2001, req. n° 97BX02393, *M. Turbe*).

0024 **Constructibilité limitée et carte communale.** Les nouvelles cartes communales issues de la loi SRU (art. L. 124-1 et s.) ont donc comme effet, à l'instar des PLU, d'écarter la règle contraignante de la constructibilité limitée. Toutefois, l'adoption d'une carte communale postérieurement à celle ce l'acte créant une zone de constructibilité limitée est sans incidence sur la légalité de celui-ci (CAA Bordeaux, 6 déc. 2004, req. n° 00BX01437, *Assoc. de sauvegarde de l'église de Castels*).

II. – Parties actuellement urbanisées

0025 **Réseaux.** Doit être considéré comme situé dans les « parties actuellement urbanisées » de la commune un terrain desservi par l'ensemble des réseaux, situé à moins de 200 mètres d'une dizaine de maisons, même si ces dernières se localisent de l'autre côté d'un chemin départemental, dès lors qu'il n'apparaît pas « qu'elles occupent un compartiment de terrain nettement différent » (CE, 21 juin 1989, *Ronat : DA* 1989, n° 427) ; ou encore un terrain séparé d'une zone bâtie par une bande de terre étroite à usage agricole desservi par l'ensemble des réseaux publics à l'exception de l'assainissement (CAA Bordeaux, 6 déc. 2001, req. n° 98BX00607, *Sec. d'État au Logement*).

0026 **Bâtis dense.** S'il existe déjà un nombre suffisant d'habitations, avec voie d'accès, le secteur doit être considéré comme une « partie actuellement urbanisée » au sens du présent article (CE, 30 oct. 1987, *Mme Cadel : RD imm.* 1988, p. 93 ; *Rec. CE*, T, p. 1014. – CE, 11 juill. 1988, *Min. Équip.* c/ *Bricaud*. – CE, 26 juin 1989, *Ronat : DA* 1989, n° 427) cf. également pour une parcelle aux 3/4 bordée d'habitations et limitrophe d'une voie communale (CAA Nancy, 21 oct. 2004, req. n° 01NC00447, *Préfet du Doubs*).

Bien qu'un hameau soit excentré par rapport au centre du village et que les constructions qui le composent soient plus espacées à sa périphérie qu'en son centre, ces constructions sont toujours suffisamment proches les unes des autres pour que ce hameau soit regardé comme constituant dans son ensemble et à lui seul une partie urbanisée de la commune (CAA Lyon, 21 oct. 2003, req. n° 99LY01753, *Min. Équipement* c/ *Detraz*).

0027 **Bâti équipé.** Il en est de même pour une zone viabilisée, située entre deux hameaux, comportant des constructions proches (CE, 9 mars 1990, *Min. Équip.* c/ *Époux Cedelle*. – CE, 25 avr. 1990, *Mlle Cuenin*), même si les constructions sont de l'autre côté du chemin rural, à une cinquantaine de mètres (CE, 20 juill. 1990, *Min. Équip.* c/ *GFA « Les Nougers »*). Dans le même sens (CE, 7 déc. 1990, *Bouvier*. – CE, 22 mars 1991, *Mlle Velay*. – CE, 20 sept. 1991, *Pelloux*).

0028 **Opération groupées.** De même, constitue une partie actuellement urbanisée de la commune, un groupe de parcelles supportant des constructions, et desservies par des réseaux d'eau, d'électricité, d'assainissement et de téléphone (CE, 10 juin 1992, *Préfet du Jura*) ou une maison de maître, entourée d'un parc, bordée de constructions sur trois côtés (CE, 8 oct. 1993, *Cne de Grigny*), ou un terrain à proximité immédiate d'un lotissement (CAA Nancy, 24 mars 1994, *Mme Bongni : BJDU* 4/1994, p. 21, concl. Pietri) ou encore un hameau de 12 maisons desservi en eau et électricité (TA Rennes, 2 mars 1996, *Leroy : Gaz. Pal.* 21 juin 1996), ou pour un terrain desservi par les réseaux, dans une zone comportant un nombre suffisant de constructions, malgré l'éloignement du bourg (CAA Lyon, 20 janv. 1998, *Roméas : Gaz. Pal.* 17 mars 1999).

Éloignement. En revanche, l'éloignement des autres constructions, ou l'absence de réseaux, exclut la notion de « parties actuellement urbanisées ». Ainsi, CE, 6 avr. 1990, *Montana*, pour un abri de caravanes à proximité d'une rivière, sur un terrain entouré de prés et de bois, séparé du village par une voie ferrée et une dénivellation de 40 mètres. Pour une parcelle située à 100 mètres environ d'un noyau villageois dont elle est séparée par un terrain formant une dépression et créant ainsi une coupure : CAA Marseille, 3 juin 2004, req. n° 01MA00883, *Min. de l'Equipement*. – CE, 20 juill. 1990, *Mme Fuchs-Blanchot*, pour un terrain non desservi. – TA Lyon, 28 déc. 1988, *Dame Stien : Gaz. Pal.* 1990, 1, somm. 65. – CE, 10 juin 1991, *Letombe*, en raison du nombre insuffisant d'habitations malgré la présence et la desserte de quelques maisons. – CE, 26 nov. 1990, *SNCC Espo : DA* 1990, 51, pour une propriété de 45 ha, en grande partie boisée et vierge de toute construction, malgré la présence des réseaux. – CE, 31 juill. 1992, *Ninzoli*, en cas de préexistence de constructions dispersées (cf aussi CAA Marseille, 17 juin 2004, req. n° 00MA01342, *Préfet de la Corse du Sud*). – CE, 19 nov. 1993, *Houllemare : DA* 1993, 586, à 350 mètres d'un hameau. – CE, 13 oct. 1993, *Garrigout*, à 150 mètres de l'agglomération. – CE, 8 nov. 1995, *Lenotre*, pour un terrain à 200 mètres d'un hameau, malgré l'annulation d'un précédent refus de permis de construire. – CE, 1er mars 1996, *Gervois*, pour un terrain à 1 kilomètre du bourg, dans un secteur où ne préexistent que 2 maisons. 0029

Localisation. Le juge de cassation ne retient aucune erreur de droit dans l'arrêt de cour administrative d'appel qui définit les parties actuellement urbanisées par les critères de localisation et de dimension de la parcelle (CE, 26 juill. 1996, *Pruvost : Rec CE*, T, non paru à ce jour ; *BJDU* 4/1996, p. 290, concl. Combrexelle), ou par les critères de la distance du bourg et du nombre suffisant de constructions alentour (CE, 27 juin 1997, *Amsellem*). 0030

Légalité d'un refus de certificat d'urbanisme négatif pour un terrain de 17 800 m^2 formant un vaste espace naturel, une partie de ce terrain étant en voisinage avec des constructions d'un hameau et donc susceptible d'être considérée comme comprise dans les parties urbanisées de la commune, alors qu'il n'en est pas de même pour la plus grande partie (CAA Lyon, 3 févr. 2004, req. n° 00LY02177, *Mme Singre*).

III. – Exceptions par nature

Les exceptions par nature. Échappent à la règle de constructibilité limitée les cas suivants : 0031

L'adaptation, la réfection ou l'extension des constructions existantes. Des évolutions de ces constructions sont admises dans la mesure où la nature de l'occupation du sol n'est pas modifiée fondamentalement. Les projets concernés sont le plus souvent, par exemple, l'extension d'une habitation par l'adjonction d'une pièce ou d'une véranda, la surélévation d'un bâtiment, l'adjonction d'un garage, l'équipement de gîtes ruraux (mais la possibilité d'extension de constructions existantes ne s'étend pas à la possibilité de construction nouvelle sur un terrain supportant déjà une construction, TA Versailles, 21 mars 1986, *Époux Lagarde : DA* 1986, n° 371. – TA Amiens, 21 mars 1988, *Torrents* c/ *Préfet de l'Oise : Gaz. Pal.* 1989, 1, somm. 231, ni à une reconstruction sur fondations existantes, TA Lyon, 15 juin 1990, *Tersigny : Gaz. Pal.* 22 mai 1991 ; *D.* 1991, somm. p. 255, note Charles. – CE, 13 mai 1992, *Fernandez*) ou en cas de transformation d'un abri de 20 mètres carrés en maison de 118 mètres carrés (CE, 10 juin 1992, *Min. Équip.* c/ *Wlocka*). Seule est admise la modification de l'aspect ou du volume d'une construction existante (TA Versailles, 21 mars 1986, *Époux Lagarde : DA* 1986, 37), ou l'extension, même importante (TA Dijon, 28 oct. 1986, *Bolhosa*, dans le cas du doublement de la surface. – TA Besançon, 2 juin 1993 : *DA* 1993, p. 367), ou le changement d'affectation (CE, 25 févr. 1998, *SCI les Peupliers : Rec. CE*, p. 62 ; *DA* 1998, n° 147. – TA Grenoble, 13 mai 1998, *Armanich* : *BJDU* 5/1998, p. 330).

0032 **Transformation de bâtiments.** La transformation d'une ancienne grange, située à environ 2 kilomètres du village, comportant réfection et surélévation de la toiture, agrandissement des ouvertures de la façade, percement de quelques ouvertures supplémentaires et un réaménagement des espaces intérieurs, constitue une réfection d'une construction existante (CE, 28 sept. 1994, *Min. Équip.*). Mais les travaux portant de 20 à 146 m² la SHON d'une construction existante ne constituent pas une extension échappant au principe de constructibilité limitée (CE, 8 juin 1994, *Lecoq et Roux – Michon*) de même que les travaux portant une construction légère de 20 m² à 440 m² pour en faire un restaurant dans un alpage (CE, 15 avr. 1996, *Bonnet*).

0033 **Équipements collectifs.** Les constructions et installations nécessaires à des équipements collectifs, à l'exploitation agricole, à la mise en valeur des ressources naturelles ou à la réalisation d'opérations d'intérêt national.

Il s'agit de projets ayant une contrainte de localisation de par leur fonction. C'est le cas de bâtiments agricoles tels que hangars, silos, fermes nouvelles, de bâtiments forestiers tels que scieries, maisons de garde, des bâtiments liés à des carrières, des mines ou des exploitations agricoles, de certaines installations nécessaires à l'accueil de touristes hors des zones habitées comme les chalets de randonnée ou les refuges, des stations-service sur les itinéraires en rase campagne et, d'une façon générale, de tout équipement public se situant ordinairement hors des agglomérations tel que stations de pompage, relais hertziens... L'exception ne joue que si la construction agricole est réellement nécessaire (CAA Bordeaux, 28 mai 1998, *Vignal : BJDU* 1/1999, p. 60) ou si le projet se rapporte effectivement à l'activité agricole (exemple négatif : deux bâtiments d'usage de remise de matériel agricole et à usage de stockage de farine pour élevage de sanglier mais dans le cadre d'un parc de chasse avec hébergement saisonnier des sangliers, CAA Nantes, 28 déc. 2001, req. n° 99NT02421, *Min. Équip. c/ Touzalin*).

0034 **Exploitation agricole.** La construction d'un petit édifice dont il ne peut être établi qu'il est nécessaire à l'exploitation de terrains ou propre à une activité d'apiculture ne peut bénéficier des dispositions de l'article L. 111-1-2 (CAA Lyon, 8 oct. 2002, req. n° 98LY00176, *M. Viret : BJDU* 1/2003, p. 66). Dans l'appréciation de l'existence d'un lieu de nécessité entre la construction envisagée et l'exploitation agricole, l'autorité compétente n'a pas à prendre en compte le critère de rentabilité économique de l'exploitation (CAA Marseille, 23 septembre 2004, req. n° 00MA00726, *Cne de Mont Ferrer*).

0035 **Gens du voyage.** À ces cas, peuvent être assimilés, lorsque les espaces nécessaires n'ont pu être dégagés à l'intérieur des parties actuellement urbanisées, les équipements nécessaires à l'accueil des gens du voyage telles que les aires de stationnement. La loi relative à l'accueil des gens du voyage explicite cette exception par nature.

0036 **Nuisances.** Les constructions et installations incompatibles avec le voisinage des zones habitées et l'extension mesurée desdites constructions et installations. Il peut s'agir d'une usine de traitement des ordures ménagères, d'une station d'épuration, d'une décharge, d'activités classées particulièrement polluantes, incommodes ou dangereuses comme la taille de pierre, une poudrerie, etc.

0037 **Décharge.** La jurisprudence confirme qu'une décharge échappe, par nature, au principe de constructibilité limitée (CE, 23 déc. 1988, *Assoc. de défense pour la protection de l'environnement de la région de Miremont*, req. n° 82863).

0038 **Exception par nature.** Si le projet de construction relève des exceptions par nature, le permis peut être accordé si le règlement national d'urbanisme et les autres règles le permettent.

IV. – Exceptions ponctuelles

0039 **Exceptions ponctuelles.** La loi du 19 août 1986 a présenté les « exceptions ponctuelles » sous la forme du 4e alinéa du présent article, et les a ainsi mises sur le même plan que les exceptions « par nature » au principe de constructibilité limitée. Cette présentation n'est pas purement formelle ; elle correspond au vœu du Sénat de priver le préfet de tout pouvoir d'appréciation sur la délibération du conseil municipal. Comme précédemment, le préfet contrôle dans ce cas le respect des normes supérieures, mais cette vigilance présente une coloration purement objective, alors que l'ancien texte indiquait que le représentant de l'État « estime » si ces normes sont respectées (V. Bouyssou, *L'été 86 en droit de l'urbanisme : AJDA* 1986, p. 62. – Hubrecht, *La réforme de la constructibilité limitée : Droit et Ville* 1987, n° 23, p. 145). En outre, des constructions (au pluriel) peuvent être autorisées au titre des exceptions ponctuelles (Rép. min. : *JOAN* 2 févr. 1987, p. 532 ; *JCP* 1987, Prat. 209).

Principes. La rédaction de l'article L. 111-1-2 antérieure à la loi SRU consacre les principes inscrits dans le règlement national d'urbanisme et qui sont depuis longtemps l'un des fondements de la politique nationale d'aménagement et de valorisation de l'espace rural. La lutte contre le mitage, la préservation et la revalorisation des espaces naturels, agricoles et forestiers, l'utilisation rationnelle des sols, la salubrité, la sécurité publique, la gestion économe des finances publiques demeurent des enjeux importants pour notre pays. 0040
Mais cela ne doit pas conduire à négliger d'autres objectifs importants à l'échelle de la commune. Lutter contre le dépeuplement des campagnes, permettre aux jeunes générations de rester vivre au pays en habitant des constructions dotées du confort moderne, accueillir quelques constructions et activités nouvelles, maintenir en milieu rural un réseau d'artisans dans le domaine du bâtiment sont des aspirations légitimes qu'il faut s'efforcer de pouvoir satisfaire dans le respect des grands principes d'aménagement précédemment énoncés.
C'est la raison pour laquelle les possibilités de suspension ponctuelle des effets de la règle de constructibilité limitée ont été élargies. Ce ne sont plus une mais des constructions ou installations qui peuvent être autorisées en dehors des parties actuellement urbanisées de la commune, ce qui, par exemple, rend possible la réalisation d'un petit lotissement. Le regroupement de constructions nouvelles en petits hameaux devrait être ainsi favorisé (Circ. 9 nov. 1987).

Pouvoirs du conseil municipal. Dans le cadre de l'instruction d'une demande de permis de construire, le conseil municipal peut être amené à se prononcer favorablement sur le projet. La délibération expose alors que l'accord du conseil municipal sur la demande est motivé par l'intérêt de la commune (CAA Douai, 24 juin 2004, req. n° 00DA00667, *Préfet du Pas-de-Calais*). La nouvelle formulation de l'article L. 111-1-2 énonce clairement que le conseil municipal est le seul juge de l'intérêt de la commune et de l'opportunité qu'il trouve à la suspension ponctuelle de la règle de constructibilité limitée. Le préfet ne peut donc, sur ces points précis, lui substituer sa propre appréciation. 0041

Administration compétente. À l'issue de l'instruction, la décision est prise selon les cas par le préfet ou par le maire, agissant l'un et l'autre au nom de l'État. L'État qui assume la responsabilité juridique et contentieuse de cette décision se doit à l'évidence de respecter scrupuleusement la lettre et l'esprit de la réglementation de l'urbanisme. Si le préfet doit tenir le plus grand compte d'une délibération d'un conseil municipal qui aura été ainsi conduit à prendre clairement ses responsabilités en ce qui le concerne, il doit, avant de prendre sa décision, s'assurer que cette délibération satisfait aux conditions fixées par la loi (sauvegarde des espaces naturels et des paysages, salubrité et sécurité publiques, absence de surcoût important pour les finances publiques) et donc ne comporte pas une erreur d'appréciation que le juge administratif pourrait sanctionner (Circ. 9 nov. 1987). 0042

Voir aussi : Sur la constructibilité limitée, la circulaire du 10 mars 1988 : *JCP* N 1988, Prat. 525.

Exception d'illégalité du POS. Selon le tribunal administratif de Versailles, le principe de constructibilité limitée ne s'applique pas, en cas de déclaration d'illégalité d'un POS par voie d'exception (TA Versailles, 22 mai 1987, *Mme Seltz c/ Cne de Rubelles : AJDA* 1987, p. 674, concl. Arrighi de Casanova). 0043

Critère personnel. Le Conseil d'État admet la légalité d'une « exception ponctuelle » au principe de constructibilité limitée, au profit d'une construction projetée par un fonctionnaire local, ce qui 0044 suscite une critique doctrinale, la faveur paraissant octroyée en considération de la personne, ce qui semble anormal, tant en considération du principe d'égalité des citoyens devant la loi que du caractère réel du droit de l'urbanisme (CE, 25 nov. 1988, *Min. Équip.* c/ *Stauffer : AJDA* 1989, p. 264, note Bouyssou). Est bien fondée une exception ponctuelle au profit de la construction d'un entrepôt de 14 000 m², la réalisation de ce projet devant créer une centaine d'emplois (CE, 29 juin 1994, *Monsieur et Madame Pierrard et autres*).

0045 **Parc ludique.** Une réponse ministérielle admet la localisation d'un parc résidentiel de loisirs, comportant des habitations légères de loisirs, au titre de l'exception ponctuelle, mais préconise plutôt l'élaboration d'une carte communale, en cas de pression touristique de cette nature (Rép. min. : *JOAN* 10 août 1987, p. 4565 ; *JCP* 1987, Prat. 361).

0046 **Risques sur le permis de construire.** Le permis de construire délivré en vertu d'une exception ponctuelle est annulé, si la délibération ne repose sur aucun motif d'intérêt général (CE, 12 oct. 1992, *Duick*).

0047 **Motivation insuffisante.** Est illégale la délibération retenant l'intérêt général de la commune, sans motivation spécifique et explicite ; il ne suffit pas d'indiquer que la construction ne compromet pas les terres agricoles (TA Limoges, 19 nov. 1992, *Muel* c/ *Préfet de la Corrèze : Gaz. Pal.* 10 déc. 1993).

Est également illégale une délibération qui ne mentionne pas l'intérêt qui résulterait pour la commune de l'implantation d'un mobile home et les raccordements de celui-ci aux réseaux (CAA Bordeaux, 29 juin 2004, req. n° 00BX00594, *M. Abela*). Mais dès lors qu'il émane du dossier que le projet envisagé (implantation d'une maison d'habitation proche d'un abattoir avicole et d'un élevage bovin) ne porte atteinte ni à la sauvegarde des espaces naturels et des paysages ni n'entraîne un surcoût excessif des dépenses communales, et ne porte nullement atteinte par ailleurs à la salubrité publique, la délibération est dès lors suffisamment motivée (CAA Douai, 24 juin 2004, req. n° 00DA00756, *Cts Destrez*).

0048 **Ampleur des projets immobiliers concernés.** Malgré la doctrine administrative qui admet la pluralité des constructions, par exception ponctuelle, le Conseil d'État annule le permis de construire délivré, par exception intervenue sur délibération du conseil municipal, pour 65 logements, constituant la première tranche d'un centre de vacances de 350 logements (CE, 2 avr. 1993, *Cne de Saint Martial d'Albarède : DA* 1993, 252 ; *Rec. CE,* p. 97). De même, une autorisation de lotissement doit être refusée hors des parties actuellement urbanisées, dès lors que le terrain ne se situe pas « dans la continuité immédiate d'une zone urbanisée » (CE, 27 janv. 1993, *Meslin*). Est également annulé le permis de lotir en 300 lots un projet de golf envisagé sur 61 hectares, malgré le prétendu motif d'intérêt général (TA Toulouse, 23 févr. 1995, *Mlle Cavaillès*), et le projet de construction de 60 et 53 maisons individuelles sur un site de 35 hectares, en partie boisé (CAA Paris, 18 mars 1997, *Sté Kauffman et Broad : BJDU* 3/1997, p. 225).

Bibliographie : HUBRECHT, *La constructibilité en 1986 : l'adoption d'une nouvelle conception de la planification urbaine : Droit et Ville* 1987, n° 23, p. 146. – PÉRINET-MARQUET, *La réforme de la règle de la constructibilité limitée : Defrénois* 1987, p. 148. – YOUSRI, *La constructibilité limitée à l'épreuve des tribunaux : Mon. TP* 1er avril 1988, ministère de l'Équipement, *La règle de constructibilité limitée, jurisprudence administrative illustrée,* septembre 1989.

C. urb., art. L. 111-1-3 ***(L. n° 83-8, 7 janv. 1983 ; L. n° 83-663, 22 juill. 1983 ; L. n° 86-841, 17 juill. 1986 ; L. n° 86-972, 19 août 1986 ; mod., L. n° 95-115, 4 févr. 1995, art. 5-A-II ; ab., L. n° 2000-1208, 13 déc. 2000, art. 202-XXXIX).***

C. urb., art. L. 111-1-3 ancien. — Nonobstant les dispositions de l'article L. 111-1-2, les constructions ou installations peuvent être autorisées par le représentant de l'État ou par le maire au nom de l'État si le conseil municipal a, conjointement avec le représentant de l'État, précisé les modalités d'application des règles générales d'urbanisme prises en application de l'article L. 111-1 sur tout ou partie du territoire de la commune.

Le projet ne doit pas être contraire aux objectifs visés à l'article L. 110 et aux dispositions des chapitres V et VI du titre IV du livre Ier et aux directives territoriales d'aménagement précisant leurs modalités d'application du présent code.

Les dispositions du présent article peuvent s'appliquer sur le territoire d'une commune pendant une durée maximale de quatre ans à compter de la date à laquelle le conseil municipal a précisé les modalités d'application de l'article L. 111-1, conformément au premier alinéa du présent article.

L'article L. 111-1-3 relatif aux cartes communales a été abrogé. Ayant souhaité ériger ces cartes en de véritables documents d'urbanisme, le législateur a créé un chapitre nouveau (chap. IV, art. L. 124-1 à L. 124-4) qui leur est intégralement consacré. 0049

C. urb., art. L. 111-1-4 ***(L. n° 83-8, 7 janv. 1983 ; L. n° 85-30, 9 janv. 1985 ; L. n° 85-696, 11 juill. 1985 ; L. n° 86-2, 3 janv. 1986 ; rempl., L. n° 95-101, 2 févr. 1995, art. 52-I ; modifié, L. n° 2000-1208, 13 déc. 2000, art. 12 et 202, III).*** **— En dehors des espaces urbanisés des communes, les constructions ou installations sont interdites dans une bande de cent mètres de part et d'autre de l'axe des autoroutes, des routes express et des déviations au sens du Code de la voirie routière et de soixante-quinze mètres de part et d'autre de l'axe des autres routes classées à grande circulation.**

Cette interdiction ne s'applique pas :

– aux constructions ou installations liées ou nécessaires aux infrastructures routières ;

– aux services publics exigeant la proximité immédiate des infrastructures routières ;

– aux bâtiments d'exploitation agricole ;

– aux réseaux d'intérêt public.

Elle ne s'applique pas non plus à ***(Mots remplacés, L. n° 2003-590, 2 juill. 2003, art. 34, II)*** **« l'adaptation, au changement de destination, à la réfection ou à » l'extension de constructions existantes.**

(Deux alinéas remplacés par trois alinéas, L. n° 2005-157, 23 févr. 2005, art. 200) **Le plan local d'urbanisme, ou un document d'urbanisme en tenant lieu, peut fixer des règles d'implantation différentes de celles prévues par le présent article lorsqu'il comporte une étude justifiant, en fonction des spécificités locales, que ces règles sont compatibles avec la prise en compte des nuisances, de la sécurité, de la qualité architecturale, ainsi que de la qualité de l'urbanisme et des paysages.**

(Alinéa issu, L. n° 2005-157, 23 févr. 2005, art. 200) **Dans les communes dotées d'une carte communale, le conseil municipal peut, avec l'accord du préfet et après avis de la commission départementale des sites, fixer des règles d'implantation différentes de celles prévues par le présent article au vu d'une étude justifiant, en fonction des spécificités locales, que ces règles sont compatibles avec la prise en compte des nuisances, de la sécurité, de la qualité architecturale, ainsi que de la qualité de l'urbanisme et des paysages.**

(Alinéa issu, L. n° 2005-157, 23 févr. 2005, art. 200) **Il peut être dérogé aux dispositions du présent article, avec l'accord du préfet, lorsque les contraintes géographiques ne permettent pas d'implanter les installations ou les constructions au-delà de la marge de recul prévue au premier alinéa, dès lors que l'intérêt que représente pour la commune l'installation ou la construction projetée motive la dérogation.**

Origine. Ce texte, issu de la loi n° 95-101 du 2 février 1995 et entré en vigueur le 1er janvier 1997, interdit en principe l'édification de toute construction aux abords des grands axes routiers à l'entrée des villes. 0050

Il prévoit des exceptions.

Il autorise les plans d'occupation des sols à déroger à l'interdiction.

Le but du législateur est de provoquer une réflexion architecturale sur les « entrées de ville » et non de prescrire une interdiction systématique (Circ. n° 96-32, 13 mai 1996, commentant l'ensemble du présent article : *Mon. TP* 31 mai 1996).

Principe. Le caractère urbanisé d'un espace au sens de cet article doit s'apprécier objectivement, indépendamment des règles d'urbanisme qui s'y appliquent : CE, 17 déc. 2004, req. n° 257738, *Préfet d'Ile et Vilaine* (pour une parcelle qualifiée de non urbanisée, nonobstant son inclusion dans une zone UEc d'un POS). 0051

0052 **Champ d'application.** Entrent dans le champ d'application de l'article L. 111-1-4 les routes départementales dès lors qu'elles obéissent au classement des voies à grande circulation (CAA Nancy, 13 déc. 2001, req. n° 99NC00413, *Mme Debré*). En revanche, cet article n'est pas opposable aux autorisations d'urbanisme commercial, du fait de l'indépendance des législations (CE, 22 nov. 1999, req. n° 194435, *Union commerciale économie et commerce Trévoltien : Gaz. Pal.* 17-18 nov. 2000 ; *Dr. adm.* 2000, n° 25).

Constituent une entrée de ville, au sens de cet article, des terrains situés de part et d'autre d'une route départementale, qui sont vides de toute construction et dont la superficie et la configuration doivent être retenues pour une telle qualification (CAA Paris, 18 mars 2003, req. n° 00PA00250, *Cne de Voisins-le-Bretonneux : JCP* A 2003, p. 835, obs. Demouveaux).

0053 **Effets divers.** La servitude résultant de l'article L. 111-1-4 n'a pas à être mentionnée dans un dossier d'enquête publique de travaux routiers (CE, 6 juin 2001, *Assoc. de défense de la plaine de la Gardonnerie : AJDI* 2002, p. 18, chron. Gilbert et Simonet). En revanche, un zonage de POS irrégulièrement fixé au regard des dispositions de l'article L. 111-1-4 doit conduire l'administration qui en est à l'origine à abroger la disposition illégale, le refus d'y procéder étant lui-même irrégulier (TA Marseille, 21 sept. 2000, req. n° 00-1067, *M. Cioni : AJDI* 2001, p. 405, note Château-Reynaud).

0054 **Contrôle des exceptions.** Afin d'admettre la constructibilité, le juge vérifie si le règlement du POS comporte, en matière d'environnement et de qualité architecturale, des dispositions rendant possible l'une des exceptions législatives (CAA Paris, 30 janv. 2001, req. n° 00-2622, *Cne de Fontainebleau : BJDU* 4/2001, p. 258, concl. Massias. – CAA Nantes, 23 mars 2003, req. n° 99NT02190, *Cne de St-Père-Marc-en-Poulet : BJDU* n° 2/2003, p. 79, concl. Lalauze).

0055 **Exceptions au principe.** Les exceptions qu'il comporte sont analogues à l'une des rubriques des exceptions par nature au principe de constructibilité limitée (art. L. 111-1-2) et aux « Bourgs, villages ou hameaux existants de la loi montagne » (art. L. 145-3). V. Rép. min. : *JOAN* 3 juin 1996, p. 2995 ; *BJDU* 5/1998, p. 396.

Mais les aires d'accueil pour les gens du voyage, lesquelles doivent être correctement desservies par des infrastructures routières, ne sauraient être regardées comme exigeant la proximité immédiate de telles infrastructures (CAA Marseille, 7 mai 2003, req. n° 00MA01251, *Cne de Béziers*).

Voir aussi : C. urb., art. L. 111-1-2, p. 7 et C. urb., art. L. 145-3, p. 108.

0056 **Novation de la loi SRU.** La loi SRU étend aux communes non dotées d'un plan local d'urbanisme la possibilité d'autoriser l'urbanisation dans les entrées de ville dès lors qu'une étude complète visée par le nouvel alinéa a reçu l'accord de la commission départementale des sites et qu'elle est jointe à la demande d'autorisation du projet. Ce texte nouveau est à mettre en relation avec l'article L. 122-1, alinéa 4 relatif aux SCOT lesquels doivent également définir des objectifs relatifs « à la mise en valeur des entrées de ville ».

Sur les modalités permettant de lever la règle d'inconstructibilité grâce à la mise en place d'une carte communale (Rép. min. AN : *JO* 26 mars 2001, p. 1851).

Bibliographie : LE COQ, *La question des entrées de ville : Gaz. Pal.* 26 mars 1997. – PLANCHET, *L'article L. 111-1-4 du Code de l'urbanisme, une nouvelle forme de contrainte d'urbanisme : RFDA* 1998, p. 827 ; Ministère de l'Équipement, *Entrée de ville et article L. 111-1-4* (1997).

C. urb., art. L. 111-2 *(Anc. art. L. 110-2 dénuméroté, L. n° 75-1328, 31 déc. 1975 ; mod., L. n° 85-1273, 4 déc. 1985).* — Les propriétés riveraines des voies spécialisées non ouvertes à la circulation générale et, notamment, des autoroutes, voies de défense de la forêt contre l'incendie, pistes pour cyclistes et sentiers de touristes ne jouissent pas des droits reconnus aux riverains des voies publiques.

Les dispositions applicables auxdites voies et notamment les conditions dans lesquelles l'exercice de certains droits pourra être accordé aux riverains sont déterminées, soit par l'acte déclarant d'utilité publique l'ouverture de la voie, soit par des décrets en Conseil d'État.

0057 **Principe.** Les riverains de ces voies spécialisées sont privés du droit d'accès direct, qui constitue traditionnellement une « aisance de voirie ». L'interdiction d'accès remonte à la loi n° 55-435 du

18 avril 1955 (art. 3), en ce qui concerne les autoroutes (C. voirie routière, art. L. 122-2) et au décret-loi du 24 mai 1938 en ce qui concerne les déviations de routes nationales classées grands itinéraires (C. voirie routière, art. L. 152-2) ; en outre, les voies de contournement autres que les grands itinéraires font l'objet d'une interdiction d'accès (D. 8 sept. 1958, mod. D. 11 sept. 1962 et 20 mars 1967. – C. voirie routière, art. L. 152-1. – Allard et Kienert, *Le droit administratif du domaine public et de la voirie*, 1972, p. 98).

Voies expresses. De même, les riverains des voies expresses ne jouissent pas du droit d'accès (L. n° 69-7, 3 janv. 1969, art. 3. – C. voirie routière, art. L. 151-3) ; c'est un décret qui confère le caractère de « route express » à certaines voies, et les accès existants ne peuvent être supprimés qu'à dater de la réalisation du désenclavement (D. n° 70-759, 18 août 1970, art. 4). 0058

Voir aussi : Sur l'interdiction d'accès pour les routes express et déviations, Circ. n° 94-15, 7 février 1994 (*BOME* n° 94/6).

Conditions d'accès. Lorsque l'accès est permis, l'administration des Ponts et Chaussées soutient que chaque propriétaire n'a droit qu'à un seul accès charretier (Allard et Kienert, *op. cit.*). Des conditions spéciales d'accès aux voies publiques peuvent être imposées dans l'intérêt de la sécurité publique, lors de la délivrance du permis de construire. 0059

Voir aussi : C. urb., art. R. 111-4, p. 488.

Permis de construire. Un permis de construire est légalement refusé pour défaut d'accès à une déviation routière classée route à grande circulation (CE, 2 mai 1980, *SA Océdisco : Rec. CE*, T, p. 933 ; *Dr. adm.* 1980, n° 216). 0060

Document d'urbanisme. Il a été jugé qu'un POS pouvait, par lui-même, créer une interdiction d'accès à une voie publique ; mais l'arrêt n'est pas probant, et sa rédaction demeure équivoque, car il s'agissait en l'espèce d'une rocade, pour laquelle la prohibition pouvait se fonder – indépendamment des règles propres au POS – sur le décret du 8 septembre 1958 (CE, 21 mai 1981, *Servouze : D.* 1981, p. 248, note Liet-Veaux). 0061

Bibliographie : Sur le problème des constructions desservies par des voies privées, Bouyssou, *Voies privées et permis de construire : RFDA* 1985, p. 901. – Singer, *Les droits d'accès et de vue des riverains des voies publiques : AJDA* 1965, I, p. 260.

C. urb., art. L. 111-3 ***(Anc. art. L. 110-3 dénuméroté, L. n° 75-1328, 31 déc. 1975 ; mod., D. n° 76-267, 25 mars 1976 ; rempl., L. n° 2000-1208, 13 déc. 2000, art. 207).*** **— La reconstruction à l'identique d'un bâtiment détruit par un sinistre est autorisée nonobstant toute disposition d'urbanisme contraire, sauf si la carte communale ou le plan local d'urbanisme en dispose autrement, dès lors qu'il a été régulièrement édifié.**

(Al. créé, L. n° 2005-509, 2 juill. 2003, art. 1er) **Peut également être autorisée, sauf dispositions contraires des documents d'urbanisme et sous réserve des dispositions de l'article L. 421-5, la restauration d'un bâtiment dont il reste l'essentiel des murs porteurs lorsque son intérêt architectural ou patrimonial en justifie le maintien et sous réserve de respecter les principales caractéristiques de ce bâtiment.**

Fondement. La loi SRU a consacré une pratique antérieurement répandue dans certaines réglementations locales d'urbanisme de possibilité de reconstruire des bâtiments détruits du fait de sinistres. 0062
Désormais, l'article L. 111-3 inverse le principe et pose que le droit commun est de consacrer un droit à la reconstruction « nonobstant toute disposition d'urbanisme contraire ».

Bâtiments restaurés. Le second alinéa ajouté par la loi nouvelle du 2 juillet 2003, dès lors que les conditions minimales de desserte des réseaux sont réunies, permet utilement d'ajouter au critère du sinistre celui de la vétusté naturelle d'un bâtiment, afin d'en permettre la reconstruction. 0063

Champ d'application. En matière de sinistre, trois conditions doivent être réunies pour autoriser une reconstruction : 0064

– que les immeubles détruits aient été régulièrement édifiés. Il s'agira alors soit d'un bâtiment qui a été édifié conformément à une autorisation d'urbanisme devenue définitive, soit d'un bâtiment qui a été édifié avant l'institution des autorisations d'urbanisme (Rép. min. : *JOAN* 28 janv. 2002, p. 472 ; *JOAN*, 17 mars 2003, p. 2040). En tout état de cause, la légalité d'un PC portant sur le bâtiment détruit ne peut utilement être remis en cause à l'occasion de la délivrance d'une nouvelle autorisation sur le fondement de l'article L. 111-3 (CE, 5 mars 2003, req. n° 252422, *M. Nicolas Lepoutre : BJDU* n° 1/2003, p. 13, concl. Stahl ; *Constr.-urb.* juill.-août 2003, p. 23, obs. Cornille ; *RD imm.* 2003, p. 371).

Cette définition de l'administration centrale est doublement discutable ce que d'une part elle privilégie l'autorisation délivrée et non la réalisation conforme de d'immeuble et, d'autre part, en ce qu'elle induit une très longue conservation des archives des dossiers de permis en totale méconnaissance avec la pratique actuelle ;

– que le document d'urbanisme local (plans ou carte communale) ne l'exclut pas. On peut, en effet, imaginer que des zones permettent une telle reconstruction tandis que d'autres l'excluent expressément. Le juge a également considéré que l'article L. 111-3 permettait de passer outre les dispositions d'un règlement sanitaire départemental (bâtiment d'élevage reconstruit après sinistre) (CE, 30 déc. 2002, req. n° 214850, *M. Boissond : BJDU* n° 2/2003, p. 82, concl. Chauvaux) ;

– que la destruction des bâtiments à reconstruire soit due à un sinistre, c'est-à-dire provenant d'un événement soit accidentel (incendie, explosion...) soit résultant d'un état de catastrophe naturelle (avalanche, inondation, glissement de terrain...).

Sur ce troisième critère, le juge administratif a exclu de la catégorie des sinistres des travaux de démolitions rendues nécessaires par l'instabilité du bâtiment dès lors qu'il était possible d'envisager des conséquences de ces travaux, eu égard à l'état dégradé du bâtiment existant (CAA Lyon, 27 févr. 1996, req. n° 93LY0110, *Carlizza*. – CAA Marseille, 21 mars 2002, req. n° 98MA01738, *Cne Nîmes*) ou encore des travaux de démolition totale d'un bâtiment alors que le maître d'ouvrage ne disposait que d'un permis de démolir partiel (CE, *Cne Croissy-sur-Seine : D.* 1993, II, p. 45, note Gilli).

Lorsque les conditions précitées sont remplies, l'autorité administrative est alors tenue de délivrer le permis de construire sollicité (TA Pau, 23 oct. 2003, req. n° 01-2170, *M. Seguette : BJDU* n° 6/2003, p. 406).

0065 **Modalités de mise en œuvre.** En cas de reconstruction à l'identique possible au regard des critères évoqués ci-dessus, l'obtention préalable d'un permis de construire, permettant notamment de contrôler le projet avec les documents administratifs du bâtiment démoli, est exigée : cette solution est constante avant la loi SRU (CE, 9 déc. 1994, req. n° 1226360, *Lesai*. – CAA Lyon, 27 févr. 1996, *Carlizza*, préc.) aussi bien que postérieurement (CE, 20 févr. 2002, req. n° 235725, *Plan : BJDU* 3/2002, p. 175, concl. Mignon). Dans ce cas, le PC demandé doit porter sur la totalité de l'immeuble sinistré et non pas sur les seules parties du bâtiment qui ont souffert du sinistre (CAA Marseille, 6 mai 2004, req. n° 01MA00846, *Cne de Saint-Chamas : AJDA* 2004, p. 1615).

En guise d'application de ces critères, un important arrêt a été rendu par le Conseil d'État (CE, 5 mars 2003, req. n° 252422, *M. Nicolas et autres : BJDU* 1/2003, p. 13, concl. Stahl, obs. Bonichot, p. 17) qui fait apparaître que le fait générateur du sinistre peut être un attentat et surtout que la condition qu'un immeuble est régulièrement construit est remplie dès lors que celui-ci a été édifié en vertu d'un permis de construire, sans qu'il y ait lieu alors d'examiner la légalité de ce permis délivré.

0066 **Projet identique.** La doctrine de l'administration fixe une interprétation rigoriste de la faculté de reconstruction : « les termes de reconstruction à l'identique doivent être entendus comme une obligation de reconstruction stricte de l'immeuble détruit par le sinistre. Il s'agit en fait d'effacer les effets du sinistre en reconstituant l'immeuble tel qu'il avait été initialement autorisé (...). Lorsque le projet est différent de la construction sinistrée, il n'y a pas lieu de faire application des dispositions de l'article L. 111-3 qui visent à préserver des droits acquis et le projet sera apprécié compte tenu des règles d'urbanisme en vigueur lors de la reconstruction (Rép. min. : *JOAN* 17 mars 2003, p. 2040). Il en ira ainsi si le projet de reconstruction s'écarte de l'immeuble démoli quant à l'emprise au sol du bâtiment ou quant à son enveloppe-gabarit.

Bibliographie : Dutrieux, *Construction illégale et loi SRU : les effets limites du nouvel article L. 111-3 du Code de l'urbanisme : JCP* N, 28 sept. 2001, p. 1431. – Pavy, *La reconstruction à l'identique d'un bâtiment détruit par sinistre après la loi SRU : Defrénois* 2001, n° 37419. – Vidalenc, *Le droit de reconstruire à l'identique : Constr. Urb.*, sept. 2004, p. 6 et s. – V. aussi sur le **régime antérieur à la loi SRU**, Hocreitère, *Sinistres : reconstruire à l'identique ou non les bâtiments détruits ? : Mon. TP* 17 oct. 1997, p. 52. – Bouyssou, *Les reconstructions après sinistre. Réflexions pour aller plus loin : Droit et Ville* 1997, n° 44, p. 222.

C. urb., art. L. 111-3-1 ***(Créé, L. n° 95-73, 21 janv. 1995, art. 11).*** **— Les études préalables à la réalisation des projets d'aménagement, des équipements collectifs et des programmes de construction, entrepris par une collectivité publique ou nécessitant une autorisation administrative et qui, par leur importance, leur localisation ou leurs caractéristiques propres peuvent avoir des incidences sur la protection des personnes et des biens contre les menaces et les agressions, doivent comporter une étude de sécurité publique permettant d'en apprécier les conséquences. Sans préjudice de circonstances particulières, l'importance du projet est appréciée notamment par référence à la surface des catégories de locaux dont la construction est envisagée, à la densité des constructions avoisinantes, aux caractéristiques de la délinquance et aux besoins en équipements publics qu'ils génèrent.**

Un décret en Conseil d'État précise les modalités d'application du présent article. Il détermine :

– les conditions dans lesquelles les préoccupations en matière de sécurité publique sont prises en compte dans les procédures réglementaires existantes ;

– les projets d'aménagement, les équipements collectifs et les programmes de construction soumis à l'obligation mentionnée au premier alinéa ;

– le contenu de l'étude de sécurité publique, portant au minimum sur les risques que peut entraîner le projet pour la protection des personnes et des biens contre la délinquance et sur les mesures envisagées pour les prévenir.

Étude de sécurité. Ce texte, issu de l'article 11 de la loi n° 95-73 du 21 janvier 1995 d'orientation **0067**
et de programmation relative à la sécurité, rend obligatoire l'élaboration d'une étude de sécurité préalablement à la réalisation d'importantes opérations d'aménagement ou de construction. Le tribunal administratif de Versailles avait précédemment jugé que l'étude d'impact n'avait pas à analyser les effets de la création d'une ZAC de 1 500 logements sur la sécurité du public, nonobstant la situation des banlieues. Cette jurisprudence semble dépassée par le nouveau texte (TA Versailles, 20 déc. 1994, *Yvelines Environnement* c/ *Préfet des Yvelines : Ét. fonc.* 1995, n° 67 ; *Gaz. Pal.* 23 juin 1995).

C. urb., art. L. 111-4 ***(Anc. art. L. 110-4 dénuméroté, L. n° 75-1328, 31 déc. 1975 ; mod., D. n° 76-267, 25 mars 1976 ; ab., L. n° 2000-1208, 13 déc. 2000, art. 202-XXXIX).***

C. urb., art. L. 111-5 ***(L. n° 75-1328, 31 déc. 1975 ; L. n° 76-1285, 31 déc. 1976 ; L. n° 83-8, 7 janv. 1983 ; L. n° 85-729, 18 juill. 1985 ; rempl., L. n° 2000-1208, 13 déc. 2000, art. 13).*** **— La seule reproduction ou mention d'un document d'urbanisme ou d'un règlement de lotissement dans un cahier des charges, un acte ou une promesse de vente ne confère pas à ce document ou règlement un caractère contractuel.**

Modalités de contractualisation. Cette disposition nouvelle notamment applicable pour les **0068**
lotissements vise à éviter la contractualisation fortuite des règlements d'urbanisme.

La nouvelle rédaction ne semble pas, en revanche, remettre en cause la contractualisation volontaire des règlements, dès lors que le rédacteur d'un cahier des charges ou d'un acte de vente l'aura expressément prévu.

La loi SRU supprime l'obligation d'obtenir un certificat d'urbanisme avant toute division d'un terrain bâti.

Pour les demandes de certificat d'urbanisme déposées avant l'entrée en vigueur de la loi – et devant être instruites – le certificat précisera les droits à construire pour chaque terrain issu de la division en appliquant la nouvelle règle de fond, c'est-à-dire sans tenir compte du fait que chacun de ces terrains est issu d'une division.

Voir aussi : La circulaire n° 2001-22/UHC/DU 1/6 du 3 avril 2001 relative aux certificats d'urbanisme (entrée en vigueur de l'article 30 de la loi n° 2000-1208 du 13 décembre 2000 réformant les certificats d'urbanisme et Rép. min. : *JOAN* 29 avr. 2002, p. 2234).

Bibliographie : PÉRIGNON, *La nouvelle gestion de la densité* in *Annuaire français du droit de l'urbanisme* 2001 (GRIDAUH), p. 253 et s. ; *Le calcul des droits à construire en cas de division de terrains : Defrénois* n° 19/2003, p. 1211.

0069 **Appréciation du juge civil.** La valeur contractuelle d'un règlement de lotissement dans des actes de vente résultera notamment de la volonté des parties de lui accorder une telle valeur (Cass. 3e civ., 4 nov. 1999, *Épx Benchicha : Bull. civ.* n° 207 ; *Defrénois* 1999, p. 535. – Cass. 3e civ., 15 déc. 1999, *Épx Giralt c/ Mme Bernard : BJDU* 6/19999, p. 424 ; *Defrénois* 2000, p. 453. – Cass. 3e civ., 21 juin 2000, *Cts Thirion c/ Cts Casali : Bull. civ.* n° 123 ; *BJDU* 3/2000, p. 159).

Bibliographie : MASSON-DAVON, *Lotissements : évolution ou stabilité ? : RD imm.* 2000, p. 1.

Voir aussi : Commentaire sous C. urb., art. L. 111-5 ancien, p. 991.

Voir aussi : Commentaire sous C. urb., art. L. 315-2-1, p. 247 et s.

C. urb., art. L. 111-5-1 *(L. n° 85-729, 18 juill. 1985).* — Tout acte ou promesse de vente d'un ou plusieurs immeubles à usage d'habitation ou à usage mixte d'habitation et professionnel consécutif à la division initiale ou à la subdivision de tout ou partie d'un ensemble immobilier bâti doit comporter une clause prévoyant les modalités de l'entretien des voies et réseaux propres à cet ensemble immobilier bâti. À défaut de stipulation, cet entretien incombe au propriétaire de ces voies et réseaux.

Bibliographie : DAGOT, *L'entretien des VRD après division d'un ensemble immobilier bâti : JCP* N 1985, I, p. 367.

0070 **Principe.** Censé organiser l'entretien des voies de réseaux dans le cas de vente après division, cet article L. 111-5-1 emporte, à cet effet, des dispositions de droit privé. En pratique, c'est une association syndicale libre qui sera le plus souvent constituée.

Voir aussi : Sur le transfert d'office des voies privées ouvertes à la circulation publique, C. urb., art. L. 318-3, p. 263.

C. urb., art. L. 111-5-2 *(L. n° 85-729, 18 juill. 1985).* — *(Mots rempl., L. n° 2000-1208, 13 déc. 2000, art. 202-IV)* « Le conseil municipal peut décider, par délibération motivée, de soumettre », à l'intérieur de zones qu'il délimite, à déclaration préalable, toute division volontaire, en propriété ou en jouissance, d'une propriété foncière, par ventes ou locations simultanées ou successives.

Les dispositions de l'alinéa précédent sont applicables dans les parties des communes identifiées comme nécessitant une protection particulière en raison de la qualité des sites, des milieux naturels et des paysages.

La déclaration prévue à l'alinéa premier est adressée à la mairie. *(Mots rempl., L. n° 2000-1208, 13 déc. 2000, art. 202-V)* « Le maire peut », dans un délai de deux mois à compter de la réception de cette déclaration en mairie, s'opposer à la division si celle-ci, par son importance, le nombre de lots ou les travaux qu'elle entraîne, est susceptible de compromettre gravement le caractère naturel des espaces, la qualité des paysages ou le maintien des équilibres biologiques auxquels participent ces espaces.

Passé ce délai, le déclarant peut procéder librement à la division.

Lorsque la division est effectuée en vue de l'implantation de bâtiments, la demande d'autorisation de lotir formulée en application des articles L. 315-1 et suivants dispense de la déclaration prévue au présent article.

Lorsqu'une vente ou une location a été effectuée en violation des dispositions du présent article, l'autorité compétente peut demander à l'autorité judiciaire de constater

la nullité de l'acte. L'action en nullité se prescrit par cinq ans à compter de la publication de l'acte ayant effectué la division.

Un décret en Conseil d'État détermine, en tant que de besoin, les conditions d'application du présent article. Il précise les divisions soumises à déclaration préalable et les conditions dans lesquelles la délimitation des zones mentionnées au premier alinéa est portée à la connaissance du public.

Origine. Le présent article a été ajouté au Code de l'urbanisme par la loi n° 85-729 du 18 juillet 1985, dans le but initial d'éviter le morcellement de la forêt méditerranéenne. 0071

Bibliographie : LOPEZ : *Ét. fonc.* 1984, n° 24.

Constitutionnalité. La constitutionnalité du présent article a été mise en doute par le Sénat, mais le Conseil constitutionnel a rejeté le recours (D. n° 85-189, 17 juill. 1985 : *JO* 11 juill., p. 8201). 0072

Modalités. Le présent article, dont la mise œuvre est indépendante de l'existence ou non d'un POS ou d'un PLU, n'institue pas une autorisation préalable, mais une simple déclaration préalable, déclenchant un délai d'opposition. L'opposition à l'opération envisagée n'est possible qu'en vertu de motifs bien précis. 0073

L'application du présent article suppose une délibération du conseil municipal ou un arrêté motivé du préfet. Ce dernier ne dispose d'ailleurs pas d'un pouvoir de substitution, dans les communes dotées d'un POS approuvé.

Sanctions. En cas de méconnaissance des obligations de l'article L. 111-5-2, les sanctions prévues à l'article L. 480-4 peuvent trouver à s'appliquer. 0074

Textes d'application. Les articles R. 315-55 à R. 315-61 sont entrés en vigueur le 1er avril 1986. 0075

Bibliographie : PAGE, *Lutte contre le morcellement foncier : JCP* N 1985, Prat. 9511. – PERIGNON : *JCP* N 1985, Prat. 9606.

C. urb., art. L. 111-5-3 ***(Créé, L. n° 2000-1208, 13 déc. 2000, art. 14).*** **— Toute promesse unilatérale de vente ou d'achat, tout contrat réalisant ou constatant la vente d'un terrain indiquant l'intention de l'acquéreur de construire un immeuble à usage d'habitation ou à usage mixte d'habitation et professionnel sur ce terrain mentionne si le descriptif dudit terrain résulte d'un bornage. Lorsque le terrain est un lot de lotissement, est issu d'une division effectuée à l'intérieur d'une zone d'aménagement concerté par la personne publique ou privée chargée de l'aménagement ou est issu d'un remembrement réalisé par une association foncière urbaine, la mention du descriptif du terrain résultant du bornage est inscrite dans la promesse ou le contrat.**

Le bénéficiaire en cas de promesse de vente, le promettant en cas de promesse d'achat ou l'acquéreur du terrain peut intenter l'action en nullité sur le fondement de l'absence de l'une ou l'autre mention visée au premier alinéa selon le cas, avant l'expiration du délai d'un mois à compter de l'acte authentique constatant la réalisation de la vente. La signature de cet acte authentique comportant ladite mention entraîne la déchéance du droit à engager ou à poursuivre l'action en nullité de la promesse ou du contrat qui l'a précédé, fondée sur l'absence de cette mention.

Modalités d'application. Ce texte, d'esprit consumériste, vise à encadrer une partie du contenu des avant-contrats de vente de terrain à usage futur d'habitation dans les trois hypothèses de lotissement, d'opération de ZAC ou de remembrement réalisé par des AFU. 0076

Néanmoins, le nouvel article ne fixe pas de condition particulière permettant à l'acquéreur d'obtenir une réduction de prix en cas de différence de superficie révélée après l'établissement du bornage.

Sanction. L'absence de mention du descriptif du terrain est sanctionnée par la nullité des actes passés. 0077

Voir aussi : commentaires sous C. urb. art. L. 316-3, p. 258 et s.

C. urb., art. L. 111-6 ***(L. n° 76-1285, 31 déc. 1976).*** **— Les bâtiments, locaux ou installations soumis aux dispositions des articles L. 111-1, L. 421-1** ***(Référence ajoutée, L. n° 2005-157, 23 févr. 2005, art. 102)*** **« , L. 443-1 » ou L. 510-1, ne peuvent, nonobstant toutes clauses contraires des cahiers des charges de concession, d'affermage ou de régie intéressée, être raccordés définitivement aux réseaux d'électricité, d'eau, de gaz ou de téléphone si leur construction ou leur transformation n'a pas été, selon le cas, autorisée ou agréée en vertu des articles précités.**

0078 **Objectif.** *Disposition anti-fraude*, entrée en vigueur le 1er juillet 1977 (L. n° 76-1285, 31 déc. 1976, art. 3-II) et visant à refuser le branchement des constructions irrégulières aux différents réseaux : les demandes de raccordement doivent désormais être accompagnées d'une copie de l'autorisation ou de l'agrément requis par la législation en vigueur.

0079 **Concessionnaires.** Les concessionnaires de service public n'ont pas compétence pour apprécier ou contrôler si les constructions dont le raccordement est demandé ont été régulièrement autorisées. C'est l'autorité compétente en matière de permis de construire qui doit les informer des irrégularités (Min. Équip. *Application des dispositions pénales du Code de l'urbanisme*, janv. 1991). Les juridictions civiles admettent que le refus de raccordement pratiqué dans ces conditions est fondé (TGI Aix-en-Provence, 5 févr. 1987 : *CJEG* 1987, p. 828. – TGI Grenoble, 1er juill. 1988 : *CJEG* 1989, p. 259).

0080 **Constructions légères.** Le présent article est légalement opposé à des constructions (habitations légères de loisirs) implantées avant le 1er juillet 1977, date de son entrée en vigueur (CE, 23 juill. 1993, *Époux Schafer : Rec. CE*, p. 1077 ; *JCP* N 1994, II, p. 87, note M.-C. Rouault). Les dispositions de l'article L. 111-6 ne peuvent valablement être invoquées par un maire qui s'oppose au raccordement d'une parcelle, « même concernant une demande de raccordement définitif », dès lors qu'il s'agit d'une caravane ayant conservé ses éléments de mobilité (CE, 5 avr. 2004, req. n° 261009, *Cne de Pertuis*). Mais, un avis du Conseil d'État du 7 juillet 2004 (req. n° 266478, *Cts Herlemann et autres*) vient, pour les caravanes, en partie tempérer la jurisprudence clémente précitée : « les caravanes posées sur le sol ou sur des plots de fondation et n'ayant, de ce fait, pas conservé leur mobilité, doivent être regardées comme des maisons légères d'habitation », entrant dans le champ d'application de l'article L. 421-1 et donc dans celui de l'article L. 111-6. Le maire peut donc s'opposer à leur raccordement définitif au réseau de distribution d'électricité si elles n'ont pas fait l'objet d'un permis de construire.

0081 **Constructions anciennes.** L'article L. 111-6 est une mesure de police, et non une sanction ; il s'applique donc à une construction ancienne, même si l'infraction est prescrite. Il est possible, pour motiver son application, d'invoquer l'absence de certificat de conformité (CE, 7 oct. 1998, *L'Hermite : Rec. CE*).

0082 **Conséquences de l'annulation du permis de construire.** Le présent article ne peut fonder la dépose des raccordements, suite à l'annulation du permis de construire (CAA Lyon, 28 févr. 1997, *Min. Équip.* c/ *SCI Paese di mare : CJEG* 1997, p. 154, concl. Gailleton, note Sablière).

0083 **Branchements.** Le refus général de tout branchement en zone inconstructible est illégal (CE, 27 juill. 1994, *Charpentier : DA* 1994, 499 ; *BJDU* 4/1994, p. 23, concl. Schwartz ; *CJEG* 1995, p. 72, concl. Schwartz). Les dispositions de cet article ne sont pas de nature à justifier légalement l'interruption de la desserte d'une construction déjà raccordée (CE, 29 déc. 2004, *Cne de Couilly-Pont-aux-dames*, req. n° 268514).
En revanche, un conseil municipal peut, par délibération, interdire le raccordement des constructions irrégulièrement édifiées (CE Avis, 7 juill. 2004, à propos du raccordement au réseau électrique de caravanes qui stationnent irrégulièrement ; *BJDU* 4/2004, p. 278 et s., concl. Seners ; par une confirmation contentieuse : CE 5 nov. 2004, *Cne de la Fare-les-Oliviers*, req. n° 261193).

0084 **Raccordement provisoire.** Un maire ne peut légalement s'opposer au raccordement provisoire d'un terrain au réseau de distribution électrique en invoquant l'article L. 2212-2 du Code général

des collectivités territoriales relatif à ses pouvoirs de police générale ou l'article L. 111-6 (CE, 12 déc. 2003, req. n° 257794, *M. Cancy*).
S'agissant du raccordement aux réseaux de constructions illicites (durée de la prescription), cf. Rép. Min. *JO* Sénat 5 août 2004, p. 1784).

Bibliographie : RENARD, *Qui doit faire sa police de l'urbanisme ? L'article L. 111-6 du Code de l'urbanisme : Ét. fonc.* 1986, n° 30. – PEIRONNET, *Les insuffisances de l'article L. 111-6 du Code de l'urbanisme : RFDA* 1995, p. 766.

Voir aussi : commentaires sous C. urb., art. L. 480-4-1, p. 430 et s.

C. urb., art. L. 111-7 *(L. n° 76-1285, 31 déc. 1976)*. — Il peut être sursis à statuer sur toute demande d'autorisation concernant des travaux, constructions ou installations dans les cas prévus par les articles L. 111-9 et L. 111-10 du présent titre, ainsi que par *(Mots rempl., L. n° 2000-1208, 13 déc. 2000, art. 202, VI)* « les articles L. 123-6 (dernier alinéa), L. 311-2 » et L. 313-2 (alinéa 2).

Bibliographie : AMIEL, *Le sursis à statuer : RD imm.* 1982, p. 32. – CABOT, *Sursis à statuer : à manier avec précaution : Mon. TP* 14 mai 2004, p. 76.

I. – Principe

Mécanisme demeuré inchangé par la loi SRU. Le sursis à statuer est une faculté offerte à l'administration de refuser d'examiner temporairement une demande d'autorisation individuelle. 0085
L'administration, lorsqu'elle surseoit à statuer, décide souverainement de ne pas répondre au pétitionnaire sur le fondement d'une règle applicable au moment de la demande, et ceci afin de préserver la mise en œuvre de la règle future.
En ce sens, et même si le sursis doit être motivé, cette décision administrative n'a ni caractère négatif, ni caractère positif.

II. – Champ d'application général

Actes assujettis. Les articles L. 111-7 à L. 111-11 sont relatifs aux divers cas de sursis à statuer, mécanisme par lequel l'administration peut tarder à se prononcer pendant une longue période sur une demande d'autorisation. L'existence de telles mesures de sauvegarde remonte à un décret du 25 juillet 1935, relatif au plan d'aménagement de la région parisienne. Le sursis à statuer ne peut être opposé qu'à l'occasion de demandes d'autorisation de travaux, constructions ou installations ; il s'agit, non seulement des autorisations prévues dans le cadre du Code de l'urbanisme : lotissement, permis de construire, permis de démolir, autorisation d'édifier les clôtures travaux divers (remblaiement, CE, 9 oct. 1974, *Cts Chodron de Courcelles : Dr. adm.* 1974, n° 371), stationnement des caravanes (Cass. crim., 28 oct. 1980 : *RD imm.* 1981, n° 1, chron. Roujou de Roubée), coupe et abattage d'arbres (CE, 7 mai 1982, *Min. Env.* c/ *Sté Filatures et teintureries, St Épin : Rec. CE*, p. 171), mais également des autorisations d'exploiter les carrières (L. n° 93-3, 4 janv. 1993 et D. 9 juin 1994. – CE, 21 mars 1986, req. n° 45279, *Min. Recherche et Industrie* c/ *Cne d'Aubagne*) et des installations classées pour la protection de l'environnement. 0086

Sursis et déclaration de travaux. Le sursis à statuer peut aussi être opposé à une déclaration de travaux (TA Versailles, 9 juill. 1996, *Cagnard* c/ *Cne de Quincy-Voisins : Ét. fonc.* 1997, n° 74, confirmé par CAA Paris, 12 nov. 1998, *Gagnard : BJDU* 1/1999, p. 63 ; *Rec.* T, p. 1234). En revanche, un sursis à statuer. En effet, le certificat d'urbanisme, n'étant pas une autorisation, ne peut par lui-même donner lieu à sursis à statuer (CE, 28 janv. 1981, *Min. Envir.* c/ *SCI Provence : D.* 1982, inf. rap. p. 76. – TA Nice, 28 juin 2001, req. n° 983361, *SCI Vallières* c/ *Cne de Vence*). 0087

Information sur le sursis. L'administration a compétence liée pour annoncer la possibilité de sursis à statuer (CAA Paris, 7 févr. 1995, *Albert : AJDA* 1995, p. 411, concl. Gailleton). Pour autant, 0088 un certificat d'urbanisme annonçant un sursis à statuer ne fait pas grief (TA Amiens, 17 févr. 1998, *Paternotte : BJDU* 6/1998, p. 469).

III. – Cas de sursis à statuer

0089 **Sursis à statuer.** Depuis la loi n° 85-729 du 18 juillet 1985, le sursis à statuer est possible dans six cas.

0090 **Déclaration d'utilité publique.** Ouverture de l'enquête préalable à une déclaration d'utilité publique (art. L. 111-9). Le délai de 2 ans (validité de sursis) paraît suffisant, puisque la DUP doit intervenir dans le délai d'un an après la clôture de l'enquête, et de 18 mois si la DUP donne lieu à décret en Conseil d'État (L. n° 75-1328, 31 déc. 1975, art. 34. – C. expr., art. L. 11-5). Le droit de délaissement est dans tous les cas (qu'il y ait eu ou non sursis à statuer) ouvert au propriétaire, un an après la DUP (L. n° 75-1328, 31 déc. 1975, art. 53 ; C. expr., art. L. 11-7).

0091 **Travaux publics.** Prise en considération d'un projet de travaux publics par l'autorité administrative, après délimitation de terrains affectés au projet (art. L. 111-10, R. 111-26 et R. 111-26-2).

Le sursis à statuer fondé sur ces articles est illégal pour un projet routier non prévu au POS, ni au SDAU. La zone d'étude concerne une proportion excessive de la commune (et notamment zone d'activités). Le « tracé court » conduirait à la destruction totale ou partielle de plusieurs installations industrielles et d'un centre commercial (CE, 28 juill. 1993, *SARL Linck : Rec. CE*, p. 229 ; *AJDA* 1993, p. 690, chron. Maugüe et Touvet).

Le sursis à statuer est illégal, faute de décision de prise en considération (CE, 31 juill. 1996, *Cne de Pierrefitte-sur-Seine*).

0092 **Modalités et contrôle du sursis.** Prescription ou mise en révision d'un POS, si le projet soumis à autorisation est de nature à compromettre ou rendre plus onéreuse l'exécution du futur plan (art. L. 123-6, dern. al.). Le sursis n'est plus possible dès que le POS est rendu public. Le Conseil d'État contrôle la réalité de cette menace sur l'exécution du futur plan (CE, 11 juill. 1939, *Chardin : Rec. CE*, p. 476), mais il n'exige pas que le projet de réalisations publiques soit complètement déterminé (CE, 3 déc. 1975, *Cie pour l'équipement, le financement et la construction et Établissement particulier des filles de la charité de Saint-Vincent-de-Paul : Rec. CE*, p. 612).

En cas de recours contre la décision de sursis, le juge administratif peut contrôler par voie d'exception la légalité externe de l'élaboration du POS mais non la légalité interne du contenu du futur POS (CE, 21 mai 1986, *Lefebvre : DA* 1986, n° 373. – CE, 25 juill. 1986, *Min. Urb. c/ Dalla Vera*. – CE, 18 mars 1988, *Mme Le Saout*. – CE, 22 mars 1991, *Min. Équip. c/ Mme Gerda Baër*).

Le sursis à statuer peut notamment être décidé, pour protéger la future zone NA d'un POS (CE, 1er déc. 1978, *Cts Dory : JCP* G 1979, II, 19217, concl. Thery ; *AJPI* 1979, p. 52, note Ricard).

Il résulte des articles L. 111-7 et L. 111-8 que l'annulation d'une décision de sursis à statuer qui intervient après l'expiration du délai de validité du sursis implique nécessairement que l'Administration se prononce définitivement sur la demande de permis de construire qui lui est soumise (CAA Lyon, 21 oct. 2003, req. n° 99LY02444, *M. Serret*).

Textes d'application : art. R. 123-26, R. 123-29 et R. 123-31.

0093 **ZAC.** Dans le périmètre des ZAC (art. L. 311-2) le sursis à statuer est légal dès la prise en considération d'un projet de ZAC par le conseil municipal (TA Nantes, 7 nov. 1991, *SCI Le Duché Sainte-Anne : Gaz. Pal.* 1992, 2, pan. adm. p. 119).

0094 **Secteurs sauvegardés.** Dans les secteurs sauvegardés, pendant la période comprise entre la délimitation du secteur, et la publication de l'acte rendant public le plan de sauvegarde et de mise en valeur (art. L. 313-2). Cette disposition est en vigueur depuis le 8 juillet 1977 (D. n° 77-737, 7 juill. 1977, art. 10).

Voir aussi : Sur les modalités d'application, C. urb., art. R. 313-12 à R. 313-18, p. 618.

0095 **Délimitation des terrains.** Pour toute opération d'aménagement prise en considération depuis la loi n° 85-729 du 18 juillet 1985 (nouvelle rédaction de l'article L. 111-10). Cette notion renvoie aux dispositions de l'article L. 300-1 du Code de l'urbanisme. Dans ce cas, la décision qui prend en considération le projet doit délimiter l'ensemble des terrains concernés.

C. urb., art. L. 111-8 *(L. n° 76-1285, 31 déc. 1976 ; L. n° 83-8, 7 janv. 1983 ; L. n° 85-729, 18 juill. 1985).* **— Le sursis à statuer doit être motivé et ne peut excéder deux ans.**

Lorsqu'une décision de sursis a été prise en application des articles visés à l'article L. 111-7, l'autorité compétente ne peut, à l'expiration du délai de validité du sursis ordonné, opposer à une même demande d'autorisation un nouveau sursis fondé sur le même motif que le sursis initial.

Si des motifs différents rendent possible l'intervention d'une décision de sursis à statuer par application d'une disposition législative autre que celle qui a servi de fondement au sursis initial, la durée totale des sursis ordonnés ne peut en aucun cas excéder trois ans.

À l'expiration du délai de validité du sursis à statuer, une décision doit, sur simple confirmation par l'intéressé de sa demande, être prise par l'autorité compétente chargée de la délivrance de l'autorisation, dans le délai de deux mois suivant cette confirmation. Cette confirmation peut intervenir au plus tard deux mois après l'expiration du délai de validité du sursis à statuer. Une décision définitive doit alors être prise par l'autorité compétente pour la délivrance de l'autorisation, dans un délai de deux mois suivant cette confirmation. À défaut de notification de la décision dans ce dernier délai, l'autorisation est considérée comme accordée dans les termes où elle avait été demandée.

I. – Caractère facultatif du sursis à statuer

Étendue du contrôle. En fait, le contrôle juridictionnel sur le sursis à statuer est différencié, en raison de son caractère facultatif : la décision de sursis fait l'objet d'un contrôle normal, alors que la décision de ne pas opposer un sursis donne lieu à un contrôle restreint. 0096

Faculté de surseoir. La décision de sursis à statuer est une simple faculté que le préfet peut discrétionnairement opposer, sans jamais y être tenu (CE, 3 mai 1952, *Leclerc : Rec. CE*, p. 222). Elle doit être motivée de manière précise, une simple référence au texte applicable étant insuffisante (CE, 1er juill. 1974, *Cne de Piscop : Rec. CE*, p. 385. – Mais une motivation lapidaire étant parfois jugée suffisante (CE, 29 juill. 1994, *Cne de Milhaud : BJDU* 5/1994, p. 49, concl. Fratacci par exemple, un projet de travaux publics, même aléatoire. 0097

Une décision de sursis à statuer peut être adoptée par l'autorité compétente après qu'un permis de construire illégal ait été retiré (CAA Paris 1er juin 2004, req. n° 00PA02602, *SCI Jeannine*).

Voir aussi : Les annotations sous C. urb., art. R. 123-26, p. 535.

Nature du contrôle. La jurisprudence administrative semble s'orienter vers un contrôle de l'erreur manifeste, si l'Administration s'abstient d'opposer le sursis à statuer (CE, 14 juill. 1977, *Ville du Pouliguen : DA* 1977, n° 380. – CE, 26 janv. 1979, *Assoc. de défense de l'environnement en Vendée : D.* 1979, inf. rap. p. 416, obs. Charles. – CE, 23 oct. 1987, *Barnier : Rec. CE*, p. 321 ; *AJDA* 1988, p. 302, note J.-B. Auby. – Cf. aussi CE, 8 déc. 1978, *Michon : AJPI* 1979, p. 52, note Ricard. – CE, 21 avr. 1989, *Salavert : DA*, n° 314). 0098

L'existence d'une telle erreur était reconnue exceptionnellement par le Conseil d'État (V. par exemple, CE, 6 oct. 1981, *Dejeanne : Rec. CE*, T, p. 968. – CE, 21 juin 1985, *Sté Parigès : DA* 1985, n° 407. – TA Nice, 23 mai 1991, *Cne de Contes : JCP* N 1993, II, p. 8, à propos d'un centre commercial implanté sur une future zone NA et une future voie de circulation) ; mais au contraire, CE, 11 déc. 1987, *Albrioux*, dans le cas où le sursis n'est pas opposé à une construction empiétant de 2 mètres sur une future zone de recul.

La tendance jurisprudentielle actuelle admet plus facilement l'erreur manifeste résultant de la non-opposition du sursis à statuer (CAA Lyon, 15 févr. 1994, *Sté immobilière programmation et communication* : annulation du certificat d'urbanisme positif fixant le COS à 0,3, alors que la révision du POS prévoit un COS de 0,15. – CAA Paris, 26 déc. 1995, *Cne de Bois-le-Roi : Gaz. Pal.* 23 févr. 1997 : permis de construire délivré alors que la révision du POS classe le terrain en zone ND).

De même, sur l'obligation de faire état de la possibilité d'un sursis à statuer au stade de la délivrance d'un certificat d'urbanisme, voir CAA Lyon, 18 oct. 1994, *Montchanien : BJDU* 1/1995, p. 38, concl. Bonnet. – CAA Lyon, 28 févr. 1995, *Alberto : AJDA* 1995, p. 411, concl. Gailleton.

0099 **Champ d'application matériel.** Est contraire à l'article L. 111-8 une délibération par laquelle le conseil municipal a ordonné une révision de POS qui ne permet ni de localiser précisément les zones du territoire communal concernées par les modifications envisagées, ni de connaître la nature de celles-ci. En outre, l'état d'avancement des travaux d'élaboration du nouveau plan ne permettait pas d'appréhender, à la date de la décision de sursis attaquée, la portée exacte de ces modifications, ni de déterminer dans quelles mesures le projet présenté par le requérant pouvait compromettre leur mise en œuvre (CAA Douai, 15 mai 2003, req. n° 01DA00232, *Cne de Lecluse*).

0100 **Superficie des terrains.** Une décision de sursis à statuer est illégale, alors que le terrain objet de la demande est de 1 200 m², et que le futur POS exige une superficie minimale de 4 000 m², au motif que des constructions ont été réalisées sur des terrains voisins récemment (TA Nice, 5 mars 1998, *Szupack : BJDU* 6/1998, p. 466).

0101 **Conséquence de l'annulation du sursis.** L'annulation d'une décision de sursis à statuer fait revivre l'autorisation tacite obtenue (CE, 12 juin 1987, *Philibert*).

Voir aussi : Par analogie le contrôle différencié dans le cadre des règles permissives du règlement national d'urbanisme, commentaire précédant l'article R. 111-1.

0102 **Administration compétente.** Depuis la loi du 7 janvier 1983, c'est « l'autorité compétente », et non plus « l'autorité administrative », qui peut surseoir à statuer. Dans le cadre de la décentralisation, cette décision n'est plus une prérogative exclusivement préfectorale. Notamment, c'est le maire qui décide le sursis à statuer, en cas de révision d'un plan d'occupation des sols approuvé.

II. – Durée de validité du sursis à statuer

0103 **Durée du sursis.** Le délai de validité du sursis, en principe limité à deux ans, peut être prorogé d'un an, à condition que les deux sursis successifs (d'une durée globale de trois ans) résultent de motifs différents. Ces derniers correspondent aux six cas de sursis, fondés sur des textes distincts : il ne suffirait donc pas, à notre avis, qu'avant la publication d'un POS, par exemple, l'administration se fonde tantôt sur le projet de création d'une voie, tantôt sur un projet de constructions scolaires, pour renouveler la décision de sursis (solution confirmée par la circulaire n° 78-53 du 10 mars 1978 relative aux effets des POS : V. Bouyssou : *JCP* N 1978, I, p. 299 ; *JCP* G 1979, I, 2925).

0104 **Fait générateur.** L'annonce d'un sursis à statuer par un certificat d'urbanisme ne déclenche pas le délai de deux ans (Rép. min. : *JO* Sénat 28 nov. 1978, p. 3779).

III. – Suites du sursis à statuer

0105 **Levée du sursis.** La « levée » du sursis, à l'expiration du délai de validité, ou dès que le POS est rendu public (art. R. 123-31), implique une initiative du pétitionnaire : la confirmation de sa demande. L'administration n'a pas à instruire d'office la demande d'autorisation du simple fait de l'expiration du délai de validité du sursis à statuer (CE, 4 mars 1983, *Min. Urb.* c/ *M*^me^ *Coulon : DA* 1983, n° 152). Il ne semble pas que le pétitionnaire soit tenu de déposer un nouveau dossier de demande : le dossier originel devrait suffire dans tous les cas, même si les règles de composition du dossier ont changé entre-temps. Il en irait différemment, semble-t-il, si les règles nouvelles étaient relatives à une réglementation autre que l'urbanisme *stricto sensu :* règles d'urbanisme commercial ou règlement de sécurité par exemple (sur le contentieux de la confirmation de la demande.

Voir aussi : CE, 14 déc. 1979, *Cne de Fontanil-Cornillon : DA* 1980, n° 7.

0106 **Confirmation de la demande.** L'avant-dernière phrase ajoutée par la loi n° 85-729 du 18 juillet 1985 clarifie le problème de la date de confirmation de la demande qui avait donné lieu à des solutions jurisprudentielles contradictoires, et fort heureusement dépassées (CE, 4 mai 1983, *SCI du Casino et des bains de Juan-les-Pins : DA* 1983, n° 242. – CE, 26 oct. 1983, *Barber : DA* 1983, n° 470). La confirmation de la demande peut être indirecte et résulter, par exemple, d'une lettre annonçant le début des travaux (CE, 24 févr. 1992, *Heintz : DA* 1992, n° 214).

Poursuite de l'instruction. Un mécanisme d'autorisation tacite résultant du silence de l'Admi- 0107
nistration pendant deux mois suivant la confirmation de la demande est applicable à l'expiration du délai de validité du sursis. L'autorisation est alors accordée dans les termes de la demande. L'autorisation tacite, sur confirmation de la demande après sursis à statuer, ne peut être retirée (CE, 24 avr. 1985, *Min. Urb. c/ Puissant : DA* 1985, n° 263 ; *AJDA* 1985, p. 384. – CAA Lyon, 7 févr. 1995, *Min. Équip. c/ Guiggui : RFDA* 1995, p. 862 ; *DA* 1995, 795 ; *BJDU* 4/1995, p. 304, concl. Bonnet. – CAA Nantes, 30 déc. 1996, *Chauveau : BJDU* 4/1997, p. 278. – Précédemment, dans le même sens, CE, 14 déc. 1979, *Cne de Fontanil-Cornillon : Rec. CE,* T, p. 473). Le délai de deux mois (conditionnant l'intervention d'une autorisation tacite) ne peut être prorogé (CAA Nancy, 10 déc. 1998, *Cne de Cinqueux : DA* 1999, n° 120). En effet, l'article L. 111-8 prime les éventuelles obligations de consultation des différents services administratifs, même de l'architecte des bâtiments de France (CAA Lyon, 21 juill. 1998, *Cne de Lans-en-Vercors : BJDU* 1/1999, p. 59). Toutefois, cette procédure d'autorisation tacite est inapplicable lorsque la confirmation de la demande intervient dès la publication du POS alors que la décision de sursis est encore en cours de validité (art. R. 123-31-2°). Le retrait de l'autorisation tacite semble alors possible, si les deux conditions habituelles sont remplies : illégalité de l'acte, retrait dans le délai de recours contentieux.

Voir aussi : C. urb., art. R. 421-12, p. 783 et notre commentaire.

Permis tacite. Il n'y a pas de permis tacite si la confirmation de la demande est prématurée (CAA 0108
Nancy, 31 déc. 1997, *Frommweiller : BJDU* 1/1998, p. 74).

Règles applicables. Après la confirmation de la demande s'applique la règle d'urbanisme en 0109
vigueur à la date où l'autorité administrative statue, tacitement ou non (CE, 23 juill. 1974, *Dame Meyer-Baur, dite Harry Baur : Rec. CE,* p. 460. – CE, 3 déc. 1975, *Cie pour l'équipement, le financement et la construction et Établissement particulier des filles de la charité de Saint-Vincent-de-Paul : Rec. CE,* p. 612). Mais un refus est possible pour un motif préexistant à la décision de sursis (CE, 21 nov. 1980, *Malortigue : Rec. CE,* p. 442).

Sursis à exécution illégal. La décision de sursis à statuer peut faire l'objet d'un recours pour 0110
excès de pouvoir, mais non d'un sursis à exécution (CE, 14 mars 1980, *Société des centres commerciaux : Rec. CE,* T, p. 836).

Bibliographie : AMIEL, *Le sursis à statuer : RD imm.* 1982, p. 32.

C. urb., art. L. 111-9 *(L. n° 76-1285, 31 déc. 1976 ; L. n° 83-8, 7 janv. 1983).* — L'autorité compétente peut surseoir à statuer dans les conditions définies à l'article L. 111-8 dès la date d'ouverture de l'enquête préalable à la déclaration d'utilité publique d'une opération, sur les demandes d'autorisation concernant des travaux, constructions ou installations à réaliser sur des terrains devant être compris dans cette opération.

Refus PC et procédure d'expropriation. Un refus de PC peut être régulièrement motivé par 0111
l'ouverture d'une procédure d'expropriation à la suite d'une décision de sursis à statuer (CE, 21 nov. 1973, *Rivolet : Rec. CE,* p. 659).

Voir aussi : Les observations sous C. urb., art. L. 111-7 (a), p. 21.

C. urb., art. L. 111-10 *(L. n° 76-1285, 31 déc. 1976 ; L. n° 83-8, 7 janv. 1983 ; L. n° 85-729, 18 juill. 1985).* — Lorsque des travaux, des constructions ou des installations sont susceptibles de compromettre ou de rendre plus onéreuse l'exécution de travaux publics, le sursis à statuer peut être opposé, dans les conditions définies à l'article L. 111-8, dès lors que la mise à l'étude d'un projet de travaux publics a été prise en considération par l'autorité compétente et que les terrains affectés par ce projet ont été délimités.

L'autorité compétente peut surseoir à statuer, dans les mêmes conditions, sur les demandes d'autorisation concernant des travaux, constructions ou installations susceptibles de compromettre ou de rendre plus onéreuse la réalisation d'une opération d'aménagement qui a été prise en considération par le conseil municipal ou par l'organe délibérant de l'établissement public de coopération intercommunale compétent, ou, dans le périmètre des opérations d'intérêt national, par le représentant de l'État dans le département. La délibération du conseil municipal ou de l'organe délibérant de l'établissement public de coopération intercommunale ou l'arrêté de l'autorité administrative qui prend en considération le projet d'aménagement délimite les terrains concernés.

Le sursis à statuer ne peut être prononcé que si l'acte décidant la prise en considération a été publié avant le dépôt de la demande d'autorisation.

La décision de prise en considération cesse de produire effet si, dans un délai de dix ans à compter de son entrée en vigueur, l'exécution des travaux publics ou la réalisation de l'opération d'aménagement n'a pas été engagée.

0112 **Textes d'application.** Les articles R. 111-26-1 et R. 111-26-2.

0113 **Champ d'application.** Le deuxième et le dernier alinéas du présent article résultent de la loi n° 85-729 du 18 juillet 1985. Le premier d'entre eux étend sensiblement le champ d'application du sursis à statuer.

Voir aussi : Sur la mise en œuvre pratique du présent article, *Bulletin d'Informations générales* du ministère de l'Équipement, octobre 1988.

0114 **Servitude.** Le présent article institue une servitude d'urbanisme, dont les conséquences dommageables n'ouvrent pas droit à indemnisation, conformément à l'article L. 160-5 (CE, sect., 15 déc. 1989, *Min. Urb.* c/ *Époux Mazin : Rec. CE,* p. 256 ; *AJDA* 1990, p. 98, chron. Honorat et Baptiste ; *CJEG* 1990, p. 232, concl. Abraham ; *D.* 1990, somm., p. 301, note Bon et Terneyre).

0115 **Fait générateur du sursis.** Le sursis à statuer est légal dès la prise en considération d'un projet de ZAC par le conseil municipal (TA Nantes, 7 nov. 1991, *SCI Le Duché Sainte-Anne : Gaz. Pal.* 1992, 2, pan. adm. p. 119).

C. urb., art. L. 111-11 ***(L. n° 76-1285, 31 déc. 1976 ; L. n° 85-729, 18 juill. 1985).*** **— Lorsqu'une décision de sursis à statuer est intervenue en application des articles L. 111-9 et L. 111-10, les propriétaires des terrains auxquels a été opposé le refus d'autorisation de construire ou d'utiliser le sol peuvent mettre en demeure la collectivité ou le service public qui a pris l'initiative du projet, de procéder à l'acquisition de leur terrain *(Mots rempl., L. n° 2000-1208,13 déc. 2000, art. 22-III)* « dans les conditions et délai mentionnés aux articles L. 230-1 et suivants ». *(Phrase suppr., L. n° 2000-1208,13 déc. 2000, art. 22, III)* « ... ».**

0116 **Droit de délaissement.** Un semblable droit de délaissement fondé sur d'autres textes est ouvert un an après la DUP (L. n° 75-1328, 31 déc. 1975, art. 53. – C. expr., art. L. 11-7). Il en est de même pour les terrains réservés par un POS rendu public, dès cette publication et même si un sursis est en cours de validité (art. L. 123-9), et pour les terrains inclus dans le périmètre d'une ZAD (art. L. 212-3) ou d'une ZAC (art. L. 311-2) ou du droit de préemption urbain (art. L. 211-5).
La dernière phrase a été ajoutée par la loi n° 85-729 du 18 juillet 1985.

Voir aussi : C. urb., art. L. 123-9, p. 65 ; C. urb., art. L. 212-3, p. 174 ; C. urb., art. L. 211-5, p. 167.

Bibliographie : Sur ces questions, voir F. Bouyssou, *Le droit de délaissement en matière d'urbanisme : JCP* N 1978, I, p. 299 ; *JCP* G 1979, I, 2925 et bibliographie citée sous l'article L. 123-9. – Brochen et Dejoie, *Le droit de délaissement : Petites affiches*, 5 juill. 1993.

Chapitre II

Surface hors œuvre des constructions

(Intitulé rempl., L. n° 2000-1208, 13 déc. 2000, art. 50-I)

Plafond légal de densité. Avec la loi SRU (art. 50), le PLD ne peut plus être perçu que sur le territoire des communes qui l'auront instauré au plus tard le 31 décembre 1999. Il peut toutefois être supprimé à tout moment par la commune (ou l'EPCI compétent), alors même qu'il aurait été instauré depuis moins de trois ans. 0117
Il est en outre supprimé de plein droit en cas d'instauration, sur le territoire d'une commune, du nouveau régime de participation pour création de voie nouvelle et réseaux (VNR) visée aux articles L. 332-11-1 et s.
En conséquence, plusieurs dispositions anciennes relatives au PLD sont maintenues en vigueur sous conditions (art. L. 112-1, L. 112-2, L. 112-3, L. 112-4, L. 112-5, L. 112-6).

Historique. Issu de la loi n° 75-1328 du 31 décembre 1975, le plafond légal de densité dissociait partiellement le droit de construire du droit de propriété, sans pourtant modifier l'article 544 du Code civil, comme l'avait proposé M. Claudius-Petit au cours du débat parlementaire (*JOAN* 9 oct. 1975, p. 6713). Le droit de construire attaché à la propriété du sol était plafonné à une densité de construction – notion définie par l'article L. 112-1 et explicitée aux articles R. 112-1 et R. 112-2 – fixée uniformément par la loi à 1, sauf pour la ville de Paris où elle était égale à 1,5. 0118
En termes approchés, le propriétaire pouvait construire sur son terrain, si les règles d'urbanisme le lui permettaient, une superficie de construction égale à la superficie du terrain (une fois et demie à Paris) ; si les règles d'urbanisme permettaient de construire une superficie supérieure, il devait acquérir, au moyen du versement pour dépassement du PLD (V. art. L. 333-1 et s.), le droit de construire le surplus qui « relève de la collectivité » (art. L. 112-1). Ainsi, par un mécanisme de nature fiscale, l'espace constructible était partiellement municipalisé, sous réserve des droits acquis s'attachant à l'existence d'immeubles lors de l'entrée en vigueur de la loi (1er avr. 1976) et mentionnés à l'article L. 112-3.
En pratique, le mécanisme du PLD n'était appelé à jouer que si les règles d'urbanisme permettaient de construire une densité supérieure à 1 (COS supérieur à 1), c'est-à-dire au cœur des villes, comme l'indiquait l'exposé des motifs du projet de loi. En 1973, le mécanisme du PLD aurait concerné 1,50 % seulement des permis de construire, représentant néanmoins 44 % des valeurs foncières. Aussi, certains amendements parlementaires avaient-ils proposé de fixer à un niveau plus bas le PLD : M. Chauty proposait uniformément 0,75 ; M. Claudius-Petit 1,5 à Paris, 1 dans les agglomérations de plus de 100 000 habitants et 0,50 dans les agglomérations de moins de 100 000 habitants ; M. Dubedout 0,2 uniformément.

Champ d'application territorial. Il faut souligner que le PLD était une règle à portée générale, dont le champ d'application territorial était illimité ; il pouvait donc s'appliquer partout, même dans les communes les moins peuplées, par exemple en cas de surélévation ou d'agrandissement de bâtiments existants, lorsque la superficie bâtie correspond déjà à la superficie de la parcelle sur laquelle ils sont implantés. 0119

Modalités de calcul. Mais la loi de finances pour 1983 a beaucoup limité le caractère « révolutionnaire » du PLD. D'une part, les constructions publiques échappent au versement (art. L. 112-2), de sorte que ce versement « rentre dans le rang de la fiscalité locale » ; d'autre part, le PLD perd son caractère national, les communes de plus de 50 000 habitants et les établissements publics compétents en matière d'urbanisme pouvant augmenter le PLD, dans la limite du double (V. commentaire de cette loi par Bouyssou : *JCP* N 1983, Prat. 8526). La loi n° 85-729 du 18 juillet 1985 a encore assoupli la possibilité, pour toutes les communes désormais, de relever le PLD localement applicable dans la limite du double. Par étapes successives, le PLD perd beaucoup de sa rigidité originelle. 0120

Disparition progressive du PLD. La « loi Méhaignerie » du 23 décembre 1986 rend le PLD facultatif, à la discrétion des collectivités locales, et pose le principe que le silence vaut suppression du PLD. En outre, si les autorités locales ne peuvent abaisser le PLD, elles peuvent le relever sans 0121 aucune limitation du montant. Le PLD perd ainsi, de manière totale, sa rigidité originelle pour n'être plus qu'un mécanisme destiné à asseoir une fiscalité locale purement facultative.

Voir aussi : Sur la loi du 23 déc. 1986, Circ. n° 87-17, 2 févr. 1987 : *JCP* N 1987, II, 72. – Circ. n° 87-40, 27 avril 1987 : *JCP* N 1987, II, 173. – Bouyssou : *Droit et Ville* 1987, n° 23, p. 129. – Gousseau : *Droit et Ville* 1987, n° 23, p. 206.

0122 **Chiffres.** Au 31 juillet 1987, le PLD avait été rétabli dans 2 065 communes regroupant 25 % de la population (*Mon. TP* 6 nov. 1987).

0123 **Vocation sociale.** Enfin, la loi d'orientation relative à la lutte contre les exclusions du 29 juillet 1998 fait échapper au versement certaines constructions « sociales », pour les permis de construire délivrés entre la publication de ladite loi et le 31 décembre 2002.

Bibliographie : LAUBADÈRE (de), *Réflexions d'un publiciste sur la propriété du dessus* in *Mélanges Marty*, p. 761. – KAUFMAN et NUSSEMBAUM, *Les effets du PLD sur le marché foncier : Ét. fonc.* 1979, n° 5. – GILLI, *Faut-il supprimer le plafond local de densité ? : D.* 1989, chron. p. 27. – GRANELLE, *Bilan des PLD communaux : Ét. fonc.* 1992, n° 55.

C. urb., art. L. 112-1 *(Anc. art. L. 112-7 créé, L. n° 75-1328, 31 déc. 1975 ; modifié, L. n° 76-1285, 31 déc. 1976 ; L. n° 86-1290, 23 déc. 1986 ; dénuméroté, L. n° 2000-1208, 13 déc. 2000, art. 50-III).* — ***(Mots rempl., L. n° 2000-1208, 13 déc. 2000, art. 50-III, a)*** **« Des décrets en Conseil d'État définissent » la surface de plancher développée hors œuvre d'une construction et les conditions dans lesquelles sont exclus de cette surface les combles et sous-sols non aménageables pour l'habitation ou pour d'autres activités, les balcons, loggias et terrasses, les aires de stationnement, les surfaces nécessaires aux aménagements en vue de l'amélioration de l'hygiène des locaux et à l'isolation thermique ou acoustique ainsi que les surfaces** ***(Mot rempl., L. fin. n° 98-1266, 30 déc. 1998, art. 116)*** **« des » bâtiments d'exploitation agricole.**

(Al. créé, L. n° 2000-1208, 13 déc. 2000, art. 50-III, b) **Ces décrets fixent les conditions dans lesquelles sont déduites les surfaces de planchers supplémentaires nécessaires à l'aménagement et à l'amélioration de l'habitabilité des logements destinés à l'hébergement des personnes handicapées.**

La même définition est retenue en ce qui concerne l'établissement de l'assiette de la taxe locale d'équipement.

0124 **Loi SRU.** Ce nouvel article reprend, en les modifiant, les dispositions de l'ancien article L. 112-7 relatif au calcul de la SHON et supprime l'ancien article L. 112-1 relatif au plafond légal de densité. S'agissant plus précisément des modalités de calcul de la SHON, la loi SRU prévoit que seront désormais déduites les surfaces de planches supplémentaires propres à l'hébergement des personnes handicapées.
En outre, cette nouvelle disposition détermine la nature des surfaces devant être déduites de la SHOB et transfère au pouvoir réglementaire le soin de fixer les conditions dans lesquelles ces surfaces seront déduites.
Ainsi l'habilitation législative qui permet au pouvoir réglementaire de définir la SHON est élargie, notamment en matière d'hébergement pour les personnes handicapées.

0125 **Surface agricole.** L'article 51 de la loi SRU (non codifié) prévoit que le décret d'application (n° 2000-1272, 26 déc. 2000) de l'article 116 de la loi de finances pour 1999 – qui modifie les conditions dans lesquelles les bâtiments d'exploitation agricoles sont exclus du calcul de la SHON – produira ses effets fiscaux rétroactivement, à compter du 1er janvier 1999. Voir sur le calcul de la SHON des bâtiments agricoles, Circ. n° 96-39 du 19 juin 1996 (*BOME* 96/19, p. 87).

0126 **Surface pondérée.** Si l'article 324 L de l'annexe III du Code général des impôts précise les conditions de détermination de la surface pondérée utilisée pour l'évaluation de la valeur locative des biens imposables, cette surface pondérée est sans rapport avec la SHON des constructions déterminée en application de l'article L. 112-1 (Rép. min. : *JOAN* 8 déc. 2003, p. 9437).

Disparition du PLD. Les articles L. 112-1 à L. 112-6, L. 113-1 et L. 113-2, dans leur rédaction antérieure à l'entrée en vigueur de la loi SRU, demeurent intégralement applicables dans les communes où un plafond légal de densité avait été institué au 31 décembre 1999. Toutefois, la commune ou l'établissement public de coopération intercommunal compétent peut décider de supprimer le PLD. Ce dernier est par ailleurs supprimé de plein droit en cas d'institution de la participation au financement des voies nouvelles et réseaux (PVNR) définie par l'article L. 332-11-11 nouveau. 0127

Voir aussi : Annexe I, C. urb., art. L. 112-1 ancien, p. 994.

C. urb., art. L. 112-2 ***(L. n° 75-1328, 31 déc. 1975 ; L. n° 82-1126, 29 déc. 1982 ; L. n° 85-729, 18 juill. 1985 ; L. n° 86-1290, 23 déc. 1986 ; L. n° 87-1061, 30 déc. 1987 ; implicitement abrogé, L. n° 2000-1208, 13 déc. 2000, art. 50-II).*** **— L'édification d'une construction d'une densité excédant le plafond légal est subordonnée au versement par le bénéficiaire de l'autorisation de construire d'une somme égale à la valeur du terrain dont l'acquisition serait nécessaire pour que la densité de la construction n'excède pas ce plafond.**

L'attribution, expresse ou tacite, de permis de construire entraîne pour le bénéficiaire de l'autorisation de construire l'obligation d'effectuer ce versement.

Toutefois, cette obligation n'est pas applicable aux immeubles édifiés par l'État, les régions, les départements, ou les communes, ni aux immeubles édifiés par les établissements publics administratifs, lorsqu'ils sont affectés à un service public ou d'utilité générale et qu'ils ne sont pas productifs de revenus.

(Al. créé, L. n° 98-657, 29 juill. 1998, art. 46-II) **Cette obligation n'est pas non plus applicable aux permis de construire délivrés entre la date de publication de la loi n° 98-657 du 29 juillet 1998 d'orientation relative à la lutte contre les exclusions et le 31 décembre 2002, lorsque les travaux portent sur les logements à usage locatif construits avec le concours financier de l'État en application du 3° de l'article L. 351-2 du Code de la construction et de l'habitation et destinés aux personnes défavorisées mentionnées à l'article 1er de la loi n° 90-449 du 31 mai 1990 visant à la mise en œuvre du droit au logement.**

Dans les conditions de l'article L. 112-1, il peut être décidé que l'obligation résultant des deux premiers alinéas du présent article n'est pas applicable aux immeubles ou parties d'immeubles affectés à l'habitation.

En outre, l'autorité compétente peut décider que l'obligation de versement n'est pas applicable aux constructions édifiées dans une zone d'aménagement concerté. Cette décision prend effet au plus tôt lorsque le programme des équipements publics et, s'il en est établi un, le plan d'aménagement de zone ont été approuvés. Elle demeure applicable jusqu'à l'expiration de la validité de l'acte portant création de la zone.

Modalités de calcul. Pour le calcul de la densité des constructions admises, en l'absence de dispositions particulières au POS, il y a lieu de tenir compte des surfaces en hors œuvre nette et non en SHOB (Rép. min. : *JOAN* 28 févr. 2000, p. 1344). 0128

S'agissant du terrain à prendre en considération et devant supporter la construction future, il convient de retenir l'ensemble de la parcelle du projet et non la seule surface d'emprise du bâtiment (Cass. 3e civ., 15 oct. 1980 : *Bull. civ.* III, n° 158).

Quant à la valeur du terrain, celle-ci doit s'apprécier à la date du dépôt de la demande du permis de construire (cf. ainsi anc. art. L. 333-1).

En cas de transfert de permis de construire, le nouveau titulaire devient redevable du versement pour dépassement de PLD (CE, 10 déc. 2004, *SCI Résidence du hameau*, req. n° 249009).

Cf. Circulaire n° 2003-3 du 21 janvier 2003 (*BOME* n° 2003/3, p. 38).

Changement de taux. En vertu de l'article L. 112-2 antérieur à la loi SRU, une commune qui décide le maintien à un taux de 2 du versement pour dépassement de PLD n'a pas à en informer les communes limitrophes, à l'inverse d'une décision instaurant un PLD (CAA Marseille, 18 déc. 2003, req. n° 00MA02046, *SCI Nouvelle Californie*). 0129

C. urb., art. L. 112-3 ***(L. n° 75-1328, 31 déc. 1975 ; L. n° 85-729, 18 juill. 1985 ; L. n° 86-1290, 23 déc. 1986 ; implicitement abrogé, L. n° 2000-1208, 13 déc. 2000, art. 50, II).*** **— Lorsqu'une construction nouvelle est édifiée sur un terrain qui comprend un bâtiment qui n'est pas destiné à être démoli, la densité est calculée en ajoutant sa surface de plancher à celle de la construction nouvelle.**

Toutefois, il n'est pas tenu compte, dans le calcul du versement défini au premier alinéa de l'article L. 112-2, de la surface de plancher du bâtiment déjà implanté sur ce terrain lorsque ce bâtiment appartient à l'État, à la région, au département, à la commune ou à un établissement public administratif et qu'il est à la fois affecté à un service public ou d'utilité générale et non productif de revenus.

Il n'est pas non plus tenu compte, dans le cas d'une décision prise en application du ***(Mot rempl., L. n° 98-657, 29 juill. 1998, art. 46-III)*** **« cinquième » alinéa de l'article L. 112-2, de la surface de plancher des immeubles ou parties d'immeubles déjà implantés sur ce terrain et affectés à l'habitation.**

C. urb., art. L. 112-4 ***(L. n° 75-1328, 31 déc. 1975 ; L. n° 82-1126, 29 déc. 1982 ; implicitement abrogé, L. n° 2000-1208, 13 déc. 2000, art. 50, II).*** **— Lorsqu'une construction est édifiée sur un terrain qui, à la date d'entrée en vigueur au titre I de la loi n° 75-1328 du 31 décembre 1975 comportait déjà un ou des bâtiments ayant une surface de plancher supérieure au plafond légal de densité, le versement n'est dû qu'à concurrence de la surface de plancher excédant la surface déjà construite.**

La reconstruction ultérieure d'un bâtiment pour lequel le versement prévu à l'article L. 112-2 a été effectué ne peut donner lieu à un nouveau versement qu'à concurrence de la densité excédant celle du bâtiment initialement construit.

0130 **Constructions publiques.** Les droits acquis résultant de l'existence de constructions publiques sont accordés, sans égard pour la date de leur construction (comparer rédaction de l'article L. 112-3).

0131 **Péril et insalubrité.** Initialement, il était prévu que les droits acquis n'existaient pas pour les bâtiments ayant fait l'objet d'un arrêté de péril ou d'insalubrité. Cette restriction a été supprimée par la loi du 29 décembre 1982.

C. urb., art. L. 112-5 ***(L. n° 75-1328, 31 déc. 1975 ; implicitement abrogé, L. n° 2000-1208, 13 déc. 2000, art. 50-I).*** **— Lorsqu'une construction est édifiée sur une partie détachée d'un terrain déjà bâti, la densité est calculée, par rapport à l'ensemble du terrain primitif en ajoutant à la surface de plancher existante, celle de la construction nouvelle.**

0132 **Divisions foncières.** L'administration est informée des divisions foncières intervenues par le certificat d'urbanisme de l'article L. 111-5.

Voir aussi : C. urb., art. L. 111-5, p. 17.

C. urb., art. L. 112-6 ***(L. n° 75-1328, 31 déc. 1975 ; implicitement abrogé, L. n° 2000-1208, 13 déc. 2000, art. 50-II).*** **— Les modalités d'établissement et d'affectation du versement résultant du dépassement du plafond légal de densité sont déterminées par les articles L. 333-1 à L. 333-16.**

C. urb., L. 112-7 ***(Transféré à l'article L. 112-1, L. n° 2000-1208, 13 déc. 2000, art. 50-III).***

0133 **Harmonisation.** Cet article abrogé par la loi SRU devient l'article L. 112-1 et est modifié concomitamment.

Voir aussi : C. urb., art. R. 112-1, p. 508 ; C. urb., art. R. 112-2, p. 508.

Chapitre III

Dispositions transitoires

(Chapitre ab., L. n° 2000-1208, 13 déc. 2000, art. 202-XXXIX)

C. urb., art. L. 113-1 *(L. n° 75-1328, 31 déc. 1975 ; ab., L. n° 2000-1208, 13 déc. 2000, art. 202-XXXIX).* — **Ne sont pas soumises aux dispositions du chapitre II du présent titre les constructions régies par les dispositions des articles 25 et 26 de la loi n° 70-612 du 10 juillet 1970, ainsi que celles réalisées dans les zones à urbaniser en priorité ou dans les zones créées avant l'institution des zones d'aménagement concerté et qui ont été exclues du champ d'application de la taxe locale d'équipement par arrêté du préfet.**

Il en est de même :

Des constructions réalisées dans les zones de résorption de l'habitat insalubre, d'aménagement ou de rénovation, créées avant le 1er novembre 1975 et dont le bilan financier aura été approuvé avant le 1er novembre 1976 ;

Des constructions réalisées dans les zones de résorption de l'habitat insalubre, d'aménagement ou de rénovation dont la création a été demandée avant le 1er novembre 1975, par délibération du conseil municipal ou de l'organe délibérant de l'établissement public groupant plusieurs communes et ayant compétence en matière d'urbanisme, à la condition :

***a)* Que l'organisme chargé de l'aménagement de la zone et la commune ou le groupement de communes aient acquis, antérieurement au 1er novembre 1975 par des actes ayant date certaine, des terrains représentant au moins le tiers de la surface de la zone ;**

***b)* Que le bilan financier soit approuvé avant le 1er novembre 1976.**

Les dispositions des alinéas précédents cessent d'être applicables en cas de suppression de la zone ou une fois sa réalisation achevée.

C. urb., art. L. 113-2 *(L. n° 75-1328, 31 déc. 1975 ; ab., L. n° 2000-1208, 13 déc. 2000, art. 202-XXXIX).* — **Les dispositions du chapitre II du présent titre sont applicables aux permis de construire délivrés et aux déclarations préalables déposées après la date d'entrée en vigueur du titre I de la loi n° 75-1328 du 31 décembre 1975. Dans les zones visées à l'article L. 333-8, elles ne sont applicables qu'aux conventions d'aménagement et aux traités de concession signés postérieurement à cette date, sous réserve des dispositions de l'article L. 113-1.**

Elles ne sont pas applicables aux demandes de permis de construire déposées avant le 1er novembre 1975, ou à celles déposées avant le 1er avril 1976 lorsque l'ensemble des terrains qu'elles concernent a fait l'objet d'une mutation ayant acquis date certaine avant le 1er novembre 1975, soumise au régime de la taxe sur la valeur ajoutée ou aux dispositions des articles 1032 et 1042 du Code général des impôts.

Pour les permis de construire délivrés entre la date d'entrée en vigueur du titre I de la loi n° 75-1328 du 31 décembre 1975 et le 30 juin 1976, et concernant les constructions dont la densité excède le plafond légal défini à l'article L. 112-1, le constructeur ne sera tenu de payer que 25 % du montant du versement fixé conformément à l'article L. 112-2. À compter du 1er juillet 1976 ce pourcentage est augmenté de 5 % tous les mois jusqu'à ce qu'il atteigne 100 %.

Dans le cas de la délivrance d'un permis de construire à la suite de l'annulation pour excès de pouvoir ou du retrait d'une décision de refus de permis de construire ou de sursis à statuer le montant du versement sera fixé à la somme qui aurait été due par le constructeur si le permis de construire avait été délivré à la date d'intervention de la décision illégale de refus ou de sursis à statuer.

Les dispositions des alinéas 2, 3 et 4 du présent article ne sont pas applicables dans les zones visées aux articles L. 333-7 et L. 333-8.

TITRE II

PRÉVISIONS ET RÈGLES D'URBANISME

0134 **Contenu.** Tout le titre II, consacré aux prévisions et règles d'urbanisme, résulte originellement de la loi d'orientation foncière n° 67-1253 du 30 décembre 1967 modifiée par la loi n° 76-1285 du 31 décembre 1976. Par opposition aux dispositions législatives propres à certaines parties du territoire, et notamment celles applicables aux départements d'outre-mer, les prévisions et règles d'urbanisme englobent tout à la fois les principes généraux applicables à l'ensemble des documents d'urbanisme locaux de droit commun (DTA SCOT, PLU, cartes communales) et les dispositions propres à chacun de ceux-ci.

0135 **Autres règles.** Malgré son intitulé, le titre II ne comporte pas toutes les prévisions et règles d'urbanisme. Dans d'autres titres figurent des dispositions nombreuses qui constituent de véritables « mini-POS » : plan d'aménagement de zone dans les ZAC (art. L. 311-4) abrogés par la loi SRU, plan de sauvegarde et de mise en valeur dans les secteurs sauvegardés (art. L. 313-1) ; de même, des décisions administratives encore plus ponctuelles peuvent contenir des règles d'urbanisme : règlement de lotissement par exemple (art. R. 315-5, *e*).

0136 **Historique.** Le législateur de 1967 a voulu remplacer les anciens plans d'urbanisme (D. n° 58-1463, 31 déc. 1958), eux-mêmes précédés par les plans d'aménagement (L. 14 mars 1919, complétée L. 19 juill. 1924, puis remplacée L. 15 juin 1943), par deux documents distincts, de nature différente : les SDAU, éventuellement complétés par des schémas de secteur, qui ont un caractère prévisionnel et prospectif ; les POS, qui sont des documents de synthèse fixant le droit des sols, opposables aux tiers dès leur publication, sans attendre leur approbation, comme pour les anciens plans d'urbanisme. La loi d'orientation foncière a également créé les plans d'aménagement rural (D. n° 70-487, 8 juin 1970 et Circ. min. agric., 22 juill. 1970 et 13 mai 1971), documents purement prévisionnels (V. à cet égard, *J.-Cl. Construction*, fasc. 9), qui pourraient néanmoins constituer un projet d'intérêt général, au sens de l'article R. 121-13.

Voir aussi : D. n° 70-487, 8 juin 1970 et Circ. min. agric., 22 juill. 1970 et 13 mai 1971 ; *J.-Cl. Construction*, fasc. 9 ; C. urb., art. R. 121-13, p. 516.

0137 **Compétence communale de droit commun.** La loi d'orientation foncière avait prévu l'« élaboration conjointe » de ces divers documents, les communes et l'État étant en quelque sorte leurs « coauteurs ». Sur ce point, la loi n° 83-8 du 7 janvier 1983 (mod. ponctuellement par L. n° 83-663, 22 juill. 1983 et L. n° 85-729, 18 juill. 1985) apporte un bouleversement décisif : les documents d'urbanisme sont désormais élaborés à l'initiative, aux frais et sous la responsabilité des communes en association avec l'État. Paradoxalement, cette décentralisation conduit à une grande complexité, car des contrepoids sont prévus, afin de faire prévaloir dans de nombreux cas des intérêts supérieurs à ceux de la commune (V. art. L. 122-1-3, L. 122-2, L. 123-3-2 et L. 123-7-1), et une commission départementale de conciliation est instituée en vue de faciliter le règlement des conflits entre personnes publiques (V. art. L. 121-9). Malgré le désir du Sénat, la loi du 7 janvier 1983 n'a pas institué les « cartes communales » (V. néanmoins art. L. 111-1-3) ; elle a en revanche ordonné le remplacement des zones d'environnement protégé, qu'avait instituées la loi du 31 décembre 1976, par des POS (V. ancien art. L. 143-1). Elle a modifié le nom des anciens SDAU, qui se sont appelés « schémas directeurs » puis désormais « schéma de cohérence territoriale » (SCOT).

Voir aussi : C. urb., art. L. 122-1-3, p. 48 ; C. urb., art. L. 122-2, p. 48 ; C. urb., art. L. 123-3-2, p. 63 ; C. urb., art. L. 123-7-1, p. 64 ; C. urb., art. L. 121-9, p. 42 ; C. urb., art. L. 111-1-3, p. 12 ; C. urb., anc. art. L. 143-1, p. 102.

Bibliographie : Sur l'historique, LOUIS-LUCAS, *Soixante ans de planification urbaine : Droit et Ville* 1980, n° 9, p. 77. – Sur les perspectives de la décentralisation de la planification urbaine, moderne, *Schémas directeurs et plans d'occupation des sols : l'avenir de la planification urbaine : Droit et Ville* 1983, n° 16. – CHARLES, *La nouvelle planification urbaine : RD imm.*, n° spécial 1984 sur le nouveau droit de l'urbanisme. – PÉRINET-MARQUET, *Les pouvoirs des communes dans le choix des règles d'urbanisme depuis les lois des 7 janvier et 22 juillet 1983 : JCP* N 1984, I, p. 165. – Sur le bilan de la décentralisation, la thèse Priet, *La décentralisation de l'urbanisme*, LGDJ 1995. – Colloque de Poitiers : *Droit et Ville* 1989, n° 27, Colloque de Caen : *Droit et Ville* 1991, n° 31, et le numéro spécial de l'*AJDA* consacré au droit de l'urbanisme (mai 1993).

Loi SRU. Dans cette importante partie du Code de l'urbanisme, la loi SRU fait sentir ses modifications sur l'ensembles des chapitres du titre II par : 0138
- une augmentation des principes généraux opposables aux documents d'urbanisme (art. L. 121-1) ;
- des considérations relatives à divers intervenants spécialisés dans la réflexion et/ou dans l'élaboration des documents d'urbanisme (art. L. 121-3 à L. 121-5) ;
- des dispositions propres à la conciliation et aux contentieux en matière de documents d'urbanisme (art. L. 121-6 et L. 121-8) ;
- un changement de dénomination (PLU, SCOT) et des procédures propres aux documents d'urbanisme ;
- l'élection des cartes communales en un véritable document d'urbanisme local.

Bibliographie : **Sur la loi SRU.** HOCREITERE, *Sécurité et insécurité juridique après la loi SRU : RFD adm.* 2003, p. 141. – **Sur la loi UH.** JEGOUZO, *Les dispositions relatives à l'urbanisme de la loi du 2 juillet 2003 : AJDA* sept. 2003, p. 1607. – SOLER-COUTEAUX, *Après la loi SRU, la loi urbanisme et habitat : continuité dans la lettre, rupture dans l'esprit : RD imm.* 2004, p. 1. – PRESSIBY-SCHALL, *À la recherche d'une cohérence globale : la multiplication des contrôles de compatibilité en droit de l'urbanisme : Petites affiches* 4 août 2004, p. 3. – **Divers.** IBANEZ, *L'intégration d'une planification communautaire des eaux dans la hiérarchie des normes d'urbanisme : JCP* A 2004, p. 1130. – TRAORE, *Autonomie des assemblées parlementaires, extraterritorialité et droit de l'urbanisme* sui generis. *L'exemple du jardin du Luxembourg : Constr.-urb.* juin 2004, p. 6.

Loi UH. La loi du 2 juillet 2003 a, sur certains points sensibles de la loi SRU (révision d'urgence, possibilité de surdensification après division foncière, certains éléments du contenu du règlement du PLU, opposabilité du PADD à l'égard des autorisations individuelles...), apporté d'utiles modifications. Deux ans et demi après la loi SRU, ce nouveau texte apparaît comme une étape vers la maturité des dispositions relatives à la planification. Un certain nombre de circulaires ont été prises pour accompagner les modifications textuelles issues des deux lois SRU et UH : 0139
- circulaire n° 2001-3 du 18 janvier 2001 (*Mon. TP*, suppl. textes, 26 janv. 2001, cahier spéc.) ;
- circulaire n° 2001-63 du 6 septembre 2001, relative au rôle de l'État dans la relance de la planification (*Mon. TP*, suppl. textes, 21 sept. 2001, p. 360) ;
- circulaire n° 2001-83 du 12 décembre 2001, relative à la présence des services de l'État au sein des agences d'urbanisme et aux conditions et modalités de leur financement (*Mon. TP*, suppl. textes, 22 févr. 2002, p. 369) ;
- circulaire du 21 janvier 2003 du ministère de l'Équipement : orientation dans la mise en œuvre de la loi SRU (*Mon. TP*, suppl. textes, 31 janv. 2003) ;
- circulaire n° 2003-48/UHC du 31 juillet 2003 du ministère de l'Équipement : commentaire de la loi n° 2003-590 du 2 juillet 2003 « Urbanisme et Habitat » et premières directives d'application.

Chapitre I
Dispositions générales communes aux schémas de cohérence territoriale, aux plans locaux d'urbanisme et aux cartes communales

(Intitulé rempl., L. n° 2000-1208, 13 déc. 2000, art. 1er-A, I)

Section I Dispositions générales

(Division créée, Ord. n° 2004-489, 3 juin 2004, art. 3, I)

C. urb., art. L. 121-1 ***(L. n° 83-8, 7 janv. 1983 ; rempl., L. n° 2000-1208, 13 déc. 2000, art. 1er-A, II).*** **— Les schémas de cohérence territoriale, les plans locaux d'urbanisme et les cartes communales déterminent les conditions permettant d'assurer :**

1° L'équilibre entre le renouvellement urbain, un développement urbain maîtrisé, le développement de l'espace rural, d'une part, et la préservation des espaces affectés

aux activités agricoles et forestières et la protection des espaces naturels et des paysages, d'autre part, en respectant les objectifs du développement durable ;

2° La diversité des fonctions urbaines et la mixité sociale dans l'habitat urbain et dans l'habitat rural, en prévoyant des capacités de construction et de réhabilitation suffisantes pour la satisfaction, sans discrimination, des besoins présents et futurs en matière d'habitat, d'activités économiques, notamment commerciales, d'activités sportives ou culturelles et d'intérêt général ainsi que d'équipements publics, en tenant compte en particulier de l'équilibre entre emploi et habitat ainsi que des moyens de transport et de la gestion des eaux ;

3° Une utilisation économe et équilibrée des espaces naturels, urbains, périurbains et ruraux, la maîtrise des besoins de déplacement et de la circulation automobile, la préservation de la qualité de l'air, de l'eau, du sol et du sous-sol, des écosystèmes, des espaces verts, des milieux, sites et paysages naturels ou urbains, la réduction des nuisances sonores, la sauvegarde des ensembles urbains remarquables et du patrimoine bâti, la prévention des risques naturels prévisibles, des risques technologiques, des pollutions et des nuisances de toute nature.

Les dispositions des 1° à 3° sont applicables aux directives territoriales d'aménagement visées à l'article L. 111-1-1.

0140 **Principes.** Le nouvel article L. 121-1 constitue en grande partie une réécriture de l'ancien article L. 121-10 : il fixe les objectifs des documents d'urbanisme (incluant désormais les cartes communales et les directives territoriales d'aménagement) à partir des grands principes du droit de l'urbanisme qui sont, pour certains d'entre eux, déjà exprimés à l'article L. 110. Il définit « les principes que doivent respecter les politiques d'urbanisme » (Rép. min. : *JOAN* 10 sept. 2001, p. 5258).

0141 **Opposabilité.** Les principes énoncés par cet article doivent être pris en compte par les schémas de cohérence territoriale (art. L. 122-1), les plans locaux d'urbanisme (art. L. 123-1) et les cartes communales (art. L. 124-2).

Cet article donne expressément une valeur normative aux divers objectifs que doivent remplir les documents d'urbanisme. En ajoutant de nouveaux objectifs (développement durable, diversité des fonctions urbaines, mixité sociale dans l'habitat...) à ceux qui figuraient dans l'ancien article L. 121-10, le législateur souhaite davantage encore encadrer le contenu des documents d'urbanisme.

Surtout, il va conduire le juge administratif à préciser ces notions qui vont conditionner la validité des documents d'urbanisme.

Le Conseil constitutionnel a toutefois limité la portée juridique de cet article en imposant seulement aux auteurs des documents d'urbanisme d'y faire figurer des mesures tendant à la réalisation des objectifs énoncés.

Les objectifs visés par l'article L. 121-1 sont donc à prendre en compte par les documents d'urbanisme concernés dans le cadre d'un rapport de compatibilité et non de conformité.

Voir aussi : C. urb., art. R. 122-27, p. 523, sur la notion de compatibilité.

0142 **Prévisions d'urbanisme.** En vertu des articles L. 121-1 et L. 123-1 les POS expriment des prévisions et déterminent des zones d'affectation des sols, selon l'usage principal qui doit en être fait. En conséquence, ils peuvent prévoir, dans l'intérêt de l'urbanisme, la modification des modalités existantes d'utilisation des terrains (CAA Lyon, 24 juin 2003, req. n° 99LY02004, *Consort Collomb dit Ramez*).

0143 **Opposabilité aux documents d'urbanisme.** Les dispositions de l'articles L. 121-10 ne régissent que les seuls documents d'urbanisme dont le juge vérifie s'ils méconnaissent – ou non – les dites dispositions (CE, 30 oct. 2002, req. n° 247443, *Cne du Lavandou*). Ainsi, l'acte de création d'une ZAC, lequel ne constitue pas un document d'urbanisme au sens de l'article L. 121-10, n'a pas à être compatible avec les dispositions de ce dernier (CAA Marseille, 29 janv. 2004, req. n° 98MA01128). Parmi ces documents, sont à inclure les plans de prévention des risques naturels (CE, 3 déc. 2001, req. n° 236910, *SCI des 2 et 4 rue de la Poissonnière*. – CAA Nancy, 6 févr. 2003, req. n° 02NC01035, *Cne de Belfort*).

Portée de l'article L. 121-1. Le juge administratif s'est référé à de multiples reprises aux principes énoncés par les dispositions de l'ancien article L. 121-10 afin d'examiner la légalité d'un classement nouveau par un POS ; et ainsi, CE, 24 oct. 1994, *Cne de Bennwihr* : *D.* 1996, somm. 272, obs. Charles ; *Rec. CE*, T, p. 1235 ; *Dr. adm.* 1994, n° 695. – CE, 4 déc. 1995, *Chambre d'agriculture de la Mayenne* : *Rec. CE*, T, p. 1078 ; *BJDU* 6/1995, p. 449, concl. Piveteau ; *Dr. adm.* 1996, n° 53, obs. D. P. 0144

Il est exercé un contrôle normal sur la compatibilité des dispositions d'un plan d'occupation des sols avec les principes énoncés à l'article L. 121-10, CE, 10 févr. 1997, *Assoc. pour la défense des sites de Théoule* : *BJDU* 1/1997, p. 19, concl. Touvet ; *Dr. adm.* 1997, n° 117, obs. L. T.

Le juge vérifie précisément que les objectifs énoncés par les auteurs du POS sont compatibles avec les principes de l'article L. 121-10 (CE, 11 janv. 2002, req. n° 215314, *M. Janin*). Pour des exemples de respect, par les zonages de POS, des principes énoncés à l'article L. 121-10 (cf. CAA Lyon, 4 juill. 2003, req. n° 03LY00168, *Cts Chaumontet*. – CAA Lyon, 12 nov. 2003, req. n° 98LY02404, *Cne Villy-le-Bouveret*. – CAA Bordeaux, 26 févr. 2004, req. n° 00BX02892, *Cts Galmot* : *BJDU* n° 2/2004, p. 153).

Principes justifiés dans le rapport de présentation des plans. Pour des rapports de présentation de POS justifiant suffisamment la compatibilité de ceux-ci avec les principes de l'article L. 121-10 (CAA Douai, 12 févr. 2004, req. n° 02DA00448, *MM. Sauvalle et Lussien*. – CAA Bordeaux, 12 févr. 2004, req. n° 00BX02062, *SA HLM de la Réunion*). 0145

C. urb., art. L. 121-2 *(L. n° 83-8, 7 janv. 1983 ; rempl., L. n° 2000-1208, 13 déc. 2000, art. 1er-A, II)*. — Dans les conditions précisées par le présent titre, l'État veille au respect des principes définis à l'article L. 121-1 et à la prise en compte des projets d'intérêt général ainsi que des opérations d'intérêt national.

Le préfet porte à la connaissance des communes ou de leurs groupements compétents les informations nécessaires à l'exercice de leurs compétences en matière d'urbanisme. Tout retard ou omission dans la transmission desdites informations est sans effet sur les procédures engagées par les communes ou leurs groupements.

Le préfet fournit notamment les études techniques dont dispose l'État en matière de prévention des risques et de protection de l'environnement *(Mots ajoutés à compter du 1er janvier 2005, L. n° 2004-809, 13 août 2004, art. 95, VI et 199)* « ainsi qu'en matière d'inventaire général du patrimoine culturel ».

Les port[és] à connaissance sont tenus à la disposition du public. En outre, tout ou partie de ces pièces peut être annexé au dossier d'enquête publique.

> **C. env., art. L. 515-23 *(L. n° 2003-699, 30 juill. 2003)*. — Le plan de prévention des risques technologiques approuvé vaut servitude d'utilité publique. Il est porté à la connaissance des maires des communes situées dans le périmètre du plan en application de l'article L. 121-2 du Code de l'urbanisme. Il est annexé aux plans locaux d'urbanisme, conformément à l'article L. 126-1 du même code.**

Principes. Cette disposition nouvelle organise et unifie le mécanisme du porter à connaissance que l'on trouvait notamment aux articles L. 122-1-1 et L. 123-3 anciens. Il incorpore également l'ancien article L. 121-12 consacré aux projets d'intérêt général (PIG). 0146

Porter à connaissance contenu. Désormais le contenu du porter à connaissance n'est plus limité aux seules informations relatives aux projets d'intérêt général, aux prescriptions nationales ou aux servitudes d'utilité publique applicables aux territoires concernés. 0147

Il s'agit de l'ensemble des informations relatives à la matière urbanistique. Par ailleurs, outre les éléments purement administratifs et urbanistiques, l'État doit fournir les études techniques en matière de prévention des risques et de protection de l'environnement.

Délais. Par ailleurs, la procédure n'est plus enfermée dans un délai particulier (anciennement de deux ou de trois mois respectivement pour les schémas directeurs ou les plans d'occupation des sols à élaborer ou à réviser). Le porter à connaissance doit désormais intervenir aussitôt qu'un élément est de nature à intéresser l'autorité compétente (*JOAN* 10 mars 2000, p. 1776). 0148

Enfin, le législateur laisse la faculté aux auteurs des documents d'urbanisme d'insérer en annexe lors de l'enquête publique s'y rapportant, tout ou partie des porters à connaissance. Cette simple faculté met donc un terme à une jurisprudence naissante plus exigeante émanant du tribunal administratifs de Versailles.

0149 **Responsabilité administrative, pour porter à connaissance insuffisant.** L'État peut voir sa responsabilité engagée du fait d'un défaut d'accomplissement de sa mission de « porter à connaissance » ou de la communication d'une information incomplète ou erronée (CE, 21 juin 2000, req. n° 202058, *Min. Équip.* c/ *Cne de Roqueboune-Cap-Dartin : BJDU* 3/2000, p. 191, concl. Touvet ; cf. *JCP* A, mai 2003, p. 719).

Voir aussi : C. urb., art. R. 121-1, p. 511 sur les informations portées par l'État à la connaissance des communes ou de leurs groupements. C. urb., R. 121-2 et R. 121-3, p. 511 sur les PIG.

C. urb., art. L. 121-3 ***(Ab., L. n° 83-8, 7 janv. 1983 ; rétabli, L. n° 99-533, 25 juin 1999, art. 48).*** **— Les communes, les établissements publics de coopération intercommunale et les collectivités territoriales peuvent créer avec l'État et les établissements publics ou autres organismes qui contribuent à l'aménagement et au développement de leur territoire des organismes de réflexion et d'études appelés « agences d'urbanisme ». Ces agences ont notamment pour mission de suivre les évolutions urbaines, de participer à la définition des politiques d'aménagement et de développement** ***(Mots aj., L. n° 2000-1208, 13 déc. 2000, art. 1er-A, III, 1°)*** **« , à l'élaboration des documents d'urbanisme, notamment des schémas de cohérence territoriale, » et de préparer les projets d'agglomération dans un souci d'harmonisation des politiques publiques.** ***(Phrase rempl., L. n° 2000-1208, 13 déc. 2000, art. 1er-A, III, 2°)*** **« Elles peuvent prendre la forme d'association ou de groupement d'intérêt public. Ces derniers sont soumis aux dispositions de l'article 21 de la loi n° 82-610 du 15 juillet 1982 d'orientation et de programmation pour la recherche et le développement technologique de la France. Ils peuvent recruter du personnel propre régi par les dispositions du Code du travail ».**

(Al. créé, L. n° 2000-1208, 13 déc. 2000, art. 1er-A, III, 2°) **Un commissaire du Gouvernement est nommé auprès du groupement lorsque la part de la participation de l'État excède un montant déterminé par décret en Conseil d'État.**

0150 **Origine et missions.** La loi d'orientation de l'aménagement du territoire, dite loi Voynet, du 25 juin 1999, restitue aux agences d'urbanisme la consécration législative perdue en 1983. Elles ont un rôle de réflexion urbaine, et de bureaux d'études publics, regroupant les acteurs des politiques publiques bien que pouvant adopter la nature juridique de simples associations.

La loi du 13 décembre 2000 vient préciser les missions actuelles des agences d'urbanisme notamment et désormais l'élaboration des documents d'urbanisme, et leur permet notamment d'adopter le statut spécifique des groupements d'intérêt public (GIP).

0151 **Agence transfrontalière.** Une agence d'urbanisme transfrontalière peut être régulièrement créée (Rép. min. : *JOAN* 16 juill. 2001, p. 4141).

Bibliographie : LEROUSSEAU, *Les agences d'urbanisme : DAUH* 2003, p. 109.

C. urb., art. L. 121-4 ***(D. n° 76-267, 25 mars 1976 ; L. n° 83-8, 7 janv. 1983 ; rempl., L. n° 2000-1208, 13 déc. 2000, art. 1er-A, IV).*** **— L'État, les régions, les départements, les autorités compétentes en matière d'organisation des transports urbains et les organismes de gestion des parcs naturels régionaux sont associés à l'élaboration des schémas de cohérence territoriale et des plans locaux d'urbanisme dans les conditions définies aux chapitres II et III.**

Il en est de même des chambres de commerce et d'industrie, des chambres de métiers, des chambres d'agriculture et, dans les communes littorales au sens de l'article 2 de la loi n° 86-2 du 3 janvier 1986 relative à l'aménagement, la protection et la mise en valeur du littoral, des sections régionales de la conchyliculture. Ces organismes assurent les liaisons avec les organisations professionnelles intéressées.

Les études économiques nécessaires à la préparation des documents prévisionnels d'organisation commerciale et artisanale peuvent être réalisées à l'initiative des chambres de commerce et d'industrie et des chambres de métiers.

Regroupement. Cette disposition reprend, en les synthétisant, les textes des articles L. 121-6, L. 121-7, L. 121-7-1, L. 121-8 et L. 121-8-1 anciens. 0152

Champ d'application. L'article L. 121-4 ne trouve à s'appliquer qu'en cas d'élaboration de SCOT ou de PLU. Tel n'est pas le cas de la mise en conformité d'un PLU avec une DUP (CAA Douai, 29 juill. 2004, req. n° 04DA00046, *Min. délégué aux libertés locales*). 0153

Personnes associées et modalités. L'article L. 121-4 nouveau n'ajoute comme personnes associées à l'élaboration des documents locaux d'urbanisme (d'où sont exclues les cartes communales) que les autorités compétentes en matière d'organisation des transports urbains et les organismes de gestion des parcs naturels régionaux. 0154

Le principe d'une association systématique des diverses personnes visées par l'article L. 121-4 n'est plus retenu. Elles ne seront consultées puis associées que sur leur demande.

Par ailleurs, les modalités de cette association sont précisées dans les dispositions relatives aux schémas de cohérence territoriale (art. L. 122-6 et s.) et aux plans locaux d'urbanisme (art. L. 123-7 et s.). On peut les résumer de la sorte :

– les personnes visées sont consultées, à leur demande, lors de l'élaboration du document ;

– le projet de document est transmis à ces personnes pour formulation d'un avis. À défaut de réponse dans les trois mois suivant la transmission, l'avis est réputé favorable ;

– l'ensemble des avis sont annexés au projet par la suite soumis à enquête publique.

Rôle des CCI. Le rôle des chambres de commerce et d'industrie est confirmé au regard de l'intégration des activités économiques et du commerce. Compte tenu de leur connaissance approfondie du tissu local des entreprises, les CCI sont des acteurs importants quant à une bonne insertion de l'activité économique dans la ville. Ce rôle leur a toujours été reconnu par le Code de l'urbanisme et la loi SRU s'inscrit dans ce mouvement. 0155

D'une part, elle maintient la possibilité pour les chambres de réaliser, à leur initiative, les études économiques nécessaires à la préparation des documents prévisionnels d'organisation commerciale.

D'autre part, elle allège le formalisme antérieur concernant leur contribution aux procédures d'établissement – et de révision – des instruments de planification. Le nouvel article L. 121-4 du code pose *le principe de leur association* à l'élaboration des schémas de cohérence territoriale et des plans locaux d'urbanisme.

Dans les chapitres consacrés à chacun de ces documents, il est certes précisé qu'elles sont consultées à leur demande, mais *les modalités de cette consultation sont fortement simplifiées* (V. Rép. min. Léon Vachet : *JOAN* QE n° 52001, 4 déc. 2000, p. 6896). Dans le droit antérieur, les CCI disposaient d'un délai de deux mois pour faire connaître leur intention d'être associées ou non à la procédure et, en cas de silence à l'expiration dudit délai, elles en étaient exclues. Avec la loi SRU, elles sont toujours informées dès l'engagement de la procédure d'élaboration du document, mais elles ne sont plus tenues par un délai rigide et *peuvent intervenir à tout moment et sans limitation du nombre de leurs interventions* ; ainsi elles pourront, lorsqu'elles l'estiment nécessaire, demander au maire une réunion spécifique pour aborder les questions liées au commerce ; ce qui est important en pratique pour faire valoir, à différents stades de la procédure, certains problèmes propres aux PME qui ne sont pas toujours en mesure de plaider directement leur cause auprès des autorités locales.

Bibliographie : Colloque Urbanisme et Commerce : *Droit et Ville* 1989, n° 28. – Rapport de la CCI de Paris du 4 décembre 2003 : *Pour une meilleure insertion de l'activité économique dans la ville : BJDU* n°s 5 et 6/2004, actes du colloque CCIP/AFDRU du 10 mai 2004.

I. – Sur les PNR

Organisation. Depuis la loi du 2 février 1995, la gestion des parcs naturels régionaux est confiée à un syndicat mixte. 0156

0157 **Opposabilité.** Les SCOT et les PLU doivent être compatibles avec les orientations et les mesures de la charte instituant le parc naturel régional (C. rur., art. L. 244-1 et R. 244-13).

0158 **Rôle dans l'élaboration des documents d'urbanisme.** Les agences de gestion des parcs naturels nationaux doivent aussi être associées, sur leur demande, à l'élaboration des schémas directeurs et des plans d'occupation des sols (C. rur., art. L. 241-13).

Bibliographie : LARROUY-CASTERA, *Chartes des PNR et droit de l'urbanisme, des relations encore incertaines : RD rur.* oct. 1998, p. 472.

II. – Sur les espaces agricoles

0159 **Réduction des terres agricoles et rôle des chambres d'agriculture.** Par-delà l'association des chambres d'agriculture, l'article 73 de la loi d'orientation agricole du 4 juillet 1980 a prévu la consultation de la commission départementale des structures agricoles et de la chambre d'agriculture en cas de réduction grave des terres agricoles. L'omission de ce formalisme entraîne l'annulation de la modification d'un schéma directeur (CE, 22 juill. 1992, *Syndicat viticole de Pessac et Léognan : DA* 1992, 451) ou d'un POS (25 oct. 1991, *Syndicat d'exploitants agricoles d'Annequin : DA* 1991, 502), mais non du SDRIF (CE, 27 janv. 1995, *Union des associations de sauvegarde du plateau de Saclay : Rec. CE*, p. 46. – CE, 30 juill. 1997, *Assoc. pour la sauvegarde du Site de Trottigny et a.* : *BJDU* 5/1997, p. 374).

N'est pas une réduction grave des terres agricoles la suppression de 5 000 m², dans une commune de 410 hectares (CE, 10 mai 1996, *Synd. de défense des AOC Muscadet*), ni la réduction de 1 100 à 900 hectares de la surface de zones NC, pour créer un espace de loisirs (CE, 4 sept. 1995, *Falcaz c/ Cne de Grimaud*) ; solution contraire en cas de golf faisant disparaître 150 hectares de terres agricoles, soit 25 % du territoire communal (CE, 17 janv. 1995, *Gravas*).

Une nouvelle consultation de la CDSA est nécessaire lorsque la réduction des terres agricoles retenue par le POS approuvé est inférieure à celle initialement envisagée, et pour laquelle cet organisme avait émis un avis (CE, 21 oct. 1994, *Cne de Roissy-en-Brie*).

Bibliographie : LE COQ, *La protection de l'espace rural par le droit de l'urbanisme : AJPI* 1995, p. 875.

C. urb., art. L. 121-4-1 *(Créé, L. n° 2000-1208, 13 déc. 2000, art. 1er-A, V).* **— Les documents d'urbanisme applicables aux territoires frontaliers prennent en compte l'occupation des sols dans les territoires des États limitrophes.**

Les communes ou groupements compétents peuvent consulter les collectivités territoriales de ces États ainsi que tout organisme étranger compétent en matière d'habitat, d'urbanisme, de déplacement, d'aménagement et d'environnement.

0160 **Principes nouveaux.** Cette disposition consacre pour la première fois dans le code la prise en compte de la dimension supranationale en matière d'urbanisme. Une première orientation jurisprudentielle avait d'ailleurs ébauché une telle solution (TA Strasbourg, 30 déc. 1996, *Rodier c/ Communauté urbaine de Strasbourg : AFDUH* 1996, p. 212).

La notion de compatibilité entre les documents et les normes d'urbanisme applicables de part et d'autre d'une frontière n'a pas été retenue dans le texte. Pour autant, il s'agit nécessairement d'une relation souple de cohérence ou de non-contrariété manifestée.

0161 **SEM et participation étrangère.** On doit également signaler que la dimension transnationale est appréhendée par l'article 2 de la loi du 13 décembre 2000 qui modifie l'article L. 1522-1 du Code général des collectivités locales.

En effet, la participation au capital de sociétés d'économie mixte locales de collectivités territoriales d'États limitrophes est désormais possible sous réserve de la conclusion d'un accord préalable entre les États concernés.

Cf. pour l'avis à donner par un Etat frontalier avec la France sur l'évaluation environnementale élaborée dans le cadre d'un document d'urbanisme nouveau ou révisé : art. L. 121-13.

C. urb., art. L. 121-5 *(D. n° 76-267, 25 mars 1976 ; rempl., L. n° 2000-1208, 13 déc. 2000, art. 1er-A, VI).* **— Les associations locales d'usagers agréées dans des conditions définies**

par décret en Conseil d'État, ainsi que les associations agréées mentionnées à l'article L. 252-1 du Code rural sont consultées, à leur demande, pour l'élaboration des schémas de cohérence territoriale, des schémas de secteur et des plans locaux d'urbanisme. Elles ont accès au projet de schéma ou de plan dans les conditions prévues à l'article 4 de la loi n° 78-753 du 17 juillet 1978 portant diverses mesures d'amélioration des relations entre l'administration et le public et diverses dispositions d'ordre administratif, social et fiscal.

Consultation des associations. L'article L. 121-5 reprend les termes de l'article L. 121-8 ancien en permettant la consultation des associations visées lors de l'élaboration des documents locaux d'urbanisme. Un refus de consultation entacherait la procédure d'illégalité. 0162
Une concertation menée suffisamment en amont du processus décisionnel doit permettre de recueillir les observations des associations concernées avant que le projet de PLU ne soit arrêté dans sa nature et ses options essentielles (Rép. min. : *JO Sénat* 10 avr. 2003, p. 1249).

Conflits. Ces associations jouent en partie un rôle spécifique dans l'hypothèse de conflits susceptibles de survenir entre personnes publiques, dans l'élaboration des documents locaux d'urbanisme. 0163

C. urb., art. L. 121-6 *(D. n° 76-267, 25 mars 1976 ; L. n° 83-8, 7 janv. 1983 ; rempl., L. n° 2000-1208, 13 déc. 2000, art. 1er-A, VII).* **— Il est institué, dans chaque département, une commission de conciliation en matière d'élaboration de schémas de cohérence territoriale, de schémas de secteur, de plans locaux d'urbanisme et de cartes communales. Elle est composée à parts égales d'élus communaux désignés par les maires et les présidents des établissements publics de coopération intercommunale compétents en matière de schémas de cohérence territoriale ou de plans locaux d'urbanisme du département et de personnes qualifiées désignées par le préfet. Elle élit en son sein un président qui doit être un élu local.**

La commission peut être saisie par le préfet, les communes ou groupements de communes et les personnes publiques mentionnées à l'article L. 121-4. Elle entend les parties intéressées et, à leur demande, les représentants des associations mentionnées à l'article L. 121-5. Elle formule en tant que de besoin des propositions dans le délai de deux mois à compter de sa saisine. Ces propositions sont publiques.

Organisation. Le nouvel article L. 121-6 conserve pour partie les termes de l'article L. 121-9 ancien en adaptant les anciennes dispositions à l'élaboration des schémas de cohérence territoriale, des schémas de secteur, des plans locaux d'urbanisme et des cartes communales. 0164
Ainsi, la composition des commissions départementales de conciliation est désormais étendue aux présidents des structures intercommunales compétentes en matière de schémas de cohérence ou de plans locaux d'urbanisme du département, à parité avec les élus communaux désignés par les maires et les personnes qualifiées désignées par le préfet.

Saisine et délai pour répondre. Par ailleurs, le délai consenti à la commission pour formuler une proposition de conciliation passe de 1 à 2 mois, à compter de sa saisine. De même, la possibilité de saisir la commission est élargie à toute personne publique ayant vocation à être associée à l'élaboration du projet. 0165

Rôle du Préfet. Celui-ci n'est nullement tenu de consulter une commission de conciliation avant de déférer au tribunal une délibération approuvant la révision d'un POS (CE, 28 nov. 1997, req. n° 161572, *SIVOM du Lac du Bourget*). 0166

Bibliographie : Hocreitère, *Une mission difficile pour les commissions de conciliation : Mon. TP*, 16 sept. 1983, p. 55. – Novarina, *Commission et conciliation : un premier bilan dans l'Isère : Ét. fonc.*, n° 27, juin 1985, p. 26. – Jacquot et Lebreton, *La refonte de la planification urbaine : AJDA* 2001, p. 27.

C. urb., art. L. 121-7 *(L. n° 76-1285, 31 déc. 1976 ; L. n° 83-8, 7 janv. 1983 ; rempl., L. n° 2000-1208, 13 déc. 2000, art. 1er-A, VIII).* **— Les dépenses entraînées par les études et**

l'établissement des documents d'urbanisme sont prises en charge par les communes ou groupements de communes compétents pour leur élaboration. Ces dépenses font l'objet d'une compensation par l'État dans les conditions définies aux articles L. 1614-1 et L. 1614-3 du Code général des collectivités territoriales.

Toutefois, les « services déconcentrés » de l'État peuvent être mis gratuitement et en tant que de besoin à la disposition des communes ou des groupements de communes compétents, pour élaborer, modifier ou réviser les schémas de cohérence territoriale, les schémas de secteurs, les plans locaux d'urbanisme ou tout autre document d'urbanisme. Pendant la durée de cette mise à disposition, les services et les personnels agissent en concertation permanente avec le maire ou le président de l'établissement public ainsi que, le cas échéant, avec les services de la commune ou de l'établissement public et les professionnels qualifiés travaillant pour leur compte. Le maire ou le président de l'établissement public leur adresse toutes instructions nécessaires pour l'exécution des tâches qu'il leur confie.

Les communes ou établissements publics compétents peuvent avoir recours aux conseils du conseil d'architecture, d'urbanisme et de l'environnement lors de l'élaboration, de la révision ou de la modification de leurs documents d'urbanisme.

***(Al. créé, L. n° 2003-590, 2 juill. 2003, art. 2-I)* Les dépenses exposées par les communes et les établissements publics de coopération intercommunale pour les études, l'élaboration, la modification et la révision de leurs documents d'urbanisme sont inscrites en section d'investissement de leur budget. Elles ouvrent droit aux attributions du Fonds de compensation pour la taxe sur la valeur ajoutée.**

0167 **Principes.** Le nouvel article L. 121-7 reprend très substantiellement les dispositions figurant à l'ancien article L. 121-2 avec une adaptation terminologique (SCOT, PLU).
La loi SRU vise également, de manière expresse, les professionnels qualifiés, opérateurs privés dont les collectivités publiques pourront s'attacher les compétences. La pratique de déléguer à de tels professionnels l'élaboration matérielle des documents d'urbanisme s'était peu à peu développée depuis les lois de décentralisation de 1982-1983. Elle se trouve ici expressément consacrée, par voie législative.
Enfin, les services des conseils d'architecture, d'urbanisme et de l'environnement (CAUE) pourront désormais être sollicités.
Sur les modifications récemment apportées à certaines dispositions du Code général des collectivités territoriales relatives au concours particulier créé au sein de la dotation générale de décentralisation au titre de l'établissement et de la mise en œuvre des documents d'urbanisme (cf. D. n° 2004-17, 6 janv. 2004 : *JO* 8 janv., p. 688).

III. – Commentaires antérieurs à la loi SRU

0168 **Modalités de collaboration de l'État.** La responsabilité financière des communes en matière de planification urbaine est le corollaire de leur nouveau pouvoir, résultant de la loi de décentralisation du 7 janvier 1983. L'aide de l'État, liée à l'ensemble des transferts de compétence, peut prendre deux formes : la mise à disposition gratuite des communes du personnel d'État, ou la compensation financière.

Bibliographie : Liard, *Les communes auront-elles les moyens d'assurer leurs nouvelles missions ? : Mon. TP* 9 sept. 1983. Rapport Prats au Colloque de Toulouse sur l'urbanisme à l'heure de la décentralisation : *Droit et Ville* 1983, n° 16.

0169 **Convention-type.** Une convention de mise à disposition gratuite des services de l'État fait l'objet d'un modèle-type, voir *Mon. TP* 20 avril 1985. Pour autant, la stipulation de cette convention autorisant sa dénonciation par l'État soulève une difficulté dans la mesure où elle conduit à priver la commune de toute assistance juridique effective (TA Rennes, 20 janv. 1988, *Cne Erquy* c/ *Préfet des Côtes-du-Nord : Petites affiches* 16 nov. 1988, p. 6, concl. Rois, obs. Auby).

Bibliographie : Sur le premier bilan de la décentralisation, Colloque IATEUR Reims, mai 1986 : *Cahiers de l'IATEUR*, n°s 7-8/1986 ; Colloque de l'IFSA à Fontevraud : compte rendu d'A. Holleaux : *Petites* *affiches*, 8 juill. 1987 ; n° spécial de l'*AJDA* 1986, p. 302 ; sur un second bilan, LE COQ, *Dix ans d'urbanisme décentralisé : AJPI* 1993, p. 594. – Thèse, PRIET, *La décentralisation de l'urbanisme*, LGDJ 1995.

Rôle des DDE. Les rapports entre DDE et départements ont été redéfinis par la loi du 2 décembre 1992. Ainsi, existe-t-il une administration étatique en recomposition, cherchant sa légitimité dans les prestations aux communes, et accompagnant un repositionnement de l'État. 0170

Voir ainsi le rapport du Conseil d'État de 1992 « L'urbanisme : pour un droit plus efficace » (La documentation française 1992) constituant un bilan de la décentralisation du droit de l'urbanisme.

Le rapport du Conseil d'État de 1993 « Décentralisation et ordre juridique » fait également état de considérations générales sur l'urbanisme et la décentralisation (extrait *Mon. TP* 24 juin 1994).

Bibliographie : HOCREITERE, *Le rôle de l'État : AJDA* n° spécial, mai 1993 sur le droit de l'urbanisme, p. 178 ; n° spécial *AJDA* précité, notamment débat des pages 6 et suivantes.

Responsabilité de l'administration. Le principe d'autonomie locale, en matière de compétence urbanistique, entraîne l'irresponsabilité de principe de l'État, pour le fonctionnement de ses services mis gratuitement à la disposition des communes. La jurisprudence dominante ne paraît admettre une telle responsabilité qu'en cas de refus des services de l'État de se conformer aux instructions fournies par le maire (V. jurisprudence citée sous art. L. 421-2-6). Cependant, cette jurisprudence est critiquée, et certains tribunal administratif commencent à admettre un partage de responsabilité (TA Toulouse, 22 juill. 1996, req. n° 94-0595, *Paluzzano* c/ *Cne de Grenade sur Garonne*). Cf. aussi circulaire du 21 août 2001 relative à l'établissement et à la mise en œuvre des documents d'urbanisme (*Mon. TP*, suppl. textes, 16 nov. 2001, p. 368). 0171

La perte de recettes résultant, pour le budget de l'État, des dispositions visées à l'alinéa 1er de l'article L. 121-7 est compensée à due concurrence par la création d'une taxe additionnelle aux droits prévus aux articles 575 et 575 A du Code général des impôts (L. n° 2003-590, 2 juill. 2003, art. 2-II).

C. urb., art. L. 121-7-1 ***(L. n° 86-2, 3 janv. 1986 ; ab., L. n° 2000-1208, 13 déc. 2000, art. 202-XXXIX).***

C. urb., art. L. 121-8 ***(L. n° 76-1285, 31 déc. 1976 ; L. n° 94-112, 9 févr. 1994 ; rempl., L. n° 2000-1208, 13 déc. 2000, art. 1er-A, IX).*** **— L'annulation ou la déclaration d'illégalité d'un schéma de cohérence territoriale, d'un plan local d'urbanisme, d'une carte communale, d'un schéma directeur ou d'un plan d'occupation des sols ou d'un document d'urbanisme en tenant lieu a pour effet de remettre en vigueur le schéma de cohérence territoriale, le schéma directeur ou le plan local d'urbanisme, la carte communale ou le plan d'occupation des sols ou le document d'urbanisme en tenant lieu immédiatement antérieur.**

Reprise partielle. Ce texte constitue une reprise partielle et adaptée de l'alinéa 1er de l'article L. 125-5 ancien. 0172

Voir aussi : Notes sous C. urb., art. L. 125-5, abrogé, p. 75.

Application. La mise en œuvre de l'article L. 121-8 entraîne plusieurs conséquences : 0173

– en cas d'annulation d'une carte communale, et comme en matière de plan local d'urbanisme, les permis ne devraient plus pouvoir être délivrés par le maire qu'avec l'avis conforme du préfet

– en cas d'annulation d'un schéma de cohérence territoriale, document qui permet depuis la loi SRU d'écarter la règle de la constructibilité limitée (art. L. 122-2), les zones d'un plan local d'urbanisme antérieurement ouvertes à l'urbanisation pourront devenir irrégulière du fait de la disparition du schéma.

En outre, et dans l'hypothèse où le document d'urbanisme « immédiatement antérieur » au sens du présent article n'existerait pas ou aurait été annulé par le juge administratif, les dispositions du RNU redeviendraient alors applicables.

Voir aussi : C. urb., art. L. 122-2, p. 48. – CE, 5 févr. 1988, *SCI Les Granges blanches : AJDA* 1988, p. 357, concl. Fornacciani.

C. urb., art. L. 121-8-1 ***(Créé, L. n° 95-101, 2 févr. 1995, art. 47 ; ab., L. n° 2000-1208, 13 déc. 2000, art. 202-XXXIX).***

C. urb., art. L. 121-9 ***(L. n° 83-8, 7 janv. 1983 ; rempl., L. n° 2000-1208, 13 déc. 2000, art. 1er-A-IX).*** **— Des décrets en Conseil d'État déterminent, en tant que de besoin, les conditions d'application du présent chapitre. Ces décrets précisent notamment la nature des projets d'intérêt général, qui doivent présenter un caractère d'utilité publique, et arrêtent la liste des opérations d'intérêt national mentionnées à l'article L. 121-2.**

0174 **Projets d'intérêt général.** Cet article reprend les termes de l'article L. 121-12 ancien. Il prévoit expressément que les PIG doivent avoir un caractère d'utilité publique. Cette précision relevait jusqu'alors du domaine réglementaire (art. R. 121-13).

Voir aussi : Pour les projets d'intérêt général, C. urb., art. R. 121-13, p. 516 ; pour les opérations d'intérêt national, C. urb., art. R. 490-5, p. 909.

Section II Évaluation environnementale

(Section créée, Ord. n° 2004-489, 3 juin 2004, art. 3, II)

0175 **Remarque.** L'introduction des articles L. 121-10 à L. 121-15 nouveaux dans le Code de l'urbanisme, sous le titre d'une nouvelle section intitulée « Évaluation environnementale » correspond, en réalité, à une réponse à une critique maintes fois formulée par une partie de la doctrine : alors que les ZAC et que certains projets de construction soumis au régime du permis de construire doivent comporter une étude d'impact, les documents d'urbanisme en sont exemptés.
Même si le rapport de présentation de ces documents d'urbanisme doit appréhender – au même titre que d'autres préoccupations – celles relatives à l'environnement, il est constant que les considérations environnementalmes sont traitées, d'un territoire à un autre, de manière très différenciée.
Pour autant, la mise en place des nouvelles évaluations environnementales soulève d'ores et déjà un certain nombre de difficultés :
– la liste des documents d'urbanisme mentionnée à l'article L. 121-10 et soumis à une telle évaluation est-elle exhaustive ?
– comment identifier précisément les PLU susceptibles d'avoir des effets notables sur l'environnement, notamment lorsque le développement de certains territoires va se réaliser en deux temps : mise en place d'un zonage strict, dans une première phase, puis création d'une ZAC avec insertion au plan de prescriptions précises ;
– les effets notables sont-ils directs et indirects, sur l'environnement naturel et urbain ?
– le contenu du rapport de présentation donnera aux requérants, de multiples occasions d'en relever l'insuffisance ;
– l'articulation entre l'auteur du document d'urbanisme et l'autorité administrative de l'État, visée à l'article L. 121-12, censée émettre un avis sur le projet de document et le rapport de présentation est insuffisamment précisée. Le décret d'application devrait, à notre sens, indiquer les délais et préciser le caractère simple de l'avis requis.
Les dispositions de l'ordonnance n° 2004-489 du 3 juin 2004 portant transposition de la directive n° 2001/42/CE relative à l'évaluation des incidences de certains plans et programmes sur l'environnement renforcent donc la partie obligatoire du rapport de présentation des documents d'urbanisme visés par les nouveaux textes.

C. urb., art. L. 121-10 ***(L. n° 83-8, 7 janv. 1983 ; L. n° 83-663, 22 juill. 1983 ; L. n° 87-565, 22 juill. 1987 ; L. n° 91-662, 13 juill. 1991 ; mod., L. n° 96-1236, 30 déc. 1996, art. 17-I-2° et 17-II ; L. n° 2000-614, 5 juill. 2000, art. 8-2° ; ab., L. n° 2000-1208, 13 déc. 2000, art. 202-XXXIX ; rétabli, Ord. n° 2004-489, 3 juin 2004, art. 3, II).*** **. — Font l'objet d'une évaluation environnementale dans les conditions prévues par la présente section :**

1° Les directives territoriales d'aménagement ;

2° Le schéma directeur de la région d'Île-de-France ;

3° Les schémas de cohérence territoriale ;

4° Les plans locaux d'urbanisme susceptibles d'avoir des effets notables sur l'environnement compte tenu de la superficie du territoire auxquels ils s'appliquent, de la nature et de l'importance des travaux et aménagements qu'ils autorisent et de la sensibilité du milieu dans lequel ceux-ci doivent être réalisés.

Sauf dans le cas où elle ne prévoit que des changements mineurs, la révision de ces documents donne lieu soit à une nouvelle évaluation environnementale, soit à une actualisation de l'évaluation environnementale réalisée lors de leur élaboration.

Les dispositions de l'ordonnance du 3 juin 2004 ne s'appliquent pas aux plans, schémas, projets et 0176
documents mentionnés à l'article L. 121-10 du Code de l'urbanisme et aux articles L. 4424-13 et L. 4433-7 du cCode général des collectivités territoriales dont l'élaboration ou la modification a été prescrite avant le 21 juillet 2006. Un décret en Conseil d'État précise les modalités selon lesquelles peuvent toutefois être dispensés l'évaluation environnementale, compte tenu de leur état d'avancement, les plans dont l'élaboration a été prescrite avant le 21 juillet 2006 (art. 5, Ord. préc. 3 juin 2004).

C. urb., art. L. 121-11 ***(Ab., L. n° 92-125, 6 févr. 1992 ; rétabli, Ord. n° 2004-489, 3 juin 2004, art. 3, II).*** **— Le rapport de présentation des documents d'urbanisme mentionnés à l'article précédent décrit et évalue les incidences notables que peut avoir le document sur l'environnement. Il présente les mesures envisagées pour éviter, réduire et, dans la mesure du possible, compenser ces incidences négatives. Il expose les raisons pour lesquelles, notamment du point de vue de la protection de l'environnement, parmi les partis d'aménagement envisagés, le projet a été retenu.**

Le rapport de présentation contient les informations qui peuvent être raisonnablement exigées, compte tenu des connaissances et des méthodes d'évaluation existant à la date à laquelle est élaboré ou révisé le document, de son contenu et de son degré de précision et, le cas échéant, de l'existence d'autres documents ou plans relatifs à tout ou partie de la même zone géographique ou de procédures d'évaluation environnementale prévues à un stade ultérieur.

C. urb., art. L. 121-12 ***(L. n° 83-8, 7 janv. 1983 ; ab., L. n° 2000-1208, 13 déc. 2000, art. 202-XXXIX ; rétabli, Ord. n° 2004-489, 3 juin 2004, art. 3, II).*** **— La personne publique qui élabore un des documents d'urbanisme mentionnés à l'article L. 121-10 transmet pour avis à une autorité administrative de l'État compétente en matière d'environnement le projet de document et son rapport de présentation.**

L'autorité de l'État compétente en matière d'environnement est consultée en tant que de besoin sur le degré de précision des informations que doit contenir le rapport environnemental.

C. urb., art. L. 121-13 ***(Créé, Ord. n° 2004-489, 3 juin 2004, art. 3, II).*** **— Les documents d'urbanisme mentionnés à l'article L. 121-10 dont la mise en œuvre est susceptible de produire des effets notables sur l'environnement d'un autre État membre de la Communauté européenne sont transmis aux autorités de cet État, à la demande de celles-ci ou à l'initiative des autorités françaises. L'État intéressé est invité à donner son avis dans un délai fixé par décret en Conseil d'État. En l'absence de réponse dans ce délai, l'avis est réputé émis.**

Lorsqu'un document d'urbanisme dont la mise en œuvre est susceptible de produire des effets notables sur le territoire national est transmis pour avis aux autorités françaises par un autre État, il peut être décidé de consulter le public sur le projet.

Les dispositions du présent article ne font pas obstacle à l'application de l'article L. 121-4-1.

C. urb., art. L. 121-14 ***(Créé, Ord. n° 2004-489, 3 juin 2004, art. 3, II).*** **— L'autorité compétente pour approuver un des documents d'urbanisme mentionnés à l'article L. 121-10 en informe le public, l'autorité administrative de l'État mentionnée à l'article L. 121-12**

et, le cas échéant, les autorités des autres États membres de la Communauté européenne consultés. Elle met à leur disposition le rapport de présentation du document qui comporte notamment des indications relatives à la manière dont il a été tenu compte du rapport établi en application de l'article L. 121-11 et des consultations auxquelles il a été procédé ainsi qu'aux motifs qui ont fondé les choix opérés par le plan ou le document, compte tenu des diverses solutions envisagées.

C. urb., art. L. 121-15 ***(Créé, Ord. n° 2004-489, 3 juin 2004, art. 3, II).*** **— Un décret en Conseil d'État détermine les conditions d'application de la présente section à chaque catégorie de document d'urbanisme. Il fixe notamment les critères en fonction desquels les plans locaux d'urbanisme font l'objet d'une évaluation environnementale.**

Chapitre II
Schémas de cohérence territoriale

(Chapitre remplacé à compter du 1er avril 2001, L. n° 2000-1208, 13 déc. 2000, art. 3 et 43 et D. n° 2001-260, 27 mars 2001, art. 6)

0177 **Schéma directeur et SCOT.** Les schémas de cohérence territoriale (SCOT) se présentent comme une nouvelle catégorie de documents d'urbanisme remplaçant les schémas directeurs (art. L. 122-1 et s.). Des dispositions transitoires sont prévues et une entrée en vigueur progressive, suivant les situations existantes, est organisée (V. tableau ci-après).

0178 **Objectifs.** Les schémas de cohérence territoriale doivent permettre de fixer les orientations stratégiques d'un territoire intercommunal constitué d'un seul tenant et sans enclave. Leurs dispositions mettent en œuvre un double objectif :
– ne plus constituer un super-POS, lorsque le schéma directeur organisait la destination des sols de manière souvent trop précise. Le nouveau schéma doit apporter une représentation géographique de l'ensemble des fonctions urbaines qui s'exercent sur un territoire donné, incluant notamment les déplacements ;
– simplifier les règles de procédure s'appliquant à l'élaboration, à la modification ou à la révision des schémas. La durée des procédures avait progressivement constitué le principal handicap des anciens schémas directeurs.

0179 **Contenu.** Une rupture substantielle d'avec les anciens schémas directeurs doit être relevée dans la mesure où la carte de la destination générale des sols n'apparaît plus, non plus que le tracé des grands équipements.
En réalité, le SCOT était conçu par le législateur comme le document de droit commun d'encadrement de la planification locale, propre à mettre en cohérence les différentes politiques publiques sur un territoire pertinent, en matière de logement, de commerce, de transports, de développement économique et d'environnement.
Dans son rapport intitulé « L'urbanisme : pour un droit plus efficace » (la Documentation française 1992), le Conseil d'État avait préconisé la création d'un nouvel instrument juridique, la directive territoriale d'aménagement, qui devait progressivement se substituer aux schémas directeurs existants.
Si l'article 4 de la loi n° 95-115 du 4 février 1995 consacre ce nouveau document (V. art. L. 111-1-1), il ne prévoit pas, en revanche, la suppression des schémas directeurs qui devront être compatibles avec les DTA, au risque de rendre plus complexe un édifice juridique déjà à bien des égards incertain (pour les nombreuses interrogations que ces directives suscitent, V. *Mon. TP* 9 juin 1995). Par application de l'article L. 244-1 du Code rural, les schémas directeurs doivent être également compatibles avec les parcs naturels régionaux.
Au 1er juillet 1999, 210 schémas directeurs étaient approuvés (sur 475 prescrits).
Deux modifications textuelles sont intervenues récemment en matière de SCOT : l'une organisant l'articulation des SCOT avec la planification spécifique des eaux (L. n° 2004-338, 21 avr. 2004), l'autre de nature réglementaire (D. n° 2004-531, 9 juin 2004 ; cf. sous art. R. 122-1 et s.) qui a précisé les modalités de mise en œuvre des SCOT et précisé leur place dans la hiérarchie des normes d'urbanisme.

Historique. Depuis la fin des années 1980, on assiste à une certaine relance des schémas directeurs (Hocreitere, *Problèmes actuels des schémas directeurs : Droit et Ville* 1991, n° 32, p. 131. – L. Vasselin, *La relance des schémas directeurs : Ét. fonc.* 1991, n° 50, p. 20. – J.-L. Maillot, *Une nouvelle donne pour les schémas directeurs : Petites affiches*, 15 févr. 1993), cependant que les annulations contentieuses se multiplient, pour incompatibilité avec de tels schémas ou avec le SDAURIF. 0180

Voir aussi : La jurisprudence citée sous C. urb., art. L. 141-1, p. 85 ; la jurisprudence citée sous C. urb., art. R. 122-27, p. 523.

Bibliographie : MAHINGA, *La divisibilité des schémas de cohérence territoriale : Constr.-urb.* févr. 2003, p. 6 ; *Les SCOT : entre souplesse et cohérence : Petites affiches* 25 août 2004, p. 3. – BENOÎT-CATTIN, *SCOT et documents d'urbanisme autres que le PLU : Constr.-urb.* sept. 2003, p. 18. – SOLER-COUTEAUX, *L'ardente obligation du schéma de cohérence territoriale : AJDA* sept. 2003, p. 1528. – HOCREITÈRE, *Caducité et démembrement des schémas directeur après la loi SRU : RD imm.* 2004, p. 135.

Circulaires intéressant les SCOT. 0181

– Circulaire n° 2003-48/UHC/DU1/14 du 31 juillet 2003, portant présentation de la loi « Urbanisme et Habitat » du 2 juillet 2003 et premières directives d'application (*BJDU* n° 3/2003, p. 225).

– Brochure ministère de l'Équipement (*Loi Urbanisme et Habitat : service après vote*, août 2003, spéc. p. 5 et s.).

– Circulaire UHC/OE3/2 n° 2004-2 du 12 janvier 2004, portant crédits d'études locales dans les domaines de l'urbanisme, de l'habitat et de la construction (*Mon. TP* 26 mars 2004, p. 464).

– Circulaire UHC/PS2/4 n° 2004-5 du 30 janvier 2004, portant dispositif financier créé pour aider les établissements publics à financer les études nécessaires à l'élaboration ou la révision d'un SCOT (*Mon. TP* 26 mars 2004, p. 467).

C. urb., art. L. 122-1 ***(L. n° 83-8, 7 janv. 1983 ; L. n° 87-565, 22 juill. 1987 ; L. n° 91-662, 13 juill. 1991 ; L. n° 92-3, 3 janv. 1992 ; L. n° 96-1236, 30 déc. 1996, art. 17-I-3° et II ; remplacé à compter du 1er avril 2001, L. n° 2000-1208, 13 déc. 2000, art. 3 et D. n° 2001-260, 27 mars 2001, art. 6).*** **— Les schémas de cohérence territoriale exposent le diagnostic établi au regard des prévisions économiques et démographiques et des besoins répertoriés en matière de développement économique, d'aménagement de l'espace, d'environnement, d'équilibre social de l'habitat, de transports, d'équipements et de services.**

Ils présentent le projet d'aménagement et de développement durable retenu, qui fixe les objectifs des politiques publiques d'urbanisme en matière d'habitat, de développement économique, de loisirs, de déplacements des personnes et des marchandises, de stationnement des véhicules et de régulation du trafic automobile.

Pour mettre en œuvre le projet d'aménagement et de développement durable retenu, ils fixent, dans le respect des équilibres résultant des principes énoncés aux articles L. 110 et L. 121-1, les orientations générales de l'organisation de l'espace et de la restructuration des espaces urbanisés et déterminent les grands équilibres entre les espaces urbains et à urbaniser et les espaces naturels et agricoles ou forestiers. Ils apprécient les incidences prévisibles de ces orientations sur l'environnement.

À ce titre, ils définissent notamment les objectifs relatifs à l'équilibre social de l'habitat et à la construction de logements sociaux, à l'équilibre entre l'urbanisation et la création de dessertes en transports collectifs, à l'équipement commercial et artisanal, aux localisations préférentielles des commerces, à la protection des paysages, à la mise en valeur des entrées de ville et à la prévention des risques.

Ils déterminent les espaces et sites naturels ou urbains à protéger et peuvent en définir la localisation ou la délimitation.

Ils peuvent définir les grands projets d'équipements et de services, en particulier de transport, nécessaires à la mise en œuvre de ces objectifs. Ils précisent les conditions permettant de favoriser le développement de l'urbanisation prioritaire dans les secteurs desservis par les transports collectifs. Ils peuvent, le cas échéant, subordonner l'ouverture à l'urbanisation de zones naturelles ou agricoles et les extensions urbaines à la création de dessertes en transports collectifs et à l'utilisation préalable de terrains situés en zone urbanisée et desservis par les équipements.

(Alinéa créé, L. n° 2005-157, 23 févr. 2005, art. 235, III) **Lorsqu'ils comprennent une ou des communes littorales, ils peuvent comporter un chapitre individualisé valant schéma de mise en valeur de la mer tel que défini par l'article 57 de la loi n° 83-8 du 7 janvier 1983 relative à la répartition de compétences entre les communes, les départements, les régions et l'État, à condition que celui-ci ait été approuvé selon les modalités définies au présent chapitre.**

Les schémas de cohérence territoriale prennent en compte les programmes d'équipement de l'État, des collectivités locales et des établissements et services publics. Ils doivent être compatibles avec les chartes des parcs naturels régionaux. ***(Deux phrases créées, L. n° 2004-338, 21 avr. 2004, art. 7-1°)*** **« Ils doivent également être compatibles avec les orientations fondamentales d'une gestion équilibrée de la ressource en eau et les objectifs de qualité et de quantité des eaux définis par les schémas directeurs d'aménagement et de gestion des eaux en application de l'article L. 212-1 du Code de l'environnement ainsi qu'avec les objectifs de protection définis par les schémas d'aménagement et de gestion des eaux en application de l'article L. 212-3 du même code. Lorsqu'un de ces documents est approuvé après l'approbation d'un schéma de cohérence territoriale, ce dernier doit, si nécessaire, être rendu compatible dans un délai de trois ans. »**

(Alinéa créé à compter d'une date fixée par décret en Conseil d'État et au plus tard un an après la publication de la loi n° 2005-157 du 23 février 2005, L. n° 2005-157, 23 févr. 2005, art. 190, II et 194) **En zone de montagne, les schémas de cohérence territoriale définissent la localisation, la consistance et la capacité globale d'accueil et d'équipement des unités touristiques nouvelles mentionnées au I de l'article L. 145-11 et les principes d'implantation et la nature des unités touristiques nouvelles mentionnées au II du même article.**

(Alinéa créé, L. n° 2003-590, 2 juill. 2003, art. 97, V) **Lorsque le périmètre d'un schéma de cohérence territoriale recouvre en tout ou partie celui d'un pays ayant fait l'objet d'une publication par arrêté préfectoral, le projet d'aménagement et de développement durable du schéma de cohérence territoriale tient compte de la charte de développement du pays.**

Pour leur exécution, les schémas de cohérence territoriale peuvent être complétés en certaines de leurs parties par des schémas de secteur qui en détaillent et en précisent le contenu.

Les programmes locaux de l'habitat, les plans de déplacements urbains, les schémas de développement commercial, les plans locaux d'urbanisme, les plans de sauvegarde et de mise en valeur, les cartes communales, ***(Mots ajoutés, L. n° 2005-157, 23 févr. 2005, art. 74, I)*** **« la délimitation des périmètres d'intervention prévus à l'article L. 143-1, » les opérations foncières et les opérations d'aménagement définies par décret en Conseil d'État doivent être compatibles avec les schémas de cohérence territoriale et les schémas de secteur. Il en est de même pour les autorisations prévues par les articles 29 36-1 de la loi 73-1193 du 27 décembre 1973 d'orientation du commerce et de l'artisanat.**

0182 **SCOT et charte de pays.** Au septième alinéa de l'article, la loi n° 2003-590 du 2 juillet 2003 a établi un lien de prise en compte entre le SCOT, si le périmètre de celui-ci recouvre tout ou partie d'un périmètre de pays, et ledit pays. Le lien de cohérence est à justifier par le PADD du SCOT.

0183 **Application dans le temps.** Si en vertu de l'article L. 122-1, dans sa rédaction issue de la loi du 13 décembre 2000, les autorisations délivrées en matière d'urbanisme commercial doivent être compatibles avec les SCOT et si, en vertu de l'article L. 122-2, le SDRIF prévu par l'article L. 141-1 a valeur de SCOT, ces dispositions ne sont devenues applicables qu'à compter du 1er juillet 2002 (art. L. 122-2, dernier al.) (CE, 17 mars 2004, req. n° 242543, *Assoc. le site Géo autrement*).

C. urb., art. L. 122-1-1 ***(L. n° 83-8, 7 janv. 1983 ; L. n° 83-663, 22 juill. 1983 ; L. n° 84-747, 2 août 1984 ; L. n° 85-729, 18 juill. 1985 ; L. n° 92-125, 6 févr. 1992 ; L. n° 94-112, 9 févr. 1994 ; L. n° 95-115, 4 févr. 1995, art. 5-A-III ; implicitement abrogé à compter du 1er avril 2001, L. n° 2000-1208, 13 déc. 2000, art. 3 et 43 et D. n° 2001-260, 27 mars 2001, art. 6).***

L. n° 95-115, 4 févr. 1995, art. 22 *(L. n° 2003-590, 2 juill. 2003, art. 95)*. — I. Lorsqu'un territoire présente une cohésion géographique, culturelle, économique ou sociale, à l'échelle d'un bassin de vie ou d'emploi, les communes ou les établissements publics de coopération intercommunale à fiscalité propre qui le composent ont vocation à se regrouper en pays.

II. – Le pays exprime la communauté d'intérêts économiques, culturels et sociaux de ses membres. Il constitue le cadre de l'élaboration d'un projet commun de développement durable destiné à développer les atouts du territoire considéré et à renforcer les solidarités réciproques entre la ville et l'espace rural. Ce projet prend la forme d'une charte de développement du pays.

III. – Les établissements publics de coopération intercommunale à fiscalité ou les communes organisent librement un conseil de développement, comprenant notamment des représentants des milieux économiques, sociaux, culturels et associatifs du pays.

Le conseil de développement est associé à l'élaboration de la charte de développement du pays et à son suivi.

IV. – Le périmètre du pays doit respecter les limites des établissements publics de coopération intercommunale à fiscalité propre.

Lorsque la création ou la modification du périmètre d'un établissement public de coopération intercommunale à fiscalité propre est susceptible de modifier le périmètre d'un ou de plusieurs pays, le ou les préfets de région concernés engagent la modification du périmètre du ou des pays concernés, après, le cas échéant, que le ou les préfets de département ont fait application des dispositions prévues dans les articles 5711-1 et L. 5721-6-3 du Code général des collectivités territoriales.

Lorsque le périmètre d'un pays inclut des communes situées dans un parc naturel régional, la charte de développement du pays doit être compatible avec la charte de ce parc sur le territoire commun. L'organisme de gestion du parc assure la cohérence et la coordination des actions menées au titre du pays et qui relèvent des missions du parc sur le territoire commun.

Lorsque le périmètre d'un projet de pays recouvre en tout ou partie celui d'un schéma de cohérence territoriale approuvé, le projet de pays tient compte du projet d'aménagement et de développement durable de ce schéma. Lorsque le projet de pays a déjà été arrêté, le projet d'aménagement et de développement durable du schéma de cohérence territoriale tient compte de la charte de développement du pays.

Pour les pays constatés à la date de publication de la loi n° 99-533 du 25 juin 1999 d'orientation pour l'aménagement et le développement durable du territoire, le préfet de région concerné pourra apprécier l'opportunité de déroger à l'obligation de respecter les périmètres des établissements publics de coopération intercommunale à fiscalité propre. Au terme d'un délai de trois ans suivant la promulgation de la loi n° 2003-590, 2 juillet 2003 urbanisme et habitat, les périmètres des pays concernés devront respecter les périmètres des établissements publics de coopération intercommunale à fiscalité propre.

V. – Les communes ou les établissements publics de coopération intercommunale à fiscalité propre concernés approuvent la charte de développement du pays et son périmètre. Ils demandent aux représentants de l'État dans les régions concernées de les soumettre pour avis aux conseils généraux et aux conseils régionaux concernés, qui disposent pour se prononcer d'un délai de trois mois, à compter de la notification de la charte de développement du pays à leur président. À défaut de délibération dans ce délai, leur avis est réputé favorable.

VI. – Au vu du projet présenté et des avis formulés, les représentants de l'État dans les régions concernées vérifient que le pays peut être formé et en publient le périmètre par arrêté.

VII. – Les communes ou les établissements publics de coopération intercommunale à fiscalité propre concernés définissent librement les modalités d'organisation du pays.

VIII. – Pour mettre en œuvre la charte de développement du pays qu'ils ont approuvée, les communes ou les établissements publics de coopération intercommunale à fiscalité propre ou, le cas échéant, les personnes publiques ou privées qu'ils ont constituées pour mener ensemble des actions en faveur du développement local peuvent conclure avec l'État, les régions et les départements concernés un contrat. Par ce contrat, l'État et les collectivités locales concernées s'engagent à coordonner leurs actions et à faire converger leurs moyens en vue de la réalisation de la charte de développement du pays. Les communes ou les établissements publics de coopération intercommunale à fiscalité propre ou les signataires du contrat peuvent confier à une personne publique l'exécution d'une partie de celui-ci.

L'État et les collectivités locales tiennent compte du projet de pays pour l'organisation des services publics.

C. urb., art. L. 122-1-2 *(L. n° 83-8, 7 janv. 1983 ; L. n° 83-663, 22 juill. 1983 ; L. n° 85-30, 9 janv. 1985 ; L. n° 92-125, 6 févr. 1992 ; implicitement abrogé à compter du 1er avril 2001, L. n° 2000-1208, 13 déc. 2000, art. 3 et 43 et D. n° 2001-260, 27 mars 2001, art. 6)*.

C. urb., art. L. 122-1-3 (L. n° 83-8, 7 janv. 1983 ; L. n° 83-663, 22 juill. 1983 ; L. n° 95-115, 4 févr. 1995, art. 5-A-IV ; implicitement abrogé à compter du 1er avril 2001, L. n° 2000-1208, 13 déc. 2000, art. 3 et 43 et D. n° 2001-260, 27 mars 2001, art. 6).

C. urb., art. L. 122-1-4 L. n° 83-8, 7 janv. 1983 ; L. n° 85-729, 18 juill. 1985 ; L. n° 95-115, 4 févr. 1995, art. 5-A-V ; implicitement abrogé à compter du 1er avril 2001, L. n° 2000-1208, 13 déc. 2000, art. 3 et 43 et D. n° 2001-260, 27 mars 2001, art. 6).

C. urb., art. L. 122-2 *(L. n° 80-502, 4 juill. 1980 ; L. n° 83-8, 7 janv. 1983 ; remplacé à compter du 1er avril 2001, L. n° 2000-1208, 13 déc. 2000, art. 3 et 43 et D. n° 2001-260, 27 mars 2001, art. 6). — (Quatre alinéas remplacés par trois alinéas, L. n° 2003-590, 2 juill. 2003, art. 3, 1°)* **Dans les communes qui sont situées à moins de quinze kilomètres de la périphérie d'une agglomération de plus de 50 000 habitants au sens du recensement général de la population, ou à moins de quinze kilomètres du rivage de la mer, et qui ne sont pas couvertes par un schéma de cohérence territoriale applicable, le plan local d'urbanisme ne peut être modifié ou révisé en vue d'ouvrir à l'urbanisation une zone à urbaniser délimitée après le 1er juillet 2002 ou une zone naturelle.**

(Alinéa issu, L. n° 2003-590, 2 juill. 2003, art. 3, 1°) **Dans les communes mentionnées au premier alinéa et à l'intérieur des zones à urbaniser ouvertes à l'urbanisation après l'entrée en vigueur de la loi n° 2003-590 du 2 juillet 2003 urbanisme et habitat, il ne peut être délivré d'autorisation d'exploitation commerciale en application des I° à 6° et du 8° du I de l'article L. 720-5 du Code de commerce ou d'autorisation de création des salles de spectacles cinématographiques en application du I de l'article 36-1 de la loi n° 73-1193 du 27 décembre 1973 d'orientation du commerce et de l'artisanat.**

(Alinéa issu, L. n° 2003-590, 2 juill. 2003, art. 3, 1°) **Il peut être dérogé aux dispositions des deux alinéas précédents soit avec l'accord du préfet donné après avis de la commission départementale des sites et de la chambre d'agriculture, soit, lorsque le périmètre d'un schéma de cohérence territoriale incluant la commune a été arrêté, avec l'accord de l'établissement public prévu à l'article L. 122-4. La dérogation ne peut être refusée que si les inconvénients éventuels de l'urbanisation envisagée pour les communes voisines, pour l'environnement ou pour les activités agricoles sont excessifs au regard de l'intérêt que représente pour la commune la modification ou la révision du plan.**

(Rédaction future) Il peut être dérogé aux dispositions des deux alinéas précédents soit avec l'accord du préfet donné après avis de la (Mots remplacés à compter de la publication du décret mentionné à l'article 35 de l'ordonnance n° 2004-637 du 1er juillet 2004 et, au plus tard, le 1er juillet 2005, Ord. n° 2004-637, 1er juill. 2004, art. 28, II, 2° et 41) « commission départementale compétente en matière de nature, de paysages et de sites » et de la chambre d'agriculture, soit, lorsque le périmètre d'un schéma de cohérence territoriale incluant la commune a été arrêté, avec l'accord de l'établissement public prévu à l'article L. 122-4. La dérogation ne peut être refusée que si les inconvénients éventuels de l'urbanisation envisagée pour les communes voisines, pour l'environnement ou pour les activités agricoles sont excessifs au regard de l'intérêt que représente pour la commune la modification ou la révision du plan.

Le préfet peut, par arrêté motivé pris après avis de la commission de conciliation, constater l'existence d'une rupture géographique due à des circonstances naturelles, notamment au relief, et, en conséquence, exclure du champ d'application du présent article une ou plusieurs communes situées à moins de quinze kilomètres de la périphérie d'une agglomération de plus de *(nombre rempl., L. n° 2003-590, 2 juill. 2003, art. 3, 2°)* **50 000 habitants.**

Pour l'application du présent article, les schémas d'aménagement régionaux prévus par la loi n° 84-747 du 2 août 1984 relative aux compétences des régions de Guadeloupe, de Guyane, de Martinique et de la Réunion, le schéma directeur de la région d'Île-de-France prévu par l'article L. 141-1 et *(Mots rempl., L. n° 2002-92, 22 janv. 2002, art. 13, II)* **« le plan d'aménagement et de développement durable de Corse prévu à l'article L. 4424-9 du Code général [...] des collectivités territoriales et, jusqu'à l'approbation de celui-ci, le schéma d'aménagement de la Corse maintenu en vigueur par**

l'article 13 de la loi n° 2002-92 du 22 janvier 2002 relative à la Corse » ont valeur de schéma de cohérence territoriale.

Les dispositions du présent article sont applicables à compter du *(Mots rempl., L. n° 2002-276, 27 févr. 2002, art. 153)* « 1er juillet 2002 ».

Principes nouveaux. Si la loi de juillet 2003 maintient le mécanisme de contrôle direct de la destination des sols des PLU institué par la loi SRU, et avec lui deux dérogations permettant d'aérer le dispositif, il est à noter le passage de 15 000 à 50 000 habitants comme point de référence démographique déclenchant l'application de cet article. Cet assouplissement du contrôle de la constructibilité des PLU par les SCOT permet ainsi à un nombre significatif de communes de s'affranchir des contraintes intercommunales des schémas pour ouvrir à l'urbanisation des zones naturelles ou à urbaniser. 0184

Urbanisme commercial. Hors des zones déjà urbanisées ou à urbaniser après entrée en vigueur de la loi de juillet 2003, le législateur a entendu permettre soumettre à l'autorité du préfet ou à la mise en place d'un périmètre de SCOT la délivrance des autorisations CDEC, conduisant ainsi à réduire l'autonomie de l'urbanisme commercial au regard du droit de l'urbanisme général. 0185

Distance de 15 km. Cette distance de 15 km se calcule à partir de l'extérieur de la partie agglomérée de l'agglomération et non à partir du ban communal ou du centre des communes concernées. Les limites physiques de l'agglomération sont précisées par la réponse ministérielle (*JO Sénat* 28 août 2003 : *Mon. TP* 12 sept. 2003, p. 335). 0186

En tout état de cause, la limite des 15 km ne préfigure en aucun cas le périmètre du SCOT. Il appartient en réalité aux élus locaux de définir ce dernier en fonction des réalités locales (Rép. min. : *JOAN* 31 août 2004, p. 6812).

C. urb., art. L. 122-3 ***(L. n° 83-8, 7 janv. 1983 ; remplacé à compter du 1er avril 2001, L. n° 2000-1208, 13 déc. 2000, art. 3 et 43 et D. n° 2001-260, 27 mars 2001, art. 6).*** **— I. – Le schéma de cohérence territoriale est élaboré à l'initiative des communes ou de leurs groupements compétents.**

II. – Le périmètre du schéma de cohérence territoriale délimite un territoire d'un seul tenant et sans enclave. Lorsque ce périmètre concerne des établissements publics de coopération intercommunale compétents en matière de schémas de cohérence territoriale, il recouvre la totalité du périmètre de ces établissements. *(Phrase ajoutée, L. n° 2002-276, 27 févr. 2002, art. 154)* « Toutefois, lorsque le périmètre d'un de ces établissements n'est pas d'un seul tenant, le périmètre du schéma peut ne pas comprendre la totalité des communes membres de cet établissement à condition de comprendre la totalité de la partie ou des parties d'un seul tenant qui le concerne. »

Il tient notamment compte des périmètres des groupements de communes, des agglomérations nouvelles, des pays et des parcs naturels, ainsi que des périmètres déjà définis *(Mots aj., L. n° 2003-590, 2 juill. 2003, art. 4)* « des autres schémas de cohérence territoriale, » des plans de déplacements urbains, des schémas de développement commercial, des programmes locaux de l'habitat et des chartes intercommunales de développement et d'aménagement.

Il prend également en compte les déplacements urbains, notamment les déplacements entre le domicile et le lieu de travail et de la zone de chalandise des commerces, ainsi que les déplacements vers les équipements culturels, sportifs, sociaux et de loisirs.

III *(Rempl., L. n° 2003-590, 2 juill. 2003, art. 5, 1°)*. – Un projet de périmètre est déterminé, selon les cas, par les conseils municipaux ou l'organe délibérant du ou des établissements publics de coopération intercommunale compétents, à la majorité des deux tiers au moins des communes intéressées représentant plus de la moitié de la population totale de celles-ci ou la majorité de la moitié au moins des communes intéressées représentant les deux tiers de la population totale. Si des communes ne sont pas membres d'un établissement public de coopération intercommunale compétent en matière de schéma de cohérence territoriale, la majorité doit comprendre, dans chaque

cas, au moins un tiers d'entre elles. Pour le calcul de la majorité, les établissements publics de coopération intercommunale comptent pour autant de communes qu'ils comprennent de communes membres.

IV *(Al créé, L. n° 2003-590, 2 juill. 2003, art. 5, 2°).* – Le projet de périmètre est communiqué au préfet. Ce dernier recueille l'avis du ou des conseils généraux concernés. Cet avis est réputé positif s'il n'a pas été formulé dans un délai de trois mois. Le préfet publie par arrêté le périmètre du schéma de cohérence territoriale après avoir vérifié, en tenant compte des situations locales et éventuellement des autres périmètres arrêtés ou proposés, que le périmètre retenu permet la mise en cohérence des questions d'urbanisme, d'habitat, de développement économique, de déplacements et d'environnement.

***(Alinéa créé, L. n° 2005-157, 23 févr. 2005, art. 235, IV)* Lorsque le schéma de cohérence territoriale englobe une ou des communes littorales et dans le cas où l'établissement public mentionné à l'article L. 122-4 décide d'élaborer un chapitre individualisé valant schéma de mise en valeur de la mer, le préfet est consulté sur la compatibilité du périmètre de ce schéma avec les enjeux d'aménagement, de protection et de mise en valeur du littoral.**

0187 **Détermination du périmètre.** La loi de juillet 2003 laisse le soin aux communes ou à leurs groupements de déterminer le périmètre pertinent du SCOT, sous contrat et la validation définitive du préfet qui conserve un fort pouvoir d'appréciation au regard de divers critères fixés par le législateur. Les conseils généraux conservent un simple pouvoir d'avis.

C. urb., art. L. 122-4 *(L. n° 83-663, 22 juill. 1983 ; remplacé à compter du 1er avril 2001, L. n° 2000-1208, 13 déc. 2000, art. 3 et 43 et D. n° 2001-260, 27 mars 2001, art. 6).* — Le schéma de cohérence territoriale est élaboré par un établissement public de coopération intercommunale ou par un syndicat mixte *(Mots aj., L. n° 2003-590, 2 juill. 2003, art. 6)* « constitués exclusivement des communes et établissements publics de coopération intercommunale compétents compris dans le périmètre du schéma ». Cet établissement public est également chargé de l'approbation, du suivi et de la révision du schéma de cohérence territoriale. Il précise les modalités de concertation conformément à l'article L. 300-2. La délibération qui organise la concertation est notifiée aux personnes visées au premier alinéa de l'article L. 122-7.

La dissolution de l'établissement public emporte l'abrogation du schéma, sauf si un autre établissement public en assure le suivi.

0188 **Homogénéité.** Toute structure intercommunale comportant en son sein une ou plusieurs communes qui seraient situées hors périmètre du SCOT, serait privée de la faculté d'élaborer ledit SCOT. Par ailleurs, la nouvelle concordance obligatoire organe/territoire signifie que seules les communes et leurs groupements ont la maîtrise des SCOT, les syndicats mixtes ne pouvant plus désormais être composés d'autres personnes publiques telles que les régions, les départements ou les chambres de commerce et d'industrie.

C. urb., art. L. 122-5 *(L. n° 85-729, 18 juill. 1985 ; remplacé à compter du 1er avril 2001, L. n° 2000-1208, 13 déc. 2000, art. 3 et 43 et D. n° 2001-260, 27 mars 2001, art. 6).* — Lorsque le périmètre de l'établissement public prévu à l'article L. 122-4 est étendu, dans les conditions définies par le Code général des collectivités territoriales, à une ou plusieurs communes, ou à un ou plusieurs établissements publics de coopération intercommunale, la décision d'extension emporte extension du périmètre du schéma de cohérence territoriale.

Lorsqu'une commune ou un établissement public de coopération intercommunale se retire de l'établissement public prévu à l'article L. 122-4 dans les conditions définies par le Code général des collectivités territoriales, la décision de retrait emporte réduction du périmètre du schéma de cohérence territoriale.

***(Al. créé, L. n° 2002-1, 2 janv. 2002, art. 18)* Toutefois, par dérogation aux dispositions des articles L. 5214-21, L. 5215-22 et L. 5216-7 du Code général des collectivités territo-**

riales, lorsque le périmètre d'une communauté urbaine, d'une communauté d'agglomération ou d'une communauté de communes compétente en matière de schéma de cohérence territoriale est entièrement compris dans celui d'un schéma de cohérence territoriale, la communauté est substituée de plein droit à ses communes membres ou à l'établissement public de coopération intercommunale dont elle est issue dans l'établissement public prévu à l'article L. 122-4. Ni les attributions de l'établissement public ni le périmètre dans lequel il exerce ses compétences ne sont modifiés.

***(Al. créé, L. n° 2002-1, 2 janv. 2002, art. 18)* Lorsque le périmètre d'une communauté urbaine, d'une communauté d'agglomération ou d'une communauté de communes compétente en matière de schéma de cohérence territoriale n'est pas entièrement compris dans celui d'un schéma de cohérence territoriale, la communauté devient, au terme d'un délai de six mois, membre de plein droit de l'établissement public prévu à l'article L. 122-4 et le périmètre du schéma est étendu en conséquence, sauf lorsque l'organe délibérant de la communauté s'est prononcé, dans ce délai, contre son appartenance à cet établissement public ou si, dans ce même délai, l'établissement public chargé de l'élaboration du schéma s'oppose à l'extension. Dans l'un ou l'autre de ces cas, la délibération de la communauté ou l'opposition de l'établissement public emporte réduction du périmètre du schéma de cohérence territoriale.**

***(Al. créé, L. n° 2002-1, 2 janv. 2002, art. 18)* Lorsque le périmètre d'une communauté mentionnée à l'alinéa précédent comprend des communes appartenant à plusieurs schémas de cohérence territoriale, la communauté devient, au terme d'un délai de six mois, membre de plein droit de l'établissement public prévu à l'article L. 122-4 sur le territoire duquel est comprise la majorité de sa population, sauf lorsque l'organe délibérant de la communauté s'est prononcé dans ce délai contre son appartenance à cet établissement public ou pour son appartenance à l'établissement public d'un des autres schémas. Les communes appartenant à la communauté sont retirées des établissements publics prévus à l'article L. 122-4 dont la communauté n'est pas devenue membre. Ce retrait emporte réduction du périmètre des schémas de cohérence territoriale correspondants.**

C. urb., art. L. 122-6 *(L. n° 85-729, 18 juill. 1985 ; L. n° 95-115, 4 févr. 1995, art. 5-A-VI ; remplacé à compter du 1er avril 2001, L. n° 2000-1208, 13 déc. 2000, art. 3 et 43 et D. n° 2001-260, 27 mars 2001, art. 6).* **— À l'initiative du président de l'établissement public prévu par l'article L. 122-4 ou à la demande du préfet, les services de l'État sont associés à l'élaboration du projet de schéma. *(Phrase aj., L. n° 2003-590, 2 juill. 2003, art. 7)* « Il en est de même du département, à la demande du président du conseil général, et de la région, à la demande du président du conseil régional ».**

Association. Le mécanisme d'association systématique applicable à l'État est étendu aux collectivités locales (région, département) qui n'ont précisément plus la possibilité d'être partie prenante du SCOT au sein d'un syndicat mixte. **0189**

C. urb., art. L. 122-7 *(Créé à compter du 1er avril 2001, L. n° 2000-1208, 13 déc. 2000, art. 3 et 43 et D. n° 2001-260, 27 mars 2001, art. 6).* **— Le président du conseil régional, le président du conseil général, les présidents des établissements publics intéressés et ceux des organismes mentionnés à l'article L. 121-4, ou leurs représentants, sont consultés par l'établissement public, à leur demande, au cours de l'élaboration du schéma.**

Il en est de même des présidents des établissements publics de coopération intercommunale voisins compétents en matière d'urbanisme et des maires des communes voisines, ou de leurs représentants.

Le président de l'établissement public peut recueillir l'avis de tout organisme ou association ayant compétence en matière d'habitat, d'urbanisme, de déplacements, d'aménagement ou d'environnement, y compris des collectivités territoriales des États limitrophes.

C. urb., art. L. 122-8 *(Créé à compter du 1er avril 2001, L. n° 2000-1208, 13 déc. 2000, art. 3 et 43 ; D. n° 2001-260, 27 mars 2001, art. 6).* **— Un débat a lieu au sein de l'organe**

délibérant de l'établissement public prévu à l'article L. 122-4 sur les orientations générales du projet d'aménagement et de développement mentionné à l'article L. 122-1, au plus tard quatre mois avant l'examen du projet de schéma. Dans le cas d'une révision, ce débat peut avoir lieu lors de la mise en révision du schéma.

Le projet de schéma est arrêté par délibération de l'établissement public prévu à l'article L. 122-4 puis transmis pour avis aux communes et aux groupements de communes membres de l'établissement public, aux communes et aux établissements publics de coopération intercommunale voisins compétents en matière d'urbanisme, au préfet, à la région, au département et aux organismes mentionnés à l'article L. 121-4 ainsi qu'à la commission spécialisée du comité de massif lorsque le projet comporte des dispositions relatives à la création d'une ou plusieurs unités touristiques nouvelles définies à l'article L. 145-9. *(Phrase créée à compter d'une date fixée par décret en Conseil d'État et au plus tard un an après la publication de la loi n° 2005-157 du 23 février 2005, L. n° 2005-157, 23 févr. 2005, art. 190, III et 194)* « En cas de révision ou de modification pour permettre la création d'une ou plusieurs unités touristiques nouvelles, le projet de révision ou de modification est soumis pour avis à la commission spécialisée du comité de massif, lorsqu'une au moins des unités touristiques nouvelles envisagées répond aux conditions prévues par le I de l'article L. 145-11 ou à la commission départementale des sites lorsque les unités touristiques nouvelles prévues répondent aux conditions prévues par le II du même article. » Ces avis sont réputés favorables s'ils n'interviennent pas dans un délai de trois mois après transmission du projet de schéma.

Les associations mentionnées à l'article L. 121-5 sont consultées, à leur demande, sur le projet de schéma.

C. urb., art. L. 122-8-1 *(Créé, L. n° 2005-157, 23 févr. 2005, art. 235, V).* — Les dispositions du chapitre individualisé valant schéma de mise en valeur de la mer et relatives aux orientations fondamentales de protection du milieu marin, à la gestion du domaine public maritime et aux dispositions qui ne ressortent pas du contenu des schémas de cohérence territoriale tel qu'il est défini par l'article L. 122-1 sont soumises pour accord au préfet avant l'arrêt du projet.

C. urb., art. L. 122-9 *(Créé à compter du 1er avril 2001, L. n° 2000-1208, 13 déc. 2000, art. 3 et 43 et D. n° 2001-260, 27 mars 2001, art. 6).* — Lorsqu'une commune ou un groupement de communes membre de l'établissement public prévu à l'article L. 122-4 estime que l'un de ses intérêts essentiels est compromis par les dispositions du projet de schéma en lui imposant, notamment, des nuisances ou des contraintes excessives, la commune ou le groupement de communes peut, dans le délai de trois mois mentionné à l'article L. 122-8, saisir le préfet par délibération motivée qui précise les modifications demandées au projet de schéma. Dans un délai de trois mois, après consultation de la commission de conciliation prévue à l'article L. 121-6, le préfet donne son avis motivé.

C. urb., art. L. 122-10 *(Créé à compter du 1er avril 2001, L. n° 2000-1208, 13 déc. 2000, art. 3 et 43 et D. n° 2001-260, 27 mars 2001, art. 6).* — Le projet, auquel sont annexés les avis des communes et des établissements publics de coopération intercommunale et, le cas échéant, des autres personnes publiques consultées, est soumis à enquête publique par le président de l'établissement public.

Dans le cas mentionné à l'article L. 122-9, la délibération motivée de la commune ou du groupement de communes et l'avis du préfet sont joints au dossier de l'enquête.

C. urb., art. L. 122-11 *(Créé à compter du 1er avril 2001, L. n° 2000-1208, 13 déc. 2000, art. 3 43 ; D. 2001-260, 27 mars 2001, art. 6).* — À l'issue de l'enquête publique, le schéma, éventuellement modifié pour tenir compte notamment des observations du public, des avis des communes, des personnes publiques consultées et du préfet, est approuvé par l'organe délibérant de l'établissement public. Il est transmis au préfet, à la région, au département et aux organismes mentionnés à l'article L. 121-4 ainsi qu'aux communes

ou établissements publics ayant recouru à la procédure de l'article L. 122-9. Le schéma de cohérence territoriale approuvé est tenu à la disposition du public.

(Alinéa créé, L. n° 2005-157, 23 févr. 2005, art. 235, VI, 1°) **À l'issue de l'enquête publique, le chapitre individualisé valant schéma de mise en valeur de la mer ne peut être modifié qu'avec l'accord du préfet.**

La délibération publiée approuvant le schéma devient exécutoire deux mois après sa transmission au préfet. Toutefois, si dans ce délai le préfet notifie, par lettre motivée, au président de l'établissement public les modifications qu'il estime nécessaire d'apporter au schéma lorsque les dispositions de celui-ci ne sont pas compatibles avec les directives territoriales d'aménagement et, en l'absence de celles-ci, avec les dispositions particulières aux zones de montagne et au littoral mentionnées à l'article L. 111-1-1, ou compromettent gravement les principes énoncés aux articles L. 110 et L. 121-1, le schéma de cohérence territoriale est exécutoire dès publication et transmission au préfet de la délibération apportant les modifications demandées.

(Alinéa créé, L. n° 2005-157, 23 févr. 2005, art. 235, VI, 2°) **Le cas échéant, le chapitre individualisé mentionné au deuxième alinéa se substitue à la partie d'un schéma de mise en valeur de la mer existant qui concerne son territoire.**

C. urb., art. L. 122-12 ***(Créé à compter du 1er avril 2001, L. n° 2000-1208, 13 déc. 2000, art. 3 et 43 et D. n° 2001-260, 27 mars 2001, art. 6).*** **— Lorsqu'une commune ou un établissement public de coopération intercommunale qui a fait usage de la procédure prévue à l'article L. 122-9 n'a pas obtenu les modifications demandées malgré un avis favorable du préfet, le conseil municipal ou l'organe délibérant de l'établissement public de coopération intercommunale peut, dans un délai de deux mois suivant la notification qui lui est faite de la délibération approuvant le schéma, décider de se retirer.**

Le préfet, par dérogation aux dispositions applicables du Code général des collectivités territoriales, constate le retrait de la commune ou de l'établissement public de coopération intercommunale de l'établissement public prévu à l'article L. 122-4.

Dès la publication de l'arrêté du préfet, les dispositions du schéma concernant la commune ou l'établissement public de coopération intercommunale sont abrogées.

Les dispositions des alinéas précédents ne sont pas applicables lorsque l'établissement public prévu à l'article L. 122-4 est une communauté urbaine, une communauté d'agglomérations ou une communauté de communes.

C. urb., art. L. 122-13 ***(Créé à compter du 1er avril 2001, L. n° 2000-1208, 13 déc. 2000, art. 3 et 43 et D. n° 2001-260, 27 mars 2001, art. 6).*** **— Les schémas de cohérence territoriale sont mis en révision par l'organe délibérant de l'établissement public prévu à l'article L. 122-4, et révisés dans les conditions définies aux articles L. 122-6 à L. 122-12.**

(Al. créé, L. n° 2003-590, 2 juill. 2003, art. 8, 1°) **Un schéma de cohérence territoriale peut également être modifié par délibération de l'établissement public prévu à l'article L. 122-4, après enquête publique, si la modification ne porte pas atteinte à l'économie générale du projet d'aménagement et de développement durable définie au deuxième alinéa de l'article L. 122-1. Le projet de modification est notifié, avant l'ouverture de l'enquête publique, aux personnes mentionnées au deuxième alinéa de l'article L. 122-8.**

Révision et modification. Alors que la loi SRU n'organisait que la seule révision du SCOT, la loi de juillet 2003 introduit la faculté de modifier le document intercommunal dès lors que ne sont pas remis en cause les objectifs fixés par le projet d'aménagement et de développement durable. **0190**

C. urb., art. L. 122-14 ***(Créé à compter du 1er avril 2001, L. n° 2000-1208, 13 déc. 2000, art. 3 et 43 et D. n° 2001-260, 27 mars 2001, art. 6).*** **— Au plus tard à l'expiration d'un délai de dix ans à compter de la délibération portant approbation ou de la dernière délibération portant révision du schéma de cohérence territoriale, l'établissement public prévu à l'article L. 122-4 procède à une analyse des résultats de l'application du schéma** ***(Mots aj., Ord. n° 2004-489, 3 juin 2004, art. 3, III)*** **« notamment du point de vue de l'environne-**

ment » et délibère sur son maintien en vigueur ou sur sa mise en révision complète ou partielle. À défaut d'une telle délibération, le schéma de cohérence territoriale est caduc.

C. urb., art. L. 122-15 *(Créé à compter du 1er avril 2001, L. n° 2000-1208, 13 déc. 2000, art. 3 et 43 et D. n° 2001-260, 27 mars 2001, art. 6).* **— La déclaration d'utilité publique *(Mots aj., L. n° 2002-276, 27 févr. 2002, art. 150-I, 1°)* « ou, si une déclaration d'utilité publique n'est pas requise, la déclaration de projet » d'une opération qui n'est pas compatible avec les dispositions d'un schéma de cohérence territoriale ne peut intervenir que si :**

1° *(Rempl., L. n° 2002-276, 27 févr. 2002, art. 150-I, 2°)* L'enquête publique concernant cette opération a porté à la fois sur l'utilité publique ou l'intérêt général de l'opération et sur la mise en compatibilité du schéma qui en est la conséquence ;

2° *(Rempl., L. n° 2002-276, 27 févr. 2002, art. 150-I, 2°)* L'acte déclaratif d'utilité publique ou la déclaration de projet est pris après que les dispositions proposées pour assurer la mise en compatibilité du schéma ont fait l'objet d'un examen conjoint de l'État, de l'établissement public prévu à l'article L. 122-4, de la région, du département et des organismes mentionnés à l'article L. 121-4 et a été soumis, pour avis, aux communes et groupements de communes compétents situés dans le périmètre du schéma de cohérence territoriale.

La déclaration d'utilité publique emporte approbation des nouvelles dispositions du schéma de cohérence territoriale.

***(Al. créé, L. n° 2002-276, 27 févr. 2002, art. 150-I, 3°)* La déclaration de projet emporte approbation des nouvelles dispositions du schéma de cohérence territoriale lorsqu'elle est prise par l'établissement public prévu à l'article L. 122-4. Lorsqu'elle est prise par une autre personne publique, elle ne peut intervenir qu'après mise en compatibilité du schéma par l'établissement public prévu à l'article L. 122-4 ou, en cas de désaccord, par arrêté préfectoral.**

C. urb., art. L. 122-16 *(Créé à compter du 1er avril 2001, L. n° 2000-1208, 13 déc. 2000, art. 3 et 43 et D. n° 2001-260, 27 mars 2001, art. 6).* **— Lorsqu'un programme local de l'habitat, un plan de déplacements urbains, un document d'urbanisme ou une opération foncière ou d'aménagement mentionné au dernier alinéa de l'article L. 122-1 comprend des dispositions qui ne sont pas compatibles avec le schéma de cohérence territoriale, il ne peut être approuvé ou créé que si l'établissement public prévu à l'article L. 122-4 a préalablement *(Mots aj., L. n° 2003-590, 2 juill. 2003, art. 13-I)* « modifié ou » révisé le schéma de cohérence territoriale. *(Mots rempl., L. n° 2003-590, 2 juill. 2003, art. 13-II)* « La modification ou la révision du schéma » et l'approbation du document ou la création de l'opération d'aménagement font alors l'objet d'une enquête publique unique, organisée par le président de l'établissement public prévu à l'article L. 122-4.**

0191 **Révision ou modification.** L'une des deux procédures administratives modification ou révision du SCOT doit être mise en œuvre afin d'éviter toute incompatibilité dans l'articulation juridique des deux documents entre eux.

C. urb., art. L. 122-17 *(Créé à compter du 1er avril 2001, L. n° 2000-1208, 13 déc. 2000, art. 3 et 43 et D. n° 2001-260, 27 mars 2001, art. 6).* **— Les dispositions du présent chapitre sont applicables aux schémas de secteur. Toutefois, lorsqu'un schéma de secteur concerne le territoire d'une seule commune ou d'un seul établissement public de coopération intercommunale, celui-ci exerce les compétences de l'établissement public prévu à l'article L. 122-4.**

C. urb., art. L. 122-18 *(Créé à compter du 1er avril 2001, L. n° 2000-1208, 13 déc. 2000, art. 3 et 43 et D. n° 2001-260, 27 mars 2001, art. 6).* **— Les établissements publics de coopération intercommunale compétents en matière de schéma directeur sont compétents en matière de schéma de cohérence territoriale.**

Les schémas directeurs approuvés avant l'entrée en vigueur de la loi n° 2000-1208 du 13 décembre 2000 relative à la solidarité et au renouvellement urbains sont soumis au régime juridique des schémas de cohérence territoriale tel qu'il est défini par le présent chapitre. Ils demeurent applicables jusqu'à leur prochaine révision et ont les mêmes effets que les schémas de cohérence territoriale. Le schéma devient caduc si cette révision n'est pas intervenue au plus tard dix ans après la publication de la loi n° 2000-1208 du 13 décembre 2000 précitée.

Lorsqu'un schéma directeur est en cours d'élaboration ou de révision et que le projet de schéma est arrêté avant l'entrée en vigueur de la loi n° 2000-1208 du 13 décembre 2000 précitée, l'approbation dudit document reste soumise au régime antérieur à ladite loi à condition que son approbation intervienne dans un délai d'un an à compter de l'entrée en vigueur de la loi. Les dispositions de l'alinéa précédent leur sont applicables à compter de leur approbation.

Lorsqu'un schéma directeur en cours de révision n'a pas pu être arrêté avant la date d'entrée en vigueur de la loi n° 2000-1208 du 13 décembre 2000 précitée, l'établissement public chargé de la révision peut opter pour l'achèvement de la procédure selon le régime antérieur à ladite loi, à condition que le projet de révision soit arrêté avant le 1er janvier 2002 et que la révision soit approuvée avant le 1er janvier 2003. Les dispositions du présent alinéa ne font pas obstacle à la mise en œuvre des dispositions des articles L. 122-5, L. 122-15 et L. 122-16, dans leur rédaction issue de la loi n° 2000-1208 du 13 décembre 2000 précitée, ni la modification du périmètre du schéma directeur dans les conditions définies par *(Mots rempl., L. n° 2003-590, 2 juill. 2003, art. 10)* « le onzième alinéa » du présent article.

Lorsque l'établissement public qui a établi le schéma directeur a été dissous ou n'est plus compétent en matière de schéma directeur ou de schéma de cohérence territoriale, les communes et les établissements publics de coopération intercommunale compétents constituent un établissement public en application de l'article L. 122-4. À défaut de la constitution de cet établissement public au plus tard le 1er janvier 2002, le schéma directeur devient caduc.

Lorsqu'il est fait application de l'article L. 122-15 en l'absence d'établissement public compétent pour assurer le suivi du schéma directeur, l'examen conjoint des dispositions proposées par l'État pour assurer la mise en compatibilité d'un schéma directeur est effectué avec l'ensemble des communes concernées par le schéma.

Jusqu'à la constitution de l'établissement public, la modification du schéma directeur peut être décidée par arrêté motivé du préfet s'il constate, avant qu'un projet de plan local d'urbanisme ne soit arrêté, que ce plan, sans remettre en cause les intérêts de l'ensemble des communes concernées, contient des dispositions susceptibles d'être incompatibles avec le schéma. Les modifications proposées par l'État sont soumises par le préfet à enquête publique après avoir fait l'objet d'un examen conjoint de l'État, de la région, du département et des organismes mentionnés à l'article L. 121-4 et avoir été soumises, pour avis, aux communes et groupements de communes compétents situés dans le périmètre du schéma directeur. En cas d'opposition d'un nombre de communes ou d'établissements publics de coopération intercommunale, ceux-ci comptant pour autant de communes qu'ils comprennent de communes membres, égal au moins au quart des communes du territoire concerné ou regroupant au moins un quart de la population totale de ce même territoire, les modifications ne peuvent être approuvées que par décret en Conseil d'État.

Les actes prescrivant l'élaboration, la modification ou la révision d'un schéma directeur en application des articles L. 122-1-1 à L. 122-5 dans leur rédaction antérieure à la loi n° 2000-1208 du 13 décembre 2000 précitée valent prescription de l'élaboration ou de la révision du schéma de cohérence territoriale en application des articles L. 122-3 et L. 122-13 dans leur rédaction issue de cette loi. Lorsque le projet n'a pas été arrêté à la date d'entrée en vigueur de ladite loi, l'élaboration ou la révision est soumise au régime juridique défini par le présent chapitre. L'organe délibérant de l'établissement public de coopération intercommunale délibère, en application de l'article L. 300-2, sur les modalités de la concertation avec la population.

(Al. créé, L. n° 2003-590, 2 juill. 2003, art. 8, 2°) **Les schémas directeurs approuvés avant l'entrée en vigueur de la loi n° 2000-1208 du 13 décembre 2000 précitée et les schémas directeurs approuvés ou révisés dans les conditions définies par les troisième et quatrième alinéas peuvent faire l'objet d'une modification, sans être mis en forme de schéma de cohérence territoriale, dans les conditions définies par le second alinéa de l'article L. 122-13, lorsque la modification ne porte pas atteinte à leur économie générale.**

Les dispositions des schémas directeurs en cours de modification dont l'application anticipée a été décidée avant l'entrée en vigueur de la loi n° 2000-1208 du 13 décembre 2000 précitée demeurent applicables jusqu'à l'approbation de la révision du schéma de cohérence territoriale et, au plus tard, jusqu'à l'expiration du délai de trois ans mentionné au dernier alinéa de l'article L. 122-6 dans sa rédaction antérieure à cette loi.

Jusqu'au 1er janvier 2002, une commune peut, à sa demande, être exclue du périmètre d'un schéma directeur approuvé ou en cours de révision pour intégrer le périmètre d'un schéma de cohérence territoriale lorsque son inclusion dans le périmètre de ce schéma est de nature à lui assurer une meilleure cohérence spatiale et économique et à condition que cette modification de périmètre n'ait pas pour effet de provoquer une rupture de la continuité territoriale du schéma directeur dont elle se retire. La modification du périmètre est décidée par arrêté préfectoral, après avis de l'établissement public de coopération intercommunale ou du syndicat mixte chargé de l'élaboration du schéma directeur, s'il existe.

(Al. créé, L. n° 2003-590, 2 juill. 2003, art. 9) **Lorsque l'établissement public mentionné à l'article L. 122-4 a été constitué, avant l'entrée en vigueur de la loi n° 2003-590 du 2 juillet 2003 urbanisme et habitat, sous la forme d'un syndicat mixte comprenant d'autres personnes publiques que les communes et les établissements publics de coopération intercommunale compétents compris dans le périmètre du schéma de cohérence territoriale, ce syndicat reste compétent jusqu'à l'approbation du schéma de cohérence territoriale ou, lorsqu'il s'agit d'un schéma directeur, jusqu'à l'approbation de la révision de ce schéma mentionnée au deuxième alinéa. Les personnes publiques autres que les communes et les établissements publics de coopération intercommunale compétents compris dans le périmètre du schéma se retirent du syndicat mixte dans le délai de six mois à compter de l'approbation du schéma ou de sa révision. À l'issue de ce délai, le retrait est prononcé d'office par arrêté préfectoral.**

(Al. créé, L. n° 2003-590, 2 juill. 2003, art. 11) **Lorsqu'un schéma directeur approuvé avant l'entrée en vigueur de la loi n° 2000-1208 du 13 décembre 2000 précitée ou un schéma directeur approuvé dans le délai d'un an à compter de l'entrée en vigueur de ladite loi en application du troisième alinéa ou un schéma directeur révisé avant le 1er janvier 2003 en application du quatrième alinéa est annulé pour vice de forme ou de procédure, l'établissement public prévu à l'article L. 122-4 peut l'approuver à nouveau, après enquête publique, dans le délai d'un an à compter de la décision juridictionnelle qui l'a annulé, sans mettre le schéma directeur en forme de schéma de cohérence territoriale.**

0192 **Modification des anciens schémas directeurs.** Afin d'inciter en tout état de cause à actualiser les schémas directeurs existants, mais qui ne correspondraient plus à une réalité démographique, économique ou urbanistique, sans pour autant exiger la mise en place de SCOT nouveaux, la loi de juillet 2003 permet des adaptations possibles du document par la voie de la modification. Pour autant, les nombreux schémas directeurs non transformés en SCOT continuent de régir l'urbanisme intercommunal jusqu'à l'approbation d'un SCOT, leur caducité n'étant prévue que dans un délai de 10 ans à compter de la publication de la loi SRU du 13 décembre 2000.

0193 **Périmètre exclusif.** En écho à l'impossibilité pour certaines structures intercommunales de participer, sous réserves, à l'élaboration d'un SCOT, l'avant-dernier alinéa nouveau de l'article L. 122-18 organise l'exclusion des personnes publiques qui seraient membres de telles structures antérieurement à l'entrée en vigueur de la loi de juillet 2003, mais qui se situeraient en dehors du périmètre du SCOT.

Contentieux. Le dernier alinéa nouveau permet une validation législative des schémas directeurs annulés pour un motif ne touchant pas la légalité interne du document, après nouvelle enquête publique, mais sans devoir transformer le schéma directeur en SCOT. 0194

Mesures d'application. Le décret d'application n° 2001-260 est intervenu le 27 mars 2001 (*JO* 28 mars). 0195

Annexe à la circulaire n° 2001-3 du 18 janvier 2001
Dispositions transitoires (loi SRU)

1 – Schéma directeur en cours d'élaboration ou de révision
Stade de la procédure S. D. Passage nouvelle procédure

– Projet non arrêté avant le 1er avril 2001.	– Les actes de procédure accomplis avant l'entrée en vigueur de la loi demeurent valides.
	– La procédure se poursuit selon les nouvelles règles de procédure et de fond.
– Projet arrêté avant le 1er avril 2001.	– Le schéma peut être approuvé pendant un an selon l'ancienne procédure.

2 – Schéma directeur approuvé

– Établissement public dissous ou n'ayant pas compétence pour gérer le schéma.	– Un établissement public compétent pour suivre et réviser le document doit être mis en place avant le 1er janvier 2002, sinon le schéma sera caduc.
– Établissement public existant et ayant compétence pour gérer le schéma.	– Le schéma reste applicable jusqu'à sa prochaine révision pour un délai maximal de 10 ans.
	– Il bénéficie, pour ses modifications révisions, des allégements de procédure prévus par la loi.

3 – Cas particuliers

– Schémas directeurs en cours de révision.	– L'E. P. peut opter entre le nouveau régime ou la poursuite procédure selon le régime antérieur à condition que :
	– le projet soit arrêté avant le 1er janvier 2002 ;
	– la révision soit approuvée avant le 1er janvier 2003.
– Application anticipée.	– Les dispositions appliquées par anticipation demeurent applicables jusqu'à l'approbation de la révision du SCT, dans un délai maximal de trois ans.
– Modification à l'initiative du préfet.	– L'établissement public reprend la procédure.
	– L'État ne peut la poursuivre que s'il n'y a pas d'établissement public.

C. urb., art. L. 122-19 ***(Créé à compter du 1er avril 2001, L. n° 2000-1208, 13 déc. 2000, art. 3 et 43 et D. n° 2001-260, 27 mars 2001, art. 6).*** **— Les conditions d'application du présent chapitre sont définies, en tant que de besoin, par décret en Conseil d'État.**

Voir aussi : C. urb., art. R. 122-28, p. 523 ; en annexe I ; C. urb., anc. art. L. 122-1, p. 994 ; C. urb., anc. art. L. 122-1-1, p. 995 ; C. urb., anc. art. L. 122-1-2, p. 997 ; C. urb., anc. art. L. 122-1-3, p. 997 ; C. urb., anc. art. L. 122-1-4, p. 999 ; C. urb., anc. art. L. 122-2, p. 1000 ; C. urb., anc. art. L. 122-3, p. 1000 ; C. urb., anc. art. L. 122-4, p. 1001 ; C. urb., anc. art. L. 122-5, p. 1001 ; C. urb., anc. art. L. 122-6, p. 1001.

Chapitre III

Plans locaux d'urbanisme

(Chapitre remplacé à compter du 1er avril 2001, L. n° 2000-1208, 13 déc. 2000, art. 4 et 43 et D. n° 2001-260, 27 mars 2001, art. 6)

0196 **Présentation.** Principaux documents locaux de planification urbaine, les plans locaux d'urbanisme (PLU), nouvelle appellation des plans d'occupation des sols (POS) constituent désormais des outils à vocation globale, tant territoriale que par les fonctions appréhendées.

Avec la disparition des PAZ, et malgré la portée juridique renforcée des cartes communales (art. L. 124-1 et s.), le PLU apparaît comme le document d'urbanisme communal ou intercommunal de droit commun. La loi SRU du 13 décembre 2000 réorganise profondément le chapitre consacré aux nouveaux PLU.

Au 1er juillet 1998, 15 360 communes étaient dotées de POS approuvé (ces communes correspondant à plus de 52 millions d'habitants) ; les POS en révision couvraient plus de 4 000 communes.

Bibliographie : *Les nouveaux enjeux du POS : le POS après la réforme de l'urbanisme* (1994, 1995), Litec, 1995 ; *Guide de la légalité des POS : jurisprudence 1987-1994*, commentée par CELERIER, Litec 1995 ; *J.-Cl. Construction* fasc. 7-3 à 7-6.

Bibliographie : **Après lois SRU et UH.** LARRALDE, *PLU : la contre-réforme : Constr.-urb.* sept. 2003, p. 6. – JACQUOT, *La gestion des PLU et des POS/PLU : AJDA* sept. 2003, p. 1535. – LEBRETON, *Le contenu du plan local d'urbanisme après la loi du 2 juillet 2003 : AJDA* sept. 2003, p. 1542 ; *Renouvellement urbain : du POS au PLU : Mon. TP* 27 févr. 2004, p. 72. – RAUNET, *ZAC et PLU : AJDA* sept. 2003, p. 1552.

C. urb., art. L. 123-1 ***(L. n° 76-1285, 31 déc. 1976 ; L. n° 83-8, 7 janv. 1983 ; L. n° 83-663, 22 juill. 1983 ; L. n° 85-30, 9 janv. 1985 ; L. n° 87-565, 22 juill. 1987 ; L. n° 91-662, 13 juill. 1991 ; L. n° 92-3, 3 janv. 1992 ; L. n° 93-24, 8 janv. 1993 ; L. n° 94-112, 9 févr. 1994 ; L. n° 95-115, 4 févr. 1995, art. 5-A-VII ; L. n° 96-1236, 30 déc. 1996, art. 17-I-4° ; remplacé à compter du 1er avril 2001, L. n° 2000-1208, 13 déc. 2000, art. 4 et 43 et D. n° 2001-260, 27 mars 2001, art. 6 ; L. n° 2004-338, 21 avr. 2004).*** **— Les plans locaux d'urbanisme exposent le diagnostic établi au regard des prévisions économiques et démographiques et précisent les besoins répertoriés en matière de développement économique, d'aménagement de l'espace, d'environnement, d'équilibre social de l'habitat, de transports, d'équipements et de services.**

(Al. rempl. par deux al., L. n° 2003-590, 2 juill. 2003, art. 12, 1°) **Ils comportent un projet d'aménagement et de développement durable qui définit les orientations générales d'aménagement et d'urbanisme retenues pour l'ensemble de la commune.**

(Al. issu, L. n° 2003-590, 2 juill. 2003, art. 12, 1°) **Ils peuvent, en outre, comporter des orientations d'aménagement relatives à des quartiers ou à des secteurs à mettre en valeur, réhabiliter, restructurer ou aménager. Ces orientations peuvent, en cohérence avec le projet d'aménagement et de développement durable, prévoir les actions et opérations d'aménagement à mettre en œuvre, notamment pour mettre en valeur l'environnement, les paysages, les entrées de villes et le patrimoine, lutter contre l'insalubrité, permettre le renouvellement urbain et assurer le développement de la commune. Elles peuvent prendre la forme de schémas d'aménagement et préciser les principales caractéristiques des voies et espaces publics.**

(Phrase rempl. par deux phrases, L. n° 2003-590, 2 juill. 2003, art. 14) **Les plans locaux d'urbanisme couvrent l'intégralité du territoire de la commune en cas d'élaboration par la commune ou, en cas d'élaboration par un établissement public de coopération intercommunale compétent, l'intégralité du territoire de tout ou partie des communes membres de cet établissement ou l'intégralité du territoire de ce dernier, à l'exception des parties de ces territoires couvertes par un plan de sauvegarde et de mise en valeur.** ***(Phrase issue, L. n° 2003-590, 2 juill. 2003, art. 14)*** **« Toutefois, dans les communes cou-**

vertes par un schéma de cohérence territoriale qui identifie les secteurs d'aménagement et de développement touristique d'intérêt intercommunal, un plan local d'urbanisme partiel couvrant ces secteurs peut être élaboré par un établissement public de coopération intercommunale sous réserve que chaque commune concernée couvre sans délai le reste de son territoire par un plan local d'urbanisme et recueille l'avis de l'établissement public de coopération intercommunale sur la compatibilité de son projet d'aménagement et de développement durable avec celui de l'établissement public de coopération intercommunale ». En cas d'annulation partielle par voie juridictionnelle d'un plan local d'urbanisme, l'autorité compétente élabore sans délai les nouvelles dispositions du plan applicables à la partie du territoire communal concernée par l'annulation. Il en est de même des plans d'occupation des sols qui, à la date de publication de la loi n° 2000-1208 du 13 décembre 2000 précitée, ne couvrent pas l'intégralité du territoire communal concerné. En cas de modification de la limite territoriale de communes, les dispositions du plan local d'urbanisme applicables à la partie détachée d'un territoire communal restent applicables après le rattachement à l'autre commune sauf si celle-ci a précisé, dans le dossier soumis à enquête publique en application de l'article L. 2112-2 du Code général des collectivités territoriales, qu'elle entendait que la modification de limite territoriale emporte, par dérogation au présent chapitre, abrogation desdites dispositions. Lorsqu'il résulte de la modification de la limite territoriale d'une commune que le plan local d'urbanisme ne couvre pas la totalité du territoire communal, la commune élabore sans délai les dispositions du plan applicables à la partie non couverte.

(Mots rempl., L. n° 2003-590, 2 juill. 2003, art. 12, 2°) **Les plans locaux d'urbanisme comportent un règlement qui fixe, en cohérence avec le projet d'aménagement et de développement durable, les règles générales et les servitudes d'utilisation des sols permettant d'atteindre les objectifs mentionnés à l'article L. 121-1, qui peuvent notamment comporter l'interdiction de construire, délimitent les zones urbaines ou à urbaniser et les zones naturelles ou agricoles et forestières à protéger et définissent, en fonction des circonstances locales, les règles concernant l'implantation des constructions.**

À ce titre, ils peuvent :

1° Préciser l'affectation des sols selon les usages principaux qui peuvent en être fait ou la nature des activités qui peuvent y être exercées ;

2° Définir, en fonction des situations locales, les règles concernant la destination et la nature des constructions autorisées ;

3° ***[Dispositions déclarées non conformes à la Constitution par décision du Conseil constitutionnel n° 2000-436 DC du 7 décembre 2000 :*** **JO 14 déc.]** ***;***

4° Déterminer des règles concernant l'aspect extérieur des constructions, leurs dimensions et l'aménagement de leurs abords, afin de contribuer à la qualité architecturale et à l'insertion harmonieuse des constructions dans le milieu environnant ;

5° Délimiter les zones ou parties de zones dans lesquelles la reconstruction ou l'aménagement de bâtiments existants pourrait, pour des motifs d'urbanisme ou d'architecture, être imposé ou autorisé avec une densité au plus égale à celle qui était initialement bâtie, nonobstant les règles fixées au 13° ci-dessous, et fixer la destination principale des îlots ou immeubles à restaurer ou à réhabiliter ;

6° Préciser le tracé et les caractéristiques des voies de circulation à conserver, à modifier ou à créer, y compris les rues ou sentiers piétonniers et les itinéraires cyclables, les voies et espaces réservés au transport public et délimiter les zones qui sont ou peuvent être aménagées en vue de la pratique du ski et les secteurs réservés aux remontées mécaniques en indiquant, le cas échéant, les équipements et aménagements susceptibles d'y être prévus ;

7° Identifier et localiser les éléments de paysage et délimiter les quartiers, îlots, immeubles, espaces publics, monuments, sites et secteurs à protéger, à mettre en valeur ou à requalifier pour des motifs d'ordre culturel, historique ou écologique et définir, le cas échéant, les prescriptions de nature à assurer leur protection ;

8° Fixer les emplacements réservés aux voies et ouvrages publics, aux installations d'intérêt général ainsi qu'aux espaces verts ;

9° Localiser, dans les zones urbaines, les terrains cultivés à protéger et inconstructibles quels que soient les équipements qui, le cas échéant, les desservent ;

10° Délimiter les secteurs dans lesquels la délivrance du permis de construire peut être subordonnée à la démolition de tout ou partie des bâtiments existants sur le terrain où l'implantation de la construction est envisagée ;

11° Délimiter les zones visées à l'article L. 2224-10 du Code général des collectivités territoriales concernant l'assainissement et les eaux pluviales ;

12° Fixer une superficie minimale des terrains constructibles lorsque cette règle est justifiée par des contraintes techniques relatives à la réalisation d'un dispositif d'assainissement non collectif *(Mots aj., L. n° 2003-590, 2 juill. 2003, art. 17)* « ou lorsque cette règle est justifiée pour préserver l'urbanisation traditionnelle ou l'intérêt paysager de la zone considérée » ;

13° Fixer un ou des coefficients d'occupation des sols qui déterminent la densité de construction admise :

– dans les zones urbaines et à urbaniser ;

– dans les zones à protéger en raison de la qualité de leurs paysages et de leurs écosystèmes pour permettre, dans les conditions précisées par l'article L. 123-4, des transferts de constructibilité en vue de favoriser un regroupement des constructions.

Les documents graphiques du plan local d'urbanisme peuvent contenir des indications relatives au relief des espaces auxquels il s'applique.

Les règles et servitudes définies par un plan local d'urbanisme ne peuvent faire l'objet d'aucune dérogation, à l'exception des adaptations mineures rendues nécessaires par la nature du sol, la configuration des parcelles ou le caractère des constructions avoisinantes.

Le plan local d'urbanisme doit, s'il y a lieu, être compatible avec les dispositions du schéma de cohérence territoriale, du schéma de secteur, du schéma de mise en valeur de la mer et de la charte du parc naturel régional, ainsi que du plan de déplacements urbains et du programme local de l'habitat. *(Phrase créée, L. n° 2004-338, 21 avr. 2004, art. 7 et 2°)* « Il doit également être compatible avec les orientations fondamentales d'une gestion équilibrée de la ressource en eau et les objectifs de qualité et de quantité des eaux définis par les schémas directeurs d'aménagement et de gestion des eaux en application de l'article L. 212-1 du Code de l'environnement ainsi qu'avec les objectifs de protection définis par les schémas d'aménagement et de gestion des eaux en application de l'article L. 212-3 du même code. »

***(Al. rempl., L. n° 2004-338, 21 avr. 2004, art. 7, 3°)* Lorsqu'un de ces documents est approuvé après l'approbation d'un plan local d'urbanisme, ce dernier doit, si nécessaire, être rendu compatible dans un délai de trois ans.**

L. n° 2003-590, 2 juill. 2003, art. 16. — Lorsqu'un plan local d'urbanisme a été approuvé avant l'entrée en vigueur de la présente loi :

***a)* Les orientations générales du projet d'aménagement et de développement durable tiennent lieu et ont les effets du projet d'aménagement et de développement durable au sens du deuxième alinéa de l'article L. 123-1 du Code de l'urbanisme dans sa rédaction issue de ladite loi ;**

***b)* Les orientations et prescriptions particulières du projet d'aménagement et de développement durable tiennent lieu et ont les effets des orientations d'aménagement prévues par le troisième alinéa de l'article L. 123-1 du Code de l'urbanisme dans sa rédaction issue de ladite loi.**

Le maire ou le président de l'établissement public de coopération intercommunale compétent peut mettre à jour le plan pour présenter sous forme séparée ces deux éléments.

0197 **Contenu des PLU.** À la suite de la loi SRU, la loi Robien du 2 juillet 2003 la composition des plans locaux d'urbanisme est remaniée de manière substantielle : en sus du rapport de présentation, du règlement de documents graphiques et des annexes, y est ajouté un projet d'aménagement et de développement durable (PADD).

La loi Robien vient, plus précisément encore, opérer une distribution entre le PADD qui, à l'échelon de la commune, définit des orientations générales d'aménagement et d'urbanisme et des orientations spécifiques (liés à des quartiers ou à des secteurs particuliers) qui doivent être cohérentes avec le PADD.

Projet d'aménagement et de développement durable. Les deuxième et troisième alinéas issus de la loi de juillet 2003 répartissent le contenu des orientations d'aménagement et d'urbanisme entre celles qui sont générales (appréhendée au sein du PADD) et celles spécifiques (hors PADD) liées à des quartiers ou secteurs particuliers. 0198

Dans le cadre et en cohérence avec les orientations générales, les orientations spécifiques permettent de traduire certaines politiques et de mettre en œuvre des actions ou opérations d'aménagement déterminées. À cette fin, apparaît à cet article L. 123-1 la notion, à l'échelon communal ou intercommunal, de schéma d'aménagement.

En outre, le règlement du PLU doit respecter une cohérence avec le PADD qui fait apparaître ce document comme l'élément cadre du PLU.

Quant à l'opposabilité du PADD et des orientations spécifiques, la loi de juillet 2003 dissocie les orientations générales du PADD au sujet desquelles aucune relation juridique de conformité ou de cohérence n'est plus requise et, d'autre part, les orientations d'aménagement et les documents graphiques s'y rapportant envers lesquels il est exigé, par application l'article L. 123-5 nouveau, une compatibilité de la part des autorisations individuelles.

Désormais, les autorisations individuelles d'urbanisme seront donc assujetties à trois référents : le règlement, les documents graphiques et, s'il en existe, les orientations d'aménagement spécifiques.

Couverture géographique. Sans remettre en cause l'obligation, par les communes, d'avoir une couverture totale de leur territoire par un PLU, particulièrement à la suite d'annulation juridictionnelle d'un plan, la loi de juillet 2003 introduit une exception limitée. 0199

Ainsi, et pour motif touristique d'intérêt intercommunal exprimé par un SCOT, un PLU partiel pourra être élaboré par l'établissement public de coopération intercommunale compétent.

Superficie minimale de terrains. La loi de juillet 2003 remet en cause, en très grande partie, l'interdiction qu'avait posé la loi SRU de voir les communes suspendre la constructibilité des parcelles à une surface minimale. 0200

Désormais, la commune souhaitant conserver à l'article 5 de son PLU des restrictions de construire attachées à la taille des parcelles, devra simplement en justifier par des motifs d'urbanisme exprimés ici en termes généraux.

Documents supérieurs aux POS/PLU. Le règlement sanitaire départemental n'est pas au nombre des règles dont le respect s'impose aux auteurs d'un plan d'urbanisme (CE, 7 janv. 2004, req. n° 229101, *M. Nouque : BJDU* n° 6/2003, p. 408, concl. Glaser ; *JCP* A 2004, p. 643 ; *AJDA* mai 2004, p. 1099). 0201

C. urb., art. L. 123-1-1 ***(L. n° 2003- 590, 2 juill. 2003, art. 18).*** **— Dans les zones où ont été fixés un ou des coefficients d'occupation des sols, le plan local d'urbanisme peut prévoir que, si une partie a été détachée depuis moins de dix ans d'un terrain dont les droits à construire résultant de l'application du coefficient d'occupation des sols ont été utilisés partiellement ou en totalité, il ne peut plus être construit que dans la limite des droits qui n'ont pas déjà été utilisés.**

Si le coefficient d'occupation des sols applicable au terrain est augmenté après la division, la minoration des droits à construire résultant de l'application du premier alinéa est calculée en appliquant le coefficient d'occupation des sols existant à la date de la délivrance du permis de construire.

Si le coefficient d'occupation des sols applicable au terrain est diminué après la division, la minoration éventuelle des droits à construire est calculée en appliquant le coefficient d'occupation des sols existant à la date de la division.

En cas de division d'une parcelle bâtie située dans une des zones mentionnées au premier alinéa, le vendeur fournit à l'acheteur un certificat attestant la surface hors œuvre nette des bâtiments existant sur la ou les parcelles concernées. L'acte de vente atteste de l'accomplissement de cette formalité.

Les dispositions du présent article ne sont pas applicables aux terrains issus d'une division effectuée à une date ou dans une zone où le plan local d'urbanisme ne prévoyait pas la règle prévue au premier alinéa.

0202 **Division foncière et constructibilité.** L'abrogation de l'ancien article L. 111-5 du Code de l'urbanisme avait eu pour conséquence que la division foncière d'un terrain déjà partiellement bâti purgeait la constructibilité déjà consommée de ce fait. Considérant que cette faculté pourrait entraîner une densification exagérée, par endroits, le législateur maintient le mécanisme précédent mais en limitant la purge de la constructibilité sur une période de 10 ans à compter de la date du détachement parcellaire (c'est-à-dire date à laquelle l'administration a validé le relevé du géomètre faisant apparaître la division foncière).

En outre, le certificat de constructibilité résiduelle est réintroduit par la loi d'urbanisme et habitat. L'acte de vente doit attester de l'accomplissement de cette formalité.

Enfin et surtout, le nouveau mécanisme limitatif ne trouvera à s'appliquer que pour les divisions de terrains inclus dans une zone ou le PLU l'aura précisément prévu. Dans le silence du PLU, la « constructibilité renforcée » pourra se poursuivre.

C. urb., art. L. 123-2 ***(L. n° 76-1285, 31 déc. 1976 ; L. n° 83-8, 7 janv. 1983 ; remplacé à compter du 1er avril 2001, L. n° 2000-1208, 13 déc. 2000, art. 4 et 43 et D. n° 2001-260, 27 mars 2001, art. 6).*** **— Dans les zones urbaines, le plan local d'urbanisme peut instituer des servitudes consistant :**

_a)_ À interdire, sous réserve d'une justification particulière, dans un périmètre qu'il délimite et pour une durée au plus de cinq ans dans l'attente de l'approbation par la commune d'un projet d'aménagement global, les constructions ou installations d'une superficie supérieure à un seuil défini par le règlement ; les travaux ayant pour objet *(Mots rempl., L. n° 2003-590, 2 juill. 2003, art. 34, I)* « l'adaptation, le changement de destination, la réfection » ou l'extension limitée des constructions existantes sont toutefois autorisés ;

_b)_ À réserver des emplacements en vue de la réalisation, dans le respect des objectifs de mixité sociale, de programmes de logements qu'il définit ;

_c)_ À indiquer la localisation prévue et les caractéristiques des voies et ouvrages publics, ainsi que les installations d'intérêt général et les espaces verts à créer ou à modifier, en délimitant les terrains qui peuvent être concernés par ces équipements.

0203 **Principes.** Le changement de destination – même portant sur une surface significative – ne peut justifier du PLU la définition de servitudes ayant pour objet d'en limiter la faculté.

C. urb., art. L. 123-2-1 ***(Transféré aux deux derniers alinéas de l'article L. 421-3, L. n° 2000-1208, 13 déc. 2000, art. 34-II).***

C. urb., art. L. 123-3 ***(L. n° 83-8, 7 janv. 1983 ; L. n° 83-663, 22 juill. 1983 ; L. n° 85-30, 9 janv. 1985 ; L. n° 91-662, 13 juill. 1991 ; modifié, L. n° 95-115, 4 févr. 1995, art. 5-A-VIII ; remplacé à compter du 1er avril 2001, L. n° 2000-1208, 13 déc. 2000, art. 4 et 43 et D. n° 2001-260, 27 mars 2001, art. 6).*** **— Dans les zones d'aménagement concerté, le plan local d'urbanisme précise en outre :**

_a)_ La localisation et les caractéristiques des espaces publics à conserver, à modifier ou à créer ;

_b)_ La localisation prévue pour les principaux ouvrages publics, les installations d'intérêt général et les espaces verts.

Il peut également déterminer la surface de plancher développée hors œuvre nette dont la construction est autorisée dans chaque îlot, en fonction, le cas échéant, de la nature et de la destination des bâtiments.

0204 **Règles propres aux ZAC.** Désormais intégrée au PLU, la localisation obligatoire de certains espaces et ouvrages de la zone s'accompagne, de façon facultative et comme antérieurement à la loi SRU, de la définition d'une SHON globale propre à la ZAC. Si la zone n'est pas « mono-ilot » et si plusieurs destinations sont prévues dans la zone, la SHON globale pourra être répartie selon ces indications.

C. urb., art. L. 123-3-1 *(L. n° 2003-590, 2 juill. 2003, art. 15).* **— Dans les zones agricoles, le règlement peut désigner les bâtiments agricoles qui, en raison de leur intérêt architectural ou patrimonial, peuvent faire l'objet d'un changement de destination, dès lors que ce changement de destination ne compromet pas l'exploitation agricole.**

C. urb., art. L. 123-3-1 *(L. n° 83-8, 7 janv. 1983 ; implicitement abrogé à compter du 1er avril 2001, L. n° 2000-1208, 13 déc. 2000, art. 4 et 43 et D. n° 2001-260, 27 mars 2001, art. 6)*

Changement de destination. Sortir de la destination agricole sera désormais possible pour certains bâtiments existants, dès lors que le règlement du PLU les aura précisément désignés. 0205

C. urb., art. L. 123-3-2 *(L. n° 83-8, 7 janv. 1983 ; L. n° 83-663, 22 juill. 1983 ; L. n° 91-662, 13 juill. 1991 ; implicitement abrogé à compter du 1er avril 2001, L. n° 2000-1208, 13 déc. 2000, art. 4 et 43 et D. n° 2001-260, 27 mars 2001, art. 6).*

C. urb., art. L. 123-4 *(L. n° 76-1285, 31 déc. 1976 ; L. n° 83-8, 7 janv. 1983 ; L. n° 83-663, 22 juill. 1983 ; L. n° 86-1290, 23 déc. 1986 ; L. n° 95-115, 4 févr. 1995, art. 5-A-IX ; remplacé à compter du 1er avril 2001, L. n° 2000-1208, 13 déc. 2000, art. 4 et 43 et D. n° 2001-260, 27 mars 2001, art. 6).* **— Dans les zones à protéger en raison de la qualité de leurs paysages, le plan local d'urbanisme peut déterminer les conditions dans lesquelles les possibilités de construction résultant du coefficient d'occupation du sol fixé pour l'ensemble de la zone pourront être transférées en vue de favoriser un regroupement des constructions sur d'autres terrains situés dans un ou plusieurs secteurs de la même zone.**

Dans ces secteurs, les constructions ne sont autorisées qu'après de tels transferts, les possibilités de construire propres aux terrains situés dans ces secteurs s'ajoutant alors aux possibilités transférées ; la densité maximale de construction dans ces secteurs est fixée par le règlement du plan.

En cas de transfert, la totalité du terrain dont les possibilités de construction sont transférées est frappée de plein droit d'une servitude administrative d'interdiction de construire constatée par un acte authentique publié au bureau des hypothèques. Cette servitude ne peut être levée que par décret pris sur avis conforme du Conseil d'État.

C. urb., art. L. 123-4-1 *(L. n° 83-8, 7 janv. 1983 ; implicitement abrogé à compter du 1er avril 2001, L. n° 2000-1208, 13 déc. 2000, art. 4 et 43 et D. n° 2001-260, 27 mars 2001, art. 6 ; L. n° 2003-699, 30 juill. 2003 ; L. n° 2004-1343, 9 déc. 2004).*

C. urb., art. L. 123-5 *(L. n° 76-1285, 31 déc. 1976 ; L. n° 83-8, 7 janv. 1983 ; L. n° 93-3, 4 janv. 1993 ; remplacé à compter du 1er avril 2001, L. n° 2000-1208, 13 déc. 2000, art. 4 et 43 et D. n° 2001-260, 27 mars 2001, art. 6 ; rempl., L. n° 2003-590, 2 juill. 2003, art. 19).* **— Le règlement et ses documents graphiques sont opposables à toute personne publique ou privée pour l'exécution de tous travaux, constructions, plantations, affouillements ou exhaussements des sols, pour la création de lotissements et l'ouverture des installations classées appartenant aux catégories déterminées dans le plan.**

Ces travaux ou opérations doivent en outre être compatibles, lorsqu'elles existent, avec les orientations d'aménagement mentionnées au troisième alinéa de l'article L. 123-1 et avec leurs documents graphiques.

(Al. créé, L. n° 2003-699, 30 juill. 2003, art. 51) **L'autorité compétente pour délivrer le permis de construire peut, par décision motivée, accorder des dérogations à une ou plusieurs règles du plan local d'urbanisme pour permettre la reconstruction de bâtiments détruits ou endommagés à la suite d'une catastrophe naturelle survenue depuis**

moins d'un an, lorsque les prescriptions imposées aux constructeurs en vue d'assurer la sécurité des biens et des personnes sont contraires à ces règles.

***(Al. créé, L. n° 2004-1343, 9 déc. 2004, art. 9, III)* L'autorité compétente pour délivrer le permis de construire peut également, par décision motivée, accorder des dérogations à une ou plusieurs règles du plan local d'urbanisme pour permettre la restauration ou la reconstruction d'immeubles protégés au titre de la législation sur les monuments historiques, lorsque les contraintes architecturales propres à ces immeubles sont contraires à ces règles.**

***(Al. créé, L. n° 2003-699, 30 juill. 2003, art. 51)* L'autorité compétente recueille l'accord du préfet et du maire ou du président de l'établissement public de coopération intercommunale compétent en matière de plan local d'urbanisme, lorsqu'ils ne sont pas ceux qui délivrent le permis de construire.**

0206 **Opposabilité.** La loi du 2 juillet 2003 procède à une réécriture de l'article L. 123-5 afin d'exprimer clairement l'opposabilité respective des différents éléments du PLU à l'égard des autorisations individuelles (autorisation de construire, de travaux, de lotissement et pour l'ouverture d'installations classées dont les catégories sont fixées dans le PLU).

En outre, ces travaux ou opération doivent être compatibles avec les orientations spécifiques de l'article L. 123-1 et donc, indirectement, en cohérence, avec les orientations générales du PADD.

0207 **Reconstruction après catastrophe naturelle.** Insérées au chapitre IV (« L'agriculture de certaines zones soumises à des contraintes environnementales ») de la loi du 30 juillet 2003 relative à la prévention des risques technologiques et naturels, les dispositions complémentaires ajoutées à l'article L. 123-5 apparaissent en décalage par rapport aux premiers alinéas et auraient pu, par ailleurs, utilement compléter les dispositions de l'article L. 111-3 relatif à la reconstruction après sinistre.

C. urb., art. L. 123-6 ***(L. n° 76-1285, 31 déc. 1976 ; L. n° 83-8, 7 janv. 1983 ; remplacé à compter du 1er avril 2001, L. n° 2000-1208, 13 déc. 2000, art. 4 et 43 et D. n° 2001-260, 27 mars 2001, art. 6).*** **— Le plan local d'urbanisme est élaboré à l'initiative et sous la responsabilité de la commune. La délibération qui prescrit l'élaboration du plan local d'urbanisme et précise les modalités de concertation, conformément à l'article L. 300-2, est notifiée au préfet, au président du conseil régional, au président du conseil général et, le cas échéant, au président de l'établissement public prévu à l'article L. 122-4, ainsi qu'aux représentants de l'autorité compétente en matière d'organisation des transports urbains et des organismes mentionnés à l'article L. 121-4. *(Phrase aj., L. n° 2003-590, 2 juill. 2003, art. 20)* Lorsque la commune est limitrophe d'un schéma de cohérence territoriale sans être couverte par un autre schéma, la délibération est également notifiée à l'établissement public chargé de ce schéma en application de l'article L. 122-4.**

À compter de la publication de la délibération prescrivant l'élaboration d'un plan local d'urbanisme, l'autorité compétente peut décider de surseoir à statuer, dans les conditions et délai prévus à l'article L. 111-8, sur les demandes d'autorisation concernant des constructions, installations ou opérations qui seraient de nature à compromettre ou à rendre plus onéreuse l'exécution du futur plan.

Voir aussi : Commentaires sous C. urb., art. L. 123-1, p. 58.

C. urb., art. L. 123-7 ***(L. n° 76-1285, 31 déc. 1976 ; L. n° 83-8, 7 janv. 1983 ; remplacé à compter du 1er avril 2001, L. n° 2000-1208, 13 déc. 2000, art. 4 et 43 et D. n° 2001-260, 27 mars 2001, art. 6).*** **— À l'initiative du maire ou à la demande du préfet, les services de l'État sont associés à l'élaboration du projet de plan local d'urbanisme.**

C. urb., art. L. 123-7-1 ***(L. n° 83-8, 7 janv. 1983 ; L. n° 87-565, 22 juill. 1987 ; L. n° 95-115, 4 févr. 1995, art. 5-A-X ; implicitement abrogé à compter du 1er avril 2001, L. n° 2000-1208, 13 déc. 2000, art. 4 et 43 et D. n° 2001-260, 27 mars 2001, art. 6).***

C. urb., art. L. 123-8 *(L. n° 83-663, 22 juill. 1983 ; L. n° 85-729, 18 juill. 1985 ; remplacé à compter du 1er avril 2001, L. n° 2000-1208, 13 déc. 2000, art. 4 et 43 et D. n° 2001-260, 27 mars 2001, art. 6).* — **Le président du conseil régional, le président du conseil général, et, le cas échéant, le président de l'établissement public prévu à l'article L. 122-4, le président de l'autorité compétente en matière d'organisation des transports urbains, le président de la communauté ou du syndicat d'agglomération nouvelle ainsi que ceux des organismes mentionnés à l'article L. 121-4 ou leurs représentants sont consultés à leur demande au cours de l'élaboration du projet de plan local d'urbanisme.**

(Al. rempl., L. n° 2003-590, 2 juill. 2003, art. 21) **Il en est de même des présidents des établissements publics de coopération intercommunale voisins compétents, des maires des communes voisines, ainsi que du président de l'établissement public chargé, en application de l'article L. 122-4, d'un schéma de cohérence territoriale dont la commune, lorsqu'elle n'est pas couverte par un tel schéma, est limitrophe, ou de leurs représentants.**

Le maire peut recueillir l'avis de tout organisme ou association compétents en matière d'aménagement du territoire, d'urbanisme, d'environnement, d'architecture et d'habitat et de déplacements, y compris des collectivités territoriales des États limitrophes.

C. urb., art. L. 123-9 *(L. n° 76-1285, 31 déc. 1976 ; L. n° 85-729, 18 juill. 1985 ; L. n° 86-13, 6 janv. 1986 ; L. n° 86-1290, 23 déc. 1986 ; L. n° 89-550, 2 août 1989 ; remplacé à compter du 1er avril 2001, L. n° 2000-1208, 13 déc. 2000, art. 4 et 43 et D. n° 2001-260, 27 mars 2001, art. 6).* — **Un débat a lieu au sein du conseil municipal sur les orientations générales du projet d'aménagement et de développement mentionné à l'article L. 123-1, au plus tard deux mois avant l'examen du projet de plan local d'urbanisme. Dans le cas d'une révision, ce débat peut avoir lieu lors de la mise en révision du plan local d'urbanisme.**

Le conseil municipal arrête le projet de plan local d'urbanisme. Celui-ci est alors soumis pour avis aux personnes publiques associées à son élaboration ainsi que, à leur demande, *(Mots rempl., L. n° 2003-590, 2 juill. 2003, art. 22)* **« aux communes limitrophes, aux établissements publics de coopération intercommunale directement intéressés, ainsi qu'à l'établissement public chargé d'un schéma de cohérence territoriale dont la commune est limitrophe, lorsqu'elle n'est pas couverte par un tel schéma ». Ces personnes donnent un avis dans les limites de leurs compétences propres, au plus tard trois mois après transmission du projet de plan ; à défaut, ces avis sont réputés favorables.**

C. urb., art. L. 123-10 *(Ab., L. n° 83-8, 7 janv. 1983 ; rétabli à compter du 1er avril 2001, L. n° 2000-1208, 13 déc. 2000, art. 4 et 43 et D. n° 2001-260, 27 mars 2001, art. 6).* — **Le projet de plan local d'urbanisme est soumis à enquête publique par le maire. Le dossier soumis à l'enquête comprend, en annexe, les avis des personnes publiques consultées.**

Après l'enquête publique, le plan local d'urbanisme, éventuellement modifié, est approuvé par délibération du conseil municipal.

Le plan local d'urbanisme approuvé est tenu à la disposition du public.

C. urb., art. L. 123-11 *(L. n° 76-1285, 31 déc. 1976 ; L. n° 91-662, 13 juill. 1991 ; L. n° 94-112, 9 févr. 1994 ; remplacé à compter du 1er avril 2001, L. n° 2000-1208, 13 déc. 2000, art. 4 et 43 et D. n° 2001-260, 27 mars 2001, art. 6).* — **Lorsque l'enquête prévue à l'article L. 123-10 concerne une zone d'aménagement concerté, elle vaut enquête préalable à la déclaration d'utilité publique des travaux prévus dans la zone à condition que le dossier soumis à l'enquête comprenne les pièces requises par le Code de l'expropriation pour cause d'utilité publique.**

C. urb., art. L. 123-12 *(Créé à compter du 1er avril 2001, L. n° 2000-1208, 13 déc. 2000, art. 4 et 43 et D. n° 2001-260, 27 mars 2001, art. 6).* — **Dans les communes non couvertes par un schéma de cohérence territoriale, l'acte publié approuvant le plan local d'urbanisme devient exécutoire un mois suivant sa transmission au préfet.**

Toutefois, si dans ce délai le préfet notifie, par lettre motivée, à la commune les modifications qu'il estime nécessaire d'apporter au plan lorsque les dispositions de celui-ci :

***a)* Ne sont pas compatibles avec les directives territoriales d'aménagement ou avec les prescriptions particulières prévues par le III de l'article L. 145-7 et, en l'absence de celles-ci, avec les dispositions particulières aux zones de montagne et au littoral mentionnées à l'article L. 111-1-1 ;**

***b)* Compromettent gravement les principes énoncés aux articles L. 110 et L. 121-1 ;**

***c)* Font apparaître des incompatibilités manifestes avec l'utilisation ou l'affectation des sols des communes voisines ;**

***d)* Sont de nature à compromettre la réalisation d'une directive territoriale d'aménagement, d'un schéma de cohérence territoriale, d'un schéma de secteur ou d'un schéma de mise en valeur de la mer en cours d'établissement, le plan local d'urbanisme est exécutoire dès publication et transmission au préfet de la délibération approuvant les modifications demandées.**

C. urb., art. L. 123-13 *(Ab., L. n° 94-112, 9 févr. 1994 ; rétabli à compter du 1er avril 2001, L. n° 2000-1208, 13 déc. 2000, art. 4 et 43 et D. n° 2001-260, 27 mars 2001, art. 6 ; rempl. L. n° 2003-590, 2 juill. 2003, art. 23).* — **Le plan local d'urbanisme est modifié ou révisé par délibération du conseil municipal après enquête publique.**

La procédure de modification est utilisée à condition que la modification envisagée :

***a)* Ne porte pas atteinte à l'économie générale du projet d'aménagement et de développement durable mentionné au deuxième alinéa de l'article L. 123-1 ;**

***b)* Ne réduise pas un espace boisé classé, une zone agricole ou une zone naturelle et forestière, ou une protection édictée en raison des risques de nuisance, de la qualité des sites, des paysages ou des milieux naturels ;**

***c)* Ne comporte pas de graves risques de nuisance.**

Le projet de modification est notifié, avant l'ouverture de l'enquête publique, au préfet, au président du conseil régional, au président du conseil général et, le cas échéant, au président de l'établissement public prévu à l'article L. 122-4, ainsi qu'aux organismes mentionnés à l'article L. 121-4.

Dans les autres cas que ceux visés aux *a, b* et *c*, le plan local d'urbanisme peut faire l'objet d'une révision selon les modalités définies aux articles L. 123-6 à L. 123-12.

Lorsque la révision a pour seul objet la réalisation d'une construction ou d'une opération, à caractère public ou privé, présentant un intérêt général notamment pour la commune ou toute autre collectivité ou lorsque la révision a pour objet la rectification d'une erreur matérielle, elle peut, à l'initiative du maire, être effectuée selon une procédure simplifiée. La révision simplifiée donne lieu à un examen conjoint des personnes publiques associées mentionnées à l'article L. 123-9. Le dossier de l'enquête publique est complété par une notice présentant la construction ou l'opération d'intérêt général. Les dispositions du présent alinéa sont également applicables à un projet d'extension des zones constructibles qui ne porte pas atteinte à l'économie générale du projet d'aménagement et de développement durable et ne comporte pas de graves risques de nuisance.

Entre la mise en révision d'un plan local d'urbanisme et l'approbation de cette révision, il peut être décidé une ou plusieurs révisions simplifiées et une ou plusieurs modifications.

Les procédures nécessaires à une ou plusieurs révisions simplifiées et à une ou plusieurs modifications peuvent être menées conjointement.

0208 **Procédure de modification.** Les orientations générales du PADD constituent désormais le document de référence pour mesurer s'il y a atteintes substantielles au PLU, empêchant ou autorisant une simple procédure de modification.

0209 **Procédure de révision simplifiée.** Se substituant à la procédure de révision d'urgence, la nouvelle révision simplifiée voit son objet étendu par la loi de juillet 2003 : constructions ou opérations (lotissements, ZAC...) présentant un intérêt général, mais aussi, et sous réserves, extension des zones constructibles.

Pour autant, la procédure simplifiée ne pourra pas être étendue, s'agissant d'une opération ou d'une construction d'intérêt général et grâce à celle-ci, à d'autres projets concomitants qui ne présenteraient pas un tel intérêt.
Sur la révision d'urgence (Chardigny et Férignac, *Révision d'urgence : mieux vaut tard... : Mon. TP* 11 avr. 2003, p. 87).

Présentation des étapes à suivre dans les procédures de modification et de révision simplifiée

MODIFICATION	RÉVISION SIMPLIFIÉE
– Le maire saisit le tribunal administratif pour qu'il désigne le commissaire enquêteur (au moins un mois avant l'ouverture de l'enquête publique).	– Le conseil municipal décide de la révision, des modalités d'information du public. Le maire saisit parallèlement le tribunal administratif (même délai).
– Le maire envoie le dossier de l'enquête au préfet à la région au département et aux chambres consulaires.	– Le maire envoie le dossier de l'enquête au préfet à la région au département et aux chambres consulaires, **en les convoquant à une réunion** (même délai).
– Le maire publie dans deux journaux locaux l'avis d'ouverture de l'enquête (au moins 15 jours avant l'ouverture de l'enquête).	– Le maire publie dans deux journaux locaux l'avis d'ouverture de l'enquête et tient la réunion (même délai).
ENQUÊTE PUBLIQUE	**ENQUÊTE PUBLIQUE** Le compte rendu de la réunion est joint au dossier soumis à enquête.
– Le conseil municipal approuve la modification au vu des conclusions du commissaire enquêteur.	– Le conseil municipal approuve la révision au vu des conclusions du commissaire enquêteur.
Source : Direction générale de l'urbanisme, de l'habitat et de la construction, ministère de l'Équipement (Rapport AN, n° 717, mars 2003, p. 24).	

C. urb., art. L. 123-13-1 ***(Créé, Ord. n° 2004-489, 3 juin 2004, art. 3, IV).*** **— Lorsqu'un plan local d'urbanisme doit faire l'objet d'une évaluation environnementale en application de l'article L. 121-10, la commune ou l'établissement public de coopération intercommunale compétent procède, au plus tard à l'expiration d'un délai de dix ans à compter de la délibération portant approbation ou de la dernière délibération portant révision de ce plan, à une analyse des résultats de son application, notamment du point de vue de l'environnement.**

Un mécanisme d'audit régulier des documents d'urbanisme est institué, s'agissant de la prise en compte des préoccupations environnementales. Aucun mécanisme de sanction n'est pour autant institué.

C. urb., art. L. 123-14 ***(Créé à compter du 1er avril 2001, L. n° 2000-1208, 13 déc. 2000, art. 4 et 43 et D. n° 2001-260, 27 mars 2001, art. 6).*** **— Lorsqu'un plan local d'urbanisme doit être révisé ou modifié pour être rendu compatible, dans les conditions prévues par l'article L. 111-1-1, avec les directives territoriales d'aménagement ou avec les dispositions particulières aux zones de montagne et au littoral, ou pour permettre la réalisation d'un nouveau projet d'intérêt général, le préfet en informe la commune.**

Dans un délai d'un mois, la commune fait connaître au préfet si elle entend opérer la révision ou la modification nécessaire. Dans la négative ou à défaut de réponse dans ce délai, le préfet peut engager et approuver, après avis du conseil municipal et enquête publique, la révision ou la modification du plan. Il en est de même si l'intention exprimée de la commune de procéder à la révision ou à la modification n'est pas suivie, dans un délai de six mois à compter de la notification initiale du préfet, d'une délibération approuvant le projet correspondant.

Le préfet met également en œuvre la procédure prévue aux deux alinéas précédents lorsque, à l'issue du délai de trois ans mentionné au dernier alinéa de l'article L. 123-1, le plan local d'urbanisme n'a pas été rendu compatible avec les orientations d'un schéma de cohérence territoriale, d'un schéma de secteur, d'un schéma de mise en valeur de la mer, d'une charte de parc naturel régional, d'un plan de déplacements urbains ou d'un programme local de l'habitat.

C. urb., art. L. 123-15 *(Créé à compter du 1er avril 2001, L. n° 2000-1208, 13 déc. 2000, art. 4 et 43 et D. n° 2001-260, 27 mars 2001, art. 6).* — Lorsque le projet d'élaboration, de modification ou de révision d'un plan local d'urbanisme a pour objet ou pour effet de modifier les règles d'urbanisme applicables à l'intérieur d'un périmètre de zone d'aménagement concerté créée à l'initiative d'une personne publique autre que la commune, l'avis de ladite personne publique est requis préalablement à l'approbation du plan local d'urbanisme élaboré, modifié ou révisé. Lorsque la zone d'aménagement concerté a été créée à l'initiative d'un établissement public de coopération intercommunale, cette approbation ne peut intervenir qu'après avis favorable de cet établissement public.

C. urb., art. L. 123-16 *(Créé à compter du 1er avril 2001, L. n° 2000-1208, 13 déc. 2000, art. 4 et 43 et D. n° 2001-260, 27 mars 2001, art. 6).* — La déclaration d'utilité publique *(Mots aj., L. n° 2002-276, 27 févr. 2002, art. 150-II, 1°)* « ou, si une déclaration d'utilité publique n'est pas requise, la déclaration de projet » d'une opération qui n'est pas compatible avec les dispositions d'un plan local d'urbanisme ne peut intervenir que si :

a) (rempl., L. n° 2002-276, 27 févr. 2002, art. 150-II, 2°) L'enquête publique concernant cette opération a porté à la fois sur l'utilité publique ou l'intérêt général de l'opération et sur la mise en compatibilité du plan qui en est la conséquence ;

b) (rempl., L. n° 2002-276, 27 févr. 2002, art. 150-II, 2°) L'acte déclaratif d'utilité publique ou la déclaration de projet est pris après que les dispositions proposées pour assurer la mise en compatibilité du plan ont fait l'objet d'un examen conjoint de l'État, de l'établissement public mentionné à l'article L. 122-4, s'il en existe un, de la région, du département et des organismes mentionnés à l'article L. 121-4, et après avis du conseil municipal.

La déclaration d'utilité publique emporte approbation des nouvelles dispositions du plan.

(Al. créé, L. n° 2002-276, 27 févr. 2002, art. 150-II, 3°) La déclaration de projet emporte approbation des nouvelles dispositions du plan local d'urbanisme lorsqu'elle est prise par la commune ou l'établissement public de coopération intercommunale compétent. Lorsqu'elle est prise par une autre personne publique, elle ne peut intervenir qu'après mise en compatibilité du plan par la commune ou l'établissement public de coopération intercommunale compétent, ou, en cas de désaccord, par arrêté préfectoral.

C. urb., art. L. 123-17 *(Créé à compter du 1er avril 2001, L. n° 2000-1208, 13 déc. 2000, art. 4 et 43 et D. n° 2001-260, 27 mars 2001, art. 6).* — Le propriétaire d'un terrain bâti ou non bâti réservé par un plan local d'urbanisme pour un ouvrage public, une voie publique, une installation d'intérêt général ou un espace vert peut, dès que ce plan est opposable aux tiers, et même si une décision de sursis à statuer qui lui a été opposée est en cours de validité, exiger de la collectivité ou du service public au bénéfice duquel le terrain a été réservé qu'il soit procédé à son acquisition dans les conditions et délais mentionnés aux articles L. 230-1 et suivants.

Lorsqu'une des servitudes mentionnées à l'article L. 123-2 est instituée, les propriétaires des terrains concernés peuvent mettre en demeure la commune de procéder à l'acquisition de leur terrain, dans les conditions et délais prévus aux articles L. 230-1 et suivants.

C. urb., art. L. 123-18 *(Créé à compter du 1er avril 2001, L. n° 2000-1208, 13 déc. 2000, art. 4 et 43 et D. n° 2001-260, 27 mars 2001, art. 6).* — Lorsque la commune fait partie d'un établissement public de coopération intercommunale compétent en matière de plan

local d'urbanisme, les dispositions du présent chapitre sont applicables à cet établissement public, qui exerce cette compétence en concertation avec chacune des communes concernées.

(Al. créé, L. n° 2003-590, 2 juill. 2003, art. 24) **Le débat prévu au premier alinéa de l'article L. 123-9 est également organisé au sein des conseils municipaux des communes couvertes par le projet de plan local d'urbanisme ou concernées par le projet de révision. Le projet arrêté leur est soumis pour avis. Cet avis est donné dans un délai de trois mois ; à défaut, il est réputé favorable.**

(Al. créé, L. n° 2003-590, 2 juill. 2003, art. 24) **Les maires de ces communes sont invités à participer à l'examen conjoint, prévu au huitième alinéa de l'article L. 123-13 en cas de révision simplifiée du plan local d'urbanisme, et au troisième alinéa de l'article L. 123-16 en cas de mise en compatibilité avec une déclaration d'utilité publique ou une déclaration de projet. En cas de modification, le projet leur est notifié dans les conditions prévues au sixième alinéa de l'article L. 123-13.**

L. n° 2003-590, 2 juill. 2003, art. 25. — Sous réserve des décisions de justice passées en force de chose jugée, les plans locaux d'urbanisme ou documents d'urbanisme en tenant lieu sont validés en tant que leur légalité serait contestée aux motifs qu'ils n'auraient pas été élaborés ou révisés et mis à l'enquête publique pour la totalité du territoire de l'établissement de coopération intercommunale, et notamment à ceux liés, directement ou indirectement, au fait que les documents mis à disposition du public pour l'enquête publique, dans chaque commune membre, n'auraient pas été ceux concernant la totalité du territoire de l'établissement public de coopération intercommunale mais seulement ceux intéressant le territoire de la commune concernée.

Rôle des communes. Cet article organise les rapports entre structure intercommunale et communes, lorsque la planification locale de droit commun a été transférée par les communes. Celles-ci continuent néanmoins d'avoir un rôle actif dans les diverses procédures d'évolution du plan. 0210

Voir aussi : Commentaires sous C. urb., art. L. 600-1, p. 469.

C. urb., art. L. 123-19 ***(Créé à compter du 1er avril 2001, L. n° 2000-1208, 13 déc. 2000, art. 4 et 43 et D. n° 2001-260, 27 mars 2001, art. 6). — (Al. mod., L. n° 2002-1, 2 janv. 2002, art. 19 ; 2 al. rempl. par 6 al., L. n° 2003-590, 2 juill. 2003, art. 27)*** **Les plans d'occupation des sols approuvés avant l'entrée en vigueur de la loi n° 200-1208, 13 décembre 2000 précitée ont les mêmes effets que les plans locaux d'urbanisme. Ils sont soumis au régime juridique des plans locaux d'urbanisme défini par les articles L. 123-1-1-1 à L. 123-18. Les dispositions de l'article L. 123-1, dans leur rédaction antérieure à cette loi, leur demeurent applicables.**

(Al. issu, L. n° 2003-590, 2 juill. 2003, art. 27) **Ils peuvent faire l'objet :**

a) (Al. issu, L. n° 2003-590, 2 juill. 2003, art. 27) **D'une modification lorsqu'il n'est pas porté atteinte à l'économie générale du plan et sous les conditions fixées aux *b* et *c* de l'article L. 123-13 ;**

b) (Al. issu, L. n° 2003-590, 2 juill. 2003, art. 27) **D'une révision simplifiée selon les modalités définies par le huitième alinéa de l'article L. 123-13, si cette révision est approuvée avant le 1er janvier 2006 et si elle a pour seul objet la réalisation d'une construction ou d'une opération, à caractère public ou privé, présentant un intérêt général notamment pour la commune ou toute autre collectivité, ou la rectification d'une erreur matérielle. L'opération mentionnée à la phrase précédente peut également consister en un projet d'extension des zones constructibles qui ne porte pas atteinte à l'économie générale du plan d'occupation des sols et ne comporte pas de graves risques de nuisance ;**

c) (Al. issu, L. n° 2003-590, 2 juill. 2003, art. 27) **D'une mise en compatibilité selon les modalités définies par l'article L. 123-16.**

(Al. issu, L. n° 2003-590, 2 juill. 2003, art. 27) **Dans les autres cas, les plans d'occupation des sols peuvent seulement faire l'objet d'une révision dans les conditions prévues par le sixième alinéa de l'article L. 123-13. Ils sont alors mis en forme de plan local d'urbanisme, conformément aux articles L. 123-1 et suivants.**

Lorsqu'un plan d'occupation des sols est en cours de révision et que le projet de plan d'occupation des sols a été arrêté par le conseil municipal avant l'entrée en vigueur de la loi n° 2000-1208 du 13 décembre 2000 précitée la révision dudit document reste soumise au régime antérieur à ladite loi à condition que son approbation intervienne dans un délai d'un an à compter de l'entrée en vigueur de la loi.

Lorsqu'un plan d'occupation des sols a été approuvé avant le classement des carrières dans la nomenclature des installations classées, seules sont opposables à l'ouverture des carrières les dispositions du plan les visant expressément.

Les délibérations prescrivant l'élaboration ou la révision d'un plan d'occupation des sols en application des articles L. 123-3 et L. 123-4 dans leur rédaction antérieure à la loi n° 2000-1208 du 13 décembre 2000 précitée valent prescription de l'élaboration ou de la révision du plan local d'urbanisme en application des articles L. 123-6 et L. 123-13 dans leur rédaction issue de cette loi. L'élaboration ou la révision est soumise au régime juridique défini par le présent chapitre, à l'exception du cas prévu au *(Mots rempl., L. n° 2003-590, 2 juill. 2003, art. 26-II)* « septième alinéa ». La commune ou l'organe délibérant de l'établissement public de coopération intercommunale délibère, en application de l'article L. 300-2, sur les modalités de la concertation avec la population.

Les dispositions des plans d'occupation des sols en cours de révision dont l'application anticipée a été décidée avant l'entrée en vigueur de la loi n° 2000-1208 du 13 décembre 2000 précitée demeurent applicables jusqu'à l'expiration du délai de six mois mentionné au dernier alinéa de l'article L. 123-4 dans sa rédaction antérieure à cette loi.

***(Al. créé, L. n° 2003-590, 2 juill. 2003, art. 26-I)* Lorsqu'un plan d'occupation des sols approuvé avant l'entrée en vigueur de la loi n° 2000-1208 du 13 décembre 2000 précitée ou un plan d'occupation des sols approuvé dans le délai d'un an à compter de l'entrée en vigueur de ladite loi en application du septième alinéa est annulé pour vice de forme ou de procédure, la commune ou l'établissement public de coopération intercommunale compétent peut l'approuver à nouveau, après enquête publique, dans le délai d'un an à compter de la décision juridictionnelle qui l'a annulé, sans mettre le plan d'occupation des sols en forme de plan local d'urbanisme.**

***(Al. créé, L. n° 2003-590, 2 juill. 2003, art. 26-I)* Lorsque plusieurs communes sont dotées sur une partie de leur territoire d'un plan d'occupation des sols partiel couvrant un secteur d'aménagement et de développement touristique d'intérêt intercommunal, elles peuvent conserver ce régime et élaborer des plans locaux d'urbanisme partiels dans les conditions définies par la dernière phrase du troisième alinéa de l'article L. 123-1 à condition de s'engager dans l'élaboration d'un schéma de cohérence territoriale.**

L. n° 2003-590, 2 juill. 2003, art. 30. — Les délibérations prescrivant la révision d'urgence d'un plan d'occupation des sols ou d'un plan local d'urbanisme, en application des dispositions des articles L. 123-13 et L. 123-19 du Code de l'urbanisme dans leur rédaction antérieure à l'entrée en vigueur de la présente loi, valent prescription d'une révision simplifiée.

0211 **Transition entre POS et PLU.** Les six nouveaux premiers alinéas de l'article L. 123-19 visent à clarifier les dispositions transitoires entre les POS et les PLU.

Il s'agit d'une part de mieux préciser les régimes distinctifs des POS et des PLU – même s'ils ont les mêmes effets juridiques – en indiquant quelles sont les procédures de transformation qui peuvent être appliquées aux POS.

D'autre part, ces dispositions reportent du 1er janvier 2004 au 1er janvier 2006 la date jusqu'à laquelle les communes dotées d'un POS peuvent utiliser la procédure de révision simplifiée sans devoir préalablement prescrire une révision générale de ce document, qui avait pour effet de transformer le POS en PLU.

0212 **Régularisation des plans.** La nouvelle disposition anti-contentieuse constituée des deux derniers alinéas et introduite par la loi de juillet 2003 constitue un net progrès. Il est désormais possible de reprendre les procédures et l'enquête publique afin de régulariser les POS annulés pour vice de forme ou de procédure, sans qu'il soit besoin d'élaborer un PLU, procédure relativement longue. En outre, ce dispositif nouveau apparaît équilibré dans la mesure où il ne trouvera application que dans le cas de vice de procédure ou de forme (par exemple, en cas de non-respect des règles de consultations).

C. urb., art. L. 123-20 ***(Créé à compter du 1er avril 2001, L. n° 2000-1208, 13 déc. 2000, art. 4 et 43 et D. n° 2001-260, 27 mars 2001, art. 6).*** **— Un décret en Conseil d'État détermine, en tant que de besoin, les modalités d'application du présent chapitre.**

Annexe à la circulaire n° 2001-3 du 18 janvier 2001
(loi SRU)

1 – POS en cours d'élaboration ou de révision

Stade de la procédure POS	**Passage nouvelle procédure**
– Projet non arrêté avant le 1er avril 2001.	– Les actes de procédure accomplis avant l'entrée en vigueur de la loi demeurent valides.
	– La procédure se poursuit selon les nouvelles règles.
	– Le contenu du document doit tenir compte du nouvel article L. 123-1.
– Élaboration – Projet rendu public avant le 1er avril 2001.	– Le projet rendu public reste opposable pendant trois ans.
	– Le document peut être approuvé selon le régime antérieur dans le délai d'un an précité.
	– Au-delà de ce délai, le nouveau régime s'applique : les actes accomplis demeurent valides mais la concertation doit être effectuée. Le contenu du document doit tenir compte du nouvel article L. 123-1.
– Projet de POS révisé arrêté avant le 1er avril 2001.	– Le plan peut être approuvé pendant un an selon l'ancienne procédure.
– Application anticipée (révision).	– reste valable pendant 6 mois à compter de la décision d'application anticipée, qui ne peut être renouvelée.

2 – POS approuvé

– POS approuvé.	– Est applicable jusqu'à sa prochaine révision (son contenu demeure valide).
	– Il bénéficie, pour ses modifications ou révisions, des allégements de procédure prévues par la loi.

3 – POS en cours de modification

– Projet en cours de modification.	– Pas de dispositions transitoires : la procédure se poursuit selon les nouvelles règles.

Chapitre IV

Cartes communales

(Chapitre remplacé à compter du 1er avril 2001, L. n° 2000-1208, 13 déc. 2000, art. 6 et 43 et D. n° 2001-260, 27 mars 2001, art. 6)

Nouvelle organisation. Anciennement consacré aux dispositions transitoires relatives aux plans 0213
d'urbanisme antérieurs aux POS, ce chapitre a été restructuré par la loi SRU du 13 décembre 2000

qui a logiquement inséré à la suite des plans locaux d'urbanisme les textes consacrés aux cartes communales. L'article L. 124-1 nouveau reprend ainsi en grande partie les dispositions de l'ancien article L. 111-1-3 relatif aux anciennes « MARNU ».

0214 **Statut des cartes communales.** Ces dispositions donnent aux cartes communales un véritable statut de document d'urbanisme. Approuvées conjointement par le maire et le préfet, après enquête publique, elles ont désormais un caractère permanent, le délai de validité limité à quatre ans étant supprimé. Seules les cartes en cours de validité au 1er avril 2001 continueront à produire leurs effets jusqu'au terme du délai de quatre ans précité.

0215 **Objet.** La carte communale permet aux communes d'établir une simple cartographie délimitant les zones constructibles et les zones naturelles, sans devoir mettre en place un PLU plus lourd à gérer plus complexe (V. rép. min. : *JOAN* 10 sept. 2001, p. 5258). Toutefois, comme pour les PLU, les cartes communales pourront fixer les zones constructibles de la commune, sans que la règle de la constructibilité limitée définie par l'article L. 111-1-2 du Code de l'urbanisme ne s'applique. Enfin, les communes dotées d'une carte communale pourront décider, si elles le souhaitent, de prendre la compétence pour délivrer les permis de construire, dans les mêmes conditions que les communes dotées d'un PLU.

0216 **Effets.** Enfin les communes dotées d'une carte communale deviendront compétentes en matière d'autorisation d'occupation des sols, sauf si le conseil municipal décide de maintenir la compétence de l'État.

Bibliographie : CHAUVIN, *Les cartes communales : AFDUH* 2001, p. 73. – TRAORÉ, *Les nouvelles cartes communales : Ét. fonc.*, n° 91, mai-juin 2001, p. 33. – MERLET, *Cartes communales : le clair observé d'un nouveau régime : Petites affiches* 12 mars 2001, p. 4.

Voir aussi : C. urb., art. L. 421-2, p. 335.

C. urb., art. L. 124-1 ***(L. n° 74-1117, 27 déc. 1974 ; L. n° 76-1285, 31 déc. 1976 ; L. n° 77-1420, 27 déc. 1977 ; remplacé à compter du 1er avril 2001, L. n° 2000-1208, 13 déc. 2000, art. 6 et 43 et D. n° 2001-260, 27 mars 2001, art. 6).*** **. — – Les communes qui ne sont pas dotées d'un plan local d'urbanisme peuvent élaborer, le cas échéant dans le cadre de groupements intercommunaux, une carte communale précisant les modalités d'application des règles générales d'urbanisme prises en application de l'article L. 111-1.**

0217 **Initiative.** Contrairement aux anciennes « MARNU » dont l'initiative était partagée entre la commune et l'État (même si ce dernier n'avait pas de réel pouvoir contraignant sur les autorités communales), la nouvelle carte communale est élaborée à la seule initiative de la commune.

0218 **Intercommunalité.** Tout comme les plans locaux d'urbanisme, les cartes communales pourront être intercommunales.
À l'inverse, aucune disposition n'interdit une carte communale partielle (ne couvrant qu'une partie du territoire communal).

C. urb., art. L. 124-2 ***(L. n° 76-1285, 31 déc. 1976 ; remplacé à compter du 1er avril 2001, L. n° 2000-1208, 13 déc. 2000, art. 6 et 43 et D. n° 2001-260, 27 mars 2001, art. 6 ; L. n° 2004-338, 21 avr. 2004).*** **— Les cartes communales respectent les principes énoncés aux articles L. 110 et L. 121-1.**

Elles délimitent les secteurs où les constructions sont autorisées et les secteurs où les constructions ne sont pas admises, à l'exception de *(Mots rempl., L. n° 2003-590, 2 juill. 2003, art. 34-III)* « l'adaptation, du changement de destination, de la réfection ou de » l'extension des constructions existantes ou des constructions et installations nécessaires à des équipements collectifs, à l'exploitation agricole ou forestière et à la mise en valeur des ressources naturelles.

(Al. rempl., L. n° 2003-590, 2 juill. 2003, art. 66) **Les cartes communales sont approuvées, après enquête publique, par le conseil municipal et le préfet. Elles sont approuvées par délibération du conseil municipal puis transmises pour approbation au préfet,**

qui dispose d'un délai de deux mois pour les approuver. A l'expiration de ce délai, le préfet est réputé les avoir approuvées. Les cartes communales approuvées sont tenues à la disposition du public.

Elles doivent être compatibles, s'il y a lieu, avec les dispositions du schéma de cohérence territoriale, du schéma de secteur, du schéma de mise en valeur de la mer, de la charte du parc naturel régional, ainsi que du plan de déplacements urbains et du programme local de l'habitat. ***(Phrases créées, L. n° 2004-338, 21 avr. 2004, art. 7 et 4°)*** **« Elles doivent également, s'il y a lieu, être compatibles avec les orientations fondamentales d'une gestion équilibrée de la ressource en eau et les objectifs de qualité et de quantité des eaux définis par les schémas directeurs d'aménagement et de gestion des eaux en application de l'article L. 212-1 du Code de l'environnement ainsi qu'avec les objectifs de protection définis par les schémas d'aménagement et de gestion des eaux en application de l'article L. 212-3 du même code. Lorsqu'un de ces documents est approuvé après l'approbation d'une carte communale, cette dernière doit, si nécessaire, être rendue compatible dans un délai de trois ans. »**

Contenu. Désormais intégrée dans la pyramide des normes avec, notamment, l'obligation de compatibilité avec les documents d'urbanisme supérieurs et certains éléments spécifiques (par ex., PLH), la carte communale comporte un contenu simplifié. 0219
Celui-ci se borne à faire apparaître les secteurs constructibles ou inconstructibles sans que ces derniers ne puissent concerner les simples réfections ou adaptations sur immeubles existants. Elle n'a pas pour objet de définir des règles relatives à la superficie des terrains, aux modes d'implantation des constructions, à leur aspect, à leur densité. La carte communale ne comporte pas de règlement spécifique puisque c'est le RNU qui s'applique et sur la base duquel sont délivrés les permis de construire (Rép. min. : *JOAN* 30 mars 2003, p. 2620).

Transformation de bâtiments. Quel que soit le secteur de la commune, la transformation de bâtiments à usage agricole en habitations est possible, ce qui ne serait pas le cas en zone agricole d'un PLU si l'habitation envisagée n'était pas liée à l'exploitation agricole (Rép. min. : *JOAN* 31 mars 2003, p. 2423). 0220

Approbation préfectorale. Alors que le régime de la loi SRU conduisait à ce que les cartes communales fassent l'objet d'une double approbation (par la commune et le préfet), la loi de juillet 2003 modifie ces modalités d'approbation dans le sens plus conforme à la liberté des communes, apte à rééquilibrer les compétences respectives. 0221

C. urb., art. L. 124-3 ***(L. n° 76-1285 31 déc. 1976 ; L. n° 83-8, 7 janv. 1983 ; remplacé à compter du 1er avril 2001, L. n° 2000-1208, 13 déc. 2000, art. 6 et 43 et D. n° 2001-260, 27 mars 2001, art. 6).*** **— Les délibérations intervenues sur le fondement de l'article L. 111-1-3 dans sa rédaction antérieure à l'entrée en vigueur de la loi n° 2000-1208 du 13 décembre 2000 précitée demeurent applicables jusqu'à l'expiration de leur délai de validité.**

Durée de la carte. Au terme d'une durée de validité de 4 ans, les anciennes cartes communales ne pourront être renouvelées telles quelles. 0222
Leurs auteurs devront employer la nouvelle procédure prévue par la loi SRU. Dès lors, les nouvelles cartes pourront être élaborées sans limitation de durée.

C. urb., art. L. 124-4 ***(L. n° 76-1285, 31 déc. 1976 ; L. n° 83-8, 7 janv. 1983 ; remplacé à compter du 1er avril 2001, L. n° 2000-1208, 13 déc. 2000, art. 6 et 43 et D. n° 2001-260, 27 mars 2001, art. 6).*** **— Un décret en Conseil d'État détermine, en tant que de besoin, les modalités d'application du présent chapitre.**

Observations antérieures à la loi SRU

Rôle des « MARNU ». La loi du 19 août 1986 comble le vide qui existait entre le POS et la règle de constructibilité limitée applicable aux communes qui n'en étaient pas dotées. La nouvelle rédac- 0223 tion de l'article L. 111-1-3 du Code de l'urbanisme confère un caractère pérenne aux modalités d'application du règlement national d'urbanisme (MARNU) que l'on peut aussi appeler « carte communale ». Leur adoption permet de suspendre les effets de la règle de constructibilité limitée pendant une ou plusieurs périodes successives de quatre années. Ainsi, à l'expiration du délai de quatre ans, le conseil municipal peut soit confirmer la carte communale, soit l'adapter, soit y renoncer – ce qui entraîne le retour à la « constructibilité limitée ». Il peut en outre prescrire l'établissement d'un POS (Circ. 9 nov. 1987).

Voir aussi : Circ. ministre de l'Équipement n° 96-32 du 13 mai 1996 : *Mon. TP* 31 mai 1996.

0224 **Contenu.** De façon simple et claire, la carte communale :
– expose dans une note de présentation les objectifs et les choix d'aménagement retenus à l'issue des études préalables ;
– présente sur une carte la destination générale des sols et les espaces pouvant accueillir des constructions ;
– traduit enfin ces options en énonçant comment le règlement national d'urbanisme sera appliqué dans les différentes parties de la commune (Circ. 9 nov. 1987).

0225 **Portée.** La carte communale ne doit plus être considérée comme une simple étape préparatoire à l'adoption d'un POS. Elle est en effet l'occasion pour une commune rurale de réfléchir à ses enjeux, de prendre parti sur son avenir et de définir les quelques principes d'aménagement qui lui sont nécessaires. Leur traduction pertinente dans la carte communale en fait un cadre d'orientation qui peut se suffire à lui-même. Bien entendu, les cartes communales doivent s'inscrire, chaque fois que cela est possible, dans les démarches intercommunales d'aménagement et d'orientation économique qui précisent le devenir des espaces ruraux ainsi que leur mode d'occupation et de gestion *(ibidem)*.

Sans formalisme de procédure, la carte communale est une véritable règle du jeu que se fixent volontairement la commune et l'État pour l'instruction des demandes d'occupation et d'utilisation du sol, en substitution de la règle de constructibilité limitée. Son élaboration doit être conduite dans un souci constant de clarté et de simplicité. Sauf exception, son étude ne devrait pas demander plus de quelques mois au terme desquels les demandes de permis de construire susceptibles d'être délivrés sur le fondement de la règle de constructibilité limitée doivent recevoir une suite favorable *(ibidem)*.

0226 **Effets juridiques.** Le Conseil d'État admet que les cartes communales appelées MARNU sont des décisions faisant grief (CE, 22 juill. 1992, *Syndicat viticole de Pessac et Léognan : DA* 1992, 449 ; *AJDA* 1992, p. 61, note Lebreton ; *CJEG* 1992, p. 540, concl. Dutreil ; *D.* 1994, somm. comm., p. 96, note Charles), mettant fin ainsi à une longue controverse (dans le sens de la solution retenue, Courrech : *Petites affiches*, 8 juin 1987. – Holleaux : *Petites affiches*, 25 sept. 1987. – En sens contraire, Hocreitere : *RFDA* 1987, p. 111. – Hubrecht : *Droit et Ville* 1987, n° 23, p. 145. – TA Bordeaux, 30 juin 1988 : *Gaz. Pal.* 1989, 1, somm. 232. – Rép. min. : *JOAN* 15 oct. 1990, p. 4854 ; *JCP* N 1991, Prat. 1723).

Bibliographie : Sur la nature des cartes communales, TA Poitiers, 11 mars 1987, *Association de défense de la Boulonnie : Petites affiches*, 28 oct. 1987, note HUBRECHT et MELLERAY. Dans cette affaire, l'exception d'illégalité des MARNU est accueillie, pour violation de l'article L. 121-10 du Code de l'urbanisme.

0227 **Portée sur les zonages.** Les cartes communales peuvent accroître les parties constructibles, mais non les restreindre (TA Lyon, 7 nov. 1990, *Monnet c/ Préfet de l'Ain : JCP* N 1991, II, p. 107, concl. Girault ; *D.* 1991, somm. p. 256, note Charles). Dans cette affaire, le commissaire du Gouvernement analysait les MARNU comme des décisions faisant grief.

Voir aussi : Dans le même sens, CAA Lyon, 13 déc. 1994, *Bourdarot : BJDU* 1/1995, p. 13, concl. Bonnet ; *RFDA* 1995, p. 444 ; confirmation par CE, 19 mars 1997, *Min. Équip. c/ Monnet : DA* 1997, 189.

0228 **Rôle de l'État.** Les MARNU doivent être formellement approuvées par le préfet ; la participation de la DDE à une carte communale ne suffit pas à constituer un tel document (CE, 14 avr. 1996, *Coudié : Rec. CE*, T, non paru).

Compétence municipale. L'approbation par arrêté préfectoral des MARNU ne pouvait priver le maire de sa compétence de délivrer le permis de construire sollicité, après avis conforme du préfet (CE, 30 déc. 2002, req. n° 239380, *M. Jeandey*). 0229

Bibliographie : MODERNE, *Double mort et survie des cartes communales : Quot. jur.* 21 juin 1983, p. 3. – HOCREITÈRE, *Les aménagements à la règle de la constructibilité et aux cartes communales : RFDA* 1987, p. 111. – HOCREITERE, *Le régime juridique des MARNU : DA* oct. 1995. Sur les anciennes cartes communales, F. MODERNE, *Double mort et survie des cartes communales : Petites affiches*, 21 juin 1983 et sur leur transformation en modalités d'application du règlement national d'urbanisme (MARNU) : Rép. min. : *JOAN* 12 nov. 1984, p. 4970 ; *JCP* N 1985, Prat. 9410.

Chapitre V
Dispositions diverses
(Chapitre ab., L. n° 2000-1208, 13 déc. 2000, art. 202-XXXIX).

C. urb., art. L. 125-1 *(L. n° 83-8, 7 janv. 1983 ; ab., L. n° 2000-1208, 13 déc. 2000, art. 202-XXXIX)*

C. urb., art. L. 125-2 *(L. n° 77-1420, 27 déc. 1977 ; ab., L. n° 2000-1208, 13 déc. 2000, art. 202-XXXIX).*

C. urb., art. L. 125-3 *(L. n° 83-663, 22 juill. 1983 ; ab., L. n° 2000-1208, 13 déc. 2000, art. 202-XXXIX)*

C. urb., art. L. 125-4 *(L. n° 89-550, 2 août 1989 ; ab., L. n° 2000-1208, 13 déc. 2000, art. 202-XXXIX)*

C. urb., art. L. 125-5 *(L. n° 94-112, 9 févr. 1994 ; ab., L. n° 2000-1208, 13 déc. 2000, art. 202-XXXIX)*

Organisation. Le premier alinéa de l'article L. 125-5 est désormais repris à l'article L. 121-8. 0230
Quant au second alinéa, le législateur n'a pas souhaité en conserver la teneur en raison de la possibilité désormais offerte aux communes d'abroger leurs plans locaux d'urbanisme (du fait de l'abrogation du second alinéa de l'ancien article L. 125-5). Cette abrogation redevenue possible doit notamment permettre aux communes de substituer au PLU une carte communale, si ce document leur paraît mieux adapté (Rép. min. : *JOAN* 10 sept. 2001, p. 5258).

Voir aussi : C. urb., anc. art. L. 123-4-1, abrogé, p. 63.

Origine. Le présent article, issu de la loi Bosson, tend à supprimer les effets malheureux de la jurisprudence *Saint-Palais-sur-Mer* (V. commentaire sous l'article L. 123-4-1). 0231
La décision du Conseil constitutionnel du 21 janvier 1994, relative à la loi Bosson, paraît remettre en cause la constitutionnalité dudit article, ainsi que la jurisprudence *SCI Le Tahiti* citée sous ledit article.
Le nouveau principe, en cas d'annulation ou de déclaration d'illégalité d'un document d'urbanisme, est le retour au document d'urbanisme immédiatement antérieur. Toutefois, s'agissant des POS, l'organe délibérant peut constater l'illégalité du document immédiatement antérieur, le règlement national d'urbanisme (art. R. 111-1 à R. 111-27) devenant applicable dans ce cas.
Le retour à l'application du règlement national d'urbanisme ne résulte pas d'un véritable choix de l'organe délibérant, mais d'une constatation d'illégalité.
L'illégalité d'un article d'un POS entraîne l'application de l'article homologue du règlement national d'urbanisme (CE, 3 déc. 1993, *Murtin*, à propos d'une règle de prospect latérale : *RD publ.* 1994, p. 1219, concl. Abraham).

Voir aussi : Commentaire sous C. urb., art. L. 123-4-1, p. 63 ; C. urb., art. R. 111-1 à R. 111-27, p. 481.

0232 **Application dans le temps.** Le retour au POS antérieur ne s'applique pas si l'annulation est antérieure à la loi Bosson (CE, sect., 27 mai 1994, *Sté Franck-Alexandre*, solution implicite : *BJDU* 3/1994, p. 53, concl. Lasvignes ; *RFDA* 1995, p. 51, concl. Lasvignes. – CE, 28 sept. 1998, *Cne de Saint-Bon-Tarentaise*. – CE, 21 mars 2003, req. n° 222855, *Assoc. de défense du site d'Annecy-le-Vieux*. – CAA Marseille, 24 mars 1998, *Préfet de Corse-du-Sud : RFDA* 1998, p. 1137).
Cependant, si l'article L. 125-5 ne s'applique que pour l'avenir, l'article 2 de la loi Bosson purge les actes antérieurement pris du vice d'incompétence dont ils pouvaient être entachés pour avoir été édictés par une autorité qui ne tenait son pouvoir que de l'existence d'un document d'urbanisme. Dès lors, l'acte de création d'une ZAC pris hors la compétence du préfet, et alors même que le POS a été antérieurement annulé, n'est pas de ce seul fait illégal (CAA Paris, 26 janv. 1995, *Plessis* c/ *Cne de Plessis-Robinson : BJDU* 1995, p. 32, concl. Merloz). De même, la légalité de permis de construire délivrés avant la loi Bosson s'apprécie par référence à l'ancien POS, si le POS en vertu duquel il a été délivré est annulé ou déclaré illégal postérieurement à la loi Bosson (CE, 28 juill. 1995, *SA Plâtres Lambert Productions : BJDU* 4/1995, concl. Dael).

Voir aussi : Avis CE, 28 juill. 1995, *Cts Alsina : AJDA* 1995, p. 696, chron. jurispr. ; dans le cas d'annulation d'une modification, CE, 29 juill. 1994, *Bruguier : AJDA* 1994, p. 921, note Debouy.

0233 **Document antérieur ou RNU.** L'annulation, par exemple, d'un POS révisé a eu pour effet, en vertu des dispositions de l'article L. 125-5, de remettre en vigueur le POS approuvé antérieurement applicable (CAA Lyon, 3 févr. 2004, req. n° 99LY00656, *Cts Rière*). En cas d'inexistence d'un tel document antérieur, seules les règles générales d'urbanisme peuvent recevoir application (CAA Marseille, 19 juin 2003, req. n° 00MA00697, *M. Grateau*).

0234 **Effets sur les autorisation individuelles.** Lorsque l'annulation de la révision du POS est antérieure à l'entrée en vigueur de la loi du 9 février 1994, le document d'urbanisme antérieur à la révision annulée s'applique aux permis de construire délivrés après l'entrée en vigueur de ladite loi (TA Nice, 18 févr. 1997, *Sté Résidences de Thoiry : BJDU* 3/1997, p. 154, concl. Josserand-Jaillet).

0235 **Annulation ou illégalité partielle.** Les prescriptions de l'article L. 125-5 ne s'appliquent, en cas d'annulation ou déclaration d'illégalité partielle du document d'urbanisme que si les dispositions rendues applicables de ce fait sont compatibles avec les dispositions d'urbanisme maintenues en vigueur (CE, 13 nov. 2002, req. n° 185637, *SA Foncière Paris-Neuilly*).

Chapitre VI
Servitudes d'utilité publique affectant l'utilisation du sol

C. urb., art. L. 126-1 ***(L. n° 83-8, 7 janv. 1983). — (Mots rempl., L. n° 2000-1208, 13 déc. 2000, art. 202-III)*** **« Les plans locaux d'urbanisme » doivent comporter en annexe les servitudes d'utilité publique affectant l'utilisation du sol et qui figurent sur une liste dressée par décret en Conseil d'État.**

Le représentant de l'État ***(Mots rempl., L. n° 95-101, 2 févr. 1995, art. 88)*** **« est tenu de » mettre le maire ou le président de l'établissement public compétent en demeure d'annexer au** ***(Mots rempl., L. n° 2000-1208, 13 déc. 2000, art. 202-III)*** **« plan local d'urbanisme » les servitudes mentionnées à l'alinéa précédent. Si cette formalité n'a pas été effectuée dans le délai de trois mois, le représentant de l'État y procède d'office.**

Après l'expiration d'un délai d'un an à compter, soit de l'approbation du plan, soit, s'il s'agit d'une servitude nouvelle, de son institution, seules les servitudes annexées au plan peuvent être opposées aux demandes d'autorisation d'occupation du sol. Dans le cas où le plan a été approuvé ou la servitude, instituée avant la publication du décret établissant ou complétant la liste visée à l'alinéa premier, le délai d'un an court à compter de cette publication.

0236 **Loi SRU.** Cette loi n'a pas modifié l'architecture de l'article L. 126-1 qui organise pour l'importante liste exhaustive de l'article R. 126-1 le régime des servitudes d'utilité publique affectant l'utilisation du sol et qui doivent figurer à l'annexe du POS/PLU.

Opposabilité de la servitude du fait du POS. L'existence d'un plan approuvé est nécessaire pour que s'applique la sanction d'inopposabilité ; cette sanction est inapplicable en cas de plan simplement rendu public, alors que ce stade de la procédure suffit en principe pour rendre le plan opposable aux tiers. 0237

Voir aussi : C. urb., art. L. 123-5, p. 63 ; sur le pouvoir de substitution du représentant de l'État, pour modifier le plan, par analogie C. urb., art. L. 123-7-1, p. 64.

Opposabilité du fait de annexion. Malgré l'obligation faite au plan de respecter les servitudes d'utilité publique (art. L. 123-1, dans sa rédaction de la loi du 7 janv. 1983), l'omission d'une servitude est sanctionnée par son inopposabilité, et non par l'illégalité du plan (CE, 3 mars 1990, *Stockhausen : DA* 1990, 259). Pour une zone submersible non inscrite en annexe et un POS (cf. CAA Nantes, 27 juin 2003, req. n° 02NT00117, *Cts Perez*). À l'inverse, pour une servitude résultant d'un décret de classement d'un site, valablement annexé au POS et donc opposable (cf. CAA Paris, 7 août 2003, req. n° 99PA00762, *SCI Saint-Hervé*). 0238

Voir aussi : La circulaire n° 95-56 du 20 juillet 1995, relative à l'annexion au POS des servitudes d'utilité publique : *Mon. TP* 1er sept. 1995.

Caractère réglementaire de la servitude. Une annexe est dépourvue de caractère réglementaire si le règlement du POS n'y renvoie pas : CE, 23 avril 1997, *Époux Bollar : BJDU* 3/1997, p. 221. 0239

Plan de prévention des risques naturels. Si un POS approuvé ou révisé après la date d'entrée en vigueur du décret du 5 octobre 1995 doit comporter, le cas échéant, en annexe un document valant plan de prévention des risques naturels, la commune n'était pas tenue d'incorporer dans le règlement de ce POS les prescriptions figurant dans ce document (CE, 14 mars 2003, req. n° 235421, *Assoc. syndicale du lotissement des rives du Rhône : BJDU* n° 1/2003, p. 24, concl. Stahl) valant servitude d'utilité publique, un tel plan de prévention doit être annexé au POS, en vertu des dispositions des articles L. 126-1 et R. 126-1 (CAA Nancy, 10 avr. 2003, req. n° 98NC00113, *Société d'aménagement des coteaux de Sainte-Blaise*). 0240

Bibliographie : Petit, *L'impact des servitudes d'utilité publique : Mon. TP* 15 oct. 2004, p. 93. – Ibanez, *L'urbanisation des zones inondables : Constr.-urb.* janv. 2004, p. 7.

Chapitre VII
Dispositions favorisant la diversité de l'habitat

(Chapitre créé, L. n° 95-74, 21 janv. 1995, art. 10)

Origine. La loi n° 95-74 du 21 janvier 1995 a modifié de nombreuses dispositions de la loi d'orientation pour la ville du 13 juillet 1991 et a notamment supprimé la participation à la diversité de l'habitat (anciens art. L. 332-17 et s.). 0241

Voir aussi : Le premier commentaire de la loi du 21 juillet 1995 par lettre-circulaire du 25 janvier 1995 : *Mon. TP* 3 février 1995.

C. urb., art. L. 127-1 *(Créé, L. n° 95-74, 21 janv. 1995, art. 10)*. — Le dépassement de la norme résultant de l'application du coefficient d'occupation des sols est autorisé, dans la limite de 20 % de ladite norme et dans le respect des autres règles du plan d'occupation des sols, sous réserve :

– d'une part, que la partie de la construction en dépassement ait la destination de logements à usage locatif bénéficiant d'un concours financier de l'État au sens du 3° de l'article L. 351-2 du Code de la construction et de l'habitation ou, dans les départements d'outre-mer, la destination de logements locatifs sociaux bénéficiant pour leur construction d'un concours financiers de l'État ;

– et, d'autre part, que le coût foncier imputé à ces logements locatifs sociaux n'excède pas un montant fixé par décret en Conseil d'État selon les zones géographiques.

La partie de la construction en dépassement *(Mots rempl., L. n° 2000-1208, 13 déc. 2000, art. 202-VII)* « n'est pas assujettie au versement résultant du dépassement du plafond légal de densité ».

La mise en œuvre du permis de construire est subordonnée à l'obtention de la décision d'octroi du concours financier de l'État et au respect des conditions de cette dernière. Copie de cette décision doit être notifiée, avant l'ouverture du chantier, à l'autorité compétente en matière de permis de construire.

0242 **Obligations du POS.** La présente disposition qui permet de déroger aux obligations du POS en matière de COS est issue de la loi n° 95-74 du 21 janvier 1995. Elle est entrée en vigueur depuis la parution de son décret d'application, soit le 9 mai 1995.

C. urb., art. L. 127-2 *(Créé, L. n° 95-74, 21 janv. 1995, art. 10).* — Les dispositions de l'article L. 127-1 sont rendues applicables dans la commune par décision de son conseil municipal.

Voir aussi : C. urb., art. R. 127-1 et s., p. 543.

Bibliographie : Brovant et Jégouzo, *La territorialisation des politiques et du droit de l'habitat social : Cah. Gridauh*, n° 2, 1998.

TITRE III
ESPACES BOISÉS

0243 **Articles L. 130-1 à L. 130-6.** – La protection spécifique des espaces boisés par le droit de l'urbanisme trouve son origine dans un décret du 31 décembre 1958, déclaré partiellement illégal par le Conseil d'État (CE, 23 févr. 1973, *Sardier : Rec. CE*, p. 165) ce qui a motivé le vote de la loi n° 73-626 du 10 juillet 1973 dont est issu, pour l'essentiel, l'article L. 130-1. Cet article, sensiblement modifié par la loi n° 76-1285 du 31 décembre 1976, soumet à autorisation préalable, et expresse (art. R. 130-1), les coupes et abattages d'arbres, dès que l'élaboration d'un plan d'urbanisme est prescrite, à l'exception des hypothèses déjà soumises à contrôle administratif en vertu du droit forestier.

0244 **Objet.** Lorsqu'une mesure de classement est prise par le POS (ce classement peut concerner tout espace boisé ou parc, soumis ou non au régime forestier, enclos ou non, attenant ou non à des habitations), une protection encore plus efficace s'applique (sauf en matière d'exploitation minière). Ce régime peut s'appliquer aussi, à l'intérieur des périmètres sensibles, à des zones spécialement délimitées par le président du conseil général, après plusieurs consultations, même si l'établissement d'un POS n'est pas prescrit (art. L. 142-11). La protection résultant du classement par un POS était pratiquement définitive, puisque la révision du POS portant atteinte à un tel classement nécessitait un arrêté interministériel (ancien art. R. 123-34, R. 123-35, R. 123-10 et R. 124-2) ; mais cette « remontée ministérielle », incompatible avec la décentralisation de l'urbanisme, a disparu en 1983.

Voir aussi : C. urb., anc. art. R. 123-34, p. 1074 ; C. urb., anc. art. R. 123-35, p. 1077 ; C. urb., art. R. 123-10 et R. 124-2, p. 526 ; C. urb., art. L. 142-11, p. 100.

0245 **Sources.** Les dispositions des articles suivants (L. 130-2 à L. 130-5), principalement issus de la loi n° 67-1253 du 30 décembre 1967, visent la protection des espaces boisés et sites naturels par un procédé différent : l'acquisition publique. Pour inciter les propriétaires privés à pratiquer de telles cessions, l'article L. 130-2 prévoit soit l'échange entre le terrain boisé et un terrain à bâtir possédé par une collectivité publique, soit l'autorisation de construire sur une partie du terrain classé n'excédant pas 1/10 de sa superficie totale, en contrepartie de la cession gratuite du surplus. Dans les deux cas, cette opération, qui ne bénéficie plus d'un régime fiscal privilégié (CGI, art. 150 *ter* IV, 3°, ab. L. n° 76-660, 19 juill. 1976, art. 12-III), ne peut intervenir que si la dernière acquisition à titre onéreux dont le terrain classé a fait l'objet a date certaine depuis plus de cinq ans. La collectivité publique qui reçoit par l'une de ces deux procédures le terrain classé est tenue de le préserver, l'aménager et l'entretenir dans l'intérêt du public (art. L. 130-3).

Voir aussi : CGI, art. 150 *ter* IV, 3°, abrogé L. n° 76-660, 19 juill. 1976, art. 12-III ; C. urb., art. L. 130-3, p. 83.

Convention. Enfin, l'article L. 130-5 prévoit la possibilité de convention avec des propriétaires 0246
privés, en vue de l'ouverture au public des espaces boisés moyennant l'allocation d'une subvention d'entretien ou de prestations en nature.

Bibliographie : Circ. 1er sept. 1977 et 26 févr. 1979. – Circ. n° 77-153, 28 oct. 1977 relative aux subventions en matière d'espaces verts publics urbains et périurbains. – Circ. n° 78-79, 25 mai 1978 relative à la législation sur le défrichement dans l'espace naturel méditerranéen ; le numéro spécial sur les forêts : *AJDA* mai 1979. – SAVY, *Le droit au secours de l'arbre*, p. 44. – LAGARDE, *La place des intérêts forestiers dans l'urbanisation : Droit et Ville* 1986, n° 22, p. 127) ; en ce qui concerne la protection des bois et forêts contre l'incendie, la loi n° 90-85 du 23 janvier 1990, et les circulaires d'application du ministre de l'Agriculture du 2 juillet 1991 (défrichement des zones incendiées) et du 9 juillet 1991 (débroussaillement d'office) (*Mon. TP* 26 juill. 1991) ainsi que la loi du 6 juillet 1992 ; sur l'ensemble du droit forestier, LAGARDE, *Mémento de droit forestier*, édité par l'École nationale des eaux et forêts, Nancy 1991. – BOUYSSOU, *Les paysages naturels dans le droit français de l'urbanisme : Droit et Ville* 1996, n° 41, p. 9 et s. – ALBISSON, *POS, espaces boisés classés : les critères de la protection : Mon. TP* 18 juill. 1997, p. 34 et s.

C. urb, art. L. 130-1 *(L. n° 76-1285, 31 déc. 1976 ; L. n° 83-8, 7 janv. 1983 ; L. n° 83-663, 22 juill. 1983 ; L. n° 93-24, 8 janv. 1993).* — Les *(Mots rempl., L. n° 2000-1208, 13 déc. 2000, art. 202-VIII)* « plans locaux d'urbanisme » peuvent classer comme espaces boisés, les bois, forêts, parcs à conserver, à protéger, ou à créer, qu'ils soient soumis ou non au régime forestier [qu'ils relèvent ou non du régime forestier], enclos ou non, attenant ou non à des habitations. Ce classement peut s'appliquer également à des arbres isolés, des haies ou réseaux de haies, des plantations d'alignements.

Le classement interdit tout changement d'affectation ou tout mode d'occupation du sol de nature à compromettre la conservation, la protection ou la création des boisements.

Nonobstant toutes dispositions contraires, il entraîne le rejet de plein droit de la demande d'autorisation de défrichement prévue *(Mots rempl., L. n° 2001-602, 9 juill. 2001, art. 29-I, 1°)* « aux chapitres I et II du titre I, livre III du Code forestier ».

Il est fait exception à ces interdictions pour l'exploitation des produits minéraux importants pour l'économie nationale ou régionale, et dont les gisements ont fait l'objet d'une reconnaissance par un plan d'occupation des sols rendu public ou approuvé avant le 10 juillet 1973 ou par le document d'urbanisme en tenant lieu approuvé avant la même date. Dans ce cas, l'autorisation ne peut être accordée que si le pétitionnaire s'engage préalablement à réaménager le site exploité et si les conséquences de l'exploitation au vu de l'étude d'impact ne sont pas dommageables pour l'environnement. Un décret en Conseil d'État détermine les conditions d'application du présent alinéa.

Dans les bois, forêts ou parcs situés *(Mots rempl., L. n° 2000-1208, 13 déc. 2000, art. 202-IX, 1°)* « sur le territoire de communes où l'établissement d'un plan local d'urbanisme a été prescrit », ainsi que dans tout espace boisé classé, les coupes et abattages d'arbres sont soumis à autorisation préalable, sauf dans les cas suivants :

– s'il est fait application des dispositions des livres I et II du Code forestier ;

– s'il est fait application d'un plan simple de gestion approuvé, *(Mots rempl., L. n° 2001-602, 9 juill. 2001, art. 29-I, 2°)* « conformément à l'article L. 222-1 du Code forestier » ;

– si les coupes entrent dans le cadre d'une autorisation par catégories définies par arrêté préfectoral après avis du centre régional de la propriété forestière.

***(Al. créé, L. n° 2001-602, 9 juill. 2001, art. 29-I, 3°)* La décision prescrivant l'élaboration d'un plan local d'urbanisme peut également soumettre à l'autorisation préalable prévue aux quatre alinéas précédents, sur tout ou partie du territoire concerné par ce plan,**

les coupes ou abattages d'arbres isolés, de haies ou réseaux de haies et de plantations d'alignement.

L'autorisation de coupe et d'abattage d'arbres est délivrée dans les formes, conditions et délais déterminés par décret en Conseil d'État :

***a)* Dans les communes où un *(Mots rempl., L. n° 2000-1208, 13 déc. 2000, art. 202-III)* « plan local d'urbanisme » a été approuvé, au nom de la commune ou de l'établissement public de coopération intercommunale ou de l'État, selon les cas et modalités prévus aux articles L. 421-2-1 à L. 421-2-8. Toutefois, par dérogation aux dispositions de la loi n° 82-213 du 2 mars 1982 modifiée relative aux droits et libertés des communes, des départements et des régions et *(Mots rempl., L. n° 2000-1208, 13 déc. 2000, art. 202-IX, 2°)* « à l'article L. 421-2-4 », la décision ne devient exécutoire que quinze jours après qu'il a été procédé à sa notification et à sa transmission au représentant de l'État. Les dispositions de l'article L. 421-9 sont alors applicables ;**

***b)* Dans les autres communes, au nom de l'État.**

I. – Principes

0247 **Origine.** La création des espaces boisés classés date de 1958, avec l'apparition effective des plans d'urbanisme. Ces espaces, institués par voie réglementaire, ont alors un régime mixte, leurs aspects administratifs et juridiques relevant du Ministère de l'Équipement, et leur gestion de celui de l'Agriculture. Ce n'est que depuis la loi d'orientation foncière du 30 décembre 1967 que la protection des espaces boisés classés relève du domaine législatif.

0248 **Champ d'application.** Les autorisations de défrichement et de coupe sont actuellement régies par les articles L. 311-1 et L. 312-1 du nouveau Code forestier (D. n° 79-113, 25 janv. 1979).

0249 **Utilisation du sol.** Les modes d'utilisation du sol – autres que le défrichement – concernés par les dispositions de principe de l'article L. 130-1 et celles d'application des articles R. 130-1 et R. 130-5 sont les suivants (Circ. n° 77-114, 1er août 1977) :

a) Constructions soumises au permis de construire (C. urb., art. L. 421-1 et s. et R. 421-1 et s.) ;

b) Lotissements (C. urb., art. L. 315-1 et s., et R. 315-1 et s. ; C. for., art. L. 311-1 et L. 312-1).

L'article L. 311-1 du Code forestier fait obligation au propriétaire d'un bois ne rentrant pas dans les exceptions de l'article L. 311-2 du Code forestier (dispense de l'obligation de demande d'autorisation de défrichement) d'obtenir une autorisation de défrichement préalablement à toute demande d'autorisation de lotissement. La demande d'autorisation de défrichement dans les espaces boisés classés devant être rejetée de plein droit, aucune demande d'autorisation de lotissement concernant ces espaces ne peut être instruite ;

c) Installations classées soumises au régime de l'autorisation préalable (L. n° 76-662, 19 juill. 1976) ;

d) Camping (D. n° 68-134, 9 févr. 1968 et C. urb., art. R. 443-3) ;

e) Clôtures et divers modes d'utilisation du sol (C. urb., art. R. 441-1 et s. et R. 442-1 et s.) ;

f) Création de terrains aménagés pour le stationnement des caravanes ; celle-ci est spécialement interdite dans les espaces boisés classés, par l'article R. 443-9 du Code de l'urbanisme, sauf s'il est fait application des dispositions de l'article L. 130-2, 2e al., permettant en l'espèce l'aménagement d'un terrain sur 1/10 maximum de la surface considérée, les 9/10 restants étant cédés gratuitement à une collectivité publique ;

g) Stationnement isolé d'une ou plusieurs caravanes pour une durée supérieure à 3 mois (C. urb., art. R. 443-4) ;

h) Exploitations de carrières soumises à autorisation (C. minier, art. 106, titre II du D. n° 79-1108, 20 déc. 1979 ; C. urb., art. R. 123-31).

Toute disposition d'un document d'urbanisme communal (POS, PLU, PAZ, carte communale) de valeur réglementaire, ne peut avoir pour effet de faire obstacle à l'application des dispositions législatives de l'article L. 130-1 dans les secteurs que le document d'urbanisme a classé en EBC. Par exemple une station de radiotéléphonie avec pylône et équipements techniques (CAA Marseille, 3 juin 2004, req. n° 01MA00692, *Sté Bouygues Télécom*).

Article L. 130-1. En revanche, l'extension d'une route nationale existante qui jouxte plusieurs EBC ne méconnaît pas l'article L. 130-1 dans la mesure où l'élargissement de la route n'est pas prévu au droit des espaces boisés (CE, 10 déc. 2001, req. n° 218331, *Cne de Queven*). 0250

Bibliographie : *Étude d'impact* (4e al.) ; le décret n° 77-1141 du 12 octobre 1977 ; la circulaire du même jour ; CHAPUISAT, *Les études d'impact et la forêt : AJDA* mai 1979, p. 57. – COULET, *Études d'impact et droit de l'urbanisme : Droit et Ville* 1983, n° 15, p. 159. – ROMI, *Conseil d'État et études d'impact : le formalisme juridique au service de l'environnement : Quot. jur.*, 31 déc. 1988 ; PRIEUR, *Les études d'impact et le contrôle du juge administratif en France : Rev. jur. env.* 1991, p. 23.

II. – Jurisprudence

EVIP. Les espaces verts à protéger ou espaces verts intérieurs (EVIP), définis par le POS de la ville de Paris, ne constituent pas des espaces boisés classés au sens du présent article (CE, 20 janv. 1978, *Cadiou et Lacroix : Rec. CE*, p. 20. – CE, 2 juill. 1982, *Min. Env.* c/ *Comité de défense du quartier de l'Observatoire : Rec. CE*, p. 266 ; *Droit et Ville* 1982, n° 14, p. 79, note Bouyssou). 0251
Lorsque le POS est prescrit, mais qu'il n'est pas rendu public, l'autorisation de coupe peut être accordée (CE, 25 mars 1994, *Stern : DA* 1994, n° 304) ou la demande d'autorisation de coupe peut donner lieu à un sursis à statuer ; un refus d'autorisation est en revanche annulé (CE, 7 mai 1982, *Min. Env.* c/ *Sté des Filatures et teintures de Saint-Épin : Rec. CE*, p. 171).

Coupes et abattages. Une demande d'autorisation de coupes et d'abattages d'arbres qui ne sont pas de nature à compromettre la conservation des boisements ne peut être légalement refusée (CE, 6 oct. 1982, *Madame de la Bastide : Rec. CE*, p. 337 ; *D.* 1984, inf. rap., obs. Moderne et Bon). 0252

Fuseau d'équipement publics. Le passage d'une ligne de transport d'énergie électrique à très haute tension est incompatible, compte tenu des servitudes qu'il entraîne, avec le classement des terrains surplombés comme espace boisé protégé au sens du présent article (CE, 13 oct. 1982, *Cne de Roumare et Comité de défense pour la protection du site de Roumare*). 0253

Droit de délaissement. Le classement par un POS d'un terrain comme espace boisé à créer au sens du présent article n'entraîne pas l'application du droit de délaissement prévu à l'article L. 123-9 (CE, 4 nov. 1984, *Cts Cordier : RD imm.* 1984, n° 109, p. 62, obs. Bouyssou). 0254

Protection du sous-sol. Le permis de construire un parc de stationnement municipal est annulé, dès lors qu'il comporte une rampe en béton de 23 mètres sur une place publique classée en application de l'article L. 130-1, alors même que la construction de cette rampe ne nécessiterait aucune coupe ou abattage d'arbres (CE, 20 janv. 1984, *Ville d'Angers : RD imm.* 1984, n° 108, p. 45. – Dans le même sens, CE, 13 mars 1989, *SCI Boulevard des Lions* c/ *Assoc. Quartier Cazeaux : Rec. CE*, T, p. 1009. – CE, 22 avr. 1992, *SA d'HLM de la ville de Laval*). 0255
De même, si un parking se situe en zone classée TC (CE, 31 oct. 1986, *Assoc. culturelle lyonnaise islamo-française*).
Mais, un permis de construire peut valablement utiliser des voies préexistantes, traversant le terrain boisé classé (CE, 22 juin 1990, *Sisini*).

Valeur et existence du boisement. Le classement n'est pas subordonné à la valeur du boisement existant, ni même à l'existence d'un tel boisement, et il entraîne le rejet de plein droit de l'autorisation de défrichement (CE, 5 déc. 1986, *Consorts Guillerot : D.* 1987, p. 22, note Charles) ou la délivrance d'un certificat d'urbanisme négatif (CE, 25 sept. 1987, *Masson*). 0256

Refus du permis de construire. Le refus de permis de construire est justifié pour l'extension d'un château-hôtel, malgré l'absence d'abattage d'arbres et la délivrance d'un certificat d'urbanisme positif (TA Caen, 29 juin 1993 : *Gaz. Pal.* 25 févr. 1994, Pan. droit adm., p. 15, non jugement Bodet). 0257

EBC transformé en emplacement réservé. S'il n'est pas impossible de supprimer un EBC pour le transformer en emplacement réservé, une telle révision du POS suppose notamment que la 0258 commune justifie d'un nouveau parti d'aménagement, lequel doit figurer dans les documents accompagnant la révision (CAA Marseille, 6 mai 2004, req. n° 99MA00499, *Cne de Saint-Mitre-les-Remparts*).

0259 **Mise en œuvre.** Le classement de terrains en EBC par les auteurs d'un POS ne voit pas sa légalité être subordonnée à l'organisation d'une procédure contradictoire permettant à chacun des propriétaires d'être individuellement informé et de faire valoir ses observations (CAA Paris, 4 févr. 2003, req. n° 01PA00293, *Mme Valot Van der Veken*).

0260 **Étendue du contrôle .** Le juge exerce un contrôle restreint sur les conditions de délivrance de l'autorisation de coupe et d'abattage (CE, 25 mars 1994, *Stern : BJDU* 3/1994, p. 92, concl. Scanvic).

0261 **Erreur manifeste et rupture d'égalité.** Lors de la modification d'un POS, le maintien d'un classement TC sur le terrain d'un propriétaire est illégal, alors qu'il a été supprimé sur le terrain des autres propriétaires (CE, 8 avr. 1989, *Cts Silhol*). De façon plus surprenante, le Conseil d'État juge au contraire qu'un classement TC est légal, alors que la ZAC située à proximité ne comportait que 3 hectares de TC sur 160 hectares (CE, 19 mai 1989, *Sté Clamageran*).
Le tribunal administratif de Paris annule au contraire pour erreur manifeste d'appréciation le plan d'aménagement de zone d'une ZAC de 3 hectares ne comportant que 1 900 m² d'espaces verts publics (TA Paris, 27 juin 1988, *Caen*).

Voir aussi : Sur la légalité d'une autorisation de coupe, avec abattage de 54 arbres remplacés par 136 plants de haute tige, CE, 11 juill. 1990, *Syndicat de défense du Cap d'Antibes ; la loi littoral prescrit le classement des espaces boisés significatifs*. – C. urb., art. L. 146-6, p. 130. – CE, 14 nov. 1990, *Mme Collin et Comité de défense de l'avenue Ortolan : D.* 1991, p. 148, note Charles.

0262 **EBC et constructibilité.** Après une jurisprudence en sens contraire (CE, 30 nov. 1992, *Communauté immobilière « Les Résidences de la Promenade »*. – CAA Paris, 22 janv. 1998, *Cne de Maisons-Laffitte : DA* 1998, 185), d'ailleurs controversée (*Hocreitere : DA* 1997, p. 4), le décret du 12 octobre 1998, modifiant l'article R. 123-22, applique le COS aux espaces boisés classés, lesquels dégagent une certaine constructibilité (CE, 3 mai 2002, req. n° 182508, *Mme Cardon* : *BJDU* n° 3/2002, p. 189, concl. Austry). Ces mêmes règles relatives à la constructibilité figurent désormais à l'article R. 123-10 du Code de l'urbanisme.).

0263 **EBC et loi littoral.** Au titre de l'article L. 146-6 du Code de l'urbanisme, le POS doit classer en espaces boisés classés, au titre de l'article L. 130-1, les parcs et ensembles boisés existants les plus significatifs (V. pour exemple, CE, 15 oct. 2001, req. n° 219883, *Mme Sevet*).

III. – Divers

0264 **Implantation des arbres.** Le classement au titre du présent article prime l'article 671 du Code civil qui fixe la distance des plantations par rapport aux propriétés voisines (Cass. 3e civ., 29 mars 1995 : *DA* 1995, 402).

C. urb., art. L. 130-2 *(L. n° 76-1285, 31 déc. 1976 ; L. n° 83-8, 7 janv. 1983).* — Pour sauvegarder les bois et parcs et, en général, tous espaces boisés et sites naturels situés dans les agglomérations ou leurs environs et pour en favoriser l'aménagement, l'État, les départements, les communes ou les établissements publics ayant pour objet la réalisation d'opérations d'urbanisme peuvent offrir, à titre de compensation, un terrain à bâtir aux propriétaires qui consentent à leur céder gratuitement un terrain classé par *(Mots rempl., L. n° 2000-1208, 13 déc. 2000, art. 202-X)* « un plan d'occupation des sols rendu public ou un plan local d'urbanisme approuvé » comme espace boisé à conserver, à protéger ou à créer. Cette offre ne peut être faite si la dernière acquisition à titre onéreux dont le terrain classé a fait l'objet n'a pas date certaine depuis cinq ans au moins.

Il peut également, aux mêmes fins, être accordée au propriétaire une autorisation de construire sur une partie du terrain classé n'excédant pas un dixième de la superficie

dudit terrain, si la dernière acquisition à titre onéreux dont ce terrain a fait l'objet a date certaine depuis cinq ans au moins.

Cette autorisation, qui doit être compatible avec les dispositions du *(Mots rempl., L. n° 2000-1208, 13 déc. 2000, art. 202-XI)* « schéma de cohérence territoriale » ne peut être donnée que par décret pris sur le rapport du ministre chargé de l'urbanisme, du ministre de l'intérieur et du ministre de l'agriculture. La portion de terrain cédée par le propriétaire ne peut faire l'objet d'un changement d'affectation qu'après autorisation donnée dans les mêmes conditions. L'application des dispositions du présent alinéa est subordonnée à l'accord de la ou des communes sur le territoire desquelles est situé le terrain classé, dans des conditions déterminées par les décrets prévus à l'article L. 130-6.

La valeur du terrain à bâtir offert en compensation ou le surcroît de valeur pris du fait de l'autorisation de construire, par la partie du terrain conservée par le propriétaire, ne doit pas dépasser la valeur du terrain cédé à la collectivité.

EBC et défrichement. Les défrichements consécutifs aux autorisations de construire accordées dans les conditions définies par le présent article sont exemptés de la taxe de défrichement (Circ. 27 août 1987 : *JO* 30 août). 0265

Défrichement. Les dispositions de l'article L. 130-2 ne peuvent valablement être invoquées à l'appui d'une requête dirigée contre un refus d'autorisation de défrichement (CE, 6 févr. 1981, req. n° 9362). 0266

Échange foncier. La faculté laissée aux communes d'acquérir ou d'échanger des espaces boisées à préserver ou à créer ne constitue nullement pour elles une obligation (CE, 17 mars 1995, req. n° 123386, *Laugier*). 0267

C. urb., art. L. 130-3 ***(L. n° 76-1285, 31 déc. 1976).*** **— Lorsqu'ils ont acquis la propriété d'espaces verts, boisés ou non, dans les conditions prévues à l'article L. 130-2, l'État, les départements, les communes ou les établissements publics s'engagent à les préserver, à les aménager et à les entretenir dans l'intérêt du public.**

C. urb., art. L. 130-4 ***(L. n° 76-1285, 31 déc. 1976).*** **— Les dispositions des alinéas 2, 3 et 4 de l'article L. 130-1 et celles des articles L. 130-2 et L. 130-3 sont applicables aux terrains classés comme espaces boisés par un plan d'urbanisme approuvé en application du décret n° 58-1463 du 31 décembre 1958, par un plan sommaire d'urbanisme approuvé en application du décret n° 62-460 du 13 avril 1962 ou par un projet d'aménagement établi en application de la législation antérieure à ces décrets.**

Évolution de l'EBC. Il résulte de l'article L. 130-4 que seul un classement prévu par un document d'urbanisme peut régulièrement avoir pour effet d'interdire tout changement d'affectation d'un espace boisé protégé (TA Nantes, 11 mai 1977, *Assoc. de défense de l'environnement de Vendée : Rec.*, T. p. 998). 0268

Évolution du POS. Le présent article n'interdit pas toute modification ou suppression du classement dans les conditions fixées pour la révision des POS (CE, 2 mai 1980, req. n° 8698, *Assoc. pour la défense de l'environnement de la Vendée*). 0269

C. urb., art. L. 130-5 ***(L. n° 75-602, 10 juill. 1975). — (Phrase remplacée par trois phrases, L. n° 2001-602, 9 juill. 2001, art. 4-II, 2°)*** **« Les collectivités territoriales ou leurs groupements peuvent passer avec les propriétaires de bois, parcs et espaces naturels des conventions tendant à l'ouverture au public de ces bois, parcs et espaces naturels. Dans le cas où les bois, parcs et espaces naturels sont situés dans des territoires excédant les limites territoriales de la collectivité contractante ou du groupement, le projet est soumis pour avis à la ou aux collectivités intéressées ou à leur groupement. Cet avis est réputé favorable si un refus n'est pas intervenu dans un délai de trois mois. »**

(Phrase remplacée par deux phrases, L. n° 2001-602, 9 juill. 2001, art. 4-II, 3°) **« Dans ce cadre, ces collectivités peuvent prendre en charge tout ou partie du financement des dépenses d'aménagement, d'entretien, de réparation et des coûts d'assurances nécessités par l'ouverture au public de ces espaces. Les conventions peuvent également prévoir le versement au propriétaire d'une rémunération pour service rendu. »**

(Al. créé, L. n° 2001-602, 9 juill. 2001, art. 4-II, 4°) **Les collectivités territoriales et leurs groupements peuvent passer, dans les mêmes conditions, des conventions pour l'exercice des sports de nature, notamment en application du titre III de la loi n° 84-610 du 16 juillet 1984 relative à l'organisation et à la promotion des activités physiques et sportives.**

Les mêmes dispositions sont applicables au conservatoire de l'espace littoral et des rivages lacustres dans les territoires définis à l'article 1er de la loi n° 75-602 du 10 juillet 1975.

Voir aussi : Sur l'ouverture des forêts au public, la circulaire du 26 février 1979 (par analogie) ; Prats, *L'ouverture des forêts au public citadin : AJDA* mai 1979, p. 53 ; nos observations sous C. urb., art. L. 142-2, p. 91.

C. urb., art. L. 130-6.— Des décrets en Conseil d'État fixeront, en tant que de besoin, les modalités d'application du présent titre.

Voir aussi : C. urb., art. R. 130-1 à R. 130-16, p. 544.

TITRE IV
DISPOSITIONS PARTICULIÈRES À CERTAINES PARTIES DU TERRITOIRE

Chapitre I
Dispositions particulières à Paris et à la région d'Île-de-France

0270 **Historique.** L'ancien SDAU de la région « Île-de-France » a été approuvé par le décret n° 76-577 du 1er juillet 1976 (*Mon. TP* 29 mai 1976 et 17 juill. 1976).

Cette publication devait mettre fin à une situation particulièrement confuse dans laquelle coexistaient sans préjudice des plans d'urbanisme directeurs communaux et intercommunaux, deux documents à portée régionale : le plan d'aménagement de la région parisienne (PARP) de 1939 et le plan d'aménagement et d'organisation générale (PADOG) de 1960 (sur cette dualité, Liet-Veaux : *RD imm.* janv. et févr. 1963, p. 57).

Le PARP déclaré d'utilité publique par décret du 22 juin 1939, puis approuvé définitivement par la loi du 28 août 1941 (V. aussi, art. 52, L. 15 juin 1943 ; art. 55, Code de l'urbanisme et de l'habitation), avait valeur de plan d'urbanisme véritable ; il s'appliquait, jusqu'au 1er janvier 1976, en l'absence de plan d'urbanisme approuvé ou de POS rendu public ou approuvé sur les territoires des communes des départements de la Seine (à l'exception de Paris), de la Seine-et-Oise et de la Seine-et-Marne, ainsi que dans les communes de cinq cantons de l'Oise (Circ. n° 74-228, 30 déc. 1974).

Cette solution, posée par un arrêt ancien (CE, 12 nov. 1955, *Vve Gaillard : Rec. CE*, p. 540), avait été maintes fois confirmée depuis lors et avait trouvé un fondement textuel dans la loi n° 74-1117 du 27 décembre 1974 (CE Ass., 28 janv. 1972, *Cne de Marly-le-Roi : AJDA* 1972, p. 293, note Mesnard. – CE, 22 janv. 1975, *SUPAE : DA* 1975, n° 68).

Au contraire, le PADOG (D. n° 58-1463, 31 déc. 1958, art. 35, mod. D. n° 61-598, 19 juin 1961), approuvé par le décret n° 60-857 du 6 août 1960 et mis en révision par arrêté du 23 septembre 1965, n'avait jamais été véritablement exécutoire. En effet, le juge administratif avait rappelé à plusieurs reprises que l'approbation du PADOG par le décret du 6 août 1960 laissait subsister l'autorité des plans d'urbanisme communaux approuvés auparavant (CE, 3 juill. 1968, *Min. Équip.*

et Dame Chalot : Rec. CE, T, p. 953) ; de même, le PARP demeurait applicable, même après cette approbation (CE, 31 mai 1971, *Min. Équip. c/ Gaut : Rec. CE*, p. 406). Toutefois, le PADOG pouvait fonder valablement une décision de sursis à statuer (CE, 9 déc. 1970, *SCI « Résidence des Sablons » : Rec. CE*, p. 746). La Cour de cassation s'était ralliée à une même analyse en ce qui concerne les effets respectifs du PARP et du PADOG (Cass. 3e civ., 22 oct. 1970 : *JCP* 1972, II, 17163, note Liet-Veaux. – Cass. 3e civ., 15 juill. 1971 : *Bull. civ.* III, n° 465, p. 332).

Section I Schéma directeur

Du SDAURIF au SDRIF. La révision du SDAURIF, devenu schéma directeur de l'Île-de-France, 0271
comportait de très importants enjeux, urbanistiques, économiques et politiques.

Bibliographie : JEGOUZO, *La révision du schéma directeur de la région Île-de-France : Problèmes juridiques et perspectives : RFDA* 1990, p. 180.

Approbation. Prescrite par arrêté préfectoral en date du 19 juillet 1990, la révision du SDRIF a été 0272
approuvée par décret en Conseil d'État du 26 avril 1994 (*JO* 28 avr., p. 6230. – L. Touvet, *Le nouveau schéma directeur de la région Île-de-France : BJDU* 4/1994, p. 3). Ce décret a fait l'objet de recours contentieux, mais n'a pas été annulé par le Conseil d'État (CE, 30 juill. 1997, *Assoc. pour la sauvegarde du site de Trottigny* et, 2e esp., *Warin : BJDU* 5/1997, p. 374 et 375).

Voir aussi : Sur les modalités de consultation des départements, CAA Paris, 24 nov. 1998, *Société Kauffman et Broad* (*BJDU* 1/1999, p. 55).

Compétences partagées depuis 1995. C'est le dernier schéma adopté sous la seule autorité de 0273
l'État ; la loi d'orientation pour le développement du territoire du 4 février 1995 a en effet transposé, dans une certaine mesure, la responsabilité du SDRIF de l'État à la région. L'État reste toutefois associé à la procédure de révision et peut également, concurremment avec la région, prendre l'initiative de l'élaboration du schéma directeur. En outre, son approbation reste soumise à un décret en Conseil d'État.

Voir aussi : C. urb., art. R. 141-2, al. 2, p. 553.

Apport de la loi SRU. Avec la loi du 13 décembre 2000 le SDRIF vaut schéma de cohérence terri- 0274
toriale (V. nouvel art. L. 122-2), mais dans le but exclusif d'écarter, pour l'ensemble des départements d'Île-de-France, l'application éventuelle de la règle contraignante de l'urbanisation limitée » posée à ce même article. Cette équivalence ne vaut qu'au titre de cet article spécifique.

Apport de la loi « Libertés et responsabilités locales ». Trois changements majeurs sont 0275
introduits par la loi n° 2004-809 du 13 août 2004 (*JORF* 17 août) :
- la soumission du SDRIF à enquête publique ;
- la création d'une procédure de modification ;
- les liens de compatibilité avec les déclarations d'utilité publiques et les déclarations de projet.

Ces mesures vont dans le sens d'un alignement du SDRIF sur le droit commun des schémas de cohérence territoriale issu de la loi SRU et de la loi Urbanisme-Habitat du 2 juillet 2003.

Bibliographie : G. MARCOU, *Le SDRIF et la planification spatiale en Île-de-France : DAUH, GRIDAUH/ Moniteur*, 2004, p. 175.

C. urb., art. L. 141-1 *(L. n° 83-8, 7 janv. 1983 ; rempl., L. n° 95-115, 4 févr. 1995, art. 40 ; L. n° 99-533, 25 juin 1999, art. 3).* **— La région d'Île-de-France élabore en association avec l'État un schéma directeur portant sur l'ensemble de cette région.**

Le schéma directeur de la région d'Île-de-France a pour objectif de maîtriser la croissance urbaine et démographique et l'utilisation de l'espace tout en garantissant le rayonnement international de cette région. Il précise les moyens à mettre en œuvre pour corriger les disparités spatiales, sociales et économiques de la région, coordonner l'offre de déplacement et préserver les zones rurales et naturelles afin d'assurer les conditions d'un développement durable de la région.

Les dispositions de l'alinéa précédent prennent effet à la première révision du schéma directeur de la région d'Île-de-France selon les modalités prévues au huitième alinéa du présent article suivant la promulgation de la loi n° 99-533 du 25 juin 1999 d'orientation pour l'aménagement et le développement durable du territoire.

Le schéma directeur de la région d'Île-de-France doit respecter les règles générales d'aménagement et d'urbanisme à caractère obligatoire prévues au présent livre ainsi que les servitudes d'utilité publique affectant l'utilisation des sols et les dispositions nécessaires à la mise en œuvre de projets d'intérêt général relevant de l'État et d'opérations d'intérêt national. Il doit également prendre en compte les orientations des schémas des services collectifs institués à l'article 2 de la loi n° 95-115 du 4 février 1995 d'orientation pour l'aménagement et le développement du territoire et les schémas sectoriels institués par le chapitre V du titre I de la même loi.

Ce schéma détermine notamment la destination générale de différentes parties du territoire, les moyens de protection et de mise en valeur de l'environnement, la localisation des grandes infrastructures de transport et des grands équipements. Il détermine également la localisation préférentielle des extensions urbaines, ainsi que des activités industrielles, artisanales, agricoles, forestières et touristiques.

Pour l'élaboration de ce schéma, le conseil régional recueille les propositions des conseils généraux des départementaux intéressés, du conseil économique et social régional et des chambres consulaires. À l'issue de cette élaboration, le projet leur est soumis pour avis.

Avant son adoption par le conseil régional, le projet de schéma directeur, assorti de l'avis des conseils généraux intéressés, du conseil économique et social régional et des chambres consulaires, est soumis à enquête publique *(L. n° 2004-809, 13 août 2004, art. 2-II)*.

Le schéma directeur est approuvé par décret en Conseil d'État. L'initiative de l'élaboration du schéma directeur appartient soit à la région, soit à l'État.

La procédure de révision du schéma directeur est ouverte par un décret en Conseil d'État, qui détermine l'objet de la révision. Cette dernière est effectuée par la région d'Île-de-France, en association avec l'État, selon les règles fixées aux quatrième et cinquième alinéas du présent article. Elle est approuvée par décret en Conseil d'État.

Si la procédure de révision du schéma directeur de la région d'Île-de-France n'a pas abouti dans un délai d'un an à compter de la demande adressée au président du conseil régional par le représentant de l'État pour assurer sa conformité aux règles prévues au deuxième alinéa du présent article, il y est procédé par décret en Conseil d'État. Toutefois, en cas d'urgence constatée par décret en Conseil des ministres, il y est procédé sans délai par décret en Conseil d'État.

(Al. créé, Ord. n° 2004-489, 3 juin 2004, art. 3, V) Au plus tard à l'expiration d'un délai de dix ans à compter du décret approuvant le schéma directeur de la région d'Île-de-France, la région procède à une analyse des résultats de son application, notamment du point de vue de l'environnement.

Le schéma directeur de la région d'Île-de-France a les mêmes effets que les directives te0rritoriales d'aménagement définies en application de l'article L. 111-1-1. Il doit être compatible avec ces directives lorsqu'elles s'appliquent sur tout ou partie du territoire régional. En outre, il tient lieu de schéma régional au sens de l'article 34 de la loi n° 83-8 du 7 janvier 1983 relative à la répartition de compétences entre les communes, les départements, les régions et l'État.

0276 **Objet.** La rédaction du présent article est issue de l'article 40 de la loi n° 95-115 du 4 février 1995. Elle a été complétée par l'article 50 de la loi n° 99-533 du 25 juin 1999, qui crée de nouveaux objectifs pour le SDRIF, et prévoit des éléments complémentaires à son contenu, qui devront être pris en considération lors de la prochaine révision de ce document.

C. urb., art. L. 141-1-1 *(Créé à compter du 1er janvier 2005, L. n° 2004-809, 13 août 2004, art. 2, I et 199)*. — Le schéma directeur de la région d'Île-de-France peut être modifié à l'initiative du président du conseil régional ou de l'État, à condition que la modification ne porte pas atteinte à l'économie générale du schéma.

Le projet de modification, élaboré par le président du conseil régional en association avec l'État, est soumis pour avis aux personnes mentionnées au sixième alinéa de l'article L. 141-1. Ces avis sont réputés favorables s'ils n'interviennent pas dans un délai de trois mois après transmission du projet de modification.

Le projet de modification, assorti des avis prévus à l'alinéa précédent, est soumis à enquête publique par le président du conseil régional.

À l'issue de l'enquête publique, le projet, éventuellement modifié pour tenir compte notamment des observations du public et des avis émis par les personnes publiques consultées, est adopté par le conseil régional d'Île-de-France et approuvé par l'autorité administrative. La modification est approuvée par décret en Conseil d'État en cas d'opposition d'un département.

C. urb., art. L. 141-1-2 ***(Créé à compter du 1er janvier 2005, L. n° 2004-809, 13 août 2004, art. 2, I et 199).*** **— La déclaration d'utilité publique ou, si une déclaration d'utilité publique n'est pas requise, la déclaration de projet d'une opération qui n'est pas compatible avec les dispositions du schéma directeur de la région d'Ile-de-France ne peut intervenir que si :**

1° L'enquête publique concernant cette opération a porté à la fois sur l'utilité publique de l'opération et sur la mise en compatibilité du schéma qui en est la conséquence ;

2° La déclaration d'utilité publique ou la déclaration de projet est prononcée après que les dispositions proposées pour assurer la mise en compatibilité du schéma ont fait l'objet d'un examen conjoint de l'État, de la région d'Île-de-France, du conseil économique et social régional, des départements et des chambres consulaires.

La déclaration d'utilité publique emporte approbation des nouvelles dispositions du schéma directeur de la région d'Île-de-France. Elle est prise par décret en Conseil d'État en cas d'opposition de la région.

La déclaration de projet ne peut intervenir qu'après mise en compatibilité du schéma par l'autorité administrative et, en cas de désaccord de la région, par décret en Conseil d'État.

Rapport entre le SDRIF et les autres documents d'aménagement, d'urbanisme ou sectoriels. S'agissant du SDRIF lui-même, il doit respecter les règles d'aménagement et d'urbanisme à caractère obligatoire (C. urb., art. L. 110 et L. 121-10), les servitudes d'utilité publique affectant l'utilisation des sols (art. L. 126-1 du même code), les dispositions nécessaires à la mise en œuvre des projets d'intérêt général relevant de l'État et d'opérations d'intérêt national. 0277

– Il doit également prendre en compte – formule au demeurant bien incertaine sur le plan juridique – les schémas de services collectifs dont le décret n° 2002-560 du 18 avril 2002 (*JORF* 24 avr., p. 7293) en a approuvé huit. Cela ne se fit pas sans difficulté. Le projet de schéma national d'aménagement et de développement du territoire que le SDRIF devait prendre en compte devait être examiné par le parlement dans un délai d'un an à compter de la publication de la loi du 4 février 1995, avec une évaluation et un réexamen quinquennal. N'ayant jamais vu le jour, ce schéma national a été supprimé par la loi du 25 juin 1999 et remplacé par des schémas de services collectifs (V. Y. Jegouzo : *AJDA* sept. 2002, p. 683).

– Par ailleurs, le SDRIF est « assimilé » à certains documents spatiaux. On rappellera que le SDRIF vaut SCOT dans l'application de l'article L. 122-2 relatif à la règle de « l'urbanisation limitée ».

Le SDRIF a, en outre, les mêmes effets que les DTA visées à l'article L. 111-1-1 du présent Code : cette formule assure la compatibilité des SCOT intercommunaux avec ce schéma régional et, à défaut de ceux-ci, ce sont les PLU qui sont directement confrontés à lui en termes de compatibilité.

Le SDRIF « tient lieu » de schéma régional d'aménagement du territoire (SRAT) sans portée contraignante. La région francilienne est ainsi dispensée d'un double exercice bien délicat.

– Des documents sectoriels et le SDRIF doivent s'articuler, en droit ou en pratique. On prendra ici les exemples suivants :

• en matière de transport et de circulation : le plan de déplacements urbains d'Île-de-France (PDUIF) doit être compatible avec le SDRIF. Il a été approuvé en 2000. Son statut de document « étatique » est modifié par la loi « Libertés et responsabilités locales » du 13 août 2004 (art. 37 et

40) : il sera désormais établi – lors de sa révision – par le Syndicat des transports d'Île-de-France (STIF) qui devient un établissement public local, pour le compte des collectivités qui le constituent, en association avec l'État. Les SCOT et les PLU doivent être compatibles avec lui. D'une manière plus générale, la loi du 13 août 2004 confère compétence à la région Île-de-France pour définir la politique régionale des déplacements, dans le respect des orientations du SDRIF, et arrêter, en association avec l'État et le STIF, un schéma régional des infrastructures et des transports. Il faut également signaler que cette même loi habilite la ville de Paris à élaborer un plan local de déplacements qui, nonobstant une disposition expresse en ce sens, devrait logiquement être compatible avec le PDUIF et le SDRIF ;

• en matière sociale et d'éducation, une cohérence est à rechercher avec divers documents, là encore même en l'absence de textes précis : notamment le schéma régional d'organisation sanitaire, le schéma régional des formations... ;

• en matière d'environnement, par renvoi à l'article L. 126-1 du Code de l'urbanisme, des servitudes et documents environnementaux s'imposent au SDRIF, par exemple, les plans de prévention des risques naturels prévisibles (C. env., art. L. 562-1) ou les plans de prévention des risques technologiques visés par la loi n° 2003-6999 du 30 juillet 2003. Une compatibilité du SDRIF est expressément prévue avec les chartes des parcs naturels régionaux (C. env., art. L. 333-1). Une articulation sera nécessaire, dans les faits, avec le plan régional de la qualité de l'air ou le plan régional d'élimination des déchets (art. L. 541-14 du même Code modifié par la loi du 13 août 2004) ; de même quant aux schémas d'aménagement et de gestion des eaux et à « la nouvelle législation n° 2004-338 du 21 avril 2004 (*JORF* 22 avr.) transposant la directive sur l'eau.

Enfin, les plans d'exposition au bruit (PEB) n'étant pas qualifiés de servitude d'utilité publique ne devraient pas être opposables au SDRIF, en termes purement juridiques, sachant qu'en pratique une incompatibilité serait source de situations aberrantes, voire dangereuses ; du reste, une loi n° 2004-172 du 23 février 2004 habilite les conseils régionaux à proposer la création de communautés portuaires, les pôles de Roissy et d'Orly étant alors en première ligne.

Il ne faut donc pas se limiter à une vision strictement juridique : même si les textes n'organisent pas des liens formels entre le SDRIF et d'autres documents, en pratique, la politique d'aménagement de la région exige une cohérence réciproque et générale ; le domaine économique en fournit un exemple frappant ;

• en matière économique, deux documents sont ici en cause :

– d'une part, la loi du 5 juillet 1996 et le décret du 20 novembre 2002 (V. comm. sous art. L. 451-6 du présent code) prévoient l'élaboration de schémas de développement commercial, avec en Île-de-France, un schéma régional, « synthétisant » les schémas départementaux. Ces derniers ont été adoptés en 2004 et le schéma régional devrait l'être fin 2005. Or, aucun lien de compatibilité n'est expressément organisé avec le SDRIF, seule est mentionnée, par la loi SRU, une telle compatibilité de ces schémas avec les SCOT ; or, formellement, le SDRIF ne vaut SCOT que pour l'application de la règle de l'urbanisation limitée. Toutefois, au-delà d'une lecture purement juridique, on imagine les « dégâts » que pourraient provoquer la conception d'orientations du futur SDRIF (après révision) en incohérence avec les lignes stratégiques d'un schéma régional sur le devenir des implantations commerciales ;

– d'autre part, le même problème est soulevé par le schéma régional de développement économique qui pourrait être établi en Île-de-France dans le cadre du système expérimental prévu par la loi du 13 août 2004.

Bibliographie : Sur ces questions de liens et de compatibilité entre le SDRIF et d'autres documents, V. l'étude très complète précitée de M. le Professeur G. Marcou.

0278 **Compatibilité. Exemples jurisprudentiels.** La portée du SDRIF est supérieure à celle d'un schéma directeur de l'article L. 122-1. Les schémas directeurs doivent être compatibles avec le SDRIF (CE, 31 janv. 1992, *Cne de Croissy Beaubourg : Rec. CE*, p. 45. – CE, 25 mars 1997, *Union des associations de sauvegarde du plateau de Saclay*. – CE, 9 déc. 1998, *Assoc. pour l'étude de la nature et de l'aménagement de Roissy-en-Brie*). Une commune d'Île-de-France ne peut ouvrir à l'urbanisation plusieurs dizaines d'hectares classées en zone naturelle d'équilibre par le SDRIF (CE, 14 déc. 1998, *Cne de Vemars : BJDU* 2/1999, p. 91, concl. Savoie). En tout état de cause, la légalité du permis de construire ne s'apprécie pas par référence au SDRIF (CE, 25 juill. 1985, *Cne de Maisons-Laffitte : Rec.* CE, p. 805), ni celle d'un certificat d'urbanisme (CAA Paris, 18 mai 1999, *Cne* *de Clairefontaine-en-Yvelines : BJDU* 1999, p. 254, concl. B. Phémolant, obs. J.-C. Bonichot ; *Dr. env.* n° 75, p. 13, note E. Le Cornec ; *RFDA* 2000, p. 180 ; *Annuaire fr. dr. urb.* 2000, p. 297).

Le SDAURIF s'impose aux POS/PLU. Dès lors est illégal un POS incompatible avec lui, même s'il est compatible avec le schéma directeur local, qui est lui-même illégal (CE, 13 janv. 1992, *Cne de Croissy-Beaubourg : Rec. CE*, p. 45 ; *DA* 1992, 172). L'ouverture à l'urbanisation de 49 hectares d'espaces naturels, soit 13 % du territoire communal, n'est pas compatible avec les orientations du SDRIF sur la « ceinture verte » autour de Paris (TA Versailles, 6 nov. 2001, req. n° 992048, *Galde mar : Juris-Data* n° 2001-175346). En outre, dès lors que le SDRIF prévoit la nécessité de préserver les espaces naturels existants et d'en créer d'autres dans une zone traversée par une rivière, il ne saurait être édifié en zone NB des immeubles collectifs de quatre niveaux d'une hauteur de faîtage de 14 mètres alors que les espaces naturels bordant cette zone n'excèdent pas une largeur de 16 à 26 mètres le long de la rivière (TA Versailles, 5 mars 2002, req. n°s 004875 et 006253, *Pavard, Lecoq : Juris-Data* n° 2002-175349). Une révision d'un POS qui augmente d'un hectare la superficie de zones NA ouvertes à une urbanisation future n'est pas incompatible avec une disposition du SDRIF prévoyant, dans un périmètre de zone verte couvrant une partie de la commune, le maintien et le développement des espaces naturels existants, compte tenu de l'ampleur limitée des nouveaux espaces créés en zone NA avec un COS de 0,2 en vue de constructions légères et d'activités de loisirs et de détente (CE, 3 mai 2004, req. n° 251383, *Cne de Deuil-La-Barre : Juris-Data* n° 2004-066791).

Cf. également pour certains exemples jurisprudentiels sous l'article L. 111-1-1.

Bibliographie : P. HOCREITERE, *Nature et portée du schéma directeur de la région d'Île-de-France : RFDA* 1986, p. 252. Sur la compatibilité des POS avec le SDAURIF, dans le temps, voir avis CE, 5 mars 1991 : *EDCE* 1991, p. 391.

DUP et déclaration de projet. La loi du 13 août 2004 organise la mise en compatibilité entre le SDRIF, des DUP ou déclarations de projet, avec un système d'enquête publique unique ou d'examen conjoint. L'approbation finale relève du décret en Conseil d'État, en cas d'opposition de la Région. 0279

Future révision du SDRIF. Le Conseil régional a pris l'initiative d'engager la révision générale du SDRIF approuvé en 1994 ; le décret de lancement de la procédure est en attente. Cette procédure sera soumise à la nouvelle obligation d'enquête publique prévue par la loi du 13 août 2004. Par ailleurs, ce travail de révision sera aussi l'occasion de procéder au « bilan environnemental » requis par l'ordonnance du 3 juin 2004 (transposant la directive 2001/42 du 27 juin 2001 relative à l'évaluation des incidences de certains plans et programmes sur l'environnement). 0280

Révision partielle. La perspective d'une révision générale n'empêche pas des révisions partielles pour corriger des obsolescences du SDRIF (D. n° 2002-627, 26 avr. 2002 : *JO* 28 avr., p. 7740, pour l'ouverture d'une telle procédure fondée sur l'abandon de projets inscrits au SDRIF) ou prendre en compte une norme supérieure ou un projet d'intérêt général (Rép. min. Beaudeau : *JO* Sénat 5 sept. 2002, p. 1956). 0281

Modification. La loi du 13 août 2004 crée une nouvelle procédure de modification du SDRIF, à condition que l'économie générale du document ne soit pas atteinte. L'approbation finale relève d'un arrêté du préfet de région, par souci de simplification. En revanche, un décret en Conseil d'État reste requis en cas d'opposition d'un département ; ce qui pourrait freiner les tentations de modification *ad hoc,* trop intempestives. 0282

C. urb., art. L. 141-2. — Des décrets en Conseil d'État fixeront, en tant que de besoin, les modalités d'application de l'article L. 141-1 ci-dessus.

C. urb., art. L. 141-3 *(L. n° 74-1117, 27 déc. 1974 ; L. n° 83-8, 7 janv. 1983 ; ab., L. n° 2000-1208, 13 déc. 2000, art. 202-XXXIX).*

Section II Plans d'occupation des sols

Néant.

Chapitre II
Espaces naturels sensibles des départements

0283 **Historique.** Les dispositions relatives aux périmètres sensibles ont d'abord été limitées à la Côte d'Azur (D. n° 59-768, 26 juin 1959), puis étendues, par décrets successifs, à la plupart des départements ayant une façade littorale. Depuis le décret n° 68-484 du 28 mai 1968, des périmètres sensibles peuvent, en principe, être institués dans tous les départements français. L'institution des périmètres sensibles était destinée à permettre aux départements de mener une politique active en matière d'espaces verts. Selon le régime originel, les départements pouvaient bénéficier d'un droit de préemption dans certaines zones situées à l'intérieur du périmètre sensible et percevoir, dans les lotissements, une redevance départementale d'espaces verts. En outre, s'appliquait une réglementation spéciale du camping.

Les règles relatives aux périmètres sensibles ont été modifiées profondément par la loi n° 76-1285 du 31 décembre 1976, qui a voulu accélérer leur délimitation, renforcer la protection des espaces boisés, accroître la consultation des collectivités locales et améliorer les moyens de financement des départements. Dans ce dernier but, la redevance départementale d'espaces verts a été remplacée, à compter du 1er mars 1977, sous réserve de dispositions transitoires (L. n° 76-1285, 31 déc. 1976, art. 34) par la taxe départementale d'espaces verts (art. L. 142-2). Cette taxe est calquée sur la taxe locale d'équipement. Son assiette est la valeur de l'ensemble immobilier, son fait générateur est la délivrance du permis de construire, mais elle est perçue, sur toute l'étendue du périmètre sensible, au taux de 1 %. Le conseil général peut majorer ce taux sans pouvoir excéder 2 %.

La loi n° 85-729 du 18 juillet 1985, dans un but décentralisateur, a permis à tous les départements de mener une politique en faveur des « espaces naturels sensibles », sans délimitation préalable d'un « périmètre sensible » et le régime de la taxe départementale d'espaces verts a été rénové (art. L. 142-2). La loi n° 95-101 du 2 février 1995 parachève l'objectif de décentralisation au profit des départements (art. L. 142-11), étend la compétence du département à la sauvegarde des habitats naturels (art. L. 142-1) et modifie sensiblement le régime de la taxe départementale des espaces naturels sensibles (art. L. 142-2).

Alors que la taxe départementale d'espaces naturels sensibles et la réglementation du camping s'appliquent sur toute l'étendue du département, d'autres mesures facultativement décidées par le Conseil général sont d'application plus limitée sur le plan territorial. Selon plusieurs procédures, il peut être institué diverses catégories de zones (art. L. 142-3 à L. 142-11).

Le droit de préemption qui s'exerce sur les aliénations à titre onéreux (le caractère volontaire a été supprimé par la loi du 27 février 2002 sur la démocratie de proximité) de terrains appartient en principe au département ; mais un droit de substitution existe au profit du Conservatoire de l'espace littoral et des rivages lacustres (établissement public créé par la loi n° 75-633, 15 juill. 1975) et aux établissements publics gérant un parc national ou un parc naturel régional ou, si ces derniers ne sont pas territorialement compétents, au profit de la commune. Quel que soit l'acquéreur, ce dernier a une obligation d'entretien et d'aménagement du terrain acquis, qui doit être utilisé comme espace vert dans un délai de dix ans au maximum, sous peine de rétrocession au propriétaire (art. L. 142-8).

Bibliographie : Pour le régime antérieur à la loi du 18 juillet 1985, la circulaire d'application n° 78-64 du 15 mars 1978. – TOULEMONDE, *Les périmètres sensibles : AJDA* 1978, p. 645 ; sur l'ensemble de la réglementation et de la politique départementale de protection et de gestion des espaces naturels sensibles ; *Rev. jur. env.* 1997, n° 2, p. 171 à 202, avec les contributions de M. PRIEUR, PÉRINET-MARQUET, LENCLOS et BOUTET (journée d'études de Limoges, 9 janv. 1996).

0284 **Apport de la loi « démocratie de proximité ».** La loi n° 2002-276 du 27 février 2002 finalise les initiatives de la loi SRU en alignant nombre de règles applicables à ce droit de préemption spécifique sur le droit commun de la préemption des articles L. 213-1 et suivants du Code de l'urbanisme. Elle renforce également les prérogatives du Conservatoire de l'espace littoral et des rivages lacustres, puisque l'État peut instituer, à l'initiative du Conservatoire, des zones de préemption dans les conditions définies strictement à l'article L. 142-3 (V. comm. sous cet article).

Bibliographie : I. Cassin, *Les retouches de la loi démocratie de proximité au droit de l'urbanisme : BJDU* 3/2002, p. 162.

C. urb., art. L. 142-1 *(L. n° 76-1285, 31 déc. 1976 ; L. n° 85-729, 18 juill. 1985).* **— Afin de préserver la qualité des sites, des paysages** ***(Mots rempl., L. n° 95-101, 2 févr. 1995, art. 39-I)*** **« , des milieux naturels »** ***(Mots aj., L. n° 2003-699, 30 juill. 2003, art. 67)*** **« et des champs naturels d'expansion des crues » et d'assurer la sauvegarde des habitats naturels selon » les principes posés à l'article L. 110, le département est compétent pour élaborer et mettre en œuvre une politique de protection, de gestion et d'ouverture au public des espaces naturels sensibles, boisés ou non.**

La politique du département prévue à l'alinéa précédent doit être compatible avec les orientations des ***(Mots rempl., L. n° 2000-1208, 13 déc. 2000, art. 202-XII)*** **« schémas de cohérence territoriale » et des chartes intercommunales de développement et d'aménagement, lorsqu'ils existent,** ***(Mots rempl., L. n° 95-115, 4 févr. 1995, art. 5-A-XI)*** **« ou avec les directives territoriales d'aménagement mentionnées à l'article L. 111-1-1 ou, en l'absence de directive territoriale d'aménagement, avec les lois d'aménagement et d'urbanisme prévues au même article ».**

Objet de la préemption. Dans un important arrêt de section du 22 février 2002 « Association de riverains pour la gestion et la sauvegarde du bassin hydrographique du Trieux, du Leff et de leur milieu vivant, M. et Mme Bigot » (*BJDU* 2/2002, p. 126 ; *AJDA* 2002, p. 645, note C. Chevilley-Hiver ; *Constr.-urb.* 2002, n° 5, comm. n° 125, P. Benoit-Cattin ; *Collectivités-Intercommunalité* 2002, n° 5, comm. n° 123, T. Celerier), le Conseil d'État a hiérarchisé les objectifs de la politique départementale : la création d'une zone de préemption visée à l'article L. 142-1 doit être principalement fondée sur la volonté de préservation de l'espace considéré, l'ouverture au public n'étant qu'un objectif accessoire. Le juge administratif continue d'exercer à ce titre un contrôle normal. Face à cette vigueur, on ne peut que conseiller aux départements une grande vigilance dans la motivation de leur décision d'institution de telles zones de préemption. 0285

Loi sur la prévention des risques technologiques et naturels. La loi n° 2003-699 du 30 juillet 2003 a étendu les objectifs de la préemption à la préservation des champs naturels d'expansion des crues. 0286

Référence à modifier. La référence aux lois d'aménagement et d'urbanisme devrait être revue, eu égard à la suppression de cette catégorie par la loi SRU. Il conviendrait de viser ici la compatibilité avec les dispositions législatives particulières aux zones de montagne et au littoral. 0287

C. urb., art. L. 142-2 *(L. n° 76-1285, 31 déc. 1976 ; L. n° 77-1467, 30 déc. 1977 ; L. n° 83-663, 22 juill. 1983 ; L. n° 85-729, 18 juill. 1985 ; L. n° 92-3, 3 janv. 1992).* **— Pour mettre en œuvre la politique prévue à l'article L. 142-1, le département peut instituer, par délibération du conseil général, une taxe départementale des espaces naturels sensibles.**

Cette taxe tient lieu de participation forfaitaire aux dépenses du département :

– pour l'acquisition, par voie amiable, par expropriation ou par exercice du droit de préemption mentionné à l'article L. 142-3, de terrains ou ensembles de droits sociaux donnant vocation à l'attribution en propriété ou en jouissance de terrains, ainsi que pour l'aménagement et l'entretien de tout espace naturel, boisé ou non, appartenant au département, sous réserve de son ouverture au public dans les conditions prévues à l'article L. 142-10 ;

– ***(Tiret rempl., L. n° 2002-276, 27 févr. 2002, art. 164-I)*** **pour sa participation à l'acquisition, à l'aménagement et la gestion des terrains du Conservatoire de l'espace littoral et des rivages lacustres, pour sa participation à l'acquisition de terrains par une commune ou par un établissement public de coopération intercommunale compétent, ainsi qu'à l'entretien des terrains acquis par l'une et l'autre de ces personnes publiques ou par l'agence des espaces verts de la région d'Île-de-France dans l'exercice du droit de préemption, par délégation ou par substitution, prévu à l'article L. 142-3.**

Le produit de la taxe peut être utilisé :

– pour l'aménagement et l'entretien d'espaces naturels, boisés ou non, *(Mots rempl., L. n° 2001-602, 9 juill. 2001, art. 4-II, 1°)* « appartenant aux collectivités publiques » ou à leurs établissements publics et ouverts au public, ou appartenant à des propriétaires privés à la condition qu'ils aient fait l'objet d'une convention passée en application de l'article L. 130-5 ;

– *(Tiret créé, L. n° 2002-276, 27 févr. 2002, art. 164-II)* pour l'aménagement et la gestion des parties naturelles de la zone dite des cinquante pas géométriques, définie par la loi n° 96-1241 du 30 décembre 1996 relative à l'aménagement, la protection et la mise en valeur de la zone dite des cinquante pas géométriques dans les départements d'outre-mer ;

– pour l'acquisition, l'aménagement et la gestion des sentiers figurant sur un plan départemental des itinéraires de promenade et de randonnée, établi dans les conditions prévues à l'article 56 de la loi n° 83-663 du 22 juillet 1983 complétant la loi n° 83-8 du 7 janvier 1983 relative à la répartition de compétences entre les communes, les départements, les régions et l'État, ainsi que des chemins et servitudes de halage et de marchepied des voies d'eau domaniales concédées qui ne sont pas ouvertes à la circulation générale et pour l'acquisition, par voie amiable ou par exercice du droit de préemption mentionné à l'article L. 142-3, l'aménagement et la gestion des chemins le long des autres cours d'eau et plans d'eau ;

– *(Tiret créé, L. n° 2001-602, 9 juill. 2001, art. 10)* pour l'acquisition par un département, une commune, un établissement public de coopération intercommunale ou le Conservatoire de l'espace littoral et des rivages lacustres, de bois et forêts ou de droits sociaux donnant vocation à l'attribution en propriété ou en jouissance de bois et forêts, sous réserve de leur ouverture au public dans les conditions prévues à l'article L. 142-10 ;

– *(Tiret créé à compter du 1er janvier 2005, L. n° 2004-809, 13 août 2004, art. 103 et 199)* pour l'acquisition, l'aménagement et la gestion des espaces, sites et itinéraires figurant au plan départemental des espaces, sites et itinéraires relatifs aux sports de nature établi dans les conditions prévues à l'article 50-2 de la loi n° 84-610 du 16 juillet 1984 relative à l'organisation et à la promotion des activités physiques et sportives *(Mots ajoutés, L. n° 2005-157, 23 févr. 2005, art. 139)* « , sous réserve que l'aménagement ou la gestion envisagés maintiennent ou améliorent la qualité des sites, des paysages et des milieux naturels » ;

– *(Tiret créé à compter du 1er janvier 2005, L. n° 2004-809, 13 août 2004, art. 103 et 199)* pour l'acquisition, la gestion et l'entretien des sites Natura 2000 désignés à l'article L. 414-1 du Code de l'environnement et des territoires classés en réserve naturelle au sens de l'article L. 332-1 du même code ;

– *(Tiret créé, L. n° 2005-157, 23 févr. 2005, art. 138)* pour les études et inventaires du patrimoine naturel nécessaires à l'élaboration et à la mise en œuvre de la politique de protection et de gestion des espaces naturels sensibles destinés à être ouverts au public.

Cette taxe est perçue sur la totalité du territoire du département.

***(Deux phrases remplacées par une phrase, L. n° 95-101, 2 févr. 1995, art. 39-II)* « Elle est établie sur la construction, la reconstruction, l'agrandissement des bâtiments et sur les installations et travaux divers autorisés en application de l'article L. 442-1 ». Sont toutefois exclus du champ de la taxe :**

***a) (Mots rempl., L. n° 95-101, 2 févr. 1995, art. 39-II)* « les bâtiments et les installations et travaux divers » à usage agricole ou forestier liés à l'exploitation ;**

***b)* les bâtiments qui sont destinés à être affectés à un service public ou d'utilité publique et dont la liste est fixée par décret en Conseil d'État prévu au 1° du paragraphe I de l'article 1585 C du Code général des impôts ;**

***c)* les bâtiments édifiés par les propriétaires d'une habitation familiale reconstituant leurs biens expropriés ;**

***d)* les immeubles classés parmi les monuments historiques ou inscrits à l'inventaire supplémentaire des monuments historiques ;**

e) (Mots rempl., L. n° 95-101, 2 févr. 1995, art. 39-II) **« les bâtiments et les installations et travaux divers » reconstruits après sinistre dans les conditions fixées au paragraphe II de l'article 1585 D du Code général des impôts.**

f) (f créé, L. n° 95-101, 2 févr. 1995, art. 39-II) **Les installations et travaux divers qui sont destinés à être affectés à un service public ou d'utilité publique et réalisés par l'État, les collectivités locales ou leurs groupements ou l'un des services et organismes énumérés par le décret pris pour l'application du 1° du I de l'article 1585 C du Code général des impôts.**

g) (g créé, L. n° 2003-699, 30 juill. 2003, art. 80, II) **Les aménagements prescrits par un plan de prévention des risques naturels prévisibles ou un plan de prévention des risques technologiques sur des biens construits ou aménagés conformément aux dispositions du présent code avant l'approbation de ce plan et mis à la charge des propriétaires ou exploitants de ces biens.**

Le conseil général peut exonérer de la taxe départementale des espaces naturels sensibles, les locaux à usage d'habitation principale édifiés pour leur compte ou à titre de prestation de services par les organismes mentionnés à l'article L. 411-2 du Code de la construction et de l'habitation et par les sociétés d'économie mixte définies par la loi n° 83-597 du 7 juillet 1983 ou celles à capitaux publics majoritaires réalisant des locaux à usage d'habitation principale financés à titre prépondérant au moyen de prêts ouvrant droit au bénéfice des dispositions prévues au titre V du livre III du Code de la construction et de l'habitation.

Il peut également exonérer de ladite taxe les locaux artisanaux ***(Mots aj., L. n° 95-101, 2 févr. 1995, art. 39-II)*** **« et industriels » situés dans les communes de moins de deux mille habitants.**

Dans les départements d'outre-mer, le conseil général peut exonérer de la taxe :

– les locaux à usage d'habitation principale à caractère social financés à l'aide de prêts aidés par l'État, et édifiés par les organismes et sociétés d'économie mixte mentionnés ci-dessus, pour leur compte ou à titre de prestataires de services ;

– les logements à vocation très sociale.

La taxe est soumise aux règles qui gouvernent l'assiette, la liquidation, le recouvrement ***(Mots aj., L. n° 2000-1208, 13 déc. 2000, art. 53)*** **« les sanctions » et le contentieux de la taxe locale d'équipement.**

La taxe est assise sur la valeur de l'ensemble immobilier déterminée conformément aux paragraphes I et II de l'article 1585 D du Code général des impôts. Par délibération, le conseil général en fixe le taux, qui peut varier suivant les catégories de construction, sans pouvoir excéder 2 %.

(Al. créé, L. n° 95-101, 2 févr. 1995, art. 39-II) **Lorsqu'elle est établie sur les installations et travaux divers, la taxe est assise sur la superficie des terrains faisant l'objet de l'autorisation. Son taux est fixé par délibération du conseil général dans la limite de 10 F par mètre carré. Cette limite et le taux fixé par la délibération du conseil général sont modifiés au 1er juillet de chaque année en fonction de l'évolution de l'indice du coût de la construction publié par l'Institut national de la statistique et des études économiques. L'indice de référence est, pour la réévaluation de la limite de 10 F, celui du quatrième trimestre de l'année 1994 et, pour celle du taux, l'indice du trimestre précédant la délibération du conseil général ayant fixé le taux.**

La taxe constitue, du point de vue fiscal, un élément du prix de revient de l'ensemble immobilier.

La taxe est perçue au profit du département en tant que recette grevée d'affectation spéciale ***(Mots aj., L. n° 99-1126, 28 déc. 1999, art. 12-I)*** **« et a le caractère d'une recette de fonctionnement ».**

Affectation. La loi n° 76-1285 du 31 décembre 1976 a élargi l'affectation du produit de la taxe qui – originellement – était réservée aux acquisitions foncières. Désormais, il peut financer aussi des dépenses d'entretien ou de protection d'espaces ouverts au public. De plus, il peut être affecté à des acquisitions foncières indirectes, par l'intermédiaire du Conservatoire de l'espace littoral. La loi du 7 janvier 1983 a ajouté la possibilité d'affecter le produit de la taxe aux sentiers de promenades et de randonnées. 0288

La loi n° 92-3 du 3 janvier 1992 sur l'eau a autorisé l'utilisation de la taxe départementale des espaces naturels sensibles pour l'acquisition, l'aménagement et la gestion des chemins le long de tous les cours d'eau et plans d'eau. Mais semblable acquisition ne peut être faite que par voie amiable ou par exercice du droit de préemption, à l'exclusion de l'acquisition par voie d'expropriation pour cause d'utilité publique.

La loi n° 95-101 du 2 février 1995 a étendu le champ d'application de la taxe aux installations et travaux divers autorisés en application de l'article L. 442-1 du présent code. L'antépénultième alinéa fixe des conditions particulières d'assiette et de taux dans ce cas, alors que le régime de la taxe locale d'équipement (produit de la SHON par la valeur unitaire de la construction, fixée par décret) s'applique à la généralité des autres cas.

La loi « Démocratie de proximité » permet l'affectation du produit de la taxe au profit de l'aménagement et de la gestion des parties naturelles de la zone des « cinquante pas géométriques » dans les DOM (L. n° 96-1241, 30 déc. 1996 relative à l'aménagement, la protection et la mise en valeur de la zone des cinquante-pas-géométriques, dans les départements d'outre-mer et circulaire n° 2002-49, 25 juill. 2002 concernant la Guadeloupe et la Martinique : *BO min. Équip.*, n° 2002-15).

La loi Libertés et responsabilités locales du 13 août 2004 étend cette affectation de la taxe à un domaine très spécifique les espaces liés aux sports de nature ; mais surtout aux sites Natura 2000 et aux réserves naturelles, d'où un enjeu de protection de l'environnement très important.

La loi du 23 février 2005 sur les territoires ruraux étend l'utilisation de la taxe aux études et inventaires du patrimoine naturel.

Voir aussi : Circ. du Premier ministre, 30 août 1988 : *JO* 10 déc. 1988 ; *Mon. TP* 23 déc. 1988 ; la loi du 18 juillet 1985 sur le financement de l'Agence des espaces verts de la région d'Île-de-France.

0289 **Recours.** En raison du renvoi aux règles applicables à la taxe locale d'équipement, les directeurs départementaux de l'équipement sont compétents de par la loi pour défendre directement aux recours devant les tribunaux administratifs dans cette matière dans les mêmes conditions que pour la taxe locale d'équipement (Circ. 7 déc. 1977).

0290 **Exonérations.** Des exonérations obligatoires, d'autres facultatives (décidées par le conseil général) s'appliquent en matière de taxe départementale d'espaces verts. La loi sur la prévention des risques technologiques et naturels du 30 juillet 2003 prévoit une exonération en faveur des aménagements prescrits par un plan de prévention des risques naturels prévisibles ou un plan de prévention des risques technologiques sur des biens construits ou aménagés avant l'approbation de ce plan et mis à la charge des exploitants. En pratique, ces SHON créées correspondront à des rehaussements de plancher ou à des niveaux refuges en cas d'inondations.

0291 **Sanctions.** Les constructions réalisées sans autorisation ou en infraction avec cette dernière sont passibles d'une pénalité fiscale égale au montant de la taxe éludée (CGI, art. 1836).

0292 **Conversion.** Pour le montant fixé à 10 F dans le présent texte, il faut appliquer les règles de conversion et d'arrondi au montant réévalué chaque année.

Bibliographie : LENCLOS, *La taxe départementale des espaces naturels sensibles : Rev. jur. env.* 2-97, p. 189.

C. urb., art. L. 142-3 ***(L. n° 76-1285, 31 déc. 1976 ; D. n° 81-534, 12 mai 1981 ; D. n° 82-584, 29 juin 1982 ; L. n° 85-729, 18 juill. 1985).*** **— Pour la mise en œuvre de la politique prévue à l'article L. 142-1, le conseil général peut créer des zones de préemption dans les conditions ci-après définies.**

Dans les communes dotées ***(Mots rempl., L. n° 2000-1208, 13 déc. 2000, art. 202-I)*** **« d'un plan d'occupation des sols rendu public ou d'un plan local d'urbanisme approuvé », les zones de préemption sont créées avec l'accord du conseil municipal. En l'absence d'un tel document, et à défaut d'accord des communes concernées, ces zones ne peuvent être créées par le conseil général qu'avec l'accord du représentant de l'État dans le département.**

À l'intérieur de ces zones, le département dispose d'un droit de préemption sur tout terrain ou ensemble de droits sociaux donnant vocation à l'attribution en propriété ou

en jouissance de terrains qui font l'objet d'une aliénation *(Mot supprimé, L. n° 2002-276, 27 févr. 2002, art. 165-I)* à titre onéreux, sous quelque forme que ce soit.

À titre exceptionnel, l'existence d'une construction ne fait pas obstacle à l'exercice du droit de préemption dès lors que le terrain est de dimension suffisante pour justifier son ouverture au public et qu'il est, par sa localisation, nécessaire à la mise en œuvre de la politique des espaces naturels sensibles des départements. Dans le cas où la construction acquise est conservée, elle est affectée à un usage permettant la fréquentation du public et la connaissance des milieux naturels.

***(Al. créé, L. n° 2002-276, 27 févr. 2002, art. 165-III)* Lorsque la mise en œuvre de la politique prévue à l'article L. 142-1 le justifie, le droit de préemption peut s'exercer pour acquérir la fraction d'une unité foncière comprise à l'intérieur de la zone de préemption. Dans ce cas, le propriétaire peut exiger que le titulaire du droit de préemption se porte acquéreur de l'ensemble de l'unité foncière. Le prix d'acquisition fixé par la juridiction compétente en matière d'expropriation tient compte de l'éventuelle dépréciation subie, du fait de la préemption partielle, par la fraction restante de l'unité foncière.**

En cas d'adjudication, lorsque cette procédure est rendue obligatoire par une disposition législative ou réglementaire, l'acquisition par le titulaire du droit de préemption a lieu au prix de la dernière enchère, par substitution à l'adjudicataire. Cette disposition n'est toutefois pas applicable à la vente mettant fin à une indivision créée volontairement, à moins que celle-ci ne résulte d'une donation-partage.

Les échanges d'immeubles ruraux situés dans les zones de préemption définies au présent article réalisés dans les conditions prévues au titre I du livre I du Code rural ne sont pas soumis à ce droit.

Au cas où le Conservatoire de l'espace littoral et des rivages lacustres est territorialement compétent, celui-ci ou, à défaut, la commune, peut se substituer au département si celui-ci n'exerce pas le droit de préemption. *(Phrase créée, L. n° 95-101, 2 févr. 1995, art. 41-I-a)* « Sur le territoire d'un parc national ou d'un parc naturel régional et dans les réserves naturelles dont la gestion leur est confiée, l'établissement public chargé du parc national ou du parc naturel régional ou, à défaut, la commune peut se substituer au département et, le cas échéant, au Conservatoire de l'espace littoral et des rivages lacustres, si ceux-ci n'exercent pas leur droit de préemption. » *(Phrase créée, L. n° 95-101, 2 févr. 1995, art. 41-I-a)* « Pour un parc naturel régional, l'exercice de ce droit de préemption est subordonné à l'accord explicite du département. » Au cas où *(Mots rempl., L. n° 95-101, 2 févr. 1995, art. 41-I-b)* « ni le conservatoire ni l'établissement public chargé d'un parc national ou d'un parc naturel régional n'est compétent », la commune peut se substituer au département si celui-ci n'exerce pas son droit de préemption.

***(Al. créé, L. n° 2002-276, 27 févr. 2002, art. 165-II)* Lorsqu'il est territorialement compétent, le Conservatoire de l'espace littoral et des rivages lacustres peut prendre l'initiative de l'institution de zones de préemption à l'extérieur des zones délimitées par le département en application du présent article, des zones urbaines ou à urbaniser délimitées par les plans d'urbanisme locaux et des zones constructibles délimitées par les cartes communales. Le projet de périmètre est adressé pour avis au département et à la commune ou à l'établissement public de coopération intercommunale compétent. Ces avis sont réputés favorables s'ils n'interviennent pas dans un délai de trois mois après transmission du projet. Le périmètre est délimité par arrêté préfectoral. En cas d'avis défavorable de la commune ou de l'établissement public de coopération intercommunale compétent, il ne peut être délimité que par décret en Conseil d'État. À l'intérieur des périmètres ainsi délimités, le conservatoire exerce les compétences attribuées au département par le présent article.**

Lorsque la commune fait partie d'un établissement public de coopération intercommunale y ayant vocation, elle peut, en accord avec cet établissement, lui déléguer ce droit.

Le département peut déléguer son droit de préemption à l'occasion de l'aliénation d'un bien soumis à ce droit ou sur un ou plusieurs secteurs de la zone de préemption au Conservatoire de l'espace littoral et des rivages lacustres, lorsque celui-ci est territorialement compétent, *(Mots aj., L. n° 95-101, 2 févr. 1995, art. 41-II)* « à l'établissement

public chargé d'un parc national ou à celui chargé d'un parc naturel régional pour tout ou partie de la zone de préemption qui se trouve sur le territoire du parc ou dans les réserves naturelles dont la gestion leur est confiée », à l'État, à une collectivité territoriale *(Mots aj., L. n° 2000-1208, 13 déc. 2000, art. 18)* « , à un établissement public foncier, au sens de l'article L. 324-1 » ou à l'Agence des espaces verts de la région d'Île-de-France. Les biens acquis entrent dans le patrimoine du délégataire.

***(Al. créé, L. n° 95-101, 2 févr. 1995, art. 41-III)* Si, à son expiration, le décret de classement d'un parc naturel régional n'est pas renouvelé, les biens que ce parc a acquis par exercice de ce droit de préemption deviennent propriété du département.**

Dans les articles L. 142-1 et suivants, l'expression « titulaire du droit de préemption » s'entend également du délégataire en application du précédent alinéa, s'il y a lieu.

***(Al. créé, L. n° 99-574, 9 juill. 1999, art. 110)* Les représentants des organisations professionnelles agricoles et forestières sont consultés sur la délimitation de ces zones de préemption.**

CGCT, art. L. 3221-12 *(Créé, L. n° 2003- 590, 2 juill. 2003, art. 73).* — Le président du conseil général peut, par délégation du conseil général, être chargé d'exercer, au nom du département, le droit de préemption dans les espaces naturels sensibles, tel qu'il est défini à l'article L. 142-3 du Code de l'urbanisme. Il peut également déléguer l'exercice de ce droit à l'occasion de l'aliénation d'un bien, dans les conditions que fixe le conseil général.

0293 **Suppression du caractère volontaire de l'aliénation.** Par alignement sur le droit commun (art. L. 213-1 issu de la loi SRU), le caractère « volontaire » de l'aliénation n'est plus une condition de l'exercice de la préemption. Celle-ci peut donc porter sur les ventes forcées et même, et là par exception au régime de droit commun, sur les ventes dans le cadre de procédures collectives.

Voir aussi : Annotations sous C. urb., art. L. 213-1, p. 176.

0294 **Préemption partielle.** Toujours dans un souci de concordance avec le droit commun de la loi SRU, ce droit de préemption peut désormais s'exercer à titre partiel sur la seule fraction de l'unité foncière qui lui est soumise. Le propriétaire a alors le choix entre requérir l'emprise totale du titulaire du droit de préemption ou demander au juge de l'expropriation une indemnité pour dépréciation de la partie restante non préemptée.

Voir aussi : Comparer à C. urb., art. L. 213-2-1, p. 185.

0295 **Accord des communes.** La procédure de création des zones de préemption implique un véritable *accord* d'une autre personne publique. Cette dernière est différente selon qu'il existe ou non un plan d'urbanisme opposable aux tiers.

L'article 26 de la loi « Démocratie de proximité » du 27 février 2002 prévoit, par modification de l'article L. 2511-30 du Code général des collectivités territoriales, des obligations d'information des maires d'arrondissement des villes de Paris, Lyon et Marseille, applicables à l'ensemble des droits de préemption, dont celui des articles L. 142-1 et suivants.

Voir aussi : Annotations sous C. urb., art. L. 213-2, p. 182.

0296 **Compatibilité.** L'institution d'une zone de préemption doit être compatible avec l'article L. 110 du présent code (CE, 3 juill. 1998, *Préfet des Yvelines : BJDU* 6/1998, p. 440, qui retient ladite compatibilité alors même que l'État avait engagé sur la même zone une procédure de création de ZAD). En revanche, l'institution d'une zone de préemption n'a pas à être compatible avec le POS (CAA Bordeaux, 25 mars 1998, *Assoc. de défense des habitants de la Corniche Basque : BJDU* 4/1998, p. 307).

I. – Titulaires du droit de préemption

0297 **Département.** Le département est le titulaire principal du droit de préemption. La commission permanente n'est pas compétente pour exercer ce droit, à défaut d'avoir reçu une délégation du conseil général (CAA Nancy, 1er oct. 1998, *Département du Nord : BJDU* 1/1999, p. 64).

La loi Urbanisme-Habitat du 2 juillet 2003 permet au conseil général de déléguer l'exercice du droit de préemption à son président, donc au pouvoir exécutif du département. Il s'agit d'un alignement sur le droit commun en matière de droit de préemption urbain communal (CGCT, art. L. 2122-22).

Bibliographie : P. BENOÎT-CATTIN, *Constr.-urb.* 2003, n° 9, comm. n°s 208-209, p. 24.

Autres personnes substituées. Le Conservatoire de l'espace littoral et des rivages lacustres (établissement public national créé par la loi du 10 juillet 1975), ou les établissements publics chargés de la gestion d'un parc national ou d'un parc naturel régional, ou la commune peuvent se substituer au département pour l'exercice du droit de préemption. 0298

Conservatoire de l'espace littoral et des rivages lacustres. Celui-ci est, depuis la loi « Démocratie de proximité », habilité à intervenir, dans les limites de sa compétence territoriale, sur les zones situées hors des espaces naturels sensibles des départements, des zones U ou AU et des zones constructibles fixées par les cartes communales. Le périmètre d'intervention est arrêté par les arrêtés du préfet ou par décret en Conseil d'État en cas d'avis défavorable de la commune ou de l'EPCI. 0299

Cette disposition ouvre donc la possibilité de nouvelles zones de préemption, d'où la nécessaire attention qui devra leur être portée par les propriétaires, les opérateurs et les notaires.

Le Comité interministériel d'aménagement du territoire (CIADT) du 14 septembre 2004 a dégagé 8 millions d'euros supplémentaires pour les acquisitions du Conservatoire. Le budget inscrit dans la loi de finances 2005 reste de 11,15 millions d'euros, cette somme complémentaire figurera dans la loi de finances rectificative. Le Conservatoire aura ainsi les moyens d'acquérir pour 20 millions et 2 000 hectares par an.

Voir aussi : Comm. sous C. urb., art. R. 142-18, p. 560.

Délégataires. Le droit de préemption du département peut aussi être délégué à de nombreuses personnes publiques. 0300

II. – Zones de préemption

Notion. Peuvent seules être assujetties au droit de préemption les zones dont le caractère naturel est menacé. En conséquence, est annulée la délibération du conseil général qui l'étend à l'ensemble du territoire communal (sauf la zone d'habitation) de toutes les communes dépourvues de POS, et à toutes zones naturelles (sauf zones NA) des communes dotées d'un POS (TA Besançon, 31 déc. 1992, *SAFER de Franche-Comté : DA* 1993, 93). En revanche, sont à juste titre considérés comme espaces naturels sensibles les terrains agricoles, soumis à forte pression urbaine, de la plaine de Montesson, actuellement laissés à l'état de friche et d'abandon, et qui requièrent donc un traitement spécial pour être maintenus en espaces verts (TA Versailles, 10 juill. 1991, *Préfet des Yvelines : DA* 1992, 113). 0301

III. – Exercice du droit de préemption

Bâtiments. Le droit de préemption concerne exceptionnellement des bâtiments depuis la loi du 18 juillet 1985. Avant cette loi, il était jugé que les constructions échappent au droit de préemption dans les périmètres sensibles (CE, sect., 21 févr. 1969, *Dame Huet : Rec. CE*, p. 116). 0302

Le présent texte ne permet pas de préempter un terrain de 2 700 m² supportant une maison et une piscine (CAA Lyon, 18 janv. 1995, *Cne de Pennes-Mirabeau : BJDU* 1/1995, p. 77 ; *DA* 1995, 312).

Une zone de préemption n'est pas illégale du fait de la présence de bâtiments, le contrôle se faisant au niveau de l'exercice du droit de préemption (CAA Bordeaux, 25 mars 1998, *Assoc. de défense des habitants de la Corniche basque : BJDU* 4/1998, p. 307).

Précision du projet. L'exercice de la préemption suppose l'existence d'un projet suffisamment précis. Tel est le cas s'il a fait l'objet d'études dans le cadre de la révision d'un plan d'urbanisme, 0303 après que la commune a été avertie de la vente (CAA Paris, 18 janv. 2001, *Cne de Clairefontaines-en-Yvelines : BJDU* 5/2001, p. 357).

Bibliographie : PÉRINET-MARQUET, *Le droit de préemption dans les espaces naturels sensibles : Rev. jur. env.* 2-1997, p. 173.

C. urb., art. L. 142-4 ***(L. n° 76-1285, 31 déc. 1976 ; L. n° 85-729, 18 juill. 1985).*** **— Toute aliénation mentionnée à l'article L. 142-3 est subordonnée, à peine de nullité, à une déclaration préalable adressée par le propriétaire au président du conseil général du département dans lequel sont situés les biens : ce dernier en transmet copie au directeur des services fiscaux. Cette déclaration comporte obligatoirement l'indication du prix et des conditions de l'aliénation projetée ou, en cas d'adjudication, l'estimation du bien ou sa mise à prix.**

Lorsque la contrepartie de l'aliénation fait l'objet d'un paiement en nature, la déclaration doit mentionner le prix d'estimation de cette contrepartie.

Le silence des titulaires des droits de préemption et de substitution pendant trois mois à compter de la réception de la déclaration mentionnée au premier alinéa vaut renonciation à l'exercice de ces droits.

L'action en nullité prévue au premier alinéa se prescrit par cinq ans à compter de la publication de l'acte portant transfert de propriété.

0304 **Mécanisme général de préemption.** Il s'agit de déclaration d'intention d'aliéner en cas de mutation volontaire à titre onéreux, avec un système de renonciation tacite, sous peine d'action en nullité.

0305 **Prix.** Lorsque l'aliénation n'est pas une vente, la DIA doit mentionner un prix d'estimation du bien aliéné.

Voir aussi : Comparer à C. urb., art. L. 213-2, p. 182.

C. urb., art. L. 142-5 ***(L. n° 76-1285, 31 déc. 1976 ; L. n° 85-729, 18 juill. 1985 ; L. n° 86-1290, 23 déc. 1986 ; L. n° 89-550, 2 août 1989).*** **— À défaut d'accord amiable, le prix d'acquisition est fixé par la juridiction compétente en matière d'expropriation ; ce prix est exclusif de toute indemnité accessoire, et notamment de l'indemnité de réemploi.**

Le prix est fixé, payé ou, le cas échéant, consigné selon les règles applicables en matière d'expropriation. Toutefois, dans ce cas :

a) **La date de référence prévue à l'article L. 13-15 du Code de l'expropriation pour cause d'utilité publique est soit la date à laquelle est devenu opposable aux tiers le plus récent des actes rendant public, approuvant, révisant ou modifiant le plan d'occupation des sols** ***(Mots aj., L. n° 2000-1208, 13 déc. 2000, art. 202-XIV)*** **« ou approuvant, modifiant ou révisant le plan local d'urbanisme » et délimitant la zone dans laquelle est situé le bien, soit, en l'absence d'un tel plan, cinq ans avant la déclaration par laquelle le propriétaire a manifesté son intention d'aliéner son bien ;**

b) **Les améliorations, transformations ou changements d'affectation opérés par le propriétaire postérieurement à la date fixée au** ***a)*** **ci-dessus ne sont pas présumés revêtir un caractère spéculatif ;**

c) **À défaut de transactions amiables constituant des références suffisantes pour l'évaluation du bien dans la même zone, il pourra être tenu compte des mutations et accords amiables intervenus pour des terrains de même qualification situés dans des zones comparables.**

Lorsque la juridiction compétente en matière d'expropriation est appelée à fixer le prix d'un bien dont l'aliénation est envisagée sous forme de vente avec constitution de rente viagère, elle respecte les conditions de paiement proposées par le vendeur mais peut réviser le montant de cette rente et du capital éventuel.

Voir aussi : pour les principes de fixation du prix de préemption, comparer à C. urb., art. L. 213-4, p. 188.

Fixation judiciaire du prix. Le rôle du juge de l'expropriation se borne à fixer le prix du bien préempté. Il ne peut déclarer sa saisine irrecevable au motif que le droit de préemption est inapplicable en l'espèce (Cass. 3e civ., 16 oct. 1991, *Département du Pas-de-Calais : DA* 1991, 498). 0306

C. urb., art. L. 142-6 *(L. n° 85-729, 18 juill. 1985 ; L. n° 89-550, 2 août 1989).* **— Lorsqu'un terrain soumis au droit de préemption mentionné à l'article L. 142-3 fait l'objet d'une expropriation pour cause d'utilité publique, la date de référence prévue à l'article L. 13-15 du Code de l'expropriation pour cause d'utilité publique est remplacée,** *(Mots rempl., L. n° 2000-1208, 13 déc. 2000, art. 202-XV)* **« s'il existe un plan d'occupation des sols rendu public ou un plan local d'urbanisme, par la date à laquelle est devenu opposable aux tiers le plus récent des actes rendant public le plan d'occupation des sols ou approuvant, modifiant ou révisant le plan local d'urbanisme et délimitant la zone dans laquelle est situé le terrain ».**

Voir aussi : Comparer à C. urb., art. L. 213-4, p. 188.

C. urb., art. L. 142-7 *(L. n° 85-729, 18 juill. 1985).* **— Les dispositions des articles L. 213-5, L. 213-7 à L. 213-10, L. 213-14 et L. 213-15 sont applicables dans les zones de préemption délimitées en application de l'article L. 142-3.**

Règles applicables. Effet extinctif des droits réels et personnels ; possibilité de renonciation, information et droits des occupants et locataires, droit de jouissance jusqu'au paiement intégral du prix. 0307

C. urb., art. L. 142-8 *(L. n° 85-729, 18 juill. 1985).* **— Si un terrain acquis par exercice du droit de préemption n'a pas été utilisé comme espace naturel, dans les conditions définies à l'article L. 142-10, dans le délai de dix ans à compter de son acquisition, l'ancien propriétaire ou ses ayants cause universels ou à titre universel peuvent demander qu'il leur soit rétrocédé.**

Pour être recevable, cette demande doit être présentée dans un délai de trois ans à compter de l'expiration du délai mentionné à l'alinéa précédent.

À défaut d'accord amiable, le prix du bien rétrocédé est fixé par la juridiction compétente en matière d'expropriation, sans pouvoir excéder le montant du prix de préemption révisé, s'il y a lieu, en fonction des variations du coût de la construction constatées par l'Institut national de la statistique et des études économiques entre les deux mutations.

À défaut de réponse dans les trois mois de la notification de la décision juridictionnelle devenue définitive, l'ancien propriétaire ou ses ayants cause universels ou à titre universel seront réputés avoir renoncé à la rétrocession.

Rétrocession. Droit à la rétrocession du bien préempté, en cas de non-utilisation dans les 10 ans. Ce droit n'est pas perpétuel. 0308
Le délai d'utilisation des biens reste inchangé à 10 ans et n'a pas été réduit à 5 ans comme en droit commun.

Voir aussi : Comparer à C. urb., art. L. 213-11, p. 200.

C. urb., art. L. 142-9 *(L. n° 85-729, 18 juill. 1985).* **— Le département ouvre, dès institution d'une zone de préemption, un registre sur lequel sont inscrites les acquisitions réalisées par exercice, délégation ou substitution du droit de préemption, ainsi que l'utilisation effective des biens ainsi acquis.**

Toute personne peut consulter ce registre ou en obtenir un extrait.

Voir aussi : Comparer à C. urb., art. L. 213-13, p. 203.

C. urb., art. L. 142-10 *(L. n° 85-729, 18 juill. 1985).* **— Les terrains acquis en application des dispositions du présent chapitre doivent être aménagés pour être ouverts au public,**

sauf exception justifiée par la fragilité du milieu naturel. Cet aménagement doit être compatible avec la sauvegarde des sites, des paysages et des milieux naturels.

La personne publique propriétaire est responsable de la gestion des terrains acquis ; elle s'engage à les préserver, à les aménager et à les entretenir dans l'intérêt du public. Elle peut éventuellement confier la gestion des espaces aménagés à une personne publique ou privée y ayant vocation.

Seuls des équipements légers d'accueil du public ou nécessaires à la gestion courante des terrains ou à leur mise en valeur à des fins culturelles ou scientifiques peuvent être admis sur les terrains acquis en application des dispositions du présent chapitre, à l'exclusion de tout mode d'occupation du sol de nature à compromettre la conservation ou la protection de ces terrains en tant qu'espaces naturels.

0309 **Affectation des biens acquis par préemption.** À notre avis, pour éviter la fraude, une obligation semblable devrait s'imposer aux biens acquis amiablement, sous menace de préemption.

C. urb., art. L. 142-11 ***(L. n° 85-729, 18 juill. 1985). — (Al. rempl., L. n° 95-101, 2 févr. 1995, art. 39-III)*** **À compter de la décision du département de percevoir la taxe départementale des espaces naturels sensibles, le président du conseil général peut, par arrêté pris sur proposition du conseil général, après délibération des communes concernées et en l'absence de** ***(Mots rempl., L. n° 2000-1208, 13 déc. 2000, art. 202-III)*** **« plan local d'urbanisme » opposable, déterminer les bois, forêts et parcs, qu'ils soient soumis ou non au régime forestier [qu'ils relèvent ou non du régime forestier], enclos ou non, attenants ou non à des habitations, dont la préservation est nécessaire et auxquels est applicable le régime des espaces boisés classés défini par l'article L. 130-1 et les textes pris pour son application.**

Le même arrêté ou un arrêté ultérieur pris dans les mêmes formes peut édicter les mesures nécessaires à la protection des sites et paysages compris dans une zone de préemption délimitée en application de l'article L. 142-3 et prévoir notamment l'interdiction de construire ou de démolir, et celle d'exécuter certains travaux, constructions ou installations affectant l'utilisation du sol, à l'exception des travaux visant à l'amélioration des exploitations agricoles.

Les arrêtés prévus aux alinéas précédents cessent d'être applicables ***(Mots rempl., L. n° 2000-1208, 13 déc. 2000, art. 202-XVI)*** **« dès qu'un plan d'occupation des sols est rendu public ou dès qu'un plan local d'urbanisme est approuvé » sur le territoire considéré.**

0310 **Espaces vulnérables.** Dispositif de sauvegarde et de protection des territoires particulièrement vulnérables, espaces naturels pour la plupart, menacés par une urbanisation particulièrement pressante du fait même de l'attrait du paysage et permettant d'attendre que les secteurs intéressés soient couverts par un plan d'occupation des sols rendu public ou approuvé ou qu'ils donnent lieu à la création d'une zone d'environnement protégé (Circ. n° 78-64, 15 mars 1978). Voir à cet égard le commentaire précédant l'article L. 142-1.

0311 **Espaces boisés.** L'application des dispositions du présent article qui n'ont d'autre objet que d'autoriser le préfet à soumettre à titre conservatoire les espaces boisés aux mêmes servitudes de protection que celles qui résultent de leur classement définitif par un plan d'urbanisme ne saurait être limitée aux terrains boisés dont la conservation se trouverait compromise par la gestion de leur propriétaire ou pour toute autre cause (CE, 12 mai 1967 : *Rec. CE*, p. 212). Le pouvoir de déterminer les zones où s'applique le régime des espaces boisés classés et d'édicter les mesures nécessaires à la protection des sites et paysages compris dans une zone de préemption délimitée en application de l'article L. 142-3 a été transféré au président du conseil général par la loi n° 95-101 du 2 février 1995, dite loi Barnier. L'opposition d'un conseil municipal n'empêche plus la mise en œuvre du régime des espaces boisés classés sur le territoire communal, décidée par le président du conseil général.

Bibliographie : Prieur, *Les mesures complémentaires de protection des espaces naturels sensibles : Rev. jur. env.* 2-1997, p. 183.

C. urb., art. L. 142-12 *(L. n° 85-729, 18 juill. 1985 ; L. n° 86-841, 17 juill. 1986 ; L. n° 86-1290, 23 déc. 1986).* — **Les dispositions des articles L. 142-1 à L. 142-11 entreront en vigueur à une date fixée par un décret en Conseil d'État qui devra intervenir dans un délai d'un an à compter de la publication de la loi n° 86-841 du 17 juillet 1986 tendant à modifier la durée ou la date de publication de certaines règles concernant le Code de l'urbanisme.**

Jusqu'à cette date :

– les aliénations de biens compris dans une zone de préemption délimitée à l'intérieur d'un périmètre sensible demeurent soumises aux dispositions du chapitre II du titre IV du livre I du Code de l'urbanisme dans leur rédaction antérieure à la loi n° 85-729 du 18 juillet 1985 relative à la définition et à la mise en œuvre de principes d'aménagement et aux textes pris pour son application, quelle que soit la date de la déclaration d'intention d'aliéner ;

– les autorisations de construire demeurent soumises, quelle que soit leur date, à la taxe départementale d'espaces verts ; les délibérations prises par les conseils généraux relatives à la taxe départementale des espaces naturels sensibles ne pourront recevoir exécution.

À compter de cette date, les départements où la taxe départementale d'espaces verts était instituée sur l'ensemble de leur territoire perçoivent la taxe départementale des espaces naturels sensibles selon les règles posées à l'article L. 142-2 et, sauf délibération spéciale du conseil général, au taux auquel ils percevaient la taxe départementale d'espaces verts.

Les départements qui percevaient la taxe départementale d'espaces verts sur une partie de leur territoire perçoivent la taxe départementale des espaces naturels sensibles à l'intérieur du même périmètre et au taux auquel ils percevaient la taxe départementale d'espaces verts, sauf délibération spéciale sur l'application de la nouvelle taxe.

Les dispositions de l'article L. 142-11 sont applicables à l'intérieur des zones de préemption délimitées en application de l'article L. 142-1 dans sa rédaction antérieure à la loi susvisée.

Le droit de préemption prévu à l'article L. 142-3 dans sa rédaction, issue de la loi susvisée s'applique dès l'entrée en vigueur du présent chapitre à l'intérieur des zones de préemption délimitées en application de l'article L. 142-1 dans sa rédaction antérieure.

Toutefois, dans ce cas :

– les déclarations d'intention d'aliéner souscrites au titre de la législation sur les périmètres sensibles et en cours d'instruction à la date d'entrée en vigueur fixée par le décret prévu au premier alinéa demeurent régies pour leur instruction par les dispositions des articles L. 142-1 et suivants du Code de l'urbanisme dans leur rédaction antérieure à cette date ;

– le propriétaire qui avait l'intention de vendre un bien soumis au droit de préemption au titre des périmètres sensibles et qui a obtenu une renonciation à l'exercice de ce droit peut vendre son bien après la date d'entrée en vigueur susvisée sans qu'il lui soit besoin de souscrire une nouvelle déclaration d'intention d'aliéner au titre des espaces naturels sensibles des départements, si le prix et les conditions de vente qui figuraient dans la déclaration d'intention d'aliéner ne sont pas modifiés ;

– la délégation du droit de préemption consentie par l'assemblée au bureau au titre des périmètres sensibles vaut délégation au titre des espaces naturels sensibles des départements.

Les mesures de protection prises en application de l'article L. 142-3 dans sa rédaction antérieure continuent de produire leurs effets dans les conditions prévues à l'article L. 142-11 dans sa rédaction issue de la loi susvisée.

Les actes et conventions intervenus dans les conditions prévues par la législation antérieure à la loi susvisée demeurent valables sans qu'il y ait lieu de les renouveler.

C. urb., art. L. 142-13 *(L. n° 85-729, 18 juill. 1985).* — **Un décret en Conseil d'État détermine, en tant que de besoin, les conditions d'application du présent chapitre.**

Voir aussi : C. urb., art. R. 142-1 à R. 142-18, p. 555.

Chapitre III

Protection et mise en valeur des espaces agricoles et naturels périurbains

(Chapitre abrogé, L. n° 2000-1208, 13 déc. 2000, art. 202, XXXIX ; rétabli, L. n° 2005-157, 23 févr. 2005, art. 73)

C. urb., art. L. 143-1 *(L. n° 76-1285, 31 déc. 1976 ; L. n° 83-8, 7 janv. 1983 ; L. n° 85-729, 18 juill. 1985 ; abrogé, L. n° 2000-1208, 13 déc. 2000, art. 202, XXXIX ; rétabli dans la version suivante, L. n° 2005-157, 23 févr. 2005, art. 73).* **— Pour mettre en œuvre une politique de protection et de mise en valeur des espaces agricoles et naturels périurbains, le département peut délimiter des périmètres d'intervention avec l'accord de la ou des communes concernées ou des établissements publics compétents en matière de plan local d'urbanisme, après avis de la chambre départementale d'agriculture et enquête publique. Les périmètres approuvés sont tenus à la disposition du public.**

Ces périmètres doivent être compatibles avec le schéma de cohérence territoriale, s'il en existe un. Ils ne peuvent inclure des terrains situés dans une zone urbaine ou à urbaniser délimitée par un plan local d'urbanisme, dans un secteur constructible délimité par une carte communale ou dans un périmètre ou un périmètre provisoire de zone d'aménagement différé.

C. urb., art. L. 143-2 *(Abr., L. n° 83-8, 7 janv. 1983 ; rétabli dans la version suivante, L. n° 2005-157, 23 févr. 2005, art. 73).* **— Le département élabore, en accord avec la ou les communes ou établissements publics de coopération intercommunale compétents, un programme d'action qui précise les aménagements et les orientations de gestion destinés à favoriser l'exploitation agricole, la gestion forestière, la préservation et la valorisation des espaces naturels et des paysages au sein du périmètre délimité en application de l'article L. 143-1. Lorsque ce périmètre inclut une partie du territoire d'un parc naturel régional, le programme d'action doit être compatible avec la charte du parc.**

C. urb., art. L. 143-3 *(Créé, L. n° 2005-157, 23 févr. 2005, art. 73).* **— À l'intérieur d'un périmètre délimité en application de l'article L. 143-1, les terrains peuvent être acquis par le département ou avec son accord et après information des communes et des établissements publics de coopération intercommunale concernés en vue de la protection et de la mise en valeur des espaces agricoles et naturels périurbains. Ces acquisitions se font dans les conditions suivantes :**

1° Dans l'ensemble du périmètre, par le département ou, avec l'accord de celui-ci, par une autre collectivité territoriale ou un établissement public de coopération intercommunale, à l'amiable ou par expropriation ou, dans les zones de préemption des espaces naturels sensibles délimitées en application de l'article L. 142-3, par exercice de ce droit de préemption. Dans la région Île-de-France, l'Agence des espaces verts prévue à l'article L. 4413-2 du Code général des collectivités territoriales peut, avec l'accord du département, acquérir à l'amiable des terrains situés dans le périmètre ;

2° En dehors de zones de préemption des espaces naturels sensibles, par la société d'aménagement foncier et d'établissement rural exerçant à la demande et au nom du département le droit de préemption prévu par le 9° de l'article L. 143-2 du Code rural ;

3° Par un établissement public mentionné au troisième ou au quatrième alinéa de l'article L. 321-1 du présent code ou un établissement public foncier local mentionné à l'article L. 324-1 agissant à la demande et au nom du département ou, avec son accord, d'une autre collectivité territoriale ou d'un établissement public de coopération intercommunale.

En l'absence de société d'aménagement foncier et d'établissement rural compétente, s'il n'a pas donné mandat à un établissement public mentionné à l'alinéa précédent, le département exerce lui-même ce droit de préemption prévu par le 9° de l'article L. 143-2 du Code rural dans les conditions prévues par le chapitre III du titre IV du livre Ier du même code.

Ces biens sont intégrés dans le domaine privé de la collectivité territoriale ou de l'établissement public qui les a acquis. Ils doivent être utilisés en vue de la réalisation des objectifs définis par le programme d'action. Ils peuvent être cédés de gré à gré, loués conformément aux dispositions du titre Ier du livre IV du Code rural ou concédés temporairement à des personnes publiques ou privées à la condition que ces personnes les utilisent aux fins prescrites par le cahier des charges annexé à l'acte de vente, de location ou de concession temporaire.

Lorsque le département décide de ne pas faire usage du droit de préemption prévu par le 9° de l'article L. 143-2 du Code rural, la société d'aménagement foncier et d'établissement rural peut néanmoins exercer le droit de préemption déjà prévu par les 1° à 8° de cet article.

C. urb., art. L. 143-4 *(Créé, L. n° 2005-157, 23 févr. 2005, art. 73).* — **Les terrains compris dans un périmètre délimité en application de l'article L. 143-1 ne peuvent être inclus ni dans une zone urbaine ou à urbaniser délimitée par un plan local d'urbanisme, ni dans un secteur constructible délimité par une carte communale.**

C. urb., art. L. 143-5 *(Créé, L. n° 2005-157, 23 févr. 2005, art. 73).* — **Des modifications peuvent être apportées par le département au périmètre de protection et de mise en valeur des espaces agricoles et naturels périurbains ou au programme d'action avec l'accord des seules communes intéressées par la modification et après avis de la chambre départementale d'agriculture.**

Toutefois, toute modification du périmètre ayant pour effet d'en retirer un ou plusieurs terrains ne peut intervenir que par décret.

C. urb., art. L. 143-6 *(Créé, L. n° 2005-157, 23 févr. 2005, art. 73).* — **Un décret en Conseil d'État détermine les conditions d'application du présent chapitre. Il approuve les clauses types des cahiers des charges prévus par l'article L. 143-3, qui précisent notamment les conditions selon lesquelles cessions, locations ou concessions temporaires sont consenties et résolues en cas d'inexécution des obligations du cocontractant.**

Chapitre IV

Dispositions particulières à la collectivité territoriale de Corse

Historique. Le schéma d'aménagement de la Corse a été prévu par la loi portant statut particulier 0312
de cette région ; le Code de l'urbanisme se bornant à reproduire ces textes (L. 30 juill. 1982, puis loi du 13 mai 1991). Par ses objectifs et son contenu, le schéma d'aménagement de la Corse était peu différent d'un schéma directeur (comparer l'art. L. 144-1 à l'art. L. 122-1) mais, à la différence des schémas directeurs et comme le SDAURIF (art. L. 141-1), il avait valeur de prescription d'aménagement et d'urbanisme au sens de l'article L. 111-1-1, son étendue était régionale (et non intercommunale) et il était en conséquence élaboré soit par la région de Corse elle-même, soit par un établissement public régional (art. L. 144-3). La loi du 18 juillet 1985 avait ajouté que le schéma d'aménagement de la Corse vaut schéma de mise en valeur de la mer. L'article L. 144-2 énumérait de manière détaillée les règles qui s'imposaient à lui ; outre les prescriptions d'aménagement prévues à l'article L. 111-1-1 et les dispositions nécessaires à la mise en œuvre d'opérations d'intérêt national, le schéma d'aménagement de la Corse devait respecter les servitudes d'utilité publique et notamment celles prévues en matière de protection des sites et des monuments historiques. La révision pouvait être ordonnée par le représentant de l'État, en vue de respecter les règles supérieures ; en cas d'urgence, il y était procédé sans délai (C. urb., art. L. 144-4, *in fine*), cette règle n'ayant aucun équivalent en matière de schéma directeur ou de POS. La loi du 13 juillet 1991 avait maintenu, pour l'essentiel, le régime prévu par la loi du 13 mai 1991, tant pour l'objet du schéma directeur de la Corse (art. L. 144-1), sa procédure d'élaboration (art. L. 144-3), sa modification (art. L. 144-4), sa portée de l'article L. 111-1-1 (art. L. 144-5). Outre la référence à la collectivité

territoriale de la Corse (et non plus à la région de Corse) elle explicitait davantage la procédure d'élaboration du schéma et sa portée, et se référait à d'éventuelles adaptations législatives ou réglementaires (art. L. 144-4). La principale innovation était le nouvel article L. 144-6 qui instituait un « conseil des sites de la Corse », aux attributions nombreuses et importantes.

0313 **Schéma d'aménagement.** Le schéma d'aménagement de la Corse avait été approuvé par décret du 7 février 1992 (CE, 14 janv. 1994, *Collectivité territoriale de la Corse : Rec. CE*, p. 16 ; *DA* 1994, p. 171) et avait valeur de schéma de mise en valeur de la mer en vertu de l'article L. 144-2 ancien (CE, 29 juin 2001, req., n° 208015, *SCI Vetricella*).

0314 **Nouveau dispositif issu de la loi du 22 janvier 2002.** La loi n° 2002-92 du 22 janvier 2002 relative à la Corse (*JO* 23 janv., p. 1503) abroge les articles L. 144-1 et suivants et transforme le dispositif d'urbanisme applicable à la Corse. Elle substitue au schéma d'aménagement de la Corse un plan d'aménagement et de développement durable dont le régime est fixé par les articles L. 4424-9 et suivants du Code général des collectivités territoriales. Toutefois, l'article 13 de la loi précise que le schéma actuel et le plan d'aménagement qui l'accompagne restent en vigueur jusqu'à l'approbation du nouveau document qui vaudra, entre autres, directive territoriale d'aménagement et sera soumis à enquête publique.

L'ordonnance du 3 juin 2004 portant transposition de la directive du 27 juin 2001 relative à l'évaluation des incidences de certains plans et programmes sur l'environnement, adapte les articles L. 4424-13 et L. 4433-7 à ces nouvelles exigences pour l'actuel schéma d'aménagement de la Corse et le futur plan d'aménagement et de développement durable.

Voir aussi : Sur cette évaluation, C. urb., art. L. 121-10 à L. 121-15, p. 42.

Bibliographie : O. LE BOT, *Le plan d'aménagement et de développement durable de la Corse : BJDU* n° 4/2003, p. 234.

C. urb, art. L. 144-1 ***(L. n° 83-8, 7 janv. 1983 ; L. n° 91-428, 13 mai 1991 ; ab., L. n° 2002-92, 22 janv. 2002, art. 13-I).***

C. urb., art. L. 144-2 ***(L. n° 83-8, 7 janv. 1983 ; L. n° 85-97, 25 janv. 1985 ; L. n° 91-428, 13 mai 1991 ; L. n° 95-115, 4 févr. 1995, art. 5-A-XII ; ab., L. n° 2002-92, 22 janv. 2002, art. 13-I).***

C. urb., art. L. 144-3 ***(L. n° 83-8, 7 janv. 1983 ; L. n° 85-97, 25 janv. 1985 ; L. n° 86-1290, 23 déc. 1986 ; L. n° 91-428, 13 mai 1991 ; ab., L. n° 2002-92, 22 janv. 2002, art. 13-I).***

C. urb., art. L. 144-4 ***(L. n° 83-8, 7 janv. 1983 ; L. n° 91-428, 13 mai 1991 ; ab., L. n° 2002-92, 22 janv. 2002, art. 13-I).***

C. urb., art. L. 144-5 ***(L. n° 91-428, 13 mai 1991 ; mod., L. n° 95-115, 4 févr. 1995, art. 5-A-XIII ; L. n° 2000-1208, 13 déc. 2000, art. 202 ; ab., L. n° 2002-92, 22 janv. 2002, art. 13-I).***

C. urb., art. L. 144-6 ***(L. n° 91-428, 13 mai 1991 ; mod., L. n° 97-179, 28 févr. 1997, art. 5-III ; ab., L. n° 2002-92, 22 janv. 2002, art. 13-I).***

C. urb., art. L. 144-1 ancien ***(L. n° 83-8, 7 janv. 1983 ; L. n° 91-428, 13 mai 1991).*** **— Dans le cadre des orientations définies par le plan de développement, la collectivité territoriale de Corse établit un schéma d'aménagement qui définit les orientations fondamentales en matière d'aménagement de l'espace, de protection et de mise en valeur de son territoire.**

Le schéma détermine, en outre, l'implantation des grands équipements d'infrastructure et les principes de localisation des activités industrielles, artisanales, agricoles et touristiques ainsi que des extensions urbaines.

Ce schéma est établi par la collectivité territoriale de Corse dans les conditions définies ci-après.

La collectivité territoriale de Corse bénéficie, pour l'établissement de ce schéma, dans les conditions fixées par décret en Conseil d'État, du concours particulier créé au sein de la dota-

tion générale de décentralisation en application du septième alinéa de l'article 95 de la loi n° 83-8 du 7 janvier 1983 relative à la répartition de compétences entre les communes, les départements, les régions et l'État.

C. urb., art. L. 144-2 ancien *(L. n° 83-8, 7 janv. 1983 ; L. n° 85-97, 25 janv. 1985 ; L. n° 91-428, 13 mai 1991 ; L. n° 95-115, 4 févr. 1995).* **— Le schéma d'aménagement de la Corse doit respecter :**

1° Les règles générales d'aménagement et d'urbanisme à caractère obligatoire prévues au livre I, ainsi que les prescriptions prévues aux articles L. 111-1 à L. 112-3 du Code rural ;

2° Les servitudes d'utilité publique affectant l'utilisation du sol et les dispositions nécessaires à la mise en œuvre d'opérations d'intérêt national ;

3° La législation en matière de protection des sites et des paysages ainsi qu'en matière de protection des monuments classés ou inscrits.

Le schéma d'aménagement de la Corse prend en compte les programmes de l'État et harmonise ceux des collectivités locales et de leurs établissements et services publics.

Le schéma d'aménagement de la Corse vaut schéma de mise en valeur de la mer, tel qu'il est défini par l'article 57 de la loi n° 83-8 du 7 janvier 1983 précitée, notamment en ce qui concerne les orientations fondamentales de la protection, de l'aménagement et de l'exploitation du littoral. Les dispositions correspondantes sont regroupées dans un chapitre individualisé au sein du schéma d'aménagement. Ces dispositions doivent avoir recueilli l'accord du représentant de l'État préalablement à la mise à disposition du public de l'ensemble du projet de schéma d'aménagement.

C. urb., art. L. 144-3 ancien *(L. n° 83-8, 7 janv. 1983 ; L. n° 85-97, 25 janv. 1985 ; L. n° 86-1290, 23 déc. 1986 ; L. n° 91-428, 13 mai 1991).* **— Le schéma d'aménagement de la Corse est élaboré par le conseil exécutif et adopté par l'Assemblée de Corse.**

Des représentants des départements et des communes et le représentant de l'État dans la collectivité territoriale de Corse sont associés à son élaboration. Les chambres d'agriculture, les chambres de commerce et d'industrie et les chambres de métiers sont également associées à son élaboration. Elles assurent les liaisons avec les organisations professionnelles intéressées.

Le schéma d'aménagement est soumis pour avis au conseil des sites de la Corse prévu à l'article L. 144-6.

Avant son adoption par l'Assemblée, le projet de schéma d'aménagement de la Corse, assorti de l'avis du conseil économique, social et culturel de Corse, est mis à la disposition du public pendant deux mois.

Le schéma d'aménagement de la Corse est approuvé par décret en Conseil d'État.

C. urb., art. L. 144-4 ancien *(L. n° 83-8, 7 janv. 1983 ; L. n° 91-428, 13 mai 1991).* **— - La collectivité territoriale de Corse procède aux modifications du schéma d'aménagement de la Corse demandées par le représentant de l'État pour assurer sa conformité aux règles prévues à l'article L. 144-2. Toutefois, des adaptations législatives ou réglementaires pour la collectivité territoriale de Corse pourront être apportées au Code de l'urbanisme dans le cadre de la procédure prévue à l'article 26 de la loi n° 91-428 du 13 mai 1991 portant statut de la collectivité territoriale de Corse. Si la procédure de révision n'a pas abouti dans un délai de six mois à compter de la demande adressée au président du conseil exécutif, il y est procédé par décret en Conseil d'État.**

En cas d'urgence, constatée par décret en Conseil des ministres, il y est procédé sans délai.

C. urb., art. L. 144-5 ancien *(L. n° 91-428, 13 mai 1991 ; L. n° 95-115, 4 févr. 1995).* **— Le schéma d'aménagement de la Corse a les mêmes effets que les directives territoriales d'aménagement définies en application de l'article L. 111-1-1.**

Les schémas de cohérence territoriale, les plans locaux d'urbanisme, les plans de sauvegarde et de mise en valeur et les cartes communales doivent être mis en compatibilité avec lui.

C. urb., art. L. 144-6 ancien *(L. n° 91-428, 13 mai 1991).* **— Il est créé un conseil des sites de la Corse, qui se substitue au collège régional du patrimoine et des sites prévu à l'article 69 de la loi n° 83-8 du 7 janvier 1983 précitée, à la commission spécialisée des unités touristiques nouvelles prévue par l'article 7 de la loi n° 85-30 du 9 janvier 1985 relative au développement et à la protection de la montagne et à la commission départementale des sites prévue par les articles L. 146-4, L. 146-6 et L. 146-7.**

Le conseil des sites de Corse exerce les attributions des organismes susmentionnés.

La composition du conseil des sites de Corse, qui comporte des représentants de la collectivité territoriale de Corse et des départements de Corse, est fixée par décret après avis de l'Assemblée de Corse et des conseils généraux des départements de Corse.

CGCT, art. L. 4424-9 *(Rétabli, L. n° 2002-92, 22 janv. 2002, art. 3, II, D, 2 et 12).* — La collectivité territoriale de Corse élabore le plan d'aménagement et de développement durable de Corse.

Le plan fixe les objectifs du développement économique, social, culturel et touristique de l'île ainsi que ceux de la préservation de son environnement.

Il définit les orientations fondamentales en matière d'aménagement de l'espace, de transports selon une approche multimodale, de télécommunications, de valorisation des ressources énergétiques, de protection et de mise en valeur du territoire de l'île. Ces orientations respectent les objectifs et les principes énoncés aux articles L. 110 et L. 121-1 du Code de l'urbanisme.

Il détermine les principes de localisation des grandes infrastructures de transport et des grands équipements, des espaces naturels, des sites et des paysages à préserver, des extensions urbaines, des activités industrielles, artisanales, commerciales, agricoles, forestières, touristiques, culturelles et sportives.

CGCT, art. L. 4424-11 *(Rétabli, L. n° 2002-92, 22 janv. 2002, art. 3, II, D, 2 et 12).* — Le plan d'aménagement et de développement durable a les mêmes effets que les directives territoriales d'aménagement définies à l'article L. 111-1-1 du Code de l'urbanisme. Il peut préciser les modalités d'application, adaptées aux particularités géographiques locales, des articles L. 145-1 à L. 146-9 du même code relatifs aux dispositions particulières aux zones de montagne et au littoral.

Les schémas de cohérence territoriale, les schémas de secteur, les plans locaux d'urbanisme et les cartes communales doivent être compatibles avec le plan.

Les dispositions du plan qui précisent les modalités d'application des articles L. 145-1 à L. 146-9 du Code de l'urbanisme sont applicables aux personnes et opérations mentionnées à ces articles.

CGCT, art. L. 4424-12 *(Rétabli, L. n° 2002-92, 22 janv. 2002, art. 3, II, D, 2 et 12).* — Le plan d'aménagement et de développement durable vaut, pour les secteurs qu'il détermine, schéma de mise en valeur de la mer au sens de l'article 57 de la loi n° 83-8 du 7 janvier 1983 relative à la répartition de compétences entre les communes, les départements, les régions et l'État. Les dispositions correspondantes sont regroupées dans un chapitre individualisé au sein du plan.

Il vaut schéma régional d'aménagement et de développement du territoire au sens de l'article 34 de la même loi.

Les dispositions du plan relatives aux services collectifs de transport valent schéma régional de transport au sens de l'article 14-1 de la loi n° 82-1153 du 30 décembre 1982 d'orientation des transports intérieurs et s'imposent aux plans départementaux des transports.

CGCT, art. L. 4424-13 *(Rétabli, L. n° 2002-92, 22 janv. 2002, art. 3, II, D, 2 et 12).* — Le plan d'aménagement et de développement durable est élaboré par le conseil exécutif.

Le représentant de l'État dans la collectivité territoriale de Corse, les départements, les communes ou leurs groupements compétents en matière d'urbanisme, les chambres d'agriculture, les chambres de commerce et d'industrie et les chambres de métiers sont associés à l'élaboration du projet de plan selon des modalités définies par délibération de l'Assemblée de Corse. Des organisations professionnelles peuvent également être associées, dans les mêmes conditions, à son élaboration.

Le représentant de l'État porte à la connaissance du conseil exécutif les projets d'intérêt général et les opérations d'intérêt national répondant aux conditions fixées en application de l'article L. 121-9 du Code de l'urbanisme. Le plan prend en compte ces projets et ces opérations et comporte, le cas échéant, les dispositions nécessaires à leur réalisation.

(Al. créé, Ord. n° 2004-489, 3 juin 2004, art. 4, 2°) Le plan d'aménagement et de développement durable fait l'objet d'une évaluation environnementale dans les conditions définies par les articles L. 121-10 à L. 121-15 du Code de l'urbanisme.

Le projet de plan arrêté par le conseil exécutif est soumis pour avis au conseil économique, social et culturel de Corse ainsi qu'au conseil des sites de Corse, puis adopté par l'Assemblée de Corse. Les dispositions du projet de plan prises en application de l'article L. 4424-10 font l'objet de délibérations particulières et motivées de l'Assemblée de Corse. Le projet ainsi adopté, assorti des avis du conseil des sites de corse, est soumis à enquête publique dans les conditions prévues par les articles L. 123-1 à L. 123-16 du Code de l'environnement.

Au vu des résultats de l'enquête publique, le plan d'aménagement et de développement durable est approuvé par l'Assemblée de Corse selon les mêmes modalités que pour son adoption.

Le plan d'aménagement et de développement durable est révisé selon les modalités prévues au présent article.

***(Al. créé, Ord. n° 2004-489, 3 juin 2004, art. 4, 1°)* Au plus tard à l'expiration d'un délai de dix ans à compter de la délibération approuvant le plan d'aménagement et de développement durable, l'Assemblée de Corse procède à une analyse des résultats de son application, notamment du point de vue de l'environnement.**

CGCT, art. L. 4424-15. — Le représentant de l'État dans la collectivité territoriale de Corse peut demander à la collectivité territoriale de Corse la modification du plan d'aménagement et de développement durable afin de permettre la réalisation d'un projet d'intérêt général ou d'une opération d'intérêt national répondant aux conditions fixées en application de l'article L. 121-9 du Code de l'urbanisme.

Si, dans un délai de six mois à compter de cette demande adressée au président du conseil exécutif, la procédure de modification n'a pas abouti, il y est procédé par décret en Conseil d'État. En cas d'urgence, il peut être procédé à la modification sans délai par décret en Conseil des ministres.

Loi littoral. L'article L. 4424-10 (non reproduit) traite des spécificités liées à l'application des dispositions de la loi littoral. 0315

Voir aussi : Annotations sous C. urb., art. L. 146-4 et L. 146-6, p. 123.

Contrat de plan. L'article L. 4424-14 précise que le contrat de plan État-Collectivité territoriale de Corse ne pourra être conclu qu'après l'approbation du nouveau plan d'aménagement et de développement durable. 0316

Chapitre V

Dispositions particulières aux zones de montagne

Articles L. 145-1 à L. 145-13. La loi n° 85-30 du 9 janvier 1985 relative au développement et à la protection de la montagne a modifié de nombreux textes préexistants, tels que le Code des communes, le Code rural et le Code de l'urbanisme. 0317

Origine. En matière d'urbanisme, elle était préfigurée par la directive nationale d'aménagement, approuvée par décret du 22 novembre 1977, qui comportait sur bien des points des dispositions semblables. 0318

Voir aussi : Annotations sous C. urb., art. R. 111-15, p. 498.

Présentation. Par-delà le présent chapitre qui avait, jusqu'à la loi SRU du 13 décembre 2000, la valeur de loi d'aménagement et d'urbanisme au sens de l'article L. 111-1-1, de nombreux autres articles du Code de l'urbanisme sont modifiés ou ajoutés par cette loi (notamment, art. L. 122-1-2, L. 123-3 et L. 445-1 à L. 445-4). Des dispositions qui auraient leur place dans le Code de l'urbanisme sont inscrites dans d'autres textes codifiés (C. rur., art. 1er *bis* relatif à la constitution de plein droit de la commission communale d'aménagement foncier en cas de prescription d'un POS en zone de montagne, si certaines personnes le demandent ; articles 19-1 et suivants du Code rural, relatifs au remembrement-aménagement) ou non (L. 9 janv. 1985, art. 74, non codifié, mais modifiant néanmoins l'art. L. 122-1-3). 0319

Bibliographie : Sur l'analyse de la loi du 9 janvier 1985, deux numéros de la *RFDA* (1985, n° 4 et n° 6) et Colloque de Toulouse (*Droit et Ville* 1987, n° 24). – Colloque de Pau (sept. 1995) : *Petites affiches*, 21 févr. 1996. – CHARLES, *Urbanisme et Montagne : AJDA*, n° spécial, mai 1993, p. 125. – Colloque *Montagne et droit : Dix années d'application : Petites affiches* 21 févr. 1996. – CALDERARO, *Loi littoral et loi montagne, 12 ans de jurisprudence commentée*, EFE 1998. – Colloque *L'avenir de la loi montagne*, Presses de l'université de Perpignan 1999.

Loi SRU. Surtout, la loi SRU ajoute des dispositions importantes tenant aux prescriptions particulières relatives aux massifs, à l'instauration désormais possible de zones d'urbanisation future limitées et à l'aménagement des zones de lacs de montagne. La loi du 13 décembre 2000 maintient toutefois intégralement l'opposabilité des dispositions codifiées de la loi « Montagne » aux documents d'urbanisme ainsi qu'aux décisions individuelles. 0320

Bibliographie : BENOÎT-CATTIN, *Constr.-urb.* sept. 2003, obs. p. 17.

C. urb., art. L. 145-1 ***(L. n° 85-30, 9 janv. 1985).*** **— Les dispositions du présent chapitre sont applicables dans les zones de montagne définies aux articles 3 et 4 de la loi n° 85-30 du 9 janvier 1985.**

(Alinéa créé, L. n° 2005-157, 23 févr. 2005, art. 187) **Toutefois, autour des lacs de montagne d'une superficie supérieure à 1 000 hectares, un décret en Conseil d'État délimite, après avis ou sur proposition des communes riveraines, en tenant notamment compte du relief, un secteur dans lequel les dispositions particulières au littoral figurant au chapitre VI du présent titre s'appliquent seules. Ce secteur ne peut pas réduire la bande littorale de 100 mètres définie au III de l'article L. 146-4. Dans les autres secteurs des communes riveraines du lac et situées dans les zones de montagne mentionnées au premier alinéa, les dispositions particulières à la montagne figurant au présent chapitre s'appliquent seules.**

0321 **Définition des zones.** Chaque zone de montagne est délimitée par un arrêté interministériel.

Voir aussi : La directive du 20 septembre 1985 ; arrêté interministériel du 6 septembre 1985, modifié par arrêtés des 13 mars 1986, 28 juin 1986, 3 septembre 1986, 19 octobre 1986, 19 janvier 1990 et 28 février 1990.

C. urb., art. L. 145-2 ***(L. n° 85-30, 9 janv. 1985).*** **— Les conditions d'utilisation et de protection de l'espace montagnard sont fixées par le présent chapitre** ***(Mots suppr., L. n° 2000-1208, 13 déc. 2000, art. 202-XVIII)*** **« ... ».**

(Mots rempl., L. n° 95-115, 4 févr. 1995, art. 5-A-XIV) **Les directives territoriales d'aménagement précisant les modalités d'application des dispositions du présent chapitre ou, en leur absence, lesdites dispositions » sont applicables à toute personne publique ou privée pour l'exécution de tous travaux, constructions, défrichements, plantations, installations et travaux divers, pour l'ouverture des carrières, la recherche et l'exploitation des minerais, la création de lotissements et l'ouverture de terrains de camping ou de stationnement de caravanes, la réalisation de remontées mécaniques et l'aménagement de pistes, l'établissement de clôtures et les installations classées pour la protection de l'environnement.**

0322 **Opposabilité.** Alors que les lois d'aménagement et d'urbanisme avaient pour mission première de régir les documents d'urbanisme (art. L. 111-1-1 et L. 121-10), le présent article institue un « effet direct » de la loi montagne sur les autorisations individuelles (sol impl. CAA Bordeaux, 17 janv. 2002, req. n° 99BX00487, *Isabal : Constr.-urb.* juill.-août 2002, n° 177). Le rapport du Conseil d'État de 1992 « L'urbanisme : pour un droit plus efficace », proposait de supprimer cette « double détente » de la loi Montagne, mais cette suggestion n'a pas été suivie.

0323 **Principe de continuité.** En vertu de l'article L. 145-2, les conditions d'utilisations et de protection de l'espace montagnard au nombre desquelles figurent le principe de continuité énoncé par les dispositions du III de l'article L. 145-3 sont applicables à toute personne publique ou privée pour l'exécution de tous travaux et de toutes constructions (CAA Marseille, 9 oct. 2003, req. n° 99MA00067, *SARL Ceretana*).

Voir aussi : Comparer avec la rédaction de C. urb., art. L. 146-1, p. 120.

Section I Principes d'aménagement et de protection en zone de montagne

0324 **Zone de montagne.** L'article L. 145-3 est inapplicable aux zones de montagne qui sont simultanément en zones littorales au sens de l'article L. 146-1 (C. urb., art. L. 146-9, II).

C. urb., art. L. 145-3 ***(L. n° 85-30, 9 janv. 1985 ; L. n° 94-112, 9 févr. 1994).*** **— I. – Les terres nécessaires au maintien et au développement des activités agricoles, pastorales et forestières sont préservées. La nécessité de préserver ces terres s'apprécie au regard de leur rôle et de leur place dans les systèmes d'exploitation locaux. Sont également**

pris en compte leur situation par rapport au siège de l'exploitation, leur relief, leur pente et leur exposition. Les constructions nécessaires à ces activités ainsi que les équipements sportifs liés notamment à la pratique du ski et de la randonnée peuvent y être autorisés. Peuvent être également autorisées, par arrêté préfectoral, après avis de la commission départementale des sites, dans un objectif de protection et de mise en valeur du patrimoine montagnard, la restauration ou la reconstruction d'anciens chalets d'alpage *(Mots aj., L. n° 2003-590, 2 juill. 2003, art. 31, 1°)* « ou de bâtiments d'estive », ainsi que les extensions limitées de chalets d'alpage *(Mots aj., L. n° 2003-590, 2 juill. 2003, art. 31, 2°)* « ou de bâtiments d'estive » existants lorsque la destination est liée à une activité professionnelle saisonnière.

(Rédaction future) I. – Les terres nécessaires au maintien et au développement des activités agricoles, pastorales et forestières sont préservées. La nécessité de préserver ces terres s'apprécie au regard de leur rôle et de leur place dans les systèmes d'exploitation locaux. Sont également pris en compte leur situation par rapport au siège de l'exploitation, leur relief, leur pente et leur exposition. Les constructions nécessaires à ces activités ainsi que les équipements sportifs liés notamment à la pratique du ski et de la randonnée peuvent y être autorisés. Peuvent être également autorisées, par arrêté préfectoral, après avis de la (Mots remplacés à compter de la publication du décret mentionné à l'article 35 de l'ordonnance n° 2004-637 du 1er juillet 2004 et au plus tard, le 1er juillet 2005, Ord. n° 2004-637, 1er juill. 2004, art. 28, II, 2° et 41) « commission départementale compétente en matière de nature, de paysages et de sites », dans un objectif de protection et de mise en valeur du patrimoine montagnard, la restauration ou la reconstruction d'anciens chalets d'alpage (Mots aj., L. n° 2003-590, 2 juill. 2003, art. 31, 1°) « ou de bâtiments d'estive », ainsi que les extensions limitées de chalets d'alpage (Mots aj., L. n° 2003-590, 2 juill. 2003, art. 31, 2°) « ou de bâtiments d'estive » existants lorsque la destination est liée à une activité professionnelle saisonnière.

(Al. créé, L. n° 2003-590, 2 juill. et 2003, art. 31, 2°) Lorsque des chalets d'alpage ou des bâtiments d'estive, existants ou anciens, ne sont pas desservis par les voies et réseaux, ou lorsqu'ils sont desservis par des voies qui ne sont pas utilisables en période hivernale, l'autorité compétente peut subordonner la réalisation des travaux faisant l'objet d'un permis de construire ou d'une déclaration de travaux à l'institution d'une servitude administrative, publiée au bureau des hypothèques, interdisant l'utilisation du bâtiment en période hivernale ou limitant son usage pour tenir compte de l'absence de réseaux. _(Phrase créée, L. n° 2005-157, 23 févr. 2005, art. 189)_ « Cette servitude précise que la commune est libérée de l'obligation d'assurer la desserte du bâtiment par les réseaux et équipements publics. » Lorsque le terrain n'est pas desservi par une voie carrossable, la servitude rappelle l'interdiction de circulation des véhicules à moteur édictée par l'article L. 362-1 du Code de l'environnement.

II. – Les documents et décisions relatifs à l'occupation des sols comportent les dispositions propres à préserver les espaces, paysages et milieux caractéristiques du patrimoine naturel et culturel montagnard.

III _(Mod., L. n° 95-115, 4 févr. 1995, art. 5-A-XV). – (Mots rempl., L. n° 2000-1208, 13 déc. 2000, art. 16 et 32 ; rempl. 7 al. par 7 al., L. n° 2003-590, 2 juill. 2003, art. 33)_ Sous réserve de l'adaptation, du changement de destination, de la réfection ou de l'extension limitée des constructions existantes et de la réalisation d'installations ou d'équipements publics incompatibles avec le voisinage des zones habitées, l'urbanisation doit se réaliser en continuité avec les bourgs, villages, hameaux, groupes de constructions traditionnelles ou d'habitations existants.

Lorsque la commune est dotée d'un plan local d'urbanisme ou d'une carte communale, ce document peut délimiter les hameaux et groupes de constructions traditionnelles ou d'habitations existants en continuité desquels il prévoit une extension de l'urbanisation, en prenant en compte les caractéristiques traditionnelles de l'habitat, les constructions implantées et l'existence de voies et réseaux.

Lorsque la commune n'est pas dotée d'un plan local d'urbanisme ou d'une carte communale, les notions de hameaux et de groupes de constructions traditionnelles ou d'habitations existants doivent être interprétées en prenant en compte les critères mentionnés à l'alinéa précédent.

Les dispositions du premier alinéa ne s'appliquent pas dans les cas suivants :

a) **Lorsque le schéma de cohérence territoriale ou le plan local d'urbanisme comporte une étude justifiant, en fonction des spécificités locales, qu'une urbanisation qui n'est pas située en continuité de l'urbanisation existante est compatible avec le respect des objectifs de protection des terres agricoles, pastorales et forestières et avec la préservation des paysages et milieux caractéristiques du patrimoine naturel prévus aux I et II ainsi qu'avec la protection contre les risques naturels ; l'étude est soumise, avant l'arrêt du projet de schéma ou de plan, à la commission départementale des sites dont l'avis est joint au dossier de l'enquête publique ; le plan local d'urbanisme ou la carte communale délimite alors les zones à urbaniser dans le respect des conclusions de cette étude ;**

a) (Rédaction future) (a issu, L. n° 2003-590, 2 juill. 2003, art. 33) Lorsque le schéma de cohérence territoriale ou le plan local d'urbanisme comporte une étude justifiant, en fonction des spécificités locales, qu'une urbanisation qui n'est pas située en continuité de l'urbanisation existante est compatible avec le respect des objectifs de protection des terres agricoles, pastorales et forestières et avec la préservation des paysages et milieux caractéristiques du patrimoine naturel prévus aux I et II ainsi qu'avec la protection contre les risques naturels ; l'étude est soumise, avant l'arrêt du projet de schéma ou de plan, à la (Mots remplacés à compter de la publication du décret mentionné à l'article 35 de l'ordonnance n° 2004-637 du 1er juillet 2004 et au plus tard, le 1er juillet 2005, Ord. n° 2004-637, 1er juill. 2004, art. 28, II, 2° et 41) « commission départementale compétente en matière de nature, de paysages et de sites » dont l'avis est joint au dossier de l'enquête publique ; le plan local d'urbanisme ou la carte communale délimite alors les zones à urbaniser dans le respect des conclusions de cette étude ;

b) **En l'absence d'une telle étude, le plan local d'urbanisme ou la carte communale peut délimiter des hameaux et des groupes d'habitations nouveaux intégrés à l'environnement ou, à titre exceptionnel et après accord de la chambre d'agriculture et de la commission des sites, des zones d'urbanisation future de taille et de capacité d'accueil limitées, si le respect des dispositions prévues aux I et II ou la protection contre les risques naturels imposent une urbanisation qui n'est pas située en continuité de l'urbanisation existante ;**

b) (Rédaction future) (b issu, L. n° 2003-590, 2 juill. 2003, art. 33) En l'absence d'une telle étude, le plan local d'urbanisme ou la carte communale peut délimiter des hameaux et des groupes d'habitations nouveaux intégrés à l'environnement ou, à titre exceptionnel et après accord de la chambre d'agriculture et de la (Mots remplacés à compter de la publication du décret mentionné à l'article 35 de l'ordonnance n° 2004-637 du 1er juillet 2004 et au plus tard, le 1er juillet 2005, Ord. n° 2004-637, 1er juill. 2004, art. 28, II, 3° et 41) « commission départementale compétente en matière de nature, de paysages et de sites », des zones d'urbanisation future de taille et de capacité d'accueil limitées, si le respect des dispositions prévues aux I et II ou la protection contre les risques naturels imposent une urbanisation qui n'est pas située en continuité de l'urbanisation existante ;

c) **Dans les communes ou parties de commune qui ne sont pas couvertes par un plan local d'urbanisme ou une carte communale, des constructions qui ne sont pas situées en continuité avec les bourgs, villages, hameaux, groupes de constructions traditionnelles ou d'habitations existants peuvent être autorisées, dans les conditions définies au 4° de l'article L. 111-1-2, si la commune ne subit pas de pression foncière due au développement démographique ou à la construction de résidences secondaires et si la dérogation envisagée est compatible avec les objectifs de protection des terres agricoles, pastorales et forestières et avec la préservation des paysages et milieux caractéristiques du patrimoine naturel prévus aux I et II.**

La capacité d'accueil des espaces destinés à l'urbanisation doit être compatible avec la préservation des espaces naturels et agricoles mentionnés aux I et II du présent article.

IV. – Le développement touristique et, en particulier, la création d'une unité touristique nouvelle doivent prendre en compte les communautés d'intérêt des collectivités locales concernées et contribuer à l'équilibre des activités économiques et de loisirs,

notamment en favorisant l'utilisation rationnelle du patrimoine bâti existant et des formules de gestion locative pour les constructions nouvelles.

Leur localisation, leur conception et leur réalisation doivent respecter la qualité des sites et les grands équilibres naturels.

C. env., art. L. 362-1. — En vue d'assurer la protection des espaces naturels, la circulation des véhicules à moteur est interdite en dehors des voies classées dans le domaine public routier de l'État, des départements et des communes, des chemins ruraux et des voies privées ouvertes à la circulation publique des véhicules à moteur.

La charte de chaque parc naturel régional comporte un article établissant les règles de circulation des véhicules à moteur sur les voies et chemins de chaque commune adhérente du parc.

Apport de la loi SRU. La modification du III de cette disposition par la loi SRU doit permettre la création en montagnes de zones d'urbanisation future de taille et de capacité d'accueil limitées, situées en discontinuité de l'urbanisation existante, lorsque l'urbanisation en continuité compromettrait la préservation des terres agricoles de valeur ou les paysages. De plus, est insérée la faculté d'adapter les bâtiments préexistants à leur rénovation ou à leur extension. 0325
Selon les débats parlementaires, cette nouvelle disposition devrait permettre la création de petites ZAC (déb. AN 14 mars 2000, p. 1942).

Chalets d'alpage et hameaux. La dernière phrase du I a été ajoutée par la loi Bosson du 9 février 1994. Lorsque le permis de construire est délivré au nom de la commune (cette dernière étant dotée d'un POS approuvé depuis plus de six mois), l'arrêté préfectoral constitue un préalable à la délivrance du permis de construire par le maire (V. Circ. n° 96-66, 19 juill. 1996 : *Mon. TP* 27 sept. 1996). 0326

Bâtiments d'estives. La loi de juillet 2003 étend le régime des chalets d'alpage aux bâtiments d'estive, dans la mesure où la première notion correspond au massif des Alpes alors que la seconde, plus générique, est celle employée dans les autres massifs, l'estivage consistant à faire passer aux troupeaux l'été dans les pâturages de montagne. 0327

Changement de destination. L'article 32 de la loi SRU a rendu possible l'adaptation des bâtiments existants, ce qui signifie que les changements de destination ne sont désormais plus prohibés dans les zones de montagne, dès lors toutefois que le plan local n'ait pas interdit la nouvelle destination envisagée (Rép. min. : *JO* Sénat 26 déc. 2002, p. 3240). 0328

Hameau. Selon une réponse ministérielle, un hameau est « un ensemble de quelques maisons, petit centre urbain plus réduit qu'un village, agglomération de quelques maisons rurales le long d'une route » (Rép. min. : *JOAN* 10 déc. 1990, p. 5653). Voir l'article L. 145-5 à ce sujet (loi Bosson). 0329

Voir aussi : Sur la notion de hameau, l'arrêt cité sous C. urb., art. L. 145-5, p. 114.

Travaux. Le I est également complété par un mécanisme dérogatoire permettant les travaux sur les chalets d'alpalge et les bâtiments d'estive. La mesure nouvelle subordonne la mise en œuvre d'un permis de construire ou d'une déclaration de travaux à l'institution d'une servitude administrative interdisant l'utilisation du bâtiment en période hivernale ou limitant son usage pour tenir compte de l'absence de réseau. 0330

Champ d'application géographique. Une commune n'est pas fondée à soutenir que les dispositions de l'article L. 145-3-III issues de la loi Montagne ne s'appliqueraient pas sur son territoire aux motifs que le décret du 3 juin 1977 définissant les critères des zones de montagne comprises dans les zones agricoles défavorisées a été abrogé [mais repris dans le Code rural] et que, par sa situation géographique, la commune de montagne concernée ne correspondrait pas aux critères définis par la loi du 9 janvier 1985 (CAA Marseille, 3 juin 2004, req. n° 00MA01410, *Cne de Saint-Cézaire-sur-Siagne*). 0331

Chalet d'alpage. Une ferme-auberge n'est pas un chalet d'alpage et le permis de construire est donc illégal (CAA Nancy, 31 oct. 1996, *Alsace Nature : BJDU* 6/1996, p. 453. – TA Strasbourg, 13 juin 1995, *Comité de défense contre projet d'extension : BJDU* 3/1995, p. 202, concl. Blais). 0332

0333 **Équipement nécessaire à la pratique sportive.** Un projet de restaurant d'altitude ne peut être regardé comme un équipement nécessaire à la pratique de sports de montagne alors même qu'il serait lié au domaine skiable et utile à de telles activités. Son édification ne peut être autorisée à titre dérogatoire en discontinuité d'un bourg, village ou hameau existant, en vertu de l'article L. 145-3 (CAA Lyon, 23 mars 2004, req. n° 00LY00071, *Cts Constant Marmillon*).

0334 **Hameau.** Des constructions disséminées le long d'une route ne constituent pas un hameau (CAA Lyon, 18 févr. 1997, *SCI Cret du Four : BJDU* 3/1997, p. 220).

0335 **Principe de continuité.** Le principe peut être adapté par une DTA.

Voir aussi : C. urb., art. L. 145-7, I, 3°, p. 115 ; sur l'urbanisation en continuité, CE, 14 déc. 1992, *Cne de Saint-Gervais : DA* 1993, 55 ; *D.* 1994, somm. comm. p. 96, note Charles.

0336 **Zone NA.** La doctrine de l'administration centrale est utilement rappelée à la faveur d'une réponse ministérielle (Rép. min. : *JOAN* 11 juin 2001, p. 3415) qui précise qu'en vertu des dispositions de l'article L. 145-3 il n'est pas admissible d'implanter des lotissements ou de prévoir des zones NA (en POS) ou AU (en PLU) en discontinuité avec les villages existants. Depuis la loi SRU, peuvent seules être créées, sous conditions, des zones d'urbanisation future de taille et de capacité d'accueil limitées. Est légale la création d'une zone NA par un POS pour la création d'un « pôle bois » de 25 hectares, représentant 6 % du territoire communal, cette zone étant en continuité de deux zones urbaines (CE, 11 déc. 1996, *Commission de protection des eaux de Franche-Comté*).

Est annulée une zone NA séparée du bourg par une zone ND, et distante de 3 km (CE, 18 mai 1998, *Cne d'Allonziers -la-Caille : BJDU* 3/1998, p. 222, concl. Bonichot).

Est annulée une zone NA non située en continuité, et prévoyant des capacités d'accueil excessives (CE, 10 juin 1998, *Cne d'Allonziers-la-Caille : BJDU* 3/1998, p. 222, concl. Bonichot. – CE, 10 juin 1998, *Cne de Cipières : BJDU* 4/1998, p. 252, concl. Bachelier).

Est annulé un permis de construire sur une zone située à 100 mètres des hameaux les plus proches, et bien distincte, en raison des boucles de la route départementale (CAA Lyon, 11 mars 1997, *Cne de Saint-Gervais*).

La règle de continuité est violée à 80 mètres de la maison la plus proche d'un groupe de bâtiments disséminés en bord de route (CAA Lyon, 18 févr. 1997, *SCI le Cret du Four et Cne de Combloux : BJDU* 3/1997, p. 220).

Est annulée la création de deux zones NA, par révision du POS dans la plaine alluviale qui ne représente que 12 % de la surface de la commune, alors que les besoins de construction apparaissent limités (CE, 6 févr. 1998, *Cne de Faverges : Rec. CE*, p. 45 ; *BJDU* 1/1998, p. 37, concl. Touvet).

En revanche, il y a continuité lorsque la zone se situe hors du bourg, mais dans le prolongement d'un petit groupe de constructions (CAA Lyon, 10 juin 1997, *Cne de Contamines-Montjoie : BJDU* 5/1997, p. 459).

0337 **Projet régulier sans continuité.** Il peut être fait échec à la continuité requise, pour la légalité d'un projet validé par un permis de construire, du fait de la prise en compte des caractéristiques architecturales des principes d'urbanisme retenus pour l'aménagement d'une station de sports d'hiver (TA Grenoble, 14 mai 2002, *M. Abate et autres : BJDU* 4/2002, p. 257).

0338 **Appréciation de la continuité.** Sont annulées, pour défaut de continuité, la zone UB d'un POS, découpée en 10 secteurs, dont 9 isolés (CE, 10 mai 1995, *Cne de Saint-Blaise*) et les zones UA et UB d'un POS, dans une affaire où est également retenue l'atteinte portée par un parc de stationnement, des voies nouvelles et un dispositif de télétransport au patrimoine montagnard (CE, 23 oct. 1996, *Cne de Combloux*).

0339 **Extension en continuité de l'urbanisation.** Visant à assouplir les conditions imposant une urbanisation en continuité des bourgs, villages et hameaux existants en montagne, pour permettre celle-ci en continuité des constructions existantes et également pour contourner les difficultés rencontrées pour définir les hameaux en continuité desquels l'urbanisation est autorisée par le droit existant, la loi de juillet 2003 a de ce fait modifié profondément le III de l'article L. 145-3 par l'adjonction de 7 alinéas.

Sites pittoresques. Un POS est partiellement annulé en raison de l'atteinte portée au patrimoine montagnard, par la création d'une zone d'activités de 5 hectares dans un secteur inscrit à l'inventaire des sites pittoresques, sous le mont Agel (TA Nice, 11 mai 1995, *Assoc. de sauvegarde et de défense du site de Peille : BJDU* 3/1995, p. 198, concl. Calderaro). 0340

POS et UTN. Si une procédure d'évolution (modification ou révision) ou d'élaboration d'un POS ou d'un PLU peut valablement être engagée avant que la décision de création d'une UTN n'ait été prise, un tel document d'urbanisme ne saurait être régulièrement approuvé s'il comporte des dispositions incompatibles avec les exigences de l'article L. 145-3 avant que l'UTN n'ait été créée. Seule la création de l'UTN est alors de nature à permettre, dans la mesure qu'elle définit, de s'en affranchir (CE sect., 22 janv. 2003, req. n° 212522, *Cne de Saint-Ours-les-Roches*). 0341

Carte communale. Les dispositions d'une carte communale doivent nécessairement respecter les prescriptions de l'article L. 145-3 du Code de l'urbanisme (CAA Bordeaux, 17 janv. 2002, req. n° 99BX00487, *Isabel : Constr.-urb.* juill.-août 2002, n° 177). 0342

Vie économique. L'application rigoureuse du III ci-dessus peut conduire au dépérissement de la montagne, s'il est par exemple impossible d'accueillir une zone artisanale ou industrielle. 0343

Bibliographie : Sur cette contradiction, Bouyssou, *Droit de l'urbanisme et développement économique : AJDA*, n° spécial mai 1993, p. 161.

Évolution de 1995. C'est pourquoi la loi n° 95-115 du 4 février 1995 a ajouté, sur proposition de l'Assemblée nationale, que l'urbanisation peut aussi se réaliser en continuité avec les hameaux existants. La loi tente par cette réforme de mettre un terme à une interprétation du principe d'urbanisation en continuité par le Conseil d'État, jugée trop restrictive. 0344
Ainsi, le législateur reprend en partie les dispositions du I.1-1 de l'ancienne directive d'aménagement national relative à la protection de la montagne (D. 22 nov. 1977).

Motivation des hameaux nouveaux. En effet, sous le régime antérieur à 1995, la construction en continuité primait la construction de hameaux nouveaux. À l'occasion d'une application anticipée de POS, le Conseil d'État jugeait que la construction de hameaux nouveaux doit être justifiée par la nécessité de respecter les alinéas I et II du présent article (CE, 21 juin 1999, *Cne de Sainte-Léocadie*). Depuis la loi précitée du 4 février 1995, ce principe est atténué, mais seulement pour les constructions existantes et pour des installations ou équipements d'intérêt public incompatibles avec le voisinage des zones habitées. 0345

Terres agricoles. La préservation des terres agricoles de valeur ne doit pas être compromise par une urbanisation en continuité : la loi SRU autorise donc la création de zones NA de petite taille situées en discontinuité de l'urbanisation existante. 0346
Sur la construction des terres agricoles, l'annulation d'une unité touristique nouvelle (CE, 10 déc. 1993, *Min. Équip. c/ Arpon : Rec. CE*, p. 363 ; *AJDA* 1994, p. 149, concl. Schwartz ; *DA* 1994, 115) ; l'annulation d'un certificat d'urbanisme négatif délivré pour un terrain en partie boisé, en partie en friche (CE, 5 janv. 1994, *Cribier : Rec. CE*, T, p. 1227 ; *DA* 1994, 114) ; l'annulation d'un POS créant deux zones NA, en raison de rareté des terres agricoles (CE, 6 févr. 1998, *Cne de Faverges : DA* 1998, 146).

Motif agricole. L'intérêt des terres agricoles justifie l'ouverture à l'urbanisation d'une zone, alors même qu'elle ne se situe pas en continuité du bourg, afin de préserver de meilleures terres plus proches du bourg (CE, 22 sept. 1997, *Cne d'Eygliers : Rec. CE*, T, p. 1114). 0347

Analyse des risques. L'expertise des risques naturels, justifiant l'exception au principe de construction en contiguïté, est effectuée par le service de restauration des terrains en montagne, de l'Office national des forêts. 0348

Voir aussi : Sur son intervention, Rép. min. : *JO* Sénat 13 avril 1989, p. 598 ; *JCP* N 1989, Prat. 1075 ; la jurisprudence citée sous C. urb., art. L. 145-9, p. 116.

C. urb., art. L. 145-4 *(L. n° 85-30, 9 janv. 1985).* **— Le périmètre du** ***(Mots rempl., L. n° 2000-1208, 13 déc. 2000, art. 202-XI)*** **« schéma de cohérence territoriale » ou du schéma de secteur tient compte de la communauté d'intérêts économiques et sociaux à l'échelle d'une vallée, d'un pays, d'un massif local ou d'une entité géographique constituant une unité d'aménagement cohérent.**

(Mots rempl., L. n° 2000-1208, 13 déc. 2000, art. 202-XIX ; rempl., L. n° 2003-590, 2 juill. 2003, art. 35) **Le périmètre est publié par arrêté du représentant de l'Etat dans les conditions définies au IV de l'article L. 122-3.**

C. urb., art. L. 145-5 *(L. n° 85-30, 9 janv. 1985 ; L. n° 94-112, 9 févr. 1994 ; modifié, L. n° 95-115, 4 févr. 1995, art. 5-A-XVI ; L. n° 2000-1208, 13 déc. 2000, art. 44 et 202, XX ; L. n° 2003-590, 2 juill. 2003, art. 36).* **— Les parties naturelles des rives des plans d'eau naturels ou artificiels d'une superficie inférieure à mille hectares sont protégées sur une distance de trois cent mètres à compter de la rive ; y sont interdits toutes constructions, installations et routes nouvelles ainsi que toutes extractions et tous affouillements.**

(Cinq alinéas remplacés par sept alinéas, L. n° 2005-157, 23 févr. 2005, art. 188) **Par exception aux dispositions de l'alinéa précédent, des constructions et aménagements peuvent être admis, en fonction des spécificités locales, dans certains secteurs délimités :**

1° Soit par un plan local d'urbanisme ou un schéma de cohérence territoriale, avec l'accord du préfet et au vu d'une étude réalisée et approuvée dans les conditions prévues au a du III de l'article L. 145-3 ;

2° Soit par une carte communale, avec l'accord du préfet, après avis de la commission départementale compétente en matière de nature, de paysages et de sites, et au vu d'une étude justifiant que l'aménagement et l'urbanisation de ces secteurs sont compatibles avec la prise en compte de la qualité de l'environnement et des paysages. Dans ce cas, chaque permis de construire est soumis pour avis à la commission départementale compétente en matière de nature, de paysages et de sites.

Dans les secteurs protégés en application des premier et deuxième alinéas, ne peuvent être autorisés que des bâtiments à usage agricole, pastoral ou forestier, des refuges et gîtes d'étapes ouverts au public pour la promenade et la randonnée, des aires naturelles de camping, un équipement culturel dont l'objet est directement lié au caractère lacustre des lieux, des installations à caractère scientifique si aucune autre implantation n'est possible et des équipements d'accueil et de sécurité nécessaires à la pratique de la baignade, des sports nautiques, de la promenade ou de la randonnée ainsi que des projets visés au 1° de l'article L. 111-1-2.

Les dispositions du présent article s'appliquent également aux plans d'eau partiellement situés en zone de montagne. Peuvent toutefois être exclus du champ d'application du présent article :

1° Par arrêté du préfet coordonnateur de massif, les plans d'eau dont moins du quart des rives est situé dans la zone de montagne ;

2° Par un plan local d'urbanisme, un schéma de cohérence territoriale ou une carte communale, certains plans d'eau en fonction de leur faible importance.

0349 **Loi urbanisme et habitat.** Destinée à permettre, en Isère, la reconstruction d'un village lacustre médiéval au bord d'un lac, la loi de juillet 2003 a introduit un amendement propre aux équipements culturels.

0350 **Rives des plans d'eau.** Le fait de savoir si une rive d'un plan d'eau situé en montagne présente un caractère « naturel » relève de l'appréciation souveraine des juges du fond (CE, 28 juill. 2004, req. n° 256154, *Société Thomas*).

0351 **Application de la règle des 300 mètres.** Par rapport à la directive précitée, la règle des 300 mètres fait l'objet d'assouplissements généraux (cas des constructions existantes) ou particuliers (dans le cadre de l'élaboration de POS [camping et – à titre exceptionnel – hameaux] CAA Lyon, 8 avr. 1997, *Gallo*).

La ZAC de Laruns est annulée, pour violation du présent article (CE, 9 oct. 1989, *Sepanso : Rec. CE*, T, p. 983 ; *Rev. jur. env.* 1990, p. 253, note Terneyre ; *Petites affiches*, 20 juin 1990, note Morand-

Deviller), même s'il s'agit de la rive d'un plan d'eau artificiel mais la légalité d'un POS est admise, car il faut combiner le présent article avec la préexistence d'un lotissement (CE, 7 déc. 1990, *Cne d'Ampus : D.* 1991, somm. p. 263, note Charles).
Est annulé le POS créant une zone NA située à moins de 300 mètres de la rive du lac, ce dernier constituant une coupure verte, malgré la présence d'un parking, et les constructions avoisinantes ne constituant pas une agglomération (CE, 1er juill. 1998, req. n° 17739, *Cne de Doucier : Constr.-urb.* nov. 1998, p. 15, obs Laralde ; *RD imm.* n° 4, p. 635).

Exception au principe. L'avant-dernier alinéa du présent article, ajouté par la loi Bosson est connu sous le nom d'amendement Fabrège (V. comm. de ladite loi par Bouyssou : *AJDA* mars 1994). C'est en raison du caractère très exceptionnel de l'opération envisagée et des précautions prises (avis conforme de deux ministres) que la constitutionnalité de ce texte a été admise (Cons. const., 21 janv. 1994 : *JO* 26 janv.). 0352

Refufe ouvert au public. Une construction communale pouvant accueillir trente randonneurs en montagne et qualifiée de « cabane » peut valablement correspondre à un refuge ouvert au public au sens de l'article L. 145-5 (CE, 8 mars 2002, req. n° 239067, *Comité écologique ariégeois : BJDU* 2/2002, p. 89, concl. Austry, obs. Touvet). 0353

C. urb., art. L. 145-6 *(L. n° 85-30, 9 janv. 1985).* — La création de routes nouvelles de vision panoramique, de corniche ou de bouclage, est interdite dans la partie des zones de montagne située au-dessus de la limite forestière, sauf exception justifiée par le désenclavement d'agglomérations existantes ou de massifs forestiers ou par des considérations de défense nationale ou de liaison internationale.

Route nouvelle. Sur le fondement du présent article, le tunnel du Somport et sa voie d'accès constituent une route nouvelle justifiée par une liaison internationale (CE, 23 oct. 1995, *Assoc. Artus : Rec. CE.* T, p. 873). 0354

C. urb., art. L. 145-7 *(L. n° 85-30, 9 janv. 1985 ; L. n° 95-115, 4 févr. 1995, art. 5-A-XVII et XVIII ; L. n° 2000-1208, 13 déc. 2000, art. 17-1° à 3° ; remplacé, L. n° 2005-157, 23 févr. 2005, art. 201).* — I. - Lorsque les directives territoriales d'aménagement n'y ont pas déjà pourvu, des décrets en Conseil d'État pris après enquête publique, sur proposition des comités de massif prévus à l'article 7 de la loi n° 85-30 du 9 janvier 1985 précitée, peuvent définir des prescriptions particulières sur tout ou partie des massifs définis à l'article 5 de la loi n° 85-30 du 9 janvier 1985 précitée, pour :

1° Adapter en fonction de la sensibilité des milieux concernés les seuils et critères des études d'impact spécifiques aux zones de montagne fixés en application des articles L. 122-1 à L. 122-3 du Code de l'environnement, ainsi que les seuils et critères d'enquête publique spécifiques aux zones de montagne fixés en application des articles L. 123-1 à L. 123-3 du même code ;

2° Désigner les espaces, paysages et milieux les plus remarquables du patrimoine naturel et culturel montagnard, notamment les gorges, grottes, glaciers, lacs, tourbières, marais, lieux de pratique de l'alpinisme, de l'escalade et du canoë-kayak, cours d'eau de première catégorie au sens du 10° de l'article L. 436-5 du Code de l'environnement et leurs abords, et définir les modalités de leur préservation ;

3° Préciser, en fonction des particularités de tout ou partie de chaque massif, les modalités d'application de l'article L. 145-3 du présent code.

II. - Les comités de massif peuvent élaborer des recommandations particulières à certaines zones sensibles et, notamment, aux secteurs de haute montagne.

III. - Pour l'élaboration des propositions des prescriptions particulières de massif visées au I et des recommandations visées au II, les comités de massif peuvent recourir gratuitement, en tant que de besoin, aux services techniques de l'État ainsi qu'aux conseils d'architecture, d'urbanisme et de l'environnement institués par l'article 6 de la loi n° 77-2 du 3 janvier 1977 sur l'architecture.

Loi SRU. Les modifications touchant cet article et issues de la loi SRU conduisent à rétablir, en zone de montagne, la faculté ouverte en 1985 – mais qui n'avait pas été mise en œuvre alors – 0355 d'élaborer des prescriptions particulières pour les massifs ou parties de massif, et pour lesquels l'établissement d'une DTA ne s'impose pas.

0356 **Consultation des comités de massifs.** Celle-ci n'est nullement obligatoire aux termes de l'article L. 145-7-II antérieurement à l'autorisation d'exploiter une mine (CE, 30 juill. 1997, req. n° 159446, *Assoc. SOS Environnement de Portes*)

0357 **DTA.** Les directives territoriales d'aménagement instituées par la loi du 4 février 1995 sur l'aménagement du territoire s'imposent, comme les anciennes prescriptions particulières, aux documents locaux de planification urbaine (art. L. 111-1-1).
Aucune adaptation particulière n'était intervenue au titre du présent article, qui exige d'abord un consensus local (Rép. min. : *JO* Sénat 10 janv. 1991, p. 63 ; *JCP* 1991, Prat. 1950).
Cf. également les décrets n° 2004-51 du 12 janvier 2004 relatif à la composition et au fonctionnement des comités de massif du massif des Alpes, du Massif central, du massif jurassien, du massif des Pyrénées et du massif vosgien (*JO* 14 janv.) et n° 2004-52 du 12 janvier 2004 relatif aux commissaires à l'aménagement, au développement et à la protection des massifs (*JO* 14 janv.).

C. urb., art. L. 145-8 *(L. n° 85-30, 9 janv. 1985)*. — Les installations et ouvrages nécessaires aux établissements scientifiques, à la défense nationale, aux recherches et à l'exploitation des ressources minérales d'intérêt national, à la protection contre les risques naturels et aux services publics autres que les remontées mécaniques ne sont pas soumis aux dispositions de la présente section si leur localisation dans ces espaces correspond à une nécessité technique impérative.

0358 **Contrôle du juge.** Le juge administratif sera appelé à exercer un contrôle approfondi sur le caractère impératif de la localisation des ouvrages et installations énumérés au présent article.

0359 **Lignes EDF.** Cet article justifie l'implantation d'une ligne à très haute tension méconnaissant l'article L. 145-3. Le juge administratif note que toute autre solution aurait été incertaine techniquement, et coûteuse (CAA Bordeaux, 11 janv. 1996, *EDF : Rev. jur. env.* 1997, p. 555, note Verdier).
À l'inverse, dans un arrêt confirmatif d'une décision précédemment rendue par la Cour administrative d'appel de Marseille, le Conseil d'État estime que la nécessité technique impérative de l'article L. 145-8 doit être appréciée souverainement par le juge du fond : en l'espèce, les considérations financières ne pouvaient à elles seules établir que la localisation de la ligne électrique aérienne sur le site retenu répondait à « une nécessité technique impérative » (CE sect., 9 juin 2004, req. n° 254691, *Cne de Peille*).

Section II Unités touristiques nouvelles

0360 **Présentation.** L'autorisation UTN était précédemment un permis de construire délivré par un comité interministériel (A. 24 août 1979), dont la composition a été élargie (Circ. 15 sept. 1982) pour faire participer le maire de la commune concernée. Cette procédure était en réalité irrégulière, puisque l'arrêté précité n'avait pu légalement déroger aux règles de compétence fixées par décret, pour la signature des permis de construire.
Depuis la loi du 9 janvier 1985, l'autorisation UTN constitue un préalable au permis de construire ; elle est délivrée par arrêté du préfet de massif, après avis de la commission spécialisée du comité de massif, lui-même précédé par la mise à disposition du public du dossier de demande.
La présente section est inapplicable aux zones de montagne qui sont simultanément en zone littorale.

Voir aussi : C. urb., art. L. 146-9, p. 135.

Bibliographie : ALBISSON, *L'urbanisme en montagne : les UTN sous le contrôle du juge : Mon. TP* 21 avr. 2000, p. 90

C. urb., art. L. 145-9 *(L. n° 85-30, 9 janv. 1985)*. — Les dispositions de la présente section s'appliquent exclusivement aux unités touristiques nouvelles.

Est considérée comme unité touristique nouvelle toute opération de développement touristique en zone de montagne ayant pour objet ou pour effet :

– soit de créer une urbanisation, un équipement ou un aménagement touristique dans un site encore vierge de tout équipement, aménagement ou construction ;

– soit de créer une urbanisation, un équipement ou un aménagement touristique en discontinuité avec les urbanisations, aménagements ou équipements existants lorsque cela entraîne une modification substantielle de l'économie locale, des paysages ou des équilibres naturels montagnards ;

– soit d'entraîner, en une ou plusieurs tranches, une augmentation de la capacité d'hébergement touristique de plus de 8 000 mètres carrés de surface de plancher hors œuvre ou de réaliser, en une ou plusieurs tranches, une extension ou un renforcement significatif des remontées mécaniques.

Un décret en Conseil d'État détermine notamment les seuils financiers périodiquement réévalués, à partir desquels, selon le cas, cette extension ou ce renforcement significatif est considéré comme unité touristique nouvelle. Il détermine également la procédure applicable en cas d'urgence au remplacement des remontées mécaniques devenues inutilisables.

Une unité touristique nouvelle ne peut être réalisée que dans une commune disposant d'un *(Mots rempl., L. n° 2000-1208, 13 déc. 2000, art. 202-III)* « plan local d'urbanisme » opposable aux tiers.

Le programme d'une unité touristique nouvelle doit, en tant que de besoin, contenir des dispositions pour le logement des salariés de la station et pour l'accueil et l'accès aux pistes des skieurs « à la journée » non résidents.

C. urb., art. L. 145-9 *(Rédaction future) (L. n° 85-30, 9 janv. 1985 ; modifié, L. n° 2000-1208, 13 déc. 2000, art. 202-III ; remplacé à compter d'une date fixée par décret en Conseil d'État et au plus tard un an après la publication de la loi n° 2005-157 du 23 février 2005, L. n° 2005-157, 23 févr. 2005, art. 190, I, 1° et 194).* — *Est considérée comme unité touristique nouvelle toute opération de développement touristique, en zone de montagne, ayant pour objet ou pour effet, en une ou plusieurs tranches :*

1° Soit de construire des surfaces destinées à l'hébergement touristique ou de créer un équipement touristique comprenant des surfaces de plancher ;

2° Soit de créer des remontées mécaniques ;

3° Soit de réaliser des aménagements touristiques ne comprenant pas de surfaces de plancher dont la liste est fixée par décret en Conseil d'État.

Seuils. Par rapport à la directive approuvée par décret du 22 novembre 1977, la définition des UTN est complétée par le présent article. La définition en résultant est alternative. Dans le cas d'unité touristique en continuité avec les urbanisations existantes, le seuil est relevé (8 000 m² de SHON au lieu de 4 500 m², selon l'arrêté du 24 août 1979). En revanche, les équipements « discontinus » sont – par eux-mêmes – constitutifs d'UTN. 0361

Les trois conditions définies par les dispositions de l'article L. 145-9, pour qu'une opération de développement touristique soit considérée comme une UTN, présentent un caractère alternatif (CAA Lyon, 4 juill. 2003, req. n° 98LY00708, *Société Forêt de Sansac*).

Définition et mise en œuvre des UTN. La jurisprudence a précisé la notion d'UTN, sous le régime antérieur à la loi Montagne du 9 janvier 1985 (CE, 7 janv. 1991, *Assoc. pour la sauvegarde de Cohennoz-le-Cernix : Rec. CE*, T, 1260 ; *DA* 1991, 106). 0362

Pour déterminer le seuil de définition de l'UTN, il faut faire abstraction des limites territoriales entre communes (TA Lyon, 22 mars 1989, *Préfet de l'Ain : Gaz. Pal.* 1990, 1, somm. 294 ; *AJDA* 1989, p. 558. – CE, 16 févr. 1994, *Ville de Lelex : Rec. CE*, p. 73 ; *DA* 1994, 305 ; *BJDU* 3/1994, p. 7, concl. Toutée).

Objet des UTN. Ces dispositions ont pour objet de permettre dans le respect des objectifs de la loi du 9 janvier 1985 relatives à la montagne, la réalisation d'opération de développement touristique qui peuvent conduire à l'édification de constructions en « site encore vierge » ou en discontinuité par rapport aux zones urbanisées existantes ainsi qu'à la création de moyens d'hébergement supérieur à 8 000 m². À cette fin, il revient aux communes de se doter des documents d'urbanisme 0363 nécessaires (CE, sect., 22 janv. 2003, *Cne de Saint-Ours-les-Roches : BJDU* 6/2002, p. 417, concl. Lamy). Seule la création d'une UTN est de nature à permettre aux POS de s'affranchir de l'exigence d'une urbanisation en continuité avec les bourgs, villages et hameaux existants (préc., note Billet, *JCP* A 2003, p. 1041).

0364 **Contrôle sur les éléments de fait.** Mais le Conseil d'État juge légale en appel la création de cette UTN (70 000 m² de SHON), sur une partie très limitée du mont Salève, compte tenu du parti adopté, de l'insertion des constructions dans le site, de la sauvegarde de l'écoulement des eaux, et de la faible importance des déboisements et des suppressions de prairies naturelles (CE, sect., 15 mai 1992, *Cne de Cruseilles : DA* août-sept. 1992, concl. Pochard ; *AJDA* 1992, p. 756, note Morand-Deviller).

En revanche, le Conseil d'État juge illégale la création d'une UTN dans un site sensible qui comporte des espèces rares et où, en outre, les risques d'avalanches sont d'une importance inhabituelle (CE, 4 juill. 1994, *Cne de Vaujany : Mon. TP* 5 août 1994).

Annulation d'une UTN par TA Grenoble, 15 mai 1990, *Assoc. « Club alpin français » : Rev. jur. env.* 1991, p. 225.

0365 **UTN et POS.** S'il suffit que la commune dans laquelle doit être réalisée une UTN dispose d'un POS opposable aux tiers, permettant alors au préfet d'autoriser légalement la création de l'UTN, encore convient-il que la décision du préfet ne soit pas intervenue au vu d'un dossier irrégulier (CAA Nancy, 20 nov. 2003, req. n° 99NC00632, *Cne de Xonrupt-Longemer*).

Voir aussi : C. urb., art. R. 145-2, p. 566

C. urb., art. L. 145-10 *(L. n° 85-30, 9 janv. 1985).* — *À l'exception du III de l'article L. 145-3, les dispositions de la section première du présent chapitre et (Mots remplacés à compter du 1er janvier 2005, Ord. n° 2004-1391, 20 déc. 2004, art. 4, 7° et 9) « les dispositions du chapitre II du titre IV du livre III du Code du tourisme » sont applicables aux unités touristiques nouvelles.*

C. urb., art. L. 145-11. — *(Rédaction future) (L. n° 85-30, 9 janv. 1985 ; modifié, L. n° 2000-1208, 13 déc. 2000, art. 202-XI ; remplacé à compter d'une date fixée par décret en Conseil d'État et au plus tard un an après la publication de la loi n° 2005-157 du 23 février 2005, L. n° 2005-157, 23 févr. 2005, art. 190, I, 2° et 194). – Dans les communes qui ne sont pas couvertes par un schéma de cohérence territoriale, la création et l'extension d'unités touristiques nouvelles sont soumises à autorisation. Le projet est préalablement mis à la disposition du public.*

I. – L'autorisation est délivrée par le préfet coordonnateur de massif, après avis de la commission spécialisée du comité de massif, lorsqu'elle porte sur des remontées mécaniques qui ont pour effet la création d'un nouveau domaine skiable ou l'extension du domaine skiable existant au-delà d'un seuil fixé par décret en Conseil d'État, ou sur une opération qui présente un intérêt régional ou interrégional en raison de sa surface ou de sa capacité d'accueil.

II. – L'autorisation est délivrée par le représentant de l'État dans le département, après avis d'une formation spécialisée de la commission départementale compétente en matière de nature, de paysages et des sites, lorsqu'elle porte sur une remontée mécanique ayant pour effet l'extension d'un domaine skiable existant au-delà d'un seuil fixé par décret en Conseil d'État, ou sur une opération qui présente un intérêt local en raison de sa situation, de sa surface ou de sa capacité d'accueil.

Le décret prévu à l'article L. 145-13 fixe notamment les seuils applicables au I et au présent II en fonction du type d'opération. Une autorisation n'est pas illégale du seul fait qu'elle a été délivrée par le préfet coordonnateur de massif, alors qu'elle porte sur un projet d'unité touristique nouvelle d'une taille inférieure au seuil fixé pour l'application du présent II

III. – La création ou l'extension d'unités touristiques nouvelles autres que celles mentionnées aux I et II n'est pas soumise à autorisation.

IV. – L'autorisation peut imposer la réalisation de logements destinés aux salariés de la station, notamment aux travailleurs saisonniers, et prévoir des dispositions pour l'accueil et l'accès aux pistes des skieurs non résidents.

Elle devient caduque si, dans un délai de quatre ans à compter de la notification au bénéficiaire, les équipements et les constructions autorisés n'ont pas été entrepris. En cas de recours, le délai de caducité est suspendu pendant la durée des instances. Pour les opéra-

tions autorisées antérieurement à l'entrée en vigueur de la loi n° 85-30 du 9 janvier 1985 relative au développement et à la protection de la montagne, la date de notification à prendre en compte pour le calcul du délai de validité de l'autorisation est fixée au 1er janvier 1986.

L'autorisation devient également caduque, à l'égard des équipements et constructions qui n'ont pas été engagés, lorsque les travaux d'aménagement ou de construction ont été interrompus pendant un délai supérieur à quatre ans. Ce délai peut être prorogé de quatre ans renouvelables, par délibération du conseil municipal. Ce délai s'applique aux opérations autorisées antérieurement à la date de publication de la loi n° 2005-157 du 23 février 2005 relative au développement des territoires ruraux.

Les autorisations d'occupation du sol nécessaires à la réalisation de l'une des unités touristiques nouvelles prévues au I ne peuvent être délivrées que dans les communes dotées d'un plan local d'urbanisme.

Les autorisations d'occupation du sol nécessaires à la réalisation de l'une des unités touristiques nouvelles prévues au II ne peuvent être délivrées que dans les communes dotées d'une carte communale ou d'un plan local d'urbanisme.

C. urb., art. L. 145-11 *(L. n° 85-30, 9 janv. 1985).* — En l'absence de *(Mots rempl., L. n° 2000-1208, 13 déc. 2000, art. 202-XI)* « schéma de cohérence territoriale » ou de schéma de secteur approuvé, la création d'une unité touristique nouvelle est autorisée par le représentant de l'État mentionné à l'article 7 de la loi n° 85-30 du 9 janvier 1985 précitée. Le projet est, au préalable, mis à la disposition du public et soumis pour avis à la commission spécialisée prévue par l'article 7 de la loi n° 85-30 du 9 janvier 1985 précitée.

L'autorisation devient caduque si, dans un délai de quatre ans à compter de la notification au bénéficiaire, les équipements et les constructions autorisés dans le projet n'ont pas été entrepris. Ce délai s'applique aux opérations autorisées antérieurement à la loi n° 85-30 du 9 janvier 1985 précitée au terme d'un délai d'un an à compter de sa publication.

UTN et schéma directeur. En présence d'un schéma directeur, approuvé, la création d'UTN doit – de toute façon – être conforme au POS (C. urb., art. L. 145-9). 0366
En l'absence d'un tel schéma, une procédure « montagne » se superpose aux autorisations d'urbanisme, alors même que l'UTN serait conforme au POS ; elle comporte l'autorisation du « préfet » chargé du massif, la mise à disposition du public, et l'avis de la commission spécialisée du « comité de massif ».

UTN et aspects littoraux. Voir article L. 146-9 (I) sur le cas particulier des secteurs simultanément en zone de montagne et en zone littorale. 0367

C. urb., art. L. 145-12 *(L. n° 85-30, 9 janv. 1985).* — Lorsqu'un projet d'unité touristique nouvelle concerne un territoire couvert par un *(Mots rempl., L. n° 2000-1208, 13 déc. 2000, art. 202-XXI)* « schéma de cohérence territoriale » ou un schéma de secteur approuvé et que ce schéma n'en prévoit pas la création, le représentant de l'État dans le département peut, à la demande de la commune ou du groupement de communes concerné et après avis de la commission spécialisée du comité de massif, demander la notification du schéma *(Mots suppr., L. n° 2000-1208, 13 déc. 2000, art. 202-XXI)* « ... ».

C. urb., art. L. 145-13 *(L. n° 85-30, 9 janv. 1985).* — Un décret en Conseil d'État précise les conditions d'application de la présente section.

Chapitre VI
Dispositions particulières au littoral

Bibliographie : *J.-Cl. Construction*, fasc. 9-3.

Présentation. La loi du 3 janvier 1986 relative à l'aménagement, la protection et la mise en valeur du littoral qui se substitue à la directive nationale d'aménagement du littoral (C. urb., anc. 0368 art. R. 111-27) a un champ d'application plus étendu que cette dernière (art. L. 146-1). Son contenu est sans doute plus contraignant pour l'urbanisation (C. urb., art. L. 146-2 et L. 146-3), d'autant plus qu'elle peut être complétée par des réglementations locales (C. urb., art. L. 146-1). Ses dispositions s'articulent avec la loi sur la protection de la nature (C. urb., art. L. 146-6) et avec la loi sur la montagne (C. urb., art. L. 146-9). La loi SRU, qui a très peu modifié les dispositions codifiées de la loi « littoral », a introduit des dispositions spécifiques relatives aux schémas d'aménagement de plage (C. urb., art. L. 146-6-1 nouveau). Elle a également, comme pour la loi *Montagne*, fait perdre à la loi Littoral sa nature de loi d'aménagement et d'urbanisme sans pour autant modifier son opposabilité.

Toutes les dispositions de la loi littoral ne figurent toutefois pas au présent chapitre (C. urb., art. L. 156-1 et L. 160-6 notamment). De nombreuses dispositions de cette loi ne sont pas insérées dans le Code de l'urbanisme, alors qu'elles rejaillissent sur lui (mise en valeur touristique : art. 19 ; régime des ports de plaisance : art. 25 à 29). D'autres dispositions concernent les carrières (art. 30), et la police municipale (art. 30 à 34).

À la suite de nombreuses annulations contentieuses, sur le fondement de la loi littoral, une instruction interministérielle du 22 octobre 1991 (*Mon. TP*, 1er nov. 1991) a rappelé les exigences de cette loi (comm. par Becet : *Rev. jur. env.* 1992, p. 42).

Voir aussi : C. urb., art. L. 156-1, p. 140 et C. urb., art. L. 160-6, p. 148 ; sur l'entrée en vigueur du présent chapitre, C. urb., art. L 111-1-4, p. 13 ; sur les départements d'outre-mer, C. urb., art. L. 156-1, p. 140. Sur la responsabilité administrative pour violation de la loi littoral, la conclusion Calderaro sous TA Nice, 6 juill. 1995, *SNC Empain-Graham : AJDA* 1995, p. 928 ; *BJDU* 4/1995, p. 326.

Bibliographie : Sur cette loi, commentaire DUFAU : *Mon. TP* 7 févr. 1986. – Voir aussi, MODERNE, *En attendant la loi littoral : Petites affiches*, 2 déc. 1985. – MATTEI-DAWANCE et REZENTHEL : *RD publ.* 1987, p. 735 ; n° spécial de la *RFDA* 1986, n° 5. – DEVES, *Les conventions d'aménagement touristique : AJDA* 1986, p. 607. – Voir Circ. 16 mai 1986 : *JCP* N 1986, Prat. 9812. – BOUYSSOU, *La loi littoral et le Code de l'urbanisme : Petites affiches*, 21 nov. 1986. – MODERNE, *La protection des espaces littoraux, terrestres et marins dans la loi du 3 janvier 1986 : Petites affiches*, 20 févr. 1987. – Colloque de Nantes sur l'aménagement et la protection du littoral : *Rev. jur. env.* 1990, n° 4. – TRAPITZINE, *Les effets pervers de la loi littoral : Ét. fonc.*, n° 56, 1992 ; n° spécial : *RFDA* 1986. – TANGUY, *Le contrôle par le juge administratif des autorisations d'occupation du sol en zone littorale : Rev. jur. env.* 1990, n° 4. – MADEC et REY, *La loi littoral devant le tribunal administratif de Pau : Rev. jur. env.* 1993, p. 201. – YOUSRI, *La loi littoral et le juge administratif : RFDA* 1992, p. 275. – BECET, *Vers une véritable politique d'urbanisme littoral : AJDA*, n° spécial, mai 1993, p. 116 ; *Décentralisation et urbanisme littoral : Rev. jur. env.* 1993, p. 531. – COULOMBIÉ, *Aménagement et protection du littoral : Ét. fonc.*, n° 54, 1992. – CAILLOSSE, *Qui a peur du droit littoral ? : Rev. jur. env.* 1993, p. 513. – LE COQ, *La loi littoral : Gaz. Pal.* 9 juill. 1997 (n° spécial). – FRAISSEIX, *Le juge administratif et l'article L. 146 : 11 années d'interprétation prétorienne : RFDA* 1998, p. 834 ; *Rev. jur. env.* 1997, n° spécial : *loi littoral 10 ans après* (colloque de Grimaud). – BECET, *L'aménagement du littoral*, PUF, Que sais-je ? 1987. – BECET et LE MORVAN, *Le droit du littoral et de la mer côtière*, Économica 1991. – CALDERARO, *Droit du littoral*, éd. du Moniteur 1993. – COULOMBIÉ et REDON, *Droit du littoral*, Litec 1993. – Min. Équip. *Jurisprudence administrative illustrée : la loi du 3 janvier 1986*, sept. 1992. – COULOMBIÉ, *Les règles d'aménagement et de protection du littoral*, éditions de l'Hôtel de Ville 1996. – CALDERARO, *Loi littoral et loi montagne, 12 ans de jurisprudence commentée*, EFE 1998. – Pour un bilan de la loi littoral, voir le rapport du Conservatoire du littoral : « Pendant la protection, l'urbanisation continue », *Le Monde*, 23 juill. 1997. – CALDERARO, *Faut-il vraiment modifier la loi Littoral ? : BJDU* n° 5/2003, p. 317. – Sur les deux rapports d'informations parlementaires du 21 juillet 2004 relatifs à la loi « littoral », cf. TRAORÉ, *L'application de la loi Littoral : entre assouplissement et décentralisation : Constr.-urb.* oct. 2004, p. 4.

C. urb., art. L. 146-1 ***(L. n° 86-2, 3 janv. 1986).*** **— Les dispositions du présent chapitre *(Mots suppr., L. n° 2000-1208, 13 déc. 2000, art. 202-XXII)* « ... » déterminent les conditions d'utilisation des espaces terrestres, maritimes et lacustres :**

– dans les communes littorales définies à l'article 2 de la loi n° 86-2 du 3 janvier 1986 relative à l'aménagement, la protection et la mise en valeur du littoral ;

– dans les communes qui participent aux équilibres économiques et écologiques littoraux, lorsqu'elles en font la demande auprès du représentant de l'État dans le dépar-

tement. La liste de ces communes est fixée par décret en Conseil d'État, après avis du conservatoire de l'espace littoral et des rivages lacustres.

***(Mots rempl., L. n° 95-115, 4 févr. 1995, art. 5-A-XIX)* « Les directives territoriales d'aménagement » prévues à l'article L. 111-1-1 peuvent préciser les *(Mots rempl., L. n° 95-115, 4 févr. 1995, art. 5-A-XX)* « modalités » d'application du présent chapitre. *(Mots rempl., L. n° 95-115, 4 févr. 1995, art. 5-A-XIX)* « Ces directives » sont établies par décret en Conseil d'État après avis des départements et des communes ou groupements de communes concernés.**

***(Mots rempl., L. n° 95-115, 4 févr. 1995, art. 5-A-XXI)* « Les directives territoriales d'aménagement précisant les modalités d'application du présent chapitre ou, en leur absence, lesdites dispositions » sont applicables à toute personne publique ou privée pour l'exécution de tous travaux, constructions, défrichements, plantations, installations et travaux divers, la création de lotissements et l'ouverture de terrains de camping ou de stationnement de caravanes, l'établissement de clôtures, pour l'ouverture de carrières, la recherche et l'exploitation de minerais. Elles sont également applicables aux installations classées pour la protection de l'environnement.**

Champ d'application territorial. Le champ d'application de la loi du 3 janvier 1986 est très vaste : communes riveraines des mers, océans, étangs salés, et des plans d'eau intérieurs de plus de 1 000 hectares (art. 2 de la loi précitée). En outre, l'étendue du littoral est variable (en profondeur) selon les activités exercées. **0369**

Un décret en Conseil d'État doit fixer la liste des communes non riveraines du littoral, auquel le présent chapitre s'applique néanmoins (sur l'entrée en vigueur, C. urb., art. L. 111-1-4). Aucun décret n'est intervenu pour étendre la portée territoriale de la loi littoral à des communes non riveraines de mers ou étangs salés. En revanche, la jurisprudence applique la loi littoral à toute l'étendue du territoire communal, même dans ses parties éloignées.

Voir aussi : La jurisprudence citée sous C. urb., art. L. 146-4, p. 123 ; les annotations sous C. urb., art. L. 145-2.

Communes visées. L'article L. 146-1 qui prévoit que les dispositions du chapitre VI du titre IV du Code de l'urbanisme sont applicables dans les communes littorales définies à l'article 2 de la loi du 3 janvier 1986 a pour effet de rendre ces dispositions applicables sur l'ensemble du territoire de ces communes, sous réserve des dispositions spécifiques limitant à une partie de ce territoire le champ d'application de certaines de ces dispositions (CAA Marseille, 12 févr. 2004, req. n° 99MA02163, *SCI Coteau des chênes*). **0370**

Une commune dont les rivages bordent un aber (Aber Wrac'h) en aval de la limite transversale de la mer doit être regardée comme une commune littorale, en application des dispositions de l'article L. 146-1 (CAA Nantes, 26 déc. 2003, req. n° 02NT01147, *M. Roudaut*).

Opposabilité. L'opposabilité aux autorisations d'installations classées est réaffirmée par l'avis du Conseil d'État du 12 octobre 1993 (*EDCE* n° 45-1993, p. 382). **0371**

Voir aussi : Sur l'opposabilité directe de la loi littoral aux autorisations individuelles, concl. Pietri sous CAA Nancy, 27 mai 1993, *Cne de Saint-Étienne-au-Mont : Rev. jur. env.* 1994, p. 255.

Loi littoral et schéma spécifique. Le schéma de mise en valeur de l'étang de Thau doit respecter la loi littoral, malgré les dispositions de l'article L. 146-4, II (CE, 7 juill. 1997, *Madaule : BJDU* 5/1997, p. 315, concl. Bonichot). Le schéma d'aménagement de la Corse du 7 février 1992 doit être compatible avec les dispositions codifiées de la loi littoral et notamment avec l'article L. 146-4, en vertu de l'article L. 146-1 (CE, 29 juin 2001, req. n° 208015, *SCI Vetricella*. – CAA Marseille, 19 juin 2003, req. n° 99MA0249, *M. Burki et autres*). **0372**

Loi Littoral et schéma directeur local. À supposer qu'une opération immobilière d'environ 20 000 m^2 soit conforme au schéma directeur de Menton, cette circonstance ne saurait avoir pour effet de rendre légale cette opération au regard du II de l'article L. 146-4 avec lequel ledit schéma doit lui-même être compatible en vertu des dispositions combinées des articles L. 111-1-1 et L. 146-4 (CAA Marseille, 3 juin 2004, req. n° 02MA01516, *Société les Hauts de Saint-Antoine*). **0373**

Bibliographie : BOUSQUET, *Définition et identification du littoral contemporain : Rev. jur. env.* 1990, p. 451.

C. urb., art. L. 146-2 ***(L. n° 86-2, 3 janv. 1986).*** **— Pour déterminer la capacité d'accueil des espaces urbanisés ou à urbaniser, les documents d'urbanisme doivent tenir compte :**

– de la préservation des espaces et milieux mentionnés à l'article L. 146-6 ;

– de la protection des espaces nécessaires au maintien ou au développement des activités agricoles, pastorales, forestières et maritimes ;

– des conditions de fréquentation par le public des espaces naturels, du rivage et des équipements qui y sont liés.

Dans les espaces urbanisés, ces dispositions ne font pas obstacle à la réalisation des opérations de rénovation des quartiers ou de réhabilitation de l'habitat existant, ainsi qu'à l'amélioration, l'extension ou la reconstruction des constructions existantes.

Les ***(Mots rempl., L. n° 2000-1208, 13 déc. 2000, art. 202-XII)*** **« schémas de cohérence territoriale » et les** ***(Mots rempl., L. n° 2000-1208, 13 déc. 2000, art. 202-VIII)*** **« plans locaux d'urbanisme » doivent prévoir des espaces naturels présentant le caractère d'une coupure d'urbanisation.**

0374 **Opposabilité.** L'article L. 146-2 s'impose aux documents d'urbanisme couvrant une partie significative du territoire communal, ceci en vertu de l'article L. 111-1-1. Mais le présent article n'est pas opposable aux autorisations individuelles d'urbanisme (TA Nice, 4 juill. 1991 : *Jurisprudence administrative illustrée*, p. 161).

0375 **Capacité d'accueil.** Capacité d'accueil excessive pour la ZAC de cap Dramont (105 000 m^2 de SHON dont 3 900 m^2 proches de la mer, avec des constructions de 7 mètres et parfois de 13 mètres) qui ne peut que dénaturer la baie d'Agay (TA Nice, 4 juill. 1991, *Fédération nationale SOS Environnement : Rec. CE*, p. 627). *Idem*, pour la ZAC du golf de Gassin (45 000 m^2 de SHON). – CE, sect., 12 févr. 1993, *Cne de Gassin : Rec. CE*, p. 26 ; *AJDA* 1993, p. 391, chron. de jurisprudence ; *Petites affiches*, 10 mai 1993, note Lamorlette ; *JCP* N 1994, I, p. 10, concl. Le Chatelier. *Idem* pour la ZAC des Hautes Roches, à Théoule (14 500 m^2 de SHON) dans un secteur de 57 200 m^2 (c'est à la fois atteinte au site, et capacité d'accueil excessive). – TA Nice, 31 janv. 1991, *Assoc. de défense des sites de Théoule et de la Corniche d'Or* (*D.* 1991, somm. p. 263, note Charles) confirmé sur le fondement de l'article L. 121-10 par CE, 10 févr. 1997, *Assoc. pour la défense du site de Théoule : DA* 1997, 117.

La solution concernant la ZAC de Cap Dramont a été infirmée par le Conseil d'État (CE, 29 nov. 1996, *Société de développement du Dramont-Agay et Société Dramont-Aménagement : BJDU* 1/1997, p. 63, obs. Phemolant).

Mais, en cas de pression véritablement urbaine, l'ouverture de zones agricoles à l'urbanisation est admise (CE, 2 déc. 1991, *Chambre d'agriculture des Alpes-Maritimes*), de même que les opérations de rénovation comportant démolition et reconstruction, dans le secteur sauvegardé de Nice (TA Nice, 31 janv. 1991, *Comité de défense de la baie des Anges*).

Le présent article est respecté pour la ZAC du Cap Estérel, comportant une SHON de 105 000 m^2, sur 102 hectares (CE, 29 nov. 1996, *Sté de développement du Dramont-Agay : BJDU* 2/1997, p. 74, concl. Piveteau), ou pour un POS ouvrant à l'urbanisation une zone limitée, qui ne met pas en péril les objectifs protégés par cet article (CE, 12 déc. 1997, *Desgrés*).

0376 **Coupures d'urbanisation.** Plusieurs jugements annulent des POS ou des PAZ prévoyant d'urbaniser des coupures d'urbanisation : zone NA à Nice entraînant suppression d'espaces naturels (TA Nice, 17 déc. 1988, *Mouvement niçois pour la défense des sites et du patrimoine*), ZAC de Pardigon, à la Croix Valmer (TA Nice, 23 avr. 1992, *Assoc. Vivre dans la presqu'île de Saint-Tropez*), ZAC de Port Argelès (CE, 29 mars 1993, *Cne d'Argelès-sur-Mer : Rec. CE*, p. 1078 ; *DA* 1993, 253).

Mais tel n'est pas le cas d'une zone boisée déjà urbanisée (TA Nice, 14 mars 1991, *Assoc. des amis du Rayol-Canadel*). N'est pas contraire à cet article, et plus précisément à l'obligation de prévoir des coupures d'urbanisation, la zone ND d'un POS, même si sont admises les voiries et les réfections d'immeubles existants (CE, 1er oct. 1997, *Cne de Pornic*). De plus, il est possible de maintenir une zone UC pour des espaces déjà urbanisés *(idem)*.

L'obligation de respecter des coupures vertes suppose un document d'urbanisme couvrant une partie significative de la commune, ce qui n'est pas le cas d'un POS partiel couvrant seulement quatre secteurs éloignés entre eux (CE, 21 sept. 1992, *Assoc. de défense de Juan-les-Pins : Rec. CE*,

p. 1361) ou du POS partiel de St-Jean-de-Luz (TA Pau, 3 févr. 1993, *Préfet des Pyrénées-Atlantiques c/ Cne de Saint-Jean-de-Luz et SNC Domaine de Larraldia : Rev. jur. env.* 1993, p. 221, note Madec et Rey. – V. également Rép. min : *JOAN* 11 oct. 1993, p. 3469), ou d'une révision partielle du POS (CE, 25 nov. 1998, *Cne de Grimaud*) ou encore d'un PAZ prévoyant pourtant la création de plus de 200 logements (CE, 5 déc. 2001, req. n° 237294, *Sté Intertouristik Holiday : BJDU* 3/2002, p. 227).

Atteinte au rivage du fait d'un ouvrage d'art. Le pont de l'Île-de-Ré ne porte pas atteinte, par lui-même, à l'état naturel du rivage ; le juge rejette en conséquence le recours contre l'arrêté préfectoral autorisant la gestion conjointe du domaine public par l'État et par le département (CE, 8 avr. 1994, *Département des Charentes-Maritimes : Rec. CE*, p. 184). 0377

N'est pas urbanisé un terrain situé à 100 mètres d'un vaste site naturel dont il est séparé par une route, comportant une ancienne casemate enterrée (avec façade apparente de 2,50 mètres) ayant servi de bureau du port, la route étant pourtant bordée par des maisons (CE, 12 avr. 1995, *Kirche*).

C. urb., art. L. 146-3 ***(L. n° 86-2, 3 janv. 1986).*** **— Les opérations d'aménagement admises à proximité du rivage organisent ou préservent le libre accès du public à celui-ci.**

Voir aussi : C. urb., art. L. 160-7, p. 150.

C. urb., art. L. 146-4 ***(L. n° 86-2, 3 janv. 1986).*** **— I. – L'extension de l'urbanisation doit se réaliser soit en continuité avec les agglomérations et villages existants, soit en hameaux nouveaux intégrés à l'environnement.**

(Alinéa créé, L. n° 99-574, 9 juill. 1999, art. 109) **Par dérogation aux dispositions de l'alinéa précédent, les constructions ou installations liées aux activités agricoles ou forestières qui sont incompatibles avec le voisinage des zones habitées peuvent être autorisées, en dehors des espaces proches du rivage, avec l'accord du préfet après avis de la commission départementale des sites, perspectives et paysages. Cet accord est refusé si les constructions ou installations sont de nature à porter atteinte à l'environnement ou aux paysages.**

(Rédaction future) (Alinéa créé, L. n° 99-574, 9 juill. 1999, art. 109) Par dérogation aux dispositions de l'alinéa précédent, les constructions ou installations liées aux activités agricoles ou forestières qui sont incompatibles avec le voisinage des zones habitées peuvent être autorisées, en dehors des espaces proches du rivage, avec l'accord du préfet après avis de la (Mots remplacés à compter de la publication du décret mentionné à l'article 35 de l'ordonnance n° 2004-637 du 1er juillet 2004, et au plus tard, le 1er juillet 2005, Ord. n° 2004-637, 1er juill. 2004, art. 28, II, 1° et 41) « commission départementale compétente en matière de nature, de paysages et de sites ». Cet accord est refusé si les constructions ou installations sont de nature à porter atteinte à l'environnement ou aux paysages.

II. – L'extension limitée de l'urbanisation des espaces proches du rivage ou des rives des plans d'eau intérieurs désignés à l'article 2 de la loi 86-2 du 3 janvier 1986 précitée doit être justifiée et motivée, dans le ***(Mots remplacés, L. n° 2000-1208, 13 déc. 2000, art. 202-III)*** **« plan local d'urbanisme », selon des critères liés à la configuration des lieux ou à l'accueil d'activités économiques exigeant la proximité immédiate de l'eau.**

Toutefois, ces critères ne sont pas applicables lorsque l'urbanisation est conforme aux dispositions d'un ***(Mots remplacés, L. 2000-1208, 13 déc. 2000, art. 202-XI)*** **« schéma de cohérence territoriale » ou d'un schéma d'aménagement régional ou compatible avec celles d'un schéma de mise en valeur de la mer.**

En l'absence de ces documents, l'urbanisation peut être réalisée avec l'accord du représentant de l'État dans le département. Cet accord est donné après que la commune a motivé sa demande et après avis de la commission départementale des sites appréciant l'impact de l'urbanisation sur la nature. Les communes intéressées peuvent également faire connaître leur avis dans un délai de deux mois suivant le dépôt de la demande d'accord. (Mots remplacés, L. n° 2000-1208, 13 déc. 2000, art. 202, XIII) « Le plan local d'urbanisme » doit respecter les dispositions de cet accord.

(Rédaction future) En l'absence de ces documents, l'urbanisation peut être réalisée avec l'accord du représentant de l'État dans le département. Cet accord est donné après que la commune a motivé sa demande et après avis de la (Mots remplacés à compter de la publication du décret mentionné à l'article 35 de l'ordonnance n° 2004-637 du 1er juillet 2004 et, au plus tard, le 1er juillet 2005, Ord. n° 2004-637, 1er juill. 2004, art. 28, II, 2° et 41) « commission départementale compétente en matière de nature, de paysages et de sites » appréciant l'impact de l'urbanisation sur la nature. Les communes intéressées peuvent également faire connaître leur avis dans un délai de deux mois suivant le dépôt de la demande d'accord. (Mots remplacés, L. n° 2000-1208, 13 déc. 2000, art. 202, XIII) « Le plan local d'urbanisme » doit respecter les dispositions de cet accord.

III. – En dehors des espaces urbanisés, les constructions ou installations sont interdites sur une bande littorale de cent mètres à compter de la limite haute du rivage ou des plus hautes eaux pour les plans d'eau intérieurs désignés à l'article 2 de la loi 86-2 du 3 janvier 1986 précitée.

Cette interdiction ne s'applique pas aux constructions ou installations nécessaires à des services publics ou à des activités économiques exigeant la proximité immédiate de l'eau. Leur réalisation est toutefois soumise à enquête publique suivant les modalités de la loi n° 83-630 du 12 juillet 1983 relative à la démocratisation des enquêtes publiques et à la protection de l'environnement.

Le *(Mots remplacés, L. n° 2000-1208, 13 déc. 2000, art. 202-III)* « plan local d'urbanisme » peut porter la largeur de la bande littorale visée au premier alinéa du présent paragraphe à plus de cent mètres, lorsque des motifs liés à la sensibilité des milieux ou à l'érosion des côtes le justifient.

IV. – Les dispositions des paragraphes II et III ci-dessus s'appliquent aux rives des estuaires les plus importants, dont la liste est fixée par décret en Conseil d'État.

V *(V créé, L. n° 2005-157, 23 févr. 2005, art. 235, XI)* Les dispositions des II et III ne s'appliquent pas aux rives des étiers et des rus, en amont d'une limite située à l'embouchure et fixée par l'autorité administrative dans des conditions définies par un décret en Conseil d'État.

I. – Généralités

0378 **Présentation et généralités.** La plupart des règles prescrites par le présent article étaient préfigurées par la directive nationale d'aménagement du littoral annexée au décret du 25 août 1979 (C. urb., anc. art. R. 111-27 ; V. arrêts cités sous cet article).

Voir aussi : Cas des terrains de camping ou de caravaning, C. urb., art. L. 146-5, p. 129 ; Cas particulier des départements d'outre-mer, C. urb., art. L. 156-2, p. 140.

0379 **Espaces proches du littoral.** Dans les espaces proches du littoral, le décret n° 89-694 du 20 septembre 1989 abaisse le seuil d'exigibilité de l'enquête publique régie par la loi du 12 juillet 1983 : une telle enquête est nécessaire, lorsque le coût des travaux est supérieur à 6 millions de francs (au lieu de 12 millions de francs) lorsqu'il s'agit de travaux d'hydraulique agricole mentionnés du 2° au 7° de l'article 175 du Code rural, réalisés dans la bande littorale mentionnée au III du présent article ; dans les mêmes zones, l'enquête publique est obligatoire lorsque les travaux excèdent 1 million de francs, quelle que soit alors la nature des travaux, ouvrages ou aménagements en cause (Circ. n° 89-63, 25 oct. 1989 : *JCP* N 1990, Prat. 1267).

0380 **Décret relatif aux estuaires.** Le décret relatif aux estuaires, visé au IV, n'a pas encore été pris, de sorte que la loi littoral ne s'y applique pas, lorsqu'il ne s'agit pas d'une commune riveraine de la mer ou d'un étang salé, ou d'un plan d'eau intérieur de plus de 1 000 hectares. Cette position a été confirmée par avis CE, 5 oct. 1998, *Préfet du Finistère c/ Le Hir : BJDU* 6/1998, p. 415, concl. Maugüe.

II. – La notion de hameau (alinéa I)

La notion de hameau (alinéa I). Une construction de 80 000 mètres carrés de SHON, sur une surface de 132 hectares, excède la notion de hameau (TA Nice, 2 avr. 1992, *Préfet des Alpes-Maritimes et Époux Vautretot : AJDA* 1992, p. 622, concl. Lambert, dans le cadre de la ZAC de Maurevieil, à Mandelieu ; *Petites affiches*, 5 août 1992, note Lamorlette), de même que l'implantation d'immeubles collectifs dans la ZAC de Pardigon à la Croix-Valmer (TA Nice, 23 avr. 1992, *Assoc. Bien Vivre à Saint-Tropez*), ou la construction de 750 villas (4 500 lits), d'un hôtel de 1 460 m² de SHON, d'un aqua parc de 3 500 m² et d'un parking de 1 580 places (TA Lille, 17 sept. 1992, *Fédération régionale des sociétés de protection de la nature et de l'environnement*), le PAZ prévoyant plusieurs îlots de 23 800 m² de SHON et 23 mètres de hauteur, outre quatre autres îlots de 47 500 m² de SHON (CE, 3 juill. 1996, *SCI Mandelieu-Maure-Viel : Rec. CE*, p. 261 ; *DA* 1996, 547). Ou encore une maison isolée (TA Bastia, 22 mai 1997, *Époux Rodriguez c/ Préfet Corse-du-Sud : Ét. fonc.* sept. 1997). 0381

En revanche, constitue un hameau peu visible la localisation d'une zone NA de 4 hectares dans le méandre d'un lac, entre une corniche et un massif boisé (TA Besançon, 6 déc. 1990, *Fédération de défense de l'environnement du Jura*) ou une zone NA en bordure du rivage, à la Martinique (CE, 7 janv. 1991, *Assaupamar : Rec. CE*, p. 149 ; *CJEG* 1991, p. 1, concl. Toutée, note Jegouzo ; *AJDA* 1990, p. 701, chron. de jurispr.).

Voir aussi : Sur la notion de hameau, les observations sous C. urb., art. L. 145-3, p. 108.

III. – La notion de continuité (alinéa I)

La notion de continuité (alinéa I). Le principe de continuité de l'urbanisation n'est pas respecté en cas de séparation par une rivière (TA Montpellier, 18 avr. 1991, *Darennes*, dans l'affaire de Port-Argelès. – CE, 29 mars 1993, *Cne d'Argelès-sur-Mer*), alors qu'il est respecté en cas d'urbanisation dispersée préexistante, sur une partie du littoral corse (TA Bastia, 20 nov. 1987, *Tomasi*). 0382

La continuité avec un lotissement n'est pas suffisante à défaut de continuité avec le village ou l'agglomération (CE, 3 juill. 1996, *SCI Mandelieu-Maure-Viel : Rec. CE*, p. 261 ; *DA* 1996, 547). – Dans le même sens, CE, 10 févr. 1997, *Assoc. pour le patrimoine naturel et historique de la Corse : Rec. CE*, T, p. 990 et 1032. La continuité avec une zone NA partiellement construite est insuffisante malgré la proximité d'un centre médical et touristique, situé lui-même dans la bande de 100 mètres au bord du littoral (CE, 19 juin 1996, *Cne de Cerbère c/ Fenec*). Il n'y a pas continuité pour un permis de construire un élevage de volailles hors sol dans une zone sans construction, à 200 mètres du lieu-dit (CAA Nantes, 10 juin 1998, *Cne de Logonna-Daoulas : BJDU* 1/1999, p. 4, concl. Jacquier. C'est pour limiter l'effet pervers de cette solution que la loi du 9 juillet 1999 permet, par dérogation au principe de continuité, les constructions et installations agricoles ou forestières incompatibles avec le voisinage des zones habitées, sous d'importantes précautions de procédure (dernière phrase du paragraphe I).

IV. – La notion d'espaces proches du rivage (alinéa II)

Espaces proches du rivage (alinéa III). Critères. Pour décider si des espaces sont « proches du rivage », il convient d'examiner non seulement la distance qui les sépare du rivage mais également s'ils sont visibles de la mer et s'ils en sont ou non séparés par des espaces déjà urbanisés (CE, 3 mai 2004, req. n° 251534, *Mme Barrière : BJDU* n° 2/2004, p. 86, concl. Mitjaville). 0383

Localisation. Les espaces proches du rivage peuvent se situer entre 800 mètres et 1 kilomètre du littoral, même s'ils sont invisibles de ce dernier, en présence d'une ligne de crête et de constructions interposées (CE, sect., 12 févr. 1993, *Cne de Gassin : Rec. CE*, p. 26 ; *AJDA* 1993, p. 391, chron. de jurisprudence ; *Petites affiches*, 10 mai 1993, note Lamorlette ; *JCP* 1993, II, 22163, concl. Le Chatelier) ou entre 300 et 800 mètres (CE, 10 juill. 1995, *Sté de Golf de Pardigon*) ou de 200 à 750 mètres (CE, 10 févr. 1997, *Cne de Labenne : Rec. CE*, T, p. 688 et 994). Est un espace proche du rivage la zone située de 280 à 430 mètres du littoral, même si s'interpose une zone urbanisée (CAA 0384

Lyon, 8 avr. 1997, *Margencal : Gaz. Pal.* 28 nov. 1998). Le juge administratif refuse d'indiquer un critère précis de distance, et préfère une appréciation qualitative, tenant compte du particularisme du rivage considéré.

Pour un exemple patent de proximité (17 hectares situés entre 500 et 100 m. du rivage) (CAA Nantes, 13 nov. 2001, *Cne de Grandcamp-Maisy : BJDU* 2/2002, p. 85, concl. Lalauze).

V. – La notion d'extension limitée de l'urbanisation (alinéa II)

0385 **La notion d'extension limitée de l'urbanisation. Applicabilité.** Les dispositions de l'article L. 146-4-II qui limitent l'urbanisation des espaces proches du rivage sont applicables même dans les secteurs déjà urbanisés. Pour apprécier la compatibilité d'un projet avec ces exigences, il faut tenir compte non seulement de son importance en termes de surface mais aussi de son implantation et de la destination des constructions envisagées (CE, 30 juill. 2003, req. n° 203766, *Syndicat de défense du Cap-d'Antibes : BJDU* n° 6/2003, p. 401, concl. Piveteau ; *Constr.-urb.* nov. 2003, n° 257, note Le Corre). Le Conseil d'État ajoute également, comme critère à retenir, « les caractéristiques topographiques de la partie concernée de la commune (CE, 14 nov. 2003, req. n° 228098, *Cne de Bonifacio : BJDU* n° 2/2004, p. 193 ; *Constr.-urb.* févr. 2004, n° 36, obs. Le Corre).

0386 **Extension limitée (non).** Il n'y a pas extension *limitée* à Port-Argelès, où la ZAC prévoyait 87 000 m² de SHON (1 500 logements) et 11 000 m² à un autre usage malgré l'accord du préfet sur avis de la commission des sites (CE, 29 mars 1993, *Cne d'Argelès-sur-Mer*) ni sur le golf de Gassin, où la ZAC était prévue pour 45 000 m² de SHON (CE, sect., 12 févr. 1993, préc.), ni pour la ZAC de la Cavalière, au Lavandou, prévue pour 69 100 m² dans un site protégé où la population permanente n'était que de 250 personnes (CE, 1er juill. 1994, *Min. Équip. et Cne du Lavandou*), ni dans la ZAC de Pardigon, à la Croix Valmer, prévue pour 69 000 m² de SHON (TA Nice, 22 avr. 1992, *Assoc. Vivre dans la presqu'île de Saint-Tropez*). De même, est excessive en front de mer la construction d'un centre de thalassothérapie, d'un hôtel et de logements d'une SHON de 52 258 m² sur un terrain de 18 300 m² (TA Pau, 22 oct. 1991, *Assoc. Sauve Plage Hossegor : Rev. jur. env.* 1993, p. 220, note Madec et Rey), la construction d'un hôtel de 103 chambres et 9 bâtiments de 293 logements totalisant 27 000 m² (CAA Lyon, 8 avr. 1997, *Sté au Service du développement : Gaz. Pal.* 28 nov. 1998) ou encore le classement effectué par un POS concernant des terrains situés sur une crête distante de 500 mètres du rivage et permettant de développer une surface de 43 000 m² SHON (CE, 14 nov. 2003, préc.).

Est illégale la ZAC de Port-Fréjus, d'une densité de 0,6 (CE, 27 févr. 1995, *Assoc. des quartiers de Fréjus : AJDA* 1995, p. 468, concl. Du Marais), de même que la ZAC du Ginget au Lavandou comportant, à 1,5 km du rivage, sur 25 hectares d'anciennes terres agricoles, un projet de 88 000 m² de SHON et de 15 mètres de hauteur (TA Nice, 25 nov. 1994, *Comité de défense des copropriétaires du quartier des Bormes : Ét. fonc.* 1995, n° 67), la ZAC de Pardigon, comportant 34 000 m² de SHON sur 7,5 hectares (CE, 10 juill. 1995), un projet à Bidart de 108 logements totalisant 8 500 m² sur 8 niveaux (CAA Bordeaux, 28 déc. 1995, *Espilondo : AJDA* 1996, p. 203), la création de 11 000 m² de SHON sur le port de Toga (CE, 10 mai 1996, *SA du port de Toga : AJDA* 1996, p. 467, concl. Fratacci ; *BJDU* 5/1996, p. 309, concl. Fratacci), l'extension du palais des festivals de Cannes (TA Nice, 25 oct. 1996 : *BJDU* 5/1996, p. 317, concl. Poujade), la ZAC de l'Océan à Labenne, comportant 53 000 m² sur 15 hectares (CE, 10 févr. 1997, *Cne de Labenne : Rec. CE*, T, p. 688 et 994), un programme immobilier sur la Pointe-Croisette de 74 000 m² (TA Nice, 31 oct. 1996, *Synd. des copropriétaires de la presqu'île de Palm-Beach : BJDU* 6/1996, p. 388, concl. Poujade), la ZAC les Fontaines de Grimaud, comportant 56 000 m² de SHON (CAA Lyon, 31 déc. 1996, *Aide : AJDA* 1997, p. 279 ; *BJDU* 5/1997, p. 340, concl. Gailleton) l'extension d'une urbanisation (habitat et activités de loisirs) pour 20 400 m² SHON sur 10 hectares (CAA Nantes, 13 nov. 2001, *Cne de Grandcamp-Maisy : BJDU* 2/2002, p. 85, concl. Lalauze).

0387 **Densité induite.** L'institution d'une nouvelle zone UCa au POS couvrant un peu plus de 36 hectares, proche du rivage pour une grande partie, et dont le règlement autorise de porter à trois étages la hauteur des immeubles constitue, compte tenu de la densité qui en résulte, une extension non limitée au sens de l'article L. 146-4-II (CAA Bordeaux, 13 mars 2003, req. n° 99BX01969, *Association pour la sauvegarde de Capbreton et autres : BJDU* n° 4/2003, p. 304).

Selon un avis du Conseil d'État, une centrale thermique, à 1 km du littoral, sur 25 hectares, n'est pas une urbanisation limitée ; cet équipement ne nécessite pas la proximité de la mer (avis CE, 12 oct. 1993 : *Ét. fonc.* n° 63-1994).

En revanche, constitue une urbanisation limitée, compatible avec l'article L. 146-4, un lotissement à 500 mètres du rivage, proche d'un site inscrit et de constructions récentes (TA Bastia, 8 oct. 1993, *SCI SCS c/ Préfet Corse-du-Sud : Ét. fonc.* 1994, n° 63-1994), la construction de 16 logements (CE, 27 avr. 1994, *OPHLM de Vannes : BJDU* 2/1995, p. 116, concl. Loloum), la réalisation en secteur déjà urbanisé et sur un terrain de 1 000 m^2 entouré de parcelles construites, d'un immeuble de cinq étages (CE sect., 9 juin 2004, req. n° 262689, *Cne de Roquebrune-Cap-Martin : BJDU* n° 3/2004, p. 166, concl. Mitjaville), ou la zone NA permettant la construction d'un hôtel de 3 600 m^2 sur un terrain de 32 000 m^2, en continuité d'un hameau ancien (20 mars 1998, *Mme de la Rochefoucauld : DA* 1998, 186) ou la zone urbaine d'un POS, rattachée à un secteur urbanisé, et dont le COS est faible (CE, 9 avr. 1999, *Jordan*).

La densification d'un espace urbanisé n'est pas l'extension de l'urbanisation (CAA Lyon, 28 avr. 1998, *Sté Sudinvest et Ville d'Antibes : BJDU* 6/1998, p. 410, concl. Veslin).

Juge de l'urgence. Un PAZ autorisant sur 15 hectares environ dans une zone naturelle proche du littoral, un ensemble immobilier de 16 000 m^2 a conduit le juge à reconnaître un doute sérieux sur la légalité de la délibération ayant approuvé le plan (CE, 5 déc. 2001, *Sté Intertouristik Holiday : BJDU* 3/2002, p. 227). 0388

VI. – Procédure d'urbanisation (alinéa II)

Procédure d'urbanisation (alinéa II). Il faut distinguer trois cas : 0389

En présence d'un document supracommunal (schéma directeur ou schéma de mise en valeur de la mer), aucune justification n'est nécessaire pour permettre l'urbanisation des espaces proches du rivage.

En présence d'un POS, l'urbanisation limitée doit être motivée et justifiée par ce plan, selon des critères tenant à la configuration des lieux ou à l'accueil d'activités économiques exigeant la proximité immédiate de l'eau (CE, 10 févr. 1997, *Assoc. de défense de protection et de valorisation du patrimoine naturel et historique de la Corse : Rec. CE*, p. 990 et 1032. – CE, 25 mars 1996, *Assoc. des propriétaires et résidents pour la sauvegarde du Moulleau : Rec. CE*, T, p. 1205. – CE, 14 janv. 1994, *Cne de Rayol-Canadel : DA* 1994, 172. – CE, 24 juill. 1994, *Cne de Frontignan et SNC Nebot : Rec. CE*, p. 409 ; *AJDA* 1994, p. 920, note Le Mire). Une motivation stéréotypée est insuffisante (TA Nice, 27 juin 1996, *Cne de Vallauris : Gaz. Pal.* 30 juill. 1997).

L'extension limitée est permise, soit si le POS est motivé, soit si elle est conforme au SDAU, les deux conditions n'étant pas cumulatives (CE, 25 mars 1998, *Cne de St-Quay-Portrieux*).

En présence d'un POS, l'exigence d'un accord explicite du préfet est incertaine, un commissaire du Gouvernement ayant paru l'exclure (concl. Pochard, sous CE, 31 juill. 1992, *Cne de la Trinité-sur-Mer : J.-Cl. Construction*, fasc. 9-3) ;

En l'absence de POS (et peut-être plus largement en l'absence de document d'urbanisme supracommunal), s'ajoute l'exigence de l'accord du préfet, après avis de la commission des sites et des communes intéressées, sur demande de la commune (le TA de Montpellier exige, contre la doctrine dominante, que la demande soit formulée par le conseil municipal et non par le maire, même dans le cas d'un permis de construire, TA Montpellier, 27 juill. 1995, *Assoc. de sauvegarde de l'étang des Mouettes c/ Cne de Frontignan*). Cette solution a été confirmée par le Conseil d'État qui vielle strictement à l'extension limitée de l'urbanisation. Ainsi, lorsqu'un POS n'a pas fixé de critères spécifiques justifiant cette extension, et en l'absence d'un schéma directeur ou d'un schéma d'aménagement régional ou d'un schéma de mise en valeur de la mer, une construction constituant une extension limitée de l'urbanisation d'un espace proche du rivage ne peut être autorisé qu'avec l'accord du préfet (CE, 26 oct. 2001, req. n° 216471, *Époux Eisenchteter*). Qu'un tel accord préfectoral, après consultation de la commission départementale des sites, est nécessaire indépendamment du caractère urbanisé ou non de l'espace dans lequel se situent les terrains d'assiette des constructions envisagées (CAA Nantes, 25 mars 2003, req. n° 01NT01990, *M. Pierre Souzeau*).

Le contrôle du juge administratif sur l'accord donné par le préfet paraît être un contrôle normal (concl. Fratacci sous CE, 20 nov. 1995, *Assoc. l'Environnement à Concarneau : BJDU* 6/1995, p. 432 ; *RFDA* 1996, p. 169). Cet accord doit être explicite (la délivrance de l'autorisation par le préfet lui-même ne vaut pas accord au sens du présent article, TA Rennes, 11 oct. 1990, *Mme Dalidec : Rev. jur. env.* 1991, p. 395, note Becet à propos d'un atelier-relais situé dans une zone urbanisée).
Lorsque l'accord du préfet est requis, son éventuel refus s'impose aux auteurs du POS, et il n'y a pas d'erreur manifeste d'appréciation pour un refus portant sur des terrains précédemment classés NA, recouverts de maquis et non encore altérés par l'activité humaine, que le préfet souhaite voir classés ND (CE, 14 oct. 1998, *Grandcourt de la Taille*). Le refus d'accord du préfet est un acte préparatoire, insusceptible de recours (CAA Nantes, 25 mars 1998, *Eisenchteter : BJDU* 4/1998, p. 308).

VII. – La notion d'espace urbanisé (alinéa III)

0390 **La notion d'espace urbanisé (alinéa III).** La notion d'espace urbanisé (alinéa III). L'accord du préfet n'est pas nécessaire si le permis porte sur une zone déjà urbanisée et qu'il n'y a pas d'extension (CE, 6 janv. 1997, *Assoc. les Amis de Saint-Palais-sur-Mer : Rec. CE*, p. 4).
La notion d'espace urbanisé (échappant à la prohibition de construire dans la bande de 100 mètres) s'applique à une zone urbanisée de façon diffuse (TA Nice, 23 déc. 1987, *Delbos*. – TA Bastia, 3 avr. 1992, *Laurelli* c/ *Préfet de Corse-du-Sud : Rev. jur. env.* 1992, p. 494, concl. Chiaverini ; *Petites affiches*, 16 juin 1992, note Morand-Deviller, réformé par CE, 5 juill. 1995, *Min. Équip.* c/ *Laurelli*), à un espace comportant 15 constructions dans un rayon de 200 mètres (TA Rennes, 25 oct. 1990, *Jooris : Rev. jur. env.* 1991, p. 396, note Becet), à un terrain bordé par une voie publique, équipée de tous les réseaux et d'un hameau récent et d'un ensemble de bâtiments collectifs (TA Rennes, 12 juill. 1989, *Assoc. pour la sauvegarde du Pays de Rhuys*) ou à des terrains construits de façon continue (TA Nice, 12 févr. 1992, *Copropriété des Néréides*. – TA Rennes, 19 mars 1992, *Assoc. pour la protection et l'embellissement du site de Pontchâteau* ou une villa à démolir en centre-ville (CE, 11 mai 1994, *Assoc. Sémiramis, les amis de Saint-Raphaël et de Fréjus et assoc. Var Environnement*), ou au Cap de la Chèvre, hors des espaces naturels (CAA Nantes, 4 mai 1994, *Cne de Crozon : BJDU* 5/1994, p. 3, concl. Isaia), ou encore à Hendaye Plage (CE, 5 mai 1995, *Sté coopérative maritime Bidassoa : AJDA* 1995, p. 463, concl. du Marais), ou à un terrain bordé par un centre de vacances de 150 bungalows et longé sur 200 mètres par des immeubles collectifs (CAA Bordeaux, 13 juin 1996, *Clivem : BJDU* 5/1996, p. 376).
Commet une erreur de droit, la cour qui, pour apprécier la notion d'espace urbanisé, s'est référée à une situation postérieure à la date de l'acte attaqué (27 mai 1998, *Cne de « le Bois Plage » en Ré*).
Il n'y a pas zone urbanisée dans le cas d'un simple avant-port dans une coupure d'urbanisation (TA Montpellier, 18 avr. 1991, *Darennes*, dans le cas de Port-Argelès), d'un terrain bordé par une route littorale sur deux côtés, par un espace boisé, et par des constructions sur un seul côté (TA Marseille, 5 juill. 1991, *Assoc. les Verts*), d'un terrain non desservi par les équipements, séparé d'un village par une route, malgré la présence de quelques habitations, dans un rayon de 200 mètres (TA Rennes, 4 juill. 1991, *Mme Abiven*) ou d'un camping (TA Rennes, 4 juill. 1991, *Mme Lemaire* c/ *Cne de Saint-Jean-de-Luz : Rev. jur. env.* 1993, p. 221, note Madec et Rey), d'une parcelle comportant une ancienne casemate, ayant servi de bureau de port (CE, 12 avr. 1995, *Kirche : BJDU* 3/1995, p. 191, concl. Fratacci), d'un terrain de 7 000 m^2 viabilisé, malgré la présence de 19 constructions dispersées en bord de mer, à proximité (CAA Nantes, 9 nov. 1995, *SCI de Larden : BJDU* 1/1996, p. 4, concl. Isaia), ou d'un environnement de constructions existantes de façon illégale (CAA Nantes, 11 avr. 1996, *Assoc. les amis du pays entre Mès et Villaine : Rev. jur. env.* 1-97, p. 61, note Le Cornec).
De même, il n'y a pas zone urbanisée pour un terrain de 3,5 hectares vide de toute construction (CE, 4 juill. 1997, *Cne de Cabourg : BJDU* 5/1997, p. 374), ni pour le terrain qui s'intègre à un ensemble de plusieurs hectares de bois, alors qu'il y a des constructions dispersées de l'autre côté de la route, que le terrain se situe dans un lotissement et que le refus de permis de construire voisin a été annulé (CE, 13 mars 1998, *Bellay : DA* 1998, 236) ni même pour un terrain sis dans un lotissement autorisé (CE, 12 mai 1997, *SCI Ifana : BJDU* 3/1997, p. 214, concl. Combrexelle). N'est pas davantage urbanisé un terrain situé à plus de 700 m du bourg dont est séparé par quelques

constructions éparses principalement dédiées à l'activité agricole et par une voie communale (CAA Nantes, 31 mai 2000, *Cne de Drages-Ronthon : BJDU* 3/2000, p. 204).

Bibliographie : Sur la notion de terrain urbanisé, TA Rennes, 27 févr. 1997, *Préfet Finistère c/ Cne de Nevez : RFDA* 1998, p. 1020, concl. Declerq.

VIII. – Constructions exigeant la proximité immédiate de l'eau (alinéa III)

Constructions exigeant la proximité immédiate de l'eau (alinéa III). Un centre de thalassothérapie n'exige pas la présence immédiate de l'eau (TA Nice, 17 déc. 1987, *Mouvement niçois pour la défense des sites et du patrimoine*), pas plus qu'un hôtel et un centre d'isothérapie (TA Lille, 24 oct. 1988, *Sté Nord Nature.* – TA Pau, 22 oct. 1991, *Assoc. Sauvegarde Hossegor*) ou un parc résidentiel de loisirs (TA Besançon, 6 déc. 1990, *Fédération de défense de l'environnement du Jura*). 0391
Cette proximité n'est pas exigée pour une station d'épuration (CE, 19 mai 1993, *Assoc. Les Verts Var : DA* 1993, 375, revirant TA Nice, 21 mars 1988, *Préfet des Alpes-Maritimes.* – CE, 20 oct. 1995, *Cne de Saint-Jean-Cap-Ferrat : DA* 1995, 791 ; *BJDU* 5/1995, p. 365, concl. Daël). C'est l'arrêt précité du 19 mars 1993 qui a entraîné la réforme de l'article L. 146-8 par la loi Bosson du 9 février 1994.
La proximité immédiate de l'eau n'est pas nécessaire pour la création d'un parking (CE, 10 mai 1996, *Cne de Saint-Jorioz : BJDU* 3/1996, note Phemolant), ni pour un bar-restaurant (CE, 9 oct. 1996, *UDVN 83 : DA* 1996, 596).
La proximité immédiate de l'eau est au contraire nécessaire pour des activités aquacoles, des activités de réparation navale, un poste de surveillance de plage (TA Caen, 27 déc. 1990, *Sahugède*) ou un atelier de mareyage (TA Rennes, 3 févr. 1994, *Roubaut*). Les dispositions de l'article L. 146-4-III ne font pas obstacle à la délivrance d'un PC pour la construction d'une ferme aquacole (CE sect., 11 févr. 2004, req. n° 212855, *SA France Travaux : RD imm.* 2004, p. 208).

Bande des 100 mètres. Dans la bande de 100 mètres, les travaux confortatifs sont admis, mais non la reconstruction d'un bâtiment sinistré (Rép. min. : *JOAN* 29 janv. 1996 ; *DA* 1996, 191). Cette doctrine a été confirmée (CAA Nantes, *Riou : BJDU* 5/1997, p. 374). 0392
La bande de 100 mètres inconstructible peut être agrandie par le POS (CE, 21 avr. 1997, *Conan : BJDU* 3/1997, p. 220).

Bibliographie : COLSON, *Les POS après la loi littoral : Rev. jur. env.* 1990, p. 605. – TANGUY, *Le contrôle par le juge administratif des autorisations d'occupation du sol en zone littorale : Rev. jur. env.* 1990, p. 615. – COULOMBIÉ et LE COQ, *La notion et le régime des espaces proches du rivage : RFDA* 1994, p. 101.

Voir aussi : Bibliographie précédant C. urb., art. L. 146-1, p. 120.

IX. – La notion de rives des estuaires

Le décret prévu par l'article 2 de la loi du 3 janvier 1986 et par l'article L. 146-4-IV a été publié au *Journal officiel* du 30 mars 2004 (D. n° 2004-311, 29 mars 2004). Sur l'astreinte prononcée à l'encontre de l'État par une décision du Conseil d'État en date du 28 juillet 2000 du fait du retard pris dans l'édiction des décrets utiles (cf. CE, 7 mai 2004, req. n° 204024, *Association France Nature Environnement*). 0393

Voir aussi : C. urb., art. R. 146-2, p. 569. Pour application des dispositions des paragraphes II et III de l'article L. 146-4 sur le territoire des communes littorales, sont classés comme estuaires les plus importants au sens du IV dudit article les estuaires de la Seine, de la Loire et de la Gironde (D. n° 2004-311, 29 mars 2004, art. 2 : *JO* 30 mars, p. 6082).

C. urb., art. L. 146-5 *(L. n° 86-2, 3 janv. 1986).* — L'aménagement et l'ouverture de terrains de camping ou de stationnement de caravanes en dehors des espaces urbanisés sont subordonnés à la délimitation de secteurs prévus à cet effet par le *(Mots rempl., L. n° 2000-1208, 13 déc. 2000, art. 202-III)* « plan local d'urbanisme ».

Ils respectent les dispositions du présent chapitre relatives à l'extension de l'urbanisation et ne peuvent, en tout état de cause, être installés dans la bande littorale définie à l'article L. 146-4.

Voir aussi : C. urb., art. R. 442-1 et s., p. 377.

0394 **ZONE NA.** Le camping ne peut être autorisé en zone NA que dans des secteurs spécifiques (TA Poitiers, 12 avr. 1995, *Préfet de Charente-Maritime : DA* 1995, 471). Les dispositions de l'article L. 146-5 sont méconnues lorsque le maire refuse pour un motif tiré de ce qu'une zone NAd ne constitue pas un secteur spécifique en vertu de cet article (alors que le terrain était pourtant bien situé dans un secteur prévu pour l'aménagement et l'ouverture de terrains de camping), une autorisation d'extension d'un terrain de camping (CAA Bordeaux, 29 avr. 2004, req. n° 02BX00657). La révision du POS permettant le camping dans la bande de 100 mètres est annulée (CE, 25 sept. 1996, req. n° 138197, *Cne de Sangatte*).

0395 **Nature de la réglementation.** Le règlement du POS peut interdire le camping, par-delà la loi littoral ou la réglementation spécifique du camping (CE, sect. 13 mai 1994, *Cne de la Tranche-sur-Mer : AJDA* 1994, p. 626, concl. Vigouroux ; *DA* 1994, 430).

C. urb., art. L. 146-6 *(L. n° 86-2, 3 janv. 1986)*. — Les documents et décisions relatifs à la vocation des zones ou à l'occupation et à l'utilisation des sols préservent les espaces terrestres et marins, sites et paysages remarquables ou caractéristiques du patrimoine naturel et culturel du littoral, et les milieux nécessaires au maintien des équilibres biologiques. Un décret fixe la liste des espaces et milieux à préserver, comportant notamment, en fonction de l'intérêt écologique qu'ils présentent, les dunes et les landes côtières, les plages et lidos, les forêts et zones boisées côtières, les îlots inhabités, les parties naturelles des estuaires, des rias ou abers et des caps, les marais, les vasières, les zones humides et milieux temporairement immergés ainsi que les zones de repos, de nidification et de gagnage de l'avifaune désignée par la directive européenne n° 79-409 du 2 avril 1979 concernant la conservation des oiseaux sauvages et, dans les départements d'outre-mer, les récifs coralliens, les lagons et les mangroves.

Toutefois, des aménagements légers peuvent y être implantés lorsqu'ils sont nécessaires à leur gestion, à leur mise en valeur notamment économique ou, le cas échéant, à leur ouverture au public. Un décret définit la nature et les modalités de réalisation de ces aménagements.

En outre, la réalisation de travaux ayant pour objet la conservation ou la protection de ces espaces et milieux peut être admise, après enquête publique suivant les modalités de la loi n° 83-630 du 12 juillet 1983 précitée.

Le *(Mots rempl., L. n° 2000-1208, 13 déc. 2000, art. 202-III)* « plan local d'urbanisme » doit classer en espaces boisés, au titre de l'article L. 130-1 du présent code, les parcs et ensembles boisés existants les plus significatifs de la commune ou du groupement de communes, après consultation de la commission départementale des sites.

***(Rédaction future)* Le *(Mots rempl., L. n° 2000-1208, 13 déc. 2000, art. 202-III)* « plan local d'urbanisme » doit classer en espaces boisés, au titre de l'article L. 130-1 du présent code, les parcs et ensembles boisés existants les plus significatifs de la commune ou du groupement de communes, après consultation de la *(Mots remplacés à compter de la publication du décret mentionné à l'article 35 de l'ordonnance n° 2004-637 du 1er juillet 2004 et au plus tard, le 1er juillet 2005, Ord. n° 2004-637, 1er juill. 2004, art. 28, II, 2° et 41)* « commission départementale compétente en matière de nature, de paysages et de sites ».**

0396 **Présentation et généralités.** Le présent article vise notamment la protection des « zones humides ». Cette protection paraissait déjà assurée par la loi du 10 juillet 1976 sur la protection de la nature, et deux décrets d'application n° 1295 et n° 1298 du 25 novembre 1977 et par le droit européen (CJCE, 28 févr. 1991, *Commission* c/ *Allemagne*, à propos de l'aménagement de la Leybucht : *Rev. jur. env.* 1992, p. 356, note Saedeleer. – CJCE, 2 août 1993, *Commission* c/ *Espagne*, à propos des Marismas de Santona : *Rev. jur. env.* 1995, p. 59, note Bouckaert). Le présent article consacre la première pénétration explicite du droit international dans la législation française de l'urbanisme (sur ce thème, V. Bouyssou, *Droit international et droit de l'urbanisme* in *Mélanges Vellas*, Pédone 1995. – Israël : *Revue de droit européen des affaires* 1991).

Selon la CJCE, une ZICO prime les considérations économiques (CJCE, 11 juill. 1996, *Régina* c/ *Grande-Bretagne : BJDU* 4/1996, p. 295).

Le décret d'application du 1er alinéa du présent article, en date du 20 septembre 1989, est codifié aux articles R. 146-1 et R. 146-2 (Circ. n° 89-56, 10 déc. 1989 : *Mon. TP* 24 nov. 1989).

Contrairement à la solution retenue par jugement du TA de Montpellier (TA Montpellier, 13 mai 1988, *Sté de protection de la nature de Sète-Frontignan : Rev. jur. env.* 1988, p. 516), l'entrée en vigueur du présent article n'était pas subordonnée à la publication de ce décret (CE, 30 déc. 1996, *Sté de protection de la nature de Sète-Frontignan : DA* 1997, 112 ; *BJDU* 1/1997, p. 12, concl. Maugüe). Ce dernier arrêt précise qu'une route ne compromet pas la protection, compte tenu des précautions prises et de l'atteinte limitée au milieu naturel.

Depuis le décret n° 89-694 du 20 septembre 1989, les travaux mentionnés aux 2e et 3e alinéas du présent article sont soumis à l'enquête publique régie par la loi du 12 juillet 1983, dès que leur montant total est supérieur à 1 million de francs.

Il en est de même, à partir du même montant, pour les travaux d'hydraulique agricole mentionnés du 2° au 7° de l'article 175 du Code rural, lorsqu'ils sont entrepris en tout ou partie dans les espaces et milieux mentionnés au 1er alinéa du présent article (Circ. n° 89-63, 25 oct. 1989 : *JCP* N 1990, Prat. 1267).

Selon un arrêt récent, qui revient sur des solutions implicites opposées, le présent article ne s'applique qu'aux documents d'urbanisme, et non aux autorisations d'occupation du sol telles que les permis de construire (CE, 29 nov. 1996, *Mme Huas et Assoc. de protection de la pointe malouine : BJDU* 6/1996, 418, concl. Piveteau. – CAA Lyon, 28 avr. 1998, *Cne de Théoule-sur-Mer*). Cette solution est contraire à la doctrine administrative (Circ. n° 89-56, 10 oct. 1989).

De même, n'entre pas dans le champ d'application de cet article un arrêté préfectoral portant autorisation de pénétrer sur une propriété privée en vue de procéder aux études préalables d'un projet d'aménagement routier (CE, 28 mai 2003, req. n° 252617, *Min. de l'Équipement* c/ *Association de défense du littoral de la plaine de Grimaud : BJDU* n° 4/2003, p. 305).

Le présent article peut faire obstacle à la simple extension de constructions existantes (CAA Lyon, 12 nov. 1996, *Sté de la rade de Villefranche : BJDU* 1/1997, p. 63).

L'article L. 146-6 est opposable à une convention de gestion entre la commune de Fréjus et le Conservatoire, permettant la réalisation d'un parking (TA Nice, 15 mai 1997, *Assoc. les Amis de Saint-Raphaël : Rev. jur. env.* 4-1997, p. 527, concl. Poujade).

En tant que de besoin, les documents d'urbanisme (POS notamment) doivent être mis en révision, en vue de se conformer au présent article (Rép. min. : *JO* Sénat 13 déc. 1990, p. 2653 ; *JCP* N 1991, Prat. 1841).

Espaces protégés. La liste des espaces protégés, établie par le présent article, a été allongée par le 0397
décret d'application (V. art. R. 146-1). Seuls sont protégés les espaces remarquables ou caractéristiques, et non tout espace quelconque faisant partie de l'énumération. Toutefois, ces catégories d'espaces et de milieux à préserver au titre des articles L. 146-6 et R. 146-1 « sont mentionnés de façon non limitative par la deuxième phrase du premier alinéa de l'article L. 146-6 ainsi que par l'article R. 146-1 pris pour son application » (CAA Marseille, 12 févr. 2004, req. n° 99MA02163, *SCI Coteau des chênes*).

Ainsi, seule est protégée « la partie naturelle » d'un site classé ou inscrit (CAA Nantes, 4 mai 1994, *Cne de Crozon : BJDU* 5/1994, concl. Isaia. – CE, 12 déc. 1997, *Desgrés*). À l'inverse, la protection ne joue pas si le site est déjà urbanisé (même arrêt et CE, 14 nov. 1990, *Collin : Rec. CE*, p. 328 ; *D.* 1991, p. 149, note Charles). L'article L. 146-6 ne fait pas obstacle à la délivrance d'un permis de construire sur un terrain déjà urbanisé ou déjà altéré par l'activité humaine dans un site inscrit ou classé. Le caractère urbanisé du secteur relève de l'appréciation souveraine des faits, sauf dénaturation (CE, 29 juin 1998, *Chouzenoux*). Pourtant, la plage de Pampelonne à Ramatuelle est considérée comme un espace protégé au titre du présent article, par le tribunal administratif de Nice (TA Nice, 23 déc. 1996, *Assoc. des amis de la presqu'île de Saint-Tropez : BJDU* 1/1998, p. 2, concl. Mehl-Schouder) ce qui entraîne une certaine polémique (*Ét. fonc.* 1997). Par elles-mêmes, les

ZNIEFF ne sont pas opposables au sens du présent article, car elles sont dépourvues d'effets de droit (CAA Lyon, 31 déc. 1996, *Aide : AJDA* 1997, p. 279 ; *BJDU* 5/1997, p. 340, concl. Gailleton).

Sur la notion de site remarquable ou caractéristique du littoral, voir concl. Calderaro sous TA Nice, 1er déc. 1994, *Assoc. Aide* (*BJDU* 1/1995, p. 3) et concl. Isaia sous CAA Nantes, 24 nov. 1994, *Jacob et Monchoix* (*Rev. jur. env.* 1995, p. 97 ; *BJDU* 2/1995, p. 120).

Une usine désaffectée, entre une voie ferrée et une route nationale, n'est pas un espace à protéger au sens du présent article (TA Nice, 4 juill. 1991, *Assoc. pour la défense de l'environnement et de la qualité de la vie de Golfe Juan-Vallauris*).

De même, pour une partie urbanisée en bordure d'une route (CAA Nantes, 4 mai 1994, *Cne de Crozon : Gaz. Pal.* 29 sept. 1995), un espace dunaire situé en dehors d'une ZNIEFF (CAA Nancy, 21 mars 1996, *Assoc. Hardelot Opale Environnement*).

Le préfet n'a pas compétence pour déterminer *a priori* les espaces à protéger (TA Pau, 26 mai 1992, *Les amis de la terre* c/ *Préfet des Landes : Rev. jur. env.* 1993, p. 213, note Madec et Rey) alors même que cette démarche est préconisée par la circulaire interministérielle du 22 octobre 1991 (*Mon. TP* 1er nov. 1991, comm. Bécet : *Rev. jur. env.* 1992, p. 42).

Plusieurs jugements ont retenu que devaient être préservés : un gisement paléolithique (CE, 10 juin 1992, *Sepnab*), le massif de l'Estérel (TA Nice, 2 avr. 1992, *Préfet des Alpes-Maritimes : AJDA* 1992, p. 622, concl. Lambert) ; des dunes et landes côtières constituant un site remarquable et caractéristique du littoral de la baie d'Audierne (TA Rennes, 2 mai 1991, *Assoc. de défense de l'environnement bigouden*) ; des posidonies proches du rivage (TA Nice, 4 juill. 1991, *Fédération SOS environnement*), une ZNIEFF correspondant à une des plus importantes zones humides de la côte ouest de Corse, à l'arrière de la plage de Liamone (TA Bastia, 10 janv. 1992, *Mme Bernardi*), une zone proche d'une falaise, avec coteau et lande, avec végétation scientifiquement intéressante, répertoriée ZNIEFF (CE, 12 nov. 1997, *Cne d'Erquy*).

Sont annulés, pour violation du présent article, le permis de construire un village de vacances dans une ZNIEFF (CAA Nancy, 27 mai 1993, *Cne de Saint-Étienne-au-Mont : Rev. jur. env.* 1994, p. 255, concl. Pietri), le permis de construire une bergerie dans un but d'habitat secondaire dans une zone boisée (CAA Lyon, 19 avr. 1994, *Préfet de Corse-du-Sud : DA* 1994, 568 ; *D.* 1994, J, p. 563, note Romi), le permis de construire une résidence hôtelière dans un espace naturel en bordure de la Rance (TA Rennes, 27 janv. 1994, *Préfet de région Bretagne : Gaz. Pal.* 23 oct. 1994), le zonage NB d'un POS autorisant l'habitat dispersé sur le contrefort des Maures (CAA Lyon, 31 mai 1994, *SCI la Cascatelle*), le permis de construire une maison individuelle dans un site remarquable (CAA Nantes, 24 nov. 1994, *Jacob et Mouchoix : BJDU* 2/1995, p. 120, concl. Isaia ; *Rev. jur. env.* 1995, p. 97, concl. Isaia). De même, pour des chênes-lièges, malgré un incendie, sur le contrefort des Maures (CAA Lyon, 31 mai 1994, *SCI la Cascatelle : Gaz. Pal.* 23 oct. 1995), l'estran de Pommelin (CAA Nantes, 24 nov. 1994, *Jacob : Gaz. Pal.* 28 févr. 1996), un site remarquable près de la Rance, même dans un lotissement et malgré la présence de pylônes (CAA Nantes, 25 janv. 1996, *SCI des Millières : BJDU* 6/1996, p. 454). Sur la combinaison entre lotissement et loi littoral (TA Nice, 10 avr. 1997, *Haddad* c/ *Cne de Bormes-les-Mimosas* : *BJDU* 3/1997, p. 159, concl. Poujade).

Est annulée la modification du PAZ permettant la construction d'une promenade bâtie autour d'un lac et l'extension d'un golf, dans une forêt de protection (CE, 30 avr. 1997, *Synd. intercommunal du Port d'Albert*), la création de la ZAC de Pardignon, dans un amphithéâtre de verdure entre le chemin des Maures et la mer (TA Nice, 4 juill. 1996, *Assoc. Vivre dans la presqu'île de Saint-Tropez* c/ *Préfet du Var : BJDU* 4/1996, p. 237), une ZAC de 315 ha avec golf et 64 000 m^2 de SHON portant atteinte à la partie naturelle du site inscrit, très fragile, dans les étangs landais, avec dunes boisées et dépressions humides, traversées par une rivière (CE, 29 juill. 1998, *Syndicat intercommunal du golf de l'Adour : BJDU* 5/1998, p. 333, concl. Arrighi de Casanova).

En revanche est annulée une zone ND, prise sur le fondement du présent article, alors que le site n'est pas remarquable, malgré des espaces boisés (CE, 3 oct. 1997, *Kermenguy*).

0398 **Présemption de caractère remarquable.** Un site inscrit (périmètre des plages de Pampelonne) dont le caractère nature est laissé à l'appréciation du juge du fond, est présumé constituer un espace remarquable entrant dans le champ d'application de l'article L. 146-6 qui, par ailleurs, s'applique directement à une convention d'occupation du domaine public (CE, 13 nov. 2002, req. n° 219034, *Cne de Ramatuelle : BJDU* 5/2002, p. 344, concl. Piveteau ; *Constr.-urb.* mars 2003, n° 76, obs. Benoit-Cattin).

Aménagements légers. Est légal le règlement d'un POS permettant, en zone ND, l'aménagement léger d'aires de jeux et de sports (TA Marseille, 5 avr. 1991, *Assoc. pour la protection du lac de Sainte-Croix*. – *Contra*, CE, 20 oct. 1995, *Cne de Saint-Jean-Cap-Ferrat : DA* 1995, 791 ; *BJDU* 5/1995, p. 365, concl. Daël). Selon la cour administrative d'appel de Lyon, la liste de l'article R. 146-2 est limitative (CAA Lyon, 19 avr. 1994, *Préfet de la Corse-du-Sud : Gaz. Pal.* 1995, 2, Pan. dr. adm. p. 102 ; *D.* 1996, p. 269). Un golf n'est pas un aménagement léger (TA Nice, 1er déc. 1994, *Assoc. Aide : BJDU* 1/1995, p. 3, concl. Calderaro), ni la reconstruction d'une bergerie en ruine pour la transformer en résidence secondaire (CAA Lyon, 19 avr. 1994, *Préfet de la Corse-du-Sud : Rec. CE*, T, p. 1229 ; *D.* 1994, p. 563, note Romi). Une ZAC, pour sa partie non encore urbanisée, un golf et l'aménagement d'une voie ne sont pas des aménagements légers (CE, 25 nov. 1998, *Cne de Grimaud*), ni l'aménagement des bâtiments de plagistes de la plage de Pampelonne, selon le jugement précité et très discuté du tribunal administratif de Nice (TA Nice, 23 déc. 1996, *Assoc. des amis de la presqu'île de Saint-Tropez : BJDU* 1/1998, p. 2, concl. Mehl-Schouder). 0399

Terrains boisés. Le présent article est respecté, même si *toutes* les forêts ne sont pas classées en espaces boisés, mais seules les forêts dont le maintien est indispensable (CE, 17 juin 1998, *Assoc. amicale des loisirs et du temps libre des Longevillais : BJDU* 5/1998, p. 333, concl. Bonichot). 0400

Constitue un espace boisé significatif un terrain de la presqu'île de Giens, dans une coupure verte (TA Nice, 20 oct. 1994, *Époux Décugis : Ét. fonc.* 1995, n° 67) ou un ensemble de 300 hectares de genévriers en bord de mer (CAA Lyon, 19 avr. 1994, *Préfet de la Corse-du-Sud : RFDA* 1995, p. 44).

Voir aussi : Sur la notion de terrain boisé significatif, CE, 14 nov. 1990, *Mme Collin : D.* 1991, J. p. 148, note Charles.

Bibliographie : Article : MODERNE, cité avant l'article L. 146-1. – FAVRE, *Comment mettre les zones humides en valeur ? : Mon. TP* 29 août 1986. – MESNARD, *La définition du patrimoine naturel et culturel du littoral : Rev. jur. env.* 1990, p. 535 ; *L'application en Vendée de l'article L. 146-6 : Rev. jur. env.* 1990, p. 543. – Mme DESCHAMPS, *L'inventaire du patrimoine naturel : Rev. jur. env.* 1990, p. 573. – DE KLEMM, *La convention de Ramsar et la conservation des zones humides côtières : Rev. jur. env.* 1990, p. 577. – ROMI, *Les conflits entre aménagements touristiques et protection de l'environnement : Petites affiches*, 25 mars 1991. – LE CORNEC, *Le contrôle de la qualification « espace remarquable » : Gaz. Pal.* 17 avril 1996.

C. urb., art. L. 146-6-1 ***(Créé, L. n° 2000-1208, 13 déc. 2000, art. 42).*** **— Afin de réduire les conséquences sur une plage et les espaces naturels qui lui sont proches de nuisances ou de dégradations sur ces espaces, liées à la présence d'équipements ou de constructions réalisés avant l'entrée en vigueur de la loi n° 86-2 du 3 janvier 1986 précitée, une commune ou, le cas échéant, un établissement public de coopération intercommunale compétent peut établir un schéma d'aménagement.**

Ce schéma est approuvé, après enquête publique, par décret en Conseil d'État, après avis de la ***(Mots remplacés à compter de la publication du décret mentionné à l'article 35 de l'ordonnance n° 2004-637 du 1er juillet 2004 et au plus tard, le 1er juillet 2005, Ord. n° 2004-637, 1er juill. 2004, art. 28, II, 3° et 41)*** **« commission départementale compétente en matière de nature, de paysages et de sites ».**

Afin de réduire les nuisances ou dégradations mentionnées au premier alinéa et d'améliorer les conditions d'accès au domaine public maritime, il peut, à titre dérogatoire, autoriser le maintien ou la reconstruction d'une partie des équipements ou constructions existants à l'intérieur de la bande des cent mètres définie par le III de l'article L. 146-4, dès lors que ceux-ci sont de nature à permettre de concilier les objectifs de préservation de l'environnement et d'organisation de la fréquentation touristique.

Les conditions d'application du présent article sont déterminées par décret en Conseil d'État.

Loi SRU. Cette disposition nouvelle tend à réduire, grâce à la mise en place d'un schéma d'aménagement spécifique, les conséquences, pour une plage ou des espaces naturels qui lui sont proches, de nuisances et de dégradations propres à la présence de bâtiments anciens. 0401

Un tel schéma permettra notamment la reconstruction d'équipements ou de bâtiments implantés dans la bande littorale des 100 mètres, ce que ne permet pas la jurisprudence actuelle (CAA Marseille, 20 janv. 2000, req. n° 97MA1046 et n° 97MA1164, *Cne de Ramatuelle*).

C. urb., art. L. 146-7 *(L. n° 86-2, 3 janv. 1986).* — La réalisation de nouvelles routes est organisée par les dispositions du présent article.

***(Al. rempl., L. n° 2003-590, 2 juill. 2003, art. 37)* Les nouvelles routes de transit sont localisées à une distance minimale de 2 000 mètres du rivage. Cette disposition ne s'applique pas aux rives des plans d'eau intérieurs.**

La création de nouvelles routes sur les plages, cordons lagunaires, dunes ou en corniche est interdite.

Les nouvelles routes de desserte locale ne peuvent être établies sur le rivage, ni le longer.

Toutefois, les dispositions des deuxième, troisième et quatrième alinéas ne s'appliquent pas en cas de contraintes liées à la configuration des lieux ou, le cas échéant, à l'insularité. La commission départementale des sites est alors consultée sur l'impact de l'implantation de ces nouvelles routes sur la nature.

***(Rédaction future)* Toutefois, les dispositions des deuxième, troisième et quatrième alinéas ne s'appliquent pas en cas de contraintes liées à la configuration des lieux ou, le cas échéant, à l'insularité. La *(Mots remplacés à compter de la publication du décret mentionné à l'article 35 de l'ordonnance n° 2004-637 du 1er juillet 2004 et au plus tard, le 1er juillet 2005, Ord. n° 2004-637, 1er juill. 2004, art. 28, II, 2° et 41)* « commission départementale compétente en matière de nature, de paysages et de sites » est alors consultée sur l'impact de l'implantation de ces nouvelles routes sur la nature.**

En outre, l'aménagement de routes dans la bande littorale définie à l'article L. 146-4 est possible dans les espaces urbanisés ou lorsqu'elles sont nécessaires à des services publics ou à des activités économiques exigeant la proximité immédiate de l'eau.

0402 **Routes de transit.** Devant notamment favoriser la création d'une route de transit à proximité du lac du Bourget, la loi nouvelle a expressément exclu de la limitation des 2 000 mètres celles des routes localisées près des plan d'eau intérieurs.

0403 **Rôle de la Commission des sites.** Même si elles sont nécessaires à des services publics, les routes doivent être autorisées par la commission départementale des sites (CE, 15 juin 1992, *Sté du canal de Provence : DA* 1992, 400 ; *D.* 1992, inf. rap. p. 230). Mais l'avis de la commission des sites n'est pas requis en cas de déclaration d'utilité publique d'une route (CE, 14 oct. 1991, *Assoc. pour la protection du lac de Sainte-Croix : D.* 1992, somm. p. 382, note Bon), pas davantage pour une desserte qui ne change pas la destination d'une route départementale pré-existante (CAA Bordeaux, 18 déc. 2003, req. n° 00BX00198).

0404 **Tracé des routes de transit.** La DUP d'une route de transit, dont une partie se situe à moins de 2 000 mètres du rivage, est annulée ; l'exception tenant à la configuration des lieux liés à la présence d'un aérodrome est écartée car un tracé alternatif était possible (CE, 4 oct. 1996, *Assoc. Défense et protection de l'environnement de Pleurtuit : DA* 1996, 595). Même solution pour un emplacement réservé destiné à une route à moins de 2 000 mètres du rivage (CE, 10 mars 1995, *UDN 83 : RFDA* 1995, p. 639).

0405 **Réalités géographiques.** Une contrainte topographique résulte de l'urbanisation importante entre le mont Saint-Clair et l'étang de Thau (CE, 30 déc. 1996, *Sté de Protection de la nature Sète-Frontignan-Balaruc : Rec. CE*, p. 512 ; *BJDU* 1/1997, p. 12, concl. Maugüe).

0406 **Aire de stationnement.** Un emplacement réservé pour la réalisation d'une aire de stationnement doit être compatible avec le présent article (CE, 17 juin 1998, *Assoc. amicale des loisirs et du temps libre des Longevillais : BJDU* 5/1998, p. 333, concl. Bonichot).

0407 **Champ d'application.** Le goudronnage d'un chemin rural, destiné à éviter la poussière d'une carrière, ne relève pas du présent article (CE, 25 août 1996, *Assoc. des riverains des bois de Rys de la Maladière*).

C. urb., art. L. 146-8 *(L. n° 86-2, 3 janv. 1986 ; L. n° 94-112, 9 févr. 1994).* — Les installations, constructions, aménagements de nouvelles routes et ouvrages nécessaires à la

sécurité maritime et aérienne, à la défense nationale, à la sécurité civile et ceux nécessaires au fonctionnement des aérodromes et des services publics portuaires autres que les ports de plaisance ne sont pas soumis aux dispositions du présent chapitre lorsque leur localisation répond à une nécessité technique impérative.

À titre exceptionnel, les stations d'épuration d'eaux usées *(Mots supprimés, L. n° 2005-157, 23 févr. 2005, art. 191)* « ... », non liées à une opération d'urbanisation nouvelle, peuvent être autorisées conjointement par les ministres chargés de l'urbanisme et de l'environnement, par dérogation aux dispositions du présent chapitre.

Les opérations engagées ou prévues dans les périmètres de l'opération d'aménagement du littoral du Languedoc-Roussillon, définis par les schémas d'aménagement antérieurs tels qu'ils ont été définitivement fixés en 1984 et dont l'achèvement a été ou sera, avant le 1er juin 1986, confié, à titre transitoire, aux sociétés d'économie mixte titulaires des anciennes concessions, ne sont pas soumises aux dispositions du présent chapitre jusqu'à la date limite fixée par chaque convention et, au plus tard, jusqu'au 31 décembre 1989.

Exception : stations d'épuration. L'avant-dernier alinéa du présent article, ajouté par la loi Bos- 0408
son, est connu sous le nom d'amendement Cap Sicié (V. comm. de ladite loi par Bouyssou : *AJDA*-mars 1994). C'est en raison du caractère très exceptionnel de l'opération envisagée et des précautions prises (avis conforme de deux ministres) que la constitutionnalité de ce texte a été admise (Cons. const., 21 janv. 1994 : *JO* 26 janv.). Voir par analogie l'article L. 145-5, à propos des hameaux en montagne.

C. urb., art. L. 146-9 ***(L. n° 86-2, 3 janv. 1986).*** **— I. – Dans les communes riveraines des plans d'eau d'une superficie supérieure à 1 000 hectares et incluses dans le champ d'application de la loi n° 85-30 du 9 janvier 1985 relative au développement et à la protection de la montagne, l'autorisation prévue à l'article L. 145-11 vaut accord du représentant de l'État dans le département au titre du paragraphe II de l'article L. 146-4.**

II. – Dans les espaces proches du rivage des communes riveraines de la mer et incluses dans le champ d'application de la loi n° 85-30 du 9 janvier 1985 précitée, les dispositions prévues à l'article L. 145-3 et à la section II du chapitre V du présent titre ne sont pas applicables.

Littoral – Montagne. Articulation de la protection du littoral avec la protection de la montagne. 0409
Le chapitre « littoral » prime sur certains articles du chapitre « montagne ».

Chapitre VII
Dispositions particulières aux zones de bruit des aérodromes

Articles L. 147-1 à L. 147-8. Les dispositions du présent chapitre – issues de la loi n° 85-696 du 0410
11 juillet 1985 relative à l'urbanisme au voisinage des aérodromes – étaient largement préfigurées par la directive d'aménagement national approuvée par décret du 22 septembre 1977.

Voir aussi : C. urb., art. R. 111-15, p. 498.

Plans d'exposition au bruit. À la suite de la loi n° 99-588 du 12 juillet 1999 qui avait autorisé dans 0411
les zones C des plans d'exposition au bruit (PEB) la construction de certains immeubles à usage collectif, la loi SRU du 13 décembre 2000 autorise, dans ces zones C, des secteurs dans lesquels des opérations de réhabilitation et de réaménagement urbains pourront être autorisées.

Loi du 2 juillet 1985. L'article 2 de la loi précitée (non codifié) prévoit la création d'une commis- 0412
sion consultative de l'environnement pour tout aérodrome. La création de cette commission, dont la composition et le fonctionnement sont réglés par décret en Conseil d'État, est de droit en cas de demande d'une commune dont une partie du territoire est couverte par un plan d'exposition au bruit.

Voir aussi : Les textes sur la prévention du bruit cités sous C. urb., art. R. 111-3-1, p. 487 ; sur la consultation de cette commission, voir CE, 29 avril 1998, *Association Val-d'Oise Environnement*. Cf. également Circ. 19 janvier 1988 (*JO* 2 mars) relative à l'urbanisme au voisinage des aérodromes.

Bibliographie : GOY, *La loi du 11 juillet 1985 relative à l'urbanisme aux abords des aérodromes : RFDA* 1986, p. 934.

C. urb., art. L. 147-1 *(L. n° 85-696, 11 juill. 1985).* — Au voisinage des aérodromes, les conditions d'utilisation des sols exposés aux nuisances dues au bruit des aéronefs sont fixées par le présent chapitre, dont les dispositions *(Mots suppr., L. n° 2000-1208, 13 déc. 2000, art. 202-XXIII)* « ... » complètent les règles générales, instituées en application de l'article L. 111-1.

***(Mots rempl., L. n° 2000-1208, 13 déc. 2000, art. 202-XXIII)* « Les schémas de cohérence territoriale, les schémas de secteur, les plans locaux d'urbanisme, les plans de sauvegarde et de mise en valeur et les cartes communales » doivent être compatibles avec ces dispositions.**

Les dispositions du présent chapitre sont opposables à toute personne publique ou privée pour l'exécution de tous travaux, constructions, affouillements ou exhaussements des sols, pour la création de lotissements et l'ouverture des installations classées.

0413 **Sursis.** La liste des opérations auxquelles est opposable le présent chapitre évoque celles des opérations auxquelles un sursis à statuer est opposable (C. urb., art. L. 123-8 et R. 123-26). Elle est toutefois différente de celle de l'article L. 145-2.

0414 **Compatibilité.** Il résulte de la combinaison des articles L. 121-1 et L. 147-1 et suivants du Code de l'urbanisme que les contraintes de la loi aérodromes codifiées « s'imposent directement aux personnes publiques qui doivent réviser les POS en vigueur pour assurer leur compatibilité, ainsi qu'aux personnes privées dont les autorisations individuelles de construction doivent, dès l'approbation du plan, respecter les prescriptions impératives » (CAA Nancy, 27 juin 2002, req. n° 02NC00057, *Cne de Colmar*).

C. urb., art. L. 147-2 *(L. n° 85-696, 11 juill. 1985).* — Les dispositions du présent chapitre sont applicables autour des aérodromes classés selon le Code de l'aviation civile en catégories A, B, et C, ainsi qu'autour des aérodromes civils ou militaires figurant sur une liste établie par l'autorité administrative.

0415 **Aérodromes.** Cette liste d'aérodromes complémentaires est établie et modifiée par arrêté interministériel (D. n° 88-315, 28 mars 1988). Cf. par exemple arrêté du 4 septembre 2003 – pour la Guadeloupe – (*JO* 16 oct. 2003, p. 17623).
En cas de réalisation de tout nouvel aérodrome de catégorie A, la loi du 27 février 2002 relative à la démocratie de proximité (art. 155) dispose qu'un décret en Conseil d'État délimite un périmètre et les catégories d'immeubles compris dans ce périmètre dont les propriétaires bénéficieront d'un droit de délaissement conformément aux modalités fixées aux articles L. 230-1 et suivants du Code de l'urbanisme.

C. urb., art. L. 147-3 *(L. n° 85-696, 11 juill. 1985).* — *(Alinéa rempl. par quatre alinéas, L. n° 99-588, 12 juill. 1999, art. 4)* Pour l'application des prescriptions édictées par le présent chapitre, un plan d'exposition au bruit est établi pour chacun des aérodromes mentionnés à l'article L. 147-2. Ce plan est établi par l'autorité administrative, après consultation :

– *(Tiret issu L. n° 99-588, 12 juill. 1999, art. 4)* des communes intéressées ;

– *(Tiret issu L. n° 99-588, 12 juill. 1999, art. 4)* de l'Autorité de contrôle des nuisances sonores aéroportuaires pour les aérodromes visés au 3 de l'article 266 *septies* du Code des douanes, qui recueille au préalable l'avis de la commission consultative de l'environnement concernée ;

– *(Tiret issu L. n° 99-588, 12 juill. 1999, art. 4)* de la commission consultative de l'environnement concernée, lorsqu'elle existe, pour les autres aérodromes.

Il est soumis à enquête publique suivant les modalités de la loi n° 83-630 du 12 juillet 1983 relative à la démocratisation des enquêtes publiques et à la protection de l'environnement.

Un décret en Conseil d'État fixe les conditions dans lesquelles il est établi et tenu à la disposition du public.

Le plan d'exposition au bruit est annexé au *(Mots rempl., L. n° 2000-1208, 13 déc. 2000, art. 202-XXIV)* « au plan local d'urbanisme, au plan de sauvegarde et de mise en valeur et à la carte communale », dont les dispositions doivent être compatibles avec les prescriptions définies à l'article L. 147-5.

Les plans d'exposition au bruit existants rendus disponibles pour l'application de la directive d'aménagement national relative à la construction dans les zones de bruit des aérodromes valent, dans l'attente de leur révision, plans d'exposition au bruit au titre de la loi n° 85-696 du 11 juillet 1985. Cette révision intervient selon les conditions fixées par le décret en Conseil d'État prévu au troisième alinéa du présent chapitre.

Objet. L'application de l'article L. 147-3 est liée à la mise en place d'un PEB (CE, 7 nov. 1990, *Fédération de golf : Rec.*, p. 312) 0416

Nature du PEB. Un PEB est un document d'urbanisme au sens de l'article L. 600-3 du présent code, et un recours à son encontre est soumis à notification (CE, 7 juill. 2000, *Secrétaire d'État au Logement : Rec. CE*, p. 315 ; *BJDU* n° 4/2000, p. 266, concl. Touvet ; *RFD adm.* 2000, p. 1166 ; *Dr. adm.* nov. 2000, p. 35. – CAA Nancy, 27 juin 2002, req. n° 02NC00057, *Cne de Colmar*). 0417

Conditions d'utilisation d'un aéroport. Un PEB ne peut utilement être invoqué pour contester un arrêté ministériel définissant les conditions d'utilisation d'un aéroport (CE, 23 oct. 1998, req. n° 177404, *Association de défense Environnement et Cadre de vie : Constr.-urb.* févr. 1999, p. 15, obs. Larralde). 0418

Enquête publique. Rien n'impose qu'une enquête publique relative à la révision d'un PEB soit organisée conjointement aux enquêtes relatives à l'extension de l'aérodrome ou aux aménagements routiers envisagés à ses abords (CE sect., 30 déc. 2003, req. n° 249908, *Association contre l'extension et les nuisances de l'aéroport de Lyon-Satolas*). À l'issue de l'enquête, l'autorité administrative n'était nullement tenue de se conformer aux observations formulées au cours de l'enquête, pas plus qu'aux avis émis par les communes et les établissements publics intercommunaux concernés (arrêt préc.). 0419

Voir aussi : Sur l'enquête publique de la loi du 12 juillet 1983, les annotations sous C. urb., art. R. 123-11, p. 527 ; pour l'annulation d'un PEB en raison d'un vice de l'enquête publique, CE, 8 juill. 1998, *Ministre de l'Équipement*.

C. urb., art. L. 147-4 *(L. n° 85-696, 11 juill. 1985)*. — Le plan d'exposition au bruit, qui comprend un rapport de présentation et des documents graphiques, définit, à partir des prévisions de développement de l'activité aérienne, de l'extension prévisible des infrastructures et des procédures de circulation aérienne, des zones diversement exposées au bruit engendré par les aéronefs. Il les classe en zones de bruit fort, dites A et B, et zone de bruit modéré, dite C. Ces zones sont définies en fonction des valeurs d'indices évaluant la gêne due au bruit des aéronefs fixées par décret en Conseil d'État.

Les valeurs de ces indices pourront être modulées dans les conditions prévues à l'article L. 111-1-1 compte tenu de la situation des aérodromes au regard de leur utilisation, notamment pour la formation aéronautique, et de leur insertion dans les milieux urbanisés. La modulation de l'indice servant à la détermination de la limite extérieure de la zone C se fera à l'intérieur d'une plage de valeurs fixées par le décret prévu à l'alinéa précédent.

Gênes sonores. Sur les liens entre PEB et plan de gênes sonores, CE, 24 oct. 1998, *Assoc. de défense contre les nuisances et pour la qualité de la vie à Saint-Mard*. 0420

C. urb., art. L. 147-5 ***(L. n° 85-696, 11 juill. 1985).*** **— Dans les zones définies par le plan d'exposition au bruit, l'extension de l'urbanisation et la création ou l'extension d'équipements publics sont interdites lorsqu'elles conduisent à exposer immédiatement ou à terme de nouvelles populations aux nuisances de bruit. À cet effet :**

1° Les constructions à usage d'habitation sont interdites dans ces zones à l'exception :

– de celles qui sont nécessaires à l'activité aéronautique ou liées à celle-ci ;

– dans les zones B et C et dans les secteurs déjà urbanisés situés en zone A, des logements de fonction nécessaires aux activités industrielles ou commerciales admises dans la zone et des constructions directement liées ou nécessaires à l'activité agricole ;

– en zone C, des constructions individuelles non groupées situées dans des secteurs déjà urbanisés et desservis par des équipements publics dès lors qu'elles n'entraînent qu'un faible accroissement de la capacité d'accueil d'habitants exposés aux nuisances ***(Mots aj., L. n° 99-588, 12 juill. 1999, art. 5 ; mots suppr., L. n° 2000-1208, 13 déc. 2000, art. 36-1°)*** **« ... ».**

2° ***(Mod., L. n° 2002-3, 3 janv. 2002, art. 10, 1° ; rempl. L. n° 2003-590, 2 juill. 2003, art. 28, 1°)*** **La rénovation, la réhabilitation, l'amélioration, l'extension mesurée ou la reconstruction des constructions existantes peuvent être admises lorsqu'elles n'entraînent pas un accroissement de la capacité d'accueil d'habitants exposés aux nuisances.**

3° Dans les zones A et B, les équipements publics ou collectifs ne sont admis que lorsqu'ils sont nécessaires à l'activité aéronautique ou indispensables aux populations existantes.

4° ***(Créé, L. n° 99-588, 12 juill. 1999, art. 6)*** **Les plans d'exposition au bruit peuvent délimiter une zone D à l'intérieur de laquelle les constructions sont autorisées mais doivent faire l'objet des mesures d'isolation acoustique prévues à l'article L. 147-6. La délimitation d'une zone D est obligatoire pour les aérodromes visés au 3 de l'article 266** ***septies*** **du Code des douanes.**

5° ***(Créé, L. n° 2000-1208, 13 déc. 2000, art. 36-2°)*** **À l'intérieur des zones C, les plans d'exposition au bruit peuvent délimiter des secteurs où, pour permettre le renouvellement urbain des quartiers ou villages existants, des opérations de réhabilitation et de réaménagement urbain peuvent être autorisées, à condition qu'elles n'entraînent pas d'augmentation** ***(Mot suppr., L. n° 2002-3, 3 janv. 2002, art. 10-2°)*** **« ... » de la population soumise aux nuisances sonores.**

Le contrat de location d'immeuble à usage d'habitation ayant pour objet un bien immobilier situé dans l'une des zones de bruit définies par un plan d'exposition au bruit comporte une clause claire et lisible précisant la zone de bruit où se trouve localisé ledit bien. ***(Phrase créée, L. n° 2003-590, 2 juill. 2003, art. 28, 2°)*** **Postérieurement à la publication des plans d'exposition au bruit, à la demande de la commune ou de l'établissement public de coopération intercommunale compétent en matière de plan local d'urbanisme, de tels secteurs peuvent également être délimités par arrêté préfectoral pris après enquête publique.**

0421 **Historique.** La possibilité de réaliser des immeubles collectifs, en zone C, moyennant réduction corrélative des habitations précédemment exposées au bruit, a été ajoutée par la loi du 12 juillet 1999 portant création de l'autorité de contrôle des nuisances aéroportuaires.

La possibilité de créer une zone D, soumise à des mesures d'isolation acoustique particulières, et d'information des habitants, a été ajoutée par la loi du 12 juillet 1999.

0422 **Mesure facilitant les opérations de renouvellement urbain.** Lorsque le PEB aura déjà été publié, et afin de faciliter de telles opérations dans les zones C des plans, le préfet pourra directement délimiter de tels secteurs.

0423 **Zones A, B et C.** L'imprécision des limites des zones A, B et C et l'absence de toute indication, dans le PEB, sur les prescriptions d'urbanisme applicables dans ces zones d'incertitude (matérialisées graphiquement par des zones grisées sur le PEB d'Orly), ont pour effet de rendre le PEB inopposable aux demandeurs de permis de construire dont les terrains sont situés dans les parties grisées de ce plan (CAA Paris, 21 mars 2003, req. n° 99PA01538, *Association de sauvegarde de l'environnement des coteaux d'Ablon et autres*).

Capacité d'accueil. La section des travaux publics du Conseil d'État estime que la « notion de capacité d'accueil doit être appréciée au regard du nombre d'habitants susceptibles d'être hébergés dans les constructions envisagées, pour lesquelles la surface hors œuvre nette bâtie n'est qu'un élément qui peut être modulé par les variations de confort et d'habitabilité des bâtiments » (*EDCE* 1993, p. 387). 0424

Variation de la capacité d'accueil. Il n'y a pas un « faible accroissement de la capacité d'accueil », au sens de l'alinéa 1° Zone C du présent article, en cas d'extension de la surface d'un pavillon, de 24 à 99 mètres carrés, et le permis de construire est en conséquence annulé (CE, 21 juill. 1989, *Cne de Villeneuve-Saint-Georges c/ Violet : Rec. CE*, p. 166 ; *AJDA* 1990, p. 72, note J.-B. Auby). 0425

En revanche, la construction nouvelle d'une maison d'habitation de 113 m², en zone C du PEB, n'entraîne qu'un faible accroissement de la capacité d'accueil, et le permis de construire est validé (CAA Paris, 28 juill. 1998, *Chrétien et Cne de Villeneuve-le-Roi : BJDU* 1/1999, p. 10).

Le permis autorisant la construction, en zone B, d'un pavillon supplémentaire d'une maison de retraite abritant 41 lits qui n'est pas indispensable aux populations existantes, entraîne une augmentation de la population exposée au bruit et méconnaît les dispositions du présent texte (CE, 25 mars 1994, *Stern : Rec. CE*, T, p. 1228 ; *BJDU* 3/1994, p. 92, concl. Scanvic).

Sur la notion de « constructions individuelles groupées », prohibées par l'article L. 147-5, cf. CAA Lyon, 8 juill. 2004, req. n° 01-625, *M. Alexandre Godin : BJDU* n° 3/2004, p. 234.

Mise en œuvre anticipée d'un PEB. La décision par laquelle une autorité administrative met en œuvre de façon anticipée et provisoire le projet de création ou de révision du plan d'exposition au bruit peut être prise dès que cette autorité a délimitée les zones prévues à l'article L. 147-5 du Code de l'urbanisme (CE, 22 janv. 2003, req. n° 235174, *Cne de Jonage : BJDU* n° 1/2003, p. 9, concl. Lamy ; *RD imm.* 2003, p. 364). Cette mise en œuvre provisoire ne s'oppose pas à ce qu'il soit usage, pour l'élaboration du plan définitif de la faculté offerte par cette disposition de délimiter dans les zones C des secteurs où des opérations de réhabilitation et de réaménagement urbain pourront être autorisées *(ibid)*. 0426

C. urb., art. L. 147-6 *(L. n° 85-696, 11 juill. 1985)*. — Toutes les constructions qui seront autorisées dans les zones de bruit conformément aux dispositions de l'article L. 147-5 feront l'objet de mesures d'isolation acoustique, dans les conditions prévues par les dispositions législatives et réglementaires en matière d'urbanisme, de construction et d'habitation.

Le certificat d'urbanisme doit signaler l'existence de la zone de bruit et l'obligation de respecter les règles d'isolation acoustique.

C. urb., art. L. 147-7 *(Créé, L. n° 99-588, 12 juill. 1999, art. 7 ; rempl., L. n° 2003-590, 2 juill. 2003)*. — À compter de la décision d'élaborer ou de réviser un plan d'exposition au bruit, l'autorité administrative peut délimiter les territoires à l'intérieur desquels s'appliqueront par anticipation, pour une durée maximale de deux ans renouvelable une fois, les dispositions de l'article L. 147-5 concernant les zones C et D.

Protection anticipée. La mesure de protection anticipée des zones exposées au bruit, dès le début de la procédure d'élaboration d'un PEB, a été ajoutée par la loi du 12 juillet 1999. 0427

C. urb., art. L. 147-8 *(Créé, L. n° 99-588, 12 juill. 1999, art. 7)*. — Un décret en Conseil d'État fixe, en tant que de besoin, les modalités d'application du présent chapitre.

TITRE V

APPLICATION AUX DÉPARTEMENTS D'OUTRE-MER

Bibliographie : KEITA, *Le juge administratif et le contentieux de l'urbanisme littoral aux Antilles : Rev. jur. env.* 1998, p. 61.

C. urb., art. L. 150-1 *(L. n° 74-1117, 27 déc. 1974 ; L. n° 76-1285, 31 déc. 1976).* **— Des décrets en Conseil d'État peuvent apporter les adaptations et prévoir les dispositions transitoires éventuellement nécessaires à l'application dans les départements d'outre-mer** ***(Mots rempl., L. n° 2000-1208, 13 déc. 2000, art. 202-XXV, 1°)*** **« des articles L. 121-1 à L. 121-7, L. 122-1 à L. 122-17, L. 123-1 à L. 123-18 », L. 130-1 à L. 130-6 et L. 160-1 (1er alinéa).**

Les dispositions ci-après s'appliquent aux lieu et place de celles de l'article L. 124-1 : les projets d'aménagement établis conformément à l'ordonnance n° 45-1423 du 28 juin 1945, abrogée par la loi n° 71-581 du 16 juillet 1971 (21), et les plans d'urbanisme qui ont été approuvés et mis en vigueur au 17 juillet 1971 continueront de produire leurs effets jusqu'à ce qu'un plan d'occupation des sols ait été rendu public ***(Mots aj., L. n° 2000-1208, 13 déc. 2000, art. 202-XXV, 2°)*** **« ou un plan local d'urbanisme ait été approuvé » ou jusqu'à une date limite fixée par décret en Conseil d'État.**

Les dispositions des articles L. 160-6 à L. 160-8 peuvent être étendues aux départements d'outre-mer par décret en Conseil d'État avec les adaptations éventuellement nécessaires.

Voir aussi : La circulaire du 26 août 1980 relative au domaine public maritime dans les départements d'outre-mer.

Chapitres I à V

Réservés

Chapitre VI

Dispositions particulières au littoral dans les départements d'outre-mer

Bibliographie : LARRIEU, *Du nouveau à propos des cinquante pas géométriques dans les départements d'outre-mer : Petites affiches* 6 janv. 1999, n° 4, p. 8.

C. urb., art. L. 156-1 *(L. n° 86-2, 3 janv. 1986).* **— Les dispositions du chapitre VI du titre IV du livre I sont applicables aux communes littorales des départements d'outre-mer définies à l'article 2 de la loi n° 86-2 du 3 janvier 1986 précitée, sous réserve des dispositions ci-après.**

C. urb., art. L. 156-2 *(L. n° 86-2, 3 janv. 1986 ; L. n° 94-112, 9 févr. 1994).* **— Les dispositions des paragraphes II et III de l'article L. 146-4 ne sont pas applicables. Les dispositions suivantes leur sont substituées.**

Dans les espaces proches du rivage :

– l'extension de l'urbanisation n'est admise que dans les secteurs déjà occupés par une urbanisation diffuse ;

– des opérations d'aménagement ne peuvent être autorisées que si elles ont été préalablement prévues par le chapitre particulier du schéma régional valant schéma de mise en valeur de la mer.

En l'absence d'un schéma régional approuvé, l'urbanisation peut être réalisée à titre exceptionnel avec l'accord conjoint des ministres chargés de l'urbanisme, de l'environnement et des départements d'outre-mer. Un décret en Conseil d'État détermine les critères selon lesquels les ministres intéressés donnent leur accord.

Cet accord est donné après que la commune a motivé sa demande, après avis de la région sur la compatibilité de l'urbanisation envisagée avec les orientations du schéma d'aménagement régional et après avis de la commission départementale des sites appréciant l'impact de l'urbanisation sur la nature. Les communes intéressées peuvent également faire connaître leur avis dans le délai de deux mois suivant le dépôt de la demande d'accord. *(Mots rempl., L. n° 2000-1208, 13 déc. 2000, art. 202-XIII)* « Le plan local d'urbanisme » doit respecter les dispositions de cet accord.

(Rédaction future) Toutefois, les dispositions des deuxième, troisième et quatrième alinéas ne s'appliquent pas en cas de contraintes liées à la configuration des lieux ou, le cas échéant, à l'insularité. La (Mots remplacés à compter de la publication du décret mentionné à l'article 35 de l'ordonnance n° 2004-637 du 1er juillet 2004 et au plus tard, le 1er juillet 2005, Ord. n° 2004-637, 1er juill. 2004, art. 28, II, 2° et 41) « commission départementale compétente en matière de nature, de paysages et de sites » est alors consultée sur l'impact de l'implantation de ces nouvelles routes sur la nature.

Il est déterminé une bande littorale comprise entre le rivage de la mer et la limite supérieure de la réserve domaniale dite des cinquante pas géométriques définie à l'article L. 86 du Code du domaine de l'État. À défaut de délimitation ou lorsque la réserve domaniale n'a pas été instituée, cette bande présente une largeur de 81,20 mètres à compter de la limite haute du rivage.

En dehors des espaces urbanisés, les terrains situés dans la bande littorale définie à l'alinéa précédent sont réservés aux installations nécessaires à des services publics, à des activités économiques ou à des équipements collectifs, lorsqu'ils sont liés à l'usage de la mer. Ces installations organisent ou préservent l'accès et la libre circulation le long du rivage.

Dans tous les cas, des espaces naturels ouverts sur le rivage et présentant le caractère d'une coupure d'urbanisation sont ménagés entre les zones urbanisables.

Les constructions et aménagements sur les pentes proches du littoral sont interdits quand leur implantation porte atteinte au caractère paysager des mornes.

Objet. La loi du 3 janvier 1986 incorpore au domaine public (et non plus au domaine privé), la zone des cinquante pas géométriques (L. préc., art. 37 à 39 ; C. dom. Ét., art. L. 87 à L. 89), tout en permettant la cession de cette zone aux communes. 0428

La loi n° 96-1241 du 30 décembre 1996 prévoit l'affectation des espaces naturels compris dans la bande des cinquante pas géométriques au profit du conservatoire de l'espace littoral, et l'établissement de programmes d'équipement par les « agences pour la mise en valeur des espaces urbains de la zone dite des cinquante pas géométriques », qui seront des établissements publics de l'État, financés par une taxe spéciale d'équipement additionnelle aux impôts directs locaux. Des dispositions particulières de classement sont prévues pour la Guadeloupe et la Martinique.

Voir aussi : Commentaire de la loi par Auby : *RD imm.* 1997, p. 216.

Schéma régional. Pour un exemple d'annulation de plan d'aménagement de ZAC, en l'absence de schéma régional valant schéma de mise en valeur de la mer (CAA Bordeaux, 4 mars 1999, *Cne de Saint-Leu : Rev. jur. env.* 2/2000, p. 243, note Drobenko). 0429

En présence d'un tel schéma (en l'espèce, le schéma d'aménagement régional de la Réunion), un plan d'aménagement de zone doit nécessairement être compatible avec ledit schéma, en vertu des dispositions combinées des articles L. 111-1-1, R. 311-10 du Code de l'urbanisme et L. 4433-7 et suivants du Code général des collectivités territoriales (CAA Bordeaux, 4 déc. 2003, req. n° 99BX02490).

Permis de construire. Un terrain entouré de constructions et desservi par la route de bord de mer est occupé par une urbanisation diffuse, au sens du présent article ; le permis de construire délivré est donc légal (CAA Paris, 29 sept. 1995, *Delacroix : Gaz. Pal.* 18 déc. 1996). 0430

Un permis de construire une minoterie destinée à la fabrication d'alimentation pour le bétail hors zone urbanisée est illégal, en application de l'alinéa 6 du présent article (CAA Paris, 10 avr. 1994, *Cne du Robert : AJDA* 1994, p. 478, concl. Mendras).

Dérogation au régime des 50 pas géométriques. La localisation d'un terrain à l'intérieur de la zone des 50 pas géométriques et dans un espace non urbanisé d'une commune, ne peut échapper 0431 aux règles posées par l'article L. 156-2 quand bien même les propriétaires du terrain tiendraient d'un acte de vente signé en 1966 avec l'État des droits acquis à construire un hôtel (CAA Bordeaux, 18 déc. 2003, req. n° 99BX01356, *M. Gerville Réache*).

C. urb., art. L. 156-3 ***(L. n° 86-2, 3 janv. 1986 ; rempl., L. n° 96-1241, 30 déc. 1996, art. 10).*** **— I. – Les terrains situés dans les parties actuellement urbanisées de la commune comprises dans la bande littorale définie à l'article L. 156-2 sont préservés lorsqu'ils sont à l'usage de plages, d'espaces boisés, de parcs ou de jardins publics. Il en est de même des espaces restés naturels situés dans les parties actuellement urbanisées de la bande littorale précitée, sauf si un intérêt public exposé au *(Mots rempl., L. n° 2000-1208, 13 déc. 2000, art. 202-III)* « plan local d'urbanisme » justifie une autre affectation.**

II. – Les secteurs de la zone dite des cinquante pas géométriques situés dans les parties actuellement urbanisées de la commune ou au droit de ces parties peuvent, dès lors qu'ils sont déjà équipés ou occupés à la date de publication de la loi n° 96-1241 du 30 décembre 1996 relative à l'aménagement, la protection et la mise en valeur de la zone dite des cinquante pas géométriques dans les départements d'outre-mer et sous réserve de la préservation des plages, des espaces boisés, des parcs ou des jardins publics, être délimités par le *(Mots rempl., L. n° 2000-1208, 13 déc. 2000, art. 202-III)* « plan local d'urbanisme » pour être affectés à des services publics, des équipements collectifs, des opérations de réaménagement de quartier, de logement à caractère social et de résorption de l'habitat insalubre, des commerces, des structures artisanales, des équipements touristiques et hôteliers ainsi qu'à toute autre activité économique dont la localisation à proximité de la mer est justifiée par son usage ou par une nécessité économique de desserte par voie maritime. Des mesures compensatoires devront alors être mises en œuvre permettant le maintien de l'équilibre du milieu marin et terrestre.

Ces installations organisent ou préservent l'accès et la libre circulation le long du rivage.

III. – Sont *(mot rempl., L. n° 2003-590, 2 juill. 2003, art. 34-IV)* « autorisés », dans les secteurs visés au II ci-dessus, l'adaptation, la réfection et l'extension limitée des constructions existantes.

0432 **Bande littorale.** Est dépourvu de caractère naturel au sens de l'article L. 156-3, le terrain d'assiette d'un projet qui, bien que situé dans la bande littorale, est inclus dans la partie déjà urbanisée de la commune (CAA Bordeaux, 17 mai 2001, req., n° 97BX02327, *SCI Ravic*).

I. – Rédaction actuelle

0433 **Constructibilité renforcée.** La loi du 30 décembre 1996 a élargi les possibilités de construction aux abords du littoral, dans la zone dite des cinquante pas géométriques, située dans des parties actuellement urbanisées ou au droit de ces dernières à condition d'être déjà équipées ou occupées. Le PLU peut y délimiter des zones permettant (outre ce qui était permis par la loi du 3 janvier 1986), le commerce, l'artisanat et des équipements touristiques, sous réserve de mesures compensatoires.

II. – Jurisprudence sous l'ancienne rédaction

0434 **Terrain boisé.** L'absence de classement en terrain boisé à protéger n'est pas, dans les circonstances de l'espèce, constitutive d'une erreur manifeste d'appréciation (Voir CE, 7 janv. 1991, *Assoc. de sauvegarde du patrimoine martiniquais* c/ *Cne de Diamant* : *Rec. CE*, p. 149 ; *RFDA* 1991, p. 149, concl. Touté).
Illégalité d'un bail destiné à la création d'un restaurant dans la zone des cinquante pas géométriques (CE, 4 févr. 1994, *Cne de Saint-Leu*).

Bibliographie : Fontaine, *La zone des cinquante pas géométriques en Outre-Mer : Petites affiches*, 12 mai 1989. – Becet, *Les schémas de mise en valeur de la mer : Rev. jur. env.* 1990, p. 505. – Priet, *Le nouveau* *régime de la zone des « cinquante pas géométriques » : RFDA* 1997, p. 1166. – LARRIEU, *Le changement de statut de la zone des « cinquante pas du Roi » dans les DOM : Petites affiches*, 12 déc. 1997.

C. urb., art. L. 156-4 *(Créé, L. n° 96-1241, 30 déc. 1996, art. 12)*. — I. – Les secteurs occupés par une urbanisation diffuse à la date de publication de la loi n° 96-1241 du 30 septembre 1996 précitée, situés dans la bande littorale définie à l'article L. 156-2 et à proximité des parties actuellement urbanisées de la commune, peuvent, sous réserve de leur identification dans le chapitre particulier du schéma régional valant schéma de mise en valeur de la mer et de la préservation des plages et des espaces boisés ainsi que des parcs et jardins publics, être affectés à des services publics, des équipements collectifs, des commerces, des structures artisanales, des équipements touristiques et hôteliers.

Des mesures compensatoires devront alors être mises en œuvre permettant le maintien de l'équilibre du milieu marin et terrestre.

Ces installations organisent ou préservent l'accès et la libre circulation le long du rivage.

II. – Sont *(mot rempl., L. n° 2003-590, 2 juill. 2003, art. 34-IV)* « autorisés » dans les secteurs occupés par une urbanisation diffuse à la date de publication de la loi n° 96-1241 du 30 décembre 1996 précitée, situés dans la bande littorale définie à l'article L. 156-2, *(mot rempl., L. n° 2003-590, 2 juill. 2003, art. 34-IV)* « l'adaptation, le changement de destination, la réfection » et l'extension limitée des constructions existantes.

Modalités de l'urbanisation. La loi du 30 décembre 1996 permet d'organiser l'urbanisation des 0435
secteurs actuellement occupés par une urbanisation diffuse, situés à proximité de parties actuellement urbanisées. Seul l'habitat y paraît proscrit.
Deux conditions doivent être respectées : l'exigence de mesures compensatoires et la libre circulation le long du rivage.
Mais les zones en question doivent avoir été préalablement identifiées par le schéma régional.

TITRE VI
SANCTIONS ET SERVITUDES

C. urb., art. L. 160-1 *(L. n° 76-1285, 31 déc. 1976 ; L. n° 85-729, 18 juill. 1985)*. — En cas d'infraction aux dispositions des projets d'aménagement et des plans d'urbanisme maintenus en vigueur dans les conditions énoncées soit à l'article L. 124-1, soit à l'article L. 150-1 (2e alinéa) ou en cas d'infraction aux dispositions des plans d'occupation des sols, *(Mots aj., L. n° 2000-1208, 13 déc. 2000, art. 202-XXVI)* « des plans locaux d'urbanisme, » les articles L. 480-1 à L. 480-9 sont applicables, les obligations visées à l'article L. 480-4 s'entendant également de celles résultant des projets et plans mentionnés ci-dessus.

Les sanctions édictées à l'article L. 480-4 s'appliquent également :

***a)* En cas d'exécution de travaux ou d'utilisation du sol en méconnaissance des obligations imposées par les articles L. 111-1 à L. 111-1-4, L. 111-3 et L. 111-5-2 ainsi que par les règlements pris pour leur application ;**

***b)* En cas de coupes et d'abattages d'arbres effectués en infraction aux dispositions du cinquième alinéa de l'article L. 130-1, sur les territoires des communes, parties de communes ou ensemble de communes où l'établissement d'un plan d'occupation des sols a été prescrit mais où ce plan n'a pas encore été rendu public ;**

***c)* En cas d'exécution de travaux ou d'utilisation du sol en infraction aux dispositions de l'article L. 142-11 relatif à la protection des espaces naturels sensibles des départements ;**

***d)* En cas d'exécution de travaux ou d'utilisation du sol en infraction aux prescriptions architecturales ou aux règles particulières édictées dans une zone d'environnement protégé en application de l'article L. 143-1 (alinéa 2).**

Toute *(Mots rempl., L. n° 95-101, 2 févr. 1995, art. 7-IV)* « association agréée de protection de l'environnement en application des dispositions de l'article L. 252-1 du Code rural » peut exercer les droits reconnus à la partie civile en ce qui concerne les faits constituant une infraction aux alinéas premier et second du présent article et portant un préjudice direct ou indirect aux intérêts collectifs qu'elle a pour objet de défendre.

Un décret en Conseil d'État fixe les conditions dans lesquelles les associations visées à l'alinéa précédent pourront être agréées. Dans les départements du Bas-Rhin, du Haut-Rhin et de la Moselle, la procédure d'agrément est applicable aux associations inscrites depuis trois ans au moins.

La commune peut exercer les droits reconnus à la partie civile, en ce qui concerne les faits commis sur son territoire et constituant une infraction aux dispositions du présent article.

C. env., art. L. 141-1. — (al. 1) Lorsqu'elles exercent leurs activités depuis au moins trois ans, les associations régulièrement déclarées et exerçant leurs activités statutaires dans le domaine de la protection de la nature *(Mots aj., L. n° 2005-157, 23 févr. 2005, art. 148)* « et de la gestion de la faune sauvage », de l'amélioration du cadre de vie, de la protection de l'eau, de l'air, des sols, des sites et des paysages de l'urbanisme, ou ayant pour objet la lutte contre les pollutions et les nuisances et, d'une manière générale, œuvrant principalement pour la protection de l'environnement, peuvent faire l'objet d'un agrément motivé de l'autorité administrative.

0436 **Partie civile.** Depuis un revirement de jurisprudence, la constitution de partie civile d'un tiers est recevable pour déclencher les poursuites en cas d'infraction pénale aux dispositions du Code de l'urbanisme (Cass. crim., 17 janv. 1984 : *JCP* G 1985, II, 20451, note Gassin ; *D.* 1985, J., p. 349, note Roujou de Boubée ; *RDA* 1985, n° 1, p. 125, note Charles).

0437 **Infractions.** La violation des règlements de POS est pénalement sanctionnée, indépendamment de toute violation d'autorisations d'urbanisme, et notamment lorsqu'une telle autorisation n'est pas nécessaire (Rép. min. : *JOAN* 9 sept. 1991, p. 3627 ; *JCP* N 1992, Prat. 2108).

Ce point de vue est confirmé par la Cour de cassation (Cass. crim., 9 nov. 1994 et Cass. crim., 23 nov. 1994 : *JCP* N 1995, I, p. 839 ; *JCP* G 1995, II, 22518, note Ricard. – Cass. crim., 25 janv. 1995 : *D.* 1995, inf. rap. p. 92 ; *DA* 1995, 397). Mais le délit de violation du POS ne s'applique pas à une occupation du sol commencée antérieurement à l'entrée en vigueur du POS (Cass. crim., 20 mars 1996 : *Bull. crim.*, n° 125, p. 361 ; *BJDU* 5/1996, p. 345). Le creusement d'un étang peut être une infraction au POS (Cass. crim., 10 mai 1995 : *DA* 1995, 543).

0438 **Codification.** L'article L. 252-1 du Code rural sur l'agrément des associations de protection de l'environnement est devenu l'article L. 141-1 du Code de l'environnement.

0439 **Personnes morales.** La loi Urbanisme-habitat du 2 juillet 2003 introduit leur responsabilité pénale dans les conditions visées au nouvel article L. 480-4-1 (V. comm., *infra*).

Bibliographie : PÉRINET-MARQUET, *L'inefficacité des sanctions du droit de l'urbanisme : D.* 1991, chron. p. 37. – GILLI, *Le juge judiciaire et le droit de l'urbanisme : AJDA* n° spécial, mai 1993, p. 55. – MORENO, *Le juge judiciaire et le droit de l'urbanisme,* thèse LGDJ 1991.

Voir aussi : Annotations, C. urb. sous art. L. 480-1 et s., p. 418.

C. urb., art. L. 160-2 *(L. n° 76-1285, 31 déc. 1976)*. — Toute personne qui effectue, à la demande et pour le compte d'une collectivité publique, les études nécessaires à la préparation de documents d'urbanisme est tenue au secret professionnel. Les infractions sont passibles des sanctions prévues à l' *(Réf. rempl., L. n° 92-1336, 16 déc. 1992, art. 333 et 373)* « article 226-13 du Code pénal ».

C. pén., art. 226-13. — La révélation d'une information à caractère secret par une personne qui en est dépositaire soit par état ou par profession, soit en raison d'une fonction ou d'une mission temporaire, est punie d'un an d'emprisonnement et de 15 000 euros d'amende.

0440 **Domaine.** Cet article s'applique notamment aux personnels des agences d'urbanisme, bien qu'il s'agisse d'associations privées.

C. urb., art. L. 160-3 ***(L. n° 76-1285, 31 déc. 1976).*** **— Les infractions aux dispositions réglementant, dans les territoires faisant l'objet d'un plan d'occupation des sols rendu public ou approuvé *(Mots aj., L. n° 2000-1208, 13 déc. 2000, art. 202-XXVII)* « ou d'un plan local d'urbanisme approuvé » ou d'un document en tenant lieu, l'ouverture, l'extension et les modifications aux conditions d'exploitation des établissements dangereux, insalubres ou incommodes sont punies des peines et sanctions prévues par la législation relative aux installations classées.**

Voir aussi : La loi n° 76-663 du 19 juillet 1976, art. 18 à 22, codifié aux articles L. 514-9 et suivants du Code de l'environnement : la peine de principe est une amende susceptible d'atteindre un maximum de 150 000 €, sans préjudice des mesures juridictionnelles de fermeture ou de suspension.

C. urb, art. L. 160-4 ***(L. n° 76-1285, 31 déc. 1976).*** **— Les infractions aux dispositions des articles L. 111-1, L. 111-3, L. 142-3 et L. 143-1 sont constatées par tous officiers ou agents de police judiciaire ainsi que par tous les fonctionnaires et agents de l'État et des collectivités publiques commissionnés à cet effet par le maire ou le ministre chargé de l'urbanisme suivant l'autorité dont ils relèvent et assermentés. Les procès-verbaux dressés par ces agents font foi jusqu'à preuve du contraire.**

Les fonctionnaires et agents contractuels de l'administration des eaux et forêts sont compétents pour constater par procès-verbaux les infractions aux dispositions du présent code relatives à la conservation et à la création d'espaces boisés.

Voir aussi : C. urb., art. R. 160-1 à R. 160-3, p. 574.

C. urb., art. L. 160-5 ***(L. n° 76-1285, 31 déc. 1976).*** **— N'ouvrent droit à aucune indemnité les servitudes instituées par application du présent code en matière de voirie, d'hygiène et d'esthétique ou pour d'autres objets et concernant, notamment, l'utilisation du sol, la hauteur des constructions, la proportion des surfaces bâties et non bâties dans chaque propriété, l'interdiction de construire dans certaines zones et en bordure de certaines voies, la répartition des immeubles entre diverses zones.**

Toutefois, une indemnité est due s'il résulte de ces servitudes une atteinte à des droits acquis ou une modification à l'état antérieur des lieux déterminant un dommage direct, matériel et certain ; cette indemnité, à défaut d'accord amiable, est fixée par le tribunal administratif, qui doit tenir compte de la plus-value donnée aux immeubles par la réalisation *(Mots rempl., L. n° 2000-1208, 13 déc. 2000, art. 202-XXVIII)* « du plan d'occupation des sols rendu public ou du plan local d'urbanisme approuvé » ou du document qui en tient lieu.

I. – Principes

Principe. La non-indemnisation des servitudes d'urbanisme, posée par l'article L. 160-5, trouve son origine dans la loi du 15 juin 1943. Précédemment, un décret du 25 juillet 1935 avait posé la même règle pour l'aménagement de la région parisienne, mais ce texte faisait alors figure d'exception. 0441

L'institution de servitudes d'urbanisme peut pourtant donner lieu à indemnité – indépendamment de la responsabilité de l'État du fait des lois, qui ne semble pas radicalement exclue – dans deux cas prévus par l'article L. 160-5 lui-même et dans un troisième cas inspiré par le droit européen. Sauf accord amiable, l'indemnité est fixée par le juge administratif, et tient compte de la plus-value résultant pour le requérant de la réalisation du document local de planification urbaine.

Attitude de l'Administration. L'Administration tient au principe de non-indemnisation (Rép. min. : *JOAN* 22 sept. 1979, p. 7439). Dans le même ordre d'idées, le Conseil d'État a considéré que devant des conclusions irrecevables d'une commune car dépourvues de moyens, le juge n'avait pas à soulever d'office le moyen public selon lequel une personne publique ne peut être condamnée à payer une somme qu'elle ne doit pas (CE, 14 mars 2001, req. n° 171502, *Cne de Granville c/ Assoc. foncière urbaine des Monts : Juris-Data* n° 2001-061925). 0442

0443 **Application à l'article L. 111-10.** Le Conseil d'État applique aussi le présent article à la délimitation d'une zone d'étude de travaux publics, sur le fondement de l'article L. 111-10 (CE, sect., 15 déc. 1989, *Min. Urb.* c/ *Mazin : Rec. CE,* p. 256 ; *AJDA* 1990, p. 25, chron. Honorat et Baptiste ; *CJEG* 1990, p. 232, concl. Abraham ; *D.* 1990, somm., p. 301, note Bon et Terneyre).

II. – Atteinte à la situation existante

0444 **Appréciation stricte.** Le premier cas d'indemnisation, qui remonte à la loi du 15 juin 1943 elle-même, suppose que la servitude entraîne une modification à l'état antérieur des lieux déterminant un dommage direct, matériel et certain. Mais le juge administratif exige en outre que le préjudice résulte uniquement de la servitude elle-même : il refuse le droit à l'indemnité lorsque l'application de la servitude nouvelle découle de la reconstruction consécutive à un sinistre du fait de guerre (CE, 8 févr. 1963, *Min. Constr.* c/ *Cts Leroy : Rec. CE,* p. 83 ; *Grands Arrêts,* 3e éd., p. 100). Les tribunaux administratifs ne se montrent pas moins restrictifs.

Voir aussi : TA Strasbourg, 17 janv. 1975, *SCI de l'Ilot « c »* c/ *Min. Équip. : Rev. adm. Est France,* 1976, n° 2, p. 81, note de Forges.

III. – Atteinte aux droits acquis

0445 **Nature de la servitude.** Le second cas d'indemnisation résulte de la loi d'orientation foncière, n° 67-1253 du 30 décembre 1967 et vise la servitude portant atteinte à des droits acquis. Au cours du débat parlementaire, seul le cas d'un permis de construire, paralysé par l'institution d'une servitude, avait été envisagé. Mais le Conseil d'État a admis l'indemnisation des travaux de viabilité supportés par un lotisseur, dont les terrains deviennent inconstructibles par suite de l'institution d'une servitude. Pour aboutir à ce résultat, le juge administratif, qui considère que le dossier de lotissement a une nature réglementaire, a jugé que l'autorisation de division elle-même avait un caractère individuel, susceptible de conférer des droits acquis. Mais l'indemnité est refusée lorsque l'autorisation de lotissement est trop ancienne et que l'opération a été longuement interrompue, le préjudice résultant de l'institution de la servitude n'ayant pas, dans ce cas, un caractère direct (CE, sect., 4 mars 1977, *Min. Équip.* c/ *SA « Construction Simottel » et Min. Équip.* c/ *Consorts Guillerot : AJDA* 1977, p. 313, concl. Labetoulle ; *Droit et Ville* 1977, n° 4, p. 293, note Bouyssou ; *D.* 1977, p. 673, note Le Mire ; *RD publ.* 1977, p. 1118, note de Soto). Le Conseil d'État a alloué une très importante indemnité, en cas de remise en cause de droits acquis résultant d'un ancien accord préalable, dans l'affaire de la Tour Apogée (CE, 23 juill. 1983, *Min. Urb.* c/ *SCI Italie-Vandrezanne : Rec. CE,* p. 267 ; *JCP* G 1984 II, 20138, note Morand-Deviller). Dans le même sens, CE, 9 déc. 1983, *Sté d'études d'un grand hôtel international à Paris : Rec. CE,* p. 507 ; *Petites affiches,* 4 mai 1983, note Moderne. Le droit à indemnité est ouvert à la suite d'une décision de sursis à statuer, dès lors que le refus ultérieur du permis de construire ne fait pas de doute (CE, 13 févr. 1987, *Anrigo : AJDA* 1987, p. 596, note Fatome. – V. aussi CE, 6 mars 1987, *SNC Guillaume de Montera et Cie : DA* 1987, n° 260).

En revanche, les droits acquis ne peuvent résulter d'un règlement et notamment d'un plan d'urbanisme (CE, 23 nov. 1977, *Dlle Aubaud : Rec. CE,* p. 495 ; *AJDA* 1978, p. 293), ni d'une convention entre l'État et un propriétaire ; la responsabilité éventuelle de l'État, en raison de la passation de ce contrat en la forme administrative ou en raison de sa violation, ne peut être appréciée que par les tribunaux de l'ordre judiciaire (CE, 10 mars 1989, *Mlle Fournier : Rec. CE,* T, p. 776). Voir aussi CAA Paris, 13 mars 1989, *Cne de Bois-d'Arcy : Petites affiches,* 31 janv. 1990, note Morand-Deviller et CE, 13 janv. 1995, *SCI pour l'aménagement de Banyuls.*

0446 **Convention.** Le Conseil d'État rejette la notion de droits acquis résultant d'une convention (CE, 8 janv. 1993, *Sté Cie fermière et foncière de Font-Romeu : DA* 1993, 91), en s'inspirant du principe selon lequel la police de l'urbanisme ne peut faire l'objet de contrats (V. Fatome, *L'urbanisme contractuel : AJDA* n° spécial, mai 1993, p. 63). Voir aussi pour absence de préjudice actuel et certain, CE, 10 juin 1988, *SA « Établissements Bonnargent-Goyon » : AJDA* 1989, p. 54, note J.-B. Auby.

Mais la théorie du fait du prince peut parfois aboutir à l'indemnisation du cocontractant de l'Administration (CE, 29 déc. 1997, *Sté civile des néopolders : BJDU* 2/1998, p. 129, concl. Bergeal).

Construction existante. Les droits acquis ne peuvent résulter de la préexistence d'une construction. 0447

Local commercial. Le propriétaire d'un local dans un centre commercial ne peut être indemnisé d'un préjudice résultant d'une impossibilité de relouer son fonds à la suite du départ de son locataire vers un autre centre créé dans une ZAC ; compte tenu de l'absence de droit acquis au maintien des implantations commerciales au regard du cahier des charges du centre commercial, de l'absence de modification à l'état antérieur des lieux et de l'absence de causalité directe entre le préjudice invoqué et la création d'un nouveau centre commercial dans la ZAC voisine (TA Orléans, 11 mars 1999, req. n° 96968, *M. et Mme Haddad*). 0448

Plan d'urbanisme. La responsabilité de l'État est écartée dans le cas d'un nouveau POS ne faisant pas obstacle à la réalisation d'un lotissement (CE, 16 juin 1995, *Laugier : Rec. CE*, T, p. 1028). 0449

Plan d'exposition au bruit. L'extension de la zone de protection contre le bruit résultant d'un plan d'exposition ne revêt pas un caractère exorbitant hors de proportion avec les justifications d'intérêt général fondant le plan (CAA Bordeaux, 17 mai 2001, req. n° 97-BX02097, *Cne de Portet-sur-Garonne : Juris-Data* n° 2001-155893). 0450

Plan d'exposition aux risques naturels. Un tel plan relatif aux mouvements de terrain ne poursuit pas un simple objectif de régulation économique en évitant d'éventuels litiges entre lotisseurs, mais vise à préserver la sécurité des populations. Par suite, le législateur doit être regardé comme ayant entendu exclure la responsabilité de l'État à raison des conséquences dommageables que les dispositions de la loi n° 87-565 du 22 juillet 1987 a pu comporter pour les lotisseurs mis dans l'impossibilité de commercialiser les parcelles situées en zones inconstructibles en vertu de ce plan. De surcoît, l'article L. 160-5 ne peut être mis en œuvre que pour des servitudes instituées par le Code de l'urbanisme, à l'exclusion de dispositions non incorporées à ce Code, comme la loi de 1987 codifiée à l'article L. 562-1 du Code de l'environnement (CAA Nancy, 10 avr. 2003, *Société Le Nid : JCP* G 2003, n° 41, II, n° 10060, note H. Arbousset ; *Environnement* 2003, n° 7, comm. n° 70, P. Troully. – CE, 29 déc. 2004, *Société d'aménagement des coteaux de Saint-Blaine*, req. n° 257804 : *Juris-Data* n° 2004-067762). 0451

Permis de construire illégal. Une commune ne peut invoquer l'article L. 160-5 pour échapper à sa responsabilité pour faute résultant de la délivrance d'un permis de construire illégal (CE, 25 avr. 2003, *SCI Le Mas de Valescure : BJDU* n° 4/2003, p. 285, concl. I. de Silva et obs. L. Touvet). 0452

IV. – Droit européen et préjudice exorbitant

Convention européenne des droits de l'homme. Le principe de non-indemnisation des servitudes d'urbanisme, traditionnel en droit français, pourrait peut-être faire l'objet de contestation par application de la Convention européenne des droits de l'homme (Liet-Veaux : *Rev. adm.* 1984, p. 460, en particulier sur le fondement de l'article 1er du protocole n° 1 (CEDH, 27 oct. 1994, *Katte Klitsche de la Grange : DA* 1995, 112 ; *BJDU* 2/1995, p. 161). Le Conseil d'État, statuant en section, considère que le texte de l'article L. 160-5 ne fait pas obstacle à un troisième cas d'indemnisation, dans les cas exceptionnels, où le préjudice est exorbitant et où la servitude est hors de proportion avec le motif d'intérêt général qui a inspiré son édiction (CE, sect., 3 juill. 1998, *Bitouzet : AJDA* 1998, p. 639 ; *BJDU* 5/1998, p. 363, concl. Abraham ; V. aussi, D. de Béchillon, *Le Conseil d'État, la Convention européenne des droits de l'homme et la non-indemnisation des servitudes d'urbanisme : RFDA* 1999, p. 841, article faisant le point sur l'*arrêt Bitouzet* ; J.-F. Struillou, *Non-indemnisation des servitudes d'urbanisme et Convention européenne des droits de l'homme : le principe est maintenu : Dr. env.* 1999, n° 66, p. 14). Cette jurisprudence ne doit pas faire illusion : la formulation négative de la faculté d'indemnisation, l'exigence d'un préjudice exorbitant, dans des 0453 cas exceptionnels, et hors de proportion, témoignent d'une espérance d'indemnisation largement illusoire, malgré une terminologie inspirée du droit européen. Les commentateurs s'accordent sur ce point, sans évoquer la question de fond qui est de savoir si, dans ces conditions, la Convention européenne de sauvegarde des droits de l'homme est ou non respectée.

Bibliographie : Sur ce point spécifique de l'article L. 160-5 et du droit communautaire, V. le dossier spécial de l'*AJDA* du 24 novembre 2003 et les articles de F. BOUYSSOU et M. GUYOMAR.

V. – L'exigence du préjudice direct

0454 **Changement de règle.** Le Conseil d'État considère qu'est indirect, donc irréparable, le préjudice résultant d'un changement de la règle d'urbanisme, faisant suite à un refus illégal du permis de construire (CE, sect., 29 sept. 1989, *Mme Lamarche-Jacomet : D.* 1990, somm. p. 301, note Bon et Terneyre ; *Rec. CE*, p. 179 ; *CJEG* 1990, p. 229, note Jacquot ; *AJDA* 1990, p. 10, note J.-B. Auby. – CE, 10 déc. 1997, *Diard : BJDU* 4/1998, p. 295, concl. Combrexelle).
Un auteur a pu, à juste titre, stigmatiser cette irresponsabilité pour faute de l'administration (Gilli : *RFDA* 1986, p. 471) et il réitère ses critiques (Gilli, *Le refus illégal du permis de construire : quelles sanctions ? : D.* 1991, chron. p. 116). Cette situation choquante a été en partie corrigée par la loi Bosson, du 9 février 1994, qui a introduit dans le Code de l'urbanisme l'article L. 600-2.

VI. – L'indemnisation indirecte

0455 **Servitudes prises en compte.** Une indemnisation indirecte des servitudes d'urbanisme a longtemps résulté de la jurisprudence en matière d'expropriation : selon la Cour de cassation, les indemnités devaient faire abstraction de la servitude préexistante (Cass. 3e civ., 23 nov. 1971 : *Bull. civ.* III, n° 575, p. 409). Mais la loi n° 75-1328 du 31 décembre 1975 modifiant l'article 21 de l'ordonnance n° 58-997 du 23 octobre 1958 (C. expr., art. L. 13-15), prescrit désormais au juge de tenir compte, pour l'évaluation des terrains à bâtir, des servitudes affectant l'utilisation du sol et notamment des servitudes d'utilité publique, y compris les restrictions administratives au droit de construire, sauf si leur institution révèle, de la part de l'expropriant, une intention dolosive (Sur cette question, V. Liet-Veaux, *Urbanisme, expropriation et dol : D.* 1981, chron. p. 249).

Voir aussi : Sur les formes indirectes d'indemnisation, J.-B. Auby : *Droit et Ville* 1981, n° 10, p. 169.

Bibliographie : HOSTIOU, *La non-indemnisation des services d'urbanisme : AJDA*, n° spécial, mai 1993, p. 27 ; débat sur l'indemnisation des servitudes, *Ét. fonc.* 1993, n° 59. – AUMONT et LECOQ, *Le refus illégal de permis de construire et l'article L. 160-5 du Code de l'urbanisme : Petites affiches*, 1992, n° 119. – BOUYSSOU, *Droit international et droit de l'urbanisme* in *Mélanges Vellas*, Pédone, 1995. – ISRAËL : *DPCI* 1991, n° 3, p. 381. – J.-B. AUBY : *AJDA* 1995, p. 667. – STRUILLOU, *Cour européenne des droits de l'homme et Conseil d'État : une nouvelle limitation au principe de non-indemnisation : AFDUH*, 1999, p. 61 ; sur la même approche en droit comparé, Colloque de Toulouse, octobre 1999 : *Droit et Ville*, n° 48-2000.

C. urb., art. L. 160-6 *(L. n° 76-1285, 31 déc. 1976 ; L. n° 86-2, 3 janv. 1986).* — Les propriétés privées riveraines du domaine public maritime sont grevées sur une bande de trois mètres de largeur d'une servitude destinée à assurer exclusivement le passage des piétons.

L'autorité administrative peut, par décision motivée prise après avis du ou des conseils municipaux intéressés et au vu du résultat d'une enquête publique effectuée comme en matière d'expropriation :

***a)* Modifier le tracé ou les caractéristiques de la servitude, afin, d'une part, d'assurer, compte tenu notamment de la présence d'obstacles de toute nature, la continuité du cheminement des piétons ou leur libre accès au rivage de la mer, d'autre part, de tenir compte des chemins ou règles locales préexistants ; le tracé modifié peut grever exceptionnellement des propriétés non riveraines du domaine public maritime ;**

***b)* À titre exceptionnel, la suspendre.**

Sauf dans le cas où l'institution de la servitude est le seul moyen d'assurer la continuité du cheminement des piétons ou leur libre accès au rivage de la mer, la servitude

instituée aux alinéas 1 et 2 ci-dessus ne peut grever les terrains situés à moins de quinze mètres des bâtiments à usage d'habitation édifiés avant le 1er janvier 1976, ni grever des terrains attenants à des maisons d'habitation et clos de murs au 1er janvier 1976.

Origine. Cette servitude nouvelle, applicable à compter du 1er mai 1978 dans les stations classées et du 1er novembre 1978 dans les autres communes littorales (D. n° 77-753, 7 juill. 1977, art. 4), sauf dans les départements d'outre-mer, où elle peut néanmoins être instituée par décret en Conseil d'État (art. L. 150-1, al. 3), résulte de la loi n° 76-1285 du 31 décembre 1976, à la suite d'un amendement de M. Dubedout repris par le Gouvernement. Elle s'applique de plein droit sur une bande de trois mètres bordant le littoral, sans qu'une délimitation particulière soit nécessaire, à la différence de la servitude *non aedificandi* liée à l'institution de terrains réservés assortie d'une interdiction de construire, qui, elle, porte sur une profondeur de 20 ou 50 mètres au maximum (L. n° 63-1178, 28 nov. 1963, art. 48), suppose une enquête publique et ne confère aucun droit aux tiers. 0456

Pour la nouvelle servitude, l'enquête publique est au contraire nécessaire pour la suspendre ou modifier son assiette, dans des cas exceptionnels, impliquant un arrêté motivé (art. L. 160-6). Il ne semble pas que le souci d'éviter une indemnisation, d'ailleurs limitée au dommage direct, matériel et certain, et assortie d'un délai de forclusion particulièrement bref (art. L. 160-7), justifie à lui seul la suspension ou la modification d'assiette de la servitude.

Droits acquis. La question des droits acquis résultant de l'existence de bâtiments à usage d'habitation avant le 1er janvier 1976 (C. urb., art. L. 160-6, dern. al.) est particulièrement délicate. D'ailleurs, les droits acquis ne sont pas absolus, dès lors que l'institution de la servitude est le seul moyen d'assurer le libre accès des piétons au rivage de la mer. 0457

Voir aussi : C. urb., art. R. 160-15, p. 577 ; la circulaire d'application n° 78-144 du 20 octobre 1978 ; *AJDA* déc. 1978, n° spécial littoral (en particulier article Genevois).

Modification de la servitude. La jurisprudence admet la modification de la servitude, avec empiétement sur des propriétés non riveraines du littoral, avant même les modifications apportées au présent article par la loi du 3 janvier 1986 (CE, 25 nov. 1988, *Min. Urb. c/ Assoc. pour la sauvegarde du pays fouesnantais : AJDA* 1989, p. 279, note J.-M. Auby). Mais il est illégal de déplacer la servitude, si un chemin préexistant et ouvert au public, bordant le littoral, peut être aménagé (CE, 31 mars 1989, *Époux Guyon : DA*, n° 273). 0458

À propos du déplacement de la servitude en vue d'assurer la continuité du cheminement piétonnier, CE, 18 déc. 1987, *Loyer* (*Rec. CE*, p. 419).

Contrôle. Le juge ne se prononce pas sur le choix du tracé de la servitude. Son contrôle sur le déplacement de celle-ci est un contrôle normal. Une mesure de suspension est annulée, lorsque le passage des piétons n'est pas assuré pendant les grandes marées. À l'inverse, l'éloignement de 15 mètres par rapport aux habitations préexistantes n'est pas applicable si le bâtiment a été détruit (CE, 13 mars 1996, *Gauthier : Rec. CE*, T, p. 875 ; *BJDU* 1/1996, p. 8, concl. Arrighi de Casanova). 0459

La notion « d'habitation » relève de l'appréciation souveraine des juges du fond et non du contrôle de cassation : une cour administrative d'appel a pu ainsi estimer qu'en était exclu un moulin à marée (CE, 13 févr. 2002, *min. Équip., Transp. et Log. : BJDU* 3/2002, p. 170, concl. G. Bachelier ; *Constr.-urb.* 2002, n° 6, comm. n° 151, P. Benoit-Cattin).

Voie de fait. L'Administration, qui fait injonction aux propriétaires de terres riveraines du domaine public maritime d'enlever les obstacles à la réalisation d'un chemin piétonnier large de 3 mètres, ne commet pas de voie de fait, mais se borne à assurer le passage des piétons le long de la mer (Poitiers, 24 oct. 2000, *Brizard c/ Agent judiciaire du Trésor public : Juris-Data* n° 2000-170825). 0460

Opposabilité et suspension. En cas de modification de l'assiette de la servitude, la publication au bureau des hypothèques n'est pas une condition d'opposabilité de la servitude au propriétaire 0461

(CE, 30 oct. 1992, *Burguin : DA* 1992, 546), et le délai de recours contentieux ne court qu'à compter de la notification au propriétaire (CAA Nantes, 30 déc. 1996, *Reinton : BJDU* 2/1997, p. 149).
Le juge administratif exerce un contrôle normal sur la suspension de la servitude : une décision peut ainsi être annulée parce que le passage des piétons pendant les grandes marées n'est pas assuré sans servitude.

Bibliographie : TANGUY, *Les servitudes de passage des piétons sur le littoral : RFDA* 1991, p. 7.

C. urb., art. L. 160-6-1 ***(L. n° 86-2, 3 janv. 1986).*** **— Une servitude de passage des piétons, transversale au rivage, peut être instituée sur les voies et chemins privés d'usage collectif existants, à l'exception de ceux réservés à un usage professionnel, selon la procédure prévue au deuxième alinéa de l'article L. 160-6.**

Cette servitude a pour but de relier la voirie publique au rivage de la mer ou aux sentiers d'accès immédiat à celui-ci, en l'absence de voie publique située à moins de cinq cents mètres et permettant l'accès au rivage.

Les dispositions de l'article L. 160-7 sont applicables à cette servitude.

0462 **Portée.** Le présent article, ajouté par la loi du 3 janvier 1986 relative au littoral, prive de sa portée le jugement du tribunal administratif de Rennes qui avait censuré la création, par modification de la servitude, de « chemins de remontée » (TA Rennes, 24 nov. 1982, *Le Grand : AJDA* 1983, p. 440, note Nguyen Quod Vinh).

C. urb., art. L. 160-7 ***(L. n° 76-1285, 31 déc. 1976 ; L. n° 86-2, 3 janv. 1986).*** **— La servitude instituée par l'article L. 160-6 n'ouvre un droit à indemnité que s'il en résulte pour le propriétaire un dommage direct, matériel et certain.**

La demande d'indemnité doit, à peine de forclusion, parvenir à l'autorité compétente dans le délai de six mois à compter de la date où le dommage a été causé.

L'indemnité est fixée soit à l'amiable, soit, en cas de désaccord, dans les conditions définies au deuxième alinéa de l'article L. 160-5.

Le montant de l'indemnité de privation de jouissance est calculé compte tenu de l'utilisation habituelle antérieure du terrain.

La responsabilité civile des propriétaires des terrains, voies et chemins grevés par les servitudes définies aux articles L. 160-6 et L. 160-6-1, ne saurait être engagée au titre de dommages causés ou subis par les bénéficiaires de ces servitudes.

0463 **Compétence juridictionnelle.** La référence à l'article L. 160-5 entraîne la compétence du juge administratif.

Voir aussi : C. urb., art. R. 160-31, p. 580.

0464 **Délai.** Selon M. Genevois (*La servitude de passage des piétons sur le littoral : AJDA* 1978, p. 628), le délai de six mois ne commence à courir qu'à partir du moment où l'existence de la servitude est révélée au propriétaire. La création de *plein droit* de la servitude ne peut donc, par elle-même, entraîner la forclusion de la demande d'indemnité. Il s'agirait d'une solution prétorienne, par analogie avec la jurisprudence en matière de déchéance quadriennale, car la circulaire n° 78-144 du 20 octobre 1978 prend expressément le parti contraire (n° 5.2).

Voir aussi : Sur l'indemnisation, TA Rennes, 28 avril 1984 : *RFDA* 1985, p. 913, note Charles ; sur le caractère exceptionnel du déplacement de l'assiette de la servitude, CE, 7 mai 1986, *MUL c/ Noël : DA* 1986, n° 366.

C. urb., art. L. 160-8 ***(L. n° 76-1285, 31 déc. 1976).*** **— Un décret en Conseil d'État précise les conditions d'application des articles L. 160-6 et L. 160-7 et fixe la date de leur entrée en vigueur.**

Le décret prévu à l'alinéa précédent détermine également les cas dans lesquels la distance de quinze mètres fixée à l'article L. 160-6 (alinéa 3) pourra, à titre exceptionnel, être réduite.

Plan d'urbanisme. Il a été jugé que le plan d'urbanisme s'appliquait aux travaux entrepris sur le domaine public maritime, en vertu d'une concession d'endigage par exemple (CE, 30 mars 1973, *Min. Équip.* c/ *Sieur Schwetzoff* : *AJDA* 1973, p. 366, note Dufau ; *Rev. adm.* 1973, p. 511, concl. Guillaume et note Liet-Veaux ; *JCP* G 1973, II, 17528, note Bréchon-Moulenes). 0465

Cession. La circulaire n° 73-05 du 3 janvier 1973 sur l'utilisation du domaine public maritime, qui interdit les cessions en pleine propriété du domaine public maritime ; problème des marinas (*AJDA* 1973, p. 202) ; cette circulaire n'a pas un caractère réglementaire mais peut être invoquée par l'administration en sa qualité de directive (CE, 18 nov. 1977, *SA Entreprise Marchand* : *AJDA* 1978, p. 654, art. Mesnard) ; en revanche, les tiers ne peuvent l'invoquer à leur profit car elle n'a pas un caractère réglementaire (CE, 26 juin 1985, *Assoc. trinitaine de défense de la pêche à pied* : *Rec. CE*, p. 207 ; *RFDA* 1986, p. 40, concl. Denoix de Saint-Marc). 0466

Contravention. La jurisprudence fait obligation à l'administration de poursuivre les contraventions de voirie sur le domaine public maritime, CE, 23 févr. 1979, *Min. Équip.* c/ *Assoc. des Amis du Chemin de Ronde* : *RD publ.* 1979, p. 1157, note Waline ; *D.* 1979, J, p. 405, note Mlle Lombard. 0467

Voir aussi : CE, 20 mai 1977, *Sieur Paoli et Comité de défense du site de la Forêt-Fouesnant* : *RD publ.* 1978, p. 523, note Waline. – CE, 4 mai 1979, *Assoc. des riverains du Front de Mer de Saint-Raphaël* : *D.* 1979, inf. rap. 416, obs. Charles.

Bibliographie : Sur l'historique et la problématique de cette institution, CHATEAUREYNAUD, *Les schémas d'aptitude et d'utilisation de la mer* : *Droit et Ville* 1981, n° 12, p. 133. – BECET, *Les schémas de mise en valeur de la mer* : *Rev. jur. env.* 1990, p. 505. Sur le contrôle restreint du juge administratif sur le contenu du schéma de mise en valeur de la mer, CE, 7 juill. 1997, *Mme Madaule* : *BJDU* 5/1997, p. 35, concl. BONICHOT. – FABERON, *Les polices du littoral* : *Quot. jur.* 1er nov. 1988 et ROMI, *Les droits et obligations des pouvoirs publics et du public sur et envers le littoral* : *Petites affiches*, 5 déc. 1986. – F. MODERNE, *La protection juridique du littoral* : *Colloque de la Société française pour le droit de l'environnement*, Bordeaux, oct. 1977 ; *Publications périodiques spécialisées*. – TAVERNIER, *Les concessions d'endigage* : *AJDA* 1973, p. 564. – BLANC-UCHAN, *Évolution de la législation relative aux concessions d'endigage* : *RD publ.* 1983, p. 1601. – REZENTHEL et CAUBERT, *De l'application des documents d'urbanisme sur le domaine public maritime* : *D.* 1982, chron. 99.

Voir aussi : Les observations sous C. urb., art. R. 421-1, p. 757.

LIVRE DEUXIÈME

PRÉEMPTION ET RÉSERVES FONCIÈRES

TITRE PREMIER

DROITS DE PRÉEMPTION

Évolution. La loi n° 85-729 du 18 juillet 1985 relative à la définition et à la mise en œuvre de principes d'aménagement a profondément refondu le régime des droits de préemption institués pour des motifs d'urbanisme qui laisse néanmoins subsister un droit de préemption propre aux espaces naturels sensibles, héritier des dispositions propres aux périmètres sensibles remontant à 1960, mais modifiées de manière assez importante en la forme (C. urb., art. L. 142-3 à L. 142-13). 0468

Le régime ainsi mis en place est commenté (avec formules d'application) aux *Juris-Classeurs Construction,* Fascicules 13-10 à 13-40 ; Notarial-Formulaire, *V° Préemption,* Fascicules 180 à 245 ; Foncier, *V° Urbanisme,* Fascicules 180 à 245 auxquels nos lecteurs pourront se reporter, nous bornant pour notre part à souligner ci-après les traits les plus caractéristiques de son architecture générale.

La loi solidarité et renouvellement urbains du 13 décembre 2000 n'apporte pas de modification de très grande ampleur mais des ajustements pratiquement utiles ; il en est de même de la loi (n° 2002-276) « Démocratie de proximité » du 27 février 2002 (*JO* 28 févr., p. 3808).

La loi du 11 décembre 2001 prévoit un dispositif spécifique en faveur du logement social.

La loi Urbanisme-Habitat du 2 juillet 2003 ouvre aux communes dotées d'une carte communale la faculté d'instituer un droit de préemption urbain, certes sous certaines conditions. La loi du 30 juillet 2003 relative à la prévention des risques naturels et technologiques étend le champ de la préemption dans des zones exposées, là encore dans des conditions bien précises.

Ces deux textes ont fortement accru le champ de la préemption.

Bibliographie : A. LÉVY, *Les incidences de la SRU sur les droits de préemption et les droits de délaissement : AJDI* 2001, n° 9, p. 679. – I. CASSIN, *Les retouches de la loi Démocratie de proximité au droit de l'urbanisme : BJDU* 3/2002, p. 162. – R. VANDERMEEREN, *Actualité des procédures foncières, Les droits de préemption en matière d'urbanisme : innovations législatives et actualité jurisprudentielle : AJDA* 2002, p. 1104. – P. CORNILLE, *La loi SRU et le droit de l'urbanisme, droits de préemption et stratégies après la loi SRU : Droit et Ville* 2002, n° 54, p. 51. – M. KAZMAREK, *Le droit de préemption urbain : Gaz. cnes* 8 déc. 2003, p. 50. – J.-P. MENG, *Droits de préemption : extension des cas d'ouverture et nouvelles finalités : Defrénois* 2004, n°s 15-16, p. 1017.

Objectifs poursuivis. Dans un but qui se voulait simplificateur, la loi n° 85-729 du 18 juillet 1985 « a mis en facteur commun » un grand nombre de dispositions s'appliquant semblablement au droit de préemption urbain (héritier des zones d'intervention foncière, instituées par la loi du 31 décembre 1975) et aux zones d'aménagement différé (qui remontent à la loi du 28 juillet 1962). 0469

Mais cette simplification ne concernait bien entendu que le régime des préemptions postérieur à l'entrée en vigueur de la loi n° 85-729 du 18 juillet 1985 qui avait été fixée originairement au 1er juin 1986 par l'article 10 du décret n° 86-516 du 14 mars 1986 puis successivement reportée au 19 juillet 1986 par le décret n° 86-748 du 27 mai 1986, à une date à fixer par décret devant intervenir dans le délai d'un an de la publication de la loi n° 86-841 du 17 juillet 1986 et, enfin, au 1er juin 1987 par le décret n° 87-284 du 22 avril 1987.

Ces textes ont constitué l'un des volets du vaste programme mené par le Gouvernement visant au développement de l'offre foncière et ont donné aux collectivités locales des outils simples et adaptés à leurs besoins en matière de politique d'aménagement. L'objectif recherché a été précisément de rendre au droit de préemption sa vocation d'outil au service d'une politique définie, tout en maintenant la liberté du marché foncier sur les territoires où les collectivités locales décidaient de ne pas intervenir (Rép. min. : *JOAN* 7 mars 1988, p. 1026).

Dualité DPU et ZAD. Dans le système ainsi mis en place, la principale distinction entre le droit de préemption urbain (DPU) et le droit de préemption dans la ZAD tenait à ce que les ZAD ne pouvaient être créées que dans les communes dépourvues d'un plan d'urbanisme opposable aux tiers, alors que le droit de préemption urbain ne pouvait être institué que dans les communes 0470 dotées d'un tel document. Mais la loi n° 89-550 du 2 août 1989 a, en modifiant l'article L. 212-1, estompé cette distinction en permettant la création des ZAD, en dehors des zones urbaines (U) et d'urbanisation future (NA/AU), dans les communes dotées d'un tel plan et comprises dans les parties du territoire national précisées par décret en Conseil d'État.

Puis, en aménageant les articles L. 211-1 et L. 212-1, les paragraphes I à IV de l'article 35 de la loi n° 91-662 du 13 juillet 1991 ont opéré un véritable virage par rapport à la réforme de 1985, en supprimant toute limitation à la création des ZAD sur tout le territoire national et en généralisant la possibilité de recourir à cette procédure dans quelque commune que ce soit et sur quelque partie que ce soit de son territoire, même sur les zones U et NA/AU de ce dernier. Ainsi, s'est trouvée affirmée, en quelque sorte, la primauté, sur le droit de préemption urbain, de la création d'une ZAD.

Bien plus, cette extension du champ d'application des ZAD s'est accompagnée du rétablissement de la procédure autorisant le représentant de l'État à délimiter des périmètres provisoires de ZAD, par l'article 34 de la même loi n° 91-662 du 13 juillet 1991 mettant en place deux nouveaux articles L. 212-2-1 et L. 212-2-2 pour fixer leur régime juridique et celui des biens préemptés, à l'intérieur de leurs périmètres, durant leur période de validité désormais fixée à deux ans à l'expiration de laquelle l'arrêté de délimitation du périmètre provisoire devient caduc à défaut de publication de l'acte portant création de la ZAD.

0471 **Champ matériel d'application.** Le droit de préemption urbain, dans les ZAD ou dans les périmètres provisoires de ZAD, concerne les immeubles aliénés à titre onéreux, sous réserve de l'assimilation des cessions de droits sociaux des sociétés d'attribution (comme auparavant, échappent au droit de préemption les ventes en l'état futur d'achèvement ou en crédit-bail immobilier et, sous certaines réserves et dans le seul cadre du droit de préemption urbain, l'aliénation de certains lots de copropriété et les immeubles construits depuis moins de dix ans) ; la loi du 13 décembre 2000 ayant supprimé la condition de l'aliénation volontaire. Le droit est systématiquement applicable en cas de vente aux enchères et l'acquisition ne s'impose pour le prix de la dernière enchère que si cette modalité d'aliénation est rendue obligatoire par des lois ou règlements (à défaut, le bénéficiaire du droit de préemption peut recourir au juge de l'expropriation pour qu'il fixe le prix selon les principes que lui dicte la loi : C. urb., art. L. 213-1). Certaines cessions de droit indivis sont aussi visées par l'article L. 213-1.

0472 **Décision expresse d'institution.** Mais alors que la loi n° 85-729 du 18 juillet 1985 prévoyait dans sa version d'origine que le droit de préemption urbain s'appliquait de plein droit, sauf renonciation du conseil municipal, dans toute l'étendue des zones U et des zones NA de toutes les communes dotées d'un plan d'occupation des sols rendu public ou approuvé, la loi n° 86-1290 du 23 décembre 1986, en modifiant l'article L. 211-1, a opéré un véritable renversement de principe : au lieu d'être applicable automatiquement sur l'ensemble des zones urbanisables d'un territoire communal couvert par un plan d'urbanisme et modulable ensuite par délibération du conseil municipal, le droit de préemption urbain doit être institué par délibération expresse du conseil municipal et peut ne porter que sur tout ou partie seulement des zones urbanisables. Encore faut-il, à la suite de la nouvelle modification apportée à l'article L. 211-1 par l'article 35 précité de la loi n° 91-662 du 13 juillet 1991, que les zones U et les zones NA/AU des communes dotées d'un plan d'urbanisme opposable ne soient pas, pour qu'y soit institué par délibération un droit de préemption urbain, comprises dans une ZAD ou un périmètre provisoire de ZAD.

0473 **Mention de l'objet de la préemption.** La loi n° 85-729 du 18 juillet 1985, en combinant les dispositions des articles L. 210-1 et L. 300-1, avait voulu conférer aux buts poursuivis par la préemption une conception très extensive tout en exigeant que l'objet de la préemption soit toujours mentionné dans toute décision de préemption. Cependant des différences rédactionnelles dans les articles L. 210-1 et L. 221-1, doublées d'une jurisprudence particulièrement restrictive, formaient un obstacle à la mise en œuvre d'une politique active de constitution de réserves foncières par voie de préemption. Pour corriger cette anomalie, l'article 32 de la même loi n° 91-662 du 13 juillet 1991 a, d'une part, fait référence, dans tous les articles concernés (C. urb., art. L. 210-1, L. 221-1, L. 300-1 et L. 324-1), aux « actions et opérations d'aménagement » pour fonder l'exercice du droit de préemption et, d'autre part, tempéré l'exigence de la motivation de la préemption en permettant lorsqu'elle est exercée à des fins de réserves foncières dans le cadre d'une ZAD de se référer simplement aux motivations générales mentionnées dans l'acte créant la zone (C. urb., art. L. 210-1, al. 2).

La loi du 13 décembre 2000 assouplit encore davantage les conditions légales de motivation, en cas d'un programme local de l'habitat : la référence à la délibération définissant les actions de mise en œuvre de ce programme est suffisante (C. urb., art. L. 210-1, al. 3).

Prix de la préemption. La loi n° 85-729 du 18 juillet 1985 a atténué la divergence d'inspiration entre les anciennes ZIF (instrument municipal de surveillance du marché, permettant aux communes de réaliser de bonnes affaires) et les ZAD (instrument anti-spéculatif, destiné à casser le marché immobilier). En effet, elle se garde soigneusement de proclamer que le droit de préemption urbain s'exerce au prix du marché. La date de référence à laquelle il convient d'apprécier les caractéristiques du terrain se situe dans les ZAD (comme par le passé) un an avant la création de la zone (C. urb., art. L. 213-4 et L. 213-6). Dans les zones soumises au droit de préemption urbain, cette date de référence est celle à laquelle est devenu opposable aux tiers le plus récent des actes rendant public, approuvant, révisant ou modifiant le plan d'occupation des sols ou approuvant, révisant ou modifiant le plan local d'urbanisme et délimitant la zone dans laquelle est situé le bien (C. urb., art. L. 213-4 et L. 213-6). Le rétablissement par la loi n° 91-662 du 13 juillet 1991 de la faculté d'instituer des périmètres provisoires de ZAD a conduit à compléter ces dispositions par l'indication qu'en pareille circonstance la date de référence à retenir se situe à un an avant la publication de l'acte délimitant le périmètre provisoire de ZAD et qu'il en est de même lorsque l'acte créant la ZAD est publié dans le délai de validité (deux ans) du périmètre provisoire. 0474

Droit de délaissement. Malgré le renforcement des prérogatives des personnes publiques, la loi n° 85-729 du 18 juillet 1985 a également consolidé les droits des administrés et des propriétaires. Le droit de délaissement, jadis réservé aux propriétaires d'immeubles situés dans les ZAD, est étendu aux propriétaires d'immeubles situés dans des zones où s'exerce le droit de préemption urbain, dans des conditions d'ailleurs quelque peu différentes (comparer la rédaction des articles L. 211-5 et L. 212-3). Un semblable souci des droits du propriétaire a conduit la loi n° 91-662 du 13 juillet 1991 précitée à étendre aux périmètres provisoires de ZAD, à compter de la date de publication de l'acte les délimitant, la procédure de délaissement organisée pour les ZAD par l'article L. 212-3. De même ont été renforcés le droit des locataires et occupants (C. urb., art. L. 213-9 et L. 213-10) et celui des acquéreurs évincés (C. urb., art. L. 213-11). Et l'information des tiers a été mieux organisée, par l'existence d'un registre mentionnant les acquisitions par préemption et l'usage fait des biens ainsi acquis (C. urb., art.. L. 213-13). La loi du 13 décembre 2000 a consenti l'effort d'harmoniser l'ensemble des droits de délaissement ouverts par le Code de l'urbanisme (C. urb., art. L. 230-1 et s.). 0475

Utilisation des biens préemptés et droit à leur rétrocession. Mais, les conditions de paiement et l'usage final des biens préemptés donnent encore et toujours aux collectivités publiques des pouvoirs exorbitants dont elles devraient user avec une grande modération, sous peine d'offenser gravement la justice (de tels pouvoirs sont d'ailleurs antérieurs, en la matière, à la loi n° 85-729 du 18 juillet 1985). Bien qu'un droit de priorité soit reconnu à l'ancien propriétaire (et à l'acquéreur évincé, si son nom était mentionné dans la déclaration d'intention d'aliéner), la collectivité publique ou son délégataire peut revendre le bien acquis par préemption, dans des conditions bien moins restrictives que celles prévues précédemment par l'ancien article L. 211-12 (C. urb., art. L. 213-11) ; la violation du droit de priorité évoqué ci-dessus se résout en simples dommages et intérêts (art. L. 213-12). Le délai de paiement des biens préemptés est de six mois, soit après accord amiable, soit après décision définitive de la juridiction compétente en matière d'expropriation, soit de l'acte ou du jugement d'adjudication. Mais la seule sanction de ce délai est la rétrocession, sur demande de l'ancien propriétaire, le bien préempté (et non payé dans le délai requis) pouvant alors être aliéné librement (art. L. 213-14). La loi n° 91-662 du 13 juillet 1991 a étendu ce mécanisme aux biens préemptés dans un périmètre provisoire de ZAD dès lors que ceux-ci n'ont pas, lors de la publication de l'acte créant la ZAD, été utilisés à l'une des fins définies à l'article L. 210-1 et ne se trouvent pas dans le périmètre définitif de la ZAD. 0476

La loi du 13 décembre 2000 réduit de 10 ans à 5 ans le délai d'utilisation des biens préemptés par le titulaire du droit de préemption.

0477 **Obligation de consignation par le titulaire du droit de préemption.** Néanmoins, pour faire obstacle aux diverses manœuvres de retardement pouvant être mises en œuvre par le titulaire du droit de préemption et rétablir quelque peu un plus juste équilibre afin d'éviter des « simili préemptions dissuasives » ne débouchant pas sur une véritable acquisition, l'article 33 de la loi n° 91-662 du 13 juillet 1991 a inséré dans le code les articles L. 213-4-1 et L. 213-4-2 imposant au titulaire du droit de préemption une obligation de consignation lorsque la juridiction compétente en matière d'expropriation a été saisie, suite à l'exercice du droit de préemption ou à une décision d'acquisition formulée en vertu du droit de délaissement. Mais cette obligation de consignation que le projet de loi fixait à une somme égale à la moitié de l'évaluation du bien faite par le directeur des services fiscaux a été en fin de compte, lors des débats parlementaires, réduite à seulement quinze pour cent de cette évaluation.

0478 **Sanction des décisions de préemption.** Signalons enfin que la loi n° 94-112 du 9 février 1994 portant diverses dispositions en matière d'urbanisme et de construction a complété l'article L. 213-8 par des dispositions sanctionnant les décisions de préemption illégales ou ayant fait l'objet d'une annulation et atténuant leurs conséquences défavorables pour le propriétaire préempté. Depuis, les apports jurisprudentiels sont considérables en ce domaine.

0479 **Droit de priorité des communes lors des cessions d'immeubles appartenant à l'État, à des entreprises publiques et à des établissements publics définis par décret.** Afin de permettre aux communes de disposer de terrains ou d'immeubles pour la réalisation d'équipements publics ou de logements à usage locatif au sens du 3°de l'article L. 351-2 du Code de la construction et de l'habitation et faisant l'objet d'un concours financier de l'État, la loi d'orientation pour la ville n° 91-662 du 13 juillet 1991 a créé (art. 30) en faveur des communes un droit de priorité sur tout projet de cession d'immeubles situés sur leur territoire et appartenant à l'État, à des entreprises publiques et à des établissements publics définis par décret.
Les personnes publiques ainsi définies sont tenues de notifier à la commune leur intention d'aliéner leurs immeubles et d'indiquer le prix de mise en vente, tel qu'il est estimé par le directeur des services fiscaux. Si la commune n'exerce pas son droit de priorité dans un délai de deux mois à compter de cette notification, l'aliénation est effectuée dans les conditions de droit commun.

C. urb., art. L. 210-1 ***(L. n° 85-729, 18 juill. 1985 ; L. n° 91-662, 13 juill. 1991).*** **— Les droits de préemption institués par le présent titre sont exercés en vue de la réalisation, dans l'intérêt général, des actions ou opérations répondant aux objets définis à l'article L. 300-1, à l'exception de ceux visant à sauvegarder ou à mettre en valeur les espaces naturels, ou pour constituer des réserves foncières en vue de permettre la réalisation desdites actions ou opérations d'aménagement.**

Toute décision de préemption doit mentionner l'objet pour lequel ce droit est exercé. Toutefois, lorsque le droit de préemption est exercé à des fins de réserves foncières dans le cadre d'une zone d'aménagement différé, la décision peut se référer aux motivations générales mentionnées dans l'acte créant la zone.

(Al. créé, L. n° 2000-1208, 13 déc. 2000, art. 19-III) **Lorsque la commune a délibéré pour définir le cadre des actions qu'elle entend mettre en œuvre pour mener à bien un programme local de l'habitat, la décision de préemption peut, sauf lorsqu'il s'agit d'un bien mentionné à l'article L. 211-4, se référer aux dispositions de cette délibération. Il en est de même lorsque la commune a délibéré pour délimiter des périmètres déterminés dans lesquels elle décide d'intervenir pour les aménager et améliorer leur qualité urbaine.**

I. – Objectifs d'aménagement

0480 **Harmonisation.** La loi d'orientation pour la ville n° 91-662 du 13 juillet 1991 a modifié la fin du premier alinéa pour faire référence, comme dans les articles L. 221-1, L. 300-1 et L. 324-1, aux « actions ou opérations d'aménagement ». Cette harmonisation des textes légitime les actions d'aménagement, au même titre que les opérations d'aménagement, pour fonder l'exercice du droit de préemption, en particulier pour la constitution de réserves foncières destinées à leur préparation (C. urb., art. L. 221-1).

Objectif admis. Par la référence faite à l'article L. 300-1, la préemption doit être exercée en vue de la réalisation des actions ou opérations d'aménagement suivantes : 0481
– mettre en œuvre une politique locale de l'habitat ;
– organiser le maintien, l'extension ou l'accueil des activités économiques ;
– favoriser le développement du loisir et du tourisme ;
– réaliser des équipements collectifs ;
– permettre le renouvellement urbain ;
– lutter contre l'insalubrité ;
– sauvegarder ou mettre en valeur le patrimoine bâti ou non bâti.

La prévention des pollutions qui avait été insérée par le Sénat dans cette nomenclature, au même titre que la lutte contre l'insalubrité, a été supprimée par l'Assemblée nationale au motif qu'elle relevait essentiellement d'une législation spécifique (*JOAN* 5 juin 1985, p. 1420, 2e col.).

Aux actions ou opérations d'aménagement ainsi visées s'ajoute non seulement la constitution de réserves foncières destinées à les préparer mais aussi l'acquisition de terrains destinés à la création ou à l'aménagement de jardins familiaux (C. urb., art. L. 216-1).

Lien entre l'action ou l'opération d'aménagement et la préemption. La motivation de l'exercice du droit de préemption doit clairement faire apparaître le lien étroit avec l'opération d'aménagement ; les finalités de ces deux procédures devant concorder (V. note de P. Cornille à propos de l'arrêt du CE, 16 mars 2001 : *Constr-urb.* 2001, nos 7-8, comm. n° 153). Cette corrélation est appréciée souverainement par les juges du fond : ainsi pour un droit de préemption utilisé pour assurer le relogement de personnes touchées par une opération d'aménagement dès lors que cette décision s'inscrit dans la politique locale de l'habitat (CE, 6 avr. 2001, *Cne de Montreuil : BJDU* 3/2001, p. 189). 0482

Spéculation foncière. Selon une réponse ministérielle (*JOAN* 15 févr. 1988, p. 717), si la lutte contre la spéculation foncière ne figure pas en tant que telle parmi les objets qui justifient l'exercice du droit de préemption urbain, il est néanmoins clair qu'elle est sous-jacente à toute politique d'urbanisme et d'aménagement du territoire. 0483

Équipements culturels. Est suffisamment défini, au regard des dispositions de l'article L. 210-1 du Code de l'urbanisme, l'objet pour lequel le droit de préemption est exercé dès lors que le conseil municipal a autorisé le maire à préempter par deux délibérations successives, la première précisant que le conseil municipal approuvait la proposition du maire de procéder à l'acquisition d'un immeuble pour y installer une bibliothèque et la seconde rappelant seulement que l'acquisition était faite « aux fins d'équipements culturels » (CE, 1re et 4e sous-sect. réunies, 10 juin 1991, req. n° 100155, *Cne de Sainte-Marie* c/ *Mlle Cadjee*). 0484

Aéroports publics. L'extension de l'aire d'exploitation d'un aéroport public est au nombre des opérations d'intérêt général permettant la mise en œuvre du droit de préemption. Il résulte des termes de l'article L. 210-1 que le droit de préemption est ouvert non seulement en vue de la réalisation des actions ou opérations d'intérêt général entrant dans les prévisions de ce texte, mais également pour constituer des réserves foncières permettant la réalisation à terme de telles opérations ou actions. Il s'ensuit qu'il peut être exercé quand bien même la date de réalisation effective de l'action ou de l'opération en vue de laquelle la réserve est constituée ne peut encore être déterminée (CE, 28 oct. 1994 : *JCP* G 1995, IV, 43 ; N 1995, II, p. 1594). 0485

Espaces naturels. Pour la mise en valeur des espaces naturels, voir le droit de préemption du département sur certains espaces naturels sensibles : articles L. 142-3 et suivants. 0486

SAFER. Dans le cas où le droit de préemption serait exercé à l'occasion d'une revente par une société d'aménagement foncier et d'établissement rural (SAFER), il y aurait lieu d'analyser les objectifs poursuivis, tant par la SAFER que par la commune, avant exercice éventuel de ce droit (Rép. min. : *JOAN* 18 mai 1987, p. 2923 ; *JCP* N 1987, Prat. 264-3). 0487

0488 **Objectifs non admis.** Ne constituent pas une opération d'aménagement au sens de l'article L. 300 et, par suite, un motif de préemption :
– la réalisation ultérieure d'un échange de terrains (CE, 1re et 4e sous-sect. réunies, 30 juill. 1997, req. n° 169574 : *Juris-Data* n° 1997-050729 ; *BJDU* 6/1997, p. 442. – CAA Paris, 14 juin 1994 : *DA* 1994, 562. – TA Montpellier, 19 déc. 1995 : *Juris-Data* n° 1995-000119) ;
– la réalisation de travaux de sécurité sur une voie publique (CAA Nantes, 16 juin 1994 : *DA* 1994, 563 et sur pourvoi CE, 1re et 4e sous-sect. réunies, 30 juill. 1997, req. n° 150949 : *Juris-Data* n° 1997-050728 ; *BJDU* 6/1997, p. 453) ;
– le seul but de résorber un logement insalubre (CAA Paris, 1re ch., 17 févr. 1998 : *Juris-Data* n° 1998-050189) ;
– les éventuelles interventions ponctuelles dans des cessions immobilières entre particuliers (CAA Nancy, 1re ch., 1er oct. 1998 : *Juris-Data* n° 1998-046337) ;
– le relogement d'habitants d'une ZAC, dès lors que des possibilités existent en dehors de la ZAC et que cela ne correspond pas à une action de politique locale de l'habitat (CAA Paris, 15 oct. 1998, *Cne de Montreuil-sous-Bois : BJDU* 6/1998, p. 467). Également, le droit de préemption ne peut être utilisé pour reloger préférentiellement des propriétaires d'un immeuble situé dans une ZAC et obtenir d'eux la cession amiable de cet immeuble et la renonciation à tout contentieux (CE, 30 juill. 1997, *Cne de Montrouge* c/ *M. Parmentier : BJDU* 6/1997, p. 442).

0489 **Référence à une délibération antérieure.** Est annulée pour insuffisance de motivation une délibération d'un conseil municipal décidant d'exercer le droit de préemption sur un terrain, en se référant à une délibération antérieure délimitant des zones de préemption, sans précision sur les actions à mener (TA Versailles, 24 juin 2003, *SA Télédiffusion de France : AJDA* 2004, n° 24, p. 1315, note S. Pérignon).

0490 **Projet précis.** La jurisprudence exige en effet que le projet justifiant la préemption soit le plus précis possible. Tel n'est pas le cas lorsqu'une commune a conçu des opérations d'aménagement du centre-ville sans apporter la preuve d'un projet d'équipement précis sur la parcelle en cause, se bornant à faire état de la situation du terrain à proximité d'une place, d'une salle des fêtes et de constructions futures et éventuelles (CAA Paris, 2 oct. 2001, req. n° 00PA1207, *Cne de Guignes-Rabutin : Juris-Data* n° 2001-160503).
De même, ne répond pas aux exigences du présent article L. 210-1, la décision de préemption mentionnant seulement qu'elle est prise « en vue de permettre la rénovation du quartier » et qui n'est assortie d'aucune référence à l'opération en vue de laquelle le droit de préemption est exercé (CE, 1re et 3e sous-sect. réunies, 29 juin 1992, *Ville de Grand-Quevilly*, req. n° 112678 : *JCP* G 1992, IV, 2265).
Est illégale la délibération qui ne mentionne pas le projet précis consistant à réaliser un commerce et un musée du football, alors même que ces opérations auraient fait l'objet de discussions en conseil municipal (CE, 26 févr. 2003, *M. et Mme Bour : JCP* A 2003, n° 41, comm. n° 1900, P. Billet).
Il en est de même pour une simple mention d'un projet municipal pour promouvoir le commerce de proximité et des activités de services (TA Nancy, 2 juill. 2002, *Malglaive : RFD adm.* janv.-févr. 2004, p. 179, note M. Kurkdjian).

0491 **Substitution d'objet.** Il est possible pendant le délai légal de 5 ans d'affectation des biens à l'objet visé dans la décision de préemption (art. L. 213-11 du présent code) de changer cet objet à condition qu'il reste conforme aux objectifs légaux (Cass. 3e civ., 1er déc. 2004, req. n° 03-14.676 : *Juris-Data* n° 2004-025919).

II. – Réserves foncières

0492 **Modalités de constitution.** Il peut désormais être fait échec à la jurisprudence particulièrement restrictive interdisant une politique active de constitution de réserves foncières et supprimant même toute perspective à long terme pour une telle politique dans la mesure où le mode d'utilisation d'une réserve foncière devait être décidé dès la prise de préemption (CE, 25 juill. 1986 : *JCP* 1987, II, 25, note F. Bouyssou. – TA Nantes, 8 mars 1984 : *Gaz. Pal.* 1985, 1, somm. 61. – CAA Nantes, 26 juin 1996 : *Juris-Data* n° 1996-043695).

Objectifs. Mais si le droit de préemption peut incontestablement être exercé en vue de la constitution de réserves foncières et si la faculté ainsi ouverte aux communes lui permet de saisir une opportunité alors même qu'aucun projet précis n'est arrêté (Rép. min. : *JOAN* 29 févr. 1988, p. 903 ; *JCP* N 1988, Prat. 616-2), l'utilisation de cette procédure doit néanmoins être justifiée par la réalisation, à terme, d'une action ou opération d'aménagement répondant aux objets définis à l'article L. 300-1 du présent code. **0493**

Motivation. Doit être annulée la décision d'une communauté urbaine de préempter un immeuble, qui a pour motif la constitution d'une réserve foncière et la réalisation de logements sociaux. En effet, à défaut d'autre précision et, notamment, de toute référence à une opération en cours ou envisagée, cette motivation n'est pas conforme aux exigences de l'article L. 210-1, alinéa 2 du Code de l'urbanisme (CE, 9 févr. 1996, 1re et 4e sous-sect. réunies, req. n° 130013, *Obled : Juris-Data* n° 1996-051394). **0494**

ZAD. Pour tenir compte de la spécificité de la ZAD, la loi n° 91-662 du 13 juillet 1991 précitée a complété le deuxième alinéa par des dispositions permettant désormais, lorsque la préemption est exercée pour constituer une réserve foncière dans une ZAD, de faire référence aux motivations générales mentionnées dans l'acte créant la ZAD, c'est-à-dire aux objectifs qui ont présidé tant à sa création qu'à la détermination de son périmètre (Rép. min. : *JOAN* 15 mars 1993, p. 947). **0495**
Il s'agit là d'une modification bienvenue de simplification au droit jusqu'alors en vigueur dans lequel la motivation devait se faire à deux stades successifs : au moment de la création de la ZAD, puis au moment de l'exercice de la préemption.

Formalité substantielle. Il ressort de l'article L. 210-1 du Code de l'urbanisme que les décisions de préemption doivent être motivées soit explicitement soit, dans le cadre d'une ZAD, par référence aux motivations générales de l'acte créant la ZAD. L'obligation ainsi instituée a le caractère d'une formalité substantielle. La décision de préemption d'un immeuble qui se borne à indiquer que cet immeuble est situé dans une ZAD et que la commune décide d'exercer son droit de préemption en exprimant son désaccord sur le prix de vente proposé, sans se référer aux motivations générales mentionnées dans l'acte créant la ZAD, lequel acte n'était pas joint à la décision de préemption, ne répond pas aux exigences de l'article L. 210-1 précité et doit être annulée (TA Amiens, 1re ch., 1er févr. 1992, req. n° 952274 : *Juris-Data* n° 1992-044048). **0496**

III. – Mention de l'objet de la préemption

Caractère obligatoire. Toute décision de préemption doit mentionner l'objet pour lequel le droit est exercé et doit être motivée. La motivation doit montrer en quoi l'acquisition de tel bien précis est nécessaire à la réalisation de telle action ou de telle opération d'aménagement répondant à l'un des objets définis à l'article L. 300-1 du Code de l'urbanisme, à l'exception de ceux visant à sauvegarder ou à mettre en valeur les espaces naturels. Une motivation insuffisante ou se fondant sur d'autres motifs peut entacher d'illégalité une décision de préemption (Rép. min. : *JOAN* 5 juin 1989, p. 2556). **0497**

Formalité substantielle. L'obligation de mentionner l'objet pour lequel le droit de préemption est exercé (al. 2) a le caractère d'une formalité substantielle dont la méconnaissance entache d'illégalité la décision considérée (CE, 2 déc. 1988 : *JCP* N 1989, II, p. 253 et note R. Vandermeeren) et son annulation est alors fondée dès lors qu'elle ne précise pas l'opération pour la réalisation de laquelle le droit de préemption est exercé (CE, 5e et 3e sous-sect., 20 mars 1991, req. n° 103271, *M. Roucaute*). Mais cette obligation peut, le cas échéant, être satisfaite par les précisions que fournissent des documents annexés à la décision (CE, 31 mars 1989 : *JCP* N 1989, II, p. 253 et note Vandermeeren). **0498**
Une telle illégalité ne peut être couverte par la précision de l'objet de la préemption dans la notification de sa décision par la collectivité, titulaire du droit de préempter (CAA Paris, 7 févr. 2003, *SCI Desjardins KB c/ OPHLM de Pantin : BJDU* n° 2/2003, p. 134).

Illégalité. Une décision de préemption non motivée est irrégulière (Rép. min. : *JO* Sénat 25 juill. 1985, p. 1420) et le défaut de motivation peut entraîner son annulation, pour vice de forme, par **0499**

application de la loi n° 79-587 du 11 juillet 1979 relative à la motivation des actes administratifs et à l'amélioration des relations entre l'Administration et le public (TA Paris, 22 mai 1989 : *JCP* N 1989, II, p. 253 et note Vandermeeren. – CE, 13 oct. 2003, *Cne d'Altkirck : Collectivités-Intercommunalité* 2003, n° 12, comm. n° 238, L. Erstein).

0500 **Programme local de l'habitat.** Pour inciter à une politique active du logement surtout à caractère social, la loi SRU a allégé les exigences de motivation pour les préemptions visant à mettre en œuvre les actions liées au PLH ; la référence à la délibération arrêtant ces actions est suffisante, de même quant à la délibération délimitant des périmètres d'intervention (C. urb., art. L. 210-1, al. 3).

La commune peut exercer son droit de préemption sur le fondement d'un plan local de l'habitat, certes en cours d'élaboration, mais suffisamment avancé pour lui permettre de projeter la construction de maisons individuelles (CAA Paris, 20 déc. 2001, *SCI Ontario* c/ *Cne de Longpont sur Orge : BJDU* 2/2002, p. 155). Cet arrêt qui applique « par anticipation » un PLH paraît discutable au titre du droit commun ; la loi SRU ayant supprimé tous ces mécanismes « d'urbanisme anticipé ».

0501 **Motivations insuffisantes.** L'insuffisance de motivation a été retenue par le Conseil d'État lorsque la préemption se réfère simplement, sans autre précision ou explication :

– à des équipements collectifs (CE, 27 avr. 1994, *Cne du Tampon : DA* 1994, p. 426) ;

– à la politique locale de l'habitat (CE, 23 mars 1994 : *DA* 1994, 374. – CE, 27 avr. 1994 : *DA* 1994, 426. – CE, 30 déc. 1998 : *Juris-Data* n° 1998-051354. – CAA Paris, 1er oct. 2003, *Commune de Fontenay-aux-Roses : BJDU* n° 2/2004, p. 157. – CAA Lyon, 28 juill. 2003 : *Constr.-urb.* 2003, n° 11, comm. n° 258, D. Dutrieux) ; en revanche, a été considéré comme suffisant le fait que le bien serait affecté au logement social après intervention d'un organisme spécialisé (CAA Douai, 14 mars 2002 : *Constr.-urb.* 2002, n° 11, comm. n° 280, P. Benoit-Cattin) ;

– à la constatation que les immeubles sont frappés d'alignement pour élargissement de voirie (CAA Bordeaux, 1re ch., 17 oct. 1996 : *Juris-Data* n° 1996-045941) ;

– à l'aménagement d'une zone touristique (CAA Lyon, 1re ch., 22 déc. 1998 : *Juris-Data* n° 1998-048302) ;

– à la volonté d'éviter les inconvénients créés par la construction projetée (aménagement coûteux d'un carrefour, sauvegarde du petit commerce) (CAA Nancy, 1re ch., 1er oct. 1998 : *Juris-Data* n° 1998-046315) ;

– à une référence à une opération d'aménagement comportant entre autres une liaison piétonne (CAA Lyon, 8 avr. 2003, *Cne de Montmerle-sur-Saône : BJDU* n° 1/2004, p. 77) ;

– à la nécessité de renforcer les possibilités de relogement dans la commune des habitants des zones dans lesquelles celle-ci réalise des opérations d'aménagement (CAA Paris, 1re ch., 15 oct. 1998 : *Juris-Data* n° 1998-051040).

0502 **Illégalités.** L'exercice du droit de préemption par une commune, sur un appartement situé à l'intérieur d'une ZAD, n'est pas légalement fondé dès lors que le conseil municipal a agi « dans le seul but de faire obstacle à la cession à des personnes extérieures à la commune de ce bien immobilier » ; que ce motif tiré de considérations étrangères à un but d'intérêt général ne peut légalement fonder la délibération litigieuse (CE, 1er févr. 1993, 2e et 6e sous-sect. réunies, req. n° 107714, *M. et Mme Guillec : JCP* G 1993, IV, 818). La délibération du conseil municipal et la décision de préemption, après s'être référées à l'intérêt que présentent, au regard de la préemption à exercer sur un immeuble, ses plafonds peints du XVIe siècle, n'indiquant pas à quelle opération précise d'aménagement correspond l'acquisition envisagée, sont entachées de nullité (CAA Bordeaux, 1re ch., 27 juin 1996 : *Juris-Data* n° 1996-046163).

Par ailleurs, il a été jugé que, nonobstant la circonstance que l'opération répond aux objectifs légaux, doit être annulée la délibération d'un conseil municipal décidant de préempter un immeuble pour des services municipaux associatifs, artistiques et culturels, dès lors que le bâtiment se situe en zone inondable et qu'il présente le risque d'être submergé en cas de crue (CAA Lyon, 11 juin 2002, req. n° 98-LY00933, *Cne de Labeaume : Juris-Data* n° 2002-193732). C'est dire que le seul respect des objectifs d'aménagement ne saurait suffire, vu le caractère de plus en plus globalisateur du droit de l'urbanisme.

IV. – Sanctions

Compétence. La sanction du défaut ou d'insuffisance de motivation n'appartient pas au juge judiciaire mais au juge administratif (Cass. 3ᵉ civ., 13 juill. 1993 : *Gaz. Pal.* 13 août 1994, somm. p. 5). 0503

Qualité pour agir. Titulaire promesse de vente. De même que le propriétaire, le bénéficiaire d'une promesse de vente est recevable à demander l'annulation d'une décision de préemption (CE, 17 avr. 1994 : *DA* 1994, 426 ; *Mon. TP* 22 juill. 1994, p. 25. – CE, 1ʳᵉ et 4ᵉ sous-sect. réunies, 30 juill. 1997, req. n° 157313 ; *BJDU* 6/1997, p. 447) ; et cela même si ce bénéficiaire a cédé ultérieurement la promesse à un autre acquéreur (CE, 30 juill. 1997, *Société nouvelle étude Berry : BJDU* 6/1997, p. 447). 0504

Acquéreur évincé. À l'égard de l'acquéreur évincé, le délai de recours court à compter de la notification de la décision de préemption (CE, 30 juill. 1997, *Cne de Montrouge : BJDU* 5/1997, p. 384). Mais un organisme titulaire d'un bail commercial, mais non d'une promesse de vente, n'est pas recevable (CAA Paris, 12 déc. 1996 : *Juris-Data* n° 1996-051335). La caducité de la promesse de vente n'enlève pas l'intérêt à agir en annulation contre une décision de préemption (CE, 16 déc. 1994 : *DA* 1995, 55 ; voir aussi, CE, 3 sept. 1997, *Ville de Vitry-sur-Seine : BJDU* 6/1997, p. 465), pas plus d'ailleurs que la réalisation de la vente (CE, 2 mars 1992 : *AJDA* 1992, p. 445, note Morand-Deviller). 0505

Locataire. Dans un arrêt du 6 octobre 1999, *Association Union islamique* (*BJDU* 5/1999, p. 388), le Conseil d'État a reconnu l'intérêt à agir du locataire d'un immeuble préempté, considérant qu'il n'était pas tiers à l'acte. Cette décision entraîne des réserves : le locataire n'est pas vraiment acteur de la préemption, qui ne lui est pas notifiée. La DIA ne comporte qu'une rubrique facultative sur la location. 0506

En tout état de cause, le locataire a toujours la possibilité de demander la résiliation du bail.

Voir aussi : C. urb., art. L. 213-10, p. 199.

Gestionnaires d'équipements publics. Quelle que soit l'étendue exacte des droits de gestion du port de La Ciotat reconnus au département des Bouches-du-Rhône, ce département ne disposait pas, en sa qualité de gestionnaire dudit port, dont certaines dépendances sont contiguës aux parcelles qui appartenaient à la société en liquidation des biens, d'un intérêt lui donnant qualité pour contester la décision de préemption du maire de la commune (CE, 22 févr. 1995, req. nᵒˢ 136900 et 136901, *Cne de La Ciotat*, concl. Maugué : *Defrénois* 1995, art. 36176-11). 0507

Voir aussi : Sur les dispositions sanctionnant les décisions de préemption annulées ou déclarées illégales, le dernier alinéa ajouté à l'article L. 213-8 par la loi n° 94-112 du 9 février 1994 portant diverses dispositions en matière d'urbanisme et de construction.

Chapitre I
Droit de préemption urbain

Extensions du droit de préemption urbain en 2003-2004. Comme indiqué en commentaire bibliographique sous l'article L. 210-1, les lois « Urbanisme-Habitat » du 2 juillet 2003, « Prévention des risques » du 30 juillet 2003, et une loi du 9 août 2004, ont considérablement élargi le champ du DPU. Les changements apportés sont décrits sous l'article L. 211-1. 0508

Bibliographie : J.-P. Meng, étude précitée sous C. urb., art. L. 210-1. – P. Benoît-Cattin, *L'élargissement du droit de préemption urbain : Constr.-urb.* 2003, n° 12, p. 3. – S. Traoré, *L'impact de la loi du 30 juillet 2003 relative à la prévention des risques sur le droit de l'urbanisme : DA* 2004, n° 4, comm. n° 72. – A. Noury, *La maîtrise de l'urbanisation autour des établissements industriels à risques : DAUH* 2004, p. 69. – S. Pérignon, *Nouveaux cas d'institution du droit de préemption urbain : AJDA* mars 2004, p. 569. – N. Reboul-Maupin, *La prévention des risques technologiques, aspects juridiques : Petites affiches* 16 déc. 2004, p. 6.

C. urb., art. L. 211-1 *(L. n° 75-1328, 31 déc. 1975 ; L. n° 85-729, 18 juill. 1985 ; L. n° 86-1290, 23 déc. 1986 ; L. n° 91-662, 13 juill. 1991).* — *(Al. modifié, L. n° 2000-1208, 13 déc. 2000, art. 202, I et XXIX ; L. n° 2003-699, 30 juill. 2003, art. 79)* **Les communes dotées** *(Mots rempl., L. n° 2000-1208, 13 déc. 2000, art. 202-I)* **« d'un plan d'occupation des sols rendu public ou d'un plan local d'urbanisme approuvé » peuvent, par délibération, instituer un droit de préemption urbain sur tout ou partie des zones urbaines et des zones d'urbanisation future délimitées par ce plan** *(Mots aj., L. n° 2004-806, 9 août 2004, art. 59, II)* **« dans les périmètres de protection rapprochée de prélèvement d'eau destinée à l'alimentation des collectivités humaines définis en application de l'article L. 1321-2 du Code de la santé publique, » dans les périmètres définis par un plan de prévention des risques technologiques en application du I de l'article L. 515-16 du Code de l'environnement, dans les zones soumises aux servitudes prévues au II de l'article L. 211-12 du même code »,** *(L. n° 2003-699, 30 juill. 2003, art. 79 ; L. n° 2004-806, 9 août 2004, art. 59 II)*, **ainsi que tout ou partie de leur territoire couvert** *(Mots suppr., L. n° 2000-1208, 13 déc. 2000, art. 202-XXIX)* **« ... » par un plan de sauvegarde et de mise en valeur rendu public ou approuvé en application de l'article L. 313-1, lorsqu'il n'a pas été créé de zone d'aménagement différé ou de périmètre provisoire de zone d'aménagement différé sur ces territoires.**

(Al. créé, L. n° 2003-590, 2 juill. 2003, art. 41) **Les conseils municipaux des communes dotées d'une carte communale approuvée peuvent, en vue de la réalisation d'un équipement ou d'une opération d'aménagement, instituer un droit de préemption dans un ou plusieurs périmètres délimités par la carte. La délibération précise, pour chaque périmètre, l'équipement ou l'opération projetée.**

Ce droit de préemption est ouvert à la commune. Le conseil municipal peut décider de le supprimer sur tout ou partie des zones considérées. Il peut ultérieurement le rétablir dans les mêmes conditions.

Lorsqu'un lotissement a été autorisé ou une zone d'aménagement concerté créée, la commune peut exclure du champ d'application du droit de préemption urbain la vente des lots issus dudit lotissement ou les cessions de terrains par la personne chargée de l'aménagement de la zone d'aménagement concerté. Dans ce cas, la délibération du conseil municipal est valable pour une durée de cinq ans à compter du jour où la délibération est exécutoire.

C. santé publ., art. L. 1321-1. — **Toute personne qui offre au public de l'eau en vue de l'alimentation humaine, à titre onéreux ou à titre gratuit et sous quelque forme que ce soit, y compris la glace alimentaire, est tenue de s'assurer que cette eau est propre à la consommation.**

(Al. rempl., L. n° 2004-806, 9 août 2004, art. 56) **L'utilisation d'eau impropre à la consommation pour la préparation et la conservation de toutes denrées et marchandises destinées à l'alimentation humaine est interdite.**

C. santé publ., art. L. 1321-2. — **En vue d'assurer la protection de la qualité des eaux, l'acte portant déclaration d'utilité publique des travaux de prélèvement d'eau destinée à l'alimentation des collectivités humaines** *(Mots aj., L. n° 2004-806, 9 août 2004, art. 57, 1°)* **« mentionné à l'article L. 215-13 du Code de l'environnement » détermine autour du point de prélèvement un périmètre de protection immédiate dont les terrains sont à acquérir en pleine propriété, un périmètre de protection rapprochée à l'intérieur duquel peuvent être interdits ou réglementés** *(Mots rempl., L. n° 2004-806, 9 août 2004, art. 57, 2°, a)* **« toutes sortes d'installations, travaux, activités, dépôts, ouvrages, aménagement ou occupation des sols » de nature à nuire directement ou indirectement à la qualité des eaux et le cas échéant, un périmètre de protection éloignée à l'intérieur duquel peuvent être réglementés** *(Mots rempl., L. n° 2004-806, 9 août 2004, art. 57, 2°, a)* **« les installations, travaux, activités, dépôts, ouvrages, aménagement ou occupation des sols » ci-dessus mentionnés.**

(Al. créé, L. n° 2004-806, 9 août 2004, art. 57, 3°) **Lorsque les conditions hydrologiques et hydrogéologiques permettent d'assurer efficacement la préservation de la qualité de l'eau par des mesures de protection limitées au voisinage immédiat du captage, l'acte portant déclaration d'utilité publique peut n'instaurer qu'un périmètre de protection immédiate.**

(Al. créé, L. n° 2004-806, 9 août 2004, art. 57, 3°) **Toutefois, pour les points de prélèvement existant à la date du 18 décembre 1964 et bénéficiant d'une protection naturelle permettant d'assurer efficacement la préservation de la qualité des eaux, l'autorité administrative dispose**

d'un délai de cinq ans à compter de la publication de la loi n° 2004-806 du 9 août 2004 relative à la politique de santé publique pour instituer les périmètres de protection immédiate.

L'acte portant déclaration d'utilité publique des travaux de prélèvement d'eau destinée à l'alimentation des collectivités humaines détermine, en ce qui concerne *(Mots rempl., L. n° 2004-806, 9 août 2004, art. 57, 2°, b)* « les installations, travaux, activités, dépôts, ouvrages, aménagement ou occupation des sols » existant à la date de sa publication, les délais dans lesquels il doit être satisfait aux conditions prévues par le présent article et ses règlements d'application.

***(Al. créé, L. n° 2004-806, 9 août 2004, art. 57, 5°)* Les servitudes afférentes aux périmètres de protection ne font pas l'objet d'une publication aux hypothèques. Un décret en Conseil d'État précise les mesures de publicité de l'acte portant déclaration d'utilité publique prévu au premier alinéa, et notamment les conditions dans lesquelles les propriétaires sont individuellement informés des servitudes portant sur leurs terrains.**

***(Al. rempl., L. n° 2004-806, 9 août 2004, art. 57, 4°)* Des actes déclaratifs d'utilité publique déterminent, dans les mêmes conditions, les périmètres de protection autour des points de prélèvement existants et peuvent déterminer des périmètres de protection autour des ouvrages d'adduction à écoulement libre et des réservoirs enterrés.**

***(Al. créé, L. n° 2004-806, 9 août 2004, art. 59, I)* Nonobstant toutes dispositions contraires, les collectivités publiques qui ont acquis des terrains situés à l'intérieur des périmètres de protection rapprochée de prélèvement d'eau destinée à l'alimentation des collectivités humaines peuvent, lors de l'instauration ou du renouvellement des baux ruraux visés au titre Ier du livre IV du Code rural portant sur ces terrains, prescrire au preneur des modes d'utilisation du sol afin de préserver la qualité de la ressource en eau.**

***(Al. créé, L. n° 2004-806, 9 août 2004, art. 59, I)* Par dérogation au titre Ier du livre IV du Code rural, le tribunal administratif est seul compétent pour régler les litiges concernant les baux renouvelés en application de l'alinéa précédent.**

***(Al. créé, L. n° 2004-806, 9 août 2004, art. 59, I)* Dans les périmètres de protection rapprochée de prélèvement d'eau destinée à l'alimentation des collectivités humaines, les communes ou les établissements publics de coopération intercommunale compétents peuvent instaurer le droit de préemption urbain dans les conditions définies à l'article L. 211-1 du Code de l'urbanisme. Ce droit peut être délégué à la commune ou à l'établissement public de coopération intercommunale responsable de la production d'eau destinée à la consommation humaine dans les conditions prévues à l'article L. 213-3 du Code de l'urbanisme.**

C. env., art. L. 211-12 *(Créé, L. n° 2003-699, 30 juill. 2003, art. 48).* — I. – Des servitudes d'utilité publique peuvent être instituées à la demande de l'État, des collectivités territoriales ou de leurs groupements sur des terrains riverains d'un cours d'eau ou de la dérivation d'un cours d'eau, ou situés dans leur bassin versant, ou dans une zone estuarienne.

II. – Ces servitudes peuvent avoir un ou plusieurs des objets suivants :

1° Créer des zones de rétention temporaire des eaux de crues ou de ruissellement, par des aménagements permettant d'accroître artificiellement leur capacité de stockage de ces eaux, afin de réduire les crues ou les ruissellements dans des secteurs situés en aval ;

2° Créer ou restaurer des zones de mobilité du lit mineur d'un cours d'eau en amont des zones urbanisées dans des zones dites « zones de mobilité d'un cours d'eau », afin de préserver ou de restaurer ses caractères hydrologiques et géomorphologiques essentiels.

III. – Les zones soumises *(Mots rempl., L. n° 2005-157, 23 févr. 2005, art. 132, III, 1°)* « aux servitudes visées aux 1° et 2° du II » sont délimitées par arrêté préfectoral. Celui-ci est pris après enquête publique menée conformément au Code de l'expropriation pour cause d'utilité publique. *(Phrase ajoutée, L. n° 2005-157, 23 févr. 2005, art. 132, III, 2°)* « Les zones soumises aux servitudes visées au 3° du II sont délimitées conformément à l'article L. 212-5 ».

C. env., art. L. 515-16 *(Créé, L. n° 2003-699, 30 juill. 2003, art. 5).* — À l'intérieur du périmètre d'exposition aux risques, les plans de prévention des risques technologiques peuvent, en fonction du type de risques, de leur gravité, de leur probabilité et de leur cinétique :

I. – Délimiter les zones dans lesquelles la réalisation d'aménagements ou d'ouvrages ainsi que les constructions nouvelles et l'extension des constructions existantes sont interdites ou subordonnées au respect de prescriptions relatives à la construction, à l'utilisation ou à l'exploitation.

Dans ces zones, les communes ou les établissements publics de coopération intercommunale compétents peuvent instaurer le droit de préemption urbain dans les conditions définies à l'article L. 211-1 du Code de l'urbanisme. [...]

0509 **Zones et secteurs concernés. Extensions du DPU.** Les zones et secteurs sur tout ou partie desquels peut être institué le droit de préemption sont essentiellement :
– les zones urbaines, dites « zones U », qu'elles soient ou non sous-identifiées en « UA », « UB », « UC », etc. ;
– les zones d'urbanisation future, dites zones « AU » (zones NA, avant la loi SRU) ;
– depuis la loi Urbanisme-Habitat du 2 juillet 2003, le ou les périmètre(s) délimité(s) par une carte communale et dédié(s) à un équipement ou à une opération précise ; il s'agit ici d'un alignement sur le droit commun, même conditionnel, des communes dotées d'une carte communale, reconnue comme document d'urbanisme de plein effet (V. C. urb., art. L. 124-1 et s.) ;
– les zones d'aménagement concerté ;
– les secteurs sauvegardés dotés d'un plan de sauvegarde et de mise en valeur rendu public ;
– la loi du 30 juillet 2003 sur les risques technologiques et naturels ajoute le périmètres des plans de préemption des risques technologiques et les zones de servitudes spéciales autour des cours d'eau prévues au nouvel article L. 211-12 du Code de l'environnement (voir textes pertinents), et cela même en l'absence de PLU (D. n° 2005-116, 7 févr. 2005, art. 10 : *JO* 12 févr., p. 2419). Voir aussi, le décret n° 2005-134 du 15 février 2005 (*JO* 17 févr., p. 2683) relatif à l'information des acquéreurs et locataires de biens immobiliers sur les risques naturels et technologiques ;
– la loi du 9 août 2004 relative à la politique de santé publique étend le DPU dans les périmètres de protection rapprochée de prélèvement d'eau destinée à l'alimentation humaine, périmètres délimités par déclaration d'utilité publique et où les communes peuvent ensuite instituer le DPU (V. en texte pertinent, C. santé publ., art. L. 1321-2).

0510 **Conséquences.** En dehors de ces zones et secteurs, le droit de préemption urbain ne saurait, en aucune circonstance, être institué – et exercé – sur quelque bien que ce soit (CE, 29 juill. 1983 : *Gaz. Pal.* 1984, 1, somm. 229). Ainsi, des parcelles qui ne sont implantées ni dans une zone urbaine ni dans une zone d'urbanisation future délimitée par le plan d'urbanisme, échappent au droit de préemption urbain (CE, 9 oct. 1996 : *Juris-Data* n° 1996-051467).

En tout état de cause, le périmètre de préemption n'a pas à coïncider avec les limites cadastrales (Rép. min. Aubon : *JOAN* (Q) 1er févr. 1999, p. 659).

Par ailleurs, en raison de l'indépendance des législations, un refus de permis de construire ne saurait être fondé sur la situation du terrain en zone de préemption (TA Versailles, 13 avr. 1999, *M. Allard* : *BJDU* 5/1999, p. 406).

0511 **Primauté des ZAD et de leurs périmètres provisoires.** Le premier alinéa a été complété par la loi n° 91-662 du 13 juillet 1991 de telle sorte que le droit de préemption urbain ne peut être institué dans les communes dotées d'un plan d'urbanisme opposable – sur tout ou partie des zones U et AU/NA ainsi que sur tout ou partie du territoire couvert ou par un plan de sauvegarde et de mise en valeur rendu public ou approuvé en application de l'article L. 313-1 du même code – que lorsqu'il n'a pas été créé de ZAD ou de périmètre provisoire de ZAD sur ces territoires.

Ainsi, l'existence d'une ZAD ou d'un périmètre provisoire de ZAD interdit l'instauration du droit de préemption urbain sur les territoires compris dans leurs périmètres respectifs, sans qu'il y ait lieu à rechercher si ces territoires sont ou non compris dans des zones ou secteurs où peut être institué le droit de préemption urbain.

0512 **Droit de préemption des communes sur les installations de stockage des déchets en fin d'exploitation.** Suivant l'article L. 541-29 du Code de l'environnement, la commune où se trouve le bien peut exercer le droit de préemption, dans les conditions prévues aux articles L. 211-1 et s. et R. 211-1 et s. et L. 213-1 et s. et R. 213-1 et suivants du Code de l'urbanisme (relatifs respectivement au droit de préemption urbain et aux dispositions communes au droit de préemption urbain, aux ZAD et aux périmètres provisoires) sur les immeubles des installations de stockage arrivées en fin d'exploitation. Le prix d'acquisition est fixé en tenant compte le cas échéant du coût de la surveillance et des travaux qui doivent être effectués pour prévenir les nuisances.

Toute aliénation d'immeuble d'une installation de stockage de déchets arrivée en fin d'exploitation est subordonnée, à peine de nullité, à la déclaration préalable prévue à l'article L. 213-2 du Code de l'urbanisme.

Terrains à protéger et inconstructibles. Les terrains cultivés à protéger et inconstructibles, en application de l'article L. 123-1 (9°), éventuellement localisés à l'intérieur des zones U, peuvent, la loi ne comportant aucune restriction à leur égard, être soumis au droit de préemption urbain, avec comme finalités celles visées aux articles L. 210-1 et L. 300-1 combinés. 0513

Espaces boisés classés. Le périmètre du droit de préemption urbain peut inclure des espaces boisés classés conformément aux dispositions de l'article L. 130-1 du présent code qui prévoit aussi que ce classement interdit tout mode d'occupation du sol de nature à compromettre la conservation, la protection ou la création des boisements. Dans ce cas, les finalités mêmes du droit de préemption urbain interdisent l'exercice de cette procédure sur de tels espaces (Rép. min. : *JOAN* 9 avr. 1990, p. 1660). 0514

Lotissements et ZAC. Destinée à assurer la stabilité du droit des sols dans les lotissements et les ZAC, la soustraction, éventuelle, des ventes de lots d'un lotissement ou des cessions de terrains dans une ZAC (Rép. min. : *JOAN* 8 févr. 1988, p. 604 ; *JCP* N 1988, Prat. 558-4) du champ d'application du droit de préemption urbain, intervenue dans les conditions prévues au troisième alinéa du présent article, ne saurait être remise en cause, avant l'expiration du délai de cinq ans, par une délibération ultérieure (Rapp. Sénat n° 26, t. II, par M. Alphonse Arzel, p. 31). 0515

Décision d'institution. L'institution du droit de préemption urbain nécessite non seulement l'existence d'un POS/PLU opposable aux tiers plan d'urbanisme mais aussi une décision communale d'institution. 0516
En cas de délégation de compétence à un établissement public de coopération intercommunale, voir l'article L. 211-2.
Pour Paris, Marseille et Lyon et les communes issues d'une fusion comportant création d'une ou plusieurs communes associées, il y a lieu à consultation, dans les conditions prévues aux articles R. 213-27 à R. 213-30, des conseils d'arrondissement ou des conseils ou commissions consultatifs.

Annulation de la décision d'institution. L'annulation de l'acte rendant opposable un plan d'urbanisme ayant pour effet, par voie de conséquence, de rendre illégal l'acte portant approbation de ce plan, est fondée la demande d'annulation de la délibération portant institution d'un droit de préemption urbain sur les zones urbaines délimitées par ce plan alors même que la décision portant approbation de celui-ci est devenue définitive (CE 8e et 9e sous-sect., 1er déc. 1993 : *JCP* G 1994, IV, p. 445). 0517

Voir aussi : Sur les mesures de publicité et d'information, C. urb., art. R. 211-2, p. 583 et s.

C. urb., art. L. 211-2 ***(L. n° 75-1328, 31 déc. 1975 ; L. n° 84-595, 12 juill. 1984 ; L. n° 85-729, 18 juill. 1985).*** **— Lorsque la commune fait partie d'un établissement public de coopération intercommunale y ayant vocation, elle peut, en accord avec cet établissement, lui déléguer tout ou partie des compétences qui lui sont attribuées par le présent chapitre.**

Toutefois, lorsqu'un établissement public de coopération intercommunale est compétent, de par la loi ou ses statuts, pour l'élaboration des documents d'urbanisme et la réalisation de zones d'aménagement concerté, cet établissement est compétent de plein droit en matière de droit de préemption urbain.

Établissements publics de coopération intercommunale. La délégation de compétence prévue au premier alinéa résultera d'une délibération du conseil municipal qui précisera son étendue et, le cas échéant, les conditions auxquelles la commune entend la subordonner. Elle ne produira effet qu'à la date à laquelle la délibération est exécutoire. Les dispositions du deuxième alinéa permettent la continuation de l'intervention des établissements publics de coopération intercommunale ayant compétence en matière d'urbanisme qui, à défaut, auraient dû attendre, pour exercer le droit de préemption urbain, de bénéficier d'une délégation à leur profit. 0518

C. urb., art. L. 211-3 ***(Ab., L. n° 91-662, 13 juill. 1991).***

C. urb., art. L. 211-4 ***(L. n° 75-1328, 31 déc. 1975 ; L. n° 76-1285, 31 déc. 1976 ; L. n° 85-729, 18 juill. 1985).*** **— Ce droit de préemption n'est pas applicable :**

a) **À l'aliénation d'un ou plusieurs lots constitués soit par un seul local à usage d'habitation, à usage professionnel ou à usage professionnel et d'habitation, soit par un tel local et ses locaux accessoires, soit par un ou plusieurs locaux accessoires d'un tel local, compris dans un bâtiment effectivement soumis, à la date du projet d'aliénation, au régime de la copropriété, soit à la suite du partage total ou partiel d'une société d'attribution, soit depuis dix années au moins dans les cas où la mise en copropriété ne résulte pas d'un tel partage, la date de publication du règlement de copropriété au bureau des hypothèques constituant le point de départ de ce délai ;**

b) **À la cession de parts ou d'actions de sociétés visées aux titres II et III de la loi n° 71-579 du 16 juillet 1971 et donnant vocation à l'attribution d'un local d'habitation, d'un local professionnel ou d'un local mixte et des locaux qui lui sont accessoires ;**

c) **À l'aliénation d'un immeuble bâti, pendant une période de dix ans à compter de son achèvement.**

Toutefois, par délibération motivée, la commune peut décider d'appliquer ce droit de préemption aux aliénations et cessions mentionnées au présent article sur la totalité ou certaines parties du territoire soumis à ce droit.

0519 **Champ d'application du secteur à statut renforcé.** Les mutations et cessions visées en *a), b)* et en *c)* échappent normalement à l'exercice du droit de préemption urbain au même titre que celles énumérées limitativement sous l'article L. 213-1 (qui définit le champ matériel d'application commun au droit de préemption urbain et au droit de préemption dans les ZAD) mais peuvent y être exceptionnellement soumises dès lors que la commune le décide par délibération motivée déterminant les parties du territoire où un tel statut « renforcé » sera applicable.
Une telle décision est parfaitement légitime lorsque la commune entend disposer d'une maîtrise foncière plus complète (Rép. min. Schneider : *JOAN*, 30 juin 2003, p. 5188).

0520 **Délai de dix ans.** Pendant la durée du délai de dix ans visé en *a)*, les cessions de tantièmes d'immeubles en copropriété sont soumises au droit de préemption urbain et, à ce titre, doivent être précédées d'une déclaration d'intention d'aliéner, en application de l'article L. 213-2 du présent code. En conséquence, toute aliénation de locaux privatifs d'habitation, professionnels ou locaux accessoires (tels que parkings, caves, etc.) est concernée par ces dispositions, dès lors que ces locaux constituent des lots distincts au regard du règlement de copropriété. Ainsi, un local à usage de garage situé dans un immeuble en copropriété est susceptible d'être préempté dans la mesure où il constitue en lui-même une partie attributive, même si le vendeur ne possède aucun autre local dans l'immeuble. Passé le délai de dix ans, les biens de cette nature ne peuvent être acquis par voie de préemption qu'en vertu du dernier alinéa du présent article qui prévoit la possibilité pour les communes de soumettre ces aliénations et cessions au droit de préemption urbain par délibération motivée du conseil municipal (Rép. min. : *JOAN* 18 avr. 1988, p. 1664). Or, la notion de local « accessoire » n'est pas toujours évidente en pratique (sur les réserves qui peuvent être faites sur la solution donnée par cette réponse ministérielle, Cathelineau, Viguier et Cornille, *Technique du droit de l'urbanisme*, 4e éd., p. 240, note 48), si bien que des clarifications ont été tentées en la matière : une réponse ministérielle du 26 mars 2001 (*JOAN*, p. 1855, note D. Dutrieux ; *JCP* N 2001, n° 22-23, p. 988) confirme celle de 1988, sans dissiper tous les doutes. C'est pourquoi une autre réponse ministérielle du 6 août 2001 (*JOAN*, p. 4584, note D. Dutrieux : *JCP* N 2002, n° 5, p. 219) précise que la vente d'un seul local accessoire (garage), situé dans un immeuble en copropriété depuis plus de dix ans, n'est pas soumise au DPU ordinaire même si le vendeur ne possède que ce local ; ce qui signifierait, *a contrario,* qu'elle y est soumise si elle intervient dans le délai de dix ans.

0521 **Computation.** Le délai de dix ans permettant l'exemption du droit de préemption commence à courir le jour de la publication du règlement de copropriété et non de l'état descriptif de division (CA Aix-en-Provence, 1re ch. B, 13 mars 1991 : *JCP* N 1999, p. 545, note Pierre Walet ; *Juris-Data* n° 1991-123296).

Conformément au quatrième alinéa de l'article L. 213-1 du présent code, en cas de contrat de location-accession, le délai de dix ans s'apprécie à la date de signature du contrat.

Impossibilité d'exclure une des catégories d'aliénations visées. Le dernier alinéa du présent article doit être compris comme ouvrant la possibilité à la commune de soumettre au droit de préemption urbain, sur tout ou partie de son territoire, l'ensemble des cessions ou aliénations mentionnées dans ce même article, sans possibilité d'en exclure l'une ou l'autre des catégories visées en *a), b)* et *c)* (Rép. min. : *JO* Sénat 3 mars 1988, p. 290 ; *JCP* N 1988, Prat. 616-1). **0522**

Voir aussi : Sur la date d'achèvement visée au *c),* C. urb., art. R. 213-24, p. 602 ; sur les mesures de publicité et d'information des délibérations décidant un exercice « renforcé » du droit de préemption urbain, C. urb., art. R. 211-4 (al. 2), p. 584.

Motivation. La délibération instituant un DPU renforcé doit faire apparaître les raisons pour lesquelles la commune ne peut se borner à utiliser le DPU de droit commun. Ne sont pas suffisants des motifs énonçant que le DPU renforcé est un des moyens juridiques en faveur d'une politique globale de l'habitat (CE, 4 févr. 2002, SARL *Constructions Transactions Mauro : BJDU* 1/2002, p. 21 ; *Constr.-urb.* 2002, n° 6, comm. n° 154, P. Cornille). **0523**

Bibliographie : Sylvain PÉRIGNON, *Droit de préemption urbain : les exemptions de l'article L. 211-4 : Defrénois* 1999, art. 36.926. – D. DUTRIEUX, *Droit de préemption urbain et copropriété : JCP* N 2003, n°s 43-44, p. 1537.

C. urb., art. L. 211-5 ***(L. n° 85-729, 18 juill. 1985).*** **— Tout propriétaire d'un bien soumis au droit de préemption peut proposer au titulaire de ce droit l'acquisition de ce bien, en indiquant le prix qu'il en demande. Le titulaire doit se prononcer dans un délai de deux mois à compter de ladite proposition dont copie doit être transmise par le maire au directeur des services fiscaux.**

À défaut d'accord amiable, le prix est fixé par la juridiction compétente en matière d'expropriation selon les règles mentionnées à l'article L. 213-4.

En cas d'acquisition, le titulaire du droit de préemption devra régler le prix au plus tard six mois après sa décision d'acquérir le bien au prix demandé ou six mois après la décision définitive de la juridiction.

En cas de refus ou à défaut de réponse du titulaire du droit de préemption dans le délai de deux mois prévu à l'alinéa premier, le propriétaire bénéficie des dispositions de l'article L. 213-8.

En l'absence de paiement ou, s'il y a obstacle au paiement, de consignation de la somme due à l'expiration du délai prévu au troisième alinéa, le bien est, sur leur demande, rétrocédé à l'ancien propriétaire ou à ses ayants cause universels ou à titre universel qui en reprennent la libre disposition. Dans le cas où le transfert de propriété n'a pas été constaté par un acte notarié ou authentique en la forme administrative, la rétrocession s'opère par acte sous seing privé.

Les dispositions des articles L. 213-11 et L. 213-12 ne sont pas applicables à un bien acquis dans les conditions prévues par le présent article.

Droit de délaissement. Le droit de délaissement est ouvert à tout propriétaire d'un bien soumis au droit de préemption urbain ; peu importe que la propriété en cause ait été acquise après l'institution de ce droit de préemption. Il n'en est pas de même en ZAD (C. urb., art. L. 212-3). **0524**

Aliénation ultérieure. En cas de refus exprès ou tacite, l'aliénation ultérieure du bien délaissé ne peut se faire que pour une valeur bien déterminée (C. urb., art. L. 213-8). En revanche, si la collectivité locale ou son délégataire rend son bien à l'ancien propriétaire, sur sa demande, faute de paiement dans le délai imparti, celui-ci peut disposer librement de son bien (C. urb., art. R. 211-8) qui ne cesse pas pour autant d'être soumis, pour l'avenir, au droit de préemption (comparer avec C. urb., art. R. 212-3 applicable en ZAD). **0525**

Rétrocession. Dans le cas de rétrocession pour absence de paiement ou de consignation des sommes correspondantes dans le délai prévu, le propriétaire peut aliéner le bien rétrocédé sans **0526**

obligation de déclaration préalable, quelles que soient les conditions fixées pour la vente. Ces dispositions ne valent que pour le propriétaire du bien rétrocédé, ainsi que pour ses ayants cause universels ou à titre universel. Au regard du droit de préemption urbain, toute éventuelle aliénation ultérieure par le nouveau propriétaire devra faire l'objet d'une déclaration d'intention d'aliéner (Rép. min. : *JOAN* 21 nov. 1988, p. 3340 ; *JCP* N 1989, Prat. 911-1).

0527 **Absence d'affectation forcée.** En cas d'acquisition immobilière selon la procédure du droit de délaissement, l'acquéreur n'est pas tenu par une règle d'affectation forcée du bien en cause (dern. al.).

0528 **Fixation du prix.** Dans le cas où le prix est fixé – à défaut d'accord amiable – par la juridiction compétente en matière d'expropriation, voir les articles L. 213-4 et L. 213-6 et leurs notes.

L'obligation pour le titulaire du droit de préemption de consigner une somme de quinze pour cent de l'évaluation faite par le directeur des services fiscaux, lorsque la juridiction compétente en matière d'expropriation a été saisie, est applicable en cas d'exercice par le propriétaire de son droit de délaissement.

Voir aussi : C. urb., art. L. 213-4-1, p. 191 ; C. urb., art. L. 213-4-2, p. 191.

0529 **Décision définitive.** La décision définitive est celle qui est devenue exécutoire, c'est-à-dire qui n'est plus susceptible d'aucun recours suspensif d'exécution. Il convient donc de s'en tenir à la définition donnée par la jurisprudence et de considérer que la date de la décision devenue définitive est soit celle à laquelle le délai d'appel est expiré pour la décision rendue en première instance, soit celle de la décision de la cour d'appel devenue exécutoire par sa notification ou sa signification, le pourvoi en cassation n'ayant pas (sauf exception prévue par la loi) un effet suspensif (Rép. min. : *JOAN* 7 août 1989, p. 3531).

C. urb., art. L. 211-6 ***(Ab., L. n° 86-1290, 23 déc. 1986).***

0530 **Abrogation.** Bien que cet article ait été abrogé depuis maintenant plus de quinze ans, l'article L. 213-4-1 inséré dans le présent code par la loi d'orientation pour la ville n° 91-662 du 13 juillet 1991 y fait toujours référence. Celle-ci est bien entendu sans objet au regard de l'obligation de consignation par le titulaire du droit de préemption mise en place par cet article L. 213-4-1.

C. urb., art. L. 211-7 ***(L. n° 75-1328, 31 déc. 1975 ; L. n° 76-1285, 31 déc. 1976 ; L. n° 85-729, 18 juill. 1985).*** **— Un décret en Conseil d'État détermine, en tant que de besoin, les conditions d'application du présent chapitre.**

Voir aussi : C. urb., art. R. 211-1 à R. 211-8, p. 583.

C. urb., art. L. 211-8 à L. 211-14 ***(Ab., L. n° 85-729, 18 juill. 1985).***

Chapitre II

Zones d'aménagement différé et périmètres provisoires

0531 **Zones d'aménagement.** Le régime applicable aux zones d'aménagement différé a été successivement réformé, aménagé et modifié par les lois n° 85-729 du 18 juillet 1985, n° 89-550 du 2 août 1989 et n° 91-662 du 13 juillet 1991.

I. – Loi n° 85-729 du 18 juillet 1985

0532 **Réforme globale.** Elle a opéré une réforme globale des principaux instruments de préemption (ZUP, ZAD et ZIF) et, spécialement, remanié et rénové les règles particulières aux ZAD. Ainsi, elle ne prévoyait plus la possibilité de créer des périmètres provisoires de ZAD ou pré-ZAD.

Les périmètres provisoires de zones d'aménagement différé et les zones d'aménagement différé créés avant l'entrée en vigueur de la nouvelle loi demeuraient soumis jusqu'à leur terme aux dispositions des articles L. 212-2 et suivants, L. 213-1 et suivants et L. 214-1 et suivants du Code de l'urbanisme dans leur rédaction antérieure à cette date.
Si l'un de ces périmètres provisoires de zone d'aménagement différé ou l'une des zones d'aménagement différé était supprimé pour être remplacé, selon le cas, soit par le droit de préemption urbain, soit par une zone d'aménagement différé régie par les articles L. 212-1 et suivants (nouveaux), l'ancien propriétaire d'un bien acquis par exercice du droit de préemption ou ses ayants cause universels ou à titre universel ne pouvaient exercer le droit de rétrocession. Toutefois, pour l'application de l'article L. 213-11, le délai de dix ans, en vigueur avant la loi SRU, était alors porté, dans le cas des zones d'aménagement différé, à quatorze ans.
Afin d'éviter que les périmètres provisoires de ZAD créées antérieurement au 1er juin 1987 cessent de produire leurs effets et ne puissent être transformés en ZAD définitives – ce qui remettait en cause la politique d'aménagement foncier qu'elles traduisent – l'article 18 de la loi n° 89-19 du 13 janvier 1989 portant diverses dispositions relatives aux collectivités territoriales a prévu que les périmètres provisoires de ZAD existant au 1er janvier 1989 demeuraient en vigueur jusqu'au 31 mai 1990.
Et, ultérieurement, la loi n° 89-550 du 2 août 1989 a complété le paragraphe III de l'article 9 de la loi n° 85-729 du 18 juillet 1985 par l'indication que des ZAD régies par les articles L. 212-1 et suivants, L. 213-1 et suivants et L. 214-1 et suivants du Code de l'urbanisme dans leur rédaction antérieure au 1er juin 1987 peuvent, postérieurement à cette date, être créées, dans les conditions prévues à ces articles, à l'intérieur de ces périmètres provisoires de ZAD.

II. – Loi n° 89-550 du 2 août 1989

ZAD et zonage restrictif. Dans le régime mis en place par la loi n° 85-729 du 18 juillet 1985, la création de ZAD n'était possible que sur les territoires non couverts par un plan d'occupation des sols (POS) rendu public ou approuvé. En d'autres termes, les ZAD ne pouvaient être constituées que dans les communes ne possédant pas de POS. Par suite, le droit de préemption lié à l'existence d'un POS étant lui-même limité aux zones urbaines (U) ou d'urbanisation future (NA) définies par ce plan, les terrains non urbanisables, mais compris à l'intérieur d'un POS ne pouvaient donner lieu ni au droit de préemption urbain lié au POS, ni à celui associé à une ZAD dont la création n'était pas possible. 0533
Afin de doter les pouvoirs publics de moyens de lutte contre la spéculation foncière, la loi n° 89-550 du 2 août 1989 a remplacé l'article L. 212-1 du Code de l'urbanisme par des dispositions permettant la création de ZAD sur tout le territoire national, en dehors des seules zones urbaines et d'urbanisation future. Toutefois, afin d'éviter qu'on « zade » systématiquement dans les communes dotées d'un plan d'urbanisme opposable, le nouvel article L. 212-1 du Code de l'urbanisme prévoyait, en son dernier alinéa, que les parties du territoire national, dans lesquelles des ZAD pourraient être créées dans les communes dotées d'un tel plan, seraient précisées par décret en Conseil d'État.

III. – Loi n° 91-662 du 13 juillet 1991

Extension du champ d'application. Elle comporte, en ce qui concerne les règles particulières applicables aux ZAD, des aménagements importants : elle procède à une nouvelle et importante extension du champ d'application des ZAD et elle rétablit la possibilité de créer des périmètres provisoires de ZAD. 0534
En abrogeant le dernier alinéa de l'article L. 212-1 du présent code et en modifiant son premier alinéa, elle fait sauter le verrou qui interdisait la création de ZAD dans les zones U et NA délimitées par un plan d'urbanisme opposable aux tiers ; en d'autres termes, se trouve ainsi supprimée toute limitation à la création de ZAD sur tout le territoire national et généralisée la possibilité de recourir, dans toutes les communes et sur quelque partie que ce soit de leur territoire, à la procédure de création d'une ZAD.

0535 **Rétablissements des périmètres provisoires.** Elle rouvre (C. urb., art. L. 212-2-1 et L. 212-2-2 nouveaux) la possibilité d'utiliser à nouveau le mécanisme du périmètre provisoire qui permet au représentant de l'État dans le département, lorsqu'il est saisi d'une proposition de création de ZAD par la commune ou l'établissement de coopération intercommunale compétent ou qu'il lui demande son avis sur un tel projet, de prendre un arrêté délimitant le périmètre provisoire de la zone.

C. urb., art. L. 212-1 ***(L. n° 85-729, 18 juill. 1985 ; L. n° 89-550, 2 août 1989 ; L. n° 91-662, 13 juill. 1991).*** **— Des zones d'aménagement différé peuvent être créées par décision motivée du représentant de l'État dans le département, sur proposition ou après avis de la commune ou de l'établissement public de coopération intercommunale ayant les compétences visées au second alinéa de l'article L. 211-2. Les zones urbaines ou d'urbanisation future délimitées par** ***(Mots rempl., L. n° 2000-1208, 13 déc. 2000, art. 202-X)*** **« un plan d'occupation des sols rendu public ou un plan local d'urbanisme approuvé » et comprises dans un périmètre provisoire de zone d'aménagement différé ou dans une zone d'aménagement différé ne sont plus soumises au droit de préemption urbain institué sur ces territoires.**

En cas d'avis défavorable de la commune ou de l'établissement public compétent, la zone d'aménagement différé ne peut être créée que par décret en Conseil d'État.

0536 **Absence de limitation territoriale.** Les modifications apportées au premier alinéa par la loi n° 91-662 du 13 juillet 1991 :

– suppriment le régime qu'avait mis en place la loi n° 89-550 du 2 août 1989 autorisant la création de ZAD, en dehors des seules zones urbaines et d'urbanisation future délimitées par un POS rendu public ou un plan local d'urbanisme approuvé, sur les parties du territoire national délimitées par décret en Conseil d'État, après avis de chaque région concernée ;

– ouvrent corrélativement la possibilité de créer des ZAD sur l'ensemble du territoire national : dans toutes les communes dotées ou non d'un POS/PLU et sur tout ou partie de leur territoire ou zones et secteurs délimités par un POS/PLU dont le zonage n'a plus à être pris en compte à cet égard.

C'est ainsi que des périmètres de ZAD donnant ouverture au droit de préemption peuvent être créés en zones ND dont la nature même leur donne vocation à rester naturelles, avec inconstructibilité de principe (Rép. min. n° 19181 : *JOAN* 30 nov. 1998, p. 6587).

0537 **Primauté de la ZAD.** La primauté, sur le droit de préemption urbain, de la création d'une ZAD ou de son périmètre provisoire et du droit de préemption qu'ils comportent, est réitérée (C. urb., art. L. 211-1 et ses notes) et précisée par l'indication que les zones U et AU/NA comprises dans une ZAD ou dans son périmètre provisoire ne sont plus soumises au droit de préemption qui aurait été institué sur ces territoires.

Ainsi aucune équivoque n'est possible : les deux procédures de préemption (droit de préemption urbain, d'une part et droit de préemption dans les ZAD ou leurs périmètres provisoires, d'autre part) ne peuvent pas coexister bien que le même territoire ait pu faire successivement l'objet d'un classement en zone U ou AU, avec institution du droit de préemption urbain, puis ultérieurement d'une incorporation dans un périmètre provisoire de ZAD ou dans une ZAD, donnant naissance au droit de préemption dans les ZAD.

0538 **Espaces naturels sensibles.** Aucune disposition législative ou réglementaire n'interdit la création d'une ZAD sur des terrains inclus dans une zone de préemption instituée sur le fondement de l'article L. 142-3 du présent code au titre des espaces naturels sensibles des départements (CE, sect., 3 juill. 1998, req. n° 126606 : *Juris-Data* n° 1998-050633).

Voir aussi : Sur l'autorité compétente et la forme de la décision, C. urb., art. R. 212-1, p. 585.

0539 **Schémas de cohérence territoriale.** Il ressort de la décision du Conseil d'État (CE, 22 juill. 1992, *Syndicat viticole de Pessac et Léognan*, n° 88228 : *RD imm.* janv.-mars 1993 ; *Rec. CE,* p. 299) que l'acte créant une ZAD n'entre pas dans les catégories d'actes ou d'opérations qui, en application de l'article L. 122-1 du Code de l'urbanisme, doivent être compatibles avec les dispositions des schémas directeurs, devenus schémas de cohérence territoriale (Rép. min. : *JOAN* 15 mars 1993, p. 947).

Avis. Comme sous le régime du droit applicable antérieurement, il ne semble pas qu'il soit besoin de requérir, pour la création d'une ZAD, l'avis du conseil général ou des chambres d'agriculture (CE, 2 juin 1976, *Chambre d'agriculture d'Île-de-France : Rec. CE*, p. 291) ou du ministre des Affaires culturelles (CE, 17 oct. 1975, *Gueguen : Rec. CE*, p. 517). 0540
Et le moyen tiré d'un défaut de consultation de la commission départementale des structures agricoles ne saurait être accueilli (CE, 22 juill. 1992, préc.).

Objectifs. Une ZAD conférant à la commune un droit de préemption ne peut être légalement instituée qu'en proportion de ses besoins propres : est ainsi annulée la création d'une ZAD de 70 hectares dans une commune de 700 habitants, instituée en vue de réaliser à terme une zone sportive ; le Conseil d'État considère la décision comme entachée d'une erreur manifeste d'appréciation (CE, 16 déc. 1994, *Cne de Veauchette : BJDU* 6/1994, p. 81, concl. Maugüe ; *DA* 1995, 56). 0541
Au contraire, un périmètre provisoire de ZAD à Sophia-Antipolis est jugé légal et proportionné avec les besoins de terrains pendant 14 ans : la demande des entreprises était soutenue, 85 % des terrains ayant été acquis par un syndicat mixte, bien que l'opération projetée totalise 2 300 hectares, et que la pré-ZAD faisant l'objet du différend comporte 696 hectares (CE, 9 nov. 1994, req. n° 115-120, *Min. Équip.* c/ *De Panisse-Passis*).

Motivation de l'acte de création. L'acte créant une ZAD doit être motivé, c'est-à-dire qu'il doit énoncer les considérations de fait et de droit sur lesquelles il se fonde. Dans le cas d'une ZAD destinée à préparer la constitution de réserves foncières dont la destination n'est pas arrêtée, les considérations de fait s'entendent notamment de la justification du besoin de réserves foncières ainsi que de l'aptitude des terrains concernés, au regard par exemple des équipements existants ou à réaliser, à faire l'objet d'un aménagement ultérieur (Rép. min. : *JOAN* 15 mars 1993, p. 947). 0542
S'agissant des décisions individuelles de préemption, est considérée comme une motivation insuffisante la référence aux nécessités de la politique locale de l'habitat. Avant la loi du 18 juillet 1985, la décision de préemption dans les ZAD créées avant le 1er juin 1987 (entrée en vigueur de la loi) n'entraient pas dans l'emprise de l'article L. 210-1 du présent Code (objets des préemptions), l'obligation de motivation relevait donc du droit commun de la loi du 11 juillet 1979 et de ses dispositions concernant les décisions individuelles défavorables (CE, 13 oct. 2003, *Commune d'Altkirch : BJDU* n° 5/2003, p. 378, concl. C. Devys).

Publicité et information. Les mesures de publicité et d'information sont précisées par l'article R. 212-2. 0543

Voir aussi : Sur le rétablissement de la procédure permettant l'institution de périmètres provisoires, C. urb., art. L. 212-2-1, p. 172 et C. urb., art. L. 212-2-2, p. 173.

C. urb., art. L. 212-2 (L. n° 75-1328, 31 déc. 1975 ; L. n° 76-1285, 31 déc. 1976 ; L. n° 84-595, 12 juill. 1984 ; L. n° 85-729, 18 juill. 1985 ; L. n° 91-662, 13 juill. 1991). — **Dans les zones d'aménagement différé, un droit de préemption, qui peut être exercé pendant une période de quatorze ans à compter de la publication de l'acte qui a créé la zone, sous réserve de ce qui est dit à l'article L. 212-2-1, est ouvert soit à une collectivité publique ou à un établissement public y ayant vocation, soit à une société d'économie mixte répondant aux conditions définies au deuxième alinéa de l'article L. 300-4 et bénéficiant d'une *(Mots rempl., L. n° 2000-1208, 13 déc. 2000, art. 202-XXX)* « convention publique d'aménagement ».**

L'acte créant la zone désigne le titulaire du droit de préemption.

Durée de quatorze ans. La durée du droit de préemption dans les ZAD est, comme dans la législation antérieure, limitée à 14 ans à compter de l'acte créant la zone et ne peut faire l'objet d'aucune prorogation. 0544

Cas de périmètre provisoire. En faisant référence à l'article L. 212-2-1, le premier alinéa évite toute équivoque : la durée d'exercice du droit de préemption dans le périmètre provisoire de ZAD 0545 qui a pu être institué doit effectivement être comptée dans le délai de 14 ans pendant lequel l'exercice du droit de préemption est possible en ZAD.

0546 **Effet de l'expiration.** À l'expiration du délai de validité d'une ZAD, c'est illégalement qu'est créée une nouvelle ZAD portant sur le même territoire et ayant pour but l'achèvement de la même opération d'aménagement, dès lors que son arrêté de création a pour seul objet de prolonger le droit de préemption au-delà du délai de 14 ans (CE, 3 mars 1995 : *JCP* G 1995, IV, 1428).

0547 **Chambres de commerce et d'industrie.** Aux titulaires du droit de préemption énumérés par le présent article, il faut ajouter les chambres de commerce et d'industrie et les chambres de métiers pour la réalisation d'équipements commerciaux et artisanaux.

0548 **Sociétés d'économie mixte.** Par suite du renvoi fait au deuxième alinéa de l'article L. 300-4, le terme de « société d'économie mixte » englobe les sociétés d'économie mixte dont la majorité du capital est détenue par des collectivités publiques et les sociétés d'économie mixte locales définies par la loi n° 83-597 du 7 juillet 1983, modifiée par la loi n° 2002-1 du 2 janvier 2002 (*JO* 3 janv.) tendant à moderniser leur statut.

C. urb., art. L. 212-2-1 ***(L. n° 91-662, 13 juill. 1991).*** **— Lorsqu'il est saisi d'une proposition de création de zone d'aménagement différé par la commune ou l'établissement public de coopération intercommunale compétent ou qu'il lui demande son avis sur un tel projet, le représentant de l'État dans le département peut prendre un arrêté délimitant le périmètre provisoire de la zone.**

À compter de la publication de cet arrêté et jusqu'à la publication de l'acte créant la zone d'aménagement différé, un droit de préemption est ouvert à l'État dans le périmètre provisoire. Les zones urbaines ou d'urbanisation future délimitées ***(Mots rempl., L. n° 2000-1208, 13 déc. 2000, art. 202, XXXI)*** **« par un plan d'occupation des sols rendu public ou par un plan local d'urbanisme approuvé » ne sont plus soumises au droit de préemption urbain institué sur ces territoires.**

L'arrêté délimitant le périmètre provisoire peut désigner un autre titulaire du droit de préemption.

Si l'acte créant la zone d'aménagement différé n'est pas publié à l'expiration d'un délai de deux ans à compter de la publication de l'arrêté délimitant le périmètre provisoire, cet arrêté devient caduc.

Par dérogation à l'article L. 212-2, la date de publication de l'acte délimitant le périmètre provisoire de zone d'aménagement différé se substitue à celle de l'acte créant la zone d'aménagement différé pour le calcul du délai de quatorze ans pendant lequel le droit de préemption peut être exercé.

0549 **Avis des communes.** Les dispositions du présent article sont la reprise de celles qui étaient en vigueur avant la loi n° 85-729 du 18 juillet 1985 pour les pré-ZAD en sorte que restera vraisemblablement applicable la jurisprudence suivant laquelle l'arrêté préfectoral de délimitation peut intervenir dès qu'une simple demande d'avis a été adressée à la ou aux communes concernées sur l'opportunité de la création d'une ZAD, sans qu'il soit nécessaire que leur avis ait été sollicité sur la délimitation du périmètre (CE, 7 juill. 1967 : *Rec. CE*, p. 307).

Voir aussi : Sur la portée des dispositions de la dernière phrase du deuxième alinéa, analogues à celles de la dernière phrase du premier alinéa de l'article L. 212-1, voir les notes sous ce dernier article. – Sur la déclaration d'intention d'aliéner prévue à l'article L. 213-2 et sur sa transmission dans les conditions organisées par l'article R. 213-6, voir le cas échéant l'article L. 213-17 qui traite de l'hypothèse, désormais possible, de la création d'un périmètre provisoire de ZAD ou d'une ZAD sur un secteur jusqu'alors soumis au droit de préemption urbain.

0550 **Délai de validité du périmètre provisoire.** Le délai de validité du périmètre provisoire est fixé à deux ans (au lieu de trois ans sous la législation antérieure à la loi n° 85-729 du 18 juill. 1985) à compter de la publication de l'acte le délimitant. Son relatif raccourcissement est destiné à accélérer la procédure de mise en place de la ZAD devant normalement se substituer au périmètre provisoire.

Encore qu'à cet égard notre Haute Juridiction ait décidé sous la législation antérieure à 1985 que si l'expiration du délai de validité du périmètre provisoire fait alors obstacle à ce que l'Administration puisse se prévaloir des effets qui y sont attachés – notamment en ce qui concerne le droit de préemption et la date de référence à retenir en cas de préemption –, elle ne lui interdit nullement de prendre l'arrêté créant la ZAD, celui-ci ne devant pas nécessairement être précédé de la détermination d'un périmètre provisoire (CE, 29 avr. 1983 : *Gaz. Pal.* 1984, 1, somm. 135).

Droit de préemption. Le dernier alinéa a pour effet de plafonner la durée du droit de préemption à quatorze ans même dans le cas où la création de la ZAD a été précédée par l'institution d'un périmètre provisoire (Rappr. C. urb., art. L. 212-2 et ses notes). 0551
Ce plafonnement est considéré comme absolu et, par suite, recevoir application dans tous les cas, y compris celui où la ZAD serait créée une fois intervenue la caducité de l'arrêté de délimitation du périmètre provisoire. Admettre le contraire reviendrait à ouvrir la porte à une fraude facilement réalisable en laissant sciemment expirer le délai de deux ans avant de prendre l'arrêté de ZAD. Il a été ainsi jugé que l'objectif de proroger ce délai de quatorze ans des ZAD ne pouvait fonder légalement l'institution du DPU (CAA Lyon, 24 févr. 2004, *Cne de Clermont-Ferrand c/ M. Pascal Rechagneux, M. Eric Roux : AJDA* janv. 2005, p. 50, note S. Pérignon).

Droit de délaissement. Le droit de délaissement est applicable dans les périmètres provisoires de ZAD à compter de la date de publication des actes les délimitant et suivant la procédure organisée par l'article L. 212-3 (V. cet art.). 0552

Estimation des biens préemptés. La date de référence à retenir pour l'estimation des biens préemptés est, à défaut d'accord amiable, fixée à un an avant la publication de l'acte délimitant le périmètre provisoire de ZAD lorsque le bien est situé dans un tel périmètre ou lorsque l'acte créant la ZAD est publié dans le délai de validité (deux ans) d'un périmètre provisoire (C. urb., art. L. 213-4). 0553

C. urb., art. L. 212-2-2 *(L. n° 91-662, 13 juill. 1991)*. — Lors de la publication de l'acte créant la zone d'aménagement différé, les biens immobiliers acquis par décision de préemption qui n'auront pas été utilisés à l'une des fins définies à l'article L. 210-1 seront, s'ils sont compris dans le périmètre définitif, cédés au titulaire du droit de préemption et, s'ils ne sont pas compris dans ce périmètre, rétrocédés à leurs anciens propriétaires ou à leurs ayants cause universels ou à titre universel dans le délai d'un an à compter de la publication de l'acte créant la zone. Dans ce dernier cas, les dispositions des troisième, quatrième, cinquième et sixième alinéas de l'article L. 213-11 sont applicables.

Les dispositions relatives à la rétrocession des biens prévues à l'alinéa précédent sont également applicables lorsque l'arrêté délimitant le périmètre provisoire devient caduc dans les conditions prévues à l'article L. 212-2-1.

Régime applicable aux biens préemptés dans les périmètres provisoires. Le présent article fixe le régime des biens préemptés dans le périmètre provisoire d'une ZAD et détermine leur sort à défaut, lors de la publication de l'acte créant la ZAD, d'utilisation à la réalisation dans l'intérêt général des actions ou opérations répondant aux objets définis à l'article L. 300-1 du présent code – à l'exception de ceux visant à sauvegarder ou à mettre en valeur les espaces naturels – ou à la constitution de réserves foncières en vue de permettre la réalisation desdites actions ou opérations d'aménagement (V. art. L. 210-1 et ses notes). 0554
À cet effet, il est distingué selon que les biens préemptés se trouvent ou non dans le périmètre définitif de la ZAD :
- dans le premier cas, ils seront purement et simplement cédés au titulaire du droit de préemption dans la ZAD ;
- dans le second cas, ils feront l'objet d'une rétrocession dans les conditions prévues au premier alinéa.

Voir aussi : Sur le prix de l'immeuble cédé au titulaire du droit de préemption dans la ZAD par le titulaire du droit de préemption dans le périmètre provisoire de ZAD, C. urb., art. R. 212-6, p. 587 ;

les rétrocessions aux anciens propriétaires ou à leurs ayants cause universels ou à titre universel s'effectuent dans les conditions prévues aux articles R. 213-16 à R. 213-20.

C. urb., art. L. 212-3 *(L. n° 76-1285, 31 déc. 1976 ; L. n° 85-729, 18 juill. 1985 ; L. n° 91-662, 13 juill. 1991).* — Tout propriétaire, à la date de publication de l'acte instituant la zone d'aménagement différé ou délimitant son périmètre provisoire d'un bien soumis au droit de préemption, ou ses ayants cause universels ou à titre universel peuvent proposer au titulaire de ce droit l'acquisition de ce bien, en indiquant le prix qu'il en demande. Le titulaire doit se prononcer dans un délai de deux mois à compter de ladite proposition dont copie doit être transmise par le maire au directeur des services fiscaux.

À défaut d'accord amiable, le prix est fixé par la juridiction compétente en matière d'expropriation selon les règles mentionnées à l'article L. 213-4.

En cas d'acquisition, le titulaire du droit de préemption devra régler le prix au plus tard six mois après sa décision d'acquérir le bien au prix demandé ou six mois après la décision définitive de la juridiction.

En cas de refus ou à défaut de réponse du titulaire du droit de préemption dans les deux mois, le bien visé cesse d'être soumis au droit de préemption.

En l'absence de paiement ou, s'il y a obstacle au paiement, de consignation de la somme due à l'expiration du délai prévu au troisième alinéa, le bien est rétrocédé à l'ancien propriétaire ou à ses ayants cause universels ou à titre universel qui en reprennent la libre disposition, sur demande de ceux-ci. Dans le cas où le transfert de propriété n'a pas été constaté par un acte notarié ou authentique en la forme administrative, la rétrocession s'opère par acte sous seing privé. Le bien visé cesse alors d'être soumis au droit de préemption.

Les dispositions des articles L. 213-11 et L. 213-12 ne sont pas applicables à un bien acquis dans les conditions définies par le présent article.

Voir aussi : Par comparaison, les modalités d'exercice du droit de délaissement dans le cadre du droit de préemption urbain, C. urb., art. L. 211-5, p. 167 et ses notes.

0555 **Exercice du droit de délaissement.** Le droit de délaissement existait dans les ZAD antérieurement à la loi du 18 juillet 1985. Mais deux modifications majeures sont à souligner entre l'ancien texte (qui demeure applicable dans le cas particulier des ZAD créées avant l'entrée en vigueur de la loi du 18 juillet 1985) et le nouveau : le droit de délaissement peut être exercé dès la publication de l'acte instituant la ZAD (sans attendre comme par le passé un délai d'un an) ; le titulaire du droit de préemption doit se décider dans un délai de deux mois (au lieu de six mois auparavant).

Voir aussi : Sur la mise en œuvre de ce droit de délaissement, C. urb., art. R. 212-4, p. 587 et C. urb., art. R. 211-7, p. 584 – auxquels il renvoie – et C. urb., art. R. 213-21 (dern. al.), p. 600 ; sur le sens des termes « décision définitive » figurant au présent article, la note sous C. urb., art. L. 211-5, p. 167.

0556 **Titulaires du droit de délaissement.** Par voie de modification du premier alinéa, la loi n° 91-662 du 13 juillet 1991 a rendu purement et simplement applicable aux périmètres provisoires de ZAD, à compter de la date de publication des actes les délimitant, la procédure de délaissement organisée par le présent article.

0557 **Propriétaires concernés.** La faculté accordée aux propriétaires par le texte ci-dessus peut être exercée :

a) Par tous ceux qui, à quelque titre que ce soit, étaient déjà propriétaires du bien considéré à la date de publication de l'acte instituant la zone d'aménagement différé.

b) Par les ayants cause universels ou à titre universel de ces mêmes propriétaires.

Cette énumération doit être considérée comme limitative. Par suite, sont exclus du droit d'exercer cette faculté, notamment les acquéreurs dont le titre est postérieur à la publication de l'acte instituant la ZAD ou portant délimitation de son périmètre provisoire.

0558 **Fixation du prix.** Dans le cas où le prix est fixé – à défaut d'accord amiable – par la juridiction compétente en matière d'expropriation, voir les articles L. 213-4 et L. 213-6 et leurs notes.

L'obligation pour le titulaire du droit de préemption de consigner une somme de quinze pour cent de l'évaluation faite par le directeur des services fiscaux, lorsque la juridiction compétente en matière d'expropriation a été saisie, est applicable en cas d'exercice par le propriétaire de son droit de délaissement.

Voir aussi : C. urb., art. L. 213-4-1, p. 191 ; C. urb., art. L. 213-4-2, p. 191.

Rétrocession. L'absence du paiement du prix ou, s'il y a obstacle au paiement, de la consignation 0559
de la somme due à l'expiration du délai légal de six mois ouvre au propriétaire un droit de rétrocession (avant-dern. al.), mais non pas un droit de créance (CE, 24 juill. 1987 : *JCP* N 1988, II, p. 334 et note R. Vandermeeren).
Alors que dans le cadre du droit de préemption urbain, la rétrocession du bien au propriétaire, faute du paiement du prix dans le délai imparti, permet simplement à celui-ci de disposer librement de ce bien (C. urb., art. L. 211-5, avant-dern. al.), la même rétrocession en ZAD a pour effet de purger définitivement le droit de préemption (avant-dern. al.) comme dans le cas de refus exprès ou tacite d'acquérir examiné ci-après.

Refus d'acquérir. Comme par le passé, si le titulaire du droit de préemption refuse expressément 0560
ou tacitement, d'acquérir le bien, celui-ci, bien que restant dans la ZAD, cesse cependant d'être soumis au droit de préemption. Il en résulte, d'une part, que son propriétaire peut le vendre librement, sans avoir à formuler de déclaration d'intention d'aliéner, et, d'autre part, que le titulaire du droit de préemption perd définitivement la possibilité d'exercer ce droit, quelles que soient par ailleurs, les transmissions successives, dont le bien fera l'objet (Rép. min. : *JOAN* 25 mai 1974, p. 2256 ; *AJPI* 1974, p. 733), ledit bien n'étant plus soumis au droit de préemption lié au périmètre de la ZAD. Il en va de même si le titulaire du droit de préemption renonce à l'acquisition en cours de procédure, avant ou après fixation du prix : le bien est alors définitivement exclu du droit de préemption et le propriétaire en retrouve la libre disposition (Rép. min. : *JOAN* 23 oct. 1989, p. 4723).

Attestation de purge du droit. Dans tous les cas de purge du droit de préemption, une attesta- 0561
tion relatant que le bien n'est plus soumis au droit de préemption (Rép. min. : *JOAN* 23 oct. 1989, p. 4723) peut être obtenue (C. urb., art. R. 212-5).

Absence d'affectation forcée. Les dispositions du dernier alinéa, identiques à celles du dernier 0562
alinéa de l'article L. 211-5, écartent en cas d'acquisition selon la procédure du droit de délaissement la règle d'affectation forcée du bien en cause.

C. urb., art. L. 212-4 ***(L. n° 85-729, 18 juill. 1985).*** **— Lorsqu'une commune fait partie d'un établissement public de coopération intercommunale y ayant vocation, elle peut, en accord avec cet établissement, lui déléguer tout ou partie des compétences qui lui sont attribuées par le présent chapitre.**

Comparaison. Dispositions identiques à celles du premier alinéa de l'article L. 211-2. 0563

Voir aussi : Sur la délégation du droit de préemption, C. urb., art. L. 213-3, p. 186.

C. urb., art. L. 212-5 ***(L. n° 85-729, 18 juill. 1985).*** **— Un décret en Conseil d'État détermine, en tant que de besoin, les conditions d'application du présent chapitre.**

Voir aussi : C. urb., art. R. 212-1 à C. urb., art. R. 212-5, p. 585

C. urb., art. L. 212-6 à L. 212-11 ***(Ab., L. n° 85-729, 18 juill. 1985).***

Chapitre III

Dispositions communes au droit de préemption urbain, aux zones d'aménagement différé et aux périmètres provisoires

C. urb., art. L. 213-1 *(L. n° 75-1328, 31 déc. 1975 ; L. n° 76-1285, 31 déc. 1976 ; L. n° 85-729, 18 juill. 1985 ; L. n° 90-449, 31 mai 1990).* — **Sont soumis au droit de préemption institué par l'un ou l'autre des deux précédents chapitres tout immeuble ou ensemble de droits sociaux donnant vocation à l'attribution en propriété ou en jouissance d'un immeuble ou d'une partie d'immeuble, bâti ou non bâti, lorsqu'ils sont aliénés** ***(Mot suppr., L. n° 2000-1208, 13 déc. 2000, art. 19-I)*** **« ... », à titre onéreux, sous quelque forme que ce soit** ***(Mots aj., L. n° 2000-1208, 13 déc. 2000, art. 20-1°)*** **« , à l'exception de ceux qui sont compris dans un plan de cession arrêté en application des dispositions des articles L. 621-83 à L. 621-101 du Code de commerce et dans une unité de production cédée en application de l'article L. 622-17 du même code ».**

Sont également soumises à ce droit de préemption les cessions de droits indivis portant sur un immeuble ou une partie d'immeuble, bâti ou non bâti, sauf lorsqu'elles sont consenties à l'un des coïndivisaires, ainsi que les cessions de tantièmes contre remise de locaux à construire.

En cas d'adjudication, lorsque cette procédure est rendue obligatoire par une disposition législative ou réglementaire, l'acquisition par le titulaire du droit de préemption a lieu au prix de la dernière enchère, par substitution à l'adjudicataire. Cette disposition n'est toutefois pas applicable à la vente mettant fin à une indivision créée volontairement, à moins que celle-ci résulte d'une donation-partage.

En cas de contrat de location-accession régi par les dispositions de la loi n° 84-595 du 12 juillet 1984 définissant la location-accession à la propriété immobilière, le droit de préemption s'exerce avant la signature de ce contrat et non au moment de la levée de l'option par l'accédant. Le délai de dix ans mentionné au ***a)*** **et au** ***c)*** **de l'article L. 211-4 s'apprécie à la date de la signature du contrat.**

Ne sont pas soumis au droit de préemption :

a) (Mots rempl., L. n° 2000-1208, 13 déc. 2000, art. 20-2°) **« Les immeubles construits ou acquis par les organismes visés » à l'article L. 411-2 du Code de la construction et de l'habitation et qui sont leur propriété, ainsi que les immeubles construits par les sociétés coopératives d'habitations à loyer modéré de location-attribution ;**

b) **Les immeubles qui font l'objet d'un contrat de vente d'immeuble à construire dans les conditions prévues par les articles 1601-1 et suivants du Code civil, sauf lorsque ces dispositions sont appliquées à des bâtiments existants ;**

c) **Les parts ou actions de sociétés d'attribution visées aux titres II et III de la loi n° 71-579 du 16 juillet 1971 relative à diverses opérations de construction, qui font l'objet d'une cession avant l'achèvement de l'immeuble ou pendant une période de dix ans à compter de son achèvement ;**

d) **Les immeubles cédés au locataire en exécution de la promesse de vente insérée dans un contrat de crédit-bail immobilier conclu en application du 2° de l'article premier de la loi n° 66-455 du 2 juillet 1966 relative aux entreprises pratiquant le crédit-bail, modifiée par l'ordonnance n° 67-837 du 28 septembre 1967 relative aux opérations de crédit-bail et aux sociétés immobilières pour le commerce et l'industrie, avec l'une des entreprises visées à l'article 2 de la même loi ;**

e) **Les immeubles qui font l'objet d'une mise en demeure d'acquérir en application des articles L. 111-10,** ***(réf. rempl., L. n° 2000-1208, 13 déc. 2000, art. 202-XXXII)*** **« L. 123-2, L. 123-17 » ou L. 311-2 du présent code ou de l'article L. 11-7 du Code de l'expropriation pour cause d'utilité publique ;**

f) (Rempl., L. n° 2001-1168, 11 déc. 2001, art. 24-II, 1°) **Pendant la durée d'application d'un arrêté préfectoral pris sur le fondement de l'article L. 302-9-1 du Code de la construction et de l'habitation, l'aliénation d'un immeuble ou d'un terrain destiné à être affecté à une opération ayant fait l'objet de la convention prévue au même article.**

CCH, art. L. 302-9-1. — Lorsque, dans les communes soumises au prélèvement défini à l'article L. 302-7, au terme de la période triennale échue, les engagements figurant dans le programme local de l'habitat n'ont pas été tenus ou, à défaut de programme local de l'habitat, le nombre de logements locatifs sociaux à réaliser en application du dernier alinéa de l'article L. 302-8 n'a pas été atteint, le préfet informe le maire de la commune de son intention d'engager la procédure de constat de carence. Il lui précise les faits qui motivent l'engagement de la procédure et l'invite à présenter ses observations dans un délai au plus de deux mois.

En tenant compte de l'importance de l'écart entre les objectifs et les réalisations constatées au cours de la période triennale échue, des difficultés rencontrées le cas échéant par la commune et des projets de logements sociaux en cours de réalisation, le préfet peut, par un arrêté motivé pris après avis du conseil départemental de l'habitat, prononcer la carence de la commune. Par le même arrêté, il fixe, pour une durée maximale de trois ans à compter du 1er janvier de l'année suivant sa signature, la majoration du prélèvement défini à l'article L. 302-7. Le taux de la majoration est égal au plus au rapport entre le nombre de logements sociaux non réalisés et l'objectif total de logements fixé dans le programme local de l'habitat ou déterminé par application du dernier alinéa de l'article L. 302-8. Le prélèvement majoré ne peut excéder 5 % du montant des dépenses réelles de fonctionnement de la commune figurant dans le compte administratif établi au titre de l'antépénultième exercice.

L'arrêté préfectoral peut faire l'objet d'un recours de pleine juridiction.

Lorsqu'il a constaté la carence d'une commune en application du présent article, le préfet peut conclure une convention avec un organisme en vue de la construction ou l'acquisition des logements sociaux nécessaires à la réalisation des objectifs dans le programme local de l'habitat ou déterminés en application du premier alinéa de l'article L. 302-8.

La commune contribue au financement de l'opération pour un montant égal à la subvention foncière versée par l'État dans le cadre de la convention, sans que cette contribution puisse excéder la limite de 13 000 euros par logement construit ou acquis en Île-de-France et 5 000 euros par logement sur le reste du territoire.

I. – Mutations soumises aux droits de préemption

Champ d'application étendu. Suite aux interventions législatives successives, entrent dans l'emprise des droits de préemption tout immeuble ou ensemble de droits sociaux donnant vocation à l'attribution en propriété ou en jouissance d'un immeuble ou partie d'immeuble, bâti ou non bâti. 0564

Suppression du caractère volontaire de l'aliénation. La loi du 13 décembre 2000 a supprimé la condition de l'aliénation « volontaire » des mutations quelles qu'elles soient ; ce qui étend encore davantage le champ d'application. 0565

Adjudications volontaires. Infirmant une précédente réponse (*JOAN* 7 mars 1988, p. 1026 : *JCP* N 1988, Prat. 519. – V. note Sylvain Pérignon : *Bull. CRIDON*, Paris, n° 7-8, 1er avr. 1988), le ministre de l'Équipement et du Logement a indiqué (Rép. min. : *JOAN* 16 janv. 1989, p. 261 ; *JCP* N 1989, Prat. 948) que les dispositions du titre I du livre II du présent code ne sont pas de nature à interdire, même implicitement, le recours à l'adjudication volontaire, forme de vente à laquelle s'appliquent notamment les articles L. 213-2 et R. 213-9. 0566

Voir aussi : Note sous C. urb., art. L. 213-8, p. 195.

Adjudications rendues obligatoires. Le droit de préemption devient simple droit de préférence, en cas d'adjudication rendue obligatoire par une disposition législative ou réglementaire (dans ce cas, le juge de l'expropriation ne peut être saisi en réduction du prix correspondant au montant de la dernière enchère : la collectivité bénéficie simplement d'un droit de substitution à l'acquéreur). Mais au contraire, le droit de préemption (et la fixation éventuelle du prix par le juge de l'expropriation) sont applicables en cas d'adjudication volontaire. 0567

Voir aussi : Réponse ministérielle Aubron (*JOAN* 24 déc. 2001, p. 7462) pour la non-application du dispositif de l'adjudication obligatoire (prix à la dernière enchère) à la vente mettant fin à une indivision créée volontairement, sauf si elle résulte d'une donation-partage.

Apports en société. L'apport d'un bien immobilier à une société est soumis au droit de préemption (Rép. min. : *JOAN* 9 sept. 1991, p. 3635) quelles que soient les conditions et les modalités d'apport et de rémunération et nécessite donc la purge préalable de ce droit. 0568

Voir aussi : La note critique du professeur Corinne Saint-Alary-Houin sous le jugement du tribunal de grande instance de Bordeaux du 5 décembre 1979 : *JCP* N 1983, II, p. 186 et s.

0569 **Échanges.** Un échange de terrains, avec ou sans soulte, portant sur deux unités foncières distinctes s'analyse comme une double mutation. À ce titre, il n'échappe donc pas au champ d'application matériel du droit de préemption. Il appartient aux propriétaires d'établir une déclaration d'intention d'aliéner pour celui ou ceux des terrains soumis territorialement au droit de préemption. La commune titulaire du droit de préemption peut décider de limiter son exercice sur l'un des deux terrains ou proposer à chacun des propriétaires l'acquisition de son terrain. L'échange ne peut se réaliser que si la commune n'exerce son droit sur aucune des deux mutations envisagées (Rép. min. n° 2024 : *JOAN* 15 déc. 1997, p. 4679).

0570 **Ventes forcées.** Sur les conséquences de la loi SRU supprimant l'exigence du caractère volontaire de la vente, et soumettant ainsi les licitations et les saisies immobilières en tant que ventes judiciaires forcées au droit de préemption, voir W. Modere, *Droit de préemption et ventes forcées : Gaz. Pal.* 18 janv. 2002, p. 26.

Voir aussi : Annotations sous C. urb., art. L. 213-2 sur les licitations, p. 182.

0571 **Location-accession.** Suivant le quatrième alinéa, le droit de préemption a vocation à s'appliquer aux opérations de location-accession alors qu'il est exclu pour les opérations de crédit-bail immobilier (al. 5, d) qui permettent également une accession différée à la propriété.
Le mécanisme de la préemption, lorsqu'il sera mis en œuvre, engendrera une perturbation des règles de la location-accession : l'acquisition par préemption sera immédiate et non plus différée comme le prévoit la location-accession.

0572 **Promesses synallagmatiques.** La promesse synallagmatique de vente manifeste la volonté concordante du vendeur et de l'acheteur. Sauf condition suspensive, elle réalise la vente en application de l'article 1583 du Code civil. En conséquence conformément aux dispositions de l'article L. 213-2 du Code de l'urbanisme, seule une promesse synallagmatique sous la condition suspensive de non-exercice du droit de préemption peut être légalement consentie avant que le titulaire du droit de préemption ait renoncé à l'exercice de ce droit ou est réputé y avoir renoncé en raison de son silence pendant un délai de deux mois (Rép. min. : *JOAN* 29 oct. 1990, p. 5062).
À cet égard, S. Pérignon dans une chronique publiée au *Defrénois* (1991, art. 35038) indique qu'« en tout état de cause une telle vente conditionnelle, qu'elle soit ou non rétroactive, suppose que des précautions et précisions soient apportées dans la rédaction de la condition, afin que soient pris en compte non seulement la préemption aux prix et conditions notifiés, mais aussi ce mode particulier d'exercice du droit de préemption consistant en une offre d'acquérir à un prix différent du prix notifié ».

0573 **Sociétés en participation.** La société en participation qui, aux termes de l'article 1987 du Code civil « ... n'est pas une personne morale... » ne permet pas de contourner le droit de préemption. En effet, dans le cas d'une société en participation, c'est seulement le patrimoine des différentes personnes qui la compose qui peut être cédé en sorte que les dispositions du présent article sont alors applicables (Rép. min. : *JOAN* 30 mai 1994, p. 2738).

Voir aussi : En ce qui concerne le cas des ventes à réméré et des contrats de fortage, en principe soumis au droit de préemption, le cas échéant, l'étude précitée *Contrats spéciaux et droit de préemption urbain* de S. Pérignon.

Voir aussi : Sur les procédures de préemption, C. urb., art. R. 213-4 à R. 213-13, p. 588 (cas général) et C. urb., art. R. 213-14, p. 596 et C. urb., art. R. 213-15, p. 597 (cas des ventes par adjudications rendues obligatoires de par la loi ou le règlement).

II. – Biens soumis aux droits de préemption

0574 **Champ d'application général.** Comme on l'a vu, le premier alinéa du présent article soumet aux droits de préemption tout immeuble bâti ou non bâti et tout ensemble de droits sociaux donnant vocation en propriété ou en jouissance d'un immeuble ou d'une partie d'immeuble, bâti ou non bâti.

Biens ou droits mobiliers. En demeurent exclus tous les biens ou droits mobiliers (fonds de commerce, droit à un bail, droits sociaux ne donnant pas vocation à l'attribution en jouissance ou en propriété de fractions divises de l'immeuble social telles, en particulier, les parts des sociétés civiles de construction-vente ou les parts ou actions des sociétés coopératives de construction-vente) et les droits réels immobiliers (usufruit, droit d'usage et d'habitation, etc.), à l'exception bien entendu de ceux visés au deuxième alinéa. 0575

Emphythéose et bail à construction. Ils ne sont pas soumis au droit de préemption, n'emportant pas mutation de propriété (Cass. 3e civ., 11 mai 2000 : *BJDU* 2/2000, p. 115, pour un bail à construction). 0576

Voir aussi : Sur le cas du bail à construction, l'étude de S. Pérignon, *Contrats spéciaux, et droit de préemption urbain : Defrénois* 1990, art. 34915.

Vente de plusieurs immeubles. En cas d'accord des parties sur l'indivisibilité de la vente, le notaire en informe le titulaire du droit de préemption, ce qui rend impossible la vente d'un des immeubles de la seule volonté du bénéficiaire de la préemption ; la possibilité d'opposer audit titulaire l'indivisibilité de l'opération devrait être la règle, mais la jurisprudence semble incertaine en ce sens (V. note D. Dutrieux : *JCP* N 2002, n° 42, p. 1459, sous Cass. 3e civ., 11 mai 2000). 0577

III. – Exclusions des droits de préemption de par la loi

Cas particuliers du droit de préemption urbain. Les exclusions du droit de préemption qui figurent au présent article doivent être complétées, en ce qui concerne le droit de préemption urbain seulement, par celles qui figurent à l'article L. 211-4. 0578

Procédures collectives. Dans le cas d'une procédure de redressement ou de liquidation judiciaires, des concertations à la suite de deux réponses ministérielles (*JOAN* 18 avr. 1988, p. 1665 et 25 mai 1992, p. 2355) ont conduit l'administration à élaborer la doctrine suivante (Rép. min. : *JO* Sénat 6 janv. 1994, p. 33), que la loi du 13 décembre 2000 entérine ; les exclusions du droit de préemption justifiées par l'ancienne exigence du caractère volontaire de la mutation sont désormais expressément visées par la loi (Rép. min. Mahéas : *JO* Sénat, 1er févr. 2001, p. 417). 0579

En application de la loi n° 85-98 du 25 janvier 1985 relative au redressement et à la liquidation judiciaires des entreprises, intégrée dans le nouveau Code de commerce (C. urb., art. L. 621-83 à L. 621-101 pour les articles 81 à 98 de la loi ; art. L. 622-17 pour l'article 155 de la même loi), une entreprise en difficulté peut, après une période d'observation décidée par le tribunal compétent, bénéficier d'une procédure de redressement ou faire l'objet d'une liquidation judiciaire. La procédure de redressement judiciaire vise à permettre la sauvegarde de l'entreprise, le maintien de l'activité et de l'emploi et l'apurement du passif (art. 1er de la loi susvisée). Le jugement de liquidation judiciaire emporte de plein droit dessaisissement pour le débiteur de l'administration et de la disposition de ses biens. Un liquidateur est nommé en vue de la réalisation de l'actif de la société. L'une ou l'autre de ces procédures peut donner lieu à des ventes d'immeubles.

Continuation ou cession. Le régime applicable au regard du droit de préemption urbain diffère selon le cas de figure dans lequel l'entreprise se trouve. 0580

Le tribunal peut statuer en application de l'article 61 de la loi sur :

a) La continuation intégrale de l'entreprise : dans ce cas, les biens immeubles vendus font l'objet d'une cession volontaire à titre onéreux ; ils sont donc soumis au droit de préemption urbain.

b) La continuation de l'entreprise, assortie d'une cession partielle : *b1)* les biens vendus dans le cadre de la continuation de l'entreprise, et donc non compris dans le plan de cession, sont soumis au droit de préemption urbain ; *b2)* les biens vendus dans le cadre du plan de cession partiel font partie, en application de l'article 81, d'un ensemble d'éléments d'exploitation qui forment une ou plusieurs branches complètes et autonomes d'activité. Les ventes de biens immeubles compris dans ce plan de cession ne sont pas soumises au droit de préemption urbain.

Le tribunal peut statuer en application de l'article 81 de la loi sur :

c) La cession totale de l'entreprise : la cession a pour but « d'assurer le maintien d'activités susceptibles d'exploitation autonome, de tout ou partie des emplois qui y sont attachés et d'apurer le

passif ». Les cessions d'immeubles comprises dans un plan de cession ne sont pas soumises au droit de préemption urbain.
d) La cession partielle de l'entreprise : lorsque le tribunal décide d'une cession partielle de l'entreprise, il statue sur la composition de l'ensemble ou des ensembles qui font l'objet de cette cession. Les éléments compris dans le plan de cession ne sont pas soumis au droit de préemption et les éléments non compris dans le plan de cession sont alors : *d1)* soit intégrés dans le plan de continuation et les observations du *a)* sont alors applicables ; *d2)* soit, en l'absence de plan de continuation, liquidés. Dans ce cas, le tribunal statue en application de l'article 152 de la loi qui précise que « le jugement qui prononce la liquidation judiciaire emporte de plein droit, à partir de sa date, dessaisissement pour le débiteur de l'administration et de la disposition de ses biens ». Par ailleurs les articles 154 et 155 organisent les modalités de réalisation de l'actif. Le juge-commissaire a le choix des modalités de la vente : soit l'adjudication à une mise à prix qu'il fixe, soit de gré à gré en fonction de « la consistance des biens, leur emplacement, ou si les offres reçues sont de nature à permettre une cession amiable dans de meilleures conditions ». Il ne s'agit donc pas, dans ce cas, d'une adjudication rendue obligatoire par la loi ou les règlements. Les ventes d'immeubles ne sont pas soumises au droit de préemption urbain lorsqu'elles sont comprises dans un processus de liquidation de société (V. également dans le même sens, Rép. min. : *JOAN* 3 janv. 1994, p. 59).

0581 **Liquidation.** De même pour la vente, par le syndic, lequel agit en tant que représentant de la masse des créanciers, d'un bien immobilier dépendant de la liquidation des biens de sociétés (CE sect., 6 oct. 1995, req. n° 112083, *Cne de Maisonsgoutte c/ SA Sogestim* : *JCP* G 1995, IV, 2605 ; 1996 N, II, p. 238). L'article 15 de la loi du 13 juillet 1967 dispose : « Le jugement qui prononce la liquidation des biens emporte de plein droit, à partir de sa date, dessaisissement pour le débiteur de l'administration et de la disposition de ses biens... » ; il ressort des dispositions combinées des articles 8 et 80 de ladite loi que le syndic procède aux opérations de liquidation de biens du débiteur sous la surveillance et sous l'autorité du tribunal de commerce ; il suit de là que la cession amiable d'un immeuble effectuée par le syndic dans le cadre d'une procédure judiciaire de liquidation des biens n'est pas soumise au droit de préemption (CAA Paris, 20 sept. 1994 : *Defrénois* 1995, art. 36.074.5).
La Cour suprême a confirmé cette analyse de laquelle il résulte que le droit de préemption défini dans le présent article ne pouvait être exercé en pareille circonstance (Cass. 3e civ., 10 nov. 1998 : *Juris-Data* n° 1998-004260 ; *JCP* G 1998, IV, 3501).

Bibliographie : J.-P. GARCON, *Le droit de préemption urbain et les procédures collectives après la loi du 13 décembre 2000* : *JCP* E 2001, 13, p. 548. – P. ROUSSEL-GALLE, *L'impérialisme du droit des procédures collectives et les droits de préemption ruraux* : *Petites affiches* 14 juill. 2003, n° 139, p. 10. – F. VAUDEVILLE, note sous Cass. 3e civ., 30 avr. 2003 : *JCP* N 2004, n° 46-47, p. 1737, à propos de l'exclusion du droit de préemption d'une SAFER en cas de plan de cession.

0582 **Habitations à loyer modéré.** L'exclusion visée au *a)* du cinquième alinéa englobe les immeubles construits par tous les organismes d'HLM : offices publics d'aménagement et de construction, offices publics d'HLM, sociétés anonymes d'HLM, sociétés coopératives de production d'HLM, sociétés de crédit immobilier, fondations d'HLM et sociétés coopératives d'HLM de location-attribution.

0583 **Ventes d'immeubles à construire.** L'exclusion visée au *b)* du cinquième alinéa concerne tant les ventes à terme (C. civ., art. 1601-2) que les ventes en l'état futur d'achèvement (C. civ., art. 1601-3) et est indépendante de la nature (pavillons individuels, bâtiments collectifs) et de la destination (habitation, professionnelle, commerciale) de l'immeuble.
Mais elle ne peut être invoquée lorsque la vente d'immeuble à construire porte sur des bâtiments existants faisant l'objet d'opérations spécifiques qualifiées, selon l'importance des travaux et les circonstances, de « restauration », de « réhabilitation », de « rénovation-modernisation », de « rénovation-construction » ou même de « curetage ».

Voir aussi : Sur les incertitudes quant à la portée de l'exception des ventes d'immeubles à construire du champ d'application du droit de préemption (cas des immeubles restaurés ou réhabilités commercialisés dans le cadre de la technique de la vente d'immeubles à construire, etc.), l'étude *Contrats spéciaux et droit de préemption urbain* de S. Pérignon.

Droits sociaux de sociétés d'attribution avant ou dans les dix ans de l'achèvement de l'immeuble. L'exclusion visée au *c)* du cinquième alinéa s'efface en cas d'exercice renforcé du droit de préemption urbain dans les conditions du dernier alinéa de l'article L. 211-4 lorsque les parts ou actions donnent vocation à l'attribution d'un local d'habitation, d'un local professionnel ou d'un local mixte et des locaux qui lui sont accessoires. 0584

Voir aussi : C. urb., art. L. 211-4, *b)*, p. 166 ; sur la date d'achèvement visée au *c)*, C. urb., art. R. 213-24, p. 602.

Crédit-bail immobilier. L'exclusion visée au *d)* du cinquième alinéa est limitée aux seuls contrats de crédit-bail immobilier passés avec l'une des entreprises visées à l'article 2 de la loi n° 66-455 du 2 juillet 1966 et paraît donc ne concerner que « les biens immobiliers professionnels » tels que définis, en particulier, par la circulaire du 30 septembre 1968 (*BOCD* 1968, II, 4228 et *BOED* 1968, 10398 ; *JCP* 1968, III, 34765) et qui seuls peuvent faire l'objet d'une opération de crédit-bail immobilier. Voir, le cas échéant, l'étude précitée : *Contrats spéciaux et droit de préemption urbain* de S. Pérignon. 0585

Immeubles faisant l'objet d'une mise en demeure d'acquérir. L'exclusion visée au *e)* du cinquième alinéa a pour objet, dans un souci de simplification, de ne pas soumettre au droit de préemption, les ventes consécutives à l'exercice du droit de délaissement par le propriétaire d'un immeuble situé dans un périmètre de sursis à statuer (C. urb., art. L. 111-10), dans un emplacement réservé (C. urb., art. L. 123-9), dans une zone d'aménagement concerté (V. art. L. 311-2) ou dans un périmètre de déclaration d'utilité publique (C. expr., art. L. 11-7). 0586
Cette exclusion s'entend exclusivement en raison de la localisation de l'immeuble et de la qualité du cessionnaire. Par suite, lorsque à la suite de la mise en demeure le bénéficiaire acquiert effectivement l'immeuble, cette aliénation n'est soumise ni au droit de préemption urbain, ni au droit de préemption de la zone d'aménagement différé ou du périmètre provisoire. En revanche, si la mise en demeure n'est pas suivie d'une acquisition par le bénéficiaire de l'emplacement réservé, la cession de l'immeuble à un acquéreur autre entre dans le champ d'application des droits de préemption mentionnés ci-dessus et doit être précédée d'une déclaration d'intention d'aliéner (Rép. min. : *JOAN* 30 mars 1992, p. 1442).

Dispositif de la loi du 13 décembre 2000 (art. 55) visant à accroître l'offre de logements sociaux. Tout un ensemble de dispositions sont insérées dans le Code de la construction et de l'habitation (C. urb., art. L. 302-5 et s.), pour que les communes dont la population est au moins égale à 1 500 habitants en Île-de-France et 3 500 habitants dans les autres régions, se dotent de logements sociaux d'une manière significative (20 % des résidences principales) ; à peine d'un prélèvement non négligeable sur les ressources fiscales communales. Toutefois, le Conseil constitutionnel (D. n° 2000-436, 7 déc. 2000 : *JO* 14 déc., p. 19840) a invalidé les sanctions dont étaient assorties ces obligations : en effet, il était prévu que lorsque les engagements pris par la commune n'étaient pas remplis, le préfet constatait cette carence par arrêté motivé. Il passait alors, dans un délai d'un an, en concertation avec le conseil départemental de l'habitat, une convention avec un organisme spécialisé dans la construction, l'acquisition et la réhabilitation de logements sociaux pour réaliser les objectifs incombant initialement à la commune. Les mutations exercées à ce titre étaient exclues du droit de préemption, les permis de construire délivrés par le préfet et aucun agrément de l'article L. 510-1 ne pouvait être accordé. Ces sanctions ont été jugées disproportionnées et incompatibles avec le principe constitutionnel de libre administration des collectivités territoriales. La loi n° 2001-1168 du 11 décembre 2001 (*JO* 12 déc.), portant mesures urgentes de réformes à caractère économique et financier, rétablit (art. 24 et CCH, art. L. 302-9-1) certaines « sanctions » relatives au droit de préemption et au permis de construire (C. urb., art. L. 421-2-1), mais en modifiant le dispositif au regard de la décision du Conseil constitutionnel : le préfet informe la commune qui n'a pas tenu ses engagements de la mise en œuvre d'une procédure de carence, la commune a alors deux mois pour présenter ses observations. Le préfet ne peut prononcer la carence qu'après avoir pris connaissance de ces dernières, pour conclure la convention susmentionnée (V. texte pertinent sous le présent article et commentaires sous Code de l'urbanisme, articles L. 324-1 et suivants et L. 421-2-1). 0587

Suite à une proposition de loi sénatoriale, la loi SRU aurait pu être modifiée afin de « substituer le contrat à la contrainte ». Il lui est en effet reproché l'irréalisme du seuil de 20 % et de s'attacher trop à la « sanction ». Il était envisagé de relever le nombre d'habitants à partir duquel le dispositif « se déclenche » pour les communes d'Île-de-France, d'élargir les catégories de logements sociaux pris en compte et, surtout, de privilégier la voie conventionnelle en matière d'obligations de logement social, ce n'aurait été qu'en cas de refus de contracter ou de non-respect de la convention que le recours à la voie coercitive aurait pu être possible. Face aux réticences d'application de ce système, le secrétaire d'État au logement a évoqué à nouveau un éventuel durcissement des sanctions (*Mixité sociale : des centaines de communes n'appliquent pas la loi : Le Monde* 21 sept. 2004, p. 11).

Voir aussi : Circulaire n° 2005-3 du 13 janvier 2005 (*BO équip.* n° 2005-2), relative à la mise en œuvre de l'article 55 de la loi SRU, notamment en ce qui concerne le calcul et l'affectation du prélèvement, avec un modèle d'arrêté joint. Décret n° 2004-940 du 3 septembre 2004, relatif au fonds d'aménagement urbain et modifiant le Code de la construction et de l'habitation (*JO* 5 sept., p. 15718), concernant le fonctionnement de ce fonds.

0588 **Loi sur la cohésion sociale.** Cette loi n° 2005-3 du 18 janvier 2005 a pour objectif, tout dispositif confondu, de permettre la création de 500 000 logements sociaux d'ici 2009. Des instruments supplémentaires institutionnels, juridiques, financiers et fiscaux doivent y contribuer.

Voir aussi : Comm. sous C. urb., art. L. 326-1 et s., p. 289 et s.

0589 **Déclaration d'utilité publique.** Aux six exclusions énumérées au cinquième alinéa, il faut encore ajouter celles résultant du deuxième alinéa de l'article L. 213-5 (cession d'un bien au profit du bénéficiaire d'une déclaration d'utilité publique).

C. urb., art. L. 213-2 ***(L. n° 76-1285, 31 déc. 1976 ; L. n° 85-729, 18 juill. 1985).*** **— Toute aliénation visée à l'article L. 213-1 est subordonnée, à peine de nullité, à une déclaration préalable faite par le propriétaire à la mairie de la commune où se trouve situé le bien. Cette déclaration, dont le maire transmet copie au directeur des services fiscaux, comporte obligatoirement l'indication du prix et des conditions de l'aliénation projetée ou, en cas d'adjudication, l'estimation du bien ou sa mise à prix.**

Lorsque la contrepartie de l'aliénation fait l'objet d'un paiement en nature, la déclaration doit mentionner le prix d'estimation de cette contrepartie.

Le silence du titulaire du droit de préemption pendant deux mois à compter de la réception de la déclaration mentionnée au premier alinéa vaut renonciation à l'exercice du droit de préemption.

L'action en nullité prévue au premier alinéa se prescrit par cinq ans à compter de la publication de l'acte portant transfert de propriété.

0590 **DIA. Objet.** Sur la déclaration d'intention d'aliéner, voir les articles R. 213-5 et A. 213-1 ainsi que les modèle et notice annexés à ce dernier article, de même que l'article L. 213-17 qui envisage l'hypothèse, désormais possible, de la création d'un périmètre provisoire de ZAD ou d'une ZAD sur un secteur jusqu'alors soumis au droit de préemption urbain.

0591 **DIA successives et modificatives.** Une déclaration d'intention d'aliéner ouvre le droit de préemption à son titulaire, alors même que le propriétaire a souscrit une précédente déclaration portant sur les mêmes biens, sans que la collectivité publique fasse usage de son droit (CE, 7 oct. 1988 : *JCP* N 1989, II, p. 253 et note Roland Vandermeeren). En cas de dépôt d'une DIA modificative, le délai de préemption se calcule à partir du dépôt de la DIA prise en compte (TA Lille, 17 oct. 2002, *Ait Mili*, lettre de jurisprudence de la 5e chambre, sept.-déc. 2002).

0592 **Dépôt de la déclaration.** Par mesure de simplification, la déclaration d'intention d'aliéner doit toujours être adressée à la mairie du lieu de situation de l'immeuble. Il appartient à l'administration municipale de transmettre la déclaration au délégataire du droit de préemption.

0593 **Signataire.** Lorsque la DIA est signée par une personne non habilitée, la décision de préemption est illégale ; ainsi pour une personne en curatelle donnant indûment mandat au notaire (TA Lyon,

29 sept. 1999, *Mme Angèle Laurent : BJDU* 6/1999, p. 445). On remarque que la frontière est ici ténue entre le droit public et le droit privé, et que le juge est contraint de s'immiscer dans ce dernier.

Transmission du préfet. La décision de préemption doit être préalablement transmise au préfet pour que le droit de préemption puisse être valablement exercé. Si bien que le délai de deux mois ne peut être interrompu que par la notification d'une décision de préemption régulièrement transmise (CCA Paris, 28 nov. 2000, *Assoc. culturelle des témoins de Jéhovah : BJDU* 1/2001, p. 41, conclusions N. Massias). 0594

Délai. La délibération du conseil municipal décidant d'exercer le droit de préemption n'ayant été transmise à la sous-préfecture que le lendemain de l'expiration du délai de deux mois, la commune n'a pas exercé son droit de préemption dans le délai légal, sa délibération n'étant pas encore exécutoire à la fin de ce délai (Cass. civ., 8 nov. 1995 : *Juris-Data* n° 1995-003104). De même, illégalité de la décision pour transmission tardive au préfet (CAA Marseille, 3 mai 2001 : *Constr.-urb.* 2001, n° 12, comm. n° 261, P. Benoit-Cattin. – CE, 15 mai 2002, req. n° 230015, *Ville de Paris : Juris-Data* n° 2002-063914). 0595

Information des conseils d'arrondissements de Paris-Marseille-Lyon. Dans un souci de transparence, la loi « Démocratie de proximité » n° 2002-276 du 27 février 2002 (*JO* 28 févr.) modifie, par son article 26, le CGCT en faveur des villes de Paris-Marseille-Lyon en prévoyant que : 0596
– d'une part, le maire d'arrondissement est informé des DIA touchant les immeubles situés dans l'arrondissement, et ce, pour tous les droits de préemption (DPU, ZAD, espaces naturels sensibles des départements) ;
– d'autre part, le maire de la commune informe, chaque mois, le maire d'arrondissement de la suite réservée à ces DIA.
Cette disposition s'inspire de la pratique lyonnaise et prend une acuité particulière à Paris qui traite environ 20 000 DIA par an, contre 6 000 à Marseille et 7 800 à Lyon (sources, I. Cassin, *Les retouches de la loi Démocratie de proximité au droit de l'urbanisme : BJDU* 3/2002, p. 162).

> **Voir aussi :** Annotations sous C. urb., art. L. 142-3, p. 94 et R. 213-17 à R. 213-30, p. 599 pour la consultation des conseils d'arrondissements au titre de l'institution ou de la suppression du droit de préemption.

Renonciation. Le délai prévu au troisième alinéa de l'article L. 213-2 du Code de l'urbanisme, qui constitue une garantie pour les particuliers désirant aliéner un bien soumis au droit de préemption, doit être regardé comme prescrit à peine de nullité. Dès lors, la décision d'exercer le droit de préemption est illégale en tant qu'elle est adoptée après l'expiration du délai précité. Cette illégalité ne l'entache cependant pas d'inexistence. Par ailleurs cette décision n'a pas fait l'objet d'une décision de retrait. L'illégalité dont elle est entachée ne fait pas par elle-même obstacle à ce que le propriétaire puisse s'en prévaloir à l'appui de prétentions, sur le mérite desquelles il appartient au seul juge civil de se prononcer, tendant à faire constater que la commune a accepté l'offre de vente contenue dans la déclaration d'intention d'aliéner (CE 1re et 4e sous-sect., 13 mai 1996, req. n° 152472, *Cne de Franconville-la-Garenne : JCP* G 1996, IV, 1910). Il a été également jugé que l'absence d'indication du prix par le titulaire du droit de préemption dans le délai impératif de deux mois ne peut s'opposer à la réalisation d'un compromis de vente, la décision de préemption étant inopposable (CE, 16 mai 2001, *Cne de Saint-Suliac : BJDU* 3/2001, p. 196, concl. Fombeur ; *Collectivités-Intercommunalité* 2001, n° 1, comm. n° 234, T. Celerier. – CE, 9 avr. 2004, *SCI Abimar : BJDU* n° 4/2004, p. 305, concl. C. Devys, obs. J.-C. Bonichot). Tout l'intérêt de cet arrêt réside dans la distinction entre inopposabilité de la décision, faute d'indication du prix dans le délai et illégalité pour, par exemple, insuffisance de motivation. 0597
En revanche, a été considérée comme illégale la décision de préemption au titre de laquelle n'avaient pas remplies les deux conditions légales de notification au propriétaire dans le délai de deux mois et de transmission au préfet pour contrôle de légalité (CE, 15 mai 2002, *Ville de Paris c/ Assoc. cultuelle des témoins de Jehovah : BJDU* 4/2002, p. 290, concl. Fombeur, note Fatôme ; *Constr.-urb.* 2002, n° 9, comm. n° 213, P. Benoit-Cattin ; *Constr.-urb.* 2002, n° 10, comm. n° 253, P. Cornille).

Voir aussi : Sur les conséquences de la renonciation à l'exercice du droit de préemption, C. urb., art. L. 213-8, p. 206.

0598 **Fusions ou scissions de sociétés.** Les opérations de fusion ou de scission de sociétés définies par la loi du 24 juillet 1966 (codifiée au Code de commerce) sur les sociétés commerciales s'analysent comme des transmissions universelles de patrimoine dès lors que la ou les sociétés apporteuses sont dissoutes. Les actifs immobiliers ainsi transférés ne font pas l'objet d'une aliénation mais d'une opération juridiquement différente. En conséquence, ils ne sont pas soumis aux dispositions de l'article L. 213-2 et n'ont donc pas à faire l'objet d'une déclaration d'intention d'aliéner. Il appartient toutefois au juge compétent d'apprécier, le cas échéant, si une telle opération ne résulte pas à l'évidence d'un détournement de procédure visant exclusivement à faire échec à l'éventuelle préemption de biens soumis à l'exercice de ce droit (Rép. min. : *JO* Sénat 3 août 1989, p. 1186).

Les opérations de fusion ou de scission de sociétés s'analysent comme des échanges de droits sociaux. Considérées comme des droits sociaux, ces opérations ne sont donc pas soumises au droit de préemption urbain, et par voie de conséquence, à l'établissement d'une déclaration d'intention d'aliéner. Elles ne constituent en aucun cas des aliénations de valeurs immobilières et ne sont donc soumises à aucun des droits de préemption institués par le Code de l'urbanisme (Rép. min. : *JO* Sénat 1er juill. 1993, p. 1055. V. également dans le même sens : Rép. min. : *JOAN* 3 janv. 1994, p. 48).

Les fusions soumises au régime simplifié de l'article L. 236-11 du Code de commerce et les dissolutions de sociétés par décision de l'unique associé, personne morale, visées à l'article 1844-5, alinéa 3, du Code civil, ne sont pas soumises au droit de préemption, en ce qu'elles entraînent une transmission universelle du patrimoine sans échanges de droits sociaux et aboutissent obligatoirement à la dissolution de la société absorbée ou scindée (Rép. min. Dubernard : *JOAN* Q, 20 janv. 2004, p. 507).

0599 **Immeubles et fonds de commerce.** Sur la déclaration d'intention d'aliéner dans le cas de la cession simultanée d'un immeuble et du fonds de commerce exploité dans cet immeuble, voir l'avis de la troisième chambre civile de la Cour de cassation (*Bull. inf. C. cass.*, 1er nov. 1991, p. 41 ; *JCP* N 1991, Prat. 2042-3), l'étude de S. Perignon, *Droit de préemption urbain et cession de fonds de commerce* (*Defrénois* 1992, art. 35291 et celle de M. Kurkdjian, sous TA Nancy, 2 juill. 2002 : *RFD adm.* janv.-févr. 2004, p. 179).

Cette question devient un enjeu économique important pour les communes, les propriétaires de locaux commerciaux et les titulaires des fonds de commerce. À l'heure de la perte par les centres-villes de nombre de leurs commerces de proximité, il s'agit de préserver ceux existants lors de la transmission des entreprises. Les communes, elles-mêmes (par exemple, Paris), tendent à utiliser à cet effet le droit de préemption.

La situation est particulièrement délicate lorsque le commerçant a également la propriété des murs et qu'il trouve un acquéreur pour ceux-ci et le fonds de commerce. Pour lui, l'exercice de la préemption rend impossible la cession du fonds, puisque le droit ne peut être mis en œuvre sur des biens meubles. Si la commune décide de la préemption, la transmission de l'entreprise est compromise et la perte financière pour le commerçant est en conséquence. Les notes de doctrine de S. Pérignon et M. Kurkdjian évoquent plusieurs remèdes législatifs en cas de vente simultanée :

1. l'exclusion du champ de la préemption des immeubles accompagnée de la cession de fonds de commerce, solution, la mieux à même de sauvegarder les intérêts du vendeur et du futur acquéreur, au détriment certes des collectivités locales ; toutefois, vu la situation des centres-villes, celles-ci n'ont-elles pas intérêt à laisser faire de telles transactions dès lors que l'acquéreur conservera et exploitera le fonds de commerce ;
2. autre voie inverse, l'inclusion du fonds de commerce dans l'emprise de la préemption, la relation de droit privé entre le vendeur et l'acquéreur passant au second plan. S. Pérignon suggère alors, soit que le propriétaire cède en premier son fonds de commerce et passe un bail commercial avec l'acquéreur pressenti, la commune qui, le cas échéant, préempterait les locaux lors de la vente immobilière serait tenue de préserver le bail, les droits de l'acquéreur pressenti antérieurement en seraient perturbés puisqu'il serait locataire de la commune, même si *in fine*, celle-ci lui revend le local ; soit que la commune qui a préempté, conclut directement le bail commercial

avec l'acquéreur pressenti, la loi reconnaissant au propriétaire initial un droit au bail dans les lieux, droit cessible avec son fonds ; là encore, l'ancien acquéreur pressenti ne serait que locataire de la commune ;
3. enfin, S. Pérignon envisage une solution se référant à l'article R. 213-9 : la DIA préciserait que l'acquisition du fonds de commerce est une obligtion pour l'acquéreur des murs, en cas de préemption, à savoir la commune. Celle-ci pourrait alors faire jouer l'article R. 213-9 applicable à des situations – hors vente de gré à gré – où le titulaire du droit de préemption ne souhaite pas ou n'est pas en mesure de remplir les conditions de la vente inscrites dans la DIA. Il pourrait en être ainsi pour la commune et l'acquisition du fonds de commerce ; la collectivité incluant alors la valeur de ce fonds dans le prix proposé au propriétaire pour l'immeuble occupé ou acquittant un prix d'un immeuble libre d'occupation ; la constatation du prix étant portée devant le juge de l'expropriation.

Quelle que soit l'option qui pourrait être retenue, une intervention législative serait indispensable. Toutefois, il s'agira de veiller à éviter l'écueil d'une « municipalisation » des sols et de l'activité économique, portant atteinte au droit de propriété, à la liberté du commerce et de cession de son fonds par le commerçant.

Cela étant, pour l'instant, la jurisprudence s'en tient aux termes de l'article L. 213-1. La Cour de cassation rappelle, en 2004, que seuls les biens immobiliers étant soumis au droit de préemption, le juge de l'expropriation n'a pas, lors de la fixation du prix des locaux à se prononcer sur la consistance et la valeur du fonds de commerce (Cass. 3e civ., 6 juin 2004, req. n° 03-70.066 : *Juris-Data* n° 2004-024028 ; *JCP* N 2004, n° 44, p. 1634, note D. Dutrieux).

Licitations. La licitation peut résulter de la cession d'un bien indivis ou de la cession de droits indivis et cette opération peut prendre la forme d'une vente amiable réalisée de gré à gré ou d'une adjudication rendue obligatoire par la loi ou les règlements. Dans tous les cas, à l'exception de la vente de gré à gré au bénéfice d'un coïndivisaire, l'aliénation est subordonnée au dépôt préalable d'une déclaration d'intention d'aliéner (Rép. min. : *JOAN* 6 févr. 1995, p. 720 ; *JCP* N 1995, IV, 3330-2). 0600

Action en nullité. L'action en nullité s'exerce devant le tribunal de grande instance du lieu de la situation du bien (C. urb., art. R. 213-26). 0601

Absence de DIA. Si, en infraction aux dispositions du présent article, un bien immobilier est vendu sans déclaration préalable alors qu'il entre dans le champ d'application d'un des droits de préemption visés aux articles L. 211-1 et L. 212-1, le titulaire du droit de préemption urbain est en droit, dans le délai de cinq ans à compter de la publication de l'acte portant transfert de propriété, de demander la nullité de la vente. Après avoir constitué avocat, le titulaire du droit de préemption urbain peut intenter devant le tribunal de grande instance du lieu de situation du bien (C. urb., art. R. 213-26) une action en nullité de l'acte passé en fraude de ses droits et une action en responsabilité pour faute contre le vendeur et, le cas échéant, son mandataire rédacteur de l'acte (Rép. min. : *JOAN* 12 févr. 1990, p. 663 ; *JCP* N 1990, Prat. 1483-4). 0602

Responsabilité professionnelle du notaire. Ayant relevé que les parties s'accordant dès l'origine sur l'irrégularité de la déclaration d'intention d'aliéner, il était impératif que soit déposée, à peine de nullité de la vente, une déclaration d'intention d'aliéner régulière et constaté que les cocontractants et l'office notarial n'étaient pas parvenus à régulariser une nouvelle déclaration d'intention d'aliéner, la cour d'appel, statuant sur renvoi après cassation, en a exactement déduit que la constatation de la vente ne pouvait être admise, l'acte authentique ne pouvant plus être signé (Cass. 3e civ., 4 nov. 1998 : *JCP* G 1998, IV, 3457 ; *Juris-Data* n° 1998-004149). 0603

C. urb., art. L. 213-2-1 ***(Créé, L. n° 2000-1208, 13 déc. 2000, art. 21-I).*** **— Lorsque la réalisation d'une opération d'aménagement le justifie, le titulaire du droit de préemption peut décider d'exercer son droit pour acquérir la fraction d'une unité foncière comprise à l'intérieur d'une partie de commune soumise à un des droits de préemption institué en application du présent titre.**

Dans ce cas, le propriétaire peut exiger que le titulaire du droit de préemption se porte acquéreur de l'ensemble de l'unité foncière.

0604 **Régime antérieur. Exigence de DIA.** Avant l'entrée en vigueur du présent article, la jurisprudence l'« anticipait », en exigeant une DIA pour un immeuble partiellement inclus dans le périmètre de préemption. Un arrêt de cour d'appel a ainsi été cassé sur le fondement de l'article L. 213-2, pour avoir rejeté la demande de nullité de la vente formulée par la commune pour défaut de DIA, en retenant que cela était imputable à la faute exclusive de la DDE, non détachable de celle de la commune, qui a indiqué au notaire que ladite commune ne pouvait préempter sur un ensemble de parcelles dont la majeure partie était hors zone de préemption (Cass. 3e civ., 18 févr. 2004 : *Constr.-urb.* 2004, n° 4, comm. n° 90, P. Cornille ; *AJDI* 2004, n° 6, p. 465, note P. Benoît-Cattin ; *Gaz. Pal.* 24-26 oct. 2004, p. 34, note M. Peisse). À l'instar de M. Benoît-Cattin, on remarquera qu'un dépôt de DIA, en pareil cas, était une exigence purement formelle, voire symbolique, et, en tout état de cause, inutile, puisque la commune ne pouvait exercer son droit de préemption ni sur la totalité de la parcelle ni sur une partie.

0605 De surcroît, la préemption partielle n'était pas admise, d'autant plus qu'une dépréciation du surplus n'aurait pas été indemnisable en vertu de l'ancien article L. 213-4. La doctrine administrative (Rép. min. : *JOAN*, 1er févr. 1999, p. 659) et la jurisprudence (CE, 23 juin 1995, req. n° 128151, *Cne de Bouxières-aux-Dames* c/ *M. Aimond*) se rejoignaient en ce sens.

0606 **Apport de la loi SRU.** La loi SRU ouvre cette possibilité de préemption partielle, compte tenu de son éventuelle utilité pour la réalisation d'une opération d'aménagement. Toutefois, elle instaure aussi un dispositif protecteur pour le propriétaire : faculté d'exiger du titulaire du droit de préemption l'acquisition de la totalité de l'emprise, ainsi que l'indemnisation de la dépréciation de la partie restante (nouvel art. L. 213-4, al. 2).

Bibliographie : V. Joussot, *Vente d'un immeuble partiellement inscrit dans le périmètre du droit de préemption urbain : incidence de la loi SRU : Petites affiches* 2001, n° 144, p. 4. – J.-L. Bourgois, *Droit de préemption partiel et loi SRU : JCP* N 2001, n° 29, p. 12.

C. urb., art. L. 213-3 *(L. n° 85-729, 18 juill. 1985).* — Le titulaire du droit de préemption peut déléguer son droit à l'État, à une collectivité locale, à un établissement public y ayant vocation ou à une société d'économie mixte répondant aux conditions définies au deuxième alinéa de l'article L. 300-4 et bénéficiant d'une concession d'aménagement. Cette délégation peut porter sur une ou plusieurs parties des zones concernées ou être accordée à l'occasion de l'aliénation d'un bien. Les biens ainsi acquis entrent dans le patrimoine du délégataire.

Dans les articles L. 211-1 et suivants, L. 212-1 et suivants et L. 213-1 et suivants, l'expression « titulaire du droit de préemption » s'entent également, s'il y a lieu, du délégataire en application du présent article.

0607 **Convention publique d'aménagement.** Dans le 3e alinéa du présent article, le terme « Concession d'aménagement » aurait dû être remplacé, conformément à la loi SRU, par celui de « convention publique d'aménagement » (V. art. L. 300-4).

0608 **Délégation.** Elle ne fait aucunement obstacle à ce que le droit de préemption soit exercé par son titulaire en vue de la cession ultérieure du bien préempté à une autre collectivité – tel le département – dès lors que l'usage qui en est fait entre lui-même dans le champ des prévisions des articles L. 210-1 et L. 300-1 du présent code (CE, 1re et 4e sous-sect. réunies, 14 janv. 1998, req. n° 160378 : *Juris-Data* n° 1998-050012).

0609 **Délégation du conseil municipal au maire.** Il résulte du 15° de l'article L. 2122-22 du Code général des collectivités territoriales que le maire peut par délégation du conseil municipal, être chargé :

– non seulement d'exercer au nom de la commune, les droits de préemption définis par le présent code, que la commune en soit titulaire ou délégataire ;

– mais aussi de déléguer l'exercice de ces droits à l'occasion de l'aliénation d'un bien selon les dispositions prévues au premier alinéa du présent article dans les conditions que fixe le conseil municipal ; mais une telle délégation ne pourra, aux termes mêmes du texte, être accordée, dans

les conditions qui sont fixées par le conseil municipal, qu'au coup par coup seulement « à l'occasion de l'aliénation d'un bien ».
Jugé toutefois que le conseil municipal ne peut légalement se substituer au maire pour prendre une décision de préemption relevant des attributions déléguées à ce dernier (TA Paris, 12 déc. 1988 : *JCP* N 1989, II, p. 253 et note R. Vandermeeren).
Le Conseil d'État a fermement rappelé que lorsque le conseil municipal a confié au maire la faculté de déléguer le droit de préemption, il ne peut plus procéder à une telle délégation vers une commune voisine. La conséquence est l'illégalité de la préemption décidée par la commune irrégulièrement délégataire (CE, 30 déc. 2003, *Cne de Saint-Gratien : BJDU* n° 1/2004, p. 52, concl. C. Devys, note J.-C. Bonichot ; *Constr.-urb.* 2004, n° 5, comm. n° 111, P. Benoît-Cattin),

Contenu. Le maire peut, par délégation du conseil municipal, être chargé en tout ou en partie, et pour la durée de son mandat, d'exercer au nom de la commune les droits de préemption définis par le présent code. Il revient au conseil municipal de décider du contenu de la délégation qu'il consent au maire : le conseil municipal est libre de sa décision et peut y mettre fin à tout moment (Rép. min. n° 28570 : *JOAN* 19 juill. 1999, p. 4437 ; *JCP* N 1999, p. 1603). 0610

Absence de ratification du conseil municipal. La décision de préemption prise par le maire, en vertu d'une délégation d'attribution du conseil municipal, ne nécessite pas un vote de ratification par ce dernier. Le maire agit, en effet, dans le cadre de l'exercice de ses responsabilités telles qu'elles sont définies par le CGCT (Rép. min. : *JOAN* 29 févr. 1988, p. 903 ; *JCP* N 1988, Prat. 616-2). 0611

Empêchement du maire. L'article L. 2122-23 du Code général des collectivités territoriales dispose que les décisions prises en application d'une délégation doivent être signées personnellement par le maire, sauf disposition contraire dans la délibération mettant en œuvre la délégation. En cas d'empêchement du maire, les décisions de préemption ou de non-préemption sont prises par le conseil municipal sauf disposition contraire dans la délibération instituant la délégation (Rép. min. : *JOAN* 3 août 1992, p. 3554). 0612

Prohibition des délégations générales et permanentes. Est illégal l'arrêté portant délégation générale et permanente de signature du maire à son premier adjoint et cette illégalité entache d'incompétence l'arrêté par lequel une commune décide de préempter un terrain, arrêté signé du premier adjoint sur le fondement de l'acte précité, nonobstant qu'une délibération du conseil municipal antérieure à ladite délégation autorise l'adjoint à « exercer au nom de la commune les droits de préemption définis par le Code de l'urbanisme » (TA Lyon, 11 juin 1990, req. n° 42723 et n° 42724, *Consorts Masson*). 0613
Est aussi entachée d'incompétence la décision de préemption signée en vertu d'un arrêté portant délégation générale de signature donnée par le maire à l'adjoint chargé de toutes les questions à caractère budgétaire et financier ainsi que des questions relatives au développement économique, à l'emploi et à la formation professionnelle, dès lors que cet arrêté ne définit pas avec précision les limites de la délégation et ne mentionne pas l'exercice du droit de préemption (TA Paris, 10 févr. 1994 : *DA* 1995, 179).

Adjoints aux maires. Un conseil municipal ayant donné délégation de compétence au maire et de signature à son premier adjoint pour exercer le droit de préemption, les quatrième et sixième adjoints qui ont signé n'avaient pas compétence pour le faire (CAA Paris, 4e ch. 19 juin 1996 ; *Juris-Data* n° 1996-044889). 0614

Motivation. La délibération du conseil municipal n'a pas obligatoirement à être motivée (CAA Nantes, 24 juin 1998, *Cne de Bouaye et district de l'agglomération nantaise : BJDU* 6/1998, p. 467). 0615
Il ne résulte pas de l'article L. 213-3 du Code de l'urbanisme ni d'aucune autre disposition que la délibération d'un conseil municipal décidant de déléguer le droit de préemption de la commune doive être motivée (CAA Nantes, 2e ch. 24 juin 1998 : *Juris-Data* n° 1998-045200).

Notification. Jugé que si la délibération d'un conseil municipal décidant de déléguer le droit de préemption de la commune constitue un acte individuel devant en conséquence faire l'objet de 0616 notifications pour acquérir force exécutoire, seuls les propriétaires des terrains concernés et non les éventuels acquéreurs même titulaires d'une promesse de vente, doivent être regardés comme intéressés au sens de l'article 2 de la loi du 2 mars 1982. Il s'ensuit que cette délibération devient exécutoire à la date de sa notification aux propriétaires des terrains en cause (CAA Lyon, 1re ch. 30 déc. 1997 : *Juris-Data* n° 1997-057235).

0617 **Chambres de commerce et d'industrie et chambres de métiers.** Aux délégataires du droit de préemption énumérés au présent article, il faut ajouter les chambres de commerce et d'industrie et les chambres de métiers – qui peuvent aussi être titulaires du droit de préemption en ZAD.

Voir aussi : Note sous C. urb., art. L. 212-2, p. 170 pour la réalisation d'équipements commerciaux et artisanaux.

0618 **Établissements publics de coopération intercommunale.** Lorsqu'un établissement public de coopération intercommunale est compétent de plein droit en matière de droit de préemption urbain, il peut, en application de l'article L. 213-3 du Code de l'urbanisme, déléguer cette compétence à chacune des communes relevant de son périmètre de compétence. Dans la pratique, cette délégation est généralement totale et porte notamment sur le pouvoir de saisir le juge de l'expropriation pour la fixation du prix de préemption. Toutefois, dans le cas où une commune ne bénéficierait pas d'une telle délégation, rien n'interdit à l'établissement public de lui donner mandat pour saisir le juge si nécessaire après avoir lui-même délibéré pour déterminer le prix auquel il souhaite acquérir l'immeuble (Rép. min. : *JOAN* 18 avr. 1988, p. 1663).

0619 **Établissements publics fonciers.** Les établissements publics fonciers créés en application des articles L. 324-1 à L. 324-10 peuvent pour la mise en œuvre de leur politique d'acquisitions foncières et immobilières, en vue de la constitution de réserves foncières, exercer par délégation de leurs titulaires les droits de préemption définis par le présent code dans les cas et conditions qu'il prévoit. Par exemple, le Conseil régional d'Île-de-France a, en juin 2004, décidé de créer une Agence foncière, pour maîtriser le marché des terrains disponibles. Elle pourra être délégataire du droit de préemption des communes ; son action sera purement foncière, le rôle d'aménageur relevant de l'Agence foncière et technique de la Région parisienne (AFTRP). Un décret en Conseil d'État devra sceller la création de cette agence francilienne. Par ailleurs, la loi de cohésion sociale n° 2005-32 du 18 janvier 2005 prévoit la mise en place de nouveaux établissements fonciers et d'aménagement.

Voir aussi : Commentaires sous C. urb., art. L. 321-1, p. 267 et art. L. 324-1 et s., p. 285 et s.

0620 **Offices d'aménagement et de construction.** Les offices d'aménagement et de construction sont au nombre des établissements publics auxquels le titulaire du droit de préemption urbain peut déléguer son droit (TA Paris, 28 nov. 1988 : *JCP* N 1989, II, p. 253, et note R. Vandermeeren).

0621 **Sociétés d'économie mixte.** La délibération par laquelle le conseil municipal délègue, à l'occasion de l'aliénation d'un immeuble, le droit de préemption de la commune à une société d'économie mixte, est exécutoire dès sa notification aux intéressés (CE, 31 mars 1989 : *JCP* N 1989, II, p. 253 et note R. Vandermeeren).

0622 **SAFER.** Un décret du 2 avril 2004 (*JO* 8 avr.) renouvelle pour une période de 5 ans le droit pour la SAFER de l'Île-de-France d'exercer le droit de préemption (y compris au titre des art. L. 142-1 et s.)

C. urb., art. L. 213-4 ***(L. n° 85-729, 18 juill. 1985 ; L. n° 86-1290, 23 déc. 1986 ; L. n° 89-550, 2 août 1989 ; L. n° 91-662, 13 juill. 1991).*** **— À défaut d'accord amiable, le prix d'acquisition est fixé par la juridiction compétente en matière d'expropriation ; ce prix est exclusif de toute indemnité accessoire, et notamment de l'indemnité de réemploi.**

(Al. créé, L. n° 2000-1208, 13 déc. 2000, art. 21-II) **Lorsqu'il est fait application de l'article L. 213-2-1, le prix d'acquisition fixé par la juridiction compétente en matière d'expropriation tient compte de l'éventuelle dépréciation subie, du fait de la préemption partielle, par la fraction restante de l'unité foncière.**

Le prix est fixé, payé ou, le cas échéant, consigné selon les règles applicables en matière d'expropriation. Toutefois dans ce cas :

a) **La date de référence prévue à l'article L. 13-15 du Code de l'expropriation pour cause d'utilité publique est la date à laquelle est devenu opposable aux tiers le plus récent des actes rendant public, approuvant, révisant ou modifiant le plan d'occupation des sols *(Mots aj., L. n° 2000-1208, 13 déc. 2000, art. 202-XIV)* « ou approuvant, modifiant ou révisant le plan local d'urbanisme » et délimitant la zone dans laquelle est situé le bien.**

En l'absence d'un tel document, cette date de référence est :

– un an avant la publication de l'acte délimitant le périmètre provisoire de zone d'aménagement différé, lorsque le bien est situé dans un tel périmètre ou lorsque l'acte créant la zone est publié dans le délai de validité d'un périmètre provisoire ;

– un an avant la publication de l'acte créant la zone d'aménagement différé ;

b) **Les améliorations, les transformations ou les changements d'affectation opérés par le propriétaire postérieurement à la date mentionnée au *a)* ci-dessus ne sont pas présumés revêtir un caractère spéculatif ;**

c) **À défaut de transactions amiables constituant des références suffisantes pour l'évaluation du bien dans la même zone, il pourra être tenu compte des mutations et accords amiables intervenus pour des biens de même qualification situés dans des zones comparables.**

Lorsque la juridiction compétente en matière d'expropriation est appelée à fixer le prix d'un bien dont l'aliénation est envisagée sous forme de vente avec constitution de rente viagère, elle respecte les conditions de paiement proposées par le vendeur mais peut réviser le montant de cette rente et du capital éventuel.

Prix exclusif d'indemnité. Le premier alinéa interdit désormais au juge de l'expropriation d'allouer une indemnité de réemploi et plus généralement une indemnité accessoire telle que indemnité d'éviction, indemnité compensatrice de perte de revenus, indemnité de dépréciation, indemnité de trouble d'exploitation, indemnité de relogement, indemnité pour frais de déménagement, etc. **0623**

Préemption partielle. Le second alinéa met l'article L. 213-4 en cohérence avec la possibilité de préemption partielle prévue à l'article L. 213-2-1 issu de la loi SRU. Le prix doit ainsi tenir compte de la dépréciation subie par la fraction restante non préemptée. **0624**

Prix fixé judiciairement. À défaut d'accord amiable, le prix d'acquisition est fixé par la juridiction compétente en matière d'expropriation ; ce prix est exclusif de toute indemnité accessoire, et notamment de l'indemnité de réemploi. Viole l'article L. 213-4 du Code de l'urbanisme la cour d'appel qui fixe le montant des indemnités dues à un propriétaire à la suite de l'exercice sur un immeuble lui appartenant, du droit de préemption de la ville de Paris, accorde réparation pour les préjudices nés de la recherche de nouveaux locaux, du trouble commercial, du déménagement, de la résiliation du contrat EDF et de l'élimination d'un transformateur (Cass. 3e civ, 14 févr. 1996 : *Juris-Data* n° 1996-000431 ; *JCP* G 1996, IV, 802 ; N 1996, II, p. 1161. – de même, CA Paris, 10 nov. 2003 : *Juris-Data* n° 2003-230111). **0625**

Date de référence. – À la date de référence générale prévue à l'article L. 13-15 du Code de l'expropriation pour cause d'utilité publique – manifestement inadaptée au cas d'exercice du droit de préemption – le *a)* du deuxième alinéa, successivement modifié par les lois n° 89-550 du 2 août 1989 (Circ. n° 89-45, 8 août 1989 : *JCP* N 1989, Prat. 1074) et n° 91-662 du 13 juillet 1991, substitue d'autres dates de référence pour la qualification du bien préempté, mais différentes selon qu'il s'agit du droit de préemption urbain ou du droit de préemption dans un périmètre provisoire de ZAD ou dans une ZAD. Toutefois, la date d'opposabilité aux tiers d'un PAZ ne saurait être retenue faute d'être visée dans le présent texte (Cass. 3e civ., 10 juill. 2002, req. n° 01-70-230 : *Juris-Data* n° 2002-015265). En outre, sachant que l'appel remet la chose jugée en question pour que la cour d'appel statue à nouveau en fait et en droit, celle-ci méconnaît l'article L. 213-4 en écartant une date de référence postérieure aux débats de première instance alors que cette date est antérieure au jugement (Cass. 3e civ., 2 oct. 2002, req. nos 01-70-190, 01-70-192 : *Juris-Data* n° 2002-015674). **0626**

Voir aussi : Pour le cas où le bien soumis au droit de préemption fait l'objet d'une expropriation pour cause d'utilité publique, C. urb., art. L. 213-6, p. 192 et ses notes.

0627 **Améliorations.** Aux améliorations que visaient déjà les textes sur les ZIF et les ZAD, le *b)* du deuxième alinéa ajoute les transformations et les changements d'affectation. Ces adjonctions, bénéfiques pour les propriétaires, étaient d'autant plus nécessaires que la date de référence peut désormais se situer bien antérieurement à la préemption.

0628 **Éléments comparatifs.** Le *c)* du deuxième alinéa adapte en quelque sorte les dispositions de l'article L. 13-16 du Code de l'expropriation pour cause d'utilité publique en autorisant, dans certains cas, la prise en considération des mutations et accords amiables intervenus pour des biens de même qualification situés dans des zones comparables.

Sur les éléments à produire, comme un état complet des ventes sur les cinq années précédentes, note B. Antoine sous Grenoble, 21 juin 2002 : *Gaz. Pal.* 6 déc. 2002, p. 22.

0629 **Intérêts moratoires.** À notre avis, la référence aux règles applicables en matière d'expropriation entraîne le paiement des intérêts moratoires trois mois après la signification de la décision définitive fixant le prix de cession, par application de l'article R. 13-78 du Code de l'expropriation (en ce sens, avant la loi du 18 juillet 1985, Cass. 3e civ., 1er févr. 1983 : *JCP* G 1983, IV, p. 125).

0630 **Paiement tardif du prix.** Lorsque l'Administration tarde à régler le prix du bien préempté, l'ancien propriétaire ne peut pas saisir le juge pour demander la fixation d'un nouveau prix (au contraire, en matière d'expropriation, au bout d'un an, l'ancien propriétaire peut demander à ce que l'indemnité soit revue : mais, comme l'indique l'arrêt, l'article L. 13-9 du Code de l'expropriation n'est pas applicable aux préemptions) (Cass. 3e civ., 24 oct. 1990, *Mme Pares*, pourvoi n° 89-70317).

En revanche, lorsque la collectivité préemptrice a réglé le prix fixé judiciairement par consignation à la Caisse des Dépôts et Consignations, le vendeur ne peut revendiquer la jouissance gratuite du bien jusqu'à paiement complet du prix (Cass. 3e civ., 10 déc. 2003, req. n° 02-12.894 : *Juris-Data* n° 2003-021353 ; *Constr.-urb.* 2003, n° 3, comm. n° 66, P. Benoît-Cattin ; *RJDA* 5/2004, p. 498 ; *Gaz. Pal.* 24-26 oct. 2004, p. 33, note M. Peisse).

0631 **Appréciation de la légalité des actes administratifs. Incompétence du juge de l'expropriation.** Le juge de l'expropriation n'ayant pas le pouvoir d'apprécier la légalité des actes administratifs au vu desquels il fixe le prix du bien préempté, viole le présent article et l'article L. 13-1 du Code de l'expropriation la cour d'appel qui, saisie pour fixer le prix d'un immeuble préempté, décide qu'il n'y a pas lieu à statuer sur une procédure devenue sans objet, la décision de préemption manquant de base légale (Cass. 3e civ., 22 févr. 1995 : *JCP* G 1995, II, 22442).

0632 **Contrepartie du prix en nature.** Le dernier alinéa déroge à la règle suivant laquelle, en matière d'expropriation pour cause d'utilité publique, les indemnités sont fixées en espèce (C. expr., art. L. 12-30, al. 1er).

L'implication – qui en résulte – du juge de l'expropriation dans un contrat de rente viagère (C. urb., art. R. 213-8 et R. 213-9) est susceptible de soulever des difficultés de nature juridique et d'ordre technique.

0633 **Rente viagère.** Il résulte des dispositions du dernier alinéa que lorsque la commune achète, par exercice du droit de préemption, un bien dont l'aliénation était envisagée « à charge de soins », elle est tenue de respecter les conditions mises par le vendeur. La loi a donc garanti, notamment, le droit des personnes âgées qui souhaitent aliéner tout ou partie de leur patrimoine immobilier sous forme de vente avec constitution de rente viagère (Rép. min. : *JOAN* 29 févr. 1988, p. 903 ; *JCP* N 1998, Prat. 589-2).

0634 **Droit de délaissement.** Les articles L. 211-5 et L. 212-3 faisant renvoi au présent article, ses dispositions sont applicables en cas d'exercice du droit de délaissement dans le cadre soit du droit de préemption urbain, soit du droit de préemption en ZAD.

C. urb., art. L. 213-4-1 *(L. n° 91-662, 13 juill. 1991)*.— Lorsque la juridiction compétente en matière d'expropriation a été saisie dans les cas prévus aux articles L. 211-5, L. 211-6, L. 212-3 et L. 213-4, le titulaire du droit de préemption doit consigner une somme égale à 15 % de l'évaluation faite par le directeur des services fiscaux.

La consignation s'opère au seul vu de l'acte par lequel la juridiction a été saisie et de l'évaluation du directeur des services fiscaux.

À défaut de notification d'une copie du récépissé de consignation à la juridiction et au propriétaire dans le délai de trois mois à compter de la saisine de cette juridiction, le titulaire du droit de préemption est réputé avoir renoncé à l'acquisition ou à l'exercice du droit de préemption.

Consignation obligatoire. Le présent article et le suivant, insérés dans le présent code par la loi n° 91-662 du 13 juillet 1991, organisent une obligation de consignation par le titulaire du droit de préemption lorsqu'il saisit la juridiction compétente en matière d'expropriation pour fixer, à défaut d'accord amiable, le prix de la préemption (J. Hugot, *Le droit de préemption urbain et dans les ZAD après la loi d'orientation pour la ville n° 91-662 du 13 juillet 1991 : JCP* N 1991, II, p. 331 et s.). 0635

Délai impératif. Le délai dans lequel l'obligation de consignation est enfermée (trois mois à compter de la saisine de la juridiction compétente en matière d'expropriation) est impératif et doit être respecté par le titulaire du droit de préemption, nonobstant toute difficulté administrative que ce soit. Son expiration sans que la justification de son respect ait été fournie – (copie du récépissé de consignation) (C. urb., art. R. 213-11) – est sanctionnée par l'impossibilité de poursuivre l'exercice de la préemption. 0636

Sanction. Est déchue de son droit de préemption la commune qui n'a pas consigné dans le délai requis une somme égale à 15 % de l'évaluation du bien préempté, conformément aux dispositions de l'article L. 213-4-1 du Code de l'urbanisme, sans que la garantie de l'inscription de la somme nécessaire au budget de la commune puisse faire obstacle à l'application de cette sanction. L'absence de consignation, réputée par la loi constituer une renonciation à l'exercice du droit de préemption, est une fin de non-recevoir pouvant être soulevée pour la première fois en appel (CA Nancy, ch. expropr., 19 mars 1995 : *Juris-Data* n° 1995-049416 ; *JCP* N 1997, II, p. 394. – CA Paris, ch. expropr., 19 oct. 2000 : *AJDI* 2002, n° 2, p. 145, note B. Antoine). 0637

Préemption ou délaissement. L'obligation de consignation – toujours égale à 15 % de l'évaluation faite par le directeur des services fiscaux – est applicable que le bien soit acquis par voie de préemption (C. urb., art. L. 213-4) ou à la suite d'un délaissement au regard du droit de préemption urbain (C. urb., art. L. 211-5) ou au regard du droit de préemption dans une ZAD ou dans son périmètre provisoire (C. urb., art. L. 212-3). 0638
Mais la référence dans le premier alinéa à l'article L. 211-6 est sans objet, celui-ci ayant été abrogé par la loi n° 86-1290 du 23 décembre 1986.

Compétence du juge de l'expropriation. En constatant le défaut de consignation et en en tirant les conséquences prévues par le législateur, le juge de l'expropriation ne sort pas des limites de sa compétence dès lors que ce faisant, il statue sur les conditions générales de sa saisine et non sur la légalité de la décision de préemption de la commune (TGI Bobigny, ch. expropr., 12 juill. 1996 : *Juris-Data* n° 1996-012486). 0639

C. urb., art. L. 213-4-2 *(L. n° 91-662, 13 juill. 1991)*.— La libération des fonds consignés en application de l'article L. 213-4-1 ne peut être effectuée que lorsque le titulaire du droit de préemption a renoncé à l'acquisition ou à l'exercice du droit de préemption ou après le transfert de propriété.

Transfert de propriété. Le transfert de propriété dont il est fait mention au présent article est celui qui est constaté par acte authentique dressé dans les conditions prévues au deuxième alinéa de l'article R. 213-12, c'est-à-dire dans le délai de trois mois à compter de la décision judiciaire devenue définitive. 0640

0641 **Paiement effectif du prix.** La libération des fonds consignés par constatation du transfert de propriété est indépendante du paiement effectif du prix qui doit intervenir dans le délai de six mois à compter de la décision définitive de la juridiction compétente en matière d'expropriation (C. urb., art. L. 213-14).

C. urb., art. L. 213-5 ***(L. n° 85-729, 18 juill. 1985).*** **— En cas de déclaration d'utilité publique, l'exercice du droit de préemption produit les mêmes effets que l'accord amiable en matière d'expropriation en ce qui concerne l'extinction des droits réels et personnels si le titulaire du droit de préemption est également le bénéficiaire de la déclaration d'utilité publique.**

En cas de déclaration d'utilité publique, la cession d'un bien au profit du bénéficiaire de cette déclaration n'est pas soumise au droit de préemption.

0642 **Extinction des droits réels et personnels.** Réalisée avant la déclaration d'utilité publique, l'acquisition par voie de préemption est soumise aux règles de droit commun en sorte que s'il y avait lieu, par exemple, à purge des privilèges et hypothèques, celle-ci devrait être faite dans les formes prescrites par les articles 2181 et suivants du Code civil.

En revanche, réalisée après déclaration d'utilité publique prononcée au bénéfice du titulaire du droit de préemption – et seulement dans ce cas – l'acquisition est alors assimilée à un accord amiable en matière d'expropriation au regard de l'extinction des droits réels et personnels qui est alors régie par les articles L. 12-2 et L. 12-3 du Code de l'expropriation pour cause d'utilité publique, tels qu'ils ont été aménagés par la loi n° 85-729 du 18 juillet 1985 (V. à cet égard, Instr. 12 sept. 1985 : *BODGI* 10 D-I-85 ; *JCP* N 1985, Prat. 9543 et Circ. n° 87-60, 7 juill. 1987 : *BOMELATT* 1987-20, p. 30 et s. ; *JCP* N 1987, Prat. 286).

0643 **Exclusion.** L'exclusion du champ d'application du droit de préemption résultant des dispositions du deuxième alinéa s'ajoute à celles prévues à l'article L. 213-1.

Voir aussi : Sur la protection des occupants, dern. al. C. urb., art. L. 314-4, p. 241.

0644 **Procédure d'expropriation après droit de préemption urbain.** Dans la situation inverse à celle faisant l'objet du présent article (droit de préemption après une déclaration d'utilité publique), l'existence d'une procédure de préemption urbaine en cours sur une partie des terrains d'un propriétaire est sans incidence sur la légalité de la procédure d'expropriation engagée par la suite sur la totalité des terrains concernés dès lors que le propriétaire en avait conservé la propriété à la date des arrêtés préfectoraux de déclaration d'utilité publique et de cessibilité (CE, 30 déc. 1998, req. n°s 167434 et 167435 : *Juris-Data* n° 1998-051207).

C. urb., art. L. 213-6 ***(L. n° 85-729, 18 juill. 1985 ; L. n° 89-550, 2 août 1989).*** **— Lorsqu'un bien soumis au droit de préemption fait l'objet d'une expropriation pour cause d'utilité publique, la date de référence prévue à l'article L. 13-15 du Code de l'expropriation pour cause d'utilité publique est celle prévue au *a* de l'article L. 213-4.**

0645 **Date de référence.** Doit être cassé l'arrêt qui, pour fixer l'indemnité d'expropriation, retient que la date de référence est celle à laquelle est devenue opposable aux tiers la délibération du conseil municipal qui a décidé d'appliquer par anticipation les dispositions révisées du POS/PLU et qui a donné lieu aux mesures de publicité prévues à l'article R. 123-10, alinéa 3 du Code de l'urbanisme, s'agissant du plus récent des actes rendant public, approuvant, révisant ou modifiant le POS/PLU et délimitant la zone dans laquelle est situé le bien. En statuant ainsi, alors que le POS en cours de révision, dont l'application anticipée avait été décidée, n'était ni rendu public ni approuvé, la cour d'appel a violé les articles L. 213-6 et L. 213-4 du Code de l'urbanisme (Cass. 3e civ., 17 mars 1999 : *Juris-Data* n° 1999-001098).

0646 **Uniformisation.** Afin d'éviter que la fixation du prix par la juridiction de l'expropriation – à défaut d'accord amiable – obéisse à des règles différentes résultant uniquement du choix de la procédure (préemption ou expropriation) retenu par la collectivité locale, cet article procède à une véritable uniformisation des dates de références celles-ci étant désormais identiques tant en matière de

droit de préemption urbain qu'en matière de ZAD à celles mises en place dans le *a)* du deuxième alinéa de l'article L. 213-4 dans sa rédaction issue de la loi n° 89-550 du 2 août 1989 (Circ. n° 89-45, 8 août 1989 : *JCP* N 1989, Prat. 1074).
Cette uniformisation, mise partiellement en place par la loi n° 85-729 du 18 juillet 1985 avait été rompue par la loi n° 86-1290 du 23 décembre 1986 qui avait modifié sur ce point le *a)* de l'article L. 213-4 sans reprendre semblable modification dans le présent article (Circ. n° 87-60, 7 juill. 1987 : *BOMELATT*, 1987-20, p. 44 ; *JCP* N 1987, Prat. 286. – Rép. min. : *JOAN* 18 avr. 1988, p. 1661 ; *JCP* N 1988, Prat. 725-5). La loi n° 89-550 du 2 août 1989 a généralisé cette uniformisation par voie de modification des articles L. 123-9, L. 142-5, L. 142-6, L. 213-4, L. 213-6 du présent code et L. 13-15 du Code de l'expropriation pour cause d'utilité publique (V. ces articles et la Circ. n° 89-45, 8 août 1989, précitée).

Terrains à bâtir. Ainsi, à titre d'exemples, il ne saurait s'agir de terrains à bâtir, si à la date de référence déterminée dans les conditions du présent article, les terrains litigieux soumis au droit de préemption urbain sont classés en zone inconstructible (CA Paris, ch. expropr., 2 févr. 1996 : *Juris-Data* n° 1996-020312) ou se trouvent en zone UM qui suppose le raccordement au réseau public d'assainissement qui se trouve à 80 mètres (CA Paris, ch. expropr., 1er févr. 1996 : *Juris-Data* n° 1996-020311). 0647

C. urb., art. L. 213-7 *(L. n° 85-729, 18 juill. 1985).* — À défaut d'accord sur le prix, tout propriétaire d'un bien soumis au droit de préemption, qui a manifesté son intention d'aliéner ledit bien, peut ultérieurement retirer son offre. De même, le titulaire du droit de préemption peut renoncer en cours de procédure à l'exercice de son droit à défaut d'accord sur le prix.

En cas de fixation judiciaire du prix, et pendant un délai de deux mois après que la décision juridictionnelle est devenue définitive, les parties peuvent accepter le prix fixé par la juridiction ou renoncer à la mutation. Le silence des parties dans ce délai vaut acceptation du prix fixé par le juge et transfert de propriété, à l'issue de ce délai, au profit du titulaire du droit de préemption.

Droit de repentir. Le présent article met en place un véritable droit de repentir à l'égard duquel l'une et l'autre des parties intéressées (propriétaire du bien et titulaire du droit de préemption) sont placées sur un strict pied d'égalité, à défaut d'accord sur le prix et même en cas de fixation judiciaire du prix. 0648
Est valable la renonciation au droit de préemption intervenue le dernier jour du délai des deux mois prévu au présent article (CA Paris, ch. expropr., 19 févr. 1998 : *Juris-Data* n° 1998-020275).

Retrait de la décision. Le Conseil d'État, dans un arrêt du 17 mai 1999, *Commune de Montreuil-sous-Bois* (*BJDU* 1999, p. 225), a jugé que le retrait par la commune de sa décision de préemption constitue une abrogation et ne rend pas sans objet le recours contre la décision initiale de préempter. La Haute Juridiction s'écarte ici du caractère rétroactif du retrait qui entraîne en principe un non-lieu à statuer. En l'espèce, elle considère, au regard des circonstances particulières (« proposition » faite au vendeur par la commune de baisser le prix en contrepartie de la renonciation à préemption), que la décision initiale a produit ses effets. 0649
En outre, les règles classiques des actes créateurs de droits acquis (ici l'accord sur la chose et le prix) sont applicables à une décision de renonciation de la commune à préempter (CAA Paris, 17 févr. 2000, *Cne de Gennevilliers* : *BJDU* 3/2000, p. 206).
En revanche, la Cour de cassation considère que lorsque la collectivité préemptrice a renoncé, sans réserve, à exercer son droit, elle ne justifie plus, un mois plus tard, à se pourvoir contre l'arrêt fixant le prix du bien initialement objet de la préemption (Cass. 3e civ., 13 déc. 2003, req. n° 02-70.097 : *Juris-Data* n° 2003-020916).

Accord en cours de procédure. Tant qu'un accord sur le prix n'est pas intervenu (al. 1er), chacune des parties conserve la faculté d'arrêter l'action. Mais celle-ci disparaît dès lors qu'au cours de la procédure de préemption intervient l'accord sur la chose et sur le prix (C. urb., art. R. 213-8 à R. 213-10). Et si, en pareil cas, le propriétaire refuse de régulariser la vente, le titulaire du droit de 0650 préemption paraît fondé à saisir le tribunal de grande instance compétent afin d'obtenir le transfert de propriété (Rép. min. : *JOAN* 9 juill. 1977, p. 4649 ; *JCP* N 1977, Prat. 6672-2).

0651 **Réalisation forcée de la vente.** Et viole l'article 1583 du Code civil, la cour d'appel qui, en pareilles circonstances, rejette la demande des propriétaires en réalisation forcée de la vente (Cass. 2e civ., 2 juin 1999 : *Juris-Data* n° 1999-002186).

0652 **Rétractation de l'offre de vente.** L'auteur d'une DIA peut rétracter son offre de vente tant qu'elle n'a pas été acceptée (CE, 22 févr. 1995 : *DA* 1995, 234 ; *JCP* N 1995, II, p. 1594). Le propriétaire d'un bien soumis au droit de préemption peut donc renoncer à son intention d'aliéner, sans aucune condition, tant que l'autorité compétente pour exercer le droit de préemption n'a pas fait connaître son accord sur le prix de cession proposé. Le 28 octobre 1988, un propriétaire a fait signifier par huissier à la commune sa décision de retirer de la DIA une parcelle. La lettre du maire, en date du 27 octobre 1988, l'informant de sa décision d'exercer le droit de préemption de la commune, laquelle n'a été précédée d'aucun acte faisant connaître l'accord de cette dernière sur le prix proposé, n'a été notifiée à l'intéressé que le 2 novembre 1988. À cette date, eu égard au retrait de la DIA, intervenu dans les conditions sus-indiquées, la décision de préemption n'a pu prendre effet (CAA Paris, 28 juin 1994 : *Defrénois* 1995, art. 36074-4).

0653 **Prix fixé judiciairement.** En cas de fixation judiciaire du prix (al. 2), l'exercice du droit de repentir expire au plus tard deux mois après la date à laquelle la décision de la juridiction fixant le prix est devenue définitive. À l'issue de ce délai, la renonciation à la vente n'est plus possible et doit donc être manifestée expressément dans le délai de deux mois qui suit la décision du juge (Rép. min. : *JOAN* 24 oct. 1988, p. 3009).

0654 **Délai.** Ayant relevé que l'arrêt de la cour d'appel du 14 juin 1990 (fixant le prix d'acquisition du bien), signifié le 25 juillet 1990, était devenu définitif le 25 septembre 1990, la cour d'appel en a exactement déduit que la commune avait, par lettre recommandée avec avis de réception du 7 septembre 1990, renoncé dans le délai de deux mois imparti par l'article L. 213-7 du Code de l'urbanisme à exercer son droit de préemption (Cass. 3e civ., 4 déc. 1996 : *Juris-Data* n° 1996-004681 ; *JCP* G 1997, IV, 191 ; N 1997, II, p. 666).

0655 **Prix supérieur à la DIA.** En cas de saisine du juge de l'expropriation, suite au désaccord sur le prix entre le propriétaire d'un terrain ayant déclaré son intention d'aliéner et la personne publique titulaire d'un droit de préemption, le propriétaire est en droit de demander au juge un prix supérieur au prix indiqué dans sa déclaration d'intention d'aliéner. La préemption exercée par une personne publique présente en effet « un aspect spécifique et original dans la mesure où elle combine la notion classique de préemption avec la possibilité d'une réévaluation du prix par le juge ». Deux phases procédurales totalement distinctes se succèdent, la phase administrative et la phase judiciaire, et les demandes formées par le propriétaire lors de la première phase ne le lient pas devant le juge de l'expropriation. Ce dernier est donc seulement tenu de statuer dans les limites des prétentions émises lors de la phase judiciaire, conformément aux règles de procédure (CA Versailles, ch. expropr., 10 juin 1997 : *Juris-Data* n° 1997-045656).

0656 **Préjudices indemnisables.** Un propriétaire disposant à nouveau de son bien après renonciation à la préemption par la collectivité locale et n'établissant ni une impossibilité de revente au prix fixé judiciairement, ni au demeurant l'avoir remis en vente, ne peut alléguer comme préjudice indemnisable que la perte de chance de disposer de la somme en cause entre la date de décision de préemption illégale et la date de notification de la renonciation (CA Lyon, 28 juill. 2003, req. n° 98LY01668 : *Juris-Data* n° 2003-222697).

Voir aussi : Sur le sens des termes « décision... définitive » figurant au présent article, note sous C. urb., art. L. 211-5, p. 167.

0657 **Droit à rétrocession.** À noter cependant qu'un droit à rétrocession existe néanmoins lorsque le bien préempté n'est pas payé dans le délai.

Voir aussi : C. urb., art. L. 213-14, p. 203.

C. urb., art. L. 213-8 ***(L. n° 85-729, 18 juill. 1985 ; L. n° 94-112, 9 févr. 1994).*** **— Si le titulaire du droit de préemption a renoncé à l'exercice de son droit avant fixation judiciaire du prix, le propriétaire peut réaliser la vente de son bien au prix indiqué dans sa déclaration.**

Au cas où le titulaire du droit de préemption a renoncé à l'exercice de son droit sur un bien dont le prix a été fixé judiciairement, il ne peut plus l'exercer à l'égard du même propriétaire pendant un délai de cinq ans à compter de la décision juridictionnelle devenue définitive si le propriétaire, dans ce délai, réalise la vente de ce bien au prix fixé par la juridiction, révisé, s'il y a lieu, en fonction des variations du coût de la construction constatées par l'Institut national de la statistique et des études économiques depuis cette décision.

La vente sera considérée comme réalisée, au sens du deuxième alinéa du présent article, à la date de l'acte notarié ou de l'acte authentique en la forme administrative constatant le transfert de propriété.

Lorsque la décision par laquelle le titulaire du droit de préemption décide d'exercer son droit est annulée ou déclarée illégale par la juridiction administrative et qu'il n'y a pas eu transfert de propriété, ce titulaire ne peut exercer son droit à nouveau sur le bien en cause pendant un délai d'un an à compter de la décision juridictionnelle devenue définitive. Dans ce cas, le propriétaire n'est pas tenu par les prix et conditions qu'il avait mentionnés dans la déclaration d'intention d'aliéner.

Bibliographie : LE COQ, *Les conséquences de l'illégalité des préemptions : Constr.-urb.* 1999, chron. n° 5, p. 5.

Retrait. En cas de retrait d'une décision de préemption, le propriétaire du bien peut obtenir réparation du préjudice certain subi entre la décision de préemption et son retrait. Cependant ce préjudice ne peut être regardé comme certain que si, d'une part, celui-ci bénéficiait, au plus tard à la date de cette décision, d'un engagement exprès d'acquisition du bien aux prix et conditions mentionnés dans la déclaration d'intention d'aliéner et, d'autre part, le prix proposé par le titulaire du droit de préemption était sensiblement inférieur au prix convenu entre les parties. En revanche le propriétaire ne peut obtenir réparation du préjudice que constitue l'impossibilité ultérieure de vendre (CAA Lyon, 13 juill. 1993 : *D.* 1993, inf. rap. p. 228 ; *DA* oct. 1993, n° 472). 0658

Vente à prix et conditions différents. Dans le cas du premier alinéa, le propriétaire désirant vendre à des prix ou conditions différents de ceux indiqués dans sa déclaration d'intention d'aliéner initiale (prix supérieur ou inférieur) doit, à peine de nullité de l'acte, souscrire une nouvelle déclaration préalable (Rappr. Circ. n° 76-91, 15 juill. 1976). 0659

Vente après fixation judiciaire du prix. Les indices à retenir pour déterminer la variation de prix autorisée dans le cas du deuxième alinéa sont déterminés par le premier alinéa de l'article R. 213-13. 0660

Cas de l'adjudication volontaire. Mais lorsque le propriétaire a mentionné dans une déclaration préalable son intention de vendre un bien par adjudication volontaire, ainsi que l'estimation de ce bien ou sa mise à prix, et que le titulaire du droit de préemption a renoncé à l'exercice de ce droit, les dispositions de l'article L. 213-8 doivent s'entendre comme autorisant la vente dudit bien par une adjudication volontaire respectant les conditions et modalités de la déclaration susvisée, notamment en matière d'estimation ou de mise à prix. Le propriétaire du bien ainsi vendu n'est tenu à aucune déclaration ou notification postérieurement à l'adjudication volontaire. Le titulaire du droit de préemption qui avait renoncé à l'exercice de ce droit avant l'adjudication volontaire ne peut exiger une nouvelle déclaration au vu du résultat de cette adjudication (Rép. min. : *JOAN* 16 janv. 1989, p. 261 ; *JCP* N 1989, Prat. 948). 0661

Préemption annulée ou déclarée illégale. Le dernier alinéa a été ajouté par la loi n° 94-112 du 9 février 1994 portant diverses dispositions en matière d'urbanisme et de construction afin de renforcer la protection des propriétaires contre les décisions de préemption illégales (ou ayant fait l'objet d'une annulation) et d'atténuer leurs conséquences défavorables pour les propriétaires préemptés dans ces conditions. 0662

À cet effet, il prévoit que le titulaire du droit de préemption qui l'a exercé à tort ne peut l'exercer à nouveau sur le même bien pendant l'année suivant l'annulation ou la déclaration d'illégalité devenue définitive. Bien entendu, cette interdiction ne peut jouer lorsqu'il y a déjà eu transfert de propriété : dans cette hypothèse, il reste néanmoins au propriétaire lésé la possibilité de demander à être indemnisé par un recours en plein contentieux.

0663 **Nouveau prix.** Après l'annulation ou la déclaration d'illégalité de la décision de préemption, le propriétaire du bien est libre de fixer un nouveau prix en vue de son aliénation au prix du marché. Et en dépit du fait que le bien pouvant ainsi être vendu librement dans le délai d'un an reste néanmoins inclus dans un périmètre de préemption, le propriétaire n'est pas tenu pour autant de souscrire une nouvelle déclaration d'intention d'aliéner, compte tenu que cette aliénation est la poursuite de la vente du bien ayant fait l'objet de la déclaration d'intention d'aliéner initiale (Circ. n° 94093-96, 22 avr. 1994).

0664 **Évaluation du préjudice subi par le propriétaire initial.** Le préjudice subi par un propriétaire du fait de l'illégalité de la décision de préemption de l'immeuble peut être évalué à la différence entre le prix stipulé dans la promesse de vente et le prix fixé par le juge de l'expropriation (CE 1re et 4e sous-sect. réunies, 30 juill. 1997, req. n° 160968 : *BJDU* 6/1997, p. 436).
L'illégalité de la décision de préemption constitue une faute de nature à engager la responsabilité de la commune qui doit être déclarée entièrement responsable du préjudice subi par le vendeur pour la période commençant à la date de la décision d'exercer le droit de préemption urbain et se terminant au jour de son annulation. Cependant, lorsque le déclarant disposait d'une promesse de vente à l'époque de la déclaration d'intention d'aliéner, la valeur vénale à considérer pour l'indemniser n'est pas nécessairement celle que retenait cette promesse. En l'espèce, la cour retient une autre valeur, établie ultérieurement dans le cadre d'une procédure d'expropriation (CAA Paris plén., 12 févr. 1998 : *Juris-Data* n° 1998-050095).

0665 **Lien de causalité entre la décision illégale et le préjudice subi par le propriétaire initial.** Il doit être vérifié minutieusement par le juge du fond. Ainsi le préjudice causé par l'impossibilité de mobiliser le capital correspondant aux prix mentionné dans la DIA n'est pas directement lié à la décision illégale de préemption (CE, 15 oct. 2001, req. n° 211061, *Benghouba : Juris-Data* n° 2001-062963).

0666 **En cas de délaissement.** Les dispositions du présent article sont également applicables en cas de délaissement dans le cadre du droit de préemption urbain (C. urb., art. L. 211-5, al. 4), mais non en cas de délaissement dans le cadre des ZAD (C. urb., art. L. 213-3, al. 4).

0667 **Cession du bien.** Le juge administratif tire les conséquences de l'annulation d'une préemption illégale en faisant injonction à la commune de proposer à l'acquéreur évincé, auteur du recours, la cession du bien décompté illicitement (CAA Nancy, 13 janv. 2000, *Comité de défense du contribuable de Jeumont : BJDU* 2/2000, p. 111). En revanche, si le vendeur avait été l'auteur du recours, il aurait pu obtenir la résolution de la vente à son profit.
Par ailleurs, l'annulation de la décision de préemption n'entraîne pas *ipso facto* l'illégalité de la décision de la commune de revendre le bien. Ces deux décisions ne forment pas un tout indissociable, d'autant que s'interpose l'acte authentique de transfert de propriété relevant du juge judiciaire (CE, 26 nov. 2001, *Cne de La Teste-de-Buch : BJDU* 6/2001, p. 444, concl. contraires S. Boissard. – S. Pérignon et P. Benoit-Cattin : *Defrénois* 2002, n° 21, p. 1422).
Dans un important arrêt de section du 26 février 2003, *M. et Mme Bour* (comm. *AJDA* avr. 2003, p. 729 ; *BJDU* n° 2/2003, p. 106, concl. P. Fombeur, note J.-C. Bonichot ; *BJDU* n° 3/2003, p. 168, note E. Fatôme ; *Constr.-urb.* 2003, n° 5, comm. n° 138, p. 21, note P. Benoît-Cattin ; *AJDA* 22 mars 2004, p. 561 ; *AJDI* 2004, n° 3, p. 213, note A. Lévy ; *RD imm.* 2003, p. 378, note P. Soller-Couteaux ; *DA* 2003, n° 140, note A. Laquièze ; *Collectivités- Intercommunalité* 2003, n° 130, note L. Erstein ; *Defrénois* 2003, p. 1336, note J.-P. Meng ; *BJCL* 10/2003, p. 170, note E. Carpentier ; confirmation, CE, 29 déc. 2004, *SCI Desjardins KB*, req. n° 259855 : *Juris-Data* n° 2004-067786), le Conseil d'État a considéré que « l'annulation par le juge de l'excès de pouvoir de l'acte par lequel le titulaire du droit de préemption décide d'exercer ce droit emporte pour conséquence que ce titulaire doit être

regardé comme n'ayant jamais décidé de préempter ; qu'ainsi cette annulation implique nécessairement, sauf atteinte excessive à l'intérêt général appréciée au regard de l'ensemble des intérêts en présence, que le titulaire du droit de préemption, s'il n'a pas entre-temps cédé le bien illégalement préempté, prenne toute mesure afin de mettre fin aux effets de la décision annulée ; qu'il lui appartient à cet égard et avant toute autre mesure, de s'abstenir de revendre à un tiers le bien illégalement préempté ; qu'il doit en outre proposer à l'acquéreur évincé puis, le cas échéant, au propriétaire initial d'acquérir le bien, et ce, à un prix visant à rétablir autant que possible et sans enrichissement sans cause de l'une quelconque des parties les conditions de la transaction à laquelle l'exercice du droit de préemption a fait obstacle ».

Outre le fait que le propriétaire initial doit être partie au litige, cette solution fait preuve de réalisme économique, quant au « rétablissement » de la situation remise en cause par l'illégalité. La grande leçon à tirer est l'abstention du titulaire du droit de préemption de revendre à un tiers un bien dont la décision de préemption illégale a été annulée.

Mais l'arrêt aborde également le cas où une telle revente aurait eu lieu : « considérant en revanche que lorsque le bien préempté a été revendu, ni les dispositions précitées de l'article L. 911-1 du Code de justice administrative [mesure d'exécution nécessairement impliquée par une décision juridictionnelle], ni aucune autre disposition ne permettent à la juridiction administrative, saisie en vue de faire exécuter l'annulation de la seule décision de préemption, de prescrire des mesures qui, tendant à la remise en cause de la revente du bien, se rattachent ainsi à un litige distinct portant sur la légalité de cette décision de revente et ne sauraient, dès lors, être regardées comme étant au nombre de celles qu'impliquent l'annulation de la décision de préemption ».

On peut remarquer que l'arrêt aurait pu aller plus avant, comme le suggérait le commissaire du Gouvernement P. Fombeur, qui énonçait que l'annulation de la préemption impliquait nécessairement la saisine du juge du contrat en vue du prononcé de la nullité de la revente. Cette démarche se serait inspirée d'un autre arrêt de section du 7 octobre 1994, *Époux Lopez* (*Rec. CE*, p. 430, concl. R. Schwartz) qui avait estimé qu'il appartenait au juge administratif, saisi de l'exécution d'un jugement annulant la délibération d'habilitation d'un maire à la passation d'un contrat, d'enjoindre à la commune de saisir le juge du contrat. C'est d'ailleurs la voie empruntée par des décisions de juges du fond.

Depuis 2003, les effets de la jurisprudence *Bour* se sont révélés. D'une part, il a été précisé qu'en cas de non-revente du bien à un tiers, la proposition doit en être faite à l'acquéreur évincé (CAA Paris, 1er oct. 2003, *M. Maria Dos Santos* : *BJDU* n° 2/2004, p. 157, qui reprend les termes mêmes de l'arrêt *Bour)*, à l'exclusion du locataire qui n'a aucun droit en ce sens (CE, 28 avr. 2004, *Union européenne pour la création des mosquées : BJDU* n° 4/2004, p. 308, concl. Devys ; *Constr.-urb.* 2004, nos 7/8, comm. n° 128, P. Cornille ; *Defrénois* 2004, p. 1579, note P. Benoît-Cattin ; *JCP* A 2004, nos 32-36, comm. n° 1537, P. Billet).

D'autre part, en cas de promesse de vente à un tiers mais d'absence de réclamation de l'acquéreur évincé ou du propriétaire initial, la vente peut alors être régularisée (CAA Douai, 30 déc. 2003, *Comité de défense du contribuable de Jeumont : Juris-Data* n° 2003-241412 ; *Constr.-urb.* 2004, n° 3, comm. n° 65, P. Benoît-Cattin).

Enfin, s'agissant de l'indemnisation de l'acquéreur évincé en cas de revente à un tiers, l'affaire *Bour* se prolonge. Après rejet de leur demande par le TA de Versailles, *M. et Mme Bour* obtiennent une nouvelle satisfaction devant la Cour administrative d'appel de Paris. Celle-ci retient la faute de la commune dans la prise de décision de préemption illégale, ce qui a permis la revente du bien à un tiers privant ainsi les requérants de l'acquérir ; le préjudice indemnisable correspond à l'impossibilité de faire fructifier la somme versée au titre de la promesse de vente ; à cette somme s'ajoutent des intérêts moratoires courrus depuis la date de la préemption illégale jusqu'à la mise à disposition par la commune de cette somme immobilisée, ainsi qu'une compensation de 5 000 euros pour les troubles de toute nature subis dans les conditions d'existence des requérants (CAA Paris, 3 févr. 2004, *M. et Mme Bour : AJDA* 2004, p. 1605, note E. Carpentier ; *JCP* A 2004, n° 9, comm. n° 1150, J.-P. Demouveaux ; *Constr.-urb.* 2004, n° 5, comm. n° 112, P. Benoît-Cattin). Dans son analyse, E. Carpentier émet des critiques sur cet arrêt : l'illégalité de la préemption provenait d'une insuffisance formelle et non substantielle de motivation (existence de projets communaux précis mais peu décrits dans la décision) qui rend contestable le droit à indemnisation (en ce sens, CE sect., 19 juin 1981, *Carlier : Rec. CE*, p. 274, concl. Genevois, rejetant l'indemnisation sur le fondement de faute issue d'irrégularités formelles régularisables, cité par l'auteur) ; le lien de causalité directe entre la préemption illégale et la revente à un tiers est constaté, alors qu'un acte authentique s'interpose et dont la validité relève de la compétence du juge civil du contrat ; le préjudice revendiqué serait celui de tout acquéreur évincé dont les droits sont, par ailleurs, protégés par les articles L. 213-2 et s. qui fixent des délais rigoureux de préemption.

Au-delà de ces critiques, pertinentes, il n'en demeure pas moins que les requérants ont été privés d'une transaction immobilière pour laquelle ils avaient investi, à cause d'une faute « double » de la commune – illégalité, certes formelle, de la décision mais illégalité tout de même – et revente précipitée à un tiers ; or, ces circonstances, à elles seules, se justifient-elles par réparation équitable ?

0668 **Saisine du juge judiciaire.** En effet, selon de telles jurisprudences, la délibération par laquelle le conseil municipal a décidé d'exercer le droit de préemption étant annulée, la commune devra saisir dans un délai de deux mois le juge judiciaire afin de faire constater la nullité du contrat de vente passé entre la commune et le vendeur par suite de l'exercice du droit de préemption (TA Lyon, 24 avr. 1996 : *Defrénois* 1997, art. 36574-6. – CA Douai, 15 févr. 2001 : *Juris-Data* n° 2001-156213). L'exercice de la préemption par la commune et sa subrogation dans les droits du vendeur, personne privée, n'ont pas pour effet de transformer l'acte de vente conclu avec le propriétaire en acte de droit public ; l'acquéreur évincé n'a donc pas à obtenir l'autorisation de la commune pour saisir le juge judiciaire quant à la validité dudit acte (CA Paris, 18 févr. 2004 : *Juris-Data* n° 2004-238096). Le titulaire d'une promesse de vente synallagmatique est fondé à ce que le juge administratif enjoigne au titulaire du droit de préemption de saisir le juge judiciaire pour en constater la nullité, en vertu du principe de l'exécution des décisions de justice et du rétablissement de la situation antérieure à celle précédant l'annulation (CAA Lyon, 22 déc. 1998, *SIVOM du lac du Bourget* : *BJDU* 2/1999, p. 154). Au-delà, le juge judiciaire a précisé la nature de la nullité de la vente. Dans une affaire, le liquidateur d'une société avait cédé à la commune des parcelles de terrain à la commune qui avait exercé son droit de préemption. La décision de préemption avait ensuite été annulée par le juge administratif. La Cour de cassation a considéré que la nullité qui en résultait était une nullité relative et que si aucun accord n'était intervenu entre le liquidateur et le demandeur-acquéreur évincé sur un droit initial à acquérir l'immeuble, cet acquéreur évincé avait intérêt à agir au titre de l'exercice irrégulier de la préemption et était recevable à solliciter l'annulation de la vente des parcelles (Cass. 3e civ., 20 nov. 2002, req. n° 01-13-534 : *Juris-Data* n° 2002-016443 ; *JCP* G 2003, n° 13, p. 556, note Serinet ; *Constr.-urb.* 2003, n° 5, comm. n° 137, P. Benoît-Cattin ; *Administrer* 2004, n° 366, p. 55, note G. Duhail). Un arrêt de la Cour d'appel d'Angers du 1er avril 2003 (*Constr.-urb.* 2004, n° 1, comm. n° 14, P. Cornille) a toutefois jugé en sens inverse, en concluant à l'irrecevabilité de l'acquéreur évincé. Une telle décision, isolée, ne résisterait pas à l'épreuve de la cassation.

0669 **Référé-Suspension.** Toujours dans le prolongement de la jurisprudence *Bour*, le Conseil d'État a rendu, le 23 juillet 2003, un important arrêt quant aux effets de la suspension d'une décision illégale sur la passation du contrat de vente lorsque la collectivité préemptrice et le vendeur sont parvenus à un accord sur le prix pour une partie du bien et que le vendeur a renoncé à la vente sur l'autre partie (CE, 23 juill. 2003, *Société Atlantique Terrains* : *BJDU* n° 6/2003, p. 422, concl. P. Fombeur, note J.-C. Bonichot ; *Defrénois* sept. 2004, p. 671, note J.-P. Meng ; *Constr.-urb.* 2004, n° 1, comm. n° 13, P. Benoît-Cattin).

Le considérant de principe est ainsi rédigé : « lorsque le juge des référés prend, sur fondement des dispositions de l'article L. 521-1 du Code de justice administrative, une mesure de suspension de l'exécution d'une décision de préemption, cette mesure a pour conséquence, selon les cas, non seulement de faire obstacle à la prise de possession et au transfert de propriété du bien préempté au bénéfice de la collectivité publique titulaire du droit de préemption mais également de permettre aux signataires de la promesse de vente de mener la vente à son terme, sauf si le juge, faisant usage du pouvoir que lui donnent les dispositions précitées de ne suspendre que certains effets de l'acte de préemption, décide de limiter la suspension à la première des deux catégories d'effets susmentionnées. »

Comme le souligne J.-C. Bonichot, cet arrêt marque l'autonomie du contentieux administratif et « l'effet utile » du référé-suspension. Celui-ci n'est pas privé d'objet, car les effets de la préemption sont maintenus dans les conditions d'accord et de renoncement précédemment décrites. La suspension vise certains effets de la décision de préemption en ce qu'elle permet la prise de possession et le transfert de propriété. Ainsi, sauf si le juge l'a cantonnée à certains effets de ladite décision, la suspension a pour conséquence de ne pas entraver la volonté des parties à la promesse de vente de mener cette dernière à son terme. J.-C. Bonichot s'interroge, néanmoins, sur le cas où la préemption serait *in fine* validée et sur les conséquences quant à une régularisation de la vente ; cette situation reste à trancher.

Toujours selon l'arrêt, l'intérêt de la suspension s'apprécie eu égard aux stipulations des actes de vente où les parties peuvent régler, par anticipation, leurs rapports en cas de préemption.

Enfin, le Conseil d'État considère qu'en matière de préemption, l'urgence est reconnue par principe ; bien que la collectivité préemptrice puisse avancer un intérêt général qui rend urgente l'appréhension du bien, comme le fait remarquer J.-C. Bonichot. Pour la partie des parcelles où le vendeur renonce à la vente, l'urgence n'aurait pas lieu d'être, mais l'arrêt ne statue pas sur ce point soulevé par le commissaire du gouvernement.

Toutefois, après cet arrêt, d'autres ont nuancé cette reconnaissance « systématique » de l'urgence. Le Conseil d'État a considéré que le juge des référés devait l'apprécier selon les circonstances particulières de l'espèce (CE, 9 avr. 2004, *SCI Abimar : BJDU* n° 4/2004, p. 305, concl. C. Devys et obs. J.-C. Bonichot ; *Constr.-urb.* 2004, n°s 7/8, comm. n° 147, P. Benoît-Cattin), où il n'y a pas urgence à suspendre une décision de préemption notifiée tardivement car inopposable et ne faisant pas obstacle à la réalisation de la vente (CE, 14 nov. 2004 : *Constr.-urb.* 2004, n° 4, comm. n° 89, N. Rousseau), de même en cas de mise en œuvre rapide d'un projet d'une collectivité publique, sachant qu'il appartient à cette dernière d'en apporter la preuve.

Cette confrontation des intérêts en présence, ceux du propriétaire et l'intérêt général poursuivi par la commune, devient une constante en jurisprudence (CE, 26 janv. 2005, *SCI Chopin-Leturc*, req. n°s 272126 et 272127 : *Juris-Data* n° 2005-067889).

Par ailleurs, il a été jugé que la renonciation à la vente par le propriétaire initial ne fait pas obstacle à la prise de possession et au transfert de propriété à la collectivité préemptrice. Cette circonstance ne peut, à elle seule, justifier le refus de suspension, faute d'urgence (CE, 17 nov. 2004, *M. Vincent*, req. n° 269140 : *AJDA* janv. 2005, p. 53).

0670 **Action du notaire.** Le notaire qui a rédigé la DIA n'a pas d'intérêt à agir contre la décision de préemption (rôle de mandataire) : TA Cergy-Pontoise, 25 nov. 2004, *SCP X : BJDU* juin 6/2004, p. 476, concl. Delamarre.

C. urb., art. L. 213-9 *(L. n° 85-729, 18 juill. 1985)*. — Lorsque le titulaire du droit de préemption lui a notifié sa décision d'exercer ce droit ou, dans les conditions fixées par les articles L. 211-5 ou L. 212-3, son intention d'acquérir, le propriétaire est tenu d'informer les locataires, les preneurs ou occupants de bonne foi du bien et de les faire connaître à ce titulaire.

0671 **Champ d'application.** Dispositions applicables en cas de délaissement comme en cas de préemption.

C. urb., art. L. 213-10 *(L. n° 85-729, 18 juill. 1985)*. — Nonobstant toutes dispositions ou stipulations contraires, les preneurs de biens ruraux, les locataires ou occupants de bonne foi de locaux à usage d'habitation ainsi que les locataires de locaux à usage commercial, industriel ou artisanal situés dans un bien acquis par la voie de la préemption ou en application des articles L. 211-5 ou L. 212-3 ne peuvent s'opposer à l'exécution de travaux de restauration ou de transformation intérieure ni à la démolition de ces locaux.

Si l'exécution des travaux l'exige, ils sont tenus d'évacuer tout ou partie de ces locaux ; le nouveau propriétaire du bien est alors tenu aux obligations prévues aux articles L. 314-1 et suivants.

Nonobstant toutes dispositions ou stipulations contraires, ils peuvent à tout moment déclarer au titulaire du droit de préemption leur intention de quitter les lieux et de résilier le bail. Celui-ci, qui ne peut ni s'y opposer ni leur réclamer une indemnité à ce titre, est tenu de leur verser les indemnités auxquelles ils peuvent prétendre, notam-

ment celles qui peuvent leur être dues à raison des améliorations qu'ils ont apportées au fonds loué. En cas de litige, ces indemnités sont fixées par la juridiction compétente en matière d'expropriation.

0672 **Statut des occupants.** Le présent article procède au recensement des droits et obligations des locataires ou occupants de biens préemptés informés par le propriétaire dans les conditions prévues par l'article L. 213-9.

Voir aussi : C. urb., art. L. 314-1 à C. urb., art. L. 314-9, p. 240 (et leurs notes) relatifs à la protection des occupants, auxquels il est fait renvoi dans le deuxième alinéa du présent article et dont les dispositions sont applicables, nonobstant la non-publication du décret prévu par l'article L. 314-9 pour en fixer, en tant que de besoin, les conditions d'application (Circ. n° 87-60, 7 juill. 1987 : *BOMELATT* 1987-20, p. 30 et s. ; *JCP* N 1987, Prat. 286).

0673 **Offres de relogement.** L'occupant de l'immeuble préempté n'ayant pas soutenu, dans ses écritures d'appel, que les offres de relogement faites conformément à l'article L. 314-2 du présent code (V. cet art.) ne remplissaient pas les conditions édictées par les articles L. 14-3 du Code de l'expropriation, L. 322-1 du Code de la construction et de l'habitation et 13 *bis* de la loi du 1er septembre 1948, la cour d'appel a légalement justifié sa décision en retenant, par motifs propres et adoptés, que la dernière offre formulée par la ville de Paris était un appartement situé dans un arrondissement limitrophe, répondant aux exigences de la loi et que la ville de Paris avait fait un effort de relogement dans les meilleures conditions, neuf appartements ayant été proposés, dont la plupart et en particulier le dernier correspond bien aux besoins du locataire évincé (Cass. 3e civ., 17 juin 1998 : *Juris-Data* n° 1998-002964).

0674 **Résiliation du bail.** Les dispositions du dernier alinéa sont indissociables des deux premiers alinéas qui les précèdent. La faculté pour le commerçant de demander la résiliation de son bail est la conséquence directe et nécessaire de l'exécution des travaux et de l'impossibilité pour le commerçant d'exercer ses activités. Les indemnités auxquelles peut prétendre le commerçant évincé sont indissociables des travaux exécutés au sein du local et de la nécessité d'évincer son occupant. En conséquence, un locataire titulaire d'un bail commercial ne pourra se prévaloir des dispositions de l'article L. 213-10 du Code de l'urbanisme dès lors que son éviction n'est pas rendue nécessaire par l'exécution de travaux. Mais ce commerçant conserve bien entendu le bénéfice des dispositions du décret n° 53-906 du 30 septembre 1953, codifié aux articles L. 145-1 et s. du Code de commerce, réglant les rapports entre bailleurs et locataires et notamment des indemnités dues en cas de congé ou de refus de renouvellement du bail (Rép. min. : *JOAN* 22 nov. 1993, p. 4163).

0675 **Occupant professionnel.** Spécialement, le locataire ne justifiant de la réalisation d'aucuns travaux dans l'immeuble qu'il occupe, le seul fait qu'un commerçant, artisan ou industriel change de propriétaire ne saurait à lui seul et de plein droit permettre à cet exploitant de résilier unilatéralement son bail et de prétendre à une indemnité d'éviction commerciale (CA Paris, ch. expropr., 4 janv. 1996 : *Juris-Data* n° 1996-020038). Et le pourvoi formé contre cet arrêt a été rejeté (Cass. 3e civ., 11 juin 1997 : *Juris-Data* n° 1997-002657 ; *BJDU* 3/1997, p. 187).

0676 **Étendue des travaux en cause.** Doit être cassé l'arrêt qui retient qu'il n'est pas juridiquement possible d'isoler le troisième paragraphe de l'article L. 213-10 des deux précédents et que l'option offerte au locataire par le troisième paragraphe est liée à la réalisation des travaux et que ces travaux doivent s'entendre réalisés non seulement sur l'immeuble mais également dans son environnement lorsque ces travaux risquent de mettre en péril l'exploitation exercée par le commerçant ou l'industriel. En effet, en statuant ainsi, alors que les occupants ou locataires ne peuvent déclarer au titulaire du droit de préemption leur intention de quitter l'immeuble ou de résilier le bail que lorsque les travaux sont réalisés sur cet immeuble, la cour d'appel a violé ledit article L. 213-10 (Cass. 3e civ., 5 nov. 1997 : *Juris-Data* n° 1997-004356).

C. urb., art. L. 213-11 ***(L. n° 85-729, 18 juill. 1985).*** **— Les biens acquis par exercice du droit de préemption doivent être utilisés ou aliénés aux fins définies à l'article L. 210-1. L'utilisation ou l'aliénation d'un bien au profit d'une personne privée autre qu'une société**

d'économie mixte répondant aux conditions définies au deuxième alinéa de l'article L. 300-4 ou qu'une société d'habitations à loyer modéré doit faire l'objet d'une délibération motivée du conseil municipal ou, le cas échéant, d'une décision motivée du délégataire du droit de préemption.

(Mots rempl., L. n° 2000-1208, 13 déc. 2000, art. 19-II) **« Si le titulaire du droit de préemption décide d'utiliser ou d'aliéner à d'autres fins un bien acquis depuis moins de cinq ans par exercice de ce droit, » il doit informer de sa décision les anciens propriétaires ou leurs ayants cause universels ou à titre universel et leur proposer l'acquisition de ce bien en priorité.**

À défaut d'accord amiable, le prix est fixé par la juridiction compétente en matière d'expropriation, conformément aux règles mentionnées par l'article L. 213-4.

À défaut d'acceptation dans le délai de trois mois à compter de la notification de la décision juridictionnelle devenue définitive, les anciens propriétaires ou leurs ayants cause universels ou à titre universel sont réputés avoir renoncé à l'acquisition.

Dans le cas où les anciens propriétaires ou leurs ayants cause universels ou à titre universel ont renoncé expressément ou tacitement à l'acquisition dans les conditions visées aux alinéas précédents, le titulaire du droit de préemption doit également proposer l'acquisition à la personne qui avait l'intention d'acquérir le bien.

Le titulaire du droit de préemption n'est tenu de respecter cette procédure que lorsque le nom de l'acquéreur était inscrit dans la déclaration mentionnée à l'article L. 213-2.

Cession des biens préemptés. La motivation de la délibération du conseil municipal, exigée par le premier alinéa du présent article, doit mettre en évidence les raisons pour lesquelles le titulaire du droit de préemption cède l'immeuble à une personne privée qui devra, en tout état de cause, utiliser le bien conformément aux objets définis par l'article L. 210-1 du présent code (Rép. min. : *JO* Sénat 18 oct. 1990, p. 2260 ; *JCP* N 1990, Prat. 1602-3). Le prix de cession consenti au futur acquéreur est fixé par la collectivité et fait partie intégrante des éléments à prendre en compte pour motiver la délibération de cession de l'immeuble préempté (Rép. min. : *JOAN* 16 janv. 1995, p. 327). 0677

Utilisation provisoire des biens. Pendant le délai de cinq ans, la commune peut utiliser momentanément le bien, par exemple pour reloger des personnes en vue d'éviter le squat, même si l'opération d'aménagement fondant la préemption est la réalisation d'une zone sportive. Toutefois, si l'affectation provisoire perdure, au-delà du délai légal, la rétrocession du bien devra être proposée à l'ancien propriétaire et à l'acquéreur évincé (Rép. min. Kucheida : *JOAN* 14 janv. 2002, p. 198). 0678

Droit de rétrocession. L'ancien propriétaire et l'acquéreur évincé par l'exercice d'un droit de préemption disposent d'un droit de priorité, en cas de revente pendant les cinq ans suivant l'acquisition, si les biens préemptés sont utilisés à un usage différent de celui prévu par la loi (V. art. L. 210-1 et pour les jardins familiaux, art. L. 216-1 et R. 216-1). De même, ils disposent d'un droit à indemnisation en cas de préjudice dûment établi (Cass. 3e civ., 15 déc. 1999, *Cne des Lilas* : *BJDU* 6/1999, p. 450). 0679

A contrario, le présent article légitime donc la liberté pleine et entière d'aliéner des biens acquis par préemption, dans n'importe quel but, dès lors qu'est expiré le délai de 5 ans suivant l'acquisition.

Vente dans les cinq ans et information du propriétaire. Dans un arrêt du 15 juin 2001, *Ville de Nice c/ M. Dutto* (*BJDU* 4/2001, p. 266 ; *Constr.-urb.* 2001, n° 10, comm. n° 209, P. Benoit-Cattin), le Conseil d'État a considéré que lorsque la collectivité publique décide de vendre un bien préempté avant l'expiration du délai légal prévu au présent article, elle est certes tenue d'en informer le propriétaire initial et l'acquéreur évincé, en vue de l'exercice du droit de priorité, mais qu'elle peut accomplir cette formalité qu'après sa décision sur le principe d'une telle vente, pourvu que l'obligation soit remplie avant la passation du contrat. Face à cette jurisprudence, on peut craindre que les titulaires du droit de priorité ne puissent jamais l'exercer, étant mis devant le fait accompli d'une décision de principe sur la vente du bien. 0680

Par ailleurs, les droits des anciens propriétaires et acquéreurs évincés subissent aussi bien des aléas dans la procédure conservatoire de référé-suspension. Une commune avait acquis par voie de préemption une parcelle, alors que son précédent propriétaire avait déjà conclu un compromis de vente avec un acquéreur potentiel qui souhaitait étendre un garage qu'il exploitait sur une parcelle voisine. La commune avait ensuite décidé de revendre une partie de la parcelle préemptée à une SCI pour que celle-ci y installe un garage et des bureaux, l'autre partie de la parcelle étant utilisée pour l'extension d'équipements publics qui avait motivé la préemption. Or, la commune n'a proposé ni à l'ancien propriétaire ni au bénéficiaire du compromis de vente l'acquisition de la partie de la parcelle qu'elle entendait aliéner. Le Conseil d'État a estimé que même si cette inaction de la commune était irrégulière, elle ne portait pas une atteinte grave à la liberté de contracter ni à la liberté du commerce et de l'industrie en permettant l'installation d'une activité concurrente à celle de l'acquéreur initialement pressenti ; d'autant plus que les actes d'acquisition de la commune n'avaient pas été contestés par l'ancien propriétaire ou son potentiel acquéreur. Il n'y a donc pas eu lieu de suspendre la délibération communale portant cession de la partie de la parcelle précédemment préemptée (CE, 8 août 2002, req. n° 249409, *Da Costa : Juris-Data* n° 2002-064250).

0681 **Droit absolu.** Le principe législatif du droit de rétrocession ainsi mis en place est absolu. Il ne peut y être dérogé même dans le cas où, après exécution de l'objet ayant motivé la préemption, la collectivité concernée se trouve encore propriétaire d'un surplus de terrain dont l'aliénation ne peut donc intervenir qu'après purge du droit de rétrocession pouvant exister au profit de l'ancien propriétaire ou de ses ayants cause universels ou à titre universel et, le cas échéant, de l'acquéreur évincé (Rép. min. : *JOAN* 9 sept. 1991, p. 3616).

0682 **Identité de l'ancien propriétaire.** La mise en œuvre de l'offre de rétrocession à laquelle est tenu le titulaire du droit de préemption lorsqu'il décide d'utiliser ou d'aliéner le bien préempté à d'autres fins que celles définies à l'article L. 210-1 diffère selon que l'identité et le domicile de l'ancien propriétaire ou de ses ayants cause universels ou à titre universel sont connus ou inconnus.

Voir aussi : C. urb., art. R. 213-16 à C. urb., art. R. 213-18, p. 598.

0683 **Renonciation au droit de rétrocession.** Une réponse ministérielle a indiqué que conformément au principe général de droit selon lequel on ne saurait valablement renoncer à un droit qui n'est pas encore né, l'ancien propriétaire ne peut renoncer à exercer son droit de rétrocession qu'après que la commune lui a offert de racheter le bien dont il s'agit. Toute convention contraire serait sans effet (Rép. min. : *JOAN* 9 sept. 1991, p. 3611).

0684 **Clause illicite.** Jugé à cet égard que la clause de renonciation au droit de rétrocession incluse dans l'acte de vente initiale est illicite, car imprécise et portant sur un droit qui n'était pas encore né au moment de la cession. Il s'ensuit que l'ancien propriétaire peut sur le fondement de l'article L. 213-12 du présent code demander réparation du préjudice économique qu'il a subi du fait du non-respect du droit de rétrocession (CA Versailles, 1re ch., 4 déc. 1997 : *Juris-Data* n° 1997-048739).

0685 **En cas de délaissement.** Les dispositions du présent article et de l'article L. 213-12 – qui fixent les sanctions dans le cas où ces dispositions ne sont pas respectées – ne sont pas applicables en cas de délaissement dans le cadre du droit de préemption urbain (V. art. L. 211-5, dern. al.) ou du droit de préemption dans les ZAD (V. art. L. 212-3, dern. al.) ou lorsque le bien acquis par la voie de préemption se trouve dans une ZAC (V. art. L. 311-2).

Bibliographie : M. Gros, *Les limites aux possibilités d'utilisation du nouveau délai de changement d'utilisation du bien au regard des motifs de préemption : Dr. et patrimoine* 2003, n° 112, p. 42.

C. urb., art. L. 213-12 ***(L. n° 85-729, 18 juill. 1985).*** **— En cas de non-respect des obligations définies au deuxième alinéa de l'article L. 213-11, les anciens propriétaires ou leurs ayants cause universels ou à titre universel saisissent le tribunal de l'ordre judiciaire d'une action en dommages-intérêts contre le titulaire du droit de préemption.**

En cas de non-respect des obligations définies au cinquième alinéa de l'article L. 213-11, la personne qui avait l'intention d'acquérir ce bien saisit le tribunal de l'ordre judiciaire d'une action en dommages-intérêts contre le titulaire du droit de préemption.

L'action en dommages-intérêts se prescrit par cinq ans à compter de la mention de l'affectation ou de l'aliénation du bien au registre institué en application de l'article L. 213-13.

Sanction. Le non-respect de l'offre de rétrocession aux anciens propriétaires ou à leurs ayants cause universels ou à titre universel et, subsidiairement, à l'acquéreur évincé n'est sanctionné que par des dommages-intérêts. Il s'agit là d'une sanction peu en rapport avec la faute commise. 0686
Si la qualification et la preuve de cette faute seront, en général, faciles à déterminer et à apporter dès lors que la tenue du registre communal (C. urb., art. L. 213-13) sera convenablement assurée, la matérialité du préjudice subi ne sera pas commode à apprécier et à évaluer pour déterminer le montant des dommages-intérêts.
L'action en dommages-intérêts suppose un préjudice direct et certain subi par l'ancien propriétaire et dont l'existence est souverainement appréciée par les juges du fond (Cass. 3e civ., 8 nov. 2000, *SCI Hégéald* c/ *Cne de Grenoble* : *BJDU* 1/2001, p. 39).

Prescription. – À défaut de mention au registre communal de l'affectation ou de l'aliénation – constitutive du point de départ du délai de cinq ans – par négligence ou pour toute autre cause, la prescription ne saurait courir. 0687

C. urb., art. L. 213-13 ***(L. n° 85-729, 18 juill. 1985).*** **— La commune ouvre, dès institution ou création sur son territoire d'un droit de préemption en application du présent titre, un registre dans lequel sont inscrites toutes les acquisitions réalisées par exercice ou par délégation de ce droit, ainsi que l'utilisation effective des biens ainsi acquis.**

Toute personne peut consulter ce registre ou en obtenir un extrait.

Registre. La mise en place de ce registre constitue une innovation, les législations précédentes sur les ZUP, les ZAD et les ZIF ne l'ayant jamais prévu. Il semble que l'objectif poursuivi par cette nouvelle institution soit, hormis celui de constituer le point de départ du délai pendant lequel peut être intentée l'action en dommages-intérêts prévue par l'article précédent, l'affichage par la collectivité locale de la politique qu'elle conduit en matière d'aménagement (*JOAN* 23 juin 1984, p. 3634, 1re col.). 0688
Une mesure d'information semblable existe en cas de préemption d'espaces naturels sensibles (C. urb., art. L. 142-9).

Voir aussi : C. urb., art. R. 213-20, p. 600.

C. urb., art. L. 213-14 ***(L. n° 85-729, 18 juill. 1985).*** **— En cas d'acquisition d'un bien par voie de préemption, le prix du bien devra être réglé par le titulaire du droit de préemption dans les six mois qui suivent soit la décision d'acquérir le bien au prix indiqué par le vendeur ou accepté par lui, soit la décision définitive de la juridiction compétente en matière d'expropriation, soit la date de l'acte ou du jugement d'adjudication.**

En l'absence de paiement ou, s'il y a obstacle au paiement, de consignation de la somme due à l'expiration du délai prévu à l'alinéa précédent, le titulaire du droit de préemption est tenu, sur demande de l'ancien propriétaire, de lui rétrocéder le bien acquis par voie de préemption.

Dans le cas où le transfert de propriété n'a pas été réitéré par acte notarié ou par acte authentique en la forme administrative dans le délai imparti pour le paiement ou la consignation, la rétrocession visée à l'alinéa précédent s'opère par acte sous seing privé.

Le propriétaire qui a repris son bien dans les conditions prévues au présent article peut alors l'aliéner librement.

Délai de paiement. Le délai dans lequel doit être payé le prix du bien acquis par voie de préemption est fixé uniformément à six mois – comme en matière de délaissement (V. art. L. 211-5 et 0689

L. 212-3, al. 3) – mais le point de départ de ce délai est différent suivant que le prix résulte d'un accord amiable, d'une fixation par la juridiction compétente en matière d'expropriation ou d'une adjudication rendue obligatoire par une disposition législative ou réglementaire.
Dans le cas d'un accord amiable, le délai est décompté depuis la délibération du conseil municipal décidant de la préemption (CAA Lyon, 7 mars 2000, req. n° 95LY01401, *M. Giraud*).

Voir aussi : Sur le sens des termes « décision définitive » figurant au présent article, note sous C. urb., art. L. 211-5, p. 167.

0690 **Paiement échelonné.** Les parties peuvent se mettre d'accord sur un paiement échelonné reportant le paiement du solde au-delà de six mois. Mais une telle clause ne saurait être imposée par le titulaire du droit de préemption (Rappr. Circ. n° 76-91, 15 juill. 1976).

0691 **Paiement tardif.** L'article L. 13-9 du Code de l'expropriation pour cause d'utilité publique – qui permet à l'ancien propriétaire de demander qu'il soit à nouveau statué sur le montant de l'indemnité si celle-ci n'a pas été payée dans le délai d'un an à compter de la décision définitive – n'étant pas applicable en matière de préemption, l'ancien propriétaire ne peut pas saisir le juge pour demander la fixation d'un nouveau prix lorsque l'Administration tarde à régler le prix du bien préempté (Cass. 3e civ., 24 oct. 1990, *Mme Pares*, pourvoi n° 89-70 317). Le retard à payer le prix du bien préempté engage la responsabilité de la collectivité préemptrice (CAA Paris, 15 mars 1994 : *DA* 1994, 375).

0692 **Accord sur la chose et sur le prix.** La vente est parfaite entre les parties et la propriété est acquise de droit à l'acheteur à l'égard du vendeur, dès qu'on est convenu de la chose et du prix ; les propriétaires d'une parcelle soumise au droit de préemption urbain ont notifié à la commune leur intention d'aliéner ; la commune leur a offert d'acquérir le bien à un prix déterminé ; les vendeurs ont accepté ce prix ; la commune leur a fait connaître par la suite qu'elle n'avait plus l'intention de se porter acquéreur ; pour rejeter la demande des propriétaires en réalisation forcée de la vente, l'arrêt attaqué retient que la proposition de la commune de se porter acquéreur a été faite dans le cadre, non du droit commun de la vente, notamment de l'article 1583 du Code civil, mais dans celui du droit de préemption, la lettre d'acceptation du prix des propriétaires constatant l'accord amiable des parties, et que le prix n'ayant pas été payé dans le délai de six mois, les anciens propriétaires ne pouvant, en tout état de cause, faire valoir un droit de créance, la garantie qui leur est offerte, consiste, après rétrocession, dans la possibilité d'aliéner à nouveau ; en statuant ainsi, alors qu'elle avait constaté un accord sur la chose et le prix, la cour d'appel a violé l'article 1583 du Code civil (Cass. 3e civ., 2 juin 1999 : *Juris-Data* n° 1999-002186 ; *JCP* G 1999, IV, 2418. – V. aussi, CA Paris, 23 nov. 2000 : *Constr.-urb.* 2001, nos 7-8, comm. n° 155, P. Benoit-Cattin).

0693 **Droit à rétrocession.** Le droit à la rétrocession tel qu'il est organisé par le présent article laisse subsister les autres garanties de droit commun, notamment le privilège de vendeur, s'il a été inscrit dans le délai de deux mois à compter de l'acte constatant le transfert de propriété (V. art. R. 213-12), l'action résolutoire établie par l'article 1654 du Code civil et le droit de suite prévu par l'article 2166 du même code.
Un jugement a même admis – sous le régime des ZIF – que la rescision pour cause de lésion – pouvait être demandée par l'ancien propriétaire dans les conditions fixées par les articles 1674 et suivants du Code civil (TGI Bordeaux, 5 déc. 1979 : *JCP* N 1979, II, p. 112).

0694 **Paiement tardif – Sanction.** La rétrocession du bien préempté à l'ancien propriétaire, en cas de non-paiement dans le délai prévu au présent article, est une garantie pour ce dernier. Toutefois, il s'agit d'une situation gravement anormale. À notre avis, une préemption simulée dans le but de « faire fuir » un acquéreur, pourrait engager la responsabilité du titulaire du droit de préemption sur le fondement de la théorie de l'abus de droit.

0695 **Rétrocession et responsabilité.** L'arrêt de la cour administrative d'appel de Lyon du 7 mars 2000 (req. n° 95LY01401) est ici particulièrement intéressant. Il rappelle que le maire est tenu de faire droit à la demande de rétrocession, dans un délai raisonnable, qui n'est nullement interrompu par le recours d'un tiers contre la délibération de préemption. En l'espèce, la responsabilité de la commune a été engagée, le maire menaçant de recourir à l'expropriation et refusant de donner une suite favorable à la demande du propriétaire, plus d'un mois après une saisine écrite. Par ailleurs, la cour relève que le transfert de propriété n'ayant pas été réitéré, les formalités nécessaires à la rétrocession sont réduites, un acte sous seing privé suffit.

Rétrocession et référé-liberté. Le défaut de rétrocession par la collectivité préemptrice constitue une atteinte au droit de propriété du vendeur initial. La procédure de référé-liberté (CJA, art. L. 521-2) permet au juge administratif d'enjoindre, sous astreinte de 100 € par jour de retard, à ladite collectivité de procéder à cette rétrocession dans un délai de 15 jours ; les conditions de ce référé spécial (l'atteinte à une liberté fondamentale et l'urgence résultant du remboursement d'un prêt à l'aide du prix de vente) sont dûment remplies (TA Nice, Ord. 22 janv. 2004, *M. et Mme Pesce c/ Cne de Roquefort-les-Pins : BJDU* n° 6/2003, p. 431, note J.-C. Bonichot ; *Constr.-urb.* 2004, n° 5, comm. n° 113, P. Benoît-Cattin ; *AJDA* oct. 2004, p. 1833, note S. Pérignon). Une telle décision marque une avancée importante pour la sauvegarde des droits des propriétaires privés face à la préemption. 0696

Libre aliénation après la rétrocession. En cas de délaissement en zone d'aménagement différé, l'absence de paiement du prix d'acquisition dans le délai légal ouvrait au propriétaire un droit de rétrocession, mais non pas un droit de créance. En cas d'exercice du droit de préemption, la garantie offerte au propriétaire du bien, lorsque le prix n'est pas payé dans le délai légal, consiste donc, après rétrocession, en la possibilité d'aliéner librement et non pas en une indemnisation (Rép. min. : *JOAN* 6 août 1990, p. 3769 ; *JCP* N 1990, Prat. 1591-2). 0697

Cas de l'adjudication. Viole les dispositions du présent article la cour d'appel qui a jugé que les dispositions du cahier des charges étaient applicables à la commune qui préempte par substitution à l'adjudicataire et qui, en conséquence, doit payer les intérêts sur le prix d'adjudication conformément aux clauses de ce document alors qu'en vertu du présent article le titulaire du droit de préemption dispose d'un délai de six mois à compter de la date du jugement d'adjudication pour se libérer du prix et ne peut donc être tenu au paiement d'intérêts avant l'expiration de ce délai (Cass. 3e civ., 14 nov. 1991 : *JCP* G 1992, IV, 196). 0698

Créances à l'encontre de la collectivité préemptrice. Le vendeur qui bénéficie des garanties prévues par les dispositions des articles L. 213-14 et L. 213-15 du présent code est, en revanche, privé du droit de faire valoir à l'encontre de la collectivité préemptrice les créances dont il est titulaire en raison du transfert de propriété, qu'il s'agisse de la créance du prix, des intérêts moratoires produits par cette créance, dus, en l'espèce, à compter de la date d'acceptation de l'offre de la commune, ou de celle née du paiement au syndicat des copropriétaires de charges de copropriété afférentes aux biens vendus, échues après la vente, étant observé que l'inexécution de ses obligations par le titulaire du droit de préemption fait obstacle au transfert de la jouissance de l'immeuble, sans préjudice de l'indemnisation que pourrait appeler la constatation d'un abus dans l'exercice de ce droit (CA Paris, 1re ch. A, 14 déc. 1998 : *Juris-Data* n° 1998-023702). 0699

Compétence judiciaire. La vente d'un bien immobilier entre particuliers constitue un contrat de droit privé. Les contestations qui s'y rapportent relèvent de la compétence des tribunaux de l'ordre judiciaire (Cass. 3e civ., 1er déc. 2004 : *Juris-Data* n° 2004-025919). Il n'en va pas autrement quand, par l'effet du droit de préemption ouvert aux communes par l'article L. 211-1 du Code de l'urbanisme, la collectivité locale se trouve substituée à l'acheteur et exerce par suite les droits de celui-ci. Il s'ensuit que le juge judiciaire est compétent pour connaître d'une demande de versement d'intérêts en raison du paiement tardif du prix d'acquisition du bien préempté (T. confl., 9 déc. 1996 : *Juris-Data* n° 1996-051509 ; voir aussi CE, 21 avr. 2000, *Société foncière immobilier lyonnais : BJDU* 3/2000, p. 183). Cette compétence judiciaire vaut également lorsque le bien relève du domaine privé communal (Cass. 3e civ., 11 déc. 2001 : *Constr.-urb.* 2002, n° 3, comm. n° 73, P. Cornille). 0700

C. urb., art. L. 213-15 ***(L. n° 85-729, 18 juill. 1985).*** **— L'ancien propriétaire d'un bien acquis par voie de préemption conserve la jouissance de ce bien jusqu'au paiement intégral du prix.**

0701 **Transfert de propriété.** Le transfert différé de jouissance, ainsi consacré législativement, fait obstacle à ce que le titulaire du droit de préemption puisse disposer librement du bien dont il n'a pas encore payé le prix (Rappr. Circ. n° 76-91, 15 juill. 1976) mais ne le décharge pas, pour autant, de l'obligation de délivrer le bien dans l'état où il se trouvait lors de la préemption, de sorte que l'ancien propriétaire ne saurait arguer de la conservation de la jouissance du bien pour consentir, par exemple, un nouveau contrat de location.

Voir aussi : Sur la consignation du prix, jurisprudence citée sous C. urb., art. L. 213-4, p. 188.

C. urb., art. L. 213-16 ***(L. n° 85-729, 18 juill. 1985).*** **— Les dispositions de l'article L. 221-2 sont applicables aux biens acquis par exercice du droit de préemption.**

0702 **Règles visées.** Règles de gestion des biens préemptés, jusqu'à leur affectation définitive déterminées par renvoi au statut des réserves foncières.

Voir aussi : C. urb., art. L. 221-2, p. 209 et ses notes. En cas d'exercice du droit de préemption dans le cas visé à l'article L. 213-5, voir le dernier alinéa de l'article L. 314-4 sur la protection des occupants.

C. urb., art. L. 213-17 ***(L. n° 85-729, 18 juill. 1985 ; L. n° 89-550, 2 août 1989 ; L. n° 91-662, 13 juill. 1991).*** **— Si un périmètre de zone d'aménagement différé ou un périmètre provisoire de zone d'aménagement différé est créé avant l'expiration du délai de deux mois prévu au troisième alinéa de l'article L. 213-2, la déclaration d'intention d'aliéner doit être transmise par le maire au représentant de l'État dans le département qui l'instruit conformément aux dispositions des articles L. 212-1 et suivants.**

Dans ce cas, le délai visé au premier alinéa du présent article court à compter de la date de publication de l'acte créant la zone d'aménagement différé ou le périmètre provisoire de zone d'aménagement différé.

C. urb., art. L. 213-17-1 ***(Ab., L. n° 91-662, 13 juill. 1991).***

C. urb., art. L. 213-18 ***(L. n° 85-729, 18 juill. 1985).*** **— Un décret en Conseil d'État détermine, en tant que de besoin, les conditions d'application du présent chapitre.**

Voir aussi : C. urb., art. R. 213-1 à R. 213-30, p. 588.

Chapitre IV

Dispositions diverses communes aux zones d'intervention foncières, aux zones d'aménagement différé et aux périmètres provisoires de zone d'aménagement différé

C. urb., art. L. 214-1 à L. 214-2 ***(Ab., L. n° 85-729, 18 juill. 1985).***

Chapitre V

Néant.

Chapitre VI

Dispositions particulières aux jardins familiaux

C. urb., art. L. 216-1 ***(D. n° 79-1026, 30 nov. 1979 ; L. n° 85-729, 18 juill. 1985).*** **— Conformément à l'article 1er, 2e alinéa, de la loi n° 76-1022 du 10 novembre 1976, à la demande des organismes de jardins familiaux mentionnés aux articles 610 et 611 du Code rural,**

les collectivités locales ou les établissements publics de coopération intercommunale compétents peuvent exercer leur droit de préemption, conformément aux dispositions du présent code, en vue de l'acquisition de terrains destinés à la création ou à l'aménagement de jardins familiaux.

Organismes visés. Les organismes de jardins familiaux mentionnés au présent article comprennent essentiellement : 0703
– Les associations de jardins ouvriers, constituées sous la forme d'associations déclarées ou reconnues d'utilité publique conformément à la loi du 1er juillet 1901, qui ont pour but de rechercher, aménager et répartir des terrains pour mettre à la disposition du chef de famille, comme tel, en dehors de toute autre considération, les parcelles de terre, que leurs exploitants cultivent personnellement, en vue de subvenir aux besoins de leur foyer, à l'exclusion de tout usage commercial (C. rur., art. 610, devenu art. L. 561-1) ;
– Les associations ou sociétés constituées sous la forme d'associations déclarées conformément à la loi du 1er juillet 1901 qui ont pour but de grouper les exploitants de terrains familiaux pour faciliter l'exploitation de ceux-ci et de favoriser par une propagande éducative le développement des jardins familiaux (C. rur., art. 611, devenu art. L. 561-2).

Code rural. Le régime juridique des jardins familiaux est fixé par les articles L. 561-1 à L. 564-3 et R. 562-1 à R. 564-3 du Code rural. 0704

Voir aussi : C. urb., art. R. 216-1, p. 604.

TITRE II
RÉSERVES FONCIÈRES

Origine. La politique de réserves foncières, pratiquée depuis très longtemps à l'étranger (en Allemagne, en Suisse et en Scandinavie, notamment), est, au contraire, toute récente en France. Abstraction faite de la loi foncière de 1953, qui a permis l'expropriation par zone, les réserves foncières ne sont apparues dans les textes qu'avec la loi d'orientation foncière n° 67-1253 du 30 décembre 1967 (art. L. 221-1 et L. 221-2), et c'est seulement après coup que le Conseil d'État, statuant sur le fondement des textes antérieurs, a admis explicitement la faculté d'expropriation dans un tel but (CE, 4 nov. 1970, *SCI Les héritiers Caubrière : Rec. CE*, p. 646). 0705

Loi n° 76-1285 du 31 décembre 1976. La loi n° 76-1285 du 31 décembre 1976 a étendu la liste des organismes pouvant pratiquer l'expropriation en vue de la réalisation de réserves foncières : outre l'État, les collectivités locales et leurs groupements ayant compétence en matière d'urbanisme, cette prérogative peut être exercée par les syndicats mixtes et les établissements publics d'aménagement (C. urb., art. L. 321-1). 0706
Les acquisitions foncières ne peuvent faire l'objet d'une cession en pleine propriété à des personnes privées, ni de baux conférant aux preneurs un droit à renouvellement ou un droit au maintien dans les lieux (baux commerciaux notamment). Toutefois, cette prohibition est provisoire : « avant l'utilisation définitive » des terrains.

Loi n° 85-729 du 18 juillet 1985. La loi n° 85-729 du 18 juillet 1985 a sensiblement réformé cette conception, puisque l'article L. 213-11, dans sa rédaction issue de cette loi, autorise indirectement l'aliénation des biens acquis au moyen d'une préemption administrative sous réserve d'un droit de priorité de l'ancien propriétaire et de l'acquéreur évincé, dans le seul cas où l'aliénation intervient moins de dix ans après l'acquisition par préemption. Cette loi modifie sur d'autres points le régime des réserves foncières : leur but est élargi, du fait du renvoi à l'article L. 300-1 par l'article L. 221-1. De même, est supprimée la disposition particulière imposant de ne créer des réserves foncières que pour réaliser des acquisitions immobilières prévues par un schéma directeur. Toutefois, de telles acquisitions doivent demeurer compatibles avec un tel schéma, s'il en existe. 0707

Voir aussi : C. urb., art. R. 122-27, p. 523.

0708 **Loi n° 91-662 du 13 juillet 1991.** Poursuivant cette évolution, la loi d'orientation pour la ville n° 91-662 du 13 juillet 1991 a :
– d'une part, élargi à nouveau l'objet des réserves foncières en procédant à une harmonisation des articles L. 210-1, L. 221-1 et L. 300-1 du présent code qui se réfèrent désormais tous, pour fonder l'exercice du droit de préemption, en particulier pour la constitution de réserves foncières, à la notion d'« action ou d'opération d'aménagement » légitimant en quelque sorte la première au même titre que la seconde ;
– d'autre part, prévu que les établissements publics fonciers qu'elle crée (C. urb., art. L. 324-1 à L. 324-8) pourront exercer par délégation de leurs titulaires les droits de préemption définis par le présent code dans les cas et conditions qu'il prévoit, en vue de la constitution de réserves foncières, en prévision des actions ou opérations d'aménagement prévues par l'article L. 300-1 du présent code (Rép min. : *JOAN* 22 juin 1992, p. 2753).
Mais comme les précédentes, cette dernière loi laisse toujours imparfaitement résolu, malgré les dispositions qu'elle prévoit pour assurer des ressources financières régulières à ces établissements publics fonciers, le problème du financement de la constitution des réserves foncières.

Chapitre I
Réserves foncières

C. urb., art. L. 221-1 ***(L. n° 76-1285, 31 déc. 1976 ; L. n° 83-8, 7 janv. 1983 ; L. n° 85-729, 18 juill. 1985 ; L. n° 91-662, 13 juill. 1991).*** **— L'État, les collectivités locales ou leurs groupements y ayant vocation, les syndicats mixtes et les établissements publics mentionnés aux articles L. 321-1 et L. 324-1 sont habilités à acquérir des immeubles, au besoin par voie d'expropriation, pour constituer des réserves foncières en vue de permettre la réalisation d'une action ou d'une opération d'aménagement répondant aux objets définis à l'article L. 300-1.**

0709 **Expropriation ou préemption.** Les communes peuvent constituer des réserves foncières en procédant à l'acquisition des terrains, au besoin par voie d'expropriation en application des articles L. 221-1 et L. 221-2 du Code de l'urbanisme ou par voie de préemption conformément aux dispositions de l'article L. 210-1 du même code. Toutefois, l'utilisation de telles procédures à cette fin doit être justifiée par la réalisation, à terme, d'une opération d'aménagement répondant aux objets définis à l'article L. 300-1 du Code de l'urbanisme. Cette motivation doit apparaître, selon le cas, dans la décision de préemption ou dans la déclaration d'utilité publique (Rép. min. : *JOAN* 2 janv. 1989, p. 61 ; *JCP* N 1989, Prat. 993-5).
L'utilisation des procédures (expropriation ou préemption) est indépendante : une commune ne disposant pas du droit de préemption peut donc mettre en œuvre la procédure d'expropriation pour constituer des réserves foncières (Rép. min. : *JOAN* 22 juin 1992, p. 2753).

0710 **Constitution et objet.** Le droit de préemption urbain est utilisable pour constituer des réserves foncières destinées à préparer les opérations d'aménagement répondant aux objets définis à l'article L. 300-1 (C. urb., art. L. 210-1 et ses notes) dans lesquelles entre, notamment, « l'opération en vue de réaliser un programme d'activités à dominante commerciale » (CE, 31 mars 1989 : *JCP* N 1989, II, p. 253 et note R. Vandermeeren). La réduction d'un projet de pôle européen de 215 à 117 hectares par le commissaire enquêteur n'a pas pour effet de dénaturer l'opération qui est compatible avec le schéma directeur d'Île-de-France (CAA Paris, 30 janv. 2001, req. n° 00PA00983, Min. Int. : *Juris-Data* n° 2001-151623).
Les parcelles placées par les documents d'urbanisme en secteur dense ou en centre-ville, de même que les parcelles bâties, peuvent être incluses dans un périmètre d'institution de réserves foncières (CE, 14 nov. 1980, *Besset* : *AJPI* 1981, 595, note Hostiou).
L'objet d'une réserve foncière peut résider en la réalisation d'établissements pour personnes handicapées (Rép. min. Morel, 31 août 2004 : *JOAN* p. 6838).

0711 **Établissements publics fonciers.** Sur la constitution de réserves foncières par les établissements publics fonciers résultant des modifications apportées par la loi n° 91-662 du 13 juillet 1991 (et L. SRU, 13 déc. 2000), V., J. Hugot, *Le droit de préemption urbain et dans les ZAD après la loi d'orientation pour la ville n° 91-662 du 13 juillet 1991* : *JCP* N 1991, p. 331 et suivants.

C. urb., art. L. 221-2 *(L. n° 85-729, 18 juill. 1985 ; L. n° 86-1290, 23 déc. 1986).* **— La personne publique qui s'est rendue acquéreur d'une réserve foncière doit en assurer la gestion en bon père de famille.**

Avant leur utilisation définitive, les immeubles acquis pour la constitution de réserves foncières ne peuvent faire l'objet d'aucune cession en pleine propriété en dehors des cessions que les personnes publiques pourraient se consentir entre elles et celles faites en vue de la réalisation d'opérations pour lesquelles la réserve a été constituée. Ces immeubles ne peuvent faire l'objet que de concessions temporaires qui ne confèrent au preneur aucun droit de renouvellement et aucun droit à se maintenir dans les lieux lorsque l'immeuble est repris en vue de son utilisation définitive.

Toutefois, lorsque les terres concédées sont à usage agricole, il ne peut être mis fin à ces concessions que moyennant préavis d'un an au moins.

Les personnes publiques mentionnées au présent article bénéficient des dispositions de l'article 50 de la loi n° 86-1290 du 23 décembre 1986 tendant à favoriser l'investissement locatif, l'accession à la propriété de logements sociaux et le développement de l'offre foncière.

Champ d'application. Le statut des réserves foncières est applicable aux biens acquis par exercice du droit de préemption urbain ou dans les ZAD. 0712

Voir aussi : C. urb., art. L. 213-16, p. 206.

Concessions temporaires. Les techniques de concession temporaire des biens en cause avant leur utilisation définitive empêchent en fait la constitution de véritables droits locatifs renouvelables ou conférant quelque droit que ce soit à un maintien dans les lieux. La politique d'urbanisme ne peut en effet s'accommoder de dispositions favorables au preneur sur l'un et l'autre de ces points (V. sur ce point : Rép. min. : *JOAN* 10 oct. 1988, p. 2810). Ainsi, la conclusion d'un bail commercial, même d'une durée dérogatoire de deux ans, ne saurait être admise (CA Lyon, 6 déc. 2000 : *Juris-Data* n° 2000-152260). 0713

Accueil des gens du voyage. Suivant l'annexe à la circulaire du 16 mars 1992 (*JO* 3 avr.) relative au schéma départemental (accueil des gens du voyage, organisé par l'article 28 de la loi n° 90-449 du 31 mai 1990), les terrains possédés à titre de réserve foncière par une collectivité publique mais non encore utilisés conformément à l'objet de la réserve, peuvent, s'ils ont été acquis par l'exercice du droit de préemption urbaine, être affectés en partie au moins à la réalisation d'une aire d'accueil, à condition que cette affectation s'intègre dans une opération d'aménagement conformément aux dispositions de l'article L. 221-1 ci-dessus. Le dispositif issu de la loi n° 2000-614 du 5 juillet 2000 (*JO* 6 juill., p. 10189) ne remet pas en cause ces principes. 0714

Locations à titre exceptionnel et transitoire. Suivant l'article 50 de la loi n° 86-1290 du 23 décembre 1986, dite « loi Méhaignerie », les dispositions des articles 9 (durée du contrat de location) et 20 à 23 (dispositions transitoires) de ladite loi, n'étaient pas applicables aux logements donnés en location à titre exceptionnel et transitoire par les collectivités locales. 0715

Cet article 50 a été abrogé par l'article 39-III de la loi n° 89-462 du 6 juillet 1989 tendant à améliorer les rapports locatifs et portant modification de la « loi Méhaignerie ». Voir néanmoins l'article 40-V de la nouvelle loi n° 89-462 du 6 juillet 1989 suivant lequel les dispositions de l'article 10, de l'article 15 à l'exception des deuxième, troisième et quatrième alinéas du paragraphe I et des paragraphes *b* et *c* de l'article 17 de cette loi ne sont pas applicables aux logements donnés en location à titre exceptionnel et transitoire par les collectivités locales.

Rétrocession. En vertu du Code de l'expropriation (art. L. 12-6), une nouvelle DUP sur les mêmes terrains que la précédente portant sur un projet abandonné fait obstacle à l'exercice par le propriétaire de son droit de rétrocession, sauf si cette DUP a pour seul objet de faire obstacle à la mise en œuvre de ce droit et nonobstant le fait que l'Administration soutienne qu'elle a pour finalité la 0716 constitution d'une réserve foncière. Ce détournement de pouvoir ressort des pièces du dossier et de la notice explicative jointe à l'enquête publique ; sachant qu'une réserve foncière doit répondre à un projet dûment précisé (CE, 12 mai 2004, req. n° 253586, *Département des Alpes-Maritimes et ministre de l'Équipement : Defrénois* 2004, p. 1575, note J.-P. Meng).

C. urb., art. L. 221-3 ***(Anc. art. L. 230-1, L. n° 85-729, 18 juill. 1985 ; dénuméroté, L. n° 2000-1208, 13 déc. 2000, art. 22-I).*** **— Des décrets en Conseil d'État pourront apporter les adaptations et prévoir les dispositions transitoires éventuellement nécessaires à l'application dans les départements d'outre-mer des articles L. 221-1 et L. 221-2.**

Bibliographie : E. Carpentier, *Nouvelle étape dans la « conventionnalisation » du droit de l'urbanisme : le cas des réserves foncières : BJDU* 6/2002, p. 410. – B. Houstiou, *Note sous l'arrêt de la CEDH du 2 juillet 2002 : AJDA* 2002, n° 19, p. 1227. – Sur l'expropriation en vue de constituer des réserves foncières : Y. Jegouzo, *Le droit français de l'expropriation à l'épreuve de la Convention européenne des droits de l'homme : AJDA* 2003, n° 17, p. 865.

Chapitre II
Concession de l'usage de certains terrains urbains

C. urb., art. L. 222-1 à L. 222-2 ***(Ab., L. n° 85-729, 18 juill. 1985).***

TITRE III
DROITS DE DÉLAISSEMENT
(Titre rempl., L. n° 2000-1208, 13 déc. 2000, art. 22-II)

0717 **Régime des droits de délaissement.** La loi du 13 décembre 2000 unifie le régime des droits de délaissement prévus aux articles L. 111-11 (sursis à statuer), L. 123-2 (projet d'aménagement global), L. 123-17 (emplacements réservés) et L. 311-2 (ZAC), au sein des nouveaux articles L. 230-1 et suivants.

Bibliographie : A. Lévy, *Les incidences de la loi SRU sur les droits de préemption et les droits de délaissement : AJDI* 2001, p. 679. – S. Pérignon, *L'interventionnisme foncier public après la loi SRU : JCP* N 2001, n° 41, p. 1500. – S. Pérignon, *Actualité des procédures foncières, le nouveau droit de délaissement : AJDA* 2002, p. 1116.

C. urb., art. L. 230-1 ***(Créé, L. n° 2000-1208, 13 déc. 2000, art. 22-I).*** **— Les droits de délaissement prévus par les articles L. 111-11, L. 123-2, L. 123-17 et L. 311-2 s'exercent dans les conditions prévues par le présent titre.**

La mise en demeure de procéder à l'acquisition d'un terrain bâti ou non est adressée par le propriétaire à la mairie de la commune où se situe le bien. Elle mentionne les fermiers, locataires, ceux qui ont des droits d'emphytéose, d'habitation ou d'usage et ceux qui peuvent réclamer des servitudes.

Les autres intéressés sont mis en demeure de faire valoir leurs droits par publicité collective à l'initiative de la collectivité ou du service public qui fait l'objet de la mise en demeure. Ils sont tenus de se faire connaître à ces derniers, dans le délai de deux mois, à défaut de quoi ils perdent tout droit à indemnité.

C. urb., L. 230-1 ancien ***(Transféré à l'article L. 221-3, L. n° 2000-1208, 13 déc. 2000, art. 22-II).***

C. urb., art. L. 230-2 ***(Créé, L. n° 2000-1208, 13 déc. 2000, art. 22-II).*** **— Au cas où le terrain viendrait à faire l'objet d'une transmission pour cause de décès, les ayants droit du propriétaire décédé peuvent, sur justification que l'immeuble en cause représente au moins la moitié de l'actif successoral et sous réserve de présenter la demande d'acqui-**

sition dans le délai de six mois à compter de l'ouverture de la succession, si celle-ci n'a pas été formulée par le propriétaire décédé, exiger qu'il soit sursis, à concurrence du montant de son prix, au recouvrement des droits de mutation afférents à la succession tant que ce prix n'aura pas été payé.

C. urb., art. L. 230-3 *(Créé, L. n° 2000-1208, 13 déc. 2000, art. 22-I).* — **La collectivité ou le service public qui fait l'objet de la mise en demeure doit se prononcer dans le délai d'un an à compter de la réception en mairie de la demande du propriétaire.**

En cas d'accord amiable, le prix d'acquisition doit être payé au plus tard deux ans à compter de la réception en mairie de cette demande.

À défaut d'accord amiable à l'expiration du délai d'un an mentionné au premier alinéa, le juge de l'expropriation, saisi soit par le propriétaire, soit par la collectivité ou le service public qui a fait l'objet de la mise en demeure, prononce le transfert de propriété et fixe le prix de l'immeuble. Ce prix, y compris l'indemnité de réemploi, est fixé et payé comme en matière d'expropriation, sans qu'il soit tenu compte des dispositions qui ont justifié le droit de délaissement.

La date de référence prévue à l'article L. 13-15 du Code de l'expropriation pour cause d'utilité publique est celle à laquelle est devenu opposable aux tiers le plus récent des actes rendant public le plan local d'urbanisme ou l'approuvant, le révisant ou le modifiant et délimitant la zone dans laquelle est situé le terrain. En l'absence de plan d'occupation des sols rendu public ou de plan local d'urbanisme, la date de référence est, pour le cas mentionné à l'article L. 111-9, celle d'un an avant l'ouverture de l'enquête préalable à la déclaration d'utilité publique, pour les cas mentionnés à l'article L. 111-10, celle de la publication de l'acte ayant pris le projet en considération et, pour les cas mentionnés à l'article L. 311-2, un an avant la création de la zone d'aménagement concerté.

Le juge de l'expropriation fixe également, s'il y a lieu, les indemnités auxquelles peuvent prétendre les personnes mentionnées à l'article L. 230-2.

Le propriétaire peut requérir l'emprise totale de son terrain dans les cas prévus aux articles L. 13-10 et L. 13-11 du Code de l'expropriation pour cause d'utilité publique.

C. urb., art. L. 230-4 *(Créé, L. n° 2000-1208, 13 déc. 2000, art. 22-II).* — **Dans le cas des terrains mentionnés à l'article L. 123-2 et des terrains réservés en application de l'article L. 123-17, les limitations au droit de construire et la réserve ne sont plus opposables si le juge de l'expropriation n'a pas été saisi trois mois après l'expiration du délai d'un an mentionné à l'article L. 230-3. Cette disposition ne fait pas obstacle à la saisine du juge de l'expropriation au-delà de ces trois mois dans les conditions prévues au troisième alinéa de l'article L. 230-3.**

C. urb., art. L. 230-5 *(Créé, L. n° 2000-1208, 13 déc. 2000, art. 22-II).* — **L'acte ou la décision portant transfert de propriété éteint par lui-même et à sa date tous droits réels ou personnels existants sur les immeubles cédés même en l'absence de déclaration d'utilité publique antérieure. Les droits des créanciers inscrits sont reportés sur le prix dans les conditions prévues à l'article L. 12-3 du Code de l'expropriation pour cause d'utilité publique.**

C. urb., art. L. 230-6 *(Créé, L. n° 2000-1208, 13 déc. 2000, art. 22-II).* — **Les dispositions de l'article L. 221-2 sont applicables aux biens acquis par une collectivité ou un service public en application du présent titre.**

> L. n° 2002-76, 27 févr. 2002, art. 155. — **En vue de la réalisation de tout nouvel aérodrome de catégorie A au sens du Code de l'aviation civile, un décret en Conseil d'État détermine les catégories d'immeubles liées à l'habitation ou aux activités en lien immédiat avec les habitants comprises dans un périmètre qu'il définit et dont les propriétaires peuvent mettre en demeure l'État de procéder à l'acquisition de leurs biens dans les conditions définies par les articles L. 230-1 et suivants du Code de l'urbanisme. Pour l'application de l'article L. 13-15 du Code de l'expropriation pour cause d'utilité publique, la date de référence est, en l'absence de plan local d'urbanisme, celle de la publication du décret mentionné ci-dessus.**

Pour l'application du présent article, la mise en demeure est déposée, au plus tard, deux ans après la date d'ouverture de l'aérodrome à la circulation aérienne publique.

Lors de l'acquisition par l'État ou par tout organisme agissant pour son compte, sous quelque forme que ce soit, d'un bien immobilier situé à l'intérieur du périmètre défini dans le premier alinéa, l'indemnité ou le prix sont fixés sans qu'il soit tenu compte de la dévalorisation éventuelle due à la décision d'implanter le nouvel aéroport.

0718 **Apport de la loi Démocratie de proximité.** Son article 155 prévoit un nouveau cas d'exercice du droit de délaissement en vue de la réalisation d'un nouvel aérodrome de catégorie A, et ce, au profit des propriétaires de catégories d'immeubles liés à l'habitation situés dans un périmètre délimité par décret. L'indemnité (expropriation) ou le prix (préemption) ne doit pas tenir compte de la dévalorisation due à la décision d'implantation de l'aéroport. Il est précisé, qu'en l'absence de plan local d'urbanisme, la date de référence est la publication du décret de fixation des catégories d'immeubles et du périmètre.

Enfin, il faut noter que ce droit de délaissement est temporaire : la mise en demeure d'acquérir doit être déposée dans les deux ans de l'ouverture de l'aérodrome à la circulation aérienne.

Bibliographie : I. Cassin, *Les retouches de la loi de l'urbanisme : BJDU* 3/2002, p. 169.

0719 **Loi sur les risques technologiques et naturels.** La loi n° 2003-699 du 30 juillet 2003 permet aux collectivités territoriales, à travers le plan de prévention des risques technologiques et dans les zones de servitudes spéciales à proximité des cours d'eau exposés à des risques de crues, d'instituer un droit de délaissement, au prix du marché, au profit des propriétaires de biens situés dans des zones de risques graves. Ces nouvelles possibilités sont régies par l'article L. 515-16 et l'article L. 211-12 du Code de l'environnement. Il est clairement précisé que, pour la détermination du prix d'acquisition, la valeur du bien est appréciée, sans tenir compte de la dépréciation supplémentaire éventuelle apportée par les servitudes. Enfin, les acquisitions issues du délaissement peuvent être confiées, par convention, à des établissements publics (fonciers ou d'aménagement).

Voir aussi : Comm. et textes pertinents sous C. urb., art. L. 211-1, p. 162.

LIVRE TROISIÈME

AMÉNAGEMENT FONCIER

Présentation. Les articles L. 300-1 à L. 300-4 ont été ajoutés au Code de l'urbanisme par la loi du 18 juillet 1985. Ces textes, qui servent d'introduction au le livre III dans son ensemble, ont été justifiés par la critique des textes anciens qui « définissaient l'aménagement foncier par des procédures et non par des objectifs ». 0720

Désormais, l'aménagement est défini par des objectifs, énumérés de la manière la plus extensive qui soit par l'article L. 300-1. Le principe méthodologique conduisant aux grandes opérations d'aménagement est la concertation, dans des conditions que doit fixer le conseil municipal (C. urb., art. L. 300-2), et elle se prolonge par l'obligation d'afficher les demandes d'autorisation individuelle en matière d'urbanisme (C. urb., art. L. 300-3). L'article L. 300-4 organise quant à lui les relations contractuelles, en matière d'aménagement, entre les différentes collectivités publiques compétentes et les opérateurs.

La loi d'orientation pour la ville, du 13 juillet 1991, avait ajouté l'article L. 300-5 créant un programme de référence en matière d'habitat, élaboré par le conseil municipal. Ce texte a été abrogé par la loi Bosson du 9 février 1994.

Néanmoins, la loi SRU du 13 décembre 2000 a réintroduit un article L. 300-5 consacré au contenu de la convention publique d'aménagement (CPA) susceptible d'être confiée par une collectivité à un aménageur.

Bibliographie : PHÉMOLANT, *Les outils de l'urbanisme pour le renouvellement urbain : AFDUH* 2001, p. 233. – PHÉMOLANT, BAFFERT, *Une nouvelle approche de l'aménagement et des questions de densité urbaine : BJDU* 2000, n° 6, p. 374. – BOUYSSOU, *La réforme des procédures et du financement de l'aménagement : AJDA* 2001, p. 41.

C. urb., art. L. 300-1 ***(L. n° 85-729, 18 juill. 1985 ; mod., L. n° 96-987, 14 nov. 1996, art. 17).*** **— Les actions ou opérations d'aménagement ont pour objets de mettre en œuvre** ***(Mots aj., L. n° 2000-1208, 13 déc. 2000, art. 24)*** **« un projet urbain », une politique locale de l'habitat, d'organiser le maintien, l'extension ou l'accueil des activités économiques, de favoriser le développement des loisirs et du tourisme, de réaliser des équipements collectifs, de lutter contre l'insalubrité, de permettre** ***(Mots rempl., L. n° 2000-1208, 13 déc. 2000, art. 23)*** **« le renouvellement urbain, » de sauvegarder ou de mettre en valeur le patrimoine bâti ou non bâti et les espaces naturels.**

L'aménagement, au sens du présent code, désigne l'ensemble des actes des collectivités locales ou des établissements publics de coopération intercommunale qui visent, dans le cadre de leurs compétences, d'une part, à conduire ou à autoriser des actions ou des opérations définies dans l'alinéa précédent et, d'autre part, à assurer l'harmonisation de ces actions ou de ces opérations.

Loi SRU. La retouche de l'article L. 300-1 est très mineure : la loi SRU a simplement introduit la notion de « projet urbain » comme constituant une nouvelle finalité, et donc un motif juridique suffisant pour les actions et opérations d'aménagement. 0721

En matière de distinction entre actions et opérations d'aménagement : Giani et Lemée, *Actions ou opérations d'aménagement : Ét. fonc.* n° 75, juin 1997, p. 47.

Les objectifs d'aménagement tels qu'ils figurent dans les dispositions de l'article L. 300-1, fondent par ailleurs, les décisions de préemption quant à leurs motifs.

Voir aussi : C. urb., art. L. 210-1, p. 156, et C. urb., art. L. 142-3, p. 94.

Actions ou opérations d'aménagement validées. Entrent effectivement dans le champ d'application de l'article L. 300-1 la création d'un pôle d'attraction industriel et commercial (CE, 31 mars 1989, *Sté d'ingénierie et de développement économique : Dr. adm.* 1989, n° 312) ou encore une opération d'aménagement confiée par convention à une société en vue de permettre l'extension de ses activités (CE, 22 févr. 1991, req. n° 97312, *Sté d'ingénierie et de développement économique*). 0722

Sur le plan social, et en vue de mettre en œuvre une politique locale de l'habitat, entrent également dans le champ d'application la construction de logements à caractère social et d'un immeuble de bureaux administratifs (CAA Paris, 17 févr. 1995, req. n° 93PA01416), la réalisation d'un lotissement communal à usage d'habitation (CAA Bordeaux, 17 juin 2004, req. n° 00BX01080, *M. Charles Lassus*), la construction de deux immeubles composés l'un de 100 logements sociaux ainsi que des locaux commerciaux et de places de stationnement publiques et privées, l'autre de 72 logements (CAA Marseille, 17 juin 2004, req. n° 99MA01941, *Société Provence Logis*), la réalisation d'un équipement collectif devant reloger une structure d'insertion et une antenne d'accueil pour les personnes en recherche d'emploi (CAA Nantes, 23 mars 2004, req. n° 03NT00493, *SCI La Châtaigneraie*), voire même la réalisation d'un parc public de stationnement permettant une meilleure desserte et un accueil amélioré des usagers d'un centre municipal limitrophe (CAA Paris, 7 févr. 2003, req. n° 99PA01571, *M. Taravella*). Il en va de même pour l'expropriation d'immeubles préalable à la constitution d'une réserve foncière destinée à la réalisation d'un ensemble d'habitations dans un îlot insalubre (CE, 4 juill. 1997, req. n° 155649, *Mme Séguier d'Argoult*).

Est également éligible au régime de l'article L. 300-1 la constitution d'une réserve foncière propre à permettre l'aménagement d'un carrefour et plus particulièrement de son aménagement paysager (CAA Marseille, 15 avr. 2004, req. n° 00MA00751, *M. Didier Molas*).

0723 **Actions et travaux exclus du champ d'application.** Ne sont pas soumis au régime de l'article L. 300-1 un certain nombre de travaux routiers et autoroutiers (CE, 26 avr. 1993, *Ville de Chamonix : Rec. CE*, tables p. 1098. – CE, 27 mars 1992, *Comité de défense des riverains du tronc commun A4/A86 : Rec. CE*, p. 136. – CE, 26 oct. 1994, *Rouillain : Dr. adm. 1994*, n° 660), une construction relative à l'extension d'un bâtiment public à partir d'un bail emphytéotique (CE, 25 févr. 1994, *SA Sofap Marignan Immobilier : Rec. CE*, p. 94, concl. Arrighi de Casanova ; *RFD adm.* 1994, p. 510), la division foncière en 9 lots d'un terrain, par une personne privée, dans le cadre d'une autorisation de lotir (CAA Bordeaux, 26 nov. 2003, req. n° 01BX00812, *Cne de Bordeaux*) ou encore l'affectation de logements existants à certains personnels municipaux ou travailleurs saisonniers (CAA Lyon, 6 janv. 2004, req. n° 00LY01170, *Société SD3B*).

0724 **Appréciation des juges du fond.** Pour un exemple d'appréciation souveraine, sous la réserve de dénaturation des faits (cf. CE, 30 juill. 1997, *Ville d'Angers : BJDU* n° 4/1997, p. 453).

0725 **Droit de préemption et modalités.** Dans le cadre de l'exercice du droit de préemption, son titulaire doit avoir élaboré un projet effectif d'action ou d'opération au plus tard à la date à laquelle la décision de préemption est prise (CE, 3 sept. 1997, req. n° 138311, *Cne de Vitry-sur-Seine*).

0726 **Légalité par rapport aux objectifs.** Est illégale, ne correspondant pas aux objectifs énumérés au présent article, la déclaration d'utilité publique pour « réserves foncières » destinée à interdire toute inhumation dans un cimetière désaffecté (TA Nantes, 5 févr. 1987, *Denis : Rec. CE*, T, p. 1008). De même, une opération d'aménagement qui serait principalement inspirée par un mobile financier serait sans doute illégale.

0727 **Concertation préalable.** Lors de toute action ou opération, au sens de l'article L. 300-1 du Code de l'urbanisme, qui, par son ampleur ou par sa nature, modifie substantiellement les conditions de vie des habitants dans les quartiers ou les ensembles immobiliers, le maire organise une concertation préalable. Il en présente le bilan devant le conseil municipal qui en délibère.

Cette concertation associe notamment les maîtres d'ouvrage concernés ainsi que, à leur demande, les représentants locaux des associations de locataires siégeant au Conseil national de l'habitat.

Les dispositions des alinéas précédents ne s'appliquent pas lorsqu'une procédure de concertation est engagée en application de l'article L. 300-2 du Code de l'urbanisme.

Un décret en Conseil d'État détermine, en tant que de besoin, les conditions d'application du présent article (L. 13 juill. 1991, art. 4).

Selon la circulaire du 31 juillet 1991 commentant la loi d'orientation pour la ville du 13 juillet 1991 (*Mon. TP* 23 août 1991), les opérations d'aménagement sont les ZAC, les lotissements, la restauration immobilière, auxquelles il faut ajouter les permis de construire groupés (C. urb., art. R. 421-7-1) et les remembrements et regroupements de parcelles par des AFU (C. urb., art. L. 322-2). Les actions d'aménagement sont les actions de développement social des quartiers et les actions d'accompagnement de la politique du logement, telles que les OPAH ou les opérations de résorption de l'habitat insalubre. L'entrée en vigueur de l'exigence de concertation ainsi prescrite est immédiate, le décret d'application n'étant un préalable que pour les actions d'aménagement pour lesquelles la commune ou le maire n'ont pas, à la date d'entrée en vigueur de la loi, un rôle réglementaire défini.

Voir aussi : Pour un commentaire d'ensemble de la loi d'orientation pour la ville, colloque de Toulouse (sept. 1992) publié dans *Droit et Ville* 1992, n° 34 et n° 35 ; l'article 27 *bis* du Code de domaine de l'État (modifié par l'article 39 de la loi SRU du 13 décembre 2000) pour les biens vacants nécessaires à la réalisation d'une opération d'aménagement au sens de l'article L. 300-1.

Cautionnement et garantie d'emprunt. Pour les cautionnements et les garanties d'emprunts que les communes peuvent accorder à des personnes privées ou publiques en vue de réaliser des opérations d'aménagement au sens des articles L. 300-1 à L. 300-4, cf. article L. 2251-1 du Code général des collectivités territoriales (CAA Bordeaux, 6 juill. 2004, req. n° 00BX02020, *M. Beaujean*). 0728

C. urb., art. L. 300-2 ***(L. n° 85-729, 18 juill. 1985 ; L. n° 88-1202, 30 déc. 1988).*** **— I. – Le conseil municipal *(Mots aj., L. n° 2000-1208, 13 déc. 2000, art. 25-1°)* « ou l'organe délibérant de l'établissement public de coopération intercommunale » délibère sur les objectifs poursuivis et sur les modalités d'une concertation associant, pendant toute la durée de l'élaboration du projet, les habitants, les associations locales et les autres personnes concernées dont les représentants de la profession agricole, avant :**

a) (Rempl., L. n° 2000-1208, 13 déc. 2000, art. 25-2°) **Toute élaboration ou révision du schéma de cohérence territoriale ou du plan local d'urbanisme ;**

b) **Toute création, à son initiative, d'une zone d'aménagement concerté ;**

c) **Toute opération d'aménagement réalisée par la commune ou pour son compte lorsque, par son importance ou sa nature, cette opération modifie de façon substantielle le cadre de vie ou l'activité économique de la commune et qu'elle n'est pas située dans un secteur qui a déjà fait l'objet de cette délibération au titre du *a)* ou du *b)* ci-dessus. Un décret en Conseil d'État détermine les caractéristiques des opérations d'aménagement soumises aux obligations du présent alinéa.**

(Phrase créée, L. n° 2003-590, 2 juill. 2003, art. 43) **« Les documents d'urbanisme et les opérations mentionnées aux *a, b* et *c* ne sont pas illégaux du seul fait des vices susceptibles d'entacher la concertation, dès lors que les modalités définies par la délibération prévue au premier alinéa ont été respectées ». Les autorisations d'occuper ou d'utiliser le sol ne sont pas illégales du seul fait des vices susceptibles d'entacher cette délibération ou les modalités de son exécution.**

À l'issue de cette concertation, le maire en présente le bilan devant le conseil municipal qui en délibère.

Le dossier définitif du projet est alors arrêté par le conseil municipal et tenu à la disposition du public.

(Al. créé, L. n° 2003-590, 2 juill. 2003, art. 42) **Lorsqu'une opération d'aménagement doit faire l'objet d'une concertation en application des *b* ou *c* et nécessite une révision du schéma de cohérence territoriale ou du plan local d'urbanisme, la révision du document d'urbanisme et l'opération peuvent, à l'initiative de la commune ou de l'établissement public de coopération intercommunale compétent, faire l'objet d'une concertation unique. Dans ce cas, la délibération prévue aux premier et sixième alinéas est prise par le conseil municipal ou par l'organe délibérant de l'établissement public de coopération intercommunale.**

II ancien *(Ab., L. n° 2000-1208, 13 déc. 2000, art. 25-3°).*

II *(Anc. III dénuméroté, L. n° 2000-1208, 13 déc. 2000, art. 25-4°).* – Les autres personnes publiques ayant l'initiative d'opérations d'aménagement sont tenues aux mêmes obligations. Elles organisent la concertation *(Mots rempl., L. n° 2000-1208, 13 déc. 2000, art. 25-4°)* « dans des conditions fixées après avis de la commune ».

I. – Apport de la loi SRU

0729 **Loi SRU.** La loi du 13 décembre 2000 a procédé à une généralisation de la phase de concertation aux élaborations et révisions des PLU et – nouveauté – des SCOT. Par ailleurs, et lorsqu'une personne publique autre que la commune est à l'origine de l'opération d'aménagement envisagée, un avis express de celle-ci est nécessaire pour fixer les modalités de la concertation obligatoire.

II. – Apport de la loi Urbanisme et habitat

0730 **Loi Robien.** En premier lieu, la loi de juillet 2003 institue la faculté d'une concertation conjointe lorsque, à la fois, celle-ci est rendue nécessaire par une opération d'aménagement et par l'évolution du SCOT ou du PLU.

En second lieu, et pour réduire au maximum le contentieux propre aux phases de concertation, l'article L. 300-2 comporte désormais une clause excluant l'illégalité des opérations et documents d'urbanisme du seul fait des vices susceptibles d'entacher la concertation et également des autorisations individuelles qu'avaient été délivrées en vertu des documents d'urbanisme ayant occasionné la concertation.

III. – Nature de la concertation

0731 **Opposabilité.** La délibération approuvant le bilan d'une concertation menée en application des dispositions de l'article L. 300-2 a le caractère d'une mesure préparatoire aux décisions qui pourraient ultérieurement être prises et n'est pas susceptible de faire l'objet d'un recours pour excès de pouvoir (CAA Bordeaux, 29 avr. 2003, req. n° 00BX00736, *Association Trans'Cub*).

IV. – Divers cas de concertation

0732 **POS.** Interprétant de manière littérale le *a)* de l'article L. 300-2 et repoussant une argumentation *a fortiori*, le tribunal administratif de Toulouse a jugé que n'était pas soumise à concertation la modification d'un POS aboutissant à classer en zone urbaine la partie d'une ancienne zone agricole NC (TA Toulouse, 28 avr. 1987, *Époux Manas*) ou encore la révision d'un POS qui n'ouvre à l'urbanisation aucune zone d'urbanisation future (CAA Bordeaux, 26 févr. 2004, n° 00BX02892, *Cts Galmot*).

Est en revanche annulée, la révision d'un POS ouvrant une zone à l'urbanisation sans concertation préalable (CE, 18 févr. 1994, *Cne de Crosne : BJDU* n° 3/1994, concl. Dael. – CAA Lyon, 21 oct. 2003, req. n° 99LY01684, *Cne de Pont-du-Château*. – CAA Bordeaux, 25 mars 2004, req. n° 00BX01373, *Préfet de la Charente-Maritime*).

Tel est le cas en cas de transformation d'une zone NA stricte en zone NA à règlement alternatif (CE, 3 nov. 1995, *Astruc : Rec. CE*, T, p. 1074 ; *DA* 1995, 803. – CE, 10 mai 1996, *Cne de Saint-Jorioz* c/ *SCI La Tuilerie*).

0733 **ZAC.** Le tribunal administratif de Marseille a jugé que l'obligation de concertation était entrée en vigueur lors de la promulgation de la loi du 18 juillet 1985, et a en conséquence annulé l'arrêté de « création-réalisation » d'une ZAC pour défaut de concertation, alors que l'enquête publique était achevée antérieurement à la promulgation de la loi (TA Marseille, 7 mai 1987, *Assoc. de défense des sites d'Entremont*). Dans la même affaire, la solution n'est pas reprise par le Conseil d'État (CE, 4 oct. 1989, *Min. Équip. et Ville d'Aix-en-Provence* c/ *Assoc. de défense des sites d'Entremont*).

0734 **PAE.** L'établissement d'un programme d'aménagement d'ensemble ne nécessite pas la concertation (CE, 30 oct. 1994, *SCI du Pardy : BJDU* 5/1994, p. 76, concl. Bachelier), pas plus qu'une autoroute (CE, 26 oct. 1994, *Rovillain : DA* 1994, 660), ou que le métro de Bordeaux (TA Bordeaux, 25 avr. 1991 et TA Bordeaux, 29 avr. 1992, *Assoc. Aquitaine Alternatives : Petites affiches* 24 déc. 1992, note Lajous) ou que l'application anticipée d'un POS (CE, 10 nov. 1993, *GIE le Marmont*), ou que la réalisation d'un ouvrage routier dans la partie non urbanisée de la commune (CE, 17 juin 1998, *Bracqbien : Rec. CE*, p. 235).

Travaux d'utilité publique. S'agissant du métro de Bordeaux, le Conseil d'État précise que la concertation s'impose avant la DUP et le marché de maîtrise d'œuvre, mais non avant des contrats d'études préalables (CE, 21 juin 1996, *Assoc. Aquitaine Alternatives : Rec. CE*, T, p. 1232 ; *DA* 1996, 401, obs. Lamorlette ; *CJEG* 1997, p. 9, concl. Piveteau). 0735

V. – Suffisance de la concertation

Mesures d'application. Voir les articles R. 300-1 à R. 300-3 fixant les modalités d'application de ces dispositions. 0736

ZAC. L'approbation du dossier de création-réalisation d'une ZAC n'est pas annulée, en raison de la suffisance de la concertation : décidée le 19 novembre 1985, suivie d'une exposition publique du 21 novembre au 4 décembre 1985, puis de l'enquête publique sur le PAZ du 11 février 1986 au 11 avril 1986 (CE, 11 janv. 1991, *Époux Leroy*. – Dans le même sens, CE, 5 oct. 1990, *Assoc. de défense des propriétaires du secteur n° 9 des ZAD de Levallois-Perret : DA* 1990, 564). 0737

De même, est légale une ZAC devenue unique en cours de procédure de concertation, cette dernière ayant été lancée sur deux ZAC distinctes, réunies au cours des études (CE, 17 juin 1991, *Garcia*).

Idem, en cas de commission d'urbanisme élargie, suivie d'une exposition d'une semaine ou deux week-ends, et d'une réunion de travail du conseil municipal dressant le bilan (CE, 24 févr. 1993, *Roncari*), en cas de modification d'une ZAC après concertation (CE, 18 mars 1994, *Copropriété le Melchior : DA* 1994, 298) ou encore en cas de concertation décidée six mois après l'initiative de l'opération d'aménagement et comportant plusieurs réunions (CE, 4 janv. 1995, *Ville de Paris : Rec. CE*, p. 3. – Dans le même sens, CE, 10 mars 1997, *Assoc. Seine-et-Marnaise de sauvegarde de la nature : Rec. CE*, T, p. 669).

La ZAC « Dupleix » (à Paris) a donné lieu à une concertation suffisante, sous forme de deux réunions à six mois d'intervalle (CE, 10 déc. 1993, *Assoc. pour l'aménagement de la ZAC « Dupleix » : Rec. CE*, p. 360 ; *DA* 1994, 118 ; *BJDU* 2/1994, p. 53, concl. Le Chatelier).

Pour la DUP d'une route, dans une partie urbanisée, une concertation d'un mois est suffisante (CE, 30 déc. 1996, *Sté de protection de la nature Sète-Frontignan, Balaruc : Rec. CE*, p. 512 ; *BJDU* 1/1997, p. 12, concl. Maugüe).

Nature de l'information fournie aux administrés. En revanche, les modalités de la concertation sont insuffisantes en cas de diffusion d'une information, aux habitants, publication d'un avis dans le bulletin municipal, et ouverture d'un registre pendant un mois, en vue de recueillir les observations éventuelles du public (TA Nantes, 13 déc. 1990, *Époux Kerbriand : DA* 1991, 205, réformé par CE, 13 mars 1992, *Cne de Savenay c/ Kerbriand*). L'insuffisance de la concertation a été retenue en cas de concertation de 12 jours avec un registre en mairie et une réunion, s'agissant d'un grand projet de revitalisation de la station de Trébeurden (TA Rennes, 29 avr. 1993, *Consorts Taburet : Gaz. Pal.* 17-18 juin 1994, pan. dr. adm., p. 68). 0738

En revanche, une concertation préalable à une DUP portant extension d'un site de transport en commun en site propre a été jugée suffisante car elle a « été annoncée par voie d'affichage et par publication dans les journaux locaux, s'est appuyée sur des expositions, des permanences et la mise à disposition de registres d'observations dans toutes les communes concernées » (CE, 7 févr. 2003, req. n° 228883, *Société Rungis Delta*).

Cas de concertation portant sur une tranche d'urbanisation de 147 000 mètres carrés, réservant la possibilité d'une seconde tranche de 122 000 mètres carrés dans l'éventualité de la délocalisation d'une usine ; dans ce cas, une nouvelle concertation était nécessaire préalablement à la création de la ZAC (TA Paris, 5 mai 1997, *Assoc. Val-de-Seine Vert*).

VI. – Régularité de la concertation

Rôle du maire. Le maire ne peut seul, sans critères précis, désigner les membres d'une commission extramunicipale : la procédure de concertation ainsi suivie est illégale, ainsi que la ZAC qui 0739 en résulte (CE, 24 mai 1995, *Ville de Meudon : Rec. CE*, p. 208 ; *DA* 1995, 533 ; *BJDU* 4/1995, p. 291, concl. Bachelier). En revanche, à propos d'une voie ferrée, le Conseil d'État admet la légalité d'une concertation organisée par la SNCF, et non par le conseil municipal (CE, 21 avr. 1997, *Mlle Jubert : Rec. CE*, p. 136).

0740 **Bilan.** Le bilan de la concertation et la création de ZAC ne peuvent être approuvés à la même séance du conseil municipal, car l'article L. 300-2 impose que le dossier soit tenu à la disposition du public (TA Versailles, 27 sept. 1994, *Renard* c/ *Cne de Pontault-Combaud : Ét. fonc.* 1995, n° 66).

0741 **Participation.** Si la participation des habitants à une concertation s'est révélée assez faible (neuf observations consignées et deux courriers reçus), celle-ci n'a pas pour autant été irrégulièrement mise en œuvre, dès lors qu'elle a accompagné une modification de zonage très ponctuel portant sur une superficie limitée du territoire communal (CAA Marseille, 3 juin 2004, req. n° 00MA00957, *Cne de Gignac*).

Voir aussi : Circulaire n° 95-25 (équipement) relative à la concertation prévue par le Code de l'urbanisme sur les projets d'aménagements routiers (*Mon. TP* 14 juill. 1995).

VII. – Absence de sanction sur les actes individuels d'urbanisme

0742 **Théorie des opérations complexes.** L'absence d'illégalité des autorisations d'occuper ou d'utiliser le sol du fait des défauts de la concertation prévue par le présent article, vise sans doute à rendre caduque la jurisprudence du Conseil d'État appliquant la théorie des opérations complexes en cas d'exception d'illégalité soulevée lors de contentieux de permis de construire (Bouyssou, *Le contentieux administratif des ZAC : Droit et Ville* 1979, n° 8). Si les actes subséquents sont désormais protégés en cas de vice en matière de concertation entachant les opérations d'aménagement, il nous semble que l'annulation de ces actes eux-mêmes est encourue en présence d'un tel vice, si le juge est saisi par voie d'action et non par voie d'exception.
Ainsi, en matière de lotissement, il a été jugé qu'étaient sans incidence sur la régularité d'une autorisation de lotir les illégalités alléguées affectant la procédure de concertation. De même, la circonstance qu'une procédure de concertation n'aurait pas été achevée à la date de délivrance de l'autorisation de lotir est sans incidence sur la légalité de cette dernière (CAA Bordeaux, 20 nov. 2003, req. n° 01BX00812, *Cne de Bordeaux*).

Voir aussi : Les annotations sous C. urb., art. L. 300-1, p. 213 (autres cas de concertation).

Bibliographie : *Droit et Ville* 1993, n° 36, p. 24 à 29 et 45 (colloque de Caen : « Les vingt-cinq ans de la ZAC : bilan et propositions »). – HUGLO et CASSIN, *La concertation en matière d'aménagement : Petites affiches*, 18 mars 1994. – CASSIN, *La concertation, l'introuvable conception : BJDU* 1/1997, p. 2, concl. PIVETEAU sous CE, 21 juin 1996, *Assoc. Aquitaine Alternatives : CJEG* 1997, p. 9.

C. urb., art. L. 300-3 *(L. n° 85-729, 18 juill. 1985 ; L. n° 86-13, 6 janv. 1986).* — Un décret en Conseil d'État fixe les cas et les conditions dans lesquels les demandes de permis de construire ou de démolir, d'autorisation de lotir, d'installations et travaux divers, de coupe et d'abattage d'arbres ou d'aménagement de terrains pour l'accueil de tentes, de caravanes ou d'habitations légères de loisirs, ainsi que la déclaration prévue par l'article L. 422-2 sont portées à la connaissance du public.

0743 **Autorisation individuelles.** L'affichage des demandes de permis de construire avait déjà été prévu, antérieurement à la loi du 18 juillet 1985 (C. urb., art. R. 421-9, résultant d'un décret du 30 déc. 1983).
Cette obligation a été généralisée pour les autres autorisations individuelles d'urbanisme, par le décret n° 88-471 du 28 avril 1988.

Voir aussi : Pour le permis de démolir, C. urb., art. R. 430-2, p. 851 ; pour les installations et travaux divers, C. urb., art. R. 442-4-3, p. 869 ; pour les terrains de camping, C. urb., art. R. 443-7-1, p. 884.

C. urb., art. L. 300-4 *(L. n° 85-729, 18 juill. 1985 ; L. n° 94-112, 9 févr. 1994).* — L'État, les collectivités locales ou leurs établissements publics peuvent confier l'étude et la réali-

sation des opérations d'aménagement prévues par le présent livre à toute personne publique ou privée y ayant vocation.

Lorsque la convention est passée avec un établissement public, une société d'économie mixte locale définie par la loi n° 83-597 du 7 juillet 1983, ou une société d'économie mixte dont plus de la moitié du capital est détenue par une ou plusieurs des personnes publiques suivantes : État, régions, départements, communes ou leurs groupements, *(Mots rempl., L. n° 2000-1208, 13 déc. 2000, art. 8-1°)* « elle peut prendre la forme d'une convention publique d'aménagement. Dans ce cas, l'organisme cocontractant peut se voir confier les acquisitions par voie d'expropriation ou de préemption, la réalisation de toute opération et action d'aménagement et équipement concourant à l'opération globale faisant l'objet de la convention publique d'aménagement ».

***(Al. créé, L. n° 96-987, 14 nov. 1996, art. 18-I ; rempl., L. n° 2000-1208, 13 déc. 2000, art. 8-2°)* Les organismes mentionnés à l'alinéa précédent peuvent se voir confier le suivi d'études préalables nécessaires à la définition des caractéristiques de l'opération dans le cadre d'un contrat de mandat les chargeant de passer des contrats d'études au nom et pour le compte de la collectivité ou du groupement de collectivités.**

Les dispositions du chapitre IV du titre II de la loi n° 93-122 du 29 janvier 1993 relative à la prévention de la corruption et à la transparence de la vie économique et des procédures publiques ne sont pas applicables *(Mots rempl., L. n° 2000-1208, 13 déc. 2000, art. 8-3°)* « aux conventions publiques d'aménagement » établies en application du présent article.

***(Al. créé, L. n° 2000-1208, 13 déc. 2000, art. 8-4°)* La convention publique d'aménagement peut prévoir les conditions dans lesquelles l'organisme cocontractant est associé aux études concernant l'opération et notamment à la révision ou à la modification du plan local d'urbanisme.**

CGI, art. 207. — 1. Sont exonérées de l'impôt sur les sociétés :

(...).

6° *bis*. Dans les conditions fixées par décret, les établissements publics et sociétés d'économie mixte chargés de l'aménagement par une convention contractée, en application du deuxième alinéa de l'article L. 300-4 du Code de l'urbanisme, pour les résultats provenant des opérations réalisées dans le cadre des procédures suivantes :

***a.* zone d'aménagement concerté ;**
***b.* lotissements ;**
***c.* zone de restauration immobilière ;**
***d.* zone de résorption de l'habitat insalubre.**

CGCT, art. L. 1523-2. — Lorsqu'une société d'économie mixte locale est liée à une collectivité territoriale, un groupement de collectivités territoriales ou une autre personne publique par une convention publique d'aménagement visée à l'article L. 300-4 du Code de l'urbanisme, celle-ci prévoit à peine de nullité :

1° L'objet du contrat, sa durée et les conditions dans lesquelles il peut éventuellement être prorogé ou renouvelé ;

2° Les conditions de rachat, de résiliation ou de déchéance par la collectivité, le groupement ou la personne publique contractant ainsi que, éventuellement, les conditions et les modalités d'indemnisation de la société ;

3 Les obligations de chacune des parties et notamment, le cas échéant, le montant de la participation financière de la collectivité territoriale, du groupement ou de la personne publique dans les conditions prévues à l'article L. 300-5 du Code de l'urbanisme, ainsi que les modalités de contrôle technique, financier et comptable exercé par la personne contractante dans les conditions prévues à l'article L. 300-5 précité ;

4° Les conditions dans lesquelles la personne publique contractante peut consentir des avances justifiées par un besoin de trésorerie temporaire de l'opération ; celles-ci doivent être en rapport avec les besoins réels de l'opération mis en évidence par le compte rendu financier visé à l'article L. 300-5 du Code de l'urbanisme ; ces avances font l'objet d'une convention approuvée par l'organe délibérant de la personne publique contractante et précisant leur montant, leur durée, l'échéancier de leur remboursement ainsi que leur rémunération éventuelle ; le bilan de la mise en œuvre de cette convention est présenté à l'assemblée délibérante en annexe du compte rendu annuel à la collectivité ;

5° Les modalités de rémunération de la société ou de calcul du coût de son intervention, librement négociées entre les parties ;

6° Les pénalités applicables en cas de défaillance de la société ou de mauvaise exécution du contrat.

(Al. créé, L. n° 2003- 590, 2 juill. 2003, art. 62) **La convention peut prévoir les conditions dans lesquelles d'autres collectivités territoriales apportent, le cas échéant, leur aide financière pour des actions et opération d'aménagement public visées aux articles L. 300-1 à L. 300-5 du Code de l'urbanisme. Une convention spécifique est conclue entre l'organisme signataire de la convention publique d'aménagement et la collectivité qui accorde la ou les subventions.**

(Al. créé, L. n° 2003- 590, 2 juill. 2003, art. 62) **Les concours financiers visés au présent article ne sont pas régis par les dispositions du titre I du présent livre.**

0744 **Présentation générale.** Cet article organise les différentes interventions en matière d'opération d'aménagement, tant au stade des études que pour leur réalisation.

Ainsi, est proposé l'outil contractuel nouveau de la convention publique d'aménagement (CPA) susceptible d'être utilisée en matière de ZAC (art. L. 311-5), mais pas exclusivement.

En outre, l'article L. 300-4 précise que l'usage du mandat (art. R. 321-20) peut, au stade du suivi des études préalables, concourir au démarrage d'une opération d'aménagement.

0745 **Liberté de choix dans l'opérateur.** Le nouvel article L. 300-4 prend, par ailleurs, un soin particulier à écarter tout risque sérieux de remise en cause du principe du libre choix de l'opérateur-aménageur par la personne publique.

Néanmoins, le cadre actuel de ces contrats *sui generis* qui aboutit à les soustraire à toute procédure de publicité et de mise en concurrence s'accommode mal avec le droit communautaire. L'action engagée contre l'État français par la Commission européenne au sujet de cette nécessaire mise en cohérence des conventions d'aménagement avec le droit supra-national devrait conduire à une prochaine modification des dispositions du présent code et, surtout, à une remise en cause profonde des habitudes prises en cette matière par les professionnels de l'aménagement.

Il convient à cet égard de rapporter une espèce qui illustre parfaitement l'évolution inévitable de ces dispositions : au visa de l'article L. 300-4 du Code de l'urbanisme, les juges d'appel (CAA Bordeaux, 9 nov. 2004, req. n° 01BX00381, *Sodégis*) annulent une convention conclue entre une commune et un aménageur par laquelle était confiée à ce dernier une mission comportant la construction des équipements de la zone, l'acquisition des terrains nécessaires, la réalisation des études utiles et la commercialisation de ces équipements ; et ceci, du fait pour la convention d'avoir été « conclue sans aucune formalité préalable de publicité et de mise en concurrence ». Si la cour rappelle que la convention n'était ni soumise au Code des marchés publics, ni n'entrait dans le champ d'application des dispositions du Code général des collectivités territoriales relatives aux délégations de services publics, elle précise toutefois qu'elle « n'était pas pour autant exclue du champ d'application des règles fondamentales posées par le Traité de l'Union, qui soumettent l'ensemble des contrats conclus par les pouvoirs adjudicateurs aux obligations minimales de publicité et de transparence propres à assurer l'égalité d'accès à ces contrats ».

Cet arrêt, abondamment commenté (Bizet, *Convention publique d'aménagement : la mise en concurrence préalable est obligatoire : Mon. TP.*, 28 janv. 2005, p. 362. – Deves, obs. sous l'arrêt, *JCP Adm.*, 7-14 févr. 2005, p. 362. – Dreyfus, obs., *AJDA* 7 févr. 2005, p. 257. – Charrel et Ducroux, *La mise en concurrence des conventions publiques d'aménagement, Contrats publics*, févr. 2005, p. 41. – Lamorlette et Hausen, *JCP Not.* à paraître) a été suivi d'une circulaire ministérielle (Circ. n° 2005-9, 8 févr. 2005 : *Mon. TP* 25 févr. 2005, p. 426) recommandant aux collectivités locales, « sans attendre une modification de la loi, de procéder, lorsqu'elles sont amenées à choisir un aménageur, à une publicité adéquate, selon des modalités qu'elles fixent elles-mêmes, en fonction de l'importance de l'opération, de façon à répondre aux obligations minimales de publicité et de transparence vis-à-vis de tout soumissionnaire potentiel (...). Dans le cas où les collectivités territoriales ou leurs groupements hésiteraient sur la procédure à retenir, il y a lieu de leur conseiller de recourir à la procédure définie par le chapitre IV de la loi n° 93-122 du 29 janvier 1993 relative à la prévention de la corruption et à la transparence de la vie économique et des procédures publiques (loi *Sapin*) ».

Ainsi, la notion de convention publique d'aménagement, qui ne constitue qu'une des catégories de conventions utilisables, se substitue à l'ancienne notion de concession d'aménagement, propre à entretenir une confusion avec les concessions de travaux publics ou de service public. Néanmoins, le projet de loi, censé insérer des dispositions organisant désormais une mise en concurrence, rétablirait, tant pour un aménagement confié à un opérateur public que privé, la notion de « concession d'aménagement ».

Organismes mixtes. Lorsqu'il s'agit de personnes privées, les capitaux publics doivent être majoritaires. 0746

Voir aussi : Sur la responsabilité du concédant envers le concessionnaire, pour le déficit de l'opération, TA Toulouse, 4 juill. 1995, *Cne de Venerque : DA* 1995, 732.

Droits de l'homme. Le premier alinéa du présent article est compatible avec la Déclaration européenne des droits de l'homme (CE, 11 juin 1993, *Assoc. « Groupement de défense de la colline des Baumettes » : Rec. CE*, T, p. 1098 ; *Petites affiches*, 1er déc. 1993, note Bouyssou ; *D.* 1994, somm. comm., p. 97, note Charles). 0747

Expropriation. Le pouvoir des collectivités locales d'exproprier, dans le cadre des ZAC privées, est discuté en doctrine (intervention de MM. Périnet-Marquet et Bon, au Colloque de Caen : *Droit et Ville* 1993, n° 36). 0748
À notre avis le caractère exceptionnel de l'expropriation justifie pleinement l'opinion très réservée à ce sujet du ministère de l'Équipement (*Guide des ZAC*, p. 184).
Le 3e alinéa, issu de la loi de relance du pacte pour la ville, étend la mission du concessionnaire en cas de concession d'une opération de restructuration urbaine.
L'avant-dernier alinéa du présent article, issu de la loi Bosson du 9 février 1994, confirme que l'article 38 de la loi Sapin (appel à candidatures pour les délégations du service public) ne s'applique pas aux concessions et conventions de ZAC. L'instauration d'une nouvelle convention publique d'aménagement par la loi SRU ne modifie pas cette solution.

Études préalables à la ZAC. L'aménageur, pour demander à l'administration le remboursement de ces études à la faveur d'une démarche indemnitaire, doit justifier qu'elles lui ont été confiées dans le cadre des dispositions de l'article L. 300-4 du Code de l'urbanisme (CAA Marseille, 3 juin 2004, req. n° 02MA01847, *Société Ficogest*) 0749

Bibliographie : Fatome et Richer, *Nature et contenu du contrat d'aménagement : RD imm.* 1994, p. 169. – Gouaislin, *Le régime de la TVA des ZAC concédées : la doctrine administrative est-elle compatible avec les évolutions jurisprudentielles récentes ? : Gaz. Pal.* 13 juill. 1997. – Collectif, *Les conventions publiques d'aménagement : BJDU* 1/2003, p. 3. – Bizet, *La convention public d'aménagement : nature et régime juridique : Bull. jur. contrats publics* 2001, n° 18, p. 374. – Fatôme et Richer, *Les conventions d'aménagement après la loi SRU : ACCP*, n° 5, nov. 2001. – Llorens et Soler-Couteaux, *Nature et contenu des contrats d'aménagement : CMP* juin 2001, p. 4. – Pérignon, *Les études préalables à la convention d'aménagement : Constr.-urb.* déc. 2001, p. 5.

C. urb., art. L. 300-5 *(Ab., L. n° 94-112, 9 févr. 1994 ; rétabli, L. n° 2000-1208, 13 déc. 2000, art. 10).* — Dans le cas où une collectivité territoriale ou un groupement de collectivités qui a décidé de mener une opération publique d'aménagement au sens du présent livre en confie la réalisation à un aménageur dans les conditions prévues au deuxième alinéa de l'article L. 300-4 et décide de participer au coût de l'opération, la convention précise à peine de nullité :

1° Les modalités de cette participation financière, qui peut prendre la forme d'apports en nature ;

2° Le montant total de cette participation et, s'il y a lieu, sa répartition en tranches annuelles ;

3° Les modalités du contrôle technique, financier et comptable exercé par la collectivité ou le groupement contractant ; à cet effet, la société doit fournir chaque année un compte rendu financier comportant notamment en annexe :

***a)* Le bilan prévisionnel actualisé des activités, objet de la convention, faisant apparaître, d'une part, l'état des réalisations en recettes et en dépenses et, d'autre part, l'estimation des recettes et dépenses restant à réaliser ;**

b) **Le plan de trésorerie actualisé faisant apparaître l'échéancier des recettes et des dépenses de l'opération ;**

c) **Un tableau des acquisitions et cessions immobilières réalisées pendant la durée de l'exercice.**

L'ensemble de ces documents est soumis à l'examen de l'assemblée délibérante de la collectivité ou du groupement contractant qui a le droit de contrôler les renseignements fournis, ses agents accrédités pouvant se faire présenter toutes pièces de comptabilité nécessaires à leur vérification. Dès la communication de ces documents et, le cas échéant, après les résultats du contrôle diligenté par la collectivité ou le groupement contractant, leur examen est mis à l'ordre du jour de la plus prochaine réunion de l'assemblée délibérante, qui se prononce par un vote.

La participation visée aux trois premiers alinéas est approuvée par l'assemblée délibérante de la collectivité territoriale ou du groupement contractant. Toute révision de cette participation doit faire l'objet d'un avenant à la convention approuvé par l'assemblée délibérante de la collectivité territoriale ou du groupement contractant au vu d'un rapport spécial établi par l'aménageur.

(Al. créé, L. n° 2003-590, 2 juill. 2003, art. 67) **L'opération d'aménagement pourra bénéficier, avec l'accord préalable de la collectivité contractante, de subventions versées par d'autres collectivités territoriales en vue de financer les actions d'aménagement public. Si ces subventions sont versées directement à l'organisme aménageur, celui-ci devra rendre compte de leur attribution, de leur échéancier et de leur encaissement effectif dans le rapport annuel prévu au quatrième alinéa (3°). Il devra également rendre compte de leur utilisation à la collectivité ayant accordé la subvention.**

0750 **Mentions obligatoires dans la convention.** Dans un souci de clarté, la loi impose la présence de certaines mentions dans la convention publique d'aménagement dès lors que la collectivité territoriale ou le groupement de collectivités à l'initiative de l'opération participe en tout ou partie au financement de l'opération. Ces mentions doivent être précisées à peine de nullité.

En pratique, cette hypothèse dans laquelle un opérateur mixte se verra confier, par voie de convention publique d'aménagement, la réalisation d'une opération publique au sens de l'article L. 300-4 sera à l'évidence la plus courante.

À l'inverse et bien évidemment, l'hypothèse d'une convention « privée » n'avait pas à prendre en compte les exigences de l'article L. 300-5, même si la collectivité publique qu'est à l'initiative de l'opération apportait par exemple des terrains à l'opérateur, ce dernier conservant en effet la responsabilité économique et financière de l'opération.

Financement publique. Le dernier alinéa introduit par la loi de juillet 2003, vise à clarifier le régime des subventions provenant de collectivités locales non contractantes à la convention publique d'aménagement, dans le cadre d'opération publiques d'aménagement.

En l'état actuel du droit, les régions ou les département qui souhaitent, par exemple, subventionner des travaux de traitement paysager de zones industrielle ou d'aménagement touristique ne peuvent le faire qui si ceux-ci sont réalisés par un établissement public ou une collectivité, en régie. Mais cela leur est interdit si l'opération est conduite par une société d'économie mixte locale qui a passé une convention d'aménagement avec une commune ou un groupement de communes.

Le présent article modifié, vise à palier cette lacune en précisant, à l'article L. 300-5 du Code de l'urbanisme, qu'une opération d'aménagement pourra bénéficier de subventions versées par d'autres collectivités territoriales que celles parties à la convention en vue de financer les actions d'aménagement public. Il dispose également que si ces subventions sont versées directement à l'organisation aménageur, celui-ci devra rendre compte de leur attribution, de leur échéancier et de leur encaissement effectif.

C. urb., art. L. 300-6 ***(L. n° 2003-710, 1er août 2003, art. 55).*** **— Les collectivités territoriales et leurs groupements ainsi que les établissements publics d'aménagement créés en application de l'article L. 321-1 peuvent, après enquête publique effectuée dans les conditions définies aux articles L. 123-1 et suivants du Code de l'environnement, se prononcer, par une déclaration de projet, sur l'intérêt général d'une action ou d'une**

opération d'aménagement au sens du présent livre. Les articles L. 122-151 et L. 123-16 sont alors applicables.

Objectif. Afin de faciliter et d'accélérer la mise en compatibilité des plans d'urbanisme avec les opérations d'aménagement, la loi d'orientation et de programmation pour la ville a ajouté cette disposition nouvelle. 0751

TITRE PREMIER
OPÉRATIONS D'AMÉNAGEMENT

Évolution de la législation en matière d'urbanisme opérationnel. L'urbanisme « opérationnel », fréquemment opposé à l'urbanisme « réglementaire » ou « négatif », se déploie traditionnellement dans deux directions : l'aménagement de quartiers nouveaux et l'aménagement de quartiers anciens. L'aménagement de quartiers nouveaux est apparu avec le lotissement, d'initiative privée à l'origine, mais contrôlé par l'Administration depuis deux lois fort anciennes (1919 et 1924). 0752

Les différents outils. La politique des lotissements est encouragée de façon récente par la réforme de 1977, entrée en vigueur le 1er janvier 1978 (C. urb., art. R. 315-1 à R. 315-54). Une autre procédure répandue est celle de la ZAC (Dubois-Taine, *Lotissement ou ZAC ? : Mon. TP* 26 juin 1978), apparue en 1967 comme une procédure de « maxi-dérogation », mais solidement encadrée par la loi du 31 décembre 1976 (C. urb., art. L. 311-1 et s.) et son décret d'application (C. urb., art. R. 311-1 et s.). La procédure des ZAC fait suite à celle des ZUP, créées par le décret n° 58-1464 du 31 décembre 1958 (et préfigurées par les zones d'habitation et zones industrielles relevant des décrets du 3 février 1955 et du 1er juin 1960). 0753

Voir aussi : C. urb., art. R. 315-1 à R. 315-54, p. 629 ; Dubois-Taine, *Lotissement ou ZAC ? : Mon. TP* 26 juin 1978 ; C. urb., art. L. 311-1 et s., p. 225.

Loi de 1976. Mais la loi du 31 décembre 1976 a mis fin au gigantisme, souci déjà marqué par les circulaires du 30 novembre 1971, du 21 mars 1973 et du 6 février 1974. Cette évolution s'accompagne du désengagement financier de l'État. La procédure de ZAC peut aussi être utilisée en centre-ville (*Guide des ZAC*, nos 1-2-4). 0754

Une procédure trop méconnue d'urbanisation des quartiers nouveaux est le remembrement urbain par des associations foncières urbaines (C. urb., art. L. 322-1 et s.), véritable urbanisme de concertation (*Foret : Droit et Ville* 1979, n° 7, p. 171) dont le régime est sensiblement défini par la loi du 18 juillet 1985.

Voir aussi : *Guide des ZAC*, nos 1-2-4 ; C. urb., art. L. 322-1 et s., p. 272 ; Foret : *Droit et Ville* 1979, n° 7, p. 171

Quartiers anciens. L'aménagement des quartiers anciens résultait de procédures multiples, qui interféraient entre elles de sorte qu'on les distinguait mal. La plus ancienne était la rénovation urbaine, prévue par le décret n° 58-1465 du 31 décembre 1958 et supprimée par la loi du 18 juillet 1985. Elle avait un but ambitieux : acquisitions d'immeubles, le plus souvent en vue de leur démolition et d'un nouvel aménagement de la zone avec, si possible, la participation des propriétaires. Beaucoup plus tard, la loi n° 70-611 du 10 juillet 1970 avait interdit les ventes par appartements des bâtiments situés dans le périmètre de rénovation et avait corrélativement institué des garanties pour les propriétaires et les occupants de ces immeubles. Après la loi de 1985, seule subsiste la *loi Malraux*, n° 62-903 du 4 août 1962, qui a permis l'institution de secteurs sauvegardés, faisant l'objet d'un mini-POS : le plan de sauvegarde et de mise en valeur. Le but du secteur sauvegardé est de conserver et de protéger une zone ayant un intérêt d'ordre historique ou esthétique (C. urb., art. L. 313-1). 0755

La restauration immobilière résulte de la même loi du 4 août 1962 et constitue un moyen de mise en œuvre du plan de sauvegarde ; mais elle peut présenter aussi un caractère plus ponctuel (C. urb., art. L. 313-4). Ainsi, la restauration immobilière peut se combiner avec un secteur sauve-

gardé. La restauration immobilière, par sa vocation architecturale, se distingue de la simple réhabilitation des immeubles, dont la finalité est plus limitée (amélioration de l'habitat, notamment par l'apport d'installations sanitaires indispensables). Mais la simple réhabilitation relève de procédures financières en ce qui concerne l'aide de l'État ou du droit locatif (L. n° 67-561, 12 juill. 1967, permettant aux propriétaires d'imposer aux locataires l'exécution de travaux destinés à adapter les locaux d'habitation à certaines normes de salubrité, de sécurité, d'équipement et de confort) et non du droit de l'urbanisme (sur la réhabilitation, cf. deux numéros spéciaux de revues juridiques : *AJPI* avr. 1979 et *Droit et Ville* 1979, n° 8) bien que la définition de la superficie hors œuvre nette résultant de l'article R. 112-2, *in fine* tienne compte de la volonté de réhabiliter l'habitat ancien (Circ. 3 mars 1977 : *JO* 10 mars : réhabilitation de l'habitat, aménagement des centres, groupe interministériel « habitat et vie sociale » ; V. aussi Circ. 2 févr. 1979).
La loi d'orientation pour la ville, du 13 juillet 1991, élève au niveau législatif les « opérations programmées d'amélioration de l'habitat », mais le texte ne figure pas dans le Code de l'urbanisme, mais dans le Code de la construction et de l'habitation (C. urb., art. L. 303-1).
Le « développement social des quartiers » a été relancé récemment, avec la création du « comité interministériel des villes » (D. n° 88-1015, 28 oct. 1988) et la circulaire n° 3465 du Premier ministre sur la nouvelle politique de la ville (*Mon. TP* 30 juin 1989).
Il a donné lieu à la relance du pacte pour la ville par la loi n° 96-987 du 14 novembre 1996.
Toutes les procédures d'urbanisme opérationnel (autres que les lotissements) sont plus ou moins liées au droit de l'expropriation, auquel des infléchissements sont parfois apportés, compte tenu des nécessités de l'opération d'aménagement. Parfois même, l'opération d'aménagement proprement dite n'est définie que par des textes à incidence financière (régime des prêts, des subventions, etc.) ; les textes législatifs ou réglementaires se bornant à déterminer un régime particulier d'expropriation dans un but spécifique.
De même la loi Vivien, n° 70-612 du 10 juillet 1970, relative à la résorption de l'habitat insalubre, non intégrée au Code de l'urbanisme, bien que l'opération ressemble à la rénovation urbaine, a pour objet premier l'expropriation en vue de démolir les locaux insalubres : outre les bidonvilles, peuvent être expropriés les immeubles, îlots et périmètres insalubres ayant fait l'objet d'une interdiction d'habiter en vertu des articles L. 28, L. 38 ou L. 42 du Code de la santé publique. Un arrêté préfectoral unique, qui intervient sans enquête publique, vaut à la fois déclaration d'utilité publique et arrêté de cessibilité et permet la prise de possession des immeubles visés, à moins que les propriétaires s'engagent à effectuer eux-mêmes les destructions, après relogement des occupants. En outre, les indemnités sont limitées à la valeur du terrain nu et sont même réduites pour tenir compte des revenus abusifs dont a précédemment bénéficié le propriétaire.
La loi n° 64-1247 du 16 décembre 1964 instituant le bail à construction avait prévu des « opérations d'urbanisation » (anciens art. L. 314-1 à L. 314-11, supprimés par la loi du 18 juill. 1985).
Cette dernière loi a profondément réformé les procédures d'aménagement urbain : suppression de la rénovation urbaine (anciens art. L. 312-1 et s.) et des opérations d'urbanisation (anciens art. L. 314-1 et s.) ; réformes de détail des ZAC (C. urb., art. L. 311-1 et s.) et des lotissements (C. urb., art. L. 315-1 et s.) et réforme plus sensible des AFU (C. urb., art. L. 322-1 et s.) ; mise en place des garanties des locataires et occupants (C. urb., art. L. 314-1 et s.) et des tiers ou des associations (C. urb., art. L. 300-2 et L. 300-3).
Cette loi prolonge en matière d'urbanisme opérationnel la volonté décentralisatrice résultant de la loi du 7 janvier 1983 en matière d'urbanisme réglementaire : sauf pour les AFU, les procédures d'urbanisme opérationnel relèvent de la commune lorsque cette dernière est dotée d'un POS approuvé depuis plus de six mois.

Chapitre I
Zones d'aménagement concerté

0756 **Nouveau régime de la loi SRU.** La loi n° 2000-1208 du 13 décembre 2000 réforme en profondeur le régime des ZAC. Le volet réglementaire de ce régime est très largement modifié avec notamment la disparition progressive des PAZ. La loi réforme formellement le mode de réalisation des ZAC (par l'introduction d'une « convention publique d'aménagement » comme outil contractuel

lorsque l'aménageur n'est pas à capitaux exclusivement privés) et rétablit l'exigence d'un cahier des charges.
La ZAC qui, antérieurement à la loi SRU, comportait deux volets distincts (financement des équipements publics et urbanisme dérogatoire à l'intérieur de la zone) perd désormais le second pour ne plus constituer qu'un mécanisme de financement des équipements publics à réaliser dans la zone.
Malgré cette amputation, le mécanisme de la ZAC, postérieurement à la loi SRU, continue de trouver un large accueil favorable parmi les professionnels de l'aménagement. Ces derniers acquièrent désormais la pratique de concentrer dans les nouveaux PLU (règlement et documents graphiques) l'ancien volet urbanistique de la ZAC. De même, les procédures relatives respectivement à la création de la ZAC et à l'élaboration du dossier de réalisation d'une part, et la définition des règles d'urbanisme propres à la future zone d'autre part sont désormais – et fréquemment – conduites en grande partie en temps masqué. Enfin, la loi Urbanisme et Habitat du 2 juillet 2003 aménage une transition plus douce pour les ZAC pré-existantes et dans lesquelles les documents d'urbanisme spécifiques (PAZ) ont besoin d'évoluer.

Historique. La loi n° 76-1285 du 31 décembre 1976, applicable depuis le 1er juillet 1977, a repris et systématisé l'esprit de circulaires antérieures, sans valeur réglementaire (Rép. min. : *JOAN* 31 déc. 1977, p. 9273 ; *JCP* N 1979, Prat. 7164), destinées à encadrer le régime juridique des ZAC (Circ. 30 nov. 1971, 21 mars 1973, 6 févr. 1974 et 3 févr. 1976, ayant néanmoins valeur de directive). 0757
Outre la distinction très nette entre le dossier de création de la ZAC et le dossier de réalisation, et la possibilité de créer une ZAC dans des emplacements territorialement distincts (art. L. 311-1), les innovations tiennent au droit de délaissement immédiat des propriétaires (art. L. 311-2), et à la faculté d'éviter le recours au PAZ si le POS est suffisant (C. urb., art. L. 311-4, dern. al.). Le régime du PAZ est aligné sur celui du POS, en ce qui concerne son élaboration, enquête publique notamment, et en ce qui concerne ses effets (possibilité de dérogation-anticipation, notamment en 1976, supprimée par la loi du 18 juill. 1985).
Le nouveau régime des ZAC a fait l'objet d'une circulaire de synthèse (Circ. n° 76-69, 1er août 1979) à laquelle est annexé un très important guide pratique, et la liste de 53 circulaires abrogées (avant C. urb., art. R. 311-1, la liste des circulaires en vigueur).
La décentralisation résultant de la loi du 2 mars 1982 a fait des cahiers des charges types de concession (ZAC publiques) ou de convention (ZAC privées) de simples modèles, sans caractère impératif.
La loi du 18 juillet 1985, prolongeant dans le domaine opérationnel la décentralisation de l'urbanisme réglementaire résultant de la loi du 7 janvier 1983, donne aux communes le pouvoir de créer les ZAC lorsqu'elles sont dotées de POS approuvés (art. L. 311-1). Mais cette loi pourrait faire perdre de son intérêt à la procédure de ZAC, dès lors qu'elle établit parallèlement un nouveau régime de financement des équipements publics (C. urb., art. L. 332-9 à L. 332-11).
La loi n° 86-1290 du 23 décembre 1986, dans le souci d'augmenter l'offre foncière, a modifié l'article L. 311-4, pour permettre l'accélération de la procédure. Mais les modifications des textes réglementaires par le décret n° 86-517 du 14 mars 1986 semblent plus importantes.

Bibliographie : BIJOU, *La ZAC dans la décentralisation : Droit et Ville* 2001, p. 52. – BOUYSSOU, *La réforme des procédures et du financement de l'aménagement : AJDA* 2001, p. 41. – FATÔME, *Le nouveau régime juridique des ZAC : BJDU* n° 6/2000, p. 394. – E. FATÔME, J.-P. LEBRETON, *Plan local d'urbanisme et localisation des ZAC : AJDA* 2003, n° 8, p. 365.

C. urb., art. L. 311-1 ***(L. n° 76-1285, 31 déc. 1976 ; L. n° 85-729, 18 juill. 1985).*** **— Les zones d'aménagement concerté sont les zones à l'intérieur desquelles une collectivité publique ou un établissement public y ayant vocation décide d'intervenir pour réaliser ou faire réaliser l'aménagement et l'équipement des terrains, notamment de ceux que cette collectivité ou cet établissement a acquis ou acquerra en vue de les céder ou de les concéder ultérieurement à des utilisateurs publics ou privés.**
(5 al. rempl. par 3 al. à compter du 1er avril 2001, L. n° 2000-1208, 13 déc. 2000, art. 7-1° et 43 et D. n° 2001-261, 27 mars 2001, art. 3) **Le périmètre et le programme de la zone d'aménagement concerté sont approuvés par délibération du conseil municipal ou de l'organe délibérant de l'établissement public de coopération intercommunale.**

(Al. issu à compter du 1er avril 2001, L. n° 2000-1208, 13 déc. 2000, art. 7-1° et 43 et D. n° 2001-261, 27 mars 2001, art. 3) **Sont toutefois créées par le préfet, après avis du conseil municipal de la ou des communes concernées ou de l'établissement public de coopération intercommunale compétent, les zones d'aménagement concerté réalisées à l'initiative de l'État, des régions, des départements ou de leurs établissements publics et concessionnaires et les zones d'aménagement concerté situées, en tout ou partie, à l'intérieur d'un périmètre d'opération d'intérêt national.**

(Al. issu à compter du 1er avril 2001, L. n° 2000-1208, 13 déc. 2000, art. 7-1° et 43 et D. n° 2001-261, 27 mars 2001, art. 3) **Une même zone d'aménagement concerté peut être créée sur plusieurs emplacements territorialement distincts.**

0758 **Création.** En matière de compétence dans l'initiative de la création des ZAC, le pouvoir du préfet est sensiblement réduit. Le conseil municipal ou l'organe délibérant de l'établissement intercommunal est désormais compétent pour délimiter le périmètre de la zone et pour arrêter son programme.

Le pouvoir du préfet ne demeure, après avis des communes concernées ou de l'établissement intercommunal, que pour les ZAC dont l'initiative appartient à l'État, à une région, à un département ou à leurs établissements publics, ou lorsque la ZAC est située en tout ou partie, à l'intérieur du périmètre d'une opération d'intérêt national (OIN).

Toujours en matière de création, une modification importante résulte dans la possibilité de créer désormais une ZAC en dehors des seules zones urbaines ou d'urbanisation future d'un PLU, voire même en dehors d'un espace couvert par un PLU.

0759 **Intercommunalité.** La compétence et l'initiative intercommunale, en matière de ZAC, doit conduire les collectivités locales à vérifier l'effectivité du transfert de compétence dans les statuts de la structure intercommunale. Ainsi, le transfert, à l'échelon intercommunal, des zones d'activité économique ne signifie pas que les ZAC aient été, quant à elles, dévolues à la compétence intercommunale.

0760 **Appropriation foncière.** La rédaction inchangée de l'alinéa 1er de cet article révèle que la mission de l'aménagement peut très bien être réalisée sans que la totalité des terrains inscrits à l'intérieur du périmètre de la zone ne doivent être maîtrisés par ce dernier.

Cet alinéa renvoie particulièrement au dernier alinéa de l'article L. 311-4, lequel prévoit que pour les terrains qui seraient développés hors de l'entremise de l'aménageur bien que situés dans la zone un mécanisme nouveau de convention de participation sera à établir et à régulariser entre l'administration compétente et chacun des propriétaires fonciers souhaitant directement obtenir un PC ou une autorisation de lotir.

0761 **ZAC multi-sites.** Comme avant la loi SRU, la faculté de créer une ZAC unique sur plusieurs sites non contigus entre eux – le cas échéant localisés sur plusieurs communes – est maintenu par l'article L. 311-1. La division multi-sites d'une zone peut – ou non – être accompagnée d'un phasage dans la réalisation opérationnelle de la zone.

0762 **Compatibilité.** Lorsqu'il existe un schéma directeur ou désormais un SCOT, le principe de compatibilité s'applique à la ZAC (C. urb., art. R. 122-27).

0763 **Enquête publique.** La décision de création d'une ZAC n'a pas à être précédée d'une enquête publique (CE, 17 oct. 1980, *Bert : Rec. CE*, p. 370, concl. Labetoulle) selon le régime ancien.

Voir aussi : C. urb., art. L. 311-4, p. 227 ; sur le cas des ZAC multisites (al. 5), *Guide des ZAC* (nos 1-2-3-4) ; sur les conditions procédurales de création, C. urb., art. L. 300-2, p. 215.

0764 **ZAC et POS.** La solution selon laquelle l'illégalité du POS n'entraîne pas l'illégalité de la création de ZAC est confirmée (CE, 3 juill. 1996, *min. Équip. : Rec. CE*, p. 259 ; *DA* 1997, 38).

0765 **Effets de l'annulation du POS.** L'annulation du POS entraîne en principe la compétence du préfet (CE, 25 mai 1998, *Cne d'Antibes et Sté d'aménagement d'Antibes-les-Pins*), mais l'annulation est pourtant écartée par application de l'article L. 600-1, issu de la loi Bosson du 9 février 1994 (CAA Paris, 26 janv. 1995, *Plessis c/ Cne de Plessis-Robinson*).

Bibliographie : MORAND-DEVILLER, *La procédure de création de la ZAC : Droit et Ville* 1993, n° 36, p. 9. – MOREAU, *La procédure de création de la ZAC : Droit et Ville* 1993, n° 36, p. 35.

C. urb., art. L. 311-2 *(D. n° 76-267, 25 mars 1976 ; L. n° 76-1285, 31 déc. 1976 ; L. n° 85-729, 18 juill. 1985).* **— À compter de la publication de l'acte créant une zone d'aménagement concerté, les propriétaires des terrains compris dans cette zone peuvent mettre en demeure la collectivité publique ou l'établissement public qui a pris l'initiative de la création de la zone, de procéder à l'acquisition de leur terrain,** ***(Mots rempl. à compter du 1er avril 2001, L. n° 2000-1208, 13 déc. 2000, art. 7, 2° et 43 et D. n° 2001-261, 27 mars 2001, art. 3)*** **« dans les conditions et délais prévus à l'article L. 230-1 ».**

Loi SRU. Les nouvelles modalités d'exercice du droit de délaissement des propriétaires sont désormais réunies sous les articles L. 230-1 à L. 230-6 (L. 13 déc. 2000, art. 7). En matière de terrains situés dans les ZAC, la date de référence à prendre en compte pour l'estimation du prix par le juge, est d'un an préalablement à la création de la ZAC, et non plus celle de la publication de l'acte créant la ZAC comme cela résultant du régime antérieur à la loi SRU. 0766

Champ d'application. Le droit de délaissement prévu au présent article peut s'exercer sur des terrains bâtis (Cass. 3e civ., 7 mai 1996 : *BJDU* 4/1996, p. 265 ; *DA* 1997, 37). 0767

Voir aussi : Sur la date de référence (avant loi SRU), Circ. n° 87-60, 7 juillet 1987.

Débiteur de l'obligation d'acquérir. À supposer que l'aménageur soit désigné par la collectivité publique, il ne revient pas à ce dernier d'acquérir directement les terrains des propriétaires qui souhaiteraient mettre en œuvre leur droit de délaissement. 0768

Afin d'éviter un portage foncier trop long – et ainsi d'encourir le risque de devoir être mise en demeure d'acquérir sans nécessairement avoir le financement correspondant, la collectivité publique souhaitera « s'adosser » à un aménageur et donc réduire la période comprise entre la création de la ZAC et la signature de la convention d'aménagement.

C. urb., art. L. 311-3 *(L. n° 76-1285, 31 déc. 1976 ; L. n° 85-729, 18 juill. 1985).* **— Lorsqu'un terrain est compris dans une zone d'aménagement concerté, il ne pourra être fait application des dispositions de l'article L. 213-11.**

C. urb., art. L. 311-4 *(Anc. art. L. 311-4-1, L. n° 93-122, 29 janv. 1993 ; L. n° 94-112, 9 févr. 1994 ; dénuméroté à compter du 1er avril 2001, L. n° 2000-1208, 13 déc. 2000, art. 7-3° et 43 et D. n° 2001-261, 27 mars 2001, art. 3).* **— Il ne peut être mis à la charge** ***(Mots rempl. à compter du 1er avril 2001, L. n° 2000-1208, 13 déc. 2000, art. 7-3° et 43 et D. n° 2001-261, 27 mars 2001, art. 3)*** **« de l'aménageur de la zone » que le coût des équipements publics à réaliser pour répondre aux besoins des futurs habitants ou usagers des constructions à édifier dans la zone.**

Lorsque la capacité des équipements programmés excède les besoins de l'opération, seule la fraction du coût proportionnelle à ces besoins peut être mise à la charge ***(Mots rempl. à compter du 1er avril 2001, L. n° 2000-1208, 13 déc. 2000, art. 7-3° et 43 et D. n° 2001-261, 27 mars 2001, art. 3)*** **« de l'aménageur ».**

Lorsqu'un équipement doit être réalisé pour répondre aux besoins des futurs habitants ou usagers des constructions à édifier dans plusieurs opérations successives devant faire l'objet de zones d'aménagement concerté ou de programmes d'aménagement d'ensemble, la répartition du coût de cet équipement entre différentes opérations peut être prévue dès la première, à l'initiative de l'autorité publique qui approuve l'opération.

(Al. créé à compter du 1er avril 2001, L. n° 2000-1208, 13 déc. 2000, art. 7-3° et 43 et D. n° 2001-261, 27 mars 2001, art. 3) **Lorsqu'une construction est édifiée sur un terrain n'ayant pas fait l'objet d'une cession, location ou concession d'usage consentie par**

l'aménageur de la zone, une convention conclue entre la commune ou l'établissement public de coopération intercommunale et le constructeur précise les conditions dans lesquelles celui-ci participe au coût d'équipement de la zone. La convention constitue une pièce obligatoire du dossier de permis de construire ou de lotir.

Bibliographie : FRIER, *Participations financières et corruption : AJDA* 1993, p. 148. – LIET-VEAUX, *Des travaux et prestations susceptibles d'être imposés à l'aménageur d'une ZAC : Dr. adm.* mai 1993. – Collectif, *Les conventions de participation en ZAC de l'article L. 311-4 : BJDU* n° 5/2002, p. 330.

0769 **Participation proportionnelle.** Rendue sur un litige antérieur à la loi SRU, cette décision valide le principe de proportionnalité figurant au 1er alinéa du nouvel article L. 311-4 : la personne publique qui a créé une ZAC, tenue de se conformer au principe d'égalité devant les charges publiques, ne peut faire supporter le coût des équipements qui, même situés à l'intérieur du périmètre de la zone, ne répondent pas aux besoins de ses futurs habitants ou des usagers des constructions devant y être édifiées ; elle doit également proportionner la participation réclamée à la fraction du coût des équipements correspondant à la satisfaction des besoins des futurs habitants ou usagers (CAA Paris, 11 juill. 2003, req. n° 01PA00643, *Sarl Briand-Bagneux*).

0770 **Montant du coût des équipements.** Après avoir corrigé l'identité de l'opérateur assujetti à participer au financement des équipements publics (l'aménageur et non plus les constructeurs), l'article L. 311-4 reprend les dispositions de l'ancien art. L. 311-4-1 en précisant de façon relativement pédagogique les modalités de répartition du coût des équipements.

0771 **Convention de participation.** La novation la plus significative est ici d'avoir mis en place un mécanisme de financement supplétif à celui de l'aménageur, à la charge des propriétaires de terrains n'ayant pas acquis leurs terrains auprès de l'aménageur et qui souhaiteraient néanmoins valoriser ceux-ci. Ce mécanisme – constitué par les nouvelles conventions de participation, conclues entre la commune et les propriétaires fonciers (mais qui peuvent parfois être tripartites et inclure l'aménageur de la zone) – doit permettre à due proportion de la surface hors œuvre nette globale de la ZAC, de solliciter une quote part du coût des équipements publics directement auprès desdits propriétaires fonciers, dès lors qu'ils sollicitent un permis de construire ou une autorisation de lotir.

C. urb., art. L. 311-4 ancien *(L. n° 76-1285, 31 déc. 1976 ; L. n° 85-729, 18 juill. 1985 ; L. n° 86-13, 6 janv. 1986 ; L. n° 86-1290, 23 déc. 1986 ; L. n° 91-662, 13 juill. 1991 ; L. n° 93-24, 8 janv. 1993 ; L. n° 95-115, 4 févr. 1995 ; L. n° 96-1236, 30 déc. 1996).* **— Il est établi, dans chaque zone d'aménagement concerté, un plan d'aménagement de zone compatible avec les orientations du schéma directeur, s'il en existe un. Ce plan prend en considération les dispositions du programme local de l'habitat lorsqu'il existe et les orientations du plan de déplacements urbains lorsqu'il existe. Il comporte tout ou partie des éléments énumérés aux articles L. 123-1 et L. 130-1 et précise les mesures destinées à préserver la qualité des paysages. Il est élaboré par la personne publique qui a pris l'initiative de la création de la zone. Sont associés à cette élaboration l'État et la commune et, à leur demande, et dans les formes que la personne publique qui a pris l'initiative de la création de la zone détermine, la région et le département ; l'autorité compétente pour créer la zone d'aménagement concerté peut demander que soit recueilli l'avis de tout organisme ou association ayant compétence en matière de construction, d'aménagement ou d'urbanisme. Le représentant de l'État porte à la connaissance de la personne publique qui a pris l'initiative de la création, les prescriptions, servitudes et dispositions mentionnées au dernier alinéa de l'article L. 123-1 et lui communique toute autre information qu'il juge utile à l'élaboration du plan d'aménagement de zone. Le plan d'aménagement de zone est soumis à enquête publique par le maire lorsque la commune est compétente pour créer la zone et par le représentant de l'État dans le département lorsqu'il a cette compétence. Le plan d'aménagement de zone est ensuite approuvé par l'autorité compétente pour créer la zone, après avis du conseil municipal ou de l'organe délibérant de l'établissement public de coopération intercommunale compétent lorsque l'État est compétent pour créer la zone. Lorsque le dossier du plan d'aménagement de zone soumis à l'enquête comprend les pièces requises par le Code de l'expropriation pour cause d'utilité publique, l'enquête prévue ci-dessus vaut enquête préalable à la déclaration d'utilité publique des travaux nécessaires à l'aménagement de la zone. Lorsque la commune est dotée d'un plan d'occupation des sols opposable aux tiers, l'autorité compétente peut, par dérogation aux dispositions des deuxième et troi-**

sième alinéas du présent article, soumettre directement à enquête publique un projet de plan d'aménagement de zone, à condition que ce projet ne porte pas atteinte à l'économie générale du plan d'occupation des sols, ne concerne pas les espaces boisés classés et ne comporte pas de graves risques de nuisances. Le plan d'aménagement de zone approuvé est opposable à toute personne publique ou privée pour l'exécution de tous travaux, installations ou constructions affectant l'utilisation du sol. Lorsque l'acte de création de la zone décide de maintenir en vigueur les dispositions du plan d'occupation des sols, rendu public ou approuvé, ce document tient lieu de plan d'aménagement de la zone. Après mise en demeure non suivie d'effet dans les six mois de la personne qui a élaboré le plan d'aménagement de zone et de l'autorité compétente pour approuver ledit plan, le représentant de l'État dans le département peut élaborer et approuver, après avis du conseil municipal ou de l'organe délibérant de l'établissement public de coopération intercommunale compétent et enquête publique, la modification du plan d'aménagement de zone afin que celui-ci soit compatible, dans les conditions prévues par l'article L. 111-1-1, avec les orientations d'un schéma directeur ou d'un schéma de secteur approuvé ou arrêté postérieurement à l'approbation du plan, ou avec les directives territoriales d'aménagement, ou avec les lois d'aménagement et d'urbanisme, ou pour permettre la réalisation d'un nouveau projet d'intérêt général relevant de l'État, de la région, du département ou d'autres intervenants, et correspondant aux définitions prises en application de l'article L. 121-12.

PAZ. Le PAZ – qui peut, le cas échéant, concerner le domaine public maritime (CE, 10 juill. 1981, *Mathio*, req. n°s 18331 à 18334) – est un document d'urbanisme au sens du décret n° 77-1241 du 12 octobre 1977 pris pour l'application de l'article 2 de la loi n° 76-629 du 10 juillet 1976 relative à la protection de la nature et n'a donc pas à être précédé d'une étude d'impact (CE, 6 févr. 1981, *Union départementale des Bouches-du-Rhône pour la sauvegarde de la vie et de la nature : Rec. CE*, p. 70). 0772

Voir aussi : L'exigence de C. urb., art. R. 311-3, p. 227.

PAZ et ZAC. À l'occasion d'un recours contre l'arrêté approuvant le PAZ, les requérants peuvent se prévaloir de l'illégalité de l'acte administratif créant la zone (CE, sect. 23 mars 1979, *Valentini : Droit et Ville* 1979, n° 8, p. 237, note Bouyssou ; *AJDA* nov. 1979, p. 53, note Souloumiac). 0773

Voir aussi : C. urb., art. L. 600-1, p. 469, issu de la loi Bosson du 9 février 1994 et CE, 10 juill. 1996, *Assoc. Comité des cinq cantons Barre : Rec. CE*, T, p. 1119.

ZAC et POS. Si l'acte de création d'une ZAC, comme le permet l'ancien article L. 311-4, de maintenir en vigueur dans la zone les dispositions du POS, celles-ci doivent, à la date de ladite création, en permettre la réalisation. Dès lors que le POS existant révélerait une incompatibilité avec la ZAC, la création de cette dernière serait illégale (CE, 31 janv. 2001, req. n° 207389, *Cne de Blotzheim : BJDU* n° 1/2001, p. 18, concl. Bachelier ; *Constr.-urb.* 2001, n° 137, note Célérier). 0774

Enquête publique. La loi du 18 juillet 1985 a explicitement prévu le caractère conjoint de l'enquête préalable à la DUP et de l'enquête sur le PAZ. En pratique, cette solution n'est pas nouvelle et elle était préconisée par le *Guide des ZAC* (p. 32). 0775
Mais les procédures de DUP et de ZAC sont indépendantes, de sorte que l'illégalité des actes créant la ZAC ou approuvant le dossier de ZAC ne peut être utilement invoquée à l'égard d'un recours contre la DUP (CE, 28 oct. 1987, *Assoc. pour la défense des sites et paysages : Rec. CE*, p. 327. – CE, 8 juin 1988, *Ville d'Amiens* c/ *Crépin : DA* 1988, n°s 422 et 446).
Le principe est néanmoins remis en cause par la jurisprudence récente, qui admet, en présence de deux recours respectivement dirigés contre la ZAC et contre la DUP, que l'annulation de la ZAC doit entraîner par voie de conséquence l'annulation de la DUP ou plus exactement, que l'incompatibilité avec le schéma directeur entraîne à la fois l'annulation de la ZAC ou du PAZ et celle de la DUP (CE, 5 oct. 1990, *Cne de Levallois-Perret, SEMARELP* et *ministre Équip.* c/ *Caen : AJDA* 1991, p. 69, note J.-B. Auby).
Est légale, la DUP d'une ZAC comportant 60 logements sociaux, des commerces et des équipements publics (CE, 28 oct. 1994, *Comité de défense de la ZAC Béranger*). Malgré l'indépendance de la ZAC et de la DUP, les dossiers propres à chaque procédure soumise à enquête publique peuvent renvoyer de l'un à l'autre (CE, 4 juill. 1994, *Assoc. pour la défense du bourg de Meyrieu*).

Voir aussi : La déclaration d'illégalité du PAZ de Port-Fréjus et l'annulation de la DUP correspondante : CE, 27 févr. 1995, *Assoc. des quartiers de Fréjus : AJDA* 1995, p. 468, concl. du Marais ; *Idem* pour CE, 24 mai 1995, *Ville de Meudon : Rec. CE*, p. 208 ; *DA* 1995, 553 ; *BJDU* 4/1995, p. 291, concl. Bachelier ou CE, 18 févr. 1998, *SA GRC Emir : BJDU* 1998, p. 182, concl. Combrexelle ; sur le principe de compatibilité, les annotations sous l'article R. 122-27 et, pour un exemple récent, CE, 26 mai 1993, *Letellier : Rec. CE*, T, p. 1080 ; *DA* 1993, 375.

0776 **DUP.** Même en ZAC, le dossier soumis à enquête préalable à la déclaration d'utilité publique doit comporter l'évaluation sommaire des ouvrages à réaliser, et pas seulement celui des acquisitions foncières, si le projet est assez avancé (CE, 27 juill. 1990, *Ville de Fréjus*).
Le surendettement de la commune peut rendre illégale la DUP d'une ZAC (TA Versailles, 25 oct. 1994, *SAS Prince de Liechstenstein c/ Préfet du Val d'Oise : Ét. fonc.* 1995, n° 66 ; *Gaz. Pal.* 26 mai 1995, pan. dr. adm. p. 15). En revanche, la solution inverse est retenue si le projet n'affecte pas la trésorerie de la commune, même si celle-ci est fortement endettée (TA Versailles, 6 nov. 1997, *Cts Mézailles : Ét. fonc.* 1998, n° 90).

0777 **Expropriation.** Le droit d'exproprier pour les besoins d'une ZAC (notamment d'une ZAC privée) n'est pas dépourvu d'ambiguïtés (intervention Moreau, au Colloque de Caen, oct. 1990 : *Droit et Ville* 1991, n° 31, p. 105).

Voir aussi : Les interventions de MM. Bon et Périnet-Marquet au Colloque de Caen de novembre 1992 : *Droit et Ville* 1993, n° 36, p. 231 et 255 ; obs. sous C. urb., art. L. 300-4, p. 218.

0778 **PAZ et POS.** La procédure relative au contenu et à l'élaboration du plan d'aménagement de zone est exactement décalquée sur la procédure de POS (C. urb., art. L. 123-3). Il en va de même pour la modification à la demande du représentant de l'État (comparer le dernier alinéa du présent article à l'article L. 123-7-1).

0779 **Opération d'intérêt national.** La création d'une ZAC incombe au préfet lorsque le périmètre de la zone concerne une commune située en tout ou partie à l'intérieur d'un périmètre d'opération d'intérêt national (CAA Paris, 20 nov. 2003, req. n° 98PA01927, *Cne de Puteaux*).

0780 **Intercommunalité.** Les districts n'ayant pas compétence de plein droit pour créer une ZAC, la décision de création est annulée, à défaut de délégation de compétence de la part de la commune (CE, 30 déc. 1996, *Assoc. de défense contre la Rocade Ouest*).

0781 **Habitat social.** La loi d'orientation pour la ville, du 13 juillet 1991, a modifié le premier alinéa du présent article, en vue d'une politique d'habitat diversifié. Outre la prise en considération du plan de référence (C. urb., art. L. 300-5), est imposée celle du programme local de l'habitat (dont l'élaboration a été simplifiée par la loi du 21 janvier 1995 relative à la diversité de l'habitat).
Ce document, institué par la loi précitée du 13 juillet 1991 (CCH, art. L. 302-1 à L. 302-9), est en principe intercommunal et élaboré par un établissement public (ou par la commune, en cas de défaillance de l'EPCI) et mis à disposition du public.
Dans les agglomérations de plus de 200 000 habitants, connaissant des difficultés de logement social, les communes doivent acquérir des terrains ou locaux nécessaires pour réaliser des constructions destinées à l'habitat locatif social, ou verser aux organismes HLM un versement compensatoire.

0782 **Rôle du préfet.** Méconnaît son obligation de porter à la connaissance de la personne publique qui a pris l'initiative de la création d'une ZAC le préfet qui, sur une importante ZAC proche du littoral, n'a pas exprimé de réserves au regard de la conformité du projet avec les dispositions codifiées de la loi « littoral » (violation de l'ancien art. L. 311-4) (CAA Marseille, 3 juin 2004, req. n° 99MA00829, *Cne d'Argelès-sur-Mer*).

Bibliographie : PÉRIGNON, *Sécurité juridique des constructeurs et ZAC : Droit et Ville* 1991, n° 31, p. 97. – JEGOUZO, *ZAC et document d'urbanisme : Droit et Ville* 1993, n° 36, p. 49. – LAMORLETTE, *L'acte détachable d'une convention de ZAC : RD imm.* 1993, p. 453.

C. urb., art. L. 311-5 *(D. n° 76-267, 25 mars 1976 ; remplacé à compter du 1er avril 2001, L. n° 2000-1208, 13 déc. 2000, art. 7-4° et 43 et D. n° 2001-261, 27 mars 2001, art. 3).* — **L'aménagement et l'équipement de la zone sont conduits directement par la personne publique qui a pris l'initiative de sa création ou confiés par cette personne publique, dans les conditions précisées aux articles L. 300-4 et L. 300-5 à un établissement public y ayant vocation, à une société d'économie mixte ou à une personne publique ou privée.**

Modes de réalisation. Reprenant dans la partie législative les dispositions de l'article R. 311-4, l'article L. 311-5 confirme les différents modes de réalisation des ZAC, à savoir : 0783
- la réalisation en régie directe par la collectivité ayant pris l'initiative de sa création ;
- la convention publique d'aménagement de l'article L. 300-5 avec un établissement public ou une société d'économie mixte ;
- la convention (non CPA) avec un aménageur privé ou public.

Consultation. Est illégale la modification du PAZ ramenant de 5 650 m² à 900 m² la surface des commerces, sans consultation de la CCI (TA Amiens, 25 oct. 1994, *Comité de sauvegarde de l'environnement de la cathédrale : BJDU* 6/1994, p. 110), ou celle qui augmente la surface prévue pour « l'animation et le commerce » (CE, 11 mars 1996, *Cne de Bonifacio*). 0784
La consultation des établissements consulaires s'impose dans tous les cas, même celui de la procédure simplifiée prévu au 5e alinéa de l'article L. 311-4 (TA Versailles, 6 déc. 1994, *Union de sauvegarde du clos Saint-Vigor-Mermoz : Rec. CE* 1994, T, p. 1245).

C. urb., art. L. 311-6 *(D. n° 76-267, 25 mars 1976 ; remplacé à compter du 1er avril 2001, L. n° 2000-1208, 13 déc. 2000, art. 7-4° et 43 et D. n° 2001-261, 27 mars 2001, art. 3).* — **Les cessions ou concessions d'usage de terrains à l'intérieur des zones d'aménagement concerté font l'objet d'un cahier des charges qui indique le nombre de mètres carrés de surface hors œuvre nette dont la construction est autorisée sur la parcelle cédée. Le cahier des charges peut en outre fixer des prescriptions techniques, urbanistiques et architecturales imposées pour la durée de la réalisation de la zone.**

Le cahier des charges est approuvé lors de chaque cession ou concession d'usage par le maire ou le président de l'établissement public de coopération intercommunale, lorsque la création de la zone relève de la compétence du conseil municipal ou de l'organe délibérant de l'établissement public de coopération intercommunale, et par le préfet dans les autres cas.

Le cahier des charges devient caduc à la date de la suppression de la zone. Les dispositions du présent alinéa ne sont pas applicables aux cahiers des charges signés avant l'entrée en vigueur de la loi n° 2000-1208 du 13 décembre 2000 relative à la solidarité et au renouvellement urbains.

Caractère obligatoire. Devenu facultatif depuis le 1er avril 1986 (sauf pour les cessions concernant des terrains situés dans une zone ayant été déclaré d'utilité publique), l'établissement d'un cahier des charges est rétabli par la loi SRU. Il doit permettre de mesurer, au fur et à mesure des parcelles cédées, l'état de consommation de la constructibilité dans la ZAC et résultant des dispositions du PLU. 0785
Dans la pratique, de nombreuses communes avaient maintenu le dispositif sans toutefois que le cahier des charges de ZAC ne soit soumis à une approbation administrative.

Champ d'application. Le cahier des charges est non seulement applicable, de par la généralité de sa rédaction, aux terrains maîtrisés par l'aménageur, mais également à ceux qui seraient cédés par les propriétaires fonciers pré-existants à la zone et qui devaient conclure une convention de participation de l'article L. 311-4 dernier alinéa. 0786

Caducité. Sauf pour les cahiers des charges signés avant l'entrée en vigueur de la loi SRU, les nouveaux deviendront caducs à la suppression de la zone. 0787

C. urb., art. L. 311-7 *(L. n° 89-550, 2 août 1989 ; remplacé à compter du 1er avril 2001, L. n° 2000-1208, 13 déc. 2000, art. 7-4° et 43 et D. n° 2001-261, 27 mars 2001, art. 3).* **— *(Al. rempl. par 5 al., L. n° 2003-590, 2 juill. 2003, art. 44)* « Les plans d'aménagement de zone approuvés avant l'entrée en vigueur de la loi n° 2000-1208 du 13 décembre 2000 précitée demeurent applicables jusqu'à l'approbation par la commune ou l'établissement public de coopération intercommunale compétent d'un plan local d'urbanisme. Ils ont les mêmes effets pour la zone intéressée que les plans locaux d'urbanisme. Ils sont soumis au régime juridique des plans locaux d'urbanisme tel qu'il est défini par les articles L. 123-1 à L. 123-18, à l'exception du deuxième alinéa de l'article L. 123-1.**

Ils peuvent faire l'objet :

***a)* D'une modification, à condition que le changement apporté au plan d'aménagement de zone ne porte pas atteinte à l'économie générale des orientations d'urbanisme concernant l'ensemble de la commune, et sous les conditions fixées aux b et c de l'article L. 123-13 ;**

***b)* D'une révision simplifiée dans les conditions définies par le huitième alinéa de l'article L. 123-13 ;**

***c)* D'une mise en compatibilité selon les modalités définies par l'article L. 123-16. »**

Les projets de plan d'aménagement de zone qui ont été arrêtés en vue d'être soumis à enquête publique conformément à l'article L. 311-4 en vigueur avant l'application de la loi n° 2000-1208 du 13 décembre 2000 précitée demeurent soumis aux dispositions législatives antérieures. Ils seront intégrés aux plans locaux d'urbanisme dès leur approbation.

0788 **Régime transitoire des plans d'aménagement de zone (PAZ).** La loi nouvelle prévoit, dans l'article L. 311-7 du Code de l'urbanisme, des dispositions transitoires pour les PAZ, qui seront désormais intégrés dans les PLU en application de la loi relative à la solidarité et au renouvellement urbains précitée, comme cela est déjà le cas s'agissant du passage des POS aux PLU.
En conséquence, ce nouvel article du projet de loi prévoit que les PAZ approuvés avant l'entrée en vigueur de la loi « SRU » demeurent applicables jusqu'à l'approbation, par la commune ou l'EPCI compétent, d'un PLU, dont ils ont les mêmes effets et dont le régime juridique s'applique à eux.
Conformément à ce qui a été prévu pour les POS, il est en outre prévu que les PAZ peuvent faire l'objet d'une modification, d'une révision simplifiée ou d'une mise en compatibilité avec une déclaration d'utilité publique ou une déclaration de projet.
Le texte final tend à aligner la procédure de modification des plans d'aménagement de zone sur celle des plans locaux d'urbanisme, en disposant que les conditions auxquelles est subordonnée la modification d'un plan d'aménagement de zone sont cumulative. Il est à noter que le critère discriminant modification/révision simplifiée demeure la remise en cause – ou non – de l'économie générale des orientations d'urbanisme, appréhendées à l'échelle de la commune tout entière.

C. urb., art. L. 311-8 *(Créé à compter du 1er avril 2001, L. n° 2000-1208, 13 déc. 2000, art. 7-4° et 43 et D. n° 2001-261, 27 mars 2001, art. 3).* **— Un décret en Conseil d'État détermine, en tant que de besoin, les modalités d'application du présent chapitre.**

Chapitre II
Rénovation urbaine

C. urb., art. L. 312-1 à L. 312-13 *(Ab., L. n° 85-729, 18 juill. 1985).*

0789 **Abrogation.** Ce chapitre II dont les parties L. 312-1 à L. 312-13 traitaient de la rénovation urbaine a été abrogé par le paragraphe I de l'article 16 de la loi n° 85-729 du 18 juillet 1985.
Cette abrogation ne fait pas obstacle à l'achèvement des opérations engagées selon les formes prévues par les articles L. 312-1 et suivants du Code de l'urbanisme dans leur rédaction antérieure à celle de la présente loi et les textes pris pour leur application (L. 18 juill. 1985, art. 34).

Chapitre III
Restauration immobilière et secteurs sauvegardés

Historique. La législation des secteurs sauvegardés, issue de la *loi Malraux* du 4 août 1962, a été complétée par la loi n° 76-1285 du 31 décembre 1976 pour aligner le régime des plans de sauvegarde et de mise en valeur sur celui des POS et par la loi du 18 juillet 1985, qui y introduit une décentralisation très limitée (C. urb., art. L. 313-1 et L. 313-3). 0790
Outre la faculté de sursis à statuer (C. urb., art. L. 111-8 et L. 111-9), pendant une durée de deux ans, en vue de la sauvegarde du futur plan, en cours d'élaboration, tout travail ayant pour effet de modifier l'état des immeubles est soumis à autorisation (permis de construire ou autorisation spéciale), à compter de la délimitation du secteur sauvegardé (C. urb., art. L. 313-2).
Les travaux de conservation, restauration et mise en valeur, sont éventuellement exécutés au moyen d'une ZAC ou encore à l'initiative des propriétaires, à condition qu'ils prennent des engagements fixés par décret (C. urb., art. R. 313-24 à R. 313-32).
Ces articles révèlent que le principe « d'élaboration associée » qui caractérise la procédure des POS depuis la loi du 7 janvier 1983, est inapplicable en matière de périmètre de sauvegarde et de mise en valeur, où la procédure demeure fortement étatique et largement centralisée.

Voir aussi : La circulaire n° 78-15 du 17 janvier 1978 relative aux plans de sauvegarde et de mise en valeur ; pour une étude comparative entre les diverses procédures de conservation du patrimoine ancien, Louis-Lucas, *La protection des sites urbains : Droit et Ville* 1984, n° 18, p. 137 ; pour une comparaison entre secteurs sauvegardés et zones de protection du patrimoine architectural et urbain, Bouyssou : *Droit et Ville* 1985, n° 19, p. 77. – Colloque de Fontevrault sur le « patrimoine culturel immobilier et le droit », 26-29 sept. 1985, Économica 1986.

Bibliographie : MORAND-DEVILLER, *Conservation, restauration et mise en valeur dans les secteurs sauvegardés : RFDA* 1988, p. 958. – MORAND-DEVILLER, *Esthétique et patrimoine : AJDA* n° spécial mai 1993, p. 89.

Aides publiques. La restauration immobilière fait l'objet d'aides spécifiques (les trois circulaires du 3 mars 1977), notamment en cas d'opérations groupées de restauration immobilière légères d'initiative publique (notice annexée à circ. n° 240, 20 juill. 1973). La circulaire n° 77-83 du 1er juin 1977, complétée par celle n° 80-89 du 10 juillet 1980, a mis ultérieurement en place, afin de promouvoir l'amélioration de l'habitat ancien, une nouvelle procédure d'intervention plus simple et d'un champ d'application plus large que les opérations groupées, dénommées « opérations programmées d'amélioration de l'habitat » et qui prévoit la conversion possible des opérations groupées de restauration immobilière en cours en opérations programmées d'amélioration de l'habitat. 0791
Les OPAH ont fait l'objet d'une consécration par la loi d'orientation pour la ville du 13 juillet 1991 (CCH, art. L. 303-1).

Voir aussi : Sur les conséquences fiscales de telles opérations, les instructions des 13 octobre 1982 : *BODGI* 5 D-4-82 ; *JCP* N 1982, Prat. 8400 et 11 octobre 1985 : *BODGI* 5 D-2-85 ; *JCP* N 1985, Prat. 9578 ; article Patat : *RD imm.* 1988, p. 419 ; la loi d'orientation pour la ville du 13 juillet 1991 et la loi du 22 juin 1993.

Nouveau régime. La loi SRU du 13 décembre 2000 adapte la législation applicable aux secteurs sauvegardés (C. urb., art. L. 313-1 nouveau) : 0792
- elle précise que ces secteurs peuvent inclure des espaces bâtis ou non ;
- elle prévoit que l'acte qui crée le secteur sauvegardé met en révision le PLU ;
- elle simplifie la procédure des plans de sauvegarde et de mise en valeur (PSMV) en permettant une approbation du plan non plus seulement par un exécuteur Conseil d'État, mais par un simple arrêté ministériel sous certaines réserves.

Bibliographie : *J.-Cl. Construction*, fasc. 15.

Restauration immobilière et réduction d'impôt. Si le législateur (CGI, art. 156-1-3°) a entendu limiter le droit reconnu aux propriétaires d'imputer sur le revenu global certains déficits fonciers à la seule partie des déficits provenant de travaux exécutés sur des locaux ayant fait l'objet d'une opération programmée de restauration immobilière en application des articles L. 313-1 à L. 313- 0793

15 du Code de l'urbanisme et destinés à être loués nus à usage de résidence principale du locataire pendant 9 ans, il n'a pas exclu du montant de ces déficits les intérêts des emprunts contractés pour réaliser ces travaux (CE, 30 juill. 2003, req. n° 244517, *Cts Candelon*).
Par ailleurs, seuls sont autorisés à imputer sur leur revenu global les déficits fonciers provenant de dépenses de restauration d'immeubles situés dans un « secteur sauvegardé » les propriétaires de ces immeubles qui, agissant dans le cadre d'un groupement, constitué ou non sous la forme d'une association syndicale, ont obtenu les autorisations exigées par les articles L. 313-2 et L. 313-3 du Code de l'urbanisme, ont satisfait à l'obligation d'assumer collectivement la maîtrise d'ouvrage des travaux à réaliser et justifient que les frais qu'ils ont exposés ont constitué des dépenses de réparation, d'entretien ou d'amélioration (CAA Paris, 10 déc. 2003, req. n° 00PA02347, *M. Pierre Ruault*. – CAA Bordeaux, 5 juill. 2004, req. n° 00BX02613, M. Lacoste).

Section I Secteurs sauvegardés

Bibliographie : Louis LUCAS, *La protection des sites urbains : Dr. et ville 1984*, p. 137. – BOUYSSOU, *Quartiers anciens et documents d'urbanisme : secteurs sauvegardés : Dr. et ville* 1985, p. 77. – PONTIER, *La protection du patrimoine monumental : RFD adm.* 1989, p. 757. – FRIER, *Propriété privée et protection du patrimoine culturel : AJDA* 1992, p. 405.

C. urb., art. L. 313-1 *(L. n° 76-1285, 31 déc. 1976 ; L. n° 83-8, 7 janv. 1983)*. — Des secteurs dits « Secteurs sauvegardés », lorsque ceux-ci présentent un caractère historique, esthétique ou de nature à justifier la conservation, la restauration et la mise en valeur de tout ou partie d'un ensemble d'immeubles *(Mots aj., L. n° 2000-1208, 13 déc. 2000, art. 26-1°)* « bâtis ou non », peuvent être créés et délimités :

***a)* Par décision de l'autorité administrative sur avis favorable ou sur proposition de la ou des communes intéressées ;**

***b)* Par décret en Conseil d'État, en cas d'avis défavorable de la ou d'une des communes intéressées.**

***(Al. créé, L. n° 2000-1208, 13 déc. 2000, art. 26-2°)* L'acte qui crée le secteur sauvegardé met en révision le plan local d'urbanisme.**

***(Phrase mod., L. n° 2003-590, 2 juill. 2003, art. 45)* « Dans les secteurs sauvegardés, il est établi un plan de sauvegarde et de mise en valeur auquel est applicable le régime juridique des plans locaux d'urbanisme, à l'exception du deuxième alinéa de l'article L. 123-1, des articles L. 123-6 à L. 123-16 et des deuxième, troisième et quatrième alinéas de l'article L. 130-1. » *(Phrases rempl., L. n° 2000-1208, 13 déc. 2000, art. 26-3°)* « Le plan de sauvegarde et de mise en valeur est approuvé par décret en Conseil d'État, après avis de la Commission nationale des secteurs sauvegardés et enquête publique. En cas d'avis favorable du conseil municipal, de la commission locale du secteur sauvegardé et du commissaire enquêteur ou de la commission d'enquête, le plan de sauvegarde et de mise en valeur peut être approuvé par arrêté des ministres compétents, après avis de la Commission nationale ».**

Le plan comporte notamment l'indication des immeubles ou parties d'immeubles *(Mots rempl., L. n° 2000-1208, 13 déc. 2000, art. 26, 4°)* « dont la démolition, l'enlèvement ou l'altération sont interdits et dont la modification est soumise à des conditions spéciales », ainsi que l'indication des immeubles ou parties d'immeubles dont la démolition ou la modification pourra être imposée par l'autorité administrative à l'occasion d'opérations d'aménagement publiques ou privées.

La révision des plans de sauvegarde et de mise en valeur a lieu dans les formes prévues pour leur établissement. *(Phrase suppr., L. n° 2000-1208, 13 déc. 2000, art. 26-5°)* « ... ».

***(Al. créé, L. n° 2003-590, 2 juill. 2003, art. 46)* À condition qu'il ne soit pas porté atteinte à son économie générale, le plan de sauvegarde et de mise en valeur peut être modifié par l'autorité administrative, à la demande ou, après consultation du conseil municipal, après avis de la commission nationale des secteurs sauvegardés et enquête publique.**

Apport de la loi Robien. Un nouvel article 48 a été introduit par le Sénat avec l'avis favorable du Gouvernement. Il vise à modifier l'article 26-1 de la loi relative à la solidarité et au renouvellement urbain, qui prévoit que les plans de sauvegarde et de mise en valeur demeurent soumis aux dispositions des articles L. 123-1 et suivants du code de l'urbanisme (relatifs aux POS) et L. 313-1 et suivants du même code (relatifs au secteurs sauvegardés), dans leur rédaction antérieur à la loi « SRU », jusqu'à la publication du décret d'application de l'article 26 de cette loi, qui a trait aux PSMV. 0794
Ce décret d'application n'étant toujours pas paru et afin d'assurer la validité des plans de sauvetage et de mise en valeur approuvés avant l'entrée en vigueur de la loi relative à la solidarité et au renouvellement urbains, le présent article du projet de loi vise à supprimer les conditions de délai établies dans l'article 26-1 de la loi « SRU ».

Régime du plan de sauvegarde et de mise en valeur. Ne s'appliquant qu'à une partie du territoire communal et ne comportant pas de PADD à vocation global, la loi de juillet 2003 en tire logiquement les conséquences quant au régime du PSMV. 0795

Modification. Un mécanisme d'évolution du plan est organisé pour des retouches mineures et, le cas échéant, à l'initiative de la commune. 0796

Élaboration. La disposition législative du deuxième alinéa, dans la forme que lui a donnée la loi n° 83-8 du 7 janvier 1983 relative à la répartition des compétences entre les communes, les départements, les régions et l'État, complète la liste des articles relatifs au POS non applicables dans l'élaboration des plans de sauvegarde et de mise en valeur et confirme l'obligation de soumettre à enquête publique, selon les modalités définies à l'article R. 123-8 (C. urb., art. R. 313-8), le plan de sauvegarde et de mise en valeur avant son approbation. 0797

Voir aussi : La liste des secteurs sauvegardés au *Juris-Classeur Construction*, fascicule 15.

Effets juridiques. Le plan de sauvegarde et de mise en valeur peut imposer la démolition d'un immeuble en bon état (CE, 29 janv. 1993, *Texier : Gaz. Pal.* 26-28 déc. 1993, pan. dr. adm. p. 197). 0798
En revanche, en vertu des dispositions combinées des articles L. 123-5 et L. 313-1 dans leur rédaction respective avant la loi SRU, un plan de sauvegarde et de mise en valeur rendu public par arrêté préfectoral mais non approuvé dans les trois ans qui ont suivi sa publication avait perdu à cette date toute opposabilité (CAA Marseille, 17 juin 2004, req. n° 99MA01539).

C. urb., art. L. 313-2 ***(L. n° 76-1285, 31 déc. 1976).*** **— À compter de la décision administrative ou du décret en Conseil d'État délimitant un secteur sauvegardé, tout travail ayant pour effet de modifier l'état des immeubles est soumis soit à autorisation dans les conditions et formes prévues pour le permis de construire, soit à autorisation spéciale pour les travaux qui ne ressortissent pas au permis de construire. Cette autorisation ne peut être délivrée que si les travaux sont compatibles avec le plan de sauvegarde et de mise en valeur.**

Pendant la période comprise entre la délimitation du secteur sauvegardé et l'intervention de l'acte rendant public le plan de sauvegarde et de mise en valeur, les travaux de la nature de ceux qui sont indiqués ci-dessus peuvent faire l'objet d'un sursis à statuer dans les conditions et délai prévus à l'article L. 111-8.

L'autorisation énonce les prescriptions auxquelles le propriétaire doit se conformer.

(Al. créé, L. n° 97-179, 28 févr. 1997, art. 3 puis rempl., L. n° 2002-276, 27 févr. 2002, art. 112-III) **En cas de désaccord entre, d'une part, l'architecte des Bâtiments de France et, d'autre part, soit le maire ou l'autorité compétente pour délivrer l'autorisation, soit le pétitionnaire, sur la compatibilité des travaux avec le plan de sauvegarde et de mise en valeur ou sur les prescriptions imposées au propriétaire, le représentant de l'État dans la région émet, après consultation de la section de la commission régionale du patrimoine et des sites, un avis qui se substitue à celui de l'architecte des Bâtiments de France. Le recours du pétitionnaire s'exerce à l'occasion du refus d'autorisation de travaux. Les délais de saisine du préfet de région et ceux impartis à la section et au préfet pour statuer sont fixés par décret en Conseil d'État.**

***(Al. créé, L. n° 97-179, 28 févr. 1997, art. 3)* Le ministre chargé de la culture peut évoquer tout dossier dont l'architecte des Bâtiments de France ou le représentant de l'État dans la région est saisi en application du présent article. L'autorisation ne peut alors être délivrée qu'avec son accord.**

0799 **Champ d'application.** À noter, à l'égard des travaux, que les dispositions de la loi n° 67-561 du 12 juillet 1967 relative à l'amélioration de l'habitat ne sont pas applicables aux locaux situés dans les secteurs sauvegardés et à l'intérieur des périmètres de restauration immobilière, le préfet pouvant toutefois exceptionnellement décider qu'ils y seront soumis (D. n° 68-976, 8 nov. 1968, art. 3).

0800 **PSMV et sursis.** Par application combinée du présent article et de l'article L. 123-54, si l'approbation d'un PSMV n'intervient pas dans les trois ans de sa publication, il cesse d'être opposable aux tiers ; mais le sursis à statuer est de nouveau possible (CE, 14 oct. 1987, *MUL c/ Le Louarn : Rec. CE*, T, p. 1508).

Voir aussi : C. urb., art. R. 421-38, p. 813.

C. urb., art. L. 313-2-1 *(L. n° 2003-590, 2 juill. 2003, art. 47).* — Les immeubles situés dans le périmètre d'un secteur sauvegardé dont le plan de sauvegarde et de mise en valeur a été approuvé ne sont pas soumis aux servitudes d'utilité publique instituées en application *(Mots rempl., Ord. n° 2004-178, 20 févr. 2004, art. 3)* « des articles L. 621-1, L. 621-31 et L. 621-32 du Code du patrimoine » et de l'article L. 341-1 du Code de l'environnement.

0801 **Rôle de l'architecte des bâtiments de France.** Résultant d'un amendement du Gouvernement adopté par l'Assemblée nationale, cet article du projet de loi introduit un nouvel article L. 313-2-1 dans le Code de l'urbanisme, dans un souci de simplification des procédures.

À l'heure actuelle, les articles L. 621-1 et suivants du Code du patrimoine, ainsi que les articles L. 341-1 et suivant du Code de l'environnement, prévoient une double saisine de l'architecte des bâtiments de France (ABF) dans les secteurs sauvegardés. Or, dans ces zones, un plan de sauvegarde et de mise en valeur précisant les conditions de protections des sites et des paysages, cette double saisine n'apparaît pas justifiée. C'est pourquoi ce nouvel article du projet de loi vise à y substituer une saisine « simple » de l'ABF.

C. urb., art. L. 313-3 *(L. n° 76-1285, 31 déc. 1976 ; L. n° 85-729, 18 juill. 1985).* — Les opérations de conservation, de restauration et de mise en valeur des secteurs sauvegardés peuvent être menées soit à l'initiative des collectivités publiques, soit à l'initiative d'un ou plusieurs des propriétaires, groupés ou non en association syndicale. Dans ce dernier cas, ce ou ces propriétaires y sont spécialement autorisés dans les conditions fixées par un décret en Conseil d'État qui précise notamment les engagements exigés d'eux quant à la nature et à l'importance des travaux.

Section II Restauration immobilière

0802 **Présentation.** La restauration immobilière est une procédure destinée à transformer les conditions d'habitabilité dans un périmètre fixé à l'avance (avant le vote de la loi du 18 juillet 1985, il avait été envisagé de donner aux communes un pouvoir d'injonction – sous menace d'expropriation – dans un but d'environnement et sans établissement d'un périmètre, sous le nom de « prescription de travaux » ; cet avant-projet a été abandonné).

La procédure de restauration est principalement conduite par la commune (art. L. 313-4). Le dossier à soumettre à l'enquête publique est complexe, et la restauration est une alternative à l'expropriation des immeubles concernés (C. urb., art. L. 313-4-1 dans la rédaction issue de la loi du 18 juill. 1985).

La loi SRU a maintenu l'intégralité de la procédure.

Bibliographie : BASCHWITZ, *Construction et restauration en milieu urbain : Defrénois* 1981, p. 721. – CABANEL, *Le fonds d'aménagement urbain : Rev. adm.* 1981, p. 407. – MORAND-DEVILLER, *Les opérations pro-*

grammées d'amélioration de l'habitat à Paris et les obstacles à leur réalisation : Petites affiches 19 nov. 1982, p. 4 et 22 nov. 1982, p. 6. – HUGOT, *Un nouveau-né : le bail à réhabilitation : JCP* N 1990, p. 217. – FRIER, *Les périmètres de restauration immobilière : AJPI* 1991, p. 328.

C. urb., art. L. 313-4 *(L. n° 76-1285, 31 déc. 1976 ; L. n° 85-729, 18 juill. 1985).* **— Les opérations de restauration immobilière comportant des travaux de remise en état, de modernisation ou de démolition ayant pour conséquence la transformation des conditions d'habitabilité d'un immeuble ou d'un ensemble d'immeubles, lorsque ces opérations sont entreprises à l'intérieur d'un périmètre fixé après enquête publique, sont réalisées, soit conformément aux dispositions de l'article L. 313-3, soit conformément à celles de la présente section.**

Le périmètre de restauration immobilière est délimité par délibération du conseil municipal ***(Mots rempl., L. n° 2000-1208, 13 déc. 2000, art. 202-XXXIII)*** **« dans les communes dotées d'un plan local d'urbanisme ou d'une carte communale » approuvé et par l'autorité administrative sur proposition ou avis favorable du conseil municipal dans les autres communes et dans les périmètres d'opération d'intérêt national.**

Une collectivité publique ou un établissement public y ayant vocation peut, en accord avec la commune ou l'établissement public de coopération intercommunale, réaliser ou faire réaliser les opérations de restauration immobilière.

Voir aussi : Note sous C. urb., art. L. 313-2, p. 614.

ZAC et périmètre. L'existence d'une zone d'aménagement concerté n'exclut pas la possibilité, pour l'autorité compétente, d'instituer à l'intérieur de cette zone un périmètre de restauration immobilière et de fixer à l'intérieur de cette dernière la liste des bâtiments à démolir ou restaurer, alors même que le plan d'aménagement de zone de la ZAC n'était pas encore intervenu (CE, 9 janv. 1985, *Cts Waservogel : DA* 1985, n° 114). 0803

C. urb., art. L. 313-4-1 *(L. n° 85-729, 18 juill. 1985).* **— L'autorité compétente pour délimiter le périmètre approuve, pour chaque bâtiment à restaurer, le programme des travaux à réaliser dans un délai qu'elle fixe.**

Le dossier de l'enquête publique prévue à l'article L. 313-4 est constitué comme en matière d'expropriation. Cette enquête vaut enquête préalable à la déclaration d'utilité publique des travaux de restauration.

Si les propriétaires des immeubles inclus dans le périmètre font, au cours de l'enquête parcellaire, connaître leur intention de réaliser les travaux dont le détail leur a été notifié, ou d'en confier, par contrat, la réalisation à l'organisme chargé de la restauration, leurs immeubles ne sont pas compris dans l'arrêté de cessibilité.

Légalité formelle. Des imprécisions du dossier sans conséquence majeure n'affectent pas la légalité de la procédure (CE, 24 janv. 1994, *Bouchakour : DA* 1994, n° 162). 0804

C. urb., art. L. 313-4-2 *(L. n° 85-729, 18 juill. 1985).* **— Lorsque la commune fait partie d'un établissement public de coopération intercommunale y ayant vocation, elle peut, en accord avec cet établissement, lui déléguer les attributions qui lui sont conférées par la présente section.**

C. urb., art. L. 313-4-3 *(L. n° 85-729, 18 juill. 1985).* **— Un décret en Conseil d'État précise, en tant que de besoin, les conditions et modalités d'application de la présente section et notamment les conditions d'établissement du contrat mentionné à l'article L. 313-4-1.**

Mesure d'application. Ce décret n'est jamais intervenu ; on peut alors se demander si les dispositions relatives au contrat de l'article L. 313-4-1 sont entrées en vigueur. 0805

Section III Dispositions communes

C. urb., art. L. 313-5 ***(L. n° 85-729, 18 juill. 1985).*** **— Les droits et obligations des locataires et occupants des immeubles faisant l'objet de travaux prévus aux articles L. 313-3 et L. 313-4 sont régis par les dispositions des articles L. 313-6 à L. 313-15, des articles L. 314-2 à L. 314-9 ainsi que par celles des articles 3 et 12 de la loi n° 48-1360 du 1er septembre 1948 modifiée et des articles 10, 20 et 38-1 du décret n° 53-960 du 30 septembre 1953 modifié.**

C. urb., art. L. 313-6. — Les locataires ou les occupants de bonne foi de locaux à usage d'habitation, ainsi que les locataires de locaux à usage commercial, industriel ou artisanal situés dans les immeubles devant faire l'objet de travaux visés aux articles L. 313-3 et L. 313-4 ne peuvent s'opposer à l'exécution de ces travaux.

Si l'exécution des travaux l'exige, ils sont, sous réserve des dispositions de l'article L. 313-7 et des articles 3 et 12 de la loi n° 48-1360 du 1er septembre 1948 modifiés sur les loyers, tenus d'évacuer tout ou partie des locaux.

Dans ce cas, le bailleur doit donner à chaque locataire ou occupant un préavis de six mois pour quitter les lieux loués.

0806 **Nature des travaux.** Inversement, les locataires peuvent effectuer certains travaux, en vertu de la loi du 12 juillet 1967. Mais cette possibilité implique une autorisation préfectorale en secteur sauvegardé (CE sect., 26 mai 1978, *SARL Société d'aménagement et de rénovation d'immeubles et appartements : AJDA* oct. 1979, p. 45, concl. Thery).

C. urb., art. L. 313-7 ***(L. n° 85-729, 18 juill. 1985).*** **— Le bailleur d'un local à usage d'habitation ou à usage professionnel peut, en cours de bail, reprendre les lieux en tout ou en partie pour exécuter des travaux nécessitant l'évacuation des lieux, compris dans un secteur ou périmètre prévu aux articles L. 313-3 et L. 313-4 et autorisés ou prescrits dans les conditions prévues auxdits articles, s'il offre de reporter le bail sur un local équivalent dans le même immeuble ou dans un autre immeuble ; cette offre précise les caractéristiques du local offert. L'offre doit être notifiée au moins un an à l'avance.**

Le locataire doit, dans un délai de deux mois, soit faire connaître son acceptation, soit saisir des motifs de son refus la juridiction prévue au chapitre V de la loi n° 48-1360 du 1er septembre 1948, faute de quoi il est réputé avoir accepté l'offre. Cette offre ne fait pas obstacle au droit à réintégration prévu par l'article L. 314-3.

C. urb., art. L. 313-8 et L. 313-9 ***(Ab., L. n° 85-729, 18 juill. 1985).***

C. urb., art. L. 313-10. — Les propriétaires, locataires ou occupants d'immeubles visés par le présent chapitre ne peuvent s'opposer à la visite des lieux par un homme de l'art spécialement habilité à cet effet par le maire, dans des conditions qui seront fixées par décret.

Voir aussi : C. urb., art. R. 313-33 à R. 313-38, p. 627.

C. urb., art. L. 313-11. — En cas d'infraction aux dispositions du présent chapitre, les articles L. 480-2 à L. 480-9 sont applicables.

Voir aussi : Sur la répression des infractions en matière de secteur sauvegardé, Circ. 5 juin 1978 : *Mon. TP* 19 juin 1978.

C. urb., art. L. 313-12 ***(L. n° 76-1285, 31 déc. 1976).*** **— Les infractions aux dispositions du présent chapitre sont constatées, d'une part, par les personnes visées à l'article L. 480-1 (alinéa premier), et, d'autre part, par les fonctionnaires et les agents commissionnés à cet effet par le ministre chargé des monuments historiques et des sites, et**

assermentés. Les procès-verbaux dressés par ces personnes font foi jusqu'à preuve du contraire.

C. urb., art. L. 313-13 ***(Ab., L. n° 85-729, 18 juill. 1985).***

C. urb., art. L. 313-14. — Les dispositions du présent chapitre, des articles 3 et 12 de la loi n° 48-1360 du 1er septembre 1948 modifiée, des articles 10, 20 et 38-1 du décret n° 53-960 du 30 septembre 1953 modifié sont applicables aux collectivités publiques, qu'elles soient propriétaires ou locataires des immeubles situés dans les secteurs et périmètres visés aux articles L. 313-3 et L. 313-4.

Mise en œuvre. Dispositions pratiques, notamment pour les immeubles acquis par préemption. 0807

C. urb., art. L. 313-15 ***(L. n° 76-1285, 31 déc. 1976).*** **— Un décret en Conseil d'État fixe les conditions d'application du présent chapitre et notamment les conditions dans lesquelles s'appliquent** ***(Mots rempl., Ord. n° 2004-178, 20 févr. 2004, art. 3)*** **« les articles L. 621-1 et suivants du Code du patrimoine » et la loi du 2 mai 1930 sur les sites, dans le cas où des immeubles relevant de l'une ou de l'autre de ces législations sont compris dans les secteurs sauvegardés.**

Ce décret fixe les conditions particulières d'élaboration, d'application anticipée des dispositions d'élaboration d'un plan de sauvegarde et de mise en valeur après mise en révision et de modification du plan de sauvegarde et de mise en valeur.

Voir aussi : C. urb., art. R. 313-1 à R. 313-38, p. 614.

Chapitre IV
Protection des occupants

Origine. L'article 17 de la loi n° 85-729 du 18 juillet 1985 a remplacé le présent chapitre jusqu'alors intitulé « Opérations d'urbanisation » par de nouvelles dispositions qui « mettent en facteur commun » les règles de protection des occupants en cas d'aménagement urbain quelle que soit la procédure utilisée (expropriation, ZAC, secteur sauvegardé, restauration immobilière), tout en laissant subsister des règles spécifiques en matière de restauration (C. urb., art. L. 313-6 et L. 313-7). Les garanties sont étendues aux propriétaires occupants ; elles sont multipliées : droit de priorité pour l'acquisition au profit des anciens locataires (C. urb., art. L. 314-2 et art. L. 314-5), en plus du droit à réintégration (C. urb., art. L. 314-3), du droit au relogement formalisé par deux propositions au minimum (C. urb., art. L. 314-2 et L. 314-7). En cas de préemption, un nouveau bail doit être proposé aux occupants, s'il n'y a pas éviction définitive (C. urb., art. L. 314-4). Les commerçants et artisans disposent d'un droit spécifique de délaissement de leur fonds avant transfert de propriété, dans certains cas (C. urb., art. L. 314-6) et d'un droit à déspécialisation du bail dans d'autres cas (C. urb., art. L. 314-8). 0808

Entrée en vigueur. La circulaire n° 87-60 du 7 juillet 1987 (*BOMELATT* 1987-20, p. 30 et s. ; *JCP* N 1987, Prat. 286), élaborée conjointement par la direction générale des impôts et la direction de l'architecture et de l'urbanisme, souligne que les dispositions du présent chapitre sont applicables dès l'entrée en vigueur de la loi qui l'a institué – le décret d'application mentionné à l'article L. 314-9 n'étant destiné à être pris qu'en tant que de besoin – et fournit un premier commentaire de chacun des articles le constituant. Ce décret n'est jamais paru. 0809

Loi d'orientation et de programmation pour la justice du 9 septembre 2002. La loi n° 2002-1138 prévoit, dans son article 5, que les articles L. 314-1, L. 314-2 et L. 314-6, s'appliquent, le cas échéant, aux opérations de construction ou d'extension d'établissements pénitentiaires. Ainsi, on soulignera que les articles L. 314-3 et L. 314-4 sur l'éviction provisoire ou le maintien dans les lieux sont ici exclus ; de même pour les articles L. 314-5 sur le droit de priorité des commerçants, artisans et industriels. 0810

Bibliographie : Godfrin, *Le droit des actions et opérations d'aménagement en secteur bâti*, thèse dactylographiée, Paris XII, 1996.

C. urb., art. L. 314-1 *(L. n° 85-729, 18 juill. 1985).* **— La personne publique qui a pris l'initiative de la réalisation de l'une des opérations d'aménagement définies dans le présent livre ou qui bénéficie d'une expropriation est tenue, envers les occupants des immeubles intéressés, aux obligations prévues ci-après.**

(Al. rempl., L. n° 2000-1208, 13 déc. 2000, art. 183) **Les occupants, au sens du présent chapitre, comprennent les occupants au sens de l'article L. 521-1 du Code de la construction et de l'habitation, ainsi que les preneurs de baux professionnels, commerciaux et ruraux.**

0811 **Opérations d'aménagement.** Le relogement dans la commune des habitants des zones dans lesquelles celle-ci réalise des opérations d'aménagement ne constitue pas en lui-même une opération d'aménagement et ne justifie pas l'exercice du droit de préemption (CAA Paris, 15 oct. 1998, *Cne de Montreuil-sous-Bois : BJDU* 6/1998, p. 468).

0812 **Occupants.** Le nouvel article L. 521-1 du Code de la construction et de l'habitation définit ainsi les occupants : titulaires d'un droit réel conférant l'usage, locataires, sous-locataires, occupants de bonne foi des locaux à usage d'habitation et de locaux d'hébergement constituant son habitation principale.

C. urb., art. L. 314-2 *(L. n° 85-729, 18 juill. 1985).* **— Si les travaux nécessitent l'éviction définitive des occupants, ceux-ci bénéficient des dispositions applicables en matière d'expropriation. Toutefois, tous les occupants de locaux à usage d'habitation, professionnel ou mixte ont droit au relogement dans les conditions suivantes : il doit être fait à chacun d'eux au moins deux propositions portant sur des locaux satisfaisant à la fois aux normes d'habitabilité définies par application du troisième alinéa de l'article L. 322-1 du Code de la construction et de l'habitation et aux conditions prévues à l'article 13 *bis* de la loi n° 48-1360 du 1er septembre 1948 ; ils bénéficient, en outre, des droits de priorité et de préférence prévus aux articles L. 14-1 et L. 14-2 du Code de l'expropriation pour cause d'utilité publique, même dans le cas où ils ne sont pas propriétaires. Ils bénéficient également, à leur demande, d'un droit de priorité pour l'attribution ou l'acquisition d'un local dans les immeubles compris dans l'opération ou de parts ou actions d'une société immobilière donnant vocation à l'attribution, en propriété ou en jouissance, d'un tel local.**

En outre, les commerçants, artisans et industriels ont un droit de priorité défini à l'article L. 314-5.

0813 **Éviction définitive.** Le présent article règle les questions soulevées par l'éviction définitive des occupants.

0814 **Régimes spéciaux.** Le premier alinéa affirme que tous les occupants bénéficient des dispositions applicables en matière d'expropriation (C. urb., art. L. 13-20, L. 14-1 à L. 14-3, R. 13-37 et R. 14-1 à R. 14-10) et précise et complète ces dispositions générales, en faisant appel à des règles figurant dans le Code de la construction et de l'habitation, dans la loi du 1er septembre 1948 et dans le Code de l'expropriation lui-même.

0815 **Locaux professionnels.** Tout occupant de locaux d'habitation, professionnel ou mixte, doit pouvoir choisir entre au moins deux propositions qui doivent répondre aux exigences définies par le texte du premier alinéa.

0816 **Droit de priorité.** Le droit de priorité pour les occupants dont les ressources n'excèdent pas le plafond fixé pour l'attribution d'un local HLM peut jouer :
– soit pour le relogement en qualité de locataire dans un logement HLM ou dans un local dont le loyer n'excède pas celui d'un local HLM de même consistance ;

– soit pour l'accession à la propriété au titre de la législation HLM et pour l'octroi des prêts correspondants.

Relogement. L'obligation de reloger les occupants n'est pas neutre au regard des évaluations des biens en cause. En effet, dans le cas où un occupant est propriétaire du bien qu'il occupe et accepte d'être relogé, son immeuble devra être estimé en valeur « occupée », au même titre que les biens loués. Seuls les biens dont le propriétaire occupant renonce au logement pourront être estimés en valeur « libre » (Circ. n° 87-60, 7 juill. 1987). 0817

C. urb., art. L. 314-3 *(L. n° 85-729, 18 juill. 1985).* **— Si les travaux nécessitent l'éviction provisoire des occupants, il doit être pourvu à leur relogement provisoire dans un local compatible avec leurs besoins, leurs ressources et, le cas échéant, leur activité antérieure, et satisfaisant aux conditions de localisation prévues à l'article 13 *bis* de la loi n° 48-1360 du 1er septembre 1948.**

Nonobstant toutes dispositions ou stipulations contraires, le relogement provisoire peut donner lieu à un bail à titre précaire pour la durée des travaux. Au-delà de trois ans, toute éviction est considérée comme définitive et donne droit à l'application des dispositions de l'article précédent.

Lorsque la réinstallation provisoire n'est pas possible, le commerçant, l'artisan ou l'industriel bénéficie, en lieu et place, d'une indemnisation des pertes financières résultant de la cessation temporaire d'activité.

Les occupants disposent d'un droit à réintégration après les travaux dans le local qu'ils ont évacué. Les baux des locaux évacués pendant la période d'exécution des travaux sont considérés comme ayant été suspendus et reprennent cours à la date à laquelle la réintégration aura été possible. Toutefois, ces dispositions ne sont pas applicables lorsque le bailleur et l'occupant ont décidé d'un commun accord le report définitif du bail sur un local équivalent.

Les occupants sont remboursés de leurs frais normaux de déménagement et de réinstallation.

Éviction provisoire. Les cinq alinéas du présent article énoncent les obligations qui incombent à la personne publique quand l'opération d'aménagement ou l'expropriation a pour conséquence des travaux qui entraînent l'éviction provisoire des occupants des immeubles concernés : relogement provisoire, indemnisation des pertes financières en cas de cessation d'une activité commerciale, artisanale ou industrielle ; droit à réintégration après travaux ; remboursement des frais de déménagement et de réinstallation. 0818

C. urb., art. L. 314-4 *(L. n° 85-729, 18 juill. 1985).* **— Si les travaux ne nécessitent pas l'éviction des occupants, ceux-ci ont droit au maintien sur place dans les conditions ci-après :**

Selon la nature des travaux, et sous réserve d'un préavis de trois mois, les occupants sont tenus soit d'évacuer la partie des locaux intéressée par lesdits travaux, soit de permettre l'accès du local et d'accepter notamment le passage des canalisations ne faisant que le traverser.

Pendant la durée des travaux, le loyer est, s'il y a lieu, réduit dans les conditions définies au deuxième alinéa de l'article 1724 du Code civil. La réduction du loyer est à la charge de la personne publique qui a pris l'initiative des travaux.

En cas d'expropriation ou d'exercice du droit de préemption dans le cas visé à l'article L. 213-5, un nouveau bail doit être proposé aux occupants. Ce bail doit permettre, le cas échéant, la poursuite des activités antérieures.

Maintien dans les lieux. Règles applicables au maintien dans les lieux des occupants quand les travaux exécutés dans un local compris dans une opération d'aménagement ou exproprié ne nécessitent pas leur éviction, même provisoire. 0819

Réduction de loyer. Dès lors que la réduction de loyer visée au deuxième alinéa est déterminée dans les conditions fixées à l'article 1724 du Code civil, le règlement des litiges qui y ont trait res- 0820 sortit à la compétence du juge de droit commun, même si les travaux font suite à une expropriation ou à une préemption. En effet, la réduction du loyer est liée à la réalisation des travaux et non à l'expropriation ou à la préemption.

C. urb., art. L. 314-5 *(L. n° 85-729, 18 juill. 1985).* **— Les commerçants, artisans et industriels ont, dans le cas prévu à l'article L. 314-2, un droit de priorité pour l'attribution de locaux de même nature compris dans l'opération lorsque l'activité considérée est compatible avec les dispositions du** ***(Mots rempl., L. n° 2000-1208, 13 déc. 2000, art. 202-III)*** **« plan local d'urbanisme » ou du document d'urbanisme en tenant lieu.**

Les commerçants, artisans ou industriels auxquels il n'a pas été offert de les réinstaller dans les conditions prévues ci-dessus ont un droit de priorité pour acquérir un local dans un immeuble compris dans l'opération ou des parts ou actions d'une société immobilière donnant vocation à l'attribution, en propriété ou en jouissance, d'un tel local, lorsque l'activité considérée est compatible avec les dispositions du ***(Mots rempl., L. n° 2000-1208, 13 déc. 2000, art. 202-III)*** **« plan local d'urbanisme » ou du document d'urbanisme en tenant lieu.**

L'exercice des droits prévus au présent article rend applicables les dispositions du deuxième alinéa de l'article L. 13-20 du Code de l'expropriation pour cause d'utilité publique.

Les priorités prévues par le présent article jouent en faveur des titulaires de baux à usage des mêmes activités que celles dont l'installation est prévue dans les locaux nouveaux. Pour les commerces de chaque nature, les priorités sont données aux titulaires des baux les plus anciens.

0821 **Droit de priorité.** Dispositions explicitant le contenu du droit de priorité reconnu aux commerçants, artisans et industriels, par le dernier alinéa de l'article L. 314-2, pour leur réinstallation à la suite d'une éviction définitive.

0822 **Effet.** Si l'occupant évincé a exercé son droit de priorité, la personne publique se trouve déliée de l'obligation de lui verser une indemnité, conformément aux dispositions de l'article L. 13-20 du Code de l'expropriation (al. 3).

0823 **Ordre de priorité.** Parmi les prioritaires, une seconde priorité est reconnue aux titulaires des baux les plus anciens (dern. al.).

C. urb., art. L. 314-6 *(L. n° 85-729, 18 juill. 1985).* **— L'indemnisation des commerçants et artisans afférente à l'activité qu'ils exercent dans un immeuble devant être acquis ou exproprié en vue de sa démolition dans le cadre d'une opération d'aménagement doit, sur leur demande, intervenir avec l'acte portant transfert de propriété et, par dérogation aux dispositions de l'article L. 13-15 du Code de l'expropriation pour cause d'utilité publique, être fondée sur la situation existant avec le commencement de l'opération. Cette indemnité obéit pour le surplus au régime des indemnités d'expropriation.**

Pour bénéficier de l'indemnisation avant transfert de propriété, l'intéressé doit :

1° Justifier d'un préjudice causé par la réduction progressive des facteurs locaux de commercialité à l'intérieur de l'opération et résultant directement de celle-ci ;

2° S'engager à cesser son activité et, s'il est locataire, à quitter les lieux dès le versement de l'indemnité et à ne pas se réinstaller sur le territoire concerné par l'opération avant que les bénéficiaires du droit de priorité visé à l'article L. 314-5 aient été appelés à exercer leur droit.

Le bail est résilié de plein droit, sans indemnité et nonobstant toute clause contraire, à compter de la notification au propriétaire du versement de l'indemnité prévue ci-dessus.

À l'expiration du délai d'un mois prévu à l'article L. 15-1 du Code de l'expropriation pour cause d'utilité publique, les dispositions dudit article sont applicables.

Dans l'hypothèse où, indemnisés avant le transfert de propriété, un ou plusieurs commerçants ou artisans ont libéré les lieux, la valeur des immeubles ou parties

d'immeubles ainsi libérés doit être estimée en prenant en compte la situation d'occupation qui existait avec l'indemnisation du ou des commerçants ou artisans.

Indemnisation. Le régime de l'indemnisation des commerçants et artisans afférente à leur activité préalable au transfert de propriété est celui des indemnités d'expropriation. Néanmoins, il est : 0824
– d'une part, limité au cas où l'activité de l'artisan ou du commerçant est exercée dans un immeuble promis à la démolition dans le cadre d'une opération d'aménagement ;
– d'autre part, fondé sur la situation existante avant le commencement de l'opération, et non sur la situation existant au jour de la fixation de l'indemnité.

Calcul. Par suite, l'indemnité d'éviction doit être calculée en prenant en compte les chiffres d'affaires déclarés au cours des trois dernières années précédant le commencement de l'opération et non ceux des trois dernières années connues au jour de la fixation de l'indemnité, période au cours de laquelle la situation du fonds a déjà pu se dégrader fortement (Circ. n° 87-60, 7 juill. 1987). 0825

Perte de revenu du propriétaire. Les dispositions de l'antépénultième alinéa ne font pas obstacle au versement par l'acquéreur au propriétaire de l'immeuble d'une indemnité pour perte du revenu que constituait le loyer, lorsque le commerçant ou l'artisan évincé était locataire. Ce versement compense alors le préjudice subi par le propriétaire du fait du départ anticipé de son locataire. 0826

Expulsion. En prévoyant que les dispositions de l'article L. 15-1 du Code de l'expropriation sont applicables à l'expiration du délai qu'il comporte, l'avant-dernier alinéa permet l'expulsion du commerçant ou de l'artisan qui n'a pas quitté les lieux. 0827

Libération des lieux et valeur des locaux. Dans l'hypothèse visée au dernier alinéa, la valeur des locaux commerciaux est fixée « murs occupés » et non pas « murs libres », bien que les commerçants ou artisans les aient déjà quittés. 0828

C. urb., art. L. 314-7 *(L. n° 85-729, 18 juill. 1985).* **— Toute offre de relogement, définitive ou provisoire, doit être notifiée au moins six mois à l'avance. L'occupant doit faire connaître son acceptation ou son refus dans un délai de deux mois, faute de quoi il est réputé avoir accepté l'offre.**

Au cas où les occupants bénéficient du droit à réintégration prévu au quatrième alinéa de l'article L. 314-3, le propriétaire doit les mettre en demeure, par lettre recommandée avec demande d'avis de réception ou par acte extrajudiciaire et dès l'achèvement des travaux, de lui faire connaître, dans le délai d'un mois et dans la même forme, s'ils entendent user de ce droit. La notification doit mentionner, à peine de nullité, la forme et le délai de la réponse.

Voir aussi : Pour les dispositions déterminant les modalités d'exercice du droit au relogement définitif, C. urb., art. L. 314-2, al. 1er, p. 240 ; ou provisoire, C. urb., art. L. 314-3, al. 1er et 2, p. 241 et du droit à réintégration après éviction provisoire, C. urb., art. L. 314-3, al. 4, p. 241.

C. urb., art. L. 314-8 *(L. n° 85-729, 18 juill. 1985).* **— Dans le cas où des dispositions législatives ou réglementaires s'opposent à l'exercice, dans le local qu'il a le droit de réintégrer après travaux, de l'activité prévue au bail, le titulaire du bail d'un local commercial, industriel ou artisanal peut, si le bail ne le prévoit pas, être autorisé par l'autorité judiciaire à changer la nature de son commerce ou de son industrie, sous réserve des dispositions législatives ou réglementaires qui s'opposeraient à l'exercice dans ce local de la nouvelle activité choisie.**

Changement d'activité. Dispositions permettant au locataire commerçant, industriel ou artisan de demander à l'autorité judiciaire, en certaines circonstances, à changer la nature de son activité, 0829 à condition bien entendu que la nouvelle activité choisie soit compatible avec les lois et règlements applicables dans le secteur intéressé.

C. urb., art. L. 314-9 *(L. n° 85-729, 18 juill. 1985).* — Un décret en Conseil d'État précise, en tant que de besoin, les conditions d'application du présent chapitre.

0830 **Décret.** Le décret d'application n'est jamais paru.

C. urb., art. L. 314-10 à L. 314-11 *(Ab., L. n° 85-729, 18 juill. 1985).*

Chapitre V
Lotissements

0831 **Partie législative – Partie réglementaire.** Paradoxalement, les principales dispositions relatives au droit commun des lotissements, et notamment la définition même du lotissement (C. urb., art. R. 315-1) figurent dans la partie réglementaire du code (C. urb., art. R. 315-1 à R. 315-54) et non dans sa partie législative, bien que cette dernière ait été étoffée par la loi n° 76-1285 du 31 décembre 1976 (C. urb., art. L. 315-1).

0832 **Évolution.** Les articles L. 315-1 à L. 315-7, relatifs à tous les lotissements, ne comportent pas, fût-ce sommairement, le régime général du lotissement. Certains d'entre eux réunissent des dispositions anciennes, issues de l'ordonnance n° 58-1448 du 31 décembre 1958 : nullité des ventes et locations en fraude de la réglementation, à la requête des propriétaires ou du préfet aux frais du lotisseur (C. urb., art. L. 315-1) ; portée absolue de l'interdiction de construire dans les lotissements-jardins (art. L. 315-2) ; nécessité d'une autorisation de défrichement, préalablement à la demande d'autorisation de lotissement dans un terrain boisé (C. urb., art. L. 315-6). Les autres articles sont respectivement issus de la loi d'orientation foncière n° 67-1253 du 30 décembre 1967 et de la loi n° 76-1285 du 31 décembre 1976. Cette dernière donne au Gouvernement une large habilitation pour définir le régime des lotissements : n'est-ce pas, *a posteriori,* l'aveu de l'illégalité de nombreuses dispositions du décret n° 58-1466 du 31 décembre 1958, pris par le pouvoir réglementaire lui-même en vertu de l'article 37 de la Constitution, malgré l'arrêt du Conseil d'État du 25 mars 1966 (*Époux Richet : Rec. CE,* p. 233) ? En outre, la loi n° 76-1285 du 31 décembre 1976 assimile en partie le règlement du lotissement à un plan d'urbanisme dans la mesure où le règlement devient facultatif si un plan existe sur le territoire concerné, et où le règlement peut être incorporé audit plan qui serait publié ultérieurement (C. urb., art. L. 315-4, dern. al.). Enfin, ce caractère de « mini-plan d'urbanisme » résulte de la règle de compatibilité exigée pour les futures déclarations d'utilité publique (C. urb., art. L. 315-7). La loi du 7 janvier 1983 a ajouté l'article L. 315-1-1, dans le but de décentraliser la procédure de délivrance de l'autorisation de lotir dans les communes dotées de POS.

Par ailleurs, les articles L. 315-3 et L. 315-4, résultant de la loi n° 67-1253 du 30 décembre 1967, fixent les règles de modification des lotissements. Ils ont donné lieu à une importante jurisprudence et à de grandes difficultés pratiques. Aussi convient-il de distinguer nettement la modification sollicitée ou acceptée par une majorité qualifiée de colotis (C. urb., art. L. 315-3), de la modification forcée, simple mise en concordance d'un lotissement ancien avec un document d'urbanisme nouveau (C. urb., art. L. 315-4). Au-delà, autre mesure nettement plus radicale, l'article L. 315-2-1, ajouté dans un but de simplification par la loi du 6 janvier 1986, a pour finalité la disparition des règles d'urbanisme régissant le lotissement, dix ans après son autorisation dans les communes dotées de plan d'urbanisme.

0833 **Apports législatifs récents.** D'une part, la loi SRU du 13 décembre 2000 ne comporte pas de modification fondamentale de la réglementation des lotissements ; sauf sur deux points :
– la prise en compte des aspects esthétiques, architecturaux et environnementaux du projet dès le dossier de demande d'autorisation de lotir (art. L. 315-1-1, dern. al.) ;
– la création d'un droit de rétractation au profit des acquéreurs de lots (art. L. 316-3-1).

D'autre part, la loi n° 2001-44 du 17 janvier 2001 modifiée par les lois n° 2003-707 du 1er août 2003 et n° 2004-804 du 9 août 2004 et leurs décrets d'application n° 2002-89 du 16 janvier 2002 et n° 2004-490 du 3 juin 2004 transposent aux lotisseurs les nouvelles contraintes liées à l'archéologie préventive (art. R. 315-28, R. 315-29 et R. 315-30).

Voir aussi : Comm. sous C. urb., art. L. 332-6 et L. 421-2-4.

Bibliographie : P. CORNILLE, *Réforme des lotissements par la loi SRU : quelle portée ? : Droit et patrimoine* 2002, n° 109, p. 76. – J.-L. BERGEL, *La loi SRU et le droit de l'urbanisme, la réforme des lotissements : Droit et Ville* 2002, n° 54, p. 21.

Servitudes et sanctions. La violation des servitudes de lotissement a donné lieu à une abon- 0834
dante jurisprudence. Alors que le cahier des charges s'incorpore à l'acte administratif d'autorisation, s'il est approuvé par le préfet (l'Administration l'interprète donc nécessairement, lors de la délivrance du permis de construire, sous réserve du contrôle du juge, CE, 28 janv. 1977, *Époux Agopyan : AJDA* 1977, p. 138, obs. Nauwelaers et Fabius), la 3e chambre civile de la Cour de cassation continue d'y voir une convention (l'affaire très significative des lotissements de La Baule : Rennes 7 févr. 1978 : *D.* 1978, J, p. 653, note Y. Gaudemet. – Cass. 3e civ., 21 mars 1977 : *JCP* 1979 G, II, 19200, note Bergel). Par application de l'article 1143 du Code civil, le plaignant peut obtenir la démolition de l'immeuble qui viole une telle servitude de lotissement, sans avoir à apporter la preuve d'un préjudice personnel (Cass. 3e civ., 8 févr. 1977, 22 févr. 1977, 19 avr. 1977 : *D.* 1977, inf. rap. p. 337, note Charles. – Bouyssou, *La jurisprudence judiciaire en matière de lotissements : Droit et Ville* 1979, n° 7, p. 291. – Bergel : *RD imm.* 1979, n° 1, p. 35 ; n° 2, p. 170). Cette action civile est donc tout à fait différente, dans son fondement et ses conséquences, de celles qui assurent le respect des servitudes d'urbanisme extracontractuelles (D. Moreno, *Le juge judiciaire et le droit de l'urbanisme*, LGDJ 1991, p. 89 et s.). L'action en démolition fondée sur la violation d'un document contractuel se fondant sur l'article 1143 du Code civil, n'implique pas la preuve d'un préjudice personnel par le coloti et est soumise à une prescription trentenaire ; alors que l'action fondée sur une servitude d'urbanisme obéit à une responsabilité délictuelle (C. civ., art. 1382) et à une prescription décennale et exige la preuve d'un préjudice personnel (V. comm. sous C. urb., art. L. 480-13). D'où les conséquences fâcheuses des divergences d'appréciation entre les autorités administratives et judiciaires relatées sous l'article L. 315-2-1.

Voir aussi : Comm. sous C. urb., art. L. 315-2-1, p. 247, art. R. 315-5, p. 646 et R. 315-9, p. 640.

Bibliographie : JEGOUZO, KAUFFMANN et PÉRIGNON, *Sécurité juridique des constructeurs et autorisations de lotir : Droit et Ville* 1991, n° 31, p. 75.

C. urb., art. L. 315-1 *(L. n° 76-1285, 31 déc. 1976 ; L. n° 85-729, 18 juill. 1985).* — Les règles générales applicables aux opérations ayant pour objet ou ayant eu pour effet la division d'une ou plusieurs propriétés foncières en vue de l'implantation de bâtiments sont déterminées par les dispositions du présent chapitre et par un décret en Conseil d'État.

En cas d'inobservation de la réglementation applicable aux lotissements, la nullité des ventes et locations concernant les terrains compris dans un lotissement peut être prononcée à la requête des propriétaires, du maire ou du représentant de l'État dans le département aux frais et dommages du lotisseur et ce sans préjudice des réparations civiles, s'il y a lieu. Toutefois, les ventes et locations des parcelles pour lesquelles le permis de construire a été accordé ne peuvent plus être annulées.

L'action en justice née de la violation de la réglementation applicable aux lotissements se prescrit par dix ans à compter de la publication des actes portant transfert de propriété à la publicité foncière. Passé ce délai, la non-observation de la réglementation applicable aux lotissements ne peut plus être opposée.

Toutefois, lorsque l'acte portant transfert de propriété a été publié à la publicité foncière avant la publication de la loi n° 85-729 du 18 juillet 1985 relative à la définition et à la mise en œuvre de principes d'aménagement, la prescription antérieure continue à courir selon son régime ; mais, en tout état de cause, elle est acquise à l'expiration du délai de dix ans qui suit la publication de ladite loi.

0835 **Titulaires de l'action.** Prévue dans un souci de protection de l'acquéreur ou de l'intérêt général, l'action en nullité des ventes ou locations ne pouvait être exercée que par deux personnes : l'acquéreur ou le préfet. La loi du 18 juillet 1985 a ajouté le maire.

0836 **Cas du vendeur.** Le vendeur qui soumet le projet de lotissement à l'approbation administrative ne peut se prévaloir de la nullité (Pau, 27 avr. 1960 : *D.* 1960, somm. 109) et invoquer la nullité pour son propre compte (Cass. 3e civ., 21 nov. 1972 : *D.* 1973, inf. rap. 10. – Cass. 3e civ., 2 févr. 1982 : *JCP* N 1983, Prat. 8514).

0837 **Irrégularités visées.** L'action en nullité des ventes ou locations ne doit être engagée par l'administration que si les irrégularités constatées sont graves (note technique 22 déc. 1977, nos 1-2-3, *in fine*).

0838 **Droits des colotis.** L'action en nullité peut être engagée par tout coloti, au-delà même de son propre lot, par exemple en cas de vente par le lotisseur d'un élément de voirie (Cass. 3e civ., 19 mars 1997 : *DA* 1997, 192 ; *JCP* N 1997, II, p. 1048).

0839 **Permis de construire.** Outre l'action en nullité, la sanction de la construction dans un lotissement non autorisé est l'annulation du permis de construire par le juge administratif (CE, sect., 17 déc. 1982, *Eyherabide* : *JCP* N 1983, II, p. 41, concl. Genevois, note Bouyssou. – CE, 21 août 1996, *Ville de Toulouse* c/ *Ancessy* : *JCP* N 1997, II, p. 871, note Cornille).

0840 **Prescription.** Les deux derniers alinéas, ajoutés par la loi du 18 juillet 1985, abrègent la durée de prescription de l'action en nullité.

C. urb., art. L. 315-1-1 *(L. n° 83-8, 7 janv. 1983 ; L. n° 83-663, 22 juill. 1983).* — Les autorisations et actes relatifs au lotissement sont délivrés dans les formes, conditions et délais déterminés par décret en Conseil d'État :

***a) (Mots rempl., L. n° 2000-1208, 13 déc. 2000, art. 27-1°)* « dans les communes où une carte communale ou un plan local d'urbanisme a été approuvé », au nom de la commune ou de l'établissement public de coopération intercommunale ou de l'État, selon les cas et modalités prévus aux articles L. 421-2-1 à L. 421-2-8 ; les dispositions de l'article L. 421-9 sont alors applicables ;**

***b)* Dans les autres communes, au nom de l'État.**

***(Al. créé, L. n° 2000-1208, 13 déc. 2000, art. 27-2°)* La demande d'autorisation de lotir précise le projet architectural et paysager du futur lotissement, qui doit comprendre des dispositions relatives à l'environnement et à la collecte des déchets. Les dispositions du présent alinéa ne sont pas applicables aux projets de lotissement comportant un nombre de lots *(mot aj., L. n° 2003-590, 2 juill. 2003, art. 75)* « constructibles » inférieur à un seuil défini par décret en Conseil d'État.**

0841 **Décentralisation.** Par ces dispositions introduites dans le code par la loi n° 83-8 du 7 janvier 1983 relative à la répartition des compétences entre les communes, les départements, les régions et l'État, modifiée par la loi n° 83-663 du 22 juillet 1983, le législateur a calqué le régime de la délivrance des autorisations et actes relatifs au lotissement sur celui relatif à la délivrance du permis de construire, en retenant la distinction, désormais généralisée à toutes les autorisations d'occupation du sol, entre communes avec ou sans POS/PLU approuvé.

Voir aussi : Notes sous C. urb., art. L. 421-2-1 à L. 421-2-8, p. 336.

0842 **Exclusivité de l'autorisation de lotir.** Une réponse ministérielle a rappelé que les documents d'urbanisme ne peuvent imposer que des règles de fond et ne peuvent prévoir des conditions de procédure, seule l'autorisation de lotir inscrite dans le code est donc requise des lotisseurs (Rép. min. Lamy : *JOAN* 29 avr. 2002, p. 2234).

0843 **Contenu de la demande.** La loi SRU a introduit de nouvelles exigences lors de la conception du dossier de demande : le projet architectural et paysager qui accompagne le lotissement et les

mesures en faveur de l'environnement et de la collecte des déchets. Il s'agit d'une transposition des dispositions applicables aux demandes de permis de construire, notamment avec le volet paysager (art. L. 421-2).
On relèvera que le décret exemptant les lotissements inférieurs à certains seuils n'est toujours pas paru, ce qui rend le dispositif inapplicable pour l'instant. La loi Robien a précisé que ses seuils viseraient le nombre de lots « constructibles », ce qui paraît logique.

C. urb., art. L. 315-2 *(L. n° 86-13, 6 janv. 1986)*. — Toute renonciation à la clause d'interdiction d'édifier des constructions à usage d'habitation, d'industrie, de commerce ou d'artisanat figurant dans les actes de vente ou de location de terrains lotis en vue de la création de jardins est nulle et de nul effet, même si elle est postérieure à la vente ou à la location.

Les dispositions de l'article L. 315-2-1 ne sont pas applicables auxdits lotissements.

Bibliographie : S. PÉRIGNON, *Les lotissements jardins : Constr.-urb.* 2003, n° 5, p. 6.

Lotissements – Jardins. Le certificat d'urbanisme reconnaissant la constructibilité d'un terrain compris dans un lotissement-jardin est illégal (CE, 3 mars 1977, *Min. Équip.* c/ *Fiamma : Rec. CE*, p. 166). 0844

C. urb., art. L. 315-2-1 *(L. n° 86-13, 6 janv. 1986)*. — Lorsqu'un *(Mots rempl., L. n° 2000-1208, 13 déc. 2000, art. 202-III)* « plan local d'urbanisme » ou un document d'urbanisme en tenant lieu a été approuvé, les règles d'urbanisme contenues dans les documents approuvés d'un lotissement cessent de s'appliquer au terme de dix années à compter de la délivrance de l'autorisation de lotir.

Toutefois, lorsqu'une majorité de colotis, calculée comme il est dit à l'article L. 315-3, a demandé le maintien de ces règles, elles ne cessent de s'appliquer qu'après décision expresse de l'autorité compétente prise après enquête publique.

Les dispositions du présent article ne remettent pas en cause les droits et obligations régissant les rapports des colotis entre eux contenus dans le cahier des charges du lotissement, ni le mode de gestion des parties communes en vigueur.

I. – Généralités et entrée en vigueur

Lotissements – Jardins. Le présent article n'est pas applicable aux lotissements-jardins (art. précédent). 0845

Groupements d'habitations. Cet article ne vise pas non plus les groupements d'habitations non inclus dans un lotissement (CA Montpellier, 29 mai 2001 : *Juris-Data* n° 2001-150233 ; *Constr.-urb. 2001*, n° 12, comm. n° 262, P. Cornille). 0846

Îlots remembrés. Dispositions applicables aux documents et cahiers des charges des îlots remembrés en application des dispositions de la loi n° 3087 validée et modifiée des 11 octobre 1940, 12 juillet 1941 relative à la reconstruction des immeubles d'habitation partiellement ou totalement détruits par suite d'actes de guerre (L. préc., art. 8-IV). 0847

Entrée en vigueur. L'entrée en vigueur du présent article ajouté par la loi du 6 janvier 1986 à la demande du Médiateur, avait été fixée au 7 janvier 1988 (L. préc., art. 8-II). La loi d'amélioration de la décentralisation du 5 janvier 1988 a reporté celle-ci au 8 juillet 1988. 0848
La jurisprudence suprême aussi de manière implicite, mais non équivoque retient cette date d'entrée en vigueur (Cass. 3e civ., 13 févr. 1991 : *JCP* N 1991, II, p. 149, note Hugot. – Rapport de la Cour de cassation 1990, La documentation française, p. 324), ainsi qu'un avis du Conseil d'État du 5 juillet 1991 (CE, 5 juill. 1991, *Mme Caussieu et Gavinet : JCP* 1991, III, 64916 ; *Mon. TP* 2 août 1991).
Dans la même optique, le Conseil d'État a considéré que dès lors que la majorité qualifiée des colotis avait adressé au maire, le 7 juillet 1988, une demande de maintien des règles contenues dans le cahier des charges approuvé, celles-ci étaient demeurées en vigueur et étaient suscepti-

bles de fonder un permis de construire délivré en 1993 (CE, 21 nov. 2001, req. n° 217797, *Secr. d'Ét. au log.* c/ *Cne d'Eze-sur-Mer : Juris-Data* n° 2001-063160).

Voir aussi : C. urb., art. R. 315-44-1 à R. 315-46, p. 674 fixant les modalités d'application notamment quant à la date de disparition des règles d'urbanisme spécifiques aux lotissements autorisés avant le 30 juin 1986 : C. urb., art. R. 315-44-1, p. 674.

0849 **Notaires.** Le 89e Congrès des notaires de France (Cannes 1993) a émis diverses critiques sur le présent article, compte tenu notamment, de ses difficultés d'application. Voir également les travaux de la 3e commission du 99e Congrès « Lotissement : les règles d'urbanisme applicables par les juges administratif et judiciaire dépendent des choix réalisés lors de sa création » par Me Delperier et Roché.

0850 **Future réforme.** L'ordonnance sur les autorisations d'urbanisme qui devrait être publiée en décembre 2005 tendrait à simplifier ce dispositif. Selon le rapport Pelletier (janvier 2005) formulant des propositions de réforme, pourraient être réputés caducs les cahiers des charges des lotissements antérieur au 1er janvier 1956, sauf manifestation de volonté des colotis exprimée à la majorité qualifiée et publication de ces cahiers au bureau des hypothèques dans les cinq ans de l'entrée en vigueur de ladite ordonnance.

II. – Règles caduques

0851 **Règles concernées.** À notre avis, toutes les règles contenues par un document de lotissement non approuvé par l'administration restent en vigueur ; à l'inverse, toutes les règles d'urbanisme (occupation du sol, accès, hauteur, aspect des constructions : CAA Agen, 10 juin 2003 : *Juris-Data* n° 2003-223504. – Cass. 3e civ., 3 déc. 2003 : *Constr.-urb.* 2004, n° 4, comm. n° 88, P. Benoît-Cattin). contenues par un document approuvé deviennent caduques dix ans après (Bouyssou : *JCP* N 1986, Prat. 9706). Confirmation par la circulaire du 2 novembre 1987 et Cass. 3e civ., 30 juin 1993 : *Bull. civ.* III, n° 105 ; *AJPI* 1994, p. 651, note Le Coq ; *Administrer* 1994, p. 53, note Didier).
Les dispositions contenues dans l'arrêté d'autorisation de lotir ou induites par un document annexe, tel que le plan de division, le plan de masse ou le plan parcellaire, ne seront donc plus à prendre en compte (Rép. min. : *JOAN* 7 sept. 1987, p. 5046. – Circ. 2 nov. 1987. – Rép. min. Couve : *JOAN* 6 mai 2002, p. 2427. – CAA Lyon, 18 févr. 2003, *Cne Le Breuil-sur-Couze* c/ *M. Gennaro Chiodo : BJDU* n° 2/2003, p. 133).
De même, le périmètre du lotissement est frappé de caducité, sauf en ce qui concerne les effets contractuels (Rép. min. : *JO* Sénat 8 déc. 1988, p. 1398).

III. – L'information des colotis

0852 **Délai.** La circulaire du 2 novembre 1987 rappelle la nécessité d'une information urgente des administrés dans les formes prévues par l'article R. 315-44-1, en recommandant en outre une insertion dans les journaux locaux, en raison de l'entrée en vigueur le 8 janvier 1988 de la caducité des règles d'urbanisme pour les lotissements approuvés avant le 30 juin 1986, l'entrée en vigueur a été reportée au 8 juillet 1988.

0853 **Caducité.** L'automaticité de la caducité des règles de lotissement, malgré la violation des articles R. 315-44 à R. 315-46, est admise par le Conseil d'État, statuant pour avis (avis CE, 12 févr. 1993, *Ehrard : Rec. CE*, p. 29 ; *DA* 1993, 137 ; *JCP* N 1993, II, p. 156, obs. Rouault), puis statuant au contentieux (CE, 8 janv. 1997, req. n° 134493, *Chrétien et Bourdonneau*).
Mais, la Cour de cassation n'admet la caducité des règles du lotissement que s'il est prouvé qu'a été effectuée la publicité prévue par l'article R. 315-44-1 (Cass. 3e civ., 10 oct. 1990 : *JCP* N 1991, II, p. 141, note Hugot. – Cass. 3e civ., 13 févr. 1991 : *JCP* N 1991, II, p. 149, note Hugot. – Cass. 3e civ., 22 mai 1996 : *Bull. civ.* III, n° 120, p. 77. – CA Paris, 28 juin 2000, req. n° 123234, *Varnerot* c/ *Assoc. syndicale des propriétaires du domaine de la Charmois* ; CA Nancy, 1er avr. 2004 : *Juris-Data* n° 2004-231809). Le juge judiciaire doit même relever ce moyen d'office (Cass. 3e civ., 26 mars

2003, req. n° 01-03-234 : *Juris-Data* n° 2003-018557 ; *Constr.-urb.* 2003, n° 7/8, comm. n° 186, P. Cornille).

Future réforme. Une modification réglementaire est annoncée pour mettre un terme à cette divergence de jurisprudence, préjudiciable aux propriétaires de lots (Rép. min. Larcher : *JO Sénat*, 27 févr. 2003, p. 2704). Selon le rapport Pelletier précité, cette modification irait plutôt dans le sens de la jurisprudence du Conseil d'État 0854

IV. – Règles maintenues en vigueur (contractuelles)

Critère formel. Après quelques hésitations (Cass. 1re civ., 25 juill. 1991 : *Bull. civ.* I, n° 215. – Cass. 3e civ., 18 déc. 1991 : *RD imm.* 1992, p. 302. – Cass. 3e civ., 13 oct. 1992 : *JCP* N 1993, II, p. 63, note Stemmer), résultant de précédents plus anciens (Cass. 3e civ., 12 juill. 1976 : *JCP* G 1976, IV, 300 ; *Bull. civ.* III, n° 315. – Cass. 1re civ., 8 oct. 1986 : *D.* 1986, p. 573, concl. Sargos), la Cour de cassation unifie la jurisprudence et fait prévaloir pour apprécier la nature réglementaire ou contractuelle d'un document l'aspect formel : le caractère réglementaire est réservé au document dénommé règlement et approuvé par l'autorité administrative ; à l'inverse le cahier des charges est contractuel, qu'il soit approuvé ou non, et il demeure indépendant du règlement (Capoulade, *Aspects récents de la jurisprudence en matière d'urbanisme : RD imm.* 1994, p. 185). 0855

Nature contractuelle du cahier des charges. Le caractère contractuel du cahier des charges, quels que soient son contenu, son ancienneté et son approbation administrative, est confirmé par trois arrêts de la Cour de cassation en termes de principe (Cass. 3e civ., 22 mai 1996 : *DA* 1996, 548 ; *Bull. civ.* III, n° 118, p. 75 ; *BJDU* 1/1997, p. 54 et 56 ; dans le même sens, Cass. 3e civ., 12 févr. 1997 : *Gaz. Pal.* 6 août 1997). Le principe de caducité ne s'applique pas aux règles de prospect fixées par le cahier des charges, approuvé ou non, qui a toujours un caractère contractuel (Cass. 3e civ., 11 janv. 1995 : *D.* 1995, inf. rap., p. 50 ; *Gaz. Pal.* 14 janv. 1996, note Peisse). 0856
Il n'en demeure pas moins que le ministère de l'Équipement estime que dans les lotissements approuvés avant l'entrée en vigueur du décret du 7 juillet 1977, les cahiers des charges approuvés par le préfet présentent un caractère réglementaire ; le permis de construire doit donc en respecter les prescriptions, sauf si elles sont devenues caduques au titre de l'article L. 315-2-1 (Rép. min. Fenech : *JOAN* 14 juill. 2003, p. 5633). Cette position rejoint celle du Conseil d'État (par ex. : CE, 23 mai 2003, req. n° 252735, *Moulin : Juris-Data* n° 2003-065396), mais s'écarte de celle de la Cour de cassation. Les divergences sont tenaces.

Maintien des règles d'urbanisme par les colotis. Lorsque les colotis ont décidé du maintien des règles d'urbanisme du lotissement, celles-ci continuent à s'appliquer, quel que soit leur support (règlement ou cahier des charges), y compris à l'égard des permis de construire (CE, 3 oct. 2003, req. n° 232564, *Cne de Roquebrune-Cap-Martin : Juris-Data* n° 2003-065937) et des actions en démolition (CA Caen, 1er juin 2003 : *Constr.-urb.* 2003, n° 11, comm. n° 11, P. Cornille). 0857

Apport de la loi SRU. La loi du 13 décembre 2000 a eu un certain apport dans le débat entre la nature contractuelle ou réglementaire des documents du lotissement. Le nouvel article L. 111-5 dispose que la seule reproduction ou mention d'un document d'urbanisme ou d'un règlement de lotissement dans un cahier des charges, un acte ou une promesse de vente ne confère pas à ce document ou règlement un caractère contractuel. En d'autres termes, il faut une manifestation expresse de volonté de contractualisation par les colotis. 0858

Contractualisation parfaite ou imparfaite. Dans ces conditions, la jurisprudence sur la contractualisation parfaite ou imparfaite des règles d'urbanisme « disparues » après 10 ans, a encore un avenir. On rappellera que, dans un arrêt du 15 décembre 1999 *M. Giralt c/ Mme Mattignon* (*BJDU* 6/1999, p. 424), la 3e chambre civile de la Cour de cassation a considéré que les juges du fond constatent souverainement qu'un contrat de vente n'a pas entendu faire du règlement un de ses éléments et que les dispositions correspondantes sont devenues caduques sur le fondement de l'article L. 315-2-1. Une simple référence au règlement dans le cahier des charges ne sau- 0859 rait suffire, il faut établir une volonté des parties de l'ériger en obligation contractuelle. En revanche, la 3e Chambre civile, dans un arrêt du 21 juin 2000, *Consorts Thirion c/ Consorts Casali* (*BJDU* 2/2000, p. 159 ; *Gaz Pal.* 24 juin 2001, p. 46, note M. Peisse ; *Defrénois* 2001, n° 9, p. 585, chron. P. Benoit-Cattin) a admis la contractualisation parfaite d'une clause du règlement, car le vote des colotis en assemblée générale sur la modification du cahier des charges pour y intégrer ladite clause, manifestait leur volonté de se l'imposer conventionnellement à titre réel. Cette jurisprudence semble se poursuivre, au regard de l'arrêt de la 3e chambre civile de la Cour de cassation du 26 juin 2002 (*Defrénois* 2002, n° 21, p. 1417, note P. Benoit-Cattin) et de ceux du 2 juillet 2003 (*D.* 2003, n° 44, cahier rouge, p. 3003, note J.-R. Bouyeure) et du 8 octobre 2003 (*Constr.-urb.* 2004, n° 3, comm. n° 68, P. Benoît-Cattin).

Bibliographie : CHATEAUREYNAUD, *Vers l'abandon de la théorie de la contractualisation des règles d'urbanisme par le cahier des charges d'un lotissement : JCP* N 1993, I, p. 133. – 1977, TEILLAIS, note sous Cass. 3e civ., 21 mars 2000 : *Petites affiches* 2000, n° 201, p. 14. – P. CORNILLE, *Le caractère contractuel des règles d'urbanisme dans les lotissements : les apports de la loi SRU : JCP* N 2001, n° 25, p. 1065. – J.-M. DELPERIER, J.-D. ROCHE, *Les règles d'urbanisme applicables à la revente d'un bien dépendant d'un lotissement : Defrénois* 2003, n° 10, p. 655.

C. urb., art. L. 315-3 ***(L. n° 83-8, 7 janv. 1983 ; L. n° 91-662, 13 juill. 1991).*** **— Lorsque les deux tiers des propriétaires détenant ensemble les trois quarts au moins de la superficie d'un lotissement ou les trois quarts des propriétaires détenant au moins les deux tiers de ladite superficie le demandent, ou l'acceptent, l'autorité compétente peut prononcer la modification de tout ou partie des documents, et, notamment du cahier des charges concernant ce lotissement, lorsque cette modification est compatible avec la réglementation d'urbanisme applicable au secteur où se trouve situé le terrain.**

Jusqu'à l'expiration d'un délai de cinq ans à compter de l'achèvement du lotissement, la modification mentionnée à l'alinéa précédent ne peut être prononcée qu'en l'absence d'opposition du bénéficiaire de l'autorisation de lotir tant que celui-ci possède au moins un lot constructible.

I. – Origine

0860 **Nécessité d'évolution des règles du lotissement.** Cet article résulte de la volonté du législateur de 1967 d'abroger la règle jurisprudentielle d'intangibilité des lotissements, le Conseil d'État ayant précédemment jugé que le préfet ne pouvait modifier le cahier des charges qu'avec l'accord de l'unanimité des colotis (CE sect., 22 oct. 1965, *Giraudon : Rec. CE,* p. 548. – CE, 13 oct. 1967, *SCI La Méditerranée : AJDA* 1968, p. 344, obs. Dupeyroux). Désormais, il suffit d'une majorité qualifiée de colotis pour que l'autorité compétente, qui conserve un pouvoir d'appréciation de l'opportunité des modifications sollicitées, ait le droit de modifier le statut de droit public du lotissement.

0861 **Concurrence de l'article L. 315-2-1.** L'intérêt pratique du présent article est appelé à diminuer, depuis l'entrée en vigueur de l'article L. 315-2-1.

II. – Décompte de la majorité

0862 **Voix prises en compte.** La majorité requise – qui doit exister à la date à laquelle le préfet statue (CE, 25 juill. 1975, *Cts Maucorps : Rec. CE,* p. 481) – est celle des deux tiers des propriétaires détenant ensemble les trois quarts de la superficie des lots, ou la majorité inverse, étant précisé que chaque propriétaire compte pour une seule voix, même s'il détient plusieurs lots (CE, 13 juin 1975, *Amarger : JCP* 1976, II, 18257, note Bouyssou. – CAA Lyon, 2e ch., 28 oct. 1993, *Assoc. synd. autorisée du lotissement de Pra-Loup : Gaz. Pal.* 1994, 2, pan. dr. adm., p. 180). Ainsi une copropriété compte pour une seule voix (CE, 28 févr. 1996, *SCI Tennis Park : Rec. CE,* p. 53 ; *DA* 1996, 241 ; *BJDU* 3/1996, p. 186, concl. Loloum). Précédemment la Cour de cassation avait jugé que chaque lot compte pour une voix (Cass. 3e civ., 17 juill. 1973 : *D.* 1973, p. 758, note Frank).

Exclusions. Le lotisseur encore propriétaire de voies et d'espaces verts, mais plus de lots, n'a pas à être pris en compte pour le calcul de la majorité (CE, 17 oct. 1980, *Dandeville : Rec. CE*, p. 379. – Cass. 3e civ., 3 oct. 2001, req. n° 0010550 : *Juris-Data* n° 2001-011135). Les voix sont calculées en excluant les votes assortis de réserves (CE, 5 déc. 1973, *Deburghraeve : Rec. CE*, p. 698). 0863

Indivision. Toutefois, se référant à la modicité de la modification, le juge a reconnu comme valable l'accord donné par seulement l'un des deux conjoints propriétaires d'un lot indivis (CE, 29 juill. 1994, *Cne de Gimont*). 0864

Voir aussi : Sur le décompte des majorités en cas d'indivision portant sur un lot, CE, 14 mars 1986, *Lavarde* c/ *Andrieux : AJDA* 1986, p. 270.

Règles d'ordre public. Ces règles de majorité prévalent même si le cahier des charges en a prévu d'autres (Cass. 3e civ., 1er déc. 1993 : *JCP* N 1994, II, p. 123). 0865

III. – Expression de la majorité

Modalités. L'accord des colotis, sans nécessiter la réunion d'une assemblée générale – au cours de laquelle, si elle a lieu, la procédure du vote secret n'est pas applicable (CE, 14 mars 1975, req. n° 92725, *Labit et Robin*) – doit porter sur un objet précis, les modifications envisagées étant clairement indiquées (CE, 23 déc. 1970, *Mroczek : D.* 1971, p. 398, note Liet-Veaux. – CE, 29 mai 1974, req. n° 88-128, *Époux Tanty*. – CE, 4 févr. 1976, req. n° 98-088, *Dujardin*. – CE, 7 mai 1997, *Poujol : Rec. CE*, T, p. 1125). Une attestation signée par les colotis ne vaut pas autorisation de modification (Cass. 3e civ., 4 févr. 2004 : *Defrénois* 2004, n° 9, p. 659, note P. Benoît-Cattin ; *Defrénois* 2004, n° 17, p. 1162, note C. Atias). Il s'agit d'éviter des « pressions » de certains colotis sur d'autres. 0866
En toute circonstance, l'information des propriétaires doit être assurée (CE, 7 juill. 1976, *Pradier : Rec. CE*, p. 1187. – CE, 24 juill. 1981, *Époux Degardin : DA* 1981, n° 335). Et le Conseil d'État ne considère pas la modification comme régulière si les voisins immédiats n'ont pas été consultés (mêmes arrêts).

Cas du lotisseur. Le règlement peut être modifié, à la demande du propriétaire unique des lots tel que le lotisseur, tant qu'il n'a pas régularisé les ventes (TA Lyon, 7 févr. 1996, *Abbou : DA* 1996, 239). 0867

Pouvoirs. Le pouvoir donné par des colotis à une société de gestion immobilière pour effectuer des modifications strictement déterminées ne vaut pas comme un accord à des modifications plus importantes des documents du lotissement (CE, 11 juin 1993, *Ville de Marignanne : Quot. jur.* 8 févr. 1994, p. 196). 0868

Refus de l'autorité administrative. En présence d'une demande de modification compatible avec les règles d'urbanisme, l'autorité administrative conserve un pouvoir de refuser, à la condition de ne pas fonder son refus sur des motifs juridiquement erronés, tel celui de conserver l'aspect actuel du lotissement (CE, 26 juin 1987, *Moulis : Rec. CE*, p. 235 ; *AJDA* 1988, p. 68, note J.-B. Auby). 0869
À défaut d'une telle compatibilité, le permis de construire accordé conformément au dossier modifié pourrait être annulé (CE, 13 janv. 1980, *SCI La Sablonnière : AJPI* 1980, p. 719, note Moderne ; *JCP* N 1980, II, p. 275, note Bouyssou).

IV. – Contenu et légalité de la modification

Étendue des modifications. L'article L. 315-3, qui peut s'appliquer à tous les lotissements ayant fait l'objet d'une autorisation administrative, et qui ne suppose pas que le lotissement ait été préalablement achevé (CE, 5 mai 1976, *Sieur Rollo : DA* 1976, n° 195), permet des modifications étendues (CE, 5 déc. 1973, *Sieur Deburghraeve* c/ *Époux Ayoub : Rec. CE*, p. 698. – CE, 21 nov. 1973, *Min. Équip.* c/ *Sté Romain Frères : Rec. CE*, p. 662) qui doivent être compatibles avec le respect des 0870 règles d'urbanisme (CE, 4 mai 1973, *Gaudet : Rec. CE*, p. 327) ou les énonciations du POS (Rép. min. : *JOAN* 2 déc. 1977, p. 8174) et ne doivent pas résulter d'un détournement de pouvoir (CE, 27 janv. 1978, *Min. Équip.* c/ *Époux Fourcade : Rec. CE*, p. 34. – CE, 22 nov. 1985, *Jouclas : DA* 1986, n° 45. – CE, 7 juill. 1995, *Milleville : Rec. CE*, T, p. 1086).

0871 **Régularisation.** Le fait que les modifications proposées, desquelles les colotis ont été informés précisément et dans le temps, aient pour effet de régulariser des constructions déjà existantes n'est pas constitutif d'un détournement de pouvoir dès lors qu'elles revêtaient par ailleurs un caractère d'intérêt général (CE, 28 juin 1993, *Bouard : Quot. jur.* 8 févr. 1994) ; mais, il a aussi été jugé qu'une modification destinée à valider une construction ayant fait l'objet d'un permis de construire annulé par un jugement définitif était constitutive de détournement de pouvoir (CE, 16 févr. 1994, *Cne de Cervione : DA* 1994, n° 241 ; *RD imm.* 1994, p. 438).

0872 **Contrôle du juge.** Le Conseil d'État admet, en annulant un jugement du tribunal administratif de Strasbourg (TA Strasbourg, 25 avr. 1985, concl. Kintz : *RFDA* 1985, p. 748) que les dispositions à caractère réglementaire (destination des constructions) contenues dans un cahier des charges purement contractuel soient modifiées par l'autorité administrative (CE, 10 mars 1989, *Cne de Reichstett : DA* n° 236).
Cette jurisprudence est à rapprocher de l'évolution de la Cour de cassation (observations finales sous l'article précédent).
La procédure de modification d'un lotissement n'est pas viciée par le fait que le maire en a pris l'initiative (CE, 13 mai 1983, *Laurent : RD imm.*, n° 106, p. 42). Il en est de même si l'arrêté modificatif permet de construire des garages en limite séparative, dans l'ensemble du lotissement ; ce but excède la volonté – qui serait constitutive de détournement de pouvoir – de régulariser une construction violant le règlement ancien (CE, 22 nov. 1985, *Jouclas : DA* 1986, n° 45. – Dans le même sens, CE, 3 juill. 1985, *Min. Urb.* c/ *Hay : DA* 1985, n° 453. – CE, 18 déc. 1988, *Courtiane : DA* 1988, 665).

0873 **Nature réglementaire de l'arrêté modificatif.** L'arrêté prononçant la modification d'un dossier de lotissement est un acte administratif susceptible d'un recours pour excès de pouvoir, d'un sursis à exécution (CE, 18 mai 1979 : *Rec. CE*, p. 225), d'une forclusion dès lors que sa publication est intervenue (CE, 27 juill. 1979, *Époux Poulizac : DA* 1979, n° 318. – CE, 18 janv. 1980, *Bouffard : DA* 1980, n° 62). Cette jurisprudence admet donc son caractère réglementaire et la possibilité d'invoquer son illégalité par voie d'exception (CE, 17 oct. 1980, *Bert : Rec. CE*, p. 370, concl. Labetoulle).
En tout état de cause, la modification de l'autorisation de lotir ne peut résulter d'une décision du juge judiciaire (Cass. 3e civ., 3 déc. 2003, req. n° 01-12.598 : *Juris-Data* n° 2003-021226).

0874 **Absence d'indemnisation des colotis opposants.** Un arrêt très contestable de la Cour de cassation avait admis que les propriétaires opposants peuvent demander une indemnisation, en cas de modification du dossier de lotissement (Cass. 3e civ., 21 nov. 1978 : *RD imm.* 1979, n° 2, p. 171, note Bergel) ; mais cette jurisprudence est maintenant abandonnée (Cass. 3e civ., 9 oct. 1979 : *RD imm.* 1980, n° 2, p. 142, note Bergel. – Cass. 3e civ., 4 déc. 1979 : *Bull. civ.* III, n° 219 ; *Defrénois* 1981, art. 32522, note Moderne. – Cass. 3e civ., 1er juill. 1980 : *JCP* 1980 G, IV, p. 353).

0875 **Refus administratif et expression majoritaire ou unanime des colotis.** Le tribunal administratif de Rennes a admis le refus préfectoral – très sommairement motivé – de modifier le dossier d'un lotissement alors que 35 colotis sur 42 avaient donné leur accord (TA Rennes, 25 févr. 1980 : *Bull. CNEIL* avr. 1980, II, p. 4). Même en cas d'unanimité des colotis, la modification au titre du présent article nécessite toujours un arrêté modificatif (Cass. 3e civ., 20 mai 1998 : *Bull. civ.* III, n° 107, p. 72).

0876 **Portée d'une annulation du juge administratif sur l'instance civile.** Lorsqu'un arrêté modificatif est annulé par le juge administratif, en l'espèce pour détournement de pouvoir, le juge civil ne peut l'appliquer, nonobstant le respect des règles de majorité (Cass. 3e civ., 17 déc. 2003 : *Defrénois* 2004, n° 9, p. 663, note P. Benoît-Cattin).

V. – Cas particuliers

Extension de lotissement. L'extension d'un lotissement, ou la création d'un lotissement complémentaire adjacent du premier, n'est pas une modification au sens des articles L. 315-3 et L. 315-4 du Code de l'urbanisme (Rép. min. : *JOAN* 13 nov. 1975, p. 8231, comm. par Stemmer, *De l'extension de l'assiette des lotissements : JCP* N 1975, I, 6150). 0877

Rectification de limites parcellaires. La circulaire n° 72-149 du 12 septembre 1972 a admis la modification du parcellaire, par rectification mineure entre deux lots, sans arrêté préfectoral ni application de l'article L. 315-3 du Code de l'urbanisme. 0878

Mais certains conservateurs des hypothèques refusent de publier une telle modification à défaut d'arrêté préfectoral (V. Bulté : *JCP* N 1973, Prat. 5588 ; *JCP* N 1993, Prat. 2634).

D'ailleurs, la 3e chambre civile considère que l'article L. 315-3 s'applique même en cas de rectification mineure portant sur des limites contiguës après cession de deux bandes de terrain inconstructibles (Cass. 3e civ., 12 mai 1999, *Époux Roux* c/ *Époux Chevreau : BJDU* 4/1999, p. 264 ; confirmation pour la rectification de limites entre plusieurs lots, Cass. 3e civ., 19 févr. 2002, *Lamothe* c/ *Gastaldi : Constr.-urb.* 2002, n° 6, comm. n° 157, P. Cornille).

Toutefois, l'accord de la majorité des colotis n'a pas à être recueilli, en vertu de l'article L. 315-3, dans le cas particulier où le cahier des charges prévoyait la faculté pour le lotisseur de rectifications parcellaires ; en effet, celles-ci n'entraînent pas une modification dudit cahier des charges et les acquéreurs sont réputés avoir admis des changements de situation et de forme des lots vendus par le lotisseur à travers la signature des actes d'acquisition, et ce, eu égard à la force obligatoire du contrat (Cass. 3e civ., 20 mars 2002, *Franchi* c/ *Giorgi : Constr.-urb.* 2002, n° 6, comm. n° 156, P. Benoit-Cattin. – V. également, chron. C. Atias : *Defrénois* 2002, n° 13-14, p. 936).

Réunion de lots. Les réunions de lots contigus échappent aux dispositions des articles L. 315-3 et L. 315-4 et peuvent, par suite, être opérées selon les règles du droit civil, sous réserve des stipulations des documents du lotissement, et notamment du cahier des charges. Toutefois, les modifications aux divisions de propriétés antérieures à l'entrée en vigueur de la loi du 14 mars 1919 sont, en vertu des dispositions de l'article R. 315-51, assimilées à des modifications de lotissements et doivent toujours intervenir selon les modalités prévues aux articles L. 315-3 et L. 315-4 (Rép. min. : *JO* Sénat 9 juin 1982, p. 2624 ; *JCP* N 1982, Prat. 8358-1). Voir la note sous l'article R. 315-51. 0879

Si aucune disposition du cahier des charges ne s'y oppose ou s'il ne réserve pas une telle faculté au seul lotisseur (CE, 21 janv. 1981, req. n° 12891, *Min. Envir.* c/ *SCI La Hune* – CE, 3 oct. 2003, *Cne de Roquebrune-Cap-Martin : BJDU* n° 2/2004, p. 155 ; *Constr.-urb.* 2003, n° 12, comm. n° 277, P. Benoît-Cattin), l'implantation d'un bâtiment unique peut parfaitement être effectuée sur deux lots distincts (CE, 26 mai 1971, *Saly : Rec. CE*, p. 385. – CE, 6 avr. 1979, *Assoc. pour la protection et l'embellissement du site de La Baule-Escoublac : Rec. CE*, p. 138) mais non sur un lot d'un lotissement et d'une parcelle n'en faisant pas partie, bien qu'elle y soit enclavée (TA Grenoble, 15 févr. 1978, *Deburghraeve : Rec. CE*, T, p. 975).

Voir aussi : Concernant la subdivision de lots, C. urb., art. L. 315-5, p. 255 et C. urb., art. R. 315-48 à R. 315-51, p. 676.

Institution d'une servitude conventionnelle. La constitution sur un lot au profit d'un autre lot d'une servitude limitant la hauteur des constructions en deçà du maximum autorisé, peut être consentie conventionnellement entre deux propriétaires, sans avoir à passer par une modification du cahier des charges. En l'espèce, cette servitude interdisait des constructions plus élevées que des rez-de-chaussée alors que le cahier des charges prévoyait au maximum deux étages (Cass. 3e civ., 17 nov. 2004, req. n° 03-15.116 : *Juris-Data* n° 2004-025660 ; *Constr.-urb.*, 2005, n° 1, comm. n° 18, P. Cornille). 0880

Bibliographie : JEGOUZO, *Sécurité juridique des constructeurs et droit des lotissements : Droit et Ville* 1991, n° 31, p. 75. – PÉRIGNON, *La modification du cahier des charges du lotissement : AJPI* 1999, p. 599. – S. DURAND, *Le contentieux du lotissement : JCP* N 2003, nos 15-16, p. 593.

C. urb., art. L. 315-4 *(L. n° 76-1285, 31 déc. 1976 ; D. n° 81-534, 12 mai 1981 ; D. n° 82-584, 29 juin 1982 ; L. n° 83-8, 7 janv. 1983)*.— Lorsque l'approbation d'un plan d'urbanisme ou

d'occupation des sols aura été prononcée postérieurement à une autorisation de lotissement, l'autorité compétente peut modifier tout ou partie des documents, et notamment le cahier des charges du lotissement, pour les mettre en concordance *(Mots rempl., L. n° 2000-1208, 13 déc. 2000, art. 202-XXXIV)* « avec le plan local d'urbanisme ».

La décision de l'autorité compétente est prise après enquête publique et délibération du conseil municipal.

Lorsque *(Mots rempl., L. n° 2000-1208, 13 déc. 2000, art. 202-XXXIV)* « le plan local d'urbanisme » n'est pas encore approuvé, l'enquête publique afférente au projet de modification visé au premier alinéa du présent article peut être effectuée en même temps que l'enquête publique sur ledit plan.

Dans le cas où le lotissement a été créé depuis plus de vingt ans et comporte au moins cinquante lots, l'enquête publique prévue au deuxième alinéa du présent article fait l'objet d'une décision de l'autorité compétente affichée en mairie et à l'intérieur du lotissement et publiée dans au moins deux journaux locaux.

Dans tous les autres cas, notification de l'ouverture de l'enquête publique est adressée par lettre recommandée à chacun des propriétaires des lots, selon les règles en vigueur en matière d'expropriation.

Dans le cas où le lotissement a été autorisé postérieurement à la date d'entrée en vigueur du décret prévu à l'article L. 315-1 (alinéa 1er), le règlement du lotissement, s'il en a été établi un, peut, après la vente du dernier lot ou cinq ans après l'autorisation de lotir, être incorporé au plan d'occupation des sols rendu public *(Mots rempl., L. n° 2000-1208, 13 déc. 2000, art. 202-I)* « ou au plan local d'urbanisme approuvé » par décision de l'autorité compétente prise sur la demande ou après avis du conseil municipal de la commune. Le régime juridique des *(Mots rempl., L. n° 2000-1208, 13 déc. 2000, art. 202-VIII)* « plans locaux d'urbanisme » est applicable aux dispositions ainsi incorporées.

0881 **Objet.** La procédure de mise en concordance des documents d'un lotissement ancien avec de nouvelles règles d'urbanisme a pour objet d'éviter la paralysie d'une opération autorisée. En effet, la publication de règles nouvelles d'urbanisme ne modifie pas *ipso facto* les pièces du dossier de lotissement, et toutes les règles d'urbanisme devant s'appliquer, c'est en pratique la plus sévère qui peut faire obstacle aux constructions ultérieures (CE, 12 oct. 1979, *SCI « Les Boutons d'Or » : DA* 1979, n° 310).

Une évolution jurisprudentielle n'est guère perceptible : le Conseil d'État juge que le cumul du plan d'urbanisme et des règles de lotissement s'applique même si les règles des deux documents sont inconciliables (CE, 23 juin 1995, *Min. Équip. c/ Sopricom : BJDU* 3/1995, p. 212, concl. Schwartz. – CE, 12 mai 1994, *Cne de Roquebrune-Cap-Martin : BJDU* 3/1995, p. 209, concl. Lasvignes). – CE, sect. 5 déc. 1994, *Cne de Roquebrune-Cap-Martin : Rec. CE*, p. 538 ; *DA* 1995, 180), ce qui peut aboutir à rendre les terrains inconstructibles (par exemple, lotissement d'habitation dans une zone du plan réservée aux activités).

0882 **Portée des modifications.** Les modifications pouvant résulter de cette procédure ont une portée limitée et un caractère autoritaire : il s'agit seulement de la mise en concordance d'un ancien document de lotissement avec un POS approuvé postérieurement. Peu importe qu'il s'agisse d'incompatibilité radicale et absolue entre les deux documents ou simplement de discordances entre leurs dispositions (Rép. min. : *JOAN* 23 juin 1980, p. 2594). Les modifications ne peuvent excéder la simple mise en concordance : toutefois si le nouveau document d'urbanisme est tout à fait contradictoire avec les documents du lotissement, ces derniers peuvent être bouleversés (CE, 16 juin 1971, *Assoc. des propriétaires du lotissement Belle Plage : Rec. CE*, p. 454), l'ampleur des modifications n'étant nullement limitée, dès lors qu'elles répondent à cet objet (CE, 24 juill. 1981, *Mme Woll Brette : Rec. CE*, p. 316).

La réponse ministérielle précitée n'est pas toujours appliquée par les tribunaux administratifs. Certains d'entre eux considèrent en effet, avec raison à notre avis, qu'une véritable incompatibilité est nécessaire pour que la procédure de mise en concordance puisse être légalement mise en œuvre.

0883 **Procédures.** Les modifications sont unilatéralement décidées par l'autorité compétente dans le cadre de sa compétence « liée à la mise en concordance », après seulement la consultation du conseil municipal. Les modalités de l'enquête publique obligatoire sont différentes selon que le lotissement en cause répond ou non aux critères d'ancienneté et d'importance déterminés par le quatrième alinéa du texte.

Intérêt en présence. Un vice de procédure peut résulter de l'intérêt personnel de conseillers municipaux. Mais tel n'est pas le cas, en cas de vote à l'unanimité, l'intérêt personnel de deux conseillers municipaux n'ayant pu avoir une influence suffisante (CE, 19 févr. 1993, req. n° 90-650, *Cne de Névian* c/ *Garcia*). 0884

Articulation avec l'article L. 315-3. La procédure prévue par cet article reste possible après l'échec de cette mise en œuvre sur la base de l'article L. 315-3 (CE, 31 janv. 1992, *Copropriété Résidence du château : Rec. CE*, T, p. 1382 ; *Gaz. Pal.* 1992, 2, pan. dr. adm., p. 129). 0885

Régularisation. La modification ne doit pas avoir pour but la régularisation d'une construction dont la démolition a été ordonnée en justice (CE, 8 avr. 1998, *ASL lotissement la Clairette* : *Constr.-urb.* 1998, n° 315). 0886

C. urb., art. L. 315-5. — Un décret fixera les conditions dans lesquelles les modifications aux divisions des propriétés et les subdivisions de lots provenant eux-mêmes d'un lotissement pourront être assimilées aux modifications de lotissement prévues aux articles L. 315-3 et L. 315-4 pour l'application desdits articles.

Subdivision de lots. C'est à travers les documents du lotissement précédemment réalisé et notamment au regard du plan parcellaire annexé à l'arrêté d'autorisation qu'il faut rechercher s'il s'agit effectivement d'une subdivision de lots lorsqu'il s'agit de diviser la partie de la propriété conservée par le lotisseur. Si celle-ci a été incluse dans le périmètre du lotissement, la nouvelle demande de division constitue une subdivision de lots soumise à la procédure régie par l'article R. 315-48 du présent code. Si, au contraire, elle en a été formellement exclue, le propriétaire de la partie conservée hors lotissement, qui désire détacher une ou plusieurs parcelles, doit demander une nouvelle autorisation de lotir en application de l'article R. 315-4, alinéa 3 du présent code (Rép. min. : *JOAN* Q 27 sept. 1982, p. 3854). 0887

Voir aussi : En ce qui concerne les réunions de lots, la note sous C. urb., art. L. 315-3, p. 250 ; C. urb., art. R. 315-48 à R. 315-51, p. 676.

Autorisation antérieure. L'autorisation de subdivision n'est pas requise, lorsque l'autorisation de lotir originelle ne constituait pourtant pas un lotissement véritable (CE, 20 juill. 1990, Mme *Nouira : Rec. CE*, p. 224). 0888

C. urb., art. L. 315-6 *(Rempl., L. n° 2001-602, 9 juill. 2001, art. 29-II).* — Ainsi qu'il est dit à l'article L. 311-5 du Code forestier, lorsque la réalisation d'une opération ou de travaux soumis à une autorisation administrative nécessite également l'obtention préalable de l'autorisation de défrichement prévue à l'article L. 311-1 du même code, l'autorisation de défrichement doit être obtenue préalablement à la délivrance de cette autorisation administrative.

Portée de l'autorisation de défrichement. Les dispositions d'un arrêté de lotissement rendant un lot inconstructible en raison de sa nature de bois ne sont pas abrogées par l'octroi d'une autorisation de défricher (CE, 18 janv. 1980, *Min. Équip.* c/ *Thébaut : DA* 1980, n° 49). 0889

C. urb., art. L. 315-7 *(L. n° 76-1285, 31 déc. 1976).* — La déclaration d'utilité publique d'une opération qui n'est pas compatible avec les dispositions à caractère réglementaire régissant un lotissement approuvé ne peut intervenir que si l'enquête publique concernant cette opération a porté à la fois sur l'utilité publique et sur la modification des documents régissant le lotissement. La déclaration d'utilité publique emporte alors modification de ces documents.

0890 **Enquête publique.** Article analogue en son principe à l'article L. 123-16 : la légalité de la déclaration d'utilité publique est subordonnée à une enquête publique portant également sur les modifications éventuelles des dispositions qui régissent le lotissement.

0891 **Expropriation.** L'existence d'un plan de lotissement régulièrement approuvé ne forme pas pour autant obstacle à l'expropriation ultérieure d'une partie des lots (CE, 11 juill. 1960, *De la Rochette : Rec. CE*, p. 1159).

Pour un détournement de procédure dans l'application du présent article (CE, 16 janv. 1998, *SIVOM d'Accous : DA* 1998, n° 187).

C. urb., art. L. 315-8 ***(L. n° 86-1290, 23 déc. 1986).*** **— Dans les cinq ans à compter de l'achèvement d'un lotissement, constaté dans les conditions prévues par décret en Conseil d'État, le permis de construire ne peut être refusé ou assorti de prescriptions spéciales sur le fondement de dispositions d'urbanisme intervenues postérieurement à l'autorisation du lotissement. Toutefois, les dispositions résultant des modifications des documents du lotissement en application des articles L. 315-3, L. 315-4 et L. 315-7 sont opposables.**

0892 **Droits acquis.** La présente disposition issue de la « loi Méhaignerie », renforce les « droits acquis » résultant de l'autorisation de lotissement (comparer à la jurisprudence citée sous l'article L. 160-5). Elle pourrait heurter gravement la politique suivie en matière de sécurité civile et de prévention des risques majeurs (V. art. L. 123-14). Toutefois, si une zone devient inconstructible parce qu'inondable, aucune construction ne sera autorisée dans les faits : en ce sens, voir les conclusions du commissaire du Gouvernement S. Austry, sous CE, 29 juin 2001, *SA Blanc : BJDU* 4/2001, p. 254.

0893 **Notion d'achèvement.** La notion d'achèvement du lotissement, au sens du présent article, donne lieu à des difficultés pratiques (Jegouzo, Kauffmann et Pérignon, *La sécurité juridique des constructeurs et le droit des lotissements : Droit et Ville* 1991, n° 31, p. 75).

0894 **Loi littoral.** La loi littoral prime le présent article, et fait échec à la constructibilité des lots en cas de modification en vertu de l'article L. 315-4 (TA Nice, 10 avr. 1997, *Haddad c/ Cne de Bormes-les-Mimosas et préfet du Var : BJDU* 3/1997, p. 159, concl. Poujade). Voir aussi CE, 16 juin 1995, *Laugier : BJDU* 5/1995, p. 384, concl. Maugüe.

0895 **Constructibilité limitée.** A été jugé que l'article L. 315-8 fait obstacle à l'application de la règle de la constructibilité limitée (art. L. 111-1-2), remise en vigueur suite à l'annulation d'un POS (CAA Paris, 15 févr. 2001, *Cne de Mesnil-le-Roi : BJDU* 5/2001, p. 322).

Sur l'applicabilité du présent article aux situations en cours, concl. Schwartz sous CE, 10 janv. 1994, *Valladier : BJDU* 4/1994, p. 52.

C. urb., art. L. 315-9 ***(L. n° 87-565, 22 juill. 1987).*** **— Sont validés :**

1° Les autorisations de lotir délivrées à compter du 1er janvier 1978 :

a) **En tant qu'elles autorisent une surface hors œuvre nette de construction résultant de l'application du coefficient d'occupation des sols à la surface totale du terrain ayant fait l'objet de la demande d'autorisation de lotir ;**

b) **En tant qu'elles répartissent cette surface hors œuvre nette entre les différents lots sans tenir compte de l'application du coefficient d'occupation des sols à chacun de ces lots ;**

c) **En tant qu'elles prévoient que le lotisseur procède à cette répartition dans les mêmes conditions ;**

2° Les permis de construire délivrés sur le fondement des dispositions mentionnées au 1° ci-dessus en tant qu'ils autorisent l'édification de constructions d'une surface hors œuvre nette supérieure à celle qui résulte de l'application du coefficient d'occupation des sols à la surface du lot ayant fait l'objet de la demande ;

3° Les certificats d'urbanisme en tant qu'ils reconnaissent des possibilités de construire résultant des dispositions validées au 1° du présent article.

Objet. Le présent article « cavalier législatif » de la loi du 22 juillet 1987 relative à l'organisation de 0896
la sécurité civile, à la protection de la forêt contre l'incendie et à la prévention des risques majeurs, est destiné à briser la fâcheuse jurisprudence du Conseil d'État qui avait refusé la globalisation du COS dans les lotissements. Mais sa portée est limitée en cas de caducité des règles du lotissement en application de l'article L. 315-2-1.

Voir aussi : Note sous C. urb., art. R. 315-4, p. 639 ; commentaire détaillé par Bouyssou : *JCP* N 1987, Prat. 279. – Circ. n° 87-56, 24 juin 1987 : *JCP* N 1987, Prat. 281.

Copropriété. Le présent article s'applique au permis de construire délivré dans une copropriété 0897
conférant aux copropriétaires le droit individuel de construire sur les parties privatives (CE, 27 oct. 1993, *Mme Joubin : Rec. CE*, T, p. 595 et 1101).

Chapitre VI
Sanctions pénales relatives aux lotissements

Spécificité des incriminations. Les articles L. 316-1 à L. 316-4, relatifs aux sanctions pénales, 0898
renvoient pour l'essentiel à l'article L. 480-1, relatif aux sanctions pénales en matière de permis de construire, sous réserve des dispositions spécifiques, notamment en matière d'astreinte pour l'exécution des travaux de viabilité et aussi pour l'exécution d'office de ces travaux, sur ordre du préfet consécutif à un jugement pénal (art. L. 316-4). Le montant des pénalités applicables a été élevé par la loi n° 76-1285 du 31 décembre 1976.

Personnes morales. La loi Urbanisme-habitat du 2 juillet 2003 introduit la responsabilité des 0899
personnes morales au titre des délits visés aux articles L. 316-2, L. 316-3 et L. 316-4.

Voir aussi : Commentaires sous C. urb., art. L. 480-4-1, p. 430.

Partie civile. En matière de lotissements, l'action civile de la victime est depuis toujours receva- 0900
ble, alors que la recevabilité de l'action civile de la victime d'une infraction aux règles en vigueur en matière de permis de construire résulte au contraire d'un récent revirement de jurisprudence (Cass. crim., 17 janv. 1984 : *JCP* 1985, II, 20451, note Gassin).

C. urb., art. L. 316-1. — Les infractions à la réglementation relative aux lotissements sont constatées et poursuivies selon les règles fixées à l'article L. 480-1.

Voir aussi : C. urb., art. R. 316-1, p. 681 et C. urb., art. R. 316-2, p. 681.

C. urb., art. L. 316-2 *(L. n° 76-1285, 31 déc. 1976 ; L. n° 83-8, 7 janv. 1983 ; Ord. n° 2000-916, 19 sept. 2000)*. **— Sera punie d'une amende de 18 000 € et, en cas de récidive, d'une amende de 45 000 €, toute personne qui aura vendu ou loué des terrains bâtis ou non bâtis compris dans un lotissement sans être munie d'une autorisation délivrée par l'autorité compétente ou sans s'être conformée aux prescriptions imposées par ladite autorisation.**

Infractions. Le lotissement est une opération matérielle définie par l'article R. 315-1. Il existe 0901
donc par lui-même, sans avoir besoin de résulter d'une décision de la puissance publique. Une sanction pénale peut donc être requise contre celui qui a procédé à des divisions foncières ainsi définies. La note technique du 3 août 1978 sur les lotissements ajoute (n° 3.3.2. A.) : « il conviendra donc d'engager des poursuites dans les cas où des infractions caractérisées auront été commises sciemment » ; étant précisé que depuis le Code pénal de 1994, tous les délits sont intentionnels, sauf texte contraire. En outre, à titre de sanction administrative, le permis de construire sur une parcelle irrégulièrement détachée est refusé ou est illégal (CE sect., 17 déc. 1982, *Eyhérabide : JCP* N 1983, II, p. 41, note Bouyssou, concl. Genevois. – CE, 21 août 1996, *Ville de Toulouse c/ Ancessy : JCP* N 1997, p. 871, note Cornille).

0902 **Notion de bâtiment.** La location d'abris de jardins à des personnes différentes ne constitue pas le délit réprimé au présent article, car il n'y a pas implantation de *bâtiments*, même si les locataires ont été condamnés pour *construction* sans permis (Cass. crim., 12 févr. 1985 : *RD imm.* 1985, p. 202).

0903 **Vente en l'état futur d'achèvement.** La Cour de cassation a censuré une cour d'appel qui avait déclaré un prévenu coupable de vente d'un terrain loti non conforme à l'autorisation de lotir, alors qu'elle n'avait constaté aucune vente autre que celles de maisons individuelles en l'état futur d'achèvement (Cass. crim., 6 mars 2001, req. n° 00-85409 : *Juris-Data* n° 2001-009104).

C. urb., art. L. 316-3 ***(L. n° 76-1285, 31 déc. 1976 ; L. n° 85-729, 18 juill. 1985 ; L. n° 94-112, 9 févr. 1994 ; Ord. n° 2000-916, 19 sept. 2000).*** **— Aucune promesse de vente ou de location ne peut être consentie avant l'arrêté d'autorisation prévu par la réglementation en matière de lotissement.**

Toute publicité, sous quelque forme que ce soit, doit mentionner de manière explicite que l'arrêté d'autorisation a été ou non délivré.

Lorsque l'autorisation a été obtenue, la publicité, quelle qu'en soit la forme, doit faire connaître la date de l'arrêté d'autorisation et rappeler que le projet autorisé est déposé à la mairie. La publicité ne doit comporter aucune indication non conforme aux prescriptions dudit arrêté ou susceptible de causer une méprise dans l'esprit de l'acquéreur sur les charges et conditions auxquelles le lotisseur entend subordonner la vente ou la location des lots.

L'arrêté d'autorisation et le cahier des charges fixant les conditions de vente ou de location des lots sont remis à l'acquéreur lors de la signature de la promesse ou de l'acte de vente ainsi qu'au preneur lors de la signature des engagements de location ; ils doivent leur avoir été communiqués préalablement.

Les actes mentionnent que ces formalités ont été effectuées.

Toute infraction aux dispositions du présent article est passible d'une amende de 18 000 €. En cas de récidive, l'amende est de 45 000 €.

Aucun acompte ne peut être accepté avant l'intervention de l'arrêté d'autorisation, sous peine d'une amende de 30 000 €.

0904 **Promesse de vente.** Suivant l'article 1589 du Code civil, la promesse de vente vaut vente, lorsqu'il y a consentement réciproque des deux parties sur la chose et sur le prix. Si cette promesse s'applique à des terrains déjà lotis ou à lotir, son acceptation et la convention qui en résultera s'établiront par le paiement d'un acompte sur le prix, quel que soit le nom donné à cet acompte, et par la prise de possession du terrain. La date de la convention, même régularisée ultérieurement, sera celle du versement du premier acompte.

0905 **Acompte.** L'exigence de la part d'un lotisseur d'un acompte important pénalise ceux des acquéreurs qui ne peuvent pas matériellement obtenir, dans les délais de réservation, les prêts nécessaires. Une telle pratique est donc particulièrement inopportune dans les lotissements publics présentant un caractère social. Cependant, aucun texte législatif ne limite aujourd'hui, dans ce domaine, la liberté du lotisseur, qu'il soit public ou privé, et rien ne s'oppose à ce qu'il demande à ses acquéreurs de verser une avance substantielle lors de la réservation du lot (Rép. min. : *JOAN* 5 sept. 1983, p. 3923).

0906 **Condition suspensive.** Il était interdit au lotisseur de conclure aucune convention, y compris sous forme de promesse ou de vente sous condition suspensive de l'autorisation de lotir (Cass. 3e civ., 18 mars 1974 : *JCP* N 1975, II, 17947, note Thuillier. – Cass. 3e civ., 15 avr. 1980 : *Gaz. Pal.* 1980, 2, pan. jur. 449), même après la loi Bosson du 9 février 1994. Avant la délivrance de l'autorisation de vente prévue à l'article R. 315-36, les ventes et promesses de vente, même conditionnelles, demeurent interdites. Seules sont licites les promesses unilatérales de vente sous condition suspensive (et non rétroactive) de la délivrance du certificat prévu à l'article R. 315-36. Le lotisseur peut alors percevoir de l'acquéreur une indemnité d'immobilisation, de l'ordre de 5 % de la valeur du lot promis à la vente. Toutes les précautions devront être prises pour la garantie des sommes ainsi versées (Note technique 22 déc. 1977, n° 1.1.2. ; *JCP* N 1978, p. 6765).

Effet sur la légalité de l'autorisation de lotir. Les sanctions de la conclusion de promesse de vente sont de nature pénale ou civile (nullité), mais cela n'a aucune incidence sur la légalité de l'autorisation de lotir (CE, 8 déc. 2000, *Société Bellatrix : BJDU* 1/2001, p. 28, concl. D. Chauvaux). 0907

Publicité. Avant la loi Bosson, l'interdiction de toute publicité était absolue avant la délivrance du permis de lotir. Tant que le lotissement n'était pas autorisé, la simple mise en place d'un panneau ne pouvait être admise, même pour sonder les intentions de la clientèle potentielle. Il en était de même pour les lotissements communaux (note technique 22 déc. 1977, n° 1.1.2). Depuis la loi Bosson, la publicité est admise, mais elle doit préciser si l'autorisation de lotissement a ou non été délivrée. En cas de publicité mensongère, les sanctions prévues par la loi du 29 décembre 1973 (art. 44 à 46) seraient encourues. 0908

Information des acquéreurs. L'information des acquéreurs et des locataires est prévue par la loi du 18 juillet 1985. 0909

Opposabilité des servitudes. Est opposable aux colotis une servitude d'espaces verts dont le principe est prévu dans le cahier des charges publié à la conservation des hypothèques et cela même si ses modalités sont inscrites au plan parcellaire non publié ; les colotis ayant connaissance de ladite servitude par le cahier des charges peuvent aller consulter le plan (Cass. 3e civ., 2 déc. 2000, *M. Foulet c/ M. Comte : BJDU* 1/2001, p. 26). 0910

Responsabilité du notaire. Cette responsabilité est appréciée au cas par cas. Une cour d'appel a ainsi été censurée pour avoir condamné, *in solidum* avec le propriétaire du fonds servant, le notaire à payer la somme correspondant à la restitution du prix versé pour la constitution d'une servitude de passage en violation du cahier des charges du lotissement. En effet, la nullité d'un acte à titre onéreux n'entraîne pas pour l'acquéreur la perte du prix que la nullité l'autorise à se faire restituer par celui qui en est le créancier ; le notaire qui a instrumenté l'acte peut seulement pour le cas d'insolvabilité du débiteur de la restitution être tenu de garantir celle-ci au profit de l'acquéreur (Cass. 1re civ., 6 nov. 2001, req. n° 98-21220 : *Juris-Data* n° 2001-011668). 0911
La responsabilité du notaire est reconnue s'il dresse un acte de vente contradictoire avec le cahier des charges (CA Grenoble, 14 avr. 2003 : *Juris-Data* n° 2003-216250). Il doit rassembler tous les documents nécessaires à la rédaction précise et complète des actes authentiques et informer les parties sur le contenu des documents du lotissement et des conséquences sur leurs droits (CA Toulouse, 24 févr. 2004 : *Constr.-urb.* 2004, n° 11, comm. n° 213, N. Rousseau).

Voir aussi : Note de J.-P. Kuhn, sous Cass. 3e civ., 21 nov. 2001 : *JCP* N 2002, nos 18-19, p. 666, pour la responsabilité du notaire face à un client professionnel de l'immobilier.

Autres professionnels. Un agent immobilier engage sa responsabilité professionnelle pour manquement à son devoir de conseil, s'il n'informe pas son client de l'existence et du contenu du cahier des charges (CA Poitiers, 15 janv. 2003 : *Juris-Data* n° 2003-214849). 0912

Bornage des lots. La loi SRU a introduit dans le présent code un article L. 111-5-3 qui impose au lotisseur une obligation de bornage, entérinant ainsi une jurisprudence retenant la responsabilité de ce dernier pour défaut de contenance en l'absence de bornage (Cass. 3e civ., 8 févr. 1983 : *JCP* N 1983, Prat. n° 8884). Si l'acquéreur d'un lot a l'intention de construire un immeuble à usage d'habitation ou à usage mixte professionnel et d'habitation, la promesse de vente, la vente doivent mentionner si le descriptif du terrain résulte d'un bornage. Cette obligation, en l'absence de précision du texte, s'appliquerait à tous les lotissements, y compris ceux dont les règles d'urbanisme sont frappées de caducité en vertu de l'article L. 315-2-1, ceux partiels visés à l'article R. 315-4 et à ceux issus d'un partage successoral, l'acte de partage incluant alors la mention obligatoire du bornage. La sanction de cette obligation est une action en nullité, intentée par le bénéficiaire de la promesse ou l'acquéreur de lot, dans le délai d'un mois à compter de l'acte authentique constatant la réalisation de la vente. 0913

Voir aussi : Notes sous C. urb., art. L. 111-5-3, p. 19.

C. urb., art. L. 316-3-1 ***(Créé, L. n° 2000-1208, 13 déc. 2000, art. 73).*** **— À compter de la délivrance de l'autorisation de lotir, le lotisseur peut consentir une promesse unilatérale de vente indiquant la consistance du lot réservé, sa délimitation, son prix et son délai de livraison. Elle ne devient définitive qu'au terme d'un délai de sept jours pendant lequel l'acquéreur a la faculté de se rétracter.**

Si l'acquéreur exerce sa faculté de rétractation, dans les conditions de l'article L. 271-1 du Code de la construction et de l'habitation, le dépositaire des fonds versés les lui restitue dans un délai de vingt et un jours à compter du lendemain de la date de cette rétractation.

Le promettant peut, en contrepartie de l'immobilisation du lot, obtenir du bénéficiaire de la promesse, qui conserve la liberté de ne pas acquérir, le versement d'une indemnité d'immobilisation dont le montant ne peut pas excéder un pourcentage du prix de vente fixé par décret en Conseil d'État. Les fonds déposés sont consignés en compte bloqué. Ils sont indisponibles, incessibles et insaisissables jusqu'à la conclusion du contrat de vente.

Ils sont restitués, dans un délai de trois mois, au déposant dans tous les cas, sauf si le contrat de vente n'est pas conclu de son fait alors que toutes les conditions de la promesse sont réalisées.

Les conditions de cette promesse de vente sont fixées par décret en Conseil d'État.

CCH, art. L. 271-1. — Pour tout acte sous seing privé ayant pour objet la construction ou l'acquisition d'un immeuble à usage d'habitation, la souscription de parts donnant vocation à l'attribution en jouissance ou en propriété d'immeubles d'habitation ou la vente d'immeubles à construire ou de location-accession à la propriété immobilière, l'acquéreur non professionnel peut se rétracter dans un délai de sept jours à compter du lendemain de la première présentation de la lettre lui notifiant l'acte.

Cet acte est notifié à l'acquéreur par lettre recommandée avec demande d'avis de réception ou par tout autre moyen présentant des garanties équivalentes pour la détermination de la date de réception ou de remise. La faculté de rétractation est exercée dans ces mêmes formes.

Lorsque l'un des actes mentionnés au premier alinéa est dressé en la forme authentique, l'acquéreur non professionnel dispose d'un délai de sept jours à compter de la notification ou de la remise d'un projet d'acte selon les mêmes modalités que celles prévues pour le délai de rétractation mentionné au premier alinéa. En aucun cas, l'acte authentique ne peut être signé pendant ce délai de sept jours.

Lorsque le contrat constatant ou réalisant la convention est précédé d'un contrat préliminaire ou d'une promesse synallagmatique ou unilatérale, les dispositions ci-dessus ne s'appliquent qu'à ce contrat ou à cette promesse.

CCH, art. L. 271-2. — Lors de la conclusion d'un acte mentionné à l'article L. 271-1, nul ne peut recevoir de l'acquéreur non professionnel, directement ou indirectement, aucun versement à quelque titre ou sous quelque forme que ce soit avant l'expiration du délai de rétractation, sauf dispositions législatives expresses contraires prévues notamment pour les contrats ayant pour objet l'acquisition ou la construction d'un immeuble neuf d'habitation, la souscription de parts donnant vocation à l'attribution en jouissance ou en propriété d'immeubles d'habitation et les contrats préliminaires de vente d'immeubles à construire ou de location-accession à la propriété immobilière. Si les parties conviennent d'un versement à une date postérieure à l'expiration de ce délai et dont elles fixent le montant, l'acte est conclu sous la condition suspensive de la remise desdites sommes à la date convenue.

Toutefois, lorsque l'un des actes mentionnés à l'alinéa précédent est conclu par l'intermédiaire d'un professionnel ayant reçu mandant pour prêter son concours à la vente, un versement peut être reçu de l'acquéreur s'il est effectué entre les mains d'un professionnel disposant d'une garantie financière affectée au remboursement des fonds déposés. Si l'acquéreur exerce sa faculté de rétractation, le professionnel dépositaire des fonds les lui restitue dans un délai de vingt et un jours à compter du lendemain de la date de cette rétractation.

Lorsque l'acte est dressé en la forme authentique, aucune somme ne peut être versée pendant le délai de réflexion de sept jours.

Est puni de 30 000 € d'amende le fait d'exiger ou de recevoir un versement ou un engagement de versement en méconnaissance des alinéas ci-dessus.

0914 **Apport de la loi SRU.** Ce nouveau dispositif, issu de la loi du 13 décembre 2000, transpose aux ventes immobilières, y compris dans les lotissements, les mécanismes de délai de réflexion et de délai de rétractation existant en droit de la consommation depuis les lois Scrivener de 1978. Outre le Code de l'urbanisme, le Code de la construction et de l'habitation fait l'objet d'ajouts importants en ce sens.

Voir aussi : C. urb., art. L. 271-1 et s., p. 260.

Bibliographie : P. Cornille, *Commercialisation des lots d'un lotissement : la promesse unilatérale de vente spécifique (loi SRU, art. 73) : Constr.-urb.* 2001, n°s 7-8, chron. n° 17. – S. Ramus-Kierz Kowski, *La loi SRU et la vente d'un lot de lotissement : Rev. Administrer* 2001, n° 334, p. 13. – P. Derrez, *Vente immobilière, vente de terrains à bâtir, quelle protection pour les acquéreurs (loi SRU) : Ann. loyers* 2001, n° 12, p. 2262. – S. Durand, *Lotissement et loi SRU : JCP* N 2001, n° 24, p. 1022. – D. Mainguy, *JCP* E 2002, n° 15, chron., p. 660.

C. urb., art. L. 316-4 ***(L. n° 76-1285, 31 déc. 1976 ; L. n° 83-8, 7 janv. 1983 ; L. n° 92-1336, 16 déc. 1992 ; L. n° 93-913, 19 juill. 1993 ; Ord. n° 2000-916, 19 sept. 2000).*** **— Sans préjudice, le cas échéant, de l'application de peines plus fortes prévues aux articles 433-7 et 433-8 du Code pénal, quiconque met obstacle à l'exercice du droit appartenant, pour l'application de la réglementation en matière de lotissements, au préfet, au maire, au directeur départemental de l'équipement ou à leurs délégués, de procéder à tout moment à la visite des lieux et aux vérifications qu'ils jugent utiles, sera puni d'une amende de 3 750 €. En outre, un emprisonnement de un mois pourra être prononcé.**

Si les vérifications faites révèlent que les travaux exécutés ne sont pas conformes aux prescriptions de l'arrêté d'autorisation, il est dressé procès-verbal de l'infraction.

Lorsque les prescriptions imposées par l'arrêté d'autorisation n'auront pas été respectées, le tribunal pourra prononcer les peines prévues à l'article L. 316-2 et, en outre, impartir un délai au lotisseur pour mettre les travaux en conformité avec lesdites prescriptions, sous peine d'une astreinte de 7,5 € à 75 € par jour de retard ; l'astreinte prononcée court à partir de l'expiration dudit délai jusqu'au jour où les travaux sont définitivement achevés.

L'autorité compétente pour autoriser la création d'un lotissement peut faire effectuer les travaux d'office aux frais et risques financiers du lotisseur si, à l'expiration du délai fixé par le jugement, les travaux n'ont pas été mis en conformité avec les prescriptions de l'arrêté d'autorisation.

Les astreintes prononcées sont recouvrées par les comptables directs du Trésor sur réquisition du préfet pour le compte de la ou des communes aux caisses desquelles sont versées les sommes recouvrées.

Après l'achèvement des travaux, le tribunal peut autoriser le reversement d'une partie des astreintes si le lotisseur établit qu'il a été empêché d'observer, par des circonstances indépendantes de sa volonté, le délai qui lui avait été imparti.

Prise en charge financière des travaux exécutés d'office. Le quatrième alinéa, dans la rédaction que lui a donnée la loi n° 83-8 du 7 janvier 1983 précise que les travaux pouvant être effectués d'office le sont aux frais et risques financiers du lotisseur. 0915

Partage des pertes. Lorsque les héritiers du bénéficiaire d'une autorisation de lotir n'ont pas personnellement participé aux opérations de lotissement, ni procédé à des ventes ou locations de lots, il ne saurait leur être fait application des peines édictées par le présent article en cas d'inexécution des travaux prescrits par l'arrêté d'autorisation (Cass. crim., 4 nov. 1976 : *JCP* N 1977, II, p. 37 et note B. Stemmer). 0916

Chapitre VII
Amélioration de certains lotissements
(Chapitre ab., L. n° 2000-1208, 13 déc. 2000, art. 202-XXXIX)

Section I Subventions de l'État
(Section ab., L. n° 2000-1208, 13 déc. 2000, art. 202-XXXIX)

C. urb., art. L. 317-1 à L. 317-3 ***(Ab., L. n° 2000-1208, 13 déc. 2000, art. 202-XXXIX).***

C. urb., art. L. 317-4 ***(L. n° 76-1285, 31 déc. 1976 ; ab., L. n° 2000-1208, 13 déc. 2000, art. 202-XXXIX).***

C. urb., art. L. 317-5 ***(Ab., L. n° 2000-1208, 13 déc. 2000, art. 202-XXXIX).***

Section II Prêts des caisses départementales
(Section ab., L. n° 2000-1208, 13 déc. 2000, art. 202-XXXIX)

C. urb., art. L. 317-6 ***(L. n° 85-729, 18 juill. 1985 ; ab., L. n° 2000-1208, 13 déc. 2000, art. 202-XXXIX).***

C. urb., art. L. 317-7 ***(Ab., L. n° 2000-1208, 13 déc. 2000, art. 202-XXXIX).***

Section III Autres participations
(Section ab., L. n° 2000-1208, 13 déc. 2000, art. 202-XXXIX)

C. urb., art. L. 317-8 à L. 317-10 ***(Ab., L. n° 2000-1208, 13 déc. 2000, art. 202-XXXIX).***

C. urb., art. L. 317-11 ***(L. n° 85-729, 18 juill. 1985 ; ab., L. n° 2000-1208, 13 déc. 2000, art. 202-XXXIX).***

Section IV Règles particulières de fonctionnement des associations syndicales
(Section ab., L. n° 2000-1208, 13 déc. 2000, art. 202-XXXIX)

C. urb., art. L. 317-12 ***(L. n° 85-729, 18 juill. 1985 ; ab., L. n° 2000-1208, 13 déc. 2000, art. 202-XXXIX).***

C. urb., art. L. 317-13 à L. 317-15 ***(Ab., L. n° 2000-1208, 13 déc. 2000, art. 202-XXXIX).***

Chapitre VIII
Dispositions relatives à certaines opérations

0917 **Évolution.** La loi n° 76-1285 du 31 décembre 1976 a supprimé la procédure de mise en demeure de construire (art. L. 318-5 à L. 318-7 anciens), issue du Code de l'urbanisme et de l'habitation de 1954, qui n'avait jamais reçu le règlement d'application nécessaire à son entrée en vigueur.
En revanche, le décret de codification n° 76-267 du 25 mars 1976 a intégré au Code de l'urbanisme les dispositions de la loi Royer relatives à l'aide aux commerçants et artisans dont la situation est compromise de façon irrémédiable du fait d'une opération d'équipements collectifs (art. L. 318-8), et une disposition de la loi n° 75-988 du 29 octobre 1975 qui prévoit la fixation par décret des

conditions dans lesquelles l'aménagement de zones industrielles et de zones d'habitation doit comprendre des équipements sportifs (art. L. 318-9).
Les articles L. 318-1 à L. 318-3 ont une origine plus ancienne (L. n° 65-496, 29 juin 1965). Ils prévoient des possibilités de mutations domaniales entre collectivités publiques, utiles dans le cadre d'opérations d'urbanisme largement entendues, les articles L. 318-1 et L. 318-2 se référant, de manière non limitative d'ailleurs, à l'énumération de l'article L. 321-1.

Transfert d'office. L'article L. 318-3 permet le transfert d'office, sans indemnité, mais après enquête publique, des voies privées ouvertes à la circulation publique, dans le domaine public communal. La loi « libertés et responsabilités locales » du 13 août 2004 a décentralisé et allégé la procédure. Auparavant, le principe était la prise d'un décret en Conseil d'État, sauf si le transfert était sollicité par la commune et ne rencontrait pas d'opposition d'un ou plusieurs propriétaires. Aujourd'hui, la procédure de droit commun est la délibération du conseil municipal et, en cas d'opposition d'un propriétaire, un arrêté préfectoral sur demande de la commune. En d'autres termes, la volonté communale est la pièce maîtresse du dispositif. Un décret d'application est en attente (Circ. min. Int. DGCL, 10 sept. 2004). Le décret n° 77-860 du 26 juillet 1977 relatif aux lotissements impose, pour les dossiers de demande déposés postérieurement au 1er janvier 1978, qu'une convention entre la commune et le lotisseur règle clairement ce problème (art. R. 315-7). Il en est de même depuis la loi du 18 juillet 1985, en cas de division d'ensembles immobiliers bâtis (art. L. 111-5-1). 0918

Section I Déclassements et transferts de propriété

C. urb., art. L. 318-1 *(L. n° 76-1285, 31 déc. 1976 ; L. n° 85-729, 18 juill. 1985).*— Pour faciliter l'exécution des opérations et travaux définis dans le présent livre et relevant de la compétence de l'État, d'une collectivité locale ou d'un établissement public, des déclassements et transferts de propriété de toute dépendance du domaine public peuvent être décidés par décret en Conseil d'État, après avis de la personne morale de droit public intéressée.

C. urb., art. L. 318-2 *(L. n° 76-1285, 31 déc. 1976 ; L. n° 85-729, 18 juill. 1985).* — *(Mots rempl., L. n° 2000-1208, 13 déc. 2000, art. 29)* « Au fur et à mesure de la réalisation des équipements, et au plus tard à l'issue des opérations et travaux définis dans le présent livre », les équipements mobiliers ou immobiliers destinés à un service public ou à l'usage appartenant à l'État, à des collectivités locales ou à des établissements publics peuvent être, à défaut d'accord, transférés à titre gratuit aux collectivités locales et aux établissements publics dans la circonscription desquels ils se trouvent et classés, s'il y a lieu, dans leur domaine public par décret en Conseil d'État, après enquête publique et consultation des assemblées délibérantes intéressées.

C. urb., art. L. 318-3.— La propriété des voies privées ouvertes à la circulation publique dans des ensembles d'habitations peut, après enquête publique, être transférée d'office sans indemnité dans le domaine public de la commune sur le territoire de laquelle ces voies sont situées.

La décision de l'autorité administrative portant transfert vaut classement dans le domaine public et éteint, par elle-même et à sa date, tous droits réels et personnels existant sur les biens transférés.

***(Al. rempl., L. n° 2004-809, 13 août 2004, art. 150)* Cette décision est prise par délibération du conseil municipal. Si un propriétaire intéressé a fait connaître son opposition, cette décision est prise par arrêté du représentant de l'État dans le département, à la demande de la commune.**

L'acte portant classement d'office comporte également approbation d'un plan d'alignement dans lequel l'assiette des voies publiques est limitée aux emprises effectivement livrées à la circulation publique.

Lorsque l'entretien des voies ainsi transférées entraînera pour la commune une charge excédant ses capacités financières, une subvention pourra lui être allouée suivant les formes de la procédure prévue à l'article 248 du Code de l'administration communale.

0919 **Codification.** Les dispositions de l'article 248 du Code de l'administration communale ont été reprises sous l'article L. 2335-1 et suivants du Code général des collectivités territoriales.

0920 **Pouvoir du maire.** Le Conseil d'État admet, qu'une commune peut discrétionnairement refuser la prise en charge des voies privées d'un groupe d'habitations (CE, 23 janv. 1985, *Mme Renaud de la Faverie : DA* 1985, n° 174).

0921 **Propriété de la voie.** L'application de l'article L. 318-3 n'est pas réservée au cas où la voie appartient à l'ensemble des propriétaires riverains ou susceptibles d'y avoir accès (CE, 10 févr. 1992, *Choquette et Gonzalès : Rec. CE*, T, p. 958 ; *DA* 1992, 167). Elle ne peut être paralysée par la volonté d'empêcher l'ouverture à la circulation publique, lorsque cette dernière a été prévue par le règlement du lotissement d'origine (arrêt précité).

Bibliographie : Costa, *La prise en charge par les communes des voies privées dans les ensembles d'habitation : Rev. Administrer* nov. 1981, p. 6. – Meny, *L'ouverture au public des voies privées urbaines : AJDA* 1971, p. 18. – Bouyssou, *Voies privées et permis de construire : RFDA* 1985, p. 901 – D. Dutrieux, *Le transfert dans le domaine public communal des voies privées ouvertes à la circulation du public*, note sous CAA Paris, 8 juill. 2004 : *Collectivités-Intercommunalité* 2004, n° 11, comm. n° 224.

C. urb., art. L. 318-4. — Un décret en Conseil d'État détermine, en tant que de besoin, les modalités d'application de la présente section.

Voir aussi : C. urb., art. R. 318-1 à R. 318-12, p. 690.

Section II Opérations de réhabilitation de l'immobilier de loisir

(Section rempl., L. n° 2000-1208, 13 déc. 2000, art. 186-I)

C. urb., art. L. 318-5 *(Créé, L. n° 2000-1208, 13 déc. 2000, art. 186-I)*. — Les opérations de réhabilitation de l'immobilier de loisir ont pour objet l'amélioration du parc immobilier touristique et l'amélioration des espaces publics, du stationnement, des équipements d'infrastructures et du traitement de l'environnement.

Elles tendent à améliorer l'offre qualitative des logements locatifs à destination de la clientèle touristique et du personnel saisonnier ainsi qu'à maintenir ou à développer l'offre de services de proximité.

Elles sont créées par délibération du conseil municipal ou de l'organe délibérant de l'établissement public de coopération intercommunale compétent.

La délibération créant une opération de réhabilitation de l'immobilier de loisir précise :

– le périmètre de l'opération ;

– les conditions de financement de l'opération, le cas échéant les aides susceptibles d'être accordées par les collectivités territoriales ou leurs groupements ;

– l'objectif et le délai maximal de réhabilitation de logements ;

– les actions d'accompagnement et d'amélioration du cadre de vie prévues.

La même délibération précise en outre les bénéficiaires des aides, qui sont :

– les propriétaires bailleurs engagés contractuellement pour une durée équivalente ou supérieure à neuf ans dans une mise en marché locatif auprès d'un professionnel ou d'un organisme local de tourisme agréé ;

– les personnes physiques ou morales ayant la charge des travaux de réhabilitation et la mise en marché locatif durable ;

– la copropriété ayant la charge des travaux relatifs aux parties communes.

D. n° 2001-343, 19 avr. 2001, art. 1er. — Le village résidentiel de tourisme est un établissement commercial d'hébergement classé qui s'inscrit dans le périmètre d'une opération de

réhabilitation de l'immobilier de loisirs définie par l'article L. 318-5 du Code de l'urbanisme. Il est constitué d'un ensemble de locaux d'habitation meublés et est doté d'équipements et de services communs dans des locaux situés à proximité.

Les locaux d'habitation sont proposés à la location à une clientèle touristique qu'il n'y élit pas domicile.

Le village résidentiel de tourisme est géré par une seule personne dans le cadre d'un contrat de location d'une durée au moins égale à neuf ans. Durant cette période, les propriétaires des locaux peuvent bénéficier d'un droit de réservation prioritaire pour une période limitée à l'intérieur de l'année.

Un arrêté conjoint du ministre chargé des finances et du ministre chargé du tourisme fixe les normes de classement des locaux d'habitation meublés et des locaux et équipements communs et détermine les procédures de classement des villages résidentiels de tourisme par le préfet.

D. n° 2001-343, 19 avr. 2001, art. 2. — Il est inséré à l'annexe II au Code général des impôts un article 179 ainsi rédigé : « *Art. 179.* – Pour l'application du d du 4° de l'article 261 D du Code général des impôts, les locaux d'habitation du village résidentiel de tourisme doivent avoir été achevés depuis plus de neuf ans. »

Fiscalité. L'article 261 D du Code général des impôts vise les exonérations de TVA. 0922

Code du tourisme. L'article L. 318-5 est reproduit sous l'article L. 322-1 du Code du tourisme issu de l'ordonnance n° 2004-1391 du 20 décembre 2004 (*JO* 24 déc.). 0923

C. urb, art. L. 318-5 ancien à L. 318-7 ancien *(Ab., L. n° 76-1285, 31 déc. 1976).*

Section III Dispositions particulières aux commerçants et artisans

C. urb., art. L. 318-8 *(D. n° 76-267, 25 mars 1976, art. 7).* — Ainsi qu'il est dit à l'article 52, alinéa 1er, de la loi n° 73-1193 du 27 décembre 1973 d'orientation du commerce et de l'artisanat, les commerçants et artisans dont la situation est compromise de façon irrémédiable du fait d'une opération d'équipement collectif engagée par une collectivité publique ou un organisme en dépendant, et en priorité, du fait d'une opération de rénovation urbaine, peuvent recevoir une aide pour leur reconversion lorsqu'ils ne bénéficient pas d'une indemnisation directe.

Voir aussi : C. urb., art. L. 314-1, p. 240 et s.

Mise en pratique du texte. Cette disposition est aujourd'hui sans application pratique. 0924

Section IV Dispositions particulières

C. urb., art. L. 318-9 *(Anc. art. L. 123-12, L. n° 76-1285, 31 déc. 1976 ; L. n° 83-8, 7 janv. 1983 ; L. n° 91-662, 13 juill. 1991 ; dénuméroté, L. n° 2000-1208, 13 déc. 2000, art. 15).* — Dans les zones d'habitation et dans les zones industrielles, créées avant l'institution des zones d'aménagement concerté, les dispositions destinées à assurer l'unité d'urbanisme et d'architecture dans la zone considérée qui sont incluses dans les cahiers des charges de concession et dans les cahiers des charges de cession de terrains approuvés doivent, postérieurement à la fin de la concession, être incorporées au plan d'occupation des sols, s'il en existe un, par une décision de l'autorité compétente. Le régime juridique des *(Mots rempl., L. n° 2000-1208, 13 déc. 2000, art. 15)* « plans locaux d'urbanisme » est applicable aux dispositions ainsi incorporées.

***(Mots rempl., L. n° 2000-1208, 13 déc. 2000, art. 15)* « Lorsque la commune n'est pas dotée d'un plan local d'urbanisme », les dispositions des cahiers des charges destinées à assurer l'unité d'urbanisme et d'architecture dans la zone peuvent être modifiées par décision de l'autorité administrative. Cette décision est prise après enquête publique et délibération du conseil municipal ou de l'organe délibérant de l'établissement groupant plusieurs communes et ayant compétence en matière d'urbanisme.**

0925 **Codification.** L'ancien article L. 123-12 du Code de l'urbanisme est devenu cet article L. 318-9 par la loi du 13 décembre 2000.

TITRE II
ORGANISMES D'EXÉCUTION

0926 **Origine.** En matière d'aménagement urbain et foncier, exception faite du cas particulier des lotissements, sont d'abord apparus des organismes publics ou parapublics (établissements publics, sociétés d'économie mixte), avant que le législateur envisage de confier de telles opérations à des propriétaires, groupés dans des sociétés civiles dans des conditions qui n'ont pas abouti (L. n° 64-1247, 16 déc. 1964, codifiée aux articles L. 322-12 et s., abrogés par la loi n° 85-729, 18 juill. 1985), ou dans des associations foncières urbaines (art. L. 322-1 à L. 322-11, résultant de L. n° 67-1253, 30 déc. 1967 et de l'ordonnance du 1er juillet 2004).

Le régime des SEM a été modifié par la loi du 7 juillet 1983, elle-même modifiée par celle n° 2002-1 du 2 janvier 2002, régime inséré non plus dans le Code de l'urbanisme mais dans le Code général des collectivités territoriales (art. L. 1521-1 et s.) (V. ces textes sous C. urb., art. R. 321-1 à R. 321-12).

De nouveaux établissements publics sont apparus avec la loi d'orientation pour la ville du 13 juillet 1991 (établissements publics fonciers, art. L. 324-1), modifiés ensuite par la loi SRU du 13 décembre 2000 et la loi n° 2003-710 du 1er août 2003 (art. L. 326-1), la loi n° 2005-32 du 18 janvier 2005 (*JO* 19 janv., p. 864) sur la cohésion sociale devrait également avoir une impact ; de même pour la loi n° 2005-157 sur le développement des territoires ruraux.

Bibliographie : VILMIN, *Quels opérateurs fonciers pour les communes ? : Ét. fonc.* 1990, n° 55. – S. PÉRIGNON, *L'interventionnisme foncier public après la loi SRU : JCP* N 2001, n° 41, p. 1500 – F. LERIQUE, *Les premiers pas de la nouvelle rénovation urbaine : DAUH* 2004, p. 117.

Chapitre I
Établissements publics fonciers et d'aménagement

(Intitulé rempl., L. n° 2005-32, 18 janv. 2005, art. 94)

0927 **Évolution des textes.** À la liste traditionnelle des organismes aménageurs (établissements publics et sociétés d'économie mixte), la loi n° 76-1285 du 31 décembre 1976 a ajouté certains organismes d'HLM (anc. art. L. 321-1, al. 2 et 3). La mission de tous les organismes aménageurs peut être étendue à des services complémentaires nécessaires à la qualité de la vie. Les missions d'aménagement limitativement énumérées avant la loi du 18 juillet 1985 sont désormais très étendues.

La loi n° 76-1285 du 31 décembre 1976 a intégré à la partie législative certaines dispositions organiques relatives aux établissements publics, qui figuraient jusqu'alors dans la partie réglementaire du code (art. L. 321-2 à L. 321-9) : caractère industriel et commercial, mode de création et de gestion de l'établissement public, contrôle de tutelle.

La loi n° 2003-710 du 1er août 2003 d'orientation et de programmation pour la ville et la rénovation urbaine comporte un dispositif décliné tant au plan national que local.

Un programme national de rénovation urbaine concerne les quartiers en zones urbaines sensibles (ZUS) et, à titre exceptionnel, d'autres quartiers présentant des caractéristiques économiques et sociales analogues, choisis après avis conforme du maire de la commune ou de l'EPCI compétent et accord des ministres chargés de la ville et du logement. Pour mener à bien ce programme, des structures sont créées : outre un Observatoire national des ZUS placé auprès du ministre chargé de la ville, une Agence nationale de rénovation urbaine, dotée d'un statut d'établissement public industriel et commercial, peut accorder des concours financiers aux collectivités et organismes publics ou privés opérationnels. Il a été décidé en 2004 une dotation annuelle de 780 millions d'euros au profit de cette Agence, avec six grands projets phares. Son organisation et son fonctionnement sont fixés par le décret n° 2004-123 du 9 février 2004 (*JORF*, 11 févr. p. 2776).

Par ailleurs, ont été créées, à compter du 1er janvier 2004, de nouvelles zones franches (D. n° 2004-565, 17 juin 2004 : *JORF* 19 juin, p. 11013), avec des avantages et exonérations fiscales applicables aux contribuables exerçant ou créant des activités entre le 1er janvier 2004 et le 31 décembre 2008. Sont visés la reprise, transfert concentration ou restructuration d'activités existantes (V. aussi, D. n° 2004-220, 12 mars 2004 : *JORF* 14 mars, p. 5017, relatif aux comités d'orientation et de surveillance des zones franches urbaines ; D. n° 2004-1135, 22 oct. 2004 : *JO* 24 oct., p. 17984 sur l'Observatoire national des ZUS). Sur le plan local, dans le but de réduire les inégalités sociales et les écarts entre territoires, de construire de nouveaux logements et de réhabiliter des quartiers, des programmes d'actions dans les ZUS, pris en compte dans les programmes locaux de l'habitat, peuvent être mis en place par l'État, les collectivités locales et leurs établissements publics, au moyen de décisions concertées ou de conventions, sur une période de cinq ans. Des articles L. 326-1 et s. sont ajoutés au Code de l'urbanisme concernant la création d'établissements publics locaux d'aménagement pour la rénovation urbaine (voir notes sous ces articles).

Cette même loi prévoit que les communes et établissements publics qui réaliseront des opérations d'aménagement et de rénovation urbaine pourraient bénéficier d'une procédure simplifiée de mise en conformité des SCOT et PLU, consistant en une déclaration de projet sur l'intérêt général de l'opération et une enquête publique unique au titre de ladite opération et de la mise en conformité du document d'urbanisme. Un article L. 300-6 est, en ce sens, introduit dans le présent code.

La loi du 23 janvier 2005 de programmation pour la cohésion sociale qui envisage la création de 500 000 logements sociaux d'ici 2009 (V. notes sous C. urb., art. L. 213-1) distingue les politiques foncières et celles d'aménagement, partant du constat que la faiblesse des premières est « l'un des obstacles principaux à la production des logements sociaux » (exposé des motifs). Elle distingue donc plus nettement, au sein du chapitre relatif aux articles L. 321-1 et s., les établissements publics d'aménagement et les établissements publics fonciers (V. art. L. 324-1 et s.) qui ont « une compétence limitée à la réalisation d'opérations foncières et qui peuvent être créés après avis des départements et des régions concernés là où les besoins de logement le nécessitent ». Leur ressource principale est une taxe spéciale d'équipement (ajout d'un article 1607 *ter* au Code général des impôts) instituée par leur conseil d'administration annuellement, avec un plafond de 20 euros par habitant résidant sur le territoire relevant de la compétence de l'établissement ; ce montant est réparti entre les personnes assujetties aux taxes foncières sur les propriétés bâties ou non bâties, taxe d'habitation et taxe professionnelle dans les communes comprises dans la zone couverte par l'établissement. Cette loi clarifie également le régime des aides accordées par l'Agence nationale pour la rénovation urbaine.

La loi n° 2005-157 du 23 février 2005 (*JO* 24 févr., p. 3073) relative au développement des territoires ruraux habilitent les établissements visés à l'article L. 321-1 à intervenir, y compris par voie de préemption, pour la protection des espaces agricoles et naturels périurbains, selon le dispositif prévu aux articles L. 143-1 et suivants introduits dans le présent code par cette même loi.

C. urb., art. L. 321-1 ***(L. n° 76-1285, 31 déc. 1976 ; L. n° 85-729, 18 juill. 1985). — (Al. rempl. par quatre alinéas, L. n° 2005-32, 18 janv. 2005, art. 94, 2°, a)*** **Les établissements publics créés en application du présent chapitre sont compétents pour réaliser, pour leur compte ou, avec leur accord, pour le compte de l'État, d'une collectivité locale ou d'un autre établissement public, ou faire réaliser :**

a) ***(a issu, L. n° 2005-32, 18 janv. 2005, art. 94, 2°, a)*** **En ce qui concerne les établissements publics d'aménagement, toutes les opérations d'aménagement prévues par le présent code et les acquisitions foncières nécessaires aux opérations qu'ils réalisent ;**

b) ***(b issu, L. n° 2005-32, 18 janv. 2005, art. 94, 2°, a)*** **En ce qui concerne les établissements publics fonciers, les acquisitions foncières et les opérations immobilières et foncières de nature à faciliter l'aménagement ultérieur des terrains. Ces acquisitions et opérations sont réalisées dans le cadre de programmes pluriannuels adoptés par le conseil d'administration de ces établissements qui, tenant compte des priorités définies par les programmes locaux de l'habitat, déterminent les objectifs d'acquisitions destinées à la réalisation de logements locatifs sociaux.**

(Al. issu, L. n° 2005-32, 18 janv. 2005, art. 94, 2°, a) **Les établissements publics créés avant la promulgation de la loi n° 2005-32 du 18 janvier 2005 de programmation pour la**

cohésion sociale restent soumis aux dispositions du présent article dans sa rédaction antérieure à ladite loi, sauf si leur statut est modifié pour les faire entrer dans le champ d'application du a ou du b du présent article.

(Al. créé, L. n° 96-987, 14 nov. 1996, art. 19) **Lorsqu'ils procèdent à des opérations de restructuration urbaine, *(Mots rempl., L. n° 2005-32, 18 janv. 2005, art. 94, 2°, b)* « les établissements publics d'aménagement » sont compétents pour réaliser ou faire réaliser, après avis des communes ou groupements de communes concernés, toutes opérations ou actions ou tous aménagements ou équipements de nature à favoriser une politique de développement social urbain telle que définie à l'article 1er de la loi n° 96-987 du 14 novembre 1996 relative à la mise en œuvre du pacte de relance pour la ville, pouvant inclure des actions d'insertion professionnelle et sociale en faveur des habitants des grands ensembles ou quartiers d'habitat dégradé mentionnés au 3 de l'article 42 de la loi n° 95-115 du 4 février 1995 d'orientation pour l'aménagement et le développement du territoire inclus dans leurs zones d'activité territoriale.**

(Al. créé, L. n° 96-987, 14 nov. 1996, art. 19) **Les établissements publics d'aménagement qui mènent des opérations de restructuration urbaine dans les conditions prévues à l'alinéa précédent peuvent, par délégation de l'Établissement public national pour l'aménagement et la restructuration des espaces commerciaux, assurer la maîtrise d'ouvrage des opérations définies à l'article L. 325-1 et accomplir les actes de disposition et d'administration définis à l'article L. 325-2.**

(Al. créé, L. n° 2005-157, 23 févr. 2005, art. 74, II) **À l'intérieur des périmètres délimités en application de l'article L. 143-1, les établissements publics mentionnés aux troisième et quatrième alinéas peuvent procéder, après information des communes et des établissements publics de coopération intercommunale concernés, aux acquisitions foncières nécessaires à la protection d'espaces agricoles et naturels périurbains, le cas échéant en exerçant, à la demande et au nom du département, le droit de préemption prévu par l'article L. 142-3 ou, en dehors des zones de préemption des espaces naturels sensibles, le droit de préemption prévu par le 9° de l'article L. 143-2 du Code rural.**

Voir aussi : C. urb., art. L. 300-1, p. 213 et C. urb., art. L. 300-4, p. 218.

C. urb., art. L. 321-2 *(L. n° 76-1285, 31 déc. 1976 ; L. n° 85-729, 18 juill. 1985).* — Les établissements publics créés en application de l'article L. 321-1 ont un caractère industriel et commercial. Ils sont dotés de la personnalité morale et de l'autonomie financière.

0928 **Domaine public.** Les établissements publics à caractère industriel et commercial peuvent avoir un domaine public ; cette solution est consacrée, en termes de principe par CE, 21 mars 1984, Mansuy : *CJEG* 1984, p. 274, concl. Dondoux ; *D.* 1984, p. 510, note Moderne ; *RD publ.* 1984, p. 1059, note Gaudemet.

C. urb., art. L. 321-3 *(L. n° 76-1285, 31 déc. 1976 ; L. n° 94-638, 25 juill. 1994 ; rempl., L. n° 2005-32, 18 janv. 2005, art. 94, 3°).* — Les établissements visés aux *a* et *b* de l'article L. 321-1 sont créés par décret en Conseil d'État après avis des conseils régionaux, des conseils généraux, des organes délibérants des établissements publics de coopération intercommunale compétents en matière d'aménagement de l'espace communautaire, d'équilibre social de l'habitat et de développement économique et des conseils municipaux des communes de plus de 20 000 habitants non membres de ces établissements situés dans leur périmètre de compétence. L'avis est réputé favorable s'il n'est pas émis dans un délai de trois mois.

C. urb., art. L. 321-4 *(L. n° 76-1285, 31 déc. 1976).* — Le décret qui crée l'établissement détermine son objet, sa zone d'activité territoriale et, éventuellement, sa durée. Il fixe son statut, notamment en ce qui concerne la composition du conseil d'administration, la désignation du président, celle du directeur, les pouvoirs du conseil d'administration, du président et du directeur et, le cas échéant, les conditions de représentation à

l'assemblée spéciale prévue à l'article L. 321-5 des collectivités et établissements publics intéressés.

Décret institutif. Le décret portant création d'un établissement public dont il fixe le statut précise s'il y a lieu les règles nécessaires à son fonctionnement (CE, 28 avr. 1971 : *Rec. CE*, p. 305 ; *AJDA* 1971, p. 663). 0929

Applications concrètes. Plusieurs décrets sont intervenus, depuis 2000, instituant ou modifiant des établissements publics d'aménagement, notamment : 0930
– décret n° 2000-1001 du 16 octobre 2000 (*JO* 17 oct.) modifiant le décret n° 89-571 du 16 août 1989 concernant l'Agence de développement rural et d'aménagement foncier qui contribue à la politique foncière en Nouvelle-Calédonie. Outre des compétences en matière d'acquisition foncière et agricole, l'agence se voit conférer des prérogatives en vue d'opérations d'aménagement foncier et de baux ruraux sur les terres coutumières ;
– décret n° 2001-1234 du 20 décembre 2001 portant création de l'établissement public foncier de Provence-Alpes-Côte-d'Azur (*JO* 22 déc.) avec la loi de finances rectificative (n° 2001-1276, 28 déc. 2001) pour 2001 (art. 36) qui restitue une taxe spéciale d'équipement au profit de cet établissement, dans la limite annuelle de 17 millions d'euros ;
– décret n° 2001-1383 du 31 décembre 2001 (*JO* 1er janv. 2002) portant dissolution de l'établissement public chargé de l'aménagement des rives de l'étang de Berre ;
– le décret n° 2002-477 du 8 avril 2002 (*JO* 9 avr.) portant création de l'établissement public d'aménagement de la Plaine-France ;
– décret n° 2002-623 du 25 avril 2002 (*JO* 28 avr.) relatif à l'Agence foncière et technique de la région parisienne, qui accroît la représentation de la région et lui donne les moyens de remplir les missions nouvelles d'aménagement dévolues par le Contrat de plan État-Région ; (V. Rép. min. 2 janv. 2003 : *JO Sénat*, p. 50).
– décret n° 2002-837 du 3 mai 2002 modifiant le décret n° 96-325 du 10 avril 1996, portant création de l'établissement public d'aménagement du Mantois-Seine aval ;
– décret n° 2003-482 du 30 mai 2003 relatif à l'établissement public d'aménagement euroméditerranée (*JO* 6 juin) ;
– décret n° 2004-1149 du 28 octobre 2004 modifiant le décret n° 68-376 du 26 avril 1968 portant création de l'Établissement public de la Basse-Seine ;
– décret n° 2004-1150 du 28 octobre 2004 modifiant le décret n° 73-250 du 7 mars 1973 portant création de l'Établissement public foncier de Lorraine ;
– décret n° 2004-1475 du 23 décembre 2004 modifiant le décret n° 2002-1538 du 24 décembre 2002 portant dissolution de l'établissement public chargé de l'aménagement de la ville nouvelle de Cergy-Pontoise ;
– décret n° 2004-1476 du 23 décembre 2004 modifiant le décret n° 2002-1539 du 24 décembre 2002 portant dissolution de l'établissement public chargé de l'aménagement de la ville nouvelle de Saint-Quentin-en-Yvelines.

C. urb., art. L. 321-5 ***(L. n° 76-1285, 31 déc. 1976 ; L. n° 83-636, 13 juill. 1983).*** **— Lorsque, en raison de leur nombre, les collectivités locales et, le cas échéant, les établissements publics intéressés aux opérations et travaux entrant dans l'objet de l'établissement ne peuvent être tous représentés directement au conseil d'administration, ceux d'entre eux qui ne le sont pas sont groupés en une assemblée spéciale.**

Cette assemblée élit des représentants au conseil d'administration. Si l'assemblée spéciale ne désigne pas ses représentants au conseil d'administration de l'établissement, cette désignation peut être opérée par décision de l'autorité administrative.

Lorsqu'un établissement public a été créé pour l'aménagement d'une agglomération nouvelle, les représentants, au conseil d'administration de cet établissement, des communes incluses dans l'agglomération nouvelle sont élus par le conseil d'agglomération de la communauté ou par le comité du syndicat ou le conseil municipal s'il s'agit d'une commune unique ; les autres communes, qui sont liées à cet établissement par une convention de délégation de maîtrise d'ouvrage, désignent un représentant chacune. Dans ce cas, il n'est pas créé d'assemblée spéciale au sens du premier alinéa ci-dessus.

C. urb., art. L. 321-6 *(L. n° 76-1285, 31 déc. 1976 ; L. n° 83-636, 13 juill. 1983).* **— Le conseil d'administration doit être composé, à concurrence de la moitié au moins, de membres représentant les collectivités et établissements publics intéressés.**

Lorsqu'un établissement public a été créé pour l'aménagement d'une agglomération nouvelle, les présidents des communautés ou des syndicats d'agglomération nouvelle sont membres de droit du conseil d'administration de cet établissement public, en sus de la représentation statutaire des collectivités locales intéressées. Dans le cas où l'établissement public a été créé pour l'aménagement de plusieurs agglomérations nouvelles au sens de la loi n° 83-636 du 13 juillet 1983 portant modification du statut des agglomérations nouvelles, un décret détermine la répartition des sièges revenant aux représentants de ces agglomérations nouvelles.

Les membres du conseil d'administration peuvent être suspendus de leurs fonctions par l'autorité chargée du contrôle de l'établissement. Ils peuvent être révoqués par arrêté interministériel. Le conseil d'administration peut être dissous par décret motivé pris en Conseil d'État.

C. urb., art. L. 321-7 *(L. n° 76-1285, 31 déc. 1976).* **— Les prévisions budgétaires, les projets d'emprunt et les délibérations déterminant les opérations à entreprendre par l'établissement ou fixant les modalités générales de leur réalisation sont soumis à l'approbation de l'autorité chargée du contrôle.**

C. urb., art. L. 321-8 *(L. n° 76-1285, 31 déc. 1976).* **—** ***(Mots rempl., L. n° 2005-32, 18 janv. 2005, art. 94, 4°)*** **Pour les établissements publics dont la zone d'activité territoriale s'étend sur plus de cent communes », il peut être dérogé aux dispositions relatives au contrôle exercé sur l'établissement public, à la constitution de l'assemblée spéciale et à la désignation des représentants des collectivités locales au conseil d'administration, qui devront être choisis par des assemblées ou des élus de ces collectivités suivant les modalités fixées par le décret créant l'établissement.**

C. urb., art. L. 321-9 *(L. n° 76-1285, 31 déc. 1976).* **— Un décret en Conseil d'État détermine les conditions d'application du présent chapitre.**

Voir aussi : C. urb., art. R. 321-1 à R. 321-25, p. 695.

Chapitre II
Associations foncières urbaines

0931 **Évolution des textes.** Les associations foncières urbaines sont une variété d'associations syndicales de propriétaires ; leur régime complète la loi du 21 juin 1865 (art. L. 322-1) ; elles remplacent, sous réserve de dispositions transitoires (art. L. 322-11), les associations syndicales de propriétaires prévues en matière d'urbanisme par l'ordonnance du 31 décembre 1958 et le décret n° 61-376 du 11 avril 1961, dont l'échec était d'ailleurs patent.

La loi du 18 juillet 1985 a modifié le régime des AFU autorisées dans l'espoir de faciliter leur création et leur fonctionnement. Mais la simplification annoncée demeure insuffisante, dans la mesure où la référence à la loi de 1865 entraîne une insuffisante décentralisation : l'AFU autorisée est créée et surveillée par le préfet même dans les communes dotées d'un plan local d'urbanisme approuvé.

Prise sur le fondement de la loi n° 2003-591 du 2 juillet 2003 habilitant le gouvernement à simplifier le droit (art. 12 et 36), l'ordonnance n° 2004-632 du 1er juillet 2004 (*JO* 2 juill.) relative aux associations syndicales de propriétaires abroge la loi du 21 juin 1865 (sauf en Polynésie française et en Nouvelle-Calédonie). Elle ne modifie pas substantiellement le droit, mais le modernise, le rend plus lisible et plus simple. Aux termes de son article 1er, inclus dans un titre Ier sur les dispositions communes à toutes les formes d'association, « peuvent faire l'objet d'une association syndicale de propriétaires, la construction, l'entretien ou la gestion d'ouvrages ou la réalisation de travaux en vue :

a) de prévenir les risques naturels ou sanitaires, les pollutions ou les nuisances ;
b) de préserver, de restaurer ou d'exploiter des ressources naturelles ;
c) d'aménager ou d'entretenir des cours d'eau, lacs ou plans d'eau, voies et réseaux divers ;
d) de mettre en valeur des propriétés ».

Les trois catégories d'associations syndicales de propriétaires sont maintenues :

– les associations syndicales libres sont des personnes morales de droit privé, formées par consentement unanime des propriétaires intéressés constaté par écrit ; elles doivent faire l'objet d'une déclaration, à laquelle sont joints les statuts, à la préfecture du département de son siège ; récépissé en est délivré dans les cinq jours ; un extrait des statuts est publié, dans le mois suivant ce récépissé, au *Journal officiel* ;

– les associations syndicales autorisées, établissements publics administratifs, sont créés par l'autorité administrative compétente du département, à la demande d'un ou plusieurs propriétaires intéressés, d'une collectivité territoriale ou d'un groupement de collectivités territoriales ; cette autorité peut également prendre une telle initiative. Le projet de statuts est soumis à enquête publique qui s'accompagne d'une consultation des propriétaires. La création de l'association peut être autorisée par l'Administration lorsque « la majorité des propriétaires représentant au moins les deux tiers de la superficie des propriétés ou les deux tiers des propriétaires représentant plus de la moitié de la superficie des propriétés se sont prononcés favorablement » (article 14 de l'ordonnance). L'acte de création est publié, affiché dans chaque commune concernée par le périmètre de l'association, notifié aux propriétaires dont un immeuble est inclus dans ce périmètre, transmis au bureau de la conservation des hypothèques ;

– les associations syndicales constituées d'office, établissements publics administratifs, concernent les ouvrages ou travaux visés aux alinéas *a* et *c* de l'article 1er précité de l'ordonnance (risques, eau, voies et réseaux) pour lesquels existe une obligation légale à la charge des propriétaires et à défaut de constitution d'une association syndicale autorisée. Le préfet peut prendre cette décision, après enquête publique. L'assemblée des propriétaires peut décider la transformation en association syndicale autorisée, par délibération prise dans les conditions de majorité qualifiée prévues à l'article 14 précité.

Ces deux dernières catégories d'association (autorisées et constituées d'office) sont, en tant qu'établissements publics administratifs, dotées de prérogatives de puissance publique, en particulier pour le recouvrement de taxes syndicales.

Cette ordonnance comporte des adaptations des articles L. 322-1 et suivants. Les AFU s'inscrivent dans ce régime général, sous réserve de spécificités expressément mentionnées. Pour celles existantes, l'ordonnance (art. 60) prévoit que leurs statuts demeurent applicables jusqu'à leur mise en conformité qui doit intervenir dans un délai de deux ans à compter de son décret d'application qui concernera, notamment, l'autorité administrative compétente, l'enquête publique, la consultation des propriétaires, les modes de fonctionnement, les aspects budgétaires et financiers. Cette mise en conformité devra être approuvée par l'autorité administrative qui pourra y procéder d'office en cas de mise en demeure infructueuse pendant un délai de trois mois adressée au président de l'association.

Rôle des communes. La loi du 18 juillet 1985 a renforcé le rôle des communes, qui peuvent s'opposer à la création des AFU ou au nouveau parcellaire lorsqu'elles sont dotées d'un plan local d'urbanisme approuvé (art. L. 322-4-1 et L. 322-6-1) et qui peuvent leur imposer une réglementation d'urbanisme complémentaire (art. L. 322-6) ou le préfinancement de taxes d'urbanisme (art. L. 332-1-1, L. 332-11, L. 332-11-1 et L. 333-9-1). Des dispositions de la loi du 18 juillet 1985 facilitent le financement des travaux par remise d'immeubles (art. L. 322-9-2 et L. 322-9-3) ; d'autres lèvent des difficultés tenant à la présence de copropriétés dans le périmètre d'une AFU (art. L. 322-9-1) et au rôle du technicien de l'AFU (art. L. 322-4-1). Toutes ces mesures pourraient contribuer à faire sortir les AFU autorisées du domaine de l'expérimentation. 0932

Objet. L'article L. 322-2 énumère les objets possibles des AFU : remembrement de parcelles bâties ou non ; groupement de parcelles en vue d'en conférer l'usage à un tiers ; construction, entretien et gestion d'ouvrages d'intérêt collectif ; opérations de conservation, restauration immobilière et mise en valeur de secteurs sauvegardés. La loi n° 76-1285 du 31 décembre 1976 a supprimé la possibilité de créer des AFU en vue de la construction de bâtiments (art. L. 322-2-4°, 0933 ancien), et les dispositions réglementaires relatives aux AFU de construction, d'entretien et de gestion d'ouvrages d'intérêt collectif n'ont pas encore été prises mais devraient l'être dans le décret d'application de l'Ordonnance du 1er juillet 2004.

0934 **Forme.** Conformément au droit commun, les AFU du Code de l'urbanisme peuvent être libres, autorisées ou constituées d'office.

La constitution d'office d'AFU, impossible dans le cas du groupement de parcelles en vue d'en conférer l'usage à un tiers, doit demeurer exceptionnelle : elle suppose, outre des conditions particulières, l'échec préalable d'une tentative de constitution d'association autorisée (art. L. 322-4). La constitution d'AFU autorisée implique la demande au préfet par une majorité de propriétaires doublement qualifiée – proportion du nombre de propriétaires et proportions des superficies –, d'ailleurs différente selon l'objet de l'AFU (art. L. 322-3) ou par la commune depuis la loi du 18 juillet 1985. Un droit de délaissement est ouvert aux propriétaires opposants, qui sont alors indemnisés comme en matière d'expropriation s'ils le demandent dans un délai très bref. La loi n° 76-1285 du 31 décembre 1976 a prévu la réouverture d'un droit de délaissement, même pour les propriétaires qui ne s'étaient pas opposés à l'origine à l'AFU ayant pour objet le groupement de parcelles, lorsque l'opération poursuivie est suffisamment définie (art. L. 322-5). L'engagement d'acquérir les biens délaissés est une condition préalable à la constitution d'une AFU autorisée (art. L. 322-3). Mais le droit de délaissement n'existe pas en cas d'associations constituées d'office.

0935 **Garantie.** Les trois catégories d'AFU (libre, autorisée ou constituée d'office) bénéficient d'une hypothèque légale pour la garantie des créances qu'elles détiennent sur les associés dans des conditions analogues à celles des syndicats de copropriétaires (art. L. 322-9).

0936 **Régimes spéciaux.** Un article distinct fixe les règles propres aux AFU de restauration (art. L. 322-8), aux AFU de remembrement (art. L. 322-6) et aux AFU de groupement de parcelles (art. L. 322-7).

En cas de remembrement, les transferts et attributions de propriété, qui résultent d'un arrêté du préfet pris après enquête publique, et avis d'une commission de conciliation présidée par le juge de l'expropriation en cas de différend, bénéficient de conditions fiscales favorables : l'échange procédant du remembrement ne donne pas lieu à plus-value imposable et l'aliénation des biens reçus est fiscalement traitée comme l'aliénation des biens apportés (CGI, art. 150-D), sachant que la loi de finances pour 2004 réformant le régime des plus-values immobilières, supprime la condition d'exonération liée à l'absence d'intention spéculative.

0937 **Fiscalité.** D'une manière générale, les AFU sont assujetties à la TVA (sauf exceptions, CGI, art. 256 B). Elles sont exonérées de droits d'enregistrement et de timbre pour les opérations de remembrement destinées à la construction d'immeubles d'habitation (CGI, art. 1055, al. 2), la taxe départementale de 0,60 % et le prélèvement de 2,50 % sur le produit de cette taxe sont néanmoins dus ; de telles opérations sont exonérées de TVA immobilière si elles concourent à la production d'immeubles (CGI, art. 261, 5-1 *bis*).

0938 **Litiges.** Toutes les contestations relatives à la valeur des biens, à l'indemnisation des preneurs en place, au report des privilèges et droits réels, sont éventuellement soumises au juge de l'expropriation. Il en va de même pour les contestations relatives à l'évaluation des parcelles remembrées ; dans ce cas, le juge doit être saisi dans les deux mois suivant la notification de la décision motivée prise par l'AFU après avis de la commission de conciliation saisie à la suite des réclamations formulées au cours de l'enquête publique (art. L. 322-6).

Bibliographie : FORET, *L'AFU pour un urbanisme de concertation : Droit et Ville* 1979, n° 7, p. 171. – *Mon. TP* 26 mai 1980, suppl. magazine. – BOUYSSOU, *Les associations foncières urbaines : RD imm.* 1981, n° 92-93, p. 34. – DELBECQUE et HUGOT, *Associations foncières urbaines : J.-Cl. Construction*, fasc. 20-A à 20-D. – Congrès des géomètres d'Ajaccio, mai 1982 : *Rev. géomètres* juill.-août 1982. – Colloque de l'association Études foncières, Paris juin 1987.

C. urb., art. L. 322-1. — Les associations foncières urbaines sont des associations syndicales régies par les dispositions de *(Mots rempl., Ord. n° 2004-632, 1er juill. 2004, art. 51,*

I) **« l'ordonnance n° 2004-632 du 1er juillet 2004 relative aux associations syndicales de propriétaires » ainsi que par celles de la présente section, constituées entre propriétaires intéressés pour l'exécution des travaux et opérations énumérés à l'article L. 322-2.**

Distinctions entre les catégories d'AFU. Compte tenu de la distinction traditionnelle suivant laquelle les associations syndicales libres sont des personnes morales de droit privé, alors que les deux autres catégories, associations syndicales autorisées et associations syndicales forcées forment, selon la jurisprudence du Conseil d'État et du Tribunal des conflits, des établissements publics (T. confl., 20 nov. 1961, *Dame Gimbert de Fallois : Rec. CE*, p. 873. – CE, 9 déc. 1899, *Canal de Gignac*), il semble difficile, encore bien qu'aucune interdiction n'ait été formulée sur ce point, que des AFU constituées du consentement unanime des propriétaires intéressés puissent efficacement remplir leur rôle, étant alors privées de réels moyens d'action en raison de leur nature de personnes morales de droit privé. 0939

Bibliographie : La chronique de G. Liet-Veaux, *Les associations foncières urbaines libres échappent à tout contrôle administratif : JCP* N 1981, I, p. 123.

Établissements publics administratifs – AFU autorisées ou forcées. Le plus généralement, devraient donc se constituer des AFU autorisées (art. L. 322-3) et des AFU forcées (art. L. 322-4), la seconde forme demeurant toutefois exceptionnelle. De leur qualité d'établissements publics administratifs découleront pour ces AFU un certain nombre de conséquences juridiques, constituées essentiellement par l'existence de prérogatives de droit public et notamment (Rappr. M. Étienne Dailly, n° 12, annexe procès-verbal Sénat, 31 oct. 1967) : 0940

– le droit d'établir et de percevoir des taxes syndicales, assimilées aux contributions directes et perçues par voie de rôle ;
– le caractère de travaux publics des travaux syndicaux ;
– le bénéfice de l'expropriation pour cause d'utilité publique ;
– l'absence de voie d'exécution forcée contre l'association.

Mais, en contrepartie du caractère public ainsi reconnu aux AFU autorisées ou forcées, l'autorité publique exercera un contrôle sur leur constitution, leur organisation, leur fonctionnement et l'exécution de leurs travaux.

Dépenses. La répartition des dépenses d'une AFU doit être faite, en fonction de l'intérêt réel de chaque propriété à l'exécution des travaux ; elle ne peut intervenir en fonction des superficies que s'il est établi que les travaux intéressent, de façon proportionnelle aux superficies, toutes les propriétés soumises au remembrement ; l'instruction démontrant que ce n'est pas le cas, l'avis de mise en recouvrement émis par une AFU est annulé (CE, 8 mars 1989, *Ruchaud : DA* 1989, n° 211). 0941

Qualité des membres. Pour faire partie d'une AFU, il est indispensable d'être propriétaire d'un terrain nu ou bâti situé dans le périmètre syndical. Ainsi que le prévoit l'article 3 de l'Ordonnance du 1er juillet 2004, les obligations qui dérivent de la constitution de l'association syndicale sont attachées aux immeubles compris dans le périmètre et les suivent, en quelques mains qu'ils passent, jusqu'à la dissolution de l'association. 0942

Collectivité publique. Aucune disposition législative ou réglementaire ne s'oppose à ce qu'une collectivité publique puisse être membre d'une AFU en tant que propriétaire, dans le périmètre syndical, d'un terrain dépendant de son domaine privé (CE, 7 févr. 1964 : *Rec. CE*, p. 81) à moins que les statuts n'en décident autrement (CE, 17 juin 1964 : *Rec. CE*, p. 338). 0943

Locataires. Les locataires d'immeubles à usage d'habitation, de commerce, d'industrie ou professionnel ne peuvent, à ce titre, être membres d'une AFU. Les articles L. 322-6, alinéa 4 et L. 322-8 prévoient d'ailleurs qu'ils seront, selon le cas, relogés ou indemnisés par l'AFU comme en matière d'expropriation. 0944

C. urb., art. L. 322-2 ***(L. n° 76-1285, 31 déc. 1976 ; L. n° 85-729, 18 juill. 1985).*** **— Peuvent faire l'objet d'une association foncière urbaine :**

1° Le remembrement de parcelles et la modification corrélative de l'assiette des droits de propriété, des charges et des servitudes y attachées, ainsi que la réalisation des travaux d'équipement et d'aménagement nécessaires ;

2° Le groupement de parcelles en vue, soit d'en conférer l'usage à un tiers, notamment par bail à construction, soit d'en faire apport ou d'en faire la vente à un établissement public ou société de construction ou d'aménagement.

Chacun des membres de l'association peut choisir d'être payé, en tout ou en partie, en espèces ou par remise d'un ou plusieurs immeubles ou fractions d'immeubles, lorsque les règles applicables à l'organisme constructeur ou aménageur ne s'y opposent pas ;

3° La construction, l'entretien et la gestion d'ouvrages d'intérêt collectif tels que voirie, aires de stationnement et garages enterrés ou non, chauffage collectif, espaces verts plantés ou non, installations de jeux, de repos, ou d'agrément ;

4° ***(Ab., L. n° 76-1285, 31 déc. 1976).***

5° La conservation, la restauration et la mise en valeur des secteurs sauvegardés ainsi que la restauration immobilière régies par les articles L. 313-1 à L. 313-15, les articles 3 et 12 de la loi n° 48-1360 du 1er septembre 1948 modifiée ***(Réf. rempl., Ord. n° 2004-632, 1er juill. 2004, art. 51, II)*** **« et les articles L. 145-6, L. 145-18 et L. 145-28 du Code de commerce ».**

6° ***(Créé, L. n° 96-987, 14 nov. 1996, art. 20)*** **Le remembrement foncier ou le groupement de parcelles en vue de la restructuration urbaine des grands ensembles et quartiers d'habitat dégradé mentionnés au premier alinéa du 3 de l'article 42 de la loi n° 95-115 du 4 février 1995 d'orientation pour l'aménagement et le développement du territoire. Dans ce cas, l'objet de l'association peut comporter la conduite d'actions de toute nature, menées ou prescrites à l'occasion des travaux nécessaires et pouvant inclure des actions d'insertion professionnelle et sociale en faveur des habitants des grands ensembles et quartiers concernés.**

0945 **Remembrement.** Le remembrement parcellaire peut porter aussi bien sur des parcelles bâties que sur des parcelles non bâties ou sur un ensemble de terrains dont les vocations, fixées par le document d'urbanisme afférent à la zone considérée, tout autant que l'utilisation, au moment de la constitution de l'association, sont variées (Rép. min. : *JOAN* Q 28 janv. 1980, p. 293). Consistant, par définition, en une modification des droits immobiliers de chacun des membres de l'association foncière urbaine, le remembrement de parcelles nécessite la délégation d'importants pouvoirs au profit de l'association et corrélativement l'organisation au bénéfice des associés de diverses garanties (V. art. R. 322-6 à R. 322-24).

Dans l'esprit du législateur, le remodelage de parcelles non conformes est le prélude à la construction d'immeubles sur le nouveau parcellaire. Les associations peuvent, le cas échéant, être amenées à effectuer certains travaux d'aménagement indispensables pour permettre un remembrement rationnel et une utilisation ultérieure des terrains conformes aux prescriptions d'urbanisme. Cette possibilité de faire des travaux, simplement virtuelle avant la loi du 18 juillet 1985, est explicitée par cette dernière.

Après l'achèvement des opérations de remembrement, la construction d'immeubles est ensuite l'affaire personnelle de chaque propriétaire de terrains remembrés (Circ. n° 75-133, 3 sept. 1975).

0946 **Groupements de parcelles.** Le groupement de parcelles en vue d'en conférer l'usage à un tiers et d'en faire apport à certaines sociétés (V. art. R. 322-25 à R. 322-30) est une possibilité nouvelle « qui devrait permettre à des propriétaires de traiter ensemble avec un constructeur, en trouvant dans leur union un pouvoir de contestation et de dialogue qu'ils n'auraient pas isolément » (Rappr. M. Étienne Dailly, n° 12, annexe procès-verbal Sénat, 31 oct. 1967).

Ainsi, des propriétaires qui, individuellement, n'auraient tiré aucun parti intéressant de leurs parcelles peuvent, après les avoir placées sous le régime de l'indivision, puis louées ou apportées à un constructeur, recevoir des loyers ou des lots dans les immeubles édifiés par ce dernier, compte tenu des possibilités d'occupation du sol prévues par les dispositions d'urbanisme (Circ. n° 75-133, 3 sept. 1975).

La loi du 18 juillet 1985 élargit la liste des personnes pouvant acquérir ou recevoir l'apport des terrains d'une AFU de groupement de parcelles. Elle permet aussi aux membres de l'AFU de recevoir de l'acquéreur (constructeur ou aménageur) une « dation en paiement ».

Voirie. Parmi l'énumération des ouvrages collectifs faite au 3°de l'article L. 322-2, se trouve la voirie. Sur ce point, il faut noter qu'en ce qui concerne les voies privées ouvertes à la circulation publique dans les ensembles d'habitations, les articles L. 318-1 à L. 318-4 ont prévu que leur propriété peut, après enquête publique, être transférée d'office, sans indemnité, dans le domaine public de la commune sur le territoire de laquelle elles sont situées. 0947

Secteurs sauvegardés – Restauration immobilière. Les AFU visées au 5° du présent article ont pour objet exclusif de réaliser (Circ. n° 75-133, 3 sept. 1975) : 0948
– soit des travaux de conservation, de restauration et de mise en valeur de tout ou partie d'un ensemble d'immeubles compris dans un secteur sauvegardé, créé et délimité par l'autorité administrative (C. urb., art. L. 313-1 à L. 313-3) ; ces travaux sont définis par le plan permanent de sauvegarde et de mise en valeur dudit secteur ;
– soit des travaux de restauration immobilière effectués dans un périmètre fixé par l'autorité administrative (C. urb., art. L. 313-4) ; ces travaux sont énumérés à l'article R. 313-17.
En se groupant en AFU, les propriétaires bénéficient des avantages inhérents à toute action menée en commun. Au surplus, cette solidarité va dans le sens de l'intérêt général, car des réalisations isolées de la part de certains propriétaires risquent d'aboutir à des améliorations insuffisantes d'un ensemble d'immeubles.

Quartiers dégradés. Les AFU visées au 6°du présent article ont été prévues par la loi relative à la relance du pacte pour la ville. Cette loi comporte un régime assez spécifique pour de telles AFU par rapport au droit commun (C. urb., art. L. 322-3, L. 322-4 et L. 322-6). 0949

C. urb., art. L. 322-3 *(L. n° 76-1285, 31 déc. 1976 ; L. n° 85-729, 18 juill. 1985).* — *(Al. rempl., Ord. n° 2004-632, 1er juill. 2004, art. 51, III)* L'autorité administrative peut autoriser une association foncière urbaine si les conditions suivantes sont remplies :

1° *(1° mod., L. n° 96-987, 14 nov. 1996, art. 21-I ; rempl., Ord. n° 2004-632, 1er juill. 2004, art. 51, III)* Par dérogation aux dispositions prévues à l'article 14 de l'ordonnance [n° 2004-632] du 1er juillet 2004 précitée :

***a)* Pour les travaux spécifiés aux 1°, 2° et 5° de l'article L. 322-2, les deux tiers au moins des propriétaires détenant ensemble les deux tiers au moins de la superficie ont adhéré à l'association.**

***b)* Pour les travaux spécifiés au 3° de l'article L. 322-2, la majorité des propriétaires détenant ensemble la moitié au moins de la superficie ont adhéré à l'association.**

***c) (Al. créé, L. n° 96-987, 14 nov. 1996, art. 21-I)* Pour les opérations spécifiées au 6° de l'article L. 322-2, tous les propriétaires ont adhéré à l'association.**

2° Une personne publique ou privée prend l'engagement d'acquérir les immeubles dont le propriétaire opterait pour le délaissement dans les conditions prévues à l'article L. 322-5 ci-après. Cette condition peut être remplacée par le même engagement pris par l'association foncière urbaine et figurant dans ses statuts. *(Phrase créée, L. n° 96-987, 14 nov. 1996, art. 21-II)* « Elle n'est pas applicable aux travaux spécifiés au 6° de l'article L. 322-2. »

Initiative. Le premier alinéa du présent article a été simplifié ; il ne précise plus les personnes initiatrices d'une AFU, les règles étant celles du droit commun de l'ordonnance du 1er juillet 2004 (V. *supra*). 0950

Majorité. Ces règles de majorité spécifiques dérogent à celles de l'article 14 de l'ordonnance de 2004 énoncées *supra*, dans nos commentaires. 0951

Motivation. Consulter, sur la motivation des arrêtés refusant la création d'une AFU, la circulaire du 10 janvier 1980 (*JO* 15 janv.) prise pour l'application de la loi n° 79-587 du 11 juillet 1979 relative 0952 à la motivation des actes administratifs et à l'amélioration des relations entre l'Administration et le public.

C. urb., art. L. 322-3-1 *(L. n° 85-729, 18 juill. 1985).*— Par dérogation aux règles de majorité fixées à l'article L. 322-3, l'autorité administrative peut autoriser une association foncière urbaine de remembrement, à la demande ou avec l'accord de la moitié au moins des propriétaires, lorsque la localisation ou la configuration des parcelles limite de façon importante l'utilisation des droits à construire prévus par les documents d'urbanisme.

0953 **Opération d'intérêt général.** Le présent article montre que l'AFU de remembrement est une opération d'intérêt général, et non un simple groupement de propriétaires poursuivant en commun des intérêts privés.

C. urb., art. L. 322-3-2 *(L. n° 85-729, 18 juill. 1985).*— L'autorité administrative recueille, préalablement à la création de l'association, l'accord du conseil municipal sur l'opération lorsqu'un *(Mots rempl., L. n° 2000-1208, 13 déc. 2000, art. 202-III)* « plan local d'urbanisme » a été approuvé sur le territoire de la commune. Dans les autres cas, ou si l'association foncière urbaine est située à l'intérieur d'un périmètre d'opération d'intérêt national, l'autorité administrative recueille l'avis du conseil municipal.

C. urb., art. L. 322-4.— À défaut d'accord amiable entre les propriétaires intéressés ou de constitution d'une association foncière libre ou autorisée, l'autorité administrative peut constituer d'office une association foncière urbaine :

1° Pour le remembrement de parcelles :

Lorsque, par application des règles d'urbanisme, l'implantation et le volume des constructions doivent respecter une discipline spéciale dont la disposition actuelle des parcelles compromettrait ou empêcherait la réalisation ;

Ou lorsqu'il est équitable de répartir sur un ensemble de propriétés la charge des prélèvements de terrains opérés par voie de cession ou d'expropriation au profit des emprises publiques, ainsi que la charge des servitudes attachées à la présence des ouvrages construits sur ces emprises ;

Ou lorsqu'il convient de procéder à des modifications de limites de lots dans un lotissement à la suite de l'application des dispositions des articles L. 315-3 à L. 315-5 ;

2° Pour l'entretien et la gestion d'ouvrages d'intérêt collectif dans les ensembles immobiliers, que ceux-ci aient été aménagés à l'initiative privée ou à l'initiative publique, lorsque le défaut d'entretien ou de gestion de ces ouvrages peut avoir des conséquences nuisibles à l'intérêt public ainsi que pour la construction d'ouvrages d'intérêt collectif à l'exécution desquels l'autorité compétente aurait subordonné la modification d'un lotissement par application des articles L. 315-3 à L. 315-5 ;

3° Pour la restauration prévue au 5° de l'article L. 322-2 lorsqu'il s'agit de parties d'immeubles visibles de l'extérieur ;

4° Afin de faire participer à la réparation du dommage direct, matériel et certain que peuvent supporter les propriétaires de parcelles frappées de servitudes *non aedificandi* édictées dans le but de réserver une vue, les propriétaires de parcelles qui bénéficient directement de cette servitude. Dans ce cas, la commune est de droit membre de l'association.

5° *(Créé, L. n° 96-987, 14 nov. 1996, art. 22)* Pour les remembrements ou groupements de parcelles prévus au 6° de l'article L. 322-2, lorsque la disposition actuelle des parcelles compromettrait ou empêcherait la mise en œuvre d'un programme de restructuration urbaine d'un grand ensemble ou d'un quartier d'habitat dégradé mentionné au premier alinéa du 3 de l'article 42 de la loi n° 95-115 du 4 février 1995 précitée.

0954 **Défaut d'accord.** Lorsque les intéressés n'ont pu se mettre d'accord amiablement pour constituer une AFU libre ou autorisée, le préfet peut, sous certaines conditions particulières, constituer d'office et autoritairement une AFU forcée dans trois des cas prévus pour la constitution des AFU autorisées en matière : 1° de remembrement de parcelles, 2° de construction, d'entretien et de gestion d'ouvrages d'intérêt collectif et 3° de restauration immobilière. En revanche, la dernière fonction permise aux AFU autorisées, le groupement de parcelles en vue d'un bail, d'un apport en société ou d'une vente, est exclue du champ d'action des AFU forcées.

Remembrement. Dans le cas de remembrement de parcelles, la formulation employée pour l'énonciation de l'une et l'autre des deux premières conditions prévues laisse au préfet un assez large pouvoir d'appréciation, dès lors que pour la première, la disposition des parcelles à remembrer est de nature à compromettre l'urbanisme et que, pour la seconde, l'équité commande de répartir la charge des prélèvements et des servitudes consécutifs à une emprise publique, par exemple en matière de création d'autoroutes. 0955

Quant à celle employée pour l'énonciation de la troisième de ces conditions, elle tend essentiellement à permettre aux AFU forcées de servir de moyen à la mise en œuvre de certaines dispositions relatives aux lotissements : ainsi, peut désormais valablement intervenir la modification de tout ou partie des documents régissant un lotissement, et notamment du cahier des charges du lotissement, lorsqu'elle sera impliquée par un plan d'urbanisme ou par un plan d'occupation des sols (C. urb., art. L. 315-4).

Ouvrages d'intérêt collectif. En ce qui concerne le domaine des ouvrages d'intérêt collectif, une distinction est introduite entre l'entretien et la gestion, d'une part, et la construction, d'autre part. Cette dernière fonction ne peut, en effet, servir de fondement à une AFU forcée qu'autant qu'il s'agisse de réaliser les équipements d'intérêt public imposés par le préfet dans un lotissement ancien dont la modification est nécessaire. 0956

Par contre, l'entretien et la gestion peuvent porter sur tous les ouvrages d'intérêt collectif dans les ensembles immobiliers, sans qu'il y ait lieu de rechercher la nature de l'initiative, privée ou publique, qui a présidé à leur aménagement.

AFU forcées – Opérations exclues. La restriction dont est assortie la fonction assignée aux AFU forcées constituées pour la restauration (parties d'immeubles visibles de l'extérieur) exclut en principe toutes les opérations de restauration intérieure, même destinées à la mise en état d'habitabilité des immeubles. Elle est pour le moins difficilement justifiable, les travaux de restauration portant, dans la majorité des cas, tant sur les parties visibles que non visibles des immeubles qui en sont l'objet et étant le plus souvent indissociables les uns des autres. 0957

Quoi qu'il en soit, la décision du préfet de constituer d'office une AFU pour la restauration de parties d'immeubles visibles de l'extérieur doit être dictée avant tout par l'intérêt général. Mais évidemment, cet intérêt général n'est pas seul à prendre en considération, tous les autres aspects de l'affaire devant être soigneusement examinés (Circ. n° 75-133, 3 sept. 1975).

Servitudes de vue. L'association foncière urbaine forcée pouvant être constituée conformément au 4° de l'article L. 322-4 a pour objet essentiel de permettre l'indemnisation complète des servitudes de vue ayant pu être instituées, sans pour autant faire supporter l'intégralité de la charge de cette indemnisation à la collectivité publique pouvant en être éventuellement tenue en raison des dispositions du deuxième alinéa de l'article L. 160-5, suivant lesquelles une indemnité est due, s'il résulte des servitudes une atteinte à des droits acquis ou une modification à l'état antérieur des lieux déterminant un dommage direct, matériel et certain. Cette procédure particulière de participation de certains propriétaires à l'indemnisation de servitudes n'est applicable que s'il s'agit d'une servitude de vue. Même ainsi restreinte dans son champ d'application, cette procédure recèle de nombreuses difficultés d'application pratique tenant en particulier à la détermination du dommage à réparer, à l'appréciation du montant des plus-values procurées, au choix du mode d'indemnisation (en espèces ou en nature) à retenir, etc. 0958

Délaissement et AFU créées d'office. Les propriétaires de terrains compris dans le périmètre d'une association foncière urbaine créée d'office n'ont pas le droit de délaisser et sont obligatoirement membres de l'association foncière urbaine. Ils ne peuvent s'en retirer qu'en vendant leur terrain à un acquéreur de leur choix qui assumera en leurs lieu et place les charges syndicales (Circ. n° 75-133, 3 sept. 1975). 0959

C. urb., art. L. 322-4-1 *(L. n° 85-729, 18 juill. 1985 ; rempl., Ord. n° 2004-632, 1er juill. 2004, art. 51, IV).* **— Le président de l'association foncière urbaine exerce les compétences définies par l'article 23 de l'ordonnance [n° 2004-632] du 1er juillet 2004 précitée. Il peut se faire assister par une personne physique ou morale, agissant en qualité de prestataire de services. Le contrat passé à cet effet définit les missions et le mode de rémunération du prestataire de services. Il est conclu dans les conditions définies par le décret pris pour l'application de l'article 26 de l'ordonnance du 1er juillet 2004 précitée.**

0960 **Prestataires de l'AFU.** Avant l'ordonnance de 2004, le texte précisait que le contrat entre l'AFU et le « technicien » (en pratique un maître d'œuvre) était un contrat de droit privé, alors qu'on pouvait s'attendre à l'application de la loi du 12 juillet 1985 sur la maîtrise d'œuvre publique. Il semblerait que toutes les interrogations ne soient pas levées, puisque la nature publique ou privée de ces contrats de prestations est renvoyée au futur décret d'application. Quant à l'article 23 de l'Ordonnance, il énonce, de manière classique, les fonctions d'exécution et de représentation du président de l'Association.

C. urb., art. L. 322-5 *(L. n° 76-1285, 31 déc. 1976 ; L. n° 85-729, 18 juill. 1985).* **— Les propriétaires d'immeubles compris dans le périmètre d'une association foncière urbaine autorisée et n'ayant pas adhéré à l'association peuvent, dans le délai** *(Délai rempl., Ord. n° 2004-632, 1er juill. 2004, art. 51, V)* **« de trois mois » à partir de la publication de la décision administrative autorisant l'association, délaisser ces immeubles moyennant indemnité. À défaut d'accord amiable, l'indemnité est fixée comme en matière d'expropriation.**

Lorsque l'association a pour objet le groupement de parcelles, il est en outre possible à tous les propriétaires d'immeubles compris dans le périmètre syndical de délaisser, moyennant indemnité, leurs propriétés ou leurs quotes-parts de propriété sur les parcelles groupées dans le délai *(Délai rempl., Ord. n° 2004-632, 1er juill. 2004, art. 51, V)* **« de trois mois » à partir de la publication de l'arrêté de l'autorité administrative visé à l'article L. 322-7 (troisième alinéa). À défaut d'accord amiable, l'indemnité est fixée comme en matière d'expropriation.**

Les droits des créanciers régulièrement inscrits sur l'immeuble délaissé, soit avant la publication au bureau des hypothèques de l'acte de délaissement, soit postérieurement à ladite publication en ce qui concerne les privilèges conservés suivant les prescriptions des articles 2108 et 2109 du Code civil, sont reportés sur l'indemnité de délaissement, compte tenu du rang de préférence qui leur est reconnu.

Si l'indemnité fixée à l'amiable est inférieure au total des créances pour le recouvrement desquelles il a pris inscription, les créanciers inscrits peuvent exiger que l'indemnité acceptée par leur débiteur soit soumise au juge.

Le délaissement des biens des absents est valablement opéré par les envoyés en possession provisoire après autorisation du tribunal de grande instance donnée sur simple requête, le ministère public entendu.

0961 **Droit de délaissement.** En dehors du cas visé au deuxième alinéa, la faculté de délaissement est réservée aux seuls propriétaires compris à l'intérieur du périmètre de l'association et qui n'ont pas adhéré à l'AFU. L'admettre au profit des autres eût été reconnaître, d'une part, qu'un propriétaire pouvait donner son accord à la demande d'autorisation et ensuite se retirer d'une association à la formation de laquelle il avait contribué et, d'autre part, vider le cas échéant de toute substance la condition de garantie (C. urb., art. L. 322-3, 2°) dès lors que l'association l'avait prise personnellement dans ses statuts et que tous ses membres usaient de la faculté de délaissement.

0962 **Conditions.** Pour l'exercice de la faculté de délaissement prévue au premier alinéa, doivent être considérés comme n'ayant pas adhéré à l'AFU les propriétaires qui, à l'assemblée générale constitutive, ont voté contre le projet de création de l'AFU ou qui, avant cette assemblée, ont formulé leur opposition par écrit.

0963 **Délai.** Le délai pendant lequel la faculté de délaissement peut être exercée a été porté à trois mois, au lieu de un mois (trop bref) par l'ordonnance de 2004. Cette faculté a pour effet essentiel, à défaut d'accord amiable, de transformer les droits de propriété des délaissants en indemnités d'expropriation.

Dépassement du délai – Conséquences. Les propriétaires qui n'ont pas déposé une déclaration de délaissement dans le délai de rigueur de trois mois demeurent *ipso facto* membres de l'association avec tous les droits et obligations qui en découlent. Mais il est évident qu'ils peuvent toujours, comme d'ailleurs tout autre propriétaire de terrain compris dans le périmètre syndical, se retirer de l'association en vendant leurs terrains à des acquéreurs de leur choix qui seront eux-mêmes tenus d'assumer, en leurs lieu et place, toutes les charges syndicales. 0964

Cas des groupements de parcelles. Dans le cas prévu au deuxième alinéa, spécifique aux AFU ayant pour objet le groupement de parcelles, tous les propriétaires (y compris ceux qui avaient proposé sa constitution) peuvent délaisser leurs biens ou leurs droits sur les parcelles groupées, avant que l'AFU consente à un tiers un contrat de bail, d'apport en société ou de vente. 0965

C. urb., art. L. 322-6 *(L. n° 76-1285, 31 déc. 1976 ; L. n° 85-729, 18 juill. 1985).* **— Lorsque l'objet de l'association foncière urbaine autorisée ou constituée d'office porte sur des *(Mots rempl., L. n° 96-987, 14 nov. 1996, art. 23-I)* « travaux spécifiés au 1° et 6° de l'article L. 322-2 », l'association :**

***a)* Détermine les bâtiments ou les ouvrages dont le remembrement nécessite soit la destruction, soit le changement de l'usage éventuellement après réparation, aménagement ou transformation.**

L'acte amiable portant cession d'un bâtiment ou d'un ouvrage à l'association produit les mêmes effets que l'acte de cession amiable en matière d'expropriation en ce qui concerne l'extinction des droits réels et personnels ; à défaut d'accord amiable des propriétaires sur leur cession, ces bâtiments ou ouvrages font l'objet d'une expropriation dans les conditions fixées par *(Mots rempl., Ord. n° 2004-632, 1er juill. 2004, art. 51, VI)* « le Code de l'expropriation pour cause d'utilité publique » ;

***b)* Établit le projet de remembrement et en saisit l'autorité administrative qui, après avoir vérifié sa compatibilité avec la réglementation de l'urbanisme, le soumet à une enquête publique.**

Après enquête publique, et en cas d'observations formulées au cours de celle-ci, avis d'une commission *(Mots suppr., Ord. n° 2004-637, 1er juill. 2004, art. 6)* « ... » dont la composition est fixée par décret, l'autorité administrative prononce les transferts et attributions de propriété. L'acte de l'autorité administrative impose, en tant que de besoin, les prescriptions propres à l'opération, en complément de la réglementation d'urbanisme applicable à la zone considérée. Ces prescriptions font partie du dossier soumis à l'enquête.

L'arrêté de l'autorité administrative éteint par lui-même et à sa date, pour les immeubles qu'il concerne, les servitudes ainsi que les droits réels conférés aux preneurs par les baux à construction et les baux emphytéotiques, moyennant indemnité due par l'association foncière urbaine et fixée, à défaut d'accord amiable, comme en matière d'expropriation. Cet arrêté produit les mêmes effets à l'égard des autres droits réels. Toutefois, ces droits peuvent être reportés sur les immeubles ou droits indivis de propriété après remembrement et conservent l'ordre qu'ils avaient sur les immeubles qu'ils grevaient antérieurement à condition que leur publicité soit renouvelée dans les formes et délais qui seront fixés par décret ; ils s'exercent éventuellement sur les soultes.

L'arrêté de l'autorité administrative met fin dans les mêmes conditions aux contrats de louage dont ces immeubles étaient l'objet. *(Mots rempl., Ord. n° 2004-632, 1er juill. 2004, art. 51, VI)* « Si le bail éteint était soumis aux dispositions du chapitre V du titre IV du livre Ier du Code de commerce, l'association foncière urbaine devra au preneur une indemnité calculée selon les règles fixées par ces dispositions » à moins qu'elle ne préfère lui offrir le bail d'un local équivalant à celui dont la jouissance lui a été retirée. En ce qui concerne les locaux d'habitation professionnels, quelle que soit la nature du titre d'occupation, le droit au relogement est exercé comme en matière d'expropriation.

***(Mots rempl., Ord. n° 2004-632, 1er juill. 2004, art. 51, VI)* « La juridiction prévue à l'article L. 13-1 du Code de l'expropriation pour cause d'utilité publique » est compétente pour statuer sur les contestations relatives à l'évaluation des parcelles remembrées. Elle statue aussi sur les contestations soulevées à l'occasion du remembrement et afférentes aux privilèges, hypothèques et autres droits réels.**

L'avis de la commission prévue ci-dessus et la décision motivée prise, consécutivement à cet avis, par l'organe compétent de l'association foncière urbaine sont notifiés aux intéressés qui disposent d'un délai de deux mois pour saisir la juridiction.

Faute d'avoir saisi la juridiction dans ce délai, les intéressés sont réputés avoir accepté l'évaluation des parcelles remembrées et avoir renoncé à toutes contestations relatives aux privilèges, hypothèques et autres droits réels.

La notification susvisée doit, à peine de nullité, contenir l'indication du délai et reproduire, en caractères apparents, les dispositions de l'alinéa précédent.

***(Al. créé, L. n° 96-987, 14 nov. 1996, art. 23-II)* Les dispositions du deuxième alinéa *a)* de l'article L. 322-7 sont, le cas échéant, applicables aux associations foncières urbaines dont l'objet porte sur des travaux spécifiés au 6° de l'article L. 322-2.**

0966 **Complément aux règles d'urbanisme.** La loi du 18 juillet 1985 a ajouté au présent article la possibilité de compléter la réglementation d'urbanisme par un document propre à l'AFU. Ce document pourrait s'inspirer du règlement des lotissements.

0967 **Approbation préfectorale du plan de remembrement.** L'arrêté préfectoral approuvant le plan de remembrement établi par une association foncière urbaine peut faire l'objet d'un sursis à exécution (TA Clermont-Ferrand, 19 déc. 1980, *Ambroise et autres : Rec. CE*, p. 560). N'étant pas un acte réglementaire, il ne peut faire l'objet d'un recours par voie d'exception d'illégalité (CE, 13 févr. 1985, *Fédération des associations du Sud-Seine-et-Marnais pour la protection de la Vallée de la Seine : DA* 1985, n° 121).

0968 **Échanges.** Les échanges entre propriétaires de terrains constructibles ou inconstructibles, selon les intentions qu'ils expriment au sein de l'association foncière urbaine, ne sont pas contraires à la loi (Rép. min. : *JOAN* Q 28 janv. 1980, p. 293).

0969 **Commission consultative.** Une autre ordonnance du 1er juillet 2004 relative à la simplification de la composition et du fonctionnement des commissions administratives et à la réduction de leur nombre, a supprimé la référence à sa présidence par un juge de l'expropriation (V. sur la composition : C. urb., art. R. 322-34).

C. urb., art. L. 322-6-1 *(L. n° 85-729, 18 juill. 1985)*. — L'autorité administrative recueille, préalablement à l'approbation du plan de remembrement, l'accord du conseil municipal sur celui-ci ainsi que sur les prescriptions d'urbanisme propres à l'opération, lorsqu'un *(Mots rempl., L. n° 2000-1208, 13 déc. 2000, art. 202-III)* « plan local d'urbanisme » a été approuvé sur le territoire de la commune. Dans les autres cas, ou si l'association est située à l'intérieur d'un périmètre d'opération d'intérêt national, l'autorité administrative recueille l'avis du conseil municipal.

0970 **Pouvoir du conseil municipal.** Le conseil municipal dispose d'une capacité de blocage d'une AFU, qui ne peut donc progresser qu'en étroite concertation avec lui.

C. urb., art. L. 322-7 *(L. n° 76-1285, 31 déc. 1976 ; L. n° 85-729, 18 juill. 1985)*. — Lorsque l'objet de l'association foncière urbaine autorisée porte sur des travaux spécifiés au 2° de l'article L. 322-2, l'association :

***a)* Détermine les bâtiments ou les ouvrages dont le groupement de parcelles nécessite soit la destruction, soit le changement de l'usage, éventuellement après réparation, aménagement ou transformation. L'acte amiable portant cession d'un bâtiment ou d'un ouvrage à l'association foncière urbaine produit les mêmes effets que l'acte de cession amiable en matière d'expropriation en ce qui concerne l'extinction des droits réels et personnels ; à défaut d'accord amiable des propriétaires sur leur cession, ces**

bâtiments ou ouvrages font l'objet d'une expropriation dans les conditions fixées par *(Mots rempl., Ord. n° 2004-632, 1er juill. 2004, art. 51, VII)* « le Code de l'expropriation pour cause d'utilité publique » ;

***b)* Établit, selon le cas, le projet de contrat de bail à construction, le projet d'acte d'apport ou le projet d'acte de vente des parcelles groupées.**

Le contrat de bail, l'acte d'apport ou l'acte de vente ne peut être passé que si l'autorité administrative a constaté, par arrêté, que le projet est compatible avec la réglementation de l'urbanisme et que les formalités prévues par le présent code ont été régulièrement accomplies.

Sont applicables en matière de groupement de parcelles les alinéas 5, 6, 7 et 8 de l'article L. 322-6.

Voir aussi : Sur la motivation des arrêtés mentionnés au présent article, Circ. 10 janv. 1980 citée sous C. urb., art. L. 322-3, p. 275.

C. urb., art. L. 322-8 *(L. n° 85-729, 18 juill. 1985).* — **Lorsque l'objet de l'association foncière urbaine autorisée ou constituée d'office porte sur des travaux spécifiés au 5° de l'article L. 322-2, l'association décide, s'il y a lieu, la destruction des constructions qui serait nécessaire à l'intérieur du périmètre de l'association ; à défaut d'accord amiable, les indemnités dues aux propriétaires, locataires ou occupants de ces constructions sont fixées comme en matière d'expropriation.**

C. urb., art. L. 322-9. — **Les créances de toute nature exigibles *(Mots suppr., Ord. n° 2004-632, 1er juill. 2004, art. 51, VIII)* « ... » d'une association foncière urbaine à l'encontre d'un associé, qu'il s'agisse de provisions ou de paiements définitifs, sont garanties par une hypothèque légale sur les immeubles de l'associé compris dans le périmètre de l'association. Les conditions d'inscription et de mainlevée de cette hypothèque sont celles qui sont prévues à l'article 19 de la loi n° 65-557 du 10 juillet 1965 fixant le statut de la copropriété des immeubles bâtis.**

Lors de la mutation à titre onéreux d'un bien compris dans une association foncière urbaine, avis de la mutation doit être donné, dans les conditions prévues à l'article 20 de la loi précitée n° 65-557 du 10 juillet 1965, à l'association qui peut faire opposition dans les conditions prévues audit article pour obtenir le paiement des sommes restant dues par l'ancien propriétaire.

Garanties. Du texte même du premier alinéa de l'article L. 322-9 et du renvoi fait à l'article 19 de la loi n° 65-557 du 10 juillet 1965, il est possible de dégager : 0971
- que la garantie hypothécaire dont il s'agit s'applique à toutes les créances que possède l'AFU à l'encontre d'un associé : dépenses et charges communes, dépenses afférentes aux travaux, frais de procédure dans les instances où a figuré l'association, etc., ainsi que les dépenses exposées pour la mise en œuvre de la sûreté instituée au profit de la collectivité, telles que les frais d'inscription de l'hypothèque. L'ordonnance du 1er juillet 2001 a supprimé le délai d'exigibilité de moins de cinq ans pour les créances de l'AFU envers un associé. La garantie concerne donc toutes les créances exigibles, sans condition de délai ;
- qu'en dehors des sommes déjà réglées par l'association, la loi accorde la même garantie aux provisions demandées aux associés, à valoir sur les sommes à répartir ultérieurement ;
- que l'hypothèque porte sur les seuls immeubles de celui pour lequel l'avance aura été consentie et qui sont situés à l'intérieur du périmètre de l'association ;
- et que, *mutatis mutandis*, la procédure d'inscription et celle de radiation sont identiques à celles prévues pour l'hypothèque légale du syndicat des copropriétaires, étant rappelé, en particulier, que, conformément aux règles de droit commun, l'hypothèque ne prendra rang que du jour où l'inscription sera prise à la conservation des hypothèques intéressée.

Remboursement des dépenses. Une association foncière de remembrement ne peut demander à ses membres le remboursement de ses dépenses, que dans la mesure où les travaux qu'elle a réalisés apportent un intérêt réel à leur propriété. En conséquence, il n'est pas possible de faire la répartition des dépenses proportionnellement à la superficie de chaque propriété sans tenir 0972 compte de l'intérêt réel des travaux pour chaque propriété (CE, 4 mars 1979, *Pillon : Rec. CE*, p. 189 et CE, 8 mars 1989, *Ruchaud : Petites affiches* 1991, n° 5, p. 15).

0973 **Recouvrement des sommes restant dues.** Les dispositions du deuxième alinéa de l'article L. 322-9 permettront d'éviter les difficultés antérieurement rencontrées en matière d'associations syndicales pour le recouvrement des sommes restant dues par un associé lors de la vente par celui-ci d'un immeuble compris dans le périmètre de l'association. En effet, en pareille circonstance, la jurisprudence considérait en général que l'acquéreur de l'immeuble n'était pas juridiquement tenu des dettes de son vendeur envers l'association syndicale (Cass. civ., 26 janv. 1903 : *DP* 1903, 1, 289). Il en résultait, bien entendu, des conséquences pratiques pour le moins fâcheuses et qui seront désormais écartées.

C. urb., art. L. 322-9-1 *(L. n° 85-729, 18 juill. 1985).* **— Lorsqu'un ou plusieurs des immeubles compris dans le périmètre d'une association foncière urbaine sont régis par la loi n° 65-557 du 10 juillet 1965 fixant le statut de la copropriété des immeubles bâtis, les travaux sur lesquels porte l'objet de l'association sont réputés rendus obligatoires au sens du *e* de l'article 25 de ladite loi.**

Chaque syndicat de copropriété est représenté à l'assemblée générale de l'association par son syndic dûment mandaté à cet effet.

Lorsque, dans le périmètre de l'association, sont compris deux ou plusieurs syndicats représentés par le même syndic, des mandataires *ad hoc* devront être désignés par le ou les syndicats afin qu'un même syndic ne puisse représenter plus d'un syndicat. À défaut de nomination, le mandataire *ad hoc* est désigné par l'autorité judiciaire saisie à la requête de tout intéressé.

0974 **Copropriété – Règles de majorité.** Disposition pratique et simplificatrice : la copropriété décide à la majorité absolue des copropriétaires, et non plus à la majorité renforcée de l'article 26 de la loi du 10 juillet 1965.

0975 **Désignation du mandataire *ad hoc*.** L'AFU elle-même est une personne intéressée au sens du dernier alinéa. Il semble en être de même de la commune, compte tenu de son rôle dans l'AFU (C. urb., art. L. 322-6-1).

C. urb., art. L. 322-9-2 *(L. n° 85-729, 18 juill. 1985).* **— Le recouvrement des taxes des associations autorisées est fait comme en matière de contributions directes.**

Toutefois, l'association a la faculté de décider que les règlements peuvent être faits, pour tout ou partie, par remise d'immeuble. Les personnes publiques, si elles en sont d'accord, peuvent également s'acquitter sous cette forme de leur contribution.

Si la remise d'immeuble n'est pas intervenue dans les délais prévus, le montant des taxes dues par le propriétaire est exigible immédiatement.

0976 **Mode de paiement des taxes syndicales.** Disposition novatrice de la loi du 18 juillet 1985 : le paiement des taxes syndicales par remise d'immeuble est de nature à faciliter la création et le fonctionnement des AFU ; en effet, les propriétaires de biens immobiliers manquent bien souvent de liquidités pour s'acquitter des taxes syndicales.

0977 **Compétence juridictionnelle.** La référence au recouvrement selon les règles applicables aux contributions directes confère une compétence juridictionnelle aux tribunaux administratifs. Conformément au droit commun du contentieux des taxes syndicales, le recours contre les taxes syndicales, en ce qui concerne le principe d'imposition entre les membres de l'association, est irrecevable.

C. urb., art. L. 322-9-3 *(L. n° 85-729, 18 juill. 1985).* **— Les règlements des dépenses de l'association peuvent être faits par remise d'immeuble, sous réserve de l'acceptation du créancier. Les modalités de règlement figurent au contrat créateur de la dépense.**

Renvoi. Mêmes observations, *mutatis mutandis*, que pour l'article L. 322-9-2. 0978

C. urb., art. L. 322-10. — Des décrets en Conseil d'État fixent, en tant que de besoin, les modalités d'application de la présente section, notamment les conditions dans lesquelles l'assistance technique de l'État, *(Mots rempl., Ord. n° 2004-632, 1er juill. 2004, art. 51, IX)* « des collectivités territoriales », des établissements publics ou de personnes privées, physiques ou morales pourra être apportée aux associations foncières urbaines, les garanties auxquelles pourront être subordonnées les opérations prévues à l'article L. 322-2 (2°) ainsi que les formalités de publicité, en particulier au fichier immobilier, auxquelles seront soumis les actes concernant ces associations et les immeubles qui se trouvent inclus dans leur superficie.

Assistance technique et aide financière. Bien que le présent article ne mentionne expressément que l'assistance technique, il est bien évident que celle-ci suppose que les AFU bénéficieront également d'une aide financière pour réaliser leurs opérations. À défaut, il est vraisemblable que l'institution serait vouée à l'échec ou, tout au moins, à l'insuccès : si les associations syndicales de reconstruction ont bien marché et donné de bons résultats, c'est que l'État fournissait l'argent et avait ainsi un instrument de stimulation. Il en est de même pour le remembrement rural. L'aide financière des collectivités publiques se justifie par l'intérêt général, le rôle des collectivités locales ; l'AFU autorisée ne saurait être considérée comme une spéculation privée d'un groupement de propriétaires. 0979

En conséquence, les collectivités publiques ne sauraient abuser des prérogatives offertes par l'article L. 332-11 permettant d'exiger des AFU le financement d'équipement publics.

Subventions. En fait, les AFU puisent dans les dispositions du présent code la possibilité de se procurer des ressources, sous forme soit de subventions du ministre chargé de l'urbanisme, soit de garanties départementales ou communales. 0980

Publicité foncière. L'assujettissement prévu à la publicité foncière découle du caractère réel des obligations incombant aux membres de l'association en vertu des dispositions de l'article 3 de l'Ordonnance du 1er juillet 2004. En effet, selon ce texte, les obligations qui dérivent de la constitution de l'association syndicale sont attachées aux immeubles compris dans le périmètre et les suivent, en quelques mains qu'ils passent, jusqu'à la dissolution de l'association. 0981

C. urb., art. L. 322-11. — Les associations syndicales créées en application de l'ordonnance n° 58-1445 du 31 décembre 1958 continuent à être régies par les dispositions de ce texte jusqu'à l'achèvement des travaux pour l'exécution desquels elles ont été constituées. Toutefois, elles peuvent décider de se placer sous l'empire des dispositions des articles L. 322-1 à L. 322-10.

La décision est prise dans les conditions prévues par *(Mots rempl., Ord. n° 2004-632, 1er juill. 2004, art. 51, X)* « l'article 14 de l'ordonnance [n° 2004-632] du 1er juillet 2004 précitée » ; son entrée en vigueur est subordonnée à la modification des statuts.

Voir aussi : Comm. sur l'ordonnance du 1er juillet 2004, en début du présent chapitre.

C. urb., art. L. 322-12 à L. 322-19 *(Ab., L. n° 85-729, 18 juill. 1985).*

Chapitre III

Chambres de commerce et d'industrie et chambres de métiers

(Chapitre ab., L. n° 2000-1208, 13 déc. 2000, art. 202-XXXIX)

C. urb., art. L. 323-1 ***(D. n° 76-267, 25 mars 1976, art. 8 ; ab., L. n° 2000-1208, 13 déc. 2000, art. 202-XXXIX).***

C. urb., art. L. 323-1 ancien ***(D. n° 76-267, 25 mars 1976 ; L. n° 85-729, 18 juill. 1985).*** **— Ainsi qu'il est dit à l'article 27 de la loi n° 73-1193 du 27 décembre 1973 d'orientation du commerce et de l'artisanat, dans le cadre des opérations d'urbanisme, les chambres de commerce et d'industrie ou les chambres de métiers peuvent, en accord avec la collectivité locale ou l'organisme constructeur, réaliser, en qualité de maître d'ouvrage, toute forme d'équipement commercial et artisanal répondant à des préoccupations économiques et sociales, au profit de commerçants et artisans, en vue de leur installation ou de la reconversion de leur activité ou de leur transfert.**

Elles peuvent notamment faciliter l'accès des commerçants et artisans à la propriété du fonds, et éventuellement des locaux, sans apport initial en capital.

Pour la réalisation d'équipements commerciaux et artisanaux, elles peuvent également être délégataires du droit de préemption urbain, ainsi que titulaires ou délégataires, du droit de préemption institué dans les zones d'aménagement différé.

Les emprunts contractés par les chambres de commerce et d'industrie et les chambres de métiers pour la réalisation des opérations visées ci-dessus peuvent être garantis par les collectivités locales. Les chambres de commerce et d'industrie, les chambres de métiers et leurs assemblées permanentes peuvent contracter des emprunts auprès de la Caisse des dépôts et consignations et de la Caisse d'aide à l'équipement des collectivités locales.

0982 **Maintien des prérogatives des chambres consulaires.** Lors des débats parlementaires de la loi SRU, l'abrogation de ce chapitre spécialement consacré aux CCI et aux Chambres de métiers a inquiété ces organismes qui craignaient être dépossédés de leurs compétences (rapports de la CCI de Paris des 17 février et 18 mai 2000, téléchargeables sur le site www.ccip.fr). Il n'en fut rien, les chambres sont même dûment reconnues comme des acteurs à part entière de l'aménagement par le nouvel article L. 121-4. Outre l'association à l'élaboration des documents de planification, elles peuvent être délégataires des droits de préemption (C. urb., art. L. 213-3). D'une manière générale, elles peuvent intervenir, comme c'est leur vocation, pour apporter leur appui aux entreprises, notamment en tant que maître d'ouvrage d'opérations visant à la réinstallation de commerçants évincés.

Chapitre IV

Établissements publics fonciers locaux

(Chapitre rempl., L. n° 2000-1208, 13 déc. 2000, art. 28-I)

0983 **Origine.** Les établissements publics fonciers ont été institués par la loi d'orientation pour la ville du 13 juillet 1991, qui avait pour souci principal la diversification de l'habitat, en particulier dans les quartiers en difficulté. Cette loi, dite « loi anti-ghettos » ou loi Delebarre, comportait un important dispositif foncier. Outre la réforme des droits de préemption et la relance des ZAD (C. urb., art. L. 212-2-1), elle créait de nouveaux établissements publics fonciers, à caractère industriel ou commercial, qui ne pouvaient cependant agir sans l'avis de la commune sur laquelle ils intervenaient. Leur régime juridique était inspiré par celui des établissements publics d'aménagement (C. urb., art. L. 321-1 et s.).

Bibliographie : JEGOUZO, *Les établissements publics fonciers : Droit et Ville* 1992, n° 35.

0984 **Apport de la loi SRU.** La loi n° 2000-1208 du 13 décembre 2000 procède à une réécriture totale de ce chapitre pour mieux ancrer ces établissements sur le plan local et donc renforcer leur efficacité opérationnelle, en particulier quant à leur contribution aux objectifs de mixité sociale et d'augmentation de l'offre de logements sociaux. Ces dispositions sont d'application immédiate sans qu'un décret ne soit nécessaire (Circ. n° 2001-3 UHC/ DU 1, 18 janv. 2001, ann., p. 16).

Loi du 23 février 2005 sur le développement des territoires ruraux. Elle étend l'intervention de ces établissements, y compris par voie de préemption, à la protection des espaces agricoles et naturels périurbains, selon le dispositif des articles L. 143-1 et suivants introduits dans le présent code par cette même loi. 0985

Voir aussi : Comm. sur C. urb., art. L. 321-1 et s., p. 267.

Exemples. Le Conseil régional d'Ile-de-France a pris, en juin 2004, l'initiative de créer, sur le fondement du présent chapitre, une Agence foncière régionale chargée d'aider les 1 281 communes des huit départements franciliens à mobiliser les terrains correspondant à leurs besoins, au moindre coût. 0986

C. urb., art. L. 324-1 *(L. n° 91-662, 13 juill. 1991 ; mod., L. n° 95-127, 8 févr. 1995, art. 11-V ; rempl., L. n° 2000-1208, 13 déc. 2000, art. 28-I).* **— Les établissements publics fonciers créés en application du présent chapitre sont des établissements publics locaux à caractère industriel et commercial. Ils sont compétents pour réaliser, pour leur compte, pour le compte de leurs membres ou de toute personne publique, toute acquisition foncière ou immobilière en vue de la constitution de réserves foncières en application des articles L. 221-1 et L. 221-2 ou de la réalisation d'actions ou d'opérations d'aménagement au sens de l'article L. 300-1.**

(Phrase créée, L. n° 2005-157, 23 févr. 2005, art. 74, III) **« À l'intérieur des périmètres délimités en application de l'article L. 143-1, ils peuvent procéder, après information des communes et des établissements publics de coopération intercommunale concernés, aux acquisitions foncières nécessaires à la protection d'espaces agricoles et naturels périurbains, le cas échéant en exerçant, à la demande et au nom du département, le droit de préemption prévu par l'article L. 142-3 ou, en dehors des zones de préemption des espaces naturels sensibles, le droit de préemption prévu par le 9° de l'article L. 143-2 du Code rural. »**

Ces établissements interviennent sur le territoire des communes ou des établissements publics de coopération intercommunale qui en sont membres et, à titre exceptionnel, ils peuvent intervenir à l'extérieur de ce territoire pour des acquisitions nécessaires à des actions ou opérations menées à l'intérieur de celui-ci.

Les acquisitions et cessions foncières et immobilières réalisées par ces établissements pour leur propre compte ou pour le compte d'une collectivité territoriale, d'un établissement public de coopération intercommunale ou d'un syndicat mixte sont soumises aux dispositions relatives à la transparence des opérations immobilières de ces collectivités ou établissements.

Ils peuvent exercer, par délégation de leurs titulaires, les droits de préemption définis par le présent code dans les cas et conditions qu'il prévoit et agir par voie d'expropriation.

Aucune opération de l'établissement public ne peut être réalisée sans l'avis favorable de la commune sur le territoire de laquelle l'opération est prévue. Cet avis est réputé donné dans un délai de deux mois à compter de la saisine de la commune.

Statuts. Il s'agit d'établissements publics industriels et commerciaux. Leur personnel relève du droit privé. 0987

Opérations. Le consentement de la commune concernée par l'opération de l'établissement est indispensable. 0988

C. urb., art. L. 324-2 *(L. n° 91-662, 13 juill. 1991 ; rempl., L. n° 2000-1208, 13 déc. 2000, art. 28-I).* **— L'établissement public foncier est créé par le préfet au vu des délibérations concordantes des organes délibérants d'établissements publics de coopération intercommunale, qui sont compétents en matière de schéma de cohérence territoriale, de réalisation de zones d'aménagement concerté et de programme local de l'habitat, ainsi que, le cas échéant, de conseils municipaux de communes non membres de l'un de ces établissements. Lorsque les établissements publics de coopération intercommunale et**

les communes appartiennent à plusieurs départements, la décision est prise par arrêté conjoint des préfets concernés. La région et le département peuvent participer à la création de l'établissement public ou y adhérer.

Les délibérations fixent la liste des membres de l'établissement, les modalités de fonctionnement, la durée, le siège et la composition de l'assemblée générale ou, dans le cas prévu au deuxième alinéa de l'article L. 324-3, du conseil d'administration de l'établissement public foncier, en tenant compte de l'importance de la population des communes et des établissements publics de coopération intercommunale membres.

La décision de création comporte les éléments mentionnés à l'alinéa précédent.

0989 **Initiative.** L'initiative de leur création incombe à des EPCI compétents en matière de schéma de cohérence territoriale, de ZAC ou de programme local de l'habitat. On soulignera que la participation d'une commune ou intercommunalité repose sur le volontarisme.

C. urb., art. L. 324-3 ***(L. n° 91-662, 13 juill. 1991 ; rempl., L. n° 2000-1208, 13 déc. 2000, art. 28-I).*** **— Chaque membre de l'établissement public foncier est représenté dans une assemblée générale qui élit en son sein un conseil d'administration. Le mandat des délégués et de leurs suppléants éventuels au sein de l'établissement suit, quant à sa durée, le sort des organes délibérants qui les ont désignés.**

Lorsque tous les membres de l'établissement sont représentés au conseil d'administration, celui-ci exerce les attributions dévolues à l'assemblée générale.

C. urb., art. L. 324-4 ***(L. n° 91-662, 13 juill. 1991 ; rempl., L. n° 2000-1208, 13 déc. 2000, art. 28-I).*** **— L'assemblée générale vote le produit de la taxe spéciale d'équipement à percevoir dans l'année à une majorité comprenant plus de la moitié des délégués présents ou représentés des communes ou des établissements publics de coopération intercommunale.**

C. urb., art. L. 324-5 ***(L. n° 91-662, 13 juill. 1991 ; rempl., L. n° 2000-1208, 13 déc. 2000, art. 28-I).*** **— Le conseil d'administration règle par ses délibérations les affaires de l'établissement. À cet effet, notamment :**

1° Il détermine l'orientation de la politique à suivre et fixe le programme pluriannuel d'intervention et les tranches annuelles ;

2° Il vote l'état prévisionnel des recettes et des dépenses, autorise les emprunts, approuve les comptes et se prononce sur l'affectation du résultat ;

3° Il nomme le directeur sur proposition du président et met fin à ses fonctions dans les mêmes conditions.

Il élit en son sein un président et un ou plusieurs vice-présidents.

C. urb., art. L. 324-6 ***(L. n° 91-662, 13 juill. 1991 ; mod., L. n° 95-74, 21 janv. 1995, art. 11-II ; rempl., L. n° 2000-1208, 13 déc. 2000, art. 28-I).*** **— Le directeur est ordonnateur des dépenses et des recettes. Il représente l'établissement en justice et dans tous les actes de la vie civile. Il passe des contrats et signe tous les actes pris au nom de l'établissement. Il prépare et exécute les décisions de l'assemblée générale et du conseil d'administration. Il recrute le personnel et a autorité sur lui. Il peut déléguer sa signature.**

C. urb., art. L. 324-7 ***(L. n° 91-662, 13 juill. 1991 ; rempl., L. n° 2000-1208, 13 déc. 2000, art. 28-I).*** **— Les actes et délibérations de l'établissement public sont soumis au contrôle de légalité prévu par les articles L. 2131-1 à L. 2131-11 du Code général des collectivités territoriales.**

L'assemblée générale et le conseil d'administration ne délibèrent valablement que lorsque la majorité de leurs membres sont présents ou représentés. Les membres empêchés d'assister à une séance peuvent se faire représenter dans les conditions définies par l'article L. 2121-20 du Code général des collectivités territoriales.

C. urb., art. L. 324-8 *(L. n° 91-662, 13 juill. 1991 ; rempl., L. n° 2000-1208, 13 déc. 2000, art. 28-I).* **— L'état prévisionnel des recettes et des dépenses est établi, voté, réglé et exécuté conformément aux dispositions du chapitre I du titre unique du livre VI de la première partie du Code général des collectivités territoriales.**

Les recettes de l'établissement public comprennent notamment :

1° Le produit de la taxe spéciale d'équipement mentionnée à l'article 1607 *bis* du Code général des impôts ;

2° La contribution prévue à l'article L. 302-7 du Code de la construction et de l'habitation ;

3° Les contributions qui lui sont accordées par l'État, les collectivités locales et les établissements publics ainsi que toutes autres personnes morales publiques ou privées intéressées ;

4° Les emprunts ;

5° La rémunération de ses prestations de services, les produits financiers, le produit de la gestion des biens entrés dans son patrimoine et le produit de la vente des biens et droits mobiliers et immobiliers ;

6° Le produit des dons et legs.

Ressources. Elles résultent notamment de la taxe spéciale d'équipement additionnelle aux impôts directs, (V. comm. à propos des art. L. 321-1 et s.) et la loi sur la cohésion sociale. Également, de la contribution de l'article L. 302-7 du Code de la construction et de l'habitation, c'est-à-dire du prélèvement sur les ressources fiscales des communes répondant à des seuils de population et possédant un nombre de logements sociaux inférieur à 20 % des résidences principales, mais cela à condition que la commune en cause n'appartienne pas à un EPCI compétent en matière de réserves foncières dédiées à des logements sociaux et doté d'un programme local de l'habitat, et qu'elle appartienne à l'établissement public foncier considéré (V. comm. sous C. urb., art. L. 213-1). 0990

C. urb., art. L. 324-9 *(L. n° 91-662, 13 juill. 1991 ; rempl., L. n° 2000-1208, 13 déc. 2000, art. 28-I).* **— Le comptable de l'établissement public est un comptable direct du Trésor nommé par le préfet après avis conforme du trésorier-payeur général.**

Les dispositions des articles L. 1617-2, L. 1617-3 et L. 1617-5 du Code général des collectivités territoriales sont applicables à l'établissement public. Celui-ci est, en outre, soumis à la première partie du livre II du Code des juridictions financières.

C. urb., art. L. 324-10 *(Créé, L. n° 2000-1208, 13 déc. 2000, art. 28-I).* **— Les statuts des établissements publics fonciers locaux créés avant la date de publication de la loi n° 2000-1208 du 13 décembre 2000 relative à la solidarité et au renouvellement urbains doivent être mis, pour leurs règles de fonctionnement, en conformité avec les dispositions du présent chapitre, dans leur rédaction issue de ladite loi, avant le 1er janvier 2002.**

Voir aussi : Notes sous C. urb., art. L. 213-1, p. 176.

Exemple. Pour un établissement créé récemment, voir le décret n° 2002-358 du 15 mars 2002 sur l'établissement public de gestion immobilière du Nord-Pas-de-Calais. 0991

Voir aussi : Certains établissements cités sous C. urb., art. L. 321-3, p. 268.

Chapitre V
Établissement public d'aménagement et de restructuration des espaces commerciaux et artisanaux

(Chapitre créé, L. n° 96-987, 14 nov. 1996, art. 25)

Particularités. La loi n° 96-987 du 14 novembre 1996, portant relance du pacte pour la ville (dite loi Gaudin) a institué un établissement public national unique (à la différence des établissements 0992 publics d'aménagement et des établissements publics fonciers), pour accompagner la restructuration urbaine par une restructuration des commerces. Sa compétence est très étendue (C. urb., art. L. 325-2), même si son intervention implique l'accord de la commune (C. urb., art. L. 325-1). L'établissement public présente un caractère industriel et commercial, et son activité échappe au droit commun de l'équipement commercial (L. précitée, art. 28), puisque l'autorisation requise relève en premier et dernier ressort de la compétence de la CNEC (sans première instance devant la CDEC).

Voir aussi : sur les difficultés d'intervention de l'EPARECA, rapport d'information 377 (2001-2002), commission des finances du Sénat : « Peut-on sauver le commerce dans les banlieues ? Contrôle budgétaire de l'EPARECA » ; rapport de la chambre de commerce et d'industrie de Paris du 3 avril 2003, téléchargeable sur www.ccip.fr.

Voir aussi : Sur le financement : décret n° 2003-53 du 17 janvier 2003 attribuant à l'EPARECA une dotation de 3 millions d'euros, prélevée sur l'excédent de la taxe d'aide au commerce et à l'artisanat.

C. urb., art. L. 325-1 ***(Créé, L. n° 96-987, 14 nov. 1996, art. 25).*** **— Il est créé un établissement public national pour l'aménagement et la restructuration des espaces commerciaux et artisanaux.**

Cet établissement à caractère industriel et commercial est doté de la personnalité morale et de l'autonomie financière.

Il a pour objet de favoriser l'aménagement et la restructuration des espaces commerciaux et artisanaux dans les zones urbaines sensibles, mentionnées au 3 de l'article 42 de la loi n° 95-115 du 4 février 1995 d'orientation pour l'aménagement et le développement du territoire *(Mots aj., L. n° 2000-1208, 13 déc. 2000, art. 90)* « , et les territoires faisant l'objet d'un contrat de ville ». À cette fin, il assure, après accord des conseils municipaux des communes ou des organes délibérants des établissements publics de coopération communale ou des syndicats mixtes visés à l'article L. 5711-1 du Code général des collectivités territoriales concernés, la maîtrise d'ouvrage d'actions et d'opérations tendant à la création, l'extension, la transformation ou la reconversion de surfaces commerciales et artisanales situées dans ces zones. Il peut passer convention avec les communes, établissements publics ou syndicats mixtes concernés.

(Al. suppr., L. fin. n° 2002-1575, 30 déc. 2002, art. 35-IV).

C. urb., art. L. 325-2 ***(Créé, L. n° 96-987, 14 nov. 1996, art. 25).*** **— L'établissement public peut accomplir tous actes de disposition et d'administration nécessaires à la réalisation de son objet et notamment :**

***a)* Acquérir les fonds commerciaux ou artisanaux ainsi que, le cas échéant, par voie d'expropriation, les immeubles ou droits réels immobiliers nécessaires aux opérations correspondant à son objet ;**

***b)* Céder les immeubles ou les fonds acquis ;**

***c)* Confier la gestion des fonds commerciaux ou artisanaux acquis à un ou plusieurs locataires gérants.**

C. urb., art. L. 325-3 ***(Créé, L. n° 96-987, 14 nov. 1996, art. 25).*** **— L'établissement public est administré par un conseil d'administration composé en nombre égal de représentants de l'État, d'une part, d'un membre du Sénat, d'un membre de l'Assemblée nationale, de représentants des collectivités territoriales, des professions commerciales et artisanales et du secteur associatif, de personnalités qualifiées, d'autre part.**

C. urb., art. L. 325-4 ***(Créé, L. n° 96-987, 14 nov. 1996, art. 25).*** **— Un décret en Conseil d'État détermine les modalités d'organisation et de fonctionnement de l'établissement public ainsi que la composition de son conseil d'administration.**

CHAPITRE VI

Établissements publics locaux d'aménagement

(Chapitre créé, L. n° 2003-710, 1er août 2003, art. 61)

Objet. La loi n° 2003-710 d'orientation et de programmation pour la ville et la rénovation urbaine 0993
a créé des établissements publics locaux d'aménagements (avec statut d'EPIC) chargés de conduire des opérations de rénovation urbaine et de développement économique et social dans les Zones urbaines sensibles (ZUS).

Création. Ils sont créés par arrêté du préfet (ou arrêté conjoint des préfets de plusieurs départe- 0994
ments concernés), au vu des délibérations concordantes des établissements publics de coopération intercommunale et des collectivités territoriales intéressés.

Recettes. Elles résultent des contributions de l'État, de collectivités territoriales, d'établissements 0995
publics ou autres personnes morales publiques ou privées, d'emprunts, de produits de dons et legs, de rémunérations, de prestations de services, de produits financiers, de la gestion ou vente de patrimoine.

Voir aussi : Comm. sur C. urb., art. L. 321-1 et s., p. 267.

C. urb., art. L. 326-1 *(Créé, L. n° 2003-710, 1er août 2003, art. 61).* — **Les établissements publics d'aménagement créés en application du présent chapitre sont des établissements publics locaux à caractère industriel et commercial. Ils sont compétents pour conduire des opérations de rénovation urbaine et de développement économique et social des zones urbaines sensibles.**

C. urb., art. L. 326-2 *(Créé, L. n° 2003-710, 1er août 2003, art. 61).* — **L'établissement public local d'aménagement est créé par le préfet au vu des délibérations concordantes des organes délibérants d'établissements publics de coopération intercommunale et de collectivités territoriales compétents. Lorsque les établissements publics de coopération intercommunale et les communes appartiennent à plusieurs départements, la décision est prise par arrêté conjoint des préfets concernés.**

Les délibérations fixent la liste des membres de l'établissement, les modalités de fonctionnement, les conditions de modification statutaire, la durée, les modalités de dissolution, le siège et la composition du conseil d'administration de l'établissement.

La décision de création comporte les éléments mentionnés à l'alinéa précédent.

C. urb., art. L. 326-3 *(Créé, L. n° 2003-710, 1er août 2003, art. 61).* — **Le conseil d'administration règle par ses délibérations les affaires de l'établissement. À cet effet :**

– il détermine l'orientation de la politique à suivre ;

– il vote l'état prévisionnel des recettes et des dépenses, autorise les emprunts, approuve les comptes et se prononce sur l'affectation du résultat ;

– il nomme le directeur général sur proposition du président et après avis du préfet.

Il élit en son sein un président et un ou plusieurs vice-présidents.

C. urb., art. L. 326-4 *(Créé, L. n° 2003-710, 1er août 2003, art. 61).* — **L'état prévisionnel des recettes et des dépenses est établi, voté, réglé et exécuté conformément aux dispositions du chapitre I du titre unique du livre VI de la première partie du Code général des collectivités territoriales.**

Les recettes de l'établissement public comprennent :

– les contributions qui lui sont accordées par l'État, les collectivités territoriales et les établissements publics ainsi que toutes autres personnes morales publiques ou privées intéressées ;

– les emprunts ;

– la rémunération de ses prestations de services, les produits financiers, le produit de la gestion des biens entrés dans son patrimoine et le produit de la vente des biens et droits mobiliers et immobiliers ;

– le produit des dons et legs.

C. urb., art. L. 326-5 *(Créé, L. n° 2003-710, 1er août 2003, art. 61).* — Le directeur est ordonnateur des dépenses et des recettes. Il représente l'établissement en justice et dans tous les actes de la vie civile. Il passe des contrats et signe tous les actes pris au nom de l'établissement. Il prépare et exécute les décisions du conseil d'administration. Il recrute le personnel et a autorité sur lui. Il peut déléguer sa signature.

C. urb., art. L. 326-6 *(Créé, L. n° 2003-710, 1er août 2003, art. 61).* — Les actes et délibérations de l'établissement public sont soumis au contrôle de légalité prévu par les articles L. 2131-1 à L. 2131-11 du Code général des collectivités territoriales.

Le conseil d'administration ne délibère valablement que lorsque la majorité de ses membres sont présents ou représentés. Les membres empêchés d'assister à une séance peuvent se faire représenter dans les conditions définies par l'article L. 2121-20 du même code.

C. urb., art. L. 326-7 *(Créé, L. n° 2003-710, 1er août 2003, art. 61).* — Le comptable de l'établissement public est un comptable du Trésor nommé par le préfet après avis conforme du trésorier-payeur général.

Les dispositions des articles L. 1617-2, L. 1617-3 et L. 1617-5 du Code général des collectivités territoriales sont applicables à l'établissement public. Celui-ci est, en outre, soumis à la première partie du livre II du Code des juridictions financières.

TITRE III

DISPOSITIONS FINANCIÈRES

Chapitre I

Fonds national d'aménagement foncier et d'urbanisme (FNAFU)

(Chapitre ab., L. n° 2000-1208, 13 déc. 2000, art. 202-XXXIX)

C. urb., art. L. 331-1 et L. 331-2 *(L. n° 76-1285, 31 déc. 1976 ; ab., L. n° 2000-1208, 13 déc. 2000, art. 202-XXXIX).*

C. urb., art. L. 331-3 *(L. n° 76-1285, 31 déc. 1976 ; L. n° 85-729, 18 juill. 1985 ; ab., L. n° 2000-1208, 13 déc. 2000, art. 202-XXXIX).*

C. urb., art. L. 331-4 *(Ab., L. n° 2000-1208, 13 déc. 2000, art. 202-XXXIX).*

C. urb., art. L. 331-5 *(L. n° 75-1328, 31 déc. 1975 ; ab., L. n° 2000-1208, 13 déc. 2000, art. 202-XXXIX).*

C. urb., art. L. 331-6 et L. 331-7 *(L. n° 76-1285, 31 déc. 1976 ; L. n° 85-729, 18 juill. 1985 ; ab., L. n° 2000-1208, 13 déc. 2000, art. 202-XXXIX).*

Chapitre II

Participation des constructeurs et des lotisseurs

Fiscalité de l'urbanisme. La délivrance du permis de construire est le fait générateur, obligatoire pour le bénéficiaire, de diverses contributions financières, souvent désignées « fiscalité de l'urbanisme ». La plus traditionnelle, la taxe locale d'équipement, est régie par le Code général des impôts (art. 1585 A à 1585 H notamment). Perçue en deux fractions égales à dix-huit mois d'intervalle, elle est calculée sur la valeur de l'ensemble immobilier (produit d'une valeur d'assiette fixée par décret par la superficie hors œuvre nette), au taux de 1 %, en principe, et, éventuellement, à un taux majoré par le conseil municipal, dans la limite de 5 % (*J.-Cl. Fisc. immobilière*, fasc. 620 et 621). 0996

Elle s'applique de plein droit dans de très nombreuses communes (en pratique, presque toutes celles qui sont dotées d'un plan local d'urbanisme).

Le système français de « fiscalité » de l'urbanisme a été jugé conforme à la Convention européenne des droits de l'homme (CE, 7 juill. 2004, req. n° 210687, *SCI du 62 avenue Marceau : JurisData* n° 2004-080582).

Par ailleurs, le Conseil d'État a rappelé que les autorisations délivrées en application du Code de l'urbanisme ne peuvent être assorties d'autres participations financières que celles prévues par cette législation ; ce qui exclut toute « génération spontanée » résultant de conventions avec des communes (CE, 20 oct. 2004, *Ville de Biarritz c/ Assoc. Victoria Surf Paris*, req. n° 224204 : *JurisData* n° 2004-067673).

Voir aussi : Annexe 2 et CGI, art. 1585 A et s. et Circulaire n° 2001-56 du 27 juillet 2001 (*BO Équip.* n° 2001-15) p. 5, circulaire rectificative parue au *BO Équip.* n° 2001-18. – Circulaire n° 2003-22 du 26 mars 2003 relative aux modalités de classement des constructions pour déterminer l'assiette de la TLE et des taxes assimilées (*BO Équip.* n° 2003-6). – Circ. n° 2004-66, 9 déc. 2004, relative à l'actualisation annuelle de la TLE des taxes assimilées, et de la redevance d'archéologie préventive : *BO Équip.* n° 2004-24. – Circ. n° 2004-36, 28 juin 2004, relative à la modification du champ d'application de la TLE suite à la loi du 30 juillet 2003 sur la prévention des risques technologiques et naturels et à la réparation des dommages. – loi du 1er août 2003, sur la rénovation urbaine modifiant le Code général des impôts au titre de l'application de la TLE à certains logements sociaux ; loi du 23 février 2005 relative au développement des territoires ruraux pour certains bâtiments à reconstruire eu égard à l'article L. 145-3 du présent code (Loi *Montagne*). Ces textes sont reproduits en annexe 2 du présent code.

Taxe départementale des espaces naturels sensibles. Dans de nombreux départements (C. urb., art. L. 142-2), la taxe départementale d'espaces verts est perçue sur une assiette identique au profit du département, au taux fixé par le conseil général dans la limite de 2 %. 0997

Autres participations. En outre, il peut s'ajouter d'autres participations visant à, financer la réalisation d'autres équipements publics venant s'ajouter le cas échéant aux équipements publics généraux financés par la taxe locale d'équipement (C. urb., art. L. 332-6 à L. 332-8) ou par une nouvelle contribution forfaitaire instituée par la loi du 18 juillet 1985 (C. urb., art. L. 332-9 à L. 332-11) et aux équipements propres au programme de construction considéré (C. urb., art. L. 332-15) ; la loi du 13 décembre 2000 a ajouté une nouvelle participation pour création de voies ou réseaux (C. urb., art. L. 332-11-1 et 2). 0998

La loi d'orientation pour la ville du 13 juillet 1991 y avait ajouté la participation à la diversité de l'habitat (C. urb., art. L. 332-17 à L. 332-27) dont l'objet était de faire contribuer les constructeurs privés au financement du logement social.

En raison des difficultés rencontrées par les collectivités locales pour mettre en place les « programmes locaux de l'habitat » auxquels l'institution de la participation était liée, son entrée en vigueur avait été reportée au 1er janvier 1995 ; la loi n° 95-74 du 21 janvier 1995 a supprimé cette participation.

Opération d'aménagement. La loi anti-corruption du 29 janvier 1993 a retouché les textes relatifs aux participations financières des constructeurs, lotisseurs et aménageurs de ZAC (C. urb., 0999 art. L. 332-28 à L. 332-30 notamment) qui ont été de nouveau retouchés par la loi Bosson du 9 février 1994 et par la loi SRU.

Bibliographie : BENOIT-CATTIN, *Le financement de l'aménagement*, Masson, coll. « Pratique de l'immobilier », 1993. – J.-P. STREBLER, *Financement des équipements urbains, autorisations d'urbanisme et offres de concours : BJDU* n° 2/2004, p. 82.

1000 **Apport de la loi SRU.** La loi du 13 décembre 2000 réforme, de manière significative, la fiscalité de l'urbanisme pour l'adapter au mieux aux objectifs de renouvellement du tissu urbain existant et de maîtrise de l'urbanisation. Elle s'articule autour de trois axes :
– l'abrogation de certaines taxes : d'un côté celles liées à la surdensité (dépassement de COS et du plafond légal de densité) dont la rentabilité était faible avec, de surcroît, un effet fâcheux de rétention foncière de la part des propriétaires et donc une utilisation déficiente des possibilités de construire ; de l'autre côté, celle liée au financement des services publics industriels et commerciaux, devenue obsolète (abrogation immédiate) ;
– l'instauration d'une nouvelle participation pour création de voies nouvelles et réseaux plus adaptés aux besoins en équipement des communes ;
– la modification et l'ajustement de participations telles que celles relatives aux aires de stationnement.
On relèvera, en outre, qu'avec la réforme du certificat d'urbanisme, les taxes et participations financières sont stabilisées pendant toute la durée de validité du certificat (C. urb., art. L. 410-I et s.). La circulaire UHC/DU/16 n° 2001-56 du 27 juillet 2001 (*BO Équip.* n° 2001-15) est essentielle pour appréhender l'ensemble de cette réforme. Nos commentaires y emprunteront largement.
Plus généralement, si l'objectif de modernisation est louable, la loi SRU n'allège pas pour autant la fiscalité de l'urbanisme, d'autant plus que s'y ajouteront ultérieurement d'autres participations, comme en matière d'archéologie préventive en particulier (art. L. 332-6-1 et les notes).

Voir aussi : Circ. UHC/DU3/26 n° 2001-81 du 30 novembre 2001 relative à l'incidence du passage à l'euro le 1er janvier 2002 sur le traitement des taxes d'urbanisme.

Bibliographie : Sur la réforme de la loi SRU, notamment : F. BOUYSSOU, *La réforme des procédures et du financement de l'aménagement : AJDA* janv. 2001, p. 50. – E. KORNPROBST, *Les dispositions fiscales de la loi SRU : une réforme raisonnée de la fiscalité de l'urbanisme : RD imm.* 2001, n° 4, p. 305. – P. GALAN, *Les récentes modifications de la fiscalité de l'urbanisme : JCP* 2001, n° 37, p. 1337.

1001 **Réforme partielle de la loi SRU.** La loi Robien rend plus précise et plus opérationnelle la participation pour voies et réseaux des articles L. 332-11-1 et suivants.
Il n'en demeure pas moins que l'aménagement privé et le financement des équipements publics par des opérateurs privés devraient davantage être pris en compte dans le Code de l'urbanisme, à l'heure où le partenariat public-privé devient un élément fort de notre économie. Comme le souhaiteraient les professionnels de l'immobilier, reprenant une idée du professeur Fatome, ne conviendrait-il pas d'étudier une forme alternative à l'actuelle ZAC/PLU pour la réalisation d'opérations d'aménagement d'initiative privée fondées sur la maîtrise du foncier et un projet d'urbanisme cohérent, qui pourrait prendre la forme « d'opérations privées d'aménagement d'intérêt général » ?

Voir aussi : Sur ce point, E. FATOME et L. RICHER, *Les conventions d'aménagement après la loi SRU : ACCP*, n° 5, nov. 2001.

Section I Participation en cas de dépassement du coefficient d'occupation du sol

(Section ab., L. n° 2000-1208, 13 déc. 2000, art. 202-XXXIX)

1002 **Abrogation.** Celle-ci est immédiate dès la publication de la loi du 13 décembre 2000. Selon la circulaire du 27 juillet 2001, cette participation n'est plus due pour les permis de construire délivrés à compter de cette date. Jusqu'à la prochaine révision des documents d'urbanisme, si un dépassement de COS y est prévu, la participation n'est plus exigible, mais un permis ne peut être refusé au motif du dépassement de COS autorisé par le document d'urbanisme.

C. urb., art. L. 332-1 *(L. n° 73-1128, 21 déc. 1973 ; L. n° 76-1285, 31 déc. 1976 ; L. n° 85-729, 18 juill. 1985 ; mod., L. n° 98-657, 29 juill. 1998, art. 46 -IV ; ab., L. n° 2000-1208, 13 déc. 2000, art. 202-XXXIX).*

C. urb., art. L. 332-1 ancien *(L. n° 73-1128, 21 déc. 1973 ; L. n° 76-1285, 31 déc. 1976 ; L. n° 85-729, 18 juill. 1985 ; L. n° 98-657, 29 juill. 1998).* — Lorsque l'application des règles mentionnées aux 2° et 3° de l'article L. 132-1 permet la réalisation d'une construction qui dépasse la norme résultant de l'application du coefficient d'occupation du sol ou impose le respect de servitudes ou obligations impliquant un dépassement de cette norme, le constructeur est tenu de verser une participation.

Toutefois, la participation n'est pas due :

***a)* En cas d'application du 5° de l'article L. 123-1 ;**

***b)* Dans les zones urbaines, lorsque le dépassement est justifié par des prescriptions d'urbanisme ou d'architecture et que, avec l'accord de l'autorité administrative, les propriétaires des terrains voisins acceptent de transférer une quantité de leurs possibilités de construction équivalente au dépassement en cause ;**

***c)* Lorsque le propriétaire a obtenu le transfert des possibilités de construction prévu à l'article L. 123-2.**

***d)* Lorsque le conseil municipal a décidé de les exonérer, les travaux portant sur des logements à usage locatif construits avec le concours financier de l'État en application du 3° de l'article L. 351-2 du Code de la construction et de l'habitation destinés aux personnes défavorisées mentionnées à l'article 1er de la loi n° 90-449 du 31 mai 1990 visant à la mise en œuvre du droit au logement et faisant l'objet d'un permis de construire délivré entre la date de publication de la loi n° 98-657 du 29 juillet 1998 d'orientation relative à la lutte contre les exclusions et le 31 décembre 2002.**

Pour les parcelles grevées d'inscriptions de privilèges ou d'hypothèques, le transfert des possibilités de construction prévu au *b* et au *c* de l'alinéa précédent, ne peut intervenir qu'après radiation de ces inscriptions, en tant qu'elles grèvent lesdites possibilités de construction ; cette radiation ne peut être faite qu'avec l'accord des créanciers.

Lorsque après la destruction d'un bâtiment par sinistre, le propriétaire sinistré ou ses ayants droit à titre gratuit procèdent à la reconstruction sur le même terrain d'un bâtiment de même destination, la surface de plancher développée hors œuvre correspondant à celle du bâtiment détruit n'est pas prise en compte pour le calcul de la participation, à la condition que la demande de permis de construire relative à la reconstruction soit déposée dans le délai de deux ans suivant la date du sinistre.

Nécessité d'un plan d'urbanisme. Il faut observer que les différents cas d'exigibilité de la participation pour dépassement des COS sont limitativement énumérés. Il en résulte notamment que la participation ne peut être exigée que si un POS a été établi (CE, 29 avr. 1981, *Cne des Sables-d'Olonne : DA* 1981, n° 119). 1003

Illégalité du plan d'urbanisme. L'illégalité du POS fait obstacle à l'exigibilité de la participation pour dépassement de COS (CE, 14 déc. 1988, *Société générale : RJF* 1989, n° 182 ; *Dr. fisc.* 1989, n° 14, comm. 687 ; *Petites affiches*, 1er avr. 1992, concl. Fouquet) ; encore faut-il que les moyens d'illégalité soient convaincants, l'exception d'illégalité ne produisant d'effets qu'à l'égard d'un seul requérant sans s'étendre aux contentieux concernant le même POS (CE, 14 déc. 1988, *Carpa de Paris : Dr. fisc.* 1989, n° 27, comm. 1351 ; *RFDA* 1989, p. 879, concl. Fouquet). 1004

Conséquence. La participation pour dépassement de COS demande due, malgré l'illégalité du dépassement tenant à l'illégalité de l'article 15 du POS, si le permis de construire a été exécuté (CAA Paris, 2 juill. 1996, *Cne de Bois-Guillaume : BJDU* 5/1996, p. 380. – CAA Paris, 28 juill. 1998, *Ministre de l'Équipement*). Cette solution nouvelle est sans doute liée à la condamnation de l'État à verser à la ville de Paris 11 millions de francs, en raison de l'illégalité de l'article 15, et à la décharge accordée, en raison de la jurisprudence précitée du Conseil d'État, aux constructions ayant dépassé le COS (CAA Paris, 21 janv. 1997, *Min. de l'Équipement* c/ *Ville de Paris : DA* 1997, 188). Cette jurisprudence a été confirmée par le Conseil d'État (CE, 29 déc. 2000, req. n° 200902, *SCI Daumesnil-Diderot : Juris-Data* n° 2000-061430). 1005

Convention européenne des droits de l'homme. L'article 6-1 de la Convention relatif au droit à un procès équitable s'applique en matière pénale et non devant le juge de l'impôt, par exemple lors d'un contentieux sur la participation liée au dépassement du COS (CE, 29 déc. 2000, req. n° 211663, *SCI le Complexe : Juris-Data* n° 2000-063442. – CE, 29 déc. 2000, préc.). 1006

C. urb., art. L. 332-1-1 *(L. n° 85-729, 18 juill. 1985 ; ab., L. n° 2000-1208, 13 déc. 2000, art. 202-XXXIX).*

C. urb., art. L. 332-1-1 ancien *(L. n° 85-729, 18 juill. 1985).***— Dans les lotissements ou dans le périmètre des associations foncières urbaines de remembrement autorisées ou constituées d'office, la participation prévue à l'article L. 332-1 peut être mise à la charge du lotisseur par l'autorisation de lotir ou de l'association foncière urbaine de remembrement par l'acte administratif approuvant le plan de remembrement.**

La densité des constructions et la surface prise en compte pour déterminer si les constructions dépassent le coefficient d'occupation des sols sont alors appréciés globalement pour l'ensemble du lotissement ou de l'association foncière urbaine de remembrement. La valeur du terrain est déclarée et la participation versée comme en matière de permis de construire.

1007 **AFU.** La globalisation prévue au présent article ne s'applique pas aux AFU libres.

C. urb., art. L. 332-2 et L. 332-3 *(L. n° 75-1328, 31 déc. 1975 ; ab., L. n° 2000-1208, 13 déc. 2000, art. 202-XXXIX).*

C. urb., art. L. 332-2 ancien *(L. n° 75-1328, 31 déc. 1975).***— La participation mentionnée à l'article L. 332-1 est égale à la valeur de la surface supplémentaire de terrain qui aurait été nécessaire pour l'édification de la construction si le coefficient d'occupation du sol avait été respecté.**

Cette valeur est celle du terrain déterminée comme si les possibilités maximales de construction qu'il peut supporter résultaient de la seule application du coefficient d'occupation du sol. Elle est déclarée par le constructeur lorsqu'il demande le permis de construire. En l'absence de déclaration, le dossier de permis de construire est considéré comme incomplet et ne peut être instruit.

À défaut d'accord amiable entre l'administration et le constructeur, il est procédé conformément aux articles L. 333-1 et L. 333-2.

Par dérogation aux dispositions des premier et deuxième alinéas du présent article, aucune participation n'est due pour la partie de la surface supplémentaire de terrain qui fait l'objet du versement prévu à l'article L. 112-2, y compris dans les cas visés à l'article L. 113-2 (al. 3).

C. urb., art. L. 332-3 ancien *(L. n° 75-1328, 31 déc. 1975).***— La participation est perçue au profit de la commune ou, s'il en existe un, de l'établissement public groupant plusieurs communes et ayant compétence en matière d'urbanisme. Elle doit recevoir l'affectation prévue à l'article L. 333-3.**

C. urb., art. L. 332-4 et L. 332-5 *(Ab., L. n° 2000-1208, 13 déc. 2000, art. 202-XXXIX).*

C. urb., art. L. 332-4 ancien.— La participation constitue, du point de vue fiscal, un élément du prix de revient du terrain sur lequel est édifiée la construction.

C. urb., art. L. 332-5 ancien.— Des décrets en Conseil d'État précisent :

_a)_ Les modalités d'établissement, de liquidation et de recouvrement de la participation, ainsi que les sanctions et garanties y afférentes ;

_b)_ Les modalités suivant lesquelles les propriétaires des parcelles voisines pourront procéder à la réduction de leurs possibilités de construction par l'institution d'une servitude imposant une densité moindre sur leurs fonds ainsi que les limites territoriales à l'intérieur desquelles cette procédure pourra être mise en œuvre ;

_c)_ Les conditions dans lesquelles la juridiction compétente en matière d'indemnité d'expropriation sera saisie et statuera en application des dispositions de l'article L. 332-2.

Section II Participations à la réalisation d'équipements publics exigibles à l'occasion de la délivrance d'autorisations de construire ou d'utiliser le sol

1008 **Choix offerts aux collectivités publiques.** Deux catégories de participation doivent être clairement distinguées (C. urb., art. L. 332-6) :

– les participations forfaitaires éventuellement instituées par le conseil municipal, dans des zones exclues de l'application de la taxe locale d'équipement lorsqu'un programme d'aménagement d'ensemble a été décidé et chiffré ;
– les participations additionnelles, soit à la taxe locale d'équipement, soit à la participation forfaitaire propre au secteur d'aménagement d'ensemble.
Les diverses participations énumérées ci-dessus peuvent être exigées des AFU ou des lotisseurs, d'une manière globale pour tout le programme (C. urb., art. L. 332-12). Outre le financement contractuel des ZAC, il faut ajouter à ces taxes ou participations, le financement d'équipements publics propres à un programme de construction déterminé (C. urb., art. L. 332-15) et, depuis peu, la redevance d'archéologie préventive.
Les exigences qui dépasseraient les textes pourraient faire l'objet d'une action en répétition (art. L. 332-30, remplaçant le dernier alinéa de l'article L. 332-6, depuis la loi anti-corruption du 29 janvier 1993).
Selon la circulaire du 27 juillet 2001, pour la réalisation de leurs objectifs d'aménagement, les collectivités disposent désormais d'outils diversifiés, plus efficaces, plus transparents et juridiquement plus sûrs. Elles peuvent choisir la part de coût des équipements publics qu'elles mettent à la charge des propriétaires et constructeurs et celle qu'elles mettent à la charge du budget local. Elles peuvent :
– soit recourir à la TLE associée ou non au régime de la participation pour voie et réseaux et d'autres participations ponctuellement autorisées par la loi pour le financement de certains équipements ;
– soit recourir aux régimes de financement des équipements utiles au fonctionnement de l'ensemble d'un nouveau quartier ou à l'accroissement d'un quartier existant que permet la mise en œuvre d'un programme d'aménagement d'ensemble ou d'une ZAC.

C. urb., art. L. 332-6 ***(L. n° 75-1328, 31 déc. 1975 ; L. n° 76-1285, 31 déc. 1976 ; L. n° 85-729, 18 juill. 1985 ; L. n° 91-662, 13 juill. 1991 ; L. n° 93-122, 29 janv. 1993).*** **— Les bénéficiaires d'autorisations de construire ne peuvent être tenus que des obligations suivantes :**

1° Le versement de la taxe locale d'équipement prévue à l'article 1585 A du Code général des impôts ou de la participation instituée dans les secteurs d'aménagement définis à l'article L. 332-9 ;

2° Le versement des contributions aux dépenses d'équipements publics mentionnées à l'article L. 332-6-1. Toutefois ces contributions telles qu'elles sont définies aux 2° et 3° dudit article ne peuvent porter sur les équipements publics donnant lieu à la participation instituée dans les secteurs d'aménagement définis à l'article L. 332-9 ;

3° La réalisation des équipements propres mentionnés à l'article L. 332-15 ;

4° ***(Ab., L. n° 95-74, 21 janv. 1995, art. 11-III ; rétabli, L. n° 2001-44, 17 janv. 2001, art. 11)*** **Le versement de la redevance d'archéologie préventive prévue** ***(Mots rempl., Ord. n° 2004-178, 20 févr. 2004, art. 3)*** **« , aux articles L. 524-2 à L. 524-13 du Code du patrimoine ».**

Ordre public. L'article L. 332-6 est d'ordre public, en ce qu'il fixe limitativement les participations susceptibles d'être mises à la charge des bénéficiaires d'autorisations de construire ; toute stipulation conventionnelle contraire est nulle (CE, 4 févr. 2000, *Etablissement public par l'aménagement de la région de la Défense : AJDI* 2001, n° 11, p. 896, note H. Heugas-Darraspen). 1009

ZAC. L'institution d'une redevance ZAC annuelle à la charge des propriétaires (la ZAC étant soumise à un régime de participation alternative sous certaines conditions : CGI, art. 317 *quater*, annexe II) est illégale (CAA Lyon, 22 mars 1994, *Cne de Risoul : BJDU* 4/1994, p. 82 ; *Dr. fisc.* 1994, comm. 1598, concl. Chanel). 1010

Voir aussi : C. urb., art. L. 311-4, p. 227 et ses annotations sur le régime financier des ZAC à la charge des aménageurs (et non plus des constructeurs).

Diversité de l'habitat – Abrogation. La loi n° 95-74 du 21 janvier 1995 a supprimé la participation à la diversité de l'habitat qui faisait l'objet d'un 4e au présent article. 1011

1012 **Redevance d'archéologie préventive. Dispositif initial de la loi de 2001.** Partant du constat qu'avec le renouvellement urbain, les opérateurs risquaient d'être de plus en plus confrontés à des vestiges archéologiques, la loi n° 2001-44 du 17 janvier 2001 relative à l'archéologie préventive a créé une nouvelle redevance.

L'ensemble du dispositif a été précisé par le décret n° 2002-89 du 16 janvier 2002 (*JO* 19 janv.). Outre les contraintes liées à la délivrance de l'autorisation de construire ou de lotir (voir notes sous art. R. 315-29 et R. 315-30 et L. 421-2-4, R. 421-9, R. 421-32 et R. 421-38-10), les textes ont instauré une redevance dont le fait générateur était l'édiction par le préfet de région de prescriptions nécessitant l'intervention de l'Institut national de recherches archéologiques pour des diagnostics et des fouilles. Le montant de la redevance était déterminé selon un calcul, compliqué, fondé sur la superficie du terrain à explorer et les difficultés prévisibles en découlant. L'arrêté préfectoral définissait ces éléments de calcul et la redevance était arrêtée et liquidée par l'Institut précité ; le redevable pouvant saisir, pour contestation, une commission administrative spéciale, puis les tribunaux. Les sommes versées étaient remboursables si l'opération projetée n'était pas réalisée et que les recherches archéologiques n'avaient pas été engagées.

Cette nouvelle « fiscalité » issue d'une législation, certes indépendante, mais à l'impact significatif sur le droit de l'urbanisme a été critiquée par la doctrine et les praticiens. La nouvelle « redevance » ne reposait pas, sur un « service rendu », alors qu'en principe les contributions des opérateurs aux financements des équipements urbains sont censées leur bénéficier, même indirectement.

D'ailleurs, un an après son intervention, la loi du 17 janvier 2001 avait déjà fait l'objet d'une modification ponctuelle par la loi du 27 février 2002 (art. 113) sur la démocratie de proximité, afin d'instaurer une disposition exonératoire (non intégrée dans le Code de l'urbanisme) : étaient ainsi exonérés de la redevance, sur décision de l'établissement public précité, les travaux d'aménagement exécutés par les collectivités territoriales ou leurs groupements pour eux-mêmes, lorsque ces collectivités ou ces groupements étaient dotés d'un service archéologique agréé par l'État dans des conditions définies par décret en Conseil d'État et qu'ils réalisaient à la demande dudit établissement public, les opérations archéologiques prescrites. On pouvait donc être tenté par une critique acerbe au regard d'une telle exonération « pro domo ». La loi de finances pour 2003 avaient ensuite réduit de 25 % le taux de la redevance sans qu'il en résultât un allègement concret de cette fiscalité.

Bibliographie : Sur cette approche critique : F. Bouyssou, *Les redevances d'archéologie préventive : Petites affiches* 22 mars 2001, n° 58, p. 6. – P.-P. Danna, *Urbanisme et archéologie préventive après la loi du 17 janvier 2001 : une hypothétique corrélation : AFDU Gridauh* 2001. – P. Galan, *Les redevances d'archéologie préventive : une nouvelle stratification de la fiscalité de l'urbanisme : JCP* N 2001, p. 1582.

1013 **Réforme de 2003-2004.** La loi n° 2003-707 du 1er août 2003 (C. patr., art. L. 521-1 à L. 524-1 et s.) a profondément revu la loi de 2001, en particulier quant à la redevance d'archéologie préventive (art. L. 524-1 à L. 524-13 du code précité), de nouveau modifiée par la loi n° 2004-804 du 9 août 2004 (*JORF* 11 août).

D'une part, la redevance vise exclusivement au financement des opérations de diagnostic qui relèvent de l'INRAP ou des services archéologiques des collectivités territoriales. Les opérations de fouilles sont exclues de la redevance puisqu'elles peuvent être confiées à l'INRAP, à un service archéologique de collectivités territoriales ou à toute personnes publiques ou *privées* agréées par l'État, et sont alors à la charge de l'aménageur, le coût est fixé dans le contrat passé entre ce dernier et l'opérateur et des subventions peuvent être accordées par le Fonds national pour l'archéologie préventive (ce fonds étant toutefois alimenté par un prélèvement sur les produits de la redevance qui ne peut être inférieur à 30 % et fixé annuellement).

La redevance est due par les personnes publiques ou privées projetant d'exécuter des travaux affectant le sous-sol soumis à une autorisation ou à une déclaration préalable par le Code de l'urbanisme ou soumis à étude d'impact en vertu du Code de l'environnement ou, d'autres types d'affouillement soumis à déclaration administrative préalable selon des modalités fixées par décret en Conseil d'État. Lorsque les travaux concernent un lotissement ou une ZAC, la redevance est perçue sur la personne publique ou privée qui les réalise ou les fait réaliser.

La loi du 1er août 2003 n'exigeait la redevance que pour les travaux exécutés sur un terrain d'une superficie supérieure ou égale à 3 000 m^2. Elle fixait son montant à 0,32 euros par mètre carré (avec indexation sur l'indice du coût de la construction), calculé en fonction du régime administratif : ainsi, en cas d'application du Code de l'urbanisme, les surfaces prises en compte sont celles comprises dans le périmètre de la ZAC, celles du terrain d'assiette de l'opération soumise à autorisation ou déclaration, celles de l'emprise au sol lorsqu'il s'agit de la construction d'un bâtiment agricole (pour les autres cas, V. Circ. 5 nov. 2003, reproduite en annexe 4 du présent code). Cette disposition a eu, en pratique, des conséquences fâcheuses pour des opérations de vaste superficie, où le montant de la redevance a pu dépasser la valeur des parcelles à commercialiser (surtout en milieu rural), voire le coût des travaux !

C'est pourquoi, la loi n° 2004-804 du 9 août 2004 comporte une modification de la loi de 2003 pour pallier ces écueils : le seuil de 3 000 m^2 est supprimé. Pour les travaux soumis au Code de l'urbanisme (sauf lotissements), l'assiette de la redevance est la valeur de l'ensemble immobilier (terrains et bâtiments) déterminée forfaitairement selon les mêmes modalités que la TLE (CGI, art. 1585 D, reproduit en annexe 2 du présent code) ; le taux de la redevance, faible compte tenu de la largeur de l'assiette, est alors de 0,3 %. Pour les travaux et aménagements (sauf ZAC), hors Code de l'urbanisme ou ceux soumis à étude d'impact, la redevance reste de 0,32 € par m^2 et est sise sur la surface au sol des travaux ou la surface de la zone sur laquelle porte la demande de diagnostic ; elle n'est pas due pour les travaux ou aménagements réalisés sur un terrain dont la superficie est inférieure à 3 000 m^2.

S'agissant des exonérations, la loi du 1er août 2003 et la loi du 9 août 2004 ont maintenu les exonérations antérieures (logements sociaux, constructions de logements réalisée par une personne physique pour ses propres besoins) et ont ajouté principalement le cas des affouillements rendus nécessaires pour la réalisation de travaux agricoles, forestiers ou pour la prévention des risques, ainsi que les projets soumis au Code de l'urbanisme et où la SHON créée est inférieure à 1 000 m^2 et pour ceux, hors Code de l'urbanisme, dont la superfice est inférieure à 3 000 m^2.

Le fait générateur de la redevance est, selon les cas, l'autorisation ou la non-opposition aux travaux (sauf pour les lotissements), le dépôt de la demande de réalisation du diagnostic si l'aménageur souhaite que ce diagnostic soit effectué avant la délivrance des autorisations, l'acte qui décide de la réalisation des travaux et qui en détermine l'emprise pour ceux soumis à étude d'impact (sauf les ZAC). Par exemple, les éoliennes ne sont taxées que si elles disposent de locaux techniques d'une SHON supérieure à 1 000 m^2 (Rép. min. Terrasse, 9 nov. 2004 : *JOAN* p. 2589).

La redevance est acquittée par versement unique au comptable du Trésor. Elle est liquidée par le préfet de département ou, dans certains cas particuliers (V. circ. 5 nov. 2003, préc.) par le préfet de région. Le contentieux relève des juridictions administratives.

Il est encore trop tôt pour tirer un bilan des réformes de 2003-2004, mais les professionnels relèvent la charge importante que présente ce dispositif, surtout en matière financière.

Voir aussi : Annexe 4 du présent Code qui reproduit les principaux textes régissant l'archéologie préventive et l'analyse générale du nouveau dispositif sous C. urb., art. L. 421-2-4, p. 339. Site internet : www.inrap.fr. – Circ. n° 2004-25, 24 nov. 2004 relative à la concertation entre les services aménageurs et les services régionaux de l'archéologie et à la perception de la redevance au titre de la réalisation d'infrastructures linéaires de transports (*BO Équip.* n° 2004-24).

Bibliographie : P.-L. Frier, *L'archéologie préventive, suite et fin... ? : AJDA* sept. 2004, p. 158. – C. Saujot, *La nouvelle réforme de l'archéologie préventive. Loi n° 2003-707 du 1er août 2003 : JCP* G 2003, I, n° 185 et *JCP* A 2004, n° 1001. – M.-C. de Monteclerc, *Réforme de la redevance d'archéologie préventive » (loi du 9 août 2004) : AJDA* sept. 2004, p. 1566. – C. Saujot, *La redevance d'archéologie préventive à nouveau modifiée : JCP* A 2004, n° 49, comm. n° 1791 et *JCP* N 2004, p. 1533. – H. Chalmeton, *Archéologie préventive – Une protection du patrimoine coûteuse pour les aménageurs : Gaz des communes*, 21 févr. 2005, p. 48.

C. urb., art. L. 332-6-1 ***(L. n° 85-729, 18 juill. 1985 ; L. n° 86-1318, 30 déc. 1986 ; L. n° 93-122, 29 janv. 1993 ; L. n° 94-112, 9 févr. 1994).*** **— Les contributions aux dépenses d'équipements publics prévues au 2° de l'article L. 332-6 sont les suivantes :**

1° *a) (ab., L. n° 2000-1208, 13 déc. 2000, art. 46-3° et 50-II)* La participation pour dépassement du coefficient d'occupation des sols prévue à l'article L. 332-1 ;

***b) (ab., L. n° 2000-1208, 13 déc. 2000, art. 46-3° et 50-II)* Le versement pour dépassement du plafond légal de densité prévu à l'article L. 112-2 ;**

***c)* La taxe départementale des espaces naturels sensibles prévue à l'article L. 142-2 ;**

d) **La taxe pour le financement des dépenses des conseils d'architecture, d'urbanisme et de l'environnement prévue à l'article 1599 B du Code général des impôts ;**

e) **La taxe spéciale d'équipement prévue à l'article 1599 OB du Code général des impôts.**

2° ***a)*** **La participation pour raccordement à l'égout prévue à l'article L. 35-4 du Code de la santé publique ;**

b) **La participation destinée à la réalisation de parcs publics de stationnement prévue au troisième alinéa de l'article L. 421-3 ;**

c) **La participation spécifique pour la réalisation d'équipements publics exceptionnels prévue à l'article L. 332-8 ;**

d) (Rempl., L. n° 2000-1208, 13 déc. 2000, art. 46-2°, L. n° 2003-590, 2 juill. 2003, 53) **La participation pour voirie et réseaux prévue à l'article L. 332-11-1 ;**

e) **Les cessions gratuites de terrains destinés à être affectés à certains usages publics qui, dans la limite de 10 % de la superficie du terrain auquel s'applique la demande, peuvent être exigées des bénéficiaires d'autorisations portant sur la création de nouveaux bâtiments ou de nouvelles surfaces construites ;**

3° La participation des riverains prévue par la législation applicable dans les départements du Haut-Rhin, du Bas-Rhin et de la Moselle, celle-ci pouvant être actualisée pour tenir compte du délai écoulé entre la date de réalisation des travaux concernés et le moment de perception de cette participation. Elle peut également inclure les frais de premier établissement de l'éclairage public.

1014 **Taxes et participations spéciales.** La liste des participations additionnelles à la TLE n'est allongée que de manière apparente, par rapport à l'ancien article L. 332-6, dans sa rédaction antérieure à la loi du 18 juillet 1985. La participation de l'article L. 332-8 devient additionnelle alors qu'elle était précédemment alternative à la TLE.

L'article 1599-OB du Code général des impôts a été institué par la loi du 30 décembre 1986. Il crée, en vue du financement des équipements liés aux Jeux olympiques de 1992, une taxe spéciale d'équipement en Savoie, ayant la même assiette et le même régime que la taxe locale d'équipement. Son taux, limité à 5 %, peut varier selon les communes.

La loi du 18 juillet 1985 a aussi précisé le régime des cessions gratuites de terrains (dans un sens restrictif), et celui de la participation propre au droit local d'Alsace-Lorraine (dans un sens extensif).

1015 **Abrogations.** La loi du 13 décembre 2000 abroge, certes, deux participations relatives aux dépassements de COS et de PLD. L'abrogation du prélèvement pour dépassement du PLD prend effet lors de la suppression de ce même PLD dans les conditions suivantes : dans les communes où un PLD était institué le 31 décembre 1999, le conseil municipal ou l'organe délibérant de l'établissement public de coopération intercommunale compétent décide de le supprimer ; en revanche, le PLD est supprimé de plein droit en cas d'institution de la participation pour voirie et réseaux.

Voir aussi : Note sous C. urb., art. L. 333-1 et s., p. 315.

1016 **Raccordement à l'égout.** La participation pour raccordement à l'égout a donné lieu à un abondant contentieux : elle n'a pas un caractère fiscal, et ne s'applique qu'aux immeubles édifiés après l'installation de l'égout, dans des conditions déterminées par une délibération du conseil municipal qui ne saurait être rétroactive. C'est à la collectivité publique à apporter la preuve de la nécessité des travaux d'extension des réseaux pour permettre le raccordement de la construction en cause ; une telle preuve ne saurait résulter de la simple acceptation des devis par le bénéficiaire du permis de construire (CAA Nancy, 18 déc. 2003, *Cne de Creney : Juris-Data* n° 2003-237163).

Le promoteur vendeur peut y être tenu en qualité de mandataire forcé des copropriétaires (CE, 17 déc. 1976, *SCI « Le Clair Val » : AJDA* 1977, p. 384, note Moderne ; *Dr. fisc.* 1977, n° 25, comm. 963, concl. Fabre).

La faculté d'instituer cette participation, selon des règles strictes, ne permet pas d'instituer – en dehors des règles fixées par le Code de la santé publique – une participation forfaitaire des constructeurs aux investissements communaux en matière d'assainissement (CE, 6 mars 1989, *Cne de Crolles : DA* 1989, n° 225).

Cette participation est excessive, si son montant unitaire est multiplié par le nombre de logements, en dépassement de 80 % du coût d'une installation collective. En tout état de cause, la fixation de la participation selon une méthode forfaitaire ne doit pas avoir pour effet de dépasser ce plafond de 80 % (CE, 24 sept. 2003, req. n° 242065, *Secrétaire d'État au Logement c/ Cne de Clermont-Ferrand : Juris-Data* n° 2003-065928).
Elle est illégalement appliquée en cas d'aménagement intérieur de locaux existants, non assimilable à une reconstruction de l'immeuble (CE, 12 avr. 1997, *SCI les Maisons traditionnelles : Petites affiches*, 22 juill. 1997) ; en revanche, est légale l'injonction de créer deux raccordements à l'égout, pour deux constructions, alors que préexistait un immeuble unique (CE, 23 avr. 1997, *SCI Jade : Rec. CE*, T, p. 1077).
En Île-de-France, il a été précisé que si le département, maître d'ouvrage, pouvait créer un réseau d'assainissement, cette compétence n'était pas exclusive mais partagée avec les communes ou leurs groupements (CE, 29 juin 2001, 2 arrêts, *Dépt du Val-de-Marne, Sté Martin-Duval* et *Cne de Valenton : BJDU* 5/2001, p. 365).
La réalisation d'un réseau privé, en l'absence d'un réseau public, ne saurait être assujettie à cette participation (CE, 24 sept. 2003, req. n° 238483, *Compagnie générale des eaux : Juris-Data* n° 2003-065970).

Cumul. Les participations énumérées au présent article, donc y compris la nouvelle participation pour création de voies et réseaux visée au *d)* du 2°, s'ajoutent, le cas échéant, soit à la TLE, soit à la participation forfaitaire de l'article L. 332-9. Dans ce dernier cas, un double financement d'un même équipement public est exclu par le 2°de l'article L. 332-6. 1017
Cette participation ne saurait, sans double emploi, être imposée au propriétaire lorsque le constructeur ou l'aménageur du terrain a déjà financé la réalisation d'installations d'évacuation et d'épuration collectives desservant son immeuble (en l'espèce dans le cadre d'une ZAC : CAA Marseille, 30 janv. 2003, *Cne de Saint-Chamas, Société des eaux de Marseille : BJDU* n° 1/2004, p. 78).

Voir aussi : Notes sous C. urb., art. L. 332-9, p. 300 ; C. urb., art. L. 332-11-1 et L. 332-11-2, p. 303.

Action en répétition. La modification de l'alinéa *d*, issue de la loi Bosson, introduit dans l'action en répétition de l'article L. 332-30 un principe de proportionnalité, qui se substitue à l'ancien « tout ou rien ». 1018

Voir aussi : Notes sous C. urb., art. L. 332-30, p. 311.

C. urb., art. L. 332-7 *(L. n° 85-729, 18 juill. 1985)*. — L'illégalité des prescriptions exigeant des taxes ou des contributions aux dépenses d'équipements publics est sans effet sur la légalité des autres dispositions de l'autorisation de construire.

Lorsque l'une de ces prescriptions est annulée pour illégalité, l'autorité qui a délivré l'autorisation prend, compte tenu de la décision juridictionnelle devenue définitive, un nouvel arrêté portant la prescription d'une taxe ou d'une contribution aux dépenses d'équipements publics.

Illégalité des participations. Le montant de la participation devait être limité au financement partiel des équipements publics rendus nécessaires par la construction autorisée (proportionnalité). À défaut, le permis de construire était illégal, et pouvait être annulé dans son ensemble avant même la loi du 18 juillet 1985 (le Conseil d'État admettait la recevabilité du recours contre la seule clause financière du permis si la TLE était en principe applicable, et avait été écartée de façon ponctuelle, CE, 13 nov. 1981, *Plunian : Rec. CE*, p. 413, concl. Labetoulle ; *JCP* G 1982, II, n° 19849). Pour la participation « aire de stationnement » (CE, 7 juill. 1999, req. n° 184759, *SCI Rentex*). 1019

Objectif de financement des équipements publics. Le permis de construire ne peut être « monnayé » pour un motif étranger au financement d'équipements publics ; dans un tel cas, l'opposition à état exécutoire est recevable et bien fondée (TA Versailles, 21 nov. 1986, *Agence Katz c/ Cne de Bois-d'Arcy : Petites affiches*, 19 juin 1987). 1020

Voir aussi : Frier, *Le droit de construire vendu aux enchères : RFDA* 1989, p. 806, à propos de l'illégalité d'une convention portant cession gratuite de terrain « en échange » du classement favorable d'autres terrains du même propriétaire (le recours avait été introduit par des tiers contre le POS, TA Versailles, 2 oct. 1987 et TA Versailles, 7 juill. 1988, *Assoc. de défense du site de Saint-Rémy-de-Chevreuse*).

1021 **Annulation partielle du permis de construire.** Le second alinéa du présent article permet de limiter les effets d'une annulation partielle du permis, en ce qui concerne une participation financière illégale.
Mais l'assujettissement à la TLE de droit commun suppose un permis de régularisation délivré à la même personne (TA Lyon, 27 sept. 1995, *Grand : DA* 1995, 790).

C. urb., art. L. 332-8 *(L. n° 85-729, 18 juill. 1985)*. — Une participation spécifique peut être exigée des bénéficiaires des autorisations de construire qui ont pour effet la réalisation de toute installation à caractère industriel, agricole, commercial ou artisanal, qui, par sa nature, sa situation ou son importance, nécessite la réalisation d'équipements publics exceptionnels.

Lorsque la réalisation des équipements publics exceptionnels n'est pas de la compétence de l'autorité qui délivre le permis de construire, celle-ci détermine le montant de la contribution correspondante, après accord de la collectivité publique à laquelle incombent ces équipements ou de son concessionnaire.

1022 **Champ d'application.** Le présent article n'est pas applicable aux constructions à usage d'habitation. La loi du 16 juillet 1971, d'où il est initialement issu, avait voulu viser avant tout le cas des supermarchés.

1023 **Contrôle du bien-fondé.** Si la participation a été imposée pour des constructions nécessitant la réalisation d'équipements publics exceptionnels (supermarchés notamment), le Conseil d'État contrôle le bien-fondé de la participation (CE, 18 févr. 1976, *Ville de Rambouillet : JCP* 1976, II, 18458, note Bouyssou) ; dans ce cas, le recours est recevable sous forme d'opposition au titre de paiement (CE, 26 janv. 1979, *Sté des anciens établissements Cappe : DA* 1979, n° 90).

1024 **Caractère exceptionnel des équipements publics.** Des aménagements de voirie (feux tricolores et tourne à gauche) ne sont pas des équipements publics exceptionnels, et leur financement par le constructeur d'un petit supermarché ne peut donc pas être légalement exigé (CAA Nancy, 2 avr. 1998, *SNC Lidl : BJDU* 1999, p. 350).

1025 **Participation additionnelle à la TLE.** La loi du 18 juillet 1985 a donné à la participation prévue au présent article un caractère additionnel, alors qu'il s'agissait avant cette loi d'une participation alternative à la TLE.

C. urb., art. L. 332-9 *(L. n° 85-729, 18 juill. 1985 ; L. n° 93-122, 29 janv. 1993 ; L. n° 94-112, 9 févr. 1994)*. — Dans les secteurs de la commune où un programme d'aménagement d'ensemble a été approuvé par le conseil municipal, il peut être mis à la charge des constructeurs tout ou partie du coût des équipements publics, réalisés pour répondre aux besoins des futurs habitants ou usagers des constructions à édifier dans le secteur concerné. Lorsque la capacité des équipements programmés excède ces besoins, seule la fraction du coût proportionnelle à ces besoins peut être mise à la charge des constructeurs. Lorsqu'un équipement doit être réalisé pour répondre aux besoins des futurs habitants ou usagers des constructions à édifier dans plusieurs opérations successives devant faire l'objet de zones d'aménagement concerté ou de programmes d'aménagement d'ensemble, la répartition du coût de ces équipements entre différentes opérations peut être prévue dès la première, à l'initiative de l'autorité publique qui approuve l'opération.

Dans les communes où la taxe locale d'équipement est instituée, les constructions édifiées dans ces secteurs sont exclues du champ d'application de la taxe.

Le conseil municipal détermine le secteur d'aménagement, la nature, le coût et le délai prévus pour la réalisation du programme d'équipements publics. Il fixe, en outre, la part des dépenses de réalisation de ce programme qui est à la charge des construc-

teurs, ainsi que les critères de répartition de celle-ci entre les différentes catégories de constructions. Sa délibération fait l'objet d'un affichage en mairie. Une copie de cette délibération est jointe à toute délivrance de certificat d'urbanisme.

Sont exonérées de la participation prévue au présent article les constructions édifiées dans une zone d'aménagement concerté lorsque leur terrain d'assiette a fait l'objet d'une cession, location ou concession d'usage consentie par l'aménageur de la zone ou d'une convention par laquelle le propriétaire du terrain s'engage à participer à la réalisation de ladite zone.

Zonage. Le mode de financement prévu par le présent article est spécialement adapté aux zones 1026
AU définies par un plan local d'urbanisme. En droit, il ne lui est cependant pas exclusif.

Cumul. Le PAE ne prescrivant qu'une participation financière à la charge des constructeurs, la 1027
commune ne peut, en plus de celle-ci, imposer une cession gratuite de terrains (CAA Nancy, 5 juin 2003 : *Juris-Data* n° 2003-244616).

Concertation. Si le secteur d'aménagement est nouvellement ouvert à l'urbanisation, la concer- 1028
tation préalable s'impose à ce titre (C. urb., art. L. 300-2).
Toutefois, l'approbation par le conseil municipal d'un PAE n'exige pas une concertation au sens de l'article L. 300-2 (CE, 3 oct. 1994, *SCI du Pardy : BJDU* 5/1994, p. 76, concl. Bachelier).

Objet. Peut faire l'objet d'un PAE un programme d'élargissement d'une rue et de renforcement de 1029
la desserte d'assainissement sur 5 hectares (CAA Nancy, 31 mai 2000, *Cne de Guemar : BJDU* 3/2000, p. 208). En revanche, tel ne peut être le cas d'une extension limitée d'un réseau d'assainissement (CAA Nantes, 30 déc. 1999, *M. Perion : BJDU* 3/2000, p. 207). La création d'une voie publique n'est pas un aménagement suffisant pour justifier l'institution d'un PAE (CE, 15 avr. 1996, *Maurice : Rec. CE,* T, p. 1204 ; *DA* 1996, 465 ; *BJDU* 5/1996, p. 348, concl. Chantepy).
Par ailleurs, un PAE n'a pas pour but et pour effet de mettre à la charge des bénéficiaires d'autorisations de construire tout ou partie du coût des équipements publics nécessaires à l'urbanisation du secteur concerné. La seule existence d'un tel PAE ne saurait avoir pour conséquence que toutes les constructions édifiées dans ce secteur doivent être regardées comme ayant été conçues dans le cadre d'une même opération d'aménagement foncier au sens de la législation de l'urbanisme commercial (CAA Lyon, 12 déc. 2000, req. n° 96-LY00270, *Sté SOFIVA : Juris-Data* n° 2000-141947).
Un PAE doit, en tout état de cause, consister en l'aménagement d'ensemble d'un secteur, il ne peut donc être arrêté au vu d'une demande d'autorisation de lotir et pour les besoins du seul lotissement. L'aménagement d'ensemble doit être fixé préalablement même s'il inclut un lotissement. En l'espèce, le but recherché était de mettre à la charge des lotisseurs des exigences financières excédant les besoins du lotissement. Le Conseil d'État a mis un frein à de telles dérives et a contrôlé la qualification juridique des faits opérés par la CAA (CE, 25 juin 2003, *Cne de Saint-Jean-de-Boiseau* c/ *M. Perion : BJDU* n° 6/2003, p. 435, concl. D. Chauvaux).

Voir aussi : C. urb., art. L. 451-5, p. 383.

Taux. Illégalité de la fixation forfaitaire d'une participation à 7 % du coût de la construction du 1030
projet (CA Lyon, 17 déc. 1990, *Ville de Manosque : DA* 1991, n° 155).

Catégories de constructions. Est illégale la répartition du PAE en fonction de la surface des ter- 1031
rains d'assiette, sans tenir compte des diverses catégories de constructions (TA Montpellier, 3 mai 1990, *Crimmers* c/ *Cne de Fabrèges*, réformé par CE, 11 déc. 1996, *Cne de Fabrèges : Ét. fonc.* mars 1998, p. 37, note B. Lamorlette, qui admet au contraire la forfaitisation sans prise en compte des catégories de constructions, ainsi que l'intégration au coût du PAE des frais indirects : géomètre, TVA). Un PAE peut légalement prévoir un tarif uniforme, sans discrimination selon la catégorie des constructions, et en fonction du coût TTC des équipements publics. Dans cette affaire de Fabrèges, le complexe sportif financé correspond aux besoins des habitants du secteur. En outre, la participation financière ne peut être répartie en fonction de la SHON potentielle de chaque terrain prévue par le POS. Un lien est en effet nécessaire avec l'importance des constructions réalisées au titre de l'autorisation de construire qui en constitue le fait générateur (CAA Marseille,

6 juill. 2000, *Cne de Saint-Cannat : BJDU* 4/2000, p. 248). La part des dépenses de réalisation des équipements publics mise à la charge des constructeurs peut être légalement répartie entre plusieurs catégories de constructions selon leur mode de financement (CAA Paris, 8 juill. 2004, *Cne de Suresnes : JCP* A 2004, n° 32-36, comm. n° 1538, P. Billet).

1032 **Satisfaction partielle des besoins des habitants.** Pour une application de la mise à la charge des constructeurs des équipements publics qui ne répondent pas exclusivement (mais pour partie seulement) aux besoins des habitants du secteur, CAA Lyon, 24 févr. 1994, *M. Malet : BJDU* 3/1994, concl. Haëlvoët ; *Dr. fisc.* 1994, comm. 1862.

1033 **Non-application de l'article R. 600-1.** Le recours contre la délibération instituant un PAE ne nécessite pas la notification prévue à l'article R. 600-1 (Avis CE, 17 janv. 1997, *Assoc. de défense du site de Galluis : Rec. CE*, p. 22 ; *DA* 1997, 111, obs. Lamorlette ; *BJDU* 1/1997, p. 58, concl. Bonichot).

1034 **Contrôle du juge.** Le Conseil d'État n'applique pas la théorie du bilan aux PAE (CE, 8 janv. 1993, *Assoc. des riverains du front de Seine, Parc de Passy : Rec. CE*, p. 1086), mais exerce un contrôle de l'erreur manifeste d'appréciation sur le choix de faire supporter par les constructeurs tout ou partie du coût des équipements (CE, 4 nov. 1994, *SNC la Boissière : Rec. CE*, p. 485 ; *DA* 1994, n° 58), alors que son contrôle est normal sur l'utilisation de la procédure de PAE (CE, 25 juin 2003, *Cne de Saint-Jean-de-Boiseau*, préc.).

1035 **Illégalité des PAE conditionnels.** Un PAE conditionnel, subordonné à une urbanisation effective, est illégal (CAA Paris, 10 juin 1996, *Cne de Fosse : Ét. fonc.*, n° 73-96).

1036 **Détournement.** Un PAE est illégal, s'il a pour but exclusif d'assujettir un permis de construire unique à une participation, au lieu de la TLE (TA Versailles, 7 avr. 1998, *SCI Le Clos Élisabeth de Feydeau c/ Cne de Gif-sur-Yvette : JCP* N 1999, p. 424, concl. Demouveaux).

1037 **Effet de l'annulation du PAE.** Il a été jugé que l'annulation d'un PAE entraîne nécessairement celle de l'autorisation de lotir qui s'y référait pour la liste des travaux à effectuer (CAA Paris, 24 févr. 2003, *Cne de Saint-Chéron : Juris-Data* n° 2003-215332).

Voir aussi : Circ. n° 93-8, 12 janv. 1993 : *Dr. fisc.*, n° 10, ID 10792 ; Circ. n° 94-38, 22 avr. 1994 : *Dr. fisc.* n° 24, ID 1167 ; sur la pratique des PAE, Bony, *Réflexions sur 70 PAE : Ét. fonc.* 1990, n° 48 ; Coulombie, *PAE un pari gagné ou perdu ? : Ét. fonc.* 1991, n° 52 ; P. Benoît-Cattin, note sous CAA Paris, 28 sept. 2004, sur l'objet du PAE : *Département des Yvelines : Constr.-urb.* 2004, n° 12, comm. n° 237.

Bibliographie : Givaudan, *Le rendez-vous manqué de l'article L. 332-9 : JCP* N 1987, I, p. 49. – Campredon, *Les participations des constructeurs dans les ZAC à maîtrise foncière partielle : DA* avril 1996, p. 3. – Schmit, *PAE : outil fiscal ou procédure d'aménagement ? : Diagonal,* déc. 1997. – Dubois-Solner, *À propos d'un cadeau empoisonné : les PAE, bilan de jurisprudence : Gaz. Pal.* 27 févr. 1998. – Galan, *Les PAE : Droit et Ville,* n° 35-1993, p. 69. – H. Jacquot et F. Priet, *Droit de l'urbanisme : Précis Dalloz,* 4e éd. 2001, p. 437.

C. urb., art. L. 332-10 ***(L. n° 85-729, 18 juill. 1985).*** **— La participation prévue à l'article précédent est exigée sous forme de contribution financière ou, en accord avec le demandeur de l'autorisation, sous forme d'exécution de travaux ou d'apports de terrains, y compris au cas où le constructeur est une personne publique.**

La mise en recouvrement de la participation sous forme de contribution financière se fait dans les délais fixés par l'autorité qui délivre l'autorisation de construire. Ces délais ne peuvent être décomptés qu'à partir du commencement des travaux qui ont fait l'objet de l'autorisation.

1038 **Modes de paiement.** Le paiement pécuniaire de la participation est le mode normal. Un accord du constructeur est nécessaire pour les autres formes de paiement en nature.
Un tel accord revêt un caractère purement préparatoire, car la participation prévue au présent article revêt un caractère unilatéral, et non contractuel.

Cas de nullité. Un engagement de payer les participations avant le début des travaux serait nul, comme contraire à la loi. 1039

Nature du contentieux. Le contentieux de la participation à un PAE étant un contentieux de travaux publics, la demande préalable est facultative, et elle ne déclenche pas de délai de forclusion ; l'exception d'illégalité de la décision institutive du PAE est accueillie, si elle n'avait pas fixé la surface totale à construire, ni par conséquent un tarif par mètre carré de construction (TA Paris, 13 juill. 1995, *Benamou : DA* 1995, 789). 1040

C. urb., art. L. 332-11 *(L. n° 85-729, 18 juill. 1985).* — Lorsque le programme d'aménagement d'ensemble fait l'objet d'une modification substantielle, le conseil municipal peut, pour les autorisations à venir, réviser le régime de la participation dans les conditions prévues à l'article L. 332-9.

Si les équipements publics annoncés n'ont pas été réalisés dans le délai fixé par la délibération instituant ou modifiant la participation, la restitution des sommes éventuellement versées ou de celles qui correspondent au coût des prestations fournies peut être demandée par les bénéficiaires des autorisations de construire. Dans les communes où la taxe locale d'équipement est instituée, la taxe est alors rétablie de plein droit dans le secteur concerné et la restitution de ces sommes peut être demandée par les bénéficiaires des autorisations de construire pour la part excédant le montant de la taxe locale d'équipement qui aurait été exigible en l'absence de la délibération prévue à l'article L. 332-9. Les sommes à rembourser portent intérêt au taux légal.

Lorsque les bénéficiaires d'autorisations de construire mentionnés ci-dessus sont des lotisseurs ou des associations foncières urbaines de remembrement autorisées ou constituées d'office, les sommes définies à l'alinéa précédent peuvent être réclamées par les constructeurs qui en auront définitivement supporté la charge.

Garanties pour les constructeurs. Le présent article donne aux constructeurs de sérieuses garanties contre l'inertie des collectivités locales. 1041

Réduction du programme. La révision « à la baisse » des équipements publics entraînera de très grandes difficultés d'ordre pratique. 1042

Information sur le PAE et certificat d'urbanisme. L'information du public sur le contenu du PAE résultant notamment du certificat d'urbanisme. Or, il serait judicieux, selon nous, que la stabilité minimale du PAE excédé la durée de validité dudit certificat (en opportunité, un délai minimal de trois ans serait préférable, par analogie avec la fixité du taux de la taxe locale d'équipement). 1043

C. urb., art. L. 332-11-1 *(Créé, L. n° 2000-1208, 13 déc. 2000, art. 46-1°).* — *(Al. rempl., L. n° 2003-590, 2 juill. 2003, art. 49, 1°)* Le conseil municipal peut instituer une participation pour voirie et réseaux en vue de financer en tout ou en partie la construction des voies nouvelles ou l'aménagement des voies existantes ainsi que l'établissement ou l'adaptation des réseaux qui leur sont associés, lorsque ces travaux sont réalisés pour permettre l'implantation de nouvelles constructions.

***(Al. rempl. par 3 al., L. n° 2003-590, 2 juill. 2003, art. 49, 2°)* Pour chaque voie, le conseil municipal précise les études, les acquisitions foncières et les travaux à prendre en compte pour le calcul de la participation, compte tenu de l'équipement de la voie prévu à terme. Peuvent être financés les études, les acquisitions foncières et les travaux relatifs à la voirie ainsi que les réseaux d'eau potable, d'électricité et d'assainissement. Les études, les acquisitions foncières et les travaux relatifs à la voirie comprennent l'éclairage public, le dispositif d'écoulement des eaux pluviales et les éléments nécessaires au passage des réseaux souterrains de communication.**

***(Al. issu, L. n° 2003-590, 2 juill. 2003, art. 49, 2°)* Seuls les études, les acquisitions foncières et les travaux à réaliser, définis par le conseil municipal, sont mis à la charge des propriétaires. Lorsqu'une voie préexiste, si aucun aménagement supplémentaire**

de la voie n'est prévu par le conseil municipal, ces travaux peuvent ne concerner que les réseaux. Dans ce cas, le conseil municipal peut prévoir, avec l'accord du ou des établissements publics de coopération intercommunale ou syndicats mixtes compétents pour ces réseaux, que la participation leur sera versée directement.

***(Al. issu, L. n° 2003-590, 2 juill. 2003, art. 49, 2°)* Le conseil municipal arrête la part du coût mise à la charge des propriétaires riverains. Cette part est répartie entre les propriétaires au prorata de la superficie des terrains bénéficiant de cette desserte et situés à moins de quatre-vingts mètres de la voie. Le conseil municipal peut, en fonction des circonstances locales, modifier la distance de quatre-vingts mètres sans que celle qu'il fixe puisse être supérieure à cent mètres ni inférieure à soixante mètres. Le conseil municipal peut également exclure les terrains qui ne peuvent supporter de constructions du fait de contraintes physiques et les terrains non constructibles du fait de prescriptions ou de servitudes administratives dont l'édiction ne relève pas de la compétence de la commune ou de l'établissement public de coopération intercommunale. Lorsque, en application de l'alinéa précédent, le conseil municipal n'a prévu aucun aménagement supplémentaire de la voie et que les travaux portent exclusivement sur les réseaux d'eau et d'électricité, la commune peut également exclure les terrains déjà desservis par ces réseaux.**

La participation n'est pas due pour les voies et réseaux compris dans le programme d'équipements publics d'une zone d'aménagement concerté créée en application de l'article L. 311-1 ou d'un programme d'aménagement d'ensemble créé en application de l'article L. 332-9.

Les opérations de construction de logements sociaux visées au II de l'article 1585 C du Code général des impôts peuvent être exemptées de la participation.

(Al. ab., L. n° 2003-590, 2 juill. 2003, art. 49, 3°).

C. urb., art. L. 332-11-2 *(Créé, L. n° 2000-1208, 13 déc. 2000, art. 46-1°).* — La participation prévue à l'article L. 332-11-1 est due à compter de la construction d'un bâtiment sur le terrain.

Elle est recouvrée, comme en matière de produits locaux, dans des délais fixés par l'autorité qui délivre le permis de construire.

Toutefois les propriétaires peuvent conclure avec la commune une convention par laquelle ils offrent de verser la participation avant la délivrance d'une autorisation de construire.

La convention fixe le délai dans lequel la voie et les réseaux seront réalisés et les modalités de règlement de la participation. Elle précise le régime des autres contributions d'urbanisme applicables au terrain, les dispositions d'urbanisme, les limitations administratives au droit de propriété et l'état des équipements publics existants ou prévus.

La convention est, dès publication de la délibération du conseil municipal l'approuvant, créatrice de droit au sens des dispositions du deuxième alinéa de l'article L. 160-5.

Si la demande de permis de construire prévue à l'article L. 421-1 est déposée dans le délai de cinq ans à compter de la signature de la convention et respecte les dispositions d'urbanisme mentionnées par la convention, celles-ci ne peuvent être remises en cause pour ce qui concerne le cocontractant de la commune ou ses ayants droit.

Si la voie ou les réseaux n'ont pas été réalisés dans le délai fixé par la convention, les sommes représentatives du coût des travaux non réalisés sont restituées au propriétaire, sans préjudice des indemnités éventuelles fixées par les tribunaux.

L. n° 2003-590, 2 juill. 2003, art. 50. — Les délibérations, conventions et actes relatifs à la participation pour le financement des voies nouvelles et réseaux visée aux articles L. 332-11-1 et L. 332-11-2 du Code de l'urbanisme dans leur rédaction antérieure à la présente loi valent délibérations, conventions et actes pour l'instauration et la mise en œuvre de la participation pour voirie et réseaux, en application des articles L. 332-11-1 et L. 332-11-2 du Code de l'urbanisme dans leur rédaction issue de ladite loi.

L. n° 2003-590, 2 juill. 2003, art. 58. — Un an après la promulgation de la présente loi, le Gouvernement transmet au Parlement un rapport sur la mise en œuvre du dispositif relatif à la participation pour voirie et réseaux.

L. n° 2000-108, 10 févr. 2000, art. 4 *(Mod., L. n° 2003-590, 2 juill. 2003, art. 61)*. — 1° Après le deuxième alinéa du II de l'article 4, il est inséré un alinéa ainsi rédigé :

Les tarifs d'utilisation des réseaux couvrent notamment une partie des coûts de raccordement à ces réseaux. Par ailleurs, la part des coûts d'extension de ces réseaux non couverts par les tarifs d'utilisation des réseaux publics peut faire l'objet d'une contribution versée au maître d'ouvrage de ces travaux ;

2° L'article 14 est complété par deux alinéas ainsi rédigés :

Les principes généraux de calcul de la contribution due au maître d'ouvrage des travaux prévue à l'article 4, qui peuvent prendre la forme de barèmes, sont arrêtés conjointement par les ministres chargés de l'économie et de l'énergie sur proposition de la Commission de régulation de l'énergie.

Le demandeur d'un raccordement au réseau public de transport d'électricité est débiteur de cette contribution ;

3° Après le deuxième alinéa de l'article 18, sont insérés sept alinéas ainsi rédigés :

Les principes généraux de calcul de la contribution versée au gestionnaire du réseau public de distribution lorsque celui-ci est maître d'ouvrage des travaux, prévue au troisième alinéa du II de l'article 4, qui peuvent prendre la forme de barèmes, sont arrêtés conjointement par les ministres chargés de l'économie et de l'énergie après consultation des organisations nationales représentatives des collectivités organisatrices de la distribution publique d'électricité et avis de la Commission de régulation de l'énergie. Les contrats de concessions de distribution publique d'électricité et les règlements de service des régies sont mis en conformité avec cet arrêté dans un délai de six mois.

Lorsque l'extension de ces réseaux est destinée à satisfaire les besoins d'une opération de construction ou d'aménagement autorisée en application du code de l'urbanisme, la commune ou l'établissement public de coopération intercommunale compétent pour la perception des participations d'urbanisme est débiteur de la contribution mentionnée au troisième alinéa du II de l'article 4 dans des conditions, notamment de délais, fixées par les cahiers des charges des concessions ou les règlements de service des régies ou, à défaut, par décret en Conseil d'Etat.

Toutefois :

***a)* Lorsque la contribution est due, en application de l'article L. 332-8 du Code de l'urbanisme, au titre de la réalisation d'un équipement public exceptionnel, elle est versée au maître d'ouvrage des travaux par le bénéficiaire de l'autorisation d'occupation ou d'utilisation du sol ;**

***b)* Lorsque la contribution est due au titre de l'aménagement d'une zone d'aménagement concerté, la part correspondant aux équipements nécessaires à la zone est versée au maître d'ouvrage des travaux par l'aménageur ;**

***c)* Lorsque le propriétaire acquitte la participation pour voirie et réseaux en application de la dernière phrase du troisième alinéa de l'article L. 332-11-1 du Code de l'urbanisme directement à l'établissement public de coopération intercommunale ou au syndicat mixte compétent, celui-ci est débiteur de la contribution, dans les conditions de délais prévues au quatrième alinéa du présent article.**

Lorsque l'extension de ces réseaux est destinée au raccordement d'un consommateur d'électricité en dehors d'une opération de construction ou d'aménagement autorisée en application du Code de l'urbanisme, ou lorsque cette extension est destinée au raccordement d'un producteur d'électricité, le demandeur du raccordement est le débiteur de cette contribution.

Objet. Cette nouvelle participation, issue de la loi SRU, a pour objet de faire contribuer les propriétaires lors de projets de construction, aux besoins d'équipements en infrastructure. Elle est d'un domaine plus large que l'ancienne participation, abrogée, à la réalisation des équipements des services publics industriels et commerciaux. Elle s'inspire de la participation des riverains en Alsace-Lorraine. 1044

Rappel du champ d'application matériel issu de la loi SRU. Seuls étaient visées les infrastructures : voirie, réseaux (assainissement, éclairage public, électricité, gaz), les équipements de superstructures (crèches, hôpitaux, écoles) étant exclus. Une réponse ministérielle (Rép. min. Goulard : *JOAN* 24 déc. 2001 p. 7460) avait indiqué que cette participation pouvait être mise en œuvre lorsqu'une voie préexistante (chemin rural, route déjà ouverte à la circulation) devait être aménagée en voie urbaine publique pour permettre l'implantation de nouvelles constructions, étant précisé que les travaux n'avaient pas nécessairement à être très importants. 1045

Une autre réponse ministérielle (Rép. min. Bécot : *JO* Sénat, 14 juin 2001, p. 2022) indiquait que les concessionnaires de réseaux pouvaient continuer à percevoir des participations pour les extensions de réseaux en vue de la desserte de constructions existantes (V. aussi, art. L. 332-15), la participation de l'article L. 332-11-1 ne concernant que les cas de réalisation d'opération de construction nouvelle.

1046 **Difficultés pratiques après la loi SRU.** Pour certains, la participation apparaissait comme particulièrement adaptée aux communes rurales qui ne pouvaient recourir à des opérations de l'ampleur d'un PAE ou d'une ZAC (Rép. min. Ducout : *JOAN* 8 avr. 2002, p. 1924). En revanche, d'autres considéraient qu'elle pénalisait les petites communes en raison des critères cumulatifs de création de la participation : ces communes étaient dans l'impossibilité de solliciter une extension de réseaux si elle n'était pas accompagnée de travaux de création ou d'extension d'une voie nouvelle ; une proposition de loi demandait donc la suppression du caractère cumulatif des critères de création (proposition de loi du Sénateur Goulet, Sénat, n° 337, 2001-2002). Des réformes devenaient pressantes (Rép. min. Flory et Sauvadet : *JOAN* 21 oct. 2002, p. 3731).

1047 **Précisions apportées par la circulaire du 21 janvier 2003.** Dans l'attente de la réforme législative, une circulaire est venue, début 2003, apporter certaines précisions :
– la participation pouvait être utilisée en vue de l'aménagement de voies existantes et des réseaux associés ;
– la commune n'était pas tenue d'assurer un préfinancement des travaux programmés ; elle pouvait obtenir, avec leur accord, un préfinancement de tout ou partie des propriétaires riverains ;
– la commune n'était pas tenue d'avoir réalisé l'ensemble des travaux avant la délivrance du premier permis de construire, un échelonnement était possible suivant le rythme des constructions.
Sur le régime général de la participation (Rép. min. Paillé, Colombier, Cazenaze : *JOAN* 17 déc. 2001, p. 7295 à 7297) et la possibilité de l'instituer que la commune soit dotée ou non d'un PLU (Rép. min. Roujas : *JO* Sénat, 8 mai 2003, p. 1551).

1048 **Réforme par la loi Urbanisme-Habitat du 2 juillet 2003.** Désormais, le conseil municipal peut instituer cette participation pour financer :
– la construction des voies nouvelles ;
– l'aménagement des voies existantes ;
– l'établissement ou l'adaptation des réseaux associés aux voies nouvelles ou aux voies existantes.
La participation s'applique sur l'ensemble de la commune. Il serait illégal et contraire au principe d'égalité de la créer sur une partie seulement et d'en exclure les zones U. Si dans ces zones, les réseaux n'existent pas, le classement en zone U implique que la commune a l'intention de les réaliser. Elle peut alors l'utiliser pour les financer mais doit veiller à l'avoir instaurée et fixée son montant préalablement à la délivrance du permis de construire. C'est ce qui ressort d'une importante réponse ministérielle (Rép. min. Paillé : *JOAN*, 16 mars 2004, p. 2061).
En cas de compétence partagée entre un EPCI, comme un syndicat intercommunal d'eau ou d'électricité, la commune doit s'entendre avec le syndicat sur les travaux à réaliser, mais la loi n'impose pas de contrainte particulière. La commune, qui peut seule instaurer la PVR, pourra, en vertu de la loi, décider que celle-ci sera versée directement, pour la part qui leur est dévolue, aux syndicats intercommunaux correspondants (Rép. min. Hillmeyer, 30 mars 2004 : *JOAN*, p. 2607 et Deniaud, 20 avr. 2004 : *JOAN*, p. 3062).
La condition liée au but des travaux à savoir l'implantation de nouvelles constructions est maintenue. Le fait générateur reste le permis de construire. Les critiques des élus locaux ont ainsi été prises en compte par le législateur : la participation peut être utilisée pour les voies existantes et même les seuls réseaux, la voie existante étant déjà aménagée en vue de l'accueil de constructions nouvelles.
D'une manière générale, le texte gagne en précision, en particulier quant au domaine de financement : le conseil municipal doit préciser, pour chaque voie, les études, les acquisitions foncières et les travaux à prendre en compte pour le calcul de la participation. Peuvent être inclus les travaux de voirie, l'éclairage public, l'écoulement des eaux pluviales, le passage des réseaux souterrains de communication, les réseaux d'eau potable, d'électricité et d'assainissement.

Seuls les éléments ainsi définis par le conseil municipal peuvent être mis à la charge des propriétaires. La part de coût est répartie au prorata de la superficie des terrains bénéficiant de la desserte, toute pondération liée au COS a été supprimée.

Cette démarche répond à un souci d'équité et de réalisme. La règle de la situation à moins de 80 mètres de la voie est maintenue mais une souplesse a été introduite : compte tenu des circonstances locales, cette distance peut être modifiée par le conseil municipal dans une fourchette comprise entre 60 et 100 mètres ; de surcroît, certains terrains supportant des contraintes techniques ou administratives relevant d'autres autorités peuvent être exclus.

Parmi ces contraintes administratives, on peut citer les plans de prévention des risques. Il s'agit de mieux « répartir le coût de l'aménagement des terrains en bénéficiant effectivement, que ce soit en accès direct à ces équipements ou en bénéficiant d'une servitude s'ils sont enclavés ». S'agissant de constructions établies en limite de l'aménagement immédiat de la voie qui auraient la possibilité de se raccorder à l'équipement sans contribuer pleinement à son financement, pour éviter une telle situation, la commune délibère « sur l'ensemble des aménagements de voirie et réseaux qui seront nécessaires à terme » ; elle n'a pas « l'obligation de réaliser en une seule fois la totalité du programme prévu dans la délibération et peut décider de ne réaliser, dans un premier temps, qu'un premier tronçon ou que certains travaux prévus, mais la participation exigée sera calculée sur la base de l'ensemble du programme et s'imposera à tous les terrains concernés par le futur aménagement dans sa totalité » (Rép. min. Le Déaut : 20 oct. 2003 : *JOAN*, p. 8022).

En tout état de cause, le périmètre de la PVR englobe toutes les parcelles ou fractions de parcelles situées à moins de 80 mètres de la voie publique. Lorsque la profondeur d'une parcelle est supérieure à ce seuil, seule la surface située à l'intérieur de la bande des 80 mètres est prise en compte et la participation due par chaque propriétaire correspond à une part du coût des équipements, calculée au prorata de la surface du terrain située dans ladite bande (Rép. min. Calvet : *JOAN*, 19 oct. 2004, p. 8124).

Il a été également précisé que la PVR correspondant à la surface de terrain desservi, les sommes relatives aux terrains déjà construits ou inconstructibles restent à la charge du budget communal, sauf lorsque cette inconstructibilité est permanente soit du fait de la situation physique des lieux, soit en raison de prescriptions ou servitudes administratives ne relevant pas de la compétence de la commune ou de l'EPCI initiateur de la PVR ; il en est ainsi dans le cas d'espaces naturels classés en tant qu'espaces protégés, rendant inconstructibles les terrains de manière totale ou pérenne, leur exclusion du périmètre de la PVR est alors possible, alors que si ce classement résulte du document d'urbanisme communal ou intercommunal, cette exclusion n'est pas envisageable, car cela aurait pour effet d'exempter du paiement de la participation tous les terrains non constructibles mais susceptibles de le devenir après réalisation des travaux, entraînant une rupture d'égalité devant les charges publiques. La commune ou l'EPCI assume donc la part du coût sur ces terrains et si ceux-ci sont ensuite urbanisables, la PVR sera exigée lors de la délivrance des autorisations de construire (Rép. min. Ferrand : *JOAN*, 19 oct. 2004, p. 8125).

À titre de disposition transitoire, la loi Robien prévoit que « les délibérations, conventions et actes relatifs à la participation pour le financement des voies nouvelles et réseaux visée aux articles L. 332-11-1 et L. 332-11-2 du Code de l'urbanisme dans leur rédaction antérieure à la présente loi valent délibérations, conventions et actes pour l'instauration de la participation pour voirie et réseaux, en application des articles L. 332-11-1 et L. 332-11-2 du Code de l'urbanisme dans sa résolution issue de ladite loi ».

Il est également mentionné qu'un an après promulgation de la présente loi, le gouvernement transmettra au Parlement un rapport sur la mise en œuvre de la participation voirie et réseaux.

Enfin, la loi du 10 février 2000 relative au service public de l'électricité est modifiée : un système de tarification de raccordement au réseau est créé et articulé avec la PVR. Il faudra toutefois prendre garde au risque de « double emploi. »

Dispositif conventionnel. La loi (art. L. 332-11-2) ouvre une possibilité de préfinancement de cette participation par les propriétaires riverains, ainsi associés plus directement au développement urbain. Ils peuvent conclure avec la commune, avant la délivrance d'un permis de construire, une convention où ils s'engagent à verser la participation, moyennant une stabilisation des règles d'urbanisme applicables, si le propriétaire contractant dépose une demande de permis dans les cinq ans suivant la conclusion de la convention. De surcroît, si le délai de réalisation des 1049

voies ou réseaux stipulé n'est pas respecté par la collectivité, le propriétaire a droit à la restitution des sommes correspondant au coût des travaux non réalisés. Enfin, la convention est réputée créatrice de droits au sens de l'article L. 160-5, favorisant ainsi l'indemnisation du propriétaire en cas de non-respect. Ce dispositif original bénéficie à chaque partie : la commune reçoit, par anticipation, sans avoir à attendre la délivrance des permis de construire, les sommes nécessaires aux travaux de voie ou réseau ; le propriétaire dispose de droits et de garanties importantes comme la stabilisation des règles d'urbanisme. Par ailleurs, le montage suivant semble possible : dans les zones AU, la commune institue la PVR pour des équipements publics bénéficiant à des terrains détenus par un opérateur privé ; la convention entre la commune et cet opérateur est valable, à l'instar de la pratique des « ZAC privées » (intervention du ministère de l'Équipement, journée d'actualité du droit de l'urbanisme du GRIDAUH, 15 juin 2004).
La loi Robien modifie l'article L. 2122-22 du Code général des collectivités territoriales pour étendre les attributions du maire à la signature de cette convention.

1050 **Premier bilan.** Dans un rapport de novembre 2004 (cité *infra* en bibliographie), le Conseil général des Ponts et Chaussées a relevé divers écueils du dispositif PVR.
Sur 78 départements étudiés, 1 800 communes l'ont adopté, mais il est constaté, notamment, des difficultés d'estimation du coût des travaux et donc de fixation du montant de la PVR ; également, la bande des 80 mètres ne correspond pas toujours à la morphologie urbaine. Le rapport préconise une nouvelle concertation entre le ministère de l'équipement et les professionnels, avant d'envisager d'éventuelles améliorations législatives.

Voir aussi : Annexe III du présent code qui reproduit la circulaire n° 2004-5 du 5 février 2004 relative à la mise en œuvre de la participation pour voiries et réseaux ; brochure du ministère de l'Équipement sur le service après-vote « de la loi Urbanisme-Habitat », septembre 2003. Pour un bilan mitigé de la PVR, rapport n° 2004-0141-01 du Conseil général des Ponts et Chaussées, novembre 2004.

Bibliographie : F. Bouyssou, L. Valette, *La participation pour voie et réseaux est-elle une utopie ? : Dr. et ville* 56/2004, p. 40. – C. Daval, *La participation pour création de voies nouvelles et réseaux : (loi SRU) : JCP* N 2003, p. 394.

C. urb., art. L. 332-12 ***(L. n° 85-729, 18 juill. 1985 ; L. n° 91-662, 13 juill. 1991 ; L. n° 93-122, 29 janv. 1993).*** **— Les dispositions des articles L. 332-6 et L. 332-7 sont applicables dans les conditions suivantes aux lotisseurs ainsi qu'aux personnes aménageant des terrains destinés à l'accueil d'habitations légères de loisir et aux associations foncières urbaines de remembrement autorisées ou constituées d'office.**

Peuvent être mis à la charge du lotisseur, de la personne aménageant un terrain destiné à l'accueil d'habitations légères de loisir ou de l'association foncière urbaine par l'autorisation de lotir, par l'autorisation d'aménager, ou par l'acte administratif approuvant le plan de remembrement :

a) **Le versement pour dépassement du plafond légal de densité dans les conditions prévues à l'article L. 333-9-1 ;**

b) **La participation pour dépassement du coefficient d'occupation des sols dans les conditions prévues à l'article L. 332-1 ;**

c) **La participation spécifique pour équipements publics exceptionnels dans les conditions prévues à l'article L. 332-8 ;**

d) **Une participation forfaitaire représentative de la participation prévue à l'article L. 332-9 et des contributions énumérées aux *a, b, d* et *e* du 2° et au 3° de l'article L. 332-6-1 ;**

e) (ab., L. n° 95-74, 21 janv. 1995, art. 11-IV).

Il ne peut être perçu sur les constructeurs aucune des contributions ou participations qui ont été mises à la charge du lotisseur, de la personne ayant aménagé le terrain destiné à l'accueil d'habitations légères de loisir, ou de l'association foncière urbaine de remembrement.

1051 **Abrogation.** Logiquement, les alinéas *a* et *b* auraient dû être abrogés, à l'instar de l'article L. 332-6-1 modifié par la loi du 13 décembre 2000.

Double taxation. Le dernier alinéa du présent article évite la double taxation. 1052

Caractère forfaitaire. Le caractère forfaitaire de l'imposition nécessite la globalisation de toutes les contributions énumérées au présent article (CE, 29 janv. 1992 : *Dr. fisc.* 1992, comm. 971, concl. Chahid Nourai). 1053

Contrôle du caractère forfaitaire. Antérieurement à la loi du 18 juillet 1985, le Conseil d'État exerçait un contrôle sur le caractère excessif des participations demandées à un lotisseur, sous forme de préfinancement ; il n'opposait pas le principe d'indivisibilité à une telle clause (CE, 20 oct. 1982, *SA Immobilière et touristique de Saint-Gaudens : DA* 1982, n° 380). Cette jurisprudence devrait s'appliquer au présent article. 1054

Le préfinancement ne saurait être un moyen détourné d'augmenter le montant des participations normalement exigibles des constructeurs, même s'il laisse une grande latitude aux communes (CE, 18 déc. 1992, *Morel et Sole : Petites affiches*, 7 avr. 1993, concl. Fouquet).

Recours. La participation forfaitaire réclamée au lotisseur s'analysant en une créance de travaux publics et non pas en une imposition fiscale, celui-ci peut saisir le tribunal administratif d'un recours contre le commandement de payer sans avoir à adresser de réclamation préalable à l'administration et sans respecter le délai de 2 mois (CAA Bordeaux, 8 mars 1993, *SARL Les Terrasses de Mosson : Dr. fisc.* 1994, n° 38, comm. 1589. – CAA Paris, 2 mars 1995, *Sté Codara : DA* 1995, n° 400). 1055

C. urb., art. L. 332-13 *(L. n° 85-729, 18 juill. 1985 ; rempl., L. n° 2000-1208, 13 déc. 2000, art. 47).* — Lorsque la commune fait partie d'un établissement public de coopération intercommunale ou d'un syndicat mixte compétent pour la réalisation des équipements donnant lieu à participation au titre de la présente section, la participation est instituée, dans les mêmes conditions, par l'établissement public qui exerce la compétence considérée, quel que soit le mode de gestion retenu. La participation est versée à l'établissement public.

C. urb., art. L. 332-14 *(L. n° 85-729, 18 juill. 1985).* — Des décrets en Conseil d'État déterminent, en tant que de besoin, les conditions d'application de la présente section.

Section III Équipements propres dont la réalisation peut être exigée des bénéficiaires d'autorisations d'occuper ou d'utiliser le sol

C. urb., art. L. 332-15 *(L. n° 85-729, 18 juill. 1985).* — L'autorité qui délivre l'autorisation de construire, d'aménager ou de lotir exige, en tant que de besoin, du bénéficiaire de celle-ci la réalisation et le financement de tous travaux nécessaires à la viabilité et à l'équipement de la construction, du terrain aménagé ou du lotissement, notamment en ce qui concerne la voirie, l'alimentation en eau, gaz et électricité, les réseaux de télécommunication, l'évacuation et le traitement des eaux et matières usées, l'éclairage, les aires de stationnement, les espaces collectifs, les aires de jeux et les espaces plantés.

Les obligations imposées par l'alinéa ci-dessus s'étendent au branchement des équipements propres à l'opération sur les équipements publics qui existent au droit du terrain sur lequel ils sont implantés et notamment aux opérations réalisées à cet effet en empruntant des voies privées ou en usant de servitudes.

***(Al. créé, L. n° 2003-590, 2 juill. 2003, art. 51)* L'autorisation peut également, avec l'accord du demandeur et dans les conditions définies par l'autorité organisatrice du service public de l'eau ou de l'électricité, prévoir un raccordement aux réseaux d'eau ou d'électricité empruntant, en tout ou partie, des voies ou emprises publiques, sous réserve que ce raccordement n'excède pas cent mètres et que les réseaux correspondants, dimensionnés pour correspondre exclusivement aux besoins du projet, ne soient pas destinés à desservir d'autres constructions existantes ou futures.**

En cas de classement ultérieur dans la voirie et les réseaux publics, les travaux exigés au titre des équipements propres n'ouvrent pas droit à l'action en répétition prévue à l'article L. 332-6.

L'autorité qui approuve le plan de remembrement peut imposer les mêmes obligations aux associations foncières urbaines de remembrement autorisées ou constituées d'office.

1056 **Droit des tiers.** À notre avis, des tiers ne peuvent être autorisés à se brancher sur de tels raccordements propres à une opération déterminée par le seul gestionnaire de réseau. Le premier constructeur nous paraît disposer, à tout le moins, d'un droit d'opposition sur un raccordement qu'il a personnellement financé, sauf indemnisation partielle à fixer conventionnellement jusqu'au classement éventuel dans le domaine public, et sous réserve des conventions de droit privé.

1057 **Apport de la loi Urbanisme-Habitat.** La loi du 2 juillet 2003 prévoit le cas où le raccordement emprunte tout ou partie des voies et emprises publiques, dans une limite de 100 mètres pour répondre aux besoins du projet, dont la faisabilité est ainsi facilité.
Cette disposition semble favorable aux communes rurales. Toutefois, elle ne permet pas aux communes de conditionner la délivrance d'un permis de construire au financement intégral d'un réseau, équipement public, qui serait utilisé par d'autres propriétaires, ce en application des principes constitutionnels d'égalité devant les charges publiques et de respect du droit de propriété (Rép. min., 15 déc. 2003 : *JOAN* p. 9632 ; Rép. min. 18 déc. 2003 : *JO* Sénat, p. 3647).

Voir aussi : Sur cet article 51, les remarques contenues dans le rapport du Conseil général des Ponts et Chaussées de novembre 2004 (cité sous L. 332-12 en bibliographie. La condition tenant aux besoins exclusifs du projet paraît peu réaliste : en pratique, compte tenu de la longueur de branchement, d'autres constructions peuvent en bénéficier.

1058 **Notion d'équipements propres.** La jurisprudence relative aux équipements publics dont la répétition est admise, citée sous l'article L. 332-30, définit *a contrario* les équipements propres à une opération de construction ou de lotissement, c'est-à-dire qui ne profitent qu'à cette opération et non à d'autres constructeurs ou lotisseurs (le Conseil d'État juge pourtant que ne constitue pas un équipement public une voie profitant simultanément à deux lotissements, CE, 18 mars 1983, *Plunian : AJDA* 1983, p. 380).

1059 **Compétence juridictionnelle.** Relève de la compétence de la juridiction administrative l'action engagée contre un constructeur pour faire exécuter les travaux d'équipement (stationnement) imposés par le permis de construire (Cass. 1re civ., 20 févr. 1996 : *DA* 1996, 295, note critique J. B. A. ; *BJDU* 5/1996, p. 363).

Bibliographie : Urios, *L'aménagement de la voie privée au titre des équipements propres : JCP* N 1992, I, p. 283.

C. urb., art. L. 332-16 ***(L. n° 85-729, 18 juill. 1985).*** **— Un décret en Conseil d'État détermine, en tant que de besoin, les conditions d'application de la présente section.**

Section IV Participation à la diversité de l'habitat

C. urb., art. L. 332-17 à L. 332-26 ***(L. n° 91-662, 13 juill. 1991 ; ab., L. n° 95-74, 21 janv. 1995, art. 11-I).***

C. urb., art. L. 332-27 ***(L. n° 91-662, 13 juill. 1991 ; L. n° 94-112, 9 févr. 1994 ; ab., L. n° 95-74, 21 janv. 1995, art. 11-I).***

1060 **Abrogation.** Cette section qui comprenait les articles L. 332-17 à L. 332-27 traitait de la participation à la diversité de l'habitat instituée par la loi d'orientation pour la ville du 13 juillet 1991 ; après qu'eut été plusieurs fois reportée son entrée en vigueur, elle a été finalement abrogée par la loi n° 95-74 du 21 janvier 1995.

Section V Dispositions diverses

C. urb., art. L. 332-28 *(L. n° 93-122, 29 janv. 1993)*. **— Les contributions mentionnées ou prévues au 2° de l'article L. 332-6-1 et à l'article L. 332-9 sont prescrites, selon le cas, par l'autorisation de construire, l'autorisation de lotir, l'autorisation d'aménager un terrain destiné à l'accueil d'habitations légères de loisir ou l'acte approuvant un plan de remembrement. Cette autorisation ou cet acte en constitue le fait générateur. Il en fixe le montant, la superficie s'il s'agit d'un apport de terrains ou les caractéristiques générales s'il s'agit des travaux mentionnés au premier alinéa de l'article L. 332-10.**

(Al. ab., L. n° 2000-1208, 13 déc. 2000, art. 202-XXXIX).

Exigibilité. En cas d'omission ou d'imposition tardive, la participation en cause ne semble pas exigible (Circ. n° 93-08, 12 janv. 1993 : *Mon. TP* 29 janv. 1993 ; *JCP* N 1993, Prat. 2535). C'est la solution adoptée par le tribunal administratif de Strasbourg (TA Strasbourg, 24 juill. 1997, *Wurtz c/ Cne d'Epfig : BJDU* 2/1998, concl. Portail). 1061

Modifications. Les modifications favorables apportées par un plan d'urbanisme, en l'espèce quant aux aires de stationnement, ne sauraient s'appliquer à un permis de construire délivré quelques jours avant la fin des formalités de publicité dudit plan ; le permis, ne pouvant être regardé comme une autorisation nouvelle, ne se substitue pas au permis initial (CAA Bordeaux, 4 févr. 1999, req. n° 97 BX 12136, *Cne de la Flotte-en-Ré : AFDU* 1999, p. 373). 1062

C. urb., art. L. 332-29 *(L. n° 93-122, 29 janv. 1993)*. **— Les contributions prescrites par l'autorisation ou l'acte mentionné à l'article L. 332-28 ainsi que celles exigées dans le cadre de la réalisation des zones d'aménagement concerté sont inscrites sur un registre mis à la disposition du public en mairie. Un décret en Conseil d'État détermine, en tant que de besoin, les modalités d'application du présent article.**

Finalité. Le présent article, issu de la loi anti-corruption du 29 janvier 1993, accentue le caractère extra-contractuel des participations, y compris celles imposées par les concessionnaires de service public. 1063

C. urb., art. L. 332-30 *(L. n° 93-122, 29 janv. 1993)*. **— Les taxes et contributions de toute nature qui sont obtenues ou imposées en violation des dispositions des articles *(Réf. rempl., L. n° 2000-1208, 13 déc. 2000, art. 202-XXXV)* « L. 311-4 » et L. 332-6 sont réputées sans cause ; les sommes versées ou celles qui correspondent au coût des prestations fournies sont sujettes à répétition. L'action en répétition se prescrit par cinq ans à compter du dernier versement ou de l'obtention des prestations indûment exigées.**

Les acquéreurs successifs de biens ayant fait l'objet des autorisations mentionnées à l'article L. 332-28 ou situés dans une zone d'aménagement concerté peuvent également exercer l'action en répétition prévue à l'alinéa précédent. Pour ces personnes, l'action en répétition se prescrit par cinq ans à compter de l'inscription sur le registre prévu à l'article L. 332-29 attestant que le dernier versement a été opéré ou la prestation obtenue.

Les sommes à rembourser au titre des deux alinéas précédents portent intérêt au taux légal majoré de cinq points.

I. – Principes et procédure

Ordre public. Le présent article est d'ordre public : sa violation est soulevée d'office et on ne peut y renoncer par convention (CE, 20 sept. 1991, *Cne de Villars-de-Lans : Rec. CE*, T, p. 1257). La contrepartie (promesse de constructibilité) est nulle également (CAA Paris, 13 juin 1989, *Cne de Bois-d'Arcy : Rec. CE*, p. 319 ; *Petites affiches*, 31 janv. 1990, note Morand-Deviller). 1064

Compensation avec la TLE. La compensation avec la taxe locale d'équipement normalement exigible, prévue par l'article L. 332-7 dans le cas de recours pour excès de pouvoir contre les clau- 1065 ses financières d'une autorisation, ne semble pas applicable en cas d'action en répétition (en ce sens, avant la loi du 18 juillet 1985, CE, 20 sept. 1991, *Cne de Villard-de-Lans : Rec. CE*, T, p. 1257).

Voir aussi : Depuis lors, C. urb., art. L. 332-7, p. 299.

1066 **Nature du délai de deux mois.** L'action en répétition relevant du contentieux des travaux publics, le délai de deux mois pour saisir le juge administratif, après le rejet éventuel d'une demande préalable, qui est d'ailleurs facultative en la matière, n'est pas un délai de forclusion (CE, 8 déc. 1976, *Syndicat intercommunal d'électrification de Lannilis : Dr. fisc.* 1977, n° 8, comm. 236, concl. Rivière). Ce principe s'applique à la participation pour non-réalisation des aires de stationnement (CE, 19 mars 2001, req. n° 194861, *Cne du Grau-du-Roi* c/ *Palanque : Juris-Data* n° 2001-061981), mais non à celles de branchement à l'égout, les litiges relatifs au recouvrement des sommes exigées au titre de l'article L. 34 du Code de la santé publique n'ont pas le caractère de litiges de travaux publics (V. note et appréciation critique des difficultés pratiques aussi engendrées, L. Erstein, sous CE, 5 févr. 2001, *Cne de Saint-Maur-des-Fossés : Collectivités-Intercommunalité*, n° 90).

1067 **Avocat.** La demande de restitution, dispensée de ministère d'avocat devant le tribunal administratif, n'en est pas dispensée en appel (CE, 8 nov. 1978, *Lamiraud : Rec. CE*, p. 426).

1068 **Recevabilité.** La demande de restitution est recevable, même si le coût des travaux inclus a été répercuté dans le prix des terrains, revendus entre-temps. Mais la demande est irrecevable, si elle dirigée contre le directeur départemental de l'agriculture, simple conseil d'un syndicat intercommunal (CE, 20 nov. 1985, *Cheq : Rec. CE*, T, p. 810).

1069 **Contrôle de cassation.** Le Conseil d'État, juge de cassation, contrôle la notion d'équipement public susceptible de répétition, et d'équipement propre, faisant obstacle à une telle action, sans abandonner de telles qualifications juridiques au pouvoir souverain du juge du fond (CE, 29 oct. 1997, *Cne de Toulouges : Rec. CE*, p. 380).

1070 **Appréciation de juges du fond.** Un jugement du tribunal administratif de Melun, à nos yeux très contestable, considère qu'une participation financière imposée par un permis de lotir ne cesse pas d'être exigible, en cas d'abandon volontaire du projet de lotissement (TA Melun, 11 juin 1998, *Sté Sinka* c/ *Cne de Presles-en-Brie : Mon. TP* 21 août 1998, obs. Rouquette).

II. – Délai de l'action

1071 **Délai de cinq ans.** La loi du 18 juillet 1985 fixe un délai spécifique (cinq ans), qui est interrompu par une réclamation faite dans ce délai. Mais ce délai s'applique aux créances dont le fait générateur est postérieur à l'entrée en vigueur de la loi de 1985 (CE, 31 janv. 2001, *Cne de Frénouville* : *BJDU* 1/2001, p. 51).

III. – Diverses hypothèses d'action en répétition

1072 **Articulation avec la TLE.** Les participations additionnelles à la TLE seraient réputées sans cause et soumises à répétition, si elles excédaient les possibilités de cumul prévues par la liste limitative figurant à l'article L. 332-6-1.

En revanche, le constructeur ne peut refuser de payer la TLE au motif qu'il a payé des participations indues, ni demander plus que le remboursement des participations indues (CE, 7 nov. 1979, *SCI L'Orée du Bois : Rec. CE*, p. 401).

1073 **Formes de la participation contestée.** L'action en répétition est possible, sans distinguer si la participation litigieuse a été financée en espèces, ou sous forme de cession de terrains ou de réalisation de travaux. De même, il nous paraît indifférent que la participation ait été imposée ou offerte, ou encore fixée par une convention, dans la mesure où la convention relative à une participation n'a qu'une valeur préparatoire à la décision préfectorale (CE, 20 juill. 1971, *Société civile du Domaine du Bernet : JCP* 1973, II, 17330, note Bouyssou). L'engagement du constructeur ne valide donc pas la participation illégale (CE, 7 juill. 1978, *Maylié : Rec. CE*, p. 300. – CE, 6 mars 1989, *Cne de Crolles : DA* 1989, n° 225. – CE, 22 mars 1985, *Brunet : Gaz. Pal.* 1986, 1, p. 289, concl. Fouquet. – Cass. 3e civ., 16 oct. 1991 : *JCP* G 1992, II, 21900, note Bouyssou) sauf si son offre est dépourvue de tout lien avec la délivrance d'un permis de construire, ou s'il s'agit d'une participation fixée à titre de transaction.

Renonciation. La renonciation à l'action en répétition est en revanche écartée par le tribunal administratif de Versailles comme contraire à l'ordre public (TA Versailles, 7 avr. 1998, *SCI le Clos Élisabeth de Feydeau c/ Cne de Gif-sur-Yvette : JCP* N 1999, p. 424, concl. Demouveaux). 1074

Abandon du projet. En cas d'abandon d'un projet (en l'espèce, lotissement) imputable à l'Administration, la participation forfaitaire représentative de la TLE n'est pas due et l'action en répétition est ouverte si elle a été versée (CAA Paris, 20 déc. 2002, *Société Sinka : JCP* A 2003, n° 19, comm. n° 1437, J.-P. Demouveaux). 1075

Permission de voirie. Le Conseil d'État, réformant l'arrêt de la cour administrative d'appel de Lyon, admet l'action en répétition pour des aménagements de voirie (rond-point, feux tricolores près d'un supermarché) imposés par une permission de voirie, et non par le permis de construire lui-même (CE, 27 avr. 1998, *SA GRC-EMIN : Rec. CE*, p. 184). 1076

Convention préalable au permis de construire. Une participation n'est pas illégale du seul fait qu'une convention a préparé la délivrance du permis et alors même que les travaux financés par la participation ont été réalisés avant la délivrance du permis (CE, 25 janv. 1995, *Cébé : Rec. CE*, T, p. 1086). 1077

Propriété des équipements publics. Malgré l'opinion divergente de certains commissaires du Gouvernement devant le Conseil d'État, nous estimons que l'action en répétition est fondée, sans distinguer selon que les équipements publics, autres que ceux figurant à l'énumération de l'article L. 332-6-1, sont propriété de la commune ou d'une autre collectivité publique ; cette opinion personnelle se fonde sur la lettre du texte, et plus encore sur les travaux préparatoires de la loi n° 67-1253 du 30 décembre 1967 d'où est issu à l'origine le texte actuel. 1078

Non-cumul. La règle de non-cumul peut s'appliquer aussi dans les ZAC (CE, 14 févr. 1979, *SA Rhonalcoop : Dr. fisc.* 1979, n° 21, comm. 1045). 1079
Mais la participation forfaitaire du lotisseur ne fait pas obstacle à l'imposition complémentaire des colotis.

IV. – Critère de répétibilité

Équipements d'intérêt commun. Les équipements publics dont le coût est répétibilité sont les équipements d'intérêt commun qui n'ont pas été effectués principalement dans l'intérêt des habitants de la construction ou du lotissement réalisés (CE, 25 mars 1977, *Sté Coopérative du Domaine de Lagarde : JCP* 1977, II, 18741, note Bouyssou, dans le cas de l'élargissement d'un chemin rural, dans le cas d'une conduite d'eau constituant une extension du réseau communal, alors même que le lotisseur a offert de la réaliser). Une expertise est ordonnée pour déterminer si un réseau pluvial dessert seulement un programme de construction, ou s'il dessert en même temps d'autres usagers. Voir aussi CE, 18 juin 1980, *Duparc : DA* 1980, n° 256. – CE, 13 févr. 1980, *Cne de Chamonix : D.* 1980, inf. rap., p. 529, note Charles. – CE, 22 oct. 1980, *SCI Centre Commercial Avignon-Sud : DA* 1980, n° 379. Depuis la loi du 18 juillet 1985, cette jurisprudence doit être combinée avec le nouvel article L. 332-15. 1080

Autres contributions. Les participations excédentaires ne peuvent être validées par le fait que d'autres taxes (participation pour raccordement à l'égout, notamment) auraient pu être légalement instituées (CE, 6 mars 1989, *Cne de Crolles : DA* 1989, n° 225). 1081

Pour un exemple de participation, CE, 17 janv. 1986, *Cne de Munster : DA* 1986, n° 15. – CE, 12 mai 1989, *Cté urbaine de Cherbourg* c/ *Lemonnier : DA* 1989, n° 332, répétition admise du réseau pluvial, mais non d'une station de relèvement, cette dernière ne desservant que le lotissement considéré.

1082 **Applications concrètes.** Les actions en répétition se multiplient. Elles peuvent trouver application en ZAC (CE, 28 juill. 1989, *Cté urbaine de Brest : DA* 1989, 611), mais un accord préalable ancien peut imposer une participation indexée sur le prix du pétrole (CE sect., 4 mai 1990, *Cie industrielle maritime : Rec. CE*, p. 113 ; *Droit et Ville* 1990, n° 30, p. 167, concl. de Guillenchmidt). En fonction des circonstances de fait, une offre de concours à l'extension d'un réseau d'eau est légale, de même qu'une participation forfaitaire à l'extension d'un réseau d'eau. Au contraire, pour l'offre de concours à une station d'épuration desservant aussi des habitations extérieures au lotissement en cause (CE, 29 juin 1990, *Sté Duclos* c/ *Cne de St Zacharie : Gaz. Pal.* 1991, 1, somm. 14), ou encore la participation d'un lotisseur à l'implantation d'un collecteur d'assainissement implanté sous la voie publique et destiné à l'acheminement des eaux usées jusqu'aux collecteurs publics existants (CE, 17 mai 1989, *Cté urbaine de Cherbourg* c/ *Lemonnier : DA* 1989, 332).

1083 **Lotissements.** La participation d'un lotissement de trois lots n'est pas admise pour un équipement public qui dessert aussi huit autres lots hors lotissement (CAA Paris, 18 juill. 1995, *Cne de Marolles-en-Brie : Gaz. Pal.* 30 oct. 1996).

1084 **Villes nouvelles.** Le régime des participations indues s'applique dans les villes nouvelles, d'où la condamnation de l'Établissement public de la Défense (TA Paris, 6 mars 1997, *SNC Cœur-Défense : Petites affiches*, 22 juill. 1997, note Morand-Deviller) et de l'Établissement public d'aménagement de Marne-la-Vallée (CE, 14 mars 1997, *EPA Marne-la-Vallée : Petites affiches*, 22 juill. 1997 ; *AFDUH* 1999, p. 269).

1085 **Surdimensionnement.** L'action en répétition est admise en cas de surdimensionnement de réseaux par rapport aux besoins propres du programme autorisé (CE, 16 janv. 1998, *Sté de gestion Pierre Baron*. – CAA Paris, 30 sept. 1997, *Cne de Cormeilles-en-Parisis : BJDU* 2/1998, p. 121, concl. Phemolant).

V. – Intérêts

1086 **Intérêts.** Le coût des intérêts fixés par le présent article est très élevé, et alarme la doctrine (Demouveaux et Maréchal, *Le choc en retour des participations illégales : Ét. fonc.* 1998, n° 80).

Voir aussi : Note de service n° 01-045-A82-B2 du 3 avril 2001, Direction générale de la comptabilité publique, Recouvrement des taxes d'urbanisme (*BO compt. publ.* mai 2002).

1087 **Décompte.** Les cours administratives d'appel effectuent le décompte des intérêts à compter de chaque versement indû (CAA Lyon, 18 févr. 1997, *SCI 268, avenue de la Lanterne : DA* 1998, 39, obs. Grau. – CAA Marseille, 29 oct. 1998, *Cne de Codognan* c/ *Crespin : AFDUH* 1999, p. 357). En cas de paiement indu, les intérêts sur les sommes versées à tort courent à compter dudit paiement dans le seul cas où la collectivité publique était de mauvaise foi ; dans le cas contraire, ils courent à compter de la demande de remboursement (CE, 5 juin 2003, *Cne de Saint-Jean-de-Boiseau* c/ *M. Perion : BJDU* n° 6/2003, p. 435, concl. D. Chauvaux).

Bibliographie : FRIER, *Le droit de construire vendu aux enchères : RFDA* 1989, p. 809.

Chapitre III

Versement résultant du dépassement du plafond légal de densité

(Chapitre ab., L. n° 2000-1208, 13 déc. 2000, art. 202-XXXIX)

Abrogation du versement pour dépassement du plafond légal de densité (extrait Circ., 27 juill. 2001)

« Le 3e alinéa de l'article 46, l'article 50 et l'article 202-VII de la loi relative à la solidarité et au renouvellement urbains abrogent le dispositif du versement pour dépassement du plafond légal de densité. Toutefois, les communes qui l'avaient instauré au 31 décembre 1999 peuvent le maintenir sous certaines conditions.

Il convient donc de distinguer :

1° Communes n'ayant pas instauré le PLD avant la loi SRU.

Le régime du PLD étant abrogé, les communes ou les EPCI compétents, ne peuvent plus instaurer cette imposition.

2° Communes ayant instauré le PLD dans le courant de l'année 2000.

Le PLD est abrogé de plein droit à compter de l'entrée en vigueur de la loi.

Les versements résultant des autorisations d'occuper le sol délivrées durant cette période restent dus. Cependant, si les travaux autorisés n'ont pas été entrepris, le pétitionnaire peut solliciter le retrait gracieux de son autorisation et déposer une nouvelle demande.

3° Communes ayant instauré le PLD avant le 1er janvier 2000.

Dans ces communes, le versement pour dépassement du PLD demeure exigible dans les conditions prévues aux articles L. 112-1 à L. 113-2 et L. 333-1 et suivants du Code de l'urbanisme dans leur rédaction antérieure à la publication de la loi SRU, sauf si la commune décide de supprimer la participation pour dépassement du PLD soit par une abrogation explicite, soit par l'institution de la participation pour voie nouvelle et réseaux.

Il en résulte que :

***a)* La commune ou l'EPCI peut modifier le PLD dans les conditions définies par l'ancien article L. 112-1 c'est-à-dire dans les six mois qui suivent le renouvellement du conseil municipal ou de l'organe délibérant de l'EPCI compétent ou plus de trois ans après la précédente délibération portant sur le PLD.**

***b)* L'abrogation du PLD peut intervenir à tout moment en application du II de l'article 50 de la loi.**

***c)* L'abrogation du PLD est de plein droit en cas d'instauration de la participation sur le financement de voie nouvelle et des réseaux telle que définie à l'article 46-I de la loi SRU (V. titre II, sect. IV 1° *c* ci-après).**

Effets de l'abrogation :

Les abrogations du PLD résultant soit d'une délibération spécifique soit d'une délibération instaurant le régime de la participation pour voie nouvelle et réseaux produisent des effets identiques :

– l'abrogation du PLD est effective sur la totalité du territoire communal ;

– les autorisations de construire, délivrées à compter de l'entrée en vigueur de la délibération ayant pour effet de supprimer le régime du PLD, ne permettent plus d'exiger le versement pour dépassement du PLD ;

– dans les ZAC réalisées en régie directe, les obligations de versement pour dépassement du PLD, incombant éventuellement aux constructeurs par application des anciens articles L. 333-7 et R. 333-17, ne peuvent plus être mises en œuvre pour les constructions autorisées à compter de la date d'entrée en vigueur de la loi SRU ;

– en revanche, conformément aux dispositions de l'article L. 333-8, dans les ZAC autres que celles dont la réalisation est effectuée en régie directe, l'obligation de versement mis à la charge de l'aménageur subsiste puisque le fait générateur du versement est antérieur à la date d'entrée en vigueur de ces dispositions de la loi SRU. Les modalités de versements, définies dans la convention ou le cahier des charges de la concession, en application des dispositions de l'article R. 333-25 du Code de l'urbanisme continuent de produire leur effet. Toutefois un avenant à la convention ou à la concession peut supprimer les obligations de versements correspondants ».

C. urb., art. L. 333-1 *(L. n° 75-1328, 31 déc. 1975 ; ab., L. n° 2000-1208, 13 déc. 2000, art. 202-XXXIX).*— **Lors du dépôt de la demande de permis de construire relatif à une construction d'une densité excédant le plafond légal de densité, le demandeur doit déclarer la valeur du terrain sur lequel la construction doit être édifiée.**

En l'absence de déclaration, le dossier de permis de construire est considéré comme incomplet et ne peut être instruit.

La valeur du terrain est appréciée à la date du dépôt de la demande de permis de construire.

L'administration peut contester la valeur qui lui est soumise. Elle doit notifier par écrit au constructeur la valeur qu'elle estime devoir être retenue. En cas de désaccord persistant entre l'administration et le constructeur, la valeur du terrain est fixée par la juridiction compétente en matière d'expropriation saisie par la partie la plus diligente.

L'existence d'un désaccord sur la valeur du terrain à retenir est sans effet sur la délivrance du permis de construire.

1088 **Dossier de permis de construire.** Lorsque le dossier est incomplet, le délai d'instruction du permis de construire, prévu par les articles R. 421-12 et R. 421-18, ne court pas. Le permis de construire délivré alors que la valeur vénale n'a pas été déclarée serait illégal, car instruit selon une procédure irrégulière (CE, 4 mai 1983, *SCI du Casino et des Bains de Juan-les-Pins : DA* 1983, n° 242).

C. urb., art. L. 333-2 *(L. n° 75-1328, 31 déc. 1975 ; L. n° 80-1094, 30 déc. 1980 ; L. n° 85-729, 18 juill. 1985 ; L. n° 86-1290, 23 déc. 1986 ; ab., L. n° 2000-1208, 13 déc. 2000, art. 202-XXXIX).* **— Le montant du versement défini à l'article L. 112-2 est dû par le bénéficiaire de l'autorisation de construire. En cas de désaccord sur la valeur du terrain, il est provisoirement arrêté, puis mis en recouvrement sur la base de l'estimation administrative.**

Il doit être payé à la recette des impôts de la situation des biens en deux fractions égales.

Le paiement de la première fraction est exigible à l'expiration d'un délai de dix-huit mois à compter de la date de délivrance du permis de construire ou de la date à laquelle l'autorisation de construire est réputée avoir été tacitement accordée et celui de la seconde fraction à l'expiration d'un délai de trente-six mois à compter de cette même date.

Après décision définitive de la juridiction de l'expropriation, il est procédé, selon le cas, à la mise en recouvrement d'une somme complémentaire ou à la restitution du montant excédentaire. Le paiement du complément doit intervenir en même temps que le paiement de la deuxième partie du versement ou, au plus tard, dans les six mois de la notification de l'avis de mise en recouvrement du complément.

La juridiction de l'expropriation doit se prononcer dans les six mois de sa saisine ; en cas d'appel de sa décision, la juridiction d'appel doit statuer dans les six mois de l'appel.

Le montant donnant lieu à restitution est majoré des intérêts au taux légal courus depuis la date à laquelle la première fraction du versement a été acquittée.

C. urb., art. L. 333-3 *(L. n° 75-1328, 31 déc. 1975 ; L. n° 82-1126, 29 déc. 1982 ; L. n° 91-662, 13 juill. 1991 ; ab., L. n° 2000-1208, 13 déc. 2000, art. 202-XXXIX).* **— Les trois quarts du produit des versements dus au titre des densités de construction supérieures au plafond légal sont attribués à la commune ou, s'il en existe un, à l'établissement public groupant plusieurs communes et ayant compétence en matière d'urbanisme, sur le territoire desquels se trouve située la construction.**

Le quart restant est attribué au département.

Ces versements sont inscrits au budget de la commune de l'établissement public ou du département bénéficiaires en vertu des alinéas précédents et les sommes collectées à ce titre devront être versées à leurs bénéficiaires dans les trois mois suivant leur encaissement.

(Deux al. ab., L. n° 95-74, 21 janv. 1995, art. 11-IV).

C. urb., art. L. 333-4 *(Ab., L. n° 82-1126, 29 déc. 1982).*

C. urb., art. L. 333-5 *(L. n° 75-1328, 31 déc. 1975 ; L. n° 82-1126, 29 déc. 1982 ; ab., L. n° 2000-1208, 13 déc. 2000, art. 202-XXXIX).*— **Par exception aux dispositions de l'article L. 333-3, sont attribuées en totalité à la commune ou à l'établissement public groupant plusieurs communes et ayant compétence en matière d'urbanisme les sommes versées au titre du dépassement du plafond légal de densité :**

***a)* Par les organismes visés à l'article L. 411-2 du Code de la construction et de l'habitation et par les sociétés d'économie mixte pour les constructions réalisées en application de l'article L. 411-1 du même code ;**

***b)* Par les sociétés immobilières créées dans les départements d'outre-mer en application de la loi n° 46-860 du 30 avril 1946, pour la construction d'immeubles à caractère social ;**

***c)* Au titre d'opérations de rénovation urbaine ou de résorption de l'habitat insalubre, que celles-ci soient réalisées directement par les communes ou les établissements publics groupant plusieurs communes et ayant compétence en matière d'urbanisme ou qu'elles soient confiées par convention à des organismes habilités soumis à la tutelle de la puissance publique, à la condition que ces opérations comprennent un pourcentage de logements sociaux et d'équipements collectifs à caractère social, fixé par les décrets prévus à l'article L. 333-16.**

C. urb., art. L. 333-6 *(Ab., L. n° 82-1126, 29 déc. 1982).*

C. urb., art. L. 333-7 *(L. n° 75-1328, 31 déc. 1975 ; L. n° 85-729, 18 juill. 1985 ; ab., L. n° 2000-1208, 13 déc. 2000, art. 202-XXXIX).*— **Lorsque la réalisation d'une zone d'aménagement concerté est effectuée en régie directe par la commune ou un établissement public y ayant vocation, le versement prévu à l'article L. 112-2 est à la charge du bénéficiaire de l'autorisation de construire. Toutefois, la densité des constructions existantes et la surface prise en compte pour déterminer si les constructions nouvelles dépassent le plafond légal de densité, ainsi que la valeur des terrains, sont appréciées globalement pour l'ensemble de la zone.**

C. urb., art. L. 333-8 *(L. n° 75-1328, 31 déc. 1975 ; L. n° 85-729, 18 juill. 1985 ; ab., L. n° 2000-1208, 13 déc. 2000, art. 202-XXXIX).*— **Lorsque la réalisation d'une zone d'aménagement concerté n'est pas effectuée en régie directe, le versement prévu à l'article L. 112-2 est dû non par le constructeur mais par l'organisme chargé de l'aménagement de la zone. La densité des constructions existantes et la surface prise en compte pour déterminer si les constructions nouvelles dépassent le plafond légal de densité, ainsi que la valeur des terrains, sont appréciées globalement pour l'ensemble de la zone par la convention d'aménagement ou le traité de concession. Si la commune ou l'établissement public de coopération intercommunale compétent sur le territoire duquel est réalisée la zone n'est pas partie à cette convention ou à ce traité, l'avis du conseil municipal ou de l'organe délibérant de l'établissement public est recueilli avant la fixation de la densité des constructions.**

Le montant du versement peut être révisé dans les mêmes formes que celles prévues à l'alinéa précédent, lorsque les conditions de réalisation de l'opération sont modifiées.

Le paiement est effectué par l'aménageur à la recette des impôts de la situation des biens dans les conditions fixées par la convention d'aménagement ou le traité de concession. Il constitue pour l'aménageur une dépense inscrite au bilan financier prévisionnel de la zone.

C. urb., art. L. 333-9 *(L. n° 75-1328, 31 déc. 1975 ; ab., L. n° 2000-1208, 13 déc. 2000, art. 202-XXXIX).*— **Les dispositions des articles L. 333-7 et L. 333-8 cessent d'être applicables à compter de la suppression de la zone ou de son achèvement.**

C. urb., art. L. 333-9-1 *(L. n° 85-729, 18 juill. 1985 ; ab., L. n° 2000-1208, 13 déc. 2000, art. 202-XXXIX).* **— Dans les lotissements ou dans le périmètre des associations foncières urbaines de remembrement autorisées ou constituées d'office, le versement prévu à l'article L. 112-2 peut être mis à la charge du lotisseur par l'autorisation de lotir ou de l'association foncière urbaine de remembrement par l'acte administratif approuvant le plan de remembrement.**

La densité des constructions et la surface prise en compte pour déterminer si les constructions dépassent le plafond légal de densité sont alors appréciées globalement pour l'ensemble du lotissement ou de l'association foncière urbaine de remembrement. La valeur du terrain est déclarée et le versement est effectué comme en matière de permis de construire.

C. urb., art. L. 333-10 *(L. n° 75-1328, 31 déc. 1975 ; ab., L. n° 2000-1208, 13 déc. 2000, art. 202-XXXIX).* **— Le tribunal de grande instance de la situation de l'immeuble statuant soit en matière correctionnelle en application de l'article L. 480-5 du Code de l'urbanisme, soit en matière civile dans le cas visé à l'article L. 480-6 du même code, peut ordonner la démolition, totale ou partielle, d'une construction dont la densité excède le plafond légal :**

***a)* Qui a été édifiée sans autorisation ;**

***b)* Qui a été édifiée en infraction aux obligations résultant de l'autorisation.**

Dans tous les cas où il n'y aura pas démolition, et sans préjudice des sanctions prévues à l'article L. 480-4 du Code de l'urbanisme, le constructeur sera tenu d'effectuer un versement dont le montant sera trois fois celui qui aurait été dû si la construction avait été régulièrement autorisée.

Ce versement qui constitue une créance du Trésor immédiatement exigible en totalité, est attribué conformément aux articles L. 333-3, L. 333-4 et L. 333-6.

1089 **Saisine du tribunal.** À notre avis, le triplement du versement est encouru dans le seul cas où un tribunal judiciaire a été saisi, et a refusé d'ordonner la démolition. Il ne serait pas encouru en cas de délivrance d'un permis de régularisation, avant même la saisine du tribunal de grande instance.

1090 **Créance du trésor.** Le triplement du versement, en cas d'infraction, est une créance du Trésor, estimée et recouvrée par l'administration. Est en conséquence cassé un arrêt correctionnel qui liquide le versement, ce qui échappe à sa compétence (Cass. crim., 6 mars 1989 : *D.* 1989, inf. rap., p. 154 ; *Bull. crim.*, n° 105, p. 283).

C. urb., art. L. 333-11 *(L. n° 75-1328, 31 déc. 1975 ; ab., L. n° 2000-1208, 13 déc. 2000, art. 202-XXXIX).* **— À défaut de paiement dans les délais impartis, l'indemnité de retard prévue au premier alinéa de l'article 1727 du Code général des impôts est due par le redevable du versement.**

Le recouvrement, tant de la créance du Trésor que de l'indemnité de retard, est poursuivi dans les conditions fixées aux articles 1915 à 1918 du code précité. Il est garanti par le privilège du Trésor prévu à l'article 1929-1 du même code et, à défaut d'un engagement solidaire contracté dans le délai d'un mois à compter de la date de la délivrance de l'autorisation de construire par une ou plusieurs personnes physiques ou morales agréées comme caution par le comptable des impôts, par une hypothèque légale portant sur le terrain et sur les constructions.

Sont tenus solidairement au versement prévu à l'article L. 112-2 :

***a)* Les banques, établissements financiers ou sociétés de caution mutuelle qui sont garants de l'achèvement de la construction ;**

***b)* Les titulaires successifs de l'autorisation de construire ainsi que leurs ayants cause autres que les personnes qui ont acquis les droits sur l'immeuble à construire en vertu d'un contrat régi par la loi n° 67-3 du 3 janvier 1967 relative aux ventes d'immeubles à construire.**

Codification. Les dispositions des articles 1915 et 1916 du Code général des impôts ont été transférées sous les articles L. 256 à L. 258 et L. 261 du Code général des impôts, Livre des procédures fiscales. 1091

À propos des titulaires successifs de permis de construire et de l'obligation de solidarité de versement, CE, 10 mars 1982, *Assoc. immob. Pauline Terraz : Rec. CE*, p. 106.

C. urb., art. L. 333-12 *(L. n° 75-1328, 31 déc. 1975 ; ab., L. n° 2000-1208, 13 déc. 2000, art. 202-XXXIX).* — **Le versement prévu à l'article L. 112-2 constitue, au point de vue fiscal, un élément du prix de revient du terrain sur lequel est édifiée la construction.**

Il donne lieu à l'application d'un prélèvement pour frais d'assiette et de perception qui reçoit l'affectation prévue à l'article 1646 du Code général des impôts. Le taux de ce prélèvement, fixé par décret en Conseil d'État, ne peut excéder 2 % de la valeur à laquelle il s'applique et décroît avec l'augmentation de celle-ci.

L'action en recouvrement du versement dont dispose l'administration peut être exercée jusqu'à l'expiration de la quatrième année suivant celle au cours de laquelle le permis de construire a été délivré ou considéré comme tacitement accordé. La prescription de l'action de l'administration est interrompue dans les conditions indiquées à l'article 1975 du Code général des impôts.

Codification. Les dispositions de l'article 1975 du Code général des impôts ont été transférées sous les articles L. 189, L. 274 et L. 275 du Code général des impôts, Livre des procédures fiscales. 1092

C. urb., art. L. 333-13 *(L. n° 75-1328, 31 déc. 1975 ; ab., L. n° 2000-1208, 13 déc. 2000, art. 202-XXXIX).* — **L'annulation du permis de construire ou l'intervention d'un acte administratif constatant la péremption du permis entraîne de plein droit la restitution au constructeur du montant du versement effectué, à l'exception du prélèvement visé à l'article L. 333-12. Il en est de même, en cas de démolition ordonnée par autorité de justice pour violation d'une servitude de droit privé, d'une construction édifiée après délivrance d'un permis de construire qui a donné lieu au versement visé à l'article L. 112-2.**

L'expropriation pour cause d'utilité publique d'un terrain pour lequel le constructeur a effectué le versement prévu à l'article L. 112-2 mais sur lequel les constructions prévues n'ont pas encore été réalisées, entraîne de plein droit la restitution prévue à l'alinéa précédent. Dans ce cas, à cette restitution qui est exclusive de toute indemnité de ce chef au titre du droit de l'expropriation, doit être ajouté le paiement par l'expropriant des intérêts au taux légal qui ont couru entre la date de publication de l'acte déclarant d'utilité publique l'opération et celle de la restitution.

Lorsque, par suite de la délivrance d'un permis de construire modificatif, la surface développée hors œuvre de la construction initialement autorisée est réduite, le montant du versement prévu à l'article L. 112-2 est réduit à due concurrence. Au cas où un versement excédentaire aurait été opéré, l'excédent sera restitué au constructeur à l'exception du prélèvement visé à l'article L. 333-12.

C. urb., art. L. 333-14 *(L. n° 75-1328, 31 déc. 1975 ; ab., L. n° 2000-1208, 13 déc. 2000, art. 202-XXXIX).* — **Sans préjudice des règles posées en matière de poursuites par l'article 1917 (alinéa 3) du Code général des impôts, les litiges relatifs au versement prévu à l'article L. 112-2 sont, à l'exception de ceux relatifs à la détermination de la valeur vénale, de la compétence des tribunaux administratifs.**

Sauf lorsqu'elles concernent la valeur vénale du terrain, les réclamations sont présentées, instruites et jugées selon les règles de procédure applicables en matière de contributions directes.

L'administration compétente pour statuer sur les réclamations et produire ses observations sur les recours contentieux autres que ceux relatifs à la détermination de la valeur vénale du terrain et au recouvrement, est celle de l'équipement.

1093 **Compétence juridictionnelle.** Un litige portant sur l'exigibilité d'un rehaussement de la valeur vénale par suite de l'évaluation administrative des terrains, en raison de la tardiveté de la notification, relève de la compétence des tribunaux administratifs, et non de celle du juge de l'expropriation (CE, sect., 12 juin 1981, *Delmarle : Rec. CE*, p. 260. – CE, 12 juin 1981, *Société SOVIM : Rec. CE*, p. 267 ; *Droit et Ville* 1981, n° 12, p. 257, note Bouyssou. – T. confl., 19 avr. 1982, *SORIP : D.* 1981, p. 421, note Charles) ; dans un tel cas, la décharge était prononcée (CE, 10 mars 1982, *Assoc. immob. Pauline Tairraz : D.* 1982, J, 421, note Charles), compte tenu de la rédaction ancienne de l'article R. 333-4 (avant D. 17 juill. 1984), qui imposait la notification de la valeur d'assiette, lors de celle du permis de construire au plus tard.

C. urb., art. L. 333-15 *(L. n° 75-1328, 31 déc. 1975 ; ab., L. n° 2000-1208, 13 déc. 2000, art. 202-XXXIX).* — **Pour l'application des dispositions du présent chapitre, sont considérés comme des établissements publics groupant plusieurs communes et ayant compétence en matière d'urbanisme, les établissements publics qui, en vertu de la loi ou de leurs statuts sont compétents pour l'élaboration des documents d'urbanisme et la réalisation de zones d'aménagement concerté.**

C. urb., art. L. 333-16 *(L. n° 75-1328, 31 déc. 1975 ; ab., L. n° 2000-1208, 13 déc. 2000, art. 202-XXXIX).* — **Des décrets en Conseil d'État déterminent, en tant que de besoin, les modalités d'application du présent chapitre et, notamment, les conditions dans lesquelles sera calculée la surface des terrains prise en compte pour l'application du plafond légal de densité dans les zones visées aux articles L. 333-7 et L. 333-8.**

Chapitre IV
Dispositions diverses
(Chapitre ab., L. n° 2000-1208, 13 déc. 2000, art. 202-XXXIX)

C. urb., art. L. 334-1 *(Ab., L. n° 2000-1208, 13 déc. 2000, art. 202-XXXIX).*

C. urb., art. L. 334-2 *(Ab., L. n° 85-729, 18 juill. 1985).*

C. urb., art. L. 334-3 *(Ab., L. n° 2000-1208, 13 déc. 2000, art. 202-XXXIX).*

TITRE IV
DISPOSITIONS PARTICULIÈRES AUX DÉPARTEMENTS D'OUTRE-MER

C. urb., art. L. 340-1 *(L. n° 85-729, 18 juill. 1985).* — **Des décrets en Conseil d'État peuvent apporter les adaptations et prévoir les dispositions transitoires éventuellement nécessaires à l'application dans les départements d'outre-mer *(Mots rempl., L. n° 2000-1208, 13 déc. 2000, art. 202-XXXVI)* « des articles L. 311-1 à L. 311-7, L. 313-1 à L. 313-5, L. 315-3 à L. 315-5 et L. 322-11 ».**

1094 **Droit de l'urbanisme applicable.** Pour les départements et régions d'outre-mer, le droit commun est en principe applicable, sauf adaptations insérées dans le Code de l'urbanisme. Cela étant, selon la loi constitutionnelle du 28 mars 2003, ces collectivités peuvent procéder à leurs propres adaptations.

Pour les autres collectivités et pays d'outre-mer, des Codes de l'urbanisme spécifiques peuvent être établis. Ainsi, la loi n° 2001-616 du 11 juillet 2001 (*JO* 13 juill.) a modifié le Code de l'urbanisme de Mayotte en renforçant ses compétences en matière d'urbanisme.

Voir aussi : L. n° 2003-660, 21 juill. 2003 de programmation pour l'outre-mer (*JO* 28 juill.), L. org. n° 2004-192, 27 févr. 2004, portant statut d'autonomie de la Polynésie française et L. ordinaire n° 2004-193, 27 févr. 2004, complétant le statut d'autonomie de la Polynésie française (*JO* 2 mars).

C. urb., art. L. 340-2 *(Ab., L. n° 75-1328, 31 déc. 1975 ; rétabli, L. n° 2000-1207, 13 déc. 2000, art. 31).* — Il est créé, en Guadeloupe, en Guyane, en Martinique et à la Réunion, un fonds régional d'aménagement foncier et urbain qui coordonne les interventions financières de l'État, des collectivités territoriales et de l'Union européenne, en vue d'assurer la constitution de réserves foncières et la réalisation des équipements nécessaires à l'aménagement d'espaces déjà urbanisés ou qui ont vocation à l'être en vertu des documents d'urbanisme applicables.

Le fonds régional participe également au financement des études préalables à la réalisation de ces opérations.

***(Aj., L. n° 2003-660, 21 juill. 2003, art. 46)* Pour la mise en œuvre de ce dispositif, une convention confiant la charge de regrouper les fonds et de verser les aides peut être passée avec une institution financière choisie par les contributeurs mentionnés au premier alinéa.**

Les représentants des maîtres d'ouvrages sociaux sont consultés sur la gestion et l'évaluation de ces fonds.

La présidence de ce fonds régional d'aménagement foncier et urbain est assurée alternativement et par période d'un an par le président du conseil général et par le président du conseil régional.

L'association des maires désigne deux représentants pour siéger au fonds régional d'aménagement foncier et urbain.

Les autres modalités d'organisation et de fonctionnement des fonds régionaux sont définies par décret.

Loi du 21 juillet 2003 de programmation pour l'outre-mer. Cette loi offre aux contributeurs une faculté de choix de l'Institution financière, alors que l'article R. 340-3 désigne la seule Caisse des dépôts et consignations. 1095

Voir aussi : Note sous C. urb., art. R. 340-3, p. 747.

Bibliographie : D. Blanchet, *Le droit de l'urbanisme dans les départements et régions d'outre-mer : DAUH* 2004, p. 215. – J.-P. Thiellay, *La loi du 11 juillet 2001 : un nouveau départ pour Mayotte dans la République : AJDA* févr. 2002, p. 106.

LIVRE QUATRIÈME

RÈGLES RELATIVES À L'ACTE DE CONSTRUIRE ET À DIVERS MODES D'UTILISATION DU SOL

TITRE PREMIER

CERTIFICAT D'URBANISME

Origine. Le certificat d'urbanisme est apparu, sous la simple forme d'une note de renseignements, sans fondement législatif ni réglementaire, en vertu d'une circulaire du ministre de la Reconstruction du 13 décembre 1950. Cette note indiquait la situation d'un terrain donné, et notamment les possibilités de construction permises, au regard du droit de l'urbanisme. 1096

Note de renseignements. La jurisprudence civile retenait la responsabilité civile professionnelle du notaire qui avait omis de solliciter la note de renseignements, ou de l'expliciter à ses clients avant de passer un acte de vente immobilière (notamment Cass. 3e civ., 9 févr. 1972 : *JCP* 1973, II, 17350 *bis*, note Dagot. – Cass. 3e civ., 17 mai 1979, *Riom : D.* 1980, J, p. 12. – TGI Montargis, 13 déc. 1979 : *D.* 1980, J, p. 360, note Aubert). La responsabilité du notaire a également été retenue pour avoir sollicité une note de renseignements alors que la vente avait été conclue sous la condition suspensive de la délivrance d'un certificat d'urbanisme (Cass. 3e civ., 28 févr. 2001 : *Constr.-urb.* 2001, n° 6, comm. n° 125, P. Cornille et *Defrénois* 2001, n° 22, p. 1336, note S. Pérignon). Sous ce régime ancien, le Conseil d'État n'avait pas admis la recevabilité du recours en excès de pouvoir contre la note de renseignements (CE, 10 juill. 1964, *Min. Constr.* c/ *Duffaut : JCP* 1964, II, 13796. – CE, 16 mars 1975, *Min. Équip.* c/ *Cts Péter : Rec. CE*, p. 313), mais avait jugé que la responsabilité de l'Administration était engagée en cas de faute aboutissant à la délivrance de renseignements inexacts ou incomplets (CE, 10 juill. 1964, préc. – CE, 5 nov. 1969, *Sieur Jaquet : Rec. CE*, p. 477. – CE, 3 janv. 1975, *Min. Équip.* c/ *Époux Paya : Rec. CE*, p. 11. – CE, 14 oct. 1977, *SCI « Le Bélier » : DA* 1977, n° 376. – CE, 27 avr. 1979, *Époux Paya : AJPI* déc. 1979, p. 20, note Distel). 1097

Certificat d'urbanisme – Acte administratif – Loi du 16 juillet 1971. La loi n° 71-581 du 16 juillet 1971, d'où est issu l'article L. 410-1, a transformé la nature du certificat d'urbanisme en lui donnant une base légale. Désormais, le certificat d'urbanisme est un véritable acte administratif, pouvant faire l'objet d'un recours pour excès de pouvoir (CE, 24 juin 1977, *Min. Équip.* c/ *Sieur Laot*, cité par F. Bouyssou, *Nature juridique et force véritable du certificat d'urbanisme : la fin des illusions : JCP* N 1977, I, p. 328). Le recours était possible à chaque demande successive, même pour un même terrain, car la situation des équipements étant appréciées à la date de chaque certificat, les réponses successives n'avaient pas un caractère purement confirmatif : chacune des décisions faisait grief (CE, sect., 3 févr. 1984, *Vve Bourgeois : Rec. CE*, p. 42 ; *AJDA* 1984, p. 459), alors que la solution inverse est retenue en matière de permis de construire (CE, sect., 13 nov. 1987, *Mlle Gondre : Rec. CE*, p. 368 ; *AJDA* 1988, p. 39, concl. Schrameck). Le certificat d'urbanisme n'étant pas indivisible, de sorte que son annulation partielle était possible (TA Rennes, 10 nov. 1987, *Mazéas : RFDA* 1988, p. 872, concl. Rois, note J.-B. Auby. – TA Nice, 19 déc. 1991, *Brun : Gaz. Pal.* 1992, pan. adm. p. 136. – CAA Paris 7 févr. 1995, *de Courlieu : DA* 1995, 310). Les dispositions d'urbanisme mentionnées par le certificat ne pouvaient être remises en cause, en cas de demande de permis de construire dans le délai de six mois suivant sa délivrance. Ce délai avait été porté à un an par la loi du 22 juillet 1983. Mais cette sécurité se révélait assez illusoire dans la pratique, car l'apparition de nouvelles servitudes administratives, autres que des règles d'urbanisme *stricto sensu* pouvaient faire obstacle à la délivrance du permis (Circ. n° 73-216, 31 déc. 1973. – Confirmation par TA Marseille, 11 juill. 1975, *Sieur Cauchy : Rec. CE*, p. 748. – TA Nice, 19 déc. 1991, *Lancry-Laval : Gaz. Pal.* 1992, 2, pan. adm. p. 136). 1098

Certificat positif ou négatif. L'article L. 410-1 prévoyait deux catégories de certificat d'urbanisme : le certificat ordinaire et le certificat détaillé relatif à la réalisation d'une opération déterminée. Le certificat détaillé prenait ainsi la place de l'ancien accord préalable, prévu par le décret 1099 n° 61-1036 du 13 septembre 1961 et supprimé par le décret n° 70-446 du 28 mai 1970. En outre, la circulaire n° 73-217 du 31 décembre 1973 prévoyait une procédure allégée : une note de renseignements dans le cas de mutation d'un immeuble (bâti) sans modification de son état. Cette dernière procédure, plus rapide que le certificat d'urbanisme proprement dit, n'offrait pas les garanties, même limitées, qui s'attachaient à lui.

1100 **Apport de la loi SRU.** Avec l'importante réforme de la loi SRU du 13 décembre 2000, les certificats d'urbanisme de l'article L. 410-1 (simple et détaillé) demeurent les seuls documents susceptibles de rendre compte d'une situation juridique d'un terrain, les certificats des articles L. 111-5 (division de terrains et traitement du COS) et R. 315-54 (division hors lotissement) ayant été abrogés. La circulaire du 3 avril 2001 relative aux certificats d'urbanisme avait même enjoint aux DDE, en charge d'instruire des demandes de certificats des articles L. 111-5 et R. 315-54, de délivrer des certificats de l'article L. 410-1, le cas échéant complété d'un plan de division. Tout mécanisme permettant de surdensifier l'existant et de produire de l'urbanisation « galopante » a été supprimé.

Le contenu des certificats de l'article L. 410-1 est surtout profondément modifié, comprenant désormais non seulement les dispositions d'urbanisme applicables, mais les limitations administratives au droit de propriété ainsi que le régime des taxes et participations d'urbanisme.

Bibliographie : *Sur le régime antérieur à la loi SRU* : DUP, *Manuel du certificat d'urbanisme*, 1981. – FATOME et LEFONDRE, *Le certificat d'urbanisme*, Sirey 1982. – RICARD, *La nature juridique du certificat d'urbanisme : RD imm.* 1978, n° 77, p. 43. – RICARD, *Le certificat d'urbanisme, pourquoi faire ? : Mon. TP* 22 mars 1982. – BOUYSSOU, *Le certificat d'urbanisme : des garanties incertaines : Droit et Ville* 1980, n° 9, p. 7. – PAGE, *Le certificat d'urbanisme sur le chemin de la réhabilitation (Loi du 22 juillet 1983) : JCP* N 1983, Prat. 8754. – PAGE, *Le certificat d'urbanisme de l'article L. 410-1 : JCP* N 1984, I, p. 401. – COURRECH et GALAN, *Les certificats d'urbanisme*, Masson, coll. « Pratique de l'immobilier », 1992. – N. COULAUD, *Comment améliorer les certificats d'urbanisme ? : Mon. TP* 29 janv. 1999, p. 40. – J.-L. BOURGOIS, *Certificat d'urbanisme et desserte par les équipements publics : JCP* N 1999, p. 507. *Depuis la loi SRU* : S. PÉRIGNON, *Le nouveau certificat d'urbanisme : AJDA* 2001, p. 51. – P. HOCREITERE, *Le régime juridique des certificats d'urbanisme après la loi Solidarité et renouvellement urbains : RGCT*, n° 15, janv.-févr. 2001, p. 695 ; *Le certificat d'urbanisme après la loi Solidarité et renouvellement urbains : Sofiac* 2001. – P. CORNILLE, *Réforme des certificats d'urbanisme par la loi SRU : le grand désarroi : JCP* N 2001, n°s 44-45, p. 1636 ; chronique de jurisprudence : *Constr.-urb.* 2001, n° 6, comm. n° 125. – P. BOSGIRAUD, B. POIRAUD, *Le certificat d'urbanisme dans la loi Solidarité et renouvellement urbains : Gaz. Pal.* 29 juin 2001, p. 19. – S. PÉRIGNON, *Chronique de jurisprudence sur les conséquences quant au devoir de conseil du notaire : Defrénois* 2001, n° 22, p. 1336. – J. TRÉMEAU, *La réforme des certificats d'urbanisme : Dr. et patrimoine* 2002, n° 109, p. 64. – S. PÉRIGNON, *Nouveautés sur les certificats d'urbanisme : Droit et Ville* 2002, n° 54, p. 10.

Voir aussi : Circ. n° 2001-22/UHC/DU1/6 du 3 avril 2001, reproduite sous C. urb., art. R. 410-1 à R. 410-24, p. 749.

C. urb., art. L. 410-1 ***(L. n° 83-8, 7 janv. 1983 ; L. n° 83-663, 22 juill. 1983). — (Trois alinéas rempl. par deux alinéas à compter du 1er avril 2001, L. n° 2000-1208, 13 déc. 2000, art. 30, 1° et 43)*** **Le certificat d'urbanisme indique les dispositions d'urbanisme et les limitations administratives au droit de propriété et le régime des taxes et participations d'urbanisme applicables à un terrain ainsi que l'état des équipements publics existants ou prévus.**

(Al. issu à compter du 1er avril 2001, L. n° 2000-1208, 13 déc. 2000, art. 30, 1° et 43) **Lorsque la demande précise l'opération projetée, en indiquant notamment la destination des bâtiments projetés et leur superficie de plancher hors œuvre, le certificat d'urbanisme précise si le terrain peut être utilisé pour la réalisation de cette opération.**

Lorsque toute demande d'autorisation pourrait, du seul fait de la localisation du terrain, être refusée en fonction des dispositions d'urbanisme et, notamment, des règles générales d'urbanisme, la réponse à la demande de certificat d'urbanisme est négative.

Dans le cas où la constructibilité du terrain ou la possibilité de réaliser une opération déterminée est subordonnée à l'avis ou à l'accord des services, autorités ou commissions relevant du ministre chargé des monuments historiques ou des sites, le certificat d'urbanisme en fait expressément la réserve.

Si la demande formulée en vue de réaliser l'opération projetée sur le terrain, notamment la demande de permis de construire prévue à l'article L. 421-1 est déposée dans le délai d'un an à compter de la délivrance d'un certificat d'urbanisme et respecte les dispositions d'urbanisme mentionnées par ledit certificat, celles-ci ne peuvent être remises en cause. *(Phrase créée à compter du 1er avril 2001, L. n° 2000-1208, 13 déc. 2000, art. 30, 2° et 43)* « Il en est de même du régime des taxes et participations d'urbanisme ainsi que des limitations administratives au droit de propriété applicables au terrain, à l'exception de celles qui ont pour objet la préservation de la sécurité ou de la salubrité publique. »

***(Mots rempl. à compter du 1er avril 2001, L. n° 2000-1208, 13 déc. 2000, art. 30, 3° et 43)* « Dans le cas visé au deuxième alinéa ci-dessus, » le délai visé à l'alinéa précédent peut être majoré ; il est alors fixé par le certificat d'urbanisme.**

Le certificat d'urbanisme est délivré dans les formes, conditions et délais déterminés par décret en Conseil d'État :

***a) (Mots rempl. à compter du 1er avril 2001, L. n° 2000-1208, 13 déc. 2000, art. 30, 4° et 43)* « Dans les communes où une carte communale ou un plan local d'urbanisme a été approuvé, » au nom de la commune ou de l'établissement public de coopération intercommunale ou de l'État, selon les cas et modalités prévus aux articles L. 421-2-1 à L. 421-2-8 ; les dispositions de l'article L. 421-9 sont alors applicables ;**

***b)* dans les autres communes, au nom de l'État.**

I. – Contenu de la décision

Loi SRU. Avec la loi du 13 décembre 2000, le certificat d'urbanisme n'aura plus pour vocation de préciser la constructibilité des terrains. Il devra, en revanche, exposer clairement le régime des participations financières. La jurisprudence ci-après concerne le dispositif antérieur à la réforme. 1101

Certificat négatif (ancien régime). L'Administration est tenue de délivrer un certificat négatif (certificat de droit commun de constructibilité) pour des parcelles dont une fraction est située en dehors des parties actuellement urbanisées de la commune. Mais elle ne peut refuser le permis de construire au motif qu'une fraction du terrain, assiette de la future construction, est en dehors des parties actuellement urbanisées, alors que cette fraction pourrait justifier une appréciation différente au regard de son inclusion en espaces urbanisés au sens de l'article L. 111-1-2 sur la « constructibilité limitée » (CE, 18 oct. 2002, *M. Turbe : BJDU* 6/2002, p. 453, concl. S. Austry, note J.-C. Bonichot) 1102

II. – Effets de la décision

Acte créateur de droits. Le certificat d'urbanisme crée des droits pour son bénéficiaire (CE, 10 juin 1981, *Jacquet : Rec. CE*, p. 255), sauf si les dispositions du certificat d'urbanisme sont illégales. 1103

Mais les droits acquis ne s'étendent pas à l'état des équipements publics : un CU peut être suivi d'un refus d'autorisation, si les équipements publics sont saturés entre-temps (CE, 13 déc. 1996, *Luccisano : Rec. CE*, T, p. 1218 ; *BJDU* 2/1997, p. 10600, concl. Stahl).

Voir aussi : Pour les règles de retrait, notes sous C. urb., art. R. 421-12, p. 783 et Circ. citée du 23 avril 2002.

Règles d'urbanisme applicables. Le certificat d'urbanisme est délivré en fonction des règles applicables à la date de sa délivrance, même si cette dernière est tardive (CAA Nantes, 30 déc. 1995, *Merrain : BJDU* 2/1997, p. 109, concl. Devillers ; *Defrénois* 1997, p. 1204, note Pérignon. – CE, 11 févr. 2004, *SA France Travaux : Constr.-urb.* 2004, n° 4, comm. n° 85, P. Benoît-Cattin). Il va de soi que, si cette tardiveté est préjudiciable, elle engage la responsabilité de l'administration. 1104

Durée de validité. Le délai de validité d'un an court de la date de signature du certificat d'urbanisme, et non de sa notification (CAA Paris, 27 juin 1995, *Min. Équip. c/ Sanglier : Gaz. Pal.* 29 sept. 1996). 1105

En tout état de cause, il faut utiliser le certificat d'urbanisme au plus vite après sa délivrance. Il a été jugé qu'en cas d'annulation, le délai d'un an n'est ni suspendu ni interrompu, à son expiration le certificat n'est plus créateur de droit (CE, 13 juin 2003, *SCI EIVLYS : BJDU* n° 4/2003, p. 246, concl. D. Piveteau ; *AJDA* nov. 2003, p. 2108, note P. Château Reynaud).

1106 **Prorogation.** L'article R. 410-18 prévoit la possibilité de prorogation du certificat d'urbanisme, donnant ainsi une base réglementaire à une réponse ministérielle ancienne (Rép. min. : *JOAN* 22 sept. 1979, p. 5438).

III. – Contentieux

1107 **Contrôle de légalité.** En vertu des articles L. 2131-1 et L. 2132-2 du Code général des collectivités territoriales (CGCT), le certificat d'urbanisme doit faire l'objet d'une transmission au préfet au titre du contrôle de la légalité, pour devenir exécutoire. Compte tenu de la « baisse » d'intérêt de ce certificat depuis la réforme SRU, il avait été question lors de la préparation de la loi « Libertés et Responsabilités locales » de supprimer cette exigence qui a, *in fine*, été maintenue par la loi du 13 août 2004. L'obligation de transmission n'a été abandonnée que pour le certificat de conformité (art. L. 460-2 et s. du présent code). La loi de 2004 comporte quelques novations : d'une part, cette transmission au préfet peut valablement être effectuée par voie électronique, sachant qu'il s'agit d'une simple faculté dont les modalités seront précisées par décret en Conseil d'État ; d'autre part, les actes individuels créateurs de droit doivent être transmis au préfet dans un délai de 15 jours à compter de leur signature, le préfet dispose ainsi du temps nécessaire pour demander éventuellement le retrait de l'acte, avant déféré auprès du juge, les conditions de retrait ayant été modifiées par la jurisprudence *Ternon* (délai impératif de quatre mois pour les décisions expresses à compter de leur signature).
En jurisprudence, il a été jugé que l'obligation de transmission s'appliquait au retrait du certificat d'urbanisme (à l'instar du retrait de permis de construire, créateurs de droit pour un tiers), en vertu du principe de parallélisme des formes, à défaut, le certificat n'a pas été retiré et continue à produire ces effets (TA Pau, 22 janv. 2004, *Préfet des Pyrénées-Atlantiques : BJDU* n° 2/2004, p. 155).

Voir aussi : Comm. sous C. urb., art. L. 421-2-4, p. 339 et art. R. 421-12, p. 339 avec reproduction sous ce dernier article de la circulaire du 23 avril 2002 sur le retrait des décisions d'urbanisme et, pour le certificat d'urbanisme, plus particulièrement les paragraphes II et les notes 5 et 7. – Circ. min. Intérieur 10074/C, Direction générale des collectivités locales, 10 sept. 2004, p. 39.

1108 **Pluralité de certificats.** Si une demande de certificat d'urbanisme est renouvelée à plusieurs reprises pour un même terrain, chaque décision fait grief et peut être attaquée (CE sect., 3 févr. 1984, *Vve Bourgeois : Rec. CE*, p. 42 ; *AJDA* 1984, p. 459). Un nouveau certificat d'urbanisme n'est jamais confirmatif d'un précédent certificat d'urbanisme. Jugé, sous le régime antérieur à la loi SRU, que la délivrance de plusieurs certificats positifs pour un terrain pourtant inconstructible constitue une faute engageant la responsabilité de la collectivité publique ; sachant que le bénéficiaire doit, pour être indemnisé, établir le lien de causalité avec le préjudice allégué : une perte financière liée au surcoût d'achat du terrain ne saurait être retenue, dès lors qu'en cours d'instance d'appel, le terrain avait été revendu au-delà de son prix d'achat (CE, 3 oct. 2003, *Bedoin : DAUH* 2004, p. 720).

1109 **Divisibilité.** Le certificat d'urbanisme n'est pas un acte indivisible : il peut être annulé partiellement (CE, 7 févr. 1995, *de Courlieu : DA* 1995, 310).

1110 **Responsabilité du notaire.** La responsabilité civile professionnelle du notaire peut être retenue s'il s'abstient de solliciter un certificat d'urbanisme et qu'ensuite la vente est empêchée par une contrainte administrative que ledit certificat aurait révélée. Toutefois, le lien de causalité entre cette faute et le préjudice invoqué par les vendeurs ou acquéreurs pressentis doit être dûment établi par eux (Cass. 1re civ., 15 juin 2004, req. n° 01-00.344 : *Juris-Data* n° 2004-024198).

Voir aussi : Note S. Pérignon, *Defrénois* 2001, p. 1336. – C. urb., art. R. 410-1 à R. 410-24, p. 749.

TITRE II

PERMIS DE CONSTRUIRE

Origine. Le permis de construire est, en matière d'urbanisme, la procédure d'autorisation préalable la plus ancienne, et la mieux connue du public, car elle s'applique en principe à tout le territoire depuis une ordonnance du 27 octobre 1945. Certains travaux et constructions sont pourtant exemptés dans des conditions naguère fixées par un arrêté ministériel, mais nécessitant un décret en Conseil d'État depuis la loi n° 76-1285 du 31 décembre 1976 (art. L. 422-1 et R. 422-1 à R. 422-5). Cette dernière loi n'a cependant pas modifié les dispositions relatives au permis de construire à titre précaire, qui peut exceptionnellement être accordé, après une double consultation, sur les emplacements réservés par un plan local d'urbanisme (art. L. 423-1), dans des conditions qui garantissent que la collectivité publique ne verra pas le coût d'acquisition des terrains augmenter, en raison de la présence des constructions ou des locataires ou occupants (art. L. 423-1 à L. 423-5). 1111

Voir aussi : C. urb., art. L. 422-1, p. 360 et C. urb., art. R. 422-1 à R. 422-5, p. 839 ; C. urb., art. L. 423-1 à L. 423-5, p. 362.

Évolutions du champ d'application. Le champ d'application et la portée du permis de construire ont évolué, dans deux sens contradictoires, depuis la loi n° 67-1253 du 30 décembre 1967. D'une part, ce texte a fait du permis de construire une simple police de l'urbanisme, le constructeur s'engageant en outre à respecter les règles de construction, sous menace de sanctions *a posteriori* alors que, précédemment, le permis de construire contrôlait à la fois, de manière préalable, le respect des règles d'urbanisme et des règles de construction. 1112

D'autre part, la loi n° 69-9 du 3 janvier 1969 avait supprimé le permis de construire en matière de clôtures et avait institué dans certaines zones et pour certaines constructions (HLM notamment) une procédure de déclaration préalable, susceptible de remplacer le permis de construire. Mais la loi n° 76-1285 du 31 décembre 1976 a apporté une évolution en sens inverse : dans un souci d'environnement, la procédure de déclaration préalable a été supprimée (art. L. 430-1 à L. 430-22 anciens) et une autorisation préalable à la construction de clôtures rétablie dans certaines zones, selon une procédure spécifique (art. L. 441-1 à 441-4) de nouveau remplacée par une procédure de déclaration préalable en 1986.

En effet, la loi du 6 janvier 1986 a de nouveau donné le pas au souci de simplification et le champ d'application du permis de construire a été restreint au profit d'une procédure de déclaration dont les cas d'application ont été multipliés (art. R. 422-2), voire par suppression de toute formalité administrative pour de petits travaux (art. R. 421-1). Le principe demeure néanmoins que le permis de construire lui-même est exigé, sous réserve des exemptions précédentes, pour toutes les constructions quels que soient leur localisation, leur usage, ou leur maître d'ouvrage. Comme la loi n° 71-581 du 16 juillet 1971 l'avait déjà précisé, peu importe que la construction n'ait pas de fondations.

De même, le permis de construire est exigé pour les travaux exécutés sur les constructions existantes, lorsqu'ils ont pour effet d'en changer la destination, de modifier leur aspect extérieur ou leur volume ou de créer des niveaux supplémentaires (art. L. 421-1, al. 2). L'innovation de ce dernier texte concerne seulement les travaux intérieurs, qui entraînent un changement de destination ou la création de niveaux supplémentaires ; cette extension du champ d'application du permis de construire, qui résulte de la loi n° 76-1285 du 31 décembre 1976, ne rétablit pas un contrôle *a priori* des règles de construction, mais vise seulement à assurer la sanction de règles d'urbanisme, notamment du point de vue des places de stationnement et de la fiscalité de l'urbanisme. Cette disposition ambiguë semble concerner seulement les transferts d'affectation, transformation de magasins en bureaux par exemple, et non l'aménagement de dépendances d'un local conservé pour un même usage, sans changement de la superficie existante (en ce sens, Liet-Veaux : *Gaz. Pal.* 1977, 1, p. 167. – Liet-Veaux : *RD imm.* 1991, p. 297) ; mais la jurisprudence administrative récente interprète assez largement la notion de changement de destination.

Architecture. La loi du 3 janvier 1977 a posé le principe du recours obligatoire à l'architecte pour l'établissement du dossier de demande (art. L. 421-2), sous réserve de certaines exceptions. Dans 1113 ce cas, la loi précitée avait prévu la consultation obligatoire du Conseil d'architecture, d'urbanisme et d'environnement, mais la loi n° 81-1153 du 29 décembre 1981 a supprimé cette exigence.

Voir aussi : C. urb., art. L. 421-2, p. 335.

1114 **Environnement.** La loi paysages du 8 janvier 1993 a ajouté la nécessité de fournir un volet paysager dans la demande de permis de construire, depuis le 1er juillet 1994.

Voir aussi : C. urb., art. L. 421-2, p. 335 et C. urb., art. R. 421-2, p. 768.

1115 **Décentralisation.** La loi n° 83-8 du 7 janvier 1983, modifiée par la loi n° 83-663 du 22 juillet 1983, apporte une innovation essentielle au droit du permis de construire et des autres autorisations individuelles d'urbanisme. Ces actes administratifs ne sont plus exclusivement délivrés au nom de l'État : selon les cas, ils sont délivrés soit au nom de la commune ou de l'établissement public de coopération intercommunale (c'est le cas général, dès lors que la commune est dotée d'un plan local d'urbanisme approuvé), soit au nom de l'État. Mais les conditions de ce partage des compétences sont assez complexes, d'autant plus qu'il peut arriver que le maire signe des permis de construire délivrés au nom de l'État.

Voir aussi : C. urb., art. R. 421-36, p. 811

1116 **Sanction des règles d'urbanisme – Réserve des droits des tiers.** Comme par le passé, le permis de construire ne peut être accordé que si les constructions projetées sont conformes aux dispositions législatives et réglementaires prévues par le droit de l'urbanisme (art. L. 421-3). Traditionnellement, le permis de construire est délivré sous réserve du droit des tiers, c'est-à-dire abstraction faite de considérations de droit privé, mais la jurisprudence administrative récente paraît tempérer ce principe. Dans le même ordre d'idées, l'ancien article L. 421-9, qui apporte une exception notable à la théorie des troubles anormaux de voisinage, en cas de constructions à proximité de nuisances préexistantes dues à des activités agricoles, industrielles, artisanales ou commerciales, a été transféré à l'article L. 112-16 du Code de la construction et de l'habitation par la loi d'orientation agricole du 4 juillet 1980.

Voir aussi : Annotations sous les articles L. 421-3, L. 480-13 et R. 421-1-1.

1117 **Apport de la loi SRU.** La loi n° 2000-1208 du 13 décembre 2000 ne concerne qu'à la marge le permis de construire, une des modifications notables porte sur l'article L. 421-3 et le régime du stationnement. Le projet de loi initial tentait la suppression du régime déclaratif qui complique le champ d'application du permis de construire plus qu'il ne le simplifie ; mais cette tentative n'a pas prospéré devant le Parlement.

1118 **Législations ponctuelles.** Depuis la loi SRU, d'autres législations sont venues amender directement ou indirectement le dispositif du permis de construire, mais de manière ponctuelle. On citera, notamment, la loi du 11 décembre 2001 (dite « loi Murcef ») qui lui a appliqué le nouveau mécanisme d'exigibilité de logements sociaux dans certaines communes prévu initialement par la loi SRU (voir note sous C. urb., art. L. 213-1), la loi du 17 janvier 2001 modifiée par la loi du 1er août 2003 sur l'archéologie préventive, la loi « Démocratie de proximité » du 27 février 2002 à propos de dispositions sur les monuments historiques et les secteurs sauvegardés mais non codifiées dans le présent code, la loi du 3 janvier 2003 touchant certaines installations à risque, la loi Urbanisme-Habitat de l'été 2003 et la loi libertés et responsabilités locales du 13 août 2004.

1119 **Future réforme.** La loi n° 2004-1343 du 9 décembre 2004 (*JO* 10 déc.) habilite le gouvernement à simplifier le droit par ordonnance et vise le Code de l'urbanisme et la simplification des régimes applicables à l'ensemble des autorisations d'utiliser le sol, en précisant le champ d'application des différentes autorisations et déclarations, en simplifiant leurs règles de délivrance et en redéfinissant les procédures de contrôle de la conformité des travaux. L'habilitation est très large, outre le Code de l'urbanisme, elle touche les installations classées, l'enquête publique, les monuments et sites protégés, les changements d'affectation de l'article L. 631-7 du Code de la construction et de l'habitation. Pour préparer cette réforme, le ministère de l'Équipement a constitué un groupe de travail présidé par Me Pelletier, avocat et président de l'Agence nationale pour l'amélioration de l'habitat (ANAH) ; ce groupe procédant à de larges consultations. Ce rapport a été publié en janvier 2005, les principales préconisations seront relatées dans nos commentaires. L'ordonnance devrait paraître en décembre 2005. Le discours de présentation de ses grandes lignes du Ministre, M. de Robien, figure sur le site : www.equipement.gouv.fr

La simplification concernerait les autorisations et déclarations des livres 3 et 4 du code, l'agrément (art. L. 510-1 et s.) ne serait pas inclus. Les domaines respectifs des autorisations, déclarations et dispenses totales de formalités seraient mieux délimités ; la déclaration n'apparaîtrait plus comme un « faux permis », l'autorité compétente serait dessaisie après un délai d'opposition d'un mois.

Les procédures et délais de délivrance seraient sécurisés : les délais d'instruction seraient ainsi clarifiés et des dispositifs complexes comme la requête en instruction revus. Il s'agirait de fixer un délai préétabli dont la prorogation devrait intervenir avant l'expiration du premier mois, ce qui permettrait de statuer en cinq semaines sur de nombreuses autorisations. Quant au mécanisme de péremption, il sera ajusté dans le sens d'une plus grande sécurité juridique, notamment concernant l'interruption du délai. Les interdictions de permis tacites seraient réduites, par exemple en cas d'avis implicite de l'ABF. Les règles de retrait devraient être adaptées après la jurisprudence *Ternon*.

Bibliographie : Notamment, M. Ricard, *Le permis de construire*, Éd. Moniteur 2002. – P. Boulisset, *Guide du permis de construire : Ann. loyers* 2003, nos 7-8-9. – P. Benoît-Cattin, *Commentaire de l'apport de la loi Urbanisme-Habitat du 2 juillet 2003 : Constr.-urb.* 2003, n° 9, comm. n° 210.

Chapitre I
Régime général

C. urb., art. L. 421-1 *(L. n° 76-1285, 31 déc. 1976 ; L. n° 79-1150, 29 déc. 1979 ; L. n° 85-729, 18 juill. 1985 ; L. n° 86-13, 6 janv. 1986 ; L. n° 91-663, 13 juill. 1991).* — **Quiconque désire entreprendre ou implanter une construction à usage d'habitation ou non, même ne comportant pas de fondations, doit, au préalable, obtenir un permis de construire sous réserve des dispositions des articles L. 422-1 à L. 422-5. Cette obligation s'impose aux services publics et concessionnaires de services publics de l'État, des régions, des départements et des communes comme aux personnes privées.**

Sous réserve des dispositions des articles L. 422-1 à L. 422-5, le même permis est exigé pour les travaux exécutés sur les constructions existantes, lorsqu'ils ont pour effet d'en changer la destination, de modifier leur aspect extérieur ou leur volume ou de créer des niveaux supplémentaires.

Ce permis n'est pas exigé pour l'installation des dispositifs ayant la qualification de publicité, d'enseigne ou de préenseigne, au sens de la loi n° 79-1150 du 29 décembre 1979.

Ce permis n'est pas non plus exigé pour les ouvrages qui, en raison de leur nature ou de leur très faible dimension, ne peuvent être qualifiés de constructions, au sens du présent titre. Un décret en Conseil d'État précise, en tant que de besoin, les ouvrages qui, de ce fait, ne sont pas soumis au permis de construire.

(Al. créé, L. n° 2000-1208, 13 déc. 2000, art. 31-1°) **Lorsque la construction présente un caractère non permanent et est destinée à être régulièrement démontée et réinstallée, le permis précise la ou les périodes de l'année pendant lesquelles la construction doit être démontée. Dans ce cas, un nouveau permis n'est pas exigé lors de chaque réinstallation de la construction. Le permis de construire devient caduc si la construction n'est pas démontée à la date fixée par l'autorisation.**

Lorsque les constructions ou travaux visés aux alinéas 1er et 2 ci-dessus sont soumis par des dispositions législatives ou réglementaires, en raison de leur emplacement ou de leur utilisation, à un régime d'autorisation ou à des prescriptions dont l'application est contrôlée par un ministre autre que celui qui est chargé de l'urbanisme, le permis de construire est délivré avec l'accord de ce ministre ou de son représentant et vaut autorisation au titre de ces législations ou réglementations.

Le permis de construire tient lieu de l'autorisation exigée au titre de la réglementation relative aux immeubles de grande hauteur et sa délivrance est précédée de l'accord de l'autorité chargée de la police et de la sécurité.

Le permis de construire tient lieu de l'autorisation exigée au titre de la réglementation relative à l'accessibilité des établissements recevant du public et sa délivrance est précédée de l'accord de l'autorité compétente pour délivrer ladite autorisation, en application de l'article L. 111-8-1 du Code de la construction et de l'habitation.

C. urb., art. L. 421-1-1 *(Créé, L. n° 2003-590, 2 juill. 2003, art. 98-II).* — L'implantation d'une installation produisant de l'électricité à partir de l'énergie mécanique du vent d'une hauteur supérieure ou égale à 12 mètres est subordonnée à l'obtention d'un permis de construire.

La hauteur de l'installation est définie comme celle du mât et de la nacelle de l'ouvrage, à l'exclusion de l'encombrement des pales.

I. – Travaux extérieurs et constructions nouvelles

1120 **Aspect extérieur.** La création d'ouvertures dans une façade nécessitait un permis de construire (CE, 14 déc. 1981 : *SARL « Immobilière des facultés » et Goldfarb : D.* 1982, inf. rap. p. 50). Un arrêt surprenant accueille un déféré préfectoral, en soumettant à permis de construire (et non à déclaration préalable) la modification de la porte d'un garage, en raison du changement de l'aspect extérieur de la construction (CE, 24 mai 1993, *Cne de Dole : DA* 1993, 368 ; *AJDA* 1994, p. 78, note Jacquot). Cette jurisprudence a été abandonnée (CE, 4 févr. 1994, *Min. Équip. c/ Casta : DA* 1994, 245 et 299 ; *BJDU* 6/19994, p. 36, concl. Fratacci) et condamnée par l'administration (Circ. n° 94-140, 27 avr. 1994 : *Mon. TP* 13 mai 1994). Les travaux visés entrent, dans la plupart des cas, dans le cadre du régime déclaratif de l'article R. 422-2 (m) et sont donc exemptés de permis.

1121 **Surélévation.** La surélévation d'un bâtiment existant d'un étage nécessite le permis de construire, même s'agissant d'un immeuble classé (CE, 16 déc. 1994, *Sté Immobilière du théâtre des Champs-Élysées : Rec. CE*, p. 567 ; *BJDU* 1/1995, p. 55, concl. Maugüe ; *AJDA* 1995, p. 348, note Jacquot).

1122 **Reconstruction – Réfection.** Le permis de construire est nécessaire, en cas d'écroulement de façade, et de réfection de celle-ci, même à l'identique (CAA Lyon, 27 févr. 1996 : *Gaz. Pal.* 1998, 1, pan. dr. adm. p. 25) et même après sinistre. Sur ce dernier point, on renverra au nouvel article L. 111-3 du présent code.

La transformation d'une ruine est une construction nouvelle (TA Nantes, 21 févr. 1991, *Travnik : JCP* N 1993, II, p. 8), ainsi que la reconstruction de murs et de toiture, qui n'est pas l'aménagement d'une construction existante (CE, 25 nov. 1992, req. n° 104-195, *Mme Perron*).

L'autorité compétente est tenue de délivrer le permis lorsque les conditions de l'article L. 111-3 (absence de disposition contraire du PLU ou de la carte communale, bâtiment initial régulièrement édifié) sont remplies. Comme le souligne J.-C. Bonichot, cette solution est justifiée au regard des termes impératifs de ce texte et de son esprit visant à donner un droit à reconstruction d'un bâtiment sinistré ; par ailleurs, la situation en site classé est sans incidence. (TA Pau, 23 oct. 2003, *M. Didier Seguette : BJDU* n° 6/2003, p. 406, note J.-C. Bonichot).

La loi du 30 juillet 2003 sur les risques a introduit dans le présent code (art. L. 123-5) la possibilité de dérogation, à titre exceptionnel, au PLU, afin de permettre la reconstruction d'urgence de bâtiments détruits ou endommagés à la suite d'une catastrophe naturelle survenue depuis moins d'un an ; et ce, pour éviter notamment d'avoir à attendre une modification du PLU. En revanche, le délai d'un an fixé par la loi est impératif et toute catastrophe antérieure ne saurait être prise en compte (Rép. min. Roubaud, 8 déc. 2003 : *JOAN*, p. 9437).

Voir aussi : C. urb., art. L. 111-3, p. 15 et art. L. 480-4, p. 430.

Bibliographie : HOCREITERE, *L'adaptation et la réfection des constructions existantes : DA* juill. 1998, p. 7 ; *La reconstruction des bâtiments détruits après sinistre : Droit et Ville* 1997, n° 44, p. 197. – D. DUTRIEUX, *Construction illégale et loi SRU, les effets limités du nouvel article L. 111-3 du Code de l'urbanisme : JCP* N

2001, p. 1431. – M.-A. Rakotovahiny, *Identification d'un bâtiment en ruine : JCP* N 2001, p. 1812 ; G. Vidalenc, *Le droit de reconstruire à l'identique : Constr. urb.* 2004, n° 9, Études n° 8.

Constructions souterraines ou semi-enterrées. Un permis est requis pour un parc de stationnement souterrain (CE, 9 mars 1983, *Sté Sogeparc-Paris : Rec. CE,* p. 98), ou encore pour une chambre froide en sous-sol (Cass. crim., 14 oct. 1980 : *Droit et Ville* 1981, n° 12, p. 266, note F. Bouyssou). 1123

Installations précaires et démontables. Le permis de construire est nécessaire, pour une crêperie à l'air libre, composée de tentes de 40 mètres carrés, d'un bar et d'un grill, en raison de la nécessité de parkings et de raccordement aux réseaux, alors même que les installations doivent être démontées chaque année, après une saison de 5 mois (CE, 9 janv. 1991, *Sélier : Rec. CE,* p. 1258 ; *CJEG* 1991, p. 166, note Cardon) ; de même pour un stand de vente de chaussures pendant la saison touristique, de 375 m², bien qu'il soit démontable et sans fondations (CE, 27 mars 1996, *Mauny : Rec. CE,* T, p. 1218. – CE, 27 mars 1996, *Cne de Saint-Pierre-d'Oléron : BJDU* 1996, p. 244, concl. Roul). Un abri de jardin et un chalet en bois, à titre permanent, requièrent un permis (respectivement, rép. min. : *JOAN* 22 sept. 1979, p. 7443 et Rép. min. : *JOAN* 26 avr. 1982, p. 9771). 1124
La loi SRU a clarifié la situation des constructions démontées et réinstallées périodiquement, par l'octroi d'un seul permis valant pour les périodes concernées, sauf caducité due au non-démontage aux dates fixées. Les taxes d'urbanisme sont exigibles lors de la délivrance dudit permis (et non lors des réinstallations successives, Circ. n° 2001-56, 27 juill. 2001 [préc.]).
La future réforme par ordonnance des autorisations d'urbanisme envisagerait d'exclure les structures légères installées pour une courte période du champ du permis (Rép. min. Dupont, 27 févr. 2003 : *JO Sénat*, p. 2355).

Habitations légères de loisirs. L'implantation d'habitations légères de loisir, en admettant même qu'elles constituent des biens meubles, nécessite un permis de construire (CE, 18 mars 1983, *Syndicat national de l'hôtellerie de plein air*) de même que celle d'un mobil-home (CE, 15 avr. 1983, *Cne de Menet*). Sur la question, voir art. R. 444-1 et note Bouyssou sous les arrêts précités : *Droit et Ville* 1983, n° 16. – Dans le même sens, Cass. crim., 10 déc. 1985 : *RD imm.* 1986, p. 266, note Roujou de Boubée et CA Rouen, 28 mai 2001 : *Juris-Data* n° 2001-172739 pour un mobil-home reposant sur un socle de béton, le privant de toute mobilité, ou encore, CAA Lyon, 3 févr. 1998, *Garah : Gaz. Pal.* 17 mars 1999, pour une caravane sédentarisée. Toutefois, si l'habitation légère de loisir a une surface inférieure à 35 m², elle n'est soumise qu'à déclaration préalable (art. R. 422-2). 1125

Ouvrages « techniques ». Une station de lavage de véhicules, constituée par une dalle en béton de 154 m², un toit supporté par des poteaux, et un équipement d'évacuation d'eau, nécessite un permis de construire (CAA Paris, 13 déc. 1994, *Ville de Paris : DA* 1995, 184), mais non une station de lavage automatique sur rails, scellés de façon permanente dans une dalle en béton (CE, 14 févr. 1996, *SARL Sodical : Rec. CE,* T, p. 1227). La construction d'une centrale à béton nécessite un permis (Cass. crim., 23 avr. 1981 : *RD imm.* 1981, p. 552, obs. Roujou de Boubée. – Cass. crim., 19 août 1997 : *DA* 1997, n° 361. – CE, 29 déc. 1997, *Gimbert*), de même que celle d'un mur de soutènement (CE, 21 juill. 1983, *Cassissi : DA* 1983, n° 408) sauf si ce dernier a moins de deux mètres de hauteur (CE, 17 févr. 1997, *Renollet : BJDU* 1/1997, p. 149, concl. Touvet) ou l'implantation, même provisoire, de bâtiments préfabriqués sur des fondations en béton (CE, 16 nov. 1984, *RATP : Rec. CE,* T, p. 774). En revanche, échappe à l'exigence du permis de construire la création d'une piste d'aérodrome (CE, 5 déc. 1984, *Union régionale d'action contre les nuisances d'avions : Rec. CE,* T, p. 774). 1126

Voir aussi : C. urb., art. R. 421-1, p. 757 : travaux exemptés de permis ; la jurisprudence citée sous C. urb., art. L. 480-1, p. 418.

Éoliennes. Depuis la loi n° 2003-8 du 3 janvier 2003 (art. 59), les éoliennes dépassant 25 mètres étaient soumises à enquête publique selon les articles L. 123-1 à L. 123-16 du Code de l'environnement ; cette exigence étant requise sans attendre les décrets de mise en œuvre (Rép. min. 7 avr. 2003 : *JOAN*, p. 2747). 1127
La loi Urbanisme-Habitat du 2 juillet 2003 abroge ce dispositif et introduit dans le Code de l'urbanisme un article L. 421-1-1 qui assujettit à permis de construire les éoliennes d'une hauteur supé-

rieure ou égale à 12 mètres, hauteur définie au regard du mât et de la nacelle de l'ouvrage, à l'exclusion de l'encombrement des pales. Est également inséré dans le Code de l'environnement au livre V, titre V, un chapitre III « Éoliennes », correspondant aux articles L. 553-1 à L. 553-4. Sont soumises à enquête publique et à étude d'impact les éoliennes d'une puissance installée totale sur un même site de production supérieure à 2,5 mégawatts. Celles qui sont inférieures à ce seuil font néanmoins l'objet d'une notice d'impact. L'exploitant est responsable du démantèlement de l'ouvrage et de la remise en état du site au terme de son exploitation. Au cours de celle-ci, il doit constituer des garanties financières dans des conditions à définir par décret en Conseil d'État.
Enfin, les régions peuvent élaborer un schéma régional éolien, après avis des départements et des EPCI à fiscalité propre concernés. Ce schéma indique les secteurs géographiques les mieux adaptés. Les services de l'État peuvent concourir à son élaboration, à la demande du conseil régional.

Voir aussi : Circ. 10 sept. 2003, portant guide général pour l'instruction des demandes d'autorisation. – Sur l'étude d'impact qui doit être portée à la connaissance du public et l'illégalité du permis de construire qui en découle, P. Billet, note sous CE, 3 mars 2004, *Société Ploudalmezeau Breiz Avel : JCP* A 2004, n° 39, comm. n° 1607.

Bibliographie : L. Le Corre, *Éoliennes, à la recherche d'une régulation juridique : Rev. jur. env.* 2002, n° 12, chron. n° 21, p. 8. – J.-M. Berly, *La situation juridique des éoliennes : RD imm.* 2003, n° 3, p. 215. – J. Lachaud, *Le statut juridique et foncier des éoliennes : Ann. loyers* 2003, n° 12, p. 2456. – B. Lilian, note sous CAA Lyon 3 févr. 2004 : *Environnement* 2004, n° 4, comm. n° 37.

1128 **Œuvres artistiques.** Les colonnes de Buren ne nécessitent pas de permis de construire, mais l'autorisation prévue par les articles L. 621-1 et suivants du code du patrimoine sur les monuments historiques (CE, 28 déc. 1992, *Mme Cusenier : Rec. CE*, p. 1126).

1129 **Habitat flottant.** Sur les rapports du permis de construire et de « l'habitat flottant », voir Liet-Veaux, *Le permis de construire au fil de l'eau : D.* 1979, chron. p. 260. Un bateau logement ne nécessite pas un permis de construire (CA Versailles, 21 mai 1980 : *JCP* N 1980, II, p. 259 et note G. Liet-Veaux).

1130 **Publicité extérieure.** La question de l'exigibilité du permis de construire pour des panneaux d'affichage sur portatifs spéciaux avait suscité des réponses ministérielles hésitantes (Rép. min. : *JOAN* 28 juin 1978, p. 1804 ; *JO Sénat* 1er mars 1979, p. 342) et des solutions jurisprudentielles opposées : la cour d'appel de Toulouse, après avoir exigé un tel permis (CA Toulouse, 4 févr. 1975, *Magné : JCP* G 1976, II, 18303, note Bouyssou) avait relaxé les prévenus (CA Toulouse, 1er févr. 1979, *Lucchetta : JCP* G 1979, II, 19191, note Bouyssou) ; la Cour de cassation avait admis que certains panneaux d'affichage nécessitent un permis de construire, en fonction de caractéristiques sur lesquelles elle ne se prononçait pas (Cass. crim., 24 juill. 1979, *Préfet du Loiret c/ Proux : JCP* G 1979, II, 19239, obs. F. B.).
La question est aujourd'hui dépassée, depuis l'entrée en vigueur de la loi n° 79-1148 du 29 décembre 1979, codifiée aux articles L. 581-1 et s. du Code de l'environnement, relative à la publicité, aux enseignes et préenseignes, qui a ajouté au présent article un troisième alinéa, excluant en ces matières l'exigibilité du permis de construire.
Un bandeau constituant une enseigne au sens de ladite loi échappe à l'exigence du permis de construire (CE, 27 oct. 1989, *Sté Cuir Center : Rec. CE*, T, p. 997 ; *CJEG* 1990, p. 97, concl. Abraham).

Voir aussi : Rapport de la Chambre de commerce et d'industrie de Paris, *L'évolution de la réglementation de la publicité extérieure et des enseignes*, 23 sept. 2004, site : www.ccip.fr. Sur l'aspect pénal, comm. sous C. urb., art. L. 480-4.

Bibliographie : J.-P. Strebler, *Affichage publicitaire et enseignes : les insuffisances des régimes d'autorisations : BJCL* n° 7/2003, p. 470 ; *Plaidoyer en faveur d'une décentralisation de la réglementation locale de l'affichage et des enseignes : BJCL* n° 2/2003, p. 78 ; *De l'affichage publicitaire aux abords des agglomérations : JCP* A 20 janv. 2003, n° 4, p. 51.

II. – Travaux intérieurs et changement de destination

1131 **Aménagements intérieurs.** Des travaux d'aménagement intérieur ne nécessitent pas un permis de construire (CE, 30 mars 1979, *Cts Bideau : DA* 1979, n° 156), sauf changement de destination ou création de niveaux supplémentaires. Ainsi, un tel permis est requis pour la transformation de locaux à usage libéral en locaux commerciaux, si des travaux sont exécutés (Rép. min. : *JOAN* 22 sept. 1979, p. 7444) ou pour transformer un hôtel en immeuble de bureaux (CE, 15 janv. 1982, *SA Les Maisons Bruno Petit : Rec. CE*, T, p. 785) ou pour transformer un blockhaus en résidence secondaire (TA Nantes, 25 oct. 1991, *Époux Riou : Gaz. Pal.* 2-4 nov. 1992. – CE, 23 juill. 1993, *Jarand-Darnault : Rec. CE*, T, p. 1104 ; *DA* 1993, 534) ; mais non pour procéder à de simples aménagements dans la conception des bureaux (CA Paris, 15 mars 2002 : *Juris-Data* n° 2002-175232), ou pour refaire un plancher, de même superficie que le précédent (Rép. min. : *JOAN* 23 août 1982, p. 3470 ; *JCP* N 1983, Prat. 8679). Aucun permis n'est exigé pour la transformation en salle de restaurant de deux pièces servant de stockage pour une cafétéria et une boulangerie (CAA Bordeaux, 30 déc. 1997, *Palanque : BJDU* 1/1998, p. 73). Le permis de construire est requis pour transformer un garage en bureaux (CE, 25 juin 1986, *Ville de Digne : Petites affiches*, 6 oct. 1986, concl. Lassere), ou un sous-sol à usage de garage, en studios (Cass. 3e civ, 26 mars 1997 : *BJDU* 5/1997, p. 377). La cour d'appel de Paris a condamné, pour défaut de permis de construire, celui qui a transformé un grenier en habitation (CA Paris, 8 mars 1977 : *JCP* G 1979, II, n° 93, note Assouline).

Responsabilité du notaire. Dès lors que le notaire a une connaissance exacte du bien dont la vente a pour objet la création d'un logement suite à des aménagements intérieurs visés dans l'acte notarié, il a l'obligation de s'assurer de l'habitabilité du bien vendu et d'attirer l'attention de l'acheteur sur la nécessité pour le vendeur qui avait engagé lesdits travaux soit de justifier d'un permis, soit de passer l'acte sous condition suspensive d'obtention du permis. Le manquement à cette obligation prive l'acte notarié de toute efficacité dès lors que l'aménagement des lieux en habitation s'avérait impossible et que la situation n'était pas régularisable. Le fait que le vendeur soit un professionnel de l'immobilier est sans incidence sur la responsabilité du notaire (Colmar, 8 juin 2001 : *Juris-Data* n° 2001-193640). 1132

Notion de changement de destination. En droit de l'urbanisme, la destination d'une construction est sa « raison d'être », liée à la conception et à ses caractéristiques techniques. Elle se distingue de l'affectation ; c'est-à-dire de l'usage qui en est fait, cette dernière notion relevant du droit de la construction (CCH, art. L. 631-7). Cela étant précisé, le juge dégage deux critères du changement de destination : 1133

– son incidence sur l'application des règles d'urbanisme,
– la modification de la fonction de la construction.

Ce dernier critère est davantage privilégié par le juge judiciaire, le juge administratif s'attachant plutôt au premier. Autre distinction, le juge administratif prend en compte le changement de destination eu égard à chaque composante du bâtiment, alors que le juge judiciaire l'apprécie sur l'ensemble de l'immeuble. Toutefois, les deux ordres de juridiction s'empruntent l'un à l'autre.

En tout état de cause, il faut un lien de causalité entre les travaux envisagés et le changement de destination.

Bibliographie : Pour une explication détaillée, H. Jacquot et F. Priet, *Précis Dalloz, Droit de l'urbanisme*, 5e éd. 2004, n° 632. – P. Billet, note sous CAA Nancy, 22 janv. 2004 : *JCP* A 18 oct. 2004, n° 43, p. 1345.

Applications par le juge judiciaire. Selon la Cour de cassation, le changement de destination suppose le changement des caractéristiques techniques de la construction, et pas seulement le changement de dénomination de certaines surfaces dans des documents administratifs ou juridiques (Cass. crim., 19 déc. 1989 : *Bull. crim.* n° 494, p. 1214 ; *RD imm.* 1990, p. 422, note Roujou de Boubée). 1134

De surcroît, la Chambre criminelle considère que l'infraction n'est constituée que si des travaux caractérisent le changement de destination, la simple référence au bail ou à des contrats de commercialisation de l'immeuble ne saurait suffire (Cass. crim., 18 mai 2004 : *Bull. crim.* n° 124 ; *JCP* A 2004, n° 50, comm. n° 1809, P. Billet).

Voir aussi : Comm. sous C. urb., art. L. 480-4, p. 430.

Application par le juge administratif. La transformation d'un hôtel en copropriété est soumise à permis (CE, 29 juin 1990, *SCI Sté de gestion d'investissements : D.* 1991, somm. comm., p. 266, obs. H. Charles), de même que la transformation d'une colonie de vacances en logements (CAA 1135

Lyon, 7 oct. 1997, *SNC Villy : BJDU* 6/1997, p. 461), ou la transformation en studios de sous-sols prévus à usage de garages (Cass. 3e civ., 26 mars 1997 : *BJDU* 5/1997, p. 377). La destination, « résidence de tourisme » ne peut être transgressée, sous peine du refus du certificat de conformité (TA Nantes, 14 déc. 1989, *SCI Les terrasses de la Baule : Gaz. Pal.* 1990, 2, pan. 567). En revanche, l'aménagement intérieur d'un bâtiment existant ne peut être refusé pour un motif tiré du COS (CE, 6 avr. 1990, *SA Supermarché DOR : GADU*, 4e éd., n° 5, p. 81).

En vue d'assujettir la construction à la participation pour aires de stationnement (art. L. 421-3), le tribunal administratif de Lille assujettit à permis de construire la transformation d'un appartement en sept studios (TA Lille, 16 janv. 1992, *Mme Mathis : Petites affiches* 24 déc. 1993, note Le Coq). De même, à propos d'un arrêt du Conseil d'État du 19 mars 2001 (*Constr.-urb.*, nos 7-8, comm. n° 166, N. Gonzalez-Gharbi). Cette solution est plus rigoureuse que la doctrine administrative (Rép. min. : *JO* Sénat 28 oct. 1993, p. 2032). Un permis de construire est exigé pour transformer un garage existant en local de fabrication de pizzas à emporter (CE, 30 mars 1994, *Gigoult : BJDU* 3/1994, p. 64, concl. Bachelier). Il y a changement de destination, si le logement de gardien d'un hôtel devient salle de gymnastique, sans changement général de destination de la résidence-hôtel (CE, 5 avr. 1996, *Caisse générale de retraite des cadres par répartition : Rec. CE*, p. 123 ; *DA* 1996, 403 ; *BJDU* 3/1996, p. 195, concl. Goulard) ; même solution si un bâtiment à usage commercial devient atelier de mécanique auto (CE, 4 nov. 1996, *Cne de Nantes : Rec. CE*, p. 439 ; *DA* 1997, 35 ; *BJDU* 6/1996, p. 413, concl. Maugüe), ou pour la transformation d'un hôtel en logement-foyer (TA Versailles, 14 janv. 1997, *SA HLM des Trois-Vallées : BJDU* 2/1997, p. 144), ou encore pour la transformation d'un magasin de motos en restaurant accessible aux automobilistes (CAA Lyon, 20 déc. 2001, *M. et Mme Alain Simon Bory : BJDU* 2/2002, p. 154 ; *Constr.-urb.* 2002, nos 7/8, comm. n° 186, P. Benoit-Cattin).

De même, pour l'aménagement de locaux de stockage en deux salles de restaurant ; en revanche, ne sont pas des changements de destination la transformation d'un magasin et d'une boulangerie en une cafétéria (CE, 13 mars 2001, req. n° 194861, *Cne du Grau-du-Roi c/ Palanque*).

1136 **Rapprochements des jurisprudences administratives et judiciaires.** La division d'un grand logement en plusieurs logements n'est pas assujettie à permis de construire, mais doit respecter le POS (nombre d'aires de stationnements), sous peine d'infraction à l'article L. 160-1 (Cass. crim., 9 nov. 1994 : *DS* 1995, inf. rap. p. 32 ; *JCP* G 1995, II, 22518, note Ricard).

Le juge administratif peut aussi se référer aux termes du bail dont il résulte que des travaux de transformation d'un atelier de réparation et de garage sans activité commerciale, en local destiné à une activité d'achat, vente ou location, réparation d'outillages à moteur, constitue un changement de destination soumis à permis (CAA Nancy, 22 janv. 2004, *Cne de Woustviller : JCP* A 18 oct. 2004, n° 43, p. 1345, note P. Billet).

1137 **Future réforme.** L'ordonnance projetée pourrait prévoir que, même en l'absence de travaux, le changement de destinations telles qu'elles sont listées dans le PLU serait soumis à déclaration. Il serait toutefois utile de clarifier les critères d'assujettissement au permis, pour lesquels règne la plus grande confusion en jurisprudence.

Bibliographie : HOCREITERE, *Destination des constructions et droit de l'urbanisme : Droit et Ville*, n° 43-97, p. 145. Numéro spécial de la *Revue de droit immobilier* consacré aux travaux sur existants, n° 4, 2000. – G. LIET-VEAUX, *Changement de destination et permis de construire : il faut clarifier les textes : JCP* G 2002, n° 11, p. 428. – S. PÉRIGNON, *Changement de destination et changement d'affectation : DAUH* 2003, p. 33 ; J. LACHAUD, *Le Code de l'urbanisme pénètre le Code rural : Ann. des loyers* 2004, n° 11, p. 2483, à propos des bâtiments agricoles.

1138 **Permis modificatif.** Ne requiert qu'un simple permis modificatif le réaménagement de la disposition intérieure des bâtiments, par transformation d'appartements en studios, la suppression de locaux techniques, la création d'une seule place de stationnement supplémentaire, quelques ouvertures en façade, l'augmentation de 101 à 128 du nombre de logements et un accroissement de SHON de 200 m². Au regard de l'ensemble du projet, ou constate l'absence de remise en cause de la conception générale, de l'implantation des bâtiments ou de leur hauteur (CE, 28 juill. 1999, *SA HLM Le nouveau logis Centre limousin : BJDU* 4/1999, p. 314).

Un permis initial comportait de nombreuses prescriptions relatives à l'aspect extérieur, aux ouvertures et revêtements de la façade. La nouvelle demande de permis visant à une surélévation et comprenant d'importantes modifications de la façade la mettant en conformité avec le premier permis, doit être regardée comme une demande de nouveau permis et non comme sollicitant un modificatif du permis initial, et ce, nonobstant la circonstance que le maire ait accordée cette nouvelle autorisation sans retirer l'initiale (CE, 24 nov. 2003, req. n° 251874, *SCI Ariola : Juris-Data* n° 2003-066298).

C. urb., art. L. 421-2 ***(L. n° 77-2, 3 janv. 1977 ; L. n° 81-1153, 29 déc. 1981 ; L. n° 83-8, 7 janv. 1983 ; L. n° 83-663, 22 juill. 1983 ; L. n° 93-24, 8 janv. 1993 ; L. n° 94-112, 9 févr. 1994, art. 6-I).*** **— Le permis de construire est instruit et délivré dans les formes, conditions et délais déterminés par un décret en Conseil d'État :**

a) ***(Mots rempl., L. n° 2000-1208, 13 déc. 2000, art. 31, 2°)*** **« Dans les communes où une carte communale ou un plan local d'urbanisme a été approuvé, » au nom de la commune ou de l'établissement public de coopération intercommunale ou de l'État, selon les cas et modalités prévus aux articles L. 421-2-1 à L. 421-2-6 ;**

b) **Dans les autres communes, au nom de l'État.**

Conformément aux dispositions de l'article 3 de la loi n° 77-2 du 3 janvier 1977 sur l'architecture, la demande de permis de construire ne peut être instruite que si la personne qui désire entreprendre des travaux soumis à une autorisation de construire a fait appel à un architecte pour établir le projet architectural faisant l'objet de la demande de permis de construire, sans préjudice du recours à d'autres personnes participant soit individuellement, soit en équipe, à la conception. Cette obligation n'exclut pas le recours à un architecte pour des missions plus étendues.

Le projet architectural mentionné ci-dessus définit, par des plans et documents écrits, l'implantation des bâtiments, leur composition, leur organisation et l'expression de leur volume ainsi que le choix des matériaux et des couleurs.

Le projet architectural précise, par des documents graphiques ou photographiques, l'insertion dans l'environnement et l'impact visuel des bâtiments ainsi que le traitement de leurs accès et de leurs abords. Un décret en Conseil d'État fixe les modalités d'application du présent alinéa qui sont déterminées compte tenu de la localisation, de la nature ou de l'importance des constructions ou travaux envisagés.

Conformément aux dispositions de l'article 4 de la loi n° 77-2 du 3 janvier 1977 sur l'architecture, par dérogation au quatrième alinéa ci-dessus, ne sont pas tenues de recourir à un architecte les personnes physiques ***(Mots ajoutés, L. n° 2005-157, 23 févr. 2005, art. 30)*** **« ou exploitations agricoles à responsabilité limitée à associé unique » qui déclarent vouloir édifier ou modifier, pour elles-mêmes, une construction de faible importance dont les caractéristiques, et notamment la surface maximale de plancher, sont déterminées par décret en Conseil d'État. Ces caractéristiques peuvent être différentes selon la destination des constructions.**

Le recours à l'architecte n'est pas non plus obligatoire pour les travaux soumis au permis de construire, qui concernent exclusivement l'aménagement et l'équipement des espaces intérieurs des constructions et des vitrines commerciales ou qui sont limités à des reprises n'entraînant pas de modifications visibles de l'extérieur.

Conformément aux dispositions de l'article 5 de la loi n° 77-2 du 3 janvier 1977 sur l'architecture, les modèles types de construction et leurs variantes, industrialisés ou non, susceptibles d'utilisation répétée, doivent, avant toute commercialisation, être établis par un architecte dans les conditions prévues à l'article 3 de ladite loi et ce, quel que soit le maître d'ouvrage qui les utilise.

Suppression de la consultation obligatoire des CAUE. La consultation obligatoire du conseil d'architecture d'urbanisme et d'environnement instituée par la loi du 3 janvier 1977, et dont l'entrée en vigueur avait été différée à plusieurs reprises, a été supprimée par la loi du 29 décembre 1981, lorsque les constructeurs sont dispensés du recours obligatoire à l'architecte. 1139

Dispense. La jurisprudence considère que la construction en vue de la location est une construction pour soi-même, ne nécessitant pas le recours à l'architecte en deçà des surfaces fixées par l'article 421-1-2 (CAA Bordeaux, 17 mai 1994, *Cne de Brignoux : JCP* 1994, II, 22 315, note Debouy). La loi n° 2005-157 du 23 février 2005 sur le développement des territoires ruraux étend la dispense 1140

visant la construction pour « soi-même » aux exploitations agricoles à responsabilité limitée et à associé unique.
Le recours obligatoire à l'architecte ne s'impose que pour la construction de bâtiments, de sorte que la construction de lignes électriques en est dispensée (CE, 26 juill. 1982, *Min. Équip.* c/ *Époux Codol : Rec. CE*, p. 288 ; *CJEG* 1982, p. 362, note Pilate ; *JCP* 1983, G, II, 19983, note Lorthe).

1141 **Maîtrise d'œuvre publique.** Lorsque le recours à un architecte est obligatoire, la maîtrise d'œuvre d'un service administratif ne saurait en tenir lieu ; ainsi jugé à propos d'un silo à grains faisant l'objet d'une demande de permis de construire présentée par le service du Génie rural (CE, 18 mars 1983, *Bettinger : Rec. CE*, p. 110).

1142 **Projet de modification de la loi sur l'architecture.** Un avant-projet de loi de modification de la loi du 3 janvier 1977 avait été, en 2001, élaboré. Il y était envisagé d'abaisser de 170 m² à 20 m² le seuil d'intervention obligatoire d'un architecte, et ce, y compris pour les opérations sur les constructions existantes soumises à autorisation. Les consultations auprès des professionnels intéressés se poursuivaient et, pour l'heure, ce projet n'a pas abouti (Rép. min. : *JOAN* 24 déc. 2001, p. 7419 et avant-projet de loi publié dans le rapport de J. Le Garrec n° 3360 présenté à l'Assemblée nationale par la Commission des affaires culturelles, familiales et sociales, sur le rôle et les missions de l'architecte).
Si un seuil de 20 m² était retenu, il faut savoir que les constructions de maisons individuelles, aujourd'hui pour la plupart exemptées de recours à l'architecte eu égard au seuil actuel de 170 m², y seraient soumises.
Compte tenu des objections des professionnels concernés, ce projet de texte n'a toujours pas abouti.

Voir aussi : C. urb., art. R. 421-1-2, p. 767.

1143 **Volet paysager.** La nécessité de précision de l'insertion de l'environnement résulte de la loi du 8 janvier 1993 sur la protection des paysages dont l'entrée en vigueur a été suspendue par la loi Bosson du 9 février 1994, qui renvoie à un décret en Conseil d'État (D. 18 mai 1994, art. R. 421-2). Les permis de construire délivrés antérieurement sont validés, en tant qu'ils ne comporteraient pas les éléments d'insertion paysagiste.

Bibliographie : *Commentaire de la loi Bosson* par Bouyssou : *AJDA* mars 1994. – Pontier, *La création architecturale : AJPI* 1992, p. 89.

Voir aussi : C. urb., art. R 421-2, p. 768.

C. urb., art. L. 421-2-1 ***(L. n° 83-8, 7 janv. 1983 ; L. n° 83-663, 22 juill. 1983 ; L. n° 83-1186, 29 déc. 1983). — (Mots rempl., L. n° 2000-1208, 13 déc. 2000, art. 31-2° ; rempl. L. n° 2003-590, 2 juill. 2003, art. 68)*** **« Dans les communes où un plan local d'urbanisme a été approuvé, le permis de construire est délivré par le maire au nom de la commune. »** ***(Phrase créée, L. n° 2000-1208, 13 déc. 2000, art. 31-3° ; rempl., L. n° 2003-292, 2 juill. 2003, art. 68)*** **« Il en est de même dans les communes où une carte communale a été approuvée si le conseil municipal en a décidé ainsi. » Lorsqu'une commune fait partie d'un établissement public de coopération intercommunale, elle peut, en accord avec cet établissement, lui déléguer cette compétence qui est alors exercée par le président de l'établissement public au nom de l'établissement. Cette délégation de pouvoir doit être confirmée dans les mêmes formes après chaque renouvellement du conseil municipal ou après l'élection d'un nouveau président de l'établissement public.**

Le transfert de compétence au maire agissant au nom de la commune est définitif.

Pour l'instruction des documents visés au présent titre, le maire ou, s'il est compétent, le président de l'établissement public de coopération intercommunale peut déléguer sa signature aux agents chargés de l'instruction des demandes.

Sont toutefois délivrés ou établis au nom de l'État, par le maire ou le représentant de l'État dans le département, après avis du maire ou du président de l'établissement

public compétent, les autorisations ou actes relatifs à l'utilisation et à l'occupation du sol concernant :

***a)* Les constructions, installations ou travaux réalisés pour le compte de l'État, de la région, du département, de leurs établissements publics et concessionnaires ainsi que pour le compte d'États étrangers ou d'organisations internationales ;**

***b)* Les ouvrages de production, de transport, de distribution et de stockage d'énergie, ainsi que ceux utilisant des matières radioactives ; un décret en Conseil d'État détermine la nature et l'importance de ces ouvrages ;**

***c)* Les constructions, installations ou travaux réalisés à l'intérieur des périmètres des opérations d'intérêt national dans les conditions définies par décret en Conseil d'État.**

***(Al. créé, L. n° 2001-1168, 11 déc. 2001, art. 24-II-2°)* Pendant la durée d'application d'un arrêté préfectoral pris sur le fondement de l'article L. 302-9-1 du Code de la construction et de l'habitation, les autorisations ou les actes relatifs à l'utilisation et à l'occupation du sol concernant les opérations ayant fait l'objet de la convention prévue au même article sont délivrés ou établis au nom de l'État par le préfet, après avis du maire ou du président de l'établissement public de coopération intercommunale compétent.**

Transfert de compétence – Loi SRU. Les principes gouvernant les compétences décentralisées étaient transposés aux nouveaux plans locaux d'urbanisme et cartes communales. Un bémol toutefois pour ces dernières : le conseil municipal pouvait décider que les permis étaient délivrés au nom de l'État ; ce cas visant surtout les petites communes qui ne sont pas toujours dotées des moyens nécessaires pour instruire et délivrer les autorisations. 1144

Apport de la loi Urbanisme-Habitat. Le principe de la loi SRU est inversé : le conseil municipal doit expressément délibérer dans le sens d'une délivrance des autorisations au nom de la commune ; à défaut, celles-ci sont délivrées au nom de l'État. 1145

Voir aussi : Nouvel art. L. 124-1, sur ce « retour de l'État » dans les cartes communales.

Bibliographie : S. Traoré, *La nouvelle réforme des cartes communales : entre décentralisation et recentralisation : DA* 2003, n° 10, comm. n° 17.

Compétence de l'État. Trois catégories de constructions, énumérées par le dernier alinéa, relèvent de la compétence de l'État, même dans les communes dotées d'un POS/PLU/carte communale approuvé. 1146

Délégation de pouvoir. La délégation de pouvoir de la commune au bénéfice d'un établissement public intercommunal n'est pas définitive ; elle revêt même pour partie un caractère personnel, puisqu'elle doit être confirmée en cas de changement du conseil municipal ou de désignation d'un nouveau président d'un établissement public intercommunal. Bien entendu, la délégation de signature, ajoutée par la loi du 22 juillet 1983, est nécessairement personnelle. L'établissement public n'est jamais compétent de plein droit pour délivrer le permis de construire en son propre nom. La délégation de compétence est globale et ne peut en conséquence se limiter à une partie du territoire communal, ou une partie des autorisations d'urbanisme, ou à certaines constructions seulement. 1147

Voir aussi : C. urb., art. R. 490-1, p. 909.

Permis modificatif – Compétence. Le transfert des compétences intervenant à une époque déterminée, le maire peut légalement délivrer un permis de construire modificatif, alors que le permis de construire initial avait été délivré par le préfet (CE, 12 mai 1989, *Min. Urb. c/ Martinez : RD publ.* 1989, p. 1553). 1148

Bibliographie : Sur la date de transfert des compétences, concl. Hubac sous CE, 3 avril 1987, *Caffort : AJDA* 1987, p. 537. La compétence du maire, au nom de la commune subsiste en cas d'annulation contentieuse du POS (CE, 5 févr. 1988, *SCI des Granges blanches : AJDA* 1988, p. 357, concl. Fornacciari. – CE, 13 mars 2002 : *Constr.-urb.* 2002, n° 10, comm. n° 252, P. Benoit-Cattin).

Recours. Un recours contre un permis de construire délivré par le maire au nom de la commune est recevable, même s'il a été dirigé par erreur contre le préfet (CE, 6 nov. 1985, req. n° 62993, *Dan-* 1149

nes). La commune ne peut relever appel d'un jugement sur la légalité d'un permis de construire, lorsque ce dernier a été délivré au nom de l'État, tel est le cas alors même que seul est en cause l'avis conforme de l'architecte des Bâtiments de France, agent de l'État.
La loi portant mesures urgentes de réformes à caractère économique et financier du 11 décembre 2001 traduit au niveau du permis de construire les conséquences du constat par le préfet du non-respect par la commune de ses engagements en matière de logements sociaux.

1150 **Contentieux de l'avis.** Les juges du fond apprécient souverainement si un préfet à illégalement refusé son avis conforme pour la délivrance d'un permis de construire dans une commune non dotée d'un plan d'urbanisme (CE, 30 déc. 2002, *M. Jeandey : BJDU* 1/2003, p. 35, concl. D. Piveteau).

Voir aussi : Les commentaires sous les articles L. 213-1 et L. 324-1 et s. – F.-J. Pansier et C. Charbonneau : *Petites affiches* 19 déc. 2001, p. 4.

1151 **Remplacement du maire par un adjoint.** Conformément à l'article L. 2122-17 du Code général des collectivités territoriales, « en cas d'absence, de suspension, de révocation ou de tout autre empêchement, le maire est provisoirement remplacé, dans la plénitude de ses fonctions, par un adjoint, dans l'ordre des nominations et, à défaut d'adjoint, par un conseiller municipal désigné par le conseil ou, à défaut, pris dans l'ordre du tableau. » Un premier adjoint avait signé un permis alors que le maire était en congé d'été, mais trois jours avant son retour. La lettre de notification du délai d'instruction fixait un délai de trois mois, soit à l'automne. Il n'y avait donc aucune urgence à délivrer le permis et l'adjoint avait donc fait preuve d'une grande précipitation. Le juge, lui en a fait grief : dans de telles conditions, cet adjoint qui, de surcroît, ne disposait pas d'une délégation du maire régulièrement publiée, ne pouvait légalement faire usage des pouvoirs provisoires conférés au titre du CGCT (CAA Paris, 5 août 2004, *Cne de Gagny : JCP* A 2004, n° 50, comm. n° 1808, P. Billet). Les communes doivent donc être particulièrement prudentes dans la procédure de délégation du maire vers ses adjoints, quant à la terminologie, au périmètre et à la publication de la délégation.

Voir aussi : Comm. sous C. urb., art. L. 421-2-5, p. 342 et Circ. n° 2000-33, 15 mai 2000 (*BO Équip.* n° 2000/10), relative aux conditions et modalités de délégation de pouvoir et de signature en matière d'urbanisme.

C. urb., art. L. 421-2-2 *(L. n° 83-8, 7 janv. 1983)*. — Pour l'exercice de sa compétence, le maire ou le président de l'établissement public de coopération intercommunale recueille :

***a)* L'accord ou l'avis des autorités ou commissions compétentes, notamment dans les cas prévus aux quatrième et cinquième alinéas de l'article L. 421-1 ;**

***b)* L'avis conforme du représentant de l'État lorsque la construction projetée est située :**

***(Mots rempl., L. n° 2000-1208, 13 déc. 2000, art. 31, 4°)* « Sur une partie du territoire communal non couverte par une carte communale, un plan local d'urbanisme ou un plan de sauvegarde et de mise en valeur, opposable aux tiers » ;**

Dans un périmètre où des mesures de sauvegarde prévues par l'article L. 111-7 peuvent être appliquées, lorsque ce périmètre a été institué à l'initiative d'une personne autre que la commune.

1152 **Avis de l'ABF.** L'avis conforme de l'architecte des Bâtiments de France est nécessaire à la délivrance des permis de construire dans les zones soumises à la législation des monuments historiques ou des sites. L'omission ou la transgression d'un tel accord entacherait le permis d'illégalité et la responsabilité pécuniaire de la commune serait engagée.

Voir aussi : C. urb., art. L. 421-6, p. 354 et C. urb., art. R. 421-38-2 et s., p. 814.

1153 **Avis du préfet.** L'avis conforme du représentant de l'État est nécessaire en cas d'annulation du POS, alors même que le transfert de compétence est définitif en conséquence de son approbation (CE, 25 nov. 1991, *Assoc. des amis de Saint-Palais-sur-Mer : Rec. CE*, p. 405 ; *DA* 1992, 59 ; *AJDA*

1992, chron. de jurisprudence, p. 116 ; *JCP* N 1993, II, p. 101 ; *Petites affiches* 29 avr. 1992, note Morand-Deviller). Cette jurisprudence est dépassée, depuis que la loi Bosson a posé le principe que l'illégalité du POS entraîne, en général, l'application du plan d'urbanisme précédent (art. L. 125-5) et la nouvelle jurisprudence (CE, 6 janv. 1997, *Assoc. des amis de Saint-Palais-sur-Mer : Rec. CE*, p. 4 ; *DA* 1997, 81).

Avis tacite. L'avis conforme du préfet peut être tacite, par application de l'article R. 421-15. 1154

Refus du préfet. Dans un arrêt d'assemblée du 26 octobre 2001 M. et Mme Eisenchteter (*BJDU* 5/2001, p. 339, concl. contraires S. Austry), le Conseil d'État a considéré que « lorsque la délivrance d'une autorisation administrative est subordonnée à l'accord préalable d'une autre autorité, le refus d'un tel accord, qui s'impose à l'autorité compétente pour statuer sur la demande d'autorisation, ne constitue pas une décision susceptible de recours, les moyens tirés de sa régularité et de son bien-fondé peuvent, quel que soit le sens de la décision prise par l'autorité compétente pour statuer sur la demande d'autorisation, être invoqués devant le juge saisi de cette décision ». En d'autres termes, le maire peut délivrer le permis malgré le refus d'accord du préfet si celui-ci est illégal ; il appartient au juge de se prononcer sur la légalité de ce refus et d'en tirer les conséquences sur celle du permis. 1155

Quant à une responsabilité éventuelle de la commune, la délivrance du permis suppose que le maire soit « sûr » de l'illégalité du refus préfectoral.

Bibliographie : CHAUVIN, *L'illégalité du POS*, LGDJ 1997.

C. urb., art. L. 421-2-3 *(L. n° 83-8, 7 janv. 1983 ; L. n° 83-663, 22 juill. 1983).* **— Toute demande de permis de construire est déposée à la mairie.**

1° ***(1° remplacé à compter du 1er janvier 2005, L. n° 2004-809, 13 août 2004, art. 140, V et 199)*** **Dans les cas où le permis de construire n'est pas délivré au nom de l'État et que la commune a délégué ses compétences à un établissement public de coopération intercommunale, le maire conserve un exemplaire de la demande et transmet les autres exemplaires au président de l'établissement public compétent, dans la semaine qui suit le dépôt ;**

2° Dans les cas où le permis de construire est délivré au nom de l'État :

a) **Le maire conserve un exemplaire de la demande et transmet les autres au représentant de l'État, dans la semaine qui suit le dépôt ;**

b) **Dans le cas où la commune a délégué sa compétence à un établissement public de coopération intercommunale, le maire conserve un exemplaire de la demande, transmet un exemplaire au président de l'établissement public compétent et les autres exemplaires au représentant de l'État, dans la semaine qui suit le dépôt.**

Guichet unique. Le dépôt de toute demande de permis de construire en mairie est une règle de simplification, au bénéfice de l'usager. 1156

Cas de suppression de l'obligation de transmission des demandes. La loi n° 2004-809 du 13 août 2004 relative aux libertés et responsabilités locales simplifie la procédure : il n'existe plus d'obligation de transmission au préfet des demandes de permis, lorsque la compétence relève des autorités décentralisées. Dans le cas de délégation de compétence intercommunale, le maire qui reçoit la demande se borne à en transmettre un exemplaire à l'EPCI qui procédera, dans les conditions du droit commun visées à l'article L. 421-2-4, à la transmission obligatoire au préfet lorsque la décision sur le permis sera prise. 1157

C. urb., art. L. 421-2-4 *(L. n° 83-8, 7 janv. 1983).* **— Les permis de construire délivrés par le maire ou le président de l'établissement public de coopération intercommunale, lorsqu'il a reçu compétence dans les conditions prévues à l'article L. 421-2-1, sont exécutoires de plein droit dès lors qu'il a été procédé à leur notification et à leur transmission au représentant de l'État, ainsi qu'il est dit à l'article 2, paragraphes I et II de la loi n° 82-213 du 2 mars 1982 modifiée, relative aux droits et libertés des communes, des départements et des régions.**

Les actes transmis sont accompagnés des dossiers et des pièces d'instruction ayant servi à leur délivrance.

***(Alinéa créé, L. n° 2001-44, 17 janv. 2001, art. 11)* Lorsque a été prescrite la réalisation *(Mots rempl., L. n° 2003-707, 1er août 2003, art. 15)* « d'opérations d'archéologie préventive », le permis de construire indique que les travaux de construction ne peuvent être entrepris avant l'achèvement de ces *(Mot remplacé, L. n° 2003-707, 1er août 2003, art. 15)* « opérations ».**

1158 **Domaine de l'obligation de transmission.** Doivent être transmises les décisions du permis de construire (autorisation, refus, sursis à statuer, décisions modificatives), les transferts et les prorogations ; ainsi que les pièces ayant servi à l'instruction, telles que la lettre fixant le délai d'instruction et les avis et accords recueillis (commentaires officiels de la loi du 7 janvier 1983). La liste exhaustive des documents à transmettre au préfet fait l'objet de l'annexe II de la circulaire du 28 juin 1985.

La loi précitée du 13 août 2004 a réduit le nombre d'actes soumis à l'obligation de transmission, mais le permis de construire n'est pas concerné, seul l'est le certificat de conformité (art. L. 460-2 du présent code). Cette loi introduit, à compter du 1er janvier 2005, deux novations majeures (CGCT, art. L. 2131-1 et L. 2132-2) :

– d'une part, la transmission au préfet peut valablement être effectuée par voie électronique, sachant qu'il s'agit d'une simple faculté dont les modalités seront précisées par décret en Conseil d'État ;

– d'autre part, les actes individuels créateurs de droit – dont le permis de construire – doivent être transmis au préfet dans un délai de 15 jours à compter de leur signature ; le préfet dispose ainsi du temps nécessaire pour demander, éventuellement, à l'autorité compétente décentralisée le retrait de l'acte, avant déféré au juge administratif ; les conditions de retrait ayant été modifiées par la jurisprudence *Ternon* (délai impératif de quatre mois pour les décisions expresses à compter de leur signature), l'absence de délai de transmission pouvait entraîner la mise hors de ce délai de 4 mois d'une telle demande du préfet.

Quant à la rédaction du présent article L. 421-2-4, 1er alinéa, il faut signaler que l'article 2 de la loi du 2 mars 1982 a été abrogé par la loi n° 96-142 du 21 février 1996 ; il s'agit désormais des articles L. 2132-1 et L. 2132-2 du Code général des collectivités territoriales modifiés par la loi du 13 août 2004.

Voir aussi : Circ. min. Intérieur 10074/C, Direction générale des collectivités locales, 10 sept. 2004, p. 39 et s. – Notes sous C. urb., art. R. 421-12, p. 783, avec reproduction de la circulaire du 23 avril 2002 sur le retrait des décisions d'urbanisme.

1159 **Dossier incomplet.** Lorsque la transmission de l'acte n'est pas accompagnée de documents annexes ayant servi à la délivrance du permis et nécessaires au préfet pour apprécier sa portée et sa légalité, celui-ci a un délai de deux mois pour demander au maire de compléter cette transmission. Dans ce cas, le délai de deux mois prévu au titre du déféré préfectoral ne court qu'à la réception des documents manquants ou qu'à compter de la décision implicite ou explicite du maire de refus de transmettre ces compléments. La demande du préfet n'est pas un recours administratif au sens de l'article R. 600-1 du Code de l'urbanisme. Elle n'a pour effet de différer le point de départ d'un déféré préfectoral que si elle porte sur des pièces ayant servi à l'octroi du permis et nécessaires à l'appréciation du préfet (CE, 18 oct. 2002, req. n° 222957, *Dumas : Juris-Data* n° 2002-064547).

Voir aussi : C. urb., art. R. 600-1, p. 931.

1160 **Refus.** Les décisions de refus du permis de construire sont soumises au contrôle de légalité, et doivent être transmises au préfet (CE, 15 avr. 1988, *COREP du Val-de-Marne : AJDA* 1988, p. 623, note J.-B. Auby).

1161 **Archéologie préventive.** Dans le prolongement de la ratification de la Convention de Malte en 1994, la France se devait de doter enfin l'archéologie préventive d'un véritable statut juridique, en la qualifiant, de surcroît, de mission de service public. La loi n° 2001-44 du 17 janvier 2001 et ses décrets d'application du 16 janvier 2002 mirent en place un dispositif juridico-financier, lourd et complexe, qui montra très vite, en pratique, ses limites. L'objectif était pourtant louable : la réalisation des diagnostics et des fouilles en amont des opérations de construction ou d'aménagement susceptibles d'avoir des incidences archéologiques. Mais, dans les faits, le nombre des diagnostics préalables augmentait, avec un effet bloquant pour ces opérations ; de plus, la réalisation des fouilles relevait quasi-exclusivement de l'Institut national des recherches archéologiques préventives (INRAP, site internet www.inrap.fr), établissement public à caractère industriel et commercial, même si cette position quasi-monopolistique avait été validée par le Conseil constitutionnel eu égard à l'intérêt général poursuivi (Déc. n° 2000-439, 16 janv. 2001 : *Rec. Cons. const.*, p. 42 ; *RD publ.* 2001, p. 947, note F. Rueda ; *Petites affiches* 12 févr. 2001, p. 18, note J.-F. Schoettl) et par le Conseil d'État qui l'a considérée conforme au traité de Rome (CE, 30 avr. 2003, *UNICEM : BJDU* n° 5/2003, p. 344, concl. Mitjaville ; *AJDA* 2003, p. 1508, note P.-L. Frier ; *DA* 2003, n° 166, note M. Bazex et S. Blazy). L'INRA fut rapidement confronté à des problèmes budgétaires (45 millions de déficit pour les exercices 2002-2003), compte tenu des rentrées insuffisantes de la redevance (V. comm. sous C. urb., art. L. 332-6), et à l'impossibilité de faire face à toutes les opérations de fouilles.

Aussi, deux ans après sa mise en place, le dispositif fut-il réformé significativement par la loi n° 2003-707 du 1er août 2003 (codifiée aux articles L. 521 à L. 524 du Code du patrimoine) et son décret d'application n° 2004-490 du 3 juin 2004 (*JO* 5 juin, p. 9983).

Une loi du 9 août 2004 vint à nouveau amender le dispositif de redevance (V. comm. sous C. urb., art. L. 332-6).

1° En premier lieu, s'agissant des prescriptions d'archéologie préventives : les autorisations d'urbanisme (permis de construire, de démolir, installations et travaux divers, autorisation de lotir, ZAC) sont transmises au préfet dans les zones délimitées par un arrêté du préfet de région et dans les conditions de seuil d'emprise au sol fixées par ce même arrêté ; à l'intérieur de ces zones, l'existence éventuelle de vestiges archéologiques est présumée. Toutefois, il faut savoir que la carte archéologique nationale est une simple référence indicative, les constructeurs et aménageurs doivent se fier avant tout, et donc attendre, l'arrêté du préfet de région. En dehors de « ce zonage », l'obligation de transmission ne concerne que les ZAC et lotissements excédant 3 hectares, les travaux divers soumis à déclaration (C. urb., art. R. 442-3-1) et les opérations soumises à étude d'impact. Toutefois, hormis ce champ d'application matériel et géographique, le préfet a un pouvoir d'évocation dans tout secteur présentant un réel intérêt archéologique : il peut solliciter des autorités compétentes la communication d'un projet et celles-ci peuvent spontanément saisir le préfet. Enfin, les aménageurs (personnes projetant d'exécuter des travaux) peuvent, avant de déposer une demande pour obtenir les autorisations requises, saisir le préfet de région afin qu'il examine si leur projet est susceptible de donner lieu à des prescriptions archéologiques. Un délai de réponse de deux mois est alors ouvert ; ce mécanisme permet utilement une « purge préalable » des contraintes pesant sur les aménageurs, d'autant qu'en cas de silence gardé pendant ce délai de deux mois, l'État est réputé avoir renoncé à des prescriptions pendant cinq ans, sauf modification du projet ou nouvelles découvertes archéologiques.

À la réception du dossier complet, le préfet peut décider (dans des délais variant de un à trois mois, à défaut, il y a renoncement aux recherches) d'adopter différents types de prescriptions :

- prescrire un diagnostic pour mettre en évidence et caractériser les éléments du patrimoine archéologique éventuellement présents sur le site ;
- prescrire la réalisation d'une fouille ;
- prescrire la modification du projet.

Les prescriptions doivent être motivées et les autorisations d'urbanisme ne peuvent être mises en œuvre avant leur exécution (C. urb., art. R. 315-29 et R. 315-30, R. 421-9 et R. 421-32, R. 421-38-10, R. 442-6 et R. 442-12). D'ailleurs, en cas de vestiges remarquables, la prescription de conservation se traduit par une demande du préfet de classement du terrain parmi les monuments historiques, sous réserve de garantie procédurale et de voie d'indemnisation pour le propriétaire.

Dans l'hypothèse où des découvertes interviendraient pendant les fouilles et remettant en cause le diagnostic, le préfet peut ordonner des modifications et des prescriptions complémentaires, mais sans que l'économie générale des conventions entre l'aménageur et la personne chargée de l'exécution des prescriptions soit atteinte ; seules des découvertes exceptionnelles peuvent aboutir à une modification du projet, après avis de la commission interrégionale de l'archéologie et

avec prise en charge des surcoûts par le Fonds national pour l'archéologie préventive (voir sous. C. urb. art. L. 332-6) ; à l'extrême, la conservation du site peut être prescrite.
2° En second lieu, s'agissant de l'exécution des prescriptions, il faut distinguer le diagnostic et les fouilles.
Les opérations de diagnostics demeurent du ressort en priorité des services agréés des collectivités locales concernant leur territoire, ou à défaut, l'INRAP. Le préfet informe l'aménageur et approuve le projet d'intervention.
Puis, une convention entre l'opérateur du diagnostic et l'aménageur en fixe les délais, modalités et pénalités de retard ; sachant qu'en cas de dépassement des délais sur plus d'un ou deux mois selon les cas, la prescription de diagnostic est réputée caduque. Le rapport de diagnostic est transmis au préfet de région qui le porte à la connaissance de l'aménageur et du propriétaire du terrain.
Les opérations de fouilles relèvent de la libre concurrence, le quasi-monopole de l'INRAP a été supprimé par la loi du 1er août 2003. L'aménageur choisit son opérateur ; il peut s'agir certes de l'INRAP ou des services agréés des collectivités locales, mais aussi de toute autre personne publique ou privée agréée par arrêté interministériel pour 5 ans (sous réserve qu'elle ne soit pas directement ou indirectement contrôlée par l'aménageur ou l'un de ses actionnaires), étant précisé que dans certains cas le contrat sera un marché public avec toute la lourdeur d'attribution que cela induit et, donc, de retard dans les fouilles.
L'arrêté de prescription de fouilles est assorti d'un cahier des charges scientifique au titre duquel le préfet vérifie la conformité du contrat passé entre l'aménageur et l'opération. Les fouilles sont réalisées sous la surveillance de l'État.
En tout état de cause, on constate que ce dispositif appréhende l'archéologie préventive en aval, soit lors des autorisations dans la plupart des cas. Selon les professionnels de l'immobilier, il serait préférable d'anticiper cette question préalablement à l'ouverture de zones à urbaniser du PLU, au lieu de risquer d'invalider gravement une opération en cours de montage.

Voir aussi : Sur la réforme de 2003-2004 : comm. sous C. urb., art. L. 332-6, p. 295, pour l'aspect redevance et l'annexe IV avec les principaux textes reproduits. – Également, Rép. min. Gaubert, 28 juill. 2003 : *Mon. TP* 15 août 2003, suppl. p. 226 ; Rép. min. Pastor, 28 août 2003 : *JO Sénat*, p. 2673 ; Rép. min. Beaudeau, 11 déc. 2003 : *JO Sénat*, p. 3580 ; Rép. min. Mathieu, 1er janv. 2004 : *JO Sénat*, p. 21). – Circ. n° 2003/007, 18 juin 2003, relative à l'abrogation et au retrait des prescriptions d'archéologie préventive ; actes qui équivalent à une renonciation.

Bibliographie : Sur la loi de 2001. Notamment, P.-P. Danna, *Urbanisme et archéologie préventive après la loi du 17 janvier 2001, une hypothétique corrélation : DAUH* 2002, p. 181. – P.-L. Frier, *La réforme de l'archéologie préventive : AJDA* 2001, p. 182. – S. Saujot, *La loi 2001-44 du 17 janvier 2001 relative à l'archéologie préventive : JCP* G 2001, I, n° 351. – V. Négri, *Archéologie préventive : J.-Cl. Adm.* Fasc. 466-12 et *J.-Cl. Environnement* Fasc. n° 547. – A. Van Der Malière, G. Aubin, P. Preschez, *Rapport sur l'application de la loi du 17 janvier 2001*, Inspection générale de l'administration des affaires culturelles (www.archeodroit.net). – Sur la réforme de 2003-2004. Notamment, C. Saujot, *La nouvelle réforme de l'archéologie préventive. Loi n° 2003-707 du 1er août 2003 : JCP* G 2003, I, n° 185. – P.-L. Frier, *L'archéologie préventive, suite et fin... ? : AJDA* 2004, p. 1587. – L. Le Corre, *La nouvelle réforme de l'archéologie préventive : Environnement* 2004, chron. n° 3. – G. Chalon, *Les nouvelles conditions d'intervention des collectivités territoriales en matière d'archéologie préventive : AJDA* 2003, p. 2083 ; *La réforme de l'archéologie préventive en huit mots clés : Gaz. cnes* 1er sept. 2003, p. 20. – P. Soler-Couteaux, *L'indemnisation du risque archéologique. Un silence prudent de la loi sur ce point : Constr.-urb.* 2003, chron. n° 7.

C. urb., art. L. 421-2-5 ***(L. n° 83-8, 7 janv. 1983).*** **— Si le maire ou le président de l'établissement public de coopération intercommunale est intéressé à la délivrance du permis de construire, soit en son nom personnel, soit comme mandataire, le conseil municipal de la commune ou l'organe délibérant de l'établissement public désigne un autre de ses membres pour délivrer le permis de construire.**

1162 **Plan d'urbanisme.** La mise en œuvre de cette disposition suppose que le plan d'urbanisme ait été approuvé (Rép. min. Bonnet : *JO Sénat*, 1er févr. 2001, p. 418).

Voir aussi : Sur l'intérêt personnel du maire, l'article L. 2131-11 du Code général des collectivités territoriales et les articles 432-10 (concussion), 432-11 (corruption passive, trafic d'influence), 432-12 (prise illégale d'intérêts) du Code pénal.

Notion d'intérêt personnel. L'intérêt personnel doit être entendu de manière assez large : si le projet intéresse un proche parent, ou si le maire est intéressé professionnellement (mandataire, promoteur, architecte, géomètre, notaire, etc.), tant de manière positive (intérêt en faveur du projet) que négative (intérêt à l'encontre du projet). Cette doctrine résulte des commentaires officiels de la loi du 7 janvier 1983. En revanche, tel n'est pas le cas si le maire a certes été géomètre du projet soumis à permis avant son élection, mais a cessé toute collaboration après celle-ci, c'est-à-dire à la date de délivrance du permis (CAA Nantes, 26 mai 1999, *Mme Valensi : BJDU* 4/1999, p. 313. – CE, 26 févr. 2001, *Mme Dorwling-Carter : BJDU* 2/2001, p. 122). 1163

Voir aussi : Pour le maire, architecte ou entrepreneur du projet : Rép. min. Bonnet : *JO Sénat*, 1er févr. 2001, p. 418.

Applications concrètes. Le maire n'est pas intéressé, au sens du présent article (L. 421-2-5), et peut légalement délivrer le permis de construire à un office public d'HLM dont il est le président (CE, 24 juin 1988, *Dedin-Laportas* c/ *Ville de Périgueux : Rec. CE*, T, p. 1081) ou à une société d'économie mixte dont il est président (CAA Paris, 26 oct. 1993, *Cne de Chatillon : Rec. CE*, p. 475. – CAA Lyon, 21 déc. 2000, req. nos 96-LY00002 et 96-LY00040, *SAIEMLPV et Cne de Vizille : Juris-Data* n° 2000-147039). 1164

De façon trop sévère à notre avis, il est jugé que le maire est intéressé au sens du présent article, si son épouse est gérante d'une SARL qui doit réaliser des travaux de plomberie du programme immobilier autorisé ; il est vrai que son épouse et lui détenaient ensemble la moitié des parts de la SARL, et que le chantier en cause (28 logements) représentait 17 % du chiffre d'affaires annuel de ladite SARL, mais cette SARL était intervenue en remplacement d'une précédente entreprise défaillante, postérieurement à la délivrance du permis de construire attaqué (CAA Paris, 29 déc. 1994, *Sirot : DA* 1995, 242). À propos d'un lotissement, jugé que le maire est personnellement intéressé s'il détient 150 parts sur 500 de capital social de la SCI bénéficiaire ; peu importe qu'il existe une promesse de vente du terrain au profit d'une autre société (CE, 31 juill. 1996, *Cne de Courpalay : Rec. CE*, p. 335). Le maire est personnellement intéressé s'il est président du GAEC demandeur ; son pouvoir a été délégué à bon droit à un adjoint (TA Amiens, 24 sept. 1996, *Époux Micheli* c/ *Préfet de la Somme : Gaz. Pal.* 30 mai 1997), ou si le maire est le notaire qui a suivi le projet jusqu'après l'obtention d'un permis de construire tacite (CAA Nantes, 15 avr. 1998, *Breton : BJDU* 4/1998, p. 306).

Le maire n'est pas personnellement intéressé à la délivrance d'un permis à la commune pour l'aménagement d'un héliport destiné au secours en montagne (CE, 23 oct. 2002, *Cne de Chamonix Mont-Blanc : BJDU* 5/2002, p. 367, concl. P. Colin ; *Constr.-urb.*, n° 1, comm. n° 22, P. Benoit-Cattin).

Exigence d'une délibération. Seul le conseil municipal (ou l'organe délibérant de l'EPCI) peut, par délibération, désigner un de ses membres pour délivrer le permis. Une délégation de signature du maire à un adjoint ne saurait suffire (CE, 26 févr. 2001, *Mme Dorwling Carter : BJDU* 2/2001, p. 122). 1165

Contrôle du juge de cassation. La détention d'un intérêt personnel relève d'un contrôle de cassation, alors que la part qu'a prise l'élu local intéressé à l'adoption de l'acte relève de l'appréciation souveraine des juges du fond. En l'espèce, il s'agissait d'une délibération d'approbation d'un PLU et d'un conseiller municipal intéressé, mais cette solution est transposable *a fortiori* à la délivrance d'un permis de construire, où d'ailleurs la part prise à celle-ci sera en pratique évidente dès lors que le maire signe l'acte (CE, 30 déc. 2002, *Association Expression village : BJDU* n° 3/2003, p. 176, concl. S. Austry). 1166

Voir aussi : pour le dispositif général du remplacement du maire, comm. sous C. urb., art. L. 421-2-1, p. 336 et Circ. préc., 15 mai 2000 (*BO Équipement* n° 2000/10).

C. urb., art. L. 421-2-6 ***(L. n° 83-8, 7 janv. 1983 ; L. n° 86-972, 19 août 1986 ; remplacé, L. n° 2005-157, 23 févr. 2005, art. 103).*** **— Le maire d'une commune de moins de 10 000 habitants ou le président d'un établissement public de coopération intercommunale compétent de moins de 20 000 habitants peut disposer gratuitement, et en**

tant que de besoin, des services déconcentrés de l'État pour effectuer l'étude technique de celles des demandes de permis de construire sur lesquelles il a compétence pour l'instruction et la décision et qui lui paraissent justifier l'assistance technique de ces services. Pendant la durée de cette mise à disposition, les services et les personnels agissent en concertation permanente avec le maire ou le président de l'établissement public qui leur adresse toutes instructions nécessaires pour l'exécution des tâches qu'il leur confie. Lorsque les demandes de permis de construire sont instruites par une commune ou par un établissement public, les services déconcentrés de l'État peuvent leur apporter gratuitement une assistance juridique et technique ponctuelle.

1167 **Objet.** Cette disposition est du plus haut intérêt pratique. C'est dans l'intérêt des petites communes qu'elle a été conçue, ce que conforte la loi du 13 août 2004 qui réserve cette possibilité aux communes de moins de 10 000 habitants et la loi du 23 février 2005 sur le développement des territoires ruraux qui élève ce seuil à 20 000 habitants pour les intercommunalités.

1168 **Exigence d'une convention.** La mise à disposition résulte d'une convention. Le pouvoir du maire sur les agents de l'État, au titre de la mise à disposition gratuite, n'autorise pas ces derniers à se rendre coupables d'illégalités. Ils doivent d'ailleurs répondre aux demandes du chef de service de l'État, y compris dans l'exercice par ce dernier du contrôle de la légalité.

1169 **Délégation partielle.** Selon la loi du 7 janvier 1983, telle qu'interprétée par la doctrine administrative et par la jurisprudence (CE, 16 oct. 1986, *Commissaire de la République du Puy-de-Dôme : Rec. CE*, p. 259 ; *AJDA* 1986, p. 53 ; *RFDA* 1986, p. 464, concl. Delon), la délégation d'un pouvoir d'instruction ne pouvait se partager. Dans le souci d'approfondir la décentralisation, la loi du 19 août 1986 a permis la délégation partielle du pouvoir d'instruction.

1170 **Assistance juridique et technique.** La loi du 13 août 2004 et la loi du 23 février 2005 ajoutent la possibilité d'une assistance juridique et technique ponctuelle, même lorsque les communes ou intercommunalités de moins de 10 000 ou 20 000 habitants ont choisi d'instruire leur autorisation. Il s'agit ici d'une mission de conseil. On peut se demander quelles seraient les conséquences en termes de responsabilités ; l'exigence d'une faute lourde des services de l'État devrait, selon nous, être requise si ces conseils entraînaient la commune à commettre une illégalité dont elle assumerait la responsabilité.

1171 **Assistance contentieuse.** Le présent article ne comporte pas expressément l'assistance contentieuse de l'État aux communes, que l'administration centrale fonde sur les articles 10 et 12 de la loi n° 83-8 du 7 janvier 1983. Elle prétend que cette assistance ne saurait être source de responsabilité pour l'État (*Bulletin d'informations générales du ministère de l'Équipement*, oct. 1988). Mais cette assistance ne peut être accordée, en cas de déféré préfectoral (*ibid.*, juin-août 1988).

Voir aussi : Sur le contentieux éventuel entre la commune et la DDE, à propos de la défense contentieuse, TA Rennes, 20 janv. 1988, *Cne d'Erquy c/ Préfet des Côtes-d'Armor : Petites affiches*, 16 nov. 1988, concl. Rois, note J.-B. Auby.

1172 **Responsabilité.** La responsabilité de l'État, dans le cadre de l'instruction des autorisations, au titre de la mise à disposition, n'est entraînée qu'en cas de refus de suivre les instructions du maire (CAA Bordeaux, 8 avr. 1993, *Mme Desfougères et M. Ronchy : DA* 1993, 364 ; *AJDA* 1993, p. 709, note Barros. – CAA Nancy, 29 janv. 2004, *Altmeyer : JCP* A 2004, n° 32-36, comm. n° 1539, P. Billet). L'État est néanmoins responsable en cas de faute lourde (V. pour analogie, CAA Bordeaux, 27 févr. 1993, *Ville de Tonneins et Entreprise Masimi : RFDA* 1993, p. 1135, concl. De Malafosse, dans le cas de la conduite d'opération par les services extérieurs de l'État au profit des communes). Sauf faute lourde, le Conseil d'État vient de rappeler que les communes sont responsables des fautes commises par les agents de l'État mis à leur disposition pour l'instruction des permis (CE, 21 juin 2000, *Min. Équip.* c/ *Cne de Roquebrune-Cap-Martin : BJDU* 3/2000, p. 191).
De façon réaliste, le tribunal administratif de Toulouse admet l'appel en garantie de la commune contre l'État, en cas de faute simple dans la délivrance d'un certificat d'urbanisme (TA Toulouse, 22 juill. 1996, req. n° 94-595, *Palluzano* c/ *Cne de Grenade*).

Voir aussi : Sur les conditions pratiques de mise à disposition des services de l'État, Rép. min. : *JOAN* 9 janv. 1995, p. 195 ; *DA* 1995, 186.

Rapport Pelletier. Dans son discours du 21 février 2005 (www.equipement.gouv.fr), le Ministre de l'équipement, dans le cadre de l'annonce de la prochaine réforme des autorisations d'urbanisme, suite au rapport Pelletier, a fait part d'un futur plan d'action en matière d'assistance des services de l'État, sachant que les DDE assurent l'instruction des permis pour 34 000 communes. Il s'agira de passer « d'une culture d'instruction et de contrôle de légalité » à « une culture de conseil et d'assistance », y compris à l'égard des maîtres d'ouvrage. Ce plan devrait être présenter en mai. 1173
Par ailleurs, pour aider les petites communes, le rapport Pelletier préconise de « rappeler la faculté de regroupement de l'instruction juridique et technique des demandes d'autorisation d'occupation du sol, notamment à un niveau intercommunal, sans porter atteinte aux règles de compétence en matière de délivrance de l'autorisation ».

C. urb., art. L. 421-2-7 *(L. n° 83-8, 7 janv. 1983 ; remplacé, L. n° 2000-1208, 13 déc. 2000, art. 31, 5°).* — **En cas d'annulation par voie juridictionnelle d'une carte communale, d'un plan d'occupation des sols ou d'un plan local d'urbanisme, ou de constatation de leur illégalité par la juridiction administrative ou l'autorité compétente et lorsque cette décision n'a pas pour effet de remettre en vigueur un document d'urbanisme antérieur, les permis de construire postérieurs à cette annulation ou cette constatation sont délivrés dans les conditions définies au *b* de l'article L. 421-2-2.**

Souci de sécurité juridique. Dans les cas prévus par cet article, les permis de construire sont délivrés principalement au regard du règlement national d'urbanisme et leur délivrance par le maire au nom de la commune requiert l'avis conforme préalable de l'État. L'apport de la loi du 13 décembre 2000 tient à la mise en œuvre de ce dispositif qui ne vaut que pour les permis postérieurs à l'invalidation du document d'urbanisme, ce qui évite de remettre en cause l'ensemble des permis délivrés antérieurement pour vice de procédure consistant en le défaut d'avis conforme de l'État. 1174

Voir aussi : Décret n° 2002-1209 du 27 septembre 2002 (*JO* 29 sept., p. 16072) concernant l'assistance technique de l'État aux communes et à leurs groupements en matière de voirie, d'habitat et d'aménagement.

C. urb., art. L. 421-2-8 *(L. n° 83-8, 7 janv. 1983).* — **Les demandes de permis de construire sur lesquelles il n'a pas été statué à la date du transfert de compétences continuent d'être instruites et font l'objet de décisions dans les conditions prévues par les dispositions en vigueur au moment de leur dépôt.**

C. urb., art. L. 421-3 *(L. n° 76-1285, 31 déc. 1976 ; L. n° 77-2, 3 janv. 1977 ; L. n° 86-13, 6 janv. 1986 ; L. n° 91-663, 13 juill. 1991 ; L. n° 92-3, 3 janv. 1992 ; mod., L. n° 96-1236, 30 déc. 1996, art. 17-I-6° et II).* — **Le permis de construire ne peut être accordé que si les constructions projetées sont conformes aux dispositions législatives et réglementaires concernant l'implantation des constructions, leur destination, leur nature, leur architecture, leurs dimensions, leur assainissement et l'aménagement de leurs abords et si le demandeur s'engage à respecter les règles générales de construction prises en application du chapitre I du titre I du livre I du Code de la construction et de l'habitation.**

En outre, pour les immeubles de grande hauteur ou les établissements recevant du public, le permis de construire ne peut être délivré que si les constructions ou les travaux projetés sont conformes aux règles de sécurité propres à ce type d'immeubles ou d'établissements, que les locaux concernés soient ou non à usage d'habitation.

Pour les établissements recevant du public, le permis de construire ne peut être délivré que si les constructions ou les travaux projetés sont conformes aux dispositions de l'article L. 111-7 du Code de la construction et de l'habitation.

(Deux al. rempl. par quatre al., L. n° 2000-1208, 13 déc. 2000, art. 34-I) **Lorsque le pétitionnaire ne peut satisfaire lui-même aux obligations imposées par un document**

d'urbanisme en matière de réalisation d'aires de stationnement, il peut être tenu quitte de ces obligations en justifiant, pour les places qu'il ne peut réaliser lui-même sur le terrain d'assiette ou dans son environnement immédiat, soit de l'obtention d'une concession à long terme dans un parc public de stationnement existant ou en cours de réalisation, soit de l'acquisition de places dans un parc privé de stationnement existant ou en cours de réalisation.

(Al. issu L. n° 2000-1208, 13 déc. 2000, art. 34-I) Lorsqu'une aire de stationnement a été prise en compte dans le cadre d'une concession à long terme ou d'un parc privé de stationnement, au titre des obligations visées à l'alinéa précédent, elle ne peut plus être prise en compte, en tout ou en partie, à l'occasion d'une nouvelle autorisation.

(Al. issu L. n° 2000-1208, 13 déc. 2000, art. 34-I) Si les travaux ou constructions ne sont pas soumis à l'obtention d'une autorisation prévue à l'article L. 421-1, les dispositions contenues dans le plan local d'urbanisme relatives à la réalisation d'aires de stationnement s'appliquent.

(Al. issu L. n° 2000-1208, 13 déc. 2000, art. 34-I) À défaut de pouvoir réaliser l'obligation prévue au quatrième alinéa, le pétitionnaire peut être tenu de verser à la commune une participation fixée par le conseil municipal, en vue de la réalisation de parcs publics de stationnement. Le montant de cette participation ne peut excéder 12 195 euros *(Ord. n° 2000-916, 19 sept. 2000)* par place de stationnement. Cette valeur, fixée à la date de promulgation de la loi n° 2000-1208 du 13 décembre 2000 relative à la solidarité et au renouvellement urbains, est modifiée au 1er novembre de chaque année en fonction de l'indice du coût de la construction publié par l'Institut national de la statistique et des études économiques.

Un décret en Conseil d'État détermine les conditions d'application des quatrième et cinquième alinéas du présent article et précise notamment les modalités d'établissement, de liquidation et de recouvrement de la participation prévue au quatrième alinéa, ainsi que les sanctions et garanties y afférentes.

(Anc. premier al. de l'article L. 123-2-1, L. n° 94-624, 21 juill. 1994 ; rempl., L. n° 98-657, 29 juill. 1998, art. 46-I ; transféré, L. n° 2000-1208, 13 déc. 2000, art. 34-II) Il ne peut, *(Mots rempl., L. n° 2000-1208, 13 déc. 2000, art. 34-II)* « nonobstant toute disposition des documents d'urbanisme », être exigé la réalisation de plus d'une aire de stationnement par logement lors de la construction de logements locatifs financés avec un prêt aidé par l'État. *(Mots rempl., L. n° 2000-1208, 13 déc. 2000, art. 34-II)* « Les plans locaux d'urbanisme » peuvent en outre ne pas imposer la réalisation d'aires de stationnement lors de la construction de ces logements.

(Anc. second al. de l'article L. 123-2-1 créé, L. n° 98-657, 29 juill. 1998, art. 46-I ; transféré, L. n° 2000-1208, 13 déc. 2000, art. 34-II) L'obligation de réaliser des aires de stationnement n'est pas applicable aux travaux de transformation ou d'amélioration de bâtiments affectés à des logements locatifs financés avec un prêt aidé par l'État, y compris dans le cas où ces travaux s'accompagnent de la création de surface hors œuvre nette, dans la limite d'un plafond fixé par décret en Conseil d'État.

(Al. créé, L. n° 2000-1208, 13 déc. 2000, art. 34-III) Nonobstant toute disposition contraire des documents d'urbanisme, l'emprise au sol des surfaces, bâties ou non, affectées aux aires de stationnement annexes d'un commerce soumis à l'autorisation d'exploitation commerciale prévue aux 1°, 6° et 8° du I de l'article L. 720-5 du Code de commerce et au 1° de l'article 36-1 de la loi n° 73-1193 du 27 décembre 1973 d'orientation du commerce et de l'artisanat, ne peut excéder une fois et demie la surface hors œuvre nette des bâtiments affectés au commerce.

(Al. créé, L. n° 2000-1208, 13 déc. 2000, art. 34-III) Lorsqu'un équipement cinématographique soumis à l'autorisation prévue au 1° de l'article 36-1 de la loi n° 73-1193 du 27 décembre 1973 précitée n'est pas installé sur le même site qu'un commerce soumis aux autorisations d'exploitation commerciale prévues aux 1°, 6° et 8° du I de l'article L. 720-5 du Code de commerce, l'emprise au sol des surfaces, bâties ou non, affectées aux aires de stationnement annexes de cet équipement cinématographique ne doit pas excéder une place de stationnement pour trois fauteuils.

(Al. créé, L. n° 2000-1208, 13 déc. 2000, art. 34-III) Les dispositions des deux alinéas précédents ne font pas obstacle aux travaux de réfection et d'amélioration ou à l'exten-

sion limitée des bâtiments commerciaux existant à la date d'entrée en vigueur de la loi n° 2000-1208 du 13 décembre 2000 précitée.

I. – Règles administratives sanctionnées

Diversité des réglementations. Le permis de construire ne sanctionne pas seulement les règles d'urbanisme, nationales ou locales, mais encore les règles de protection des monuments historiques et des sites (CE sect., 29 janv. 1971, *SCI « La Charmille de Montsoult » : AJDA* 1971, p. 234, concl. Gentot), la réglementation routière (CE, 4 oct. 1968, *Min. Constr.* c/ *Normand : Rec. CE*, p. 479) et l'alignement (CE, 28 mai 1971, *Sieur Pozzo : Rec. CE*, p. 424), les règles de sécurité (CE, 2 juin 1965, *Clarac : Rec. CE*, p. 329. – CE, 15 déc. 1972, *Stoll : Rec. CE*, p. 811), les servitudes administratives (dans le cas d'une servitude de marchepied le long du lac d'Annecy, voir CE, 22 oct. 1975, *Grivaz : Rec. CE*, p. 526, dans le cas de la servitude *non aedificandi* dans la zone des fortifications de Paris (CE, 15 mai 1981, *Assoc. de sauvegarde de l'environnement – Maillot-Champerret : JCP* G 1981, II, 19686, concl. Genevois, note Bouyssou, dans le cas d'une servitude de zone submersible tirée du Code du domaine public fluvial, CE, 7 déc. 1984, *Min. Urb.* c/ *Lespagnol : RD imm.* 1984, n° 109, p. 72), la protection du domaine public maritime (CE, 12 mai 1976, *Époux Leduc : Rec. CE*, p. 252, concl. Genevois ; *RD publ.* 1977, p. 207, note de Soto. – CE sect., 5 oct. 1979, *Min. Équip.* c/ *SA Jeanne d'Arc : Rec. CE*, p. 364 ; *AJDA* 1980, p. 112), le règlement sanitaire départemental (CE, 5 janv. 1979, *Zeender : DA* 1979, n° 76. – CE, 4 janv. 1985, *SCI « Résidence du Sport » : Rec. CE*, p. 5 ; *AJDA* 1985, p. 236. – CE, 14 juin 2004, req. n° 249465, *Cne d'Ecouflant : Juris-Data* n° 2004-067320 ; *Constr.-urb.* 2005, n° 1, comm. n° 22, N. Rousseau, étant précisé, en revanche, que ce règlement sanitaire ne fait pas partie des règles s'imposant aux auteurs des PLU, énumérés limitativement à l'article L. 123-1 du présent code. – CE, 7 janv. 2004, *M. Nouqué : BJDU* n° 6/2003, p. 408, concl. E. Glaser ; *AJDA* mai 2004, p. 1099, note N. Chauvin ; *DA* 2004, n° 3, comm. n° 51, E. G. ; *JCP* A 2004, comm. n° 1330, P. Billet ; *Collectivités-Intercommunalité* 2004, n° 5, comm. n° 96, G. Pellissier), la loi sur l'eau (TA Nice, 30 juin 1994, *Elsair : Rev. jur. env.* 1995, p. 129, concl. Calderaro), les règles d'accessibilité des locaux aux personnes handicapées, celles des immeubles de grande hauteur et des établissements recevant du public (CE, 13 avr. 1983, *Syndicat des copropriétaires de l'immeuble « Presqu'île II » : Rec. CE*, p. 149), sauf pour les ERP de la 5e classe (CE, 11 mars 1988, *min. Urb. et Log.* c/ *Mme Lamouroux : DA* 1988, p. 267. – CE, 21 sept. 1998, req. n° 68315, *Épx Lalubin*). 1175

Servitude illégale. Toutefois, le permis de construire est légal s'il ne respecte pas une servitude irrégulièrement établie (CE, 31 mai 1989, *CGMEA* à propos de la protection d'un captage, établie sans enquête publique, contrairement à l'article L. 20 du Code de la santé publique) ou un arrêté de biotope non repris par un document d'urbanisme (TA Strasbourg, 21 déc. 1992, *Assoc. Fédération régionale pour la protection de la nature* c/ *Ville de Wissenbourg : Gaz. Pal.* 13 août 1993) ou une ZNIEFF, qui a valeur d'inventaire, mais non valeur de norme. 1176

Documents d'urbanisme. La jurisprudence administrative la plus nombreuse est relative à l'application des règles tirées des documents d'urbanisme que le juge est ainsi conduit à interpréter. 1177

Lotissement. Le permis de construire sanctionne aussi la réglementation des lotissements : il ne peut être délivré dans un lotissement non autorisé (CE, 16 déc. 1976, *Demoiselle Warmont : Rec. CE*, p. 672. – CE, sect. 17 déc. 1982, *Eyherabide : Rec. CE*, p. 672 ; *JCP* N 1983, II, p. 41, concl. Genevois, note Bouyssou). 1178

II. – La réserve du droit des tiers

Principe. Le permis est toujours délivré sous la réserve du droit des tiers, et ces derniers peuvent demander aux tribunaux judiciaires de sauvegarder leurs droits (CE, 20 oct. 1965, *Guérin : Rec. CE*, p. 537. – CE, 18 déc. 1974, *Cts Israël : Rec. CE*, p. 643. – CE, 28 janv. 1987, *Pautrat : DA* 1987, n° 152). 1179

1180 **Applications.** Ainsi, il ne sanctionne pas les règles du Code civil relatives aux vues (CE, 2 mai 1980, *Padritge : DA* 1980, n° 214) ni plus largement les règles de droit privé (CE, 18 mars 1983, *Mme Siefert : Rec. CE*, p. 130 ; *AJDA* 1983, p. 437, concl. Labetoulle, chron. J. Morand-Deviller ; *RD imm.* 1983, p. 293). Toutefois, des infléchissements jurisprudentiels apparaissent récemment : il semble que le Conseil d'État impose le refus de permis de construire, s'il apparaît clairement, en raison de l'opposition des tiers, que le pétitionnaire n'est pas le vrai propriétaire, ou n'est manifestement pas titulaire d'un droit de passage (CE, 22 mars 1985, *Talbot : JCP* N 1985, II, 195, note Stemmer). De même, il a été jugé que le motif tiré de l'enclavement d'un terrain pour refuser un permis était erroné, dès lors que, conformément au plan d'urbanisme, le propriétaire s'était vu reconnaître par les juridictions judiciaires une servitude de passage sur un fonds voisin lui permettant un accès à l'ensemble de ses parcelles (CAA Nancy, 8 mars 2001, req. n° 97-NC00295, *Cne de Bourbach-le-Haut : Juris-Data* n° 2001-155550).

Par ailleurs, le juge administratif considère que le POS/PLU peut ouvrir la possibilité de dérogation à une règle d'urbanisme, avec l'accord du voisin et qu'alors, à défaut de cet accord, le permis est illégal (CE, 19 oct. 2001, *Cne de Talange : Constr.-urb.* 2002, n° 17, obs. P. Benoît-Cattin) ; les considérations de droit public et de droit privé sont ici fort imbriquées, ce qui peut être sujet à caution quant à la vocation d'intérêt général du droit de l'urbanisme. Le juge judiciaire transpose ces principes en matière d'obligations contractuelles. Comme le permettait un POS, un propriétaire avait, par convention, autorisé son voisin à implanter son habitation à une limite séparative inférieure à celle prévue par le POS. Ce dernier avait ensuite été annulé par le juge administratif. Le voisin bénéficiaire de la dérogation conventionnelle agit en nullité de la convention pour erreur sur la réglementation applicable. La Cour de Cassation rejette cet argument, au motif que le propriétaire contractant n'avait pas commis d'erreur quant aux conditions de prospect en vigueur au moment de la signature du contrat et que l'annulation ultérieure du POS ne pouvait porter atteinte au respect des prévisions initiales des parties (Cass. 3e civ., 26 mai 2004 : *Defrénois* 2004, p. 1565, note J.-P. Meng).

Voir aussi : Les annotations sous C. urb., art. R. 421-1-1, p. 759.

Bibliographie : RAVANAS, *La réserve des droits des tiers en matière foncière : Defrénois* 1984, art. 33281 et 33295.

III. – Les règles administratives non sanctionnées : les réglementations indépendantes

1181 **Exemples de législatives indépendantes.** Le permis de construire ne sanctionne pas toutes les règles du droit public : ainsi, la méconnaissance du principe de laïcité de l'État est un moyen inopérant à l'encontre d'un permis (CE sect., 7 mars 1969, *Ville de Lille : Rec. CE*, p. 149). Depuis la loi d'orientation foncière n° 67-1253 du 30 décembre 1967, il ne sanctionne plus, à titre préalable, le règlement général de construction (CE, 17 mars 1976, *Cts Aubert*. – CE, 17 déc. 1982, *Calendini : Rec. CE*, p. 431). De même, des règles de remembrement rural (CE, 24 juin 1978 : *RD imm.* 1978, p. 60, obs. Ricard. – CE, 6 janv. 1984, *Bourre : Rec. CE*, T, p. 777), des règles d'appellation d'origine contrôlée (CE, 11 mai 1984, req. n° 36672, *Syndicat agricole de Mollans*), des règles de voirie (CE, 4 déc. 1985, req. n° 44276, *Latty*. – CE, 18 oct. 1993, *Mme Leclerc : Rec. CE*, T, p. 1109), du Code des débits de boissons (CE, 10 mai 1995, *Duquesne : DA* 1995, 518) ou du régime d'ouverture des pharmacies (CE, 13 mai 1996, *SCI de l'Aurrence et Ville de Limoges : BJDU* 4/1996, p. 279, concl. Maugüe).

1182 **Pharmacies.** Est annulé le refus du permis de construire une pharmacie, au motif qu'une autre pharmacie a précédemment obtenu un tel permis ; le refus est entaché d'erreur de droit, car le motif du refus ne relève pas du droit de l'urbanisme (CE, 31 mars 1995, *Cne Méru : Rec. CE*, p. 1089).

1183 **Circulation.** Réciproquement, le droit de l'urbanisme ne s'impose pas à l'autorité de police, lorsqu'elle réglemente la circulation (CE, 9 mars 1979, *Cne du Lavandou : DA* 1979, n° 142).

1184 **Installations classées.** La prise en considération du droit des installations classées lors de la délivrance des permis de construire a fait l'objet d'une évolution jurisprudentielle nuancée : après avoir jugé dans un premier temps que le permis de construire doit assurer le respect de cette réglementation (CE, 3 juill. 1936, *Tranchant : Rec. CE*, p. 721), le Conseil d'État a par la suite affirmé l'indépendance des deux réglementations (CE, 2 oct. 1964, *Min. Constr.* c/ *Dame Girard : Rec. CE*, p. 442. – CE, 6 juin 1973, *Verne et Beaugier : Rec. CE*, p. 402) ; mais un arrêt juge que l'Administration doit opposer un refus à une demande de permis de construire, dans la mesure où la réglementation des installations classées interdisait des constructions ou extensions d'édifices (CE, 14 avr. 1976, *Société de délainage et de lavage du Pont de Larn* cité par Liet-Veaux : *J.-Cl. Administratif*, fasc. 451).

L'article R. 421-3-2 a indiscutablement rapproché, sur le plan procédural, la réglementation du permis de construire et celle des installations classées. Pourtant, l'ancienne jurisprudence sur l'indépendance des législations, s'applique toujours, ce qui entraîne des critiques en doctrine (CE, 18 mai 1984, *Min. Urb.* c/ *Gourrat : Droit et Ville* 1984, n° 18, note Bouyssou). Ainsi, le service instructeur doit vérifier qu'un récépissé de déclaration a été joint au dossier de demande, mais il doit s'en tenir au respect des dispositions du POS (CE, 18 mai 1998, *Wabartha : DA* 1998, 298). De même, un permis ne peut être annulé pour violation d'un arrêté sur les installations classées (CAA Lyon, 25 juin 2002, *min. Équip. et GAEC de l'Arvezan : Juris-Data* n° 2002-193729.

La loi du 13 juillet 1992, relative aux organismes génétiquement modifiés, a modifié la loi du 19 juillet 1976 relative aux installations classées. Elle interdit la délivrance du permis de construire avant la clôture de l'enquête publique relative au régime d'installations classées (Circ. n° 92-64, 15 oct. 1992).

Sur le problème des porcheries, CE, 27 févr. 1980, *Min. Envir.* c/ *Guesdes*. – CE, 27 févr. 1980 : *Min. Équip.* c/ *Conan*. – CE, 21 mars 1980, *Peyrusque : AJDA* 1981, p. 108, note Bouyssou. – Vigouroux, *Sur le droit des installations classées : AJDA* 1994, p. 596.

Sécurité et salubrité publiques. La prise en considération d'un but de sécurité publique ou de salubrité publique, fondé sur le règlement national d'urbanisme, peut aboutir au refus du permis de construire, dans des conditions comparables à celles qui résulteraient de l'application de la réglementation des installations classées (CE, 25 juill. 1975, *Jaubertie : DA* 1975, n° 312). 1185

Voir aussi : C. urb., art. L. 421-8, p. 355.

Bibliographie : LEBRETON, *L'urbanisme et les législations indépendantes : AJDA* n° spécial, l'urbanisme, mai 1993, p. 20.

IV. – Règles non sanctionnées

Exemples. Le Conseil d'État écarte fréquemment l'application de circulaires non réglementaires : tel est le cas notamment, des directives du CIAT formulées le 12 décembre 1974, relatives à la construction sur les dunes (CE, 15 juin 1979, req. n° 4539, *Assoc. pour la défense de l'environnement en Vendée*), de la circulaire du 30 novembre 1971 relative aux formes d'urbanisation dans les villes moyennes (CE, 26 janv. 1979, req. n° 1485, *Assoc. pour la défense de l'environnement en Vendée*), de la circulaire du 12 octobre 1977 relative aux études d'impact (CE, 11 mai 1980, *Comité régional d'information et de lutte antinucléaire de Basse-Normandie : AJPI* 1981, p. 590), de la circulaire du 3 janvier 1973 interdisant les constructions privées sur le domaine public maritime (CE, 26 juin 1985, *Assoc. trinitaine de défense de la pêche à pied : Rec. CE*, p. 207). 1186

Norme AFNOR et stationnement. La norme AFNOR sur les emplacements de stationnement, certes homologuée mais non rendue obligatoire par arrêté ministériel, n'est pas opposable aux permis de construire. Ce sont donc les normes du PLU qui restent le fondement des autorisations, eu égard également aux besoins des usagers de la construction projetée (CE, 16 juin 2003, *M. Cristiani : BJDU* n° 3/2003, p. 204, concl. F. Séners). 1187

V. – Participation aux aires de stationnement

Apport de la loi SRU. La loi du 13 décembre 2000 a plafonné la participation financière à 12 195 €, montant réévalué chaque 1er novembre selon l'indice de la construction de l'INSEE. Elle 1188 a mis en place un dispositif spécifique à l'urbanisme commercial pour maîtriser les parkings des grandes surfaces et des multiplexes, situés principalement en périphérie des villes.

Voir aussi : C. urb., art. L. 451-5 et s., p. 383 et C. urb., art. R. 332-17, p. 732 et leurs notes.

1189 **Mention dans le permis de construire.** Le permis doit mentionner le nombre de places non réalisées et le montant de la participation qui en découle, sinon celle-ci ne peut être réclamée (CAA Paris, 14 févr. 2002, *Sté Le Vert Galant* c/ *Cne de Montgeron : BJDU* 2/2002, p. 155).

1190 **Nature de la participation.** Cette participation n'est pas une imposition mais une participation que les communes sont légalement autorisées à mettre à la charge des bénéficiaires de permis de construire à raison des équipements publics dont la réalisation est rendue nécessaire par la construction. Le fait que les poursuites en recouvrement aient lieu, en application de l'article R. 332-20 du Code de l'urbanisme, comme en matière d'impôts directs ne peut avoir pour conséquence de priver le redevable du droit de contester la régularité et le bien-fondé de la participation à l'occasion d'un recours contre une mesure de recouvrement, dès lors qu'il a introduit une réclamation qui a fait l'objet d'une décision expresse ou tacite de rejet non définitive (CE, 19 avr. 2000, req. n° 1900180, *SARL Le Paris*. – CE 20 oct. 2004, *Ozilou : RD fisc.* 2004, n° 53, comm. n° 942).

1191 **Affectation.** La participation doit obligatoirement être affectée à la réalisation d'un parc public de stationnement, dans les cinq ans, à défaut sa restitution est due.

Voir aussi : C. urb., art. R. 332-23, p. 735.

1192 **Impossibilité technique.** Un permis de construire mettant à la charge du pétitionnaire une participation pour non-réalisation d'aires de stationnement est annulé en l'absence d'impossibilité technique de réaliser le nombre d'aires imposé par le POS (CE, 6 nov. 1998, *Cne de Martigues : DA* 1999, 29 ; *BJDU* 1/1999, p. 51, concl. Stahl) constitue une impossibilité technique la nécessité de conserver l'implantation des constructions en limite des voies publiques et du bâti existant autour d'une église (CAA Nantes, 8 nov. 2000, *M. David : BJDU* 1/2001, p. 69). Cette notion d'impossibilité technique relève de l'appréciation souveraine des juges du fond (CE, 22 nov. 2002, *M. Rey-Grange : BJDU* 6/2002, p. 469, concl. S. Austry).

Bibliographie : P. BENOIT-CATTIN : *Constr.-urb.* 2002, n° 12, comm. n°s 304 et 305.

1193 **Changement de destination.** Le présent article dispose que lorsqu'une aire de stationnement a été prise en compte dans le cadre d'une concession d'un parc public ou par acquisition dans un parc privé, elle ne peut plus l'être à l'occasion d'une nouvelle autorisation. La question délicate de la remise en cause des droits acquis est donc posée.

À propos d'équipements cinématographiques, une réponse ministérielle (Rép. min. Zimmernann : *JOAN* 16 juill. 2001, p. 4138) a apporté des précisions utiles s'agissant de la transformation d'une salle de cinéma en salle de restauration et de banquet, considérée comme un changement de destination soumis à nouveau permis.

Deux hypothèses sont à distinguer :

– d'une part, si au moment de l'autorisation initiale du cinéma, les obligations en stationnement avaient été remplies par le pétitionnaire au moyen de l'obtention d'une concession dans un parc public, le bénéficiaire du changement de destination peut prendre la « succession » de cette concession ;

– d'autre part, si le cinéma utilisait pour ses besoins en stationnement des places situées à proximité, il ne saurait y avoir de droits acquis. Dès lors que le plan d'urbanisme ne prévoit pas de dispositions particulières pour les travaux sur les constructions existantes en tenant compte de l'existence de stationnement et de transports publics, il y alors impossibilité pour le bénéficiaire du changement de destination de satisfaire à ses obligations en la matière et des solutions de substitution doivent être mises en œuvre par lui-même (concession, participation financière...).

Toujours sur les cinémas, il a été précisé que ceux situés en centre-ville étaient concernés par l'article L. 421-3, d'application générale (Rép. min. Vidal, 20 nov. 2003 : *JO Sénat*, p. 3388).

Par ailleurs, un changement de destination potestatif ne saurait avoir d'incidence sur la légalité du permis : sauf cas de fraude dûment établie, la prétendue considération que les plans figurant dans la demande de permis pourraient ne pas être respectés par l'affectation ultérieure des immeubles à une autre destination, avec les effets corrélatifs sur les besoins en stationnement, ne peut entacher le permis d'illégalité à la date de sa délivrance (CE, 30 juill. 2003, req. n° 227712, *Javet-Tanguy : Juris-Data* n° 2003-065779).

Péremption du permis. La participation reste due lorsque la péremption résulte d'une interruption des travaux, après réalisation d'une construction créant un nouveau besoin en stationnement (CAA Lyon, 28 juin 2002, *Sté Le Paris : Juris-Data* n° 2002-196513). En revanche, le titre de recette est dépourvu de base légale si le permis n'a pas été mis en application (CAA Paris, 7 févr. 2003, *Sté Vincent immobilier : Juris-Data* n° 2003-207720). 1194

Un permis de construire avait pour objet la réalisation d'un bâtiment de 45 logements avec 35 places de stationnement, projet déjà autorisé par un premier permis devenu caduc. Ce second permis doit être apprécié quant à son objet de régularisation et non à des exigences de stationnement relatives à un immeuble construit au titre de l'autorisation initiale. Il ne génère en effet aucun besoin nouveau et n'est pas illégal du seul fait qu'il n'autorise qu'un bâtiment comportant un nombre de places insuffisant pour régulariser la construction initiale d'autant qu'il a pour effet de rendre celle-ci plus conforme au PLU (CAA Marseille, 27 mars 2003, *Cne de Nice, Syndicat des copropriétaires de l'ensemble immobilier résidence Pierre Blanche : BJDU* n° 3/2003, p. 223).

Contentieux. Une commune voisine de celle qui a accordé un permis pour un immeuble de 40 étages, peut saisir le juge administratif, compte tenu des incidences en matière de stationnement et de circulation (CAA Paris, 20 nov. 2003, *Cne de Puteaux* c/ *Cne de Courbevoie : AJDA* 2004, p. 873, note C. Heu). 1195

Bibliographie : G. Liet-Veaux, *Une disposition inopportune concernant les aires de stationnement aménagées en violation des règles d'urbanisme : RD imm.* 2002, p. 123, pour une vision critique concernant l'application des dispositions sur le stationnement aux travaux ou constructions non soumises à permis de construire. – Y. Pittard, *Le permis de construire et le stationnement : Droit et Ville* 2002, n° 54, p. 36.

Circulaire n° 2001-56 du 27 juillet 2001

Relative à la réforme des contributions d'urbanisme issue de la loi n° 2000-1208 du 13 décembre 2000. Extraits relatifs à la participation pour non-réalisation d'aires de stationnement

Chapitre II. – Participation pour non-réalisation d'aires de stationnement (PNRAS)

Les articles 34 et 98 de la loi SRU réforment les règles relatives aux obligations de réalisation des places de stationnement dans les opérations de constructions.

Section I. – Champ d'application de la participation pour non-réalisation d'aires de stationnement

La mise en œuvre de cette participation est possible sur les territoires couverts par un document d'urbanisme : à savoir les plans locaux d'urbanisme (y compris les anciens POS et les anciens PAZ devenus PLU le 1er avril 2001) et les plans de sauvegarde et de mise en valeur.

Instaurée par délibération du conseil municipal, son exigibilité résulte, comme par le passé, de l'impossibilité technique, pour les pétitionnaires, de réaliser un nombre de places de stationnement en conformité avec les prescriptions des documents d'urbanisme sur le terrain d'assiette de la construction ou dans son environnement immédiat (dans l'hypothèse où le PLU ou le PSMV ne l'interdirait pas).

Section II. – Augmentation du montant plafond de la participation

Les communes peuvent fixer le montant de la participation due, par place manquante, dans la limite de 12 195 euros.

Règle d'actualisation :

Cette valeur maximum est fixée au 13 décembre 2000 (date de promulgation de la loi SRU), et non plus par référence à l'indice du coût de la construction du 4e trimestre 1985. Elle est actualisée au 1er novembre de chaque année en fonction de l'évolution de l'indice du coût de la construction publié par l'Institut national de la statistique et des études économiques.

Section III. – Nature des obligations de réalisation des places de stationnement

I. – Le droit commun

Réalisation sur le terrain d'implantation, ou sur un terrain situé dans l'environnement immédiat. Au sens des dispositions de l'article 12 des documents d'urbanisme quand elles imposent la réali-

sation de place de stationnement. Ces obligations visent la réalisation, sur le terrain d'implantation des projets de construction ou, comme l'admettait déjà la doctrine administrative, sur un terrain situé dans l'environnement immédiat et dont le constructeur justifie avoir la jouissance, d'un nombre de places de stationnement calculé par application des critères fixés dans les documents d'urbanisme.

Les places de stationnement à réaliser relèvent de la même maîtrise d'ouvrage que celle de l'opération en projet. Elles en constituent des annexes ayant la nature d'équipements propres au sens de l'article L. 332-15 du Code de l'urbanisme.

II. – En cas d'impossibilité, deux solutions de remplacement

Lorsqu'un document d'urbanisme impose l'obligation de réaliser des places de stationnement, le constructeur ne peut pas se soustraire à cette obligation en l'absence d'impossibilité d'ordre technique, urbanistique ou architecturale qui ne lui sont pas imputables.

Lorsqu'il justifie de l'impossibilité de pouvoir réaliser le nombre de places résultant des dispositions d'urbanisme sur le terrain d'implantation ou à proximité immédiate, le constructeur peut être réputé y satisfaire par le recours à des solutions de remplacement prévues par l'article L. 421-3 : à savoir l'obtention d'une concession à long terme dans un parc public de stationnement existant ou en cours de réalisation ou l'acquisition de places dans un parc privé de stationnement existant ou en cours de réalisation.

Ce n'est que lorsque le constructeur justifie qu'il ne peut mettre en œuvre aucune des solutions ci-dessus qu'il peut être tenu, en lieu et place, de verser la participation, si celle-ci a été instaurée.

De même, la commune ou l'EPCI compétent ne peuvent pas dispenser le constructeur de ses obligations au motif qu'ils préfèrent recevoir la participation.

III. – La participation financière, ultime alternative

La mise en œuvre de la participation financière est subordonnée à l'existence d'une délibération du conseil municipal ou de l'organe délibérant de l'établissement public de coopération intercommunal compétent. Par application des dispositions de l'article L. 332-13, dans sa rédaction issue de l'article 47 de la loi SRU, un EPCI compétent pour la réalisation des parcs de stationnement public est compétent de plein droit pour instaurer la participation.

En l'absence d'instauration de la participation et dès lors que les empêchements de réaliser les places de stationnement ne peuvent pas être couverts par l'une des solutions de remplacement, les autorisations sollicitées ne peuvent être que refusées.

1° Champ d'application territorial de la participation.

La participation, si elle est établie, est applicable sur tout le territoire de la commune. Néanmoins, selon les choix de son projet d'aménagement et de développement durable ou selon les orientations du plan de déplacement urbain, la collectivité locale peut ne pas imposer, dans certains secteurs, la réalisation d'aires de stationnement.

À l'inverse, dans des secteurs où le stationnement résidentiel poserait de graves problèmes de sécurité ou d'utilisation de la voie publique, l'autorité compétente peut, sous le contrôle du juge de l'excès de pouvoir, refuser un permis de construire au motif que l'insuffisance des places de stationnement ne peut être compensée par le paiement d'une participation.

2° Montant de la participation.

La délibération doit fixer le montant de la participation exigible par place manquante qui est unique pour tout le territoire communal. Ce principe d'unicité du montant de la participation par place manquante constitue désormais une règle d'égalité sur l'ensemble du territoire communal face à l'obligation de réaliser des places de stationnement.

Les montants exigibles par place manquante sont fixés dans la limite du plafond de 12 195 euros (V. § *b* ci-avant).

Les délibérations de l'espèce entrent en vigueur dans les conditions de droit commun. Pour permettre l'exigibilité de la participation, ces délibérations doivent être exécutoires à la date de délivrance des autorisations de construire. Par ailleurs, elles ne peuvent pas avoir d'effet rétroactif.

3° Prescription de la participation dans les autorisations d'occuper le sol.

La participation, son mode de calcul et l'indication de son montant global doivent être prescrits dans les autorisations d'occuper le sol, dans les conditions définies aux articles L. 332-28 et L. 332-12 du Code de l'urbanisme.

4° Exception à la règle de non-cumul.

Le droit des participations d'urbanisme est notamment régi par le principe selon lequel, pour un même équipement, une seule participation peut être obtenue de l'ensemble des opérateurs concourant à la réalisation des projets de constructions.

L'application de ce principe doit être écarté en matière de PNRAS, le cas échéant exigée des opérations de constructions réalisées dans un PAE ou dans une ZAC : alors même que le programme d'équipements publics de la ZAC ou du PAE prévoirait notamment la réalisation d'un parc public de stationnement public rendu nécessaire pour satisfaire les besoins des habitants ou usagers des constructions attendues dans ces opérations d'aménagement d'ensemble, la PNRAS peut être exigée, dès lors que le plan local d'urbanisme aurait néanmoins imposé la réalisation d'aires de stationnement propres aux constructions.

En effet, l'exigibilité de la PNRAS résulte de l'impossibilité dans laquelle se trouve un constructeur de réaliser des places « privées » constituant des équipements propres de son projet de construction.

L'application systématique de la règle de non-cumul au motif qu'il participe au financement du parc public de stationnement au PAE ou de la ZAC lui procurerait un avantage indu par rapport aux autres constructeurs qui réalisent leurs équipements propres de stationnement en conformité avec les dispositions d'urbanisme en vigueur.

C. urb., art. L. 421-4 *(L. n° 76-1285, 31 déc. 1976).* **— Dès la publication de l'acte déclarant d'utilité publique une opération, le permis de construire peut être refusé pour les travaux ou les constructions à réaliser sur les terrains devant être compris dans l'opération.**

Sursis à statuer. Dès l'ouverture de l'enquête préalable à la DUP, le sursis à statuer peut être opposé (V. art. L. 111-9). Mais c'est une simple faculté et le retrait du permis délivré est irrégulier, alors même que l'enquête préalable et l'enquête parcellaire ont été réalisées (CE, 9 févr. 1977, *Barbeau : D.* 1977, inf. rap. p. 339, obs. Charles). 1196
Toutefois, l'évolution jurisprudentielle montre une fréquence accrue des annulations pour erreur manifeste d'appréciation, en cas de non-opposition du sursis à statuer dans les diverses hypothèses prévues à l'article L. 111-7.

Voir aussi : Les annotations sous C. urb., art. L. 111-8, p. 23.

Droit de délaissement. Le propriétaire peut exercer un droit de délaissement, dès qu'est écoulé le délai d'un an après la publication de l'acte déclaratif d'utilité publique. 1197

Voir aussi : C. urb., art. L. 230-1 et s., p. 210.

C. urb., art. L. 421-5. — Lorsque, compte tenu de la destination de la construction projetée, des travaux portant sur les réseaux publics de distribution d'eau, d'assainissement ou de distribution d'électricité sont nécessaires pour assurer la desserte de ladite construction, le permis de construire ne peut être accordé si l'autorité qui le délivre n'est pas en mesure d'indiquer dans quel délai et par quelle collectivité publique ou par quel concessionnaire de service public lesdits travaux doivent être exécutés.

Communes non dotées de plan local d'urbanisme. Dans les communes non dotées de plan local d'urbanisme, le permis de construire doit être refusé s'il n'est pas possible de s'engager à réaliser les équipements publics nécessaires dans un délai de trois ans ou de cinq ans au maximum (Circ. n° 71-91, 19 août 1971). 1198

Zones urbaines des plans locaux d'urbanisme. Le présent article est valablement opposé dans les zones urbaines délimitées par un plan d'urbanisme, contrairement à la note technique AFU n° 250 de mai 1977 relative aux zones NA (CE, 5 nov. 1984, *Min. Urb. c/ Assoc. « SOS Boulevard de Strasbourg » : Rec. CE*, p. 351 ; *JCP* N 1986, II, p. 24, note Priet. –V. aussi pour l'application de l'article L. 421-5 dans un lotissement, CE, 15 mai 1981, *Sté d'études et de réalisations « Roche Béranger » : JCP* G 1983, II, 19957, note Gourio). Mais l'Administration a repris sa doctrine ancienne interdisant de refuser le permis de construire sur le fondement du présent article dans les zones urbaines délimitées par les POS (Rép. min. : *JOAN* 7 sept. 1987, p. 5051). Cette doctrine de bon sens nous semble pouvoir être opposée à l'Administration, sur le fondement du décret du 28 novembre 1983 relatif aux relations entre l'Administration et les usagers, repris dans la loi du 12 avril 2000. 1199

Compétence liée. L'Administration a compétence liée pour refuser le permis, dans le cas prévu au présent article (CE, 22 mars 1978, *Min. Équip. c/ Sieur Perrin : D.* 1978, J, 377, note Charles ; *CJEG* 1978, J, p. 141, note Sablière). Sur le fondement du présent article, le permis de construire doit être refusé pour une crêperie à l'air libre à caractère saisonnier (CE, 9 janv. 1991, *Selier : Rec. CE*, T, p. 1258 ; *CJEG* 1991, p. 166, note Cardon) mais non pour un abri de jardin (CE, 26 sept. 1990, req. n° 93-115, *Reggiori*). 1200

1201 **Contrôle du délai.** Le juge administratif contrôle strictement si le maire est véritablement dans l'incapacité d'indiquer dans quel délai la desserte par les voiries ou réseaux divers peut être envisagée (CE, 23 janv. 1980, *Min. Envir.* c/ *SCI « Le domaine de Migron »*. – CE, 20 mai 1981, *Min. Envir.* c/ *Brégegère*. – CE, 23 mai 1984, *SCI Baia di Sole : RD imm.* n° 108, p. 36. – CE, 27 juill. 1984, *Mme Reichel : DA* 1984, n° 364).

1202 **Exclusion du simple raccordement.** Le présent article n'est pas applicable lorsque la construction projetée nécessite un simple raccordement ou branchement particulier, sur des réseaux publics existants et de capacité suffisante (CE, 28 févr. 1986, *Min. Urb.* c/ *Louarn*, équipements publics à 90 mètres. – CE, 7 oct. 1987, *Lorenceau*, équipements publics à 40 mètres, malgré la nécessité de travaux situés en partie sous le domaine maritime. – Dans le même sens, CE, 12 janv. 1994, *Min. Équip.* c/ *Lemaître : DA* 1994, 166. – CE, 27 mai 1994, *Visine : BJDU* 6/1994, p. 23, concl. Loloum, dans le cas de branchements de 90 m.). Mais il est opposé à bon droit si les canalisations d'eau et d'assainissement sont à 500 mètres.

1203 **Travaux exemptés de permis.** Le présent article ne s'applique pas aux travaux exemptés du permis de construire tels que des habitations légères de loisirs inférieures à 35 m^2 dans un cas où l'annulation intervient sur un autre fondement (CE, 10 juill. 1995, *Bazin : Rec. CE*, T, p. 1092 ; *DA* 1995, 647 ; *BJDU* 6/1995, p. 471, concl. Frydman), ni à la restauration d'une maison existante (CE, 30 oct. 1996, *Creignou : Rec. CE*, T, p. 1221-1222 ; *DA* 1996, 591 : le pétitionnaire se contentant d'un puits, d'un système d'assainissement individuel et ne souhaitant pas être raccordé au réseau d'électricité).

1204 **Responsabilité administrative.** La responsabilité de l'Administration n'est pas engagée si le maire a indiqué qu'une canalisation d'eau existait alors que le pétitionnaire a dû renforcer à ses frais ladite canalisation, sans en avoir été prévenu (CE, 25 juill. 1980, req. n° 12297, *Min. Env.* c/ *Hamel*).

Bibliographie : Rapport Bouyssou, *La notion d'équipements publics*, Colloque IATEUR, Reims, mai 1986.

C. urb., art. L. 421-6. — Conformément à l'article *(Mots rempl., Ord. n° 2004-178, 20 févr. 2004, art. 3)* « L. 621-31 du Code du patrimoine », lorsqu'un immeuble est situé dans le champ de visibilité d'un édifice classé ou inscrit, il ne peut faire l'objet, tant de la part des propriétaires privés que des collectivités et établissements publics, d'aucune construction nouvelle, d'aucune démolition, d'aucun déboisement, d'aucune transformation ou modification de nature à en affecter l'aspect, sans une autorisation préalable. Le permis de construire en tient lieu s'il est revêtu du visa de l'architecte des Bâtiments de France.

1205 **Apport de la loi SRU.** Il est possible de modifier le périmètre de protection lors de l'élaboration ou de la révision du PLU, sur proposition de l'ABF et en accord avec la commune. Le nouveau périmètre est soumis à enquête publique et annexé au PLU (Rép. min. Masson : *JO* Sénat 8 mai 2003, p. 1551 et circulaire n° 2004/017 du 6 août 2004, relative aux périmètres de protection modifiés autour des monuments historiques (*BO Culture*, n° 144, p. 11).

1206 **Codification.** L'article 13 *bis* de la loi du 31 décembre 1913 a été codifié à l'article L. 621-31 du Code du patrimoine.

Voir aussi : C. urb., art. R. 421-38-4, p. 815 et ses annotations.

C. urb., art. L. 421-7 *(D. n° 76-267, 25 mars 1976)*. — Les chambres de commerce et d'industrie et les chambres de métiers sont informées de tout projet immobilier comportant la construction, en une ou plusieurs tranches, de cinq cents logements ou plus, ce minimum étant ramené à deux cents pour les communes de moins de 30 000 habitants. Elles assurent les liaisons avec les organisations professionnelles intéressées.

1207 **Information des chambres consulaires.** Ces programmes immobiliers visés dans le présent article peuvent avoir des conséquences notables sur les besoins en équipements commerciaux et artisanaux, d'où cette information des chambres consulaires intéressées.

C. urb., art. L. 421-8 ***(L. n° 76-1285, 31 déc. 1976 ; L. n° 87-665, 22 juill. 1987).*** **— En dehors des zones couvertes par** ***(Mots rempl., L. n° 2000-1208, 13 déc. 2000, art. 202-X)*** **« un plan d'occupation des sols rendu public ou un plan local d'urbanisme approuvé », le préfet peut, par arrêté pris dans des conditions fixées par décret en Conseil d'État, délimiter un périmètre à l'intérieur duquel l'exécution de travaux de la nature de ceux visés à l'article L. 421-1 est soumise à des règles particulières rendues nécessaires par l'existence d'installations classées** ***(Mots aj., L. n° 2002-3, 3 janv. 2002, art. 13-IV-a ; rempl., L. n° 2003-8, 3 janv. 2003, art. 29-II, 1°)*** **« ou de stockage souterrain de gaz naturel, d'hydrocarbures liquides, liquéfiés ou gazeux ou de produits chimiques à destination industrielle ».**

(Al. mod., L. n° 2002-3, 3 janv. 2002, art. 13-IV-b) **Ces dispositions ne sont pas applicables aux installations classées bénéficiant de l'application des articles 7-1 à 7-4 de la loi n° 76-663 du 19 juillet 1976 relative aux installations classées pour la protection de l'environnement ainsi qu'aux stockages souterrains visés à l'alinéa précédent bénéficiant de l'application** ***(Mots rempl., L. n° 2003-8, 3 janv. 2003, art. 29-II, 2°)*** **« du II de l'article 104-3 du Code minier ».**

(Al. créé, L. n° 2002-3, 3 janv. 2002, art. 13-IV-c ; rempl., L. n° 2003-8, 3 janv. 2003, art. 29-II, 3°) **Le permis de construire mentionne explicitement, le cas échéant, les servitudes instituées en application du présent article et du II de l'article 104-3 du Code minier.**

Codification. Les articles 7-1 à 7-4 de la loi du 19 juillet 1976 ont été codifiés aux articles L. 515-8 à L. 515-11 du Code de l'environnement. 1208

Voir aussi : Sur l'apport de la loi sur la prévention des risques du 30 juillet 2003 quant aux autorisations de construire : Rép. min. Remiller : *JOAN*, 14 déc. 2004, p. 9925.

Document d'urbanisme. Les périmètres d'isolement autour d'installations à risque peuvent permettre une urbanisation limitée même dans les vallées de montagne (Rép. min. Bouvard : *JOAN* 28 oct. 2002, p. 3880), et cela même en l'absence de PLU. Par ailleurs, il a été jugé que l'autorisation d'une installation classée ne saurait être fondée sur un POS illégalement modifié, seul le POS en vigueur antérieurement doit être applicable (CAA Marseille, 1er avril 2004, req. n° 99MA00927, *Syndicat intercommunal de ramassage et de traitement des ordures ménagères de la région d'Apt*). 1209

Installations classées. Le second alinéa, ajouté par la loi du 22 juillet 1987, renvoie au mécanisme de création des zones de protection autour des installations classées générant des risques majeurs. Dans ce cas, les articles L. 515-8 à L. 515-12 du Code de l'environnement prévoient l'institution de servitudes importantes limitant le droit de construire, lors de la demande d'autorisation au titre de la législation des installations classées. Cette servitude entraîne l'indemnisation à la charge de l'exploitant de l'installation classée. Le juge de l'expropriation est compétent pour fixer cette indemnisation. Ces dispositions ont été étendues aux installations visées par la loi n° 2002-3 du 3 janvier 2002 relative à la sécurité des infrastructures et des systèmes de transport, aux enquêtes techniques après événement de mer, accident ou incident de transport terrestre ou aérien et au stockage souterrain de gaz naturel, d'hydrocarbures et de produits chimiques. 1210

Le permis doit mentionner ces servitudes.

En tout état de cause, l'administration, ni le juge, doivent faire une application rationnelle du principe de précaution. Ainsi, le Conseil d'État a annulé pour dénaturation des pièces du dossier une ordonnance de suspension d'un permis fondée sur l'erreur manifeste d'appréciation quant aux risques qu'auraient comporté une centrale thermique de chauffage urbain (CE, 9 juill. 2003, *Société Énergie Grand Littoral SNC : BJDU* n° 2/2004, p. 99, concl. F. Séners, obs. J.-C. Bonichot).

Ce sont les prescriptions imposées dans l'autorisation d'installation classée qui permettent d'apprécier si elle peut fonctionner en zone urbaine, les mesures prises par l'établissement n'ont pas à être prises en compte et ne suffisent pas à assurer cette compatibilité avec le zonage (CE, 30 juin 2003, *SARL Protime : BJDU* n° 4/2004, p. 268, concl. F. Lamy). L'appréciation des risques et dangers d'une telle installation relève des juges du fond.

Voir aussi : Circ. 21 janv. 2004, application de la loi du 30 juillet 2003 sur la maîtrise de l'urbanisme et l'adaptation des constructions en zones inondables : *Mon. TP* 24 sept. 2004, suppl. p. 428.

Bibliographie : I. Piquemal, *Le maire, les permis de construire et les risques naturels, industriels ou agricoles : Gaz. cnes* 23 août 2004, p. 48. – J.-N. Clément, *Le permis de construire d'une installation classée autorisée est soumis à étude d'impact : BDEI* n° 3/2003, p. 4. – N. Reboul-Maupin, *La prévention des risques technologiques. Aspects juridiques : Petites affiches* 16 déc. 2004.

C. urb., art. L. 421-9 *(L. n° 80-502, 4 juill. 1980 ; L. n° 83-8, 7 janv. 1983 ; L. n° 83-663, 22 juill. 1983 ; rempl., L. n° 2000-597, 30 juin 2000, art. 15).* **— L'État, la commune ou l'établissement public de coopération intercommunale, lorsqu'ils défèrent à un tribunal administratif une décision relative à un permis de construire et assortissent leur recours d'une demande de suspension, peuvent demander qu'il soit fait application des dispositions prévues aux troisième et quatrième alinéas de l'article L. 2131-6 du Code général des collectivités territoriales.**

Lorsqu'une personne autre que celles mentionnées à l'alinéa précédent défère une décision relative à un permis de construire et assortit son recours d'une demande de suspension, le juge des référés statue sur cette demande dans un délai d'un mois.

CJA, art. L. 521-1. — Quand une décision administrative, même de rejet, fait l'objet d'une requête en annulation ou en réformation, le juge des référés, saisi d'une demande en ce sens, peut ordonner la suspension de l'exécution de cette décision, ou de certains de ses effets lorsque l'urgence le justifie et qu'il est fait état d'un moyen propre à créer, en l'état de l'instruction, un doute sérieux quant à la légalité de la décision.

Lorsque la suspension est prononcée, il est statué sur la requête en annulation ou en réformation de la décision dans les meilleurs délais. La suspension prend fin au plus tard lorsqu'il est statué sur la requête en annulation ou en réformation de la décision.

1211 **Objet.** La loi du 30 juin 2000 relative au référé devant les juridictions administratives (*JO* 1er juill. 2000, p. 9948) a profondément modifié les procédures d'urgence (V. aussi, D. n° 2000-1115, 22 nov. 2000 : *JO* 23 nov., p. 18611). Aux termes de cette loi nouvelle, quand une décision administrative, même de rejet, fait l'objet d'une requête en annulation ou en réformation, le juge des référés, saisi d'une demande en ce sens, peut ordonner la suspension de l'exécution de cette décision ou de certains de ses effets lorsque l'urgence le justifie et qu'il est fait état d'un moyen propre à créer en l'état de l'instruction un doute sérieux quant à la légalité de la décision. Ces deux conditions sont cumulatives.

Lorsque la suspension est prononcée, il est statué sur la requête en annulation dans les meilleurs délais et la suspension prend fin au plus tard dès le jugement au fond. Seul un recours en cassation est ouvert au titre de la suspension. Par rapport au régime antérieur, la condition de l'urgence se substitue à celle du préjudice difficilement réparable.

Le juge reste libre d'ordonner la suspension même si les conditions cumulatives en sont remplies. En tout état de cause, cette suspension relève du juge et nullement de la compétence du maire (CAA Marseille, 31 janv. 2002 : *Constr.-urb.* 2002, nos 7/8, comm. n° 185, p. Benoit-Cattin).

1212 **Notion d'urgence.** Le Conseil d'État a, dans deux arrêts des 1er et 15 février 2001, fait application de la notion d'urgence à des autorisations d'exploitation commerciale. Dans le premier arrêt *Combret* (Ordonnance de référé, nos 228875, 229018), il a considéré que l'ouverture du multiplexe cinématographique autorisée n'était pas imminente, le permis de construire n'ayant encore été déposé ; l'urgence n'était donc pas caractérisée. Le second arrêt *Association Hautes Alpes Demain* (Ordonnance de référé n° 230312) reprend la même motivation concernant l'autorisation d'une jardinerie, mais la Haute Juridiction indique qu'une nouvelle demande de suspension pourra être reformulée lorsque l'ouverture de l'équipement en cause sera imminente. De même, l'urgence est écartée si le permis a déjà été mis en œuvre, rendant la situation irréversible (CE, 27 juill. 2001, *Cne de Tulle* c/ *Cts Dufour : BJDU* 5/2001, p. 381). Toutefois, le Conseil d'État a nuancé, par la suite, cette position, en considérant que ni l'imminence de l'ouverture au public du magasin, ni la perspective d'une concurrence accrue entre grandes surfaces, ne peuvent, « à elles seules », caractériser une situation d'urgence. « Il appartient au requérant d'apporter les éléments objectifs et précis, de nature à démontrer notamment, la gravité de l'atteinte portée à sa situation économique – qui peut être différente selon qu'il s'agit de l'exploitant d'une petite entreprise de commerce particulièrement exposée à cette concurrence nouvelle ou au contraire d'une société de grande distribution déjà fortement implantée – ou aux intérêts publics en cause (CE, Ord. 19 sept. 2003, req. n° 260199, *Société Cora Belgique : Juris-Data* n° 2003-065996. – CE, 23 sept. 2003, req. n° 260289, *Ville de Paris : Juris-Data* n° 2003-065992). Mais, ne revient-on pas, sans le dire, à une considération de préjudice difficilement réparable ?

Par ailleurs, dès lors que l'illégalité d'un retrait de permis constitue un fait de l'administration de nature à interrompre le délai de péremption, il n'y a pas, à défaut d'autres circonstances particulières, d'urgence à le suspendre (CE, 30 juill. 2003, *Min. de l'Équipement, des Transports, du Logement, du Tourisme et de la Mer* c/ *Mme Thénault : BJDU* n° 6/2003, p. 411, concl. C. Maugüé, obs. J.-C. Bonichot).

En revanche, l'urgence est caractérisée si les travaux autorisés par le permis sont susceptibles de commencer immédiatement (CE, 6 mars 2002, req. n° 238478, *Besombes : DA* 2002, n° 6 : *Juris-Data* n° 2002-063662). Un refus de permis a été suspendu au motif « qu'eu égard à la circonstance que le compromis de vente en vertu duquel la société dispose d'un titre l'habitant à présenter la demande de permis de construire est soumis à un certain nombre de conditions suspensives dont l'une est celle d'une réitération du contrat par acte authentique avant le 30 octobre 2001, l'EURL qui serait alors exposée à la perte irrémédiable des frais d'étude du projet et de sondage du terrain qu'elle a exposés justifie que la décision dont elle demande la suspension préjudicie de façon suffisamment grave et immédiate à ses intérêts » (TA Poitiers, 30 oct. 2001, *EURL Keller : Constr.-urb.* févr. 2002, comm. n° 42, P. Benoit-Cattin. – CE, 14 oct. 2002 : *SARL Détroit : Mon. TP* suppl. 15 nov. 2002, p. 351 ; *AJDA* 2002, p. 1456, concl. Chauvaux). En tout état de cause, l'urgence doit être motivée : en vertu de l'article L. 600-4-1 du présent code, le juge doit examiner l'ensemble des moyens, afin de faire apparaître ceux susceptibles de justifier la suspension (CE, 27 juill. 2001, *Cne de Tulle* c/ *Cts Dufour*, préc. ; sachant que le silence du juge sur certains moyens d'annulation d'un permis implique qu'il les a implicitement mais nécessairement pris en compte (CE, 7 mai 2003, *Cne d'Esparron-de-Verdon : JCP* A 2003, n° 49, comm. n° 2094, P. Billet). Enfin, l'urgence doit être établie par celui qui l'invoque (CE, 5 nov. 2001, *Cne du Cannet-des-Maures : BJDU* 1/2002, p. 48).

L'urgence ne disparaît pas pour la seule raison qu'une promesse de vente prévoit sa caducité en cas d'exercice du droit de préemption. La « présomption » d'urgence au titre du contentieux du permis de construire ou de la préemption n'est nullement irréfragable, les parties peuvent démontrer le contraire et le juge apprécie globalement la situation (CE, 13 nov. 2002, *M. Hourdin : BJDU* 6/2002, p. 460, concl. Stahl). De même, il a été jugé qu'est fondée la suspension d'un sursis à statuer, dès lors que celui-ci faisait tomber une promesse de vente conclue sous condition de l'obtention du permis (CE, 23 janv. 2004, *Cne de Meyreil : BJDU* n° 1/2004, p. 63, concl. I. De Silva).

Urgence et confrontation des intérêts en présence. Ainsi le juge procède à une analyse com- 1213
parative, un « bilan » entre l'intérêt public et l'intérêt privé affectés par un suspension ou un refus de suspension (CE, 25 nov. 2002, *Min. Équip., Transports et du Logement* c/ *M. Astoul : BJDU* 6/2002, p. 472, concl. C. Maugüé ; *AJDA* 2003, n° 24, p. 1290, note P.-P. Danna). Dans le même esprit, le Conseil d'État considère, qu'eu égard à l'objet d'une décision de préemption et à ses effets pour l'acquéreur évincé, la condition d'urgence doit en principe être regardée comme remplie. Il peut toutefois en aller autrement si le titulaire du droit de préemption justifie de circonstances particulières tenant à l'intérêt qui s'attache à la réalisation rapide du projet qui a donné lieu à l'exercice de ce droit. Il appartient au juge des référés de procéder à une appréciation globale de l'ensemble des circonstances de l'affaire (CE, 9 juill. 2003, req. n° 256205, *M. Guillet : BJDU* n° 1/2004, p. 77 ; *Juris-Data* n° 2003-066231).

La confrontation avec un intérêt public est également déterminante. Ainsi, eu égard à l'intérêt public qui s'attache à la couverture du territoire national par le réseau de téléphonie mobile et aux intérêts propres de la Société Orange qui a pris des engagements en ce sens envers l'État, ainsi qu'à l'absence d'éléments du dossier susceptibles d'établir l'existence de risques sérieux pour la Santé publique, il y a urgence à suspendre une opposition du maire à une déclaration de travaux pour une station-radio de téléphonie mobile (CE, 23 juin 2004, req. n° 264681, *Société Orange France SA : Juris-Data* n° 2004-067080).

Doute sérieux sur la légalité de l'acte. Il peut s'agir de doute sérieux sur la péremption du per- 1214
mis (CE, 9 mai 2001, req. n° 231076, *Delivet-Samzun : Juris-Data* n° 2001-062297), la compétence de l'auteur de la décision (CE, 9 mai 2001, req. n° 230705, *Cne de Scy-Chazelles : Juris-Data*

n° 2001-062300) ou encore quant au respect de règles d'urbanisme, comme l'article R. 111-2 du présent code sur la sécurité et la salubrité publiques (CE, 27 août 2001, req. n° 235715, *SCI du Lac les Balcons-de-Chatel : Juris-Data* n° 2001-062904), ou des règles d'emprise au sol ayant entraîné un refus de permis (CE, 14 oct. 2002, *Cne du Lavandou : Mon. TP*, suppl., 15 nov. 2002, p. 352).
Est propre à créer un doute sérieux, le moyen tiré du prononcé du transfert de permis alors que son bénéficiaire initial avait fait connaître au maire qu'il revenait sur l'autorisation de principe insérée dans la promesse de vente. En outre, l'exécution dudit transfert permet au nouveau titulaire du permis d'utiliser les droits attachés aux plans annexés à la demande déposée par le pétitionnaire initial qui reste solidairement tenu au paiement de la TLE ; cette exécution en dépit de l'existence de contentieux judiciaires quant à la détermination des droits à construire préjudice au requérant (bénéficiaire initial) et caractérise une situation d'urgence (CE sect., 26 févr. 2003, *Sté les Belles demeures du Cap-Ferrat : JCP* G, 4 juin 2003, p. 1055, note Duval et V. Guinot). En revanche, le Conseil d'État a relevé plusieurs erreurs de droits commises par un juge des référés au titre de l'appréciation de ces « doutes sérieux », concernant l'interprétation du règlement d'un lotissement en matière d'aires de stationnement à réaliser par lot, du COS applicable et du caractère prétendument « réglementaire » conféré à une simple lettre de l'Administration de l'agriculture (CE, 31 déc. 2002, req. n° 249274, *Cne de Bouzols : Juris-Data* n° 2002-065064).
Un requérant avait invoqué comme moyen susceptible de créer un doute sérieux sur la légalité du permis de construire, la prétendue irrégularité de l'autorisation de lotir, et ce, par voie d'exception d'illégalité ; la Cour administrative d'appel avait accueilli sa demande de suspension dudit permis. Le Conseil d'État censure : l'autorisation de lotir a un caractère individuel, nonobstant le règlement de portée générale qui lui est joint, le juge des référés devait donc examiner si cette autorisation était devenue définitive à la date de la requête et, dans l'affirmative, rejeter celle-ci (CE, 15 oct. 2003, *Territoire de Polynésie française : Constr.-urb.* 2004, n° 1, comm. n° 17, P. Benoît-Cattin).
Enfin, sur le plan procédural, il faut préciser que le juge des référés peut retenir un moyen propre à créer un doute sérieux non soulevé dans la requête à fin d'annulation, mais à condition que ce moyen se rattache à la même cause juridique que les moyens de la requête au fond et qu'il ait été présenté dans les délais de recours contentieux, ou bien qu'il soit d'ordre public (CE, 30 déc. 2002, *Société Cottage Wood : BJDU* n° 2/2003, p. 122, concl. D. Chauvaux). Par ailleurs, le juge des référés peut rejeter une demande de suspension bien qu'il existe un doute sérieux sur la légalité d'un motif, dès lors qu'un autre motif justifie légalement la décision ; l'Administration peut également faire valoir un autre motif légal même si la décision est fondée sur un motif illégal, le juge opère la substitution de motifs après avoir mis le requérant en mesure de présenter ses observations et que cette substitution ne prive pas celui-ci d'une garantie liée au premier motif substitué (CE, 4 juin 2004, *Nessi*. – CE, 15 mars 2004, *Cne de Villasavary : BJDU* n° 3/2004, concl. C. Devys, note J.-C. Bonichot). Ces deux arrêts transposent au référé-suspension deux jurisprudences rendues en droit administratif général. D'une part, l'arrêt d'Assemblée du 12 janvier 1968, *Dame Perrot* (*AJDA* 1969, p. 179 concl. Kahn et *Rec. CE*, p. 39) sur la pluralité de motifs, dont il ressort que lorsque l'un d'eux est erroné en droit ou en fait, le juge recherche si les autres motifs peuvent fonder la décision et, dans l'affirmative, n'en prononce pas l'annulation. D'autre part, l'arrêt de Section du 6 février 2004, *Mme Hallal* (req. n° 240560, concl. Silva), admet qu'en cours d'instance, l'Administration fournisse un motif qui légalise l'acte alors que ceux qui y sont contenus ne sont pas valables ; plusieurs conditions doivent toutefois être réunies : le motif ainsi invoqué doit correspondre à la situation de droit ou de fait existante à la date de la décision (impossibilité de faire valoir un changement de législation ou un élément de fait nouveau), le juge doit vérifier que l'Administration aurait pris une décision identique sur le fondement dudit motif, le requérant doit être mis en mesure de le discuter et la substitution ne doit pas le priver d'une garantie légale.

Voir aussi : Notes sous C. urb., art. R. 421-29, p. 800.

1215 **Référé-Liberté.** Prévu à l'article L. 521-2 du Code de justice administrative, ce référé concerne les atteintes graves et manifestement illégales à l'exercice d'une liberté fondamentale ; le juge statuant alors en 48 heures. Exceptionnelle en matière d'urbanisme, cette procédure a pourtant été admise, dans son principe, à l'occasion d'une affaire de péremption, où la liberté de contracter a été reconnue comme fondamentale, même si, en l'espèce, l'atteinte n'a pas été admise et la

demande a été rejetée (CE, 8 août 2002, ord. : *Constr.-urb.* 2002, n° 12, comm. n° 305, P. Benoit-Cattin ; *CMP* 2002, n° 11, comm. n° 236, P. Soler-Couteaux).
De même, dans une affaire, des arrêtés préfectoraux avaient prévu que la voirie d'un lotissement serait cédée gratuitement à la commune, mais aucune cession n'était intervenue malgré la demande de ladite commune. En faisant d'office et unilatéralement libérer l'accès à cette voirie, le maire a porté une atteinte grave et manifestement illégale à une liberté fondamentale, la propriété privée, et est dûment fondée la suspension de l'exécution de cet arrêté municipal relatif au libre accès à la voirie (CE, 11 sept. 2003, req. n° 260015, *Cne d'Hyères : Juris-Data* n° 2003-066131).

Voir aussi : Sur l'absence de notification distincte de la demande de référé-suspension avec celle de la requête au fond, C. urb., art. R. 600-1, p. 931 et CE, 21 juin 2002, *Assoc. Seine-et-Marnaise pour la sauvegarde de la nature : AJDA*, p. 1200.

Déféré avec demande de suspension. La loi nouvelle reprend des dispositions de la loi du 1216
4 février 1995 dans l'article L. 2131-6 du Code général des collectivités territoriales. Il est fait droit à la demande de suspension de l'État, de la commune ou de l'établissement public de coopération intercommunale si l'un des moyens invoqués paraît propre à créer un doute sérieux sur la légalité de l'acte. Il est statué sur cette demande dans un délai d'un mois.
Jusqu'à ce que le juge des référés ait statué, la demande de suspension formulée par le préfet dans les 10 jours de la réception de l'acte entraîne sa suspension administrative. Au terme du délai d'un mois, si le juge ne s'est pas prononcé, l'acte redevient exécutoire.
Au-delà de ces dispositifs spécifiques aux requêtes de l'État, ou des autorités communales, le délai de jugement de la suspension est unifié à un mois.
Par ailleurs, le Conseil d'État a précisé que ce type de demande de référé-suspension, au titre d'un déféré préfectoral, n'est pas soumis à la condition d'urgence et peut être accueilli lorsqu'un ou plusieurs moyens sérieux sont susceptibles de créer un doute sur la légalité de l'acte.
Pour le reste, ces demandes obéissent au droit commun du référé-suspension, notamment quant à l'instruction, au jugement et à la tenue d'une audience publique (CE, 23 avr. 2003, *Cne de Roquebrune-Cap-Martin : BJDU* n° 4/2003, p. 279, concl. F. Séners, obs. J.-C. Bonichot) ; sachant que l'ordonnance est ici susceptible d'appel et non d'un seul pourvoi en cassation.

Levée de la suspension et permis modificatif. La délivrance d'un permis modificatif qui régu- 1217
larise le permis initial peut justifier la levée de la suspension de celui-ci par le juge des référés (CE, 24 févr. 2003, deux arrêts, *Cne de Saint-Bon-Tarentaise et M. Perrier : BJDU* n° 4/2003, p. 271, concl. L. Vallée, obs. J.-C. Bonichot).

Contrôle de cassation. Si la recevabilité du recours en annulation ou en réformation contre une 1218
décision dont la suspension est parallèlement sollicitée, est une condition du bien-fondé de cette demande de suspension, cette question relève de l'appréciation souveraine du juge des référés (CE, 7 mai 2003, *Cne d'Esparron-sur-Verdon : BJDU* n° 4/2003, p. 292, concl. M. Guyomar, obs. J.-C. Bonichot).
En revanche, il appartient au juge de cassation de rectifier, par la voie de l'erreur de droit, les mauvaises interprétations des règles juridiques opérées par le juge des référés qui rejette une demande de suspension d'un permis de construire (CE, 14 mai 2003, *SCI Florine : BJDU* n° 5/2003, p. 383, concl. G. Le Chatelier, obs. L. Touvet).

Interdiction de délivrance d'autorisation. Le juge des référés ne peut ordonner que des mesu- 1219
res provisoires, il ne peut donc accorder une autorisation (permis de construire ou autorisation de défrichement) dont les conséquences seraient définitives, ne portant pas sur un bâtiment provisoire (CE, 20 oct. 2004, *Ministre de l'agriculture, de l'alimentation, de la pêche et des affaires rurales c/ Consorts Jaboulet : BJDU* 6/2004, p. 466, concl. D. Chauvaux).

Référés spéciaux. Le régime général de l'article L. 521-1 du Code de justice administrative laisse 1220
intact les régimes spéciaux, notamment la suspension automatique du permis en cas d'absence d'étude d'impact régi par l'article L. 213-12 du Code de l'environnement. Ces procédures suivent toutefois les règles de la procédure générale (CE, 14 mars 2001, *Cne de Goutrens : BJDU* 2/2001, p. 105, concl. D. Chauvaux). Peuvent être présentés simultanément les référés en cas d'absence

d'étude d'impact (CJA, art. L. 554-12 et C. env., art. L. 213-12) et le référé en cas de conclusions défavorables du commissaire enquêteur (CJA, art. L. 554-11), ceux-ci étant susceptibles des mêmes voies de recours (CE, 11 juin 2004, *Cne de Biarritz* c/ *Association « Amis et résidents de Biarritz respectueux de l'environnement » : BJDU* n° 4/2004, p. 311, concl. M. Guyomar). Lorsque les voies de recours sont différentes, une présentation simultanée est impossible, comme pour le référé-suspension et le référé-liberté (CE sect., 18 janv. 2001, *Cne de Venelles : Rec. CE*, p. 18, concl. Touvet).

1221 **Ancien article L. 421-9 et transfert dans le Code de la construction et de l'habitation.** La loi d'orientation agricole du 4 juillet 1980 a transféré l'ancien article L. 421-9, issu de la loi du 31 décembre 1976, à l'article L. 122-16 du Code de la construction et de l'habitation. Il est ainsi rédigé, à la suite de modifications légères résultant de ladite loi et de la loi de Robien de 2003 :
« Les dommages causés aux occupants d'un bâtiment par des nuisances dues à des activités agricoles, industrielles, artisanales, commerciales ou aéronautiques, n'entraînent pas droit à réparation lorsque le permis de construire afférent au bâtiment exposé à ces nuisances a été demandé ou l'acte authentique constatant l'aliénation ou la prise à bail établi postérieurement à l'existence des activités les occasionnant dès lors que ces activités s'exercent en conformité avec les dispositions législatives ou réglementaires en vigueur et qu'elles se sont poursuivies dans les mêmes conditions ».

Bibliographie : ANDRÉO, *La théorie des troubles de voisinage après les lois du 31 décembre 1976 et du 4 juillet 1980 : RD imm.* 1981, p. 460.

Bibliographie : *Sur la loi du 30 juin 2000* : C. CLÉMENT, *Le juge administratif des référés : un véritable juge de l'urgence après la loi du 30 juin 2000 : Petites affiches* 10 août 2000, p. 6. – C. MORLOT-DEHAN, *La réforme des procédures d'urgence devant le juge administratif : Petites affiches*, 4 sept. 2000, p. 4. – B. PACTEAU, *La loi du 30 juin 2000, une réforme exemplaire.* – M. FOULETIER, *La loi du 30 juin 2000 relative au référé devant les juridictions administratives : RFDA* sept.-oct. 2000. – C. DEBOUY, *La suspension des décisions en matière d'urbanisme par la procédure de référé administratif : CJEG* févr. 2002, p. 65. – Dossier spécial, Actualité des procédures d'urgence : *RFDA* mars-avr. 2002, p. 245. – G. GHAYE, *La pratique de l'urbanisme à l'épreuve du référé-suspension : Ét. fonc.* 2002, n° 95. – Dossier *AJDA* avril 2003, dont B. CAVIGLIOLI, *Le recours au bilan dans l'appréciation de l'urgence*, p. 642. – J. RAYMOND, *L'urgence, condition essentielle du référé-suspension : JCP* A 2003, n° 43, p. 1369.

Chapitre II

Exceptions au régime général

1222 **Origine et future réforme.** La loi du 6 janvier 1986, dans un but de simplification, a supprimé l'exigence du permis de construire – ajoutée expressément par la loi du 31 décembre 1976 – pour les travaux de production et de distribution d'énergie, les bâtiments scolaires, les bâtiments des postes et télécommunications, et les bâtiments non techniques exécutés dans les ports maritimes, les gares et les aérodromes.
La réforme annoncée des autorisations d'urbanisme, par voie d'ordonnance, devrait significativement modifier ce dispositif dans le sens d'une clarification des différents régimes de contrôle préalable (V. comm. avant art. L. 421-1 du présent code).
En ce sens, le rapport Pelletier préconise, à juste titre, de mieux définir le régime de la déclaration et de renforcer la sécurité juridique du déclarant. Aujourd'hui, celui-ci doit prouver que la commune ne s'est pas opposée aux travaux. Il est suggéré de prévoir la délivrance d'une attestation de non-opposition de la commune à la déclaration.

Bibliographie : *La déclaration préalable à l'épreuve des faits : Mon. TP* 25 nov. 1988.

C. urb., art. L. 422-1 *(L. n° 76-1285, 31 déc. 1976 ; L. n° 77-2, 3 janv. 1977 ; L. n° 83-8, 7 janv. 1983 ; L. n° 85-729, 18 juill. 1985 ; L. n° 86-13, 6 janv. 1986).* **— Sont exemptés du permis de construire les constructions ou travaux couverts par le secret de la défense nationale,** ***(mots aj., L. n° 2003-590, 2 juill. 2003, art. 54)*** **« les dispositifs techniques nécessaires aux systèmes de radiocommunication numérique de la police et de la gendarmerie**

nationales, » les travaux de ravalement, les travaux sur les immeubles classés. *(Phrase créée, L. n° 2003-590, 2 juill. art. 55)* « Il en est de même des travaux relatifs à la reconstruction d'établissements pénitentiaires après mutinerie ou des travaux réalisés à l'intérieur de l'enceinte de ces établissements nécessitant le secret pour des raisons de sécurité ».

Sont également exemptés du permis de construire certaines constructions ou travaux relatifs à la défense nationale ou aux installations techniques nécessaires au fonctionnement des services publics ainsi que les constructions ou travaux dont la faible importance ne justifie pas l'exigence d'un permis de construire.

Un décret en Conseil d'État précise la nature et l'importance des constructions, travaux et installations concernés.

Les exemptions instituées par le présent article ne dispensent pas du respect des dispositions législatives ou réglementaires relatives à l'occupation du sol énumérées à l'article L. 421-3.

Édifice classé. Le permis de construire est nécessaire, même sur un immeuble classé, pour surélever un théâtre d'un étage complet, et construire ainsi 1 000 m² supplémentaires (CE, 16 déc. 1994, *Sté Immobilière du théâtre des Champs-Élysées : Rec. CE*, p. 561 ; *DA* 1995, 57 ; *BJDU* 1/1995, p. 55, concl. Maugüe). 1223

Apport de la loi Urbanisme-Habitat du 2 juillet 2003. Ont été introduits certains dispositifs techniques liées à la sécurité publique et, dans certains cas, la reconstruction d'établissements pénitentiaires. 1224

C. urb., art. L. 422-2 *(L. n° 86-13, 6 janv. 1986).* — Les constructions ou travaux exemptés du permis de construire, à l'exception de ceux couverts par le secret de la défense nationale *(mots aj., L. n° 2003-590, 2 juill. 2003, art. 56)* « et de ceux, visés au premier alinéa de l'article L. 422-1, répondant aux besoins des services du ministère de l'intérieur ou des établissements pénitentiaires », font l'objet d'une déclaration auprès du maire de la commune avant le commencement des travaux.

Sauf opposition dûment motivée, notifiée par l'autorité compétente en matière de permis de construire dans le délai d'un mois à compter de la réception de la déclaration, les travaux peuvent être exécutés sous réserve, le cas échéant, du respect des prescriptions notifiées dans les mêmes conditions.

Lorsque les constructions ou travaux mentionnés au premier alinéa sont soumis, par des dispositions législatives ou réglementaires, en raison de leur emplacement ou de leur utilisation, à un régime d'autorisation ou à des prescriptions dont l'application est contrôlée par une autorité autre que celle compétente en matière de permis de construire, la déclaration mentionnée au premier alinéa tient lieu des demandes d'autorisation exigées au titre de ces dispositions. Dans ce cas, le délai prévu à l'alinéa précédent est porté à deux mois.

Si l'autorité consultée manifeste son désaccord ou assortit son accord de prescriptions, l'autorité compétente en matière de permis de construire, selon le cas, s'oppose à l'exécution des travaux ou notifie les prescriptions dont l'accord est assorti. En cas d'accord manifesté par l'autorité consultée, l'absence d'opposition de l'autorité compétente en matière de permis de construire tient lieu des autorisations prévues par les dispositions législatives ou réglementaires mentionnées à l'alinéa précédent.

Les conditions de dépôt, de publicité et de transmission de la déclaration prévue au premier alinéa ainsi que les modalités de réponse des autorités concernées sont déterminées par décret en Conseil d'État.

Autres réglementations. Lorsque les travaux soumis à déclaration, au titre du présent article, sont soumis à autorisation au titre d'une autre réglementation que celle de l'urbanisme, l'autorité compétente au titre de l'urbanisme pour faire opposition est soumise à une compétence liée pour la décision de l'autorité compétente au titre de l'autre réglementation. 1225

1226 **Régularisation.** La jurisprudence admet la légalité de la déclaration préalable de régularisation, c'est-à-dire postérieure à la réalisation ou au commencement des travaux (CE, 29 juin 1998, *SA des eaux minérales d'Évian : DA* 1998, 332 ; *Constr.-urb.* 392).
Lorsqu'un ouvrage (en l'espèce une piscine) n'a fait l'objet que pour partie d'une déclaration, sa régularisation suppose le dépôt d'une nouvelle déclaration pour l'ensemble (y compris le bassin déjà réalisé) (CE, 17 déc. 2003, *M. Bontemps : BJDU* n° 1/2004, p. 49, concl. S. Séners ; *Constr.-urb.* 2004, n° 3, comm. n° 62, P. Benoît-Cattin). Il s'agit ici d'une transposition des principes applicables en matière de permis de construire de régularisation.

Voir aussi : Comm. sous C. urb., art. L. 480-4, p. 430.

1227 **Apport de la loi Urbanisme-Habitat du 2 juillet 2003.** Comme pour l'article précédent, ont été introduits certains travaux liés à la sécurité et aux établissements pénitentiaires.

C. urb., art. L. 422-3 *(L. n° 86-13, 6 janv. 1986).* — Lorsque les constructions ou travaux exemptés du permis de construire n'ont pas fait l'objet d'une opposition de l'autorité compétente dans les conditions prévues à l'article précédent, la déclaration prévue au premier alinéa de cet article emporte les effets du permis de construire pour les impositions de toute nature dont ce permis constitue le fait générateur.

Voir aussi : La liste de ces impositions à C. urb., art. L. 332-6-1, p. 297.

C. urb., art. L. 422-4 *(L. n° 86-13, 6 janv. 1986).* — Les constructions ou travaux effectués sur les immeubles inscrits à l'inventaire supplémentaire des monuments historiques ne peuvent être exemptés du permis de construire en application de l'article L. 422-1.

Pour les immeubles classés, la déclaration prévue à l'article L. 422-2 ne tient pas lieu de la demande d'autorisation mentionnée *(Mots rempl., Ord. n° 2004-178, 20 févr. 2004, art. 3)* « aux articles L. 621-12 du Code du patrimoine ».

Les dispositions de l'article L. 422-3 ne sont pas applicables aux immeubles classés.

Voir aussi : C. urb., art. R. 421-38-2 et s., p. 814 ; annotation sous C. urb., art. L. 422-1, p. 360.

C. urb., art. L. 422-5 *(L. n° 86-13, 6 janv. 1986).* — Les dispositions des articles L. 430-4-1 et L. 430-4-2 sont applicables aux travaux, installations et constructions visés aux articles L. 422-1 à L. 422-4.

1228 **Plaques commémoratives.** Disposition de protection des plaques commémoratives. L'autorité compétente est le maire lorsque la commune est dotée d'un plan local d'urbanisme approuvé.

Chapitre III
Permis de construire à titre précaire

C. urb., art. L. 423-1 *(L. n° 76-1285, 31 déc. 1976 ; D. n° 81-534, 12 mai 1981 ; D. n° 82-584, 29 juin 1982 ; D. n° 86-984, 19 août 1986).* — Lorsqu'un emplacement est réservé par *(Mots rempl., L. n° 2000-1208, 13 déc. 2000, art. 202-X)* « un plan d'occupation des sols rendu public ou un plan local d'urbanisme approuvé », ou un document d'urbanisme en tenant lieu, pour un ouvrage public, une voie publique, une installation d'intérêt général ou un espace vert et que la construction à édifier a un caractère précaire, le permis de construire peut exceptionnellement être accordé, sur avis favorable de la collectivité intéressée à l'opération.

C. urb., art. L. 423-2. — L'arrêté accordant le permis de construire prescrit, s'il y a lieu, l'établissement aux frais du demandeur et par voie d'expertise contradictoire d'un état descriptif des lieux et, le cas échéant, d'une évaluation sommaire du ou des fonds de commerce ou d'industrie dont la construction est susceptible de permettre le développement ou la transformation.

Cet arrêté peut également fixer un délai à l'expiration duquel le pétitionnaire doit enlever sans indemnité la construction autorisée.

C. urb., art. L. 423-3. — En cas d'acquisition ultérieure par l'État, par une collectivité publique ou un établissement public, il n'est pas tenu compte de la valeur des constructions précaires ainsi autorisées, ni de la valeur ou de l'augmentation de valeur des fonds de commerce ou d'industrie dont ces constructions auraient permis la création, le développement ou la transformation.

Les frais de démolition ou d'enlèvement de la construction sont à la charge du propriétaire. Ils viennent en déduction des indemnités auxquelles il peut prétendre.

Toutefois si l'arrêté accordant le permis de construire a fixé un délai déterminé pour l'enlèvement de la construction et que l'acquisition intervienne avant l'expiration dudit délai, une indemnité proportionnelle au délai qui reste à courir par rapport au délai prévu est accordée.

C. urb., art. L. 423-4 *(L. n° 76-1285, 31 déc. 1976)*. — Le permis de construire peut être accordé dans les conditions prévues aux articles précédents, pour des constructions précaires à usage industriel à édifier dans les zones affectées à un autre usage par *(Mots rempl., L. n° 2000-1208, 13 déc. 2000, art. 202-X)* « un plan d'occupation des sols rendu public ou un plan local d'urbanisme approuvé » ou un document d'urbanisme en tenant lieu. En ce cas, la délivrance du permis de construire peut être subordonnée à l'engagement du pétitionnaire d'enlever sans indemnité non seulement les bâtiments à édifier mais aussi les bâtiments existants.

C. urb., art. L. 423-5. — Nonobstant toutes dispositions contraires et sous réserve des dispositions du dernier alinéa de l'article L. 423-4, les titulaires de droits réels ou de baux de toute nature portant sur des constructions créées ou aménagées en application des articles précédents ne peuvent prétendre à aucune indemnité.

Il en est de même des titulaires de droits réels ou de baux de toute nature constitués après l'intervention de l'arrêté du permis de construire sur des bâtiments existant à cette date que le pétitionnaire s'engage à enlever en application de l'article L. 423-4.

À peine de nullité et ce, sans préjudice de réparation civile s'il y a lieu, tout acte portant vente, location ou constitution de droits réels sur des bâtiments frappés de précarité en application des dispositions qui précèdent doit mentionner le caractère précaire desdites constructions.

TITRE III

PERMIS DE DÉMOLIR

Loi n° 76-1285 du 31 décembre 1976. Les dispositions des articles L. 430-1 à L. 430-9 se substituent, depuis la loi n° 76-1285 du 31 décembre 1976, à la déclaration préalable (procédure abrogée par ladite loi) qui figurait précédemment à cette place du code. Le permis de démolir, délivré au nom de l'État de manière tacite s'il y a lieu (art. L. 430-4), est une innovation purement formelle de la loi précitée, qui se borne à intégrer au Code de l'urbanisme, en les coordonnant, des dispositions préexistantes. Toutefois, demeurent autonomes, et non intégrées audit code, les dispositions relatives à la démolition des immeubles classés en application des articles L. 621-1 et suivants du Code du patrimoine et de la loi sur les sites de 1930 (art. L. 430-1, dern. al.). 1229

Loi n° 83-8 du 7 janvier 1983. La loi n° 83-8 du 7 janvier 1983 a prévu la délivrance du permis de démolir, soit au nom de l'État, soit au nom de la commune lorsque cette dernière est dotée d'un plan d'occupation des sols approuvé (art. L. 430-4). 1230

Avec cette loi de 1983, le champ d'application du permis de démolir (art. L. 430-1) correspondait pour partie à l'ancien article 340 du Code de l'urbanisme et de l'habitation (communes visées à l'article 10-7° de la loi n° 48-1360 du 1er septembre 1948 : Paris et les communes situées dans un

rayon de cinquante kilomètres de l'emplacement des anciennes fortifications de la capitale ; communes dont la population municipale est égale ou supérieure à dix mille habitants ; autres communes dont la liste figure au *Juris-Classeur Fiscalité immobilière*, fasc. 660). Dans ces communes, c'est la situation du logement qui justifiait l'existence d'un permis de démolir.
Les autres cas d'application du permis de démolir ont été motivés par des préoccupations d'esthétique urbaine (secteurs sauvegardés et périmètres de restauration immobilière, zones de visibilité des monuments historiques et des sites ; immeubles inscrits sur l'inventaire supplémentaire des monuments historiques). Il en était de même dans les zones spécialement délimitées, soit par un POS, soit par les documents propres à un périmètre sensible ou à une ancienne zone d'environnement protégé (les ZEP doivent être remplacées par des POS, art. L. 143-1), soit par une zone de protection du patrimoine architectural et urbain.
En revanche, la procédure du permis de démolir a été écartée lorsque la démolition est obligatoire, en vertu d'une réglementation administrative ou d'une décision de justice devenue définitive (art. L. 430-3) ou inéluctable (art. L. 430-6). Mais le champ d'application du permis de démolir restait purement matériel et ne variait pas selon la personnalité du propriétaire de l'immeuble à démolir ou du maître de l'ouvrage (art. L. 430-2).
Malgré l'unification des procédures préexistantes, le motif du refus a pu être différent selon la législation originelle qui a justifié l'institution de cette procédure (art. L. 430-5) ; de même, le motif de la protection a rejailli sur la procédure de délivrance du permis : nécessité de l'accord du ministère chargé du logement dans certains cas (art. L. 430-7) ou du ministère chargé des monuments historiques et des sites dans d'autres cas (art. L. 430-8) ; le permis de démolir, instruit par la Direction départementale de l'Équipement, valant en même temps autorisation spéciale au titre d'une législation différente.
L'article L. 430-9 a fixé les sanctions pénales en cas d'infraction : pour assurer la rapidité de la répression, une amende civile est prononcée par le président du tribunal de grande instance statuant comme en matière de référé. Cette amende civile ne fait pas obstacle à la condamnation pénale par le tribunal correctionnel, les peines étant alors fixées si une loi particulière, autre que le Code de l'urbanisme, a été violée, en application des dispositions de ladite loi.
Une sanction particulière et automatique a été en outre prévue : la remise des lieux en état lorsqu'ont été exécutés des travaux ayant pour effet de rendre l'utilisation de certains locaux impossible ou dangereuse, dès lors que leur démolition est territorialement assujettie au permis de démolir. Dans ce cas, l'administration peut procéder aux frais du contrevenant à l'exécution des travaux de remise en état, à l'expiration du délai de six mois imparti par le juge. Paradoxalement, cette sanction ne nous paraît pas applicable, compte tenu de la formulation du dernier alinéa de l'article L. 430-9, lorsque l'immeuble a été complètement démoli ; dans ce cas, seules paraissent applicables l'amende civile ci-dessus mentionnée et, éventuellement, les sanctions pénales prévues au premier alinéa dudit article.

1231 **Loi n° 85-729 du 18 juillet 1985.** La loi n° 85-729 du 18 juillet 1985 a ajouté au présent chapitre les articles L. 430-4-1 et L. 430-4-2, relatifs à la protection des plaques commémoratives.

1232 **Lois SRU du 13 décembre 2000 et Urbanisme-Habitat du 2 juillet 2003.** La décentralisation opérée en 1983 vaut désormais dans les communes dotées d'un PLU, mais aussi celles dotées d'une carte communale, si le conseil municipal en a décidé ainsi. De surcroît, des communes non dotées d'un POS ou d'un PLU peuvent délimiter des périmètres d'assujettissement au permis de démolir, pour des raisons de protection du patrimoine rural et du paysage, sachant que le permis reste délivré au nom de l'État.

1233 **Future réforme.** Les procédures de permis de construire et de permis de démolir devraient être mieux articulées, pour éviter les contraintes administratives liées à la double demande, alors que les services instructeurs sont le plus souvent les mêmes. Le rapport Pelletier propose, qu'à l'initiative du pétitionnaire, un dossier unique puisse être déposé, le permis de construire valant alors permis de démolir. Cela suppose que les délais de péremption soient alignés, alors qu'ils sont actuellement très différents.

Bibliographie : A. Rainaud, *Le permis de démolir : Droit et Ville* 2001, n° 52, p. 175.

C. urb., art. L. 430-1 ***(L. n° 76-1285, 31 déc. 1976 ; L. n° 83-8, 7 janv. 1983 ; L. n° 83-663, 22 juill. 1983 ; L. n° 85-729, 18 juill. 1985).*** **— Les dispositions du présent titre s'appliquent :**

a) **Dans les communes visées à l'article 10 (7°) de la loi n° 48-1360 du 1er septembre 1948, modifié par l'article 4 de l'ordonnance n° 58-1343 du 27 décembre 1958 ;**

b) **Dans les secteurs sauvegardés et les périmètres de restauration immobilière créés en application des articles L. 313-1 à L. 313-15 ;**

c) **Dans les zones auxquelles s'appliquent les dispositions de l'article** ***(Mots rempl., Ord. n° 2004-178, 20 févr. 2004, art. 3)*** **« L. 621-31 du Code du patrimoine » et de la loi du 2 mai 1930 modifiée relative à la protection des monuments naturels et des sites ;**

d) **Dans les zones délimitées par** ***(Mots rempl., L. n° 2000-1208, 13 déc. 2000, art. 202-X)*** **« un plan d'occupation des sols rendu public ou un plan local d'urbanisme approuvé », en application du 7° de l'article L. 123-1 ;**

e) **Dans les zones délimitées à l'intérieur des périmètres sensibles dans les conditions définies à l'article L. 142-3 dans sa rédaction antérieure à la loi n° 85-729 du 18 juillet 1985, dans les zones délimitées en application de l'article L. 142-11 dans sa rédaction issue de ladite loi ou dans les zones d'environnement protégé créées en application de l'article L. 143-1 dans sa rédaction antérieure à la loi n° 83-8 du 7 janvier 1983 ;**

f) **Aux immeubles ou parties d'immeubles inscrits sur l'inventaire supplémentaire des monuments historiques ;**

g) **Dans les zones de protection du patrimoine architectural et urbain créées en application** ***(Mots rempl., Ord. n° 2004-178, 20 févr. 2004, art. 3)*** **des articles L. 642-1 et L. 642-2 du Code du patrimoine.**

h) (Al. créé, L. n° 2003-590, 2 juill. 2003, art. 57) **Dans les communes qui ne sont pas dotées d'un plan local d'urbanisme ou d'un plan d'occupation des sols approuvé, dans des périmètres délimités par délibération du conseil municipal.**

Toutefois les immeubles classés en application ***(Mots rempl., Ord. n° 2004-178, 20 févr. 2004, art. 3)*** **« des articles L. 621-1 et suivants du Code du patrimoine », ainsi que les sites classés en application de la loi du 2 mai 1930, demeurent régis par les dispositions particulières de ces lois.**

Codification. La loi du 2 mai 1930 est codifiée aux articles L. 341-1 du Code de l'environnement reproduits sous l'article L. 630-1 du Code du patrimoine. 1234

Communes non dotées de PLU/POS. Avec la loi Robien, ces communes peuvent délimiter des périmètres où un permis de démolir sera requis, mais délivré au nom de l'État (art. L. 430-4). 1235

Zones de protection du patrimoine architectural et urbain (ZPPAU). – Leur régime est codifié aux articles L. 642-1 et s. du Code du patrimoine. Elles sont créées par arrêté du représentant de l'État dans la région, sur la demande ou après accord du conseil municipal, enquête publique et avis de la Commission régionale du patrimoine et des sites. 1236

Immeubles et sites classés. – Malgré la volonté de faire du permis de démolir, tel qu'il est régi par le Code de l'urbanisme, une procédure remplaçant toutes les procédures préexistantes, les immeubles classés et les sites classés échappent à cette unification (avant-dernier al. du présent art.). 1237

En revanche, le permis de démolir est exigible dans le champ de visibilité des monuments historiques (C. patr., art. L. 621-31).

C. urb., art. L. 430-2 ***(L. n° 76-1285, 31 déc. 1976 ; L. n° 85-729, 18 juill. 1985).*** **— Dans les cas mentionnés à l'article L. 430-1, quiconque désire démolir en tout ou partie un bâtiment à quelque usage qu'il soit affecté, doit, au préalable, obtenir un permis de démolir. Cette obligation s'impose aux collectivités publiques, établissements publics et aux concessionnaires de services publics de l'État, des régions, des départements et des communes comme aux personnes privées.**

Est assimilée à une démolition l'exécution de tout travail qui aurait pour effet de rendre l'utilisation des locaux impossible ou dangereuse.

1238 **Démolitions concernées.** Déjà la jurisprudence avait précisé les notions de travaux de démolition ou de travaux assimilés :
– sont considérés comme travaux de démolition, ceux qui entraînent la disparition totale ou partielle du bâtiment, c'est-à-dire qui portent atteinte au gros œuvre ;
– par assimilation, sont considérés comme travaux de démolition les travaux qui, rendant l'utilisation des locaux dangereuse ou impossible, se soldent par l'inhabitabilité du local (enlèvement de portes, de fenêtres, d'escaliers, de parquets, d'éléments d'équipement).

1239 **Applications concrètes.** C'est ainsi que le permis de démolir a pu être exigé pour :
– la démolition ou la destruction d'une partie de la toiture et des murs (CE, 6 janv. 1995, *Sellam et a. : Juris-Data* n° 1995-042253), d'un escalier extérieur en vue d'une nouvelle construction (CE, 29 juill. 1994, req. n° 138895, *Mme L. Bregamy*) ou d'une grange à l'occasion de l'extension et surélévation d'un immeuble autorisées par permis de construire (CE, 30 juin 1993, req. n° 109228, *Rassouw : Juris-Data* n° 1993-045814) ;
– la reconstruction de planchers (CE, 25 mai 1983, *Calary de Lamazière : Gaz. Pal.* 1984, 1, pan. dr. adm. p. 134 ; *Rec. CE*, T, p. 917) ou d'un portail monumental et d'un mur de clôture, constituant un bâtiment (CE, 13 mars 1992, *Min. Équip., Log., Transp. et Espace, c/ Assoc. de sauvegarde de Chantilly : DA* 1992, n° 215) ;
– la démolition de bâtiments en ruine et dont la réhabilitation posait des difficultés dirimantes (CAA Paris, 1er févr. 2000, *Mlle Forêt : BJDU* 3/2000, p. 206).
Afin d'éviter qu'un propriétaire essaie d'échapper à l'obligation du permis de démolir en mettant son immeuble en état de péril ou qu'il tente d'exercer des pressions sur ses locataires en leur rendant les conditions d'habitation difficiles, la jurisprudence assimile aussi à des démolitions les actes volontaires de détérioration supprimant l'habitabilité du local (Cass. 1re civ., 15 juin 1964, *Meilhac : Bull. civ.* I, n° 317, p. 248).

1240 **Opérations non concernées.** L'enlèvement de machines n'est pas assimilable à une démolition et échappe en conséquence au permis de démolir (CE, 6 mars 1987, *Cne de Champigny-sur-Marne c/ Sté Air Liquide : Rec. CE*, p. 89 ; *AJDA* 1987, p. 616, note Fatome).
De même ne constituent pas des démolitions :
– l'inversion de la pente d'une partie de la toiture (CE, 13 nov. 1991, req. n° 90250, *M. et Mme Mattei*) ;
– des opérations de déblaiement (CE, 6 avr. 1992, req. n° 101762 et n° 101763, *Mme Horard et M. et Mme Mercier : Juris-Data* n° 1992-043382) ;
– une modification de cloisonnement intérieur, une fermeture de la cage d'escalier, une modification des ouvertures extérieures et de la toiture (CAA Paris, 19 juin 1996, *Bansard : BJDU* 4/1996, p. 299-300).
– une piscine découverte n'entre pas dans l'assimilation à la démolition de travaux dont l'exécution aurait pour effet de rendre l'utilisation des locaux impossible ou dangereuse (TA Versailles, 6 juin 2000, req. n° 992358).

1241 **Permis de construire.** Un permis de construire ne vaut pas autorisation de démolir (Cass. 1re civ., 15 juill. 1964 : *JCP* 1965, II, 13843, note Liet-Veaux). Et un permis de démolir est requis lorsque des travaux faisant l'objet d'un permis de construire ont pour effet de créer un péril de l'immeuble (CE, 10 juin 1992, *Mme Rapin : Gaz. Pal.* 1993, 1, pan. dr. adm. p. 22).

C. urb., art. L. 430-3 *(L. n° 76-1285, 31 déc. 1976 ; L. n° 83-8, 7 janv. 1983 ; L. n° 83-663, 22 juill. 1983 ; L. n° 85-729, 18 juill. 1985).* **— Par dérogation aux dispositions de l'article L. 430-2, peuvent être réalisées, sans l'octroi préalable du permis de démolir :**

***a)* Les démolitions effectuées en application des articles L. 511-1 à L. 511-3 du Code de la construction et de l'habitation sur un bâtiment menaçant ruine ou, en application de l'article L. 28 du Code de la santé publique, sur un immeuble insalubre ;**

***b)* Les démolitions effectuées en application d'une décision de justice devenue définitive ;**

***c)* Les démolitions imposées par l'autorité compétente en application de l'article L. 123-1 (10°) ;**

d) **Les démolitions prévues par un plan de sauvegarde et de mise en valeur rendu public ou approuvé et réalisées dans les conditions fixées par l'article L. 313-1 (al. 3) ;**

e) (ab., L. n° 85-729, 18 juill. 1985) ;

f) **Les démolitions de bâtiments frappés de servitude de reculement en exécution de plans d'alignement approuvés sous le régime de l'ordonnance n° 59-115 du 7 janvier 1959 et des textes pris pour son application.**

La dispense de permis de démolir prévue au a du présent article pour l'application des articles L. 511-1 à L. 511-3 du Code de la construction et de l'habitation s'exerce dans les conditions déterminées par le décret en Conseil d'État prévu à l'article L. 313-15 en ce qui concerne les secteurs sauvegardés et par un décret en Conseil d'État, en ce qui concerne les immeubles ou les zones auxquels s'appliquent les dispositions des articles *(Mots rempl., Ord. n° 2004-178, 20 févr. 2004, art. 3)* « L. 621-3, L. 621-8, L. 621-25, L. 621-27, L. 621-29, L. 621-31 et L. 621-32 du Code du patrimoine » et les dispositions de la loi du 2 mai 1930 sur les sites.

CCH, art. L. 511-1. — Le maire peut prescrire la réparation ou la démolition des murs, bâtiments ou édifices quelconques lorsqu'ils menacent ruine et qu'ils pourraient, par leur effondrement, compromettre la sécurité ou lorsque, d'une façon générale, ils n'offrent pas les garanties de solidité nécessaires au maintien de la sécurité publique.

Il peut faire procéder à toutes visites qui lui paraîtront utiles à l'effet de vérifier l'état de solidité de tout mur, bâtiment et édifice.

Toute personne ayant connaissance de faits révélant l'insécurité d'un immeuble est tenue de signaler ces faits au maire, qui peut recourir à la procédure des articles ci-après.

CCH, art. L. 511-1-1 *(L. n° 2000-1208, 13 déc. 2000)*. — L'arrêté prescrivant la réparation ou la démolition du bâtiment menaçant ruine est notifié aux propriétaires et aux titulaires de droits réels immobiliers sur les locaux, tels qu'ils figurent au fichier immobilier de la conservation des hypothèques. Il est également notifié, pour autant qu'ils sont connus, aux titulaires de parts donnant droit à l'attribution ou à la jouissance en propriété des locaux, aux occupants et, si l'immeuble est à usage total ou partiel d'hébergement, à l'exploitant. Lorsque les travaux prescrits ne concernent que les parties communes d'un immeuble en copropriété, la notification aux copropriétaires est valablement faite au seul syndicat de la copropriété.

À défaut de connaître l'adresse actuelle des personnes visées au premier alinéa ou de pouvoir les identifier, la notification les concernant est valablement effectuée par affichage à la mairie de la commune ou, à Paris, Marseille et Lyon, de l'arrondissement où est situé l'immeuble ainsi que par affichage sur la façade de l'immeuble.

Cet arrêté reproduit le premier alinéa de l'article L. 521-2.

À la demande du maire, l'arrêté prescrivant la réparation ou la démolition de l'immeuble menaçant ruine est publié à la conservation des hypothèques dont dépend l'immeuble pour chacun des locaux aux frais du propriétaire.

CCH, art. L. 511-2 *(L. n° 2000-1208, 13 déc. 2000)*. — Dans les cas prévus au premier alinéa de l'article L. 511-1, le propriétaire est mis en demeure d'effectuer dans un délai déterminé les travaux de réparation ou de démolition de l'immeuble menaçant ruine et, si le propriétaire conteste le péril, de faire commettre un expert chargé de procéder, contradictoirement et au jour fixé par l'arrêté, à la constatation de l'état du bâtiment et de dresser rapport.

Si, au jour indiqué, le propriétaire n'a point fait cesser le péril et s'il n'a pas cru devoir désigner un expert, il sera passé outre et procédé à la visite par l'expert seul nommé par l'administration.

Le tribunal administratif, après avoir entendu les parties dûment convoquées conformément à la loi, statue sur le litige de l'expertise, fixe, s'il y a lieu, le délai pour l'exécution des travaux ou pour la démolition. Il peut autoriser le maire à y faire procéder d'office et aux frais du propriétaire si cette exécution n'a pas eu lieu à l'époque prescrite.

En outre, lorsque le tribunal administratif a constaté l'insécurité de l'immeuble, le maire peut prendre un arrêté portant interdiction d'habiter et d'utiliser les lieux. Cet arrêté précise si cette interdiction est applicable immédiatement ou à l'expiration d'un délai qu'il fixe et qui ne peut excéder six mois ; il est notifié aux personnes visées au premier alinéa de l'article L. 511-1-1 selon les modalités fixées par cet article. Il reproduit les dispositions des articles L. 521-1 à L. 521-3. À la demande du maire, il est publié à la conservation des hypothèques dont dépend l'immeuble pour chacun des locaux aux frais du propriétaire.

L'arrêté prescrivant la réparation ou la démolition du bâtiment menaçant ruine et l'arrêté portant interdiction d'habiter et d'utiliser les lieux sont transmis au procureur de la Républi-

que, aux organismes payeurs des allocations de logement et de l'aide personnalisée au logement du lieu de situation de l'immeuble ainsi qu'au gestionnaire du fonds de solidarité pour le logement du département.

Sur le rapport d'un homme de l'art constatant la réalisation des travaux prescrits, le maire, par arrêté, prend acte de la réalisation des travaux, de leur date d'achèvement et prononce la mainlevée de l'arrêté prescrivant la réparation ou la démolition de l'immeuble menaçant ruine et, le cas échéant, celle de l'interdiction d'habiter et d'utiliser les lieux. Cet arrêté est notifié aux personnes visées au premier alinéa de l'article L. 511-1-1 selon les modalités fixées par cet article. Il reproduit les dispositions des articles L. 521-1 à L. 521-3. À la demande du propriétaire et aux frais de celui-ci, il est publié à la conservation des hypothèques dont dépend l'immeuble pour chacun des locaux.

La personne tenue d'exécuter les travaux prescrits peut se libérer de cette obligation en les réalisant dans le cadre d'un bail à réhabilitation prévu aux articles L. 252-1 et suivants.

Elle peut aussi conclure sur le bien concerné un bail emphytéotique ou un contrat de vente moyennant paiement d'une rente viagère, à charge pour les preneur ou débirentier d'exécuter les travaux prescrits. Dans tous les cas, il peut être convenu que cette personne restera dans les lieux lorsqu'elle les occupait à la date de l'arrêté prescrivant la réparation ou la démolition de l'immeuble menaçant ruine.

1242 **Portée de la dispense.** En cas de dispense de permis de démolir, l'arrêté s'opposant à une démolition est entaché d'excès de pouvoir (CE, 10 juin 1994, *Cne de Grigny : Juris-Data* n° 1994-044342).

1243 **Bâtiments menaçant ruine et immeubles insalubres.** Un arrêté portant permis de démolir, et fondé sur un arrêté antérieur municipal déclarant le péril d'un immeuble, est jugé illégal si cet arrêté précédent est lui-même illégal (CE, 29 juill. 1994, req. n° 133863, *Cne de Dole : Juris-Data* n° 1994-047736). L'article L. 28 du Code de la santé publique est devenu l'article L. 1331-1 du même code.

La loi n° 2005-32 du 18 janvier 2005 de programmation pour la cohésion sociale habilite le gouvernement à prendre, par voie d'ordonnance, des mesures nécessaires à la lutte contre les immeubles menaçant ruine et l'habitat insalubre, en simplifiant les procédures, en renforçant les droits des propriétaires et occupants de bonne foi, complétant les sanctions pénales et créant un dispositif de séquestre immobilier spécial pour permettre à la collectivité publique de récupérer les créances liées à l'exécution des travaux d'office ou aux dépenses d'hébergement ou de relogement.

Voir aussi : C. urb., art. R. 430-26, p. 861 et C. urb., art. R. 430-27, p. 861 relatifs le premier aux immeubles menaçant ruine et le second aux immeubles insalubres respectivement inscrits sur l'inventaire supplémentaire des monuments historiques, situés dans le champ de visibilité d'un édifice classé ou inscrit ou dans une ZPPAUP ou protégé au titre des articles L. 341-1 et suivants du Code de l'environnement (sites).

Bibliographie : S. Jacq-Moreau, *Les pouvoirs du maire en matière d'immeubles dangereux : Gaz. cnes* 2 févr. 2004, p. 4.

1244 **Décisions de justice.** Le cas d'exemption visant les démolitions effectuées en application d'une décision de justice devenue définitive consacre l'autonomie du pouvoir judiciaire par opposition à la thèse, trop facilement admise, de la subordination de ce pouvoir au veto administratif. Antérieurement, la chambre civile de la Cour de cassation avait déjà répondu par la négative à la question de savoir si l'article 340-2 du Code de l'urbanisme et de l'habitation interdisant toute démolition dans certaines communes était applicable lorsque celle-ci était ordonnée par une décision judiciaire (Cass. 1re civ., 14 juin 1966 : *JCP* 1966, II, 14791). Ainsi, est exemptée de permis de démolir la démolition d'un bâtiment consécutive à l'annulation d'un permis de construire pour respecter le deuxième permis de construire délivré suite à l'annulation du premier (CE, 30 juill. 1997, *Choquet : Rec. CE*, p. 315).

1245 **Servitudes de reculement.** La référence, pour la dispense relative aux bâtiments frappés de servitude de reculement, aux seuls plans d'alignement approuvés sous le régime de l'ordonnance n° 59-115 du 7 janvier 1959 restreint opportunément la portée de cette catégorie d'exemption en interdisant de prendre en considération les nombreux plans d'alignement qui ont été élaborés au XIXe et dans la première moitié du XXe.

Extensions. Bien qu'elles ne soient pas expressément mentionnées dans la loi au titre des exemptions, les constructions édifiées à titre précaire se placent hors du champ d'application du permis de démolir de par leur nature même. Il s'agit (Circ. n° 78-165, 29 déc. 1978) : 1246
– des bâtiments édifiés sur le domaine public en application d'une permission de voirie ou d'un contrat d'occupation du domaine public ;
– des bâtiments ayant fait l'objet d'un permis de construire délivré à titre précaire en application des articles L. 423-1 et suivants du présent code, même lorsque l'arrêté accordant l'autorisation n'a pas fixé de délai à l'expiration duquel le pétitionnaire doit enlever la construction.

C. urb., art. L. 430-4 *(L. n° 76-1285, 31 déc. 1976 ; L. n° 83-8, 7 janv. 1983 ; L. n° 83-663, 22 juill. 1983).* — **Le permis de démolir est délivré dans les formes, conditions et délais déterminés par décret en Conseil d'État :**

a) (Mots rempl., L. n° 2000-1208, 13 déc. 2000, art. 202-XXXVII) **« Dans les communes où un plan local d'urbanisme ou une carte communale a été approuvé », au nom de la commune ou de l'établissement public de coopération intercommunale ou de l'État, selon les cas et modalités prévus aux articles L. 421-2-1 à L. 421-2-8. Toutefois, par dérogation aux dispositions de la loi n° 82-213 du 2 mars 1982 modifiée relative aux droits et libertés des communes, des départements et des régions et à l'article L. 421-2-4, la décision ne devient exécutoire que quinze jours après qu'il a été procédé à sa notification et à sa transmission au représentant de l'État. Les dispositions de l'article L. 421-9 sont alors applicables ;**

b) **Dans les autres communes, au nom de l'État.**

L'absence de notification de la décision de l'administration dans un délai de quatre mois à compter de la réception de la demande équivaut à l'octroi du permis de démolir.

Délai et caractère exécutoire du permis. Il est dérogé au caractère exécutoire de l'acte administratif, compte tenu de l'atteinte que peut apporter à la démolition l'exécution des travaux, lorsque l'autorisation est délivrée par une autorité locale. Dans ce délai, le représentant de l'État peut obtenir du maire le retrait de l'acte ou un jugement de suspension, selon la procédure accélérée. 1247

Voir aussi : Sur les conditions de transmission des actes issues de la loi du 13 août 2004 sur les libertés et responsabilités locales : comm. sous C. urb., art. L. 421-2-3, p. 336, L. 421-2-4, p. 339 et art. R. 430-5, p. 851.

Annulation du plan d'urbanisme. En cas d'annulation de celui-ci, le maire reste néanmoins compétent pour délivrer, sur avis conforme du représentant de l'État, un permis de démolir (CE, 28 sept. 1994, req. n° 117804, *Comité de défense des lotissements de Port-Aviation*). 1248

C. urb., art. L. 430-4-1 *(L. n° 85-729, 18 juill. 1985).* — **Lorsque le permis de démolir porte sur un immeuble ou partie d'immeuble, support d'une plaque commémorative, celle-ci est, durant les travaux de démolition, conservée par le maître d'ouvrage.**

À l'occasion des travaux d'aménagement de l'espace ainsi libéré le maître d'ouvrage réinstalle la plaque en un lieu visible de la chaussée.

Ces opérations sont déclarées auprès du maire de la commune.

Responsabilité. L'obligation de réinstallation s'impose au maître d'ouvrage titulaire du permis de démolir. Lorsque le propriétaire de la plaque et celui du bâtiment sont différents, ce dernier ne peut la détruire, à peine de commettre le délit de destruction de la chose d'autrui (C. pén., art. 322-1). Le propriétaire de la plaque peut décider de la détruire, sous réserve des préjudices moraux causés à autrui pour exercice abusif de son droit. Enfin, la législation sur les monuments historiques peut s'appliquer aux plaques commératives soit pour elles-mêmes en tant qu'objets mobiliers protégés, soit à travers l'immeuble classé ou inscrit qui les supporte (Rép. min. Legendre, 6 janv. 2003 : *JO Sénat*, p. 3271). 1249

C. urb., art. L. 430-4-2 *(L. n° 85-729, 18 juill. 1985).* — **Les infractions aux dispositions de l'article précédent sont constatées selon les modalités de l'article L. 480-1 du présent code.**

Les méconnaissances des obligations imposées par l'article L. 430-4-1 sont sanctionnées d'une amende de 3 750 euros. La réinstallation de la plaque commémorative est prononcée par le tribunal et assortie d'une astreinte dont le montant ne peut être inférieur à 75 euros *(Ord. n° 2000-916, 19 sept. 2000)*.

En outre, en cas de perte ou de destruction de la plaque commémorative au cours des travaux, le tribunal ordonne, à la charge du maître d'ouvrage, la gravure et l'installation d'une nouvelle plaque apposée dans les conditions du deuxième alinéa de l'article L. 430-4-1.

Toute association telle que définie à l'article 2-4 du Code de procédure pénale peut exercer les droits reconnus à la partie civile en ce qui concerne les faits constituant une infraction à l'article L. 430-4-1 du présent code et portant un préjudice direct ou indirect aux intérêts collectifs qu'elle a pour objet de défendre.

1250 **Personnes morales.** La loi Urbanisme-Habitat du 2 juillet 2003 introduit la responsabilité des personnes morales au titre de ce délit.

Voir aussi : Commentaires sous C. urb., art. L. 480-4-1, p. 430.

C. urb., art. L. 430-5 *(L. n° 76-1285, 31 déc. 1976)*. — Dans les communes visées à l'article L. 430-1 *a*, et sans préjudice des dispositions de la loi n° 75-1351 du 31 décembre 1975 relative à la protection des occupants de locaux à usage d'habitation, le permis de démolir peut être refusé si, dans un intérêt social, il est nécessaire de sauvegarder le patrimoine immobilier bâti. Il peut être accordé, sous réserve pour le titulaire du permis de démolir d'assurer avant le commencement des travaux le relogement dans certaines conditions, des locataires, preneurs ou occupants de bonne foi, ainsi que, le cas échéant, de construire, à la place de l'immeuble qui fait l'objet de la demande, ou à un emplacement proche de celui-ci, des logements destinés à reloger les intéressés.

Dans les cas visés aux alinéas autres que l'alinéa *a* de l'article L. 430-1, le permis de démolir peut être refusé ou n'être accordé que sous réserve de l'observation de prescriptions spéciales si les travaux envisagés sont de nature à compromettre la protection ou la mise en valeur des quartiers, des monuments et des sites.

1251 **Droits des occupants.** Le permis de démolir est légal, dès que l'immeuble est occupé par un occupant à titre gratuit. Ne sont pas non plus protégés par les dispositions du présent article les droits d'un occupant sans titre (CE, 9 nov. 1992, req. n° 104461, *Tigroudja et a. : Gaz. Pal.* 1993, 1, pan. dr. adm. p. 94).

1252 **Motif de refus – Intérêt architectural.** Le refus du permis de démolir ne peut se fonder sur l'intérêt architectural intrinsèque de l'immeuble, qui n'est pas lui-même un monument (CE, 5 nov. 1993, *Assoc. SOS Environnement Var : DA* 1993, 589. – CAA Nancy, 14 déc. 1994, *Centre hospitalier de Clermont : Ét. fonc.* 1995, n° 67. – CE, 8 janv. 1993, *Assoc. pour la sauvegarde de l'environnement de la ville d'Alésia et David : Rec. CE*, T, p. 1118).
Un maire ne peut refuser la démolition d'un bâtiment présentant certaines caractéristiques architecturales traditionnelles (en l'espèce, une ferme savoyarde), dès lors qu'il existe dans la commune d'autres témoignages d'un tel bâti, et que sa disparition ne compromettrait pas la qualité des lieux avoisinants, marqués par un habitat diffus dans lequel il est implanté et qui ne présentent pas, du seul fait de sa présence, un caractère particulier (CAA Lyon, 23 mars 2004, *Mugnier : JCP* A 2004, n° 30, comm. n° 1501, P. Billet).

1253 **Notion de protection ou de mise en valeur.** La notion « de nature à compromettre la protection ou la mise en valeur... », visée au deuxième alinéa du présent article, est à préciser en fonction de la zone où se trouve le bâtiment à démolir. En principe et quel que soit le secteur concerné, le permis de démolir ne peut être refusé, en raison du caractère éventuellement non satisfaisant de la construction projetée sur le terrain libéré, au motif que l'administration n'a pas connaissance du projet de construction. C'est la conséquence de l'indépendance des deux procédures de permis de construire et de permis de démolir. De même, toute démolition n'a pas nécessairement à être suivie immédiatement d'une construction, sauf si le bâtiment à édifier doit permettre le relogement des anciens occupants. Le contrôle du projet de construction dépendra de l'instruction du permis de construire. Les architectes des Bâtiments de France pourront cependant pour motiver leur avis négatif invoquer le caractère irréversible d'une démolition (Circ. n° 78-165, 29 déc. 1978). Cependant, la jurisprudence considère que le permis de démolir et le permis de construire sur un même terrain sont indépendants l'un de l'autre.

C. urb., art. L. 430-6 *(L. n° 76-1285, 31 déc. 1976).*— **Le permis de démolir ne peut être refusé lorsque la démolition est le seul moyen de mettre fin à la ruine de l'immeuble.**

Ruine de l'immeuble. Cette disposition, qui ne doit pas être confondue avec la dispense de permis de démolir prévue par l'article L. 430-3 *a*, n'implique pas l'intervention préalable d'un arrêté de péril et encore moins d'une décision du tribunal administratif prescrivant des travaux ou la démolition. Il appartient donc à l'autorité compétente d'apprécier si la démolition est le seul moyen de mettre fin à la ruine de l'immeuble. Mais la motivation d'un refus doit être très circonstanciée. Il a été jugé que le maire est tenu, en vertu du présent article, de faire droit à la demande de permis de démolir, dès lors que la stabilité de l'immeuble est menacée, les murs lézardés et une partie de la toiture effondrée (CE, 11 janv. 2002, *Ville de Paris c/ Forêt : Const. -urb.* 2002, n° 4, comm. n° 102, N. Rousseau). 1254

C. urb., art. L. 430-7 *(L. n° 76-1285, 31 déc. 1976).*— **Le permis de démolir tient lieu de l'autorisation prévue par l'article 11 de la loi n° 48-1360 du 1er septembre 1948.** ***(Phrase supprimée à compter du 1er janvier 2005, L. n° 2004-809, 13 août 2004, art. 68 et 199)*** **« Il est délivré après accord exprès ou tacite du ministre chargé du logement ou de son délégué qui peut subordonner cet accord au respect de certaines conditions ».**

Reconstruction. En pratique, l'octroi du permis de démolir est subordonné à la condition de reconstruction de logements. 1255

Simplification. La loi du 13 août 2004 sur les libertés et responsabilités locales a supprimé la référence à l'exigence d'un accord exprès ou tacite du ministre chargé du logement et des conditions qui pouvaient éventuellement y être portées. 1256

C. urb., art. L. 430-8 *(L. n° 76-1285, 31 déc. 1976 ; L. n° 85-729, 18 juill. 1985).*— **Le permis de démolir tient lieu des autorisations prévues par l'article** ***(Mots rempl., Ord. n° 2004-178, 20 févr. 2004, art. 3)*** **« L. 621-31 du Code du patrimoine », par l'article 9 de la loi du 2 mai 1930 sur les sites et par l'article L. 313-2. Dans chacun de ces cas, ainsi que lorsque la démolition prévue concerne un immeuble ou une partie d'immeuble inscrit à l'inventaire supplémentaire des monuments historiques ou protégé au titre de l'article 4 de la loi du 2 mai 1930, il est délivré, après accord exprès ou tacite du ministre chargé des monuments historiques et des sites ou de son délégué, qui peut subordonner cet accord au respect de certaines conditions.**

Intervention de l'ABF. Dans les cas prévus au présent article, le permis de démolir ne peut être refusé si la disparition de l'immeuble n'affecte pas l'aspect d'un monument historique (CE, 27 janv. 1982, *Mme Deillon-Billuard : Rec. CE*, T, p. 793). L'accord de l'ABF doit, bien évidemment, être régulier, faute de quoi, le permis de démolir encourt l'annulation (CAA Paris, 16 nov. 2000, req. n° 99PA00405, *Assoc. « Comité du quartier Mouffetard » : Juris-Data* n° 2000-147310, pour un avis qui ne portait pas sur l'ensemble des bâtiments concernés. – CAA Paris, 27 nov. 2001, req. n° 98PA02841, *Société Interconstruction : Juris-Data* n° 2001-166949, pour un avis défavorable entaché d'erreur d'appréciation au titre de l'insertion dans un site inscrit). 1257

Codification. L'article 13 *bis* de la loi du 31 décembre 1913 est codifié à l'article L. 621-31 du Code du patrimoine et la loi du 2 mai 1930 aux articles L. 341-1 et s. du Code de l'environnement reproduits sous l'article L. 630-1 du Code du patrimoine. 1258

C. urb., art. L. 430-9 *(L. n° 76-1285, 31 déc. 1976).*— **Sans préjudice des sanctions édictées par le présent code,** ***(Mots rempl., Ord. n° 2004-178, 20 févr. 2004, art. 3)*** **« les arti-**

cles L. 621-1 et suivants du Code du patrimoine », la loi du 2 mai 1930 et l'article 59 modifié de la loi n° 48-1360 du 1er septembre 1948, toute personne qui aura enfreint les dispositions de l'article L. 430-2 ou qui ne se sera pas conformée aux conditions ou obligations imposées par le permis de démolir sera condamnée à une amende civile de 300 à 75 000 euros *(Ord. n° 2000-916, 19 sept. 2000)*.

Cette demande sera prononcée à la requête du ministère public par le président du tribunal de grande instance du lieu de l'immeuble statuant comme en matière de référé ; le produit en sera versé pour moitié à l'Agence nationale pour l'amélioration de l'habitat et pour l'autre moitié à la Caisse nationale des monuments historiques et des sites.

En cas d'infraction aux dispositions du deuxième alinéa de l'article L. 430-2 les locaux devront être remis en état et réaffectés à leur usage antérieur dans un délai de six mois ou dans le délai éventuellement imparti par le juge. Passé ce délai, l'administration pourra procéder aux frais du contrevenant à l'exécution des travaux nécessaires.

1259 **Exclusivité de l'amende civile.** La sanction par l'amende civile prévue par le présent article exclut le prononcé des peines correctionnelles pour infraction à ses dispositions (Cass. crim., 17 mai 1988 : *Bull. crim.* n° 217, p. 566 ; *Gaz. Pal.* 1989, 1, somm. p. 1).

TITRE IV

DISPOSITIONS RELATIVES AUX MODES PARTICULIERS D'UTILISATION DU SOL

Chapitre I

Clôtures

1260 **Autorisation de clôtures.** Sans rétablir de façon générale, sur tout le territoire, le permis de construire en matière de clôtures, la loi n° 76-1285 du 31 décembre 1976 avait institué, à la suite d'un amendement de M. Peretti, une autorisation administrative préalable en matière d'édification des clôtures (art. L. 441-1 à L. 441-3). Ce texte pouvait fonder l'obligation d'édifier des clôtures à claire-voie pour, par exemple, permettre le regard du public sur des jardins, malgré les critiques de certains députés (*JOAN* 14 avr. 1976, p. 1743), expliquant que le Sénat ait hésité, en première lecture, à voter un tel texte (*JO Sénat* 21 mai 1976, p. 1257 à 1259).
C'est en raison de la consécration législative du droit de se clore (C. civ., art. 647) que le permis d'édifier les clôtures avait été institué par une disposition législative du Code de l'urbanisme. En effet, d'une manière qui n'était peut-être pas à l'abri de tout soupçon, de simples décrets en Conseil d'État avaient prévu, dans certaines communes, une procédure particulière d'autorisation préalable pour certains modes d'utilisation des sols (D. n° 62-461, 13 avr. 1962, pour les abris, les dépôts de ferrailles et de matériaux, etc., D. n° 72-37, 11 janv. 1972, pour le stationnement des caravanes). Cette situation n'avait été régularisée que par les articles L. 442-1 et L. 443-1, introduits dans le présent code par la loi du 7 janvier 1983.

Voir aussi : Sur la conciliation entre le droit de se clore, consacré par le Code civil, et l'autorisation d'édifier les clôtures, fondées sur le Code de l'urbanisme, rép. min. : *JOAN* 22 sept. 1979, p. 7437.

1261 **Limite au droit de se clore.** La primauté du droit de se clore est consacrée par la jurisprudence, selon laquelle ni le POS ni l'article L. 441-3 ne peuvent fonder légalement une obligation de recul excessif des clôtures, par rapport à la voie publique (CE, 29 déc. 1993, *Mlle Chan Hin Ying : Rec. CE*, T, p. 1119 ; *DA* 1994, 167 ; *BJDU* 2/1994, p. 41, concl. Lasvignes ; *Defrénois*, 1994, I, p. 1329, note Perignon).

1262 **Déclaration préalable à l'édification de clôtures.** La loi n° 86-13 du 6 janvier 1986 a remplacé l'autorisation de clôtures par une déclaration préalable, sans pour autant apporter de modifications au champ d'application de la réglementation.

Par instructions adressées par lettre-circulaire du 25 juillet 1986 (*JCP* N 1986, prat. 9891), l'administration centrale a procédé à une analyse du nouveau régime déclaratif ainsi mis en place (V. *J.-Cl. Construction*, fasc. 11-40).

Bibliographie : Hugot, *Droit de clôture et urbanisme : JCP* N 1977, I, 461. – Bergel, *Les autorisations spéciales : AJDA* 1984, p. 306. – Bouyssou, *Les nouvelles modifications du Code de l'urbanisme : JCP* N 1986, Prat. 9706.

C. urb., art. L. 441-1 *(L. n° 76-1285, 31 déc. 1976 ; L. n° 83-663, 22 juill. 1983 ; L. n° 85-729, 18 juill. 1985)*. — Les dispositions du présent chapitre sont applicables :

***a)* Dans les communes dotées *(Mots rempl., L. n° 2000-1208, 13 déc. 2000, art. 202-I)* « d'un plan d'occupation des sols rendu public ou d'un plan local d'urbanisme approuvé » ;**

***b)* Dans les périmètres sensibles institués en application de l'article L. 142-1 dans sa rédaction antérieure à la loi n° 85-729 du 18 juillet 1985 ou dans les zones délimitées en application des articles L. 142-3 et L. 142-11 dans leur rédaction issue de ladite loi ;**

***c)* Dans les zones d'environnement protégé instituées en application de l'article L. 143-1 dans sa rédaction antérieure à la loi n° 83-8 du 7 janvier 1983 ;**

***d)* Dans les communes figurant sur la liste dressée à cet effet par décision de l'autorité administrative.**

Communes dotées d'un POS rendu public ou approuvé. L'article 11 (aspect extérieur) du règlement de zones du POS peut prévoir des dispositions spécifiques concernant la hauteur, la consistance ou la couleur des clôtures. 1263
Aussi, lorsque le projet de clôtures n'est pas lié à un permis de construire (V. art. R. 441-11) et qu'il est donc soumis à la déclaration prévue par l'article L. 441-2, il convient de l'examiner au regard des prescriptions, s'il en existe, prévues à l'article 11 du règlement de zones du POS rendu public ou approuvé.

Communes incluses dans un périmètre sensible. Les clôtures sont soumises à autorisation dès que la publicité des actes instituant le périmètre sensible a été effectuée. 1264
Il en est de même dans les zones de préemption créées dans le cadre de la législation relative aux espaces naturels sensibles des départements et mise en place par la loi n° 85-729 du 18 juillet 1985.

Communes dotées d'une zone d'environnement protégé. Ces zones doivent être remplacées par des POS. 1265

Voir aussi : C. urb., art. L. 143-1, p. 102.

Communes figurant sur une liste dressée par arrêté préfectoral. Cette liste permet d'atteindre deux objectifs, à savoir : l'intégration dans le site des clôtures et la mise en œuvre du sursis à statuer. 1266
Lorsque les communes sur le territoire desquelles est rendue applicable la réglementation relative aux clôtures sont les mêmes que celles dans lesquelles est rendue applicable la réglementation relative aux installations et travaux divers, le préfet peut publier une liste unique des communes intéressées (Circ. n° 78-112, 21 août 1978).

Communes non dotées de POS. Dans une commune non dotée d'un plan d'occupation des sols, un particulier peut, sur le fondement de l'article R. 421-1 du présent code, construire un mur, constituant ou non une clôture, sans aucune déclaration ou autorisation préalable, à condition que ce mur n'excède pas deux mètres de hauteur. En revanche, lorsque cette hauteur excède deux mètres, ces mêmes travaux donnent lieu à une déclaration de travaux en application de l'article R. 422-2 dudit code (Rép. min. n° 35773 : *JOAN* 27 mai 1996, p. 2880). 1267

Commune couverte par un POS. Certaines zones subordonnent effectivement l'édification de cloture à une déclaration préalable, par prescriptions de leur règlement (CCA Lyon, 28 juin 2002, req. n° 97LY21513, *M. Gouvier*). 1268

C. urb., art. L. 441-2 *(L. n° 76-1285, 31 déc. 1976 ; L. n° 86-13, 6 janv. 1986).* **— Dans les parties du territoire ou zones visées à l'article L. 441-1, l'édification des clôtures est subordonnée à une déclaration préalable dans les conditions prévues à l'article L. 422-2.**

Toutefois, l'édification des clôtures habituellement nécessaires à l'activité agricole ou forestière n'est pas soumise à la déclaration prévue à l'alinéa 1er du présent article.

1269 **Définition de la clôture.** Une clôture est ce qui sert à obstruer le passage, à enclore un espace. Sont donc soumis à autorisation de clôture notamment les murs – à l'exception des murs de soutènement destinés à épauler un remblai ou une terrasse qui ressortent du champ d'application du permis de construire (V. art. L. 421-1 et R. 421-1 et V. CE, 10 févr. 1997, *Renollet : DA* 1997, 149 ; *BJDU* 1/1997, p. 47, concl. Touvet), les ouvrages à claire-voie, en treillis, clôtures de pieux, palissades, clôtures métalliques, grilles, herses, barbelés, lices, échaliers, etc. Toute édification d'un ouvrage – ce qui exclut les clôtures constituées de haies vives ou de fossés – destiné à fermer un passage ou un espace doit donc être considérée comme donnant lieu à l'édification d'une clôture (Circ. n° 78-112, 21 août 1978). Une modification de clôture, si celle-ci est jugée comme substantielle à une séparation préexistante, devra faire l'objet d'une déclaration de clôture (CE, 20 déc. 2000, req. n° 209589, *Mme Roma : BJDU* n° 1/2001, p. 13, concl. Touvet). Il en est ainsi « de canisses en plastique vert obstruant la vue et dépassant de 50 cm le grillage existant, portant ainsi l'ensemble de la clôture à une hauteur de deux mètres au-dessus du sol naturel » (CE, 20 déc. 2000, préc.).

1270 **Clôture et utilisation des sols.** Si, d'une manière générale, une clôture est destinée à séparer deux propriétés, elle est essentiellement considérée par le législateur comme un mode particulier d'utilisation des sols destiné à clore un espace, sans qu'il soit besoin de s'attacher à la nature des droits qui s'exercent sur les terrains délimités. Spécialement, le prévenu n'était pas fondé à soutenir que le mur en maçonnerie surélevé d'un grillage séparant un court de tennis de la propriété voisine ne constituait qu'une limite de servitude n'entrant pas dans les prévisions du Code de l'urbanisme, imposant une autorisation ou une déclaration préalable pour l'édification d'une clôture (CA Versailles, 8e ch., 17 juin 1988 : *JCP* N 1990, II, p. 124).

1271 **Activité agricole ou forestière.** L'exemption concernant les clôtures habituellement nécessaires à l'activité agricole ou forestière a pour but de ne pas gêner les exploitants agricoles. Elle vise notamment les clôtures métalliques, poteaux de bois ou de béton nécessaires à la protection des récoltes, des pâturages ou du bétail.
Leur édification n'est donc pas subordonnée à une déclaration préalable (TA Montpellier, 4 avr. 1995 : *Juris-Data* n° 1995-000170).

1272 **Activité exercée.** Décider à cet égard qu'exiger que l'activité agricole à laquelle il est référé soit le fait personnel du propriétaire ou d'un preneur à bail, c'est ajouter une condition qui n'est pas exprimée dans le texte (Cass. crim., 5 févr. 1985 : *JCP* G 1985, IV, 145).

1273 **Règles d'utilisation du sol.** Une autorisation de clôture (délivrée antérieurement à la loi du 6 janvier 1986) n'est pas illégale du fait que le terrain clôturé est utilisé d'une manière contrevenant aux règles d'utilisation du sol (CE, 27 avr. 1988, *SCI du Tertre Sainte-Anne : Rec. CE*, p. 170 ; *AJDA* 1988, p. 480, concl. de la Verpillière, p. 559, note J.-B. Auby).

1274 **Emplacement réservé par le POS.** Une autorisation de clôture est refusée à bon droit, un emplacement réservé par le POS ayant prévu l'aménagement d'une allée en « voirie promenade » (CE, 26 avr. 1993, *Melin : Rec. CE*, T, p. 1096).

1275 **Illégalité au regard du POS.** Mais une autorisation de clôture n'est pas illégale, pour violation du POS et ne peut donc pas être retirée, si l'emplacement réservé sur lequel elle empiète prétendument n'est pas clairement localisé par les documents graphiques (CE, 14 janv. 1991, *Cne de Pennes-Mirabeau* c/ *Époux Arabadjan*).

1276 **Identité du déclarant.** Il résulte de la combinaison des articles L. 422-2, L. 441-2, R. 441-3 et R. 422-3 que la déclaration de cloture est présentée par le propriétaire du terrain, son mandataire ou la personne ayant qualité pour exécuter les travaux (CE, 20 déc. 2000, req. n° 209589, *Mme Roma*).

C. urb., art. L. 441-3 ***(L. n° 76-1285, 31 déc. 1976 ; L. n° 86-13, 6 janv. 1986).*** **— L'autorité compétente en matière de permis de construire peut faire opposition à l'édification d'une clôture lorsque celle-ci fait obstacle à la libre circulation des piétons admise par les usages locaux.**

L'édification d'une clôture peut faire l'objet, de la part de l'autorité compétente de prescriptions spéciales concernant la nature, la hauteur ou l'aspect extérieur de la clôture ***(Mots aj., L. n° 95-101, 2 févr. 1995, art. 82)*** **« pour des motifs d'urbanisme ou d'environnement ».**

Refus définitifs et refus conservatoires. En matière de refus, il faut distinguer entre refus définitifs et refus conservatoires. Les premiers sont fondés sur des motifs qui interdisent le principe même de l'opération. Les seconds se justifient par le fait que les prescriptions qu'il faudrait imposer pour rendre le projet compatible avec les exigences que la puissance publique souhaite faire respecter remettent en cause l'économie du projet et justifient une nouvelle étude. Mais le refus conservatoire ne doit pas mettre en cause le principe même de la possibilité de réaliser l'opération du type de celle qui a été envisagée. 1277

Libre circulation des piétons et des véhicules. Les refus définitifs ne peuvent être fondés que sur l'article L. 441-3, premier alinéa (libre circulation des piétons admise par les usages locaux), sur l'article L. 160-6 (servitude de passage le long du littoral) et sur les textes particuliers qui interdisent de fermer un passage (CAA Paris, 16 oct. 1997, *Roelofsen : BJDU* 2/1998, p. 113, concl. Corouge pour une servitude de halage). Ainsi, ne peut légalement justifier une opposition le fait que la clôture constituerait un obstacle pour la circulation des véhicules et notamment des engins de lutte contre l'incendie et que son édification est prévue sur un emplacement réservé pour la voirie (CE, 31 juill. 1996, *Mme Viollet : JCP* G 1997, IV, 178 ; CAA Lyon, 13 nov. 2001, req. n° 97LY00289, *Viviers-du-lac*) ; de même, la voie privée d'un lotissement n'est pas un passage ouvert à la circulation des piétons, et les colotis peuvent donc clôturer leur voie privée (CAA Marseille, 8 déc. 1998, *Rovan*). 1278

Seules des considérations tenant à la libre circulation des piétons peuvent, en application de l'article L. 441-3 du Code de l'urbanisme, légalement fonder l'opposition d'un maire à l'édification d'une cloture (CE, 9 juill. 2001, req. n° 232541, *M. Pasquini*).

La jurisprudence admet, sans s'expliquer sur l'ancienneté des usages locaux, la légalité d'un refus d'autorisation (CE, 23 nov. 1988, *Mme Mazarguil : DA* 1989, n° 16. – CE, 25 avr. 1990, *Gomel*), mais il n'y a pas usage local si le public enjambe un muret et un grillage (CAA Lyon, 14 févr. 1995, *Seibert : DA* 1995, 311).

Usages locaux. Un maire de l'île-de-Ré s'est opposé légalement à l'édification d'une clôture en tant qu'elle constituerait un obstacle à la circulation des piétons, telle qu'elle est admise par les usages locaux. Le terrain litigieux constitue, sous l'appellation locale de « Quereux », une petite place à travers laquelle l'usage local autorise le libre passage des piétons. La clôture envisagée constituerait un obstacle au sens de l'article L. 441-3 du Code de l'urbanisme (CE, 9e et 8e sous-sect. réunies, 2 mars 1994, *Cne de Sainte-Marie-de-Ré* c/ *Le Boulicaut : BJDU* 4/1998, p. 307). En sens inverse, le juge du fond, après avoir vérifié que le tracé d'un ancien chemin ne passait pas par le terrain à clôturer et qu'aucun des usages locaux n'organisait la libre circulation des piétons sur le terrain en cause, peut valablement rejeter toute contestation à une opposition à déclaration de clôture (CAA Lyon, 30 juill. 2003, req. n° 99LY01364, *Cne de Hauteluce*). 1279

Servitude de passage. Un passage dans une clôture ancienne permettant de traverser une parcelle privée contiguë au domaine public maritime, dont il n'est pas établi qu'il soit emprunté par un grand nombre de personnes pour se rendre au bord de la mer, ne peut être regardé comme une voie assurant une « libre circulation de piétons admise par les usages locaux », au sens des dispositions de l'article L. 441-3 du Code de l'urbanisme, justifiant le refus d'autorisation d'édifier une clôture (CAA Lyon, 1re ch., 14 févr. 1995, n° 93-LY01342, *Seibert : Juris-Data* n° 1995-051958). 1280

1281 **Imposition de prescriptions techniques.** Quant aux prescriptions dont peut être assortie l'autorisation, elles peuvent porter non seulement sur la nature, la hauteur ou l'aspect extérieur de la clôture mais aussi sur les matériaux à utiliser, la couleur de la clôture, etc.

1282 **Erreur manifeste.** Ainsi, est entaché d'erreur manifeste d'appréciation l'arrêté du maire accordant l'autorisation d'édifier un mur de clôture d'une hauteur de 2 m 60 par rapport au fonds voisin et constitué de parpaings creux simplement jointoyés sur une face et crépis sur l'autre alors qu'un tel mur est de nature à porter atteinte au caractère du village dont les maisons sont en maçonnerie de pierres jointes au mortier et qui constitue ainsi une unité architecturale (CE, 1re et 4e sous-sect. réunies, 11 déc. 1991, *Mme Reboul* c/ *M. Hefner : Gaz. Pal.* 1992, 2, pan. dr. adm., p. 107).

1283 **Prescription.** La prescription spéciale édictée (mention de l'interdiction de poser des portails sur une servitude de passage publique) constitue un tout indivisible avec la décision de non-opposition du maire à l'édification de la clôture ; par suite le requérant n'est pas recevable à demander l'annulation de la décision en tant seulement qu'elle interdit la pose de portails sur la servitude de passage (CE, 1re et 4e sous-sect. réunies, 9 oct. 1996, req. n° 126348, *Seulin : Juris-Data* n° 1996-050728. – CAA Nancy, 2 févr. 2004, req. n° 99NC00268, *Cne de Wangenbourg-Engenthal*).

1284 **Domaine public fluvial.** Il importe de rappeler les dispositions de l'article 15 du Code du domaine public fluvial et de la navigation intérieure selon lequel les propriétaires de terrains situés le long des chemins de halage doivent notamment s'interdire de « se clore par haies ou autrement qu'à une distance de 9,75 mètres du côté où les bateaux se tirent (...) ».
Si un maire est donc tenu de faire opposition à une déclaration de clôture en tant qu'elle est contraire à cet article 15 précité, le moyen par ailleurs tiré de la méconnaissance des dispositions de l'article L. 441-3 du Code de l'urbanisme ne pouvait qu'être écarté car inopérant (CAA Paris, 8 juill. 2004, req. n° 02PA00687, *Cne de Vauréal*).

1285 **RNU.** Les dispositions du RNU ne sont pas applicables à l'édification de clôtures et ne peuvent fonder légalement une décision d'opposition à de tels travaux (CAA Nantes, 8 avr. 2003, req. n° 01NT01151, *Cne de Berchères-sur-Vesgre*).

1286 **Plans d'occupation des sols.** Si les POS peuvent prévoir des dispositions relatives à l'aspect des clôtures (art. 11 du règlement de zones), ils n'édictent pas systématiquement pour autant des prescriptions rigides en matière de clôtures. Aussi en l'absence de dispositions explicites, et si le projet est particulièrement inesthétique, l'autorisation peut être temporairement refusée ou assortie de prescriptions de nature à en améliorer l'aspect.

1287 **Emplacement réservé.** Un terrain à enclore inscrit en emplacement réservé par le POS ne peut justifier un refus légal d'une demande de clôture (TA Dijon, 4 avr. 2002, req. n° 01-2230, *SCI Le pied du Cloud : BJDU* n° 4/2002, p. 320).

1288 **Nature des clôtures.** Les caractéristiques des clôtures, telles que fixées par un règlement de lotissement, ne s'imposent pas pour un mur prolongeant le bâtiment principal (CE, 23 févr. 1990, *Min. Urbanisme* c/ *Desmaison*) ; ni le POS, ni l'article L. 441-3, ne peuvent fonder légalement une obligation de recul excessif des clôtures par rapport à l'axe de la voie publique (CE, 29 déc. 1993, *Mlle Chan Hin Ying : Rec. CE*, T. p. 1119 ; *DA* 1994, 167 ; *BJDU* 2/1994, p. 41, concl. Lasvignes ; *Defrénois* 1994, I, p. 1329, note Pérignon).

C. urb., art. L. 441-4 et L. 441-5 *(Ab., L. n° 86-13, 6 janv. 1986).*

Chapitre II
Installations et travaux divers

1289 **ITD.** Le régime particulier des installations et travaux divers (ITD) soumet à un cadre législatif et réglementaire spécifique les utilisations particulières du sol visées aux articles L. 442-2 et R. 442-2.

Ces utilisations assujetties au présent chapitre concernent soit celles qui impliquent de réaliser des équipements particuliers, soit celles qui sont susceptibles de remettre en cause un élément environnemental.

Ces travaux qui entrent *a priori* dans le champ d'application matériel du régime ITD ne sont toutefois pas assujettis aux exigences des dispositions des articles L. 442-1 et s. s'ils sont déjà soumis à un régime d'autorisation ou de déclaration pris en application des articles R. 442-3, R. 442-12, R. 445-5, R. 445-11 (al. 5) et R. 445-14.

À l'inverse, l'autorisation ITD tiendra lieu d'autorisation pour les travaux effectués dans certains périmètres ou conformément à certaines prescriptions : R. 442-11-1 (ZPPAUP), R. 442-6, al. 8 (clôture), R. 442-14 (zones couvertes par des PER), art. 13 *bis*, alinéa 1er, de la loi du 31 décembre 1913 (travaux dans le champ de visibilité des monuments historiques).

Bibliographie : FRIER, *Autorisations et déclarations spéciales : J.-Cl. Coll. territoriales*, Fasc. 1318, n° 138 et s.

C. urb., art. L. 442-1 *(L. n° 83-8, 7 janv. 1983 ; L. n° 83-663, 22 juill. 1983).*— L'autorisation des installations et travaux divers est délivrée dans les formes, conditions et délais déterminés par décret en Conseil d'État :

***a) (Mots rempl., L. n° 2000-1208, 13 déc. 2000, art. 202-XXXVII)* « Dans les communes où un plan local d'urbanisme ou une carte communale a été approuvé », au nom de la commune ou de l'établissement public de coopération intercommunale ou de l'État, selon les cas et modalités prévus aux articles L. 421-2-1 à L. 421-2-8 ; les dispositions de l'article L. 421-9 sont alors applicables ;**

***b)* Dans les autres communes, au nom de l'État. *(Phrase aj., L. n° 2003-590, 2 juill. 2003, art. 59-II)* Toutefois, dans ces communes, la délibération mentionnée au deuxième alinéa de l'article L. 442-2 peut prévoir que l'autorisation concernant les travaux mentionnés à cet alinéa est délivrée au nom de la commune.**

Un décret en Conseil d'État détermine les types d'installations et de travaux divers pour lesquels la délivrance de l'autorisation prévue au premier alinéa est obligatoire.

Terrain pour la pratique de sports motorisés. L'ouverture de terrains pour la pratique de sports motorisés est soumise aux dispositions de l'article L. 442-1 (art. 2, codifié au Code de l'environnement, de la loi n° 91-2 du 3 janv. 1991 relative à la circulation des véhicules terrestres dans les espaces naturels ; CE, 30 déc. 2003, req. n° 229713, *Synd. national des professionnels de la motoneige*. 1290

Voir aussi : Sur l'origine de la réglementation qui a pour objet de subordonner l'utilisation d'un terrain à certaines fins à l'obtention par le propriétaire de celui-ci d'une autorisation spéciale, commentaire précédant l'article L. 441-1.

C. urb., art. L. 442-2 *(L. n° 93-24, 8 janv. 1993).* — Tous travaux ayant pour effet de détruire un élément de paysage identifié par un *(Mots rempl., L. n° 2000-1208, 13 déc. 2000, art. 202-III)* « plan local d'urbanisme » en application du 7° de l'article L. 123-1 et non soumis à un régime d'autorisation doivent faire l'objet d'une autorisation préalable au titre des installations et travaux divers dans les conditions prévues par décret en Conseil d'État.

***(Al. aj., L. n° 2003-590, 2 juill. 2003, art. 59-II)* Il en est de même, dans une commune non dotée d'un plan local d'urbanisme, des travaux non soumis à un régime d'autorisation préalable et ayant pour effet de détruire un élément de paysage à protéger et à mettre en valeur, identifié par une délibération du conseil municipal, prise après enquête publique.**

C. env., art. L. 350-1 *(L. n° 93-24, 8 janv. 1993, art. 1er ; L. n° 95-115, 4 févr. 1995, art. 5-E).*— I. – Sur des territoires remarquables par leur intérêt paysager, définis en concertation avec les collectivités territoriales concernées et lorsque lesdits territoires ne sont pas l'objet de directives territoriales d'aménagement prises en application de l'article L. 111-1-1 du Code de l'urbanisme, l'État peut prendre des directives de protection et de mise en valeur des paysages.

II. – Ces dernières directives déterminent les orientations et les principes fondamentaux de protection des structures paysagères qui sont applicables à ces territoires. Elles sont élaborées à l'initiative de l'État ou de collectivités territoriales. Elles font l'objet d'une concertation avec l'ensemble des collectivités territoriales intéressées et avec les associations de protection de l'environnement agréées au titre de l'article L. 141-1 et les organisations professionnelles concernées. Elles sont approuvées par décret en Conseil d'État.

III. – Les schémas directeurs, les schémas de secteur et les plans d'occupation des sols ou tout document d'urbanisme en tenant lieu doivent être compatibles avec les directives de protection et de mise en valeur des paysages.

IV. – Leurs dispositions sont opposables aux demandes d'autorisations de défrichement, d'occupation et d'utilisation du sol :

1° En l'absence de plan d'occupation des sols opposable aux tiers ou de tout document d'urbanisme en tenant lieu ;

2° Lorsqu'un plan d'occupation des sols ou tout document d'urbanisme en tenant lieu est incompatible avec leurs dispositions.

V. – Un décret en Conseil d'État fixe les conditions d'application du présent article.

1291 **Commune sans POS.** Le régime des ITD sera également applicable pour les communes sans POS, dès lors que des éléments à protéger auront été identifiés par une simple délibération du conseil municipal.

1292 **Identification préalable.** L'application des dispositions du présent article implique que le plan d'occupation des sols ait préalablement identifié les structures du paysage qu'il est envisagé de détruire (Rappr. Rép. min. n° 1197 : *JO* Sénat Q 16 sept. 1993, p. 1646) en sorte que seuls les travaux susceptibles de porter atteinte gravement à un paysage considéré comme important par le plan d'occupation des sols sont soumis à ces dispositions à l'exclusion de tous autres travaux qui peuvent par suite être entrepris sans autorisation préalable.

Voir aussi : Sur la protection des paysages, circulaire interministérielle (Équipement-Environnement) n° 95-23 du 15 mars 1995 (*Mon. TP* 14 juill. 1995) et circulaire DAU n° 218 du 26 juin 1995 sur le rôle et les missions des paysagistes conseils (*Mon. TP* 14 juill. 1995).

Chapitre III

Camping et stationnement de caravanes

1293 **Présentation.** La législation et la réglementation, mises peu à peu en place tant pour le camping que pour le stationnement des caravanes et maintenant partiellement intégrées au Code de l'urbanisme, s'appuient sur trois principes directeurs :

a) en premier lieu, ces formes de loisirs et d'hébergement ne doivent pas porter atteinte à la salubrité, à la tranquillité et à la sécurité publique, aux sites et paysages, aux bois et forêts, parcs classés, et à l'environnement et enfin à l'application des règles générales d'urbanisme ;

b) en second lieu, la réglementation doit assurer aux caravaniers, notamment dans les terrains aménagés, la garantie d'un minimum de confort et d'hygiène ;

c) par suite et enfin, la formule à encourager est celle de la création de terrains aménagés spécialement pour l'accueil des campeurs et des caravanes.

Bibliographie : AUBIN, *L'accueil des gens du voyage par les communes de plus de 5 000 habitants : AJDA* 1996, p. 965 ; *L'accueil et l'habitat des gens du voyage : AJDA* 2000, p. 822. – BOUYSSOU, *Le régime juridique des parcs résidentiels de loisirs et la réforme du camping et du caravaning : JCP* 1981, I, p. 3026 ; *Le camping et le caravaning : JCP* N 1985, I, 33. – DARNANVILLE, *L'occupation du domaine public par les gens du voyage : Petites affiches* 2000, n° 39. – DROBENKO, *Urbanisation et accueil des gens du voyage : AJDI* 1998, p. 707. – HUGOT, *Le statut des terrains aménagés pour l'accueil des campeurs et des caravanes après le décret et l'arrêté du 11 janvier 1993 : JCP* N 1993, Prat. 555. – LE CORNEC, *Le maire face aux risques du camping : Ét. fonc.* 1997, n° 76, p. 12. – SIRONNEAU, *Droit du camping : camping-caravaning et parcs résidentiels de loisirs : D.* 1982, p. 260. – SOMMER, *Accueil et habitat des gens du voyage : le stationnement irrégulier : RD imm.* 2001, p. 133.

C. urb., art. L. 443-1 *(L. n° 83-8, 7 janv. 1983 ; L. n° 83-663, 22 juill. 1983 ; L. n° 92-3, 3 janv. 1992).* — *(Al. rempl., L. n° 2000-1208, 13 déc. 2000, art. 209-1°)* Les autorisations et actes

relatifs à l'aménagement de terrains de camping, destinés à l'accueil de tentes, de caravanes, de résidences mobiles de loisirs et d'habitations légères de loisirs, et au stationnement des caravanes et des résidences mobiles de loisirs, sont délivrés dans les formes et conditions déterminées par décret en Conseil d'État.

***a) (Mots rempl., L. n° 2000-1208, 13 déc. 2000, art. 202-XXXVII)* « Dans les communes où un plan local d'urbanisme ou une carte communale a été approuvé », au nom de la commune ou de l'établissement public de coopération intercommunale ou de l'État, selon les cas et modalités prévus aux articles L. 421-2-1 à L. 421-2-8 ; les dispositions de l'article L. 421-9 sont alors applicables ;**

***b)* Dans les autres communes, au nom de l'État.**

Si ces terrains sont desservis par un réseau public d'assainissement, les dispositions de l'article L. 421-5 du présent code sont applicables à leur délivrance.

***(Al. créé, L. n° 2000-1208, 13 déc. 2000, art. 209-2°)* Un décret en Conseil d'État définit la résidence mobile de loisirs, l'habitation légère de loisirs et la caravane, ainsi que les conditions dans lesquelles elles peuvent être installées ou implantées. L'autorisation d'aménager tient, le cas échéant, lieu de permis de construire.**

Loi SRU. La modification de l'article L. 443-1 issue de la loi SRU apporte désormais une base législative à la réglementation préexistante applicable aux terrains de camping et aux hébergements de plein air. À cette occasion, le champ d'application du régime relatif au camping et stationnement de caravanes est sensiblement étendu. 1294

Voir aussi : Sur l'origine de la réglementation, commentaire précédant l'article L. 441-1 ; la prohibition de C. urb., art. L. 146-5, p. 129 en zones littorales ; à l'égard du dernier alinéa ajouté par la loi n° 92-3 du 3 janvier 1992 sur l'eau, voir C. urb., art. L. 421-5, p. 353 et ses notes.

Classement des terrains. Le représentant de l'État reste compétent en matière de *classement* de terrains. La décision de classement est en effet toujours prise par arrêté du préfet, après avis de la commission départementale de l'action touristique. 1295

Fermeture de camping. Si les dispositions de l'article L. 443-1 permettent au préfet de se substituer au maire en ce qui concerne la police des campings, elles ont pour effet de permettre des mesures à caractère provisoire et ne font donc pas obstacle à ce que le préfet fasse usage de ses pouvoirs de police générale lorsqu'il prend, par exemple, une mesure à caractère définitif ; ici, la fermeture d'un camping (CAA Marseille, 19 déc. 2003, req. n° 99 MA02348, *M. Paul Augier*). 1296

C. urb., art. L. 443-2 *(L. n° 93-24, 8 janv. 1993).* — Dans les zones soumises à un risque naturel ou technologique prévisible, définies par le préfet de département, l'autorité compétente pour délivrer les autorisations d'aménagement de terrains de camping et de stationnement de caravanes fixe, après consultation du propriétaire et de l'exploitant et après avis motivé du préfet, les prescriptions d'information, d'alerte et d'évacuation permettant d'assurer la sécurité des occupants de ces terrains et le délai dans lequel elles devront être réalisées.

À l'issue du délai imparti, si l'autorité compétente pour délivrer l'autorisation d'aménager constate que ces prescriptions ne sont pas respectées, elle peut ordonner la fermeture du terrain et l'évacuation des occupants jusqu'à exécution des prescriptions.

En cas de carence de l'autorité compétente, le préfet de département peut se substituer à elle après mise en demeure restée sans effet.

***(Al. créé, L. n° 95-101, 2 févr. 1995, art. 22)* Si l'une des zones visées au présent article est couverte par un plan de prévention des risques naturels prévisibles établi en application *(Réf. rempl., L. n° 2004-811, 13 août 2004, art. 102, IV)* « du chapitre II du titre VI du livre V du Code de l'environnement », les prescriptions fixées en application du présent article doivent être compatibles avec celles définies par ce plan.**

Un décret en Conseil d'État fixe les modalités d'application du présent article.

Nature de l'avis. Dans une zone soumise à un risque de feu de forêt, et en l'absence d'avis motivé du préfet, les différents avis émis par ailleurs (par les services de la DDE, de la DDASS, d'EDF, de l'ONF, du service départemental de l'incendie et de la DDA) ne sauraient tenir lieu de l'avis requis 1297 par les dispositions de l'article L. 443-2 et que cette absence entache donc la décision du maire d'autoriser un exploitant de camping à procéder à son extension (CAA Bordeaux, 29 avr. 2004, req. n° 01BX02636, *Société Hypo Camp*).

C. urb., art. L. 443-3 ***(Créé, L. n° 2000-614, 5 juill. 2000, art. 8-3°).*** **— Dans les zones constructibles, des terrains bâtis ou non bâtis peuvent être aménagés afin de permettre l'installation de caravanes constituant l'habitat permanent de leurs utilisateurs. L'autorisation d'aménagement est délivrée dans les formes, conditions et délais définis par le décret en Conseil d'État mentionné à l'article L. 443-1.**

Voir aussi : Sur l'implantation des terrains aménagés de camping et de caravanage en bordure ou à proximité des cours d'eau susceptibles de provoquer des inondations mettant en cause la sécurité des personnes et des biens, la réponse ministérielle n° 42451 : *JOAN* 30 déc. 1996, p. 6884, qui énonce en particulier les différents moyens juridiques pouvant être mis en œuvre par les autorités compétentes pour assurer la prévention des occupants et leur sécurité ; C. urb., art. R. 443-8-3, p. 887 et ses annotations.

Chapitre IV

Néant.

Chapitre V

Remontées mécaniques et aménagements de domaine skiable

1298 **Origine.** Le présent chapitre est tout entier issu de la loi n° 85-30 du 9 janvier 1985 relative à l'aménagement et à la protection de la montagne et du décret n° 88-635 du 6 mai 1988.

Voir aussi : C. urb., art. L. 145-1 et s., p. 108.

1299 **Double autorisation.** En matière de remontées mécaniques, deux autorisations successives sont nécessaires (art. L. 445-1). Le permis de construire sert de modèle à ces autorisations, ainsi qu'à celles d'aménager des pistes de ski alpin (art. L. 445-2 et L. 445-3).

Voir aussi : La procédure UTN applicable à certaines remontées mécaniques, C. urb., art. L. 145-9, p. 116 et C. urb., art. L. 145-10, p. 118.

C. urb., art. L. 445-1 ***(L. n° 85-30, 9 janv. 1985). — (Al. rempl., L. n° 2002-3, 3 janv. 2002, art. 6-I-1°)*** **Les travaux de construction ou de modification substantielle des remontées mécaniques visées à l'article 43 de la loi n° 85-30 du 9 janvier 1985 précitée sont soumis à autorisation, d'une part, avant l'exécution des travaux et, d'autre part, avant la mise en exploitation.**

L'autorisation d'exécution des travaux portant sur la réalisation des remontées mécaniques tient lieu du permis de construire prévu à l'article L. 421-1 en ce qui concerne les travaux soumis audit permis.

Cette autorisation est délivrée, quelle que soit l'importance de l'équipement par l'autorité compétente en matière de permis de construire.

Elle est délivrée après avis conforme du représentant de l'État dans le département au titre de la sécurité des installations et des aménagements concernés par l'appareil. Le représentant de l'État dans le département arrête les réserves et les prescriptions auxquelles peut être subordonnée l'autorisation d'exécution des travaux.

(Al. créé, L. n° 2002-3, 3 janv. 2002, art. 6-I-2°) **Lorsque les travaux portent sur une remontée mécanique empruntant un tunnel, il doit être joint à la demande d'autorisation un dossier descriptif accompagné de l'avis sur la sécurité émis par un expert ou un organisme qualifié, agréé. Cet avis présente notamment les conditions d'exploitation de la remontée mécanique au regard des risques naturels ou technologiques susceptibles d'affecter l'ouvrage.**

La mise en exploitation des remontées mécaniques est autorisée par l'autorité compétente en matière de permis de construire, après avis conforme du représentant de l'État dans le département au titre de la sécurité des installations et des aménagements concernés par l'appareil. Cette autorisation tient lieu du certificat prévu à l'article L. 460-2.

Définition. Sont dénommées « remontées mécaniques », aux termes mêmes de l'article 43 de la loi n° 85-30 du 9 janvier 1985, tous les appareils de transports publics de personnes par chemin de fer funiculaire ou à crémaillère, par téléphérique, par téléskis ou par tout autre engin utilisant des câbles porteurs ou tracteurs. 1300

Ainsi, des fils à neige pour jeunes enfants constituent des remontées mécaniques au sens de l'article L. 445-1 (CAA Lyon, 4 févr. 1997, *Cne de Chamonix Mont-Blanc : BJDU* 2/1997, p. 129, concl. Gailleton).

Cependant, les articles 44 et 45 de la loi n° 85-30 du 9 janvier 1985 précitée font une discrimination entre les remontées mécaniques « de ville » et « de campagne ».

Remontées mécaniques de ville. La première catégorie – remontées mécaniques de ville – comprend les remontées mécaniques pour lesquelles sont réunies les trois conditions suivantes (L. n° 85-30, 9 janv. 1985, art. 44) : 1301

– il existe un périmètre de transports urbains défini à l'article 27 de la loi n° 82-1153 du 30 décembre 1982 d'orientation des transports intérieurs comme le territoire d'une ou de plusieurs communes adjacentes ou le ressort territorial d'un établissement public ayant reçu mission d'organiser les transports publics de personnes ;

– le service que la remontée mécanique assure est régulier ;

– ce service n'a pas seulement un objet touristique ou sportif.

Remontées mécaniques de campagne. La seconde catégorie – remontées mécaniques de campagne – englobe toutes les autres remontées mécaniques (L. n° 85-30, 9 janv. 1985, art. 45), c'est-à-dire celles qui ne sont pas situées dans un périmètre de transports urbains et n'assurent pas un transport régulier de personnes, mais qui permettent néanmoins un transport touristique ou sportif. 1302

C. urb., art. L. 445-2 *(L. n° 85-30, 9 janv. 1985).* — L'aménagement de pistes de ski alpin est soumis à l'autorisation délivrée par l'autorité compétente en matière de permis de construire.

Nature des travaux. L'autorisation concerne les travaux nécessaires à l'aménagement des pistes de ski alpin et non leur simple tracé ou leur gestion ultérieure. Il s'agit généralement de travaux d'aménagement de sol qui peuvent comporter des effets durables et parfois importants au regard de l'urbanisme ou de la protection de l'environnement (Circ. n° 88-63, 25 juill. 1988, n° 5). 1303

Ski nordique. La pratique du ski nordique et les aménagements qu'elle peut nécessiter demeurent en dehors du champ d'application du présent article. 1304

C. urb., art. L. 445-3 *(L. n° 85-30, 9 janv. 1985).* — Dans les communes pourvues d'un *(Mots rempl., L. n° 2000-1208, 13 déc. 2000, art. 202-III)* « plan local d'urbanisme » opposable, les équipements et aménagements destinés à la pratique du ski alpin et les remontées mécaniques ne peuvent être respectivement réalisés qu'à l'intérieur des zones ou à l'intérieur des secteurs délimités en application du 6° de l'article L. 123-1.

Dans les communes pourvues d'un *(Mots rempl., L. n° 2000-1208, 13 déc. 2000, art. 202-III)* « plan local d'urbanisme » opposable lors de la publication de la loi n° 85-3 du 9 janvier 1985 précitée, cette disposition s'applique, le cas échéant, à partir de l'approbation de la première modification ou révision de ce plan.

Repérage graphique. Les zones et secteurs délimités en application du 6° de l'article L. 123-1 du présent code doivent faire l'objet d'un report sur les documents graphiques du plan d'occupation des sols. 1305

Voir aussi : C. urb., art. R. 123-18, II, 2°, p. 530. – Rép. min. : *JOAN* 17 mars 1986, p. 1128.

C. urb., art. L. 445-4 ***(L. n° 85-30, 9 janv. 1985).*** **— Un décret en Conseil d'État détermine les règles générales auxquelles sont soumises les autorisations prévues par le présent chapitre ainsi que les formes, conditions et délais dans lesquels elles sont délivrées.** ***(Phrase créée, L. n° 2002-3, 3 janv. 2002, art. 6-II)*** **« Ce décret précise en outre les remontées mécaniques pour lesquelles l'avis conforme du représentant de l'État dans le département, préalable à ces autorisations, ne peut être délivré qu'après consultation d'une commission administrative, assurant notamment la représentation des collectivités territoriales. »**

Voir aussi : C. urb., art. L. 445-1 à 445-4, p. 380.

TITRE V
DISPOSITIONS DIVERSES

Chapitre I
Dispositions propres à certaines utilisations des surfaces bâties

Section I Cours communes

1306 **Prospect.** La servitude de cour commune est instituée au besoin par la voie judiciaire, afin d'assurer le respect des règles de prospect. Son régime, primitivement fixé par le décret n° 58-1178 du 4 décembre 1958, a reçu une consécration législative (L. n° 76-1285, 31 déc. 1976 ; art. L. 451-1 à L. 451-3). Sur le fond, le régime des servitudes de cours communes n'est pas modifié par ces dispositions (*J.-Cl. Administratif*, fasc. 446).

Bibliographie : Liet-Veaux, *Nouvelles précisions pratiques sur la servitude de cour commune : Rev. Administrer*, juill. 1982, p. 2.

C. urb., art. L. 451-1 ***(L. n° 76-1285, 31 déc. 1976).*** **— Lorsqu'en application des dispositions d'urbanisme, la délivrance du permis de construire est subordonnée, en ce qui concerne les distances qui doivent séparer les constructions, à la création, sur un terrain voisin, de servitudes de ne pas bâtir ou de ne pas dépasser une certaine hauteur en construisant, lesdites servitudes, dites « de cours communes », peuvent, à défaut d'accord amiable entre les propriétaires intéressés, être imposées par la voie judiciaire dans les conditions définies par décret.**

1307 **Lien avec le PLU.** Un traité de cour commune peut déroger à une règle de prospect du PLU, mais dans les conditions prévues expressément par ce document d'urbanisme (CE, 23 juin 2004, *SCI Paris Heine Source, Ville de Paris : BJDU* 5/2004, p. 382, concl. E. Glaser).

Voir aussi : Comm. sous C. urb., art. L. 421-3, p. 345 et le paragraphe sur la réserve des droits des tiers, avec l'arrêt de Cass. 3e civ. du 26 mai 2004 sur la dérogation conventionnelle autorisée par le plan d'urbanisme à une règle de prospect (*Defrénois* 2004, p. 1565, note J.-P. Meng).

C. urb., art. L. 451-2 ***(L. n° 76-1285, 31 déc. 1976).*** **— Si dans un délai de un an à compter de l'institution de la servitude de cours communes, le permis de construire n'a pas été délivré ou si, dans le même délai, à compter de la délivrance dudit permis de construire, le demandeur n'a pas commencé les travaux ou si les travaux sont interrompus pendant au moins une année, la décision judiciaire qui a institué la servitude, même passée en force de chose jugée, pourra, sans préjudice de tous dommages-intérêts, être rapportée à la demande du propriétaire du terrain grevé.**

Toutefois, le délai prévu à l'alinéa premier du présent article est suspendu, le cas échéant, pendant la durée du sursis à exécution de la décision portant octroi du permis de construire, ordonné par décision juridictionnelle ou administrative, ainsi qu'en cas

d'annulation du permis de construire prononcée par jugement du tribunal administratif frappé d'appel, jusqu'à la décision rendue par le Conseil d'État.

Adaptation du texte. Dans le second alinéa, la référence au sursis à exécution doit être rempla- 1308
cée par celle de « référé-suspension », issu de la loi du 30 juin 2000 (art. L. 421-9 du présent code).

Permis de construire modificatif. La servitude de cour commune peut être instituée à l'occa- 1309
sion d'un permis de construire modificatif (Cass. 3e civ., 4 janv. 1995 : *DA* 1995, 246).

C. urb., art. L. 451-3 ***(L. n° 76-1285, 31 déc. 1976).*** **— Les indemnités définitives dues par les bénéficiaires des servitudes aux propriétaires des terrains grevés sont fixées, à défaut d'accord amiable, par voie judiciaire.**

Section II Constructions industrielles en dehors des plans locaux d'urbanisme

(Intitulé mod., L. n° 2000-1208, 13 déc. 2000, art. 202-VIII)

C. urb., art. L. 451-4 ***(L. n° 76-1285, 31 déc. 1976).*** **— En dehors des zones couvertes par les** ***(Mots rempl., L. n° 2000-1208, 13 déc. 2000, art. 202-VIII)*** **« plans locaux d'urbanisme » établis conformément aux dispositions du titre II du livre I du présent code, les autorisations de constructions industrielles devront prendre en considération la valeur agronomique des sols et l'existence de zones de terrains produisant des denrées de qualité supérieure ou comportant des équipements spéciaux importants.**

Section III Création et construction de magasins de grande surface

Bibliographie : *J.-Cl. Construction*, fasc. 12 à 12-30.

C. urb., art. L. 451-5 ***(Créé, D. n° 76-267, 25 mars 1976, art. 10).*** **— Ainsi qu'il est dit à l'article 29 de la loi n° 73-1193 du 27 décembre 1973 d'orientation du commerce et de l'artisanat : préalablement à l'octroi du permis de construire, s'il y a lieu, et avant réalisation, si le permis de construire n'est pas exigé, sont soumis pour autorisation à la commission départementale d'urbanisme commercial les projets :**

1° De constructions nouvelles entraînant création de magasins de commerce de détail d'une surface de plancher hors œuvre supérieure à 3 000 mètres carrés, ou d'une surface de vente supérieure à 1 500 mètres carrés, les surfaces précitées étant ramenées, respectivement, à 2 000 et 1 000 mètres carrés dans les communes dont la population est inférieure à 40 000 habitants ;

2° D'extension de magasins ou d'augmentation des surfaces de vente des établissements commerciaux ayant déjà atteint les surfaces prévues au 1° ci-dessus ou devant les atteindre ou les dépasser par la réalisation du projet si celui-ci porte sur une surface de vente supérieure à 200 mètres carrés ;

3° De transformation d'immeubles existants en établissements de commerce de détail dont la surface de plancher hors œuvre ou la surface de vente est égale ou supérieure aux surfaces définies au 1° ci-dessus.

Lorsque le projet subit des modifications substantielles dans la nature du commerce ou des surfaces de vente, le préfet saisit à nouveau la commission départementale d'urbanisme commercial qui doit alors statuer dans un délai de deux mois.

L'autorisation préalable requise pour les réalisations définies au 1° ci-dessus n'est ni cessible, ni transmissible.

C. com., art. L. 720-5. — I. – Sont soumis à une autorisation d'exploitation commerciale les projets ayant pour objet :

1° La création d'un magasin de commerce de détail d'une surface de vente supérieure à 300 mètres carrés, résultant soit d'une construction nouvelle, soit de la transformation d'un immeuble existant ;

2° L'extension de la surface de vente d'un magasin de commerce de détail ayant déjà atteint le seuil des 300 mètres carrés ou devant le dépasser par la réalisation du projet. Est considérée comme une extension l'utilisation supplémentaire de tout espace couvert ou non, fixe ou mobile, et qui n'entrerait pas dans le cadre de l'article L. 310-2 ;

3° La création ou l'extension d'un ensemble commercial tel que défini à l'article L. 720-6 d'une surface de vente totale supérieure à 300 mètres carrés ou devant dépasser ce seuil par la réalisation du projet ;

4° La création ou l'extension de toute installation de distribution au détail de combustibles et de carburants, quelle qu'en soit la surface de vente, annexée à un magasin de commerce de détail mentionné au 1° ci-dessous ou à un ensemble commercial mentionné au 3° ci-dessus et située hors du domaine public des autoroutes et routes express ;

***(L. n° 2005-157, 23 févr. 2005, art. 49)* Les dispositions relatives aux installations de distribution de combustibles sont précisées par décret.**

5° La réutilisation à usage de commerce de détail d'une surface de vente supérieure à 300 mètres carrés libérée à la suite d'une autorisation de création de magasin par transfert d'activités existantes, quelle que soit la date à laquelle a été autorisé ce transfert ;

6° La réouverture au public, sur le même emplacement, d'un magasin de commerce de détail d'une surface de vente supérieure à 300 mètres carrés dont les locaux ont cessé d'être exploités pendant deux ans, ce délai ne courant, en cas de procédure de redressement judiciaire de l'exploitant, que du jour où le propriétaire a recouvré la pleine et entière disposition des locaux ;

7° Les constructions nouvelles, les extensions ou les transformations d'immeubles existants entraînant la constitution d'établissements hôteliers d'une capacité supérieure à trente chambres hors de la région d'Île-de-France, et à cinquante chambres dans cette dernière.

Lorsqu'elle statue sur ces demandes, la commission départementale d'équipement commercial recueille l'avis préalable de la commission départementale d'action touristique, présentée par le délégué régional au tourisme qui assiste à la séance. Outre les critères prévus à l'article L. 720-3, elle statue en prenant en considération la densité d'équipements hôteliers dans la zone concernée ;

8° Tout changement de secteur d'activité d'un commerce d'une surface de vente supérieure à 2 000 mètres carrés est également soumis à l'autorisation d'exploitation commerciale prévue au présent article. Ce seuil est ramené à 300 mètres carrés lorsque l'activité nouvelle du magasin est à prédominance alimentaire.

***(L. n° 2005-157, 23 févr. 2005, art. 40)* « Pour les pépiniéristes et horticulteurs, la surface de vente mentionnée au 1° est celle qu'ils consacrent à la vente au détail ne provenant pas de leur exploitation, dans des conditions fixées par décret. »**

II. – Les regroupements de surface de vente de magasins voisins, sans création de surfaces de vente supplémentaires, n'excédant pas 1 000 mètres carrés, ou 300 mètres carrés lorsque l'activité nouvelle est à prédominance alimentaire, ne sont pas soumis à une autorisation d'exploitation commerciale.

III. – Les pharmacies ne sont pas soumises à une autorisation d'exploitation commerciale ni prises en compte pour l'application du 3° du I ci-dessus.

IV. – Les halles et marchés d'approvisionnement au détail, couverts ou non, établis sur les dépendances du domaine public et dont la création est décidée par le conseil municipal, ainsi que les parties du domaine public affecté aux gares ferroviaires d'une surface maximum de 1 000 mètres carrés, ne sont pas soumis à une autorisation d'exploitation commerciale.

V. – La création ou l'extension de garages ou de commerce de véhicules automobiles disposant d'atelier d'entretien et de réparation n'est pas soumise à une autorisation d'exploitation commerciale, lorsqu'elle conduit à une surface totale de moins de 1000 mètres carrés.

VI. – L'autorisation d'exploitation commerciale doit être délivrée préalablement à l'octroi du permis de construire s'il y a lieu, ou avant la réalisation du projet si le permis de construire n'est pas exigé.

L'autorisation est accordée par mètre carré de surface de vente ou par chambre.

Une nouvelle demande est nécessaire lorsque le projet, en cours d'instruction ou dans sa réalisation, subit des modifications substantielles dans la nature du commerce ou des surfaces de vente. Il en est de même en cas de modification de la ou des enseignes désignées par le pétitionnaire.

L'autorisation préalable requise pour la création de magasins de commerce de détail n'est ni cessible ni transmissible.

VII. – Les dispositions du 7° du II ne s'appliquent pas aux départements d'outre-mer.

C. com., art. L. 720-6. — Sont regardés comme faisant partie d'un même ensemble commercial, qu'ils soient ou non situés dans des bâtiments distincts et qu'une même personne en soit ou non le propriétaire ou l'exploitant, les magasins qui sont réunis sur un même site et qui :

1° Soit ont été conçus dans le cadre d'une même opération d'aménagement foncier, que celle-ci soit réalisée en une ou en plusieurs tranches ;

2° Soit bénéficient d'aménagements conçus pour permettre à une même clientèle l'accès des divers établissements ;

3° Soit font l'objet d'une gestion commune de certains éléments de leur exploitation, notamment par la création de services collectifs ou l'utilisation habituelle de pratiques et de publicités commerciales communes ;

4° Soit sont réunis par une structure juridique commune, contrôlée directement ou indirectement par au moins un associé, exerçant sur elle une influence au sens de l'article L. 233-16 ou ayant un dirigeant de droit ou de fait commun.

II. – Toutefois, les dispositions du présent article ne sont pas applicables aux zones d'aménagement concerté créées dans un centre urbain, en vertu de l'article L. 311-1 du Code de l'urbanisme.

I. – Mutations des modes de distribution et évolution du droit

Principales orientations. Face à la montée en puissance des « grandes surfaces » commerciales dans les années 1960-1970, la loi Royer du 27 décembre 1973 entendait garantir l'équilibre entre toutes les « tailles » de commerce, petites, moyennes ou grandes, tout en réaffirmant solennellement la liberté et la volonté d'entreprendre. La loi débutait en ces termes : « Les pouvoirs publics veillent à ce que l'essor du commerce et de l'artisanat permette l'expansion de toutes les formes d'entreprises indépendantes, groupées ou intégrées, en évitant qu'une croissance désordonnée des formes nouvelles de distribution ne provoque l'écrasement de la petite entreprise et le gaspillage des équipements commerciaux ». La loi Royer créait, pour ce faire, une autorisation selon des seuils de surfaces : 3 000 m^2 de SHON (surface hors œuvre nette) ou 1 500 m^2 de surface de vente ; délivrée par des instances collégiales représentatives des intérêts en présence. 1310

Ce nouveau dispositif n'empêcha pas totalement des dérives et contournements (V. Yann Tanguy, *Quand l'argent fait la loi : le cas de l'urbanisme commercial : Rev. Pouvoirs* 1988, n° 46), et surtout les évolutions d'un secteur du commerce, toujours soucieux de sa performance.

Une nouvelle démarche législative du 29 janvier 1993, dite loi Sapin ou loi « anticorruption » tenta de corriger certains dysfonctionnements, à la notion « d'urbanisme commercial », fut substituée celle « d'équipement commercial » et les commissions départementales décisionnelles furent profondément « toilettées » au profit d'une parité entre élus locaux et représentants sociaux économiques ; une autorité administrative indépendante, instance d'appel impartiale, fut créée : la Commission nationale d'équipement commercial.

Malgré ces efforts, une nouvelle intervention législative parut nécessaire : la loi Raffarin du 5 juillet 1996 marque une réforme en profondeur de ce droit, notamment par un abaissement significatif du seuil général de l'autorisation à 300 m^2 de surface de vente ; réduction telle qu'on a pu à l'époque se demander si cette réglementation concernait encore « les grandes surfaces ». Cette loi de 1996 marque aussi l'émergence du principe d'élaboration de schéma de développement commercial, dont un décret du 20 novembre 2002 vient de fixer l'objet et les modalités d'élaboration.

Puis, la loi SRU du 13 décembre 2000 renforça les liens entre le droit commun de l'urbanisme et cette police de la concurrence, par une exigence de compatibilité entre le SCOT et les autorisations d'exploitation commerciale. D'autres modifications législatives sont intervenues à la marge, comme la loi du 9 août 2004 et la loi du 23 février 2005 sur le développement des territoires ruraux. Aussi, les articles L. 451-5 et L. 451-6 du présent code ne sont pas à jour (se reporter aux textes pertinents).

Tendances économiques. Dans les faits, le commerce poursuit, parallèlement, ses évolutions : concentrations des grandes enseignes, revitalisation des centres-villes, progression des moyennes surfaces spécialisées (culture, sport, bricolage), souvent considérées comme des « locomotives ». En 2000, sur 581 centres commerciaux, 45 % se situaient en centres urbains, l'expansion du maxi-discount est aussi un phénomène majeur. 1311

Sur ces évolutions, rapport de l'Observatoire national du commerce 2000-2001 ; P. Moati, *L'avenir de la grande distribution*, Odile Jacob 2001 ; magazine *LSA*, 19 juin 2000, n° 1683, p. 36 ; rapport d'activité DECAS – Secrétariat d'État chargé du commerce, 2003. – Quant aux taux global d'autorisation, il reste bien supérieur à 80 % (rapports ONC et DECAS, préc.).

1312 **Droit comparé et politique européenne.** En matière de droit comparé, nombreux sont nos voisins européens qui ne sont pas dotés de législations spécifiques en la matière et traitent la question à travers les documents d'urbanisme, sans pour autant connaître une augmentation élevée des « grandes surfaces » : voir actes du Colloque du GRIDAUH de septembre 2001, *Le commerce et la ville en Europe : le droit des implantations commerciales : Cah. GRIDAUH*, n° 6, 2002 ; sur l'originalité du système britannique du « test du centre-ville », voir l'intervention de P. Booth, p. 138. Cela étant, il n'existe pas, pour l'instant, de politique d'harmonisation de ces législations des États-membres.

Toutefois, pour parfaire le marché unique, une proposition de directive a été rédigée par la Commission européenne quant à la suppression des obstacles à la liberté d'établissement des prestataires de services. Face à de vives polémiques, ce texte devrait être fondamentalement revu, néanmoins. Cela étant, dans sa rédaction actuelle, par la diversité des services visés, 50 % de l'activité économique entre dans son champ d'application. Tel est le cas du secteur du commerce et de la distribution. Des dispositions majeures des lois Royer et Raffarin semblent mises en cause. Il faut savoir aussi que la France est également menacée par un projet de mise en demeure de la Commission de Bruxelles, afin de s'expliquer sur cette législation et les entraves qu'elle induirait au regard du principe communautaire de liberté d'établissement. De surcroît, une plainte a été déposée auprès de la Commission européenne par le groupe allemand de hard disconut Aldi stigmatisant le droit français.

Plusieurs articles de la proposition de directive suscitent des interrogations quant au bien-fondé des lois Royer-Raffarin.

Selon l'article 9, l'accès à une activité de service et son exercice ne peuvent être subordonnés à un régime d'autorisation, sauf lorsque sa nécessité peut être justifiée par une raison impérieuse d'intérêt général. Ces raisons sont celles reconnues par les articles 43 et 49 du traité de Rome et la jurisprudence de la CJCE, en particulier la protection des consommateurs, des destinataires de services, des travailleurs ou de l'environnement urbanistique. En ce sens, un arrêt du Conseil d'État du 5 mars 2003, *Société Immaldi* (req. n° 225470 : *Juris-Data* n° 2003-065097 ; *Cah. dr. entrepr.* 2003, n° 5, p. 48, note S. Destours ; V. également chron. D. Ritleng : *RTDE* 2003, n° 4, p. 659) a considéré « que les limitations à l'implantation ou l'extension de commerces de détail qui peuvent découler de la mise en œuvre de ces dispositions répondent à des motifs d'intérêt général, liés notamment à la préservation des petites entreprises, à l'emploi et à l'aménagement du territoire ; que ces motifs constituent des raisons impérieuses d'intérêt général de nature à justifier une limitation à la liberté d'établissement ». La question se pose néanmoins si une telle argumentation serait aujourd'hui retenue par les autorités communautaires.

Par ailleurs, l'article 14 dresse une liste d'exigences (formalités ou autorisations) interdites. Est ainsi visée « l'application au cas par cas d'un test économique consistant à subordonner l'octroi de l'autorisation à la preuve de l'existence d'un besoin économique ou d'une demande du marché, à évaluer les effets économiques potentiels ou actuels de l'activité ou à apprécier l'adéquation avec les objectifs de programmation économique fixés par l'autorité compétente ». On peut se demander si une telle interdiction ne condamne pas l'étude d'impact économique imposée par le droit français aux projets supérieurs à 1 000 m^2 de surface de vente. Or, il faut avoir à l'esprit que cette étude est un outil essentiel pour apprécier les incidences concurrentielles sur les autres équipements commerciaux de la zone de chalandise ; en d'autres termes, elle constitue la pierre angulaire du dispositif de contrôle en matière de concurrence et aussi d'aménagement du territoire.

Le même article 14 interdit « l'intervention directe ou indirecte d'opérateurs concurrents, y compris au sein d'organes consultatifs, dans l'octroi d'autorisations ou dans l'adoption d'autres décisions des autorités compétentes ». Certains mettent en cause, par le biais de cette disposition, l'intervention des chambres consulaires dans le processus d'instruction des demandes d'autorisation d'exploitation commerciale (observations techniques sur le dossier) et de décision au sein des Commissions départementales d'équipement commercial (le président de la Chambre de commerce et d'industrie et de la chambre de métiers concernée, y siège, ès qualité, avec voix délibérative) ; ils avancent l'argument selon lequel un tel représentant peut être un concurrent du pétitionnaire. Cependant, on peut répliquer qu'avant toute CDEC, la loi française exige la souscription par les membres d'une déclaration d'absence d'intérêt direct et personnel ; ce qui écarte

la confusion des rôles ; il faut également rappeler qu'en France, les chambres consulaires sont des établissements publics administratifs rattachés à l'État.
Enfin, l'article 15 prévoit l'évaluation par les États-membres, en termes d'éventuelles discriminations, les exigences liées à « des limites quantitatives ou territoriales sous forme, notamment, de limites fixées en fonction de la population ou d'une distance géographique maximum entre prestataires ». Les schémas de développement commercial pourraient ne pas sortir indemnes de cette évaluation.
Dans un tel contexte, cette proposition de directive fait l'objet d'une contestation très vive du gouvernement français, ainsi que de la société civile.

Perspectives de réforme. Outre le texte communautaire, les lois Royer-Raffarin sont l'objet de multiples débats et beaucoup souhaitent une évolution législative (pour un point de vue plus attaché à la protection du commerce de proximité : rapport de la Chambre régionale de commerce et d'industrie de Paris du 24 février 2005 et colloque du 27 janvier 2003 organisé par le GRIDAUH et la CCI de Paris ; rapport et actes du colloque téléchargeables sur le site : www.ccip.fr). 1313
Le rapport de la Commission Canivet d'octobre 2004 sur les relations entre fournisseurs et distributeurs a également mis en exergue la nécessité d'une révision de la législation de l'équipement commercial, surtout au regard du seuil d'assujettissement à autorisation, fixé à 300 m² de surface de vente (téléchargeable sur le site : www.minefi-gouv.fr).
Mais c'est le rapport du sénateur Fouché qui est le plus abouti : il préconise une révision de larges pans de cette législation (téléchargeable sur le site : www.pme-commerce-artisanat.gouv.fr). Une proposition de loi devrait être examinée en ce sens avant l'été.
Ainsi une quasi-unanimité, tant européenne que nationale, se dégage quant à la nécessité d'une réforme des lois Royer-Raffarin. Des réflexions touchent également des bouleversements plus radicaux, mais qui semblent prématurés et supposeraient un véritable choc culturel et juridique. Une des voies étudiées serait de substituer aux critères décisionnels de la loi Royer les schémas de développement commercial comme fondements à la délivrance des autorisations. Mais, cela nécessiterait que ces schémas fassent d'abord leurs preuves et que leur portée juridique soit dûment renforcée. Cette solution est donc pour l'instant bien hypothétique. Une autre voie consisterait à abroger le dispositif de la loi Royer et faire absorber le droit de l'équipement commercial par le droit commun de l'urbanisme. Les SCOT et les PLU régiraient les implantations de commerces qui seraient alors autorisées par le permis de construire. Le risque est de faire passer au second rang le contrôle de l'impact concurrentiel et d'accroître le contentieux en matière de permis de construire, déjà surabondant. Ces deux voies extrêmes semblent donc pour l'heure relever de la fiction.

II. – Champ d'application : loi Raffarin du 5 juillet 1996

Adaptation des textes. Le champ d'application de l'autorisation d'urbanisme commercial, désormais appelée « autorisation d'exploitation commerciale » qui était demeuré inchangé depuis la loi d'orientation du commerce et de l'artisanat du 27 décembre 1973 (dite loi Royer) a été bouleversé par la loi du 5 juillet 1996, préfigurée temporairement par la loi du 12 avril 1996 (portant dispositions diverses d'ordre économique et financier). 1314
La loi du 5 juillet 1996 a été officiellement commentée par une circulaire du 17 janvier 1997 ; divers commentaires, le plus souvent critiques, ont accompagné son examen parlementaire (Terneyre : *Petites affiches*, 5 juin 1996) ou son vote (Bouyssou : *AJDA* 1996, p. 754. – Tanguy : *RD imm.* 1997, p. 1).

A. – Notion de commerce de détail

Définition par circulaire. Une des notions déterminantes du champ d'application du dispositif de contrôle préalable n'a pas été définie par le législateur, ni en 1973, ni en 1993 ou en 1996. C'est la circulaire du 16 janvier 1997 qui a indiqué que « les magasins de commerce de détail soumis à autorisation d'exploitation commerciale sont les magasins où s'effectue la vente de marchandises neuves à des consommateurs pour un usage domestique ». 1315
C'est donc à la jurisprudence qu'a été dévolue la délimitation des contours de cette notion.

1316 **Prestations de services.** Sont exclues les prestations de services à caractère immatériel ou intellectuel (CE, 3 oct. 1986, *Chambre de métiers de l'Aude : Rec. CE*, T, p. 408). De même, pour les établissements de services ou de location de matériel (laverie automatique, location de vidéo, station de lavage automatique automobile). En revanche, sont incluses les jardineries, boulangeries, teintureries, cordonneries (CE, 30 sept. 1987, *SA Scaex Interrégion parisienne : JCP* 1988, II, 21060, obs. G. Heidsleck ; *Petites affiches*, 10 févr. 1988, p. 12, note F. Moderne).

1317 **Commerce de gros.** Aucune autorisation n'est exigée lorsque l'activité de commerce de gros est exclusive (CE, 10 juill. 1987, req. n° 71-573, *Sté Métro Libre-Service de gros*), en revanche, lorsqu'elle s'accompagne de vente au détail, l'autorisation ne sera requise que si cette activité de détaillant est « significative », aux termes de la circulaire du 16 janvier 1997. Tout cela aide bien peu le juge et les praticiens et une précision réglementaire serait utile. Il est vrai qu'il est particulièrement difficile de déterminer la qualité de l'acheteur, professionnel ou consommateur privé.

1318 **Magasins d'usine et de marques.** Sous réserve du franchissement du seuil légal, les magasins d'usine sont soumis à autorisation (Rép. min. Hillemeyer : *JOAN* 8 janv. 2001, p. 205. – Rép. min. Raffarin : *JO* Sénat 21 mai 1998, p. 1635 ; Rép. min., 3 oct. 2002 avec le libre propos de S. Destours aux : *Cah. dr. entrepr.* 2003, n° 3, p. 28). Il faut rappeler que l'article 30 de la loi Raffarin réserve l'appellation de « magasins d'usine » aux « seuls établissements commercialisant les articles des saisons antérieures ou revenus des autres circuits de commercialisation ».
Une disposition de la loi n° 2004-804 du 9 août 2004 sur le soutien à la consommation et à l'investissement a introduit, de manière sibylline, un critère décisionnel dédié aux magasins spécialisés dans la commercialisation d'articles de marques à prix réduit lorsqu'ils composent majoritairement la création ou l'extension d'un ensemble commercial ; dans ce cas, l'effet potentiel est également apprécié indépendamment de la spécificité de la politique commerciale de ce type d'équipement. Sauf à énoncer une évidence, l'apport de cette formulation paraît obscure. Il semblerait qu'il s'agisse plutôt d'une « loi de circonstance » pour calmer les polémiques suscitées par le développement des magasins de marques.

B. – Notion de surface de vente

1319 **Définition légale.** Il a fallu attendre la loi de finances du 30 décembre 1996 pour disposer d'une définition légale de la surface de vente, notion d'autant plus déterminante que le seuil de 300 m² est calculé exclusivement sur son fondement. Elle s'entend « des espaces affectés à la circulation de la clientèle pour effectuer ses achats, de ceux affectés à l'exposition des marchandises proposées à la vente, à leur paiement, et de ceux affectés à la circulation du personnel pour présenter les marchandises à la vente ». Cette définition entérine des solutions jurisprudentielles antérieures.

1320 **Éléments de calcul.** Plus concrètement, entrent dans la surface de vente :
– les zones situées entre les caisses et les portes du magasin si elles ne sont pas matériellement distinctes des lieux ouverts au public et sont liées à la vente ;
– les surfaces de la caisse centrale dans les mêmes conditions (CE, 25 avr. 1980, *Sté Sodirev : Rec. CE*, p. 195) ;
– les zones de marquage, d'étiquetage et de publicité liées directement à la vente et aux espaces publics, même en cas de séparation par des cloisons amovibles (CE, 26 juin 1996, *Mme Le Roch, Gaz. cnes*, 2 sept. 1996, p. 37) ;
– les locaux de stockage de cartons vides mis à la disposition de la clientèle et les cabines d'essayage ;
– les espaces de ventes extérieurs, couverts ou non, librement accessibles au public (CE, 22 juin 1983, *Comité interprofessionnel de défense des travailleurs indépendants du Nord-Pas-de-Calais : Rec. CE*, tables p. 634).
En sont, en revanche, exclus :
– les sas d'entrée des magasins, en l'absence de marchandises mises à la vente ;

– les mails des centres commerciaux desservant plusieurs commerces, à condition qu'ils ne soient pas utilisés pour la vente ;
– les locaux techniques et les ateliers d'entretien, de réparation, de fabrication ou de préparation des marchandises dont l'accès est interdit à la clientèle (CE, 3 oct. 1986, req. n° 86-266, *SCI La Rocade Ouest*) ;
– les aires de stationnement ;
– les réserves ; mais le juge censure les fraudes à la loi consistant en la qualification abusive de locaux en réserves pour éviter d'atteindre le seuil légal d'assujettissement à autorisation, locaux évoluant, dès lors que celle-ci a été obtenue, en surface de vente non autorisée (CE, 17 déc. 1982, *Sté Angelica-Optique Centraix : Rec. CE*, p. 419, concl. B. Genevois ; *AJDA* 1983, p. 330, note F. Bouyssou. – CE, 19 juin 1996, req. n°s 128218 et 128759, *SNC Prodin Sud-Gédial*).
On soulignera que le Conseil d'État considère que les surfaces de « boutiques de services » indépendantes destinées à accueillir des activités artisanales (teinturerie, cordonnerie, serrurerie, photographie) font partie de la surface de vente d'un centre commercial, alors même que leur gestion est confiée à des sociétés distinctes (CE, 30 sept. 1987, *Scaex : Rec. CE*, p. 298. – *Contra*, Cass. crim., 7 déc. 1987 : *RD imm.* 1988, p. 260, obs. G. Roujou de Boubée). Cette jurisprudence ne remet pas en cause les situations antérieures régulièrement acquises et se fondant sur des permis de construire définitifs. Lors de demande d'autorisation d'extension, devront néanmoins être incluses les surfaces ayant bénéficié de cette « tolérance ».

Pépiniéristes et horticulteurs. La loi du 23 février 2005 sur le développement des territoires ruraux exclut de la surface de vente les espaces liés à la vente au détail de leur propre production par ces professionnels. 1321

C. – Opérations assujetties à autorisation

Création ou transformation d'un magasin de commerce de détail. Sont visées ici la création nouvelle *ab initio* d'un commerce de détail d'une surface de vente supérieure à 300 m^2, ou encore la transformation d'un immeuble en commerce de détail toujours au-delà de ce seuil. 1322

Démolition et reconstruction. Dans un avis du 8 novembre 1994 (visé dans la circulaire, 16 janv. 1995, n° 10080), la section des Finances du Conseil d'État avait estimé qu'une autorisation n'était pas nécessaire « lorsque le projet ne comporte, par rapport à l'ancien magasin, ni augmentation des surfaces de vente, ni modification d'un magasin de détail, dès lors que l'ouverture des nouvelles installations intervient moins de deux ans après la fermeture des installations qui étaient exploitées dans le bâtiment démoli ». En revanche, toujours selon cet avis, « lorsque le projet, tout en maintenant des surfaces de vente identiques à celles de l'ancien magasin, est destiné à un commerce d'une nature différente, il doit être regardé comme un projet de construction nouvelle ». 1323
Au regard de la loi du 5 juillet 1996 et du nouveau champ d'application de la législation, la circulaire du 16 janvier 1997 indique, par un raisonnement *a contrario*, que la reconstruction est une création, sauf si trois conditions sont simultanément réunies :
– le nouveau bâtiment est reconstruit sur le même emplacement que l'ancien démoli ;
– le nouveau magasin n'entraîne ni augmentation de la surface de vente, ni modification dans la nature du commerce ;
– la cessation d'activité commerciale n'excède pas deux ans. Pour une application contentieuse, CE, 3 juin 2002 : *Constr.-urb.* 2002, n° 12, comm. n° 311, N. Rousseau ; *Cah. dr. entrepr.* 2003, n° 3, p. 27, note S. Destours ; *Defrénois* 2003, n° 13/14, p. 920, note J.-P. Meng.

Extension de la surface de vente. Sont visées ici les extensions d'un magasin ayant déjà atteint le seuil de 300 m^2 ou devant le dépasser après ladite extension. Est prise en compte l'extension par transformation de réserves, locaux techniques, espaces couverts ou extérieurs, fixes ou mobiles (Cass. crim., 23 janv. 2001 : *Petites affiches*, 12 juill. 2002, p. 33, pour des surfaces extérieures et des espaces de circulation transformés en surfaces de vente sans autorisation). La loi de 1996 a supprimé la franchise de 200 m^2 pour les extensions. On relèvera que les « ventes au déballage » sont régies par d'autres dispositions de la loi du 5 juillet 1996 (C. com., art. L. 310-2), étrangères à l'équipement commercial. Il s'agit de ventes de marchandises précédées ou accompagnées de 1324

publicité et effectuées dans des locaux ou emplacements non destinés à la vente au public (aires de stationnement par exemple) ou à partir de véhicules spécialement aménagés à cet effet. Elles ne peuvent être réalisées pendant une période excédant deux mois par année civile dans un même local ou un même emplacement, et elles nécessitent une autorisation du maire si elles sont inférieures à 300 m^2 ou du préfet, au-delà de ce seuil.
Ces critères de qualification de la vente au déballage sont strictement appréciés par le juge (Cass. com., 24 sept. 2003, req. n° 01-16.639 : *Juris-Data* n° 2003-020224).

1325 **Changements de secteurs d'activité.** Considérés comme une novation majeure de la loi de 1996, les changements de secteurs d'activité de locaux en cours d'exploitation sont soumis à autorisation dans les conditions suivantes : ils portent sur une surface de vente supérieure à 2 000 m^2, seuil réduit à 300 m^2 lorsque l'activité nouvelle est à prédominance alimentaire (selon la circulaire du 16 janvier 1997, soit plus de 35 % des ventes totales). Trois secteurs d'activité sont répertoriés au titre de la nomenclature des activités françaises :
– le commerce de détail à prédominance alimentaire ;
– le commerce de véhicules automobiles, le commerce de détail de produits d'équipement du foyer et le commerce de détail de produits d'aménagement de l'habitat ;
– les autres commerces de détail et activités de prestations de services à caractère artisanal.
Ces rubriques « fourre-tout » ne correspondent plus aux réalités économiques et permettent toutes les dérives : il est ainsi possible de racheter un magasin de motos et de lui substituer un commerce de meubles, sans autorisation, alors que l'impact sur la concurrence est loin d'être le même. C'est pourquoi il serait opportun de porter à sept les secteurs d'activité : le commerce de détail à prédominance alimentaire, les commerces automobiles, l'équipement du foyer, le bricolage et la jardinerie, l'équipement de la personne, le sport-loisirs et culture, l'hygiène-santé-beauté. Le rapport du sénateur Fouché, précité, préconise d'abaisser le seuil de 2 000 m^2 à 1 000 m^2, pour un contrôle plus strict. De même, il suggère d'étendre l'autorisation au changement d'enseigne même non accompagné d'un changement de secteur d'activité. Il est vrai que l'impact concurrentiel de telle ou telle enseigne peut être très différent, mais ne risque-t-on pas une multiplication des demandes et donc, une surcharge des Commissions départementales compétentes pour statuer sur les autorisations et, aussi, de freiner l'évolution normale des fonds de commerce et leur transmission. Un régime déclaratif pourrait être une voie de contrôle moins rigide.

1326 **Transfert d'activité.** Dans le silence des textes, le Conseil d'État, dans un avis du 8 novembre 1994, avait considéré que « l'engagement pris par un demandeur d'autorisation de transférer une activité en cours dans l'établissement à créer ne peut garantir que la désaffectation des anciens locaux et leur non-utilisation à des fins de commerce de détail seront suivies d'effet, notamment lorsque ces anciens locaux seront cédés à des tiers. Dans ces conditions, un tel engagement ne saurait servir utilement de fondement à une autorisation conditionnelle et constitue un simple élément d'information dont il appartient à la commission compétente d'apprécier la valeur en fonction des circonstances de chaque affaire, pour établir si la création demandée peut être autorisée sans nuire aux intérêts protégés par la loi. Dans le cas où la commission compétente aurait considéré un tel engagement comme un élément d'appréciation déterminant, et si cet engagement n'était pas respecté, l'autorisation accordée pourrait être regardée comme reposant sur un fait matériellement inexact et se trouverait, par ce motif, entachée d'illégalité. Un retrait de cette autorisation serait alors possible si les autres conditions requises pour prononcer le retrait des décisions administratives individuelles créatrices de droit se trouvaient réunies ». Or, l'appréciation d'un respect de cet engagement nécessitait un délai bien supérieur à celui du retrait (2 mois à l'époque), ce qui faussait ce dispositif. La circulaire du 16 janvier 1995 (préc.) avait alors tenté de l'encadrer davantage : « Il convient de motiver une décision d'autorisation par un transfert d'activité, que lorsqu'il apparaît que des garanties suffisantes sont apportées par le demandeur de l'autorisation sur la destination des locaux appelés à être libérés, par exemple lorsque le bâtiment est racheté par une collectivité locale ».
Depuis la loi du 5 juillet 1996, le dispositif est le suivant :
– une autorisation doit être obtenue pour la création d'un commerce de détail supérieur à 300 m^2 de surface de vente dans les nouveaux locaux dans lesquels l'activité est transférée. L'accord préalable du propriétaire des locaux initiaux « désaffectés » doit être produit dans la demande de ladite

autorisation. (V. en ce sens : CE, 7 juin 2004, req. n° 247806, *Chambre de commerce et d'industrie de Nantes : Juris-Data* n° 2004-066917). La CDEC est tenue d'indiquer dans sa décision que celle-ci porte sur la création d'un magasin par transfert d'activité, en identifiant les locaux ainsi libérés. Elle doit mentionner l'interdiction de réaffecter ces locaux à un commerce de détail de plus de 300 m^2 de surface de vente, sans autorisation ; l'interdiction est, préalablement à l'ouverture des surfaces nouvelles, publiée, aux frais du bénéficiaire, au bureau des hypothèques ;
– une autorisation en cas de réutilisation, dans le seuil légal de 300 m^2, des locaux désaffectés, en commerce de détail.
En revanche, une autorisation ne sera pas requise pour le déplacement ou la permutation de magasins dans un centre commercial, à surface de vente constante et en l'absence de changement de secteurs d'activité. En cas de transformation, au sein d'un même centre, de surfaces affectées à un autre usage en surfaces commerciales, avec réduction équivalente de surfaces de vente d'autres locaux commerciaux, une autorisation ne sera pas exigée, en l'absence de changement de secteurs d'activité.

Réouverture au public d'un commerce non exploité depuis plus de deux ans. Cette réouverture au public doit porter sur un commerce de plus de 300 m^2 de surface de vente, sur le même emplacement. En cas de procédure de redressement judiciaire ou de liquidation, selon la jurisprudence de la Cour Suprême, le délai de deux ans court à compter du jour où le propriétaire a recouvré la pleine et entière disposition des locaux (Cass. com., 12 juill. 2004, req. n° 01-15.860 : *Juris-Data* n° 2004-024685 ; *RJDA* 2004, n° 11, p. 1133 ; *Actualités des procédures collectives* 2004, n° 14, comm. n° 178, C. Regnaut-Moutier) qui a censuré une cour d'appel qui avait limité l'application de l'article L. 720-5-I, 6°, au seul cas de redressement judiciaire, à l'exclusion de la liquidation, pourtant ce texte vise exclusivement le « redressement judiciaire ». La Cour de cassation va donc au-delà en englobant d'office la liquidation de l'exploitant précédent). 1327
Dans un ensemble commercial, la réouverture d'un seul magasin inférieur au seuil légal ne sera pas soumise à autorisation, alors que tel sera le cas si la réouverture concerne plusieurs magasins qui, ensemble, dépassent ce seuil.
Selon la circulaire du 16 janvier 1997, la cessation de l'activité pendant les deux ans peut prendre la forme d'une absence d'ouverture du commerce pendant au moins 100 jours ou une exploitation partielle sur moins d'un quart de la surface, de même pour une ouverture intermittente ou des actes isolés de commerce (TGI Thionville, 21 févr. 1990, cité dans la circulaire, pour une ouverture sporadique de 48 heures).
Il a été jugé que l'autorisation de créer un centre commercial dans le local qui avait cessé d'être exploité pendant moins de deux ans revêt un caractère superfétatoire et ne constitue pas une décision faisant grief (CAA Paris, 31 déc. 2002, req. n° 99PA00205, *Province Sud Nouvelle-Calédonie : Juris-Data* n° 2002-207113).

Réunion de magasins voisins. De tels regroupements (sans création de surface de vente supplémentaire) ne sont soumis à autorisation que s'ils excèdent au total 1 000 m^2 de surface de vente, seuil réduit à 300 m^2 si l'activité nouvelle est à prédominance alimentaire. Même si elle ne le précise pas, la loi semble viser ici les regroupements physiques. Or, un arrêt de la Cour de cassation a considéré que la réunion juridique (au sein d'une même société) nécessitait une autorisation (Cass. crim., 19 mars 1997 : *Petites affiches*, 12 juill. 2002, p. 26, note critique J. Courrech) ; une telle démarche apparaît comme une extrapolation très surprenante des textes. ; la structure juridique commune ne valant que pour les ensembles commerciaux. 1328

Commerces dans les gares ferroviaires. Les commerces situés sur les parties du domaine public ferroviaire ne sont soumis à autorisation que s'ils excèdent un seuil de 1 000 m^2. Cette disposition prend, en pratique, une acuité toute particulière dès lors que des projets très importants se profilent, comme la création de plus de 17 000 m^2 à la gare Saint-Lazare à Paris. En effet, elle permet de réaliser plusieurs magasins de 999 m^2 chacun. Diverses critiques sont émises, certains craignant l'impact concurrentiel incontrôlable de tels projets. C'est pourquoi, il conviendrait d'interpréter cette mesure au sens de la création d'un ensemble commercial et non au sens de chaque magasin pris isolément. 1329

1330 **Stations-service.** Leur création ou leur extension, quelle qu'en soit la surface, requièrent une autorisation qui leur est propre lorsqu'elles sont annexées à un commerce de détail ou à un ensemble commercial dépassant le seuil légal de 300 m^2 de surface de vente, soit en étant situées sur un même site (hors domaine public des autoroutes et routes express), soit en leur étant juridiquement rattachées. Avant la loi du 5 juillet 1996, cette exigence d'autorisation distincte n'existait pas, les stations-service étaient incluses dans la surface de vente des magasins auxquels elles étaient liées (CAA Nantes, 26 janv. 1995, *SCI Les Ajoncs : BJDU* 2/1995, p. 154).
La jurisprudence en la matière a toujours été peu abondante. Plus récemment, le Conseil d'État a jugé légale une autorisation de la Commission nationale qui avait correctement pris en compte le nombre d'installations préexistantes dans la zone de chalandise et en dehors de celle-ci, le fait que le demandeur n'ait pas procédé à un recensement exact n'ayant eu aucune incidence (CE, 14 oct. 2002, req. n° 221796, *Conseil national des professionnels de l'automobile : Juris-Data* n° 2002-064976).

1331 **Distribution de combustibles.** La loi du 23 février 2005 sur le développement des territoires ruraux étend ce contrôle spécifique aux stations-services aux stations de combustibles (fuel domestique).

D. – Ensemble commercial

1332 **Solution d'origine.** Afin de lutter contre certaines fraudes à la loi qui consistaient à morceller des projets, souvent en la forme de « lotissements commerciaux », ceux-ci échappant alors à autorisation au titre de la loi Royer, le Conseil d'État avait dégagé la notion de « l'unité économique d'ensemble ». L'arrêt fondateur remonte au 18 mai 1979, *SCI Les Mouettes* (*Rec. CE*, p. 219 ; *AJDA* 1979, p. 53, note F. Bouyssou). Voir également, pour des magasins qui ne comportaient ni services ou équipements collectifs ni gestion commune (CE, 6 mai 1985, *Société commerciale de rénovation urbaine Pontoise : AJDA* 1985, p. 739, note F. Bouyssou) ; ou en revanche pour des magasins implantés sur le terrain d'une même SCI ayant une même enseigne, des publicités et des campagnes commerciales conjointes (CE, 17 juin 1988, *GIE Les Coursives : JCP* N 1989, II, p. 93, note F. Bouyssou) ou deux magasins implantés sur un même terrain, desservis par un parc de stationnement commun, avec des conditions communes d'exploitation (CE, 25 mai 1988, *Cne de Ménétrol : JCP* N 1989, II, p. 93, note F. Bouyssou) ; deux filiales d'un même société ne forment pas une unité économique d'ensemble en cas de construction sur un même terrain mais avec des parcs de stationnement séparés et l'absence de conditions communes d'exploitation (CE, 15 févr. 1989, *Min. Urb. c/ Guariat : Rec. CE*, tables, p. 498. – V. aussi CAA Bordeaux, 28 déc. 1993, *Cne d'Aubusson : Gaz. Pal.* 26-28 janv. 1995, note Liet-Veaux. – CE, 18 mars 1994, *Savinyce Intermarché : Rec. CE*, tables, p. 810. – CE, 30 sept. 1994, *Gourgeon : Rec. CE*, p. 419).

1333 **Loi du 30 décembre 1990.** la Loi Doubin substitua à « l'unité économique d'ensemble » « l'ensemble commercial », mais en reprit expressément, en termes législatifs, les éléments constitutifs dégagés par la jurisprudence (sur cette loi, Circ., 5 janv. 1991 : *JCP* N 1991, prat. 1798. – F. Bouyssou : *JCP* G 1991, I, n° 3494. – J. Hugot : *JCP* N 1991, prat. 1683. – J.-B. Auby : *DA* janv. 1991).

1334 **Loi du 5 juillet 1996.** Elle reprend les critères légaux pour soumettre à autorisation la création ou l'extension d'un ensemble commercial d'une surface de vente supérieure à 300 m^2 ou devant dépasser ce seuil par la réalisation du projet.

1335 **Application des critères légaux.** Les quatre critères légaux, non cumulatifs, sont les suivants :
– les magasins ont été conçus dans le cadre d'une même opération d'aménagement foncier, telle que définie au livre III du titre I du Code de l'urbanisme, réalisée en une ou plusieurs tranches (en pratique, sont plutôt concernés les ZAC et les lotissements) ;
– Des aménagements communs permettant à une même clientèle d'accéder aux divers établissements, comme une voirie existante ou à créer assurant la desserte interne entre les magasins. En revanche, sont exclus les magasins ne relevant pas d'une même opération d'aménagement et juxtaposés le long d'axes routiers (rues piétonnes, artères de centre-ville) ou des magasins distants de

300 m, séparés par une voie à grande circulation impossible à traverser, sauf par des carrefours giratoires (Cass. com., 19 juin 2001, req. n° 99-15.411 FP, *Sté Catalane Intersport c/ SA Decathlon*). En revanche, une voie de sept mètres de largeur ne constitue pas un obstacle à la circulation de la clientèle entre les deux magasins situés de part et d'autre et dont les accès sont à proximité de cette voie (CE, 3 oct. 2003, req. n° 248499, *Société Norminter : Juris-Data* n° 2003-065938 ; *Constr.-urb.* 2003, n° 12, comm. n° 281, P. Benoît-Cattin). Ces équipements peuvent également être des parcs de stationnement communs ou contigus et reliés entre eux par une circulation piétonne ; des accès piétonniers conçus pour permettre la circulation de la clientèle entre les magasins ;
– une gestion commune de certains éléments d'exploitation (publicités, services communs, campagnes promotionnelles, signalisation, enseignes, animations, associations de commerçants) ;
– une structure juridique commune, ayant un dirigeant de droit ou de fait commun ou étant contrôlée directement ou indirectement par au moins un associé exerçant sur elle une influence au sens de l'article 357-1 de la loi du 24 juillet 1966 sur les sociétés commerciales, devenu l'article L. 233-16 du Code de commerce. Deux magasins appartenant à des sociétés distinctes mais liés par des contrats de franchise avec un même groupe leur permet d'avoir un logotype commun et des pratiques commerciales communes (CE, 3 oct. 2003, préc.).

Exemption en faveur des ZAC de centre urbain. La loi du 5 juillet 1996 dispense d'autorisation les projets d'ensembles commerciaux situés dans les ZAC de centre urbain. C'est alors la surface de vente de chaque magasin pris individuellement qui détermine l'assujettissement à autorisation. La circulaire du 16 janvier 1997 précise que la délimitation du centre urbain relève de l'autorité compétente en matière de permis de construire : le maire dans les communes dotées d'un plan local d'urbanisme, sous réserve de contrôle de légalité du préfet si le maire fait un usage exagéré de cette dérogation ; dans les autres communes, le préfet. 1336
Cette disposition porte en germe certains risques : dans les grandes communes, on peut considérer que les centres urbains sont multiples, ce qui étend la possibilité de dérogation, d'où l'importance du contrôle de légalité préfectoral. Le rapport du sénateur Fouché (préc.) préconise la réintroduction dans le droit commun des ensembles commerciaux supérieurs à 300 m² réalisés dans les ZAC de centre urbain.

E. – Équipements hôteliers et cinématographiques

Capacités des hôtels assujettis. Sont visées les constructions nouvelles, les extensions ou les transformations d'immeubles existants entraînant la constitution d'établissements hôteliers d'une capacité supérieure à 50 chambres en Île-de-France et à 30 chambres en province. Sont inclus les hôtels classés « tourisme » ou non classés, les établissements d'hébergement non classés « tourisme » et non assimilables à des logements comme les résidences hôtelières ou les villagesclubs. Sont exclus de ces deux dernières catégories les résidences universitaires, les foyers de travailleurs, les villages de vacances et les résidences de tourisme. 1337
Les dispositions de l'article L. 720-5 du Code de commerce concernant les hôtels sont reproduites sous l'article L. 311-1 du Code du tourisme issu de l'ordonnance n° 2004-1391 du 20 décembre 2004 (*JO* 24 déc.).

Complexes cinématographiques. Depuis la loi Robien de juin 2003, sont soumises à autorisation : 1338
– la création d'un ensemble de salles comportant plus de 300 places (le seuil initial de 1 000 places a été réduit à 800 par la loi n° 2001-419 du 15 mai 2001 sur les nouvelles régulations économiques, de nouveau réduit à 300 places par la loi Robien de 2003), résultant soit d'une construction nouvelle, soit de la transformation d'un immeuble existant ;
– l'extension d'un ensemble de salles ayant déjà atteint le seuil de 300 places ou devant le dépasser par la réalisation du projet, à l'exception des extensions représentant moins de 30 % des places existantes et s'effectuant plus de cinq ans après la mise en exploitation ou la dernière extension ;
– l'extension d'un ensemble de salles ayant déjà atteint le seuil de 1 500 places ou devant le dépasser par la réalisation du projet.
On peut s'interroger, avec ces modifications, sur le la prise en compte réel de l'esprit initial de la loi du 5 juillet 1996 qui visait au contrôle des complexes cinématographiques. En effet, le seuil de 300 places peut s'appliquer aux cinémas indépendants de quartier, hors chaînes multiples.

Pour le calcul de ces seuils, doivent être considérées comme faisant partie d'un même ensemble les salles réalisées dans le cadre d'une même opération d'aménagement foncier ou bénéficiant d'aménagements conçus pour permettre l'accès à une même clientèle. Le dispositif dérogatoire des ZAC de centre urbain n'est pas ici applicable.

III. – Indépendance des réglementations et droits acquis

1339 **Principe.** Il n'est pas possible, à l'occasion d'un recours contre un permis de construire, d'invoquer par voie d'exception l'illégalité de la décision d'urbanisme commercial, compte tenu de l'indépendance des deux législations (CE sect., 17 déc. 1982, *Sté Angélica-Optique Centraix : Rec. CE*, p. 419, concl. Genevois ; *AJDA* 1983, p. 330, note Bouyssou. – CE, 18 févr. 1998, *Sté Soberga : DA* 1998, 226). est refusée, l'Administration est tenue de rejeter la demande de permis de construire (CE, 23 mai 1980, *Calvy : Rec. CE*, p. 235).

1340 **Droits acquis – Permis de construire.** La succession forcée de l'AEC et du permis de construire laissait penser qu'un droit acquis à exploiter résultait de la délivrance du permis de construire. Mais la notion de droits acquis résultant d'un permis de construire antérieur est infirmée par un très surprenant arrêt de la Cour de cassation, qui retient une interprétation plus sévère que la doctrine administrative, et considère que l'exploitant d'une grande surface devait disposer de conseils juridiques susceptibles de faire de la loi une lecture plus correcte et plus stricte que l'administration ministérielle elle-même (Cass. crim., 19 mars 1997 : *BJDU* 5/1997, p. 356).
Le juge administratif a eu à statuer non sur les droits acquis liés à un permis délivré mais à des demandes de permis en cours d'instruction ou à des permis tacites.
La Cour administrative d'appel de Douai (arrêt 29 avr. 2003, *Société des supermarchés Match-Nord : Juris-Data* n° 2003-222244), a considéré que le projet de 930 m^2 dans une commune de moins de 40 000 habitants (seuils de la loi de 1973) ne requiert pas d'autorisation d'exploitation commerciale, dès lors que la demande de permis de construire a été formulée avant l'entrée en vigueur des lois abaissant les seuils d'assujettissement. Le Conseil d'État statue dans le sens inverse : en l'absence de prorogation du délai d'instruction de la demande de permis à la suite de la loi de 1996 abaissant ces seuils, le permis tacite obtenu a pu à bon droit être retiré pour illégalité, faute de l'autorisation d'exploitation commerciale (CE, 17 mars 2004, *SCI Rivière : BJDU* n° 2/2004, p. 117, concl. Roul). Lors de l'intervention du permis tacite, la loi de 1996 était en vigueur. La légalité du permis s'apprécie à la date de sa délivrance, comme la création de droits acquis, et non au moment du dépôt ou de l'instruction de la demande. Cette clarification est importante, car un arrêt antérieur semblait admettre la non-application de la loi de 1996 aux instructions de demandes de permis en cours (CE, 3 oct. 2003, *Société Norminter : JCP* A 2001, n° 1-3, comm. n° 1011, P. Billet).

1341 **Interprétation administrative.** La doctrine administrative considère comme par le passé, (Rép. min. : *JOAN* 25 nov. 1991, p. 4797, à propos de la loi Doubin) que l'entrée en vigueur d'un nouveau champ d'application de l'autorisation d'exploitation commerciale (en 1996) ne fait pas obstacle au maintien d'un droit acquis à exploiter (et pas seulement à construire), résultant d'un permis de construire légalement obtenu antérieurement à la loi nouvelle, et en cours de validité à la date de sa mise en œuvre (Rép. min. : *JOAN* 12 janv. 1998, p. 214).

1342 **Lotissements.** À l'aune de l'article L. 315-8 du Code de l'urbanisme qui prévoit que « dans les cinq ans à compter de l'achèvement d'un lotissement, le permis de construire ne peut être refusé ou assorti de prescriptions spéciales sur le fondement de dispositions d'urbanisme intervenues postérieurement à l'autorisation du lotissement », le tribunal administratif de Lille (TA Lille, 14 avr. 1994, *M. Thierry Boutheiller* c/ *Cne d'Arras : AJDA* 1994, p. 654, note M. Cliquennois) avait estimé que la loi Doubin constituait une « disposition d'urbanisme » qui ne pouvait donc s'appliquer aux lotissements achevés depuis plus de cinq ans. Cette interprétation était très critiquable : compte tenu de l'indépendance des législations, la loi n'édicte pas de règles d'urbanisme au sens du présent code mais des règles de droit de la concurrence et, enfin, une telle jurisprudence valait « absolution » des fameux « lotissements commerciaux », en réaction desquels la loi Doubin avait été votée.

Transfert de permis. La jurisprudence administrative admet d'ailleurs la validité d'un transfert de permis de construire, après l'entrée en vigueur de la loi fixant le nouveau champ d'application, malgré le caractère personnel de l'autorisation d'exploitation commerciale (CAA Nantes, 27 mai 1998, *Préfet du Finistère : BJDU* 5/1998, p. 289). 1343

C. urb., art. L. 451-6 *(Créé, D. n° 76-267, 25 mars 1976, art. 10).* **— Ainsi qu'il est dit à l'article 32 de la loi n° 73-1193 du 27 décembre 1973 d'orientation du commerce et de l'artisanat, la commission nationale d'urbanisme commercial doit statuer sur les demandes d'autorisation visées à l'article L. 451-5 dans un délai de trois mois, à compter du dépôt de chaque demande, et ses décisions doivent être motivées en se référant notamment aux dispositions de l'article 28 de ladite loi. Passé ce délai, l'autorisation est réputée accordée. Les commissaires auront connaissance des demandes déposées au moins un mois avant d'avoir à statuer.**

À l'initiative du préfet, du tiers des membres de la commission ou à celle du demandeur, la décision de la commission départementale peut, dans le délai de deux mois de sa notification ou de son intervention implicite, faire l'objet d'un recours auprès du ministre du commerce et de l'artisanat qui, après avis de la Commission nationale d'urbanisme commercial prévue à l'article 33 de la loi n° 73-1193, se prononce dans un délai de trois mois.

Avant l'expiration du délai de recours ou, en cas de recours, avant la décision en appel du ministre chargé du commerce et de l'artisanat, le permis de construire ne peut être accordé ni la réalisation entreprise.

C. com., art. L. 720-1. **— Les implantations, extensions, transferts d'activités existantes et changements de secteur d'activité d'entreprises commerciales et artisanales doivent répondre aux exigences d'aménagement du territoire, de la protection de l'environnement et de la qualité de l'urbanisme. Ils doivent en particulier contribuer au maintien des activités dans les zones rurales et de montagne ainsi qu'au rééquilibrage des agglomérations par le développement des activités en centre-ville et dans les zones de dynamisation urbaine.**

Ils doivent également contribuer à la modernisation des équipements commerciaux, à leur adaptation à l'évolution des modes de consommation et des techniques de commercialisation, au confort d'achat du consommateur et à l'amélioration des conditions de travail des salariés.

(Alinéa créé, L. n° 2004-804, 9 août 2004, art. 18, I) **Le programme national de développement et de modernisation des activités commerciales et artisanales visé à l'article 1er de la loi n° 73-1193 du 27 décembre 1973 d'orientation du commerce et de l'artisanat exprime les orientations de l'équipement commercial pour la mise en œuvre des objectifs ci-dessus définis.**

C. com., art. L. 720-2. **— Les pouvoirs publics facilitent le groupement d'entreprises commerciales et artisanales et la création de services communs permettant d'améliorer leur productivité et leur compétitivité et de faire éventuellement bénéficier leur clientèle de services complémentaires.**

C. com., art. L. 720-3. **— I. – Une commission départementale d'équipement commercial statue sur les demandes d'autorisation qui lui sont présentées en vertu des dispositions des articles L. 720-5 et L. 720-6.**

II. – Dans le cadre des principes définis aux articles L. 720-1 et L. 720-2, la commission statue en prenant en considération :

1° L'offre et la demande globales pour chaque secteur d'activité dans la zone de chalandise concernée ;

– l'impact global du projet sur les flux de voitures particulières et de véhicules de livraison ;

– la qualité de la desserte en transport public ou avec des modes alternatifs ;

– les capacités d'accueil pour le chargement et le déchargement des marchandises ;

2° La densité d'équipement en moyennes et grandes surfaces dans cette zone ;

3° L'effet potentiel du projet sur l'appareil commercial et artisanal de cette zone et des agglomérations concernées, ainsi que sur l'équilibre souhaitable entre les différentes formes de commerce ; *(Phrase créée, L. n° 2004-804, 9 août 2004, art. 18, II)* **« Lorsque le projet concerne la création ou l'extension d'un ensemble commercial, majoritairement composé de magasins spécialisés dans la commercialisation d'articles de marques à prix réduit, l'effet**

potentiel dudit projet est également apprécié indépendamment de la spécificité de la politique commerciale de ce type de magasins ; »

4° L'impact éventuel du projet en termes d'emplois salariés et non salariés ;

5° Les conditions d'exercice de la concurrence au sein du commerce et de l'artisanat ;

6° Les engagements des demandeurs de création de magasins de détail à prédominance alimentaire de créer dans les zones de dynamisation urbaine ou les territoires ruraux de développement prioritaire des magasins de même type, d'une surface de vente inférieure à 300 mètres carrés, pour au moins 10 % des surfaces demandées.

III. – Les décisions de la commission départementale se réfèrent aux travaux de l'observatoire départemental d'équipement commercial.

IV. – L'observatoire départemental d'équipement commercial collecte les éléments nécessaires à l'élaboration des schémas de développement commercial, dans le respect des orientations définies à l'article L. 720-1. Il prend en considération, s'il y a lieu, les orientations des directives territoriales d'aménagement mentionnées à l'article L. 111-1-1 du Code de l'urbanisme et des schémas régionaux d'aménagement de développement du territoire prévus à l'article 34 de la loi n° 83-8 du 7 janvier 1983 relative à la répartition de compétences, entre les communes, les départements, les régions et l'État.

V. – Le schéma de développement commercial est élaboré et rendu public dans des conditions fixées par décret en Conseil d'État.

VI. – En outre, lorsque l'opération envisagée concerne une agglomération dans laquelle sont mises en œuvre les procédures prévues aux articles L. 303-1 du Code de la construction et de l'habitation et L. 123-11 du Code de l'urbanisme (dans sa rédaction antérieure à la L. n° 2000-1208, 13 déc. 2000), la commission prend en compte les actions destinées à y assurer le maintien ou l'implantation de commerces de proximité, d'artisans ou d'activités artisanales.

VII. – Les projets ne sont soumis à l'examen de la commission qu'à la condition d'être accompagnés de l'indication de l'enseigne du ou des futurs exploitants des établissements dont la surface de vente est égale ou supérieure à un seuil fixé par décret.

VIII. – Les demandes portant sur la création d'un magasin de commerce de détail ou d'un ensemble commercial tel que défini à l'article L. 720-6 d'une surface de vente supérieure à 6 000 mètres carrés sont accompagnées des conclusions d'une enquête publique portant sur les aspects économiques, sociaux et d'aménagement du territoire du projet prescrite dans les conditions fixées par un décret en Conseil d'État. Cette enquête est réalisée conjointement à l'enquête publique prévue en application de l'article 1er de la loi n° 83-630 du 12 juillet 1983 relative à la démocratisation des enquêtes publiques et à la protection de l'environnement lorsque celle-ci s'impose dans le cadre de l'instruction du permis de construire.

C. com., art. L. 720-4. — Dans les départements d'outre-mer, sauf dérogation motivée de la commission départementale d'équipement commercial, l'autorisation demandée ne peut être accordée lorsqu'il apparaît qu'elle aurait pour conséquence de porter au-delà d'un seuil de *(Rect. JO 18 nov. 2000)* « 25 % » sur l'ensemble du département, ou d'augmenter, si elle est supérieure à ce seuil, *(Mots rempl., L. n° 2003-660, 21 juill. 2003, art. 56)* « la surface de vente totale des commerces de détail à prédominance alimentaire de plus de 300 mètres carrés de surface de vente », que celle-ci concerne l'ensemble du projet ou une partie seulement, et appartenant :

1° Soit à une même enseigne ;

2° Soit à une même société, ou une de ses filiales, ou une société dans laquelle cette société possède une fraction du capital comprise entre 10 et 50 %, ou une société contrôlée par cette même société au sens de l'article L. 233-3 ;

3° Soit contrôlée directement ou indirectement par au moins un associé exerçant sur elle une influence au sens de l'article L. 233-16, ou ayant un dirigeant de droit ou de fait commun.

C. com., art. L. 720-8. — I. – La commission départementale d'équipement commercial est présidée par le préfet qui, sans prendre part au vote, informe la commission sur le contenu du programme national prévu à l'article L. 720-1 et sur le schéma de développement commercial mentionné à l'article L. 720-3.

II. – Dans les départements autres que Paris, elle est composée :

1° Des trois élus suivants :

a) le maire de la commune d'implantation ;

b) Le président de l'établissement public de coopération intercommunale compétent en matière d'aménagement de l'espace et de développement dont est membre la commune d'implantation ou, à défaut, le conseiller général du canton d'implantation ;

c) Le maire de la commune la plus peuplée de l'arrondissement, autre que la commune d'implantation ; en dehors des départements des Hauts-de-Seine, de la Seine-Saint-Denis, du Val-de-Marne et des communes de l'Essonne, du Val-d'Oise, des Yvelines et de Seine-et-

Marne appartenant à l'agglomération parisienne, dans le cas où la commune d'implantation appartient à une agglomération multicommunale comportant au moins cinq communes, le maire de la commune la plus peuplée est choisi parmi les maires des communes de ladite agglomération ;

2° Des trois personnalités suivantes :

***a)* Le président de la chambre de commerce et d'industrie dont la circonscription territoriale comprend la commune d'implantation, ou son représentant ;**

***b)* Le président de la chambre de métiers dont la circonscription territoriale comprend la commune d'implantation, ou son représentant ;**

***c)* Un représentant des associations de consommateurs du département.**

Lorsque le maire de la commune d'implantation ou le maire de la commune la plus peuplée visée ci-dessus est également le conseiller général du canton, le préfet désigne pour remplacer ce dernier un maire d'une commune située dans l'agglomération multicommunale ou l'arrondissement concernés.

III. – À Paris, elle est composée :

1° Des trois élus suivants :

***a)* Le maire de Paris ;**

***b)* Le maire de l'arrondissement du lieu d'implantation ;**

***c)* Un conseiller d'arrondissement désigné par le Conseil de Paris ;**

2° Des trois personnalités suivantes :

***a)* Le président de la chambre de commerce et d'industrie de Paris ou son représentant ;**

***b)* Le président de la chambre de métiers de Paris ou son représentant ;**

***c)* Un représentant des associations de consommateurs du département.**

IV. – Tout membre de la commission départementale d'équipement commercial doit informer le préfet des intérêts qu'il détient et de la fonction qu'il exerce dans une activité économique.

Aucun membre de la commission ne peut délibérer dans une affaire où il a un intérêt personnel et direct ou s'il représente ou a représenté une des parties intéressées.

V. – Les responsables des services déconcentrés de l'État chargés de l'équipement, de la concurrence et de la consommation ainsi que de l'emploi assistent aux séances.

VI. – Dans la région d'Île-de-France, un représentant du préfet de région assiste également aux séances.

L'instruction des demandes d'autorisation est faite par les services déconcentrés de l'État.

VII. – Les demandes d'autorisation sont présentées selon des modalités fixées par décret en Conseil d'État ; les demandes ne conduisant pas à des surfaces de vente supérieures à 1 000 mètres carrés font l'objet de modalités simplifiées.

VIII. – Les conditions de désignation des membres de la commission et les modalités de son fonctionnement sont fixées par décret en Conseil d'État.

C. com., art. L. 720-9. — La commission départementale d'équipement commercial, suivant une procédure fixée par décret, autorise les projets par un vote favorable de quatre de ses membres. Le procès-verbal indique le sens du vote émis par chacun des membres.

C. com., art. L. 720-10. — La commission départementale d'équipement commercial doit statuer sur les demandes d'autorisation visées à l'article L. 720-5 dans un délai de quatre mois, à compter du dépôt de chaque demande, et ses décisions doivent être motivées en se référant notamment aux dispositions des articles L. 720-1 et L. 720-3. Passé ce délai, l'autorisation est réputée accordée. Les commissaires ont connaissance des demandes déposées au moins un mois avant d'avoir à statuer.

À l'initiative du préfet, de deux membres de la commission, dont l'un est élu ou du demandeur, la décision de la commission départementale peut, dans un délai de deux mois à compter de sa notification ou de son intervention implicite, faire l'objet d'un recours auprès de la commission nationale d'équipement commercial prévue à l'article L. 720-11, qui se prononce dans un délai de quatre mois.

Les commissions autorisent ou refusent les projets dans leur totalité.

Avant l'expiration du délai de recours ou, en cas de recours, avant la décision en appel de la commission nationale, le permis de construire ne peut être accordé ni la réalisation entreprise et aucune nouvelle demande ne peut être déposée pour le même terrain d'assiette auprès de la commission départementale d'équipement commercial.

En cas de rejet pour un motif de fond de la demande d'autorisation par la commission nationale susmentionnée, il ne peut être déposé de nouvelle demande par le même pétitionnaire, pour un même projet, sur le même terrain pendant une période d'un an à compter de la date de la décision de la commission nationale.

C. com., art. L. 720-11. — I. – La Commission nationale d'équipement commercial comprend huit membres nommés, pour une durée de six ans non renouvelable, par décret pris

sur le rapport du ministre chargé du commerce. La commission est renouvelée par moitié tous les trois ans.

II. – Elle se compose de :

1° Un membre du Conseil d'État désigné par le vice-président du Conseil d'État, président ;

2° Un membre de la Cour des comptes désigné par le premier président de la Cour des comptes ;

3° Un membre de l'inspection générale des finances désigné par le chef de ce service ;

4° Un membre du corps des inspecteurs généraux de l'équipement désigné par le vice-président du conseil général des ponts et chaussées ;

5° Quatre personnalités désignées pour leur compétence en matière de distribution, de consommation, d'aménagement du territoire ou d'emploi à raison d'une par le président de l'Assemblée nationale, une par le président du Sénat, une par le ministre chargé du commerce et une par le ministre chargé de l'emploi.

II. – Le président de la commission a voix prépondérante en cas de partage égal des voix.

III. – Tout membre de la commission doit informer le président des intérêts qu'il détient et de la fonction qu'il exerce dans une activité économique.

IV. – Aucun membre de la commission ne peut délibérer dans une affaire où il a un intérêt personnel et direct ou s'il représente ou a représenté une des parties intéressées.

V. – Le maire de la commune d'implantation membre de la commission départementale dont la décision fait l'objet du recours est entendu à sa demande par la commission nationale.

VI. – Un commissaire du Gouvernement nommé par le ministre chargé du commerce assiste aux séances de la commission. Il rapporte les dossiers.

VII – Les conditions de désignation des membres de la commission et du président de celle-ci ainsi que les modalités de son fonctionnement sont fixées par décret en Conseil d'État.

I. – Demande d'autorisation

A. – Qualité du demandeur

1344 **Personnes habilitées par la loi.** La demande est présentée par le propriétaire de l'immeuble, toute personne justifiant d'un titre habilitant à construire sur le terrain ou à exploiter commercialement l'immeuble. Contrairement au permis de construire, la qualité de mandataire n'est pas reconnue (un promoteur ne peut ainsi agir en tant que prestataire de services.

1345 **Titres à produire.** Là encore, la sévérité est plus grande qu'en droit de l'urbanisme, les titres doivent être produits lors du dépôt et être valides (Arr., 12 déc. 1997 : *JO* 19 déc., p. 18369). Un tempérament toutefois : une attestation notariale est admise, si elle fait apparaître l'identité du bénéficiaire qui doit être le demandeur, les biens concernés et sa durée de validité ; ainsi le titulaire d'une promesse de vente (enregistrée auprès des services fiscaux) est habilité à procéder au dépôt (CE, 9 févr. 1979, *Comité de défense d'action et de sauvegarde de Fontainebleau : DA* 1979, n° 89. – Rép. min. : *JOAN* 21 mai 1990, p. 2438).

Sont également admis les baux (ou promesses) à construction, emphytéotiques (CE, 26 févr. 1988, *Assoc. pour la sauvegarde du parc de Saint-Leu : DA* 1988, n° 235), de même le bail commercial (ou promesse) établit la qualité d'exploitant.

Dans les ZAC, la collectivité ou l'aménageur ne peuvent consentir des promesses de vente qu'après être devenus propriétaires des terrains correspondants. En cas d'expropriation, le promoteur ne peut déposer une demande tant que le transfert de propriété n'est pas intervenu ou que l'ordonnance d'expropriation n'a pas été notifiée, sauf à obtenir l'autorisation expresse du propriétaire initial. Dans une affaire, le conseil municipal avait autorisé un maire à céder une parcelle communale à une société promoteur d'un équipement commercial. Or, à la date de l'autorisation accordée par la Commission nationale, le conseil municipal avait de nouveau habilité le maire à vendre la parcelle à une société dépourvue de tout lien avec la première et pour un projet différent ; cette dernière ne disposait donc pas du titre requis pour bénéficier de l'autorisation d'exploitation commerciale ; la décision favorable de la CNEC doit donc être annulée (CE, 26 mars 2003, req. n° 238142, *Association des commerçants et artisans de Gigean : Juris-Data* n° 2003-065495).

S'agissant des personnes morales, celles de droit privé doivent produire un extrait K *bis* ou, si elles sont en cours de constitution, soit les premiers actes de création, soit les statuts signés par les

associés et présentés à l'enregistrement des services fiscaux ; celles de droit public, la décision de leur organe délibérant.
Comme en matière de permis de construire, les interférences entre le droit public et le droit privé existent. Ainsi, un acte notarié prévoyait que le futur acquéreur devait déposer une demande d'autorisation d'exploitation commerciale. À défaut, le tribunal de grande instance de Lille a constaté le manquement à une obligation contractuelle, qui sur le fond consistait en une démarche relevant du droit administratif (TGI Lille, 16 oct. 2003 : *JCP* A n° 1-3, comm. n° 1012, M. Cliquennois).

Caractère incessible et intransmissible de l'autorisation. Contrairement au permis de construire, le projet doit systématiquement être réalisé par le bénéficiaire de l'autorisation. En cas de dépôt de la demande par le futur exploitant, il peut en confier la maîtrise d'ouvrage à un tiers à condition qu'il s'engage à exploiter l'établissement une fois construit. 1346
Pour plus de sécurité juridique, il est donc opportun de présenter une demande conjointe promoteur/exploitant, sachant que leur qualité respective doit être dûment établie.

B. – Contenu du dossier

Descriptif du projet. Les renseignements suivants sont à produire : 1347
- localisation : carte au 1/25 000 et desserte actuelle et future ;
- historique des phases de conception, évolution des installations existantes, le cas échéant ;
- consistance : surfaces de vente, circulations, réserves, caisses... (avec plans) ;
- activités annexes (restauration...) ;
- enseignes : sont obligatoirement indiquées et attestées par leur propriétaire, pour les établissements d'une surface de vente supérieure à 2 000 m^2 compris dans un projet d'une surface globale inférieure à 20 000 m^2 et pour les établissements représentant 10 % au moins de la surface de vente globale excédant ce seuil de 20 000 m^2 ;
- pour les complexes cinématographiques, l'enseigne est obligatoire, ainsi que le projet de programmation, le projet architectural (D. n° 2002-1268, 11 oct. 2002 : *JO* 18 oct., p. 17307) ;
- pour les équipements hôteliers, indications sur les modalités d'exploitation (enseigne, étoiles, réseau de commercialisation...).

Données économiques. Elles sont de plusieurs ordres : 1348
- analyse de la zone de chalandise (évolutions démographiques, sous-zones, temps d'accès, liste des communes...) ;
- marché théorique global ;
- analyse de l'offre commerciale existante par sous-zones et par communes, avec les magasins supérieurs et inférieurs au seuil de 300 m^2 ;
- emplois créés en équivalent temps plein par le projet, avec les effectifs existants ;
- effets attendus de l'opération par les taux d'emprise ;
- attestation de l'ORGANIC reprenant les éléments de la plus récente déclaration et indiquant que le demandeur est à jour du paiement de la taxe d'aide au commerce et à l'artisanat ; cela pour les extensions et les changements de secteurs d'activité ;
- à titre facultatif, mesures d'accompagnement par partenariat avec des acteurs locaux commerçants ou producteurs, desserte des communes non pourvues de commerces, développement de services de proximité, engagements de créer des magasins à dominante alimentaire inférieurs à 300 m^2 dans les zones de redynamisation urbaine ou les territoires ruraux de développement prioritaire.

Étude d'impact économique. Les projets supérieurs à 1 000 m^2 de surface de vente doivent faire l'objet d'une étude d'impact économique comportant les rubriques suivantes : 1349
- aménagement du territoire, protection de l'environnement et qualité de l'urbanisme : analyse de l'impact du projet sur son environnement (équipements commerciaux, desserte, habitat, traitement des abords et architectural, pôles structurants, centre-ville, zones rurales, temps de trajet-voiture...) ;

– modernisation et adaptation des équipements commerciaux et amélioration des conditions de travail : services rendus à la clientèle, installations du magasin, techniques de commercialisation, travail des salariés ;
– impact sur l'emploi : emplois créés en équivalent temps plein, emplois supprimés, types de qualification, statuts, avec un solde des emplois créés et supprimés ; une comparaison avec la situation un an après la réalisation du projet est vérifiée par les services de l'État ;
– pour les équipements cinématographiques, des analyses plus spécifiques sont requises, notamment quant aux autres salles environnantes, comme celles d'art et d'essai (D. 11 oct. 2002, préc.).

Voir aussi : Sur le contenu de la demande : Arr. 12 déc. 1997 (*JO* 19 déc., p. 18369) ; pour les hôtels. – Arr. 15 janv. et 13 févr. 1997 (*JO* 7 mars, p. 3622) et Circ. 25 févr. 1997 (*Mon. TP* suppl., 2 mai 1997).

Voir aussi : Pour les équipements cinématographiques : D. n° 2002-1268, 11 oct. 2002 modifiant D. n° 96-1119 du 20 déc. 1996 et Arr. 20 déc. 1996 (*JO* 21 déc., p. 18922).

C. – Modification de la demande

1350 **Restriction légale.** En cas de refus d'autorisation par la commission nationale, une nouvelle demande ne peut plus être déposée pendant un an, pour un projet identique sur un même terrain. Seule une modification substantielle permet de présenter un nouveau dossier.

1351 **Modification substantielle.** Toute modification de l'économie générale de l'opération doit donner lieu à nouvelle demande ; peuvent être visées la nature du commerce, l'enseigne, la surface de vente. Le Conseil d'État a ainsi qualifié, dans un centre commercial de près de 6 000 m² comprenant une grande surface de 3 400 m², la réduction de 2 000 à 1 575 m², de la galerie de boutiques au profit d'une moyenne surface passant de 500 à 925 m². Le juge civil des référés, saisi d'une demande de suspension, sous astreinte, d'une exploitation prétendument irrégulière, doit surseoir à statuer dans l'attente de la décision du juge administratif quant au caractère substantiel de la modification, dont dépend l'irrégularité de l'exploitation (Cass. com., 17 déc. 2002, req. n° 01-10.292 : *Juris-Data* n° 2002-017040 ; *Cah. dr. entrepr.* 2003, n° 3, p. 27, note S. Destours).

II. – Processus décisionnel

A. – Instruction

1352 **Recevabilité de la demande.** Déposée en 11 exemplaires (12 pour les projets soumis à enquête publique ou portant sur un équipement cinématographique), la recevabilité de la demande relève du service de la préfecture chargé du secrétariat de la commission départementale. Cet examen porte sur la qualité du demandeur et le caractère complet du dossier. Si tel est le cas, une lettre du préfet informe le demandeur que si aucune décision ne lui a été notifiée à l'expiration d'un délai de quatre mois à compter de l'enregistrement en préfecture du dossier, il sera titulaire d'une autorisation tacite. Si le dossier est incomplet, le préfet sollicite les pièces manquantes, le délai d'instruction courant à compter de la réception de la dernière d'entre elles.
Il a été jugé que même si le dossier initial est incomplet, les compléments d'information, fournis en cours d'instruction devant la CNEC, peuvent être susceptibles de pallier les insuffisances de la demande (CE, 11 févr. 2004, *Conseil national des professions de l'Automobile : Collectivités-Intercommunalité* 2004, n° 4, comm. n° 64, L. Erstein). En revanche, doit être considérée comme incomplète et rendant impossible une appréciation de l'impact du projet par les commissions compétentes, une demande de création d'un complexe cinématographique comportant des indications erronées sur l'évaluation des recettes annuelles prévisionnelles, sur les effets du projet sur les autres établissements de la zone d'attraction, la sauvegarde de l'équilibre entre les différentes offres de cinéma et les conséquences sur l'emploi (CE, 17 mars 2004, *SARL Loisir 2000 et SA Cinémas Forum : BJCL* n° 6/2004, p. 402, concl. Roul).

1353 **Enquête publique.** La loi du 5 juillet 1996 a soumis à enquête publique les projets de création d'un magasin de commerce de détail ou d'un ensemble commercial d'une surface de vente supé-

rieure à 6 000 m² (les extensions, changements de secteurs d'activité, équipements hôteliers o cinématographiques ne sont pas concernés). Cette enquête porte sur les aspects économiques, sociaux et d'aménagement du territoire. Elle est réalisée dans les conditions du droit commun, sous la conduite du préfet.
Lorsqu'un projet est également soumis à enquête au titre du permis de construire (commerce de plus de 10 000 m² visé à l'article R. 421-17, C. urb.), les deux enquêtes sont menées conjointement.

Voir aussi : Commentaires sous C. urb., art. R. 421-17, p. 794.

Intervenants à l'instruction. L'instruction est menée par la DDCCRF ou par la direction régionale des affaires culturelles s'il s'agit d'un équipement cinématographique. Le directeur concerné est rapporteur devant la commission départementale. La direction départementale du travail et de l'emploi évalue l'impact du projet en termes d'emplois salariés et non salariés. La direction départementale de l'équipement rend aussi un avis qui, depuis la loi SRU, doit, entre autres, apprécier la compatibilité du projet avec le SCOT. Les chambres de commerce et d'industrie et les chambres de métiers disposent d'un délai de six semaines pour faire part de leurs observations sur l'étude d'impact ; quant aux projets hôteliers, l'avis préalable de la commission départementale d'action touristique (D. n° 85-249, 14 févr. 1985 et Circ. 25 févr. 1997 ; V. pour la Corse, D. n° 2003-890, 11 sept. 2003 : *JO* 18 sept.) sera présenté en séance de la CDEC par le directeur régional au tourisme qui peut, le cas échéant, ajouter ses propres observations. 1354

Voir aussi : Rapport du Conseil général des Ponts et Chaussées de mars 2004, *Le rôle des DDE en matière d'urbanisme commercial*, qui devrait aboutir à une circulaire du ministère de l'Équipement pour renforcer leur intervention.

B. – Commissions départementales d'équipement commercial (CDEC)

Composition. Depuis les lois du 29 janvier 1993 et du 5 juillet 1996 (V. aussi : D. n° 93-306, 9 mars 1993 et n° 96-1018, 26 nov. 1996), les CDEC sont composées, à parité, d'élus locaux et de représentants socio-professionnels, soit six membres énoncés à l'article L. 720-8. 1355
La commission départementale d'équipement cinématographique comporte sept membres, soit un membre désigné par le président du comité consultatif de la diffusion cinématographique, qui depuis la loi NRE du 15 mai 2001 n'a plus à avoir la qualité de magistrat.
Chaque demande d'autorisation fait l'objet d'un arrêté préfectoral constitutif de la CDEC.
Le rapport du sénateur Fouché (préc.) préconise de « redépartementaliser » les CDEC qui dans leur composition sont davantage orientées vers l'arrondissement que vers le département ; or, l'appréciation d'un projet au regard d'une circonscription de proximité ne permet pas d'avoir un réel recul ; aussi, un conseiller général élu hors de l'arrondissement correspondant pourrait être ajouté dans le collège des élus locaux.

Présidence du préfet. La CDEC est présidée par le préfet. Cette présidence est exercée ès qualité : en l'absence de disposition législative ou réglementaire en ce sens, il ne peut déléguer cette compétence et le secrétaire général de la préfecture ne saurait se substituer à lui, sauf à entacher la procédure d'illégalité (TA Cergy-Pontoise, 30 avr. 2002, req. n°s 0100414, 010111, 0101221, *Ville de Paris et autres*. – V. aussi, TA Lille, 12 déc. 2002, *Assoc. départementale de défense du commerce traditionnel*, Lettre de jurisprudence de la 5e ch., sept.-déc. 2002). 1356
Cette exigence soulève des problèmes pratiques, au regard de l'ampleur des tâches auxquelles un préfet a à faire face et il est vrai que nombre de CDEC sont présidées de facto par le SG de préfecture. Ces jugements de 2002 ont créé une vive inquiétude. Il conviendrait, nous semble-t-il, dans un souci de réalisme d'atténuer une telle règle et de prévoir dans les textes la possibilité d'une présidence de séance par le SG de préfecture.

Statut des membres. Ceux-ci doivent informer le préfet des intérêts qu'ils détiennent et des fonctions qu'ils exercent dans une activité économique ; ils ne peuvent en effet valablement délibérer dans une affaire où ils détiennent un intérêt personnel et direct ou s'ils représentent ou ont représenté une des parties intéressées. Une déclaration sur l'honneur comportant des inexactitu- 1357

des ferait encourir au membre concerné les sanctions prévues par l'article 432-12 du Code pénal au titre de la prise illégale d'intérêts cinq ans d'emprisonnement, 75 000 € d'amende).
Les membres sont tenus au secret professionnel.

1358 **Réunion et vote de la CDEC.** Les membres reçoivent, au moins huit jours (15 jours en matière cinématographique) avant la réunion, le rapport d'instruction et les divers avis. Le préfet et les représentants des services qui assistent à la séance ne prennent pas part au vote. Celui-ci s'effectue à bulletins nominatifs, et la décision précise le sens du vote de chacun. La CDEC ne peut délibérer que si cinq de ses membres ayant le droit de vote sont présents. À défaut, sur nouvelle convocation, la seconde réunion ne pourra se tenir que huit jours après celle-ci et le quorum sera alors de quatre membres.
L'autorisation d'un projet requiert le vote favorable d'au moins quatre membres, les abstentions et les absences étant comptabilisés en vote négatif. Dans l'hypothèse d'une seconde réunion suite à un défaut de quorum, l'acceptation des projets se fait par vote unanime des quatre membres.
La CDEC peut en cours de séance entendre toute personne qu'elle juge utile et est tenue d'auditionner le demandeur si celui-ci le sollicite.
Les projets sont autorisés ou refusés dans leur totalité. Les autorisations sont données par mètre carré de surface de vente, par chambre ou par place de spectateurs, les enseignes connues sont mentionnées. La possibilité d'autorisation tacite est critiquée par certains, compte tenu des enjeux de la matière (Rapp. des CCI Paris-Île-de-France, 15 nov. 2002, préc.).

C. – Critères décisionnels et motivation

1359 **Critères légaux.** La CDEC doit se fonder sur des critères énoncés à l'article L. 720-3. Des critères plus spécifiques aux équipements cinématographiques sont prévus par la loi du 5 juillet 1996. La loi SRU en a ajouté un supplémentaire concernant l'impact sur les flux de circulation, la qualité de la desserte en transports publics et les livraisons. En outre, la loi du 9 août 2004 a entendu insister sur les magasins de marques par un critère décisionnel sibyllin et peu déterminant (V. précédents comm. crit. sous C. urb., art. L. 451-5 et le champ d'application de l'autorisation). Ces critères concernent expressément les décisions de la CDEC et non celles de la CNEC ; sachant que le juge se réfère à eux en tout état de cause. Il ressort de la jurisprudence que les juridictions administratives ont eu tendance à privilégier certains critères : la densité commerciale d'un type d'équipement dans la zone de chalandise, l'évolution démographique intégrant aussi la population saisonnière, le caractère dominant d'une enseigne.

1360 **Densité et population.** La densité est appréciée eu égard aux moyennes départementale et nationale. Pour cette dernière, la référence est critiquable : que signifie une comparaison nationale pour un projet touchant une zone de chalandise de proximité ? Pourtant, la jurisprudence s'y reporte quasi systématiquement. Est fondé le refus d'un projet de 3 000 m^2 en centre-ville dépassant de près du double la densité moyenne départementale (CE, 4 avr. 2001, req. n° 182260, *SARL Saag : Juris-Data* n° 2001-062147) ; mais un tel dépassement ne saurait constituer systématiquement un obstacle, notamment lorsque la population est importante et crée des besoins (CE, 30 janv. 2002, req. n° 210685, *Assoc. de défense et de promotion du commerce Drouais : Juris-Data* n° 2002-063568).
De même, l'accroissement de la population justifie l'implantation d'un supermarché bien que l'impact sur les commerces alimentaires locaux ait pu être sous-évalué par le demandeur (CE, 4 mai 2001, req. n°s 208635 et 208637, *Assoc. des commerçants de la rue Marcel-Sembat : Juris-Data* n° 2001-062561) ; cette approche vaut également pour les magasins spécialisés, en l'espèce dans le sport (CE, 28 déc. 2001, req. n° 200230, *SA Dezusinge Sport : Juris-Data* n° 2001-063435).
Les transferts de commerce ont donné lieu à deux affaires intéressantes : l'une portait sur un magasin qui contribuait à compléter les besoins de la clientèle de centre-ville (CE, 14 déc. 2001, req. n° 216652, *BREC : Juris-Data* n° 2001-063307) ; l'autre se caractérise par la censure d'une autorisation au motif que si une société avait acquis un centre commercial de 7 670 m^2 et présenté une demande de transfert pour un autre centre de 16 100 m^2 en s'engageant à ne pas exploiter le premier pendant deux ans, la densité était très supérieure aux moyennes nationale et dépar-

tementale et au chiffre d'affaires prévisionnel six fois supérieur à celui du centre initial (CE, 22 févr. 1999, req. n°s 178038 et 178871, *CCI de Touraine*).
Pour estimer l'impact du projet en termes de densité, il faut inclure les opérations ayant déjà été dûment autorisées (CE, 27 juin 2003, req. n° 242348, *Cne de Crest : Juris-Data* n° 2003-066229).
Un refus de l'extension de 24 % d'un hypermarché a été validé, au regard de la densité très importante des grandes et moyennes surfaces alimentaires dans la zone de chalandise (CE, 29 mars 2002, req. n° 223914, *Sté rochefortaise d'investissements saintongeais : Juris-Data* n° 2002-063852).
En revanche, le Conseil d'État a annulé un refus émanant successivement de la CDEC et de la CNEC concernant l'extension de 1 800 m^2 d'un hypermarché situé sur un axe routier très fréquenté (CE, 5 nov. 2001, *SA Sodines : Constr.-urb.* févr. 2002, p. 19, note F. Bouyssou).
La création d'une jardinerie de 4 960 m^2 n'a pas d'impact notable sur les fleuristes du centre de l'agglomération offrant une gamme de services plus élaborés, la concurrence touche ainsi les grandes surfaces de spécialités similaires (CE, 23 déc. 2001, req. n° 192461, *Chambre syndicale des fleuristes du Massif-Central : Juris-Data* n° 2001-062200). On relèvera également que des observations des CCI sur l'étude d'impact peuvent permettre de rectifier des évaluations de marché théorique global erronées (CE, 27 déc. 2000, req. n° 200657, *Sté Leroy-Merlin : Juris-Data* n° 2001-061277).

Zone de chalandise. La délimitation de la zone d'attractivité d'un projet sur la clientèle est essen- 1361
tielle pour apprécier son impact concurrentiel. Le décret du 9 mars 1993 et l'arrêté du 12 décembre 1997 énoncent, à titre indicatif, des éléments permettant au demandeur de procéder à cette délimitation : le temps d'accès au site, les barrières géographiques ou psychologiques, la concurrence.
Le Conseil d'État privilégie le critère du temps d'accès, en tant que critère « objectif », néanmoins susceptible d'être relativisé par les autres critères à justifier au cas par cas (CE, 11 févr. 2004, *Société établissement Grassot, Société Jardivil : AJDA* 2004, p. 1651, concl. R. Schwartz. – CE, 10 nov. 2004, *Société Bricomuret*, req. n° 263206 : *Juris-Data* n° 2004-067635. – CE, 18 févr. 2005, *Ville de Paris*, req. n° 260288 ; également, CE, 19 juin 2002, *Syndicat intercommunal de défense de l'artisanat et du commerce : Constr.-urb.* 2002, n° 9, comm. n° 221, F. Bouyssou, concl. R. Schwartz).
En pratique, cette jurisprudence aboutit à une délimitation selon des courbes isochrones tracées autour du projet et calculées, selon les temps d'accès. Or, la législation de l'équipement commercial à une vocation de police de la concurrence et ce sont donc plutôt des critères économiques qui devraient être décisifs quant à la zone de chalandise. Une correction réglementaire par une « hiérarchie » des éléments à prendre en compte, avec une primauté au recensement concurrentiel, pourrait répondre à cette préoccupation.
Cela étant, en cas d'implantation d'un équipement en secteur transfrontalier, la zone de chandise doit tenir compte des communes situées au-delà du territoire national (CE, 3 févr. 2003, req. n° 226804, *Société Cora Belgique : Juris-Data* n° 2003-065011 ; *AJDA* juin 2003, p. 1112, note F. Bouyssou ; *Cah. dr. entrepr.* 2003, n° 3, p. 29, note S. Destours ; *RTD com.* 2003, n° 3, p. 489, note G. Orsoni). En tout état de cause, le demandeur doit être invité à compléter son dossier quant à la rectification de la zone de chalandise.
Là encore, les observations techniques des CCI et de la DDCCRF en cours d'instruction peuvent permettre à la CNEC de rectifier le périmètre de la zone de chalandise (CE, 15 juill. 2004, req. n° 258529, *Secrétaire d'État aux PME, au commerce, à l'artisanat et aux professions libérales : Juris-Data* n° 2004-067257).

Circulation et desserte. Le nouveau critère introduit par la loi SRU sur la desserte, les flux et les 1362
livraisons a donné lieu à une première mise en œuvre jurisprudentielle : une CDEC statuant le 20 décembre 2000, soit 7 jours après la loi SRU, a été censurée pour ne pas avoir appliqué ce critère, le juge estimant que ladite disposition était entrée en vigueur immédiatement, sans avoir à attendre un décret d'application (TA Cergy-Pontoise, 30 avr. 2002, *Ville de Paris et autres*, préc.).

Concurrence. Position dominante. Comme le souligne le commissaire du gouvernement Rémy 1363
Schwartz, le « droit de la concurrence... irradie tout le droit public ». Cela est d'autant plus frappant en matière d'équipement commercial, les lois Royer-Raffarin constituant du reste des instruments de contrôle concurrentiel et les critères décisionnels de l'article L. 720-3 du Code de com-

merce en sont la principale illustration. Dans un important arrêt du 30 juillet 2003, *SA Caen Distribution*, appuyé par les conclusions de M. Schwartz, le Conseil d'État a renforcé encore davantage les considérations concurrentielles devant les CDEC et la CNEC, en particulier quant à la position dominante d'un groupe ou d'une enseigne : « Considérant qu'il incombe aux commissions d'équipement commercial de veiller, sous le contrôle du juge de l'excès de pouvoir, au respect des règles tendant à préserver le libre jeu de la concurrence, notamment de celles qui résultent des dispositions de l'ordonnance du 1er décembre 1986, insérées désormais dans le Code de commerce ; qu'au nombre de ces règles figurent celles qui visent à prévenir les risques d'abus de position dominante. » En l'espèce, la Société Caen Distribution, exploitant un supermarché Leclerc à près d'un kilomètre du projet de création d'un ensemble commercial de 2 676 m^2 comportant un supermarché Champion de 2 323 m^2 et une galerie d'une dizaine de boutiques, demandait l'annulation de l'autorisation de la CNEC. Quelques jours avant cette décision, le ministre de l'Économie avait autorisé l'acquisition par la Société Carrefour de la Société Promodès dont fait partie l'enseigne « Champion ». Le marché pertinent de l'agglomération de Caen portait sur environ 360 000 habitants et le groupe Carrefour-Promodès y disposait de plus de 60 % des surfaces de vente supérieures à 300 m^2. Toutefois, à l'intérieur de la zone de chalandise du projet, le pourcentage était de 25 % incluant la création du supermarché Champion et la galerie commerciale envisagés ; le Conseil d'État a ainsi estimé que ce groupe et cette enseigne n'étaient pas susceptibles d'abuser d'une position dominante dans la zone de chalandise (CE, 30 juill. 2003, *SA Caen Distribution : AJDA* 2003, p. 2036, concl. R. Schwartz ; *Lamy Droit économique* juin 2004, n° 174 et *Cah. dr. entrepr.* 2004, n° 3, p. 34, note S. Destours ; *RTD com.* 2004, n° 1, p. 79, note G. Orsoni ; *Collectivités-Intercommunalité* 2004, n° 4, comm. n° 45, L. Erstein ; *Dr. adm.* oct. 2004, étude n° 18, N. Charbit). Le rapport de la commission Canivet (préc.) préconise d'inscrire dans les lois Royer-Raffarin ce critère de façon expresse.

1364 **Concurrence. Dispositif spécifique à l'outre-mer.** La loi n° 2003-660 du 21 juillet 2003 de programmation pour l'Outre-Mer a introduit dans l'article L. 720-4 (sus-reproduit) du Code de commerce un contrôle spécifique quant aux pratiques anticoncurrentielles et aux concentrations. Sont visés les projets à prédominance alimentaire de plus de 300 m^2. Sauf dérogation motivée de la CDEC, l'autorisation demandée doit être refusée si le projet porte à plus de 25 % ou si ce seuil est déjà atteint permet de l'augmenter, la surface de vente de tels commerces, que cela concerne l'ensemble du projet ou une partie seulement appartenant à une même enseigne, une même société ou un même groupe.

Voir aussi : Commentaire de cette disposition dans la *Revue de droit de l'outre-mer* 2003, n° 28, p. 36.

1365 **Hiérarchie des critères.** Jusqu'à 2002, le juge administratif exerçait un contrôle normal sur les décisions d'équipement commercial (CE, 27 juin 1979, *Sté Adour-Distribution : AJDA* 1979, p. 54, note F. Bouyssou. – CE, 19 déc. 1980 ; *Min. Com. Art.* c/ *Sté Au Printemps : Rec. CE*, p. 481, concl. B. Genevois). Depuis 2002, le contrôle devient donc encore plus avancé. Par un arrêt d'Assemblée du 27 mai 2002, *SA Guimatho, SA Dijoni et CCI de Touraine* (*AJDA*, sept. 2002, p. 702, concl. R. Schwartz ; *Constr.-urb.* 2002, n° 9, comm. n° 220, F. Bouyssou. – G. Orsoni : *RTD com.* 2002, n° 4, p. 671), le Conseil d'État a introduit dans l'équipement commercial une technique de contrôle spécifique inspirée du bilan coût-avantage. Cette démarche s'effectue en deux temps. Tout d'abord, il appartient aux commissions d'équipement commercial d'apprécier si un projet est de nature à compromettre, dans la zone de chalandise intéressée, l'équilibre voulu par le législateur entre les diverses formes de commerce ; puis, dans l'affirmative de rechercher si cet inconvénient est compensé par les effets positifs qu'il peut présenter au regard, notamment, de l'emploi, de l'aménagement du territoire, de la concurrence, de la modernisation des équipements commerciaux et, plus généralement, de la satisfaction des besoins des consommateurs. En l'espèce, l'autorisation de la CNEC a été validée : le projet de création d'un centre commercial de 13 670 m^2 avec un hypermarché de 7 870 m^2 et une galerie marchande de 2 800 m^2 contribuait à renforcer l'équipement d'une zone de chalandise de densité moyenne, sans nuire aux formes de commerce concurrentes.

Cet arrêt a été suivi, dans le même sens, d'un second du 19 juin 2002, *CCI de Montpellier* (req. nos 222688 et 223044 : *Cah. dr. entr.* 2002, n° 5, p. 34, note S. Destours : *Juris-Data* n° 2002-064045), qui a également abouti à la validation de l'autorisation de la CNEC. Pour de nouvelles confirmations immédiates (CE, 31 déc. 2002, req. n° 228876, *Combret : Juris-Data* n° 2002-064781. – CE, 30 déc. 2002, req. n° 214018, *Sté SNC CIRMAD Grand Sud : Juris-Data* n° 2003-064782 ; *Constr.-urb.* 2003, n° 3, comm. n° 83, note F. Bouyssou ; *Cah. dr. entrepr.* 2003, n° 3, p. 29, note S. Destours ; *Collectivités-Intercommunalité* 2003, n° 6, comm. n° 128, R. S., à propos de complexes cinématographiques. – CE, 5 mars 2003, req. n° 229920, *Syndicat de l'industrie hôtelière de Saône et Loire : Juris-Data* n° 2003-065100).

Cette jurisprudence marque formellement une volonté de hiérarchiser les critères, à travers le principe fondamental de la loi Royer : l'équilibre entre les diverses formes de commerce. Cela étant, les juridictions procédaient déjà dans leurs analyses à un « bilan » entre les aspects positifs et négatifs d'un projet.

Depuis, le Conseil d'État a, bien évidemment, appliqué sa jurisprudence de principe mais l'a également affinée. Toutefois, toute interrogation n'est pas levée. D'une manière générale, le déséquilibre entre les formes de commerce est peu constaté ; la technique de contrôle a ainsi plus une finalité dissuasive. D'une part, l'existence ou l'absence de déséquilibre entre les formes de commerce s'apprécie principalement à travers le critère de la densité ; ce qui reste une constante, sachant que ce critère n'est pas exempt de critique, en particulier quant aux moyennes nationales qui sont souvent une comparaison vague et peu adéquate avec un projet précis.

Les exemples sont abondants, notamment :

– la densité en équipements spécialisés dans le sport et au sein de la zone de chalandise, excède déjà sensiblement les densités départementale et nationale ; le projet affecterait donc l'équilibre existant dans la zone impactée (CE, 6 juin 2003, req. n° 227285, *Société Rasquer Sport : Juris-Data* n° 2003-065536) ;

– si dans la zone de chalandise, la densité en établissements de bricolage, jardinage et décoration excède légèrement celle constatée au niveau national (hors Île-de-France) et reste inférieure à la moyenne départementale, le projet, en bénéficiant d'un apport de clientèle partiel d'un magasin de centre-ville exploité par une filiale du même groupe, limitera le prélèvement exercé sur le marché local et devrait également permettre de réduire l'évasion commerciale vers les agglomérations avoisinantes, tout en contribuant à l'animation de la concurrence entre les grandes enseignes déjà présentes dans la zone de chalandise ; le principe d'équilibre n'est donc pas compromis (CE, 6 juin 2003, req. n° 231185, *SARL Inter'Net : Juris-Data* n° 2003-065488) ;

– dans la zone de chalandise qui a connu entre les recensements de 1990 et 1999 une augmentation de population de plus de 10 %, le projet est susceptible de répondre à l'accroissement de la demande et de diversifier l'offre, notamment quant aux matériels de sport, en limitant l'évasion commerciale vers les équipements de plus grande taille implantés dans les villes alentours. Si la densité des équipements de plus de 300 m^2 de surface de vente dans ce secteur d'activité est plus élevée dans la zone de chalandise qu'au niveau départemental, elle ne diffère pas sensiblement de celle constatée dans le département ; l'équilibre entre les formes de commerce n'est pas affecté (CE, 17 oct. 2003, req. n° 238750, *Société Pôle Ouest : Juris-Data* n° 2003-066473) ;

– la densité dans la zone de chalandise des établissements à prédominance alimentaire de plus de 300 m^2 est, avant la réalisation de l'extension envisagée, inférieure aux densités calculées aux niveaux départemental et national. Le projet n'entraînera pas de dépassement de ces densités et donc le principe d'équilibre n'est pas compromis (CE, 28 nov. 2003, req. n° 252138, *Société Jacodis : Juris-Data* n° 2003-066628) ;

– il n'existe dans la zone de chalandise du projet de création d'un magasin de culture-loisirs de 1 600 m^2, aucun établissement au moins égal à 300 m^2 de surface de vente et commercialisant des produits comparables ; la demande n'est donc pas satisfaisante dans cette zone. Le projet ne porte ainsi pas atteinte au principe d'équilibre et le refus d'autorisation de la CNEC est illégal (CE, 11 févr. 2004, req. n° 249485, *Société Dordogne Immobilier : Juris-Data* n° 2004-066549) ;

– l'impact sur le commerce traditionnel de bricolage et de jardinage de l'extension d'un magasin spécialisé dans la vente de tels articles serait limité compte tenu de la demande croissante de la clientèle et de la faiblesse de l'appareil commercial « hors jardineries pures » ; ainsi que de la circonstance que l'établissement existant dont l'agrandissement est sollicité prélève ses parts de marché aux dépens de la grande distribution généraliste ou spécialisée ; l'absence de déséquilibre entre les formes de commerce a ainsi été correctement appréciée par la CNEC (CE, 24 mars 2004, req. n° 249734, *Société Bricostore : Juris-Data* n° 2004-066992) ;

– même si la densité en équipements commerciaux dans la zone de chalandise, qui recouvre une partie de deux départements, serait, après réalisation du projet de magasin de bricolage et réalisation des opérations déjà autorisées, légèrement supérieure pour les établissements de même catégorie à la densité d'un des départements impacté, elle est inférieure à la densité moyenne de l'autre département ; de surcroît, la zone de chalandise est caractérisée par une croissance démographique soutenue. Ainsi, il n'existe pas de rupture d'équilibre entre les formes de commerce (CE, 15 juill. 2004, req. n° 252427, *SA Galoxa : Juris-Data* n° 2004-067175) ;
– après la réalisation d'un supermarché de 893 m², la densité en équipements alimentaires de plus de 300 m² restera inférieure à la moyenne nationale et départementale (CE, 8 oct. 2004, req. n° 250875, *Union commerciale des artisans et industriels de Ressons : Juris-Data* n° 2004-067568 ; de même pour un magasin de maxidiscount étendu de 298 à 975 m² qui implique un léger dépassement de ces moyennes (CE, 8 oct. 2004, req. n° 265832, *Association des commerçants de Langon : Juris-Data* n° 2004-067569) ;
– la zone de chalandise ayant connu dans les dix années précédentes une augmentation de 17 % de la population et qu'il n'existe aucune grande ou moyenne surface alimentaire, la densité, après réalisation du projet, de ce type de commerce restera nettement inférieure aux moyennes départementale et nationale ; d'où l'absence de déséquilibre entre les formes de commerce, d'autant plus que ce projet réduira l'évasion de clientèle vers les centres commerciaux des communes voisines (CE, 26 janv. 2005, *Cne de Luzinay*, req. n°s 263063 et 263064 : *Juris-Data* n° 2005-067897) ;
– avant la réalisation du projet, la densité en équipements de bricolage, jardinage et de foyer est de 293 m²/1 000 havitants, avec une moyenne départementale de 229 m² et une moyenne nationale de 241 m² (CE, 26 janv. 2005, *SA Capal*, req. n° 263158 : *Juris-Data* n° 2005-067894) ;
– s'agissant des équipements hôteliers, un projet qui a pour objet de créer un hôtel « économique » de catégorie 2 étoiles et d'une capacité de 63 chambres a pu être autorisé. Si dans la zone d'influence, le taux d'occupation est légèrement inférieur à celui calculé au niveau national, la capacité de réception hôtelière dans cette catégorie est particulièrement limitée, notamment pour l'accueil de la clientèle familiale ou de groupe (CE, 28 nov. 2003, req. n° 242776, *Groupement des hôteliers du pays d'Aurillac : Juris-Data* n° 2003-066629) ;
– s'agissant des équipements cinématographiques, la densité dans la zone d'attraction d'un projet de création de 16 salles comportant 3 697 places en banlieue parisienne, est inférieure à la densité moyenne observée pour les unités urbaines de plus de 200 000 habitants et resterait après réalisation en deçà, alors que la fréquentation dans la zone est notoirement inférieure à celle observée en région parisienne ; aussi, le projet ne compromettrait pas l'équilibre entre les offres cinématographiques, d'autant qu'il doit se substituer à un complexe existant (CE, 17 déc. 2003, req. n° 241471, *Cne de Nanterre*) ;
– la densité en équipements cinématographiques dans la zone du projet est inférieure à la moyenne observée pour les unités urbaines de 100 000 à 200 000 habitants et resterait après réalisation du projet en deçà ; l'autorisation de la CNEC est donc légale (CE, 28 avr. 2004, req. n° 257102, *Syndicat des commerçants de la Réunion (Sycor) : Juris-Data* n° 2004-067042).

D'autre part, des questions demeurent, à la lecture de certains arrêts, sur la mise en œuvre de cette méthode d'appréciation en deux temps et de la hiérarchie entre les critères. Dans la logique de la jurisprudence *Guimatho*, le Conseil d'État a, dans un arrêt du 7 juin 2004, *SARL DVO* (req. n° 257834 : *Juris-Data* n° 2004-066916 ; *Defrénois* 2004, p. 1567, note J.-P. Meng), confirmé que dès qu'aucun déséquilibre entre les formes de commerce n'est constaté, les commissions n'ont pas à rechercher quels étaient les effets du projet au regard des autres critères. Cela étant, dans un arrêt rendu le même jour, *Association des commerçants et artisans de mon village*, la Haute Juridiction a conféré au critère légal de l'impact sur les flux de circulation – non évalués en l'espèce – un caractère décisif, alors même que la Commission nationale d'équipement commercial « s'en est tenue, pour accorder l'autorisation sollicitée, à l'examen des conséquences du projet sur l'équilibre entre les différentes formes du commerce » ; l'autorisation a ainsi été annulée. Un autre arrêt du 25 octobre, *Union des métiers et des industries de l'hôtellerie du Morbihan* (req. n° 253110 : *Juris-Data* n° 2004-067503) réaffirme que le critère de l'équilibre concurrentiel doit être examiné avant les autres.

Il n'en demeure pas moins que la plupart des arrêts s'en tiennent à la méthode « Guimatho », les exemples en sont abondants et significatifs lorsqu'un déséquilibre entre les formes de commerce est constaté et que le juge examine alors l'existence :

– d'effet négatifs ou d'absence d'effets positifs suffisants (CE, 6 juin 2003, req. n° 227285, *Société Rasquer Sport*. – CE, 4 févr. 2004, req. n° 230313, *Association Hautes-Alpes Demain : Juris-Data* n° 2004-066425 : des effets positifs sur les conditions d'achat des consommateurs ou sur l'emploi ne pouvaient pallier le déséquilibre. – CE, 7 juin 2004, req. n° 260846, *SARL ESPE : Juris-Data* n° 2004-06692 ; *Defrénois* 2004, p. 1567, note J.-P. Meng, pour des effets négatifs sur la circulation ce qui entraîne le rejet du projet. – CE, 12 janv. 2005, *Vitali*, req. n°s 255595 et 255597 ; *Juris-Data* n° 2005-067859, pour des effets négatifs de la concenration de deux enseignes sur deux pôles, avec des problèmes de circulation et des imprécisions sur l'emploi) ;
– d'effets positifs qui compensent le déséquilibre constaté et permettent d'accorder l'autorisation : pour l'amélioration des besoins des consommateurs vu l'augmentation de la population en centre-ville et les effets sur l'emploi (CE, 15 juill. 2004, req. n° 258529, *Secrétaire d'État aux PME, au commerce, à l'artisanat et aux professions libérales : Juris-Data* n° 2004-067257 concernant des magasins d'usine et de marques) ; pour le cas particulier des besoins des consommateurs en milieu rural (CE, 11 févr. 2004, req. n° 238592, *Conseil national des professions de l'automobile : Juris-Data* n° 2004-066444 concernant une station-service) ; pour la modernisation de l'appareil commercial et l'animation de la concurrence (CE, 23 juin 2004, req. n° 258999, *Fédération des associations commerciales du Compiégnois : Juris-Data* n° 2004-067354. – CE, 7 juin 2004, req. n° 251056, *Société Distribution Casino France : Juris-Data* n° 2004-066914. – CE, 12 janv. 2005, *Société CORA Belgique*, req. n° 260198 : *Juris-Data* n° 2005-067860) ; pour la limitation de l'évasion de clientèle (CE, 28 avr. 2004, req. n° 241915, *Société Sports et Loisirs 47 : Juris-Data* n° 2004-066744) ; pour l'impact positif sur l'aménagement du territoire (CE, 19 mai 2004, req. n° 261105, *Union des commerçants et artisans de Boos : Juris-Data* n° 2004-067201) ; pour la modernisation des salles de spectacles cinématographiques, la diversité de l'offre de films, l'animation culturelle et économique (CE, 30 juill. 2003, req. n° 240816, *Société Majestic Cinémas : Juris-Data* n° 2004-065776) ; pour un meilleur équilibre entre les pôles commerciaux de l'agglomération limitant l'évasion de clientèle hors de celle-ci (CE, 15 oct. 2004, req. n° 258724, *Ville de Dole : Juris-Data* n° 2004-067583 ; pour un rééquilibrage entre l'ouest et l'est de l'agglomération, même si un suréquipement est constaté en salles cinématographiques (CE, 12 janv. 2005, *Société Ciné Pôle Sud*, req. n° 258077 : *Juris-Data* n° 2005-067861).

Bibliographie : S. Destours, *Chronique de jurisprudence : Cah. dr. entrepr.* 2003, n° 5, p. 50. – R. Vandermeeren, *Chronique de jurisprudence, urbanisme commercial : l'apport de la jurisprudence du Conseil d'État : RJDA* 2004, n° 2, p. 111. – M. Toullier, *Le juge administratif suprême face à l'équilibre des formes de commerce : AJDA* 2004, p. 801.

Travaux des ODEC. Aux termes de l'article L. 720-3, les décisions des CDEC doivent se référer aux travaux des observatoires départementaux d'équipement commercial, composés d'élus locaux, de représentants des acteurs socio-professionnels, des chambres consulaires de personnalités qualifiées et d'administrations (V. A. 4 mai 2001 : *JO* 16 mai et Circ. 22 mai 2001) ; ces travaux consistant en des inventaires d'équipement, des analyses prospectives... Le juge a, du reste, censuré une autorisation de CDEC faute de cette référence expresse (TA Lyon, 7 juin 1995, req. n° 95-303, *Fédération des commerçants du Roannais*). Mais cette exigence légale ne concerne que les CDEC et non la CNEC (CE, 28 juin 1999, req. n° 982189, *Fédération des commerçants de Metz*). 1366

Schémas de développement commercial. Annoncés dans leur principe par la loi du 5 juillet 1996, les schémas de développement commercial sont, depuis le décret n° 2002-1369 du 20 novembre 2002 (*JO* 22 nov., p. 19296), expliqué par une circulaire de la DECAS du 3 février 2003, dotés d'un statut. Ils rassemblent les informations disponibles sur l'activité commerciale et son environnement économique et comportent une analyse prospective qui indique les orientations en matière de développement commercial et les secteurs d'activité à privilégier. L'ODEC élabore un ou plusieurs schémas par département, à partir d'un inventaire des équipements de plus de 300 m^2, d'une analyse de l'évolution de l'appareil commercial au cours des dix dernières années et de l'évaluation des flux commerciaux. Le schéma est approuvé à la majorité absolue des membres composant l'ODEC. En Île-de-France, un schéma récapitulatif des schémas des départements est élaboré par l'observatoire propre à cette région. La durée des schémas est de six ans, révisables dès l'expiration de trois années. 1367

Le décret précise qu'ils doivent être approuvés dans un délai de 18 mois à compter de leur publication (six mois supplémentaires sont accordés pour le schéma récapitulatif d'Île-de-France). En cas de non-respect des délais, un constat de carence est publié par le préfet compétent et l'inventaire des équipements commerciaux assorti des densités par secteurs tient alors lieu de schéma. Les délais réglementaires ont été quelque peu dépassés, mais l'État s'est montré souple, compte tenu de la lourdeur du travail requis. Fin 2004, 45 schémas départementaux étaient adoptés et 11 départements pourraient être concernés par un constat de carence. En Île-de-France, les huit schémas départementaux ont été adoptés et le schéma récapitulatif régional devrait l'être fin 2005.

Cette démarche de « planification commerciale » a été fort débattue. Le décret marque une volonté de privilégier l'élaboration par les acteurs locaux d'un outil consensuel, souple et évolutif, prévoyant des orientations générales sur le territoire départemental (et régional pour l'Île-de-France). En revanche, à l'instar de la jurisprudence rendue à propos des chartes et schémas d'urbanisme commercial, issus de pratique antérieure (CE, 22 nov. 1999, req. n°s 194435 et 194436, *Union commerciale économie et commerce Trévoltien et Communauté urbaine de Lyon*, pour une décision de CNEC. – CE, 26 avr. 2000, *Fédération des groupements commerciaux des Flandres et Littoral : Constr.-urb.* 2000, comm. n° 229), les schémas de développement commercial n'ont pas de valeur normative, ils ne sauraient fonder à eux seuls une décision de CDEC, ils ne constituent qu'un « éclairage » dans l'appréciation de celle-ci. Les pouvoirs publics ont, en effet, privilégié la voie consensuelle à la voie contraignante où la loi aurait pu prescrire la compatibilité entre les autorisations d'exploitation commerciale et ces schémas. Il est vrai qu'une telle démarche aurait été prématurée, il faut d'abord élaborer et « faire vivre » de tels documents avant d'envisager des solutions plus « contraignantes ».

Toutefois, il ne faut pas oublier que l'exigence légale précitée de « référence » des décisions des CDEC aux travaux des ODEC vise indirectement les schémas et leur mise à jour, qui constitueront les principaux « travaux des ODEC ».

Bibliographie : D. Moreno, *Les schémas de développement commercial en France : Cah. Gridauh* 2002, n° 6 ; *Schémas de développement commercial : la fin d'une longue attente : Cah. Gridauh* 2003, n° 1. – F. Bouyssou, *Le décret sur les schémas de développement commercial publié : JCP* N 2003, n° 32, p. 99. – A. Graboy-Grobesco, *Les schémas de développement commercial : AJDA* 2003, p. 169. – S. Destours, *Commentaire du décret du 20 novembre 2002 relatif aux schémas de développement commercial : Cah. dr. entrepr.* 2003, n° 3, p. 28.

1368 **Schémas de cohérence territoriale.** Depuis la loi SRU, les autorisations d'exploitation commerciale doivent être compatibles avec les schémas de cohérence territoriale (en Île-de-France, le SDRIF ne vaut pas à ce titre SCOT, ce qu'il conviendrait de corriger pour le futur SDRIF). Il s'agit d'une importante inflexion au principe de l'indépendance des législations. Introduite par amendement parlementaire, cette disposition marque l'irrésistible rapprochement entre l'implantation territoriale des commerces et les considérations concurrentielles.

1369 **Réforme de la loi SRU.** La loi Robien portant diverses dispositions relatives à l'urbanisme, à l'habitat et à la construction, ajoute un alinéa à l'article L. 122-2 du Code de l'urbanisme : dans les communes non couvertes par un SCOT approuvé et à l'intérieur des zones d'urbanisation ouvertes à l'urbanisme après l'entrée en vigueur de ladite loi, il ne peut être délivré d'autorisation d'exploitation commerciale (y compris celle portant sur les équipements cinématographiques, mais à l'exception de celle concernant les équipements hôteliers) ; sauf accord du préfet après avis de la commission départementale des sites et de la chambre d'agriculture ou accord de l'EPCI si le périmètre du SCOT a été arrêté.

Voir aussi : Commentaires sous C. urb., art. L. 122-2, p. 48.

1370 **Obligation de motivation.** La motivation des décisions des CDEC est imposée par la loi. La circulaire n° 5393 du 19 décembre 1997 a émis certaines recommandations pour que les préfets veillent au respect de cette exigence. On en citera certains passages : « Le débat dégagera ainsi les points favorables et défavorables aux projets examinés par rapport aux éléments d'appréciation retenus par le législateur. Seul le vote de la commission... fixe le sens de la décision collégiale. Le cumul des points favorables et défavorables des projets n'entraîne pas par eux-mêmes la décision de la commission, d'autant plus qu'aux yeux de ses membres, ces points peuvent être d'importance inégale, mais cette démarche analytique devrait conduire à plus de cohérence dans les choix et plus de rigueur juridique dans les décisions. Il va sans dire que si, par impossible, survenait un vote contradictoire avec toutes les motivations retenues, il vous appartiendrait d'exercer votre droit de recours, et ce, quel que soit le sens de la décision de la commission départementale. Il serait souhaitable que la démarche analytique transparaisse à travers la rédaction même de la motivation de la décision, en traitant en principe dans des considérants séparés chacun des points sous-énumérés. Afin que cette démarche ne fragilise pas les décisions prises, en cas de contentieux, il conviendrait d'éviter de procéder par des affirmations qui ne seraient pas argumentées ou appuyées sur des faits ou des indications contenues dans le dossier de demande. En particulier pour les points qui peuvent être quantifiés, il y aura intérêt à emprunter les données chiffrées contenues dans le rapport d'instruction de la direction départementale de la concurrence, de la consommation et de la répression des fraudes (rapport offre/demande, densité d'équipement...) ».

Publicité des autorisations. La décision est affichée, à l'initiative du préfet, à la mairie de la commune d'implantation pendant un délai de deux mois et un extrait est publié, aux frais du demandeur, dans deux journaux régionaux ou locaux diffusés sur l'ensemble du département, ainsi que dans un journal professionnel s'agissant des équipements cinématographiques. L'accomplissement de ces formalités est mentionné au recueil des actes administratifs du département et conditionne le départ du délai de recours des tiers. 1371

Par ailleurs, le demandeur doit communiquer au préfet et à la chambre régionale des comptes la liste de tous les contrats passés à l'occasion du projet, dans les deux mois de l'autorisation ou de leur conclusion si celle-ci est postérieure à celle-là. Ce manquement est pénalement sanctionné par une amende de 15 000 € (C. com., art. L. 720-7).

Enfin, les tiers peuvent solliciter, au titre de la législation sur l'accès aux documents administratifs, l'ensemble du dossier lié au projet et les procès-verbaux des séances, sauf informations relatives à la vie privée ou au secret des affaires.

Voir aussi : Décret n° 93-306 du 9 mars 1993 modifié décrets n° 93-1237 du 16 novembre 1993, n° 96-1018 du 26 novembre 1996 et n° 97-1314 du 30 décembre 1997 (*JO* 31 déc.).

III. – Recours devant la Commission nationale d'équipement commercial (CNEC)

A. – Statut de la CNEC

Autorité administrative indépendante. Ce statut résulte de la loi du 29 janvier 1993, qui a mis un terme à une survivance de la théorie du *Ministre-juge*, puisque auparavant les appels dirigés contre les décisions des CDEC relevaient du ministre. Cette compétence d'appel incombe désormais à une autorité indépendante et impartiale qui ne ressort en aucun cas du ministre. Cette indépendance et cet *éloignement* de toute pression, en particulier locale, se concrétisent dans sa composition fixée par la loi à l'article L. 720-11 du Code de commerce. On précisera que pour les équipements cinématographiques, un inspecteur général du ministère de la Culture se substitue à l'inspecteur général de l'équipement et que siège également le président du comité consultatif de la diffusion cinématographique. 1372

Se retrouvent, comme pour les CDEC, une obligation de déclaration d'intérêts et une interdiction de délibérer dans une affaire où un membre est partie prenante.

La seule compétence directe de la CNEC qui statue alors en premier et dernier ressort concerne les projets de l'EPARECA (V. C. urb., art. L. 325-1).

Le rapport Fouché préconise de revoir ce statue, pour rapprocher la CNEC des « forces vives » économiques et sociales.

B. – Mode de saisine

1373 **Auteurs du recours.** La loi les énumère expressément et limitativement (C. com., art. L. 720-10). Concrètement, le demandeur agira contre les refus, le préfet au nom de l'intérêt général dès qu'un doute apparaît sur le bien-fondé de la décision de la CDEC. En matière cinématographique, la loi NRE du 15 mai 2001 a étendu ce droit de recours au médiateur du cinéma.

Le recours des deux membres de la CDEC (ou trois en cas d'équipements cinématographiques) dont l'un doit obligatoirement être un élu local, fait l'objet de critiques par certains représentants socioprofessionnels qui dénoncent la privation de ce droit légitime à saisir à eux seuls la CNEC (rapport de la CCI de Paris du 24 février 2005, préc.).

En tout état de cause, le recours n'est ouvert qu'aux membres de la CDEC ayant siégé en séance (CE, 28 juill. 1985, *SCI Horizon 80 : AJDA* 1985, p. 949, note F. Bouyssou).

1374 **Recours préalable obligatoire.** Pour les personnes précitées, la saisine de la CNEC est un préalable obligatoire à toute action contentieuse (CE, 20 juill. 1988, *Sté GMB : Rec. CE,* p. 643). Cette jurisprudence antérieure à la loi de 1993 reste valable.

1375 **Délai.** Le délai de recours de deux mois court, pour le demandeur, à compter de la notification de la décision et, pour le préfet et les membres de la CDEC, à compter de la date de la réunion ou de l'intervention tacite de l'autorisation. Ce délai de deux mois n'est pas un délai franc, contrairement au délai de recours contentieux (CE, 11 févr. 2004, req. n° 242849, *SARL Centre de jardinage Castelli Nice : Juris-Data* n° 2004-066506) ; il est donc tenu compte du jour de départ du délai et du jour d'expiration de celui-ci. La saisine de la CNEC revêt un effet suspensif de la décision contestée.

La CNEC disposant d'un délai de quatre mois pour statuer, son silence vaut rejet du recours et confirmation de la décision de la CDEC.

1376 **Lien avec le permis de construire.** En cas de dépôt d'une demande de permis de construire, son délai d'instruction est porté à 9 mois (V. C. urb., art. R. 421-18). On remarquera toutefois une incohérence des délais : la CDEC statue dans les quatre mois, s'ensuit un délai de recours de deux mois devant la CNEC qui statue également dans les quatre mois, la procédure peut ainsi s'étendre sur dix mois, alors que l'article R. 421-18 du Code de l'urbanisme fixe neuf mois. Une correction réglementaire serait opportune.

En tout état de cause, le permis de construire ne saurait être délivré en l'absence d'obtention préalable de l'autorisation d'exploitation commerciale (CE, 19 juin 1996, *SNC Prodin-Sud-Gédial : RD publ.* 1997, p. 1231).

De même, un maire est tenu de refuser la prorogation d'un permis, dès lors que son bénéficiaire n'a pas sollicité l'autorisation précitée (CAA Nantes, 20 juin 2001, *SCI Les Blés d'or : Juris-Data* n° 2001-163460).

C. – Décision

1377 **Procédure.** Lorsque les documents requis par les textes n'ont pas été adressés aux membres de la CNEC avec l'ordre du jour – quant à lui transmis dans les délais –, cette seule circonstance ne peut entacher la procédure d'illégalité, s'il ne ressort pas des pièces du dossier que les membres n'auraient pas été en mesure d'en prendre connaissance en temps utile (CE, 5 nov. 2003, req. n° 245164, *Société Bricorama France : Juris-Data* n° 2004-066075 ; *Collectivités-Intercommunalité* 2004, n° 1, comm. n° 12, L. Erstein).

1378 **Séance de la CNEC.** Les dossiers sont rapportés par un commissaire du Gouvernement nommé par le ministre chargé du commerce ou celui de la culture pour les équipements cinématographiques.

Sont entendus, à leur demande, le requérant, le pétitionnaire, le maire de la commune d'implantation du projet ; ainsi que toute autre personne dont l'audition est jugée utile.

1379 **Vote.** Les débats et délibérations se déroulent à huis clos. Le quorum est de cinq membres. Les décisions sont adoptées à la majorité des membres présents, par vote à mains levées. En cas de partage égal des voix, celle du président est prépondérante.

Décision substitutive à celle de la CDEC. La seule décision à prendre en compte est désormais celle de la CNEC (qui fait l'objet de mesures de publicité similaires à celles de la CDEC). 1380

Motivation. Contrairement au dispositif applicable à la CDEC, la loi ne prévoit pas expressément d'obligation de motivation des décisions de la CNEC. Mais, dès 1993, la CNEC a motivé ses décisions, d'autant plus que la jurisprudence le lui a très vite imposé (CE, 25 sept. 1996, *Union des commerçants et artisans de Lamballe : AJDA* 1997, p. 103, note F. Bouyssou). 1381

Il n'en demeure pas moins qu'il faudrait, selon nous, consacrer cette obligation dans la loi et modifier l'article L. 720-3 du Code de commerce pour y viser la CNEC au titre de l'application des critères légaux, l'ensemble des commissions étant tenues par les mêmes fondements. Du reste, on relèvera que dans sa jurisprudence du 27 mai 2002, le Conseil d'État vise les « commissions d'équipement commercial ».

Cette obligation de motivation n'implique pas que la CNEC soit tenue de prendre explicitement parti sur le respect par le projet de chacun des objectifs et critères d'appréciation énoncés par la loi (CE, 26 mars 2003, req. n° 235129, *Sté Guanje : Juris-Data* n° 2003-065158. – CE, 9 juill. 2003, req. n° 232372, *Société BLM : Juris-Data* n° 2003-065719).

Une autorisation est illégalement accordée si les erreurs, contradictions et insuffisances du dossier de demande n'ont pu être que partiellement rectifiées lors de l'instruction par la CNEC ; ce qui ne lui permettait pas d'apprécier valablement l'impact du projet et de dûment motiver sa décision d'octroi (CE, 17 mars 2004, req. n° 227000, *SARL Loisirs 2000 : Juris-Data* n° 2004-066597).

En tout état de cause, la CNEC examine si le projet respecte, à la date où elle se prononce, les objectifs et règles fixés par la loi, sans limiter son examen à la légalité de la décision de la CDEC et au bien-fondé des motifs soulevés par le recours ; doit donc être écarté le moyen tiré de ce que la CNEC aurait outrepassé ses pouvoirs en retenant des motifs non soulevés devant elle (CE, 19 janv. 2000, req. n° 196386, *SARL Santa Devota*).

IV. – Mise en œuvre des autorisations d'exploitation commerciale

Voir. Décret n° 93-306 du 9 mars 1993 et décret n° 93-1237 du 16 novembre 1993 modifiés par décrets n° 96-1018 du 26 novembre 1996 et n° 97-1314 du 30 décembre 1997, précités. 1382

A. – Péremption

Distinctions liées au permis de construire. Depuis le décret du 26 novembre 1996, les règles de péremption des autorisations d'exploitation commerciale sont liées à l'assujettissement des opérations à permis de construire. 1383

Opérations dispensées de permis de construire. L'autorisation est périmée si les équipements commerciaux n'ont pas été ouverts au public dans un délai de trois ans à compter de sa notification ou de son intervention tacite. 1384

Opérations soumises à permis de construire. La péremption de l'autorisation dépend du dépôt d'une demande recevable de permis dans un délai de deux ans de sa notification ou de son intervention tacite. 1385

Dès lors que ce dépôt est dûment effectué, l'autorisation sera caduque si les équipements commerciaux n'ont pas été ouverts au public dans un délai de trois ans à compter de la date à laquelle le permis est devenu définitif. Ce délai est porté à cinq ans pour les opérations d'une surface de vente supérieure à 6 000 m^2 et situées dans une ZAC.

On soulignera une application intéressante de ces règles par le tribunal administratif de Toulouse (jugement 9 déc. 2002, req. n° 99/3391, *Assoc. pour la sauvegarde du patrimoine, la protection de l'environnement et l'amélioration du cadre de vie des Toulousains* c/ *Établissement Leroy Merlin*).

Dans cette affaire, un permis de construire avait été définitivement annulé par le Conseil d'État. Le tribunal relève que cette annulation avait fait disparaître rétroactivement le permis et que son délai de péremption n'avait pu commencer à courir du fait de sa disparition de l'ordonnancement juridique. Dans ces conditions, la caducité de l'autorisation d'exploitation commerciale n'est pas

acquise. Le juge précise que « la circonstance que la société a confirmé sa demande ne saurait faire regarder cette dernière comme une nouvelle demande de permis dès lors qu'elle est identique à celle déposée initialement ».
La Cour de cassation a également jugé que dès lors qu'une demande de permis a été déposée dans le délai de deux ans et a été ensuite régulièrement renouvelée sans être rejetée, jusqu'à délivrance du permis définitif, l'action en concurrence de loyale, pour défaut d'autorisation valide, ne peut donc être accueillie (Cass. com., 3 mars 2004, req. n° A01-14.862 : *Juris-Data* n° 2004-022814).

1386 **Double péremption.** Il a été jugé que la péremption du permis de construire entraîne celle de l'autorisation d'exploitation commerciale (CE, 1er avr. 1992, req n° 67061, *Union commerciale, industrielle, artisanales et des professions libérales de l'arrondissement de Saint-Malo*). Cette jurisprudence est très fâcheuse en pratique. Les deux autorisations « disparaissant » simultanément, le promoteur se trouve sans aucun titre ; il est alors contraint de reprendre toutes les procédures, alors que l'autorisation d'exploitation commerciale serait encore valable (délais de 3 ans précité), même si l'interruption des travaux pendant plus d'un an a rendu caduc le permis. Une correction réglementaire serait donc opportune.

1387 **Suspension des délais.** Les délais de péremption sont suspendus en cas de recours devant la CNEC, de référé-suspension ou d'appel d'un jugement ou d'un arrêt annulant l'autorisation.

B. – Sanctions

1388 **Dispositif contraventionnel.** Les infractions à la législation de l'équipement commercial constituent des contraventions dont le régime est issu du décret du 26 novembre 1996. Bien évidemment, elles peuvent se cumuler avec les délits prévus en matière d'urbanisme de droit commun par les articles L. 480-1 et suivants du Code de l'urbanisme, ou encore, avec des infractions de droit commun telles que la corruption active sur des membres de la CDEC (Cass. crim., 30 mai 2001, req. n° 00-84.454 : *Juris-Data* n° 2001-010654).

1389 **Incriminations.** Elles visent le fait pour « quiconque », en l'absence ou en méconnaissance d'une autorisation :
– soit d'entreprendre ou de faire entreprendre des travaux pour réaliser un des projets soumis à autorisation,
– soit d'exploiter ou de faire exploiter irrégulièrement un magasin, un établissement hôtelier ou un ensemble de salles de cinéma.
Il faut ajouter l'absence de dépôt par le titulaire d'une autorisation d'un plan coté des surfaces de vente, auprès de la DDCCRF, au moins huit jours avant l'ouverture au public.

1390 **Applications concrètes.** La modification substantielle du projet sans autorisation entre dans les liens de la répression. Le juge pénal apprécie cette notion : la modification de la répartition d'activités au sein des mêmes surfaces de vente ne saurait être ainsi qualifiée et implique la relaxe de l'exploitant (Cass. crim., 29 janv. 2002, req. n° 01-80.672 : *Juris-Data* n° 2002-013981).

1391 **Constatation des infractions et poursuites.** Outre les agents ou officiers de police judiciaire, les agents assermentés de la DDCCRF sont habilités à constater les infractions, parfois suite à l'information de tiers (V. Circ. 26 janv. 1997). Sachant que les moyens humains dont disposent les DDCCRF ne sont pas toujours suffisamment nombreux au regard de l'ampleur des contrôles à opérer, il faut savoir que les commerçants-concurrents se prétendant lésés par un projet peuvent procéder à des citations directes de contrevenants pressentis devant le tribunal de police.

1392 **Délai de prescription.** Le procès-verbal d'infraction doit être dressé dans un délai d'un an, à peine de prescription de l'action publique.
Ce délai court, en cas de travaux en l'absence ou en méconnaissance de l'autorisation, à compter de l'achèvement desdits travaux (infraction continue permanente) et, en cas d'exploitation irrégulière, à compter du jour où la situation illicite a pris fin (infraction continue successive qui se perpétue tant que le contrevenant n'a pas satisfait à ses obligations).

Peines encourues. L'amende maximum encourue est prévue à l'article 131-13 du Code pénal au titre des contraventions de la 5e classe : 1 500 € ; 3 000 € en cas de récidive ; pour les personnes morales, ces taux sont quintuplés : 7 500 € et 15 000 €. 1393
S'agissant de l'incrimination d'exploitation irrégulière, l'amende est applicable par jour d'exploitation et autant de fois qu'il y a :
- pour les commerces de détail, de mètres carrés ouverts ou utilisés ;
- pour les stations-service, de positions de ravitaillement disponibles pour le public ;
- pour les ensembles de salles de cinéma, de places exploitées ;
- pour les équipements hôteliers, de chambres exploitées.

Sur ce fondement du caractère continu successif de l'infraction, ont été infligées 144 amendes de 2 000 F (Cass. crim., 2 avr. 1992 : *Rev. sc. crim.* 1993, p. 122, obs. Boulan), ce qui s'avère bien plus efficace qu'une amende correctionnelle unique. La Cour de cassation a précisé que ce cumul d'amendes n'implique pas la correctionnalisation des infractions (Cass. crim., 17 mars 1993 : *Bull. crim.*, n° 125).

Efficacité du dispositif pénal ?. Celui-ci reste d'application trop marginal, compte tenu du nombre de contrôles, même si des tendances à l'amélioration se dégagent puisqu'en 2003, la DGCCRF a déligenté environ 1 000 contrôles de surface de vente, sur plus de 3 millions de mètres carrés autorisés (Rép. min. Sueur, 1er avr. 2004 : *JO Sénat*, p. 825). Dans ce contexte, certains suggèrent de recourir à des mécanismes administratifs comminatoires : en cas de non-respect des autorisations, le préfet pourrait, après mise en demeure infructueuse, infliger au contrevenant une astreinte administrative par jour de retard (comprise entre 500 et 1 000 €) ; en cas d'échec de ce système d'astreinte, la commission compétente pourrait alors retirer l'autorisation (rapport de la CCI de Paris du 24 février 2005, préc.). 1394

Contentieux civil. Le juge civil des référés peut suspendre totalement ou partiellement l'exploitation en cas de trouble commercial imminent et manifestement illicite, en vertu de l'article 809 du Nouveau Code de procédure civile (Nancy, 7 mai 2002 : *Juris-Data* n° 2002-187850), ou encore l'action en concurrence déloyale peut être mise en œuvre à titre de réparation du trouble commercial (C. com., art. L. 442-6). 1395

V. – Intérêt concurrentiel et contentieux administratif

Objet. Les autorisations ou refus d'exploitation commerciale peuvent être contestés devant les juridictions administratives. Trois aspects retiennent plus particulièrement l'attention : les personnes ayant qualité et intérêt au titre du recours pour excès de pouvoir, le développement du référé-suspension et, enfin, le contentieux indemnitaire. 1396

A. – Qualité des requérants

Commerçants concurrents. Les commerçants concurrents du projet doivent démontrer un intérêt concurrentiel. Tel est le cas d'un boulanger dans la commune où a été autorisée l'extension d'une surface de vente exerçant cette activité (CE, 6 mars 1998, *M. Depond : BJDU* 2/1998, p. 136) ; de même pour le commerçant qui apporte la preuve qu'il était en situation de solliciter lui-même l'autorisation, mais à défaut de cette preuve, a été rejeté le recours d'un requérant contre l'autorisation de reconversion d'une grande surface alimentaire en magasin de bricolage, le fait qu'il ait été à l'origine du projet étant sans incidences (CAA Paris, 20 févr. 1996, *M. Moulin : BJDU* 1/1996, p. 78). 1397
Par ailleurs, le bailleur de locaux commerciaux ne peut agir contre l'autorisation accordée au preneur pour un magasin situé sur un site distinct, bien que cette décision ait comme conséquence inéluctable la fermeture de l'établissement exploité dans les locaux donnés à bail (TA Orléans, 7 mars 1997, *Sté civile foncière 66 : JCP* 1998, IV, n° 1417).
En revanche, la seule qualité de commerçant voisin concurrent du projet ne saurait suffire à attaquer le permis de construire (CE, sect., 13 mars 1984, *Sté albigeoise de spectacles et Sté Castres Spectacles : AJDA* 1987, p. 332 et 366. – CE, 8 avr. 1987, *Fourel : AJDA* 1987, p. 367. – CE, 7 juill. 1993, *Sté*

économats du Centre et Sté de distribution Centre-Est Sodice SA : AJDA 1993, p. 830, note F. Bouyssou). Mais le commerçant peut agir en dehors de considérations de concurrence en tant que voisin de la construction dont le permis est contestable au regard du droit de l'urbanisme (CE, 10 nov. 1993, *Assoc. de commerçants de Priades : Gaz. Pal.* 8 févr. 1994 ; pan. dr. adm., p. 6. – CAA Bordeaux, 25 févr. 1994, *Cts Parent : Gaz. Pal.* 30 mai 1995, pan. dr. adm., p. 11). Cette jurisprudence subit toutefois certaines inflexions, compte tenu du contexte des affaires : dans un arrêt du 22 février 2002, *Société France Quick SA* (*BJDU* 2/2002, p. 143, concl. D. Piveteau), le Conseil d'État a jugé qu'un commerçant concurrent ne peut demander l'annulation du permis que si les caractéristiques particulières de la construction projetée sont de nature à affecter ses conditions d'exploitation, notamment par la modification de la disposition des lieux où s'exerce son commerce, la circulation, le caractère attractif d'un site ; en l'espèce, l'intérêt à agir n'a pas été reconnu.

1398 **Associations de commerçants.** L'objet social doit avoir un lien direct et précis avec la défense du commerce et une couverture géographique adaptée au projet dont l'autorisation d'exploitation commerciale est contestée. Tel n'est pas le cas d'associations nationales ou dont les statuts ne prévoient pas de limites territoriales et visent en termes très généraux la promotion, la sauvegarde du commerce indépendant et de la liberté d'entreprendre (CE, 29 avr. 2002, req. n°s 228535 et 227742, *Assoc. en toute franchise : Juris-Data* n°s 2002-064326 et 2002-063906. – CE, 8 juill. 2002, req. n° 237930, *Assoc. en toute franchise : Juris-Data* n°s 2002-064199 et *RJDA* 2002, n° 11, p. 1021. – CE, 11 sept. 2002, ord. réf. n° 249546, *Conseil national des professions de l'automobile : Juris-Data* n° 2002-064390). En outre, le fait qu'une association soit propriétaire-bailleur des locaux ne suffit pas pour agir contre l'autorisation délivrée à ses locataires-commerçants (CAA Lyon, 10 juill. 2001, req. n° 95-LY00279, *Ferrat : Juris-Data* n° 2001-168142).

En matière de permis de construire, l'association devra également avoir un objet social lié à l'urbanisme. Il en est ainsi si les statuts visent « la défense de l'environnement, du cadre de vie, de l'urbanisme commercial, de l'indépendance et de l'équilibre du petit commerce et de l'artisanat » (CE, 20 oct. 1995, req. n° 110993, *Besse*) ; la modification des statuts en ce sens juste avant l'introduction du recours est sans incidence (CAA Paris, 15 juin 2000, *SCI Marnelec, Cne de Bonneuil : BJDU* 4/2000, p. 260).

On serait tenté, au regard de ces jurisprudences, de considérer que la recevabilité des recours revient à un exercice de style et de sémantique lors de la rédaction des statuts.

1399 **Chambres de commerce et d'industrie.** Leur seule qualité d'établissements publics représentant les intérêts des commerçants n'est pas suffisante pour contester une autorisation d'exploitation commerciale, *a fortiori* un permis de construire. D'autres intérêts plus directs et locaux liés à la concurrence dans leur circonscription ou à l'urbanisme sont nécessairement à démontrer (CE, 27 mars 1996, req. n°s 174305, 174850 et 175171, *M. Beaumont et autres*. – CE, 1er avr. 1996, *Sté Ifs Distribution : Quot. jur.* 6 juin 1996, p. 6, note D. Moreno).

B. – Référé-suspension

Voir aussi : C. urb., art. L. 421-9, p. 356 pour une analyse de cette procédure.

1400 **Conditions cumulatives.** L'urgence à suspendre l'autorisation ou le refus d'exploitation commerciale et l'existence d'un doute sérieux sur sa légalité doivent être cumulativement établies (CE, 5 avr. 2002, ord. n° 244295, *Sté Pôle-Ouest, Sté Spoda : Juris-Data* n° 2002-063735. – CE, 3 juin 2002, ord. n° 241313, *Calanville, Laidet : Juris-Data* n° 2002-063939. – CE, 7 mai 2002, ord. n° 245190, *Assoc. intercomm. déf. comm. et art. : Juris-Data* n° 2002-064009).

Par un arrêt du 27 juin 2001, *GAEC Le Haut de l'Isle* (req. n° 234089), le Conseil d'État a ainsi suspendu une autorisation de création d'une jardinerie émanant de la CNEC, ce qui mérite d'être souligné. Sur le plan de l'urgence, les permis de construire avaient été délivrés et l'achèvement des installations était prévu en octobre 2001 pour ouverture au public ; quant au doute sérieux sur la légalité de l'acte, des erreurs et omissions de l'étude d'impact pouvaient impliquer une erreur d'appréciation de la CNEC sur les conditions de concurrence, l'activité de jardinerie était en effet susceptible d'entrer en concurrence avec des activités variées et, notamment, celle de pépiniéristes.

Appréciation de l'urgence. Le juge s'attache principalement à l'imminence de l'ouverture au public, la délivrance des permis de construire, l'état d'achèvement des travaux faisant partie du faisceau d'indices (CE, 1er févr. 2001, req. n° 228875 et n° 229018, *Courbet,* urgence non reconnue pour un projet de multiplexes de 8 salles autorisé en CNEC. – CE, 15 févr. 2001, req. n° 230312, *Assoc. Alpes Demain,* idem pour un projet de jardinerie). 1401
Autre affaire « intéressante » : une jardinerie de plus de 7 000 m^2 fonctionnait depuis plusieurs années dans des conditions irrégulières sans que des poursuites pénales aient été engagées. Le Conseil d'État a estimé que le refus de la CNEC rendait plus probables ces poursuites susceptibles d'aboutir à la confiscation des marchandises ainsi qu'une cessation de l'activité prononcée par le juge civil des référés. Eu égard au fait que ce magasin emploie 39 personnes et que la nature de son activité ne peut compromettre gravement d'autres intérêts publics, il y a urgence à suspendre le refus de la CNEC. Concrètement, l'activité irrégulière peut perdurer... jusqu'à intervention du juge judiciaire (CE ord., 1er juill. 2002, req. n° 247625, *SARL Centre de jardinage Castelli Nice : Juris-Data* n° 2002-064218).

C. – Contentieux indemnitaire

Autorisation ou refus fautif. Les promoteurs/exploitants invoquent, au titre de ce contentieux, le plus souvent, des préjudices liés à des refus illégaux d'autorisation (CE, 22 janv. 1993, *Sté civile d'études du Centre commercial intercommunal de Sannois-Ermon-Franconville : D.* 1994, somm. comm., p. 66). Il peut s'agir aussi de retard de l'opération dû à la nécessité de demander des autorisations de régularisation, suite à l'annulation de précédentes autorisations pour vice de forme dans la composition de la CDEC (CE, 23 déc. 1981, *Min. Env.* c/ *Stinco : Rec. CE,* p. 488 ; *D.* 1982, inf. rap., p. 448, obs. Moderne et Bon). 1402

Préjudices indemnisables. Il s'agit, en pratique, de pertes d'exploitation, immobilisation de capitaux, intérêts d'emprunt, horaires d'études, d'architecte, d'entreprises (Arr. préc. et CE, 12 déc. 1984, *Min. Com.* c/ *Sicomi : RD publ.* 1985, p. 1395). En revanche, n'est pas indemnisable le préjudice éventuel lié à la perte de bénéfices escomptés par l'ouverture d'un centre commercial. 1403
Si l'exploitation irrégulière constitue une faute, la fermeture du magasin n'est pas justifiée, dès lors que le préjudice certain se limite à la perte de chance de voir reporter sur ce magasin une partie de la clientèle qui ne l'aurait pas fréquenté si la surface de vente avait été plus réduite (Toulouse, 21 oct. 2002 : *Juris-Data* n° 2002-194841).

Bibliographie : Charles, *La réglementation de l'urbanisme commercial : Droit et Ville* 1980, n° 9, p. 19 ; *J.-Cl. Administratif,* fasc. 450-3. – Bouyssou, *La mini-réforme de l'urbanisme commercial : AJDA* 1988, p. 378. – Bouyssou, *L'évolution du droit de l'urbanisme commercial : Droit et Ville* 1988, n° 25, p. 199. – Colloque Urbanisme et Commerce : *Droit et Ville* 1989, n° 28 ; sur la réforme de 1993, voir les commentaires suivants : Tanguy : *RD imm.* 1993, p. 5. – Bouyssou : *Centre commercial et champ d'application de l'autorisation d'équipement commercial : RD imm.* 1994, p. 548. – Morand-Deviller, *L'autorisation d'ouverture d'un centre commercial : RD imm.* 1994, p. 535 ; sur la réforme de 1996, P. Létang, éd. du Moniteur, 1997 et les articles de Terneyre : *Petites affiches,* 5 juin 1996. – Mme Cliquennois : *Petites affiches,* 22 mai 1996 et 6 déc. 1996. – Hugot : *JCP* N 1997, prat. p. 327, à propos des cinémas. – Bischoff : *JCP* N 1997, Prat. p. 1415. – Bouyssou : *AJDA* 1996, p. 754. – Richard : *Droit et Ville,* n° 43-97, p. 169. – Tanguy : *RD imm.* 1997, p. 1 ; *J.-Cl. Construction,* fasc. 12 à 12-30. – G. Monédiaire, *L'urbanisme commercial,* PUF, coll. « Que sais-je ? », 1994. – A. Graboy-Grobesco, *Droit de l'urbanisme commercial,* LGDJ 1999. – D. Moreno, *Urbanisme et équipement commercial,* Économica 1999. – R. Schwartz et J.-A. Fresneau, *Guide juridique et pratique de l'urbanisme commercial,* Éditions EFE 1998 (mise à jour à paraître). – Assemblée des Chambres françaises de commerce et d'industrie (ACFCI), Actes du colloque du 2 juin 2004, *L'après CDEC, les recours possibles et leur mise en œuvre, guide des procédures administratives et contentieuses en matière d'urbanisme commercial,* juill. 2004 (site : www.acfci.cci.fr). – F. Bouyssou, *L'équipement commercial entre liberté du commerce et planification commerciale : RJ com.* 2004, n° 3, p. 198.

Chapitre II

Néant.

TITRE VI
CONTRÔLE

C. urb., art. L. 460-1 *(L. n° 76-1285, 31 déc. 1976 ; L. n° 85-729, 18 juill. 1985).* **— Le représentant de l'État dans le département, le maire ou ses délégués ainsi que les fonctionnaires et les agents commissionnés à cet effet par le ministre chargé de l'urbanisme et assermentés peuvent, à tout moment, visiter les constructions en cours, procéder aux vérifications qu'ils jugent utiles et se faire communiquer tous documents techniques se rapportant à la réalisation des bâtiments** ***(Mots ajoutés, L. n° 2005-102, 11 févr. 2005, art. 43, I)*** **« , et en particulier ceux concernant l'accessibilité aux personnes handicapées quel que soit le type de handicap ». Ce droit de visite et de communication peut aussi être exercé après l'achèvement des travaux pendant deux ans.**

L'autorité compétente pour la conservation du domaine public en bordure duquel la construction est en cours peut, dans les mêmes conditions, s'assurer que l'alignement et, s'il y a lieu, le nivellement ont été respectés.

1404 **Loi du 30 juillet 2003 sur la prévention des risques technologiques et naturels.** Les fonctionnaires des installations classées sont habilités à exercer ce droit de visite pour les infractions aux plans de prévention des risques technologiques.

1405 **Réforme.** La future ordonnance sur les autorisations d'urbanisme devrait simplifier le contrôle de conformité. Le rapport Pelletier fait état de divers axes de réforme. Dès son dépôt, la déclaration d'achèvement des travaux serait affichée sur le terrain et l'autorité compétente disposerait d'un délai de trois mois pour contester la conformité de l'opération ; à défaut, elle serait tenue de délivrer une attestation de non-contestation. De surcroît, les tiers ne pourraient plus contester la conformité d'une construction dans le délai de trois ans (prescription de l'action pénale) à compter de l'achèvement. Il s'agit de pallier le système peu satisfaisant actuellement d'obtention tacite du certificat, d'autant plus que celui-ci peut être attaqué à tout moment par toute personne y ayant intérêt, en l'absence de mesures de publicité organisées (V. C. urb., art. R. 460-5).

Voir aussi : La sanction à l'opposition au droit de visite, C. urb., art. L. 480-12, p. 449.

C. urb., art. L. 460-2 *(L. n° 76-1285, 31 déc. 1976 ; L. n° 83-8, 7 janv. 1983 ; L. n° 83-663, 22 juill. 1983).* **— À leur achèvement, la conformité des travaux avec le permis de construire est constatée par un certificat. Le certificat de conformité est délivré dans les formes, conditions et délais déterminés par décret en Conseil d'État :**

a) ***(Mots rempl., L. n° 2000-1208, 13 déc. 2000, art. 202-XXXVII)*** **« Dans les communes où un plan local d'urbanisme ou une carte communale a été approuvé », au nom de la commune ou de l'établissement public de coopération intercommunale ou de l'État, selon les cas et modalités prévus aux articles L. 421-2-1 à L. 421-2-8 ; les dispositions de l'article L. 421-9 sont alors applicables ;**

b) dans les autres communes, au nom de l'État.

Le décret prévu à l'alinéa précédent pourra déterminer les cas où, en raison de la faible importance des travaux, l'obtention du certificat de conformité n'est pas exigée.

1406 **Suppression de l'obligation de transmission au préfet.** La loi n° 2004-809 du 13 août 2004 relative aux libertés et responsabilités locales soustrait les certificats de conformité à l'obligation de transmission au préfet au titre du contrôle de légalité. Toutefois, outre les recours de droit commun, deux voies de contrôle restent ouvertes au préfet :
– soit à l'occasion d'une transmission spontanée signalant une illégalité ;
– soit, en vertu de l'article 140 IV de cette même loi, qui lui permet de demander, à tout moment, communication de toute catégorie d'acte ne figurant pas dans la liste des actes transmissibles. Ce pouvoir d'évocation « vient en appui de la stratégie de contrôle qu'il définit, en fonction du contexte local, et en liaison avec les services de l'État » (Circ. 10 sept. 2004, n° 04/10074/C, p. 39).

1407 **Conformité avec le permis de construire.** Le certificat de conformité constate le respect du permis de construire, et non celui des règles d'urbanisme. En conséquence, le certificat de conformité ne peut être annulé, à la requête de tiers, aux motifs que la construction viole la règle d'urbanisme (CE, 18 janv. 1980, *Broussard : Rec. CE*, p. 36 ; *AJPI* 1980, p. 311, note Moderne). Réciproquement, le certificat de conformité ne peut être accordé pour une construction qui viole le permis de construire, même si elle respecte les règles d'urbanisme (CE, 27 mai 1981, *Rouger : DA* 1981, n° 235).

Autorisation de lotir non respectée. Le certificat de conformité doit être délivré, même si les prescriptions d'un permis de lotir ayant précédé le permis de construire n'ont pas été respectées (CE, 25 oct. 1993, *Cne de Villars-les-Dombes : Rec. CE*, p. 1114 ; *DA* 1993, n° 588). 1408

Usage des constructions. Le certificat de conformité s'applique aux travaux, et non à l'usage qui est ultérieurement fait de la construction : est en conséquence annulé un refus de certificat de conformité (CE, 4 nov. 1996, *SARL Simofop : Rec. CE*, p. 440 ; *DA* 1996, 593). 1409

Bibliographie : J. BAUDUIN, *De la notion de conformité en construction : Defrénois* 2002, n° 21, p. 1347. – P. CORNILLE, *Défaut de certificat de conformité et dol du constructeur : Constr.-urb.* 2002, n° 11, comm. n° 263.

TITRE VII
DÉPARTEMENTS D'OUTRE-MER

C. urb., art. L. 470-1 *(L. n° 76-1285, 31 déc. 1976).* **— Des décrets en Conseil d'État peuvent apporter les adaptations et prévoir les dispositions transitoires éventuellement nécessaires à l'application dans les départements d'outre-mer des articles L. 421-1, L. 421-3, L. 422-1, L. 451-4, L. 460-1, L. 460-2, L. 480-2, L. 480-5 et L. 480-6.**

TITRE VIII
INFRACTIONS

Objet. Les articles L. 480-1 à L. 480-13 constituent les dispositions essentielles du droit pénal de l'urbanisme. Sans doute des infractions correctionnelles sont-elles prévues par des dispositions éparses ; mais elles renvoient généralement à l'article L. 480-1. Le texte majeur est l'article L. 480-4 qui prévoit une sanction uniforme pour toutes les infractions visées aux titres I, II, IV et VI du livre IV du présent code. Sont ainsi concernées les procédures comme le certificat d'urbanisme, le permis de construire, la déclaration de travaux, les modes particuliers d'utilisation du sol, le contrôle des constructions. Quant aux règles de fond, l'article L. 160-1 renvoie à l'article L. 480-4 pour la sanction, notamment, des règles générales d'urbanisme, des plans locaux d'urbanisme, des espaces boisés classés et coupes et abattage d'arbres, des espaces naturels sensibles. Il en est de même pour les secteurs sauvegardés dans les conditions visées aux articles L. 313-12 et L. 313-13. Les articles L. 510-1 et L. 550-1 renvoient également aux textes des articles L. 480-1 et L. 480-4 pour les infractions en matière d'agrément Île-de-France. D'autres renvois existent au titre des législations sur les monuments historiques, la protection des sites, l'archéologie préventive... (codifiées dans le Code du patrimoine et dans le Code de l'environnement). 1410

On relèvera qu'échappent aux sanctions de l'article L. 480-4 les infractions relatives au lotissement (art. L. 316-1 et s.) et au permis de démolir (art. L. 430-9) qui bénéficient de dispositifs spécifiques.

Outre ces délits, un régime de contraventions est prévu pour les défauts d'affichage des autorisations (par ex., art. R. 421-39 pour le permis de construire).

Mais il est vrai que la jurisprudence judiciaire s'est forgée principalement au regard des infractions en matière de permis de construire et de plans d'urbanisme.

Évolution du contentieux. Jusqu'aux années 90, la statistique des poursuites en matière d'urbanisme a fait apparaître la diminution des procès-verbaux (8 687 en 1986, dont 6 152 en matière de 1411

permis de construire), la fréquence des condamnations à démolir (1 116 jugements en 1986), la difficulté d'exécution (420 exécutions), et le caractère encore trop exceptionnel de l'exécution d'office : 8 en 1985 et 1 en 1986 (Rép. min. : *JOAN* 13 févr. 1989, p. 769).
En raison de la persistance d'un relatif laxisme, portant atteinte à la crédibilité même du droit de l'urbanisme (V. Périnet-Marquet, *L'inefficacité des sanctions du droit de l'urbanisme : D.* 1991, chron. p. 37), le ministère de l'Équipement a en effet relancé par circulaire du 8 mars 1991 (*Mon. TP* 24 mai 1991), une politique de poursuite d'infractions. Une dotation budgétaire a été octroyée, en vue de faire exécuter les condamnations à démolir par voie d'exécution d'office.
Le rapport du Conseil d'État (*L'urbanisme : pour un droit plus efficace*, La Documentation française 1992) a également préconisé le renforcement des sanctions pénales dont le maximum a déjà été élevé par la loi du 27 janvier 1993 (art. L. 480-4).

Voir aussi : La brochure de la direction chargée de l'urbanisme du ministère de l'Équipement : *Application des dispositions pénales du Code de l'urbanisme*, et la circulaire n° 93-0523 du 6 août 1993 (Équipement) décrivant les incidences de la réforme du Code pénal en matière d'infractions à l'urbanisme (*Mon. TP* 1er oct. 1993).

1412 **Évolution des textes.** Depuis les lois du 31 décembre 1976 et du 27 janvier 1993, l'arsenal législatif était resté plutôt stable et la loi SRU n'avait pas touché directement le dispositif pénal. Il a fallu attendre la loi Urbanisme-Habitat du 2 juillet 2003 pour l'introduction de modifications significatives, comme la responsabilité pénale des personnes morales. La loi du 30 juillet 2003 sur la prévention des risques naturels et technologiques a également eu un apport à relever par la création d'un nouvel article L. 480-14 dans le Code de l'urbanisme, traitant du cas spécifique d'infractions dans des zones à risques. La future réforme des autorisations et du contentieux, prévue pour décembre 2005, impactera directement les dispositions répressives. Le rapport Pelletier propose des lignes de réforme qui seront mentionnées sous les présents articles concernés.

C. urb., art. L. 480-1 *(L. n° 76-1285, 31 déc. 1976 ; L. n° 85-729, 18 juill. 1985)*. — Les infractions aux dispositions des titres I, II, III, IV et VI du présent livre sont constatées par tous officiers ou agents de police judiciaire ainsi que par tous les fonctionnaires et agents de l'État et des collectivités publiques commissionnés à cet effet par le maire ou le ministre chargé de l'urbanisme suivant l'autorité dont ils relèvent et assermentés. Les procès-verbaux dressés par ces agents font foi jusqu'à preuve du contraire.

Les infractions visées à l'article L. 480-4 peuvent être constatées par les agents commissionnés à cet effet par le ministre chargé des monuments historiques et des sites, et assermentés, lorsqu'elles affectent des immeubles compris dans un secteur sauvegardé ou soumis aux *(Mots rempl., Ord. n° 2004-178, 20 févr. 2004, art. 3)* « articles L. 621-1 et suivants du Code du patrimoine » ou de la loi du 2 mai 1930 relative aux sites et qu'elles consistent, soit dans le défaut de permis de construire, soit dans la non-conformité de la construction ou des travaux au permis de construire accordé. *(Phrase créée, L. n° 2001-44, 17 janv. 2001, art. 11)* « Il en est de même des infractions aux prescriptions établies en application *(Mots rempl., Ord. n° 2004-178, 20 févr. 2004, art. 3)* « des articles L. 522-1 à L. 522-4 du Code du patrimoine ».

Lorsque l'autorité administrative et, au cas où il est compétent pour délivrer les autorisations, le maire ou le président de l'établissement public de coopération intercommunale compétent ont connaissance d'une infraction de la nature de celles que prévoient les articles L. 160-1 et L. 480-4, ils sont tenus d'en faire dresser procès-verbal.

Copie du procès-verbal constatant une infraction est transmise sans délai au ministère public.

Toute *(Mots rempl., L. n° 95-101, 2 févr. 1995, art. 7-V)* « association agréée de protection de l'environnement en application des dispositions de l'article L. 252-1 du Code rural » peut exercer les droits reconnus à la partie civile en ce qui concerne les faits constituant une infraction à l'alinéa 1er du présent article et portant un préjudice direct ou indirect aux intérêts collectifs qu'elle a pour objet de défendre.

La commune peut exercer les droits reconnus à la partie civile, en ce qui concerne les faits commis sur son territoire et constituant une infraction à l'alinéa premier du présent article.

I. – Constatation des infractions

A. – Obligation de l'autorité administrative

Compétence liée. Depuis la loi du 31 décembre 1976, l'autorité administrative (maire, préfet, DDE) ne dispose plus de l'opportunité des poursuites ; lorsqu'elle a connaissance d'une infraction, elle est tenue d'en faire dresser procès-verbal et d'en transmettre sans délai copie au parquet. La compétence de l'Administration est donc liée ; la règle de l'opportunité des poursuites vaut exclusivement pour le parquet. **1413**

Saisi d'un refus tacite d'un maire de faire constater une infraction, le juge administratif lui a enjoint d'y procéder, en vertu des articles L. 911-1 et suivants du Code de justice administrative (TA Grenoble, 5 nov. 1999, *Assoc. Les amis de Megève : BJDU* 6/1999, p. 495).

Une injonction de constat d'infraction et de prise d'un arrêté interruptif de travaux a été adressée à un maire alors que le référé-suspension du permis de construire avait été prononcé par le juge administratif (CE, 6 févr. 2004, *M. Masier : BJDU* n° 2/2004, p. 138, concl. Stahl ; *Collectivités-Intercommunalité* 2004, n° 5, comm. n° 92, G. Pellissier). Le fondement textuel retenu était ici l'article L. 521-3 du Code de justice administrative qui prévoit qu'« en cas d'urgence et sur simple requête qui sera recevable même en l'absence de décision préalable, le juge des référés peut ordonner toutes autres mesures utiles sans faire obstacle à l'exécution d'aucune décision administrative ». (V. *infra*, comm. sur cet arrêt dans le cadre de la procédure d'interruption des travaux).

Une telle obligation suppose, toutefois, que l'élément matériel du délit puisse être constaté, ce qui ne saurait être le cas dès lors que le permis de construire de régularisation a été délivré et que la déclaration d'achèvement des travaux et le certificat de conformité sont intervenus (CAA Lyon, 7 déc. 1999, *Martinon et Lama : BJDU* 1/2000, p. 69). Il en est de même si les travaux exécutés n'étaient pas de ceux autorisés par un permis annulé (CAA Nantes, 31 juill. 2001, *Assoc. de défense du site du Carroi des Perrières de Launay : BJDU* 1/2002, p. 68).

Responsabilité. L'abstention ou le retard de l'autorité administrative à faire dresser procès-verbal constitue une faute (CE, 21 oct. 1983, *Épx Guedeu : AJDA* 1984, p. 47, pour un retard de plusieurs mois) ; le classement ultérieur de l'affaire par le Parquet étant sans incidence (TA Nice, 20 avr. 1995, *Épx Matton : BJDU* 2/1995, p. 177 pour un retard d'un an entre la connaissance de l'infraction par l'Administration et le procès-verbal). **1414**

La faute administrative, y compris lorsqu'elle émane du maire, engage la responsabilité de l'État ; l'obligation de constat des délits relevant d'une procédure pénale, en tout état de cause diligentée au nom de l'État (CAA Lyon, 19 nov. 1991, *Agnel : AJDA* 1992, p. 128).

En tout état de cause, le maire ou le préfet ne sont pas tenus de faire dresser procès-verbal lorsque l'action publique est prescrite (TA Montpellier, 20 déc. 2002, *Baudoin c/ Préfet du Languedoc-Roussillon : BJDU* n° 2/2003, p. 135).

Conséquence sur la procédure pénale. Avec l'éclairage de droit pénal qui lui est propre, le juge répressif ont relevé que les textes ne prescrivent pas un délai de transmission au Parquet par l'Administration, à peine de nullité de la procédure pénale. Il lui appartient donc d'examiner si le délai, dans l'affaire en cause, porte ou non atteinte aux droits de la défense (Cass. crim., 3 nov. 2004, req. n° 04-82.713 : *Juris-Data* n° 2004-026034). **1415**

B. – Établissement du procès-verbal

Auteurs du procès-verbal. Sont légalement habilités les officiers et agents de police judiciaire visés au Code de procédure pénale, ainsi que les agents de l'État et des collectivités territoriales assermentés et commissionnés à cet effet (V. C. urb., art. R. 160-1 à R. 160-3). Le présent article vise également les fonctionnaires habilités en vertu des textes sur les monuments historiques, sites, archéologie préventive, secteurs sauvegardés. La loi sur la prévention des risques technologiques et naturels (à paraître) ajoute, les fonctionnaires des installations classées au titre d'infractions visées par cette législation (plans de prévention des risques technologiques). **1416**

On précisera que le maire et ses adjoints sont officiers de police judiciaire et sont donc compétents pour dresser procès-verbal. Mais, en pratique, la lourdeur de leurs missions fait obstacle à l'exercice concret de cette compétence, et ce sont les agents commissionnés et assermentés des communes qui en ont la charge.

Aux termes de l'article 21 du Code de procédure pénale issu de la loi n° 2003-239 du 18 mars 2003 sur la sécurité intérieure, les policiers municipaux qui constatent une infraction peuvent recueillir les observations du contrevenant sans avoir à requérir la police nationale. Les gardes-champêtres, actifs en milieu rural, doivent, comme les policiers municipaux, adresser leurs rapports et procès-verbaux au maire et, par l'intermédiaire d'un OPJ de la police ou de la gendarmerie nationale, au procureur (même code, art. 27).

1417 **Nature juridique.** Le procès-verbal est un acte de police judiciaire dont le contrôle incombe au juge répressif (CE, 12 oct. 1982, *Bobin : Gaz. Pal.* 1983, pan. dr. adm. p. 393). Si le juge administratif est compétent pour vérifier que son auteur est bien de ceux énumérés au présent article et que les faits relatés sont susceptibles de fonder un arrêté interruptif de travaux (CE, 20 févr. 2002, *M. Plan : BJDU* 3/2002, p. 175), le contrôle du caractère contradictoire de la procédure et de la qualification pénale des faits appartient au seul juge judiciaire (TA Lyon, 11 oct. 1995, *Perret : BJDU* 1/1996, p. 41, concl. Martin).

1418 **Force probante.** En matière d'urbanisme, les procès-verbaux font foi jusqu'à preuve contraire (Cass. crim., 24 mai 1967 : *Bull. crim.*, n° 162. – Cass. crim., 11 févr. 1971 : *Bull. crim.*, n° 52. – Cass. crim., 1er déc. 1981 : *RD imm.* 1982, p. 439, note G. Roujou de Boubée. – Cass. crim., 19 nov. 1985 : *RD imm.* 1986, p. 267, note G. Roujou de Boubée). Le juge doit examiner l'ensemble des moyens de preuve qui lui sont soumis, écrits ou oraux, à l'exclusion des simples dénégations du prévenu, présomptions ou renseignements. La preuve contraire est dûment rapportée par un constat d'huissier, confirmé par une note émanant d'un expert près la Cour de cassation (CA Paris, 15 janv. 2004 : *Juris-Data* n° 2004-237957).

C. – Prescription

1419 **Caractère des délits d'urbanisme et délai de prescription.** La plupart de ces délits constituent des infractions continues permanentes dont les effets se perpétuent d'eux-mêmes sans réitération de la volonté coupable de leur auteur. Le délai de prescription de trois ans court à compter de l'achèvement des travaux illicites (Cass. crim., 15 janv. 1964 : *Bull. crim.*, n° 15. – Cass. crim., 11 juill. 1971 : *Bull. crim.*, n° 52. – Cass. crim., 19 juill. 1976 : *Droit et Ville* 1977, p. 355, note G. Roujou de Boubée. – Cass. crim., 6 déc. 1977 : *D.* 1978, inf. rap., p. 70. – Cass. crim., 10 déc. 1985 : *Gaz. Pal.* 1986, II, somm. p. 267, note Doucet. – Cass. crim., 6 déc. 1987 : *JCP* 1987, IV, p. 279). Toutefois, certains délits revêtent un caractère continu successif, leurs effets se prolongent par une volonté constamment réaffirmée de leurs auteurs (non-respect des obligations de l'autorisation de lotir, stationnement de caravanes...) ; le délai de prescription court alors à compter du moment où l'état délictueux a pris fin (par ex., exécution de ses obligations par le lotisseur).

1420 **Achèvement des travaux.** Cette notion de fait renvoie au jour où l'immeuble est en état d'être affecté à l'usage qui lui est destiné (Cass. crim., 11 févr. 1972 : *Bull. crim.*, n° 52. – Cass. crim., 20 mai 1992 : *JCP* 1992, IV, p. 301. – Cass. crim., 18 mai 1994 : *JCP* 1994, IV, p. 249. – Cass. crim., 12 déc. 2000, req. n° 00-83.028. – Cass. crim., 8 juill. 2004 : *Constr.-urb.* 2004, n° 10, comm. n° 198, P. Benoît-Cattin).

La preuve de l'achèvement des travaux peut être rapportée par tous moyens : photos, constat d'huissier, déclaration de témoins à la barre, imposition foncière.

La preuve de la non-prescription de l'action publique incombe au Parquet (Cass. crim., 19 avr. 1995 : *RD imm.* 1995, p. 621).

En tout état de cause, la commission de l'infraction s'étend jusqu'à cet achèvement, le fait que les travaux restant à exécuter ne soient pas subordonnés à un permis de construire est sans incidence (Cass. crim., 9 avr. 2002, req. n° 01-85.064).

1421 **Droit de visite.** Le droit de visite des constructions prévu à l'article L. 460-1 du présent code est un moment particulièrement privilégié pour détecter les infractions et en dresser procès-verbal ;

d'autant que ce droit peut s'exercer pendant deux ans après l'achèvement des travaux et s'inscrit donc pleinement dans le délai de prescription. Il est sûr que des tournées régulières des agents de l'État et des communes dûment habilités favorisent cette détection. On indiquera, en outre, que l'article L. 480-12 fait encourir une amende de 3 750 € à « quiconque » met obstacle à ce droit de visite.

Le délit d'entrave a été caractérisé par une série de faits traduisant une mauvaise foi manifeste du contrevenant : défaut de réception par celui-ci de la lettre recommandée annonçant la visite des lieux, absence de la prétendue gérante de la société censée être seule en mesure de répondre aux questions, qui était aussi l'épouse dudit contrevenant (CA Douai, 6 mai 2004 : *Juris-Data* n° 2004-243398).

Par ailleurs, la Cour de Cassation a apporté une précision en matière d'accès au « domicile » du contrevenant. Avant 2004, sa jurisprudence classique considérait qu'un chantier ne pouvait être qualifié de domicile au titre du délit de l'article 432-8 du Code pénal. Par un arrêt du 19 octobre 2004 (req. n° 04-82.620 : *Dr. pénal,* janvier 2005, n° 7, note J.-H. Robert), elle a censuré une cour d'appel qui énonçait que le prévenu ne pouvait se prévaloir des règles applicables à la protection du domicile, le bâtiment n'étant pas encore affecté à l'habitation. La Cour Suprême a estimé que le domicile est le lieu où une personne, qu'elle y habite ou non, a le « droit de se dire chez elle », quels que soient le titre d'occupation et l'affectation donnée aux locaux. Toutefois, cette affirmation trouve immédiatement ses limites, puisque le même arrêt admet le droit de visite, sans OPJ, du garde-champêtre dûment habilité au titre du Code de l'urbanisme.

Interruption de la prescription. Conformément au droit commun, tout acte de poursuite ou d'instruction est susceptible d'interrompre la prescription : procès-verbal, audition du contrevenant, citation à comparaître... Chaque nouvel acte fait alors courir un nouveau délai de trois ans. Lorsque plusieurs actes se succèdent, c'est donc à partir du dernier d'entre eux que se détermine le point de départ du délai de prescription (Cass. crim., 8 déc. 1981 : *RD imm.* 1982, p. 441, note G. Roujou de Boubée. – Cass. crim., 3 sept. 2002, req. n° 01-87.431 : *Juris-Data* n° 2002-015937). 1422

II. – Engagement des poursuites

A. – Opportunité des poursuites

Appréciation du parquet. Depuis la loi du 31 décembre 1976, seul le parquet est compétent pour apprécier les suites pénales à donner à un procès-verbal dont copie lui a été transmise. Mais, en pratique, il laisse, au préalable, le soin aux autorités administratives de rechercher la régularisation de l'infraction. 1423

Régularisation préalable. L'Administration qui a fait dresser procès-verbal peut, en effet, mettre en demeure le contrevenant de régulariser sa situation. Ces lettres de mise en demeure ont été, cependant, encadrées par la jurisprudence : l'autorité administrative ne doit en aucun cas y ordonner la démolition dans un délai précis, compétence relevant exclusivement du juge pénal ; elle doit se borner à avertir le contrevenant que, faute de régularisation spontanée, une procédure judiciaire pourrait être engagée à son encontre (CE, 17 juin 1988, *Saurois* et CE, 27 juill. 1988, *SARL l'Île-aux-Loisirs : RD imm.* 1988, p. 453. – CAA Douai, 18 janv. 2001, req. n° 96-DA01912, *Cne de Gruson*). 1424

Aucune disposition législative ou réglementaire ne confère à l'Administration le pouvoir de suspendre un permis de construire, même si elle invite son bénéficiaire à déposer une demande de modificatif (CAA Marseille, 31 janv. 2002, *Melois : Juris-Data* n° 2002-172338).

Ni des circonstances exceptionnelles, ni une situation d'urgence découlant de périls graves et imminents ne sauraient justifier que l'autorité administrative procède d'office à la démolition de bâtiments, sans jugement préalable, sauf à commettre une voie de fait (T. confl., 10 juin 2002, req. n° 3319, *Préfet de la Guadeloupe*).

Coordination Administration-parquet. Une répression efficace des délits d'urbanisme suppose des échanges réguliers entres les autorités administratives et judiciaires. Certaines expériences 1425 locales mériteraient d'être étendues, voire généralisées : outre des cellules de coordination, des systèmes de « médiation », certes informels, permettent d'éviter la voie pénale ; le constructeur est convoqué par le procureur et le fonctionnaire de la DDE ou de la commune, pour rechercher une possibilité de régularisation, l'action répressive n'étant alors lancée que si le constructeur ne tient pas ses engagements.

1426 **Plaider-coupable.** Cette nouvelle procédure introduite à l'article 495-7 du Code de procédure pénale par la loi du 9 mars 2004, est réservée aux infractions punies d'une peine d'amende et de peines complémentaires. Elle ne devrait donc pas notablement impacter les délits d'urbanisme, car le Procureur ne saurait imposer l'exécution de mesures de restitution. Le cas d'application concernerait donc une affaire où de telles mesures ne sont pas prononcées, par exemple lorsque la situation est régularisée, et que l'amende seule est encourue (en ce sens : G. Roujou de Boubée : *RD imm.* 2004, p. 568).

B. – Parties civiles

1427 **Reconnaissance tardive de ce droit en matière d'urbanisme.** Dans le but d'éviter l'engorgement des prétoires par des conflits de voisinage, le législateur et le juge pénal ont, pendant longtemps, privé les personnes lésées par des infractions d'urbanisme d'exercer les droits conférés par le Code de procédure pénale aux parties civiles. Ce n'est qu'à partir des années soixante-quatre-vingt que la situation commença à évoluer. Cette rigidité tranchait avec l'ouverture d'une action en démolition au profit des tiers lésés par le juge civil (V. *infra*, C. urb., art. L. 480-13).

Or, ce droit permet bien évidemment d'obtenir réparation des préjudices subis et aussi de pallier une éventuelle inertie du Parquet en déclenchant l'action publique par voie de constitution de partie civile. Aujourd'hui, sous la pression des faits et de l'actualité (modèle du mouvement consumériste et de protection de l'environnement), ce droit est reconnu, en matière d'urbanisme, à différentes personnes physiques ou morales, publiques ou privées.

1428 **Voisins lésés.** Les particuliers qui subissent des préjudices (troubles de jouissance de leurs biens, perte de vue, d'éclairement...) en relation de causalité directe avec un délit d'urbanisme ont un droit d'action que la Cour de cassation ne leur a reconnu qu'en 1984 (Cass. crim., 17 janv. 1984, *Henneton : GADU,* n° 36), rompant ainsi avec une jurisprudence de 1964 (Cass. crim., 26 janv. 1964, *Chaillan : GADU,* n° 36) qui considérait alors que le droit de l'urbanisme protégeait l'intérêt général et nullement les intérêts privés. Ces temps sont donc révolus. Il n'en demeure pas moins que le juge pénal, conformément au droit commun, examine attentivement la réalité du préjudice invoqué et de son lien de causalité avec l'infraction. L'occupant qui reçoit son congé de l'immeuble irrégulier peut obtenir réparation (Cass. crim., 1er févr. 1995 : *JCP* 1995, IV, n° 1135) ; en revanche, le préjudice commercial lié à l'installation d'un concurrent dans le bâtiment voisin édifié en infraction ne résulte pas directement du délit d'urbanisme (Agen, 23 avr. 1993 : *Dr. pén.* 1993, n° 187, note J.-H. Robert).

1429 **Associations agréées.** La loi du 31 décembre 1976 a introduit dans le Code de l'urbanisme (V. art. L. 160-1 et L. 480-1) le droit de constitution de partie civile des associations agréées de protection de l'environnement, en ce qui concerne les préjudices directs ou indirects aux intérêts collectifs qu'elles ont pour objet de défendre. La loi Barnier du 2 février 1995 a, ensuite, unifié les conditions d'agréments des associations de l'environnement. Un décret n° 96-170 du 28 février 1996 fixe les conditions d'obtention de cet agrément : activités statutaires dans les domaines de l'environnement et de l'urbanisme, fonctionnement conforme aux statuts, exercice à titre principal d'activités dans ces domaines, garanties suffisantes d'organisation. Le préfet dispose d'un pouvoir discrétionnaire pour accorder l'agrément qui doit être motivé ; toutefois, lorsqu'un refus est fondé sur un des motifs réglementaires, le juge administratif exerce alors un contrôle normal (CE, 25 sept. 1995, *Assoc. Vallée-du-Maine : Mon. TP* 13 oct. 1995, p. 64). Ces associations peuvent également agir comme mandataires d'au moins deux personnes physiques subissant des préjudices résultant de la même infraction ; le décret n° 96-625 du 9 juillet 1996 fixe les modalités de ce mandat écrit, exprès et détaillé. L'agrément peut intervenir en cours d'instance (CE, 25 juin 2003, *Cne de Saillagousse : BJDU* n° 4/2003, p. 308).

Cette nécessité d'agrément ne vaut que pour l'action civile exercée devant le juge pénal ; elle ne concerne pas l'action en démolition spécifique formée devant le juge civil et visée à l'article L. 480-13 (Dijon, 1er déc. 1999, *Pont c/ Assoc. contre les nuisances et pour la défense de l'environnement : Juris-Data* n° 1999-155413).

Une jurisprudence, contestable, a reconnu, en 2002, la recevabilité en matière de droit pénal de l'urbanisme, de l'action des associations locales d'usagers agréées régies par l'article L. 121-8 du présent code, étant précisé que l'association en cause avait été agréée avant la loi Barnier de 1995 (Cass. crim., 9 avr. 2002 : *Bull. crim.*, n° 82 ; *Dr. pén.* oct. 2002, note J.-H. Robert). Le professeur Robert critique, et nous le rejoignons pleinement, cette assimilation entre les associations agréées de l'environnement, seules visées aux articles L. 160-1 et L. 480-1, et les associations locales d'usager au statut particulier. Ces dernières interviennent lors de la préparation des documents d'urbanisme et répondent à un processus d'agrément distinct, décrit à l'article R. 121-5 du Code de l'urbanisme ; leur objet est, de surcroît, de préserver les intérêts d'usagers d'une zone déterminée ; leur vocation environnementale ne va donc pas de soi. Quant à la référence, en l'espèce, à un agrément antérieur à la loi Barnier, elle est peu pertinente. La loi de 1996 unifiait les statuts des associations visées par la loi du 10 juillet 1976 sur la protection de la nature ; l'article L. 121-8 du Code de l'urbanisme n'était nullement concerné. Comme le souligne M. Robert « L'interprétation globalisante que l'arrêt rapporté donne de la loi Barnier méconnaît donc et sa lettre et son esprit. Elle ouvre la voie à des actions judiciaires inspirées par des individus mécontents qui n'osent pas agir à visage découvert ».

Voir aussi : C. env., art. L. 141-1 et s. (se substituant à l'art. L. 252-1, C. rur. visé au présent art. L. 480-1 et à l'art. L. 160-1, C. urb.) ; C. urb., art. R. 160-7, p. 574.

Communes. La loi du 18 juillet 1985 (C. urb., art. L. 480-1) a ouvert aux communes la faculté de se 1430
constituer partie civile au titre des délits d'urbanisme, ce dont la jurisprudence les privait jusqu'alors : selon un arrêt fameux de la cour d'appel de Paris du 13 juin 1979 (*Rev. jur. env.* 1980, n° 1, p. 68, note Littmann-Martin), « la possibilité pour une commune de se constituer partie civile et de doubler ainsi le ministère public, se conçoit d'autant moins que par l'intermédiaire de son maire, elle participe effectivement elle-même à la procédure du permis de construire et qu'elle dispose de moyens d'action privilégiés ». La cour faisait un amalgame erroné entre des pouvoirs accordés au maire au nom de l'État et les revendications de la commune en son nom propre pour des préjudices qu'elle subit.

La loi de 1985 est rédigée en termes laconiques, rien n'étant mentionné quant au caractère personnel et direct du préjudice communal. C'est pourquoi, jusqu'en 2002, le juge se référait à l'article 2 du Code de procédure pénale pour vérifier l'existence du préjudice et du lien de causalité avec l'infraction et se montrait très rigoureux à cet égard (Cass. 3e civ., 25 mars 1998, *Cne Saint-Martin-de-Crau : Gaz. com.* 15 juin 1998, p. 32, note crit. Me Chanlair). Ainsi, une commune qui sollicitait la démolition de boxes à chevaux construits sans permis au pied des Alpilles avait été déboutée aux motifs suivants : elle ne démontrait pas l'infraction au POS (le bâtiment était-il ou non l'accessoire d'une activité agricole, comme l'exigeait le POS ?), ni qu'une tentative de régularisation aurait pu aboutir ; la commune devait apporter la preuve du manquement qu'elle invoquait ; l'arrêt ne s'est même pas prononcé sur le préjudice, moyen considéré comme surabondant, l'infraction à la règle d'urbanisme n'étant pas préalablement établie par le plaignant (Cass. 3e civ., 5 juill. 2000 : *Constr.-urb.* nov. 2000, n° 288, note P. Cornille et D. Larralde). En revanche, la cour d'appel de Montpellier a déclaré recevable l'action en réparation de la commune qui justifiait d'un préjudice personnel direct du fait de l'édification sans autorisation d'algécos dans un site classé, la commune ayant vocation à préserver le patrimoine communal et à faire respecter le POS dans l'intérêt de l'ensemble de ses administrés (CA Montpellier, 6 nov. 2001 : *Juris-Data* n° 2001-184939).

Toutefois, dans un arrêt du 9 avril 2002 (*Dr. pén.* oct. 2002, n° 114, note J.-H. Robert), la Cour de cassation, chambre criminelle, a rappelé que l'article L. 480-1, disposition spéciale au droit de l'urbanisme, n'exige pas que le préjudice allégué soit personnel et direct ; c'est donc à bon droit que la cour d'appel a condamné le prévenu, pour édification d'une construction neuve sur l'emprise d'un immeuble existant en violation du POS, à la démolition, mesure seule susceptible de réparer le dommage causé à la commune.

Concrètement, ces préjudices sont divers : atteinte à l'environnement, à un quartier, aux conditions de circulation, dégradation d'équipements ou d'espaces publics.
En tout état de cause, le juge administratif n'est pas compétent pour connaître de la responsabilité de la commune au regard de poursuites infondées contre un constructeur suite à une plainte de cette commune (CAA Lyon, 21 mars 2000, *SCI Les Glovettes : BJDU* 1/2001, p. 57).

1431 **Autres organismes publics.** Depuis la loi Barnier du 2 février 1995, des organismes publics comme le Conservatoire de l'espace littoral ou la Caisse des monuments historiques peuvent exercer les droits de la partie civile pour les préjudices directs ou indirects causés aux intérêts qu'ils ont pour objet de défendre. Mais, en l'absence de disposition légale spéciale, un organisme consulaire, établissement public administratif, n'y est pas habilité ès qualités ; il est alors soumis au droit commun et doit démontrer un préjudice personnel et direct causé par l'infraction d'urbanisme (Cass. crim., 12 déc. 1996, *Chambre de métiers du Rhône : BJDU* 4/1997, p. 304).

C. urb., art. L. 480-2 *(L. n° 76-1285, 31 déc. 1976 ; L. n° 85-729, 18 juill. 1985).* **— L'interruption des travaux peut être ordonnée soit sur réquisition du ministère public agissant à la requête du maire, du fonctionnaire compétent ou de l'une des associations visées à l'article L. 480-1, soit, même d'office, par le juge d'instruction saisi des poursuites ou par le tribunal correctionnel.**

L'autorité judiciaire statue après avoir entendu le bénéficiaire des travaux ou l'avoir dûment convoqué à comparaître dans les quarante-huit heures. La décision judiciaire est exécutoire sur minute et nonobstant toute voie de recours.

Dès qu'un procès-verbal relevant l'une des infractions prévues à l'article L. 480-4 a été dressé, le maire peut également, si l'autorité judiciaire ne s'est pas encore prononcée, ordonner par arrêté motivé l'interruption des travaux. Copie de cet arrêté est transmise sans délai au ministère public.

L'autorité judiciaire peut à tout moment, d'office ou à la demande, soit du maire ou du fonctionnaire compétent, soit du bénéficiaire des travaux, se prononcer sur la mainlevée ou le maintien des mesures prises pour assurer l'interruption des travaux. En tout état de cause, l'arrêté du maire cesse d'avoir effet en cas de décision de non-lieu ou de relaxe.

Le maire est avisé de la décision judiciaire et en assure, le cas échéant, l'exécution.

Lorsque aucune poursuite n'a été engagée, le procureur de la République en informe le maire qui, soit d'office, soit à la demande de l'intéressé, met fin aux mesures par lui prises.

Le maire peut prendre toutes mesures de coercition nécessaires pour assurer l'application immédiate de la décision judiciaire ou de son arrêté, en procédant notamment à la saisie des matériaux approvisionnés ou du matériel de chantier.

La saisie et, s'il y a lieu, l'apposition des scellés sont effectuées par l'un des agents visés à l'article L. 480-1 qui dresse procès-verbal.

Les pouvoirs qui appartiennent au maire, en vertu des alinéas qui précèdent, ne font pas obstacle au droit du représentant de l'État dans le département de prendre, dans tous les cas où il n'y aurait pas été pourvu par le maire et après une mise en demeure adressée à celui-ci et restée sans résultat à l'expiration d'un délai de vingt-quatre heures, toutes les mesures prévues aux précédents alinéas.

Dans le cas de constructions sans permis de construire ou de constructions poursuivies malgré une décision de la juridiction administrative ordonnant qu'il soit sursis à l'exécution du permis de construire, le maire prescrira par arrêté l'interruption des travaux ainsi que, le cas échéant, l'exécution, aux frais du constructeur, des mesures nécessaires à la sécurité des personnes ou des biens ; copie de l'arrêté du maire est transmise sans délai au ministère public. Dans tous les cas où il n'y serait pas pourvu par le maire et après une mise en demeure adressée à celui-ci et restée sans résultat à l'expiration d'un délai de vingt-quatre heures, le représentant de l'État dans le département prescrira ces mesures et l'interruption des travaux par un arrêté dont copie sera transmise sans délai au ministère public.

Dans le cas où le représentant de l'État dans le département fait usage des pouvoirs qui lui sont reconnus par les alinéas 9 et 10 du présent article, il reçoit, au lieu et place du maire, les avis et notifications prévus aux alinéas 5 et 6.

I. – Infractions d'urbanisme et nécessité d'une procédure conservatoire

A. – Objet

Éviter le fait accompli. Le procès-verbal n'ayant pas de plein droit pour effet de faire cesser les travaux irréguliers, certains constructeurs s'empressent d'accélérer le chantier pour rendre la situation irréversible au jour du jugement. La mesure conservatoire d'interruption des travaux prévue à l'article L. 480-2 tend à faire échec à cette politique du fait accompli. 1432

Anticiper l'achèvement des travaux irréguliers. L'efficacité d'une telle mesure réside dans son intervention avant achèvement de la construction illicite ; elle devient sans objet dès lors que seuls des travaux de finition restent à réaliser (CE, 2 mars 1994, *Cne de Saint-Tropez : Gaz Pal.* 22-26 mai 1994, p. 6. – CAA Paris, 10 déc. 1998, *SCI Ozoir Loisières : Ét. fonc.* 1999, n° 83). 1433

Exigence d'un procès-verbal préalable. L'infraction doit avoir été préalablement constatée par un procès-verbal en bonne et due forme ; n'est donc pas valable un document relatant une plainte du maire à la gendarmerie (CE, 10 janv. 1996, req. n° 125314, *Populaire*) ou un document non signé par un agent dûment habilité en vertu de l'article L. 480-1 (CE, 4 janv. 1985, req. n° 22240, *Sté Reynoird*). 1434

B. – Infractions concernées

Infractions visées à l'article L. 480-4. Il s'agit des infractions aux titres I, II, IV et VI du livre IV du Code de l'urbanisme ; ainsi que sur renvoi exprès des infractions au plan d'urbanisme visées à l'article L. 160-1. Les infractions au permis de démolir n'entrent donc pas dans l'emprise de cette procédure conservatoire (CAA Paris, 16 déc. 1997, *Guillard : BJDU* 1/1998, p. 77). Il en est de même pour les lotissements. 1435

Par ailleurs, cette mesure doit être fondée sur un délit et non sur une prétendue illégalité du permis de construire ou du plan d'urbanisme (CE, 14 déc. 1981, *SARL European homes : D.* 1983, inf. rap., p. 27).

Autres infractions visées. D'autres réglementations renvoient expressément à l'article L. 480-2 du Code de l'urbanisme, par exemple, les législations sur les monuments historiques ou sur les sites avec l'article L. 341-19 du Code de l'environnement (pour une application jurisprudentielle de ce dernier article, TA Nice, 23 avr. 2002, *Robilliart : Env.* 2002, n° 11, comm. n° 125, B. Lillian). 1436

II. – Procédures

A. – Voie judiciaire

Autorités judiciaires compétentes. Il s'agit du juge d'instruction saisi des poursuites ou du tribunal correctionnel. 1437

Modalités. Ils se prononcent soit d'office, soit sur réquisition du parquet prise à la requête du maire, du fonctionnaire compétent ou d'une association agréée. Ainsi, un tiers lésés ne peut s'adresser directement à l'autorité judiciaire, il doit passer par l'un des trois intermédiaires sus-énumérés. 1438

En droit, cette voie judiciaire est prépondérante : la voie administrative ne peut être empruntée que si le juge d'instruction ou le tribunal correctionnel ne sont pas intervenus pour ordonner l'interruption des travaux. En pratique, la voie administrative est la plus utilisée, car considérée comme la plus rapide. La voie judiciaire suppose l'engagement d'un processus pénal, alors que la voie administrative est, dans les faits, simultanée au procès-verbal.

B. – Voie administrative

1439 **Compétence étatique.** Si le maire dispose légalement de la compétence de principe pour prendre un arrêté interruptif de travaux, il l'exerce au nom de l'État. Cet arrêté est certes un acte administratif mais s'inscrivant dans une finalité répressive (V., à titre d'analogie, la compétence du maire de faire dresser procès-verbal visée à l'article L. 480-1). La jurisprudence est constante en la matière (CE, 16 nov. 1992, *Ville de Paris : AJDA* 1993, p. 54, concl. Legal ; *RFDA* 1993, p. 602, note J. Morand-Deviller et D. Moreno. – CE, 28 févr. 1994, req. n° 138848, *Cne de Biot*. – CE, 8 nov. 2000, req. n° 197505, *EURL Les Maisons traditionnelles*).
Selon ces principes, le préfet peut retirer un arrêté illégal du maire en vertu de son pouvoir hiérarchique (CE, 16 nov. 1992, *Ville de Paris*, préc.) ; le caractère exécutoire de l'arrêté du maire n'est pas subordonné à sa transmission au préfet au titre du contrôle de légalité des actes décentralisés, puisque pris au nom de l'État (CE, 1er oct. 1993, *Marchall : D.* 1994, somm. p. 106, note H. Charles).
Le Conseil d'État a également considéré que la commune, alors même qu'elle avait été appelée en appel par le premier juge à produire des observations sur la demande de suspension de l'arrêté interruptif, n'avait pas la qualité de partie à l'instance et n'était pas recevable à se pourvoir en cassation contre l'ordonnance du juge des référés prescrivant cette suspension (CE, 7 nov. 2001, *Cne de Saint-Gaudens : BJDU* 2/2002, p. 134).
Seul le ministre peut exercer le pourvoi contre l'arrêt de la CAA confirmant l'annulation de l'arrêté interruptif du maire (CE, 10 oct. 2003, req. n° 238035, *Cne de Cannes : Juris-Data* n° 2003-066014).
De même, pour le pourvoi formé contre une ordonnance de référé en joignant au maire de faire dresser procès-verbal et d'interrompre les travaux (CE, 10 déc. 2004, *Cne de Toulon* c/ *Mme Bouchet : BJDU* 5/2004, p. 394, obs. P. Cassia).
Enfin, il faut signaler que certaines dispositions législatives en vigueur dans les territoires ou pays d'outre-mer, peuvent comporter des dérogations à ces règles de compétence. En Nouvelle-Calédonie, celle-ci est conférée au maire au nom de la Province (CE, 12 déc. 2003, req. n° 259472, *SCI Sunset Investissement : Juris-Data* n° 2003-066296).

1440 **Cas de compétence liée ou de pouvoir discrétionnaire.** Selon l'article L. 480-1, le maire est tenu d'ordonner l'interruption des travaux en cas de construction sans permis ou de poursuite du chantier malgré un référé-suspension (le terme de sursis à exécution n'a toujours pas été remplacé dans le texte légal).
Sur le plan du contentieux administratif, le jugement de référé-suspension n'a pas nécessairement à être assorti d'une injonction d'interruption des travaux en vertu des articles L. 911-1 du Code de justice administrative (CAA Nantes, 26 juin 1996, *District de l'agglomération nantaise : RFDA* 1996, p. 355, concl. H. Isaia).
En pratique, il s'agit d'un pouvoir essentiel reconnu au juge administratif. Le fondement peut en être – le plus communément – l'article L. 911-1 précité relatif à l'injonction, mais aussi l'article L. 521-3 du même code concernant les mesures conservatoires. Cet article dispose : « En cas d'urgence et sur simple requête qui sera recevable même en l'absence de décision préalable, le juge des référés peut ordonner toutes mesures utiles sans faire obstacle à l'exécution d'aucune décision administrative ». L'avantage est qu'un rejet exprès ou tacite du maire de la requête n'est pas requis, ce qui rend cette procédure rapide et efficace (CE, 6 févr. 2004, *M. Masier : BJDU* n° 2/2004, p. 138, concl. J.-H. Stahl ; *Collectivités-Intercommunalité* 2004, n° 5, comm. n° 92, G. Pellissier).
Le maire dispose d'un pouvoir discrétionnaire pour prescrire l'interruption d'infractions de violation des autorisations de construire ou des plans d'urbanisme.

1441 **Carence du maire.** Le préfet a un pouvoir de substitution, après mise en demeure infructueuse pendant 24 heures, cette formalité étant substantielle (CE, 30 mai 1980, *Jourdain : Rev. jur. env.* 1980, p. 256). Ce pouvoir préfectoral s'étend aux mesures d'exécution de l'ordre interruptif de travaux.

Motivation. Tout arrêté d'interruption des travaux doit être motivé : dans les cas de compétence liée, le juge exerce un contrôle normal sur la qualification juridique des faits délictueux visés à l'article L. 480-1 ; en cas de pouvoir discrétionnaire, son contrôle est restreint, sachant que la motivation ne doit pas se borner à rappeler le contenu du procès-verbal, mais énoncer les considérations de fait et de droit ayant fondé la décision (CE, 13 févr. 1970, *Sté Neuilly Ancelle : Rec.*, p. 114. – CE, 9 janv. 1983 : *Rec.*, p. 977). L'obligation de motivation vaut également pour les refus d'interruption (CE, 6 juin 1975, *SCI le Palais du Casino : Rec.*, p. 1330). 1442

Procédure contradictoire. En vertu de l'article 24 de la loi du 12 avril 2000 sur les droits des citoyens dans leurs relations avec l'administration (ancien article 8 du décret du 28 novembre 1983), transposé ici au droit de l'urbanisme, le maire (ou le préfet) est tenu de mettre en mesure le constructeur, objet d'une procédure d'interruption des travaux (décision individuelle défavorable), de présenter ses observations préalablement à la prise de l'arrêté, sauf urgence ou circonstances exceptionnelles, l'urgence ayant été caractérisée, par exemple, au regard du risque de déstabilisation du terrain en cas de poursuite de la construction (CAA Paris, 26 févr. 1998, *Mme Guedon : BJDU* 3/1998, p. 189). En pratique, cette jurisprudence, au demeurant fondée en droit, pourrait avoir certains effets pervers, tel un retard de la prise de l'ordre d'interruption qui compromettrait son efficacité. 1443

Par ailleurs, deux jurisprudences ont opéré, en ce domaine, une distinction entre les cas de compétence liée et de pouvoir discrétionnaire. Dans le premier cas, l'affaire concernait un propriétaire de restaurant ayant obtenu, après un sinistre, une prétendue « autorisation » du maire, par simple lettre, d'installer une structure démontable de 50 m^2, dans l'attente d'une reconstruction du bâtiment détruit. Sur ce, le nouveau maire avait pris un arrêté interruptif pour construction sans permis et le juge des référés avait rejeté la demande de suspension de cet arrêté formée par le restaurateur. La Haute Juridiction a estimé que cette pseudo-autorisation n'était pas illégale mais purement et simplement dépourvue de valeur et qu'il y avait bien construction sans permis que le maire était tenu d'interrompre. Et surtout, cette compétence liée du maire rendait inopérants les moyens de forme (défaut de motivation) et de procédure (non-respect du contradictoire) invoqués contre l'arrêté (CE, 20 févr. 2002, *M. Plan : BJDU* 3/2002, p. 175).

Dans le second cas, le Conseil d'État a rappelé que les griefs liés au caractère contradictoire de la procédure étaient opérants, dès lors que l'Administration n'était pas tenue ou avait ordonné à tort l'interruption des travaux : en l'espèce, les choses n'étaient pas simples : les travaux avaient été dûment déclarés, le maire avait omis de notifier son opposition, mais la DDE avait dressé procès-verbal pour violation des règles d'urbanisme, le maire avait pris un arrêté interruptif pour construction sans permis, arrêté suspendu en référé (CE, 3 mai 2002, *Min. Équip.* c/ *M. Frontini : BJDU* 3/2002, p. 211 ; concl. S. Austry ; *Constr.-urb.* 2002, n° 9, comm. n° 222, N. Rousseau).

III. – Exécution

Pouvoirs du maire. Qu'il émane de l'autorité judiciaire ou administrative, l'ordre d'interruption des travaux est mis en œuvre par le maire (ou le préfet si carence). Celui-ci peut prendre des mesures coercitives : saisie du matériel de chantier, scellés. Dans les cas de construction sans permis ou en dépit d'un référé-suspension, il peut faire exécuter, aux frais du constructeur, toutes mesures nécessaires pour assurer la sécurité des personnes et des biens. 1444

En tout état de cause, ces pouvoirs ne s'étendent pas à l'enlèvement et, *a fortiori*, à la démolition des installations irrégulières (CE, 9 juill. 1975, *Cne de Janvry : Rec. CE*, p. 410. – CE, 6 sept. 1993, *Mme Laverlochère : Petites affiches*, 5 janv. 1994, note J. Morand-Deviller et D. Moreno) ; le juge administratif n'est pas non plus compétent à cet égard (CE, 29 juin 1983, *Maignan : Rec. CE*, p. 281).

Levée des scellés. Par ordonnance de référé du 23 mars 2001 (*Sté Lidl : BJDU* 2/2001, p. 11), le Conseil d'État a eu à statuer sur une demande de levée de scellés. Dans cette affaire, un permis de construire avait été accordé en 1997 pour un bâtiment de 1 400 m^2 dont 998 m^2 affectés au commerce. En cours de travaux, la société Lidl, nouvel acquéreur, souhaitait substituer un magasin alimentaire à celui d'habillement initialement prévu par son vendeur. Aucune demande d'autori- 1445 sation d'exploitation commerciale n'avait alors été déposée, ni de transfert de permis, ni d'autorisation au titre des ERP. Le maire ordonne alors l'interruption des travaux et fait apposer les scellés. La société Lidl en demande la levée invoquant l'achèvement des travaux et le classement de l'affaire par le parquet. Le juge des référés rejette, à bon droit, cette demande, faute d'urgence (le magasin n'est pas ouvert et aucune demande d'instruction n'est encore déposée), cela même si la mesure contestée (scellés) porte atteinte au droit de propriété ; une des conditions du référé-suspension n'est pas remplie. On reste en pratique sceptique sur cette affaire, les travaux étant achevés, un doute subsiste quant à la réelle volonté de la société en cause de présenter un dossier d'autorisation en CDEC avant l'ouverture de son magasin.

Voir aussi : Commentaires sous C. urb., art. L. 421-9, p. 356.

IV. – Contentieux

A. – Mainlevée

1446 **Conditions de fond.** La procédure de mainlevée de l'ordre d'interruption des travaux est indépendante de toute illégalité. Elle permet au tribunal correctionnel ou au juge d'instruction, d'office ou à la demande du fonctionnaire compétent ou du bénéficiaire des travaux, de la prononcer, en cas de nécessité impérieuse mettant en péril l'opération, telle que la mise hors d'eau du bâtiment (Cass. crim., 5 mai 1981 : *Bull. crim.*, n° 138).

Il n'y a pas lieu à mainlevée pour un arrêté interruptif pris à la suite d'un procès-verbal constatant le commencement de travaux prévus par un permis de construire périmé (Cass. crim., 2 déc. 2003, req. n° 03.82.05 : *Juris-Data* n° 2003-021740).

1447 **Conditions de forme.** La demande de mainlevée n'est soumise à aucune forme particulière, et peut consister en une citation directe du maire (cette citation vise à la levée d'une décision administrative prise au nom de l'État et non à mettre en cause la responsabilité personnelle de l'élu local, TGI Lyon, 28 janv. 1985 : *D.* 1985, inf. rap., p. 378).

La mainlevée peut être sollicitée dès qu'un procès-verbal a été dressé, alors même que l'action publique n'aurait pas été encore engagée (Cass. crim., 18 janv. 1986 : *Bull. crim.*, p. 267).

Par ailleurs, la mainlevée prononcée par le juge judiciaire ne rend pas sans objet le recours pour excès de pouvoir formé contre l'arrêté interruptif (CE, 10 oct. 2003, *Cne de Soisy-sous-Montmorency : BJDU* n° 6/2003, p. 415, concl. E. Glaser, obs. J.-C. Bonichot).

B. – Annulation et référé-suspension

1448 **Référé-suspension.** Si les conditions en sont réunies, l'arrêté interruptif peut être frappé d'un référé-suspension (CE, 23 mai 1986, *Soler : JCP* 1987, II, n° 20835, note J.-B. Auby. – CE, 3 mai 2002, *Min. Équip.* c/ *M. Frontini*, préc. où l'urgence a été caractérisée par la pose du toit à terminer).

1449 **Excès de pouvoir.** Outre le contentieux portant sur les cas de compétence liée ou de pouvoir discrétionnaire, la motivation ou le caractère contradictoire de la procédure, il faut préciser que l'annulation du permis de construire est sans effet sur la légalité de l'arrêté interruptif qui n'est pas un acte d'application du permis (CE, 15 avr. 1996, *Larillo : BJDU* 2/1996, p. 220) ; l'illégalité de l'arrêté ne peut faire obstacle à une condamnation du constructeur pour travaux sur la base d'un permis frauduleux (Cass. crim., 17 janv. 2000 : *RD imm.* 2001, p. 508 ; *Dr. pén.* mars 2001, n° 37). L'autorité de chose jugée au pénal s'étendant à la qualification juridique des faits (CE, 3 janv. 1975, *SCI Cannes Bénéfiat : AJPI* 1975, p. 211, concl. D. Labetoulle), en cas de condamnation pour construction sans permis, le contrevenant ne saurait solliciter l'annulation de l'arrêté interruptif pris sur ce fondement (CAA Nantes, 4 déc. 2001, req. n° 98-NT02774, *SCI de l'ancien couvent Coquillières : Juris-Data* n° 2001-192287).

C. – Responsabilité

1450 **Faute et responsabilité de l'État.** L'illégalité de l'arrêté interruptif est susceptible d'engager la responsabilité de l'État. Le constructeur dont l'opération est aussi compromise peut solliciter

réparation des préjudices consistant en des pertes financières ou en la privation de jouissance du bien (CE, 25 juin 1971, *Bruchet : Rec CE*, p. 488. – CE, 28 oct. 1987, *SCI Résidence Neptune : AJDA* 1988, p. 377) ou en l'indemnisation des travaux supplémentaires nécessaires à la levée de l'ordre illégal (CE, 10 juin 1994, *BNP : Mon. TP* 30 sept. 1994).
La commune qui subit un préjudice du fait d'une infraction commise sur son territoire a intérêt à interjeter appel contre un jugement annulant l'arrêté du maire pris au nom de l'État (CE, 2 mars 1994, *Cne de Saint-Tropez : RD imm.* 1994, p. 439).

Lien de causalité. Il est minutieusement vérifié par le juge administratif. Dans une affaire où un préfet avait refusé d'interrompre des travaux poursuivis après annulation du permis de construire, la cour administrative d'appel a estimé, censurant le jugement du tribunal administratif, que les préjudices de vue et de dépréciation de l'immeuble avaient été constitués dès l'achèvement du gros œuvre, avant que le préfet ne fût averti de l'infraction et qu'ainsi ils n'étaient pas en relation directe avec la faute du préfet quant au refus d'interruption des travaux mais résultaient de l'illégalité du permis (CAA Lyon, 4 juill. 1995, *Marchiani : Quot. jur.* 5 mars 1996, p. 11). De même, l'illégalité d'un arrêté interruptif ne saurait causer un préjudice à l'entreprise chargée des travaux, le contrat d'entreprise faisant écran (TA Lyon, 17 mars 1999, *M. Vilfredo : BJDU* 4/1999, p. 298). 1451

V. – Décision judiciaire sur le fond et sort de l'arrêté interruptif

Non-lieu ou relaxe. L'arrêté du maire cesse de plein droit d'avoir effet, et une décision de retrait n'est pas nécessaire. Lié par la qualification juridique des faits du juge pénal, l'arrêté est privé de fondement en l'absence d'infraction (CE, 2 juill. 1994, *M. Baillière : BJDU* 1/1995, p. 47. – CAA Lyon, 30 déc. 1994, *Min. Équip.* c/ *M. Van Rosengarten : BJDU* 4/1995, p. 300, concl. Bonnet). 1452
Dans une affaire, le maire avait prescrit l'interruption des travaux estimant le permis de construire périmé, alors que le tribunal correctionnel avait prononcé la relaxe jugeant ledit permis valide ; dans de telles conditions, le juge administratif doit annuler l'arrêté en cause (CE, 10 oct. 2003, *Cne de Soisy-sous-Montmorency*, préc.). À l'inverse, en cas de condamnation pour construction sans permis, la légalité de l'arrêté est reconnue par le juge de l'excès de pouvoir (CAA Nantes, 4 déc. 2001, *SCI de l'ancien Couvent Coquillière : Juris-Data* n° 2001-192287).

Classement sans suite. Informé par le procureur, le maire met fin à son arrêté et aux mesures d'exécution, soit d'office, soit à la demande du constructeur. Toutefois, le Conseil d'État considère que le recours pour excès de pouvoir n'est pas sans objet et qu'il appartient au juge administratif – non lié ici par la décision du juge pénal – d'apprécier si le maire peut maintenir son ordre interruptif, afin de préserver les lieux dans l'attente d'un nouveau procès-verbal fondé sur une infraction distincte de celle classée (CE, 10 mai 1985, *Cne d'Aigues-Mortes* c/ *Mortureux : AJDA* 1985, p. 511). 1453
Cela étant, la cour administrative d'appel de Douai, dans un arrêt du 12 juillet 2001 (*Juris-Data* n° 2001-160501) a estimé qu'informé du classement sans suite, le maire était tenu de mettre fin à l'arrêté interruptif et qu'il avait à tort refusé de l'abroger. En 2004, le Conseil d'État s'oriente fermement en ce sens : il a été jugé que dans le cas d'abandon des poursuites engagées par le Parquet, le maire était tenu de mettre fin à son arrêté et qu'était illégale sa décision de rejet de la demande d'abrogation dudit arrêté (CE, 23 juin 2004, req. n° 238438, *Min. Équipement, des Transports, du Logement, du Tourisme et de la Mer* c/ *SCI Séverine : Juris-Data* n° 2004-066977). L'abandon des poursuites équivaut au classement de l'affaire.

C. urb., art. L. 480-3 ***(L. n° 76-1285, 31 déc. 1976 ; Ord. n° 2000-916, 19 sept. 2000).*** **— En cas de continuation des travaux nonobstant la décision judiciaire ou l'arrêté en ordonnant l'interruption, une amende de 7 500 euros et un emprisonnement de quinze jours à trois mois, ou l'une de ces deux peines seulement, sont prononcés par le tribunal contre les personnes visées à l'article L. 480-4 (2e alinéa).**

Voir aussi : Commentaires sous C. urb., art. L. 480-4-1, p. 430 pour la responsabilité pénale des personnes morales.

C. urb., art. L. 480-4 *(L. n° 76-1285, 31 déc. 1976 ; L. n° 86-13, 6 janv. 1986 ; L. n° 93-121, 27 janv. 1993 ; Ord. n° 2000-916, 19 sept. 2000).* **— L'exécution de travaux ou l'utilisation du sol en méconnaissance des obligations imposées par les titres I, II, IV et VI du présent livre, par les règlements pris pour leur application ou par les autorisations délivrées en conformité avec leurs dispositions, exception faite des infractions relatives à l'affichage des autorisations ou déclarations concernant des travaux, constructions ou installations, est punie d'une amende comprise entre 1 200 euros et un montant qui ne peut excéder, soit dans le cas de construction d'une surface de plancher, une somme égale à 6 097,96 euros par mètre carré de surface construite, démolie ou rendue inutilisable au sens de l'article L. 430-2, soit, dans les autres cas, un montant de 300 000 euros. En cas de récidive, outre la peine d'amende ainsi définie un emprisonnement de un mois à six mois pourra être prononcé.**

Les peines prévues à l'alinéa précédent peuvent être prononcées contre les utilisateurs du sol, les bénéficiaires des travaux, les architectes, les entrepreneurs ou autres personnes responsables de l'exécution desdits travaux.

Ces peines sont également applicables :

1° En cas d'inexécution, dans les délais prescrits, de tous travaux accessoires d'aménagement ou de démolition imposés par les autorisations visées au premier alinéa ;

2° En cas d'inobservation, par les bénéficiaires d'autorisations accordées pour une durée limitée ou à titre précaire, des délais impartis pour le rétablissement des lieux dans leur état antérieur ou la réaffectation du sol à son ancien usage.

C. urb., art. L. 480-4-1 *(Créé, L. n° 2003-590, 2 juill. 2003, art. 60, 1°).* **— Les personnes morales peuvent être déclarées responsables dans les conditions prévues par l'article 121-2 du Code pénal des infractions définies aux articles L. 160-1, L. 316-2, L. 316-3, L. 316-4, L. 430-4-2, L. 480-3, L. 480-4, L. 480-12 et L. 510-2 du présent code.**

Les peines encourues par les personnes morales sont les suivantes :

1° L'amende, suivant les modalités prévues par l'article 131-38 du Code pénal ;

2° Les peines mentionnées aux 2°, 3°, 4°, 5° et 9° de l'article 131-39 du Code pénal.

L'interdiction mentionnée au 2° de l'article 131-39 du même code porte sur l'activité dans l'exercice ou à l'occasion de laquelle l'infraction a été commise.

> **C. pén., art. 111-5. — Les juridictions pénales sont compétentes pour interpréter les actes administratifs, réglementaires ou individuels et pour en apprécier la légalité lorsque, de cet examen, dépend la solution du procès pénal qui leur est soumis.**
>
> **C. pén., art. 121-3. — (al. 1er) Il n'y a point de crime ou de délit sans intention de le commettre.**
>
> **C. pén., art. 122-3. — N'est pas pénalement responsable la personne qui justifie avoir cru, par une erreur sur le droit qu'elle n'était pas en mesure d'éviter, pouvoir légitimement accomplir l'acte.**

1454 **Pluralité des incriminations.** L'article L. 480-4 du présent code prévoit une sanction unique pour tous les délits visés aux titres I, II, IV et VI du livre IV. D'une part, il s'agit des infractions aux procédures d'autorisation ou de déclaration (certificat d'urbanisme, permis de construire, déclaration de travaux, clôtures, installations et travaux divers, camping et caravaning, remontées mécaniques, unités touristiques nouvelles). D'autre part, l'article L. 160-1 renvoie aux sanctions de l'article L. 480-4 pour les infractions aux règles de fond (plans locaux d'urbanisme ou documents en tenant lieu, plans de prévention des risques naturels ou technologiques (L. 30 juill. 2003), lois Montagne et Littoral, notamment). Enfin, l'article L. 550-1 renvoie également à l'article L. 480-4 pour la sanction des infractions à la procédure d'agrément Île-de-France.
Seuls les lotissements (art. L. 316-1 et s.) et le permis de démolir (art. L. 430-9) connaissent des dispositifs de sanction spécifiques.
Les manquements aux règles d'affichage des autorisations sont, en revanche, soumis à un système de contraventions (par exemple, pour le permis de construire, C. urb., art. R. 421-39).
Cela étant, la jurisprudence la plus significative est intervenue en matière d'infractions au permis de construire et aux plans locaux d'urbanisme.

I. – Principales incriminations

A. – Infractions au permis de construire

Construction sans permis. Outre la jurisprudence citée sous l'article L. 421-1 du présent code, on peut mettre en évidence les éléments suivants. 1455

À défaut de définition législative de la notion de construction, le double critère d'assujettissement au permis de construire, la permanence et la fixité, a été dégagé par la Chambre criminelle de la Cour de cassation (Cass. crim., 16 oct. 1980, *Michiels : RD imm.* 1981, p. 141, note G. Roujou de Boubée). Les exemples jurisprudentiels sont abondants. Sont soumis à permis une construction vendue en Kit et implantée sur une dalle de béton (Cass. crim., 17 sept. 2002 : *Juris-Data* n° 2002-016179), des baraques de village western en bois d'un parc de loisirs (CA Rennes, 7 mars 2002 : *Juris-Data* n° 2002-203074), l'extension d'un stand de tir de 418 m^2 reposant sur des structures légères et démontables dépourvues de fondations mais destinées à rester en place définitivement (CA Aix-en-Provence, 14 janv. 2003 : *Juris-Data* n° 2003-224403), un mobil-home supérieur à 35 m^2 (seuil de la déclaration de travaux) dont les roues ont été conservées mais dont la fixité au sol est assurée par des briques et est utilisée comme habitation pour les gardiens d'un lieu de loisirs (CA Douai, 6 mars 2003 : *Juris-Data* n° 2003-218299). Le tribunal de grande instance de Paris avait estimé dans un jugement du 25 mars 2004, qu'un permis aurait dû être sollicité pour les tentes installées, à usage de réception et de restauration, dans le jardin et devant le musée du Luxembourg, compte tenu de leur surface, du raccordement aux réseaux publics et la durée d'exploitation, étant précisé que, selon le tribunal, elles ne correspondaient pas aux constructions autorisées dans la zone ND du POS de Paris ; la cour d'appel de Paris, le 28 septembre 2004, a infirmé le jugement.

Autre illustration intéressante quant à l'interprétation stricte en matière répressive, il a été jugé que les dispositifs de publicité extérieure régis par les articles L. 581-1 et suivants du Code de l'environnement (incluant des sanctions) étant expressément exclus du champ d'application du permis par l'article L. 421-1 du présent Code, les supports destinés à les recevoir ne peuvent entrer dans le champ du droit pénal de l'urbanisme (Cass. crim., 5 oct. 2004, req. n° 03-85.351 : *Juris-Data* n° 2004-025366).

La jurisprudence pénale a eu également à connaître des travaux réalisés sur des constructions existantes, par modification de l'aspect extérieur, du volume, création de niveaux supplémentaires ou changement de destination. Sur ce dernier point, on renverra aux commentaires sous l'article L. 421-1 du présent code et aux distinctions entre le juge pénal et le juge administratif, le premier privilégiant plutôt la fonction de l'ensemble du bâtiment pour apprécier le changement de destination, le second s'attachant davantage à l'élément du bâtiment en cause et à l'influence sur les règles d'urbanisme, bien que ces tendances sont moins éloignées qu'il y paraît et qu'elles ne nourrissent l'une l'autre. Pour quelques décisions du juge répressif : des travaux intérieurs consistant en le remplacement de planchers n'entrent pas dans le champ du permis et dans l'emprise pénale correspondante (Cass. crim., 25 mai 1994 : *Bull. crim.*, n° 204), de même de la réalisation de plusieurs studios au sein d'un immeuble d'habitation et nonobstant les conséquences sur les règles du POS applicables (Cass. crim., 9 nov. 1991 : *D.* 1992, IV, p. 32), alors que tel est le cas de la transformation de logements en hôtel (Cass. crim., 5 janv. 1993 : *Bull. crim.*, n° 3). Il a été, de surcroît, précisé que le caractère illicite du changement de destination ne saurait être dûment établi qu'à travers la seule référence aux termes du bail ou de contrats de commercialisation, sans que l'élément matériel du délit ne soit caractérisé (Cass. crim., 18 mai 2004 : *Dr. pén.* oct. 2004, p. 22, note J.-H. Robert ; *JCP* A 2004, n° 50, comm. n° 1809, P. Billet).

Par ailleurs, il convient de souligner le caractère de loi pénale plus douce, rétroactive, de la loi du 6 janvier 1986 qui a dispensé de permis certains ouvrages et installations : le prévenu coupable sous l'empire du droit antérieur est relaxé au titre du régime d'exemptions de 1986 (Cass. crim., 17 juin 1986 : *RD imm.* 1986, p. 516, note G. Roujou de Boubée. – Cass. crim., 17 févr. 1987 : *D.* 1987, inf. rap. p. 71. – Cass. crim., 26 mai 1993 : *Bull. crim.*, n° 195). En revanche, le défaut de déclaration de travaux (C. urb., art. L. 422-1 et s.) ou le fait de passer outre à une opposition à déclaration est réprimé comme l'absence de permis de construire (Cass. crim., 15 nov. 1995 : *Bull. crim.*, n° 352).

En outre, la Cour de cassation s'est penchée sur le cas des bâtiments sinistrés et des effets, en termes répressifs, de l'article L. 111-3 du présent code. Celui-ci autorise leur reconstruction à l'identique, sauf disposition contraire du PLU ou de la carte communale, dès lors qu'ils ont été régulièrement édifiés. Dans un arrêt du 5 mars 2003 (*JCP* N 2003, p. 1842, note D. Dutrieux ; *JCP* A 2003, p. 1043, note P. Billet), tout en rappelant que cet article ne dispensait pas de l'obtention d'un permis de construire, la Cour suprême a considéré qu'un tel bâtiment à reconstruire dont le permis initial était illégal mais n'avait pas été remis en cause, devait être considéré comme « régulièrement édifié ». La constitution du délit s'apprécie au moment des faits et lors de la délivrance et de la mise en œuvre du permis initial, celui-ci n'avait pas été contesté.

Voir aussi : Jurisprudence citée sous C. urb., art. L. 421-1, p. 329.

1456 **Poursuite des travaux malgré l'annulation ou le retrait du permis.** – Le délit n'est constitué que si les travaux sont engagés ou se poursuivent après l'annulation ou le retrait ; il ne l'est pas si le permis est annulé ou retiré après l'achèvement desdits travaux (Cass. crim., 15 févr. 1995 : *Dr. pén.* 1995, n° 236, note J.-H. Robert). Cette jurisprudence est transposable à la déclaration de travaux (CAA Lyon, 19 déc. 1995, *M. et Mme Claude Bonnet : BJDU* 1996, p. 149).

Dans un arrêt du 3 juin 1998, *M. et Mme Delaunoy* (*BJDU* 4/1998, p. 285), le Conseil d'État a admis la légalité d'un arrêté interruptif pris par un maire après retrait du permis tacite, alors que le procès-verbal était antérieur au retrait, et donc, remontait à une période où le constructeur pouvait se prétendre titulaire du permis tacite. L'illégalité était ici manifeste et grave (travaux sur un espace boisé classé), mais la Haute Juridiction est allée très loin dans le caractère rétroactif du retrait, en considérant que, compte tenu justement de ce retrait, le procès-verbal avait dûment été dressé pour construction sans permis.

1457 **Permis obtenu par fraude.** Par un arrêt du 4 novembre 1998, *M. Jacquemart* (*Dr. pén.*, mars 1999, note J.-H. Robert), la chambre criminelle de la Cour de cassation a précisé qu'un permis frauduleux, annulé ensuite par le juge administratif, équivalait au moment des faits à une absence de permis, l'achèvement des travaux étant sans incidence (là encore, le délit concernait un espace boisé classé). Ce principe a été réitéré dans un arrêt du 17 octobre 2000 (*Dr. pén.* mars 2001, n° 37, note J.-H. Robert : *RD imm.* 2001, p. 508, note G. Roujou de Boubée) : lors de l'instruction d'une demande de modificatif, il était apparu que le permis initial avait été délivré sur la base d'un dossier mensonger ; le maire avait retiré ce permis et ordonné l'interruption des travaux. L'infraction était ici multiple : construction malgré un permis frauduleux, violation de ce même permis dont le constructeur avait le front d'alléguer l'illégalité, méconnaissance de l'ordre interruptif et violation des règles sur les espaces boisés classés.

1458 **Permis modificatif.** Ces considérations de « rétroactivité » ont pris un éclairage particulier dans une affaire où étaient en cause un permis initial et un permis modificatif. Les faits étaient les suivants : un premier permis avait été délivré et mis en œuvre en violation du POS, une demande de modificatif avait été déposée alors qu'un recours en annulation était formé. Après achèvement des travaux, le modificatif avait été octroyé. Le juge administratif avait rejeté le recours pour excès de pouvoir, au motif que ce modificatif avait purgé les vices du permis initial et respectait le POS. Ainsi, le constructeur s'était conformé à son permis initial et avait exécuté les travaux ainsi autorisés, mais en violation du POS. Il était poursuivi pour violation du permis modificatif, délivré quant à lui conformément au POS. Les juges du fond s'étaient référés à la jurisprudence de la Chambre criminelle du 15 février 1995, *Association les Amis de Saint-Palais-sur-Mer* (préc., *Dr. pén.* 1995, n° 236, note J.-H. Robert) qui, au regard du principe de non-rétroactivité des normes pénales, jugeait que le délit n'était pas constitué si le permis était annulé après l'achèvement des travaux ; or, en l'espèce, le premier permis n'avait pas été invalidé, les travaux étaient terminés et le permis modificatif « couvrait » les vices du permis initial et l'infraction au POS. La Cour de cassation a censuré la décision d'appel en considérant qu'un permis modificatif forme avec le permis initial une autorisation unique et que le manquement au permis modificatif est un délit, quand bien même il aurait été délivré après l'achèvement des travaux conformes au permis d'origine : « Celui qui obtient un permis modificatif ne peut prétendre avoir exécuté des constructions conformes aux prescriptions de son permis au motif qu'elles seraient conformes aux énonciations du permis tel qu'il existait avant sa modification » (Cass. crim., 29 juin 2004, *Lucas* c/ *Association*

pour la sauvegarde de la commune de Favières-la-Route : Dr. pén. sept. 2004, n° 127, note J. H. Robert ; *Constr.-urb.* 2004, n° 10, comm. n° 199, P. Benoît-Cattin).
Cet arrêt soulève des inquiétudes et interrogations en doctrine. Cette remise en cause de la jurisprudence de 1995 peut se justifier pour un permis obtenu par fraude mais moins pour un permis modificatif. On assiste à une « mise à l'écart » de l'effet pénal de l'achèvement des travaux et semble-t-il de l'absence de prise en compte du rejet du recours contre le permis par le juge administratif au motif de l'intervention du modificatif. Ce caractère unique des deux permis successifs ne paraît pas dans la ligne de la jurisprudence administrative qui les distingue, l'illégalité de l'un n'impliquant pas *ipso facto* celle de l'autre. En pratique, cet arrêt de 2004 jette le trouble, surtout quant à la sécurité juridique des constructeurs ayant achevé leur construction, obtenu un permis modificatif et une décision favorable du juge administratif.

Poursuite des travaux en dépit d'un sursis à statuer, d'un refus ou d'un référé-suspension. 1459
Ainsi constitue un délit la poursuite de la construction des étages d'un hôtel dont le permis a été suspendu, le fait que ni le maire ni le préfet n'ait prescrit l'interruption des travaux est sans incidence sur la réalisation de l'infraction (Cass. crim., 6 mai 2002 : *Dr. pén.* sept. 2002, p. 21, note J.-H. Robert). Pour le refus de permis (Cass. crim., 8 déc. 1976 : *Droit et Ville* 1977, n° 3, p. 346, note G. Roujou de Boubée) et l'annulation du refus ne vaut pas permis.

Voir aussi : C. urb., art. L. 111-8 sur le sursis à statuer, p. 23.

Mise en œuvre d'un permis périmé. Ce fait est incriminé comme la construction sans permis 1460
(Cass. crim., 1er déc. 1981 : *RD imm.* 1982, p. 439, note G. Roujou de Boubée). On retrouve ici le débat sur le commencement réel des travaux faisant échec à la péremption.

Voir aussi : Commentaires sous C. urb., art. R. 421-32, p. 803.

Transfert de permis. Un arrêt de la chambre criminelle du 29 juin 1999 (*Dr. pén.* déc. 1999, 1461
n° 154, note J.-H. Robert) a tranché une question importante sur l'impact pénal de l'absence de transfert de permis : ne saurait être assimilé à une construction sans permis le fait pour un constructeur-acquéreur du terrain d'avoir omis de déclarer à l'Administration le bénéfice du transfert de permis de la part de son vendeur ; outre le caractère réel du permis, le transfert est régi par une simple circulaire de 1973 et n'entre pas dans le champ de l'article L. 480-4, le principe fondamental de légalité des délits et des peines fait obstacle à toute emprise pénale.

Violation des dispositions du permis. L'infraction est constituée, d'une part, si les travaux ne 1462
sont pas conformes au projet décrit dans la demande sur la base de laquelle le permis a été délivré (Cass. crim., 15 juill. 1981 : *RD imm.* 1982, p. 301, pour une violation du plan-masse), d'autre part, si les travaux ne respectent pas le contenu du permis et les prescriptions portées par l'autorité compétente (Cass. crim., 18 janv. 1983 : *RD imm.* 1983, p. 278, pour non-respect des obligations fixées en matière de réalisation d'aires de stationnement pour 21 boutiques).

Permis de régularisation. Le délit initial reste punissable en dépit de la délivrance ultérieure 1463
d'un permis, de son intervention tacite, ou encore de l'octroi d'un modificatif portant sur les travaux irréguliers (Cass. crim., 26 févr. 1964 : *GADU*, n° 36. – Cass. crim., 10 mai 1983 : *RD imm.* 1983, note G. Roujou de Boubée. – Cass. crim., 19 mars 1992 : *Bull. crim.*, n° 121).
Est incriminée la réalisation de garages, alors que le permis vise des aires de stationnement ; l'obtention ultérieure d'un permis modificatif, de surcroît annulé par le juge administratif, est sans incidence sur la constitution de l'infraction (CA Douai, 18 mars 2003 : *Juris-Data* 2003-218285).

Travaux sur existants et régularisation. Lorsqu'une partie d'un bâtiment a été réalisée sans 1464
permis ou en violation d'un permis initial, nonobstant la prescription de l'action publique, le juge administratif considère qu'une demande de permis, visant à une extension dudit bâtiment, doit obligatoirement inclure une demande de régularisation (CAA Lyon, 15 juin 1994, *Bessi : D.* 1996, somm. comm. p. 276. – CE, 15 janv. 1996, *M. Obis : Mon. TP* 23 févr. 1996, p. 52. – CE, 25 juin 2003, req. n° 229023, *DACI*).

Une réponse ministérielle (Rép. min. Zimmermann : *JOAN* 16 juill. 2001, p. 4139) a précisé que le permis de régularisation est alors instruit selon les règles en vigueur à la date de la décision sur cette demande et non celles applicables à la date de la régularisation des travaux irréguliers. Une autre réponse ministérielle (Rép. min., 19 févr. 2001 : *JOAN* p. 1142) a indiqué que dans le cas où les règles d'urbanisme en vigueur ne le permettent pas, suite à l'annulation définitive du permis initial, aucune régularisation n'est possible et la fiscalité attachée au projet reste exigible. Enfin, le Conseil d'État estime que dès lors qu'un immeuble est construit en violation du permis, seuls des modificatifs ayant pour objet la régularisation sont susceptibles d'être délivrés, à condition que les règles d'urbanisme en vigueur l'y autorisent. Toutefois, il est possible d'accorder des permis indépendants d'une régularisation dans certains cas, par exemple, si les travaux projetés sont étrangers aux dispositions méconnues et portent sur des bâtiments distincts de ceux frappés d'irrégularité (CE, 25 avr. 2001, *M. et Mme Ahlborn : BJDU* 5/2001, p. 327).

1465 **Future réforme.** Le rapport Pelletier préconise, dans un souci bien compréhensible, de sécurité juridique, l'instauration d'une « prescription administrative » de dix ans, à compter de l'achèvement des travaux.

B. – Infractions au plan local d'urbanisme

1466 **Intérêt de l'incrimination.** Celle-ci fut, jusqu'en 1986, marginalisée en pratique, car les autorités administratives ou judiciaires privilégiaient les infractions au permis de construire, plus aisées à constater dès la pose de la première pierre, alors que les délits relatifs au POS nécessitaient un laps de temps pour apprécier la violation d'une règle précise, comme la hauteur, le gabarit ou le COS. La loi du 6 janvier 1986, exemptant purement et simplement certains projets de permis, a redonné un regain d'intérêt à cette incrimination, notamment pour sanctionner la réalisation des travaux ainsi exemptés en zone inconstructible du POS (Cass. crim., 18 déc. 1984 : *RD imm.* 1985, p. 434. – Cass. crim., 10 mai 1995 : *Dr. adm.* 1995, n° 543 et jurispr. citée par D. Moreno, *Le juge judiciaire et le droit de l'urbanisme,* LGDJ 1991, p. 38).

1467 **Opposabilité du plan.** Seul un plan d'urbanisme opposable aux tiers peut fonder des poursuites pénales. Pour les POS, antérieurement à la loi SRU, la phase de publication produisait déjà cet effet. En revanche, pour les PLU, ils ne sont opposables qu'après approbation (CE, 29 mars 1996, *Sépanso : BJDU* 2/1996, p. 149. – Cass. crim., 20 mars 1996 : *Bull. crim.*, n° 125).

En cas de relaxe au regard du plan en vigueur au moment des faits, sa modification ultérieure ne saurait rendre les travaux rétroactivement illicites (CE, 20 mai 1996, *Cne de Brignais : JCP* 1996, IV, p. 179).

1468 **Cumul avec infractions au permis de construire.** Dans certaines hypothèses, le plan d'urbanisme peut « compléter » le permis quant à l'appréciation de la constitution du délit. Dans une affaire, un permis avait été accordé pour un espace de loisirs de 80 personnes, ce qui nécessitait, selon le POS, 32 aires de stationnement. Le prévenu avait, en fait, réalisé une discothèque de 450 personnes, en référence au POS, les aires de stationnement s'élevaient alors à 110 ; d'où une double infraction : la violation du permis et celle du POS (Cass. crim., 28 janv. 1995 : *D.* 1995, inf. rap., p. 92 ; *Dr. pén.* 1995, p. 154, note J.-H. Robert). Dans une autre affaire, la Cour de cassation a censuré une cour d'appel qui n'avait pas répondu aux conclusions de la commune, partie civile, faisant valoir pour établir l'infraction que le permis se référait expressément au POS. Le prévenu avait obtenu un permis lui imposant le raccordement de sa construction au réseau public communal d'assainissement. Or, il avait réalisé sa propre installation rudimentaire, arguant que le réseau public se situait à 300 m. Les juges du fond l'avaient relaxé, car il s'était déclaré prêt à raccorder sa construction au réseau public dès que celui-ci passerait au droit de sa propriété. Ces arguments ont été rejetés en cassation : le permis renvoyait au POS qui prévoit clairement que toute construction nouvelle doit être raccordée au réseau public par canalisations souterraines (Cass. crim., 12. déc. 2000, req. n° 00-82-110).

Cela étant, les infractions aux plans d'urbanisme ont leur autonomie et n'ont pas nécessairement à être liées à un problème d'autorisation ou à toute autre considération. La Chambre criminelle a considéré qu'une cour d'appel ne pouvait relaxer un contrevenant poursuivi pour affouillements du sol en violation du POS, au motif que d'après l'article R. 442-2 du présent code, ces travaux n'atteignaient pas une profondeur de 2 mètres et n'étaient donc pas assujettis à autorisation pour ITD. La Cour aurait dû vérifier si le manquement au POS était établi et non se placer au-delà du fondement des poursuites pour infraction au plan (Cass. crim., 2 juin 2004 : *Dr. pén.* oct. 2004, p. 22, note J.-H. Robert). Lorsqu'un POS interdit les constructions autres que celles à usage agricole, l'édification d'une habitation entre dans les liens de la répression et une prétendue nécessité de prévenir un risque de glissement de terrain est sans incidence (Cass. crim., 21 janv. 2003, req. n° 02-80.206 : *Juris-Data* n° 2003-018125).

La loi du 5 juillet 2000 qui prescrit aux communes l'aménagement d'aires d'accueil pour les gens du voyage, ne justifie pas l'installation de mobils-homes pendant cinq ans en zone ND (Cass. crim., 29 juin 2004, req. n° 03-84.932 : *Juris-Data* n° 2004-024843).

En tout état de cause, en pratique, le procès-verbal devrait viser toutes les incriminations susceptibles d'être retenues au regard des faits. Ce cumul d'infractions sera ensuite contrôlé par les juges du fond : une cour d'appel a été censurée pour avoir admis l'existence de trois délits (construction sans permis, défaut de déclaration de travaux, violation d'une ZPPAUP) que les constatations des faits sur le terrain ne permettaient pas d'établir (Cass. crim., 29 juin 2004, req. n° 03-87.149 : *Juris-Data* n° 2004-024842).

Le cumul d'infraction, dûment établi, peut également toucher d'autres législations périphériques à l'urbanisme, comme dans une affaire où ont été retenues la construction sans permis sur la voie publique, l'atteinte aux règles portant sur le champ de visibilité des immeubles classés, la violation du POS, trois qualifications délictuelles pour la seule réalisation d'une terrasse adossée à un restaurant (Cass. crim., 16 déc. 2003, req. n° 02-87.185 : *Juris-Data* n° 2003-021653). De même, pour l'ouverture de terrains de sport motorisés dans des espaces naturels en violation du Code de l'environnement et en l'absence d'autorisation d'ITD, la cessation de l'exploitation et la remise en état ayant été obtenues, à titre de réparation civile, par une association de défense de l'environnement (Cass. crim., 7 sept. 2004 : *Dr. pén.* 2004, n° 12, comm. n° 174, J.-H. Robert).

C. – L'appréciation par le juge pénal de l'élément administratif de l'infraction

Plénitude de compétence du juge pénal. Le nouveau Code pénal (art. 111-5) consacre la compétence générale du juge répressif pour interpréter les actes administratifs réglementaires ou individuels, et pour en apprécier la légalité, lorsque de cet examen dépend la solution du procès pénal. Ce principe est transposé en matière d'urbanisme où l'instance pénale foisonne d'éléments administratifs. Le juge pénal pourra considérer comme illégal un acte que le juge administratif aura refusé de censurer ; mais il ne pourra prononcer de condamnation ou de relaxe sur le fondement d'un acte annulé par le juge administratif, l'annulation emportant disparition rétroactive. 1469

Dans un souci de bonne administration de la justice, le garde des Sceaux a demandé aux parquets de transmettre aux préfets et maires concernés, copie des décisions judiciaires déclarant invalides des actes administratifs, afin qu'ils soient corrigés par leurs auteurs ; une information sur les recours frappant ces décisions judiciaires est également à prévoir (Rép. min., 1er févr. 1994 : *JOAN*, p. 2164).

Permis de construire. La constitution du délit peut dépendre de l'existence d'un permis tacite ou de la validité d'un retrait. À l'instar de la jurisprudence Roulin du Conseil d'État de 1973, la Cour de cassation avait considéré que la notification d'un refus de permis intervenant dans le délai de recours pour excès de pouvoir équivalait à un retrait du permis tacite si ce dernier était illégal (Cass. crim., 2 juin 1976 : *Bull. crim.*, n° 197. – Cass. crim., 5 janv. 1993 : *JCP* 1993, IV, p. 117). Cette position semble être infléchie : dans un arrêt du 6 mars 2001 (req. n° 00-83.369), la chambre criminelle retient la culpabilité du prévenu qui avait reconstruit une maison détruite par un incendie, malgré un refus de permis notifié après l'expiration du délai de recours, au motif que le permis tacite, illégal, avait bien été retiré dans ce délai. 1470

Par ailleurs, la prétendue illégalité d'un refus ou l'existence d'un recours à son encontre est sans effet sur le délit (Cass. crim., 8 déc. 1976 : *Droit et Ville* 1977, n° 3, p. 346. – Cass. crim., 6 oct. 1993 :

Bull. crim., n° 280. – Cass. crim., 16 févr. 1994 : *JCP* 1994, IV, p. 155. – Cass. crim., 15 nov. 1995 : *Bull. crim.*, n° 252, pour une opposition à déclaration de travaux contestée).
Enfin, le juge pénal peut avoir à interpréter le permis pour déterminer si les travaux litigieux entraient bien dans son champ (Cass. crim., 12 juin 1968 : *D.* 1968, p. 603, note Costa).

1471 **Plans d'urbanisme.** Si la personne poursuivie en excipe l'exception d'illégalité, elle doit le faire, à peine d'irrecevabilité, avant toute défense au fond (Cass. crim., 9 nov. 1994 : *D.* 1995, inf. rap. p. 32. – Cass. crim., 23 mars 2004, req. n° 03-84.795 : *Juris-Data* n° 2004-023461). L'article L. 600-1 du présent code qui prévoit certaines dérogations en matière de délai d'exception d'illégalité (6 mois pour les vices de forme ou de procédure) est applicable aux instances pénales (Rennes, 17 juill. 1997 : *Mon. TP* 18 août 1997, p. 27).

Voir aussi : C. urb., art. L. 600-1, p. 469.

1472 **Solution du procès pénal.** C'est à bon droit qu'une cour d'appel a refusé de se prononcer sur la prétendue illégalité d'oppositions du maire à déclarations de travaux tardives, dès lors qu'elles étaient postérieures aux faits reprochés (construction en l'absence de déclaration) et ne conditionnaient pas la solution du procès pénal (Cass. crim., 29 janv. 2002, req. n° 01-81-848). De même, pour un permis de régularisation qui ne faisant pas disparaître le délit initial, l'appréciation de sa légalité est sans incidence sur la culpabilité du prévenu (Cass. crim., 7 sept. 2004, req. n° 03-83.298 : *Juris-Data* n° 2004-025107).

1473 **Application de l'article L. 480-13.** Aux termes de cet article issu de la loi du 31 décembre 1976, lorsqu'une construction est édifiée conformément à un permis de construire, le constructeur ne peut être condamné par le juge judiciaire pour violation des règles d'urbanisme que si le permis a été préalablement annulé ou déclaré illégal par le juge administratif. On a pu s'interroger sur l'application de cet article, qui constitue une exception au principe de plénitude de compétence du juge répressif, aux instances pénales : *a priori,* si le constructeur a respecté son permis, il n'y aurait pas d'infraction. Telle n'a pas été la solution retenue par la Cour de cassation : le juge pénal doit, en pareil cas, surseoir à statuer et déférer la question préjudicielle au juge administratif (Cass. crim., 30 juin 1981 : *D.* 1983, inf. rap. p. 28). Cette procédure préalable suspend le délai de prescription de l'action publique (Cass. crim., 28 mars 2000 : *Dr. pén.* 2000, n° 106). Selon nous, cette exception au principe général ne se justifie plus : elle résulte d'une loi du 31 décembre 1976, antérieure au nouveau Code pénal de 1994. Il conviendrait donc, par voie législative, d'exclure les instances pénales de l'article L. 480-13, par ailleurs maintenu pour les affaires civiles.
D'ailleurs, la Cour de cassation s'engage, d'elle-même, dans cette voie. L'arrêt de principe de 1981 et les suivants concernaient des permis obtenus par fraude, dont l'illégalité devaient être ainsi préalablement constatée par le juge administratif. Or, en 2003, la Cour suprême a fait échapper le cas du permis frauduleux – socle de sa jurisprudence antérieure – à la contrainte de l'article L. 480-13. Son attendu est explicite : « C'est à bon droit que la cour d'appel énonce que l'autorité ayant délivré le permis se plaignant d'avoir été trompée, il n'y a pas lieu de saisir la juridiction administrative. En effet, le juge répressif est compétent pour constater l'existence d'un permis de construire obtenu frauduleusement » (Cass. crim., 9 sept. 2003 : *Dr. pén.* mars 2004, n° 128, note J.-H. Robert ; *Ann. loyers* 2004, n° 3, p. 509, note P. Boulisset). Une généralisation de cette solution par le législateur serait la bienvenue.

Bibliographie : SISTACH, *Le juge pénal et les actes individuels d'urbanisme : AJDA* 1995, p. 674.

II. – Responsabilité pénale et intervenants à l'acte de construire

A. – Délits intentionnels

1474 **Évolution.** Antérieurement au nouveau Code pénal, les infractions d'urbanisme revêtaient un caractère matériel et étaient réputées commises dès la réalisation d'un fait de construction illicite, « quand bien même la violation des prescriptions légales ne précédait d'aucune intention frauduleuse » (Cass. crim., 24 nov. 1955, *Vuillier : GADU,* n° 27).

Depuis le nouveau Code pénal, article 121-3, tous les délits sont intentionnels, sauf disposition contraire expresse du texte d'incrimination. Le Code de l'urbanisme ne prévoyant rien en ce sens, les délits d'urbanisme supposent la preuve d'une intention coupable. Mais la jurisprudence a quelque peu nuancé ce principe.

Présomption de l'intention coupable. Par un arrêt du 12 juillet 1994, La Porta (*Bull. crim.*, n° 280), la Cour de cassation a considéré que « la seule constatation de la violation en connaissance de cause d'une prescription légale ou réglementaire implique de la part de son auteur l'intention coupable ». Cela équivaut à présumer cette intention coupable, d'où une extrême sévérité pour les constructeurs. On pourrait même estimer que cette solution revient, sans le dire, à l'ancienne caractéristique des délits matériels, remise en cause par le Code pénal de 1994. 1475

En dépit de cette jurisprudence, certains juges du fond prennent le soin de relever les composantes de l'intention coupable : la cour d'appel de Pau (CA., 16 oct. 2001 : *Juris-Data* n° 2001-177715) a, pour condamner à 4 573 € d'amende et à la démolition un contrevenant qui avait édifié une pizzeria sans permis, mis en évidence « la désinvolture et le mépris manifestes envers la réglementation, comme en atteste déjà son casier », le refus délibéré de mettre en conformité ; la cour rejetant également tout prétendu fait justificatif lié à des constructions similaires réalisées par d'autres commerçants.

La Cour d'appel de Dijon a caractérisé, de manière inédite, la mauvaise foi du prévenu qui invoquait l'obtention d'un permis tacite, par le défaut de mise en œuvre de la procédure de requête en instruction prévue à l'article R. 421-14 du présent code, d'autant plus que les imprimés de demande de permis appellent l'attention des pétitionnaires sur les formalités obligatoires (CA Dijon, 18 avr. 2002 : *Juris-Data* n° 2002-218379).

Causes exonératoires de responsabilité. Dans ce contexte, les voies ouvertes aux contrevenants pour tenter de s'exonérer de leur responsabilité sont très limitées. Outre les voies classiques (force majeure, fait du tiers, contrainte...), celles plus « adaptées » au droit de l'urbanisme ne sont que parcimonieusement reconnues. L'état de nécessité (aujourd'hui codifié) n'a été admis que dans des cas restreints où l'infraction touchait une construction précaire édifiée irrégulièrement par une famille de sans abri (TGI Colmar, 27 avr. 1956 : *D.* 1956, p. 500. – TGI Dijon, 27 févr. 1968 : *D.* 1968, p. 738). 1476

Cas particulier de l'erreur de droit. L'hypothèse évoquée en jurisprudence est celle de l'erreur provoquée par l'autorité administrative qui affirme, à tort, au constructeur que son projet est dispensé de permis ou respecte les règles d'urbanisme. Or, là encore, le juge pénal est très prudent (Cass. crim., 16 févr. 1964 : *Bull. crim.*, n° 71. – Cass. crim., 4 mars 1986 : *RD imm.* 1986, p. 402). La possession d'un permis ne peut caractériser une erreur de droit qu'à condition qu'aucun autre élément ne fasse apparaître que le constructeur ne pouvait en ignorer l'illégalité : dans une affaire, la modification du POS avait eu pour seul objet d'autoriser le projet et avait été annulée par le juge administratif (Cass. crim., 15 nov. 1995 : *DA* 1996, n° 189). Ne saurait être réputé erreur de droit le fait de réaliser des plots et une dalle en béton pour soutenir la construction dès lors que le permis autorise une structure démontable (Cass. crim., 18 juin 2002, req. n° 01-88-049 : *Juris-Data* n° 2002-015369). L'erreur de droit a également été rejetée pour des prévenus ayant creusé un plan d'eau de 7 200 m^2 alors que le POS interdisait toute occupation du sol et que le préfet les avait alertés de la nécessité de consulter le maire, la DDE et la DRIRE (Cass. crim., 25 mai 2001, req. n° 00-85-363). L'ignorance de l'irrégularité de la construction ne peut être avancée, dès lors que le certificat d'urbanisme faisait apparaître l'impossibilité de réaliser les travaux eu égard aux règles énoncées (CA Rennes, 13 mars 2003 : *Juris-Data* n° 2003-222379). Aucune carence ne peut être reprochée à l'administration au titre d'oppositions prétendument tardives à déclarations de travaux sur un hôtel situé dans le périmètre de protection d'un monument historique, dès lors qu'il incombait au prévenu des retards dans la procédure liés à l'absence de production de pièces complémentaires demandées par le service instructeur (Pau, 27 mars 2002 : *Juris-Data* n° 2002-175051). Une prétendue « autorisation verbale » de la DDE est sans incidence en matière pénale (CA Aix-en-Provence, 4 juin 2002 : *Juris-Data* n° 2002-20396). Il en est de même de la mention dans le contrat avec le propriétaire de l'immeuble qu'il appartenait à ce dernier et non au constructeur de procéder aux formalités requises, alors que celui-ci dirige la société qui a exécuté les travaux sans autorisation (CA Douai, 13 mai 2003 : *Juris-Data* n° 2003-220269). 1477

La Cour de cassation a, par un arrêt du 19 mars 1997 (*Dr. pén.*, n° 107, note J.-H. Robert ; *JCP* 1998, II, n° 10095, note O. Fardoux), mis en exergue pour dénier toute erreur de droit, la présence de juristes qualifiés dans une entreprise. Cette solution suscite des craintes, car outre le fait que les juristes d'entreprise devraient être plus compétents et vigilants que l'administration, toutes les entreprises, en particulier les PME, ne disposent pas de spécialistes de droit de l'urbanisme ; même si en l'espèce, la société en cause en possédait, il serait dangereux de généraliser une telle jurisprudence.

Si l'erreur de droit n'est qu'exceptionnellement admise sur le plan pénal, on rappellera que la fourniture de renseignements erronés par l'administration constitue une faute susceptible d'engager sa responsabilité devant le juge administratif. Le Conseil d'État a ainsi reconnu le droit à indemnisation d'un bénéficiaire de permis condamné à la démolition par le juge judiciaire, au titre du préjudice lié au coût de la construction puis de la démolition ; en revanche a été rejeté le remboursement des frais entraînés par le refus du constructeur d'exécuter la chose jugée (CE, 3 févr. 2003, *M. Weber : BJDU* 6/2002, p. 478, concl. F. Seners).

En tout état de cause, l'erreur de droit ne peut être retenue si elle émane d'une autre personne privée, comme le constructeur initial qui aurait indiqué qu'une déclaration de travaux n'était pas requise ; de même l'existence d'un litige de copropriété est sans incidence, car non liée à la solution du procès pénal (CA Paris, 19 déc. 2003 : *Juris-Data* n° 2003-234535).

B. – Personnes responsables

1478 **Bénéficiaires des travaux.** Cette catégorie est plus large que celle de propriétaires. Elle recouvre aussi les détenteurs de parts de société civile immobilière (Cass. crim., 15 mai 2001 : *Dr. pén.* 2001, n° 133, note J.-H. Robert) ; une épouse, seule propriétaire de l'immeuble, qui ne peut donc rejeter la responsabilité de l'infraction sur son mari (Cass. crim., 6 mars 2001, req. n° 00-86-421) ; la personne qui est domiciliée sur les parcelles concernées et qui, même si elle n'en est pas propriétaire, a effectué plusieurs démarches en mairie en vue d'y construire et a été destinataire d'un ordre d'interruption des travaux (Cass. crim., 9 oct. 2001, req. n° 00-87.045).

L'acquéreur d'un bien irrégulier n'est pas pénalement responsable s'il n'a pas bénéficié des travaux en connaissance de cause (Cass. crim., 3 mars 1993 : *Bull. crim.*, n° 101). Le vendeur n'est pas responsable de l'affectation contraire au POS donnée par son acquéreur au bien aliéné. Le fait d'édifier une construction n'implique pas systématiquement d'en être bénéficiaire : une cour d'appel est censurée pour n'avoir pas établi ce bénéfice des travaux envers un prévenu qui soutenait n'être ni propriétaire du terrain, ni représentant légal de la société maître d'ouvrage (Cass. crim., 10 janv. 1996 : *JCP* 1996, IV, p. 107).

Quant au cas de location du bien, la jurisprudence a évolué. Dans un premier temps, elle avait considéré que le bailleur pouvait être reconnu coupable avec son preneur s'il lui avait donné son accord aux travaux (Cass. crim., 27 oct. 1981 : *RD imm.* 1982, p. 150, note G. Roujou de Boubée. – Cass. crim., 9 avr. 1992 : *Bull. crim.*, n° 156. – Cass. crim., 18 nov. 1992 : *Bull. crim.*, n° 382) ; ce qui était critiquable : le bailleur qui autorise des travaux ne permet nécessairement que ceux-ci soient réalisés en infraction et, de surcroît, il en a le bénéfice qu'au terme du bail ; on était ainsi proche d'une responsabilité pénale pour fait d'autrui, en contradiction avec le principe de la personnalité des peines. C'est pourquoi la Cour de cassation, dans un arrêt du 9 mars 1999 (*RD imm.* 2000, p. 105, note G. Roujou de Boubée) a considéré qu'il doit être établi que le bailleur est réellement bénéficiaire des travaux effectués par son locataire et, dans le cas contraire, il ne répond pas personnellement de l'utilisation illicite du bien et n'a pas à contraindre le preneur de remettre les lieux en l'état ; les infractions d'urbanisme étant des délits de commission et non d'omission.

Le bailleur est réputé avoir donné son accord aux travaux dès lors qu'agissant de mauvaise foi, il n'a pas informé son locataire de la révocation de celui-ci auprès de la mairie (CA Paris, 2 juill. 2003 : *Juris-Data* n° 2003-221500). Un bailleur et un preneur de bail emphytéotique ont été condamnés solidairement, le premier avait été averti des travaux illicites dès leur engagement et n'avait pris aucune mesure pour s'y opposer, donnant ainsi tacitement son aval (CA Aix-en-Provence, 28 janv. 2003 : *Juris-Data* n° 2003-224396). La responsabilité du bailleur est également retenue dès lors qu'il connaissait la nature de l'activité de ses nouveaux locataires et donc le changement de destination correspondant ; il était en effet en relation avec eux pendant l'instruction du permis au cours de laquelle ledit changement n'a pas été signalé à l'Administration (Cass. crim., 18 mai 2004, req. n° 02-88.066 : *Juris-Data* n° 2004-024411 ; *Dr. pén.* oct. 2004, p. 22, note J.-H. Robert). Sur le plan civil, une convention d'occupation prévoyant la gratuité du loyer en contrepartie d'exécution de travaux par le preneur ne peut être résiliée par le bailleur, nonobstant la notification à ce dernier de l'opposition du maire aux travaux, dès lors qu'il est prouvé que le preneur les a réalisés conformément aux stipulations contractuelles. Il appartenait au bailleur, maître d'ouvrage, d'accomplir les formalités administratives. Il est donc tenu au remboursement desdits travaux avec dommages et intérêts (CA Lyon, 14 janv. 2004 : *Juris-Data* n° 2004-235375).

Personnes chargées de l'exécution des travaux. Il peut s'agir des maîtres d'œuvre, sachant que le maître d'ouvrage ne peut s'exonérer de toute responsabilité en invoquant des carences de l'architecte, s'il est lui-même un professionnel de l'immobilier (Pau, 10 sept. 2002 : *Juris-Data* n° 2002-193795) ; les entrepreneurs (Cass. crim., 12 oct. 1983 : *RD imm.* 1984, p. 109) ; ou encore un syndic de copropriété (Cass. crim., 3 mars 1978 : *D.* 1978, inf. rap. p. 343). La qualité de professionnel de l'immobilier ou du bâtiment aggrave la responsabilité, le contrevenant ne pouvant ignorer la législation applicable et l'exigence de permis et, au-delà, doit être prêt à se renseigner auprès des autorités compétentes (Paris, 28 févr. 2001, req. n° 142955) ; de même, un architecte ne peut sérieusement se prévaloir d'erreur matérielle de lecture du permis de construire (Paris, 29 mai 2002 : *Juris-Data* n° 2002-181384). 1479

Sur le plan civil et contractuel, la responsabilité de l'architecte est ainsi engagée lorsqu'il est établi qu'il a failli à son devoir de conseil (Cass. 3e civ., 28 oct. 2003, req. n° 02-13.552 : *Juris-Data* n° 2003-020769 pour une emprise au sol supérieure à la limite fixée par le POS). Pour condamner l'architecte à garantir les maîtres d'ouvrage – condamnés pénalement avec lui pour violation du POS –, à concurrence de 50 % des frais engagés pour l'exécution de travaux de mise en conformité d'une habitation avec le cahier des charges d'un lotissement, les juges doivent, à peine de cassation, préciser le fondement de cette condamnation en garantie en constatant que la faute pénale imputable aux maîtres d'ouvrage avait également concouru au dommage lié à la violation du cahier des charges, manquement de nature civile (Cass. 3e civ., 8 oct. 2003, req. n° 01-16.624 : *Juris-Data* n° 2003-020565).

Un entrepreneur et un gérant de commerce étaient poursuivis pour défaut de permis, mais seule la condamnation de ce dernier a été prononcée : même s'il avait été assisté d'un architecte dont l'entrepreneur avait au demeurant suivi les instructions et que le syndic de copropriété avait procédé aux diligences requises, il lui incombait exclusivement la responsabilité des tranches de travaux ultérieures, à propos desquelles il n'avait pas obtempéré aux mises en demeure du maire de déposer un permis de régularisation (CA Paris, 20 janv. 2003 : *Juris-Data* n° 2003-214450).

Personnes morales. Avant la loi Robien leur responsabilité n'avait pas été introduite dans le Code de l'urbanisme. Seuls les dirigeants de fait ou de droit étaient punissables, même si le bénéficiaire des travaux était la société (Cass. crim., 12 juill. 1994 : *Bull. crim.*, n° 280. – Cass. crim., 17 déc. 1997 : *RD imm.* 1998, p. 711). 1480

La condamnation avait même frappé le président de la société gérante de la société civile immobilière constructeur (Cass. crim., 21 janv. 2003 : *Dr. pén.* avr. 2003, n° 51, note J.-H. Robert).

Mais, seul peut être poursuivi le représentant légal de la société au moment de la date d'accomplissement des travaux illicites ; est relaxé le P-DG dont la prise de fonction est postérieure (CA Aix-en-Provence, 28 janv. 2003 : *Juris-Data* n° 2003-224390). A été considéré bénéficiaire des travaux le prévenu, associé de la société propriétaire de l'immeuble et qui avait fait réaliser sans permis un auvent et l'adjonction en volume d'un local supplémentaire dans un studio dont il était l'usager ; était sans incidence la considération que l'acte notarié relatif au studio ainsi irrégulièrement modifié eût été dressé au profit de son épouse qui, au demeurant, était administratrice de la société régie par le droit italien (CA Aix-en-Provence, 25 févr. 2003 : *Juris-Data* n° 2003-224827).

La loi Urbanisme-Habitat du 2 juillet 2003 reconnaît enfin, à l'instar d'ailleurs du droit de l'environnement, la responsabilité pénale des personnes morales pour les infractions d'urbanisme ; laquelle s'étend à la plupart des délits du présent code (plans d'urbanisme et autres règles visées à l'article L. 160-1, lotissements, permis de démolir et plaques commémoratives, interruption des travaux, droit de visite, agrément Île-de-France).

Outre les peines d'amende quintuplées, d'autres sanctions peuvent être prononcées au titre de l'article 131-39 du Code pénal :

– interdiction définitive ou limitée à cinq ans d'exercice direct ou indirect d'une ou plusieurs activités professionnelles ou sociales dans le cadre ou à l'occasion de laquelle ou desquelles l'infraction a été commise ;
– la placement, pour une durée de cinq ans au plus, sous surveillance judiciaire ;
– la fermeture définitive ou pour une durée de cinq ans au plus des établissements ou de l'un ou de plusieurs des établissements de l'entreprise ayant servi à commettre les faits incriminés ;
– l'exclusion des marchés publics à titre définitif ou pour une durée de cinq ans au plus ;
– l'affichage de la décision prononcée ou la diffusion de celle-ci soit par la presse écrite, soit par tout moyen de communication audiovisuelle.

Les conséquences de ces peines principales ou complémentaires sont donc particulièrement dissuasives pour un promoteur-constructeur, maître d'œuvre ou un entrepreneur.

Enfin, d'une manière générale, on signalera que la loi du 9 mars 2004 a supprimé le principe de spécialité de la responsabilité pénale des personnes morales qui n'a plus à faire l'objet d'un texte spécifique (P. Raimbault, *La discrète généralisation de la responsabilité pénale des personnes morales : AJDA* 2004, p. 2427).

1481 **Complicité.** Un maire, qui avait adressé au contrevenant des lettres « autorisant » la reconstruction d'un chalet en site inscrit, a été reconnu complice du délit, dès lors qu'il savait que ces courriers ne valaient pas permis de construire et qu'ils ont été un des éléments ayant conduit les auteurs principaux de l'infraction à engager les travaux illicites. De surcroît, le maire avait délivré un permis en bonne et due forme pour l'extension d'un chalet à proximité immédiate. Il n'ignorait donc pas la procédure à suivre (Cass. crim., 15 oct. 2002, req. n° 01-87.640 : *BJDU* n° 4/2003, p. 267 ; *Dr. pén.* 2003, n° 3, comm. n° 31, M. Véron).

Le maire peut également être directement condamné, comme auteur, en tant que gérant du domaine communal (Cass. crim., 4 nov. 2003 : *Juris-Data* n° 2003-021280, pour la réalisation d'une piste de Karting dans un espace boisé classé du POS).

III. – Sanctions– Peines encourues

1482 **Amendes.** Outre la peine maximale de 300 000 €, il faut surtout insister sur le caractère potentiellement dissuasif de l'amende calculée en fonction du mètre carré de surface illicite (6 097,96 €/m²).

> **Voir aussi :** Pour les personnes morales, nos commentaires *supra* (amendes quintuplées et peines complémentaires de l'article 131-39 du Code pénal).

1483 **Emprisonnement.** Dans l'affaire de la construction sans permis d'une villa-palais sur la Côte d'Azur et en violation des règles d'urbanisme, et ce dans un site remarquable, des peines d'emprisonnement ont été prononcées (un an ferme) à l'égard du promoteur (Cass. crim., 3 avr. 2001, n° 00-85.205) ; le caractère élevé de la peine s'explique par le cumul avec une infraction de droit commun, l'obtention frauduleuse de documents administratifs, visée à l'article 441-6 du Code pénal.

1484 **Large pouvoir d'appréciation du juge.** Si le juge pénal avait eu tendance à n'infliger que des peines d'amende assez modestes, depuis quelques années la sévérité semble davantage l'emporter. Par exemple, la réalisation de 11 appartements supplémentaires au lieu des 12 autorisés par le permis a valu à un constructeur 800 000 F d'amende (Cass. crim., 19 mars 1992 : *Bull. crim.*, n° 121). La cour d'appel de Paris a multiplié par 8 l'amende prononcée par les premiers juges pour une infraction, au but purement mercantile et spéculatif, consistant en l'extension d'un bâtiment en vis-à-vis direct de Notre-Dame de Paris, en méconnaissance des prescriptions de l'ABF et se concrétisant par une incohérence et une disproportion architecturale des façades au regard du bâti environnant (Paris, 6 juin 2000 : *Petites affiches* 23 janv. 2001, note J. Morand-Deviller).

En pratique, en l'absence de lignes directrices légales, le juge fixe les peines, eu égard à divers critères : importance de l'atteinte à l'environnement, gravité et degré de violation de la règle de droit, possibilité de régularisation, mauvaise foi du contrevenant.

En outre, le juge peut ajourner la peine, dans l'attente d'une régularisation, ou dispenser le prévenu de peine si la régularisation intervient avant le jugement.

Cumul d'infractions. On rappellera que le délit d'urbanisme peut se cumuler avec d'autres infractions, notamment celles du Code pénal : un constructeur a été condamné à huit mois d'emprisonnement avec sursis pour falsification de documents administratifs, en l'espèce la fabrication d'une fausse demande de permis de construire (Cass. crim., 15 mars 1995 : *Bull. crim.*, n° 109). De même, un agent immobilier a été condamné pour escroquerie pour avoir réalisé sans permis des travaux sur des bâtiments administratifs affectés à des colonies de vacances et les avoir vendus en tant qu'habitations. Le juge a estimé qu'il ne pouvait, vu sa qualité de professionnel de l'immobilier, alléguer une erreur de droit, sachant qu'il avait pris les renseignements administratifs adéquats mais avait ensuite volontairement fourni des données tronquées. La peine principale a été assortie d'une interdiction d'exercer pendant cinq ans. Autre aspect intéressant de cette affaire est la condamnation, pour complicité d'escroquerie, du notaire qui avait dressé les actes de vente mensongers (Cass. crim., 14 déc. 2004, req. n° 03-86.168 : *Juris-Data* n° 2004-026703). 1485

Article L. 111-16 et raccordement aux réseaux publics. Cet article du présent code permet, au titre d'une police administrative, le refus de raccordement aux réseaux publics des constructions irrégulières. 1486

Ce refus relève d'un pouvoir discrétionnaire de l'administration indépendamment de la prescription de l'action publique (CE, 7 oct. 1998, *L'Hermitte : BJDU* n° 1/1999, p. 62. – CAA Paris, 15 nov. 2001, *Cne de Longperrier : BJDU* n° 4/2002, p. 252, concl. Barbillon). Toutefois, cet article ne fait pas obstacle, compte tenu de l'urgence, à un raccordement, même définitif d'une caravane servant d'habitation et non soumise à permis de construire (CE, 5 avr. 2004, *Cne de Pertuis : AJDA* 2004, p. 1492, note P. Sablière ; *BJDU* n° 4/2004, p. 278, concl. F. Séners. – CE avis, 7 juill. 2004, *M. et Mme Herlemann : BJDU* n° 4/2004, p. 278, concl. F. Séners).

Voir aussi : C. urb., art. L. 111-6.

Bibliographie : Y. Goutal et P. Peynet, *L'interdiction du raccordement aux réseaux des constructions illégalement édifiées : une réforme indispensable : Environnement* 2005, n° 1, p. 8.

C. urb., art. L. 480-5 *(L. n° 76-1285, 31 déc. 1976 ; L. n° 85-729, 18 juill. 1985 ; L. n° 86-13, 6 janv. 1986).* **— En cas de condamnation** ***(mots aj., L. n° 2003-590, 2 juill. 2003, art. 60, 2)*** **« d'une personne physique ou morale » pour une infraction prévue aux articles L. 160-1 et L. 480-4, le tribunal, au vu des observations écrites ou après audition du maire ou du fonctionnaire compétent, statue, même en l'absence d'avis en ce sens de ces derniers, soit sur la mise en conformité des lieux ou celle des ouvrages avec les règlements, l'autorisation ou la déclaration en tenant lieu, soit sur la démolition des ouvrages ou la réaffectation du sol en vue du rétablissement des lieux dans leur état antérieur.**

Le tribunal pourra ordonner la publication de tout ou partie du jugement de condamnation, aux frais du délinquant, dans deux journaux régionaux ou locaux diffusés dans tout le département, ainsi que son affichage dans les lieux qu'il indiquera.

I. – Nature et régime des mesures de restitution

A. – Mesures à caractère réel

Principe. Depuis un arrêt de 1989, la Cour de cassation a défini la démolition ou la mise en conformité comme des « mesures à caractère réel destinées à faire cesser la situation illicite résultant de l'infraction » (Cass. crim., 14 nov. 1989, *Amelineau : RD imm.* 1990, p. 131, note G. Roujou de Boubée. – Cass. crim., 21 oct. 2003, req. n° 03-80.802 : *Juris-Data* n° 2003-020793). 1487

Voir aussi : Sur la jurisprudence antérieure et le caractère hybride de peines et de réparations civiles (Cass. crim., 12 janv. 1982 : *Bull. crim.*, n° 13).

Mixité du régime. Il emprunte au droit pénal et au droit civil. En tant que mesures réelles ne sanctionnant pas une culpabilité personnelle, elles sont exigibles pendant trente ans, y compris à 1488 l'encontre des héritiers du contrevenant. Elles ne peuvent être prononcées à titre principal comme peines complémentaires (Cass. crim., 31 mai 1988 : *RD imm.* 1989, p. 111, note G. Roujou de Boubée. – Cass. crim., 20 mars 2001 : *Rev. sc. crim.* oct.-déc. 2001, p. 818, note J.-H. Robert). Elles incombent exclusivement au bénéficiaire des travaux (personnes physiques ou morales), même si la condamnation a frappé la personne chargée de leur exécution (Cass. crim., 12 oct. 1983 : *RD imm.* 1984, p. 109, note G. Roujou de Boubée). Le fait que le bénéficiaire des travaux ait perdu cette qualité entre le jugement et l'exécution desdites mesures est sans incidence (Cass. crim., 19 août 1995 : *Dr. pén.* janv. 1998, n° 10, pour un gérant de société mise ensuite en liquidation).

En revanche, quant à leur exécution, l'article 569 du Code de procédure pénale leur est applicable : elles ne peuvent être réalisées tant que la décision juridictionnelle n'est pas définitive, donc, le cas échéant, jusqu'à l'aboutissement du pourvoi en cassation (Cass. crim., 16 oct. 1984 : *RD imm.* 1985, p. 112. – Cass. crim., 28 avr. 1997 : *JCP* 1997, IV, p. 276. – Cass. crim., 27 janv. 2004, req. n° 03-81.898 : *Juris-Data* n° 2004-022624. – Cass. crim., 24 févr. 2004, req. n° 03-82.622 : *Juris-Data* n° 2004-023062. – Cass. crim., 4 mai 2004, req. n° 09-83.581 : *Juris-Data* n° 2004-023987).

Un recours pour excès de pouvoir contre l'opposition à déclaration de travaux ou contre un permis ou un refus est sans effet sur le prononcé par le juge pénal de la démolition (Cass. crim., 24 févr. 2004, req. n° 03-83.795 : *Juris-Data* n° 2004-023139).

1489 **Réparation civile.** Indépendamment de l'article L. 480-5, la démolition ou la mise en conformité peut être ordonnée au titre de réparation sollicitée par la partie civile, que celle-ci soit un particulier (Cass. crim., 15 janv. 1997 : *Dr. pén.* mai 1997, n° 67, note J.-H. Robert), une association agréée (Cass. crim., 9 avr. 2002 : *Dr. pén.* oct. 2002, n° 113, note critique J.-H. Robert, préc. sous C. urb., art. L. 480-1) ou une commune (Cass. crim., 9 avr. 2002 : *Dr. pén.* oct. 2002, n° 114, note J.-H. Robert, préc. sous C. urb., art. L. 480-1).

Bibliographie : J.-H. Robert, *Les sanctions prétoriennes en droit privé français*, thèse Paris 1972 ; *L'instabilité des qualifications jurisprudentielles et doctrinales des peines secondaires* in *Mélanges en l'honneur du professeur Jean Larguier*, PUG 1993, p. 241. – D. Moreno, *Le juge judiciaire et le droit de l'urbanisme*, LGDJ 1991, p. 178 et s.

B. – Vente du bien

1490 **Principe.** Selon une jurisprudence constante, la vente du bien ne fait pas obstacle à l'exécution des mesures de démolition ou de mise en conformité par le vendeur bénéficiaire des travaux ; l'acquéreur n'est pas tenu, en revanche, d'y procéder lui-même, sauf s'il est personnellement mis en cause dans la commission du délit (Cass. crim., 22 oct. 1974 : *Defrénois* 1975, p. 1388, note Vion. – Cass. crim., 15 oct. 1997 : *Dr. pén.* janv. 1998, n° 10, note J.-H. Robert. – Cass. 3e civ., 20 nov. 1974 : *Bull. civ.* IIII, n° 424).

Un prévenu qui avait saisi la cour d'appel d'une requête en difficulté d'exécution due à la vente ultérieure du bien et de l'atteinte portée au droit de propriété de son acquéreur par la démolition a été débouté. La cour rappelle, à bon droit, que l'ordre de démolir s'impose au bénéficiaire des travaux au moment des faits, que la cession est sans incidence, d'autant que les parties avaient dûment été informées de la mesure qui frappait le bien. De surcroît, tout argument relatif à une prétendue violation de la Convention européenne des droits de l'homme, qui réglemente l'usage des biens conformément à l'intérêt général, a été rejeté (Cass. crim., 20 nov. 2001, req. n° 01-81-403).

Ces solutions, aux effets sévères pour l'acquéreur de bonne foi, ont pour juste finalité de faire échec à des manœuvres frauduleuses de ventes intempestives de biens irréguliers.

1491 **Compensations civiles pour l'acquéreur.** S'il doit *subir* la démolition de l'immeuble acquis, l'acquéreur de bonne foi peut solliciter la nullité de la vente et des indemnités d'éviction. Dans un arrêt du 1er octobre 2002 (*Juris-Data* n° 2002-190259), la cour d'appel de Paris a jugé que constitue un dol le fait pour le vendeur de céder un bien édifié en violation des règles d'urbanisme et de déclarer que les travaux avaient été autorisés ; la vente est annulée pour vice du consentement. A été également reconnue la faute du notaire qui procède à la vente sans se faire communiquer les

justificatifs de régularité de la construction, alors que deux ans auparavant, il avait reçu l'acte de vente du terrain en friches ; sa qualité de professionnel ne lui permettait pas de se contenter de viser une simple déclaration de travaux exemptés de permis de construire.
En plus du dol, la nullité de la vente a été prononcée pour erreur sur les qualités substantielles du bien ; cette nullité entache la vente dès son origine, le vendeur ne saurait prétendre à des indemnités d'occupation des lieux pendant sept ans par l'acquéreur dont le consentement a été vicié (Cass. 3e civ., 12 mars 2003 : *Juris-Data* n° 2003-018184 ; *Constr.-urb.* 2003, n° 6, comm. n° 158, N. Rousseau).
Cela étant, un autre arrêt de la cour d'appel de Paris a considéré que la vente d'un bien construit sans permis n'était plus attaquable après l'expiration du délai de trois ans de prescription de l'action publique (Paris, 29 mars 2001 : *Constr.-urb.* 2001, nos 9 et 182, note P. Cornille).

Responsabilité du notaire. Commet une faute le notaire qui ne s'est pas fait communiquer les justificatifs de la régularité de la construction, alors que deux ans auparavant, il avait reçu l'acte de vente du terrain en friche ; sa qualité de professionnel est dûment mise en exergue par le juge (CA Paris, 1er oct. 2002 : *Juris-Data* n° 2002-190259). 1492

Réforme à envisager. Pour remédier à ces inconvénients, ne serait-il pas judicieux de prévoir une publication à la conservation des hypothèques des jugements ordonnant des mesures de démolition ou de mise en conformité, avec une obligation imposée au vendeur et au notaire d'informer l'acquéreur pressenti de tout procès-verbal ou jugement touchant le bien à céder ? De telles garanties étaient, au demeurant, préconisées par le Conseil d'État dans son rapport *L'urbanisme, pour un droit plus efficace* (La Documentation française 1992) ; pour l'instant restées sans suite. 1493
Un système d'hypothèque légale pourrait aussi être envisagé. Des réflexions communes au ministère de l'Équipement et à la Chancellerie se poursuivent (Rép. min., 20 oct. 2003 : *JOAN* p. 8021).
En tout état de cause, la prescription trentenaire attachée à l'exécution de la démolition devrait être revue ; soit, elle est érigée en peine et le délai de cinq ans de prescription des peines correctionnelles serait alors applicable, soit elle demeure une mesure à caractère réel, avec le délai de droit commun de prescription de 10 ans en matière de responsabilité civile et de faute délictuelle de l'article 1382 du Code civil. Le rapport Pelletier préconise d'ailleurs un délai de prescription généralisée à dix ans.

Bibliographie : S. PÉRIGNON, *La vente de l'immeuble illégalement édifié : Defrénois* 1991, I, p. 399.

II. – Prononcé des mesures de restitution par le juge pénal

A. – Pouvoir d'appréciation

Modalités. Si le juge a l'obligation de statuer sur les mesures de restitution, il possède un pouvoir d'appréciation quant à l'opportunité d'en ordonner, à leur étendue (démolition partielle ou totale) et à leur choix, étant précisé sur ce dernier point, en cas de construction sans permis, seule la démolition permet de supprimer les conséquences du délit (Cass. crim., 20 mars 1991 : *Bull. crim.*, n° 124). 1494
Les juges du fond ne sont pas tenus de motiver leur décision (Cass. crim., 21 oct. 2003, req. n° 03-80.802 : *Juris-Data* n° 2003-020793. – Cass. crim., 23 mars 2004, req. n° 03-84.795 : *Juris-Data* n° 2004-023461) ; mais dans l'affirmative, la Cour de cassation censure tous motifs erronés ou contradictoires (Cass. crim., 15 mars 1995 : *Bull. crim.*, n° 109). De plus, la mesure de restitution prononcée ne saurait entraîner une méconnaissance des dispositions du permis de construire (Cass. crim., 4 déc. 2001, req. n° 00-87.855, pour le rétablissement d'un toit à deux pentes, alors que le permis prévoit un toit en terrasse).
En tout état de cause, une cour d'appel ne saurait, à peine de cassation, énoncer qu'en cas de construction sans permis et à défaut de toute possibilité de régularisation, la démolition est « impérative » (Cass. crim., 19 oct. 2004 : *Dr. pénal*, janv. 2005, n° 8, note J.-H. Robert).

Mesure sollicitée par la partie civile. Le juge pénal n'est pas tenu de faire droit à la démolition demandée par la partie civile. Une cour d'appel a pu, à bon droit, rejeter une telle demande, 1495 compte tenu des inconvénients sociaux ainsi engendrés (expulsion des occupants) et refuser d'y substituer une compensation pécuniaire pour troubles de jouissance, la partie civile n'ayant, au demeurant, pas formulé de conclusion en ce sens (Cass. crim., 4 nov. 1998 : *Dr. pén.* mars 1999, p. 15, note J.-H. Robert. – Cass. crim., 9 avr. 2002 (2 arrêts) : *Dr. pén.* oct. 2002, n°s 113 et 114, note J.-H. Robert, préc.). Au contraire, le juge civil doit ordonner la démolition sollicitée par le tiers lésé au titre de la violation des servitudes d'urbanisme.

Toutefois, en pratique, le juge pénal tient compte des demandes fondées des voisins lésés ; une cour d'appel a, à bon droit, prononcé la démolition de la construction sans permis et alloué aux parties civiles des dommages-intérêts : le bâtiment irrégulier a « nécessairement » causé un préjudice lié à la perte de tranquillité et de quiétude, malgré l'existence d'une haie de cyprès séparative, ainsi qu'à une diminution de la valeur du bien (Cass. crim., 24 févr. 2004, req. n° 03-84.210 : *Juris-Data* n° 2004-23063).

D'une manière générale, cette liberté d'appréciation du juge pénal peut être rapprochée de celle nouvellement conférée au juge administratif par le Conseil d'État et abandonnant l'interdiction de prononcer la démolition d'un ouvrage public irrégulièrement implanté (CE sect., 29 janv. 2003, *Syndicat départemental de l'électricité et du gaz des Alpes-Maritimes et Cne de Clans : JCP* G 2003, II, 10118 et *Dr. et ville* 2004, n° 56, p. 197, note J.-C. Jobart. – Confirmation : CE, 9 juin 2004, *Cne de Peille : Juris-Data* n° 2004-066952).

Voir aussi : C. urb., art. L. 480-13 pour le contentieux civil, p. 20.

B. – Avis préalable des autorités administratives

1496 **Objet.** Bien qu'il ne lie pas l'autorité judiciaire, il a vocation à l'éclairer sur la nature, la gravité et les conséquences du délit. D'abord qualifié de mesure d'ordre public, l'avis des « techniciens » du droit de l'urbanisme a été ensuite considéré comme une mesure dans l'intérêt du prévenu, qui doit être soulevée avant toute défense au fond, à peine d'irrecevabilité (Cass. crim., 16 juin 1993 : *Dr. pén.* 1993, n° 221. – Cass. crim., 12 oct. 1994 : *Dr. pén.* 1995, n° 72). Cette obligation n'est pas contraire à l'article 6-1 de la Convention européenne des droits de l'homme relatif au procès équitable, dès lors que les avis ainsi recueillis sont soumis à la discussion des parties (Cass. crim., 21 oct. 2003, req. n° 03-80.802 : *Juris-Data* n° 2003-020793 ; *Procédures* 2004, n° 1, comm. n° 11, J. Buisson ; *Dr. pén.* mars 2004, p. 17, note J.-H. Robert ; *RD imm.* 2004, p. 378, note G. Roujou de Boubée).

1497 **Autorité compétente.** La compétence ne correspond pas à celle relative à la délivrance des autorisations de construire. Le juge peut pertinemment recueillir l'avis du maire et de la DDE dans une même affaire (Cass. crim., 27 janv. 1993 : *DA* 1993, n° 251. – Cass. crim., 16 févr. 1994 : *JCP* 1994, IV, p. 155. – Cass. crim., 21 oct. 2003, req. n° 03-80.802 : *Juris-Data* n° 2003-020793. – Cass. crim., 30 nov. 2004, req. n° 04-81.829, *Juris-Data* n° 2004-026677). L'absence de délégation du préfet au DDE est sans incidence, dès lors que ce dernier est entendu ès qualité (Cass. crim., 17 oct. 2000 : *RD imm.* 2001, p. 508). Si le DDE a transmis un avis écrit, son audition n'est pas systématiquement nécessaire (Cass. crim., 17 sept. 2002, req. n° 01-87.208 : *Juris-Data* n° 2002-016179 – Cass. crim., 23 mars 2004, req. n° 03-84.795 : *Juris-Data* n° 2004-023461). En pratique, l'avis écrit ou oral émane de l'autorité administrative qui a fait dresser procès-verbal et en a transmis copie au parquet.

En tout état de cause, l'avis porte sur l'infraction et sa sanction, l'arrêté interruptif de travaux ne saurait en tenir lieu (Cass. crim., 14 sept. 1999 : *Dr. pén.* janv. 2000, n° 10). De même, la simple audition de l'avocat de la commune, partie civile, ne saurait être constitutive de l'avis visé au présent article (Cass. crim., 1er avr. 2003, req. n° 02-84.287 : *Juris-Data* n° 2003-019249. – Cass. crim., 29 sept. 2003, req. n° 02-87.546 : *Juris-Data* n° 2003-020717).

1498 **Réparation civile.** L'audition de l'autorité administrative n'est pas requise lorsque la démolition est prononcée au titre de réparation sollicitée par la partie civile (Cass. crim., 9 avr. 2002 : *Dr. pén.* oct. 2002, n° 113, note J.-H. Robert. – Cass. crim., 7 sept. 2004, req. n° 03-84.720 : *Juris-Data* n° 204-025292). Il en est de même en cas d'ajournement de peine (Cass. crim., 16 déc. 2003 : *Dr. pén.* mars 2004, p. 18, note J.-H. Robert).

Procédure. Prestation de serment. L'audition du fonctionnaire compétent n'implique pas qu'il prête serment, mais si tel a été le cas, cela n'entache pas la procédure d'illégalité, s'il n'est pas établi que les intérêts du prévenu auraient été atteints (Cass. crim., 21 oct. 2003 : *Rev. sc. crim.* 2004, n° 2, p. 355, note J.-H. Robert). 1499

Audition du Parquet. Le ministère public est, selon le droit commun, présumé avoir assisté à toutes les audiences de la cause, dès lors qu'il a été entendu en ses réquisitions ; la nullité de la procédure n'est encourue qu'à défaut de cette audition, l'absence de mention dans la minute du jugement de la présence du Parquet lors de son prononcé est sans incidence (Cass. crim., 24 févr. 2004, req. n° 03-84.210 : *Juris-Data* n° 2004-023063). 1500

Loi du 27 février 2002. La loi n° 2002-276 sur la démocratie de proximité précise, concernant les réserves naturelles (C. env., art. L. 332-27), que le tribunal statue soit sur la mise en conformité des lieux avec les prescriptions formulées respectivement par le ministre de l'Environnement, le président du conseil régional ou le président du conseil exécutif de Corse, selon qu'il s'agit d'une réserve naturelle nationale, régionale, ou classée par l'Assemblée de Corse, soit sur le rétablissement de leur état antérieur. 1501

C. – Régularisation de l'infraction

Obstacle à la démolition. La régularisation du délit fait obstacle au prononcé des mesures de restitution (Cass. crim., 26 févr. 1964 : *Bull. crim.*, n° 26. – Cass. crim., 18 juin 1997 : *Dr. pén.* nov. 1997, n° 147, note J.-H. Robert. – Cass. crim., 3 sept. 2002, req. n° 01-87.431 : *Juris-Data* n° 2002-015937) sauf s'il est démontré que la régularisation est douteuse ou de complaisance (Cass. crim., 14 févr. 1979 : *Rev. jur. env.* 1979, p. 164, note Littmann-Martin. – Cass. crim., 30 mai 1991 : *RD imm.* 1993, p. 146, note G. Roujou de Boubée). 1502

Pour éviter des expertises avant dire droit inutiles, la Cour de cassation a estimé que le prévenu était sans intérêt à faire grief aux juges du fond d'avoir prononcé la mise en conformité, alors que celle-ci avait été spontanément réalisée avant la condamnation (Cass. crim., 26 oct. 1999 : *Dr. pén.* mars 2000, p. 20, note J.-H. Robert).

Portée. Ce principe ne signifie nullement que le délit est effacé ; le contrevenant peut parfaitement se voir, à titre dissuasif et d'exemplarité, infliger une peine d'amende, pour sanctionner son comportement répréhensible (V. comm., C. urb., art. L. 480-4). 1503

Toutefois, les termes d'une réponse ministérielle n'incite pas l'autorité judiciaire à une telle démarche : « la délivrance d'un permis de régularisation prive donc la répression pénale d'une grande partie de sa portée et peut alors justifier, en opportunité, le classement sans suite de la procédure judiciaire » (Rép. min. Richert : *JO* Sénat 24 janv. 2002, p. 236) !

III. – Peine complémentaire de publication du jugement

Modalités. Bien que l'article L. 480-5 vise deux journaux régionaux ou locaux diffusés dans tout le département, la Cour de cassation avait admis la publication dans la seule presse nationale, celle-ci étant de diffusion générale (Cass. crim., 1er févr. 1995 : *JCP* 1995, IV, n° 1135). En 2004, la Cour suprême s'est orientée vers une application littérale du Code de l'urbanisme, en considérant qu'un grand quotidien national ne pouvait être assimilé à un journal régional ou local (Cass. crim., 3 nov. 2004, req. n° 04-82.713, *Juris-Data* n° 2004-026034). En pratique, un support local peut être particulièrement redoutable pour un professionnel de l'immobilier, car sa diffusion de proximité touche souvent encore plus directement sa clientèle. 1504

Le juge est, bien évidemment, libre de prononcer cette peine complémentaire.

C. urb., art. L. 480-6 *(L. n° 85-729, 18 juill. 1985)*. — L'extinction de l'action publique résultant du décès du prévenu *(mots aj., L. n° 2003-590, 2 juill. 2003, art. 60, 3)* « , de la dissolution de la personne morale mise en cause » ou de l'amnistie ne fait pas obstacle à l'application des dispositions de l'article L. 480-5.

Si le tribunal correctionnel n'est pas saisi lors de cette extinction, l'affaire est portée devant le tribunal de grande instance du lieu de la situation de l'immeuble, statuant comme en matière civile.

Le tribunal est saisi par le ministère public à la demande du maire ou du fonctionnaire compétent. Dans les deux cas, il statue au vu des observations écrites ou après audition de ces derniers, l'intéressé ou ses ayants droit ayant été mis en cause dans l'instance.

La demande précitée est recevable jusqu'au jour où l'action publique se serait trouvée prescrite.

1505 **Décès, amnistie du contrevenant ou dissolution de la personne morale.** – Les mesures de restitution peuvent être prononcées, en dépit de l'extinction de l'action publique par l'une de ces trois causes. En cas de décès, ce sont les héritiers qui en seront redevables.
Si le tribunal correctionnel n'est pas encore saisi, le tribunal de grande instance statuera comme en matière civile (Cass. 3e civ., 20 avr. 1988 : *JCP* 1988, IV, p. 228).
Au-delà, on rappellera que les mesures de restitution ne font pas partie de l'autorité de chose jugée au pénal et que le juge civil peut les ordonner alors que le juge pénal les aura rejetées (Cass. 3e civ., 19 avr. 1977 : *D.* 1977, p. 487, note E. Frank).

1506 **Amnistie.** Depuis la loi du 16 juillet 1974, les délits d'urbanisme sont écartés des amnisties successives puisque sont expressément exclus les délits punis d'une seule peine d'amende, alors qu'en urbanisme, la peine d'amende est assortie d'une peine complémentaire de publication du jugement. La loi n° 2002-1062 du 6 août 2000 maintient ce principe. Selon M. Roujou de Boubée (*RD imm.* 2002, sept.-oct., p. 410), l'amnistie ne pourrait être acquise qu'au regard du quantum des peines prévues (seuil de 750 € d'amende et emprisonnement de courte durée).
La Cour de cassation a confirmée cette exclusion de l'amnistie (Cass. crim., 18 févr. 2003, req. n° 02-85.771 : *Juris-Data* n° 2003-018397. – à propos de la loi du 3 août 1995 Cass. crim., 24 févr. 2004, req. n° 03-82.622 : *Juris-Data* n° 2004-023062, à propos de la loi du 6 août 2002). Le même arrêt précise qu'une condamnation antérieure du prévenu au titre d'une contravention de grande voirie ne fait pas obstacle à des poursuites pour délit d'urbanisme, même si les manquements reposent sur des faits identiques.

1507 **Solidarité des prescriptions.** Depuis la loi du 23 décembre 1980 (CPP, art. 10), la règle de la solidarité des prescriptions entre l'action publique et l'action civile a été abandonnée. Autrement dit, si l'action civile est exercée devant le juge civil, elle est soumise aux règles de prescription du Code civil. En revanche, si l'action civile est exercée devant le juge pénal, elle demeure soumise à la prescription de l'action publique.
Toutefois, dans les cas visés à l'article L. 480-6, le dernier alinéa de celui-ci, non modifiée en 1980, énonce la règle de la solidarité des prescriptions ; en l'occurrence, la loi spéciale prévaut sur la loi générale, à notre point de vue (*idem*, Bouyssou et Hugot, éd. 2000).

Bibliographie : Pour un point de vue contraire, PITTARD : *AJPI* 1981, p. 613. – G. ROUJOU DE BOUBÉE : *RD imm.* 1981, p. 270.

C. urb., art. L. 480-7 ***(L. n° 76-1285, 31 déc. 1976).*** **— Le tribunal impartit au bénéficiaire des travaux irréguliers ou de l'utilisation irrégulière du sol un délai pour l'exécution de l'ordre de démolition, de mise en conformité ou de réaffectation ; il peut assortir sa décision d'une astreinte de 7,5 à 75 euros *(Ord. n° 2000-916, 19 sept. 2000)* par jour de retard.**

Au cas où le délai n'est pas observé, l'astreinte prononcée, qui ne peut être révisée que dans le cas prévu au troisième alinéa du présent article court à partir de l'expiration dudit délai jusqu'au jour où l'ordre a été complètement exécuté.

Si l'exécution n'est pas intervenue dans l'année de l'expiration du délai, le tribunal peut, sur réquisition du ministère public, relever à une ou plusieurs reprises, le montant de l'astreinte, même au-delà du maximum prévu ci-dessus.

(Al. rempl., L. n° 2003-590, 2 juill. 2003, art. 60, 4) **Le tribunal peut autoriser le reversement ou dispenser du paiement d'une partie des astreintes pour tenir compte du com-**

portement de celui à qui l'injonction a été adressée et des difficultés qu'il a rencontrées pour l'exécuter.

Nature juridique de l'astreinte. Elle est définie comme une mesure civile comminatoire desti- 1508
née à contraindre à exécution le débiteur d'une obligation de faire (Cass. crim., 22 mai 1986 : *RD imm.* 1986, p. 402, note G. Roujou de Boubée. – Cass. crim., 25 avr. 1988 : *RD imm.* 1988, p. 358). Elle est donc exigible pendant trente ans, y compris à l'égard des héritiers du contrevenant (Cass. crim., 23 nov. 1994 : *Bull. crim.*, n° 375, à charge pour l'héritier qui l'a acquittée de se retourner contre les autres). Mais une EURL, personne morale, qui n'est pas bénéficiaire des travaux, ne saurait en être redevable (CA Rennes, 30 déc. 2003 : *Juris-Data* n° 2003-228545).

Mise en œuvre. Si le tribunal est tenu de fixer un délai pour l'exécution de la mesure de restitu- 1509
tion, en revanche, il apprécie l'opportunité de l'assortir d'une astreinte. C'est à l'expiration de ce délai que le mécanisme d'astreinte se déclenche ; mais, en tant qu'accessoire d'une peine, elle ne peut être appliquée par provision avant que la condamnation ne soit devenue définitive (Cass. crim., 12 déc. 2000 : *Dr. pén.* mai 2001, n° 65, note J.-H. Robert).
La régularisation de l'infraction ne fait pas obstacle au paiement des astreintes dues au titre de la période comprise entre l'expiration du délai imparti par le juge et la régularisation effective (Cass. crim., 9 nov. 1995 : *DA* janv. 1996, n° 50). L'astreinte reste acquise malgré une annulation du permis de construire intervenue postérieurement au jugement pénal (Cass. crim., 15 juin 1999 : *Dr. pén.* janv. 2000, n° 9) ; de même pour une annulation d'une opposition à déclaration de travaux (Cass. crim., 10 janv. 2001 : *RD imm.* 2001, p. 509 ; *Dr. pén.* mai 2001, n° 65) ou la poursuite de l'infraction malgré un permis de régularisation (Cass. crim., 18 mai 2004, req. n° 03-86.673 : *Juris-Data* n° 2004-024406).

Montant de l'astreinte. Si les seuils légaux peuvent paraître faibles, en pratique, le montant adé- 1510
quat est parfois délicat à déterminer : le montant minimum peut être inefficace, le redevable préférant acquitter l'astreinte plutôt que démolir, le montant maximum peut se heurter à une insolvabilité réelle ou organisée.

Caractère définitif. Par dérogation au droit commun des astreintes civiles, l'astreinte en matière 1511
d'urbanisme est définitive et ne donne pas lieu à un état de liquidation par le tribunal (Cass. crim., 3 juin 1980 : *Gaz. Pal.* 1981, somm. p. 69. – Cass. 3e civ., 12 juill. 1989 : *JCP* 1989, IV, p. 347. – Cass. crim., 20 mars 1990 : *Gaz. Pal.* 31 août 1990, p. 12). Mais deux exceptions sont prévues par l'article L. 480-7.

Relèvement du montant. Lorsque l'exécution des mesures de restitution n'est pas intervenue 1512
dans l'année suivant l'expiration du délai imparti, le juge peut, sur réquisitions spéciales du parquet, relever le montant de l'astreinte au-delà du maximum légal ; l'autorité administrative peut, du reste, solliciter le parquet en ce sens. Toutefois, hormis ce cas expressément prévu par la loi, tout montant supérieur au plafond de 75 € est illégal (Cass. crim., 4 mai 2004, req. n° 03-83.581 : *Juris-Data* n° 2004-023987. – Cass. crim., 3 nov. 2004, req. n° 04-82.705 : *Juris-Data* n° 2004-026239).
Ce contentieux a suscité un arrêt étonnant sur la publicité des débats judiciaires. Selon le Code de procédure pénale, la publicité est la règle et le huis clos l'exception qui doit être prévue par un texte ; en dehors des cas ainsi expressément visés, le défaut de publicité des débats constitue une nullité d'ordre public. Dans un arrêt du 15 juin 1999 (*Bull. crim.*, n° 135 ; *Les Échos*, 3 nov. 1999, note C. Bellapianta), la chambre criminelle a certes reconnu le caractère public de ce type d'instance (l'article L. 480-7 ne prévoyant aucune exception) et a relevé que les premiers juges avaient à tort tenu l'audience en chambre du conseil, mais elle n'a pas prononcé la nullité de la procédure, faute pour le demandeur d'avoir établi le grief causé par la violation de la règle de publicité. Or, cette dernière exigence ne figure dans aucun texte légal.

Reversement d'une partie de l'astreinte. Disposition antérieure à la loi Urbanisme- 1513
Habitat. La possibilité ouverte au juge lorsque l'exécution tardive de la mesure de restitution était due à des circonstances indépendantes de la volonté du contrevenant, a donné lieu à une abon-

dante jurisprudence. Les redevables n'hésitant pas à invoquer des événements de force majeure pour obtenir restitution des sommes versées, le juge a dû encadrer ces velléités. Ont été admis le refus de l'Administration de prêter le concours de la force publique pour faire évacuer l'immeuble (Cass. crim., 17 janv. 1979 : *Droit et Ville* 1981, p. 357, note G. Roujou de Boubée) ou le refus d'un locataire de quitter les lieux en dépit des mises en demeure écrites de son bailleur (Cass. crim., 18 juin 2002, req. n° 01-87.687 : *Juris-Data* n° 2002-015530). Ont été rejetés une prétendue lenteur de l'Administration à traiter une demande de régularisation (Cass. crim., 10 mars 1976 : *Droit et Ville* 1976, n° 2, p. 306, note G. Roujou de Boubée) sauf si le redevable prouve la remise en état totale et que le retard est réellement dû à des échanges multiples avec les services municipaux (Paris, 7 sept. 2004 : *Juris-Data* n° 2004-257925), l'introduction volontaire d'un locataire dans les lieux dans le but inavoué de rendre la démolition impossible (Cass. crim., 28 janv. 1976 : *Droit et Ville* 1976, n° 2, p. 304, note G. Roujou de Boubée), ou encore des problèmes de santé liés à l'âge du redevable (Paris, 9 oct. 2000, req. n° 133027).

Par ailleurs, il faut savoir que l'agent judiciaire du Trésor peut, au vu d'un dossier circonstancié et après avis du maire ou du ministre, consentir des remises gracieuses.

En revanche, saisi par le ministère public d'un incident d'exécution au titre de l'article 710 du Code de procédure pénale, le juge ne peut alors décider, dans le cadre de cette procédure, de réduire ou de relever le montant de l'astreinte (Cass. crim., 4 juin 2002, req. n° 01-87.508 : *Juris-Data* n° 2002-015364. – Aix-en-Provence, 24 févr. 2004 : *Juris-Data* n° 2004-238093).

1514 **Apport de la loi Urbanisme-Habitat du 2 juillet 2003.** Un certain assouplissement est introduit : le reversement ou la dispense de paiement d'une partie des astreintes peut être accordé au regard du comportement du redevable et des difficultés rencontrées pour l'exécution du jugement. La référence à des circonstances extérieures de « force majeure » est abandonnée. Toutefois, les notions de « comportement » ou de « difficultés » rencontrées laissent au juge une très large marge d'appréciation et il n'est pas sûr que la sévérité jurisprudentielle en sera atténuée.

C. urb., art. L. 480-8 *(L. n° 85-729, 18 juill. 1985).* — **Les astreintes sont recouvrées dans les conditions prévues par les dispositions relatives au recouvrement des produits communaux, au bénéfice de la commune sur le territoire de laquelle l'infraction a été commise ; à défaut par le maire de liquider le produit de l'astreinte, de dresser l'état nécessaire au recouvrement et de le faire parvenir au représentant de l'État dans le département dans le mois qui suit l'invitation qui lui en est faite par ce fonctionnaire la créance sera liquidée, l'état sera établi et recouvré au profit de l'État.**

1515 **Liquidation de l'astreinte. Compétence du maire.** Cette compétence du maire ne signifie pas que l'astreinte est une réparation civile au bénéfice de la commune, et cela même si elle est recouvrée à son profit (CE, 19 avr. 1989, *Cne de Carrière-sous-Poissy : Rec. CE*, p. 114). D'ailleurs, en cas de carence du maire, le recouvrement est effectué par le préfet au profit de l'État.

1516 **Bloc de contentieux pénal.** L'astreinte étant une mesure d'exécution d'une décision du juge pénal, le contentieux de sa liquidation est de la compétence exclusive de celui-ci (T. confl., 25 avr. 1994, *Poujol : Petites affiches* 9 nov. 1994, note J. Morand-Deviller et D. Moreno. – T. confl., 18 déc. 2000, req. n° 3200, *Lambert*). Le juge civil de l'exécution est incompétent pour l'annulation du commandement de payer (Cass. 2e civ., 12 mars 1997 : *Bull. civ.* II, n° 71. – Cass. 2e civ., 5 avr. 2001 : *Rev. huissiers* 2001, n° 5, p. 313).

La procédure est contradictoire : le maire et la commune dont les finances sont concernées doivent être mis en mesure de répondre aux prétentions des contrevenants qui, ayant exécuté la démolition avant l'engagement du délai imparti, en réclamaient le non-paiement (Cass. crim., 3 avr. 2001 : *Rev. sc. crim.* oct.-déc. 2001, p. 816, note J.-H. Robert).

Bibliographie : Pour un article de fond sur l'astreinte, Y. Stemmer et C. Petit, *Astreinte et droit pénal de l'urbanisme : JCP* N 2002, n° 24, p. 872.

C. urb., art. L. 480-9. — **Si, à l'expiration du délai fixé par le jugement, la démolition, la mise en conformité ou la remise en état ordonnée n'est pas complètement achevée, le**

maire ou le fonctionnaire compétent peut faire procéder d'office à tous travaux nécessaires à l'exécution de la décision de justice aux frais et risques du bénéficiaire des travaux irréguliers ou de l'utilisation irrégulière du sol.

Au cas où les travaux porteraient atteinte à des droits acquis par des tiers sur les lieux ou ouvrages visés, le maire ou le fonctionnaire compétent ne pourra faire procéder aux travaux mentionnés à l'alinéa précédent qu'après décision du tribunal de grande instance qui ordonnera, le cas échéant, l'expulsion de tous occupants.

Exécution forcée et pouvoir discrétionnaire. La décision de procéder à l'exécution forcée des 1517
mesures de restitution, prise au nom de l'État, par le maire ou le préfet, ne constitue pas une simple voie d'exécution de la condamnation pénale, puisqu'elle relève du pouvoir discrétionnaire de l'autorité administrative (CAA Lyon, 9 mars 1995, *Crespo : DA* 1995, n° 38). Une action en indemnisation des conséquences dommageables d'une démolition d'office doit être dirigée contre l'État.
En l'absence d'exécution forcée, l'autorité compétente, saisie d'une demande de permis de construire de régularisation, n'est pas tenue de la rejeter d'emblée, il lui appartient d'apprécier si un tel permis peut être délivré, au regard de la gravité de l'infraction relevée par le juge pénal, des caractéristiques du projet objet de ladite demande et de l'évolution des règles d'urbanisme (CE, 8 juill. 1996, *Piccinini : JCP* 1996, IV, n° 2230).
La Cour de cassation s'inscrit dans cette même ligne jurisprudentielle. Elle rappelle que le préfet tient de l'article L. 480-9 un pouvoir propre et que le litige issu du dommage résultant d'une telle exécution d'office de démolition ne concerne pas le fonctionnement défectueux du service public de la justice et ne relève donc pas du juge judiciaire (Cass. crim., 26 janv. 2005, req. n° 3-17.148 : *Juris-Data* n° 2005-026621).

Frais à la charge du bénéficiaire des travaux. A été annulée une décision préfectorale mettant 1518
à la charge du propriétaire du terrain les frais de démolition d'office, alors que celui-ci n'était pas le bénéficiaire des constructions illicites, le terrain ayant fait l'objet d'un bail emphytéotique (CAA Marseille, 16 mai 2002, req. n° 97-MA01872, *Secr. d'Ét. log. : Juris-Data* n° 2002-190858 ; *AJDA* 2003, n° 2, p. 90, note B. Lillian).

Expulsion préalable des occupants. Cette compétence relève du tribunal de grande instance, à 1519
l'exclusion du juge des référés civil (TGI Toulon, 6 oct. 1992 : *JCP* 1993, II, 22023, note J. Henderycksen) ou administratif (CE, 11 juin 2003, req. n° 252616, *SARL Camping d'Oc : Juris-Data* n° 2003-065538).

Incident d'exécution. – L'article L. 480-9 ne fait pas obstacle à une requête du parquet en diffi- 1520
culté d'exécution prévue à l'article 710 du Code de procédure pénale (Cass. crim., 7 févr. 1996 : *DA* juin 1996, p. 27).

Convention européenne des droits de l'homme. Son article 6-1 relatif au procès équitable 1521
implique le droit de saisir le tribunal compétent pour faire exécuter des ordres de démolition et de mise en conformité (CEDH, 22 et 17 juin 2003, aff. *Grèce et Roumanie : D.* 2003, n° 33, cahier rouge, p. 2270, note F. Haumont).

C. urb., art. L. 480-10 et L. 480-11 *(Ab., L. n° 76-1285, 31 déc. 1976).*

C. urb., art. L. 480-12 *(L. n° 76-1285, 31 déc. 1976 ; L. n° 92-1336, 16 déc. 1992 ; L. n° 93-913, 19 juill. 1993).* — Sans préjudice de l'application, le cas échéant, des peines plus fortes prévues aux articles 433-7 et 433-8 du Code pénal, quiconque aura mis obstacle à l'exercice du droit de visite prévu à l'article L. 460-1 sera puni d'une amende de *(Ord. n° 2000-916, 19 sept. 2000)* 3 750 euros. En outre un emprisonnement de un mois pourra être prononcé.

Incidences fiscales. L'achèvement des travaux illicites constitue le fait générateur des taxes, 1522
redevances et participations financières et le procès-verbal les rend exigibles. En cas de construction sans permis, la taxation a lieu d'office, sans procédure contradictoire préalable (CAA Paris,

28 juill. 1998, *Min. Équipement c/ Société Murinvest : BJDU* n° 6/1998, p. 468. – CE, 30 juill. 2003, *Secrétaire d'État au Logement c/ Nuguier : BJDU* n° 6/2003, p. 446, concl. G. Goulard ; *RD fisc.* 2003, n° 50, comm. n° 899). En revanche, en cas de violation du permis de construire avec augmentation irrégulière des surfaces, les sommes correspondantes à la TLE sont majorées d'autant et une procédure contradictoire est ici obligatoire (CE, 7 janv. 2000, *Secrétaire d'État au Logement c/ Mme Rado : BJDU* n° 1/2000, p. 49. – CE, 25 avr. 2003, *Secrétaire d'État au Logement c/ Société Murinvest : BJDU* n° 4/2003, p. 262, concl. G. Bachelier ; *RD fisc.* 2003, n° 40, comm. n° 70).

L'amende fiscale de 100 % prévue à l'article 1836 du CGI s'applique à la TLE, à la taxe pour le financement des CAUE mais non à la taxe des espaces naturels sensibles de l'article L. 142-2 du présent code (CE, 25 avr. 2003, préc.).

C. urb., art. L. 480-13 ***(L. n° 76-1285, 31 déc. 1976).*** **— Lorsqu'une construction a été édifiée conformément à un permis de construire, le propriétaire ne peut être condamné par un tribunal de l'ordre judiciaire du fait de la méconnaissance des règles d'urbanisme ou des servitudes d'utilité publique que si, préalablement, le permis a été annulé pour excès de pouvoir ou son illégalité a été constatée par la juridiction administrative. L'action en responsabilité civile se prescrit, en pareil cas, par cinq ans après l'achèvement des travaux.**

1523 **Rappel.** L'article L. 480-13 donne l'occasion d'examiner le contentieux civil résultant de la violation des règles d'urbanisme. Les juridictions civiles ont effectivement ouvert très tôt leur prétoire aux voisins lésés par de tels manquements. Ce dispositif est d'origine prétorienne, l'article commenté est un des rares textes l'ayant pénétré. Si ce contentieux est apparu assez marginal, au regard de la montée du contentieux pénal, il pourrait retrouver un second souffle, compte tenu de récentes évolutions de la jurisprudence. La future réforme des autorisations et du contentieux devrait toucher le présent article, comme décrit *infra*.

I. – Notion de servitudes d'urbanisme, fondement de l'action devant le juge civil

A. – Règles de fond, impératives ou permissives

1524 **Spécificité des servitudes d'urbanisme.** Contrairement aux servitudes de l'article 637 du Code civil, les servitudes d'urbanisme ne comportent pas de fonds dominant, celui-ci n'existe pas matériellement et est contenu dans la notion abstraite d'intérêt général ; elles ne sont donc pas constitutives de droit réel. Il est interdit d'y déroger par contrat (sauf si le plan d'urbanisme prévoit expressément cette possibilité pour une règle précise (Cass. 3e civ., 26 mai 2004 : *Defrénois* 2004, p. 1565, note J.-P. Meng, cité aussi sous C. urb., art. L. 421-3), le vendeur et son notaire doivent les faire connaître à l'acquéreur et si une dissimulation surprend son consentement, la nullité de la vente est encourue (Cass. 1re civ., 13 févr. 1967 : *JCP* 1967, IV, p. 68. – Cass. 1re civ., 21 févr. 1956 : *JCP* 1956, II, 9200, note Blin).

Ces caractéristiques de droit public impliquent le rejet de l'action possessoire (Cass. 3e civ., 23 juin 1971 : *JCP* 1972, II, 16965, note Goubeaux. – Cass. 3e civ., 13 oct. 1974 : *RTD civ.* 1975, p. 336, note Giverdon).

Bibliographie : J.-M. Auby : *J.-Cl. Administratif*, fasc. 390.

1525 **Règles de fond.** Les servitudes d'urbanisme imposent, dans l'intérêt général, des contraintes aux propriétés privées et résultent de réglementations nationales ou locales, telles que le règlement national d'urbanisme (C. urb., art. R. 111-1 et s.) et les plans d'urbanisme.

Dans ces conditions, l'absence de permis de construire ou sa violation ne saurait constituer le fondement direct d'une action devant le juge civil, une atteinte à la règle d'urbanisme doit nécessairement être établie (Cass. 3e civ., 17 nov. 1971, *Buscail : GADU*, n° 36. – Cass. 3e civ., 26 sept. 1984 : *JCP* 1984, IV, p. 235).

Le juge civil procède à une recherche fine du plan d'urbanisme auquel il est porté atteinte. Une affaire jugée en 2004 en fournit une illustration frappante. Un premier permis qui autorisait la construction dont un voisin sollicitait la démolition, avait été annulé pour violation du POS ; celui-ci avait alors été modifié pour permettre la délivrance d'un second permis. Cette modification du POS avait également été annulée pour absence de rapport de présentation, entraînant l'annulation du second permis. La cour d'appel avait rejeté l'action en démolition : le POS modifié ne comportait aucune disposition en faveur de la construction et son annulation ayant été prononcée pour vice de forme, elle était sans incidence sur l'infraction et aucun lien direct n'était ainsi établi avec le préjudice allégué par le voisin ; le second permis, certes ultérieurement annulé, avait pu lors de sa délivrance régulariser les travaux entrepris et même terminés. L'arrêt d'appel est censuré par la Cour de cassation : le second permis avait été annulé et l'annulation de la modification du POS avait pour effet de remettre en vigueur le POS dans son état antérieur auquel la construction contrevenait (Cass. 3e civ., 20 oct. 2004, req. n° 03-12.969 : *Juris-Data* n° 2004-025285 ; *Constr.-urb.* 2004, n° 12, comm. n° 241, P. Cornille).

Abandon du caractère impératif de la règle. Par un arrêt du 4 février 1976, *Bethuing c/ Hurdeboug* (*JCP* 1977, II, 18596, note G. Liet-Veaux ; *AJPI* 1977, p. 106, note critique J. Chapuisat), la Cour de cassation avait restreint la notion de servitudes d'urbanisme aux seules règles impératives, à l'exclusion des dispositions permissives. À l'aune de l'article R. 111-21, règle la plus permissive du RNU qui permet à l'autorité compétente d'apprécier l'insertion de la construction dans son environnement, elle avait considéré que cette disposition « qui ne prévoit ainsi aucune obligation ou interdiction objectivement définie n'a pas institué de servitude d'urbanisme ». 1526

Sans doute motivée par le souci de ne pas engorger les juridictions civiles par des conflits de voisinage, cette jurisprudence, confirmée par la suite (Cass. 3e civ., 29 nov. 1983 : *JCP* 1984, IV, p. 44. – Cass. 3e civ., 19 févr. 1992 : *Bull. civ.* III, n° 51), fut l'objet de vives critiques. Le juge civil réduisait la notion de servitudes d'urbanisme à des règles chiffrées (hauteur, gabarit, limite séparative), alors que les règles permissives font tout autant partie du bloc de la légalité de l'urbanisme ; pour preuve, ni l'article L. 480-13 ni le juge administratif n'opèrent une telle distinction.

Il fallut néanmoins attendre un arrêt du 28 mars 2001, *M. Christa c/ Mme Nouvel-Rousselot* (*BJDU* 4/2001, p. 283 ; *Ann. loyers* 2002, n° 1, p. 54, note R. Martin ; *Petites affiches* 23 mai 2002, p. 17, note D. Moreno) pour que la Cour de cassation (Cass. 3e civ.) rompe avec la jurisprudence Bethuing. Toujours à propos de l'article R. 111-21, l'arrêt énonce, de manière lapidaire, que ce texte « peut être invoqué au soutien d'une action en démolition engagée sur le fondement de l'article 1382 du Code civil ».

B. – Construction conforme au permis de construire

Finalité de l'article L. 480-13. – Il marque une inflexion au principe jurisprudentiel d'absence d'influence du permis de construire sur l'action des tiers devant le juge civil. Ce dernier ne peut plus se prononcer directement sur la violation de la servitude, il devra surseoir à statuer tant que le juge administratif ne se sera pas penché sur la légalité du permis, saisi par question préjudicielle ou par recours en excès de pouvoir. Il devra débouter le demandeur si le permis est validé ; en revanche, si celui-ci est illégal, il retrouvera toute sa compétence pour juger du manquement à la règle d'urbanisme. 1527

Toute tentation des juridictions civiles d'apprécier la légalité d'un acte administratif d'urbanisme, ce qu'elles ne sont pas habilitées à faire, est ici écartée.

Voir aussi : Pour la différence avec la compétence du juge pénal, comm. sous C. urb., art. L. 480-4, p. 430.

Application restrictive par les juridictions civiles. La Cour de cassation a *encadré* l'application de l'article L. 480-13, pour maintenir une compétence du juge civil la plus étendue. D'une part, cet article visant expressément le permis de construire, il est écarté pour d'autres autorisations, telles que celle de lotir ou la déclaration de travaux (Cass. 3e civ., 2 oct. 1996 : *D.* 1996, inf. rap., p. 236) ; mais entrerait dans son champ le permis de démolir (Cass. 1re civ., 12 juin 1990 : *JCP* 1990, IV, p. 304). Au-delà, sont également exclues les affaires portant sur des servitudes de droit privé (Cass. 3e civ., 23 mai 2002, req. n° 00-20.861 : *Gaz. Pal.* 7 févr. 2003, p. 27, note M. Peisse) ou des troubles anormaux de voisinage (Cass. 3e civ., 20 juill. 1994 : *Bull. civ.* III, n° 158. – Cass. 3e civ., Aix, 19 sept. 2002 : *Juris-Data* n° 2002-194069). 1528

D'autre part, selon un arrêt de la 3e chambre civile du 31 janvier 1984, époux Vergriéte (*Defrénois* 1984, art. 33418, note E. Franck), « il appartient aux juges du fond, saisis par un propriétaire d'une demande en démolition fondée sur l'implantation irrégulière de la servitude de reculement prescrite par le POS, de statuer sur la partie du litige qui relève de leur compétence si l'infraction est caractérisée et a causé un préjudice à l'intéressé et, dans l'affirmative, ils ont le devoir de renvoyer à la juridiction administrative avant de prononcer la condamnation l'appréciation de la légalité du permis de construire ». Dans le même ordre d'idées, lorsque le permis a été annulé avant la saisine du juge civil sur le fondement de règles d'urbanisme différentes de celles invoquées à l'appui de l'action en démolition, celui-ci doit examiner la régularité de la construction au regard des règles dont la méconnaissance lui est soulevée, en l'espèce une marge de reculement, et ce, bien que le permis ait été invalidé par le juge administratif pour violation du COS (Cass. 3e civ., 20 juill. 1989, *Épx Préfontan : Bull. civ.* III, n° 175).

Dans la même optique, la Cour suprême a estimé que le juge civil ne peut se borner, pour constater la faute de violation d'une servitude d'urbanisme, à relever que le permis a été annulé car accordé sur le fondement d'un article illégal du règlement du plan d'urbanisme faisant partie du contenu minimum obligatoire dudit plan. Il doit rechercher si les travaux contrevenaient aux dispositions du document d'urbanisme non atteintes par l'illégalité prononcée (Cass. 3e civ., 26 janv. 2005, req. n° 03-15.008 : *Juris-Data* n° 2005-026674).

La Cour de cassation, toujours en s'en tenant au texte, a considéré qu'en l'absence de motif sérieux lié à une illégalité du permis de construire et à défaut de question préjudicielle soulevée par les parties, le juge civil peut valablement constater la conformité de la construction au permis et aux règles d'urbanisme, au vu du certificat de conformité ; il ne procède ainsi à aucune appréciation de la légalité du permis (Cass. 1re civ., 8 juin 2004 : *JCP* A 2004, p. 1034, note O. Renard-Payen ; *RD imm.* 2004, p. 347, note FGT).

1529 **Procédure.** Les tiers ont certes la possibilité de former un recours pour excès de pouvoir contre le permis avant ou parallèlement à la saisine du juge civil qui devra en tout état de cause attendre le résultat dudit recours pour se prononcer définitivement. Or, en pratique, l'illégalité du permis apparaît aux tiers tardivement, après l'expiration du délai de deux mois. Dans ce cas, s'ils saisissent le juge civil, celui-ci, après avoir examiné la réalité de la violation de la règle et l'existence du préjudice en découlant et relevé une contestation sérieuse sur le permis, renverra alors l'appréciation de la légalité de ce dernier, au moyen de la question préjudicielle, au juge administratif, ce juge dit du renvoi n'étant tenu par aucun délai pour statuer. *In fine*, la procédure, lourde, coûteuse pour les tiers, pourra s'avérer vaine, si le permis est reconnu légal.

Si l'article L. 480-13 tend à préserver les droits des constructeurs *a priori* respectueux de leur permis, il se révèle être à l'égard des tiers lésés, pour reprendre la formule célèbre de M. Caballero (*Essai sur la notion juridique de nuisances*, LGDJ 1979, p. 281) un véritable *steeple-chase juridique*.

Il faut également souligner que l'exception d'illégalité fondée sur l'article L. 480-13 est recevable pour la première fois en appel, avant toute défense au fond (Cass. 3e civ., 8 févr. 1996 : *Rev. Administrer* nov. 1996, p. 34) et que cette procédure est étrangère à l'appréciation par le juge administratif de l'intérêt à agir du tiers contre le permis de construire (CAA Marseille, 8 févr. 2001, req. n° 97-MA01119, *M. Scarpocchi*).

Enfin, le Tribunal des conflits a considéré que le fait que le tribunal administratif ait donné acte à un tiers de son désistement du recours contre le permis de construire ne dispensait pas le tribunal de grande instance de statuer sur l'action judiciaire et de renvoyer la question préjudicielle de la légalité du permis au juge administratif (T. confl., 16 mai 1994 : *D.* 1994, inf. rap. p. 238). La Cour de cassation a statué dans le même sens en cas de forclusion du recours en annulation (Cass. 3e civ., 8 févr. 1995 : *AJPI* 1996, p. 491).

Toujours en terme processuel, la question préjudicielle est portée par l'une des parties ; c'est pourquoi le juge administratif doit vérifier que celle-ci a bien qualité à cet effet : en l'espèce quant au mandat donné par une association, partie civile, à son président (CE, 3 févr. 2003, *M. Paganon : BJDU* 1/2003, p 55, concl. F. Seners). De surcroît, le juge administratif ne peut trancher d'autres questions que celles renvoyées par le juge judiciaire (CE sect., 17 oct. 2003 : *AJDA* 2003, p. 2028, deux arrêts non rendus en matière d'urbanisme).

1530 **Prescription de l'action au civil.** L'article L. 480-13 prévoit, dans le cas de la mise en œuvre de ses dispositions, un délai de prescription spécial de l'action exercée devant le juge civil fixé à cinq

ans à compter de l'achèvement des travaux. Cet achèvement est un fait juridique qui s'entend de la date où la construction est en état d'être affectée à l'usage qui lui est destiné, indépendamment de toute référence à la déclaration d'achèvement des travaux ou au certificat de conformité (Cass. 3e civ., 11 mai 2000 : *BJDU* 2/2000, p. 137, levant ainsi certaines ambiguïtés de l'arrêt de la cour d'appel de Paris du 24 avril 1998 : *DA* mars 1999, n° 110, note P. Cornille).
Cette prescription spéciale n'est pas sans effets pervers : l'article L. 480-13 ayant été appliqué à un permis de régularisation obtenu après achèvement des travaux, si cette obtention intervient à l'expiration du délai de cinq ans, la forclusion de l'action devant le juge civil est alors inéluctable, au détriment, là encore, des tiers lésés (Cass. 3e civ., 30 mars 1994 : *AJPI* 1994, p. 544, note critique V. Le Coq. – Cass. 3e civ., 26 juin 2004, req. n° 02-21.586 : *Juris-Data* n° 2004-024293).

II. – Conditions de recevabilité de l'action des tiers

A. – Préjudice personnel

Obligation des juges du fond. S'ils apprécient souverainement la nature et le contenu du préjudice, l'existence de celui-ci doit être recherchée et établie, à peine de cassation (Cass. 3e civ., 17 nov. 1971, *Buscail : GADU*, n° 36 ; *RTD civ.* 1972, p. 422, note Bredin ; *RTD civ.* 1973, p. 325, note Durry ; plus récemment, Cass. 3e civ., 7 oct. 1998 : *Gaz. Pal.* 28 janv. 1999, p. 11). 1531

Nature des préjudices. Il peut s'agir de perte de vue, d'ensoleillement, d'éclairement de troubles de jouissance. Ils doivent être réels et certains. A été débouté un tiers qui prétendait que des artisans ou des industriels hésiteraient à s'implanter sur son fonds du fait du réaménagement en logements de l'immeuble voisin litigieux, la cour d'appel ayant relevé que la zone où se situe le fonds du demandeur est destinée aux activités artisanales et industrielles, le préjudice n'est donc pas établi, nonobstant la violation patente d'une règle de hauteur (CA Poitiers, 12 sept. 2000 : *Juris-Data* n° 2000-133970). Une expertise est nécessaire pour établir l'éblouissement subi par les voisins d'une villa en surplomb dont la toiture contrevient au POS (CA Aix-en-Provence, 7 mai 2003 : *Juris-Data* n° 2003-222480). 1532

Distinction avec l'action en troubles anormaux de voisinage. Pour agir devant le juge civil en démolition des constructions édifiées en méconnaissance des règles d'urbanisme, le tiers lésé n'a pas à démontrer le caractère anormal de son préjudice. Cette action est en effet distincte de celle fondée sur les troubles anormaux de voisinage qui n'est, au demeurant, pas liée à la preuve d'une faute telle que l'atteinte à une règle d'urbanisme (même si, le cas échéant, des troubles anormaux de voisinage peuvent en découler, Cass. 3e civ., 11 févr. 1998 : *Mon. TP* 27 mars 1998, p. 67, pour une construction sans autorisation). 1533
En pratique, des tiers lésés introduisent devant le juge civil les deux actions ; ce qui a permis, parfois, de corriger certains inconvénients de l'article L. 480-13 : la cour d'appel de Paris a ainsi rejeté l'action fondée sur la violation d'une servitude d'urbanisme au motif que le permis de construire avait été reconnu légal, mais elle a indemnisé le tiers des troubles anormaux provoqués par des changements importants des conditions d'habitabilité de son bien du fait de la construction d'un mur (Paris, 28 avr. 1993 : *D.* 1994, somm. p. 164). Un bémol cependant : l'action en réparation des troubles anormaux de voisinage se traduit rarement par la démolition, principale finalité de l'action fondée sur la violation des servitudes d'urbanisme.
Quoi qu'il en soit, nul ne peut prétendre à un droit à la vue sur tel ou tel site, le caractère anormal du trouble ne peut être alors retenu (Cass. 1re civ., 8 juin 2004 : *JCP* A 2004, p. 1034, note O. Renard-Payen ; *RD imm.* 2004, p. 347, note FGT).

Voir aussi : CCH, art . L. 112-6 cité dans les notes sous C. urb., art. L. 421-9 du présent code.

Bibliographie : Sur les troubles de voisinage, chron. H. Périnet-Marquet : *JCP* 2002, I, p. 658 ; G. Mémeteau : *RD rur.* 2002, n° 302, p. 229 ; C. Cardet, *La demande de démolition de l'édifice construit en violation des règles d'urbanisme et la responsabilité pour trouble anormal de voisinage : Petites affiches* 2 août 2004, p. 9.

B. – Lien de causalité

1534 **Principe.** L'existence d'un lien de causalité entre la violation de la servitude d'urbanisme et le préjudice est une condition déterminante de la recevabilité de l'action des tiers (Cass. 3e civ., 20 nov. 1973 : *RTD civ.* 1975, p. 337, note Bredin ; *JCP* 1974, I, 2661, chron. Morand-Deviller).

1535 **Présence de la construction.** Le préjudice doit résulter de l'atteinte à la règle d'urbanisme et non de la seule présence de la construction (Cass. 3e civ., 3 déc. 1975 : *Defrénois* 1976, art. 31066, note E. Frank). Ainsi pour une perte de vue qui aurait eu lieu même en cas de respect de la règle de hauteur (Cass. 3e civ., 12 juill. 1995 : *Mon. TP* 20 oct. 1995) ou encore d'une perte d'ensoleillement en dépit d'un léger dépassement de la distance prescrite entre les bâtiments (Cass. 3e civ., 20 févr. 2002, req. n° 00-17.412 : *Juris-Data* n° 2002-13005).

1536 **Contenu de la servitude d'urbanisme.** L'exigence de la relation de cause à effet interdit au tiers lésé d'invoquer n'importe quel préjudice au regard de telle ou telle servitude d'urbanisme méconnue. Une servitude de prospect destinée à assurer la salubrité et l'ensoleillement est étrangère aux questions de vue ; ce préjudice ne peut être allégué qu'à l'appui de la violation d'une règle de hauteur (Cass. 3e civ., 10 mars 1976 : *Bull. civ.* III, n° 112. – Cass. 3e civ., 6 nov. 1991 : *D.* 1991, inf. rap. p. 282).

Cependant, la Cour de cassation a reconnu le lien de causalité entre un grave préjudice de vue et la méconnaissance d'une règle de retrait par rapport à la voie publique. Les circonstances de l'espèce étaient significatives : était concernée la réalisation d'un hangar massif, particulièrement inesthétique dont la vue était *supportée* depuis un jardin d'agrément et une habitation, entraînant une importante atteinte à l'environnement (Cass. 3e civ., 16 mai 2001, req. n° 99-19.180).

Par ailleurs, la Cour suprême a censuré une cour d'appel qui avait débouté un voisin d'une action en démolition, faute d'établir un préjudice personnel direct. La règle d'urbanisme méconnue concernait une surface minimale pour construire que le terrain du défendeur n'atteignait pas ; aucune construction ne pouvait donc y être édifiée. Dans ces conditions, le voisin subissait nécessairement un préjudice directement lié à la violation de l'interdiction de construire sur un terrain dont la dimension se heurtait aux surfaces minimales prévues par le POS (Cass. 3e civ., 27 avr. 2000 : *Constr.-urb.* 2000, n° 202).

1537 **Distinction avec d'autres contentieux de nature civile.** Le contentieux civil des servitudes d'urbanisme ne peut être mis en œuvre pour régler des litiges contractuels entre maîtres d'ouvrage, maîtres d'œuvre ou entrepreneurs quant à des retards de chantiers (Cass. 3e civ., 20 févr. 2002 : *Constr.-urb.* 2002, n° 5, comm. n° 117, P. Cornille ; *Rev. Argus* 2002, n° 6777, note G. Defrance).

Une autre jurisprudence civile a été amenée à statuer sur des abus de droit de former un recours pour excès de pouvoir contre un permis de construire. La cour d'appel d'Aix-en-Provence a condamné une association à verser 276 000 F d'indemnité au bénéficiaire d'un permis : déboutée devant le tribunal administratif pour défaut d'intérêt à agir, cette association s'était désistée de son appel après que la promesse de vente signée par le titulaire du permis fut devenue caduque (CA Aix-en-Provence, 18 déc. 1991 : *RFDA* 1993, p. 149, note F. Bouyssou). En revanche, le recours d'une association de riverains n'a pas été qualifié d'abusif : la commune avait commis de multiples illégalités (dont l'absence de permis de démolir) en vue de la démolition d'une caserne de pompiers ; elle ne pouvait donc reprocher à l'association de tenter d'y faire obstruction et solliciter d'elle une indemnisation (Cass. 1re civ., 3 nov. 2004, req. n° 01-11.582 : *Juris-Data* n° 2004-025428).

Par ailleurs, en matière de responsabilité décennale en droit de la construction (C. civ., art. 1792), il a été jugé que l'impropriété à la destination peut résulter du non-respect des règles d'urbanisme (Cass. 3e civ., 26 mai 2004 : *RD imm.* 2004, n° 4, p. 381, note P. Malinvaud et p. 341, note P. Dessuet).

III. – Prononcé de la démolition

A. – Mesures conservatoires

Référé civil. Conditions. Le tiers lésé peut, concomitamment à son action en démolition, solliciter du juge civil des référés la prescription de mesures conservatoires ou de remise en état afin de prévenir un dommage imminent ou faire cesser un trouble manifestement illicite, en vertu de l'article 809 du Code de procédure civile (Cass. 3e civ., 20 oct. 1976 : *AJPI* 1977, p. 729, note Brun). 1538
Le caractère manifeste illicite du trouble (violation de la servitude d'urbanisme) doit être démontré par le plaignant.
L'imminence du dommage ne saurait être retenue si le permis de construire a été délivré mais la construction n'a pas été entreprise (Aix-en-Provence, 25 avr. 2002 : *Juris-Data* n° 2002-184600) ; cette jurisprudence est à rapprocher de celle du juge administratif en matière de référé-suspension (V. C. urb., art. L. 421-9).
Par ailleurs, le caractère imminent du dommage a été rejeté, en raison de l'absence de mise en œuvre de l'article L. 480-2 et de recours contre le permis (TGI Nîmes, 13 févr. 2002 : *Juris-Data* n° 2002-184959) ; cette référence à d'autres procédures indépendantes et non à la situation concrète nous semble discutable.

Application de l'article L. 480-13. Même si, en pratique, l'intérêt d'une procédure de référé en est fortement réduit, l'article L. 480-13 s'applique à de telles instances (Cass. 3e civ., 22 nov. 1983 : *Gaz. Pal.* 1984, 1, pan. p. 94. – Cass. 3e civ., 19 oct. 1988 : *Bull. civ.* III, n° 144. – Cass. 3e civ., 19 févr. 1992 : *Bull. civ.* III, n° 50). Toutefois, le juge des référés peut ordonner la suspension des travaux dès l'annulation du permis, alors même que le jugement du tribunal administratif serait frappé d'appel (Cass. 3e civ., 13 juill. 1999 : *BJDU* 6/1999, p. 434). 1539

B. – Démolition des constructions illicites

Principe. Depuis l'arrêt Cliquet du 1er mars 1965, la Cour de cassation considère que, dès lors qu'elle est sollicitée par le tiers lésé, la démolition de la construction irrégulière, cause directe du préjudice, doit être prononcée par le juge civil (Cass. 1re civ., 1er mars 1965 : *RD publ.* 1966, p. 145, note M. Waline ; *JCP* 1965, II, 14134, conf. par la 3e ch. civ., 1er févr. 1978 : *Bull. civ.* III, n° 70. – Cass. 1re civ., 7 juin 1979 : *JCP* 1980, II, 19415, note J. Ghestin). Le seul pouvoir d'appréciation du juge réside dans l'étendue de la mesure de réparation : démolition totale ou partielle, à condition qu'une telle appréciation ne remette pas en cause le principe sus-énoncé. 1540

> **Voir aussi :** Pour la différence avec le pouvoir d'appréciation du juge pénal, commentaires sous C. urb., art. L. 480-5, p. 441.

Impossibilité d'exécution de la démolition. La Cour de cassation (chambres civiles) se montre très rigoureuse à cet égard et rejette tous arguments liés à des inconvénients sociaux et à des expulsions (Cass. 3e civ., 18 mars 1974 : *Bull. civ.* III, n° 127. – Cass. 3e civ., 20 sept. 1998 : *Gaz. Pal.* 14 janv. 1999, p. 13). Là encore, la différence avec la jurisprudence pénale est patente (Cass. crim., 4 nov. 1998 : *Dr. pén.* mars 1999, p. 15). Elle admet seulement qu'une révision de la règle d'urbanisme ou la délivrance d'un permis de construire modificatif fasse obstacle à la démolition (Cass. 3e civ., 16 mai 1977 : *Bull. civ.* III, n° 212. – Cass. 3e civ., 25 nov. 1998 : *Mon. TP* 12 févr. 1999, p. 65) ; conformément à cette jurisprudence de la Cour suprême, une cour d'appel a pu juger que la modification du POS au jour de l'audience du tribunal lui interdit de prononcer la mise en conformité avec l'ancien POS (CA Aix-en-Provence, 7 mai 2003 : *Juris-Data* n° 2003-222480 ; sachant que le bien-fondé d'une telle modification peut être remis en cause devant le juge administratif et que le juge civil devra y être attentif pour déterminer le plan applicable (V. Cass. 3e civ., 20 oct. 2004, analysée *supra* dans le paragraphe sur les « Règles de fond », I. A). 1541

Dissidence de certains juges du fond. Pour atténuer la rigueur du principe, certaines cours d'appel ont rejeté des demandes de démolition d'immeubles abritant 418 familles (CA Montpellier, 6 déc. 1976, relaté dans *Le Monde*, 19 mars 1979) ou des personnes à faibles ressources diffici- 1542 les à reloger (CA Grenoble, 5 oct. 1978 : *Gaz. Pal.* 1979, T., p. 184). La cour d'appel de Rennes a admis la réparation par équivalent de préjudices d'ensoleillement causés par l'extension irrégulière d'un bâtiment mais a refusé de prononcer sa démolition aux motifs que cette extension n'empêchait pas l'usage normal des maisons avoisinantes (CA Rennes, 20 déc. 2001 : *Juris-Data* n° 2001-171184). Il est douteux que de tels arrêts auraient pu franchir l'épreuve de la cassation ! Plus encore, la cour de Montpellier, dans une décision du 5 novembre 2002 (*Juris-Data* n° 2002-196490) a estimé que le préjudice étant « très limité » (perte de « vue agréable »), il ne saurait justifier la démolition.

Bibliographie : Pour une approche critique, SAVATIER, *Propriété immobilière et contraintes d'urbanisme : la condamnation à démolir : D.* 1974, I, p. 59 où la démolition automatique est qualifiée de *solution barbare*.

1543 **Fondement.** Si la responsabilité civile est gouvernée par un principe de réparation en nature, la réparation par équivalent étant l'exception, la Cour de cassation a longtemps oscillé entre eux fondements textuels. L'arrêt du 1er mars 1965 visait l'article 1143 du Code civil relatif aux obligations de faire en matière conventionnelle ; or, comme le soulignait le doyen Waline, dans son commentaire critique, la violation d'une servitude d'urbanisme est étrangère à la rupture d'un engagement contractuel. D'autres arrêts faisaient référence à l'article 1382 relatif à la faute délictuelle, indépendante de tout contrat. Ces hésitations étaient d'autant plus frappantes lorsqu'elles se succédaient à quelques jours près, par exemple : Cass. 3e civ., 20 sept. 1998 (*Gaz. Pal.* 14 janv. 1999, p. 13) avec le visa de l'article 1143 et Cass. 3e civ., 7 oct. 1998 (*Gaz. Pal.* 28 janv. 1999, p. 11) avec le visa de l'article 1382. Autre inconvénient, le délai de prescription des actions fondées sur l'article 1143 est de 30 ans, alors qu'au titre de l'article 1382, il est de 10 ans ; sans oublier qu'en cas de mise en œuvre de l'article L. 480-13, un délai abrégé de cinq ans est prévu.

Face à une situation aussi incertaine, la Cour de cassation semble, au vu de ses arrêts récents, retenir l'article 1382 : Cass. 3e civ., 28 mars 2001 (V. note D. Moreno : *Petites affiches* 23 mai 2002) qui constitue un important revirement en matière de contentieux civil des servitudes d'urbanisme et Cass. 3e civ., 20 févr. 2002 (req. n° 00-17.412 : *Juris-Data* n° 2000-013005, préc.).

Des hésitations perdurent néanmoins : en 2003, un arrêt de la Troisième Chambre civile vise l'article 1143 (Cass. 3e civ., 24 sept. 2003, req. n° 02-12.533 : *Juris-Data* n° 2003-020445) alors que la Deuxième Chambre civile applique la prescription de 10 ans des actions en responsabilité extra-contractuelle (Cass. 2e civ., 11 déc. 2003, req. n° 02-14.876 : *Juris-Data* n° 2003-021484).

En tout état de cause, comme en matière pénale (V. *supra*, sous C. urb., art. L. 480-5), les actions en démolition, pour avoir un sens en pratique, devraient répondre à un délai décennal. C'est en ce sens que devrait s'orienter la future réforme :

1544 **Future réforme.** Le rapport Pelletier préconise les mesures suivantes au titre de l'article L. 480-13 :

– la démolition ne pourrait être sollicitée devant le juge civil qu'en cas d'annulation préalable du permis de construire ;

– l'action devrait être engagée dans le délai d'un an suivant l'annulation définitive par le voisin lésé, et ce qui très novateur, par le préfet ;

– néanmoins, en l'absence de recours en annulation préalable, l'exception d'illégalité ne pourrait être soulevée, contre le permis que dans l'année de l'achèvement de la construction.

Bibliographie : FABRE-LUCE, *La pérennité des constructions illégales : AJPI* 1987, p. 9. – MORENO, *Le juge judiciaire et le droit de l'urbanisme*, LGDJ 1991. – GILLI, *Le juge judiciaire et le droit de l'urbanisme : AJDA* n° spécial mai 1993, p. 55. – CAPOULADE, *Aspects récents de la jurisprudence judiciaire en matière d'urbanisme : RD imm.* 1994, p. 185. – HOCREITERE, *L'annulation du permis de construire et ses conséquences : Droit et Ville* 1996, p. 151. – PÉRINET-MARQUET, *Les méandres du contentieux civil de l'urbanisme : Petites affiches* 17 juill. 1996. – *L'inefficacité des sanctions du droit de l'urbanisme : D.* 1991, chron. p. 37. – RICARD, *Le droit pénal de l'urbanisme ou petite histoire des abominations commises au nom du peuple français : Gaz. Pal.* 27 févr. 1998. – H. ROBERT, *Évolutions récentes du droit pénal de l'urbanisme : DUH* 1998, p. 1, chron. à *Rev. dr. pén.* – J.-H. ROBERT et D. MORENO, *Contrôle par le juge judiciaire des occupations du sol : J.-Cl. Collectivités territoriales,* fasc. 1340. – LÉOST, *Chronique de droit pénal de l'urbanisme : AJDI* 1999, p. 294 ; *Droit pénal de l'urbanisme,* éd. du Moniteur, coll. « l'Actualité juridique » 2001. – G. ROUJOU DE BOUBÉE, *Droit pénal de la construction et de l'urbanisme,* Dalloz 1988, chron. G. ROUJOU DE

BOUBÉE à *RD imm.* ; Actes du Colloque, *Le risque pénal dans la construction, le risque pénal en droit de l'urbanisme : RD imm.* 2001, n° 5. – F. POCHON, *Le contentieux de la démolition de l'immeuble neuf : AJPI* 1982, p. 446. – Y. TANGUY, *Le règlement des conflits en matière d'urbanisme,* LGDJ 1979. – J. VIATTE, *Le droit des voisins au respect du permis de construire : Rev. loyers* 1975, p. 121. – J.-M. RIVALLAND, *Les charges d'urbanisme,* LGDJ 1969. – M. MARTIN, *Variation sur la servitude d'urbanisme : Ann. loyers* 1972, p. 588. – J. MORAND-DEVILLER, *Le droit des tiers au respect par les constructeurs des règles d'urbanisme : JCP* 1974, I, 2661. – I. RAVANAS, *La réserve des droits des tiers en matière foncière : Defrénois* 1984, art. 33281 et 33295. – M.-E. ROUJOU DE BOUBÉE, *Essai sur la notion de réparation,* LGDJ 1974. – SAVATIER, *Propriété immobilière et contraintes d'urbanisme : la condamnation à démolir : D.* 1974, I, p. 59. – S. PÉRIGNON et L. PEIRROT, *La mesure de démolition ordonnée par le juge répressif : Defrénois* 2000, art. 37097. – F. CABALLERO, *Essai sur la notion juridique de nuisances,* LGDJ 1979. – M. DELMAS-MARTY, *La prise en compte des préoccupations d'environnement dans le domaine de l'urbanisme (aspects de droit pénal) : JCP* 1977, I, 2872. – P. DIDIER, *L'annulation du permis de construire préalable à la décision concernant une construction irrégulière : Rev. Administrer* mai 1992, p. 5. – E. FRANCK, *La vue sur l'horizon est-elle protégée par la loi ? : D.* 1985, I, p. 249. – J.-P. GILLI, *Le contrôle juridictionnel du permis de construire, incertitudes et insuffisances* in *Mélanges Waline,* LGDJ 1974, p. 469. – F. CHENOT, *Le juge civil et la violation des servitudes d'urbanisme : Gaz. Pal.* 1er-3 juill. 2000, p. 3. – D. MORENO, *Le juge civil accueille toutes les règles d'urbanisme : Petites affiches* 23 mai 2002, p. 17. – J.-G MAHINGA, *La démolition des constructions irrégulières, à propos de l'article L. 480-13 du Code de l'urbanisme : Constr.-urb.* 2002, n° 11, p. 5. – D. MORENO, *De quelques nouveautés en matière de contentieux pénal de l'urbanisme : BJDU* n° 1/2004, p. 3.

C. urb., art. L. 480-14 ***(Créé, L. n° 2003-699, 30 juill. 2003, art. 65).*** **— La commune ou l'établissement public de coopération intercommunale compétent en matière de plan local d'urbanisme peut saisir le tribunal de grande instance en vue de faire ordonner la démolition ou la mise en conformité d'un ouvrage édifié sans l'autorisation exigée par le présent livre ou en méconnaissance de cette autorisation dans un secteur soumis à des risques naturels prévisibles. L'action civile se prescrit en pareil cas par dix ans à compter de l'achèvement des travaux.**

Code de l'environnement. Une nouvelle disposition (art. L. 562-5) permet au préfet de saisir le 1545
tribunal de grande instance, en application de cet article L. 480-14, en cas d'infractions aux plans de prévention des risques naturels prévisibles.

Dispositif spécifique aux risques naturels. On relèvera que ce nouvel article introduirait un 1546
délai de prescription de dix ans pour les cas qu'il régit ; ce qui n'est pas pour simplifier les procédures (V. comm. sous art. L. 480-13).

Voir aussi : Circ. 21 janv. 2004, relative à la « maîtrise de l'urbanisme et à l'adaptation des constructions en zones inondables » : *Mon. TP* 24 sept. 2004, suppl. p. 428 et *Collectivités-Intercommunalité* 2003, nos 8-9, p. 14.

LIVRE CINQUIÈME

IMPLANTATION DES SERVICES, ÉTABLISSEMENTS ET ENTREPRISES

Objet. Les dispositions du livre V concernent l'aménagement du territoire, et plus précisément la décentralisation industrielle et tertiaire, plus que le droit de l'urbanisme proprement dit. Mais ces dispositions ne constituent pas l'ensemble, ni même l'essentiel du droit de l'aménagement du territoire, caractérisé tout à la fois par ses rapports avec la planification économique, les tentatives, rarement réussies de planification régionale, les aides financières à la décentralisation industrielle et tertiaire, la politique d'aménagement de la montagne et du littoral, et les régimes fiscaux privilégiés. 1547

Bibliographie : Pour une vue d'ensemble des politiques d'aménagement du territoire, GENEVOIS : *J.-Cl. Administratif*, fasc. 443.

Aides publiques. Les dispositions des titres III et IV (art. L. 530-1 à L. 540-3) résultent d'un décret du 23 juin 1956, inséré d'abord dans le Code de l'urbanisme et de l'habitation, puis dans le Code de l'urbanisme, pratiquement sans modification. Ces textes donnent un fondement législatif aux aides publiques à la décentralisation industrielle, qui doivent d'ailleurs être compatibles avec les dispositions du traité instituant la Communauté économique européenne. Ces aides de l'État peuvent bénéficier des subventions du Fonds européen de développement régional créé par un règlement communautaire du 18 mars 1975. Le droit des aides publiques ne relève d'ailleurs pas du droit de l'urbanisme (Scheuing, *Les aides financières publiques aux entreprises privées en droit français et européen*, 1975) : on peut d'ailleurs remarquer que les arrêtés correspondant aux articles L. 530-1 à L. 530-3 n'ont pas été insérés dans la troisième partie du présent code. 1548

I. – Décisions d'agrément

Évolution de la réglementation. Les dispositions des articles L. 510-1 à L. 510-4 ont une origine à peine plus lointaine. Le décret n° 55-883 du 30 juin 1955 avait institué un comité de décentralisation pour établir l'inventaire des services et établissements scientifiques et techniques relevant de l'État ou de son contrôle qui pouvaient être décentralisés en dehors de la région parisienne. Selon ce décret, le même comité examinait aussi les projets de création et d'extension d'installations dans la région parisienne pouvant être financés sur fonds publics. Cette mission d'ordre général est toujours actuelle, et elle a même été étendue par les textes successifs (art. R. 510-13). Le décret n° 58-1465 du 31 décembre 1958 a institué une procédure d'agrément pour la création d'installations industrielles d'une certaine importance dans la région parisienne, lorsque ces installations ne relèvent pas du contrôle de l'État. Cette procédure nouvelle a été fusionnée avec la procédure analogue existant depuis le décret du 30 juin 1955 (lorsque l'installation relève du contrôle de l'État), par le décret n° 67-944 du 24 octobre 1967. 1549

Ce même décret a étendu la nécessité de l'agrément au changement d'utilisation et au changement d'utilisateur d'industries existantes. C'est ce texte qui constituait l'essentiel des actuels articles L. 510-1 à L. 510-4. On observe néanmoins que l'agrément était prévu par des dispositions législatives, en ce qui concerne les implantations d'entreprises privées, alors qu'un texte simplement réglementaire constituait le fondement juridique de cette même procédure pour les entreprises relevant de l'État ou de son contrôle.

La loi n° 95-115 du 4 février 1995 d'orientation de l'aménagement et de développement du territoire (dite loi Pasqua), qui a par ailleurs institué les directives territoriales d'aménagement (V. art. L. 111-1-1), a repris le système de l'agrément et innové sur deux points (V. Circ. n° 96-38, 14 juin 1996 : *JCP* N 1996, Prat. 3806) : la décision d'agrément doit être compatible avec le SDRIF (V. art. L. 141-1) et les DTA applicables en région d'Île-de-France ; la commune peut conclure une convention avec le préfet, ce qui entraîne alors la compétence de ce dernier pour accorder l'agrément, au lieu de celle du ministre chargé de l'aménagement du territoire, et même la compétence du maire, agissant par délégation du préfet (art. L. 510-1-IV).

Quant à la loi n° 96-987 du 14 novembre 1996 relative à la mise en œuvre du pacte de relance pour la ville, elle a exclu du champ d'application de la procédure d'agrément les opérations situées dans les zones franches urbaines et visant la transformation de locaux en bureaux (art. L. 510-1, IV, dern. al.).

La procédure d'agrément est fixée par décret en Conseil d'État (art. R. 510-2, R. 510-11 et R. 510-12), de même que le champ d'application territorial où s'applique cette procédure – qui déborde aujourd'hui la région parisienne (art. L. 510-1) – et son champ d'application matériel (art. R. 510-6). Il stipule, en outre, la durée de validité de l'agrément (art. R. 510-10 et R. 510-11) et les conditions auxquelles il peut être subordonné (art. R. 510-9). Lorsque cette procédure s'applique, le permis de construire ne peut être délivré que sur production de la décision d'agrément (art. R. 510-8), qui constitue donc une condition de recevabilité de la demande de permis (art. R. 421-3). Le décret n° 2000-368 du 26 avril 2000 a allégé certaines dispositions, notamment en faveur d'une plus large déconcentration et de la suppression de l'agrément pour les changements d'utilisation des locaux (art. R. 510-6-I-5°). Par ailleurs, le décret n° 2002-59 du 14 janvier 2002 substitue à l'ancien comité de décentralisation un comité pour l'implantation territoriale des emplois publics (CITEP), pour favoriser la localisation des emplois publics vers certaines zones en vue d'un développement plus équilibré des territoires.

Ainsi, en ce qui concerne l'agrément, la partie législative du code se borne à poser le principe et à renvoyer au décret en Conseil d'État. Elle fixe également les sanctions pénales applicables, calquées sur l'article L. 480-1 (V. le commentaire de cet article). Elle prévoit, en outre, que les conventions de droit privé sont inopposables à l'Administration lorsque cette dernière procède à la remise des lieux en état, consécutivement à la décision du tribunal correctionnel (art. L. 510-3). L'article L. 510-4 permet de soustraire à toute exploitation industrielle les usines dont l'exploitation est interrompue ; une indemnisation est spécialement prévue.

Voir aussi : Commentaires sous C. urb., art. R. 510-1 et s., p. 911.

II. – Dispositions fiscales

1550 **Origine et évolutions.** C'est la loi n° 60-790 du 2 août 1960 qui a prévu l'exigibilité d'une redevance en cas de constructions à usage industriel ou de bureaux dans la région d'Île-de-France. Initialement, le produit des redevances devait permettre le paiement de primes d'égal montant aux industriels ou aux exploitants de bureaux quittant la région d'Île-de-France. Ce mécanisme de péréquation a eu quelques succès en matière industrielle, mais n'a pu endiguer la construction de nouveaux bureaux. En raison de l'excédent de ressources, le produit de la redevance a changé d'affectation en vertu de la loi n° 71-537 du 7 juillet 1971 : il a été désormais partagé entre la région d'Île-de-France et les autres régions, où il contribue à financer la réalisation de zones industrielles (art. L. 520-4 et 520-12, à titre transitoire) la prime ayant disparu. Puis, la loi du 30 décembre 1986 l'a totalement attribué au budget d'équipement de la région d'Île-de-France (art. L. 520-4).

Afin d'éviter la désindustrialisation de la région d'Île-de-France, la loi n° 82-1020 du 3 décembre 1982 a supprimé la redevance sur les constructions à usage industriel, et elle l'a en revanche établie sur les locaux à usage de recherche s'ils sont indépendants des locaux de production (art. L. 520-7). La même loi a relevé le taux plafond (art. L. 520-3), et annonce un rééquilibrage entre l'ouest et l'est parisien, qui doit se traduire par un nouveau zonage (art. R. 520-12 et s.).

Voir aussi : Sur la loi du 3 décembre 1982, Bouyssou : *JCP* N 1983, prat. 8526 et la circulaire n° 86-12 du 31 janvier 1986 relative au régime de la redevance pour création de locaux à usage de bureaux ou de locaux de recherches en région Île-de-France.

1551 **Loi 14 novembre 1996.** Quant à la loi n° 96-987 du 14 novembre 1996 relative à la mise en œuvre du pacte de relance pour la ville, elle a exclu du champ d'application de la redevance les opérations réalisées dans les zones urbaines et visant la transformation de locaux en bureaux (art. L. 520-9, dern. al.).

La redevance a un caractère fiscal (concl. Galmot, sous CE, 3 nov. 1967, *Min. Éco. et Fin.* c/ *Sieur Marc : AJDA* 1968, p. 124), malgré son caractère affecté, sa liquidation par l'administration de l'équipement et son recouvrement par l'administration des domaines dans les mêmes conditions que les créances domaniales (art. L. 520-5, *in fine*). Le taux de la redevance est variable selon les périmètres fixés par décret en Conseil d'État (art. R. 510-2), sans pouvoir excéder 244 € par mètre carré.

Voir aussi : C. urb., art. L. 520-3, p. 464.

Assiette. La valeur fixée par décret s'applique à la superficie utile de la construction (C. urb., art. L. 520-5), qui est réputée égale, sauf preuve contraire, à la surface couverte à chaque niveau, affectée d'un abattement forfaitaire de 5 % (C. urb., art. R. 520-2). 1552
Le changement d'affectation de locaux existants est fiscalement traité comme une construction nouvelle, même si un permis de construire n'est pas nécessaire (C. urb., art. L. 520-9). Toutefois, certains locaux à usage de bureaux et certains garages échappent à la redevance (C. urb., art. L. 520-7), de même que la reconstruction de locaux détruits par sinistre ou expropriation. Mais cette dernière exonération ne vaut qu'à la suite de la loi n° 71-537 du 7 juillet 1971 (C. urb., art. L. 520-6).

Voir aussi : Pour une étude complète de la redevance : *J.-Cl. Fiscalité immobilière*, fasc. 650.

Distinction avec la taxe annuelle sur les locaux d'activité en région Île-de-France. Cette taxe est prévue à l'article 231 *ter* du Code général des impôts, modifié par l'article 49 de la loi SRU. 1553

Voir aussi : Instruction fiscale n° 8-P-1-04 DGI, *BOI* n° 44 du 5 mars 2004.

TITRE PREMIER
DISPOSITIONS ADMINISTRATIVES GÉNÉRALES

C. urb., art. L. 510-1 *(D. n° 86-288, 28 févr. 1986 ; rempl., L. n° 95-115, 4 févr. 1995, art. 41 ; mod., L. n° 96-987, 14 nov. 1996, art. 37).* **— I. – La construction, la reconstruction, l'extension, le changement d'utilisateur ou d'utilisation de locaux ou installations ou de leurs annexes servant à des activités industrielles, commerciales, professionnelles, administratives, techniques, scientifiques ou d'enseignement ne relevant pas de l'État ou de son contrôle peuvent être soumis à un agrément de l'autorité administrative.**

La décision d'agrément prend en compte les orientations définies par la politique d'aménagement et de développement du territoire national et par la politique de la ville *(Mots aj., L. n° 2000-1208, 13 déc. 2000, art. 70-3°)* **« relatives notamment au développement du logement social et de la mixité sociale », ainsi que la nécessité d'un équilibre entre les constructions destinées à l'habitation et celles destinées aux activités mentionnées à l'alinéa précédent.**

II. – Une commune ou un établissement public de coopération intercommunale compétent en matière d'aménagement et d'urbanisme peut, pour le territoire qui le concerne, conclure, avec le représentant de l'État dans le département, une convention ayant pour objet de définir les modalités locales du respect des objectifs mentionnés au second alinéa du I. Dans ce cas, la décision d'agrément, relative à la construction, la reconstruction ou l'extension des locaux, installations et annexes mentionnées au premier alinéa du I, relève du représentant de l'État dans le département, sous réserve du respect des termes de cette convention par l'autre partie.

III. – Dans la région d'Île-de-France, la construction, la reconstruction ou l'extension des locaux, installations et annexes mentionnées au premier alinéa du I sont, à compter du 1er janvier 1995, soumises à la procédure d'agrément, dans les conditions prévues aux I et II et dans le respect des directives territoriales d'aménagement applicables à cette région ainsi que de son schéma directeur.

IV. – Un décret en Conseil d'État détermine les conditions de mise en œuvre du présent article et les zones et opérations auxquelles il s'applique.

Ce décret fixe également les conditions dans lesquelles les maires des communes ou les présidents des établissements publics, qui sont mentionnés au II, peuvent, par délégation et exclusivement dans le cadre d'une convention mentionnée au II, mettre en œuvre la décision d'agrément mentionnée au même II.

Les opérations visées au I ne sont pas soumises à agrément lorsqu'elles sont situées dans les zones franches urbaines définies au B du 3 de l'article 42 de la loi n° 95-115 du 4 février 1995 d'orientation pour l'aménagement et le développement du territoire et lorsqu'elles visent la transformation de locaux en bureaux.

V. – Un bilan de l'agrément est établi à l'expiration de chaque contrat de plan, dans les zones où cette procédure est instituée.

VI. – Les sanctions de l'article L. 480-4 sont applicables en cas de défaut d'agrément ou d'infractions aux conditions fixées par le décret mentionné au IV ou par la décision d'agrément.

Le maintien d'une des installations mentionnées au premier alinéa du I au-delà du délai fixé par la décision d'agrément, lorsque l'agrément est accordé à titre temporaire, est puni dans les mêmes conditions.

1554 **Secteur concurrentiel.** La décision d'agrément prévue par le présent article ne concerne que les locaux servant à des activités ne relevant pas de l'État ou de son contrôle.

Voir aussi : C. urb., art. R. 510-1 à R. 510-15, p. 911.

1555 **Personnes morales.** Leur responsabilité pénale a été introduite par la loi Robien, dans les conditions visées à l'article L. 480-4-1 (V. notes).

1556 **Mixité urbaine.** Depuis la loi SRU du 13 décembre 2000, outre la politique d'aménagement du territoire, l'agrément s'inscrit aussi dans la politique de mixité urbaine, en vue d'un meilleur équilibre entre activités et habitat. Le dispositif conventionnel entre les communes et le préfet est un outil en ce sens. Mais, on rappellera que le Conseil constitutionnel a invalidé (D. n° 2000-436, 7 déc. 2000 : *JO* 14 déc., p. 19840) le dispositif prévu à l'article L. 302-9 du Code de la construction et de l'habitation, initial, qui précisait qu'aucun agrément ne pouvait plus être accordé dès lors que le préfet constatait, par arrêté, la carence de la commune au titre de ses engagements en matière de logement social.

Voir aussi : Comm. sous C. urb., art. L. 213-1, p. 176 et C. urb., art. L. 421-2-1, p. 336.

C. urb., art. L. 510-2. — En cas d'application des dispositions de l'article L. 510-1, le tribunal ordonnera l'évacuation des locaux irrégulièrement occupés et leur remise dans leur état antérieur dans un délai qui ne pourra excéder un an. La démolition des constructions irrégulières sera ordonnée dans les mêmes conditions.

Passé le délai prévu à l'alinéa précédent, il est procédé, aux frais du délinquant, à l'expulsion des occupants et à l'exécution des travaux de remise en état ou de démolition par les services du ministère chargé de l'urbanisme.

C. urb., art. L. 510-3. — Les contrats et conventions conclus en violation des dispositions subordonnant à un agrément préalable la création ou l'extension d'une installation industrielle ou de ses annexes ou d'un établissement scientifique ou technique ou l'occupation dans ce but de locaux vacants, ainsi que la construction de bureaux, ne sont pas opposables à l'administration lorsqu'elle procède, conformément à l'article L. 510-2, à l'expulsion des occupants, à la remise en état des locaux ou à la démolition des constructions.

C. urb., art. L. 510-4 *(L. n° 85-729, 18 juill. 1985)*. — À l'intérieur des zones prévues par l'article L. 510-1, les terrains sur lesquels sont établies des usines dont l'exploitation est ou serait interrompue par suite d'abandon, de vétusté ou de conventions entre les industriels et les pouvoirs publics ne pourront être utilisés pour un usage industriel qu'après autorisation du représentant de l'État dans le département.

Ces terrains pourront être réservés en tout ou partie, pour un usage autre que l'usage industriel, par des arrêtés du représentant de l'État dans le département pris dans des conditions fixées par décret ; les conditions de leur utilisation ultérieure sont fixées par des arrêtés ministériels.

Les mesures prévues par le présent article donnent droit, s'il y a lieu, aux indemnités prévues par le deuxième alinéa de l'article L. 160-5 ou à des indemnités d'expropriation.

TITRE II

DISPOSITIONS FINANCIÈRES CONCERNANT LA RÉGION PARISIENNE

C. urb., art. L. 520-1 ***(L. n° 82-1020, 3 déc. 1982).*** **— Dans les zones comprises dans les limites de la région d'Île-de-France telles qu'elles ont été fixées par l'article 1er de la loi n° 76-394 du 6 mai 1976 et qui seront déterminées par décret en Conseil d'État, il est perçu une redevance à l'occasion de la construction de locaux à usage de bureaux et de locaux de recherche ainsi que de leurs annexes.**

(Al. créé, L. n° 2000-1208, 13 déc. 2000, art. 48) **À compter de la promulgation de la loi n° 2000-1208 du 13 décembre 2000 relative à la solidarité et au renouvellement urbains, dans les communes éligibles à la dotation de solidarité urbaine, le montant de cette redevance ne peut excéder le seuil des montants prévus au 3° de l'article R. 520-12 du présent code et fixés par le décret n° 89-86 du 10 février 1989.**

Région Île-de-France. Elle regroupe les départements suivants : Paris, Seine-et-Marne, Hauts-de-Seine, Essonne, Yvelines, Seine-Saint-Denis, Val-de-Marne, Val-d'Oise. 1557

Domaine. Par la généralité de ses termes, le présent article, dont la portée n'a été restreinte ni par l'intitulé de la loi n° 60-790 du 2 août 1960, indiquant que la redevance tend à « limiter l'extension » des locaux à usage de bureaux dans la région parisienne, ni par l'intitulé de la loi n° 82-1020 du 3 décembre 1982 qui mentionne qu'elle porte réforme de la redevance pour « création » de locaux à usage de bureaux en Île-de-France, est applicable à toutes les constructions à usage de bureaux, sous réserve des exonérations prévues par d'autres dispositions du même code, alors même qu'il s'agirait d'une construction destinée à remplacer un immeuble entièrement démoli, à l'exception des façades, qui était déjà à usage de bureaux (CE 9e et 8e sous-sect., 10 mars 1999, req. nos 145648 et 165531, *SA Gan-Vie : Dr. fisc.* 1999, comm. 753). 1558

Nature juridique. Cette redevance est un impôt. Le recours contentieux doit être précédé d'une réclamation préalable (CE, 17 déc. 2003, *Min. Équipement, des Transports, du Logement, du Tourisme et de la Mer* c/ *Mme Rado : BJDU* n° 1/2004, p. 57, concl. L. Vallée, obs. J.-C. Bonichot). 1559

Seuil. Le seuil visé au décret du 10 février 1989, remplacé par le décret 2001-1327 du 28 décembre 2001, est de 244 € par mètre carré. 1560

Voir aussi : C. urb., art. R. 520-1 à R. 520-12, p. 924.

C. urb., art. L. 520-2 ***(L. n° 82-1020, 3 déc. 1982).*** **— La redevance est due par la personne physique ou morale qui est propriétaire des locaux à la date de l'émission de l'avis de mise en recouvrement. L'avis de mise en recouvrement doit être émis dans les deux ans qui suivent soit la délivrance du permis de construire, soit le dépôt des déclarations prévues par les articles L. 520-9 et R. 422-3, soit, à défaut, le début des travaux.**

Si l'avis de mise en recouvrement est émis avant l'achèvement de la construction, il peut être établi au nom du maître de l'ouvrage qui pourra demander remboursement de son montant au propriétaire des locaux.

À défaut de paiement par les débiteurs désignés aux alinéas précédents, le recouvrement peut être poursuivi sur les propriétaires successifs des locaux.

Toutefois, ces poursuites ne peuvent être engagées après l'expiration d'un délai d'un an à compter de la déclaration d'achèvement des travaux ou de la constatation de l'achèvement des travaux.

Compétence. À Paris, la compétence en la matière a été transférée, par arrêté du 30 mai 1984, du préfet de Paris au maire de Paris (CE, 23 oct. 2002, req. n° 221468, *Min. Équip., Transports et Loge-* 1561 *ment c/ Société Agence immobilière de la région parisienne : Juris-Data* n° 2002-064422 ; *Constr.-urb.* 2002, n° 12, comm. n° 317, N. Gonzalez-Gharbi).

Voir aussi : C. urb., art. R. 424-1, p. 848.

1562 **Locataires.** Il importe peu, au regard de la détermination des personnes visées par la redevance, que les aménagements soient faits par le locataire (CE, 30 avr. 1975, *Sté Alliance technique industrielle et Matelern : Rec. CE*, p. 276). Doit être cassé l'arrêt qui, pour condamner les bailleurs à rembourser à leur locataire le montant de la redevance perçue par l'Administration à l'occasion de la transformation des lieux en bureaux, a énoncé qu'il résultait du présent article que le maître de l'ouvrage pouvait en demander le remboursement au propriétaire des locaux. En statuant ainsi, sans rechercher si la transformation avait été réalisée avec l'accord des bailleurs, la cour d'appel n'a pas donné de base légale à sa décision (Cass. 3e civ., 15 mai 1979 : *D.* 1979, inf. rap. 468).

1563 **Responsabilité.** – Un notaire commet une faute qui engage sa responsabilité professionnelle lorsque, rédacteur d'un acte de vente concernant des locaux à usage de bureaux, il n'a pas vérifié l'exigibilité et le paiement des taxes dues en application de l'article L. 520-1 en cas de création de bureaux afin d'éclairer les parties sur leurs droits respectifs. En effet l'obligation du paiement de la taxe relative à l'article L. 520-1 du Code de l'urbanisme pèse sur les propriétaires successifs à défaut de règlement par le débiteur d'origine. Ainsi le notaire a commis une négligence fautive en n'informant pas exactement l'appelant des charges liées à l'acquisition du bien litigieux. Le notaire doit donc réparer le préjudice subi par l'appelant tenu d'acquitter à la place du précédent propriétaire une taxe dont il n'était pas redevable (Paris, 13 déc. 1989 : *JCP* G 1990, IV, p. 262).

C. urb., art. L. 520-3 *(L. n° 82-1020, 3 déc. 1982 ; L. n° 86-1318, 30 déc. 1986 ; L. n° 88-1193, 29 déc. 1988)*. — Le montant de la redevance due par mètre carré de surface utile de plancher peut varier selon les périmètres considérés, sans pouvoir excéder *(Montant et unité monétaire remplacés à compter du 1er janvier 2002, Ord. n° 2000-916, 19 sept. 2000, art. 4 et 19)* « 244 € ». Ce montant et ces périmètres sont fixés par décret en Conseil d'État, en fonction du taux d'emploi et de son évolution.

1564 **Montants et périmètres.** Il s'agit de ceux en vigueur à la date du fait générateur de la redevance, constituée selon le cas par :
– la délivrance du permis de construire ;
– le dépôt de la déclaration prévue à l'article R. 422-3 pour les constructions exemptées de permis de construire en application de l'article L. 422-1 ;
– le dépôt de la déclaration prévue à l'article L. 520-9 pour les opérations portant transformation de locaux existants ;
– le procès-verbal constatant une infraction aux dispositions légales ;
– la date du début des travaux pour tous les autres cas.

Voir aussi : C. urb., art. R. 520-12, p. 927.

1565 **Remboursement du trop-perçu.** Un tel remboursement donne lieu au paiement d'intérêts moratoires au taux légal (LPF, art. L. 208), mais toute demande de capitalisation doit être rejetée (CAA Paris, 1er oct. 2002, *SC Galvani Immobilière c/ Min. Équipement, des Transports, du Logement, du Tourisme et de la Mer : BJDU* n° 2/2003, p. 134).

C. urb., art. L. 520-4 *(L. n° 82-1020, 3 déc. 1982 ; L. n° 86-1318, 30 déc. 1986)*. — Le produit de la redevance est attribué à la région d'Île-de-France pour être pris en recettes au budget d'équipement de la région, en vue du financement d'infrastructures routières et d'équipements nécessaires au desserrement d'activités industrielles ou tertiaires.

C. urb., art. L. 520-5 *(L. n° 82-1020, 3 déc. 1982)*. — La redevance est calculée sur la surface utile de plancher prévue pour la construction ; son montant est arrêté par décision de l'autorité administrative.

La redevance est réduite à la demande du redevable si celui-ci établit que la surface de plancher prévue n'a pas été entièrement construite.

Elle est supprimée, à la demande du redevable, si celui-ci établit que la construction n'a pas été entreprise et s'il renonce au bénéfice du permis de construire ou de la déclaration prévue par l'article R. 422-3.

Les litiges relatifs à l'assiette et à la liquidation de la redevance sont de la compétence des tribunaux administratifs.

La redevance est recouvrée par l'administration des domaines dans les mêmes conditions que les créances domaniales.

C. urb., art. L. 520-6. — Le décret en Conseil d'État prévu à l'article L. 520-11 précise les conditions dans lesquelles, à dater du 8 juillet 1971 :

Les propriétaires des locaux construits à titre précaire pour une durée de temps limitée, pourront être remboursés de la redevance en tout ou partie, lors de la démolition de ces locaux ;

Les propriétaires de locaux détruits par sinistre ou expropriés pour cause d'utilité publique auront le droit de reconstituer en exonération de la redevance une superficie de plancher utile équivalente à celle des locaux détruits ou expropriés.

Immeuble démoli. La redevance s'applique lorsque la construction de locaux à usage de bureaux est édifiée sur l'emplacement d'un immeuble, lui-même à usage de bureau avant sa démolition, dès lors qu'il ne s'agit pas de la reconstruction d'un immeuble détruit par sinistre (CAA Paris, 3e ch., 15 déc. 1994, req. n° 921175, *Sté Gan-Vie : Dr. fisc.* 1995, n° 30, comm. 1614. – CAA Paris, 2e ch., 18 févr. 1996, req. n° 942005, *SARL SOFEDIM : Juris-Data* n° 1996-042582. – CE, 23 oct. 2002, req. n° 221468, *Min. Équip., Transports et Logement c/ Société Agence immobilière de la région parisienne : Juris-Data* n° 2002-064422 ; *Constr.-urb.* 2002, n° 12, comm. n° 317, N. Gonzalez-Gharbi). Décidé encore récemment qu'elle est applicable y compris aux constructions destinées à remplacer un immeuble entièrement démoli, à l'exception des façades, qui était déjà à usage de bureaux (CE 9e et 8e sous-sect. réunies, 10 mars 1999, req. n° 145648, *SA Gan-Vie : Juris-Data* n° 1999-050332). 1566

C. urb., art. L. 520-7 *(L. n° 82-1020, 3 déc. 1982)*. — Sont exclus du champ d'application du présent titre :

Les bureaux qui font partie d'un local principal d'habitation ;

Les locaux affectés au service public et appartenant à l'État, aux collectivités territoriales, aux établissements publics ne présentant pas un caractère industriel ou commercial ainsi que ceux qui sont utilisés par des organismes de sécurité sociale ou d'allocations familiales et qui appartiennent à ces organismes ou à des sociétés civiles constituées exclusivement entre ces organismes ;

Les garages ;

Dans les établissements industriels, les locaux à usage de bureaux dépendants de locaux de production, et les locaux à usage de bureaux d'une superficie inférieure à 1 000 mètres carrés indépendants des locaux de production ;

Les locaux de recherche compris dans les établissements industriels ;

Les bureaux utilisés par les membres des professions libérales et les officiers ministériels ;

Les locaux affectés aux groupements constitués dans les formes prévues par l'article 10 de la loi du 1er juillet 1901 relative au contrat d'association.

Établissements industriels. Ne doit pas être considéré comme un établissement industriel, au sens du présent article, un ensemble de locaux utilisés pour des activités de stockage de pièces détachées et de rechange, qui « ne concourent directement à la fabrication d'aucun produit commercialisable ». Le bâtiment administratif dépendant de cet établissement est, dès lors, valablement assujetti à la redevance pour création de locaux à usage de bureau (CE 7e et 9e sous-sect., 29 janv. 1992, req. n° 76022, *SA Bull*). 1567

1568 **Caisses d'épargne.** Elles ne sont pas exemptées de la redevance (CE sect., 14 juin 1974, req. n° 85-596, *Caisse d'Épargne Paris : Rec. CE*, p. 342).

1569 **Professions libérales.** Il s'agit de celles dont l'exercice est réglementé, que leurs membres exercent à titre individuel ou dans le cadre de groupements ou de sociétés. Sont ainsi assujettis des bureaux mis à la disposition d'une société anonyme qui exerce des activités d'avocat, d'expertise comptable, de commissariat aux comptes, mais aussi d'audit et de conseil en organisation et en gestion (CE, 29 juin 2001, *Sté AIG Europe : AJDI* 2002, n° 2, p. 149, note J.-P. Maublanc).

C. urb., art. L. 520-8 ***(Ab., L. n° 82-1020, 3 déc. 1982).***

C. urb., art. L. 520-9 ***(L. n° 82-1020, 3 déc. 1982).*** **— Est assimilé, pour l'application du présent titre, à la construction de locaux à usage de bureaux ou de locaux de recherche le fait de transformer en de tels locaux des locaux précédemment affectés à un autre usage.**

Les transformations de locaux visées au présent article devront, à défaut d'une demande de permis de construire, faire l'objet d'une déclaration dont les modalités seront déterminées par le décret en Conseil d'État prévu à l'article L. 520-11.

Lorsque l'agrément prévu par l'article L. 510-1 autorise la transformation de locaux soumis à redevance en locaux d'une catégorie soumise à une redevance d'un taux plus élevé que précédemment, la redevance due est arrêtée sous déduction du montant de la redevance versée au titre de l'usage antérieur.

(Al. créé, L. n° 96-987, 14 nov. 1996, art. 38) **La redevance n'est pas due pour les opérations réalisées dans les zones franches urbaines définies au B du 3 de l'article 42 de la loi n° 95-115 du 4 février 1995 d'orientation pour l'aménagement et le développement du territoire lorsqu'elles visent la transformation de locaux en bureaux.**

1570 **Zones franches urbaines.** Il convient de noter que l'exonération prévue dans celles-ci ne concerne :

– ni les transformations de locaux en locaux de recherche ;

– ni la construction de bureaux.

Les plans au 1/25 000e correspondant à la délimitation des zones franches urbaines peuvent être consultés à la délégation interministérielle de la ville et au développement social urbain, 194, av. du Président-Wilson, 93217 Saint-Denis-la-Plaine ainsi qu'auprès notamment des préfectures et des mairies des communes concernées.

1571 **Refus d'imposition.** Une société civile immobilière, qui a souscrit la déclaration prévue à l'article L. 520-9 du Code de l'urbanisme – en vue du changement d'affectation en bureaux des locaux commerciaux lui appartenant, situés à Paris et de l'établissement de la redevance relative à la création en Île-de-France des locaux à usage de bureaux –, est recevable à former un recours pour excès de pouvoir contre la décision lui ayant fait grief, par laquelle le préfet de Paris a refusé de l'imposer à ladite redevance au motif que ce changement d'affectation serait contraire aux règles d'urbanisme applicables. L'Administration ne pouvant fonder son refus sur un tel motif dans le cadre de la procédure d'établissement de la redevance, sa décision est annulée comme étant entachée d'une erreur de droit (CAA Paris, 2e ch., 21 mars 1996, req. n° 94-1889, *SCI Coquillière : Dr. fisc.* 1996, n° 23, comm. 720).

Voir aussi : Pour l'application des dispositions du deuxième alinéa, C. urb., art. R. 520-4, p. 925, C. urb., art. R. 520-5, p. 925 et C. urb., art. A. 520-4, p. 985.

C. urb., art. L. 520-10. — Ainsi qu'il est dit à l'article 302 *septies* BI du Code général des impôts, le montant de la redevance afférente à une construction donnée est, du point de vue fiscal, considéré comme constituant un élément de prix de revient du terrain sur lequel est édifiée ladite construction.

C. urb., art. L. 520-11 ***(L. n° 82-1020, 3 déc. 1982).*** **— Un décret en Conseil d'État déterminera les conditions d'application du présent titre et notamment les majorations de la**

redevance applicables, d'une part, en cas de retard dans le paiement dans la limite de 1 % par mois, à compter de l'échéance fixée dans l'avis de mise en recouvrement, d'autre part, en cas d'infraction aux dispositions du présent chapitre ou des textes pris pour son application, dans la limite du montant de la redevance éludée.

Voir aussi : C. urb., art. R. 520-1 à R. 520-12, p. 924.

C. urb., art. L. 520-12 et L. 520-13 *(Ab., L. n° 82-1020, 3 déc. 1982).*

TITRE III
IMPLANTATION HORS DE LA RÉGION PARISIENNE DE CERTAINES ACTIVITÉS

C. urb., art. L. 530-1. — **Le ministre de l'Économie et des Finances est autorisé à octroyer des prêts, des bonifications d'intérêts ou la garantie de l'État pour faciliter le financement des opérations de décentralisation.**

C. urb., art. L. 530-2. — **Un décret en Conseil d'État fixe, en tant que de besoin, les conditions d'application de l'article L. 530-1.**

Voir aussi : C. urb., art. R. 530-1 à R. 530-5, p. 928.

C. urb., art. L. 530-3. — **Les conventions passées par les ministres compétents et notamment par le ministre chargé de l'urbanisme et le ministre chargé de l'aménagement du territoire pour la réalisation des opérations du fonds de construction, d'équipement rural et d'expansion économique et de la section B du fonds créé par la loi n° 50-957 du 8 août 1950 sont applicables de plein droit aux opérations du fonds de développement économique et social.**

C. urb., art. L. 530-4. — **Les opérations de décentralisation visées à l'article L. 530-1 et s'effectuant à l'intérieur des localités ou zones qui souffrent de sous-emploi grave et permanent ou d'un développement économique insuffisant peuvent bénéficier d'une prime spéciale.**

TITRE IV
CONSTRUCTION OU AMÉNAGEMENT DES IMMEUBLES À USAGE INDUSTRIEL EN VUE DE LEUR REVENTE

C. urb., art. L. 540-1. — **Les prêts et bonifications d'intérêts prévus en faveur des entreprises industrielles en vue d'opérations de création, d'extension ou de transfert réalisées dans le cadre de la décentralisation industrielle peuvent être accordés aux chambres de commerce, établissements publics qualifiés ou sociétés d'économie mixte constituées conformément à la législation en vigueur, ainsi qu'aux collectivités territoriales pour acquérir ou construire des bâtiments à usage industriel en vue de leur cession ou de leur location.**

C. urb., art. L. 540-2. — **Dans les localités ou zones qui, souffrant de sous-emploi grave et permanent ou d'un développement économique insuffisant, peuvent bénéficier des primes spéciales prévues à l'article L. 530-4, des sociétés d'économie mixte peuvent être créées, avec la participation de l'État, par application de l'article L. 321-1, en vue,**

d'une part, d'acquérir, de construire ou d'aménager, d'autre part, de louer, de vendre ou de céder, en location-vente, des immeubles à usage industriel.

C. urb., art. L. 540-3.— **L'article 1er du décret du 21 avril 1939 tendant à affecter les participations financières de l'État à l'amortissement de la dette publique ne s'applique pas aux prises de participation de l'État dans les sociétés d'économie mixte visées à l'article L. 540-2.**

Les sociétés d'économie mixte visées à l'article L. 540-2 pourront bénéficier des prêts, de la garantie de l'État et des bonifications d'intérêt prévus par l'article L. 530-1.

TITRE V
SANCTIONS

C. urb., art. L. 550-1.— **Les infractions à la réglementation relative à la décentralisation industrielle sont constatées et poursuivies selon les règles fixées à l'article L. 480-1.**

LIVRE SIXIÈME

DISPOSITIONS RELATIVES AU CONTENTIEUX DE L'URBANISME

(Livre rempl., L. n° 94-112, 9 févr. 1994, art. 3)

Objectif. Le présent titre a été ajouté par la loi n° 94-112 dite Bosson du 9 février 1994. Il comporte 1572
des règles particulières, par rapport au droit commun de la procédure administrative contentieuse (V. commentaire de cette loi par Bouyssou : *AJDA* mars 1994. – Jegouzo : *RD imm.* 1994, p. 153. – Dossier *RFDA* 1995, p. 1 à 83, avec les contributions de B. Bosson, H. Charles, J.-B. Auby, P. Hocreitere. – Morand-Deviller : *RD imm.* 1994, p. 163. – Phemoland : *BJDU* 1994, p. 3. – Benoit-Cattin : *JCP* N 1994, p. 207). Les conditions d'entrée en vigueur des différents articles ont été précisées par circulaire du ministre de l'Équipement du 11 février 1994 (*Mon. TP* 18 févr. 1994). Voir aussi sur les modalités d'application de la loi Bosson, Circ. n° 94-38, 22 avril 1994 : *RFDA* 1995, p. 60.
La jurisprudence désormais abondante rendue en application de ces dispositions rend compte d'une pratique du contentieux formel de l'urbanisme dont la spécificité s'affirme très nettement au regard du contentieux administratif général.

C. urb., art. L. 600-1 ***(Créé, L. n° 94-112, 9 févr. 1994, art. 3).*** **— L'illégalité pour vice de forme ou de procédure** ***(Mots rempl., L. n° 2000-1208, 13 déc. 2000, art. 202-XXXVIII, 1°)*** **« d'un schéma directeur, d'un schéma de cohérence territoriale, d'un plan d'occupation des sols, d'un plan local d'urbanisme, d'une carte communale ou d'un document d'urbanisme en tenant lieu » ne peut être invoquée par voie d'exception, après l'expiration d'un délai de six mois à compter de la prise d'effet du document en cause.**

Les dispositions de l'alinéa précédent sont également applicables à l'acte prescrivant l'élaboration ou la révision d'un document d'urbanisme ou créant une zone d'aménagement concerté.

Les deux alinéas précédents ne sont pas applicables lorsque le vice de forme concerne :

– soit l'absence de mise à disposition du public des schémas directeurs dans les conditions prévues à l'article L. 122-1-2 ***(Mots aj., L. n° 2000-1208, 13 déc. 2000, art. 202-XXXVIII, 2°)*** **« dans sa rédaction antérieure à la loi n° 2000-1208 du 13 décembre 2000 relative à la solidarité et au renouvellement urbains » ;**

– soit la méconnaissance substantielle ou ***(Mots rempl., L. n° 2000-1208, 13 déc. 2000, art. 202-XXXVIII, 2°)*** **« la violation des règles de l'enquête publique sur les schémas de cohérence territoriale, les plans locaux d'urbanisme et les cartes communales » ;**

– soit l'absence du rapport de présentation ou des documents graphiques.

L. n° 2003-590, 2 juillet 2003, art. 25. — Sous réserve des décisions de justice passées en force de chose jugée, les plans locaux d'urbanisme ou documents d'urbanisme en tenant lieu sont validés en tant que leur légalité serait contestée aux motifs qu'ils n'auraient pas été élaborés ou révisés et mis à l'enquête publique pour la totalité du territoire de l'établissement de coopération intercommunale, et notamment à ceux liés, directement ou indirectement, au fait que les documents mis à disposition du public pour l'enquête publique, dans chaque commune membre, n'auraient pas été ceux concernant la totalité du territoire de l'établissement public de coopération intercommunale mais seulement ceux intéressant le territoire de la commune concernée.

Bibliographie : GILLIG, *La remise en cause du caractère perpétuel de l'exception d'illégalité à l'encontre des actes réglementaires : Petites affiches* 1994, n° 104. – HOCREITÈRE, *Les nouvelles règles applicables au contentieux administratif de l'urbanisme : BJDU* n° 1/2001, p. 2.

Contrôle de constitutionnalité. Le Conseil constitutionnel a admis la validité du présent article, 1573
compte tenu des exceptions figurant au dernier alinéa à l'impossibilité d'invoquer l'exception d'illégalité, au-delà d'un certain délai après la prise d'effet de ladite décision. Il a également souligné que le présent article ne faisait pas obstacle à une demande d'abrogation du POS, en raison de son illégalité soit initiale, soit à la suite d'un changement de circonstance (Cons. const., n° 93-335 DC, 21 janv. 1994 : *JO* 26 janv.).

1574 **Conformité à la CEDH.** Cet article, en tant qu'il instaure un délai particulier de prescription, ne méconnaît ni le principe d'équité mentionné à l'article 6 de la Convention européenne de sauvegarde des droits de l'homme, ni les dispositions de l'article 13 de cette convention (CE, 7 juill. 2004, req. n° 211297, *Société BRED*. – Cf. aussi CAA Paris, 17 déc. 1996, *SA Foncière Paris-Neuilly : BJDU* n° 1/1997, p. 24, concl. Martel).

1575 **Objectif.** Cette disposition issue de la loi du 9 février 1994 et maintenue par la loi SRU a pour but de permettre au juge administratif d'écarter les fréquentes illégalités tardives touchant les documents d'urbanisme et qui seraient injustifiées au fond. À l'exception des cas visés par l'article L. 600-1 et des moyens tirés de l'incompétence ou de la légalité interne, l'exception d'illégalité soulevée contre un document d'urbanisme sera circonscrite à un délai de six mois.

1576 **Champ d'application.** Plusieurs décisions récentes ont permis de dégager progressivement le périmètre d'application du texte. Tout d'abord et à l'évidence les dispositions de l'article L. 600-1 qui concernent les actes réglementaires fixant les règles d'urbanisme sont inapplicables au contentieux dirigé directement contre l'acte individuel que constitue le permis de construire (CAA Douai, 22 nov. 2001, req. n° 99DA10042, *M. Lalouelle*).

Par ailleurs, ces mêmes dispositions ne font pas obstacles à ce que le moyen de légalité interne tiré de l'erreur manifeste d'appréciation du classement d'un zonage opéré par le POS d'une commune soit invoqué à tout moment par la voie de l'exception d'illégalité (CAA Bordeaux, 17 janv. 2002, req. n° 99BX01061, *Cne de Moliets et Maa*). De la même façon, le moyen tirée de la mise en œuvre d'une procédure de modification du POS à la place de la procédure de révision n'est pas un vice de forme de ceux visés à l'article L. 600-1 (CAA Bordeaux, 4 juill. 2002, req. n° 98BX01385, *Assoc. pour la défense de l'environnement du pays aredien et du limousin*). Il en va de même pour le moyen lié de ce que le rapport de présentation accompagnant une modification du POS de Paris n'avait pas été communiqué aux membres du conseil municipal, ce grief étant relatif aux conditions dans lesquelles a délibéré le conseil de Paris (CAA Paris, 10 juill. 2002, req. n° 02PA00943, *Assoc. de défense Courcelles Beaujon et alentours*).

Par ailleurs, les dispositions de l'article L. 600-1 sont opposables dans le contentieux des participations fiscales prévues par le Code de l'urbanisme (CE, 8 mars 2002, req. n° 211327, *Société BNP*. – CE, 7 juill. 2004, req. n° 210687, *SCI du 62 Avenue Marceau*).

En revanche, n'est pas au nombre des décisions visées par l'article L. 600-1 la délibération d'un conseil municipal aux termes de laquelle a été décidé le classement d'une voie dans le domaine public (CAA Nancy, 6 mars 2003, req. n° 98NC00933, *Société Habitat Familial d'Alsace*).

1577 **Entrée en vigueur.** Le Conseil d'État a jugé que « dans le silence de la loi, le point de départ de délai de six mois institué par l'article L. 600-1, doit en ce qui concerne les documents d'urbanisme ayant pris effet avant l'entrée en vigueur des dispositions de cet article, être fixé au 12 février 1994 » (CE, 13 nov. 2002, req. n° 189991, *SA Foncière Paris Neuilly : Constr.-urb.* mars 2003, n° 77).

Voir aussi : Sur l'entrée en vigueur du présent article, et ses limites, concl. Lasvignes sous CE, sect., 5 mai 1995, *Sté coopérative maritime Bidassoa : AJDA* 1995, p. 463. CE, 8 mars 2002, req. n° 211327, *BNP*. – CAA Paris, 4 févr. 2003, req. n° 01PA04021, *Min. de l'Intérieur*. – CAA Paris, 10 juin 2004, req. n° 01PA01540, *Société Becker Bau*.

1578 **Modalités de contrôle.** La recevabilité des moyens invoqués s'apprécie vice par vice et non par rapport à l'un quelconque d'entre eux (CE, 3 juill. 2002, req. n° 201644, *Secrétaire d'État au logement c/ Société Cidre SA*. – CE, 13 nov. 2002, préc.) et non en fonction de la cause juridique à laquelle les vices invoqués se rattacheraient (CE sect., 5 mai 1995 , *Société coopérative maritime Bidassoa et autres : AJDA* 1995, p. 463, concl. Lasvignes ; *Rec. CE*, p. 193).

1579 **Illégalité de fond.** Le Conseil d'État considère comme un vice de fond, et non comme un vice de légalité externe, l'utilisation de la procédure de modification de POS à la place de la procédure de révision (CE, 20 nov. 1996, *Assoc. de Protection Aigue-Bouzaize Saint-Martin : DA* 1997, 118).

Il en va de même et peut donc être invoqué à tout moment l'illégalité d'un PAZ par le moyen tiré de l'absence d'étude d'impact imposée par l'article R. 311-3 du Code de l'urbanisme au stade de la création d'une ZAC (CE, 2 févr. 2004, req. n° 215763, *Association des cinq cantons La Barre : Constr.-urb.* avr. 2004, n° 87 ; *BJDU* n° 3/2004, p. 177, concl. Piveteau).

Cas particulier : rapport de présentation. Le moyen fréquemment utilisé et tiré de l'insuffisance du rapport de présentation pour lequel une incertitude subsistait quant à sa qualification de simple vice de forme (cf. en ce sens CE, 10 juin 1998, *Société Leroy-Merlin : BJDU* n° 4/1998, p. 224, concl. Savoie) semble aujourd'hui avoir été unanimement confirmé comme tel par les juges d'appel (CAA Marseille, 23 oct. 2003, req. n° 99MA00983, *Mme Costa.* – CAA Paris, 27 janv. 2004, req. n° 00PA01501, *Société routière de l'est parisien.* – CAA Bordeaux, 25 mars 2004, req. n° 00BX00332, *SA Fradin*). 1580

Juridiction pénale. Le présent article s'applique aussi devant les juridictions répressives (T. corr. Rennes, 13 mars 1996 : *DA* 1997, 147). 1581

C. urb., art. L. 600-2 *(Créé, L. n° 94-112, 9 févr. 1994, art. 3).* **— Lorsqu'un refus opposé à une demande d'autorisation d'occuper ou d'utiliser le sol ou l'opposition à une déclaration de travaux régies par le présent code a fait l'objet d'une annulation juridictionnelle, la demande d'autorisation ou la déclaration confirmée par l'intéressé ne peut faire l'objet d'un nouveau refus ou être assortie de prescriptions spéciales sur le fondement de dispositions d'urbanisme intervenues postérieurement à la date d'intervention de la décision annulée sous réserve que l'annulation soit devenue définitive et que la confirmation de la demande ou de la déclaration soit effectuée dans les six mois suivant la notification de l'annulation au pétitionnaire.**

Bibliographie : Boulisset, *Les conséquences de l'annulation par le juge administratif d'une décision de refus de permis de construire : Ann. loyers* janv. 2001, p. 85.

Objectif. Il s'agit, par ce texte, de permettre au pétitionnaire, abusivement victime d'un refus de permis (ou d'autres autorisations individuelles) par la suite annulé par le juge administratif de façon définitive, de redéposer une nouvelle demande sans que l'on puisse lui opposer une évolution défavorable des règles d'urbanisme intervenue entre-temps. 1582
Ainsi, le droit acquis à réitérer une demande est-il encadré dans de strictes conditions formelles.

Bénéficiaire de la mesure. La dérogation législative instaurée par l'article L. 600-2 suivant laquelle une décision administrative doit être conforme aux lois et règlements en vigueur à la date de son édiction ne peut bénéficier qu'au petitionnaire de la demande de permis de construire ou à ses ayants droit, et non au propriétaire du terrain (CAA Paris, 25 juin 2002, req. n° 98PA01466), *Mme Chapiteau*). 1583

Voir aussi : C. urb., art. L. 160-5, p. 145.

Champ d'application matériel. Les dispositions de l'article L. 600-2 ouvrent droit au rétablissement de la règle d'urbanisme antérieure et ont vocation à régir les situations dans lesquelles un refus opposé à une demande d'autorisation d'occuper ou d'utiliser le sol a fait l'objet d'une annulation juridictionnelle. Dès lors, la méconnaissance de l'article L. 600-2 ne peut pas être invoquée lorsqu'un arrêté portant autorisation de construire a été annulé (CAA Nancy, 13 mai 2004, req. n° 00NC01308, *Cne de Doncourt-les-Conflans*). 1584
En revanche, une décision de sursis à statuer constitue un refus opposé à une demande d'autorisation d'occuper le sol, au sens de l'article L. 600-2 (CAA Lyon, 27 déc. 2001, req. n° 98LY01450, *SCI La Cluiseraz : Constr.-urb.* 2002, n° 184, obs. Benoit-Cattin. – TA Lyon, 16 sept. 1998, req. n° 97-3045, *M. Labruyère : BJDU* n° 2/1999, p. 153). Après qu'une décision de sursis a fait l'objet d'une annulation juridictionnelle, l'autorité qui avait rendu la décision de sursis ne peut refuser la demande de permis ou l'assortir de prescriptions spéciales sur le fondement de dispositions d'urbanisme intervenues postérieurement à la date de la décision annulée, sous les réserves prévues à l'article L. 600-2 (CAA Paris, 20 janv. 2004, req. n° 00PA02366, *Mme Flamand*). Quant aux certificats d'urbanisme, les dispositions de l'article L. 600-2 ne leur sont pas applicables (CAA Nancy, plén., 16 nov. 2000, req. n° 97NC02057, *Cne de Marly : Constr.-urb.* 2001, n° 96, note Larralde).

Plan de prévention des risques naturels.. Constituent des dispositions d'urbanisme au sens de l'article L. 600-2, et sont inopposable au pétitionnaire bénéficiaire de l'annulation d'un précédent 1585 refus de permis de construire, les dispositions de leur règlement relatives à l'occupation ou à l'utilisation du sol (CE, 12 juin 2002, req. n° 244634, *Préfet de Charente-Maritime*).

1586 **Urbanisme commercial.** Les dispositions d'urbanisme commercial n'entrent pas dans le champ d'application des dispositions de l'article L. 600-2 (CAA Marseille, 12 février 2004, req. n° 00MA01690, *SA Bentley*).

1587 **Procédure.** Le délai de six mois permettant au pétitionnaire de confirmer sa demande d'autorisation court à compter de la notification de l'arrêt rendu par les juges d'appel (TA Versailles, 14 mai 1996, *M. Sanglier : BJDU* n° 4/1996, p. 252, concl. Demouveaux. – Cf. aussi CAA Paris, 20 janv. 2004, préc.). Une injonction prescrite en vertu des dispositions de l'article L. 911-1 du Code de justice administrative à un maire de réexaminer une demande n'a pas pour effet de dispenser le pétitionnaire de confirmer sa demande selon les modalités de l'article L. 600-2 (CAA Paris, 20 janv. 2004, préc. : *JCP* A 2004, p. 483, obs. Demouveaux).

C. urb., art. L. 600-3 *(Créé, L. n° 94-112, 9 févr. 1994, art. 3 ; abr. à compter du 1er janvier 2001, Ord. n° 2000-387, 4 mai 2000, art. 6).*

1588 **Abrogation.** Abrogé à compter du 1er janvier 2001 par l'ordonnance du 4 mai 2000 relative à la partie législative du Code de justice administrative, cet article se trouve désormais transposé, par décret n° 2000-389 du 4 mai 2000 (relatif à la partie réglementaire du Code de justice administrative) et sauf son dernier alinéa qui disparaît logiquement, dans un nouvel article R. 600-1.

I. – Origine et entrée en vigueur

1589 **Objectif.** Le présent article a pour objet principal l'information rapide des constructeurs, à l'occasion de recours contentieux contre les autorisations d'urbanisme. Au cours du débat parlementaire, cette obligation d'information a été étendue aux recours administratifs, dans la mesure où ils sont susceptibles de prolonger le délai de recours contentieux et aux recours à l'encontre d'un document d'urbanisme.

1590 **Modalité d'application.** À défaut de notification, dans le délai de 15 jours suivant l'introduction du recours (C. urb., art. R. 600-2), le recours est irrecevable.

1591 **Entrée en vigueur.** Conformément à la précision apportée par l'article R. 600-1, le présent article n'est applicable qu'aux recours introduits à compter du 1er octobre 1994 (Avis CE, 4 nov. 1994, *Préfet de Meurthe-et-Moselle : Rec. CE*, p. 494 ; *RFDA* 1995, p. 51 ; *BJDU* 5/1994, p. 95 ; CE, 20 févr. 2002, req. n° 208100, *SCI Dedmathoge*). Il s'applique à l'acte d'appel, postérieur à cette date alors que le recours ou le jugement de première instance était antérieur à cette date (CAA Nantes, 27 juin 1996 : *Gaz. Pal.* 30 nov. 1996. – CE, 13 mars 1998, *Vanslembrouck : Constr.-urb.* 1998, 245, obs. Larralde), sauf si l'appel est cantonné à l'article L. 8-1 du Code des tribunaux administratifs (CAA Lyon, 24 nov. 1998, *Baranoff : BJDU* 1/1999, p. 65).
Pour trancher les difficultés liées à l'application de cet article, le Conseil d'État a constamment fait appel à l'intention du législateur, telle qu'elle résulte du débat parlementaire, notamment, en ce qui concerne le champ d'application de l'obligation de notification.

II. – Cas de notification obligatoire

A. – Actes attaqués

1592 **Champ d'application. Autorisation.** La notification n'est nécessaire qu'à l'occasion des autorisations d'occupation ou d'utilisation du sol, faisant naître des droits acquis, ou en cas de recours contre des jugements validant des droits acquis (rejet d'un recours en annulation). Au contraire, la notification n'est pas nécessaire en cas de recours contre un refus d'autorisation (Avis CE, sect.,

6 mai 1996, *SARL Nicolas Hill Immobilier : Rec. CE*, p. 152 ; *RFDA* 1996, p. 1027, concl. Bonichot) ou en cas d'appel contre un jugement annulant un permis de construire (Avis CE, 26 juill. 1996, *Cne de Triel-sur-Seine et Sté Horde Bâtisseurs SA : Rec. CE*, p. 301 ; *RFDA* 1996, p. 1031, concl. Bonichot ; *BJDU* 4/1996, p. 286, concl. Bonichot. – CE, 9 juin 1999, *Roveyraz : Rec. CE*, T). La notification de l'acte d'appel s'impose, même si la notification du jugement ne l'a pas précisé (CAA Nantes, 20 déc. 1995, *Époux Ribaille : RFDA* 1996, p. 1034), la notification de l'acte d'appel aux avocats adverses n'étant pas suffisante (CAA Nantes, 20 déc. 1995, *Dame Vernhes-David : RFDA*, p. 1033) ; toutefois, la notification de l'acte d'appel n'est pas nécessaire lorsque cet acte ne met pas en cause des bénéficiaires de l'autorisation (CE, 17 mars 1997, *Cne de Pierrelongue*).

La jurisprudence, qui porte principalement sur les recours contre les permis de construire ou de lotir, est également applicable aux autorisations de camping (par exemple, CAA Bordeaux, 30 mai 1996, *Robaux : BJDU* 5/1996, p. 383) et aux autres autorisations régies par le Code de l'urbanisme.

La notification est obligatoire en cas de recours contre un transfert de permis, attaqué par voie de déféré préfectoral (avis CE, 3 nov. 1997, *Préfet des Alpes-Maritimes : DA* 1998, 36 : c'est le bénéficiaire du transfert qui doit être destinataire de la notification), ou contre une non-opposition à déclaration de clôture (CAA Paris, 18 sept. 1997, *Pellerin : BJDU* 6/1997, p. 464) ou à déclaration de travaux (CAA Paris, 13 mai 1997, *Calmurt : Gaz. Pal.* 29 nov. 1998) ou encore, en appel ou en cassation, contre une décision juridictionnelle constatant l'absence de caducité d'un permis de construire et annulant une décision mettant en demeure l'entrepreneur d'interrompre les travaux (CE, 30 avr. 2003, req. n° 237039, *Secrétaire d'État au Logement* c/ *SNC Norminter lyonnais*).

De même, la notification est obligatoire pour les recours en appel ou en cassation contre une décision judiciaire constatant l'absence de caducité d'un PC et annulant une décision mettant en demeure l'entrepreneur d'interrompre les travaux (CE, 30 avr. 2003, req. n° 237039, *Secrétaire d'État au logement* c/ *SNC Norminter Lyonnais*).

Documents d'urbanisme concernés. La notification s'impose aussi en cas de recours dirigé contre les documents d'urbanisme : il faut entendre par là les schémas directeurs et les plans d'occupation des sols (mais non les décisions de mise en concordance de POS par une déclaration d'utilité publique : CE, 11 déc. 1996, *Assoc. de défense de l'environnement orangeois : BJDU* 6/1996, p. 441. – CE, Ass., 28 mars 1997, *Assoc. contre le projet d'autoroute Transchablaisienne : Rec. CE*, p. 120 ; *DA* 1997, 148 ; *AJDA* 1997, p. 545, note Chrestin), et aussi contre un plan d'exposition au bruit (TA Dijon, 1er avr. 1997, *Assoc. Quétigny Environnement* c/ *Préfet de la région de Bourgogne : BJDU* 3/1997, p. 2087, concl. Heckel réformé par CAA Lyon, 7 juill. 1998, *Assoc. Quetigny-Environnement : DA* 1999, 28) ou un schéma de mise en valeur de la mer (CE, 7 juill. 1997, *Assoc. Sauvegarde de l'étang des mouettes : DA* 1997, 308), un MARNU (TA Besançon, 25 sept. 1997, *Chane : DA* 1997, p. 394), ou un PAZ (CE, 9 sept. 1998, *Comité de défense de la qualité de la vie à la Crau*), un arrêté modifiant un cahier des charges de lotissement (TA Dijon, 21 oct. 1997, *Reboul* c/ *Cne d'Arc-sur-Tille : AJDA* 1998, p. 286). 1593

Sont également assujettis à la notification obligatoire les recours formés contre contre un plan de prévention des risques naturels, jugé document d'urbanisme (CE, 3 déc. 2001, req. n° 236910, *SCI des 2 et 4 rue de la Poissonnerie : BJDU* 1/2002, concl. Fombeur) et contre une zone de protection du patrimoine architectural urbain et paysager (CAA Bordeaux, 28 juin 2001 : *Constr.-urb.* sept 2002, n° 224.

Qualité du bénéficiaire de l'acte attaqué. La notification s'impose même dans le cas où le bénéficiaire de l'acte attaqué est une société en cours de constitution (CAA Paris, 23 juin 1998, *Ernault de Moulins : BJDU* 5/1998, p. 390). 1594

Notification non obligatoire. La notification n'est pas nécessaire en cas de recours contre la modification de la servitude de passage sur le littoral (CAA Nantes, 18 déc. 1996, *Gosset*), ni contre un programme d'aménagement d'ensemble, au sens de l'article L. 332-9 (Avis CE, 17 janv. 1997, *Assoc. de défense du site de Galluis : DA* 1997, 111 ; *BJDU* 1/1997, p. 58, concl. Bonichot), ni en cas de recours contre une décision de préemption (TA Châlon, 28 nov. 1995, *Giraud : Gaz. Pal.* 30 juin 1996. – TA Lille, 29 mai 1997, *Parent : BJDU* 5/1997, p. 368, concl. Celerier), ni contre une autorisation d'urbanisme commercial (CE, 6 mars 1998, *Union des commerçants de l'Argonne et Depond : DA* 1998, 143), ni contre un certificat d'urbanisme positif (CAA Nantes, 23 juill. 1997, *Préfet de* 1595 *l'Eure* : *RFDA* 1998, p. 1016, concl. Devillers ; *AJDA* 1997, p. 848), ni contre une participation financière (CAA Marseille, 2 juill. 1998, *Cne de Garéoult* : *BJDU* 5/1998, p. 390), ni contre l'arrêté prorogeant une ZAC (CE, 18 févr. 1998, *Clomes* : *BJDU* 2/1998, p. 134, concl. Schwartz). La notification n'est pas nécessaire non plus en cas de saisine du juge administratif sur renvoi préjudiciel (CE, sect., 20 nov. 2002, req. n° 244453, *Mme Blétry*) ou en cas de demande de subvention formée devant le juge contre un arrêté préfectoral autorisant l'aménagement de plages (CE, 20 déc. 2002, req. n° 245621, *Cne Six-Four-les-Plages*).

B. – Mode de recours

1596 **Procédure d'urgence.** Au-delà du recours en annulation, la notification du recours s'impose en cas de demande de sursis à exécution (TA Strasbourg, 2 févr. 1995, *Nonn* c/ *Ville de Gambsheim* : *BJDU* 1/1995, p. 96, concl. Blais. – CAA Nancy, 19 oct. 1995, *SCI du Rouillon*), ou en cas de recours en suspension des effets de l'acte administratif, en vertu de l'article L. 10 du Code des tribunaux administratifs (CAA Lyon, 26 nov. 1996, *Assoc. des commerçants de Condrieu* : *BJDU* 1/1997, p. 68. – V. aussi pour une demande de suspension de permis de construire : CE, 16 oct. 2002, req. n° 249495, *Cne Roquebrune-sur-Argens*).

1597 **Recours gracieux.** La notification de recours est obligatoire en cas de recours gracieux prolongeant le délai de recours contentieux (Avis CE, sect., 6 mai 1996, *Andersen* : *Rec. CE*, p. 151 ; *RFDA* 1996, p. 1027, concl. Bonichot), ce qui vaut notamment pour la « lettre d'observations » précédant un déféré préfectoral (TA Nantes, 28 sept. 1995, *Préfet Maine-et-Loire* c/ *Ville de Cholet* : *Gaz. Pal.* 12 mai 1996. – TA Lyon, 2 nov. 1995, *Préfet du Rhône* : *Gaz. Pal.* 12 mai 1996). En revanche, en présence d'un recours gracieux non notifié, suivi dans le délai de recours initial contre l'acte administratif attaqué par un recours contentieux, l'absence de notification du recours gracieux n'entraîne pas l'irrecevabilité, parce qu'un tel recours n'était pas nécessaire, *ratione temporis*, pour la recevabilité du recours contentieux, lui-même régulièrement notifié (Avis CE, 6 mai 1996, *Andersen*, préc.).

1598 **Recours gracieux du préfet.** De manière surprenante, qui ne correspond pas à la logique de l'article L. 600-3, le tribunal administratif d'Amiens, en présence d'un recours gracieux préfectoral non notifié, admet la légalité du retrait du permis de construire, ce délai de retrait ayant été conservé par le recours gracieux du préfet (TA Amiens, 24 sept. 1996, *Sté R. H. Promotion* : *Gaz. Pal.* 20 mai 1997 ; *DA* 1997, 114).
Pour autant, une demande préfectorale de pièce complémentaires adressée à une commune n'est pas un recours administratif au sens de l'article R. 600-1 nouveau soumis à l'obligation de modification (CE, 18 oct. 2002, *M. Dumas* : *BJDU* 5/2002, p. 390, concl. Austry).

III. – Modalités de la notification

1599 **Recours intégral.** La notification du recours, au sens du présent article, suppose sa copie intégrale (et non la simple information donnée à l'auteur de l'acte administratif attaqué et, le cas échéant, à son bénéficiaire), mais non la copie des pièces jointes audit recours (Avis CE, 1er mars 1996, *Assoc. Choisy-Étiolles-Environnement* : *Rec. CE*, p. 51 ; *AJDA* 1996, p. 513, avec chronique de jurisprudence ; *RFDA* 1996, p. 1022, concl. Bonichot ; *BJDU* 1/1996, p. 60, concl. Bonichot).

1600 **Caractère complet.** La nécessité de copie intégrale s'applique aussi au préfet, pour les observations préalables au déféré préfectoral (CAA Nantes, 20 déc. 1995, *Cne de Lafaute-sur-Mer* : *RFDA* 1996, p. 1034. – CAA Bordeaux, 17 déc. 1998, *Cne de Port-la-Nouvelle* : *BJDU* 1/1999, p. 66). À défaut de copie intégrale du recours, la notification est insuffisante, même si les griefs sont analysés dans une lettre d'information (CAA Bordeaux, 17 juill. 1997, *Mouliade* : *BJDU* 6/1997, p. 464).
La notification par télécopie est insuffisante (CAA Lyon, 20 oct. 1999, *Cne de Théoule* : *DA* 1999, 115 ; *BJDU* 1/1999, p. 65).
Pour autant, une notification distincte n'est pas prescrite par les textes pour l'introduction de conclusions, accessoires à la requête d'appel ou de cassation (CE, sect., 21 juin 2002, req. n° 232582, *Assoc. Seine et Marnaise pour la sauvegarde de la nature*).

Destinataire de la notification. Lorsque le permis de construire est délivré par le maire au nom de l'État, la notification est valablement adressée au maire (TA Besançon, 31 oct. 1996, *Renaudot c/ Préfet de Haute-Saône : BJDU* 6/1996, p. 438, concl. Garde). Le recours doit être adressé au bénéficiaire lui-même, même s'il est le supérieur hiérarchique de l'auteur de l'acte attaqué (CAA Paris, 16 déc. 1997, *Comité de quartier Mouffetard : DA* 1998, 144 ; *BJDU* 1/1998, p. 77), la notification à l'avocat n'étant jamais suffisante (CAA Douai, 20 déc. 2001, req. n° 99-1006, *M. Delamarre : BJDU* 1/2002, p. 68). Le tribunal administratif de Bastia juge, de façon surprenante, qu'un recours contre un POS élaboré par un établissement public intercommunal doit être notifié, non seulement audit établissement public, mais encore aux communes membres (TA Bastia, 18 déc. 1997, *Assoc. U Levante : BJDU* 1/1998, p. 68). 1601

Délais de notification. La notification doit être expédiée (et non pas nécessairement reçue) dans le délai de 15 jours suivant le recours (V. art. R. 600-1), mais la notification antérieure au dépôt effectif du recours demeure valable, ce qui est tout à fait logique puisque le but recherché par la loi est l'information rapide de l'auteur de l'acte administratif et de son bénéficiaire le cas échéant (TA Lyon, 5 juill. 1995, *Époux Galland.* – CAA Lyon, 21 janv. 1997, *SARL Maisons Vellaves : BJDU* 3/1997, p. 229. – CAA Nantes, 25 juin 1997, *Cne de Cancale : BJDU* 5/1997, p. 383). 1602

Mais l'effectivité d'une information dans un délai rapide ne valide pas un recours notifié par le greffe dans le délai de 15 jours, qui n'avait pas donné lieu à une notification par le requérant au titre du présent article (Avis CE, sect., 6 mai 1996, *Andersen*, préc.).

IV. – Sanctions

Irrecevabilité. L'irrecevabilité prévue au présent article doit être soulevée d'office par le juge administratif (qui refuse de distinguer un ordre public de direction et un ordre public de protection), mais le requérant doit au préalable être mis en demeure de fournir la justification de la notification en cause, s'il ne l'a pas spontanément présentée. Le requérant ne peut, en revanche, suppléer par une régularisation en cours d'instance l'absence de notification dans le délai requis (Avis CE, sect., 6 mai 1996, *Andersen*, préc.). 1603

Comme preuve d'accomplissement des formalité, il convient de joindre les lettres de notification elles-même et non seulement les certificats de dépôt auprès des services postaux (CAA Paris, 13 déc. 2002, req. n° 98PA01333, Mme Outters).

C. urb., art. L. 600-4 *(Créé, L. n° 94-112, 9 févr. 1994, art. 3).* **— Dans toutes les instances en matière d'urbanisme, la décision juridictionnelle octroyant le sursis à exécution indique le ou les moyens sérieux de nature à justifier l'annulation de la décision attaquée.**

Objectif. Jusqu'à la loi Bosson de février 1994 qui a institué cette disposition, il était courant que le juge administratif n'énonce pas de façon circonstanciée le ou les moyens propres à justifier l'annulation de l'acte attaqué, plaçant alors le requérant dans la difficulté de pouvoir critiquer la décision juridictionnelle. 1604

Bien que la procédure du sursis à exécution a été abrogée par la loi n° 2000-597 du 30 juin 2000 qui lui a substitué le mécanisme du référé-suspension, l'article L. 600-4 a conservé une certaine justification pour les litiges antérieurs à l'entrée en vigueur du nouveau régime des référés (lequel est entré en vigueur le 1er janvier 2001).

Orientation jurisprudentielle. Le Conseil d'État, juge de cassation, imposait déjà cette obligation (CE, 5 nov. 1993, *Cne de Saint-Quay-Portrieux : AJDA* 1993, p. 844, chron. Maugüe et Touvet). 1605

En outre, l'invitation à régulariser émanant de la juridiction ne peut être adressée au seul premier dénommé d'une requête collective qu'après l'avoir préalablement informé qu'il était regardé par la juridiction comme le représentant unique des requérants (CE, 9 oct. 2002, *Consorts Alexandrini : BJDU* 5/2002, p. 386, concl. Séners).

C. urb., art. L. 600-4-1 *(Créé, L. n° 2000-1208, 13 déc. 2000, art. 37).* **— Lorsqu'elle annule pour excès de pouvoir un acte intervenu en matière d'urbanisme ou en ordonne la sus-**

pension, la juridiction administrative se prononce sur l'ensemble des moyens de la requête qu'elle estime susceptibles de fonder l'annulation ou la suspension, en l'état du dossier.

Bibliographie : BAILLEUL, *L'article L. 600-4-1 du Code de l'urbanisme : une tentative avortée d'abandon de l'économie de moyens : Petites affiches* 23 juin 2004, p. 13. – CHABANOL, *L'article L. 600-4-1 du Code de l'urbanisme : une réponse dangereuse à un problème de mode : AJDA* mars 2001, p. 216. – LARRALDE et CORNILLE : *Constr.-urb.* 2001, n° 77. – TRAORÉ, *Obligation de se prononcer sur tous les moyens en matière d'urbanisme : Dr. adm.* 2001, p. 28.

1606 **Objet.** Comme le relève très pédagogiquement une décision (CAA Paris, 13 juin 2002, req. n° 00PA02385, *Mme de Batz et autres*) « la finalité de l'article L. 600-4-1du Code de l'urbanisme est d'éviter que l'administration, à la suite d'une annulation, prenne une décision entachée d'illégalité déjà soumise au juge ».
Cette disposition doit permettre une éradication de la pratique de l'économie de moyens en priorité dans le contentieux de l'urbanisme. Antérieurement, en effet, le juge pouvait se borner à faire apparaître le bien-fondé d'un seul des moyens invoqués pour annuler une décision en utilisant la formule habituelle « sans qu'il soit besoin d'examiner les autres moyens de la requête ».
Désormais, l'article L. 600-4-1 qui ne peut se présenter comme une véritable disposition anti-contentieux – permettra à l'auteur et/ou au bénéficiaire de l'acte attaqué de connaître l'ampleur des corrections à apporter au projet (de document d'urbanisme ou de construction) dont l'acte aura été suspendu ou annulé.

1607 **Champ d'application.** L'article L. 600-4-1 s'applique à une délibération par laquelle est institué un droit de préemption urbain (CE, 4 févr. 2002, *Constructions transaction Mavro* : *BJDU* 1/2002, p. 21, concl. Boissard).

1608 **Recours en interprétation.** Cet article ne trouve pas à s'appliquer dans le cas d'un recours en appréciation de légalité (CE, 21 déc. 2001, *Sté immobilière pour l'automobile et la mécanique : BJDU* 2/2002, p. 93, concl. Raoul).

1609 **Juge de cassation.** Si l'obligation résultant de l'article L. 600-4-1 s'impose au juge saisi en première instance ou en appel, elle est sans incidence sur l'office du juge de cassation (CE, 30 déc. 2002, req. n° 237392, *Cne de Talloire : Const. -urb.* mai 2003, n° 86).

1610 **Champ d'application dans le temps.** Quand il est saisi d'un jugement rendu antérieurement à l'entrée en vigueur de l'article L. 600-4-1, le juge d'appel doit se prononcer sur le bien-fondé de tous les moyens d'annulation retenus et apprécier si l'un au moins de ces moyens justifie la solution d'annulation (CE, Avis, 21 déc. 2001, req. n° 230526, *SCI Thierry Sabine* c/ *Cne du Touquet*) : donc application dès l'entrée en vigueur de la loi SRU.

C. urb., art. L. 600-5 ***(Créé, L. n° 94-112, 9 févr. 1994, art. 3 ; ab., L. n° 2000-597, 30 juin 2000, art. 24-2°).***

C. urb., art. L. 600-5 ancien ***(L. n° 94-112, 9 févr. 1994).*** **— Dans toutes les instances en matière d'urbanisme, les présidents de tribunal administratif, les présidents de cour administrative d'appel, le vice-président du tribunal administratif de Paris et les présidents de formation de jugement des tribunaux administratifs et des cours administratives d'appel peuvent, par ordonnance prise au terme d'une procédure contradictoire, octroyer ou refuser le sursis à exécution d'une décision.**

1611 **Abrogation.** Avec l'importante réforme des procédures administratives d'urgence (L. n° 2000-597, 30 juin 2000), le juge des référés est désormais seul compétent pour statuer sur les procédures d'urgence, rendant par voie de conséquence inutile le maintien de l'article L. 600-5 de la même manière, disparaît l'article L. 512-10 du Code de justice administrative dans lequel étaient reprises les dispositions de l'ancien article L. 600-5.

Voir aussi : Sur la durée des procédures de sursis à exécution, C. urb., art. L. 421-9, p. 356.

Convocation. Si le principe du caractère contradictoire de la procédure rappelé par l'article L. 600-5 interdit au président de se fonder sur des éléments qui n'avaient pas été connus des parties, il ne lui fait pas obligation de convoquer ces dernières aux fins d'entendre leurs observations (CAA Bordeaux, 31 juill. 2003, req. n° 00BX00028, *M. Magueur*). 1612

C. urb., art. L. 630-1 ***(Implicitement ab., L. n° 94-112, 9 févr. 1994, art. 3).***

C. urb., art. L. 630-1 ancien ***(D. n° 76-267, 25 mars 1976).*** **— Les dispositions contenues dans la première partie (législative) du présent code se substituent dans les conditions prévues à l'article 34 de la Constitution et à la loi n° 72-535 du 30 juin 1972 aux dispositions contenues dans les articles du Code de l'urbanisme et de l'habitation (livre I : Dispositions relatives à l'urbanisme et à l'aménagement foncier) énumérés ci-après : 11, 12, 13, 13-1, 14, 15, 16, 17, 18, 19, 20, 21, 22, 23, 24, 78, 78-1 (pour partie), 78-2, 78-3, 79, 79-1 (al. 1, al. 2 [1re phrase], al. 3 et 4), 79-3, 80, 81, 81-1, 81-3, 82, 83, 83-2, 84, 85, 85-1, 85-2, 85-3, 86, 87 (pour partie), 89, 90, 90-1, 91 (pour partie), 93, 94, 95, 96, 97, 98, 98-1, 100, 101, 102, 102-1, 103, 104, 104-1, 104-2, 104-3, 104-4, 104-5, 104-6, 119, 120, 121, 122 (dern. al.), 124, 125 (al. 1 et 2), 126 (première phrase), 131, 132, 133, 134, 135, 137 (pour partie), 138, 139, 140, 151, 152, 152-1, 152-2, 152-3, 152-5, 152-6 (al. 1er), 152-10 (pour partie), 152-11, 152-12, 152-13, 152-14, 152-16, 152-17 et 356 (pour les dispositions concernant l'urbanisme et l'aménagement telles que modifiées, s'il y a lieu).**

Les dispositions contenues dans la première partie (législative) du présent code se substituent dans les conditions prévues à l'article 34 de la Constitution, à la loi n° 53-508 du 28 mai 1953 et à la loi n° 72-535 du 30 juin 1972 aux dispositions contenues dans les articles des lois mentionnées ci-après :

Loi n° 57-908 du 7 août 1957 tendant à favoriser la création de logements et les aménagements collectifs ***(art. 35-II, 45-I et 50)*** **;**

Ordonnance n° 58-1374 du 30 décembre 1958 portant loi de finances pour 1959 (art. 45) ;

Ordonnance n° 58-1447 du 31 décembre 1958 relative à diverses opérations d'urbanisme ***(art. 2, 3, 4 et 5)*** **;**

Ordonnance n° 58-1448 du 31 décembre 1958 réprimant certaines infractions en matière d'urbanisme ***(art. 1er, 2, 3, 4 et 5)*** **;**

Ordonnance n° 58-1449 du 31 décembre 1958 réprimant les infractions à la réglementation des établissements dangereux, insalubres ou incommodes, dans les territoires faisant l'objet de plans d'urbanisme ***(art. 1er)*** **;**

Ordonnance n° 58-1450 du 31 décembre 1958 abrogeant les articles 23 et 33 du Code de l'urbanisme et de l'habitation et donnant aux fonctionnaires et agents contractuels des eaux et forêts le droit de constater certaines infractions ***(art. 2)*** **;**

Loi n° 60-779 du 30 juillet 1960 modifiant et complétant le chapitre I du titre X du livre I du Code de l'urbanisme et de l'habitation et relatif à la répression en matière de décentralisation des installations et établissements industriels scientifiques et autres ***(art. 2)*** **;**

Loi n° 60-790 du 2 août 1960 tendant à limiter l'extension des locaux à usage de bureaux dans la région parisienne ***(art. 1er, 2, 3, 4, 5, 6, 7 modifiés, 9 modifié, 10 modifié et 12)*** **;**

Loi de finances pour 1961 n° 60-1384 du 23 décembre 1960 ;

Loi de finances rectificative pour 1961 n° 61-825 du 29 juillet 1961 ;

Décret n° 61-1035 du 13 septembre 1961 abrogeant diverses dispositions du Code de l'urbanisme et de l'habitation relatives au permis de construire ***(art. 2)*** **;**

Loi n° 62-848 du 26 juillet 1962 relative au droit de préemption dans les zones à urbaniser en priorité et dans les zones d'aménagement différé, à la juridiction d'expropriation et au mode de calcul des indemnités d'expropriation ***(art. 1er, 2, 3, 4, 7, 8, 9 modifiés, 9*** **bis,** ***9*** **ter,** ***10, 11, 11*** **bis,** ***11*** **ter,** ***12, 13, 14 et 16)*** **;**

Loi n° 62-903 du 4 août 1962 complétant la législation sur la protection du patrimoine historique et esthétique de la France et tendant à faciliter la restauration immobilière ***(art. 1er, 2, 3, 4, 5, 6, 8, 10, 11, 15, 16, 17, 18 et 19)*** **;**

Loi de finances pour 1963, n° 63-156 du 23 février 1963 (2e partie : Moyens des services et dispositions spéciales) ***(art. 45)*** **;**

Loi n° 64-1247 du 16 décembre 1964, instituant le bail à construction et relative à diverses opérations d'urbanisation ***(art. 9, 10, 11, 12, 13, 14, 15, 16, 17, 18, 19, 20, 21, 22, 23, 24, 25 et 31)*** **;**

Loi de finances rectificative pour 1964 n° 64-1278 du 23 décembre 1964 ;

Loi de finances pour 1965 n° 64-1279 du 23 décembre 1964 (60-I) ;

Loi n° 65-503 du 29 juin 1965 relative à certains déclassements, classements et transferts de dépendances domaniales et de voies privées ajoutant à l'article 1er les articles 78-2 et 78-3 du Code ***(art. 1er, 4 et 5)*** **;**

Loi n° 65-561 du 10 juillet 1965 relative aux zones d'aménagement différé *(art. 1er et 2)* ;

Loi n° 66-456 du 2 juillet 1966 relative à la répression des infractions en matière de permis de construire *(art. 1er, 2, 3, 4, 5, 6, 7, 8, 9, 10 et 11)* ;

Ordonnance n° 67-832 du 28 septembre 1967 modifiant l'article 152-1 du Code de l'urbanisme et de l'habitation *(art. 1er)* ;

Loi n° 67-1253 du 30 décembre 1967 d'orientation foncière [art. 1er, 2, 3, (al. 2 à 4), 11, 12, 14, 23, 24, 25, 26, 27, 28, 29, 30, 31, 32, 33 (2e phrase et suivante), 34, 37, 38, 39, 40, 41, 42, 43, 44, 45, 47, 72, 77 (1re phrase) et 78 (pour partie)] ;

Loi n° 68-687 du 30 juillet 1968 de finances rectificative pour 1968 *(art. 18)* ;

Loi n° 68-696 du 31 juillet 1968 relative aux forclusions encourues du fait des événements de mai 1968 et prorogeant divers délais *(art. 13-II)* ;

Loi de finances pour 1969 n° 68-1172 du 27 décembre 1968 (81-I) ;

Loi n° 69-9 du 3 janvier 1969 modifiant et complétant le Code de l'urbanisme en ce qui concerne le permis de construire *(art. 1er, 2, 3, 4 et 6)* ;

Loi n° 69-1239 du 31 décembre 1969 modifiant l'article 2 de la loi d'orientation foncière du 30 décembre 1967 *(art. 1er, 2 et 3)* ;

Loi n° 70-611 du 10 juillet 1970 tendant à faciliter les opérations de rénovation urbaine *(art. 1er, 2, 3, 4, 5, 6 et 8)* ;

Loi de finances rectificative pour 1970 n° 70-1283 du 31 décembre 1970 ;

Loi n° 71-537 du 7 juillet 1971 relative à la limitation de l'extension des locaux à usage de bureaux dans la région parisienne *(art. 1er, 2, 3, 4, 5, 6, 7, 8 et 9)* ;

Loi n° 71-581 du 16 juillet 1971 portant dispositions diverses en matière d'urbanisme et d'action foncière *(art. 1er, 2, 3, 4, 5, 6, 7, 8, 9, 11, 12, 13, 18 et 21)* ;

Loi de finances rectificative pour 1971 n° 71-1025 du 24 décembre 1971 ;

Loi n° 72-575 du 5 juillet 1972 relative aux associations foncières urbaines, complétant la loi n° 67-1253 du 30 décembre 1967 d'orientation foncière *(art. 1er, 2, 3 et 4)* ;

Loi n° 72-575 du 5 juillet 1972 modifiant l'article 29 de la loi de finances rectificative pour 1970 (n° 70-1283, 31 déc. 1970), afin de proroger au 31 décembre 1973 le délai de constitution des associations syndicales susceptibles de bénéficier de subventions de l'État pour l'aménagement des lotissements défectueux *(art. unique)* ;

Loi n° 73-626 du 10 juillet 1973 (1er, 2 et 3) modifiant le Code de l'urbanisme et de l'habitation et complétant la loi d'orientation foncière n° 67-1253 du 30 décembre 1967 ;

Loi n° 73-1193 du 27 décembre 1973 d'orientation du commerce et de l'artisanat *(art. 25*, sauf en ce qui concerne les plans d'aménagement rural, *art. 26*).

LIVRE PREMIER
RÈGLES D'AMÉNAGEMENT ET D'URBANISME

NDLR. Les articles précédés d'un ou deux astérisques sont délibérés en Conseil d'État ; ceux précédés de deux astérisques sont pris en assemblée générale, sauf dispense. 1613

TITRE PREMIER
RÈGLES GÉNÉRALES D'UTILISATION DU SOL

Chapitre I
Règles générales de l'urbanisme

Présentation. La réglementation nationale d'urbanisme (C. urb., art. R. 110-1 à R. 110-26 anciens) a été modifiée par le décret n° 77-755 du 7 juillet 1977 dont les dispositions sont entrées en vigueur le 1er janvier 1978, et portent sur le champ d'application du présent chapitre (art. R. 111-1), ainsi que sur de nouveaux motifs de refus du permis de construire (C. urb., art. R. 111-3-1, R. 111-3-2, R. 111-14-1 notamment). De façon générale, le décret a renforcé encore le pouvoir discrétionnaire de l'Administration, qui caractérisait déjà l'ancien règlement national d'urbanisme. 1614

Champ d'application. Le principe général en vigueur depuis le 1er janvier 1978 est l'inapplication des règles générales d'urbanisme aux territoires faisant l'objet d'un document local de planification urbaine. Cependant, les huit articles mentionnés à l'article R. 111-1 sont cumulativement applicables. L'affirmation de leur primauté sur les documents d'urbanisme locaux paraît devoir être de plus en plus souvent rappelée à la suite de la décentralisation de l'urbanisme (CE, 29 juin 1983, *Dame Virag : Rec. CE*, T, p. 911. – CE, 5 nov. 1984, *Loussouarn : DA* 1984, n° 526). 1615

Les règles de prospect prévues par les articles R. 111-16 à R. 111-20 s'appliquent aussi, si le POS n'en fixe pas ou si leur fixation est illégale (CE, sect., 3 déc. 1993, *Murtin : Rec. CE*, p. 346 ; *RD publ.* 1994, p. 1219, concl. Abraham).

Droit de construire. À la suite du décret n° 77-755 du 7 juillet 1977, aucun article n'indique (comme l'ancien art. R. 110-1) que « le permis de construire ne peut être refusé que pour des motifs tirés de l'application » du présent chapitre. À notre avis, la disparition de cette formule ne signifie pas comme l'auraient souhaité certains urbanistes, que soit remis en cause le principe selon lequel le droit de construire existe partout, sauf si des règles d'urbanisme l'interdisent ; en vue d'éviter le mitage du paysage rural, certains auraient préféré que soit posé un nouveau principe : le droit de construire n'existe nulle part, sauf si les règles d'urbanisme le permettent. 1616

Tel était le but de l'article L. 111-1-2, introduit dans le code par la loi du 7 janvier 1983. Mais le principe « d'inconstructibilité hors POS » comporte beaucoup de limitations ou d'exceptions, résultant du débat parlementaire ; ces exceptions ou dérogations résultent de l'article L. 111-1-2 lui-même, et des dispositions transitoires (art. L. 111-1-3 et L. 124-4). Depuis la loi n° 86-972 du 19 août 1986, il paraît plus juste de parler désormais de constructibilité limitée hors POS ou hors carte communale.

Voir aussi : Note sous C. urb., art. L. 111-1-3, p. 12.

L'interdiction de construire est l'exception. La jurisprudence rappelle que le droit de construire demeure un attribut du droit de propriété, de sorte que c'est la constructibilité qui demeure le principe (V. concl. Vigouroux sous CE, 28 janv. 1987, *Comité de défense des espaces verts c/ Sté le Lama : AJDA* 1987, p. 279) ; sur l'analyse du principe et de ses limites, V. Hubrecht et Rouyère, *L'application des POS : fausses adaptations et vraies interprétations : Droit et Ville* 1989, n° 27, p. 55). 1617

1618 **Motifs de refus.** En pratique, le décret n° 77-755 du 7 juillet 1977 avait déjà multiplié les motifs de refus de permis, le plus souvent dans un souci d'environnement ou de qualité de la vie : nuisances graves, dues notamment au bruit (C. urb., art. R. 111-3-1), conservation ou mise en valeur d'un site ou de vestiges archéologiques (C. urb., art. R. 111-3-2), protection des espaces naturels, des périmètres d'action forestière ou des activités agricoles ou minières (C. urb., art. R. 111-14-1). De même, le permis peut être refusé si les constructions imposent un surcroît important des dépenses de fonctionnement des services publics (C. urb., art. R. 111-13, *in fine*).

1619 **Dispositions permissives.** De très nombreux articles du présent chapitre commencent par la formule suivante : « le permis de construire peut être refusé ou n'être accordé que sous réserve de l'observation de prescriptions spéciales... ». Ce pouvoir d'appréciation de l'Administration, soit pour refuser le permis, soit pour imposer des conditions particulières, s'applique dans des buts multiples : salubrité ou sécurité (C. urb., art. R. 111-2) ; nuisances (C. urb., art. R. 111-3-1) ; protection des sites ou vestiges archéologiques (C. urb., art. R. 111-3-2) ; protection de l'espace rural (C. urb., art. R. 111-14-1) ; aménagement du territoire (C. urb., art. R. 111-15). Des conditions particulières peuvent aussi être imposées en matière de desserte routière (C. urb., art. R. 111-4), d'aires de jeux et de loisirs (C. urb., art. R. 111-7), de hauteur des constructions (C. urb., art. R. 111-22) ; d'espaces verts (C. urb., art. R. 111-7) ou d'écrans de verdure (C. urb., art. R. 111-24), de participations au financement d'équipements publics (C. urb., art. R. 111-14).

1620 **Étendue du contrôle du juge administratif.** Le contrôle du juge administratif sur le pouvoir discrétionnaire de l'Administration, dans l'application de ces articles, est différent selon que le permis a été octroyé ou refusé. En cas de refus, le juge exerce un contrôle maximum et vérifie, en posant un véritable principe de proportionnalité (Braibant, *Mélanges Waline*, t. II, p. 297), si le refus était bien nécessaire à la sauvegarde de l'intérêt public dont l'Administration a la charge ; le cas échéant, le juge ordonne une expertise, pour vérifier par exemple si le coût des équipements publics rendus nécessaires par la construction était bien « hors de proportion » avec les ressources de la commune (CE, 18 juill. 1973, *SCI Le Moulin Bellanger : Rec. CE*, p. 529).

Si, au contraire, le permis de construire a été octroyé, le juge s'en tient à un contrôle restreint : incompétence, erreur matérielle, détournement de pouvoir, et erreur manifeste d'appréciation ; de ce dernier point de vue, le permis ne peut être annulé que pour une erreur particulièrement flagrante et évidente.

Voir aussi : Sur cette jurisprudence, concl. Vught sous CE, ass., 29 mars 1968, *Sté du lotissement de la plage de Pampelonne : Rec. CE*, p. 211, concl. Genevois sous CE, sect., 31 déc. 1976, *Les Amis de l'île de Groix : JCP* 1977, II, 18589, note Liet-Veaux.

1621 **Tendance de la jurisprudence récente.** Toutefois, la jurisprudence récente accentue le contrôle de l'erreur manifeste, en cas d'octroi du permis, sans se borner à constater – par une simple clause de style – l'absence d'une telle erreur.

Voir aussi : La jurisprudence citée sous C. urb., art. R. 111-21, p. 504.

1622 **Tableau récapitulatif.** De façon générale, le contrôle du juge, variable selon que le permis est accordé ou refusé, sur le fondement de normes permissives ou impératives, est synthétisé par le tableau suivant :

Décision	Règle impérative	Règle permissive
octroi du permis	contrôle normal	contrôle restreint
refus du permis	contrôle normal	contrôle normal

1623 **Contrôle du juge judiciaire.** Les juridictions civiles considèrent au contraire que les normes permissives, par leur caractère subjectif, ne constituent pas de véritables servitudes, et que les voisins ne peuvent pas, en conséquence, demander la condamnation civile du constructeur qui les a transgressées (Cass. 3e civ., 4 févr. 1976 : *AJPI* 1977, p. 105, note Chapuisat).

1624 **Permis conditionnels.** Si des conditions particulières assortissent l'octroi de l'autorisation demandée, le juge administratif se refuse à admettre le recours contre la seule clause conditionnelle, au nom de la prétendue indivisibilité de l'acte administratif. Cette jurisprudence fâcheuse, et critiquée en doctrine, a longtemps empêché un contrôle efficace des clauses de participations financières, lorsque la TLE est inapplicable (CE, 12 oct. 1962, *Min. Constr.* c/ *Cie Immobilière de la Région parisienne : Rec. CE*, p. 537. – CE, 11 déc. 1968, *Min. Constr.* c/ *Sté Immobilière de la Croix-Rouge : Rec. CE*, p. 643). Pour la même raison, le permis est, le cas échéant, annulé dans son ensemble, si le programme de construction ne nécessitait pas la condition litigieuse (CE, 23 mai 1969, *Min. Équip.* c/ *Sieur Bobe : Rec. CE*, p. 275. – CE, 2 déc. 1970, *Min. Équip.* c/ *Sieur Bassilana : Rec. CE*, p. 1244).

Toutefois, un arrêt (CE, 4 janv. 1985, *Résidence du Port : AJDA* 1985, p. 237) a admis qu'un rejet ne constitue pas un tout indivisible avec les dispositions autorisant des constructions et peut, à ce titre, être attaqué isolément. En matière financière, la loi du 18 juillet 1985 a supprimé le principe d'indivisibilité du permis (art. L. 332-7).

En revanche, la jurisprudence relative à l'indivisibilité du permis demeure applicable aux conditions architecturales imposées par l'Administration (CE, 12 oct. 1979, *Min. Environnement* c/ *Poidevin : AJDA* 1980, p. 252).

Possibilités de dérogation. Alors que les dérogations au POS, autres que des adaptations mineures, sont désormais interdites (C. urb., art. L. 123-1 *in fine*), des possibilités de dérogation subsistent pour les dispositions du présent chapitre n'ayant pas un caractère permissif ; ces dispositions ne sont donc impératives qu'en apparence. C'est le cas pour les distances des constructions par rapport à certaines voies routières (C. urb., art. R. 111-5 C), pour les installations collectives d'eau et d'assainissement (C. urb., art. R. 111-11) et pour l'ensemble des règles de prospect (C. urb., art. R. 111-20). 1625

Toutefois, pour l'application de l'article R. 111-20 (annotations sous cet article), le Conseil d'État considère que la dérogation suppose un motif d'intérêt général (CE, 4 févr. 1983, *Lhopital*. – CE, 4 mai 1983, *Di Mattéo*). Tel est le cas, en cas de carence de l'équipement hôtelier (CE, 9 juill. 1993, *Martin : DA* 1993, n° 479).

Bibliographie : *J.-Cl. Construction*, fasc. 7-1.

C. urb., art. **R. 111-1 ***(D. n° 76-276, 29 mars 1976 ; D. n° 77-755, 7 juill. 1977 ; D. n° 77-1141, 12 oct. 1977 ; D. n° 83-813, 9 sept. 1983 ; D. n° 93-614, 26 mars 1993, art. 14).*** **— Les dispositions du présent chapitre ne sont pas applicables dans les territoires dotés d'un *(Mots remplacés, D. n° 2001-260, 27 mars 2001, art. 3)* « plan local d'urbanisme » rendu public ou approuvé, ou d'un document d'urbanisme en tenant lieu, à l'exception des articles R. 111-2, *(Référence ab., D. n° 98-913, 12 oct. 1998, art. 1er)* « ... » R. 111-3-2, R. 111-4, R. 111-14-2, R. 111-15 et R. 111-21.**

Régime des plans anciens. Le document d'urbanisme tenant lieu de POS, au sens du présent article, peut être un plan d'urbanisme, un projet d'aménagement, un plan de sauvegarde ou une zone d'environnement protégé (Circ. n° 77-12, 20 janv. 1977). 1626

Toutefois, les plans d'urbanisme et les projets d'aménagement ont cessé de produire effet le 1er juillet 1978 (C. urb., art. L. 124-1) ainsi que les zones d'environnement protégé à compter du 1er octobre 1986 (C. urb., art. L. 143-1).

Un ancien plan sommaire d'urbanisme est, au sens du présent article, un document tenant lieu de POS, ce qui écarte en principe l'application de l'article R. 111-4 (CE, 20 janv. 1982, Le Corre : Rec. CE, p. 25).

Voir aussi : Sur la question des cartes communales, les annotations sous C. urb., art. L. 111-1-3, p. 12.

Section I Localisation et desserte des constructions

C. urb., art. **R. 111-2 ***(D. n° 76-276, 29 mars 1976).*** **— Le permis de construire peut être refusé ou n'être accordé que sous réserve de l'observation de prescriptions spéciales si les constructions, par leur situation ou leurs dimensions, sont de nature à porter**

atteinte à la salubrité ou à la sécurité publiques. ***(Phrase aj., D. n° 98-913, 12 oct. 1998, art. 2)*** **« Il en est de même si les constructions projetées, par leur implantation à proximité d'autres installations, leurs caractéristiques ou leur situation, sont de nature à porter atteinte à la salubrité ou à la sécurité publique. »**

I. – Généralités

1627 **Historique.** Disposition permissive (comm. avant C. urb., art. R. 111-1).
Cet article a été modifié par le décret n° 98-913 du 12 octobre 1998, afin d'officialiser l'interprétation jurisprudentielle de ce texte, qui le rendait applicable non seulement aux constructions générant le risque, mais également à celles susceptibles de le subir (pour cette jurisprudence, voir *infra*).

1628 **Notion de sécurité publique.** Le refus de permis pour des motifs tirés de la sécurité publique vise aussi bien la sécurité des utilisateurs de l'immeuble à construire que ceux de la voie publique.

Voir aussi : C. urb., art. R. 111-4, p. 488.

1629 **Bâtiment d'élevage.** Le présent article ne peut être invoqué à l'encontre d'un permis de construire un bâtiment d'élevage dès lors que sont seules en cause les conditions d'épandage du lisier (CE, 11 déc. 1996, *André*).

II. – Application aux installations classées et autres activités génératrices de nuisances et risques technologiques

1630 **Exploitation des bâtiments.** Le permis peut être refusé si l'exploitation des constructions – et non seulement leur situation ou leurs dimensions – porte atteinte à la salubrité ou à la sécurité publiques. Dans le cas d'une porcherie, CE, 25 juill. 1975, *Jaubertie : DA* 1975, n° 312. Réciproquement un lotissement à proximité d'une porcherie existante porte atteinte à la salubrité publique et le permis doit alors être annulé (CE, sect., 21 mars 1980, *Peyrusque : AJDA* 1981, p. 108, note Boussou).

1631 **Environnement du projet.** De même, est légalement refusé le permis de construire une maison d'habitation à proximité du parc de véhicules d'une entreprise de transport exploitée par le pétitionnaire (CE, 10 mai 1995, *Mme Bozec*).
De même pour une salle polyvalente dans une zone à risques chimiques, alors même que préexistent dans ladite zone d'autres équipements entraînant la concentration d'usagers (TA Lyon, 23 avr. 1990, *Préfet du Rhône* c/ *Cne de Pierre-Bénite : Gaz. Pal.* 1991, 1, somm. 42) et dans les mêmes circonstances, pour un restaurant susceptible d'accueillir 170 personnes (CE, 20 mai 1994, *Préfet du Rhône et de la région Rhône-Alpes : BJDU* 5/1994, p. 42), ou bien pour un atelier automobile et des bureaux jouxtant un dépôt d'hydrocarbures à haut risque (CAA Nantes, 4 mai 1994, *Sté Savih : Gaz. Pal.* 29 sept. 1995).
De même pour une ferronnerie dans une zone habitée, en raison des nuisances sonores (CAA Paris, 30 juin 1997, *Florentin : BJDU* 1/1997, p. 145) ou pour 49 logements à 65 mètres d'un élevage (CAA Nantes, 7 mai 1997, *Sté Loire Atlantique Habitation : BJDU* 5/1997, p. 378), confirmé par (CE, 16 juin 1999, *Cne de la Chevrolière*) ou pour un centre de tir à proximité de maisons (CAA Paris, 23 juin 1998, *Cne de Noisy-le-Sec : BJDU* 5/1998, p. 388).
Le refus du permis de construire est annulé, pour une porcherie située à 500 mètres des maisons voisines, à 400 mètres du terrain de sports et à 160 mètres du cimetière (CE, 27 juill. 1990, *Cne de Ruffey-les-Echirey* c/ *Pacotte*).

1632 **Activités spécifiques.** Un permis de construire est légalement refusé, sur le fondement du présent article, pour un pressing, en cas de violation des règles de sécurité (CE, 22 janv. 1982, *Sté Sofram*), ou pour la construction d'une cheminée, dans des circonstances non précisées (CE, 29 juin 1983, *Hergelin*), ou pour la construction d'une cabine de peinture (CE, 4 nov. 1983, *Dumes-*

nil : RD imm. 1984, p. 45), ou pour l'application d'un abattoir à côté d'une exploitation d'élevage proche de maisons d'habitation en raison du risque d'accroître les gênes résultant déjà de l'élevage existant (CE, 22 juill. 1994, *Cne d'Auboue : BJDU* 6/1994, p. 45, concl. Loloum). De même, est légalement refusé un permis de construire un bâtiment industriel de stockage de ciment en vrac, pour la sécurité des maisons voisines (CE, 12 mars 1999, *Sté Cimaned*), ou un permis de construire une maison dans un massif boisé, sensible aux risques d'incendie (CAA Marseille, 16 juin 1998, *Nicolas : BJDU* 4/1998, p. 306).

Le permis de construire une porcherie industrielle n'est pas entaché d'erreur manifeste d'appréciation au regard du présent article dans les circonstances d'une espèce (CE, 29 mai 1987, *Mme Dessus.* – CE, 26 mai 1995, *Vaubeckstaël*), au contraire d'une usine de traitement de viandes et abats (CE, 11 avr. 1986, *Seigneurie*), d'un silo à proximité d'une habitation (CE, 5 juin 1987, *Min. Équip.* c/ *Roussel*) ou d'un élevage de volailles contigu d'une habitation (CE, 24 juill. 1987, *Gouzou : Rec. CE*, T, p. 1015).

Est entachée d'erreur manifeste, dans l'application du présent article, la délivrance du permis de construire une centrale à béton à proximité de maisons d'habitation et le permis encourt l'annulation (CE, 28 avr. 1989, *Sté « Béton Contrôle roujannais » et Cne de Boujansur-Libron*). *Idem* pour le permis de construire un laboratoire de charcuterie de 500 m² (CE, 10 juill. 1991, *Comité pour l'hygiène et la défense de l'environnement*), l'extension d'un silo aggravant le bruit et les poussières (CE, 22 juill. 1992, *Sté d'exploitation des établissements Marchais*), un permis de construire à 30 mètres d'un silo de 20 000 tonnes préexistant (CE, 16 oct. 1992, *Cne de Beaumont de Lomagne* c/ *SCI La Lomagne : DA* 1992, 501), un permis de construire deux silos à 20 et 25 mètres d'habitations (CAA Nantes, 22 juill. 1998, *SCEA Girard Salmon : BJDU* 1/1998, p. 60), un supermarché dans une zone de risques d'une usine de produits chimiques dangereux (TA Grenoble, 19 mai 1992, *Préfet de l'Isère : Rev. jur. env.* 1992, p. 499).

Retrait de permis de construire. Cet article justifie le retrait d'un permis de construire deux maisons à proximité d'un dépôt d'hydrocarbures (CE, 3 oct. 1997, *SA des véhicules industriels havrais*). 1633

Permis conditionnés. Est illégal le permis qui renvoie à des prescriptions à fixer ultérieurement par la commission de sécurité en matière de risque d'incendie et d'explosion (CAA Paris, 18 sept. 1997, *Carrefour : BJDU* 6/1997, p. 462). 1634

En revanche, il n'y a pas d'erreur manifeste en cas de délivrance du permis, pour un transformateur, si le permis est subordonné à ce que les nuisances sonores ne soient pas accrues (CE, 29 juin 1990, *Assoc. sites et monuments de la Dombe*), en cas de délivrance du permis de construire au vu d'un rapport géologique et sous condition qu'une étude géo-technique soit effectuée (CE, 10 mai 1995, *Lacoste*), pour un chenil à 130 mètres d'un voisin (CE, 5 mars 1991, *Compte et Ruhn*), pour une cheminée d'habitation à 6 mètres de la limite séparative (CE, 27 mai 1991, *Cne de Mably* c/ *Dufour*).

Précaution prise dans le permis de construire. Il n'y a pas non plus erreur manifeste d'appréciation, compte tenu des précautions prises, en cas de délivrance du permis de construire un chenil (CE, 20 janv. 1993, *Assoc. de défense de l'environnement Chaume-Courchan*) ou une porcherie à 100 mètres de la plus proche maison et 200 mètres d'un village (CE, 2 avr. 1993, *Omont et Min. de l'Urbanisme*), ou pour 42 bêtes à plus de 35 mètres imposés par le règlement sanitaire départemental (CE, 8 nov. 1993, *Le Rest et Mlle Menager*). 1635

De même, il n'y a pas erreur manifeste en cas de délivrance d'un permis de construire un hôtel-restaurant à 500 mètres d'un établissement industriel présentant un risque d'explosion eu égard à la circonstance que le terrain d'assiette de la construction se situe au centre de l'agglomération (CE, 29 juill. 1994, *Préfet de la Seine-Maritime : Rec. CE*, T, p. 1255 ; *DA* 1994, 495) ou en cas de délivrance d'un permis de construire une maison d'habitation à une distance de 6 mètres d'une installation classée (CE, 18 mai 1994, *Sté Gun Frères*).

Urbanisme et régime des installations classées. De même, il n'y a pas erreur manifeste d'appréciation pour un chenil, les risques de nuisances relevant de la législation des installations classées (CAA Nancy, 26 juin 1997, *Cne de Chassey-les-Sey : Gaz. Pal.* 17 mars 1999), ou pour un 1636 permis en zone de risques, mais n'ayant pas pour effet d'augmenter le nombre de personnes présentes (CAA Nantes, 24 juill. 1997, *Situb : BJDU* 6/1997, p. 430) ou pour un ouvrage destiné au chargement de ciment, compte tenu des précautions prises (CE, 8 janv. 1997, *Association pour la défense des habitants des Essarts*).

III. – Application en présence d'un risque indirect

1637 **Risques naturels.** Est entachée d'erreur manifeste d'appréciation la délivrance du permis de construire un ensemble de logements en zone inondable de grand écoulement d'une rivière connue pour ses crues fréquentes (TA Versailles, 16 nov. 1993, *Assoc. préservation de la qualité de la vie et des sites du Loing : Gaz. Pal.* 25 déc. 1994).

N'est pas entachée d'erreur manifeste d'appréciation la délivrance du permis de construire l'extension importante d'un centre commercial dans une zone où la crue centennale submerge le terrain de 50 centimètres, après sept heures de montée des eaux, la crue amont étant augmentée de 10 centimètres en présence de l'extension autorisée. Mais, la construction d'un parking souterrain de 12 000 mètres carrés, pour un tel projet, est en revanche un moyen sérieux justifiant le sursis à exécution du permis de construire (TA Toulouse, 30 janv. 1997, *Préfet de la Hte-Gne c/ Cne de Saint-Orens : BJDU* 3/1997, p. 224).

1638 **Intensité du risque.** Est illégal le refus de permis dans une zone de faible risque de submersion, avec faible influence sur l'aval (CAA Bordeaux, 16 oct. 1997, *SA Deval : BJDU* 6/1997, p. 462) ou le refus du préfet, alors que le terrain est en zone submersible B, dite complémentaire, et non A, de grand débit, à faible courant, avec une submersion de 1 à 2 mètres (CAA Nantes, 28 oct. 1998, *Ville d'Amboise : BJDU* 1/1999, p. 60).

1639 **Rapport géologique.** Un permis a pu valablement être délivré à partir d'un rapport géologique permettant d'évaluer les risques liés à la nature du sous-sol et indiquant les conditions dans lesquelles ces risques pourraient être maîtrisé (CE, 19 juin 2002, req. n° 219648, *Cne de Beausoleil : BJDU* 3/2002, p. 201, concl. Chauvaux).

IV. – Application en matière de protection des eaux et ouvrages d'assainissement

1640 **Permis de construire et assainissement.** La circulaire du 7 juillet 1970 relative à l'assainissement, n'ayant pas un caractère réglementaire, un permis de construire accordé en violation de ce texte n'est pas illégal de ce fait (CE, 8 févr. 1980, *Cne de Valdivienne*).

1641 **Pollution et salubrité publique.** Un refus de permis de construire est fondé pour une construction susceptible de polluer la nappe phréatique à proximité d'un captage d'eau pour la consommation humaine (CE, 25 sept. 1987 : *Min. Urb.* c/ *Ville de Bourg-en-Bresse*) ou pour un lotissement dépourvu d'évacuation d'eaux pluviales et d'eaux usées (CE, 7 avr. 1993, *Sté Terconseil*) ou pour une construction dont la fosse septique peut entraîner un rejet en mer, portant atteinte à la salubrité publique (CE, 28 juin 1993, *Mme Bardèche*).

Le permis d'édifier un centre commercial à moins de 100 mètres d'une station d'épuration est entaché d'erreur manifeste d'appréciation (TA Nice, 23 avr. 1992, *Assoc. Draguignan-Écologie : Gaz. Pal.* 1993, 1, pan. adm. p. 17).

C. urb., art. **R. 111-3 *(D. n° 76-276, 29 mars 1976 ; D. n° 77-755, 7 juill. 1977 ; D. n° 81-534, 12 mai 1981 ; D. n° 82-584, 29 juin 1982 ; D. n° 86-984, 19 août 1986 ; ab., D. n° 95-1089, 5 oct. 1995, art. 10).*

I. – Généralités

1642 **Disparition des périmètres « R. 111-3 ».** Les zones de protection contre les risques naturels prévisibles (D. 5 oct. 1995 pris en application de la loi du 2 février 1995, dite *loi Barnier*) remplacent les périmètres « R. 111-3 » (de même que les PER et PSS). L'esprit du présent article n'est pas supprimé mais au contraire renforcé. C'est pourquoi son commentaire est reproduit ci-après.

Caractère impératif. Dispositions applicables, même en présence d'un POS ou d'un document assimilé (art. R. 111-1). En présence d'un POS, ce dernier doit indiquer les zones d'interdiction de construire au titre du présent article. 1643

Voir aussi : Sur le contrôle du juge administratif, sur la délimitation des zones de risques, la note Ricard sous CE, 24 juill. 1981, *Jacquet : JCP* N 1981, II, p. 283.

Servitudes. Comparer la détermination des zones de risques technologiques, aux abords d'installations classées, entraînant la constitution de servitudes : article L. 421-8 et articles 7-1 à 7-4 de la loi du 19 juillet 1976 relative aux installations classées, ajoutés par la loi du 22 juillet 1987, relative à l'organisation de la protection civile, à la protection de la forêt contre l'incendie, et à la prévention des risques majeurs. 1644

Domaine publique fluvial. Le permis de construire peut être refusé dans un secteur pourtant déjà bâti sur le fondement de l'article 50 du Code du domaine public fluvial et de la navigation intérieure qui réglemente la réalisation de constructions dans les parties submersibles d'une vallée (CE, 7 déc. 1984, *Min. Urb.* c/ *Lespagnol : RD imm.* n° 109, p. 72). 1645

Plan d'expositions aux risques. L'article 5 de la loi du 13 juillet 1982 et le décret du 3 mai 1984 modifié par le décret du 15 mars 1993 ont institué des plans d'exposition aux risques naturels prévisibles dont l'élaboration n'est pas décentralisée. Ces plans comportent des dispositions d'urbanisme constituant des servitudes d'utilité publique qui s'imposent aux POS (art. R. 126-1). Sur ces plans, voir Bouyssou, *Les plans d'exposition aux risques : Droit et Ville* 1985, n° 20, p. 237. 1646
Les PER sont remplacés par les plans de prévention contre les risques naturels sensibles. Ils équivalent à titre provisoire à de tels plans (D. 5 oct. 1995, pris pour l'application de la loi du 2 févr. 1995).

Effets sur les POS. Les zones de risques délimitées en vertu de l'ancien article R. 111-3 s'imposent aussi aux POS (CE, 9 avr. 1993, *Mentzler : Rec. CE*, p. 136 ; *AJPI* 1994, p. 126, note De Rocca). 1647

Voir aussi : Sur la prise en compte des risques naturels dans les documents d'urbanisme, la circulaire ministre de l'Équipement du 20 juin 1988 : *JCP N* 1988, Prat. 687. – Sur les mesures conservatoires en matière de projet de construction dans les zones récemment soumises à inondation, voir la circulaire du Premier ministre n° 3400 du 2 février 1994 (*Mon. TP* 11 févr. 1994). – Risque sismique, voir D. n° 91-461 du 14 mai 1991.

Innondations. Le POS peut classer en zones à risques des terrains non délimités au titre de la procédure prévue au présent article (CE, 19 juin 1992, *Mme Koenig : DA* 1992, 364). 1648
Le juge administratif exerce un contrôle restreint sur le classement en zone inondable par un POS ; même en l'absence d'inondation au cours des dernières crues (CE, 30 mars 1994 : *BJDU* 5/1994, p. 37, concl. Bachelier).
Sur le risque d'inondation, voir circulaire du Premier Ministre du 2 février 1994 (*Mon. TP* 11 févr. 1994), circulaire du ministre de l'Environnement du 24 janvier 1994 (*Mon. TP* 22 avr. 1994), circulaire interministérielle n° 95-14 (Équipement, Environnement) du 6 février 1995 sur les mesures préventives de sécurité dans les campings (*Mon. TP* 14 avr. 1995).

II. – Élaboration

Mise en œuvre. L'application du présent article supposait en principe la délimitation préalable des terrains en cause ; l'arrêté préfectoral de délimitation suppose une double consultation et une enquête publique, dont le régime a été modifié par décret du 14 mai 1976 (comm. M. Homont : *JCP* 1976, I, 2806, et Circ. n° 74-201, 5 déc. 1974, relative au plan des zones exposées aux avalanches). 1649
Après l'établissement du projet de délimitation et la consultation des services intéressés, le plan est soumis à l'enquête publique, puis à l'avis du conseil municipal. La délimitation de la zone est

fixée définitivement par arrêté préfectoral, publié au recueil des actes administratifs du département, et dans deux journaux (V. ci-après, l'exception résultant de CE, 23 oct. 1987, *Albout*).

III. – Effets

1650 **Opposabilité.** Le Conseil d'État admet, *contra legem*, la légalité du refus d'un permis de construire dans une zone d'avalanches non délimitée au préalable, s'agissant il est vrai, du projet de reconstruction d'une maison détruite par une avalanche précédente (CE, 23 oct. 1987, *Albout : Rec. CE*, p. 325).

Cet arrêt est spécialement signalé par une circulaire du 25 octobre 1988 (*JCP* N 1988, Prat. 762), mais c'est pourtant un arrêt d'espèce dont la portée ne peut être généralisée (*Bulletin d'informations générales* du ministère de l'Équipement, oct. 1988).

En effet, le Conseil d'État estime que lorsque le terrain d'implantation du projet de construction, bien qu'exposé à un risque d'inondation, n'est pas compris dans une zone délimitée dans les conditions prévues au second alinéa du présent article et que les plans du projet de construction prévoient la mise en œuvre de techniques propres à éviter la pénétration de l'eau dans le bâtiment, le permis délivré n'est pas entaché d'erreur manifeste d'appréciation (CE, 23 déc. 1994, *Min. Équip.* c/ *Peissik : Rec. CE*, T, p. 1255 ; *BJDU* 2/1995, p. 141, concl. Frydman).

1651 **Délimitation des zones à risque.** Un permis de construire est annulé sur le fondement du présent article, pour un entrepôt situé en limite de zone d'avalanches, dès lors que les espaces de circulation et les aires de stationnement empiètent sur ladite zone (CE, 9 févr. 1983, *Faugères*) ; dans le même sens : CE, 5 mars 1986, *Copropriété Valsnow*.

Est annulé, en l'absence de délimitation préalable, le permis délivré sans prescriptions spéciales au bord d'un torrent (CE, 26 juin 1996, *Iogna et Cne de Bourg-St-Maurice : BJDU* 4/1996, p. 259, concl. Touvet). De même, est annulée l'autorisation d'aménager un camp de tourisme en raison du risque d'inondation, alors même qu'aucune zone n'a été délimitée (CE, 29 juill. 1998, *Assoc. pour la protection du lac de Sainte-Croix : Rec. CE*, T).

IV. – Responsabilités encourues

1652 **Responsabilité de l'administration.** Le défaut de délimitation des terrains exposés à un risque spécial est de nature à engager la responsabilité de l'État. Le Conseil d'État a confirmé ce point de vue (CE, 27 juill. 1979, *Blanc : Droit et Ville* 1979, n° 8, p. 248, note Bouyssou).

> **Voir aussi :** Dans le cas d'une zone d'avalanches, TA Grenoble, 19 juin 1974 : *JCP* 1975, II, n° 17956, note Moderne. – CE, 14 mars 1986, *Cne de Val-d'Isère* c/ *Bosvy : AJDA* 1986, p. 337 ; dans le cas d'une zone inondable, CAA Bordeaux, 8 avr. 1993, *Desfougères : AJDA* 1993, p. 364.

1653 **Responsabilité de la commune.** En revanche, la responsabilité de la commune n'est pas engagée dans un tel cas, bien que le pouvoir de police municipale comporte la prévention et la cessation de tous dangers (CE, 27 juill. 1979, *Carot, ibid.*). Il en est de même en cas de non-délimitation d'une zone submersible (CE, 1er déc. 1978, *Min. Équip.* c/ *Sieurs Aussel et Delaurentie, ibid.*). Pourtant le Conseil d'État avait admis que le maire peut ordonner l'interruption des travaux, en raison du risque d'inondation (CE, 13 juill. 1977, *Sté de gestion foncière et Dame de Farcy de Ponfarcy : DA* 1977, n° 308).

> **Voir aussi :** Sur la responsabilité de l'État et de la commune en raison de l'inondation d'un terrain de camping, TA Grenoble, 2 juin 1994 : *Petites affiches* 1995, n° 18, note Servoin et CAA Lyon, 13 mai 1997, *M. Balusson et autres*, qui infirme le jugement précité dans l'affaire du *Grand Bornand*.

1654 **Responsabilité partagée.** En outre, le Conseil d'État retient l'imprudence des constructeurs pour partager la responsabilité de l'État (CE, 22 févr. 1989, *Min. Équip.* c/ *Époux Faure*). Enfin, la responsabilité de l'État pour non-délimitation d'une zone de risques n'est pas engagée, si le site n'était pas connu comme zone à risques habituels (pour un sinistre causé par une avalanche, CE, 13 mars 1989, *Bousquet : Rec. CE*, p. 88. – CE, 16 juin 1989, *Assoc. le ski alpin murois : DA* 1989, n° 387 ; *Rec. CE*, p. 141).

Bibliographie : CARTRON, *Les plans de prévention des risques naturels prévisibles ; quelles améliorations du dispositif juridique de prévention ? : Rev. jur. env.* 2-95, p. 247 ; dossier de la *RFDA* relatif à la loi du 2 février 1995 par MM. BARNIER, Y. JEGOUZO, C. SANSON, J. MORAND-DEVILLER, H. LEGRAND et L. RICHER : *RFDA* 1996, p. 197 ; dossier de la *Revue juridique de l'environnement* sur la prévention des risques naturels : *Rev. jur. env.* 1996, non paru. – LE CORNEC, *Les risques naturels et le droit de construire et d'aménager : Petites affiches,* 15 août 1997. – PLANCHET, *Le précédent, moyen d'évaluation du risque naturel : Rev. jur. env.* 1998, p. 485. – CALDERARO, *La prévention des risques naturels et le juge administratif : BJDU* 2/1999, p. 86.

C. urb., art. **R. 111-3-1 *(D. n° 77-755, 7 juill. 1977).* — Le permis de construire peut être refusé ou n'être accordé que sous réserve de prescriptions spéciales si les constructions sont susceptibles, en raison de leur localisation, d'être exposées à des nuisances graves, dues notamment au bruit.

I. – Généralités

Caractère supplétif. Disposition inapplicable en cas de POS ou de document assimilé ; ledit document devra donc, à peine d'inopposabilité, prévoir l'interdiction de construire dans les zones de nuisances graves. 1655

II. – Bruit autour des aéroports

Zones d'aéroports. Le présent article vise notamment le bruit autour des aéroports. Précédemment, une interdiction de construire dans ces zones de bruit avait été prévue par deux circulaires du 30 juillet 1973 et du 24 février 1974 ; la première d'entre elles a été annulée, pour un motif de légalité externe (CE, 31 déc. 1976, *Comité de défense des riverains de l'aéroport Paris-Nord : D.* 1977, p. 316, note Moderne). Par la suite, la circulaire en question a été approuvée par le Gouvernement, ce qui fait disparaître le vice de forme (D. n° 77-1066, 25 sept. 1977, V. art. R. 111-15). Cette circulaire a été relayée par la loi du 11 juillet 1985. 1656

Voir aussi : C. urb., art. L. 147-1 et s.

III. – Bruit au voisinage d'infrastructures terrestres

Zones proches des voiries importantes. La protection des constructions à usage d'habitation contre les bruits de l'espace extérieur fait l'objet d'un important arrêté du 6 octobre 1978, assorti d'importantes annexes techniques (V. aussi Circ. n° 78-43, 7 mars 1978 relative à la protection contre le bruit aux abords des voies nouvelles. Circ. 15 nov. 1978 relative à la lutte contre le bruit de voisinage d'infrastructures de transports terrestres et Circ. n° 78-541, 8 déc. 1978, relative à la protection contre le bruit aux abords des voies nouvelles de collectivités locales). 1657

Voir aussi : Décret n° 95-21, 9 janv. 1995 (classement des infrastructures de transport terrestre en matière de bruit) ; Décret n° 95-22 (limitation du bruit en provenance de voies nouvelles) ; Arrêté 5 mai 1995 : *JO* 10 mai, précisant le décret précité n° 95-22 du 9 janvier 1995, Arrêté du 10 mai 1995 fixant les modalités de mesure des bruits de voisinage (*JO* 12 mai), Décret n° 95-20 du 9 janvier 1995 (protection acoustique des bâtiments publics), Circulaire du 7 juin 1989 (*JO* 9 juill.) relative à la lutte contre le bruit.

IV. – Autres nuisances graves

Risques sismiques. La protection des bâtiments recevant le public contre les séismes est prévue par un arrêté du 1er août 1979 (V. Bouyssou, *Le bruit dans le droit de l'urbanisme : Droit et Ville* 1980, n° 10, p. 51. – V. aussi Circ. n° 83-19, 30 mars 1983). 1658

1659 **Risques géologique.** Pour une erreur manifeste d'appréciation en zone de risque géologique, TA Nice, 18 janv. 1996, *Sébira : Gaz. Pal.* 30 juill. 1997.

Voir aussi : Arrêt 29 juin 1990, cité sous C. urb., art. R. 111-2, p. 14.

V. – Sanctions

Voir aussi : Sur les sanctions civiles du bruit de voisinage, annotations sous C. urb., art. L. 480-13, p. 450.

C. urb., art. **R. 111-3-2 *(D. n° 77-755, 7 juill. 1977).* — Le permis de construire peut être refusé ou n'être accordé que sous réserve de l'observation de prescriptions spéciales si les constructions sont de nature, par leur localisation, à compromettre la conservation ou la mise en valeur d'un site ou de vestiges archéologiques.

1660 **Ordre public.** Disposition applicable même en présence d'un POS ou d'un document en tenant lieu (C. urb., art. R. 111-1).

1661 **Protection particulière.** À notre avis, le site ou les vestiges archéologiques doivent faire l'objet d'une protection légale ; à défaut, seul pourrait s'appliquer l'article R. 111-21.

Voir aussi : En cas de découverte de vestiges en cours de travaux, L. 27 septembre 1941 ; la circulaire (Équipement, Culture) n° 87-84 du 12 octobre 1987 relative aux relations entre l'archéologie, l'urbanisme et diverses servitudes d'utilité publique affectant l'utilisation du sol (*Mon. TP* 4 déc. 1987), et circulaire (min. Culture) sur les dispositions juridiques relatives à la protection du patrimoine archéologique (*Mon. TP* 16 mai 1997) ; Circ. 2 avr. et Circ. 16 oct. 1998, avec convention type et décision type (*Mon. TP* 15 janv. 1999).

1662 **Effets sur les opérateurs.** La paralysie ou le retard de chantier, après la délivrance du permis de construire, entraîne la responsabilité sans faute de l'État (CE, sect., 18 déc. 1981, *Min. de la Culture* c/ *Sté Carpi : AJDA* 1982, p. 261, concl. Stirn), même si le pétitionnaire avait été informé par le permis de la possibilité de telles perturbations (CE, 25 mars 1991, *Min. de la Culture* c/ *SCI la Cardinale : Rec. CE*, T, p. 1060 ; *DA* 1991, n° 238).

Bibliographie : *La contrainte archéologique : Mon. TP* 25 août 1995 ; *Qui doit payer les fouilles archéologiques ? : Mon. TP* 18 juill. 1997. – CIBRIANI, *Les promoteurs, vaches à lait de l'archéologie préventive : Ét. fonc.* 1998, n° 80. – Rép. min. : *JO* Sénat, 20 janv. 1998, p. 248. – BOUYSSOU, *Le retour des tutelles techniques : RFDA* 1999, p. 590. – CIBRIANI, *Archéologie préventive : des lacunes juridiques : DA* mars 1998, p. 8.

C. urb., art. **R. 111-4 *(D. n° 76-276, 29 mars 1976 ; D. n° 77-755, 7 juill. 1977).* — Le permis de construire peut être refusé sur des terrains qui ne seraient pas desservis par des voies publiques ou privées dans des conditions répondant à l'importance ou à la destination de l'immeuble ou de l'ensemble d'immeubles envisagé, et notamment si les caractéristiques de ces voies rendent difficile la circulation ou l'utilisation des engins de lutte contre l'incendie.

Il peut également être refusé si les accès présentent un risque pour la sécurité des usagers des voies publiques ou pour celle des personnes utilisant ces accès. Cette sécurité doit être appréciée compte tenu, notamment, de la position des accès, de leur configuration ainsi que de la nature et de l'intensité du trafic.

La délivrance du permis de construire peut être subordonnée :

***a)* À la réalisation d'installations propres à assurer le stationnement hors des voies publiques des véhicules correspondant aux besoins de l'immeuble à construire ;**

***b)* À la réalisation de voies privées ou de tous autres aménagements particuliers nécessaires au respect des conditions de sécurité mentionnées au deuxième alinéa ci-dessus.**

***(Al. créé, D. n° 99-266, 1er avr. 1999, art. 1er)* Il ne peut être exigé la réalisation de plus d'une aire de stationnement par logement lors de la construction de logements locatifs financés avec un prêt aidé par l'État.**

***(Al. créé, D. n° 99-266, 1er avr. 1999, art. 1er)* L'obligation de réaliser des aires de stationnement n'est pas applicable aux travaux de transformation ou d'amélioration de bâtiments affectés à des logements locatifs financés avec un prêt aidé par l'État, y compris dans le cas où ces travaux s'accompagnent de la création de surface hors œuvre nette, dans la limite d'un plafond de 50 % de la surface hors œuvre nette existant avant le commencement des travaux.**

Le nombre des accès sur les voies publiques peut être limité dans l'intérêt de la sécurité. En particulier, lorsque ce terrain est desservi par plusieurs voies, les constructions peuvent n'être autorisées que sous réserve que l'accès soit établi sur la voie où la gêne pour la circulation sera la moindre.

I. – Principes

Application supplétive. Dispositions permissives (comm. avant C. urb., art. R. 111-1) applicables en présence d'un POS, d'un PLU ou d'un document en tenant lieu (C. urb., art. R. 111-1). 1663

Historique. Cet article a été modifié par le décret n° 99-266 du 1er avril 1999, pris en application de la loi du 29 juillet 1988, relative à la lutte contre l'exclusion. Il impose un assouplissement des exigences en matière de stationnement, pour les constructions nouvelles à vocation sociale, ainsi que pour les travaux existant sur ce type de constructions. Les plans d'occupation des sols devront également prendre en compte ces nouvelles orientations en faveur du logement social. 1664

Voir aussi : C. urb., art. R. 123-21, p. 531.

II. – Notion de desserte

Dessertes. Les conditions de desserte dont il s'agit visent la desserte directe de l'immeuble à construire, et non les conditions générales de circulation dans tout le quartier (CE, sect., 23 juill. 1976, *Min. Équip.* c/ *Sté Lucien Bérard : DA* 1976, n° 301), et s'apprécient en fonction des travaux de voirie à exécuter prochainement (CE, 10 mars 1976, *SCI Le Porquerolles : Rec. CE*, p. 144) ou prévus par un POS (CE, 7 mars 1980, *Min. Envir.* c/ *Marcary : DA* 1980, n° 159). Ainsi doit-il être tenu compte des travaux mis à la charge du lotisseur pour apprécier l'équipement du terrain objet de la demande de permis de construire (CE, 17 oct. 1986, *Baron : DA* 1986, n° 555). 1665
En sens contraire, voir néanmoins CE, 22 nov. 1985, *Min. Urb.* c/ *Sté Vieira* et CE, 14 mars 1986, *SARL Omnium Promotion Construction* (dans le cas où les travaux envisagés font encore l'objet d'études) ; un permis est annulé, si le parking d'un supermarché est situé de l'autre côté d'une route départementale, à proximité d'un carrefour important (CE, 7 mai 1986, *Kindermans* – travaux simplement envisagés).
La notion de desserte est néanmoins plus extensive que la notion d'accès direct. Elle est variable selon l'importance de la construction à édifier (Concl. inédites : Dondoux sous CE, 23 juill. 1976, préc.) et s'apprécie de façon d'autant plus exigeante qu'il s'agit d'un accès par des véhicules de secours à un immeuble recevant du public, ici un complexe hôtelier (CE, 23 avr. 2003, req. n° 253004, *Min. de l'Équipement*).

III. – Desserte et permis de construire

Contenu du projet. Tous les problèmes d'accès doivent être réglés par le permis de construire, qui ne peut renvoyer à une concertation ultérieure avec les services administratifs sous peine d'illégalité (CE, 16 janv. 1987, *SCI Ascodif : DA* 1987, n° 78. – CAA Nantes, 26 janv. 1995, *Cne de Douvres la Délivrande : BJDU* 2/1995, p. 145, concl. Chamard). 1666

IV. – Servitude de passage

Accès et désenclavement. La jurisprudence civile assimile à l'état d'enclave, pour la création d'une servitude de passage, la situation de terrains sans accès à la voie publique, pour des motifs 1667

d'ordre juridique (tels que ceux visés au présent article), alors même que ces terrains sont situés en bordure d'une voie. Mais la délivrance du permis de construire sous réserve du passage chez un tiers n'est pas en soi constitutive d'une telle servitude.
La contestation d'un voisin sur l'étendue d'une servitude de passage n'entache pas d'illégalité un permis de construire, au regard du présent article (CE, 19 févr. 1986, *Mme Ramel*).
L'accès peut légalement s'effectuer par une servitude (CE, 15 févr. 1989, *Mme Doll*), surtout si elle est large (8 mètres), empierrée et entretenue (CE, 29 juin 1990, *Celle*).

V. – Obligations pouvant être mises à la charge du constructeur

1668 **Places de stationnement.** Le constructeur peut satisfaire à ses obligations en matière de places de stationnement par une concession à long terme dans des parcs publics ou par une contribution financière dans les communes dotées du POS, à condition toutefois qu'il y ait une impossibilité technique à réaliser les places de parking (CE, 5 nov. 1998, *Cne de Martigues : BJDU* 1/1999, p. 51, concl. Stahl).
Le permis de construire peut exiger la réalisation de places de stationnement sur la propriété privée, mais non sur la voie publique située à proximité (CE, 15 janv. 1982, *SA « Les maisons Bruno Petit » : Rec. CE*, T, p. 787).
Un arrêt (CE, 8 juill. 1983, req. n° 32959, *Babaillant*) prend, par contre, en considération l'existence d'aires de stationnement sur le domaine public pour valider un permis autorisant une réhabilitation d'immeuble ancien.

Voir aussi : C. urb., art. L. 421-3, p. 345 ; sur le régime de la participation financière, C. urb., art. R. 332-16 à R. 332-23, p. 731.

VI. – Contrôle juridictionnel

1669 **Refus légaux.** Légalité du refus d'accès à une voie à grande circulation (CE, 2 mai 1980, *SA Océdisco : DA* 1980, n° 215) ; ou du refus de permis de construire modificatif pour ouvrir un accès sur une impasse (CE, 10 mai 1995, *Curtat*).
Un permis de construire 54 logements est légalement refusé, en cas de desserte par une rue de 4,30 mètres de large (CE, 22 oct. 1982, *Sté Sobeprim*) ; est annulé le permis de construire trois bâtiments de 8 et 9 étages, au fond d'une voie en impasse de 100 mètres de long et de 4 mètres de large, alors même qu'est aménagée une palette de retournement de 8 mètres de diamètre (V. Cass. 3e civ., 29 août 1981, *SCI Hameau Cœur de Vey : Gaz. Pal.* 1982, 1, p. 212, note de La Marnierre). De même, est illégal le permis de construire avec 65 places de stationnement, même si une délibération a décidé d'élargir les chemins communaux de 3 à 6 mètres, mais à une date indéterminée (CE, 4 janv. 1995, *Bouquin*).

1670 **Délivrances légales.** En revanche, ne constitue pas une erreur manifeste la délivrance du permis de construire 16 logements collectifs au fond d'une impasse de 5 mètres de large (concl. Genevois, sous CE, sect., 17 déc. 1982, *Eyerabide : JCP* 1983 N, II, p. 41). Ni la desserte de 194 logements par une voie de 6 mètres de large et 183 mètres de longueur (CE, 8 avr. 1987, *Sauveur*), ni la desserte de trois lots par un accès de 5 mètres de large (CE, 18 déc. 1988, *Caradec*), ni une desserte de 2,5 mètres de large (CE, 28 juill. 1989, *Ebrard*) ni encore la desserte de 10 maisons par un chemin de 5 mètres de large (CE, 8 déc. 1995, *Assoc. des habitants du Vieux-Boucy*), ni la desserte de 2 maisons individuelles par une voie privée de 3 mètres de largeur, même si cette voie ne permet pas le croisement de véhicules sur toute sa largeur (CE, 4 avr. 1997, *Gaidon et Chaunet*. – Dans le même sens, CE, 23 avr. 1997, *Ballon et Crevel*).
Il n'y a pas non plus erreur manifeste en cas de délivrance du permis de construire pour un centre commercial avec un accès de 8 mètres (dont 6 sur un chemin rural), et 152 places de stationnement (CE, 13 nov. 1989, *Cne de Montfort-l'Amaury* c/ *Sté Méridis*), ni pour un entrepôt commercial de 327 m^2 de SHON desservi par un chemin départemental de 5 mètres de large (CE, 18 janv. 1991, *Sigaud et Mme Duret*), ni pour deux maisons individuelles desservies par un accès de 2,50 mètres de largeur (CE, 27 mai 1991, *Époux Bouquet : DA* 1991, n° 360).

Pour écarter l'erreur manifeste pour la délivrance du permis de construire trois silos, le juge retient le faible trafic engendré et les caractéristiques de la route (CE, 28 avr. 1993, *Bideau*. – Dans le même sens, et pour une fosse à lisier, CE, 15 nov. 1995, *Blanchon*). L'absence d'erreur manifeste d'appréciation relève de l'appréciation souveraine des juges du fond, sauf dénaturation (CE, 13 mars 1998, *Vanslembrouck*).
Le permis de construire un centre d'hydrothérapie n'est pas entaché d'erreur manifeste en cas de desserte par un chemin rural de 2,50 mètres de largeur, auquel s'ajoutent des bas-côtés herbeux de 1,85 mètre de largeur au minimum, même si la convention portant sur l'entretien du chemin rural était illégale (CE, 10 avr. 1991, *Min. Équip.* c/ *Mme Chemineau*).

Erreur manifeste. L'erreur manifeste, en raison de l'insuffisance des voies d'accès ou des places 1671
de stationnement, est en revanche retenue pour une discothèque (CE, 13 mars 1989, *Mme Capelle*) l'extension d'une porcherie industrielle (CE, 27 sept. 1989, *Cne de Hanvec* c/ *Gourvenec*), et un hangar à usage de scierie, desservi par un chemin insuffisant (3 à 4 mètres de largeur) se raccordant à une route départementale par deux carrefours étroits et insuffisants pour les transports lourds (CE, 8 juill. 1992, *Volpellière*) ; pour deux maisons individuelles de 80 m^2 de SHON situées à 42 mètres de la voie de circulation la plus proche et desservies par une impasse dont la largeur n'excède pas à certains endroits 1,20 mètre ou 1,40 mètre (CE, 1er juill. 1994, *M. Met, Mme Cortell*), pour 27 logements desservis par une voie privée comportant sur une longueur de 10 mètres une section de trois mètres de largeur (CE, 10 mai 1995, *Ville de Mulhouse*).
De même, commet une erreur manifeste d'appréciation le maire qui délivre un permis pour l'extension d'un hall d'exposition desservi par un chemin départemental classé à grande circulation en pente forte et situé entre deux virages, pour l'extension de 25 % de la surface d'un commerce (CE, 27 mars 1995, *Préfet du Var : BJDU* 2/1995, p. 148, concl. Loloum).
Un permis de construire est également annulé, car l'espace disponible sur le terrain d'assiette ne permet pas, eu égard à la disposition des lieux, l'aménagement de six places de stationnement effectivement utilisables (CE, 14 déc. 1992, *Léger : Rec. CE*, p. 444 ; *DA* 1993, 96). Le refus de permis s'impose lorsque la desserte est assurée par un pont avec un sentier piétonnier d'un mètre, alors même que l'autre côté du pont appartient à la même personne (CAA Paris, 5 mars 1996, *Cne de Verrières-les-Buissons : Gaz. Pal.* sept. 1997).

Erreur de droit. Le juge des référés n'a pas commis d'erreur de droit dans l'application de l'arti- 1672
cle R. 111-4 en suspendant l'exécution d'un PC portant sur un chalet de montagne dont le terrain d'assiette du projet était desservi par un chemin communal classé en zone rouge d'un plan d'exposition au risque d'avalanche (CE, 2 juill. 2003, req. n° 251974, *SCI Apache*). Pourtant, le Conseil d'État estimait par ailleurs que les risques naturels, tels que le risque d'avalanche, ne sont pas au nombre de ceux visés par les dispositions de l'article R. 111-4 dont l'objet se limite à garantir la sécurité des conditions de circulation, notamment en ce qui concerne l'accès à la construction projetée (CE, 9 juill. 2003, req. n° 235325, *Cne de Val d'Isère : BJDU* n° 1/2004, p. 75).

Légalité d'un certificat d'urbanisme négatif. Un certificat d'urbanisme négatif est légal, en 1673
bordure d'un chemin départemental, classé 1re catégorie à grande circulation (CE, 21 nov. 1990, *Min. Équip.* c/ *Girodot*), en bordure d'une voie revêtue qui se transforme en chemin de terre dont la largeur n'excède pas 2,30 mètres par endroits (CE, 14 déc. 1994, *Cne de Mont-Cauvaire* c/ *Homouis*), ou en présence d'une permission de voirie à usage agricole, en bordure de la RN 7 (CE, 30 nov. 1994, *Ville d'Avignon* c/ *Sté agricole de Chateaubrun*).
Un certificat d'urbanisme positif est en revanche jugé illégal en présence d'un chemin rural inférieur à 5 mètres, même si ce chemin est ouvert à la circulation publique (CE, 17 juin 1996, *Aubeau*).
Le permis de construire une discothèque, non dotée de places de stationnement est annulé (CE, 13 mars 1989, *Capelle, Larrey et Marchelot*), à l'inverse d'une pâtisserie dont les accès sont suffisants, même s'ils sont proches d'un carrefour, et permettent le stationnement sur la parcelle (CE, 1er avr. 1992, *Cne d'Artigues* c/ *Caillan et Mouychard*).

Bibliographie : Sur les problèmes de voies privées, BOUYSSOU, *Voies privées et permis de construire : RFDA* 1985, n° 6, p. 901. – M.-O. AVRIL, *Voirie et permis de construire : Annales de la voirie*, févr. 1995, p. 18. – LARRALDE, *Stationnement et règles d'urbanisme : Constr. -urb.* mars 1999, chron. p. 3.

C. urb., art. **R. 111-5 *(D. n° 76-276, 29 mars 1976).* — A. Sous réserve de ce qui est prévu à l'alinéa C ci-après, le permis de construire ne peut être accordé pour une construction destinée à l'habitation si elle doit être édifiée à moins de :

– cinquante mètres de part et d'autre de l'axe des autoroutes ;

– *(Tiret rempl., D. n° 98-913, 12 oct. 1998, art. 3)* trente-cinq mètres de part et d'autre de l'axe des routes classées à grande circulation en application de l'article R. 1 du Code de la route.

B. – Ces dispositions cessent de s'appliquer à l'intérieur des parties agglomérées, des villes et bourgs. Sera retenue comme limite des parties agglomérées la limite de l'agglomération telle qu'elle est déterminée et matérialisée en application du Code de la route.

C. – Des dérogations aux règles de recul définies ci-dessus peuvent être autorisées, en raison notamment d'une topographie particulière par le préfet sur proposition du directeur départemental de l'équipement.

Voir aussi : C. urb., art. R. 111-3-1, p. 487. – C. urb., art. R. 111-26, p. 507. – Circ. n° 62-71, 27 nov. 1962.

1674 **Historique.** Le présent article a été modifié par le décret n° 98-913 du 12 octobre 1998, qui retient que la distance de 35 mètres s'appliquera à partir des seules routes classées à grande circulation. Il s'agit d'une mesure de simplification par rapport au texte antérieur, qui évoquait des listes de routes.

1675 **Contrôle du juge.** Il paraît possible de se prévaloir par exception d'illégalité de la caducité d'un arrêté ancien fixant les limites de la zone agglomérée (TA Toulouse, 31 janv. 1985, *Publisystem*, inédit).

Le présent article ne peut être invoqué à l'encontre d'une déclaration d'utilité publique pour la réalisation de routes (CE, 17 juin 1998, *Bracqbien : Rec. CE*, p. 235).

Voir aussi : C. urb., art. L. 111-1, p. 2.

C. urb., art. **R. 111-6 *(D. n° 76-276, 29 mars 1976).* — Les constructions destinées à un autre usage que l'habitation sont assujetties aux règles d'édification édictées à l'article précédent, les distances de 50 mètres et 35 mètres étant réduites respectivement à 40 mètres et 25 mètres.

1676 **Contestation par le voisinage.** Un voisin ne peut se plaindre au civil du fait que des constructions édifiées à la distance prévue au présent article aient reçu une affectation d'habitation, car il n'y a pas de relation directe entre le préjudice personnellement subi et la règle violée (Cass. 3e civ., 7 déc. 1976 : *Defrénois* 1977, n° 31383, note Frank).

C. urb., art. **R. 111-7 *(D. n° 76-276, 29 mars 1976 ; D. n° 77-755, 7 juill. 1977).* — Le permis de construire peut être subordonné au maintien ou à la création d'espaces verts correspondant à l'importance de l'immeuble à construire.

En cas de construction de logements à usage d'habitation, l'autorité qui délivre le permis de construire peut exiger la réalisation par le constructeur, au profit notamment des enfants et des adolescents, d'une aire de jeux et de loisirs située à proximité de ces logements et correspondant à leur importance.

I. – Principes

1677 **Disposition permissive.** Le présent article ne s'applique pas en présence d'un POS ou d'un PLU (CE, 1er déc. 1993, *Cne de Saint-Cyprien : Rec. CE,* p. 333 ; *JCP* G 1994, IV, p. 446, obs. M.-C. Rouault). Le second alinéa est ajouté par le décret n° 77-755 du 7 juillet 1977.

Voir aussi : Comm. avant C. urb., art. R. 111-1, p. 481.

II. – Sur les superficies d'espaces verts à imposer

Circulaire du 8 février 1973. Cette circulaire, destinée à inspirer des directives nationales et locales d'aménagement du territoire, ne paraît pas avoir, par elle-même, valeur réglementaire. Toutefois, les administrés pourraient s'en prévaloir par application du décret n° 83-1025 du 28 novembre 1983 relatif aux relations entre l'Administration et les usagers. 1678

Voir aussi : En cas d'expropriation, CE, 16 mars 1976, *Assoc. Les Amis du home plein d'espoir*.

III. – Contrôle juridictionnel

Erreur manifeste. Un permis de construire n'est pas entaché d'erreur manifeste en raison de l'absence d'aires de jeux, alors que le constructeur a gratuitement cédé à cette fin une parcelle à la commune (CE, 24 mai 1993, *Cne d'Hyères et SEMIH*). 1679

Voir aussi : Sur l'annulation d'un plan d'aménagement de zone en raison de l'insuffisance des espaces verts, TA Paris, 11 mars 1993, *Parent : Petites affiches,* 13 juill. 1993, note Morand-Deviller.

C. urb., art. **R. 111-8 *(D. n° 76-276, 29 mars 1976).* **— L'alimentation en eau potable et l'assainissement de toute construction à usage d'habitation et de tout local pouvant servir de jour ou de nuit au travail, au repos ou à l'agrément, ainsi que l'évacuation, l'épuration et le rejet des eaux résiduaires industrielles, doivent être assurés dans des conditions conformes aux règlements en vigueur, aux prévisions des projets d'alimentation en eau potable et d'assainissement et aux prescriptions particulières prévues aux articles R. 111-9 à R. 111-12.**

Eaux usées. L'insuffisance du réseau public d'évacuation des eaux usées ne saurait justifier un refus de permis de construire dans la mesure où le lotisseur s'est engagé à assumer les frais d'extension du réseau public (CE, 17 oct. 1986, *Baron : DA* 1986, n° 555) sauf si l'offre de participation intervient *a posteriori* (CE, 3 avr. 1987, *Mme Tropel-Morel*). Voir aussi jurisprudence citée sous l'article L. 421-5. 1680

Inopposabilité à l'égard de certains bâtiments. Le présent article ne trouve pas à s'appliquer en cas d'extension d'un bâtiment déjà desservi (CE, 12 oct. 1994, *Consorts Caën*). 1681

C. urb., art. **R. 111-9 *(D. n° 76-276, 29 mars 1976).* **— Les lotissements et les ensembles d'habitations doivent être desservis par un réseau de distribution d'eau potable sous pression et par un réseau d'égouts évacuant directement et sans aucune stagnation les eaux usées de toute nature.**

Ces réseaux sont raccordés aux réseaux publics du quartier où est établi le lotissement ou l'ensemble d'habitations.

Lotissement. La légalité d'une autorisation de lotissement n'est pas remise en cause par un acte ultérieur du préfet autorisant un dispositif d'assainissement non raccordé aux réseaux publics (CE, 12 oct. 1979, *Assoc. pour la préservation des sites de la région de Bandol*). 1682
Un permis de lotir tacite est légalement retiré, car 19 lots sur 107 ne peuvent être reliés au réseau collectif d'égout, ce qui ne peut faire l'objet d'une dérogation prévue aux articles R. 111-10 et R. 111-11 (CE, 9 nov. 1990, *Boyer*).

Permis de construire. Un permis de construire est légal, si le réseau d'eau est prévu dans deux ou trois ans (CE, 5 déc. 1990, *Rossi*). 1683

Modalités de desserte. L'eau potable peut légalement provenir du canal de Provence, par une conduite à l'air libre munie d'un dispositif d'épuration (CE, 24 avr. 1992, *Min. Équip. c/ Prost*). 1684

C. urb., art. **R. 111-10 *(D. n° 76-276, 29 mars 1976).* **— En l'absence de réseaux publics et sous réserve que l'hygiène générale et la protection sanitaire soient assurées, le**

réseau de distribution d'eau potable est alimenté par un seul point d'eau ou, en cas d'impossibilité, par le plus petit nombre possible de points d'eau ; le réseau d'égouts aboutit à un seul dispositif d'épuration et de rejet en milieu naturel ou, en cas d'impossibilité, au plus petit nombre possible de ces dispositifs.

En outre, ces installations collectives sont établies de manière à pouvoir se raccorder ultérieurement aux réseaux publics prévus dans les projets d'alimentation en eau et d'assainissement.

C. urb., art. **R. 111-11 *(D. n° 76-276, 29 mars 1976).* — Des dérogations à l'obligation de réaliser des installations collectives de distribution d'eau potable peuvent être accordées à titre exceptionnel, lorsque la grande superficie des parcelles ou la faible densité de construction ainsi que la facilité d'alimentation individuelle font apparaître celle-ci comme nettement plus économique, mais à la condition que la potabilité de l'eau et sa protection contre tout risque de pollution puissent être considérées comme assurées.

Des dérogations à l'obligation de réaliser des installations collectives peuvent être accordées pour l'assainissement lorsque, en raison de la grande superficie des parcelles ou de la faible densité de construction, ainsi que de la nature géologique du sol et du régime hydraulique des eaux superficielles et souterraines, l'assainissement individuel ne peut présenter aucun inconvénient d'ordre hygiénique.

C. urb., art. **R. 111-12 *(D. n° 76-276, 29 mars 1976).* — Les eaux résiduaires industrielles et autres eaux usées de toute nature, à épurer, ne doivent pas être mélangées aux eaux pluviales et eaux résiduaires industrielles qui peuvent être rejetées en milieu naturel sans traitement. Cependant, ce mélange est autorisé si la dilution qui en résulte n'entraîne aucune difficulté d'épuration.

L'évacuation des eaux résiduaires industrielles dans le réseau public d'assainissement, si elle est autorisée, peut être subordonnée notamment à un prétraitement approprié.

L'autorisation d'un lotissement industriel ou la construction d'établissements industriels groupés peuvent être subordonnées à leur desserte par un réseau d'égouts recueillant les eaux résiduaires industrielles, après qu'elles ont subi éventuellement un prétraitement approprié, et les conduisant soit au réseau public d'assainissement, si ce mode d'évacuation peut être autorisé compte tenu notamment des prétraitements, soit à un dispositif commun d'épuration et de rejet en milieu naturel.

1685 **Articulation avec une réglementation locale.** Les dispositions des articles précédents peuvent interférer avec les règlements sanitaires départementaux.

Voir aussi : Sur cette interférence, comm. C. urb., art. L. 111-1, p. 2.

Bibliographie : Sur le prélèvement et la qualité des eaux d'alimentation et sur la distribution publique d'eau potable, A. HOLLEAUX, *Un nouveau décret sur les eaux potables : Petites affiches*, 11 août 1989, p. 11. – B. BEIGNOT, *La protection des captages : RD rur.* 1992, p. 45 ; sur l'assainissement des agglomérations, l'article 35-III de la loi du 3 janvier 1992 sur l'eau : *JO* 4 janv. 1992 ; *D.* 3 juin 1994 relatif à la collecte et au traitement des eaux usées : *JO* 8 juin 1994 ; sur l'assainissement en zone littorale, Instr. 12 mai 1981 ; GAZZANIGA, OURLIAC et LARROUY-CASTÉRA, *L'eau, usages et gestion*, Litec, coll. « Administrations territoriales » 1998.

C. urb., art. **R. 111-13 *(D. n° 76-276, 29 mars 1976 ; D. n° 77-755, 7 juill. 1977).* — Le permis de construire peut être refusé ou n'être accordé que sous réserve de l'observation de prescriptions spéciales si les constructions, par leur situation ou leur importance imposent, soit la réalisation par la commune d'équipements publics nouveaux hors de proportion avec ses ressources actuelles, soit un surcroît important des dépenses de fonctionnement des services publics.

1686 **Application supplétive.** Dispositions permissives inapplicables en présence d'un POS, d'un PLU ou d'un document en tenant lieu.

Voir aussi : Comm. avant C. urb., art. R. 111-1, p. 481.

Équipements publics. Le surcroît important des dépenses de fonctionnement des services publics est un motif nouveau de refus du permis, ajouté par le décret n° 77-755 du 7 juillet 1977. Le Conseil d'État ordonne une expertise pour l'application de l'article R. 111-13, pour vérifier si les équipements publics nécessaires sont hors de proportion avec les ressources de la commune (CE, 18 juill. 1973, *Min. Équip. c/ SCI Le Moulin Bellanger : Rec. CE*, p. 529) (V. Circ. n° 71-91, 19 août 1971). 1687

Lotissement. Sur le fondement du présent article et de l'article R. 315-28, une autorisation de lotissement en 27 lots est annulée à la requête de tiers, car sa réalisation aurait entraîné un afflux de population saisonnière nécessitant la modification de la station d'épuration et du réseau d'eau de la commune. Il en aurait résulté un coût d'investissement excédant le budget annuel d'investissement de la commune, dont un quart du budget de fonctionnement est consacré aux charges de la dette ; la taxe locale d'équipement interdit au surplus de demander au lotisseur le paiement des équipements publics (CE, 12 févr. 1986, *SCI Les Jonquilles*). 1688

Permis de construire. Le présent article se distingue de l'article L. 421-5, qui prescrit le refus du permis de construire en cas d'incertitude sur la date de réalisation d'équipements publics ou sur leur maîtrise d'ouvrage. À notre avis, ce dernier article, qui a un caractère impératif, ne devrait pas s'appliquer aux zones urbaines délimitées par des POS, car les équipements prévus au POS doivent être réalisés et l'Administration ne devrait pas avoir de doutes à cet égard (CE, 5 janv. 1977, *Sieur Loppé : AJDA* 1977, p. 630). 1689

Le Conseil d'État a cependant statué en sens contraire, d'une façon très contestable (CE, 5 nov. 1984, *Min. Urb. c/ Assoc. « SOS Boulevard de Strasbourg » : Rec. CE*, p. 351 ; *JCP* N 1986, II, p. 24, note Priet).

Voir aussi : Sur le financement des équipements publics nécessaires, C. urb., art. R. 111-14, p. 495, et C. urb., art. L. 332-6, p. 295.

Offre de concours. Un refus de permis de construire est légal, malgré l'annulation du précédent refus, car la commune n'est pas tenue d'accepter l'offre de concours du pétitionnaire (CE, 5 avr. 1991, *SCI du Moulin Moyen*). 1690

Frais spécifiques. Le présent article ne justifie pas un refus de permis, motivé par les frais de déneigement, alors que le terrain est proche d'autres habitations et d'un réémetteur TV (CAA Lyon, 14 avr. 1998, *SCI La Baralade*). 1691

C. urb., art. **R. 111-14 *(Ab., D. n° 93-614, 26 mars 1993, art. 14).*

Voir aussi : C. urb., art. L. 332-6, p. 295.

C. urb., art. **R. 111-14-1 *(D. n° 77-755, 7 juill. 1977).* **— Le permis de construire peut être refusé ou n'être accordé que sous réserve de l'observation de prescriptions spéciales si les constructions sont de nature, par leur localisation ou leur destination :**

***a)* À favoriser une urbanisation dispersée incompatible avec la vocation des espaces naturels environnants, en particulier lorsque ceux-ci sont peu équipés ;**

***b)* À remettre en cause l'aménagement des périmètres d'action forestière et des zones dégradées visées aux 2° et 3° de l'article *(Référence rempl., D. n° 98-913, 12 oct. 1998, art. 4-I)* « L. 126-1 du Code rural » ;**

***c)* *(rempl., D. n° 98-913, 12 oct. 1998, art. 4-II)* À compromettre les activités agricoles ou forestières, notamment en raison de la valeur agronomique des sols, des structures agricoles, de l'existence de terrains objets d'une délimitation au titre d'une appellation d'origine contrôlée ou d'une indication géographique protégée ou comportant des équipements spéciaux importants, ainsi que de périmètres d'aménagements fonciers et hydrauliques.**

***d)* À compromettre la mise en valeur des substances visées à l'article 2 du Code minier ou des matériaux de carrières inclus dans les zones définies aux articles 109 et suivants du même code.**

I. – Principes

1692 **Historique.** Dispositions permissives (comm. avant C. urb., art. R. 111-1) inapplicables en présence d'un POS, d'un PLU ou d'un document en tenant lieu, initialement issues du décret n° 77-755 du 7 juillet 1977, modifié par le décret n° 98-913 du 12 octobre 1998, précisant la notion de « terrains produisant des denrées de qualité supérieure », à savoir AOC ou indication géographique protégée, et étendant la protection aux périmètres d'aménagement foncier et hydraulique.
Le présent article a perdu une large part de son importance pratique depuis que la loi du 7 janvier 1983 a posé le principe de constructibilité limitée, sous réserve d'exceptions.
Mais il a entraîné dans une large mesure la pratique des cartes communales dont la loi n° 86-972 du 19 août 1986 a consolidé la légitimité, sous le nom de « MARNU » ou « DARAU ».

Voir aussi : C. urb., art. L. 111-1-2, p. 7 ; annotations sous C. urb., art. L. 111-1-3, p. 12.

1693 **Périmètres particuliers.** Les périmètres et les zones visés au *b* de l'article sont délimités par les préfets, dans des départements déterminés par décret, après avis des chambres d'agriculture et des centres régionaux de la propriété forestière.
En matière de carrières (« d »), l'article 109 du Code minier vise les autorisations de recherches et les permis d'exploitation, que des décrets en Conseil d'État peuvent conférer dans certaines zones, après enquête publique, nonobstant l'opposition des propriétaires.

II. – Contrôle juridictionnel

1694 **Champs d'application.** Le présent article n'est pas applicable aux permis de construire sur constructions existantes (CE, 29 déc. 1993, *Delarue : DA* 1994, 116. – CE, 25 avr. 1990, *Brissiad*, surélévation d'un immeuble existant), il ne peut être opposé à un abri de jardin (CE, 26 sept. 1990, *Reggiori*). Mais il est légalement opposé pour un garage de caravanes (CE, 12 févr. 1990, *Puggioni*).

1695 **Légalité du texte.** Le Conseil d'État a implicitement admis la légalité de l'article R. 111-14-1, en approuvant le refus de permis de construire sur son fondement (CE, 12 nov. 1980, *Min. Envir.* c/ *Meynier : Rec. CE*, T, p. 933. – CE, 20 mars 1981, *Grimaud : DA* 1981, n° 154. – CE, 24 avr. 1982, *Min. Envir.* c/ *Vidal*. – CE, 4 déc. 1987, *Min. Urb.* c/ *Pilet*. – CE, 22 mai 1975, *Ponée*).

1696 **Délivrance légales.** Mais il n'y a pas d'erreur manifeste d'appréciation si le permis de construire est délivré dans un secteur partiellement bâti (CE, 24 juill. 1981, *Min. Envir.* c/ *Quérol : DA* 1981, n° 321), ou si un permis de lotir, délivré à 4 kilomètres de Concarneau, porte sur des terrains sans valeur agronomique particulière (CE, 21 janv. 1983, *Jestin*). Il en va de même si l'autorisation est donnée sur des terrains non exploités (CE, 22 avr. 1983, *Grignet : Rec. CE*, p. 161), ou à 200 mètres d'un bourg et à 90 mètres d'une autre maison (CE, 19 févr. 1986, *Mme Ramel* c/ *M. Rousset*), à 200 mètres d'un groupe d'habitations (CE, 12 janv. 1994, *Min. Équip.* c/ *Le maître : Rec. CE*, T, p. 1255), à proximité de six maisons très proches (CE, 21 juin 1989, *Toujas*).
De même, le permis ne saurait être refusé lorsque la construction litigieuse est insusceptible de compromettre les activités agricoles ou forestières (CE, 24 janv. 1986, *SNC Palmade*), ou pour un chenil qui, eu égard à sa destination, ne peut favoriser l'urbanisation dispersée (CE, 20 janv. 1993, *Assoc. de défense de l'environnement Cnaume-Courchamp*).

1697 **Refus illégaux.** De même, est illégal le refus de permis de construire une maison individuelle dans une zone partiellement bâtie et équipée (CE, 23 mars 1984, *Labetoulle*, 18 mai 1984 ; *Le Faout : RD imm.* n° 108, p. 34) ou à 90 mètres de la maison voisine et à 200 mètres du bourg (CE, 19 févr. 1986, *Mme Ramel*).
Est illégal le refus de permis au motif que le pétitionnaire ne justifie pas de sa qualité d'agriculteur, cette exigence n'étant pas prévue par le présent article (CE, 28 févr. 1986, *SC Pierfane*).
Est illégal le certificat d'urbanisme négatif, pour un terrain bordant la voie principale de l'agglomération, totalement équipé, environné de constructions, même s'il s'agit d'un ancien jardin particulier (CE, 7 déc. 1990, *Touzery*), ou pour un terrain entouré de six maisons (CE, 21 juin 1989, *Toujas*. – CE, 22 juin 1990, *Mme Siméon*).

Certificat d'urbanisme. Un certificat d'urbanisme négatif est légal, sur le fondement du présent article, dans les cas suivants : à 3,5 km d'un bourg, dans un espace naturel boisé, malgré la proximité de deux maisons et d'un hangar (CE, 10 mars 1989, *Jouault*), à 400 mètres d'une agglomération (CE, 10 mars 1989, *Min. Équip.* c/ *Meslong*), à 240 mètres d'un hameau, de l'autre côté d'une colline, malgré la proximité de deux maisons (CE, 24 mars 1989, *Min. Équip.* c/ *Tauvenon*), à 1 000 mètres du bourg, sur un terrain vinicole, malgré l'environnement immédiat de trois maisons insuffisant pour constituer un hameau (CE, 21 juill. 1989, *Marin : DA* 1989, 496), à 1,4 km du bourg (CE, 27 oct. 1989, *Van Ginneken : DA* 1989, 674), dans une zone viticole (CE, 2 mai 1990, *Tailleux*) ou une zone naturelle (CE, 19 sept. 1990, *Gier*. – CE, 7 déc. 1990, *Joint*), à 2,8 km du centre du village, dans une zone de vignoble faiblement urbanisée (CE, 21 juin 1991, *Lembke*) ou encore pour un terrain dans une zone boisée, à plusieurs centaines de mètres d'un hameau, non desservi par l'eau et par l'assainissement (CE, 9 nov. 1992, *Coz : DA* 1993, 51), ou bien en présence de parcelles proches d'une dizaine de maisons, desservies par VRD, à 3 km du bourg, à l'extrémité d'une zone d'habitation et entourées sur 3 côtés de vastes parcelles agricoles (CE, 17 nov. 1995, *Mayor*), ou encore pour une parcelle située au-delà des dernières constructions du village et à environ 150 à 200 m du centre bourg (CAA Douai, 25 sept. 2003, req. n° 01DA00983, *Min. de l'Équipement*), ou pour un terrain localisé « non loin de terrains déjà construits » et situé dans un espace naturel peu équipé (CAA Nancy, 2 oct. 2003, req. n° 98NC02005, *Mme Neff*). 1698

Permis de construire illégaux. Illégalité du permis de construire, dans un massif boisé à 1,5 km de l'agglomération, malgré l'existence de quelques villas avoisinantes et possibilité d'alimentation en eau potable (CE, 22 déc. 1993, *Ehrart*), pour un entrepôt commercial dans une zone agricole, de l'autre côté de la route et de la voie ferrée (CE, 13 oct. 1993, *Min. Équip.* c/ *Pugliesi Conté*). Ou pour un permis délivré en zone agricole, à 2 km du bourg, à 400 m d'un hameau, malgré la préexistence de 3 maisons et une desserte suffisante (CAA Nantes, 27 mai 1998, *Das Neves Concalves : BJDU* 5/1998, p. 389). 1699

Refus illégaux. Le refus de permis de construire au motif qu'il ne s'agit pas de construction à usage agricole est entaché d'erreur de droit, dès lors que l'article R. 111-14-1 ne limite pas les constructions à cet usage (CE, 15 avr. 1996, *Min. Équip.* c/ *Eydieux*). 1700

C. urb., art. **R. 111-14-2 *(D. n° 77-1141, 12 oct. 1977)*. **— Le permis de construire est délivré dans le respect des préoccupations d'environnement définies à l'article 1er de la loi n° 76-629 du 10 juillet 1976, relative à la protection de la nature. Il peut n'être accordé que sous réserve de l'observation de prescriptions spéciales, si les constructions, par leur situation, leur destination ou leurs dimensions sont de nature à avoir des conséquences dommageables pour l'environnement.**

Ordre public. Disposition applicable en présence d'un POS, d'un PLU ou d'un document en tenant lieu. 1701

Voir aussi : C. urb., art. R. 111-1, p. 481.

Effet sur le permis de construire. Cet article ne paraît pas pouvoir, à lui seul, justifier un refus de permis de construire, sauf à être combiné avec une autre disposition, l'article R. 111-9 notamment. 1702

Nuisance du projet. Sur les indications que le pétitionnaire doit fournir sur les nuisances résultant de son projet : CE, 10 juin 1983, *Decroix : Rec. CE*, p. 255. 1703

Refus illégal de permis de construire. Illégalité du refus de permis de construire, sur le fondement du présent article, en raison du trafic de camions qu'induirait la construction (CE, 9 janv. 1991, *Cne de Colombes* c/ *Éts Lebas-Mouroug*). 1704

Voir aussi : Arrêt cité sous C. urb., art. R. 111-4, p. 488.

Appréciation du contexte existant. Légalité du permis de construire le parc Astérix, compte tenu des précautions, le site étant déjà dégradé par la présence d'une autoroute, d'une voie de 1705 chemin de fer, et d'un ball-trap (TA Amiens, 15 juin 1988, *Assoc. de défense* c/ *Astérix Land : Gaz. Pal.* 1989, 1, somm. 231).

1706 **PC et ZNIEFF.** Aucune erreur manifeste d'appréciation n'a été commise par la délivrance d'un PC dont le terrain d'assiette du projet est situé dans une ZNIEFF mais ne présente pas, par lui-même un intérêt écologique particulier et du fait de la présence proche d'une usine et de zones déjà urbanisées (CAA Douai, 25 sept. 2003, req. n° 00DA00657, *Association SAVE : AJDA* avr. 2004, p. 830, note Lebreton).

C. urb., art. **R. 111-15 ***(D. n° 76-276, 29 mars 1976 ; D. n° 77-755, 7 juill. 1977 ; D. n° 81-533, 12 mai 1981 ; D. n° 83-812, 9 sept. 1983 ; D. n° 86-984, 19 août 1986).*** **— Le permis de construire peut être refusé ou n'être accordé que sous réserve de l'observation de prescriptions spéciales lorsque, par leur importance, leur situation, et leur affectation, des constructions contrarieraient l'action d'aménagement du territoire et d'urbanisme telle qu'elle résulte *(Mots suppr., D. n° 98-913, 12 oct. 1998, art. 5)* « ... » des dispositions des schémas directeurs intéressant les agglomérations nouvelles approuvés avant le 1er octobre 1983 ou, postérieurement à cette date, dans les conditions prévues au *b)* du deuxième alinéa de l'article R. 122-22.**

La référence aux directives d'aménagement national a été abrogé par le D. n° 98-913 du 12 octobre 1998 (*JO* 13 octobre).

I. – Généralités

1707 **Application supplétive.** Dispositions permissives (comm. avant art. R. 111-1) applicables en présence d'un POS, d'un PLU ou d'un document en tenant lieu (C. urb., art. R. 111-1).

1708 **Opposabilité des directives.** La directive d'aménagement national n'est opposable aux tiers que si trois conditions sont remplies : l'origine gouvernementale (décret), le degré suffisant de précision et la publicité « suffisante » (CE, 31 janv. 1975, *Min. Équip.* c/ *Sté des Magasins périphériques de l'Ouest-Rallye : AJDA* 1975, p. 132, note Franc et Boyon. – CE, 25 juin 1975, *Min. Équip.* c/ *Sopéral : JCP* 1976, II, 18392, note Moderne. – CE, sect., 31 déc. 1976, *Comité de défense des riverains de l'aéroport Paris-Nord : D.* 1977, J, p. 313, note Moderne ; *AJDA* 1977, p. 136, note Nauwelaers et Fabius ; *Rev. adm.* 1978, p. 400, article Plouvin).
Un permis de construire peut être refusé sur le fondement d'une directive d'aménagement national du territoire (CE, 11 févr. 1981, *Synd. intercommunal d'organisation de la station de sports d'hiver de Peyresourde-Balestas : Rec. CE,* p. 87) ; de même, pour une autorisation de lotir (CE, 7 juin 1985, *Min. Urb. et Logement* c/ *Gautier : Rec. CE,* T, p. 815 ; *AJDA* 1985, p. 630, note J. C.).

1709 **Articulation avec certains schémas.** Le décret n° 77-755 du 7 juillet 1977 a supprimé la référence ancienne aux plans régionaux de développement économique et social ; il a donné valeur de directive d'aménagement national à certains SDAU infirmant ainsi la portée générale d'un arrêt du Conseil d'État qui avait jugé que la légalité d'un permis de construire ne s'apprécie pas par référence au SDAU (CE, 2 mars 1977, *Domat : Droit et Ville* 1977, n° 4, p. 279, note Bouyssou ; *AJDA* 1977, II, p. 447, note Danan).
En revanche, la directive d'aménagement national du territoire ne peut être opposée à une autorisation de défricher (CE, 11 juill. 1983, *Assoc. des amis de la pointe de Nauzan*) ou à une concession de lagunage (CE, 8 nov. 1985, *Sté de Protection de la nature Languedoc-Roussillon : DA* 1986, n° 75), pas plus qu'à un plan d'occupation des sols (CE, 24 juill. 1983, *Assoc. de sauvegarde du pays de Rhuys : AJDA* 1982, p. 173, note Chapuisat). Mais cette dernière solution est caduque, depuis la loi du 7 janvier 1983, qui a introduit dans le Code de l'urbanisme l'article L. 111-1-4.

1710 **Compatibilité.** Le juge exerce un contrôle restreint sur l'appréciation de la compatibilité entre un projet de construction et un schéma directeur valant directive d'aménagement national (CE, 26 avr. 1985, *Assoc. pour la sauvegarde du paysage rural de Saint-Martin-de-Vivier et de ses environs : Rec. CE,* p. 139 ; *AJDA* 1985, p. 383, note J. C.).

Toutefois, un auteur souligne que l'annulation d'un permis de construire sur le fondement du schéma directeur (relayé par le présent article) est plus sûre que sur le fondement de l'illégalité du POS, qui conduit à rechercher si le RNU s'oppose à la délivrance du permis, en application de la jurisprudence *Gepro* citée sous l'article L. 123-4-1 (note Lebreton sous TA Lille, 3 déc. 1992 : *AJDA* 1993, p. 316).

SDRIF. Le SDAU de la région Île-de-France n'est pas une directive d'aménagement national, et ne peut donc être opposé à une demande de permis de construire (CE, 25 juill. 1985, *Cne de Maisons-Laffitte : Rec. CE*, T, p. 805). 1711

Schéma locaux. Le SDAU de Lille n'est pas une directive d'aménagement national, la ville nouvelle Lille-Est étant antérieure à la loi du 10 juillet 1970 sur les agglomérations nouvelles (CE, 9 déc. 1997, *Sté Le Blanc Coulon*). 1712

Zones de nuisances aéroportuaire. La loi du 11 juillet 1985 reprend le classement en trois zones selon le degré de nuisances causé par le bruit aux abords des aérodromes Ce texte, qui vaut loi d'aménagement et d'urbanisme et s'impose donc à la planification locale, prévoit l'établissement non décentralisé de plans d'exposition au bruit. 1713

Les plans déjà établis sur le fondement de la directive restent valables jusqu'à leur révision dans les formes fixées par la loi nouvelle. Les modalités de cette révision sont fixées par le décret n° 87-340 du 21 mai 1987.

Voir aussi : Comm. sous C. urb., art. L. 147-1, p. 136.

Zones de montagne. Les prescriptions de la directive Montagne sont remplacées par les dispositions des articles L. 145-1 et suivants dès leur promulgation, sauf en ce qui concerne le régime des unités touristiques nouvelles, qui est resté soumis au texte de 1977 jusqu'à la désignation de la commission spécialisée au sein du comité de massif en vertu des dispositions des décrets n° 85-995 à 85-1001 du 20 septembre 1985. 1714

Voir aussi : Arrêté 24 août 1979 : *JO* 13 sept. 1979 ; Circ. 24 août 1979 pour l'application de la directive d'aménagement national relative à la protection et à l'aménagement de la montagne et consacrée aux unités touristiques nouvelles en montagne, c'est-à-dire aux opérations susceptibles d'entraîner une modification substantielle de la population et de l'économie locale et du paysage montagnard ; sur le dossier et la procédure UTN, Instr. 4 janv. 1977 ; sur l'élargissement de la composition du comité UTN, Circ. 15 sept. 1982 : *JO* 19 sept. 1982.

II. – Contrôle juridictionnel

Zone de montagne. Le permis de construire la première tranche d'un village de vacances – constituée par 35 mobil-homes – est annulé pour erreur manifeste d'appréciation pour l'application de la directive d'aménagement national de la montagne (CE, 15 avr. 1983, *Cne de Menet : Rec. CE*, p. 154) ainsi que celui concernant un camping-caravaning à moins de 300 mètres du lac fermé par le barrage de Quinson (CE, 28 mai 1988, *Montouillot*, extraits des conclusions Vigouroux *in Bulletin d'informations générales* du ministère de l'Équipement, oct. 1988), mais non celui de construire une petite maison d'habitation à moins de 100 mètres du lac d'Aiguelette (CE, 26 juin 1983, *Fisnoël*) ou celui de construire le sanitaire d'un camping, sur une faible étendue, pourtant de faible déclivité (CE, 25 avr. 1988, *Min. Urb.* c/ *GAM d'Embrun*). 1715

Le refus de permis de construire motivé par la directive d'aménagement national de la montagne est annulé, dès lors que le projet de construction est situé entre deux voies carrossables, à 180 mètres d'un hameau, sur un terrain d'une déclivité de plus de 20 %, dans un secteur où sont déjà implantées six autres habitations, dont trois plus éloignées du hameau. En outre, la desserte en eau et électricité suppose des branchements de 90 mètres au maximum, qui sont des équipements propres au sens de l'article L. 332-6 (CE, 28 févr. 1986, *Min. Urb.* c/ *Louarn*).

La règle d'inconstructibilité à une distance de moins de 300 mètres des rives des plans d'eau de montagne est inapplicable à de simples ruisseaux, et les tourbières ne doivent être laissées intactes, par application de la directive d'aménagement national de la montagne, que si elles se situent à moins de 300 mètres (CE, 30 oct. 1987, *Assoc. des amis de Remiremont et des sites des Hautes-Vosges, et Fédération lorraine pour l'environnement et la qualité de la Vie : Rec. CE,* T, p. 1026).

1716 **Zone agricole.** Tout en reconnaissant qu'il a été délivré dans une zone non urbanisée et sur des terres agricoles à faible déclivité, le Conseil d'État estime que le permis de construire un ensemble touristique de 52 logements n'est pas entaché d'une erreur manifeste d'appréciation (CE, 19 avr. 1985, *Assoc. des paysans et amis pour la sauvegarde des terres agricoles de la Haute-Vallée de l'Hérault : AJDA* 1985, p. 455, note J. C.).

Section II Implantation et volume des constructions

C. urb., art. **R. 111-16 *(D. n° 76-276, 29 mars 1976 ; D. n° 77-755, 7 juill. 1977).* — **Les bâtiments situés sur un terrain appartenant au même propriétaire doivent être implantés de telle manière que les baies éclairant les pièces principales ne soient masquées par aucune partie d'immeuble qui, à l'appui de ces baies, serait vue sous un angle de plus de 45° au-dessus du plan horizontal.**

Toutefois, pour la façade la moins ensoleillée, cet angle peut être porté à 60°, à condition que la moitié au plus des pièces principales prennent jour sur cette façade.

Une distance d'au moins quatre mètres peut être imposée entre deux bâtiments non contigus.

Voir aussi : Départements d'outre-mer, C. urb., art. R. 150-1, p. 573, et C. urb., art. R. 150-2, p. 573.

1717 **Champ d'application.** Le présent article est applicable à un ensemble d'immeubles en copropriété, le sol constituant en l'absence de titre contraire une partie commune en vertu des articles 3 et 4 de la loi du 10 juillet 1965 (CE, 28 avr. 1995, *Caën et autres : DA* 1995, n° 483).
Le présent article s'applique à deux constructions artificiellement reliées entre elles par un portique (CE, 10 nov. 1993, *Cne de Prades-le-Lez : Rec. CE,* T, p. 1110).

1718 **Contrôle par le juge judiciaire.** La violation de ces dispositions ne saurait fonder l'action d'un tiers devant le juge judiciaire (Cass. 3e civ., 19 juill. 1982 : *Bull. civ.* III, n° 181, p. 354).

1719 **Lotissements.** Faute de dispositions particulières dans le règlement de lotissement, les articles R. 111-16 et R. 111-17 s'appliquent, la circonstance qu'un passage sous porche aurait été prévu pour assurer la liaison entre les deux bâtiments n'étant pas de nature à faire regarder ceux-ci comme étant contigus (CE, 12 avr. 1995, *Cne de Joué-les-Tours*).

C. urb., art. **R. 111-17 *(D. n° 76-276, 29 mars 1976 ; D. n° 77-755, 7 juill. 1977).* — **Lorsqu'il s'agit de créer un ensemble de bâtiments à usage d'habitation comprenant au moins quinze logements, chaque bâtiment doit, sauf impossibilité tenant à la situation et à l'état des lieux, satisfaire aux conditions suivantes :**

– la moitié au moins des façades percées de baies, servant à l'éclairage des pièces principales, doit bénéficier d'un ensoleillement de deux heures par jour pendant au moins deux cents jours par année. Chaque logement doit être disposé de telle sorte que la moitié au moins de ses pièces principales prennent jour sur les façades répondant à ces conditions ;

– les baies éclairant les autres pièces principales ne doivent être masquées par aucune partie d'immeuble qui, à l'appui de ces baies, serait vue sous un angle de plus de 60° au-dessus du plan horizontal ;

– une distance d'au moins quatre mètres peut être exigée entre deux bâtiments non contigus ;

– les modalités techniques d'application du présent article sont définies par arrêté du ministre chargé de l'urbanisme.

Application. L'arrêté prévu au dernier alinéa n'a jamais paru. 1720

Voir aussi : Départements d'outre-mer, C. urb., art. R. 150-1, p. 573, et C. urb., art. R. 150-3, p. 573 et C. urb., art. R. 111-16, p. 500.

C. urb., art. **R. 111-18 *(D. n° 76-276, 29 mars 1976 ; D. n° 77-755, 7 juill. 1977).* **— Lorsque le bâtiment est édifié en bordure d'une voie publique, la distance complétée horizontalement de tout point de l'immeuble au point le plus proche de l'alignement opposé doit être au moins égale à la différence d'altitude entre ces deux points. Lorsqu'il existe une obligation de construire au retrait de l'alignement, la limite de ce retrait se substitue à l'alignement. Il en sera de même pour les constructions élevées en bordure des voies privées, la largeur effective de la voie privée étant assimilée à la largeur réglementaire des voies publiques.**

L'implantation de la construction à la limite de l'alignement ou dans le prolongement des constructions existantes peut être imposée.

I. – Notion de voie privée

Qualification des voies. Seules les voies privées existant avant la réalisation des travaux de construction sont assimilées aux voies publiques pour l'application du présent article (CE, sect., 13 mars 1970, *Lauque : AJPI* 1970, p. 662, concl. Baudouin). 1721

Voies privées. Est considéré comme une voie privée, au sens du présent article, un chemin de plusieurs centaines de mètres de longueur et de plusieurs mètres de largeur, desservant plusieurs propriétés et ayant reçu un aménagement suffisant qui rend possible la circulation (CE, 7 janv. 1980, req. n°s 13503 et 13517, *Fabbro et Min. Envir.*). 1722

Il en est de même pour une simple impasse de faible largeur desservant trois propriétés différentes (CE, 1er févr. 1985, *SCI du Moulin : DA* 1985, n° 582) ou une voie privée desservant plusieurs propriétés et comportant des aménagements pour la circulation des personnes et des véhicules (CE, 29 déc. 1993, *Syndicat des copropriétaires de la résidence « Gonfanon » c/ Cne de St-Raphaël*), mais non pour un simple passage ouvert au public (CE, 31 mai 1995, *Caminade*). Sur la question des voies privées, voir Bouyssou, *Voies privées et permis de construire : RFDA* 1985, n° 6, p. 901.

II. – Applications jurisprudentielles

Références pour l'application des règles de prospects. Dans le cadre d'un POS, le Conseil d'État juge qu'une impasse de 1,50 mètre de large et d'une dizaine de mètres de long n'est pas une voie à laquelle s'appliquent les règles de prospect (CE, 22 juin 1987, *Mme Heurtebire*). 1723

. Le présent article s'oppose à la délivrance d'un permis de construire en saillie sur une voie privée, même si une hauteur suffisante est laissée pour le passage, et si la voie privée appartient au pétitionnaire (CE, sect., 13 mars 1970, *Sieur Raimond : Rec. CE*, p. 193).

Un permis est annulé, pour violation des règles de prospect, dès lors que l'Administration n'a pas produit le plan coté demandé par le juge administratif (CE, 26 févr. 1986, *Deloste : Rec. CE*, p. 47).

Le présent article s'applique par rapport à un point quelconque de l'immeuble, y compris le toit (CE, 17 oct. 1986, *Schwoob : AJDA* 1987, 55, obs. J. O.).

Régularisation. Un permis de construire en régularisation est refusé à bon droit, pour violation du présent article, à défaut de dérogation, s'il ne rend pas l'immeuble plus conforme aux règles d'urbanisme (CE, 18 juill. 1982, *Mlle Jegou : Rec. CE*, T, p. 784 et 787. – 27 sept. 1985, *Fatus : Rec. CE*, T, p. 11). 1724

Cession gratuite. La largeur de la voie s'apprécie compte tenu de l'obligation de cession gratuite, pour élargir ladite voie (CE, 9 mai 1994, *SCI l'Amiral : Rec. CE*, T, p. 1239-1259). 1725

C. urb., art. **R. 111-19 *(D. n° 76-276, 29 mars 1976 ; D. n° 77-755, 7 juill. 1977).* **— À moins que le bâtiment à construire ne jouxte la limite parcellaire, la distance comptée hori-**

zontalement de tout point de ce bâtiment au point de la limite parcellaire qui en est le plus rapproché doit être au moins égale à la moitié de la différence d'altitude entre ces deux points, sans pouvoir être inférieure à trois mètres.

Lorsque par son gabarit ou son implantation, un immeuble bâti existant n'est pas conforme aux prescriptions de l'alinéa ci-dessus, le permis de construire ne peut être accordé que pour des travaux qui ont pour objet d'améliorer la conformité de l'implantation ou du gabarit de cet immeuble avec ces prescriptions, ou pour des travaux qui sont sans effet sur l'implantation ou le gabarit de l'immeuble.

I. – Principes

1726 **Application.** Le présent article s'applique, en l'absence d'article homologue du POS, du PLU ou en cas d'illégalité de ce dernier (CE, 12 avr. 1995, *Cne de Joué*. – CE, sect., 3 déc. 1993, *Murtin : Rec. CE*, p. 346 ; *RD publ.* 1994, p. 1219 ; *BJDU* 1994, p. 9, concl. Abraham), et en l'absence de POS et de dispositions plus sévères issues du cahier des charges du lotissement (CE, 23 juin 1997, *SCI de l'Ouest*).

1727 **Séparation et copropriété.** L'article R. 111-19 n'a ni pour objet, ni pour effet, dans le cas d'un mur mitoyen, d'interdire à l'un des copropriétaires de construire contre ce mur, au prétexte que la construction accolée ne jouxterait pas exactement la ligne divisoire (CE, 29 juin 1983, *SCI L'Empereur : RD imm.* 1983, 445).

1728 **Travaux sur existants.** Le dernier alinéa du présent article, ajouté par le décret n° 77-755 du 7 juillet 1977, a supprimé la portée rigoureuse de la jurisprudence assimilant intégralement les travaux sur immeuble existant à des constructions nouvelles et qui interdisait, par exemple, la délivrance d'un permis de construire quelconque sur un bâtiment préexistant mal implanté, fût-ce pour ouvrir une simple fenêtre (CE, sect., 23 déc. 1976, *Min. Équip. c/ Casseau : Droit et Ville* 1977, n° 3, p. 321, note Bouyssou).

Cette jurisprudence est d'ailleurs abandonnée (CE, sect., 27 mai 1988, *Mme Sekler : Rec. CE*, p. 223 ; *AJDA* 1988, p. 546, note J.-B. Auby ; *RFDA* 1989, p. 321, concl. de La Verpillere). Voir cependant note sous l'article R. 111-18.

La jurisprudence administrative paraît s'inspirer de cette disposition quand elle confronte le projet de modification d'un immeuble existant au POS (TA Rennes, 1er oct. 1980 : *Gaz. Pal.* 1981, somm. 149. – 18 mars 1981 : *D.* 1983, IR. 27, note Charles – CE, sect., 26 juill. 1982, *Le Roy : JCP* N 1983, 137, concl. Robineau, note Liet-Veaux ; *AJDA* 1983, p. 48 et surtout 11 mars 1987, *Époux Alvarez : DA* 1987, n° 261).

Mais la jurisprudence *Sekler* est à son tour remise en cause par deux arrêts récents (CE, sect., 15 mai 1992, *Stalhy : Rec. CE*, p. 214 ; *AJDA* 1992, p. 700, note Jacquot ; *Defrénois* 1993, 1re, p. 401, comm. Vidalenc) ; à propos de la violation des règles de prospect fixées par un POS (CE, 31 juill. 1992, *Époux Dupuy : Rec. CE*, T, p. 1393 ; *DA* 1992, 505).

1729 **Servitude aggravée.** La jurisprudence civile considère que l'aggravation d'une servitude de vue n'est pas assimilable à la violation du présent article (Cass. 3e civ., 6 nov 1991 : *DA* 1991, 539).

II. – Précisions jurisprudentielles

1730 **Implantation en limite parcellaire.** Si le bâtiment jouxte la limite parcellaire, la dérogation prévue par l'article R. 111-20 n'est pas nécessaire, de sorte que la délivrance du permis échappe à la compétence du préfet (CE, 28 janv. 1976, *Pascal : AJDA* 1976, p. 526).

La hauteur de la construction s'apprécie par rapport au niveau du fonds voisin, en limite parcellaire (CE, 19 janv. 1973, *Cuelhes et autres : Rec. CE*, p. 58). Elle se mesure à l'égout du toit et non au faîtage, sauf si la façade ne comporte pas de toiture (CE, 28 sept. 1998, *Cne de Saint-Bon-Tarentaise : Rec. CE*, T, 1027).

1731 **Régularisation possible.** Une construction violant le présent article peut être régularisée par une construction complémentaire portant le bâtiment jusqu'à la limite divisoire des deux fonds (CE, 29 oct. 1975, *Viguier : Rec. CE*, T, p. 1328).

En revanche, la régularisation ne saurait résulter de la cession de l'espace interstitiel à un tiers, cet agissement étant considéré comme une fraude destinée à tourner le présent article (CE, 3 févr. 1978, *Meppiel : Rec. CE*, p. 54 ; *CJEG* 1978, p. 105, note Sablière. – CE, 25 janv. 1993, *Consorts Saint-Guilly : DA* 1993, 139).

C. urb., art. **R. 111-20 *(D. n° 76-276, 29 mars 1976 ; D. n° 81-534, 12 mai 1981 ; D. n° 82-584, 29 juin 1982 ; D. n° 86-984, 19 août 1986 ; D. n° 88-199, 29 févr. 1988).*— Des dérogations aux règles édictées dans la présente section peuvent être accordées par décision motivée de l'autorité compétente, après avis dans chaque cas particulier du maire de la commune, lorsque celui-ci n'est pas l'autorité compétente.

D'autre part, le préfet peut, après avis du maire, apporter des aménagements aux règles prescrites par les articles R. 111-18 et R. 111-19, sur les territoires où l'établissement de *(Mots rempl., D. n° 2001-260, 27 mars 2001, art. 3)* « plans locaux d'urbanisme » a été prescrit, mais où ces plans n'ont pas encore été rendus publics.

I. – Principes

Mécanisme dérogatoire. En vertu du présent article, il peut être dérogé à toutes les règles de prospect prévues aux articles R. 111-16 à R. 111-19. Le pouvoir de dérogation résultant du premier alinéa paraît plus étendu que celui résultant du deuxième alinéa, qui vise seulement des *aménagements*. Cette possibilité de faire des plans provisoires a été critiquée (Liet-Veaux : *J.-Cl. Adm.*, fasc. 447) ; elle équivaut pourtant à la dérogation-anticipation permise en cas de révision d'un plan antérieur (anciens art. L. 123-4 et R. 123-35 – II), laquelle suppose la préexistence d'un POS. 1732

Voir aussi : Circ. 27 avr. 1987 : *Mon. TP* 22 mai 1987.

II. – Conditions de validité de la dérogation

Motifs permettant la dérogation. Transposant aux règles générales d'urbanisme la jurisprudence intervenue en matière de POS, le Conseil d'État juge que les dérogations au titre de l'article R. 111-20 ne peuvent intervenir que pour des motifs d'intérêt général (CE, 16 déc. 1977, *Min. Équip. c/ Cluzeau : Rec. CE*, p. 509 ; *AJDA* 1978, p. 457, concl. Latournerie. – CE, 4 mai 1983, *Di Mattéo*). Ce n'est pas le cas si la dérogation n'est accordée que pour valider un permis de construire illégal. 1733

Dérogation expresse. Elle est légale en cas d'amélioration esthétique et de contribution à la rénovation d'un vieux village de montagne (CE, 29 juin 1990, *Vve Raymond*) ou de surélévation d'hôtel dans une station de montagne en expansion (CE, 7 déc. 1990, *Min. Urb.* c/ *Mme Ranzetti*) ou en cas de carence de l'équipement hôtelier (CE, 9 juill. 1993, *Martin : DA* 1993, n° 479), mais non s'il s'agit d'augmenter la hauteur, pour s'aligner sur celle d'immeubles voisins, mais non contigus, sans recherche d'unité architecturale (CE, 6 mars 1991, *Mlle Testut*) ou pour s'aligner sur la hauteur d'un bâtiment situé sur la même unité foncière nonobstant l'avis favorable de l'architecte des Bâtiments de France (CE, 12 déc. 1994, *SA d'HLM du Hainaut*) ou bien encore si la dérogation à l'article R. 111-18 a pour conséquence d'aggraver les conditions de salubrité et d'habitabilité eu égard à l'étroitesse de la voie et à son orientation (TA Toulouse, 1er févr. 1996, *Bastide* c/ *Préfet de l'Aveyron : DA* 1996, 249 ; *Gaz. Pal.* 30 oct. 1996). 1734

En revanche, il y a intérêt général en cas de dérogation à l'article R. 111-19, pour assurer la continuité des façades avec des immeubles voisins plus élevés, même s'ils n'ont pas la même hauteur (CE, 2 déc. 1991, *SEMARELP*), ou en cas de parti architectural très soigné en bord de mer (CE, 22 mai 1992, *Cne de la Tremblade et SCI La Forêt : Rec. CE*, T, p. 1394). La dérogation doit être motivée et ne saurait donc être implicite (CE, 26 mars 1990, *Clavel*).

Section III Aspect des constructions

C. urb., art. **R. 111-21 *(D. n° 76-276, 29 mars 1976 ; D. n° 77-755, 7 juill. 1977).* **— Le permis de construire peut être refusé ou n'être accordé que sous réserve de l'observation de prescriptions spéciales si les constructions, par leur situation, leur architecture, leurs dimensions ou l'aspect extérieur des bâtiments ou ouvrages à édifier ou à modifier, sont de nature à porter atteinte au caractère ou à l'intérêt des lieux avoisinants, aux sites, aux paysages naturels ou urbains, ainsi qu'à la conservation des perspectives monumentales.**

I. – Principes

1735 **Généralités.** Le présent article a permis à l'Administration, sous le contrôle du juge, de veiller à l'insertion des constructions dans le paysage, trente ans avant le vote de la loi du 8 janvier 1993. Pour autant, il sert souvent en dehors de tout véritable fondement, à justifier l'engagement d'une démarche contentieuse contre un permis de construire.

Voir aussi : C. urb., art. R. 111-24, p. 507.

1736 **Ordre public.** Dispositions permissives applicables en présence d'un POS, d'un PLU ou d'un document en tenant lieu.

Voir aussi : Comm. avant C. urb., art. R. 111-1, p. 481.

1737 **Champ d'application.** Le présent article s'applique aux sites et aux paysages naturels et urbains n'ayant pas fait l'objet de décisions administratives de protection particulière, au titre de la législation sur les sites ou les monuments historiques (CE, sect., 6 mai 1970, *SCI Résidence Reine Mathilde : Rec. CE*, p. 308, concl. Guillaume ; *RD publ.* 1971, p. 232, note Waline).
Le présent article ne peut fonder un refus de permis destiné à assurer la protection de l'espace rural et la pérennité d'une porcherie. Le refus est alors fondé sur l'article R. 111-2 (CE, sect., 21 mars 1980, *Peyrusque : AJDA* 1981, p. 108, note Bouyssou).
Une privation de vue subie par un voisin ne constitue pas une atteinte à l'intérêt des lieux avoisinants, au sens du présent article (CE, 11 janv. 1984, *Allard : Rec. CE*, T, p. 776).

1738 **Certificat d'urbanisme.** Le certificat d'urbanisme doit être négatif, dès lors que le permis de construire peut être refusé par application du présent article, alors même que le projet respectait le POS et le COS (CE, 5 févr. 1990, *SCI Les Terrasses de l'Estuaire : JCP* N 1990, II, p. 244, note Lefondré).

Voir aussi : Note Liet-Veaux sous CE, 7 juill. 1973. – Cass. 3e civ., 4 févr. 1976 : *JCP* 1977, II, 18596.

1739 **Permis de démolir.** L'article R. 111-21 est inapplicable à un permis de démolir (CE, 17 janv. 1996, *Ville de Paris*).

II. – Applications jurisprudentielles

A – Contrôle de l'erreur manifeste d'appréciation en cas d'octroi de permis

1740 **Contrôle de l'erreur manifeste.** Il n'y a pas d'erreur manifeste en cas de délivrance du permis de construire un hangar, au voisinage d'autres constructions, dans un secteur sans intérêt particulier (CE, 13 oct. 1982, *Min. Envir.* c/ *Nugère*), ni en cas de projet de supermarché proche de constructions existantes en cas de plantation de 850 arbres (CE, 18 févr. 1983, *District urbain de l'agglomération rennaise*), ni en cas de construction très soignée, pourtant proche du littoral (CE, 1er févr. 1989, *Cne de Saint-Gildas-de-Rhuys*) ni en cas de construction d'un hangar de 840 m² et 8 mètres de hauteur en secteur peu construit (CE, 15 nov. 1991, *Delivet*) ni en cas de parti architectural très soigné en bord de mer (CE, 22 mai 1992, *Cne de la Tremblade et SCI la Forêt : Rec. CE*, T, p. 1394), ni pour un bâtiment moderne dans un site ancien faisant l'objet d'un classement en ZPPAU (CAA Nantes, 10 févr. 1994, *Château et Bouvier : BJDU* 3/1994, p. 28, concl. Isaia), non plus que pour un immeuble qui respecte le style architectural du quartier (CE, 19 juin 2002, req. n° 219648, *Cne de Beausoleil : BJDU* 3/2002, p. 201, concl. Chauvaux), pas davantage pour la réalisation d'un ensemble de trois immeubles sur quatre étages entourant un jardin paysager du fait de la densité du bâti préexistant et nonobstant un habitat globalement pavillonnaire (CE, 30 juill. 2003, req. n° 203766, *Syndicat de défense du Cap d'Antibes : BJDU* n° 6/2003, p. 401, concl. Piveteau), ni d'un ensemble immobilier multidestinations dans une zone dense du 8ᵉ arrondissement de Paris du fait du « caractère hétéroclite des constructions avoisinantes » (CAA Paris, 18 déc. 2003, req. n° 02PA02609, *M. Chauvet*).

L'erreur manifeste n'est pas non plus retenue lors de la délivrance d'un permis de construire un musée d'Art moderne dès lors qu'il a été tenu compte, notamment, dans les choix portant sur les volumes de la construction et les matériaux à utiliser, de l'aspect et du caractère des quartiers avoisinants (CE, 28 juin 1996, *Ville de Nice*), un immeuble collectif en zone UE du POS sous réserve de l'obligation, pour le constructeur, de se conformer à certaines prescriptions (CE, 29 nov. 1996, *Mme Huas, Assoc. de Sauvegarde de la pointe malouine*), une construction de 16 logements et un étage (CE, 15 janv. 1997, *SCI le Grand Large*), la surélévation d'un immeuble existant par la réalisation d'un toit à la Mansard (CE, 10 oct. 2003, req. n° 238035, *Cne de Cannes : BJDU* n° 5/2003, p. 354, concl. Glaser).

En revanche, il y a erreur manifeste d'appréciation en cas de délivrance d'un permis pour la construction de 300 logements, même de dimension modeste et respectant l'architecture locale, au bord d'un lac artificiel avoisiné par un paysage dont l'aspect sauvage fait la spécificité et la valeur (CE, 9 mai 1979, *SCI « Résidence de Castellon » : D.* 1979, p. 413, obs. Charles). Il en est de même en cas d'octroi d'un permis dans un site exceptionnel (CE, 12 oct. 1979, *Min. Envir.* c/ *Antonini : DA* 1979, n° 346. – TA Pau, 16 déc. 1994, *Unimate 65* c/ *Préfet des Hautes-Pyrénées et EDF : CJEG* 1995, p. 109, concl. Rey ; *Rev. jur. env.* 1995, 135, concl. Rey), dans un site classé (CAA Paris, 10 févr. 1994, *SCI du Parc de Rentilly : Rec. CE*, p. 619 ; *DA* 1994, 301 ; *Gaz. Pal.* 25 avr. 1995) ou un site inscrit (CE, 18 avr. 1980, req. n° 11747, *Mme Timmermans*) ou en cas de construction d'un mur de soutènement pourtant non visible depuis une vallée (CE, 4 juin 1982, *Missanard*) ou d'un complexe touristique de 100 m de long en bordure du plateau de Navacelles (CE, 8 sept. 1995, *SIVOM du Larzac : BJDU* 5/1995, p. 369, concl. Bonichot) ou encore d'un petit chalet dans le champ de visibilité d'un ensemble de grosses fermes savoyardes (CAA Lyon, 24 oct. 1995, *Cne d'Araches La Frasse* c/ *Caron : Gaz. Pal.* 29 déc. 1996), ou une construction sur un terrain situé en surplomb de l'estuaire de la Gironde et du fait de l'aspect du paysage (CE, 9 févr. 2004, req. n° 217224, *M. Jadeau*).

De même, sont annulés pour erreur manifeste d'appréciation les permis de construire délivrés pour 10 maisons s'ajoutant à 10 constructions sans permis à proximité du littoral d'Oléron, dans un secteur inscrit à l'inventaire des sites, où le SDAU d'Oléron ne prévoit qu'un hébergement fluide (CE, 3 févr. 1992, *SA Maisons familiales constructeurs et Cne de Saint-Pierre* c/ *Assoc. Société de protection des paysages de l'île d'Oléron : Rev. jur. env.* 1992, p. 271, concl. Dutreil ; *Petites affiches*, n° 43, 1992, note Morand-Deviller), pour un bâtiment de 28 000 m² de SHOB à proximité du cap d'Antibes, faisant disparaître une grande partie d'espaces boisés, qu'une plantation sur dalle ne saurait suppléer (CE, 21 sept. 1992, *SCI Juan-les-Pins centre et ville d'Antibes*).

De même, il y a erreur manifeste si le permis de construire délivré fait disparaître le jardin et les essences sur un terrain classé à l'inventaire des sites (CE, 1er juin 1994, *Silvy*) ou pour un grand hangar dans des paysages naturels, harmonieux, proche d'une ferme ancienne d'aspect traditionnel (CAA Nancy, 10 nov. 1993, *Époux Haghebaert : Gaz. Pal.* 25 déc. 1994).

Le Conseil d'État annule même, avec une forte motivation de fait, un permis de construire près du Mont-Boron, à Nice, dans une zone constructible selon le plan d'occupation des sols (CE, 26 juin 1983, *Mme Virag*).

Importance du projet. La circonstance que deux immeubles collectifs aient été autorisés dans la même zone n'empêche pas le refus du permis de construire portant sur un nouvel immeuble collectif, les premières constructions n'ayant pas dénaturé à elles seules le caractère des lieux (CE, 1741

17 oct. 1984, *SCI Vent Debout : DA* 1984, n° 462). De même, la qualité architecturale d'un projet ne suffit pas à résorber l'atteinte aux sites et paysages avoisinants (CE, 4 janv. 1985, *Laurent*).

1742 **Prescriptions du PC.** La nature des prescriptions qui assortissent le PC contesté sont retenues comme critère pour constater l'absence d'erreur manifeste d'appréciation (CAA Paris, 4 févr. 2003, req. n° 01PA04021, *Min. de l'Intérieur*).

B – Contrôle normal en cas de refus de permis

1743 **Contrôle normal.** Le contrôle du juge est très poussé, en cas de refus de permis (par exemple CE, 23 mai 1984, req. n° 35201, *SCI Baïa di sole*).

Ainsi est annulé le refus de permis dès lors que le maire ne rapporte pas la preuve que la construction se situe dans un secteur comportant un caractère ou un intérêt particulier (CE, 27 mai 1994, *Ville de Nantes* c/ *SCI Hector Berlioz*).

De même, après visite des lieux, est annulé un refus de permis ayant pourtant fait l'objet d'un avis défavorable de la commission départementale d'urbanisme (CE, 1er déc. 1978, *Sieur Drouet : DA* 1979, n° 407).

De même est annulé le refus de permis dans un site qui avait fait l'objet d'une instance de classement, abandonnée au bout de douze mois (CE, 21 nov. 1978, *Min. Équip.* c/ *Dame Lamarche-Jacomet : Rec. CE*, p. 472). Il est encore jugé que la transformation d'un garage en logement ne peut violer le présent article ; le refus de permis ainsi motivé est donc illégal (CE, 7 nov. 1979, req. n° 15232, *Vve Garry*).

Le refus de permis est annulé, en cas de construction d'une maison sur un terrain faisant partie d'un espace boisé dans une zone de cultures, si le secteur de la commune concernée ne présente pas un intérêt ou un caractère particulier (CE, 6 juill. 1979, *Min. Envir.* c/ *Derevitsky : DA* 1979, n° 273).

De même, le refus de permis de construire est annulé, à défaut d'examen particulier des circonstances, si l'autorité administrative avait décidé de refuser les permis demandés sur une falaise pour des motifs tirés du présent article (CE, 22 oct. 1982, *Le Queau*, préfigurant la jurisprudence sur l'illégalité des cartes communales).

Voir aussi : C. urb., art. L. 111-1-3, p. 12.

1744 **Non-respect de la vérité archéologique.** Le Conseil d'État annule un refus de permis de construire fondé sur le présent article, alors même que le projet de construction ne respecte pas « la vérité archéologique ».

Voir aussi : CE, sect., 16 mars 1973, *Sieur Guiral : Rec. CE*, p. 228 ; *JCP* 1973, II, 17436, note Liet-Veaux. – CE, 7 juill. 1976, *Époux Arnaud : Rec. CE*, p. 233 ; *JCP* 1977, II, 18596, note Liet-Veaux.

1745 **Refus valides.** Mais de nombreux arrêts admettent, compte tenu des circonstances de fait, la légalité de refus du permis fondés sur le présent article (V. par ex., CE, 16 oct. 1987, *Min. Urb.* c/ *SCI SUMOVI*. – CE, 27 avr. 1988, *Sté « Tennis Club les Pins »*. – CE, 25 janv. 1989, *Gueit*, à propos d'une passerelle et d'une terrasse sur une rivière, aux abords d'un monument historique. – CE, 6 juin 1990, *Bernard*, à propos d'un hangar à bateaux. – CE, 17 févr. 1993, *Min. Urb.* c/ *SCI de Tallarès* : 1 351 habitations individuelles en bord du lac de Lacanau. – CE, 8 mars 1996, *Cne de Bièvres* : permis de construire modificatif autorisant la substitution de toit d'ardoises au toit de tuiles à proximité d'un château. – CE, 14 nov. 1997, *Sté le Café Beaubourg* : permis de construire portant sur la restructuration d'un immeuble, avec modification de fenêtres, et avis défavorable de l'ABF).

C. urb., art. **R. 111-22 *(D. n° 76-276, 29 mars 1976)*. — Dans les secteurs déjà partiellement bâtis, présentant une unité d'aspect et non compris dans des programmes de rénovation, l'autorisation de construire à une hauteur supérieure à la hauteur moyenne des constructions avoisinantes peut être refusée ou subordonnée à des conditions particulières.

Voir aussi : La circulaire du 16 mars 1977 qui limite la construction à trois étages dans les agglomérations de moins de 30 000 habitants et à six étages dans les agglomérations de plus de 30 000 habitants, sauf si la hauteur moyenne du quartier excède ces limites.

C. urb., art. **R. 111-23 *(D. n° 76-276, 29 mars 1976).***— Les murs séparatifs et les murs aveugles apparentés d'un bâtiment doivent, lorsqu'ils ne sont pas construits avec les mêmes matériaux que les murs de façades principales avoir un aspect qui s'harmonise avec celui des façades.**

C. urb., art. **R. 111-24 *(D. n° 76-276, 29 mars 1976).***— La création ou l'extension d'installations ou de bâtiments à caractère industriel ainsi que de constructions légères ou provisoires peut être subordonnée à des conditions spéciales, notamment à l'aménagement d'écrans de verdure ou à l'observation d'une marge de reculement.**

Voir aussi : C. urb., art. L. 421-8, p. 355 et C. urb., art. R. 421-52, p. 837.

Section IV Dispositions diverses

C. urb., art. **R. 111-25 *(D. n° 76-276, 29 mars 1976 ; D. n° 86-984, 19 août 1986).*— Les dispositions des articles R. 111-1 à R. 111-24 prises pour l'application de l'article L. 111-1 ne peuvent être modifiées que par décret en Conseil d'État pris sur le rapport du ministre chargé de l'urbanisme. Lorsque leur département est intéressé, le garde des sceaux, ministre de la justice, le ministre de l'intérieur, le ministre chargé des armées, le ministre de l'économie et des finances, le ministre chargé de l'industrie, le ministre chargé du commerce, le ministre de l'agriculture, le ministre chargé des monuments historiques et des sites, le ministre de l'éducation nationale, le ministre des transports, le ministre des postes et télécommunications et le ministre de la santé publique sont consultés.**

C. urb., art. **R. 111-26 *(D. n° 76-276, 29 mars 1976 ; ab., D. n° 98-913, 12 oct. 1998, art. 7).***

C. urb., art. R. 111-26-1 *(D. n° 77-752, 7 juill. 1977 ; D. n° 83-1261, 30 déc. 1983 ; D. n° 86-984, 26 août 1986 ; D. n° 88-199, 29 févr. 1988).*— La décision de prise en considération de la mise à l'étude d'un projet de travaux publics ou d'une opération d'aménagement fait l'objet d'une mention en caractères apparents dans deux journaux *(Mots suppr., D. n° 98-913, 12 oct. 1998, art. 6)* « ... » diffusés dans *(Mot suppr., D. n° 98-913, 12 oct. 1998, art. 6)* « ... » le département. Lorsque la décision relève du préfet, elle est en outre publiée au *Recueil des actes administratifs du département*.

Historique. Les dispositions du présent article constituaient, avant le décret n° 83-1261 du 30 décembre 1983, l'article R. 421-55 du présent code ; c'est l'article 41 dudit décret qui a opéré ce transfert. 1746
Cet article a été modifié par le décret n° 98-913 du 12 octobre 1998, qui assouplit les exigences relatives aux formalités de publicité (comparer avec POS ou PLU, C. urb., art. R. 123-10).

Sursis à statuer. Le sursis à statuer, en vertu de l'article L. 111-10, serait illégal s'il était opposé avant que soient effectuées les mesures de publicité prévues au second alinéa. 1747

C. urb., art. *R. 111-26-2 *(D. n° 86-984, 19 août 1986).*— La décision de sursis à statuer prise dans les cas prévus à l'article L. 111-7 fait l'objet d'un arrêté motivé de l'autorité compétente pour autoriser les travaux, constructions ou installations faisant l'objet de la demande. Cet arrêté mentionne la durée du sursis. Il indique également le délai dans lequel le demandeur pourra, en application du quatrième alinéa de l'article L. 111-8, confirmer sa demande ; en l'absence d'une telle indication, aucun délai n'est opposable au demandeur.

Section V Directives territoriales d'aménagement et prescriptions particulières de massif

C. urb., art. *R. 111-27 *(D. n° 79-716, 25 août 1979 ; ab., D. n° 98-913, 12 oct. 1998, art. 7 ; rétabli dans la version suivante, D. n° 2001-260, 27 mars 2001, art. 2).* **— Le projet de directive territoriale d'aménagement mentionnée à l'article L. 111-1-1 ou de prescriptions particulières de massif mentionnées au III de l'article L. 145-7 est soumis à enquête publique dans les formes prévues par les articles 7 à 21 du décret modifié n° 85-453 du 23 avril 1985 pris pour l'application de la loi n° 83-630 du 12 juillet 1983 relative à la démocratisation des enquêtes publiques et à la protection de l'environnement.**

Chapitre II

Plafond légal de densité

1748 **Présentation.** Les règles de calcul de la densité d'une construction, définies par les deux articles suivants, ne concernent pas seulement le plafond légal de densité, et le versement dû pour son dépassement éventuel, mais encore la définition du COS (art. R. 123-22), la taxe locale d'équipement (art. L. 112-7) et la redevance pour construction en surdensité (art. R. 332-1 et s.), la participation à la diversité de l'habitat. Voir circulaire n° 77-170 du 28 novembre 1977.
En revanche, le calcul de la redevance pour construction d'industrie et de bureaux dans la région parisienne fait intervenir une notion différente : la superficie utile (C. urb., art. L. 520-5 et R. 520-2).

C. urb., art. *R. 112-1 *(D. n° 76-276, 29 mars 1976 ; D. n° 77-739, 7 juill. 1977).* **— La densité de construction est définie par le rapport entre la surface de plancher hors œuvre nette de cette construction et la surface du terrain sur laquelle elle est ou doit être implantée.**

La superficie des terrains cédés gratuitement en application des articles R. 332-15 et R. 332-16 est prise en compte pour la définition de la densité de construction.

Voir aussi : C. urb., art. R. 123-22 (2°), p. 531 ; C. urb., art. L. 111-5, p. 17.

1749 **Assiette foncière.** Le terrain à retenir s'entend de l'ensemble des parcelles contiguës appartenant à un même propriétaire ou à une même indivision, comme en matière de lotissements (C. urb., art. R. 315-1) ou de détachements (C. urb., art. L. 111-5).

Voir aussi : Sur la prise en compte des surfaces exonérées, Circulaire 22 avr. 1987 : *Mon. TP* 22 mai 1987 remplacée par Circulaire 12 nov. 1990 : *Mon. TP* 30 nov. 1990.

C. urb., art. *R. 112-2 *(D. n° 76-276, 29 mars 1976 ; D. n° 77-739, 7 juill. 1977 ; D. n° 87-1016, 14 déc. 1987 ; D. n° 88-1151, 26 déc. 1988).* **— La surface de plancher hors œuvre brute d'une construction est égale à la somme des surfaces de plancher de chaque niveau de la construction.**

La surface de plancher hors œuvre nette d'une construction est égale à la surface hors œuvre brute de cette construction après déduction :

***a)* Des surfaces de plancher hors œuvre des combles et des sous-sols non aménageables pour l'habitation ou pour des activités à caractère professionnel, artisanal, industriel ou commercial ;**

***b)* Des surfaces de plancher hors œuvre des toitures-terrasses, des balcons, des loggias, ainsi que des surfaces non closes situées au rez-de-chaussée ;**

***c)* Des surfaces de plancher hors œuvre des bâtiments ou des parties de bâtiments aménagés en vue du stationnement des véhicules ;**

***d) (Al. rempl., D. n° 2000-1272, 26 déc. 2000, art. 1er)* Dans les exploitations agricoles, des surfaces de plancher des serres de production, des locaux destinés à abriter les récoltes, à héberger les animaux, à ranger et à entretenir le matériel agricole, des**

locaux de production et de stockage des produits à usage agricole, des locaux de transformation et de conditionnement des produits provenant de l'exploitation ;

***e)* D'une surface égale à 5 % des surfaces hors œuvre affectées à l'habitation telles qu'elles résultent le cas échéant de l'application des *a, b* et *c* ci-dessus.**

Sont également déduites de la surface hors œuvre dans le cas de la réfection d'un immeuble à usage d'habitation et dans la limite de cinq mètres carrés par logement les surfaces de planchers affectées à la réalisation de travaux tendant à l'amélioration de l'hygiène des locaux et celles résultant de la fermeture de balcons, loggias et surfaces non closes situées en rez-de-chaussée.

I. – Définitions

Shon. Depuis le décret n° 77-739 du 7 juillet 1977, la définition de la surface hors œuvre nette résulte de la déduction d'un certain nombre de superficies *réelles.* Cette nouvelle définition n'est applicable qu'aux demandes de permis de construire déposées postérieurement au 8 juillet 1977 (D. n° 77-739, 7 juill. 1977, art. 13). 1750
Précédemment, elle résultait de la déduction d'un forfait représentatif des superficies inutilisables et d'une déduction supplémentaire des superficies réelles affectées au stationnement des véhicules.

Voir aussi : Circ. n° 76-84, 1er juill. 1976.

Shob. La SHOB comprend la surface cumulée des divers niveaux y compris l'épaisseur des murs, même s'ils ont plus de 40 centimètres d'épaisseur (contrairement à la solution retenue par la circulaire du 28 nov. 1977, et depuis la circulaire du 12 nov. 1990), y compris les toitures-terrasses, accessibles ou non. En sont exclus : les pylônes, canalisations, auvents, terrasses non couvertes de plain-pied avec le rez-de-chaussée, les trémies et autres vides ne constituant pas une surface de plancher (Circ. 12 nov. 1990). 1751

Voir aussi : Circ. n° 99-49, 27 juill. 1999 relative aux surfaces non closes en rez-de-chaussée : *Mon. TP* 6 août 1999.

II. – Déductions

Surfaces déductibles. Les surfaces non aménageables s'apprécient en fonction d'un triple critère : hauteur (inférieure à 1,80 mètre sous plafond ou toiture, à partir de la face interne de ces derniers), accessibilité (limitée par l'encombrement ou la résistance de la charpente), et affectation des locaux considérés (locaux techniques tels que chaufferies ou vide-ordures, caves individuelles sans ouverture extérieure. V. néanmoins jurisprudence citée ci-après). 1752
La circulaire du 12 novembre 1990 supprime la forfaitisation de ces locaux (60 m² pour les constructions individuelles), et précise qu'est retenue dans la SHON la surface des locaux susceptibles d'une activité quelconque, telle que buanderie, cellier, atelier, resserre, local de jeux, cantine, dépôt, salle de cinéma ou d'ordinateur.
La déduction des surfaces des toitures-terrasses, des balcons et loggias, et des surfaces non closes des rez-de-chaussée suppose que ces surfaces soient « hors d'eau » ou « hors d'air ». On ne doit déduire les surfaces non closes du rez-de-chaussée que si leur fermeture nécessite des travaux supplémentaires (Circ. préc.). La surface des vérandas n'est pas en principe déductible, sauf si l'immeuble d'habitation a déjà été habité, et dans la limite de 5 m² par logement, utilisable une seule fois, prévue au dernier alinéa du présent article.
La déduction de la surface des aires de stationnement ne s'étend pas aux locaux de stockage, réserves, etc.
Mais est également déductible la surface réellement affectée au stationnement de vélos, motos, voitures d'enfants, véhicules pour personnes handicapées.
Pour les garages commerciaux, la surface réservée au stationnement (même payant) est également déductible, sauf celle des ateliers de réparation, stations-service, halls d'exposition *(ibid.)*.

De même, la surface d'un garage de véhicules administratifs est déductible (*JOAN* 5 mai 1980, p. 1811).
Les surfaces déductibles au titre de l'alinéa *c* s'étendent aux aires de manœuvre et aux sas de sécurité (Circ. 12 nov. 1990). Toutes les surfaces déductibles sont comptées pour leur montant réel, sans forfaitisation.

1753 **Déduction particulières.** La déduction des surfaces affectées à l'agriculture vaut aussi pour les coopératives agricoles (caves viticoles, silos à grains), à l'exception des locaux à usage de bureaux, ateliers, etc. *(ibidem)*.
La déduction forfaitaire de 5 %, pour les seuls locaux à usage d'habitation, est destinée à prendre en compte l'isolation thermique et phonique. Elle a été ajoutée par le décret n° 88-1151 du 26 décembre 1988 et commentée par circulaire du 28 décembre 1988 (*JCP* N 1989, Prat. 819).

Voir aussi : Sur la définition des superficies déductibles, la circulaire n° 77-170 du 28 novembre 1977, laquelle n'a pas un caractère réglementaire (CE, 7 juill. 1989, *Cne de Cublize*) remplacée par circulaire du 12 novembre 1990 : *Mon. TP* 30 nov. 1990.

III. – Solutions jurisprudentielles

1754 **SHON validée.** La réalisation d'un jardin d'hiver clos, à la place d'une pergola ouverte, est une création de SHON (CE, 22 févr. 1989, *Mme Caron*).
Un vide sanitaire de 1,80 mètre en rez-de-chaussée, et non en sous-sol, est aménageable, et fait partie de la SHON (TA Lyon, 14 mai 1990, *Flageul : Gaz. Pal.* 1991, 1, somm. p. 42). De même, une cave aménageable de 2,30 mètres de haut, compte dans la SHON (CAA Paris, 7 déc. 1993, *Romao Rui : Gaz. Pal.* 15 mars 1995).
L'ouverture de fenêtres dans un mur de soutènement d'une terrasse, avec un espace vide de 35 m² et une hauteur de plus de 1,80 mètres, crée du COS (CE, 20 mai 1998, *Testuz : BJDU* 4/1998, p. 282, concl. Girardot), de même que la réalisation d'un escalier intérieur, rendant une surface aménageable (CE, 25 nov. 1998, *Chèze*).

Voir aussi : Sur les surfaces déductibles au titre du stationnement, CE, 30 juin 1998, *Assoc. information et défense de Cannes*. – CAA Paris, 16 avr. 1998, *Cne de Bonnelles*. – CAA Nantes, 15 avr. 1998, *Breton*.

1755 **Calcul de la TLE.** Pour le calcul de la TLE, un local de moins de 1,80 mètre de haut compte dans la SHON (CE, 13 juill. 1994, *SCI les Hameaux de Thorenc : RJF* mars 1995, p. 206), de même un bâtiment destiné à abriter un élevage avicole qui est un bâtiment d'exploitation par lui-même (CAA Lyon, 18 févr. 2003, req. n° 98LY01881, *M. Laurent*).

1756 **SHON exclue.** En revanche, un local aménagé pour le stationnement des vélos ne compte pas dans la SHON (CAA Lyon, 22 nov. 1994, *SARL Alpinvest : DA* 1995, 181 ; *RFDA* 1995, p. 441), ni des combles non aménageables (CE, 10 mai 1996, *Ville d'Orléans : Rec. CE*, T).

Voir aussi : Pour un ascenseur extérieur, TA Versailles, 27 sept. 1994, *Chambert* c/ *Cne de Versailles : BJDU* 6/1994, p. 50, concl. Demouveaux.

1757 **Calcul et utilisations successives.** Pour déterminer les possibilités d'aménagement d'un bâtiment ayant connu plusieurs utilisations successives, la SHON avant travaux est calculée en prenant en considération son mode d'utilisation effectif à la date de la demande du permis de construire (CE, 17 déc. 2003, req. n° 242448, *Cts Mignon : BJDU* n° 1/2003, p. 19, concl. Séners).

1758 **Calcul et PC groupée.** S'agissant de constructions groupées faisant l'objet d'un permis unique et non d'un lotissement, la SHON se calcule sur la totalité du terrain d'assiette, desserte comprise (CE, 21 juin 1995, *Min. Équip.* – CE, 4 juill. 1997, *Thil : BJDU* 1997, p. 380).

Voir aussi : Sur la possibilité de décentralisation de l'établissement de l'assiette et de la liquidation du VDPLD et des autres impositions liées au permis de construire, C. urb., art. A. 424-1, p. 967 et s. ; C. urb., art. R. 127-1, p. 543.

Bibliographie : Brochure du ministère de l'Équipement (Direction de l'architecture et de l'urbanisme), SHOB et SHON : illustration de la circulaire du 12 novembre 1990 (févr. 1995).

Insuffisante motivation des juges du fond. Les juges d'appel ne pouvaient, pour juger que le sous-sol d'une construction autorisée ne pouvait être aménageable pour l'habitation ou pour des activités à caractère professionnel, artisanal, industriel ou commercial au sens des dispositions de l'article R. 112-2, se borner à relever que ledit sous-sol était entièrement situé au-dessous du sol naturel et dépourvu d'ouverture sur l'extérieur (CE, 21 nov. 2003, req. n° 237123, *Mme Salussolia et M. Corsin*). 1759

TITRE II

PRÉVISIONS ET RÈGLES D'URBANISME

Chapitre I

Dispositions communes aux schémas de cohérence territoriale, aux plans locaux d'urbanisme et aux cartes communales

Section I Informations portées par l'État à la connaissance des communes ou de leurs groupements

C. urb., art. *R. 121-1 *(D. n° 77-760, 7 juill. 1977 ; rempl., D. n° 96-717, 9 août 1996, art. 1er ; D. n° 2001-260, 27 mars 2001, art. 1er).* — **Lorsqu'il reçoit la décision d'une commune, d'un établissement public de coopération intercommunale ou d'un syndicat mixte d'élaborer ou de réviser un schéma de cohérence territoriale ou un plan local d'urbanisme, le préfet porte à la connaissance du maire ou du président de l'établissement public les dispositions particulières applicables au territoire concerné, notamment les directives territoriales d'aménagement, les dispositions relatives aux zones de montagne et au littoral figurant aux chapitres V et VI du titre IV du présent livre, les servitudes d'utilité publique ainsi que les projets d'intérêt général et les opérations d'intérêt national au sens de l'article L. 121-9.**

Il fournit également les études techniques dont dispose l'État en matière de prévention des risques et de protection de l'environnement.

Au cours de l'élaboration du document, le préfet communique au maire ou au président de l'établissement public tout élément nouveau.

C. urb., art. *R. 121-2 *(D. n° 83-810, 9 sept. 1983 ; rempl., D. n° 2001-260, 27 mars 2001, art. 1er).* — **Sous l'autorité du préfet, le service de l'État chargé de l'urbanisme dans le département assure la collecte des informations et la conservation des documents nécessaires à l'application des dispositions de l'article L. 121-2 et à l'association de l'État à l'élaboration des schémas de cohérence territoriale et des plans locaux d'urbanisme.**

Commentaire objet. Prise pour application de l'article L. 121-2 de la loi SRU, cette disposition organise la mission du préfet dans le cadre du porter à connaissance qu'il doit adresser aux collectivités locales. 1760

Section II Projets d'intérêt général

C. urb., art. *R. 121-3 *(D. n° 83-810, 9 sept. 1983 ; D. n° 88-199, 29 févr. 1988 ; remplacé, D. n° 2001-260, 27 mars 2001, art. 1er).* **— Peut constituer un projet d'intérêt général au sens de l'article L. 121-9 tout projet d'ouvrage, de travaux ou de protection présentant un caractère d'utilité publique et répondant aux conditions suivantes :**

1° Être destiné à la réalisation d'une opération d'aménagement ou d'équipement, au fonctionnement d'un service public, à l'accueil et au logement des personnes défavorisées ou de ressources modestes, à la protection du patrimoine naturel ou culturel, à la prévention des risques, à la mise en valeur des ressources naturelles ou à l'aménagement agricole et rural ;

2° Avoir fait l'objet :

***a)* Soit d'une délibération ou d'une décision d'une personne ayant la capacité d'exproprier, arrêtant le principe et les conditions de réalisation du projet, et mise à la disposition du public ;**

***b)* Soit d'une inscription dans un des documents de planification prévus par les lois et règlements, approuvé par l'autorité compétente et ayant fait l'objet d'une publication.**

Les projets relevant de l'initiative des communes ou de leurs groupements compétents pour élaborer un document d'urbanisme ou des communes membres de ces groupements ne peuvent être qualifiés de projets d'intérêt général pour l'application de l'article R. 121-4.

C. urb., art. *R. 121-4 *(D. n° 83-810, 9 sept. 1983 ; rempl., D. n° 2001-260, 27 mars 2001, art. 1er).* **— Le projet mentionné à l'article R. 121-3 est qualifié de projet d'intérêt général par arrêté préfectoral en vue de sa prise en compte dans un document d'urbanisme. Cet arrêté est notifié à la personne publique qui élabore le document d'urbanisme. Pour l'application de l'article L. 123-14, le préfet précise les incidences du projet sur le document.**

L'arrêté préfectoral devient caduc à l'expiration d'un délai de trois ans à compter de la notification prévue à l'alinéa précédent. Il peut être renouvelé.

1761 **Nouveau régime.** Correspondant à l'ancien article R. 121-13 du Code de l'urbanisme, ces dispositions comportent peu de modifications par rapport à l'ancien texte. Le mécanisme du PIG peut désormais être utilisé pour un projet relatif au relogement des personnes défavorisées.
En outre, une disposition prévoit désormais expressément que l'acte administratif (arrêté préfectoral) qualifiant un projet de PIG n'est valable que trois ans, mais peut être renouvelé.

I. – Définition

1762 **Champ d'application du PIG.** La définition des projets d'intérêt général paraît très extensive, surtout si on se réfère à la jurisprudence relative à la notion d'utilité publique, qui entend très largement ce concept. Cette définition extensive limite singulièrement l'autonomie communale en matière d'élaboration des documents d'urbanisme.
Il peut y avoir un PIG même lorsque la réalisation du projet demeure assez lointaine et que ses modalités de financement n'ont pas encore été arrêtées (Circ. préc.).
Cependant une simple intention ne suffit pas, même si le projet émane du préfet (TA Orléans, 14 juin 1994, *Assoc. pour la défense et la sauvegarde du site protégé de-Ste-Gemme Moronval : Ét. fonc.*, n° 66, mars 1995).

1763 **Bilan des PIG.** Constitue un PIG, dont le bilan est positif, la création du Centre de conférences internationales de Paris (CE, sect., 30 oct. 1992, *Min. des Affaires étrangères : AJDA* 1992, p. 821 concl. Lamy, note Jegouzo), ou encore le projet d'extension d'une carrière (TA Nice, 5 mai 1998, *Assoc. Équilibre c/ Préfet des Alpes-Maritimes : BJDU* 4/1998, p. 259, concl. Poujade). Bilan négatif pour un cantonnement de CRS dans zone résidentielle (TA Paris, 25 juin 1992, *Choffel : Gaz. Pal.* 1993, 2, pan. dr. adm. p. 121).

Un PIG est annulé, en raison du caractère négatif du bilan pour une liaison routière entraînant du bruit dans des zones très urbanisées, avec pollution de l'air et destruction du parc de la Courneuve (CE, 21 juin 1999, *Cne de la Courneuve*).

Exemples de PIG validés ou rejetés. Constitue un PIG dont la publicité résultait de l'ancien POS le projet d'élargissement d'un chemin départemental ; est annulée en conséquence l'approbation d'un nouveau POS qui supprime l'emplacement réservé à cet effet (CE, 4 févr. 1991, *Département du Val-de-Marne* c/ *Cne de Saint-Maur-des-Fossés : Rec. CE*, p. 36 ; *DA* 1991, 206 ; *CJEG* 1992, p. 93, concl. Pochard). L'implantation de la direction centrale des transmissions au fort du Kremlin-Bicêtre est également constitutive d'un PIG (CE, 4 juill. 1997, *Les Verts de France : Rec. CE*, p. 287 ; *DA* 1997, 334 ; *BJDU* 4/1997, p. 244, concl. Stahl), de même que le TGV Nord-Est (CE, 20 juin 1997, *Ville d'Amiens*) ainsi que le projet de périmètre de protection et le projet d'aménagement de dépôts d'hydrocarbures (CE, 1er juill. 1998, *SCI Simiau*) ou encore la création d'une zone de protection destinée à maîtriser l'urbanisation autour du site d'une usine de produits chimiques (CAA Douai, 20 nov. 2003, req. n° 01DA00673, *Min. de l'Aménagement du territoire c/ Association Deule Environnement*) ou le projet de protection de la zone située autour de l'usine de Métaleurop comportant des terrains dont la concentration en métaux lourds est importante (CAA Douai, 26 janv. 2004, req. n° 01DA00711, *Association du comité de défense de l'Evinois*). De même, de façon audacieuse, le tribunal administratif d'Orléans admet que le préfet puisse qualifier de PIG un projet de plan de protection contre le risque d'inondations (TA Orléans, 9 juill. 1998, *Assoc. de défense des communes riveraines de la Loire : AFDUH*, 1989, p. 217). En revanche, le plan de servitudes aéronautiques ne peut être un PIG (TA Caen, 29 avr. 1997, *Assoc. de défense des riverains de l'aéroport de Deauville : Ét. fonc.* sept. 1997). 1764

Voir aussi : Sur les projets d'intérêt général, la circulaire du 27 juin 1985 : *JO* 3 août 1985 ; en matière de PIG routiers, voir la circulaire 84-35 du 18 mai 1984.

II. – Procédure (élaboration/modification)

Élaboration. La « mise à la disposition du public » ne nécessite pas une enquête publique mais simplement une publication par voie de presse et la possibilité de consultation par les administrés (Circ. n° 84-35, 18 mai 1984). 1765

La qualification de PIG par le préfet peut le conduire à des choix en opportunité entre divers PIG contradictoires, ainsi qu'entre le projet qu'il lui est demandé de qualifier d'intérêt général et les orientations d'aménagement envisagées par la commune *(ibid.)*.

Support du PIG. Un POS antérieur peut constituer le « document de planification » support de PIG de l'alinéa 2 *b (ibid.)*. 1766

Voir aussi : À propos des modifications de PIG, Rép. min. : *JOAN* 1er juin 1987, p. 3200 ; *JCP* N 1987, Prat. 303.

Actualisation du PIG. L'arrêté portant actualisation du dossier de PIG a le caractère d'une décision faisant grief (CE, 29 juill. 1994, *Assoc. pour la promotion et la défense du cadre de vie à Bartenhein : Rec. CE*, T, p. 1094). 1767

III. – Effets

Articulation PIG/POS. Si le PIG ne peut être pris en compte par les planificateurs locaux, faute de leur avoir été adressé dans le délai, il peut s'imposer au POS soit à l'occasion d'une déclaration d'utilité publique qui emportera modification du POS (C. urb., art. L. 123-8) soit à la suite d'une mise en demeure par le préfet à la commune de modifier ou de réviser le POS (C. urb., art. L. 123-7-1) afin de le rendre compatible avec le nouveau PIG *(ibid.)*. 1768

Voir aussi : Rép. min. : *JOAN* 1er juin 1987 : *Mon. TP* 10 juill. 1987.

Usage du PIG. Il existe peu de PIG dans la pratique, car l'association de l'État à la procédure d'élaboration des documents d'urbanisme lui permet de convaincre les communes sans les 1769 contraindre. Le préfet obtient la prise en compte du projet, sans formaliser un véritable PIG. Aussi, la jurisprudence a-t-elle été d'une importance progressive. (TA Bordeaux, 22 mai 1986, *Préfet de la Gironde* c/ *Cne de Génissac*, à propos d'une déviation routière : *Petites affiches*, 10 juin 1987, note Pacteau. – TA Bordeaux, 30 juin 1988, *SA Château Bouscaut*, à propos d'un projet de technopole. – TA Pau, 10 janv. 1989, *Cne de Soulom* c/ *Préfet des Hautes-Pyrénées : Rev. jur. env.* 1989, p. 361, note Lafore, à propos d'un périmètre de protection autour d'une usine dangereuse.) Le Conseil d'État confirme le jugement précité du tribunal administratif de Pau (CE, 3 févr. 1992, *Cne de Soulom : Rec. CE*, p. 52 ; *DA* 1992, 171 ; *Rev. jur. env.* 1992, p. 389, note Lafore ; *Petites affiches* 1992, n° 82, note Hocreitere).

Bibliographie : MODERNE, *Les projets d'intérêt général dans le droit de l'urbanisme : CJEG* 1986, p. 301. – BOUZELY, *La notion de projet d'intérêt général dans le droit de l'urbanisme : Rev. adm.* 1987, p. 169. – LE CORNEC, *Le clair obscur des projets d'intérêt général : Droit et Ville*, n° 45, 1999, p. 252.

Section III Associations locales d'usagers

C. urb., art. *R. 121-5 *(D. n° 83-810, 9 sept. 1983 ; D. n° 88-199, 29 févr. 1988 ; rempl., D. n° 2001-260, 27 mars 2001, art. 1er).* **— Les associations locales d'usagers mentionnées à l'article L. 121-5 peuvent être agréées dès lors qu'elles ont un fonctionnement continu depuis trois ans au moins et qu'elles exercent des activités statutaires désintéressées en rapport avec l'urbanisme. L'agrément ne peut être demandé que pour le territoire de la commune où l'association a son siège social et des communes limitrophes.**

La demande d'agrément comporte :

***a)* Une note de présentation de l'association indiquant le nombre des adhérents à jour de leur cotisation et retraçant ses principales activités au cours des trois années antérieures ;**

***b)* Un exemplaire, à jour, des statuts ;**

***c)* Le rapport moral et le rapport financier approuvés lors de la dernière assemblée générale ; le rapport financier doit comprendre un tableau retraçant les ressources et les charges financières de l'association ; il indique expressément le ou les montants des cotisations demandées aux membres de l'association et le produit de ces cotisations.**

L'agrément est délivré par arrêté préfectoral après avis du maire ou des maires intéressés et, s'il y a lieu, du président de l'établissement public de coopération intercommunale compétent pour l'élaboration des documents d'urbanisme mentionnés à l'article L. 121-5. Faute de réponse dans un délai de deux mois, leur avis est réputé favorable.

La décision d'agrément est publiée au *Recueil des actes administratifs de l'État* dans le département.

L'agrément est réputé accordé si l'association n'a pas reçu notification de la décision du préfet dans les quatre mois qui suivent le dépôt de la demande ou des pièces complémentaires demandées. Dans ce cas, le préfet délivre, sur simple demande du président de l'association intéressée, une attestation constatant l'existence d'un agrément.

1770 **Nouvelle rédaction.** Ce texte reprend, de façon quasi identique, l'ancien article R. 121-1.

1771 **Rôle.** Les associations agréées ont vu leur rôle accru par l'article 5 de la loi n° 95-101 du 2 février 1995, dite loi Barnier (*JO* 3 févr. 1995).

Voir aussi : R. Leost, *L'agrément des associations de protection de l'environnement : Rev. jur. env.* 2/95, p. 265 ; *Les compétences des associations agréées en matière d'urbanisme : AJPI* 1996, p. 1006-1010 ; sur l'étendue du contrôle juridictionnel en cas de refus d'agrément, sous le régime du décret du 7 juillet 1977, CE, 13 nov. 1981 : *AJDA* 1982, p. 534, note Morand-Deviller ; *Rev. jur. env.* 1982, p. 178, note Prieur.

Procédure d'agrément. Le décret du 9 août 1996 a accéléré la procédure d'agrément et a complètement déconcentré la procédure d'agrément (suppression de l'agrément ministériel). L'agrément est demandé pour un territoire strictement déterminé. 1772

Section IV Commission de conciliation

C. urb., art. *R. 121-6 *(D. n° 83-810, 9 sept. 1983 ; D. n° 88-199, 29 févr. 1988 ; remplacé, D. n° 2001-260, 27 mars 2001, art. 1er).* — **La commission de conciliation en matière d'élaboration de documents d'urbanisme, prévue à l'article L. 121-6, est composée de :**

1° Six élus communaux représentant au moins cinq communes différentes et à Paris au moins cinq arrondissements ;

2° Six personnes qualifiées en matière d'aménagement, d'urbanisme, d'architecture ou d'environnement.

En cas d'absence ou d'empêchement d'un membre titulaire, il est fait appel à son suppléant.

C. urb., art. *R. 121-7 *(D. n° 83-810, 9 sept. 1983 ; rempl., D. n° 2001-260, 27 mars 2001, art. 1er).* — **Les six élus communaux et leurs suppléants sont élus, après chaque renouvellement général des conseils municipaux, par le collège, dans le département, des maires et des présidents des établissements de coopération intercommunale compétents en matière de schémas de cohérence territoriale, de plans locaux d'urbanisme.**

L'élection a lieu à l'initiative et sous la présidence du préfet à la représentation proportionnelle à la plus forte moyenne.

Le préfet peut décider que les opérations de vote auront lieu par correspondance.

À Paris, les élus communaux sont désignés en son sein par le conseil de Paris.

Les élus communaux cessent d'exercer leur mandat lorsqu'ils sont perdu la qualité en laquelle ils ont été désignés.

C. urb., art. *R. 121-8 *(D. n° 83-810, 9 sept. 1983 ; rempl., D. n° 2001-260, 27 mars 2001, art. 1er).* — **Les personnalités qualifiées et leurs suppléants sont nommés par arrêté du préfet après chaque renouvellement général des conseils municipaux. Leur mandat se termine au renouvellement général suivant.**

C. urb., art. *R. 121-9 *(D. n° 83-810, 9 sept. 1983 ; rempl., D. n° 2001-260, 27 mars 2001, art. 1er).* — **En cas de vacance, pour quelque cause que ce soit, il est procédé selon les mêmes modalités à la désignation d'un nouveau membre titulaire et de son suppléant pour la durée restant à courir avant le prochain renouvellement général des conseils municipaux.**

C. urb., art. *R. 121-10 *(D. n° 83-810, 9 sept. 1983 ; rempl., D. n° 2001-260, 27 mars 2001, art. 1er).* — **Dès que ses membres ont été désignés, la commission de conciliation est convoquée par le préfet et procède à l'élection d'un président et d'un vice-président choisis parmi les élus communaux.**

La liste des membres de la commission est publiée au *Recueil des actes administratifs de l'État* dans le département à la diligence du préfet et insérée dans un journal diffusé dans le département.

Le siège de la commission de conciliation est la préfecture du département.

C. urb., art. *R. 121-11 *(D. n° 83-810, 9 sept. 1983 ; rempl., D. n° 2001-260, 27 mars 2001, art. 1er).* — **La commission de conciliation se réunit sur convocation de son président. Elle établit son règlement intérieur.**

Le secrétariat de la commission est assuré par les services de l'État dans le département.

C. urb., art. *R. 121-12 *(D. n° 83-810, 9 sept. 1983 ; rempl., D. n° 2001-260, 27 mars 2001, art. 1er).* **— Lorsque la commission de conciliation est saisie, l'objet de la saisine, la date et le lieu de la première séance consacrée à cet objet sont affichés à la préfecture et à la mairie de la commune ou des communes intéressées ou au siège de l'établissement public compétent et, dans ce cas, aux mairies des communes membres concernées.**

C. urb., art. *R. 121-13 *(D. n° 83-811, 9 sept. 1983 ; mod., D. n° 98-913, 12 oct. 1998, art. 8 ; rempl., D. n° 2001-260, 27 mars 2001, art. 1er).* **— Les propositions de la commission sont notifiées, à la diligence de son président, à la personne publique chargée de l'élaboration du document d'urbanisme faisant l'objet de la procédure de conciliation, ainsi qu'à la personne publique qui a saisi la commission. Elles sont affichées et tenues à la disposition du public à la préfecture, à la ou aux mairies ou au siège de l'établissement public chargé de l'élaboration du document et, dans ce cas, aux mairies des communes membres concernées.**

1773 **Loi SRU.** Correspondant aux articles R. 121-2 à R. 121-12 anciens, les nouveaux articles de cette section, pris pour application de l'article L. 121-6 nouveau issu de la loi SRU, ne définissent pas clairement les missions des commissions de conciliation susceptibles de se réunir.

1774 **Saisine.** Les personnes privées ne peuvent jamais saisir la commission de conciliation, notamment les associations locales d'usagers agréées. Et les personnes publiques simplement consultées ne peuvent pas saisir la commission de conciliation (communes limitrophes, par exemple).
La saisine de la commission de conciliation suppose que les personnes publiques associées, qui disposent du monopole de la saisine, aient expressément formulé un avis défavorable. En effet, le silence vaut avis favorable tacite. De surcroît, sous l'empire des textes anciens, il a été jugé à plusieurs reprises que de simples réserves ne valent pas avis défavorable. Cette jurisprudence sera sans aucun doute transposée.

Chapitre II
Schémas de cohérence territoriale

1775 **Nouveau régime.** Issus d'un des décrets d'application de la loi SRU et de la loi UH, les nouveaux articles R. 122-1 à R. 122-14 remplacent les anciennes dispositions R. 122-1 à R. 122-28.
Les nouveaux SCOT remplacent les schémas directeurs à compter du 1er avril 2001. Toutefois, en fonction de l'état d'avancement de la procédure d'élaboration ou de révision en cours au 1er avril 2001, les dispositions antérieures à la loi SRU pourront demeurer applicables.

Voir aussi : Tableau sous C. urb., art. L. 122-19, p. 57. – Cf. comm. du décret d'application n° 2004-531, 9 juin 2004 : *Constr.-urb.* juill.-août 2004, p. 22, note Benoit-Cattin.

Section I Contenu des schémas de cohérence territoriale

C. urb., art. *R. 122-1 *(D. n° 83-812, 9 sept. 1983 ; rempl., D. n° 2001-260, 27 mars 2001, art. 1er ; D. n° 2004-531, 9 juin 2004, art. 1er, I).* **— Le schéma de cohérence territoriale comprend un rapport de présentation, un projet d'aménagement et de développement durable et un document d'orientations générales assortis de documents graphiques.**

Les documents et décisions mentionnées au dernier alinéa de l'article L. 122-1 doivent être compatibles avec le document d'orientations générales et les documents graphiques dont il est assorti.

En zone de montagne, il comporte, s'il y a lieu, l'étude prévue au *a)* du III de l'article L. 145-3. Les plans locaux d'urbanisme et les cartes communales doivent respecter les conclusions de cette étude.

C. urb., art. *R. 122-2 *(D. n° 83-812, 9 sept. 1983 ; D. n° 88-199, 29 févr. 1988 ; remplacé, D. n° 2001-260, 27 mars 2001, art. 1er).* — **Le rapport de présentation :**

1° Expose le diagnostic prévu à l'article L. 122-1 ;

2° Analyse l'état initial de l'environnement ;

3° *(3° modifié, D. n° 2002-823, 3 mai 2002, art. 3, I ; remplacé, D. n° 2004-531, 9 juin 2004, art. 1er, II)* Explique les choix retenus pour établir le projet d'aménagement et de développement durable et le document d'orientations générales ;

4° Précise, le cas échéant, les principales phases de réalisation envisagées ;

5° Évalue les incidences prévisibles des orientations du schéma sur l'environnement et expose la manière dont le schéma prend en compte le souci de sa préservation et de sa mise en valeur.

C. urb., art. R. 122-2-1 *(Créé, D. n° 2004-531, 9 juin 2004, art. 1er, III).* — **Le projet d'aménagement et de développement durable fixe les objectifs des politiques publiques d'urbanisme en matière d'habitat, de développement économique, de loisirs, de déplacements des personnes et des marchandises, de stationnement des véhicules et de régulation du trafic automobile.**

C. urb., art. *R. 122-3 *(D. n° 83-812, 9 sept. 1983 ; mod., D. n° 98-913, 12 oct. 1998, art. 9 ; rempl., D. n° 2001-260, 27 mars 2001, art. 1er).* — **Le *(Mots remplacés, D. n° 2004-531, 9 juin 2004, art. 1er, IV)* « document d'orientations générales », dans le respect des objectifs et des principes énoncés aux articles L. 110 et L. 121-1, précise :**

1° Les orientations générales de l'organisation de l'espace et de la restructuration des espaces urbanisés ;

2° Les espaces et sites naturels ou urbains à protéger dont il peut définir la localisation ou la délimitation ;

3° Les grands équilibres entre les espaces urbains et à urbaniser et les espaces naturels et agricoles ou forestiers ;

4° Les objectifs relatifs, notamment :

***a)* À l'équilibre social de l'habitat et à la construction de logements sociaux ;**

***b)* À la cohérence entre l'urbanisation et la création de dessertes en transports collectifs ;**

***c)* À l'équipement commercial et artisanal, aux localisations préférentielles des commerces et aux autres activités économiques ;**

***d)* À la protection des paysages, à la mise en valeur des entrées de ville ;**

***e)* À la prévention des risques ;**

5° Les conditions permettant de favoriser le développement de l'urbanisation prioritaire dans les secteurs desservis par les transports collectifs.

Il peut, le cas échéant, subordonner l'ouverture à l'urbanisation de zones naturelles ou agricoles et les extensions urbaines à la création de dessertes en transports collectifs et à l'utilisation préalable de terrains situés en zone urbanisée et desservis par les équipements mentionnés à l'article L. 421-5.

Il peut, en outre, définir les grands projets d'équipements et de services, en particulier de transport, nécessaires à la mise en œuvre du schéma.

Lorsque les documents graphiques délimitent des espaces ou sites à protéger en application du 2° ci-dessus, ils doivent permettre d'identifier les terrains inscrits dans ces limites.

En zone de montagne, le schéma de cohérence territoriale précise, le cas échéant, l'implantation et l'organisation générale des unités touristiques nouvelles.

C. urb., art. *R. 122-4 *(D. n° 83-812, 9 sept. 1983 ; mod., D. n° 98-913, 12 oct. 1998, art. 10 ; rempl., D. n° 2001-260, 27 mars 2001, art. 1er).* — **Les schémas de secteur comprennent tout ou partie des éléments mentionnés *(Références remplacées, D. n° 2004-531, 9 juin 2004, art. 1er, V)* « aux articles R. 122-2 à R. 122-3 ».**

C. urb., art. *R. 122-5 *(D. n° 83-812, 9 sept. 1983 ; D. n° 88-199, 29 févr. 1988 ; rempl., D. n° 2001-260, 27 mars 2001, art. 1er).* — **Les opérations foncières et les opérations d'aménagement mentionnées au dernier alinéa de l'article L. 122-1 sont :**

1° Les zones d'aménagement différé et les périmètres provisoires de zones d'aménagement différé ;

2° Les zones d'aménagement concerté ;

3° Les lotissements, les remembrements réalisés par des associations foncières urbaines et les constructions soumises à autorisations, lorsque ces opérations ou constructions portent sur une surface hors œuvre nette de plus de 5 000 mètres carrés ;

4° La constitution, par des collectivités et établissements publics, de réserves foncières de plus de cinq hectares d'un seul tenant.

Section II Élaboration et révision des schémas de cohérence territoriale

C. urb., art. *R. 122-6 *(D. n° 83-812, 9 sept. 1983 ; D. n° 88-199, 29 févr. 1988 ; mod., D. n° 98-913, 12 oct. 1998, art. 11 ; rempl., D. n° 2001-260, 27 mars 2001, art. 1er).* — **Le président de l'établissement public mentionné à l'article L. 122-4 conduit la procédure d'élaboration du schéma de cohérence territoriale.**

C. urb., art. *R. 122-7 *(D. n° 83-812, 9 sept. 1983 ; mod., D. n° 98-913, 12 oct. 1998, art. 12 ; rempl., D. n° 2001-260, 27 mars 2001, art. 1er).* — **Les présidents des organes délibérants des collectivités publiques, des établissements publics et des organismes associés ainsi que les maires, mentionnés aux deux premiers alinéas de l'article L. 122-7, ou leurs représentants, sont consultés par le président de l'établissement public à chaque fois qu'ils le demandent pendant la durée de l'élaboration ou de la révision du schéma.**

C. urb., art. *R. 122-8 *(D. n° 83-812, 9 sept. 1983 ; D. n° 88-199, 29 févr. 1988 ; rempl., D. n° 2001-260, 27 mars 2001, art. 1er).* — **Conformément à l'article L. 112-1 du Code rural, le président de l'établissement public consulte lors de l'élaboration du schéma de cohérence territoriale le document de gestion de l'espace agricole et forestier, lorsqu'il existe.**

Conformément à l'article L. 112-3 du Code rural, le schéma de cohérence territoriale ne peut être approuvé qu'après avis de la chambre d'agriculture et, le cas échéant, de l'Institut national des appellations d'origine dans les zones d'appellation d'origine contrôlée et du centre régional de la propriété forestière lorsqu'il prévoit une réduction des espaces agricoles ou forestiers. Il va de même en cas de révision *(Mots ajoutés, D. n° 2004-531, 9 juin 2004, art. 1er, VI)* « , de modification et de mise en compatibilité en application de l'article L. 122-15 ». Ces avis sont rendus dans un délai de deux mois à compter de la saisine. En l'absence de réponse à l'issue de ce délai, l'avis est réputé favorable.

C. urb., art. *R. 122-9 *(D. n° 83-812, 9 sept. 1983 ; rempl., D. n° 96-717, 9 août 1996, art. 2-I ; mod., D. n° 98-913, 12 oct. 1998, art. 13-I et II ; rempl., D. n° 2001-260, 27 mars 2001, art. 1er).* — **La délibération qui arrête un projet de schéma de cohérence territoriale peut simultanément tirer le bilan de la concertation, en application du sixième alinéa de l'article L. 300-2.**

Elle est affichée pendant un mois au siège de l'établissement public et aux mairies des communes membres concernées.

C. urb., art. *R. 122-10 *(D. n° 83-812, 9 sept. 1983 ; D. n° 86-52, 10 janv. 1986 ; D. n° 88-199, 29 févr. 1988 ; mod., D. n° 96-717, 9 août 1996, art. 2-II ; D. n° 98-913, 12 oct. 1998, art. 14-I et II ; rempl., D. n° 2001-260, 27 mars 2001, art. 1er).* — **Le projet de schéma de cohérence territoriale est soumis à enquête publique par le président de l'établissement public dans les formes prévues par les articles 7 à 21 du décret modifié n° 85-453 du 23 avril**

1985 pris pour l'application de la loi n° 83-630 du 12 juillet 1983 relative à la démocratisation des enquêtes publiques et à la protection de l'environnement.

Le président de l'établissement public exerce les compétences attribuées au préfet par les articles 7, 8, 11, 12, 16 et 18 à 21 de ce décret.

***(Alinéa remplacé, D. n° 2004-531, 9 juin 2004, art. 1er, VII)* Le dossier est composé des pièces mentionnées à l'article R. 122-1 et des avis émis par les collectivités ou organismes associés ou consultés. Il peut être complété par tout ou partie des documents mentionnés à l'article R. 121-1.**

C. urb., art. *R. 122-11 *(D. n° 83-812, 9 sept. 1983 ; D. n° 88-199, 29 févr. 1988 ; mod., D. n° 96-717, 9 août 1996, art. 2-III ; D. n° 98-913, 12 oct. 1998, art. 15-I et II ; rempl., D. n° 2001-260, 27 mars 2001, art. 1er) ; (Deux alinéas remplacés par quatre alinéas, D. n° 2004-531, 9 juin 2004, art. 1er, VIII).* — **Les dispositions du présent article sont applicables à la déclaration d'utilité publique d'une opération qui n'est pas compatible avec un schéma de cohérence territoriale.**

***(Alinéa issu, D. n° 2004-531, 9 juin 2004, art. 1er, VIII)* L'examen conjoint prévu au 2° de l'article L. 122-15 a lieu avant l'ouverture de l'enquête publique. Lorsqu'une association mentionnée à l'article L. 121-5 demande à être consultée, son président adresse la demande au préfet.**

***(Alinéa issu, D. n° 2004-531, 9 juin 2004, art. 1er, VIII)* L'enquête publique est organisée dans les formes prévues par les articles R. 11-14-1 et suivants du Code de l'expropriation pour cause d'utilité publique.**

***(Alinéa issu, D. n° 2004-531, 9 juin 2004, art. 1er, VIII)* Le dossier de mise en compatibilité du schéma de cohérence territoriale, le rapport et les conclusions du commissaire enquêteur ou de la commission d'enquête ainsi que le procès-verbal de la réunion d'examen conjoint sont soumis pour avis par le préfet aux conseils municipaux ou à l'organe délibérant des établissements publics de coopération intercommunale compétents situés dans le périmètre du schéma ainsi qu'à l'organe délibérant de l'établissement public prévu à l'article L. 122-4. Si ceux-ci ne se sont pas prononcés dans un délai de deux mois, ils sont réputés avoir donné un avis favorable.**

Le ministre chargé de l'urbanisme contresigne ou cosigne la déclaration d'utilité publique emportant approbation des nouvelles dispositions du schéma de cohérence territoriale lorsque cette déclaration ne relève pas de la compétence du préfet.

C. urb., art. R. 122-11-1 *(D. n° 83-1261, 30 déc. 1983 ; implicitement ab., D. n° 2001-260, 27 mars 2001, art. 1er rétabli dans la version suivante, D. n° 2004-531, 9 juin 2004, art. 1er, IX).* — **Les dispositions du présent article sont applicables à la déclaration de projet d'une opération qui n'est pas compatible avec un schéma de cohérence territoriale, lorsque cette opération est réalisée par l'établissement public prévu à l'article L. 122-4 et ne requiert pas une déclaration d'utilité publique.**

L'examen conjoint prévu au 2° de l'article L. 122-15 a lieu avant l'ouverture de l'enquête publique, à l'initiative du président de l'établissement public. Lorsqu'une association mentionnée à l'article L. 121-5 demande à être consultée, son président adresse la demande au président de l'établissement public.

L'enquête publique est organisée dans les formes prévues par le décret n° 85-453 du 23 avril 1985 pris pour l'application de la loi n° 83-630 du 12 juillet 1983 relative à la démocratisation des enquêtes publiques et à la protection de l'environnement. Le président de l'établissement public exerce les compétences attribuées au préfet par les articles 7, 8, 11, 12, 16 et 18 à 21 de ce décret.

Le dossier de mise en compatibilité du schéma de cohérence territoriale, le rapport et les conclusions du commissaire enquêteur ou de la commission d'enquête ainsi que le procès-verbal de la réunion d'examen conjoint sont soumis pour avis par le président de l'établissement public aux conseils municipaux ou à l'organe délibérant des établissements publics de coopération intercommunale compétents situés dans le périmètre du schéma. Si ceux-ci ne se sont pas prononcés dans le délai de deux mois, ils sont réputés avoir donné un avis favorable.

L'organe délibérant de l'établissement public adopte la déclaration de projet au vu de l'ensemble des pièces mentionnées à l'alinéa précédent. La déclaration de projet emporte approbation des nouvelles dispositions du schéma.

C. urb., art. *R. 122-11-2 *(Créé, D. n° 2004-531, 9 juin 2004, art. 1er, IX).* — **Les dispositions du présent article sont applicables à la déclaration de projet d'une opération qui n'est pas compatible avec un schéma de cohérence territoriale, lorsque cette opération est réalisée par une collectivité territoriale, un groupement de collectivités ou un établissement public dépendant d'une collectivité ou d'un groupement de collectivités, autre que l'établissement public prévu à l'article L. 122-4, et ne requiert pas une déclaration d'utilité publique.**

La procédure de mise en compatibilité est menée par le président de l'organe délibérant de la collectivité ou du groupement de collectivités responsable du projet ou, lorsque le projet émane d'un établissement public dépendant d'une collectivité ou d'un groupement de collectivités, par le président de l'organe délibérant de cette collectivité ou de ce groupement.

L'examen conjoint prévu au 2° de l'article L. 122-15 a lieu avant l'ouverture de l'enquête publique à l'initiative de l'autorité chargée de la procédure. Lorsqu'une association mentionnée à l'article L. 121-5 demande à être consultée, son président adresse la demande à l'autorité chargée de la procédure.

L'enquête publique est organisée dans les formes prévues par le décret n° 85-453 du 23 avril 1985 pris pour l'application de la loi n° 83-630 du 12 juillet 1983 relative à la démocratisation des enquêtes publiques et à la protection de l'environnement. L'autorité chargée de la procédure exerce les compétences attribuées au préfet par les articles 7, 8, 11, 12, 16 et 18 à 21 de ce décret.

Le dossier de mise en compatibilité du schéma de cohérence territoriale, le rapport et les conclusions du commissaire enquêteur ou de la commission d'enquête ainsi que le procès-verbal de la réunion d'examen conjoint sont soumis pour avis par l'autorité chargée de la procédure aux conseils municipaux ou à l'organe délibérant des établissements publics de coopération intercommunale compétents situés dans le périmètre du schéma. Si ceux-ci ne se sont pas prononcés dans un délai de deux mois, ils sont réputés avoir donné un avis favorable.

L'autorité chargée de la procédure transmet l'ensemble du dossier à l'organe délibérant de l'établissement public prévu à l'article L. 122-4. Celui-ci dispose d'un délai de deux mois pour approuver ou refuser la mise en compatibilité du schéma. En l'absence de délibération dans ce délai ou en cas de désaccord, le préfet statue et notifie sa décision au président de l'établissement public dans les deux mois suivant la réception en préfecture de l'ensemble du dossier.

La délibération de l'établissement public ou la décision du préfet est notifiée à l'autorité chargée de la procédure.

C. urb., art. *R. 122-11-3 *(Créé, D. n° 2004-531, 9 juin 2004, art. 1er, IX).* — **Les dispositions du présent article sont applicables à la déclaration de projet d'une opération qui n'est pas compatible avec un schéma de cohérence territoriale, lorsque cette opération est réalisée par l'État ou un établissement public dépendant de l'État et ne requiert pas une déclaration d'utilité publique.**

L'examen conjoint prévu au 2° de l'article L. 122-15 a lieu avant l'ouverture de l'enquête publique à l'initiative du préfet. Lorsqu'une association mentionnée à l'article L. 121-5 demande à être consultée, son président adresse la demande au préfet.

L'enquête publique est organisée dans les formes prévues par le décret n° 85-453 du 23 avril 1985 pris pour l'application de la loi n° 83-630 du 12 juillet 1983 relative à la démocratisation des enquêtes publiques et à la protection de l'environnement.

Le dossier de mise en compatibilité du schéma de cohérence territoriale, le rapport et les conclusions du commissaire enquêteur ou de la commission d'enquête ainsi que le procès-verbal de la réunion d'examen conjoint sont soumis pour avis par le préfet aux conseils municipaux ou à l'organe délibérant des établissements publics de coopération intercommunale compétents situés dans le périmètre du schéma. Si ceux-ci ne se

sont pas prononcés dans un délai de deux mois, ils sont réputés avoir donné un avis favorable.

Le préfet transmet l'ensemble du dossier à l'organe délibérant de l'établissement public prévu à l'article L. 122-4. Celui-ci dispose d'un délai de deux mois pour approuver la mise en compatibilité du schéma. En l'absence de délibération dans ce délai ou en cas de désaccord, le préfet statue et notifie sa décision au président de l'établissement public dans les deux mois suivant l'expiration du délai ou de la transmission en préfecture de la délibération défavorable.

C. urb., art. *R. 122-12 *(D. n° 83-812, 9 sept. 1983 ; D. n° 88-199, 29 févr. 1988 ; mod., D. n° 98-913, 12 oct. 1998, art. 16 ; rempl., D. n° 2001-260, 27 mars 2001, art. 1er).* — **Font l'objet des mesures de publicité et d'information édictées à l'article R. 122-13 :**

a) **L'arrêté préfectoral qui délimite ou modifie le périmètre du schéma de cohérence territoriale, en application des articles L. 122-3 et L. 122-5 ;**

b) **La délibération qui définit les modalités de la concertation lors de l'élaboration ou de la révision du schéma de cohérence territoriale, en application de l'article L. 122-4 ou de l'article L. 122-13 ;**

c) (c remplacé, D. n° 2004-531, 9 juin 2004, art. 1er, X, 1°) **La délibération qui approuve le schéma de cohérence territoriale, sa modification ou sa révision, en application de l'article L. 122-11 ou de l'article L. 122-13 ;**

d) **La délibération décidant de maintenir en vigueur ou de mettre en révision un schéma de cohérence territoriale, en application de l'article L. 122-14 ;**

e) **Le décret ou l'arrêté prononçant la déclaration d'utilité publique prévue à l'article L. 122-15.**

f) (f créé, D. n° 2004-531, 9 juin 2004, art. 1er, X, 2°) **La décision ou la délibération prononçant la déclaration de projet ainsi que la délibération ou l'arrêté mettant le schéma en compatibilité avec cette déclaration de projet dans les conditions prévues à l'article L. 122-15.**

C. urb., art. *R. 122-13 *(D. n° 83-812, 9 sept. 1983 ; mod., D. n° 98-913, 12 oct. 1998, art. 17-I et II ; rempl., D. n° 2001-260, 27 mars 2001, art. 1er).* — **Tout acte mentionné à l'article R. 122-12 est affiché pendant un mois au siège de l'établissement public compétent et dans les mairies des communes membres concernées. Mention de cet affichage est insérée en caractères apparents dans un journal diffusé dans le département.**

Il est en outre publié :

a) **Au recueil des actes administratifs mentionné à l'article R. 5211-41 du Code général des collectivités territoriales, s'il existe, lorsqu'il s'agit d'une délibération de l'organe délibérant d'un établissement public de coopération intercommunale comportant au moins une commune de 3 500 habitants et plus ;**

b) **Au *Recueil des actes administratifs de l'État* dans le département, lorsqu'il s'agit d'un arrêté préfectoral ;**

c) **Au *Journal officiel* de la République française, lorsqu'il s'agit d'un décret en Conseil d'État.**

Chacune de ces formalités de publicité mentionne le ou les lieux où le dossier peut être consulté.

L'arrêté ou la délibération produit ses effets juridiques dès l'exécution de l'ensemble des formalités prévues au premier alinéa ci-dessus, la date à prendre en compte pour l'affichage étant celle du premier jour où il est effectué.

C. urb., art. R. 122-14 *(D. n° 83-812, 9 sept. 1983 ; mod., D. n° 98-913, 12 oct. 1998, art. 18 ; implicitement ab., D. n° 2001-260, 27 mars 2001, art. 1er ; rétabli dans la version suivante, D. n° 2004-531, 9 juin 2004, art. 1er, XI).* — **Le périmètre des schémas de secteurs est délimité par délibération de l'établissement prévu à l'article L. 122-4 sur proposition ou après avis de la ou des communes ou établissements publics de coopération intercommunale intéressés. Il peut s'étendre sur tout ou partie du territoire d'une ou plusieurs**

communes ou établissements publics de coopération intercommunale situés dans le périmètre du schéma de cohérence territoriale.

Section III Établissement des schémas directeurs et des schémas de secteur décidé par l'État

(Section implicitement abrogée, D. n° 2001-260, 27 mars 2001, art. 1er)

C. urb., art. R. 122-15 ***(D. n° 83-812, 9 sept. 1983 ; D. n° 88-199, 29 févr. 1988 ; modifié, D. n° 98-913, 12 oct. 1998, art. 19 ; implicitement abrogé, D. n° 2001-260, 27 mars 2001, art. 1er).***

C. urb., art. R. 122-16 ***(D. n° 83-812, 9 sept. 1983 ; D. n° 88-199, 29 févr. 1988 ; modifié, D. n° 95-995, 5 sept. 1995, art. 1er, I à III ; D. n° 98-913, 12 oct. 1998, art. 20, I et II ; implicitement abrogé, D. n° 2001-260, 27 mars 2001, art. 1er).***

C. urb., art. R. 122-17 ***(D. n° 83-812, 9 sept. 1983 ; modifié, D. n° 95-995, 5 sept. 1995, art. 2 ; D. n° 96-717, 9 août 1996, art. 2, IV ; D. n° 98-913, 12 oct. 1998, art. 21, I à III ; implicitement abrogé, D. n° 2001-260, 27 mars 2001, art. 1er).***

C. urb., art. R. 122-18 ***(D. n° 83-812, 9 sept. 1983 ; modifié, D. n° 95-995, 5 sept. 1995, art. 3 ; D. n° 98-913, 12 oct. 1998, art. 22 ; implicitement abrogé, D. n° 2001-260, 27 mars 2001, art. 1er).***

C. urb., art. R. 122-19 ***(D. n° 83-812, 9 sept. 1983 ; D. n° 88-199, 29 févr. 1988 ; abrogé, D. n° 95-995, 5 sept. 1995, art. 4).***

C. urb., art. R. 122-20 ***(D. n° 83-812, 9 sept. 1983 ; D. n° 88-199, 29 févr. 1988 ; modifié, D. n° 95-995, 5 sept. 1995, art. 5 ; D. n° 98-913, 12 oct. 1998, art. 23 ; implicitement abrogé, D. n° 2001-260, 27 mars 2001, art. 1er).***

C. urb., art. R. 122-21 ***(D. n° 83-812, 9 sept. 1983 ; D. n° 88-199, 29 févr. 1988 ; modifié, D. n° 98-913, 12 oct. 1998, art. 24, I et II ; implicitement abrogé, D. n° 001-260, 27 mars 2001, art. 1er).***

C. urb., art. R. 122-22 ***(D. n° 83-812, 9 sept. 1983 ; D. n° 88-199, 29 févr. 1988 ; implicitement abrogé, D. n° 2001-260, 27 mars 2001, art. 1er).***

C. urb., art. R. 122-23 ***(D. n° 83-812, 9 sept. 1983 ; implicitement abrogé, D. n° 2001-260, 27 mars 2001, art. 1er).***

C. urb., art. R. 122-24 ***(D. n° 83-812, 9 sept. 1983 ; implicitement abrogé, D. n° 2001-260, 27 mars 2001, art. 1er).***

Section IV Contenu des schémas directeurs et des schémas de secteur

(Section implicitement abrogée, D. n° 2001-260, 27 mars 2001, art. 1er)

C. urb., art. R. 122-25 ***(D. n° 77-1141, 12 oct. 1977 ; D. n° 83-812, 9 sept. 1983 ; D. n° 86-52, 10 janv. 1986 ; D. n° 92-966, 10 sept. 1992 ; modifié, D. n° 98-913, 12 oct. 1998, art. 25 ; implicitement abrogé, D. n° 2001-260, 27 mars 2001, art. 1er).***

C. urb., art. R. 122-26 ***(D. n° 83-812, 9 sept. 1983 ; implicitement abrogé, D. n° 2001-260, 27 mars 2001, art. 1er).***

Section V Effets des schémas directeurs et des schémas de secteur

(Section implicitement abrogée, D. n° 2001-260, 27 mars 2001, art. 1er)

C. urb., art. R. 122-27 ***(D. n° 83-812, 9 sept. 1983 ; implicitement abrogé, D. n° 001-260, 27 mars 2001, art. 1er).***

C. urb., art. R. 122-28 ***(D. n° 86-669, 18 mars 1986 ; D. n° 88-199, 29 févr. 1988 ; implicitement abrogé, D. n° 2001-260, 27 mars 2001, art. 1er).***

Chapitre III

Plans locaux d'urbanisme

Régime loi SRU et loi UH. Les nouveaux articles R. 123-1 à R. 123-25 remplacent les précédentes 1776
dispositions codifiées aux articles R. 123-1 à R. 123-36 et ceci, à compter du 1er avril 2001.
Toutefois, en fonction de l'état d'avancement de la procédure d'élaboration ou de révision en cours, au 1er avril 2001, les dispositions antérieures à la loi SRU pourront demeurer applicables (V. tableau sous l'article L. 123-19).
Cf. commentaires du décret d'application n° 2004-531 du 9 juin 2004, *Constr.-urb.*, juillet-août 2004, p. 22, note Benoît Cattin.

Section I Contenu des plans locaux d'urbanisme

C. urb., art. *R. 123-1 ***(D. n° 76-276, 29 mars 1976 ; D. n° 77-736, 7 juill. 1977 ; D. n° 77-861, 26 juill. 1977 ; D. n° 83-813, 9 sept. 1983 ; rempl., D. n° 2001-260, 27 mars 2001, art. 1er D. n° 2004-531, 9 juin 2004, art. 2, I).*** **— Le plan local d'urbanisme comprend un rapport de présentation, le projet d'aménagement et de développement durable de la commune et un règlement ainsi que des documents graphiques. Il peut comporter en outre des orientations d'aménagement relatives à des quartiers ou à des secteurs, assorties le cas échéant de documents graphiques.**

En zone de montagne, il comporte, s'il y a lieu, l'étude prévue au a du III de l'article L. 145-3.

Il est accompagné d'annexes.

Opposabilité. Afin de tenir compte de loi de juillet 2003 qui prive la PADD de tout effet direct à 1777
l'égard des autorisations individuelles, cet article devra nécessairement être remanié.

C. urb., art. *R. 123-2 ***(D. n° 83-813, 9 sept. 1983 ; rempl., D. n° 2001-260, 27 mars 2001, art. 1er D. n° 2004-531, 9 juin 2004).*** **— Le rapport de présentation :**

1° Expose le diagnostic prévu au premier alinéa de l'article L. 123-1 ;

2° Analyse l'état initial de l'environnement ;

3° ***(3° modifié, D. n° 2002-823, 3 mai 2002, art. 3, II ; remplacé, D. n° 2004-531, 9 juin 2004, art. 2, II, 1°)*** **Explique les choix retenus pour établir le projet d'aménagement et de développement durable, expose les motifs de la délimitation des zones, des règles qui y sont applicables et des orientations d'aménagement. Il justifie l'institution des secteurs des zones urbaines où les constructions ou installations d'une superficie supérieure à un seuil défini par le règlement sont interdites en application du a de l'article L. 123-2 ;**

4° Évalue les incidences des orientations du plan sur l'environnement et expose la manière dont le plan prend en compte le souci de sa préservation et de sa mise en valeur.

(Alinéa créé, D. n° 2004-531, 9 juin 2004, art. 2, II, 2°) En cas de modification ou de révision, le rapport de présentation est complété par l'exposé des motifs des changements apportés.

C. urb., art. *R. 123-3 *(D. n° 77-736, 7 juill. 1977 ; D. n° 83-813, 9 sept. 1983 ; mod., D. n° 98-913, 12 oct. 1998, art. 40 ; rempl., D. n° 2001-260, 27 mars 2001, art. 1er ; D. n° 2004-531, 9 juin 2004, art. 2, III).* — Le projet d'aménagement et de développement durable définit, dans le respect des objectifs et des principes énoncés aux articles L. 110 et L. 121-1, les orientations d'urbanisme et d'aménagement retenues pour l'ensemble de la commune.

C. urb., art. *R. 123-3-1 *(Créé, D. n° 2004-531, 9 juin 2004, art. 2, IV).* — Les orientations d'aménagement peuvent, par quartier ou par secteur, prévoir les actions et opérations d'aménagement mentionnées au troisième alinéa de l'article L. 123-1.

C. urb., art. *R. 123-3-2 *(Créé, D. n° 2004-531, 9 juin 2004, art. 2, IV).* — Les dispositions relatives aux zones d'aménagement concerté, prévues aux a et b de l'article L. 123-3, figurent dans le règlement du plan local d'urbanisme ou dans les orientations d'aménagement ou leurs documents graphiques.

C. urb., art. *R. 123-4 *(D. n° 77-736, 7 juill. 1977 ; D. n° 83-813, 9 sept. 1983 ; D. n° 88-199, 29 févr. 1988 ; rempl., D. n° 2001-260, 27 mars 2001, art. 1er).* — Le règlement délimite les zones urbaines, les zones à urbaniser, les zones agricoles et les zones naturelles et forestières. Il fixe les règles applicables à l'intérieur de chacune de ces zones dans les conditions prévues à l'article R. 123-9.

C. urb., art. *R. 123-5 *(D. n° 77-736, 7 juill. 1977 ; D. n° 81-534, 12 mai 1981 ; D. n° 82-584, 29 juin 1982 ; D. n° 83-813, 9 sept. 1983 ; D. n° 88-199, 29 févr. 1988 ; D. n° 92-966, 10 sept. 1992 ; mod., D. n° 98-913, 12 oct. 1998, art. 26-I et II ; rempl., D. n° 2001-260, 27 mars 2001, art. 1er).* — Les zones urbaines sont dites « zones U ». Peuvent être classés en zone urbaine les secteurs déjà urbanisés et les secteurs où les équipements publics existants ou en cours de réalisation ont une capacité suffisante pour desservir les constructions à implanter.

C. urb., art. *R. 123-6 *(D. n° 83-813, 9 sept. 1983 ; D. n° 86-52, 10 janv. 1986 ; mod., D. n° 98-913, 12 oct. 1998, art. 27-I à III ; rempl., D. n° 2001-260, 27 mars 2001, art. 1er ; D. n° 2004-531, 9 juin 2004).* — Les zones à urbaniser sont dites « zones AU ». Peuvent être classés en zone à urbaniser les secteurs à caractère naturel de la commune destinés à être ouverts à l'urbanisation.

Lorsque les voies publiques et les réseaux d'eau, d'électricité et, le cas échéant, d'assainissement existant à la périphérie immédiate d'une zone AU ont une capacité suffisante pour desservir les constructions à implanter dans l'ensemble de cette zone, *(Mots remplacés, D. n° 2004-531, 9 juin 2004, art. 2, V)* « les orientations d'aménagement » et le règlement définissent les conditions d'aménagement et d'équipement de la zone. Les constructions y sont autorisées soit lors de la réalisation d'une opération d'aménagement d'ensemble, soit au fur et à mesure de la réalisation des équipements internes à la zone prévus par *(Mots remplacés, D. n° 2004-531, 9 juin 2004, art. 2, V)* « les orientations d'aménagement » et le règlement.

Lorsque les voies publiques et les réseaux d'eau, d'électricité et, le cas échéant, d'assainissement existant à la périphérie immédiate d'une zone AU n'ont pas une capacité suffisante pour desservir les constructions à implanter dans l'ensemble de cette zone, son ouverture à l'urbanisation peut être subordonnée à une modification ou à une révision du plan local d'urbanisme.

*C. urb., art. *R. 123-7 (D. n° 77-736, 7 juill. 1977 ; D. n° 83-813, 9 sept. 1983 ; D. n° 88-199, 29 févr. 1988 ; mod., D. n° 98-913, 12 oct. 1998, art. 40 ; rempl., D. n° 2001-260, 27 mars 2001, art. 1er ; D. n° 2004-531, 9 juin 2004).* — **Les zones agricoles sont dites « zones A ». Peuvent être classés en zone agricole les secteurs de la commune, équipés ou non, à protéger en raison du potentiel agronomique, biologique ou économique des terres agricoles.**

Les constructions et installations nécessaires aux services publics ou d'intérêt collectif et à l'exploitation agricole sont seules autorisées en zone A. *(Phrase créée, D. n° 2004-531, 9 juin 2004, art. 2, VI)* **« Est également autorisé, en application du 2° de l'article R. 123-12, le changement de destination des bâtiments agricoles identifiés dans les documents graphiques du règlement. »**

*C. urb., art. *R. 123-8 (D. n° 77-736, 7 juill. 1977 ; D. n° 81-225, 10 mars 1981 ; D. n° 83-813, 9 sept. 1983 ; D. n° 86-52, 10 janv. 1986 ; mod., D. n° 96-717, 9 août 1996, art. 3-I ; D. n° 98-913, 12 oct. 1998, art. 28-I et II ; rempl., D. n° 2001-260, 27 mars 2001, art. 1er).* — **Les zones naturelles et forestières sont dites « zones N ». Peuvent être classés en zone naturelle et forestière les secteurs de la commune, équipés ou non, à protéger en raison soit de la qualité des sites, des milieux naturels, des paysages et de leur intérêt, notamment du point de vue esthétique, historique ou écologique, soit de l'existence d'une exploitation forestière, soit de leur caractère d'espaces naturels.**

En zone N peuvent être délimités des périmètres à l'intérieur desquels s'effectuent les transferts des possibilités de construire prévus à l'article L. 123-4. Les terrains présentant un intérêt pour le développement des exploitations agricoles et forestières sont exclus de la partie de ces périmètres qui bénéficie des transferts de coefficient d'occupation des sols.

En dehors des périmètres définis à l'alinéa précédent, des constructions peuvent être autorisées dans des secteurs de taille et de capacité d'accueil limitées, à la condition qu'elles ne portent atteinte ni à la préservation des sols agricoles et forestiers ni à la sauvegarde des sites, milieux naturels et paysages.

*C. urb., art. *R. 123-9 (D. n° 76-432, 14 mai 1976 ; D. n° 83-813, 9 sept. 1983 ; D. n° 88-199, 29 févr. 1988 ; mod., D. n° 96-717, 9 août 1996, art. 3-II ; D. n° 98-913, 12 oct. 1998, art. 29-I et II ; rempl., D. n° 2001-260, 27 mars 2001, art. 1er ; D. n° 2004-531, 9 juin 2004).* — **Le règlement peut comprendre tout ou partie des règles suivantes :**

1° Les occupations et utilisations du sol interdites ;

2° Les occupations et utilisations du sol soumises à des conditions particulières ;

3° Les conditions de desserte des terrains par les voies publiques ou privées et d'accès aux voies ouvertes au public ;

4° Les conditions de desserte des terrains par les réseaux publics d'eau, d'électricité et d'assainissement, ainsi que, dans les zones relevant de l'assainissement non collectif délimitées en application de l'article L. 2224-10 du Code général des collectivités territoriales, les conditions de réalisation d'un assainissement individuel ;

5° La superficie minimale des terrains constructibles, lorsque cette règle est justifiée par des contraintes techniques relatives à la réalisation d'un dispositif d'assainissement non collectif *(Mots ajoutés, D. n° 2004-531, 9 juin 2004, art. 2, VII, 1°)* **« ou lorsque cette règle est justifiée pour préserver l'urbanisation traditionnelle ou l'intérêt paysager de la zone considérée » ;**

6° L'implantation des constructions par rapport aux voies et emprises publiques ;

7° L'implantation des constructions par rapport aux limites séparatives ;

8° L'implantation des constructions les unes par rapport aux autres sur une même propriété ;

9° L'emprise au sol des constructions ;

10° La hauteur maximale des constructions ;

11° L'aspect extérieur des constructions et l'aménagement de leurs abords ainsi que, éventuellement, les prescriptions de nature à assurer la protection des éléments de paysage, des quartiers, îlots, immeubles, espaces publics, monuments, sites et secteurs à protéger mentionnés au *i* de l'article R. 123-11 ;

12° Les obligations imposées aux constructeurs en matière de réalisation d'aires de stationnement ;

13° Les obligations imposées aux constructeurs en matière de réalisation d'espaces libres, d'aires de jeux et de loisirs, et de plantations ;

14° Le coefficient d'occupation du sol défini par l'article R. 123-10 *(Mots ajoutés, D. n° 2004-531, 9 juin 2004, art. 2, VII, 2°)* « et, le cas échéant, dans les zones d'aménagement concerté, la surface de plancher développée hors œuvre nette dont la construction est autorisée dans chaque îlot ».

Lorsque le plan de déplacements urbains a délimité, en application de l'article 28-1-2 de la loi n° 82-1153 du 30 décembre 1982 modifiée, des périmètres à l'intérieur desquels les conditions de desserte par les transports publics réguliers permettent de réduire ou de supprimer les obligations imposées en matière de réalisation d'aires de stationnement, notamment lors de la construction d'immeubles de bureaux, le plan local d'urbanisme respecte ces limitations et, le cas échéant, fixe un nombre maximum d'aires de stationnement à réaliser lors de la construction de bâtiments à un usage autre que d'habitation.

Dans les secteurs mentionnés au troisième alinéa de l'article R. 123-8, le règlement prévoit les conditions de hauteur, d'implantation et de densité des constructions permettant d'assurer l'insertion de ces constructions dans l'environnement et compatibles avec le maintien du caractère naturel de la zone.

Les règles édictées dans le présent article peuvent être différentes, dans une même zone, selon que les constructions sont destinées à l'habitation, à l'hébergement hôtelier, aux bureaux, au commerce, à l'artisanat, à l'industrie, à l'exploitation agricole ou forestière ou à la fonction d'entrepôt. En outre, des règles particulières peuvent être applicables aux constructions et installations nécessaires aux services publics ou d'intérêt collectif.

Les règles mentionnées aux 6° et 7° relatives à l'implantation des constructions par rapport aux voies et emprises publiques et par rapport aux limites séparatives, qui ne sont pas fixées dans le règlement, doivent figurer dans les documents graphiques.

1778 **Modifications.** En même temps que l'article 15 des plans a disparu de la nouvelle monenclature des PLU (plus de possibilité de pratiquer les dépassements de COS), l'article 5 était remanié, postérieurement à la loi SRU, pour empêcher les auteurs de PLU de suspendre la constructibilité des terrains à une surface minimale. Néanmoins, sur ce second point, le nouveau paragraphe 12° de l'article L. 123-1 issu de la loi Robien anéantit cette contrainte en permettant aux auteurs du PLU de justifier ces surfaces minimum par des motifs d'urbanisme relativement flous.

C. urb., art. *R. 123-10 ***(D. n° 77-736, 7 juill. 1977 ; D. n° 83-813, 9 sept. 1983 ; D. n° 88-199, 29 févr. 1988 ; mod., D. n° 96-717, 9 août 1996, art. 3-III ; D. n° 98-913, 12 oct. 1998, art. 30-I et II et 40 ; rempl., D. n° 2001-260, 27 mars 2001, art. 1er ; D. n° 2004-531, 9 juin 2004).*** **— Le coefficient d'occupation du sol qui détermine la densité de construction admise est le rapport exprimant le nombre de mètres carrés de plancher hors œuvre nette ou le nombre de mètres cubes susceptibles d'être construits par mètre carré de sol.**

Pour le calcul du coefficient d'occupation du sol, la superficie du ou des terrains faisant l'objet de la demande d'autorisation de construire ou de lotir comprend, le cas échéant, les terrains classés comme espaces boisés en application de l'article L. 130-1 et les terrains cédés gratuitement dans les conditions fixées par les articles R. 332-15 et R. 332-16. La surface hors œuvre nette ou, le cas échéant, le volume des bâtiments existants conservés sur le ou les terrains faisant l'objet de la demande est déduit des possibilités de construction.

Les emplacements réservés mentionnés au 8° de l'article L. 123-1 sont déduits de la superficie prise en compte pour le calcul des possibilités de construction. Toutefois, le propriétaire d'un terrain dont une partie est comprise dans un de ces emplacements et qui accepte de céder gratuitement cette partie à la collectivité bénéficiaire de la réserve peut être autorisé à reporter sur la partie restante de son terrain un droit de construire correspondant à tout ou partie du coefficient d'occupation du sol affectant la superficie du terrain qu'il cède gratuitement à la collectivité.

Le règlement peut fixer un coefficient d'occupation des sols dans les zones U et AU.

Dans ces zones ou parties de zone, il peut fixer des coefficients différents suivant les catégories de destination des constructions définies à l'avant-dernier alinéa de l'article R. 123-9. *(Phrase créée, D. n° 2004-531, 9 juin 2004, art. 2, VIII)* « Il peut également prévoir, dans les conditions prévues à l'article L. 123-1-1, la limitation des droits à construire en cas de division d'un terrain bâti. »

Lorsque dans la zone N a été délimité un périmètre pour effectuer les transferts des possibilités de construction prévus à l'article L. 123-4, le règlement fixe deux coefficients d'occupation des sols, l'un applicable à l'ensemble des terrains inclus dans le périmètre délimité pour le calcul des transferts et l'autre définissant la densité maximale des constructions du secteur dans lequel celles-ci peuvent être implantées.

C. urb., art. *R. 123-11 *(D. n° 83-813, 9 sept. 1983 ; D. n° 85-452, 23 avr. 1985 ; D. n° 88-199, 29 févr. 1988 ; mod., D. n° 98-913, 12 oct. 1998, art. 40 ; rempl., D. n° 2001-260, 27 mars 2001, art. 1er ; D. n° 2004-531, 9 juin 2004).* **— Les zones U, AU, A et N sont délimitées sur un ou plusieurs documents graphiques du règlement.**

(Mots remplacés, D. n° 2004-531, 9 juin 2004, art. 2, IX) **« Les documents graphiques du règlement » font, en outre, apparaître s'il y a lieu :**

a) **Les espaces boisés classés définis à l'article L. 130-1 ;**

b) **Les secteurs où les nécessités du fonctionnement des services publics, de l'hygiène, de la protection contre les nuisances et de la préservation des ressources naturelles ou l'existence de risques naturels, tels qu'inondations, incendies de forêt, érosion, affaissements, éboulements, avalanches, ou de risques technologiques justifient que soient interdites ou soumises à des conditions spéciales les constructions et installations de toute nature, permanentes ou non, les plantations, dépôts, affouillements, forages et exhaussements des sols ;**

c) **Les secteurs protégés en raison de la richesse du sol ou du sous-sol, dans lesquels les constructions et installations nécessaires à la mise en valeur de ces ressources naturelles sont autorisées ;**

d) **Les emplacements réservés aux voies et ouvrages publics, aux installations d'intérêt général et aux espaces verts, en précisant leur destination et les collectivités, services et organismes publics bénéficiaires ;**

e) **Les secteurs dans lesquels, pour des motifs d'urbanisme ou d'architecture, la reconstruction sur place ou l'aménagement de bâtiments existants peut être imposé ou autorisé avec une densité au plus égale à celle qui existait antérieurement, nonobstant le ou les coefficients d'occupation du sol fixés pour la zone ou le secteur ;**

f) **Les secteurs dans lesquels la délivrance du permis de construire peut être subordonnée à la démolition de tout ou partie des bâtiments existants sur le terrain où l'implantation de la construction est envisagée ;**

g) **Les périmètres, tels que délimités par le plan de déplacements urbains en application de l'article 28-1-2 de la loi n° 82-1153 du 30 décembre 1982 modifiée, à l'intérieur desquels les conditions de desserte par les transports publics réguliers permettent de réduire ou de supprimer les obligations imposées en matière de réalisation d'aires de stationnement, notamment lors de la construction d'immeubles de bureaux, ou à l'intérieur desquels le plan local d'urbanisme fixe un nombre maximum d'aires de stationnement à réaliser lors de la construction de bâtiments à usage autre que d'habitation ;**

h) **Les éléments de paysage, les quartiers, îlots, immeubles, espaces publics, monuments, sites et secteurs à protéger ou à mettre en valeur pour des motifs d'ordre culturel, historique ou écologique, et notamment les secteurs dans lesquels la démolition des immeubles est subordonnée à la délivrance d'un permis de démolir ;**

i) **Les zones qui sont ou peuvent être aménagées en vue de la pratique du ski et les secteurs réservés aux remontées mécaniques en indiquant, le cas échéant, les équipements et aménagements susceptibles d'y être prévus.**

Les documents graphiques du règlement peuvent également faire apparaître des règles d'implantation des constructions dans les conditions prévues au dernier alinéa de l'article R. 123-9.

C. urb., art. *R. 123-12 *(D. n° 77-736, 7 juill. 1977 ; D. n° 83-813, 9 sept. 1983 ; D. n° 86-984, 19 août 1986 ; mod., D. n° 96-717, 9 août 1996, art. 3-IV ; D. n° 98-913, 12 oct. 1998, art. 31 ; rempl., D. n° 2001-260, 27 mars 2001, art. 1er ; D. n° 2004-531, 9 juin 2004).* **— Les documents graphiques prévus à l'article R. 123-11 font également apparaître, s'il y a lieu :**

1° Dans les zones U :

***a)* Les terrains cultivés à protéger et inconstructibles délimités en application du 9° de l'article L. 123-1 ;**

***b)* Les secteurs délimités en application du *a* de l'article L. 123-2 en précisant à partir de quelle surface les constructions ou installations sont interdites et la date à laquelle la servitude sera levée ;**

***c)* Les emplacements réservés en application du *b* de l'article L. 123-2 en vue de la réalisation, dans le respect des objectifs de mixité sociale, de programmes de logements en précisant la nature de ces programmes ;**

***d) (d créé, D. n° 2004-531, 9 juin 2004, art. 2, X, 1°)* Les terrains concernés par la localisation des équipements mentionnés au c de l'article L. 123-2 ;**

2° *(2° créé, D. n° 2004-531, 9 juin 2004, art. 2, X, 3°)* Dans les zones A, les bâtiments agricoles qui, en raison de leur intérêt architectural ou patrimonial, peuvent faire l'objet d'un changement de destination, dès lors que ce changement de destination ne compromet pas l'exploitation agricole ;

3° *(Ancien 2° renuméroté, D. n° 2004-531, 9 juin 2004, art. 2, X, 2°)* Dans les zones N :

Les secteurs protégés en raison de la qualité de leur paysage où est applicable le transfert des possibilités de construction prévu à l'article L. 123-4 ;

4° *(Ancien 3° renuméroté, D. n° 2004-531, 9 juin 2004, art. 2, X, 2°)* Dans les zones U et AU, les secteurs pour lesquels un plan de masse coté à trois dimensions définit des règles spéciales.

C. urb., art. *R. 123-13 *(D. n° 77-736, 7 juill. 1977 ; D. n° 83-813, 9 sept. 1983 ; rempl., D. n° 2001-260, 27 mars 2001, art. 1er ; D. n° 2004-531, 9 juin 2004).* **— Les annexes indiquent, à titre d'information, sur un ou plusieurs documents graphiques, s'il y a lieu :**

1. Les secteurs sauvegardés, délimités en application des articles L. 313-1 et suivants ;

2. Les zones d'aménagement concerté ;

3. Les zones de préemption délimitées en application de l'article L. 142-1 dans sa rédaction antérieure à la loi n° 85-729 du 18 juillet 1985 relative à la définition et à la mise en œuvre de principes d'aménagement et de l'article L. 142-3 dans sa rédaction issue de la même loi ;

4. Les périmètres à l'intérieur desquels s'applique le droit de préemption urbain défini par les articles L. 211-1 et suivants, ainsi que les périmètres provisoires ou définitifs des zones d'aménagement différé ;

5. Les zones délimitées en application du *e* de l'article L. 430-1 à l'intérieur desquelles s'appliquent les dispositions relatives au permis de démolir prévues aux articles L. 430-2 et suivants ;

6. Les périmètres de développement prioritaires délimités en application de la loi n° 80-531 du 15 juillet 1980 relative aux économies d'énergie et à l'utilisation de la chaleur ;

7. Les périmètres d'interdiction ou de réglementation des plantations et semis d'essences forestières, les périmètres d'actions forestières et les périmètres de zones dégradées à faible taux de boisement, délimités en application des 1°, 2° et 3° de l'article L. 126-1 du Code rural ;

8. Les périmètres miniers définis en application des titres II, III et V du livre I du Code minier ;

9. Les périmètres de zones spéciales de recherche et d'exploitation de carrières et des zones d'exploitation et d'aménagement coordonné de carrières, délimités en application des articles 109 et 109-1 du Code minier ;

10. Le périmètre des zones délimitées en application de l'article L. 111-5-2 à l'intérieur desquelles certaines divisions foncières sont soumises à déclaration préalable ;

11. Les périmètres à l'intérieur desquels l'autorité compétente peut surseoir à statuer sur les demandes d'autorisation en application de l'article L. 111-10 ;

12. Le périmètre des secteurs dans lesquels un programme d'aménagement d'ensemble a été approuvé en application de l'article L. 332-9 ;

13. Le périmètre des secteurs situés au voisinage des infrastructures de transports terrestres, dans lesquels des prescriptions d'isolement acoustique ont été édictées en application de l'article L. 571-10 du Code de l'environnement.

14 ***(14 créé, D. n° 2004-531, 9 juin 2004, art. 2, XI)*** **Le plan des zones à risque d'exposition au plomb.**

C. urb., art. *R. 123-14 *(D. n° 77-736, 7 juill. 1977 ; D. n° 83-813, 9 sept. 1983 ; mod., D. n° 98-913, 12 oct. 1998, art. 40 ; rempl., D. n° 2001-260, 27 mars 2001, art. 1er ; D. n° 2004-531, 9 juin 2004).* **— Les annexes comprennent à titre informatif également :**

1° Les servitudes d'utilité publique soumises aux dispositions de l'article L. 126-1 ainsi que les bois ou forêts soumis au régime forestier ;

2° La liste des lotissements dont les règles d'urbanisme ont été maintenues en application du deuxième alinéa de l'article L. 315-2-1 ;

3° Les schémas des réseaux d'eau et d'assainissement et des systèmes d'élimination des déchets, existants ou en cours de réalisation, en précisant les emplacements retenus pour le captage, le traitement et le stockage des eaux destinées à la consommation, les stations d'épuration des eaux usées et le stockage et le traitement des déchets ;

4° Le plan d'exposition au bruit des aérodromes, établi en application des articles L. 147-1 à L. 147-6 ;

5° D'une part, les prescriptions d'isolement acoustique édictées, en application des articles L. 571-9 et L. 571-10 du Code de l'environnement, dans les secteurs qui, situés au voisinage des infrastructures de transports terrestres, sont affectés par le bruit et, d'autre part, la référence des arrêtés préfectoraux correspondants et l'indication des lieux où ils peuvent être consultés ;

6° Les actes instituant des zones de publicité restreinte et des zones de publicité élargie, en application des articles L. 581-10 à L. 581-14 du Code de l'environnement ;

7° Les dispositions d'un projet de plan de prévention des risques naturels prévisibles rendues opposables en application de l'article L. 562-2 du Code de l'environnement et les dispositions d'un projet de plan de prévention des risques miniers établi en application de l'article 94 du Code minier ;

8° Les zones agricoles protégées délimitées en application de l'article L. 112-2 du Code rural.

Section II Élaboration, modification, révision et mise à jour des plans locaux d'urbanisme

C. urb., art. *R. 123-15 *(Ab., D. n° 83-813, 9 sept. 1983 ; rétabli dans la version suivante, D. n° 2001-260, 27 mars 2001, art. 1er).* **— Le maire ou le président de l'établissement public de coopération intercommunale compétent conduit la procédure d'élaboration du plan local d'urbanisme.**

Le préfet porte à la connaissance du maire ou du président de l'établissement public, outre les dispositions et documents mentionnés à l'article R. 121-1, s'il y a lieu, la proposition faite par l'architecte des Bâtiments de France, en application ***(Mots rempl., ord. n° 2004-178 du 20 février 2004, art. 3)*** **« de l'article L. 621-2 du Code du patrimoine », de modifier un ou plusieurs des périmètres mentionnés au cinquième alinéa du même article.**

C. urb., art. *R. 123-16 *(Rempl., D. n° 98-913, 12 oct. 1998, art. 32 ; D. n° 2001-260, 27 mars 2001, art. 1er).* **— Les présidents des organes délibérants des collectivités publiques, des établissements publics des organismes associés et des associations agréées ainsi que**

les maires mentionnés aux deux premiers alinéas de l'article L. 123-8, ou leurs représentants, sont consultés par le maire ou par le président de l'établissement public de coopération intercommunale compétente à chaque fois qu'ils le demandent pendant la durée de l'élaboration ou de la révision du plan.

C. urb., art. *R. 123-17 *(D. n° 77-736, 7 juill. 1977 ; D. n° 83-813, 9 sept. 1983 ; D. n° 92-966, 10 sept. 1992 ; mod., D. n° 98-913, 12 oct. 1998, art. 33-I à III ; rempl., D. n° 2001-260, 27 mars 2001, art. 1er ; D. n° 2004-531, 9 juin 2004).* — **Conformément à l'article L. 112-1 du Code rural, le maire ou le président de l'établissement public de coopération intercommunale compétent consulte lors de l'élaboration du plan local d'urbanisme le document de gestion de l'espace agricole et forestier, lorsqu'il existe.**

Conformément à l'article L. 112-3 du Code rural, le plan local d'urbanisme ne peut être approuvé qu'après avis de la chambre d'agriculture et, le cas échéant, de l'Institut national des appellations d'origine dans les zones d'appellation d'origine contrôlée et du centre régional de la propriété forestière lorsqu'il prévoit une réduction des espaces agricoles ou forestiers. Il va de même en cas de révision *(Mots ajoutés, D. n° 2004-531, 9 juin 2004, art. 2, XII)* « , de révision simplifiée et d'une mise en compatibilité en application de l'article L. 123-16 ». Ces avis sont rendus dans un délai de deux mois à compter de la saisine. En l'absence de réponse à l'issue de ce délai, l'avis est réputé favorable.

C. urb., art. *R. 123-18 *(D. n° 77-736, 7 juill. 1977 ; D. n° 83-813, 9 sept. 1983 ; D. n° 86-52, 10 janv. 1986 ; D. n° 86-192, 5 févr. 1986 ; D. n° 87-885, 30 oct. 1987 ; mod., D. n° 98-913, 12 oct. 1998, art. 34-I et II ; rempl., D. n° 2001-260, 27 mars 2001, art. 1er).* — **La délibération qui arrête un projet de plan local d'urbanisme peut simultanément tirer le bilan de la concertation, en application du sixième alinéa de l'article L. 300-2.**

Elle est affichée pendant un mois en mairie ou au siège de l'établissement public de coopération intercommunale compétent et, ce dans ce cas, dans les mairies des communes membres concernées.

C. urb., art. *R. 123-19 *(D. n° 76-277, 29 mars 1976 ; D. n° 77-736, 7 juill. 1977 ; D. n° 81-542, 13 mai 1981 ; D. n° 83-813, 9 sept. 1983 ; D. n° 86-516, 14 mars 1986 ; D. n° 92-966, 10 sept. 1992 ; mod., D. n° 95-21, 9 janv. 1995, art. 9-I ; D. n° 95-296, 15 mars 1995, art. 4 ; D. n° 99-484, 9 juin 1999, art. 2 ; rempl., D. n° 2001-260, 27 mars 2001, art. 1er ; D. n° 2004-531, 9 juin 2004).* — **Le projet de plan local d'urbanisme est soumis à l'enquête publique par le maire ou le président de l'établissement public de coopération intercommunale compétent dans les formes prévues par les articles 7 à 21 du décret modifié n° 85-453 du 23 avril 1985 pris pour l'application de la loi n° 83-630 du 12 juillet 1983 relative à la démocratisation des enquêtes publiques et à la protection de l'environnement. Toutefois, le maire ou le président de l'établissement public exerce les compétences attribuées au préfet par les articles 7, 8, 11, 12, 16 et 18 à 21 de ce décret.**

L'enquête concernant un plan local d'urbanisme vaut enquête préalable à la déclaration d'utilité publique des opérations, acquisitions ou expropriations prévues à ce plan à l'intérieur d'une zone d'aménagement concerté lorsque le dossier soumis à l'enquête comprend les pièces mentionnées au I de l'article R. 11-3 du Code de l'expropriation pour cause d'utilité publique. Dans ce cas, l'enquête publique est organisée dans les formes prévues par les articles R. 11-14-1 et suivants du Code de l'expropriation pour cause d'utilité publique. Toutefois, le maire ou le président de l'établissement public exerce les compétences attribuées au préfet par les articles R. 11-14-2 à R. 11-14-5 et R. 11-14-7 à R. 11-14-15 du même code.

***(Alinéa remplacé, D. n° 2004-531, 9 juin 2004, art. 2, XIII)* Le dossier est composé des pièces mentionnées à l'article R. 123-1 et des avis émis par les collectivités ou organismes associés ou consultés. Il peut être complété par tout ou partie des documents mentionnés à l'article R. 121-1.**

L'approbation du plan local d'urbanisme dispense de l'enquête préalable aux classements et déclassements de voies et places publiques communales prévus à ce plan,

sous réserve que celui-ci précise la catégorie dans laquelle elles doivent entrer et que ces classements et déclassements figurent parmi les opérations soumises à l'enquête prévue au premier alinéa du présent article. Cette dispense n'est applicable aux voiries nationale et départementale que si l'acte d'approbation est accompagné de l'avis conforme, selon le cas, du préfet ou du président du conseil général relatif à ce classement ou déclassement.

C. urb., art. *R. 123-20 *(D. n° 77-736, 7 juill. 1977 ; D. n° 83-813, 9 sept. 1983 ; rempl., D. n° 2001-260, 27 mars 2001, art. 1er).* — **Lorsque l'avis de la personne publique qui a pris l'initiative de la création d'une zone d'aménagement concerté est requis en application de l'article L. 123-15 sur le projet d'élaboration, de modification ou de révision du plan local d'urbanisme concernant cette zone, cet avis est réputé émis en l'absence de réponse dans le délai de trois mois à compter de la saisine de cette personne publique.**

C. urb., art. *R. 123-21 *(D. n° 77-736, 7 juill. 1977 ; D. n° 83-813, 9 sept. 1983 ; D. n° 86-52, 10 janv. 1986 ; D. n° 92-966, 10 sept. 1992 ; mod., D. n° 98-913, 12 oct. 1998, art. 35 ; D. n° 99-266, 1er avr. 1999, art. 2 ; rempl., D. n° 2001-260, 27 mars 2001, art. 1er).* — **Lorsqu'il engage la procédure de révision dans les conditions prévues aux deuxième et troisième alinéas de l'article L. 123-14, le préfet en informe les personnes publiques mentionnées au premier alinéa de l'article L. 123-8. Il exerce les compétences attribuées au maire, au conseil municipal, au président ou à l'organe délibérant de l'établissement public de coopération intercommunale, pour l'application des articles L. 123-6, L. 123-8, L. 123-9 (2e alinéa), L. 123-10 et les articles R. 123-15 à R. 123-19.**

C. urb., art. *R. 123-21-1 *(Créé, D. n° 2004-531, 9 juin 2004, art. 2, XIV).* — **Lorsqu'il décide d'engager une procédure de révision simplifiée en application du huitième alinéa de l'article L. 123-13, le maire ou le président de l'établissement public de coopération intercommunale compétent saisit le conseil municipal ou l'organe délibérant de l'établissement public qui délibère sur les objectifs poursuivis et les modalités de la concertation conformément à l'article L. 300-2.**

Le débat prévu à l'article L. 123-9 peut avoir lieu au cours de la même séance lorsque la révision implique de changer les orientations du projet d'aménagement et de développement durable.

L'examen conjoint des personnes publiques associées a lieu, à l'initiative du maire ou du président de l'établissement public, avant l'ouverture de l'enquête publique. Lorsqu'une association mentionnée à l'article L. 121-5 demande à être consultée, son président adresse la demande au maire ou au président de l'établissement public.

Le projet de révision simplifiée, accompagné du procès-verbal de la réunion d'examen conjoint, est soumis à l'enquête publique par le maire ou par le président de l'établissement public dans les formes prévues par les articles 7 à 21 du décret n° 85-453 du 23 avril 1985 modifié pris pour l'application de la loi n° 83-630 du 12 juillet 1983 relative à la démocratisation des enquêtes publiques et à la protection de l'environnement. Le maire ou le président de l'établissement public exerce les compétences attribuées au préfet par les articles 7, 8, 11, 12, 16 et 18 à 21 de ce décret.

La délibération qui approuve la révision du plan local d'urbanisme peut simultanément tirer le bilan de la concertation organisée en application du sixième alinéa de l'article L. 300-2.

C. urb., art. *R. 123-22 *(D. n° 76-276, 29 mars 1976 ; D. n° 77-739, 7 juill. 1977 ; D. n° 83-813, 9 sept. 1983 ; D. n° 87-885, 30 oct. 1987 ; mod., D. n° 98-913, 12 oct. 1998, art. 36 ; rempl., D. n° 2001-260, 27 mars 2001, art. 1er).* — **La mise à jour du plan local d'urbanisme est effectuée chaque fois qu'il est nécessaire de modifier le contenu des annexes prévu aux articles R. 123-13 et R. 123-14.**

Un arrêté du maire ou du président de l'établissement public de coopération intercommunale compétent constate dans chaque cas qu'il a été procédé à la mise à jour du plan.

Lorsque le report des servitudes d'utilité publique mentionnées à l'article L. 126-1 ou instituées ou modifiées postérieurement à la date à laquelle le plan a été approuvé n'a pas été effectué dans le délai de trois mois suivant la mise en demeure adressée par le préfet à la commune ou à l'établissement public de coopération intercommunale compétent, le préfet y procède d'office par arrêté.

Les arrêtés mentionnés aux deux alinéas précédents sont affichés pendant un mois en mairie ou au siège de l'établissement public de coopération intercommunale compétent et, dans ce cas, dans les mairies des communes membres concernées.

C. urb., art. *R. 123-22-1 *(Créé, D. n° 2004-531, 9 juin 2004, art. 2, XV).* **— L'abrogation d'un plan local d'urbanisme est prononcée par le conseil municipal après enquête publique menée dans les conditions prévues à l'article R. 123-19. Le dossier soumis à l'enquête publique comprend un rapport exposant les motifs et les conséquences juridiques de l'abrogation projetée.**

C. urb., art. *R. 123-23 *(D. n° 77-736, 7 juill. 1977 ; D. n° 83-812, 9 sept. 1983 ; D. n° 92-966, 10 sept. 1992 ; rempl., D. n° 2001-260, 27 mars 2001, art. 1er).* **— *(Deux alinéas remplacés par quatre alinéas, D. n° 2004-531, 9 juin 2004, art. 2, XVI).* Les dispositions du présent article sont applicables à la déclaration d'utilité publique d'une opération qui n'est pas compatible avec un plan local d'urbanisme.**

***(Alinéa issu, D. n° 2004-531, 9 juin 2004, art. 2, XVI)* L'examen conjoint prévu au b de l'article L. 123-16 a lieu avant l'ouverture de l'enquête publique à l'initiative du préfet. Lorsqu'une association mentionnée à l'article L. 121-5 demande à être consultée, son président adresse la demande au préfet.**

***(Alinéa issu, D. n° 2004-531, 9 juin 2004, art. 2, XVI)* L'enquête publique est organisée dans les formes prévues par les articles R. 11-14-1 et suivants du Code de l'expropriation pour cause d'utilité publique.**

***(Alinéa issu, D. n° 2004-531, 9 juin 2004, art. 2, XVI)* Le dossier de mise en compatibilité du plan local d'urbanisme, le rapport et les conclusions du commissaire enquêteur ou de la commission d'enquête ainsi que le procès-verbal de la réunion d'examen conjoint sont soumis pour avis par le préfet au conseil municipal ou à l'organe délibérant de l'établissement public de coopération intercommunale compétent. Si ceux-ci ne se sont pas prononcés dans un délai de deux mois, ils sont réputés avoir donné un avis favorable.**

Le ministre chargé de l'urbanisme contresigne ou cosigne la déclaration d'utilité publique emportant approbation des nouvelles dispositions du plan local d'urbanisme lorsque cette déclaration ne relève pas de la compétence du préfet.

C. urb., art. *R. 123-23-1 *(Créé, D. n° 2004-531, 9 juin 2004, art. 2, XVII).* **— Les dispositions du présent article sont applicables à la déclaration de projet d'une opération qui n'est pas compatible avec un plan local d'urbanisme, lorsque cette opération est réalisée par la commune ou par l'établissement public de coopération intercommunale compétent en matière de plan local d'urbanisme et ne requiert pas une déclaration d'utilité publique.**

Le maire ou le président de l'organe délibérant de l'établissement public mène la procédure de mise en compatibilité. L'examen conjoint prévu au b de l'article L. 123-16 a lieu avant l'ouverture de l'enquête publique à son initiative. Lorsqu'une association mentionnée à l'article L. 121-5 demande à être consultée, son président adresse la demande au maire ou au président de l'organe délibérant.

L'enquête publique est organisée dans les formes prévues par le décret n° 85-453 du 23 avril 1985 pris pour l'application de la loi n° 83-630 du 12 juillet 1983 relative à la démocratisation des enquêtes publiques et à la protection de l'environnement. L'autorité chargée de la procédure exerce les compétences attribuées au préfet par les articles 7, 8, 11, 12, 16 et 18 à 21 de ce décret.

Le dossier de mise en compatibilité du plan local d'urbanisme, le rapport et les conclusions du commissaire enquêteur ou de la commission d'enquête ainsi que le

procès-verbal de la réunion d'examen conjoint sont soumis par l'autorité chargée de la procédure au conseil municipal ou à l'organe délibérant de l'établissement public de coopération intercommunale compétent, qui dispose d'un délai de deux mois pour approuver la mise en compatibilité du plan. En l'absence de délibération dans ce délai ou en cas de désaccord, la décision de mise en compatibilité appartient au préfet qui notifie son arrêté au maire ou au président de l'établissement public dans les deux mois suivant la réception en préfecture de l'ensemble du dossier.

C. urb., art. *R. 123-23-2 *(Créé, D. n° 2004-531, 9 juin 2004, art. 2, XVII).* — **Les dispositions du présent article sont applicables à la déclaration de projet d'une opération qui n'est pas compatible avec un plan local d'urbanisme, lorsque cette opération est réalisée par une collectivité territoriale, un groupement de collectivités ou un établissement public dépendant d'une collectivité, autre que la commune ou l'établissement public de coopération intercommunale compétent en matière de plan local d'urbanisme, et ne requiert pas une déclaration d'utilité publique.**

La procédure de mise en compatibilité est menée par le président de l'organe délibérant de la collectivité ou du groupement de collectivités responsable du projet ou, lorsque le projet émane d'un établissement public dépendant d'une collectivité ou d'un groupement de collectivités, par le président de l'organe délibérant de cette collectivité ou de ce groupement.

L'examen conjoint prévu au b de l'article L. 123-16 a lieu avant l'ouverture de l'enquête publique à l'initiative de l'autorité chargée de la procédure. Lorsqu'une association mentionnée à l'article L. 121-5 demande à être consultée, son président adresse la demande à l'autorité chargée de la procédure.

L'enquête publique est organisée dans les formes prévues par le décret n° 85-453 du 23 avril 1985 pris pour l'application de la loi n° 83-630 du 12 juillet 1983 relative à la démocratisation des enquêtes publiques et à la protection de l'environnement. L'autorité chargée de la procédure exerce les compétences attribuées au préfet par les articles 7, 8, 11, 12, 16 et 18 à 21 de ce décret.

Le dossier de mise en compatibilité du plan local d'urbanisme, le rapport et les conclusions du commissaire enquêteur ou de la commission d'enquête ainsi que le procès-verbal de la réunion d'examen conjoint sont soumis par l'autorité chargée de la procédure au conseil municipal ou à l'organe délibérant de l'établissement public de coopération intercommunale compétent, qui dispose d'un délai de deux mois pour approuver la mise en compatibilité du plan. En l'absence de délibération dans ce délai ou en cas de désaccord, le projet statue et notifie sa décision au maire ou au président de l'établissement public de coopération intercommunale compétent dans les deux mois suivant la réception en préfecture de l'ensemble du dossier.

Le préfet notifie à la personne publique qui réalise l'opération la délibération de la commune ou de l'établissement public de coopération intercommunale compétent ou la décision qu'il a prise.

C. urb., art. *R. 123-23-3 *(Créé, D. n° 2004-531, 9 juin 2004, art. 2, XVII).* — **Les dispositions du présent article sont applicables à la déclaration de projet d'une opération qui n'est pas compatible avec un plan local d'urbanisme, lorsque cette opération est réalisée par l'État ou un établissement public de l'État et ne requiert pas une déclaration d'utilité publique.**

L'examen conjoint prévu au *b* de l'article L. 123-16 a lieu avant l'ouverture de l'enquête publique à l'initiative du préfet. Lorsqu'une association mentionnée à l'article L. 121-5 demande à être consultée, son président adresse la demande au préfet.

L'enquête publique est organisée dans les formes prévues par le décret modifié n° 85-453 du 23 avril 1985 pris pour l'application de la loi n° 83-630 du 12 juillet 1983 relative à la démocratisation des enquêtes publiques et à la protection de l'environnement.

Le dossier de mise en compatibilité du plan local d'urbanisme, le rapport et les conclusions du commissaire enquêteur ou de la commission d'enquête ainsi que le procès-verbal de la réunion d'examen conjoint sont soumis par le préfet au conseil

municipal ou à l'organe délibérant de l'établissement public de coopération intercommunale compétent, qui dispose d'un délai de deux mois pour approuver la mise en compatibilité du plan. En l'absence de délibération dans ce délai ou en cas de désaccord, le préfet statue et notifie sa décision au maire ou au président de l'établissement public de coopération intercommunale compétent dans les deux mois suivant l'expiration du délai précédent ou de la transmission de la délibération défavorable.

C. urb., art. *R. 123-24 *(D. n° 77-736, 7 juill. 1977 ; D. n° 83-813, 9 sept. 1983 ; D. n° 86-514, 14 mars 1986 ; D. n° 87-340, 21 mai 1987 ; mod., D. n° 95-21, 9 janv. 1995, art. 9-II ; D. n° 95-1089, 5 oct. 1995, art. 10-II ; D. n° 98-913, 12 oct. 1998, art. 37-I à III ; D. n° 2000-547, 16 juin 2000, art. 3-I ; rempl., D. n° 2001-260, 27 mars 2001, art. 1er ; D. n° 2004-531, 9 juin 2004).* — Font l'objet des mesures de publicité et d'information édictées à l'article R. 123-25 :

a) La délibération qui prescrit l'élaboration ou la révision du plan local d'urbanisme et définit les modalités de la concertation, en application des articles L. 123-6 et L. 123-13 ;

b) (Mots remplacés, D. n° 2004-531, 9 juin 2004, art. 2, XVIII, 1°) « La délibération qui approuve, modifie, révise ou abroge » un plan local d'urbanisme, en application de l'article L. 123-13, ou l'arrêté préfectoral qui le révise en application de l'article L. 123-14 ;

c) Le décret ou l'arrêté prononçant la déclaration d'utilité publique prévue à l'article L. 123-16.

d) (d créé, D. n° 2004-531, 9 juin 2004, art. 2, XVIII, 2°) La décision ou la délibération prononçant la déclaration de projet ainsi que la délibération ou l'arrêté mettant le plan en compatibilité avec la déclaration de projet dans les conditions prévues à l'article L. 123-16.

C. urb., art. *R. 123-25 *(D. n° 76-267, 25 mars 1976 ; D. n° 83-813, 9 sept. 1983 ; D. n° 88-199, 29 févr. 1988 ; rempl., D. n° 2001-260, 27 mars 2001, art. 1er ; D. n° 2004-531, 9 juin 2004).* — Tout acte mentionné à l'article R. 123-24 est affiché pendant un mois en mairie ou au siège de l'établissement public compétent et, dans ce cas, dans les mairies des communes membres concernées. Mention de cet affichage est insérée en caractères apparents dans un journal diffusé dans le département.

Il est en outre publié :

a) Au recueil des actes administratifs mentionné à l'article R. 2121-10 du Code général des collectivités territoriales, lorsqu'il s'agit d'une délibération du conseil municipal d'une commune de 3 500 habitants et plus ;

b) Au recueil des actes administratifs mentionné à l'article R. 5211-41 du Code général des collectivités territoriales, s'il existe, lorsqu'il s'agit d'une délibération de l'organe délibérant d'un établissement public de coopération intercommunale comportant au moins une commune de 3 500 habitants et plus ;

c) Au *Recueil des actes administratifs de l'État* dans le département, lorsqu'il s'agit d'un arrêté préfectoral ;

d) Au *Journal officiel* de la République française, lorsqu'il s'agit d'un décret en Conseil d'État.

Chacune de ces formalités de publicité mentionne le ou les lieux où le dossier peut être consulté.

(Alinéa créé, D. n° 2004-531, 9 juin 2004, art. 2, XIX) L'acte qui institue ou supprime la limitation des droits à construire en cas de division d'un terrain bâti en application de l'article L. 123-1-1 est adressé au Conseil supérieur du notariat et à la chambre départementale des notaires.

L'arrêté ou la délibération produit ses effets juridiques dès l'exécution de l'ensemble des formalités prévues au premier alinéa ci-dessus, la date à prendre en compte pour l'affichage étant celle du premier jour où il est effectué.

Voir aussi : Anciens articles en annexe I.

Section III Contenu du plan d'occupation des sols

(Section implicitement abrogée, D. n° 2001-260, 27 mars 2001, art. 1er)

Abrogée.

Section IV Effets du plan d'occupation des sols

(Section implicitement abrogée, D. n° 2001-260, 27 mars 2001, art. 1er)

§ 1 Mesures de sauvegarde

(Paragraphe implicitement abrogé, D. n° 2001-260, 27 mars 2001, art. 1er)

C. urb., art. R. 123-26 ***(D. n° 83-813, 9 sept. 1983 ; implicitement abrogé, D. n° 2001-260, 27 mars 2001, art. 1er).***

C. urb., art. *R. 123-27 et *R. 123-28 ***(Ab., D. n° 77-736, 7 juill. 1977).***

C. urb., art. *R. 123-29 ***(D. n° 77-736, 7 juill. 1977 ; D. n° 86-984, 19 août 1986 ; implicitement abrogé, D. n° 2001-260, 27 mars 2001, art. 1er).***

§ 2 Mesures d'exécution

(Paragraphe implicitement abrogé, D. n° 2001-260, 27 mars 2001, art. 1er)

C. urb., art. *R. 123-30 ***(Implicitement abrogé, D. n° 2001-260, 27 mars 2001, art. 1er).***

C. urb., art. *R. 123-31 ***(D. n° 77-736, 7 juill. 1977 ; D. n° 77-759, 7 juill. 1977 ; D. n° 86-984, 19 août 1986 ; implicitement abrogé, D. n° 2001-260, 27 mars 2001, art. 1er).***

C. urb., art. *R. 123-32 ***(D. n° 77-736, 7 juill. 1977 ; D. n° 83-813, 9 sept. 1983 ; D. n° 86-514, 14 mars 1986 ; implicitement abrogé, D. n° 2001-260, 27 mars 2001, art. 1er).***

C. urb., art. *R. 123-32-1 ***(D. n° 77-736, 7 juill. 1977 ; implicitement abrogé, D. n° 2001-260, 27 mars 2001, art. 1er).***

C. urb., art. R. 123-33 ***(D. n° 76-432, 14 mai 1976 ; D. n° 83-813, 9 sept. 1983 ; D. n° 88-199, 29 févr. 1988 ; implicitement abrogé, D. n° 2001-260, 27 mars 2001, art. 1er).***

Section V Modification, révision et mise à jour du plan d'occupation des sols

(Section implicitement abrogée, D. n° 2001-260, 27 mars 2001, art. 1er)

C. urb., art. *R. 123-34 ***(D. n° 77-736, 7 juill. 1977 ; D. n° 83-813, 9 sept. 1983 ; D. n° 86-984, 19 août 1986 ; implicitement abrogé, D. n° 2001-260, 27 mars 2001, art. 1er).***

C. urb., art. R. 123-35 ***(D. n° 77-736, 7 juill. 1977 ; D. n° 83-813, 9 sept. 1983 ; D. n° 86-984, 19 août 1986 ; D. n° 87-283, 22 avr. 1987 ; D. n° 88-199, 29 févr. 1988 ; modifié, D. n° 98-913, 12 oct. 1998, art. 40 ; implicitement abrogé, D. n° 2001-260, 27 mars 2001, art. 1er).***

C. urb., art. R. 123-35-1 *(D. n° 83-813, 9 sept. 1983 ; D. n° 85-452, 23 avr. 1985 ; D. n° 87-885, 30 oct. 1987 ; D. n° 88-199, 29 févr. 1988 ; modifié, D. n° 98-913, 12 oct. 1998, art. 38, I et II 40 ; implicitement abrogé, D. n° 2001-260, 27 mars 2001, art. 1er).*

C. urb., art. R. 123-35-1-1 *(D. n° 87-885, 30 oct. 1987 ; D. n° 88-199, 29 févr. 1988 ; implicitement abrogé, D. 2001-260, 27 mars 2001, art. 1er).*

C. urb., art. R. 123-35-2 *(D. n° 83-813, 9 sept. 1983 ; implicitement abrogé, D. n° 2001-260, 27 mars 2001, art. 1er).*

C. urb., art. *R. 123-35-3 *(D. n° 85-452, 23 avr. 1985 ; D. n° 86-984, 19 août 1986 ; D. n° 88-199, 29 févr. 1988 ; modifié, D. n° 96-717, 9 août 1996, art. 3, V ; D. n° 98-913, 12 oct. 1998, art. 39, I et II ; implicitement abrogé, D. n° 2001-260, 27 mars 2001, art. 1er).*

C. urb., art. *R. 123-35-3 *(D. n° 85-452, 23 avr. 1985 ; D. n° 86-984, 19 août 1986 ; D. n° 88-199, 29 févr. 1988).* — Lorsque l'utilité publique d'une opération doit être déclarée dans les conditions prévues à l'article L. 123-8, la mise en compatibilité du plan d'occupation des sols est effectuée selon les modalités ci-après.

Le préfet informe de la nature de l'opération et de ses implications sur le plan d'occupation des sols, le maire ou le président de l'établissement public de coopération intercommunale, ainsi que les présidents du conseil régional, du conseil général et des organismes consulaires. *(Phrase ajoutée, D. n° 98-913, 12 oct. 1998, art. 39, I, 1°)* Il informe également, le cas échéant, les présidents des sections régionales de la conchyliculture et, lorsque tout ou partie du territoire concerné par le plan d'occupation des sols est situé dans un parc national ou sa zone périphérique compris dans un massif de montagne, le directeur de l'établissement public de ce parc. *(Phrase ajoutée, D. n° 96-717, 9 août 1996, art. 3, V)* Lorsqu'il en fait la demande au préfet, le président d'une association mentionnée à l'article L. 121-8 *(Mots ajoutés, D. n° 98-913, 12 oct. 1998, art. 39, I, 2°)* « ou le président d'un organisme de gestion d'un parc naturel régional » est consulté dans les conditions prévues au dernier alinéa de l'article R. 123-9.

(Alinéa créé, D. n° 98-913, 12 oct. 1998, art. 39, II) Lorsque le projet comporte une réduction grave des terres agricoles, il est soumis pour avis à la commission départementale d'orientation de l'agriculture et à la chambre d'agriculture en application de l'article L. 112-3 du Code rural. Leur avis est réputé favorable faute de réponse dans un délai d'un mois.

(Mots remplacés, D. n° 96-717, 9 août 1996, art. 3, V) « Simultanément, le préfet ouvre », par arrêté, l'enquête publique portant à la fois sur l'utilité publique de l'opération et sur la mise en compatibilité du POS. Cette enquête s'ouvre et s'effectue conformément aux dispositions des articles R. 11-14-1 et suivants du Code de l'expropriation pour cause d'utilité publique ou des textes prévoyant une procédure propre d'enquête préalable à la déclaration d'utilité publique régie par la loi [83-630] du 12 juillet 1983.

Après la remise des conclusions de l'enquête par le commissaire-enquêteur ou le président de la commission d'enquête, le préfet réunit, pour examiner le projet de mise en compatibilité du POS, les personnes mentionnées au deuxième alinéa du présent article, ou leurs représentants, ainsi que les services de l'État intéressés.

Le dossier de mise en compatibilité du POS, le rapport et les conclusions du commissaire enquêteur ou de la commission d'enquête ainsi que le procès-verbal de la réunion prévue à l'alinéa précédent sont soumis, pour avis, par le préfet au conseil municipal ou à l'organe délibérant de l'établissement public de coopération intercommunale, qui doit se prononcer dans un délai de deux mois. S'il n'est pas intervenu dans ce délai, l'avis est réputé donné.

Lorsqu'une déclaration d'utilité publique qui emporte approbation des nouvelles dispositions du plan d'occupation des sols ne relève pas de la compétence du préfet, elle est contresignée ou cosignée par le ministre chargé de l'urbanisme.

C. urb., art. *R. 123-36 *(D. n° 76-277, 29 mars 1976 ; D. n° 77-736, 7 juill. 1977 ; D. n° 83-813, 9 sept. 1983 ; D. n° 86-514, 14 mars 1986 ; D. n° 86-516, 14 mars 1986 ; D. n° 86-984, 19 août 1986 ; D. n° 88-199, 29 févr. 1988 ; implicitement abrogé, D. n° 2001-260, 27 mars 2001, art. 1er).*

Chapitre IV
Cartes communales

Présentation. Prises pour application des articles L. 124-1 à L. 124-4 du code, ces nouvelles dispositions du chapitre IV précisent les mécanismes d'élaboration et de révision de ces documents d'urbanisme ainsi que leur contenu. 1779

Section I Contenu des cartes communales

C. urb., art. *R. 124-1 *(D. n° 75-433, 2 juin 1975 ; ab., D. n° 98-913, 12 oct. 1998, art. 41 ; rétabli dans la version suivante, D. n° 2001-260, 27 mars 2001, art. 1er).* — **La carte communale après un rapport de présentation comprend un ou plusieurs documents graphiques.**

Le ou les documents graphiques sont opposables aux tiers.

C. urb., art. *R. 124-2 *(D. n° 76-25, 6 janv. 1976 ; D. n° 77-736, 7 juill. 1977 ; ab., D. n° 98-913, 12 oct. 1998, art. 41 ; rétabli dans la version suivante, D. n° 2001-260, 27 mars 2001, art. 1er).* — **Le rapport de présentation :**

1° Analyse l'état initial de l'environnement et expose les prévisions de développement, notamment en matière économique et démographique ;

2° Explique les choix retenus, notamment au regard des objectifs et des principes définis aux articles L. 110 et L. 121-1, pour la délimitation des secteurs où les constructions sont autorisées ; en cas de révision, il justifie, le cas échéant, les changements apportés à ces délimitations ;

3° Évalue les incidences des choix de la carte communale sur l'environnement et expose la manière dont la carte prend en compte le souci de sa préservation et de sa mise en valeur.

C. urb., art. *R. 124-3 *(D. n° 76-25, 6 janv. 1976 ; ab., D. n° 98-913, 12 oct. 1998, art. 41 ; rétabli dans la version suivante, D. n° 2001-260, 27 mars 2001, art. 1er . D. n° 2004-531, 9 juin 2004).* — **Le ou les documents graphiques délimitent les secteurs où les constructions sont autorisées et ceux où les constructions ne sont pas autorisées, *(Mots remplacés, D. n° 2004-531, 9 juin 2004, art. 3, I)* « à l'exception de l'adaptation, du changement de destination, de la réfection ou de l'extension des constructions existantes » ou des constructions et installations nécessaires à des équipements collectifs, à l'exploitation agricole ou forestière et à la mise en valeur des ressources naturelles.**

Ils peuvent préciser qu'un secteur est réservé à l'implantation d'activités, notamment celles qui sont incompatibles avec le voisinage des zones habitées.

Ils délimitent, s'il y a lieu, les secteurs dans lesquels la reconstruction à l'identique d'un bâtiment détruit par un sinistre n'est pas autorisée.

Dans les territoires couverts par la carte communale, les autorisations d'occuper et d'utiliser le sol sont instruites et délivrées sur le fondement des règles générales de l'urbanisme définies au chapitre I du titre I du livre I et des autres dispositions législatives et réglementaires applicables.

Section II Élaboration et révision des cartes communales

C. urb., art. *R. 124-4 *(Ab., D. n° 86-516, 14 mars 1986 ; rétabli dans la version suivante, D. n° 2001-260, 27 mars 2001, art. 1er).* — **Le maire ou le président de l'établissement public de coopération intercommunal compétent conduit la procédure d'élaboration ou de révision de la carte communale.**

Le préfet, à la demande du maire ou du président de l'établissement public de coopération intercommunale compétent, transmet les dispositions et documents mentionnés à l'article R. 121-1. Il peut procéder à cette transmission de sa propre initiative.

C. urb., art. *R. 124-5 *(Créé, D. n° 2001-260, 27 mars 2001, art. 1er).* — **Conformément à l'article L. 112-1 du Code rural, le maire ou le président de l'établissement public de coopération intercommunale compétent consulte, lors de l'élaboration ou de la révision de la carte communale, le document de gestion de l'espace agricole et forestier, lorsqu'il existe.**

C. urb., art. *R. 124-6 *(Créé, D. n° 2001-260, 27 mars 2001, art. 1er).* — **Le projet de carte communale est soumis à enquête publique par le maire ou le président de l'établissement public de coopération intercommunale compétent dans les formes prévues par les articles 7 à 21 du décret modifié n° 85-453 du 23 avril 1985 pris pour l'application de la loi n° 83-630 du 12 juillet 1983 relative à la démocratisation des enquêtes publiques et à la protection de l'environnement. Toutefois le maire ou le président de l'établissement public de coopération intercommunale compétent exerce les compétences attribuées au préfet par les articles 7, 8, 11, 12, 16 et 18 à 21 de ce décret.**

Le dossier est composé du rapport de présentation, du ou des documents graphiques. Il peut être complété par tout ou partie des documents mentionnés à l'article R. 121-1.

C. urb., art. *R. 124-7 *(Créé, D. n° 2001-260, 27 mars 2001, art. 1er).* — **La carte communale est approuvée par le conseil municipal ou l'organe délibérant de l'établissement public de coopération intercommunale compétent et transmise, pour approbation, au préfet.** ***(Deux phrases remplacées, D. n° 2004-531, 9 juin 2004, art. 3, II)*** **« Celui-ci se prononce dans un délai de deux mois. À l'expiration de ce délai, le préfet est réputé avoir approuvé la carte communale. »**

C. urb., art. *R. 124-8 *(Créé, D. n° 2001-260, 27 mars 2001, art. 1er).* — **La délibération et l'arrêté préfectoral qui approuvent ou révisent la carte communale sont affichés pendant un mois en mairie ou au siège de l'établissement public de coopération intercommunale compétent et dans ce cas, dans les mairies des communes membres concernées. Mention de cet affichage est insérée en caractères apparents dans un journal diffusé dans le département.**

L'arrêté préfectoral est publié au Recueil des actes administratifs de l'État dans le département.

La délibération est en outre publiée, lorsqu'il s'agit d'une commune de 3 500 habitants et plus, au recueil des actes administratifs mentionné à l'article R. 2121-10 du Code général des collectivités territoriales ou, lorsqu'il s'agit d'un établissement public de coopération intercommunale comportant au moins une commune de 3 500 habitants et plus, au recueil des actes administratifs mentionné à l'article R. 5211-41 du même code, lorsqu'il existe.

Chacune de ces formalités de publicité mentionne le ou les lieux où le dossier peut être consulté.

L'approbation ou la révision de la carte communale produit ses effets juridiques dès l'exécution de l'ensemble des formalités prévues au premier alinéa ci-dessus, la date à prendre en compte pour l'affichage étant celle du premier jour où il est effectué.

Chapitre V
Dispositions diverses

C. urb., art. *R. 125-1 *(D. n° 83-812, 9 sept. 1983 ; ab., D. n° 98-913, 12 oct. 1998, art. 41).*

Chapitre VI
Servitudes d'utilité publique affectant l'utilisation du sol

C. urb., art. *R. 126-1 *(D. n° 77-861, 26 juill. 1977 ; D. n° 81-542, 13 mai 1981 ; D. n° 83-813, 9 sept. 1983).* — **Doivent figurer en annexe au *(Mots rempl., D. n° 2001-260, 27 mars 2001, art. 3)* « plan local d'urbanisme » les servitudes d'utilité publique affectant l'utilisation du sol et appartenant aux catégories figurant sur la liste annexée au présent chapitre.**

Un arrêté du ministre chargé de l'urbanisme fixe la légende des différentes servitudes d'utilité publique figurant sur la liste mentionnée à l'alinéa précédent.

Annexe
Liste des servitudes d'utilité publique affectant l'utilisation du sol
(Mod. D. n° 84-328, 3 mai 1984 ; D. n° 86-984, 19 août 1986 ; D. n° 89-837, 14 nov. 1989 ; D. n° 91-400, 25 avr. 1991 ; D. n° 95-1089, 5 oct. 1995 ; D. n° 97-683, 30 mai 1997 ; D. n° 2004-835, 19 août 2004)

I. – Servitudes relatives à la conservation du patrimoine

A. – Patrimoine naturel

1° Forêts

Servitudes de protection des forêts soumises au régime forestier et instituées en application des articles L. 151-1 à L. 151-6 du Code forestier *[Articles abrogés, L. n° 2001-602, 9 juill. 2001, art. 72, 1°]* ;

Servitudes relatives aux forêts dites de protection instituées en application des articles L. 411-1 à L. 413-1 du Code forestier ;

Prescriptions et interdictions auxquelles sont soumis les propriétaires en application des articles L. 421-1, L. 432-1, L. 432-2, L. 531-1 et L. 541-2 du Code forestier.

2° Littoral maritime

Réserves de terrains créées en application de l'article 4 de la loi n° 63-1178 du 28 novembre 1963 ;

Servitudes de passage sur le littoral instituées en application des articles L. 160-6 et L. 160-6-1 du Code de l'urbanisme.

3° Eaux

(c remplacé, D. n° 2005-115, 7 févr. 2005, art. 3)

Servitudes prévues aux articles L. 215-4 et L. 215-5 du Code de l'environnement ainsi qu'à l'article L. 151-37-1 du Code rural, y compris les servitudes instituées en application du décret n° 59-96 du 7 janvier 1959 validées dans les conditions prévues au IV de l'article L. 211-7 du Code de l'environnement ;

Servitudes attachées à la protection des eaux potables instituées en vertu des articles L. 1321-2 et R. 1321-13 du Code de la santé publique ;

Servitudes attachées à la protection des eaux minérales instituées en application des articles L. 1322-3 à L. 1322-13 du Code de la santé publique.

4° Réserves naturelles et parcs nationaux

Réserves naturelles instituées par l'autorité administrative en application de l'article 8 *bis* de la loi du 2 mai 1930 sur les sites *[Article abrogé, L. n° 76-629, 10 juill. 1976, art. 41]* ou du chapitre III de la loi n° 76-629 du 10 juillet 1976 ;

Zones de protection des réserves naturelles en application de l'article 27 de la loi n° 76-629 du 10 juillet 1976 *[Chapitre abrogé et codifié, D. n° 89-804, 27 oct. 1989, art. 4 puis Ord. n° 2000-914, 18 sept. 2000, art. 1er et 5, I, 2°. – V. C. rur., art. L. 242-1 et s. puis C. env., art. L. 332-1 et s.]* ;

Périmètres de protection autour des réserves naturelles instituées en application de l'article 27 de la loi n° 76-629 du 10 juillet 1976 relative à la protection de la nature *[Chapitre abrogé et codifié,*

D. n° 89-804, 27 oct. 1989, art. 4 puis Ord. n° 2000-914, 18 sept. 2000, art. 1er et 5, I, 2°. – V. C. rur., art. L. 242-1 et s. puis C. env., art. L. 332-1 et s.], tel qu'il a été complété par l'article 58-1 de la loi n° 83-663 du 22 juillet 1983.

Parcs nationaux créés en application de la loi n° 60-708 du 22 juillet 1960 *[Loi abrogée et codifiée, D. n° 89-804, 27 oct. 1989, art. 4 puis Ord. n° 2000-914, 18 sept. 2000, art. 1er et 5, I, 2°. – V. C. rur., art. L. 241-1 et s. puis C. env., art. L. 331-1 et s.]*.

5° *(créé, D. n° 2001-244, 20 mars 2001, art. 2)* Zones agricoles protégées

B. – Patrimoine culturel

1° Monuments historiques

Mesures de classement et d'inscription prises en application des articles *(Mots rempl., Ord. n° 2004-178 du 20 février 2004, art. 3)* « L. 621-1 à L. 621-7, et L. 621-25 à L. 621-29 du Code du patrimoine » avec l'indication de leur étendue ;

Périmètres de protection éventuellement délimités par décrets en Conseil d'État en application de l'article *(Mots rempl., Ord. n° 2004-178 du 20 février 2004, art. 3)* « L. 621-2 du Code du patrimoine » ;

Zones de protection des monuments historiques créées en application de l'article 28 de la loi du 2 mai 1930 modifiée *[Article abrogé, L. n° 83-8, 7 janv. 1983, art. 72]* ;

Périmètres de protection des monuments historiques classés ou inscrits et portés sur la liste visée ci-dessus, tels qu'ils résultent des dispositions combinées des articles *(Mots rempl., Ord. n° 2004-178, 20 févr. 2004, art. 3)* « L. 621-1 à L. 621-7 et L. 621-31 du Code du patrimoine ».

2° Monuments naturels et sites

Sites inscrits ;

Sites classés ;

Zones de protection des sites créées en application de l'article 17 de la loi du 2 mai 1930 modifiée *[Article abrogé, L. n° 83-8, 7 janv. 1983, art. 72]*.

3° Patrimoine architectural et urbain

Zones de protection du patrimoine architectural et urbain instituées en application de l'article 70 de la loi n° 83-8 du 7 janvier 1983.

C. – Patrimoine sportif

Terrains de sport dont le changement d'affectation est soumis à autorisation en application des dispositions de l'article 42 de la loi n° 84-610 du 16 juillet 1984.

II. – Servitudes relatives à l'utilisation de certaines ressources et équipements

A. – Énergie

1° Électricité et gaz

Périmètres à l'intérieur desquels ont été instituées des servitudes en application :

(Mots remplacés, D. n° 2004-835, 19 août 2004, art. 2) Des articles 12 et 12 *bis* de la loi du 15 juin 1906 modifiée.

De l'article 298 de la loi de finances du 13 juillet 1925 ;

De l'article 35 de la loi n° 46-628 du 8 avril 1946 modifiée ;

De l'article 25 du décret n° 64-481 du 23 janvier 1964 ;

Périmètres de protection institués en application de l'article 7 de l'ordonnance n° 58-1132 du 25 novembre 1958 relative au stockage souterrain de gaz.

2° Énergie hydraulique

Périmètres auxquels s'applique la servitude de submersion et d'occupation temporaire instituée par l'article 4 de la loi du 16 octobre 1919.

3° Hydrocarbures

Servitudes relatives à la construction et à l'exploitation de pipe-lines d'intérêt général instituées en application de l'article 11 de la loi n° 58-336 du 29 mars 1958 et du décret n° 59-645 du 16 mai 1959 pris pour l'application dudit article 11 ;

Servitudes relatives à la construction et à l'exploitation de pipe-lines instituées en application de la loi n° 49-1060 du 2 août 1949, modifiée par la loi n° 51-712 du 7 juin 1951, et du décret du 8 juillet 1950, modifié par le décret n° 63-82 du 4 février 1963 ;

Servitudes relatives aux périmètres de protection instituées en application de l'article 6 de l'ordonnance n° 58-1332 du 23 décembre 1958 relative aux stockages souterrains d'hydrocarbures liquides ou liquéfiés, modifiée par la loi de finances rectificative pour 1972 (n° 72-1147, 23 déc. 1972).

4° Chaleur

Chaleur : servitudes relatives aux canalisations de transport et de distribution de chaleur instituées en application de la loi n° 80-531 du 15 juillet 1980 relative aux économies d'énergie et à l'utilisation de la chaleur.

B. – Mines et carrières

Périmètres à l'intérieur desquels sont applicables les dispositions des articles 71 à 73 du Code minier.

C. – Canalisations

1° Produits chimiques

Zones auxquelles s'appliquent les servitudes attachées à la construction et à l'exploitation de canalisations de transports de produits chimiques, instituées en application de la loi n° 65-498 du 29 juin 1965.

2° Eaux et assainissement

Zones où ont été instituées, en application de la loi n° 62-904 du 4 août 1962 et du décret n° 64-158 du 15 février 1964 ***[Loi abrogée et codifiée, L. n° 92-1283, 11 déc. 1992, art. 3 et 5. – V. désormais C. rur., art. L. 152-1 et L. 152-2 ; décret abrogé et codifié, D. n° 92-1290, 11 déc. 1992, art. 1er et 4. – V. désormais C. rur., art. R. 152-1 et s.]*****, les servitudes attachées aux canalisations publiques d'eau et d'assainissement ;**

Servitudes attachées à l'établissement des canalisations souterraines d'irrigation instituées en application des articles 128-7 et 128-9 du Code rural ***[Articles abrogés et codifiés, L. n° 92-1283, 11 déc. 1992, art. 5. – V. désormais C. rur., art. L. 152-3 à L. 152-6.]*** **;**

Servitudes de passage des engins mécaniques d'entretien et de dépôt des produits de curage et faucardement attachées aux canaux d'irrigation et émissaires d'assainissement instituées en application des articles 128-6 et 138-1 du Code rural ***[Articles abrogés et codifiés, L. n° 92-1283, 11 déc. 1992, art. 5. – V. désormais C. rur., art. L. 152-7 et L. 152-13]*** **;**

Servitudes d'écoulement des eaux nuisibles attachées aux travaux d'assainissement des terres par le drainage instituées en application des articles 135 à 138 du Code rural ***[Articles abrogés, L. n° 92-1283, 11 déc. 1992, art. 5].***

D. – Communications

1° Cours d'eau

Servitudes de halage et de marchepied instituées par les articles 15, 16 et 28 du Code du Domaine public fluvial et de la navigation intérieure et par l'article 424 du Code rural ***[Article abrogé et codifié, D. n° 89-804, 27 oct. 1989. – V. désormais C. rur., art. L. 235-9].***

2° Navigation maritime

Champs de vue et servitudes instituées ou maintenues en application de la loi n° 87-954 du 27 novembre 1987 relative à la visibilité des amers, des feux et des phares et au champ de vue des centres de surveillance de la navigation maritime.

3° Voies ferrées et aérotrains

Zones auxquelles s'appliquent les servitudes instituées par :

La loi du 15 juillet 1845 sur la police des chemins de fer ;

L'article 6 du décret du 30 octobre 1935 modifié portant création de servitudes de visibilité sur les voies publiques ***[Article abrogé et codifié, L. n° 89-413, 22 juin 1989, art. 2 et D. n° 89-631, 4 sept. 1989, art. 2. – V. désormais C. voirie routière, art. L. 114-6]*** **;**

La loi n° 66-1066 du 31 décembre 1966 établissant des servitudes au profit des lignes de transport public par véhicules guidés sur coussins d'air (aérotrains).

4° Réseau routier

Servitudes instituées en application de l'article 3 du décret du 30 octobre 1935 portant création de servitudes de visibilité sur les voies publiques ***[Article abrogé et codifié, L. n° 89-413, 22 juin 1989, art. 2 et D. n° 89-631, 4 sept. 1989, art. 2. – V. désormais C. voirie routière, art. L. 114-3]*** **;**

Servitudes grevant les terrains nécessaires aux routes nationales et aux autoroutes instituées en application de l'ordonnance n° 58-1311 du 23 décembre 1958 et du décret n° 58-1316 du 23 décembre 1958 ;

Servitudes attachées à l'alignement des voies nationales, départementales ou communales ;

Servitudes relatives aux interdictions d'accès grevant les propriétés limitrophes des routes express et des déviations d'agglomérations en application des articles 4 et 5 de la loi n° 69-7 du 3 janvier 1969 ***[Articles abrogés et codifiés, L. n° 89-413, 22 juin 1989, art. 2 et 5. – V. désormais C. voirie routière, art. L. 151-3 et L. 152-1].***

5° Circulation aérienne

Servitudes aéronautiques de dégagement et de balisage instituées en application des articles L. 281-1 et R. 241-1 à R. 243-3 du Code de l'aviation civile ;

Servitudes grevant les terrains nécessaires aux besoins de la navigation aérienne instituées en application de l'article R. 245-1 du Code de l'aviation civile ;

Servitudes établies à l'extérieur des zones de dégagement en application des articles R. 244-1 et D. 244-1 à D. 244-4 du Code de l'aviation civile.

6° Remontées mécaniques et pistes de ski

Zones auxquelles s'applique la servitude de survol instituée par la loi du 8 juillet 1941 ;

Servitudes instituées en application de l'article 53 de la loi n° 85-30 du 9 janvier 1985 relative au développement et à la protection de la montagne.

E. – Télécommunications

Servitudes de protection des centres radioélectriques d'émission et de réception contre les obstacles instituées en application des articles L. 54 à L. 56-1 et R. 21 à R. 26-1 du Code des postes et télécommunications ;

Servitudes de protection des centres de réception radioélectriques contre les perturbations électromagnétiques instituées en application des articles L. 57 à L. 62-1 et R. 27 à R. 39 du Code des postes et télécommunications ;

Servitudes attachées aux réseaux de télécommunications instituées en application des articles L. 45-1 et L. 48 du Code des postes et télécommunications.

III. – Servitudes relatives à la défense nationale

Servitudes de champ de vue instituées par la loi du 18 juillet 1895 concernant la détermination et la conservation des postes électro-sémaphoriques, modifiée par la loi du 27 mai 1933.

Servitudes attachées à la sécurité de la navigation et à la défense des côtes instituées en application de la loi du 11 juillet 1933 ;

Zones et polygones d'isolement créés en application de la loi du 8 août 1929 concernant les servitudes autour des magasins et établissements servant à la conservation, à la manipulation ou à la fabrication des poudres, munitions, artifices ou explosifs ;

Servitudes concernant l'établissement de terrains d'atterrissage destinés en partie ou en totalité à l'armée de l'air instituées en application du décret du 30 octobre 1935 ;

Servitudes relatives aux fortifications, places fortes, postes et ouvrages militaires instituées en application des lois des 8 juillet 1791, 17 juillet 1819 et 10 juillet 1851 ;

Servitudes aux abords des champs de tir créées en application de l'article 25 de la loi du 13 juillet 1927.

IV. – Servitudes relatives à la salubrité et à la sécurité publiques

A. – Salubrité publique

1° Cimetières

Servitudes relatives aux cimetières instituées par :

L'article L. 361-1 du Code des communes *[Article abrogé et codifié, L. n° 96-142, 21 févr. 1996, art. 1er et 12. – V. désormais CGCT, art. L. 2223-1]* ;

L'article L. 361-4 du Code des communes *[Article abrogé et codifié, L. n° 96-142, 21 févr. 1996, art. 1er et 12. – V. désormais CGCT, art. L. 2223-5]*.

2° Établissements conchylicoles

Périmètres de protection installés autour des établissements de conchyliculture et d'aquaculture et des gisements coquilliers en application de l'article 2 du décret du 30 octobre 1935 sur la protection des eaux potables et les établissements ostréicoles.

B. – Sécurité publique

Plans de prévention des risques naturels prévisibles établis en application de la loi n° 87-565 du 22 juillet 1987 relative à l'organisation de la sécurité civile à la protection de la forêt contre l'incendie et à la prévention des risques majeurs ou plans de prévention des risques miniers établis en application de l'article 94 du Code minier.

Documents valant plans de prévention des risques naturels prévisibles en application de l'article 40-6 de la loi n° 87-565 du 22 juillet 1987 précitée *[Article abrogé et codifié, Ord. n° 2000-914, 18 sept. 2000, art. 1er et 5, I, 24°. – V. désormais C. env., art. L. 562-6]*.

Servitudes instituées, en ce qui concerne la Loire et ses affluents, par les articles 55 et suivants du Code du domaine public fluvial et de la navigation intérieure.

Servitudes d'inondation pour la rétention des crues du Rhin résultant de l'application de la loi n° 91-1385 du 31 décembre 1991 portant diverses dispositions en matière de transports.

Servitudes résultant de l'application des articles 7-1 à 7-4 de la loi n° 76-663 du 19 juillet 1976 relative aux installations classées pour la protection de l'environnement *[Articles abrogés et codifiés, Ord. n° 2000-914, 18 sept. 2000, art. 1er et 5, I, 13°. – V. désormais C. env., art. L. 515-8 à L. 515-11]*.

Voir aussi : Sur la légende des différentes servitudes d'utilité publique, C. urb., art. A 126-1, p. 937. – Sur le respect dû aux servitudes de fortification autour de Paris (L. 19 avr. 1919), CE, 15 mai 1981, *Assoc. de Sauvegarde de l'environnement : Rec. CE*, p. 228 ; *JCP* 1981, II, n° 19686, concl. Genevois, note Bouyssou.

1780 **Incorporation au POS d'un plan de risques.** Les dispositions d'un plan de préventions des risques n'ont plus à être incorporées dans le règlement de POS (remise en cause sur ce point de la jurisprudence *Mentzler* – CE sect., 9 avr. 1993 : Rec. CE, p. 136 – à la suite de l'abrogation de l'article R. 111-3). Le plan de risques doit seulement être annexé au POS ou au PLU en vertu des dispositions combinées des articles L. 126-1, R. 126-1 et du tableau annexé au chapitre IV du livre II du titre I du Code de l'urbanisme (CE, 14 mars 2003, req. n° 235421, *Association syndicale du lotissement des rives du Rhône : BJDU* n° 1/2003, p. 24, concl. Stahl ; *Constr.-urb.* juill.-août 2003, n° 185).

1781 **PPR et servitudes.** Si un plan de prévention des risques approuvé vaut servitude d'utilité publique et doit ainsi être annexé au POS conformément à l'article R. 126-1, les servitudes qu'institue

ce plan ne sont pas au nombre de celles visées par les dispositions de cet article (CAA Nancy, 10 avr. 2003, req. n° 97NC0271, *Société Le Nid*).
Sur les servitudes d'utilité publique (*JO* 22 août 2004, p. 15031) relatives à la distribution d'énergie, cf. décret n° 2004-835 du 19 août 2004 insérant un titre III *bis* (DUP et institution des servitudes prévues par l'article 12 *bis* de la loi du 15 juin 1906) dans le décret du 11 juin 1970 pris pour application de l'article 35 de la loi du 8 avril 1946 sur la nationalisation de l'électricité et du gaz.

C. urb., art. *R. 126-2 *(D. n° 77-861, 26 juill. 1977)*. — **Le report en annexe au *(Mots rempl., D. n° 2001-260, 27 mars 2001, art. 3)* « plan local d'urbanisme » des servitudes d'utilité publique mentionnées au présent chapitre est opéré suivant la procédure prévue à l'article R. 123-36 pour la mise à jour dudit plan.**

C. urb., art. *R. 126-3 *(D. n° 77-861, 26 juill. 1977 ; D. n° 83-813, 9 sept. 1983)*. — **La direction des services fiscaux reçoit communication, à l'initiative du maire, de l'annexe du *(Mots rempl., D. n° 2001-260, 27 mars 2001, art. 3)* « plan local d'urbanisme » consacrée aux servitudes d'utilité publique affectant l'utilisation du sol.**

Nature publique des servitudes. Le juge confirme que la liste des servitudes d'utilité publique 1782
annexées au POS « est limitativement fixée par l'article R. 126-3 du Code de l'urbanisme ». Mais un chemin rural appartenant au domaine privé communal n'a donc pas le caractère d'une voie publique susceptible d'entrer dans le champ d'application dudit article (CAA Marseille, 12 févr. 2004, req. n° 00MA02535, *Cts Algarra*).

Chapitre VII

Dispositions favorisant la diversité de l'habitat

C. urb., art. R. 127-1 *(Créé, D. n° 95-676, 9 mai 1995, art. 2)*. — **Le conseil municipal peut rendre applicables les dispositions de l'article L. 127-1 dans l'ensemble des zones du *(Mots rempl., D. n° 2001-260, 27 mars 2001, art. 3)* « plan local d'urbanisme » pour lesquelles un coefficient d'occupation des sols est fixé.**

La délibération du conseil municipal est affichée en mairie pendant un mois. Mention en est insérée en caractères apparents dans deux journaux diffusés dans le département. Pour l'application du présent alinéa, la date à prendre en considération pour l'affichage en mairie est celle du premier jour où il est effectué.

C. urb., art. R. 127-2 *(Créé, D. n° 95-676, 9 mai 1995, art. 2)*. — **Le coût foncier imputé à la partie des constructions ayant la destination de logements locatifs sociaux et dépassant, dans les conditions fixées par l'article L. 127-1, la densité résultant du coefficient d'occupation des sols ne peut excéder le montant obtenu par l'application du barème ci-après à la surface hors œuvre nette de cette partie des constructions :**

1. Dans les communes de la zone 1 définie à l'article R. 127-3, *(Montant et unité monétaire remplacés à compter du 1er janvier 2002, D. n° 2001-1327, 28 déc. 2001, art. 1er, A et 6)* « 205 € » (TTC) par mètre carré de plancher hors œuvre net des maisons d'habitation individuelle et *(Montant et unité monétaire remplacés à compter du 1er janvier 2002, D. n° 2001-1327, 28 déc. 2001, art. 1er, A et 6)* « 140 € » (TTC) par mètre carré de plancher hors œuvre net des autres constructions à usage d'habitation ;

2. Dans les communes de la zone 2 définie au même article, *(Montant et unité monétaire remplacés à compter du 1er janvier 2002, D. n° 2001-1327, 28 déc. 2001, art. 1er, A et 6)* « 140 € » (TTC) par mètre carré de plancher hors œuvre net des maisons d'habitation individuelle et *(Montant et unité monétaire remplacés à compter du 1er janvier 2002, D. n° 2001-1327, 28 déc. 2001, art. 1er, A et 6)* « 90 € » (TTC) par mètre carré de plancher hors œuvre net des autres constructions à usage d'habitation ;

3. Dans les communes de la zone 3 définie au même article, *(Montant et unité monétaire remplacés à compter du 1er janvier 2002, D. n° 2001-1327, 28 déc. 2001, art. 1er, A et*

6) « 70 € » (TTC) par mètre carré de plancher hors œuvre net des maisons d'habitation individuelle et *(Montant et unité monétaire remplacés à compter du 1er janvier 2002, D. n° 2001-1327, 28 déc. 2001, art. 1er, A et 6)* « 45 € » (TTC) par mètre carré de plancher hors œuvre net des autres constructions à usage d'habitation ;**

4. Dans les communes des départements d'outre-mer, *(Montant et unité monétaire remplacés à compter du 1er janvier 2002, D. n° 2001-1327, 28 déc. 2001, art. 1er, A et 6)* « 55 € » (TTC) par mètre carré de plancher hors œuvre net des constructions à usage d'habitation.

C. urb., art. R. 127-3 *(Créé, D. n° 95-676, 9 mai 1995, art. 2).* — **La liste des communes comprises dans la zone 1 figure à l'annexe I au présent article.**

La liste des communes comprises dans la zone 2 figure à l'annexe II au présent article.

La zone 3 est constituée des communes métropolitaines qui ne sont comprises ni dans la zone 1, ni dans la zone 2.

TITRE III

ESPACES BOISÉS

1783 **Circulaire du 1er août 1977.** La circulaire n° 77-114 du 1er août 1977 relative aux terrains classés comme espaces boisés à conserver, à protéger ou à créer par un plan d'occupation des sols, une zone d'environnement protégé ou un périmètre sensible, précise les conditions d'application des textes relatifs à la protection des espaces boisés, urbains ou forestiers, et commente le régime des procédures d'autorisation (coupe ou abattage d'arbres, défrichement, autorisation d'occuper et d'utiliser le sol, etc.).
Elle demeure utile à la compréhension du régime de protection des espaces boisés, malgré les lois du 7 janvier 1983, du 18 juillet 1985 et le décret du 29 mars 1984 relatifs à la décentralisation de l'urbanisme et aux principes d'aménagement, qui ont notamment supprimé les zones d'environnement protégé et modifié les anciens périmètres sensibles.

Section I Champ d'application de l'autorisation de coupe et d'abattage d'arbres

C. urb., art. *R. 130-1 *(D. n° 74-897, 21 oct. 1974 ; D. n° 77-754, 7 juill. 1977 ; D. n° 78-808, 1er août 1978 ; D. n° 79-515, 28 juin 1979 ; D. n° 84-229, 29 mars 1984 ; D. n° 88-199, 29 févr. 1988).* — **Les coupes et abattages d'arbres sont soumis à autorisation préalable dans les bois, forêts et parcs situés sur le territoire des communes ou parties de communes où l'établissement d'un *(Mots rempl., D. n° 2001-260, 27 mars 2001, art. 3)* « plan local d'urbanisme » a été prescrit mais où ce plan n'a pas encore été rendu public ainsi que dans les espaces boisés classés.**

Toutefois, une telle autorisation n'est pas requise :

1° Lorsque le propriétaire procède à l'enlèvement des arbres dangereux, des chablis et des bois morts ;

2° Lorsque les bois et forêts sont soumis au régime forestier et administrés conformément aux dispositions du titre I du livre I de la première partie du Code forestier ;

3° Lorsque le propriétaire a fait agréer un plan simple de gestion dans les conditions prévues aux articles L. 222-1 à L. 222-4 et à l'article L. 223-2 du Code forestier ;

4° Lorsque les coupes entrent dans le cadre d'une autorisation par catégories définies par arrêté du préfet pris après avis du centre régional de la propriété forestière en application de l'article L. 130-1 (5e alinéa).

1784 **Principe.** Régime de l'autorisation préalable expresse pour toute coupe, tout abattage d'arbres dans les espaces boisés classés et pour toute occupation ou utilisation du sol de ces mêmes espaces. L'autorisation a une durée limitée.

Quatre exceptions de droit. Énumérées au deuxième alinéa. 1785

Permis de construire. L'autorisation de coupe ou d'abattage est une condition de recevabilité de la demande de permis de construire (C. urb., art. R. 421-3-1). 1786
Une demande de permis de construire supposant l'abattage d'arbres ne peut équivaloir à une demande d'autorisation de défrichement (CE, 1er juin 1984, req. n° 33484, *Sté Vicontes*). Il a même été jugé (CE, 20 janv. 1984, *Ville d'Angers : RD imm.*, n° 108, p. 45) que l'autorisation de l'article L. 130-1 devait être obtenue préalablement à la délivrance du permis de construire un édifice qui, sans entraîner le moindre abattage, devait être toutefois implanté dans un espace boisé classé. Une telle solution est à rapprocher d'une autre décision qui pose qu'un espace boisé peut être créé dans une zone encore non arborée (CE, 14 déc. 1984, *Consorts Cordier : Rec. CE*, T, p. 771).

Voir aussi : Sur les limites du pouvoir de refuser l'autorisation de couper, CE, 6 oct. 1982, *de la Bastide : RD imm.* 1983, n° 104, p. 22.

Motivation du refus. Le refus d'autorisation de couper doit être motivé (Circ. 10 janv. 1980). 1787

Section II Utilisation du sol, défrichements, coupes et abattages d'arbres dans les espaces boisés classés

Entrée en vigueur du classement. Le classement des espaces boisés résulte d'un PLU approuvé. Les dispositions de la présente section sont entrées en vigueur le 1er avril 1984. 1788

Bibliographie : MODERNE, *Autorisation de défrichement et droit de l'urbanisme : RD rur.* 1983, 513.

§ 1 Présentation de la demande

C. urb., art. *R. 130-2 ***(D. n° 74-897, 21 oct. 1974 ; D. n° 77-754, 7 juill. 1977 ; D. n° 84-229, 29 mars 1984 ; D. n° 86-984, 19 août 1986).*** **— La demande d'autorisation, établie conformément au modèle national fixé par arrêté du ministre chargé de l'urbanisme est, ainsi que le dossier qui l'accompagne, présentée en 4 exemplaires par le propriétaire du terrain ou par une personne morale ayant qualité pour bénéficier soit de l'expropriation dudit terrain pour cause d'utilité publique, soit des servitudes prévues à l'article 12 de la loi du 15 juin 1906 sur les distributions d'énergie.**

Cette demande peut concerner un abattage, une coupe ou plusieurs coupes échelonnées, le cas échéant, sur plusieurs années. Elle doit préciser la situation, la nature et la quotité de chaque coupe ou abattage ainsi que l'année de son exécution et les éventuels travaux de plantations que le propriétaire s'engage à exécuter.

Tous les exemplaires de la demande et du dossier sont adressés par lettre recommandée avec demande d'avis de réception postal au maire de la commune où sont envisagés les coupes ou abattages, ou déposés contre décharge à la mairie.

Les exemplaires de la demande et du dossier font l'objet des transmissions prévues à l'article L. 421-2-3.

Au cas où la demande est présentée par les personnes morales mentionnées au 1er alinéa, l'autorité compétente pour statuer adresse au propriétaire une copie de cette demande par lettre recommandée avec demande d'avis de réception postal.

Dans les quinze jours qui suivent le dépôt de la demande et pendant la durée d'instruction de celle-ci, le maire procède à l'affichage en mairie d'un avis de dépôt de la demande comprenant les mentions suivantes : nom du demandeur, numéro et date d'enregistrement de la demande, adresse et superficie du terrain, nature et quotité de chaque coupe et abattage.

Dépot et guichet unique. Par souci de simplicité pour l'usager, le système du guichet unique (dépôt des exemplaires en mairie) est appliqué comme en matière de permis de construire. 1789

Voir aussi : C. urb., art. R. 421-9, p. 781.

1790 **Publicité de la demande.** La publicité de la demande introduite par le décret du 19 août 1986 s'inspire directement de la publicité des demandes d'autorisation d'urbanisme.

Voir aussi : C. urb., art. L. 300-3, p. 218.

C. urb., art. *R. 130-3 *(D. n° 74-897, 21 oct. 1974 ; D. n° 77-754, 7 juill. 1977 ; D. n° 84-229, 29 mars 1984 ; D. n° 88-199, 29 févr. 1988).* — **La demande d'autorisation préalable de déboisement pour l'application de l'article L. 421-6 ainsi que la demande d'autorisation de défrichement adressée au préfet en application du 4e alinéa de l'article L. 130-1 valent demande d'autorisation préalable de coupe et d'abattage d'arbres au sens du 5e alinéa de l'article L. 130-1 :**

– lorsque le maire ou le président de l'établissement public de coopération intercommunale est compétent pour statuer sur la demande d'autorisation préalable au sens du 5e alinéa de l'article L. 130-1, le préfet lui adresse, dans la semaine qui suit la saisine, copie de la demande d'autorisation mentionnée à l'alinéa ci-dessus en vue de son instruction ;

– lorsque le préfet est compétent pour statuer sur la demande d'autorisation préalable au sens du 5e alinéa de l'article L. 130-1, l'instruction est engagée simultanément au titre des deux législations.

§ 2 Instruction de la demande

C. urb., art. *R. 130-4 *(D. n° 74-897, 21 oct. 1974 ; D. n° 77-754, 7 juill. 1977 ; D. n° 84-229, 29 mars 1984 ; D. n° 86-984, 19 août 1986 ; D. n° 88-199, 29 févr. 1988).* — **La demande d'autorisation préalable de coupe et d'abattage d'arbres est instruite par l'autorité compétente pour statuer ou le cas échéant, par le service auquel elle a confié l'instruction des demandes.**

Dans le cas où la commune a délégué sa compétence à un établissement public de coopération intercommunale, le maire fait connaître son avis au président de cet établissement. Son avis est réputé favorable s'il n'est pas intervenu dans le mois de la réception de la demande. Il doit être dûment motivé, s'il est défavorable ou si, favorable, il est assorti d'une demande de prescriptions particulières.

Lorsque le maire ou le président de l'établissement public de coopération intercommunale est compétent, la décision est prise après avis du préfet. Son avis est réputé donné à l'expiration d'un délai de deux mois à compter de sa saisine.

Dans les cas prévus à l'article L. 421-2-2 *b)*, l'absence d'avis conforme du préfet dans le délai de deux mois à compter de sa saisine vaut avis défavorable.

Lorsque la décision est prise par le préfet, dans les cas prévus au quatrième alinéa de l'article L. 421-2-1, le maire ou le président de l'établissement public de coopération intercommunale, si la commune a délégué sa compétence à cet établissement, lui fait connaître son avis. Cet avis est réputé favorable s'il n'est pas intervenu dans le mois suivant la réception de la demande. Il doit être dûment motivé, s'il est défavorable ou si, favorable, il est assorti d'une demande de prescriptions particulières.

1791 **Rôle du préfet dans l'instruction.** Les troisième et quatrième alinéas témoignent du souci de protection de l'environnement, car l'avis du préfet est spécialement requis (ce n'est pas le cas, par exemple, pour le permis de construire dans la généralité des cas) et contrairement à un principe assez général en droit de l'urbanisme, son silence peut ne pas valoir acceptation.

1792 **Articulation préfet/commune.** La rédaction du présent article, résultant des modifications qui y ont été apportées par le décret n° 86-984 du 19 août 1986, introduit une consultation de l'autorité municipale lorsque la délivrance de l'autorisation relève de la compétence du préfet.

§ 3 Décision

I. Dispositions générales

C. urb., art. *R. 130-5 *(D. n° 74-897, 21 oct. 1974 ; D. n° 78-808, 1er août 1978 ; D. n° 84-229, 29 mars 1984 ; D. n° 86-984, 19 août 1986 ; D. n° 88-471, 28 avr. 1988 ; D. n° 94-701, 16 août 1994).* — **Sous réserve des dispositions de l'article R. 130-1, toute coupe ou abattage d'arbres compris dans un espace boisé classé est subordonné à une autorisation expresse. Si celle-ci n'est pas prononcée dans les quatre mois de la saisine, l'accord est réputé refusé.**

L'autorité compétente pour statuer sur la demande se prononce par arrêté.

L'autorisation peut être subordonnée à des prescriptions spéciales concernant notamment la technique de gestion, le respect de certains peuplements, l'obligation de procéder à des reboisements ou à des plantations de remplacement.

La décision est notifiée au demandeur par lettre recommandée accompagnée, lorsque la décision est négative ou assortie de prescriptions, d'une demande d'avis de réception postal.

L'autorisation est valable deux ans. Elle peut toutefois, si la coupe ou l'abattage n'ont pu être pratiqués au cours des années pour lesquelles l'autorisation a été donnée, être prolongée d'une année.

Les coupes rases doivent être suivies dans les cinq ans de travaux de reboisement, à défaut de régénération naturelle.

Un arrêté du ministre chargé de l'urbanisme règle le contenu et les formes de l'affichage et fixe la liste des pièces du dossier dont tout intéressé peut prendre connaissance.

Autorise expresse. L'exigence d'une autorisation *expresse* témoigne du souci de l'environnement. Il en va de même des conditions qui peuvent l'assortir. 1793

Étendue du contrôle. Le juge administratif exerce un contrôle restreint sur les autorisations de coupe et abattage d'arbres (CE, 25 mars 1994, *Stern : BJDU* 3/1994, p. 92, concl. Scanvic). 1794

Voir aussi : Sur le renforcement de la publicité de l'autorisation, note sous C. urb., art. R. 130-2, p. 545, et C. urb., art. A. 130-2, p. 944.

C. urb., art. *R. 130-6 *(D. n° 74-897, 21 oct. 1974 ; D. n° 77-754, 7 juill. 1977 ; D. n° 84-229, 29 mars 1984).* — **En cas d'octroi de l'autorisation, la personne morale mentionnée au 1er alinéa de l'article R. 130-2 ne peut effectuer la coupe ou l'abattage qu'avec le consentement du propriétaire ou à défaut, après qu'elle ait acquis la propriété des terrains concernés ou après la création des servitudes prévues par l'article 12 de la loi du 15 juin 1906 sur les distributions d'énergie.**

C. urb., art. *R. 130-7 *(D. n° 74-897, 21 oct. 1974 ; D. n° 77-1141, 12 oct. 1977 ; D. n° 84-229, 29 mars 1984 ; D. n° 88-199, 29 févr. 1988).* — **Le rejet de plein droit de la demande d'autorisation de défrichement, prévu au troisième alinéa de l'article L. 130-1, est constaté par arrêté du préfet.**

Dans le cadre prévu au quatrième alinéa de l'article L. 130-1, la demande d'autorisation de défrichement est instruite dans les formes et délais prescrits par le Code forestier sous réserve des dispositions suivantes :

***a)* La demande doit être accompagnée d'une étude d'impact établie conformément aux dispositions de l'article 2 de la loi n° 76-629 du 10 juillet 1976 et des textes pris pour son application, ainsi que de l'engagement du pétitionnaire de réaménager le site selon les prescriptions dont l'autorisation d'exploitation de carrière sera assortie si elle est accordée.**

***b)* La demande est soumise pour avis au directeur régional de l'industrie et de la recherche, en ce qui concerne l'intérêt de l'exploitation du gisement pour l'économie nationale ou régionale et au délégué régional à l'architecture et à l'environnement, en**

ce qui concerne les conséquences de l'exploitation pour l'environnement. Ces avis sont réputés exprimés à l'expiration d'un délai de deux mois.

Si la mise en exploitation d'un gisement de produits minéraux dans un espace boisé classé ne nécessite pas l'autorisation de défrichement au titre de la législation forestière, mais est subordonnée à une autorisation de coupe et d'abattage, cette autorisation ne peut être accordée que si la procédure définie au deuxième alinéa ci-dessus, a été respectée.

1795 **Défrichement et coupe/abattage.** Le décret n° 84-229 du 29 mars 1984 a supprimé l'ancien avant-dernier alinéa, selon lequel une autorisation de défrichement valait automatiquement autorisation de coupe et abattage.

1796 **L'étude d'impact.** Elle comprend au minimum une analyse de l'état initial du site et de son environnement, l'étude des effets directs et indirects que le projet y engendrerait et les mesures envisagées pour supprimer, réduire et, si possible, compenser les conséquences dommageables pour l'environnement.

Voir aussi : Décret n° 77-1141, 12 oct. 1977 modifié par Décret n° 93-245, 25 févr. 1993. – Circulaire 27 sept. 1993 : *Mon. TP* 26 nov. 1993. – Chapuisat, *Les études d'impact et la forêt : AJDA* mai 1979, p. 579) ; annotations sous C. urb., art. R. 421-2, p. 768.

1797 **Équivalence.** L'autorisation de défrichement, qui ne peut être accordée que pour l'exploitation des produits minéraux, vaut autorisation de coupe et d'abattage.

Voir aussi : Sur la portée de cette équivalence, CE, 22 févr. 1984, *Cne de Piscop c/ SCI Résidence du Château Vert : Rec. CE*, T, p. 780. – Charles, *Le défrichement : AJDA* mai 1979, p. 65.

C. urb., art. *R. 130-8 ***(D. n° 74-897, 21 oct. 1974 ; D. n° 77-1141, 12 oct. 1977 ; D. n° 84-229, 29 mars 1984).*** **— L'autorisation préalable au sens du cinquième alinéa de l'article L. 130-1 tient lieu, si elle est délivrée après avis conforme de l'architecte des Bâtiments de France, de l'autorisation spéciale à laquelle sont soumis les déboisements dans les zones de protection du patrimoine architectural et urbain en application des articles 70 et 71 de la loi n° 83-8 du 7 janvier 1983 relative à la répartition de compétences entre les communes, les départements, les régions et l'État.**

1798 **Avis conforme de l'ABF.** Mesure de coordination qui suppose un avis *conforme* de l'architecte des Bâtiments de France.

II. Dispositions particulières applicables dans les communes où un plan local d'urbanisme a été approuvé (Intitulé modifié, D. n° 2001-260, 27 mars 2001, art. 3)

C. urb., art. *R. 130-9 ***(D. n° 74-897, 21 oct. 1974 ; D. n° 84-229, 29 mars 1984).*** **— La décision est prise soit :**

a) **Par le maire, au nom de la commune ou par le président de l'établissement public de coopération intercommunale, au nom de cet établissement lorsque cette compétence lui a été déléguée.**

b) **Dans les conditions prévues au III du présent paragraphe dans les cas mentionnés au quatrième alinéa de l'article L. 421-2-1.**

C. urb., art. *R. 130-10 ***(D. n° 74-897, 21 oct. 1974 ; D. n° 84-229, 29 mars 1984).*** **— L'arrêté par lequel le maire ou le président de l'établissement public de coopération intercommunale statue sur la demande d'autorisation de coupe ou d'abattage d'arbres est complété, avant notification au demandeur, par une mention certifiant que la décision est transmise dans les conditions prévues à l'article L. 421-2-4 et que, conformément à l'article L. 130-1 (sixième alinéa), elle ne devient exécutoire que quinze jours après qu'il a été procédé à sa notification et à sa transmission.**

Outre la transmission mentionnée à l'alinéa ci-dessus, copie de la décision est transmise, lorsqu'elle est prise au nom de l'établissement public de coopération intercommunale, au maire de la commune.

III. Dispositions particulières applicables dans les communes où un plan local d'urbanisme n'a pas été approuvé (Intitulé modifié, D. n° 2001-260, 27 mars 2001, art. 3)

C. urb., art. *R. 130-11 *(D. n° 74-897, 21 oct. 1974 ; D. n° 84-229, 29 mars 1984 ; D. n° 88-199, 29 févr. 1988).* **— La décision est de la compétence du préfet.**

Un exemplaire de cette décision est transmis au maire ou le cas échéant, au président de l'établissement public de coopération intercommunale.

Autorités compétentes pour la définition des espaces. En vertu de l'article L. 142-11, dans sa rédaction issue de la loi n° 95-101 du 2 février 1995, le président du conseil général, sur proposition du conseil général et après avis du conseil municipal, peut définir les bois, forêts, parcs auxquels sera applicable le régime des espaces boisés classés, à l'intérieur des communes non dotées de plan dans les départements ayant décidé de la perception de la taxe départementale des espaces naturels sensibles. 1799

C. urb., art. *R. 130-12 *(D. n° 74-897, 21 oct. 1974 ; D. n° 84-229, 29 mars 1984).* **— Les autorisations délivrées au titre des articles L. 412-1 et suivants du Code forestier, relatifs aux forêts de protection, des articles R. 222-13 à R. 222-21 du même code, ainsi que les approbations délivrées en application du décret du 28 juin 1930 pour l'application des articles 703 et 793 du Code général des impôts, tiennent lieu de l'autorisation préalable prévue au cinquième alinéa de l'article L. 130-1.**

Il en est de même pour les autorisations de défrichement accordées dans un espace classé en application du quatrième alinéa de l'article L. 130-1.

Section III Régime des coupes et abattages d'arbres dans les bois, forêts ou parcs situés sur le territoire de communes ou parties de communes où l'établissement d'un plan local d'urbanisme a été prescrit

(Intitulé modifié, D. n° 2001-260, 27 mars 2001, art. 3)

C. urb., art. *R. 130-13 *(D. n° 74-897, 21 oct. 1974 ; D. n° 77-754, 7 juill. 1977 ; D. n° 84-229, 29 mars 1984).* **— Le régime des coupes et abattages d'arbres en espace boisé classé s'applique aux coupes et abattages d'arbres dans les bois, forêts et parcs situés sur le territoire des communes ou parties de communes où l'établissement d'un** ***(Mots rempl., D. n° 2001-260, 27 mars 2001, art. 3)*** **« plan local d'urbanisme » a été prescrit mais où ce plan n'est pas encore rendu public.**

Affliction délicate. L'imprécision de la notion de « bois, forêts et parcs » rend incertain le champ d'application du présent article. 1800

Voir aussi : C. urb., art. R. 130-22, p. 552, qui édicte des pénalités spéciales en cas d'infraction aux dispositions ci-dessus.

C. urb., art. *R. 130-14 *(D. n° 74-897, 21 oct. 1974 ; D. n° 78-808, 1er août 1978 ; D. n° 84-229, 29 mars 1984 ; D. n° 88-199, 29 févr. 1988).* **— Lorsqu'un propriétaire décide de procéder, dans un bois, forêt ou parc, situé sur le territoire d'une commune ou partie de commune où l'établissement d'un** ***(Mots rempl., D. n° 2001-260, 27 mars 2001, art. 3)*** **« plan local d'urbanisme » a été prescrit mais où ce plan n'a pas encore été rendu public, à un défrichement soumis à autorisation administrative en application de l'article L. 311-1 du Code forestier, ou qu'il soumet à l'approbation du préfet un règlement**

d'exploitation ou une demande d'autorisation de coupe au titre de l'article L. 412-1 du Code forestier, la déclaration de défrichement, le projet de règlement d'exploitation ou la demande d'autorisation de coupe vaut aussi demande d'autorisation préalable de coupe au sens du 5e alinéa de l'article L. 130-1 du Code de l'urbanisme ainsi que demande d'autorisation préalable pour l'application de l'article L. 421-6 dudit code. L'instruction est engagée conjointement au titre des deux législations.

1801 **Droit forestier.** Il en est de même, depuis le décret n° 78-808 du 1er août 1978 relatif aux forêts de protection, pour la demande d'approbation d'un règlement d'exploitation ou d'autorisation de coupe au titre du droit forestier.

1802 **Autorisation tacite.** Si la notification du procès-verbal détaillé d'enquête n'a pas été effectuée dans les quatre mois de la déclaration de défrichement ou si, dans les six mois de cette notification, le ministre de l'Agriculture n'a pas rendu sa décision, le défrichement peut être effectué.

Voir aussi : C. for., art. R. 311-6.

C. urb., art. *R. 130-15 *(D. n° 74-897, 21 oct. 1974 ; D. n° 77-754, 7 juill. 1977 ; D. n° 84-229, 29 mars 1984).* **— Les demandes d'autorisation d'utilisation ou d'occupation du sol portant sur des bois, forêts ou parcs et impliquant coupe ou abattage ne sont pas recevables si le dossier les concernant ne comporte pas l'autorisation de coupe ou d'abattage et, le cas échéant, de défrichement.**

Section IV Compensation entre terrains boisés et terrains à bâtir et autorisation de construire sur une partie d'un terrain classé

C. urb., art. *R. 130-16 *(D. n° 74-897, 21 oct. 1974 ; D. n° 77-1141, 12 oct. 1977 ; D. n° 84-229, 29 mars 1984 ; D. n° 88-199, 29 févr. 1988).* **— L'autorisation prévue au deuxième alinéa de l'article L. 130-2 du Code de l'urbanisme est demandée au préfet. La demande est accompagnée des pièces justifiant que son auteur a la qualité de propriétaire, d'un plan de situation du terrain classé, d'un plan parcellaire de la propriété dans laquelle ce terrain est compris et d'un état des plantations ainsi que l'étude d'impact définie à l'article 2 du décret n° 77-1141 du 12 octobre 1977.**

La demande est instruite par le préfet qui consulte le directeur des services fiscaux et établit un rapport relatif notamment à la localisation et à l'étendue du terrain à déclasser ainsi qu'à la nature et à l'importance des constructions pouvant être autorisées et qui par ailleurs fait apparaître les conséquences d'un éventuel défrichement au regard des dispositions de l'article L. 311-3 du Code forestier.

Sauf s'il apparaît que la demande ne peut être accueillie, le préfet saisit du dossier le maire de chacune des communes intéressées, en vue de la délibération du conseil municipal sur l'accord prévu au troisième alinéa de l'article L. 130-2. Si le conseil municipal ne s'est pas prononcé dans les quatre mois de cette saisine, l'accord est réputé refusé.

Sauf en cas de désaccord des communes intéressées, le préfet transmet le dossier, avec son avis et ses propositions, au ministre chargé de l'urbanisme.

1803 **Modalités de mise en œuvre de la compensation.** Le propriétaire qui désire bénéficier d'une autorisation de construire sur une partie d'un terrain boisé classé en contrepartie de la cession gratuite du surplus à une collectivité publique doit en faire la demande au préfet par lettre recommandée avec demande d'avis de réception.

1804 **Contenu de la demande.** La demande mentionne :
– le nom du propriétaire ;
– la superficie des parcelles avec leurs références cadastrales ;
– l'état des boisements ou des plantations du terrain ;
– s'il y a lieu, les équipements publics de desserte du terrain ;

– la nature du projet du pétitionnaire.
Elle doit être accompagnée :
– des pièces justifiant de la qualité de propriétaire du demandeur et faisant ressortir les dates d'acquisition à titre onéreux ;
– d'un plan de situation du terrain classé (1/10 000 ou 1/25 000) ;
– d'un plan parcellaire de la propriété dans laquelle le terrain est compris ;
– d'une étude d'impact ou d'une notice relative à la prise en compte des préoccupations d'environnement, selon l'importance de la surface déclassée (L. n° 76-629, 10 juill. 1976, art. 2 ; D. n° 77-1141, 12 oct. 1977).
Il y a lieu de noter que cette demande n'est pas une demande de permis de construire et qu'elle ne dispense pas le pétitionnaire de procéder ultérieurement à cette formalité, si une suite favorable a été réservée à son projet (Circ. n° 77-114, 1er août 1977).

Voir aussi : Sur l'étude d'impact, C. urb., art. R. 130-7, p. 547.

C. urb., art. *R. 130-17 ***(D. n° 74-897, 21 oct. 1974 ; D. n° 77-1141, 12 oct. 1977 ; D. n° 84-229, 29 mars 1984 ; D. n° 88-199, 29 févr. 1988).*** **— Le décret prévu au troisième alinéa de l'article L. 130-2 du Code de l'urbanisme désigne la personne publique bénéficiaire de la cession gratuite du terrain, approuve les dispositions proposées par celle-ci en vue de préserver le terrain qui lui est cédé, de l'aménager et de l'entretenir dans l'intérêt du public, délimite la partie du terrain classé sur laquelle porte l'autorisation de construire et prononce le déclassement de cette partie de terrain. Ce décret tient lieu, pour la partie déclassée, de l'autorisation de défrichement prévue à l'article L. 311-1 du Code forestier.**

Sans préjudice des dispositions de la première partie du présent code, et notamment des titres II à VIII inclus du livre IV, le même décret fixe les possibilités de construction accordées en application de l'article L. 130-2.

Le décret mentionné ci-dessus fait l'objet d'une mention au *Journal officiel* de la République française. Le préfet fait en outre insérer cette mention, aux frais du pétitionnaire, dans deux journaux régionaux ou locaux diffusés dans le département.

L'autorisation ne produit ses effets qu'après le transfert de propriété qui doit intervenir au plus tard dans les deux ans qui suivent la publication dudit décret. Le *(Mots rempl., D. n° 2001-260, 27 mars 2001, art. 3)* « plan local d'urbanisme » est alors mis à jour conformément à l'article R. 123-36.

Réalisation du projet. La réalisation de l'opération de construction sera concrétisée selon le cas par la délivrance d'un permis de construire, d'une autorisation de lotissement ou par la création d'une ZAC. Les autorisations de construction ou de lotissement ne peuvent être accordées, la ZAC ne peut être créée, qu'après le transfert de propriété de la partie cédée. Si ce transfert n'est pas exécuté dans les deux ans qui suivent la publication dudit décret, les opérations ne peuvent plus être autorisées et l'ensemble de la procédure est à recommencer (Circ. n° 77-114, 1er août 1977). 1805

Bibliographie : Sur l'autorisation de construire sur une partie d'un espace boisé classé, *Le décret n° 74-897 du 21 octobre 1974 sur la protection des espaces boisés : une jungle réglementaire,* par F. BOUYSSOU et W. COULET : *JCP* N 1975, I, 2713.

Déclassement. Depuis que les lois de décentralisation ont consacré le parallélisme des formes pour le classement et le déclassement d'un espace boisé, la présente procédure qui exige un décret est quelque peu anachronique, mais son maintien se justifie par le souci de l'environnement. 1806

C. urb., art. *R. 130-18 ***(D. n° 74-897, 21 oct. 1974 ; D. n° 84-229, 29 mars 1984 ; D. n° 88-199, 29 févr. 1988).*** **— Au cas où la demande n'est pas accueillie, le préfet en informe le pétitionnaire.**

Autorité compétente pour le rejet. Le rejet peut intervenir : 1807
– soit à la suite du rapport du directeur de l'équipement ;

– soit à la suite du désaccord exprès ou tacite des communes intéressées ;
– soit en cas de refus de l'Administration au stade de l'élaboration du décret d'autorisation.

C. urb., art. *R. 130-19 *(D. n° 74-897, 21 oct. 1974 ; D. n° 84-229, 29 mars 1984).* **— Pour l'application des premier, deuxième et quatrième alinéas de l'article L. 130-2 du Code de l'urbanisme, la valeur du terrain à bâtir offert en compensation, la valeur du terrain classé cédé gratuitement à la collectivité et le surcroît de valeur pris, du fait de l'autorisation de construire, par la partie du terrain conservée par le propriétaire sont fixés conformément aux évaluations fournies par le service des domaines qui, en ce qui concerne ce dernier terme, tient compte notamment des possibilités de construction.**

1808 **Évaluation.** Dispositions visant les évaluations faites :
a) pour la compensation entre terrains boisés classés et terrains à bâtir (C. urb., art. L. 130-2, al. 1er) ;
b) pour l'autorisation de construire sur une partie d'un terrain boisé classé (C. urb., art. L. 130-2, al. 2).

Section V Dispositions diverses

C. urb., art. *R. 130-20 *(D. n° 74-897, 21 oct. 1974 ; D. n° 84-229, 29 mars 1984).* **— Le maire ou le président de l'établissement public de coopération intercommunale informe le centre régional de la propriété forestière des décisions prescrivant l'établissement des *(Mots rempl., D. n° 2001-260, 27 mars 2001, art. 3)* « plans locaux d'urbanisme », ainsi que des classements d'espaces boisés intervenus en application du premier alinéa de l'article L. 130-1 du Code de l'urbanisme.**

C. urb., art. *R. 130-21 *(D. n° 74-897, 21 oct. 1974).* **— En ce qui concerne les bois, forêts et terrains soumis au régime forestier en application de l'article L. 141-1 du Code forestier, les dispositions des articles L. 312-1 et L. 313-4 du Code forestier demeurent applicables, à l'exclusion de celles des sections I et II du présent titre.**

C. urb., art. *R. 130-22 *(D. n° 74-897, 21 oct. 1974 ; D. n° 84-229, 29 mars 1984).* **— Sans préjudice des sanctions édictées par le présent code et le Code forestier, toute infraction aux dispositions de l'article R. 130-13 ci-dessus sera punie des peines prévues pour les contraventions de la cinquième classe.**

C. urb., art. *R. 130-23 *(D. n° 74-897, 21 oct. 1974 ; D. n° 84-229, 29 mars 1984 ; D. n° 88-199, 29 févr. 1988).* **— Le préfet peut, dans les trois ans qui suivent l'année au cours de laquelle des déboisements ou des travaux illicites ont été exécutés, ordonner le rétablissement des lieux en nature de bois. Faute par le propriétaire de faire la plantation ou le semis dans le délai prescrit par le préfet, il y est pourvu par l'Administration aux frais du propriétaire. La contribution de celle-ci est recouvrée comme en matière de contributions directes.**

Cette même procédure est applicable au cas où des travaux dont l'exécution a été prescrite n'ont pas été exécutés, le délai de trois ans partant de la fin de l'année au cours de laquelle ils auraient dû l'être.

1809 **Execution d'office.** L'exécution d'office est décidée par le préfet sans préalable juridictionnel, contrairement à ce qui est prévu en matière de travaux irréguliers ou de l'utilisation irrégulière du sol (C. urb., art. R. 480-9). Une telle procédure supposerait probablement une disposition d'ordre législatif.

C. urb., art. *R. 130-24 *(D. n° 76-267, 25 mars 1976 ; D. n° 84-229, 29 mars 1984 ; ab., D. n° 98-913, 12 oct. 1998, art. 42).*

Bibliographie : SCOFFONI, *Les ouvrages destinés à la protection de la forêt dans les régions méditerranéennes : AJDA* mai 1979, p. 37.

TITRE IV

DISPOSITIONS SPÉCIALES À CERTAINES PARTIES DU TERRITOIRE

Chapitre I

Dispositions particulières à la région d'Île-de-France, Paris, Marseille, Lyon et aux communes issues d'une fusion comportant une ou plusieurs communes associées

Section I Schéma de cohérence territoriale de la région d'Île-de-France

(Intitulé modifié, D. n° 2001-260, 27 mars 2001, art. 3)

C. urb., art. R. 141-1 *(D. n° 83-812, 9 sept. 1983 ; D. n° 86-984, 19 août 1986).* **— Dans la région parisienne, telle qu'elle est définie par l'article 1er de la loi n° 64-707 du 10 juillet 1964, il est établi un *(Mots rempl., D. n° 2001-260, 27 mars 2001, art. 3)* « schéma de cohérence territoriale » portant sur l'ensemble de la région d'Île-de-France, des *(Mots rempl., D. n° 2001-260, 27 mars 2001, art. 3)* « schémas de cohérence territoriale » et des schémas de secteur.**

C. urb., art. R. 141-2 *(D. n° 81-534, 12 mai 1981 ; D. n° 82-584, 29 juin 1982 ; D. n° 88-199, 29 févr. 1988 ; D. n° 86-984, 19 août 1986).* **— Le *(Mots rempl., D. n° 2001-260, 27 mars 2001, art. 3)* « schéma de cohérence territoriale » de la région d'Île-de-France mentionné à l'article L. 141-1 est établi sous la responsabilité du préfet de la région d'Île-de-France, avec la participation de représentants du conseil régional, du comité consultatif économique et social et des préfets des départements ; la procédure d'établissement de ce schéma est conduite par le chef du service de l'État dans la région, chargé de l'urbanisme, avec le concours des chefs des services de l'État.**

Il est approuvé par décret pris sur le rapport du ministre chargé de l'urbanisme et du ministre de l'Intérieur, après avis du conseil de Paris, des conseils généraux et du conseil régional de la région d'Île-de-France.

Toutefois, il est approuvé par décret en Conseil d'État lorsqu'un ou plusieurs conseils généraux, représentant un quart au moins de la population totale du territoire concerné ou le conseil régional font connaître leur avis défavorable.

Voir aussi : Commentaires sous C. urb., art. L. 141-1, p. 85.

Section II Schémas de cohérence territoriale, schémas de secteur et plans locaux d'urbanisme en région d'Île-de-France

C. urb., art. *R. 141-3 *(D. n° 75-433, 2 juin 1975 ; D. n° 81-534, 12 mai 1981 ; D. n° 82-584, 29 juin 1982 ; D. n° 83-812, 9 sept. 1983 ; D. n° 86-984, 19 août 1986 ; D. n° 88-199, 29 févr. 1988).* **— Pour l'élaboration des *(Mots rempl., D. n° 2001-260, 27 mars 2001, art. 3)* « schémas de cohérence territoriale » et des schémas de secteur, le préfet communique au président de l'établissement public de coopération intercommunale compétent les éléments mentionnés à l'article R. 122-6 et, en outre, les éléments d'information trans-**

mis par le préfet de la région relatifs à la mise en œuvre des principes d'aménagement fixés au niveau régional tels qu'ils résultent notamment du *(Mots rempl., D. n° 2001-260, 27 mars 2001, art. 3)* « schéma de cohérence territoriale » de la région d'Île-de-France.

C. urb., art. *R. 141-4 *(D. n° 86-984, 19 août 1986 ; D. n° 88-199, 29 févr. 1988 ; D. n° 89-381, 9 juin 1989)*. — Pour l'élaboration des *(Mots rempl., D. n° 2001-260, 27 mars 2001, art. 3)* « plans locaux d'urbanisme », en l'absence de *(Mots rempl., D. n° 2001-260, 27 mars 2001, art. 3)* « schéma de cohérence territoriale » ou de schéma de secteur approuvé, le préfet communique au maire ou au président de l'établissement public de coopération intercommunale compétent les éléments mentionnés à l'article R. 123-5 et, en outre, les éléments d'information transmis par le préfet de la région relatifs à la mise en œuvre des principes d'aménagement fixés au niveau régional tels qu'ils résultent notamment du *(Mots rempl., D. n° 2001-260, 27 mars 2001, art. 3)* « schéma de cohérence territoriale » de la région d'Île-de-France.

Section III Plans locaux d'urbanisme des communes de Paris, Marseille, Lyon ou des communes issues d'une fusion comportant une ou plusieurs communes associées

C. urb., art. *R. 141-5 *(D. n° 81-534, 12 mai 1981 ; D. n° 82-584, 29 juin 1982 ; D. n° 86-984, 19 août 1986)*. — Lorsque, lors de l'élaboration, de la révision ou de la modification du *(Mots rempl., D. n° 2001-260, 27 mars 2001, art. 3)* « plan local d'urbanisme », il y a lieu, par application des dispositions des articles 9 et 66 de la loi n° 82-1169 du 31 décembre 1982, à la consultation des conseils d'arrondissement des communes de Paris, Marseille et Lyon ou dans les communes issues d'une fusion, des conseils consultatifs ou commissions consultatives existant dans les communes issues d'une fusion, il est procédé à cette consultation dans les conditions prévues à l'article R. 141-6 pour les conseils d'arrondissement.

C. urb., art. *R. 141-6 *(D. n° 86-984, 19 août 1986)*. — Le conseil d'arrondissement est consulté par le maire de la commune, préalablement à toute délibération du conseil municipal intervenant dans la procédure d'élaboration, de révision ou de modification du *(Mots rempl., D. n° 2001-260, 27 mars 2001, art. 3)* « plan local d'urbanisme ».

Le conseil d'arrondissement est également consulté par le maire de la commune, avant toute délibération du conseil municipal intervenant dans les procédures visées à l'alinéa ci-dessus, lorsque cette délibération est prise à la demande d'un établissement public de coopération intercommunale ayant compétence en matière de *(Mots rempl., D. n° 2001-260, 27 mars 2001, art. 3)* « plan local d'urbanisme ».

Sont consultés en application des dispositions qui précèdent le ou les conseils d'arrondissement dont le ressort territorial est inclus en tout ou partie dans le périmètre du projet de *(Mots rempl., D. n° 2001-260, 27 mars 2001, art. 3)* « plan local d'urbanisme » ou dans le périmètre concerné par la modification ou la révision du *(Mots rempl., D. n° 2001-260, 27 mars 2001, art. 3)* « plan local d'urbanisme ».

La demande d'avis est accompagnée des documents au vu desquels le conseil municipal sera appelé à délibérer.

Le conseil d'arrondissement émet son avis dans le délai fixé par le maire de la commune. Ce délai ne peut être inférieur à quinze jours, à compter de la saisine du conseil d'arrondissement.

Cet avis est réputé favorable s'il n'intervient pas dans le délai prévu.

L'avis du conseil d'arrondissement ou à défaut le document justifiant qu'il a été saisi dans les délais nécessaires est joint au projet de délibération et est annexé à la délibération du conseil municipal. Il est également joint au *(Mots rempl., D. n° 2001-260,*

***27 mars 2001, art. 3)* « plan local d'urbanisme » soumis à enquête publique ou tenu à la disposition du public.**

C. urb., art. R. 141-7 à R. 141-12 *(Ab., D. n° 86-984, 19 août 1986).*

Chapitre II
Espaces naturels sensibles des départements

Bibliographie : L. LAINE, *Espaces naturels sensibles : quelle définition ? : RD rur.* 1993, n° 211, p. 119 ; *Rev. jur. env.* 2-97 (dossier).

Section I Taxe départementale des espaces naturels sensibles

C. urb., art. **R. 142-1 *(D. n° 74-552, 21 mai 1974 ; D. n° 74-831, 26 sept. 1974 ; D. n° 75-917, 2 oct. 1975 ; D. n° 76-500, 2 juin 1976 ; D. n° 77-229, 8 mars 1977 ; D. n° 79-93, 24 janv. 1979 ; D. n° 79-339, 18 avr. 1979 ; D. n° 80-389, 21 mai 1980 ; D. n° 85-769, 17 juill. 1985 ; D. n° 86-516, 14 mars 1986).* **— Lorsque, pour mettre en œuvre la politique définie à l'article L. 142-1, le conseil général a décidé d'instituer la taxe départementale des espaces naturels sensibles prévue à l'article L. 142-2, un tableau annexe au budget du département fait le bilan des recettes et des emplois de cette taxe.**

Institution. La création et la délimitation de périmètres sensibles avaient été préconisées dans tous les départements littoraux (Instr. Premier ministre, 4 août 1976) et en montagne (V. Directive d'aménagement national annexée D. n° 77-1281, 22 nov. 1977). Ces créations et délimitations étaient également recommandées sur le territoire des parcs naturels régionaux, les autres départements étant invités eux aussi à l'envisager s'ils jugeaient nécessaire de protéger plus efficacement tout ou partie de leur territoire comme l'avaient déjà fait certains d'entre eux (Essonne, Indre-et-Loire, etc.) (Circ. n° 78-64, 15 mars 1978). 1810
Actuellement, la taxe départementale des espaces naturels sensibles peut être instituée dans tous les départements, sur décision du conseil général.

Bibliographie : J.-L. LENCLOS, *La taxe départementale des espaces naturels sensibles : Rev. jur. env.* 2-97, p. 189.

Voir aussi : Comm. C. urb., art. L. 142-1 et s., p. 91.

Section II Mesures de protection

C. urb., art. *R. 142-2 *(D. n° 77-758, 7 juill. 1977 ; D. n° 86-516, 14 mars 1986 ; D. n° 88-199, 29 févr. 1988).* **— Pour l'application des mesures de protection prévues à l'article L. 142-11, le préfet, sur proposition du conseil général, saisit pour avis le conseil municipal de la commune intéressée ou l'organe délibérant de l'établissement public de coopération intercommunale compétent, ainsi que la commission départementale des sites, perspectives et paysages, d'un projet tendant à déterminer les bois, forêts et parcs à soumettre au régime des espaces boisés classés en application de l'alinéa 1er de l'article L. 130-1 et des textes pris pour son application.**

Ce projet peut en outre, lorsqu'il concerne des espaces situés dans les zones de préemption créées dans les conditions prévues à l'article L. 142-3 :

– édicter les mesures de protection des sites et paysages et prévoir les règles d'utilisation du sol, notamment les mesures limitant les ouvertures de chemins et les adductions d'eau, lorsque ces travaux sont réalisés par des particuliers et n'ont pas pour objet d'assurer la desserte des bâtiments existants ou d'améliorer les exploitations agricoles ;

– interdire ou soumettre à des conditions particulières l'aménagement et l'ouverture des terrains destinés à accueillir de manière habituelle des tentes, des caravanes ou des habitations légères de loisirs.

Bibliographie : M. PRIEUR, *Les mesures complémentaires de protection des espaces naturels sensibles : Rev. jur. env.* 2-97, p. 183.

C. urb., art. **R. 142-3 *(D. n° 74-897, 21 oct. 1974 ; D. n° 77-758, 7 juill. 1977 ; D. n° 81-534, 12 mai 1981 ; D. n° 82-584, 29 juin 1982 ; D. n° 86-516, 14 mars 1986 ; D. n° 88-199, 29 févr. 1988).* **— L'avis du conseil municipal ou de l'organe délibérant de l'établissement public de coopération intercommunale compétent doit être transmis au préfet dans les trois mois à compter du jour où le maire ou le président de l'établissement public a reçu la demande d'avis. Il est réputé favorable si aucune réponse n'a été donnée dans ce délai.**

Au vu des avis recueillis, le préfet fixe par arrêté les mesures de protection.

Cet arrêté fait l'objet d'une publication au *Recueil des actes administratifs du département* et d'une mention dans deux journaux régionaux ou locaux diffusés dans le département.

Les effets juridiques attachés à l'arrêté du préfet ont pour point de départ l'exécution de l'ensemble des mesures de publicité mentionnées ci-dessus.

En outre, un dossier comportant l'arrêté et un document graphique est tenu à la disposition du public dans les mairies des communes intéressées, à la préfecture, à l'hôtel du département et à la direction départementale de l'équipement.

Section III Zones de préemption

Bibliographie : PÉRINET-MARQUET, *Le droit de préemption dans les espaces naturels sensibles : Rev. jur. env.* 2-97, p. 183.

C. urb., art. **R. 142-4 *(D. n° 81-534, 12 mai 1981 ; D. n° 82-584, 29 juin 1982 ; D. n° 84-227, 29 mars 1984 ; D. n° 86-516, 14 mars 1986).* **— Lorsque le département envisage la création d'une zone de préemption, il sollicite l'accord de la commune ou de l'établissement public de coopération intercommunale compétent.**

Lorsque la commune est dotée d'un *(Mots rempl., D. n° 2001-260, 27 mars 2001, art. 3)* « plan local d'urbanisme » opposable aux tiers, cet accord résulte d'une délibération du conseil municipal ou de l'organe délibérant de l'établissement public de coopération intercommunale compétent.

En l'absence d'un *(Mots rempl., D. n° 2001-260, 27 mars 2001, art. 3)* « plan local d'urbanisme » opposable aux tiers, cet accord est réputé donné si la commune ou l'établissement public n'a pas fait connaître son opposition dans le délai de deux mois à compter du jour où le maire ou le président de l'établissement public a reçu communication du projet.

1811 **ZAD.** Une ZAD peut être instituée sur une zone de préemption instituée, en application du présent article (CE, sect., 3 juill. 1998, *Département des Yvelines : BJDU* 6/1998, p. 440, concl. Lamy).

1812 **Zonage du plan d'urbanisme.** La zone de préemption « espaces naturels sensibles » est indépendante du zonage du plan d'urbanisme ; elle peut comporter des bâtiments (CAA Bordeaux, 25 mars 1998, *Assoc. de défense des habitants de la Corniche basque : BJDU* 4/1998, p. 308).
Une telle zone de préemption ne peut inclure systématiquement les zones ND de tous les plans du département (TA Besançon, 31 déc. 1992, *SAFER de Franche-Comté : DA* 1993, 93).

Voir aussi : Sur la nécessité d'une délégation du conseil général à la commission permanente, CAA Nancy, 1er oct. 1998, *Départ. du Nord : BJDU* 1/1999, p. 64.

C. urb., art. **R. 142-5 *(D. n° 76-558, 15 juin 1976 ; D. n° 77-758, 7 juill. 1977 ; D. n° 81-534, 12 mai 1981 ; D. n° 82-584, 29 juin 1982 ; D. n° 86-516, 14 mars 1986).* **— La délibération du conseil général créant, en application de l'article L. 142-3, une zone de préemption, est accompagnée d'un plan de situation et d'un plan de délimitation.**

Cette délibération fait l'objet d'une publication au recueil officiel des actes du département et d'une mention dans deux journaux régionaux ou locaux diffusés dans le département.

Les effets juridiques attachés à la création de la zone ont pour point de départ l'exécution de l'ensemble des mesures de publicité mentionnées ci-dessus.

En outre, une copie de la délibération accompagnée des plans mentionnés au premier alinéa est tenue à la disposition du public à la mairie de la ou des communes concernées et à l'hôtel du département. Avis de ce dépôt est donné par affichage pendant une période d'au moins un mois à la mairie de la ou des communes intéressées.

Copie de la délibération créant la zone de préemption accompagnée des plans mentionnés au premier alinéa est adressée au Conseil supérieur du notariat, à la chambre départementale des notaires et aux barreaux constitués près les tribunaux de grande instance dans le ressort desquels est créée la zone de préemption.

Publicité. Mesures de publicité et d'information analogues à celles prises en matière de droit de préemption urbain et de ZAD. 1813

Voir aussi : C. urb., art. R. 211-2, p. 583 et s. , et C. urb., art. R. 212-2, p. 586.

C. urb., art. **R. 142-6 ***(D. n° 76-558, 15 juin 1976 ; D. n° 77-758, 7 juill. 1977 ; D. n° 86-516, 14 mars 1986).*** **— Le président du conseil général est tenu de délivrer sans frais à tout propriétaire de terrain ou à tout titulaire de droits sociaux donnant vocation à l'attribution en propriété ou en jouissance de terrains, dans le délai d'un mois qui suit la demande qui en est faite, un certificat établi sur papier libre précisant si le bien est situé ou non à l'intérieur du périmètre d'une zone de préemption créée en application de l'article L. 142-3.**

Certificat d'urbanisme. Il tient lieu du certificat prévu au présent article. 1814

Voir aussi : C. urb., art. R. 410-17, p. 751.

C. urb., art. *R. 142-7 ***(D. n° 86-516, 14 mars 1986).*** **— La délégation du droit de préemption prévue à l'avant-dernier alinéa de l'article L. 142-3 résulte d'une délibération du conseil général ou d'une décision du bureau lorsque cette compétence a été déléguée à ce dernier. La délibération ou la décision précise l'objet ou le champ d'application territorial de la délégation et, le cas échéant, les conditions auxquelles cette délégation est subordonnée.**

Section IV Procédure de préemption

Sous-section 1 Cas général

C. urb., art. *R. 142-8 ***(D. n° 86-516, 14 mars 1986).*** **— Les dispositions des articles R. 213-8 à R. 213-13 s'appliquent, sous réserve des dispositions de la présente sous-section, aux aliénations volontaires à titre onéreux sous quelque forme que ce soit de biens soumis au droit de préemption en application de l'article L. 142-3, à l'exception de celles qui sont réalisées sous la forme des adjudications soumises aux dispositions des articles R. 142-12 et R. 142-13.**

Fixation du prix. Le renvoi aux articles R. 213-8 à R. 213-13 relatifs au droit de préemption urbain et dans les ZAD calque la procédure de fixation du prix sur celle applicable en ces domaines, lorsqu'il ne s'agit pas d'adjudications rendues obligatoires par la loi ou le règlement. 1815

Problème du caractère volontaire de l'aliénation. L'article R. 142-8 devrait être modifié pour tenir compte de la loi « Démocratie de proximité » du 27 février 2002 qui a supprimé le caractère volontaire de la vente. 1816

Voir aussi : Annotations sous C. urb., art. L. 142-3, p. 94.

C. urb., art. **R. 142-9 *(D. n° 76-558, 15 juin 1976 ; D. n° 77-758, 7 juill. 1977 ; D. n° 86-516, 14 mars 1986).* **— La déclaration par laquelle le propriétaire d'un bien soumis au droit de préemption défini au présent chapitre manifeste l'intention d'aliéner ce bien est établie dans les formes prescrites par un arrêté du ministre chargé de l'urbanisme. Elle est adressée en quatre exemplaires au président du conseil général par pli recommandé avec demande d'avis de réception, ou déposée contre décharge.**

C. urb., art. **R. 142-10 *(D. n° 76-558, 15 juin 1976 ; D. n° 77-758, 7 juill. 1977 ; D. n° 86-516, 14 mars 1986).* **— Dès réception de la déclaration, le président du conseil général en transmet copie, en indiquant la date de l'avis de réception ou de la décharge de cette déclaration :**

– au maire de la commune concernée et, le cas échéant, au président de l'établissement public de coopération intercommunale compétent ;

– au directeur des services fiscaux, en lui précisant si cette transmission vaut demande d'avis ;

– au Conservatoire de l'espace littoral et des rivages lacustres, lorsque cet établissement public est territorialement compétent et, dans ce cas, pour information, au président du conseil de rivage ;

– au délégataire du droit de préemption, s'il y a lieu.

Voir aussi : Sur l'avis du service des domaines, C. urb., art. *R. 142-15, p. 559.

C. urb., art. **R. 142-11 *(D. n° 76-558, 15 juin 1976, D. n° 77-758, 7 juill. 1977 ; D. n° 86-516, 14 mars 1986).* **— Dans le délai de deux mois à compter de la date de l'avis de réception ou de la décharge de la déclaration d'intention d'aliéner, le président du conseil général notifie au propriétaire la décision prise par le département en vertu des articles R. 213-8 et R. 213-9.**

Lorsque le terrain est compris dans une zone ou partie de zone où le Conservatoire de l'espace littoral et des rivages lacustres est territorialement compétent, le président du Conseil général adresse sans délai une copie de la décision du département audit établissement, au président du conseil de rivage territorialement compétent, au maire de la commune intéressée, et, s'il y a lieu, au président de l'établissement public de coopération intercommunale compétent.

À défaut du département, le Conservatoire de l'espace littoral et des rivages lacustres, la commune ou l'établissement public de coopération intercommunale compétent peut exercer le droit de préemption dans les conditions définies ci-après.

Lorsque le département a renoncé à l'exercice du droit de préemption, le Conservatoire de l'espace littoral et des rivages lacustres notifie au propriétaire, dans un délai de soixante-quinze jours à compter de la date de l'avis de réception ou de la décharge de la déclaration d'intention d'aliéner, la décision qu'il prend en vertu des articles R. 213-8 et R. 213-9. Il adresse sans délai une copie de sa décision au président du conseil général et au maire de la commune concernée ainsi que, s'il y a lieu, au président de l'établissement public de coopération intercommunale compétent.

La commune ou l'établissement public de coopération intercommunale compétent peut exercer le droit de préemption à défaut du département et à défaut du Conservatoire de l'espace littoral et des rivages lacustres.

Le maire ou le président de l'établissement public de coopération intercommunale notifie la décision de la commune ou de l'établissement public de coopération intercommunale au propriétaire avant l'expiration du délai de trois mois courant à compter de la date de réception ou de la décharge de la déclaration d'intention d'aliéner.

Il adresse sans délai une copie de cette décision au président du conseil général et, s'il y a lieu, au Conservatoire de l'espace littoral et des rivages lacustres.

Sous-section 2 Cas des ventes par adjudication lorsque cette procédure est rendue obligatoire de par la loi ou le règlement

C. urb., art. **R. 142-12 *(D. n° 76-558, 15 juin 1976 : D. n° 77-758, 7 juill. 1977 ; D. n° 86-516, 14 mars 1986).* **— Les dispositions de la présente sous-section sont applicables à toute vente par adjudication d'un bien soumis au droit de préemption lorsque cette procédure est rendue obligatoire par une disposition législative ou réglementaire, à l'exception de la vente mettant fin à une indivision créée volontairement et ne résultant pas d'une donation-partage.**

Droit commun. Dispositions analogues à celles de l'article R. 213-14 en matière de droit de préemption urbain et dans les ZAD. 1817

C. urb., art. **R. 142-13 *(D. n° 76-558, 15 juin 1976 ; D. n° 77-758, 7 juill. 1977 ; D. n° 86-516, 14 mars 1986).* **— Les ventes soumises aux dispositions de la présente sous-section doivent être précédées d'une déclaration du greffier de la juridiction ou du notaire chargé de procéder à la vente faisant connaître la date et les modalités de la vente. Cette déclaration est établie dans les formes prescrites par l'arrêté prévu par l'article R. 142-9.**

Elle est adressée au siège du conseil général un mois avant la date fixée pour la vente, par lettre recommandée avec demande d'avis de réception. La déclaration fait l'objet des communications et transmissions mentionnées à l'article R. 142-10. Le titulaire dispose d'un délai de trente jours à compter de l'adjudication pour informer le greffier ou le notaire de sa décision de se substituer à l'adjudicataire.

La substitution ne peut intervenir qu'au prix de la dernière enchère ou de la surenchère.

La décision du Conservatoire de l'espace littoral et des rivages lacustres d'exercer le droit de préemption vaut sous réserve de la renonciation du département à l'exercice de son droit. La décision de la commune ou de l'établissement public de coopération intercommunale d'exercer ledit droit vaut sous réserve de la renonciation du département et du Conservatoire de l'espace littoral et des rivages lacustres à l'exercice de ce même droit.

La décision de se substituer à l'adjudicataire est notifiée au greffier ou au notaire par lettre recommandée avec demande d'avis de réception.

Copie de cette décision est annexée à l'acte ou au jugement d'adjudication et publiée au bureau des hypothèques en même temps que celui-ci.

Droit commun. Rapprocher de l'article R. 213-15 en matière de droit de préemption urbain et dans les ZAD. 1818

C. urb., art. **R. 142-14 *(D. n° 76-558, 15 juin 1976 ; D. n° 77-758, 7 juill. 1977 ; D. n° 86-516, 14 mars 1986).* **— Dans les articles R. 142-11 à R. 142-13, ce qui est dit du département vaut également pour le délégataire éventuel du droit de préemption en application des deux derniers alinéas de l'article L. 142-3.**

Sous-section 3 Dispositions communes

C. urb., art. **R. 142-15 *(D. n° 76-558, 15 juin 1976 ; D. n° 77-758, 7 juill. 1977 ; D. n° 86-216, 14 mars 1986 ; D. n° 87-284, 22 avr. 1987).* **— Les dispositions des articles R. 213-21 et R. 213-24 sont applicables dans les zones de préemption créées en application de l'article L. 142-3.**

Renvoi erroné. Le renvoi à l'article R. 213-24 ne s'explique pas. Il faut lire, pensons-nous, R. 213-25. 1819

Voir aussi : C. urb., art. R. 213-21, p. 600, et C. urb., art. R. 213-25, p. 602, et leurs notes.

C. urb., art. **R. 142-16 *(D. n° 76-558, 15 juin 1976, D. n° 77-758, 7 juill. 1977 ; D. n° 86-516, 14 mars 1986).* **— L'action en nullité prévue à l'article L. 142-4 s'exerce devant le tribunal de grande instance du lieu de situation du bien.**

C. urb., art. **R. 142-17 *(D. n° 76-558, 15 juin 1976 ; D. n° 77-758, 7 juill. 1977 ; D. n° 86-516, 14 mars 1986).* **— Toute demande de rétrocession formulée en application de l'article L. 142-8 doit contenir l'offre d'un prix. Elle est adressée au siège du conseil général par pli recommandé avec demande d'avis de réception ou déposée contre décharge.**

Lorsque le terrain a été acquis par le titulaire du droit de substitution ou par le délégataire du droit de préemption, le président du conseil général transmet sans délai la demande à ces derniers et informe le demandeur de cette transmission.

À défaut d'accord sur le prix ou de réponse du propriétaire du bien dans un délai de trois mois à compter de la date de l'avis de réception ou de la décharge, il est procédé comme indiqué aux alinéas 3 et 4 de l'article L. 142-8.

Le transfert éventuel de propriété est constaté par acte authentique. Une copie de cet acte est transmise, s'il y a lieu au département.

C. urb., art. *R. 142-18 *(D. n° 77-758, 7 juill. 1977 ; D. n° 86-516, 14 mars 1986).* **— Le titulaire du droit de substitution ou le délégataire notifie sans délai au président du conseil général, les éléments d'information à transcrire sur le registre prévu par l'article L. 142-9. Le président du conseil général transcrit également dans ce registre les rétrocessions réalisées en application de l'article L. 142-8.**

1820 **Rétrocessions et registre.** Rapprocher de l'article R. 213-20. À noter l'obligation particulière de la transcription des rétrocessions sur le registre.

C. urb., art. R. 142-19 *(Créé à compter du 3 septembre 2003, D. n° 2003-839, 29 août 2003, art. 3 et 6).* **— Dans les cas mentionnés au neuvième alinéa de l'article L. 142-3, les attributions confiées au président du conseil général pour l'application des articles R. 142-8 à R. 142-18 sont exercées par le directeur du Conservatoire de l'espace littoral et des rivages lacustres.**

1821 **Délégation.** Là encore, il s'agit d'un alignement sur le droit commun des délégations internes à une collectivité ou à un organisme public.

Voir aussi : Sur le Conservatoire de l'espace littoral et des rivages lacustres : D. n° 2003-839, 29 août 2003, *JORF* 3 sept. 2003, p. 15059.

Chapitre III

Dispositions protégeant certaines communes

C. urb., art. R. 143-1 à R. 143-21 *(Ab., D. n° 86-984, 19 avr. 1986).*

1822 **Abrogation.** Ce chapitre III qui comprenait les articles R. 143-1 à R. 143-20 consacrés aux zones d'environnement protégé (ZEP) et l'article R. 143-21 consacré aux zones périphériques des parcs nationaux a été abrogé par l'article 5 du décret n° 86-984 du 19 août 1986.

Chapitre IV

Dispositions particulières à la collectivité territoriale de Corse

Section I Schéma d'aménagement de la Corse

1823 **Application du nouveau dispositif issu de la loi n° 2002-92 du 22 janvier 2002.** Le décret d'application de la loi du 22 janvier 2002 relative à la Corse abroge des textes réglementaires se rapportant au régime antérieur. Toutefois, les anciens textes restent en vigueur jusqu'à l'approbation du nouveau plan d'aménagement et de développement durable de la Corse.

Voir aussi : Annotations sous Code de l'urbanisme, C. urb., art. L. 144-1 à L. 144-6.

C. urb., art. R. 144-1 *(D. n° 83-697, 28 juill. 1983 ; D. n° 94-851, 30 sept. 1994 ; ab., D. n° 2002-823, 3 mai 2002, art. 11-1°).*

C. urb., art. R. 144-1 ancien *(D. n° 83-697, 28 juill. 1983 ; D. n° 94-851, 30 sept. 1994).*— **Le schéma d'aménagement de la Corse est élaboré à l'initiative et sous l'autorité du conseil exécutif de Corse. L'ensemble de la procédure relative au schéma est conduit par le président de ce conseil.**

C. urb., art. R. 144-2 *(D. n° 83-697, 28 juill. 1983 ; D. n° 94-851, 30 sept. 1994 ; ab., D. n° 2002-823, 3 mai 2002, art. 11-1°).*

C. urb., art. R. 144-2 ancien *(D. n° 83-697, 28 juill. 1983 ; D. n° 94-851, 30 sept. 1994).*— **Le schéma d'aménagement de la Corse se compose d'un rapport et de documents graphiques.**

Le rapport présente notamment l'analyse de la situation existante et l'état initial de l'environnement, les principales perspectives de développement envisagées ainsi que le parti d'aménagement adopté compte tenu de l'équilibre à respecter entre les milieux urbains et les milieux naturels à protéger en raison de la richesse du sol ou du sous-sol, des sites et paysages ou de leur intérêt écologique.

Les documents graphiques établis à l'échelle du 1/200 000 font apparaître la destination générale des différentes parties de l'Île et notamment les principales orientations en ce qui concerne le parti d'aménagement adopté, la localisation des principales extensions urbaines et des activités essentielles, des grandes protections régionales, ainsi que l'implantation des équipements publics ou d'intérêt général les plus importants.

Le schéma d'aménagement régional comprend également le chapitre individualisé prévu au dernier alinéa de l'article L. 144-2. Les documents graphiques se rapportant au chapitre individualisé peuvent être établis à une échelle différente de celle prévue à l'alinéa précédent.

C. urb., art. R. 144-3 *(D. n° 83-697, 28 juill. 1983 ; D. n° 88-199, 29 févr. 1988 ; D. n° 94-851, 30 sept. 1994 ; ab., D. n° 2002-823, 3 mai 2002, art. 11-1°).*

C. urb., art. R. 144-3 ancien *(D. n° 83-697, 28 juill. 1983 ; D. n° 88-199, 29 févr. 1988 ; D. n° 94-851, 30 sept. 1994).*— **Une commission formée de représentants du conseil exécutif de Corse est constituée à l'initiative du président de ce conseil.**

Afin d'associer l'État, les départements, les communes, les chambres d'agriculture, les chambres de commerce et d'industrie et les chambres de métiers à l'élaboration du schéma d'aménagement de la Corse, participent aux travaux de cette commission :

1° Le préfet de Corse ou son représentant ;

2° Deux conseillers généraux de chaque département élus par les conseils généraux ;

3° Deux maires de communes de moins de 2 000 habitants, deux maires de communes de 2 000 à 10 000 habitants, élus dans les conditions fixées à l'article R. 144-4, ainsi que les maires des communes de plus de 10 000 habitants ;

4° Un représentant, respectivement, des chambres d'agriculture, des chambres de commerce et d'industrie, des chambres de métiers.

Cette commission est présidée par le président du conseil exécutif de Corse. Le président peut être suppléée par un conseiller exécutif.

En même temps que chaque membre élu de la commission est désigné, selon les mêmes modalités, un suppléant ayant vocation à le remplacer, en cas d'absence ou d'empêchement pour quelque cause que ce soit.

C. urb., art. R. 144-4 *(D. n° 83-697, 28 juill. 1983 ; D. n° 88-199, 29 févr. 1988 ; D. n° 94-851, 30 sept. 1994 ; ab., D. n° 2002-823, 3 mai 2002, art. 11-1°).*

C. urb., art. R. 144-4 ancien *(D. n° 83-697, 28 juill. 1983 ; D. n° 88-199, 29 févr. 1988 ; D. n° 94-851, 30 sept. 1994).*— **Les maires des communes de moins de 2 000 habitants et les maires des communes de 2 000 à 10 000 habitants, mentionnés à l'article R. 144-3, sont élus par le collège des maires de Corse appartenant au groupe démographique correspondant, à la représentation proportionnelle à la plus forte moyenne. Les listes des candidatu-**

res pour cette élection sont déposées à la préfecture de Corse à une date fixée par arrêté du préfet de Corse ; cet arrêté fixe également la date limite et les modalités de cette élection.

C. urb., art. R. 144-5 *(D. n° 83-697, 28 juill. 1983 ; D. n° 94-851, 30 sept. 1994 ; ab., D. n° 2002-823, 3 mai 2002, art. 11-1°).*

C. urb., art. R. 144-5 ancien *(D. n° 83-697, 28 juill. 1983 ; D. n° 94-851, 30 sept. 1994).* — **La commission est saisie du programme d'études établi par le président du conseil exécutif de Corse. Les différentes opérations de développement et d'aménagement du territoire lui sont soumises pour avis, au fur et à mesure de l'avancement de ce programme.**

Elle peut entendre des membres de l'assemblée de Corse et du conseil économique, social et culturel de Corse, toute personne qualifiée ainsi que les représentants des offices et institution spécialisée institués en application des articles 57, 65, 66, 69 et 74 de la loi n° 91-428 du 13 mai 1991 portant statut de la collectivité territoriale de Corse.

C. urb., art. R. 144-6 *(D. n° 83-697, 28 juill. 1983 ; D. n° 88-199, 29 févr. 1988 ; D. n° 94-851, 30 sept. 1994 ; ab., D. n° 2002-823, 3 mai 2002, art. 11-1°).*

C. urb., art. R. 144-6 ancien *(D. n° 83-697, 28 juill. 1983 ; D. n° 88-199, 29 févr. 1988 ; D. n° 94-851, 30 sept. 1994).* — **La commission se réunit sur convocation du président du conseil exécutif. La réunion est de droit si elle est demandée par le préfet de Corse. Pendant toute la période d'élaboration du schéma, le préfet de Corse appelle l'attention de la commission sur les règles générales d'aménagement et d'urbanisme, servitudes d'utilité publique, dispositions nécessaires à la mise en œuvre d'opérations d'intérêt national et programmes que le schéma doit respecter ou prendre en compte conformément à l'article L. 144-2.**

C. urb., art. R. 144-7 *(D. n° 83-697, 28 juill. 1983 ; D. n° 94-851, 30 sept. 1994 ; ab., D. n° 2002-823, 3 mai 2002, art. 11-1°).*

C. urb., art. R. 144-7 ancien *(D. n° 83-697, 28 juill. 1983 ; D. n° 94-851, 30 sept. 1994).* — **Le projet de schéma d'aménagement de la Corse proposé par la commission est arrêté par le président du conseil exécutif.**

C. urb., art. R. 144-8 *(D. n° 83-697, 28 juill. 1983 ; D. n° 94-851, 30 sept. 1994 ; ab., D. n° 2002-823, 3 mai 2002, art. 11-1°).*

C. urb., art. R. 144-8 ancien *(D. n° 83-697, 28 juill. 1983 ; D. n° 94-851, 30 sept. 1994).* — **Le président du conseil exécutif de Corse soumet le projet de schéma au préfet de Corse, pour accord sur les dispositions du chapitre individualisé mentionné à l'article R. 144-2.**

Il le soumet simultanément pour avis au conseil des sites de la Corse, au conseil économique, social et culturel de Corse.

Les organismes consultés doivent répondre dans un délai d'un mois à compter de leur saisine ; à défaut de réponse dans ce délai, leur avis est réputé favorable.

C. urb., art. R. 144-9 *(D. n° 83-697, 28 juill. 1983 ; D. n° 94-851, 30 sept. 1994 ; ab., D. n° 2002-823, 3 mai 2002, art. 11-1°).*

C. urb., art. R. 144-9 ancien *(D. n° 83-697, 28 juill. 1983 ; D. n° 94-851, 30 sept. 1994).* — **Le projet de schéma, accompagné de l'accord du préfet de Corse sur les dispositions du chapitre individualisé et des avis exprimés par les organismes consultés en application de l'article R. 144-8, est mis, par arrêté du président du conseil exécutif de Corse, à la disposition du public pendant deux mois, à la mairie des chefs-lieux de canton.**

L'arrêté du président du conseil exécutif de Corse fixe la date à compter de laquelle a lieu cette mise à la disposition du public, ainsi que les heures auxquelles le public peut prendre connaissance du dossier. Il est publié au recueil des actes administratifs de la collectivité territoriale de Corse. Mention de cette publication est faite dans deux journaux diffusés dans toute la Corse et affichée dans les mairies de toutes les communes.

C. urb., art. R. 144-10 *(D. n° 83-697, 28 juill. 1983 ; D. n° 94-851, 30 sept. 1994 ; ab., D. n° 2002-823, 3 mai 2002, art. 11-1°).*

C. urb., art. R. 144-10 ancien *(D. n° 83-697, 28 juill. 1983 ; D. n° 94-851, 30 sept. 1994).*— **Les observations recueillies lors de la mise à la disposition du public du projet de schéma sont tenues à la disposition des membres de l'assemblée de Corse et des personnes associées en application de l'article R. 144-3. Le président du conseil exécutif de Corse en établit la synthèse dans un rapport, qu'il remet, après en avoir informé le conseil exécutif, à l'assemblée de Corse ainsi qu'au conseil économique, social et culturel de Corse.**

C. urb., art. R. 144-11 *(D. n° 83-697, 28 juill. 1983 ; D. n° 94-851, 30 sept. 1994 ; ab., D. n° 2002-823, 3 mai 2002, art. 11-1°).*

C. urb., art. R. 144-11 ancien *(D. n° 83-697, 28 juill. 1983 ; D. n° 94-851, 30 sept. 1994).*— **Le projet de schéma d'aménagement de la Corse, éventuellement modifié dans les conditions prévues aux articles R. 144-5 et R. 144-7, pour tenir compte des avis et observations recueillis conformément aux articles R. 144-8 à R. 144-10, est adopté par délibération de l'assemblée de Corse.**

Toutefois, lorsque les modifications apportées au projet portent atteinte à son économie générale, le président du conseil exécutif de Corse fait procéder une nouvelle fois aux consultations prévues à l'article R. 144-8 ainsi qu'à la mise à la disposition du public, avant que l'assemblée de Corse ne délibère sur le projet. Dans ce cas, les délais prévus aux articles R. 144-8 et R. 144-9 sont respectivement ramenés à quinze jours et un mois.

C. urb., art. R. 144-12 *(D. n° 83-697, 28 juill. 1983 ; D. n° 88-199, 29 févr. 1988 ; D. n° 94-851, 30 sept. 1994 ; ab., D. n° 2002-823, 3 mai 2002, art. 11-1°).*

C. urb., art. R. 144-12 ancien *(D. n° 83-697, 28 juill. 1983 ; D. n° 88-199, 29 févr. 1988 ; D. n° 94-851, 30 sept. 1994).*— **Lorsque le schéma d'aménagement de la Corse est adopté, il est transmis au préfet de Corse, qui le transmet au ministre chargé de l'urbanisme.**

C. urb., art. R. 144-13 *(D. n° 83-697, 28 juill. 1983 ; D. n° 94-851, 30 sept. 1994 ; ab., D. n° 2002-823, 3 mai 2002, art. 11-1°).*

C. urb., art. R. 144-13 ancien *(D. n° 83-697, 28 juill. 1983 ; D. n° 94-851, 30 sept. 1994).*— **Le schéma d'aménagement de la Corse est approuvé par décret en Conseil d'État, pris sur le rapport des ministres chargés de l'intérieur et de l'urbanisme.**

Mention du décret est faite dans deux journaux diffusés dans toute la Corse.

Le dossier du schéma d'aménagement de la Corse est tenu à la disposition du public au siège de la collectivité territoriale à l'hôtel de chacun des départements et dans les mairies des chefs-lieux de canton.

C. urb., art. R. 144-14 *(D. n° 83-697, 28 juill. 1983 ; D. n° 88-199, 29 févr. 1988 ; ab., D. n° 2002-823, 3 mai 2002, art. 11-1°).*

C. urb., art. R. 144-14 ancien *(D. n° 83-697, 28 juill. 1983 ; D. n° 88-199, 29 févr. 1988 ; D. n° 94-851, 30 sept. 1994).*— **Le refus d'approbation du schéma d'aménagement de la Corse ne peut être fondé que sur des motifs de légalité.**

Le projet est renvoyé à l'assemblée de Corse qui ne peut y apporter d'autres modifications que celles nécessaires à sa mise en conformité avec les lois et règlements.

C. urb., art. R. 144-15 *(Ab., D. n° 94-851, 30 sept. 1994).*

C. urb., art. R. 144-16 *(D. n° 83-697, 28 juill. 1983 ; D. n° 94-851, 30 sept. 1994 ; ab., D. n° 2002-823, 3 mai 2002, art. 11-1°).*

C. urb., art. R. 144-16 ancien *(D. n° 83-697, 28 juill. 1983 ; D. n° 94-851, 30 sept. 1994).*— **Lorsque la révision du schéma d'aménagement de la Corse approuvé est décidée par le conseil exécutif de Corse, elle a lieu dans les formes et délais prévus aux articles R. 144-3 à R. 144-14.**

C. urb., art. R. 144-17 *(D. n° 83-697, 28 juill. 1983 ; D. n° 88-199, 29 févr. 1988 ; D. n° 94-851, 30 sept. 1994 ; ab., D. n° 2002-823, 3 mai 2002, art. 11-1°).*

C. urb., art. R. 144-17 ancien *(D. n° 83-697, 28 juill. 1983 ; D. n° 88-199, 29 févr. 1988 ; D. n° 94-851, 30 sept. 1994).* — Lorsque la révision du schéma d'aménagement de la Corse approuvé est demandée au président du conseil exécutif par le préfet de Corse pour assurer sa conformité à des règles ou servitudes publiées postérieurement à l'approbation du schéma, il doit y être procédé dans un délai de six mois à compter de cette demande.

Le schéma révisé est approuvé dans les conditions prévues aux articles R. 144-12, R. 144-13 et R. 144-14.

Si le schéma d'aménagement révisé n'a pas été adopté par l'assemblée dans ce délai, le schéma est révisé par le préfet de Corse. Il est ensuite soumis pour avis à l'assemblée qui doit se prononcer dans un délai de deux mois. La délibération de l'assemblée est réputée favorable si elle n'est pas intervenue dans ce délai.

Lorsque l'avis mentionné à l'alinéa précédent a été recueilli ou est réputé acquis, la révision du schéma est approuvée par décret en Conseil d'État. Ce décret et le schéma d'aménagement font l'objet des mesures de publicité et d'information du public prévues à l'article R. 144-13.

Section II Conseil des sites de la Corse

C. urb., art. R. 144-18 *(D. n° 93-556, 26 mars 1993 ; ab., D. n° 2002-823, 3 mai 2002, art. 11-1°).* — Le conseil des sites de la Corse est composé de vingt-huit membres, soit :

1° Huit membres de droit :

***a)* Le préfet de Corse ou son représentant, président ;**

***b)* Le préfet de la Haute-Corse ou son représentant ;**

***c)* Le directeur régional des affaires culturelles ou son représentant ;**

***d)* L'architecte des Bâtiments de France territorialement compétent pour les dossiers soumis à l'examen du conseil ;**

***e)* Le directeur régional de l'équipement ou son représentant ;**

***f)* Le directeur régional de l'agriculture et de la forêt ou son représentant ;**

***g)* Le directeur régional de l'environnement ou son représentant ;**

***h)* Le délégué régional au tourisme ;**

2° *a)* Quatre représentants de la collectivité territoriale de Corse désignés par l'assemblée de Corse ;

***b)* Un représentant de chaque département désigné par le conseil général ;**

***c)* Un représentant des communes de chaque département désigné par l'association des maires de chaque département ;**

3° *a)* Un représentant de l'office de l'environnement de la Corse désigné par le président de l'office ;

***b)* Un représentant du parc naturel régional désigné par l'assemblée générale du parc ;**

***c)* Trois personnalités qualifiées choisies en raison de leurs compétences en matières de protection des sites, d'urbanisme, d'architecture, de conservation de monuments historiques, d'archéologie, de culture corse ou dans les sciences de la nature, nommées par le préfet de Corse.**

***d)* Un professionnel de la construction, un professionnel de l'architecture et de l'urbanisme et un représentant des organisations socioprofessionnelles concernées par le développement, l'aménagement et la protection du massif ;**

***e)* Quatre représentants d'associations se proposant par leurs statuts d'agir pour la sauvegarde des sites, du patrimoine architectural et urbain, de la culture corse ou concernées par le développement, l'aménagement et la protection du massif. Un au moins de ces représentants doit appartenir à une association agréée au titre de l'article L. 160-1 du Code de l'urbanisme.**

C. urb., art. R. 144-19 *(D. n° 93-556, 26 mars 1993 ; ab., D. n° 2002-823, 3 mai 2002, art. 11-1°).* — Les membres du conseil des sites de la Corse visés aux *d* et *e* du 3° de l'article R. 144-18 sont désignés par le préfet de Corse sur proposition des associations

ou organismes concernés, qui figurent sur une liste arrêtée par le préfet de Corse. Si, dans le mois suivant l'arrêté fixant cette liste, les associations ou organismes concernés n'ont pas fait de proposition, le préfet désigne directement les membres correspondants.

C. urb., art. R. 144-20 *(D. n° 93-556, 26 mars 1993 ; ab., D. n° 2002-823, 3 mai 2002, art. 11-1°).* — **Le mandat des membres du conseil des sites est de trois ans renouvelable.**

Expire de droit le mandat du membre qui perd la qualité en vertu de laquelle il a été désigné.

Toute personne désignée pour remplacer un membre du conseil exerce son mandat jusqu'à expiration du mandat de la personne qu'elle remplace.

C. urb., art. R. 144-21 *(D. n° 93-556, 26 mars 1993 ; ab., D. n° 2002-823, 3 mai 2002, art. 11-1°).* — **Le conseil des sites se réunit au moins trois fois par an sur convocation de son président et chaque fois que ce dernier le juge utile ou que la majorité de ses membres en fait la demande.**

La convocation qui est adressée douze jours au moins avant la séance, fixe le lieu de la réunion et précise l'ordre du jour.

C. urb., art. R. 144-22 *(D. n° 93-556, 26 mars 1993 ; ab., D. n° 2002-823, 3 mai 2002, art. 11-1°).* — **Le conseil des sites ne peut valablement délibérer que si quinze de ses membres assistent à la séance.**

Lorsque le quorum n'est pas atteint sur un ordre du jour donné, le conseil des sites délibère valablement sans condition de quorum après une nouvelle convocation portant sur le même ordre du jour et spécifiant qu'aucun quorum ne sera exigé.

C. urb., art. R. 144-23 *(D. n° 93-556, 26 mars 1993 ; ab., D. n° 2002-823, 3 mai 2002, art. 11-1°).* — **En cas de partage égal des voix, la voix du président est prépondérante.**

Le scrutin secret est de droit lorsqu'il est demandé par trois au moins des membres composant le conseil des sites.

Les fonctions de secrétaire sont exercées par un fonctionnaire désigné par le préfet de Corse.

C. urb., art. R. 144-24 *(D. n° 93-556, 26 mars 1993 ; ab., D. n° 2002-823, 3 mai 2002, art. 11-1°).* — **Les administrations, organismes publics et collectivités territoriales qui ne sont pas représentés au conseil des sites peuvent être entendus par le conseil pour les affaires les concernant.**

C. urb., art. R. 144-25 *(D. n° 93-556, 26 mars 1993 ; ab., D. n° 2002-823, 3 mai 2002, art. 11-1°).* — **Le conseil des sites établit son règlement intérieur. Il peut constituer en son sein des groupes de travail spécialisés.**

Chapitre V
Dispositions particulières aux zones de montagne

Création des unités touristiques nouvelles. Le présent chapitre régit la procédure de création d'unités touristiques nouvelles dans les communes non couvertes par un schéma directeur. 1824
En outre, l'UTN ne peut être réalisée dans une commune non dotée d'un POS opposable aux tiers.

Voir aussi : C. urb., art. L. 145-9, p. 116.

C. urb., art. R. 145-1 *(D. n° 86-52, 10 janv. 1986).* — **Dans le cas prévu à l'article L. 145-11 du Code de l'urbanisme, la demande d'autorisation de créer une unité touristique nouvelle est présentée par la commune ou les communes ou le groupement de communes**

sur le territoire desquelles s'étend l'emprise du projet ; elle peut porter simultanément sur plusieurs opérations.

C. urb., art. R. 145-2 *(D. n° 86-52, 10 janv. 1986).* — **La demande est accompagnée d'un dossier constitué par un rapport et des documents graphiques décrivant :**

1° L'état du site et de son environnement, celui du bâti, des infrastructures et des équipements touristiques existants avec leurs conditions de fréquentation ainsi que les principales caractéristiques de l'économie locale ;

2° Les caractéristiques principales du projet et, notamment, de la demande à satisfaire, des produits touristiques visés, des modes d'exploitation et de promotion des hébergements et des équipements touristiques ;

3° Les risques naturels auxquels le projet peut être exposé ainsi que les mesures nécessaires pour en assurer la prévention ;

4° Les effets prévisibles du projet sur l'économie agricole, les peuplements forestiers et l'environnement ainsi que les mesures de protection et de réhabilitation à prévoir et l'estimation de leur coût ;

5° Les conditions générales de l'équilibre économique et financier du projet.

1825 **Conséquences d'un dossier incomplet.** Est annulée une autorisation délivrée sur le fondement d'un dossier ne mentionnant pas de mesures de protection de l'environnement, ni de prévention des risques naturels (CE, 11 mars 1996, *Cne d'Orelle*).

C. urb., art. R. 145-3 *(D. n° 86-52, 10 janv. 1986 ; D. n° 88-199, 29 févr. 1988).* — **La demande et le dossier accompagnés des délibérations des organes délibérants de la commune ou des communes ou du groupement de communes pétitionnaires sont adressés par lettre recommandée avec demande d'avis de réception postal au préfet du département ou déposés contre décharge à la préfecture.**

C. urb., art. R. 145-4 *(D. n° 86-52, 10 janv. 1986 ; D. n° 88-199, 29 févr. 1988).* — **Si le dossier est incomplet, le préfet du département, dans les quinze jours de la réception de la demande, invite le demandeur, par lettre recommandée avec demande d'avis de réception postal, à fournir les pièces complémentaires dans les conditions prévues à l'article R. 145-3.**

C. urb., art. R. 145-5 *(D. n° 86-52, 10 janv. 1986 ; D. n° 88-199, 29 févr. 1988).* — **I. – Lorsque le dossier est complet, le préfet du département notifie aux collectivités pétitionnaires, dans les quinze jours de la réception de la demande ou des pièces complémentaires, par lettre recommandée avec demande d'avis de réception postal, la date à laquelle la demande sera examinée par la commission spécialisée du comité de massif territorialement compétent. Dans le même délai, le préfet du département transmet la demande et le dossier de la commission spécialisée du comité de massif.**

II. – Dans le délai de trois mois courant à compter de la notification prévue au I ci-dessus, le préfet de région désigné pour assurer la coordination dans le massif saisit pour avis la commission spécialisée du comité de massif ; toutefois, si la notification est faite moins de trois mois avant la date à laquelle une réunion de la commission spécialisée a été convoquée, le délai de trois mois court à compter de la date de cette réunion.

C. urb., art. R. 145-6 *(D. n° 86-52, 10 janv. 1986 ; D. n° 88-199, 29 févr. 1988).* — **Dès la notification prévue au I de l'article R. 145-5, le préfet du département prescrit par arrêté la mise à la disposition du public du dossier joint à la demande de création d'unité touristique nouvelle.**

Cet arrêté, qui est publié au *Recueil des actes administratifs du département*, fixe :

***a)* la date à compter de laquelle le dossier est tenu à la disposition du public et la durée pendant laquelle il peut être consulté, qui ne peut être inférieure à un mois ;**

b) **les heures et lieux où le public peut prendre connaissance du dossier et formuler ses observations sur un ou plusieurs registres ouverts à cet effet.**

Mention de l'arrêté, ainsi que la date à laquelle la commission spécialisée du comité de massif examinera la demande, est insérée une semaine au moins avant le début de la consultation du public dans deux journaux diffusés dans le département et affichée dans les mairies des communes intéressées et, le cas échéant, au siège de l'établissement public compétent en matière d'urbanisme.

Le préfet du département adresse au président et aux membres de la commission spécialisée du comité de massif quinze jours au moins avant la date fixée pour l'examen de la demande un compte rendu des observations recueillies.

C. urb., art. R. 145-7 ***(D. n° 86-52, 10 janv. 1986 ; D. n° 88-199, 29 févr. 1988).*** **— L'autorisation de créer une unité touristique nouvelle est accordée par arrêté du préfet de région désigné pour assurer la coordination dans le massif ; la décision est notifiée aux demandeurs dans un délai d'un mois à compter de l'avis donné par la commission spécialisée.**

En cas de rejet de la demande ou si l'autorisation est assortie de prescriptions, la décision est motivée.

Le préfet du département procède à la publication de l'autorisation ou de la décision de rejet de la demande au *Recueil des actes administratifs du département* ; il en fait, en outre, insérer mention dans deux journaux régionaux ou locaux diffusés dans le département.

UTN et PC. L'autorisation de créer une UTN est totalement indépendante du permis de construire. 1826

C. urb., art. R. 145-8 ***(D. n° 86-52, 10 janv. 1986 ; D. n° 88-199, 29 févr. 1988).*** **— Lorsque le territoire couvert par l'unité touristique nouvelle appartient à plusieurs massifs, la décision prévue à l'article R. 145-7 est prise par arrêté conjoint des préfets de région désignés pour assurer la coordination dans les massifs concernés.**

C. urb., art. R. 145-9 ***(D. n° 86-52, 10 janv. 1986 ; D. n° 88-199, 29 févr. 1988).*** **— Lorsqu'une ou plusieurs communes envisagent de créer une unité touristique nouvelle, préalablement au dépôt de la demande prévue à l'article R. 145-1, les maires peuvent demander au préfet du département que les orientations générales de leur projet soient examinées par la commission spécialisée. Le préfet de région désigné pour assurer la coordination dans le massif saisit la commission spécialisée du comité de massif dans le délai prévu au II de l'article R. 145-5, qui court à compter de la réception de la demande.**

Dans le mois qui suit la réunion de la commission spécialisée, le préfet du département fait connaître aux maires intéressés, par lettre recommandée avec demande d'avis de réception postal, l'avis de la commission et celui du préfet de région désigné pour assurer la coordination dans le massif.

C. urb., art. R. 145-10 ***(D. n° 86-52, 10 janv. 1986).*** **— Le renforcement des remontées mécaniques ou leur extension est considéré comme unité touristique nouvelle lorsque les dépenses de construction et d'installation correspondantes, effectuées en une ou plusieurs tranches, excèdent** ***(Montant et unité monétaire remplacés à compter du 1er janvier 2002, D. n° 2001-1327, 28 déc. 2001, art. 1er, A et 6 ; montant remplacé, D. n° 2002-748, 2 mai 2002, art. 1er)*** **« quatre millions d'euros ». Toutefois, le remplacement d'une remontée mécanique ne constitue pas une unité touristique nouvelle lorsque, d'une part, les lieux de départ et d'arrivée sont inchangés et que, d'autre part, le débit horaire maximum de la nouvelle installation est inférieur au triple de celui de l'ancien équipement.**

Le montant du seuil financier fixé à l'alinéa précédent est révisé tous les deux ans par arrêté du ministre chargé des transports en fonction de l'indice I :

I = 0,2 TP 02 + 0,8 TP 13

TP 02 et TP 13 étant les indices nationaux des prix de génie civil publiés au *Bulletin officiel de la concurrence et de la consommation.*

Voir aussi : C. urb., art. L. 145-9, p. 116.

1827 **Seuil financier.** Un arrêté ministériel du 16 janvier 1997 a fixé à 17 500 000 F le seuil financier des remontées mécaniques constitutives d'UTN.

1828 **Définition des remontées mécaniques.** Les « fils à neige » pour jeunes enfants sont des remontées mécaniques (CAA Lyon, 4 févr. 1997, *Cne de Chamonix Mont-Blanc : BJDU* 2/1997, p. 129, concl. Gailleton).

Chapitre VI
Dispositions particulières au littoral

1829 **Rivage et littoral.** Attendu depuis plusieurs années, le décret fixant la liste des communes riveraines des estuaires et des deltas considérées comme littorales en application de l'article L. 321-2 du Code de l'environnement et la liste des estuaires les plus importants au sens du IV de l'article L. 146-4 du Code de l'urbanisme (cf. comm. sous cet article) a finalement été pris le 29 mars 2004 (D. n° 2004-311). De même, le décret d'application de l'article L. 146-6 relatif aux espaces remarquables du littoral et modifiant le Code de l'urbanisme (D. n° 2004-310, 29 mars 2004) vient utilement compléter la partie réglementaire du Code de l'urbanisme relative à ces espaces. Enfin, un troisième décret (D. n° 2004-309, 29 mars 2004) est également pris relatif à la procédure de délimitation du rivage de la mer, des lais et relais de la mer et des limites transversales de la mer à l'embouchure des fleuves et rivières.

C. urb., art. R. 146-1 *(D. n° 89-694, 20 sept. 1989).* — En application du premier alinéa de l'article L. 146-6 sont préservés, dès lors qu'ils constituent un site ou un paysage remarquable ou caractéristique du patrimoine naturel et culturel du littoral, sont nécessaires au maintien des équilibres biologiques ou présentent un intérêt écologique :

***a)* Les dunes, les landes côtières, les plages et les lidos, les estrans, les falaises et les abords de celles-ci ;**

***b)* Les forêts et zones boisées proches d'un rivage de la mer et des plans d'eau intérieurs d'une superficie supérieure à 1 000 hectares ;**

***c)* Les îlots inhabités ;**

***d)* Les parties naturelles des estuaires, des rias ou abers et des caps ;**

***e)* Les marais, les vasières, les tourbières, les plans d'eau, les zones humides et milieux temporairement immergés ;**

***f)* Les milieux abritant des concentrations naturelles d'espèces animales ou végétales telles que les herbiers, les frayères, les nourriceries et les gisements naturels de coquillages vivants ; les espaces délimités pour conserver les espèces en application de l'article 4 de la loi n° 76-629 du 10 juillet 1976 et les zones de repos, de nidification et de gagnage de l'avifaune désignée par la directive européenne n° 79-409 du 2 avril 1979 concernant la conservation des oiseaux sauvages ;**

***g)* Les parties naturelles des sites inscrits ou classés en application de la loi du 2 mai 1930 modifiée et des parcs nationaux créés en application de la loi n° 60-708 du 22 juillet 1960, ainsi que les réserves naturelles instituées en application de la loi n° 76-629 du 10 juillet 1976 ;**

***h)* Les formations géologiques telles que les gisements de minéraux ou de fossiles, de stratotypes, les grottes ou les accidents géologiques remarquables ;**

***i)* Les récifs coralliens, les lagons et les mangroves dans les départements d'outre-mer.**

***(Alinéa créé, D. n° 2004-310, 29 mars 2004, art. 1er)* Lorsqu'ils identifient des espaces ou milieux relevant du présent article, les documents d'urbanisme précisent, le cas**

échéant, la nature des activités et catégories d'équipements nécessaires à leur gestion ou à leur mise en valeur notamment économique.

Définition des espaces remarquables. Une contestation doctrinale critique l'extension de la protection résultant du présent article et de la circulaire précitée (Mesnard, *Pour une application plus girondine que jacobine de la Loi Littoral : Petites affiches,* 11 oct. 1991). 1830

Défrichement illégal. Est illégale une autorisation de défrichement portant sur un terrain présentant les caractéristiques du présent article, même s'il ne fait pas partie des zones à protéger déterminées par arrêté préfectoral (CE, 11 mars 1998, *Min. Agriculture*). 1831

Voir aussi : Circ. intermin. Équip. et Envir. n° 89-56 du 10 octobre 1989 : *Mon. TP* 24 nov. 1989 ; les notes sous C. urb., art. L. 146-6, p. 130.

C. urb., art. R. 146-2 ***(D. n° 89-694, 20 sept. 1989 ; D. n° 92-838, 25 août 1992 ; modifié, D. n° 2000-1272, 26 déc. 2000, art. 2 ; remplacé, D. n° 2004-310, 29 mars 2004, art. 2).*** **— En application du deuxième alinéa de l'article L. 146-6, peuvent être implantés dans les espaces et milieux mentionnés à cet article, après enquête publique dans les cas prévus par le décret n° 85-453 du 23 avril 1985, les aménagements légers suivants, à condition que leur localisation et leur aspect ne dénaturent pas le caractère des sites, ne compromettent pas leur qualité architecturale et paysagère et ne portent pas atteinte à la préservation des milieux :**

a) **Lorsqu'ils sont nécessaires à la gestion ou à l'ouverture au public de ces espaces ou milieux, les cheminements piétonniers et cyclables et les sentes équestres ni cimentés, ni bitumés, les objets mobiliers destinés à l'accueil ou à l'information du public, les postes d'observation de la faune ainsi que les équipements démontables liés à l'hygiène et à la sécurité tels que les sanitaires et les postes de secours lorsque leur localisation dans ces espaces est rendue indispensable par l'importance de la fréquentation du public ;**

b) **Les aires de stationnement indispensables à la maîtrise de la fréquentation automobile et à la prévention de la dégradation de ces espaces par la résorption du stationnement irrégulier, sans qu'il en résulte un accroissement des capacités effectives de stationnement, à condition que ces aires ne soient ni cimentées ni bitumées et qu'aucune autre implantation ne soit possible ;**

c) **La réfection des bâtiments existants et l'extension limitée des bâtiments et installations nécessaires à l'exercice d'activités économiques ;**

d) **À l'exclusion de toute forme d'hébergement et à condition qu'ils soient en harmonie avec le site et les constructions existantes :**

– les aménagements nécessaires à l'exercice des activités agricoles, pastorales et forestières ne créant pas plus de 50 mètres carrés de surface de plancher ;

– dans les zones de pêche, de cultures marines ou lacustres, de conchyliculture, de saliculture et d'élevage d'ovins de prés salés, les constructions et aménagements exigeant la proximité immédiate de l'eau liés aux activités traditionnellement implantées dans ces zones, à la condition que leur localisation soit rendue indispensable par des nécessités techniques ;

e) **Les aménagements nécessaires à la gestion et à la remise en état d'éléments de patrimoine bâti reconnus par un classement au titre** ***(Mots rempl., Ord. n° 2004-178, 20 févr. 2004, art. 3)*** **« des articles L. 621-1 et suivants du code du patrimoine » ou localisés dans un site inscrit ou classé au titre des articles L. 341-1 et L. 341-2 du Code de l'environnement.**

Les aménagements mentionnés aux *a, b* et *d* du présent article doivent être conçus de manière à permettre un retour du site à l'état naturel.

Objectifs. Hormis l'extension possible de bâtiments existants nécessaires à l'exercice d'activités économiques (§ *c* du nouvel article), le décret apparaît encadrer la réalisation possible d'un certain nombre d'équipements, d'aménagements, d'installations et de travaux sur bâtiments dès lors qu'ils correspondent à la satisfaction d'un intérêt général, et notamment lié au tourisme. 1832

Chapitre VII
Dispositions particulières aux zones de bruit des aérodromes

1833 **Aérodromes et installations classées.** Les aérodromes n'étant pas des installations classées, l'arrêté relatif au bruit émanant des installations classées n'est pas applicable. En conséquence, le Conseil d'État rejette le recours dirigé contre le décret du 21 mai 1987, codifié au présent chapitre (CE, 25 janv. 1989, *Liblin et autres*). Voir circulaire du 19 janvier 1988 : *Mon. TP* 11 mars 1988.

Section I Détermination des valeurs d'indices à prendre en compte pour la délimitation des zones de bruit des aérodromes

(Section modifiée, D. n° 87-340, 21 mai 1987 ; D. n° 97-607, 31 mai 1997, art. 5 ; remplacée à compter du 1er novembre 2002, D. n° 2002-626, 26 avr. 2002, art. 1er et 5)

1834 Les dispositions du décret n° 2002-626 du 26 avril 2002 entrent en vigueur le 1er novembre 2002. Les plans d'exposition au bruit et les plans de gêne sonore en vigueur à cette date demeurent applicables jusqu'à l'approbation des plans les remplaçant. La révision devra être achevée avant le 31 décembre 2003 pour les plans de gêne sonore, et avant le 31 décembre 2005 pour les plans d'exposition au bruit (D. n° 2002-626, 26 avr. 2002, art. 5).

C. urb., art. *R. 147-1 *(Issu à compter du 1er novembre 2002, D. n° 2002-626, 26 avr. 2002, art. 1er et 5).* **— La valeur de l'indice de bruit, *Lden*, représentant le niveau d'exposition totale au bruit des avions en chaque point de l'environnement d'un aérodrome, exprimée en décibels (dB), est calculée à l'aide de la formule ci-après :**

$$Lden = 10 \times 1\,g \frac{1}{24}\left[12 \times 10^{\frac{L_d}{10}} + 4 \times 10^{\frac{L_e + 5}{10}} + 8 \times 10^{\frac{L_n + 10}{10}}\right]$$

avec :

L_d = niveau sonore moyen à long terme pondéré A tel que défini dans ISO 1996-2 : 1987, déterminé sur l'ensemble des périodes de jour d'une année. La période de jour s'étend de 6 heures à 18 heures ;

L_e = niveau sonore moyen à long terme pondéré A tel que défini dans ISO 1996-2 : 1987, déterminé sur l'ensemble des périodes de soirée d'une année. La période de soirée s'étend de 18 heures à 22 heures ;

L_n = niveau sonore moyen à long terme pondéré A tel que défini dans ISO 1996-2 : 1987, déterminé sur l'ensemble des périodes de nuit d'une année. La période de nuit s'étend de 22 heures à 6 heures le lendemain.

C. urb., art. *R. 147-2 *(D. n° 87-340, 21 mai 1987 ; Issu à compter du 1er novembre 2002, D. n° 2002-626, 26 avr. 2002, art. 1er et 5).* **— La zone de bruit fort A est la zone comprise à l'intérieur de la courbe d'indice *Lden* 70.**

La zone de bruit fort B est la zone comprise entre la courbe d'indice L_{den} 70 et la courbe d'indice L_{den} 62. Toutefois, pour les aérodromes mis en service avant la publication du décret n° 2002-626 du 26 avril 2002 fixant les conditions d'établissement des plans d'exposition au bruit et des plans de gêne sonore des aérodromes et modifiant le Code de l'urbanisme *[D. n° 2002-626, JO 28 avr. 2002]*, la valeur de l'indice servant à la délimitation de la limite extérieure de la zone B est comprise entre 65 et 62.

La zone de bruit modéré C est la zone comprise entre la limite extérieure de la zone B et la courbe correspondant à une valeur de l'indice L_{den} choisie entre 57 et 55.

La zone D est la zone comprise entre la limite extérieure de la zone C et la courbe d'indice L_{den} 50.

C. urb., art. *R. 147-3 et *R. 147-4 *(Ab., D. n° 2002-626, 26 avr. 2002, art. 1er).*

Section II Établissement des plans d'exposition au bruit des aérodromes

C. urb., art. *R. 147-5 *(D. n° 87-340, 21 mai 1987).*— Le rapport de présentation prévu au premier alinéa de l'article L. 147-4 ne comporte pas les éléments qui seraient de nature à entraîner la divulgation de secrets de la défense nationale, lorsque le plan d'exposition au bruit concerne un aérodrome dont le ministère chargé de la défense est affectataire à titre exclusif, principal ou secondaire.

Le plan d'exposition au bruit est établi à l'échelle du 1/25 000 et fait apparaître le tracé des limites des zones de bruit dites A, B et C. Il rappelle les valeurs d'indices retenues pour définir les zones A et B et précise la valeur d'indice servant à définir la limite extérieure de la zone C.

(Rédaction future) (Al. rempl. à compter du 1er nov. 2002, D. n° 2002-626, 26 avr. 2002, art. 2-I et 5) Le plan d'exposition au bruit est établi à l'échelle du 1/25 000 et fait apparaître le tracé des limites des zones de bruit dites A, B, C et, le cas échéant, D. Il rappelle les valeurs d'indice retenues pour définir les zones A et D et précise la valeur d'indice servant à définir la limite extérieure des zones B et C. Il prend en compte l'ensemble des hypothèses à court, moyen et long terme de développement et d'utilisation de l'aérodrome concerné.

Zones sensibles et élaboration du PLU. Les prescriptions de l'article R. 123-17 paraissent 1835
intransposables au présent rapport de présentation.

C. urb., art. *R. 147-6 *(D. n° 87-340, 21 mai 1987 ; D. n° 88-199, 29 févr. 1988).*— La décision d'établir ou de réviser un plan d'exposition au bruit est prise par le préfet. Lorsque l'emprise d'un aérodrome où les communes concernées ou susceptibles d'être concernées par le plan d'exposition au bruit d'un aérodrome sont situées sur le territoire de plusieurs départements, la décision est prise conjointement par les préfets de ces départements.

Cette décision est prise avec l'accord exprès du ministre chargé de la défense en ce qui concerne les aérodromes affectés à titre exclusif ou principal à ce département ministériel.

Elle est prise avec l'accord exprès du ministre chargé de l'aviation civile, en ce qui concerne les aérodromes classés dans la catégorie des investissements d'intérêt national lorsque le ministère de la défense n'en est pas l'affectataire principal, et pour les aérodromes situés en territoire étranger dont les nuisances de bruit affectent le territoire français.

***(Al. créé à compter du 1er nov. 2002, D. n° 2002-626, 26 avr. 2002, art. 2-II et 5)* Sans préjudice du pouvoir du préfet de décider la mise en révision du plan d'exposition au bruit d'un aérodrome en application du premier alinéa du présent article, la commission consultative de l'environnement, lorsqu'elle existe, examine tous les cinq ans au moins la pertinence des prévisions ayant servi à l'établissement du plan au regard de l'activité aérienne constatée. Elle peut proposer au préfet sa mise en révision.**

C. urb., art. *R. 147-7 *(D. n° 87-340, 21 mai 1987 ; D. n° 88-199, 29 févr. 1988).*— La décision d'établir ou de réviser le plan d'exposition au bruit est notifiée par le préfet, accompagnée d'un projet de plan d'exposition au bruit, aux maires des communes concernées et, s'il y a lieu, aux présidents des établissements publics de coopération intercommunale compétents. Mention en est insérée en caractères apparents dans deux journaux à diffusion régionale ou locale dans le département.

***(Al. créé à compter du 1er nov. 2002, D. n° 2002-626, 26 avr. 2002, art. 2-III et 5)* La commission consultative de l'environnement, lorsqu'elle existe, est consultée par le préfet sur les valeurs de l'indice Lden à prendre en compte pour déterminer la limite extérieure de la zone C et, le cas échéant, celle de la zone B dans le projet susmentionné avant qu'intervienne la décision d'établir ou de réviser un plan d'exposition au bruit.**

Cette décision fait l'objet d'un affichage pendant un mois dans chacune des mairies concernées et, s'il y a lieu, aux sièges des établissements publics de coopération intercommunale compétents.

À compter de la notification de cette décision les conseils municipaux des communes concernées et, le cas échéant, les organes délibérants des établissements publics de coopération intercommunale compétents disposent d'un délai de deux mois pour faire connaître leur avis sur le projet communiqué. À défaut de réponse dans le délai imparti, l'avis est réputé favorable.

C. urb., art. *R. 147-8 *(D. n° 87-340, 21 mai 1987 ; D. n° 88-199, 29 févr. 1988, D. n° 2002-626, 26 avr. 2002, art. 2-IV et 5).* — Dès réception des avis ou, à défaut, dès l'expiration du délai mentionné au dernier alinéa de l'article R. 147-7, le projet de plan d'exposition au bruit accompagné des avis des conseils municipaux et, le cas échéant, des organes délibérants des établissements publics de coopération intercommunale compétents est transmis pour avis par le préfet à :

– l'Autorité de contrôle des nuisances sonores aéroportuaires pour les aérodromes *(Mots remplacés, D. n° 2004-1079, 11 oct. 2004, art. 1er)* « mentionnés au I de l'article 1609 *quatervicies* A du Code général des impôts », qui recueille au préalable l'avis de la commission consultative de l'environnement concernée ;

– la commission consultative de l'environnement, lorsqu'elle existe, pour les autres aérodromes.

La commission consultative de l'environnement dispose d'un délai de deux mois à compter de la date de la saisine, soit par le préfet, soit par l'Autorité de contrôle des nuisances sonores aéroportuaires, pour formuler son avis sur le projet communiqué.

L'Autorité de contrôle des nuisances sonores aéroportuaires dispose d'un délai de quatre mois à compter de la date de la saisine par le préfet pour émettre son avis sur le projet communiqué.

Lorsque plusieurs départements sont concernés, le délai court à compter de la date de la dernière saisine. À défaut de réponse dans les délais impartis, ces avis sont réputés favorables.

C. urb., art. *R. 147-8 *(Rempl. à compter du 1er nov. 2002, D. n° 2002-626, 26 avr. 2002, art. 2-IV et 5).* — Dès réception des avis ou, à défaut, dès l'expiration du délai mentionné au dernier alinéa de l'article R. 147-7, le projet de plan d'exposition au bruit accompagné des avis des conseils municipaux et, le cas échéant, des organes délibérants des établissements publics de coopération intercommunale compétents est transmis pour avis par le préfet à :

Voir aussi : Sur la commission consultative de l'environnement des aérodromes, D. n° 87-341 du 21 mai 1987.

1836 **Rôle du préfet.** La commission est créée à l'initiative du préfet qui en assure la présidence.

C. urb., art. *R. 147-9 *(D. n° 87-340, 21 mai 1987 ; D. n° 88-199, 29 févr. 1988).* — Le projet de plan d'exposition au bruit, éventuellement modifié pour tenir compte des avis exprimés, est soumis à enquête publique par le préfet dans les conditions prévues au deuxième alinéa de l'article L. 147-3 et selon les modalités fixées par le décret n° 87-339 du 21 mai 1987 définissant les modalités de l'enquête publique relative aux plans d'exposition au bruit des aérodromes.

Lorsque le plan d'exposition au bruit concerne un aérodrome affecté à titre exclusif, principal ou secondaire au ministère chargé de la défense, la procédure d'enquête est conduite dans le respect des conditions posées par les articles 2 et 3 du décret n° 85-693 du 5 juillet 1985 pris pour l'application de la loi n° 83-630 du 12 juillet 1983 et déterminant les conditions de protection du secret de la défense nationale.

1837 **Enquête publique du PEB.** Le dossier soumis à enquête doit notamment comporter :
– une notice explicative précisant l'objet de l'enquête et la portée des plans d'exposition au bruit ;
– le plan d'exposition au bruit ;
– l'avis de la commune intéressée et de la Commission consultative de l'environnement ;

– la mention des textes qui régissent l'enquête publique en cause et l'indication de la façon dont cette enquête s'insère dans la procédure administrative d'élaboration du plan d'exposition au bruit considéré.

C. urb., art. *R. 147-10 *(D. n° 87-340, 21 mai 1987 ; D. n° 88-199, 29 févr. 1988).*— **Le plan d'exposition au bruit, éventuellement modifié pour tenir compte des résultats de l'enquête publique, est approuvé par arrêté du préfet ou, si plusieurs départements sont intéressés, par arrêté conjoint des préfets desdits départements.**

L'arrêté approuvant le plan d'exposition au bruit est pris avec l'accord exprès du ministre chargé de la Défense en ce qui concerne les aérodromes à affectation exclusive ou principale audit ministère et avec l'accord exprès du ministre chargé de l'aviation civile, en ce qui concerne les aérodromes classés dans la catégorie des investissements d'intérêt national lorsque le ministère de la défense n'en n'est pas l'affectataire principal, et pour les aérodromes situés en territoire étranger lorsque les nuisances de bruit affectent le territoire français.

L'arrêté approuvant le plan d'exposition au bruit doit être motivé dans tous les cas, notamment au regard de l'activité prévue pour l'aérodrome et de son incidence sur l'environnement.

Le préfet du département notifie aux maires des communes concernées et, le cas échéant, aux présidents des établissements publics de coopération intercommunale compétents copie de l'arrêté et du plan d'exposition au bruit approuvé.

L'arrêté et le plan d'exposition au bruit sont tenus à la disposition du public à la mairie de chacune des communes concernées, le cas échéant aux sièges des établissements publics de coopération intercommunale compétents, ainsi qu'à la préfecture.

Mention des lieux où les documents peuvent être consultés est insérée dans deux journaux à diffusion régionale ou locale dans le département et affichée dans les mairies et, le cas échéant, aux sièges des établissements publics de coopération intercommunale compétents.

Voir aussi : Sur la publicité du plan, C. urb., art. R. 123-14, p. 529.

C. urb., art. *R. 147-11 *(D. n° 87-340, 21 mai 1987).*— **En cas de révision du plan d'exposition au bruit, ce plan demeure en vigueur jusqu'à la date à laquelle l'approbation de la révision a fait l'objet des mesures de publicité mentionnées à l'article R. 147-10.**

TITRE V
DÉPARTEMENTS D'OUTRE-MER

C. urb., art. **R. 150-1.— Les articles R. 111-1 à R. 111-24 sont applicables dans les départements d'outre-mer à l'exception des articles R. 111-16 et R. 111-17 dont les dispositions pour lesdits départements sont remplacées respectivement par les articles R. 150-2 et R. 150-3.

C. urb., art. **R. 150-2.— Dans les départements d'outre-mer en ce qui concerne les bâtiments situés sur un terrain appartenant au même propriétaire, la distance entre les façades en vis-à-vis doit être au moins égale à la hauteur de la façade la plus élevée, sans pouvoir être inférieure à 4 mètres.

C. urb., art. **R. 150-3.— Dans les départements d'outre-mer, lorsqu'il s'agit de bâtiments ou d'ensembles de bâtiments à usage d'habitation comprenant plusieurs logements, chaque logement doit être disposé de telle sorte que la moitié au moins des pièces habitables prenne jour sur une façade exposée aux vents dominants.

TITRE VI

SANCTIONS ET SERVITUDES

Section I Assermentation des agents chargés de constater les infractions

C. urb., art. R. 160-1. — Les fonctionnaires et agents de l'État et des collectivités publiques commissionnés par le ministre chargé de l'urbanisme ou par les maires pour constater les infractions aux dispositions visées aux articles L. 111-1 à L. 111-3, L. 160-1 et L. 160-2 prêtent, avant d'entrer en fonctions, le serment suivant devant le tribunal d'instance dans le ressort duquel ils sont domiciliés : « Je jure de bien et fidèlement remplir mes fonctions et de ne rien révéler ou utiliser de ce qui sera porté à ma connaissance à l'occasion de leur exercice ».

C. urb., art. R. 160-2. — En cas de mutation, il n'y a pas lieu à nouvelle prestation de serment.

Une nouvelle décision d'habilitation est cependant nécessaire en ce qui concerne les fonctionnaires et agents commissionnés par les maires.

C. urb., art. R. 160-3. — Les fonctionnaires et agents mentionnés à l'article R. 160-1 doivent être porteurs de leur commission au cours de l'accomplissement de leur mission.

La mention de la prestation de serment est apposée sur cette commission par le greffier du tribunal d'instance.

Section II Contrôle de l'utilisation des droits de construire

C. urb., art. R. 160-4 ***(D. n° 76-276, 26 mars 1976 ; D. n° 86-984, 19 août 1986 ; abrogé, D. n° 2001-262, 27 mars 2001, art. 16).***

C. urb., art. R. 160-5 ***(D. n° 77-739, 7 juill. 1977 ; D. n° 84-228, 29 mars 1984 ; D. n° 86-517, 14 mars 1986 ; D. n° 86-984, 19 août 1986 ; D. n° 88-199, 29 févr. 1988 ; D. n° 92-966, 10 sept. 1992 ; D. n° 93-422, 19 mars 1993 ; ab., D. n° 2001-262, 27 mars 2001, art. 16).***

1838 **Abrogation.** Le certificat de l'article L. 111-5 ayant été supprimé par la loi du 13 décembre 2000, les dispositions réglementaires des articles R. 160-4 à R. 160-5 n'ont plus d'objet et sont abrogés par le décret n° 2001-262 du 27 mars 2001 (*JO* 28 mars).

C. urb., art. R. 160-6. — Néant.

Section III Agrément des associations de protection et d'amélioration du cadre de vie et de l'environnement

C. urb., art. *R. 160-7 ***(D. n° 77-760, 7 juill. 1977).*** **— Les associations de protection et d'amélioration du cadre de vie et de l'environnement visées aux articles L. 160-1 et L. 480-1 sont agréées dans les conditions définies au titre I du décret n° 77-760 du 7 juillet 1977.**

Voir aussi : Comm. sous C. urb., art. L. 160-1, p. 143 ; C. urb., art. L. 480-1, p. 418.

Section IV Servitudes de passage sur le littoral

Sous-section 1 Détermination du tracé et des caractéristiques de la servitude de passage longitudinale mentionnée à l'article L. 160-6

C. urb., art. **R. 160-8 *(D. n° 77-753, 7 juill. 1977 ; D. n° 90-481, 12 juin 1990).*— **La servitude de passage des piétons instituée par l'article L. 160-6 a pour assiette une bande de 3 mètres de largeur calculée à compter de la limite du domaine public maritime, sous réserve de l'application des dispositions des articles R. 160-11 à R. 160-15 et R. 160-17 à R. 160-22.**

Voir aussi : Circ. n° 78-144, 20 oct. 1978.

Bibliographie : GENEVOIS, *La servitude de passage des piétons sur le littoral : AJDA* 1978, p. 628. – HUON DE KERMADEC, *La servitude de passage le long du rivage de la mer : mythe ou réalité : JCP* 1979 G, I, 2957.

C. urb., art. *R. 160-9 *(D. n° 77-753, 7 juill. 1977).*— **La limite à partir de laquelle est mesurée l'assiette de la servitude mentionnée à l'article R. 160-8 est, selon le cas :**

***a)* Celle du niveau des plus hautes eaux ; ce niveau est déterminé par le dernier acte administratif de délimitation, lorsqu'il en existe un ;**

***b)* Celle des lais et relais, s'ils font partie du domaine public maritime ;**

***c)* Celle des terrains qui ont été soustraits artificiellement à l'action des flots dans les conditions prévues au *b* de l'article 1er de la loi n° 63-117 du 28 novembre 1963 ;**

***d)* Celle des terrains qui font partie du domaine public maritime artificiel.**

Rivages. Le *a* reprend la définition donnée par l'arrêt de section du 12 octobre 1973, *Kreitmann*, (*RD publ.* 1973, p. 1150, concl. Gentot ; *D.* 1975, p. 164, note Distel ; *Rev. adm.* 1976, p. 25, note Lagavant). Il n'y a plus à distinguer le rivage atlantique et le rivage méditerranéen (V. Querrien, *Les rivages de la mer : Études et documents du Conseil d'État* 1972, p. 75). 1839

Lais et relais. Les lais et relais de la mer font partie du domaine public s'ils se sont formés depuis la loi du 28 novembre 1963 ; une procédure particulière a permis d'incorporer les lais et relais antérieurement formés. Leur délimitation s'effectue après enquête publique par arrêté préfectoral ou décret en Conseil d'État (Circ. préc. n° 1.11). Les étangs salés font partie du domaine public maritime (Circ. préc. n° 1.11). 1840

Contiguïté. La servitude de passage ne s'exerce que si une propriété privée est contiguë du domaine public maritime. Elle ne s'exerce pas si ce dernier est bordé par une route, une voie ferrée, etc., dès lors qu'aucune servitude ne peut être instituée sur le domaine public (Circ. préc. n° 1.21). La servitude s'exerce au contraire s'il s'agit d'une voie publique appartenant au domaine privé, tel un chemin rural par exemple *(ibid.)*. 1841

C. urb., art. *R. 160-10 *(D. n° 77-753, 7 juill. 1977).*— **En l'absence d'acte administratif de délimitation, tout propriétaire riverain peut demander au préfet qu'il soit procédé à la délimitation du domaine public maritime au droit de sa propriété.**

Il en est de même dans le cas où, depuis une délimitation antérieure, des phénomènes naturels non liés à des perturbations météorologiques exceptionnelles ont eu pour effet de modifier le niveau des plus hautes eaux.

Pouvoir de l'Administration. Elle ne peut se refuser à indiquer la limite du domaine public maritime (CE, 5 janv. 1955, *Decloitre : Rec. CE*, p. 1, concl. Grevisse. – CE, 6 févr. 1976, *Secrétaire d'État aux transports* c/ *SCI Villa Miramar : Rec. CE*, p. 88). La délimitation du domaine public naturel est à la fois unilatérale, obligatoire, recognitive et contingente (concl. Genevois sous CE, 18 juin 1976, *Pujol : Rec. CE*, p. 322). 1842

Toutefois, le Conseil d'État a précisé que la délimitation du domaine public maritime était facultative pour le préfet si la demande émanait d'une association de défense de l'environnement, alors qu'elle est effectivement obligatoire si la saisine provient d'un riverain de la mer (CE, 13 févr. 2002, *Min. Équip., Transports et Logement c/ Assoc. pour la défense de l'environnement et de la qualité de la vie de Golfe-Juan-Vallauris : BJDU* 3/2002, p. 206 ; *Constr.-urb.* 2002, n° 6, comm. n° 152, P. Benoît-Cattin).

C. urb., art. *R. 160-11 *(D. n° 77-753, 7 juill. 1977 ; D. n° 90-481, 12 juin 1990).* **— Le tracé ainsi que les caractéristiques de la servitude de passage instituée par l'article L. 160-6 peuvent être modifiés dans les conditions définies aux articles R. 160-12 à R. 160-15 et R. 160-17 à R. 160-22.**

Les dispositions des mêmes articles, à l'exception des articles R. 160-13 et R. 160-15, sont applicables au cas de suspension, à titre exceptionnel, de ladite servitude.

Voir aussi : Annotations sous C. urb., art. L. 160-6, p. 148.

C. urb., art. *R. 160-12 *(D. n° 77-753, 7 juill. 1977).* **— En vue de la modification, par application des alinéas 2 et 3 de l'article L. 160-6, du tracé ainsi que, le cas échéant, des caractéristiques de la servitude, le chef du service maritime adresse au préfet, pour être soumis à enquête, un dossier qui comprend :**

***a)* Une notice explicative exposant l'objet de l'opération prévue ;**

***b)* Le plan parcellaire des terrains sur lesquels le transfert de la servitude est envisagé, avec l'indication du tracé à établir et celle de la largeur du passage ;**

***c)* La liste par communes des propriétaires concernés par le transfert de la servitude, dressée à l'aide d'extraits des documents cadastraux délivrés par le service du cadastre ou à l'aide des renseignements délivrés par le conservateur des hypothèques au vu du fichier immobilier, ou par tous autres moyens ;**

***d)* L'indication des parties de territoire où il est envisagé de suspendre l'application de la servitude, notamment dans les cas visés à l'article R. 160-14.**

1843 **Contenu du dossier.** La complexité du dossier constitue, par elle-même, la meilleure garantie du caractère exceptionnel du déplacement de la servitude. Une étude d'impact doit être insérée dans le dossier d'enquête publique lorsque le montant des travaux réalisés sur le littoral d'une commune donnée excède 1 900 000 €.

1844 **Compétence.** C'est le directeur départemental de l'Équipement qui est le chef du service maritime, sauf lorsqu'il existe un service spécialisé *(ibid.)*.

1845 **Évolution de la servitude.** La suspension ou la modification de la servitude peut être motivée par des obstacles de droit (C. urb., art. L. 160-6, dernier alinéa, C. urb., art. R. 160-13 et R. 160-15) ou des obstacles naturels, tels que plages, marais et vasières, côtes rocheuses et ouvrages de défense contre la mer (Circ. préc., n° 2.11). La suspension définitive de la servitude peut être envisagée, en cas de recul du rivage, et si la bande supplémentaire de trois mètres est de nature à modifier complètement la valeur de la propriété *(ibid.)*.

C. urb., art. *R. 160-13 *(D. n° 77-753, 7 juill. 1977).* **— Si le tracé envisagé pour la servitude a pour effet soit de grever des terrains attenants à des maisons d'habitation qui, au 1er janvier 1976, étaient clos de murs en matériaux durables et adhérant au sol, soit de réduire, par rapport aux bâtiments à usage d'habitation édifiés au 1er janvier 1976, la distance de 15 mètres qui est mentionnée à l'alinéa 3 de l'article L. 160-6, le dossier soumis à enquête doit comprendre, outre les pièces prévues à l'article R. 160-12, la justification du bien-fondé du tracé retenu, au regard des dispositions des articles L. 160-6 et R. 160-15.**

Dans les cas prévus au présent article, la largeur du passage à établir ne peut en aucun cas excéder 3 mètres.

1846 **Murs et clôtures.** La notion de mur, au sens du présent article, suppose une clôture de un mètre au moins de hauteur, en matériaux durables (les grillages, palissades, haies vives ou sèches, les fils métalliques ne sont pas assimilables à des murs). Cependant, on doit tenir compte des usages locaux (peuvent être considérées comme des murs, les clôtures en pierres sèches, bien que non consolidées ni adhérentes au sol) et des circonstances locales (une propriété fermée sur trois côtés et ouverte sur la mer pourrait être considérée comme close de murs, si aucune circulation de piétons ne se fait habituellement sur cette partie du rivage, ou s'il est par ailleurs possible d'y accéder par d'autres moyens) (Circ. préc., n° 2.11).

Application de l'article L. 160-5. Il semble qu'il y ait là une des rares hypothèses de servitude administrative modifiant l'état antérieur des lieux au sens de l'article L. 160-5, al. 2. 1847

C. urb., art. *R. 160-14 *(D. n° 77-753, 7 juill. 1977).* **— À titre exceptionnel, la servitude instituée par l'article L. 160-6 peut être suspendue, notamment dans les cas suivants :**

***a)* Lorsque les piétons peuvent circuler le long du rivage de la mer grâce à des voies ou passages ouverts au public ;**

***b)* Si le maintien de la servitude de passage fait obstacle au fonctionnement soit d'un service public, soit d'un établissement de pêche bénéficiaire d'une concession, soit d'une entreprise de construction ou de réparation navale ;**

***c)* À l'intérieur des limites d'un port maritime ;**

***d)* À proximité des installations utilisées pour les besoins de la défense nationale ;**

***e)* Si le maintien de la servitude de passage est de nature à compromettre soit la conservation d'un site à protéger pour des raisons d'ordre écologique ou archéologique, soit la stabilité des sols.**

Suspension. L'énumération figurant au présent article n'est pas limitative, mais le juge administratif, s'il est saisi, contrôlera sans doute le caractère exceptionnel des raisons invoquées pour suspendre la servitude. Probablement, l'Administration préférera s'abstenir de faire respecter la servitude plutôt que de la suspendre dans les conditions réglementaires. Un contentieux pourrait apparaître sur la recevabilité des tiers (associations, notamment) à se prévaloir de l'existence de la servitude, pour exiger de l'Administration qu'elle la fasse respecter. Réciproquement, sera posée une autre question : les propriétaires riverains peuvent-ils exiger de l'Administration qu'elle engage la procédure tendant à suspendre la servitude pour des raisons exceptionnelles, l'énumération figurant au présent article n'étant pas limitative ? (à cet égard, l'opinion de M. Genevois, art. préc., p. 638). 1848

Circulation. La libre circulation des piétons peut résulter de l'existence d'un chemin, d'un boulevard de front de mer, d'un passage sur la partie de la plage toujours sèche, ou de voies d'accès d'un port de plaisance ou d'une concession d'endigage (Circ. préc., n° 2.21). 1849

Définition. Le site écologique (e) correspond aux parcs naturels et aux réserves naturelles ; les zones instables sont les zones d'effondrement et les dunes. 1850

C. urb., art. *R. 160-15 *(D. n° 77-753, 7 juill. 1977).* **— Sans préjudice de l'application de l'article L. 160-6 (alinéa 3), la distance de quinze mètres par rapport aux bâtiments à usage d'habitation qui est mentionnée à l'article L. 160-8 peut être réduite :**

***a)* Lorsque le bâtiment à usage d'habitation est, en raison de la configuration des lieux, situé à un niveau sensiblement plus élevé que celui de l'emprise de la servitude ;**

***b)* S'il existe déjà, dans cet espace de 15 mètres, un passage ouvert à la libre circulation des piétons ;**

***c)* Si le mur clôturant le terrain sur lequel est situé le bâtiment est lui-même à moins de 15 mètres dudit bâtiment.**

Dans les cas autres que ceux visés à l'alinéa précédent, la distance de quinze mètres peut également être réduite avec l'accord du propriétaire du bâtiment ; cet accord doit résulter d'une convention passée avec une collectivité publique ou un groupement de collectivités publiques.

Sous-section 2 Détermination du tracé et des caractéristiques de la servitude de passage transversale mentionnée à l'article L. 160-6-1

C. urb., art. R. 160-16 *(D. n° 77-753, 7 juill. 1977 ; D. n° 90-481, 12 juin 1990).* — **La distance d'au moins cinq cents mètres mentionnée à l'article L. 160-6-1 se mesure en ligne droite entre le débouché sur le rivage de la mer de la voie ou chemin privé servant d'assise à la servitude ou, le cas échéant, des sentiers d'accès immédiat qui les prolongent, et tout accès au rivage par une voie publique ou un chemin rural.**

Voir aussi : Circ., 19 juin 1990 : amélioration de l'accessibilité au rivage de la mer : *Mon. TP* 29 juin 1990.

C. urb., art. R. 160-16-1 *(D. n° 90-481, 12 juin 1990).* — **En vue de l'établissement du tracé et des caractéristiques de la servitude de passage transversale au rivage, le chef du service maritime adresse au préfet, pour être soumis à enquête, un dossier comprenant :**

a) **Une notice explicative exposant l'objet de l'opération et justifiant que le projet soumis à enquête respecte les conditions mentionnées aux articles L. 160-6-1 et R. 160-16 ;**

b) **Le plan de l'itinéraire permettant l'accès au rivage ;**

c) **Le plan parcellaire des terrains sur lesquels la servitude est envisagée ;**

d) **La liste par communes des propriétaires concernés par l'institution de la servitude, dressée à l'aide d'extraits de documents cadastraux délivrés par le service du cadastre ou à l'aide des renseignements délivrés par le conservateur des hypothèques au vu du fichier immobilier, ou par tous autres moyens.**

Sous-section 3 Dispositions communes aux servitudes de passage sur le littoral

C. urb., art. R. 160-17 *(D. n° 77-753, 7 juill. 1977 ; D. n° 83-813, 9 sept. 1983 ; D. n° 90-481, 12 juin 1990).* — **L'enquête mentionnée aux articles R. 160-12 et R. 160-16-1 a lieu dans les formes prévues par les articles R. 11-4 à R. 11-12 et R. 11-14 du Code de l'expropriation pour cause d'utilité publique, sous réserve des dispositions particulières édictées aux articles R. 160-18 et R. 160-19 du présent code.**

C. urb., art. *R. 160-18 *(D. n° 77-753, 7 juill. 1977).* — **Le commissaire enquêteur ou la commission d'enquête peut décider de procéder à une visite des lieux. Dans ce cas, le commissaire enquêteur ou le président de la commission avise le maire et convoque sur place les propriétaires intéressés, ainsi que les représentants des administrations ; après les avoir entendus, il dresse procès-verbal de la réunion.**

C. urb., art. *R. 160-19 *(D. n° 77-753, 7 juill. 1977).* — **Si le commissaire enquêteur ou la commission d'enquête propose de rectifier le tracé ou les caractéristiques de la servitude qui ont été soumis à enquête, et si ces rectifications tendent à appliquer la servitude à de nouveaux terrains, les propriétaires de ces terrains en sont avisés par lettre. Un avis au public est, en outre, affiché à la mairie. Un délai de quinze jours au moins, en sus de celui fixé par l'arrêté prescrivant l'ouverture de l'enquête, est accordé à toute personne intéressée pour prendre connaissance à la mairie des rectifications proposées et présenter des observations.**

À l'expiration du délai d'enquête, le commissaire enquêteur ou le président de la commission d'enquête transmet le dossier avec ses conclusions au préfet.

C. urb., art. *R. 160-20 *(D. n° 77-753, 7 juill. 1977 ; D. n° 90-481, 12 juin 1990).* — **Au cas où un projet a donné lieu à enquête en application des articles R. 160-12 ou R. 160-16-1, le**

préfet soumet à la délibération des conseils municipaux des communes intéressées le tracé et les caractéristiques du projet de servitude.

Cette délibération est réputée favorable si elle n'est pas intervenue dans un délai de deux mois. Si le conseil municipal entend faire connaître son opposition, celle-ci doit être expressément formulée dans la délibération.

C. urb., art. R. 160-21 ***(D. n° 77-753, 7 juill. 1977 ; D. n° 90-481, 12 juin 1990).*** **— Dans les cas prévus à l'article R. 160-20, l'approbation du tracé et des caractéristiques de la servitude résulte :**

a) **D'un arrêté du préfet, en l'absence d'opposition de la ou des communes intéressées ;**

b) **D'un décret en Conseil d'État, en cas d'opposition d'une ou plusieurs communes.**

C. urb., art. R. 160-22 ***(D. n° 77-753, 7 juill. 1977 ; D. n° 83-813, 9 sept. 1983 ; D. n° 90-481, 12 juin 1990).*** **— L'acte d'approbation prévu à l'article R. 160-21 doit être motivé. Cet acte fait l'objet :**

a) **D'une publication au** ***Journal officiel*** **de la République française, s'il s'agit d'un décret ;**

b) **D'une publication au recueil des actes administratifs de la ou des préfectures intéressées, s'il s'agit d'un arrêté préfectoral.**

Une copie de cet acte est déposée à la mairie de chacune des communes concernées. Avis de ce dépôt est donné par affichage à la mairie pendant un mois. Mention de cet acte est insérée en caractères apparents dans deux journaux régionaux ou locaux diffusés dans le ou les départements concernés.

Cet acte fait en outre l'objet de la publicité prévue au 2° de l'article 36 du décret n° 55-22 du 4 janvier 1955.

Motivation. L'exigence de motivation est de nature à faciliter le contrôle juridictionnel. Par analogie avec la jurisprudence en matière de sursis à statuer, il semble que la motivation par simple référence ou reproduction des textes soit insuffisante. 1851

Publicité. La publicité foncière ne s'impose qu'au cas de modification du tracé ou des caractéristiques de la servitude. Comme en matière de sites classés, le Conseil d'État ne considérera peut-être pas la publicité foncière comme une condition d'opposabilité de la servitude (CE, 22 nov. 1978, *Secrét. d'État à la Culture* c/ *Époux Moreau : DA* 1978, n° 385). 1852

C. urb., art. R. 160-23 ***(Ab., D. n° 90-481, 12 juin 1990).***

C. urb., art. *R. 160-24 ***(D. n° 77-753, 7 juill. 1977).*** **— Le maire ou, à défaut, le préfet, prend toute mesure de signalisation nécessaire en vue de préciser l'emplacement de la servitude de passage.**

C. urb., art. **R. 160-25 ***(D. n° 77-753, 7 juill. 1977).*** **— La servitude entraîne pour les propriétaires des terrains et leurs ayants droit :**

a) **L'obligation de laisser aux piétons le droit de passage ;**

b) **L'obligation de n'apporter à l'état des lieux aucune modification de nature à faire, même provisoirement, obstacle au libre passage des piétons, sauf autorisation préalable accordée par le préfet, pour une durée de six mois au maximum ;**

c) **L'obligation de laisser l'administration compétente établir la signalisation prévue à l'article R. 160-24 et effectuer les travaux nécessaires pour assurer le libre passage et la sécurité des piétons, sous réserve d'un préavis de quinze jours sauf cas d'urgence.**

Droit de passage. L'obligation résultant du *a)* existe toujours, même si la servitude n'est pas matérialisée ou si elle n'est pas utilisée par les piétons (Genevois, art. préc., p. 635). 1853

1854 Travaux. La possibilité de faire des travaux pendant six mois, en privant de portée la servitude (b) est essentiellement destinée aux travaux de défense contre la mer, mais pas exclusivement (Circ. préc., n° 3-11). Les travaux visés au *c)* ne sont pas soumis à déclaration d'utilité publique (Circ. préc., n° 3-11).

C. urb., art. *R. 160-26 *(D. n° 77-753, 7 juill. 1977 ; D. n° 90-481, 12 juin 1990)*. — La servitude entraîne, pour toute personne qui emprunte le passage, l'obligation de n'utiliser celui-ci que conformément aux fins définies par les articles L. 160-6 ou L. 160-6-1.

Voir aussi : La sanction pénale prévue à C. urb., art. R. 160-33 (2e al.), p. 581.

1855 Responsabilité. La responsabilité de l'Administration peut être engagée, même sans faute de sa part, si elle ne fait pas respecter la réglementation qui s'impose au bénéficiaire de la servitude (CE, ass., 7 mai 1971, *Min. Écon. et Fin.* c/ *Sieur Sastre : Rec. CE*, p. 334, concl. Gentot ; *RD publ.* 1972, p. 443, note Waline).

Cette éventualité pourrait ne pas être une hypothèse d'école, dans le cas notamment d'utilisation de la servitude par des véhicules à moteur.

C. urb., art. *R. 160-27 *(D. n° 77-753, 7 juill. 1977)*. — Les dépenses nécessaires à l'exécution des travaux mentionnés à l'article R. 160-25 *c* sont prises en charge par l'État. Les collectivités locales et tous organismes intéressés peuvent participer à ces dépenses.

Voir aussi : L'affectation budgétaire dans la circulaire précitée, n° 4-2.

C. urb., art. R. 160-28 *(Ab., D. n° 90-481, 12 juin 1990)*.

C. urb., art. *R. 160-29 *(D. n° 77-753, 7 juill. 1977)*. — La demande tendant à l'octroi d'une indemnité doit être adressée au préfet par lettre recommandée avec demande d'avis de réception postal ou être déposée contre décharge à la préfecture.

La demande doit comprendre :

***a)* Tout document attestant que le demandeur est propriétaire du terrain grevé par la servitude ;**

***b)* Toutes précisions justifiant l'étendue du préjudice causé par la servitude ;**

***c)* Le montant de l'indemnité sollicitée.**

1856 Forclusion. À notre avis, le délai de forclusion est interrompu par une demande incomplète.

C. urb., art. *R. 160-30 *(D. n° 77-753, 7 juill. 1977)*. — Le préfet statue sur la demande après avoir recueilli l'avis du directeur des services fiscaux.

L'indemnité allouée est à la charge de l'État.

1857 Consultation. L'avis du directeur départemental de l'Équipement est également sollicité.

Voir aussi : Circ. préc., n° 5-2.

C. urb., art. **R. 160-31 *(D. n° 77-753, 7 juill. 1977)*. — Le demandeur peut contester la décision du préfet devant le tribunal administratif dans le ressort duquel se trouve situé le terrain frappé de la servitude.

Les mémoires en défense de l'État devant le tribunal sont présentés par le préfet.

1858 Recours. La procédure est déconcentrée, tant sur le plan administratif que contentieux.

C. urb., art. *R. 160-32 *(D. n° 77-753, 7 juill. 1977)*. — Ne donne pas lieu à indemnité la suppression des obstacles placés en violation des dispositions de l'article R. 160-25 ou édifiés en infraction aux règles d'urbanisme ou d'occupation du domaine public.

L'indemnité allouée est sujette à répétition partielle ou totale dans le cas où le préjudice se trouve atténué ou supprimé en raison de la suspension de la servitude ou de la modification de son tracé ou de ses caractéristiques.

Indemnité. La référence au domaine public est discutable, puisque l'assiette de la servitude se situe sur des fonds privés. C'est pourquoi la référence aux contraventions de voirie (Circ. préc. n° 3-2) est sans doute erronée (en ce sens, Genevois, art. préc., p. 637). 1859

C. urb., art. R. 160-33 *(D. n° 77-753, 7 juill. 1977 ; D. n° 90-481, 12 juin 1990).*— **Sera punie de l'amende prévue pour les contraventions de la 5e classe toute personne qui aura enfreint les dispositions de l'article R. 160-25 ou fait obstacle à leur application.**

Sera punie d'une amende prévue pour les contraventions de la 4e classe toute personne qui aura enfreint les dispositions de l'article R. 160-26.

Sanctions. Le propriétaire d'un ensemble immobilier en bord de mer dont l'une des parcelles est affectée par la servitude de passage sur le littoral est coupable de la contravention du présent article, dès lors que cette parcelle, assiette de la servitude, a fait l'objet de modifications de nature à faire obstacle au libre passage des piétons, matérialisées par l'installation d'une clôture (CA Rennes, 27 mai 2004 : *Juris-Data* n° 2004-250943). 1860

Voir aussi : Les critiques de M. Genevois, relatives à l'insuffisance des sanctions, et au fait que seuls les officiers de police judiciaire peuvent constater les infractions et non les fonctionnaires des administrations techniques (référence sous C. urb., art. R. 160-8). La circulaire précitée évoque pourtant la compétence des agents d'administrations techniques, en renvoyant à l'article L. 480-1 (n° 6-1).

LIVRE DEUXIÈME

PRÉEMPTION ET RÉSERVES FONCIÈRES

TITRE PREMIER

DROITS DE PRÉEMPTION

Chapitre I

Droit de préemption urbain

C. urb., art. *R. 211-1 *(D. n° 76-277, 29 mars 1976 ; D. n° 83-813, 9 sept. 1983 ; D. n° 86-516, 14 mars 1986 ; D. n° 87-284, 22 avr. 1987 ; D. n° 92-967, 10 sept. 1992).* **— Les communes dotées d'un *(Mots rempl., D. n° 2001-260, 27 mars 2001, art. 3)* « plan local d'urbanisme » rendu public ou approuvé peuvent, par délibération, instituer un droit de préemption urbain sur tout ou partie des zones urbaines et des zones d'urbanisation future délimitées par ce plan *(Mots suppr., D. n° 2001-261, 27 mars 2001, art. 2 et 3)* « ... » ou par un plan de sauvegarde et de mise en valeur rendu public ou approuvé en application de l'article L. 313-1 lorsqu'il n'a pas été créé de zone d'aménagement différé ou de périmètre provisoire de zone d'aménagement différé sur ces territoires.**

Voir aussi : C. urb., art. L. 211-1, p. 162, et ses notes.

Annulation et illégalité du plan d'urbanisme. Dès lors que l'annulation de l'acte rendant public le plan d'occupation des sols rend, par voie de conséquence, illégal l'acte portant approbation de ce plan, la délibération portant institution d'un droit de préemption urbain dans les zones urbaines délimitées par le POS a été prise en application d'un acte illégal et la demande de son annulation pour ce motif est fondée alors même que la décision portant approbation de ce plan est devenue définitive (CE, 8e et 9e sous-sect., 1er déc. 1993, req. n° 136705, *Mme Chirazzo : JCP* G 1994, IV, 445). 1861

C. urb., art. *R. 211-2 *(D. n° 76-277, 29 mars 1976 ; D. n° 86-516, 14 mars 1986 ; D. n° 87-284, 22 avr. 1987).* **— La délibération par laquelle le conseil municipal ou l'organe délibérant de l'établissement public de coopération intercommunale compétent décide, en application de l'article L. 211-1, d'instituer ou de supprimer le droit de préemption urbain ou d'en modifier le champ d'application, est affichée en mairie pendant un mois. Mention en est insérée dans deux journaux diffusés dans le département.**

Les effets juridiques attachés à la délibération mentionnée au premier alinéa ont pour point de départ l'exécution de l'ensemble des formalités de publicité mentionnées audit alinéa. Pour l'application du présent alinéa, la date à prendre en considération pour l'affichage en mairie est celle du premier jour où il est effectué.

Publicité. Les formalités de publicité sont essentielles, les effets juridiques attachés à la délibération en cause ayant pour point de départ leur complète exécution, comme le précise le deuxième alinéa. À noter, à cet égard, que la date à prendre en considération pour l'affichage en mairie est celle du premier jour où il est effectué, et non la date d'expiration du délai d'un mois d'affichage. 1862

C. urb., art. R. 211-3 *(D. n° 76-277, 29 mars 1976 ; D. n° 86-516, 14 mars 1986 ; D. n° 87-284, 22 avr. 1987).* **— Le maire ou, le cas échéant, le président de l'établissement public de coopération intercommunale compétent adresse sans délai au directeur départemental des services fiscaux, au Conseil supérieur du notariat, à la chambre départementale des notaires, aux barreaux constitués près les tribunaux de grande instance dans le ressort desquels est institué le droit de préemption urbain et au greffe des mêmes tribunaux copie des actes ayant pour effet d'instituer ou de supprimer le droit de préemption urbain ou d'en modifier le champ d'application. Cette copie est accompagnée, s'il y a lieu, d'un plan précisant le champ d'application du droit de préemption urbain.**

1863 **Information.** L'information des services fiscaux et des divers organismes et services, telle qu'elle est organisée par le présent article, vise les mêmes hypothèses d'institution, de suppression ou de modification du champ d'application du droit de préemption urbain que celles mentionnées à l'article précédent. Il est indispensable, pour le bon fonctionnement de l'ensemble du dispositif relatif au droit de préemption et dans l'intérêt général, que les formalités d'information prévues par le présent article soient remplies sans délai après chaque décision des autorités compétentes pour instituer, modifier ou supprimer les droits de préemption. Si le non-accomplissement de ces formalités est sans effet sur l'opposabilité des décisions de préemption, il est par contre nécessaire de préserver la sécurité juridique des mutations des biens imposables en les entourant du maximum d'informations, en particulier lorsque ces décisions sont réglementairement obligatoires (Circ. n° 165, 6 mai 1988 : *JCP* N 1988, Prat. 615).

C. urb., art. R. 211-4 ***(D. n° 76-277, 29 mars 1976 ; D. n° 86-516, 14 mars 1986 ; D. n° 87-284, 22 avr. 1987).*** **— La délibération prise en application du dernier alinéa de l'article L. 211-1 est affichée en mairie pendant un mois et prend effet le premier jour dudit affichage. Elle est notifiée, selon le cas, au lotisseur ou à la personne chargée de l'aménagement de la zone d'aménagement concerté. Copie en est en outre adressée aux organismes et services mentionnés à l'article R. 211-3.**

La délibération prise en application du dernier alinéa de l'article L. 211-4 est affichée et publiée et prend effet dans les conditions prévues à l'article R. 211-2. Elle est adressée aux organismes et services mentionnés à l'article R. 211-3.

1864 **Lotissement et ZAC.** Les délibérations excluant du champ d'application du droit de préemption urbain la vente des lots issus d'un lotissement autorisé ou les cessions de terrains par la personne chargée de l'aménagement d'une ZAC sont seulement soumises à un affichage en mairie (al. 1er).

1865 **DPU renforcé.** Mais les délibérations décidant l'« exercice renforcé » du droit de préemption urbain dans le champ d'application territorial qu'elles déterminent sont, quant à elles, soumises à la double formalité de publicité prévue à l'article R. 211-2 : affichage en mairie et mention dans deux journaux diffusés dans le département.

1866 **Information.** Toutes les délibérations mentionnées au présent article donnent lieu aux formalités d'information prévues à l'article R. 211-3.

C. urb., art. R. 211-5 ***(Ab., D. n° 92-967, 10 sept. 1992).***

C. urb., art. *R. 211-6 ***(D. n° 76-277, 29 mars 1976 ; D. n° 86-516, 14 mars 1986 ; ab., D. n° 97-503, 21 mai 1997, art. 35).***

1867 **Certificat.** Avant son abrogation par le décret n° 97-503 du 21 mai 1997, le présent article prévoyait la délivrance par le maire d'un certificat précisant notamment si le bien était ou non situé dans le champ d'application territorial du droit de préemption urbain.

Voir aussi : C. urb., art. R. 410-17, p. 751.

C. urb., art. *R. 211-7 ***(D. n° 76-277, 29 mars 1976 ; D. n° 86-516, 14 mars 1986).*** **— Toute proposition faite en application du premier alinéa de l'article L. 211-5 est établie dans les formes prescrites par l'arrêté prévu par l'article R. 213-5. Elle est adressée en quatre exemplaires par pli recommandé avec demande d'avis de réception ou déposée contre décharge à la mairie de la commune où se trouve situé le bien.**

Dès réception de la proposition, le maire en transmet copie au directeur des services fiscaux en lui précisant si cette transmission vaut demande d'avis.

Le maire transmet également copie de la proposition au délégataire éventuel du droit de préemption lorsque le titulaire de ce droit est la commune. Dans les autres cas, il transmet copie de la proposition au titulaire du droit de préemption, à charge pour ce dernier de la transmettre à son tour à l'éventuel délégataire.

Les transmissions mentionnées aux deux alinéas précédents indiquent la date de l'avis de réception ou de la décharge de cette proposition.

Il est alors procédé comme indiqué aux articles R. 213-7 à R. 213-12.

En cas de désaccord sur le prix et à défaut de saisine de la juridiction de l'expropriation dans le délai prévu à l'article R. 213-11, le titulaire du droit de préemption est réputé avoir renoncé à l'acquisition du bien.

Voir aussi : Sur la demande d'acquisition d'un bien soumis au droit de préemption urbain, C. urb., art. A. 211-1, p. 947 et C. urb., art. A. 213-1, p. 947, ainsi que les modèle et notice annexés à ce dernier article.

C. urb., art. *R. 211-8 ***(D. n° 76-277, 29 mars 1976 ; D. n° 77-757, 7 juill. 1977 ; D. n° 83-813, 9 sept. 1983 ; D. n° 86-516, 14 mars 1986).*** **— Dans les cas où le bien est rétrocédé à l'ancien propriétaire en application des dispositions de l'avant-dernier alinéa de l'article L. 211-5, l'acte de rétrocession précise que l'ancien propriétaire peut disposer librement de son bien.**

Libre disposition du bien. Disposer librement de son bien signifie que son propriétaire peut le vendre librement (*JOAN* 23 juin 1984, p. 3649, 1re colonne). Cette disposition est spécifique au cas où il y a effectivement eu rétrocession dans les conditions du dernier alinéa de l'article L. 211-5, c'est-à-dire en l'absence de paiement du prix ou, s'il y a obstacle au paiement, de consignation de la somme due, dans les délais prévus aux troisième et quatrième alinéas dudit article. 1868
En revanche, en cas de refus d'acquérir (ou de défaut de réponse du titulaire du droit de préemption dans le délai de deux mois), le propriétaire ne bénéficie que des dispositions de l'article L. 213-8.

Voir aussi : Notes sous C. urb., art. L. 211-5, p. 167.

C. urb., art. R. 211-9 à R. 211-12 ***(Ab., D. n° 95-676, 9 mai 1995, art. 4).***

Chapitre II

Zones d'aménagement différé et périmètres provisoires

C. urb., art. *R. 212-1 ***(D. n° 76-277, 29 mars 1976 ; D. n° 77-757, 7 juill. 1977 ; D. n° 86-516, 14 mars 1986 ; D. n° 88-199, 29 févr. 1988).*** **— Ces zones d'aménagement différé sont créées :**

a) **En cas de proposition ou d'avis favorable des communes intéressées ou de l'établissement public de coopération intercommunale compétent en application de l'article L. 212-4, par arrêté du préfet ou, si la zone est située sur le territoire de plusieurs départements, par arrêté conjoint des préfets intéressés ;**

b) **Par décret en Conseil d'État en cas d'avis défavorable d'une commune intéressée ou de l'établissement public de coopération intercommunale compétent en application de l'article L. 212-4 ou faute d'avis émis par le conseil municipal ou l'organe délibérant de l'établissement public dans le délai de deux mois à compter du jour où le maire ou le président dudit établissement a reçu communication du projet.**

L'acte créant la zone désigne le titulaire du droit de préemption qui peut être changé par un acte pris dans les conditions prévues ci-dessus.

Avis. La maîtrise du problème foncier sur un secteur déterminé d'une commune par l'institution sur celui-ci d'une ZAD est toujours subordonnée, en définitive, à l'accord de l'État ou de son représentant dans le ou les départements concernés. Mais, comme sous le régime antérieur, il n'est pas nécessaire pour la création d'une telle zone de requérir d'autres avis que ceux prévus par le présent article, tels ceux du conseil général ou des chambres d'agriculture (CE, 2 juin 1976, *Chambre d'agriculture d'Île-de-France : Rec. CE*, p. 291) ou celui du ministre des Affaires culturelles (CE, 17 oct. 1975, *Gueguen : Rec. CE*, p. 517). 1869

1870 **Illégalité de la décision de création.** Le vice propre entachant la délibération du conseil municipal demandant l'institution d'une ZAD et tenant à la participation du maire intéressé personnellement à l'affaire en sa qualité de notaire et de conseiller d'un groupe privé, lequel projetait l'aménagement de terrains appartenant, pour la plus grande partie, à une société civile qui se refusait à vendre sa propriété à ce groupe privé, entache d'illégalité l'arrêté préfectoral créant la ZAD (CE, 15 avr. 1988 : *Gaz. Pal.* 1988, 2, somm. 482). Sous réserve que l'acte de création de la ZAD permette de déterminer clairement ses limites, les erreurs que pourrait comporter le plan annexé à l'acte, dont aucune disposition n'exige qu'il soit un plan cadastral, sont sans incidence sur sa légalité (CE, 30 mars 2001, req. n° 209643, *Ribstein : Juris-Data* n° 2001-062174).

C. urb., art. R. 212-1-1 et R. 212-1-2 *(Ab., D. n° 92-967, 10 sept. 1992).*

C. urb., art. *R. 212-2 *(D. n° 76-277, 29 mars 1976 ; D. n° 77-757, 7 juill. 1977 ; D. n° 86-516, 14 mars 1986 ; D. n° 92-967, 10 sept. 1992).* — La décision créant une zone d'aménagement différé fait l'objet :

***a)* D'une publication au *Journal officiel* de la République française s'il s'agit d'un décret ;**

***b)* D'une publication au recueil des actes administratifs du ou des départements intéressés s'il s'agit d'un arrêté.**

Mention en est insérée dans deux journaux publiés dans le ou les départements concernés. Une copie de la décision créant la zone d'aménagement différé et un plan précisant le périmètre de cette zone sont déposés à la mairie de chacune des communes concernées.

Les effets juridiques attachés à la création de la zone ont pour point de départ, dans le cas prévu au *a)* ci-dessus, la publication au *Journal officiel* et, dans les autres cas, l'exécution de l'ensemble des formalités de publicité mentionnées ci-dessus. Pour l'application du présent alinéa, la date à prendre en considération pour l'affichage en mairie est celle du premier jour où il est effectué.

Copie de la décision créant la zone est en outre adressée au Conseil supérieur du notariat, à la chambre départementale des notaires, aux barreaux constitués près les tribunaux de grande instance dans le ressort desquels est créée la zone d'aménagement différé et au greffe des mêmes tribunaux.

1871 **Publicité.** Lorsque la décision résulte d'un arrêté, ce n'est que lorsque la dernière en date des mesures de publicité (recueil des actes administratifs, mention dans les journaux, dépôt en mairie) aura été effectuée, que la zone d'aménagement différé sera effectivement opposable aux tiers. Le deuxième alinéa, dans la rédaction que lui a donnée le décret n° 92-967 du 10 septembre 1992, ne fait plus mention comme antérieurement d'un affichage en mairie d'un avis concernant le dépôt des documents (décision de création et plan périmétral), qui y sont mentionnés. La deuxième phrase du troisième alinéa semble donc désormais sans objet et aurait dû par suite être abrogée par le même décret. Cette opinion semble d'ailleurs être confortée par la rédaction de l'article R. 212-2-1 mis en place par ledit décret et relatif aux mesures de publicité en cas de délimitation d'un périmètre provisoire de ZAD.

C. urb., art. R. 212-2-1 *(D. n° 92-967, 10 sept. 1992).* — L'arrêté préfectoral délimitant le périmètre provisoire de zone d'aménagement différé ou l'arrêté conjoint des préfets intéressés, lorsque le périmètre concerne le territoire de plusieurs départements, désigne le titulaire du droit de préemption. Il fait l'objet d'une publication au recueil des actes administratifs de la ou des préfectures. Mention en est insérée dans deux journaux publiés dans le ou les départements.

Les effets juridiques attachés à la délimitation du périmètre provisoire ont pour point de départ l'exécution de l'ensemble des formalités de publicité mentionnées ci-dessus.

Une copie de la décision créant le périmètre provisoire et un plan sont déposés à la mairie de chacune des communes concernées.

Une copie de la décision créant le périmètre provisoire est en outre adressée au Conseil supérieur du notariat, à la chambre départementale des notaires, aux barreaux

constitués près les tribunaux de grande instance dans le ressort desquels est délimité le périmètre provisoire et au greffe des mêmes tribunaux.

Publicité. Mesures de publicité analogues à celles prévues par l'article R. 212-2 ci-dessus et applicables en cas de délimitation d'un périmètre provisoire de ZAD. 1872

C. urb., art. *R. 212-3 ***(D. n° 86-516, 14 mars 1986 ; D. n° 88-199, 29 févr. 1988 ; D. n° 92-967, 10 sept. 1992 ; ab., D. n° 97-503, 21 mai 1997, art. 36)***

Certificat. Avant son abrogation par le décret n° 97-503 du 21 mai 1997, le présent article prévoyait la délivrance par le préfet d'un certificat précisant si le bien était situé ou non dans une ZAD ou dans un périmètre provisoire de ZAD. 1873

Voir aussi : C. urb., art. R. 410-17, p. 751.

C. urb., art. *R. 212-4 ***(D. n° 76-277, 29 mars 1976 ; D. n° 86-516, 14 mars 1986).*** **— Les propositions formulées en application de l'article L. 212-3 sont établies et instruites dans les formes, conditions et délais définis à l'article R. 211-7.**

Délaissement. En renvoyant à l'article R. 211-7, le présent article procède à l'unification de la mise en œuvre du droit de délaissement dans les domaines respectifs du droit de préemption urbain et du droit de préemption dans les ZAD et les périmètres provisoires de ZAD. 1874

Voir aussi : Sur la demande d'acquisition d'un bien compris dans une ZAD ou un périmètre provisoire de ZAD, C. urb., art. A. 212-1, p. 947, et C. urb., art. A. 213-1, p. 947, ainsi que les modèle et notice annexés à ce dernier article.

C. urb., art. *R. 212-5 ***(D. n° 76-277, 29 mars 1976 ; D. n° 86-516, 14 mars 1986 ; D. n° 92-967, 10 sept. 1992).*** **— Dans les cas prévus aux alinéas 4 et 5 de l'article L. 212-3, le bénéficiaire du droit de préemption est tenu, sur simple requête du propriétaire, d'attester dans le délai de quinze jours suivant la réception de ladite requête, que le bien n'est plus soumis au droit de préemption de la zone d'aménagement différé ou d'un périmètre provisoire de zone d'aménagement différé.**

Refus d'acquérir en paiement tardif. En ZAD ou dans le périmètre provisoire de ZAD, un bien cesse d'être soumis au droit de préemption en cas de refus d'acquérir (C. urb., art. L. 212-3, al. 4) ou lorsque le paiement ou la consignation du prix n'intervient pas dans le délai prévu par la loi et entraîne rétrocession du bien (C. urb., art. L. 212-3, al. 5). 1875

C. urb., art. R. 212-6 ***(D. n° 92-967, 10 sept. 1992).*** **— Le prix d'un immeuble acquis, par le titulaire du droit de préemption dans le périmètre provisoire de la zone d'aménagement différé et cédé au titulaire du droit de préemption dans la zone d'aménagement différé, en application de l'article L. 212-2-2, est égal, sauf accord des parties sur un prix supérieur au coût global de l'acquisition y compris les frais, charges et indemnités de toute nature supportés par le titulaire du droit de préemption du périmètre provisoire de zone d'aménagement différé révisé en fonction des variations de l'indice du coût de la construction, constaté par l'Institut national de la statistique et des études économiques.**

La rétrocession des biens immobiliers en application de l'article L. 212-2-2 à leurs anciens propriétaires ou à leurs ayants cause universels ou à titre universel s'effectue dans les conditions prévues aux articles R. 213-16 à R. 213-20.

Périmètres provisoires. Modalités d'application de l'article L. 212-2-2 qui fixe le régime et détermine le sort des biens préemptés dans le périmètre provisoire d'une ZAD lorsque intervient la publication de l'acte créant la ZAD ou la caducité de l'arrêté délimitant le périmètre provisoire. 1876

Chapitre III

Dispositions communes au droit de préemption urbain, aux zones d'aménagement différé et aux périmètres provisoires

Section I Délégation du droit de préemption

C. urb., art. *R. 213-1 *(D. n° 86-516, 14 mars 1986).* — **La délégation du droit de préemption prévue par l'article L. 213-3 résulte d'une délibération de l'organe délibérant du titulaire du droit de préemption.**

Cette délibération précise, le cas échéant, les conditions auxquelles la délégation est subordonnée.

Cette délégation peut être retirée par une délibération prise dans les mêmes formes.

1877 **Délégation de compétence au maire.** Compte tenu des délais courts qui encadrent la procédure de préemption, le conseil municipal a la possibilité de déléguer sa compétence au maire, en application du 15° de l'article L. 2122-22 du Code général des collectivités territoriales : cet article précise notamment que le maire peut, par délégation du conseil municipal, être chargé en tout ou partie, et pour la durée de son mandat, d'exercer au nom de la commune les droits de préemption définis par le Code de l'urbanisme. Il revient au conseil municipal de décider du contenu de la délégation qu'il consent au maire : le conseil municipal est libre de sa décision et peut y mettre fin à tout moment. Mais dès lors que délégation est donnée au maire, sans autre précision, il lui appartient de signer toutes les décisions relatives à la préemption et le conseil municipal ne peut, sous peine d'incompétence, se substituer au maire tant que la délégation existe. À la suite de la réception d'une déclaration d'intention d'aliéner, il appartiendra donc au maire de prendre la décision de préempter ou de renoncer à la préemption (Rép. min. n° 28570, 19 juill. 1999 : *JOAN* 19 juill. 1999, p. 4437).

Voir aussi : Les notes et la jurisprudence sous C. urb., art. L. 213-3, p. 186.

C. urb., art. *R. 213-2 *(D. n° 76-277, 29 mars 1976 ; D. n° 86-516, 14 mars 1986).* — **La délégation peut également résulter de l'insertion d'une clause particulière dans un traité de concession d'aménagement. Dans ce cas, la délégation produit effet à compter de la date à laquelle le traité de concession est exécutoire.**

1878 **Convention publique d'aménagement.** Les termes « concession d'aménagement » auraient dû être remplacés par ceux de convention publique d'aménagement, dont les titulaires peuvent également se voir confier les acquisitions par voie d'expropriation.

Voir aussi : C. urb., art. L. 300-4, p. 218.

C. urb., art. *R. 213-3 *(D. n° 86-516, 14 mars 1986).* — **Dans les articles R. 211-1 et suivants, R. 212-1 et suivants et R. 213-4 et suivants, l'expression « titulaire du droit de préemption » s'entend également, s'il y a lieu, du délégataire de ce droit.**

Voir aussi : Disposition analogue dans C. urb., art. L. 213-3, al. 2, p. 186.

Section II Procédure de préemption

Sous-section 1 Cas général

C. urb., art. *R. 213-4 *(D. n° 86-516, 14 mars 1986).* — **Les dispositions de la présente sous-section sont applicables à toutes les aliénations volontaires à titre onéreux sous quelque forme que ce soit de biens soumis au droit de préemption à l'exception de**

celles qui sont réalisées sous la forme des adjudications soumises aux dispositions des articles R. 213-14 et R. 213-15.

Champ d'application. Se trouvent notamment visés les transferts de propriété réalisés sous l'une des formes suivantes : 1879
– vente dite amiable, ou de gré à gré, quelles que soient les modalités de paiement (en espèces, en nature, en rente viagère...) du prix et les conditions particulières dont elle peut être assortie (réserve d'usufruit, de droit d'usage et d'habitation...) ;
– apport en société (V. note sous art. L. 213-1) ;
– échange amiable, avec ou sans soulte ;
– adjudication volontaire ou vente volontaire aux enchères publiques ;
– cessions de droits indivis, sauf celles consenties à l'un des indivisaires (V. art. L. 213-1) ;
– cessions de tantièmes contre remise de locaux à construire (V. art. L. 213-1).

Abrogation du caractère volontaire de l'aliénation. Là encore, le texte réglementaire n'a pas été mis en concordance avec le texte législatif (art. L. 213-1), par la suppression du caractère volontaire de l'aliénation. 1880

C. urb., art. *R. 213-5 ***(D. n° 86-516, 14 mars 1986).*** **— La déclaration par laquelle le propriétaire d'un bien soumis au droit de préemption manifeste l'intention d'aliéner ce bien est établie dans les formes prescrites par un arrêté du ministre chargé de l'urbanisme.**

Cette déclaration doit être présentée en quatre exemplaires et indiquer les prix et conditions de l'aliénation projetée y compris, s'il y a lieu, le prix d'estimation de l'immeuble ou du droit offert en contrepartie.

Elle est adressée à la mairie de la commune où se trouve situé le bien, par pli recommandé avec demande d'avis de réception postal, ou déposée contre décharge.

Exigence de DIA. L'exigence de la déclaration préalable est propre à chaque transaction. 1881

Voir aussi : Sur la déclaration d'intention d'aliéner (DIA) un bien soumis au droit de préemption urbain ou compris dans une ZAD ou un périmètre provisoire de ZAD, C. urb., art. A. 213-1, p. 947, ainsi que les modèle et notice qui y sont annexés.

Contenu de la DIA. La déclaration d'intention d'aliéner doit, en application du présent article, indiquer les prix et conditions de l'aliénation projetée. Ne fait pas application des dispositions précitées et doit être cassé le jugement qui, au prétendu motif que la commune connaissait la clause de l'acte de vente prévoyant que la rémunération de l'agent immobilier incomberait à l'acquéreur, condamne celle-ci à payer des honoraires à l'agent immobilier, alors que la commune ne peut s'engager au-delà des conditions financières figurant dans la seule déclaration d'intention d'aliéner qui lui a été notifiée, laquelle ne contenait aucune indication sur la rémunération de l'agence (Cass. 3e civ., 10 mars 1993 : *D.* 1993, inf. rap. p. 92). 1882

Voir aussi : Notes sous C. urb., art. R. 213-12, p. 595.

Opposabilité des restrictions visées dans la DIA. Lorsque la cession envisagée est assortie de restrictions quant à l'usage des biens, ces restrictions ne sont opposables à la commune que si elles sont mentionnées dans la déclaration d'intention d'aliéner ou dans un document joint (Cass. 3e civ., 30 mai 1996 : *Juris-Data* n° 1996-002098). 1883

Prix et conditions de la DIA. Dans le cadre d'une aliénation entrant dans le champ d'application du droit de préemption, la décision de préemption se fait au prix et conditions fixées dans la déclaration d'intention d'aliéner. Aussi, toute modification apportée à une promesse de vente, et touchant au prix et aux conditions préalablement souscrites, donne lieu à transmission, au bénéficiaire du droit de préemption, d'une nouvelle déclaration d'intention d'aliéner (Rép. min. : *JOAN* 9 janv. 1995, p. 200). 1884

Annexe à la DIA. Une note annexée au formulaire de DIA et dont l'existence est attestée par les mentions portées sur ce formulaire fait partie intégrante de la DIA, puisque aucune disposition 1885 légale ou réglementaire n'interdit de le compléter. En l'espèce, il y avait une contradiction entre la DIA et son annexe sur les surfaces vendues ; c'est l'annexe qui l'a emporté, car elle comportait une description technique et précise du bien (Cass. 3e civ., 17 févr. 1999 : *BJDU* 4/1999, p. 285).

1886 **Conditions suspensives.** En cas d'aliénation visée à l'article L. 213-1 du présent code, le bénéficiaire du droit de préemption n'est lié, comme il résulte des articles L. 213-2 et R. 213-5 du même code, que par les conditions de la cession. Ainsi, la cour d'appel qui a constaté que les conditions suspensives, dont était assortie la promesse de vente, n'avaient pas été mentionnées dans la déclaration d'aliéner adressée à la commune, a justement retenu que ces conditions étaient inopposables à celle-ci (Cass. 3e civ., 27 mai 1998 : *Juris-Data* n° 1998-002319).

1887 **Indication du candidat acquéreur.** Sur l'intérêt d'indiquer dans la déclaration préalable l'identité de la personne qui s'était portée candidate à l'acquisition auprès du propriétaire, voir les articles L. 213-11 et R. 213-19 relatifs au droit de rétrocession dont elle peut bénéficier. L'auteur de la déclaration d'intention d'aliéner n'est pas tenu de faire figurer le nom de l'acquéreur éventuel (CE, 6 janv. 1995, req. n° 123371, *Époux Fitoussi*). L'indication éventuelle du nom de ce dernier ne constitue pas un engagement du vendeur et celui-ci n'est pas tenu de présenter une nouvelle déclaration en cas de changement d'acquéreur, dès lors que le prix et les conditions de l'aliénation projetée ne sont pas modifiés (Rép. min. n° 19955 : *JOAN* 7 déc. 1998, p. 6732).

Voir aussi : La chronique de Sylvain Pérignon, *L'indication du nom de l'acquéreur dans la déclaration d'intention d'aliéner (DIA)* publiée au *Defrénois* 1988, art. 34332, dans laquelle l'auteur répond par la négative aux questions de savoir : 1° si le nom de l'acquéreur est une mention obligatoire et 2° si le changement d'acquéreur oblige à une nouvelle notification comme semblait l'admettre un arrêt de la cour de Versailles du 25 novembre 1987 (*SNC Aménagements, rénovations, constructions* c/ *SCI du Boulevard de Courbevoie : Juris-Data* n° 1987-046786 ; *JCP* N 1988, n° 23, Semaine en bref) pour lequel une nouvelle déclaration d'intention d'aliéner est nécessaire s'il y a une modification dans la consistance des biens à vendre ou du prix en cas de changement d'acquéreur.

1888 **Décès du propriétaire.** Le décès du propriétaire – qui a adressé une déclaration d'intention d'aliéner un immeuble inclus dans le périmètre d'une zone d'intervention foncière – intervenu avant l'expiration du délai de deux mois prévu à l'ancien article R. 211-9 du Code de l'urbanisme prévoyant que le silence gardé plus de deux mois par le titulaire du droit de préemption vaut renonciation, est sans influence sur cette déclaration et sur le cours de ce délai de sorte qu'est illégale la décision du maire de la commune déclarant caduque cette déclaration d'intention d'aliéner et invitant les héritiers du déclarant à en souscrire une nouvelle (CE, 5 oct. 1988, req. n° 65449 : *JCP* G 1989, II, 21182).

1889 **Responsabilité notariale.** La responsabilité contractuelle d'un notaire est engagée dès lors que, étant tenu à l'égard de son client à une obligation de vigilance, il a omis d'indiquer dans la déclaration d'intention d'aliéner un immeuble, adressée à l'acheteur, qu'une partie des locaux était louée. En effet, l'omission de l'existence de ce bail a permis à la commune qui avait pris la décision d'acquisition par voie de préemption, même si elle avait connaissance de ce bail avant la réunion de son conseil municipal, de refuser de signer la vente tant que le bail ne serait pas résilié, de consigner le prix et d'entraîner le vendeur dans une procédure devant le juge de l'expropriation. Ainsi, compte tenu de l'importance de l'opération et des conséquences attachées à un tel document, le notaire aurait dû être particulièrement vigilant et a ainsi commis une faute (CA Dijon, 8 déc. 1994 : *Juris-Data* n° 1994-050836 ; *JCP* G 1995, IV, 1504). Cette responsabilité vaut, de surcroît, en l'absence de DIA alors que celle-ci était requise (CA Toulouse, 21 mai 2002 : *Juris-Data* n° 2002-180995).

Jugé, sous le régime des ZIF, que les notaires ne sont nullement tenus, soit par des dispositions législatives ou réglementaires, soit par un usage constant, d'adresser dans le délai indiqué par les appelants – soit quatre ou cinq jours – « la déclaration d'intention d'aliéner au service compétent » (CA Paris, 7 mars 1983 : *JCP* N 1985, II, p. 142).

C. urb., art. *R. 213-6 *(D. n° 86-516, 14 mars 1986 ; D. n° 92-967, 10 sept. 1992).* — Dès réception de la déclaration, le maire en transmet copie au directeur des services fiscaux en lui précisant si cette transmission vaut demande d'avis.

Le maire transmet également copie de la déclaration au délégataire éventuel du droit de préemption lorsque le titulaire de ce droit est la commune. Dans les autres cas, il transmet copie de la déclaration au titulaire du droit de préemption, à charge pour ce dernier de la transmettre à son tour à l'éventuel délégataire.

Les transmissions visées aux deux alinéas précédents indiquent la date de l'avis de réception ou de la décharge de la déclaration.

Voir aussi : Sur l'avis du service des domaines, C. urb., art. R. 213-21, p. 600.

Transmission de la DIA. Le défaut de transmission d'une déclaration d'intention d'aliéner au bénéficiaire de la faculté de préemption, dû à une erreur de l'Administration, ne saurait être sanctionné par l'action en nullité prévue par l'article L. 213-2 (Cass. 3e civ., 7 juin 1983 : *JCP* N 1984, Prat. 8917). 1890

Voir aussi : Sur les dispositions spécifiques applicables aux transmissions des déclarations d'intention d'aliéner dans les cas, désormais possibles, de création d'un périmètre provisoire de ZAD ou d'une ZAD sur des secteurs soumis au droit de préemption urbain, C. urb., art. L. 213-17, p. 206.

C. urb., art. *R. 213-7 *(D. n° 86-516, 14 mars 1986).* — Le silence gardé par le titulaire du droit de préemption dans le délai de deux mois qui lui est imparti par l'article L. 213-2 vaut renonciation à l'exercice de ce droit de préemption. Ce délai court à compter de la date de l'avis de réception ou de la décharge de la déclaration faite en application de l'article R. 213-5.

Délai de deux mois. La notification d'une décision de préemption sans indication du prix dans le délai de deux mois est inopposable au propriétaire et à son acquéreur pressenti (CE, 16 mai 2001, *Cne Saint-Suliac : BJDU* 3/2001, p. 196, concl. Fombeur ; *Collectivités-Intercommunalité* 2001, n° 1, comm. n° 234, T. Célérier). 1891

Voir aussi : Annotations sous C. urb., art. L. 213-2, p. 182.

Recours contentieux. Le Conseil d'État a admis que la notification de la décision de préemption adressée par la commune au notaire mandataire des seuls vendeurs n'a pas fait courir le délai de recours contentieux à l'encontre du candidat acquéreur (CE, 23 mars 1994 : *Mon. TP* 1994, n° 4716, p. 89). 1892

Compétence du juge judiciaire. Le juge judiciaire est compétent pour annuler une vente consécutive à une décision de préemption notifiée hors délai sans qu'il estime nécessaire de renvoyer, au préalable, la décision pour annulation devant le juge administratif. Le juge judiciaire considère, dans ce cas, qu'il n'est pas face à un problème de légalité, mais face à un problème d'« effectivité ». En conséquence, doit donc être cassé l'arrêt qui décide de surseoir à statuer sur la demande de nullité de la vente formée par une commune, jusqu'à ce que le tribunal administratif, saisi par le vendeur de la régularité de la notification de la décision de préemption, ait statué par une décision à caractère définitif (Cass. 1re civ., 18 oct. 1994 : *JCP* N 1994, I, p. 777 et note Joël-Luc Bourgois). C'est sans porter atteinte au principe de la séparation des autorités administrative et judiciaire, qu'une cour d'appel décide que la vente à la commune est nulle lorsque la prise de décision d'exercer le droit de préemption n'est effectivement intervenue que par une délibération du conseil municipal prise plus de deux mois après la notification de la déclaration d'intention d'aliéner des propriétaires, donc hors du délai légal (Cass. 3e civ., 4 juill. 1984 : *Gaz. Pal.* 1985, 1, pan. jur. 23), la lettre du maire adressée à l'intérieur de ce délai ne pouvant à elle seule, en l'absence de délégation du conseil municipal au maire dans les conditions de l'article L. 120-20 du Code des communes, être retenue comme constituant la manifestation par la commune de sa décision d'exercer son droit de préemption (CA Paris, 18 nov. 1982 : *Defrénois* 1984, art. 33367). 1893

ZAD et périmètres provisoires de ZAD. Sur le calcul du délai de deux mois dans les cas, désormais possibles, de création d'un périmètre provisoire de ZAD ou d'une ZAD sur des secteurs soumis au droit de préemption urbain, voir l'article L. 213-17. 1894

1895 **Droits de délaissement.** Dispositions également applicables – de même que celles des articles R. 213-8 et R. 213-12 ci-après – dans le domaine des droits de délaissement prévus aux articles L. 211-5 et R. 211-7 et L. 212-3 et R. 212-4 (V. ces articles).

C. urb., art. *R. 213-8 *(D. n° 86-516, 14 mars 1986)*. — Lorsque l'aliénation est envisagée sous forme de vente de gré à gré ne faisant pas l'objet d'une contrepartie en nature, le titulaire du droit de préemption notifie au propriétaire :

***a)* Soit sa décision de renoncer à l'exercice du droit de préemption ;**

***b)* Soit sa décision d'acquérir aux prix et conditions proposés, y compris dans le cas de versement d'une rente viagère ;**

***c)* Soit son offre d'acquérir à un prix proposé par lui et, à défaut d'acceptation de cette offre, son intention de faire fixer le prix du bien par la juridiction compétente en matière d'expropriation ; ce prix est exclusif de toute indemnité accessoire, et notamment de l'indemnité de réemploi. Dans le cas d'une vente envisagée moyennant le versement d'une rente viagère, le titulaire du droit de préemption et, le cas échéant, la juridiction doivent respecter les conditions de paiements proposées par le vendeur. Toutefois, le titulaire peut proposer, et la juridiction fixer, la révision du montant de cette rente et du capital éventuel.**

1896 **Décision d'acquérir.** La décision du titulaire du droit de préemption d'acquérir au prix demandé traduit l'accord sur le prix et la chose ; en conséquence, la vente est, dès ce moment, considérée comme parfaite (CA Montpellier, 4 nov. 2003 : *Constr.-urb.* 2004, n° 2, comm. n° 38, P. Cornille). Le texte réglementaire adopte d'ailleurs une rédaction soulignant cet aspect en précisant qu'en cas d'accord sur le prix le titulaire du droit de préemption notifie « sa décision d'acquérir »... alors que, dans les autres hypothèses, qui impliquent un désaccord éventuel, ce même titulaire notifie « une offre d'acquérir » offre qui seule laisse ouverte au propriétaire la possibilité de retirer son offre. Si une commune est d'accord pour acheter le bien mis en vente au prix proposé par son vendeur, le contrat de vente est donc formé dès que la commune a notifié sa décision d'acquérir et toute renonciation à vendre que pourrait former le propriétaire serait dépourvue de base légale (Rép. min. : *JOAN* 24 oct. 1988, p. 3009). Si celui-ci refuse de régulariser la vente, le titulaire du droit de préemption est fondé à saisir le tribunal de grande instance compétent, afin d'obtenir le transfert de propriété (Rép. min. : *JOAN* 9 juill. 1977, p. 4649 ; *JCP* N 1977, Prat. 6672-2 ; *JOAN* 21 oct. 1996, p. 5549 ; *JCP* N 1997, Prat. 3912).

1897 **Prix.** Lorsque le titulaire du droit de préemption décide d'acquérir l'immeuble aux prix et conditions proposés par le vendeur, la circonstance que le prix offert serait inférieur à celui du marché est sans influence sur la légalité de la décision de préemption (TA Paris, 18 mai 1987 : *JCP* N 1988, II, p. 233). C'est exactement que la cour d'appel a retenu que la mention non ambiguë, par la commune, de l'exercice du droit de préemption urbain, sur la déclaration d'intention d'aliéner, inséparable de la décision municipale à laquelle elle se référait et contenant une proposition de prix inférieur, ne comportait aucun accord exprès ou même implicite de la commune en vue de l'acquisition du bien au prix proposé par le vendeur et qu'elle n'était qu'une information destinée aux parties à l'acte (Cass. 3e civ., 30 mai 1996 : *Juris-Data* n° 1996-002097 ; *JCP* G 1996, IV, 1610 ; N 1996, II, p. 1599).

1898 **Recours.** Lorsqu'une commune exerce son droit de préemption aux prix et conditions fixés par le vendeur dans sa déclaration d'intention d'aliéner, cette décision n'a pas à l'égard du propriétaire le caractère d'une décision faisant grief. Celui-ci est donc sans intérêt à la contester. Irrecevabilité de sa demande d'annulation (TA Nantes, 3e ch., req. n° 942880, *Pruvost : Juris-Data* n° 046543 ; *JCP* G 1997, IV, 577).

Voir aussi : La chronique de Sylvain Pérignon, *La décision d'exercice du droit de préemption urbain* (*Defrénois* 1988, art. 34332), dans laquelle l'auteur, après avoir rappelé les principes qui régissent une telle décision, propose en annexe diverses formules de notification et de décisions d'exercice de ce droit de préemption ; sur la vente avec constitution de rente viagère et sur la vente « à charge de soins », les réponses ministérielles citées sous l'article L. 213-4.

Référé-Suspension. La suspension de la décision de préemption est fondée, dès lors que le vendeur refusant le prix proposé par la commune allait devoir attendre la fixation judiciaire de ce prix, alors qu'il avait un besoin urgent de liquidité pour s'acquitter de ses obligations fiscales, ses intérêts subissaient donc un préjudice suffisamment grave et immédiat. Ainsi, le juge des référés a commis une erreur de droit en n'examinant pas la situation personnelle du requérant (CE, 14 nov. 2003, req. n° 258248, Colladant : *Juris-Data* n° 2003-066086). 1899

Rente viagère. Ayant relevé que la cession moyennant rente viagère et réserve du droit d'usage et d'habitation, objet de la promesse de vente, constituait une aliénation de gré à gré sans contrepartie en nature, la cour d'appel a légalement justifié sa décision en retenant l'exercice par la commune de son droit de préemption aux conditions et prix proposés par le vendeur (Cass. 3e civ., 27 mai 1998 : *Juris-Data* n° 1998-002319). L'implication du juge de l'expropriation dans un contrat de rente viagère *(c)* est susceptible de soulever des difficultés de nature technique et de nature juridique (*JO* Sénat 9 nov. 1984, p. 3062). 1900

Voir aussi : Sur le droit de repentir, C. urb., art. L. 213-7, p. 193.

C. urb., art. *R. 213-9 *(D. n° 86-516, 14 mars 1986)*. — Lorsque l'aliénation est envisagée sous une forme ou une modalité autre que celle prévue à l'article précédent, le titulaire du droit de préemption notifie au propriétaire :

***a)* Soit sa décision de renoncer à l'exercice du droit de préemption ;**

***b)* Soit son offre d'acquérir le bien à un prix qu'il propose et, à défaut d'acceptation de cette offre, son intention de faire fixer le prix du bien par la juridiction compétente en matière d'expropriation ; ce prix est exclusif de toute indemnité accessoire, et notamment de l'indemnité de réemploi. En cas de vente envisagée moyennant le paiement d'une rente viagère et une contrepartie en nature, le titulaire du droit de préemption et, le cas échéant, la juridiction compétente en matière d'expropriation doivent respecter les conditions de paiement proposées. Toutefois, le titulaire peut proposer, et la juridiction fixer, la révision du montant de cette rente et du capital éventuel.**

Exclusion vente gré à gré. Dispositions applicables dès lors qu'il ne s'agit pas d'une « vente gré à gré ne faisant pas l'objet d'une contrepartie en nature » : ce sera le cas, notamment, de l'adjudication volontaire, de l'échange, de l'apport en société, de la cession de tantièmes contre locaux à construire, etc. 1901

Modalité de paiement. Rapprocher le *b)* du *c)* de l'article précédent. Dans l'un et l'autre cas, le titulaire du droit de préemption doit, lors de son offre d'acquérir sur laquelle le propriétaire sera conduit à exercer l'une des options prévues à l'article R. 231-10, respecter les modalités de paiement particulières exprimées par le propriétaire lors de la souscription de sa déclaration d'intention d'aliéner, telles que : totalité en rente viagère, réversible ou non, sur une ou plusieurs têtes ; partie en capital et surplus en rente viagère, etc. Mais en pareil cas, le titulaire du droit de préemption pourra néanmoins, dans son offre d'acquérir, proposer la révision du montant de la rente et du capital éventuel. 1902

C. urb., art. *R. 213-10 *(D. n° 86-516, 14 mars 1986)*. — À compter de la réception de l'offre d'acquérir faite en application des articles R. 213-8 *(c)* ou R. 213-9 *(b)*, le propriétaire dispose d'un délai de deux mois pour notifier au titulaire du droit de préemption :

***a)* Soit qu'il accepte le prix ou les nouvelles modalités proposés en application des articles R. 213-8 *(c)* ou R. 213-9 *(b)* ;**

***b)* Soit qu'il maintient le prix ou l'estimation figurant dans sa déclaration et accepte que le prix soit fixé par la juridiction compétente en matière d'expropriation ;**

***c)* Soit qu'il renonce à l'aliénation.**

Le silence du propriétaire dans le délai de deux mois mentionné au présent article équivaut à une renonciation d'aliéner.

Champ d'application. Dispositif procédural applicable, quelle que soit la forme de l'aliénation à titre onéreux envisagée, dès lors que le titulaire du droit de préemption a fait connaître, dans le 1903 délai de deux mois de l'avis de réception ou de la décharge de la déclaration d'intention d'aliéner, son offre d'acquérir à un prix proposé par lui et à défaut d'acceptation de son offre, son intention de faire fixer le prix du bien par la juridiction compétente en matière d'expropriation.

1904 **Choix du propriétaire.** L'option ouverte au propriétaire conduit :
- en *a*, à la formation du contrat de vente ;
- en *b*, à l'application des dispositions de l'article R. 213-11 ;
- en *c*, à la renonciation à l'aliénation.

Voir aussi : note sous C. urb., art. L. 213-8, p. 195 et comm. sur la jurisprudence relative au référé-suspension.

C. urb., art. *R. 213-11 *(D. n° 86-516, 14 mars 1986 ; D. n° 87-284, 22 avr. 1987 ; D. n° 92-967, 10 sept. 1992).*— Si le titulaire du droit de préemption estime que le prix mentionné à l'article R. 213-10 *(b)* est exagéré, il peut, dans le délai de quinze jours à compter de la réception de la réponse du propriétaire, saisir la juridiction compétente en matière d'expropriation par lettre recommandée adressée au secrétariat de cette juridiction. Une copie, en double exemplaire, du mémoire du titulaire du droit de préemption est jointe à la lettre adressée au secrétariat de la juridiction. Le propriétaire doit en être informé simultanément.

Il est ensuite procédé comme il est dit aux articles R. 13-22 et suivants du Code de l'expropriation pour cause d'utilité publique.

À défaut de saisine de la juridiction dans le délai fixé par le présent article, le titulaire du droit de préemption est réputé avoir renoncé à l'exercice de son droit.

En cas d'application de l'article L. 213-4-1, copie du récépissé de la consignation doit être adressée au propriétaire et à la juridiction.

1905 **Mise en œuvre.** C'est toujours au titulaire du droit de préemption qu'il appartient de mettre en œuvre, dans le délai relativement bref de quinze jours (V. à cet égard, Rép. min. : *JOAN* 15 févr. 1988, p. 717 ; *JCP* N 1988, Prat. 559-3 ; 18 avr. 1988, p. 1663 : *JCP* N 1988, Prat. 725-4), la procédure de saisine de la juridiction compétente en matière d'expropriation sous peine d'être réputé avoir renoncé à l'exercice de son droit. La saisine de la juridiction de l'expropriation par lettre recommandée adressée au juge de l'expropriation constitue une irrégularité de forme qui ne peut toutefois entraîner l'irrecevabilité de la demande de fixation du prix des biens préemptés en l'absence d'un grief dont la preuve n'est pas rapportée (Cass. 3e civ., 20 janv. 1999 : *Juris-Data* n° 1999-000311).

Un arrêt de la Cour de Cassation (Cass. 3e civ. 12 juill. 2000, *Cts de Saint-Pern c/ Société HLM Val de Loire et district de l'agglomération angevine : BJDU* 3/2000, p. 170) est particulièrement intéressant en ce qu'il se prononce sur l'ambiguïté entre les articles *R. 213-10 et *R. 213-11. Le premier prévoit *(b)* l'acceptation du propriétaire pour la fixation judiciaire du prix ; le second dispose qu'il appartient au titulaire du droit de préemption de saisir le juge dans le délai fixé par la loi, faute de quoi il est réputé avoir renoncé à la préemption. La Cour suprême a privilégié cette dernière disposition, nonobstant le fait que le propriétaire, qui maintenait le prix stipulé dans la DIA, ne se soit pas prononcé sur son accord pour une saisine du juge.

C'est cette solution qu'appliquent donc les juges du fond (CA Montpellier, ch. expropr., 25 mai 2001 : *Juris-Data* n° 2001-149517).

1906 **Fixation du prix.** Une cour d'appel a légalement justifié sa décision ayant fixé le prix de parcelles faisant l'objet d'un droit de préemption au profit d'une communauté urbaine en retenant que l'omission de l'avis des Domaines, à laquelle aucun texte n'attachait d'effet spécifique et qui ne pouvait faire grief au propriétaire de l'immeuble, n'interdisait pas à la juridiction de l'expropriation de fixer le prix (Cass. 3e civ., 19 févr. 1992 : *Gaz. Pal.* 1992, pan. jur. 164). Celle-ci est effectivement saisie dans le délai de 15 jours lorsque la requête datée du 24 avril a été expédiée treize jours seulement après la réponse du propriétaire reçue le 11 avril (Cass. 3e civ., 20 janv. 1999 : *Juris-Data* n° 1999-000311).

1907 **Transport sur les lieux et expertise.** Lorsque le prix est fixé par la juridiction de l'expropriation selon les règles applicables en matière d'expropriation, le juge doit, aux termes de l'article R. 13-28 du Code de l'expropriation pour cause d'utilité publique, se transporter sur les lieux et ne peut recourir à l'expertise (Rép. min. : *JO* Sénat 17 nov. 1988, p. 1294 ; *JCP* N 1989, Prat. 911-2).

Cas de la rente viagère. Dans le cas d'une vente envisagée moyennant soit le versement d'une rente viagère (art. R. 213-8), soit le paiement d'une rente viagère et une contrepartie en nature (art. R. 213-9), le juge de l'expropriation aura un rôle déterminant : il lui incombe, en effet, en pareilles circonstances, de fixer le montant de la rente et du capital éventuel. 1908

Voir aussi : Sur les conséquences de l'inobservation de la formalité du dernier alinéa, C. urb., art. L. 213-4-1, p. 191 (présomption de renonciation à l'acquisition ou à l'exercice du droit de préemption) ; sur le droit de repentir, C. urb., art. L. 213-7, p. 193.

C. urb., art. *R. 213-12 *(D. n° 86-516, 14 mars 1986)*. — En cas d'accord sur le prix indiqué par le propriétaire ou sur le prix offert par le titulaire du droit de préemption, un acte authentique est dressé dans un délai de trois mois à compter de cet accord pour constater le transfert de propriété.

Dans le cas où le prix a été fixé par décision de justice et où les parties n'ont pas fait usage de la faculté de renonciation ouverte par l'article L. 213-7 (alinéa 2), un acte de même nature est dressé dans un délai de trois mois à compter de la décision judiciaire devenue définitive.

Acte authentique. L'acte authentique constatant le transfert de propriété – qui permet d'assurer la publicité de la mutation à la conservation des hypothèques – peut revêtir la forme notariée, administrative ou encore judiciaire, si l'ancien propriétaire se refuse à signer celui-ci amiablement (TGI Bordeaux, 5 déc. 1979 : *JCP* N 1981, II, p. 112. – Rép. min. : *JOAN* 9 juill. 1977, p. 4649 ; *JCP* N 1977, Prat. 6672-2). 1909

Délai. Le délai pour dresser l'acte authentique est dans tous les cas de trois mois. 1910
Si, à l'expiration de ce du délai, aucun acte n'a été dressé, le juge judiciaire peut être saisi par le titulaire du droit de préemption ou le vendeur pour faire constater le transfert de propriété (Rép. min. : *JOAN* 21 oct. 1996, p. 5549 ; *JCP* N 1997, Prat. 3912).

Voir aussi : Sur le sens des termes « décision... définitive » figurant au présent article, note sous C. urb., art. L. 211-5, p. 167.

Honoraires de négociation et commissions d'intermédiaires. Il n'est pas sans intérêt de rappeler qu'infirmant la doctrine administrative suivant laquelle le titulaire du droit de préemption dans une ZIF n'était pas tenu de payer, en sus du prix de vente indiqué dans la déclaration d'intention d'aliéner, des honoraires de négociation au notaire ou à l'agent immobilier qui avait négocié entre les parties, même dans le cas particulier où l'acquéreur auquel il se substituait avait pris l'engagement de les prendre en charge (Rép. min. : *JO* Sénat 15 juin 1977, p. 1329 ; *JCP* N 1977, Prat. 6625-3 ; *JOAN* 23 sept. 1978, p. 5246 ; *JCP* N 1978, Prat. 6967-3), la Cour suprême avait décidé que le bénéficiaire du droit de préemption dans une ZIF qui se substitue à l'acquéreur – le prix et les conditions de la vente projetée lui ayant été notifiés – doit supporter les honoraires dus au négociateur de la vente (Cass. 3e civ., 19 juill 1982 : *JCP* N 1983, II, p. 65 et note Roger Page et Gérard Le Gall), d'autant qu'il résulte en effet de l'article 6 de la loi du 2 janvier 1970 et de l'article 73 du décret du 20 juillet 1972 que la substitution du préempteur à l'acquéreur ne porte pas atteinte au droit de commission de l'agent immobilier, tel qu'il est conventionnellement prévu (Cass. 1re civ., 9 mars 1999 : *Juris-Data* n° 1999-001003). La demande de versement de rémunération à l'intermédiaire doit être notifiée au titulaire du droit de préemption en tant que condition de la vente dans la déclaration d'intention d'aliéner (V. à cet égard la note sous l'art. R. 213-5) et être distinguée du prix de cession proprement dit de l'immeuble. Rien n'interdit au titulaire du droit de préemption de s'assurer de la réalité de la prestation fournie par l'intermédiaire en contrepartie de la rémunération demandée et, à cette seule fin, de demander communication du mandat et de l'engagement des parties. La Cour de cassation ne reconnaît en effet pas de droit acquis à rémunération au profit d'intermédiaires dont les diligences se sont limitées à offrir l'immeuble, pour lequel ils ont reçu mandat de rechercher un acquéreur, au titulaire de droit de préemption (Cass. 1re civ., 14 juin 1988). Il est en outre précisé que les litiges relatifs au montant de 1911

la rémunération et à son versement à l'intermédiaire par le titulaire du droit de préemption sont indépendants de la procédure de préemption proprement dite et ne font pas obstacle à ce qu'elle se déroule dans les conditions fixées par les articles L. 213-1 et suivants du Code de l'urbanisme (Rép. min. : *JOAN* 9 sept. 1991, p. 3605).
Ayant retenu que l'omission commise par le notaire dans la déclaration d'intention d'aliéner avait empêché l'agent immobilier de recevoir du préempteur la rémunération acceptée par l'acquéreur, la cour d'appel a pu à bon droit constater que cette omission était génératrice du préjudice subi, dont le montant relève de l'appréciation souveraine des juges du fond (Cass. 1re civ., 26 mars 1996 : *Bull. civ.* I, n° 154, p. 108).

1912 **Droit de repentir.** Le propriétaire d'un bien soumis au droit de préemption pouvant exercer valablement son droit de repentir prévu par l'article L. 213-7 dès lors qu'aucune décision définitive fixant le prix du bien n'était encore intervenue, doit être annulé, car excédant les pouvoirs de l'article L. 213-4, le jugement de première instance qui a ordonné le transfert de propriété de ce bien (CA Versailles, ch. exp. 12 févr. 1990 : *Juris-Data* n° 1990-049530).

1913 **Fiscalité.** Si les rétrocessions visées à l'article L. 213-11 (cas d'utilisation du bien à des fins différentes que celles fondant la préemption) sont exonérées de droits fiscaux (droit de timbres, droit de mutation, taxe de publicité foncière, taxes locales additionnelles et, le cas échéant, TVA), il n'en est pas de même pour celles liées au non-paiement du prix ; et ce, en vertu de l'article 1594-OG, B du Code général des impôts. Toutefois, selon une réponse ministérielle, le propriétaire initiale peut agir en responsabilité contre le titulaire du droit de préemption pour obtenir réparation du préjudice résultant du paiement des droits de mutation attachés à la rétrocession (Rép. min. Zimmermann : *JOAN* 16 déc. 2002, p. 4963).

C. urb., art. *R. 213-13 ***(D. n° 86-516, 14 mars 1986).*** **— Lorsque le titulaire du droit de préemption a renoncé à l'exercice de son droit sur un bien dont le prix a été fixé par décision de justice, les indices du coût de la construction à retenir pour les variations prévues à l'article L. 213-8 (alinéa 2) sont les derniers indices publiés respectivement à la date à laquelle la décision de la juridiction de l'expropriation est devenue définitive et à la date de l'acte authentique constatant le transfert de propriété.**

Le propriétaire informe le titulaire du droit de préemption du prix auquel la vente a été réalisée.

1914 **Dispositif temporaire.** Dispositions applicables que pendant un délai de cinq ans à compter de la décision de justice, devenue définitive, qui a fixé le prix.

Voir aussi : C. urb., art. L. 213-8 ; sur le sens des termes « décision... définitive » figurant au présent article, note sous C. urb., art. L. 211-5, p. 167.

1915 **Obligation d'information.** À noter l'obligation pour le propriétaire de porter à la connaissance du titulaire du droit de préemption le prix auquel la vente a été réalisée.

Sous-section 2 Cas de ventes par adjudication lorsque cette procédure est rendue obligatoire de par la loi ou le règlement

1916 **Code de l'urbanisme, articles R. 213-14 et R. 213-15.** Droit de préemption des communes lors des ventes sur saisie immobilière d'immeubles constituant la résidence principale du saisi. – Mis en place par l'article 108 de la loi n° 98-657 du 29 juillet 1998 d'orientation relative à la lutte contre les exclusions qui a inséré à cet effet un article L. 616 dans le Code de la construction et de l'habitation (V. le commentaire qui précède l'article L. 211-1), ce droit, si toutes les conditions précisées dans ce nouvel article dudit code sont cumulativement remplies, « est exercé suivant les modalités prévues par le Code de l'urbanisme en matière de droit de préemption urbain, en cas de vente par adjudication lorsque cette procédure est rendue obligatoire de par la loi ou le règlement ».

C. urb., art. *R. 213-14 ***(D. n° 86-516, 14 mars 1986).*** **— Les dispositions de la présente sous-section sont applicables à toute vente par adjudication d'un bien soumis au droit**

de préemption lorsque cette procédure est rendue obligatoire par une disposition législative ou réglementaire, à l'exclusion de la vente mettant fin à une indivision créée volontairement et ne résultant pas d'une donation-partage.

Adjudications. Selon les déclarations de M. Quilès, ministre de l'Urbanisme, du Logement et des Transports, lors de la deuxième lecture de la loi n° 85-729 du 18 juillet 1985, les cas d'adjudication concernés sont ceux « dans lesquels les intérêts spécifiques doivent être protégés : la vente de biens de mineurs ou d'incapables majeurs ou la liquidation judiciaire de biens » (*JOAN* 15 déc. 1984, p. 6990, 1re colonne). 1917

Saisie immobilière. L'article L. 616 du Code de la construction et de l'habitation prévoit un droit de préemption en faveur de la commune en cas de vente sur saisie immobilière d'un immeuble constituant la résidence principale de personnes remplissant les conditions de ressources fixées pour les HLM. Le dispositif permet d'assurer le maintien dans les lieux du débiteur saisi. Cet article renvoie aux articles R. 213-14 et R. 213-15 du Code de l'urbanisme : la vente en cause doit être précédée d'une déclaration du greffier de la juridiction, faisant connaître la date et les modalités de la vente, et ce, dans les 30 jours précédant celle-ci. Le titulaire dispose d'un délai de 30 jours à compter de la mise en vente pour se substituer à l'acquéreur et le notifier au greffier par lettre RAR. L'absence de cette notification frappe la vente de nullité (avec une prescription de l'action de 5 ans). Il ne s'agit pas de la nullité de la procédure de saisie mais de celle de la vente elle-même (Cass. 3e civ., 28 févr. 2001, *M. Elso c/ Crédit foncier de France* : *BJDU* 3/2001, p. 187). 1918

Indivisions. La création artificielle d'une indivision ne saurait constituer le support d'une adjudication rendue obligatoire par une disposition législative ou réglementaire. Une seule exception à cet ostracisme contre les indivisions créées volontairement : elle bénéficie uniquement à celles résultant d'une donation-partage. Une indivision résultant d'une simple donation ne saurait donc s'en prévaloir. 1919

Voir aussi : En ce qui concerne les licitations, notes sous C. urb., art. L. 213-1, p. 176, et C. urb., art. L. 213-2, p. 182.

C. urb., art. *R. 213-15 ***(D. n° 86-516, 14 mars 1986).*** **— Les ventes soumises aux dispositions de la présente sous-section doivent être précédées d'une déclaration du greffier de la juridiction ou du notaire chargé de procéder à la vente faisant connaître la date et les modalités de la vente. Cette déclaration est établie dans les formes prescrites par l'arrêté prévu par l'article R. 213-5.**

Elle est adressée au maire trente jours au moins avant la date fixée pour la vente par lettre recommandée avec demande d'avis de réception. La déclaration fait l'objet des communications et transmissions mentionnées à l'article R. 213-6.

Le titulaire dispose d'un délai de trente jours à compter de l'adjudication pour informer le greffier ou le notaire de sa décision de se substituer à l'adjudicataire.

La substitution ne peut intervenir qu'au prix de la dernière enchère ou de la surenchère.

La décision de se substituer à l'adjudicataire est notifiée au greffier et au notaire par lettre recommandée avec demande d'avis de réception.

Copie de cette décision est annexée au jugement ou à l'acte d'adjudication et publiée au bureau des hypothèques en même temps que celui-ci.

Déclaration du greffier. Le seul acte porté directement à la connaissance du titulaire du droit de préemption est la déclaration du greffier de la juridiction ou du notaire chargé de la vente, notifiée au moins 30 jours avant la date fixée pour celle-ci. Il n'est pas prévu de notification, par le greffier, ou le notaire, du jugement d'adjudication, après expiration du délai de surenchère ou rendu sur surenchère. Il appartient donc au titulaire du droit de préemption de se renseigner par lui-même sur le résultat de l'adjudication, s'il n'a pas assisté à celle-ci, afin d'être en mesure de prendre valablement sa décision sur l'exercice ou non de son droit de préemption (Rép. min. : *JO* Sénat 3 juill. 1986, p. 925). 1920

Modalités de paiement du prix. La déclaration d'intention d'aliéner, conforme à l'arrêté prévu par l'article R. 213-5, doit nécessairement faire apparaître très clairement les modalités et les 1921

conditions de la vente en annexant le cahier des charges précisant les obligations de l'acquéreur au regard notamment des conditions de paiement.
Si le titulaire du droit de préemption décide d'exercer ce droit, le transfert de propriété a lieu à la date de réception par le notaire ou le greffier de la juridiction de sa décision de se substituer à l'adjudicataire. Dans ce cas, le titulaire du droit de préemption est tenu par les conditions posées par le cahier des charges dès lors que celui-ci a été joint à la déclaration d'intention d'aliéner.
Si ce cahier des charges précise des délais de paiement différents de ceux issus de l'article L. 213-14 du Code de l'urbanisme, la personne publique qui se substitue à l'adjudicataire et qui en a connaissance est tenue de les respecter. Le point de départ de ce délai est alors non pas la date du procès-verbal d'adjudication, mais celle du transfert de propriété au profit du titulaire du droit de préemption. Toutefois, et sous réserve de l'appréciation du juge, compte tenu du délai nécessaire aux procédures publiques de paiement, il ne semble pas pouvoir être fait grief à la collectivité publique de ne pas respecter les délais impartis par le cahier des charges, sachant qu'en tout état de cause elle ne saurait dépasser ceux prévus par la loi (C. urb., art. L. 213-14), sauf à se trouver dans l'obligation de rétrocéder le bien à l'ancien propriétaire qui lui en fait la demande (Rép. min. : *JOAN* 15 oct. 1990, p. 4857 ; *JCP* N 1990, Prat. 1602-5).

1922 **Intérêts.** Mais comme l'a décidé la troisième chambre civile de la Cour Suprême dans un arrêt du 14 novembre 1991 (*Ville de Paris* c/ *Baumgartner ès qualités* ; *JCP* G 1992, IV, p. 196), le titulaire du droit de préemption, qui dispose en vertu de l'article L. 213-14 du présent code d'un délai de six mois à compter de la date de l'acte ou du jugement d'adjudication pour se libérer du prix, ne peut être tenu au paiement d'intérêts avant l'expiration de ce délai.

1923 **Délai pour préempter.** Le délai de trente jours ouvert au titulaire du droit de préemption court, comme l'indique le troisième alinéa, dès la date de l'adjudication, sans être automatiquement prolongé par le délai de surenchère. Simplement, l'exercice effectif d'une surenchère interrompte le délai de trente jours qui commence alors à courir à nouveau à compter de la nouvelle adjudication (CE, 29 déc. 1993, req. n° 112421, *Lebouc*).

1924 **Renonciation.** Le silence du titulaire du droit de préemption dans le délai à lui imparti pour se substituer à l'adjudicataire équivaut à une renonciation à l'exercice du droit de préemption.

Section III Utilisation des biens acquis par la voie de la préemption

C. urb., art. *R. 213-16 ***(D. n° 86-516, 14 mars 1986 ; D. n° 92-967, 10 sept. 1992).*** **— Lorsque l'identité et le domicile de l'ancien propriétaire ou de ses ayants cause universels ou à titre universel sont connus, l'offre de rétrocession formulée en application de l'article L. 213-11 (alinéa 2) ou de l'article L. 212-2-2 leur est notifiée individuellement par lettre recommandée avec demande d'avis de réception. Elle doit contenir l'indication d'un prix.**

Les anciens propriétaires ou leurs ayants cause universels ou à titre universel disposent d'un délai de deux mois à compter de la date d'avis de réception de la notification pour faire connaître :

a) **Soit qu'ils acceptent de racheter le bien au prix proposé par le titulaire du droit de préemption ;**

b) **Soit qu'ils renoncent au rachat du bien ;**

c) **Soit qu'ils demandent de racheter le bien à un prix qu'ils proposent et que, à défaut d'accord du titulaire du droit de préemption, le prix soit fixé par le juge compétent en matière d'expropriation.**

Le défaut de réponse dans le délai indiqué équivaut à une renonciation au rachat du bien.

1925 **Domaine d'application.** Dispositions applicables dans le cas de l'article L. 213-11 (al. 2) pendant un délai de dix ans à compter de l'exercice du droit de préemption et dans le cas de l'article L. 212-2-2 dans le délai d'un an à compter de la publication de l'acte créant la ZAD à la suite de la délimitation d'un périmètre provisoire de ZAD ou de la caducité de l'arrêté ayant délimité le périmètre provisoire.

Voir aussi : C. urb., art. R. 213-18, p. 599, sur les mesures de publicité lorsque l'identité ou le domicile des anciens propriétaires ou de leurs ayants cause universels ou à titre universel est inconnu.

Perte du droit de priorité. L'ancien propriétaire, qui n'a jamais retiré la lettre recommandée avec accusé de réception que lui avait adressée la commune titulaire du droit de préemption et qui n'a pas fait connaître sa décision dans le délai de deux mois imparti par l'article R. 213-16 du présent code, a perdu par sa négligence son droit d'acquérir en priorité le bien préempté lors de sa revente et ne peut donc invoquer son droit de priorité ainsi que l'ont justement relevé les premiers juges (CA Nîmes, 1re ch., 10 sept. 1998 : *Juris-Data* n° 1998-031074). 1926

Zones d'aménagement concerté (ZAC). Procédure (art. R. 213-16 à R. 213-19) inapplicable si le bien en cause est situé dans une ZAC. 1927

Voir aussi : C. urb., art. L. 311-2, p. 227.

C. urb., art. *R. 213-17 ***(D. n° 86-516, 14 mars 1986).*** **— À compter de la notification de la réponse faite en application de l'article R. 213-16 *(c)*, le titulaire du droit de préemption dispose d'un délai de deux mois :**

a) **Soit pour notifier qu'il accepte de rétrocéder le bien au prix proposé ;**

b) **Soit pour saisir le juge compétent en matière d'expropriation pour faire fixer le prix. Il est alors procédé comme il est dit à l'article R. 213-11, le défaut de saisine de la juridiction compétente équivalant à une acceptation du prix proposé par l'ancien propriétaire ou ses ayants cause universels ou à titre universel.**

Ainsi qu'il est dit à l'article L. 213-11 (alinéa 4), à défaut d'acceptation dans le délai de trois mois à compter de la décision juridictionnelle devenue définitive, les anciens propriétaires ou leurs ayants cause universels ou à titre universel sont réputés avoir renoncé à l'acquisition.

Modalités de la saisine. La saisine, en raison du renvoi fait à l'article R. 213-11, s'opère dans les mêmes conditions que celles prévues en matière d'exercice du droit de préemption : lettre recommandée adressée au secrétariat de la juridiction compétente en matière d'expropriation, à laquelle est jointe une copie, en double exemplaire, du mémoire du titulaire du droit de préemption ; information simultanée des anciens propriétaires ou de leurs ayants cause universels ou à titre universel. 1928

Délai. Alors que le délai de saisine de l'article R. 213-11 fixé originairement à un mois a été réduit à quinze jours par le décret n° 87-284 du 22 avril 1987, celui de deux mois prévu au présent article n'a pas été modifié. 1929

Procédure. Il faut souligner : 1930

– que le défaut de saisine de la juridiction compétente en matière d'expropriation par le titulaire du droit de préemption vaut acceptation du prix proposé par le propriétaire ;

– que le repentir à l'exercice du droit de rétrocession peut résulter du silence de l'ancien propriétaire durant les trois mois qui suivent la notification de la décision juridictionnelle devenue définitive.

C. urb., art. *R. 213-18 ***(D. n° 86-516, 14 mars 1986).*** **— Lorsque l'identité ou le domicile des anciens propriétaires ou de leurs ayants cause universels ou à titre universel est inconnu du titulaire du droit de préemption, un avis publié par voie d'affiche dans la commune de situation des biens indique les parcelles que ce titulaire a l'intention d'utiliser ou d'aliéner, ainsi que l'estimation de ces parcelles. Cet avis indique également que la vente des parcelles sera consentie par priorité à l'ancien propriétaire du bien ou à ses ayants cause universels ou à titre universel qui en feront la demande à l'autorité désignée.**

L'accomplissement de cette mesure de publicité est certifiée par le maire de la commune intéressée.

Le même avis est inséré dans un des journaux diffusés dans le département.

Les avis et l'affiche précités doivent obligatoirement comporter la mention de la déchéance que les intéressés s'exposent à encourir.

Dans le délai de trois mois à compter de l'accomplissement de la plus récente des deux formalités prévues ci-dessus, les intéressés qui désirent exercer les droits mentionnés à l'article L. 213-11 (alinéa 2) sont tenus, à peine de déchéance, de le déclarer à l'autorité désignée en procédant alors comme il est dit aux articles R. 213-16 et R. 213-17.

1931 **Publicité.** Mesures de publicité spécifiques au droit de rétrocession de l'article L. 213-11. L'intéressé alerté par elles doit, en se déclarant dans le délai prévu audit article, faire connaître celle des options de l'article R. 213-15 qu'il retient.

Voir aussi : Notes sous C. urb., art. R. 213-16, p. 598.

C. urb., art. *R. 213-19 ***(D. n° 86-516, 14 mars 1986).*** **— Lorsque le nom de la personne qui avait l'intention d'acquérir le bien était mentionné dans la déclaration d'intention d'aliéner et lorsque l'ancien propriétaire ou ses ayants cause universels ou à titre universel ont renoncé à racheter le bien, le titulaire du droit de préemption propose ce bien à cette personne. Il est alors procédé comme il est dit aux articles R. 213-16 et R. 213-17.**

1932 **Rétrocession.** Disposition permettant l'exercice du droit subsidiaire de rétrocession reconnu, par les deux derniers alinéas de l'article L. 213-11, au candidat initial à l'acquisition nominativement mentionné dans la déclaration préalable d'aliéner et évincé par l'exercice du droit de préemption.

Voir aussi : Notes sous C. urb., art. R. 213-16, p. 598 et C. urb., art. R. 213-17, p. 599.

C. urb., art. *R. 213-20 ***(D. n° 86-516, 14 mars 1986).*** **— Le titulaire du droit de préemption notifie sans délai au maire de la commune de situation du bien les éléments d'information à transcrire sur le registre prévu par l'article L. 213-13.**

1933 **Registre.** Dispositions destinées à assurer une tenue correcte du registre communal institué par l'article L. 213-13, notamment dans le cas où la commune a consenti la délégation du droit de préemption dans les conditions des articles L. 213-3 et R. 213-1 à R. 213-3.

Section IV Dispositions diverses

C. urb., art. *R. 213-21 ***(D. n° 86-516, 14 mars 1986 ; D. n° 87-284, 22 avr. 1987 ; D. n° 92-967, 10 sept. 1992).*** **— Le titulaire du droit de préemption doit recueillir l'avis du service des domaines sur le prix de l'immeuble dont il envisage de faire l'acquisition dès lors que le prix ou l'estimation figurant dans la déclaration d'intention d'aliéner ou que le prix que le titulaire envisage de proposer excède le montant fixé par l'arrêté du ministre des Finances prévu à l'article 3 du décret du 5 juin 1940 modifié.**

Dans les zones d'aménagement différé, les périmètres provisoires de zone d'aménagement différé et dans les secteurs ayant fait l'objet de la délibération prévue par le dernier alinéa de l'article L. 211-4, le service des domaines doit être consulté quel que soit le prix figurant dans la déclaration d'intention d'aliéner.

L'avis du service des domaines doit être formulé dans le délai d'un mois à compter de la date de réception de la demande d'avis. Passé ce délai, il peut être procédé librement à l'acquisition.

Les dispositions du présent article s'appliquent également aux propositions faites en application des articles L. 211-5 et L. 212-3.

Voir aussi : Sur le rôle imparti aux directions des services fiscaux dans le déroulement des procédures ainsi que des liaisons nécessitées, précisément, par l'intervention du service en la matière, voir l'instruction du 9 mai 1988 (*BOI* 9 E-2-88 ; *JCP* N 1988, Prat. 645).

Seuil de saisine des Domaines. Depuis l'arrêté du 17 décembre 2001, le seuil est de 75 000 euros. 1934

Procédure. La consultation du service des domaines constitue, lorsqu'elle est requise, une formalité substantielle dont la méconnaissance entache d'illégalité la décision de préemption (CAA Bordeaux, 8 févr. 2001, req. n° 97-BX01016, *Cne de Villeneuve-de-Rivière : Juris-Data* n° 2001-155655. – CA Toulouse, 25 mars 2002 : *Juris-Data* n° 2002-171563). Et la circonstance qu'antérieurement à la décision du maire en date du 8 juin 1988 décidant d'exercer pour un prix supérieur au seuil prévu à l'article R. 213-21 du Code de l'urbanisme le droit de préemption de la commune sur le terrain pour lequel l'intéressé était titulaire d'une promesse de vente et qui avait fait l'objet d'une déclaration d'intention d'aliéner en date du 20 avril 1988, un agent de la Direction des services fiscaux du département a oralement indiqué au secrétaire général de la commune que l'avis du service était que le prix envisagé pour l'acquisition du terrain était acceptable et ne saurait, en tout état de cause, être regardé comme valant avis régulier au sens des dispositions de l'article R. 213-21 du Code de l'urbanisme (CE, 22 févr. 1995 : *JCP* G 1995, IV, 1304). 1935

Mode d'évaluation. Lorsqu'il est appelé à donner son avis sur la valeur vénale d'une propriété bâtie, le service des domaines évalue le bien selon la méthode qu'il considère comme la plus appropriée : méthode globale (construction terrain intégré) ou analytique (terrain plus construction). Cette dernière trouve essentiellement à s'appliquer lorsqu'il existe une disproportion importante entre le terrain et la construction, c'est-à-dire lorsque le terrain est surdimentionné par rapport à la construction qu'il supporte. Il en résulte qu'en secteur urbain la méthode la plus pertinente est dans la très grande majorité des cas la méthode globale. De nombreuses juridictions admettent d'ailleurs cette manière de voir et refusent d'évaluer séparément le terrain et la construction (Rép. min. n° 1613 : *JO* Sénat 10 sept. 1998, p. 2896). 1936

Portée. L'avis des services fiscaux ne lie pas la collectivité locale qui peut passer outre en faisant, soit des offres supérieures, à condition que l'organe délibérant de la collectivité concernée prenne à cette fin une délibération motivée (Rép. min. : *JO* Sénat 27 déc. 1984, p. 2074), soit des offres inférieures au montant estimé, si elle estime que cela peut favoriser ses intérêts (Rép. min. : *JOAN* 7 août 1989, p. 3550). Mais, l'avis technique, rendu en toute objectivité par les services des domaines, donne aux collectivités des indications précieuses. Les collectivités territoriales ne sauraient, en effet, sous couvert de défendre les intérêts dont elles ont la charge, s'affranchir des réalités du marché immobilier et doivent, en conséquence, s'abstenir de faire des offres d'un niveau tel qu'aucun accord avec le propriétaire n'ait manifestement été envisagé (Rép. min. : *JOAN* 17 sept. 1992, p. 2117). 1937

Communication. L'avis donné par le service des domaines en application de l'article R. 213-21 du Code de l'urbanisme constitue un document administratif au sens de la loi n° 78-753 du 17 juillet 1978 modifiée, portant diverses mesures d'amélioration des relations entre l'Administration et le public. Au regard des dispositions de l'article 1er de ladite loi, cet avis est donc, en principe, communicable. Toutefois, dans la phase amiable de négociation, la commune ne saurait être contrainte à fournir tous les éléments qui fondent sa proposition. La communication de l'évaluation domaniale au propriétaire de l'immeuble à ce stade de la procédure serait susceptible de gêner la liberté d'action de la commune et porter atteinte aux intérêts de cette collectivité publique. La commission d'accès aux documents administratifs a estimé, dans un avis en date du 19 août 1982, que l'intérêt d'une personne publique constituait un motif de nature à justifier un refus de communication. S'agissant de la communication d'un avis établi à la demande d'une commune, il n'appartient pas au service des domaines de se prononcer sur l'opportunité de communiquer ce document dont, au surplus, il a perdu la libre disposition à compter de sa transmission à l'organisme consultant. Dans ces conditions, si le vendeur veut connaître l'évaluation domaniale, il lui appartient de la demander à la collectivité locale. Au demeurant, la contre- 1938 proposition du titulaire du droit de préemption pourra, le plus souvent, être considérée comme une indication puisqu'elle repose la plupart du temps sur l'évaluation domaniale (Rép. min. : *JO* Sénat 24 mai 1990, p. 1134 ; *JCP* N 1990, Prat. 1578-4).

C. urb., art. *R. 213-22 et *R. 213-23 *(Ab., D. n° 87-284, 22 avr. 1987).*

C. urb., art. *R. 213-24 *(D. n° 86-516, 14 mars 1986).* — Pour l'application des articles L. 211-4 *(c)* et L. 213-1 *(c)*, la date d'achèvement de l'immeuble est celle de la déclaration d'achèvement intervenue en application de l'article R. 460-1.

En l'absence de déclaration, la preuve de la date de l'achèvement peut être apportée par tous moyens, et notamment dans les conditions définies aux articles R. 261-1 et R. 261-2 du Code de la construction et de l'habitation.

1939 **Renvoi au Code de la construction et de l'habitation.** Le renvoi, par le deuxième alinéa, aux articles R. 261-1 et R. 261-2 du Code de la construction et de l'habitation qui définissent l'achèvement, dans le cadre de la réglementation relative aux ventes d'immeubles à construire, n'est pas pour autant exclusif, en raison de l'emploi du mot notamment, de tout autre mode de preuve de l'exécution des ouvrages et de l'installation des équipements qui sont indispensables à l'utilisation, conformément à sa destination, de l'immeuble en cause.

Voir aussi : Sur l'appréciation du délai de dix ans prévu au *c)* de l'article L. 211-4 en cas de location-accession à la propriété immobilière, C. urb., art. L. 213-1, p. 176.

C. urb., art. *R. 213-25 *(D. n° 86-516, 14 mars 1986).* — Les demandes, offres et décisions du titulaire du droit de préemption et des propriétaires prévues par le présent titre sont notifiées par lettre recommandée avec demande d'avis de réception, par acte d'huissier ou par dépôt contre décharge.

C. urb., art. *R. 213-26 *(D. n° 86-516, 14 mars 1986).* — L'action en nullité prévue à l'article L. 213-2 s'exerce devant le tribunal de grande instance du lieu de situation du bien.

1940 **Prescription.** Il est rappelé que l'action en nullité se prescrit par cinq ans à compter de la publication de l'acte portant transfert de propriété.

Voir aussi : C. urb., art. L. 213-2, p. 182.

Section V Dispositions particulières applicables aux communes de Paris, Marseille et Lyon ainsi qu'aux communes issues d'une fusion comportant création d'une ou plusieurs communes associées

1941 **Origine.** Les dispositions de ces articles – qui avaient été introduites originairement dans le présent code sous les articles R. 214-4 à R. 214-7 par l'article 2 du décret n° 83-666 du 22 juillet 1983 – adaptent les procédures de consultation en cas d'institution ou de suppression du droit de préemption urbain ou de modification de son champ d'application, à la nouvelle organisation administrative de Paris, Marseille, Lyon et des établissements publics de coopération intercommunale mise en place par la loi n° 82-1169 du 11 décembre 1982 (*JO* 1er et rectif. 20 janv. 1983).

Voir aussi : Pour les nouvelles modalités d'information des conseils d'arrondissement en matière de DIA, résultant de la loi « Démocratie de proximité » du 27 février 2002, annotations sous C. urb., art. L. 213-2, p. 182. – T. Célérier : *Collectivités-Intercommunalité* 2002, n° 8/9, chron. n° 13, p. 7.

1942 **Spécificité.** Rappelons simplement à cet égard :

– Que les communes de Paris, Marseille et Lyon sont désormais respectivement divisées en vingt, seize et neuf arrondissements municipaux et que dans chaque arrondissement ou groupe d'arrondissements mentionnés aux tableaux annexés à ladite loi, il est créé un conseil d'arrondissement (art. 2 et 3) ;

– Que dans les communes issues d'une fusion comptant plus de 100 000 habitants et comportant la création d'une ou plusieurs communes associées, il est, par dérogation aux dispositions des articles L. 153-5 à L. 153-7 du Code des communes, créé pour chaque commune associée un conseil consultatif (art. 66-I) ;
– Et que dans les communes issues d'une fusion comportant une commune associée autre que celles visées ci-dessus, le conseil municipal peut décider, après avis de la commission consultative ou à sa demande, d'attribuer à la commission consultative tout ou partie des compétences reconnues au conseil consultatif (art. 66-II).

C. urb., art. *R. 213-27 *(D. n° 86-516, 14 mars 1986 ; D. n° 87-284, 22 avr. 1987).* — **Lorsque, par application des dispositions de l'article 9 modifié de la loi n° 82-1169 du 31 décembre 1982 relative à l'organisation administrative de Paris, Marseille et Lyon et des établissements publics de coopération intercommunale, il y a lieu à la consultation des conseils d'arrondissement des communes de Paris, Marseille et Lyon sur l'institution ou la suppression du droit de préemption urbain ou la modification de son champ d'application, le maire de la commune consulte, avant les délibérations correspondantes du conseil municipal, le ou les conseils d'arrondissement dans le ressort territorial desquels s'applique, en tout ou en partie, le droit mentionné au présent article.**

C. urb., art. *R. 213-28 *(D. n° 86-516, 14 mars 1986).* — **Le conseil d'arrondissement émet son avis dans le délai fixé par le maire de la commune. Ce délai ne peut être inférieur à quinze jours à compter de la saisine du conseil d'arrondissement.**

Cet avis est réputé favorable s'il n'intervient pas dans le délai prévu.

C. urb., art. *R. 213-29 *(D. n° 86-516, 14 mars 1986).* — **La demande d'avis est accompagnée des documents au vu desquels le conseil municipal sera appelé à délibérer.**

L'avis du conseil d'arrondissement ou, à défaut, le document justifiant qu'il a été saisi dans les délais nécessaires est joint au projet de délibération et annexé à la délibération du conseil municipal.

C. urb., art. *R. 213-30 *(D. n° 86-516, 14 mars 1986).* — **Les dispositions des articles R. 213-27 à R. 213-29 sont applicables dans les communes issues d'une fusion comportant création d'une ou plusieurs communes associées lorsqu'il y a lieu à la consultation des conseils ou commissions consultatifs en application de l'article 66 de la loi n° 82-1169 du 31 décembre 1982 relative à l'organisation administrative de Paris, Marseille et Lyon et des établissements publics de coopération intercommunale.**

Chapitre IV
Dispositions diverses communes aux zones d'intervention foncière, aux zones d'aménagement différé et aux périmètres provisoires de zones d'aménagement différé.

Néant.

Chapitre V

Dispositions applicables aux zones à urbaniser en priorité

(Ab., D. n° 92-966, 10 sept. 1992)

C. urb., art. R. 215-1 à R. 215-11 ***(Ab., D. n° 92-966, 10 sept. 1992).***

Chapitre VI

Dispositions particulières aux jardins familiaux

C. urb., art. R. 216-1 ***(D. n° 79-1026, 30 nov. 1979).*** **— Les dispositions relatives à l'application de l'article 1er, alinéa 2, de la loi n° 76-1022 du 10 novembre 1976 figurent aux articles 3 et 4 du décret n° 79-1026 du 30 novembre 1979 pris pour l'application de la loi n° 76-1022 du 10 novembre 1976 relative à la création et à la protection des jardins familiaux.**

1943 **Codification.** Les textes mentionnés au présent article ont été codifiés sous les articles L. 562-2 et R. 562-2 et R. 562-3 du Code rural.

1944 **Portée.** Du renvoi ainsi fait aux articles du Code rural, il résulte en particulier :
– que les terrains acquis par exercice du droit de préemption (C. urb., art. L. 216-1) ne peuvent faire l'objet que d'une location, d'une durée de 9 à 18 ans, à des organismes de jardins familiaux et que leur localisation doit être conforme aux prescriptions des documents d'urbanisme en vigueur et aux dispositions relatives aux espaces protégés ;
– que toute location consentie en application des dispositions qui précèdent est subordonnée à l'engagement de l'organisme preneur de respecter les prescriptions d'un cahier des charges approuvé par le conseil municipal de la commune où sont situés les terrains ou, le cas échéant, par l'organe délibérant du groupement de communes ayant compétence en matière d'urbanisme ;
– et qu'enfin le cahier des charges ci-dessus mentionné doit obéir aux règles d'urbanisme applicables, définir les obligations qui incombent à l'organisme de jardins familiaux, notamment en ce qui concerne l'aménagement, l'entretien et la gestion, compte tenu du voisinage, du paysage et des abords et comporter l'engagement dudit organisme, s'il est cessionnaire du terrain, de conserver celui-ci dans son patrimoine pendant au moins dix-huit ans.

TITRE II

RÉSERVES FONCIÈRES

Chapitre I

Réserves foncières

Néant.

Chapitre II

Concessions de l'usage de certains terrains urbains

Néant.

TITRE III
DÉPARTEMENTS D'OUTRE-MER

Néant.

LIVRE TROISIÈME

AMÉNAGEMENT FONCIER

C. urb., art. *R. 300-1 *(D. n° 86-521, 15 mars 1986)*. — Les opérations d'aménagement réalisées par les communes et les autres personnes publiques ou pour leur compte, qui sont soumises aux obligations prévues au *c* de l'article L. 300-2 sont les opérations suivantes :

1. L'opération ayant pour objet dans une commune non dotée d'un *(Mots rempl., D. n° 2001-260, 27 mars 2001, art. 3)* « plan local d'urbanisme » ou d'un document d'urbanisme en tenant lieu, ayant fait l'objet d'une enquête publique, la création de plus de 5 000 mètres carrés de *(Mots rempl., D. n° 2000-1272, 26 déc. 2000, art. 3)* « surface hors œuvre brute » ou la restauration, dans les conditions définies à l'article L. 313-4-1, d'un ensemble de bâtiments ayant au moins cette surface ;

2. La réalisation d'un investissement routier dans une partie urbanisée d'une commune d'un montant supérieur à *(Montant et unité monétaire remplacés à compter du 1er janvier 2002, D. n° 2001-1327, 28 déc. 2001, art. 1er, A et 6)* « 1 900 000 € », et conduisant à la création de nouveaux ouvrages ou à la modification d'assiette d'ouvrages existants ;

3. La transformation d'une voie existante en aire piétonne d'une superficie supérieure à 3 000 mètres carrés ou la suppression d'une aire piétonne d'une même superficie ;

4. La création d'une gare ferroviaire ou routière de voyageurs, de marchandises ou de transit ou l'extension de son emprise, lorsque le montant des travaux dépasse *(Montant et unité monétaire remplacés à compter du 1er janvier 2002, D. n° 2001-1327, 28 déc. 2001, art. 1er, A et 6)* « 1 900 000 € » ;

5. Les travaux de modification de gabarit, de détournement ou de couverture de cours d'eau dans une partie urbanisée d'une commune, lorsque le montant des travaux dépasse *(Montant et unité monétaire remplacés à compter du 1er janvier 2002, D. n° 2001-1327, 28 déc. 2001, art. 1er, A et 6)* « 1 900 000 € » ;

6. Les travaux de construction ou d'extension d'infrastructures portuaires des ports fluviaux situés dans une partie urbanisée d'une commune, lorsque le montant de ces travaux dépasse *(Montant et unité monétaire remplacés à compter du 1er janvier 2002, D. n° 2001-1327, 28 déc. 2001, art. 1er, A et 6)* « 1 900 000 € », ainsi que la création d'un port fluvial de plaisance d'une capacité d'accueil supérieure à 150 places ou l'extension d'un port de plaisance portant sur au moins 150 places ;

7. Dans une partie urbanisée d'une commune, la création d'un port maritime de commerce, de pêche ou de plaisance, les travaux d'extension de la surface des plans d'eau abrités, des ports maritimes de commerce ou de pêche d'un montant supérieur à *(Montant et unité monétaire remplacés à compter du 1er janvier 2002, D. n° 2001-1327, 28 déc. 2001, art. 1er, A et 6)* « 1 900 000 € », ainsi que les travaux ayant pour effet d'accroître de plus de 10 % la surface du plan d'eau abrité des ports maritimes de plaisance ;

8. Les ouvrages et travaux sur une emprise de plus de 2 000 mètres carrés réalisés sur une partie de rivage, de lais ou relais de la mer, située en dehors des ports et au droit d'une partie urbanisée d'une commune.

Champ d'application (§ 2). Si les sections routières situées hors des parties actuellement urbanisées sont exclues du § 2 de l'article R. 300-1 (CE, 9 déc. 1996, req. n° 149636, *Cts Salomon Legagneur*), à l'inverse entrent dans ces dispositions les déviations de chemins départementaux (CE, 30 déc. 1996, *Société de protection de la nature de Sète, Frontignan, Balaruc : Dr. adm.* 1997, n° 112). 1945

Seuil. Le montant du seuil financier éventuellement retenu est uniforme : 1 900 000 €. 1946

Voir aussi : La jurisprudence citée sous C. urb., art. L. 300-2, p. 215.

C. urb., art. *R. 300-2 ***(D. n° 86-521, 15 mars 1986).*** **— Lorsqu'une opération mentionnée au précédent article doit être réalisée en plusieurs tranches dans un intervalle de temps de moins de cinq ans, la totalité de l'opération est prise en compte pour l'application des seuils définis ci-dessus.**

Le montant des seuils financiers prévus audit article est révisé par l'arrêté ministériel prévu à l'article 1er (III) du décret n° 85-453 du 23 avril 1985 pris pour l'application de la loi n° 83-630 du 12 juillet 1983 relative à la démocratisation des enquêtes publiques et à la protection de l'environnement.

1947 **Indexation.** La révision du montant des seuils financiers intervient dès que l'index national des travaux publics TP 01 publié au *Bulletin officiel de la concurrence et de la consommation* a évolué de plus de 10 % depuis la date d'établissement du seuil précédent.

C. urb., art. *R. 300-3 ***(D. n° 86-521, 15 mars 1986).*** **— Ne sont pas soumis aux dispositions de l'article L. 300-2 les travaux d'entretien et de grosses réparations quels que soient les ouvrages et aménagements auxquels ils se rapportent.**

Il en va de même des travaux et aménagements mentionnés à l'article 1er du décret n° 85-693 du 5 juillet 1985 pris pour l'application de la loi n° 83-630 du 12 juillet 1983 relative à la démocratisation des enquêtes publiques et à la protection de l'environnement et déterminant les conditions de protection du secret de la défense nationale.

TITRE PREMIER

OPÉRATIONS D'AMÉNAGEMENT

Chapitre I

Zones d'aménagement concerté

(Chapitre rempl., D. n° 2001-261, 27 mars 2001, art. 1er).

Bibliographie : *J.-Cl. Construction,* fasc. 13-80. – COURRECH, *Les ZAC,* éd. Delmas 1997 ; *Droit et Ville* 1993, n° 36, Colloque de Caen 1993. – MORAND-DEVILLER et MOREAU, *La création des ZAC* : *Droit et Ville* 1993, n° 36, p. 9 et 35.

1948 **Sources.** En application des articles 7, 8 et 43 de l'importante loi SRU du 13 décembre 2000, a été pris le décret n° 2001-261 du 27 mars 2001 (*JO* 28 mars, p. 4843 et s.) relatif aux zones d'aménagement concerté.

1949 **Disparition des PAZ.** Avec la suppression du plan d'aménagement de zone (PAZ) en tant qu'outil d'urbanisme de la zone, le chapitre consacré aux ZAC se trouve profondément remanié. Le mécanisme de la ZAC se trouve donc réduit à son volet financier et contractuel du fait d'avoir été amputé de son volet réglementaire. Néanmoins, la loi UH du 2 juillet 2003 a introduit une certaine souplesse s'agissant des PAZ en permettant aux auteurs de ces derniers de les adapter s'il était pertinent de conserver la majeure partie de leurs prescriptions au sein d'une ZAC.

1950 **Entrée en vigueur.** Ces nouvelles dispositions relatives aux ZAC sont applicables à compter du 1er avril 2001 (D. n° 2001-261 préc., art. 3) s'agissant des procédures d'élaboration de PAZ entamées avant le 1er avril 2001 et non achevées.

Voir aussi : Commentaire sous C. urb., art. L. 311-1, p. 225.

Section I Création des zones d'aménagement concerté

C. urb., art. *R. 311-1 ***(Rempl., D. n° 2001-261, 27 mars 2001, art. 1er).*** **— L'initiative de création d'une zone d'aménagement concerté peut être prise par l'État, une collectivité territoriale ou par un établissement public ayant vocation, de par la loi ou ses statuts, à réaliser ou à faire réaliser l'objet de la zone.**

Initiative de la création. Reprenant les dispositions de l'ancien article R. 311-2, cet article consa- 1951
cre l'initiative de la puissance publique et, partant la responsabilité corrélative de celle-ci en matière juridique et administrative. L'initiative publique dans l'engagement d'une telle procédure d'aménagement place en effet la collectivité concernée devant ses responsabilités, notamment au regard de l'aménagement désigné.

C. urb., art. *R. 311-2 ***(D. n° 77-757, 7 juill. 1977 ; D. n° 86-517, 14 mars 1986 ; rempl., D. n° 2001-261, 27 mars 2001, art. 1er).*** **— La personne publique qui a pris l'initiative de la création de la zone constitue un dossier de création, approuvé, sauf lorsqu'il s'agit de l'État, par son organe délibérant. Cette délibération peut tirer simultanément le bilan de la concertation, en application du sixième alinéa de l'article L. 300-2.**

Le dossier de création comprend :

a) **Un rapport de présentation, qui expose notamment l'objet et la justification de l'opération, comporte une description de l'état du site et de son environnement, indique le programme global prévisionnel des constructions à édifier dans la zone, énonce les raisons pour lesquelles, au regard des dispositions d'urbanisme en vigueur sur le territoire de la commune et de l'insertion dans l'environnement naturel ou urbain, le projet faisant l'objet du dossier de création a été retenu ;**

b) **Un plan de situation ;**

c) **Un plan de délimitation du ou des périmètres composant la zone ;**

d) **L'étude d'impact définie à l'article 2 du décret du 12 octobre 1977 modifié.**

Le dossier précise également si la taxe locale d'équipement sera ou non exigible dans la zone. Il mentionne si le mode de réalisation choisi relève soit des 1° et 2° de l'article R. 311-6, soit du 3° du même article.

Nouveau contenu. Avec la disparition du PAZ – remplacé progressivement par des dispositions 1952
du PLU – l'article R. 311-2 rend à l'inverse désormais systématiquement obligatoire en ZAC une étude d'impact.

Calendrier des procédures. La dissociation du mécanisme de la ZAC de l'urbanisme réglemen- 1953
taire de planification doit pousser les opérateurs à songer à harmoniser leurs différentes procédures : PAZ ou POS à faire évoluer ou PLU à élaborer et, en temps masqué, la constitution du dossier de création et la conduite de la concertation.

C. urb., art. *R. 311-3 ***(D. n° 77-757, 7 juill. 1977 ; D. n° 77-1141, 12 oct. 1977 ; D. n° 86-517, 14 mars 1986 ; D. n° 88-199, 29 févr. 1988 ; D. n° 92-966, 10 sept. 1992 ; rempl., D. n° 2001-261, 27 mars 2001, art. 1er).*** **— Lorsque la commune ou l'établissement public de coopération intercommunale compétent a pris l'initiative de la création de la zone, la délibération approuvant le dossier de la zone porte création de celle-ci.**

Dans les autres cas, la personne publique qui a pris l'initiative de la création de la zone adresse le dossier de création à l'autorité compétente pour la créer. Dans le cas prévu à l'article R. 311-4, elle l'adresse également à la commune ou à l'établissement public de coopération intercommunale compétent en vue de recueillir son avis.

C. urb., art. *R. 311-3-1 ***(D. n° 77-757, 7 juill. 1977 ; D. n° 86-517, 14 mars 1986 ; D. n° 88-199, 29 févr. 1988 ; implicitement ab., D. n° 2001-261, 27 mars 2001, art. 1er).***

C. urb., art. R. 311-3-2 et R. 311-3-3 ***(Ab., D. n° 86-517, 14 mars 1986).***

C. urb., art. *R. 311-4 ***(D. n° 76-163, 16 févr. 1976 ; D. n° 77-757, 7 juill. 1977 ; D. n° 86-517, 14 mars 1986 ; rempl., D. n° 2001-261, 27 mars 2001, art. 1er).*** **— Lorsque la création de la zone est de la compétence du préfet, le conseil municipal de la commune sur le territoire de laquelle il est envisagé de créer la zone ou l'organe délibérant de l'établissement public de coopération intercommunale compétent émet préalablement un avis sur le dossier de création.**

L'avis est réputé émis à l'issue d'un délai de trois mois à compter de la réception par le maire ou le président de l'établissement public de coopération intercommunale du dossier de création.

C. urb., art. *R. 311-5 ***(D. n° 77-757, 7 juill. 1977 ; D. n° 86-517, 14 mars 1986 ; D. n° 92-967, 10 sept. 1992 ; rempl., D. n° 2001-261, 27 mars 2001, art. 1er).*** **— L'acte qui crée la zone d'aménagement concerté en délimite le ou les périmètres. Il indique le programme global prévisionnel des constructions à édifier à l'intérieur de la zone. Il mentionne si le mode de réalisation choisi relève soit des 1° et 2° de l'article R. 311-6, soit du 3° du même article, ainsi que le régime applicable au regard de la taxe locale d'équipement.**

Il est affiché pendant un mois en mairie ou au siège de l'établissement public de coopération intercommunale compétent et, dans ce cas, dans les mairies des communes membres concernées. Mention de cet affichage est insérée en caractères apparents dans un journal diffusé dans le département.

Il est en outre publié :

a) **Lorsqu'il s'agit d'une délibération du conseil municipal d'une commune de 3 500 habitants et plus, au recueil des actes administratifs mentionné à l'article R. 2121-10 du Code général des collectivités territoriales ou, lorsqu'il s'agit d'une délibération de l'organe délibérant d'un établissement public de coopération intercommunale comportant au moins une commune de 3 500 habitants et plus, au recueil des actes administratifs mentionné à l'article R. 5211-41 dudit code si un tel recueil existe ;**

b) **Lorsqu'il s'agit d'un arrêté préfectoral, au** ***Recueil des actes administratifs de l'État*** **dans le département.**

Chacune de ces formalités de publicité mentionne le ou les lieux où le dossier peut être consulté.

Les effets juridiques attachés à la création de la zone ont pour point de départ l'exécution de l'ensemble des formalités de publicité prévues au deuxième alinéa ci-dessus. Pour l'application du présent alinéa, la date à prendre en compte pour l'affichage en mairie ou au siège de l'établissement public de coopération intercommunale compétent est celle du premier jour où il est effectué.

1954 **Dossier de création.** Outre les mesures de publicités relatives à la création de la ZAC, cette mesure rappelle le contenu obligatoire que l'on doit faire figurer dans l'acte de création dont le programme global prévisionnel des constructions à édifier le point de départ de l'opposabilité de la ZAC y est aussi précisé.

Section II Réalisation des zones d'aménagement concerté

(Section rempl., D. n° 2001-261, 27 mars 2001, art. 1er).

C. urb., art. *R. 311-6 ***(D. n° 77-757, 7 juill. 1977 ; D. n° 86-517, 14 mars 1986 ; D. n° 88-199, 29 févr. 1988 ; rempl., D. n° 2001-261, 27 mars 2001, art. 1er).*** **— L'aménagement et l'équipement de la zone sont réalisés dans le respect des règles d'urbanisme applicables. Lorsque la commune est couverte par un plan local d'urbanisme, la réalisation de la zone d'aménagement concerté est subordonnée au respect de l'article L. 123-3.**

L'aménagement et l'équipement de la zone sont :

1° Soit conduits directement par la personne morale qui a pris l'initiative de sa création ;

2° Soit confiés, par cette personne morale, à un établissement public ou à une société d'économie mixte selon les stipulations d'une convention publique d'aménagement répondant aux conditions définies aux articles L. 300-4 et L. 300-5 ;

3° Soit confiés, par cette personne morale, selon les stipulations d'une convention à une personne privée ou publique.

1955 **Modes de réalisation.** Le texte d'application de la loi SRU maintient les trois hypothèses de réalisation de la ZAC : en régie ou par un biais conventionnel (convention publique d'aménagement ou convention ordinaire).

Désignation de l'aménageur. Sur les nouvelles mesures de mise en concurrence préalable à la désignation de l'aménageur, cf. obs. sous art. L. 300-4. 1956

C. urb., art. *R. 311-7 ***(Rempl., D. n° 2001-261, 27 mars 2001, art. 1er).*** **— La personne publique qui a pris l'initiative de la création de la zone constitue un dossier de réalisation approuvé, sauf lorsqu'il s'agit de l'État, par son organe délibérant. Le dossier de réalisation comprend :**

a) **Le projet de programme des équipements publics à réaliser dans la zone ; lorsque celui-ci comporte des équipements dont la maîtrise d'ouvrage et le financement incombent normalement à d'autres collectivités ou établissements publics, le dossier doit comprendre les pièces faisant état de l'accord de ces personnes publiques sur le principe de la réalisation de ces équipements, les modalités de leur incorporation dans leur patrimoine et, le cas échéant, sur leur participation au financement ;**

b) **Le projet de programme global des constructions à réaliser dans la zone ;**

c) **Les modalités prévisionnelles de financement de l'opération d'aménagement, échelonnées dans le temps.**

Le dossier de réalisation complète en tant que de besoin le contenu de l'étude d'impact mentionnée à l'article R. 311-2, notamment en ce qui concerne les éléments qui ne pouvaient être connus au moment de la constitution du dossier de création.

L'étude d'impact mentionnée à l'article R. 311-2 ainsi que les compléments éventuels prévus à l'alinéa précédent sont joints au dossier de toute enquête publique concernant l'opération d'aménagement réalisée dans la zone.

Programme d'équipements publics. Outil essentiel des obligations d'aménagement mis à la charge de l'aménageur par la collectivité publique, le programme d'équipements publics (PEP) doit être soigneusement élaboré par les parties. Il est souvent, par ailleurs, mis en annexe de la convention d'aménagement de ZAC. 1957

C. urb., art. *R. 311-8 ***(D. n° 77-757, 7 juill. 1977 ; D. n° 86-517, 14 mars 1986 ; D. n° 88-199, 29 févr. 1988 ; rempl., D. n° 2001-261, 27 mars 2001, art. 1er).*** **— Le conseil municipal ou l'organe délibérant de l'établissement public de coopération intercommunale compétent ou, lorsque la création de la zone relève de sa compétence, le préfet, après avis du conseil municipal ou de l'organe délibérant de l'établissement public de coopération intercommunale compétent, approuve le programme des équipements publics.**

L'avis du conseil municipal ou de l'organe délibérant de l'établissement public de coopération intercommunale compétent est réputé émis à l'issue d'un délai de trois mois à compter de la réception par le maire ou le président de l'établissement public de coopération intercommunale du dossier de réalisation.

C. urb., art. *R. 311-9 ***(Ab., D. n° 76-276, 29 mars 1976 ; rétabli, D. n° 2001-261, 27 mars 2001, art. 1er).*** **— L'acte qui approuve le dossier de réalisation et celui qui approuve le programme des équipements publics font l'objet des mesures de publicité et d'information édictées par l'article R. 311-5.**

C. urb., art. *R. 311-10 ***(D. n° 76-276, 29 mars 1976 ; D. n° 77-757, 7 juill. 1977 ; D. n° 95-21, 9 janv. 1995, art. 9-III ; rempl., D. n° 2001-261, 27 mars 2001, art. 1er).*** **— Dans le cas mentionné au 2° de l'article R. 311-6 :**

1° L'acte déclarant d'utilité publique les acquisitions de terrains bâtis ou non situés dans une zone d'aménagement concerté peut prévoir que l'expropriation sera réalisée par l'aménageur ;

2° Les immeubles expropriés en vue de la réalisation de l'opération peuvent être cédés de gré à gré et sans aucune formalité par l'expropriant à l'aménageur, à condition que le prix de vente soit au moins égal au prix d'achat majoré des frais exposés par l'expropriant.

C. urb., art. *R. 311-10-1 *(D. n° 77-757, 7 juill. 1977 ; D. n° 83-812, 9 sept. 1983 ; D. n° 92-967, 10 sept. 1992 ; implicitement ab., D. n° 2001-261, 27 mars 2001, art. 1er).*

C. urb., art. *R. 311-10-2 *(D. n° 77-757, 7 juill. 1977 ; D. n° 95-21, 9 janv. 1995, art. 9-IV ; implicitement ab., D. n° 2001-261, 27 mars 2001, art. 1er).*

C. urb., art. *R. 311-10-3 *(D. n° 77-757, 7 juill. 1977 ; D. n° 83-813, 9 sept. 1983 ; implicitement ab., D. n° 2001-261, 27 mars 2001, art. 1er).*

C. urb., art. *R. 311-10-4 *(D. n° 86-517, 14 mars 1986 ; D. n° 88-199, 29 févr. 1988 ; D. n° 89-381, 9 juin 1989 ; implicitement ab., D. n° 2001-261, 27 mars 2001, art. 1er).*

C. urb., art. *R. 311-11 *(D. n° 76-276, 29 mars 1976 ; D. n° 77-757, 7 juill. 1977 ; D. n° 86-517, 14 mars 1986 ; D. n° 88-199, 29 févr. 1988 ; D. n° 89-381, 9 juin 1989 ; rempl., D. n° 2001-261, 27 mars 2001, art. 1er).* **— Mention des contributions exigées, des taxes et contributions versées ou obtenues dans le cadre de la réalisation des zones d'aménagement concerté est portée sur le registre prévu à l'article R. 332-41 dans les conditions que déterminent cet article et l'article R. 332-42.**

Section III Suppression ou modification d'une zone d'aménagement concerté

C. urb., art. *R. 311-12 *(D. n° 77-757, 7 juill. 1977 ; D. n° 85-452, 23 avr. 1985 ; D. n° 86-517, 14 mars 1986 ; D. n° 88-199, 29 févr. 1988 ; rempl., D. n° 2001-261, 27 mars 2001, art. 1er).* **— La suppression d'une zone d'aménagement concerté est prononcée, sur proposition ou après avis de la personne publique qui pris l'initiative de sa création, par l'autorité compétente, en application de l'article L. 311-1, pour créer la zone. La proposition comprend un rapport de présentation qui expose les motifs de la suppression.**

La modification d'une zone d'aménagement concerté est prononcée dans les formes prescrites pour la création de la zone.

La décision qui supprime la zone ou qui modifie son acte de création fait l'objet des mesures de publicité et d'information édictées par l'article R. 311-5.

C. urb., art. *R. 311-13 *(D. n° 77-757, 7 juill. 1977 ; D. n° 86-517, 14 mars 1986 ; D. n° 88-199, 29 févr. 1988 ; D. n° 86-517, 14 mars 1986 ; implicitement ab., D. n° 2001-261, 27 mars 2001, art. 1er).*

C. urb., art. *R. 311-14 *(Ab., D. n° 86-517, 14 mars 1986).*

C. urb., art. *R. 311-15 *(D. n° 77-757, 7 juill. 1977 ; D. n° 86-517, 14 mars 1986 ; D. n° 88-199, 29 févr. 1988 ; implicitement ab., D. n° 2001-261, 27 mars 2001, art. 1er).*

C. urb., art. *R. 311-16 *(D. n° 77-757, 7 juill. 1977 ; implicitement ab., D. n° 2001-261, 27 mars 2001, art. 1er).*

C. urb., art. *R. 311-16-1 *(D. n° 77-757, 7 juill. 1977 ; D. n° 86-517, 16 mars 1986 ; D. n° 88-199, 29 févr. 1988 ; implicitement ab., D. n° 2001-261, 27 mars 2001, art. 1er).*

C. urb., art. *R. 311-17 et *R. 311-18 *(implicitement ab., D. n° 2001-261, 27 mars 2001, art. 1er).*

C. urb., art. *R. 311-19 ***(D. n° 77-757, 7 juill. 1977 ; D. n° 86-517, 14 mars 1986 ; D. n° 88-199, 29 févr. 1988 ; implicitement ab., D. n° 2001-261, 27 mars 2001, art. 1er).***

C. urb., art. R. 311-20 ***(D. n° 86-517, 14 mars 1986 ; D. n° 93-614, 26 mars 1993 ; implicitement ab., D. n° 2001-261, 27 mars 2001, art. 1er).***

C. urb., art. R. 311-21 à R. 311-24 ***(Ab., D. n° 86-517, 14 mars 1986).***

Section IV Subventions

C. urb., art. R. 311-25 à R. 311-29 ***(Ab., D. n° 86-517, 14 mars 1986).***

Section V Dispositions spéciales à certaines régions

C. urb., art. *R. 311-30 ***(Ab., D. n° 89-381, 9 juin 1989).***

C. urb., art. R. 311-31 ***(Ab., D. n° 86-517, 14 mars 1986).***

Section VI Suppression ou modification d'une zone d'aménagement concerté

(Section implicitement ab., D. n° 2001-261, 27 mars 2001, art. 1er).

C. urb., art. R. 311-32 ***(D. n° 77-757, 7 juill. 1977 ; D. n° 86-517, 14 mars 1986 ; D. n° 88-199, 29 févr. 1988 ; implicitement ab., D. n° 2001-261, 27 mars 2001, art. 1er).***

C. urb., art. *R. 311-33 ***(D. n° 77-757, 7 juill. 1977 ; D. n° 85-517, 14 mars 1986 ; D. n° 88-199, 29 févr. 1988 ; implicitement ab., D. n° 2001-261, 27 mars 2001, art. 1er).***

C. urb., art. *R. 311-34 ***(D. n° 77-757, 7 juill. 1977 ; D. n° 83-813, 9 sept. 1983 ; D. n° 86-517, 14 mars 1986 ; implicitement ab., D. n° 2001-261, 27 mars 2001, art. 1er).***

Section VII Achèvement des zones d'aménagement concerté

(Section implicitement ab., D. n° 2001-261, 27 mars 2001, art. 1er).

C. urb., art. *R. 311-35 à *R. 311-38 ***(D. n° 77-757, 7 juill. 1977 ; implicitement ab., D. n° 2001-261, 27 mars 2001, art. 1er).***

Voir aussi : Annexe V.

Chapitre II

(Chapitre ab., D. n° 86-517, 14 mars 1986, art. 53-II)

Section I Règles de principe

(Section ab., D. n° 86-517, 14 mars 1986, art. 53-II)

C. urb., art. *R. 312-1 ***(Mod., D. n° 76-276, 29 mars 1976, art. 14-II ; D. n° 77-737, 7 juill. 1977, art. 8 ; ab., D. n° 86-517, 14 mars 1986, art. 53-II).***

C. urb., art. *R. 312-2 ***(Mod., D. n° 76-276, 29 mars 1976, art. 14-III ; ab., D. n° 86-517, 14 mars 1986, art. 53-II).***

C. urb., art. *R. 312-3 *(Mod., D. n° 77-738, 7 juill. 1977, art. 2 ; ab., D. n° 86-517, 14 mars 1986, art. 53-II).*

C. urb., art. *R. 312-4 à *R. 312-14 *(Ab., D. n° 86-517, 14 mars 1986, art. 53-II).*

Section II Application

(Section ab., D. n° 86-517, 14 mars 1986, art. 53-II)

C. urb., art. *R. 312-15 et R. 312-16 *(Ab., D. n° 86-517, 14 mars 1986, art. 53-II).*

C. urb., art. *R. 312-17 et R. 312-18 *(Mod., D. n° 76-276, 29 mars 1976, art. 14 et IV ; ab., D. n° 86-517, 14 mars 1986, art. 53-II).*

C. urb., art. R. 312-19 à R. 312-29 *(Ab., D. n° 86-517, 14 mars 1986, art. 53-II).*

C. urb., art. R. 312-30 *(Mod., D. n° 77-863, 26 juill. 1977, art. 22 ; ab., D. n° 86-517, 14 mars 1986, art. 53-II).*

C. urb., art. R. 312-31 à R. 312-33 *(Ab., D. n° 86-517, 14 mars 1986, art. 53-II).*

1958 **Abrogation.** Ce chapitre II dont les articles R. 312-1 à R. 312-33 traitaient de la rénovation urbaine a été abrogé par le paragraphe II de l'article 53 du décret n° 86-517 du 14 mars 1986. Rappelons que l'article 34 de la loi n° 85-729 du 18 juillet 1985 a prévu, à la suite de l'abrogation – par le paragraphe I de son article 16 – du chapitre II du titre I du livre III de la première partie (législative) du présent code (art. L. 312-1 à L. 312-13) relatif à la rénovation urbaine, que celle-ci ne faisait pas obstacle à l'achèvement des opérations engagées selon les formes prévues par les articles L. 312-1 et suivants dans leur rédaction antérieure et les textes pris pour leur application.

Chapitre III
Restauration immobilière et secteurs sauvegardés

Section I Secteurs sauvegardés

Sous-section 1 Création des secteurs sauvegardés

C. urb., art. **R. 313-1 *(D. n° 77-737, 7 juill. 1977).*— **Une commission nationale des secteurs sauvegardés, placée auprès du ministre chargé de l'architecture et composée comme il est dit à l'article R. 313-21, propose la création de secteurs sauvegardés.**

Les secteurs sauvegardés sont créés et délimités par arrêté conjoint du ministre chargé de l'urbanisme et du ministre chargé de l'architecture, sur avis favorable ou à la demande de la ou des communes intéressées ou, s'il existe un établissement public groupant plusieurs communes et ayant compétence en matière d'urbanisme, de l'organe délibérant de cet établissement.

Ils sont créés par décret en Conseil d'État, conformément à l'article L. 313-1 *(b)*, en cas d'avis défavorable d'une des communes intéressées ou de l'établissement public groupant plusieurs communes et ayant compétence en matière d'urbanisme.

C. urb., art. **R. 313-2 *(D. n° 77-737, 7 juill. 1977).*— **Avant que la commission nationale ne formule la proposition mentionnée à l'article R. 313-1, le conseil municipal de la ou des communes intéressées ou, s'il en existe un, l'organe délibérant de l'établissement public groupant plusieurs communes et ayant compétence en matière d'urbanisme est consulté sur le projet de création d'un secteur sauvegardé s'il ne l'a lui-même proposé.**

Faute d'avis du conseil municipal ou de l'organe délibérant de l'établissement public transmis à l'autorité de tutelle dans le délai de deux mois à compter du jour où, selon le cas, le maire ou le président de l'établissement public a reçu communication du projet, il est procédé conformément aux dispositions de l'article L. 313-1 *(b)*.

Ce délai est porté à quatre mois en cas de consultation du Conseil de Paris.

C. urb., art. **R. 313-3 *(D. n° 77-737, 7 juill. 1977)*. — **L'arrêté ou le décret portant création et délimitation d'un secteur sauvegardé est publié au *Journal officiel* de la République française et affiché à la mairie de la ou des communes intéressées.**

Mention en est en outre insérée en caractères apparents dans deux journaux régionaux ou locaux diffusés dans le département intéressé.

Voir aussi : La jurisprudence citée sous C. urb., art. R. 123-3, p. 524.

C. urb., art. **R. 313-4 *(D. n° 77-737, 7 juill. 1977)*. — **Dans les limites territoriales auxquelles il s'applique, l'arrêté interministériel ou le décret en Conseil d'État délimitant le secteur sauvegardé vaut prescription de l'établissement du plan de sauvegarde ou de mise en valeur et mise en révision du *(Mots rempl., D. n° 2001-260, 27 mars 2001, art. 3)* « plan local d'urbanisme » rendu public ou approuvé ou de tout document d'urbanisme en tenant lieu.**

À compter de la date de cette publication, l'architecte des Bâtiments de France assure la surveillance générale du secteur sauvegardé en vue de préserver son caractère esthétique et de conserver les immeubles qui présentent un intérêt historique. Il a la responsabilité des travaux susceptibles d'y être entrepris à cet effet.

Indépendamment des responsabilités propres du ministre chargé de l'urbanisme, les conditions architecturales selon lesquelles est assurée la conservation des immeubles et du cadre urbain dans lequel ces immeubles se trouvent sont définies par le ministre chargé de l'architecture.

Sursis à statuer. Dès la publication de l'acte délimitant le secteur sauvegardé, la procédure de sursis à statuer est applicable 1959

Voir aussi : C. urb., art. L. 313-2, p. 235.

Règle applicable. Mais le plan d'urbanisme précédent demeure néanmoins applicable en principe, et constitue ainsi un fondement légal à un refus de permis de construire (CE, 5 oct. 1979, req. n°s 4218 et 4219, *Époux Girod et SCI « Hôtel Brousson »*). 1960

Voir aussi : Sur le renouvellement et les effets du sursis à statuer, C. urb., art. L. 111-7 à L. 111-11, p. 21.

Rôle de l'ABF. L'architecte des Bâtiments de France assume la responsabilité principale de l'esthétique urbaine, dans le secteur sauvegardé. 1961

Sous-section 2 Instruction du plan de sauvegarde et de mise en valeur

C. urb., art. R. 313-5 *(D. n° 77-737, 7 juill. 1977 ; D. n° 83-813, 9 sept. 1983 ; D. n° 88-199, 29 févr. 1988)*. — **L'instruction du plan de sauvegarde et de mise en valeur est conduite sous l'autorité du préfet. Un architecte chargé de proposer un plan de sauvegarde et de mise en valeur est désigné, après agrément conjoint du ministre chargé de l'architecture et du ministre chargé de l'urbanisme, par le maire ou, s'il existe un établissement public groupant plusieurs communes et ayant compétence en matière d'urbanisme, par le président de cet établissement ; à défaut de décision du maire ou du président de l'établissement public, l'architecte est désigné par le préfet.**

Le projet élaboré par l'architecte est soumis à une commission locale du secteur sauvegardé constituée par arrêté du préfet et qui comprend des représentants élus des communes ou établissements publics intéressés et des représentants de l'État. Sont associés aux travaux de cette commission l'architecte chargé du plan et des personnes qualifiées en matière de sauvegarde et de mise en valeur des quartiers anciens.

Sont associés, avec voix consultative, aux travaux de la commission, les représentants désignés par la chambre de commerce et d'industrie et la chambre de métiers. Il en est de même du ou des représentants de la chambre d'agriculture, lorsque celle-ci en a fait la demande au préfet.

La commission entend, sur leur demande, les représentants des associations agréées en application de l'article L. 121-8. Elle peut décider d'entendre toute personne qualifiée.

1962 **Élaboration conjointe.** La commission locale du secteur sauvegardé joue un rôle analogue à celui du groupe de travail, dans le cadre de l'élaboration des POS ; mais le principe d'élaboration conjointe n'est pas nettement affirmé en matière de secteurs sauvegardés, bien que la commission locale comprenne à la fois des représentants de l'État et des représentants élus des communes.

1963 **Organisation.** Le secrétariat de la commission locale est assuré par le directeur départemental de l'équipement, en liaison étroite avec l'architecte des Bâtiments de France et l'architecte chargé d'établir le plan.

1964 **Organismes consulaires.** La consultation des représentants de la chambre de commerce et d'industrie et de la chambre de métiers, ainsi que celle des représentants des associations agréées se comprend mieux que la consultation (facultative) des représentants de la chambre d'agriculture, s'agissant par hypothèse d'un milieu urbain ancien.

C. urb., art. R. 313-6 *(D. n° 77-737, 7 juill. 1977 ; D. n° 83-813, 9 sept. 1983 ; D. n° 88-199, 29 févr. 1988).* **— Le projet de plan est communiqué par le préfet à ceux des services publics qui ne sont pas représentés au sein de la commission locale du secteur sauvegardé et qu'il y a lieu de consulter sur ce projet. Faute de réponse dans les deux mois du jour où ils ont été saisis, leur avis est réputé favorable. L'ensemble des avis ainsi recueillis est soumis à la commission locale du secteur sauvegardé.**

Lorsqu'il en fait la demande au préfet, le président d'une association ***(Mots rempl., D. n° 96-717, 9 août 1996, art. 4)*** **« mentionnée à » l'article L. 121-8 reçoit communication du projet de plan de sauvegarde et de mise en valeur ou est invité à en prendre connaissance au lieu désigné à cet effet. Il peut faire connaître ses observations sur le projet** ***(Mots rempl., D. n° 96-717, 9 août 1996, art. 4)*** **« dans le délai d'un mois courant à compter de la réception du projet de plan ou de la date à laquelle il a pris connaissance de celui-ci ».**

C. urb., art. R. 313-7 *(D. n° 77-737, 7 juill. 1977 ; D. n° 83-813, 9 sept. 1983 ; D. n° 88-199, 29 févr. 1988).* **— Le projet de plan élaboré dans les conditions prévues aux articles précédents est soumis par le préfet pour délibération au conseil municipal de la commune intéressée ou, s'il existe un établissement public groupant plusieurs communes et ayant compétence en la matière, à l'organe délibérant de cet établissement. Cette délibération est réputée favorable si elle n'est pas intervenue dans un délai de trois mois. Si le conseil municipal ou l'organe délibérant entend faire connaître son opposition, celle-ci doit être expressément formulée dans la délibération.**

Après avoir été soumis à l'avis de la Commission nationale des secteurs sauvegardés, le plan est rendu public par arrêté du préfet. Toutefois, le ministre chargé de l'urbanisme et le ministre chargé de l'architecture peuvent décider d'évoquer l'affaire pour prendre cette décision.

1965 **Plan de sauvegarde et de mise en valeur.** Le plan de sauvegarde et de mise en valeur est soumis à une consultation à l'échelon central : Commission nationale du secteur sauvegardé, dont la composition est fixée par l'article R. 313-21.

1966 **Étendu du contrôle.** Le moyen tiré de ce qu'un plan de sauvegarde et de mise en valeur n'a pas été rendu public et n'est donc pas opposable aux tiers est un moyen d'ordre public, que le juge de l'excès de pouvoir relève d'office (CE, 28 juill. 1995, *Ville de Paris : Rec. CE*, T, p. 994 ; *DA* 1995, 548).

C. urb., art. R. 313-8 *(D. n° 77-737, 7 juill. 1977 ; D. n° 83-813, 9 sept. 1983 ; D. n° 85-452, 23 avr. 1985 ; D. n° 88-199, 29 févr. 1988).* **— Le plan rendu public est soumis par le préfet à enquête dans les formes prévues par les chapitres I et II du décret n° 85-453 du 23 avril 1985.**

Le préfet peut, par un même arrêté, rendre public le plan, prescrire l'enquête publique prévue au précédent alinéa et, s'il y a lieu, prescrire l'enquête en vue de la déclaration d'utilité publique des opérations ou acquisitions prévues à ce plan ou de certaines d'entre elles. Dans ce cas, le commissaire enquêteur ou la commission d'enquête est saisi de l'ensemble des procédures.

Au vu des résultats de l'enquête et après avis de la commission locale du secteur sauvegardé, le plan est soumis par le préfet au conseil municipal ou à l'organe délibérant de l'établissement public compétent en la matière qui doit se prononcer dans les mêmes délais et conditions qu'à l'article R. 313-7 sur les documents qui lui sont présentés.

Double objet. Il faut remarquer qu'un même arrêté peut rendre public le plan et prescrire une enquête publique et enquête en vue de la déclaration d'utilité publique mais qu'une double consultation du conseil municipal est nécessaire, avant et après la publication du plan. 1967

C. urb., art. R. 313-9 *(D. n° 77-737, 7 juill. 1977 ; D. n° 81-534, 12 mai 1981 ; D. n° 82-584, 29 juin 1982).* **— Le plan de sauvegarde et de mise en valeur, éventuellement modifié pour tenir compte des avis émis en application de l'article précédent, accompagné des avis émis en application de l'article précédent et des résultats de l'enquête, est soumis à la Commission nationale des secteurs sauvegardés. Pour les immeubles ou ensembles urbains protégés au titre de la loi du 2 mai 1930 sur les sites et compris dans les limites du secteur sauvegardé, la consultation de cette commission se substitue aux consultations des commissions départementales et supérieures des sites.**

À la demande du ministre chargé de l'architecture, la Commission supérieure des monuments historiques ou sa délégation permanente peut être consultée sur les dispositions du plan de sauvegarde et de mise en valeur touchant les immeubles protégés au titre *(Mots rempl., Ord. n° 2004-178, 20 févr. 2004, art. 3)* **« des articles L. 621-1 et suivants du Code du patrimoine » et compris dans les limites d'un secteur sauvegardé.**

Le plan de sauvegarde et de mise en valeur, éventuellement modifié pour tenir compte des avis émis, est approuvé par décret en Conseil d'État pris sur le rapport conjoint du ministre chargé de l'architecture, du ministre chargé de l'urbanisme et du ministre de l'Intérieur.

Approbation par décret. L'approbation du plan nécessite toujours un décret en Conseil d'État. 1968

Rôle de la commission nationale. Dans tous les cas, l'approbation nécessite l'avis de la Commission nationale des secteurs sauvegardés. Ainsi, cette commission est consultée pour la seconde fois. 1969

Voir aussi : C. urb., art. R. 313-7, p. 21.

C. urb., art. R. 313-10 *(D. n° 77-737, 7 juill. 1977 ; D. n° 83-813, 9 sept. 1983 ; D. n° 88-199, 29 févr. 1988).* **— L'acte rendant public ou approuvant un plan de sauvegarde et de mise en valeur fait l'objet :**

1. d'une mention au *Journal officiel* de la République française, s'il s'agit d'un décret ou d'un arrêté interministériel ;

2. d'une publication au *Recueil des actes administratifs du département*, s'il s'agit d'un arrêté du préfet. Dans ce cas, cet arrêté fait l'objet d'une mention en caractères apparents dans deux journaux régionaux ou locaux diffusés dans le département.

Le plan rendu public accompagné des délibérations du conseil municipal de la commune intéressée ou de l'organe délibérant de l'établissement public compétent en la matière et le plan approuvé sont tenus à la disposition du public à la mairie de la commune ou des communes intéressées, ainsi qu'à la préfecture.

Mention de ces mesures de publicité et des lieux où les documents peuvent être consultés est insérée en caractères apparents dans deux au moins des journaux régionaux ou locaux diffusés dans le département et affichée dans les mairies des communes intéressées.

Sous-section 3 Contenu du plan de sauvegarde et de mise en valeur

C. urb., art. **R. 313-11 *(D. n° 77-737, 7 juill. 1977).* **— Le plan de sauvegarde et de mise en valeur comporte tout ou partie des documents ou dispositions énumérés aux articles R. 123-16 à R. 123-24.**

Le rapport de présentation indique notamment les conditions dans lesquelles les préoccupations d'environnement sont prises en compte par le plan.

Le règlement précise, et les documents graphiques font apparaître, les conditions architecturales selon lesquelles est assurée la conservation des immeubles et du cadre urbain dans lequel ces immeubles se trouvent.

Les documents graphiques font apparaître notamment les immeubles ou parties d'immeubles soumis aux dispositions du troisième alinéa de l'article L. 313-1.

1970 **Démolition.** Le plan rend les démolitions prévues opposables, tout en laissant l'autorité administrative qui délivre les permis en mesure de renoncer à les faire appliquer (Circ. précitée, n° 2-1).

1971 **Durée d'opposabilité.** Lorsque le plan de sauvegarde et de mise en valeur a été rendu public ou approuvé avant l'expiration d'un délai de trois ans à compter de l'entrée en vigueur de la loi n° 79-1150 du 29 décembre 1979 relative à la publicité, aux enseignes et préenseignes et que le règlement annexé à ce plan comporte des prescriptions en matière de publicité, ces dernières demeurent applicables tant qu'elles n'ont pas été modifiées dans le cadre de l'institution d'une zone de publicité restreinte (D. n° 80-924, 21 nov. 1980, art. 13).

1972 **Contrôle sur les démolitions.** Le juge administratif exerce un contrôle minimum sur la désignation des immeubles à démolir (CE, 24 juin 1987, *Lofficial : Rec. CE*, p. 229 ; *AJDA* 1987, p. 599, concl. de Clausade).

Sous-section 4 Effets du plan de sauvegarde et de mise en valeur

§ 1 Mesures applicables entre la délimitation du secteur sauvegardé et la publication du plan de sauvegarde et de mise en valeur

C. urb., art. **R. 313-12 *(D. n° 77-737, 7 juill. 1977 ; D. n° 83-813, 9 sept. 1983).* **— Les mesures de sauvegarde prises en vertu de l'article R. 123-26 et dans les formes et conditions précisées aux articles R. 313-13 et R. 313-17 sont applicables à compter de la date de publication de l'acte délimitant le secteur sauvegardé.**

1973 **Sursis à statuer.** La procédure de sursis à statuer peut être mise en œuvre, puisque l'article L. 313-2 en pose le principe et que les articles suivants en déterminent les modalités.

Voir aussi : Annotations sous C. urb., art. L. 313-2, p. 235.

C. urb., art. **R. 313-13 *(D. n° 77-737, 7 juill. 1977 ; D. n° 86-984, 19 août 1986).* **— Pendant la période comprise entre la publication de l'acte délimitant le secteur et celle de l'acte décidant de rendre public le plan de sauvegarde et de mise en valeur, les demandes de permis de construire concernant les immeubles compris dans le secteur sauvegardé sont soumises par l'autorité chargée d'instruire la demande à l'architecte des Bâtiments de France. Ce dernier lui fait connaître son avis dans le délai maximum d'un mois.**

En cas d'avis défavorable, l'autorité chargée d'instruire la demande propose à l'autorité compétente de surseoir à statuer. Si l'architecte des Bâtiments de France estime que la délivrance du permis de construire doit être soumise à l'observation de certaines

conditions, l'autorité chargée d'instruire la demande ne peut proposer à l'autorité compétente de délivrer le permis de construire qu'en subordonnant cette délivrance aux conditions exprimées.

Rôle de l'ABF. L'avis de l'architecte des Bâtiments de France est déterminant, puisque le DDE – ou le maire si c'est lui qui instruit les demandes de permis de construire – ne peut être d'avis différent. 1974

Il y a compétence liée de l'autorité qui délivre le permis de construire.

Voir aussi : Annotations sous C. urb., art. R. 421-38-4, p. 815.

Fait générateur d'un plan opposable. Le permis de construire peut être refusé, sur le fondement d'un ancien plan d'urbanisme, pendant la phase d'élaboration du plan de sauvegarde (CE, 5 oct. 1979, req. n°s 4218 et 4219, *Époux Girod et SCI « Hôtel Brousson »*), mais pas sur le fondement du plan de sauvegarde non encore rendu public (CE, 28 juill. 1995, *Ville de Paris : Rec. CE*, T, p. 1090). Le préfet peut passer outre l'avis défavorable de l'architecte des Bâtiments de France, après en avoir référé au ministre, en cas de construction dans un site inscrit (Rép. min. : *JOAN* 19 oct. 1979, p. 8464). 1975

Voir aussi : Annotations sous C. urb., art. L. 313-2, p. 235.

C. urb., art. **R. 313-14 ***(D. n° 77-737, 7 juill. 1977 ; D. n° 86-514, 14 mars 1986).*** **— Sous réserve des dispositions des articles R. 313-15 et R. 313-16, les demandes d'autorisation spéciale pour tout travail ayant pour effet de modifier l'état des immeubles et pour lequel le permis de construire ou la déclaration prévue à l'article L. 422-2 n'est pas exigé sont adressées par le pétitionnaire à l'architecte des Bâtiments de France qui procède à leur instruction. Il en informe immédiatement le directeur départemental de l'équipement et le maire et décide de surseoir à statuer sur la demande ou délivre, le cas échéant, l'autorisation en énonçant, s'il y a lieu, les prescriptions auxquelles le pétitionnaire doit se conformer.**

En l'absence de notification de la décision de l'architecte des Bâtiments de France dans le délai de deux mois, l'autorisation est réputée accordée.

(Alinéa créé, D. n° 2004-142, 12 févr. 2004, art. 11) **En cas de refus de délivrance de l'autorisation spéciale de travaux par l'architecte des Bâtiments de France, le pétitionnaire peut saisir le préfet de région ou, dans la collectivité territoriale de Corse, le préfet de Corse, suivant les modalités définies à l'article R. 313-17-1.**

Autorisation tacite. Une procédure d'autorisation tacite s'applique lorsque les travaux ne sont pas soumis à permis de construire ou à déclaration préalable. Dans ce cas, la demande d'autorisation est directement adressée à l'architecte des Bâtiments de France. 1976

Autorisation spéciale de l'ABF. Est entaché d'illégalité l'arrêté municipal qui autorise un café-restaurant à étendre sa terrasse sur une parcelle du domaine public communal et qui lie cette autorisation à des travaux d'aménagement sans qu'au préalable ait été délivrée, par l'architecte des Bâtiments de France, l'autorisation spéciale (CE, 1re et 4e sous-sect., 10 déc. 1993 : *Dragon et autres* c/ *Maire d'Aix-en-Provence : D.* 1994, inf. rap. p. 89). 1977

C. urb., art. **R. 313-15 ***(D. n° 77-737, 7 juill. 1977).*** **— Aucun permis de démolir ne peut être délivré sans l'accord exprès ou tacite du ministre responsable ou de son délégué, donné dans les conditions définies aux articles R. 430-1 et suivants.**

Voir aussi : Sous l'empire des textes antérieurs, CE, 24 juin 1977, *Secr. État min. Équip.* c/ *Assoc. de sauvegarde Lille-Centre et autres.*

C. urb., art. **R. 313-16 ***(D. n° 77-737, 7 juill. 1977).*** **— Pour les immeubles faisant l'objet des procédures prévues par les articles 303 à 305 du Code de l'urbanisme et de l'habitation, l'arrêté du maire prescrivant la réparation ou la démolition du bâtiment menaçant ruine vaut autorisation spéciale au sens de l'article L. 313-2. Cet arrêté ne peut être pris**

qu'après avis de l'architecte des Bâtiments de France. Cet avis est réputé délivré en l'absence de réponse dans le délai de huit jours.

L'architecte des Bâtiments de France est invité à assister à l'expertise prévue à l'article 304 du Code de l'urbanisme et de l'habitation.

Si la procédure de péril a été engagée avant la délimitation du secteur sauvegardé, l'architecte des Bâtiments de France est informé de l'état de la procédure et invité à assister à l'expertise si celle-ci n'a pas encore eu lieu.

En cas de péril imminent donnant lieu à application de la procédure prévue à l'article 305 du Code de l'urbanisme et de l'habitation, le maire en informe l'architecte des Bâtiments de France en même temps qu'il adresse l'avertissement au propriétaire.

1978 **Péril et ABF.** L'architecte des Bâtiments de France est appelé dans les procédures de péril d'immeubles situés dans un secteur sauvegardé. Une exigence analogue, dans le cadre de la procédure du permis de démolir, s'applique aux bâtiments protégés au titre de la législation sur les monuments historiques.

Voir aussi : C. urb., art. R. 430-26, p. 861.

1979 **Double codification.** Les articles 303, 304 et 305 du Code de l'urbanisme et de l'habitation sont actuellement les articles L. 511-1, L. 511-2 et L. 511-3 du Code de la construction et de l'habitation.

C. urb., art. **R. 313-17 *(D. n° 77-737, 7 juill. 1977).* **— Les autorisations concernant les lotissements, l'exploitation de carrières, l'ouverture d'installations classées et les divers modes d'occupation du sol faisant l'objet de réglementations particulières, ne peuvent être délivrées qu'après avis conforme de l'architecte des Bâtiments de France.**

L'autorisation accordée en application de l'alinéa ci-dessus tient lieu de l'autorisation exigée par l'article L. 313-2.

Voir aussi : La note sous C. urb., art. R. 315-44-1, p. 674, sur la péremption automatique des règles d'urbanisme propres aux lotissements.

C. urb., art. R. 313-17-1 *(Créé à compter du 1er mai 1999, D. n° 99-78, 5 févr. 1999, art. 8, I et 19 ; remplacé, D. n° 2004-142, 12 févr. 2004, art. 12).* **— En application du quatrième alinéa de l'article L. 313-2 et sous réserve des dispositions de l'article R. 313-17-2, le préfet de région est saisi par lettre recommandée avec demande d'avis de réception soit :**

***a)* Par le maire ou l'autorité compétente pour délivrer l'autorisation de travaux, dans le délai d'un mois à compter de la réception de l'avis ou de la décision émis par l'architecte des Bâtiments de France ;**

***b)* Par le pétitionnaire, dans le délai de deux mois à compter de la notification du refus d'autorisation de travaux.**

Lorsqu'ils ne sont pas l'auteur de la saisine, le pétitionnaire, le maire ou l'autorité compétente pour délivrer l'autorisation de travaux reçoivent notification par le préfet de région de la demande dont il est saisi.

Le préfet de région émet après consultation de la section de la commission régionale du patrimoine et des sites, selon le cas, un avis ou une décision qui se substitue à celui ou à celle de l'architecte des Bâtiments de France.

L'avis ou la décision du préfet de région est notifié au maire et à l'autorité compétente pour délivrer l'autorisation, ainsi qu'au pétitionnaire.

Le préfet de région se prononce dans un délai de trois mois à compter de sa saisine, sauf si le dossier a, dans ce délai, été évoqué par le ministre. Dans ce cas, l'autorisation ne peut être délivrée qu'avec l'accord exprès de ce dernier.

Lorsque le maire saisit le préfet de région de la décision prise par l'architecte des Bâtiments de France en application du premier alinéa de l'article R. 313-14, celle-ci est suspendue jusqu'à la décision expresse ou tacite du préfet de région ou jusqu'à la décision expresse du ministre en cas d'évocation.

Dans la collectivité territoriale de Corse, les attributions conférées par le présent article au préfet de région sont exercées par le préfet de Corse.

Appel sur avis de l'ABF. Pour rompre avec le pouvoir souverain conféré à l'architecte des Bâtiments de France, la loi du 28 février 1997 (C. urb., art. L. 313-2) reconnaît une faculté d'appel sur son avis, non au pétitionnaire, mais à l'autorité compétente pour statuer sur la demande. La même procédure a été retenue pour les autorisations portant sur des immeubles situés dans le champ de visibilité des édifices inscrits ou classés. 1980

Voir aussi : C. urb., art. R. 421-38-4, p. 815.

C. urb., art. R. 313-17-2. — *(Créé à compter du 1er mai 1999, D. n° 99-78, 5 févr. 1999, art. 8-I et 19).* – Lorsque le maire ou l'autorité compétente pour délivrer le permis de construire ou de démolir saisit le préfet de région, en application du quatrième alinéa de l'article *(Référence rempl., D. n° 2004-142, 12 févr. 2004, art. 13)* « R. 313-13 » R. 313-15, le délai au terme duquel le permis est réputé accordé faute de notification à l'autorité compétente d'une décision expresse est suspendu jusqu'à la notification à l'autorité compétente pour délivrer le permis de l'avis du préfet de région ou l'expiration du délai de *(Mots rempl., D. n° 2004-142, 12 févr. 2004, art. 13)* « trois mois mentionné au septième alinéa » de l'article R. 313-17-1.

Dans le cas prévu au quatrième alinéa de l'article L. 313-2, le préfet de région avise le pétitionnaire, par la voie administrative ou par lettre recommandée avec demande d'avis de réception, qu'il est saisi en application du premier alinéa du présent article et l'informe que, conformément aux dispositions dudit alinéa, le délai au terme duquel le permis est réputé accordé faute de notification par l'autorité compétente d'une décision expresse est suspendu.

Lorsque le ministre chargé de la culture décide d'évoquer le dossier dans les conditions prévues au dernier alinéa de l'article R. 313-17-1, le délai au terme duquel, le cas échéant, le permis est réputé accordé faute de notification par l'autorité compétente d'une décision expresse est suspendu jusqu'à la notification à l'autorité compétente pour délivrer le permis de l'avis du ministre.

La décision d'évoquer le dossier prise par le ministre est notifiée au pétitionnaire, au maire et à l'autorité compétente. La notification adressée au pétitionnaire mentionne que, conformément au troisième alinéa du présent article, le délai au terme duquel le permis est réputé accordé faute de notification par l'autorité compétente d'une décision expresse est suspendu jusqu'à ce que le ministre se soit prononcé.

Absence de décision. Cette disposition vise à éviter l'obtention d'une autorisation tacite, qui pouvait être acquise sur la base du dernier alinéa de l'article R. 313-12. 1981

C. urb., art. **R. 313-18 *(D. n° 77-737, 7 juill. 1977).* — À l'expiration du délai de validité du sursis à statuer et, sur simple confirmation par l'intéressé du maintien de sa demande, une décision doit lui être notifiée par l'autorité chargée de la délivrance de l'autorisation dans les deux mois suivant cette confirmation. L'autorisation ne peut être refusée pour des motifs tirés du projet de plan de sauvegarde et de mise en valeur si celui-ci n'a pas encore été rendu public.

À défaut de notification de la décision dans le délai de deux mois, l'autorisation est réputée accordée dans les termes où elle avait été demandée.

§ 2 Mesures applicables une fois le plan de sauvegarde et de mise en valeur rendu public

C. urb., art. **R. 313-19 *(D. n° 77-737, 7 juill. 1977).* — Le plan de sauvegarde et de mise en valeur rendu public remplace tout projet d'aménagement, tout plan d'urbanisme ou tout *(Mots rempl., D. n° 2001-260, 27 mars 2001, art. 3)* « plan local d'urbanisme » déjà existant et en tient lieu pour l'avenir.

C. urb., art. **R. 313-19-1 *(D. n° 77-737, 7 juill. 1977).* — Le plan de sauvegarde et de mise en valeur rendu public ou approuvé s'applique aux immeubles protégés au titre *(Mots*

***rempl., Ord. n° 2004-178, 20 févr. 2004, art. 3)* « des articles L. 621-1 et suivants du Code du patrimoine » et de la loi du 2 mai 1930 sur les sites, et compris dans les limites du secteur sauvegardé.**

Les travaux prévus au plan et concernant les édifices classés ou inscrits sur l'inventaire supplémentaire des monuments historiques sont exécutés conformément aux règles en vigueur pour la conservation des monuments historiques.

C. urb., art. **R. 313-19-2 *(D. n° 77-737, 7 juill. 1977).* — Après la publication de l'acte rendant public le plan de sauvegarde et de mise en valeur, les demandes de permis de construire concernant les immeubles compris dans le secteur sauvegardé sont soumises par l'autorité chargée d'instruire la demande à l'architecte des Bâtiments de France. Ce dernier lui fait connaître, dans le délai d'un mois, son avis sur la conformité du projet avec les dispositions du plan de sauvegarde et de mise en valeur et, éventuellement, les prescriptions imposées pour la réalisation du projet. À défaut de réponse dans le délai d'un mois, l'avis est réputé favorable.

Si l'avis constate la non-conformité, le permis de construire ne peut être accordé.

Si l'avis est assorti de prescriptions, l'autorité chargée de l'instruction les transmet à l'autorité compétente pour statuer sur la demande.

1982 **Avis tacite de l'ABF.** Compte tenu du mécanisme de l'avis favorable tacite de l'architecte des Bâtiments de France, le permis de construire peut être instruit dans les délais de droit commun (V. art. R. 421-18).

Voir aussi : Annotations sous C. urb., art. R. 421-38-4, p. 815.

C. urb., art. **R. 313-19-3 *(D. n° 77-737, 7 juill. 1977).* — Les dispositions des articles R. 313-14 à *(Référence remplacée à compter du 1er mai 1999, D. n° 99-78, 5 févr. 1999, art. 8-II et 19)* « R. 313-17-2 » demeurent applicables après la publication de l'acte rendant public le plan de sauvegarde et de mise en valeur.

Les opérations, travaux et occupations du sol mentionnés à l'article R. 313-17 (alinéa 1) ne peuvent être autorisés que s'ils sont conformes aux dispositions du plan.

C. urb., art. **R. 313-19-4 *(D. n° 77-737, 7 juill. 1977).* — Lorsque, à la date à laquelle le plan est rendu public, le délai de validité d'un sursis à statuer n'est pas encore écoulé, une décision définitive doit, sur simple confirmation par l'intéressé du maintien de sa demande, être prise par l'autorité compétente dans les formes et délais requis en la matière.

Voir aussi : C. urb., art. R. 313-18, p. 694 ; annotations sous C. urb., art. L. 313-2, p. 235.

C. urb., art. **R. 313-19-5 *(D. n° 77-737, 7 juill. 1977).* — En cas de difficulté sur la portée exacte des dispositions contenues dans le plan de sauvegarde et de mise en valeur, l'architecte des Bâtiments de France est consulté ainsi que le directeur départemental de l'équipement.

Les adaptations mineures au plan de sauvegarde et de mise en valeur ne peuvent être décidées qu'après avis conforme de l'architecte des Bâtiments de France.

Toutefois, ces dispositions ne font pas obstacle à l'exercice des pouvoirs de police du maire dans les conditions définies à l'article R. 313-16.

Voir aussi : Sur la notion d'adaptation mineure, comm. de C. urb., art. L. 123-1, p. 58, et Circulaire n° 72-52, 17 mars 1972.

1983 **Dérogation.** Par analogie avec le droit des POS ou PLU, il résulte du deuxième alinéa du présent article que les dérogations (autres que les adaptations mineures) sont interdites.

1984 **Avis conforme de l'ABF.** La nécessité de l'avis conforme de l'architecte des Bâtiments de France, sous réserve de l'appel prévu par l'article L. 313-2, lui confère un contrôle absolu des opérations réalisées dans les secteurs sauvegardés. Aussi, en cas de difficulté d'interprétation, son avis est déterminant.

C. urb., art. **R. 313-19-6 *(D. n° 77-737, 7 juill. 1977).* **— Les dispositions des articles R. 123-32, R. 123-32-1 et R. 123-33 sont applicables aux plans de sauvegarde et de mise en valeur.**

Délaissement. Le droit de délaissement peut être exercé par les propriétaires d'emplacements réservés définis par un plan de sauvegarde et de mise en valeur. 1985

Voir aussi : Le commentaire des articles cités.

Sous-section 5 Modification, révision et mise à jour du plan de sauvegarde

Actualisation du plan. Trois procédures sont prévues pour actualiser le plan de sauvegarde et de mise en valeur. 1986

La mise à jour est une opération purement matérielle, simplement constatée par un acte administratif ; elle n'a pas d'effet normatif.

La modification du plan peut intervenir si elle ne porte pas atteinte à son économie générale : elle s'effectue selon une procédure abrégée qui maintient toutefois les principales garanties : enquête publique, délibération du conseil municipal, avis de la Commission nationale des secteurs sauvegardés.

La révision du plan exige un respect littéral du parallélisme des formes. Elle peut conduire à un bouleversement du plan originel. Dans ce seul cas peuvent s'appliquer des mesures de sauvegarde (sursis à statuer) ou des dérogations anticipations. Toutes ces mesures sont calquées sur le droit des POS ou des PLU.

La modification et la révision du plan supposent que ce plan ait été précédemment approuvé, afin d'éviter une instabilité trop fréquente du droit (Circ. n° 78-15, 17 janv. 1978, n° 3-2).

Il n'y a pas de possibilité de modification indirecte du plan à l'occasion d'une déclaration d'utilité publique (différence avec le POS ou des PLU). En cas d'utilité publique évidente et impérative, le plan doit faire l'objet de la procédure de modification (C. urb., art. L. 313-1, dernier alinéa et C. urb., art. R. 313-20).

C. urb., art. **R. 313-20 *(D. n° 77-737, 7 juill. 1977 ; D. n° 83-813, 9 sept. 1983 ; D. n° 85-452, 23 avr. 1985).* **— La modification d'un plan de sauvegarde et de mise en valeur par application de l'article L. 313-1 (alinéa 4) a lieu suivant les modalités ci-après définies.**

L'initiative de la modification appartient concurremment au préfet et au maire ou, s'il existe un établissement public groupant plusieurs communes et ayant compétence en matière d'urbanisme, au président de cet établissement.

Après avis de la commission locale du secteur sauvegardé et consultation des services publics non représentés au sein de cette commission, dans la mesure où ils sont concernés, le projet de modification est soumis à enquête publique selon les modalités définies par les chapitres I et II du décret n° 85-453 du 23 avril 1985, puis à une délibération prise par le conseil municipal ou, s'il existe un établissement public groupant plusieurs communes et ayant compétence en matière d'urbanisme, par l'organe délibérant de cet établissement. La délibération est réputée favorable si elle n'intervient pas dans le délai de trois mois.

La Commission nationale des secteurs sauvegardés émet un avis sur le projet de modification dans le délai de deux mois à compter de la réception du dossier. À défaut de réponse dans ce délai, elle est réputée favorable.

La modification est approuvée par arrêté conjoint du ministre chargé de l'architecture et du ministre chargé de l'urbanisme en l'absence d'opposition du conseil municipal ou de l'organe délibérant de l'établissement public groupant plusieurs communes et ayant compétence en matière d'urbanisme ou par arrêté des mêmes ministres et du ministre de l'Intérieur en cas d'opposition du conseil municipal ou de l'organe délibérant de l'établissement public.

L'acte modifiant le plan fait l'objet des mesures de publicité mentionnées à l'article R. 313-10.

C. urb., art. R. 313-20-1 *(D. n° 77-737, 7 juill. 1977 ; D. n° 83-813, 9 sept. 1983)*. — **La révision de tout ou partie d'un plan de sauvegarde et de mise en valeur a lieu dans les formes prévues pour son établissement et suivant les modalités ci-après définies.**

Elle est ordonnée par arrêté conjoint du ministre chargé de l'architecture et du ministre chargé de l'urbanisme sur la demande, ou après avis, soit du ou des conseils municipaux intéressés, soit des organes délibérants des établissements publics groupant les communes intéressées et ayant compétence en matière d'urbanisme. Cet arrêté est publié au *Journal officiel*.

Pendant la période de révision, qui court de la date de publication de l'arrêté interministériel susvisé jusqu'à la date à laquelle le nouveau plan est rendu public, le plan de sauvegarde et de mise en valeur demeure en vigueur.

Les mesures de sauvegarde prévues à l'article R. 123-26 peuvent être appliquées selon les modalités définies au deuxième alinéa de l'article R. 313-13.

Pendant cette même période, le préfet peut, après avis conforme de l'architecte des Bâtiments de France, et sauf dans les espaces boisés classés, accorder les autorisations qui sont demandées pour des travaux publics ou privés non conformes aux dispositions du plan de sauvegarde et de mise en valeur mis en révision, s'il constate que ces travaux sont compatibles avec les dispositions du plan de sauvegarde et de mise en valeur en cours d'élaboration.

C. urb., art. R. 313-20-2 *(D. n° 77-737, 7 juill. 1977 ; D. n° 83-813, 9 sept. 1983 ; D. n° 88-199, 29 févr. 1988)*. — **Le plan de sauvegarde et de mise en valeur est tenu à jour par arrêté du préfet dans les conditions définies aux deuxième et cinquième alinéas de l'article R. 123-36.**

Sous-section 6 Dispositions diverses

C. urb., art. **R. 313-21 *(D. n° 77-737, 7 juill. 1977 ; D. n° 81-118, 5 févr. 1981)*. — **La Commission nationale des secteurs sauvegardés est composée de la façon suivante :**

Un président nommé pour une durée de trois ans renouvelable par arrêté du ministre chargé de l'architecture et du ministre chargé de l'urbanisme ;

Un représentant du ministre chargé de l'architecture ;

Un représentant du ministre chargé de l'urbanisme ;

Un représentant du ministre chargé de la construction ;

Un représentant du ministre chargé de la culture ;

Un représentant du ministre de l'Intérieur ;

Un représentant du ministre du Budget ;

Un représentant du ministre chargé du tourisme ;

Un représentant du délégué à l'aménagement du territoire et à l'action régionale ;

Quatorze membres désignés pour une durée de trois ans renouvelable par arrêté conjoint du ministre chargé de l'architecture et du ministre chargé de l'urbanisme, parmi les personnalités qualifiées par leur expérience professionnelle ou par l'intérêt qu'elles portent à l'urbanisme ou à la sauvegarde des ensembles urbains.

Le maire de chaque commune intéressée ou, s'il existe un établissement public groupant plusieurs communes et ayant compétence en matière d'urbanisme, le président de cet établissement est appelé à participer aux délibérations de la Commission nationale des secteurs sauvegardés avec voix consultative sur toute question relative au plan de sauvegarde et de mise en valeur qui intéresse, selon le cas, la commune ou l'établissement public de regroupement.

Les conditions de fonctionnement de la commission nationale sont fixées, en tant que de besoin, par arrêté conjoint du ministre chargé de l'architecture et du ministre chargé de l'urbanisme.

C. urb., art. **R. 313-22 *(D. n° 77-737, 7 juill. 1977).* **— Indépendamment des attributions définies par la présente section, la Commission nationale des secteurs sauvegardés délibère sur toutes les questions relatives à l'application des articles L. 313-1 à L. 313-15 dont elle est saisie par le ministre chargé de l'architecture ou par le ministre chargé de l'urbanisme.**

C. urb., art. **R. 313-23 *(D. n° 77-737, 7 juill. 1977).* **— Un représentant du ministre chargé de l'architecture participe aux délibérations des organismes ou commissions appelés à se prononcer sur le financement des affaires relatives à la conservation et à la mise en valeur des secteurs sauvegardés.**

Section II Restauration immobilière

C. urb., art. **R. 313-24 *(D. n° 77-737, 7 juill. 1977).* **— Le préfet fait procéder à l'enquête prescrite à l'article L. 313-4 dans les formes prévues au titre I du décret n° 59-701 du 6 juin 1959 modifié. Toutefois, le dossier soumis à enquête comprend seulement :**

Une notice explicative indiquant l'objet de l'opération ;

Le plan de situation ;

L'indication du périmètre envisagé.

Le périmètre de restauration immobilière est institué par arrêté du préfet.

Voir aussi : Sur l'autorité compétente, C. urb., art. L. 313-4, p. 237 et C. urb., art. L. 313-4-1, p. 237.

Contenu du dossier. Le dossier soumis à enquête est d'une composition relativement simple. 1987

Voir aussi : Sur les formes prévues pour l'enquête prescrite à l'article L. 313-4, voir les articles R. 11-3 et suivants du Code de l'expropriation pour cause d'utilité publique.

enquête publique. La restauration immobilière fait l'objet d'une réflexion, qui aboutira à déterminer le type d'enquête publique applicable, soit selon la procédure des articles R. 11-4 et suivants du Code de l'expropriation, soit selon celle des articles R. 11-4-1 et suivants du même code (aide-mémoire relatif aux enquêtes publiques annexé à la circulaire du 14 oct. 1987 : *Mon. TP* 4 déc. 1987). 1988

C. urb., art. **R. 313-25 *(D. n° 77-737, 7 juill. 1977).* **— L'autorisation de procéder aux opérations définies aux articles L. 313-3 et L. 313-4 est délivrée par le préfet. Cette autorisation doit toujours être expresse.**

La demande est instruite dans les formes et délais prescrits pour le permis de construire. Le cas échéant, il est également fait application des articles R. 313-13 et R. 313-19-2.

Voir aussi : Notes sous C. urb., art. **R. 313-24, p. 625.

C. urb., art. **R. 313-26. **— Aux demandes d'autorisation spéciale doivent être joints les documents dont la production est requise pour la délivrance du permis de construire et un dossier contenant :**

1° S'il y a lieu, les statuts de la société ou de l'association syndicale qui sollicite l'autorisation ;

2° Un état prévisionnel des dépenses et des recettes de l'opération projetée avec l'indication des moyens de financement que chacun des propriétaires ou associés se propose d'y affecter ;

3° Une note précisant l'identité et l'adresse des occupants des locaux dont il s'agit ainsi que la nature de leur droit d'occupation.

C. urb., art. **R. 313-27. **— Peuvent faire l'objet de l'autorisation spéciale prévue à l'article L. 313-3 (alinéa 2) les travaux exécutés dans les périmètres délimités par le ministre chargé de l'urbanisme, comportant :**

Réparation, assainissement, aménagement, installation d'équipements de confort ;
Transformation ou réfection de bâtiments ;
Démolition totale ou partielle de constructions ;
Constructions additionnelles,
lorsque ces travaux tendent à l'amélioration d'immeubles existants, à leur modernisation, à l'aménagement d'espaces libres et d'aires de stationnement ainsi que, d'une manière générale, à leur adaptation aux besoins du quartier, au caractère des lieux avoisinants et à une meilleure application des règles d'urbanisme ayant pour conséquence la transformation de leurs conditions d'habitabilité ou leur mise en valeur.

Dans les secteurs sauvegardés, les travaux qui peuvent faire l'objet de l'autorisation spéciale sont ceux définis par le plan de sauvegarde et de mise en valeur de chaque secteur.

1989 **Rédaction.** L'article L. 313-3 ne comprend plus qu'un alinéa unique depuis la loi n° 85-729 du 18 juillet 1985.

1990 **Périmètre de restauration et PSMV.** À l'égard des travaux pouvant être exécutés, à l'initiative d'un ou plusieurs propriétaires, groupés ou non en association syndicale, le texte du présent article distingue entre les périmètres des ensembles d'immeubles soumis à la restauration et les secteurs sauvegardés proprement dits qui sont régis par un plan de sauvegarde et de mise en valeur.

C. urb., art. **R. 313-28. — Le préfet peut, en vue d'assurer l'exécution de travaux collectifs, subordonner la délivrance de l'autorisation à l'engagement personnel et solidaire de chacun des propriétaires ou associés de poursuivre l'opération jusqu'à son complet achèvement.

Voir aussi : Notes sous C. urb., art. R. 313-24, p. 625.

C. urb., art. **R. 313-29. — L'autorisation est subordonnée à l'acceptation par les propriétaires ou associés des conditions imposées par le préfet et prévoyant notamment les délais d'exécution et l'échelonnement des travaux ainsi que les obligations du ou des propriétaires à l'égard des locataires ou occupants et les conditions dans lesquelles l'Administration peut se substituer aux propriétaires ou associés défaillants pour exécuter ou pour faire exécuter par un concessionnaire, aux frais desdits propriétaires ou associés, les travaux qu'ils n'auraient pas achevés ou entrepris. Elle est accordée après l'observation, le cas échéant, des prescriptions de la section I du présent chapitre.

Le préfet peut retirer l'autorisation en cas d'inobservation par le bénéficiaire des conditions imposées.

Voir aussi : Notes sous C. urb., art. R. 313-24, p. 625.

C. urb., art. **R. 313-30. — L'autorisation spéciale vaut, s'il y a lieu, permis de construire. Il en est fait mention dans la décision d'autorisation.

1991 **Autorisation spéciale et permis de construire.** Malgré la lettre du texte, l'autorisation spéciale ne dispense pas les travaux entrant dans le champ d'application de l'article L. 421-1 du Code de l'urbanisme d'un permis de construire délivré par le maire au nom de la commune, lorsque celle-ci est dotée d'un POS approuvé (CAA Paris, 20 août 1998, *Ville de Paris : BJDU* 6/1998, p. 430, concl. Phemolant).

C. urb., art. **R. 313-31 *(D. n° 83-1261, 30 déc. 1983)*. — La publicité des décisions portant autorisation ou retrait d'autorisation est assurée dans les conditions prévues par l'article R. 421-39 et entraîne les mêmes effets.

1992 **Affichage.** En particulier, mention de la délivrance de l'autorisation doit être affichée sur l'immeuble avant l'ouverture du chantier et pendant toute la durée de ce dernier et un extrait doit en être publié par voie d'affichage à la mairie pendant une durée de deux mois.

C. urb., art. **R. 313-32 *(D. n° 83-1261, 30 déc. 1983).* — L'autorisation est soumise aux dispositions de l'article R. 421-32, relatives à la péremption du permis de construire.

Section III Visite des bâtiments par des hommes de l'art

C. urb., art. **R. 313-33 *(D. n° 77-737, 7 juill. 1977).* — Les immeubles visés par les articles L. 313-1 à L. 313-14 peuvent être visités par des hommes de l'art spécialement habilités à cet effet par arrêté du maire pris sur proposition du directeur départemental de l'équipement.

À Paris, cette habilitation est donnée par arrêté du maire.

Pour les immeubles situés dans des secteurs sauvegardés en application de l'article L. 313-1, est également requise la proposition du conservateur régional des Bâtiments de France, ou, à Paris, du ministre des Affaires culturelles.

C. urb., art. **R. 313-34. — Les hommes de l'art pouvant être habilités dans les conditions prévues à l'article R. 313-33 sont choisis parmi :

Les fonctionnaires en activité ou en retraite des services techniques du ministère des Affaires culturelles et du ministère chargé de l'urbanisme ainsi que parmi les architectes et ingénieurs non fonctionnaires de ces services ou des collectivités locales ;

Les membres de l'ordre des architectes et de l'ordre des géomètres experts.

C. urb., art. **R. 313-35. — Les hommes de l'art habilités, conformément aux dispositions de l'article R. 313-33, sont astreints aux règles concernant le secret professionnel et prêtent serment dans les conditions fixées par la section IV du présent chapitre. Ils doivent être munis, lors de chaque visite, d'un ordre de mission les habilitant à exercer leurs fonctions ainsi que d'une carte d'identité revêtue de leur photographie.

Modèle de mission. L'ordre de mission doit être conforme au modèle annexé à la circulaire n° 67-16 du 21 mars 1967. 1993

C. urb., art. **R. 313-36. — L'homme de l'art informe de l'objet, du jour et de l'heure de la visite des lieux, par lettre recommandée avec demande d'avis de réception, le propriétaire et le locataire ou occupant ou gardien du local. Elle doit être fixée entre huit heures et dix-neuf heures et en dehors des dimanches et jours fériés. Un délai minimum de vingt jours doit être observé entre la date d'envoi de la lettre recommandée et la date prévue pour la visite.

Le propriétaire, le locataire, l'occupant ou le gardien du local est tenu de laisser visiter les lieux sur présentation de l'ordre de mission. Le propriétaire ou son représentant peut toujours assister à la visite s'il le désire.

Visite. La visite des lieux est toujours entourée de mesures formalistes (délai de préavis notamment). 1994

C. urb., art. **R. 313-37. — Les propriétaires, locataires ou occupants ou gardiens d'immeubles visés par les articles L. 313-1 à L. 313-14 et généralement toutes personnes qui s'opposeront à la visite des lieux par les hommes de l'art dans les conditions prévues à la présente section seront punis d'une amende de 160 F à 600 F. En cas de récidive l'amende pourra être portée à 2 000 F.

Section IV Prestation de serment des hommes de l'art

C. urb., art. R. 313-38 *(D. n° 77-1314, 29 nov. 1977).* — En application de l'article L. 313-12, les fonctionnaires et agents commissionnés par le ministre chargé des monuments et

des sites prêtent le serment prévu à l'article R. 160-1. Les articles R. 160-2 et R. 160-3 leur sont applicables.

C. urb., art. R. 313-39 et R. 313-40 ***(Ab., D. n° 77-1314, 29 nov. 1977).***

Chapitre IV
Opérations d'urbanisation
(Chapitre ab., D. n° 86-517, 14 mars 1986, art. 53-II)

C. urb., art. **R. 314-1 à **R. 314-12 ***(Ab., D. n° 86-517, 14 mars 1986, art. 53-II).***

1995 **Abrogation.** L'article 17 de la loi n° 85-729 du 18 juillet 1985 a remplacé le chapitre IV du titre I du livre III de la première partie (législative) du présent code intitulé « Opérations d'urbanisation » par un nouveau chapitre comprenant les articles L. 314-1 à L. 314-9 consacrés à la « Protection des occupants ». Et, de son côté, le paragraphe II de l'article 53 du décret n° 86-517 du 14 mars 1986 a abrogé le présent chapitre qui comprenait les articles R. 314-1 à R. 314-12 consacrés aux dispositions réglementaires relatives aux opérations d'urbanisation.

Chapitre V
Lotissements et divisions de propriété

Bibliographie : *J.-Cl. Constr.*, fasc. 32-2 à 32-24.

1996 **Opération d'aménagement.** Sur habilitation législative (C. urb., art. L. 315-1), le décret n° 77-860 du 26 juillet 1977 a complètement bouleversé le droit des lotissements en s'inspirant du principe selon lequel le lotissement est une opération d'aménagement. L'esprit du texte résulte de l'exposé des motifs du décret précité et c'est le développement des maisons individuelles qui a poussé les pouvoirs publics à promouvoir le renouveau du lotissement (Bouyssou : *Géomètres*, nov. 1977).

Bibliographie : Sur l'analyse juridique de la réforme, entrée en vigueur le 1er janvier 1978, MEYSSON : *JCP* N 1977, I, p. 349 à 395. – BERGEL : *JCP* G 1977, I, n° 2873, et BASCHWITZ : *Defrénois* 1977, I, p. 1193 à 1219. – CATHELINEAU, *De l'évolution des lotissements : D.* 1978, chron. IV. – LÉNA, *Les grandes étapes du régime juridique des lotissements : Urbanisme*, mai-juin 1978, p. 52 ; la circulaire n° 77-160 du 4 novembre 1977, la lettre-circulaire du 8 décembre 1977 et la note technique du 22 décembre 1977 sur les conditions de cession des lots et d'édification des constructions dans les lotissements, la note technique du 3 août 1978 sur le champ d'application de la réglementation des lotissements et divisions de propriété.

1997 **Autorisation de lotir.** Ultérieurement, le décret n° 84-228 du 29 mars 1984, pris en application de l'article L. 315-1-1 introduit dans la partie législative du code par la loi n° 83-8 du 7 janvier 1983, a adapté les formes, conditions et délais dans lesquels l'autorisation de lotir est instruite et délivrée dans le cadre de la nouvelle répartition des compétences et pouvoirs opérés par les lois de décentralisation.

Bibliographie : La circulaire du 1er juillet 1985 qui commente ce nouveau dispositif de compétence entré en vigueur le 1er avril 1984. – F. BOUYSSOU et J. HUGOT, *« Lotissements et divisions foncières »* – qui comprend commentaires, textes et formules – publié en 1982 chez Litec et *Le champ d'application de la nouvelle réglementation des lotissements et des divisions foncières* de P. MEYSSON : *JCP* N 1978, I, p. 261 et s.

1998 **Plan de division.** Le décret n° 2001-262 du 27 mars 2001, pris en application de la loi SRU, a révisé l'article R. 315-54, inclus dans la section IX « Dispositions en vue de l'implantation de bâtiments qui ne constituent pas des lotissements », en substituant au certificat antérieur un plan de division adressé au maire.

Voir aussi : comm. sous C. urb., art. R. 315-54, p. 679.

Déclaration préalable. On notera enfin la création par le décret n° 86-516 du 14 mars 1986 d'une section X intitulée « Divisions soumises à déclaration préalable » dont les articles R. 315-55 à R. 315-61 fixent les modalités d'application de l'article L. 111-5-2 et les modifications résultant du décret n° 87-885 du 30 octobre 1987, explicitées par la circulaire du 2 novembre 1987, destinées à faciliter la commercialisation des lots. 1999

Voir aussi : C. urb., art. R. 315-21-1, p. 654 ; C. urb., art. R. 315-33, p. 665 ; C. urb., art. R. 315-37, p. 670 et C. urb., art. R. 315-39-1, p. 672.

Section I Dispositions générales relatives aux lotissements

Objet. Le champ d'application du lotissement est à la fois plus large et plus limité que sous le régime précédent, résultant du décret du 31 décembre 1958 : 2000

Plus large : la définition du lotissement est, en effet, étendue :

– aux divisions résultant de mutations à titre gratuit ou de partages, à l'exception toutefois des partages successoraux ou actes assimilés n'ayant pas pour effet de porter à plus de quatre le nombre de terrains issus d'une même propriété ;

– aux divisions en jouissance de terrains en vue de l'implantation de bâtiments, c'est-à-dire à des opérations dans lesquelles la propriété concernée reste indivise, mais constitue l'assiette de droits de jouissance privatifs permettant de construire dans le cadre de copropriétés horizontales (V. sous l'article R. 315-1 la controverse à ce sujet) ; ou encore, demeure la propriété d'une personne physique ou morale louant des terrains en vue de l'implantation de bâtiments par les preneurs.

Par ailleurs, aucune durée minimale n'est fixée pour les baux lorsque les divisions s'opèrent par voie de locations. Sont donc visés aussi bien les locations ordinaires de terrains que les baux à construction, les baux emphytéotiques, les concessions d'usage et les contrats de location-vente – dès lors que cette location est consentie en vue de l'implantation de bâtiments.

D'une manière générale, les critères juridiques de définition du lotissement ont pratiquement disparu : sous quelque forme qu'elle intervienne, toute division de propriété est soumise aux dispositions du chapitre V sous réserve, bien entendu, des dérogations instituées par celui-ci.

Plus limité en ce que :

– le but poursuivi par l'auteur de la division pour qu'il y ait lotissement est défini plus restrictivement : sont exclues les divisions en vue de la création de jardins ;

– le critère « nombre de lots » – comme la définition des lots pris en compte pour l'application de ce critère – font sortir de la procédure de l'autorisation de lotir un bon nombre de petites divisions ;

– la liste des opérations dispensées de la procédure du lotissement parce que déjà soumises à des autorisations administratives est sensiblement allongée.

Voir aussi : C. urb., art. R. 315-2, p. 636.

C. urb., art. *R. 315-1 *(D. n° 77-860, 26 juill. 1977 ; D. n° 86-517, 14 mars 1986).* **— Constitue un lotissement au sens du présent chapitre toute division d'une propriété foncière en vue de l'implantation de bâtiments qui a pour objet ou qui, sur une période de moins de dix ans, a eu pour effet de porter à plus de deux le nombre de terrains issus de ladite propriété. Est également soumise à l'autorisation de lotir prévue par le présent chapitre l'opération de remembrement menée par une association foncière urbaine libre régie par la loi du 21 juin 1865 et par le titre II du chapitre II du présent livre, lorsque le plan de remembrement délimite plus de deux lots.**

L'alinéa précédent s'applique notamment aux divisions en propriété ou en jouissance résultant de mutations à titre gratuit ou onéreux, de partage ou de locations, à l'exclusion toutefois des divisions résultant de partages successoraux ou d'actes assimilés lorsque ces actes n'ont pas pour effet de porter à plus de quatre le nombre des terrains issus de la propriété concernée.

Ne sont pas pris en compte pour l'appréciation du nombre de terrains issus de la division d'une propriété foncière :

***a)* Les terrains supportant des bâtiments qui, achevés depuis plus de dix ans, ne sont pas destinés à être démolis dans un délai de moins de dix ans ou des bâtiments dont l'affectation n'est pas destinée à être modifiée dans le même délai ;**

***b)* Les parties de terrains détachées d'une propriété et rattachées à une propriété contiguë ;**

***c)* Les terrains détachés d'une propriété par l'effet d'une expropriation, d'une cession amiable consentie après déclaration d'utilité publique et, lorsqu'il en est donné acte par ordonnance du juge de l'expropriation, d'une cession amiable antérieure à une déclaration d'utilité publique ;**

***d)* Les terrains réservés acquis par les collectivités publiques dans les conditions prévues par l'article L. 123-9 ;**

***e)* Les cessions gratuites et les apports de terrains résultant de l'application des articles L. 332-6-1 (2°, *e*) et L. 332-10.**

I. – La notion de division foncière, en propriété ou en jouissance

2001 **Définition.** La définition du lotissement ne se réfère plus au caractère volontaire de l'opération, ni au mode de division, alors que l'ancien article R. 315-1 se référait aux divisions volontaires « par ventes ou locations ». Dès lors que la division a pour but l'implantation de bâtiments, peu importe que l'opération procède d'une opération volontaire ou involontaire : toutes les divisions sont visées, même si elles procèdent d'un partage successoral ou d'un acte assimilé : on entend par là les donations-partages, les partages de communauté consécutifs au décès de l'un des époux, au divorce ou à une séparation de biens, les délivrances de legs et les cessions de droits successifs (Note technique du 3 août 1978, n° 322). Il n'est pas envisagé de supprimer le double seuil de définition du lotissement selon que la division procède ou non d'un partage successoral ou d'un acte assimilé (Rép. min. : *JOAN* 31 juill. 1989, p. 3409).

2002 **Division en jouissance – Copropriété horizontale.** Le lotissement pouvant résulter d'une division en jouissance, la pratique de la copropriété horizontale, consistant à diviser un terrain en lots de copropriété affectés en jouissance privative, le droit de construire étant reconnu à chaque copropriétaire, nous paraît désormais condamnée comme l'étaient déjà les divisions en jouissance (V. à cet égard, CE, 2 févr. 1977, *Min. Équip.* c/ *Crespin : JCP* G 1977, II, 18751, note Liet-Veaux ; *Droit et Ville* 1977, n° 4, note Bouyssou ; *JCP* N 1977, II, p. 134, note Stemmer. – CE, 6 juill. 1977, *SCI Les Jardins de la Voie Romaine*, mêmes références. – Cass. crim., 3 févr. 1965 : *Bull. crim.* n° 35 ; *JCP* 1965, II, 14273, note Blaevoet. – Cass. 3e civ., 3 févr. 1981 : *Bull. civ.* III, n° 22 ; *JCP* N 1981, II, p. 177, note Stemmer). Demeure néanmoins en suspens le cas de la pratique consistant à organiser une copropriété dont les lots ne comportent qu'une quote-part indivise du sol sans aucune affectation privative de celui-ci, leurs propriétaires étant néanmoins titulaires d'un droit exclusif de propriété sur les constructions qui y sont édifiées (V. les chroniques de B. Stemmer : *JCP* N 1981, Prat. 7958 ; *JCP* N 1982, Prat. 8450 ; *JCP* N 1992, II, p. 29).

Cette controverse rebondit périodiquement en doctrine. La « méthode Stemmer » est approuvée par certains auteurs (Koenig, *Un beau débat téléologique : RD imm.* 1996, p. 321. – Pérignon, *Pluralité de maître d'ouvrage sur un terrain indivis : Defrénois* 1996, p. 632) et demeure décriée par d'autres (Tomasin, *Retour sur la distinction entre lotissement et copropriété : Droit et Ville*, n° 40/1995, p. 5. – Bouyssou, *La copropriété horizontale sans division en jouissance : mythe, réalité ou fraude : RD imm.* 1996, p. 329, Cornille).

Toutefois, le Conseil Supérieur du Notariat a fermement condamné cette méthode, ce qui devrait apaiser, voire mettre un terme aux débats (note 13 févr. 2003, *DAUH* 2003, n° 7, p. 393, n° 618).

On rappellera, d'ailleurs, que la jurisprudence était tout aussi hésitante que la doctrine.

La division en jouissance du sol d'une copropriété ne confère pas, par elle-même, le droit de bâtir et n'est pas constitutive de lotissement (en l'espèce, division à usage de jardins privatifs ou d'aires de stationnement), Cass. 3e civ., 19 janv. 1994, *Mabilat* c/ *Bonaldi : JCP* N 1994, II, p. 115 ; mais, jugé qu'une division conférant un droit de jouissance exclusif est une division de terrain (CE, 13 oct. 1993, *SCI « ME Promotion »* c/ *Cne de Capbreton : JCP* N 1994, II, p. 114, note Stemmer et

Mourocq) ; de même que la division en copropriété réservant le droit de construire aux copropriétaires (CE, 21 août 1996, *Ville de Toulouse c/ Ancessy : BJDU* 6/1996, p. 404, concl. Arrighi de Casanova).

Indivision – Maîtrises d'ouvrage. Est illégal, pour violation de la notion de lotissement, le per- 2003
mis de construire délivré à une indivision, chacun des trois coïndivisaires devant construire son pavillon (CE, 26 sept. 1990, *Époux Seguin : JCP* N 1991, II, p. 85, note Cornille ; *Defrénois*, 1991, I, obs. Pérignon). Sur cette question de la construction en indivision, voir aussi Rép. min. : *JOAN* 8 avr. 1991, p. 1429 ; *JCP* N 1991, 1849, avec note Stemmer. Jugé que l'emprise matérielle de constructions édifiées par plusieurs maîtres d'ouvrage sur un terrain indivis suffit à entraîner une division en jouissance constitutive de lotissement, le permis de construire ne pouvant alors être sollicité avant l'intervention de l'autorisation de lotir (CAA Marseille, 3 juin 1999, *Cne de Villeneuve-Loubet : AJDI* 2002, n° 5, p. 402, note V. Terry).
Constitue également un lotissement la division en jouissance d'un volume acquis par une société pour céder à trois autres sociétés distinctes des droits de construire à certains emplacements, assortis du droit de propriété exclusif des immeubles bâtis, y compris pour les détruire et les reconstruire sans limitation de durée (TA Paris, 8 déc. 2000, *M. Merle : BJDU* 2/2001, p. 122).
En revanche, en cas de maîtrise d'ouvrage unique, un permis de construire peut porter sur plusieurs maisons individuelles, sans être constitutif de lotissement (CE, 2 déc. 1992, *Rouillon : DA* 1993, 54) ; la construction par plusieurs personnes, d'immeubles implantés sur un même terrain non divisé, ne constitue pas un lotissement (CE, 10 juin 1992, req. n° 106807, *Ville de Gap*. – CE, 17 déc. 1993, *Fernandez : JCP* N 1994, II, p. 115). Voir toutefois, CE, 26 sept. 1990, *Épx Seguin : JCP* N 1991, Prat. 1849, note Stemmer ; *Défrenois* 1991, art. 35086, note Pérignon et Rép. min. n° 21030 : *JOAN*, Q, 8 avr. 1991, p. 1429). Il y a lotissement si une division foncière a créé plusieurs lots, alors même que les permis de construire n'ont pas été délivrés sur les lots ainsi créés (CE, 22 juin 1992, *Cordier : DA* 1992, n° 360).

Baux. Sont constitutives de lotissement les divisions s'opérant par voie de location, y compris les 2004
baux emphytéotiques ou à construction, dès lors qu'elles sont consenties en vue de l'implantation de bâtiments (Cass. 3e civ., 17 nov. 2004, req. n° 03-15.193 : *Juris-Data* n° 2004-025655).

Remembrement. Depuis le décret n° 86-517 du 14 mars 1986, les opérations de remembrement 2005
conduites par une association foncière urbaine sont constitutives de lotissement (division en plus de deux lots par une « AFU » libre) ou non constitutives de lotissement dans tous les autres cas : division en deux lots par une « AFU » libre et toutes les divisions par une « AFU » autorisée ou constituée d'office. Statuant en référé, le juge a, à bon droit, estimé que le moyen tiré de la délivrance d'une autorisation de lotir à une AFU en cours de constitution devant notaire n'entraînait pas un doute sérieux sur la légalité de cette autorisation (CE, 11 déc. 2002, req. n° 244874, *Fenelon : Juris-Data* n° 2002-064924).

Voir aussi : C. urb., art. R. 315-2, *a*, p. 636.

Dissolution de la société. Il n'y a pas lotissements, si la division foncière doit intervenir après la 2006
dissolution d'une société. Une SCI relevant du régime de la loi du 16 juillet 1971 et ayant pour objet « l'acquisition d'une propriété, l'exploitation de cet immeuble, la mise en valeur de ces constructions, l'édification de constructions nouvelles », a vu ses parts sociales divisées en 11 groupes et le domaine en 11 lots, chaque groupe de part donnant aux associés « droit à la jouissance d'un lot de l'immeuble social pendant la durée de vie de la société » et donnant également « vocation à l'attribution en pleine propriété de ce lot en cas de dissolution de la société ou de retrait de l'associé ». Ainsi, aux termes de ces statuts, seul le retrait de la société ou sa dissolution confère aux associés la pleine propriété sur leur lot correspondant au groupe de parts sociales dont ils sont propriétaires. Tel n'est pas le cas d'une nouvelle division parcellaire décidée par les associés, avec détachement d'une parcelle au profit de l'un d'eux et lui conférant la propriété exclusive sur celle-ci (CE, 3 mai 2004, req. n° 236880, Stevenin : *Juris-Data* n° 2004-066852 ; *Defrénois* 2004, p. 1572, note P. Benoit-Cattin ; *BJDU* n° 4/2004, p. 284, concl. Mitjaville ; *AJDA* 2005, p. 618, note S. Pérignon).

II. – La notion de propriété

2007 **Tènement unique.** Désormais, le lotissement est caractérisé par le nombre de terrains issus de la propriété d'origine (propriété d'un seul tenant) au cours d'une période de référence de dix ans. Le nombre de lots doit être calculé sur une propriété d'un seul tenant : ainsi, les terrains situés de part et d'autre d'un chemin, même s'il n'est plus praticable, sont matériellement distincts et constituent deux propriétés différentes (CE, 14 déc. 1984, *Mme Dho : Rec. CE*, p. 424). En revanche, un chemin désaffecté d'un mètre de large, fermé par un portail, et entièrement situé sur l'une des trois parcelles vendues, ne divisait pas deux propriétés distinctes (CE, 24 juill. 1987, *Gascht : JCP* N 1987, II, p. 276, note Stemmer), de même qu'un chemin privé.
Plus généralement, la définition du lotissement est indépendante des divisions de parcelles cadastrales.

III. – Le délai de 10 ans

2008 **Computation.** Le délai de 10 ans du premier alinéa doit être calculé « en amont » à partir de la date à laquelle la division envisagée doit intervenir (Rép. min. : *JOAN* 10 déc. 1984, p. 5462 : *JCP* N 1985, Prat. 9384) en remontant jusqu'à la date à laquelle s'est effectuée la dernière division (Rép. min. : *JOAN* 9 juill. 1984, p. 3265 ; *JCP* N 1984, Prat. 9202-4), époque à compter de laquelle si elle se situe à plus de dix ans, le terrain issu de celle-ci est considéré comme ne faisant plus partie de la propriété d'origine mais comme constituant alors une nouvelle unité foncière au regard de la réglementation relative aux lotissements (Rép. min. : *JOAN* 3 sept. 1984, p. 3979 ; *JCP* N 1984, Prat. 9212-9). Cette régénération des unités foncières ne s'applique pas aux divisions de propriétés soumises à l'article L. 111-5 (Rép. min. : *JOAN* 15 mars 1993, p. 955 ; *JCP* N 1993, Prat. 2613).

2009 **Divisions dans le délai de dix ans.** Il est fait abstraction des divisions intervenues au cours de cette période de 10 ans en vue d'un autre objet que l'implantation de bâtiments, ou concernant des terrains non pris en compte en application du troisième alinéa du même article (Note technique du 3 août 1978, n° 321). Ainsi, à la suite d'un partage successoral en 14 lots dont 3 constructibles, le rattachement de 4 lots inconstructibles à des propriétés riveraines n'est pas constitutif d'un lotissement et les 4 lots rattachés ne sont pas frappés d'inconstructibilité (CAA Lyon, 10 juin 1997, *Sté Goto Provence : BJDU* 6/1997, p. 460).

2010 **Articulation avec l'article R. 315-2.** En revanche, un détachement de l'article R. 315-2 est pris en compte pour apprécier si le nombre de divisions en vue de la construction a ou non atteint le seuil de deux (CAA Lyon, 21 janv. 1997, *SCI les maisons Vellaves : Gaz. Pal.* 29 nov. 1998 ; *BJDU* 3/1997, p. 222).

IV. – L'implantation de bâtiments

2011 **Notion de bâtiments.** La notion de bâtiments à implanter ne fait intervenir ni leur nombre, ni leur affectation (il peut s'agir de bâtiments à usage d'habitation, ou à usage industriel, commercial, agricole ou administratif), ni leur fondement (il peut s'agir de bâtiments sans fondations ou de maisons mobiles, Rép. min. : *JOAN* 4 juill. 1983, p. 3006).

2012 **Applications concrètes.** Encore faut-il que les constructions en cause présentent le caractère de bâtiments au sens du présent article, ce qui n'est pas le cas des abris de jardin montés par les locataires de nombreuses parcelles d'une même propriété même si ceux-ci ont été condamnés pour défaut de permis de construire par application de l'article L. 421-1 (Cass. crim., 12 févr. 1985 : *JCP* 1985 II, p. 248 et note B. Stemmer). Par implantation de bâtiments, il faut aussi entendre l'agrandissement significatif de bâtiments existants (Note technique 3 août 1978, n° 213) mais non d'adjonction d'une seule pièce (Rép. min. : *JOAN* 25 févr. 1978, p. 683 ; *JCP* N 1979, Prat. 7197) ; pour une extension et surélévation d'un immeuble existant non assimilable à une construction nouvelle (CAA Lyon, 19 déc. 1995, *M. et Mme Colleter*). De même, un tribunal administratif a considéré que ne constitue pas l'implantation d'un bâtiment, l'extension, même importante, d'une construction déjà édifiée sur un des lots (TA Poitiers, 8 oct. 1998, *M. et Mme Rupied* c/ *Cne de Loix-en-Ré : BJDU* 1/1999, p. 46).

Caravances et habitations légères de loisirs. Sur les divisions foncières en vue : 2013
– du stationnement des caravanes, voir l'article R. 443-7-3 et ses notes et la réponse ministérielle : *JOAN* 8 oct. 1977, p. 6033 ; *JCP* N 1977, Prat. 6692-2 ;
– de l'implantation des habitations légères de loisirs (V. *infra*, art. R. 444-1 à R. 444-4), la circulaire du 13 mars 1981, annexe I qui précise – conformément à une décision du Conseil d'État qui avait jugé erronée l'interprétation en sens contraire donnée par la circulaire du 3 août 1978 – que la division de terrains en vue de cette implantation n'entre pas dans le champ d'application des lotissements et divisions de propriété.

Intention de l'acquéreur. Selon la note technique du 3 août 1978 (n° 212), l'intention d'implanter des bâtiments doit être recherchée chez l'acquéreur et non chez le vendeur : dès lors que l'acquéreur entend construire dans les dix ans à venir, le terrain acquis est considéré comme destiné à l'implantation de bâtiments. 2014
En application de ce principe, la division d'une propriété en au moins quatre parcelles dont l'une a fait l'objet d'un permis de construire en 1973, dont une autre fait l'objet d'un permis de construire en 1978, constitue un lotissement au sens des dispositions du présent article, nonobstant la circonstance que certaines parcelles auraient continué d'être l'objet d'une exploitation agricole (CE, 26 juill. 1982 : *JCP* N 1982, II, p. 36 et note Roger Page).

Construction avant division foncière. Lorsqu'un groupe d'habitations a été édifié, par une société propriétaire du terrain sur la base d'un permis de construire unique, cette construction qui a précédé la division foncière, n'est pas constitutive d'un lotissement. En cas de vente d'une des habitations par cette même société, les règles du POS régissant les parcelles isolées lui sont applicables (CE, 26 mars 2003, req. n° 231425, *Leclercq : Juris-Data* n° 2003-065511). 2015

Voir aussi : notes sous C. urb., art. R. 315-2, p. 636 et sous C. urb., art. R. 421-7-1, p. 778.

V. – Le nombre de lots

Calcul. Si le vendeur conserve un surplus (et détache deux lots, ou quatre en cas de partage successoral), il y a lotissement si le surplus doit recevoir une construction dans les dix ans qui suivent, et il n'y a pas lotissement dans le cas contraire. Le terrain conservé par le propriétaire et sur lequel celui-ci n'a pas manifesté l'intention de construire n'est pas inconstructible, mais sa constructibilité est subordonnée à une formalité administrative préalable : une autorisation de lotir (Rép. min. : *JOAN* 29 août 1983, p. 3796 ; *JCP* N 1983, Prat. 8766-4). 2016
Cette réponse ministérielle confirme l'opinion soutenue (F. Bouyssou : *JCP* N 1979, I, p. 338) et le conseil audit propriétaire de ne pas prendre, en pareil cas, l'engagement de ne pas construire sur le surplus conservé (en sens contraire : *Ateliers de recherches notariales de Poitiers : JCP* N 1979, I, p. 286).
La circulaire du 1er juillet 1985 l'entérine en précisant qu'il est souhaitable d'informer le propriétaire qui, à l'occasion du détachement d'un deuxième terrain, qu'un permis de construire en vue de l'implantation d'un bâtiment sur tout ou partie du reliquat ne pourra être accordé que si une autorisation de lotir a été délivrée préalablement (à moins que l'opération projetée ne soit pas soumise à autorisation de lotir en application de l'article R. 315-2). Cette autorisation peut alors ne porter que sur tout ou partie du reliquat ; elle ne concerne pas les terrains précédemment détachés.
La propriété d'origine est l'îlot de propriété, appartenant à un même propriétaire ou à une même indivision, 10 ans auparavant et ce n'est donc pas la parcelle cadastrale. Mais il n'y a pas lotissement en cas de mise en société ou en indivision, d'une propriété, ni de simple vente de la propriété précédemment divisée, puisqu'il n'y a pas division dans ces cas-là.

Voir aussi : Note technique du 3 août 1978, n° 2-2.

Exclusions. Pour l'appréciation du plafond de 2 ou 4 terrains, il faut faire abstraction des terrains énumérés au troisième alinéa. Il s'agit : 2017
a) Des terrains bâtis depuis plus de 10 ans (on entend par là les terrains supportant une construction ayant fait l'objet d'une déclaration d'achèvement remontant à plus de dix ans, à la date de

l'acte authentique consacrant la division, – à défaut de l'existence de ce document, la preuve de l'achèvement peut être apportée par tous moyens (Rép. min. : *JOAN* 3 sept. 1984, p. 3979 ; *JCP* N 1984, Prat. 9212-9) – même si l'intégralité du droit à construire n'est pas épuisée, à moins que soit envisagé le changement d'affectation ou la démolition de bâtiments dans les dix ans qui suivent.

Il faut assimiler à ce dernier cas celui de constructions devant faire l'objet de transformations importantes, en vue d'une utilisation nouvelle, et celui des constructions tenues pour inexistantes en raison de leur vétusté ou de leur faible consistance (Note technique préc., n° 323-B).

Ainsi, il apparaît que les conditions posées au *a* du troisième alinéa, pour que le terrain bâti ne soit pas décompté, ont été fixées pour éviter la fraude, consistant par exemple à édifier une maison dans le cadre d'un permis de construire, puis à détacher le terrain d'assiette et à recommencer l'opération ;

b) Du détachement-rattachement à la propriété contiguë, même si le terrain faisant l'objet de l'opération doit servir d'assiette à une construction nouvelle (Note technique préc., n° 323 B2) ;

c, d, e) Des cessions forcées à des collectivités publiques.

2018 **Terrains constructibles.** Il doit être aussi fait abstraction, pour le décompte des lots issus, des terrains réputés inconstructibles lors de la division (selon le certificat d'urbanisme de l'article R. 315-54), et qui ont pourtant fait l'objet, ultérieurement, d'un permis de construire sans doute délivré à tort (Note technique préc., n° 331-C).

En revanche, pour l'appréciation du plafond de deux terrains, il y a lieu de retenir – dans la période de référence de dix ans – des terrains détachés sans aucune formalité, conformément à l'article R. 315-2 (Note technique préc., n° 323-C. – CAA Lyon, 21 janv. 1997, *Sté les maisons Vellaves : Gaz. Pal.* 29 nov. 1998 ; *BJDU* 3/1997, p. 222).

La division d'une propriété en trois lots n'est pas constitutive de lotissement si le premier est destiné à l'élargissement d'une voie publique, le second est déjà bâti, et le troisième est le seul destiné à l'implantation d'un bâtiment (CE, 20 juill. 1990 : *D.* 1990, inf. rap., p. 215).

Voir aussi : Pour le cas du 3e lot inconstructible, CE, 12 mars 1986, *Assoc. de défense des espaces ruraux et naturels de la région de Régny : DA* 1986, n° 247. – CE, 17 déc. 1993, *Fernandez : Rec. CE,* T, p. 1094.

VI. – Le cas des partages successoraux

2019 **Nombre de lot et nombre d'héritiers.** Le changement de seuil (quatre lots au lieu de deux lots) institué au bénéfice des partages successoraux et des actes assimilés est indépendant du nombre des héritiers (Note technique 3 août 1978, n° 322 ; Rép. min. : *JO* Sénat 8 mars 1980).

2020 **Vente puis partage.** Une réponse ministérielle du 10 novembre 2003 s'est prononcée sur le cas particulier du détachement et de la vente d'un premier lot par un propriétaire, suivis dans une période de 10 ans, d'un partage successoral de trois nouveaux lots. Ce cas concerne, en pratique, des grandes propriétés. La doctrine administrative était hésitante, exigeant parfois une autorisation de lotir (Rép. min. Lagorce, 24 juin 1978 : *JOAN* p. 344 ; Rép. min. Falco : *JOAN* 1er juin 1992, p. 2437 ; Rép. min. Valleix : *JOAN* 20 déc. 1993, p. 464) parfois en dispensant le propriétaire (Rép. min. Dejoie : *JO Sénat* 26 juin 1986, p. 894).

En 2003, le ministère de l'Équipement considère que « lorsque le propriétaire du terrain d'origine a détaché un premier lot en vue d'implanter un bâtiment, il peut par la suite procéder à un partage successoral sur le reliquat de sa propriété, à condition que cette opération n'ait pas pour effet de porter à plus de quatre le nombre de lots issus de la propriété d'origine dans le délai de dix ans ».

Ainsi, une donation-partage effectuée après un premier détachement dans ce délai, ne pourra porter que sur trois lots (Rép. min. Trassy-Paillogues : *JOAN* 10 nov. 2003, p. 8653 ; *Constr.-urb.* 2004, n° 1, repères n° 1, p. 3, P. Benoit-Cattin). Cette solution permet d'organiser, à moyen terme, les successions immobilières, et de mieux en maîtriser les incidences fiscales.

2021 **Vente après partage.** Les héritiers peuvent, aussitôt après le partage, vendre les lots reçus dans le cadre de ce dernier sans que cela constitue un lotissement (CE, 6 nov. 1987, *Cristin : Rec. CE,* p. 349).

Subdivision ultérieure. Si la sortie d'une indivision successorale s'effectue par attribution à chacun des deux héritiers d'un seul terrain, le fait par l'un d'entre eux, de subdiviser celui qui lui a été attribué, en vue de la construction dans un délai de moins de dix ans, entraîne la nécessité de l'autorisation de lotir (Rép. min. : *JOAN* 6 nov. 1979, p. 9430 ; *JCP* N 1980, Prat. 7753). 2022

Lots contigus. Plusieurs lots peuvent être attribués à un même copartageant, mais si ces lots sont contigus, ils constituent une unité foncière dont la division est constitutive de lotissement (Rép. min. : *JOAN* 7 mars 1988, p. 1030 ; *JCP* N 1988, Prat. 640). 2023

Exclusions par le plan local d'urbanisme. Il résulte explicitement d'une réponse ministérielle qu'il n'est pas possible dans le règlement d'un plan local d'urbanisme de prévoir que le seuil de quatre lots ne s'appliquera qu'aux divisions issues de partages successoraux à l'exclusion de celles provenant des actes assimilés et notamment des donations-partages : une telle disposition est sans fondement juridique et est en contradiction avec le deuxième alinéa du présent article (Rép. min. : *JOAN* 9 mai 1983, p. 2130 ; *JCP* N 1983, Prat. 8797-5). 2024

Plus généralement, le règlement d'un POS ne saurait interdire, même en zone NB, la division par voie de partage successoral – ou d'actes assimilés – d'une parcelle de terrain en quatre lots, une telle opération n'étant pas soumise à autorisation administrative. Mais une telle division en vue de l'implantation de bâtiments doit être précédée de la délivrance de certificats d'urbanisme portant sur chacun des terrains devant provenir de la division. Ces certificats d'urbanisme pourront être positifs ou négatifs ce qui peut, dans ce dernier cas, ôter à la division projetée son intérêt mais ne saurait l'interdire (Rép. min. : *JOAN* 5 nov. 1984, p. 4889 : *JCP* N 1985, Prat. 9370-3).

VII. – Divers

Division en deux lots. La disparition des lotissements de deux lots ne signifie pas l'absolue liberté de division : d'une part, il s'agit d'une liberté surveillée, compte tenu de l'exigence du dépôt d'un plan de division préalablement à la division (C. urb., art. R. 315-54) ; d'autre part, la division en deux lots, si elle ne constitue pas un lotissement, ne signifie pas davantage que les deux lots sont forcément constructibles ; à cet égard s'appliquent les règles locales de planification urbaine et, à défaut, les règles générales d'urbanisme (C. urb., art. R. 111-1 à R. 111-26-1). De ce dernier point de vue, la politique antimitage peut, en pratique, faire obstacle à la division en deux lots en vue de l'implantation de bâtiments (C. urb., art. R. 111-14-1 et R. 111-21). 2025

Lotissement – Jardins. La nouvelle définition du lotissement fait disparaître pour l'avenir la notion de lotissement-jardin. 2026

> **Voir aussi :** En ce qui concerne la transformation d'anciens lotissements-jardins en lotissements à usage d'habitation, C. urb., art. R. 315-52, p. 678.

Usage agricole. De même, il n'y a jamais lotissement si les terrains issus de la propriété d'origine doivent demeurer 10 ans à usage agricole. 2027

Dispositifs transitoires. Sous réserve de l'article L. 315-2-1, postérieur au litige, un lotissement de plusieurs lots – autorisé avant le décret du 26 juillet 1977 – ne disparaît pas du fait que tous les lots (sauf un) sont acquis par la même personne, et qu'il est donc ramené à deux lots (CE, 21 juill. 1989, *SCI du Moulin de Chabiague : Rec. CE*, T, p. 995). 2028

À l'inverse, si le lotissement autorisé à l'origine ne répondait pas à la définition en vigueur à l'époque, la division actuelle de propriété ne s'analyse pas en une subdivision de lot (CE, 20 juill. 1990, *Mme Nouira*).

De même, une autorisation de lotissement n'est pas nécessaire, si les terrains sont inconstructibles, à la date de la division (CAA Lyon, 5 déc. 1995, *SCI Arpège : BJDU* 6/1995, p. 455, concl. Galleton).

Codification. Au *d)* du présent article relatif aux terrains réservés, l'article L. 123-9 est devenu, après la loi SRU, l'article L. 123-17. 2029

Bibliographie : PÉRIGNON, *Vers une nouvelle définition du lotissement : Defrénois* 1991, 1re, p. 923 ; *Détachements et lotissements. Cinquante cas pratiques : CRIDON*, Paris, 1993 ; *La division en jouissance de l'unité foncière : Defrénois*, 1998, p. 209 ; *J.-Cl. Constr.*, fasc. 32-4 ; *La réalisation d'une opération immobilière sur partie de l'unité foncière : BJDU* 6/2002, p. 406.

C. urb., art. *R. 315-2 ***(D. n° 76-276, 29 mars 1976 ; D. n° 77-860, 26 juill. 1977 ; D. n° 81-225, 10 mars 1981 ; D. n° 86-517, 14 mars 1986 ; D. n° 92-966, 10 sept. 1992).*** **— Ne constituent pas des lotissements et ne sont pas soumises aux dispositions du présent chapitre :**

a) **Les divisions effectuées dans le cadre d'une opération de remembrement réalisée par une association foncière urbaine autorisée ou constituée d'office régie par le titre II du chapitre II du présent livre ou d'une opération de remembrement-aménagement prescrite en application de l'article 19-1 du Code rural ;**

b) **Les divisions effectuées à l'intérieur des zones d'aménagement concerté, des périmètres de rénovation urbaine, des zones de restauration immobilière, des zones de résorption de l'habitat insalubre ainsi que des zones d'habitation et des zones industrielles créées en application de l'article R. 321-1 avant le 1er janvier 1977, lorsque ces divisions sont effectuées par la personne publique ou privée qui réalise l'aménagement de ladite zone ;**

c) **Les divisions de terrains en propriété ou en jouissance lorsque les terrains issus de la division constituent l'assiette d'un immeuble à construire dont la vente est régie par les articles 1601-1 à 1601-4 du Code civil, ou d'un immeuble dont la construction par une société régie par le titre II ou par le titre III de la loi n° 71-579 du 16 juillet 1971 modifiée a été autorisée ;**

d) **Les divisions par ventes ou locations effectuées par un propriétaire au profit de personnes qu'il a habilitées à réaliser une opération immobilière sur une partie de sa propriété et qui ont elles-mêmes déjà obtenu une autorisation de lotir ou un permis de construire portant sur la création d'un groupe de bâtiments ou d'un bâtiment comportant plusieurs logements ;**

e) **Les divisions effectuées à l'intérieur des périmètres visés à l'article L. 314-2 par les sociétés civiles constituées en application de l'article L. 322-12 ;**

f) **Les divisions résultant de la vente, de la location ou de l'attribution ultérieure des lots issus des opérations énumérées au** ***a),*** **à la condition que chaque lot vendu ait été délimité par le plan de remembrement approuvé ;**

g) **Les divisions effectuées dans le cadre d'une opération de remembrement réalisée par une association foncière urbaine libre dont le plan de remembrement a été publié avant l'entrée en vigueur du chapitre II du décret n° 86-517 du 14 mars 1986, modifiant le Code de l'urbanisme et relatif aux zones d'aménagement concerté, aux associations foncières urbaines et aux participations à la réalisation d'équipements publics.**

2030 **Remembrement.** Les opérations de remembrement effectuées par les associations foncières urbaines de remembrement (C. urb., art. R. 322-6 à R. 322-24) ne sont pas constitutives de lotissement lorsqu'elles sont réalisées par des « AFU » autorisées ou constituées d'office. Il en est de même pour les divisions visées en *f*. En revanche, les opérations de remembrement menées par les « AFU » libres sont soumises à autorisation de lotir lorsqu'il en résulte plus de deux lots (C. urb., art. R. 315-1, al. 1er) sous réserve de l'exception transitoire visée au *g* du présent article.

Quant aux opérations de remembrement-aménagement en application des articles L. 121-6 et L. 121-20 du Code rural, ce sont celles régies par le décret n° 81-225 du 10 mars 1981 et la note conjointe des ministres de l'agriculture et de l'urbanisme et du logement du 4 septembre 1981 (*JCP* N 1981, Prat. 8158). Sur cette dernière procédure, voir Hugot et Lepeltier : *JCP* N 1981, I, p. 217 et s.

En revanche, les remembrements ruraux n'échappent pas à la procédure de lotissement s'ils sont faits en vue de l'implantation de bâtiments (C. rur., art. 123-1).

Les remembrements sont, en tout état de cause, confrontés aux règles spécifiques des plans d'urbanisme portant sur les divisions parcellaires.

Les dispositions d'un POS qui subordonnent la constructibilité de terrains provenant de divisions parcellaires à une superficie minimale, ne sauraient s'appliquer à l'agrandissement d'un terrain par le rachat d'une partie d'un autre terrain, dès lors que le nombre d'unités foncières n'a pas été modifié du fait de ce détachement-rattachement opérant le remembrement. Comme le souligne

S. Pérignon, pour éviter de telles interrogations, les PLU devraient être plus précis sur l'application des règles relatives aux divisions foncières et aux opérations de remembrement, ce qui éviterait de longs contentieux d'interprétation (CE, 24 nov. 2003, M. et Mme Morissey : *BJDU* n° 2/2004, concl. contraires E. Glaser, note S. Pérignon).

2031 **Division en ZAC.** L'exception visée au *b)* de cet article concerne les seules divisions effectuées dans les zones d'urbanisme opérationnel par l'aménageur de la zone, personne publique ou privée sous le contrôle de la collectivité publique (Cass. 3e civ., 30 juin 1993, n° 90-18906. – Cass. 3e civ., 24 avr. 2003, n° 01-13393).
Le bénéfice de cette exception prend effet dès la désignation de l'aménageur, postérieurement à l'approbation du dossier de création.
Convient-il pour autant que la convention d'aménagement soit signée avec l'aménageur pourvu que l'exception de l'article R. 315-2 *b)* soit applicable ? En pratique, les divisions foncières effectuées par ce dernier interviendront postérieurement à la signature de la convention.
De la même manière, cette exception suppose-t-elle implicitement que l'aménageur soit propriétaire des terrains devant être divisés ou bien suffit-il que la division foncière puisse résulter d'une procédure d'expropriation, habituellement utilisée dans les procédures de ZAC ?
En l'absence de toute jurisprudence sur cette question, si l'on peut envisager que l'article R. 315-2 *b)* n'exige aucune appropriation foncière préalable. Il convient, en revanche de relever que le texte de ce même article dispose, que ne constituent pas des lotissements les divisions effectuées par l'aménageur de la zone. Cette rédaction implique – au moins implicitement – que ce soit l'aménageur lui-même qui décide de diviser les terrains, ce qui implique plutôt qu'il en soit donc propriétaire. Par ailleurs, et au regard de l'article R. 315-1, 3e alinéa, *c)* aucune autorisation de lotis n'est nécessaire préalablement à l'expropriation initiée par l'aménageur et relative aux emprises nécessaires aux équipements publics.

2032 **Permis groupés.** D'une part, le cas prévu au *c* ne se comprend que par référence à l'article R. 421-7-1 (observations sous cet article). Et, d'autre part, les sociétés régies par le titre II ou par le titre III de la loi n° 71-579 du 16 juillet 1971 également mentionnées au *c* sont les sociétés constituées en vue de l'attribution d'immeubles aux associés par fractions divises (CCH, art L. 212-1 à L. 212-17 et R. 212-1 à R. 212-18) et les sociétés coopératives de construction (CCH, art. L. 213-1 à L. 213-15 et R. 213-1 à R. 213-7).
Dès lors, un groupe d'habitations, qu'il soit ou non organisé sous le régime de la copropriété prévue par la loi du 10 juillet 1965, est seulement conditionné par l'octroi du permis de construire défini à l'article R. 421-7-1, permis délivré par le maire dans les communes dotées d'un plan d'urbanisme approuvé et en principe par le maire au nom de l'État, dans les communes non dotées d'un tel plan (Rép. min. : *JOAN* 27 août 1984, p. 3828 ; *JCP* N 1984, Prat. 9166 et note B. Stemmer).

2033 **Vente en l'état futur d'achèvement.** La prohibition des lotissements, prévue par un PLU, est inapplicable lorsque le terrain constitue l'assiette d'un immeuble à vendre en l'état futur d'achèvement (par application de l'alinéa *c* du présent article), alors même que la construction ainsi autorisée comporte plusieurs volumes.
La vente par appartements d'un immeuble collectif unique édifié sur une propriété placée sous le régime de l'indivision forcée (loi du 10 juillet 1965 sur la copropriété) dans le cadre des articles 1601-1 à 1601-4 du Code civil, sort du cadre des divisions visées par le chapitre V, quand bien même elle comporterait l'attribution en jouissance privative de jardins à certains copropriétaires, dès lors que lesdits jardins ne sont pas destinés à l'implantation de bâtiments. Il n'est donc pas besoin d'invoquer l'article R. 315-2 *c* pour écarter une telle opération de la réglementation des lotissements.
Par contre, la vente par appartements d'un immeuble collectif dont l'assiette foncière serait détachée d'une propriété, chaque vente d'appartement portant également sur des quotités indivises de la partie de cette propriété dévolue à la copropriété, ne sort du cadre des opérations assujetties aux dispositions du chapitre V qu'en vertu de l'article R. 315-2 *c* (Note technique 3 août 1978, n° 233).
Une décision de la cour administrative d'appel de Douai du 31 mai 2001 (*Constr.-urb.* 2002, n° 5, comm. critique, n° 124, P. Cornille ; *Defrénois* 2002, n° 21, p. 1414, note S. Pérignon et P. Benoit

Cattin) a assimilé implicitement le permis de construire de maisons individuelles destinées à être vendues en l'état futur d'achèvement à une autorisation de diviser le terrain ; les lots issus de la division étant alors soumis au régime du lotissement. Le commentaire critique cette analyse restrictive des dispositions de l'article R. 315-2 *c*.

2034 **Divisions primaires.** Ne constituent pas des lotissements les divisions « primaires », c'est-à-dire celles effectuées au profit des personnes que le propriétaire a habilitées à réaliser une opération immobilière sur une partie de sa propriété et qui ont déjà obtenu une autorisation de lotir ou de construire.

Seuls sont exonérés les détachements ou divisions « primaires » opérés par ventes ou locations, et qui donc ont un caractère volontaire. Ces divisions peuvent concerner tout ou partie de la propriété. L'habilitation des ayants droit du propriétaire pourra résulter notamment d'une vente ou d'une promesse de vente assortie de la condition suspensive de l'obtention d'une autorisation de lotir ou d'un permis de construire (doctrine administrative confirmée par CE, 18 oct. 1995, *SCI du Parc de Vaugirard : Rec. CE*, T, p. 1080). Il n'est pas suffisant qu'une autorisation de lotir ou de construire ait été demandée par le cessionnaire, elle doit avoir été « obtenue ». Il appartiendra principalement aux notaires d'y veiller. Le permis de construire doit porter sur la création « d'un groupe de bâtiments ou d'un bâtiment comportant plusieurs logements » (que la construction s'accompagne ou non de la division du terrain).

Cette condition « plusieurs logements » (c'est-à-dire deux au moins, dans le cadre d'un permis de construire unique) tend à rendre impossible la vente par un propriétaire, sans autorisation de lotir, et parcelle par parcelle, de sa propriété à des particuliers ayant au préalable obtenu un permis portant sur la construction d'une maison individuelle, sans que l'Administration ait pu se rendre compte du processus de morcellement ainsi engagé.

Il est clair que l'article R. 315-2 *d* serait utilisé à des fins abusives si les plans de l'immeuble à construire faisaient apparaître deux logements artificiellement séparés pour les besoins de la cause.

Dans les cas douteux, le permis de construire sollicité sera refusé (si des abus devaient se révéler, ils pourraient entraîner une révision en hausse du seuil de deux logements).

2035 **Partie conservée par le propriétaire.** Si le propriétaire conserve une partie de sa propriété pour son usage personnel, toute division ultérieure, dans un délai de dix ans, devra faire l'objet d'une autorisation de lotir en application du troisième alinéa de l'article R. 315-4 (Note technique 3 août 1978, n° 234).

C. urb., art. *R. 315-3 *(D. n° 77-860, 26 juill. 1977)*. **— La création d'un lotissement est subordonnée à une autorisation délivrée dans les conditions définies au présent chapitre.**

2036 **Nature de l'autorisation.** La décision par laquelle le préfet délivre une autorisation de lotissement ne présente pas un caractère réglementaire et est ainsi susceptible – en sa qualité d'acte administratif individuel – de créer et conférer des droits acquis (CE, 4 mars 1977, *Min. Équip.* c/ *SA « Constructions Simothel » : Rec. CE*, p. 122 ; *AJDA* 1977, p. 313, concl. Labetoulle ; *Droit et Ville* 1977, n° 4, p. 297, note Bouyssou).

Mais l'indemnisation éventuelle sur le fondement de l'article L. 160-5 est limitée au montant des débours, ne comporte pas compensation du manque à gagner (CE, 24 oct. 1980, *Consorts Thureau*) et peut même être inexistante, si le préjudice résulte d'une période d'inactivité du lotisseur (CE, 4 mars 1977, *Min. Équip.* c/ *Guillerot*. – V. aussi Cass. 3e civ., 12 mai 1975 : *Bull. civ.* III, n° 166. – CE, 10 juin 1988, *SA Établissement Bonnargent-Goyon : AJDA* 1989, p. 54, note J.-B Auby). Mais le principe des droits acquis ainsi reconnu ne saurait pour autant faire obstacle à l'application des dispositions de l'article L. 421-5 du présent code aux termes desquelles le permis de construire ne peut être accordé si l'autorité qui le délivre n'est pas en mesure d'indiquer dans quel délai, et par quelle collectivité publique ou par quel concessionnaire de service public, des travaux portant sur les réseaux publics de distribution d'eau, d'assainissement ou de distribution d'électricité sont nécessaires pour assurer la desserte de la construction projetée (CE, 15 mai 1981 : *JCP* G 1983, II, 19957).

2037 **Absence de droit à l'obtention du permis de construire.** D'ailleurs, d'une manière plus générale, l'autorisation de lotir ne crée aucun droit acquis à obtenir le permis de construire sur les lots créés (TA Rennes, 1er févr. 1978, *Lavenat : Rev. jur. Ouest* 1978, 172). Ainsi, le refus de permis de construire opposé à un projet d'un immeuble-tour de dix-huit étages dans un lotissement communal n'engage pas la responsabilité de l'État (CE, 9 nov. 1984, req. n° 41068, *Ville Les Sables-d'Olonne*).

Caractère réel de l'autorisation. Le principe du caractère réel de l'autorisation a été posé par le 2038
Conseil d'État (CE, 10 juill. 1972, *Dlle Longué : Rec. CE*, p. 548). Ainsi, l'autorisation étant attachée à l'immeuble, il n'y a pas lieu, pendant la période de validité de l'autorisation, à nouvelle demande en cas de mutation de propriété.
Toutefois, par analogie avec la jurisprudence en matière de permis de construire (CE, 25 avr. 1980, *SCI Les Alyscamps : Rec. CE*, p. 201 ; *JCP* N 1980, II, p. 273, note Bouyssou), une décision administrative de transfert est indispensable. Mais l'Administration ne peut assortir ce transfert de réserves en restreignant sa portée (CE, 10 juill. 1972, préc.). Le transfert n'ouvre pas de nouveau le délai de recours contentieux contre le permis de lotir.

Retrait. Comme toute autorisation administrative individuelle conférant des droits acquis, 2039
l'autorisation expresse de lotissement peut être retirée, par son auteur, si elle est illégale, dans le délai de 4 mois ; le retrait de l'autorisation tacite restant régie par la loi du 12 avril 2000 (V. nouvelle jurisprudence *Ternon* de 2001, comm. sous art. R. 421-12).
En revanche, le retrait de l'autorisation de lotissement est illégal, si cette dernière était elle-même légale (CE, 27 avr. 1979, *Filaire et autres : Rec. CE*, p. 168. – CE, 24 avr. 1985, *Min. Urb. et Log.* c/ *Puissant : Rec. CE*, p. 119).
Devenue définitive, l'autorisation de lotir ne peut plus être retirée (CE, 24 juill. 1981, req. n° 19040, *Lecoq*).

Section II Présentation, dépôt et transmission de la demande d'autorisation

C. urb., art. *R. 315-4 *(D. n° 77-860, 26 juill. 1977 ; D. n° 86-984, 19 août 1986)*. — La demande d'autorisation de lotir est présentée soit par le propriétaire du terrain ou son mandataire, soit par une personne justifiant d'un titre l'habilitant à réaliser l'opération sur le terrain.

La demande précise l'identité et l'adresse du demandeur, la situation et la superficie du terrain, le nombre maximum de lots, la surface de plancher hors œuvre nette maximale dont la construction est envisagée dans l'ensemble du lotissement et l'identité du propriétaire au cas où celui-ci n'est pas l'auteur de la demande.

La demande d'autorisation peut ne porter que sur une partie de la propriété. Dans ce cas une nouvelle autorisation doit être demandée pour toute division, même par détachement d'une seule parcelle, de la partie conservée intervenant moins de dix ans après la première autorisation.

Dans le cas où, postérieurement à une division non soumise à autorisation en application des dispositions du présent chapitre, une nouvelle division ou l'implantation d'un ou plusieurs bâtiments sur un terrain pour lequel cette implantation n'était pas envisagée entraîne l'application du régime d'autorisation défini aux articles R. 315-1 et R. 315-3, la demande d'autorisation est présentée par le propriétaire qui a pris l'initiative de cette division ou de cette implantation. Elle ne concerne pas les terrains précédemment détachés.

Voir aussi : Sur la demande d'autorisation de lotir et sur sa publicité, C. urb., art. L. 300-3, p. 218, et C. urb., art. R. 315-11, p. 648 et leurs notes ; sur la qualité pour demander l'autorisation de lotissement, C. urb., art. R. 421-1-1, p. 759 et ses annotations, en matière de permis de construire.

Qualité du demandeur. Deux propriétaires de fonds contigus ne sauraient solliciter une autori- 2040
sation de lotir unique portant sur la totalité des deux fonds (Rép. min. n° 57914 : *JOAN* 13 juill. 1992, p. 3171).

Un permis de lotir peut être demandé par une commune sur un terrain ayant fait l'objet d'une déclaration d'utilité publique à son profit (*JO* Sénat 8 déc. 1979, p. 5080 ; *JCP* N 1980, Prat. 7389-4).

Bibliographie : Sur les lotissements communaux, F. Priet, *Le lotissement communal : DA* 1999, n° 7.

2041 **Contenu de la demande.** La composition du dossier est moins rigide qu'autrefois : nombre de lots maximal, superficie hors œuvre maximale ; ces éléments de souplesse doivent être rapprochés de l'article R. 315-5 *d* et *e*.

2042 **Surface.** Selon une réponse ministérielle, la surface hors œuvre nette maximale correspond au produit de la surface du terrain d'assiette du lotissement par le coefficient d'occupation du sol. Ainsi se trouve explicitement confirmé que les espaces communs du lotissement (voirie, espaces verts, etc.) dégagent une certaine constructibilité qui vient s'ajouter à la constructibilité des terrains privatifs (Rép. min. : *JOAN* 15 déc. 1979 ; *JCP* N 1980, Prat. 7389-3). Cette doctrine administrative a été contestée par le Conseil d'État, selon lequel la constructibilité d'un lot est seulement le produit de la surface de ce lot par le COS (CE, 14 janv. 1987, *Diaz : DA* 1987, n° 108 ; *AJDA* 1987, p. 429, note J.-B. Auby ; V. aussi commentaire par Stemmer : *JCP* N 1987, Prat. 208). Mais l'article L. 315-9 issu de la loi n° 87-565 du 22 juillet 1987 apporte, pour régulariser la situation des lotissements en cours, une validation législative au principe administratif de globalisation du COS dans les lotissements. Pour l'avenir la globalisation a été rétablie par le décret n° 87-885 du 30 octobre 1987 (V. art. R. 315-29-1).

Il peut résulter un manque à construire si l'autorisation de lotissement disparaît (C. urb., art. L. 315-2-1), car la globalisation des droits à construire disparaît aussi dans ce cas.

2043 **Lotissement partiel.** Alors qu'avant le décret n° 77-860 du 26 juillet 1977, la possibilité de réaliser un lotissement partiel résultait simplement d'une réponse ministérielle (Rép. min. : *JOAN* 13 nov. 1975, p. 8231 ; *JCP* N 1975, Prat. 6150, note Stemmer), l'avant-dernier alinéa du présent article (Rappr. art. R. 315-2, *d*) prévoit désormais explicitement cette possibilité. Selon qu'à la suite d'un premier lotissement partiel, la partie de la propriété conservée par le lotisseur a été ou non incluse dans le périmètre de ce lotissement, la nouvelle demande de division de celle-ci constitue soit une subdivision de lot soumise à la procédure régie par l'article R. 315-48 du présent code, soit une opération de détachement d'une ou plusieurs parcelles qui nécessite alors une nouvelle autorisation de lotir en application du présent article (Rép. min. : *JOAN* 27 sept. 1982, p. 3854 ; *JCP* N 1983, Prat. 8722-7). Mais la vente du surplus d'une propriété, après détachement de deux lots, n'implique aucune formalité.

2044 **Lotissement « rétroactif ».** Le dernier alinéa du présent article fait disparaître le spectre du lotissement rétroactif ; cette mesure est particulièrement opportune.

2045 **Lotissements communaux.** La réglementation ne fait aucun distinguo entre lotissements communaux et lotissements privés, leurs conséquences étant analogues quant à leurs effets sur le développement de la commune, leur impact sur l'environnement et sur le fonctionnement des équipements communaux. Mais la politique de décentralisation transférant aux élus locaux, dans les communes couvertes par un plan local d'urbanisme, le pouvoir d'attribuer les autorisations de construire, ces communes seront à même de fixer elles-mêmes le nombre et la nature des documents à fournir pour permettre de juger de la qualité et de l'intérêt du projet dans le respect du plan approuvé et ainsi d'alléger, le cas échéant, la procédure d'autorisation des lotissements communaux (Rép. min. : *JO* Sénat 27 avr. 1982, p. 1422).

C. urb., art. *R. 315-5 ***(D. n° 77-860, 26 juill. 1977 ; D. n° 77-1141, 12 oct. 1977).*** **— Le dossier joint à la demande est constitué des pièces ci-après :**

a) **Une note exposant l'opération, précisant ses objectifs et indiquant les dispositions prévues pour assurer l'insertion dans le site, le respect de l'environnement et la qualité de l'architecture et pour répondre aux besoins en équipements publics ou privés découlant de l'opération projetée ;**

b) **Le plan de situation du terrain notamment par rapport à l'agglomération ;**

c) **Un plan de l'état actuel du terrain à lotir et de ses abords faisant apparaître les constructions et les plantations existantes, les équipements publics qui desservent le terrain, ainsi que, dans le cas où la demande d'autorisation ne concerne pas la totalité de la propriété, la partie que l'auteur de la demande entend ne pas incorporer au lotissement ;**

d) **Un plan définissant la composition d'ensemble du projet et faisant apparaître la répartition prévue entre les terrains réservés à des équipements ou des usages collectifs et les terrains destinés à une utilisation privative, ainsi que les plantations à conserver ou à créer, ce plan pouvant se présenter sous la forme d'un plan de masse et pouvant également faire apparaître la division parcellaire ;**

e) **Un projet de règlement, s'il est envisagé d'apporter des compléments aux règles d'urbanisme en vigueur ;**

f) **Si des travaux d'équipement internes aux lotissements sont prévus, un programme et des plans desdits travaux indiquant les caractéristiques des ouvrages à réaliser et les conditions de leur réalisation, notamment le tracé des voies, l'implantation des équipements et leurs modalités de raccordement aux bâtiments dont l'édification est prévue ;**

g) (rempl., D. n° 2003-16, 2 janv. 2003, art. 3-I) **S'il y a lieu, une copie de la lettre par laquelle l'autorité compétente fait connaître au demandeur que son dossier de demande d'autorisation de coupe ou d'abattage et, le cas échéant, d'autorisation de défrichement est complet ;**

h) **L'étude d'impact définie à l'article 2 du décret n° 77-1141 du 12 octobre 1977, lorsque l'opération est située en dehors d'une commune ou partie de commune dotée d'un** ***(Mots rempl., D. n° 2001-260, 27 mars 2001, art. 3)*** **« plan local d'urbanisme » rendu public ou approuvé et permet la construction d'une surface hors œuvre nette de 3 000 mètres carrés ou plus ;**

i) **S'il est prévu une réalisation par tranches, les conditions et modalités d'exécution des travaux ;**

j) **Le cas échéant, une attestation de la garantie à fournir en application de l'article R. 315-33.**

Éléments facultatifs. Le souci de l'environnement fait apparaître des pièces nouvelles dans la composition du dossier (*a*, *g* et *h*) ; mais l'innovation principale du texte nouveau tient au caractère facultatif du plan parcellaire *(d)* et du projet de règlement *(e)*. Ainsi, le décret n° 77-860 du 26 juillet 1977 exprime la souplesse recherchée dans l'opération de lotissement. Des difficultés réelles peuvent en résulter (cf. les critiques Meysson, art. préc.). À notre avis, cette souplesse constitue pourtant une innovation heureuse : ainsi, les acquéreurs pourront acheter des lots proportionnés à leurs besoins, si un critère de découpage est fixé sans que soit préétabli un parcellaire rigide. Pour M. Baschwitz (art. préc.) il serait même possible de prévoir des densités différentes de construction dans le cadre d'un même lotissement, si la superficie maximale n'est pas dépassée. Ce point de vue doit être approuvé, dans son principe, et il est renforcé depuis le décret n° 87-885 du 30 octobre 1987. 2046

Voir aussi : C. urb., art. R. 315-29-1, p. 661.

Note de présentation. Pour les très petits lotissements, la note de présentation peut se limiter à une simple indication du motif de la division (Circ. n° 77-160, 4 nov. 1977, n° 2.1.2. *a*). 2047
Il a même été jugé que son absence pour un très petit lotissement n'était pas de nature à influencer l'appréciation des autorités chargées de l'examen de la demande, des indications nécessaires se déduisant des autres pièces du dossier et notamment du règlement de lotissement (CE, 8e et 9e sous-sect., 29 oct. 1993, *Assoc. pour la protection de la nature et de l'environnement à Levis-Saint-Nom : Gaz. Pal.* 1994, pan. dr. adm., p. 78).

Lotissement « à la carte ». Sur les règles de publicité foncière en cas de lotissement « à la demande » ou « à la carte » – lorsque le découpage des terrains privatifs n'est réalisé qu'au moment de chaque vente – voir l'instruction de la Direction générale des impôts du 30 août 1979 (*JCP* N 1979, Prat. 7269). 2048

2049 **Règlement.** Lorsque les règles d'occupation du sol sont suffisamment précises, le règlement pourra s'avérer inutile ; ainsi serait éliminé un fâcheux facteur de rigidité. En effet, l'article L. 315-4 ne trouverait plus à s'appliquer, les modifications générales apportées au droit des sols n'étant plus paralysées par ce document local, parfois même ponctuel (petit lotissement). Il est vrai que depuis 1988, l'article L. 315-2-1 aboutit de toute façon à terme, au même résultat.

2050 **Contenu du règlement.** Le règlement peut prévoir des dispositions régissant les travaux sur des bâtiments existants, comme tout autre document d'urbanisme (CE, 21 nov. 2001, *Secr. Ét. log.* c/ *Cne d'Éze-sur-Mer : BJDU* 2002, p. 3, concl. A. Seban).

2051 **Interprétation.** L'interprétation du règlement relève du pouvoir souverain des juges du fond, le juge de cassation ne contrôlant que la dénaturation de la portée du document. Une telle dénaturation est constatée lorsqu'une disposition réserve certes au lotisseur, propriétaire initial des lots, la faculté de les réunir ou de les subdiviser, mais sans que les premiers juges puissent en déduire une exclusivité à son profit, sauf à commettre une erreur de droit (CE, 3 oct. 2003, *Cne de Roquebrune-Cap-Martin : BJDU* n° 6/2003, p. 452, concl. F. Séners).

2052 **Espace boisés.** Avant 2003, lorsqu'en vertu de l'article L. 130-1 du présent code, une autorisation de coupe d'arbres est nécessaire : terrain boisé, classé par un PLU ou situé dans une commune où un PLU a été prescrit, celle-ci doit également être jointe au dossier joint à la demande de lotissement (CE, 29 mai 1981, req. n° 17607, *Assoc. de défense et de sauvegarde de la rue de la Paix : DA* 1981, n° 293). Depuis le décret du 2 janvier 2003, il suffit d'attester que le dossier correspondant à la demande « coupe et abattage d'arbres » ou « défrichement » est complet.

Voir aussi : C. urb., art. R. 130-6, p. 547.

2053 **Aménagements internes.** Selon un arrêt du Conseil d'État du 5 février 2001, *Ville de Bordeaux* (*BJDU* 2/2001, p. 83, concl. L. Touvet ; *Constr.-urb.* 2001, n° 7-8, comm. n° 157, P. Benoît-Cattin), les aménagements internes d'une parcelle ne constituent ni des équipements collectifs au sens de l'alinéa *d)*, ni des équipements internes au lotissement en vertu de l'alinéa *f)*. Il s'agit de travaux du lotisseur dans l'intérêt des surfaces privatives et, lors du dépôt de la demande d'autorisation, il ne peut lui être imposé de décrire de tels travaux qui seront davantage du domaine du permis de construire et de la réalisation des bâtiments (aires de stationnement, par exemple).

Voir aussi : C. urb., art. R. 315-29, p. 658.

2054 **Étude d'impact.** Il a été jugé que l'étude d'impact prévue à l'alinéa *h* était nécessaire en cas de modification d'un lotissement autorisé avant 1978 (TA Marseille, 4 août 1978, *Jacquier : Rec. CE*, p. 604) et que le défaut de celle-ci, lorsqu'elle est exigée, oblige le juge administratif saisi d'un recours contre l'autorisation de lotir à en prononcer le sursis à exécution (TA Rennes, 30 oct. 1980, *Syndicat des exploitants agricoles de Plouguin : Rev. jud. Ouest* 1981-1, p. 219).

Le décret n° 93-245 du 25 février 1993 impose l'étude d'impact pour les seuls lotissements permettant la construction de plus de 5 000 mètres carrés de SHON dans les communes non dotées, à la date de la demande, d'un POS ou d'un document en tenant lieu ayant fait l'objet d'une enquête publique. Dans ces cas, le lotissement est également soumis à enquête publique de la loi du 12 juillet 1983 (C. urb., art. R. 315-18-1).

L'autorisation de lotissement est annulée, si l'étude d'impact remonte à 6 ans (CE, 28 juill. 1993, *Sté Franceterre : Rec. CE*, T, p. 1092).

L'étude d'impact qui est nécessaire dans les communes dépourvues de plan local d'urbanisme et pour les projets prévoyant une construction de SHON supérieure à 5 000 m^2 (depuis le décret du 15 février 1993 modifiant le décret du 10 octobre 1977) ne saurait se borner à des indications sommaires quant aux effets du projet sur l'environnement (CE, 28 juin 1993, *Époux Ramedace : Quot. jur.* 8 févr. 1994, p. 5) ; en cas d'annulation du plan (sous réserve de la règle de 3 000 m^2 de SHON), l'étude d'impact reste requise (CE, 28 juill. 1993, *Sté France-Terre : DA* 1993, n° 542).

2055 **Modification du règlement.** La référence à un accord préalable, lors de la modification du règlement, incorpore au règlement le contenu de cet accord, qui plafonne le nombre des logements à édifier sur un lot (CE, 21 juill. 1989, *SCI du Moulin de Chabiague : Rec. CE*, T, p. 995).

Visa de l'architecte. Le règlement du lotissement peut exiger le visa des permis de construire par l'architecte du lotissement (CE, 29 juin 1990, *Min. Équip.* c/ *Prétet*) ou par un collège d'architectes (CE, 11 déc. 1991, *Gaudin : DA* 1992, 56 ; *JCP* N 1993, II, p. 84, note Rouault), contrairement à la solution retenue pour un plan local d'urbanisme ou un PAZ. 2056

Voir aussi : Circulaire n° 93-73, 27 septembre 1993, *Mon. TP* 26 novembre 1993, prise pour l'application du décret n° 93-245 du 25 février 1993 relatif aux études d'impact et au champ d'application des enquêtes publiques. – Circulaire. n° 80-79, 12 janvier 1980, relative à l'amélioration de la qualité des lotissements et à l'intervention des hommes de l'art.

C. urb., art. *R. 315-6 *(D. n° 77-860, 26 juill. 1977)*. — Dans le cas où des équipements communs sont prévus, le dossier de la demande est, sous réserve de ce qui est dit à l'article R. 315-7, complété par les pièces annexes suivantes :

***a)* L'engagement du lotisseur que sera constituée une association syndicale des acquéreurs de lots à laquelle seront dévolus la propriété, la gestion et l'entretien des terrains et équipements communs jusqu'à leur transfert éventuel dans le domaine d'une personne morale de droit public ;**

***b)* Les statuts de l'association syndicale comprenant au moins les dispositions énumérées à l'article R. 315-8 ;**

***c)* L'engagement du lotisseur de provoquer la réunion d'une assemblée de l'association syndicale dans le mois suivant l'attribution de la moitié des lots ou au plus tard dans l'année suivant l'attribution du premier lot, afin de substituer à l'organe d'administration provisoire de l'association un organe désigné par cette assemblée.**

Association syndicale libre ou autorisée. Dans le cadre d'un lotissement, il semble qu'il puisse être constitué qu'une association syndicale libre, ou une association syndicale autorisée (Ord. n° 2004-632, 1er juill. 2004). En tout état de cause, l'association doit être régulièrement constituée (déclaration des statuts et publication dans un journal d'annonces légales) pour qu'elle puisse percevoir les charges auprès des colotis (Cass. 3e civ., 18 déc. 2002, req. n° 0112648 : *Juris-Data* n° 2002-017206 ; *Constr.-urb.* 2003, n° 6, comm. n° 155, D. Sizaire). 2057

Voir aussi : notes sous C. urb., art. L. 322-1 et s., p. 272 pour l'abrogation de la loi du 21 juin 1865 et son remplacement par l'ordonnance du 1er juillet 2004.

Adhésion obligatoire. L'association syndicale libre est une personne morale de droit privé, dont la création suppose l'unanimité et qui fonctionne conformément à ses statuts. Il s'agit, toutefois, d'un contrat forcé, le Conseil d'État ayant retenu que « le préfet ne crée pas lui-même cette association, mais oblige le lotisseur à ne vendre les terrains qu'aux acquéreurs qui s'engageront à y adhérer » (CE, 2 nov. 1973, *Sté en nom collectif Geffroy et Maria : Rec. CE*, p. 613) et la Cour de cassation ayant admis que l'acquisition d'une parcelle dans un lotissement vaut, par elle-même, acceptation des statuts de l'association syndicale des acquéreurs de lots (Cass. 3e civ., 28 nov. 1972 : *Bull. civ.* III, n° 635, p. 468. – Cass. 3e civ., 1er juill. 1980 : *JCP* N 1980, II, p. 257, et note Stemmer. – Cass. 3e civ., 8 juill. 1980 : *JCP* N 1981, Prat. 8101) avec comme corollaire que les droits et obligations qui en résultent sont opposables aux acquéreurs successifs des immeubles jusqu'à la dissolution de l'association (Cass. 3e civ., 25 oct. 1972 : *JCP* G 1972, IV, 278. – Cass. 3e civ., 21 janv. 1977 : *JCP* G 1977, IV, 58. – Cass. 3e civ., 30 janv. 1979 : *D.* 1979, 653, note Frank). L'accord unanime des colotis est exigé dès l'acte constitutif de l'association, le fait que le bulletin individuel d'adhésion soit signé ultérieurement est inopérant (Montpellier, 18 févr. 2002 : *Constr.-urb.* 2002, n° 11, comm. n° 273, P. Cornille). 2058

Association de droit commun. Liberté d'adhésion. Dans un important arrêt d'Assemblée plénière du 9 février 2001, *M. Pallazo et autres* c/ *Assoc. du Club des Sports de Rimberlieu* (*AJDI* juill.-août 2001, p. 611, note C. Giverdon ; *D.* 2001, n° 19, p. 1493, note E. Alfandari ; *JCP* N 2001, n° 36, p. 1301, note M. Thioyé ; *Constr.-urb.* 2001, n° 92, comm. n° 92, D. Sizaire ; *Gaz. Pal.*, 7 juill. 2002, p. 26, note A. Hochart ; *Rev. jurispr. dr. affaires* 2002, n° 11, p. 978, pour une intéressante comparaison avec l'adhésion à une association de centre commercial), la Cour de cassation a tranché la question de la coexistence d'une association syndicale libre d'adhésion forcée avec une associa- 2059 tion régie par le droit commun de la loi de 1901. La société civile du Domaine de Rimberlieu avait obtenu une autorisation préfectorale pour la constitution d'un lotissement dont le règlement, approuvé par le préfet, prévoyait la création d'un ensemble d'installations sportives et de loisirs par une société privée qui aurait pour actionnaires les acquéreurs de lots. Ceux-ci feraient alors obligatoirement partie d'une association syndicale libre ayant pour objet l'entretien des voies et équipements propres au lotissement. En outre, la gestion et l'administration des aménagements sportifs seraient confiées à un club privé, association « loi 1901 », auquel, là encore, chaque acquéreur serait tenu d'adhérer. Or, certains membres de ce club avaient démissionné et refusaient de payer leurs cotisations. La cour d'appel les avait condamnés au motif que l'obligation d'adhésion des colotis à ce club présentait un caractère réel fondé sur l'approbation du règlement, et qu'ainsi toute démission devait s'accompagner d'une aliénation du lot. Faisant suite à un premier arrêt de la 3e chambre civile de la Cour de cassation du 18 décembre 1996, l'Assemblée plénière consacre la distinction entre les deux types d'association.

Si l'adhésion forcée à l'association syndicale libre régie par la loi du 21 juin 1865 (devenue ordonnance du 1er juillet 2004) résulte du caractère réel des obligations applicables aux colotis successifs qui ne cessent qu'avec la dissolution de l'association, la démission d'un coloti et la vente de son lot étant indissociable en revanche, il en est tout autrement du club privé constitué au titre de la loi de 1901 où le principe constitutionnel de liberté d'adhésion doit être appliqué (Cons. const., 16 juill. 1971 : *D.* 1972, p. 685) ; la constitution d'une telle association résulte d'un contrat fixant des obligations personnelles ; la démission n'impliquait pas *ipso facto* la vente du lot.

Comme le souligne le professeur Giverdon dans son commentaire, il convient lors de la réalisation d'un lotissement de veiller à un usage prudent de ces différentes structures de gestion ; leur juxtaposition étant susceptible d'être source de bien des confusions et de litiges.

2060 **Objet social.** L'objet social de l'association syndicale est précisé : à la différence des anciens statuts, qui se bornaient à prévoir la gestion et l'entretien des équipements communs, les nouveaux statuts devront comporter aussi la dévolution en propriété desdits équipements. Cette disposition est particulièrement opportune, la Cour de cassation ayant jugé que la capacité d'acquérir d'une association syndicale libre impliquait une habilitation statutaire (Cass. 3e civ., 3 déc. 1975 : *JCP* 1976, II, 18352, note Stemmer).

Le lotisseur devra donc transférer la propriété des équipements collectifs à l'association syndicale. Ce transfert est susceptible de poser un problème fiscal. Selon nous, la solution résultant de l'instruction de la DGI du 10 octobre 1972 devrait être étendue à une telle hypothèse : cession pour un franc symbolique, le cédant devant éventuellement prouver que le prix des équipements communs a été inclus dans le prix de cession des lots.

2061 **Dissolution. Dévolution des biens.** Il a été jugé qu'à défaut de stipulation expresse dans les statuts d'une association syndicale libre quant au sort de ses biens en cas de dissolution, ceux-ci sont réputés vacants et sans maître et sont donc ainsi dévolus de plein droit à l'État (Cass. 3e civ., 18 juin 2003 : *Gaz. Pal.* 24 mars 2004, p. 44, note M. Peisse ; *JCP* G 2004, n° 14, p. 613, note H. Périnet-Marquet ; *Constr.-urb.* 2003, n° 11, comm. n° 252, D. Sizaire).

2062 **Action des colotis et de l'association syndicale.** Nonobstant l'action collective de l'association, chaque coloti peut agir pour l'application des documents du lotissement et la protection de la consistance de son lot, mais à condition d'invoquer un motif individuel, distinct de l'intérêt collectif pour lequel seule l'association est habilitée à agir selon les statuts (CA Dijon, 9 nov. 2004 : *Juris-Data* n° 2004-252780).

Bibliographie : G. LIET-VEAUX, *Les associations de personnes et les associations de biens : JCP* N 2003, n° 26, p. 992 ; *Les vocations des associations syndicales libres de propriétaires : Administrer* 2003, n° 355, p. 9.

C. urb., art. *R. 315-7 *(D. n° 77-860, 26 juill. 1977 ; D. n° 84-228, 29 mars 1984).* — Les dispositions de l'article R. 315-6 ne sont pas applicables si le nombre de lots destinés à l'implantation des bâtiments n'étant pas supérieur à cinq, le lotisseur s'engage à ce que les équipements communs soient attribués en propriété divise ou indivise aux acquéreurs de lots.

Il en est de même si le lotisseur justifie de la conclusion avec une personne morale de droit public d'une convention prévoyant le transfert dans le domaine de cette personne morale de la totalité des équipements communs une fois les travaux achevés.

Décret du 29 mars 1984. Le décret n° 84-228 du 29 mars 1984 a substitué l'expression « nombre 2063
de lots destinés à l'implantation des bâtiments » à celle de « nombre de logements à construire » que comportait antérieurement le présent article.

Propriété divise. La propriété divise des équipements communs nous paraît difficilement admis- 2064
sible, même en cas de lotissement de moins de cinq lots (al. 1).

Intégration dans le domaine public. La collectivité locale est libre d'intégrer ou non les équipe- 2065
ments dans son domaine public en fondant sa décision sur l'intérêt qu'elle peut trouver dans une utilisation publique de la voirie et des réseaux. Les colotis peuvent de leur côté souhaiter conserver le caractère strictement privatif de leur lotissement, ou préférer en demander le rattachement à la structure urbaine à laquelle il est lié par intégration des équipements (voirie – espaces verts – branchement sur les réseaux) qui, une fois gérés par la commune, prennent un caractère public et deviennent librement accessibles. Ces dispositions ont fait la preuve de leur efficacité et ne paraissent pas devoir être remises en cause, en dépit des conflits qui peuvent survenir entre les communes et l'association syndicale des acquéreurs de lots et tout en reconnaissant que l'entretien des parties communes d'un lotissement peut représenter de lourdes charges pour leurs habitants. Une solution pourrait éventuellement être recherchée dans une exonération fiscale sur les charges réglées au titre de l'association syndicale (Rép. min. : *JOAN* 27 sept. 1982, p. 3853).

> **Voir aussi :** Sur les modalités de cession des voies de lotissement aux communes, les réponses ministérielles des 20 février 1971 (*JOAN*, p. 486) et 28 décembre 1974 (*JOAN*, p. 8303-8304 ; *JCP* N 1975, Prat. 5913-1) ; 27 septembre 1982 (*JOAN*, p. 3853) et 18 avril 1985 (*JO* Sénat, p. 713 ; *JCP* N 1985, Prat. 9501-1).

Classement dans le domaine public. Les voies d'un lotissement ne sont pas classées d'office 2066
dans le domaine public communal, même si c'est prévu par l'autorisation de lotir, et si la commune assure l'entretien, et une délibération du conseil municipal ne suffit pas à transférer leur propriété. Mais dans ce cas, les colotis ne peuvent paralyser le transfert de propriété en s'opposant à l'ouverture des voies à la circulation publique (CE, 10 févr. 1992, *Choquette et Gonzalès : DA* 1992, 167).

C. urb., art. *R. 315-8 ***(D. n° 77-860, 26 juill. 1977 ; D. n° 93-614, 26 mars 1993, art. 15).*** **— Les statuts de l'association syndicale mentionnée à l'article R. 315-6 doivent prévoir :**

a) **Que seuls le lotisseur et les membres de l'association attributaires des lots qui ont donné lieu à l'obtention du certificat prévu au *a* ou au *b* de l'article R. 315-36 participeront aux dépenses de gestion des équipements communs ;**

b) **Que l'association a notamment pour objet l'acquisition, la gestion et l'entretien des terrains et équipements communs ainsi que leur cession éventuelle à une personne morale de droit public ;**

c) **Les modalités de la désignation des organes de l'association et leur rôle aussi longtemps que l'organe d'administration de l'association n'a pas été désigné en application des dispositions de l'article R. 315-6 *(c)* ;**

d) **La possibilité pour tout attributaire de lot de provoquer, par ordonnance sur requête du président du tribunal de grande instance, la réunion d'une assemblée générale si le lotisseur n'a pas respecté l'engagement prévu à l'article R. 315-6 *(c)*.**

Statuts. Les statuts de l'association syndicale doivent être précis ; en particulier, une procédure 2067
est prévue pour provoquer la constitution effective de l'association *(d)*.

Qualité pour agir. Est recevable l'action de l'association syndicale qui tend à la mise des ouvrages 2068
en conformité avec les prescriptions qui sont prévues au programme des travaux et aux plans annexés bien qu'elle ait été intentée antérieurement au transfert de propriété par le lotisseur à

l'association (Cass. 3e civ., 4 janv. 1983 : *JCP* G 1983, IV, p. 88). Mais l'association syndicale n'ayant pas, même pour la régulation interne du périmètre, qualité ni pouvoir valable pour exiger l'application des documents contractuels, c'est à tort que l'assemblée générale des propriétaires lui donnerait pouvoir d'agir en justice contre des propriétaires à fin de mise en conformité de leurs clôtures avec les stipulations du cahier des charges. Une association syndicale libre qui a été créée pour l'exécution des travaux nécessaires aux parties indivises, et pour la répartition et le recouvrement des charges, est sans intérêt pour agir contre l'octroi d'un permis de construire sur une parcelle de terrain extérieure au lotissement (CE, 4 déc. 1981, *Assoc. synd. du lotissement Le Club* : *DA* 1982, n° 29).
S'agissant des actions en démolition ou en mise en conformité pour violation par un propriétaire du cahier des charges, le juge civil doit rechercher si l'association dite de défense des intérêts des habitants du lotissement subit un préjudice collectif, direct et propre à l'association, distinct de celui particulier à chacun des membres (Cass. 3e civ., 4 nov. 2004, req. n° 03-01.377 : *Juris-Data* n° 2004-025455 ; *Constr.-urb.* 2005, n° 2, comm., n° 44, P. Cornille).

Voir aussi : notes sous C. urb., art. R. 315-6, p. 643.

C. urb., art. *R. 315-9 *(D. n° 77-860, 26 juill. 1977 ; D. n° 84-228, 29 mars 1984)*. — S'il en est prévu un, le cahier des charges du lotissement est joint pour l'information au dossier présenté à l'appui de la demande.

Ce document contractuel ainsi que les statuts de l'association syndicale ne sont pas soumis à l'approbation de l'autorité compétente.

2069 **Document contractuel facultatif.** Confirmant une distinction qui résultait déjà du décret n° 58-1466 du 31 décembre 1958, entre le règlement et le cahier des charges, le présent article prévoit que ce dernier est un document de droit privé, purement contractuel. Il fait donc la loi des parties, qui peuvent se prévaloir de sa violation devant les tribunaux judiciaires. Mais l'Administration doit faire abstraction de son contenu pour la délivrance des permis de construire. La production du cahier des charges, dans le cadre de l'instruction de l'autorisation de lotissement, permet seulement à l'Administration de vérifier que n'y figurent pas des dispositions contraires au droit de l'urbanisme ou aux autres pièces du lotissement (Rép. min. : *JO* Sénat 3 févr. 1983, p. 223 ; *JOAN* 7 févr. 1983 ; *JCP* N 1983, Prat. 8715-5).

2070 **Indépendance à l'égard du permis de construire.** La cour d'appel, qui a constaté qu'un arrêté préfectoral qui faisait l'objet d'un recours en annulation devant la juridiction administrative n'avait modifié que le règlement d'un lotissement et non le cahier des charges, en a justement déduit que l'issue du recours en annulation, qui différait par son objet de l'action engagée par les colotis demandeurs, devant la juridiction de l'ordre judiciaire pour violation des obligations résultant du contrat de droit privé que constituait le cahier des charges, était sans influence sur cette dernière action dont le but était de sauvegarder, quelles que soient les prescriptions réglementaires d'urbanisme, les droits que les colotis tenaient de ce document contractuel (Cass. 3e civ., 26 janv. 1982 : *JCP* N 1982, Prat. p. 683).
Dans le même ordre d'idées, des colotis peuvent agir en référé devant le juge civil pour faire interrompre des travaux réalisés, certes conformément au permis de construire, mais en violation du cahier des charges (CA Rennes, 31 janv. 2002 : *Juris-Data* n° 2002-177522).

2071 **Dérogation à une réglementation d'ordre public.** En tant que document contractuel, le cahier des charges ne saurait comporter de dérogation à une réglementation d'ordre public telle que le droit à l'antenne issue de la loi du 2 juillet 1996 et du décret du 22 décembre 1997 (Cass. 3e civ., 25 sept. 2002 : *AJDI* 2002, n° 11, p. 798, note Y. Rouquet ; *Constr.-urb.* 2002, n° 12, comm. n° 307, P. Cornille ; *Defrénois* 2003, nos 13/14, p. 927, P. Benoit-Cattin).

2072 **Modification à l'unanimité.** En principe, la modification du cahier des charges non approuvé ne peut en raison de la distinction qu'il convient d'opérer entre dispositions réglementaires et clauses contractuelles du dossier de lotissement (Rép. min. : *JOAN* 13 mars 1976, p. 1022) intervenir qu'à l'unanimité des parties, contrairement au dossier du lotissement soumis à l'approbation administrative (C. urb., art. L. 315-3 et L. 315-4). Mais le Conseil d'État a retenu, au contraire, que la modification des clauses réglementaires d'un cahier des charges non approuvé pouvait résulter de l'application de l'article L. 315-3 (CE, 10 mars 1989, *Cne de Reichstett : DA* 1989, n° 236 ; pour une appréciation critique, D. Moreno, *Le juge judiciaire et le droit de l'urbanisme*, LGDJ 1991, p. 100).

Servitudes. Sur la violation des servitudes contractuelles résultant des dispositions du cahier des charges, sur l'interprétation souveraine des clauses contractuelles par le juge du fond, sauf dénaturation et sur le principe de la réparation en nature, ordonnée par le juge civil (notamment condamnation à démolir), voir la nombreuse jurisprudence citée au *Juris-Classeur Construction*, fascicule 32-14 et dans l'ouvrage de D. Moreno, précité. 2073
En revanche, une servitude administrative imposée par l'arrêté préfectoral ne saurait s'éteindre par non-usage trentenaire (Cass. 3e civ., 18 déc. 2002 : *Procédures* 2003, n° 10, comm. n° 220, J. Junillon).

Voir aussi : Annotations sous C. urb., art. L. 315-2-1, p. 247 : maintien en vigueur du cahier des charges malgré la caducité des règles d'urbanisme du lotissement, quelle que soit l'ancienneté ou le contenu du cahier des charges.

Intérêt à agir. Compte tenu du caractère contractuel du cahier des charges, les colotis ont, bien évidemment, intérêt à agir pour en exiger le respect au sein du lotissement (Cass. 3e civ., 4 févr. 2004 : *AJDI* 2004, n° 5, note C. Giverdon), et ce, sur le fondement de l'article 1143 du Code civil relatif à la sanction des obligations conventionnelles (Cass. 3e civ., 16 sept. 2003, req. n° 02-11.283 : *Juris-Data* n° 2003-020246 ; *Constr.-urb.* 2004, n° 1, comm. n° 16, P. Cornille, pour une action en démolition et sans nécessité d'établir un préjudice personnel). 2074

Action en concurrence déloyale. La faute, requise en matière de concurrence déloyale, n'a pu être retenue contre des sous-acquéreurs d'un lot y exerçant une activité concurrente à celle de papeterie-librairie d'un autre coloti. En effet, les clauses d'affectation commerciale exclusive n'apparaissaient que dans les actes de vente initiaux entre la commune et un établissement de crédit, et n'avaient nullement été portées, de quelque manière que ce soit, à la connaissance des acquéreurs ultérieurs (CA Montpellier, 23 janv. 2001 : *Juris-Data* n° 2001-156950). 2075

Voir aussi : C. urb., art. L. 316-3, p. 258 et ses notes.

Référé. Trouble manifestement illicite. La violation d'un cahier des charges peut constituer un trouble manifestement illicite qui permet au juge civil des référés de suspendre les travaux, l'obtention régulière d'un permis de construire étant sans incidence sur les droits et obligations des colotis contenus dans ledit cahier des charges, dont le caractère purement contractuel est ici fermement conforté (Cass. 3e civ., 17 nov. 2004, req. n° 03-15.193 : *Juris-Data* n° 2004-025655 ; *Constr.-urb.* 2005, n° 2, comm., n° 45, P. Cornille). Cet arrêt précise également que l'emphytéote est un coloti comme un autre qui peut agir, même en référé, en respect de ce document. 2076

C. urb., art. *R. 315-10 *(D. n° 77-860, 26 juill. 1977 ; D. n° 84-228, 29 mars 1984)*. — La demande d'autorisation de lotir et le dossier qui l'accompagne sont établis en cinq exemplaires.

Un exemplaire supplémentaire de la demande et du dossier peut être réclamé, en tant que de besoin, au demandeur pour chacun des services, personnes publiques ou commissions consultés sur le projet.

Nombres d'exemplaires. Depuis le 1er avril 1984, demande et dossier d'autorisation sont, pour tenir compte des transmissions générées par le nouveau partage de compétences, à établir en cinq exemplaires aux lieu et place de quatre, sous la réglementation antérieure. 2077

Voir aussi : Sur la demande d'autorisation de lotir, C. urb., art. R. 315-44, p. 674 et C. urb., art. A. 315-2, p. 955, et leurs notes.

Demandes supplémentaires. La demande d'exemplaires supplémentaires a pour effet de prolonger le délai d'instruction en vertu de l'article R. 315-16. 2078

Voir aussi : En matière de permis de construire, C. urb., art. R. 421-8, al. 2, p. 780 et C. urb., art. R. 421-13, p. 790.

C. urb., art. *R. 315-11 ***(D. n° 77-860, 26 juill. 1977 ; D. n° 84-228, 29 mars 1984 ; D. n° 88-199, 29 févr. 1988).*** **— Tous les exemplaires de la demande et du dossier d'autorisation de lotir sont adressés par pli recommandé avec demande d'avis de réception postal au maire de la commune dans laquelle le lotissement doit être réalisé, ou déposés contre décharge à la mairie.**

Le maire affecte un numéro d'enregistrement à la demande dans des conditions prévues par arrêté du ministre chargé de l'urbanisme.

Les exemplaires de la demande et du dossier d'autorisation de lotir font l'objet des transmissions prévues à l'article L. 421-2-3. Toutefois, dans les cas où les autorisations et les actes relatifs au lotissement ne sont pas délivrés au nom de l'État, seul le formulaire de demande est transmis au préfet ***(Mots aj. à compter du 1er août 2004, D. n° 2004-490, 3 juin 2004, art. 111, I et 122)*** **« sauf lorsque les travaux sont situés à l'intérieur d'une zone délimitée dans les conditions prévues à l'article 5 du décret n° 2004-490 du 3 juin 2004 relatif aux procédures administratives et financières en matière d'archéologie préventive et portant le cas échéant sur des emprises au sol excédant le seuil fixé dans l'arrêté définissant la zone ».**

Dans les quinze jours qui suivent le dépôt de la demande et pendant la durée d'instruction de celle-ci, le maire procède à l'affichage en mairie d'un avis de dépôt de demande d'autorisation de lotir comprenant les mentions suivantes : nom du demandeur, numéro et date d'enregistrement de la demande, adresse et superficie du terrain, surface hors œuvre nette maximale à construire sur l'ensemble du lotissement, nombre de lots projetés, destination du lotissement.

2079 **Guichet unique.** Depuis le 1er avril 1984, conformément au principe du « guichet unique », c'est uniquement au maire de la commune intéressée que s'effectue, comme en matière de permis de construire, l'envoi ou le dépôt des cinq exemplaires de la demande et du dossier d'autorisation. C'est à lui qu'il appartient d'effectuer les transmissions dans les conditions définies à l'article L. 421-2-3 relatif au permis de construire.

L'omission de transmission n'entraîne pas l'illégalité de l'arrêté d'autorisation.

2080 **Publicités des demandes.** Le dernier alinéa organise, comme le fait également l'article R. 421-9 pour la demande de permis de construire (V. les notes sous cet article) la publicité des demandes d'autorisation de lotir, par voie d'affichage d'un avis de dépôt dont il précise le contenu. Cet affichage se fait uniquement en mairie, alors que celui de l'autorisation de lotir s'effectue tant sur le terrain loti qu'en mairie.

Voir aussi : C. urb., art. R. 315-41, p. 673.

2081 **Demande modificative.** En cas de dépôt de demande modificative en cours d'instruction, il convient de procéder à un nouvel affichage uniquement si cette demande modifie l'une des mentions prévues de l'avis affiché (Circ. 1er juill. 1985).

2082 **Absence de droit d'accès des tiers à la demande.** La publicité de la demande d'autorisation de lotir n'implique en aucun cas que les tiers aient un droit d'accès au dossier ou un droit à s'immiscer dans le déroulement de la procédure d'instruction. Le dossier ne leur sera accessible qu'après que l'arrêté aura été pris (Circ. 1er juill. 1985).

2083 **Archéologie préventive.** Le présent article adapte les modalités de transmission de la demande de lotir aux nouvelles exigences en matière d'archéologie préventive. Pour le détail de cette réglementation (V. nos analyses sous C. urb., art. L. 421-2-4 et en annexe IV).

La loi du 1er août 2003 permet au lotisseur, hors des zones identifiées par la carte archéologique, de saisir le préfet pour connaître les contraintes qui pourraient frapper son projet en matière de diagnostic archéologique. En l'absence de réaction ou en cas de réponse négative, l'État est réputé avoir renoncé, sur cinq ans, à prescrire un tel diagnostic, sous réserves de modification substantielle dudit projet ou de nouvelles données archéologiques de la part de l'État quant au territoire concerné. En cas de réponse positive du préfet, le lotisseur peut solliciter la réalisation anticipée du diagnostic ou le dépôt de cette demande constitue le fait générateur de la redevance (V. sur celle-ci, nos analyses sous C urb., art. L. 332-6). Ce mécanisme de « purge préventive », à l'instar de celui qui existe pour les droits de préemption, est un avantage pour le lotisseur qui ne sera pas mis devant le fait accompli d'un diagnostic archéologique, retardant ou bloquant son opération d'aménagement.

C. urb., art. R. 315-12 à R. 315-14 ***(Ab., D. n° 84-228, 29 mars 1984).***

Bibliographie : *J.-Cl. Constr.*, fasc. 32-8.

Section III Instruction des demandes

Décentralisation. C'est le décret n° 84-228 du 29 mars 1984 qui a mis à l'heure de la décentralisation les procédures d'instruction (C. urb., art. R. 315-15 à R. 315-25-4) et de décision (C. urb., art. R. 315-26 à R. 315-31-4) en matière de demande d'autorisation de lotir. Celle-ci, analogue à celles mises en place pour les demandes de permis de construire et de certificat d'urbanisme par les décrets n° 83-1261 et n° 83-1262 du 30 décembre 1983, reprend la distinction, désormais généralisée en matière d'autorisations individuelles, entre les communes dotées d'un plan local d'urbanisme approuvé et celles qui n'en sont pas encore pourvues. 2084

Ces nouvelles dispositions sont entrées en application le 1er avril 1984. Elles ont été commentées dans les circulaires du 6 juin 1984 relative au transfert de compétences en matière de permis de construire et du 1er juillet 1985 relative au transfert des compétences en matière de lotissement.

Il faut cependant encore noter que les communes qui, avant l'intervention de cette décentralisation des procédures d'instruction et de décision, avaient pouvoir d'instruire aux lieu et place du directeur départemental de l'équipement les demandes d'autorisation de lotir, continuent à exercer ce pouvoir dans les mêmes conditions et selon la même procédure, tant que le maire de ces communes n'a pas compétence pour délivrer les autorisations de lotir au nom de ces communes, et au plus tard pendant une période de quatre années à compter du 1er avril 1984 (D. n° 84-228, 29 mars 1984, art. 33 mod. – D. n° 86-669, 18 mars 1986, art. 3).

Bibliographie : *J.-Cl. Constr.*, fasc. 32-8.

§ 1 Dispositions applicables dans l'ensemble des communes

C. urb., art. *R. 315-15 ***(D. n° 77-860, 26 juill. 1977 ; D. n° 84-228, 29 mars 1984).*** **— Si le dossier est complet, l'autorité compétente pour statuer fait connaître au demandeur, dans les quinze jours de la réception de la demande en mairie, par une lettre de notification adressée par pli recommandé avec demande d'avis de réception postal, le numéro d'enregistrement de ladite demande et la date avant laquelle, compte tenu des délais réglementaires d'instruction, la décision devra lui être notifiée, et la faculté qui lui est ouverte, au cas où la notification ne serait pas intervenue à cette date, de saisir l'autorité compétente, en application de l'article R. 315-21. Le délai d'instruction part de la date de la décharge ou de l'avis de réception postal prévus à l'article R. 315-11.**

(Al. créé, D. n° 2003-16, 2 janv. 2003, art. 3 et II) **Lorsque les travaux projetés nécessitent la coupe ou l'abattage d'arbres dans des bois, forêts ou parcs soumis aux dispositions de l'article L. 130-1 du présent code ou des articles L. 311-1 et L. 312-1 du Code forestier, l'autorité compétente pour statuer fait connaître au demandeur, dans la lettre de notification mentionnée au premier alinéa, que le délai d'instruction de la demande d'autorisation de lotir court jusqu'à l'expiration du délai d'un mois suivant la date de l'autorisation de coupe ou d'abattage et, le cas échéant, de l'autorisation de défrichement et que l'autorisation de lotir ne pourra lui être délivrée avant l'intervention de ladite autorisation.**

(Al. créé, D. n° 2003-16, 2 janv. 2003, art. 3 et II) **L'autorité compétente pour statuer avise en outre le demandeur que, si aucune décision ne lui a été notifiée avant l'expira-**

tion du délai d'un mois suivant la date de l'autorisation de coupe ou d'abattage et, le cas échéant, de l'autorisation de défrichement, la lettre de notification vaudra autorisation de lotir et les travaux pourront être entrepris conformément au projet déposé, sous réserve d'un retrait de l'autorisation tacite dans les conditions prévues à l'article 23 de la loi n° 2000-321 du 12 avril 2000 relative aux droits des citoyens dans leurs relations avec les administrations.

Toutefois, dans les cas prévus à l'article R. 315-21-1, le demandeur est informé qu'il ne pourra bénéficier d'une autorisation tacite.

Voir aussi : C. urb., art. R. 421-12, p. 783, en matière de permis de construire.

2085 **Autorisation tacite.** Elle n'est pas automatique, à défaut de réponse dans le délai d'instruction :
– d'une manière générale, parce que la saisine de l'autorité compétente est toujours nécessaire (art. R. 315-21) ;
– dans certaines hypothèses particulières, parce que le dernier alinéa l'exclut expressément dans les cas prévus par l'article R. 315-21-1.

Voir aussi : C. urb., art. R. 315-22, p. 655 et C. urb., art. R. 315-25-3, p. 656 ; sur la publicité du permis tacite, C. urb., art. R. 315-42, p. 673 ; C. urb., art. A. 315-2, p. 955 ; C. urb., art. A. 315-3, p. 955, et leurs notes.

2086 **Espaces boisés.** Le décret du 2 janvier 2003 a complété le dispositif « d'autorisation tacite » au cas où les procédures de coupe et d'abattage d'arbres ou de défrichement sont mises en œuvre.

C. urb., art. *R. 315-16 ***(D. n° 76-276, 29 mars 1976 ; D. n° 77-860, 26 juill. 1977 ; D. n° 84-228, 29 mars 1984).*** **— Si le dossier est incomplet, l'autorité compétente pour statuer, dans les quinze jours de la réception de la demande, invite, par lettre recommandée avec demande d'avis de réception postal, le demandeur à fournir les pièces complémentaires dans les conditions prévues à l'article R. 315-11. Lorsque ces pièces ont été produites, il est fait application de l'article R. 315-15. Le délai d'instruction part de la réception des pièces complétant le dossier.**

Les dispositions du présent article sont applicables au cas où des exemplaires supplémentaires du dossier sont réclamés au demandeur comme il est dit à l'article R. 315-10 (alinéa 2).

Voir aussi : C. urb., art. R. 421-13, p. 790, en matière de permis de construire.

2087 **Dossier incomplet.** Le dossier ne saurait être considéré comme incomplet que s'il manque des pièces prévues par la réglementation en vigueur ; l'Administration ne saurait différer le point de départ du délai d'instruction en sollicitant la production de pièces que la réglementation n'a pas expressément prévues (V. par analogie CE, 30 avr. 1975, *Assoc. Promo-Nature : JCP* 1976, II, 18207, note Liet-Veaux).
Le plan local d'urbanisme ne saurait davantage exiger des pièces complémentaires, telles qu'un relevé des plantations existantes (CE, 26 avr. 1993, *Beaucourt : Rec. CE,* T, p. 1089 : solution intervenue à propos du permis de construire, mais transposable à toute autre autorisation).

Voir aussi : C. urb., art. L. 315-1-1, p. 246 ; C. urb., art. R. 315-22, p. 655 et C. urb., art. R. 315-25-3, p. 656.

C. urb., art. *R. 315-17 ***(D. n° 77-860, 26 juill. 1977 ; D. n° 84-228, 29 mars 1984 ; D. n° 88-199, 29 févr. 1988).*** **— Dans le cas où le demandeur n'a pas reçu dans les quinze jours suivant le dépôt de sa demande la lettre prévue à l'article R. 315-15 ou R. 315-16, il peut saisir l'autorité compétente par lettre recommandée avec demande d'avis de réception postal pour requérir l'instruction de sa demande et adresse copie de cette mise en demeure au préfet.**

Lorsque, dans les huit jours de la réception de l'avis de réception postal de cette mise en demeure, la lettre prévue à l'article R. 315-15 ou R. 315-16 n'a pas été notifiée, le délai d'instruction de la demande part de ladite date de réception telle qu'elle figure sur l'avis de réception postal de la mise en demeure.

Requête en instruction. Dispositions permettant au pétitionnaire de faire échec au silence de l'autorité compétente, c'est-à-dire en fait à l'absence de la lettre de notification ou de demande de pièces complémentaires qui doit lui être adressée dans les quinze jours de la réception en mairie de la demande d'autorisation de lotir. 2088

La mise en demeure du pétitionnaire aura pour effet de fixer le délai d'instruction à la date figurant sur l'avis de réception postal de celle-ci, même si ultérieurement il est fait application de l'article R. 315-16. Cette possibilité ajoute aux garanties offertes par la procédure au demandeur de l'autorisation de lotir. Mais son application devrait toutefois demeurer exceptionnelle car il ne s'agit en aucun cas d'un mode de fonctionnement normal pour une administration. D'ailleurs, aucune décision tacite n'est obtenue directement à l'issue du délai d'instruction car il est fait alors application de l'article R. 315-21 ci-après.

C. urb., art. *R. 315-18 *(D. n° 77-860, 26 juill. 1977 ; D. n° 84-228, 29 mars 1984 ; D. n° 85-452, 23 avr. 1985 ; D. n° 89-381, 9 juin 1989 ; D. n° 93-614, 26 mars 1993, art. 1er).* — **Le service chargé de l'instruction de la demande procède, au nom de l'autorité compétente pour statuer, à cette instruction et recueille, auprès des personnes publiques, services ou commissions intéressés par le projet de lotissement, les accords, avis ou décisions prévus par les lois ou règlements en vigueur.**

Il vérifie que les prescriptions de l'article L. 315-6 ont été respectées.

Lorsque la délivrance de l'autorisation de lotir aurait pour effet la création ou la modification d'un accès à une voie publique, l'autorité ou le service chargé de l'instruction de la demande consulte l'autorité ou le service gestionnaire de cette voie, sauf lorsque le *(Mots rempl., D. n° 2001-260, 27 mars 2001, art. 3)* **« plan local d'urbanisme » ou le document d'urbanisme en tenant lieu réglemente de façon spécifique les conditions d'accès à ladite voie.**

Les personnes publiques, services ou commissions consultés en application des alinéas précédents, qui n'ont pas fait connaître leur réponse dans le délai d'un mois à dater de la réception de la demande d'avis, sont réputés avoir émis un avis favorable. Ce délai est porté à deux mois lorsqu'il est procédé à la consultation de la commission départementale d'aménagement foncier en application de l'article 35 du Code rural. Lorsque la réalisation du lotissement envisagé est subordonnée à l'avis ou à l'accord d'une autorité, d'un service ou d'une commission en application *(Mots rempl., Ord. n° 2004-178, 20 févr. 2004, art. 3)* **« des articles L. 621-1 et suivants du Code du patrimoine », de la loi du 2 mai 1930 sur la protection des monuments naturels et des sites, du chapitre III de la loi n° 76-629 du 10 juillet 1976 relative à la protection de la nature,** *(Mots rempl., Ord. n° 2004-178, 20 févr. 2004, art. 3)* **« ou des articles L. 642-3 et L. 642-4 du Code du patrimoine », l'autorité, le service ou la commission consulté peut faire connaître, par décision motivée, au service chargé de l'instruction de la demande, son intention d'utiliser un délai plus long qui ne peut, en tout état de cause, excéder quatre mois.**

Le même service instruit, au besoin d'office, les adaptations mineures au *(Mots rempl., D. n° 2001-260, 27 mars 2001, art. 3)* **« plan local d'urbanisme » ou au document d'urbanisme en tenant lieu, ou les dérogations aux dispositions réglementaires relatives à l'urbanisme ou aux servitudes d'utilité publique affectant l'utilisation du sol.**

Il propose les prescriptions auxquelles peut être subordonnée la délivrance de l'autorisation de lotissement.

Le service chargé de l'instruction de la demande consulte en tant que de besoin les autorités et services publics habilités à demander que soient prescrites les contributions mentionnées à l'article L. 332-12. À défaut de réponse dans le délai d'un mois, ces autorités et services publics sont réputés n'avoir aucune proposition de contribution à formuler.

C. urb., art. *R. 315-18 *(D. n° 77-860, 26 juill. 1977 ; D. n° 84-228, 29 mars 1984 ; D. n° 85-452, 23 avr. 1985 ; D. n° 89-381, 9 juin 1989 ; D. n° 93-614 , 26 mars 1993, art. 1er).* — **Le service chargé de l'instruction de la demande procède, au nom de l'autorité compétente pour statuer, à cette instruction et recueille, auprès des personnes publiques, ser-**

vices ou commissions intéressés par le projet de lotissement, les accords, avis ou décisions prévus par les lois ou règlements en vigueur.

Il vérifie que les prescriptions de l'article L. 315-6 ont été respectées.

Lorsque la délivrance de l'autorisation de lotir aurait pour effet la création ou la modification d'un accès à une voie publique, l'autorité ou le service chargé de l'instruction de la demande consulte l'autorité ou le service gestionnaire de cette voie, sauf lorsque le *(Mots remplacés, D. n° 2001-260, 27 mars 2001, art. 3)* « plan local d'urbanisme » ou le document d'urbanisme en tenant lieu réglemente de façon spécifique les conditions d'accès à ladite voie.

Les personnes publiques, services ou commissions consultés en application des alinéas précédents, qui n'ont pas fait connaître leur réponse dans le délai d'un mois à dater de la réception de la demande d'avis, sont réputés avoir émis un avis favorable. Ce délai est porté à deux mois lorsqu'il est procédé à la consultation de la commission départementale d'aménagement foncier en application de l'article 35 du Code rural. Lorsque la réalisation du lotissement envisagé est subordonnée à l'avis ou à l'accord d'une autorité, d'un service ou d'une commission en application de la loi du 31 décembre 1913 sur les monuments historiques, de la loi du 2 mai 1930 sur la protection des monuments naturels et des sites, du chapitre III de la loi 76-629 du 10 juillet 1976 relative à la protection de la nature, ou de l'article 71 de la loi 83-8 du 7 janvier 1983 relative à la répartition de compétences entre les communes, les départements, les régions et l'État, l'autorité, le service ou la commission consulté peut faire connaître, par décision motivée, au service chargé de l'instruction de la demande, son intention d'utiliser un délai plus long qui ne peut, en tout état de cause, excéder quatre mois.

Le même service instruit, au besoin d'office, les adaptations mineures au *(Mots remplacés, D. n° 2001-260, 27 mars 2001, art. 3)* « plan local d'urbanisme » ou au document d'urbanisme en tenant lieu, ou les dérogations aux dispositions réglementaires relatives à l'urbanisme ou aux servitudes d'utilité publique affectant l'utilisation du sol.

Il propose les prescriptions auxquelles peut être subordonnée la délivrance de l'autorisation de lotissement.

Le service chargé de l'instruction de la demande consulte en tant que de besoin les autorités et services publics habilités à demander que soient prescrites les contributions mentionnées à l'article L. 332-12. À défaut de réponse dans le délai d'un mois, ces autorités et services publics sont réputés n'avoir aucune proposition de contribution à formuler.

***(Alinéa créé, D. n° 2005-116, 7 févr. 2005, art. 9)* Lorsque le projet est situé dans une zone de servitude instituée en application de l'article L. 211-12 du Code de l'environnement et est susceptible, en raison de sa nature, de son importance ou de sa localisation, de faire obstacle au stockage ou à l'écoulement des eaux, le service instructeur consulte le préfet. Celui-ci dispose d'un délai de deux mois pour s'opposer à l'exécution des travaux ou prescrire les modifications nécessaires.**

2089 **Codification.** Les lois du 2 mai 1930 sur la protection des monuments naturels et des sites et du 10 juillet 1976 sur la protection de la nature sont intégrées dans le Code de l'environnement ; la loi du 31 décembre 1913 sur les monuments historiques dans le Code du patrimoine (V. sous C. urb., art. R. 421-38-2 et s.) et les dispositions relatives aux ZPPAU (zones de protection du patrimoine architectural et urbain) aux articles L. 642 et s. de ce même code.

2090 **Consultations.** Les consultations particulières prévues aux troisième et quatrième alinéas du présent article n'ont pas pour effet de prolonger le délai d'instruction de la demande d'autorisation de lotir. À défaut de réponse dans un certain délai, l'avis des administrations consultées est présumé favorable ; cette innovation, introduite par le décret n° 77-860 du 26 juillet 1977, permet désormais l'instruction des demandes de lotissement dans un délai déterminé. Le délai normal de consultation est d'un mois ; il est de deux mois pour la commission départementale de remembrement (al. 5) ; toutefois, des délais spéciaux s'appliquent au titre de la législation sur les monuments historiques, les monuments naturels et les sites, la protection de la nature et de celle relative à la répartition de compétences entre les communes, les départements, les régions et l'État (al. 5).

Le décret n° 2005-116 du 7 février 2005 (*JO* 12 févr., p. 2419) ajoute la consultation du préfet si le projet est situé dans une zone à risques, telle que défini à l'article L. 211-12 du Code de l'environnement issu de la loi du 30 juillet 2003 (V. sous art. L. 211-1).

Île-de-France. Le décret n° 89-381 du 9 juin 1989 a supprimé la consultation du préfet de la région de l'Île-de-France pour les lotissements à usage industriel, commercial ou de bureaux d'une superficie supérieure à un hectare. 2091

Adaptations mineures – Dérogations. Le service chargé de l'instruction de la demande est désormais réglementairement habilité pour instruire, même d'office, adaptations mineures aux documents d'urbanisme ou dérogations nécessaires aux dispositions d'urbanisme ou aux servitudes d'utilité publique. 2092

C. urb., art. R. 315-18-1 ***(D. n° 85-452, 23 avr. 1985 ; D. n° 88-199, 29 févr. 1988).*** **— Lorsque le projet est soumis à enquête publique dans les conditions prévues par les chapitres I et II du décret n° 85-453 du 23 avril 1985, celle-ci est organisée par le préfet. Le service chargé de l'instruction lui transmet le dossier complet de la demande d'autorisation de lotir, après l'avoir complété d'un document mentionnant les textes qui régissent l'enquête en cause et indiquant la façon dont cette enquête s'insère dans la procédure d'autorisation.**

Lorsque l'opération a précédemment fait l'objet d'une enquête publique réalisée en application des articles R. 11-14-1 et suivants du Code de l'expropriation pour cause d'utilité publique et que l'avis de mise à l'enquête indiquait que celle-ci portait également sur le lotissement projeté, il n'y a pas lieu à nouvelle enquête publique préalablement à l'autorisation de lotir, à condition que le projet n'ait pas subi de modification substantielle depuis la date d'achèvement de l'enquête.

Lorsque l'opération a précédemment fait l'objet d'une enquête publique en application des articles R. 311-3-1 et R. 312-1 du Code forestier et que l'avis de mise à l'enquête indiquait que celle-ci portait également sur le lotissement projeté, il n'y a pas lieu à nouvelle enquête préalablement à l'autorisation de lotir, à condition que le dossier de défrichement soumis à enquête ait été complété par les pièces prévues aux articles R. 315-5 et R. 315-6.

Enquête publique. Sont soumis à enquête publique les projets de lotissement permettant la construction de plus de 5 000 m² de surface hors œuvre nette sur le territoire d'une commune non dotée, à la date du dépôt de la demande, d'un plan local d'urbanisme (ou d'un document d'urbanisme en tenant lieu) ayant fait l'objet d'une enquête publique (D. n° 85-453, 23 avr. 1985, art. 1er-I). 2093

À noter qu'en cas de réalisation fractionnée d'une même opération, l'appréciation du seuil et critère de 5 000 m² tient compte de l'ensemble de l'opération (même décret, art. 1er-II). Depuis le décret n° 93-245 du 25 février 1993, l'étude d'impact est requise pour les lotissements soumis à enquête publique.

Délai d'instruction. Lorsque le projet de lotissement est soumis à enquête publique, le délai d'instruction est majoré (V. art. R. 315-19). 2094

C. urb., art. *R. 315-19 ***(D. n° 77-268, 23 mars 1977 ; D. n° 77-860, 26 juill. 1977 ; D. n° 84-228, 29 mars 1984 ; D. n° 87-885, 30 oct. 1987).*** **— Le délai d'instruction d'une demande d'autorisation de lotir, dont le point de départ est prévu aux articles R. 315-15 et R. 315-16, ou le cas échéant à l'article R. 315-17, est fixé à trois mois. Il est toutefois porté à cinq mois lorsque le projet de lotissement donne lieu à enquête publique, est soumis à l'avis de services, autorités ou commissions disposant d'un délai supérieur à un mois en application de l'article R. 315-18, ou que l'avis d'une commission nationale doit être recueilli.**

Délai de droit commun. Le délai d'instruction raccourci, découlant du décret du 30 octobre 1987 est destiné à ne plus pénaliser la procédure du permis de construire groupé. Il est d'autant plus 2095 aisé à respecter par l'Administration qu'une phase de concertation précède habituellement le dépôt de la demande (Circ. 2 nov. 1987).

C. urb., art. *R. 315-20 ***(D. n° 77-860, 26 juill. 1977 ; D. n° 84-228, 29 mars 1984).*** **— Si, au cours de l'instruction du dossier, il s'avère que le délai retenu pour l'application de l'article R. 315-15 doit être majoré en application de l'article R. 315-19, l'autorité compétente pour statuer fait connaître au demandeur par une lettre rectificative la date avant laquelle la décision devra en conséquence, lui être notifiée.**

Voir aussi : C. urb., art. R. 315-22, p. 655 et C. urb., art. R. 315-25-3, p. 656.

C. urb., art. *R. 315-21 ***(D. n° 77-860, 26 juill. 1977 ; D. n° 84-228, 29 mars 1984 ; D. n° 88-199, 29 févr. 1988).*** **— Lorsque la décision n'a pas été notifiée à l'issue du délai réglementaire d'instruction de la demande, le demandeur peut saisir l'autorité compétente par lettre recommandée avec demande d'avis de réception postal, et adresse copie de cette lettre au préfet, s'il n'est pas l'autorité compétente.**

La décision de l'autorité compétente doit être notifiée dans le délai d'un mois à compter de la réception de la lettre visée à l'alinéa ci-dessus. Si la décision n'est pas notifiée dans ce délai, à l'exception des cas prévus à l'article R. 315-21-1, la lettre mentionnée à l'article R. 315-15 ou, le cas échéant, la lettre prévue à l'article R. 315-17, accompagnée de son avis de réception postal, vaut autorisation de lotir et le projet pourra être entrepris conformément au dossier déposé, sous réserve du retrait, dans le délai du recours contentieux, de l'autorisation tacite au cas où elle serait entachée d'illégalité.

2096 **Mise en demeure.** Le présent article rompt opportunément avec le principe du refus tacite, qui était prévu par le décret n° 58-1466 du 31 décembre 1958. Mais les permis tacites supposent la mise en demeure adressée à l'autorité compétente par lettre recommandée avec demande d'avis de réception, à l'expiration du délai normal d'instruction, tel qu'il résulte des articles précédents. Ce système a été contesté pour des raisons pratiques (Meysson, art. préc.).

Néanmoins, le nouveau texte issu du décret n° 84-228 du 29 mars 1984 précise désormais que l'autorisation de lotir tacite a pour conséquence de permettre la mise en œuvre du projet dans les conditions prévues au dossier déposé, mais sous la réserve du retrait de cette autorisation, dans le délai du recours contentieux, dès lors qu'elle serait entachée d'illégalité. Le rejet tardif vaut retrait du permis de lotir tacite.

Voir aussi : Sur la publicité du permis tacite, C. urb., art. R. 315-42, p. 673 ; C. urb., art. A. 315-3, p. 955 et C. urb., art. A. 315-4, p. 956, et leurs notes.

2097 **Retrait.** L'autorisation tacite est acquise sous réserve qu'une décision de refus ne soit notifiée dans le délai de recours de contentieux et pour illégalité, à l'instar de la jurisprudence *Roulin* de 1973 (CE, 1er juin 1973 : *Rec. CE*, p. 390) dégagée en matière de permis de construire. Mais dans une affaire, jugée le 4 février 1999, *Cne de Marly* (*AJDA* 1999, p. 282 et comm., p. 228), la cour administrative d'appel de Nancy a considéré que le délai de retrait courait à compter de la date d'intervention de l'autorisation tacite, nonobstant le fait que le délai de recours restait ouvert à l'égard des tiers, faute pour le maire d'avoir régulièrement procédé aux formalités d'affichage. Cet arrêt s'inscrit dans la ligne de la jurisprudence *Laubier* du Conseil d'État (CE, ass., 24 oct. 1997 : *Rec.* p. 371, concl. V. Pécresse ; *AJDA* 1997, p. 936 chron. Girardot et Raynaud) où le délai de retrait a été, dans certaines circonstances, dissocié du délai de recours. La loi n° 2000-321 du 12 avril 2000 est revenue, pour les autorisations tacites, à la solution plus classique antérieure (V. les annotations détaillées sur ces évolutions sous C. urb., art. R. 421-12).

C. urb., art. *R. 315-21-1 ***(D. n° 84-228, 29 mars 1984 ; D. n° 85-452, 23 avr. 1985 ; D. n° 87-885, 30 oct. 1987).*** **— Le demandeur ne peut bénéficier d'une autorisation de lotir tacite dans les cas ci-après énumérés :**

a) **Lorsque le projet est situé dans le champ de visibilité d'un édifice classé ou inscrit.**

b) **Lorsque le projet est situé dans un site classé, en instance de classement, ou inscrit ou dans une zone de protection créée par décret en application des articles 17 et 28 de la loi du 2 mai 1930.**

c) **Lorsque le projet est situé dans une zone de protection du patrimoine architectural et urbain.**

d) **Lorsque le projet est situé dans un territoire en instance de classement ou classé en réserve naturelle.**

e) **Lorsque le projet de lotissement fait partie des catégories d'aménagements, d'ouvrages ou travaux soumis à enquête publique en application du décret n° 85-453 du 23 avril 1985.**

f) **Lorsqu'il est fait application des dispositions de l'article R. 315-33.**

Autorisation expresse. Dans les six situations visées au présent article, le pétitionnaire ne saurait bénéficier d'une autorisation tacite de lotir (C. urb., art. R. 315-15), nonobstant même une mise en demeure adressée dans les conditions prévues au précédent article. 2098

Voir aussi : Sur l'obligation d'une enquête publique, C. urb., art. R. 315-18-1, p. 653, et ses notes.

§ 2 Dispositions applicables dans les communes où un plan local d'urbanisme a été approuvé (Intitulé mod., D. n° 2001-260, 27 mars 2001, art. 3).

C. urb., art. *R. 315-22 *(D. n° 77-860, 26 juill. 1977 ; D. n° 84-228, 29 mars 1984 ; D. n° 88-199, 29 févr. 1988).* — **Le service chargé de l'instruction de la demande d'autorisation de lotir procède à cette instruction, au nom de la commune, dans les conditions prévues au paragraphe 1er et au présent paragraphe.**

Le maire adresse copie de la lettre visée à l'article R. 315-15 ou, le cas échéant, à l'article R. 315-16 ou R. 315-20 au préfet.

Voir aussi : C. urb., art. R. 421-21, p. 798, en matière de permis de construire.

C. urb., art. *R. 315-23 *(D. n° 77-860, 26 juill. 1977 ; D. n° 84-228, 29 mars 1984 ; D. n° 88-199, 29 févr. 1988).* — **Lorsque le lotissement envisagé est situé comme il est dit au *b* de l'article L. 421-2-2, le service chargé de l'instruction de la demande sollicite l'avis conforme du préfet dans les conditions prévues à l'article R. 315-18.**

Lorsque le lotissement projeté est situé sur une partie du territoire communal non couverte par un ***(Mots rempl., D. n° 2001-260, 27 mars 2001, art. 3)*** **« plan local d'urbanisme »** ***(Mots suppr., D. n° 2001-261, 27 mars 2001, art. 2 et 4)*** **« ... » ou un plan de sauvegarde et de mise en valeur, opposable aux tiers, le préfet reçoit l'exemplaire de la demande et du dossier, accompagné des différents avis ou accords prévus par les lois et règlements en vigueur ; son avis porte alors sur l'application au projet des règles d'urbanisme et des servitudes d'utilité publique.**

Lorsque le lotissement projeté est situé dans un périmètre où des mesures de sauvegarde peuvent être appliquées, l'avis du préfet porte sur l'application éventuelle des mesures de sauvegarde prévues par l'article L. 111-7.

Voir aussi : C. urb., art. R. 421-22, p. 798, en matière de permis de construire.

C. urb., art. *R. 315-24 *(D. n° 77-860, 26 juill. 1977 ; D. n° 84-228, 29 mars 1984).* — **Dans le cas où la commune a délégué sa compétence à un établissement public de coopération intercommunale, le maire fait connaître son avis au président de cet établissement. Son avis est réputé favorable s'il n'est pas intervenu dans le mois du dépôt de la demande.**

Il doit être dûment motivé s'il est défavorable ou si, favorable, il est assorti d'une demande de prescriptions particulières.

La demande d'autorisation de lotir est instruite par le président de l'établissement public de coopération intercommunale, au lieu et place du maire, dans les conditions prévues aux articles R. 315-22 et R. 315-23.

Voir aussi : Notes sous C. urb., art. R. 421-23, p. 799, en matière de permis de construire.

C. urb., art. *R. 315-25 *(D. n° 77-860, 26 juill. 1977 ; D. n° 84-228, 29 mars 1984).* — **Lorsque la décision est prise au nom de l'État dans les cas prévus aux *a, b* et *c* du quatrième alinéa de l'article L. 421-2-1, la demande d'autorisation de lotir est instruite dans les conditions prévues au paragraphe 3 de la présente section.**

Lorsqu'un établissement public de coopération intercommunale est normalement compétent, le président de cet établissement fait connaître son avis au responsable du service de l'État chargé de l'urbanisme dans le département, dans le mois de la réception de la demande. Cet avis doit être dûment motivé s'il est défavorable ou si, favorable, il est assorti d'une demande de prescriptions particulières. Il est réputé favorable s'il n'est pas intervenu dans le délai prévu ci-dessus.

Voir aussi : C. urb., art. R. 421-24, p. 799, en matière de permis de construire.

§ 3 Dispositions applicables dans les communes où un plan local d'urbanisme n'a pas été approuvé (Intitulé mod., D. n° 2001-260, 27 mars 2001, art. 3).

C. urb., art. *R. 315-25-1 *(D. n° 84-228, 29 mars 1984).* — **La demande d'autorisation de lotir est instruite par le service de l'État dans le département chargé de l'urbanisme, dans les conditions prévues au paragraphe 1 et au présent paragraphe.**

Voir aussi : C. urb., art. R. 421-25, p. 799, en matière de permis de construire.

C. urb., art. *R. 315-25-2 *(D. n° 84-228, 29 mars 1984 ; D. n° 88-199, 29 févr. 1988).* — **Le maire fait connaître son avis au responsable du service de l'État dans le département chargé de l'urbanisme qui le communique, s'il est favorable, au préfet.**

Cet avis est réputé favorable s'il n'est pas intervenu dans le mois de la réception de la demande. Il doit être dûment motivé s'il est défavorable ou si, favorable, il est assorti d'une demande de prescriptions particulières.

C. urb., art. *R. 315-25-3 *(D. n° 84-228, 29 mars 1984 ; D. n° 88-199, 29 févr. 1988).* — **La lettre prévue à l'article R. 315-15 ou, le cas échéant, à l'article R. 315-16 ou R. 315-20 est signée par le préfet. Copie de cette lettre est adressée par même courrier au maire et, le cas échéant, au président de l'établissement public de coopération intercommunale compétent.**

Voir aussi : C. urb., art. R. 421-27, p. 800, en matière de permis de construire.

C. urb., art. *R. 315-25-4 *(D. n° 84-228, 29 mars 1984 ; D. n° 88-199, 29 févr. 1988).* — **À l'issue de l'instruction, le responsable du service de l'État dans le département chargé de l'urbanisme formule un avis et le transmet au préfet, accompagné d'un projet de décision comportant, le cas échéant, les prescriptions nécessaires.**

Cet avis est, suivant le cas, un avis favorable sans prescription, un avis favorable avec prescriptions, un avis défavorable ou une proposition de sursis à statuer ; dans ces trois derniers cas, l'avis doit être motivé.

Voir aussi : Notes sous C. urb., art. R. 421-28, p. 800 en matière de permis de construire.

Section IV Décision

§ 1 Dispositions générales

C. urb., art. *R. 315-26 *(D. n° 77-860, 26 juill. 1977 ; D. n° 84-228, 29 mars 1984).* — L'autorité compétente pour statuer sur la demande se prononce par arrêté.

Si la décision comporte rejet de la demande, si elle est assortie de prescriptions ou s'il s'agit d'un sursis à statuer, elle doit être motivée. Il en est de même lorsqu'une dérogation ou une adaptation mineure est nécessaire.

Loi applicable. Comme toujours en droit administratif, la décision est prise en fonction de la législation en vigueur au moment où le préfet statue et non de celle applicable à la date de la demande (CE, 9 déc. 1959, *Sauvageot : Rec. CE*, p. 663. – CE, 25 mars 1966, *Époux Richet : Rec. CE*, p. 233. – *Gilli et Charles, Grands arrêts du droit de l'urbanisme*, 3e éd., p. 346. – CE, 7 juill. 1976, req. n° 39, *Pradier*). 2099

Mention des modalités de recours. Conformément au décret n° 83-1025 du 28 novembre 1983, la décision ou sa notification doit mentionner les délais et voies de recours, faute de quoi lesdits délais ne seraient pas opposables (Circ. 1er juill. 1985, n° 4.2.). 2100

C. urb., art. *R. 315-27 *(D. n° 77-860, 26 juill. 1977 ; D. n° 84-228, 29 mars 1984).* — L'arrêté d'autorisation et, le cas échéant, les pièces annexes sont notifiés au demandeur par lettre recommandée avec demande d'avis de réception postal. L'arrêté d'autorisation est publié au fichier immobilier par les soins de ce dernier, qui doit aviser l'autorité qui l'a délivré de l'accomplissement de cette formalité.

Voir aussi : Sur les modalités de publicité foncière, en cas de découpage « à la demande », Instr. 30 août 1979 : *BODGI* 10 E-3-79 ; *JCP* N 1979, Prat. 7269.

Publicité. Le préfet n'est pas compétent pour l'accomplissement de la formalité de publication au bureau des hypothèques (CE, 3 juill. 1985, req. n° 46997, *Henri Bert*). 2101

C. urb., art. *R. 315-28 *(D. n° 77-860, 26 juill. 1977).* — L'autorisation est refusée si le projet de lotissement n'est pas conforme aux dispositions du *(Mots rempl., D. n° 2001-260, 27 mars 2001, art. 3)* « plan local d'urbanisme » rendu public ou approuvé ou du document d'urbanisme en tenant lieu.

Dans les communes ne disposant pas des documents mentionnés à l'alinéa précédent, l'autorisation peut être refusée si le projet vise à équiper des terrains destinés à recevoir des bâtiments pour lesquels les demandes de permis de construire pourraient être rejetées pour l'une des raisons mentionnées aux articles R. 111-2 à R. 111-17, ou si le lotissement est de nature à compromettre les conditions d'un développement équilibré de la commune ou de l'agglomération.

Dans tous les cas, l'autorisation de lotir peut également être refusée, ou n'être accordée que sous réserve de l'observation de prescriptions spéciales, sur le fondement des dispositions mentionnées à l'article R. 111-1, lorsque, notamment, par la situation, la forme ou la dimension des lots, l'opération est de nature à porter atteinte au caractère ou à l'intérêt des lieux avoisinants, aux sites ou aux paysages naturels ou urbains *(Mots aj., D. n° 2002-89, 16 janv. 2002, art. 53-I)* « ou à compromettre la conservation ou la mise en valeur d'un site ou de vestiges archéologiques ».

Refus. Les motifs de refus sont nombreux : à ceux tirés de la planification urbaine locale (al. 1er), s'ajoutent les motifs tirés de dispositions permissives (V. comm. précédant l'article R. 111-1). 2102

Planification urbaine. À notre avis, l'autorisation de lotir ne peut être refusée dans les zones AU/NA des PLU/POS lorsque le COS est prévu et que les conditions prévues par le règlement sont satisfaites. 2103

En revanche, un lotissement ne peut en principe empiéter sur la zone NC, même s'il y est prévu des jardins privatifs ou des espaces verts collectifs (Rép. min. : *JOAN* 2 déc. 1977, p. 8174).

2104 **Contraintes environnementales.** Dès lors que le terrain, sur lequel il est projeté de lotir, se trouve à proximité et en amont d'un captage d'eau souterrain qui alimente en eau potable un syndicat intercommunal, que le projet, notamment en raison de l'élimination par le sol des eaux usées, est de nature à altérer la qualité des eaux captées sur les plans physico-chimique et bactériologique, l'autorité compétente est fondée à rejeter la demande d'autorisation de lotissement en application des articles R. 315-28 et R. 111-2 du présent code, et cela, même s'il se révélait exact que les travaux du captage n'ont pas été déclarés d'utilité publique avec détermination d'un périmètre de protection (TA Rennes, 2 févr. 1982 : *Rev. jud. Ouest* 1983-2, p. 147).
En revanche, un lotisseur peut soulever, par voie d'exception, à l'occasion d'un recours contre un refus d'autorisation de lotir, l'illégalité d'un arrêté préfectoral déclarant d'utilité publique des travaux de captage d'eau, cette illégalité partielle résultant d'une modification du décret en constituant le fondement. Il s'agit ici d'une application de la vénérable jurisprudence Despujol sur les changements de circonstances (CE, 10 oct. 2003, *Cne de Rillieux-la-Pape : BJDU* n° 5/2003, p. 322, concl. E. Glaser ; *JCP* A 2004, n° 7, comm. n° 1099, P. Billet).
Sur le plan de la responsabilité, le maire qui connaissait l'état du site antérieurement occupé par une entreprise polluante, et qui avait sollicité l'avis du préfet avant de délivrer l'autorisation de lotir, a commis une faute en accordant cette autorisation sans l'assortir de prescriptions spéciales ; cette responsabilité est néanmoins partagée avec l'État et le lotisseur (CE, 9 mai 2001, *Cne de Saint-Chéron : Constr.-urb.* 2001, n° 267, comm. N. Rousseau).

2105 **Archéologie préventive.** Le décret du 16 janvier 2002, pris pour application de la loi du 17 janvier 2001 sur l'archéologie préventive, ouvre un nouveau cas de refus lorsque le projet compromet la conservation ou la mise en valeur d'un site ou de vestiges archéologiques. La loi du 1er août 2003 et son décret d'application du 3 juin 2004 n'ont pas modifié cette disposition.

Voir aussi : Note sous C. urb., art. L. 421-2-4, p. 339 et annexe IV du présent code.

2106 **Desserte.** Est à bon droit refusée une autorisation de lotir fondée sur l'insuffisance des voies de desserte, et cela même s'il y a des possibilités d'élargissement sur la propriété du lotisseur, dès lors que ledit élargissement n'est pas prévu par la commune (CE, 24 nov. 1994, *Moyal : BJDU* 3/1994, concl. Touvet). De même, pour le refus d'une autorisation de lotir en vue de la réalisation de constructions à usages d'habitation, professionnel et commercial, au regard de la desserte insuffisante des 55 lots quasi enclavés ; il est relevé que le permis de construire pourrait être dans ces conditions refusé sur le fondement de l'article R. 111-4 (CE, 28 juill. 2000, req. n° 199325, *Cne de Decines*).

C. urb., art. *R. 315-29 ***(D. n° 77-860, 26 juill. 1977 ; D. n° 86-517, 14 mars 1986 ; D. n° 87-885, 30 oct. 1987).*** **— L'autorisation de lotir porte sur la composition d'ensemble du lotissement, sur les modalités de la division en lots ainsi que sur la surface de plancher hors œuvre nette maximale dont la construction est autorisée dans l'ensemble du lotissement. Elle impose en tant que de besoin :**

a) **L'exécution par le lotisseur, le cas échéant, par tranches, compte tenu notamment du programme de travaux présenté par lui et selon des modalités éventuellement précisées par des documents graphiques, de tous travaux nécessaires à la viabilité et à l'équipement du lotissement, notamment en ce qui concerne la voirie, l'alimentation en eau, gaz et électricité, les réseaux de télécommunication, l'évacuation et le traitement des matières usées, l'éclairage, les aires de stationnement, les espaces collectifs, les aires de jeux et les espaces plantés ;**

b) **L'obligation pour le lotisseur d'informer l'association syndicale mentionnée à l'article R. 315-6 de la date retenue pour la réception des travaux visés au *a* ci-dessus, et ultérieurement de lui communiquer les procès-verbaux de réception des travaux et de levée des réserves ;**

c) **Le respect des documents graphiques, notamment la délimitation des terrains réservés à des équipements publics ou privés et la localisation des constructions ;**

d) **Un règlement fixant les règles d'urbanisme applicables dans le lotissement qui comprend tout ou partie des règles contenues dans le règlement d'un** ***(Mots rempl., D. n° 2001-260, 27 mars 2001, art. 3)*** **« plan local d'urbanisme » en application de l'article R. 123-21 ;**

e) (ab., D. n° 93-614, 26 mars 1993, art. 16).

(Al. créé, D. n° 93-614, 26 mars 1993, art. 2) **L'autorisation de lotir énumère celles des contributions prévues à l'article L. 332-12 qu'elle met, le cas échéant, à la charge du lotisseur.**

(Al. créé, D. n° 93-614, 26 mars 1993, art. 2) **Dans le cas où sont exigées la participation pour le financement d'équipements publics exceptionnels mentionnée au** ***c*** **de l'article L. 332-12 ou la participation forfaitaire mentionnée au** ***d*** **du même article, l'autorisation de lotir en fixe le montant et énonce le mode d'évaluation de ce dernier.**

(Al. créé, D. n° 93-614, 26 mars 1993, art. 2) **Lorsque la participation forfaitaire inclut une cession gratuite de terrain, l'autorisation de lotir détermine la superficie à céder et en mentionne la valeur déterminée par le directeur des services fiscaux.**

(Al. créé, D. n° 93-614, 26 mars 1993, art. 2) **Lorsque la participation forfaitaire inclut le versement de la participation prévue à l'article L. 332-9 dans les programmes d'aménagement d'ensemble et que le lotisseur s'en acquitte en tout ou en partie, conformément à l'article L. 332-10 sous forme d'exécution de travaux ou d'apport de terrain, l'autorisation de lotir mentionne :**

(Al. créé, D. n° 93-614, 26 mars 1993, art. 2) **Les caractéristiques des travaux et leur valeur déterminées d'un commun accord par le lotisseur et l'autorité compétente pour délivrer l'autorisation ;**

(Al. créé, D. n° 93-614, 26 mars 1993, art. 2) **La superficie des terrains à apporter ainsi que leur valeur déterminée par le directeur des services fiscaux.**

(Al. créé, D. n° 2002-89, 16 janv. 2002, art. 53-II) **Dans le cas où l'opération projetée entre dans le champ d'application de** ***(Mots rempl. à compter du 1er août 2004, D. n° 2004-490, 3 juin 2004, art. 111, II et 122)*** **« l'article 4 du décret n° 2004-490 du 3 juin 2004 relatif aux procédures administratives et financières en matière d'archéologie préventive », l'autorisation de lotir mentionne les surfaces concernées et les obligations mises à la charge du lotisseur par le préfet de région. Lorsque, à l'occasion de l'instruction de l'autorisation de lotir, des prescriptions ont été décidées par le préfet pour l'intégralité de la surface de terrain faisant l'objet de la demande d'autorisation, aucune autre prescription n'est possible à l'occasion des autorisations d'urbanisme demandées ultérieurement pour chaque lot.**

Contenu de l'autorisation. Les éléments constitutifs de l'autorisation de lotissement seront très variables selon l'importance de l'opération. Les indications à caractère obligatoire (V. al. 1er) sont les modalités de la division en lots et la surface de plancher maximale autorisée dans l'ensemble du lotissement. Les autres éléments sont facultatifs (hors participations financières). Certaines des pièces sont traditionnelles : programme de travaux (en matière d'espaces plantés, V. référence sous C. urb., art. R. 111-7), documents graphiques. Mais les autres éléments sont des innovations : caractère facultatif du règlement (C. urb., art. R. 315-5) et obligations nouvelles du lotisseur *(b)*. 2107

Travaux propres au lotissement. Le fait que le POS comporte la mention « zone entièrement équipée » ne dispense pas le lotisseur de réaliser les travaux propres au lotissement, la commune ne pouvant prévoir à l'avance dans le plan local de tels travaux (CE, 21 juin 2000, *M. Chassagne : BJDU* 3/2000, p. 154). 2108

Domanialité. Les travaux d'aménagement d'un lotissement restent privés bien qu'ils aient été placés sous la maîtrise d'œuvre des services de l'équipement et que les ouvrages qui en sont l'objet soient destinés à entrer dans le domaine public (T. confl., 12 nov. 1984, req. n° 2343, *Mme Lépine c/ SA Drouard – Commissaire de la République du département du Val-d'Oise – Cne de Fresnes*). 2109

Responsabilité décennale. Le lotisseur n'est pas assimilé à un constructeur et échappe ainsi à la responsabilité décennale. En revanche, l'architecte et l'entrepreneur d'ouvrages techniques du 2110

lotissement y sont soumis (par exemple, CA Aix-en-Provence, 7 mai 2003 : *Juris-Data* n° 2003-222429 et CA Aix-en-Provence, 18 sept. 2003 : *Juris-Data* n° 2003-230147 mais dans ce dernier arrêt, le lotisseur a été condamné *in solidum* avec le bureau d'études et l'entrepreneur pour une station de pompage défectueuse, sur le fondement de la garantie décennale).
En sa qualité de vendeur, le lotisseur est tenu de la garantie des vices cachés qui n'est pas enfermée dans le délai décennal (Cass. 3e civ., 20 mars 1978 : *Bull. civ.* III, n° 127 ; *JCP* N 1978, II, p. 265 et note Stemmer ; *Droit et Ville* 1979, n° 7, p. 306, obs. Bouyssou) et dont il ne semble pas pouvoir se décharger par une clause de l'acte de vente ou du cahier des charges en raison des dispositions du décret n° 78-464 du 24 mars 1978 portant application du chapitre IV de la loi n° 78-23 du 10 janvier 1978 sur la protection et l'information des consommateurs de produits et services.
Décidé que n'est pas valable une clause d'exonération de responsabilité d'un lotisseur, à l'occasion de la vente des lots, dès lors qu'elle constitue une renonciation de l'acquéreur à se prévaloir des clauses du cahier des charges et du programme de travaux du lotissement, lesquelles s'imposent au lotisseur et aux lotis (Cass. 3e civ., 19 mai 1981 : *JCP* N 1982, Prat. 8315). De telles clauses exclusives ou limitatives de responsabilité du lotisseur sont en effet réputées non écrites, à l'instar du droit commun, entre vendeur professionnel (lotisseur) et acquéreur profane (coloti) ; en l'espèce, la vente est annulée pour vice caché d'une vente d'un terrain à bâtir sur lequel il est impossible de construire sans travaux très coûteux de fondations spéciales (CA Angers, 20 janv. 2003 : *Juris-Data* n° 2003-223071 ; *Constr.-urb.* 2004, n° 1, comm. n° 10, N. Rousseau). Cette qualité de professionnel du lotisseur est relevée de façon récurrente, ainsi Cass. 3e civ., 27 avr. 2004, req. n° 03-11.189 : *Juris-Data* n° 2004-023532, pour la présence d'un souterrain sous le terrain vendu.

Voir aussi : Sur le problème de l'assurance construction, les réponses ministérielles : *JO* Sénat, 16 oct. 1979, p. 3293 ; *JOAN* 25 août 1979, p. 6827 et *JOAN* 14 janv. 1980, p. 904.

Bibliographie : S. Durand, *Le contentieux du lotissement et l'inexécution de ses obligations par le lotisseur : JCP* N 2002, n° 39, p. 1328.

2111 **Participations financières.** Les participations du lotisseur aux dépenses d'équipement public, prévues au *e*, trouvent désormais un fondement législatif dans l'article L. 315-1. Ces participations sont désormais régies par les dispositions de l'article L. 332-12.
Aucune des participations qui ont été mises à la charge du lotisseur ne peut être perçue sur les constructeurs.
Les précisions relatives aux participations sont fixées par le décret du 26 mars 1993, pris pour l'application de la loi anticorruption du 29 janvier 1993 (C. urb., art. L. 332-28). Le lotisseur ne peut plus être tenu de préfinancer la taxe locale d'équipement (C. urb., art.. L. 332-12). L'évaluation des terrains à céder gratuitement par le service des domaines ne saurait être une cause de retard dans la délivrance de l'autorisation de lotissement (C. urb., art. R. 315-19 et R. 315-21-1).

Voir aussi : Circ. n° 93-08, 12 janv. 1993 : *Mon. TP* 29 janv. 1993, p. 289.

2112 **Forme.** Les participations financières requises des lotisseurs doivent être prévues dans l'acte qui autorise le lotissement (CAA Marseille, 14 juin 2001, req. n° 98-MA00442, *Sté Provence foncier : Juris-Data* n° 2001-177427). La liste des contributions d'urbanisme susceptibles d'être exigées en application des articles L. 332-6 et L. 332-6-1 étant limitative, une réponse ministérielle réitère que des conventions ne peuvent faire participer le lotisseur au financement d'équipements publics engendrés par le développement urbain. La contribution du lotisseur ne peut que prendre la forme d'une participation forfaitaire au sens de l'article L. 332-12 (Rép. min. : *JO* Sénat 18 nov. 1993, p. 2215). Mais la participation n'est pas illégale du fait que l'autorisation de lotissement a été précédée par une convention, alors même que la réalisation des travaux financés par le lotisseur est antérieure à la délivrance de l'autorisation (CE, 25 janv. 1995, *M. Cebe : Rec. CE*, T, p. 1086).

2113 **Règlement.** Lorsqu'un règlement a été adopté, sa violation par un permis de construire entraîne l'annulation de ce dernier (parmi une jurisprudence pléthorique, CE, 3 juill. 1991, *Guillemot et Min. Équip.* c/ *Messin : DA* 1991, 410. – CE, 23 juin 1995, *Min. Équip.* c/ *Sopricom : Rec. CE*, p. 272 ; *DA* 1995, 547 ; *BJDU* 3/1995, p. 212, concl. Schwartz ; *idem* pour la violation d'un plan parcellaire approuvé ayant acquis, de ce fait, valeur réglementaire, CE, 8 nov. 1995, *Guntz : Rec. CE*, T,

p. 1090). La violation du règlement peut aussi être invoquée devant les juridictions civiles, sur le fondement de la responsabilité extracontractuelle, dans des conditions précisées par l'article L. 480-13 (pour un récent exemple, Cass. 3e civ., 24 oct. 1990 : *DA* 1991, 103).
La violation d'un cahier des charges peut donner lieu à une action seulement civile, sur un fondement contractuel (V. obs. sous l'article L. 480-13).
La violation du cahier des charges contractuel ne peut entraîner l'annulation du permis de construire (Cass. 3e civ., 24 oct. 1990 : *DA* 1991, 102. – V. jurisprudence citée sous l'article L. 421-3), le juge administratif opérant parfois une nouvelle qualification. Ainsi, constitue une convention de droit privé le « règlement » annexé à l'autorisation d'un groupe d'habitations, cette opération n'étant pas constitutive d'un lotissement selon les règles applicables à la date de son autorisation (CE, 2 déc. 1992, *Cne de Rouillon : DA* 1993, 54).

Archéologie préventive. Le décret du 16 janvier 2002 a ajouté au présent article un dernier alinéa, dont l'intérêt est majeur pour les lotisseurs et futurs constructeurs : si des prescriptions sont décidées par le préfet au titre de l'autorisation de lotir, pour la totalité du terrain à lotir, aucune autre ne peut l'être, en cette matière, lors de la délivrance des permis de construire sur chaque lot. Le décret du 3 juin 2004 n'a pas modifié le fond de cette disposition. 2114

C. urb., art. R. 315-29-1 ***(D. n° 87-885, 30 oct. 1987).*** **— La surface de plancher hors œuvre nette maximale autorisée est répartie entre les différents lots soit par l'autorité compétente à l'occasion de la délivrance de l'autorisation de lotir, soit par le lotisseur à l'occasion de la vente ou de la location des lots.**

Lorsque la répartition est effectuée par le lotisseur, celui-ci fournit aux attributaires de lots, en vue de sa mention dans l'acte de vente ou de location, l'indication de la surface hors œuvre nette constructible sur le lot.

Lorsqu'un coefficient d'occupation des sols est applicable, la surface de plancher hors œuvre nette maximale autorisée ne peut être supérieure à celle qui résulte de l'application de ce coefficient à la totalité du terrain faisant l'objet de la demande d'autorisation de lotir. Elle peut être répartie librement entre les différents lots, sans tenir compte de l'application du coefficient d'occupation des sols à la superficie de chaque lot.

Densité. La globalisation de la densité sur l'ensemble du terrain à lotir permet la libre ventilation de la densité des constructions sur les différents lots. Ainsi, au terme de cette clarification des textes : 2115
a) La SHON maximale constructible dans le lotissement est fixée par l'autorisation de lotir. Elle reste librement répartie entre les lots soit par l'autorité administrative au moment de l'arrêté d'autorisation, soit par le lotisseur lors de la commercialisation des lots ;
b) Pour la répartition ultérieure des droits à construire, lorsque celle-ci est laissée à l'initiative du lotisseur, l'arrêté d'autorisation peut éventuellement comporter des prescriptions relatives au mode de répartition : amplitude minimale-maximale des variations entre les lots... il convient toutefois de n'utiliser cette faculté que s'il y a des raisons particulières d'urbanisme de le faire.
Si un COS est applicable au terrain faisant l'objet de la demande de lotissement, la SHON maximale constructible dans le lotissement ne peut être supérieure à celle qui résulte de l'application du COS à l'ensemble du terrain faisant l'objet de l'autorisation de lotir. Lorsque la répartition de cette SHON est effectuée entre les lots, on n'est pas tenu par l'application du COS à chaque lot (CE, 31 déc. 2002, *Cne de Bouzols : Juris-Data* n° 2002-065064 ; *Constr.-urb.* 2003, n° 5, comm. n° 140, P. Benoit-Cattin).

Information sur les droits à construire. Enfin, pour faciliter l'instruction ultérieure des permis de construire lorsque la répartition des droits ne résulte pas de l'autorisation de lotir, l'information des principaux acteurs est organisée comme suit : 2116
– le lotisseur doit fournir à chaque acquéreur l'indication de ses droits à construire, en vue de leur mention à l'acte de vente ou de location (C. urb., art. R. 315-29-1, al. 2) ;
– la demande de permis de construire est accompagnée de la justification des droits à construire ainsi répartis (C. urb., art. R. 421-3-5).
En outre, la globalisation permet le report sur les lots de la SHON inhérente aux voiries et espaces communs.

C. urb., art. *R. 315-30 *(D. n° 77-860, 26 juill. 1977).* — L'arrêté d'autorisation du lotissement devient caduc si les travaux d'aménagement ne sont pas commencés dans un délai de dix-huit mois à compter de la notification au lotisseur de l'arrêté d'autorisation ou de la date à laquelle l'autorisation est réputée accordée en application de l'article R. 315-21.

Il en est de même si lesdits travaux ne sont pas achevés dans le délai fixé par l'arrêté et qui ne peut être supérieur à une durée de trois ans décomptée comme il est dit à l'alinéa précédent.

Toutefois, dans le cas où la réalisation des travaux par tranches a été autorisée, les délais impartis au lotisseur en application des alinéas ci-dessus s'appliquent aux travaux de la première tranche. Les délais impartis pour réaliser les travaux des autres tranches sont fixés par l'arrêté d'autorisation sans qu'ils puissent excéder une durée de six ans décomptée comme il est dit à l'alinéa premier du présent article.

***(Alinéa créé, D. n° 2002-89, 16 janv. 2002, art. 53, III ; rempl. à compter du 1er août 2004, D. n° 2004-490, 3 juin 2004, art. 111, III et 122)* Lorsque des prescriptions archéologiques sont imposées en application de l'article 14 du décret n° 2004-490 du 3 juin 2004 relatif aux procédures administratives et financières en matière d'archéologie préventive, les délais mentionnés aux alinéas précédents courent à compter de la remise du rapport de diagnostic et en cas de prescription de fouilles, de la délivrance de l'attestation préfectorale ou du certificat prévus à l'article 53 dudit décret.**

Lorsque l'autorisation est devenue caduque, l'opération ne peut être poursuivie qu'en ce qui concerne les tranches dont les travaux d'aménagement ont été menés à terme.

2117 **Achèvement.** La doctrine avait jadis déploré l'inachèvement des lotissements (cf. notamment Besson, *Le lotissement : L'administration nouvelle*, 1972). Par ailleurs, la jurisprudence avait admis que l'indemnisation de servitudes d'urbanisme paralysant la poursuite d'une opération de lotissement ne saurait s'appliquer au cas de lotissement interrompu pendant une longue durée (CE, sect., 4 mars 1977, *Min. Équip. c/ Consorts Guillerot : AJDA* 1977, p. 313, concl. Labetoulle ; *Droit et Ville* 1977, n° 4, p. 293, note Bouyssou). Désormais la question est réglée, sur le plan théorique tout au moins, car rien n'indique les mesures pratiques qui seront prises pour préserver l'environnement, en cas de caducité de l'autorisation.

2118 **Délais.** Le présent article fixe, sous peine de caducité, un délai obligatoire pour le début des travaux et un délai maximal pour leur achèvement – même en cas d'autorisation tacite, le délai étant alors calculé à compter de la date à laquelle l'autorisation est réputée accordée (Circ. 1er juill. 1985) – sans qu'une prorogation paraisse possible (C. urb., art. R. 315-31). L'autorité compétente peut, par contre, réduire ce dernier délai. Les travaux dont il s'agit sont les travaux d'aménagement incombant au lotisseur. En revanche, aucun délai n'est fixé pour la réalisation des constructions sur les lots ni même pour la réalisation des ventes, la lenteur éventuelle de celles-ci n'étant pas concernée (Rép. min. : *JOAN* 27 sept. 1982, p. 3852).

2119 **Travaux par tranches.** Lorsque l'autorisation de lotir est accordée par tranches, la caducité est appréciée par tranches (CE, 23 mai 2001, *Crépin-Giuntini : Constr.-urb.* 2001, n° 9, comm. n° 189, P. Cornille).

2120 **Clause résolutoire.** Mais lorsque le lotisseur prévoit une clause résolutoire destinée à contraindre l'acquéreur des lots à construire dans un certain délai, cette clause est appliquée par le juge civil (Cass. 3e civ., 18 juill. 1977 : *Bull. civ.* III, n° 319, p. 242, pour le cas d'un lotissement communal).

2121 **Opposabilité de la caducité.** La caducité de 18 mois ne peut être opposée au lotisseur qu'autant qu'il peut être produit des preuves de notification de l'autorisation elle-même (CE, 6 déc. 1993, req. n° 092605, *Assoc. « Les lotissements normands »*).

2122 **Notion de fait.** Par analogie avec l'article R. 421-32, relatif à la péremption du permis de construire, il semble que la caducité soit une notion de pur fait, simplement constatée par l'Administration.

Voir aussi : C. urb., art. R. 421-32, p. 339.

Suspension. Bien que non prévu expressément (à l'inverse de l'article R. 421-32), un référé-suspension ou une annulation juridictionnelle suspend le délai de validité du permis ; de même, le délai est interrompu si l'impossibilité de mettre en œuvre l'autorisation ou de terminer les travaux est imputable à l'Administration (CE, 16 juin 1995, *Laugier : Rec. CE*, T, p. 1086 ; *DA*, n° 546 ; *BJDU* 5/1995, p. 384). 2123

Liquidation de la société lotisseur. La faillite du propriétaire des biens vendus ne lui enlève pas sa qualité de lotisseur vendeur, les opérations de lotissement et de vente par adjudication étant effectuées par le syndic en son nom, de sorte qu'il n'est pas recevable à se prévaloir, pour faire prononcer la nullité des ventes intervenues, de l'inexécution ou de l'exécution tardive des travaux d'aménagement lui incombant en tant que lotisseur (Cass. 3e civ., 2 févr. 1982 : *JCP* N 1983, Prat. 8514). 2124

Archéologie préventive. Le décret du 16 janvier 2002 prévoyait la prolongation de la durée de validité de l'autorisation de lotir, à concurrence des délais de réalisation du diagnostic, voire des fouilles archéologiques. Le décret du 3 juin 2004 renforce la sécurité juridique du lotisseur par un dispositif plus précis : les délais de validité du permis de lotir courent à compter de la remise du rapport de diagnostic (la date de réception du rapport est notifiée par le préfet de région à l'autorité compétente pour instruire la demande de lotissement et, à compter de cette date, le préfet dispose d'un délai de trois mois pour notifier le contenu de prescriptions archéologiques, sauf à être réputé avoir renoncé à en édicter), ou à compter de l'attestation de libération du terrain, délivrée par le préfet dans les quinze jours de la notification d'achèvement des fouilles ; cette attestation est réputée acquise, en l'absence de ladite notification, et le lotisseur peut alors solliciter du préfet un certificat attestant qu'aucune décision négative n'est intervenue, ce certificat faisant alors courir les délais de validité de l'autorisation de lotir. 2125

Voir aussi : Sur l'ensemble du nouveau dispositif d'archéologie préventive, nos analyses sous C. urb., art. L. 421-2-4, p. 339 et les textes en annexe IV.

C. urb., art. R. 315-31 ***(D. n° 77-860, 26 juill. 1977 ; D. n° 86-984, 19 août 1986).*** **— Les dispositions de l'article R. 315-30 ne sont pas applicables lorsque le lotisseur a procédé à la vente ou à la location d'un ou plusieurs lots en application de l'article R. 315-33 pendant le délai de validité de l'autorisation.**

Commercialisation anticipée et caducité. Avant le décret du 19 août 1986, il n'y avait pas de caducité de l'autorisation de lotir si l'arrêté d'autorisation ou un arrêté ultérieur avait prévu la faculté pour le lotisseur de procéder à la vente ou à la location des lots dans les conditions prévues à l'article R. 315-33 *b* (Rép. min. : *JOAN* 27 sept. 1982, p. 3852 ; *JCP* N 1983, Prat. 8722-6). Il n'était pas nécessaire pour cela que le lotisseur ait effectivement procédé à la vente ou à la location d'un ou plusieurs terrains. 2126
Cette disposition s'appliquait également lorsque le lotisseur avait été autorisé à procéder à la vente ou à la location des lots dans les conditions prévues à l'article R. 315-33 *a* (Circ. 1er juill. 1985, n° 4.7.).

Mis en œuvre. Sur la combinaison des règles de caducité d'un lotissement et de l'autorisation de vente des lots avant exécution des travaux, le Conseil d'État considère que l'arrêté qui a prévu cette faculté à la suite de la justification d'une garantie extrinsèque d'achèvement a abrogé, avant qu'elles aient reçu aucune exécution, les dispositions de l'arrêté d'autorisation de lotissement prévoyant sa caducité en cas de non-achèvement des travaux dans les délais impartis (CE, 21 janv. 1983, req. n° 25439, *M. Jestin*). 2127

Voir aussi : CE, 22 avr. 1992, *SCI Les Résidences de Ninon : Rec. CE*, T, p. 1383 ; *DA* 1992, 305 ; *JCP* G 1992, II, 21926, concl. Pochard.

§ 2 Dispositions particulières applicables dans les communes où un plan local d'urbanisme a été approuvé

C. urb., art. *R. 315-31-1 *(D. n° 84-228, 29 mars 1984).* **— Dans les communes où un** ***(Mots rempl., D. n° 2001-260, 27 mars 2001, art. 3)*** **« plan local d'urbanisme » a été approuvé, la décision est prise par le maire, au nom de la commune, ou par le président de l'établissement public de coopération intercommunale, au nom de cet établissement.**

Toutefois, elle est prise dans les conditions prévues au paragraphe 3 de la présente section dans les cas prévus aux *a, b* et *c* du quatrième alinéa de l'article L. 421-2-1.

2128 **Renvoi.** Dispositions analogues à celles de l'article R. 421-33 en matière de permis de construire.

2129 **Intérêt personnel.** Le maire est personnellement intéressé, s'il détient 150 parts sur 500 de la SCI pétitionnaire, alors même que la vente du terrain à une autre société est d'ores et déjà prévue (CE, 31 juill. 1996, *Cne de Courpalay : Rec. CE,* T, p. 335).

C. urb., art. *R. 315-31-2 *(D. n° 84-228, 29 mars 1984).* **— L'arrêté par lequel le maire ou le président de l'établissement public de coopération intercommunale statue sur la demande d'autorisation de lotir est complété avant notification au demandeur par une mention certifiant que la décision est transmise dans les conditions prévues à l'article L. 421-2-4.**

2130 **Renvoi.** Dispositions analogues à celles de l'article R. 421-34 en matière de permis de construire.

C. urb., art. *R. 315-31-3 *(D. n° 84-228, 29 mars 1984 ; D. n° 88-199, 29 févr. 1988).* **— Outre la transmission prévue à l'article L. 421-2-4, copie de la décision est transmise, lorsqu'elle est prise au nom de l'établissement public de coopération intercommunale, au maire de la commune.**

En cas d'autorisation tacite, le préfet reçoit, sans délai, le dossier et les pièces d'instruction en l'état.

Voir aussi : C. urb., art. R. 421-35, p. 811, en matière de permis de construire ; sur l'autorisation tacite de lotir, C. urb., art. R. 315-21, p. 654 et C. urb., art. R. 315-21-1, p. 654, et leurs notes.

§ 3 Dispositions particulières applicables dans les communes où un plan local d'urbanisme n'a pas été approuvé (Intitulé modifié, D. n° 2001-260, 27 mars 2001, art. 3).

C. urb., art. *R. 315-31-4 *(D. n° 84-228, 29 mars 1984 ; D. n° 88-199, 29 févr. 1988).* **— Dans les communes où un** ***(Mots rempl., D. n° 2001-260, 27 mars 2001, art. 3)*** **« plan local d'urbanisme » n'a pas été approuvé, la décision est prise par le préfet au nom de l'État.**

Copie de la décision est transmise au maire et, le cas échéant, au président de l'établissement public de coopération intercommunale et au responsable du service de l'État dans le département, chargé de l'urbanisme.

2131 **Plan local d'urbanisme.** En matière de lotissement, dans les communes où un plan local d'urbanisme n'a pas été approuvé, la décision est toujours prise par le préfet alors qu'en matière de permis de construire elle est, en principe, de la compétence du maire, sauf dans les hypothèses énumérées limitativement à l'article R. 421-36.

Section V Cession des lots et édification des constructions

C. urb., art. *R. 315-32 *(D. n° 77-860, 26 juill. 1977 ; D. n° 87-885, 30 oct. 1987).* **— Sous réserve de l'application de l'article R. 315-33, aucune mutation entre vifs ou location concernant des terrains bâtis ou non bâtis compris dans un lotissement ne peut être**

effectuée avant l'intervention de l'arrêté autorisant le lotissement et l'exécution des prescriptions imposées au lotisseur par ledit arrêté.

Nullité. La vente antérieure à l'autorisation de lotissement est nulle, même si elle a été conclue sous la condition suspensive, réalisée en l'espèce, de l'octroi de cette autorisation (Cass. 3e civ., 18 mars 1974 : *JCP* 1975, II, 17947, note Thuillier. – Cass. 3e civ., 15 avr. 1980 : *Gaz. Pal.* 1980, 2, pan. jur. 449). Cette solution réserve le cas prévu à l'article L. 315-1, *in fine*. 2132

Voir aussi : C. urb., art. L. 316-2, p. 257.

Promesse de vente. Après l'autorisation de lotissement, mais avant la réalisation des prescriptions de l'arrêté d'autorisation, la vente demeure interdite, mais la promesse de vente unilatérale est possible, par application combinée du présent article et de l'article L. 316-3, à condition que son contenu respecte ce dernier article. Cette « réservation » ne peut s'accompagner du versement d'un « acompte » – ce dernier supposant une vente conclue, ce qui est interdit par le présent article –, mais le versement d'une indemnité d'immobilisation d'un faible montant paraît licite ; par analogie avec le contrat préliminaire, M. Meysson recommande de ne pas excéder 5 % du prix de vente prévu. 2133

Selon l'analyse du garde des Sceaux, cette indemnité devient acompte le jour où l'option est levée ; le versement ne doit pas, par son importance, priver, en fait, le bénéficiaire de sa liberté d'option (Rép. min. : *JOAN* 9 juill. 1974 ; *JCP* N 1974, Prat. 5797-2).

Acceptation de la promesse de vente. Rappelons que, selon le deuxième alinéa de l'article 1589 du Code civil, si la « promesse s'applique à des terrains lotis ou à lotir, son acceptation et la convention qui en résultera s'établiront par le paiement d'un acompte sur le prix, quel que soit le nom donné à cet acompte, et par la prise de possession du terrain » (Cass. 3e civ., 29 oct. 1974 : *Bull. civ.* III, n° 397, p. 302. – Cass. 3e civ., 2 mars 1983 : *JCP* G 1983, IV, p. 159). 2134

Voir aussi : Sur le préfinancement des opérations de lotissement, voir le décret n° 83-292 du 7 avril 1983 et les deux arrêtés du même jour (*JO* 12 avr. 1983) instituant un préfinancement destiné à l'aménagement de parcelles en vue de la construction ultérieure de logements ainsi que les circulaires du 31 août 1983 relatives à leur mise en œuvre.

C. urb., art. *R. 315-33 ***(D. n° 77-860, 26 juill. 1977 ; D. n° 84-228, 29 mars 1984 ; D. n° 87-885, 30 oct. 1987).*** **— L'arrêté d'autorisation de lotir ou un arrêté ultérieur pris dans les conditions prévues au paragraphe 2 ou 3 de la section IV du présent chapitre autorise sur sa demande le lotisseur à procéder à la vente ou à la location des lots avant l'exécution de tout ou partie des travaux prescrits, dans l'une ou l'autre des hypothèses suivantes :**

a) **Le demandeur sollicite l'autorisation de différer, en vue d'éviter la dégradation des voies pendant la construction des bâtiments, la réalisation du revêtement définitif desdites voies, l'aménagement des trottoirs, la pose de leurs bordures, la mise en place des équipements dépendant de ces trottoirs ainsi que les plantations prescrites.**

Dans ce cas, cette autorisation est subordonnée à l'engagement du demandeur de terminer les travaux dans les délais que fixe l'arrêté et, si le lotisseur n'est pas une collectivité publique, à la consignation à cette fin, en compte bloqué, d'une somme équivalant à leur coût, fixé par ledit arrêté, ou à la production d'une garantie d'achèvement desdits travaux établie conformément à l'article R. 315-34. Le déblocage de la somme représentative du montant des travaux peut être autorisé en fonction de leur degré d'avancement par l'autorité qui a accordé l'autorisation de lotir.

b) **Le lotisseur justifie d'une garantie d'achèvement des travaux établie conformément à l'article R. 315-34.**

Dans ce cas, l'arrêté fixe la date à laquelle l'organisme garant prévu à l'article R. 315-34 devra mettre les sommes nécessaires au financement des travaux à la disposition de l'une des personnes visées à l'article R. 315-37.

Conditions réglementaires. Le décret du 30 octobre 1987 confirme et renforce les circulaires antérieures, selon lesquelles l'autorisation de vendre avant achèvement des travaux est de droit, lorsque les conditions réglementaires sont remplies. 2135

Voir aussi : Sur le caractère dérogatoire des dispositions de l'article R. 315-33 avant sa modification par le décret précité. – CE, 3e et 5e sous-sect., 22 avr. 1992, *SCI « les Résidences de Ninon » : JCP* G 1992, II, 21 926).

2136 **Contrat de réservation.** Les contrats de réservation de terrains vendus par les lotisseurs n'entrent pas dans le champ d'application de l'article 20 de la loi du 31 décembre 1989 relatif à la faculté de rétractation de l'acquéreur (Rép. min. : *JOAN* 21 févr. 1993, p. 1732).

2137 **Autorisation administrative.** Les deux possibilités de vente désormais prévues avant achèvement complet des travaux d'aménagement résultent de l'autorisation de lotir elle-même, ou encore d'un arrêté ultérieur.

Dans le premier cas – consignation en compte bloqué d'une somme correspondant au coût d'achèvement des travaux –, la dérogation ne peut être accordée que dans un but particulier : éviter la dégradation des voies pendant la construction des bâtiments. Seules peuvent être différées quatre catégories de travaux. Enfin, l'arrêté préfectoral fixe le terme de ce différé d'exécution.

Dans le second cas – garantie extrinsèque de financement –, rien ne s'oppose en principe à la possibilité d'autoriser les ventes dès l'autorisation de lotissement, quand bien même aucun travail n'aurait encore été réalisé. Mais un terme est également fixé, au-delà duquel la garantie de financement peut être mise en œuvre.

I. – Première possibilité : le différé d'achèvement des finitions

2138 **Conditions générales.** La possibilité de différer les travaux de finition ne constitue pas un droit pour le lotisseur. Compte tenu toutefois de l'emploi très fréquent d'engins de fort tonnage pour la construction de maisons individuelles, il y a lieu d'accorder l'autorisation lorsqu'elle est sollicité, si les conditions ci-après sont réunies (l'autorisation peut être donnée par l'arrêté de lotissement ou par un arrêté ultérieur). À noter que l'énonciation des travaux pouvant être différée comprend, depuis le décret n° 84-228 du 29 mars 1984, non seulement l'aménagement des trottoirs et la pose de leurs bordures mais aussi la mise en place des équipements dépendant de ces trottoirs, c'est-à-dire des équipements qui ne peuvent être mis en place qu'une fois les trottoirs aménagés : lampadaires, mobilier urbain.

2139 **Engagement de parachever les travaux dans le délai fixé.** Le deuxième alinéa du *a* de l'article R. 315-33 dispose qu'un délai est imparti au lotisseur pour parachever les travaux. Ce délai sera d'une durée en rapport avec le nombre des maisons à construire et la rapidité prévisible de leur réalisation (maisons construites selon des procédés traditionnels ou industriels...) ; il sera fixé en se plaçant dans l'hypothèse d'une commercialisation *normale* des lots. Il n'est pas souhaitable en effet de différer trop longtemps les travaux en cause – dans l'intérêt même des premiers acquéreurs qui ne doivent pas souffrir trop longtemps, une fois installés, d'équipements inachevés.

2140 **Garanties à produire par le lotisseur.** L'article R. 315-33 *a*, 2e alinéa, stipule que l'octroi d'une autorisation de différer les travaux de finition est subordonné à la consignation en compte bloqué d'une somme équivalant au coût desdits travaux, fixée par ledit arrêté (ou à la production d'une garantie d'achèvement).

Cette obligation – dont sont dispensées les collectivités publiques lorsqu'elles lotissent – laisse ouvert le choix entre plusieurs solutions quant à la personne auprès de laquelle les fonds peuvent être consignés : notaire, banque... Le titulaire du compte ne peut être que le lotisseur.

La somme à consigner doit être équivalente au coût des travaux différés, tel qu'il est fixé par l'arrêté autorisant le report de leur exécution. Il est nécessaire, à cet effet, de disposer d'un devis estimatif sérieux faisant apparaître clairement le coût des travaux en cause. Le montant fixé par arrêté pourra inclure une provision tenant compte du jeu éventuel des indices de variations de prix inclus dans les contrats passés avec les entreprises.

L'article R. 315-33 *a* n'exige pas que le compte bloqué soit approvisionné avant que soit délivrée l'autorisation de différer les finitions. En pratique, deux mécanismes pourront donc être utilisés :

– ou bien l'arrêté accordant cette autorisation ne sera pris qu'après production par le lotisseur d'une attestation d'une banque ou d'un notaire certifiant que la provision nécessaire a bien été constituée ;

– ou bien l'arrêté se bornera à prescrire la constitution progressive de cette provision au moyen du produit des premières ventes ; dans ce cas, devra être proscrite la formule, parfois utilisée jusqu'à présent, consistant à faire verser en compte bloqué un pourcentage du prix des ventes établi en fonction du coût des travaux différés. Ce mécanisme suppose, en effet, pour que soient bloqués des fonds suffisants, que la commercialisation se poursuive rapidement et sans à-coups.

Déblocage des fonds. Le déblocage des fonds consignés peut être autorisé « en fonction du degré d'avancement des travaux ». Il sera effectué après vérifications par tous moyens utiles (remise de situations signées d'un homme de l'art, vérifications sur place,...) de l'état d'avancement ou de l'achèvement des travaux (Note technique, 22 déc. 1977 : *JCP* N 1978, p. 6765). 2141

II. – Deuxième possibilité : la garantie extrinsèque d'achèvement

Autorisation administrative ultérieure. La faculté prévue au *b* du présent article, inspirée par la réglementation des ventes d'immeubles en l'état futur d'achèvement, est entièrement nouvelle. Elle ne constitue pas un droit. Mais le fait pour un lotisseur d'être en mesure de produire une garantie financière doit normalement être suivi d'une telle autorisation. L'autorisation de vendre par anticipation pourra, en pratique, rarement être donnée par l'arrêté de lotissement lui-même, car les établissements garants subordonneront le plus souvent leur garantie à la présentation, par le lotisseur, de cette décision et des pièces annexées, pour être en mesure d'apprécier la portée des prescriptions imposées. Se succéderont donc dans le temps : l'arrêté d'autorisation de lotir, la délivrance de la garantie, l'arrêté autorisant la vente par anticipation. En cas de garantie d'achèvement, il n'y a pas lieu de fixer par arrêté le coût des travaux différés, mais seulement d'en préciser la nature, puisque la garantie en assure le règlement quel que soit ce coût (Note technique 22 déc. 1977, n° 1321). 2142

Travaux inclus. Les travaux éventuellement nécessaires, une fois l'achèvement constaté pour réparer les malfaçons ou remédier à des non-conformités, ne relèvent pas de la garantie mais éventuellement d'une police d'assurances. De même ne sont garantis que les travaux prescrits, et non les obligations contractées par le lotisseur sous forme de participations financières ou autres, en application de l'article R. 315-29 *c*. 2143

Lotissement par tranches. S'il s'agit d'un lotissement dont la réalisation par tranches est autorisée, la garantie peut ne porter que sur l'achèvement de la tranche considérée. En pareil cas, l'autorisation afférente aux autres tranches sera subordonnée en tant que de besoin à la production d'une attestation de garantie particulière (Note technique préc., n° 1324). 2144

Successibilité possible. En pratique, il est possible que se succèdent dans le temps, pour une même opération, les deux exceptions à la règle d'achèvement préalable des travaux : autorisation de vendre avant tous travaux d'une part, puis certificat de conformité attestant l'exécution des travaux à l'exception des finitions. 2145

En effet, faire succéder la garantie d'achèvement des seules finitions à la garantie générale d'achèvement permettait la délivrance du permis de construire aux acquéreurs de lots, bien que les travaux d'aménagement ne soient pas complètement achevés (C. urb., art. R. 315-39). Néanmoins, l'intérêt d'une telle successibilité est désormais notoirement atténué par les dispositions du troisième alinéa ajouté à l'article R. 315-39 ci-après par le décret n° 84-228 du 29 mars 1984.

Cas des lotissements communaux. . Les communes réalisent leurs lotissements soit en confiant l'exécution à un établissement public ou à une société d'économie mixte, soit en effectuant elles-mêmes l'aménagement. Dans le premier cas l'organisateur-aménageur, qui intervient pour le compte de la commune, peut sans aucun problème obtenir les garanties exigées par la réglementation. Dans le second cas – aménagement en régie directe (Rép. min. : *JO* Sénat 24 janv. 1985, p. 139) – les communes peuvent adhérer à une société de caution mutuelle ou, avec l'accord préalable du ministre chargé du Trésor, obtenir la garantie d'un établissement bancaire (Rép. min. : *JOAN* 10 oct. 1983, p. 4482). Voir, en outre, *infra* la note sous l'article suivant. 2146

C. urb., art. *R. 315-34 *(D. n° 77-860, 26 juill. 1977).* — La garantie de l'achèvement des travaux est donnée par une banque, un établissement financier ou une société de caution mutuelle constituée conformément aux dispositions de la loi modifiée du 13 mars 1917. Cette intervention peut prendre la forme :

***a)* Soit d'une ouverture de crédit par laquelle celui qui l'a consentie s'oblige à avancer au lotisseur ou à payer pour son compte les sommes nécessaires à l'achèvement des travaux, cette convention devant stipuler au profit des futurs attributaires de lots le droit d'en exiger l'exécution ;**

***b)* Soit d'une convention aux termes de laquelle la caution s'oblige envers les futurs attributaires de lots, solidairement avec le lotisseur, à payer les sommes nécessaires à l'achèvement des travaux.**

Voir aussi : Sur la comparaison avec les garanties prévues en matière de ventes d'immeubles à construire et de contrat de construction de maisons individuelles, Meysson, article précité : *JCP* N 1977, I, doctr., p. 349.

2147 **Absorption de la banque par une banque tierce.** Une banque avait consenti à un lotisseur un crédit correspondant à la garantie d'achèvement des travaux de voirie et de réseaux, avec cautionnement solidaire pour garantir le paiement des sommes dues. La banque avait ensuite été absorbée par une banque tierce qui s'était prévalue du cautionnement. Selon la cour d'appel, la somme ainsi réclamée aux cautions entrait dans le champ du cautionnement, car la caution, engagée au remboursement d'un prêt, reste tenue, nonobstant l'exigibilité de la dette postérieurement à la fusion. Elle est censurée par la Cour de cassation pour dénaturation du cautionnement : les cautions s'étaient engagées pour une ouverture de crédit au titre de la garantie d'achèvement des travaux du lotisseur et qu'ainsi cette ouverture de crédit ne pouvait revêtir le caractère de prêt qu'à compter de la mise en jeu de cette garantie. Par ailleurs, en cas de fusion de société par voie d'absorption, l'obligation de la caution qui s'était engagée envers la société absorbée n'est maintenue pour la garantie des dettes nées postérieurement à la fusion qu'en cas d'une manifestation de volonté expresse de la caution de s'engager envers la société absorbante ; ce qui ne ressortait pas des considérations d'espèce relevées par la cour d'appel, comme l'information par la banque absorbante de la substitution de créanciers et l'absence de réaction de ces derniers ; de surcroît, la Cour n'avait pas constaté que la dette dont la banque absorbante demandait paiement était née antérieurement à la fusion (Cass. 1re civ., 28 sept. 2004, req. n° 03-10.810 : *Juris-Data* n° 2004-024946).

2148 **Redressement judiciaire.** La garantie d'achèvement n'est pas affectée par une absence de production d'une déclaration de créance préalable au redressement judiciaire du lotisseur (Cass. 3e civ., 14 janv. 1998 : *D.* 1998, inf. rap. p. 54. – Cass. 3e civ., 29 nov. 2001 : *Constr.-urb.* 2002, n° 3, comm. n° 75, P. Benoît-Cattin. – Cass. 3e civ., 25 févr. 2004, req. n° 00-10.346 : *Juris-Data* n° 2004-022673 ; *Constr.-urb.* 2004, n° 5, comm. n° 116, P. Cornille). Ce dernier arrêt précise que le certificat d'achèvement établi par la banque doit être fidèle aux termes de l'autorisation de lotir ; la garantie ne saurait être étendue à des lots non mentionnés dans ladite autorisation.

2149 **Lotissement communal.** Certaines communes ont pu éprouver des difficultés pour obtenir, dans un lotissement communal, une garantie d'achèvement des travaux nécessaire à la mise en vente des lots avant même que les travaux de finition ne soient réalisés (Rép. min. : *JOAN* 10 janv. 1983, p. 200. – Rép. min. : 20 juin 1983, p. 2772. – Rép. min. : 10 oct. 1983, p. 4482. – Rép. min. : 30 janv. 1984, p. 420). Ces communes peuvent aujourd'hui soit adhérer à une société de caution mutuelle, soit obtenir de l'établissement financier auprès duquel elles ont contracté un prêt pour créer le lotissement l'engagement qu'il couvrira les frais si la garantie d'achèvement est mise en jeu. Ainsi les conditions de réalisation d'un lotissement communal sont-elles désormais comparables à celles d'un lotissement privé (Rép. min. : *JO* Sénat 31 oct. 1985, p. 2057).

C. urb., art. *R. 315-35 *(D. n° 77-860, 26 juill. 1977 ; D. n° 84-228, 29 mars 1984 ; D. n° 88-199, 29 févr. 1988).* — La garantie prévue à l'article R. 315-33 peut être mise en œuvre :

– soit par les attributaires de lots ;

– soit par l'association syndicale ;

– soit par le maire de la commune, le président de l'établissement public de coopération intercommunale ou le préfet.

Attributaires de lots. Les attributaires de lots peuvent mettre en œuvre la garantie, soit collectivement, soit individuellement. Cette garantie profite à tous les attributaires, y compris le vendeur du terrain d'origine s'il l'a cédé au lotisseur moyennant dation en paiement de lots viabilisés. 2150

C. urb., art. R. 315-36 ***(D. n° 77-860, 26 juill. 1977 ; D. n° 84-228, 29 mars 1984 ; D. n° 87-885, 30 oct. 1987).*** **— L'autorité compétente délivre sur papier libre, sans frais et en double exemplaire, à la requête du bénéficiaire de l'autorisation et dans le délai maximum d'un mois à compter de cette requête, un certificat constatant qu'en exécution des prescriptions de l'arrêté d'autorisation ont été achevés selon le cas :**

a) **Soit l'ensemble des travaux du lotissement ;**

b) **Soit l'ensemble de ces travaux, exception faite des travaux de finition lorsque l'exécution différée de ces derniers a été autorisée en application de l'article R. 315-33** ***a*** **;**

c) **Soit les travaux de finition mentionnés au** ***b*** **ci-dessus.**

En cas d'inexécution de tout ou partie des prescriptions imposées, le requérant est avisé dans le même délai par l'autorité compétente des motifs pour lesquels le certificat mentionné au premier alinéa ne peut être délivré.

À défaut de réponse dans le délai d'un mois mentionné au premier alinéa, le bénéficiaire de l'autorisation peut requérir, par pli recommandé avec demande d'avis de réception postal, l'autorité compétente de délivrer le certificat.

La décision de l'autorité compétente doit être notifiée dans le mois de cette réquisition. À l'expiration de ce dernier délai, si aucune notification n'est intervenue, le certificat est réputé accordé. Mention de ce certificat ou de son obtention tacite doit figurer dans l'acte portant mutation ou location.

Le certificat prévu au premier alinéa ci-dessus est délivré dans les conditions prévues aux paragraphes 2 ou 3 de la section 4 du présent chapitre. Le dossier de l'autorisation de lotissement est transmis à l'autorité compétente à la date de la requête, si cette autorité est différente de celle qui a délivré l'autorisation de lotir.

Origine. Le premier alinéa, dans la rédaction que lui avait donnée le décret n° 84-228 du 29 mars 1984, prévoyait déjà que les certificats mentionnés au présent article devaient être délivrés, dans les conditions prévues en son dernier alinéa, dans le délai maximum d'un mois à compter de la requête du lotisseur. Le décret du 30 octobre 1987 ajoute une procédure de délivrance tacite des certificats autorisant la vente des lots. En cas de délivrance d'un certificat tacite, ce dernier ne peut être retiré, car l'autorité compétente est dessaisie à l'expiration d'un délai d'un mois (Circ. 2 nov. 1987). 2151

Modalités de délivrance. Le certificat de l'article R. 315-36 *a*, appelé dans la pratique certificat de déblocage, doit être délivré pour l'ensemble du lotissement, ou par tranches entières ; il n'est jamais délivré « lot par lot » ; il cesse d'être annexé aux actes de vente, et il y est seulement mentionné (Note technique, 22 déc. 1977, n° 123). 2152

Articulation avec l'article R. 315-33. Dans le cas visé à l'article R. 315-33 *b*, les deux certificats du « b » et du « a » peuvent être successivement délivrés. Le second d'entre eux *(a)* vaut, selon le cas, autorisation de débloquer les fonds consignés ou reconnaissance par l'Administration de l'arrivée à expiration de la garantie d'achèvement des finitions (Note technique préc., n° 1327). 2153

Motivation du refus. Le refus de délivrer le certificat d'exécution des travaux doit être motivé (Circ. 10 janv. 1981). Les motifs de refus ont été précisés par la circulaire n° 80-17 du 1er février 1980. 2154

Responsabilité administrative. Quant à la délivrance d'un certificat inexact, elle est de nature à entraîner la responsabilité de l'Administration (CE, 14 mars 1980, req. n° 7339, *Dame Delinotte*. – TA Toulouse, 20 janv. 1977 : *Bull. CNEIL* mai 1977, n° 132, II, p. 5). Il en va de même en cas de 2155 délivrance fautive d'un certificat attestant l'exécution des travaux (CE, 6 mars 1985, req. n°s 6919 et 13647, *Min. Équip.* c/ *Époux Garcia et a., Min. Env. et Cadre de vie* c/ *Époux Garcia et a.*). La délivrance d'un certificat d'achèvement erroné entraîne un préjudice à l'Association syndicale des colotis dès lors qu'elle reporte sur elle la réalisation des travaux non achevés (CE, 16 juin 1999, *Association syndicale libre du domaine du Lac bleu : BJDU* 5/1999, p. 354, concl. D. Chauvaux ; *Constr.-urb.* 1999, n° 281, note P. Cornille).

Toutefois, la responsabilité de l'État peut être partagée en raison de la faute commise par les acquéreurs qui ne se sont pas assurés par eux-mêmes, lors de l'acquisition du terrain, que les travaux d'aménagement du lotissement étaient terminés (CE, 8 sept. 1993, *Ass. synd. des propriétaires du lotissement de « l'Eden Lorrain » : JCP* N 1993, II, p. 20 ; *JCP* G 1993, IV, p. 2408, note Liet-Veaux).

2156 **Certificat d'urbanisme.** Jugé que la délivrance du certificat au lotisseur ne le dégage pas pour autant de ses obligations vis-à-vis des acquéreurs de lots (TGI Toulouse, 8 févr. 1977 : *JCP* G 1978, IV, p. 317. – C. urb., art. R. 315-38), mais que ce dernier ou son notaire qui ont seulement pour obligation de requérir l'un ou l'autre des certificats du présent article ne sauraient être recherchés en responsabilité pour ne pas avoir sollicité un certificat d'urbanisme de nature à renseigner l'acquéreur sur les règles de construction applicables (CA Paris, 5 févr. 1980 : *D.* 1981, inf. rap. 49, note Charles).

Cette dernière solution nous paraît discutable et, au contraire, nous pensons qu'il est de bonne pratique de solliciter le certificat d'urbanisme de l'article L. 410-1. Une telle précaution est d'autant plus nécessaire que l'autorisation de lotissement est plus antérieure lors de la vente. Notre opinion doit cependant être nuancée, à la suite de la *loi Méhaignerie* du 23 décembre 1986, qui « cristallise » les règles d'urbanisme pendant cinq ans à compter de l'achèvement du lotissement (C. urb., art. L. 315-8, R. 315-39 et R. 315-39-1), mais non les servitudes d'utilité publique.

2157 **Retrait.** Le certificat de déblocage des lots peut être retiré, s'il est illégal, sans condition de délai, en raison de l'absence de publication (CE, 27 févr. 1995, *Min. Équip.* c/ *SETGM : JCP* N 1996, p. 415, note Montredon). Une décision de retrait d'un certificat d'achèvement, qui prescrivait illégalement des travaux complémentaires, a été suspendue, car elle empêchait la commercialisation des lots par le lotisseur (CE, 29 nov. 2002, *Cne de Lirac* c/ *SARL Chaux et ciments : BJDU* 6/2002, p. 431, concl. P. Collin).

2158 **Promesses de vente.** Sur les promesses de vente consenties sous condition suspensive de fourniture du certificat de l'article R. 315-36 et sur la non-rétroactivité de la condition : V. P. Benoît-Cattin, *Promesse unilatérale de vente dans un lotissement : à quelle condition ? : Constr.-urb.* 2001, n° 10, p. 3.

C. urb., art. R. 315-36-1 *(D. n° 87-885, 30 oct. 1987).* — **Lorsque l'autorisation prévue à l'article R. 315-33 a été délivrée au vu d'une garantie d'achèvement, la requête mentionnée au troisième alinéa de l'article R. 315-36 est présentée conjointement par le bénéficiaire de l'autorisation et par l'organisme garant. Ceux-ci justifient qu'ils ont préalablement informé les acquéreurs des lots de leur intention de requérir l'autorité compétente, en leur précisant que la délivrance du certificat est sollicitée pour obtenir, en application du premier alinéa de l'article R. 315-38, la levée de la garantie d'achèvement des travaux correspondants et en joignant à cette information le texte des articles R. 315-36, R. 315-36-1 et R. 315-38.**

C. urb., art. *R. 315-37 *(D. n° 77-860, 26 juill. 1977 ; D. n° 84-228, 29 mars 1984 ; D. n° 88-199, 29 févr. 1988).* — **Lorsque, par suite de la défaillance du lotisseur, les travaux ne sont pas achevés soit dans le plus court des délais contractuels fixés dans l'un ou l'autre des actes de mutation ou de location, soit au plus tard dans le délai fixé comme il est dit au dernier alinéa de l'article R. 315-33, le garant doit verser les sommes nécessaires à l'achèvement desdits travaux soit à une personne qu'il aura choisie pour se substituer au lotisseur défaillant, soit à une personne désignée par le maire, le président de l'établissement public de coopération intercommunale, le préfet ou l'associa-**

tion syndicale selon que la garantie a été mise en œuvre par le maire, le président de l'établissement public de coopération intercommunale, le préfet, l'association syndicale ou les attributaires de lots. À défaut, le versement est fait à une personne désignée par autorité de justice, notamment au syndic en cas de« redressement ou liquidation judiciaires » du lotisseur défaillant.

Pour l'application de l'alinéa précédent, la défaillance du lotisseur résulte notamment de l'admission de celui-ci au règlement judiciaire ou à la liquidation de biens, ou du non-achèvement des travaux à l'expiration du plus court des délais contractuels fixés par l'un des actes de mutation ou de location ou, au plus tard, à l'expiration du délai fixé par arrêté en vertu de l'article R. 315-33.

Domaine de la garantie. La garantie porte sur le financement des travaux et non sur leur achève- **2159**
ment même.

Voir aussi : C. urb., art. R. 315-34, p. 668.

Versement des fonds. Le garant peut toujours choisir la personne à laquelle il verse les fonds ; **2160**
c'est seulement dans le cas où il n'a pas exercé un tel choix que les bénéficiaires de la garantie peuvent choisir ce mandataire (V. Note technique 22 déc. 1977).

Délai. La date fixée par l'arrêté d'autorisation est le terme ultime pour la mise en œuvre de la **2161**
garantie d'achèvement. Cette dernière peut être mise en œuvre plus tôt, dans le cas où un délai de livraison a contractuellement été fixé à une date plus proche. Il conviendra donc de s'assurer de la cohérence entre le délai d'achèvement fixé par les actes de vente ou de mutation et le délai de mise en œuvre de la garantie, fixé par la convention de financement de l'article R. 315-34. Mais l'administration de l'Équipement n'exerce pas un contrôle préalable du contenu de la convention de financement (Note technique préc., n° 1325).

Mise en œuvre de la garantie. L'association syndicale peut mettre en œuvre la garantie, mais **2162**
elle ne peut être désignée pour conduire les travaux restant à effectuer. Les attributaires de lots peuvent exercer l'action en garantie, même si l'association syndicale n'a pas été constituée (CE, 30 oct. 1996, *Schmit : DA* 1997, 113 ; *BJDU* 6/1996, p. 455).

C. urb., art. *R. 315-38 ***(D. n° 77-860, 26 juill. 1977).*** **— Les garanties prévues à l'article R. 315-33 prennent fin à l'achèvement des travaux.**

La constatation de l'achèvement n'emporte pas elle-même renonciation de l'association syndicale ou des lotis de demander la réparation des dommages qui se révéleraient par la suite.

Articulation avec le certificat de l'article R. 315-36. À notre avis, la garantie ne saurait prendre **2163**
fin avant la délivrance du certificat administratif de l'article R. 315-36 *a*. La notion d'achèvement des travaux ne saurait donc être différente sur le plan contractuel (convention de financement, avec stipulation pour autrui au profit des attributaires de lots) et sur le plan réglementaire (certificat administratif qui conditionne la délivrance des permis de construire, en vertu du deuxième alinéa de l'article R. 315-39). La garantie d'achèvement ne prenant fin qu'à la délivrance du certificat attestant l'achèvement de l'ensemble des travaux, le garant peut solliciter la délivrance de ce certificat, en cas de négligence du lotisseur à cet égard.

Voir aussi : Notes sous C. urb., art. R. 315-36, p. 669.

C. urb., art. *R. 315-39 ***(D. n° 77-860, 26 juill. 1977 ; D. n° 84-228, 29 mars 1984 ; D. n° 87-885, 30 oct. 1987).*** **— Une autorisation d'occuper ou d'utiliser le sol ne peut être accordée que pour un projet conforme aux prescriptions de l'arrêté d'autorisation de lotir éventuellement modifié dans les conditions mentionnées aux articles L. 315-3, L. 315-4 et L. 315-7.**

Lorsque le projet respecte les dispositions d'urbanisme du ***(Mots rempl., D. n° 2001-260, 27 mars 2001, art. 3)*** **« plan local d'urbanisme » ou du document d'urbanisme en**

tenant lieu ou, à défaut, les règles générales d'urbanisme édictées aux articles R. 111-2 à R. 111-24, en vigueur au jour de l'autorisation de lotir, l'autorisation d'occuper ou d'utiliser le sol ne peut être refusée ou assortie de prescriptions spéciales sur le fondement de dispositions d'urbanisme intervenues postérieurement. Le présent alinéa s'applique aux décisions intervenues avant l'expiration d'un délai de cinq ans à compter de la date d'achèvement du lotissement.

2164 **Stabilisation des droits à construire.** Les dispositions du présent article, telles qu'elles ont été aménagées par le décret n° 84-228 du 29 mars 1984, sont particulièrement opportunes : elles permettent, en effet, d'une part, de garantir les acquéreurs de lots sur les possibilités de construire, d'autre part, d'accélérer les procédures sans que les garanties de l'acquéreur en souffrent. La loi du 23 décembre 1986 et le présent article ont porté à 5 ans le délai de stabilisation des droits à construire. Cette disposition introduit une exception au principe selon lequel un permis de construire est délivré conformément aux règles en vigueur au moment où la décision est prise.

Le délai se compte à partir du jour de la délivrance du certificat mentionnant l'exécution des prescriptions imposées par l'arrêté d'autorisation, exception faite des travaux de finition (lorsque l'exécution différée de ces derniers a été autorisée en application de l'article R. 315-33 *a*). Il en va de même pour le certificat mentionnant l'exécution des travaux y compris les finitions. C'est la date figurant sur le récépissé de dépôt de la demande de permis de construire qui doit être prise en compte et non celle à laquelle la décision intervient pour apprécier si le délai n'est pas écoulé.

Pendant cette période, ce sont donc les règles d'urbanisme en vigueur au jour de la délivrance de l'autorisation de lotir qui doivent être appliquées, ainsi que les règles du lotissement, le cas échéant modifiées entre-temps dans les conditions prévues à l'article L. 315-3. À l'issue de ce délai, c'est à nouveau le principe de l'application de la règle la plus stricte qui joue en cas de divergence entre le règlement du lotissement et les autres règles d'urbanisme. Un certificat d'urbanisme obtenu pendant cette période ne saurait prolonger l'application de cette disposition dérogatoire.

Une période relativement longue peut s'écouler entre le jour de la délivrance de l'autorisation de lotir et l'expiration du délai : par exemple sept ans et demi en cas de réalisation par tranches. Aussi, une telle stabilisation des règles ne pouvait-elle être absolue, compte tenu des possibilités d'évolution de ces règles prévues par la loi. C'est pourquoi est réservé explicitement le cas où en application de l'article L. 315-4, premier alinéa, les règles du lotissement ont été mises en concordance avec un plan local d'urbanisme. Ce sont alors ces nouvelles règles qui s'appliquent.

Bibliographie : JEGOUZO, KAUFFMANN et PÉRIGNON, *Sécurité juridique des constructeurs et autorisations de lotir : Droit et Ville* 1991, n° 31, p. 75.

C. urb., art. R. 315-39-1 ***(D. n° 87-885, 30 oct. 1987).*** **— L'autorisation d'occuper ou d'utiliser le sol peut être sollicitée mais ne peut être accordée avant l'obtention du certificat prévu à l'article R. 315-36.**

Toutefois, lorsque le lotisseur a été autorisé, en application des dispositions de l'article R. 315-33 *b*, à procéder à la vente ou à la location des lots avant exécution des travaux, l'autorisation d'occuper ou d'utiliser le sol peut être délivrée dans les six mois précédant la date fixée en application de l'article R. 315-33 *b* dès lors qu'est jointe à la demande une attestation par laquelle le lotisseur certifie, sous sa responsabilité, que les plates-formes des voies desservant le terrain faisant l'objet de la demande et les réseaux compris sous celles-ci ont été réalisés.

2165 **Délivrance anticipée des autorisations de construire.** Le deuxième alinéa vise à permettre de hâter les constructions et partant à aider la commercialisation. Elles ne sauraient permettre une diminution de la qualité des lotissements, ni rendre plus fréquent un mauvais achèvement des travaux. Aussi cette éventuelle délivrance anticipée des permis de construire n'est qu'une possibilité qu'il appartient au service constructeur d'apprécier.

Les permis de construire peuvent, sous certaines conditions, être délivrés six mois avant la date prévue par l'arrêté autorisant la vente anticipée pour la mise en jeu de la garantie d'achèvement. À cet effet, l'arrêté autorisant la vente anticipée peut, si le lotisseur le souhaite et en accord avec son garant, fixer deux dates distinctes pour la mise en jeu de la garantie : la première correspondant à la date à laquelle les travaux, à l'exception des travaux dont le différé peut être autorisé, doivent être réalisés, et la seconde correspondant à la date à laquelle l'ensemble des travaux doit être achevé y compris les finitions différées. Les permis de construire peuvent être délivrés six mois avant la première de ces dates, à condition que les travaux effectués dans l'ensemble du lotissement soient suffisamment avancés pour permettre l'implantation des bâtiments.

Voies et réseaux. Ces réseaux sous plate-forme réalisés doivent au moins comprendre l'eau, les fourreaux d'électricité et l'assainissement collectif lorsqu'il y a lieu, ainsi que les autres passages de réseaux prévus le cas échéant. Ces travaux doivent être installés dans les conditions normales d'avancement d'un chantier. Ils doivent inclure le réseau principal et les amenées au droit des lots, faute de quoi on ne pourrait considérer la plate-forme elle-même comme achevée mais il n'est évidemment pas nécessaire que les branchements eux-mêmes soient réalisés, ceux-ci étant généralement effectués par les constructeurs des lots. S'agissant de l'électricité, la présentation par les lotisseurs de la convention signée avec EDF et de la consignation de l'avance à laquelle ces travaux donnent lieu sont à considérer comme un état d'avancement suffisant du réseau prévu, dès lors que les passages sous plate-forme ont été réalisés. 2166
Le demandeur du permis de construire doit fournir l'attestation du lotisseur, certifiant la réalisation de ces équipements. Ce certificat engage la responsabilité du lotisseur en cas de déclaration erronée quant à l'exécution des travaux (Circ. 1er juill. 1985, n° 7.2.).

Section VI Dispositions diverses

C. urb., art. *R. 315-40 *(D. n° 77-860, 26 juill. 1977 ; D. n° 80-559, 26 juin 1980 ; D. n° 84-228, 29 mars 1984).* — **Pour l'application du présent chapitre, le « préfet » peut déléguer sa signature au responsable du service de l'État chargé de l'urbanisme dans le département ou aux subordonnés de celui-ci, sauf dans les cas où le maire et le responsable du service de l'État chargé de l'urbanisme dans le département ont émis des avis en sens opposé.**

Voir aussi : C. urb., art. R. 421-36 (6°), p. 811.

C. urb., art. *R. 315-41 *(D. n° 77-860, 26 juill. 1977 ; D. n° 84-228, 29 mars 1984 ; D. n° 88-199, 29 févr. 1988).* — **Le maire, le président de l'établissement public de coopération intercommunale, le préfet, lorsqu'ils sont compétents ou leurs délégués peuvent, avant l'achèvement des travaux, visiter les lieux à tout moment et procéder aux vérifications qu'ils jugent utiles.**

Droit de visite. L'habilitation que comporte le présent article permet visites et vérifications en cours d'exécution des travaux, particulièrement de ceux qui ne pourront plus l'être une fois le chantier terminé (ouvrages enterrés, par exemple). Elle permet également la vérification sur le terrain que les travaux attestés par le lotisseur en vue de l'obtention d'un permis de construire dans les conditions prévues par le dernier alinéa de l'article R. 315-39 ont bien été exécutés, sans qu'il y ait lieu pour autant de procéder à un contrôle spécial pour vérifier que les travaux nécessaires à la délivrance des permis de construire ont bien été réalisés (Circ. 1er juill. 1985, n° 7.2.). 2167

Voir aussi : Sur les sanctions pénales à l'encontre de toute personne ayant fait obstacle au droit de visite, C. urb., art. L. 316-4, p. 261.

C. urb., art. *R. 315-42 *(D. n° 77-860, 26 juill. 1977 ; D. n° 84-228, 29 mars 1984 ; D. n° 88-471, 28 avr. 1988 ; D. n° 94-701, 16 août 1994).* — **Mention de l'autorisation de lotir doit être affichée sur le terrain, de manière visible de l'extérieur, par les soins de son bénéficiaire, dès la notification de la décision d'octroi et pendant toute la durée du chantier.**

Il en est de même d'une copie de la lettre prévue à l'article R. 315-15 ou, le cas échéant, d'une copie de l'avis de réception postal de la lettre de mise en demeure prévu à l'article R. 315-17, et d'une copie de l'avis de réception prévu à l'article R. 315-21 lorsque l'autorisation sollicitée est réputée accordée.

En outre, dans les huit jours de la délivrance expresse ou tacite de l'autorisation de lotir, un extrait de cette autorisation ou une copie de la lettre mentionnée à l'alinéa précédent est publié par voie d'affichage à la mairie pendant deux mois. L'exécution de cette formalité fait l'objet d'une mention au registre chronologique des actes de publication et de notification des arrêtés du maire prévue à l'article L. 2122-29 du Code général des collectivités territoriales.

L'inobservation de la formalité d'affichage sur le terrain est punie de l'amende prévue pour les contraventions de la cinquième classe.

Un exemplaire de l'arrêté d'autorisation et des pièces annexées est mis à la disposition du public à la mairie de la commune.

Un arrêté du ministre chargé de l'urbanisme règle le contenu et les formes de l'affichage et fixe la liste des pièces du dossier dont tout intéressé peut prendre connaissance.

Voir aussi : Sur la publicité de l'autorisation de lotir ou du permis tacite, C. urb., art. A. 315-3, p. 955 et C. urb., art. A. 315-4, p. 956, et leurs notes. Dispositions identiques à l'article R. 421-39 en matière de permis de construire.

2168 **Affichage.** A été jugé suffisant un affichage en mairie pour faire courir le délai (CE, 16 déc. 1992 : *DA* 1993, n° 94).

2169 **Recours.** Les formalités de publicité foncière ne font pas courir le délai de recours pour excès de pouvoir (CE, 22 juill. 1977, *SCI « Le golfe » : DA* 1977, n° 356. – CE, 27 janv. 1978, *Min. Équip. c/ Époux Fourcade : DA* 1978, n° 60) et leur omission ne prolonge pas le délai de recours contre l'autorisation.

C. urb., art. *R. 315-43 ***(D. n° 77-860, 26 juill. 1977).*** **— La délivrance du certificat prévu à l'article R. 315-36 ne dégage pas le lotisseur de ses obligations et de sa responsabilité vis-à-vis des acquéreurs de lots, notamment en ce qui concerne la qualité des travaux exécutés.**

2170 **Réserve du droit des tiers.** Cet article confirme le principe de délivrance des actes administratifs sous la réserve du droit des tiers. Bien que la protection des acquéreurs résulte du contrôle préalable de l'Administration sur la conformité des travaux à l'arrêté d'autorisation, cet acte administratif ne suffit pas à dégager la responsabilité du lotisseur.

Voir aussi : Notes sous C. urb., art. R. 315-36, p. 669.

2171 **Clause d'exonération de responsabilité.** N'est pas non plus valable une clause d'exonération de responsabilité d'un lotisseur à l'occasion de la vente de lots, dès lors qu'elle constitue une renonciation de l'acquéreur à se prévaloir des clauses du cahier des charges et du programme de travaux du lotissement, lesquelles s'imposent au lotisseur et aux lotis (Cass. 3e civ., 19 mai 1981 : *JCP* N 1982, Prat. 8315).

C. urb., art. *R. 315-44 ***(D. n° 77-860, 26 juill. 1977).*** **— Un arrêté du ministre chargé de l'urbanisme fixe le modèle de la demande d'autorisation prévue à l'article R. 315-4, les indications qui doivent être portées sur les documents mentionnés aux articles R. 315-5 et R. 315-6 et l'échelle des plans figurant parmi ces documents.**

Voir aussi : Sur la demande d'autorisation de lotir, C. urb., art. A. 315-2, p. 955 et ses notes.

Section VII Modifications apportées aux documents du lotissement et subdivisions de lots provenant d'un lotissement

C. urb., art. *R. 315-44-1 ***(D. n° 86-514, 14 mars 1986).*** **— Pour les lotissements autorisés antérieurement au 30 juin 1986, les colotis sont informés que les règles d'urbanisme spécifiques aux lotissements cesseront de s'appliquer en vertu de l'article 8 de la loi**

n° 86-13 du 6 janvier 1986 et de la possibilité qui leur est donnée de demander le maintien de ces règles.

Cette information est faite à l'initiative de l'autorité compétente en matière de lotissement par voie d'affichage pendant deux mois à la mairie :

– soit six mois au moins avant la date à laquelle les règles d'urbanisme spécifiques aux lotissements cessent de s'appliquer, lorsqu'un *(Mots rempl., D. n° 2001-260, 27 mars 2001, art. 3)* « plan local d'urbanisme » ou un document d'urbanisme en tenant lieu a été approuvé avant cette date ;

– soit lorsque le *(Mots rempl., D. n° 2001-260, 27 mars 2001, art. 3)* « plan local d'urbanisme » ou le plan de sauvegarde et de mise en valeur est rendu public, dans les autres cas.

Secteurs sauvegardés. Par sa référence au plan de sauvegarde et de mise en valeur, le présent article vise également les lotissements à l'intérieur des secteurs sauvegardés. 2172

Voir aussi : C. urb., art. R. 313-17, p. 620.

Information. La circulaire du 2 novembre 1987 ordonne de procéder immédiatement aux informations qui n'ont pu être faites, et recommande d'y ajouter une insertion dans les journaux locaux. 2173

Pouvoir du juge. Le juge judiciaire, compétent pour constater la caducité des règles d'urbanisme au regard de l'article L. 315-2-1, doit vérifier, si besoin d'office, que les formalités prévues à l'article R. 315-44-1 ont été régulièrement accomplies (Cass. 3e civ., 6 déc. 2000 : *BJDU* 1/2001, p. 24 ; *Defrénois* 2001, p. 582, note P. Benoît-Cattin ; *Droit et patrimoine* 2001, n° 94, p. 100, note C. Saint-Alary-Houin. – Cass. 3e civ., 26 mars 2003, req. n° 01-03.234 : *Juris-Data* n° 2003-018557). Le Conseil d'État a une position contraire (CE, avis, 12 févr. 1993 : *Rec. CE*, p. 29). 2174

Voir aussi : Analyses et commentaires sous C. urb., art. L. 315-2-1, p. 247 notamment quant à la future réforme.

C. urb., art. *R. 315-45 *(D. n° 86-514, 14 mars 1986 ; D. n° 88-199, 29 févr. 1988)*. **— La demande prévue au deuxième alinéa de l'article L. 315-2-1 est adressée par pli recommandé avec demande d'avis de réception postal au maire de la commune dans laquelle se situe le lotissement ou déposée contre décharge à la mairie.**

Lorsqu'il n'est pas l'autorité compétente pour statuer, le maire transmet, dès réception, cette demande au président de l'établissement public de coopération intercommunale compétent ou au préfet.

L'autorité compétente vérifie si la demande reçue émane d'une majorité de colotis calculée comme il est dit à l'article L. 315-3. Si cette condition est remplie et si, par suite, les règles propres au lotissement continuent de s'appliquer, information en est donnée aux autorités compétentes pour instruire et délivrer les autorisations et actes relatifs à l'utilisation du sol. Un avis est en outre affiché à la mairie pendant deux mois.

C. urb., art. *R. 315-46 *(D. n° 86-514, 14 mars 1986 ; D. n° 88-199, 29 févr. 1988)*. **— Lorsque l'autorité compétente décide d'ouvrir l'enquête publique prévue à l'article L. 315-2-1, celle-ci est organisée dans les formes prévues par les chapitres I et II du décret n° 85-453 du 23 avril 1985 :**

– par le préfet lorsque le lotissement concerné est situé dans le périmètre d'une opération d'intérêt national ;

– par le maire ou le président de l'établissement public de coopération intercommunale dans les autres cas.

Le dossier soumis à enquête comprend :

1. La mention des textes qui régissent l'enquête publique en cause et l'indication de la façon dont cette enquête s'insère dans la procédure administrative ;

2. L'ensemble des documents approuvés du lotissement concerné ;

3. Les règles d'urbanisme applicables au secteur couvert par le lotissement.

L'enquête publique préalable à l'approbation, la modification ou la révision du *(Mots rempl., D. n° 2001-260, 27 mars 2001, art. 3)* « plan local d'urbanisme » ou du document d'urbanisme en tenant lieu, tient lieu de l'enquête publique prévue au deuxième alinéa de l'article L. 315-2-1, à condition que le dossier d'enquête ait été complété par les pièces mentionnées à l'alinéa précédent.

Lorsque, à l'issue de l'enquête publique, il est décidé que les règles d'urbanisme propres aux lotissements cessent de s'appliquer, la décision prend la forme :

– soit d'un arrêté du préfet, au nom de l'État, lorsque le lotissement concerné est situé à l'intérieur du périmètre d'une opération d'intérêt national ;

– soit d'un arrêté du maire, au nom de la commune, ou du président de l'établissement public de coopération intercommunale, au nom de cet établissement, dans les autres cas.

Copie de cette décision est adressée aux autorités compétentes pour instruire et délivrer les autorisations et actes relatifs à l'utilisation du sol. Elle est en outre affichée à la mairie pendant deux mois.

C. urb., art. *R. 315-47 ***(D. n° 77-860, 26 juill. 1977 ; D. n° 84-228, 29 mars 1984).*** **— L'autorité mentionnée aux premier et deuxième alinéas de l'article L. 315-4 est celle compétente pour statuer sur les demandes d'autorisation de lotir. La décision est prise dans les formes et conditions prévues pour cette autorisation et par les dispositions de l'article L. 315-4.**

Si les modifications aux documents régissant le lotissement résultant de la décision de l'autorité compétente rendent nécessaires des travaux d'équipement, l'entrée en vigueur de ces modifications est subordonnée, à défaut de la prise en charge des travaux par la collectivité ou par les constructeurs, à la création, dans les conditions prévues au 7° de l'article 1er et au titre III de la loi du 21 juin 1865, ou par l'article L. 322-2 (1°) du présent code, d'une association syndicale de propriétaires groupant les propriétaires de lots intéressés auxdits travaux.

L'arrêté modificatif est publié au fichier immobilier avec indication, le cas échéant, de la condition de son entrée en vigueur.

Voir aussi : Commentaire précédent, C. urb., art. L. 315-1, p. 245 ; notes sous C. urb., art. L. 315-4, p. 253.

2175 **Association syndicale.** Du fait de la référence au titre III de la loi du 21 juin 1865, remplacée par l'ordonnance du 1er juillet 2004, il est possible de recourir à une association syndicale autorisée.

Voir aussi : C. urb., art. R. 315-6, p. 643 et art. L. 322-1, p. 272 sur les associations syndicales.

C. urb., art. R. 315-48 ***(D. n° 77-860, 26 juill. 1977 ; D. n° 84-228, 29 mars 1984).*** **— Les subdivisions de lots provenant d'un lotissement sont assimilées aux modifications de lotissement prévues à l'article L. 315-3 lorsqu'elles sont demandées par le lotisseur ou par un ou plusieurs lotis, à moins que, conduisant à la création de plus de deux nouveaux lots, elles ne fassent l'objet d'une autorisation de lotir délivrée dans les conditions prévues par le présent chapitre sans qu'il puisse être porté atteinte aux droits des coattributaires de lots tels qu'ils peuvent résulter de documents régissant le lotissement primitif.**

Les décisions portant modification sont prises dans les mêmes conditions et formes que celles prévues pour l'autorisation de lotir.

2176 **Procédure.** Si la subdivision de lots entraîne la création de plus de deux nouveaux lots, c'est la procédure du lotissement qui doit être entreprise et non la procédure de modification (Circ. 1er juill. 1985, n° 8).

2177 **Caducité du plan parcellaire.** Si les indications du plan de division parcellaire sont devenues caduques par l'effet de l'article L. 315-2-1, la procédure de l'article R. 315-48 n'a plus à s'appliquer préalablement à la délivrance d'un permis de construire (CE, 28 avr. 2000, req. n° 185336, *M. Guichet*).

Voir aussi : Annotations sous C. urb., art. L. 315-2-1, p. 247 et C. urb., art. L. 315-3, p. 250.

Pouvoir d'appréciation de l'autorité administrative. De toute façon, l'autorité compétente dispose d'un pouvoir d'appréciation pour autoriser les subdivisions de lots, aussi bien dans le cadre d'une autorisation nouvelle que dans celui de la modification d'une autorisation ancienne. C'est donc en opportunité plus qu'en droit qu'elle veillera à ne pas remettre en cause la situation personnelle des coattributaires. 2178
À l'inverse, si le lotissement autorisé à l'origine ne répondait pas à la définition en vigueur à l'époque, la division actuelle de propriété ne s'analyse pas en une subdivision de lot.

Voir aussi : La note relative à la division de la partie de la propriété conservée par le lotisseur, sous C. urb., art. R. 315-4, p. 639.

Réunions de lots. Il semble que les réunions de lots, à la différence des subdivisions, puissent se faire librement (V. à cet égard, les notes sous l'article L. 315-3). D'ailleurs, une construction peut être implantée sur plusieurs lots dès lors que le cahier des charges du lotissement ne l'interdit pas (CE, 4 août 1982 : *JCP* N 1985, II, p. 17 et note A. Kurganski). 2179

Indivision. Constitue une subdivision de lots, au sens du présent article, une subdivision en jouissance permettant aux membres d'une indivision de construire individuellement (CAA Nantes, 31 mai 1995, *SNC les Rouges Gorges : BJDU* 1995, p. 379, concl. Cadenat ; *Defrénois* 1996, p. 602, note Pérignon). 2180

C. urb., art. R. 315-49 ***(D. n° 77-860, 26 juill. 1977 ; D. n° 84-228, 29 mars 1984).*** **— Les subdivisions de lots provenant d'un lotissement sont assimilées aux modifications prévues à l'article L. 315-4 (alinéas 1er à 3) lorsqu'elles ont pour objet la mise en concordance des documents du lotissement avec un plan d'urbanisme approuvé ou un *(Mots rempl., D. n° 2001-260, 27 mars 2001, art. 3)* « plan local d'urbanisme » rendu public postérieurement à l'autorisation de lotissement.**

Les décisions sont prises dans les mêmes conditions et formes que celles prévues pour l'autorisation de lotir.

C. urb., art. *R. 315-49-1 ***(D. n° 84-228, 29 mars 1984).*** **— Lorsque la décision est prise au nom de la commune ou de l'établissement public de coopération intercommunale compétent, l'arrêté pris en application des articles R. 315-47, R. 315-48 ou R. 315-49 par lequel le maire ou le président de l'établissement public statue sur la demande de modification est complété avant notification au demandeur par une mention certifiant que la décision est transmise dans les conditions prévues à l'article L. 421-2-4.**

C. urb., art. R. 315-50 ***(D. n° 77-860, 26 juill. 1977).*** **— Les articles R. 315-48 et R. 315-49 sont applicables aux documents et cahiers des charges des îlots remembrés en application des dispositions de la loi n° 3087 validée et modifiée des 11 octobre 1940 – 12 juillet 1941 relative à la reconstruction des immeubles d'habitation partiellement ou totalement détruits par suite d'actes de guerre.**

Îlots remembrés. Le présent article étend le régime des modifications de lotissement aux subdivisions de lots dans les îlots remembrés en application des dispositions datant de la dernière guerre. 2181

C. urb., art. R. 315-51 ***(D. n° 77-860, 26 juill. 1977 ; D. n° 84-228, 29 mars 1984).*** **— Les modifications aux divisions de propriétés antérieures à l'entrée en vigueur de la loi du 14 mars 1919 présentement abrogée sur les plans d'extension et d'aménagement des villes sont assimilées aux modifications de lotissement prévues à l'article L. 315-3 et interviennent dans les conditions définies audit article.**

L'autorité compétente peut engager la procédure prévue à l'article L. 315-4 en vue de mettre en concordance les règles d'urbanisme applicables aux propriétés concernées avec les dispositions du plan d'urbanisme ou du *(Mots rempl., D. n° 2001-260, 27 mars 2001, art. 3)* « plan local d'urbanisme ».

2182 **Lotissements anciens.** Les solutions prévues au présent article sont très opportunes dans la mesure où la mutabilité d'un lotissement est d'autant plus nécessaire que le lotissement est plus ancien. Mais il n'est pas certain que la volonté de la loi d'orientation foncière n° 67-1253 du 30 décembre 1967 – d'où sont issus les articles L. 315-3 et L. 315-4 – ait été d'adopter des dispositions d'ordre public, en vue de modifier des documents purement contractuels.

2183 **Réunions de lots.** Une réponse ministérielle (*JO* Sénat 9 juin 1982, p. 2624 ; *JCP* N 1982, Prat. 8358-1) confirme que les modifications visées par le présent article comprennent la réunion de lots, comme l'avait décidé le Conseil d'État, dans des affaires antérieures à l'entrée en vigueur de la loi d'orientation foncière n° 67-1253 du 30 décembre 1967 (CE, 29 avr. 1970, *Bellonc : Rec. CE*, p. 293. – CE, 4 nov. 1970, *Bon et Sté Jacob : Rec. CE*, p. 649).

C. urb., art. R. 315-52 ***(D. n° 77-860, 26 juill. 1977).*** **— Les lotissements-jardins peuvent être transformés en lotissements à usage d'habitation dans le cas où ils se trouvent à l'intérieur d'une zone affectée à l'habitation par un** ***(Mots rempl., D. n° 2001-260, 27 mars 2001, art. 3)*** **« plan local d'urbanisme » rendu public ou approuvé ou par un document d'urbanisme en tenant lieu.**

Il est dans ce cas constitué une association syndicale de propriétaires dans les conditions prévues à l'article R. 315-47 en vue de faire autoriser, conformément aux dispositions du présent chapitre, le projet de transformation du lotissement et de réaliser les travaux.

2184 **Lotissements-jardins.** Le présent article vise seulement d'anciens lotissements-jardins, puisque cette procédure spécifique a disparu le 1er janvier 1978.

2185 **Article L. 315-2-1.** La caducité des règles des lotissements, prévue à l'article L. 315-2-1, ne s'applique pas aux anciens lotissements-jardins (C. urb., art. L. 315-2).

2186 **Association syndicale autorisée.** Le recours à une association syndicale autorisée semble bien possible, le présent article renvoyant à l'article R. 315-47 qui fait référence au titre III de la loi du 21 juin 1865.

Section VIII Modalités d'incorporation au plan local d'urbanisme du règlement des lotissements

C. urb., art. *R. 315-53 ***(D. n° 77-860, 26 juill. 1977 ; D. n° 84-228, 29 mars 1984).*** **— L'autorité compétente pour incorporer le règlement du lotissement au** ***(Mots rempl., D. n° 2001-260, 27 mars 2001, art. 3)*** **« plan local d'urbanisme » en application de l'article L. 315-4 (alinéa 6) est celle qui est compétente pour approuver le** ***(Mots rempl., D. n° 2001-260, 27 mars 2001, art. 3)*** **« plan local d'urbanisme ».**

2187 **Modalités.** Outre le caractère désormais facultatif du règlement du lotissement (C. urb., art. 315-5, *e*, et R. 315-29, *d*) son incorporation au plan local d'urbanisme constitue une mesure de simplification remarquable, rendant inutile la procédure de mise en concordance prévue à l'article L. 315-4, pour les lotissements autorisés à compter du 1er janvier 1978, à moins que la mise en concordance soit décidée avant la vente du dernier lot et moins de cinq ans après l'autorisation de lotir. La procédure d'incorporation est en effet beaucoup plus simple que la procédure de mise en concordance ; d'autre part, la mutabilité du règlement devient automatique, puisque le régime juridique des PLU s'applique aux dispositions ainsi incorporées (C. urb., art. L. 315-4, *in fine*).

Voir aussi : C. urb., art. L. 315-2-1, p. 247, sur la péremption automatique des règles d'urbanisme propres aux lotissements.

Section IX Dispositions en vue de l'implantation de bâtiments qui ne constituent pas des lotissements

(Section rempl., D. n° 2001-262, 27 mars 2001, art. 17)

C. urb., art. *R. 315-54 *(D. n° 77-860, 26 juill. 1977 ; rempl., D. n° 2001-262, 27 mars 2001, art. 17).* **— Le propriétaire ou son mandataire adresse au maire de la commune un plan de division préalablement à toute division de terrain en vue de l'implantation de bâtiments qui ne constitue pas un lotissement au sens de l'article R. 315-1 (alinéas 1 et 2) ou qui n'est pas une des divisions visées à l'article R. 315-2.**

Nouveau dispositif. Cette disposition était applicable à compter du 1er avril 2001. Le certificat de 2188
l'ancien article R. 315-54 est remplacé par une simple déclaration à la mairie. Dès lors que l'Administration ne conteste pas la division, il suffit au notaire de mentionner, dans chaque acte notarié relatif aux terrains issus de la division, que le plan susvisé a bien été adressé en mairie (Rép. min. Patriarche : *JOAN* 22 avr. 2002, p. 2137).

Voir aussi : Circulaire du 3 avril 2001 sous C. urb., art. R. 410-24, p. 752.

Bibliographie : S. Pérignon, *Le contrôle des détachements de terrains à bâtir (à propos du nouvel article R. 315-54 du Code de l'urbanisme) : Defrénois* 2001, nos 13-14, p. 827 ; *Les nouvelles modalités de gestion de la densité : DAUH* 2004, p. 53.

Section X Divisions soumises à déclaration préalable

Code de l'urbanisme, articles R. 315-55 à R. 315-61. La présente section a été ajoutée par le 2189
décret n° 86-516 du 14 mars 1986. Ses articles R. 315-55 à R. 315-61 fixent les modalités d'application de l'article L. 111-5-2.

C. urb., art. *R. 315-55 *(D. n° 86-516, 14 mars 1986 ; D. n° 88-199, 29 févr. 1988).* **— Lorsque la décision de délimiter, en application de l'article L. 111-5-2, une ou plusieurs zones à l'intérieur desquelles les divisions foncières seront subordonnées à déclaration préalable relève de sa compétence, le préfet adresse au maire, en vue de recueillir l'avis du conseil municipal, un plan du ou des périmètres envisagés en lui indiquant les raisons pour lesquelles une protection particulière des espaces naturels concernés lui paraît nécessaire.**

L'avis est réputé donné s'il n'est pas émis dans le délai de deux mois à compter de la réception par le maire dudit dossier.

C. urb., art. *R. 315-56 *(D. n° 86-516, 14 mars 1986 ; D. n° 88-199, 29 févr. 1988).* **— La délibération du conseil municipal ou l'arrêté du préfet décidant de délimiter une ou plusieurs zones à l'intérieur desquelles les divisions foncières sont subordonnées à déclaration préalable est affichée en mairie pendant un mois et tenu à la disposition du public à la mairie. Mention en est publiée dans deux journaux régionaux ou locaux diffusés dans le département. Lorsqu'il s'agit d'un arrêté du préfet, celui-ci est en outre publié au *Recueil des actes administratifs du département*.**

La délibération du conseil municipal ou l'arrêté du préfet prend effet à compter de l'accomplissement de l'ensemble des formalités de publicité définies à l'alinéa précédent. Pour l'application du présent alinéa, la date à prendre en considération pour l'affichage en mairie est celle du premier jour où il est effectué.

Copie en est adressée sans délai, à l'initiative de son auteur, au Conseil supérieur du notariat, à la chambre départementale des notaires, aux barreaux constitués près les tribunaux de grande instance dans le ressort desquels sont situées la ou les zones concernées et au greffe des mêmes tribunaux.

C. urb., art. *R. 315-57 *(D. n° 86-516, 14 mars 1986).* **— Est soumise à la déclaration préalable prévue à l'article L. 111-5-2 toute division volontaire, en propriété ou en jouis-**

sance, par ventes ou locations simultanées ou successives d'une propriété foncière, lorsque cette division a pour objet ou, sur une période de moins de dix ans, a pour effet de porter à plus de trois le nombre de terrains issus de ladite propriété.

Les terrains mentionnés au troisième alinéa de l'article R. 315-1 ne sont pas pris en compte pour l'appréciation du nombre de terrains issus de la division d'une propriété foncière.

En outre ne sont pas soumises à la déclaration préalable prévue à l'article L. 111-5-2 :

***a)* Les divisions de propriétés foncières mentionnées à l'article R. 315-2 ;**

***b)* Les divisions effectuées dans le cadre des opérations d'aménagement foncier relevant du titre I du livre I du Code rural, à l'exception de celles opérées après la clôture desdites opérations ;**

***c)* Les divisions résultant d'un bail rural consenti à des preneurs exerçant la profession agricole.**

Voir aussi : Sur le calcul du délai de dix ans, l'appréciation du plafond de trois terrains issus de la propriété et les terrains qui ne sont pas pris en compte, les notes sous C. urb., art. R. 315-1, p. 245 ; sur les divisions de propriétés foncières mentionnées à l'article R. 315-2 et non soumises à déclaration préalable, les notes sous cet article.

2190 **Baux ruraux.** Les divisions en jouissance pouvant résulter de la conclusion de baux ruraux ne sont pas soumises à déclaration préalable.

C. urb., art. *R. 315-58 *(D. n° 86-516, 14 mars 1986)*. — La déclaration est établie par le propriétaire du terrain ou son mandataire. Elle indique la surface totale de la propriété foncière dont la division est envisagée ainsi que celle des terrains qui résulteront de cette division. Elle indique en outre les divisions intervenues depuis moins de dix ans et ayant affecté la propriété foncière. Elle est accompagnée d'un plan de la propriété foncière faisant apparaître la division projetée.

2191 **Contenu.** La déclaration doit mentionner toutes les divisions intervenues dans le délai de dix ans calculé « en amont » de celle envisagée.

Voir aussi : Sur la notion de propriété foncière, notes sous C. urb., art. R. 315-1, p. 245.

C. urb., art. *R. 315-59 *(D. n° 86-516, 14 mars 1986 ; D. n° 88-199, 29 févr. 1988)*. — La déclaration est adressée par pli recommandé avec demande d'avis de réception ou déposée contre décharge à la mairie de la commune où se trouve situé le bien.

Lorsque la décision relève de la compétence du préfet, le maire lui transmet la déclaration dès sa réception. Si le maire entend émettre un avis défavorable à la division foncière projetée, il doit l'adresser au préfet dans le délai d'un mois à compter de la réception en mairie de la déclaration, et cet avis doit être motivé.

Voir aussi : Note sous C. urb., art. R. 315-55, p. 679.

C. urb., art. *R. 315-60 *(D. n° 86-516, 14 mars 1986 ; D. n° 88-199, 29 févr. 1988)*. — La décision d'opposition à la division projetée est notifiée au déclarant par lettre recommandée avec demande d'avis de réception. Lorsque la décision est prise par le préfet, celui-ci en adresse copie au maire.

2192 **Délai.** Qu'elle soit de la compétence du maire ou du représentant de l'État dans le département, la décision d'opposition doit être prise dans le délai de deux mois à compter de la réception de la déclaration préalable en mairie. Passé ce délai, il peut être procédé librement à la division.

Voir aussi : C. urb., art. L. 111-5-2, p. 18.

C. urb., art. *R. 315-61 *(D. n° 86-516, 14 mars 1986)*. — L'action en nullité prévue à l'article L. 111-5-2 (alinéa 6) s'exerce devant le tribunal de grande instance au lieu de situation du bien.

Prescription. L'action se prescrit par cinq ans à compter de la publication de l'acte ayant effectué la division. 2193

Voir aussi : C. urb., art. L. 111-5-2, p. 18.

Chapitre VI
Sanctions relatives aux lotissements

C. urb., art. R. 316-1. — Les fonctionnaires et agents de l'État et des collectivités publiques commissionnés par le ministre chargé de l'urbanisme ou par les maires pour constater les infractions aux dispositions visées aux articles L. 316-1 à L. 316-4 sont assermentés et exercent leurs fonctions dans les conditions fixées aux articles R. 160-1 à R. 160-3.

Voir aussi : C. urb., art. R. 160-1 à R. 160-3, p. 143.

C. urb., art. *R. 316-2 *(D. n° 77-860, 26 juill. 1977 ; D. n° 84-228, 29 mars 1984).* **— Sera puni de l'amende prévue pour les contraventions de la cinquième classe tout propriétaire de terrain ou toute personne en ayant la jouissance qui aura enfreint les dispositions de l'article R. 315-54. En cas de récidive, outre l'amende prévue ci-dessus, une peine d'emprisonnement de quinze jours pourra être prononcée.**

Amendes. En vertu de l'article 131-13 du Code pénal, le maximum des amendes encourues pour les contraventions de la 5e classe sont de 1 500 €, 3 000 € en cas de récidive. Ces montants sont quintuplés pour les personnes morales. 2194

Chapitre VII
Amélioration de certains lotissements

Abrogation. Ce chapitre devra être abrogé, dans le prolongement de l'abrogation de la partie législative. 2195

Section I Dispositions générales

C. urb., art. **R. 317-1. — Sont considérés comme défectueux au sens des articles L. 317-1 à L. 317-15 les lotissements entrepris avant le 11 août 1946 comportant des constructions à usage d'habitation qu'ils aient été créés ou non à cette fin, et qui ne se trouvent pas placés, compte tenu de la situation des agglomérations voisines de même importance, dans des conditions normales de viabilité, d'assainissement et d'hygiène.

C. urb., art. **R. 317-2. — L'attribution des subventions de l'État ou des prêts de la caisse départementale d'aménagement des lotissements défectueux est subordonnée à l'approbation préalable d'un projet d'aménagement du lotissement.

En vue de faciliter l'exécution des travaux, ce plan peut prévoir le remembrement des parcelles. À défaut d'accord amiable, la commune peut acquérir, dans les conditions prévues à l'article L. 317-4 en tout ou partie, les lots invendus ou mal utilisés dont la disposition est nécessaire à la réalisation du remembrement.

Section II Associations syndicales et comités syndicaux

§ 1 *Associations syndicales*

C. urb., art. **R. 317-3. — **Peuvent bénéficier des subventions de l'État et des prêts des caisses départementales les associations syndicales constituées conformément à la loi du 21 juin 1865 modifiée, aux décrets des 21 décembre 1926 et 18 décembre 1927 et aux dispositions spéciales des articles L. 317-1 à L. 317-15 et du présent chapitre.**

C. urb., art. **R. 317-4. — **Pour les terrains attribués à des participants de société d'épargne ou à des locataires avec promesse de vente, l'adhésion à l'association syndicale peut être donnée à défaut du propriétaire, par le sociétaire ou le locataire avec promesse de vente.**

C. urb., art. **R. 317-5. — **Dans le cas visé à l'article précédent, la notification de l'enquête publique, prévue à l'article 7 du décret du 18 décembre 1927 sur les associations syndicales de propriétaires ou s'il n'est pas procédé à une enquête publique conformément à l'article L. 317-12 (4°), la convocation à la première assemblée générale est faite à la fois au participant de société d'épargne ou locataire avec promesse de vente et au propriétaire ou bailleur.**

Il en est de même de l'arrêté préfectoral autorisant l'association syndicale.

C. urb., art. R. 317-6. — **Les modalités d'application de l'article L. 317-12 sont précisées comme suit :**

1. Quand le préfet convoque l'assemblée générale prévue à l'article 11 de la loi du 21 juin 1865, dans les conditions prévues à l'article L. 317-12, 4°, il doit déposer le dossier à la mairie quinze jours au moins avant la date de l'assemblée générale. Les affiches et avis individuels de convocation doivent, dans le même cas, mentionner ce dépôt et précéder de quinze jours au moins la date de la réunion.

2. Après la désignation des syndics prévue à l'article L. 317-12, 5°, le syndicat se réunit dès la clôture de l'assemblée générale sous la présidence de son doyen d'âge, et procède à l'élection de son bureau.

Ces désignations ne deviennent définitives qu'après l'autorisation de l'association.

L'assemblée générale constitutive peut également adresser au préfet les demandes de subventions ou de prêts prévues au présent chapitre.

Les demandes de subventions peuvent être instruites en même temps que la demande d'autorisation de l'association.

C. urb., art. **R. 317-7. — **Lorsque l'adhésion à l'association syndicale a été donnée par le participant à une société d'épargne ou par le locataire avec promesse de vente, ceux-ci jouissent de tous les droits et remplissent les obligations attachées à la parcelle dont ils sont possesseurs.**

En cas d'abstention du participant à une société d'épargne ou du locataire avec promesse de vente, c'est le propriétaire qui est membre de l'association syndicale.

C. urb., art. **R. 317-8. — **Les fonctions de receveur de l'association syndicale sont exercées par un comptable du Trésor nommé par le préfet sur la proposition du trésorier-payeur général. Sa rémunération est fixée par le préfet sur la proposition du trésorier-payeur général dans les limites et conditions déterminées par le ministre de l'Économie et des Finances.**

Les règles établies pour la fixation des cautionnements des percepteurs et receveurs spéciaux lui sont applicables.

§ 2 *Comités syndicaux*

C. urb., art. **R. 317-9. — **L'arrêté préfectoral qui crée le comité syndical prévu à l'article L. 317-12 (7°) fixe son siège, précise son objet et les voies et moyens par lesquels il sera pourvu à la dépense. Il nomme le président et les membres qui peuvent, au besoin, être choisis en dehors des propriétaires ou locataires intéressés.**

Cet arrêté est, dans les quinze jours de sa date, affiché et publié dans les communes de la situation des lieux. Il est en outre notifié à tous les intéressés dans les conditions indiquées à l'article 7 du décret du 18 décembre 1927 sur les associations syndicales de propriétaires.

C. urb., art. **R. 317-10. — **Un arrêté concerté du ministre de l'Économie et des Finances et du ministre chargé de l'urbanisme détermine les conditions dans lesquelles des indemnités peuvent être allouées au président et exceptionnellement aux autres membres du comité syndical.**

C. urb., art. **R. 317-11. — **Le comité se réunit suivant les besoins du service soit sur convocation de son président, soit sur celle du préfet.**

C. urb., art. **R. 317-12. — **Le préfet procède au remplacement des membres du comité décédés, démissionnaires ou révoqués. Les membres du comité qui ont manqué à trois séances consécutives sans excuse reconnue valable peuvent être déclarés démissionnaires par le préfet.**

C. urb., art. **R. 317-13. — **Les délibérations sont prises à la majorité des membres composant le comité. Elles sont inscrites par ordre de date sur un registre coté et paraphé par le président. Elles sont signées par les membres du comité et copie en est adressée au préfet dans la huitaine.**

S'il a été constitué une association syndicale, tous les membres de l'association ont droit de prendre communication sans déplacement du registre des délibérations. À défaut de constitution de l'association syndicale, le même droit appartient à tous les propriétaires ou occupants de terrains compris dans le plan périmétral.

Les délibérations ne deviennent exécutoires qu'après approbation par le préfet. Cette approbation doit intervenir dans le mois à dater de la réception de la délibération à la préfecture.

Le silence gardé par le préfet, après expiration du délai ci-dessus imparti, équivaut à approbation.

C. urb., art. **R. 317-14. — **Si l'association syndicale n'a pu être formée, le projet d'aménagement du lotissement prévu à l'article R. 317-2, établi par le comité syndical, est soumis à l'enquête publique dans les conditions fixées par le décret n° 59-701, du 6 juin 1959. Ce projet contient un devis estimatif sommaire du coût des travaux. Les frais de l'enquête sont à la charge des propriétaires.**

C. urb., art. **R. 317-15. — **Notification du dépôt en mairie du dossier portant fixation des bases de la répartition des dépenses, établi conformément aux dispositions de la section IV du décret du 18 décembre 1927 sur les associations syndicales de propriétaires, est adressée à chacun des intéressés dans les conditions prévues à l'article 7 du même décret.**

Dans le cas où certaines parcelles sont occupées par des participants de sociétés d'épargne ou par des locataires avec promesse de vente, la charge des dépenses afférentes auxdites parcelles, à défaut d'accord, incombe au propriétaire.

Dans les quinze jours de sa date, l'arrêté préfectoral d'approbation des bases de répartition des dépenses et des projets de travaux est affiché dans les communes de la situation des lieux.

L'accomplissement de cette formalité est certifié par les maires.

C. urb., art. **R. 317-16. — **Le comité syndical ou, à défaut, le préfet doit, à la demande du tiers des intéressés, convoquer l'assemblée générale en l'invitant à délibérer sur le point de savoir s'il y a lieu de constituer une association autorisée en vue de l'exécution des travaux projetés par le comité.**

C. urb., art. **R. 317-17. — **Les règles relatives à la gestion financière, aux marchés, aux taxes et à la comptabilité des associations syndicales sont applicables aux comités syndicaux, sous réserve des dispositions de l'article R. 317-46.**

§ 3 Des syndicats et des syndics de la loi du 22 juillet 1912

C. urb., art. **R. 317-18. — **Lorsque l'aménagement du lotissement ne comporte que l'assainissement des voies privées, le bénéfice des dispositions des articles L. 317-1 à L. 317-15, R. 317-20 à R. 317-22, R. 317-33, R. 317-34, R. 317-36 et R. 317-40, peut être accordé à une association syndicale constituée sous le régime de la loi du 22 juillet 1912 relative à l'assainissement des voies privées, cette association syndicale étant valablement constituée dès lors qu'elle réunit le quorum prévu à l'article L. 317-12 (2°).**

Section III Caisses départementales de prêts

§ 1 Création et administration

C. urb., art. **R. 317-19. — **Le préfet propose au conseil général de constituer la caisse départementale et de pourvoir à sa dotation.**

La dotation de cette caisse peut être prélevée soit sur les ressources générales du budget, soit sur le produit d'emprunts autorisés à cet effet.

La dotation est attribuée en une seule fois ou constituée par annuités.

Un arrêté interministériel peut prévoir les conditions dans lesquelles le produit des taxes actuellement existantes sera affecté aux caisses départementales.

C. urb., art. R. 317-20. — **Un décret instituant une caisse départementale d'aménagement des lotissements est rendu sur le rapport du ministre de l'Intérieur à la demande du conseil général.**

Cette caisse est exclusivement chargée de consentir aux associations syndicales autorisées des prêts destinés à assurer l'exécution de travaux nécessaires pour placer les lotissements visés à l'article L. 317-1 dans les mêmes conditions de viabilité, d'assainissement et d'hygiène que les agglomérations voisines de même importance.

La délibération du conseil général fixe les ressources affectées à cette caisse, dont les recettes et les dépenses sont l'objet d'un compte hors budget.

C. urb., art. R. 317-21. — **Le règlement de la caisse départementale est établi par le conseil général et soumis à l'approbation du ministre de l'Intérieur, conformément aux dispositions de l'article L. 317-6, alinéa 3. Ce règlement détermine notamment les modalités de contrats à intervenir entre les associations syndicales et le département pour le remboursement des emprunts, la surveillance et le contrôle des travaux et, ultérieurement, l'entretien des travaux.**

C. urb., art. R. 317-22. — **La caisse départementale est administrée par un conseil composé :**

1° Du préfet, président, ou son délégué ;

2° De six conseillers généraux désignés par le conseil général ;

3° De deux personnes désignées par le préfet.

C. urb., art. **R. 317-23. — **Les opérations de la caisse départementale s'effectuent suivant les règles fixées pour les services hors budget départementaux.**

C. urb., art. **R. 317-24. — **Les recettes de la caisse comprennent :**

1° La dotation allouée par le conseil général ;

2° Le remboursement par les associations syndicales des prêts qui leur ont été consentis ;

3° Les subventions des communes ;

4° Les subventions particulières ;

5° Éventuellement, les contributions, intérêts de retard et taxes spéciales imposées aux associations syndicales, conformément à l'article R. 317-29, 2° et 3° ;

6° Les recouvrements faits sur les concessionnaires des services publics conformément à l'article L. 317-10 ;

7° Les sommes récupérées ou économisées du fait de la mise en cause des lotisseurs et tous autres ;

8° Les sommes récupérées sur les parties des prêts restant à la charge des lots transférés à titre onéreux dans les lotissements visés à l'article L. 317-7.

Les dépenses de la caisse comprennent :

1° Les prêts consentis aux associations syndicales ;

2° Les frais de contrôle des travaux effectués par les techniciens visés au troisième alinéa de l'article R. 317-45 ;

3° Les frais d'administration de la caisse ;

4° Les frais des instances engagées par le préfet en vertu de l'article L. 317-11 ;

5° Les dettes exigibles.

C. urb., art. **R. 317-25. — **Il peut être prévu, dans la limite des ressources affectées à la caisse départementale, un crédit d'engagement pour l'octroi des prêts à payer en plusieurs exercices.**

C. urb., art. **R. 317-26. — **Le préfet présente chaque année au conseil général au cours de sa deuxième session ordinaire un rapport sur les opérations réalisées par la caisse au cours de l'année précédente et soumet ses propositions pour l'ouverture au budget départemental de l'exercice suivant des crédits nécessaires au fonctionnement de cet organisme.**

La répartition et la fixation des éléments du compte hors budget où figurent les opérations de la caisse départementale sont arrêtées chaque année, avant l'ouverture du nouvel exercice, tant pour les recettes que pour les dépenses, par le conseil d'administration de la caisse départementale, et ce dans les limites des ressources affectées spécialement au fonctionnement de cette caisse.

C. urb., art. **R. 317-27. — **Faute par le conseil général de voter les crédits correspondant aux engagements pris pour la dotation de la caisse, il peut être procédé à l'inscription d'office au budget du département des crédits destinés à l'acquittement des dettes exigibles dans lesquelles sont comprises les sommes nécessaires au paiement des prêts accordés et non encore versés.**

À défaut du vote des crédits par le conseil général, ou si les crédits votés ne permettent pas d'assurer l'exécution des travaux, le conseil général est appelé à prononcer la suppression de la caisse. S'il s'y refuse, la suppression peut être prononcée par décret.

C. urb., art. **R. 317-28. — En cas de suppression de la caisse, les recettes qu'elle eût encaissées, si elle avait continué d'exister, sont perçues au bénéfice du département, exception faite des contributions prévues à l'article R. 317-29, 1°. Le montant des prêts accordés et non encore versés doit figurer en dépenses au budget départemental, et au cas où le conseil général refuse d'ouvrir les crédits correspondants, il est procédé par voie d'inscription d'office.

C. urb., art. **R. 317-29. — Le règlement de la caisse départementale peut subordonner l'intervention de la caisse :

1° À l'engagement pris par les associations syndicales ou comités syndicaux d'accepter, à titre de participation aux frais de contrôle des travaux, une retenue ne pouvant pas excéder 1 % sur les prêts et de verser à la caisse, chaque année, à titre de contribution à ses frais généraux, ainsi qu'aux frais des instances engagées par le préfet, en vertu de l'article L. 317-11, une somme égale à 1 % au maximum du montant des annuités de remboursement ;

2° À la stipulation, dans le contrat de prêt, d'intérêts de retard, dus en cas de paiement tardif des annuités exigibles ;

3° À l'inscription, dans les statuts de l'association, de l'obligation de percevoir chaque année, sur non-valeurs, 10 % au maximum en sus de chaque cotisation et de percevoir sur le montant des cotes impayées, au bout d'un an à dater de leur exigibilité, un intérêt de retard de 8 % au plus calculé par périodes indivisibles d'une année ;

4° À une caution totale ou partielle, donnée par la ou les communes comprises dans le plan périmétral, du versement régulier des annuités de remboursement.

§ 2 Prêts de la caisse départementale

C. urb., art. **R. 317-30. — Les associations syndicales désirant bénéficier de prêts doivent adresser au préfet du département de la situation des lieux une demande signée par le directeur du syndicat ou le président du comité syndical.

À cette demande sont joints :

1° Une délibération du syndicat ou du comité syndical habilitant son directeur ou son président à la déposer ;

2° Un devis estimatif de la dépense et un programme des travaux indiquant, le cas échéant, leur échelonnement sur plusieurs années ;

3° Une délibération du syndicat ou du comité syndical fixant les sommes que l'association peut consacrer, sur ses propres ressources, à l'exécution des travaux ;

4° Un état nominatif des intéressés désirant verser immédiatement tout ou partie des sommes qui doivent rester à leur charge après attribution de la subvention. Cet état indique le total de la dépense, afférente au terrain de chacun des intéressés ci-dessus mentionnés ;

5° S'il y a lieu, le compte rendu financier des deux derniers exercices, accompagné d'une situation des recettes et des dépenses établie au jour de la demande par le receveur de l'association. Cette situation fait ressortir le montant des disponibilités en caisse et celui des créances exigibles ;

6° Les pièces énumérées par arrêté du ministre chargé de l'urbanisme.

C. urb., art. **R. 317-31. — Le dossier ainsi constitué est soumis pour avis au directeur départemental de l'équipement.

Il est ensuite communiqué par le préfet au conseil municipal de la ou des communes intéressées qui fait connaître si la ou les communes entendent participer financièrement aux travaux.

C. urb., art. **R. 317-32. — La caisse départementale peut, soit déterminer immédiatement le chiffre maximum du prêt à consentir à l'association syndicale, soit décider que ce prêt sera égal à la différence entre la subvention de l'État et le montant des devis,

déduction faite des ressources de l'association, telles qu'elles résultent de l'examen du dossier.

C. urb., art. **R. 317-33. — **Si le total du prêt, de la subvention et des ressources propres à l'association est inférieur au montant du devis, le préfet soumet à nouveau le dossier à la caisse départementale qui décide s'il y a lieu de majorer le montant du prêt.**

Si la caisse départementale maintient le prêt au chiffre précédemment fixé, le syndicat est invité à délibérer soit sur la réduction de travaux, soit sur la création des ressources destinées à parfaire la différence. Aucune suite ne peut être donnée aux demandes de subventions et de prêts si ces réductions de travaux ne sont pas opérées ou si ces ressources complémentaires ne sont pas créées.

La décision de la caisse doit intervenir dans le mois qui suit le retour du dossier de la préfecture.

C. urb., art. R. 317-34. — **Les contrats de prêts sont signés par le préfet. Les prêts sont versés aux associations syndicales au fur et à mesure de l'avancement des travaux et au prorata des dépenses justifiées.**

Toutefois, en cas de nécessité reconnue par le préfet, la caisse peut, dans des conditions à déterminer par son conseil d'administration, avancer à chaque association syndicale au maximum les huit dixièmes du montant total du prêt consenti en principe.

C. urb., art. R. 317-35. — **Les prêts de la caisse départementale d'aménagement des lotissements sont consentis aux associations syndicales au taux qui est déterminé conformément au règlement de la caisse et qui est toujours inférieur au moins de 2 % au taux des emprunts qu'elle a elle-même contractés. Au cas où elle n'a pas eu recours à l'emprunt, le taux de ces prêts ne peut pas être supérieur au taux consenti par l'État aux sociétés d'habitation à loyer modéré. Ces prêts sont remboursables en vingt ans au maximum.**

Section IV Subventions de l'État

C. urb., art. R. 317-36. — **Les travaux d'assainissement susceptibles d'être subventionnés comprennent l'établissement des branchements particuliers jusqu'à la limite de la propriété.**

C. urb., art. R. 317-37. — **La demande tendant à obtenir les subventions prévues aux articles L. 317-1, L. 317-2 et L. 317-4 est, après avis du conseil municipal, adressée pour décision au préfet, avec les pièces énumérées par arrêté du ministre chargé de l'urbanisme.**

C. urb., art. **R. 317-38. — **Le dossier de la demande indique, le cas échéant, le montant du prêt consenti par la caisse départementale et fait connaître si le département ou la commune ou les deux à la fois contribueront aux frais d'aménagement et dans quelle proportion.**

Le dossier porte copie de la délibération du syndicat ou du comité syndical fixant les sommes que l'association syndicale peut consacrer sur ses propres ressources à l'exécution des travaux. Copie de l'arrêté approuvant le projet d'aménagement du lotissement doit également être jointe.

C. urb., art. R. 317-39. — **Les lotisseurs encore propriétaires de terrains dans les lotissements visés à l'article L. 317-1 ne peuvent bénéficier de la subvention de l'État pour la part des travaux d'aménagement afférente à ces terrains.**

Il en est de même pour les propriétaires :

De terrains bâtis ou non bâtis, d'une superficie totale dépassant 2 000 mètres carrés ;

De terrains non bâtis, sauf si ceux-ci constituent la dépendance d'une habitation desdits propriétaires dans ces lotissements ;

De terrains bâtis mais qui ne sont pas utilisés à titre principal pour l'habitation.

C. urb., art. R. 317-40. — **Les subventions susceptibles d'être allouées et dont le taux varie conformément à l'article 18 du décret n° 72-196 du 10 mars 1972 sont versées conformément aux dispositions de ce texte et notamment de son article 23.**

Section V Dispositions communes aux prêts et aux subventions

C. urb., art. **R. 317-41. — **Les subventions de l'État sont accordées par décision du préfet.**

La décision préfectorale accordant une subvention indique les travaux qui ont été admis pour le calcul de la subvention et fixe les dates limites de commencement et d'achèvement des travaux.

C. urb., art. **R. 317-42. — **Les prêts consentis par la caisse départementale sont versés aux associations syndicales dans les mêmes conditions que les subventions.**

Les subventions et les prêts sont réglés soit en totalité après achèvement des travaux, soit au prorata des dépenses justifiées. Il n'est tenu compte ni des variations de prix intervenues depuis l'établissement du devis, ni du montant des marchés dans la mesure où il excéderait le montant du devis.

Afin de compléter, le cas échéant, en cours d'exécution des travaux, les moyens de financement primitivement arrêtés, le préfet procède comme il est dit à l'article R. 317-33. Si les ressources nouvelles obtenues s'avèrent insuffisantes, une subvention complémentaire peut être demandée. Si elle n'est pas accordée, le syndicat est invité à opter entre une réduction des travaux et un rajustement des taxes.

C. urb., art. **R. 317-43. — **Un arrêté concerté entre le ministre de l'Économie et des Finances, le ministre de l'Intérieur et le ministre chargé de l'urbanisme, fixe les conditions suivant lesquelles les prêts et subventions seront ordonnancés et versés.**

Section VI Exécution des travaux

C. urb., art. **R. 317-44. — **Sauf autorisation du préfet, après avis du directeur départemental de l'équipement, aucun marché de travaux ne peut être passé par une association syndicale avant qu'il ait été statué sur l'allocation de la subvention.**

C. urb., art. **R. 317-45. — **Le contrôle des travaux, de l'emploi des fonds prêtés et des subventions, est assuré par le directeur départemental de l'équipement qui peut se rendre sur place et visiter les chantiers.**

Il vise les certificats administratifs nécessaires au paiement des emprunts ou subventions.

Au cas où il serait exceptionnellement obligé, pour la surveillance des travaux, de se faire assister par un technicien, les sommes dues par l'association syndicale pour la rémunération de celui-ci seront calculées sur la base des taux fixés par un arrêté concerté entre le ministre de l'Économie et des Finances, le ministre de l'Intérieur et le ministre chargé de l'urbanisme.

C. urb., art. **R. 317-46. — **Tous les travaux faisant l'objet d'une subvention ou d'un prêt sont mis en adjudication publique, à moins qu'un traité de gré à gré n'ait été autorisé par le préfet après avis conforme du directeur départemental de l'équipement.**

Les procès-verbaux d'adjudication et les marchés sont soumis à l'approbation préfectorale. Un arrêté préfectoral fixe les clauses et conditions générales du cahier des charges des adjudications.

C. urb., art. **R. 317-47. — **Le préfet peut décider que les travaux intéressant plusieurs communes seront mis en même temps en adjudication et fixer la date de cette adjudication.**

Section VII Action en responsabilité

C. urb., art. **R. 317-48. — **Le comité de conciliation prévu à l'article L. 317-11 (2e alinéa) comprend sous la présidence du préfet ou de son représentant, douze membres, savoir :**

Un conseiller général désigné par le conseil général chaque année au début de la première session ordinaire ;

Le directeur départemental de l'équipement ;

Le directeur départemental des services fiscaux ou son représentant ;

Le directeur départemental de l'action sanitaire et sociale ou son représentant ;

Un maire ;

Deux membres d'association syndicale ;

Deux lotisseurs ;

Trois personnes qualifiées en raison de leur connaissance spéciale en la matière.

Les membres du comité, autres que le conseiller général et que les représentants de l'Administration, sont nommés pour trois ans par arrêté préfectoral. Leurs fonctions sont renouvelables.

C. urb., art. **R. 317-49. — **Le comité tient ses séances à la préfecture. Il désigne son secrétaire. Il ne peut valablement siéger que si sept membres au moins sont présents. En cas de partage égal des voix, celle du président est prépondérante.**

C. urb., art. **R. 317-50. — **Le comité se réunit sur la convocation du préfet. Les personnes qui seraient parties à l'instance à engager par application de l'article L. 317-11 sont convoquées devant le comité par lettre recommandée avec demande d'avis de réception.**

La réunion du comité, après convocation des parties, interrompt tous délais de prescription. Il est fait mention de cette interruption sur les avis de convocation adressés aux parties.

C. urb., art. **R. 317-51. — **Si les parties ne se présentent pas, leur défaut de comparution est mentionné au procès-verbal. Si elles se présentent, et selon que le comité parvient ou ne parvient pas à réaliser la conciliation, il est dressé procès-verbal de cette conciliation ou du défaut de conciliation.**

C. urb., art. **R. 317-52. — **Il est tenu un registre, coté et paraphé par le préfet ou son délégué, des procès-verbaux du comité de conciliation. Les procès-verbaux des réunions sont signés du président et du secrétaire. Le registre est communiqué sans déplacement aux parties intéressées.**

C. urb., art. **R. 317-53. — **Si, après examen sommaire du dossier déposé à l'appui de la demande de subvention ou de prêt, le préfet estime que le lotisseur, le vendeur, le bailleur ou les intermédiaires peuvent être mis en cause en ce qui concerne les travaux d'aménagement du lotissement, il demande au juge des référés de la situation des lieux la désignation d'un expert pour faire les constatations d'urgence en ce qui concerne l'état du lotissement.**

C. urb., art. **R. 317-54. — **Le préfet procède, par arrêté, à la répartition entre l'État, la caisse départementale, les associations syndicales et, le cas échéant, la commune des sommes encaissées à la suite des condamnations prononcées sur recours exercé par l'association syndicale ou par le préfet au nom du département contre les vendeurs, bailleurs ou intermédiaires.**

Chapitre VIII
Dispositions relatives à certaines opérations

Section I Déclassements et transferts de propriété

C. urb., art. *R. 318-1. — **Les déclassements et les transferts de propriété de dépendances du domaine public prévus à l'article L. 318-1 en vue des aménagements définis aux articles L. 321-1 et R. 321-1 sont prononcés au profit de la collectivité publique ou de l'établissement public pour le compte de qui ces opérations sont entreprises.**

Lorsque cette collectivité ou cet établissement public n'a pas présenté de demande à cet effet, l'avis de son assemblée délibérante est recueilli dans les mêmes conditions et les mêmes délais que ceux qui sont prévus à l'article R. 318-2 pour la consultation des assemblées des collectivités dont la dépossession est envisagée.

C. urb., art. *R. 318-2. — **Lorsque ces déclassements ou ces transferts doivent porter sur des parties du domaine public d'une commune ou d'un établissement public, le préfet adresse au maire ou au président de l'assemblée délibérante de l'établissement public un dossier contenant :**

1° Une notice explicative exposant notamment l'objet de l'opération envisagée.

2° Un mémoire précisant la nature, la situation, les caractéristiques essentielles, les dimensions et, s'il s'agit d'immeubles, la désignation cadastrale de chacun des biens en cause.

Ce mémoire indique également la personne morale bénéficiaire du transfert de propriété.

3° Un plan de situation des biens ci-dessus mentionnés ayant un caractère immobilier.

Le conseil municipal ou l'assemblée délibérante de l'établissement public doit donner son avis sur l'opération envisagée dans un délai de quatre mois à compter de la transmission du dossier au maire ou au président.

Lorsque les déclassements et les transferts portent sur des dépendances domaniales d'un département, le conseil général, saisi par le préfet d'un dossier constitué de la même manière, doit donner son avis au cours de la première session qui suit la communication du dossier à son président.

Le décret décidant les déclassements et les transferts doit contenir les indications relatives aux caractéristiques essentielles, à la nature, à la situation, aux dimensions des biens déclassés et transférés et, s'il s'agit d'immeubles, à leur désignation cadastrale.

C. urb., art. *R. 318-3. — **À l'issue des opérations mentionnées à l'article L. 318-2, le préfet dresse la liste des équipements visés audit article dont le transfert à une collectivité locale ou à un établissement public est envisagé.**

Cette liste, accompagnée d'un mémoire comportant les précisions énumérées au premier alinéa (2°) de l'article R. 318-2 ainsi que d'un plan de situation s'il s'agit d'un immeuble, est transmise aux présidents des assemblées délibérantes des collectivités locales ou des établissements publics propriétaires, ainsi qu'à ceux qui doivent recevoir les biens transférés. Ces assemblées se prononcent sur le transfert de chacun des équipements qui les concernent.

Si ces assemblées se prononcent en faveur du projet qui leur est soumis, ce transfert fait l'objet d'une convention passée en forme administrative entre les collectivités et établissements publics intéressés.

Les équipements figurant sur la liste prévue au premier alinéa du présent article, qui n'auront pas fait l'objet, dans un délai de six mois à compter de l'envoi du dossier aux présidents des assemblées délibérantes, de la convention de transfert prévue à l'alinéa précédent pourront être transférés d'office dans les conditions et suivant la procédure prévue aux articles R. 318-4 à R. 318-9.

C. urb., art. *R. 318-4. — **Le dossier soumis à l'enquête publique prévue à l'article L. 318-2 est établi à la diligence du préfet et comprend obligatoirement :**

1° Une note explicative indiquant notamment le but de l'opération envisagée ;

2° Un état contenant l'énumération des équipements qui doivent faire l'objet d'un transfert d'office et comportant, pour chacun d'eux, les indications prévues au premier alinéa (2°) de l'article R. 318-2 ;

3° Un plan de situation des équipements ci-dessus mentionnés ayant un caractère immobilier ;

4° Les délibérations prises par application du deuxième alinéa de l'article R. 318-3.

C. urb., art. *R. 318-5. — **L'enquête est ouverte à la mairie de chaque commune sur le territoire de laquelle se trouvent des équipements à transférer.**

S'il y a lieu l'enquête est également ouverte :

À la mairie de la commune qui est le siège d'un établissement public communal ou intercommunal, lorsque cet établissement est propriétaire ou attributaire désigné des équipements à transférer ;

À la préfecture du département sur le territoire duquel se trouve le siège d'établissements publics autres que ceux mentionnés ci-dessus et qui sont intéressés de la même manière au transfert ;

À la préfecture du département sur le territoire duquel se trouvent les équipements lorsque toute autre collectivité publique est intéressée par leur transfert.

C. urb., art. *R. 318-6. — **L'enquête a lieu dans les conditions fixées par les articles 2, 3 (1er alinéa), 6, 7 et 8 du décret n° 59-701 du 6 juin 1959.**

Lorsque l'enquête est ouverte simultanément dans plusieurs départements, un arrêté conjoint du ministre de l'Intérieur et du ministre chargé de l'urbanisme désigne le préfet compétent pour prendre l'arrêté prévu à l'article 2 du décret précité, pour établir le dossier mentionné à l'article R. 318-3 et pour centraliser les résultats de l'enquête.

Codification. Les dispositions des articles 2, 3 (al. 1er), 6, 7 et 8 du décret n° 59-701 du 6 juin 1959 ont été codifiées sous les articles R. 11-4, R. 11-5 (al. 1er), R. 11-8 à R. 11-10 du Code de l'expropriation pour cause d'utilité publique. 2196

C. urb., art. *R. 318-7. — **Les personnes choisies en qualité de commissaire enquêteur ou de membre de la commission d'enquête ne doivent pas appartenir à l'administration des collectivités et établissements publics intéressés par le transfert des équipements ni participer à son contrôle. Ils ne doivent avoir aucun intérêt à l'opération projetée.**

Les indemnités accordées aux commissaires enquêteurs en vertu de l'article 4 du décret n° 59-701 du 6 juin 1959 sont applicables à l'enquête soumise aux dispositions des articles R. 318-4 à R. 318-6.

Codification. Les dispositions de l'article 4 du décret n° 59-701 du 6 juin 1959 ont été codifiées sous l'article R. 11-6 du Code de l'expropriation pour cause d'utilité publique. 2197

C. urb., art. *R. 318-8. — À l'issue de cette enquête, le dossier constitué en application de l'article R. 318-4 et les conclusions du commissaire enquêteur ou de la commission d'enquête sont soumis, à la diligence du préfet, à l'avis des assemblées délibérantes intéressées.

Les délais prévus aux 2e et 3e alinéas de l'article R. 318-2 sont applicables à cette consultation.

C. urb., art. *R. 318-9. — Le décret qui, en application de l'article L. 318-2 procède au transfert d'office d'équipements doit comporter, pour chacun d'eux, les indications prévues au 2° du premier alinéa de l'article R. 318-2.

Le décret mentionne en outre ceux d'entre eux qui sont classés dans le domaine public et, éventuellement, ceux dont l'entretien présente le caractère d'une dépense obligatoire.

C. urb., art. *R. 318-10. — L'enquête prévue à l'article L. 318-3 en vue du transfert dans le domaine public communal de voies privées ouvertes à la circulation publique dans un ensemble d'habitation est ouverte à la mairie de la commune sur le territoire de laquelle ces voies sont situées.

***(Al. rempl., D. n° 2005-361, 13 avr. 2005, art. 1er, I)* Le maire ouvre cette enquête, après délibération du conseil municipal, le cas échéant à la demande des propriétaires intéressés.**

***(Al. rempl., D. n° 2005-361, 13 avr. 2005, art. 1er, II)* Le dossier soumis à l'enquête comprend obligatoirement :**

1° La nomenclature des voies et des équipements annexes dont le transfert à la commune est envisagé ;

2° Une note indiquant les caractéristiques techniques de l'état d'entretien de chaque voie ;

3° Un plan de situation ;

4° Un état parcellaire.

Le conseil municipal doit donner son avis sur ce projet dans un délai de quatre mois.

Avis du dépôt du dossier à la mairie est notifié dans les conditions prévues *(Réf. rempl., D. n° 2005-361, 13 avr. 2005, art. 1er, II)* « par l'article R.*141-7 du Code de la voirie routière » aux personnes privées ou publiques propriétaires des voies dont le transfert est envisagé.

***(Al. rempl., D. n° 2005-361, 13 avr. 2005, art. 1er, III)* L'enquête a lieu conformément aux dispositions des articles R.*141-4, R.*141-5 et R.*141-7 à R.*141-9 du Code de la voirie routière.**

Les dispositions de l'article R. 318-7 sont applicables à l'enquête prévue par le présent article.

2198 **Codification.** Les dispositions des articles 2, 3 (al. 1er), 6, 7, 8, 9 (al. 1er et 2) et 16 du décret n° 59-701 du 6 juin 1959 ont été codifiées sous les articles R. 11-4, R. 11-5 (al. 1er), R. 11-8 à R. 11-10, R. 11-13 et R. 11-22 du Code de l'expropriation pour cause d'utilité publique.

2199 **Futur décret.** Les modifications « décentralisatrices » introduites dans l'article L. 318-3 par la loi « Libertés et responsabilités locales » du 13 août 2004 devront faire l'objet d'un décret pour leur entrée en vigueur (Circ. min. Int. DGCL, 10 sept. 2004).

Voir aussi : Annotations sous C. urb., art. L. 318-3, p. 263.

C. urb., art. *R. 318-11. — L'opposition des propriétaires intéressés visée au troisième alinéa de l'article L. 318-3 doit être formulée, au cours de l'enquête prévue à l'article R. 318-10, dans les conditions fixées *(Mots rempl., D. n° 2005-361, 13 avr. 2005, art. 2)* « à l'article R.*141-8 du Code de la voirie routière ».

2200 **Codification.** Les dispositions de l'article 6 du décret n° 59-701 du 6 juin 1959 ont été codifiées sous l'article R. 11-8 du Code de l'expropriation pour cause d'utilité publique.

C. urb., art. *R. 318-12 *(Ab., D. n° 2005-361, 13 avr. 2005, art. 3)*.

Section II Mise en demeure de construire

Néant.

Section III Dispositions particulières aux commerçants et artisans

Néant.

Section IV Dispositions particulières à certaines opérations

C. urb., art. *R. 318-13 *(D. n° 76-276, 29 mars 1976)*. — **Dans les zones de résorption de l'habitat insalubre qui ont pour objet la construction de logements et qui n'entrent pas dans le champ d'application de l'article L. 113-1, les clauses de la convention visée à l'article 1er du décret n° 71-495 du 24 juin 1971 relative au programme de reconstruction ne pourront être signées que postérieurement à la décision par laquelle le *(Mots rempl., D. n° 2001-260, 27 mars 2001, art. 3)* « plan local d'urbanisme » est rendu public.**

C. urb., art. R. 318-14 *(D. n° 78-259, 6 mars 1978)*. — **Le programme des équipements sportifs inclus dans le programme des équipements publics des zones d'aménagement concerté ou des zones de rénovation urbaine doit tenir compte des équipements existant dans la commune et les communes voisines.**

Le préfet soumet ce programme pour avis au chef du service départemental relevant du ministre chargé des sports. Cet avis est réputé favorable s'il n'est pas émis dans le délai de deux mois.

Lorsque *(Mots suppr., D. n° 2001-261, 27 mars 2001, art. 2 et 5)* « ... » le *(Mots rempl., D. n° 2001-260, 27 mars 2001, art. 3)* « plan local d'urbanisme » autorise l'implantation d'installations soumises à autorisation, le préfet peut, en accord avec la commune ou l'établissement public groupant plusieurs communes et ayant compétence en matière d'urbanisme, décider que les équipements sportifs devront être, en tout ou en partie, réalisés à l'extérieur de la zone.

C. urb., art. *R. 318-15 *(D. n° 77-757, 7 juill. 1977)*. — **Dans les zones d'habitation et dans les zones industrielles créées avant l'institution des zones d'aménagement concerté, les dispositions destinées à assurer l'unité d'urbanisme et d'architecture dans la zone considérée qui sont incluses dans les cahiers des charges de concession et dans les cahiers des charges de cession de terrains approuvés sont, postérieurement à la fin de la concession, incorporées au *(Mots rempl., D. n° 2001-260, 27 mars 2001, art. 3)* « plan local d'urbanisme », s'il en existe un, par décision du préfet.**

Lorsque l'établissement d'un *(Mots rempl., D. n° 2001-260, 27 mars 2001, art. 3)* « plan local d'urbanisme » n'a pas été prescrit ou si le *(Mots rempl., D. n° 2001-260, 27 mars 2001, art. 3)* « plan local d'urbanisme » n'a pas été rendu public ou approuvé au moment de la fin de la concession, les dispositions des cahiers des charges destinées à assurer l'unité d'urbanisme et d'architecture dans la zone peuvent être modifiées, suivant les modalités fixées à l'article R. 215-6.

Section V Dispositions applicables aux communes de Paris, Marseille et Lyon ainsi qu'aux communes issues d'une fusion et comportant une ou plusieurs communes associées

Objet. Les dispositions de ces articles introduites dans le présent code par l'article 3 du décret n° 83-666 du 22 juillet 1983 (*JO* 24 juill. 1983) adaptent les procédures de consultation en cas de création ou de réalisation de zones d'habitation, de zones de rénovation urbaine, de zones de réhabilitation, de zones industrielles et de zones artisanales à la nouvelle organisation administra- 2201

tive de Paris, Marseille, Lyon et des établissements publics de coopération intercommunale mis en place par la loi n° 82-1169 du 31 décembre 1982 (*JO* 1er et rectif. 20 janv. 1983).
En particulier, l'article R. 318-18 règle l'ordre de consultation du conseil d'arrondissement et du conseil municipal pour la création et l'établissement du dossier de réalisation d'une ZAC ainsi que pour l'application anticipée du PAZ (étant précisé que ce document a été supprimé par la loi du 13 décembre 2000).

C. urb., art. R. 318-16 *(D. n° 83-666, 22 juill. 1983).*— **Lorsqu'il y a lieu, par application des dispositions des articles 9 et 66 de la loi du 31 décembre 1982 susvisée, à la consultation des conseils d'arrondissement des communes de Paris, Marseille et Lyon ou des conseils consultatifs ou commissions consultatives existant dans les communes issues d'une fusion, sur un projet de zone d'habitation, de zone de rénovation urbaine, de zone de réhabilitation, de zone industrielle et de zone artisanale, il est procédé à cette consultation dans les conditions prévues aux articles ci-après pour les conseils d'arrondissement.**

C. urb., art. R. 318-17 *(D. n° 83-666, 22 juill. 1983).*— **Le maire de la commune consulte le ou les conseils d'arrondissement dans le ressort territorial desquels la réalisation de la zone est prévue en tout ou partie.**

C. urb., art. R. 318-18 *(D. n° 83-666, 22 juill. 1983 ; rempl., D. n° 2001-261, 27 mars 2001, art. 2 et 6).*— **Le conseil d'arrondissement est consulté avant toute délibération du conseil municipal prise en application des articles R. 311-2, R. 311-4, R. 311-7, R. 311-8 et R. 311-12.**

C. urb., art. R. 318-19 *(D. n° 83-666, 22 juill. 1983).*— **Lorsqu'une de ces zones mentionnées à l'article R. 318-16 n'est pas créée ou réalisée dans le cadre de la procédure de zone d'aménagement concerté, le conseil d'arrondissement est consulté avant toute délibération du conseil municipal sur le projet de création ou de réalisation.**

C. urb., art. R. 318-20 *(D. n° 83-666, 22 juill. 1983).*— **Le conseil d'arrondissement est également consulté par le maire de la commune avant toute délibération du conseil municipal portant sur les objets ci-dessus lorsque cette délibération est prise à la demande d'un établissement public de coopération intercommunale ayant compétence pour la création ou la réalisation de zones mentionnées à l'article R. 318-16.**

C. urb., art. R. 318-21 *(D. n° 83-666, 22 juill. 1983).*— **Le conseil d'arrondissement émet son avis dans le délai fixé par le maire de la commune. Ce délai ne peut être inférieur à quinze jours à compter de la saisine du conseil d'arrondissement.**

Cet avis est réputé favorable s'il n'intervient pas dans le délai prévu.

C. urb., art. R. 318-22 *(D. n° 83-666, 22 juill. 1983).*— **La demande d'avis est accompagnée des documents au vu desquels le conseil municipal sera appelé à délibérer.**

L'avis du conseil d'arrondissement ou à défaut le document justifiant qu'il a été saisi dans les délais nécessaires est joint au projet de délibération et annexé à la délibération du conseil municipal. Il est également joint au dossier soumis à l'enquête publique ou tenu à la disposition du public.

TITRE II

ORGANISMES D'EXÉCUTION

Chapitre I

Sociétés d'économie mixte et établissements publics

Section I Opérations d'aménagement

C. urb., art. *R. 321-1 ***(D. n° 77-863, 26 juill. 1977).*** **— Les opérations mentionnées au premier alinéa de l'article L. 321-1 peuvent être confiées à des sociétés d'économie mixte dont le capital social est détenu, à concurrence de plus de 50 % sans pouvoir excéder 65 %, par des collectivités territoriales et des groupements de ces collectivités. Les statuts de ces sociétés comportent des clauses types fixées par décret en Conseil d'État.**

Dispositions sur les SEM. Elles résultent de la loi n° 83-597 du 7 juillet 1983 modifiée par la loi 2202
n° 2002-1 du 2 janvier 2002 qui a porté à 85 % le pourcentage antérieur de 65 %.

Voir aussi : Notes avant C. urb., art. L. 321-1, p. 267, et textes pertinents ci-après.

Statuts types. Depuis la loi n° 82-213 du 2 mars 1982 relative aux droits et libertés des commu- 2203
nes, des départements et des régions, les contrats types n'ont plus de caractère véritablement obligatoire et ne constituent plus, en principe, que de simples modèles dont les parties peuvent s'inspirer pour établir et rédiger leurs contrats.
En dernier lieu, les statuts types des sociétés d'économie mixte visées au présent article ont été approuvés par le décret n° 69-295 du 24 mars 1969, puis modifiés par le décret n° 77-205 du 19 février 1977. Ils devront être adaptés au nouveau régime issu de la loi n° 2002-1 du 2 janvier 2002.

Section II Modalités de constitution et de fonctionnement des établissements publics et des sociétés d'économie mixte

§ 1 Établissements publics

Voir aussi : comm. sous C. urb., art. L. 321-1 et s., p. 267.

C. urb., art. *R. 321-2. — Les établissements publics créés en application des articles L. 321-1 et R. 321-1 ont un caractère industriel et commercial. Ils sont dotés de la personnalité morale et de l'autonomie financière.

C. urb., art. *R. 321-3 ***(Ab., D. n° 77-863, 26 juill. 1977).***

C. urb., art. *R. 321-4 ***(D. n° 77-863, 26 juill. 1977 ; D. n° 84-1159, 21 déc. 1984).*** **— Pour l'application du dernier alinéa de l'article L. 321-5 du Code de l'urbanisme, une commune est regardée comme liée à un établissement public d'aménagement lorsqu'elle a passé avec cet établissement une convention de délégation de maîtrise d'ouvrage répondant aux conditions suivantes :**

1° La convention doit avoir été signée avant la date d'installation ou de renouvellement du conseil d'administration de l'établissement et couvrir une période d'au moins trois années pleines à compter de celle-ci ;

2° Elle doit s'appliquer à tous les équipements et aménagements relevant de la maîtrise d'ouvrage communale qui sont soit prévus dans le cadre de la convention mentionnée à l'article 10 de la loi du 13 juillet 1983 susvisée, soit, à défaut de convention, rendus nécessaires par le développement de l'urbanisation sous forme d'une zone d'aménagement concerté ou de lotissements ou d'opérations groupées comprenant chacune plus de trente logements ;

3° Elle doit confier à l'établissement public un ensemble de missions comprenant notamment :

a) **La définition, dans la limite du programme des opérations et de l'enveloppe financière prévisionnelle que la commune aura arrêtées, des conditions administratives et techniques selon lesquelles les ouvrages seront étudiés et exécutés ;**

b) **Le choix des maîtres d'œuvres ;**

c) **La signature des contrats de maîtrise d'œuvre ;**

d) **Le choix des entreprises ;**

e) **La signature des contrats de travaux ;**

f) **Le paiement de la maîtrise d'œuvre et des travaux ;**

g) **La réception des ouvrages.**

C. urb., art. *R. 321-5 *(D. n° 77-863, 26 juill. 1977)*. — **Faute par l'assemblée spéciale instituée en application de l'article L. 321-5 d'avoir élu ses représentants au conseil d'administration de l'établissement, il est procédé à cette désignation par le préfet.**

L'assemblée spéciale est réunie au moins une fois par an dans des conditions fixées par le statut. Elle peut être convoquée en séance extraordinaire soit par le président du conseil d'administration, soit à la demande d'un tiers des membres de l'assemblée.

Elle entend le compte rendu de l'activité du conseil d'administration. Elle donne son avis notamment sur les prévisions budgétaires, les comptes et l'orientation générale de l'activité de l'établissement.

C. urb., art. *R. 321-6 *(D. n° 77-863, 26 juill. 1977)*. — **Les membres du conseil d'administration ne peuvent prendre ou conserver aucun intérêt, occuper aucune fonction dans les entreprises privées traitant avec l'établissement pour des marchés de travaux ou de fournitures ou assurer des prestations pour ces entreprises. Ils ne peuvent, en aucun cas, prêter leur concours, à titre onéreux, à l'établissement.**

C. urb., art. *R. 321-6-1 *(D. n° 77-863, 26 juill. 1977)*. — **Le statut des personnels de ceux des établissements publics, créés en application du premier alinéa de l'article L. 321-1, qui sont chargés de l'aménagement d'une agglomération nouvelle, est fixé par arrêté conjoint du ministre chargé de l'urbanisme, du ministre de l'Économie et des Finances et du ministre de l'intérieur pris après avis des conseils d'administration des établissements publics intéressés et consultation des organisations syndicales les plus représentatives.**

C. urb., art. *R. 321-7. — **Les fonctions d'agent comptable sont confiées par le préfet, après avis du trésorier-payeur général, soit à un comptable direct du Trésor, soit à un agent comptable spécial nommé sur proposition du conseil d'administration.**

L'agent comptable est chargé, sous sa responsabilité propre, de la perception des recettes, du paiement des dépenses, de la caisse et du portefeuille. Il a seul qualité pour opérer tout maniement de fonds ou de valeurs. Il veille à la conservation des droits et à la rentrée des revenus, créances et autres ressources de l'établissement.

Il est personnellement et pécuniairement responsable de sa gestion et de la sincérité de ses écritures. Il doit, dans l'exécution de son service, se conformer aux directives générales d'ordre financier et comptable applicables, sauf dispositions contraires du décret institutif, aux établissements publics communaux.

Il est justiciable de la Cour des comptes et soumis au contrôle de l'inspection générale des finances et du trésorier-payeur général.

C. urb., art. *R. 321-8. — **Le compte financier, visé par le directeur, délibéré par le conseil d'administration et arrêté par le préfet, est présenté par l'agent comptable à la Cour des comptes dans les neuf mois qui suivent la clôture de l'exercice.**

C. urb., art. *R. 321-9. — Les établissements publics sont soumis au contrôle du préfet lorsque leur activité s'exerce dans le cadre d'un seul département.

Lorsque cette activité s'étend sur plusieurs départements, le contrôle est exercé par l'un des préfets désignés par le décret institutif, sans préjudice de l'application des dispositions du décret n° 55-733 du 26 mai 1955 relatif au contrôle économique et financier de l'État.

C. urb., art. *R. 321-10. — Les prévisions budgétaires sont adressées pour approbation avant le 1er octobre de chaque année à l'autorité chargée du contrôle qui doit statuer avant le 15 décembre.

Les projets d'emprunt sont soumis à la même approbation.

C. urb., art. *R. 321-11 *(D. n° 77-863, 26 juill. 1977)*. — Les délibérations mentionnées à l'article L. 321-7 ne sont exécutoires qu'après leur approbation par l'autorité chargée du contrôle.

Cette approbation est donnée après avis du ou des directeurs départementaux de l'équipement.

C. urb., art. *R. 321-12 *(Ab., D. n° 77-863, 26 juill. 1977)*.

§ 2 Sociétés d'économie mixte

Bibliographie : P. COUDERT, *Les sociétés d'économie mixte locales face à l'application des procédures collectives : une adaptation nécessaire : Petites affiches,* 21 oct. 1994, p. 9 et s. – J.-F. BIZET, *La responsabilité des élus à la tête des sociétés d'économie mixte : aspect administratif et civil : Petites affiches,* 15 févr. 1995, p. 31-35 ; *Actualité du droit des sociétés d'économie mixte locales. Travaux de la journée d'étude de la faculté de droit de la Réunion du 14 avril 1995 : Petites affiches,* 25 oct. 1995, n° 128. – M. LEROY, *Société d'économie mixte : pour une réforme en profondeur : MTPB* 1er déc. 1995, p. 46 et 47. – C. MAUGÜÉ et J.-H. STAHL, *Le cadre juridique des relations financières entre les sociétés d'économie mixte et les collectivités locales : AJDA* 7-8/96, p. 475 ; *Les sociétés d'économie mixte locales : Les cahiers du CNFPT,* avr. 1996. – J.-C. MICHEL, *Des sociétés d'économie mixte locales à capitaux publics minoritaires : utopie, évolution ou révolution : RF fin. publ.* 1996, p. 117. – M.-P. CHANLAIR, F. LAMBERT, *Les communes et leurs sociétés d'économie mixte : RFDA* 3/97, p. 483 et s. – J. MOREAU, *Le contrôle du juge administratif sur les sociétés d'économie mixte locales* in *Mélange G. Dupuis,* LGDJ, p. 253. – Y. CLAISSE, P. MOREAU, *La modernisation des SEM locales – Loi n° 2001-1 du 2 janvier 2002 : JCP* E, n° 7, 14 févr. 2002, p. 293.

Intérêt des SEM locales. Les avantages pratiques de la société d'économie mixte, qui permet aux collectivités publiques d'agir avec l'efficacité du droit privé, tout en s'assurant, par une participation majoritaire au capital, le contrôle des décisions du conseil d'administration, expliquent la faveur croissante de cette formule auprès des collectivités locales et la réforme de leur statut par la loi n° 83-597 du 7 juillet 1983 dont le principe de base réside dans l'alignement de leur régime juridique sur les règles du droit des sociétés, leur conférant ainsi une nouvelle souplesse. Cette tendance est renforcée par la loi du 2 janvier 2002. 2204

Celle-ci vise aussi à une plus grande maîtrise des collectivités territoriales sur leurs SEM : elles doivent détenir de 50 % à 85 % du capital social et des voix dans les organes délibérants ; le montant minimum de ce capital social est fixé à 150 000 euros pour les SEM d'aménagement et à 225 000 euros pour les SEM dont l'objet est la construction d'immeubles destinés à la vente ou à la location. Les collectivités territoriales doivent exercer un contrôle sur les SEM, par examen d'un rapport écrit annuel de ces dernières par les organes délibérants desdites collectivités. L'ensemble de ces dispositifs de participation, de surveillance et de contrôle est énoncé dans les articles L. 1522-1 et suivants du Code général des collectivités territoriales reproduits ci-après.

C. urb., art. R. 321-13 et R. 321-14 *(Ab., D. n° 86-517, 14 mars 1986)*.

C. urb., art. *R. 321-15 *(Ab., D. n° 77-863, 26 juill. 1977)*.

C. urb., art. *R. 321-16. — Lorsque la concession est accordée au nom de l'État, elle est consentie par arrêté conjoint du ministre chargé de l'urbanisme, du ministre de l'Intérieur et du ministre de l'Économie et des Finances, après consultation des collectivités locales intéressées.

2205 **Dispositif conventionnel.** La loi SRU du 13 décembre 2000 a substitué les conventions publiques d'aménagement aux concessions d'aménagement.

Voir aussi : notes sous C. urb., art. L. 300-4, p. 218.

C. urb., art. R. 321-17 à R. 321-19 *(Ab., D. n° 86-517, 14 mars 1986).*

CGCT, art. L. 1522-1. — Les assemblées délibérantes des communes, des départements, des régions et de leurs groupements peuvent, à l'effet de créer des sociétés d'économie mixte locales mentionnées à l'article L. 1521-1, acquérir des actions ou recevoir, à titre de redevance, des actions d'apports, émises par ces sociétés.

Les prises de participation sont subordonnées aux conditions suivantes :

1° La société revêt la forme de société anonyme régie par la loi n° 66-537 du 24 juillet 1966 sur les sociétés commerciales, sous réserve des dispositions du présent titre ;

2° Les collectivités territoriales et leurs groupements détiennent, séparément ou à plusieurs, plus de la moitié du capital de ces sociétés et des voix dans les organes délibérants.

Sous réserve, pour les État qui ne sont pas membres de l'Union européenne, de la conclusion d'un accord préalable avec les États concernés, des collectivités territoriales étrangères et leurs groupements peuvent participer au capital de sociétés d'économie mixte locales dont l'objet social est conforme à l'article L. 1521-1.

Ils ne peuvent toutefois pas détenir, séparément ou à plusieurs, plus de la moitié du capital et des voix dans les organes délibérants détenus par l'ensemble des collectivités territoriales et leurs groupements.

CGCT, art. L. 1522-2. — La participation des actionnaires autres que les collectivités territoriales et leurs groupements ne peut être inférieure à 15 % du capital social.

– Par dérogation aux dispositions de l'article 71 de la loi n° 66-537 du 24 juillet 1966 précitée, le capital social doit être au moins égal à 225 000 euros pour les sociétés ayant dans leur objet la construction d'immeubles à usage d'habitation, de bureaux ou de locaux industriels, destinés à la vente ou à la location, et à 150 000 euros pour celles ayant dans leur objet l'aménagement.

CGCT, art. L. 1522-4. — Les collectivités territoriales et leurs groupements peuvent, en leur qualité d'actionnaires, prendre part aux modifications de capital ou allouer des apports en compte courant d'associés aux sociétés d'économie mixte locales dans les conditions définies à l'article L. 1522-5.

Ces concours financiers ne sont pas régis par les dispositions du titre I du présent livre.

CGCT, art. L. 1523-2. — Lorsqu'une société d'économie mixte locale est liée à une collectivité territoriale, un groupement de collectivités territoriales ou une autre personne publique par une convention publique d'aménagement visée à l'article L. 300-4 du Code de l'urbanisme, celle-ci prévoit à peine de nullité :

1° L'objet du contrat, sa durée et les conditions dans lesquelles il peut éventuellement être prorogé ou renouvelé ;

2° Les conditions de rachat, de résiliation ou de déchéance par la collectivité, le groupement ou la personne publique contractant ainsi que, éventuellement, les conditions et les modalités d'indemnisation de la société ;

3° Les obligations de chacune des parties et notamment, le cas échéant, le montant de la participation financière de la collectivité territoriale, du groupement ou de la personne publique dans les conditions prévues à l'article L. 300-5 du Code de l'urbanisme, ainsi que les modalités de contrôle technique, financier et comptable exercé par la personne contractante dans les conditions prévues à l'article L. 300-5 précité ;

4° Les conditions dans lesquelles la personne publique contractante peut consentir des avances justifiées par un besoin de trésorerie temporaire de l'opération ; celles-ci doivent être en rapport avec les besoins réels de l'opération mis en évidence par le compte rendu financier visé à l'article L. 300-5 du Code de l'urbanisme ; ces avances font l'objet d'une convention approuvée par l'organe délibérant de la personne publique contractante et précisant leur montant, leur durée, l'échéancier de leur remboursement ainsi que leur rémunération éventuelle ; le bilan de la mise en œuvre de cette convention est présenté à l'Assemblée délibérante en annexe du compte rendu annuel à la collectivité ;

5° Les modalités de rémunération de la société ou de calcul du coût de son intervention, librement négociées entre les parties ;

6° Les pénalités applicables en cas de défaillance de la société ou de mauvaise exécution du contrat.

CGCT, art. L. 1523-5. — **Les collectivités territoriales et leurs groupements peuvent accorder aux sociétés d'économie mixte exerçant une activité de construction ou de gestion de logements des subventions ou des avances destinées à des programmes de logement, et à leurs annexes, dont les financements sont assortis de maxima de loyers ou de ressources des occupants, déterminés par l'autorité administrative.**

Les programmes immobiliers des sociétés d'économie mixte au sens du présent article comprennent la réalisation de logements sociaux par la voie de la construction d'immeubles neufs, de la réhabilitation ou des grosses réparations effectuées sur des immeubles leur appartenant ou acquis.

Les assemblées délibérantes des départements et des communes votent ces subventions au vu d'une étude financière détaillant le coût total de l'investissement immobilier, ainsi que l'équilibre prévisionnel d'exploitation, accompagnée d'un rapport sur la situation financière de la société.

La subvention accordée est au plus égale à la différence entre le coût de l'opération et le total des autres financements qui lui sont affectés. Lorsque cette condition n'est pas remplie, son montant est, le cas échéant, réduit au plus tard un an après la mise en service de l'opération.

Une convention fixe les obligations contractées par les sociétés en contrepartie des financements accordés pour les logements.

(...).

§ 3 *Dispositions communes*

C. urb., art. *R. 321-20 *(D. n° 76-276, 29 mars 1976 ; D. n° 77-204, 18 févr. 1977 ; D. n° 86-517, 14 mars 1986)*. — **L'État, les collectivités locales et les établissements publics peuvent, par convention passée avec un des organismes prévus au présent chapitre, lui confier le soin de procéder en leur nom et pour leur compte à la réalisation d'études, à des acquisitions foncières, à l'exécution de travaux, et à la construction d'ouvrages ou de bâtiments de toute nature.**

La convention détermine les conditions techniques, administratives et financières de la réalisation des travaux. Elle précise notamment les conditions dans lesquelles l'État, la collectivité locale ou l'établissement public intéressé exercera un contrôle technique des travaux ou assurera leur direction technique et procédera à la réception des ouvrages ou bâtiments. Elle fixe, le cas échéant, les conditions dans lesquelles l'État, la collectivité locale ou l'établissement public mettra à la disposition de l'organisme les fonds nécessaires ou procédera au remboursement des dépenses exposées par lui. Dans ce dernier cas, elle précise, s'il y a lieu, les garanties exigées.

Cette convention peut, éventuellement, habiliter l'organisme à solliciter et à percevoir directement les subventions ou les prêts susceptibles d'être accordés.

C. urb., art. *R. 321-21. — **Les établissements publics et les sociétés d'économie mixte doivent tenir leur comptabilité conformément à un plan comptable particulier établi sur les bases du plan comptable général et approuvé par le ministre de l'Économie et des Finances.**

C. urb., art. *R. 321-22. — **Le concours du Fonds national d'aménagement foncier et d'urbanisme peut être consenti aux établissements publics et aux sociétés d'économie mixte prévus au présent chapitre dans les mêmes conditions qu'aux collectivités locales.**

Abrogation. Les dispositions relatives au Fonds national d'aménagement foncier et d'urbanisme ont été abrogées par la loi SRU (C. urb., anc. art. L. 331-2 et R. 331-1 dont la partie réglementaire reste à abroger). 2206

C. urb., art. *R. 321-23 *(Ab., D. n° 86-517, 14 mars 1986)*.

C. urb., art. *R. 321-24. — Les établissements publics et sociétés d'économie mixte déjà créés en application du décret n° 56-1109 du 6 novembre 1956 restent soumis aux dispositions de leurs décrets institutifs.

Ils sont régis pour leur fonctionnement par le présent chapitre.

C. urb., art. *R. 321-25. — Les dispositions du présent chapitre ne peuvent être modifiées que par décret en Conseil d'État.

Chapitre II
Associations foncières urbaines

2207 **Application de l'Ordonnance du 1er juillet 2004.** Un décret d'application de cette ordonnance qui constitue le nouveau régime des associations syndicales de propriétaires, dont les AFU, devrait intervenir prochainement. Aux termes de l'article 60 de cette Ordonnance, il comprendra notamment : la détermination de l'autorité administrative compétente pour la création, la transformation ou la dissolution des associations autorisées et les modalités de transmission à cette autorité des actes de ces associations, les modalités de l'enquête publique et de consultation des propriétaires, les modalités de réunion et de délibération de l'assemblée des propriétaires, la représentation avec voix consultative au sein du syndicat d'organismes accordant des subventions, les conditions d'élaboration du rapport d'activité, les conditions de passation et d'exécution des marchés d'une association syndicale autorisée, les modalités de substitution de l'État, d'une collectivité territoriale ou d'un groupement de collectivités à une association syndicale autorisée, les dérogations à l'obligation de dépôt des fonds, les dispositions budgétaires et comptables, la définition de la surface en deçà de laquelle une procédure simplifiée est possible pour étendre ou réduire le périmètre d'une association syndicale autorisée.

Voir aussi : Comm. sous C. urb., art. L. 322-1 et s., p. 272.

C. urb., art. *R. 322-1 ***(D. n° 76-267, 25 mars 1976 ; D. n° 86-517, 14 mars 1986).*** **— Les associations foncières urbaines ayant pour objet les opérations prévues à l'article L. 322-2 (1°, 2° et 5°) sont soumises aux dispositions du décret du 18 décembre 1927 modifié portant règlement d'administration publique pour l'exécution de la loi du 21 juin 1865 et à celles du présent chapitre.**

Section I Dispositions générales

C. urb., art. *R. 322-2 ***(D. n° 76-267, 25 mars 1976).*** **— Les appellations syndicat, directeur, directeur adjoint utilisées dans le décret du 18 décembre 1927 sont remplacées, en ce qui concerne les associations mentionnées à l'article R. 322-1, respectivement par celles de conseil des syndics, président, vice-président.**

C. urb., art. *R. 322-2-1 ***(D. n° 77-863, 26 juill. 1977).*** **— L'acte constitutif des associations foncières urbaines libres ainsi que les actes constatant les adhésions ultérieures sont publiés au fichier immobilier dans les conditions et délais prévus par les décrets n° 55-22 du 4 janvier 1955 et n° 55-1350 du 14 octobre 1955.**

C. urb., art. *R. 322-3 ***(D. n° 76-267, 25 mars 1976 ; D. n° 77-863, 26 juill. 1977 ; D. n° 86-517, 14 mars 1986 ; D. n° 88-199, 29 févr. 1988).*** **— L'engagement souscrit par une personne publique ou privée d'acquérir les immeubles ou, en cas d'immeubles en copropriété, les fractions d'immeubles qui auront fait l'objet d'un délaissement doit être joint au projet d'acte d'association soumis à l'enquête prévue à l'article 6 du décret du 18 décembre 1927, à moins que celui-ci ne prévoie que l'association y sera engagée.**

Le préfet du département saisi d'un projet d'acte d'association l'adresse sans délai au maire afin de recueillir l'accord ou l'avis, selon les cas prévus à l'article L. 322-3-2, du

conseil municipal. Cette formalité n'est pas obligatoire si la délibération du conseil municipal est jointe au projet. Lorsque l'accord du conseil municipal n'est pas exigé, son avis est réputé favorable s'il n'est pas émis dans le délai de deux mois à compter de la réception par le maire du projet d'acte d'association.

Dans le délai de trois mois à compter de la date de l'accord ou de l'avis du conseil municipal, le préfet du département prend un arrêté prescrivant l'enquête administrative et convoquant les propriétaires en assemblée générale ou, à défaut, notifie au demandeur les raisons pour lesquelles il estime que le dossier n'est pas susceptible d'être instruit.

Lorsqu'un des immeubles compris dans le périmètre envisagé est régi par la loi n° 65-557 du 10 juillet 1965 fixant le statut de la copropriété des immeubles bâtis, la notification prévue à l'article 7 du décret du 18 décembre 1927 est faite à chacun des copropriétaires.

Lorsqu'un immeuble compris dans le périmètre envisagé est en indivision, l'ensemble des indivisaires est compté pour un seul propriétaire.

L'autorisation prévue à l'article 11 du décret du 18 décembre 1927 est subordonnée aux conditions de majorité prescrites, selon le cas, aux articles L. 322-3 et L. 322-3-1. Elle intervient dans le délai de deux mois à compter de l'assemblée générale des propriétaires.

L'acte constitutif de l'association est publié au fichier immobilier dans les conditions et délais prévus par les décrets n° 55-22 du 4 janvier 1955 et n° 55-1350 du 14 octobre 1955.

Pouvoir du préfet. Même lorsque toutes les conditions exigées sont remplies, le préfet a le pouvoir de décider au vu des observations recueillies au cours de l'enquête et de l'avis du commissaire enquêteur, en tenant compte des divers intérêts particuliers en présence et de l'intérêt général, si l'association foncière urbaine peut ou non être autorisée. Sa décision n'est soumise qu'à un contrôle restreint de la part du juge de l'excès de pouvoir (CE, 19 mai 1911, *Cne de Tréclun : Rec. CE*, p. 594). 2208

Copropriété. Si, en cas d'immeuble en copropriété, chaque copropriétaire est membre à titre personnel de l'« AFU », il n'en est évidemment pas de même pour les titulaires de parts ou d'actions, lorsqu'il s'agit d'un immeuble appartenant à une société : celle-ci est alors comptée pour un seul propriétaire (Circ. n° 75-133, 3 sept. 1975). 2209

Indivision. Pour tout immeuble, en indivision, l'ensemble des indivisaires étant compté pour un seul propriétaire, ceux-ci sont tenus de se faire représenter par un mandataire commun (Circ. n° 75-133, 3 sept. 1975). 2210

C. urb., art. R. 322-4 *(Ab., D. n° 86-517, 14 mars 1986).*

C. urb., art. *R. 322-5 *(D. n° 76-267, 25 mars 1976).* — En application de l'article L. 320-10, une personne publique ou privée ne peut prendre en charge tout ou partie des études nécessaires au fonctionnement d'une association foncière urbaine que dans le cadre d'une convention passée avec le conseil des syndics et approuvée par l'assemblée générale.

Cette assistance technique autorise la personne qui l'a consentie à être représentée avec voix consultative aux délibérations de l'assemblée générale et du conseil des syndics ou, en cas d'association constituée d'office, à la commission administrative gérant l'association.

Études préalables. À l'égard de l'assistance technique pour les études, la circulaire n° 75-133 du 3 septembre 1975 précise, selon l'objet des associations foncières urbaines : 2211

1° Remembrement parcellaire. – Les associations foncières urbaines ont toute liberté pour choisir le technicien qui leur paraît le plus qualifié en raison de ses compétences propres pour effectuer les études afférentes à l'opération de remembrement pour laquelle leur création a été autorisée.

2° Groupement de parcelles. – L'assistance technique n'est pas applicable aux associations foncières urbaines de groupement de parcelles en vue d'en conférer l'usage à un tiers par bail à construction ou d'en faire apport à certaines sociétés de construction, car les études en matière de groupement de parcelles doivent être effectuées d'une façon complète préalablement à l'autorisation de création.

3° Secteurs sauvegardés et restauration immobilière. – L'assistance technique peut être consentie aux associations foncières urbaines de restauration pour les études préalables aux travaux concernant l'aspect extérieur des bâtiments et pour celles concernant l'aménagement des terrains compris dans les périmètres des associations dans les conditions prévues pour les associations foncières urbaines de remembrement parcellaire.

Section II Dispositions concernant les associations foncières urbaines de remembrement

§ 1 Constitution de l'association autorisée

C. urb., art. *R. 322-6 *(D. n° 76-267, 25 mars 1976).* — **Au projet d'acte d'association soumis à l'enquête prévue à l'article 6 du décret du 18 décembre 1927 doivent être joints :**

Un plan parcellaire indiquant le tracé du ou des périmètres intéressés, accompagné de l'état des propriétaires de chaque parcelle avant remembrement.

Une notice explicative de l'utilité du remembrement des propriétés pour parvenir à une meilleure utilisation du sol eu égard notamment aux prescriptions d'urbanisme.

Une estimation du coût des études déjà réalisées et à prévoir.

Le cas échéant, le programme des travaux d'aménagement à exécuter par l'association et leur estimation sommaire.

2212 **Terrains concernés.** La création d'une association foncière urbaine peut porter sur un ensemble de terrains dont les vocations, tout autant que les utilisations au moment de la constitution de l'association, sont variées, étant précisé que la vocation des divers terrains est fixée par le document d'urbanisme afférent à la zone considérée. Les échanges entre propriétaires des terrains constructibles ou inconstructibles, selon les intentions qu'ils expriment au sein de l'association foncière urbaine, ne sont pas contraires à la loi. Cette dernière est un organisme parfaitement adapté à la réorganisation foncière des zones périurbaines dont le parcellaire et les vocations sont très diversifiés (Rép. min. : *JOAN* 28 janv. 1980, p. 293).

2213 **Dossier d'enquête.** Il est primordial que les documents mis à l'enquête administrative permettent à chaque propriétaire concerné par le projet de remembrement de prendre la décision de participer ou non à la réalisation de ceux-ci, en ayant pu apprécier, au mieux, l'intérêt que ce projet présente pour lui, compte tenu des dépenses auxquelles il sera tenu de contribuer et des voies et moyens pour couvrir ces dépenses (Circ. n° 75-133, 3 sept. 1975).

2214 **Contenu de la notice explicative.** La notice explicative de l'utilité du remembrement des propriétés pour parvenir à une meilleure utilisation du sol, eu égard notamment aux prescriptions d'urbanisme, doit :

a) Faire apparaître les raisons pour lesquelles l'état actuel des terrains à l'intérieur du périmètre syndical est défectueux et, par conséquent, préjudiciable tant aux propriétaires eux-mêmes qu'à l'ensemble des habitants de la commune, ainsi que les avantages que l'amélioration de cette situation comporte pour les intéressés et la collectivité ;

b) Donner des informations aux propriétaires sur l'affectation de leurs terrains prévue par le plan d'urbanisme ou le plan d'occupation des sols à l'intérieur du périmètre syndical, sur les caractéristiques auxquelles devront répondre les terrains remembrés pour être considérés comme constructibles ainsi que sur les conditions et réserves relatives à leur utilisation ultérieure.

Il n'est pas nécessaire que le dossier d'enquête comporte un plan de masse sauf dans le cas où l'objet de l'association foncière urbaine est le remembrement de terrains sur lesquels le plan d'occupation des sols définit les emprises bâties ainsi que la hauteur des volumes construits (art. R. 123-18, 1°, *e*). En l'espèce, ce plan de masse, instruit dans le cadre de procédure d'élaboration du POS, s'impose aux associés. La notice explicative comprise dans le dossier devra être explicite à ce sujet.

Coût et estimations. Les estimations du coût des études déjà réalisées et à prévoir ainsi que l'estimation sommaire des travaux d'aménagement ont un caractère prévisionnel ; il n'en demeure pas moins qu'elles doivent permettre aux propriétaires et au public de se faire une idée réaliste de leur ordre de grandeur (Circ. n° 75-133, 3 sept. 1975). 2215

Programme des travaux. Les travaux d'aménagement que l'« AFU » est, le cas échéant, amenée à exécuter consistent à mettre les terrains en état de constructibilité : nivellement, voirie, espaces verts, réseaux divers, démolition de bâtiments... Le programme doit faire apparaître les diverses catégories de travaux à exécuter avec leurs caractéristiques principales, ainsi que la destination publique ou privée des ouvrages d'infrastructure. En matière de viabilité, il s'agira, le plus souvent, de travaux à caractère tertiaire à la seule charge des futurs associés. Si les ouvrages d'infrastructure sont susceptibles d'être classés ultérieurement dans le domaine public départemental ou communal, les résultats de la concertation à leur sujet, avant l'enquête, entre la collectivité publique intéressée et les propriétaires ayant pris l'initiative du projet de remembrement seront indiqués (Circ. n° 75-133, 3 sept. 1975). 2216

Réduction du périmètre. L'arrêté préfectoral autorisant une « AFU » de remembrement ne peut réduire le périmètre envisagé, sans nouvelle enquête publique, et le délai de recours contre cet arrêté ne part que de la dernière mesure de publicité (CE, 5 nov. 1982, *Assoc. de sauvegarde du Mont-Saint-Quentin : Rev. adm.* 1983, p. 365, note Moderne). 2217

Titre de recettes. Un titre de recettes est annulé, à défaut de proportionnalité entre les surfaces (fondement de la répartition des cotisations appelées) et l'intérêt des membres de l'« AFU » (CE, 8 mars 1989, *Ruchaud : DA* 1989, p. 211). 2218

§ 2 Redistribution parcellaire et fixation de l'état nouveau

C. urb., art. *R. 322-7 ***(D. n° 76-267, 25 mars 1976).*** **— En vue de l'établissement du projet de remembrement, le président de l'association requiert le conservateur des hypothèques de lui délivrer, dans les trois mois, pour chacun des immeubles compris dans le périmètre de remembrement, les extraits en tableau :**

1° Des actes et décisions judiciaires portant ou constatant la mutation de ces immeubles ou constatant l'existence de saisies, résolutions, restrictions au droit de disposer et, en général, de tous droits réels ou personnels ;

2° Des inscriptions d'hypothèques ou de privilèges grevant lesdits immeubles ;

le tout, du chef tant des propriétaires désignés dans la réquisition que de toute autre personne devenue propriétaire et révélée par les actes et décisions judiciaires visés au 1°.

Il le requiert, en outre, de lui délivrer des extraits complémentaires, au fur et à mesure qu'interviennent jusqu'à la date de clôture des opérations de remembrement, de nouvelles formalités de publicité de la nature de celles qui sont énoncées à l'alinéa qui précède et qui concernent les mêmes immeubles.

Les derniers extraits doivent être délivrés au plus tard dans les quinze jours qui suivent la date de clôture des opérations de remembrement.

C. urb., art. *R. 322-8 ***(D. n° 76-267, 25 mars 1976 ; D. n° 86-517, 14 mars 1986 ; D. n° 88-199, 29 févr. 1988).*** **— Le projet de remembrement est établi dans l'intérêt commun eu égard aux possibilités d'utilisation du sol à l'intérieur du périmètre de remembrement.**

Le projet de remembrement est transmis au préfet du département qui saisit sans délai le maire en vue de recueillir l'accord ou l'avis, selon les cas prévus à l'article L. 322-6-1, du conseil municipal. Lorsque l'accord de celui-ci n'est pas exigé, son avis est réputé favorable s'il n'est pas émis dans le délai de deux mois à compter de la réception du dossier par le maire.

C. urb., art. R. 322-8-1 *(D. n° 86-517, 14 mars 1986).* **— Les documents d'urbanisme indiquant les possibilités d'utilisation du sol à l'intérieur du périmètre de remembrement, ainsi éventuellement que les disciplines d'architecture à respecter par les constructeurs, doivent être tenus à la disposition des associés au secrétariat de l'association. Il en est de même des prescriptions d'urbanisme propres à l'opération qu'il est envisagé d'apporter en application du deuxième alinéa de l'article L. 322-6.**

C. urb., art. *R. 322-9 *(D. n° 76-267, 25 mars 1976).* **— Lorsque les droits réels dont sont grevés séparément plusieurs immeubles appartenant à un même propriétaire sont reportés sur l'immeuble ou les immeubles transférés ou attribués à ce propriétaire après remembrement, ces droits s'exercent selon les besoins sur la totalité, une quote-part ou une fraction matérielle de l'immeuble ou des immeubles expressément désignés. Les quotes-parts et les fractions matérielles sont déterminées compte tenu de la valeur relative de chacun des immeubles qui étaient grevés des droits réels reportés.**

Lorsque le droit d'un créancier inscrit est reporté, il s'exerce, le cas échéant, sur la soulte due au propriétaire, laquelle, en cas de pluralité d'immeubles remembrés, est rattachée à chacun des immeubles anciens grevés de privilèges ou d'hypothèques en proportion de sa valeur relative.

C. urb., art. *R. 322-10 *(D. n° 76-267, 25 mars 1976 ; D. n° 86-517, 14 mars 1986).* **— L'enquête publique prévue à l'article L. 322-6 a lieu dans les formes prévues par le titre II du décret n° 59-701 du 6 juin 1959.**

Le dossier mis à l'enquête comporte au moins :

1° Le plan et l'état parcellaires avant remembrement désignant les immeubles, conformément à l'article 7 du décret n° 55-22 du 4 janvier 1955 modifié avec l'indication des charges, servitudes et autres droits réels grevant les parcelles et les bâtiments ;

2° Une notice rappelant les dispositions des articles L. 322-6 et R. 322-9 ;

3° Une notice sur le mode d'évaluation des valeurs des parcelles avant remembrement ;

4° Un état des valeurs des parcelles avant remembrement et des quotes-parts de ces valeurs en cas de copropriété ;

5° Un état des constructions à démolir ;

6° Le plan et l'état parcellaires après remembrement désignant les immeubles conformément à l'article 7 du décret n° 55-22 du 4 janvier 1955 modifié avec l'indication des charges, servitudes et autres droits réels à maintenir, reporter ou instituer ;

7° Une notice sur le mode d'évaluation des valeurs des parcelles après remembrement ;

8° Un état des valeurs des parcelles après remembrement ou des quotes-parts de ces valeurs en cas de copropriété ;

9° Le tableau comparatif par propriétaire avant et après remembrement des valeurs respectives des parcelles ou des quotes-parts de ces valeurs en cas de copropriété, avec l'indication des soultes ;

10° Un état des terrains faisant l'objet avant remembrement d'une affectation à des usages publics et un état des terrains à affecter après remembrement à ces mêmes usages ;

11° Un état des dépenses faites ou à faire comprenant, le cas échéant, le coût d'acquisition et de démolition des bâtiments ou ouvrages dont la destruction est indispensable au remembrement et les propositions d'indemnisation en ce qui concerne les droits réels et personnels éteints en application de l'article L. 322-6 ;

12° Les prescriptions propres à l'opération, en complément de la réglementation d'urbanisme applicable.

2219 **Codification.** Les dispositions du titre II du décret n° 59-701 du 6 juin 1959 ont été codifiées sous les articles R. 11-19 à R. 11-31 du Code de l'expropriation pour cause d'utilité publique.

Prescriptions d'urbanisme. Le 12° a été ajouté par le décret n° 86-517 du 14 mars 1986 qui a introduit dans le présent code l'article R. 322-8-1 qui précède, dont la dernière phrase fait mention des prescriptions d'urbanisme propres à l'opération. 2220

Étude d'impact. Une étude d'impact n'accompagne pas nécessairement le dossier d'enquête (CE, 13 avr. 1985, *Féd. des associations Sud-Seine-et-Marnais pour la protection de la vallée de la Seine : DA* 1985, n° 121). 2221

Plan parcellaire. Si l'association foncière urbaine a pour objet le remembrement de parcelles, le dossier d'enquête doit comprendre notamment un plan parcellaire qui indique le tracé du ou des périmètres intéressés (CE, 5 nov. 1982, *Assoc. de sauvegarde du Mont-Saint-Quentin : Rec. CE*, p. 372). 2222

C. urb., art. *R. 322-11 *(D. n° 76-267, 25 mars 1976 ; D. n° 86-517, 14 mars 1986 ; D. n° 88-199, 29 févr. 1988).* **— À l'issue de l'enquête, le préfet renvoie le dossier au président de l'association et porte à sa connaissance les observations présentées.**

Si le conseil des syndics ne peut donner satisfaction aux intéressés, le président transmet l'ensemble du dossier avec ses propositions au président de la commission consultative prévue à l'article L. 322-6.

Cette commission entend, une fois au moins, les intéressés qui en font la demande, ainsi que le président et le directeur de l'association.

Dans les deux mois de sa saisine, elle donne son avis motivé au président de l'association.

La décision motivée, prise consécutivement à cet avis par le conseil des syndics, est, ainsi que ledit avis, notifiée aux intéressés par lettre recommandée avec demande d'avis de réception.

Voir aussi : Sur la motivation des décisions, Circulaire du 10 janvier 1980 : *JO* 15 janv. citée sous C. urb., art. L. 211-3, p. 166.

C. urb., art. *R. 322-12 *(D. n° 76-267, 25 mars 1976).* **— La juridiction de l'expropriation est saisie par les intéressés par lettre recommandée avec demande d'avis de réception adressée au secrétariat de la juridiction. Les requérants doivent simultanément adresser une copie de cette lettre au président de l'association qui dispose alors d'un délai de quinze jours pour transmettre au juge le projet de remembrement.**

Il est ensuite procédé comme en matière d'expropriation. Les réclamations des intéressés et la décision motivée du conseil des syndics sont soumises aux mêmes règles de procédure que les demandes, offres et mémoires prévus au chapitre III du décret n° 59-1335 du 20 novembre 1959.

Codification. Les dispositions du chapitre III du décret n° 59-1335 du 20 novembre 1959 ont été codifiées sous les articles R. 13-15 à R. 13-42 du Code de l'expropriation pour cause d'utilité publique. 2223

Procédure devant le juge de l'expropriation. La juridiction de l'expropriation se prononce selon la procédure instituée par le chapitre III de l'ordonnance n° 58-997 du 23 octobre 1958 et par le chapitre III du décret n° 59-1135 du 20 novembre 1959 qui prévoient, notamment, la visite des lieux et le dépôt des conclusions du commissaire du Gouvernement ainsi que l'audition des parties. La décision du juge peut faire l'objet d'un appel devant la cour d'appel dans les conditions prévues par l'article 54 du même décret (Circ. n° 75-133, 3 sept. 1975). 2224

C. urb., art. *R. 322-13 *(D. n° 76-267, 25 mars 1976).* **— Les affaires portées devant la juridiction de l'expropriation en application de l'article L. 322-6 ne peuvent être confiées au juge de l'expropriation qui préside la commission consultative prévue audit article L. 322-6.**

C. urb., art. *R. 322-14 *(D. n° 76-267, 25 mars 1976 ; D. n° 86-517, 14 mars 1986 ; D. n° 88-199, 29 févr. 1988).* **— Le conseil des syndics peut décider de scinder l'instruction du projet de remembrement en deux étapes de manière que la fixation définitive des valeurs des parcelles anciennes puisse intervenir avant la mise à l'enquête du projet de redistribution parcellaire.**

Dans ce cas, il saisit le préfet aux fins d'ouverture d'une première enquête sur la fixation des valeurs des parcelles anciennes. Le dossier mis à l'enquête comporte les pièces énumérées aux 1° à 5°, 11° et 12° de l'article R. 322-10.

La seconde enquête porte sur la redistribution parcellaire et les valeurs des nouvelles parcelles. Elle est ouverte lorsque les valeurs des parcelles anciennes ont fait l'objet de décisions définitives. Le dossier mis à l'enquête comporte des pièces énumérées aux 6° à 10° de l'article R. 322-10.

En cas d'observations formulées au cours de l'une ou de l'autre de ces enquêtes, il est procédé comme il est dit aux articles R. 322-11 à R. 322-13.

C. urb., art. *R. 322-15 *(D. n° 76-267, 25 mars 1976 ; D. n° 86-517, 14 mars 1986, D. n° 88-199, 29 févr. 1988, art. 1er).* **— Le plan de remembrement arrêté par le conseil des syndics après rectification, le cas échéant, en exécution de décisions judiciaires devenues définitives, comprend :**

1° Les plans et états parcellaires nouveaux désignant les immeubles conformément à l'article 7 du décret n° 55-22 du 4 janvier 1955 modifié et indiquant le cas échéant les bâtiments ou ouvrages à conserver ;

2° Un tableau pour chaque propriétaire des parcelles ou quotes-parts de parcelles avant et après remembrement, avec l'indication des soultes ; dans le cas où des créanciers hypothécaires ou privilégiés ont été révélés avant la clôture de l'enquête, ce tableau doit faire apparaître les concordances nécessaires à l'application de l'article R. 322-9 ;

3° Le cas échéant, un état des droits réels qui seront éteints par l'arrêté du « préfet » prévu à l'article R. 322-17 moyennant l'indemnité due par l'association ;

4° Le cas échéant, un état des droits réels, à l'exception des privilèges et hypothèques, reportés ou attribués sur les parcelles après remembrement ;

5° Le cas échéant, un état des bâtiments ou ouvrages, d'une part, à conserver, d'autre part, restant à détruire par l'association ;

6° Les prescriptions propres à l'opération en complément de la réglementation d'urbanisme applicable.

Le tableau et les états mentionnés aux 2° à 5° ci-dessus sont, en vue de la publicité foncière, soumis à des règles de forme précisées à l'article R. 322-20.

Voir aussi : Notes sous C. urb., art. R. 322-10, p. 704.

2225 **Fiscalité.** Lorsque l'opération de remembrement est réalisée par l'intermédiaire d'une « AFU », elle revêt, conformément à l'article 150 D du CGI, un caractère intercalaire : en application du texte légal, il n'y a donc lieu de soumettre à l'impôt, ni les plus-values réalisées lors de l'apport des terrains à l'« AFU », ni celles dégagées lors de l'attribution, par l'association, des parcelles remembrées aux différents propriétaires ayant participé à l'opération. Les terrains reçus de l'association à l'issue de l'opération sont alors réputés acquis dans les mêmes conditions et pour le même prix que les biens précédemment apportés à celle-ci. Par suite, en cas de revente ultérieure des parcelles attribuées, le régime fiscal applicable aux cessions est apprécié en fonction de la date d'acquisition du bien précédemment apporté, et le profit, éventuellement imposable, calculé par rapport à la valeur d'origine de ce bien. Ce régime fiscal de faveur est susceptible toutefois d'être remis en cause dans le cas où, compte tenu des circonstances de fait, l'Administration est en mesure d'apporter la preuve que, sous couvert d'un cadre juridique approprié, certains propriétaires ont entendu réaliser des opérations spéculatives (Rép. min. : *JOAN* 21 déc. 1977, p. 9122). Les plus-values réalisées à l'occasion des échanges de parcelles, y compris celles afférentes aux parcelles affectées à une exploitation agricole, bénéficient de l'exonération précitée. En effet, lorsque l'intention spéculative des échangistes n'est pas établie, les dispositions de cet article conduisent à exonérer les plus-values réalisées lors d'échanges de terrains à la seule condition que ces échanges soient effectués dans le cadre d'un remembrement conforme aux procédures réglementaires, notamment l'« AFU », quelle que soit l'affectation donnée aux biens remembrés (Rép. min. : *JOAN*, Q, 28 janv. 1980, p. 293).

Voir aussi : Annotations avant C. urb., art. L. 322-1, p. 272.

C. urb., art. *R. 322-16 *(D. n° 76-267, 25 mars 1976 ; D. n° 86-517, 14 mars 1986 ; D. n° 88-199, 29 févr. 1988).* **— Avant l'intervention de l'arrêté du préfet prévu à l'article R. 322-17, le président de l'association se conforme aux dispositions prises en application de l'article 29 du décret n° 55-1350 du 14 octobre 1955 modifié pour assurer la concordance du cadastre et du fichier immobilier.**

Voir aussi : Sur la mise en concordance du cadastre et du fichier immobilier, l'arrêté du 16 mars 1978 dont l'article 1er prévoit que, préalablement à la date de clôture des opérations, le président de l'association foncière urbaine de remembrement doit remettre au service chargé du cadastre qui en délivre récépissé les documents nécessaires à l'incorporation des résultats des opérations dans les documents cadastraux.

C. urb., art. *R. 322-17 *(D. n° 76-267, 25 mars 1976 ; D. n° 86-517, 14 mars 1986 ; D. n° 88-199, 29 févr. 1988 ; rempl., D. n° 93-614, 26 mars 1993, art. 3).* **— Le plan de remembrement défini à l'article R. 322-15 est envoyé au préfet du département.**

Le préfet consulte en tant que de besoin les autorités et services publics habilités à demander que soient prescrites les contributions mentionnées à l'article L. 322-12. À défaut de réponse dans le délai d'un mois, ces autorités et services publics sont réputés n'avoir aucune proposition de contribution à formuler.

Le préfet, par arrêté :

Approuve le plan de remembrement de l'association foncière urbaine, qui demeure annexé à l'arrêté ;

Prononce les transferts et attributions de propriétés ainsi que les reports et attributions de droits réels qui résultent de ce plan ;

Prononce la clôture des opérations de remembrement.

Cet arrêté énumère celles des contributions prévues à l'article L. 332-12 qu'il met, le cas échéant, à la charge de l'association foncière urbaine de remembrement.

Dans le cas où sont exigées la participation pour le financement d'équipements publics exceptionnels mentionnée au *c* de l'article L. 332-12 ou la participation forfaitaire mentionnée au *d* du même article, l'arrêté en fixe le montant et énonce le mode d'évaluation de ce dernier.

Lorsque la participation forfaitaire inclut une cession gratuite de terrain, l'arrêté détermine la superficie à céder et en mentionne la valeur déterminée par le directeur des services fiscaux.

Lorsque la participation forfaitaire inclut le versement de la participation prévue à l'article L. 332-9 dans les programmes d'aménagement d'ensemble et que l'association s'en acquitte en tout ou en partie, conformément à l'article L. 332-10 sous forme d'exécution de travaux ou d'apport de terrain, l'arrêté mentionne :

– les caractéristiques de travaux et leur valeur déterminées d'un commun accord par l'association et le préfet ;

– la superficie des terrains à apporter ainsi que leur valeur déterminée par le directeur des services fiscaux.

L'arrêté préfectoral intervient dans un délai de deux mois à compter de la réception du plan de remembrement par le préfet. Toutefois, dans le cas où il est envisagé de modifier les prescriptions d'urbanisme propres à l'opération qui ont été soumises à l'enquête publique, l'approbation du plan de remembrement ne peut intervenir qu'après que le conseil municipal a été de nouveau saisi dans les conditions prévues à l'article R. 322-8.

Voir aussi : À l'égard du dernier alinéa, les notes sous l'article R. 322-10.

Refus d'approbation du plan de remembrement. Éventuellement pour un motif grave (par ex., vice constaté dans la procédure), le préfet pourrait ne pas approuver le plan de remembrement. Il 2226 ferait alors connaître la raison de sa décision au président de l'association foncière urbaine. Mais en aucun cas le préfet n'a compétence pour modifier le projet de remembrement présenté par l'association foncière urbaine (Circ. n° 75-133, 3 sept. 1975).

2227 **Recours.** L'arrêté du préfet ne présente pas un caractère réglementaire (CE, 13 févr. 1985, *Féd. des associations du Sud-Seine-et-Marnais pour la protection de la vallée de la Seine : DA* 1985, n° 121).

Voir aussi : Sur la motivation des arrêtés du préfet, Circ. 10 janv. 1980 (*JO* 15 janv.) ; annotation sous C. urb., art. R. 322-15, p. 706.

C. urb., art. *R. 322-18 *(D. n° 76-267, 25 mars 1976 ; D. n° 86-517, 14 mars 1986 ; D. n° 88-199, 29 févr. 1988).* — **L'arrêté du préfet est remis sur émargement au président de l'association le jour même de sa signature en vue des mesures de publicité foncière prévues au paragraphe III de la présente sous-section.**

Il est, en outre, publié au recueil des actes administratifs et pendant un délai de deux mois à compter de cette publication, toute personne intéressée peut prendre connaissance du plan de remembrement approuvé qui est déposé en mairie.

Le président de l'association notifie, par lettre recommandée avec demande d'avis de réception, aux titulaires de droits réels autres que les créanciers hypothécaires ou privilégiés l'extrait du plan de remembrement approuvé par le préfet qui les concerne.

C. urb., art. *R. 322-19 *(D. n° 76-267, 25 mars 1976).* — **L'association foncière urbaine ne peut être dissoute avant :**

1° La dernière notification par le président faite en application de l'article R. 322-21 ;

2° Le paiement des indemnités éventuellement dues par l'association au titre de l'article L. 322-6 ;

3° La destruction complète des bâtiments ou ouvrages mentionnés à l'article L. 322-6.

2228 **Dissolution.** C'est au préfet qu'il appartient de convoquer l'assemblée générale compétente pour prononcer la dissolution (D. 18 déc. 1927, art. 11). Le principe du parallélisme des formes conduit bien entendu à appliquer pour cette dissolution les majorités prévues par l'article L. 322-3 pour la constitution des associations foncières urbaines.

§ 3 *Mesures de publicité foncière*

C. urb., art. *R. 322-20 *(D. n° 76-267, 25 mars 1976 ; D. n° 86-517, 14 mars 1986 ; D. n° 88-199, 29 févr. 1988).* — **À la date de clôture des opérations de remembrement et nonobstant tout recours juridictionnel, le président de l'association requiert le conservateur des hypothèques de publier l'arrêté du préfet qui prononce les transferts et attributions de propriété et les reports et attributions de droits réels ainsi que, le cas échéant, les prescriptions propres à l'opération mentionnées à l'article R. 322-15-6°.**

À cet effet, il dépose, outre une copie, trois expéditions certifiées exactement collationnées, dont l'une est établie sur une formule du modèle arrêté par le directeur général des impôts et le directeur de l'aménagement foncier et de l'urbanisme, de l'arrêté ainsi que du tableau et des états prévus aux 2° à 5° de l'article R. 322-15 annexés audit arrêté.

La désignation des immeubles est faite conformément à l'article 7 du décret n° 55-22 du 4 janvier 1955 modifié.

La désignation des propriétaires et des autres titulaires de droits réels est faite conformément aux articles 5 et 6 du décret n° 55-22 du 4 janvier 1955 modifié et certifiée dans les conditions prévues aux articles 38, 81 et 82 du décret n° 55-1350 du 14 octobre 1955 modifié sous peine de refus de dépôt.

Pour assurer le renouvellement de la publicité prévu à l'article L. 322-6, l'énumération des droits réels reportés est complétée sous la même sanction, par l'indication des actes ou décisions judiciaires qui leur ont donné naissance, avec les références (date, volume, numéro) des formalités exécutées à la conservation des hypothèques.

Publicité. À noter que suivant l'adjonction faite au premier alinéa par le décret n° 86-517 du 14 mars 1986, la publicité à la conservation des hypothèques porte aussi désormais sur les « prescriptions propres à l'opération en complément de la réglementation d'urbanisme applicable ». 2229

Voir aussi : C. urb., art. R. 322-15-6°, p. 706 ; notes sous C. urb., art. R. 322-10, p. 704.

C. urb., art. *R. 322-21 ***(D. n° 76-267, 25 mars 1976 ; D. n° 77-863, 26 juill. 1977).*** **— I. – Dès la clôture des opérations de remembrement et au plus tard quinze jours après la délivrance des derniers extraits prévus à l'article R. 322-7, dernier alinéa, le président de l'association notifie par lettre recommandée avec demande d'avis de réception, à tous les titulaires de créances hypothécaires ou privilégiées inscrites que, par application de l'article L. 322-6, les inscriptions prises sur les immeubles compris dans le périmètre de remembrement avant la clôture des opérations se trouvent périmées du jour de cette clôture en tant qu'elles grèvent lesdits immeubles et qu'il leur appartient de procéder au renouvellement de ces inscriptions dans les conditions fixées au II du présent article.**

Les biens antérieurement grevés et ceux qui sont transférés ou attribués à l'ancien propriétaire par l'arrêté de remembrement doivent être désignés de façon détaillée dans la notification.

La notification est faite au domicile élu par le créancier dans les documents déposés à la conservation des hypothèques ou, à défaut de domicile élu, au domicile indiqué dans ces documents.

II. – Les inscriptions d'hypothèques ou de privilèges prises avant la clôture des opérations sur les immeubles remembrés ne conservent leur rang antérieur sur les immeubles transférés ou attribués que si elles sont renouvelées, à la diligence de leur bénéficiaire, dans le délai de six mois, à dater du jour de cette clôture.

En cas d'exercice d'un privilège ou d'une hypothèque sur une soulte, le renouvellement n'a lieu que pour les sommes au paiement desquelles l'immeuble transféré ou attribué continue d'être affecté.

Le renouvellement qui conserve le privilège ou l'hypothèque jusqu'à la date fixée par le créancier conformément aux dispositions de l'article 2154-I du Code civil s'opère par le dépôt à la conservation des hypothèques de deux bordereaux, dont un exemplaire établi sous peine de rejet sur formule réglementaire, signés et certifiés exactement collationnés, contenant exclusivement sous peine de refus de dépôt :

1° Les réquisition et indication liminaires prévues à l'article 61, paragraphe I, du décret n° 55-1350 du 14 octobre 1955 ;

2° Une copie, certifiée collationnée par le président de l'association, de la notification faite en exécution du premier alinéa du présent article ;

3° La désignation des immeubles grevés ;

4° Le nom et le domicile de la personne à laquelle le rejet doit éventuellement être notifié ;

5° Le cas échéant, le capital et les accessoires de la créance garantie, s'ils sont inférieurs à ceux qui ont fait l'objet de l'inscription antérieure.

La radiation des inscriptions antérieures en tant qu'elles grèvent les immeubles remembrés est effectuée par le conservateur des hypothèques au vu de ces bordereaux.

Hypothèques et privilèges. L'article 21 du décret n° 77-863 du 26 juillet 1977, modifiant l'alinéa 1er du II de l'article R. 322-21 du Code de l'urbanisme, a porté à six mois le délai, primitivement fixé à quatre mois, dans lequel doivent être renouvelées, à la diligence du bénéficiaire, les inscriptions d'hypothèques ou de privilèges prises avant la clôture des opérations de remembrement. 2230

Voir aussi : La chronique hypothécaire publiée au *JCP* N 1981, Prat. 7795, qui rappelle la procédure à suivre en précisant qu'elle est applicable quelle que soit la forme adoptée par les associations foncières urbaines de remembrement (libres, autorisées ou constituées d'office) ; en sens contraire, G. Liet-Veaux, *Les associations foncières urbaines libres échappent à tout contrôle administratif* (*JCP* N 1981, I, p. 123).

C. urb., art. *R. 322-22 *(D. n° 76-267, 25 mars 1976).* **— Les communes à cadastre non encore rénové ayant fait l'objet d'opérations de remembrement urbain sont assimilées pour les parties remembrées aux communes à cadastre rénové dès la publication de l'arrêté de remembrement au fichier immobilier.**

§ 4 Dispositions concernant les associations foncières urbaines de remembrement constituées d'office

C. urb., art. *R. 322-23 *(D. n° 76-267, 25 mars 1976 ; D. n° 86-517, 14 mars 1986 ; D. n° 88-199, 29 févr. 1988).* **— Lorsqu'il peut être fait application de l'article L. 322-4 (1°) le projet d'arrêté du préfet portant constitution d'office d'une association foncière urbaine est joint au dossier d'enquête sur la constitution de l'association autorisée en vue de recueillir les observations éventuelles des intéressés.**

À ce projet, qui comporte les indications mentionnées à l'article 74 du décret du 18 décembre 1927, sont joints :

– une notice explicative justifiant l'application de l'article L. 322-4 (1°) accompagnée, le cas échéant, des extraits du plan d'urbanisme ou du ***(Mots rempl., D. n° 2001-260, 27 mars 2001, art. 3)*** **« plan local d'urbanisme » et du règlement d'urbanisme applicables ;**

– une estimation du coût de l'opération.

2231 **Pouvoir du préfet.** Comme en matière d'associations foncières urbaines autorisées (V. note sous art. R. 322-3), le pouvoir du préfet est discrétionnaire (CE, 13 févr. 1953, *Assoc. synd. de la Digue de Paramé : S.* 1953, 3, 47).

2232 **Arrêté de mise à l'enquête.** Quant à l'arrêté préfectoral ordonnant l'ouverture de l'enquête en vue de la création de l'« AFU » autorisée, il doit, en pareille hypothèse, prévenir les intéressés (Circ. n° 75-133, 3 sept. 1975) :

– qu'à défaut de constitution de cette « AFU » autorisée, le préfet usera, le cas échéant, du pouvoir qu'il détient de l'article L. 322-4 de constituer d'office l'« AFU » ;

– qu'en pareil cas, les textes ne permettent pas l'exercice du droit de délaissement.

C. urb., art. *R. 322-24 *(D. n° 76-267, 25 mars 1976).* **— Les opérations de remembrement sont réalisées comme il est dit aux articles R. 322-7 à R. 322-22.**

La commission administrative a, pour ce faire, les mêmes pouvoirs et obligations que le conseil des syndics, et le président de cette commission les mêmes pouvoirs et obligations que ceux du président et du directeur d'une association autorisée.

2233 **Commission administrative.** À l'égard de la commission administrative qui gère l'« AFU » de remembrement constituée d'office, la circulaire n° 75-133 du 3 septembre 1975 précise :

– que les modalités de désignation et de renouvellement des membres titulaires et suppléants de cette commission (propriétaires, et, éventuellement, personnes techniquement qualifiées ainsi que représentants des collectivités publiques) doivent être définies par l'arrêté préfectoral portant constitution d'office de l'« AFU » ;

– qu'il appartient au préfet d'apprécier les modalités les mieux appropriées dans chaque cas d'espèce ;

– et qu'à cette commission administrative peut être représentée, avec voix consultative, la personne ayant accordé son assistance technique à l'« AFU ».

Section III Dispositions relatives aux associations foncières urbaines de groupement de parcelles

§ 1 Constitution des associations autorisées

C. urb., art. *R. 322-25 *(D. n° 76-267, 25 mars 1976 ; D. n° 77-863, 26 juill. 1977 ; D. n° 86-517, 14 mars 1986).* **— Le projet d'acte d'association soumis à l'enquête prévue à l'arti-**

cle 6 du décret du 18 décembre 1927 doit préciser les pouvoirs conférés à l'association, selon que celle-ci a pour objet :

– soit la passation du bail à construction et son exécution ;

– soit la représentation des associés en vue de la réalisation du transfert de propriété par apport à une société de construction ou d'aménagement ;

– soit la réalisation du transfert de propriété par vente à un établissement public ou à une société de construction ou d'aménagement.

À ce projet d'acte d'association doivent être joints, en sus des pièces mentionnées à l'article R. 322-3 :

***a)* Une déclaration précisant la nature juridique, civile ou commerciale de la société et son objet ;**

***b)* Un plan parcellaire indiquant le périmètre des terrains intéressés par le projet d'association accompagné de l'état des propriétaires de chaque parcelle ;**

***c)* Une notice précisant la finalité de l'opération projetée et faisant ressortir l'utilité, tant pour les propriétaires que pour la commune, du groupement des parcelles, eu égard notamment aux prescriptions d'urbanisme ;**

***d)* Le cas échéant, une notice sur les bâtiments ou ouvrages à acquérir par l'association foncière urbaine en application de l'article L. 322-7 ainsi que l'estimation du coût des dépenses d'acquisition de ces constructions ;**

***e)* Une estimation du coût des études déjà réalisées ou envisagées.**

Dossier d'enquête. Tout dossier déposé en vue de l'enquête administrative doit être établi de telle manière que les propriétaires concernés soient éclairés, non seulement sur le projet, mais aussi sur ses modalités de réalisation, et qu'ils aient une vue concrète des avantages qu'ils pourront retirer de l'opération, ainsi que des charges qu'ils auront à assumer. Autrement dit, le dossier d'enquête doit être celui d'une opération prête à être rapidement mise sur pied après la création de l'« AFU » (Circ. n° 75-133, 3 sept. 1975). 2234

Société d'attribution. La circulaire n° 75-133 du 3 septembre 1975 attire tout spécialement l'attention des préfets sur les cas dans lesquels certains des terrains compris dans le périmètre syndical de l'association envisagée supportent un immeuble collectif appartenant à une société d'attribution visée au titre II de la loi n° 71-579 du 16 juillet 1971. Une telle société peut, par exemple, ne disposer que d'une voix à l'assemblée générale, alors que les titulaires de parts ou actions sont au nombre de 50. À travers la société, ce sont les membres de celle-ci qui, en réalité, expriment leur avis. Aussi, avant de prendre l'arrêté autorisant l'« AFU » de groupement de parcelles, le préfet doit-il, dans le cadre de l'examen des divers intérêts privés en présence et de l'intérêt général, prendre en considération une telle situation, lorsque le projet de cette « AFU » est accepté par la majorité réglementaire des propriétaires et que la société en cause est opposante. 2235

Mandat. L'« AFU » est mandataire des propriétaires pour passer par-devant notaire, le contrat d'indivision, et, suivant le cas, soit le contrat de bail, soit le contrat d'apport, soit encore le contrat de vente (Circ. n° 75-133, 3 sept. 1975). 2236

§ 2 Modalités de groupement de parcelles

C. urb., art. *R. 322-26 *(D. n° 76-267, 25 mars 1976 ; D. n° 77-863, 26 juill. 1977)*. — Le projet de groupement de parcelles en vue d'en conférer l'usage à un tiers par bail à construction comprend, en sus du projet de bail à construction, les pièces suivantes :

***a)* Une déclaration précisant l'identité du preneur du bail à construction ;**

***b)* Une notice justifiant l'intérêt de l'opération et décrivant les principales caractéristiques du ou des immeubles dont la construction est envisagée ;**

***c)* Le plan masse des constructions à édifier et éventuellement de celles à modifier, coté dans les trois dimensions, ainsi que la description graphique des façades ;**

***d)* Le certificat d'urbanisme délivré en application du *b* de l'article L. 410-1 ;**

***e)* Une notice sur le mode d'évaluation des parcelles et un état précisant leur valeur avant groupement ;**

***f)* Le cas échéant, le projet d'état descriptif de division et le projet de règlement de copropriété ;**

g) **Un état des dépenses faites ou à faire par l'association comprenant notamment le montant des indemnités de délaissement et, le cas échéant, le coût d'acquisition des bâtiments ou ouvrages existants.**

2237 **Bail à construction.** Le projet de bail à construction doit être présenté *in extenso* afin que les propriétaires soient informés du nom de la personne qui est disposée à prendre à bail le terrain indivis, de la durée du bail, des droits respectifs des parties à la fin du bail sur les immeubles construits ainsi que du prix du bail (soit remise d'immeubles ou de fractions d'immeubles, soit paiement d'un loyer, soit combinaison de ces deux modalités) (Circ. n° 75-133, 3 sept. 1975).

C. urb., art. *R. 322-27 *(D. n° 76-276, 25 mars 1976 ; D. n° 77-863, 26 juill. 1977 ; D. n° 86-517, 14 mars 1986).* **— Le projet de groupement de parcelles, en vue d'en faire apport à une société de construction ou d'aménagement comprend, en sus du projet d'acte d'apport, les pièces suivantes :**

a) **Une notice justifiant l'intérêt de l'opération et décrivant les principales caractéristiques du ou des immeubles dont la construction est envisagée, ou de l'opération d'aménagement projeté ;**

b) **S'il s'agit de constructions, le plan de masse des constructions édifiées, et éventuellement de celles à modifier, coté dans les trois dimensions, ainsi que la description graphique des façades, ou, s'il s'agit d'un lotissement, le nombre maximum de lots, la surface de plancher hors œuvre maximale dont la construction est envisagée dans le lotissement, ainsi que les pièces mentionnées aux *d), e), f), i)* et *j)* de l'article R. 322-5 ;**

c) **Le certificat d'urbanisme délivré en application du *b* de l'article L. 410-1 ;**

d) **Les statuts de la société qui bénéficiera de l'apport ;**

e) **Une notice sur le mode d'évaluation des parcelles et un état précisant leur valeur avant groupement ;**

f) **Une notice précisant les conditions de rémunération de l'apport par l'attribution aux membres de l'association de parts ou actions de la société ;**

g) **L'état descriptif de division et le projet de règlement de copropriété ;**

h) **Un état des dépenses faites ou à faire par l'association comprenant notamment le montant des indemnités de délaissement et, le cas échéant, le coût d'acquisition des bâtiments ou ouvrages existants ;**

i) **Le contrat de promotion immobilière lorsqu'il est exigé en application du titre IV de la loi n° 71-579 du 16 juillet 1971 modifiée, ou l'écrit en tenant lieu ainsi que les devis descriptifs et les conditions d'exécution technique des travaux, les moyens et conditions de financement, le délai de réalisation et les éventuelles garanties de bonne fin ou d'achèvement relatifs, selon le cas, à l'opération de construction ou à l'opération de lotissement.**

2238 **Contenu du dossier.** Le texte des statuts de la société qui bénéficiera de l'apport ainsi que celui du contrat de promotion immobilière ou de l'écrit en tenant lieu doivent figurer intégralement au dossier (Circ. n° 75-133, 3 sept. 1975).

C. urb., art. *R. 322-27-1 *(D. n° 77-863, 26 juill. 1977 ; D. n° 86-517, 14 mars 1986 ; D. n° 88-199, 29 févr. 1988).* **— Lorsque le projet de groupement est envisagé en vue de la vente des parcelles à un établissement public ou une société de construction ou d'aménagement, les associés doivent, dans un délai d'un mois à compter de la notification, par lettre recommandée avec demande d'avis de réception, de l'arrêté du préfet autorisant la création de l'association, faire connaître au président de l'association, par lettre recommandée avec demande d'avis de réception, leur option soit pour un paiement en monnaie, soit pour la remise d'une ou plusieurs fractions d'immeubles. Les associés n'ayant pas opté dans ce délai sont rémunérés en monnaie.**

C. urb., art. *R. 322-28 *(D. n° 76-267, 25 mars 1976 ; D. n° 77-863, 26 juill. 1977 ; D. n° 86-517, 14 mars 1986).* **— Si tous les associés ont opté ou sont réputés avoir opté pour la vente des parcelles moyennant un prix payé en monnaie, le projet de groupement de parcelles comprend, en sus du projet d'acte de vente, les pièces ci-après :**

a) Les statuts de l'établissement public ou la société qui bénéficiera de la vente des parcelles ;

b) Une notice sur le mode d'évaluation des parcelles et un état précisant leur valeur avant groupement ;

c) Un état des dépenses faites ou à faire par l'association, comprenant notamment le montant des indemnités de délaissement et, le cas échéant, le coût d'acquisition des bâtiments ou ouvrages dont la destruction est indispensable à la réalisation de l'opération projetée.

C. urb., art. *R. 322-28-1 *(D. n° 77-863, 26 juill. 1977 ; D. n° 86-517, 14 mars 1986).* — Lorsque les associés ou seulement certains d'entre eux ont opté pour une rémunération sous forme de remise d'une ou plusieurs fractions d'immeubles, le projet du groupement de parcelles comprend, en sus des pièces prévues à l'article R. 322-28, les pièces ci-après :

a) Une notice décrivant les principales caractéristiques du ou des immeubles dont la construction est envisagée ou de l'opération d'aménagement projetée ;

b) Le plan masse des constructions à édifier et éventuellement de celles à modifier, coté dans les trois dimensions, ainsi que la description graphique des façades ;

c) Le certificat d'urbanisme délivré en application du *b* de l'article L. 410-1 ;

d) S'il s'agit de constructions, le projet de règlement de copropriété et l'état descriptif de division ou, s'il s'agit d'un lotissement, le nombre maximum de lots, la surface de plancher hors œuvre maximale dont la construction est envisagée dans le lotissement ainsi que les pièces mentionnées aux *d), e), f), i)* et *j)* de l'article R. 315-5.

C. urb., art. *R. 322-28-2 *(D. n° 77-863, 26 juill. 1977).* — Le président de l'association notifie à chaque associé, par lettre recommandée avec demande d'avis de réception, le projet de groupement de parcelles établi comme il est dit aux articles R. 322-26 à R. 322-28-1.

Dans un délai de deux mois à compter de cette notification, les associés peuvent adresser leurs observations au président par lettre recommandée avec demande d'avis de réception.

Il est ensuite procédé comme il est indiqué pour le projet de remembrement aux quatre derniers alinéas de l'article R. 322-11 et aux articles R. 322-12 et R. 322-13.

C. urb., art. *R. 322-28-3 *(D. n° 77-863, 26 juill. 1977 ; D. n° 86-517, 14 mars 1986 ; D. n° 88-199, 29 févr. 1988).* — Le projet de groupement de parcelles est arrêté par le conseil des syndics après rectification, le cas échéant, en exécution de décisions judiciaires devenues définitives, et est adressé au préfet.

Le préfet transmet dans les huit jours au maire le projet en vue de recueillir son avis motivé. Faute d'être parvenu au préfet dans le délai de deux mois, cet avis est réputé favorable.

L'opération ne peut être réalisée qu'après que le préfet a constaté, par arrêté, que le projet respecte les dispositions législatives et réglementaires sur l'urbanisme et que les formalités prévues notamment par la présente section ont été régulièrement accomplies.

§ 3 Dispositions spéciales

C. urb., art. *R. 322-29 *(D. n° 76-267, 25 mars 1976 ; D. n° 77-863, 26 juill. 1977).* — S'il est stipulé dans le bail à construction un loyer périodique payable en monnaie, l'association le répartit entre ses membres au prorata des valeurs des parcelles avant groupement.

Par dérogation, le cas échéant, à l'article 23 du décret du 29 décembre 1962 sur la comptabilité publique modifié, il peut y avoir compensation, dans les mains du receveur, pour chaque associé, entre les charges lui incombant et la quote-part des recettes lui revenant.

C. urb., art. *R. 322-30 *(D. n° 76-267, 25 mars 1976 ; D. n° 77-863, 26 juill. 1977).* **— Une association foncière urbaine de groupement de parcelles en vue d'en conférer l'usage à un tiers par bail à construction ne peut être dissoute avant le terme de ce bail et, lorsque celui-ci prévoit que les associés deviendront propriétaires en fin de bail des constructions édifiées, avant l'adoption définitive de l'état descriptif de division et du règlement de copropriété. Le président de l'association doit assurer la publication de ces deux documents conformément aux dispositions du décret n° 55-22 du 4 janvier 1955 et du décret n° 55-1350 du 14 octobre 1955.**

2239 **Dissolution.** La dissolution intervient dans les conditions prévues par l'article 72 du décret du 18 décembre 1927 modifié, suivant lequel l'absence d'opposition par écrit avant l'assemblée générale, ou par un vote à cette assemblée, vaut dorénavant acquiescement à la dissolution. La décision de l'assemblée doit être prise dans les conditions de majorité prévues par l'article 12 de la loi du 21 juin 1865 en matière de constitution des associations syndicales. Par suite, dans le cas des associations foncières urbaines, la dissolution ne peut intervenir qu'à la majorité prévue pour leur constitution (Rappr. C. urb., art. R. 322-19).

Section IV Dispositions concernant les associations foncières urbaines de conservation, de restauration et de mise en valeur des secteurs sauvegardés ainsi que de restauration immobilière

§ 1 Associations autorisées

C. urb., art. *R. 322-31 *(D. n° 76-267, 25 mars 1976).* **— Au projet d'acte d'association soumis à l'enquête prévu à l'article 6 du décret du 18 décembre 1927 doit être jointe, en sus des pièces mentionnées à l'article 10 de la loi du 21 juin 1865 et à l'article R. 322-3 :**

Une notice faisant ressortir l'utilité commune tant des frais de restauration que des dépenses à exposer pour une meilleure utilisation de l'îlot au sens de l'article L. 312-1.

En outre, le projet d'acte d'association doit rappeler les dispositions de l'article L. 322-8.

2240 **Dossier d'enquête.** Le préfet doit veiller à ce que la finalité de l'opération ainsi que les avantages que les propriétaires peuvent attendre de celle-ci et les moyens financiers qu'ils devront lui consacrer ressortent bien du dossier d'enquête administrative (Circ. n° 75-133, 3 sept. 1975).

2241 **Aspects financiers.** En ce qui concerne les frais de restauration, il convient que la notice explicite les avantages financiers d'une action groupée qui permet d'effectuer les travaux à moindre frais (rabais consenti par les entrepreneurs, etc.). Ainsi, les intéressés pourront-ils apprécier, en pleine connaissance de cause, l'opportunité de participer à une opération d'ensemble. Quant aux ouvrages et équipements qui pourraient être exécutés en vue d'une meilleure utilisation des terrains (espaces verts, etc.) ou des immeubles (assainissement, etc.) et qui seraient destinés à être classés ultérieurement dans le domaine public de la collectivité, une concertation avant l'enquête, entre les propriétaires et cette collectivité, est vivement conseillée (Circ. n° 75-133, 3 sept. 1975).

C. urb., art. *R. 322-32 *(D. n° 76-267, 25 mars 1976 ; D. n° 86-517, 14 mars 1986).* **— Pour l'application des articles L. 313-2, L. 313-3 et L. 313-4, les associations autorisées prévues à la présente section sont soumises aux dispositions des articles R. 313-4 à R. 313-20, R. 313-25 à R. 313-27 et R. 313-29 à R. 313-32.**

L'acceptation prévue à l'article R. 313-29 est donnée par le conseil des syndics.

Les dispositions des articles 46 à 48 et 54 à 56 du décret du 18 décembre 1927 ne sont pas applicables aux associations autorisées prévues à la présente section.

§ 2 *Associations constituées d'office*

C. urb., art. *R. 322-33 *(D. n° 76-267, 25 mars 1976).* — **Lorsqu'il y a lieu à application de l'article L. 322-4 (3°) il est procédé comme il est dit aux articles 74 et 75 du décret du 18 décembre 1927.**

L'association constituée d'office est soumise aux dispositions des articles R. 313-4 à R. 313-20, R. 313-25 à R. 313-27 et R. 313-30 à R. 313-32.

Section V Commission consultative

C. urb., art. *R. 322-34 *(D. n° 76-267, 25 mars 1976 ; D. n° 86-517, 14 mars 1986 ; D. n° 88-199, 29 févr. 1988).* — **Dès la création dans le département de la première association foncière urbaine ayant pour objet le remembrement ou le groupement de parcelles conformément aux articles L. 322-1 à L. 322-10 susvisé, la commission consultative prévue à l'article L. 322-6 est constituée à l'initiative du préfet.**

Elle comprend :

– un juge de l'expropriation, président ;

– un notaire ;

– un géomètre expert ;

– le directeur des services fiscaux du département ou son représentant ;

– le directeur départemental de l'équipement ou son représentant.

C. urb., art. *R. 322-35 *(D. n° 76-267, 25 mars 1976).* — **Le juge, président, est choisi par le premier président de la cour d'appel parmi les juges de l'expropriation ou leurs suppléants.**

C. urb., art. *R. 322-36 *(D. n° 76-267, 25 mars 1976).* — **Le notaire et le géomètre expert sont choisis par le premier président de la cour d'appel sur deux listes dressées à cet effet et comprenant, l'une cinq notaires présentés par le conseil régional des notaires, l'autre cinq géomètres experts présentés par le conseil régional de l'ordre des géomètres experts.**

Il est fait choix dans les mêmes conditions de suppléants appelés à les remplacer, notamment pour le cas où un intérêt direct ou indirect à une opération déterminée les contraindrait à se récuser.

C. urb., art. *R. 322-37 *(D. n° 76-267, 25 mars 1976 ; D. n° 86-517, 14 mars 1986 ; D. n° 88-199, 29 févr. 1988).* — **L'arrêté du préfet portant constitution de la commission est publié au *Recueil des actes administratifs du département*.**

Section VI Dispositions diverses

C. urb., art. *R. 322-38 *(D. n° 86-517, 14 mars 1986).* — **Lorsque l'association décide, en vertu de l'article R. 322-9-2, que les taxes sont régies par remise d'immeubles, la délibération détermine les valeurs de référence.**

Une convention, passée entre l'association et l'associé, stipule notamment le montant des taxes dues et la valeur de l'immeuble cédé à l'association, ainsi que le délai dans lequel cette cession doit intervenir.

Le receveur de l'association est tenu informé et veille, sous sa responsabilité, à l'exécution de la convention susvisée.

Rectificatif. Dans le premier alinéa, il faut lire L. 322-9-2. 2242

C. urb., art. *R. 322-39 *(D. n° 86-517, 14 mars 1986)*. — **Nonobstant les dispositions de l'article 25 du décret du 18 décembre 1927, les propriétaires membres d'une association foncière urbaine autorisée ou constituée d'office peuvent se faire représenter à l'assemblée générale par leur conjoint, leurs ascendants ou leurs descendants.**

C. urb., art. *R. 322-40 *(D. n° 86-517, 14 mars 1986)*. — **Sous réserve que les statuts de l'association le permettent, celle-ci peut déléguer la maîtrise d'ouvrage sur les travaux qu'elle a pour objet d'entreprendre. La convention prévoyant cette délégation doit être approuvée par l'assemblée générale.**

Chapitre III

C. urb., art. *R. 322-41 à R. 322-49 *(Ab., D. n° 86-517, 14 mars 1986)*

Chapitre IV
Établissements publics fonciers

2243 **Nouveau régime législatif.** La loi SRU du 13 décembre 2000 a refondu le régime des établissements publics fonciers. Ce dispositif légal est applicable immédiatement, sans nécessité de décret d'application (Circ. n° 2001-3 UHC/DU 1, 18 janv. 2001, ann. p. 16).

Voir aussi : C. urb., art. L. 324-1, p. 285 et s.

Section I Création et compétences de l'établissement public foncier

C. urb., art. R. 324-1 *(D. n° 92-1000, 17 sept. 1992)*. — **Lorsque le préfet est saisi de délibérations concordantes émanant de conseils municipaux ou des organes délibérants des établissements publics intercommunaux, en vue de la création d'un établissement public foncier, il vérifie que toutes les conditions requises par l'article L. 324-2 du Code de l'urbanisme sont satisfaites. Si tel est le cas il crée par arrêté l'établissement public foncier. L'arrêté précise la liste des communes limitrophes comprises dans le périmètre de l'établissement. Il est notifié à ces communes.**

Lorsque les communes ou établissement public de coopération intercommunale compétents en matière foncière appartiennent à plusieurs départements, cet arrêté est pris conjointement par les préfets des départements concernés.

C. urb., art. R. 324-2 *(D. n° 92-1000, 17 sept. 1992)*. — **La décision institutive fixe le nombre de sièges du conseil d'administration ainsi que, le cas échéant, pour un quart au plus des sièges, le nombre de sièges réservés aux personnes qualifiées. Les modalités de désignation des représentants des communes ou établissements publics de coopération intercommunale au conseil d'administration ou à l'assemblée spéciale de l'établissement public foncier sont fixées par la décision institutive. Les dispositions du troisième alinéa de l'article L. 163-5 et des articles L. 163-6 à L. 163-8 du Code des communes sont applicables à la désignation des membres du conseil d'administration et à la durée de leurs pouvoirs.**

Le nombre des représentants d'un établissement public intercommunal ou de l'assemblée spéciale au conseil d'administration est fixé en tenant compte de l'importance de la population des communes regroupées dans cet établissement ou représentées par l'assemblée spéciale par rapport à la population totale des communes membres de l'établissement public foncier.

C. urb., art. R. 324-3 *(D. n° 92-1000, 17 sept. 1992)*. — **La décision institutive précise, outre les éléments mentionnés à l'avant-dernier alinéa de l'article L. 342-2, les actions et opé-**

rations d'aménagement au sens de l'article L. 300-1 du Code de l'urbanisme, en prévision desquelles l'établissement public foncier est créé.

C. urb., art. R. 324-4 *(D. n° 92-1000, 17 sept. 1992).* — **Lorsque l'établissement public foncier intervient dans une commune membre dans le cadre d'une convention passée avec cette dernière, cette convention vaut avis au sens du dernier alinéa de l'article L. 324-1 pour les actions foncières prévues par ladite convention. En l'absence d'une telle convention, l'avis de la commune est réputé donné dans un délai de deux mois à compter de sa saisine.**

Section II Administration et fonctionnement de l'établissement public foncier

C. urb., art. R. 324-5 *(D. n° 92-1000, 17 sept. 1992).* — **Le conseil d'administration règle par ses délibérations les affaires de l'établissement. À cet effet notamment :**

1° Il délibère sur les orientations de l'établissement et sur le programme annuel d'acquisitions foncières ;

2° Il arrête le montant de la taxe prévue à l'article 1067 *bis* du Code général des impôts ;

3° Il vote le budget, autorise les emprunts et approuve les comptes ;

4° Il nomme le directeur sur proposition du président et met fin à ses fonctions dans les mêmes conditions ;

5° Il propose le comptable de l'établissement au préfet du département du siège.

Il élit en son sein un ou plusieurs vice-présidents.

C. urb., art. R. 324-6 *(D. n° 92-1000, 17 sept. 1992).* — **Le conseil d'administration élit un bureau, auquel il peut déléguer tout ou partie de ses attributions, à l'exception de celles mentionnées aux 1°, 2°, 3° et 4° de l'article R. 324-5. Le président et les vice-présidents du conseil d'administration sont de droit membres du bureau.**

Le bureau est présidé et convoqué par le président du conseil d'administration, qui fixe l'ordre du jour des séances et dirige les débats. Il règle les affaires qui lui sont envoyées par le conseil d'administration et participe à la préparation et à la mise en œuvre de l'ensemble des décisions du conseil d'administration. Il rend compte de son activité au conseil d'administration.

C. urb., art. R. 324-7 *(D. n° 92-1000, 17 sept. 1992).* — **Le conseil d'administration se réunit au moins deux fois par an. La convocation du conseil d'administration est de droit sur demande du tiers au moins de ses membres. L'ordre du jour doit être porté à la connaissance des membres au moins dix jours à l'avance.**

Les conditions de fonctionnement du conseil d'administration et les conditions d'exécution de ses délibérations et, le cas échéant, de celles du bureau procédant par délégation du conseil d'administration sont déterminées par les dispositions de la section II du chapitre I du titre II du Code des communes qui ne sont pas contraires à celles du présent chapitre.

C. urb., art. R. 324-8 *(D. n° 92-1000, 17 sept. 1992).* — **Les membres, titulaires ou suppléants, du conseil d'administration ne peuvent prendre ou conserver aucun intérêt, occuper aucune fonction dans les entreprises privées traitant avec l'établissement public foncier ou assurer des prestations pour ces entreprises. Ils ne peuvent, en aucun cas, prêter leur concours, à titre onéreux, à l'établissement.**

C. urb., art. R. 324-9 *(D. n° 92-1000, 17 sept. 1992).* — **Le président prépare et présente les orientations de l'établissement. Il présente le budget et le programme annuel d'intervention. Il est ordonnateur des dépenses et des recettes. Il représente l'établissement**

en justice, passe en son nom tous actes et contrats. Il convoque le conseil d'administration, fixe l'ordre du jour et dirige les débats.

C. urb., art. R. 324-10 *(D. n° 92-1000, 17 sept. 1992).* — **Le directeur de l'établissement public foncier dirige l'établissement dans le cadre des orientations fixées par le conseil d'administration. Il prépare le programme annuel d'intervention et le budget. Il recrute le personnel et a autorité sur lui. Il peut, en outre, être chargé d'autres attributions par délégation du président.**

La fonction de directeur est incompatible avec celle de membre du conseil d'administration ou de délégué à l'assemblée spéciale.

C. urb., art. R. 324-11 *(D. n° 92-1000, 17 sept. 1992).* — **Le budget de l'établissement public foncier est établi, voté, réglé et exécuté conformément aux dispositions des articles 7 à 13 de la loi n° 82-213 du 2 mars 1982.**

Section III Modification des conditions initiales de composition et de fonctionnement de l'établissement public foncier

C. urb., art. R. 324-12 *(D. n° 92-1000, 17 sept. 1992).* — **La décision institutive précise les conditions dans lesquelles l'admission de nouveaux membres modifie la composition de l'assemblée spéciale et celle du conseil d'administration.**

C. urb., art. R. 324-13 *(D. n° 92-1000, 17 sept. 1992).* — **Les modifications de la décision institutive autres que l'admission ou le retrait sont prises par le ou les préfets mentionnés à l'article R. 324-1, après avis du conseil d'administration et au vu des délibérations des conseils municipaux ou organes délibérants d'établissements publics de coopération intercommunale compétents en matière foncière dans les conditions de majorité prévues au premier alinéa de l'article L. 324-2.**

Section IV Transformation d'un établissement public de coopération intercommunale à vocation unique foncière en établissement public foncier

C. urb., art. R. 324-14 *(D. n° 92-1000, 17 sept. 1992).* — **En cas de transformation d'un établissement public de coopération intercommunale à vocation unique foncière en établissement public foncier dans les conditions prévues à l'article L. 324-8, le préfet constate par arrêté que l'assemblée délibérante de l'établissement public et les organes délibérants des collectivités territoriales le constituant ont donné leur accord à cette transformation. La transformation prend effet à compter de la date à laquelle est pris l'arrêté préfectoral.**

Section V Dissolution de l'établissement public foncier

C. urb., art. R. 324-15 *(D. n° 92-1000, 17 sept. 1992).* — **L'établissement public foncier est dissous :**

***a)* Soit de plein droit à l'expiration de la durée déterminée par la décision institutive ;**

***b)* Soit à la demande des deux tiers au moins des conseils municipaux ou des établissements publics intercommunaux représentant au moins la moitié de la population des communes intéressées, ou à la demande de la moitié des conseils municipaux ou organes délibérants des établissements publics de coopération intercommunale représentant au moins les deux tiers de la population des communes intéressées.**

L'arrêté de dissolution détermine, sous la réserve des droits des tiers, les conditions dans lesquelles l'établissement public foncier est liquidé.

Chapitre V
Établissement public national d'aménagement et de restructuration des espaces commerciaux et artisanaux

Voir aussi : Comm. sous C. urb., art. L. 325-1 et s., p. 288.

Section I Organisation administrative
(Section créée, D. n° 97-130, 12 févr. 1997, art. 1er)

C. urb., art. R. 325-1 *(Créé, D. n° 97-130, 12 févr. 1997, art. 1er).* — **L'Établissement public national d'aménagement et de restructuration des espaces commerciaux et artisanaux est administré par un conseil d'administration de vingt membres, comprenant :**

1° Dix membres représentant l'État, désignés à raison de :

– un membre par le ministre chargé de l'urbanisme ;

– un membre par le ministre de l'Intérieur ;

– un membre par le ministre chargé de l'économie ;

– un membre par le ministre chargé de l'aménagement du territoire ;

– deux membres par le ministre chargé de la ville ;

– deux membres par le ministre chargé du commerce et de l'artisanat ;

– un membre par le ministre chargé des collectivités locales ;

– un membre par le ministre chargé du budget.

Pour chacun des membres prévus ci-dessus, un suppléant est désigné dans les mêmes conditions.

2° Un député et un sénateur désignés par l'assemblée à laquelle ils appartiennent ;

3° Deux maires nommés par le Premier ministre ;

4° Deux personnalités qualifiées nommées par le Premier ministre ;

5° Trois représentants des professions commerciales et artisanales, nommés par le ministre chargé du commerce et de l'artisanat ;

6° Un représentant du secteur associatif nommé par le ministre chargé de la ville.

Le contrôleur d'État et l'agent comptable ont accès aux séances du conseil d'administration.

C. urb., art. R. 325-2 *(Créé, D. n° 97-130, 12 févr. 1997, art. 1er).* — **La durée du mandat des administrateurs est de trois ans. Ce mandat est renouvelable. Toutefois, le mandat des administrateurs membres du Parlement ou des assemblées délibérantes des collectivités locales prend fin de plein droit à l'expiration du mandat électif au titre duquel ils ont été désignés au conseil d'administration de l'établissement.**

En cas de vacance au conseil d'administration, pour quelque cause que ce soit, le conseil est complété, dans un délai de deux mois à compter de la constatation de la vacance, par de nouveaux membres désignés selon les mêmes modalités que ceux qu'ils remplacent pour le temps restant à courir jusqu'à la date normale d'expiration du mandat de ces derniers.

Les membres du conseil d'administration ne peuvent prendre ou conserver aucun intérêt, occuper aucune fonction dans les entreprises traitant avec l'établissement pour des marchés de travaux ou de fournitures ou assurer des prestations pour ces entreprises. Ils ne peuvent en aucun cas prêter leurs concours à titre onéreux à l'établissement.

C. urb., art. R. 325-3 *(Créé, D. n° 97-130, 12 févr. 1997, art. 1er).* — **Le conseil d'administration élit un président et deux vice-présidents, dont l'un parmi les représentants de l'État, pour suppléer le président en cas d'absence ou d'empêchement.**

Le président et les vice-présidents sont élus pour la durée de leur mandat d'administrateur. Ils sont rééligibles.

C. urb., art. R. 325-4 *(Créé, D. n° 97-130, 12 févr. 1997, art. 1er).* — **Le conseil d'administration règle par ses délibérations les affaires de l'établissement.**

Il choisit le siège de l'établissement, approuve l'état prévisionnel des recettes et des dépenses, autorise les emprunts et la conclusion des conventions passées avec les collectivités locales et les établissements publics en application du troisième alinéa de l'article L. 325-1. Il arrête les comptes. Il approuve les orientations à moyen terme et le programme annuel d'intervention de l'établissement, qui fixe la liste des sites bénéficiant des opérations d'aménagement et de restructuration dont l'établissement assure ou délègue la maîtrise d'ouvrage.

Il peut déléguer certains de ses pouvoirs au directeur général, à l'exception de ceux définis à l'alinéa précédent.

Un règlement intérieur du conseil d'administration est établi par le directeur général et adopté par le conseil d'administration.

C. urb., art. R. 325-5 *(Créé, D. n° 97-130, 12 févr. 1997, art. 1er).* — **Le conseil d'administration se réunit au moins deux fois par an sur convocation de son président. La convocation est de droit lorsqu'elle est demandée par la moitié au moins des membres du conseil d'administration.**

L'ordre du jour des délibérations doit être porté à la connaissance des membres du conseil au moins dix jours à l'avance, sauf en cas d'urgence.

Un administrateur ne peut se faire représenter que par son suppléant ou, à défaut, par un autre administrateur. Un administrateur ne peut représenter qu'un seul de ses collègues.

Le conseil d'administration délibère valablement si la moitié des membres au moins participent à la séance ou sont représentés. Quand, après une première convocation régulièrement faite, le conseil d'administration ne s'est pas réuni en nombre suffisant, la délibération est prise valablement sans condition de quorum après une seconde convocation.

Les décisions sont prises à la majorité absolue des suffrages exprimés. En cas de partage égal des voix, la voix du président est prépondérante.

Il est établi un procès-verbal de chaque séance, signé par le président et le secrétaire de séance.

C. urb., art. R. 325-6 *(Créé, D. n° 97-130, 12 févr. 1997, art. 1er).* — **Le directeur général de l'établissement est nommé par arrêté conjoint des ministres chargés de l'urbanisme, de la ville, du commerce et de l'artisanat. Il est mis fin à ses fonctions dans les mêmes formes.**

Les fonctions de directeur général sont incompatibles avec celles d'administrateur.

C. urb., art. R. 325-7 *(Créé, D. n° 97-130, 12 févr. 1997, art. 1er).* — **Le directeur général assiste aux séances du conseil d'administration dont il prépare et exécute les décisions.**

Il prépare et présente l'état prévisionnel des recettes et des dépenses. Il est ordonnateur des dépenses et des recettes. Il gère l'établissement, le représente en justice, signe les contrats et les conventions, les actes d'aliénation, d'acquisition ou de location. Il recrute le personnel de l'établissement et a autorité sur lui.

Il prépare et présente les orientations à moyen terme et le programme annuel d'intervention de l'établissement et en assure l'exécution, dont il rend compte chaque année au conseil d'administration.

Il peut déléguer sa signature.

Section II Organisation financière

(Section créée, D. n° 97-130, 12 févr. 1997, art. 1er)

C. urb., art. R. 325-8 *(Créé, D. n° 97-130, 12 févr. 1997, art. 1er).* — **Les ressources de l'établissement comprennent notamment :**

– les dotations financières prévues au quatrième alinéa de l'article L. 325-1 ;

– les contributions qui lui sont apportées par les collectivités locales, établissements publics et sociétés nationales ainsi que toutes autres personnes morales publiques ou privées intéressées et qui peuvent comprendre des ressources affectées ;

– le produit des emprunts qu'il est autorisé à contracter, dans la limite d'un plafond de *(Montant et unité monétaire remplacés à compter du 1er janvier 2002, D. n° 2001-1327, 28 déc. 2001, art. 1er, A et 6)* **« 20 000 000 € » ;**

– la rémunération de ses prestations de services ;

– le produit de la gestion des biens entrés dans son patrimoine ;

– le produit de la vente des biens et droits mobiliers et immobiliers ;

– les dons et legs.

C. urb., art. R. 325-9 *(Créé, D. n° 97-130, 12 févr. 1997, art. 1er).* — **Le régime financier et comptable applicable à l'établissement est celui qui résulte des dispositions des articles 190 à 225 du décret n° 62-1587 du 29 décembre 1962 portant règlement général sur la comptabilité publique.**

L'agent comptable est désigné par le ministre chargé du budget.

Section III Contrôle de l'établissement

(Section créée, D. n° 97-130, 12 févr. 1997, art. 1er)

C. urb., art. R. 325-10 *(Créé, D. n° 97-130, 12 févr. 1997, art. 1er).* — **Le contrôle économique et financier de l'État est exercé dans les conditions prévues par le décret n° 53-707 du 9 août 1953 relatif au contrôle de l'État sur les entreprises publiques nationales et certains organismes ayant un objet d'ordre économique ou social et par le décret n° 55-733 du 26 mai 1955 relatif au contrôle économique et financier de l'État.**

TITRE III

DISPOSITIONS FINANCIÈRES

Chapitre I

Fonds national d'aménagement foncier et d'urbanisme (FNAFU)

Abrogation. Ce chapitre devra être abrogé au regard de la loi SRU du 13 décembre 2000. 2244

Section I Dispositions générales

C. urb., art. *R. 331-1 *(D. n° 77-863, 26 juill. 1977).* — **Le Fonds national d'aménagement foncier et d'urbanisme a pour objet de faciliter l'exécution des acquisitions et des aménagements fonciers visant à la réalisation d'opérations d'urbanisme, d'implantations industrielles et de réserves foncières.**

Les ressources du fonds peuvent être utilisées dans les conditions fixées au présent chapitre :

Soit en vue de faciliter la localisation d'entreprises industrielles et l'aménagement de zones d'habitation, conformément aux prévisions des *(Mots rempl., D. n° 2001-260,*

27 mars 2001, art. 3) « plans locaux d'urbanisme » et, le cas échéant, des plans d'urbanisme rendus publics ou approuvés ou, à défaut de tels plans, dans les zones reconnues par le ministre chargé de l'urbanisme et le ministre de l'Intérieur comme étant propices à l'utilisation projetée ;

Soit en vue de faciliter la réalisation d'opérations de rénovation urbaine, de restauration immobilière, de résorption de l'habitat insalubre ou de remembrement ;

Soit en vue de faciliter l'exercice du droit de préemption dans les zones d'aménagement différé ou les périmètres provisoires de ces zones.

Le ministre chargé de l'urbanisme est ordonnateur principal des opérations du compte spécial.

Section II Avances

C. urb., art. *R. 331-2. — Les avances du Fonds national d'aménagement foncier et d'urbanisme prévues à l'article L. 331-1 sont octroyées par un comité de gestion de quatre membres comprenant les représentants du Premier ministre, du ministre de l'Économie et des Finances, du ministre de l'Intérieur et du ministre chargé de l'urbanisme.

Le ministre chargé de l'aménagement du territoire représente le Premier ministre.

C. urb., art. *R. 331-3. — Le taux d'intérêt des avances est compris dans les limites fixées par un arrêté conjoint du ministre de l'Économie et des Finances et du ministre chargé de l'urbanisme.

Le délai de remboursement des avances ne peut excéder deux ans. Il peut toutefois être prolongé pour une égale durée :

Deux fois en ce qui concerne les avances consenties en vue de la création de zones industrielles ;

Trois fois en ce qui concerne les avances consenties en vue de l'exercice du droit de préemption dans les zones d'aménagement différé ;

Une fois pour les autres opérations.

Les prolongations de délais sont accordées par décision du comité de gestion prévu à l'article précédent.

C. urb., art. *R. 331-4. — Dans chaque cas, une convention est passée entre le ministre chargé de l'urbanisme et le bénéficiaire de l'avance. La convention fixe les conditions et les modalités de versement des fonds.

La convention prévoit que le remboursement des avances est immédiatement exigible si l'opération n'est pas entreprise dans le délai prévu.

Section III Bonifications d'intérêt

C. urb., art. *R. 331-5. — Les bonifications d'intérêt prévues à l'article L. 331-3 sont octroyées par le comité de gestion prévu à l'article R. 331-2.

Le comité de gestion est autorisé à déléguer aux préfets de région et aux préfets ses pouvoirs d'octroi de bonifications d'intérêt dans les conditions fixées par l'arrêté conjoint du ministre chargé de l'urbanisme, du ministre de l'Intérieur, du ministre de l'Économie et des Finances et du ministre chargé de l'aménagement du territoire, et selon les modalités définies par le comité de gestion.

C. urb., art. *R. 331-6. — Le montant des emprunts dont les intérêts pourront être bonifiés est fixé chaque année par arrêté du ministre de l'Économie et des Finances.

Les taux de bonifications d'intérêt sont compris entre des limites fixées par arrêté du ministre de l'économie et des finances.

C. urb., art. *R. 331-7. — Dans chaque cas, une convention est passée entre le ministre chargé de l'urbanisme, le ministre de l'Économie et des Finances et le bénéficiaire de la bonification d'intérêt.

La convention fixe les conditions et les modalités de versement des bonifications d'intérêt. Elle détermine, en particulier, les conditions de remboursement ou de suppression des bonifications d'intérêt si les travaux ne sont pas entrepris ou terminés dans les délais fixés.

Section IV Opérations réalisées par l'État

C. urb., art. *R. 331-8. — Le ministre chargé de l'urbanisme peut, après avis de la commission régionale des opérations immobilières, de l'architecture et des espaces protégés, procéder aux acquisitions et aux travaux d'aménagement nécessaires pour la réalisation d'opérations entreprises aux fins prévues à l'article R. 331-1.

C. urb., art. *R. 331-9. — Ainsi qu'il est dit à l'article R. 90 du Code du domaine de l'État, les immeubles du domaine privé de l'État peuvent, après avis du comité de gestion, être affectés au ministère chargé de l'urbanisme aux fins d'aménagement.

Les arrêtés d'affectation précisent la créance de l'administration des domaines, égale à la valeur vénale de ces immeubles.

Lorsque la réalisation de l'opération nécessite la mise à sa disposition d'immeubles domaniaux affectés à un service public et effectivement utilisés, le ministre chargé de l'urbanisme peut, après avis favorable du ministre de l'Économie et des Finances, pourvoir, sur les ressources du fonds, à la réinstallation dudit service à un autre emplacement, dans la mesure de ses besoins.

Le ministre chargé de l'urbanisme peut, à cette fin, procéder pour le compte du service considéré, à des acquisitions d'immeubles, nus ou bâtis, à des travaux d'aménagement ou à des constructions. Les dépenses qu'il expose à cet effet sur les ressources du fonds ne peuvent en aucun cas excéder la valeur des immeubles domaniaux qui sont affectés à son département.

En ce cas, et par dérogation à l'article R. 88 du Code du domaine de l'État, l'affectation ne donne lieu au versement d'une indemnité sur les ressources du fonds que dans la mesure où la valeur des immeubles ainsi affectés dépasse le montant des dépenses exposées.

C. urb., art. *R. 331-10. — La gestion des immeubles acquis ou aménagés en vertu des deux articles précédents est assurée par le ministre chargé de l'urbanisme. Ainsi qu'il est dit à l'article R. 70 (2e alinéa) du Code du domaine de l'État, les actes de location sont passés par le service des domaines dans les formes ordinaires.

C. urb., art. *R. 311-11. — Ainsi qu'il est dit à l'article R. 143 du Code du domaine de l'État, le service des domaines peut procéder sans limitation de valeur à l'aliénation des immeubles acquis ou aménagés par le fonds.

Les cessions de gré à gré sont faites en vertu des décisions d'attribution prises par le ministre chargé de l'urbanisme et comportant fixation du prix après avis du service des domaines sur la valeur vénale des immeubles.

Les aliénations peuvent intervenir avant l'achèvement des travaux d'aménagement.

C. urb., art. *R. 331-12. — Ainsi qu'il est dit à l'article R. 70 (1er alinéa) du Code du domaine de l'État, nonobstant toutes décisions contraires, les locations des immeubles acquis ou aménagés en vertu des articles R. 331-8 et R. 331-9 peuvent être consenties pour une durée supérieure à dix-huit ans.

Ainsi qu'il est dit à l'article R. 91 du Code du domaine de l'État, l'affectation desdits immeubles à un service public de l'État a lieu moyennant une indemnité correspondant au prix de revient des immeubles ainsi affectés.

Section V Opérations en participation

C. urb., art. *R. 331-13. — **Le ministre chargé de l'urbanisme peut, sur les ressources du fonds et après avis du comité de gestion prévu à l'article R. 331-2, participer avec les collectivités et les établissements publics à des opérations comportant séparément ou cumulativement l'acquisition et l'aménagement d'immeubles nus ou bâtis aux fins prévues à l'article R. 331-1.**

Une convention, passée entre le ministre chargé de l'urbanisme et les représentants des collectivités et établissements publics dûment habilités, fixe les conditions de réalisation de l'opération. Elle désigne, notamment, les participants qui seront chargés de réaliser tout ou partie des acquisitions et des aménagements et les conditions selon lesquelles seront effectuées les cessions. Elle fixe la part revenant à chacun des participants dans les recettes.

Les dispositions prévues aux articles R. 331-8 et R. 331-11 s'appliquent dans ce cas aux acquisitions et aux aliénations effectuées par l'État.

C. urb., art. *R. 331-14. — **Lorsqu'une opération entreprise par le fonds entraîne la réalisation des travaux incombant normalement à un autre service public de l'État, le ministre chargé de l'urbanisme peut passer avec le ministre dont relève ce service une convention fixant les conditions dans lesquelles ce service contribuera à la réalisation de l'opération.**

C. urb., art. *R. 331-15. — **Le ministre chargé de l'urbanisme peut passer des conventions avec les particuliers en vue de la réalisation d'opérations entreprises aux fins prévues à l'article R. 331-1.**

Section VI Dispositions communes

C. urb., art. *R. 331-16. — **Sont imputés au compte spécial :**

En recettes :

1° Le remboursement des avances ;

2° Les intérêts des avances ;

3° Le produit de la cession des immeubles ;

4° Le prix des immeubles acquis sur les ressources du fonds et affectés à des services d'État ;

5° La participation des collectivités ou établissements publics aux opérations effectuées en commun par l'État et ces collectivités ou établissements publics ;

6° La part revenant au fonds dans les recettes réalisées par des collectivités et établissements publics et provenant d'opérations effectuées en commun par l'État et ces collectivités et établissements publics ;

7° Les sommes versées par des services publics de l'État ou par des particuliers en application des articles R. 331-14 et R. 331-15 ;

8° L'évaluation des apports en nature ;

9° Les fruits et produits des biens gérés temporairement ;

10° Les sommes versées par l'État pour couvrir la charge des bonifications d'intérêt ;

11° La part revenant à l'État dans les recettes provenant des opérations par l'article L. 331-1.

En dépenses :

1° Les versements d'avances et de bonifications d'intérêt ;

2° Les dépenses correspondant aux opérations directement effectuées par le ministre chargé de l'urbanisme sur les ressources du fonds ;

3° Les sommes dues à l'administration des domaines pour les immeubles affectés au ministère chargé de l'urbanisme dans les conditions prévues à l'article R. 331-9 ;

4° La participation du fonds aux opérations effectuées en commun par l'État et les collectivités publiques ou établissements publics ;

5° La part revenant aux collectivités et établissements publics dans les recettes réalisées par le fonds et provenant d'opérations effectuées en commun entre l'État et ces collectivités ou établissements publics ;

6° L'évaluation des apports en nature ;

7° Les frais divers de gestion, et notamment les frais exposés pour parvenir aux aliénations.

C. urb., art. *R. 331-17. — **Un arrêté du ministre chargé de l'urbanisme et du ministre de l'Économie et des Finances fixe les conditions dans lesquelles l'État verse des provisions sur sa participation, telle qu'elle est prévue conformément à l'article L. 331-2 par l'article R. 331-16 (11°) ; il s'acquitte du solde sur justification des acquisitions de travaux exécutés.**

Chapitre II

Participation des constructeurs et des lotisseurs

Section I Participation en cas de dépassement du coefficient d'occupation du sol

Abrogation. Cette section devra à terme être abrogée, au regard de la loi du 13 décembre 2000. 2245

C. urb., art. *R. 332-1 *(D. n° 76-276, 29 mars 1976).* — **I. – Le montant de la participation prévue aux articles L. 332-1 à L. 332-5 est calculé selon la formule suivante :**

P = v ((Sa + Sb - C Sd)/C)

Dans laquelle

P représente le montant de la participation ;

V, la valeur au mètre carré du terrain considéré comme nu et libre ;

Sa* : la surface de plancher de la construction projetée, calculée comme il est dit à l'article R. 123-22 (3°)** ***(Mots aj., D. n° 95-676, 9 mai 1995, art. 3-I) **« , à l'exclusion de la surface correspondant à la partie des constructions exonérée en application de l'article L. 127-1 » ;**

***Sb,* la surface de plancher développée hors œuvre des constructions implantées sur le même terrain qui ne sont pas destinées à être démolies, calculée comme il est dit à l'article R. 123-22 (3°) ;**

***Sd,* la surface du terrain ;**

C, le coefficient d'occupation du sol.

Toutefois, il n'est pas perçu de participation pour la partie de la surface de plancher développée hors œuvre des constructions déjà implantées sur le terrain qui dépasse le coefficient d'occupation du sol lorsque ces constructions sont conservées.

II. – Lorsque la densité de la construction projetée dépasse celle qui résulte du coefficient d'occupation du sol fixé par le ***(Mots rempl., D. n° 2001-260, 27 mars 2001, art. 3)*** **« plan local d'urbanisme » et excède également le plafond légal de densité prévu à l'article L. 112-1, aucune participation n'est due pour la partie de la surface supplémentaire de terrain qui fait l'objet du versement prévu à l'article L. 112-2, y compris dans les cas visés à l'article L. 113-2 (alinéa 3).**

Motifs. Le dépassement du COS suppose tout à la fois qu'il soit prévu (par l'article 14 du règlement du POS), et qu'il soit possible (eu égard aux diverses règles prévues par ce règlement : hau- 2246 teur, prospect...). Les motifs de dépassement sont limitativement énumérés aux articles L. 123-1 (3° et 5°) et L. 123-2.

Le juge administratif juge illégales les dispositions d'un POS prévoyant des dépassements de COS pour d'autres motifs (CE, 21 mai 1982, *SCI Montchâteau : Rec. CE*, T, p. 781. – CAA Lyon, 19 avr. 1994, *Ville de Nice : RFDA* 1995, p. 443).

De même, sont illégales les dispositions trop imprécises relatives au dépassement de COS (CE, 2 déc. 1991, *Souille : DA* 1992, 58, et jurisprudence citée sous l'article R. 123-22). Sur les effets fiscaux de l'illégalité, voir commentaire précédant l'article R. 332-1.

Voir aussi : Sur la fixation de la valeur vénale, obs. sous C. urb., art. R. 333-1, p. 737 et l'instruction DGI du 16 novembre 1978 ; exception après sinistre, C. urb., art. L. 332-1, p. 293, *in fine* ; sur le dépassement de COS alternatifs ou différenciés, Circulaire n° 79-31, 19 mars 1979 (n°s 2-4) modifiée par la circulaire n° 80-129 du 24 septembre 1980.

2247 **COS alternatifs ou différenciés.** En cas de COS alternatifs ou différenciés, le Conseil d'État admet l'exigibilité de la participation pour le dépassement fictif du COS correspondant à l'affectation nouvelle d'un bâtiment existant, à surface inchangée (CE, 14 déc. 1988, *Carpa de Paris : Droit fiscal* 1989, n° 27, comm. 1351 ; *RFDA* 1989, p. 879, concl. Fouquet).

2248 **Modifications des textes.** Le décret du 9 mai 1995 a modifié le présent article et impute sur la surface de construction projetée (Sa) celle dont la destination locative est accompagnée du concours financier de l'État au sens de l'article L. 351-2-3 *e* du Code de la construction et de l'habitation ou qui bénéficie du concours financier de l'État dans les départements d'Outre-Mer.

Le second alinéa du présent article évite le double emploi entre versement pour dépassement du PLD et participation pour dépassement du COS, même pendant la période transitoire qui a pris fin le 1er septembre 1977 (référence au 3e al. de l'art. L. 113-2). En revanche, si la construction autorisée dépasse à la fois le PLD et le COS, mais que le versement pour dépassement du PLD n'est pas dû, en raison de la préexistence d'immeubles bâtis excédant déjà le PLD (C. urb., art. L. 112-4), la sauvegarde des droits acquis en matière de PLD ne rejaillit pas sur le régime de la participation pour dépassement du COS ; cette dernière est donc due dans ce cas (Circ. n° 76-84, 1er juill. 1976).

2249 **Démolition.** Il en résulte que la démolition d'un immeuble préexistant, lui-même en surdensité par rapport au COS, n'est pas un facteur de compensation de la participation exigible (CAA Nantes, 11 mars 1992 : *Rev. jurispr. fiscale* 1992, n° 994).

C. urb., art. *R. 332-2 ***(D. n° 76-276, 29 mars 1976).*** **— Pour le calcul de la participation, il est fait abstraction des fractions de sommes inférieures à *(Unité monétaire rempl., Ord. n° 2000-916, 19 sept. 2000, art. 1er)* 1,52 €.**

C. urb., art. *R. 332-3 ***(D. n° 76-276, 29 mars 1976 ; D. n° 84-669, 17 juill. 1984).*** **— La valeur du mètre carré du terrain est déclarée à l'occasion de la demande de permis de construire dans les conditions définies à l'article R. 333-4. Elle est contrôlée par le directeur des services fiscaux selon les modalités indiquées par cet article.**

C. urb., art. *R. 332-4 ***(D. n° 76-276, 29 mars 1976 ; D. n° 84-669, 17 juill. 1984).*** **— Le montant de la participation est calculé par le chef du service de l'État dans le département, chargé de l'urbanisme ou, en cas d'application de l'article R. 424-1, par le maire.**

En cas de désaccord sur la valeur du terrain, la participation est provisoirement liquidée sur la base de l'estimation administrative.

Voir aussi : La jurisprudence et validation législative citées sous C. urb., art. R. 424-1, p. 848.

C. urb., art. *R. 332-5 ***(D. n° 76-276, 29 mars 1976 ; D. n° 84-669, 17 juill. 1984 ; D. n° 86-517, 14 mars 1986 ; D. n° 93-422, 19 mars 1993).*** **— Le chef du service de l'État dans le département, chargé de l'urbanisme ou, en cas d'application de l'article R. 424-1, le maire arrête le montant de la participation et le communique au trésorier-payeur général. Il le notifie au pétitionnaire.**

Le comptable du Trésor notifie le montant de la participation au redevable. Le paiement doit être effectué dans les conditions définies à l'article R. 333-6 (alinéas 3 et 4).

C. urb., art. *R. 332-6 *(D. n° 76-276, 29 mars 1976 ; D. n° 93-422, 19 mars 1993).* — **À défaut de paiement dans les délais impartis, les pénalités prévues à l'article 1731 du Code général des impôts sont dues par le redevable de la participation.**

Le recouvrement, tant de la créance du Trésor que des pénalités, est poursuivi dans les conditions fixées au titre IV du livre des procédures fiscales pour les impôts recouvrés par les comptables du Trésor. Il est garanti suivant les modalités définies aux deuxième et troisième alinéas de l'article L. 333-11, modifié par l'article 118 de la loi n° 89-935 du 29 décembre 1989.

Indemnité de retard. L'article 1727 du CGI prévoit une indemnité de retard de 0,75 % par mois, depuis la loi du 8 juillet 1987. 2250

Recouvrement. Le recouvrement forcé commence par l'émission d'un avis de mise en recouvrement ; les poursuites sont engagées par huissier, vingt jours après une mise en demeure par pli recommandé avec demande d'avis de réception, sauf si le sursis de paiement a été accordé. 2251

C. urb., art. *R. 332-7 *(D. n° 76-276, 29 mars 1976 ; D. n° 84-669, 17 juill. 1984 ; D. n° 93-422, 19 mars 1993).* — **I. – En cas de modification apportée sur la demande de l'intéressé au permis de construire qui lui a été délivré, le complément de participation éventuellement exigible est liquidé, notifié et recouvré dans les conditions prévues aux articles R. 332-1 à R. 332-6.**

II. – Lorsque la modification du permis de construire entraîne une diminution ou la suppression de la participation ou lorsque le demandeur du permis de construire renonce à la construction projetée et demande le retrait à titre gracieux de son permis, il peut obtenir le dégrèvement de la somme correspondante, avant que la participation ait été recouvrée, ou la restitution dans le cas contraire.

III. – Les demandes de dégrèvement sont recevables jusqu'au 31 décembre de la deuxième année qui suit celle de leur mise en recouvrement et les demandes de restitution jusqu'au 31 décembre de la deuxième année qui suit celle du versement.

IV. – Les demandes de dégrèvement ou de restitution sont adressées au chef du service de l'État dans le département, chargé de l'urbanisme ou, en cas d'application de l'article R. 424-1, au maire, qui fait connaître, le cas échéant, au trésorier-payeur général, le montant du dégrèvement ou de la restitution à effectuer.

Forclusion. Le délai de forclusion est le même qu'en matière fiscale. 2252

Réclamation. En cas de rejet de la réclamation, le tribunal administratif doit être saisi dans le délai de deux mois, à peine de forclusion. 2253

C. urb., art. *R. 332-8 *(D. n° 76-276, 29 mars 1976).* — **La participation pour dépassement du coefficient d'occupation du sol donne lieu à l'application d'un prélèvement pour frais d'assiette et de perception qui reçoit l'affectation prévue à l'article 1646 du Code général des impôts. Le taux de ce prélèvement est calculé dans les conditions définies à l'article R. 333-10.**

C. urb., art. *R. 332-9 *(D. n° 84-669, 17 juill. 1984).* — **Nonobstant les dispositions de l'article R. 332-3, si un dépassement de la surface de plancher prévue, par le permis de construire, est constaté dans les conditions prévues à l'article L. 480-1, la participation est due sur la base de la surface de plancher effectivement construite. Il en est de même lorsqu'il est constaté, dans les mêmes conditions, qu'une construction a été édifiée sans l'accomplissement, selon le cas, de l'une ou de l'autre des formalités requises.**

Sans préjudice des sanctions prévues par les dispositions en vigueur en cas d'infraction à la réglementation en matière de permis de construire, la surface de plancher non autorisée est pour le calcul de la participation majorée de 50 %.

En cas de démolition de l'immeuble ou de la partie d'immeuble construit irrégulièrement, le redevable peut demander le dégrèvement, la réduction ou la restitution de la participation correspondant à la partie démolie. Cette demande doit être formulée au plus tard le 31 décembre de la deuxième année qui suit la démolition dûment constatée.

Si des surfaces de plancher déduites en application de l'article R. 112-2 sont affectées à un usage qui ne justifie plus la déduction, les dispositions des deux premiers alinéas du présent article sont applicables, après mise en demeure demeurée sans effet, de rétablir l'affectation régulière.

2254 **Dispositif pénal.** La sanction pénale applicable est déterminée par l'article L. 480-4 ; en outre, la condamnation à démolir ou à remettre les lieux dans leur état primitif peut être ordonnée en vertu de l'article L. 480-5.

2255 **Prescription.** La prescription nous semble applicable dans les mêmes conditions que pour la taxe locale d'équipement.

C. urb., art. *R. 332-10 *(D. n° 84-669, 17 juill. 1984).* — **Les litiges relatifs au calcul de la participation sont, à l'exception de ceux relatifs à la détermination de la valeur y visée à l'article R. 332-1, de la compétence des tribunaux administratifs. Les demandes sont adressées au chef du service de l'État dans le département, chargé de l'urbanisme, ou, en cas d'application de l'article R. 424-1, au maire, qui en informe immédiatement le directeur des services fiscaux et procède à leur instruction.**

2256 **Contentieux.** Le contentieux administratif de la participation pour dépassement de COS (autre que celui de la valeur vénale) relève exclusivement de la procédure fiscale (réclamation obligatoire, puis recours au tribunal administratif). En conséquence, est irrecevable le recours contre la lettre du préfet de Paris informant le pétitionnaire des conditions de calcul de la participation litigieuse (CE, 4 nov. 1983, req. n° 34702, *Sté foncière de la Compagnie bancaire*).
En cas de litige, seul l'État peut faire appel et non la Ville de Paris (CE, Ass. 20 déc. 1985, *Ville de Paris c/ SCI Champs-Élysées La Boétie : DA* 1986, n° 132 ; *Rec. CE*, p. 386).

C. urb., art. *R. 332-11 *(D. n° 76-276, 29 mars 1976).* — **La participation est perçue au profit de la commune ou, s'il en existe un, de l'établissement public groupant plusieurs communes et ayant compétence en matière d'urbanisme.**

Pour l'application des dispositions de l'alinéa précédent, sont considérés comme des établissements publics groupant plusieurs communes et ayant compétence en matière d'urbanisme ceux de ces établissements qui remplissent les conditions posées à l'article L. 333-15.

C. urb., art. *R. 332-12 *(D. n° 76-276, 29 mars 1976 ; D. n° 84-669, 17 juill. 1984).* — **Le produit de la participation est versé à la commune ou à l'établissement public bénéficiaire dans les trois mois suivant son encaissement.**

C. urb., art. *R. 332-13 *(D. n° 76-276, 29 mars 1976 ; D. n° 77-752, 7 juill. 1977 ; D. n° 84-669, 17 juill. 1984).* — **Le constructeur qui demande à bénéficier des dispositions de l'article L. 332-1 (al. 2, *b* et *c*) doit apporter, à l'appui de sa demande, l'accord écrit d'un ou plusieurs propriétaires de parcelles situées dans la zone soumise aux mêmes prescriptions d'urbanisme ou d'architecture prévues à l'article L. 123-1 (7°) à l'institution d'une servitude qui réduit les possibilités de construire, sur sa ou leurs parcelles, d'une quantité équivalant au dépassement en cause.**

La constitution de cette servitude fait l'objet d'une délibération du conseil municipal notifiée à tous les propriétaires intéressés par la modification des possibilités de construction. Cette délibération, qui vaut autorisation de dépassement, fixe, sous la condition suspensive de la passation de l'acte notarié mentionné à l'alinéa suivant, les nouveaux coefficients d'occupation du sol applicables aux parcelles en cause.

L'accord des propriétaires est alors constaté par un acte notarié qui précise pour chacune des parcelles le coefficient d'occupation du sol désormais applicable. L'acte est publié au bureau des hypothèques en même temps qu'une ampliation ou copie certifiée conforme de la délibération du conseil municipal et dans le délai prévu à l'article 33 C du décret n° 55-22 du 4 janvier 1955.

Lorsque, sur un terrain considéré, un dépassement du coefficient d'occupation du sol est autorisé par le plan d'occupation du sol, jusqu'à une densité qui est supérieure au plafond légal, le transfert de coefficient d'occupation du sol ne peut être autorisé qu'à concurrence des possibilités de construire comprises entre le coefficient d'occupation du sol et la densité à partir de laquelle le versement prévu à l'article L. 112-2 est dû.

C. urb., art. *R. 332-14. — Les dispositions des articles 5-2, 26-1, 26-2 et 26-3 du décret n° 58-1463 du 31 décembre 1958 relatif aux plans d'urbanisme, modifié, et les textes pris pour leur application cessent d'être applicables dès que le *(Mots rempl., D. n° 2001-260, 27 mars 2001, art. 3)* « plan local d'urbanisme » est rendu public ou dès que des coefficients provisoires d'occupation du sol, mentionnés à l'article L. 124-3, sont fixés.

Section II Autres participations

Sous-section 1 Cessions de terrains ou de locaux

C. urb., art. R. 332-15 *(D. n° 76-276, 29 mars 1976)*. — L'autorité qui délivre le permis de construire ou l'autorisation de lotissement ne peut exiger la cession gratuite de terrains qu'en vue de l'élargissement, du redressement ou de la création des voies publiques, et à la condition que les surfaces cédées ne représentent pas plus de 10 % de la surface du terrain sur lequel doit être édifiée la construction projetée ou faisant l'objet de l'autorisation de lotissement.

Toutefois, cette possibilité de cession gratuite est exclue lorsque le permis de construire concerne un bâtiment agricole autre qu'un bâtiment d'habitation.

Si un coefficient d'occupation du sol a été fixé, la superficie des terrains ainsi cédés gratuitement est prise en compte pour le calcul des possibilités de construction. Il en est de même pour la définition de la densité d'une construction au regard du plafond légal. Ces dispositions ne font pas obstacle à l'application de l'ensemble des autres règles et servitudes d'urbanisme.

I. – Champ d'application

Projets visés. Il est illégal d'imposer une cession gratuite pour l'élargissement d'un chemin rural (CE, 8 févr. 1985, *Raballand : RD imm.* 1985, p. 147. – CE, 12 mai 1989, *Biclot : DA* 1989, 329). Mais un arrêté d'extension de lotissement ne peut davantage imposer à la commune l'entretien d'un chemin rural autour duquel s'organise le lotissement autorisé (CE, 20 janv. 1984, req. n° 16615, *Sté civile du domaine du Bernet*). 2257

En tout état de cause, la cession gratuite suppose un projet suffisamment précis et non éventuel (TA Grenoble, 21 févr. 2001, *Mme Danièle Humbert : BJDU* 3/2001, p. 201).

Caractère exceptionnel. L'Administration recommande à ses services de ne prescrire les cessions gratuites qu'à bon escient, sous peine d'en discréditer le principe par un usage excessif ; il ne s'agit pas en particulier de créer des réserves foncières (Circ. n° 73-130, 4 juill. 1973). 2258

S'il existe un plan d'urbanisme ou un plan d'alignement, les cessions gratuites éventuelles doivent se conformer aux prévisions du plan. Elles ne doivent pas être imposées pour des opérations purement hypothétiques (Circ. n° 73-130, 4 juill. 1973). Ainsi, la cession gratuite doit être tout à fait exceptionnelle en cas de travaux d'extension ou d'agrandissement ; elle ne doit pas être prescrite à l'occasion d'un permis de construire autorisant simplement la modification de l'aspect extérieur d'un bâtiment (Circ. n° 73-130, 4 juill. 1973). Ce dernier principe découle désormais de la loi du 18 juillet 1985 (C. urb., art. L. 332-6-1-2 *e*).

II. – Surface à céder

2259 **Limitation.** La limite de 10 % constitue un maximum qui ne doit pas être systématiquement appliqué (Circ. n° 73-130, 4 juill. 1973).
Si l'amélioration de la voie publique impose une cession supérieure à 10 %, cette cession est gratuite dans la limite précitée, et le surplus doit être acquis par la collectivité à titre onéreux, au besoin par voie d'expropriation.

2260 **Permis modificatif.** Un permis de construire modificatif est annulé, s'il impose une cession gratuite de terrain excédant la limite de 10 % (CE, 19 mars 1982, *Sté Marseillaise d'habitation : RD imm.* 1982, p. 49, chron. F. Bouyssou).

2261 **Calcul de surface.** En application de la dernière phrase du présent article, la surface cédée gratuitement doit être soustraite de la surface d'origine du terrain, pour apprécier si ce dernier compte la surface minimale pour construire ; l'article 13 du plan d'urbanisme (surface minimale d'espaces libres) ne s'applique réciproquement qu'à la surface résiduelle du terrain, après cession gratuite (CE, 10 juin 1996, *Sté l'Alp Hôtel : Rec. CE*, T, p. 1211 ; *DA* 1996, 503).

III. – Fait générateur

2262 **Permis de construire.** La participation n'est due que si un permis de construire est délivré (annotations sous C. urb., art. R. 332-22). La délivrance d'un nouveau permis entraîne un nouveau calcul de la participation exigible (CE, 9 déc. 1991, *SCI l'Océan : DA* 1992, 57). La cession gratuite ne pouvant être exigée qu'à l'occasion de la délivrance d'un permis de construire ou d'une autorisation de lotissement, cette possibilité nous paraît exclue pour toutes les autres autorisations d'occupation du sol, construction de clôtures notamment.
Certaines cours d'appel ont admis – de manière gravement erronée – l'expropriation pour le franc symbolique de terrains destinés à des élargissements routiers, au prétexte qu'une cession gratuite pourrait ou aurait pu être imposée (CA Riom, 15 févr. 1980 : *Gaz. Pal.* 1982, somm. 134 ; en sens contraire, TGI Paris, 27 mars 1984 : *AJPI* 1984, p. 477, obs. J. F.).

2263 **Moment de la cession.** La cession gratuite ne peut intervenir avant le début des travaux autorisés (construction ou lotissement) : Rép. min. 29 mars 1999 : *JOAN*, p. 1921.

2264 **Abandon du projet.** En outre, si le projet qui la motive est abandonné, l'obligation de cession gratuite devient caduque (Rép. min. : *JOAN* 8 déc. 1976, p. 9116).

2265 **Renonciation.** Le propriétaire doit céder gratuitement la parcelle à la commune, dès lors qu'aucune délibération du conseil municipal n'est intervenue portant renonciation au bénéfice de la cession qui conserve, de surcroît, le même objet, et concerne la même parcelle cadastrale, le différé de la réalisation du projet étant sans incidence (Cass. 3e civ., 30 janv. 2002 : *Defrénois* 2002, n° 8, p. 550, note S. Pérignon, P. Benoît-Cattin, sur les incertitudes quant au délai de transfert de propriété au profit de la commune et à l'intervention souhaitée du législateur en ce sens).

2266 **Permis de construire.** Le permis de construire est le fait générateur de la cession, faute duquel une convention à son sujet n'est pas exécutoire, mais il ne constitue pas l'acte translatif de propriété. Ce dernier intervient à la diligence de la personne publique intéressée (CE, 8 févr. 1989, *Mazières : RD imm.* 1989, p. 202), et la circulaire précitée du 4 juillet 1973 recommande aux collectivités bénéficiaires de ne pas tarder, après la mise en œuvre de l'autorisation de construire, pour conclure l'acte.

2267 **Réalisation des constructions.** La cession gratuite n'est pas subordonnée à la réalisation effective des constructions ; le calcul des 10 % est étranger à la surface des constructions prévues, seule la surface du terrain est prise en compte (CE, 29 déc. 1999, *SA Abeille-Vie : BJDU* 2/2000, p. 161).

IV. – Bénéficiaire de la cession-opposabilité

2268 **Locataire.** Si le permis de construire est demandé par un locataire, le propriétaire du sol doit être appelé, pour que la clause de cession gratuite lui soit opposable. Pour ce motif, la cession gratuite doit être imposée à la fois au crédit bailleur et au crédit preneur (Cass. civ., 17 mai 1995 : *JCP* N 1996, p. 383, note Stemmer).

Indemnisation. Le département, bénéficiaire d'une cession gratuite, doit indemniser la transplantation des oliviers situés sur le terrain objet de ladite cession (TA Marseille, 26 mai 1989, *Époux Lavison : Gaz. Pal.* 1990, 2, pan. 567). Il en est de même pour l'indemnisation d'un mur situé sur le terrain cédé (TA Versailles, 20 nov. 1990, *Époux Loritte* c/ *Cne d'Orvilliers : CJEG* 1991, p. 137, concl. Prétot). 2269

V. – Contentieux

Action en répétition de l'indu. L'action en répétition d'indu, prévue par l'article L. 332-30 (dern. al.), est évidemment possible. Si le constructeur refuse de procéder à la cession, il est exproprié pour un prix nul. Mais le juge judiciaire renvoie au juge administratif le soin d'apprécier si la clause de cession gratuite est licite (par son but et pour son quantum). Ainsi saisi à titre préjudiciel, le juge administratif n'oppose pas l'irrecevabilité liée à l'indivisibilité du permis de construire, et accepte de déclarer illégale la seule clause de cession gratuite (CE, 14 févr. 1978, *SCI « Les Floralies » : Rec. CE*, p. 94). 2270

Renvoi préjudiciel. La cession gratuite donne lieu à renvoi préjudiciel devant le tribunal administratif pour en apprécier la légalité (CA Douai, 15 févr. 1993 : *Gaz. Pal.* 11-15 nov. 1994). 2271

Exécution forcée. L'exécution forcée d'une clause de cession gratuite, sans procédure judiciaire préalable, est constitutive de voie de fait (Cass. 1re civ., 20 déc. 1994 : *DA* 1995, n° 256). 2272

Convention européenne des droits de l'homme. Les dispositions du Code de l'urbanisme sur les cessions gratuites de terrains ne sont pas incompatibles avec la Convention européenne des droits de l'homme : ces cessions sont encadrées par la loi et n'interviennent qu'au titre du permis de construire, elles peuvent donner lieu à indemnisation s'il en résulte une charge spéciale et exorbitante, hors de proportion avec l'intérêt général poursuivi (CE, 11 févr. 2004, *Schiocchet : BJDU* n° 3/2004, p. 194, concl. D. Chauvaux, note J. Tremeau ; *JCP* G 2004, n° 10180, note J.-B. Bousquet ; *Dr. adm.* 2004, n° 4, comm. n° 70, R. Noquellou ; *Collectivités-Intercommunalité* 2004, n° 5, comm. n° 83, G. Pellissier). 2273

Voir aussi : C. urb., art. L. 160-5, p. 145 et C. urb., art. L. 221-1, p. 208, leurs notes et bibliographies.

Action en nullité de la cession. La cession gratuite d'un terrain en vue de l'élargissement d'une voie publique n'a pas pour objet l'exécution d'un travail public ; il s'agit d'un contrat de droit privé dont la nullité peut être sollicitée devant le juge civil ; l'objet de cette action n'est pas d'engager la responsabilité administrative communale au titre du permis de construire. Cette action civile n'est pas non plus une action en répétition de l'indu visée par l'article L. 332-30 du présent code qui ne s'applique qu'en cas de participations financières ou de réalisation d'équipements propres mis à la charge des bénéficiaires d'autorisations de construire (Cass. 1re civ., 6 janv. 2004, req. n° 01-12.639 : *Juris-Data* n° 2004-021686 ; *JCP* A 2004, n° 6, comm. n° 1066, O. Payen-Renard). 2274

Bibliographie : GALAN, *Les cessions gratuites de terrains de l'article R. 332-15 du Code de l'urbanisme : RD imm.* 1998, p. 49.

C. urb., art. R. 332-16. — Les constructeurs et lotisseurs sont tenus de supporter sans indemnité l'installation sur le terrain de l'opération projetée, des postes de transformation de courant électrique ou des postes de détente de gaz nécessaires pour l'opération. S'ils le préfèrent, les constructeurs et lotisseurs peuvent offrir pour les besoins de ladite installation un local adéquat leur appartenant, moyennant paiement d'une indemnité globale et une fois versée par l'organisme tenu d'assurer la distribution publique d'électricité ou de gaz. Le montant forfaitaire au mètre carré de cette indemnité est fixé par arrêté du ministre chargé de l'urbanisme et du ministre du Développement industriel et scientifique. Les distributeurs d'électricité ou de gaz ont la libre dis-

position des postes de transformation ou de détente installés en exécution du présent article, notamment pour alimenter le réseau de distribution publique.

Voir aussi : C. urb., art. A. 332-1, p. 957, qui fixe à 106,71 € par mètre carré l'indemnité forfaitaire mentionnée au présent article.

Sous-section 2 Participation en cas de non-réalisation d'aires de stationnement

2275 **Loi SRU.** L'article L. 421-3 modifié par la loi du 13 décembre 2000 fixe le nouveau régime de cette participation.

Voir aussi : Circ. n° 78-163, 29 déc. 1978 et Circ. n° 2001-56 du 27 juillet 2001 (*BO Équip.* n° 2001-15).

C. urb., art. *R. 332-17 *(D. n° 77-739, 7 juill. 1977).* **— Le montant de la participation mentionnée à l'article L. 421-3 (alinéas 3 et 4) est obtenu en multipliant la valeur forfaitaire fixée en application de l'alinéa 2 du présent article par le nombre de places de stationnement non réalisées pour lesquelles le constructeur ne justifie pas de l'obtention d'une concession à long terme dans un parc public de stationnement existant ou en cours de réalisation.**

La valeur forfaitaire d'une place de stationnement non réalisée est fixée par délibération du conseil municipal ou de l'organe délibérant de l'établissement public groupant plusieurs communes et exerçant la compétence définie à l'article 4 (12°) de la loi n° 66-1069 du 31 décembre 1966 dans la limite prévue au quatrième alinéa de l'article L. 421-3.

2276 **Principes directeurs.** La réalisation des places de stationnement prévues par le plan d'urbanisme demeure le principe, dont le constructeur ne peut s'affranchir (moyennant paiement de la participation) pour convenance personnelle. La participation n'est exigée qu'en cas de contraintes d'ordre technique (exiguïté du terrain, nature du sous-sol) ou d'ordre urbanistique (quartiers interdits à la circulation automobile) empêchant la réalisation matérielle des places réglementaires. Le constructeur ne peut prétendre que l'Administration a l'obligation d'autoriser un projet dépourvu de places de stationnement réglementaires moyennant le paiement de la participation (CE, 5 déc. 1986, *SCI La Font de l'Ange : DA* 1987, n° 16). En effet, l'Administration n'est pas tenue d'accorder le permis, même si le pétitionnaire est en mesure de satisfaire aux solutions de substitution à l'impossibilité technique (CAA Nancy, 7 août 2003, *Cne de Strasbourg : BJDU* n° 2/2004, p. 156).

Un permis de construire est annulé s'il prévoit une participation, alors que la réalisation effective des places de stationnement n'était pas techniquement impossible (CE, 6 nov. 1998, *Cne de Martigues : BJDU* 1/1999, p. 51, concl. Stahl).

2277 **Solutions de substitution.** Outre la participation financière, le constructeur peut aussi s'affranchir de ses obligations par trois moyens :

– la réalisation d'aires de stationnement dans un rayon de 300 mètres ;

– l'acquisition de places dans un parc privé situé dans le même rayon ;

– la concession de places dans un parc public de stationnement existant ou en cours de réalisation, pour une durée de 15 ans (le terrain d'assiette de ce parc doit être déjà acquis, et son financement assuré).

Antérieurement à la loi SRU, le Code de l'urbanisme ne prévoyait pas la solution de l'acquisition de places dans un parc privé, et un permis ainsi obtenu n'était pas légal (note P. Cornille sous CE, 22 oct. 2003 : *Constr.-urb.* 2004, n° 3, comm. n° 63) ; et cela même si une circulaire n° 78-163 du 29 décembre 1978 avait ouvert cette possibilité, celle-ci avait été condamnée par le Conseil d'État (CE, 26 mars 1999, Vincent : *BJDU* n° 2/1999, p. 135, concl. J.-C. Bonichot).

Voir aussi : Comm. sous C. urb., art. L. 421-3, p. 345.

2278 **Exigence d'une délibération.** La participation ne peut être exigée tant que le conseil municipal n'a pas délibéré. Jusqu'à cette délibération, le permis de construire doit être refusé si le constructeur n'est pas en mesure de réaliser les aires de stationnement réglementaires ; le permis de construire délivré en méconnaissance de cette règle peut être retiré, tant que le délai de recours pour excès de pouvoir n'est pas expiré, et notamment si la publicité sur le chantier est insuffisante (V. annotations sous art. R. 421-42 et A. 421-7). La publication de la délibération doit être préalable à la délivrance du permis de construire.

Montants différenciés. Le montant de la participation peut être différencié selon les quartiers, 2279
dans la limite du plafond fixé par l'article L. 421-3, mais il ne doit pas être fixé au coup par coup.

Taux. Pour une délibération prise avant le 15 décembre 2000, le taux était de 10 817,17 €, et pour 2280
une délibération prise après le 15 décembre 2000, le taux est de 13 710,94 €, et ce pour la période du 1er novembre 2004 au 31 octobre 2005 (Circ. UHC/DU 3, n° 2004-59, 8 nov. 2004 : *BO Équip.* n° 2004-21).

C. urb., art. *R. 332-18 ***(D. n° 77-739, 7 juill. 1977).*** **— La participation pour non-réalisation d'aires de stationnement est due par le bénéficiaire de l'autorisation de construire.**

Sont tenus solidairement au paiement de la participation :

a) **Les banques, établissements financiers ou sociétés de caution mutuelle qui sont garants de l'achèvement de la construction ;**

b) **Les titulaires successifs de l'autorisation de construire ainsi que leurs ayants cause autres que les personnes qui ont acquis des droits sur l'immeuble à construire en vertu d'un contrat régi par la loi n° 67-3 du 3 janvier 1967 relative aux ventes d'immeubles à construire.**

Obligation solidaire. L'obligation solidaire prévue au *a* ci-dessus joue dans le cadre de la garan- 2281
tie extrinsèque ; elle ne joue pas au contraire en cas de garantie intrinsèque d'achèvement.
Celle prévue au *b* ci-dessus doit inciter les notaires à vérifier les permis de construire et à faire déclarer par le vendeur si la participation éventuellement mise à sa charge a été réglée ou non.

C. urb., art. *R. 332-19 ***(D. n° 77-739, 7 juill. 1977).*** **— La participation pour non-réalisation d'aires de stationnement est liquidée au taux en vigueur à la date de la délivrance du permis de construire.**

C. urb., art. *R. 332-20 ***(D. n° 77-739, 7 juill. 1977).*** **— La participation est recouvrée en vertu d'un titre de recette émis au vu du permis de construire par l'ordonnateur de la commune ou de l'établissement public groupant plusieurs communes et exerçant la compétence définie à l'article 4 (12°) de la loi n° 66-1069 du 31 décembre 1966.**

Le montant de la participation doit être versé dans le délai d'un an qui suit la notification du titre de recette.

Conformément à l'article R. 241-5 du Code des communes, les poursuites pour son recouvrement ont lieu comme en matière d'impôts directs.

Codification. L'article R. 241-5 du Code des communes est devenu l'article R. 2342-1 et suivants 2282
du Code général des collectivités territoriales.

C. urb., art. *R. 332-21 ***(D. n° 77-739, 7 juill. 1977).*** **— L'action en recouvrement de la participation pour non-réalisation d'aires de stationnement dont dispose l'Administration peut être exercée jusqu'à l'expiration de la quatrième année suivant celle au cours de laquelle le permis de construire a été délivré. La prescription est interrompue dans les conditions définies à l'article 1975 du Code général des impôts.**

Codification. L'article 1975 du Code général des impôts a été transféré aux articles L. 189, L. 274 2283
et L. 275 du Code général des impôts, Livre des procédures fiscales.

Prescription. Même délai de prescription qu'en matière fiscale. La participation doit être versée 2284
dans le délai d'un an à compter de la notification de l'ordre de recette, lui-même émis dans les

4 ans suivant l'année au cours de laquelle le permis a été délivré. « L'action en recouvrement », terme impropre, est une prescription d'assiette : l'illégalité du titre de recette constatée par le tribunal administratif entraîne la décharge de la participation et la commune ne peut plus reprendre un autre titre. Si le délai de prescription est écoulé, ce délai n'étant pas interrompu par l'émission du titre illégal ni par les actes le mettant en œuvre. Toute régularisation devient donc impossible pour les collectivités locales (CE, 30 juill. 2003, *Cne d'Aubagne : BJDU* n° 6/2003, p. 440, concl. G. Goulard, note J.-C. Bonichot).

2285 **Fait générateur.** La délivrance du permis de construire est le seul fait générateur de la participation : ni le permis tacite, ni la constatation d'une infraction ne constitue un fait générateur.
Elle n'est donc pas due en cas de substitution de plusieurs logements à un grand appartement, sans modification extérieure, car le permis n'est pas exigible dans un tel cas (Rép. min. : *JOAN* 8 janv. 1980, p. 21 ; *JCP* N 1980, Prat. 7423). Mais, en revanche, une participation peut être exigée, en cas de changement de destination, pour les aires complémentaires correspondant à la destination nouvelle d'une construction existante (*JOAN* 14 avr. 1980, p. 1517).
L'Administration prétend néanmoins que toutes les règles du plan local d'urbanisme doivent être respectées, même si une autorisation n'est pas nécessaire sous peine de sanctions pénales (Rép. min. : *JOAN* 9 sept. 1991 ; *JCP* N 1992, Prat. 2108).

C. urb., art. *R. 332-22 *(D. n° 77-739, 7 juill. 1977)*. — Le redevable de la participation en obtient, sur sa demande, le dégrèvement ou la restitution :

***a)* En cas de péremption du permis de construire ;**

***b)* En cas de retrait ou d'annulation du permis de construire ;**

***c)* Si les constructions sont démolies en vertu d'une décision de justice pour violation d'une servitude de droit privé ;**

***d)* Si, dans le délai de cinq ans à compter du paiement, la commune ou l'établissement public compétent n'a pas affecté le montant de la participation à la réalisation d'un parc public de stationnement.**

2286 **Délai.** Le bénéficiaire de la participation doit réaliser le parc de stationnement dans un délai de cinq ans, sous peine de restitution de la participation précédemment exigée.

2287 **Retrait du permis.** Un refus de dégrèvement est opposé, à bon droit, par la commune qui conserve une marge d'appréciation : le bénéficiaire d'un permis modificatif assorti de la participation en demande le retrait, ce qui en ferait disparaître rétroactivement le fait générateur. Ce retrait n'est pas de droit, l'Administration en appréciant l'opportunité, car repose sur la convenance du bénéficiaire et non sur l'illégalité du permis (TA Nantes, 2 nov. 2003 : *Constr.-urb.* 2004, n° 2, comm. n° 41, P. Benoit-Cattin).

Voir aussi : Sur la marge d'appréciation des communes : CAA Versailles, 4 nov. 2004, *Correia Da Costa (distance entre les habitations et l'aire de stationnement) : Collectivités territoriales-Intercommunalité* 2004, n° 12, comm. n° 252, G. Pellissier.

2288 **Péremption du permis.** La participation reste due, au moins partiellement, lorsque la péremption du permis résulte de l'interruption des travaux après réalisation d'une construction impliquant un nouveau besoin en stationnement (CAA Lyon, 28 juin 2002, req. n° 00-LY01023, *Sté Le Paris : AJDA* nov. 2002, p. 1202).

2289 **Compétence du maire.** L'action en restitution est instruite par le maire, puisque la réalisation du parc et son financement relèvent de la seule responsabilité communale.

2290 **Permis de construire modificatif.** Après exécution du permis de construire, le montant de la participation ne peut être modifié par la délivrance d'un permis de construire modificatif (TA Versailles, 20 déc. 1994, *Amoyal* c/ *Cne de Cormeilles-en-Parisis : JCP* N 1995, II, p. 1549, note Demouveaux).
Dans le même ordre d'idées, un dégrèvement ou une restitution de la participation ne peut être prononcé au motif que l'obligation sur la réalisation des aires de stationnement aurait été ulté-

rieurement remplie par acquisition de deux places dans un parc voisin et entérinée par un permis modificatif, le fait générateur étant la délivrance du permis initial (CAA Lyon, 10 déc. 2002, *SNC Métier et Cie le Bar Parisien* c/ *Cne de Brides-les-Bains : BJDU* n° 3/2003, p. 223).

C. urb., art. *R. 332-23 *(D. n° 77-739, 7 juill. 1977).* **— Les litiges relatifs à la participation pour non-réalisation d'aires de stationnement sont de la compétence des juridictions administratives.**

Sans préjudice du recours pour excès de pouvoir susceptible d'être formé contre la décision d'octroi du permis de construire, les réclamations sont présentées, instruites et jugées selon les règles de procédure applicables en matière d'impôts directs.

Réclamation préalable. Conformément aux règles régissant les impôts directs (LPF, art. L. 281), les contestations doivent commencer par une réclamation préalable devant l'autorité émettrice du titre de recette (le maire ou le président de l'EPCI) ; est donc irrecevable un recours directement porté devant le juge administratif. Si le contribuable, au lieu de saisir le maire, s'adresse par erreur au comptable chargé du recouvrement, celui-ci doit transmettre la réclamation au maire (CE, 30 juill. 2003, *Cne d'Aubagne*, préc.). 2291

Un autre arrêt du Conseil d'État du 20 octobre 2004, (*Mme Ozilou : BJDU* 6/2004, p. 461, concl. L. Vallée) a rappelé que le redevable peut contester directement devant le juge administratif l'acte de recouvrement et alléguer le bien-fondé de la participation que si celle-ci a été mise en cause par une réclamation préalable et qu'aucune décision définitive n'est intervenue.

Divisibilité de la clause. La clause du permis de construire relative à la participation pour non-réalisation d'aires de stationnement peut être attaquée distinctement. 2292

Voir aussi : C. urb., art. L. 332-7, p. 299.

Durée de la concession dans un parc public. Une concession de 10 ans dans un parc de stationnement a une durée insuffisante pour écarter l'exigibilité de la participation (CE, 30 juin 1993, *SCI 21-23, rue du Bouquet-de-Longchamp : DA* 1993, n° 476). En revanche, est admise une sous-concession de 16 ans (CE, 8 déc. 2000, req. n° 202766, *Ville de Paris* c/ *Malfato*). 2293

C. urb., art. R. 332-24 *(D. n° 80-540, 9 juill. 1980 ; ab., D. n° 93-614, 26 mars 1993, art. 17).*

Sous-section 3 Participation à la réalisation d'équipements publics instituée dans les secteurs d'aménagement

C. urb., art. *R. 332-25 *(D. n° 86-517, 14 mars 1986).* **— La délibération du conseil municipal ou de l'organe délibérant de l'établissement public de coopération intercommunale compétent approuvant, en application de l'article L. 332-9, un programme d'aménagement d'ensemble dans un ou plusieurs secteurs qu'elle délimite, accompagnée du document graphique faisant apparaître le ou les périmètres concernés, est affichée en mairie pendant un mois. Mention en est en outre insérée dans deux journaux régionaux ou locaux diffusés dans le département.**

La délibération prend effet à compter de l'accomplissement de l'ensemble des formalités de publicité mentionnées à l'alinéa précédent. Pour l'application du présent alinéa, la date à prendre en compte pour l'affichage en mairie est celle du premier jour où il est effectué.

Les dispositions des deux premiers alinéas sont applicables à la délibération du conseil municipal ou de l'organe délibérant de l'établissement public de coopération intercommunale compétent modifiant le régime de la participation en application de l'article L. 332-11.

Procédures. Le présent article ne concerne que les formalités procédurales d'institution des participations financières dans les secteurs faisant l'objet d'un programme d'aménagement. 2294

Le PAE dont la délibération d'approbation n'a pas été régulièrement publiée est inopposable à une autorisation de construire et les sommes éventuellement versées doivent être remboursées intégralement (CAA Nantes, 29 mars 2000, *Société Newland : BJDU* 3/2000, p. 174).

Voir aussi : La brochure du Service technique de l'urbanisme : Programme d'aménagement d'ensemble, 1987.

Section III Équipements propres dont la réalisation peut être exigée des bénéficiaires d'autorisations d'occuper ou d'utiliser le sol

Néant.

Section IV Participation à la diversité de l'habitat

2295 **Abrogation.** Les dispositions de la présente section ont été abrogées par le décret n° 95-676 du 9 mai 1995.

Sous-section 1 Dispositions générales

C. urb., art. R. 332-26 à R. 332-40 ***(D. n° 93-422, 19 mars 1993 ; ab., D. n° 95-676, 6 mai 1995, art. 4).***

Section V Dispositions diverses

(Section créée, D. n° 93-614, 26 mars 1993, art. 13)

C. urb., art. R. 332-41 ***(Créé, D. n° 93-614, 26 mars 1993, art. 13).*** **— Il est ouvert en mairie pour être mis à la disposition du public un registre des taxes et contributions d'urbanisme.**

Ce registre, à feuillets non mobiles, est coté et paraphé par le maire.

Sont portés sur ce registre, dans l'ordre chronologique de leur inscription :

1° La nature, le montant ou la valeur des contributions prescrites en application du 2° de l'article L. 332-6-1, de l'article L. 332-9, du *c* et du *d* de l'article L. 332-12, les références de l'acte ayant prescrit la contribution ainsi que la dénomination et l'adresse du redevable et du bénéficiaire de chaque contribution ;

2° La nature, le montant ou la valeur des contributions exigées dans le cadre de la réalisation des zones d'aménagement concerté, la dénomination et l'adresse du redevable et du bénéficiaire de chaque contribution. Copie de la convention prévoyant chaque contribution est annexée au registre ;

3° La nature, le montant ou la valeur des taxes et contributions de toute nature versées ou obtenues en application des articles L. 311-4-1 et L. 332-6, la date de chaque versement ou obtention de contribution, les références de l'acte en raison duquel est effectué ou la contribution obtenue, la dénomination et l'adresse de la personne qui s'en est acquittée et de celle du bénéficiaire.

Dans tous les cas, l'inscription mentionne la date à laquelle elle est portée sur le registre.

2296 **Sanction.** La sanction de l'omission des mentions ou du registre prévus au présent article est fixée par l'article L. 332-30 (2e alinéa).

C. urb., art. R. 332-42 ***(Créé, D. n° 93-614, 26 mars 1993, art. 13).*** **— Les éléments à porter sur le registre prévu à l'article R. 332-41 et les conventions à y annexer sont communiqués au maire :**

1° Par les autorités ayant prescrit les contributions mentionnées au 1° de l'article R. 332-41 ;

2° Par les autorités ou services publics ayant exigé les contributions mentionnées au 2° du même article ;

3° Par les bénéficiaires des taxes et contributions mentionnées au 3° du même article.

Chapitre III

Versement résultant du dépassement du plafond légal de densité

Abrogation. Ce chapitre devra à terme être abrogé, au regard de la loi du 13 décembre 2000. 2297

Section I Dispositions générales

C. urb., art. *R. 333-1 *(D. n° 76-276, 29 mars 1976 ; D. n° 77-739, 7 juill. 1977 ; D. n° 84-669, 17 juill. 1984 ; D. n° 87-282, 22 avr. 1987).* **— Le montant du versement lié au dépassement du plafond légal de densité est calculé selon la formule suivante :**

Pa = v ((Sa + Sb - Sc - (KSd))/K)

Dans laquelle :

Pa représente le montant du versement ;

v, la valeur au mètre carré du terrain considéré comme nu et libre ;

***Sa* : la surface de plancher de la construction projetée, calculée comme il est dit à l'article R. 112-2, à l'exclusion de la surface correspondant aux immeubles exonérés en application des troisième et quatrième alinéas de l'article L. 112-2** *(Mots aj., D. n° 95-676, 9 mai 1995, art. 3-II)* **« et à l'exclusion de la surface correspondant à la partie des constructions exonérées en application de l'article L. 127-1 » ;**

***Sb*, la surface de plancher, calculée comme il est dit à l'article R. 112-2, des constructions implantées sur le même terrain qui ne sont pas destinées à être démolies, à l'exclusion de la surface correspondant aux immeubles exonérés et mentionnés aux deuxième et troisième alinéas de l'article L. 112-3 ;**

***Sc*, la partie de la surface de plancher, calculée comme il est dit à l'article R. 112-2, des constructions non exonérées en application des troisième et quatrième alinéas de l'article L. 112-2, implantées sur le même terrain, qui excède le plafond légal de densité, que ces constructions soient ou non destinées à être démolies ;**

***Sd*, la surface du terrain ;**

K, le plafond légal de densité en vigueur sur le territoire de la commune à la date de délivrance du permis de construire.

Pour le calcul du versement lié au dépassement du plafond légal de densité, il est fait abstraction des sommes inférieures à *(Unité monétaire rempl., Ord. n° 2000-916, 19 sept. 2000, art. 1)* **1,52 €.**

Terrain. Le terrain estimé nu et libre n'est pas un terrain abstrait ou fictif, de sorte que sa valeur doit tenir compte de sa configuration et des servitudes qui l'affectent (Cass. 3e civ., 15 oct. 1980 : *Bull. civ.* III, n° 158, p. 18). Il s'agit de la valeur moyenne de l'ensemble de la parcelle (et non de la seule valeur du terrain d'assiette des bâtiments), abstraction faite de son encombrement et de son occupation (Cass. 3e civ., 14 mars 1979 : *JCP N* 1980, Prat. 7398). 2298
Compte tenu de l'estimation du terrain nu et libre, le coût de la démolition s'ajoute au coût réel d'acquisition (Cass. 3e civ., 4 janv. 1989 : *AJPI* 1989, p. 463), mais pas les frais d'éviction et de démolition si le constructeur est déjà propriétaire (Cass. 3e civ., 24 mai 1992 : *DA* 1992, 310).

C. urb., art. *R. 333-2 *(Ab., D. n° 84-669, 17 juill. 1984).*

C. urb., art. *R. 333-3 *(D. n° 76-276, 29 mars 1976 ; D. n° 84-669, 17 juill. 1984).* **— Lorsque le permis de construire est sollicité pour une construction dont la densité excède le plafond légal, le dossier de la demande de permis de construire doit comporter, outre les pièces énumérées à l'article R. 421-2 :**

***a)* Des extraits de la matrice cadastrale et du plan cadastral afférents à la parcelle ou à l'ensemble de parcelles qui constituent le terrain mentionné dans la demande de permis de construire ;**

***b)* L'indication de la surface de plancher des bâtiments existants calculée comme il est dit à l'article R. 112-2.**

En outre, le pétitionnaire indique s'il entend constituer la caution solidaire visée à l'article L. 333-11.

Lorsque l'auteur d'une demande de permis de construire estime que la construction envisagée répond aux conditions d'exonération du versement pour dépassement du plafond légal de densité prévues à l'article L. 112-2, il accompagne sa demande des justifications nécessaires.

Au cas où l'autorité qui assoit et liquide le versement n'est pas l'autorité compétente pour statuer sur la demande de permis de construire et où elle estime qu'il n'y a pas lieu à exonération, elle informe le service chargé de l'instruction de la demande de permis de construire que l'avis du directeur des services fiscaux doit être sollicité sur la valeur du mètre carré de terrain déclarée par le demandeur.

Voir aussi : Sur l'autorité compétente, C. urb., art. R. 424-1, p. 848 et C. urb., art. R. 424-2, p. 849.

2299 **Cadastre.** Le constructeur nous paraît fondé à apporter la preuve d'une superficie de terrain différente de celle figurant au cadastre.

2300 **Cession gratuite.** Les terrains cédés gratuitement, par application des articles R. 332-15 et R. 332-16, sont pris en considération pour la détermination du versement (Circ. n° 76-84, 1er juill. 1976).

2301 **Superficie.** La preuve de la surface de plancher existante peut résulter d'un relevé de géomètre, d'un permis de construire ancien, d'une expédition d'acte notarié comprenant un descriptif de l'immeuble, d'un relevé de la surface corrigée pour les immeubles locatifs soumis à la loi du 1er septembre 1948 ou d'une copie de la déclaration déposée en vue de la révision des impôts locaux (Lettre type annexée à Circ. n° 76-07, 13 janv. 1976).

C. urb., art. *R. 333-4 ***(D. n° 76-276, 29 mars 1976 ; D. n° 84-669, 17 juill. 1984 ; D. n° 88-199, 29 févr. 1988 ; D. n° 93-422, 19 mars 1993).*** **— La valeur du mètre carré de terrain est déclarée à l'occasion de la demande de permis de construire par l'auteur de celle-ci.**

En cas de carence de l'intéressé, il n'y a pas lieu pour l'autorité compétente d'instruire la demande de permis de construire.

L'intéressé en est informé par l'autorité compétente pour statuer sur le permis de construire.

Le directeur des services fiscaux est consulté par le service chargé de l'instruction de la demande de permis de construire en vue d'émettre un avis sur la déclaration de la valeur du mètre carré de terrain souscrite par l'auteur de cette demande. Cet avis doit être émis par le directeur des services fiscaux dans le délai d'un mois suivant la réception de la demande d'avis.

Il constitue l'estimation administrative.

L'existence d'un désaccord entre le maire et le directeur des services fiscaux sur l'estimation de la valeur du terrain ne donne pas compétence au préfet pour statuer sur la demande de permis de construire.

Si le directeur des services fiscaux retient une valeur différente de celle que l'intéressé a déclarée, celui-ci en est informé, par lettre recommandée avec demande d'avis de réception, par le service chargé de l'instruction de la demande de permis de construire au plus tard dans le délai de deux mois suivant la délivrance de l'autorisation sollicitée. Lorsqu'il n'est pas fait application de l'article R. 424-1, ce service en informe immédiatement le responsable du service de l'État dans le département, chargé de l'urbanisme.

En cas de désaccord entre le directeur des services fiscaux et le pétitionnaire sur la valeur du terrain, la juridiction compétente en matière d'expropriation est saisie, à l'initiative de la partie la plus diligente, par lettre recommandée adressée au secrétariat de cette juridiction. Celle-ci statue selon la procédure prévue par le Code de l'expropriation pour cause d'utilité publique.

Voir aussi : Sur la détermination de la valeur vénale, voir l'instruction DGI du 16 novembre 1978.

Surface prise en compte. La valeur vénale ne doit pas être estimée en tenant compte de la seule surface d'emprise de la construction, mais de celle de la totalité de la parcelle sur laquelle l'immeuble doit être construit (Cass. 3e civ., 14 mars 1979, *Société CGEC : JCP* N 1980, Prat. 7398). 2302

Déclaration de la valeur. À défaut de déclaration de la valeur estimée par le constructeur, la demande de permis de construire ne peut être instruite (C. urb., art. L. 333-1). Les délais d'instruction de l'article R. 421-18 ne courent donc pas. Dans la mesure où le versement est liquidé sur la base de l'estimation administrative, en cas de différend durable entre cette dernière et la déclaration du constructeur, c'est toujours le constructeur qui, pratiquement, saisira le juge de l'expropriation s'il y a lieu. 2303

Estimation. L'estimation administrative est faite par le service des domaines ; la direction départementale de l'équipement et le maire ne jouent aucun rôle à cet égard. 2304
En cas de notification tardive de l'estimation administrative, le contentieux sur l'exigibilité du prélèvement supplémentaire relève du tribunal administratif, et non du juge de l'expropriation.

Contestation. La possibilité d'aviser le constructeur de l'existence d'une contestation sur la valeur nue et libre postérieurement à la délivrance du permis de construire, ajoutée par le décret du 19 mars 1993, nous semble directement contraire à l'article L. 332-28, issu de la loi du 29 janvier 1993 (Circ. n° 93-46, 4 juin 1993 : *Mon. TP* 6 août 1993). 2305

C. urb., art. *R. 333-5 *(D. n° 76-276, 29 mars 1976 ; D. n° 84-669, 17 juill. 1984).* **— Le montant du versement est calculé par le responsable du service de l'État dans le département, chargé de l'urbanisme ou, en cas d'application de l'article R. 424-1, par le maire.**

En cas de désaccord sur la valeur du terrain, le versement est provisoirement liquidé sur la base de l'estimation administrative.

Rectification. En cas de déclaration de SHON inférieure à la réalité, la rectification doit se faire dans le cadre de la procédure de redressement contradictoire des articles 57 et suivants du Livre des procédures fiscales, et le contentieux relève de la juridiction administrative (CE, 21 déc. 1994, *SCI la Brise : Rec. CE*, p. 570 ; *DA* 1995, n° 239). 2306

C. urb., art. *R. 333-6 *(D. n° 76-276, 29 mars 1976 ; D. n° 84-669, 17 juill. 1984 ; D. n° 93-422, 19 mars 1993).* **— Le responsable du service de l'État dans le département, chargé de l'urbanisme, arrête le montant global du versement et le communique avec les indications nécessaires à la détermination de la part revenant à chaque attributaire au trésorier-payeur général et au maire. Il le communique également au pétitionnaire.**

En cas d'application de l'article R. 424-1, le maire est substitué au responsable du service de l'État dans le département, chargé de l'urbanisme, et informe celui-ci du montant du versement dans les mêmes conditions. Il en avise également le pétitionnaire.

Le comptable du Trésor notifie le montant du versement au redevable. Le paiement doit être effectué dans les conditions définies aux deuxième et troisième alinéas de l'article L. 333-2.

Lorsque la décision de la juridiction de l'expropriation n'est plus susceptible d'appel ni de pourvoi en cassation, le comptable du Trésor procède, s'il y a lieu, à la mise en recouvrement d'une somme complémentaire ou à la restitution du montant excédentaire. Le paiement du complément doit intervenir dans les conditions indiquées au quatrième alinéa de l'article L. 333-2.

C. urb., art. *R. 333-7 *(D. n° 76-276, 29 mars 1976 ; D. n° 84-669, 17 juill. 1984 ; D. n° 93-422, 19 mars 1993).* **— En cas de modification apportée sur la demande de l'intéressé au permis de construire qui lui a été délivré, le versement complémentaire éventuellement exigible est liquidé, notifié et recouvré dans les conditions prévues aux articles R. 333-1 à R. 333-6.**

Lorsque l'autorité compétente autorise le transfert d'un permis de construire qui a rendu exigible le versement, elle doit en informer sans délai le trésorier-payeur général.

2307 **Transfert de permis.** Compte tenu du caractère réel du permis de construire, son transfert n'a pas véritablement besoin d'être autorisé (V. néanmoins CE, sect., 25 avr. 1980, *SCI Les Alyscamps : JCP* N 1980, II, p. 273, note Bouyssou) ; il est simplement constaté par l'Administration qui vérifie cependant à cette occasion que le permis de construire n'est pas périmé, par application de l'article R. 421-38. En cas de transfert, le montant du versement demeure inchangé. L'autorité administrative qui délivre le permis s'assure seulement que le nouveau bénéficiaire a été informé de l'existence du versement (Circ. n° 76-84, 1er juill. 1976).

2308 **Permis modificatif.** En cas de permis modificatif constatant une augmentation de la superficie hors œuvre de la construction, une nouvelle évaluation des terrains paraît s'imposer, dès lors que cette valeur s'apprécie à la date de la demande de permis de construire. Mais la Circulaire n° 76-84 du 1er juillet 1976 ne prévoit pas cette nouvelle liquidation.

C. urb., art. *R. 333-8 *(D. n° 76-276, 29 mars 1976).* — **Lorsque la modification du permis de construire entraîne une diminution ou la suppression du versement, la somme correspondante est restituée au titulaire de l'autorisation de construire si le versement a été acquitté ; dans le cas contraire, le montant du versement est réduit à due concurrence.**

L'autorité qui a délivré le permis de construire peut, sur la demande de son bénéficiaire, prononcer le retrait à titre gracieux dudit permis. La décision de retrait entraîne de plein droit le dégrèvement du versement ou sa restitution s'il a été acquitté, déduction faite du prélèvement visé à l'article L. 333-12 (alinéa 2).

C. urb., art. *R. 333-9 *(D. n° 76-276, 29 mars 1976 ; D. n° 84-669, 17 juill. 1984 ; D. n° 93-422, 19 mars 1993).* — **L'intervention d'une décision de l'autorité compétente pour statuer sur le permis de construire constatant la péremption de celui-ci entraîne de plein droit la restitution du versement.**

Dans les cas visés à l'article R. 333-8 et au premier alinéa du présent article, les demandes de dégrèvement sont recevables jusqu'au 31 décembre de la deuxième année qui suit celle de leur mise en recouvrement, et celles de restitution jusqu'au 31 décembre de la deuxième année qui suit celle du versement.

Les demandes de dégrèvement ou de restitution sont adressées au responsable du service de l'État dans le département, chargé de l'urbanisme, ou, en cas d'application de l'article R. 424-1, au maire qui fait connaître, le cas échéant, au trésorier-payeur général, le montant du dégrèvement ou de la restitution à effectuer. Ce montant est calculé déduction faite du prélèvement visé à l'article L. 333-12 (alinéa 2).

La décision de dégrèvement ou de restitution est prise par le responsable du service de l'État dans le département, chargé de l'urbanisme ou, en cas d'application de l'article R. 424-1, par le maire.

C. urb., art. *R. 333-10 *(D. n° 76-276, 29 mars 1976).* — **Le taux du prélèvement pour frais d'assiette et de perception prévu par l'article L. 333-12 (alinéa 2) est égal à 2 % pour la fraction du versement n'excédant pas *(Montant et unité monétaire remplacés à compter du 1er janvier 2002, D. n° 2001-1327, 28 déc. 2001, art. 1er, A et 6)* « 30 490 € », à 1,5 % pour la fraction supérieure à *(Montant et unité monétaire remplacés à compter du 1er janvier 2002, D. n° 2001-1327, 28 déc. 2001, art. 1er, A et 6)* « 30 490 € » et n'excédant pas *(Montant et unité monétaire remplacés à compter du 1er janvier 2002, D. n° 2001-1327, 28 déc. 2001, art. 1er, A et 6)* « 60 980 € », à 1 % pour la fraction supérieure à *(Montant et unité monétaire remplacés à compter du 1er janvier 2002, D. n° 2001-1327, 28 déc. 2001, art. 1er, A et 6)* « 60 980 € ».**

Le prélèvement ainsi liquidé est réparti en quotes-parts égales sur chaque fraction du versement.

C. urb., art. *R. 333-11 *(D. n° 76-276, 29 mars 1976 ; D. n° 77-739, 7 juill. 1977 ; D. n° 84-669, 17 juill. 1984).* **— Si des superficies déduites en application de l'article R. 112-2 (alinéa 2 et 3) sont aménagées en vue d'un usage autre que celui visé à cet article, l'intéressé est mis en demeure par l'autorité compétente pour statuer sur le permis de construire, soit de rétablir l'affectation régulière, soit, à défaut, d'acquitter le versement correspondant.**

C. urb., art. *R. 333-12 *(Ab., D. n° 84-669, 17 juill. 1984).*

C. urb., art. *R. 333-13 *(D. n° 76-276, 29 mars 1976 ; D. n° 84-669, 17 juill. 1984).* **— Les communes ou les établissements groupant plusieurs communes et ayant compétence en matière d'urbanisme reçoivent en totalité les sommes versées au titre d'opération de rénovation urbaine ou de résorption de l'habitat insalubre entreprise à l'initiative des personnes publiques, à la condition que :**

***a)* Au moins 30 % de la surface de plancher développée hors œuvre des constructions édifiées dans la zone soit constituée de logements dont l'attribution est subordonnée à des conditions de ressources ;**

***b)* Au moins 5 % de la surface des terrains compris dans la zone soit occupée par des équipements collectifs bâtis tels que des crèches, des équipements scolaires, médicaux et paramédicaux, socio-éducatifs, sportifs et culturels ;**

***c)* Et que ces opérations comprennent des espaces publics non bâtis tels que : espaces verts, plans d'eau, terrains de sports, aires de jeux ou de promenade piétonnière dont la superficie est au moins égale au dixième de la surface totale de la zone.**

C. urb., art. R. 333-13-1 *(D. n° 87-282, 22 avr. 1987).* **— Les dispositions de la présente section sont applicables aux déclarations effectuées en application des articles L. 422-1 et suivants.**

Section II Application du plafond légal de densité dans les zones d'aménagement concerté, les zones de rénovation urbaine et les zones de résorption de l'habitat insalubre

Sous-section 1 Dispositions communes

C. urb., art. *R. 333-14 *(D. n° 76-276, 29 mars 1976 ; D. n° 77-757, 7 juill. 1977 ; D. n° 84-669, 17 juill. 1984 ; D. n° 87-282, 22 avr. 1987).* **— Dans les zones d'aménagement concerté, les zones de rénovation urbaine et les zones de résorption de l'habitat insalubre, le nombre de mètres carrés de construction excédant le plafond légal de densité qui donne lieu au versement visé à l'article L. 112-2 est calculé selon la formule suivante :**

D = (Sa'+ Sb'Sc'- (KSd'))/K

Dans laquelle :

D représente le dépassement du plafond légal de densité exprimé en mètres carrés qui est soumis au versement visé à l'article L. 112-2 ;

Sa : la surface de plancher développée hors œuvre des constructions de toute nature autorisées par le plan d'aménagement de la zone, par le *(Mots rempl., D. n° 2001-260, 27 mars 2001, art. 3)* **« plan local d'urbanisme » ou le document d'urbanisme en tenant lieu, à l'exclusion de la surface des immeubles exonérés en application des troisième et quatrième alinéas de l'article L. 112-2 ;**

Sb : la surface de plancher développée hors œuvre des constructions implantées dans la zone à la date de l'approbation du plan d'aménagement de zone ou de la publication du *(Mots rempl., D. n° 2001-260, 27 mars 2001, art. 3)* **« plan local d'urbanisme » ou du document d'urbanisme en tenant lieu et qui ne sont pas destinées à être démolies, à l'exclusion de la surface correspondant aux immeubles exonérés et mentionnés aux deuxième et troisième alinéas de l'article L. 112-3 ;**

Sc : la partie de la surface développée hors œuvre des constructions non exonérées en application des troisième et quatrième alinéas de l'article L. 112-2 et implantées dans la zone, qui excède le plafond légal de densité, que ces constructions aient été démolies depuis la création de la zone ou qu'elles soient ou non destinées à être démolies ; cette surface est calculée à la date de l'approbation du plan d'aménagement de la zone ou de la publication du *(Mots rempl., D. n° 2001-260, 27 mars 2001, art. 3)* « plan local d'urbanisme » ou du document d'urbanisme en tenant lieu ;

Sd : la surface des terrains compris à l'intérieur du périmètre défini par l'acte de création de la zone, à l'exclusion des terrains d'assiette de la voirie existante affectée à l'usage du public, des voies ferrées, en dehors des gares, et des cours d'eau ; toutefois ne sont pas déduits de la surface Sd'les terrains d'assiette desdits ouvrages et cours d'eau lorsque le programme de travaux a prévu d'y superposer des sols artificiels pour un motif d'intérêt général propre à la zone, conformément aux possibilités ouvertes par le *(Mots rempl., D. n° 2001-260, 27 mars 2001, art. 3)* « plan local d'urbanisme » ou par le plan d'aménagement de zone et dans la limite de la superficie desdits sols artificiels.

K, le plafond légal de densité en vigueur sur le territoire de la commune à la date où le nombre de mètres carrés de construction excédant ce plafond est calculé.

C. urb., art. *R. 333-15 *(Ab., D. n° 84-669, 17 juill. 1984).*

C. urb., art. *R. 333-16 *(D. n° 76-276, 29 mars 1976).* — **Est considérée, pour l'application de l'article L. 333-7, comme acte de création d'une zone de résorption de l'habitat insalubre réalisée en régie directe, la déclaration d'utilité publique intervenue sur le fondement de l'article 14 de la loi n° 70-612 du 10 juillet 1970.**

Est considérée pour l'application de l'article L. 333-8 comme acte de création d'une zone de résorption de l'habitat insalubre confiée à une personne morale en vertu d'une convention, par une collectivité locale ou un établissement public, la délibération par laquelle l'organe délibérant de cette collectivité ou de cet établissement autorise la signature de cette convention.

Sous-section 2 Zones dont l'aménagement est réalisé en régie directe

C. urb., art. *R. 333-17 *(D. n° 76-276, 29 mars 1976).* — **L'État, la collectivité locale ou l'établissement public détermine, au moment de la constitution du dossier de réalisation ou du bilan prévisionnel, le nombre de mètres carrés excédant, dans la zone qu'il aménage, le plafond légal de densité donnant lieu au versement visé à l'article L. 112-2. Ce dépassement est calculé conformément à l'article R. 333-14.**

C. urb., art. *R. 333-18 *(D. n° 76-276, 29 mars 1976 ; D. n° 84-669, 17 juill. 1984 ; D. n° 87-282, 22 avr. 1987).* — **Le dépassement est réparti, s'il en existe, entre les îlots définis par le document d'urbanisme dont la densité excède le plafond légal, en fonction de la densité future de chacun de ces îlots.**

À l'intérieur d'un même îlot, la répartition du dépassement est effectuée entre chaque constructeur proportionnellement à la surface de plancher à construire. Toutefois la part du dépassement affecté à un projet de construction remplissant les conditions d'exonération prévues aux troisième et quatrième alinéas de l'article L. 112-2 ne donne pas lieu à l'établissement du versement.

2309 **Répartition.** Le montant global du dépassement dû pour l'ensemble de la zone est d'abord réparti entre les seuls îlots pour lesquels le dépassement est effectif ; il doit être ensuite réparti entre les constructeurs.

2310 **Redevables.** Le versement est dû par chacun des constructeurs, à la différence des zones dont l'aménagement n'est pas réalisé en régie directe.

C. urb., art. *R. 333-19 *(D. n° 76-276, 29 mars 1976)*. — **Au moment de la constitution du dossier de réalisation ou du bilan financier prévisionnel, la personne publique qui aménage la zone demande au directeur des services fiscaux d'estimer la valeur moyenne d'un mètre carré de terrain nu et libre à l'intérieur de la zone. Cette estimation initiale est annuellement révisée par la personne publique dans les mêmes formes.**

Révision. Le mécanisme de la révision annuelle est destiné à éviter une nouvelle estimation des terrains – pour l'ensemble de la zone – à la date des différentes demandes de permis de construire. Cette solution nous paraît remise en cause par la loi du 2 mars 1982 qui a fait des cahiers des charges-type de simples modèles. 2311

C. urb., art. *R. 333-20 *(D. n° 76-276, 29 mars 1976 ; D. n° 84-669, 17 juill. 1984)*. — **La collectivité territoriale ou l'établissement public qui aménage la zone notifie, à chaque bénéficiaire de cession, location ou concession d'usage de parcelle ou à chaque propriétaire de terrain ayant accepté par convention de participer à la réalisation de la zone, la surface de terrain dont il devra payer le prix en application de l'article L. 112-2 ainsi que la valeur estimée du mètre carré de terrain nu et libre dans la zone.**

Ces indications font l'objet d'une disposition particulière de l'acte de cession, de location ou de concession d'usage ou de son cahier des charges.

Les cessions, locations ou concessions d'usage de terrains sont consenties sous la condition suspensive du dépôt de la demande de permis de construire dans un délai déterminé par l'acte de cession, location ou concession d'usage, ou par son cahier des charges, et qui ne peut excéder un an. Copie de l'acte ou de son cahier des charges est adressée à l'autorité compétente pour statuer sur le permis de construire.

C. urb., art. *R. 333-21 *(D. n° 76-276, 29 mars 1976 ; D. n° 84-669, 17 juill. 1984)*. — **La surface de terrain indiquée dans l'acte notifié en application de l'article R. 333-20 ainsi que la valeur du mètre carré de terrain sont déclarées lors du dépôt de la demande de permis de construire dans les conditions définies à l'article R. 333-4. La valeur du mètre carré de terrain nu et libre est contrôlée par le directeur des services fiscaux selon les modalités indiquées par les articles R. 333-4 à R. 333-6.**

Toutefois, lorsque l'opération concerne un bâtiment répondant aux conditions d'exonération du versement pour dépassement du plafond légal de densité prévues dans l'article L. 112-2, l'auteur de la demande de permis de construire accompagne sa demande des justifications nécessaires, en vue de l'application éventuelle des dispositions du dernier alinéa de l'article R. 333-3.

Instruction. Le service qui instruit la demande de permis de construire doit vérifier le calcul du dépassement global et sa répartition par îlot (Circ. n° 76-85, 2 juill. 1976). 2312

Constestation. Bien que les constructeurs aient été avertis, par une disposition d'un acte contractuel, des bases de calcul du versement pour dépassement du PLD, ils peuvent individuellement contester, devant le juge de l'expropriation, l'estimation domaniale (Circ. n° 76-85, 2 juill. 1976). 2313

Caution solidaire. Le pétitionnaire déclare s'il entend constituer la caution solidaire prévue à l'article L. 333-11 ; dans le cas contraire, il est averti que le comptable des impôts prendra une hypothèque sur son terrain (Circ. n° 76-85, 2 juill. 1976). 2314

Hypothèque. Les conditions d'inscription de l'hypothèque sont précisées par l'instruction de la DGI du 1er septembre 1976. 2315

C. urb., art. *R. 333-22 *(D. n° 76-276, 29 mars 1976 ; D. n° 77-757, 7 juill. 1977 ; D. n° 84-669, 17 juill. 1984)*. — **Si un permis de construire est délivré avant que le plan d'aménagement de la zone ait été approuvé ou que le** *(Mots rempl., D. n° 2001-260, 27 mars 2001, art. 3)* **« plan local d'urbanisme » ait été rendu public, le versement prévu à l'arti-**

cle L. 112-2 est dû par le pétitionnaire dans les conditions définies par la section I du présent chapitre à l'exception du deuxième alinéa de l'article R. 333-1.

Il en est de même lorsqu'un permis de construire est délivré pour une construction située sur un terrain n'ayant pas fait l'objet d'une cession, location ou concession d'usage consentie par la personne publique qui aménage la zone, ou d'une convention par laquelle le propriétaire du terrain s'engage à participer à la réalisation de l'opération.

C. urb., art. *R. 333-23 *(D. n° 76-276, 29 mars 1976 ; D. n° 84-669, 17 juill. 1984).* **— En cas de modification du périmètre de la zone, du plan d'aménagement de la zone, du *(Mots rempl., D. n° 2001-260, 27 mars 2001, art. 3)* « plan local d'urbanisme » ou du document d'urbanisme en tenant lieu, ou du niveau du plafond légal de densité en application des dispositions de l'article L. 112-1 (3e alinéa), les versements dus par les constructeurs qui déposent les demandes de permis de construire postérieurement à l'intervention de la modification sont calculés suivant les règles définies par les articles R. 333-14, R. 333-17 et R. 333-19 en fonction des nouvelles conditions de réalisation de l'opération.**

2316 Modifications. Si un constructeur modifie son programme dans des limites modérées, sans que le périmètre ou le document d'urbanisme de la zone soit modifié, le calcul du dépassement n'est pas révisé, et, dans ce cas, le constructeur doit payer le nombre de mètres carrés indiqués dans l'acte de cession (Circ. n° 76-85, 2 juill. 1976).

Sous-section 3 Zones dont l'aménagement n'est pas réalisé en régie directe

C. urb., art. *R. 333-24 *(D. n° 76-276, 29 mars 1976 ; D. n° 84-669, 17 juill. 1984 ; D. n° 87-282, 22 avr. 1987 ; D. n° 93-422, 19 mars 1993).* **— La convention ou le cahier des charges de concession fixe le montant du versement dû par l'aménageur selon la formule :**

Pa'= vD

Dans laquelle :

Pa'représente le montant du versement dû par l'aménageur ;

V, la valeur vénale des terrains nus et libres estimés par le directeur des services fiscaux à la date de l'établissement du dossier de réalisation ou du bilan prévisionnel ;

D, le dépassement prévu pour la zone, calculé dans les conditions définies à l'article R. 333-14.

Lorsque l'aménageur justifie, notamment par la production des permis de construire correspondants, de l'édification d'un nombre de mètres carrés de surface de plancher répondant aux conditions d'exonération définies par les troisième et quatrième alinéas de l'article L. 112-2, supérieur à celui retenu pour le calcul effectué en application de l'article R. 333-14, l'autorité compétente pour liquider le versement notifie au trésorier-payeur général que le montant des échéances concernées est réduit à due concurrence. Le cas échéant, les sommes perçues en excédent sont remboursées.

C. urb., art. *R. 333-25 *(D. n° 76-276, 29 mars 1976 ; D. n° 84-669, 17 juill. 1984).* **— La convention ou le traité de concession arrête les modalités du paiement, notamment en fonction de la date d'intervention des actes authentiques de cession, location ou concession d'usage de terrains.**

Si les sols artificiels pris en compte pour la définition de Sd'figurant à l'article R. 333-14 n'ont pas été réalisés lorsque la densité globale effective de l'opération dépasse le plafond légal de densité, il est procédé à un nouveau calcul du dépassement pour la zone.

C. urb., art. *R. 333-26 *(D. n° 76-276, 29 mars 1976 ; D. n° 84-669, 17 juill. 1984 ; D. n° 93-422, 19 mars 1993).* **— Le trésorier-payeur général reçoit notification de la convention d'aménagement ou du traité de concession à l'initiative du représentant de l'État dans le département ou de son délégué dans l'arrondissement.**

C. urb., art. *R. 333-27 *(D. n° 76-276, 29 mars 1976).* — **Lorsqu'un permis de construire est délivré avant la signature de la convention ou du traité de concession, le versement prévu à l'article L. 112-2 est dû par le pétitionnaire dans les conditions définies par la section I du présent chapitre à l'exception du deuxième alinéa de l'article R. 333-1.**

C. urb., art. *R. 333-28 *(D. n° 76-276, 29 mars 1976 ; D. n° 84-669, 17 juill. 1984).* — **Les sommes mises à la charge de l'organisme aménageur sont attribuées dans les conditions prévues à l'article L. 333-3.**

Toutefois, les sommes afférentes aux constructions à caractère social mentionnées aux *a* et *b* de l'article L. 333-5 sont attribuées en totalité à la commune ou à l'établissement public groupant plusieurs communes et ayant compétence en matière d'urbanisme. Il en est de même des sommes dues au titre des zones de rénovation urbaine, qu'elles soient réalisées ou non sous la forme de zones d'aménagement concerté, et des zones de résorption de l'habitat insalubre, lorsque ces zones remplissent les conditions posées à l'article R. 333-13 en matière de logements sociaux et d'équipements collectifs à caractère social.

C. urb., art. *R. 333-29 *(Ab., D. n° 84-669, 17 juill. 1984).*

C. urb., art. *R. 333-30 *(D. n° 76-276, 29 mars 1976).* — **Lorsque la zone est située sur le territoire de plusieurs communes et que celles-ci ne sont pas regroupées dans un même établissement public ayant compétence en matière d'urbanisme, la part du versement revenant aux communes ou, s'il en existe, aux établissements publics groupant plusieurs communes et ayant compétence en matière d'urbanisme, est répartie entre les communes, ou entre les établissements publics de regroupement, proportionnellement à la superficie de la zone comprise sur le territoire de chaque commune ou des communes membres de l'établissement.**

C. urb., art. *R. 333-31 *(D. n° 76-276, 29 mars 1976).* — **Si l'avis du conseil municipal ou de l'organe délibérant de l'établissement public regroupant les communes et ayant compétence en matière d'urbanisme, émis en application de l'article L. 333-8, est défavorable, la convention ou le traité de concession ne peut être approuvé que par arrêté conjoint du ministre de l'Intérieur et du ministre chargé de l'urbanisme.**

C. urb., art. *R. 333-32 *(D. n° 76-276, 29 mars 1976 ; D. n° 84-669, 17 juill. 1984 ; D. n° 87-282, 22 avr. 1987).* — **En cas de modification du périmètre de la zone, du plan d'aménagement de la zone, du *(Mots rempl., D. n° 2001-260, 27 mars 2001, art. 3)* « plan local d'urbanisme » ou du document d'urbanisme en tenant lieu, de modification supérieure à 10 % de la valeur des terrains constatée par le directeur des services fiscaux, les versements non encore échus sont révisés dans les conditions définies aux articles R. 333-24 et R. 333-25.**

C. urb., art. R. 333-33 *(D. n° 84-669, 17 juill. 1984).* — **En cas de péremption d'un permis de construire à raison duquel l'aménageur avait justifié une réduction du versement conformément à l'article R. 333-24 ou lorsque, du fait d'un transfert de ce permis, une telle réduction n'est plus justifiée, le nouveau montant du versement est fixé dans les conditions définies aux articles R. 333-24 et R. 333-25.**

Chapitre IV
Dispositions diverses

Néant.

Chapitre V

Aide à la création et à l'aménagement d'espaces verts

(Ab., D. n° 93-614, 26 mars 1993, art. 18)

C. urb., art. R. 335-1 ***(Ancien art. R. 333-1 dénuméroté, D. n° 76-276, 29 mars 1976, art. 5-III ; rempl., D. n° 77-863, 26 juill. 1977, art. 24 ; ab., D. n° 93-614, 26 mars 1993, art. 18).***

C. urb., art. R. 335-2 ***(Ancien art. R. 333-2 dénuméroté, D. n° 76-276, 29 mars 1976, art. 5-III ; ab., D. n° 93-614, 26 mars 1993, art. 18).***

C. urb., art. R. 335-3 ***(Ancien art. R. 333-3 dénuméroté, D. n° 76-276, 29 mars 1976, art. 5-III ; ab., D. n° 93-614, 26 mars 1993, art. 18).***

C. urb., art. R. 335-4 ***(Ancien art. R. 333-4 dénuméroté, D. n° 76-276, 29 mars 1976, art. 5-III ; ab., D. n° 93-614, 26 mars 1993, art. 18).***

C. urb., art. R. 335-5 ***(Ancien art. R. 333-5 dénuméroté, D. n° 76-276, 29 mars 1976, art. 5-III ; ab., D. n° 93-614, 26 mars 1993, art. 18).***

TITRE IV

DÉPARTEMENTS D'OUTRE-MER

2317 En application de la loi n° 2000-1207 du 13 décembre 2000 relative à l'outre-mer, le décret n° 2002-666 précise l'organisation des fonds régionaux d'aménagement foncier et urbain concernant ces départements.

Voir aussi : C. urb., art. L. 340-2, p. 321.

C. urb., art. R. 340-1 ***(Créé, D. n° 2002-666, 29 avr. 2002, art. 1er).*** **— Conformément à l'article L. 340-2, les fonds régionaux d'aménagement foncier et urbain (FRAFU) ont pour objet de faciliter la constitution de réserves foncières et la réalisation des équipements nécessaires à l'aménagement d'espaces déjà urbanisés ou qui ont vocation à l'être en vertu des documents d'urbanisme applicables. Ces dispositifs permettent la coordination des interventions financières des contributeurs suivants : l'État, les collectivités territoriales et l'Union européenne.**

C. urb., art. R. 340-2 ***(Créé, D. n° 2002-666, 29 avr. 2002, art. 1er).*** **— I. – Pour l'accomplissement de leur mission, les fonds régionaux d'aménagement foncier et urbain disposent notamment des ressources suivantes :**

– des subventions allouées par l'État, le conseil général et le conseil régional ;
– des participations de l'Union européenne ;
– des subventions des communes et de leurs groupements ;
– des éventuels remboursements de subventions ;
– des produits financiers de la gestion de trésorerie des fonds.

(Alinéa abrogé, D. n° 2004-1207, 8 nov. 2004, art. 1er).

II. – Les emplois des fonds sont constitués par les avances sur subventions ou subventions allouées aux collectivités, aux établissements publics, aux sociétés d'économie mixte d'aménagement ou de construction ainsi qu'aux organismes HLM mentionnés à l'article L. 411-2 du Code de la construction et de l'habitation et les organismes et sociétés, agréés par le préfet à cet effet, qui assurent la maîtrise d'ouvrage de logements sociaux.

C. urb., art. R. 340-3 *(Créé, D. n° 2002-666, 29 avr. 2002, art. 1er ; remplacé, D. n° 2004-1207, 8 nov. 2004, art. 2).* — **L'institution financière mentionnée au troisième alinéa de l'article L. 340-2 est chargée de regrouper les fonds, de gérer et de verser les subventions et avances sur subventions prévues à l'article R. 340-2 aux bénéficiaires énumérés au II de ce même article.**

Les contributeurs ne peuvent avoir recours à un emprunt auprès de cette même institution financière pour assurer les ressources des fonds régionaux d'aménagement foncier et urbain.

Sur la base d'une convention-cadre, chaque contributeur au fonds régional d'aménagement foncier et urbain signe avec cette institution financière une convention qui précise les modalités d'approvisionnement des fonds ainsi que de versement des subventions et des avances sur subventions, les conditions de gestion de l'institution, les moyens de contrôle ainsi que de compte rendu de la situation comptable des fonds régionaux d'aménagement foncier et urbain.

Institution financière. La loi du 21 juillet 2003 de programmation pour l'outre-mer a ouvert aux contributeurs une faculté de choix de l'institution financière visée à l'article L. 340-2. 2318

C. urb., art. R. 340-4 *(Créé, D. n° 2002-666, 29 avr. 2002, art. 1er).* — **Le fonctionnement de chaque fonds régional d'aménagement foncier et urbain est assuré par un comité de gestion et d'engagement et un comité permanent.**

Le comité de gestion et d'engagement est composé de trois représentants de l'État, de trois représentants du conseil général élus par le conseil général, de trois représentants du conseil régional élus par le conseil régional et de deux représentants désignés par l'association des maires. Il est présidé alternativement et par période d'un an par le président du conseil général puis par le président du conseil régional. Il arrête son règlement intérieur. Il se réunit au moins quatre fois par an. Il détermine les orientations générales, les modalités d'instructions, statue sur chaque demande d'aides et arrête le programme des aides accordées par le fonds régional d'aménagement foncier et urbain aux projets éligibles, dans le cadre de modalités d'intervention définies contractuellement entre les contributeurs.

Les représentants qui, en cours de mandat, n'occupent plus les fonctions en raison desquelles ils ont été désignés sont réputés démissionnaires.

Le comité permanent est composé de deux représentants de l'État, de deux représentants du conseil général et de deux représentants du conseil régional. Le comité permanent peut s'associer en tant que de besoin les représentants d'autres institutions ou organismes qu'il estime utiles à l'exercice de ses missions. Son secrétariat est assuré par la direction départementale de l'équipement.

Le comité permanent est chargé d'instruire les demandes d'aides, dans le cadre des modalités d'intervention définies contractuellement entre les contributeurs et orientations générales, et des modalités d'instruction déterminées par le comité de gestion et d'engagement, et d'exécuter les autres missions qui lui seraient confiées par ce même comité.

Le comité permanent est chargé de soumettre au comité de gestion et d'engagement, au plus tard le 1er mars de chaque année après consultation des représentants des maîtres d'ouvrage sociaux, le bilan de l'intervention du fonds régional d'aménagement foncier et urbain de l'année précédente. Ce bilan porte notamment sur le fonctionnement et les règles d'intervention du fonds. Il propose, le cas échéant, au comité de gestion et d'engagement des modifications des modalités d'intervention du fonds.

C. urb., art. R. 340-5 *(Créé, D. n° 2002-666, 29 avr. 2002, art. 1er).* — **Les aides des fonds régionaux d'aménagement foncier et urbain peuvent être attribuées :**

– pour le financement des études pré-opérationnelles de projet d'aménagement. Le fonds régional d'aménagement foncier et urbain peut alors accorder une subvention que le bénéficiaire devra rembourser si l'opération projetée n'a pas reçu un début d'exécution dans un délai de trois ans, sauf dans le cas contraire ou dans le cas où

l'étude a révélé des difficultés de réalisation, liées à la nature des sols, non prévisibles au moment de son lancement ;

– pour le financement des études de mise en place de programmes pluriannuels communaux ou intercommunaux d'intervention foncière ;

– pour le financement des études de mises en place d'établissements publics fonciers locaux tels que définis aux articles L. 324-1 et suivants du Code de l'urbanisme ;

– pour participer aux frais financiers liés à l'acquisition de terrains dans l'objectif de réaliser des réserves foncières à moyen terme et ayant pour objet la réalisation d'équipements de viabilisation ou de logements dont 60 % devront être des logements aidés par l'État ;

– pour le financement des équipements de viabilisation primaire : équipements structurants dont la réalisation n'est pas directement induite par une opération d'aménagement ;

– pour le financement d'équipements de viabilisation secondaire : équipements dont la réalisation ou le renforcement est induit par une opération d'urbanisme et qui viennent se raccorder au réseau primaire. Ils ont pour objet de desservir les opérations d'aménagement, essentiellement à vocation de construction de logements, et sont constitués par les voiries et réseaux divers secondaires. Les opérations éligibles devront comprendre dans leur programmation au minimum 60 % de logements aidés par l'État à la sortie ;

– pour le financement du déficit d'opérations d'aménagement au sens de l'article L. 300-1 du Code de l'urbanisme dès lors qu'elles comportent plus de 60 % de logements aidés par l'État ;

– pour le financement de surcoûts de construction de logements aidés par l'État liés à des contraintes particulières à certaines zones dans les départements d'outre-mer.

Les taux de subvention des opérations finançables par le fonds régional d'aménagement foncier et urbain, pour le financement provenant de la contribution de l'État, sont fixés par arrêté préfectoral dans les limites des plafonds définis par les dispositions réglementaires relatives aux subventions de l'État pour les projets d'investissements.

C. urb., art. R. 340-6 *(Créé, D. n° 2002-666, 29 avr. 2002, art. 1er)*. **— Un bilan global de l'action de chaque fonds régional d'aménagement foncier et urbain sera élaboré et communiqué à chaque contributeur participant à l'alimentation de ce fonds aux mêmes échéances que celles prévues pour l'évaluation des contrats de plan État-région.**

Chapitre I

Participation à la diversité de l'habitat

C. urb., art. R. 341-1 et R. 341-2 *(D. n° 93-422, 19 mars 1993 ; ab., D. n° 95-676, 9 mai 1995, art. 4)*.

LIVRE QUATRIÈME

RÈGLES RELATIVES À L'ACTE DE CONSTRUIRE ET À DIVERS MODES D'UTILISATION DU SOL

TITRE PREMIER

CERTIFICAT D'URBANISME

Réforme. Les dispositions réglementaires sont adaptées au regard de la loi du 13 décembre 2000 qui supprime la référence à la constructibilité du terrain dans le certificat d'urbanisme. Le décret n° 2001-262 du 27 mars 2001 (*JO* 28 mars) procède à ces adaptations qui étaient applicables à compter du 1er avril 2001. La circulaire du 3 avril 2001, reproduite ci-dessous, les commente. 2319

Voir aussi : Sur le nouveau certificat d'urbanisme issu de la loi SRU, Rép. min. Bobe : *JOAN* 9 déc. 2002, p. 4810.

Section I Présentation, dépôt et transmission de la demande

C. urb., art. *R. 410-1 *(D. n° 76-276, 29 mars 1976 ; D. n° 83-1262, 30 déc. 1983).* — **La demande de certificat d'urbanisme précise l'identité du demandeur, l'identité du propriétaire s'il est autre que le demandeur, l'adresse, la superficie et les références cadastrales du terrain ainsi que l'objet de la demande.**

(Al. rempl., D. n° 2001-262, 27 mars 2001, art. 2-I) **La demande est accompagnée d'un plan de situation du terrain permettant de le localiser, d'un plan du terrain, ainsi que, dans le cas visé au deuxième alinéa de l'article L. 410-1, d'une note descriptive succincte de l'opération indiquant, s'il y a lieu, la destination et la nature des bâtiments projetés, ainsi que la superficie de leurs planchers hors œuvre.**

(Trois alinéas ab., D. n° 2001-262, 27 mars 2001, art. 2-II).

C. urb., art. *R. 410-2 *(D. n° 83-1262, 30 déc. 1983).* — **La demande de certificat d'urbanisme et le dossier qui l'accompagne sont établis en quatre exemplaires.**

Un exemplaire supplémentaire de la demande et du dossier peut être demandé, en tant que de besoin, au demandeur pour chacun des services, personnes publiques ou commissions consultés sur le projet.

C. urb., art. *R. 410-3 *(D. n° 83-1262, 30 déc. 1983 ; D. n° 88-199, 29 févr. 1988).* — **Tous les exemplaires de la demande et du dossier de certificat d'urbanisme sont adressés par pli recommandé, avec demande d'avis de réception postal, au maire de la commune dans laquelle le terrain est situé, ou déposés contre décharge à la mairie.**

Le maire affecte un numéro d'enregistrement à la demande dans des conditions prévues par arrêté du ministre chargé de l'urbanisme.

Les exemplaires de la demande et du dossier font l'objet des transmissions prévues à l'article L. 421-2-3. Toutefois dans les cas prévus au 1° dudit article, seul le formulaire de la demande est transmis au préfet.

Section II Instruction de la demande

§ 1 Dispositions applicables dans l'ensemble des communes

C. urb., art. *R. 410-4 *(D. n° 83-1262, 30 déc. 1983).* — **Le service chargé de l'instruction de la demande procède, au nom de l'autorité compétente pour statuer, à cette instruction.** ***(Mots rempl., D. n° 2001-262, 27 mars 2001, art. 3)*** **« Dans le cas prévu au deuxième**

alinéa de l'article L. 410-1, il saisit, s'il y a lieu, les autres autorités » ou services intéressés, notamment le représentant du ministre chargé des monuments historiques ou des sites lorsque la constructibilité du terrain ou la possibilité de réaliser l'opération envisagée est subordonnée à l'avis ou l'accord des autorités, services ou commissions relevant de ce ministre.

§ 2 Dispositions applicables dans les communes où un plan local d'urbanisme ou une carte communale a été approuvé, à l'exception de celles qui ont pris la délibération mentionnée au premier alinéa de l'article L. 421-2-1.

C. urb., art. *R. 410-5 ***(D. n° 80-559, 26 juin 1980 ; D. n° 83-1262, 30 déc. 1983).*** **— L'instruction de la demande de certificat d'urbanisme est effectuée dans les conditions prévues au premier paragraphe et au présent paragraphe de la présente section, ainsi qu'à l'article R. 490-2.**

Dans le cas où la commune a délégué sa compétence à un établissement public de coopération intercommunale, le maire fait connaître au président de cet établissement ses observations, notamment au regard des dispositions de l'article L. 421-5.

Ces observations doivent être émises dans le mois du dépôt de la demande ; passé ce délai, le maire est réputé n'avoir à formuler aucune observation.

C. urb., art. *R. 410-6 ***(D. n° 83-1262, 30 déc. 1983 ; D. n° 88-199, 29 févr. 1988 ; remplacé, D. n° 2001-262, 27 mars 2001, art. 5).*** **— Le service chargé de l'instruction de la demande recueille l'avis conforme du préfet dans les conditions prévues à l'article R. 421-22, dans les cas prévus au *b* de l'article L. 421-2-2 et à l'article L. 421-2-7.**

C. urb., art. *R. 410-7 ***(D. n° 83-1262, 30 déc. 1983).*** **— Lorsque le certificat d'urbanisme est délivré au nom de l'État dans le cas prévu au quatrième alinéa de l'article L. 421-2-1, la demande de certificat est instruite dans les conditions prévues au paragraphe 3 de la présente section.**

§ 3 Dispositions applicables dans les autres communes

C. urb., art. *R. 410-8 ***(D. n° 83-1262, 30 déc. 1983).*** **— La demande de certificat d'urbanisme est instruite par le service de l'État dans le département, chargé de l'urbanisme, dans les conditions prévues au paragraphe 1er et au présent paragraphe.**

(Al. rempl. par deux alinéas, D. n° 2001-262, 27 mars 2001, art. 7) **Dans le cas prévu au premier alinéa de l'article L. 410-1, le maire, en transmettant la demande au service instructeur, lui indique, le cas échéant, si la réalisation d'équipements publics nouveaux concernant le terrain a été décidée par la commune.**

(Al. issu, D. n° 2001-262, 27 mars 2001, art. 7) **Dans le cas prévu au deuxième alinéa de l'article L. 410-1, le maire ou le président de l'établissement public de coopération intercommunale compétent fait connaître ses observations, notamment au regard des dispositions de l'article L. 421-5.**

Ces observations doivent être émises dans le mois du dépôt de la demande ; passé ce délai le maire est réputé n'avoir aucune observation à formuler.

Section III Délivrance

§ 1 Dispositions applicables dans l'ensemble des communes

C. urb., art. *R. 410-9 ***(D. n° 83-1262, 30 déc. 1983 ; D. n° 86-984, 19 août 1986).*** **— Le certificat d'urbanisme est délivré dans un délai de deux mois à compter de la date figurant sur l'avis de réception postal ou sur la décharge visés à l'article R. 410-3.**

Copie du certificat est adressée au propriétaire du terrain lorsque la demande n'émane ni de lui-même, ni de son mandataire.

C. urb., art. *R. 410-10 *(Ab., D. n° 83-1262, 30 déc. 1983).*

C. urb., art. *R. 410-11 *(Ab., D. n° 83-1262, 30 déc. 1983).*

C. urb., art. R. 410-12 *(D. n° 83-1262, 30 déc. 1983).* — **Le certificat d'urbanisme indique dans tous les cas :**

Les dispositions d'urbanisme applicables au terrain ;

Les limitations administratives au droit de propriété affectant le terrain ;

***(Deux alinéas rempl. par trois alinéas, D. n° 2001-262, 27 mars 2001, art. 8-I)* La desserte du terrain par les équipements publics mentionnés à l'article L. 421-5 existants ou prévus ;**

***(Al. issu, D. n° 2001-262, 27 mars 2001, art. 8-I)* Le régime des taxes et participations d'urbanisme applicables au terrain ;**

***(Al. issu, D. n° 2001-262, 27 mars 2001, art. 8-I)* Dans le cas prévu au deuxième alinéa de l'article L. 410-1, il indique, en outre, si le terrain peut être utilisé pour la réalisation de l'opération mentionnée dans la demande.**

(Cinq alinéas ab., D. n° 2001-262, 27 mars 2001, art. 8-II).

C. urb., art. *R. 410-13 *(Mod., D. n° 95-21, 9 janv. 1995, art. 9-V ; ab., D. n° 2001-262, 27 mars 2001, art. 9).*

C. urb., art. *R. 410-14 *(D. n° 83-1262, 30 déc. 1983 ; rempl., D. n° 2001-262, 27 mars 2001, art. 10).* — **Lorsque le certificat d'urbanisme déclare que le terrain peut être utilisé pour la réalisation de l'opération mentionnée dans la demande, cet accord porte exclusivement sur la localisation de l'opération à l'emplacement considéré et sur les modalités de desserte par les équipements publics existants ou prévus, compte tenu, s'il y a lieu, de la destination et de la nature des bâtiments projetés et de leur superficie de planchers hors œuvre.**

Il précise les formalités administratives à accomplir préalablement à la réalisation de l'opération, notamment l'obligation d'obtenir une autorisation de défrichement en application des articles L. 311-1 et L. 312-1 du Code forestier, et l'obligation d'obtenir l'accord du représentant du ministre chargé des monuments historiques ou des sites, lorsque cet accord est nécessaire et que celui-ci, assorti ou non de réserves, n'a pu être formulé avant la délivrance du certificat d'urbanisme.

Il fixe en outre la durée de validité du certificat, si celle-ci doit excéder un an.

La durée de validité du certificat ne peut être supérieure à dix-huit mois.

C. urb., art. *R. 410-15 *(Rempl., D. n° 2001-262, 27 mars 2001, art. 11).* — **Dans le cas où le terrain ne peut être utilisé pour la réalisation de l'opération mentionnée dans la demande, le certificat d'urbanisme énonce les motifs tirés des dispositions d'urbanisme, des limitations administratives au droit de propriété ou des conditions de desserte par les équipements publics qui s'y opposent.**

C. urb., art. *R. 410-16. — **Au cas où un sursis à statuer serait opposable à une demande d'autorisation tendant à affecter le terrain à la construction ou à y réaliser une opération déterminée, le certificat d'urbanisme en fait état.**

C. urb., art. *R. 410-17 *(D. n° 81-788, 12 août 1981 ; D. n° 83-1262, 30 déc. 1983 ; D. n° 86-516, 14 mars 1986 ; rempl., D. n° 2001-262, 27 mars 2001, art. 12).* — **Le certificat d'urbanisme indique si le bien est situé ou non à l'intérieur du périmètre d'un des droits de préemption définis par le Code de l'urbanisme.**

C. urb., art. R. 410-18 *(D. n° 81-788, 12 août 1981 ; D. n° 83-1262, 30 déc. 1983). — (Al. rempl., D. n° 2001-262, 27 mars 2001, art. 13)* **Le certificat d'urbanisme peut être prorogé par périodes d'une année sur demande présentée deux mois au moins avant l'expiration du délai de validité, si les prescriptions d'urbanisme, les servitudes administratives de tous ordres et le régime des taxes et participations d'urbanisme applicables au terrain n'ont pas évolué.**

La demande de prorogation, formulée en double exemplaire par lettre accompagnée du certificat à proroger, est déposée et transmise dans les conditions prévues à l'article R. 410-3.

Le service instructeur, après avoir vérifié la situation de la demande au regard des conditions prévues au premier alinéa, transmet un projet de décision à l'autorité compétente pour statuer sur la demande. La décision de prorogation est prise dans les mêmes conditions que celles prévues aux articles R. 410-19 et R. 410-22.

La prorogation prend effet à la date de la décision de prorogation.

§ 2 Dispositions applicables dans les communes où un plan local d'urbanisme ou une carte communale a été approuvé, à l'exception de celles qui ont pris la délibération mentionnée au premier alinéa de l'article L. 421-2-1

C. urb., art. R. 410-19 *(D. n° 83-1262, 30 déc. 1983).* **— Le certificat d'urbanisme est délivré par le maire au nom de la commune ou par le président de l'établissement public de coopération intercommunale au nom dudit établissement public.**

Toutefois, il est délivré dans les conditions prévues au paragraphe 3 de la présente section dans les cas prévus au quatrième alinéa de l'article L. 421-2-1.

C. urb., art. R. 410-20 *(D. n° 83-1262, 30 déc. 1983).* **— Le certificat d'urbanisme est complété, avant notification au demandeur, par une mention certifiant qu'il est transmis dans les conditions prévues à l'article L. 421-2-4.**

C. urb., art. R. 410-21 *(D. n° 83-1262, 30 déc. 1983).* **— Outre les transmissions prévues à l'article L. 421-2-4, copie du certificat d'urbanisme est transmise, lorsqu'il est délivré au nom d'un établissement public de coopération intercommunale, au maire de la commune.**

§ 3 Dispositions applicables dans les autres communes

C. urb., art. R. 410-22 *(D. n° 83-1262, 30 déc. 1983 ; D. n° 88-199, 29 févr. 1988).* **— Le certificat d'urbanisme est délivré par le préfet au nom de l'État.**

Copie en est transmise au maire et, le cas échéant, au président de l'établissement public de coopération intercommunale.

C. urb., art. R. 410-23 *(D. n° 83-1262, 30 déc. 1983 ; D. n° 88-199, 29 févr. 1988).* **— Pour l'application du présent paragraphe, le préfet peut déléguer sa signature au responsable du service de l'État dans le département, chargé de l'urbanisme, ou aux subordonnés de celui-ci, sauf dans le cas où le responsable du service de l'État dans le département, chargé de l'urbanisme, ne retient pas les observations du maire.**

Section IV Dispositions diverses

C. urb., art. R. 410-24 *(D. n° 83-1262, 30 déc. 1983).* **— Un arrêté du ministre chargé de l'urbanisme fixe les modèles nationaux de demande de certificat d'urbanisme et de réponse.**

Circulaire UHC/DU1/6 n° 2001-22 du 3 avril 2001 relative aux certificats d'urbanisme

L'article 30 de la loi n° 2000-1208 du 13 décembre 2000 réforme les certificats d'urbanisme pour apporter aux citoyens de meilleures garanties et pour simplifier la procédure. Comme l'avait annoncé la circulaire n° 2001-3 du 18 janvier 2001, le décret en Conseil d'État appliquant cet article, qui a été publié au *Journal officiel* le 28 mars 2001, a fixé la date d'entrée en vigueur de ces dispositions au 1er avril 2001.

Comme par le passé, les usagers peuvent demander deux types de certificats d'urbanisme :

***a)* L'un, dans lequel ils demanderont des renseignements généraux sur le terrain. Dans ce cas, l'Administration n'indiquera plus si le terrain est constructible ou non. Cette indication était en effet illusoire dès lors que le projet n'était pas précisé. En revanche, le certificat indiquera précisément les dispositions d'urbanisme, les limitations administratives au droit de propriété et le régime des taxes et participations d'urbanisme applicables au terrain.**

***b)* L'autre, dans lequel ils demanderont si une opération définie dans la demande peut être réalisée sur le terrain. Dans ce cas, le certificat d'urbanisme indiquera en outre si cette opération peut être réalisée sur le terrain. Comme sous l'empire de l'ancienne législation, la réponse devra être négative « lorsque toute demande d'autorisation pourrait, du seul fait de la localisation du terrain, être refusée en fonction des dispositions d'urbanisme et, notamment, des règles générales d'urbanisme ».**

L'un et l'autre de ces certificats d'urbanisme garantira, pendant sa durée de validité, qui n'est pas modifiée, la stabilité des dispositions qu'il indique.

Les certificats d'urbanisme institués en vue de l'information de l'Administration en cas de division de propriété, prévus par les articles L. 111-5e et R. 315-54 du Code de l'urbanisme sont supprimés, le premier par l'article 13 de la loi, le second par l'article 17 du décret. Le certificat de l'article R. 315-54 est remplacé par une simple déclaration à la mairie. Cette dernière disposition est entrée en vigueur dès la publication du décret, c'est-à-dire le 29 mars 2001.

Le décret tire les conséquences de la loi en apportant les adaptations nécessaires aux articles R. 410-1 et suivants du Code de l'urbanisme, sans modifier la procédure, sauf sur les deux points suivants :

1. La procédure d'instruction des certificats d'urbanisme dits de « simple information », qui indiquent seulement les dispositions d'urbanisme, les limitations administratives au droit de propriété et le régime des taxes et participations d'urbanisme applicables au terrain est simplifiée ;

– l'obligation pour le service instructeur de consulter les autres autorités administratives est supprimée (C. urb., art. R. 410-4, modifié par l'article 3 du décret) ;

– dans les communes où les certificats d'urbanisme sont délivrés au nom de l'État, l'avis du maire n'est plus requis ; le maire indiquera seulement au service instructeur, à l'occasion de la transmission de la demande, si des équipements nouveaux concernant le terrain sont prévus par la commune (C. urb., art. R. 410-8, modifié par l'article 7 du décret).

Ces simplifications faciliteront un traitement automatisé des certificats d'urbanisme de « simple information ».

Lorsque le certificat précise si un projet défini peut être réalisé sur le terrain, cette consultation des autres autorités administratives et, le cas échéant, l'avis du maire sont bien sûr maintenus.

2. La prorogation d'un certificat d'urbanisme est désormais possible, par périodes d'une année, tant que les prescriptions d'urbanisme, les servitudes administratives et les taxes et participations applicables au terrain n'ont pas évolué (article R. 410-18, modifié par l'article 13 du décret). Dans le droit antérieur, le certificat d'urbanisme ne pouvait être prorogé qu'une seule fois. La levée de cette limitation est destinée à simplifier les tâches des services instructeurs.

Il y a lieu de procéder de la façon suivante :

1. Dans l'immédiat, vous continuerez à utiliser les anciens formulaires de demande de certificat d'urbanisme. Ceux-ci feront l'objet d'une actualisation, en même temps que les formulaires de déclaration de travaux, de demande de permis de construire et de demande d'autorisation de lotir, dans les prochaines semaines.

2. Les réponses aux demandes de certificats d'urbanisme seront adaptées dans les conditions suivantes :

***a)* En cas de demande fondée sur l'ancien article L. 410-1 *a*, il faut fournir un certificat d'urbanisme « de simple information », précisant les dispositions d'urbanisme, les limitations administratives au droit de propriété et le régime des taxes et participations d'urbanisme applicables au terrain, mais ne précisant plus si le terrain est constructible (il n'y a plus, dans ce cas, de certificat d'urbanisme positif ou négatif).**

***b)* En cas de demande fondée sur l'ancien article L. 410-1 *b*, il faut, après avoir précisé les dispositions d'urbanisme, les limitations administratives au droit de propriété et le régime des taxes et participations d'urbanisme applicables au terrain, indiquer si l'opération décrite dans la demande peut être réalisée sur le terrain.**

Pour obtenir une réponse positive ou négative sur la constructibilité éventuelle du ou des terrains, le demandeur doit désormais, conformément au deuxième alinéa (nouveau) de l'article R. 410-1, indiquer « la destination et la nature des bâtiments projetés, ainsi que la superficie de leurs planchers hors œuvre ».

***c)* En cas de demande fondée sur l'ancien article L. 111-5, comme le précisait la circulaire du 18 janvier 2001 précitée, il faut fournir, pour chaque terrain issu de la division projetée, un certificat d'urbanisme, répondant, selon le contenu de la demande, aux caractéristiques précisées aux *a* ou au *b* ci-dessus, en appliquant la nouvelle règle de fond, c'est-à-dire sans tenir compte du fait que le terrain est issu d'une division.**

***d)* En cas de demande fondée sur l'ancien article R. 315-54 il faut également fournir un certificat d'urbanisme pour chaque terrain issu de la division projetée, tout en précisant que la demande de certificat d'urbanisme ne dispense pas, si la division est postérieure au 28 mars 2001, d'adresser le plan de division à la mairie, en application du nouvel article R. 315-54, si ce plan n'était pas joint à la demande de certificat d'urbanisme.**

3. Les modèles de certificat d'urbanisme seront actualisés dans le délai d'un mois. Dans l'attente, vous pouvez utiliser les anciens modèles, avec les adaptations suivantes :

***a)* Dans tous les certificats d'urbanisme, il faut mentionner ;**

– les dispositions d'urbanisme : plan local d'urbanisme, carte communale (ou ancien MARNU), règlement général d'urbanisme, loi littoral, montagne ;

– les limitations administratives au droit de propriété (servitudes d'utilité publique, existence d'un droit de préemption) ;

– le régime des taxes et participations d'urbanisme applicables au terrain. Vous trouverez ci-joint une page à annexer aux certificats d'urbanisme, en attendant l'actualisation des modèles de certificat d'urbanisme.

***b)* Dans le cas des certificats d'urbanisme de simple information, il faut supprimer la réponse « négative » ou « positive ».**

Vous voudrez bien informer les maires de votre département des nouvelles dispositions, ainsi que la chambre départementale des notaires.

Circulaire n° 2001-56 du 27 juillet 2001 relative à la réforme des contributions d'urbanisme issue de la loi n° 2000-1208 du 13 décembre 2000 – Extraits

Titre III. – Stabilisation des contributions exigibles pendant la période de validité des certificats d'urbanisme.

L'article 30 de la loi SRU réforme le régime du certificat d'urbanisme. L'ensemble des mesures nouvelles sont entrées en vigueur le 1er avril 2001, conformément aux dispositions de l'article 18 du décret n° 2001-262 du 27 mars 2001.

Les certificats d'urbanisme délivrés à compter du 1er avril 2001 doivent indiquer (selon le modèle joint *in fine* de ce titre III, modifié en quelques points depuis celui de la circulaire n° 2001-22/UHC/DU1/6 du 3 avril 2001) le régime des taxes et participations applicables aux terrains concernés.

Cette mesure a pour effet d'étendre les garanties de stabilité apportées par le certificat d'urbanisme aux contributions exigibles des bénéficiaires d'autorisation d'occuper le sol.

Désormais, les autorisations d'occuper le sol demandées dans le délai de validité du certificat d'urbanisme, et qui en respecteront les dispositions d'urbanisme, ne pourront pas entraîner l'exigibilité de contributions autres que celles que doit mentionner le certificat d'urbanisme et en vigueur à la date de sa délivrance.

Section 1. – Indications relatives aux taxes d'urbanisme

En matière de taxe d'urbanisme, seules celles instaurées, de plein droit par la loi ou par les organes délibérants des collectivités locales ou de leurs groupements compétents, à la date de délivrance des certificats d'urbanisme, pourront être mises à la charge des constructeurs.

Le certificat d'urbanisme devra indiquer leur exigibilité lors de la réalisation des opérations de construction.

Les modalités d'assiette et de liquidation des taxes demeurent inchangées : leurs montants seront déterminés en fonction de la nature et de la superficie des constructions ultérieurement autorisées. Mais il sera fait application des définitions des catégories d'immeubles et taux mentionnés dans les certificats d'urbanisme. En revanche, la revalorisation annuelle des valeurs forfaitaires prévue à l'article 1585-D-I du Code général des impôts trouvera à s'appliquer. Ainsi, les taxes seront liquidées avec les valeurs applicables à la date de délivrance de l'autorisation d'occuper le sol.

Les avis d'imposition et de dégrèvement indiqueront si le taux retenu est celui en vigueur à la date de la délivrance du certificat d'urbanisme en cours de validité ou, en l'absence de certificat d'urbanisme en cours de validité, celui en vigueur à la date de délivrance du permis de construire.

Section 2. – Indications relatives à la redevance d'archéologie préventive (art. L. 332-6-4)

Instaurée par l'article 9 de la loi n° 2001-44 du 17 janvier 2001 relative à l'archéologie préventive, cette redevance est notamment exigible des bénéficiaires d'autorisation d'occuper le sol prévus par le Code de l'urbanisme.

En ce sens, elle doit donc être mentionnée dans les certificats d'urbanisme au même titre que l'ensemble des contributions d'urbanisme.

Son assiette et sa liquidation relèvent de la compétence de l'Établissement public national créé à l'article 4 de la loi précitée du 17 janvier 2001. Son recouvrement est assuré par l'agent comptable de l'établissement public affectataire.

Son exigibilité n'étant pas déterminable lors de l'examen du certificat d'urbanisme, il convient d'en indiquer la prescription éventuelle dans tous les certificats d'urbanisme.

Un décret en Conseil d'État définira les modalités d'application de ces dispositions.

Cette imposition constitue une dépense propre aux travaux en projet. À ce titre, elle n'est pas assimilable aux dépenses d'équipements publics. Il n'y a donc pas lieu d'en organiser la prescription dans les autorisations d'occuper le sol au sens des dispositions de l'article L. 332-28 du Code de l'urbanisme.

Section 3. – Indications relatives aux participations d'urbanisme

Il convient de distinguer le régime des participations instaurées par délibération à la date de délivrance des certificats d'urbanisme et le régime de celles dont la mise en œuvre ne nécessite pas de délibération préalable des collectivités locales ou de leur groupement.

1° Régime des participations préalablement instaurées par délibération :

Il s'agit des contributions suivantes :

– participation pour raccordement à l'égout, article L. 1331-7 du Code de la santé publique ;

– participation pour non-réalisation d'aires de stationnement, article L. 421-3 du Code de l'urbanisme ;

– participation pour création de voies nouvelles et réseaux, article L. 332-11-1 du Code de l'urbanisme ;

– participation des riverains (départements du Bas-Rhin, du Haut-Rhin et de la Moselle), article L. 332-6-1-3° du Code de l'urbanisme ;

– participation en programme d'aménagement d'ensemble, article L. 332-9 du Code de l'urbanisme.

Lorsqu'elles sont instaurées à la date de délivrance d'un certificat d'urbanisme, il convient d'en indiquer l'exigibilité lors de la réalisation d'opérations de constructions, de lotissements, d'approbation du plan de remembrement d'une AFU, ou de la délivrance d'autorisation d'aménager un terrain de camping ou pour l'accueil d'habitation légère de loisirs.

La mention de la PVNR devra comporter la référence de la délibération spécifique l'instituant.

La mention d'une délibération ayant institué un PAE devra toujours être accompagnée d'une copie de ladite délibération conformément aux dispositions du 3e alinéa de l'article L. 332-9.

2° Régime des participations exigibles sans procédure de délibération préalable :

Certaines participations sont exigibles sans procédure de délibération préalable.

Les participations concernées sont les suivantes :

– la participation pour le financement d'équipements publics exceptionnellement rendu nécessaire par une opération, article L. 332-8 du Code de l'urbanisme ;

– la cession gratuite de terrain pour création ou amélioration de la voirie publique ; article L. 332-6-1-2° *e)* du Code de l'urbanisme.

Le certificat d'urbanisme devra toujours préciser que ces participations sont susceptibles d'être mises en œuvre.

La nature et le montant des participations exigibles demeurent prescrits lors de la délivrance des autorisations d'occuper le sol qui en constituent le fait générateur. Les modalités de mise en œuvre de ces procédures, lors de l'instruction et de la délivrance des autorisations d'occuper le sol, sont inchangées.

Section 4. – Conséquences de la réforme

1° Stabilisation des contributions exigibles :

La stabilisation du régime des taxes et participations par le certificat d'urbanisme s'applique, comme le précise l'article L. 410-1, aux demandes qui respectent les dispositions d'urbanisme mentionnées dans le certificat. Il en résulte que si un propriétaire bénéficie d'une amélioration de la constructibilité de son terrain depuis la délivrance du certificat d'urbanisme, il ne peut bénéficier de la stabilisation des seuls régimes des taxes et participations.

2° Renouvellement du certificat d'urbanisme :

Le certificat d'urbanisme peut être prorogé pour un an, cette prorogation étant renouvelable conformément aux dispositions de l'article R. 410-18 du Code de l'urbanisme.

Le renouvellement doit toutefois être refusé si les prescriptions d'urbanisme et les servitudes administratives de tous ordres applicables aux terrains ont évolué.

L'article précité précise qu'une évolution du régime des contributions exigibles écarte également la possibilité de renouvellement des certificats d'urbanisme, en particulier si la commune, ou le département, a augmenté les taux applicables pour une ou plusieurs catégories.

3° Conséquences de la réforme en matière de modification des autorisations d'occuper le sol :

Compte tenu des dispositions de l'article 1585 G du Code général des impôts qui prévoient que la taxe est liquidée par application du taux en vigueur à la date de délivrance d'un permis modificatif, les dispositions nouvelles en matière de certificat d'urbanisme produisent les effets suivants :

– modification entraînant une réduction du montant des taxes : les dégrèvements sont déterminés par application des taux en vigueur à la date de délivrance du certificat d'urbanisme ;

– modification entraînant un complément de taxe : si la demande de modification a été déposée dans le délai de validité d'un certificat d'urbanisme ayant stabilisé les taux, le complément de taxe doit être déterminé par application du taux en vigueur lors de la délivrance du certificat d'urbanisme.

Si la demande de modification a été déposée après expiration du délai de validité du certificat d'urbanisme, il doit être fait application du taux en vigueur à la date de délivrance de l'autorisation modificative. »

Mention des contributions d'urbanisme dans le CU

	CU	N° INSEE du département	N° INSEE de la commune	Année de dépôt	N° de dossier

Régime des taxes et participations d'urbanisme applicables au terrain
(C. urb., art. L. 332-6 et s. et L. 520-1)

Taxes

TAXES	Les contributions cochées ci-dessous seront assises et liquidées après la délivrance d'un permis de construire, d'une autorisation d'aménager un terrain destiné à l'accueil d'habitations légères de loisir ou un terrain de camping et en cas de non-opposition à une déclaration de travaux.
Taxe locale d'équipement :	
Taux catégorie 1 : %	Taux catégorie 2 : %
Taux catégorie 3 : %	Taux catégorie 4 : %
Taux catégorie 5-1 : %	Taux catégorie 5-2 : %
Taux catégorie 6 : %	Taux catégorie 7 : %
Taux catégorie 8 : %	Taux catégorie 9 : %
Taxe complémentaire à la taxe locale d'équipement en région d'Île-de-France. Taux : 1 %	
Taxe spéciale d'équipement de la Savoie. Taux : % Taxe départementale des espaces naturels sensibles :	
Taux catégorie 1 : %	Taux catégorie 2 : %
Taux catégorie 3 : %	Taux catégorie 4 : %
Taux catégorie 5-1 : %	Taux catégorie 5-2 : %
Taux catégorie 6 : %	Taux catégorie 7 : %
Taux catégorie 8 : %	Taux catégorie 9 : %
Taxe départementale pour le financement des conseils d'architecture, d'urbanisme et de l'environnement. Taux : %	
Redevance pour création de bureaux ou de locaux de recherche en région d'Île-de-France. Taux de la zone : francs ou euros au mètre carré.	
Redevance d'archéologie préventive (lorsque les fouilles seront prescrites en application de l'article 2 de la loi n° 2001-44 du 17 janvier 2001, relative à l'archéologie préventive.)	
Versement pour dépassement du plafond légal de densité. PLD de :	

	CU	N° INSEE du département	N° INSEE de la commune	Année de dépôt	N° de dossier
PARTICIPATIONS			Les contributions cochées ci-dessous pourront être prescrites : – par un permis de construire, une autorisation d'aménager un terrain de camping et en cas de non-opposition à une déclaration de travaux ; – par une autorisation de lotir, un arrêté approuvant le plan de remembrement d'une association foncière urbaine ou une autorisation d'aménager un terrain destiné à l'accueil d'habitations légères de loisir, sous la forme de la participation définie par le *d)* de l'article L. 332-12.		

Participations exigibles sans procédure de délibération préalable

Participations pour équipements publics exceptionnels (art. L. 332-8)

Cession gratuite de terrains (art. L. 332-6-1-2°-*e*).

Participations préalablement instaurée par délibération

Participation pour raccordement à l'égout (art. L. 332-6-1-2° *a)*. Délibération en date du :

Participation pour non-réalisation d'aires de stationnement (art. L. 332-6-1-2°-*b*).

Montant à fixé à : ... francs ou... euros par place de stationnement. Ce montant est actualisé tous les ans au 1er novembre, en fonction de l'évolution de l'indice du coût de la construction (C. urb., art. L. 421-3).

Participation au financement des voies nouvelles et des réseaux (art. 332-6-1-2°-*d*).

Délibération instaurant le principe de la participation en date du :

Délibération spécifique en date du :

Participation des riverains en Alsace-et-Moselle (art. 332-6-1-3°).

Délibération en date du :

Participation en programme d'aménagement d'ensemble (art. L. 332-9).

(Une copie de la délibération approuvant le programme d'aménagement d'ensemble est jointe au certificat)

Participation du constructeur en ZAC (art. L. 332-11).

Annexé au certificat d'urbanisme en date du

(signature)

Voir aussi : C. urb., art. A. 410-1, p. 959, et ses notes.

TITRE II
PERMIS DE CONSTRUIRE

Chapitre I
Régime général

C. urb., art. *R. 421-1 *(D. n° 86-72, 15 janv. 1986 ; D. n° 93-1195, 22 oct. 1993).* **— En vertu du quatrième alinéa de l'article L. 421-1 n'entrent pas dans le champ d'application du permis de construire, notamment, les travaux ou ouvrages suivants :**

1. Lorsqu'ils sont souterrains, les ouvrages ou installations de stockage de gaz ou fluides et les canalisations, lignes ou câbles ;

2. Les ouvrages d'infrastructure des voies de communication ferroviaires, fluviales, routières ou piétonnières, publiques ou privées, ainsi que les ouvrages d'infrastructure portuaire ou aéroportuaire ;

3. Les installations temporaires implantées sur les chantiers et directement nécessaires à la conduite des travaux ainsi que les installations temporaires liées à la commercialisation d'un bâtiment en cours de construction ;

4. Les modèles de construction implantés temporairement dans le cadre de foires-expositions et pendant leur durée ;

5. Le mobilier urbain implanté sur le domaine public ;

6. Les statues, monuments et œuvres d'art, lorsqu'ils ont une hauteur inférieure ou égale à 12 mètres au-dessus du sol et moins de 40 mètres cubes de volume ;

7. Les terrasses dont la hauteur au-dessus du sol n'excède pas 0,60 mètre ;

8. Les poteaux, pylônes, candélabres ou éoliennes d'une hauteur inférieure ou égale à 12 mètres au-dessus du sol, ainsi que les antennes d'émission ou de réception de signaux radioélectriques dont aucune dimension n'excède 4 mètres et, dans le cas où l'antenne comporte un réflecteur, lorsque aucune dimension de ce dernier n'excède un mètre ;

9. Sans préjudice du régime propre aux clôtures, les murs d'une hauteur inférieure à 2 mètres ;

10. Les ouvrages non prévus aux 1 à 9 ci-dessus dont la surface au sol est inférieure à 2 mètres carrés et dont la hauteur ne dépasse pas 1,50 mètre au-dessus du sol.

I. – Principes

2320 **Exemptions de permis de construire et de déclaration préalable.** Les travaux énumérés ci-dessus ne relèvent pas de la procédure du permis de construire prévue aux articles R. 421-1-1 et suivants, ni même de la procédure de déclaration préalable prévue aux articles R. 422-2 et suivants.

Voir aussi : La liste à C. urb., art. R. 422-2, p. 839 ; pour les clôtures, C. urb., art. R. 441-1 et s., p. 862.

2321 **Exemptions non limitatives.** Cette liste de travaux n'est pas limitative, de façon à faciliter son extension éventuelle ou une interprétation par assimilation à certains travaux mentionnés dans ce texte, par voie administrative ou jurisprudentielle (Circ. 25 juill. 1986 et concl. Fratacci sous CE, 4 févr. 1994, *Min. Équip.* c/ *Casta* : *BJDU* 6/1994, p. 37 ; *RFDA* 95, p. 773, concl. Fratacci).

II. – Typologie des ouvrages non soumis à la réglementation du permis de construire

2322 **Ouvrages souterrains.** Concernant les catégories d'ouvrages exclues du champ d'application du permis de construire, la circulaire précitée apporte les précisions suivantes : Il peut s'agir de réservoirs d'essence ou autres liquides, ou de toutes sortes de canalisations (eau, gaz, chauffage urbain, oléoduc...), lignes de câbles (électricité, téléphone, télévision).
Cette catégorie était antérieurement dénommée « travaux de génie civil » dans le *Manuel du permis de construire*, tome I.

2323 **Foire-exposition.** L'exclusion du permis de construire est liée à la foire-exposition tant dans le temps que dans l'espace ; les modèles de pavillons implantés sur le lieu de leur fabrication sont soumis au permis de construire.

2324 **Mobilier urbain.** Le mobilier urbain le plus divers est visé (abri-bus, kiosques, cabines téléphoniques, toilettes, etc.) ; leur installation est toutefois contrôlée par ailleurs au titre de la législation sur la voirie (autorisation d'occupation du domaine public), des pouvoirs de police du maire ou encore des législations de protection (sites, monuments historiques, etc.).

2325 **Œuvres d'art.** Les conditions de hauteur et de volume sont cumulatives.

2326 **Terrasses.** Il s'agit de terrasses non couvertes, posées sur le sol naturel, quelle que soit leur superficie.

Poteaux ou antennes. La forme de l'antenne importe peu ; si une dimension dépasse quatre mètres ou le pylône 12 mètres au-dessus du sol, il y a lieu de considérer que le projet entre dans le champ d'application du permis de construire, mais il relève alors du régime déclaratif, soit dans les conditions fixées au « e » de l'article R. 422-2 du Code de l'urbanisme, soit dans celles définies au « m » du même article. 2327

Les antennes dont l'une des dimensions dépasse quatre mètres dans sa plus grande longueur sont soumises non pas au permis de construire mais font l'objet d'une simple déclaration (Rép. min. : *JOAN* 20 avr. 1987, p. 2252). Les précisions relatives au réflecteur ont été apportées par le décret du 22 octobre 1993. A été relaxé du délit de constitution sans permis l'opérateur qui avait édifié des antennes de 2 m 71 avec des mâts de support de 3 m 80 ; sachant que la dimension des mâts, même s'ils avaient dépassé 4 m, était sans incidence, puisque le code ne vise que les antennes (Paris, 23 oct. 2002 : *Juris-Data* n° 2002-204667).

Téléphone mobile. Pour la prise en compte de l'environnement par les installations radiotéléphoniques, voir circulaire du 31 juillet 1998 (*Mon. TP* 2 oct. 1998). Voir aussi, sur cette question, circulaire du ministre de l'Environnement du 31 juillet 1998 (*Mon. TP* 23 juill. 1999) et Charte nationale portant recommandations environnementales entre l'État et les opérateurs de radiotéléphonie mobile (*Mon. TP* 23 juill. 1999) ; accord des opérateurs avec la ville de Paris du 14 février 2003 ; des chartes similaires existant à Lyon et Marseille, et environ 45 chartes ont ainsi été signées en deux ans. De plus, l'Association des maires de France (AMF) et l'Association française des opérateurs mobiles (AFOM) ont élaboré un guide des bonnes pratiques entre maires et opérateurs. 2328

Voir aussi : Notes sous C. urb., art. R. 422-2, p. 839.

Murs. Quelle que soit la longueur, il s'agit des murs autres que ceux relevant du régime déclaratif applicable aux clôtures (murs de soutènement, murs-coupe-vent, murs-écrans) ; les murs autres que les clôtures dont la hauteur est égale ou dépasse 2 mètres sont soumis à déclaration (art. R. 422-2, *m*). 2329

Quant aux murs de clôture, qu'ils aient ou non plus de 2 mètres de haut, ils sont soumis à déclaration dans les communes où une déclaration de clôture est exigible (art. L. 441-1) et ne sont soumis à aucun contrôle au titre du Code de l'urbanisme dans les communes où la déclaration de clôture n'est pas exigible.

Ouvrages de faibles dimensions. Les conditions de surface et de hauteur sont cumulatives. Une pergola avec ossature en bois, des poutres et des poteaux, dont la hauteur est supérieure à 1,50 m et la surface à 2 m^2, nécessite un permis et non une simple déclaration, et cela même si la structure est ouverte et supporte de la végétation (CAA Nantes, 6 avr. 2004, *M. Carvallo : AJDA* 2004, p. 2415). 2330

III. – Conséquences sur le plan pénal

Loi pénale plus douce. La relaxe s'impose, en cas de poursuites pour défaut de permis de construire antérieures au décret du 15 janvier 1986, par application du principe de rétroactivité des lois pénales plus douces (Cass. crim., 17 juin 1986 : *RD imm.* 1986, p. 516, note Roujou de Boubée). 2331

Voir aussi : Annotations sous C. urb., art. L. 480-1 et s., p. 908.

Section I Présentation de la demande

C. urb., art. **R. 421-1-1 ***(D. n° 77-752, 7 juill. 1977 ; D. n° 83-1261, 30 déc. 1983 ; D. n° 86-72, 15 janv. 1986).*** **— La demande de permis de construire est présentée soit par le propriétaire du terrain ou son mandataire, soit par une personne justifiant d'un titre l'habilitant à construire sur le terrain, soit par une personne ayant qualité pour bénéficier de l'expropriation dudit terrain pour cause d'utilité publique.**

La demande précise l'identité du demandeur, l'identité et la qualité de l'auteur du projet, la situation et la superficie du terrain, l'identité de son propriétaire au cas où

celui-ci n'est pas l'auteur de la demande, la nature des travaux et la destination des constructions et la densité de construction.

Lorsque la construction est subordonnée à une autorisation d'occupation du domaine public, l'autorisation est jointe à la demande de permis de construire.

2332 **Généralités.** Les modèles de demande de permis de construire sont enregistrés au CERFA sous les numéros suivants :
46-0323 : demande de permis de construire une ligne électrique (imprimé PC 155 *bis*) ;
46-0398 : demande de permis de construire une maison individuelle (imprimé PC 157) ;
46-0399 : demande de permis de construire (imprimé PC 158) ;
46-0383 : demande de permis de construire modificatif (imprimé PC 158 *bis*).

Voir aussi : C. urb., art. A. 421-1, p. 959.

I. – Qualité du demandeur : principes

2333 **Déclaration d'utilité publique.** Un permis de construire délivré au bénéficiaire d'une déclaration d'utilité publique est annulé si cette dernière est elle-même annulée (CE, 8 janv. 1982, *Courtet : Rec. CE*, p. 19).

2334 **Expropriation.** L'annulation d'une ordonnance d'expropriation a pour effet de retirer à la personne titulaire d'une promesse de vente faite au bénéficiaire de l'expropriation, sa qualité de demandeur de permis de construire (CE, 5 avr. 1993, *Cne de Fréjus : DA* 1993, n° 310). Une commune n'a pas qualité pour demander un permis de construire sur un terrain qui ne lui appartient pas, alors même qu'elle aurait vocation à l'expropriation (CE, 19 juill. 1991, *Assoc. Yerroise pour la défense de l'environnement et de la nature* c/ *Ville d'Yerres : RD imm.* 1991, 468).

2335 **Mandataire – Principe.** Le juge administratif a annulé un permis de construire qui n'avait pas été délivré au propriétaire ou à son mandataire (CE, 6 déc. 1968, *Sté La Seimaroise : Rec. CE*, p. 631). Le demandeur doit joindre au dossier le mandat du propriétaire du terrain. Un acte authentique n'est pas nécessaire. Le mandat peut être remplacé par la copie de documents tels qu'une levée d'option ou une promesse de vente.

2336 **Mandat antérieur – Reprise de la procédure par le mandat.** Compte tenu du caractère réel du permis de construire, il est possible au propriétaire du terrain de reprendre une procédure d'instruction confiée à un ancien mandataire, sans déposer une demande nouvelle (CE, 24 avr. 1974, *Min. Équip.* c/ *Consorts Fourel : JCP* 1974, II, 17765, note Liet-Veaux).

2337 **État civil – Décès – Mineur.** Une erreur de prénom suffit à écarter la qualité de demandeur (CE, 13 janv. 1995, *Terrolle et Perez : Rec. CE*, T, p. 1088), alors que l'indication de la personne physique représentant une société n'a pas à être mentionnée. Le permis ne peut être délivré à une personne décédée, si la demande n'est pas reprise (TA Versailles, 26 oct. 1993, *Ségal* c/ *Cne de Saint-Germain : D.* 1994, somm. commentés p. 104, note Charles), mais il peut l'être à un mineur (TA Strasbourg, *Haëflinger : BJDU* 3/1994, p. 38, concl. Blais).

2338 **Transfert.** Malgré son caractère réel, le permis de construire fait l'objet d'un transfert, en cas de construction par un nouveau propriétaire, le permis de construire étant délivré nominativement à une personne déterminée (CE, sect., 25 avr. 1981, *SCI les Alyscamps : Rec. CE*, p. 201 ; *JCP* N 1980 G, II, 19455, concl. Thery, obs. Liet-Veaux ; *JCP* N 1980, II, p. 273, note Bouyssou). Mais ce transfert n'a jamais été régi par la loi ; il résulte d'une simple circulaire du 16 mars 1973 (n° 73/58 : *BOME* 1973, 22 *bis*, texte 295). Il n'existe pas de transfert tacite, le silence de l'autorité compétente pendant le délai de 2 mois (L. 12 avr. 2000) équivaut à un refus.

Bibliographie : STEMMER, *Le transfert des permis de construire : JCP* N 1981, Prat. n° 7857.

2339 **Transfert – Accord du bénéficiaire initial.** Une certaine jurisprudence a considéré que le transfert du permis de construire ne nécessite pas l'accord du bénéficiaire du permis d'origine (CAA

Paris, 29 sept. 1995, *Hocquart : BJDU* 5/1995, p. 467, concl. Brin). De même, un tribunal administratif a précisé que cet accord n'était pas requis dès lors qu'à la date du transfert, le titulaire initial n'était plus propriétaire du terrain et ne justifiait plus d'aucun titre habilitant à construire (TA Lyon, 23 juin 1999, *Société CIB Conseil : BJDU* 6/1999, p. 426. – CAA Marseille, 13 mars 2003, *SCI Margia : BJDU* n° 1/2004, p. 74). Cette approche diffère de celle du Conseil d'État qui dans un avis du 3 novembre 1997 (*Préfet des Alpes-Maritimes* c/ *Cne de Roquebrune-Cap-Martin : BJDU* 1/1998, p. 65) a estimé que l'accord du propriétaire initial est nécessaire, car le permis est un élément de la vente du terrain ; si le propriétaire d'origine a engagé des frais, il peut se les faire rembourser par le futur titulaire du permis. La Haute Juridiction, ne statuant certes qu'au stade du référé-suspension, a étendu cette exigence même lorsque le titulaire initial du permis n'était plus propriétaire (CE sect., 26 févr. 2003, *Société les Belles Demeures du Cap Ferrat : JCP* G 2003, n° 10094, note J. Duval et V. Guinot ; *Constr.-urb.* 2003, comm. n° 169, P. Cornille). Cette solution est marquée par la prudence, car à défaut d'accord préalable le titulaire initial – bien qu'ayant ensuite perdu son droit de propriété – pourrait solliciter réparation pour enrichissement sans cause du bénéficiaire du transfert, voire même, l'architecte du projet pourrait revendiquer ses droits d'auteur. Une jurisprudence de principe, au fond, devenait pressante, compte tenu de ces conséquences pratiques soulignées fort justement par le commentateur au *BJDU* de l'arrêt de la Cour administrative d'appel de Marseille du 13 mars 2003. Cette jurisprudence est enfin venue, par un arrêt du 20 octobre 2004, *SCI Logana* (req. n° 257690 : *JCP* G 1er déc. 2004, n° 49, IV, n° 3.379, obs. M.-C. Rouault ; *JCP* A 2004, n° 50, comm. n° 1810, P. Billet ; *BJDU* n° 4/2004, p. 299, concl. Stahl, note S. Pérignon ; *Constr.-urb.* 2004, n° 12, comm. n° 239, P. Benoit-Cattin) : il y est confirmé que l'accord du titulaire initial du permis est requis, même s'il n'est plus propriétaire du terrain à la date dudit transfert.

Transfert et légalité du permis. À l'occasion d'un transfert de permis, il est impossible de remettre en cause sa légalité d'autant qu'il est devenu définitif. Le transfert ne saurait être subordonné à l'obtention d'une autorisation d'exploitation commerciale (C. urb., art. L. 451-5) même si le projet s'insère désormais dans un ensemble commercial soumis à cette législation spéciale (CAA Nantes, 27 mai 1998, *Préfet du Finistère : BJDU* 5/1998, p. 389). 2340

Transfert partiel. Une jurisprudence du Conseil d'État du 24 juillet 1987, *Époux Rayrolle* (*DA* 1987, n° 490 ; *JCP* N 1988, II, note B. Stemmerz ; S. Pérignon : *Defrénois* 1997, art. 36686 et 36465) semble admettre le transfert partiel de permis lorsqu'une partie de la construction est effectuée par une personne autre que le bénéficiaire initial dudit permis. Cette démarche suscite bien des interrogations : de tels transferts ne seraient pas valables s'ils entraînent une division du terrain d'assiette. En effet, l'article R. 421-7-1 qui régit le permis groupé prévoit que le permis qui porte sur la réalisation sur un même terrain de plusieurs bâtiments, et dont ledit terrain doit faire l'objet d'une division en propriété ou en jouissance, ne peut être délivré qu'à un seul maître d'ouvrage. 2341

Voir aussi : Annotation sous C. urb., art. R. 421-7-1, p. 778, notamment quant à la future réforme et les propositions du rapport Pelletier en faveur des opérations complexes et des cas de pluralité de maîtres d'ouvrage.

Transfert et société. Il n'y a pas transfert si une société qui change de statut et de propriétaire reste la même personne morale et conserve son objet social (CE, 11 juin 1999, *Assoc. Urbanisme et environnement : BJDU* 6/1999, p. 282). 2342

Transfert et fiscalité. À défaut de transfert du permis au nom des constructeurs effectifs, les taxes et redevances attachées à sa délivrance restent dues par son titulaire, même si les travaux n'ont pas été réalisés par lui. En revanche, en cas de transfert, le bénéficiaire de celui-ci devient le redevable, sachant que le titulaire initial demeure tenu solidairement du paiement. Toutefois, comme l'appellent de leurs vœux certains commentateurs, il serait particulièrement opportun que la loi ou le règlement clarifie le transfert de permis et sa portée – dont l'utilité pratique est indéniable –, mais qui ne peut continuer à être perçue comme une pratique administrative incertaine issue d'une simple circulaire remontant à 1973 (CE, 5 avr. 2004, *M. Ascher : BJDU* n° 2/2004, p. 122, concl. L. Vallée, note J.-C. Bonichot ; *JCP* A 2004, n° 20, p. 685 ; *Constr.-urb.* 2004, n° 6, comm. n° 130, P. Benoit-Cattin ; *Revue fiscale notariale* 2004, n° 9, p. 16, note P. Billet). 2343

Un autre arrêt du 15 juillet 2004, *Min. équipement, des transports et du logement* c/ *SNC Norminter* (*BJDU* 6/2004, p. 454, concl. G. Bachelier, note J.-C. Bonichot) a précisé que si dans le principe le bénéficiaire du permis transféré devient redevable des taxes y afférent, en l'espèce la TLE ; en revanche, conformément aux termes de l'article 1585 D du CGI, l'exonération de la TLE pour reconstruction d'un bâtiment sinistré ne s'applique qu'au propriétaire sinistré ou à ses ayants droit à titre gratuit ; le bénéficiaire du transfert de permis en est donc exclu s'il ne remplit pas l'une de ces qualités et doit alors s'acquitter de la taxe.

Ces principes régissant la fiscalité du permis transféré vaut pour toutes les taxes et participations d'urbanisme, y compris le plafond légal de densité et la participation due au titre de son dépassement (CE, 10 déc. 2004, *SC* c/ *Résidence du Hameau*, req. n° 209009 : *Juris-Data* n° 2004-067747).

2344 **Bail emphytéotique – Bail à construction.** Le bénéficiaire d'un bail emphytéotique peut valablement demander le permis de construire. Même si le bail n'est conclu qu'après cette demande (CE, 26 févr. 1988, *Assoc. pour la sauvegarde du parc de Saint-Leu : DA* 1988, n° 235). Toutefois, pour constituer un titre habilitant à construire, le bail emphytéotique ne doit pas priver le preneur du droit de construire sur la parcelle considérée en réservant la jouissance de celle-ci au bailleur (CE, 31 déc. 2002, req. n° 232584, *SCI HLM de Lille : Juris-Data* n° 2002-064786). Cette jurisprudence vaut également pour le bail à construction.

En effet, le contrat doit présenter les caractéristiques d'un bail emphytéotique et, de surcroît, conférer au preneur le droit de construire, ce qui n'est pas systématiquement le cas de toutes les emphytéoses. Cela prend d'autant plus d'acuité lorsque le bail est conclu à fins de régularisation : dans une affaire, l'illégalité d'un permis liée à une emprise excessive avait été régularisée par l'adjonction du terrain nécessaire sous couvert de la passation d'un bail emphytéotique. Cette régularisation a cependant été considérée comme irrégulière par le Conseil d'État, car elle avait pour but d'échapper à la règle d'urbanisme applicable quant au coefficient d'emprise au sol. Le juge de cassation ne contrôle pas si la régularisation permettait de tourner la réglementation – les juges du fond sont souverains dans cette appréciation – mais vérifie que ces mêmes juges ont bien recherché l'objet de la règle d'urbanisme pour en déduire que l'opération d'ajout de parcelle par bail avait pour finalité de s'en affranchir (CE, 30 déc. 2002, *SCI d'HLM de Lille et environs : BJDU* n° 3/2003, p. 192, concl. S. Austry, note J.-C. Bonichot).

2345 **Promesse de vente.** La qualité de bénéficiaire d'une promesse de vente suffit pour demander valablement le permis de construire (CE, 9 févr. 1979, *Comité de défense, d'action et de sauvegarde de Fontainebleau : DA* 1979, n° 89. – CE, 30 janv. 1987, req. n° 64398, *Madame Suzanne Meunier et autres*. – CE, 9 déc. 1994, *SARL SERI : Rec. CE*, T, p. 1261), sauf si la promesse n'est pas valable, en raison de la violation de l'article 1840 A du Code général des impôts (V. *a contrario*, CE, 5 déc. 1984, *Assoc. Comité de quartier Fleury-d'Arthelon : Rec. CE*, p. 407). Constitue un titre suffisant la promesse de vente faite par une commune, même si la promesse de vente dont cette dernière bénéficie est contestée (CE, 28 juill. 1995, *Sté Logi Est : Rec. CE*, T, p. 1088 ; *DA* 1995, 550) ; alors que le simple projet de vente de terrain par l'État à la commune ne constitue pas un titre suffisant (CE, 20 oct. 1995, req. n° 11.0993, *Besse, SCI Aubanel*).

Une promesse de vente conclue par acte sous seing privé mais non enregistrée, constitue un titre pour déposer une demande de permis ; dès lors que son existence n'est pas contestée, l'absence prétendue de non-production devant l'Administration ne saurait entacher le permis d'illégalité (CE, 16 juin 2003, *M. Cristiani : BJDU* n° 4/2003, p. 307). La prorogation de promesses de vente est possible dès lors qu'elle coïncide avec la date de délivrance du permis (CAA Paris, 10 mars 2003, *M. et Mme Meurdra : BJDU* n° 1/2004, p. 75).

2346 **Droit du promettant.** Le pétitionnaire ne peut obtenir un permis de construire, dès lors qu'il a consenti pour le terrain en cause une promesse de vente en cours de validité (CAA Lyon, 24 févr. 1994, *Époux Robbée : Defrénois* 1995, p. 123, obs. Pérignon).

2347 **Mandataire du titulaire de la promesse.** Rien ne s'oppose à ce que le mandataire du titulaire d'une promesse de vente dépose une demande de permis de construire au nom et pour le compte de ce dernier (Rép. min. : *JOAN* 21 mai 1990, p. 2438).

2348 **Fraude – Promesse d'achat unilatérale.** A été considéré comme obtenu par fraude le permis de construire demandé par celui qui a seulement souscrit une promesse d'achat de caractère unilatéral, celui-ci ne disposant pas d'un titre l'habilitant à construire (CE, 10 août 1990, *Alarçon : JCP* N 1991, II, p. 181).

Ventes d'immeubles à construire. Le propriétaire qui a vendu sur plans certains appartements doit obtenir l'accord de ses acquéreurs pour solliciter un permis de construire (CE, 8 juill. 1998, *Simon*, préfiguré par CAA Lyon, 24 févr. 1994, *Robbe : DA* 1994, 300, revenant sur CE, 25 mai 1988, *Cagi-Nicolau : DA* 1988, 352). 2349

Cession communale. Le pétitionnaire dispose d'un titre l'habilitant à construire dès lors que le conseil municipal a pris la délibération autorisant la cession du terrain communal à la date du dépôt de la demande de permis, nonobstant la circonstance que l'acte de cession ne fût intervenu qu'à la date de *délivrance dudit permis* (CE, 29 déc. 2000, *Grêle : Juris-Data* n° 2000-180824 ; *RFD aérien et spatial* 2001, n° 4, p. 467). En revanche, un permis de construire est annulé dans la mesure où certaines parcelles appartenaient à la commune qui n'avait pas donné mandat au pétitionnaire ; la circonstance que le maire de la commune ait émis un avis favorable ne suffit pas à conférer au pétitionnaire la qualité de mandataire (CE, 14 déc. 1981, *SARL European Homes : Rec. CE*, p. 467). 2350

Régularisation. La régularisation de la demande, postérieure à la délivrance du permis de construire, ne peut valider ce dernier (CE, 23 oct. 1981, *Carboni : DA* 1981, n° 363), alors que la régularisation est admise si elle intervient avant la délivrance du permis (CE, sect., 7 mars 1969, *Ville de Lille : Rec. CE*, p. 149). La régularisation est illégale si l'emprise foncière n'a été constituée que pour mettre en conformité la construction réalisée (CAA Douai, 15 févr. 2001, *SCI HLM de Lille : Defrénois* 2002, n° 37528, S. Pérignon). 2351

Permis modificatif. Le demandeur d'un permis modificatif doit justifier d'un titre l'habilitant à construire, cela même s'il l'avait dûment fait lors de la demande du permis initial : en l'espèce, la promesse était en effet caduque sur la partie de la parcelle, objet de modification (CE, 8 mars 2002, *M. Bréault : BJDU* 2/2002, p. 115, concl. S. Austry ; *Constr.-urb.* 2002, n° 5, comm. n° 129 ; P. Benoît-Cattin). 2352

Retrait du permis. L'habilitation prévue au présent article vaut pour un nouveau permis de construire, en cas de retrait du permis de construire précédent (CE, 6 janv. 1997, *Assoc. les Amis de Saint-Palais-sur-Mer : Rec. CE*, p. 4 ; *DA* 1997, 81). 2353

Voir aussi : Sur le permis de construire et le lotissement, C. urb., art. R. 315-39, p. 671.

II. – Notion de propriétaire apparent et principe de non-immixtion de l'Administration dans des litiges de droit privé

Principe. L'autorité administrative peut se borner à vérifier le propriétaire « apparent » (CE, 17 oct. 1973, *Min. Équip.* c/ *Sieur Souillac : Rec. CE*, p. 575), en particulier lorsque le maire n'est pas avisé d'une contestation de propriété (CE, 3 janv. 1993, *Mijon*), ou de l'existence d'une copropriété (CE, 18 mai 1998, *Erding : BJDU* 4/1998, p. 277, concl. Chauvaux) ; elle ne peut s'immiscer dans un litige privé entre le demandeur du permis et une personne contestant le droit de propriété de celui-ci (CE, 27 juin 1973, req. n° 83.710, *Min. Équip.* c/ *Schwetzoff*). De même, le juge administratif se refuse à vérifier si la construction projetée correspond à l'objet social de la personne morale demanderesse (CE, 22 mars 1978, *Assoc. de sauvegarde de la Charente : DA* 1978, n° 128). Cette non-immixtion vaut d'autant plus lorsque la contestation de droit privé est étrangère aux questions de titres de propriété : une société titulaire d'un compromis de vente est considérée comme propriétaire, le litige sur la vente d'un fonds de commerce et le paiement de loyer commerciaux étant sans incidence (CE, 30 mars 2001, *Cne de Châtillon-sur-Chalaronne : BJDU* 3/2001, p. 183 ; *Constr.-urb.* 2001, n° 7-8, comm. n° 160, P. Cornille). 2354

Degré d'information de l'autorité compétente – Contestation sérieuse. Sauf si l'Administration a connaissance d'éléments qui établissent, de manière évidente, que le pétitionnaire n'a pas 2355 de titre suffisant, elle n'a pas à trancher un litige de droit privé ou refuser d'examiner la demande (CE, 20 juin 1997, *Ville de Paris c/ Association des riverains du maquis de Montmartre : BJDU* 5/1997, p. 377).

Un arrêt du Conseil d'État du 18 mai 1998, *M. Erding* (*BJDU* 4/1998, p. 277), fait une application très poussée de ces principes. Lorsque le maire est informé d'une contestation relative au titre de propriété, il doit examiner les pièces produites et faire application de la théorie du propriétaire apparent. Deux situations sont alors possibles : soit le titre est produit et même s'il est contesté, le permis peut être délivré légalement ; soit aucun titre n'est produit et la partie qui conteste présente des éléments de contestation devant le juge administratif, le permis n'aurait pas dû être alors octroyé et est illégal.

En revanche, lorsque le maire n'est pas informé d'une contestation, il fait une application pure et simple de la théorie de l'apparence de propriété, le juge administratif se réserve la faculté de recourir à la théorie de la fraude, le pétitionnaire ayant induit en erreur l'Administration, et annulera le permis.

En cassation, le Conseil d'État vérifie si les juges du fond ont suivi ce raisonnement, tel n'était pas le cas en l'espèce où la cour administrative d'appel ne s'était pas interrogée sur l'ignorance de la contestation par le maire.

Pour un autre exemple de contestation sérieuse : une commune est informée en cours d'instruction de la demande de permis que le terrain en propriété indivise fait l'objet d'un leg dont le bénéficiaire n'est pas partie prenante au projet de construction ; le pétitionnaire ne doit être regardé comme le mandataire de l'indivision. Le maire devait donc constater l'absence de titre sans pour autant s'immiscer dans un litige privé (CAA Nancy, 11 mai 2000, *Mme Servant : BJDU* 2/2000, p. 141).

Dans un arrêt du 8 décembre 2000, *Société Bellatrix* (*BJDU* 1/2001, p. 28, concl. D. Chauvaux), le Conseil d'État a, à nouveau, affirmé que le maire doit admettre l'apparence de propriété, à moins que la nullité du titre apparaisse « clairement » des éléments qui lui sont soumis. L'existence d'une contestation devant le juge judiciaire ne suffit pas, de surcroît, si son issue est incertaine compte tenu de la complexité de l'affaire : en l'espèce, la partie commune d'une copropriété, objet de la cession, conditionnait-elle la destination de l'immeuble ?

Voir aussi : Pour le contrôle du juge de cassation sur la qualification juridique des faits relatifs à la qualité du demandeur, CE, 5 mai 1999, *Ville de Bayonne : BJDU* 3/1999, p. 221.

2356 **Inflexions de la jurisprudence.** Toutefois, à remarquer une tendance chez le juge administratif à s'immiscer dans les questions de droit privé en allant très avant dans le raisonnement de droit privé.

A été annulé un permis accordé sur le fondement d'une ancienne promesse de vente en raison de la protestation du véritable propriétaire (CE, 1er févr. 1980, *Min. Envir. c/ Guelle : DA* 1980, n° 81) ou celui accordé alors que le copropriétaire indivis avait usé de manœuvres tendant à induire l'Administration en erreur (CE, 27 avr. 1984, *Antoine Marchetti : DA* 1984, n° 214).

De même, si le propriétaire a habilité son locataire à demander le permis de construire à condition d'obtenir l'accord des voisins, le juge tient la main au respect de cette condition (CE, 10 févr. 1995, *Cne de Watten : Rec. CE*, T, p. 1088 ; *BJDU* 1/1995, p. 71, concl. Savoie ; *DA* 1995, 314).

De même le propriétaire ne peut se prévaloir de la propriété d'une parcelle (nécessaire au respect de la règle de surface minimale du terrain d'assiette) s'il a consenti une promesse de vente (CAA Lyon, 24 févr. 1994, *Époux Robbée : Gaz. Pal.* 26 mai 1995 ; *RFDA* 1995, p. 443 ; *DA* 1994, 300).

En revanche, l'Administration peut à bon droit instruire un dossier de demande de permis de construire déposé par le propriétaire indivis d'une parcelle dès lors qu'aucune contestation n'avait été émise par les autres coïndivisaires (CE, 10 févr. 1992, *Brion : RD imm.* 1992, 198 ; *DA* 1992, n° 170 ; *Contra* CAA Lyon, 2 mai 1995, *Cne de Passy : DA* 1995, 549 ; *BJDU* 4/1995, p. 307, concl. Gailleton).

Toujours, en matière d'indivision, le Conseil d'État a considéré que le maire avait fait une application exacte de la théorie du propriétaire apparent dans une affaire où une SCI était titulaire d'une promesse de vente d'une parcelle et de la moitié indivise de deux autres, l'ensemble constituant le terrain d'assiette de la construction projetée, sachant que l'autre propriétaire indivis n'avait à aucun moment contesté la propriété des deux parcelles en cause. De surcroît, l'indivision forcée et perpétuelle implique que les parcelles concernées sont indissociables de la parcelle en pleine propriété dont elles sont l'accessoire (CE, 8 mars 2002, *SCI Telemark : BJDU* 2/2002, p. 121, concl. S. Austry).

III. – Cas des immeubles en copropriété

« Contrôle » de l'autorité compétente et du juge administratif. De même, concernant les règles et stipulations de droit privé de la copropriété : d'abord écartées par l'autorité administrative se refusant de tenir compte de l'existence d'un litige sur la légalité de l'autorisation donnée par une copropriété au demandeur (CE, 29 juill. 1983, *Sté « 5, rue Montaigne » : Gaz. Pal.* 1984, 2, somm. 308), elles sont prises en considération par lui (CE, 22 mars 1985, *Raymond Talbot : Rec. CE*, T, p. 813 ; *DA* 1985, n° 225 ; *JCP* N 1985, II, p. 195, note Stemmer. – CE, 6 juin 1986, *Syndicat des copropriétaires de l'immeuble du 80, rue Cardinet : DA* 1986, n° 390 ; *JCP* N 1987, Prat, 34, note Stemmer) ; dès lors que l'autorité administrative a été informée de ce que le projet du demandeur n'avait pas reçu l'accord de la copropriété, elle aurait dû refuser le permis de construire (CE, 13 nov. 1987, *Clément : Rec. CE*, T, p. 1011). Lorsque le maire a eu connaissance de la nécessité d'un accord des copropriétaires non sollicité, il peut légalement retirer un permis de construire tacitement accordé (CE, 6 avr. 1992, *SARL Espace 9 : DA* 1992, n° 270 ; *DA* 1992, n° 270), et doit refuser d'accorder l'autorisation de construire (CAA Lyon, 8 avr. 1997, *SCI Aurélia : Gaz. Pal.* 29 nov. 1998). 2357

La modification de la devanture d'un magasin doit être autorisée par l'assemblée générale de la copropriété, s'agissant de parties communes (CE, 10 juill. 1987, *Époux Guillaume : Rec. CE*, p. 267 ; *AJDA* 1988, p. 166, note Prétot ; *Petites affiches*, 25 nov. 1987, note Moderne ; *JCP* N 1987, II, p. 269, note Stemmer. – CE, 22 janv. 1993, *Mme Sauvat : Rec. CE*, T, p. 1105 ; *DA* 1993, 138. – CE, 28 juill. 1993, *SCI Atrium golfe de Saint-Tropez : Rec. CE*, T, p. 1104). L'implantation d'un parking dans une cour commune suppose l'accord des copropriétaires de ladite cour (CE, 22 janv. 1988, req. nos 64069 et 64466, *Min. Urb. et SA HLM d'Amboise*,), au contraire, si le règlement de copropriété prévoit la constructibilité d'un lot déterminé, le copropriétaire de ce lot est habilité à demander le permis de construire, alors même que la constructibilité doit s'apprécier sur l'ensemble du terrain appartenant indivisément à la copropriété (CE, 24 juill. 1987, *SCI du 46, quai de Jemmapes : Rec. CE*, T, 1011 ; *JCP* N 1987, II, p. 269, note Vandermeeren). L'autorisation de la copropriété est également nécessaire pour des travaux d'affouillement du sol (CE, 26 sept. 1994, *Steiger : BJDU* 1/1995, p. 50, concl. Fratacci).

Ainsi et dès que l'Administration est informée que la demande de permis porte sur un immeuble en copropriété, il lui appartient d'exiger la production des autorisations requises par la loi, complétée par les stipulations du règlement de copropriété, qui subordonne le droit de construire de chaque copropriétaire (CAA Paris, 8 avr. 2004, *Cne de Bures-sur-Yvette : JCP* A 2004, n° 43, p. 1347, note P. Billet) ; d'où la nécessaire vigilance des services instructeurs.

Voir aussi : TA Paris, 29 juin 1987, et 6 juill. 1987 : *JCP* N 1987, II, p. 293, note Vandermeeren ; concl. Loloum sous CE, 27 mars 1995, *SCI Harmonie 85 : BJDU* 2/1995, p. 150 ; *Rec. CE*, T, p. 1089 ; *DA* 1995, 405. – TA Montpellier, 9 janv. 2004 : *JCP* A 2004, n° 14, comm. n° 1245, P. Ibanez.

Copropriété horizontale. L'autorisation est nécessaire dans une copropriété horizontale, après la vente de deux maisons, alors même que le règlement de copropriété stipulait que le régime de la copropriété n'entrerait en vigueur qu'après la déclaration d'achèvement des travaux, non intervenue à la date du permis attaqué (CE, 4 juill. 1994, *SCI les Palmiers : Rec. CE*, T, p. 341 ; *DA* 1994, 565. – CE, 23 juin 1995, *Syndicat des copropriétaires de l'immeuble 76, rue Vieille-du-Temple à Paris : DA* 1995, n° 544). 2358

À rapprocher : en matière de vente en l'état futur d'achèvement, la copropriété naît dès la première vente et le vendeur ne peut plus alors déposer de demande de permis modificatif portant atteinte aux droits des copropriétaires sans l'accord de leur assemblée générale (CE, 5 mai 1999, *Alaoui* ; *BJDU* 3/1999, p. 187).

Autorisation antérieure à la délivrance du permis. Lorsqu'elle est requise, l'autorisation de la copropriété doit être antérieure à la délivrance du permis de construire (CAA Paris, 24 sept. 1993, *Mme Beaux : Gaz. Pal.* 27 nov. 1994). 2359

2360 **Application du règlement de copropriété.** Le juge administratif applique les clauses du règlement de la copropriété dès lors qu'elles sont énoncées clairement, et annule le permis de construire délivré en violation de celles-ci (CE, 20 janv. 1989, *Cne de Gennevilliers : Rec. CE,* T, p. 997), mais il n'a pas à apprécier la validité de l'assemblée générale de copropriété, sauf si son irrégularité est manifeste (CAA Paris, 16 oct. 1997, *Sienczewska : Gaz. Pal.* 13 mars 1999).

2361 **Ordre public.** L'autorisation de l'assemblée générale ne peut être suppléée, lorsqu'elle est requise, car l'article 43 de la loi du 10 juillet 1965 sur la copropriété est d'ordre public (CE, 23 juin 1995, *Synd. des copropriétaires de l'immeuble 76, rue Vieille-du-Temple : Rec. CE,* T, p. 1093 ; *DA* 1995, n° 544). Dans le même ordre d'idées, lorsque le pétitionnaire est le syndic, la présence dans le dossier de demande d'une attestation délivrée par ce même syndic, ès qualités, faisant état de l'accord unanime des copropriétaires en assemblée générale, ne vaut pas autorisation en bonne et due forme selon les règles et procédures prescrites par la réglementation de la copropriété (TA Versailles, 7 nov. 2000, *Triboti : Ann. loyers* 2002, n° 6, p. 1102, note P. Boulisset).

Bibliographie : Sur cette évolution jurisprudentielle, et la tendance du juge administratif à vérifier des situations de droit privé, l'opinion favorable de H. PÉRINET-MARQUET, *La qualité requise pour demander le permis de construire ou le nécessaire retour à l'unité du droit : JCP* N 1985, I, p. 293 ; en sens contraire, voir l'opinion de F. BOUYSSOU, *Voies privées et permis de construire : RD adm.* 1985, n° 6, p. 901. Sur la copropriété plus spécifiquement : G. LIET-VEAUX, *Le permis de construire et le statut de la copropriété des immeubles : AJDA* 1988, p. 371.

IV. – Autorisation d'occupation du domaine public

2362 **Nature de l'autorisation.** Le Conseil d'État a jugé illégale une construction sur le domaine public maritime, comme contraire à sa destination même (CE, ass., 12 mai 1976, *Époux Leduc : Rec. CE,* p. 252, concl. Genevois : *RDP* 1977, p. 211, note de Soto) ; mais il semble être revenu à une attitude moins stricte (CE, sect., 5 oct. 1979, *Min. Équip. c/ SA Jeanne d'Arc : AJDA* 1980, 112 ; V. aussi TA Nantes, 30 nov. 1978 : *Rec. CE,* p. 626), correspondant à un avis du Conseil d'État selon lequel une autorisation domaniale unilatérale peut constituer un titre suffisant pour la délivrance d'un permis de construire (Avis CE, 16 oct. 1980 : *Études et Documents* 1981, p. 207). En tout état de cause, la, jurisprudence applique ce principe au cas d'autorisation d'occupation temporaire accordée pour 18 ans pour une centrale nucléaire (CE, 2 mars 1983, *Groupement agricole foncier « Le rocher de Métri » : Rec. CE,* p. 90), et pour la construction du pavillon d'exploitation d'une plage, en vertu d'un sous-traité d'exploitation (CE, 15 juin 1983, *Assoc. Ouest-Varoise pour la protection de l'environnement : Rec. CE,* T, p. 908). Toutefois, le sous-concessionnaire n'est habilité à déposer une demande de permis que si son concessionnaire est dûment titulaire de la concession correspondante au terrain où à la partie de terrain concernée (CAA Marseille, 20 déc. 2001, req. n° 98-MA00763, *SARL L'Îlot : Juris-Data* n° 2001-168139). De même, le sous-traité d'exploitation d'une plage doit correspondre à l'emplacement du restaurant, faute de quoi, le permis est illégal (CAA Lyon, 5 févr. 2002, *Sté Mac Donald's France SA : Juris-Data* n° 2002-196508).

Ainsi, le juge administratif apprécie la validité du titre habilitant à construire en retenant, d'une part, la durée de la mise à disposition du domaine public et, d'autre part, le respect des procédures particulières prévues par la convention (CE, 5 déc. 1984, *Régie nationale des usines Renault : Rec. CE,* p. 396). En outre, est jugé illégal le permis de construire délivré au vu d'une autorisation d'occuper le domaine public accordée par une autorité incompétente (CAA Paris, 23 juin 1998, *SARL Sermobil Distribution : BJDU* 5-1998, p. 388).

L'autorisation du directeur du port autonome est un titre suffisant pour un ouvrage aisément démontable (ouvrage métallique pour chargement de ciment dans un hangar) qui n'est pas constitutive d'une concession d'outillage (CE, 8 janv. 1997, *Assoc. pour la défense des habitants des Essarts : Rec. CE,* p. 1127 et 1130).

Une autorisation d'occupation du domaine public pour une dalle supérieure d'un parking est nécessaire (CE, 4 nov. 1994, *Sté Hélianthal : BJDU* 6/1994, p. 54, concl. Maugüe), de même que pour araser un talus dépendant du domaine maritime (CE, 22 nov. 1995, *SCI du 6, rue la Linière et Cne de Noirmoutier-en-l'Île*).

Autorisation préalable. Selon les termes du présent article R. 421-1-1, dernier alinéa, l'autorisation d'occupation du domaine public doit être jointe au dossier de demande de permis. Toutefois, la jurisprudence tolère que cette autorisation intervienne formellement avant la délivrance du permis (CE, 8 avr. 1994, *SA Centaure-Normandie : BJDU* 3/1994, p. 49, concl. Lasvignes). 2363
Il s'agit d'éviter un formalisme trop pointilleux, mais il faut bien évidemment que lors du dépôt de la demande de permis, le pétitionnaire justifie du dépôt de sa demande d'autorisation domaniale auprès des services compétents.

Légalité des procédures domaniales. Saisi d'un recours contre un permis de construire, le juge administratif n'apprécie pas par voie d'exception la légalité du déclassement du domaine public du terrain à construire, ni celle d'une autorisation de défrichement nécessaire à la construction (CE, 6 janv. 1997, *Assoc. les amis de Saint-Palais-sur-Mer : Rec. CE,* p. 4 ; *BJDU* 6/1996, p. 443, concl. Gaereminck), mais il apprécie la légalité d'un classement de voirie destiné à respecter une règle de prospect (CE, 11 juin 1997, *Weiss : Rec. CE,* p. 226). 2364
Dans le cadre de l'exception d'illégalité et à l'appui d'un recours en annulation contre un permis de construire, ne saurait être soulevée l'illégalité d'une délibération de déclassement de parcelles du domaine public, assises du bâtiment objet dudit permis. En revanche, le juge de l'excès de pouvoir doit tirer les conséquences de l'annulation définitive d'une telle délibération, sauf à commettre une erreur de droit, en considérant que le bénéficiaire du permis n'était pas titulaire d'un titre habilitant à construire à la date de sa délivrance (CE, 23 avr. 2003, *Association Vivre à Endoume. Défense et environnement. Comité d'intérêts du quartier Vallon-des-Auffes-Corniche : BJDU* n° 1/2004, p. 75 ; *JCP* A 2003, n° 41, comm. n° 1901, P. Billet).

Voir aussi : Note L. Bordereaux, sous Tribunal des conflits, 17 mai 2001 : *DMF* 2001, n° 620, p. 945.

C. urb., art. *R. 421-1-2 ***(D. n° 77-752, 7 juill. 1977 ; D. n° 79-898, 15 oct. 1979 ; D. n° 86-72, 15 janv. 1986).*** **— Conformément à l'article 1er du décret n° 77-190 du 3 mars 1977 modifié, ne sont pas tenues de recourir à un architecte pour établir le projet architectural à joindre à la demande d'autorisation de construire les personnes physiques qui déclarent vouloir édifier ou modifier pour elles-mêmes :**

a) **Une construction à usage autre qu'agricole dont la surface de plancher hors œuvre nette n'excède pas 170 mètres carrés ;**

b) **Une construction à usage agricole dont la surface de plancher hors œuvre brute n'excède pas 800 mètres carrés ;**

c) **Des serres de production dont le pied-droit a une hauteur inférieure à 4 mètres et dont la surface de plancher hors œuvre brute n'excède pas 2 000 mètres carrés.**

I. – Généralités

Voir aussi : Annotations sous C. urb., art. L. 421-2, p. 335.

Collectivités locales. Le recours obligatoire à l'architecte s'impose aux collectivités locales (Rép. min. : *JO* Sénat 8 févr. 1979, p. 241). 2365

Personnes morales. Ne peut bénéficier d'une dispense d'architecte réservée aux seules personnes physiques une EARL, personne morale, le fait qu'elle soit composée de membres d'une même famille est sans incidence (TA Châlons-en-Champagne, 7 mars 2000, *M. Gatinois : BJDU* 3/2000, p. 206). Il en est de même pour des artisans ayant opté pour le statut de société unipersonnelle (Rép. min. Richert, 5 juin 2003 : *JO* Sénat, p. 1811). 2366

Déclaration préalable. Toutefois, il y a lieu de distinguer selon que les travaux relèvent de la procédure du permis de construire ou de celle de la déclaration préalable ; dans ce dernier cas, le recours à un architecte n'est pas obligatoire (Rép. min. : *JOAN* 12 févr. 1990, p. 669). 2367

ABF. L'architecte des Bâtiments de France ne peut faire des travaux de maîtrise d'œuvre que s'il est inscrit à l'Ordre des architectes (Avis du Conseil d'État, 19 mai 1981 : *Études et Documents* n° 33, p. 109) ; les architectes des Bâtiments de France ne peuvent faire des travaux pour le compte 2368 d'entreprises qu'ils ont vocation à contrôler (Avis CE6 oct. 1981 : *Études et Documents* n° 33, p. 113).

II. – Applications jurisprudentielles

2369 **Fonctionnaire communal.** L'architecte salarié d'une commune peut assumer la mission de maître d'œuvre pour le compte d'une autre commune dans le cadre d'une convention liant les deux collectivités (CE, 28 sept. 1984, *Conseil régional de l'ordre des architectes du Limousin : Rec. CE*, p. 311 ; *DA* 1984, n° 463).

2370 **Calcul des surfaces.** Les surfaces déclenchant le recours obligatoire à l'architecte s'apprécient distinctement, en cas de création d'un atelier séparé d'une maison, les deux constructions étant situées sur un même terrain (CE, 6 déc. 1985, req. n° 49846, *Mme Novella*).

2371 **Construction agricole.** Si le pétitionnaire veut se dispenser du concours d'un architecte en vertu du « b » de l'article R. 421-1-2, il doit mentionner dans la demande de permis de construire le désir de modifier une construction à usage agricole. Faute de quoi, la demande ne peut être légalement instruite (CE, 1er mars 1989, *Dhaussy, Mme Poncelet : Rec. CE*, T, p. 997 ; *DA* 1989, n° 223) ; faute de précision dans la demande, et alors même que le bâtiment en cause était susceptible d'utilisation à usage agricole, le permis de construire est annulé.

2372 **Agrandissement.** En cas d'agrandissement, le recours à l'architecte n'est pas obligatoire si l'immeuble existant a une superficie inférieure à 170 m^2, et si l'extension est également inférieure à 170 m^2, alors même que la surface additionnée de l'immeuble existant et de l'extension dépasse 170 m^2 (Rép. min. : *JOAN* 12 juill. 1982, p. 2951).

En revanche, si la construction préexistante dépasse déjà 170 m^2, tout projet d'extension nécessite le recours à l'architecte, selon une réponse ministérielle qui remet en cause la solution du 12 juillet 1982 (Rép. min. : *JOAN* 28 nov. 1994, p. 5901).

Le Conseil d'État a, quant à lui, considéré que lorsque le seuil de 170 m^2 n'est pas atteint et que l'extension n'aura pas pour effet de dépasser ce seuil, le recours à l'architecte n'est pas obligatoire (CE, 19 janv. 1994, req. n° 118334, *Cne de Lormont : Juris-Data* n° 1994-040789). Une interprétation de la Cour administrative d'appel de Nancy est intéressante : elle a jugé que l'obligation de recourir à un architecte n'est pas due, lorsque la démolition d'une partie d'un bâtiment ramenait sa surface en deçà du seuil légal ; pour ce faire, elle n'a pas tenu compte de la situation décrite dans la demande de permis au jour de son dépôt mais, par anticipation, de celle qui existera au moment de la réalisation des travaux accompagnés de la démolition d'une partie du bâtiment, en la transposant au jour de la délivrance, étant précisé que cette démolition conditionnait la légalité des travaux (CAA Nancy, 4 mars 2004, *Lahaye : JCP* A 2004, n° 30, comm. n° 1503, P. Billet).

Face à de telles contradictions et interprétations audacieuses, la prudence est de retenir la solution la plus restrictive : dès que la construction sans extension et, *a fortiori*, avec extension dépasse 170 m^2, il faut solliciter un permis avec recours à un architecte.

2373 **Location.** Au sens du présent article, est considéré comme construisant pour lui-même celui qui construit en vue de la location (CAA Bordeaux, 17 mai 1994, *Cne de Brignoux : JCP* 1994, II, 22 315, note Debouy).

C. urb., art. **R. 421-2 ***(D. n° 77-1141, 12 oct. 1977 ; D. n° 94-408, 18 mai 1994).*** **— A. – Le dossier joint à la demande de permis de construire comporte :**

1° Le plan de situation du terrain ;

2° Le plan de masse des constructions à édifier ou à modifier coté dans les trois dimensions, des travaux extérieurs à celles-ci et des plantations maintenues, supprimées ou créées ;

3° Les plans des façades ;

4° Une ou des vues en coupe précisant l'implantation de la construction par rapport au terrain naturel à la date du dépôt de la demande de permis de construire et indiquant le traitement des espaces extérieurs ;

5° Deux documents photographiques au moins permettant de situer le terrain respectivement dans le paysage proche et lointain et d'apprécier la place qu'il y occupe. Les points et les angles des prises de vue seront reportés sur le plan de situation et le plan de masse ;

6° Un document graphique au moins permettant d'apprécier l'insertion du projet de construction dans l'environnement, son impact visuel ainsi que le traitement des accès et des abords. Lorsque le projet comporte la plantation d'arbres de haute tige, les documents graphiques devront faire apparaître la situation à l'achèvement des travaux et la situation à long terme ;

7° Une notice permettant d'apprécier l'impact visuel du projet. À cet effet, elle décrit le paysage et l'environnement existants et expose et justifie les dispositions prévues pour assurer l'insertion dans ce paysage de la construction, de ses accès et de ses abords ;

8° L'étude d'impact, lorsqu'elle est exigée ;

9° *(9° créé, D. n° n° 2004-310, 29 mars 2004, art. 3)* Lorsque la demande concerne, dans un espace remarquable ou dans un milieu du littoral à préserver au sens de l'article L. 146-6, un projet de construction visé au *d* de l'article R. 146-2, une notice précisant l'activité économique qui doit être exercée dans le bâtiment et justifiant, s'il y a lieu, que cette activité répond aux critères définis par cet article.

B. – Les pièces 6 et 7 ne sont pas exigibles pour les demandes de permis de construire répondant à la fois aux trois conditions suivantes :

***a)* Être situées dans une zone urbaine d'un *(Mots rempl., D. n° 2001-260, 27 mars 2001, art. 3)* « plan local d'urbanisme » rendu public ou approuvé ou, en l'absence de document d'urbanisme opposable, dans la partie actuellement urbanisée de la commune ;**

***b)* Être situées dans une zone ne faisant pas l'objet d'une protection particulière au titre des monuments historiques, des sites, des paysages ou de la protection du patrimoine architectural et urbain ;**

***c)* Être exemptées du recours à un architecte en application des dispositions du septième alinéa de l'article L. 421-2.**

C. – Les pièces 4, 5, 6 et 7 ci-dessus ne sont pas exigibles si le projet ne comporte ni modification du volume extérieur ni changement de destination.

Lorsque la demande concerne la construction de bâtiments ou d'ouvrages devant être desservis par des équipements publics, le plan de masse indique le tracé de ces équipements et les modalités selon lesquelles les bâtiments ou ouvrages y seront raccordés. À défaut d'équipements publics, le plan de masse indique les équipements privés prévus, notamment pour l'alimentation en eau et l'assainissement.

I. – Généralités

Pièces supplémentaires. La liste des pièces prévues pour la constitution du dossier de demande 2374
de permis de construire est limitative (CE, 12 déc. 1984, *Min. Urb. et Log.* c/ *CSA Immobilière et Commerciale La Gauloise : DA* 1985, n° 23, à propos du défaut d'une analyse paysagère ; dans le même sens, CE, 29 juill. 1994, *Cne de Molines-en-Queyras : BJDU* 5/1994, p. 54, concl. Dael) et un POS ne peut légalement prescrire de joindre au dossier des pièces autres que celles prévues au Code de l'urbanisme (CE, 9 oct. 1989, req. n° 101022, *Gonton.* – CE, 26 avr. 1993, *M. et Mme Beaucourt : DA* 1993, n° 374 : dans le cas où le règlement du POS exigeait un relevé des plantations existantes, ce qu'il ne pouvait prescrire). De même, le POS ne peut subordonner la délivrance des permis à un avis motivé du maire (CAA Douai, 25 sept. 2003, *Cne de Bouchain : Juris-Data* n° 2004-227196). Le maire de Paris ne peut imposer au pétitionnaire la production d'une étude de sous-sol pour déterminer l'état d'une ancienne carrière, alors qu'il appartient audit maire, en vertu d'un arrêté préfectoral du 26 janvier 1966, de consulter préalablement à l'octroi du permis l'Inspection générale des carrières (CAA Paris, 27 févr. 2001, *M. Mageraud : BJDU* 3/2001, p. 171). Statuant en cassation, le Conseil d'État ne se place pas sur ce même fondement, ce qui aboutit à une solution contraire en pratique. Si le service des carrières rend un avis négatif, le permis sera refusé dès lors que ce service ne dispose pas d'informations suffisantes sur le sous-sol. La preuve incombe alors

au pétitionnaire qui doit procéder aux études nécessaires pour démontrer que le sous-sol du terrain peut supporter son projet, le coût en étant à sa charge. Cela revient dans les faits, et sans fondement réglementaire, à exiger une pièce supplémentaire à la demande de permis, en pareil cas, avec des implications financières non négligeables pour les pétitionnaires (CE, 14 mars 2003, *Ville de Paris : BJDU* n° 2/2003 p. 85, concl. M. H. Mitjaville ; *Constr.-urb.* 2003, n°s 7/8, comm. n° 189, P. Benoit-Cattin).

Bibliographie : Sur les demandes de documents inutiles à l'instruction, Y. STEMMER et C. PETIT, *Réflexions sur les articles R. 421-2 et R. 421-12 à 14 du Code de l'urbanisme : JCP* N 2001, n°s 22-23, p. 984 ; sur les demandes de pièces supplémentaires du préfet en vue de l'exercice du contrôle de la légalité du permis assimilable à un recours administratif contre le permis : note P. CORNILLE, sous TA Saint-Denis-de-la-Réunion, 2 mai 2001 : *Constr.-urb.* 2001, n° 11, comm. n° 237, où l'auteur relève l'audace de ce jugement, au regard de la jurisprudence établie qui refuse cette assimilation. Également, note P. BENOÎT-CATTIN, sous CE, 17 mai 2002 : *Constr.-urb.* 2002, n° 9, comm. n° 217.

II. – Plan de masse

2375 **Objet et contenu.** La demande de permis de construire doit toujours comporter un plan de masse, même s'il s'agit seulement de modifier une façade (CE, 30 avr. 1982, *Phély : Rec. CE*, T, p. 784).

Toutefois, l'omission du plan de masse coté dans ses trois dimensions n'entache pas la procédure d'irrégularité si les plans et les documents joints à la demande font apparaître toutes les dimensions du bâtiment projeté ainsi que toutes les caractéristiques du projet qui pouvaient être nécessaires pour l'instruction de la demande. De même, l'omission d'un plan de façade qui n'induit pas l'Administration en erreur ne constitue pas un vice de procédure.

Le plan de masse n'a pas à faire figurer les constructions situées sur le terrain voisin, ni celles que le constructeur pourrait réaliser ultérieurement. En revanche, l'appréciation de l'Administration est faussée et le permis de construire est illégal si le pétitionnaire fait apparaître sur le plan de masse des immeubles voisins dont le volume est surdimentionné (CAA Nantes, 15 oct. 1997, *Limousin : BJDU* 6/1997, p. 461).

III. – Hauteur des constructions

2376 **Absence d'illégalité.** L'absence d'indications de hauteur de la construction qui figurait dans d'autres documents que le plan ne saurait entacher d'illégalité le permis de construire, l'appréciation de l'Administration n'ayant pu être faussée (CE, 3 févr. 1992, *Girod : Rec. CE*, p. 1396).

IV. – Étude d'impact

2377 **Champ d'application.** L'étude d'impact était superflue pour les constructions situées dans les communes dotées de POS (CE, 20 juin 1984, *Assoc. des Amis de Terre : Rec. CE*, p. 233) ou celles comprises dans un plan d'aménagement de zone d'aménagement concerté (CE, 27 févr. 1985, *Assoc. de sauvegarde des sites et de l'environnement du Nord-Est de Marseille et chaîne de l'Étoile : DA* 1985, n° 213).

Le décret n° 93-245 du 25 février 1993, qui a profondément complété le contenu de l'étude d'impact, a aussi étendu son champ d'application. Sont assujetties à une telle étude les constructions de plus de 5 000 m^2 de SHON (à la date du dépôt de la demande), dans les communes dépourvues d'un POS ou d'un document en tenant lieu ayant fait l'objet d'une enquête publique, et en outre (même dans les communes dotées de POS), les constructions d'immeubles à usage d'habitation ou de bureau d'une hauteur supérieure à 50 mètres, la création de SHON nouvelle à usage de commerce excédant 10 000 m^2, la création d'équipements culturels, sportifs, ou de loisirs susceptibles d'accueillir plus de 5 000 personnes. Le décret n° 2003-767 du 1er août 2003 (*JO* 7 août, p. 13678) ne comporte pas de modifications substantielles des régimes antérieurs. Par exemple, il ajuste le champ d'application des études d'impact en convertissant en euros les montants anciennement en francs pour les travaux dont le coût financier requiert une telle étude (12 millions de francs deviennent 1,9 millions d'euro et 6 millions de francs, 950 000 euros). Il soumet à notice d'impact les éoliennes d'une puissance inférieure ou égale à 2,5 mégawatts. En outre, il instaure un fichier départemental des études d'impact dans les préfectures. Il ouvre au maître d'ouvrage la possibilité de faire préciser par l'autorité compétente les informations à inclure dans l'étude.

En jurisprudence, il a été jugé que la construction d'un parc de stationnement de 300 places, avec aménagements de voirie, n'avait pas le caractère de travaux d'investissement routier modifiant l'assiette d'ouvrages existants ; son permis n'était donc pas assujetti à étude d'impact et enquête publique (CE, 11 juin 2004, *Cne de Biarritz, Association des amis et résidents de Biarritz respectueux de l'environnement : AJDA* 2004, p. 1887, note P. Proot ; *Constr.-urb.* 2004, n° 10, comm. n° 193, B. Tourret ; *BJDU* n° 4/2004, p. 311, concl. M. Guyomar).

Contenu – Caractère suffisant de l'étude d'impact. Lorsque l'étude d'impact est nécessaire, son contenu doit être proportionné à l'importance du bâtiment à édifier ou des nuisances à redouter. Ainsi, est annulé le permis de construire d'un hypermarché en raison du caractère sommaire de l'étude d'impact, cette dernière prévoyant seulement que les livraisons correspondaient à un trafic de 70 camions par jour étalé sur 12 heures, ce qui a été jugé comme une précision insuffisante, l'horaire d'ouverture des magasins n'étant de surcroît pas précisé (CE, 10 juin 1983, *Decroix : Rec. CE*, p. 255 ; *AJDA* 1983, p. 537, chron. de jurispr.). 2378

Dans le même sens – TA Rennes, 19 déc. 1984 : *Gaz. Pal.* 1985, 1, somm. 194 – l'étude ne prévoyait pas, vu l'importance du projet, les mesures nécessaires concernant l'évacuation des eaux pluviales usées ainsi que celles atténuant les nuisances causées aux propriétés riveraines par les parkings.

De façon générale, la jurisprudence devient de plus en plus exigeante en matière d'étude d'impact, même lorsqu'elle n'annule pas les autorisations administratives (CE, 10 déc. 1982, *Comité régional d'information et de lutte antinucléaire de Basse-Normandie : Droit et Ville* 1983, n° 15, p. 159, note Coulet). Par exemple, en matière d'expropriation, l'étude d'impact doit préciser les raisons pour lesquelles, parmi les partis envisagés, le projet présenté a été retenu (CE, 24 nov. 1982, *Colcombet : AJDA* 1983, p. 437, chron. Lasserre et Delarue). Une prescription du permis de construire ne saurait suppléer au contenu réglementaire d'une étude d'impact (CE, 9 déc. 1988, *Entreprise de dragage et de travaux publics et Sté d'Exploitation de la Garonne, Min. de Redéploiement industriel et commercial : DA* 1989, n° 86).

Mais à propos de l'expropriation pour la construction du pont de Normandie, le Conseil d'État juge non substantiel le vice résultant de l'omission, dans l'étude d'impact, du coût des mesures compensatoires pour le rétablissement de l'environnement, ce coût étant modique par rapport au coût global de l'ouvrage (CE, 1er juill. 1991, *Dupont et Fédération écologiste de Haute-Normandie : RD publ.* 1992, p. 1218).

Inclusion dans le dossier de demande de permis. Si le dossier de demande de permis de construire doit comporter une étude d'impact, elle doit être présentée en même temps que lui, une présentation postérieure ne couvrant pas l'irrégularité de la composition du dossier au vu duquel la décision a été prise (CE, 14 mai 1986, *Sté Embrunaise de construction : RD imm.* 1986, p. 454). 2379

En tout état de cause et même si l'étude d'impact est facultative mais a été réalisée, la directive du 27 juin 1985 impose sa mise à disposition du public avant la délivrance du permis (CE, 3 mars 2004, *Société Ploudalmezeau Breiz Avel : BJDU* n° 1/2004, p. 43, concl. S. Boissard, note J.-C. Bonichot).

V. – Volet paysager

Voir aussi : Sur ce volet paysager, Circ. n° 94-54, 30 juin 1994 : *Mon. TP* 8 juill. 1994. – Circ. interministérielle (Équipement, Environnement) n° 95-23, 15 mars 1995, sur les instruments de protection et de mise en valeur des paysages (*Mon. TP* 14 juill. 1995) ; sur le rôle des paysagistes-conseils des DDE, Circ. DAU, 26 juin 1995 : *Mon. TP* 14 juill. 1995.

2380 **Champ d'application.** Une ligne de courant électrique n'étant pas un bâtiment, les dispositions sur le volet paysager ne lui sont pas applicables (CE, 27 sept. 2002, *Électricité de France : BJDU* 5/2002, p. 352, concl. T. Olson).

2381 **Contenu du volet paysager.** Est annulé un permis de construire pour volet paysager insuffisant dès lors que le document graphique ne faisait figurer que l'immeuble et son jardin, et non l'environnement (TA Rouen, 6 juin 1996, *Mme de Carré-Brissac : Ét. fonc.* 72-96 ; *BJDU* 4/1996, p. 257). De même, en l'absence de document graphique et de report des angles des prises de vue, la notice étant par ailleurs peu explicative sur l'environnement (TA Nice, 4 juin 1998, *Fajon : BJDU* 6/1998, p. 466).

À également été jugé insuffisant, un volet paysager n'appréciant pas l'impact particulier des quatre bâtiments composant le projet, dans chacune des trois rues desservant le projet (TA Paris, 2 juill. 1998, *Rouart : BJDU* 1/1999, p. 58). De même, aucun document graphique ne faisait apparaître la situation après achèvement des travaux des six arbres de haute tige visés dans le projet de construction, seule une projection à long terme faisait figurer deux arbres au lieu des six (TA Versailles, 20 nov. 2001, *M. Bigot : BJDU* 1/2002, p. 65).

Est annulé le permis de construire d'un centre commercial avec un hypermarché de 7 500 m², une galerie marchande de 9 265 m², le volet paysager ne comportait aucune description du paysage et de son environnement, le fait que des éléments en ce sens aient été produits dans la demande de permis de démolir est sans incidence (CAA Paris, 15 juin 2000, req. n°s 97PA02565, 97PA02517, *SCI Marnelec, Cne de Bonneuil*). Dans le même sens, n'est pas admise une notice descriptive qui se borne à justifier le projet par référence à une précédente demande de permis de construire qui avait donné lieu à un refus (CAA Paris, 19 oct. 2000, *Assoc. Environnement Chaville Fausses-Reposes : BJDU* 1/2001, p. 68). L'insuffisance est également patente pour la production d'une unique photographie et une notice succincte ne permettant pas d'apprécier l'insertion du projet dans son environnement (CAA Nantes, 9 avr. 2002, *De Broglie : Juris-Data* n° 2002-186259). De même, si la notice n'apprécie pas l'impact visuel en termes de luminosité des bâtiments (CAA Nantes, 14 mai 2002, *M. Pâques : BJDU* 4/2002, p. 270).

Par ailleurs, le volet paysager est incomplet si, pour la construction de boxes à chevaux, la notice paysagère et les documents graphiques ne signalent pas la présence d'un lotissement à proximité immédiate ; même si l'Administration avait une bonne connaissance des lieux, il s'agit d'une omission importante dans l'environnement du projet (CE, 14 juin 2004, *Cne d'Écouflant, Société des courses d'Angers : BJDU* 6/2004, p. 440, concl. F. Séners).

2382 **Permis modificatif.** Le caractère complet du volet paysager du permis initial est sans incidence sur les exigences requises en la matière au titre du permis modificatif qui affecte la consistance extérieure du bâtiment et qui est donc illégal en l'absence des documents photographiques requis (CAA Marseille, 2 juill. 2003, *M. Segond c/ Prefet du Var : BJDU* n° 4/2003, p. 307).

2383 **Portée contentieuse.** Le caractère insuffisant du contenu de l'un des documents composant le volet paysager ne constitue pas nécessairement une irrégularité de nature à invalider l'autorisation dans sa totalité, si l'autorité compétente peut, grâce aux autres pièces, apprécier l'ensemble des critères légaux (CAA Paris, 19 oct. 2000, req. n° 97PA00743, *Société Mac Donald's France*. – CAA Paris, 10 juill. 2002, req. n° 02-PA00943, *Assoc. de défense Courcelles Beaujoir et alentours : Juris-Data* n° 2002-194767). De même, l'absence de notice paysagère ne rend pas le permis illégal, dès lors que d'autres éléments du dossier permettaient d'apprécier son insertion dans l'environnement (CE, 4 févr. 2004, *M. et Mme Molinari : BJDU* n° 2/2004, p. 113, concl. F. Séners).

VI. – Agrément

2384 **Champ d'application.** L'agrément prévu par l'article L. 510-1 doit être produit, pour la construction d'un cinéma multiplex (TA Versailles, 19 nov. 1996, *Préfet des Yvelines c/ Cne de Maurepas : BJDU* 1/1997, p. 66).

Voir aussi : Annotations sous C. urb., art. L. 510-1 et s., p. 461.

VII. – Équipements publics de desserte

Extension. L'indication des équipements publics de desserte n'est pas nécessaire en cas d'extension de bâtiments déjà raccordés. 2385

VIII. – Équipements d'alimentation en eau et d'assainissement

Réseau non collectif. Les procédures nouvelles issues des arrêtés du 6 mai 1996 (*JO* 8 juin) relatifs aux prescriptions techniques applicables aux systèmes d'assainissement autonomes et aux modalités de leur contrôle technique s'appliquent indépendamment de celles relatives au permis de construire, lorsqu'il est réglementairement nécessaire. Quand le dispositif d'assainissement non collectif accompagnera un projet de construction donnant lieu au dépôt d'une demande de permis de construire, l'instruction du dossier comportera en fait deux examens distincts, bien que simultanés : le premier examen de caractère technique, relevant des dispositions du Code de la construction de de l'habitation, exercé par le service d'assainissement municipal : le second de caractère administratif relevant des dispositions du présent code et exercé par le service instructeur en charge notamment des demandes de permis de construire (Rép. min. n° 41.589 : *JOAN*, Q, 26 août 1996, p. 4613). Dans le cas où le projet de plan masse comporterait un système d'assainissement autonome ne correspondant pas au type de filière prescrit dans le secteur considéré, car ne pouvant pas être techniquement réalisé en raison de la configuration des lieux, le permis de construire doit être refusé (Circ. 22 mai 1997 : *Mon. TP* textes officiels, 20 juin 1997, p. 369). 2386

IX. – Littoral

Espaces remarquables. Le décret n° 2004-310 du 29 mars 2004 (*JO* 30 mars, p. 6081) relatif aux espaces remarquables du littoral et modifiant le Code de l'urbanisme, prévoit que lorsque lademande concerne un espace remarquable ou un milieu du littoral à préserver au sens de l'article L. 146-6 du présent code, est requise une notice précisant l'activité économique exercée dans le bâtiment et justifiant cette activité au regard de critères posés par le nouvel article R. 146-2. En effet, seuls sont visés les projets visés au d) de celui-ci reproduit ci-dessous : 2387

« d) À l'exclusion de toute forme d'hébergement et à condition qu'ils soient en harmonie avec le site et les constructions existantes :

– les aménagements nécessaires à l'exercice des activités agricoles, pastorales et forestières ne créant pas plus de 50 mètres carrés de surface de plancher ;

– dans les zones de pêche, de cultures marines ou lacustres, de conchyliculture, de saliculture et d'élevage d'ovins de prés salés, les constructions et aménagements exigeant la proximité immédiate de l'eau liés aux activités traditionnellement implantées dans ces zones, à la condition que leur localisation soit rendue indispensable par des nécessités techniques ».

X. – Divers

Régularisation. Les vices de forme de la demande peuvent être régularisés par permis modificatif (CE, 2 oct. 1987, *Min. Équipement c/ Brière*. – CE, 15 janv. 1997, *Assoc. de sauvegarde des espaces verts de Châtenay-Malabry : DA* 1997, 150 ; *BJDU* 2/1997, p. 125, concl. Schwartz. – CE, 2 févr. 2004, *SCI La Fontaine de Villiers : JCP* A 2004, n° 16, comm. n° 1292, J.-P. Demouveaux). 2388

Erreur matérielle. L'erreur commise de bonne foi sur un plan (reproduction d'un plan erroné annexe à un acte notarié) n'est pas, sauf manœuvres, une fraude (CE, 28 avr. 1997, *Franchi : Rec. CE*, T, p. 1034 ; *BJDU* 3/1997, p. 225). Toutefois, une contradiction, une erreur ou une omission dans la demande de permis n'entache d'illégalité celui-ci que si elle a une influence sur sa délivrance (cas avéré en l'espèce, divergence entre les indications descriptives du projet et les plans de façade sur le nombre de niveaux du bâtiment (CE, 12 févr. 2003, *M. Goetz : BJDU* n° 5/2003, p. 327, concl. S. Austry, note L. Touvet ; *Constr.-urb.* 2003, n° 6, comm. n° 167, P. Benoit-Cattin). 2389

C. urb., art. R. 421-2-1 ***(Créé, D. n° 95-676, 9 mai 1995, art. 3-III).*** **— Lorsque la demande de permis de construire porte sur des constructions dont une partie, ayant la destination de logements locatifs sociaux bénéficiant pour leur construction du concours financier de l'État, dépasse conformément à l'article L. 127-1 la densité résultant du coefficient d'occupation des sols, le dossier de la demande est complété par :**

1. La délimitation de ladite partie des constructions ;

2. La mention de sa surface de plancher hors œuvre nette ;

3. L'estimation sommaire du coût foncier qui lui sera imputé ;

4. L'attestation par le demandeur qu'il a pris connaissance des dispositions du dernier alinéa de l'article L. 127-1 et de celles de l'article R. 421-39-1 ;

5. Dans les communes de la métropole, l'engagement du demandeur de conclure la convention prévue au 3° de l'article L. 351-2 du Code de la construction et de l'habitation.

C. urb., art. **R. 421-3 ***(D. n° 86-894, 19 août 1986).*** **— Lorsque les constructions projetées sont partiellement ou totalement soumises à l'agrément prévu à l'article L. 510-1, la décision d'agrément est jointe à la demande de permis de construire.**

2390 **Obtention préalable de l'agrément.** La production de l'agrément est une condition de recevabilité de la demande. Même si tout laisse penser que l'agrément sera obtenu, il n'en reste pas moins qu'il doit être sollicité et obtenu préalablement au permis (CE, 16 nov. 1984, *RATP : Rec. CE*, T, p. 781).

2391 **Délai d'instruction.** Le délai prévu par l'article R. 421-12 ne peut commencer à courir tant que la décision d'agrément n'a pas été fournie.

Voir aussi : C. urb., art. L. 510-1, p. 461 et C. urb., art. R. 510-1 et s., p. 911.

C. urb., art. **R. 421-3-1 ***(D. n° 77-752, 7 juill. 1977 ; D. n° 83-1261, 30 déc. 1983 ; remplacé, D. n° 2003-16, 2 janv. 2003, art. 3 et III).*** **— Lorsque les travaux projetés nécessitent la coupe ou l'abattage d'arbres dans les bois, forêts ou parcs soumis aux dispositions de l'article L. 130-1 du présent code ou des articles L. 311-1 ou L. 312-1 du Code forestier, la demande de permis de construire est complétée par la copie de la lettre par laquelle l'autorité compétente fait connaître au demandeur que son dossier de demande d'autorisation de coupe ou d'abattage et, le cas échéant, d'autorisation de défrichement est complet.**

2392 **Légalité du permis.** Un permis de construire est annulé à défaut de production de l'autorisation de coupe (CE, 13 avr. 1983, *Mme Suaut-Cailletta : Rec. CE,* 1983, T, p. 918), ou de l'autorisation d'abattage (CE, 3 juin 1998, *Delannoy*) ; de même est annulé le permis de construire un hôpital, alors même que l'autorisation de coupe avait été délivrée la veille de la délivrance du permis de construire, mais l'autorisation de défrichement également nécessaire en l'espèce n'ayant été délivrée qu'ultérieurement (CE, 19 mai 1983, *Cne du Chesnay : Rec. CE,* 1983, p. 208). L'illégalité d'une autorisation de défricher ne peut être utilement invoquée à l'encontre d'un permis de construire, étant donné qu'il ne s'agit pas d'une opération complexe (CE, 6 janv. 1997, *Assoc. les Amis de Saint-Palais-sur-Mer : Rec. CE,* p. 4 ; *BJDU* 6/1996, p. 443, concl. Gaereminck).

2393 **Allégement des formalités.** Depuis le décret du 2 janvier 2003, il suffit, lors du dépôt de demande de permis, d'attester que les dossiers liés aux procédures forestières sont complets. Mais les autorisations devront être obtenues à la date de délivrance du permis (art. R. 421-12).

2394 **Moment d'intervention de l'autorisation.** L'autorisation doit, si ce n'est être jointe à la demande, tout au moins figurer au dossier à la date de la décision (CE, 2 oct. 1987, *Castel : Rec. CE,* p. 300). Mais si l'autorisation de défrichement n'est pas jointe à la demande de permis de construire, l'Administration peut rejeter la demande sans inviter le pétitionnaire à compléter son dossier (CAA Paris, 18 nov. 1997, *Cne de Buno-Bonnevaux : BJDU* 2/1998, p. 106, concl. Corouge). Un défrichement illicite récent ne dispense pas d'avoir à demander une autorisation de défrichement (même arrêt).

Articulation avec le plan local d'urbanisme. Aucune autorisation sur le fondement de l'article L. 130 n'est nécessaire si les études du PLU sont achevées et que l'espace boisé classé n'est plus dans le périmètre du PLU, même si l'espace concerné demeure boisé (CAA Paris, 21 avr. 1995, *Consorts Pomeroy : Gaz. Pal.* 29 sept. 1995). 2395

C. urb., art. **R. 421-3-2 *(D. n° 77-752, 7 juill. 1977).* **— Lorsque les travaux projetés concernent une installation soumise à autorisation ou à déclaration en vertu de la loi n° 76-663 du 19 juillet 1976 relative aux installations classées pour la protection de l'environnement, la demande de permis de construire doit être accompagnée de la justification du dépôt de la demande d'autorisation ou de la déclaration.**

Codification. La loi du 19 juillet 1976 est codifiée aux articles L. 511-1 et suivants du Code de l'environnement. 2396

Indépendance des législations. La législation de l'urbanisme et celle des installations classées sont indépendantes l'une de l'autre (CE, sect., 18 mai 1984, *Min. Urb. et Log.* c/ *M. Gourrat*, note F. Bouyssou ; un principe à remettre en cause, l'indépendance du permis de construire et des installations classées : *Droit et Ville* 1984, n° 18, p. 169). 2397

Condition de recevabilité de la demande. Toutefois, seul est exigé le dépôt de la déclaration ou de la demande d'autorisation, et non le récépissé de la déclaration, ou l'autorisation elle-même. Il doit être justifié du dépôt de la demande de permis dans les dix jours qui suivent au Service des installations classées, pour celles soumises à autorisation préalable (D. n° 77-1133, 21 sept. 1977, art. 2). 2398

Voir aussi : Comm. sous C. urb., art. R. 421-3, p. 774 ; obs. sous C. urb., art. L. 421-3, p. 345.

Référence dans le permis de construire. Il est recommandé aux services chargés de l'instruction d'indiquer dans le libellé du permis de construire que l'exploitation de l'établissement est subordonnée à l'obtention de l'autorisation au titre de la législation des établissements classés (Rép. min. : *JOAN* 30 mars 1992, p. 1452). 2399

Dispositions particulières du plan d'urbanisme. L'Administration doit contrôler non seulement l'existence du récépissé de déclaration au titre des installations classées, mais également le respect des règles du plan d'urbanisme concernant ce type d'installation (CE, 18 mai 1998, *Wabartha : DA* 1998, n° 298). 2400

Bibliographie : VIGOUROUX, *Sur les droits des installations classées : AJDA* 1994, p. 596.

C. urb., art. **R. 421-3-3 *(D. n° 77-752, 7 juill. 1977).* **— Lorsque les travaux projetés concernent un barrage ou un ouvrage destiné à l'établissement d'une prise d'eau, d'un moulin ou d'une usine sur un cours d'eau non domanial et qu'ils sont soumis à ce titre à autorisation en vertu de l'article 106 du Code rural, la demande de permis de construire doit être accompagnée de la justification du dépôt de la demande d'autorisation.**

C. urb., art. **R. 421-3-4 *(D. n° 77-752, 7 juill. 1977).* **— Lorsque les travaux projetés nécessitent la démolition de bâtiments soumis au régime du permis de démolir prévu par l'article L. 430-1, la demande de permis de construire doit être accompagnée de la justification du dépôt de la demande de permis de démolir.**

Voir aussi : Comm. sous C. urb., art. R. 421-3-2, p. 775.

Justification du dépôt de la demande de permis de démolir. La demande de permis de démolir doit être présentée antérieurement à la délivrance – même sous condition d'obtention de celui-ci – du permis de construire (CE, 13 févr. 1985, *Société nationale de télévision en couleur,* 2401

« *Antenne 2* » : *RD imm.* 1985, p. 146). La demande de permis de construire doit être accompagnée de la justification du dépôt de demande de permis de démolir (CE, 10 juin 1992, *Dame Rapin : Gaz. Pal.* 1993, pan. dr. adm. 23. – CE, 9 déc. 1992, *Dlle Richet : Gaz. Pal.* 1993, pan. dr. adm. 109) ; ce moyen de légalité externe est recevable pour la première fois en appel devant le Conseil d'État (CE, 14 déc. 1992, *Époux Léger : RD imm.* 1993, 206).

2402 **Illégalité du permis.** Un permis de construire est déclaré illégal dès lors que le permis de démolir qui l'accompagne ne prévoit pas la démolition indispensable à la mise en œuvre de la construction (CAA Bordeaux, 28 déc. 1994, *Gleizes c/ Ville de Toulouse : Gaz. Pal.* 29-30 mars 1996).

C. urb., art. **R. 421-3-5 ***(D. n° 87-885, 30 oct. 1987).*** **— Lorsqu'il s'agit de constructions à édifier sur un terrain inclus dans un lotissement où la surface hors œuvre nette a été répartie par le lotisseur en application du deuxième alinéa de l'article R. 315-29-1, la demande de permis de construire est accompagnée de la justification de la surface hors œuvre nette attribuée au terrain.**

Voir aussi : C. urb., art. R. 315-29-1, p. 661.

C. urb., art. **R. 421-4 ***(D. n° 74-158, 25 févr. 1974 ; D. n° 77-752, 7 juill. 1977 ; D. n° 83-1261, 30 déc. 1983 ; D. n° 88-199, 29 févr. 1988 ; D. n° 93-422, 19 mars 1993).*** **— Le cas échéant, figurent dans la demande tous éléments nécessaires au calcul des différentes impositions dont la délivrance du permis de construire constitue le fait générateur. Conformément aux dispositions des articles L. 332-2, L. 332-20 et L. 333-1 en l'absence des déclarations de valeurs ou de pièces prévues respectivement aux articles R. 332-4, R. 332-29 et R. 333-4, le dossier de demande est considéré comme incomplet et il n'y a pas lieu pour l'autorité compétente d'instruire la demande de permis de construire.**

Lorsqu'il s'agit de constructions à usage commercial assujetties à l'autorisation de la commission départementale d'urbanisme commercial en vertu de l'article 29 de la loi n° 73-1193 du 27 décembre 1973 d'orientation du commerce et de l'artisanat, la demande de permis de construire est complétée par la copie de la lettre adressée par le préfet au demandeur de l'autorisation précitée lorsque le dossier joint à la demande d'autorisation a été reconnu complet.

2403 **Sanctions.** Le décret du 19 mars 1993 impose la production des éléments de calcul des diverses participations financières ; l'absence de ces renseignements entraîne le rejet de la demande. Les dispositions concernant le plafond légal de densité sont appelées à terme à disparaître. De même, pour l'abrogation de la participation relative au dépassement de COS.

2404 **Urbanisme commercial.** Le troisième alinéa appelle le même commentaire que pour l'article R. 421-3-2. Toutefois, c'est l'accusé de réception de la demande, formulée en application de la loi *Royer*, qui doit être joint à la demande de permis de construire. Dès lors qu'une demande de permis de construire déposée et désormais soumise à autorisation d'urbanisme commercial, ne comporte pas la lettre du préfet, le dossier est incomplet. Il appartient à l'autorité compétente d'informer le demandeur par une lettre de « pièce manquante » afin de compléter celui-ci ; cette lettre annulera en tant que de besoin la lettre fixant le délai d'instruction. Il est logique que les demandes de permis de construire portant sur des constructions à usage cinématographique assujetties à l'autorisation de la commission départementale d'équipement cinématographique doivent être complétées par la copie de la lettre du préfet informant le demandeur que le dossier est complet, bien que les équipements cinématographiques ne soient pas formellement visés par l'article R. 421-4, du fait d'une incoordination du présent article avec la loi Raffarin, du 5 juillet 1996, qui a modifié le droit de l'urbanisme commercial (V. art. L. 451-5).

Voir aussi : C. urb., art. L. 451-5, p. 383, et C. urb., art. L. 451-6, p. 395.

C. urb., art. **R. 421-5 ***(D. n° 74-158, 25 févr. 1974 ; D. n° 83-1261, 30 déc. 1983 ; D. n° 94-86, 26 janv. 1994).*** **— Lorsque les travaux projetés concernent des immeubles de grande hauteur soumis à l'avis de la commission consultative départementale de la protection**

civile, de la sécurité et de l'accessibilité ou de la commission de sécurité compétente, en vertu des articles R. 421-47 à R. 421-52, les plans et documents nécessaires à la formulation de cet avis sont joints à la demande de permis de construire.

C. urb., art. R. 421-5-1 ***(D. n° 94-86, 26 janv. 1994).*** **— Lorsque les travaux projetés concernent un établissement recevant du public et sont soumis, au titre de la sécurité contre les risques d'incendie et de panique, à l'avis de la commission consultative départementale de la protection civile, de la sécurité et de l'accessibilité ou de la commission de sécurité compétente, en vertu des articles R. 123-13 et R. 123-22 du Code de la construction et de l'habitation, les plans et documents nécessaires à la formulation de cet avis sont joints à la demande de permis de construire.**

Lorsque les travaux projetés conduisent à la création, l'aménagement ou la modification d'un établissement recevant du public et sont soumis à l'autorisation de travaux prévue à l'article L. 111-8-1 du Code de la construction et de l'habitation au titre de l'accessibilité aux personnes handicapées, les plans et documents mentionnés à l'article R. 111-19-6 du même code sont joints à la demande de permis de construire. Dans ce cas, la demande de permis de construire tient lieu de la demande d'autorisation de travaux prévue à l'article L. 111-8-1 du Code de la construction et de l'habitation, ainsi qu'il est prévu à l'article R. 111-19-7 du même code.

I. – Généralités

Contrôle de la commission de sécurité. Le contrôle de la commission de sécurité s'exerce, à titre préalable, sur la demande de permis de construire portant sur des immeubles de grande hauteur ou des établissements recevant du public. 2405

Voir aussi : C. urb., art. R. 421-48, p. 836 et C. urb., art. R. 421-53, p. 838.

Récolement des travaux. Dans ces deux cas, le récolement des travaux est obligatoire, après achèvement. 2406

Voir aussi : C. urb., art. R. 460-3 *c)*, p. 903.

ERP et autorisation du maire. Dans les établissements recevant du public, une autorisation d'ouverture, délivrée par le maire, est en outre nécessaire (D. n° 73-1007, 31 oct. 1973, art. 46 et 47. – CCH, art. R. 123-46), sous peine de sanctions pénales (CCH, art. R. 123-53). 2407

II. – Applications jurisprudentielles

Commission de sécurité – Composition irrégulière. L'irrégularité dans la composition de la commission de sécurité entache d'illégalité le permis de construire (TA Caen, 19 déc. 1974, *Assoc. de sauvegarde de l'environnement caennais : Rec. CE*, p. 782). 2408

ERP – Exemples. Une station-service étant un établissement ouvert au public, l'avis de la commission de sécurité compétente ne peut être suppléé par l'avis du directeur des services de protection civile (CE, 13 avr. 1983, *Syndicat des copropriétaires de l'immeuble Presqu'île II : Rec. CE*, p. 149) ou par celui du service départemental d'incendie et de secours (CE, 21 févr. 1986, req. n° 36291, *Comité de sauvegarde et de promotion de Bois-Plage-en-Ré*. – CAA Nantes, 27 mai 1998, *Ville de Fécamp : BJDU* 5/1998, p. 388). 2409
Le contrôle préalable au stade du permis de construire ne s'exerce pas sur les ERP de 5e classe (CE, 17 juin 1996, *SARL Scierie du Ternois : Rec. CE*, T, p. 1220 ; *BJDU* 4/1996, p. 298).

Avis de la commission de sécurité. Un permis de construire est déclaré illégal si la commission de sécurité émet son avis postérieurement à sa délivrance, ou si le dossier de sécurité est insuffisant, ou si l'avis de la commission de sécurité vise un hôtel de 19 chambres alors que le permis de construire en prévoit 29 (CE, 10 mai 1996, *Ville d'Orléans : Rec. CE*, T, p. 1219). 2410

C. urb., art. R. 421-5-2 ***(D. n° 94-86, 26 janv. 1994).*** **— Lorsque les travaux projetés concernent des locaux autres que les établissements recevant du public et sont soumis aux règles d'accessibilité aux personnes handicapées fixées en application de l'article L. 111-7 du Code de la construction et de l'habitation, le dossier de la demande de permis de construire est complété par l'engagement du demandeur et, le cas échéant, de l'architecte de respecter lesdites règles. Cet engagement est assorti d'une notice décrivant les caractéristiques générales des locaux, installations et aménagements extérieurs au regard de ces règles d'accessibilité.**

Bibliographie : GALAN, *Les règles d'accessibilité dans les établissements recevant du public : Actualités Législatives Dalloz,* 1995, n° 2, p. 5.

C. urb., art. R. 421-6 ***(Ab., D. n° 94-86, 26 janv. 1994).***

C. urb., art. **R. 421-6-1 ***(D. n° 77-739, 7 juill. 1977).*** **— Le cas échéant, le dossier de la demande de permis de construire est complété par la justification par le pétitionnaire de l'obtention d'une concession à long terme dans un parc public de stationnement existant ou en cours de réalisation.**

2411 **Absence de justification.** Le régime de la participation compensatrice peut alors s'appliquer.

Voir aussi : C. urb., art. L. 421-3 et C. urb., art. R. 332-17 à R. 332-23, p. 732.

2412 **Durée de la concession.** Une concession de stationnement de dix ans dans un parc public de stationnement est insuffisante au regard de l'article L. 421-3 (CE, 30 juin 1993, *SCI 21-23, rue Bouquet-de-Longchamp : Gaz. Pal.* 10 nov. 1993).

C. urb., art. **R. 421-7 ***(D. n° 77-752, 7 juill. 1977).*** **— Lorsque l'édification des constructions est subordonnée à l'institution sur des terrains voisins, pour l'application des dispositions relatives à l'urbanisme, soit d'une servitude dite de cour commune établie par accord amiable ou par décision judiciaire dans les conditions prévues aux articles L. 451-1 à L. 451-3 et R. 451-1 à R. 451-4, soit d'une servitude de minoration de densité dans les conditions prévues à l'article 26-1 du décret n° 58-1463 du 31 décembre 1958 ou à l'article L. 332-5 *b*, les contrats ou décisions relatifs à l'institution de ces servitudes sont joints à la demande de permis de construire.**

Les dispositions de l'alinéa précédent sont applicables dans l'hypothèse où il est fait application du transfert des possibilités de construction prévu à l'article L. 123-2.

2413 **Servitude de minoration de densité.** On rappellera que la loi SRU abroge les dispositions de l'article L. 332-5 *b*.

2414 **Transfert de COS.** La loi SRU modifie les conditions de transfert de COS, qui ne sont désormais plus possibles en zone urbaine et sont réservées aux zones à protéger, sous certaines conditions, voir C. urb., art. L. 123-1-13°. La référence à l'ancien article L. 123-2 serait à modifier.

2415 **Servitude de cour commune.** Si la nécessité de constituer la servitude de cour commune apparaît en cours d'instruction – comme il est fréquent –, l'Administration le fait savoir au pétitionnaire, sans que l'instruction soit interrompue. Si le contrat ou la décision judiciaire n'est pas fourni avant l'expiration du délai d'instruction, le permis de construire est en principe refusé. Toutefois, il peut être délivré si l'officier ministériel chargé d'établir le contrat fournit des documents apportant des garanties à cet égard ; l'arrêté de permis de construire rappelle alors l'obligation faite au pétitionnaire de fournir les documents justificatifs dès qu'ils auront été établis (Circ. n° 71-89, 20 août 1971).

Voir aussi : C. urb., art. L. 451-1, p. 382, et ses annotations.

C. urb., art. **R. 421-7-1 ***(D. n° 77-860, 26 juill. 1977 ; D. n° 83-1261, 30 déc. 1983).*** **— Lorsque la demande de permis de construire porte sur la construction, sur un même terrain,**

par une seule personne physique ou morale, de plusieurs bâtiments dont le terrain d'assiette doit faire l'objet d'une division en propriété ou en jouissance, le dossier présenté à l'appui de la demande est complété par les documents énumérés à l'article R. 315-5 *(a)* et, le cas échéant, à l'article R. 315-6.

Dans le cas mentionné au premier alinéa, et lorsqu'un coefficient d'occupation des sols est applicable au terrain, la demande peut être accompagnée d'un plan de division du terrain précisant, le cas échéant, le terrain d'assiette de la demande d'autorisation et répartissant entre chacun des terrains issus de la division la surface hors œuvre nette.

I. – Généralités

Champ d'application. Le présent article s'applique donc, soit dans les cas visés à l'article R. 315-2*c* (ventes en l'état futur d'achèvement, construction par des sociétés d'attribution), soit en cas de construction par une personne morale ou physique construisant plusieurs maisons dans le cadre d'un permis unique, mais désirant céder les constructions et le terrain d'assiette avant achèvement (par exemple, père de famille construisant sur sa propriété plusieurs maisons pour ses enfants) (Note technique du 3 août 1978 sur les lotissements n° 4.1.1 ; *JCP* N 1978, p. 6765). 2416

Plan de division. Le présent article vise à favoriser le dépôt par le demandeur d'un plan de répartition de la surface hors œuvre nette disponible sur chacun des terrains issus de la division. Mais il ne prévoit pas que soit produit le plan de division du terrain d'assiette. En revanche, il est possible d'imposer au constructeur, dans l'arrêté de permis de construire, les modalités de division. Mais l'insertion de telles dispositions n'est ni obligatoire, ni conseillée (Note technique précitée, n° 4.1.2. B). 2417

Voir aussi : Par comparaison, C. urb., art. R. 315-54, p. 679.

Cahier des charges. Le cahier des charges d'un groupe d'immeubles édifié en vertu d'un permis visé au présent article ne peut être modifié qu'à l'unanimité des propriétaires ; les règles de majorité qualifiée applicables au lotissement sont ici exclues (Cass. 3e civ., 12 mai 2004, req. n° 02-20.609 : *Juris-Data* n° 023638 ; *Defrénois* 2004, p. 1563, note P. Benoit-Cattin ; *Administrer* 2004, n° 369, p. 37, note G. Liet-Veaux). 2418

Suppression des liens avec les lotissements. Le décret n° 77-860 du 25 juillet 1977 a supprimé le lien qui existait entre l'actuelle procédure et la réglementation des lotissements. Deux conséquences en résultent pour l'avenir : le statut des divisions foncières échappe au droit public, les modifications pouvant notamment intervenir sans respecter les procédures des articles L. 315-3 ou L. 315-4 ; la cession des immeubles peut intervenir sans délivrance préalable du certificat de déblocage de l'article R. 315-36 (Note technique précitée, n° 4.2). En revanche, les anciennes opérations autorisées ou sollicitées avant le 1er janvier 1978 continuent de relever de l'ancien régime, comportant les deux conséquences contraires (Note technique précitée, n° 5.2.2). 2419

Réforme. Garantie d'achèvement des travaux. Une réponse ministérielle du 17 septembre 2001 (*JOAN*, p. 5361) a indiqué, que, dans le cadre d'une prochaine réforme du permis de construire, la question des garanties d'achèvement des travaux en cas de permis groupés serait étudiée, sous l'angle des mécanismes déjà prévus en matière de lotissement (C. urb., art. R. 315-5, R. 315-33 et R. 315-34). Il s'agit en effet, en pratique, d'une grande faiblesse du dispositif de l'article L. 421-7-1, quant à la sécurité juridique des acquéreurs. 2420

II. – Solutions jurisprudentielles

Transfert partiel. La jurisprudence a confirmé que le présent article ne peut recevoir application que pour des bâtiments construits pour le compte d'une seule personne. Ainsi, il s'applique à la construction de chalets, par un seul propriétaire, destinés à la vente avec jouissance privative du terrain (CE, 8 févr. 1999, *Cne de La Clusaz : DA* 1999, 117 ; *BJDU* 2/1999, p. 127, concl. Touvet). Cela 2421

étant, chaque propriétaire a un droit de jouissance exclusif sur sa parcelle, puisque cette copropriété horizontale a été réalisée après exécution du permis groupé. Si une parcelle est détachée de l'ensemble par la suite, pour y édifier une nouvelle construction, les règles du POS concernant les parcelles isolées sont applicables, en l'espèce les marges de reculement, dont le non-respect entraîne l'illégalité du permis correspondant (CE, 26 mars 2003, *M. et Mme Leclercq, Cne du Haillan : BJDU* n° 2/2003, p. 90, concl. G. Le Chatelier ; *Constr.-urb.* 2003, n° 10, comm. n° 235, P. Cornille). Le permis de construire est annulé, faute de note de présentation de l'article R. 315-5 *a*, cette absence n'étant pas suppléée par les informations du dossier (*idem*). Il y a au contraire lotissement, si les bâtiments sont construits pour des propriétaires différents, alors même que ceux-ci auraient fait appel à un même entrepreneur (CE, 4 mai 1983, *Chapel : Rec. CE*, p. 175 ; *Petites affiches*, 13 août 1983, note Moderne confirmé par CE, 26 juill. 1985, *Guichet : Rec. CE*, T, p. 810, V. annotations sous l'article R. 421-36).
On peut se demander si ce principe ne sera pas remis en cause par la jurisprudence qui semble admettre le transfert partiel de permis de construire à des personnes différentes (CE, 24 juill. 1987, *Époux Rayrole*, préc., sous nos commentaires, C. urb. art. R. 421-1-1).

Voir aussi : Sur la notion de permis de construire donnant lieu à division parcellaire, CE, 25 mars 1983, *Caradec : Rec. CE*, p. 145. – CE, 17 juin 1987, *Mme Hanne Ducroquet : DA* 1987, n° 406. – CAA Lyon, 13 juin 1995, *Du Plessis : DA* 1995, 551. Nos commentaires, C. urb. art. R. 421-1-1, p. 759.

2422 **Surfaces.** En présence d'un POS fixant la surface moyenne des lots (en englobant la surface des VRD), la SHON globale peut être librement ventilée comme en matière de lotissement (V. par analogie art. L. 315-9), entre les différents lots à construire (CAA Paris, 31 mars 1994, *Cne de Mareil-sur-Mauldre : BJDU* 3/1994, p. 40, concl. Dacre Wright. V. aussi, par analogie, CE, 27 oct. 1993, *Mme Joubin : Rec. CE*, T, p. 1101).

2423 **Pluralité de logements et bâtiment unique.** Cette situation ne constitue pas une division foncière d'autant que le maître d'ouvrage est unique (CAA Bordeaux, 31 mai 2001 : *Constr.-urb.*, n° 9, comm. n° 15, P. Cornille).

2424 **Future réforme.** Le rapport Pelletier préconise de créer un régime particulier pour faciliter les opérations complexes qui supposent une pluralité de maîtres d'ouvrage.
Ces mesures seraient les suivantes :
– « cotitularité d'un permis de construire ou de lotir unique ;
– dépôt d'un permis de construire unique dans le cadre d'une division en volumes ;
– dépôt de plusieurs demandes de permis sur une même assiette, par des pétitionnaires différents ;
– dépôt d'une seule demande de permis sur plusieurs unités foncières distinctes ;
– dépôt de plusieurs demandes de permis distinctes sur plusieurs unités divises contiguës, en globalisant les règles de densité si l'ensemble immobilier présente une homogénéité architecturale et/ou fonctionnelle et est soumis à la même réglementation d'urbanisme ;
– transfert de l'autorisation d'urbanisme, en particulier du transfert partiel ;
– dépôt de demande de permis valant division par plusieurs demandeurs et clarification des conditions d'application des règles d'urbanisme, notamment en les appliquant à l'ensemble de l'unité foncière ».

Bibliographie : P. Meysson, *La doctrine administrative relative aux divisions de propriétés et au statut des constructeurs-diviseurs : JCP* N 1978, I, p. 261. – Pérignon, *Pour une réforme du permis de construire prévoyant une division parcellaire : Defrénois* 1997, p. 86. – P. Soler-Couteaux, *Le permis de construire d'opérations complexes : RD imm.* mars-avr. 2003, p. 125.

C. urb., art. **R. 421-8 ***(D. n° 77-752, 7 juill. 1977 ; D. n° 83-1261, 30 déc. 1983).*** **— La demande de permis de construire et le dossier qui l'accompagne sont établis en quatre exemplaires.**

Un exemplaire supplémentaire de la demande et du dossier peut être réclamé, en tant que de besoin, au demandeur pour chacun des services, personnes publiques ou commissions consultés sur le projet, notamment dans les cas visés aux articles R. 421-38-1 et suivants.

Suspension du délai d'instruction. À notre avis, en cas de demande d'exemplaires supplémentaires, le délai d'instruction du permis de construire devrait être seulement suspendu et non interrompu, nonobstant les dispositions de l'article R. 421-13. 2425

Section II Dépôt et transmission de la demande

C. urb., art. **R. 421-9 *(D. n° 83-1261, 30 déc. 1983 ; D. n° 88-199, 29 févr. 1988).* — Tous les exemplaires de la demande et du dossier de permis de construire sont adressés, par pli recommandé avec demande d'avis de réception postal, au maire de la commune dans laquelle la construction est envisagée, ou déposés contre décharge à la mairie.

Le maire affecte un numéro d'enregistrement à la demande dans les conditions prévues par arrêté du ministre chargé de l'urbanisme.

***(Al. modifié, D. n° 2002-89, 16 janv. 2002, art. 53, IV, 1°)* Les exemplaires de la demande et du dossier de permis de construire font l'objet des transmissions prévues à l'article L. 421-2-3. Toutefois dans les cas prévus au 1° dudit article, seul le formulaire de demande est transmis au préfet sauf lorsque les travaux sont situés à l'intérieur d'une zone délimitée dans les conditions prévues *(Mots rempl. à compter du 1er août 2004, D. n° 2004-490, 3 juin 2004, art. 111, IV et 122)* « à l'article 5 du décret n° 2004-490 du 3 juin 2004 relatif aux procédures administratives et financières en matière d'archéologie préventive » ou lorsque ces travaux ont une emprise au sol excédant les seuils fixés dans les mêmes conditions.**

Dans les quinze jours qui suivent le dépôt de la demande et pendant la durée d'instruction de celle-ci, le maire procède à l'affichage en mairie d'un avis de dépôt de demande de permis de construire comprenant les mentions suivantes : nom du demandeur, numéro et date d'enregistrement de la demande, adresse du terrain, surface hors œuvre nette et hauteur du projet, destination de la construction.

***(Al. créé, D. n° 2002-89, 16 janv. 2002, art. 53, IV, 2°)* Lorsque le projet a fait l'objet d'une prescription du préfet de région en application du *(Mots rempl. à compter du 1er août 2004, D. n° 2004-490, 3 juin 2004, art. 111, V et 122)* « décret n° 2004-490 du 3 juin 2004 précité », le permis de construire comporte la mention prévue au dernier alinéa de l'article L. 421-2-4.**

Simplification. Le dépôt de tous les exemplaires de la demande à la mairie est une mesure de simplification, d'ailleurs fondée sur l'article L. 421-2-3. Elle évite au pétitionnaire de rechercher, de sa propre initiative, quelle est l'autorité compétente pour instruire la demande. 2426

Transmission au préfet. Depuis la loi du 13 août 2004 sur les libertés et responsabilités locales, il n'existe plus d'obligation de transmission de la demande de permis au préfet lorsque la compétence en matière de délivrance des autorisations est décentralisée. 2427

Voir aussi : Sur ce point, C. urb., art. L. 421-2-3, modifié et nos commentaires.

Nature de l'obligation d'affichage de l'avis de dépôt de la demande. L'affichage de l'avis de dépôt nous paraissait être une formalité substantielle de l'instruction du permis. Mais cette opinion était discutée (Colloque CERCOL. 23-24 avr. 1984. – *Le nouveau droit de l'urbanisme : RD imm.* numéro spécial, 1984) ; et la jurisprudence considère qu'il ne s'agit pas d'un vice de forme substantiel, devant entraîner l'annulation du permis (CE, 6 janv. 1997, *Assoc. les Amis de Saint-Palais-sur-Mer : Rec. CE,* p. 4). 2428

Consultation du dossier par les tiers. Tant que le permis de construire n'est pas délivré, les tiers ne peuvent prendre connaissance du dossier. Au contraire, après délivrance, la communication aux tiers est organisée par l'article A. 421-8, et ils peuvent obtenir des photocopies du dossier à leurs frais (Rép. min. : *JOAN* 10 juill. 1995, p. 2983). 2429

Archéologie préventive. Le dispositif issu de la loi du 1er août 2003 et de son décret d'application du 3 juin 2004 est analysé sous l'article L. 421-2-4 du présent code. Il faut signaler que le Conseil 2430 d'État a précisé que les prescriptions du préfet de région constituent des conditions dont est assorti le permis et nullement une décision retirant un acte créateur de droits (CE, 30 avr. 2003, *UNICEM : BJDU* n° 5/2003, concl. M.-H. Mitjaville).

C. urb., art. **R. 421-10 *(D. n° 83-1261, 30 déc. 1983).* **— Lorsque le permis de construire est sollicité pour une construction dont la densité excède le plafond légal ou pour laquelle est prévue une participation pour dépassement du coefficient d'occupation des sols, et que la décision n'est pas prise au nom de l'État, une copie de la demande et du dossier est transmise au responsable du service de l'État dans le département, chargé de l'urbanisme, dans la semaine qui suit la réception de cette demande en mairie, sauf lorsqu'il est fait application de l'article R. 424-1.**

2431 **Abrogation.** Cet article est appelé à terme à être abrogé.

C. urb., art. **R. 421-11 *(D. n° 77-752, 7 juill. 1977 ; D. n° 83-1261, 30 déc. 1983 ; D. n° 88-199, 29 févr. 1988).* **— Lorsque les travaux ont pour effet de changer la destination d'une construction existante et que cette modification est soumise à autorisation du préfet en vertu de l'article L. 631-7 du Code de la construction et de l'habitation, la demande de permis de construire tient lieu de la demande d'autorisation exigée par ce texte.**

La procédure d'instruction de cette demande d'autorisation est toutefois indépendante de celle du permis de construire.

CCH, art. L. 631-7. — Dans les communes définies à l'article 10-7 de la loi n° 48-1360 du 1er septembre 1948 modifié :

1° Les locaux à usage d'habitation ne peuvent être, ni affectés à un autre usage, ni transformés en meublés, hôtels, pensions de famille ou autres établissements similaires dont l'exploitant exerce la profession de loueur en meublé au sens du premier alinéa de l'article 2 de la loi n° 49-458 du 2 avril 1949 modifiée, accordant le bénéfice du maintien dans les lieux à certains clients des hôtels, pensions de famille et meublés ; les présentes dispositions n'étant pas applicables aux locations en meublé mentionnées au deuxième alinéa dudit article 2 ;

2° Les locaux à usage professionnel ou administratif ainsi que les meublés, hôtels, pensions de famille ou établissements similaires ne peuvent, s'ils ne conservent pas leur destination primitive, être affectés à un usage autre que l'habitation ;

3° Les garages et remises mentionnés à l'article 2 de la loi n° 48-1360 du 1er septembre 1948 précitée ne peuvent être affectés à un usage commercial, industriel ou artisanal.

Il ne peut être dérogé à ces interdictions que par autorisation administrative préalable et motivée, après avis du maire et, à Paris, Marseille et Lyon, après avis du maire d'arrondissement.

Le représentant de l'État dans le département peut autoriser l'exercice, sous certaines conditions, dans une partie d'un local d'habitation, d'une profession qui ne puisse à aucun moment revêtir un caractère commercial si ce local constitue en même temps la résidence du demandeur.

Ces dérogations et autorisations sont accordées à titre personnel. Cependant les bénéficiaires membres d'une profession libérale réglementée, qui rendent à l'habitation le local qui était devenu totalement ou partiellement professionnel, peuvent être autorisés à transformer un autre local d'habitation en local professionnel pour une surface équivalente.

La dérogation et l'autorisation cessent de produire effet lorsqu'il est mis fin, à titre définitif, pour quelque raison que ce soit, à l'exercice professionnel du bénéficiaire.

Sont nuls de plein droit, tous accords ou conventions conclus en violation du présent article. Toutefois le locataire ou occupant d'un local d'habitation irrégulièrement transformé en meublé et réaffecté à la location nue bénéficie de plein droit, quelle que soit la date de son entrée dans les lieux, du maintien dans les lieux dans les conditions prévues aux chapitres I et II du titre I de la loi précitée du 1er septembre 1948.

2432 **Indépendance des procédures.** Les deux procédures d'instruction étant indépendantes, le dossier – et non plus seulement le formulaire de demande – doit être transmis au préfet lorsque le permis de construire est délivré par la commune. Cette délivrance doit être postérieure à l'autorisation préfectorale.

Voir aussi : Dans le cas d'une délivrance du permis de construire au nom de l'État, obs. sous C. urb., art. R. 421-36, p. 811 ; sur le changement d'affectation, Carbonnel, *Les vicissitudes de la transforma-*

tion de locaux en Île-de-France : RD imm. 1994, p. 395. – CE, sect., 6 mars 1992, *Mérand et Morvant : JCP* G 1993, 22.028.

Projet de réforme. Fin 2003, le ministère de l'Équipement avait présenté (conférence 2433
GRIDAUH/Chambre interdépartementale des notaires de Paris du 4 novembre 2003) des pistes de réformes de ce dispositif, dont la lourdeur pénalise l'attractivité de la région parisienne pour l'implantation d'entreprises. En effet, le principe d'interdiction, sauf dérogation préfectorale, du changement d'affectation des logements vers d'autres activités s'applique à Paris et dans les communes situées dans un rayon de 50 km de l'emplacement des anciennes fortifications, dans les communes dont la population est supérieure ou égale à 10 000 habitants et, pour les autres communes, dans celles fixées par décret ou arrêté. Les zones franches urbaines sont en tout état de cause exclues.
Il était envisagé, certes, de maintenir le caractère obligatoire du système d'interdiction-dérogation en région parisienne, mais avec la possibilité pour les communes d'en sortir temporairement ; en dehors de ce périmètre, le dispositif serait devenu facultatif. De surcroît, la compétence actuelle de l'État aurait pu être décentralisée au profit du maire, à condition que le conseil municipal adopte un règlement définissant les conditions d'octroi des dérogations. Le permis aurait alors tenu lieu de dérogation.
Une telle réforme était soutenue par le notariat et les représentants des entreprises pour son objectif de simplification administrative et de meilleure adaptation aux réalités et besoins des communes en matière de parts respectives entre le logement et l'activité. Il faut savoir qu'aujourd'hui les préfets ne délivrent les dérogations qu'avec une extrême parcimonie.
Or, il ne semble pas, finalement, que ces pistes soient retenues lors de la future réforme des autorisations et que le permis de construire ne vaudra pas dérogation. Toutefois, la loi du 9 décembre 2004 de simplification du droit habilite le gouvernement à alléger ce dispositif du Code de la construction et de l'habitation. Une ordonnance devrait être prochainement publiée en ce sens.

Voir aussi : Sur les opinions favorables à une réforme : Me Wallert, *Changement d'affectation de locaux : réforme en vue : Dr. et patrimoine* n° 119, oct. 2003, p. 16 ; *Changement d'affectation des locaux. Perspectives de réforme,* Rapport de la Chambre de commerce et d'industrie de Paris, 22 janv. 2004, www.ccip.fr

Bibliographie : P. Boulisset, *Changement de destination et changement d'affectation, des constructions dans le cadre du permis de construire : Ann. loyers* 2004, n° 11, p. 2506.

Section III Instruction de la demande

§ 1 Dispositions applicables dans l'ensemble des communes

C. urb., art. **R. 421-12 ***(D. n° 77-752, 7 juill. 1977 ; D. n° 83-1261, 30 déc. 1983 ; D. n° 94-484, 9 juin 1994).*** **— Si le dossier est complet, l'autorité compétente pour statuer fait connaître au demandeur, dans les quinze jours de la réception de la demande en mairie, par une lettre de notification adressée par pli recommandé avec demande d'avis de réception postal, le numéro d'enregistrement de ladite demande et la date avant laquelle, compte tenu des délais réglementaires d'instruction, la décision devra lui être notifiée. Le délai d'instruction part de la date de la décharge ou de l'avis de réception postal prévus à l'article R. 421-9.**

Lorsque la demande de permis de construire concerne une installation classée soumise à autorisation, l'autorité compétente, pour statuer, fait connaître au demandeur, dans la lettre de notification mentionnée au premier alinéa, que le délai d'instruction de la demande de permis de construire court jusqu'à l'expiration du délai d'un mois suivant la date de clôture de l'enquête publique concernant l'installation classée et que le permis de construire ne pourra lui être délivré avant la clôture de ladite enquête publique.

(Al. créé, D. n° 2003-16, 2 janv. 2003, art. 3 et IV) **Lorsque les travaux projetés nécessitent la coupe ou l'abattage d'arbres dans des bois, forêts ou parcs soumis aux dispositions de l'article L. 130-1 du présent code ou des articles L. 311-1 et L. 312-1 du Code**

forestier, l'autorité compétente pour statuer fait connaître au demandeur, dans la lettre de notification mentionnée au premier alinéa, que le délai d'instruction de la demande de permis de construire court jusqu'à l'expiration du délai d'un mois suivant la date de l'autorisation de coupe ou d'abattage et, le cas échéant, de l'autorisation de défrichement et que le permis de construire ne pourra lui être délivré avant l'intervention de ladite autorisation.

L'autorité compétente pour statuer avise en outre le demandeur que si aucune décision ne lui a été adressée avant la date mentionnée au premier alinéa ou avant l'expiration d'un délai d'un mois suivant la date de clôture de l'enquête publique lorsqu'il s'agit d'une demande de permis de construire concernant une installation classée soumise à autorisation, la lettre de notification des délais d'instruction vaudra permis de construire et les travaux pourront être entrepris conformément au projet déposé, sous réserve du retrait, dans le délai du recours contentieux, du permis tacite au cas où il serait entaché d'illégalité. ***(Phrase créée, D. n° 2003-16, 2 janv. 2003, art. 3, V)*** **« Dans le cas mentionné au troisième alinéa, le demandeur est avisé selon les mêmes modalités qu'en l'absence de décision notifiée avant l'expiration du délai d'un mois suivant la date de l'autorisation de coupe ou d'abattage et, le cas échéant, de l'autorisation de défrichement, la lettre de notification vaudra permis de construire et les travaux pourront être entrepris conformément au projet déposé, sous réserve d'un retrait du permis tacite dans les conditions susmentionnées. »**

Toutefois, lorsque le projet se trouve dans l'un des cas prévus à l'article R. 421-19, le demandeur est informé qu'il ne pourra bénéficier d'un permis tacite.

I. – Délai d'instruction

2434 **Délai d'instruction –Point de départ.** Le Conseil d'État a jugé que le délai d'instruction a pour point de départ la réception de la demande par l'Administration, même si l'accusé de réception, mentionnant un délai erroné, n'a pas été attaqué par le pétitionnaire (CE, 1er juill. 1974, *Époux Jeansou : D.* 1975, p. 44, note Gilli). Le présent article n'impose pas un délai minimum d'instruction et une durée d'instruction très brève ne constitue pas une illégalité dès lors que ne sont concernées que des modifications limitées par rapport à un précédent permis de construire.

2435 **Délai de 15 jours – Portée.** L'expiration du délai de 15 jours n'empêche pas l'Administration de demander après coup des pièces complémentaires par application de l'article R. 421-13, *si le dossier est incomplet*, ce qui diffère le point de départ du délai d'instruction (CE, 8 févr. 1978, *Sieur Audon : D.* 1978, p. 709, note Charles ; *JCP* G 1979, II, 19234, note Liet-Veaux).

2436 **Renvoi de dossier incomplet.** Le renvoi d'un dossier, prétendument incomplet, est une décision faisant grief, qui peut être attaquée pour excès de pouvoir (CE, 14 mars 1980, *Bulette : Rec. CE*, 1980, T, p. 931), à la différence de la lettre prorogeant le délai d'instruction lorsqu'un permis tacite n'est pas possible (CE, 29 juill. 1994, *Fournier : BJDU* 5/1994, p. 57, concl. Savoie), les pièces complémentaires peuvent être demandées par lettre non recommandée (CE, 29 oct. 1993, *SCI Breva : Rec. CE*, T, p. 1105).

2437 **Lettre rectificative.** La lettre rectificative, majorant le délai d'instruction, doit être notifiée par lettre recommandée avec AR ; à défaut, le pétitionnaire serait titulaire d'un permis tacite à la date fixée initialement (CE, 19 mars 1983, *Min. Environnement et Cadre de Vie* c/ *Dehe*). Mais la formalité n'est pas substantielle (CE, 29 oct. 1993, *SCI Breva : Rec. CE*, T, p. 1105). Mais cette lettre rectificative ne peut majorer le délai d'instruction pour un motif déjà pris en compte par l'accusé de réception initial (CE, 22 oct. 1982, *Sté Sobéprim : Rec. CE*, p. 356. – CE, 21 nov. 1980, *Malortigue : Rec. CE*, p. 442). Cette lettre de notification des délais emporte donc des effets de droit et peut faire grief mais sans revêtir un caractère décisoire. Ces principes viennent d'être confortés dans un important arrêt de Section du Conseil d'État du 25 juin 2004, *SCI Maison médicale Edison*, quant à une lettre comportant une erreur sur l'interdiction d'obtenir un permis tacite.

Voir aussi : Pour une analyse complète de cet arrêt, comm. sous C. urb., art. R. 421-19, p. 796.

Future réforme. Compte tenu de la complexité de tels dispositifs et des risques inhérents pour la sécurité juridique des constructeurs, le rapport Pelletier propose les améliorations suivantes : 2438
- préciser la liste des pièces à produire obligatoirement en faisant mieux apparaître son caractère limitatif ;
- instituer un récépissé de dépôt du dossier mentionnant la liste des pièces remises, pour éviter toute contestation ;
- prescrire qu'au-delà d'un délai d'un mois, toute demande de pièces complémentaires ne proroge pas le délai d'instruction.

II. – Permis tacite

Conditions procédurales. Le pétitionnaire ne peut se prévaloir d'un permis tacite, si l'accusé de réception visé au premier alinéa ne lui est pas adressé (CE, 5 oct. 1979, *Milon : D.* 1980, inf. rap. p. 531, note Charles. – CE, 4 juill. 1980, *Brumpt : JCP* G 1980, II, 19475, note Liet-Veaux), et qu'en outre, il ne justifie pas avoir mis en œuvre la procédure prévue à l'article R. 421-14 du Code de l'urbanisme (CAA Marseille, 10 déc. 1998, *Arnaud*). Mais la responsabilité de l'Administration est à notre avis engagée dans un tel cas (V. obs. sous R. 421-14). Il n'y a pas permis tacite, faute de mise en demeure et de notification d'un délai d'instruction, après l'annulation d'un refus de permis de construire (CE, 25 nov. 1994, *Leducq : Rec. CE*, T, p. 1253 ; *BJDU* 6/1994, p. 59, concl. Daël). 2439

Intervention d'une nouvelle procédure en cours d'instruction. Le Conseil d'État a eu à statuer sur les conséquences pour l'obtention du permis tacite de l'intervention d'une réglementation prescrivant l'obtention d'une autorisation au titre d'une législation distincte de celle de l'urbanisme. La lettre de notification sur le délai d'instruction de la demande de permis fixait au 28 mai 1996 la date éventuelle d'obtention du permis tacite. Le 3 mai, une nouvelle lettre avertit le pétitionnaire qu'une loi du 12 avril 1996 requiert une autorisation d'exploitation commerciale pour les bâtiments à usage de commerce d'une surface de vente supérieure à 300 m^2, et qu'il lui était ainsi imposé de justifier du dépôt d'une telle demande d'autorisable recevable auprès de la préfecture. Puis une seconde lettre postérieure au 28 mai, date butoir pour le permis de construire, lui signifiait une prorogation du délai d'instruction de ce dernier. La Haute Juridiction a bien évidemment considéré que le permis tacite était acquis, compte tenu de la tardiveté de la lettre de prorogation du délai, mais que cela ne dispensait pas le pétitionnaire de solliciter l'autorisation d'exploitation requise par la réglementation intervenue avant la date du 28 mai, d'obtention du permis tacite (CE, 17 mars 2004, *SCI Rivière : BJDU* n° 2/2004, p. 117, concl. Roul ; *DA* 2004, n° 6, comm. n° 103, N. Rousseau ; *Constr.-urb.* 2004, n° 5, comm. n° 114, P. Benoit-Cattin ; *Collectivités-Intercommunalité* 2004, n° 6, comm. n° 109, G. Pellissier). 2440

Sursis à statuer. L'opposition tardive d'un sursis à statuer à la demande de permis de construire est assimilée à un rejet tardif de permis (CE, 16 nov. 1984, req. n° 56611, *Min. Urb. c/ Doumergue*) et vaut retrait implicite du permis tacite entaché d'illégalité (CE, 21 avr. 1989, *Salavert : DA* 1989, n° 314 ; voir aussi, Rép. min. Paillé : *JOAN* QE, 14 déc. 1998, p. 6860. – CE, 9 févr. 2000, *SARL Construction de Giorgi* : *BJDU* 2/2000, p. 101). Mais, si l'opposition du sursis à statuer vaut retrait du permis de construire tacite, elle n'est elle-même légale que si le permis est illégal (CE, 26 mars 1990, *Cne de Mesnil-Saint-Père : Rec. CE*, p. 75 ; *DA* 1990, n° 306). 2441

L'absence de réponse expresse dans le délai de deux mois, à compter de la confirmation par le pétitionnaire de sa demande de permis de construire déposée après l'expiration du délai maximum de validité d'un sursis à statuer précédemment opposé, vaut permis tacite (CE, 24 févr. 1992, *Heintz : RD imm.* 1992, 198), sauf si la durée du sursis à statuer n'est pas indiquée dans la décision de sursis, comme cela doit être le cas (V. note de P. Cornille, sous CE, 9 févr. 2001 : *Constr.-urb.* 2001, nos 7-8, comm. n° 161).

III. – Retrait

Retrait – Condition d'illégalité. En revanche, le retrait du permis est légal si l'Administration prouve l'illégalité du permis tacite, résultant d'une erreur manifeste dans l'appréciation d'une 2442 règle permissive (CE, sect., 9 mai 1979, *SCI Résidence de Castellon : D.* 1979, inf. rap. p. 413, obs. Charles). De même, un permis tacite est illégal, et peut donc être retiré, si la consultation d'une commission qui doit être obligatoirement saisie a été omise (CE, 23 janv. 1980, *Laurent : DA* 1980, n° 48. – CE, 4 déc. 1981, *Kauff : DA* 1982, n° 15).

2443 **Retrait – Formes.** Le retrait du permis de construire tacite nécessitait un arrêté préfectoral, lorsque le permis tacite était censé être délivré par le préfet, du fait de l'octroi d'une dérogation (CE, 29 sept. 1982, *Sté Michel Buisson : Rec. CE,* p. 301) ou en raison d'avis contradictoires émis par le maire et le directeur départemental de l'équipement. A été jugé légal l'arrêté préfectoral retirant un permis tacite dès lors que le pétitionnaire avait été informé par la DDE d'une prolongation du délai d'instruction de deux mois à une date postérieure à celle d'obtention du permis tacite (CE, 13 juill. 1992, *Dame Terrones : Gaz. Pal.* 1993, pan. dr. adm. 42). L'annulation de cette lettre rectificative vaudrait permis tacite à l'expiration du délai initialement fixé pour l'instruction de la demande *(ibid.)*.

Par ailleurs, le retrait du permis doit suivre une procédure contradictoire. Selon l'article 24 de la loi du 12 avril 2000 relative aux droits des citoyens dans leurs rapports avec les administrations, s'agissant des décisions administratives individuelles défavorables, la personne concernée doit être mise en mesure de présenter ses observations écrites ou orales (CE, 23 avr. 2003, *Société Bouygues immobilier : BJDU* n° 2/2003, p. 95, concl. F. Séners ; *Constr.-urb.* 2003, n° 11, comm. n° 261, P. Benoit-Cattin).

2444 **Retrait en cours d'instance.** Si, postérieurement à l'introduction de la requête, un nouveau permis a été délivré sur le même terrain, celui-ci accordé à une société distincte du bénéficiaire du permis initial, n'a pas pour effet de rapporter implicitement ce dernier (CE, 16 janv. 2002, *Portelli : Constr.-urb.* 2002, n° 4, comm. n° 101, P. Cornille).

Dans un même ordre d'idées, nonobstant le fait qu'un nouveau permis dispose expressément de retirer le précédent, dès lors qu'en réalité, il ne procède qu'à sa modification, il ne saurait être opposé par le juge un non-lieu à statuer sur le permis initial (CE, 6 mars 2002, *Mme Besombes : BJDU* 2/2002, p. 148, concl. R. Schwartz ; *Constr.-urb.* 2002, n° 6, comm. n° 158, N. Rousseau).

Par ailleurs, si en cours d'instance le permis attaqué est retiré et un autre permis délivré, le délai de recours contre cette nouvelle autorisation court à compter du jour de sa notification au requérant. Cette règle est toutefois inapplicable si le nouveau permis est délivré à la suite d'une annulation (et non d'un retrait) du permis initial, et que le jugement d'annulation est frappé d'appel (CE, 15 nov. 2000, *Assoc. de sauvegarde du site de Courcourt : BJDU* 5/2001, p. 375). Cela étant, il en irait différemment si le jugement qui rejetait le recours (absence d'annulation du permis) est frappé d'appel.

Enfin, on relèvera une jurisprudence, certes novatrice, mais posant des problèmes pratiques : lorsqu'un nouveau permis est sollicité sur la même assiette foncière, il rapporte implicitement et nécessairement le premier permis attaqué sur lequel il n'y a plus lieu de statuer (CE, 31 mars 1999, *M. Viqueneau : BJDU* 4/1999, p. 268). Cela signifie concrètement que si le second permis est également retiré ou annulé, il n'existera plus aucun permis !

> **Voir aussi** : N. Chauvin, note sous TA Paris, 21 nov. 2002, *Ameye : AJDA* 2003, p. 1178, à propos de la succession de plusieurs permis.

2445 **Délai de retrait – Évolution jurisprudentielle avant l'arrêt Ternon de 2001.** On savait depuis la fameuse jurisprudence *Dame Cachet* de 1922, qu'un acte créateur de droit ne pouvait être retiré que pour illégalité et dans le délai de recours contentieux. Ces principes s'appliquaient donc au permis de construire. Mais, le Code de l'urbanisme ne fixait pas le point de départ du délai de retrait par l'Administration. Dans un célèbre arrêt d'Assemblée du 6 mai 1966, *Ville de Bagneux* (*Rec.* p. 303), le Conseil d'État avait considéré que le retrait des autorisations illégales non publiées à l'égard des tiers, mais notifiées à leur bénéficiaire, pouvait intervenir à tout moment. S'inspirant sans doute d'un arrêt de la Haute Juridiction rendu en 1997 dans un domaine différent de celui de l'urbanisme (CE, ass., 24 oct. 1997, *Mme Laubier : AJDA* 1997, p. 1010), le tribunal administratif de Nice avait, le 2 avril 1999, dans une affaire *SCI L'Impératrice* (*BJDU* 4/1999, p. 272), marqué la distinction entre le délai de retrait du permis et le délai de recours : en cas de retrait spontané de l'autorité compétente, celle-ci devait intervenir dans le délai de deux mois suivant la notification dudit permis, et ne pouvait invoquer le défaut d'affichage du permis sur le terrain, la régularité de cette publicité conditionnant le délai de recours des tiers étant sans incidence. Cette position avait été aussi celle du tribunal administratif de Versailles dans un jugement du 17 avril 2000, *Baud* c/ *Commune de Saint-Germain-sur-Morin* (req. n° 96260).

Incidences en matière d'urbanisme de l'arrêt Ternon. Dans un arrêt d'Assemblée du 26 octobre 2001, *M. Ternon* (*BJDU* 5/2001, p. 353, note J.-C. Bonichot), le Conseil d'État a rompu avec la vénérable jurisprudence *Dame Cachet*. Si un acte administratif créateur de droits peut toujours être retiré pour illégalité, les conditions de délai en sont profondément bouleversées. Selon *Dame Cachet*, on savait que le retrait s'effectuait dans le délai de recours ou tant que le juge saisi d'un recours n'avait pas statué. Depuis l'arrêt *Ternon*, pour les décisions expresses, le retrait doit être réalisé dans le délai de 4 mois (sans prorogation possible) à compter de la prise de décision, c'est-à-dire la signature de l'acte (ou la date de délibération si la procédure est collégiale). Outre l'abandon de *Dame Cachet*, l'arrêt *Ternon* marque aussi celui de *Ville de Bagneux* où le retrait d'un acte non publié pouvait s'effectuer à tout moment. Aux termes des conclusions du commissaire du Gouvernement, F. Seners, la solution consiste « à appréhender séparément, à dissocier le droit de retrait de l'Administration et le droit de recours des tiers. Un tel découplage du droit de retrait et du droit de recours contentieux nous paraît reposer sur une différenciation pertinente entre la relation juridique qui lie l'auteur de l'acte créateur de droits à son bénéficiaire, d'une part, et celle qui, d'autre part, s'instaure entre l'auteur de l'acte et les tiers ». Le Conseil d'État va même jusqu'à appliquer le délai de quatre mois alors qu'un recours serait déjà introduit, y compris un recours administratif. Toutefois, cette jurisprudence est valable, sauf dispositions législatives et réglementaires contraires. Elle ne concerne pas les autorisations tacites où la loi n° 2000-321 du 12 avril 2000, relative aux droits des citoyens dans leurs relations avec les administrations, prévoit leur retrait pour illégalité dans le délai de recours contentieux. 2446

Quel est l'impact de l'arrête *Ternon* en matière d'urbanisme ?

– s'agissant des autorisations expresses, leur retrait doit intervenir dans les quatre mois de leur édiction (signature du permis de construire, par exemple) ;

– s'agissant des autorisations tacites, la loi du 12 avril 2000 est applicable, et pour le permis de construire tacite, l'article R. 421-12 (av. dern. al.) : le retrait doit intervenir dans les deux mois à compter de l'accomplissement des formalités de publicité ou, en l'absence de celles-ci, dans les deux mois de l'intervention tacite des permis ou pendant la durée de l'instance si le juge est déjà saisi d'un recours. La notification d'un refus de permis dans le délai de recours vaut retrait du permis tacite (CE, ass., 14 juin 1973, *Roulin : AJDA* 1973, p. 491, note Gilli ; *JCP* 1973, II, 17513, note Liet-Veaux).

Un retrait de permis tacite intervenant plus de deux mois après son obtention a été jugé illégal pour un double motif : le délai de recours contentieux a pu courir en l'absence de preuve d'affichage régulier en mairie et ce retrait a été pris avant la formation de l'action juridictionnelle (TA Versailles, 1er avr. 2003, *SCI Domaine des Grands Réages : BJDU* n° 4/2003, p. 307).

En tout état de cause, lorsque le retrait est sollicité par le bénéficiaire du permis sans mise en cause de droits des tiers, il peut intervenir à tout moment. Toutefois, un refus sera opposé si les travaux ont commencé à être exécutés.

Par ailleurs, le retrait du retrait est un acte créateur de droit qui doit intervenir dans le délai de quatre mois, conformément à la jurisprudence *Ternon* (CE, 3 oct. 2003, *Mme Wetzstein : BJDU* n° 5/2003, p. 374, concl. F. Séners ; *Constr.-urb.* 2003, n° 12, comm. n° 280, P. Cornille). Enfin, la jurisprudence *Ternon* s'applique à des actes et faits antérieurs à son prononcé (CE, 14 juin 2004, *SCI Saint-Lazare : BJDU* n° 4/2004, p. 294, concl. F. Séners).

Compte tenu de ces bouleversements, sauf en matière de permis tacite, le ministre de l'Équipement a précisé en détail les incidences de ce nouveau contexte juridique par la circulaire ci-dessous reproduite.

Future réforme. La distinction entre les conditions de retrait des autorisations tacites et expresses, crée un régime très complexe. Le rapport Pelletier suggère d'harmoniser ce double régime et de prévoir un délai unique de trois mois à compter de la prise de l'acte. On relèvera qu'au tel délai resterait « déconnecté » du délai de recours contentieux ; ce qui maintient, selon nous, un facteur de complexité. 2447

Par ailleurs, le rapport Pelletier préconise opportunément de permettre la délivrance de plusieurs permis successifs sur un même terrain sans que cela emporte retrait du permis précédent et à condition que l'information des tiers (affichage) et de l'Administration (Déclaration d'ouverture du chantier) soit garantie.

Bibliographie : P. Hocreitere, *Les autorisations tacites : BJDU* 4/1996, p. 228. – J.-L. Maillot. *Hésitations et controverses autour du permis de construire tacite : Petites affiches,* 31 juill. 2000, p. 4. – R. Gianina, *Le retrait du permis de construire : où, quand, comment ? : Gazette des communes,* 6 nov. 2000, p. 42. – G. Liet-Veaux, *Vers une meilleure analyse des délais d'instruction des demandes de permis de construire : JCP* N 1999, p. 745. – J. Duval, *Un des oublis de la loi SRU, la sécurité juridique dans l'instruction des permis de construire : Gaz. Pal.* 19 févr. 2001, p. 48. – P. Durnez, *Le permis de construire tacite : mythe ou réalité, Ét. foncier,* n° 91, mai-juin 2001, p. 38. – M. Guyomar et P. Collin, *Chronique sur l'arrêt Ternon : AJDA* 2001, p. 1034, concl. F. Seners sous *l'arrêt Ternon ; RFDA,* janv.-févr. 2002, p. 77 avec la note de P. Delvolvé, p. 88. – A. Pariente, *Vers une clarification du régime de retrait des décisions implicites d'acceptation : RDFA* mai-juin 2001, p. 653, concl. S. Austry sous CE, 18 oct. 2002, *M. Segui : BJDU* 6/2002, p. 446. – F. Chaltiel, *Le permis de construire : autorisation et retrait : Petites affiches* 31 déc. 2003, n° 261, p. 4. – E. Fatôme et M. Raunet, *Le retrait des certificats et autorisations d'urbanisme après la loi du 12 avril 2000 et l'arrêt Ternon* : *DAUH* 2003, n° 7, p. 49. – J.-M. Berly, *Le caractère définitif du permis de construire : RD imm.* 2004, p. 399.

Circulaire UHC/D41/6 n° 2002-27 du 23 avril 2002

relative aux conséquences des nouvelles règles de retrait des actes administratifs au regard des autorisations d'urbanisme (*BO Équip.* n° 2002-09).

Objet : retrait des actes administratifs : conséquences des nouvelles règles de retrait au regard des autorisations d'urbanisme.

Par un important arrêt – *M. Ternon* – en date du 26 octobre 2001 –, l'assemblée du contentieux du Conseil d'État a modifié le délai dans lequel l'Administration pouvait opérer le retrait d'une décision individuelle explicite, créatrice de droits mais illégale.

En application de cette jurisprudence, l'Administration ne peut plus retirer la décision au-delà d'un délai de quatre mois qui suit son intervention explicite (V. note 1). Ce régime est à distinguer de celui relatif aux décisions implicites, défini par la loi n° 2000-321 du 12 avril 2000 relative aux droits des citoyens dans leurs relations avec les administrations (V. note 2).

Cette décision a d'importantes conséquences tant au regard du nombre des actes qu'elle concerne que de nos pratiques.

I. – Le principe posé par l'arrêt *Ternon*

L'arrêt *Ternon* pose le principe selon lequel « sous réserve des dispositions législatives ou réglementaires contraires, et hors le cas où il est satisfait à une demande du bénéficiaire, l'Administration ne peut retirer une décision individuelle explicite créatrice de droits, si elle est illégale, que dans le délai de quatre mois suivant la prise de cette décision ».

***a)* Les actes concernés sont les décisions individuelles explicites et créatrices de droits (V. note 3), à savoir en ce qui concerne le droit de l'urbanisme :**

– permis de construire explicite (V. note 4) ;
– non-opposition explicite à une déclaration de travaux ;
– permis de démolir ;
– certificat d'urbanisme (V. note 5) ;
– déclaration de clôture ;
– autorisation d'installation et de travaux divers ;
– autorisation d'aménagement du domaine skiable ;
– autorisation de mise en exploitation des remontées mécaniques ;
– autorisation de lotir ;
– création d'unités touristiques nouvelles ;
– autorisations de camping et stationnement de caravanes, habitations légères de loisirs ;
– certificat de conformité ;
– agrément en région d'Île-de-France.

***b)* Exigence de l'illégalité de la décision.**

La jurisprudence *Ternon* ne remet en pas en cause le principe fondamental selon lequel, s'agissant des décisions créatrices de droits, seuls les actes illégaux peuvent faire l'objet d'un retrait, en dehors du cas où le retrait est demandé par le bénéficiaire.

***c)* Le délai de retrait.**

Une décision explicite, créatrice de droits et illégale, ne peut être retirée par l'Administration que dans un délai de quatre mois après la prise de décision. Il faut entendre par « prise de décision » la

date de signature si l'acte a été pris par une autorité seule et non pas la date de notification de la décision. Le Conseil d'État dans un arrêt du 19 décembre 1952, *Mlle Mattéi* précise en effet « que cet arrêté individuel [de nomination] crée, dès sa signature, des droits au profit de la requérante ».

Si l'acte concerné est une délibération, la date à prendre en compte est la date à laquelle a été prise la délibération et non la date des mesures de publicité.

Ce délai de quatre mois est un délai impératif qui s'impose à l'autorité compétente dans tous les cas, y compris dans l'hypothèse où un recours administratif ou juridictionnel a été déposé. Il s'agit, comme pour tout délai imparti à l'Administration pour agir, d'un délai qui se compte de quantième à quantième (V. note 6). Il n'est pas susceptible d'être prolongé s'il vient à expiration un samedi, dimanche ou jour férié.

Le Conseil d'État rompt ainsi avec la jurisprudence antérieure (CE, 3 nov. 1922, *Dame Cachet : Rec.*, p. 790) selon laquelle l'Administration pouvait retirer l'acte tant que le délai de recours contentieux ouvert aux tiers n'était pas expiré ainsi que, en cas de contentieux, pendant toute la durée de l'instance tant que le juge ne s'était pas définitivement prononcé. Il rompt également avec la jurisprudence *Ville de Bagneux* (CE, ass., 6 mai 1966 : *Rec.*, p. 303) selon laquelle l'administration pouvait retirer d'office à tout moment un acte créateur de droits illégal, notifié au bénéficiaire, en l'absence de publicité à l'égard des tiers et alors même qu'aucun recours n'avait été formé par un tiers.

Désormais, en application de la jurisprudence *Ternon*, une dissociation totale entre le délai de retrait et le délai de recours contentieux est opérée, pour les décision explicites.

La réserve des dispositions législatives ou réglementaires contraires.

La décision du 26 octobre 2001, M. *Ternon,* réserve les cas dans lesquels un texte législatif ou réglementaire aurait explicitement organisé les conditions de retrait et de délais. Cette disposition vise, par exemple, le cas où la loi ou le règlement aurait institué un mécanisme de recours préalable obligatoire ou le cas où des dispositions spéciales fixeraient une autre règle que celle dégagée par cet arrêt.

Aucune disposition de cette nature n'existe, à ce jour, en ce qui concerne les autorisations d'urbanisme.

***e)* La demande de retrait émanant du bénéficiaire.**

Le retrait peut être prononcé à tout moment dans la mesure où il est prononcé pour satisfaire à une demande du bénéficiaire. En effet, dès lors qu'il ne lèse les droits d'aucun tiers, l'acte doit pouvoir continuer à être retiré à tout moment.

II. – les conséquences pratiques de l'arrêt *Ternon* selon les différents types d'actes en ce qui concerne les conditions de retrait

Permis de construire explicite et ensemble des actes explicites énumérés au *a)* de la présente note : 4 mois à compter de la signature de l'acte même si un recours en annulation ou un recours administratif gracieux ou hiérarchique a été présenté.

Certificats d'urbanisme : l'Administration ne peut le retirer que dans les quatre mois à compter de la signature du certificat d'urbanisme (V. note 7). À l'intérieur de ce délai, le refus de permis s'analyse comme un retrait du certificat d'urbanisme.

Au-delà de ce délai, le certificat ne peut plus être retiré. Toutefois, dans le cas où il mentionne des règles illégales, l'Administration n'a pas pour autant le droit de délivrer un permis de construire sur le fondement de ces dispositions illégales.

Le Conseil d'État dans un arrêt du 4 novembre 1994, *SCI « Le parc de Vaugien » et Ministre de l'Équipement et du Logement*, a en effet jugé que « si la règle énoncée à l'article L. 410-1 du Code de l'urbanisme confère à la personne à laquelle un certificat d'urbanisme a été délivrée un droit à voir sa demande de permis de construire, lorsque celle-ci a été déposée dans l'année qui suit, examinée au regard des dispositions mentionnées dans ledit certificat, elle n'a ni pour objet ni pour effet de justifier légalement la délivrance d'un permis de construire fondée sur de telles dispositions dans le cas où elles sont illégales ».

Le même raisonnement peut être tenu si le certificat d'urbanisme comporte des mentions erronées.

Dans ces hypothèses, l'Administration doit refuser le permis de construire, mais ce refus ne peut s'analyser comme un retrait du certificat d'urbanisme illégal.

Déclarations de travaux :

– la non-opposition à une déclaration de travaux est en principe une décision implicite. Les conditions de retrait sont fixées par l'article 23 de la loi du 12 avril 2000 ;

– si une acceptation explicite est intervenue avant l'expiration du délai à l'issue duquel naît la décision tacite de non-opposition, cette décision ne peut être retirée que dans le délai de quatre mois à compter de la date de sa signature ;

– en revanche, lorsqu'une acceptation explicite intervient après l'expiration du délai à l'issue duquel naît la décision tacite de non-opposition, cette décision n'a qu'un caractère confirmatif. La décision effective reste la décision implicite.

Cette décision implicite peut être retirée dans les conditions définies par l'article 23 de la loi du 12 avril 2000 (V. note 1) même dans le cas où l'autorité compétente a confirmé cette décision tacite par une décision explicite.

La même solution est applicable dans le cas, plus exceptionnel, d'un permis de construire ou d'une autre autorisation acquise implicitement à l'issue du délai et confirmée ultérieurement par un arrêté explicite purement confirmatif.

Par contre, un permis de construire assorti de prescriptions, délivré après intervention d'un permis tacite, s'analyse comme un retrait du permis tacite. Il ne peut être retiré pour illégalité que pendant le délai de quatre mois à compter de sa signature.

L'arrêt *Ternon* a pour conséquence de modifier sensiblement le régime du retrait des actes administratifs explicites dont le régime se distingue maintenant des actes implicites. Bien évidemment cette évolution est sans incidence sur l'exigence de mettre en œuvre une procédure contradictoire préalablement au retrait de l'acte ainsi que l'exige l'article 24 de la loi du 12 avril 2000.

Notes :

(1) Avant cette décision, l'Administration pouvait retirer une décision illégale pendant le délai de recours contentieux ou pendant toute la durée de l'instance.

(2) L'article 23 de cette loi précise : « Une décision implicite d'acceptation peut être retirée, pour illégalité, par l'autorité administrative :

1° Pendant le délai de recours contentieux, lorsque des mesures d'information des tiers ont été mises en œuvre ;

2° Pendant le délai de 2 mois à compter de la date à laquelle est intervenue la décision, lorsque aucune mesure d'information des tiers n'a été mise en œuvre ;

3° Pendant la durée de l'instance au cas où un recours contentieux a été formé ».

(3) D'autres types d'autorisations peuvent être également concernées :

– autorisation de coupes et abattages d'arbres ;

– autorisation de défrichement en dehors des espaces boisés classés ;

– autorisation d'exploitation commerciale.

(4) Le refus de permis de construire, qui ne crée pas de droits au bénéfice des tiers, ne s'analyse pas comme un acte créateur de droits (CE, 12 juill. 1962, *Canton*).

Dans un arrêt de section du 4 mai 1984 – *Époux Poissonnier* –, le Conseil d'État a jugé que le retrait d'un permis de construire était, au contraire, un acte créateur de droits pour un tiers.

(5) Le certificat d'urbanisme négatif ne s'analyse pas comme un acte créateur de droits.

(6) Il ne faut pas confondre ce délai avec le délai de recours qui est un délai franc. Exemple, si la décision a été signée le 4 janvier, le délai expire le 4 mai à 24 heures.

(7) Dans le droit antérieur, le certificat d'urbanisme pouvait être retiré à tout moment car ne faisant pas l'objet de mesures de publicité.

C. urb., art. **R. 421-13 *(D. n° 83-1261, 30 déc. 1983).* — Si le dossier est incomplet, l'autorité compétente pour statuer dans les quinze jours de la réception de la demande, invite, par lettre recommandée avec demande d'avis de réception postal, le demandeur à fournir les pièces complémentaires dans les conditions prévues à l'article R. 421-9. Lorsque ces pièces ont été produites, il est fait application de l'article R. 421-12. Le délai d'instruction part de la réception des pièces complétant le dossier.

Les dispositions du présent article sont applicables au cas où des exemplaires supplémentaires du dossier sont réclamés au demandeur comme il est dit à l'article R. 421-8 (2e alinéa).

2448 **Renvoi du dossier.** La lettre type indique que la demande est déclarée sans suite, et le dossier est retourné au pétitionnaire si les pièces manquantes ou les exemplaires supplémentaires n'ont pas été fournis dans le délai de deux mois (Circ. n° 72-71, 5 mai 1972). Mais le renvoi du dossier est une décision qui peut faire l'objet d'un recours pour excès de pouvoir (CE, 14 mars 1980, *Dame Bulette : Rec. CE*, T, p. 931). Ce renvoi ne peut être décidé par la DDE, agissant sur délégation de la commune (TA Versailles, 25 oct. 1994, *SCI 95, Saint-Jean* c/ *Cne de Pontoise : Gaz. Pal.* 26 mai 1995).

2449 **Rejet de la demande.** Faute de réponse du pétitionnaire invité à compléter son dossier, la demande de permis de régularisation doit être rejetée par le maire, d'autant plus que les dispositions du plan d'urbanisme en matière de stationnement ne sont pas respectées (CAA Paris, 14 juin 2001, *Da Silva : Juris-Data* n° 2001-158920).

C. urb., art. **R. 421-14 *(D. n° 83-1261, 30 déc. 1983 ; D. n° 88-199, 29 févr. 1988).* **— Dans le cas où le demandeur n'a pas reçu, dans les quinze jours suivant le dépôt de sa demande, la lettre prévue à l'article R. 421-12 ou R. 421-13, il peut saisir l'autorité compétente par lettre recommandée avec demande d'avis de réception postal pour requérir l'instruction de sa demande et adresse copie de cette mise en demeure au préfet.**

Lorsque, dans les huit jours de la réception de l'avis de réception postal de cette mise en demeure, la lettre prévue à l'article R. 421-12 ou R. 421-13 n'a pas été notifiée, le délai d'instruction de la demande part de ladite date de réception telle qu'elle figure sur l'avis de réception postal de la mise en demeure.

Sauf dans les cas prévus à l'article R. 421-19, si aucune décision n'a été adressée au demandeur à l'expiration du délai de deux mois prévu au premier alinéa de l'article R. 421-18, la lettre de mise en demeure, accompagnée de son avis de réception postal, vaut, dans ce cas, permis de construire dans les conditions prévues au deuxième alinéa de l'article R. 421-12.

(Al. créé, D. n° 96-1018, 26 nov. 1996, art. 22 ; ab., D. n° 97-1314, 30 déc. 1997, art. 1er).

Requête en instruction – Objet. Cette procédure de requête en instruction a pour objet de faire 2450
échec à l'inertie initiale de l'Administration, omettant d'accuser réception du dossier de demande.
Désormais, en pareille occurrence, c'est la mise en demeure d'adresser cet accusé de réception qui déclenchera le délai de permis tacite.

Permis tacite. Faute de mise en demeure, le pétitionnaire ne peut se prévaloir d'un permis tacite 2451
(16 juin 1993, *Sté française de pavillons individuels : Rec. CE,* p. 1107). En l'absence de notification du délai, la mise en demeure d'instruire ne fait pas naître de permis de construire tacite (CAA Paris, 29 sept. 1995, *Delacroix : BJDU* 6/1995, p. 461, concl. Brin).
Un pétitionnaire qui s'est vu opposer trois refus successifs de permis et a adressé plusieurs courriers à l'autorité compétente pour qu'elle procède en bonne et due forme à l'instruction de sa demande initiale, est considéré, par le juge, comme titulaire d'un permis tacite né d'une des mises en demeure ; cette lettre valant permis ne peut plus ensuite être retirée que pour illégalité et dans le délai de deux mois du recours contentieux, conformément à la loi du 12 avril 2000 (CE, 2 févr. 2004, *EURL GB : BJDU* n° 2/2004, p. 103, concl. M. H. Mitjaville).

C. urb., art. **R. 421-15 *(D. n° 74-158, 25 févr. 1974 ; D. n° 76-785, 20 août 1976 ; D. n° 77-752, 7 juill. 1977 ; D. n° 83-1261, 30 déc. 1983 ; D. n° 86-984, 19 août 1986 ; D. n° 89-381, 9 juin 1989 ; D. n° 93-614, 26 mars 1993, art. 4 ; D. n° 94-86, 26 janv. 1994).* **— Le service chargé de l'instruction de la demande procède, au nom de l'autorité compétente pour statuer, à cette instruction et recueille auprès des personnes publiques, services ou commissions intéressés par le projet, les accords, avis ou décisions prévus par les lois ou règlements en vigueur.**

Conformément aux dispositions de l'article 26, alinéa 2, de la loi n° 73-1193 du 27 décembre 1973 d'orientation du commerce et de l'artisanat, il informe les chambres de commerce et d'industrie et les chambres de métiers de tout projet immobilier comportant la construction en une ou plusieurs tranches de 500 logements ou plus, ce minimum étant ramené à 200 pour les communes de moins de 30 000 habitants.

Il instruit, au besoin d'office, les adaptations mineures au ***(Mots rempl., D. n° 2001-260, 27 mars 2001, art. 3)*** **« plan local d'urbanisme » ou au document d'urbanisme en tenant lieu, aux prescriptions des règlements des lotissements ainsi qu'aux cahiers des charges des lotissements autorisés sous le régime en vigueur avant l'intervention du décret n° 77-860 du 26 juillet 1977, ou les dérogations aux dispositions réglementaires relatives à l'urbanisme ou aux servitudes d'utilité publique affectant l'utilisation du sol.**

Lorsque la délivrance du permis de construire aurait pour effet la création ou la modification d'un accès à une voie publique, l'autorité ou le service chargé de l'instruction de la demande consulte l'autorité ou le service gestionnaire de cette voie, sauf lorsque le ***(Mots rempl., D. n° 2001-260, 27 mars 2001, art. 3)*** **« plan local d'urbanisme » ou le document d'urbanisme en tenant lieu réglemente de façon spécifique les conditions d'accès à ladite voie.**

Sous réserve des dispositions particulières à la consultation des autorités appelées à émettre un avis ou à donner un accord en application des articles R. 421-38-2 et suivants, tous services, autorités ou commissions qui n'ont pas fait connaître leur réponse motivée dans le délai d'un mois à dater de la réception de la demande d'avis, sont réputés avoir émis un avis favorable. Ce délai est porté à deux mois en ce qui concerne les commissions nationales.

Le service chargé de l'instruction de la demande consulte en tant que de besoin les autorités et services publics habilités à demander que soient prescrites les contributions prévues au 2° de l'article L. 332-6-1 ou à l'article L. 332-9. À défaut de réponse dans le délai d'un mois, ces autorités et services publics sont réputés n'avoir aucune proposition de contribution à formuler.

***(Alinéa créé, D. n° 2005-116, 7 févr. 2005, art. 9)* Lorsque le projet est situé dans une zone de servitude instituée en application de l'article L. 211-12 du Code de l'environnement et est susceptible, en raison de sa nature, de son importance ou de sa localisation, de faire obstacle au stockage ou à l'écoulement des eaux, le service instructeur consulte le préfet. Celui-ci dispose d'un délai de deux mois pour s'opposer à l'exécution des travaux ou prescrire les modifications nécessaires.**

I. – Sur les dérogations et les adaptations mineures

2452 **Objet.** Depuis la loi du 31 décembre 1976, les plans d'urbanisme ou documents en tenant lieu ne peuvent faire l'objet que d'adaptations mineures dans les conditions légales restrictives de l'article L. 123-1 du présent code.

Les dérogations ne sont admises que pour certaines règles d'urbanisme ou servitudes d'utilité publique. Il s'agit principalement du règlement national d'urbanisme (art. R. 111-20 du présent code).

La loi n° 2003-699 du 30 juillet 2003 a introduit dans le présent code un article L. 123-5 qui autorise, à titre exceptionnel, des dérogations aux dispositions du PLU, en vue de la reconstruction d'urgence de bâtiments détruits ou endommagés par une catastrophe naturelle survenue depuis moins d'un an. Le but est d'éviter, dans des cas d'urgence, à avoir à attendre une modification du PLU (Rép. min. Roubaud, 8 déc. 2003 : *JOAN* p. 9437).

Voir aussi : Annotation sous C. urb., art. L. 123-1, p. 58, art. L. 123-5, p. 63 et art. L. 421-1, p. 329. et C. urb., art. R. 111-20, p. 503.

2453 **Instruction.** Les dérogations aux règles de construction sont instruites d'office, comme les adaptations mineures ou les dérogations. Sur le plan procédural, les dérogations non explicitement demandées ne sont instruites que si le permis de construire semble, *a priori*, pouvoir être accordé ; l'arrêté qui accorde ou refuse le permis de construire doit obligatoirement comporter un article spécial relatif à la dérogation ; en outre, il doit rappeler les règles auxquelles il est dérogé, en cas d'accord, et il doit viser les services ou organismes qui ont été consultés sur la dérogation (Circ. n° 71-89, 20 août 1971).

II. – Sur les productions exigibles

2454 **Restrictions.** Le juge administratif a mis un terme à la possibilité d'imposer, par des documents réglementaires, certaines phases particulières d'instruction (CE, 21 mars 1986, *Copropriété de l'immeuble Les Périades : Rec. CE*, p. 78 ; *AJDA* 1986, p. 385, concl. J.-C. Bonichot).

Est aussi inopérant le grief tiré du défaut de relevé de plantations, car le POS ne pouvait légalement exiger la production d'une telle pièce (CE, 26 avr. 1993, *Beaucourt : Rec. CE*, T, p. 1089 ; *DA* 1993, 374).

Voir aussi : Comm. sous C. urb., R. 421-2, p. 768 et la jurisprudence citée, CE, 14 mars 2003, *Ville de Paris*.

III. – Sur les avis

Présomption d'avis favorable. L'avant-dernier alinéa, modifié par le décret n° 77-752 du 7 juillet 1977, est particulièrement opportun : présomption d'avis favorable des services, autorités ou commissions consultés, à l'expiration d'un délai raisonnable. Cette présomption ne joue pas dans les cas prévus à l'article R. 421-19 (exclusions des permis tacites). 2455

Illégalité de l'avis. Un avis illégal doit être écarté (à propos de l'avis de l'architecte des Bâtiments de France, CAA Paris, 22 sept. 1994, *Sté Marignan Immobilier et Cne d'Asnières : BJDU* 6/1994, p. 8, concl. Mendras). 2456

IV. – Sur les réserves et les conditions particulières

Ampleurs des réserves. Si les réserves sur la demande de permis sont nombreuses et importantes, le permis de construire doit être refusé (CE, 26 janv. 1979, *SCI Le Maréchal : Rec. CE*, T, p. 924-926). Les conditions particulières ou les réserves figurant dans un permis de construire, telles que l'interdiction d'utiliser une parcelle déterminée, ne peuvent faire l'objet d'un recours, en raison du principe de l'indivisibilité du permis de construire (CE, 23 févr. 1983, *SCI Rosavern : RD imm.* 1983, p. 217). 2457

Nouveau projet. De même, la délivrance du permis de construire ne peut être subordonnée à la présentation d'un nouveau projet (CE, 8 janv. 1982, *Assoc. « Tradition et Maintien des Puces » : Rec. CE*, T, p. 786). 2458

V. – Sur les consultations

Voirie. L'obligation de consulter le service gestionnaire de la voirie est particulièrement opportune. Elle devrait faire disparaître les permis délivrés sous la condition d'une autorisation particulière de voirie. La consultation de ce service n'est pas nécessaire si l'accès existe et qu'il reste inchangé, alors même que la voie a changé de propriétaire (CAA Lyon, 19 avr. 1994, *Préfet de la Hte-Corse* c/ *Cne de Sainte-Lucie-de-Moriani : Gaz. Pal.* 29 sept. 1995). 2459

Voir aussi : Sur la consultation du service des carrières à Paris, comm. sous C. urb., art. R. 421-2, et la jurisprudence citée du Conseil d'État du 14 mars 2003, *Ville de Paris*.

ERP. Pour les commissions départementales de sécurité concernant les établissements recevant du public, le défaut de consultation entraîne l'illégalité du permis, et une régularisation *a posteriori* ne saurait être admise (CAA Nantes, 27 mai 1998, *Ville de Fécamp : BJDU* 5/1998, p. 388). 2460

Voir aussi : Sur ces commissions, C. urb., art. R. 421-53, p. 838.

Zones à risques. Le décret n° 2005-116 du 7 février 2005 (*JO* 12 févr.) impose la consultation du préfet si le projet est en zones à risques définies selon l'article L. 211-12 du Code de l'environnement issu de la loi du 30 juillet 2003. 2461

Voir aussi : Cet article sous C. urb., art. L. 211-1.

Consultation facultative. Si la direction départementale des affaires sanitaires et sociales, dont l'avis n'est pas au nombre de ceux qui sont obligatoirement recueillis, a souhaité que lui soient communiqués des documents relatifs à l'alimentation en eau potable des locaux et à l'évacuation et au traitement des eaux usées, l'autorité administrative ne pouvait légalement refuser le permis de construire au motif que ces derniers n'avaient pas été fournis (CE, 17 mai 2002, req. n° 238329, *SARL Kaibacker : Juris-Data* n° 2002-063917 ; *BJDU* 4/2002, p. 318). 2462

Nouvelle consultation. En cas de modifications du dossier de demande, les avis consultatifs doivent être sollicités de nouveau, si les modifications apportées au dossier sont de nature à exercer une influence sur les avis précédemment recueillis (CE, 26 mai 1989, *Sté de promotion et de gestion* 2463 *du bâtiment*) ; *a contrario*, (CAA Lyon, 29 mars 1994, *Préfet de Corse-du-Sud : RFDA* 1995, p. 443). En revanche, une nouvelle consultation n'est pas nécessaire en présence de modifications mineures.

2464 **Commissions.** L'ordonnance n° 2004-637 du 1er juillet 2004 (*JO* 2 juill., p. 12070) relative à la simplification de la composition et du fonctionnement des commissions administratives et à la réduction de leur nombre, n'a eu qu'un impact limité en matière d'urbanisme.
Ainsi, la commission départementale des sites, perspectives et paysages, est remplacée par la « commission départementale compétente en matière de nature, de paysages et de sites ».

VI. – Sur les délais

2465 **Dessaisissement – Avis favorable.** À l'expiration du délai prescrit, le maire ne peut revenir sur son avis favorable, car il est dessaisi (CE, 20 oct. 1993, *Estevez : DA* 1993, 540).
De même, l'architecte des Bâtiments de France ne peut proroger le délai dont il dispose pour émettre son avis, en raison du caractère prétendument délicat du dossier. Son avis est donc considéré comme favorable (CAA Nancy, 30 juin 1994, *Min. Équip.* c/ *SCEA de la Ferme de Fresnoy*, Dalloz 1995, p. 377, note Pontier).

VII. – Sur les participations financières

2466 **Obligation du service instructeur.** Le décret du 26 mars 1993 oblige le service instructeur à demander aux services compétents les différentes participations financières auxquelles le pétitionnaire peut être soumis. À défaut de réponse dans le délai d'un mois, l'instruction se poursuit comme si aucune contribution ne devait être exigée.

C. urb., art. **R. 421-16 *(Ab., D. n° 86-984, 19 août 1986 ; rétabli, D. n° 2002-823, 3 mai 2002, art. 3-III).* — Lorsque la demande porte sur un projet d'implantation en Corse d'un ouvrage de production utilisant la géothermie, l'énergie solaire, l'énergie éolienne et de la mer, l'énergie tirée de la biomasse, l'énergie tirée de la valorisation et de la récupération des déchets, des réseaux de chaleur, l'énergie hydraulique, le service chargé de l'instruction adresse un exemplaire du dossier de la demande au conseil exécutif, en vue de la saisine de l'Assemblée de Corse, conformément au 1° *bis* de l'article L. 4424-39 du Code général des collectivités territoriales.

2467 **Consultation obligatoire – Corse.** Depuis la loi du 22 janvier 2002 (art. 29), l'Assemblée de Corse doit être préalablement consultée, en la forme d'une délibération prise sur proposition du conseil exécutif de Corse, sur tout projet d'implantation d'un ouvrage de production utilisant les ressources énergétiques locales.

Voir aussi : C. urb., art. L. 144-1 ancien, p. 104 livre I, titre IV, chapitre IV.

C. urb., art. R. 421-17 *(D. n° 83-1261, 30 déc. 1983 ; D. n° 85-452, 23 avr. 1985 ; D. n° 88-199, 29 févr. 1988).* — Lorsque le projet est soumis à enquête publique dans les conditions prévues par les chapitres I et II du décret n° 85-453 du 23 avril 1985, celle-ci est organisée par le préfet lorsque le permis de construire est délivré au nom de l'État, et par le maire ou le président de l'établissement public de coopération intercommunale dans les autres cas. Le service chargé de l'instruction de la demande transmet à l'autorité compétente pour ouvrir l'enquête publique le dossier complet de demande de permis de construire après l'avoir complété d'un document mentionnant les textes qui régissent l'enquête en cause et indiquant la façon dont cette enquête s'insère dans la procédure d'autorisation.

Lorsque le projet a précédemment fait l'objet d'une enquête publique réalisée en application des articles R. 11-14-1 et suivants du Code de l'expropriation pour cause d'utilité publique ou de l'article R. 315-18-1 et que l'avis de mise à l'enquête indiquait

que celle-ci portait également sur la construction projetée, il n'y a pas lieu à nouvelle enquête au titre du permis de construire si le dossier soumis à enquête faisait apparaître la surface constructible maximale ainsi que la hauteur maximale autorisée et à condition que le projet n'ait pas subi de modifications substantielles depuis la date d'achèvement de l'enquête.

Lorsque le projet a précédemment fait l'objet d'une enquête publique réalisée en application des articles R. 311-3-1 et R. 312-1 du Code forestier et que l'avis de mise à l'enquête indiquait que celle-ci portait également sur la construction projetée, il n'y a pas lieu à nouvelle enquête au titre du permis de construire à condition que le dossier soumis à cette enquête ait été complété par des pièces devant figurer au dossier de demande de permis de construire, à l'exclusion de celles mentionnées à l'article R. 421-3-1 du présent code.

***(Al. créé, D. n° 97-1314, 30 déc. 1997, art. 2)* Lorsque le projet a précédemment fait l'objet d'une enquête publique réalisée en application de l'article 23-3 du décret n° 93-306 du 9 mars 1993 modifié et que l'avis de mise à l'enquête indiquait que celle-ci portait également sur la construction projetée, il n'y a pas lieu à une nouvelle enquête au titre du permis de construire.**

Champ d'application. L'article 1er du décret du 23 avril 1985 fixe la liste des catégories d'aménagements qui doivent être précédés d'une enquête publique. Au titre de ceux-ci figurent : la création d'une superficie hors œuvre nette nouvelle supérieure à 5 000 m² sur le territoire d'une commune non dotée, à la date du dépôt de la demande, d'un plan local d'urbanisme ou d'un document en tenant lieu ayant fait l'objet d'une enquête publique ; la construction d'immeubles à usage d'habitation ou de bureau d'une hauteur au-dessus du sol supérieure ou égale à 50 m ; la création, pour un immeuble à usage de commerce, d'une superficie hors œuvre nette nouvelle supérieure à 10 000 m² ; la construction d'équipements sportifs ou de loisirs susceptibles d'accueillir plus de 5 000 spectateurs. 2468

Enquêtes conjointes. Les enquêtes publiques requises au titre des lotissements (lotissements de plus de 5 000 m² de SHON dans les communes non dotées de plan d'urbanisme), du Code forestier ou de l'urbanisme commercial (projets de plus de 6 000 m² de surface de vente) valent également au titre du permis de construire. 2469

Lotissement. Dès lors qu'un lotissement de plus de 5 000 m² de SHON dans une commune non dotée d'un plan local d'urbanisme a fait l'objet d'une enquête publique, il n'y a pas lieu à nouvelle enquête au titre d'un permis de construire dans l'emprise du lotissement, à condition que le dossier d'enquête initiale ait précisé la surface constructible et la hauteur maximale autorisée et que le projet n'ait pas depuis subi de modifications substantielles (CE, 8 févr. 1999, *Mme Carry : DA* 1999, n° 183). 2470

Visa des textes. Lorsqu'une enquête publique est nécessaire, le dossier soumis à enquête doit se référer aux textes qui justifient cette enquête sous peine d'irrégularité (CAA Lyon, 13 mai 1997, *Assoc. de défense de Lapalice : BJDU* 6/1997, p. 461). 2471

Projets situés dans un autre État. Le décret n° 2003-767 du 1er août 2003 (*JO* 7 août, p. 13678), dans ses articles 5 et 6, organise les enquêtes publiques réalisées en France pour des projets localisés sur le territoire d'un autre État et susceptibles d'avoir des incidences notables sur l'environnement sur le territoire national. Le décret n° 85-453 du 23 avril 1985 est modifié en ce sens. 2472

Bibliographie : HÉLIN et HOSTIOU, *Droit des enquêtes publiques,* éd. du Moniteur.

C. urb., art. **R. 421-18 ***(D. n° 74-158, 25 févr. 1974 ; D. n° 77-752, 7 juill. 1977 ; D. n° 83-1261, 30 déc. 1983 ; D. n° 85-452, 23 avr. 1985 ; D. n° 94-484, 9 juin 1994).*** **— Sous réserve de ce qui est dit aux alinéas 2 et suivants du présent article, aux alinéas 2 et 3 de l'article R. 421-12 et aux articles R. 421-38-2 et suivants, le délai d'instruction, dont le point de départ est prévu aux articles R. 421-12 et R. 421-13, ou, le cas échéant, R. 421-14, est fixé à deux mois.**

Le délai d'instruction est porté à trois mois si la demande concerne la construction soit de plus de 200 logements, soit de locaux à usage industriel ou commercial ou à usage de bureaux dont la superficie de planchers hors œuvre est égale ou supérieure à 2 000 mètres carrés au total.

Le délai d'instruction est majoré d'un mois lorsqu'il y a lieu de consulter un ou plusieurs services ou autorités dépendant de ministres ou personnes publiques autres que ceux chargés de l'instruction ou de la prise de décision ou de consulter une commission départementale ou régionale.

Le délai d'instruction est également majoré d'un mois lorsqu'il y a lieu d'instruire une dérogation ou une adaptation mineure.

Le délai d'instruction est porté à cinq mois lorsque le projet est soumis à enquête publique, lorsqu'il y a lieu de consulter une commission nationale *(Mots aj., D. n° 2002-823, 3 mai 2002, art. 3-IV)* « [,] lorsqu'il y a lieu de consulter l'Assemblée de Corse en application de l'article R. 421-16 » ou lorsque la demande concerne la construction de locaux à usage commercial assujettis à l'autorisation de la commission départementale d'urbanisme commercial ; en cas de recours formulé dans les conditions prévues à l'article 32 de la loi n° 73-1193, du 27 décembre 1973 d'orientation du commerce et de l'artisanat contre la décision de cette commission, ce délai est majoré de quatre mois.

Voir aussi : Annotations sous les C. urb., art. R. 421-12, p. 783, C. urb., art. R. 421-13, p. 790 et C. urb., art. R. 421-14, p. 791 ; sur la computation du délai, Circ. 6 juin 1984. Elle prohibe notamment l'ancienne pratique de la « suspension de délai » ; C. urb., art. R. 421-13, p. 790, en cas de demande de pièces supplémentaires.

2473 **Délai de 5 mois.** Ce délai d'instruction s'applique aussi en cas de consultation de l'Assemblée de Corse pour les projets énergétiques (art. R. 421-16).

2474 **Constructibilité limitée.** L'exception ponctuelle à la règle de constructibilité limitée (C. urb., art. L. 111-1-2) n'étant pas une dérogation, aucune majoration de délai d'instruction n'est applicable à ce titre.

C. urb., art. **R. 421-19 *(D. n° 74-158, 25 févr. 1974 ; D. n° 77-752, 7 juill. 1977 ; D. n° 81-788, 12 août 1981 ; D. n° 83-1261, 30 déc. 1983 ; D. n° 85-452, 23 avr. 1985 ; D. n° 86-984, 19 août 1986 ; D. n° 88-199, 29 févr. 1988).* **— Le constructeur ne peut bénéficier d'un permis de construire tacite dans les cas ci-après énumérés :**

***a)* Lorsque les travaux ont pour effet de changer la destination d'une construction existante et que cette modification est soumise à autorisation du préfet en vertu de l'article L. 631-7 du Code de la construction et de l'habitation ;**

***b)* Lorsque le permis de construire intéresse un immeuble inscrit ou un immeuble adossé à un immeuble classé ;**

***c)* Lorsque la construction est située dans le champ de visibilité d'un édifice classé ou inscrit ;**

***d)* Lorsque la construction se trouve dans un site classé, en instance de classement ou inscrit, ou dans une zone de protection créée par décret en application des articles 17 et 28 de la loi du 2 mai 1930 ;**

***e)* Lorsque le projet est situé dans une zone de protection du patrimoine architectural et urbain ;**

***f)* Lorsque la construction est située dans un territoire en instance de classement ou classé en réserve naturelle.**

***g)* Lorsque la construction fait partie des catégories d'aménagements, d'ouvrages ou de travaux soumis à enquête publique en application du décret n° 85-453 du 23 avril 1985.**

***h)* *(Créé, D. n° 2002-823, 3 mai 2002, art. 3-V)* Lorsqu'il y a lieu de consulter l'Assemblée de Corse en application de l'article R. 421-16.**

2475 **Objet et intérêt pratique.** La volonté d'instruire des demandes au titre de plusieurs réglementations (C. urb., art. R. 421-38-2 et s.) fait obstacle au principe de l'autorisation tacite, lorsqu'un délai impératif n'est pas fixé dans le cadre de la procédure parallèle au permis de construire. Ce recul du permis tacite, résultant du décret n° 77-752 du 7 juillet 1977, ne nuit pas véritablement au pétitionnaire, puisque, précédemment, les effets pratiques du permis de construire (exprès ou tacite) demeuraient paralysés par la nécessité d'attendre une autorisation distincte, pour laquelle aucun délai n'était prescrit.

Extension des cas d'exclusions. Les décrets n° 83-1261 du 30 décembre 1983, n° 85-452 du 23 avril 1985 et n° 86-984 du 19 août 1986 ont élargi le nombre de cas où le permis tacite ne peut être obtenu : antérieurement au décret de 1983, le « c » du présent article ne s'appliquait que si le ministre des Affaires culturelles avait décidé d'évoquer le dossier ; depuis le décret de 1985, il ne peut être obtenu pour certaines constructions soumises à enquête publique. 2476
De même, le décret du 3 mai 2002 exclut tout permis tacite en cas de consultation de l'Assemblée de Corse sur les projets énergétiques (art. R. 421-16).

Voir aussi : C. urb., art. R. 421-17, p. 794.

Future réforme. Le rapport Pelletier propose d'ouvrir plus largement les possibilités de permis tacite en restreignant les cas d'interdiction, en particulier lorsque l'ABF a donné expressément ou tacitement son accord au projet ou lorsque les travaux aboutissent à un changement de destination ou d'affectation. En revanche, l'interdiction serait applicable – ce qui n'est pas le cas actuellement – si le projet concerne un ERP ou un IGH. 2477

Agrément. L'article R. 510-8 du Code de l'urbanisme, relatif à l'agrément d'installations professionnelles dans la région Île-de-France, prévoit un autre cas d'exclusion du permis tacite. 2478

Permis tacite et lettre de notification erronée. Conformément à l'article R. 421-12, la lettre de notification des délais d'instruction vaut permis de construire tacite, si à l'expiration de ceux-ci, l'autorité compétente ne s'est pas manifestée. Qu'en est-il dans les cas d'impossibilité d'obtention d'un tel permis énumérés au présent article R. 421-19 ? En principe, la règle de l'article R. 421-12 ne devrait pas s'appliquer. Toutefois, la situation devient délicate si l'autorité compétente commet des erreurs, dans les termes de ladite lettre, quant à la mise en œuvre de l'article R. 421-19. Deux arrêts successifs du Conseil d'État ont tranché cette question. Dans l'arrêt *Abounayan* du 17 novembre 1999 (*BJDU* n° 1/2000, p. 66), l'Administration avait dans la lettre de notification indiqué, à tort, que le permis tacite serait acquis au terme du délai d'instruction, alors que le projet entrait dans l'emprise d'un des cas visés à l'article R. 421-19 ; la Haute Juridiction a considéré que cette erreur étant sans incidence et que le permis tacite ne pouvait naître en vertu de l'article précité du Code de l'urbanisme. Un autre arrêt de Section du 25 juin 2004, *SCI Maison médicale Edison* (*BJDU* n° 3/2004, p. 183, concl. D. Piveteau, note J.-C. Bonichot ; *AJDA* oct. 2004, p. 1930 ; *Constr.-urb.* 2004, n° 10, comm. n° 194, P. Benoit-Cattin ; *AJDA* 2004, p. 2355, note J.-P. Pastorel ; *JCP* A 2 nov. 2004, n° 45, comm. n° 1714, N. Rousseau ; *Collectivités-Intercommunalité* 2004, n° 8/9, comm. n° 170, L. Erstein) s'inscrit dans cette même ligne jurisprudentielle. Les circonstances de l'espèce étaient inverses à celles de l'affaire *Abanayan*. La lettre de notification mentionnait, à tort, qu'aucun permis ne pouvait être obtenu à l'expiration du délai d'instruction en raison de l'application de l'article R. 421-19, alors que le projet n'entrait pas dans le champ de cet article ; le Conseil d'État a estimé que la lettre de notification, même erronée, ne fait pas obstacle à la naissance du permis tacite ; cela étant, ce permis a été, à bon droit, retiré pour illégalité au regard du POS. 2479
Il est à noter que la Cour administrative d'appel de Paris (arrêt du 25 oct. 2000 : *BJDU* n° 5/2000, p. 329, concl. Barbillon) a été censurée pour erreur de droit, bien qu'en pratique elle soit arrivée au même résultat quant à l'irrégularité du permis tacite, ce qui fait écrire au commentateur de l'arrêt du Conseil d'État, M. Bonichot, qu'il s'agit, dans les faits, d'une « victoire à la Pyrrhus ». La Cour avait estimé que la lettre faisait obstacle au permis tacite, alors même que son contenu était erroné.
Cette jurisprudence reconnaît que la lettre de notification fait grief et peut être déférée au juge de l'excès de pouvoir, mais ne lui confère pas un caractère décisoire. De surcroît, le Conseil d'État ne s'en tient pas à un formalisme exacerbé.

Motivation. Dans les cas d'exclusion de permis tacite, la décision implicite de rejet née de ce silence n'est pas illégale du seul fait de son absence de motivation. Le Conseil d'État applique ici le 2480 droit commun de l'article 5 de la loi du 11 juillet 1979 qui prévoit qu'en pareil cas, la personne concernée peut solliciter, dans le délai de recours contentieux qui est alors prorogé d'autant, communication des motifs. Le Code de l'urbanisme ne prévoit pas de disposition spéciale contraire faisant échec à cette règle générale (CE, 30 avr. 2003, *M. Khashoggi : BJDU* n° 2/2003, concl. F. Séners, note J.-C. Bonichot).

C. urb., art. **R. 421-20 *(D. n° 77-752, 7 juill. 1977 ; D. n° 83-1261, 30 déc. 1983).* **— Si, au cours de l'instruction du dossier, il s'avère que le délai retenu pour l'application de l'article R. 421-12 doit être majoré ou fixé en application des quatre derniers alinéas de l'article R. 421-18, l'autorité compétente pour statuer fait connaître au demandeur, par une lettre rectificative, la date avant laquelle la décision devra, en conséquence, lui être notifiée.**

2481 **Lettre rectificative.** Selon l'Administration centrale, la lettre rectificative devrait être exceptionnelle : sauf le cas de consultation des commissions nationales relevant du ministère de la Culture, les diverses consultations nécessaires seraient prévisibles, dans le délai de quinze jours prévu à l'article R. 421-12. On sait que la pratique a parfois été bien différente.

Voir aussi : Article R. 421-38-4, *in fine* ; annotations sous C. urb., art. R. 421-12, p. 783 ; C. urb., art. R. 421-13, p. 790 et C. urb., art. R. 421-14, p. 791.

§ 2 Dispositions applicables dans les communes où un plan local d'urbanisme a été approuvé

C. urb., art. **R. 421-21 *(D. n° 83-1261, 30 déc. 1983 ; D. n° 88-199, 29 févr. 1988).* **— Le service chargé de l'instruction de la demande de permis de construire procède à cette instruction, au nom de la commune, dans les conditions prévues au paragraphe 1 et au présent paragraphe.**

Le maire adresse copie de la lettre visée à l'article R. 421-12 ou, le cas échéant, à l'article R. 421-13 ou R. 421-20 au préfet.

2482 **Mise à disposition des services de l'État.** En particulier, c'est un service de l'État qui peut instruire le permis de construire, au nom de la commune.

Voir aussi : C. urb., art. L. 421-2-6, p. 343.

2483 **Contrôle de légalité ultérieur.** La transmission de la copie de la lettre de notification du délai d'instruction ou de celle réclamant les pièces manquantes au préfet a pour but de leur permettre un éventuel contrôle de la légalité.

2484 **Sanction de l'absence de transmission au préfet.** À défaut de transmission de la copie de la lettre de notification précitée, le permis tacite éventuel n'est pas exécutoire et sa mise en œuvre par un administré de bonne foi serait illégale et susceptible de mettre en cause la responsabilité de la commune (Circ. 28 juin 1985).

Voir aussi : Jurisprudence citée sous C. urb., art. R. 421-14, p. 791.

C. urb., art. **R. 421-22 *(D. n° 83-1261, 30 déc. 1983 ; D. n° 88-199, 29 févr. 1988).* **— Dans les cas prévus au *b* de l'article L. 421-2-2, le service chargé de l'instruction de la demande sollicite l'avis conforme du préfet dans les conditions prévues à l'article R. 421-15.**

Lorsque la construction projetée est située sur une partie du territoire communal non couverte par un *(Mots rempl., D. n° 2001-260, 27 mars 2001, art. 3)* « plan local d'urbanisme » *(Mots suppr., D. n° 2001-261, 27 mars 2001, art. 2 et 4)* « ... » ou un plan de sauvegarde et de mise en valeur, opposable aux tiers, le préfet reçoit l'exemplaire de la demande et du dossier, accompagné des différents avis ou accords prévus par les lois et règlements en vigueur ; son avis porte alors sur l'application au projet des règles d'urbanisme et des servitudes d'utilité publique.

Lorsque la construction est projetée dans un périmètre où des mesures de sauvegarde peuvent être appliquées, l'avis du préfet porte sur l'application éventuelle des mesures de sauvegarde prévues par l'article L. 111-7.

Voir aussi : Notes sous C. urb., art. L. 421-2-2.

C. urb., art. **R. 421-23 *(D. n° 83-1261, 30 déc. 1983).* **— Dans le cas où la commune a délégué sa compétence à un établissement public de coopération intercommunale, le maire fait connaître son avis au président de cet établissement. Son avis est réputé favorable s'il n'est pas intervenu dans le mois de la réception de la demande. Il doit être dûment motivé s'il est défavorable ou si, favorable, il est assorti d'une demande de prescriptions particulières.**

La demande de permis de construire est instruite par le président de l'établissement public de coopération intercommunale au lieu et place du maire dans les conditions prévues aux articles R. 421-21 et R. 421-22.

Voir aussi : C. urb., art. L. 421-2-1, p. 336.

Portée de la délégation. La délégation du pouvoir d'instruction à un établissement public intercommunal n'aboutit pas, en matière de permis de construire, à la substitution de l'établissement public, puisque le maire de la commune d'implantation doit fournir un avis. 2485

Bibliographie : Thèse dactylographiée J.-L. MAILLOT, *Intercommunalité et politique d'aménagement de l'espace*, Montpellier 1995.

C. urb., art. **R. 421-24 *(D. n° 83-1261, 30 déc. 1983).* **— Lorsque la décision est prise au nom de l'État dans les cas prévus au quatrième alinéa de l'article L. 421-2-1, la demande de permis de construire est instruite dans les conditions prévues au paragraphe 3 de la présente section.**

Lorsqu'un établissement public de coopération intercommunale est normalement compétent, le président de cet établissement fait connaître son avis au responsable du service de l'État dans le département, chargé de l'urbanisme, dans le mois de la réception de la demande. Cet avis doit être dûment motivé s'il est défavorable, ou si favorable, il est assorti d'une demande de prescriptions particulières. Il est réputé favorable, s'il n'est pas intervenu dans le délai prévu ci-dessus.

§ 3 Dispositions applicables dans les communes où un plan local d'urbanisme n'a pas été approuvé

C. urb., art. *R. 421-25 *(D. n° 77-752, 7 juill. 1977 ; D. n° 83-1261, 30 déc. 1983).* **— La demande de permis de construire est instruite par le service de l'État dans le département, chargé de l'urbanisme, dans les conditions prévues au paragraphe 1 et au présent paragraphe.**

Avis du maire. L'avis du maire, précédé par celui du conseil municipal, n'est pas entaché d'incompétence dans la mesure où le maire ne s'est pas estimé lié par l'avis du conseil municipal. 2486

Sanction du dépassement du délai. À l'expiration du délai d'un mois, le maire est dessaisi et ne peut donc revenir sur son avis favorable (CE, 20 oct. 1993, *Esteve : DA* 1996, n° 540). 2487

C. urb., art. *R. 421-26 *(D. n° 83-1261, 30 déc. 1983 ; D. n° 88-199, 29 févr. 1988).* **— Le maire fait connaître son avis au responsable du service de l'État dans le département, chargé de l'urbanisme, qui le communique, s'il est défavorable, au préfet. Cet avis est réputé favorable s'il n'est pas intervenu dans le mois de la réception de la demande. Il doit être dûment motivé s'il est défavorable, ou si, favorable, il est assorti d'une demande de prescriptions particulières.**

Moment d'intervention de l'avis du maire. L'avis du maire doit être postérieur à la demande de permis de construire (CE, 6 juill. 1983, req. n° 38836, *Sté l'Allobroge*, sol. impl.). 2488

C. urb., art. R. 421-26-1 *(D. n° 87-885, 30 oct. 1987).*— **Dans le cas prévu à l'article 18 de la loi n° 83-636 du 13 juillet 1983, où le projet de construction, situé dans le périmètre d'urbanisation d'une agglomération nouvelle, se trouve dans une zone d'aménagement concerté ou dans un lotissement de plus de trente logements ou constitue une opération groupée de plus de trente logements, le président de la communauté ou du syndicat d'agglomération nouvelle et le maire font chacun connaître leur avis au responsable du service de l'État dans le département, chargé de l'urbanisme, dans les conditions prévues à l'article R. 421-26.**

C. urb., art. *R. 421-27 *(D. n° 83-1261, 30 déc. 1983 ; D. n° 88-199, 29 févr. 1988).*— **La lettre prévue à l'article R. 421-12 ou, le cas échéant, à l'article R. 421-13 ou R. 421-20 est signée par le préfet. Copie de cette lettre est adressée par même courrier au maire, et le cas échéant, au président de l'établissement public de coopération intercommunale compétent.**

C. urb., art. **R. 421-28 *(D. n° 74-158, 25 févr. 1974 ; D. n° 77-752, 7 juill. 1977 ; D. n° 83-1261, 30 déc. 1983).*— **À l'issue de l'instruction, le responsable du service de l'État dans le département, chargé de l'urbanisme, formule un avis et le transmet, accompagné d'un projet de décision comportant, le cas échéant, les prescriptions nécessaires, à l'autorité compétente pour statuer sur la demande.**

Cet avis est, suivant le cas, un avis favorable sans prescriptions, un avis favorable avec prescriptions, un avis défavorable ou une proposition de sursis à statuer ; dans ces trois derniers cas, l'avis doit être motivé.

2489 **Portée de l'avis de la DDE.** En droit strict, le service chargé de l'urbanisme (Direction départementale de l'Équipement) se borne à émettre un simple avis qui est, en pratique, déterminant.

2490 **Contrariété d'avis entre le maire et la DDE.** En cas de contrariété d'avis entre le maire (art. R. 421-26) et le service chargé de l'urbanisme, c'est le préfet qui est compétent pour délivrer le permis de construire (art. R. 421-36, 6e al.), sans possibilité de délégation de signature (art. R. 421-42).

Voir aussi : Sur les réserves, annotations sous C. urb., art. R. 421-15, p. 791.

Section IV Décision

§ 1 *Dispositions générales*

C. urb., art. *R. 421-29 *(D. n° 77-752, 7 juill. 1977 ; D. n° 83-1261, 30 déc. 1983 ; D. n° 93-614, 26 mars 1993, art. 5).*— **L'autorité compétente pour statuer sur la demande se prononce par arrêté.**

Le permis de construire énumère celles des contributions prévues au 2° de l'article L. 332-6-1 ou à l'article L. 332-9 qu'il met, le cas échéant, à la charge du bénéficiaire du permis de construire. Il fixe le montant de chacune de ces contributions et en énonce le mode d'évaluation.

Lorsqu'il impose une cession gratuite de terrain, il détermine la superficie à céder et en mentionne la valeur déterminée par le directeur des services fiscaux.

Lorsqu'il impose le versement de la participation prévue à l'article L. 332-9 dans les programmes d'aménagement d'ensemble et que le bénéficiaire s'en acquitte en tout ou en partie conformément à l'article L. 332-10 sous forme d'exécution de travaux ou d'apport de terrain, il mentionne :

– les caractéristiques des travaux et leur valeur déterminées d'un commun accord par le pétitionnaire et l'autorité compétente pour délivrer le permis de construire ;

– la superficie des terrains à apporter ainsi que leur valeur déterminée par le directeur des services fiscaux.

Dans le cas prévu à l'article R. 421-7-1, le permis de construire impose en tant que de besoin la constitution d'une association syndicale chargée de la gestion et de l'entretien des ouvrages et aménagements d'intérêt collectif. Lorsqu'a été joint à la demande de permis de construire le plan de division du terrain prévu au second alinéa de l'article R. 421-7-1, le permis de construire indique les droits de construire résiduels attachés à chacun des terrains devant provenir de la division.

Si la décision comporte le rejet de la demande, si elle est assortie de prescriptions ou s'il s'agit d'un sursis à statuer, elle doit être motivée. Il en est de même lorsqu'une dérogation ou une adaptation mineure est nécessaire.

***(Al. créé, D. n° 95-676, 9 mai 1995, art. 3-IV)* Dans le cas prévu à l'article R. 421-2-1, le permis de construire mentionne que les constructions ne peuvent être entreprises qu'après obtention de la décision d'octroi du concours financier de l'État et dans le respect des conditions de cette dernière.**

I. – Forme et Motivation

Identification de l'auteur de la décision. Selon l'article 4, alinéa 2, de la loi du 12 avril 2000, relative aux droits des citoyens dans leurs relations avec les administrations, « toute décision prise par [une] autorité administrative... comporte, outre la signature de son auteur, la mention en caractères lisibles, du prénom, du nom et de la qualité de celui-ci ». Par une approche très formaliste et contrairement aux conclusions de son commissaire du gouvernement, le tribunal administratif de Strasbourg a considéré comme illégal un arrêté de permis sur lequel figurait une signature sous la mention « le maire », à côté du cachet officiel de la mairie, sans indication du nom et du prénom du maire. Le commissaire du gouvernement fondait son argumentaire en faveur d'une position moins formaliste sur la jurisprudence, relativement souple et réaliste, du Conseil d'État. Celui-ci considère, notamment, que le nom de l'auteur de la décision, précédée de la seule initiale du prénom, ne saurait emporter son illégalité (CE, 28 nov. 2003, req. n° 249389, *Mme Rahou*), et cela même s'il qualifie de formalités substantielles les exigences de l'article 4 précité. C'est pourquoi, le commissaire du gouvernement suggérait au tribunal administratif de juger que « l'absence de nom et de prénom du maire... est sans incidence sur la légalité du permis dès lors qu'il est constant que la décision, matérialisée par le formulaire type "permis de construire délivré par le maire au nom de la commune", a été signé ès qualités – et donc sans ambiguïté –, par le maire..., autorité unique, élue et investie en tant que telle de la compétence pour délivrer un permis de construire ». Une telle approche était raisonnable, éloignée de tout juridisme tatillon, source de contentieux multiple et souvent abusif. Le maire d'une commune est, en effet, toujours identifiable, issu du suffrage universel (TA Strasbourg, 4 mars 2004, *M. Hertz c/ Cne d'Eguisheim : AJDA* juin 2004, p. 1297, concl. A. Gille). 2491

Voir aussi : Comm. sous CE avis, *Damon : AJDA* oct. 2004, p. 1906 et cité sous C. urb. art. R. 421-39.

Motifs. De façon générale, la motivation d'une décision administrative exige l'énumération des considérations de fait pour lesquelles la décision est prise. Serait insuffisante une motivation se bornant à paraphraser le texte juridique qui fonde le refus. 2492

On signalera qu'en droit administratif général, le Conseil d'État a admis qu'en cours d'instance, l'Administration fournisse un troisième motif qui légalise la décision, alors que les deux autres motifs inclus dans celle-ci ne sont pas valables (CE sect., 6 févr. 2004, req. n° 240560, *Mme Hallal*, concl. Silva. – Revirement par rapport à CE sect., 22 juill. 1976, *URSSAF du Jura : Rec. CE*, p. 362). Cette jurisprudence a été étendue au référé-suspension (voir nos commentaires sous C. urb., art. L. 421-9 et *BJDU* n° 3/2004, p. 218 avec la note de J.-C. Bonichot).

Malgré la rigueur jurisprudentielle, on constate encore, en pratique, des motivations notamment quant au refus, très succinctes, se bornant à reproduire l'énoncé du PLU/POS, par exemple en visant une insuffisance de desserte ou l'existence de risques, sans plus de précision. Toutes les décisions ne faisant pas objet de contentieux, de telles dérives se maintiennent.

Voir aussi : Pour une motivation qui résulterait de l'objet même des prescriptions, CE, 17 juin 1996, *SARL Scierie du Ternois : Rec. CE*, T, p. 1220 ; *BJDU* 4/1996, p. 298).

II. – Contenu de la décision

2493 **Ampleur des prescriptions.** En cas de prescriptions trop nombreuses, impliquant la production d'un nouveau plan, le permis est illégal (CE, 26 janv. 1979, *SCI Le Maréchal : Rec. CE*, 1979, T, p. 924 et 926).

2494 **Modification.** En revanche, le juge administratif n'exige pas le dépôt d'un nouveau dossier en cas de modification de détail (CE, 5 mai 1972, *Rouge : Rec. CE*, p. 349).

Bibliographie : G. LIET-VEAUX, *Le permis modificatif : JCP* N 2002, n° 25, p. 906, où l'auteur relève l'absence de critères jurisprudentiels précis en la matière.

2495 **Réserves.** Est annulé un permis qui ne prend pas parti sur l'aspect extérieur définitif de l'immeuble et qui est délivré sous la réserve que « les aménagements ultérieurs des commerces de programme fassent l'objet d'une demande de permis » (CE, 8 janv. 1982, *Assoc. « Tradition et Maintien des Puces » : Rec. CE*, T, p. 786). Bizarrement, le Conseil d'État admet néanmoins la délivrance du permis de construire sous réserve que le pétitionnaire sollicite du service de voirie la délivrance des alignements avant tout commencement des travaux (CE, 27 févr. 1981, *Pras : Rec. CE*, T, p. 971). Voir à ce sujet, annotation sous l'article R. 421-15 ; les articles L. 332-6 et L. 332-7, ainsi que la note sous CE, 4 janv. 1985, *SCI « Résidence du Port » : Rec. CE*, p. 5 et 8 févr. 1985, *Louis Raballand : Rec. CE*, n° 36 ; *AJDA* 1985, p. 237, note J. C. La jurisprudence annule le plus souvent les permis délivrés sous réserve d'études ultérieures en matière d'accès (CE, 16 janv. 1987, *SCI Ascodif : DA* 1987, n° 78).

III. – Caractère indivisible de la décision

2496 **Principe et inflexions.** L'arrêté accordant le permis de construire est un acte administratif indivisible. On ne peut donc attaquer séparément certaines de ses clauses : le recours limité aux réserves d'ordre architectural est donc irrecevable (CE, 12 oct. 1979, *Min. Équip. c/ Poidevin : AJDA* 1980, p. 252. Dans le même sens, CE, 8 janv. 1988, *Mazar : DA* 1988, n° 100) ou encore celui relatif aux prescriptions relatives à la sécurité contre l'incendie et à la solidité des sols (CE, 11 mars 1987, *Société à loyer modéré « Le Nouveau Logis » : Rec. CE*, T, p. 1009).
Mais cette jurisprudence a évolué et, par exemple, la divisibilité des clauses financières du permis a été admise (CE, 13 nov. 1981, *Plunian : Rec. CE*, p. 413, concl. D. Labetoulle ; *AJDA* 1982, p. 71, chron. F. Tiberghien et B. Lasserre ; *JCP* 1982, II, 19849, note F. Bouyssou : *GADU* n° 32), et consacrée ensuite par l'article L. 332-7.

Voir aussi : Commentaire sous C. urb., art. L. 332-7, p. 299.

2497 **Future réforme.** Pour faciliter la régularisation, le rapport Pelletier suggère d'inscrire dans les textes la faculté pour le juge de prononcer des annulations conditionnelles : à défaut de régularisation dans un certain délai de vices de légalité externe, l'annulation prendrait effet ; elle serait différée avec une suspension provisoire de l'autorisation.
En outre, l'annulation partielle serait à encourager.

IV. – Information du bénéficiaire

2498 **Souci d'équité et de transparence.** L'autorité qui délivre le permis de construire est de plus en plus tenue à une meilleure information de son bénéficiaire tant sur ces participations financières auxquelles il est obligé que sur certaines autres sujétions telles que le contrôle de légalité.

Voir aussi : Comm. sous C. urb., art. L. 332-7, p. 299.

2499 **Contrôle de légalité et future réforme.** Le rapport Pelletier insiste sur la nécessité d'information du bénéficiaire du permis quant à l'exercice du contrôle de légalité par le préfet. La transmission de l'acte à ce dernier conditionne le délai imparti pour le déféré. Il conviendrait donc de rappeler que cette date doit être portée à la connaissance du titulaire du permis par une mention apposée sur l'arrêté lors de sa notification. De surcroît, en cas de demande de pièces complémentaires par les services du contrôle de légalité, le préfet devrait en informer le bénéficiaire du permis, par lettre RAR, à peine de non-prorogation du délai de déféré.

Voir aussi : C. urb., art. L. 421-2-4.

C. urb., art. **R. 421-30 *(D. n° 77-752, 7 juill. 1977 ; D. n° 83-1261, 30 déc. 1983).* — La décision doit être notifiée directement au demandeur par lettre recommandée avec demande d'avis de réception postal.

Toutefois, la décision d'octroi, lorsqu'elle n'est pas assortie de prescriptions, peut être notifiée par pli non recommandé.

C. urb., art. *R. 421-31 *(D. n° 77-752, 7 juill. 1977 ; D. n° 83-1261, 30 déc. 1983).* — À l'issue du délai fixé pour l'instruction de la demande, une attestation certifiant qu'aucune décision négative n'est intervenue à l'égard d'une demande de permis de construire ou indiquant les prescriptions inscrites dans une décision accordant le permis de construire est délivrée, sous quinzaine, par l'autorité compétente pour rendre la décision à toute personne intéressée au projet, sur simple demande de celle-ci.

Attestation – Objet. L'attestation prévue au présent article permet de faire la preuve d'un permis de construire tacite. 2500

Bibliographie : Sur les difficultés tenant à cette procédure, RICARD, *La nature juridique de la « lettre valant permis de construire » ; un retour à l'âge de pierre : AJPI* 1976, p. 294.

Délivrance. L'attestation doit être délivrée systématiquement à toute personne qui en fait la demande. Toutefois, elle n'est plus délivrée passé le délai de trois ans à compter de la déclaration d'achèvement des travaux. Elle est délivrée aussi en cas de refus de permis de construire. En cas de permis de construire délivré sous certaines réserves, lesdites réserves sont mentionnées par l'attestation prévue au présent article (Circ. n° 72-71, 5 mai 1972). 2501

Future réforme. Le rapport Pelletier insiste sur la nécessité de rappeler le caractère impératif de cette confirmation de l'autorisation implicite. 2502

C. urb., art. **R. 421-32 *(D. n° 77-739, 7 juill. 1977 ; D. n° 77-752, 7 juill. 1977 ; D. n° 81-788, 12 août 1981 ; D. n° 83-1261, 30 déc. 1983 ; D. n° 85-248, 14 févr. 1985).* — Le permis de construire est périmé si les constructions ne sont pas entreprises dans le délai de deux ans à compter de la notification visée à l'article R. 421-34 ou de la délivrance tacite du permis de construire. Il en est de même si les travaux sont interrompus pendant un délai supérieur à une année.

Toutefois, les travaux peuvent être interrompus pendant une durée maximum de trois années à compter de l'achèvement de la première tranche lorsque le permis de construire a autorisé la réalisation d'une construction à usage d'habitation en deux tranches, dont la première constitue une unité habitable et ne dépasse pas 100 mètres carrés de surface hors œuvre nette et dont la suivante a une surface hors œuvre nette inférieure à la première.

***(Al. créé, D. n° 2002-89, 16 janv. 2002, art. 53, V ; rempl. à compter du 1er août 2004, D. n° 2004-490, 3 juin 2004, art. 111, VI et 122)* Lorsque des prescriptions archéologiques sont imposées en application de l'article 14 du décret n° 2004-490 du 3 juin 2004 relatif aux procédures administratives et financières en matière d'archéologie préventive, le délai de deux ans mentionné au premier alinéa court à compter de la remise du rapport de diagnostic et en cas de fouilles, de la délivrance de l'attestation préfectorale ou du certificat prévus par l'article 53 dudit décret.**

Le délai de validité du permis de construire est suspendu, le cas échéant, pendant la durée du sursis à exécution de la décision portant octroi dudit permis, ordonné par décision juridictionnelle ou administrative, ainsi que, en cas d'annulation du permis de

construire prononcée par jugement du tribunal administratif frappé d'appel, jusqu'à la décision rendue par le Conseil d'État.

Il peut être prorogé pour une nouvelle année, sur demande de son bénéficiaire adressée à l'autorité administrative deux mois au moins avant l'expiration du délai de validité, si les prescriptions d'urbanisme et les servitudes administratives de tous ordres auxquelles est soumis le projet n'ont pas évolué de façon défavorable à son égard.

La demande de prorogation, formulée par lettre en double exemplaire, est déposée et transmise dans les conditions prévues à l'article R. 421-9.

À l'issue de l'examen de la demande de prorogation, le responsable du service chargé de l'instruction transmet un projet de décision à l'autorité compétente pour statuer sur la demande. La décision est prise par arrêté dans les mêmes conditions que celles prévues aux articles R. 421-33 ou R. 421-36.

La prorogation est acquise au bénéficiaire du permis de construire si aucune décision ne lui a été adressée dans le délai de deux mois suivant la date de l'avis de réception postal ou de la décharge, de l'autorité compétente pour statuer sur la demande. La prorogation prend effet à la date de la décision de prorogation ou à l'expiration du délai de deux mois.

I. – Généralités

2503 **Ordre public.** En dehors du dispositif réglementaire, le maire ne peut imposer dans un permis un délai de réalisation des travaux (Rép. min. Zimmermann : *JOAN* QE, 1er févr. 1999, p. 659).

II. – Contentieux de la péremption

2504 **Notion de commencement des travaux.** Lorsqu'il est appelé à statuer sur le problème de la péremption du permis, le juge administratif vérifie soigneusement les circonstances de fait ; la construction est-elle entreprise ? Le juge ne s'en tient donc pas à constater l'envoi de la déclaration d'ouverture de chantier. Ainsi le permis est périmé si aucun travail n'est entrepris nonobstant l'envoi de la déclaration d'ouverture du chantier (CE, 9 févr. 1977, *Vergès : D.* 1977, inf. rap. p. 202, obs. Charles) ou si les travaux entrepris ont une trop faible importance (CE, 26 oct. 1979, *Coignard : DA* 1979, n° 347).

Dans un arrêt très important, le Conseil d'État déjoue la fraude des constructeurs consistant à commencer fictivement les travaux, quelques jours avant l'expiration du délai de deux ans, puis à les interrompre pour une durée inférieure à un an. En l'espèce, le Conseil d'État admet que l'ouverture du chantier quelques jours avant l'expiration du délai d'un an eût été suffisante, si les travaux s'étaient poursuivis à un rythme normal (CE, 3 janv. 1975, *SCI Foncière Cannes – Bénéfiat et Min. Équip.* c/ *Ville de Cannes : AJPI* 1975, p. 211, concl. Labetoulle ; *RD publ.* 1975, p. 1693, note Waline ; *D.* 1976, p. 7, note Petite).

Le Conseil d'État considère que les comptes rendus hebdomadaires des réunions de chantier prouvent qu'un permis de construire n'est pas périmé, et qu'un permis modificatif n'est pas de ce fait illégal (CE, 14 mars 1984, req. n° 36407, *Assoc. SOS Paris*) ; en revanche, un permis de construire cinq cents maisons est périmé, si quatre maisons seulement ont été construites en trois ans (CE, 2 déc. 1987, *SCI Val Rose : DA* 1987, n° 28).

Le constructeur ne saurait invoquer que l'Administration a fait obstacle à l'exécution des travaux faute d'avoir délivré un arrêté d'alignement ou l'autorisation d'installer une grue de chantier, ces circonstances ne constituant pas un préalable nécessaire à la réalisation desdits travaux (CAA Paris, 27 nov. 2001, req. n° 00-PA00950, *Deniau : Juris-Data* n° 2001-163507).

Un permis est périmé malgré certains travaux préparatoires, tels que l'aménagement de coupe-feux et d'une plate-forme d'évolution pour véhicules (CE, 16 févr. 1979, *SCI « Cap Naio »* c/ *Dlle Fournier : Rec. CE,* p. 66, concl. Rougevin-Baville), ou encore des démolitions suivies de « l'implantation du chantier afin de contrôler le plan de l'architecte par rapport au terrain » (CE, 26 oct. 1979, *Coignard : DA* 1979, n° 347, ou encore de simples défrichages et débroussaillages (CE, 21 juin 2002 : *Constr.-urb.* 2002, n° 9, comm. n° 216, P. Benoît-Cattin).

En revanche, la réalisation d'aires de stationnement pour une deuxième tranche de construction prévue par le permis de construire (et dont la demande de transfert à un autre bénéficiaire a été rejetée) a interrompu, vu l'importance des travaux, le délai de péremption (CE, 21 nov. 1986, *Sté d'Études et de Réalisation immobilières (SERIMO) c/ Ville de Clichy : DA* 1987, n° 15 ; *Rec. CE*, p. 407).
Statuant en matière de taxe locale d'équipement, le Conseil d'État a, au contraire, jugé que l'exécution des sondages préliminaires, imposés par le permis de construire à titre de conditions spéciales, faisait obstacle à la péremption du permis (CE, 28 avr. 1976, *Andrault : Rev. jur. fisc.* 1976, p. 211). Dans le même sens, CE, 25 juin 1980, *Cazaux* (*D.* 1980, inf. rap. 530, obs. Charles).
Les faits caractérisant la péremption sont appréciés souverainement par les juges du fond : en l'espèce, ne constituent pas un commencement des travaux, le débroussaillement du terrain, deux sondages, la pose d'une cabane de chantier et la présence d'une bétonnière, et encore moins la souscription d'un contrat d'assurances (CE, 28 juill. 1999, *SCI Jeanne d'Arc : DA* 1999, 291).

Point de départ du délai de deux ans. À défaut de notification régulière, le juge peut décider que le délai de péremption de deux ans court à compter de la date d'arrêté du permis. Il n'est toutefois pas tenu de soulever d'office ce moyen qui n'est pas d'ordre public. Cette sévérité se justifierait particulièrement en matière de référé-suspension, comme l'espèce, selon des commentateurs. Il n'empêche que le bénéficiaire du permis supporte les inconvénients, notamment financiers, des « turpitudes » administratives (CE, 15 juill. 2004, *Chabaud : Constr.-urb.* 2004, n° 10, comm. n° 195, P. Cornille ; *BJDU* 5/2004, p. 387, concl. I. de Silva). **2505**

Lettre de notification de la péremption. Le contentieux de la péremption a fait l'objet d'un revirement de jurisprudence : la lettre qui avertit le constructeur de la péremption, d'abord considérée comme n'étant pas une véritable décision susceptible de recours pour excès de pouvoir (CE, 16 avr. 1974, *Ville de Louveciennes : JCP* 1975, II, 18153, note Liet-Veaux) est désormais appréciée par le juge comme une décision faisant grief, susceptible de recours (CE, 5 déc. 1984, *SCI « Le Pavois » : Rec. CE,* 1984, T, p. 778 ; 2 déc. 1987, *SCI Val Rose*, préc. – V. concl. Genevois, sous CE, sect., 12 oct. 1984, *M. Lafon : AJDA* 1985, p. 52). En revanche, selon un jugement du tribunal administratif de Grenoble du 20 octobre 1999 (*BJDU* 2/2000, p. 95), la décision de constat de caducité n'a pas à être motivée, car elle constate un état de fait et n'oppose ni une prescription, une forclusion ou une déchéance. On remarquera que ce jugement a été rendu sur conclusions contraires du commissaire du Gouvernement. **2506**

Astreinte. Faute d'engagement des travaux dans le délai réglementaire, le juge civil avait enjoint, sous astreinte, à l'entreprise d'y procéder. La cour d'appel avait retenu, pour liquider l'astreinte provisoire, que l'entrepreneur était resté, à tort, inactif pendant huit jours entre la date de signification de l'ordonnance d'injonction et la date de péremption du permis, calculée à compter de la lettre administrative de constat de cette caducité. La Cour de cassation censure l'arrêt d'appel pour une double raison : **2507**
- d'une part, la péremption vaut à l'expiration du délai de validité du permis et non de la lettre de constat – motif qui s'inscrit dans la jurisprudence administrative classique, la caducité étant un fait juridique et non un acte ;
- d'autre part, la cour d'appel devait vérifier si le permis était bien périmé pendant la période où s'écoulait l'astreinte (Cass. 3e civ., 18 juin 2003 : *Constr.-urb.* 2003, n° 10, comm. n° 224, N. Rousseau ; *Constr.-urb.* 2003, n° 11, comm. n° 262, P. Benoit-Cattin ; *Gaz. Pal.* 24 mars 2004, p. 37, note M. Peisse ; *Collectivités-Intercommunalité* 2004, n° 1, comm. n° 9, P. Benoit-Cattin).

Refus de constat de la péremption. Le refus de constater la péremption d'un permis de construire est une décision faisant grief. Ce principe résulte d'un arrêt du Conseil d'État du 9 mai 2001, *M. et Mme Delivet* (*BJDU* 4/2001, p. 287), annulant une ordonnance du juge des référés qui avait rejeté la demande de référé-suspension de cette décision. En l'espèce, des tiers avaient demandé au maire de constater la caducité d'un permis, le maire avait alors opposé un refus. En référé, le juge avait considéré que les travaux avaient effectivement commencé, ce qui enlevait tout doute sérieux sur la décision du refus du maire. Le Conseil d'État a reproché au juge des référés d'avoir dénaturé les faits et a statué au fond pour une bonne administration de la justice. Des procès- **2508**

verbaux d'huissiers démontraient l'absence de début de travaux, un doute sérieux pesait donc sur la décision du maire, d'autant que l'urgence était patente : les travaux pouvaient en effet être entrepris, faute de suspension, ce qui entraînait la commission d'une infraction pénale ; à cet égard, la Haute Juridiction a enjoint au maire de mettre en œuvre la procédure d'interruption des travaux prévue à l'article L. 480-2 du présent code.

Déjà, avant cet arrêt, la jurisprudence des juges du fond s'orientait en ce sens. Ainsi, la cour administrative d'appel de Marseille a jugé que la décision de refus de constater la péremption d'un permis de construire fait grief (CAA Marseille, 18 déc. 1998, *Syndicat des copropriétaires Immeuble le Lympia : DA* 1999, 116).

Le Conseil d'État, pour une autorisation d'exploitation de carrière, avait, lui aussi, admis la recevabilité du recours contre le refus tacite du préfet de constater la péremption de cette autorisation (CE, 20 juin 1997, *Assoc. de défense de l'environnement Gonfaron : DA* 1997, 295 ; *BJDU* 4/1997, p. 287, concl. Combrexelle).

2509 **Incidence sur le plan pénal.** À défaut d'exécution, l'ordre d'interruption des travaux peut être donné, conformément à l'article L. 480-2, par le juge d'instruction ou par le tribunal ou encore par l'autorité administrative. Dans ce dernier cas seulement, un recours pour excès de pouvoir est possible ; c'est même le seul détour procédural par lequel le juge administratif peut être saisi.

L'ordre d'interruption par le maire est légalement fondé s'il se fonde sur le fait que le permis de construire accordé est périmé et que la construction a donc été engagée sans permis de construire (CE, 15 avr. 1992, *SCI Chaptal : RD imm.* 1992, 313 ; *JCP* N 1992, 298, note Gros).

Si le juge pénal statue le premier, son appréciation des faits s'impose à l'autorité administrative et au juge administratif lui-même (CE, 22 oct. 1975, *SCI Domaine du Mas de Tanit : JCP* 1975, II, 18153, note Liet-Veaux). À défaut d'une telle décision judiciaire préalable, le juge administratif détient une compétence entière : par exemple, il juge que la démolition de bâtiments préexistants, d'une certaine importance, et indissociables de l'opération de construction, a fait obstacle à la péremption (CE, 25 juill. 1975, *Syndicat des copropriétaires du 48, rue du Docteur-Blanche, à Paris : JCP* 1976, II, 18213, note Liet-Veaux. – CAA Paris, 11 juill. 1997, *Serane : Gaz. Pal.* 17 mars 1999, p. 22) ; au contraire, des travaux de faible importance, ou qui ne s'expliquent pas uniquement par la mise en œuvre du permis de construire, ne constituent pas un commencement des travaux au sens du présent article et ne constitue pas un commencement des travaux le simple défrichage des parcelles, le tracé d'une voie provisoire et l'installation de baraques de chantier en vue de l'achèvement de précédentes tranches de travaux (CE, 16 avr. 1975, *Ville de Louveciennes*, préc.), le décapage superficiel de la terre végétale sur une partie de l'emprise des constructions envisagées (CE, 6 juin 1986, *Syndic de copropriété Val-d'Isère* c/ *Les Hameaux de Rogoney : DA* 1986, n° 389) l'exécution de travaux limités à la confection de quelques rangs de parpaings pour deux maisons témoins comprises dans un ensemble pavillonnaire (CE, 24 oct. 1986, *Sté Séfima : DA* 1986, n° 610), ou des travaux préparatoires de terrassement ; le pétitionnaire produisant des factures relatives à la fourniture de matériaux et non à la mise en œuvre du PC (Cass. crim., 18 juin 1997, *Leloup : BJDU* 6/1997, p. 466).

Voir aussi : Commentaires sous C. urb., art. L. 480-1 et s., p. 418.

2510 **Articulation entre les délais d'un an et de deux ans.** Par ailleurs, dans le cas d'un projet de construction précédé de travaux de démolition importants et qui lui sont indissociablement liés, l'écoulement d'une année après ces démolitions rend caduc le permis en l'absence d'engagement des travaux de construction, même si le délai de deux ans n'était pas expiré (CE, 8 nov. 2000, *EURL Les Maisons traditionnelles : BJDU* 5/2000, p. 345).

2511 **Future réforme.** Dans le cas d'opérations importantes (supérieures à 5 000 m^2 SHON), le rapport Pelletier préconise de porter le délai de deux ans à trois ans. Il suggère également, en tout état de cause, de supprimer le délai d'un an relatif à l'interruption du chantier. D'une manière générale, les délais de péremption des autorisations requises pour une opération au titre d'autres législations, devraient être alignés sur ceux applicables au permis de construire.

2512 **Interruption du délai.** Le délai de péremption est interrompu (et pas seulement suspendu) par le fait de l'Administration s'opposant à la mise en œuvre du permis (CE, 26 juill. 1978, *Comité de* *défense des sites de Trégastel : JCP* 1979 G, II, 19085, note Bouyssou). Dans le même sens, CE, 26 oct. 1979, *SCI « Résidence Neptune » : DA* 1979, n° 348. – CAA Lyon 14 janv. 1993, *SCI Résidence Saint-Antoine : Rec. CE*, T, p. 1113). Encore faut-il que le titulaire du permis de construire cherche à y faire obstacle (CE, 9 févr. 1996, *SNC Aubertin : Rec. CE*, T, p. 1223 ; *DA* 1996, 244). Constitue un fait de l'Administration interrompant le délai, le refus de l'EPCI de signer le bail emphytéotique nécessaire à la construction, et cela même si le permis a été délivré par le maire d'une commune incluse dans cet EPCI (CAA Paris, 16 mai 2002, *Assoc. Renard : BJDU* 4/2002, p. 27, concl. Barbillon). Cette solution laisse dubitatif, car en principe le fait de l'Administration a un effet direct sur les travaux (retrait illégal, recours à la force publique, classement du site....) ; ici l'effet est indirect. De même, un retrait du permis entraîne cette interruption du délai, le cas échéant jusqu'à ce que le tribunal administratif ait statué sur la légalité du retrait (CE, 30 juill. 2003, *Ministre de l'Équipement, des Transports, du Logement, du Tourisme et de la Mer c/ Mme Thénault : BJDU* n° 2/2004, p. 156).

Archéologie préventive. Le délai de validité du permis de construire est suspendu, en cas de terrassements importants suivis d'une interruption de chantier en vue de fouilles archéologiques (TA Strasbourg, 29 nov. 1990, *SCI le Châtelet* c/ *Ville de Benfeld et autres : Rec. CE*, p. 513 ; *Gaz. Pal.* 1991, 2, somm. p. 68). Le décret du 30 juin 2004 ne fait courir le délai de validité qu'à compter de la fin des opérations de diagnostic ou de fouilles. 2513

Voir aussi : Analyses sous C. urb., art. L. 421-2-4, p. 339 et annexe IV.

Suspension de délai – Contentieux. Le délai de validité est suspendu alors même que le Conseil d'État aurait ordonné le sursis à l'exécution du jugement de première instance ordonnant le permis (CE, 5 déc. 1984, *Régie nationale des usines Renault : Rec. CE*, p. 396). À cet égard, la référence au « sursis à exécution » devrait être remplacée, dans le présent article, par celle de « référé-suspension » issue de la loi du 30 juin 2000 (art. L. 421-9). Par ailleurs, lorsque le délai de validité d'un permis a été suspendu par suite de son annulation par le tribunal administratif et que le jugement est frappé d'appel, ce délai recommence à courir à compter de la notification de l'arrêt de la Cour administrative d'appel annulant ledit jugement et non à compter de la date de lecture de cet arrêt (CE, 10 oct. 2003, *Cne de Soisy-sous-Montmorency : BJDU* n° 1/2004, p. 76 et CAA Paris, 27 nov. 2001, *Cne de Soisy-sous-Montmorency : BJDU* 1/2002, p. 7 ; *Constr.-urb.* 2002, n° 5, comm. n° 127, P. Benoît-Cattin ; *Constr. urb.* 2002, n° 4, comm. n° 100, P. Cornille ; CE, 22 nov. 2002, *M. François-Poncet : BJDU* n° 6/2002, p. 441, concl. Austry). Il en va ainsi lorsque l'arrêt de la Cour administrative d'appel fait l'objet d'un pourvoi en cassation ; l'annulation du jugement invalidant le permis par la Cour administrative d'appel statuant en dernier ressort replace le bénéficiaire du permis dans la situation antérieure au jugement et lui confère les mêmes droits et obligations, notamment en matière de péremption ; le pourvoi ne peut se voir reconnaître un effet suspensif que si la Cour administrative d'appel le décide (CAA Bordeaux, 16 janv. 2003, *Société Guilhermy : BJDU* n° 2/2003, p. 133). 2514

Future réforme. Toutefois, un problème se pose lorsque le permis est frappé d'un recours pour excès de pouvoir, mais n'est pas suspendu par le juge des référés. Il devient alors caduc avant l'intervention de la décision juridictionnelle définitive, lorsque le constructeur – au demeurant prudent – n'engage pas les travaux ou n'interrompt pas le chantier. Pour pallier ce grave inconvénient, la réforme prochaine des autorisations d'urbanisme devrait prévoir la prolongation du délai de validité du permis pendant la durée du contentieux (Rép. min. Perrut, 17 août 2004 : *JOAN*, p. 6456 et rapport Pelletier). Cette prolongation serait étendue aux autorisations, autres que le permis, requises au titre du projet. 2515

Bibliographie : P. Elfassi, J.-L. Tixier, *Quand construire en vertu d'un permis de construire objet d'un recours : Constr.-urb.* 2004, n° 11, p. 7.

Transfert du permis. La décision de transfert du permis de construire doit être établie avant que le permis ne soit périmé (CE, 6 juill. 1983, req. n° 32511, *SARL Lurak*. – CE, 26 sept. 1986, req. n° 52-182, *Treps*). 2516

Constructions temporaires de l'article L. 421-1, 5°. Pour ces constructions destinées à être démontées et réinstallées périodiquement, le non-respect de l'obligation de démontage à la date fixée dans le permis unique le rend caduc. 2517

2518 **Enrichissement sans cause.** Pour condamner un bailleur au paiement à un architecte d'une indemnité au titre de l'enrichissement sans cause (C. civ., art. 1315 et 1371), une cour d'appel avait retenu que l'appauvrissement consistait en un manque à gagner équivalant au montant des honoraires de l'architecte. Celui-ci avait établi le dossier de demande de permis en fonction d'un montant de travaux justifié par l'importance du projet ; il avait en outre concouru à l'obtention du permis régularisant des travaux déjà effectués et autorisant la réalisation de travaux supplémentaires. Son arrêt est censuré par la Cour de cassation, au motif qu'en statuant ainsi, sans rechercher si le permis accordé était encore valable et aurait autorisé la réalisation de travaux autres que ceux qu'il avait pour objet de régulariser, aucune base légale n'était donnée, au regard de l'article R. 421-32 du Code de l'urbanisme (Cass. 1re civ., 12 juin 2001, req. n° 98-19.572 : *Juris-Data* n° 2001-0110174).

III. – Conditions de la prorogation

2519 **Objet.** Le quatrième et le cinquième alinéas du présent article prévoient une possibilité de prorogation du permis, et même une procédure de prorogation tacite, sous réserve d'une demande de prorogation déposée en temps voulu.

2520 **Prorogation légale.** L'article 11 de la loi du 2 février 1994 qui prévoyait une prorogation exceptionnelle de la durée de validité des permis de construire n'empêche nullement une nouvelle prorogation sur le fondement du droit commun de l'article R. 421-32 (CAA Marseille, 25 sept. 2003, *Ville d'Antibes : BJDU* n° 1/2004, p. 76).

2521 **Retrait.** La décision tacite de prorogation ne peut jamais être retirée, pour quelque cause que ce soit (CE, 13 oct. 1979, *Min. Équip.* c/ *SCI « Résidence Neptune » : D.* 1979, p. 603, note Distel ; *CJEG* 1978, p. 179, note Sablière).

2522 **Automaticité.** La prorogation est automatique, si le retard d'exécution des travaux résulte de l'attente d'une prime avec prêt à la construction. En revanche, l'attente de primes ne fait pas obstacle à la péremption, si la prorogation n'a pas été demandée en temps utile (CE, 28 oct. 1977, *SCI La Colombière*, cité par Hostiou : *AJPI* 1978, p. 629).
Il a été précisé que la prorogation prend effet à la date de la décision qui l'autorise et non à la date d'expiration du permis (CE, 7 mai 2003, *Association pour la sauvegarde du patrimoine martiniquais : BJDU* n° 4/2003, p. 255, concl. M. Guyomar ; *JCP* A 2003, n° 41, comm. n° 1902, P. Billet).

2523 **Prorogation unique.** Le permis de construire peut faire l'objet d'une seule prorogation, selon la jurisprudence (CE, sect., 4 juill. 1980, *SC Résidence Castell Bear : AJDA* 1980, p. 520, chron. Feffer et Pinault ; *D.* 1980, inf. rap. 530, obs. Charles).

2524 **Demande de prorogation.** De son côté, le Conseil d'État n'admet pas la prorogation d'un permis, si la demande de prorogation a été déposée après l'expiration de son délai de validité (CE, 23 juill. 1974, *Dame Meyer-Baur : Rec. CE,* p. 460. – CE, 8 oct. 1976, *Assoc. pour la protection des sites de Saint-Pol-de-Léon : Rec. CE,* p. 403. – CE, 22 avr. 1983, *SCI La Frégère : Rec. CE,* 1983, T, p. 914). Une demande de prorogation est légalement refusée si le pétitionnaire n'a pas qualité, les conditions suspensives d'une promesse de vente ne s'étant pas réalisées (CE, 1er oct. 1993, *Cne de Boos : Rec. CE,* T, p. 1113).

2525 **Conditions de fond – Règles d'urbanisme.** La prorogation n'est autorisée que si les prescriptions d'urbanisme et les servitudes administratives n'ont pas évolué défavorablement au projet.
C'est pourquoi l'arrêt rendu le 16 novembre 2000 par la cour administrative d'appel de Marseille, « *Commune d'Èze* » (req. n° 98-MA01689 : *Juris-Data* n° 2000-141949), avait suscité de sérieux doutes. Outre cette disposition du présent article, la cour avait ajouté que l'Administration « dispose également du pouvoir de refuser la prorogation pour tenir compte de l'évolution des circonstances de fait postérieurement à la délivrance de l'autorisation » ; en l'espèce, néanmoins, la cour avait considéré qu'une chute de pierres provenant d'une falaise surplombant le projet ne révélait pas une aggravation de la situation de fait qui existait à la date d'octroi du permis.

Cette décision était très préoccupante, car la cour ajoutait au texte des conditions non prévues, statuant *ultra*, voire *contra legem*. En pratique, elle ajoutait des contraintes supplémentaires et infondées pour l'obtention du permis. C'est pourquoi le Conseil d'État ainsi, dans un arrêt de section du 5 novembre 2003, *Cne d'Eze*, mis un terme à de tels développements jurisprudentiels par une interprétation stricte de l'article R. 421-32 : « l'autorité administrative, saisie d'une demande de prorogation d'un permis de construire par une personne ayant qualité pour présenter une telle demande, ne peut refuser d'y faire droit que si les règles d'urbanisme et les servitudes administratives de tous ordres s'imposant au projet ont été modifiées, postérieurement à la délivrance du permis de construire, dans un sens qui lui est défavorable ; qu'elle ne peut fonder un refus de prorogation sur une évolution des autres éléments de droit ou circonstances de fait, postérieure à la délivrance de l'autorisation ». Des faits nouveaux, comme l'apparition de risques sur le terrain, ne sauraient fonder un tel refus. Il résulte aussi clairement de l'arrêt qu'en l'absence d'évolution défavorable des règles et servitudes d'urbanisme, la prorogation est de droit (CE sect., 5 nov. 2003, *Cne d'Eze : BJDU* n° 5/2003, p. 360, concl. F. Séners, chron. J.-C. Bonichot, p. 314 ; *RD publ.* 2004, n° 2, p. 405, note C. Guettier ; *JCP* A 2004, n° 14, comm. n° 1245, P. Billet ; *AJDA* déc. 2003, p. 2257 ; *Constr.-urb.* 2004, n° 2, comm. n° 42, P. Benoit-Cattin ; *Defrénois* 9/2004, p. 655, P. Benoit-Cattin et J.-P. Meng). Par ailleurs, dans un arrêt de section du même jour, *SCI les Blés d'Or*, le Conseil d'État a précisé la notion de « règles d'urbanisme et de servitudes administratives » visée à l'article R. 421-32 : « Le régime d'autorisation des grandes surfaces commerciales défini par l'article 29 de la loi du 27 décembre 1973 modifiée par la loi du 5 juillet 1996 tend à réguler la concurrence dans le secteur du commerce de détail et non à déterminer des règles d'occupation des sols ; que par suite, en jugeant que l'obligation d'obtenir une telle autorisation, désormais imposée au projet par la loi du 27 décembre 1973 modifiée, constituait une "évolution défavorable des prescriptions d'urbanisme", la Cour administrative d'appel a commis une erreur de droit ».

En statuant ainsi et en dépit des termes – assez flous – de « servitudes administratives de tous ordres » employés par l'article R. 421-32, la Haute Juridiction prend en compte l'esprit de ce texte du Code de l'urbanisme dont la finalité est le contrôle des occupations du sol. Une législation incluse dans le Code de commerce et visant à réguler, sous l'aspect concurrentiel, l'implantation d'activités commerciales, répond à un objectif distinct, et cela même si des considérations d'aménagement du territoire sont également expressément présentes. De surcroît, le Conseil d'État retient la conception classique de la « servitude administrative », à savoir une charge pesant sur un fonds déterminé (CE sect., 5 nov. 2003, *SCI les Blés d'Or : BJDU* n° 5/2003, p. 367, concl. F. Séners, chron. J.-C. Bonichot, p. 314 ; *RD publ.* 2004, n° 2, p. 405, note C. Guettier ; *Constr.-urb.* 2004, n° 3, comm. n° 61, N. Rousseau ; *AJDA* déc. 2003, p. 2260 ; *JCP* A 2004, n° 7, comm. n° 1102, P. Billet ; *Defrénois* 9/2004, p. 655, note P. Benoit-Cattin, J.-P. Meng ; *Petites affiches* 26 nov. 2004, n° 237, p. 10, note J.-G. Mahinga).

Voir aussi : *Sur la notion de servitude administrative*, J.-M. Auby, *Théorie générale des servitudes administratives : J.-Cl. Adm.* Fasc. 290. – P. Sablière, *CJEG* avr. 1986, p. 109. – D. Moreno, *Le juge judiciaire et le droit de l'urbanisme, LGDJ*, 1991, p. 62. – Sur la législation de l'équipement commercial, comm. détaillés sous C. urb., art. L. 451-5, p. 383 et art. L. 451-6, p. 395 avec les textes correspondants du Code de commerce.

Refus de prorogation. Le refus de prorogation infondé constitue une faute de service susceptible d'engager la responsabilité de la puissance publique (CE, 28 oct. 1987, *SCI Résidence Neptune : JCP* 1988 N, II, p. 220). L'exemple précédent pourrait en être une cause. 2526

Article R. 600-1. Doit être obligatoirement notifié, selon l'article R. 600-1, à l'auteur de l'acte et à son bénéficiaire à peine d'irrecevabilité, le recours en appel ou en cassation d'une décision juridictionnelle constatant l'absence de caducité d'un permis et annulant pour ce motif une mise en demeure du constructeur d'interrompre les travaux entrepris sur la base du permis prétendument caduc (CE, 30 avr. 2003, *Secrétaire d'État au Logement c/ SNC Norminter lyonnais : BJDU* n° 1/2004, p. 79). 2527

Bibliographie : C. Debouy, *La vie du permis de construire : Dr. et ville* 1991, n° 32. – Lamorlette, *Le permis de construire et ses prorogations : DA* 1995, p. 1. – Hocreitere, *Les prescriptions d'urbanisme et servitudes administratives applicables en matière de prorogation de permis de construire : BJDU* 5/1997, p. 310. – Pérignon, *La mise en œuvre du permis de construire : Defrénois* 1997, p. 1297.

§ 2 Dispositions particulières applicables dans les communes où un plan local d'urbanisme a été approuvé

C. urb., art. *R. 421-33 *(D. n° 77-752, 7 juill. 1977 ; D. n° 83-1261, 30 déc. 1983).* — Dans les communes où un *(Mots rempl., D. n° 2001-260, 27 mars 2001, art. 3)* « plan local d'urbanisme » a été approuvé, la décision est prise par le maire, au nom de la commune ou par le président de l'établissement public de coopération intercommunale, au nom de cet établissement.

Toutefois, elle est prise dans les conditions prévues au paragraphe 3 de la présente section dans les cas mentionnés au quatrième alinéa de l'article L. 421-2-1.

2528 **Responsabilité.** Le caractère municipal de la décision entraîne, automatiquement, la responsabilité de la commune dans le cas général, prévu au 1er alinéa du présent article ou celle de l'établissement public de coopération intercommunale.

2529 **Indemnisation.** Si le refus de permis de construire illégal engage la responsabilité de la commune, le préjudice invoqué par le pétitionnaire doit revêtir un caractère direct et certain (CE, 26 oct. 1988, *Ministre de l'Équipement, du Logement, de l'Aménagement du territoire et des Transports c/ SCI Les Moulins d'Hyères : AJDA* 1989, p. 278, concl. C. Vigouroux, obs. J.-B. Auby ; *D.* 1989, p. 354, note F. Moderne et P. Bon). Le préjudice peut ainsi comporter les intérêts financiers et la perte d'exploitation liés à l'immobilisation du terrain d'assiette pendant huit ans (CE, 17 déc. 2003, *Cne de Cannes : BJDU* n° 2/2004, p. 127, concl. C. Devys).
Toutefois, un partage de responsabilité peut être retenu en cas de comportement fautif du bénéficiaire d'un permis irrégulier. Sa qualité de professionnel de l'immobilier est alors un élément d'appréciation (CAA Paris, 31 déc. 2003, *Cne de Bois-le-Roi : BJDU* n° 2/2004, p. 133, concl. J.-P. Demouveaux : en l'espèce, il s'agissait d'un particulier qui, même s'il connaissait la mise en révision du POS, ne pouvait anticiper l'illégalité du permis auquel le maire aurait dû opposer un sursis à statuer).
Dans une autre affaire, une société exploitant une maison de retraite avait saisi le juge judiciaire d'une action en démolition d'un supermarché voisin édifié sur la base d'un permis illégal, car autorisant une construction d'un gabarit plus important que celui fixé au POS. Cette action civile ne fait pas obstacle à l'engagement de la responsabilité de la commune, auteur dudit permis (CE, 13 févr. 2004, *Société Aigue Marine : BJDU* n° 2/2004, p. 149, concl. C. Devys).
Par ailleurs, le fait que le pétitionnaire ait acquis le terrain auprès de la commune à un franc symbolique, ne fait pas disparaître le préjudice qu'il subit suite au refus de permis de construire (CE, 3 mai 2004, *Caisse primaire d'assurance maladie de la Meuse : BJDU* n° 4/2004, p. 288, concl. Mitjaville).

2530 **Compétence de l'État.** Le second alinéa prévoit les hypothèses de compétence retenue au profit de l'État, dans les communes en principe dotées du pouvoir de délivrer, en leur propre nom, le permis de construire. Par mesure de simplification, la procédure d'instruction est alors la même que dans les communes non dotées d'un plan local d'urbanisme approuvé.

2531 **Projet sur deux communes.** Lorsque le bâtiment faisant l'objet du permis est situé à la fois sur le territoire de deux communes dotées d'un POS, ledit permis doit être signé par les maires de chacune des deux communes (TA Rennes, 30 mai 1990, *Mme Berthier : JCP* N 1993, II, 8).

2532 **Plans d'urbanisme partiels.** Avant la loi SRU, le maire était compétent, au nom de la commune, lorsque cette dernière était seulement couverte par un POS partiel (CAA Lyon, 14 déc. 1993, *Sté Combin : Rec. CE,* T, p. 1106 ; *DA* 1994, 163 ; *Gaz. Pal.* 17 févr. 1995 ; *BJDU* 3/1994, concl. Haelvoet).
La loi SRU avait supprimé, sauf existence d'un plan de sauvegarde et de mise en valeur, toute autre possibilité de PLU partiels. La loi Urbanisme-habitat du 2 juillet 2003 en a réintroduit deux nouveaux cas : dans les communes couvertes par un SCOT identifiant des secteurs d'aménagement et de développement touristique d'intérêt intercommunal, un PLU peut être élaboré sur ces secteurs par un EPCI (art. L. 123-1, al. 3) ; lorsque plusieurs communes sont dotées de POS partiels couvrant déjà les secteurs précités, elles peuvent conserver ce régime et élaborer des PLU partiels, à

condition de s'engager dans l'établissement d'un SCOT et couvrir le reste de leur territoire par un PLU compatible (art. L. 123-19).

C. urb., art. *R. 421-34 *(D. n° 77-752, 7 juill. 1977 ; D. n° 83-1261, 30 déc. 1983).* **— L'arrêté par lequel le maire ou le président de l'établissement public de coopération intercommunale statue sur la demande de permis de construire est complété, avant notification au demandeur, par une mention certifiant que la décision est transmise dans les conditions prévues à l'article L. 421-2-4.**

Voir aussi : Comm. sous art. L. 421-2-4, p. 339, issu de la loi du 13 août 2004 sur les libertés et responsabilités locales quant aux nouvelles conditions de transmission des actes.

C. urb., art. *R. 421-35 *(D. n° 83-1261, 30 déc. 1983 ; D. n° 88-199, 29 févr. 1988).* **— Outre la transmission prévue à l'article L. 421-2-4, copie de la décision est transmise, lorsqu'elle est prise au nom de l'établissement public de coopération intercommunale, au maire de la commune.**

En cas de permis tacite, le préfet reçoit, sans délai, le dossier et les pièces d'instruction en l'état.

§ 3 Dispositions particulières applicables dans les communes où un plan local d'urbanisme n'a pas été approuvé

C. urb., art. *R. 421-36 *(D. n° 83-1261, 30 déc. 1983 ; D. n° 87-340, 21 mai 1987 ; D. n° 87-885, 30 oct. 1987 ; D. n° 88-199, 29 févr. 1988 ; D. n° 93-614, 26 mars 1993, art. 6).* **— Dans les communes où un** ***(Mots rempl., D. n° 2001-260, 27 mars 2001, art. 3)*** **« plan local d'urbanisme » n'a pas été approuvé, la décision est prise par le maire, au nom de l'État ; toutefois, elle est prise par le préfet dans les cas suivants :**

1° Pour les constructions édifiées pour le compte de l'État, de la région ou du département, de leurs établissements publics ou de leurs concessionnaires, ainsi que pour le compte d'un État étranger ou d'une organisation internationale ;

2° Pour les constructions à usage matériel, commercial ou de bureaux lorsque la superficie des planchers hors œuvre nette est égale ou supérieure à 1 000 mètres carrés au total ;

3° Pour les immeubles de grande hauteur, au sens de l'article R. 122-2 du Code de la construction et de l'habitation, dans les conditions prévues à l'article R. 421-47 ;

4° Lorsque est mis à la charge du constructeur tout ou partie des contributions prévues au 2° de l'article L. 332-6-1 ou à l'article L. 332-9 ;

5° Lorsqu'une dérogation ou une adaptation mineure aux dispositions mentionnées aux articles R. 421-15 (alinéa 3) est nécessaire ;

6° Lorsque le maire et le responsable du service de l'État dans le département, chargé de l'urbanisme, ont émis des avis en sens contraire ;

7° Lorsqu'il y a lieu de prendre une décision de sursis à statuer ;

8° Dans les cas prévus au 1° de l'article R. 490-3 et à l'article R. 490-4 ;

9° Pour les constructions comprises dans les zones délimitées par le plan d'exposition au bruit d'un aérodrome approuvé par arrêté du préfet ;

10° Pour les constructions pour lesquelles un changement de destination doit être autorisé en application de l'article L. 631-7 du Code de la construction et de l'habitation ;

11° Dans les cas prévus à l'article R. 421-38-8, sauf si la construction se trouve à l'intérieur d'un site inscrit, auquel cas elle est de la compétence du maire au nom de l'État ;

12° Pour les constructions situées dans un secteur sauvegardé à compter de sa délimitation et jusqu'à ce que le plan de sauvegarde et de mise en valeur ait été rendu public ;

13° Pour les constructions qui, en raison de leur emplacement à proximité d'un ouvrage militaire, sont soumises à l'autorisation du ministre ***(Mots rempl., D. n° 2004-106, 29 janv. 2004, art. 10)*** **« de la défense », en vertu du décret du 10 août 1853, de la loi du 18 juillet 1895 ou de la loi du 11 juillet 1933 ;**

14° Pour les constructions qui, en raison de leur situation à l'intérieur d'un polygone d'isolement, sont soumises à l'autorisation du ministre *(Mots rempl., D. n° 2004-106, 29 janv. 2004, art. 10)* « de la défense » en vertu de l'article 5 de la loi du 8 août 1929 ;

15° Lorsque le projet de construction, situé dans le périmètre d'urbanisation d'une agglomération nouvelle, se trouve dans une zone d'aménagement concerté ou dans un lotissement de plus de trente logements ou constitue une opération groupée de plus de trente logements, si le maire, le président de la communauté ou du syndicat d'agglomération nouvelle ou le responsable du service de l'État dans le département, chargé de l'urbanisme, ont émis des avis en sens contraire.

I. – Principes

2533 **Compétence du maire au nom de l'État.** Dans les communes non dotées d'un plan local d'urbanisme approuvé, et dans les cas prévus au 4e alinéa de l'article L. 421-2-1, le maire détient la compétence de principe, mais il l'exerce au nom de l'État.

2534 **Délégations du maire – Conditions.** L'adjoint au maire délégué peut valablement signer le permis de construire, mais encore faut-il que cette délégation soit précise ; à défaut, le permis de construire peut être déclaré illégal (TA Versailles, 7 juin 1994, *Mme Chapiteau c/ Cne de Maurepas : Études Foncières* n° 66, mars 1995). De même, un refus de délivrer un permis de construire par un adjoint sans délégation est illégal.

2535 **Retrait par le préfet.** Lorsque le permis de construire a été délivré par le maire, au nom de l'État, il peut être retiré (en cas d'illégalité) par le préfet qui agit alors comme supérieur hiérarchique du maire (CE, 11 juin 1982, *Berjon : Rec. CE,* p. 221, concl. Genevois ; *AJDA* 1983, p. 42, concl. Genevois. – TA Rouen, 6 févr. 1996, *Cne de Franqueville : Gaz. Pal.* 29 janv. 1997).

2536 **Illégalité du plan d'urbanisme.** La constatation de l'illégalité d'un plan d'urbanisme approuvé soulevé par la voie de l'exception d'illégalité est sans incidence sur la compétence du maire pour signer le permis litigieux (CE, 10 juin 1992, *Cne de Riedistheim et SCI « Les Glycines » : RD imm.* 1992, 501 ; *Rec. CE,* p. 279 ; *Gaz. Pal.* 1993, pan. dr. adm. p. 42).

II. – Hypothèse de compétence préfectorale

2537 **Construction à usage professionnel.** En cas d'extension d'un immeuble à usage industriel, commercial ou de bureaux, la limite de 1 000 m^2 (2° ci-dessus) concerne seulement la surface additionnelle projetée (CE, sect., 15 mars 1974, *Min. Équip.* c/ *Bondoux : JCP* N 1974, II, 11723, note Liet-Veaux).

Sur le fondement de cet alinéa, le préfet est compétent pour autoriser la construction d'un hangar de stockage de 8 000 m^2 (CAA Bordeaux, 31 déc. 1993, *Sté Sud Trading Cy : Gaz. Pal.* 15 mars 1995).

2538 **Participations financières.** Le décret du 26 mars 1993, qui modifie le 4° de l'article ci-dessus, étend la compétence du préfet lorsque le permis de construire soumet son bénéficiaire aux participations visées par l'article L. 332-6-1-2° (incluant la participation pour voie et réseaux), ou aux participations imposées dans le cadre d'un programme d'aménagement d'ensemble.

Ainsi, le fait qu'un permis délivré au nom de l'État comporte l'exigence de la TLE et diverses autres taxes d'urbanisme n'ayant pas le caractère de participations financières ne transfère pas la compétence au préfet (CE, 7 nov. 1990, *Fédération française de golf : DA* 1990, n° 48).

2539 **Cession gratuite de terrain.** En cas de cession gratuite imposée au profit de la commune, le maire demeure compétent, en vertu du 4° ci-dessus, ainsi qu'au cas d'obligation de financer des équipements propres à la construction autorisée (CE, 28 avr. 1989, *Assoc. Collectif pour sauvegarder les collines de la paix et les monts niçois : Rec. CE,* T, p. 998).

2540 **Constructibilité limitée.** L'exception ponctuelle à la règle de constructibilité limitée (art. L. 111-1-2) n'étant pas une dérogation, le principe demeure dans un tel cas de la compétence du maire (CE, 25 nov. 1988, *Min. Équip.* c/ *Stauffer : AJDA* 1989, p. 264, note Bouyssou).

Avis divergents, maire – DDE. En cas d'avis contraire du maire et du DDE (7°), le maire doit être immédiatement informé (Circ. n° 79-54, 5 juin 1979). 2541
Mais il n'est pas prévu de procédure de réexamen par le maire avant la décision du préfet (Rép. min. : *JOAN* 13 juill. 1992, p. 3170). Dans une affaire, le maire avait émis un avis défavorable et le DDE un avis favorable. L'existence de ce dernier avis n'ayant pas été contestée, le juge des référés n'a pas commis d'erreur de droit en s'abstenant de soulever d'office le moyen d'incompétence du préfet pour délivrer le permis (CE, 25 oct. 2002, req. n° 248906, *Cne de Trimbach : Juris-Data* n° 2002-064646).

Bibliographie : Sur cette notion d'avis contraire, concl. LABETOULLE sous CE, sect., 10 mars 1978, *Cne de Roquefort-les-Pins : RDP* 1979, p. 252.

Installations énergétiques et nucléaires. Le permis de construire une station-service est valablement délivré par le maire et ne fait pas partie de ceux visés par le 8e alinéa (CE, 22 juin 1984, *Min. Urb. c/ Maire de Lamentin et SA Elf : Rec. CE*, T, p. 775). 2542

C. urb., art. *R. 421-37 ***(D. n° 77-860, 26 juill. 1977 ; D. n° 83-1261, 30 déc. 1983).*** **— Copie de la décision est transmise au maire, s'il n'en est pas l'auteur, au président de l'établissement public de coopération intercommunale le cas échéant, et au responsable du service de l'État dans le département, chargé de l'urbanisme.**

C. urb., art. *R. 421-38 ***(D. n° 83-1261, 30 déc. 1983 ; D. n° 88-199, 29 févr. 1988).*** **— Le ministre chargé de l'urbanisme peut soit d'office, soit à la demande d'un autre ministre, évoquer tout dossier et prendre les décisions nécessaires.**

Le ministre peut déléguer au préfet son droit d'évocation.

Pouvoir du ministre. Le pouvoir d'évocation du ministre ne lui permet pas de réformer un arrêté préfectoral légal (TA Paris, 13 déc. 1973, *SCI Les Jardins de Bagneux : Gaz. Pal.* 1974, 2, somm. 254). 2543

Section V Dispositions applicables aux constructions et travaux soumis au régime du permis de construire et à un autre régime d'autorisation

C. urb., art. **R. 421-38-1 ***(D. n° 77-752, 7 juill. 1977 ; D. n° 83-1261, 30 déc. 1983).*** **— Les dispositions du présent chapitre sont applicables aux constructions et travaux qui sont soumis à la fois au régime du permis de construire et à un régime d'autorisation de construction ou de travaux dont l'application est contrôlée par un ministre autre que celui qui est chargé de l'urbanisme, sous réserve des règles particulières prévues à la présente section.**

A) Protection des monuments historiques, des sites et de l'environnement

Code du patrimoine. L'ordonnance n° 2004-178 du 20 février 2004 relative à la partie législative du Code du patrimoine codifie, en tenant compte de leurs modifications successives, les lois concernant la sauvegarde du patrimoine et des sites et, notamment, celle du 31 décembre 1913 sur les monuments historiques, celle du 2 mai 1930 sur la protection des sites, celles du 4 août 1962 et du 31 décembre 1976 sur les secteurs sauvegardés et celles du 7 janvier 1983 et du 8 janvier 1993 sur les Zones de protection du patrimoine architectural urbain et paysager (ZPPAUP). Les codifications sont les suivantes : articles L. 621-1 à L. 624-7 (monuments historiques), article L. 630-1 qui reproduit les articles L. 341-1 et s. du Code de l'environnement (sites), article L. 641-1 qui reproduit les articles L. 313-1 et s. du Code de l'urbanisme ; articles L. 642-1 à L. 643-1 (ZPPAUP). 2544

2545 **Transferts de propriété.** La loi n° 2004-809 du 13 août 2004 relative aux libertés et aux responsabilités locales (art. 97) permet le transfert de l'État vers les collectivités locales qui en font la demande, de la propriété d'immeubles classés ou inscrits à l'inventaire des monuments historiques figurant sur une liste établie par décret en Conseil d'État (la liste de 178 monuments est consultable sur www.culture.gouv.fr).
La demande est adressée par la collectivité volontaire au préfet de région dans les douze mois de la publication du décret précité. Elle doit communiquer un projet de conservation et de mise en valeur du monument dont elle sollicite la propriété. La décision finale est prise par le préfet de région. Une convention avec l'État et le Centre des monuments nationaux procède au transfert de propriété et des droits et obligations qui en découlent ; un programme de travaux, sur une durée maximale de cinq ans, peut être subventionné par l'État. Ce transfert de propriété vaut également transfert des personnels correspondants.
Toute la difficulté a été d'établir la liste des monuments susceptibles d'être ainsi transférés et donc, de définir des critères. Une commission, présidée par M. René Rémond, avait été chargée d'y réfléchir et a remis son rapport le 17 novembre 2003.

Voir aussi : Sur ce point, J.-M. PONTIER, *Quel transfert des monuments historiques aux collectivités territoriales ? Réflexions sur le rapport de la commission Rémond : AJDA* 2004, p. 12.

2546 **Simplification et dérogation.** La loi n° 2004-1343 du 9 décembre 2004 de simplification du droit habilite le gouvernement à prendre, par voie d'ordonnance, les mesures visant à aménager les législations relatives aux monuments historiques, aux secteurs sauvegardés et aux ZPPAUP, notamment, pour renforcer la déconcentration des décisions, étendre les compétences des collectivités locales et préciser les droits et obligations des propriétaires en cas de travaux.
Par ailleurs, cette même loi (art. 9) ouvre une nouvelle possibilité de dérogation aux PLU (art. L. 123-5 du présent code) pour favoriser la restauration ou la reconstruction d'immeubles protégés au titre des monuments historiques, lorsque les contraintes architecturales qui leur sont propres sont contraires aux règles du plan ; et ce, pour éviter d'attendre l'aboutissement d'une procédure de modification du PLU.

2547 **Statut des ABF.** La loi du 13 août 2004 sur les libertés et les responsabilités locales (art. 100) précise la loi SRU en interdisant aux ABF d'exercer une mission de conception et de maîtrise d'œuvre à titre libéral, à compter du 1er janvier 2005. Pour les missions en cours à cette date, elles pourront être poursuivies jusqu'au 31 décembre 2007. Comme l'indique la circulaire d'application du 10 septembre 2004, il s'agit de « recentrer leurs fonctions sur les missions essentielles de promotion et de protection d'un urbanisme de qualité exercé au service de l'État ».

Voir aussi : Rapport d'information de l'Assemblée nationale, *L'impact de l'intervention des architectes et des services archéologiques dans les procédures de sauvegarde du patrimoine : Gaz. cnes*, cahier détaché n° 2, 3 mai 2004.

C. urb., art. **R. 421-38-2 *(D. n° 77-752, 7 juill. 1977 ; D. n° 83-1261, 30 déc. 1983 ; D. n° 86-984, 19 août 1986).* — **Lorsque le permis de construire concerne un immeuble inscrit sur l'inventaire supplémentaire des monuments historiques, l'un des exemplaires de la demande** *(Mots aj., D. n° 96-541, 14 juin 1996, art. 14-I)* **« , complété par le dossier prévu au cinquième alinéa de l'article 10 du décret du 18 mars 1924 modifié pris pour l'application** *(Mots rempl., Ord. n° 2004-178, 20 févr. 2004, art. 3)* **« des articles L. 621-1 et suivants du Code du patrimoine » est adressé par pli recommandé avec demande d'accusé de réception postal au directeur régional des affaires culturelles, ou remis contre décharge dans les locaux de ce service. Cet envoi fait courir le délai de quatre mois pendant lequel le propriétaire ne peut procéder à aucune modification de l'immeuble en application de l'article** *(Mots rempl., Ord. n° 2004-178, 20 févr. 2004, art. 3)* **« L. 621-25 du Code du patrimoine » et tient lieu de la déclaration préalable exigée par ce texte.**

2548 **Procédure.** C'est le pétitionnaire qui adresse directement un exemplaire du dossier à l'administration compétente. La procédure à suivre dans le cadre des articles suivants est différente. L'inscription sur l'inventaire supplémentaire résulte d'un arrêté du préfet de région (sur avis de la

COREPHAE), et notifié au propriétaire. Elle peut notamment concerner un immeuble situé dans le champ de visibilité d'un autre immeuble, déjà classé ou inscrit. La protection résultant de l'inscription sur l'inventaire supplémentaire est provisoire. Le ministre ne peut s'opposer aux travaux de manière définitive qu'en engageant la procédure de classement.

Retrait. Le bénéficiaire de l'autorisation de construire aura, en cas de délivrance avant le délai de quatre mois, intérêt à attendre l'arrêté éventuel d'instance de classement. En outre, celui-ci étant délivré dans les deux mois suivants et étant défavorable, le permis de construire pourrait être retiré à moins que le juge ne considère que le refus tardif vaille retrait implicite. Toutefois, un permis de construire est illégalement retiré sur le fondement d'une proposition de classement dès lors que l'administration des Beaux-Arts ne l'a pas notifiée au propriétaire (CE, 2 mars 1984, *Saada : RD imm.* n° 108, p. 71). 2549

Voir aussi : Sur la durée d'instruction de la demande de permis de construire, tableau suivant, C. urb., art. R. 421-38-1, p. 813.

C. urb., art. **R. 421-38-3 *(D. n° 77-752, 7 juill. 1977 ; D. n° 86-984, 19 août 1986).* — Lorsque le permis de construire concerne un immeuble adossé à un immeuble classé, il ne peut être délivré qu'avec l'accord exprès du ministre chargé des monuments historiques ou de son délégué. Un exemplaire de la demande est adressé à cet effet au directeur régional des affaires culturelles par l'autorité chargée de l'instruction.

Exclusion permis tacite. Le permis de construire tacite ne peut jamais intervenir dans ce cas. 2550

Voir aussi : C. urb., art. R. 421-19, *b)*, p. 796 et les notes sur la future réforme.

C. urb., art. **R. 421-38-4 *(D. n° 77-752, 7 juill. 1977 ; D. n° 83-1261, 30 déc. 1983).* — Lorsque la construction est située dans le champ de visibilité d'un édifice classé ou inscrit, le permis de construire ne peut être délivré qu'avec l'accord de l'architecte des Bâtiments de France. Cet accord est réputé donné faute de réponse dans le délai d'un mois suivant la transmission de la demande de permis de construire par l'autorité chargée de son instruction, sauf si l'architecte des Bâtiments de France fait connaître dans ce délai, par une décision motivée, à cette autorité, son intention d'utiliser un délai plus long qui ne peut, en tout état de cause, excéder quatre mois. Toutefois, si le ministre chargé des monuments historiques a décidé, dans ce délai, d'évoquer le dossier, le permis de construire ne peut être délivré qu'avec son accord exprès.

***(Trois al. rempl. par neuf alinéas, D. n° 2004-142, 12 févr. 2004, art. 14)* En application *(Mots rempl., Ord. n° 2004-178, 20 févr. 2004, art. 3)* « de l'article L. 621-31 du Code du patrimoine », le préfet de région est saisi par lettre recommandée avec demande d'avis de réception soit :**

a) *(a issu, D. n° 2004-142, 12 févr. 2004, art. 14)* Par le maire ou l'autorité compétente pour délivrer le permis de construire, dans le délai d'un mois à compter de la réception de l'avis émis par l'architecte des Bâtiments de France ;

b) *(b issu, D. n° 2004-142, 12 févr. 2004, art. 14)* Par le pétitionnaire, dans le délai de deux mois à compter de la notification du refus de permis de construire.

***(Alinéa issu, D. n° 2004-142, 12 févr. 2004, art. 14)* Lorsqu'ils ne sont pas l'auteur de la saisine, le pétitionnaire, le maire ou l'autorité compétente en matière de permis de construire reçoivent notification par le préfet de région de la demande dont il est saisi.**

***(Al. issu, D. n° 2004-142, 12 févr. 2004, art. 14)* Le préfet de région émet après consultation de la section de la commission régionale du patrimoine et des sites un avis qui se substitue à celui de l'architecte des Bâtiments de France.**

***(Al. issu, D. n° 2004-142, 12 févr. 2004, art. 14)* L'avis du préfet de région est notifié au maire et à l'autorité compétente pour délivrer le permis ainsi qu'au pétitionnaire.**

***(Al. issu, D. n° 2004-142, 12 févr. 2004, art. 14)* Le préfet de région se prononce dans un délai de trois mois à compter de sa saisine, sauf si le dossier a, dans ce délai, été évoqué par le ministre chargé de la culture. Dans ce cas, le permis ne peut être délivré qu'avec l'accord exprès de ce dernier. La décision d'évoquer le dossier prise par le**

ministre est notifiée au pétitionnaire, au maire ou à l'autorité compétente pour délivrer le permis.

***(Al. issu, D. n° 2004-142, 12 févr. 2004, art. 14)* En cas de recours du pétitionnaire, si le préfet de région, ou le ministre en cas d'évocation, infirme l'avis de l'architecte des Bâtiments de France, le maire ou l'autorité compétente pour délivrer le permis doit statuer à nouveau dans le délai d'un mois suivant la réception du nouvel avis.**

***(Al. issu, D. n° 2004-142, 12 févr. 2004, art. 14)* Dans la collectivité territoriale de Corse, les attributions conférées par le présent article au préfet de région sont exercées par le préfet de Corse.**

C. patr., art. L. 621-31. — Lorsqu'un immeuble est situé dans le champ de visibilité d'un édifice classé au titre des monuments historiques ou inscrit, il ne peut faire l'objet, tant de la part des propriétaires privés que des collectivités et établissements publics, d'aucune construction nouvelle, d'aucune démolition, d'aucun déboisement, d'aucune transformation ou modification de nature à en affecter l'aspect, sans une autorisation préalable.

Le permis de construire tient lieu de l'autorisation prévue à l'alinéa précédent s'il est revêtu du visa de l'architecte des Bâtiments de France.

En cas de désaccord soit du maire ou de l'autorité administrative compétente pour délivrer l'autorisation ou le permis de construire, soit du pétitionnaire avec l'avis émis par l'architecte des Bâtiments de France, le représentant de l'État dans la région émet, après consultation de la section de la commission régionale du patrimoine et des sites, un avis qui se substitue à celui de l'architecte des Bâtiments de France. Le recours du pétitionnaire s'exerce à l'occasion du refus d'autorisation de travaux. Si le représentant de l'État infirme l'avis de l'architecte des Bâtiments de France, le maire ou l'autorité administrative compétente est fondé à délivrer l'autorisation ou le permis de construire initialement refusé. Les délais de saisine du préfet de région et ceux impartis à la section de la commission régionale du patrimoine et des sites, au préfet ou au maire, ou à l'autorité administrative compétente pour statuer sont fixés par décret en Conseil d'État.

Le ministre chargé de la culture peut évoquer tout dossier dont l'architecte des Bâtiments de France ou le représentant de l'État dans la région est saisi en application du présent article. L'autorisation ou le permis de construire ne peut dès lors être délivré qu'avec son accord.

Dans la collectivité territoriale de Corse, les compétences dévolues au préfet de région par le présent article sont exercées par le préfet de Corse.

I. – Champ de visibilité

2551 **Délimitation.** N'est pas soumis à l'accord préalable de l'architecte des Bâtiments de France l'octroi d'un permis de construire pour un bâtiment situé dans le champ de visibilité d'un immeuble ayant fait l'objet d'une simple proposition d'inscription à l'inventaire supplémentaire des monuments historiques (CE, 2 mars 1984, req. n° 36080, *Mme du Mas de la Roque : RD imm.* 1984, p. 299).

De même, l'avis de l'architecte des Bâtiments de France n'est pas nécessaire si la partie classée n'est visible que d'un lieu privé inaccessible au public (TA Châlons-sur-Marne, 5 sept. 1995, *Assoc. pour la protection de la place Léon-Bourgeois : DA* 1996, 193). Le champ de visibilité ne peut excéder un rayon de 500 mètres de l'ouvrage protégé (CE, 29 janv. 1971, *SCI la Charmille de Montsoult : Rec. CE*, p. 86 ; *AJDA* 1971, p. 234, concl. Gentot). N'est pas soumise à l'avis favorable de l'ABF, une déclaration de travaux portant sur un immeuble situé à l'intérieur du périmètre de 500 m d'un édifice classé mais n'étant ni visible de lui, ni visible avec lui. En s'estimant tenu de reprendre les prescriptions de l'ABF le maire a méconnu sa propre compétence (CAA Douai, 21 déc. 2002, req. n° 97-DA00428, *Cne de Liesse : Juris-Data* n° 2002-147182).

Voir aussi : Sur le contrôle par les ABF de l'insertion des panneaux solaires dans le champ de visibilité des édifices classés ou inscrits (Rép. min. Reiss, 10 août 2004 : *JOAN*, p. 6253).

2552 **Contrôle du juge.** L'inscription à l'inventaire des monuments historiques fait l'objet d'un contrôle normal (CE, 29 juill. 2002, *Caisse d'allocations familiales de Paris : AJDA* oct. 2002, p. 1023, note P.-L. Frier). Mais, l'atteinte portée à l'immeuble classé relève de l'appréciation souveraine des juges au fond, sauf dénaturation (CE, 5 juin 2002, *M. Chabauty : BJDU* 4/2002, p. 306, concl. Olson).

Bibliographie : AUDRERIC, *Le champ de visibilité des monuments historiques et la jurisprudence : Droit et Ville* 1995, n° 40, p. 39.

II. – Pouvoir d'évocation du ministre

Précision procédurale. En cas d'évocation du dossier par le ministre, l'avis de l'architecte des Bâtiments de France n'est pas requis avant la décision ministérielle. 2553

III. – Forme de l'avis de l'architecte des Bâtiments de France

Avis tacite. L'avis tacite de l'architecte des Bâtiments de France est en principe suffisant, sauf évocation par le ministre. 2554

Voir aussi : C. urb., art. R. 421-19 *c)*, p. 796 ; sur la durée d'instruction, tableau suivant, C. urb., art. R. 421-38-1, p. 813.

Présomption. Dans un souci d'accélération de la procédure, l'avis favorable de l'architecte des Bâtiments de France est présumé un mois après que le dossier lui a été transmis, sauf décision spéciale déclenchant alors le délai de quatre mois. 2555

Motivation. Des réponses ministérielles ont rappelé que les ABF interviennent dans un cadre juridique précis. Ils doivent vérifier que le projet qui leur est soumis ne portent pas atteinte à la préservation esthétique des édifices protégés et à leurs abords. Ce travail « souvent difficile et sensible » ne « s'inscrit nullement dans une logique arbitraire ». Les ABF ne se limitent pas à l'application abstraite d'une règle générale mais procèdent à une étude et à une expertise de chaque dossier. Ce contrôle n'est pas, en pratique, une source de paralysie des permis de construire, car la proportion d'avis négatifs est infime (Rép. min. Guilloteau, 2 mars 2004 : *JOAN*, p. 1597). De surcroît, est encouragé un rapprochement entre les ABF et les maires lors de l'élaboration des PLU, donc en amont des autorisations. À l'égard des administrés, des brochures locales permettent de connaître les principales exigences en matière de protection du patrimoine, ce qui facilite la conception de projets y répondant (Rép. min Le Fur, 11 mai 2004 : *JOAN*, p. 3478). 2556

Prorogation de délai. Le délai imparti à l'ABF ne peut être prorogé en raison du caractère délicat du dossier ; l'Administration doit alors prendre en compte l'avis favorable tacite de l'ABF (CAA Nancy, 30 juin 1994, *Min. Équip. c/ SCEA de la ferme de Fresnoy : D.* 1995, p. 377, note Pontier ; *BJDU* 3/1995, p. 218, concl. Pietri). 2557
Selon le texte, le préfet devait se conformer à l'avis défavorable de l'architecte des Bâtiments de France, dès lors que cet avis ne reposait pas sur des faits matériellement inexacts et qu'il n'était pas entaché d'une erreur manifeste d'appréciation.
L'architecte des Bâtiments de France n'est pas tenu de faire apparaître, dans son avis, les monuments protégés qui ne sont pas en situation de covisibilité (CAA Paris, 24 nov. 1998, *Assoc. pour la sauvegarde du Vieux-Mennecy : BJDU* 1/1999, p. 59).

Travaux réalisés par tranches. En l'absence de demande expresse de prorogation par l'ABF, l'avis est réputé favorable à l'expiration d'un délai d'un mois. La circonstance que l'opération de réhabilitation ait lieu par tranches n'est pas de nature à entacher d'irrégularité la procédure de consultation, l'ABF étant à même d'apprécier l'importance et les caractéristiques du projet, et ce, en dépit du défaut de mention des tranches de travaux dans la lettre de saisine qui lui était adressée (CAA Marseille, 6 juill. 2000, *Ville de Nice : Juris-Data* n° 2000-147396). 2558

Permis modificatif. En cas de permis modificatif, l'avis de l'architecte des Bâtiments de France doit être sollicité de nouveau, en cas d'accroissement du volume de la toiture modifiant l'aspect de l'immeuble (CE, 6 oct. 1978, *Assoc. du quartier de la Roche aux fées : DA* 1978, n° 315). Toutefois, il avait été jugé que si l'accord de l'ABF n'avait pas été sollicité lors de l'instruction du permis initial, sa consultation au titre d'un permis modificatif ne pouvait régulariser la procédure (CAA 2559

Paris, 14 juin 2001, *M. Lecoquierre Duboys de la Vigerie et Assoc. Villages d'Île-de-France : BJDU* 5/2001, p. 332). Une telle solution bloquait toute possibilité de régularisation, avec le risque d'une multiplication des contentieux et des annulations. Il est vrai que le vice initial était grave, consistant en l'absence de consultation de l'ABF et qu'une sévérité pouvait ici se justifier. Le Conseil d'État censure l'arrêt de la cour administrative d'appel, à l'instar de sa jurisprudence de principe (CE, 29 mars 1996, req. n° 129-636, Desplanques), en considérant que la régularisation opérée par le permis modificatif concerne les vices de forme, mais aussi les vices de fond : « lorsqu'un permis de construire a été délivré en méconnaissance des dispositions législatives et réglementaires relatives à l'utilisation du sol ou sans que soient respectées des formes ou des formalités préalables à la délivrance des permis de construire, l'illégalité qui en résulte peut être régularisée par la délivrance d'un permis modificatif dès lors que celui-ci assure le respect des règles de fond applicables au projet en cause répond aux exigences de forme ou a été précédé de l'exécution régulière de la ou des formalités qui avaient été omises (CE, 2 févr. 2004, *SCI La Fontaine de Villiers : BJDU* n° 1/2004, p. 25, concl. M. Guyomar, note J. Trémeaux ; *JCP* A 2004, n° 16, comm. n° 1292, J.-P. Demouveaux). Cette extension des possibilités de régularisation à la forme et au fond contribue à la sécurité des opérations et mérite donc d'être saluée.

2560 **Nouvelle consultation.** Dès lors qu'aucun changement de droit ou de fait n'est intervenu entre la délivrance d'un permis retiré et celle d'un second permis, il n'est pas nécessaire de procéder à nouveau à la saisine de l'architecte des Bâtiments de France qui avait initialement émis un avis favorable (CE, 18 août 1991, *Époux Barade : RD imm.* 1992, 57) ; il en est de même en cas de modifications portant sur l'emplacement et la dimension des baies et entraînant la suppression d'un escalier extérieur (CE, 14 févr. 1992, *Excoffier : RD imm.* 1992, 199).

Lorsque le permis de construire modificatif porte essentiellement sur les visas, il n'y a pas lieu à une nouvelle consultation de l'architecte des Bâtiments de France (CE, 8 janv. 1993, *Assoc. des Riverains de Front de Seine Parc de Passy : Rec. CE*, p. 1086).

IV. – Appel

2561 **Dispositif antérieur à la loi du 28 février 1997.** Le décret du 9 mai 1995 avait institué une procédure d'appel auprès du ministre des Affaires culturelles, à l'encontre de l'avis de l'ABF. Cette procédure était réservée à l'autorité compétente pour délivrer le permis de construire (elle n'était pas ouverte au pétitionnaire), et elle était subordonnée à un délai bref (un mois). Le silence du ministre valait confirmation de l'avis de l'ABF.

2562 **Loi du 28 février 1997 et décret du 5 février 1999.** La loi n° 97-179 du 28 février 1997 avait prévu un appel au niveau du préfet de région, qui statuait sur avis de la Commission régionale du patrimoine et des sites. Le décret n° 99-78 du 5 février 1999 avait fixé les conditions d'application de ce texte, dont le champ d'application concernait aussi les autorisations de travaux dans les ZPPAU et dans les secteurs sauvegardés (C. urb., art. L. 313-2, al. 4). La Commission régionale était composée de représentants de l'État, d'élus nationaux et locaux et de personnalités qualifiées. Sur les 30 membres, huit étaient titulaires d'un mandat électif ; les quatre personnalités qualifiées étaient désignées par le préfet de région.

En cas de désaccord entre l'architecte des Bâtiments de France et l'autorité chargée de la délivrance des autorisations d'urbanisme, cette dernière disposait d'un recours à l'échelon préfectoral, le dossier pouvant toujours être évoqué par le ministre chargé de la culture. L'avis du préfet de région, pris après consultation de la COREPS, se substituait à celui de l'architecte des Bâtiments de France. Le silence du préfet pendant quatre mois valait maintien de l'avis de l'architecte des Bâtiments de France, sauf si le ministre de la Culture évoquait le dossier, auquel cas son avis express était nécessaire à la délivrance du permis.

Cette procédure était entrée en vigueur le 1er mai 1999, mais sans être applicable dans les régions de Guadeloupe, de Guyane, de Martinique et de la Réunion (D. 5 févr. 1999, art. 17).

2563 **Loi du 27 février 2002.** Le dispositif d'appel applicable depuis 1999 a rencontré de réelles difficultés de mise en œuvre : en 2000, toutes les commissions régionales n'avaient pas été installées,

18 recours avaient été traités contre les avis d'ABF (qui instruisent près de 600 000 dossiers annuels) pour 11 confirmations et 3 infirmations (Rép. min. Warsmann : *JOAN* 30 oct. 2000, p. 6229). Par ailleurs, la composition des commissions régionales prêtait à critique, au regard de la forte présence de l'État.
La loi du 27 février 2002 relative à la démocratie de proximité (art. 112) apporte deux réformes majeures ; elle est précisée par un décret n° 2004-142 du 12 février 2004 (*JO* 14 févr. 2004, p. 3060) ; avec une circulaire n° 2004/010 du 18 mai 2004 (*BO* Culture n° 143) dont un extrait est reproduit ci-après. D'une part, il est créé au sein des commissions régionales du patrimoine et des sites une section spécialement dévolue au recours contre les avis de l'ABF concernant les abords des monuments historiques, les secteurs sauvegardés (art. L. 313-2) et les ZPPAUP. Présidée par le préfet de région (ou son représentant), elle comprend 9 membres : deux représentants de l'État ; trois titulaires d'un mandat électif (2 membres élus par chaque conseil général et un maire désigné par chaque président de l'Association départementale des maires) qui ne siègent que pour les affaires concernant le département dont ils sont issus ; quatre personnalités qualifiées désignées à hauteur de deux par le préfet de région et deux par les collectivités territoriales. Ainsi, l'équilibre entre les diverses composantes est mieux assuré qu'auparavant. D'autre part, la saisine du préfet de région est étendue au pétitionnaire, en désaccord avec l'ABF ; toutefois, son recours s'exerce au titre des refus de permis de construire ou autres autorisations d'urbanisme, à la différence du recours du maire ou de l'autorité compétente qui s'exerce avant la délivrance de l'autorisation d'urbanisme dès réception de l'avis de l'ABF. Le décret du 12 février 2004 précise les délais de saisine du préfet de région : un mois pour le maire à compter de la réception de l'avis de l'ABF, deux mois pour le pétitionnaire à compter du refus de permis de construire. Le délai dont dispose le préfet pour rendre son avis, qui se substitue à celui de l'ABF, et donc pour consulter la commission régionale, a été réduit, par le décret de 2004, à trois mois (au lieu de quatre auparavant sous l'empire du décret du 5 février 1999). En cas de recours du pétitionnaire, si l'avis de l'ABF est infirmé, le maire doit statuer à nouveau sur le permis dans le délai d'un mois suivant la réception du nouvel avis du préfet de région (ou du ministre si évocation).
Les dispositions légales visent le *désaccord* avec l'ABF et non une prétendue illégalité de son avis. En l'absence de jurisprudence précise, en pareil cas, le ministre conseille aux autorités compétentes en matière de permis de ne pas le délivrer (Rép. min. Perrut : *JOAN* 7 mai 2001, p. 2731). Cela signifie-t-il que tout espoir de permis est compromis ou qu'un recours juridictionnel doit être engagé contre l'avis de l'ABF et que la délivrance du permis reste subordonné à son résultat... incertain sur le fond et en termes de délais !

Lien avec le recours juridictionnel. Cette procédure spécifique est un préalable obligatoire à tout recours contentieux, pour ceux qui en bénéficient (maire, autorité compétente, pétitionnaire), comme l'a jugé le tribunal administratif de Strasbourg le 4 mars 2004 (*Préfet de la Moselle c/ Cne d'Aumetz et M. Dino : AJDA* 2004, p. 1041, concl. A. Gille). 2564

Extrait de la circulaire n° 2004/010 du 18 mai 2004 (*BO* Culture n° 143)
Consultation de la section de la CRPS en cas de recours contre les avis donnés par l'ABF ou les refus d'autorisation de travaux délivrés dans les espaces protégés

Espaces protégés	Type d'autorisation	Articles de référence : Code de l'urbanisme	Délai de saisine selon son auteur	Délai d'instruction	Suspension de l'instruction	Évocation ministérielle	Délai pour délivrer l'autorisation en cas d'avis infirmé
Abords monuments historiques	Permis de construire	R. 421-38-4	Maire : 1 mois récep. avis Pétit. : 2 mois refus autorisation	3 mois	Non	Oui + décision expresse	1 mois pour statuer (1)
	Permis de démolir	R. 430-12-1	Maire : 1 mois récep. avis Pétit. : 2 mois refus autorisation	3 mois	Saisine maire : oui Saisine pétit. : non	Oui + décision expresse	1 mois pour statuer
	Déclaration de travaux	R. 422-8-1	Maire : 1 mois récep. avis Pétit. : 2 mois refus autorisation	3 mois	Non	Non	1 mois pour statuer
	Installations et travaux divers	R. 442-4-8-1	Maire : 1 mois récep. avis Pétit. : 2 mois refus autorisation	3 mois	Non	Oui + décision expresse	1 mois pour statuer

Espaces protégés	**Type d'autorisation**	**Articles de référence : Code de l'urbanisme**	**Délai de saisine selon son auteur**	**Délai d'instruction**	**Suspension de l'instruction**	**Évocation ministérielle**	**Délai pour délivrer l'autori-sation en cas d'avis infirmé**
Secteur sauvegardé	Permis de construire	R. 317-1 et R. 317-2	Maire : 1 mois récep. avis Pétit. : 2 mois refus autorisation	3 mois	Oui	Oui + décision expresse	Pas de délai prévu
	Permis de démolir	R. 317-1 et R. 317-2	Maire : 1 mois récep. avis Pétit. : 2 mois refus autorisation	3 mois	Oui	Oui + décision expresse	Pas de délai prévu
	Déclaration de travaux	R. 422-8-1	Maire : 1 mois récep. avis Pétit. : 2 mois refus autorisation	3 mois	Non	Non	Pas de délai prévu
	Autorisation spéciale de travaux	R. 313-14 dernier al. et R. 313-17-1	Maire : 1 mois récep. avis Pétit. : 2 mois refus autorisation	3 mois	Saisine maire : oui Saisine pétit. : non	Oui + décision expresse	Pas de délai prévu
	Installations et travaux divers	Rien					

Espaces protégés	Type d'autorisation	Articles de référence : Code de l'urbanisme	Délai de saisine selon son auteur	Délai d'instruction	Suspension de l'instruction	Évocation ministérielle	Délai pour délivrer l'autorisation en cas d'avis infirmé
ZPPAUP	Permis de construire	R. 421-38-6 II	Maire : 1 mois récep. avis Pétit. : 2 mois refus autorisation	3 mois	Non	Oui + décision expresse	Pas de délai prévu
	Permis de démolir	R. 430-13	Maire : 1 mois récep. avis Pétit. : 2 mois refus autorisation	3 mois	Saisine maire : oui Saisine pétit. : non	Oui + décision expresse	Pas de délai prévu
	Autorisation spéciale de travaux	Art. 9 décret 25 avril 1984	Maire : 1 mois récep. avis Pétit. : 2 mois refus autorisation	3 mois	Non	Oui + décision expresse	Pas de délai prévu
	Déclaration de travaux	R. 422-8-1	Maire : 1 mois récep. avis Pétit. : 2 mois refus autorisation	3 mois	Non	Non	Pas de délai prévu
	Installations et travaux divers	R. 442-4-8 (2)					

(1) Remarque : le maire, s'il n'est pas l'auteur de la saisine, ne semble pas tenu de suivre l'avis infirmé.
(2) Remarque : application de la procédure prévue à l'article R. 442-4-8-1 du fait de l'article R. 442-4-8.

Bibliographie : Stemmer, *À propos de l'architecte des Bâtiments de France : JCP* N 1996, doctr. p. 223. – Lay, *L'architecte des Bâtiments de France : Rev. Administrer* févr. 1997. – Goze, *La fin du régime des architectes des Bâtiments de France ? : Ét. fonc.* n° 75-97. – Le Cornec, *Les pouvoirs contestés de l'architecte des Bâtiments de France, Droit de l'Environnement*, n° 49-97. – Frier, *Droit du patrimoine culturel*, PUF 1997. – Pic-Guiselin, *Du contrôle juridictionnel de la protection administrative des abords : CJEG* 1998, p. 361. – Morand-Deviller, *Le pouvoir des architectes des Bâtiments de France à l'égard des autorisations d'urbanisme : « tact et mesure » d'une réforme : AFDUH* 1999, p. 27. – I. Cassin, *Chronique sur la loi du 27 février 2002 relative à la démocratie de proximité : BJDU* 3/2002, plus particulièrement, p. 166 et 167.

V. – Contrôle juridictionnel

Légalité de l'avis. Le juge administratif contrôle la légalité de la décision de l'architecte des Bâtiments de France (CE, 7 nov. 1980, *Min. Env. et SCI Alvarado : Rec. CE*, p. 418 ; *JCP* 1981, II, 19530, concl. Labetoulle). Ainsi, il ne peut motiver son avis défavorable par le souci de maintenir une activité de production de tabac (CE, 26 janv. 1986, *Min. Urb.* c/ *Assoc. pour le logement du personnel : Rec. CE*, T, p. 765), ni par la qualité de l'architecture originelle de l'immeuble à modifier ou à démolir (CAA Paris, 13 déc. 1994, *Ville de Paris : DA* 1995, 185). L'erreur manifeste commise par l'ABF dans son avis relève de l'appréciation souveraine des juges du fond et non du contrôle du juge de cassation (CE, 5 juin 2002, req. n° 222390, *Chabauty : Juris-Data* n° 2002-063933). Cet arrêt met un terme à une interrogation récurrente sur le contrôle du Conseil d'État en matière d'avis de l'ABF. 2565

L'architecte des Bâtiments de France n'est pas tenu de faire apparaître, dans son avis, les monuments protégés qui ne sont pas en situation de covisibilité (CAA Paris, 24 nov. 1998, *Association pour la Sauvegarde du Vieux-Mennecy : BJDU* 1/1999, p. 59).

Légalité du permis de construire. Le permis de construire est annulé si l'architecte des Bâtiments de France a pris en considération une partie seulement des monuments à protéger (CE, 15 janv. 1982, req. n° 11373, *SCI Résidence Val-Saint-Jacques*). 2566

De même, est illégal le permis de construire délivré sur avis favorable de l'ABF alors que l'étable mesurait 70 m sur 23 et était située à moins de 100 m d'un château inscrit à l'inventaire des monuments historiques (CE, 26 mars 2001, *Secr. Ét. log. : BJDU* 2/2001, p. 93, concl. L. Touvet).

L'avis défavorable de l'ABF ne lie pas le maire dans son appréciation des travaux soumis à déclaration, dès lors que cet avis ne s'appuie pas sur des considérations de fait tendant à la protection du monument historique en cause, mais porte sur un autre site inscrit (CAA Paris, 14 févr. 2002, req. n° 99-PA01843, *Sté Omote : Juris-Data* n° 2002-178633).

Travaux préalables à l'accord de l'ABF. L'accord de l'architecte des Bâtiments de France n'est pas réalisé dès lors qu'il soumet l'engagement de certains travaux (en l'espèce, teinte des matériaux de parement) à son accord avant leur exécution (TA Clermont-Ferrand, 19 oct. 1989, *Arnaud : Rec. CE*, T, p. 998). 2567

Consultation non requise – Portée. Lorsque la consultation de l'architecte des Bâtiments de France n'était pas requise, car l'immeuble – quoique situé à mois de 500 mètres d'un monument historique classé – n'était pas visible en même temps, le maire est fondé à ne pas reprendre son avis (CE, 27 juill. 1988, *Époux Gohin : Rec. CE*, T, p. 656). 2568

Ordre public. Le grief contentieux tiré de l'absence d'avis de l'ABF, lorsqu'il est requis, est un moyen d'ordre public (CE, 8 juin 1994, *Laurent : DA* 1994, 622). 2569

C. urb., art. **R. 421-38-5 ***(D. n° 77-752, 7 juill. 1977 ; D. n° 86-984, 19 août 1986).*** **— Lorsque la construction se trouve dans un site inscrit, la demande de permis de construire tient lieu de la déclaration exigée par l'article 4 (alinéa 4) de la loi du 2 mai 1930. Le dépôt de la demande fait courir le délai de quatre mois pendant lequel le propriétaire ne peut procéder à certains travaux en application de l'article 4 de cette loi. Le permis de construire est délivré après consultation de l'architecte des Bâtiments de France. Son avis est réputé donné faute de réponse dans le délai d'un mois suivant la réception de**

la demande de permis de construire transmise par l'autorité chargée de son instruction, sauf si l'architecte des Bâtiments de France fait connaître dans ce délai, par une décision motivée, à cette autorité, son intention d'utiliser un délai supplémentaire d'un mois, auquel cas son avis est réputé donné faute de réponse dans le délai de deux mois suivant cette réception.

2570 **Procédure d'inscription à l'inventaire.** L'inscription sur la liste des monuments naturels et des sites résulte d'un arrêté du ministre de la Culture, pris à l'initiative de la Commission départementale des sites, après avis du conseil municipal, réputé favorable au cas de silence pendant trois mois. L'arrêté est notifié à chaque propriétaire intéressé ; en cas d'impossibilité ou si plus de cent propriétaires sont concernés, la publication collective résulte d'un affichage public pendant un mois et d'une insertion dans deux journaux.

2571 **Servitudes.** Les servitudes résultant de l'inscription sont moins rigoureuses que celles résultant du classement.

Voir aussi : C. urb., art. R. 421-38-6, p. 824.

2572 **Interdiction du permis tacite.** Le permis de construire ne peut être tacite en site inscrit.

Voir aussi : C. urb., art. R. 421-19, *d)*, p. 796.

2573 **Spécificité de l'avis.** L'avis de l'ABF rendu en matière de monuments historiques au titre de l'article R. 421-38-4 du présent code, ne vaut pas avis en matière de sites protégés requis au titre de l'article R. 421-38-5. Deux avis distincts sont nécessaires (CAA Marseille, 6 mai 2004, *Société ASCP Promotion Construction : JCP* A n° 43, comm. n° 1673, P. Billet).

C. urb., art. **R. 421-38-6 ***(D. n° 77-752, 7 juill. 1977 ; D. n° 83-1261, 30 déc. 1983 ; D. n° 88-199, 29 févr. 1988 ; D. n° 88-1124, 15 déc. 1988).*** **— I. – Lorsque la construction se trouve dans un site classé ou en instance de classement, ou dans une zone de protection créée par décret en application des articles 17 et 28 de la loi du 2 mai 1930, le permis de construire ne peut être délivré qu'avec l'accord exprès de l'autorité compétente, en application du décret n° 88-1124 du 15 décembre 1988, ou de l'autorité mentionnée dans le décret instituant la zone de protection.**

II. – Lorsque la construction se trouve dans une zone de protection du patrimoine architectural ***(Mots rempl., D. n° 2004-142, 12 févr. 2004, art. 15, I)*** **« urbain et paysager », le permis de construire ne peut être délivré qu'avec l'accord de l'architecte des Bâtiments de France. Cet accord est réputé favorable faute de réponse dans le délai d'un mois suivant la transmission de la demande de permis de construire par l'autorité chargée de son instruction, sauf si l'architecte des Bâtiments de France fait connaître dans ce délai, par une décision motivée, à cette autorité, son intention d'utiliser un délai plus long qui ne peut, en tout état de cause, excéder quatre mois.**

(Trois al. rempl. par huit al., D. n° 2004-142, 12 févr. 2004, art. 15, II) **En application du deuxième al. de l'article** ***(Mots rempl., Ord. n° 2004-178, 20 févr. 2004, art. 3)*** **« L. 642-3 du Code du patrimoine », le préfet de région est saisi par lettre recommandée avec demande d'avis de réception soit :**

a) (a issu, D. n° 2004-142, 12 févr. 2004, art. 15, II) **Par le maire ou l'autorité compétente pour délivrer le permis de construire, dans le délai d'un mois à compter de la réception de l'avis émis par l'architecte des Bâtiments de France ;**

b) (b issu, D. n° 2004-142, 12 févr. 2004, art. 15, II) **Par le pétitionnaire, dans le délai de deux mois à compter de la notification du refus de permis de construire.**

(Al. issu, D. n° 2004-142, 12 févr. 2004, art. 15, II) **Lorsqu'ils ne sont pas l'auteur de la saisine, le pétitionnaire, le maire ou l'autorité compétente en matière de permis de construire reçoivent notification par le préfet de région de la demande dont il est saisi.**

(Al. issu, D. n° 2004-142, 12 févr. 2004, art. 15, II) **Le préfet de région émet après consultation de la section de la commission régionale du patrimoine et des sites un avis qui se substitue à celui de l'architecte des Bâtiments de France.**

(Al. issu, D. n° 2004-142, 12 févr. 2004, art. 15, II) **L'avis du préfet de région est notifié au maire et à l'autorité compétente pour délivrer le permis, ainsi qu'au pétitionnaire.**

***(Al. issu, D. n° 2004-142, 12 févr. 2004, art. 15, II)* Le préfet de région se prononce dans un délai de trois mois à compter de sa saisine, sauf si le dossier a, dans ce délai, été évoqué par le ministre chargé de la culture. Dans ce cas, le permis ne peut être délivré qu'avec l'accord exprès de ce dernier. La décision d'évoquer le dossier prise par le ministre est notifiée au pétitionnaire, au maire ou à l'autorité compétente pour délivrer le permis.**

***(Al. issu, D. n° 2004-142, 12 févr. 2004, art. 15, II)* Dans la collectivité territoriale de Corse, les attributions conférées par le présent article au préfet de région sont exercées par le préfet de Corse.**

I. – Généralités

Codification. La loi du 2 mai 1930 est codifiée aux articles L. 341-1 et suivant du Code de l'environnement reproduits sous l'article L. 630-1 du Code du patrimoine. 2574

Procédure. Le classement d'un site peut résulter d'un arrêté ministériel ou interministériel et même, dans certains cas, d'un décret en Conseil d'État. Si le site appartient à des personnes privées, une enquête publique est nécessaire. L'arrêté ou le décret de classement est publié au bureau des hypothèques. Une notification individuelle, lorsqu'elle est possible, s'ajoute à la publication au *Journal officiel*. Tout projet de vente doit être notifié au ministre des Affaires culturelles, et le site ne peut être modifié. Aucune servitude sur le site ne peut être acquise. Le classement peut être assorti de servitude *in faciendo*. Pendant l'instance de classement, une déclaration préalable à tous travaux est obligatoire, douze mois à l'avance. 2575

Publicité foncière. La publicité foncière n'est pas une condition d'opposabilité du classement, en cas de demande de permis de construire (CE, 22 nov. 1978, *Secrétaire d'État à la Culture c/ Époux Moreau : DA* 1978, n° 385). 2576

Zone de protection. Bien que le classement concerne fréquemment par lui-même une superficie étendue (ex., massif de la Clape. – CE, 2 mai 1975, *Dame Ebri : AJDA* 1975, II, p. 311, concl. Guillaume ; massif de l'Estérel – 14 000 hectares – CE, 22 mars 1999, *Cne de Théoule/mer : DA* 1999, 153), une zone de protection peut être instituée autour d'un site classé ou inscrit. Une telle zone résulte d'un décret en Conseil d'État, pris après enquête publique et plusieurs avis consultatifs ; ce décret, qui fixe les modalités de la protection, est publié au bureau des hypothèques. 2577
L'accord donné par le ministre chargé de l'aménagement du territoire et de l'environnement à un projet de construction ne peut être considéré comme un déclassement partiel d'un site, qui aurait nécessité un décret en Conseil d'État, voire une loi (CAA Paris, 30 janv. 2001, *Cne de Fontainebleau c/ Institut européen d'administration des affaires – INSEAD : BJDU* 4/2001, p. 258, pour l'application de l'article L. 62 du Code du domaine de l'État sur les bois et forêts domaniaux).

Servitudes. Des servitudes importantes, rejaillissant sur le droit de construire (fixation d'une densité de construction par exemple), peuvent exister dans la zone de protection (CE, 8 juill. 1977, *Dame Rie et autres : AJDA* 1977, p. 641 et 620 ; *JCP* G 1979, II, 19173, note N. Sabiani). 2578

Interdiction du permis tacite. Dans une zone de protection ou dans un site classé, le permis de construire ne peut être tacite. 2579

Voir aussi : C. urb., art. R. 421-19, *d)*, p. 796.

Contrôle du juge. Pour la première fois, le Conseil d'État a, dans un arrêt du 29 juillet 2002, *Association Seine-et-Marnaise pour la sauvegarde de la nature* (*AJDA* nov. 2002, p. 1247, note J. F. D. ; *Collectivités-Intercommunalité* 2002, n° 11, comm. n° 250, T. Célérier), tranché, de manière affirmative, la question posée au titre de légalité d'un permis dans un site classé, de la possibilité pour le juge de prendre en compte l'existence de compensations apportées par le bénéficiaire d'une autorisation ministérielle au moyen de la cession de parcelles devant être rattachées à la forêt classée. 2580

II. – ZPPAUP

2581 **Objet.** Les zones de protection du patrimoine architectural et urbain ont été créées par la loi du 7 janvier 1983. Destinées à compléter la politique nationale de protection du patrimoine par une politique régionale, ces zones sont créées par arrêté du représentant de l'État dans la région, après avis ou sur demande du conseil municipal, enquête publique, et avis du collège régional du patrimoine et des sites.

Ces zones sont destinées à remplacer « les ronds bêtes et méchants », de 500 mètres de rayon, aux abords des monuments historiques. Leur délimitation doit donc « coller à la réalité », et chaque zone doit être régie par un « corps de doctrine ». L'avis de l'architecte des Bâtiments de France peut faire l'objet d'une sorte de procédure d'appel, de la part de l'autorité qui délivre le permis de construire, au préfet de région, statuant sur avis du collège régional du patrimoine et des sites.

Dans les ZPPAU, le délai imparti à l'architecte des Bâtiments de France pour donner son accord est calqué sur celui prévu dans le champ de visibilité des monuments historiques.

2582 **Procédure spécifique d'appel.** Le dispositif issu de la loi du 27 février 2002 et de son décret d'application du 12 février 2004 est applicable aux ZPPAUP.

Voir aussi : Comm. sous C. urb., art. R. 421-38-4, p. 815.

C. urb., art. **R. 421-38-7 *(D. n° 77-752, 7 juill. 1977).* **— Lorsque la construction est, en raison de sa situation sur un territoire en instance de classement ou classé en réserve naturelle, soumise à l'autorisation du ministre chargé de la protection de la nature en vertu des articles 21 et 23 de la loi n° 76-629 du 10 juillet 1976, le permis de construire ne peut être délivré qu'avec l'accord exprès du ministre ou de son délégué.**

2583 **Réserves naturelles.** Les modalités de classement des réserves naturelles sont fixées par les articles L. 332-1 et suivants du Code de l'environnement. Les modalités de protection sont fixées par le décret de classement de chaque réserve naturelle. Il peut être très contraignant, et aboutir à l'interdiction de toute construction.

Voir aussi : D. n° 77-1228, 2 nov. 1977 relatif à la réserve de Six-Passy en Haute-Savoie. – D. n° 77-1246, 2 nov. 1977 relatif à la réserve dite « du roc de Chère » en Haute-Savoie.

2584 **Contentieux.** Le Conseil d'État a rejeté le recours contre le décret n° 76-808 du 20 août 1976 instituant la réserve de l'étang de Cousseau. Il a notamment admis la légalité de l'interdiction de circulation de tous véhicules et bateaux (CE, 14 nov. 1979, *Cruse : Rev. jur. env.* 1980, p. 185, note Charbonneau).

2585 **Interdiction du permis tacite.** Le permis de construire ne peut être tacitement délivré.

Voir aussi : C. urb., art. R. 421-19 *f)*, p. 796 ; sur la durée d'instruction du permis, tableau suivant C. urb., art. R. 421-38-1, p. 813.

C. urb., art. **R. 421-38-8 *(D. n° 77-752, 7 juill. 1977 ; D. n° 83-1261, 30 déc. 1983 ; D. n° 86-984, 19 août 1986).* **— À moins qu'il ne soit supérieur par application de l'article R. 421-18, le délai d'instruction de la demande de permis de construire est fixé à trois mois dans les cas visés aux articles R. 421-38-3 à R. 421-38-7. Ce délai est toutefois de cinq mois :**

1° Lorsqu'il y a lieu de consulter une commission nationale ;

2° Lorsque, en application de l'article R. 421-38-4 ou R. 421-38-6 II, l'architecte des Bâtiments de France a fait connaître son intention d'utiliser un délai supérieur à un mois ;

3° Lorsque, en application de l'article R. 421-38-4 ou R. 421-38-6 II, le dossier est évoqué par le ministre compétent.

Ce délai est également de cinq mois dans le cas prévu à l'article R. 421-38-2.

2586 **Compétence du préfet.** En dehors des communes couvertes par un plan local d'urbanisme approuvé, la compétence du préfet devient le principe, pour les constructions relevant de la législation sur les monuments historiques ou sur les monuments naturels et les sites. L'exception prévue, en cas de construction dans un site inscrit, avait été établie par le Conseil d'État, dans le cadre de l'ancienne réglementation (CE, 26 mai 1977, *Assoc. pour la sauvegarde de Montmorency et de ses abords : D.* 1977, p. 97, note Le Mire).

Compétence du maire. Conformément à l'article R. 421-36, 11°, le maire est compétent dans le cas d'une construction située dans un site inscrit (CE, 16 janv. 1985, *Paul Baron : DA* 1985, n° 80), mais, le dossier ayant été évoqué par le ministre chargé des monuments historiques, le préfet a une compétence exclusive pour statuer, alors même que la construction projetée se trouve à l'intérieur d'un site inscrit. Par ailleurs, il a une compétence liée pour rejeter la demande dès lors qu'elle a fait l'objet d'un refus de la part du ministre (CE, 31 mai 1989, *SCI Saint-Véran 2000 : Rec. CE*, T, p. 998). 2587

C. urb., art. **R. 421-38-9 *(D. n° 77-752, 7 juill. 1977 ; D. n° 83-1261, 30 déc. 1983)*.— Lorsque la construction est située dans un secteur sauvegardé, la demande de permis de construire est instruite comme il est dit aux articles R. 313-13 ou R. 313-19-2. *(Phrase ajoutée à compter du 1er mai 1999, D. n° 99-78, 5 févr. 1999, art. 8-III et 19)* « En outre, lorsqu'il est fait application du *(Mots rempl., D. n° 2004-142, 12 févr. 2004, art. 16)* "quatrième alinéa" de l'article L. 313-2, il est procédé ainsi qu'il est dit aux articles R. 313-17-1 et R. 313-17-2. »

Voir aussi : Sur les secteurs sauvegardés, C. urb., art. R. 313-1, p. 614 et s.

Compétence du préfet. Dans les communes non dotées d'un plan local d'urbanisme approuvé, la compétence de principe du maire, agissant au nom de l'État, est écartée au profit de la compétence du préfet. 2588

Voir aussi : C. urb., art. R. 421-36, 12°, p. 811.

C. urb., art. R. 421-38-10 *(D. n° 77-752, 7 juill. 1977 ; D. n° 81-788, 12 août 1981 ; D. n° 83-1261, 30 déc. 1983 ; D. n° 88-199, 29 févr. 1988)*.— Lorsque la construction est, en raison de sa situation, à l'intérieur ou à proximité d'un bois ou d'une forêt, soumise à autorisation en vertu des articles L. 151-1 à L. 151-4 du Code forestier, le permis de construire est délivré après consultation du directeur régional de l'Office national des forêts et avec l'accord du préfet. Cet accord est réputé donné faute de réponse dans un délai d'un mois suivant la réception de la demande d'avis.

Législation forestière. Les articles L. 151-1 à L. 151-4 du Code forestier visent les bois et forêts soumis au régime forestier, à l'exclusion des forêts privées. Selon la construction envisagée, la zone de protection varie de 500 mètres à 2 kilomètres autour de ces bois et forêts. 2589

Autorisation tacite. L'autorisation tacite est possible. 2590

Voir aussi : *A contrario*, C. urb., art. R. 421-19, p. 796.

Incompétence du préfet. La compétence n'appartient pas au préfet. 2591

C. urb., art. R. 421-38-10-1 *(Créé, D. n° 2002-89, 16 janv. 2002, art. 53, VI ; rempl. à compter du 1er août 2004, D. n° 2004-490, 3 juin 2004, art. 111, VII et 122)*.— Lorsque l'opération projetée entre dans le champ d'application de l'article 4 du décret n° 2004-490 du 3 juin 2004 relatif aux procédures administratives et financières en matière d'archéologie préventive, le permis de construire ne peut être délivré qu'après saisine du préfet de région dans les conditions prévues à l'article 8 de ce décret.

Voir aussi : Nos commentaires sous C. urb., art. L. 421-2-4, p. 339.

B) Protection d'ouvrages militaires, maritimes et aériens

C. urb., art. R. 421-38-11 *(D. n° 77-752, 7 juill. 1977 ; D. n° 81-788, 12 août 1981)*.— Lorsque la construction est, en raison de son emplacement à proximité d'un ouvrage militaire,

soumise à l'autorisation du ministre *(Mots rempl., D. n° 2004-106, 29 janv. 2004, art. 10)* « de la défense », en vertu du décret du 10 août 1953, de la loi du 18 juillet 1895 ou de la loi du 11 juillet 1933, le permis de construire ne peut être délivré qu'avec l'accord de ce ministre ou de son délégué. Cet accord est réputé donné faute de réponse dans un délai d'un mois suivant la transmission de la demande du permis de construire par l'autorité chargée de son instruction.

2592 **Compétence du préfet.** Dans les communes non dotées d'un plan local d'urbanisme approuvé, la compétence de principe du maire, agissant au nom de l'État, est écartée au profit de la compétence du préfet.

Voir aussi : C. urb., art. R. 421-36-13° ; tableau sous C. urb., art. R. 421-38-1, p. 813.

C. urb., art. R. 421-38-12 *(D. n° 77-752, 7 juill. 1977 ; D. n° 81-788, 12 août 1981).* — Lorsque la construction est, en raison de sa situation à l'intérieur d'un polygone d'isolement, soumise à l'autorisation du ministre *(Mots rempl., D. n° 2004-106, 29 janv. 2004, art. 10)* de la défense en vertu de l'article 5 de la loi du 8 août 1929, le permis de construire ne peut être délivré qu'avec l'accord du ministre ou de son délégué. Cet accord est réputé donné faute de réponse dans un délai d'un mois suivant la transmission de la demande de permis de construire par l'autorité chargée de son instruction.

2593 **Procédure d'avis.** L'avis du ministre de la défense étant réputé favorable à défaut de réponse dans le délai d'un mois, un permis de construire tacite peut intervenir.

Voir aussi : *a contrario*, C. urb., art. R. 421-19, p. 796.

2594 **Compétence du préfet.** Dans les communes non dotées d'un plan local d'urbanisme approuvé, la compétence de principe du maire, agissant au nom de l'État, est écartée au profit de la compétence du préfet.

Voir aussi : C. urb., art. R. 421-36, p. 811.

C. urb., art. R. 421-38-13 *(D. n° 77-752, 7 juill. 1977 ; D. n° 81-788, 12 août 1981).* — Lorsque la construction est susceptible, en raison de son emplacement et de sa hauteur, de constituer un obstacle à la navigation aérienne et qu'elle est soumise pour ce motif à l'autorisation du ministre chargé de l'aviation civile et du ministre *(Mots rempl., D. n° 2004-106, 29 janv. 2004, art. 10)* « de la défense », en vertu de l'article R. 244-1 du Code de l'aviation civile, le permis de construire ne peut être délivré qu'avec l'accord des ministres intéressés ou de leurs délégués. Cet accord est réputé donné faute de réponse dans un délai d'un mois suivant la transmission de la demande de permis de construire par l'autorité chargée de son instruction.

Voir aussi : Sur les délais administratifs, tableau sous C. urb., art. R. 421-38-1, p. 813.

C) Dispositions relatives aux eaux intérieures et aux périmètres submersibles

C. urb., art. R. 421-38-14 *(D. n° 77-752, 7 juill. 1977 ; D. n° 81-788, 12 août 1981 ; D. n° 83-1261, 30 déc. 1983 ; D. n° 93-351, 15 mars 1993 ; ab., D. n° 95-1089, 5 oct. 1995, art. 10-III).*

C. urb., art. R. 421-38-14 ancien. — La demande de permis de construire tient lieu de la déclaration mentionnée à l'article 50 du code du domaine public fluvial et de la navigation intérieure pour les constructions situées dans les parties submersibles des vallées, ou de la déclaration prévue par l'article 5-1 de la loi n° 82-600 du 13 juillet 1982 relative à l'indemnisation des victimes de catastrophes naturelles, pour les constructions situées dans un secteur couvert par un plan d'exposition aux risques naturels prévisibles.

Dans un délai d'un mois à compter de la réception de la demande, le préfet peut, après consultation du service chargé des mesures de défense contre les inondations et du service chargé de la police des cours d'eau, s'opposer à la délivrance du permis de construire ou ne donner son accord qu'à condition que le permis soit assorti des prescriptions nécessaires pour

assurer le libre écoulement des eaux ou la conservation des champs d'inondation. Après l'expiration de ce délai, le permis de construire est délivré dans les conditions du droit commun

Maintien en vigueur exceptionnelle. Cet article demeure toutefois en vigueur en tant qu'il est nécessaire à la mise en œuvre des plans de surfaces submersibles, des plans de zones sensibles aux incendies de forêt et des plans d'exposition aux risques naturels prévisibles valant plan de prévention des risques naturels prévisibles en application de l'article 40-6 de la loi du 22 juillet 1987 susvisée, elle-même abrogée par la loi du 13 août 2004 (codification dans le Code de l'environnement). 2595

C. urb., art. R. 421-38-15 *(D. n° 77-752, 7 juill. 1977 ; D. n° 81-788, 12 août 1981 ; D. n° 83-1261, 30 déc. 1983 ; D. n° 88-199, 29 févr. 1988)*. **— Lorsque la construction est, en raison de sa situation dans le Val de Loire, soumise à autorisation en vertu de l'article 59 (alinéa 4) du Code du domaine public fluvial et de la navigation intérieure, le permis de construire est délivré après consultation des ingénieurs de la navigation et avec l'accord du préfet. Cet accord est réputé donné à défaut de réponse dans un délai d'un mois suivant la transmission de la demande de permis de construire par l'autorité chargée de son instruction.**

Lorsque la construction est, en raison de sa situation dans la zone d'inondation du Rhin, soumise à autorisation en vertu de l'article 39 de la loi locale du 2 juillet 1891, le permis de construire est délivré avec l'accord de l'ingénieur de la navigation. Cet accord est réputé donné à défaut de réponse dans un délai d'un mois suivant la transmission de la demande de permis de construire par l'autorité chargée de son instruction.

C. urb., art. R. 421-38-16 *(D. n° 77-752, 7 juill. 1977 ; D. n° 81-788, 12 août 1981 ; D. n° 83-1261, 30 déc. 1983 ; D. n° 88-199, 29 févr. 1988)*. **— Lorsque la construction est, en raison de sa situation à l'intérieur d'une zone de servitude de libre passage sur les berges des cours d'eau non domaniaux, soumise à autorisation en vertu de l'article 1er du décret n° 59-96 du 7 janvier 1959, le permis de construire est délivré après consultation du service chargé de la police des cours d'eau et avec l'accord du préfet. Cet accord est réputé donné faute de réponse dans un délai d'un mois suivant la transmission de la demande de permis de construire par l'autorité chargée de son instruction.**

D) Réserve en bordure du domaine public maritime

C. urb., art. **R. 421-38-17 *(D. n° 77-752, 7 juill. 1977 ; D. n° 83-1261, 30 déc. 1983 ; D. n° 88-199, 29 févr. 1988)*. **— Lorsque la construction est, en raison de sa situation, dans une réserve créée en bordure du domaine public maritime, soumise à autorisation en vertu de l'article 4, alinéa 3, de la loi n° 63-1178 du 28 novembre 1963, le permis de construire est délivré après l'avis du préfet qui consulte l'ingénieur chargé du service maritime et la commission départementale des rivages de la mer. Toutefois, ces consultations ne sont pas nécessaires si l'autorisation résulte de dispositions générales prévues par arrêté du préfet pris après avis de cette commission.**

Voir aussi : Sur la protection juridique du littoral, C. urb., art. L. 160-5, p. 145 et s. ; C. urb., art. R. 160-8 à R. 160-33, p. 150, le rapport de F. Moderne au IIe Congrès de la Société pour le droit de l'environnement à Bordeaux, en octobre 1977. – André, *Problèmes posés par l'équipement touristique du littoral : Rev. adm.* 1979, p. 600, doctr. citée avant C. urb., art. L. 146-1, p. 120 ; pour les constructions sur le domaine public maritime, obs. sous C. urb., art. R. 421-1, p. 757.

E) Zones agricoles protégées

C. urb., art. R. 421-38-18 *(Ab., D. n° 86-984, 19 août 1986 ; rétabli, D. n° 2001-244, 20 mars 2001, art. 3)*. **— Les avis de la chambre d'agriculture et de la commission départementale d'orientation agricole prévus au deuxième alinéa de l'article L. 112-2 du Code rural sont émis dans le délai de deux mois à compter de la réception du dossier.**

Passé ce délai, les avis sont réputés favorables. En cas d'avis défavorable de l'une ou l'autre d'entre elles, le permis de construire ne peut être délivré que sur décision motivée du préfet. Celui-ci se prononce dans un délai d'un mois suivant la transmission de l'avis de la chambre d'agriculture et de la commission départementale d'orientation agricole par l'autorité chargée de l'instruction.

2596 **Compétence.** Le préfet est compétent pour délivrer le permis en cas d'avis défavorable des organismes agricoles.

Le délai d'instruction du permis devrait être, en tout état de cause, de trois mois maximum.

2597 **Commission.** La commission départementale visée deviendrait la « Commission compétente en matière d'orientation agricole », selon l'ordonnance n° 2004-637 du 1er juillet 2004 (*JO* 2 juill., p. 12070) relative à la simplification de la composition et du fonctionnement des commissions administratives et à la réduction de leur nombre.

F) Zone de servitude à proximité d'un cimetière

C. urb., art. **R. 421-38-19 *(D. n° 77-752, 7 juill. 1977 ; D. n° 81-788, 12 août 1981).* **— Lorsque la construction est, en raison de sa situation à moins de 100 mètres d'un cimetière transféré, soumise à autorisation en vertu de l'article L. 361-4 du Code des communes, le permis de construire ne peut être délivré qu'avec l'accord du maire. Cet accord est réputé donné à défaut de réponse dans un délai d'un mois suivant le dépôt de la demande de permis de construire.**

G) Accessibilité des établissements recevant du public aux personnes handicapées

C. urb., art. R. 421-38-20 *(D. n° 94-86, 26 janv. 1994).* **— Lorsque les travaux projetés sont soumis, au titre de l'accessibilité aux personnes handicapées, à l'autorisation de travaux conduisant à la création, l'aménagement ou la modification d'un établissement recevant du public prévue à l'article L. 111-8-1 du Code de la construction et de l'habitation, le permis de construire est délivré après avis de la commission consultative départementale de la protection civile, de la sécurité et de l'accessibilité ou de la commission départementale de sécurité pour Paris, les Hauts-de-Seine, la Seine-Saint-Denis et le Val-de-Marne.**

Toutefois, dans les cas prévus à l'article R. 111-19-3 du Code de la construction et de l'habitation, le permis de construire est délivré après accord du préfet sur la demande de dérogation, donné après avis de la commission mentionnée ci-dessus. Cet accord est réputé donné faute de réponse dans un délai de deux mois suivant la transmission au préfet de la demande de permis de construire par l'autorité chargée de son instruction.

Voir aussi : À propos des dérogations au règlement de construction, C. urb., art. R. 421-15, p. 791.

2598 **Règles de construction.** L'article R. 111-19-1 du Code de la construction et de l'habitation vise une série d'aménagements : cheminements, ascenseurs, escaliers, parcs de stationnement automobiles, cabinets d'aisances, téléphone, installations sportives, divers.

Bibliographie : GALAN, *Règles de construction et droit des handicapés, Actualités législatives,* Dalloz 1995, n° 2, p. 5.

Section VI Formalités postérieures à la délivrance du permis de construire

C. urb., art. **R. 421-39 *(D. n° 80-559, 26 juin 1980 ; D. n° 83-1261, 30 déc. 1983 ; D. n° 88-471, 28 avr. 1988 ; D. n° 94-701, 16 août 1994).* **— Mention du permis de construire doit être affichée sur le terrain de manière visible de l'extérieur, par les soins de son bénéficiaire, dès la notification de la décision d'octroi et pendant toute la durée du chantier.**

Il en est de même lorsque aucune décision n'a été prise à l'égard de la demande de permis de construire dans le délai imparti d'une copie de la lettre de notification de délai ou d'une copie de l'avis de réception postal ou de la décharge d'une copie de l'avis de réception postal ou de la décharge de la lettre de mise en demeure prévue à l'article R. 421-14 et d'une copie de l'avis de réception ou de la décharge du dépôt de la demande.

En outre, dans les huit jours de la délivrance expresse ou tacite du permis de construire, un extrait du permis ou une copie de la lettre visée à l'alinéa précédent est publié par voie d'affichage à la mairie pendant deux mois. L'exécution de cette formalité fait l'objet d'une mention au registre chronologique des actes de publication et de notification des arrêtés du maire prévu à l'article R. 122-11 du Code des communes.

L'inobservation de la formalité d'affichage sur le terrain est punie de l'amende prévue pour les contraventions de la cinquième classe.

Un arrêté du ministre chargé de l'urbanisme règle le contenu et les formes de l'affichage et fixe la liste des pièces du dossier dont tout intéressé peut prendre connaissance.

Mesures de publicité – Objet. Les mesures de publicité du permis de construire par son bénéficiaire ont une importance extrême, car leur accomplissement régulier déclenche le délai de recours pour excès de pouvoir intenté par des tiers, à la condition supplémentaire d'un affichage régulier en mairie. 2599

I. – Défaut d'affichage

Affichage en mairie. Le défaut d'affichage en mairie empêche le délai de recours contentieux de courir à l'encontre du permis tacite, alors même que le bénéficiaire aurait affiché sur le terrain la lettre du préfet par laquelle il lui était indiqué qu'à défaut de réponse il serait titulaire d'un permis tacite (CE, 27 mai 1987, *Jean Montanier : DA* 1987, p. 408). 2600

La régularité d'un affichage sur le bâtiment de la poste, donc en dehors de la mairie, a été admis, dès lors qu'un panneau, sur la mairie indiquait le lieu de cet affichage et que le mur de la poste, au centre du village, était utilisé, depuis une quinzaine d'années, pour l'affichage administratif, facilitant ainsi l'accès du public aux documents administratifs objets d'une obligation d'affichage.

Cette décision est justifiée par des circonstances locales, mais toute généralisation serait imprudente (CE, 19 nov. 2004, *M. Bondil, Cne d'Aiguines, Constr.-urb.* 2005, n° 2, comm. n° 48, P. Benoit-Cattin ; *AJDA* 2005, p. 55).

Affichage sur le terrain. De même, le défaut d'affichage sur le terrain empêche le délai de courir et cela même si, en l'espèce, l'association requérante avait été individuellement informée par le bénéficiaire de l'autorisation de l'arrêté de l'autorisation de construire (CE, 20 juill. 1990, *SCI « Les Balcons de l'Estuaire » : Rec. CE,* p. 225, note critique D. Labetoulle : *RD imm.* 1990, p. 483). 2601

Absence des deux affichages. En cas d'absence d'affichage sur le terrain et en mairie, du fait de l'attitude générale de la commune, il a été jugé que le délai de recours partait dans cette hypothèse spécifique de l'intervention du permis tacite (CAA Nancy, 4 févr. 1999, *Cne de Marly : BJDU* 2/1999, p. 117). 2602

II. – Régularité de l'affichage

2603 **Registre en mairie.** L'affichage en mairie est régulier même en l'absence d'inscription au registre chronologique des arrêtés, actes de publication et de notification, prévu à l'article R. 122-11 du Code des communes (CE, 8 févr. 1999, *Cne de la Clusaz : BJDU* 2/1999, p. 127, concl. Touvet).

2604 **Caractère suffisant de l'affichage.** Le délai de recours contentieux ne court pas en cas de lacune grave de l'affichage sur le terrain. Tel est le cas si la hauteur d'une construction nouvelle n'est pas indiquée (CE, 16 févr. 1994, *Sté Northern Télécom Immobilier : BJDU* 4/1994, p. 91, concl. Arrighi de Casanova ; *Petites affiches,* 18 mai 1994, concl. Arrighi de Casanova ; *Defrénois,* 1994, I, 35925, note Pérignon).

De même, l'affichage est considéré comme irrégulier, s'il est illisible de la voie (CAA Lyon, 20 déc. 1994, *Mme Daurenge : AJDA* 1995, p. 250).

En revanche, l'affichage est jugé suffisant lorsqu'il est pratiqué sur une seule rue, alors que la construction donne sur deux rues. Ou bien alors qu'il comporterait une erreur sur la désignation des parcelles cadastrales.

2605 **Continuité.** En plus de son caractère lisible et suffisamment précis, l'affichage doit être continu (concl. Bonnet sous CA Lyon, 13 déc. 1994, *D'Aigremont ; RFDA* 1995, p. 1234). S'il incombe au bénéficiaire du permis de justifier l'accomplissement des formalités d'affichage régulières sur le terrain, il appartient aux juges du fond d'apprécier souverainement, au vu de l'ensemble du dossier, la continuité de cet affichage. La cour administrative d'appel a pu, sans commettre d'erreur de droit, considérer que tel n'était pas le cas en l'espèce, compte tenu des attestations contradictoires produites (CE, 25 mars 2002, *M. et Mme Antson : BJDU* 3/2002, p. 216, concl. C. Bergeal, de même, CE, 5 déc. 2001, req. n° 225511, *Dugas : Juris-Data* n° 2001-063321. – CE, 26 mars 2004, req. n° 247691, *Sandelin : Juris-Data* n° 2004-066544 ; jurispr. citées aussi dans Rép. min. Zimmermann : *JOAN* 28 oct. 2002, p. 3881).

Les bénéficiaires de permis doivent ainsi absolument conserver, d'autant plus si un recours est déposé, les procès-verbaux d'huissiers, photos ou témoignages écrits. Il faut également surveiller la bonne tenue du panneau, notamment eu égard aux imprévus de la météorologie.

Voir aussi : Annotations sous C. urb., art. R. 490-7, p. 910 et C. urb., art. A. 421-8, p. 963.

2606 **Code du travail.** En vue de lutter contre le travail clandestin, le Code du travail (art. R. 324-1) prescrit l'affichage sur le chantier, du nom, de la raison sociale et de l'adresse de tout entrepreneur travaillant sur ce chantier, sous peine d'une amende prévue pour les contraventions de la 5e classe, soit 1 500 € ou 3 000 € en cas de récidive.

III. – Délais de recours

2607 **Point de départ.** Pendant longtemps, la jurisprudence a considéré que les recours des tiers étaient recevables pendant les deux mois suivant l'achèvement de l'affichage en mairie, qui dure lui-même deux mois, sans égard aux conditions d'affichage sur le chantier (CE ass., 29 janv. 1965, *Min. Constr.* c/ *Erard : AJDA* 1965, p. 140, concl. Chardeau). Mais un revirement capital résulte d'un arrêt du 25 juillet 1975 (*SCI Les Hortensias : JCP* 1976, II, 18233, note Odent ; *Rev. adm.* 1976, p. 484, note Liet-Veaux ; *AJDA* 1975, p. 478, chronique Franc et Boyon ; *RDP* 1976, p. 1588, note Waline ; *AJPI* 1975, p. 902, note Musso) : le délai de recours des tiers ne commence à courir qu'à l'expiration de deux mois d'affichage régulier consécutifs sur le chantier (CE, 11 mai 1977, *Mary : DA* 1977, n° 176).

L'ensemble de cette jurisprudence a été battue en brèche depuis le décret n° 88-471 du 28 avril 1988 qui a fixé le point de départ du recours des tiers au premier jour de l'affichage en mairie et sur le terrain (pour l'application de ce décret, voir CE, 23 sept. 1991, *Syndicat des copropriétaires de l'immeuble sis, 9, bd Pugliesi-Conté à Ajaccio : RD imm.* 1992, 58 ; *JCP* N 1992, II, 154). Voir annotations sous l'article R. 490-7, à propos de l'affichage du délai de recours, sur le terrain d'assiette de la construction.

Mention des délais – Recours gracieux. L'absence de mention du délai de recours contentieux dans la décision rejetant un recours gracieux de demande de retrait de permis de construire est sans incidence sur le point de départ du délai de recours contentieux à l'encontre du permis (CE, 17 févr. 1993, *Ottanian : DA* 1993, n° 191 ; *JCP* N 1993, II, 153 ; dans le même sens, CE, 16 oct. 1992, *Époux Touzatier : Gaz. Pal.* 1993, pan. adm. 93 ; antérieurement CE, 28 oct. 1991, *Mme Falcy : RD imm.* 1992, p. 59. – TA Lyon, 18 déc. 1991, *M. Albert, Bertin et autres : AJDA* 1992, 346, note Plouvin). 2608

Recours gracieux – Notion. Un recours gracieux interrompt le délai de recours contentieux, ce qui suppose de déterminer si la démarche du requérant correspond bien à cette qualification. Il a ainsi été jugé qu'une simple lettre de demande de renseignements ne saurait constituer un recours gracieux (CE, 30 mars 2001, *SCI les Jardins de Mennecy : Collectivités territoriales* 2001, n° 10, comm. n° 214, T. Célérier). 2609

Influence de la loi du 12 avril 2000 relative aux relations entre l'Administration et les citoyens. Saisie par le tribunal administratif de Nice, la section du Contentieux du Conseil d'État a rendu, le 15 juillet 2004, dans une affaire, *M. et Mme Damon*, un avis important qui éclaire les délicates questions de la qualification du recours gracieux et de la mise en œuvre des garanties apportées par la loi du 12 avril 2000. Comme dans l'arrêt du 25 juin 2004, *SCI Médicale Edison* (V. sous. art. R. 421-19), la Haute Juridiction adopte une interprétation équilibrée des textes alliant garanties des requérants et sécurité juridique des autorisations individuelles, en écartant tout excès de formalisme ou de juridisme pointilleux qui aurait outrepassé et compromis la volonté protectrice du législateur. L'affaire soumise au tribunal administratif de Nice était la suivante : des voisins avaient exercé un recours gracieux auprès du maire contre un permis de construire, avant l'expiration du délai de recours contentieux ; le maire n'en avait pas accusé réception. Le recours administratif avait fait l'objet d'une décision de rejet notifiée dans les jours suivants. Les voisins ont alors attendu plus de trois mois pour saisir le tribunal d'un recours pour excès de pouvoir. 2610

En principe, le recours contentieux est considéré comme tardif s'il n'est pas formé dans un délai de deux mois à compter du rejet du recours gracieux. Mais, en l'espèce, deux éléments jetaient le trouble : le dépôt du recours gracieux n'avait pas fait l'objet d'un accusé de réception mentionnant les voies et délais de recours, la décision expresse de rejet du recours gracieux ne comportait pas ces mentions. Or, plusieurs textes étaient ici en cause. L'article 19 de la loi du 12 avril 2000 dispose que « le défaut de délivrance d'un accusé de réception n'emporte pas l'inopposabilité des délais de recours à l'encontre de l'auteur de la demande lorsqu'une décision expresse lui a été régulièrement notifiée avant l'expiration du délai au terme duquel est susceptible de naître une décision implicite ». Un autre alinéa de ce même article est repris dans l'article R. 421-5 du Code de justice administrative qui prévoit, quant à lui, que « les délais de recours contre une décision administrative ne sont opposables qu'à la condition d'avoir été mentionnés, ainsi que les voies de recours, dans la notification de la décision ». Dans la jurisprudence *SA Laboratoires Lafon* du 29 mars 1991 (*RFD adm.* 1992, p. 72, concl. Hubert), le Conseil d'État, sous l'empire du décret du 28 novembre 1983 qui comportait une disposition analogue à l'article 19 précité de la future loi de 2000, avait considéré que les recours administratifs ne pouvaient être regardés comme des demandes faites à l'Administration et, donc, n'entraient pas dans le champ des exigences réglementaires liées aux mentions des recours dans les notifications et aux accusés de réception. L'article 18 de la loi de 2000 a alors contrecarré cette jurisprudence en disposant : « sont considérées comme des demandes au sens du présent chapitre les demandes et les réclamations, y compris les recours gracieux ou hiérarchiques, adressées aux autorités administratives ».

Prenant en compte ces diverses dispositions et sa jurisprudence, le Conseil d'État va procéder à une distinction selon que la relation à l'administration est bilatérale ou plurielle, c'est-à-dire lorsque l'autorisation crée des droits auprès de son bénéficiaire mais n'est pas neutre pour les tiers qui peuvent au demeurant la contester. Les termes de l'avis sont sans ambiguïté. Tout d'abord, il rappelle qu'« En assimilant les "recours gracieux et hiérarchiques" à des "demandes au sens du présent chapitre", soumises aux dispositions de l'article 19 de la même loi prescrivant aux autorités administratives d'accuser réception de toute demande dans des conditions dont le non-respect entraîne l'inopposabilité des délais de recours, le législateur a entendu viser, conformément à sa volonté de protéger les droits des citoyens dans leurs relations avec les autorités administratives, les recours formés par les personnes contestant une décision prise à leur égard par une autorité administrative. » Sont ici clairement visées les requêtes des destinataires des décisions.

L'avis poursuit, et c'est son grand apport, que le législateur « n'a, en revanche, pas entendu porter atteinte à la stabilité de la situation s'attachant, pour le bénéficiaire d'une autorisation administrative, à l'expiration du délai de recours normalement applicable à cette autorisation. Il en résulte que l'intervention de ces dispositions législatives demeure sans incidence sur les règles applicables aux recours administratifs, gracieux ou hiérarchiques, formés par des tiers à l'encontre d'autorisations individuelles créant des droits au profit de leurs bénéficiaires ». Dans cette logique, « ne sont plus applicables à la détermination du délai imparti aux tiers pour saisir la juridiction compétente à la suite d'une décision rejetant de tels recours gracieux ou hiérarchiques, les dispositions de l'article R. 421-5 du Code de justice administrative », relatives à l'opposabilité des délais de recours conditionnées par leur mention dans les notifications de décisions.

Enfin, le Conseil d'État appliquent ces principes aux recours des tiers contre les permis de construire. Conformément à l'article R. 490-7 du Code de l'urbanisme, ce délai court à compter de l'accomplissement des formalités d'affichage de manière complète et régulière. En cas de recours gracieux ou hiérarchique préalable à un recours contentieux, le délai de ce dernier est prorogé à due concurrence, sous réserve du respect des formalités de notification des recours prévues à l'article R. 600-1 du Code de l'urbanisme. Les articles 19 de la loi de 2000 et R. 421-5 du Code de justice administrative ne s'appliquent pas. En cas de naissance d'une décision implicite de rejet du recours administratif résultant du silence gardé pendant deux mois par l'autorité compétente, le nouveau délai de recours contentieux court pour les tiers requérants dès la naissance de cette décision, que le recours administratif ait ou non fait l'objet d'un accusé de réception ; en cas de décision expresse de rejet du recours administratif notifié aux tiers avant l'expiration du délai au terme duquel une décision implicite est susceptible de naître, le nouveau délai contentieux court à compter de cette notification même si celle-ci ne comporte pas la mention des voies et délais de recours (CE sect. avis, 15 juill. 2004, *M. et Mme Damon : BJDU* n° 3/2004, p. 225, concl. J.-H. Stahl, note J.-C. Bonichot ; *AJDA* 2004, p. 1926 ; *Constr.-urb.* 2004, n° 12, comm. n° 238, P. Benoît-Cattin).

2611 **Lacune du dossier en mairie.** Mais des lacunes limitées du dossier consulté en mairie ne prolongent pas le délai de recours contentieux (CE, sect., 5 janv. 1979, *Assoc. de sauvegarde du pays de Rhuys : D.* 1979, inf. rap. p. 418, obs. Charles).

2612 **Nouveau permis.** Dans certains cas exceptionnels, certains tiers (ayant attaqué un permis de construire antérieur) ne peuvent être forclos que si le permis de construire nouveau leur a été notifié, en plus des formalités réglementaires d'affichage (CE, ass., 23 mars 1973, *Cie d'assurances l'Union : Rec. CE,* p. 251 ; *AJDA* 1973, p. 431, note Odent). Dans un autre cas extrême, une société avait acquis un terrain voisin de celui supportant une construction ayant fait l'objet d'un permis quatre ans auparavant. Elle saisit, dix ans après cette délivrance du permis, le juge administratif, arguant de l'irrégularité de l'affichage sur le terrain ayant fait obstacle au délai de recours. La cour administrative d'appel a rejeté un tel argument, l'affichage sur le terrain était attesté par des témoignages de voisins et d'un maçon ayant travaillé à l'époque sur le chantier (CAA Marseille, 16 mars 2000, *M. Frison : BJDU* 3/2000, p. 208).

Voir aussi : Comm. sous C. urb., art. R. 421-12, p. 783, et Circ. du ministère de l'Intérieur du 20 août 2001 (*Mon. TP,* 7 déc. 2001, suppl. p. 349) relative à la compensation des accroissements de charges résultant de contrats destinés à garantir les communes et leurs groupements contre les risques contentieux liés à la délivrance des autorisations d'utilisation du sol.

2613 **Future réforme.** Par souci de simplification et de sécurité juridique, le rapport Pelletier préconise, certes de maintenir le double affichage, mais de ne retenir comme point de départ du recours des tiers que le seul affichage sur le terrain, réalisé conformément à un modèle approuvé par arrêté et devant comporter des mentions obligatoires, à peine d'irrégularité.

Dans le même ordre d'idées, lorsque la preuve de l'affichage ne pourrait être rapportée, le délai de recours expirerait au plus tard un an après l'achèvement de la construction autorisée.

IV. – Consultation du dossier et communication des pièces

Information des tiers. Conformément à l'article A. 421-8, la consultation en mairie relève de la loi du 17 juillet 1978, de sorte que tout intéressé peut, après la prise de la décision, demander des photocopies. Si le refus ne proroge pas le délai de recours contentieux, il ne peut intervenir que si le maire ne dispose pas d'un photocopieur, ou s'il existe un risque pour la conservation des documents. Le maire ne peut interdire la photographie des documents et notamment des plans ou documents difficiles à photocopier. **2614**
Le maire fixe le coût de la photocopie, qui ne doit pas s'écarter du coût réel des charges de fonctionnement créées par la reproduction du document, soit environ, 15 cts d'euros dans les grandes villes (Rép. min. Aubron : *JOAN* 3 déc. 2001, p. 6948). À défaut d'existence d'une régie de recettes, le maire peut fixer le mode de règlement, par timbres fiscaux ou timbres-poste par exemple (*3e rapport d'activité de la Commission d'accès aux documents administratifs,* La Documentation française, 1984, p. 36, 37 et 55).
Une réponse ministérielle réaffirme fermement le droit des tiers à la communication sous forme de photocopie (Rép. min. : *JOAN* 10 juill. 1995, p. 2983). Mais il est précisé dans une autre réponse ministérielle que la commune n'est pas tenue de communiquer l'ensemble des pièces d'un dossier qui a conduit à un refus de permis (Rép. min. Aubron : *JOAN* QE, 18 oct. 1999, p. 6085), ce qui très discutable et peu transparent de la part de l'Administration, on rappellera que les refus doivent être au demeurant motivés.

C. urb., art. R. 421-39-1 ***(Créé, D. n° 95-676, 9 mai 1995, art. 3-V).*** **— Lorsque le permis de construire a été délivré en application des articles L. 127-1, R. 127-2 et R. 421-2-1, les constructions ne peuvent être entreprises tant que le maire n'a pas reçu notification en double exemplaire de la décision favorable de financement par l'État délivrée par le préfet.**

Cette décision vise le permis de construire et certifie que le concours financier de l'État aux logements locatifs sociaux est accordé à la partie des constructions qui dépasse la densité résultant du coefficient d'occupation des sols. Elle mentionne le coût foncier imputé à ladite partie des constructions et atteste que ce coût foncier n'excède pas le montant calculé comme il est dit à l'article R. 127-2. Pour l'application du présent alinéa, ce coût foncier s'entend de la fraction de la charge foncière afférente à cette partie des constructions et évaluée à partir de la décomposition du prix de revient prévisionnel de l'opération figurant dans ladite décision.

La notification prévue au premier alinéa est faite par le bénéficiaire du permis de construire par pli recommandé avec demande d'avis de réception postal ou par dépôt contre décharge à la mairie. Dès réception de la décision favorable de financement, le maire en transmet un exemplaire à l'autorité qui a délivré le permis de construire si elle est autre que le maire.

C. urb., art. **R. 421-40 ***(D. n° 83-1261, 30 déc. 1983 ; D. n° 88-199, 29 févr. 1988).*** **— Le bénéficiaire de l'autorisation adresse, lors de l'ouverture du chantier au maire de la commune, quelle que soit l'autorité compétente pour statuer, une déclaration d'ouverture de chantier en trois exemplaires.**

Dès réception de la déclaration d'ouverture de chantier, le maire conserve un exemplaire de cette déclaration, en transmet un exemplaire à l'autorité qui a délivré le permis de construire si elle est autre que le maire et un exemplaire au préfet en vue de l'établissement des statistiques.

Péremption du permis. La déclaration d'ouverture de chantier ne fait pas obstacle à la péremption du permis de construire, dans les conditions prévues à l'article R. 421-32. **2615**

Section VII Dispositions diverses

§ 1 *Dispositions diverses*

C. urb., art. **R. 421-41 *(D. n° 77-268, 28 mars 1977 ; D. n° 83-1261, 30 déc. 1983).* — **Un arrêté du ministre chargé de l'urbanisme fixe les modèles nationaux :**

***a)* De la demande de permis de construire prévue à l'article R. 421-1, comportant notamment le libellé de l'engagement dont elle doit être assortie en vertu de l'article L. 421-3 et les indications qui doivent être portées sur les documents joints à celle-ci ;**

***b)* De la lettre de notification des délais prévus à l'article R. 421-12 ;**

***c)* Des décisions prévues à l'article R. 421-29 ;**

***d)* De la déclaration d'ouverture de chantier prévue à l'article R. 421-40.**

C. urb., art. **R. 421-42 *(D. n° 80-559, 26 juin 1980 ; D. n° 83-1261, 30 déc. 1983 ; D. n° 88-199, 29 févr. 1988).* — **Pour l'application du présent chapitre, le préfet peut déléguer sa signature au responsable du service de l'État dans le département, chargé de l'urbanisme ou aux subordonnés de celui-ci sauf dans les cas prévus au 6° de l'article R. 421-36 et à l'article R. 421-38 (2e alinéa).**

2616 **Délégation de signature.** Les deux exceptions à la possibilité de délégation de signature concernent le cas d'avis divergents entre le maire et le service de l'État chargé de l'urbanisme dans les communes non dotées d'un plan local d'urbanisme approuvé, et le cas où le préfet est lui-même délégataire du pouvoir du ministre.

C. urb., art. **R. 421-43 à *R. 421-46 *(Ab., D. n° 83-1261, 30 déc. 1983).*

§ 2 *Dispositions particulières aux immeubles de grande hauteur*

C. urb., art. **R. 421-47 *(D. n° 83-1261, 30 déc. 1983).* — **Le permis de construire, tant pour la construction d'un immeuble de grande hauteur tel qu'il est défini à l'article R. 122-2 du Code de la construction et de l'habitation que pour tous travaux à exécuter dans ces immeubles et normalement subordonnés à la délivrance de ce permis, est délivré dans les formes habituelles après avis de la commission consultative départementale de la protection civile, par l'autorité compétente pour statuer sur la demande.**

2617 **Notion d'IGH.** Constitue un immeuble de grande hauteur tout corps de bâtiment dont le plancher du dernier niveau est situé, par rapport au niveau le plus haut utilisable par les voitures de pompiers, à plus de 50 mètres pour les immeubles à usage d'habitation et à plus de 28 mètres pour les autres immeubles (D. n° 67-1063, 15 nov. 1967, mod. D. n° 76-589, 15 juin 1976, art. 3). En principe, la construction d'IGH est interdite à plus de 3 kilomètres des casernes de pompiers.

Voir aussi : CCH, art. R. 122-1 à R. 122-29, p. 516.

2618 **IGH existants.** Malgré le caractère non rétroactif du décret du 15 juin 1976 distinguant les mesures de sécurité applicables aux immeubles de grande hauteur déjà construits, le juge administratif a considéré que la possibilité d'ajouter, après délivrance du permis de construire (et peut-être même après l'achèvement de la construction), des aménagements supplémentaires était légale, dès lors que les sujétions nouvelles n'excèdent pas les charges nécessitées par la sécurité (CE, sect., 26 oct. 1984, *SCI du Chemin Vert : Rec. CE*, p. 342).

C. urb., art. **R. 421-48 *(D. n° 83-1261, 30 déc. 1983).* — **Certains immeubles peuvent, en raison de leurs dispositions particulières, donner lieu à des prescriptions spéciales ou exceptionnelles, soit en aggravation, soit en atténuation des sujétions imposées par la réglementation générale.**

Dans ce cas, les sujétions propres à un immeuble déterminé sont prescrites par l'autorité compétente pour délivrer le permis de construire, sur avis conforme de la commission technique interministérielle prévue à l'article R. 122-12 du Code de la construction et de l'habitation pour les immeubles dont la hauteur, définie, dans les conditions indiquées à l'article R. 122-2, dudit code, est supérieure à 100 mètres ou, dans les autres cas, sur avis de la commission consultative départementale de la protection civile.

Prescriptions spéciales. Compte tenu de la nécessité d'un avis conforme, c'est la commission compétente qui fixe, en réalité, les prescriptions spéciales ou exceptionnelles pour les IGH de plus de 100 mètres. 2619

C. urb., art. **R. 421-49 *(D. n° 83-1261, 30 déc. 1983).*— **Toute modification de destination des locaux dans des immeubles de grande hauteur doit être préalablement autorisée par l'autorité compétente pour statuer sur la demande de permis de construire qui prescrit s'il y a lieu, après avis de la commission consultative départementale de la protection civile, les mesures complémentaires de sécurité nécessaires.**

Autorisation spécifique. Pour les IGH, le changement de destination est soumis par lui-même à autorisation préalable, même si des travaux ne sont pas envisagés. 2620

C. urb., art. **R. 421-50 *(D. n° 76-589, 15 juin 1976 ; D. n° 83-1261, 30 déc. 1983).*— **Les dossiers des demandes soumises à l'avis de la commission consultative départementale de la protection civile, en application des articles R. 421-47 à R. 421-49, doivent comporter :**

– une notice technique indiquant avec précision les dispositions prises pour satisfaire aux mesures prévues par le règlement de sécurité ;

– des plans accompagnés des états descriptifs nécessaires donnant toutes indications, notamment sur le degré de résistance au feu des éléments de construction, la largeur des dégagements communs et privés horizontaux et verticaux, la production et la distribution d'électricité, haute, moyenne et basse tension, l'équipement hydraulique, le conditionnement d'air, la ventilation, le chauffage, l'aménagement des locaux techniques, les moyens de secours ;

– le cas échéant, une demande tendant à l'application de l'article R. 421-48 et précisant les motifs des atténuations sollicitées et les mesures nécessaires pour les compenser.

C. urb., art. **R. 421-51 *(Dispositions reprises sous l'article R. 122-11-1 du Code de la construction et de l'habitation : D. n° 83-1261, 30 déc. 1983, art. 42).*

§ 3 Dispositions particulières aux immeubles situés au voisinage d'installations classées

C. urb., art. *R. 421-52 *(D. n° 76-589, 15 juin 1976 ; D. n° 77-752, 7 juill. 1977 ; D. n° 81-534, 12 mai 1981 ; D. n° 82-584, 29 juin 1982 ; D. n° 83-1261, 30 déc. 1983 ; D. n° 86-984, 19 août 1986 ; D. n° 88-199, 29 févr. 1988).*— **En application de l'article L. 421-8, les périmètres à l'intérieur desquels les constructions et travaux sont soumis à des règles particulières rendues nécessaires par l'existence d'installations classées et les règles qui leur sont applicables sont fixés par arrêté du préfet pris après consultation des services intéressés, enquête publique dans les formes prévues par les articles R. 11-4 et suivants du Code de l'expropriation pour cause d'utilité publique et avis du conseil municipal.**

Le préfet peut décider que l'enquête publique mentionnée à l'alinéa précédent sera confondue avec l'enquête préalable à l'autorisation d'ouverture d'une installation classée.

Le permis de construire doit, le cas échéant, mentionner explicitement les servitudes instituées en application de l'article L. 421-8.

2621 **Enquête publique.** La nécessité d'une enquête publique, que la loi n'avait pas prévue, permet d'assurer l'information des voisins, qui peuvent ainsi défendre leurs intérêts.

2622 **Compétence préfectorale.** En l'absence d'urgence liée à un péril grave et imminent, le maire est incompétent, au titre de ses pouvoirs de police générale, pour intervenir à l'intérieur d'un périmètre de protection défini par le préfet autour d'une installation classée (CE, 29 sept. 2003, *Houillière des Bassins de Lorraine : JCP* A 2003, n° 50, comm. n° 2109, P. Billet).

Installations SEVESO

Suite à la catastrophe AZF à Toulouse, une circulaire ministérielle n° 2001-67/UHC/DU1 du 4 octobre 2001 rappelle aux préfets les conditions de prise en compte des risques technologiques lors de la délivrance des permis de construire. Compte tenu de l'importance de la matière, ses principaux extraits sont reproduits ci-dessous :

« Le Code de l'urbanisme impose aux documents d'urbanisme de déterminer "les conditions permettant d'assurer [...] la prévention des risques technologiques, des pollutions et des nuisances de toute nature" (art. L. 121-1) et aux autorités compétentes de refuser les permis de construire lorsque la sécurité des personnes et des biens n'est pas assurée (art. R. 111-2). C'est ainsi que le Conseil d'État a annulé le permis de construire d'un bâtiment situé à côté des raffineries de Feyzin.

Les installations les plus dangereuses dites « installations SEVESO » doivent faire l'objet de mesures particulières.

En application du Code de l'environnement et de la législation des stockages souterrains, des études de danger doivent être réalisées permettant notamment de déterminer les secteurs à l'intérieur desquels les impératifs de sécurité publique conduisent à refuser tous les permis de construire, ou à n'accepter que certaines constructions.

Nous vous demandons de mettre en œuvre les mesures suivantes :

1) Vous prendrez des mesures immédiates pour éviter la délivrance d'autorisations d'urbanisme dans les secteurs exposés :

Lorsque les études de danger existent, dès réception de la présente circulaire, vous rappellerez aux maires l'obligation de refuser, sur le fondement de l'article R. 111-2, les permis de construire des bâtiments soumis à des risques technologiques graves. Dans le cas où des autorisations seraient néanmoins délivrées, il conviendrait d'exercer fermement le contrôle de légalité en demandant au tribunal administratif de prononcer en urgence la suspension de la décision.

Bien entendu, lorsque ces études n'ont pas encore été réalisées, il n'est pas nécessaire d'attendre leur achèvement pour refuser, sur le fondement du même article, les autorisations de construire dans les secteurs où le danger est avéré, selon les éléments disponibles.

Vous veillerez particulièrement à ce que les mêmes dispositions soient prises lorsque les permis de construire sont délivrés au nom de l'État.

2) Dès qu'elles sont disponibles, vous porterez à la connaissance des autorités locales les informations nécessaires pour leur permettre de prendre en compte, lorsque ce n'est pas déjà fait, dans leurs documents d'urbanisme, les risques technologiques graves.

Si cette prise en compte n'est pas opérée dans les meilleurs délais, il vous appartiendra de qualifier de projet d'intérêt général, au sens de l'article R. 121-3 du Code de l'urbanisme, les mesures à introduire dans les plans locaux d'urbanisme. Conformément aux dispositions de l'article R. 121-4 du même code, vous devrez préciser les modifications qu'il convient d'apporter au document.

En l'absence de documents d'urbanisme, vous examinerez la possibilité d'établir un périmètre d'isolement autour de l'installation à risque conformément à l'article L. 421-8 du Code de l'urbanisme. »

§ 4 Dispositions particulières aux établissements recevant du public

C. urb., art. R. 421-53 ***(D. n° 74-158, 25 févr. 1974 ; D. n° 83-1261, 30 déc. 1983 ; D. n° 94-86, 26 janv. 1994).*** **— Conformément à l'article R. 123-22 du Code de la construction et de l'habitation, le respect de la réglementation relative à la protection contre les risques d'incendie et de panique dans les établissements recevant du public est assuré par le permis de construire, dans tous les cas où les travaux à exécuter entrent dans le champ des prévisions de l'article L. 421-1. Dans ce cas, le permis de construire est délivré après consultation de la commission de sécurité compétente.**

2623 **Refus de permis.** Le Conseil d'État a admis un refus de permis de construire, motivé par le fait que le point le plus bas de la construction se situait à moins de 6 mètres au-dessous du niveau du sol, contrairement aux dispositions du règlement de sécurité (CE, 28 avr. 1976, *Dame Dewitch : DA* 1976, n° 178).

Consultation préalable. Une station de distribution de produits pétroliers est un établissement recevant du public ; la délivrance du permis de construire doit en conséquence être précédée de la consultation d'une commission de la protection civile, et il ne peut s'y substituer un avis émis par l'Inspecteur des services de défense de secours contre l'incendie (CE, 13 avr. 1983, *Syndicat des copropriétaires de l'immeuble Presqu'île II : Rec. CE*, p. 149), ou par le Directeur départemental des services d'incendie et de secours. 2624

Cette exigence ne vaut pas pour les établissements de 5e catégorie (CE, 11 mars 1988, *Lamouroux : DA* 1988, p. 267. – CE, 21 sept. 1992, req. n° 68315, *Mme Lalubin*).

Voir aussi : Annotations sous C. urb., art. R. 421-5-1, p. 777.

C. urb., art. R. 421-54 *(Ab., D. n° 83-1261, 30 déc. 1983).*

C. urb., art. R. 421-55 *(Dispositions reprises sous l'article, art. R. 111-26-1 : D. n° 83-1261, 30 déc. 1983).*

C. urb., art. R. 421-56 et R. 421-57 *(Ab., D. n° 83-1261, 30 déc. 1983).*

§ 5 Dispositions relatives à la modification du présent chapitre

C. urb., art. R. 421-58 *(D. n° 76-267, 25 mars 1976 ; D. n° 83-1261, 30 déc. 1983).* **— Les dispositions du présent chapitre prises pour l'application de l'article L. 421-2 (alinéa 1er) ne peuvent être modifiées que par un « décret en Conseil d'État » pris sur le rapport du ministre chargé de l'urbanisme et après avis des ministres désignés à l'article R. 111-25 dans la mesure où leur département est intéressé.**

Chapitre II
Exceptions au régime général

C. urb., art. *R. 422-1 *(D. n° 77-752, 7 juill. 1977).* **— Les constructions couvertes par le secret de la défense nationale sont exemptées de permis de construire. Entrent notamment dans cette catégorie les centres de transmission, les établissements d'expériences et de fabrication de matériels et de munitions, les entrepôts de réserve générale, les dépôts de munitions, les bases de fusées, les stations radiogoniométriques et les centres radioélectriques de surveillance. Pour les autres constructions, le caractère secret est reconnu par décision de portée générale ou particulière du ministre compétent.**

Sont également exemptées de permis de construire les installations situées à l'intérieur des arsenaux de la marine, des aérodromes militaires et des grands camps figurant sur une liste fixée par arrêté conjoint du ministre chargé de l'urbanisme et du ministre *(Mots rempl., D. n° 2004-106, 29 janv. 2004, art. 10)* **« de la défense ».**

Exemptions pures et simples. Seules échappent à toute procédure les constructions visées au premier alinéa. 2625

Voir aussi : Pour les constructions visées au second alinéa, C. urb., art. R. 422-2, p. 839, et C. urb., art. R. 422-3, p. 843. – Circulaire du 25 juillet 1986 : *Mon. TP* 1986, n° 36, p. 7.

C. urb., art. *R. 422-2 *(D. n° 77-752, 7 juill. 1977 ; D. n° 80-694, 4 sept. 1980 ; D. n° 83-1261, 30 déc. 1983 ; D. n° 86-72, 15 janv. 1986 ; D. n° 86-514, 14 mars 1986).* **— Sont exemptés du permis de construire sur l'ensemble du territoire :**

***a)* Les travaux de ravalement ;**

b) **Les reconstructions ou travaux à exécuter sur les immeubles classés au titre de la législation sur les monuments historiques, contrôlés dans les conditions prévues par cette législation ;**

c) **Les outillages nécessaires au fonctionnement de services publics et situés dans les ports ou les aérodromes ou sur le domaine public ferroviaire ;**

d) **Les ouvrages techniques nécessaires au maintien de la sécurité de la circulation maritime, fluviale, ferroviaire, routière ou aérienne ;**

e) **En ce qui concerne *(Mots rempl., D. n° 97-683, 30 mai 1997, art. 5-II)* « les activités de télécommunications autorisées en vertu de l'article L. 33-1 du Code des postes et télécommunications et le service public de télédiffusion », les ouvrages techniques dont la surface hors œuvre brute ne dépasse pas 100 mètres carrés, les poteaux et pylônes de plus de 12 mètres au-dessus du sol et les installations qu'ils supportent ;**

f) **En ce qui concerne les installations techniques nécessaires au fonctionnement du service public de distribution du gaz, les postes de sectionnement, de coupure, de détente et de livraison ;**

g) **En ce qui concerne les installations techniques nécessaires au fonctionnement du service public de distribution d'énergie électrique, les ouvrages et accessoires des lignes dont la tension est inférieure à 63 kilovolts et dont la longueur ne dépasse pas 1 kilomètre, ainsi que les postes de transformation dont la surface au sol est inférieure à 20 mètres carrés et la hauteur inférieure à 3 mètres ;**

h) **En ce qui concerne les installations techniques nécessaires au fonctionnement des services publics d'alimentation en eau potable et d'assainissement, les ouvrages techniques dont la surface au sol est inférieure à 20 mètres carrés et la hauteur inférieure à 3 mètres ;**

i) **Les classes démontables mises à la disposition des écoles ou des établissements d'enseignement pour pallier les insuffisances temporaires d'accueil, d'une surface hors œuvre brute maximale de 150 mètres carrés, sous réserve que la surface totale des bâtiments de ce type n'excède pas 500 mètres carrés sur le même terrain ;**

j) **Les travaux consistant à implanter, dans les conditions prévues à l'article R. 444-3, une habitation légère de loisirs de moins de 35 mètres carrés de surface hors œuvre nette, ainsi que les travaux consistant à remplacer une habitation légère de loisirs par une nouvelle habitation légère de loisirs de superficie égale ou inférieure ;**

k) **Les piscines non couvertes ;**

l) **Les châssis et serres dont la hauteur au-dessus du sol est supérieure à 1,50 mètre sans toutefois dépasser 4 mètres, et dont la surface hors œuvre brute n'excède pas 2 000 mètres carrés sur un même terrain ;**

m) **Les constructions ou travaux non prévus aux *a* à *l* ci-dessus, n'ayant pas pour effet de changer la destination d'une construction existante et :**

– qui n'ont pas pour effet de créer une surface de plancher nouvelle ;

– ou qui ont pour effet de créer, sur un terrain supportant déjà un bâtiment, une surface de plancher hors œuvre brute inférieure ou égale à 20 mètres carrés.

Toutefois, les constructions ou travaux mentionnés ci-dessus ne sont pas exemptés du permis de construire lorsqu'ils concernent des immeubles inscrits à l'inventaire supplémentaire des monuments historiques.

I. – Généralités

2626 **Déclaration préalable – Fiscalité.** Les travaux énumérés au présent article sont soumis à une procédure de déclaration préalable, rendant exigibles les taxes d'urbanisme (C. urb., art. L. 422-3). Ils se différencient sur ces deux points des travaux énumérés à l'article R. 421-1, qui échappent à toute procédure au titre du Code de l'urbanisme.

2627 **Champ d'application.** Le décret du 14 mars 1986 a étendu très sensiblement les cas d'exemption de permis de construire. La circulaire du 25 juillet 1986 précise les diverses rubriques du présent article :

1. – La notion de « bâtiment » implique un caractère immobilier et une certaine permanence de la construction : ne peuvent être qualifiés de bâtiments selon la jurisprudence les abris de jardin, les

habitations légères de loisirs, les poteaux, etc. Dans ces cas, la construction nécessiterait un permis de construire.
2. – L'ensemble des piscines non couvertes est concerné, quelles que soient leurs dimensions et la nature des matériaux utilisés. Les piscines couvertes peuvent, quant à elles, relever soit du régime d'exemption du permis, dans les conditions prévues au « m », à savoir jusqu'à concurrence d'une surface hors œuvre brute de 20 m², sur un terrain supportant déjà un bâtiment, soit plus généralement du permis de construire. Il est par ailleurs considéré désormais que les bassins autres que les piscines sont, quel que soit leur usage, exclus du champ d'application du permis. Ils peuvent cependant, lorsqu'ils répondent aux conditions prévues à l'article R. 422-2, *c)*, faire l'objet d'une autorisation d'installation et travaux divers. Sur les piscines, voir également, art. L. 1332-1 et suivants du Code de la santé publique et la loi n° 2003-9 du 3 janvier 2003 (*JO* 4 janv). qui introduit dans le Code de la construction et de l'habitation de nouveaux articles (L. 128-1 et s.) visant à renforcer la sécurité des piscines, avec les décrets d'application suivants : décret n° 2003-1389 du 31 décembre 2003 (*JO* 1er janv. 2004, p. 89) et décret n° 2004-499 du 7 juin 2004 (*JO* 8 juin, p. 10127) créant et modifiant les articles R. 128-1 et s. du Code de la construction et de l'habitation.
3. – Concernant les serres, il s'agit de constructions utilisées à des fins agricoles ou horticoles ; les vérandas et autres galeries vitrées en saillie de bâtiments parfois appelées « serres thermiques », quant à l'effet recherché, ne relèvent pas de cette catégorie mais éventuellement de celle visée par le « m ».
4. – Seuls sont concernés les travaux prévus sur la partie inscrite elle-même et lorsque des travaux sont projetés sur la partie non inscrite de l'immeuble, ces travaux peuvent être exemptés de permis de construire.
Le décret du 14 mars 1986 a ajouté les rubriques précitées, ainsi que les installations des services publics d'eau et d'assainissement (h) ; il a modifié profondément le régime des installations d'électricité (g) et retouché d'autres rubriques (i et j).
S'agissant du *c)*, sont considérés comme des ouvrages techniques du service public les installations ou ouvrages mis en place par France Télécom, EDF-GDF, Voies navigables de France et voies ferrées de France, ayant pour fin d'offrir leurs services au public (Rép. min. Warhouver : *JOAN* 19 févr. 2001, p. 1143).

Dépôt successif de déclarations. À propos de l'application du « m » de cet article, une réponse ministérielle distingue le dépôt simultané de plusieurs déclarations et leur dépôt successif. Tandis que la première situation correspond à un détournement de procédure, la seconde – sous réserve du respect des règles d'urbanisme – est possible (Rép. min. : *JO Sénat* 3 mars 1988, p. 291 ; *JCP* N 1988, Prat. 601). 2628

II. – Applications jurisprudentielles

Immeubles classés. Les travaux sur les immeubles classés monuments historiques sont exemptés de permis et soumis à déclaration. Il peut s'agir, par exemple, de travaux d'assainissement des murs d'une église dûment déclarés (Poitiers, 13 sept. 2001 : *Juris-Data* n° 2001-171540, avec relaxe du prévenu, conservateur régional des monuments historiques). 2629

Ouvrages techniques. Est soumise au régime de la déclaration préalable la construction d'un réémetteur de télévision composé d'un local technique dont la SHOB n'excède pas 20 m² et d'un pylône de 40 mètres de hauteur (TA Besançon, 25 févr. 1993, *Sté Télédiffusion de France : DA* 1993, n° 192). 2630
Une station de lavage automatique de voitures comportant portique sur rails, scellés de façon permanente dans une dalle de béton (CE, 14 févr. 1996, *SARL Sodical : Rec. CE*, T, p. 1227). Une déclaration de travaux délivrée pour la réalisation d'un pylône radio-amateur peut être retirée si elle est illégale (CAA Nancy, 29 sept. 1994, *Cappella : D.* 1995, p. 256, note Gouaut-Dureisseix).

Pylônes. Compte tenu de l'interdiction par un PAZ des pylônes de radio-émission, le maire a compétence liée pour faire opposer à la déclaration de travaux (CAA Lyon, 25 mai 2004, *Lavergne : Juris-Data* n° 2004-250355). 2631

2632 **Téléphonie mobile.** La construction d'une dalle en béton de 50 m^2 en vue de l'édification d'une antenne de téléphonie mobile est incompatible avec un classement en espaces boisés de l'article L. 130-1 du présent code. De surcroît, la soumission à simple déclaration d'une telle dalle prête à caution, un permis étant requis (CAA Paris, 17 janv. 2002, *Mme Scalbert, Mme Leroux : BJDU* 4/2002, p. 284). Enfin, une proposition de loi (n° 281) a été déposée par le député Lionel Lucq pour rendre obligatoire la déclaration des antennes de téléphonie mobile.

Toutefois, le maire ne peut se fonder sur des motifs de santé publique pour s'opposer à une déclaration de travaux (CE, 22 août 2002, *Société française de radiotéléphonie* c/ *Cne de Vallauris : AJDA* 2003, p. 1300, note P. Binczak) ; voir aussi les remarques de P. Soler-Couteaux : *RD imm.* 2003, n° 1, p. 110, qui cite une jurisprudence des juges du fond reposant sur le principe de précaution et qui n'est pas dans la ligne de cet arrêt du Conseil d'État, comme aussi TA Versailles, 4 mars 2003, *Pierron : Juris-Data* n° 2004-217010.

Le territoire d'une commune étant intégralement couvert par le réseau GSM, la seule circonstance que les travaux d'installation d'un pylône de téléphonie mobile et d'un local technique auraient pour effet d'améliorer la qualité du service rendu aux usagers n'était pas de nature à caractériser l'urgence à suspendre une opposition du maire à déclaration (CE, 28 avr. 2004, req. n° 260049, *Société française de radiotéléphonie : Juris-Data* n° 2004-066721).

Bibliographie : M. Paillot, *Le régime juridique de l'installation des antennes de téléphonie mobile en droit de l'urbanisme : RD imm.* 2003, n° 2, p. 139.

2633 **Piscines.** Une piscine non couverte ainsi qu'une terrasse qui en est l'accessoire sont soumises à déclaration, la surface de cette dernière est inférieure à 20 m^3, alors même que sa hauteur excède 0,60 m (CE, 7 mai 2003, *M. Vilaceque : BJDU* n° 3/2003, p. 213, concl. S. Austry ; *Constr.-urb.* 2003, n° 12, comm. n° 278, P. Benoit-Cattin). L'édification d'un mur de soutènement et d'une terrasse indissociables d'une piscine non couverte, n'a pas à faire l'objet d'une déclaration distincte de celle portant sur la piscine ; *a fortiori* quant à une opposition unique du maire (CE, 17 déc. 2003, req. n° 242282, *Bontemps : Juris-Data* n° 2003-066300).

Quant aux piscines couvertes, elles sont soumises à permis de construire. Mais, si elles sont implantées sur un terrain supportant déjà un bâtiment et que leur surface est inférieure ou égale à 20 m^2, une déclaration suffit (Rép. min. Cinieri, 8 déc. 2003 : *JOAN*, p. 9438).

La réalisation d'une piscine à l'intérieur d'un bâtiment n'est pas assujettie à permis dans la mesure où ces travaux n'ont pas pour effet de modifier la destination du bâtiment, par exemple si un tel aménagement est effectué dans une maison d'habitation et que la piscine est dédiée à l'usage de ses occupants. En revanche, un permis est exigé si la transformation en piscine d'un bâtiment affecté initialement à un autre usage constitue un changement de destination (Rép. min. *Merville,* : *JOAN* 8 déc. 2003, p. 9438).

Voir aussi : Sur les changements de destination, notes sous C. urb., art. L. 421-1, p. 329.

2634 **Travaux sur existants.** Les travaux complémentaires effectués sur un immeuble en cours de construction, avant la déclaration d'achèvement des travaux, ne relèvent pas de la déclaration préalable car ils ne sont pas effectués sur un immeuble existant (CAA Paris, 13 déc. 1994, *Ville de Paris : Rec. CE*, p. 675 ; *DA* 1995, 184).

La réalisation de travaux d'une SHOB inférieure ou égale à 20 m^2 est exemptée de permis de construire, même si elle entraîne modification de l'aspect extérieur de l'immeuble ou de son volume ou crée un niveau supplémentaire (CE, 4 févr. 1994, *Min. Équip. : Rec. CE*, p. 53 ; *BJDU* 6/1994, p. 36. – CAA Nantes, 8 oct. 1996, *Cne de Lion-sur-Mer : Gaz. Pal.* 1998, 2, pan. dr. adm. p. 162. – Circ. 27 avr. 1994 : *Mon. TP* 13 mai 1994). Dès lors que le seuil de 20 m^2 est dépassé, le maire est tenu de s'opposer aux travaux (CAA Douai, 3 avr. 2003, *Marette-Godet* c/ *Cne d'Étretat : Juris-Data* n° 2003-215080).

2635 **Respect des règles d'urbanisme.** Est légale l'opposition du maire à des travaux portant sur un « bassin enterré » et un « abri-moteur » mais concernant en réalité une piscine et son local technique, au motif de la méconnaissance du POS. L'exemption de permis et la seule soumission à déclaration n'affranchissent pas du respect des règles d'urbanisme (CAA Marseille, 26 oct. 2000, req. n° 97-MA05078, *Serrero : Juris-Data* n° 2000-147183).

Régularisation. Comme le permis de construire, la déclaration de travaux peut intervenir en régularisation de travaux effectués (CE, 28 juin 1998, *SA des eaux d'Evian : DA* 1998, 332 ; *Constr.-urb.* 392). 2636

Opposition – Sursis à statuer. Des travaux exemptés de permis de construire peuvent faire l'objet d'une décision d'opposition et de sursis à statuer par application de l'article L. 111-7 du Code de l'urbanisme (CAA Paris, 12 nov. 1998, *Cagnard : Constr.-urb.* 107). 2637

Impact pénal. La relaxe s'impose, en cas de poursuites pour construction sans permis de construire (antérieurement au décret du 14 mars 1986), désormais soumises à simple déclaration (rétroactivité de la loi pénale plus douce). Il ne peut être fait grief de n'avoir pas fait la déclaration, laquelle n'était pas prévue à l'époque des travaux (Cass. crim., 17 juin 1986 : *RD imm.* 1986, p. 516, note Roujou de Boubée. – Cass. crim., 17 févr. 1987 : *Bull. crim.* n° 79, p. 216). 2638

C. urb., art. *R. 422-3 ***(D. n° 77-752, 7 juill. 1977 ; D. n° 83-1261, 30 déc. 1983 ; D. n° 86-514, 14 mars 1986).*** **— Sauf dans le cas prévu au premier alinéa de l'article R. 422-1, une déclaration de travaux est présentée par le propriétaire du terrain, son mandataire ou la personne ayant qualité pour exécuter les travaux.**

La déclaration précise l'identité du déclarant, la situation et la superficie du terrain, l'identité de son propriétaire au cas où celui-ci n'est pas l'auteur de la déclaration, la nature et la destination des travaux et, le cas échéant, la densité des constructions existantes ou à créer.

Le dossier joint à la déclaration comprend un plan de situation du terrain, un plan de masse et une représentation de l'aspect extérieur de la construction, faisant apparaître les modifications projetées.

Le dossier est complété, le cas échéant, des documents mentionnés ***(Mots ajoutés, D. n° 2004-310, 29 mars 2004, art. 4)*** **« au 9° de l'article R. 421-2 et » aux articles R. 421-3-1, R. 421-3-4, R. 421-4, R. 421-5, R. 421-6 ou R. 421-7.**

Un arrêté du ministre chargé de l'urbanisme fixe le modèle national de ladite déclaration et précise le contenu du dossier à joindre.

Permis ou déclaration. Le fait qu'une demande de permis de construire ait été traitée en déclaration de travaux – en l'espèce suffisante – est sans incidence sur le délai de recours contentieux (CE, 10 janv. 1992, *Cne d'Orgeval c/ Époux Louvet : RD imm.* 1992, 198 ; *JCP* N 1992, Prat. 341, note Stemmer). 2639

Qualité du déclarant. La qualité de propriétaire apparent suffit pour effectuer une déclaration de travaux (CE, 2 juin 1993, *Guérin : Rec. CE*, p. 1117 ; *D.* 1994, somm. comm., p. 105, note H. Charles). Si les travaux portent sur les parties communes d'une copropriété, l'autorisation de l'assemblée générale est nécessaire, malgré des stipulations en sens contraire du règlement de la copropriété, antérieur aux dispositions d'ordre public de la loi du 10 juillet 1965 (CAA Lyon, 29 nov. 1994, *Delserre : RFDA* 1995, p. 444). 2640

Voir aussi : Annotations sous C. urb., art. R. 421-1-1, p. 759.

Contenu du dossier. Comparer la composition du dossier de déclaration préalable à celle du dossier de demande de permis de construire. Doit obligatoirement être utilisé le modèle national de formulaire, référence PC 156. Le décret du 29 mars 2004 a ajouté la notice précisant l'activité économique exercée dans les espaces remarquables ou dans un milieu du littoral. 2641

Voir aussi : C. urb., art. R. 146-2 d) et R. 421-1-1, p. 329 et C. urb., art. R. 421-2, p. 768.

C. urb., art. *R. 422-4 ***(D. n° 77-752, 7 juill. 1977 ; D. n° 86-514, 14 mars 1986).*** **— La déclaration et le dossier qui l'accompagne sont établis en trois exemplaires et adressés par pli recommandé avec demande d'avis de réception postal, au maire de la commune dans laquelle les travaux sont envisagés, ou déposés contre décharge à la mairie.**

Lorsqu'il n'est pas compétent pour statuer au nom de la commune, le maire transmet dès réception deux exemplaires de la déclaration, selon le cas, au président de

l'établissement public de coopération intercommunale compétent ou au responsable du service de l'État dans le département, chargé de l'urbanisme.

2642 **Guichet unique.** Le système du « guichet unique » en mairie s'applique à la procédure de déclaration préalable, comme aux autorisations d'urbanisme.

C. urb., art. *R. 422-5 ***(D. n° 77-752, 7 juill. 1977 ; D. n° 86-514, 14 mars 1986).*** **— Si le dossier est incomplet, l'autorité compétente pour statuer invite, par lettre recommandée avec demande d'avis de réception postal, le déclarant à fournir les pièces complémentaires obligatoires dans les conditions prévues au premier alinéa de l'article R. 422-4. Dès réception de ces pièces, le maire les transmet dans les conditions prévues au deuxième alinéa de l'article R. 422-4. Le délai au terme duquel les travaux peuvent être entrepris part alors de la réception en mairie des pièces complémentaires réclamées.**

Dans le cas prévu à l'alinéa 3 de l'article L. 422-2, lorsque le délai d'opposition de l'autorité compétente est porté à deux mois, le déclarant en est informé par cette autorité dans le mois du dépôt de la déclaration, par lettre recommandée avec demande d'avis de réception postal.

2643 **Urbanisme commercial.** À noter qu'en matière d'urbanisme commercial, le régime déclaratif n'a pas pour effet, contrairement au permis de construire, de subordonner l'exécution des travaux à l'obtention préalable de l'autorisation de la Commission départementale d'urbanisme commercial. Cette dernière doit être obtenue séparément pour toutes extensions des surfaces de ventes inférieures à 20 mètres carrés, mais entraînant un dépassement d'un des seuils prévus par les articles L. 720-1 et s. du Code de commerce. À l'inverse du permis de construire, les deux procédures de déclaration et d'autorisation au titre du commerce sont totalement indépendantes. Mais le déclarant doit fournir la preuve qu'il a demandé l'autorisation de la Commission départementale d'urbanisme commercial, les travaux ne pouvant être exécutés qu'avec l'accord de cette dernière.

Voir aussi : Notes sous C. urb., art. L. 451-5, p. 383.

C. urb., art. *R. 422-6 ***(D. n° 86-514, 14 mars 1986).*** **— Dans les communes où un** ***(Mots rempl., D. n° 2001-260, 27 mars 2001, art. 3)*** **« plan local d'urbanisme » a été approuvé, la déclaration est instruite au nom de la commune, ou le cas échéant de l'établissement public de coopération intercommunale, à l'exception des cas mentionnés au quatrième alinéa de l'article L. 421-2-1. Les dispositions de l'article R. 490-2 sont alors applicables.**

C. urb., art. *R. 422-7 ***(D. n° 86-514, 14 mars 1986).*** **— Dans les autres communes, ainsi que dans les cas prévus au quatrième alinéa de l'article L. 421-2-1, la déclaration est instruite, au nom de l'État, par le service de l'État dans le département chargé de l'urbanisme.**

Le maire fait connaître son avis, lorsqu'il est défavorable ou est assorti d'une demande de prescriptions, au responsable du service de l'État dans le département chargé de l'urbanisme. Si celui-ci, après examen de la déclaration, émet un avis défavorable, propose des prescriptions particulières ou ne retient pas l'avis émis par le maire, il transmet la déclaration accompagnée de son avis à l'autorité compétente pour statuer.

C. urb., art. *R. 422-8 ***(D. n° 86-514, 14 mars 1986 ; D. n° 93-614, 26 mars 1993, art. 7).*** **— Dans les cas mentionnés aux articles R. 421-22, R. 421-38-3 à R. 421-38-7 et R. 421-38-9 à R. 421-38-19, le service instructeur consulte les autorités mentionnées auxdits articles. Les autorités ainsi consultées font connaître à l'autorité compétente leur opposition ou les prescriptions qu'elles demandent dans un délai d'un mois à dater de la réception de la demande d'avis par l'autorité consultée. À défaut de réponse dans ce délai, elles sont réputées avoir émis un avis favorable.**

Le service instructeur consulte en tant que de besoin les autorités et services publics habilités à demander que soient prescrites les contributions prévues au 2° de l'arti-

cle L. 332-6-1 ou à l'article L. 332-9. À défaut de réponse dans le délai d'un mois, ces autorités et services publics sont réputés n'avoir aucune proposition de contribution à formuler.

(Alinéa créé, D. n° 2005-116, 7 févr. 2005, art. 9) **Lorsque le projet est situé dans une zone de servitude instituée en application de l'article L. 211-12 du Code de l'environnement et est susceptible, en raison de sa nature, de son importance ou de sa localisation, de faire obstacle au stockage ou à l'écoulement des eaux, le service instructeur consulte le préfet. Celui-ci dispose d'un délai de deux mois pour s'opposer à l'exécution des travaux ou prescrire les modifications nécessaires.**

Avis de l'ABF. Un maire est tenu de s'opposer à la déclaration si l'immeuble objet des travaux est situé dans le périmètre d'un plan de sauvegarde et de mise en valeur et que l'ABF a rendu un avis défavorable (CAA Paris, 24 févr. 2003, *Colomb : Juris-Data* n° 2003-215331). Une opposition du maire est illégale si elle se réfère à un avis de l'ABF relevant que le maintien de la devanture en bois du magasin dénaturait la grande qualité architecturale de l'immeuble, une telle motivation ne pouvant légalement fonder l'avis (CAA Nancy, 17 avr. 2003 : *Juris-Data* n° 2003-227173). 2644

Zones à risques. Le décret du 7 février 2005 impose la consultation du préfet pour les projets en zones à risques définies selon l'article L. 211-12 du Code de l'environnement issu de la loi du 30 juillet 2003 (V. sous C. urb., art. L. 211-1). 2645

C. urb., art. *R. 422-8-1 ***(Créé, D. n° 2004-142, 12 févr. 2004, art. 17).*** **— I. – Lorsque le projet objet de la déclaration de travaux est situé dans le champ de visibilité d'un édifice classé ou inscrit, dans une zone de protection du patrimoine architectural, urbain et paysager ou dans un secteur sauvegardé, le préfet de région est saisi par lettre recommandée avec demande d'avis de réception soit :**

a) **Par le maire ou l'autorité compétente pour délivrer le permis de construire, dans le délai d'un mois à compter de la réception de l'avis émis par l'architecte des Bâtiments de France ;**

b) **Par le pétitionnaire, dans le délai de deux mois à compter de la notification de la décision d'opposition.**

Lorsqu'ils ne sont pas l'auteur de la saisine, le pétitionnaire, le maire ou l'autorité compétente en matière de permis de construire reçoivent notification par le préfet de région de la demande dont il est saisi.

Le préfet de région émet, après consultation de la section de la commission régionale du patrimoine et des sites, un avis qui se substitue à celui de l'architecte des Bâtiments de France.

L'avis du préfet de région est notifié au maire et à l'autorité compétente pour délivrer le permis de construire, ainsi qu'au pétitionnaire.

Le préfet de région se prononce dans un délai de trois mois à compter de sa saisine.

II. – Dans le cas prévu à l'article R. 421-38-4, en cas de recours du pétitionnaire, si le préfet de région infirme l'avis de l'architecte des Bâtiments de France, le maire ou l'autorité compétente pour délivrer le permis de construire doit statuer à nouveau dans le délai d'un mois suivant la réception du nouvel avis.

Dans la collectivité territoriale de Corse les attributions conférées par le présent article au préfet de région sont exercées par le préfet de Corse.

Appel. Le dispositif d'appel à l'encontre des avis de l'ABF, mis en place par la loi du 28 février 2002 et le décret du 12 février 2004, est transposé à la déclaration de travaux. 2646

Voir aussi : Analyses sous C. urb., art. R. 421-38-4, p. 815.

C. urb., art. *R. 422-9 ***(D. n° 86-514, 14 mars 1986 ; D. n° 88-199, 29 févr. 1988 ; D. n° 93-614, 26 mars 1993, art. 8).*** **— Dans les communes où un** ***(Mots rempl., D. n° 2001-260, 27 mars 2001, art. 3)*** **« plan local d'urbanisme » a été approuvé, à l'exclusion des cas mentionnés au quatrième alinéa de l'article L. 421-2-1, le maire ou, le cas échéant, le président de l'établissement public de coopération intercommunale compétent peut décider de s'opposer aux travaux projetés ou imposer des prescriptions.**

Dans les autres communes, ainsi que dans les cas mentionnés au quatrième alinéa de l'article L. 421-2-1, l'autorité compétente pour s'opposer aux travaux projetés ou imposer des prescriptions au nom de l'État est le maire ou le préfet dans les conditions prévues à l'article R. 421-36.

Pour l'application du présent chapitre, le préfet peut déléguer sa signature dans les conditions prévues à l'article R. 421-42.

Dans tous les cas, la décision d'opposition ou de prescriptions de l'autorité compétente est dûment motivée. Elle est notifiée par lettre recommandée avec demande d'avis de réception.

La décision de prescriptions énumère celles des contributions prévues au 2° de l'article L. 332-6-1 ou à l'article L. 332-9 qu'elle met, le cas échéant, à la charge de l'auteur de la déclaration. Elle fixe le montant de chacune de ces contributions et en énonce le mode d'évaluation.

Lorsqu'elle impose une cession gratuite de terrain, elle détermine la superficie à céder et en mentionne la valeur déterminée par le directeur des services fiscaux.

Lorsqu'elle impose le versement de la participation prévue à l'article L. 332-9 dans les programmes d'aménagement d'ensemble et que l'auteur de la déclaration s'en acquitte en tout ou en partie, conformément à l'article L. 332-10 sous forme d'exécution de travaux ou d'apport de terrain, elle mentionne :

– les caractéristiques de travaux et leur valeur déterminées d'un commun accord par le pétitionnaire et l'autorité compétente pour prendre la décision de prescriptions ;

– la superficie des terrains à apporter ainsi que leur valeur déterminée par le directeur des services fiscaux.

I. – Principes

2647 **Opposition – Conditions.** L'opposition administrative à la déclaration préalable n'est légale que si elle est fondée sur un texte du Code de l'urbanisme (ou un texte dérivé du code, tel qu'un PLU), ou sur un texte résultant d'une réglementation simultanément applicable, portée à la connaissance de l'autorité compétente en matière d'urbanisme par les autorités énumérées à l'article R. 422-8. Dans ce dernier cas, l'appréciation de cette « autorité parallèle » s'impose à l'autorité compétente en matière d'urbanisme (cette « compétence liée » résulte de l'article L. 422-2, 4e al.).

2648 **Retrait.** Dans tous les cas, la notification tardive de l'opposition ou de l'accord assorti de prescriptions vaut retrait de la non-opposition implicite, pour illégalité, si ce retrait est effectué par l'autorité compétente dans le délai de recours contentieux ou, si un recours a été formé, tant que le juge administratif n'a pas statué. En revanche, la jurisprudence *Ternon* (retrait dans les 4 mois de l'intervention de l'acte) est applicable à une opposition expresse (CE, 3 oct. 2003, req. n° 249463, *Wetzstein : Juris-Data* n° 2003-066181).

Voir aussi : Commentaires sous C. urb., art. R. 421-12, p. 783.

2649 **Fiscalité.** L'énumération des participations financières doit figurer dans la décision de prescriptions.

2650 **Contentieux administratif.** Le décret n° 2003-543 du 24 juin 2003 relatif aux cours administratives d'appel (entrée en vigueur au 1er septembre 2003) supprime la voie de l'appel pour les litiges en matière de déclaration de travaux, seul le recours en cassation est ouvert (CJA, nouv. l art. 811-1)

II. – Applications jurisprudentielles

2651 **Non-opposition – Recours.** Est recevable, le recours pour excès de pouvoir dirigé contre la non-opposition administrative à une déclaration préalable (CE, 17 juin 1991, *Mme Renauld : Rec. CE*, T, p. 1110).

Opposition tardive – Retrait. La décision tardive d'opposition à des travaux ayant fait l'objet d'une déclaration vaut retrait de la décision implicite de non-opposition (CE, 3 juill. 1992, *Syndicat des copropriétaires du 4, av. du Général-Balfourier : RD imm.* 1992, 500). Les non-oppositions tacites peuvent être retirées pour illégalité dans le délai de recours contentieux (CE, 14 févr. 1996, *Sté Sodical : Rec. CE*, T., p. 1227. – CAA Marseille, 20 sept. 2001, *Mear : Constr.-urb.* 2002, n° 1, comm. n° 21, P. Benoît-Cattin). 2652

Sursis à statuer. Un sursis à statuer peut être opposé à une déclaration préalable (TA Versailles, 9 juill. 1996, *Cognard : BJDU* 6/1996, p. 459). 2653

Contentieux civil. En cas de contentieux civil en démolition de travaux ayant donné lieu à déclaration préalable, le renvoi préjudiciel, prévu par l'article L. 480-13 en cas de travaux autorisés par un permis de construire, n'est pas applicable (Cass. 3e civ., 20 oct. 1996 : *BJDU* 6/1996, p. 422). 2654

Voir aussi : Sur le délit résultant du passé outre à l'opposition, C. urb., art. L. 480-4, p. 430.

C. urb., art. *R. 422-10 ***(D. n° 86-514, 14 mars 1986 ; D. n° 88-471, 28 avr. 1988 ; D. n° 94-701, 16 août 1994).*** **— Dans les huit jours de la réception de la déclaration en mairie, le maire procède à l'affichage de cette déclaration avec indication de la date à partir de laquelle les travaux pourront, en l'absence d'opposition, être exécutés.**

Dès la date à partir de laquelle les travaux peuvent être exécutés et pendant une durée de deux mois, mention qu'il n'a pas été formé d'opposition ou, le cas échéant, mention de la notification de prescriptions est portée sur l'exemplaire affiché en mairie.

L'exécution de cette dernière formalité d'affichage fait l'objet d'une mention au registre chronologique des actes de publication et de notification des arrêtés du maire prévu à l'article R. 122-11 du Code des communes.

Dès la date à partir de laquelle les travaux peuvent être exécutés, mention qu'il n'a pas été formé d'opposition ou, le cas échéant, mention de la notification de prescriptions doit être affichée sur le terrain, par les soins du déclarant, de manière visible de l'extérieur, pendant au moins deux mois et pendant toute la durée du chantier si celle-ci est supérieure à deux mois.

L'inobservation de la formalité d'affichage sur le terrain est punie de l'amende prévue pour les contraventions de la 5e classe.

Un arrêté du ministre chargé de l'urbanisme règle le contenu et les formes de l'affichage et fixe la liste des pièces du dossier dont tout intéressé peut prendre connaissance.

Si les travaux ayant fait l'objet d'une déclaration ne sont pas entrepris dans le délai de deux ans à compter de la date à partir de laquelle ils peuvent être effectués ou si les travaux sont interrompus pendant un délai supérieur à une année, les effets de la déclaration sont caducs.

Alignement avec les formalités de publicité du permis de construire. L'information des tiers est désormais alignée sur les dispositions applicables en matière de permis de construire : affichage en mairie de la déclaration, affichage pendant deux mois en mairie indiquant qu'il n'a pas été formé d'opposition ou indiquant les prescriptions éventuellement notifiées, et affichage sur le terrain pour le bénéficiaire. Le point de départ du délai de recours contentieux part de la dernière date de ces deux affichages. 2655

Information des tiers. L'information des tiers est consolidée par la possibilité dont ils disposent d'avoir communication du dossier en mairie. 2656

Voir aussi : C. urb., art. R. 421-39, p. 831.

Péremption. Enfin, comme en matière de permis de construire, la déclaration est enfermée dans des durées de validité : entreprise des travaux dans les deux ans – suspension d'une année au plus. À défaut, les effets de la déclaration sont caducs. 2657

Voir aussi : Obs. sous C. urb., art. R. 421-32, p. 803.

2658 **Contrôle *a posteriori*.** Il n'existe pas de contrôle des travaux effectués suite à la déclaration, comme pour le permis de construire, mais rien ne s'oppose à l'exercice d'un contrôle sur place en application de l'article L. 460-1.

C. urb., art. *R. 422-11 *(D. n° 86-514, 14 mars 1986)*. — Dans les communes où un *(Mots rempl., D. n° 2001-260, 27 mars 2001, art. 3)* « plan local d'urbanisme » a été approuvé, à l'exception des cas prévus au quatrième alinéa de l'article L. 421-2-1, une copie du formulaire de la déclaration, complétée par la mention de la suite qui lui a été réservée, est adressée au responsable du service de l'État dans le département chargé de l'urbanisme pour satisfaire à l'obligation de poursuivre l'établissement de statistiques prévues par l'article 1er du décret n° 85-893 du 14 août 1985.

C. urb., art. *R. 422-12 *(D. n° 86-514, 14 mars 1986)*. — Lorsque la déclaration porte sur des travaux ayant pour effet de créer une surface de plancher hors œuvre nette de nature à donner lieu à imposition dans les conditions prévues à l'article L. 422-3 et au troisième alinéa de l'article L. 422-4, et que les travaux projetés n'ont pas fait l'objet d'une opposition, la transmission de la copie du formulaire de la déclaration prévue à l'article R. 422-11 est accompagnée du dossier joint.

L'autorité compétente est dispensée de la transmission prévue à l'alinéa ci-dessus lorsqu'il est fait application de l'article R. 424-1.

Chapitre III

Permis de construire à titre précaire

Néant.

Chapitre IV

Dispositions générales relatives aux impositions dont la délivrance du permis de construire constitue le fait générateur

C. urb., art. *R. 424-1 *(D. n° 83-1261, 30 déc. 1983 ; D. n° 88-199, 29 févr. 1988)*. — La détermination de l'assiette et la liquidation des impositions dont la délivrance du permis de construire constitue le fait générateur peuvent être confiées, sur sa demande ou avec son accord, à l'autorité compétente pour délivrer le permis de construire, lorsqu'elle est autre que l'État, par arrêté du préfet pris sur proposition du responsable du service de l'État dans le département, chargé de l'urbanisme.

Cette autorité est substituée au responsable du service de l'État dans le département, chargé de l'urbanisme, pour exercer cette mission au nom de l'État.

Un arrêté du ministre chargé de l'urbanisme précise le cas échéant les modalités techniques d'application du présent article.

2659 **Objet et nature de la délégation.** À défaut d'une délégation spéciale du préfet, c'est le service de l'État qui est chargé de la liquidation des impositions dont le fait générateur est la délivrance du permis de construire (ce dispositif concerne aussi la mise en recouvrement de la redevance pour création de bureaux visée à l'article L. 520-1 et s. du présent code, CE, 8 mars 2002, req. n° 221465, *Min. Équip., Transp. et Log. c/ Sté COFIFAP : Juris-Data* n° 2002-063694 ; *AJDI* 2003, n° 1, p. 54, note J.-P. Maublanc. V. aussi 4 arrêts du Conseil d'État, 23 oct. 2002 : *Juris-Data* nos 080216, 080221, 080222 et 0802224), même dans les communes dotées d'un plan local d'urbanisme approuvé, et dans lesquelles les autorisations individuelles d'urbanisme sont en conséquence délivrées par le maire, au nom de la commune, sous réserve des exceptions prévues à l'article L. 421-2-1.

La délégation visée au présent article est une délégation de pouvoir qui entre en vigueur après publication au *Recueil des actes administratifs de la préfecture* (CE, 21 déc. 2001, *Sté Parthenay : BJDU* 1/2002, p. 37).
Par application de l'article A. 424-2, la jurisprudence administrative accorde la décharge de l'imposition, lorsque la délégation du préfet au maire n'a pas été publiée au recueil *des actes administratifs du département*, affichée en mairie et publiée dans un quotidien. De même, à défaut de délégation au maire, seul le DDE peut fixer le montant de l'imposition (3 arrêts, CAA Paris, , 28 juill. 1998 : *BJDU* 6/1998, p. 468). Une loi de validation législative, en cas de publicité insuffisante, est intervenue pour maintenir les impositions litigieuses (L. n° 97-1329, 29 sept. 1997, art. 31). La cour administrative d'appel de Paris considère que cette mesure de validation n'est pas contraire à l'article 6-1 de la Convention européenne de sauvegarde des droits de l'homme, qui ne s'applique pas en matière fiscale (CAA Paris, 18 juin 1998, *Sté Murinvest : Dr. fisc.* 1999, n° 108, concl. Mme Corouge. – CE, 21 déc. 2001, *SCI Le Complexe : BJDU* 1/2002, p. 27).

Arrêté visé au présent article. L'arrêté sur les modalités de la délégation visé au dernier alinéa du présent article n'est pas indispensable à son entrée en vigueur ; sachant que cet arrêté est intervenu ultérieurement à l'affaire, objet de la jurisprudence citée (CE, 21 déc. 2001, *Sté CISE SA : BJDU* 1/2002, p. 33 ; *RJF* 2002, n° 3, p. 237). 2660

Bibliographie : P. Benoit-Cattin, sous les trois arrêts du 21 décembre 2001 : *Constr.-urb.* 2002, n° 6, comm. n° 159.

C. urb., art. *R. 424-2 *(D. n° 83-1261, 30 déc. 1983 ; D. n° 88-199, 29 févr. 1988).* — **Lorsqu'il n'est pas fait application des dispositions de l'article R. 424-1, le préfet communique le dossier de permis de construire qui lui a été transmis dans les conditions prévues à l'article L. 421-2-4 au responsable du service de l'État dans le département, chargé de l'urbanisme, dans les délais permettant à celui-ci de déterminer l'assiette et de liquider les impositions dont la délivrance du permis de construire constitue le fait générateur.**

Le responsable du service de l'État dans le département, chargé de l'urbanisme reçoit, s'il y a lieu, à sa demande, tous dossiers de permis de construire transmis dans les conditions prévues à l'article L. 421-2-4, lorsqu'il est saisi d'une réclamation relative aux impositions dont la délivrance du permis constitue le fait générateur.

Transmission des demandes de permis. Lorsque la compétence pour liquider les impositions liées à la délivrance du permis de construire n'est pas transférée au maire (ou au président de l'établissement public de coopération intercommunale compétent en matière d'urbanisme), le service de l'État chargé de l'urbanisme reçoit systématiquement communication des demandes de permis de construire, dans le but de permettre cette liquidation. 2661

C. urb., art. *R. 424-3 *(D. n° 83-1261, 30 déc. 1983).* — **Un arrêté du ministre chargé de l'urbanisme fixe les modèles nationaux des fiches de liquidation des impositions dont la délivrance du permis de construire constitue le fait générateur.**

TITRE III
PERMIS DE DÉMOLIR

Origine. Le permis de démolir résulte de la loi n° 76-1285 du 31 décembre 1976. Les règles relatives à son instruction et à sa délivrance ont été modifiées en conséquence de la loi n° 83-8 du 7 janvier 1983 (Décentralisation). 2662

Future réforme. Les pistes préconisées par le rapport Pelletier sont exposées sous l'article L. 430-1. 2663

Section I La demande

C. urb., art. *R. 430-1 *(D. n° 77-738, 7 juill. 1977).* **— La demande de permis de démolir est présentée soit par le propriétaire du bâtiment ou son mandataire, soit par une personne justifiant d'un titre l'habilitant à exécuter les travaux, soit par une personne ayant qualité pour bénéficier de l'expropriation du bâtiment pour cause d'utilité publique.**

Toutefois, dans le cas prévu à l'article 11 de la loi n° 48-1360 du 1er septembre 1948, la demande doit être présentée par le propriétaire ou son mandataire.

2664 **Qualité du pétitionnaire.** La théorie du propriétaire apparent, d'application fréquente en matière de permis de construire (voir annotations, sous art. R. 421-1), est transportable au permis de démolir (CE, 26 mars 1982, *Chabroux : Rec. CE*, p. 138. – CE, 10 juin 1991, *Desvaux : Juris-Data* n° 1991-043023. – CE, 2 juin 1993, *Guérin : Rec. CE*, tables, p. 1117).

Toutefois, le Conseil d'État juge qu'une promesse de vente n'est pas un titre suffisant – contrairement à la solution admise en matière de permis de construire – (CE, 30 mai 1994 : *Juris-Data* n° 1994-044378). Le permis de démolir est légalement octroyé à la gérante d'une société civile immobilière en cours de constitution (TA Paris, 13 mars 1984 : *Gaz. Pal.* 1984, 2, somm. 453).

2665 **Expropriation.** La personne ayant qualité pour bénéficier de l'expropriation a qualité pour demander un permis de démolir ; toutefois elle ne pourra exercer le droit découlant de cette autorisation que le jour où la propriété du bâtiment lui aura été transférée (Rép. min. : *JOAN* 12 nov. 1984, p. 4975).

2666 **Délibérations préalables.** Un maire ou un président du conseil général ne peut demander un permis de démolir sans délibération préalable de son assemblée délibérante (TA Lille, 5 déc. 1996, *Battist c/ Cne de Jeumont : BJDU* 1/1997, p. 43, concl. Célérier. – TA Melun, 6 nov. 1997, *Cne de Saint-Maur : BJDU* 1/1998, p. 76).

2667 **Permis tacite.** Le pétitionnaire ayant été informé par l'administration compétente, à la date où le permis tacite aurait dû naître, qu'il n'avait pas la qualité pour le demander ne peut pas se prévaloir de l'obtention tacite dudit permis (TA Paris, 22 mai 1989, *Assoc. « Hertford british hospital Corporation » : Rec. CE*, p. 1009).

2668 **Protection de l'habitat.** Lorsque le permis de démolir est exigé pour des motifs de protection de l'habitat, la demande ne peut être présentée que par le propriétaire ou son mandataire (al. 2), alors qu'elle peut l'être aussi par une personne habilitée à exécuter les travaux dans tous les autres cas (al. 1).

2669 **Loi du 1er septembre 1948.** La disposition du deuxième alinéa est constitutive d'une garantie certaine en matière de protection des occupants (notification et relogement) et de maintien du patrimoine (reconstitution d'une surface habitable supérieure). Il en résulte qu'en cas de vente de l'immeuble après obtention du permis de démolir, le nouveau propriétaire devra demander le transfert de ce titre. Ce transfert ne pouvant être autorisé qu'au bénéfice de la personne qui y justifie de sa qualité de propriétaire, une copie de l'acte de vente devra être adressée à la direction départementale de l'équipement en même temps que la demande de transfert. Les prescriptions attachées à l'octroi du permis de démolir en matière de reconstitution de la surface habitable et de relogement des occupants devront être respectées par le nouveau propriétaire (Circ. n° 78-165, 29 déc. 1978).

2670 **Permis de construire.** Si un permis de construire doit être sollicité sur le même terrain, la justification du dépôt de la demande de permis de démolir est une condition de recevabilité de la demande de permis de construire (C. urb., art. R. 421-3-4).

2671 **Copropriétés.** Dans les copropriétés, une décision de l'assemblée générale sera fréquemment requise. En ce cas, l'autorité qui délivre le permis de démolir n'a pas à s'immiscer dans une contestation concernant la signature du procès-verbal de la délibération de cette assemblée (CE, 21 juin 1995, req. n°s 115596 et 115597, *Bokobza et a.*).

C. urb., art. *R. 430-2 *(D. n° 77-738, 7 juill. 1977 ; D. n° 84-224, 29 mars 1984).* **— Le dossier joint à la demande comprend le plan de situation, le plan de masse des constructions à démolir ou à conserver, coté dans les trois dimensions et précise :**

***a)* Les conditions actuelles d'utilisation ou d'occupation du bâtiment ;**

***b)* La surface de plancher hors œuvre nette telle qu'elle est définie à l'article R. 112-2 ;**

***c)* Les motifs de l'opération projetée ;**

***d)* En cas de démolition partielle, la nature et l'importance des travaux nécessaires.**

C. urb., art. *R. 430-3 *(D. n° 77-738, 7 juill. 1977 ; D. n° 84-224, 29 mars 1984).* **— Lorsque le bâtiment se trouve situé dans les zones ou périmètres mentionnés à l'article L. 430-1 (*b* à *e* ou *g*), la demande est complétée par l'indication de la date approximative de construction du bâtiment et par des documents photographiques faisant apparaître les conditions de son insertion dans les lieux environnants.**

Date approximative de construction. Une autorisation accordée en méconnaissance de l'obligation de l'indication de la date approximative de construction du bâtiment, dans le cas visé au présent article, est nulle (CAA Paris, 13 avr. 1994, *Sté Marignan Immobilier : Rec. CE*, T, p. 1267). 2672

Bâtiments existants. Un dossier a été réputé incomplet, le demandeur ayant indiqué au service instructeur qu'il était dans l'impossibilité de produire les photos des bâtiments existants (TA Versailles, 3e ch., 25 oct. 1994 : *Gaz. Pal.* 1995, 1, pan. dr. adm. p. 14). 2673

C. urb., art. *R. 430-4 *(D. n° 77-738, 7 juill. 1977 ; D. n° 84-224, 29 mars 1984).* **— La demande et le dossier sont établis en quatre exemplaires.**

Toutefois, lorsque le bâtiment est inscrit sur l'inventaire supplémentaire des monuments historiques ou qu'il est en instance de classement en application de l'article 9 de la loi du 2 mai 1930, la demande et le dossier doivent être établis en cinq exemplaires.

Codification. L'article 9 de la loi du 2 mai 1930 est codifié à l'article L. 341-7 du Code de l'environnement. 2674

C. urb., art. *R. 430-5 *(D. n° 77-738, 7 juill. 1977 ; D. n° 84-224, 29 mars 1984 ; D. n° 86-984, 19 août 1986 ; D. n° 88-199, 29 févr. 1988).* **— Tous les exemplaires de la demande et du dossier sont adressés, par pli recommandé avec demande d'avis de réception postal, au maire de la commune du lieu de situation du bâtiment, ou remis contre décharge à la mairie. Le maire affecte un numéro d'enregistrement à la demande dans les conditions prévues par arrêté du ministre chargé de l'urbanisme.**

Lorsque l'immeuble est inscrit sur l'inventaire supplémentaire des monuments historiques, l'un des exemplaires est adressé par pli recommandé avec demande d'avis de réception postal au directeur régional des affaires culturelles ou remis contre décharge dans les locaux de ce service. Cet envoi fait courir le délai de quatre mois pendant lequel le propriétaire ne peut procéder à aucune modification de l'immeuble en application *(Mots rempl., Ord. n° 2004-178 du 20 février 2004, art. 3)* **« des articles L. 625-21 et suivants du Code du patrimoine ».**

Les exemplaires de la demande et du dossier de permis de démolir font l'objet des transmissions prévues à l'article L. 421-2-3. Toutefois, dans le cas prévu au 1° dudit article, seul le formulaire de demande est transmis au préfet *(Mots aj. à compter du 1er août 2004, D. n° 2004-490, 3 juin 2004, art. 111, I et 122)* **« sauf lorsque les travaux sont situés à l'intérieur d'une zone délimitée dans les conditions prévues à l'article 5 du décret n° 2004-490 du 3 juin 2004 relatif aux procédures administratives et financières en matière d'archéologie préventive et portant le cas échéant sur des emprises au sol excédant le seuil fixé dans l'arrêté définissant la zone ».**

Dans les quinze jours qui suivent le dépôt de la demande et pendant la durée d'instruction de celle-ci, le maire procède à l'affichage en mairie d'un avis de dépôt de la

demande comprenant les mentions suivantes : nom du demandeur, numéro et date d'enregistrement de la demande, adresse du terrain et, s'il y a lieu, nombre de bâtiments et surface hors œuvre nette de plancher dont la démolition est projetée.

2675 **Guichet unique.** Système du « guichet unique » comme en matière de permis de construire.

2676 **Transmission des demandes.** La loi du 13 août 2004 sur les libertés et les responsabilités locales a supprimé l'obligation de transmission au préfet des demandes (modification de l'article L. 421-2-3 du présent code). Dans le cas de délégation de compétence de la commune à un EPCI, le maire en conserve un exemplaire et transmet les autres au président de l'EPCI.
Toutefois, en cas d'application du dispositif d'archéologie préventive, la demande doit être également transmise au préfet de région.

Voir aussi : Comm. sous C. urb., art. L. 421-2-3, p. 339 et art. L. 421-2-4, p. 339 (archéologie préventive).

2677 **Formalités de publicité.** Les formalités de publicité sont sensiblement identiques à celles qui existent en matière de permis de construire.

C. urb., art. *R. 430-6 ***(D. n° 77-738, 7 juill. 1977).*** **— Un arrêté conjoint du ministre chargé de l'urbanisme et du ministre chargé du logement fixe le modèle de la demande de permis de démolir.**

Voir aussi : Sur le modèle de la demande, C. urb., art. A. 430-1, p. 969.

Section II L'instruction

§ 1 *Dispositions applicables dans l'ensemble des communes*

C. urb., art. *R. 430-7 ***(D. n° 77-738, 7 juill. 1977 ; D. n° 84-224, 29 mars 1984).*** **— Le délai d'instruction est de quatre mois à compter de la date de la décharge ou de l'avis de réception postal prévus à l'article R. 430-5, sauf s'il est fait application de l'article R. 430-8.**

Voir aussi : C. urb., art. R. 430-17, p. 860.

2678 **Délai d'instruction unique.** Le délai d'instruction étant uniforme, il n'est pas prévu sa fixation par un accusé de réception administratif, comme en matière de permis de construire.

Voir aussi : C. urb., art. R. 421-12, p. 783 et C. urb., art. R. 421-14, p. 791.

C. urb., art. R. 430-7-1 ***(D. n° 86-984, 19 août 1986).*** **— Si le dossier est complet, l'autorité compétente pour statuer fait connaître au demandeur, dans les quinze jours de la réception de la demande en mairie, par une lettre de notification adressée par pli recommandé avec demande d'avis de réception postal, le numéro d'enregistrement de ladite demande et la date avant laquelle, compte tenu du délai mentionné à l'article R. 430-7, la décision devra lui être notifiée.**

L'autorité compétente avise en outre le demandeur que si aucune décision ne lui a été adressée avant la date mentionnée à l'alinéa précédent, ladite lettre vaudra permis de démolir et les travaux pourront être entrepris conformément au projet déposé sous réserve, le cas échéant, du délai de quinze jours prévu à l'article L. 430-4 et sous réserve du retrait, dans le délai du recours contentieux, du permis tacite au cas où il serait entaché d'illégalité.

Voir aussi : Annotations sous C. urb., art. R. 421-12, p. 783, en matière de permis de construire.

2679 **Permis tacite.** Le domaine du permis tacite ne souffre d'aucune exception.

Retrait. Le retrait des permis de démolir exprès se fait dans les conditions de l'arrêt *Ternon* (4 mois à compter de leur signature). 2680

Voir aussi : Commentaire sous C. urb., art. R. 421-12, p. 783.

C. urb., art. *R. 430-8 *(D. n° 77-738, 7 juill. 1977 ; D. n° 84-224, 29 mars 1984 ; D. n° 86-984, 19 août 1986).* **— Si le dossier est incomplet, l'autorité compétente pour statuer, dans les quinze jours de la réception de la demande en mairie, fait connaître au demandeur, par lettre recommandée avec demande d'avis de réception postal, la liste des pièces obligatoires manquantes que ce dernier est invité à fournir dans les conditions prévues à l'article R. 430-5. Lorsque ces pièces ont été produites, il est fait application de l'article R. 430-7-1. Le délai d'instruction de quatre mois part de la réception des pièces complétant le dossier.**

Voir aussi : Annotations sous C. urb., art. R. 421-12, p. 783 et C. urb., art. R. 421-13, p. 790, en matière de permis de construire.

C. urb., art. R. 430-8-1 *(D. n° 86-984, 19 août 1986 ; D. n° 88-199, 29 févr. 1988).* **— Dans le cas où le demandeur n'a pas reçu, dans les quinze jours suivant le dépôt de sa demande, la lettre prévue à l'article R. 430-7-1 ou R. 430-8, il peut saisir l'autorité compétente par lettre recommandée avec demande d'avis de réception postal pour requérir l'instruction de sa demande, et adresse copie de cette mise en demeure au préfet.**

Lorsque, dans les huit jours de la réception de l'avis de réception postal de cette mise en demeure, la lettre prévue à l'article R. 430-7-1 ou R. 430-8 n'a pas été notifiée, le délai d'instruction de la demande part de ladite date de réception telle qu'elle figure sur l'avis de réception postal de la mise en demeure.

Si aucune décision n'a été adressée au demandeur à l'expiration du délai de quatre mois prévu à l'article R. 430-7, la lettre de mise en demeure, accompagnée de son avis de réception postal, vaut, dans ce cas, permis de démolir dans les conditions prévues au deuxième alinéa de l'article R. 430-7-1.

Voir aussi : C. urb., art. R. 421-14, p. 791, en matière de permis de construire.

C. urb., art. *R. 430-9 *(D. n° 77-738, 7 juill. 1977 ; D. n° 84-224, 29 mars 1984).* **— Le service chargé de l'instruction de la demande procède, au nom de l'autorité compétente pour statuer, à cette instruction et recueille auprès des personnes publiques, services ou commissions intéressés par la démolition envisagée, les accords, avis ou décisions prévus par les lois et règlements en vigueur.**

Lorsque l'obligation du permis de démolir ne résulte pas exclusivement de l'application des dispositions de l'article L. 430-1 *a*, le service chargé de l'instruction transmet un exemplaire de la demande à l'architecte des Bâtiments de France dans les quinze jours suivant sa réception ou celle des pièces complémentaires.

Il transmet également dans le même délai un exemplaire de la demande au ministre chargé des sites lorsque le bâtiment est en instance de classement en application de l'article 9 de la loi du 2 mai 1930 ou lorsqu'il ne peut être modifié sans autorisation ministérielle dans une zone de protection créée en application des articles 17 ou 28 de la même loi.

Codification. L'article 9 de la loi du 2 mai 1930 est codifié à l'article L. 341-7 du Code de l'environnement. 2681

C. urb., art. *R. 430-10 *(D. n° 76-276, 29 mars 1976 ; D. n° 77-738, 7 juill. 1977 ; D. n° 84-224, 29 mars 1984).* **— L'architecte des Bâtiments de France, le ministre chargé des monuments historiques et le ministre chargé des sites ou le délégué de ces ministres disposent d'un délai de deux mois pour faire connaître leur avis.**

Toutefois, lorsque le bâtiment est inscrit à l'inventaire supplémentaire des monuments historiques, le ministre dispose d'un délai de trois mois ; le délai court, dans ce

cas, à compter de la réception de la demande par le directeur régional des affaires culturelles.

L'avis est réputé favorable s'il n'a pas été donné dans les délais prescrits aux alinéas précédents, sauf si l'affaire a été évoquée avant l'expiration de ces délais, dans les conditions prévues à l'article R. 430-14.

(Al. créé à compter du 1er mai 1999, D. n° 99-78, 5 févr. 1999, art. 8-IV et 19) **Lorsque le bâtiment est situé dans un secteur sauvegardé et qu'il est fait application du troisième alinéa de l'article L. 313-2, il est procédé ainsi qu'il est dit aux articles R. 313-17-1 et R. 313-17-2.**

(Alinéa créé, D. n° 2005-116, 7 févr. 2005, art. 9) **Lorsque le projet est situé dans une zone de servitude instituée en application de l'article L. 211-12 du Code de l'environnement et est susceptible, en raison de sa nature, de son importance ou de sa localisation, de faire obstacle au stockage ou à l'écoulement des eaux, le service instructeur consulte le préfet. Celui-ci dispose d'un délai de deux mois pour s'opposer à l'exécution des travaux ou prescrire les modifications nécessaires.**

2682 **Légalité – Avis de l'ABF.** L'architecte des Bâtiments de France ne peut fonder son avis sur l'opportunité de conserver un édifice qui n'est ni classé ni inscrit (CE, 22 janv. 1993, req. n° 135939, *Synd. copr. de l'immeuble sis 12-14, rue de Montauban à Paris*. – CE, 13 oct. 1993, req. n° 131931 et s., *Israël et a.* – CE, 5 nov. 1993, *Assoc. « SOS environnement Var » : Dr. adm.* 1993, 589 ; *JCP* G 1993, IV, n° 2759 ; *Rec. CE*, T, p. 1117).

2683 **Présomption.** L'avis du ministre comme celui de l'architecte des Bâtiments de France était considéré comme favorable s'il n'était pas émis dans les deux mois à compter de la date de transmission. Depuis le décret n° 84-224 du 29 mars 1984, le ministre dispose, dans un cas seulement, d'un délai de trois mois pour donner son avis. Mais le cumul de délai n'est pas accordé en cas de consultation ; le délai unique d'instruction de quatre mois (C. urb., art. L. 430-4) reste donc valable.

2684 **Contrôle normal du juge.** Comme en matière de permis de construire, le Conseil d'État exerce un contrôle normal sur l'avis de l'architecte des Bâtiments de France (CE, 27 janv. 1982, *Mme Deillon-Billuart : Rec. CE*, T, p. 793. – CE, 22 janv. 1986 : *Gaz. Pal.* 1986, 2, somm. 310).

2685 **Zones à risques.** Le décret du 7 février 2005 impose la consultation du préfet si le projet est situé en zones à risques définies à l'article L. 211-12 du Code de l'environnement issu de la loi du 30 juillet 2003 (V. sous C. urb., art. L. 211-1).

§ 2 Dispositions applicables dans les communes où un plan local d'urbanisme a été approuvé

C. urb., art. *R. 430-10-1 ***(D. n° 84-224, 29 mars 1984 ; D. n° 88-199, 29 févr. 1988).*** **— Le service chargé de l'instruction des demandes de permis de démolir procède à cette instruction, au nom de la commune, dans les conditions prévues au paragraphe 1 et au présent paragraphe.**

Le maire adresse, le cas échéant, copie de la lettre visée à l'article R. 430-8 au préfet.

Voir aussi : C. urb., art. R. 421-21, p. 798, en matière de permis de construire.

C. urb., art. *R. 430-10-2 ***(D. n° 84-224, 29 mars 1984 ; D. n° 88-199, 29 févr. 1988).*** **— Lorsque la situation du bâtiment dans l'une des communes visées dans les dispositions mentionnées au a de l'article L. 430-1 rend obligatoire le permis de démolir, le service chargé de l'instruction transmet un exemplaire de la demande au préfet dans les quinze jours suivant sa réception ou celle des pièces complémentaires.**

Le préfet dispose d'un délai de deux mois pour faire connaître son avis. Il agit par délégation du ministre chargé du logement. L'avis est réputé favorable s'il n'a pas été donné dans ce délai.

C. urb., art. *R. 430-10-3 *(D. n° 84-224, 29 mars 1984 ; D. n° 88-199, 29 févr. 1988).* **— Dans les cas prévus au *b* de l'article L. 421-2-2, le service chargé de l'instruction de la demande recueille l'avis conforme du préfet, dans les conditions prévues à l'article R. 421-22.**

Voir aussi : C. urb., art. R. 421-22, p. 798 en matière de permis de construire.

C. urb., art. *R. 430-10-4 *(D. n° 84-224, 29 mars 1984).* **— Dans le cas où la commune a délégué sa compétence à un établissement public de coopération intercommunale, le maire fait connaître son avis au président de cet établissement. Son avis est réputé favorable s'il n'est pas intervenu dans le mois de la réception de la demande. Il doit être dûment motivé s'il est défavorable ou si, favorable, il est assorti d'une demande de prescriptions particulières.**

La demande de permis de démolir est instruite par le président de l'établissement public de coopération intercommunale au lieu et place du maire, dans les conditions prévues aux articles R. 430-10-1 à R. 430-10-3.

Voir aussi : C. urb., art. R. 421-23, p. 799, en matière de permis de construire.

C. urb., art. *R. 430-10-5 *(D. n° 84-224, 29 mars 1984).* **— Lorsque la décision est prise au nom de l'État dans les cas prévus au quatrième alinéa de l'article L. 421-2-1, la demande de permis de démolir est instruite dans les conditions prévues au paragraphe 3 de la présente section.**

Lorsqu'un établissement public de coopération intercommunale est normalement compétent, le président de cet établissement fait connaître son avis au responsable du service de l'État dans le département, chargé de l'urbanisme, dans le mois de la réception de la demande. Cet avis doit être dûment motivé s'il est défavorable ou si, favorable, il est assorti d'une demande de prescriptions particulières. Il est réputé favorable s'il n'est pas intervenu dans le délai prévu ci-dessus.

§ 3 Dispositions applicables dans les communes où un plan local d'urbanisme n'a pas été approuvé

C. urb., art. *R. 430-10-6 *(D. n° 84-224, 29 mars 1984).* **— La demande de permis de démolir est instruite par le service de l'État dans le département, chargé de l'urbanisme, dans les conditions prévues au paragraphe 1 et au présent paragraphe.**

Voir aussi : C. urb., art. R. 421-25, p. 799, en matière de permis de construire.

C. urb., art. *R. 430-10-7 *(D. n° 84-224, 29 mars 1984 ; D. n° 88-199, 29 févr. 1988).* **— Le maire fait connaître son avis au responsable du service de l'État dans le département, chargé de l'urbanisme, qui le communique, s'il est défavorable, au préfet. Cet avis est réputé favorable s'il n'est pas intervenu dans le mois suivant la réception de la demande. Il doit être dûment motivé s'il est défavorable, ou si, favorable, il est assorti d'une demande de prescriptions particulières.**

Voir aussi : C. urb., art. R. 421-26, p. 799, en matière de permis de construire.

C. urb., art. *R. 430-10-8 *(D. n° 84-224, 29 mars 1984 ; D. n° 88-199, 29 févr. 1988).* **— La lettre prévue à l'article R. 430-8 est signée par le préfet. Copie de cette lettre est adressée par même courrier au maire et, le cas échéant, au président de l'établissement public de coopération intercommunale compétent.**

Voir aussi : C. urb., art. R. 421-27, p. 800, en matière de permis de construire.

C. urb., art. *R. 430-11 *(D. n° 74-158, 25 févr. 1974 ; D. n° 77-738, 7 juill. 1977 ; D. n° 84-224, 29 mars 1984 ; D. n° 88-199, 29 févr. 1988).* **— À l'issue de l'instruction, le responsable du service de l'État dans le département, chargé de l'urbanisme, formule un avis et le**

transmet, accompagné d'un projet de décision comportant, le cas échéant, les prescriptions nécessaires, au préfet.

Cet avis est, suivant le cas, un avis favorable sans prescriptions, un avis favorable avec prescriptions, un avis défavorable ou une proposition de sursis à statuer ; dans ces trois derniers cas, l'avis doit être motivé.

2686 **Motivation.** L'obligation de motivation permet au juge d'exercer le contrôle d'une décision défavorable.

Voir aussi : C. urb., art. R. 421-28, p. 800, en matière de permis de construire.

Section III La décision

§ 1 *Dispositions générales*

C. urb., art. *R. 430-12 *(D. n° 77-738, 7 juill. 1977 ; D. n° 80-559, 26 juin 1980 ; D. n° 84-224, 29 mars 1984 ; D. n° 86-984, 19 août 1986).* **— La décision doit être conforme à l'avis du ministre chargé des monuments historiques ou du ministre chargé des sites, ou de leur délégué, lorsque l'immeuble est, selon le cas :**

1° Inscrit sur l'inventaire supplémentaire des monuments historiques ;

2° Situé dans le champ de visibilité d'un édifice classé ou inscrit ;

3° Protégé au titre des articles 4 et 9 de la loi du 2 mai 1930 ;

4° Compris dans un secteur sauvegardé ;

5° ***(5° créé, D. n° 2004-142, 12 févr. 2004, art. 18)*** **Compris dans une zone de protection du patrimoine architectural, urbain ou paysager.**

2687 **Codification.** Les articles 4 et 9 de la loi du 2 mai 1930 sont codifiés respectivement aux articles L. 341-1 et L. 341-7 du Code de l'environnement. Les dispositions sur les ZPPAUP sont codifiées aux articles L. 642-1 et s. du Code du patrimoine.

2688 **Contrôle du juge.** La jurisprudence citée sous l'article R. 430-10 et relative au contrôle du Conseil d'État nous paraît transposable en ce qui concerne l'avis du ministre.

C. urb., art. R. 430-12-1 *(Créé à compter du 1er mai 1999, D. n° 99-78, 5 févr. 1999, art. 11 et 19 (4) ; rempl., D. n° 2004-142, 12 févr. 2004, art. 19).* **— En application** ***(Mots rempl., Ord. n° 2004-178, 20 févr. 2004, art. 3)*** **« de l'article L. 621-31 du Code du patrimoine », le préfet de région est saisi par lettre recommandée avec demande d'avis de réception soit :**

a) **Par le maire ou l'autorité compétente pour délivrer le permis de démolir, dans le délai d'un mois à compter de la réception de l'avis émis par l'architecte des Bâtiments de France ;**

b) **Par le pétitionnaire, dans le délai de deux mois à compter de la notification de la décision de rejet total ou partiel du permis de démolir.**

Lorsqu'ils ne sont pas l'auteur de la saisine, le pétitionnaire, le maire ou l'autorité compétente pour délivrer le permis de démolir doivent se voir notifier par le préfet de région la demande dont il est saisi.

Le préfet de région émet après consultation de la section de la commission régionale du patrimoine et des sites un avis qui se substitue à celui de l'architecte des Bâtiments de France.

L'avis du préfet de région est notifié au maire et à l'autorité compétente pour délivrer le permis, ainsi qu'au pétitionnaire.

Le préfet de région se prononce dans un délai de trois mois à compter de sa saisine, sauf si le dossier a, dans ce délai, été évoqué par le ministre chargé de la culture. Dans ce cas, le permis ne peut être délivré qu'avec l'accord exprès de ce dernier.

Lorsque le maire ou l'autorité compétente pour délivrer le permis de démolir saisit le préfet de région de l'avis de l'architecte des Bâtiments de France dans les conditions

prévues au deuxième alinéa, le délai au terme duquel le permis est réputé accordé faute de notification d'une décision expresse est suspendu jusqu'à la notification à l'autorité compétente de l'avis du préfet de région ou l'expiration du délai de trois mois prévu au septième alinéa du présent article.

Le préfet de région avise le pétitionnaire, par la voie administrative ou par lettre recommandée avec demande d'avis de réception, qu'il est saisi en application du deuxième alinéa du présent article et mentionne que le délai au terme duquel le permis est réputé accordé est suspendu conformément aux dispositions de l'alinéa précédent.

Lorsque le ministre chargé de la culture décide d'évoquer le dossier en application du septième alinéa du présent article, le délai au terme duquel le permis est réputé accordé faute de notification par l'autorité compétente d'une décision expresse est suspendu jusqu'à la notification à l'autorité compétente de l'avis du ministre. La décision d'évoquer le dossier prise par le ministre est notifiée au pétitionnaire, au maire et à l'autorité compétente. La notification adressée au pétitionnaire mentionne que le délai au terme duquel le permis est réputé accordé faute de notification par l'autorité compétente d'une décision expresse est suspendu jusqu'à ce que le ministre se soit prononcé, dans les conditions prévues au présent alinéa.

En cas de recours du pétitionnaire, si le préfet de région, ou le ministre en cas d'évocation, infirme l'avis de l'architecte des Bâtiments de France, le maire ou l'autorité compétente pour délivrer le permis doit statuer à nouveau dans le délai d'un mois suivant la réception du nouvel avis.

Dans la collectivité territoriale de Corse, les attributions conférées par le présent article au préfet de région sont exercées par le préfet de Corse.

Codification. L'article 13 *bis* de la loi du 31 décembre 1913 est codifié à l'article L. 621-31 du Code du patrimoine. 2689

Voir aussi : C. urb., art. R. 421-38-4, p. 815, et le nouveau dispositif d'appel devant le préfet de région.

C. urb., art. *R. 430-13 *(D. n° 77-738, 7 juill. 1977 ; D. n° 84-224, 29 mars 1984 ; D. n° 88-199, 29 févr. 1988 ; D. n° 99-78, 5 févr. 1999, art. 12 et 19 (4)).* — **Lorsque le bâtiment se situe dans une zone de protection du patrimoine architectural** ***(Mots rempl., D. n° 2004-142, 12 févr. 2004, art. 20, I)*** **« , urbain et paysager », la décision doit être conforme à l'avis de l'architecte des bâtiments de France.**

(Trois al. rempl. par onze al., D. n° 2004-142, 12 févr. 2004, art. 20, II) **En application du deuxième alinéa de l'article L. 642-3 du Code du patrimoine, le préfet de région est saisi par lettre recommandée avec demande d'avis de réception soit :**

a) ***(a issu, D. n° 2004-142, 12 févr. 2004, art. 20, II)*** **Par le maire ou l'autorité compétente pour délivrer le permis de démolir, dans un délai d'un mois à compter de la réception de l'avis émis par l'architecte des Bâtiments de France ;**

b) ***(b issu, D. n° 2004-142, 12 févr. 2004, art. 20, II)*** **Par le pétitionnaire, dans le délai de deux mois à compter de la notification de la décision de rejet total ou partiel du permis de démolir.**

(Al. issu, D. n° 2004-142, 12 févr. 2004, art. 20, II) **Lorsqu'ils ne sont pas l'auteur de la saisine, le pétitionnaire, le maire ou l'autorité compétente pour délivrer le permis de démolir reçoivent notification par le préfet de région de la demande dont il est saisi.**

(Al. issu, D. n° 2004-142, 12 févr. 2004, art. 20, II) **Le préfet de région émet après consultation de la section de la commission régionale du patrimoine et des sites un avis qui se substitue à celui de l'architecte des Bâtiments de France.**

(Al. issu, D. n° 2004-142, 12 févr. 2004, art. 20, II) **L'avis du préfet de région est notifié au maire et à l'autorité compétente pour délivrer le permis, ainsi qu'au pétitionnaire.**

(Al. issu, D. n° 2004-142, 12 févr. 2004, art. 20, II) **Le préfet de région se prononce dans un délai de trois mois à compter de sa saisine, sauf si le dossier a, dans ce délai, été évoqué par le ministre chargé de la culture. Dans ce cas, le permis ne peut être délivré qu'avec l'accord exprès de ce dernier.**

(Al. issu, D. n° 2004-142, 12 févr. 2004, art. 20, II) **Lorsque le maire ou l'autorité compétente pour délivrer le permis de démolir saisit le préfet de région de l'avis de l'architecte**

des Bâtiments de France dans les conditions prévues au troisième alinéa, le délai au terme duquel le permis est réputé accordé faute de notification d'une décision expresse est suspendu jusqu'à la notification à l'autorité compétente de l'avis du préfet de région ou l'expiration du délai de trois mois prévu au huitième alinéa du présent article.

(Al. issu, D. n° 2004-142, 12 févr. 2004, art. 20, II) **Le préfet de région avise le pétitionnaire, par la voie administrative ou par lettre recommandée avec demande d'avis de réception, qu'il est saisi en application du troisième alinéa du présent article et mentionne que le délai au terme duquel le permis est réputé accordé est suspendu conformément aux dispositions de l'alinéa précédent.**

(Al. issu, D. n° 2004-142, 12 févr. 2004, art. 20, II) **Lorsque le ministre chargé de la culture décide d'évoquer le dossier en application du huitième alinéa du présent article, le délai au terme duquel le permis est réputé accordé faute de notification par l'autorité compétente d'une décision expresse est suspendu jusqu'à la notification à l'autorité compétente de l'avis du ministre. La décision d'évoquer le dossier prise par le ministre est notifiée au pétitionnaire, au maire et à l'autorité compétente. La notification adressée au pétitionnaire mentionne que le délai au terme duquel le permis est réputé accordé faute de notification par l'autorité compétente d'une décision expresse est suspendu jusqu'à ce que le ministre se soit prononcé, dans les conditions prévues au présent alinéa.**

(Al. issu, D. n° 2004-142, 12 févr. 2004, art. 20, II) **Dans la collectivité territoriale de Corse, les attributions conférées par le présent article au préfet de région sont exercées par le préfet de Corse.**

2690 **Codification.** Les dispositions sur les ZPPAUP sont codifiées aux articles L. 642-1 et s. du Code du patrimoine.

2691 **Contrôle du juge.** La jurisprudence citée sous l'article R. 430-10 et relative au contrôle du Conseil d'État nous paraît transposable dans le cas des ZPPAU.

Voir aussi : Sur ces zones, annotations sous C. urb., art. R. 421-38-6, p. 824. et sur le dispositif d'appel, C. urb., art. R. 421-38-4, p. 815.

C. urb., art. *R. 430-14 ***(Ab., D. n° 86-984, 19 août 1986).***

C. urb., art. *R. 430-15 ***(D. n° 77-738, 7 juill. 1977 ; D. n° 84-224, 29 mars 1984).*** **— L'autorité compétente pour statuer sur la demande se prononce par arrêté. Si la décision comporte rejet total ou partiel de la demande, ou si elle est assortie de prescriptions ou s'il s'agit d'une décision de sursis à statuer, elle doit être motivée.**

§ 2 Dispositions particulières applicables dans les communes où un plan local d'urbanisme a été approuvé

C. urb., art. *R. 430-15-1 ***(D. n° 84-224, 29 mars 1984 ; D. n° 88-199, 29 févr. 1988).*** **— Dans les communes où un** ***(Mots rempl., D. n° 2001-260, 27 mars 2001, art. 3)*** **« plan local d'urbanisme » a été approuvé, la décision est prise par le maire, au nom de la commune, ou par le président de l'établissement public de coopération intercommunale, au nom de cet établissement. Cette décision doit être conforme à l'avis du préfet formulé dans les conditions prévues à l'article R. 430-10-2.**

Toutefois, la décision est prise dans les conditions prévues au paragraphe 3 de la présente section dans les cas mentionnés au quatrième alinéa de l'article L. 421-2-1 du présent code.

2692 **Plan local d'urbanisme annulé.** En vertu du principe selon lequel le transfert de compétence est définitif en matière de permis de construire, le Conseil d'État a jugé qu'il résulte des dispositions combinées du Code de l'urbanisme que le maire est compétent pour délivrer au nom de la commune, sur avis conforme du représentant de l'État, le permis de démolir si le plan d'occupation des sols a été annulé (CE, 28 sept. 1994, req. n° 117804, *Comité de défense des lotissements de Port-Aviation et a. : Juris-Data* n° 1994-049832).

Maire intéressé. S'il advient que le maire soit intéressé à une démolition, il appartient au conseil municipal de désigner un autre de ses membres pour délivrer l'autorisation (CAA Nancy, 1re ch., 14 déc. 1994, *1er Centre hospitalier de Clermont : Juris-Data* n° 1994-052599). 2693

C. urb., art. *R. 430-15-2 *(D. n° 84-224, 29 mars 1984).* **— L'arrêté par lequel le maire ou le président de l'établissement public de coopération intercommunale statue sur la demande de permis de démolir est complété avant notification au demandeur, par une mention certifiant que la décision est transmise dans les conditions prévues à l'article L. 421-2-4 et que, conformément à l'article L. 430-4, elle ne devient exécutoire que quinze jours après qu'il a été procédé à sa notification et à sa transmission.**

Contrôle de légalité. La doctrine administrative fait une interprétation stricte de l'article L. 430-4 et souligne, en raison du caractère irrémédiable que présente l'octroi du permis de démolir, le nécessaire contrôle *a priori* de la légalité par le préfet (Rép. min. : *JOAN* 9 juill. 1984, p. 3234). Pour les mêmes raisons, il est recommandé au préfet d'accompagner le recours devant le juge administratif d'un référé-suspension. 2694

Voir aussi : Sur les conditions générales du contrôle de légalité issues de la loi du 13 août 2004 sur les libertés et les responsabilités locales, comm. sous C. urb., art. L. 421-2-4, p. 339.

C. urb., art. *R. 430-15-3 *(D. n° 84-224, 29 mars 1984 ; D. n° 88-199, 29 févr. 1988).* **— Outre la transmission prévue à l'article L. 421-2-4, copie de la décision est transmise lorsqu'elle est prise au nom de l'établissement public de coopération intercommunale, au maire de la commune.**

En cas d'autorisation tacite, le préfet reçoit, sans délai, le dossier et les pièces d'instruction en l'état.

Voir aussi : C. urb., art. R. 421-35, p. 811, en matière de permis de construire.

§ 3 Dispositions particulières applicables dans les communes où un plan local d'urbanisme n'a pas été approuvé

C. urb., art. *R. 430-15-4 *(D. n° 84-224, 29 mars 1984 ; D. n° 86-984, 19 août 1986 ; D. n° 88-199, 29 févr. 1988).* **— Dans les communes où un** ***(Mots rempl., D. n° 2001-260, 27 mars 2001, art. 3)*** **« plan local d'urbanisme » n'a pas été approuvé, la décision est prise par le préfet, au nom de l'État. Elle doit être conforme à l'avis du ministre chargé des monuments historiques ou du ministre chargé des sites, ou de leur délégué, lorsque l'immeuble est situé dans une zone de protection créée en application des articles 17 et 28 de la loi du 2 mai 1930.**

C. urb., art. *R. 430-15-5 *(D. n° 84-224, 29 mars 1984).* **— Copie de la décision est transmise au maire et, le cas échéant, au président de l'établissement public de coopération intercommunale.**

C. urb., art. *R. 430-15-6 *(D. n° 84-224, 29 mars 1984 ; D. n° 88-199, 29 févr. 1988).* **— Pour l'application du présent titre, le préfet peut déléguer sa signature au responsable du service de l'État dans le département, chargé de l'urbanisme, ou aux subordonnés de celui-ci, sauf si le maire et le responsable du service de l'État dans le département ont émis des avis en sens opposé.**

Voir aussi : C. urb., art. R. 421-42, p. 836, en matière de permis de construire.

C. urb., art. R. 430-15-7 *(D. n° 86-984, 19 août 1986).* **— Le ministre chargé de l'urbanisme peut, soit d'office, soit à la demande d'un autre ministre, évoquer tout dossier et prendre les décisions nécessaires, conjointement avec le ministre intéressé dans les cas visés à l'article R. 430-12.**

Section IV Formalités postérieures à la délivrance du permis de démolir

C. urb., art. *R. 430-16 *(D. n° 76-276, 29 mars 1976 ; D. n° 77-738, 7 juill. 1977).*— **La décision doit être notifiée directement au demandeur par lettre recommandée avec demande d'avis de réception postal. Toutefois, le permis de démolir peut être notifié par pli non recommandé lorsqu'il ne comporte pas de prescriptions.**

La date de la notification est, dans tous les cas, celle du cachet de la poste.

C. urb., art. *R. 430-17 *(D. n° 76-276, 29 mars 1976 ; D. n° 77-738, 7 juill. 1977 ; D. n° 84-224, 29 mars 1984).*— **Après l'expiration du délai de quatre mois valant permis tacite, une attestation certifiant qu'aucune décision négative n'a été notifiée dans ce délai ou indiquant les prescriptions mentionnées dans la décision accordant le permis est délivrée sous quinzaine par l'autorité compétente pour statuer sur la demande à toute personne intéressée au projet, sur simple requête de celle-ci.**

Voir aussi : C. urb., art. R. 421-31, p. 803.

C. urb., art. *R. 430-18 *(D. n° 77-738, 7 juill. 1977 ; D. n° 84-224, 29 mars 1984 ; D. n° 86-984, 19 août 1986 ; D. n° 88-471, 28 avr. 1988 ; D. n° 94-701, 16 août 1994).*— **Mention du permis de démolir doit être affichée sur le terrain de manière visible de l'extérieur, par les soins de son bénéficiaire, dès la notification de la décision d'octroi et pendant toute la durée du chantier.**

Il en est de même, lorsque aucune décision n'a été prise à l'égard de la demande dans le délai imparti, d'une copie de la lettre prévue à l'article R. 430-7-1 ou d'une copie de l'avis de réception postal ou de la décharge de la lettre de mise en demeure prévue à l'article R. 430-8-1 et d'une copie de l'avis de réception ou de la décharge du dépôt de la demande.

En outre, dans les huit jours de la délivrance expresse ou tacite du permis de démolir, un extrait du permis ou une copie de la lettre visée à l'alinéa précédent est publié par voie d'affichage à la mairie pendant deux mois. L'exécution de cette formalité fait l'objet d'une mention au registre chronologique des actes de publication et de notification des arrêtés du maire prévu à l'article R. 122-11 du Code des communes.

L'inobservation de la formalité d'affichage sur le terrain est punie de l'amende prévue pour les contraventions de la cinquième classe.

Un arrêté du ministre chargé de l'urbanisme règle le contenu et les formes de l'affichage et fixe la liste des pièces du dossier dont tout intéressé peut prendre connaissance.

2695 **Codification.** L'ancien article R. 122-11 du Code des communes correspond désormais à l'article R. 2122-7 du Code général des collectivités territoriales.

Voir aussi : Sur les modalités de l'affichage sur le terrain, C. urb., art. A. 430-3, p. 969 ; annotations sous C. urb., art. R. 421-39, p. 831.

C. urb., art. *R. 430-19 *(D. n° 77-738, 7 juill. 1977 ; D. n° 84-224, 29 mars 1984 ; D. n° 88-199, 29 févr. 1988).*— **Lorsque la décision est prise par le préfet au nom de l'État, tout recours hiérarchique dirigé contre cette décision doit être adressé au ministre chargé de l'urbanisme, qui statue, avec les autres ministres éventuellement compétents, par arrêté conjoint.**

C. urb., art. *R. 430-20 *(D. n° 77-738, 7 juill. 1977 ; D. n° 84-224, 29 mars 1984).*— **Le permis de démolir est périmé si la démolition n'est pas entreprise dans le délai de cinq ans à compter de la notification visée à l'article R. 430-16 ou de la délivrance tacite du permis de démolir. Il en est de même si les travaux sont interrompus pendant un délai supérieur à cinq années.**

Le délai de validité du permis de démolir est suspendu, le cas échéant, pendant la durée du sursis à exécution de la décision portant octroi dudit permis ainsi que, en cas

d'annulation du permis de démolir prononcée par jugement du tribunal administratif frappé d'appel, jusqu'à la décision rendue par le Conseil d'État.

Adaptation. La référence au référé-suspension devrait se substituer à celle de sursis à exécution. 2696

C. urb., art. R. 430-21 à R. 430-25 ***(Ab., D. n° 84-224, 29 mars 1984).***

Section V Dispositions particulières aux immeubles menaçant ruine et aux immeubles insalubres

C. urb., art. *R. 430-26 ***(D. n° 77-738, 7 juill. 1977 ; D. n° 84-224, 29 mars 1984).*** **— Lorsqu'un immeuble menaçant ruine est inscrit sur l'inventaire supplémentaire des monuments historiques, est situé dans le champ de visibilité d'un édifice classé ou inscrit ou est protégé au titre des articles 4, 9, 17 et 28 de la loi du 2 mai 1930, sa réparation ou sa démolition ne peut être ordonnée par le maire conformément aux articles L. 511-1 et L. 511-2 du Code de la construction et de l'habitation qu'après avis de l'architecte des Bâtiments de France. Cet avis est réputé délivré en l'absence de réponse dans le délai de huit jours. Il en va de même lorsque l'immeuble menaçant ruine se situe dans une zone de protection créée conformément** ***(Mots rempl., Ord. n° 2004-178, 20 févr. 2004, art. 3)*** **« aux articles L. 642-1 et L. 642-2 du Code du patrimoine ».**

L'architecte des Bâtiments de France est invité à assister à l'expertise prévue à l'article L. 511-2 du Code de la construction et de l'habitation.

Si l'immeuble entre dans l'une des catégories mentionnées au premier alinéa ci-dessus après l'ouverture de la procédure administrative de péril, l'architecte des Bâtiments de France est informé par le maire de l'état de cette procédure et est invité à assister à l'expertise si celle-ci n'a pas encore eu lieu.

En cas de péril imminent donnant lieu à application de la procédure prévue à l'article L. 511-3 du Code de la construction et de l'habitation, le maire en informe l'architecte des Bâtiments de France en même temps qu'il adresse l'avertissement au propriétaire.

Codification. La loi du 2 mai 1930 est codifiée aux articles L. 341-1 et s. du Code de l'environnement, reproduits sous l'article L. 630-1 du Code du patrimoine. 2697

ZPPAU. Les articles L. 642-1 et L. 642-2 du Code du patrimoine concernent les ZPPAU. 2698

Avis de l'ABF. Cet article vise à concilier l'impératif de sécurité résultant de la menace de ruine et l'impératif d'esthétique urbaine résultant de la protection des monuments historiques ou des sites. Dans ce but, la procédure de péril nécessite l'intervention, fût-elle consultative, de l'architecte des Bâtiments de France. Cette solution était déjà admise, de façon prétorienne, sous l'empire des textes antérieurs, imprécis sur ce point (CE, sect., 31 déc. 1976, *SCI la Clairvoyance : AJDA* 1977, p. 503, concl. Gentot). L'avis de l'architecte des Bâtiments de France est un avis simple. 2699

C. urb., art. *R. 430-27 ***(D. n° 77-738, 7 juill. 1977 ; D. n° 84-224, 29 mars 1984 ; D. n° 88-199, 29 févr. 1988).*** **— Lorsqu'un immeuble insalubre est inscrit sur l'inventaire supplémentaire des monuments historiques, est situé dans le champ de visibilité d'un édifice classé ou inscrit ou est protégé au titre des articles 4, 9, 17 et 28 de la loi du 2 mai 1930, sa démolition ne peut être ordonnée par le préfet en application de l'article L. 28 du Code de la santé publique qu'après avis de l'architecte des Bâtiments de France. Cet avis est réputé délivré en l'absence de réponse dans le délai de quinze jours.**

Il en va de même lorsque l'immeuble insalubre se situe dans une zone de protection créée conformément ***(Mots rempl., Ord. n° 2004-178, 20 févr. 2004, art. 3)*** **« aux articles L. 642-1 et L. 642-2 du Code du patrimoine ».**

2700 **Codification.** Pour les articles de la loi du 2 mai 1930 : voir les articles L. 341-1 et suivants du Code de l'environnement également reproduits sous l'article L. 630-1 du Code du patrimoine.
L'article L. 28 du Code de la santé publique est devenu l'article L. 1331-1 du même code.
Les articles L. 642-1 et s. du Code du patrimoine concernent les ZPPAUP.

TITRE IV
DISPOSITIONS RELATIVES AUX MODES PARTICULIERS D'UTILISATION DU SOL

Chapitre I
Clôtures

2701 **Régime de la déclaration.** Par application de la loi du 6 janvier 1986, les clôtures – soumises dans certaines communes à autorisation préalable depuis la loi du 31 décembre 1976 – relèvent désormais d'une procédure de déclaration préalable.
Par mesure de simplification, aucune procédure de déclaration de clôture n'est prévue par le présent chapitre, qui renvoie aux articles R. 422-4 et suivants (C. urb., art. R. 441-3).

C. urb., art. R. 441-1 *(D. n° 77-759, 7 juill. 1977 ; D. n° 84-226, 29 mars 1984 ; D. n° 88-199, 29 févr. 1988).***— Les dispositions du présent chapitre sont applicables dans les communes ou parties de communes énumérées à l'article L. 441-1.**

La liste des communes prévue au *d* de l'article L. 441-1 est établie par arrêté du préfet, pris sur proposition du responsable du service de l'État dans le département, chargé de l'urbanisme, après avis du maire de chaque commune intéressée. Cet arrêté est publié au *Recueil des actes administratifs du département* et mention en est faite en caractères apparents dans deux journaux régionaux ou locaux diffusés dans tout le département. Les effets juridiques attachés à cet arrêté ont pour point de départ l'exécution de ces mesures de publicité.

L'arrêté visé à l'alinéa ci-dessus est tenu à la disposition du public dans les locaux de la préfecture, de la direction départementale de l'équipement et de la mairie des communes intéressées. Il est en outre affiché pendant une durée de deux mois, au moins, à la mairie de chaque commune intéressée.

2702 **Liste des communes.** Pour l'établissement de la liste des communes (C. urb., art. L. 441-1), le préfet peut, s'il l'estime utile, demander que le maire se prononce avant une date qu'il lui appartient de déterminer, soit environ deux à trois mois. À l'expiration de ce délai, le silence du maire vaut avis défavorable. Le préfet a cependant la possibilité de passer outre à cet avis. Le maire peut aussi demander que sa commune soit inscrite sur la liste. La liste des communes est annexée à l'arrêté du préfet.

2703 **Application.** Le régime d'autorisation est applicable à dater de l'exécution de la dernière des mesures de publicité prévues au deuxième alinéa du présent article.

C. urb., art. *R. 441-2 *(D. n° 77-759, 7 juill. 1977 ; D. n° 86-514, 14 mars 1986).***— L'application des dispositions du présent chapitre ne dispense pas le propriétaire ou l'exploitant intéressé de réaliser avant l'expiration du délai prévu à l'article L. 422-2, les clôtures exigées par mesure de police générale ou spéciale.**

2704 **Clôtures temporaires.** Les clôtures plus ou moins sommaires et de caractère temporaire, réalisées sur les chantiers, pour répondre à des impératifs de sécurité, n'ont pas à faire l'objet d'une déclaration. Ces clôtures, appelées à disparaître avec la fermeture définitive du chantier, devront être démontées et enlevées lors de l'achèvement des constructions ou des ouvrages pour la réalisation desquels leur présence autour du chantier s'était avérée indispensable (Circ. n° 78-112, 21 août 1978).

Domaine public. Une autorisation domaniale est, en revanche, nécessaire en cas d'empiétement de la palissade du chantier sur le domaine public. 2705

C. urb., art. *R. 441-3 *(D. n° 77-759, 7 juill. 1977 ; D. n° 86-514, 14 mars 1986).* **— La déclaration de clôture est présentée dans les conditions prévues aux alinéas 1, 2 et 5 de l'article R. 422-3.**

Le dossier joint à la déclaration comprend un plan de situation du terrain, un plan sommaire des lieux comportant l'implantation de la clôture projetée, un croquis de la clôture faisant apparaître sa dimension et la nature des matériaux à utiliser.

Les dispositions des articles R. 422-4 à R. 422-11 sont applicables à la déclaration de clôture.

Clôtures électriques. Le droit de se clore ne pouvant être mis en œuvre qu'en respectant les règlements administratifs prescrivant les modalités d'une clôture sur une voie publique (Cass. ch. réunies, 20 juin 1864 : *S.* 1864, 1, p. 428), les formalités nécessaires à l'installation des clôtures électriques le long des voies publiques ou des voies privées ouvertes à la circulation ont été définies par les circulaires des 30 novembre 1948 et 7 avril 1965 (Rép. min. : *JOAN* 16 déc. 1966, p. 5630. – 22 oct. 1990, p. 4971 : *JCP* 1991, Prat. 1832-4). 2706

Alignement. La légalité de l'alignement imposé par une autorisation de clôture peut être discutée distinctement, l'autorisation ne formant pas un acte indivisible (CE, 28 avr. 1989, *Jouvenel : Rec. CE*, T, p. 1009 ; *DA* 1989, n° 372). 2707

C. urb., art. R. 441-4 *(Ab., D. n° 86-514, 14 mars 1986).*

C. urb., art. R. 441-5 à R. 441-6-13 *(Les dispositions de ces articles ont été transférées sous les articles, R. 442-4-2 et R. 442-4-4 à R. 442-4-17, D. n° 86-514, 14 mars 1986).*

C. urb., art. R. 441-7 *(Ab., D. n° 86-514, 14 mars 1986).*

C. urb., art. R. 441-7-1 à R. 441-7-5 *(Ab., D. n° 87-885, 30 oct. 1987).*

C. urb., art. R. 441-7-6 *(Ab., D. n° 86-514, 14 mars 1986).*

C. urb., art. *R. 441-8 *(Ab., D. n° 84-226, 29 mars 1984).*

C. urb., art. R. 441-9 *(Ab., D. n° 86-514, 14 mars 1986).*

C. urb., art. *R. 441-9-1 et *R. 441-10 *(Ab., D. n° 84-226, 29 mars 1984).*

C. urb., art. *R. 441-11 *(D. n° 77-759, 7 juill. 1977 ; D. n° 84-226, 29 mars 1984 ; D. n° 86-514, 14 mars 1986).* **— Lorsque la clôture est destinée à entourer soit une construction ou des travaux pour lesquels un permis de construire est sollicité, soit un terrain de camping et de caravanage dont l'aménagement est subordonné à autorisation, soit un terrain sur lequel le stationnement d'une caravane pendant plus de trois mois est soumis à autorisation, soit une installation ou des travaux pour lesquels une autorisation est sollicitée en application de l'article R. 442-2 du présent code, la demande d'autorisation présentée en application, selon le cas, de l'article R. 421-1, de l'article L. 443-1, ou de l'article L. 442-1, tient lieu de la déclaration prévue à l'article L. 441-2, à condition d'être complétée conformément à l'article R. 441-3.**

L'autorisation accordée au titre de l'une des législations mentionnées à l'alinéa précédent vaut alors absence d'opposition de l'autorité compétente sur la clôture projetée.

2708 **Régime unique.** Dispositions tendant à éviter deux procédures distinctes d'autorisation et prévoyant en conséquence des cas d'autorisation de substitution dans lesquels l'ouvrage principal comporte avec lui l'ouvrage accessoire qui est la clôture qui l'entoure. Mais dans tous les cas, le dossier de demande et les pièces jointes doivent naturellement comporter la clôture envisagée.

2709 **Permis de construire.** Ce permis tient lieu de l'autorisation de clôture. Accordée de la sorte, cette dernière ne semble pas être soumise au régime de péremption prévu à l'article R. 421-32 qui ne concerne donc que la construction elle-même. Si les dispositions de l'article R. 441-11 précisent que lorsqu'une clôture est destinée à entourer un ouvrage lui-même soumis à autorisation de construire, le PC tient lieu, dans certaines conditions de la déclaration préalable mentionnée à l'article L. 441-2 et elle ne fait pas alors obligation au pétitionnaire de déposer une demande d'autorisation portant à la fois sur la réalisation de l'ouvrage et sur celle de la clôture (CAA Nantes, 2 déc. 2003, req. n° 02NT00664, P. Bazin-Laziou).

2710 **Autorisations des terrains de camping et de caravanage.** Dans ce cas, l'autorisation de clore est absorbée par l'autorisation d'ouverture. Il en est de même dans le cas d'une autorisation de stationnement de caravanes pendant plus de trois mois.

2711 **Autorisations d'installations ou de travaux divers.** Soulignons, à leur égard, que suivant le dernier alinéa de l'article R. 442-11, ces autorisations, lorsqu'elles sont accordées à l'occasion d'une demande de permis de construire, ne sont alors pas soumises au régime de la péremption de l'article R. 421-32 qui ne concerne donc que la construction elle-même.

2712 **Autorisations d'installations classées.** Depuis le décret du 29 mars 1984, entré en vigueur le 1er avril 1984, elle ne tient plus lieu d'autorisation d'édifier une clôture. Précédemment, l'autorisation d'installation classée en tenait lieu (mais non la simple *déclaration* d'installation classée).

C. urb., art. *R. 441-12 et R. 441-13 *(Ab., D. n° 87-885, 30 oct. 1987).*

Chapitre II

Installations et travaux divers

2713 **Mise en œuvre.** Les conditions de la mise en œuvre des nouvelles dispositions réformant l'autorisation préalable pour la réalisation de certaines installations et de certains ouvrages ont été diffusées par la circulaire n° 78-112 du 21 août 1978, à laquelle est annexé un manuel d'instructions. Ce document reste valable à l'exception des aspects procéduraux, bouleversés en conséquence de la décentralisation de l'urbanisme (annotations précédant l'article R. 442-44) puis aménagés par le décret n° 86-514 du 14 mars 1986 (Lettre-circulaire 25 juill. 1986 : *JCP* N 1986, Prat. 9891).

2714 **Publicité.** Le décret n° 88-471 du 28 avril 1988 a aligné les modalités de publicité de l'autorisation d'installations et travaux divers sur celles du permis de construire et le décret n° 94-701 du 16 août 1994 a précisé les conditions de l'affichage en mairie.

Voir aussi : C. urb., art. R. 442-8, p. 875.

Section I Champ d'application de la réglementation

C. urb., art. **R. 442-1 *(D. n° 77-759, 7 juill. 1977 ; D. n° 80-694, 4 sept. 1980 ; D. n° 84-226, 29 mars 1984 ; D. n° 88-199, 29 févr. 1988).* — Les dispositions du présent chapitre sont applicables dans les communes, ensembles de communes ou parties de communes ci-après énumérés :

***a)* Dans les communes, ensembles de communes ou parties de communes dotés d'un *(Mots rempl., D. n° 2001-260, 27 mars 2001, art. 3)* « plan local d'urbanisme » rendu public ou approuvé ;**

***b)* Dans les zones d'environnement protégé, sauf s'il en est disposé autrement par l'acte instituant la zone ;**

***c)* Dans les communes figurant sur une liste dressée à cet effet par arrêté du préfet pris sur proposition du responsable du service de l'État dans le département, chargé de l'urbanisme et après avis du maire de chaque commune intéressée.**

La liste établie en application du *c* ci-dessus fait l'objet des mesures de publicité et d'information du public mentionnées aux deuxième et troisième alinéas de l'article R. 441-1.

Toutefois, pour ce qui concerne le garage collectif des caravanes, ces dispositions sont applicables sur tout le territoire national. *(Phrase aj., D. n° 2002-89, 16 janv. 2002, art. 53, VII)* « Il en va de même pour les travaux soumis à déclaration préalable en application de l'article R. 442-3-1. »

Plans d'occupation des sols. L'autorisation d'installations et de travaux divers n'est plus exigible après l'annulation du plan d'occupation des sols (TA Lyon, 27 janv. 1993, *Vincent : Petites affiches,* 11 août 1994). 2715

Zones d'environnement protégé. Ces zones ont dû être remplacées par des POS faute de quoi elles ont cessé de produire leurs effets. 2716

Voir aussi : C. urb., art. L. 143-1, p. 102.

Listes établies par les préfets. Les critères de l'inscription des communes sur la liste dressée par arrêté tiennent dans la nécessité de surveiller la réalisation d'installations et de travaux divers en les soumettant à autorisation lorsque, par leur fréquence, leur importance ou leur accumulation, ils ont un effet sensible sur l'environnement et le paysage urbain ou rural. Ils tiennent aussi dans la qualité intrinsèque des paysages locaux sur lesquels il convient de veiller plus ou moins strictement selon les cas. Ils tiennent enfin dans la nécessité de renforcer les pouvoirs de police des maires dans des affaires qui se réglementent difficilement. 2717

Rôle du préfet. Le préfet peut, s'il l'estime utile, demander que le maire se prononce à l'égard de l'inscription de sa commune sur la liste, dans un délai qu'il lui appartient de déterminer, de deux à trois mois environ. À l'expiration de ce délai, le silence du maire vaut avis défavorable. Le préfet a cependant la possibilité de passer outre à cet avis. Le maire peut aussi demander que sa commune soit inscrite sur la liste. 2718

Effet de l'inscription. L'inscription d'une commune sur la liste dressée par arrêté permet d'opposer un sursis à statuer à une demande d'autorisation déposée sur le territoire pour lequel un POS a été prescrit, mais non encore rendu public. Cet effet particulier peut être un critère d'inscription. 2719

Périmètres sensibles et espaces naturels sensibles des départements. À la différence de la déclaration préalable de clôture (C. urb., art. L. 441-1), les communes incluses dans un périmètre sensible ou dans un espace naturel sensible des départements ne sont pas soumises d'office à l'autorisation d'installations et de travaux divers. Rien ne s'oppose cependant à l'unification du champ d'application des deux autorisations par l'inscription de ces communes sur la liste dressée par arrêté. 2720

Garages collectifs des caravanes. À noter l'extension du champ d'application de la réglementation à tout le territoire national lorsqu'il s'agit du garage collectif des caravanes (Dern. al. ajouté D. n° 80-694, 4 sept. 1980). 2721

Voir aussi : C. urb., art. R. 443-13, p. 890.

C. urb., art. **R. 442-2 *(D. n° 77-759, 7 juill. 1977 ; D. n° 80-694, 4 sept. 1980 ; D. n° 84-226, 29 mars 1984 ; D. n° 2004-310, 29 mars 2004).* **— Dans les communes ou parties de communes mentionnées à l'article R. 442-1 ainsi que, pour les garages collectifs de caravanes, sur l'ensemble du territoire, est subordonnée à l'obtention d'une autorisation**

préalable la réalisation d'installations ou de travaux dans les cas ci-après énumérés lorsque l'occupation ou l'utilisation du terrain doit se poursuivre durant plus de trois mois :

***a)* Les parcs d'attractions et les aires de jeux et de sports, dès lors qu'ils sont ouverts au public ;**

***b)* Les aires de stationnement ouvertes au public et les dépôts de véhicules lorsqu'ils sont susceptibles de contenir au moins dix unités et qu'ils ne sont pas soumis à autorisation au titre de l'article R. 443-4 ou de l'article R. 443-7 ainsi que des garages collectifs de caravanes dans les conditions prévues au dernier alinéa de l'article R. 442-1 ;**

***c)* Les affouillements et exhaussements du sol, à la condition que leur superficie soit supérieure à 100 mètres carrés et que leur hauteur, s'il s'agit d'un exhaussement, ou leur profondeur dans le cas d'un affouillement, excède deux mètres.**

***d)* *(d créé, D. n° 2004-310, 29 mars 2004, art. 5)* Les aménagements mentionnés aux *a, b, c* et *d* de l'article R. 146-2 lorsqu'ils sont situés dans des espaces remarquables ou milieux du littoral qui sont identifiés dans un document d'urbanisme comme devant être préservés en application de l'article L. 146-6.**

2722 **Parcs d'attractions, aires de jeux et de sports ouverts au public.** Il s'agit notamment de parcs publics, de foires et d'installations foraines établis pour une durée supérieure à trois mois, d'hippodromes, de terrains de plein air, de stands de tir, de pistes cyclistes, de pistes de planches à roulettes, de circuits automobiles, de pistes de karting, de golfs, etc., pour autant que ces opérations ne comportent pas de constructions ou d'ouvrages soumis à permis de construire (rappr. C. urb., art. R. 442-11). C'est notamment le cas lorsque les installations sont mobiles et légères et donc susceptibles d'être déplacées. L'autorisation n'est nécessaire pour les aires de jeux et de sports que dans le cas où elles exigent la réalisation d'un minimum de travaux d'aménagement ou d'équipement. Cette autorisation ne dispensera pas pour autant le pétitionnaire de la demande d'approbation technique prévue par la loi du 16 décembre 1941 relative à l'approbation des projets d'équipements sportifs et les textes pris pour son application.

2723 **Base de plein air et de loisirs.** Elle est définie comme « un complexe qui offre à ses usagers les possibilités d'expression les plus variées, permettant la détente et la pratique d'activités sportives, culturelles, de plein air et de loisirs, individuellement, en groupes ou en famille, dans un cadre naturel préservé du bruit et proche de la population à desservir » (Circ. secr. d'État à la jeunesse et aux sports, 22 mai 1970 et 21 mars 1975) – peut faire partie des installations et travaux divers en tant qu'aires de jeux et de sports et pour autant qu'une telle opération ne comporte pas de constructions ou d'ouvrages soumis à permis de construire (rappr. C. urb., art. R. 442-11).

2724 **Nature de l'accueil.** Aires de stationnement ouvertes au public, dépôts de véhicules, susceptibles de contenir au moins dix unités et garages collectifs de caravanes. Il s'agit des parcs de stationnement publics ou privés, des dépôts de véhicules neufs, d'occasion ou hors d'usage, près d'un garage en vue de leur réparation ou de leur vente, des aires de stockage des véhicules pour autant qu'elles ne sont pas soumises au régime des installations classées pour la protection de l'environnement, des aires d'exposition ou de vente de caravanes, des aires de garage de bateaux, des garages collectifs de caravanes, etc. Ces ouvrages peuvent impliquer des travaux de voirie d'accès ou des aménagements de la surface du sol.

L'élément à prendre en compte pour soumettre ou non ces aires et dépôts à autorisation n'est pas le nombre de véhicules à un moment donné, mais la capacité d'accueillir au moins dix unités après aménagement, même sommaire (accès, terrassements...).

2725 **Travaux sur le terrain.** Affouillements et exhaussements du sol à condition que leur superficie excède cent mètres carrés et que leur profondeur ou leur hauteur dépasse deux mètres. Les conditions de superficie, de hauteur ou de profondeur mentionnées au texte sont cumulatives ; autrement dit, il suffit que l'une de ces conditions ne soit pas remplie pour que les travaux projetés soient dispensés de l'autorisation (Rép. min. : *JO Sénat* 16 sept. 1993, p. 1646).

2726 **Promenades pédestres et cyclables.** Les travaux de réfection de chemins ruraux et d'une ancienne voie de chemin de fer pour l'aménagement de promenades pédestres et cyclables ne relèvent ni des aires de jeux ou de sports visées au *a)* de l'article R. 442-2, ni des affouillements ou exhaussements visés au *c)* de cet article (CAA Nantes, 23 avr. 2002, req. n° 00NT00187, *Association urbanisme ou environnement : BJDU* n° 4/2002, p. 320).

Plans d'eau. Il peut s'agir notamment d'un bassin, d'un étang ou d'un réservoir creusé sans mur de soutènement, d'un travail de remblaiement de lagunes ainsi que des travaux de remblai ou de déblai nécessaires à la réalisation d'une voie privée (Circ. n° 78-112, 21 août 1978). 2727

Digue. Une digue sur un étang est assimilable à l'exhaussement prévu au *c* du présent article (Rép. min. : *JOAN* 27 nov. 1995, p. 5056). Et une cour d'appel qui a constaté que les remblais « dépassaient grandement » les limites fixées a légalement justifié sa décision en prononçant une interdiction générale, sans distinction de superficie et de hauteur (Cass. 1re civ., 14 mai 1991, *Époux Baudet c/ Cne de Trégueux : JCP* N 1992, II, 36). 2728

Destruction d'un élément de paysage. Voir, en outre, l'article L. 442-2 du présent code ajouté par la loi n° 93-24 du 8 janvier 1993 sur la protection et la mise en valeur des paysages et qui vise le cas particulier de destruction d'un élément de paysage identifié par un plan d'occupation des sols. 2729

Étude d'impact. Les projets d'installations et travaux divers – auxquels la procédure d'autorisation n'est de toute façon applicable que si l'occupation du sol se poursuit pendant plus de trois mois – sont dispensés d'études d'impact, en vertu des dispositions du décret n° 77-1141 du 12 octobre 1977 (annexe II, 8°) pris pour l'application de l'article 2 de la loi n° 76-629 du 10 juillet 1976 relative à la protection de la nature, sauf en ce qui concerne les terrains de golf, bases de plein air et de loisirs et terrains aménagés pour la pratique de sports ou loisirs motorisés répondant à certaines caractéristiques de coût et de surface. 2730

Droits acquis. Si l'installation non étendue depuis lors est antérieure au décret du 7 juillet 1977 (Cass. crim., 7 juin 1988 : *Bull. crim.*, n° 262, p. 698). 2731

C. urb., art. **R. 442-3 *(D. n° 77-759, 7 juill. 1977 ; D. n° 84-226, 29 mars 1984)*. — L'autorisation prévue à l'article L. 442-1 n'est pas exigée dans le cas où les installations ou travaux mentionnés à l'article R. 442-2 sont soumis à autorisation ou à déclaration en application :

De la loi du 15 juillet 1975 relative à l'élimination des déchets et à la récupération des matériaux ;

De la loi du 19 juillet 1976 relative aux installations classées pour la protection de l'environnement ;

Du Code minier ;

Du décret n° 63-1228 du 11 décembre 1963 relatif aux installations nucléaires ;

Des articles L. 421-1, R. 443-4, R. 443-7 du présent code.

L'autorisation prévue à l'article L. 442-1 n'est pas non plus exigée dans le cas où les installations ou travaux mentionnés à l'article R. 442-2 sont exécutés sur le domaine public et font l'objet d'un permis de stationnement ou d'une procédure d'autorisation d'occupation de ce domaine.

C. urb., art. R. 442-3-1 *(Créé, D. n° 2002-89, 16 janv. 2002, art. 53-VIII)*. — Sont soumis à déclaration préalable auprès du préfet de région les travaux énumérés ci-après lorsqu'ils ne sont pas soumis à autorisation ou déclaration en application d'une autre disposition du présent code :

***a)* Les travaux d'affouillement, de nivellement ou d'exhaussement de sol liés à des opérations d'aménagement d'une superficie supérieure à 10 000 m² et affectant le sol sur une profondeur de plus de 0,50 mètre ;**

***b)* Les travaux de préparation du sol ou de plantation d'arbres ou de vignes, affectant le sol sur une profondeur de plus de 0,50 mètre et sur une surface de plus de 10 000 m² ;**

***c)* Les travaux d'arrachage ou de destruction de souches ou de vignes sur une surface de plus de 10 000 m² ;**

d) **Les travaux de création de retenues d'eau ou de canaux d'irrigation d'une profondeur supérieure à 0,5 mètre et portant sur une surface de plus de 10 000 m².**

Lorsque la présomption de la présence de vestiges en sous-sol le justifie, les seuils de 10 000 m² et de 0,50 mètre peuvent être réduits par arrêté du préfet de région dans tout ou partie des zones délimitées en application du 1° de l'article 1er du décret n° 2002-89 du 16 janvier 2002 pris pour l'application *(Mots rempl. à compter du 1er août 2004, D. n° 2004-490, 3 juin 2004, art. 111, IV et 122)* « [de] l'article 5 du décret n° 2004-490 du 3 juin 2004 relatif aux procédures administratives et financières en matière d'archéologie préventive ».

Le dossier de déclaration est présenté par le propriétaire du terrain et, s'il n'assure pas lui-même la réalisation des travaux, par la personne chargée de celle-ci. Il doit comporter un plan parcellaire et les références cadastrales *(Mots aj. à compter du 1er août 2004, D. n° 2004-490, 3 juin 2004, art. 111, VIII et 122)* « la ou les surfaces intéressées », le descriptif des travaux *(Mots aj. à compter du 1er août 2004, D. n° 2004-490, 3 juin 2004, art. 111, VIII et 122)* « , leur destination » et leur emplacement sur le terrain d'assiette de l'opération, ainsi qu'une notice précisant les modalités techniques envisagées pour leur exécution.

Le préfet de région peut prendre les mesures prévues par le *(Mots rempl. à compter du 1er août 2004, D. n° 2004-490, 3 juin 2004, art. 111, V et 122)* « décret n° 2004-490 du 3 juin 2004 précité ».

2732 **Régime unique.** Le présent article évite de soumettre une même activité à deux procédures cumulatives d'autorisation.

2733 **Loi du 15 juillet 1975.** Exemple : Affouillement du sol en vue de l'élimination des déchets ; constitution d'une décharge de matériaux stériles ; dépôts de véhicules isolés abandonnés.

2734 **Loi du 19 juillet 1976.** Exemple : Dépôt de vieux véhicules, désormais soumis à autorisation conformément au décret n° 73-438 du 27 mars 1973 pris pour l'application de l'article 5 de la loi du 19 décembre 1917 modifiée relative aux établissements dangereux, insalubres ou incommodes ; constitution d'une décharge de matériaux nuisants.

2735 **Nature de travaux autorisés.** Les travaux autorisés par le maire consistent à accueillir sur un site de 33 hectares, jusqu'à la réalisation d'une butte de 15 mètres de hauteur devant faire ensuite l'objet d'un aménagement paysager, des dépôts de gravats provenant principalement des chantiers de construction ou de démolition de la région parisienne. En admettant même que les matériaux en cause puissent être regardés comme des déchets au sens de l'article 1 de la loi du 15 juillet 1975, il est constant que les décharges de matériaux de cette nature ne font l'objet d'aucune rubrique de la nomenclature des installations classées prévue par l'article 2 de la loi du 19 juillet 1976 et ne peuvent être assimilées aux exploitations visées à la rubrique 268 *bis*, nonobstant la référence aux dépôts de gravats que celle-ci comporte. Ces travaux n'étaient donc pas soumis à autorisation préfectorale en application de la loi du 19 juillet 1976 et le maire était compétent pour se prononcer sur la demande d'autorisation en application des articles R. 442-2 et R. 442-3 du Code de l'urbanisme (CAA Paris, 17 déc. 1996, *Sté Remblai paysager : DA* 1997, 79).

2736 **Décret n° 63-1228 du 11 décembre 1963.** Il s'agit essentiellement des travaux préalables de terrassement liés à l'implantation d'installations nucléaires de base qui peuvent être entrepris par le maître d'ouvrage de l'installation, dès qu'il a obtenu l'autorisation prévue à l'article 3 dudit décret.

Voir aussi : Annotations sous C. urb., art. R. 442-11, p. 876.

Section II Présentation, dépôt et transmission de la demande

C. urb., art. *R. 442-4 *(D. n° 77-759, 7 juill. 1977 ; D. n° 84-226, 29 mars 1984).* — La demande d'autorisation des installations et travaux divers est présentée par le propriétaire du terrain, par son mandataire, par une personne justifiant d'un titre l'habilitant à

exécuter lesdits installations ou travaux, ou par une personne ayant qualité pour bénéficier de l'expropriation du terrain pour cause d'utilité publique.

Voir aussi : C. urb., art. R. 421-1-1, p. 759, en matière de permis de construire.

C. urb., art. *R. 442-4-1 *(D. n° 2004-310, 29 mars 2004 ; D. n° 84-226, 29 mars 1984 ; D. n° 86-514, 14 mars 1986).* **— La demande d'autorisation de réaliser des installations et travaux divers et le dossier qui l'accompagne sont établis en quatre exemplaires.**

La demande précise l'identité et l'adresse du demandeur et, le cas échéant, celles du propriétaire, l'emplacement du terrain et sa superficie, la nature et les dimensions ainsi que l'utilisation qui en est prévue.

Le dossier joint à la demande est constitué par :

***a)* Un plan de situation, ainsi qu'un plan sommaire des lieux comportant l'implantation de l'installation projetée et l'indication des bâtiments de toute nature existant sur le terrain ;**

***b)* Un croquis coté et un plan coté de l'installation projetée.**

Lorsque les installations ou travaux projetés nécessitent la coupe ou l'abattage d'arbres dans les bois, forêts ou parcs soumis aux dispositions de l'article L. 130-1 du présent code ou des articles L. 311-1 et L. 312-1 du Code forestier, l'autorisation de coupe ou d'abattage et, le cas échéant, l'autorisation de défrichement sont jointes à la demande.

***(Al. créé, D. n° 2004-310, 29 mars 2004, art. 6)* Lorsque les installations ou travaux projetés sont ouverts au public, la demande comporte une notice particulière sur les mesures à mettre en place afin de permettre l'accessibilité à tous.**

***(Al. créé, D. n° 2004-310, 29 mars 2004, art. 6)* Lorsque l'opération consiste en la réalisation d'une aire de stationnement mentionnée au *b* de l'article R. 146-2, le dossier comporte en outre une notice exposant l'état actuel de la fréquentation automobile et des stationnements, les raisons pour lesquelles l'aire de stationnement ne peut pas être implantée en un autre lieu ainsi que les mesures prévues pour limiter la fréquentation automobile dans le site, assurer l'insertion paysagère de l'aire et la protection des milieux.**

C. urb., art. R. 442-4-2 *(D. n° 77-759, 7 juill. 1977 ; D. n° 84-226, 29 mars 1984 ; D. n° 86-514, 14 mars 1986 ; D. n° 88-199, 29 févr. 1988).* **— Tous les exemplaires de la demande et du dossier d'autorisation d'installations et travaux divers sont adressés, par pli recommandé avec demande d'avis de réception postal, au maire de la commune dans laquelle la clôture est envisagée, ou déposés contre décharge à la mairie.**

Le maire affecte un numéro d'enregistrement à la demande dans des conditions prévues par arrêté du ministre chargé de l'urbanisme.

Les exemplaires de la demande et du dossier d'autorisation d'installations et travaux divers font l'objet des transmissions prévues à l'article L. 421-2-3. Toutefois, dans le cas prévu au 1° dudit article, seul le formulaire de demande est transmis au préfet *(Mots aj. à compter du 1er août 2004, D. n° 2004-490, 3 juin 2004, art. 111, I et 122)* « sauf lorsque les travaux sont situés à l'intérieur d'une zone délimitée dans les conditions prévues à l'article 5 du décret n° 2004-490 du 3 juin 2004 relatif aux procédures administratives et financières en matière d'archéologie préventive et portant le cas échéant sur des emprises au sol excédant le seuil fixé dans l'arrêté définissant la zone ».

Guichet unique. Depuis le 1er avril 1984, s'applique le système du « guichet unique » par mesure de simplification administrative. 2737

Voir aussi : C. urb., art. R. 421-9, p. 781, en matière de permis de construire.

C. urb., art. R. 442-4-3 *(D. n° 86-984, 19 août 1986).* **— Dans les quinze jours qui suivent le dépôt de la demande et pendant la durée d'instruction de celle-ci, le maire procède à l'affichage en mairie d'un avis de dépôt de la demande comprenant les mentions suivantes : nom du demandeur, numéro et date d'enregistrement de la demande, adresse du terrain, nature et importance des travaux ou installations projetés.**

Section III Instruction de la demande

2738 **Instruction décentralisée.** C'est le décret n° 84-226 du 29 mars 1984 qui a mis à l'heure de la décentralisation la procédure de décision en matière de demandes d'autorisation d'installations et de travaux divers. Celle-ci, analogue à celles mises en place pour les demandes de permis de construire et de certificat d'urbanisme par les décrets n° 83-1261 et n° 83-1262 du 30 décembre 1983, reprend la distinction, désormais généralisée en matière d'autorisations individuelles, entre les communes dotées d'un plan d'occupation des sols ou d'un plan local d'urbanisme approuvé et celles qui n'en sont pas encore pourvues.

§ 1 *Dispositions applicables dans l'ensemble des communes*

C. urb., art. *R. 442-4-4 *(D. n° 77-759, 7 juill. 1977 ; D. n° 84-226, 29 mars 1984 ; D. n° 86-514, 14 mars 1986).*— **Si le dossier est complet, l'autorité compétente pour statuer fait connaître au demandeur, dans les quinze jours de la réception de la demande en mairie, par une lettre de notification adressée par pli recommandé avec demande d'avis de réception postal, le numéro d'enregistrement de ladite demande et la date avant laquelle, compte tenu des délais d'instruction fixés en application de l'article R. 442-4-8, la décision devra lui être notifiée.**

Voir aussi : C. urb., art. R. 421-12, p. 783, en matière de permis de construire.

C. urb., art. *R. 442-4-5 *(D. n° 84-226, 29 mars 1984 ; D. n° 86-514, 14 mars 1986).*— **Si le dossier est incomplet, l'autorité compétente pour statuer fait connaître au demandeur, dans les quinze jours de la réception de la demande en mairie, par une lettre adressée par pli recommandé avec demande d'avis de réception postal, la liste des pièces obligatoires manquantes que celui-ci est invité à fournir dans les conditions prévues à l'article R. 442-4-2. Lorsque ces pièces ont été produites, il est fait application des dispositions de l'article R. 442-4-4.**

Le délai d'instruction part de la réception desdites pièces.

Voir aussi : C. urb., art. R. 421-13, p. 790, en matière de permis de construire.

C. urb., art. *R. 442-4-6 *(D. n° 84-226, 29 mars 1984 ; D. n° 86-514, 14 mars 1986 ; D. n° 88-199, 29 févr. 1988).*— **Dans le cas où le demandeur n'a pas reçu, dans les quinze jours suivant le dépôt de sa demande, la lettre prévue à l'article R. 442-4-4 ou R. 442-4-5, il peut saisir l'autorité compétente par lettre recommandée avec demande d'avis de réception postal pour requérir l'instruction de sa demande, et adresse copie de cette mise en demeure au préfet.**

Lorsque, dans les huit jours de la réception de l'avis de réception postal de cette mise en demeure, la lettre prévue à l'article R. 442-4-4 ou R. 442-4-5 n'a pas été notifiée, le délai d'instruction de la demande part de ladite date de réception telle qu'elle figure sur l'avis de réception postal de la mise en demeure.

Si aucune décision n'a été notifiée à l'issue de ce délai, l'autorisation est réputée accordée dans les mêmes conditions que celles prévues à l'article R. 442-4-8.

Voir aussi : C. urb., art. R. 421-14, p. 791, en matière de permis de construire.

C. urb., art. *R. 442-4-7 *(D. n° 84-226, 29 mars 1984 ; D. n° 86-514, 14 mars 1986 ; D. n° 87-885, 30 oct. 1987).*— **Le service chargé de l'instruction de la demande procède au nom de l'autorité compétente pour statuer à cette instruction et recueille auprès des personnes publiques, services et commissions intéressés par le projet d'installations ou de travaux les accords, avis ou décisions prévus par les lois ou règlements en vigueur.**

Il instruit, au besoin d'office, les adaptations mineures au ***(Mots rempl., D. n° 2001-260, 27 mars 2001, art. 3)*** **« plan local d'urbanisme » ou au document d'urbanisme en tenant lieu, aux prescriptions des règlements des lotissements ainsi qu'aux cahiers des charges des lotissements autorisés sous le régime en vigueur avant l'intervention du**

décret n° 77-860 du 26 juillet 1977, ou les dérogations aux dispositions réglementaires relatives à l'urbanisme ou aux servitudes d'utilité publique affectant l'utilisation du sol.

Les services, personnes publiques ou commissions consultés font connaître leur avis dans les conditions et délais fixés au dernier alinéa de l'article R. 421-15.

Voir aussi : C. urb., art. R. 421-15, p. 791, en matière de permis de construire.

C. urb., art. *R. 442-4-8 *(D. n° 84-226, 29 mars 1984 ; D. n° 86-514, 14 mars 1986).* **— La notification de la décision doit intervenir dans un délai de deux mois à compter de l'avis de réception postal ou de la date de décharge prévue à l'article R. 442-4-2 ou, le cas échéant, de l'avis de réception postal prévu à l'article R. 442-4-6, alinéa 2.**

Toutefois, ce délai d'instruction est majoré d'un mois lorsqu'il y a lieu de consulter un ou plusieurs services ou personnes publiques autres que ceux chargés de l'instruction ou de la prise de décision, de consulter une commission départementale ou régionale, ou lorsqu'il y a lieu d'instruire une demande de dérogation ou d'adaptation mineure. Ce délai est fixé uniformément à cinq mois si la demande intéresse un site inscrit ou si les installations ou travaux sont situés dans une zone de protection du patrimoine architectural et urbain et que l'architecte des Bâtiments de France consulté a fait connaître son intention d'utiliser un délai supérieur à un mois.

À défaut de notification de la décision dans le délai imparti, et sous réserve des dispositions de l'article R. 442-4-9, l'autorisation est réputée accordée dans les termes où elle a été demandée, sous réserve du retrait, dans le délai du recours contentieux, de l'autorisation tacite, au cas où elle serait illégale.

Voir aussi : C. urb., art. R. 421-18, p. 795, en matière de permis de construire.

C. urb., art. R. 442-4-8-1 *(Créé à compter du 1er mai 1999, D. n° 99-78, 5 févr. 1999, art. 13 et 19).* **— Lorsque l'autorisation prévue** *(Mots rempl., Ord. n° 2004-178, 20 févr. 2004, art. 3)* **« à l'article L. 621-31 du Code du patrimoine » est requise, et en application du troisième alinéa dudit article, le préfet de région, saisi par le maire ou par l'autorité compétente pour délivrer l'autorisation mentionnée à l'article R. 442-2 par lettre recommandée avec demande d'avis de réception dans un délai d'un mois à compter de la réception de l'avis émis par l'architecte des Bâtiments de France, émet, après consultation de la commission régionale du patrimoine et des sites, un avis qui se substitue à celui de l'architecte des Bâtiments de France.**

Lorsque le maire n'est pas l'autorité compétente pour délivrer l'autorisation, le préfet de région notifie à cette autorité la demande qui lui est adressée par le maire.

L'avis du préfet de région est notifié au maire et à l'autorité compétente pour délivrer l'autorisation. Le préfet de région est réputé confirmer l'avis de l'architecte des Bâtiments de France s'il ne se prononce pas dans un délai de quatre mois à compter de sa saisine, sauf si le dossier a, dans ce délai, été évoqué par le ministre chargé de la culture. Dans ce cas, l'autorisation ne peut être délivrée qu'avec l'accord exprès de ce dernier.

Voir aussi : Annotations sous C. urb., art. R. 421-38-7, p. 826.

C. urb., art. *R. 442-4-9 *(D. n° 84-226, 29 mars 1984 ; D. n° 86-514, 14 mars 1986).* **— L'autorisation d'installations et travaux divers ne peut être obtenue de façon tacite dans les cas énumérés à l'article R. 421-19 *b* à *f*.**

§ 2 Dispositions applicables dans les communes où un plan local d'urbanisme a été approuvé

C. urb., art. *R. 442-4-10 *(D. n° 84-226, 29 mars 1984 ; D. n° 86-514, 14 mars 1986 ; D. n° 88-199, 29 févr. 1988).* **— Le service chargé de l'instruction de la demande d'autorisation**

d'installations et travaux divers procède à cette instruction, au nom de la commune, dans les conditions prévues au paragraphe 1 et au présent paragraphe.

Le maire adresse copie de la lettre visée à l'article R. 442-4-4 ou R. 442-4-5 au préfet.

Voir aussi : C. urb., art. R. 421-21, p. 798, en matière de permis de construire.

C. urb., art. *R. 442-4-11 ***(D. n° 84-226, 29 mars 1984 ; D. n° 86-514, 14 mars 1986 ; D. n° 88-199, 29 févr. 1988).*** **— Dans les cas prévus au *b* de l'article L. 421-2-2, le service chargé de l'instruction de la demande sollicite l'avis conforme du préfet dans les conditions prévues à l'article R. 421-22.**

Voir aussi : C. urb., art. R. 421-22, p. 798, en matière de permis de construire.

C. urb., art. *R. 442-4-12 ***(D. n° 84-226, 29 mars 1984 ; D. n° 86-514, 14 mars 1986).*** **— Dans le cas où la commune a délégué sa compétence à un établissement public de coopération intercommunale, le maire fait connaître son avis au président de cet établissement. Son avis est réputé favorable s'il n'est pas intervenu dans le mois de la réception de la demande. Il doit être dûment motivé s'il est défavorable ou si, favorable, il est assorti d'une demande de prescriptions particulières.**

La demande d'autorisation d'installations et travaux divers est instruite par le président de l'établissement public de coopération intercommunale au lieu et place du maire, dans les conditions prévues aux articles R. 442-4-10 et R. 442-4-11.

Voir aussi : C. urb., art. R. 421-23, p. 799, en matière de permis de construire.

C. urb., art. *R. 442-4-13 ***(D. n° 84-226, 29 mars 1984 ; D. n° 86-514, 14 mars 1986).*** **— Lorsque la décision est prise au nom de l'État dans les cas prévus au quatrième alinéa de l'article L. 421-2-1, la demande d'autorisation d'installations et travaux divers est instruite dans les conditions prévues au paragraphe 3 de la présente section.**

Lorsqu'un établissement public de coopération intercommunale est normalement compétent, le président de cet établissement fait connaître son avis au responsable du service de l'État dans le département chargé de l'urbanisme dans le mois de la réception de la demande. Cet avis doit être dûment motivé s'il est défavorable ou si, favorable, il est assorti d'une demande de prescriptions particulières. Il est réputé favorable s'il n'est pas intervenu dans le délai prévu ci-dessus.

Voir aussi : C. urb., art. R. 421-24, p. 799, en matière de permis de construire.

§ 3 *Dispositions applicables dans les communes où un plan local d'urbanisme n'a pas été approuvé*

C. urb., art. *R. 442-4-14 ***(D. n° 84-226, 29 mars 1984 ; D. n° 86-514, 14 mars 1986).*** **— La demande d'autorisation d'installations et travaux divers est instruite par le service de l'État dans le département, chargé de l'urbanisme, dans les conditions prévues au paragraphe 1 et au présent paragraphe.**

Voir aussi : C. urb., art. R. 421-25, p. 799, en matière de permis de construire.

C. urb., art. *R. 442-4-15 ***(D. n° 84-226, 29 mars 1984 ; D. n° 86-514, 14 mars 1986 ; D. n° 88-199, 29 févr. 1988).*** **— Le maire fait connaître son avis au responsable du service de l'État dans le département, chargé de l'urbanisme, qui le communique, s'il est défavorable, au préfet. Cet avis est réputé favorable s'il n'est pas intervenu dans le mois de la réception de la demande. Il doit être dûment motivé s'il est défavorable, ou si, favorable, il est assorti d'une demande de prescriptions particulières.**

Voir aussi : C. urb., art. R. 421-26, p. 799, en matière de permis de construire.

C. urb., art. *R. 442-4-16 ***(D. n° 84-226, 29 mars 1984 ; D. n° 86-514, 14 mars 1986 ; D. n° 88-199, 29 févr. 1988).*** **— La lettre prévue à l'article R. 442-4-4 ou R. 442-4-5 est signée par le**

préfet. Copie de cette lettre est adressée par même courrier au maire, et, le cas échéant, au président de l'établissement de coopération intercommunale compétent.

Voir aussi : C. urb., art. R. 421-27, p. 800, en matière de permis de construire.

C. urb., art. *R. 442-4-17 ***(D. n° 84-226, 29 mars 1984 ; D. n° 86-514, 14 mars 1986).*** **— À l'issue de l'instruction, le responsable du service de l'État dans le département, chargé de l'urbanisme, formule un avis et le transmet accompagné d'un projet de décision comportant, le cas échéant, les prescriptions nécessaires, à l'autorité compétente pour statuer sur la demande.**

Cet avis est, suivant le cas, un avis favorable sans prescriptions, un avis favorable avec prescriptions, un avis défavorable ou une proposition de sursis à statuer ; dans ces trois derniers cas, l'avis doit être motivé.

Voir aussi : C. urb., art. R. 421-28, p. 800, en matière de permis de construire.

Section IV Décision

§ 1 *Dispositions générales*

C. urb., art. *R. 442-5 ***(D. n° 77-759, 7 juill. 1977 ; D. n° 84-226, 29 mars 1984).*** **— L'autorité compétente pour statuer sur la demande se prononce par arrêté.**

Si la décision comporte rejet de la demande ou si elle est assortie de prescriptions ou s'il s'agit d'une décision de sursis à statuer, elle doit être motivée. Il en est de même lorsqu'une dérogation ou une adaptation mineure est nécessaire.

La décision doit être notifiée directement au demandeur par lettre recommandée avec demande d'avis de réception postal.

Toutefois, la décision accordant l'autorisation, lorsqu'elle n'est pas assortie de prescriptions, peut être notifiée par pli non recommandé.

Voir aussi : C. urb., art. R. 421-29, p. 800 et C. urb., art. R. 421-30, p. 803, en matière de permis de construire.

PC et ITD. L'annulation d'un permis de construire portant sur une maison d'habitation n'entache 2739
pas la légalité de l'autorisation relative aux installations et travaux divers (CE, 1er avr. 1992, req. n° 107380, *Épx Buthaud*).

C. urb., art. **R. 442-6 ***(D. n° 77-759, 7 juill. 1977 ; D. n° 86-192, 5 févr. 1986 ; D. n° 87-885, 30 oct. 1987 ; D. n° 2004-310, 29 mars 2004).*** **— L'autorisation ne peut être délivrée que si les installations ou travaux satisfont aux dispositions législatives et réglementaires en vigueur pour le mode d'occupation prévu et notamment à celles du** ***(Mots rempl., D. n° 2001-260, 27 mars 2001, art. 3)*** **« plan local d'urbanisme » rendu public ou approuvé, ou du document d'urbanisme en tenant lieu.**

Cette autorisation peut être refusée ou subordonnée à l'observation de prescriptions spéciales, notamment à la création de marges de reculement, de plantations ou de clôtures, si les installations ou travaux, par leur situation, leur nature ou leur aspect, sont de nature à porter atteinte :

– à la salubrité, à la sécurité ou à la tranquillité publique ;

– au caractère ou à l'intérêt des lieux avoisinants ;

– aux sites, aux paysages naturels ou urbains, à la conservation des perspectives monumentales ou aux vestiges ou sites archéologiques ;

– à l'exercice des activités agricoles et forestières ou à la conservation des milieux naturels, de la faune ou de la flore.

Il en est de même si les installations ou travaux impliquent la réalisation par la commune d'équipements nouveaux non prévus.

(Al. créé, D. n° 2004-310, 29 mars 2004, art. 7) **L'autorisation peut comporter des prescriptions de nature à assurer une meilleure insertion des aménagements dans le site et les paysages.**

***(Al. créé, D. n° 2004-310, 29 mars 2004, art. 7)* Ces prescriptions sont obligatoires pour les aménagements prévus à l'article R. 146-2 du Code de l'urbanisme.**

Lorsque la prescription spéciale imposée en vertu des alinéas précédents consiste en la création de clôtures, celles-ci sont édifiées sans déclaration préalable.

L'autorisation peut n'être donnée que pour une durée limitée ou à titre précaire. Dans ce cas, elle peut être subordonnée à l'engagement du pétitionnaire d'enlever à ses frais les installations autorisées.

2740 **Participation.** Outre la possibilité d'autorisation à titre précaire, le présent article insiste sur les conditions qui peuvent assortir l'autorisation spéciale. Le troisième alinéa, qui fait mention de la nécessité d'équipements nouveaux non prévus, pose le problème de la licéité des demandes de participation financière. À notre avis, de telles participations ne sauraient être exigées, à défaut de possibilité expressément prévue par un texte : l'article R. 111-14 ne saurait constituer un tel fondement, dans la mesure où il vise seulement le permis de construire et non d'autres procédures d'autorisation préalable.

2741 **Nuisances.** Un dépôt de ferrailles existant étant exploité par des engins faisant un bruit assourdissant et étant situé à proximité d'un terrain de sports dépendant d'un établissement scolaire qu'il dominait d'une dizaine de mètres, l'autorisation a été refusée à bon droit en raison des atteintes à la tranquillité et à la sécurité publiques (CE, 28 oct. 1983, *SA « Établissements Chometon » : Rec. CE*, T, p. 796).

L'aménagement d'une piste pour véhicules « tous terrains », sur sol sablonneux de 5 à 6 m de large, avec affouillement de 30 à 50 cm et talus de 20 à 30 cm, porte atteinte au paysage en site inscrit (CAA Nantes, 27 févr. 1998, *Gastard : BJDU* 6/1998, p. 467).

§ 2 Dispositions particulières applicables dans les communes où un plan local d'urbanisme a été approuvé

C. urb., art. *R. 442-6-1 *(D. n° 84-226, 29 mars 1984)*. — Dans les communes où un *(Mots rempl., D. n° 2001-260, 27 mars 2001, art. 3)* « plan local d'urbanisme » a été approuvé, la décision est prise par le maire, au nom de la commune, ou par le président de l'établissement public de coopération intercommunale, au nom de cet établissement.

Toutefois, elle est prise dans les conditions prévues au paragraphe 3 de la présente section dans les cas mentionnés au quatrième alinéa de l'article L. 421-2-1 du présent code.

Voir aussi : C. urb., art. R. 421-33, p. 810, en matière de permis de construire.

C. urb., art. *R. 442-6-2 *(D. n° 84-226, 29 mars 1984)*. — L'arrêté par lequel le maire ou le président de l'établissement public de coopération intercommunale statue sur la demande d'autorisation des installations et travaux divers est complété, avant notification au demandeur, par une mention certifiant que la décision est transmise dans les conditions prévues à l'article L. 421-2-4 du présent code.

Voir aussi : C. urb., art. R. 421-34, p. 811, en matière de permis de construire.

C. urb., art. *R. 442-6-3 *(D. n° 84-226, 29 mars 1984 ; D. n° 88-199, 29 févr. 1988)*. — Outre la transmission prévue à l'article L. 421-2-4, copie de la décision est transmise, lorsqu'elle est prise au nom de l'établissement public de coopération intercommunale, au maire de la commune.

En cas d'autorisation tacite, le préfet reçoit, sans délai, le dossier et les pièces d'instruction en l'état.

Voir aussi : C. urb., art. R. 421-35, p. 811, en matière de permis de construire.

§ 3 Dispositions particulières applicables dans les communes où un plan local d'urbanisme n'a pas été approuvé

C. urb., art. *R. 442-6-4 *(D. n° 84-226, 29 mars 1984 ; D. n° 87-885, 30 oct. 1987 ; D. n° 88-199, 29 févr. 1988 ; D. n° 93-351, 15 mars 1993).* **— Dans les communes où un** ***(Mots rempl., D. n° 2001-260, 27 mars 2001, art. 3)*** **« plan local d'urbanisme » n'a pas été approuvé, la décision est prise par le maire au nom de l'État ; toutefois, elle est prise par le préfet dans les cas énumérés ci-après :**

1° Lorsque le maire et le responsable du service de l'État dans le département, chargé de l'urbanisme, ont émis des avis en sens contraire ;

2° Lorsqu'une dérogation ou une adaptation mineure aux dispositions mentionnées au deuxième alinéa de l'article R. 442-4-7 est nécessaire ; dans ce cas, la décision d'octroi de l'autorisation doit indiquer les motifs de la dérogation accordée ;

3° Lorsque l'installation ou le travail qui fait l'objet de la demande d'autorisation requiert l'avis ou l'avis conforme des services, personnes publiques ou commissions relevant du ministre chargé des monuments historiques, du ministre chargé des sites, du ministre chargé des zones de protection du patrimoine architectural et urbain ou du ministre chargé de la protection de la nature, à l'exception du cas des sites inscrits ;

4° ***(Ab., D. n° 95-1089, art. 10-III)*** **;**

5° Lorsqu'il y a lieu de prendre une décision de sursis à statuer.

Régime respectifs. Comparer à l'article R. 421-36 en matière de permis de construire et à l'arti- 2742
cle R. 441-7-4 en matière de clôtures.

Rôle du préfet. Le décret du 15 mars 1993 étend la compétence du préfet en cas d'application de 2743
la législation relative aux catastrophes naturelles.

C. urb., art. *R. 442-6-5 *(D. n° 84-226, 29 mars 1984).* **— Copie de la décision est transmise au maire s'il n'en est pas l'auteur, au président de l'établissement public de coopération intercommunale le cas échéant, et au responsable du service de l'État dans le département, chargé de l'urbanisme.**

Voir aussi : C. urb., art. R. 421-37, p. 813, en matière de permis de construire.

C. urb., art. *R. 442-6-6 *(D. n° 84-226, 29 mars 1984 ; D. n° 88-199, 29 févr. 1988).* **— Pour l'application de la présente section, le préfet peut déléguer sa signature au responsable du service de l'État dans le département, chargé de l'urbanisme, ou aux subordonnés de celui-ci, sauf dans le cas prévu au 1° de l'article R. 442-6-4.**

Voir aussi : C. urb., art. R. 421-42, p. 836, en matière de permis de construire.

Section V Formalités postérieures à la délivrance de l'autorisation

C. urb., art. *R. 442-7 *(Ab., D. n° 84-226, 29 mars 1984).*

C. urb., art. *R. 442-8 *(D. n° 77-759, 7 juill. 1977 ; D. n° 86-514, 14 mars 1986 ; D. n° 88-471, 28 avr. 1988 ; D. n° 94-701, 16 août 1994).* **— Mention de l'autorisation d'installations et travaux divers doit être affichée sur le terrain, de manière visible de l'extérieur, par les soins de son bénéficiaire, dès la notification de la décision d'octroi pendant au moins deux mois et pendant toute la durée du chantier si celle-ci est supérieure à deux mois.**

Il en est de même, lorsque aucune décision n'a été prise à l'égard de la demande dans le délai imparti, d'une copie de la lettre de notification du délai d'instruction prévue à l'article R. 442-4-4 ou d'une copie de l'avis de réception postal ou de la décharge de la lettre de mise en demeure prévue à l'article R. 442-4-6 et d'une copie de l'avis de réception ou de la décharge du dépôt de la demande.

En outre, dans les huit jours de la délivrance expresse ou tacite de l'autorisation d'installations et de travaux divers, un extrait de l'autorisation ou une copie de la lettre visée à l'alinéa précédent est publié par voie d'affichage à la mairie pendant deux mois. L'exécution de cette formalité fait l'objet d'une mention au registre chronologique des actes de publication et de notification des arrêtés du maire prévu à l'article R. 122-11 du Code des communes.

L'inobservation de la formalité d'affichage sur le terrain est punie de l'amende prévue pour les contraventions de la cinquième classe.

Un arrêté du ministre chargé de l'urbanisme règle le contenu et les formes de l'affichage et fixe la liste des pièces du dossier dont tout intéressé peut prendre connaissance.

2744 **Publicité.** Les modalités de publicité sont alignées sur celles du permis de construire.

Voir aussi : C. urb., art. R. 421-39, p. 831.

2745 **Affichage.** Le décret du 29 février 1988 ajoute la formalité d'affichage de l'autorisation sur le terrain pendant deux mois et pendant toute la durée du chantier si celle-ci est supérieure.

Section VI Dispositions particulières

C. urb., art. *R. 442-9 *(D. n° 77-759, 7 juill. 1977 ; D. n° 84-226, 29 mars 1984).* **— Un arrêté du ministre chargé de l'urbanisme fixe le modèle national de la demande d'autorisation prévue à l'article L. 442-1 du présent code.**

2746 **Demande.** La demande d'autorisation d'installations et travaux divers doit être établie conformément au modèle joint en annexe à l'article A. 441-1 auquel renvoie l'article A. 442-1.

C. urb., art. *R. 442-10 *(Ab., D. n° 84-226, 29 mars 1984).*

C. urb., art. *R. 442-11 *(D. n° 77-759, 7 juill. 1977 ; D. n° 84-226, 29 mars 1984).* **— Lorsque des installations ou des travaux mentionnés à l'article R. 442-2 sont réalisés à l'occasion, soit d'une construction ou de travaux pour lesquels un permis de construire est sollicité, soit de l'aménagement d'un terrain de camping et de caravanage, lorsque cet aménagement est soumis à autorisation, soit du stationnement d'une caravane pour une durée supérieure à trois mois soumis à autorisation, la demande d'autorisation présentée en application, selon le cas, de l'article L. 421-1 ou de l'article L. 443-1 du présent code, tient lieu de la demande d'autorisation d'installations et travaux divers à condition d'être complétée conformément aux dispositions de l'article R. 442-4-1.**

L'autorisation accordée au titre d'une des dispositions législatives mentionnées à l'alinéa précédent tient lieu de l'autorisation prévue à l'article R. 442-1. Toutefois l'autorisation d'installations ou travaux divers accordée à l'occasion d'une demande de permis de construire n'est pas soumise au régime de péremption de l'article R. 421-32.

2747 **Dispense.** L'autorisation visée à l'article R. 442-2 n'est pas exigée dans la mesure où l'opération est réalisée à l'occasion d'un autre travail, aménagement ou construction, lui-même soumis à autorisation. Les opérations ci-dessous entraînent généralement des travaux de terrassement ou d'aménagement du sol, des dépôts de matériaux, qu'il serait anormal de soumettre à autorisation. Il s'agit essentiellement :

a) du permis de construire (C. urb., art. L. 421-1 et R. 421-1 et s.) ;

b) de l'autorisation d'aménager un terrain en vue du stationnement des caravanes ou de l'accueil des campeurs (C. urb., art. R. 443-7 et s.) ;

c) de l'autorisation pour stationnement de caravanes pendant plus de trois mois (C. urb., art. R. 443-4).

2748 **Péremption.** Le régime de péremption prévu à l'article R. 421-38 ne s'applique pas aux installations ou travaux divers projetés, mais seulement à la construction à laquelle ils sont liés (dern. al.).

C. urb., art. *R. 442-11-1 *(D. n° 84-226, 29 mars 1984)*. — **Conformément aux dispositions de l'article 71 de la loi n° 83-8 du 7 janvier 1983, l'autorisation d'installations et de travaux divers prévue à l'article L. 442-1 tient lieu de l'autorisation spéciale exigée pour les travaux projetés dans le périmètre des zones de protection du patrimoine architectural et urbain instituées en application de l'article 70 de la loi n° 83-8 du 7 janvier 1983.**

Dans ce cas, la décision est prise dans les conditions prévues à l'article R. 421-38-6-II.

Voir aussi : Sur la création et le régime des ZPPAU, C. urb., art. R. 421-38-6, p. 824.

C. urb., art. **R. 442-12 *(D. n° 77-759, 7 juill. 1977 ; D. n° 84-226, 29 mars 1984)*. — **L'autorisation accordée en application de la loi du 27 septembre 1941 portant réglementation des fouilles archéologiques tient lieu de l'autorisation exigée par l'article R. 442-2, *c*.**

Les dispositions du présent article ne s'appliquent qu'aux cas où l'autorisation exigée par l'article L. 442-1 est délivrée au nom de l'État.

ITD et sites de fouilles. Le troisième alinéa de l'article 15 de la loi du 27 septembre 1941 – validée par l'ordonnance du 13 septembre 1945 – portant réglementation des fouilles archéologiques, prévoit que les terrains où des « découvertes ont été effectuées », sont considérés comme classés et tous les effets du classement leur sont applicables. En conséquence, sur ces terrains, la réalisation d'installations et travaux divers est soumise, non à autorisation au titre de l'article R. 442-2, mais à autorisation au titre des articles L. 621-1 et suivants du Code du patrimoine. 2749

C. urb., art. **R. 442-13 *(D. n° 77-759, 7 juill. 1977)*. — **L'autorisation prévue à l'article R. 442-2 tient lieu de l'autorisation exigée en vertu de l'article *(Mots rempl., Ord. n° 2004-178, 20 févr. 2004, art. 3)* « L. 621-31 du Code du patrimoine », lorsqu'elle est donnée avec l'accord de l'architecte des Bâtiments de France.**

C. urb., art. R. 442-14 *(D. n° 84-226, 29 mars 1984 ; D. n° 93-351, 15 mars 1993 ; ab., D. n° 95-1089, 5 oct. 1995, art. 10-III)*.

Chapitre III
Camping et stationnement des caravanes

Présentation et historique. La réglementation du stationnement des caravanes est applicable à l'ensemble du territoire, même aux communes dotées d'un POS rendu public ou approuvé. 2750

Voir aussi : *a)* la circulaire n° 72-186 du 20 octobre 1972 sur le stationnement des caravanes ; *b)* le décret n° 77-1471 du 28 décembre 1977, modifié par le décret n° 80-955 du 26 novembre 1980, l'arrêté du 26 novembre 1980 abrogeant celui du 9 janvier 1978 et la circulaire du 9 janvier 1980 relative à la prime spéciale d'équipement de terrains pour le camping ou le stationnement des caravanes de tourisme ; *c)* la circulaire du 13 mars 1981 relative au camping, au stationnement des caravanes et à l'habitat léger de loisirs ; *d)* l'arrêté du 17 juillet 1985 relatif aux conditions sanitaires minimales communes aux terrains aménagés pour l'accueil des campeurs et des caravanes et aux terrains affectés spécialement à l'implantation d'habitations légères de loisirs (cet arrêté abroge l'arrêté du 20 décembre 1983 ayant le même objet) ; *e)* l'arrêté du 15 novembre 1985 relatif au classement des terrains ; *f)* la circulaire interministérielle n° 86-131 du 18 mars 1986 (conditions de stationnement des nomades en application des dispositions du Code de l'urbanisme) ; *g)* le décret n° 93-39 du 11 janvier 1993 et arrêté de la même date relatif au classement des terrains aménagés pour l'accueil des campeurs et des caravanes ; *h)* le décret n° 96-614 du 13 juillet 1994 relatif aux prescriptions permettant d'assurer la sécurité des occupants des terrains de camping et de stationnement des caravanes soumis à un risque naturel ou technologique prévisible ; *i)* l'arrêté et la circulaire du 6 février 1995 relatifs à la prévention des risques naturels et technologiques (*Mon. TP* 14 avr. 1995, p. 396) ; *j)* la circulaire n° 95-27 du 16 mars 1995 relative au redressement des terrains de camping (*Mon. TP* 14 juill. 1995, p. 267).

Harmonisation. Le décret n° 84-227 du 29 mars 1984 rattache les dispositions relatives au camping au Code de l'urbanisme, et abroge en conséquence l'essentiel des textes spécifiques préexis- 2751 tants (abrogation des décrets n° 59-275 du 7 février 1959 et n° 68-134 du 9 février 1968, à l'exception de certains articles portant principalement sur le classement des terrains).

Voir aussi : Sur le droit préexistant, Sironneau, *Le droit du camping et du caravaning*, Dalloz, 1982. – Sur la réglementation actuelle, F. Bouyssou, *Le camping et le caravaning : JCP* N 1985, I, 33. – J. Hugot, *Le statut des terrains aménagés pour l'accueil des campeurs et des caravanes après le décret et arrêté du 11 janvier 1993 : JCP* N 1993, I, 555 ; sur les terrains en zone littorale, C. urb., art. L. 146-5, p. 129.

C. urb., art. *R. 443-1 *(D. n° 77-759, 7 juill. 1977 ; D. n° 84-227, 29 mars 1984)*. — Les dispositions du présent chapitre ne sont pas applicables sur les foires, marchés, voies et places publiques.

2752 **Nature des terrains.** Peu importe, à l'égard du champ d'application de la réglementation relative au stationnement des caravanes, qu'il s'agisse de terrains privés appartenant à des personnes physiques ou morales ou au domaine privé de l'État, des collectivités et établissements publics (Circ. n° 72-186, 20 oct. 1972).

2753 **Pouvoir de police de droit commun.** Sur les squares, marchés, voies et places publiques s'exerce le pouvoir de police du maire. En outre, le maire exerce le pouvoir de gestion domaniale (CE, 18 nov. 1966, *Froment et Clément : AJDA* 1977, II, p. 45, note de Laubadere ; *RD publ.* 1967, p. 987, concl. Galabert, et p. 453, note Waline ; *JCP* 1967, II, 15603, note Mourgeon).

2754 **Réseau EDF et caravanes.** Si les dispositions de l'article L. 111-6 du Code de l'urbanisme permettent au maire de s'opposer au raccordement définitif au réseau de distribution d'électricité des caravanes mobiles stationnant irrégulièrement, cette interdiction peut être fondée soit au regard des articles R. 443-1 et suivants du Code de l'urbanisme soit au regard du règlement annexé au POS ou au PLU, sur le territoire de la commune concernée (CE avis, 7 juill. 2004, req. n° 266478, *Cts Herlemann*).

C. urb., art. *R. 443-2 *(D. n° 77-759, 7 juill. 1977 ; D. n° 80-694, 4 sept. 1980 ; D. n° 84-227, 29 mars 1984)*. — Est considéré comme caravane pour l'application du présent chapitre le véhicule ou l'élément de véhicule qui, équipé pour le séjour ou l'exercice d'une activité, conserve en permanence des moyens de mobilité lui permettant de se déplacer par lui-même ou être déplacé par simple traction.

2755 **Moyens de mobilité.** Les moyens de mobilité auxquels fait allusion le présent article sont constitués par (Circ. n° 72-186, 20 oct. 1972) :
– des roues munies de bandages pneumatiques ;
– un moyen de remorquage ;
– et la présence de dispositifs réglementaires de freinage et de signalisation.
Bien entendu, les caravanes dont les dimensions dépassent celles autorisées par le Code de la route ne sauraient être déplacées qu'après avoir obtenu une autorisation de transport exceptionnel.

2756 **Perte de mobilité.** Toute caravane perdant ses moyens de mobilité est assimilée aux constructions et abris démontables ou transportables, ayant pour faculté d'être fixés ou posés au sol, tels les constructions édifiées par éléments préfabriqués ou modules, les maisons mobiles, les bungalows et les chalets démontables. Et, comme ceux-ci, cette caravane entre alors dans le champ d'application de l'article L. 421-1 du présent code, en sorte que son implantation doit alors être autorisée par un permis de construire (CE, 15 avr. 1983, *Cne de Menet : Rec. CE*, 1983, p. 154 ; *Droit et Ville* 1983, n° 16, p. 193, note Bouyssou. – CAA Paris, 13e ch. sect. B., 7 nov. 1996 : *Juris-Data* n° 1996-023367).
Les motifs de refus applicables au permis de construire s'appliquent alors dans cette hypothèse et permettent ainsi de pallier le risque de « sédentarisation » (CE, 22 mai 1992, *Maris : Gaz. Pal.* 1993, 1, pan. dr. adm. p. 3. – Rép. min. : *JOAN* 15 nov. 1977, p. 7393 ; *JCP* N 1977, Prat. 6741-1. Dans le

même sens, Rép. min. : *JOAN* 4 août 1979, p. 6541 ; 25 août 1979, p. 6825 ; 22 sept. 1979, p. 7438 et 7443 ; 27 déc. 1982, p. 5383 ; *JOAN* 23 oct. 1986, p. 1567 : *JCP* N 1987, Prat. 89-2).

Mobil-homes. Un mobil-home étant assimilé à une construction, c'est à bon droit que la demande d'autorisation a été rejetée (CE, 12 févr. 1990, *Jean-Jacques Puggioni : DA* 1990, n° 196). 2757
Un mobil-home qui ne comporte plus d'éléments de mobilité et qui a été entouré d'une clôture et d'une terrasse est « sédentarisé » et ne saurait être retenu comme une caravane même si, initialement, il avait cette qualité (Cass. crim., 28 oct. 1992, *Brida : DA* 1993, n° 95).
Une résidence mobile dite mobil-home nécessite, pour son implantation en un lieu donné, un permis de construire en application de l'article L. 421-1 du présent code (Cass. crim., 20 mars 1996 : *Juris-Data* n° 1996-002624. – CA Bordeaux, ch. appel correct., 16 avr. 1996 : *Juris-Data* n° 1996-045109).

Nature d'une caravane. Un « Chalex » – composé de panneaux dépliables – est une caravane, s'il conserve sa mobilité et s'il n'y est apporté aucun aménagement extérieur de nature à le fixer durablement au sol, tel que muret de clôture ou escalier d'accès, qui le priverait en fait d'être déplacé dans un temps limité (Rép. min. : *JOAN* 26 avr. 1982, p. 1770). En revanche, constitue une construction la caravane conservant ses moyens de mobilité, mais posée sur plots prolongés de terrasses en bois avec clôture (CE, 30 déc. 1998, *Madex*). 2758

Section I Camping et stationnement des caravanes hors terrain aménagé

§ 1 Stationnement des caravanes

C. urb., art. **R. 443-3 *(D. n° 77-759, 7 juill. 1977 ; D. n° 81-534, 12 mai 1981 ; D. n° 82-584, 29 juin 1982 ; D. n° 84-227, 29 mars 1984).* **— Le stationnement des caravanes, quelle qu'en soit la durée, en dehors des terrains aménagés peut être interdit par arrêté dans certaines zones, pour les motifs indiqués à l'article R. 443-10, à la demande ou après avis du conseil municipal.**

L'arrêté d'interdiction de stationnement des caravanes est pris après avis de la commission départementale de l'action touristique. Faute de réponse de cette commission dans le délai de deux mois à compter de sa consultation, son avis est réputé favorable.

Lorsqu'il n'y a pas de terrain aménagé sur le territoire de la commune, cette interdiction ne s'applique pas, sauf circonstance exceptionnelle, aux caravanes à usage professionnel ni à celles qui constituent l'habitat permanent de leurs utilisateurs. L'arrêté mentionné ci-dessus peut seulement limiter le stationnement desdites caravanes à une durée qui peut varier selon les périodes de l'année sans être inférieure à deux jours ni supérieure à quinze jours. Il précise les emplacements affectés à cet usage.

Les ministres chargés de l'urbanisme et du tourisme fixent conjointement, par arrêté publié au *Journal officiel*, les conditions dans lesquelles est établie la signalisation nécessaire pour porter à la connaissance des usagers la réglementation prévue par le présent article. Cette réglementation n'est opposable aux usagers que si les mesures de signalisation ont été effectivement prises.

Zones d'interdiction. La détermination des zones interdites au stationnement isolé des caravanes doit respecter les principes ci-après (Circ. n° 72-186, 20 oct. 1972) : 2759
a) Sites classés et proposés pour le classement, réserves naturelles, abords des monuments historiques et zones A des surfaces submersibles par les cours d'eaux telles qu'elles sont définies par la circulaire n° 34 du 4 janvier 1952 : interdiction du stationnement ;
b) Sites inscrits, zones sensibles et zones pittoresques : interdiction du stationnement dans tous les emplacements où il porterait atteinte au paysage ;
c) Zones d'écologie fragile et forêts : interdiction du stationnement des caravanes dans les secteurs où il entraînerait une dégradation irréversible du milieu naturel (Dunes, littoral, zones refuges pour les espèces menacées de la flore et de la faune, etc.).

2760 **Interdiction générale.** Ne satisfait pas aux dispositions du présent article l'arrêté portant interdiction générale de stationnement des caravanes quelle qu'en soit la durée sur la totalité du territoire de la commune, en sorte que doit être relaxé celui qui est poursuivi du chef d'infraction au présent code et de violation de cet arrêté à caractère général interdisant le stationnement des caravanes (CA Paris, 13e ch. B, 13 mars 1989 : *Juris-Data* n° 1989-022158).

2761 **Signalisation de la réglementation.** L'absence des mesures de signalisation prévues au dernier alinéa du présent article ne saurait faire obstacle à l'application des règles susceptibles d'être inscrites dans les plans d'urbanisme et les plans d'occupation des sols, en ce qui concerne le stationnement des caravanes, lesdites règles étant exécutoires par elles-mêmes dès lors que le plan d'urbanisme ou le plan d'occupation des sols est lui-même devenu opposable (Circ. n° 72-186, 20 oct. 1972).

2762 **Effets du POS.** Ce dernier point de vue a été confirmé par la jurisprudence qui a admis que le POS pouvait, indépendamment du présent article, délimiter des zones dans lesquelles le stationnement des caravanes (CE, 13 avr. 1983, *Assoc. pour le tourisme de plein air à Belle-Île-en-Mer : Droit et Ville* 1983, n° 16, p. 193, note Bouyssou) et le camping (CE, 13 mai 1994, *Cne de La Tranche-sur-Mer : AJDA* 1994, p. 633, concl. Vigouroux ; *DA* 1994, 430) sont interdits.

Voir aussi : Sur les mesures de publicité de signalisation, C. urb., art. A. 443-1 à A. 443-3, p. 971.

2763 **Gens du voyage.** Suivant l'article 28 de la loi n° 90-449 du 31 mai 1990, un schéma départemental doit prévoir les conditions d'accueil spécifiques des gens du voyage, en ce qui concerne le passage et le séjour, en y incluant les conditions de scolarisation des enfants et celles d'exercice d'activités économiques. Toute commune de plus de 5 000 habitants doit prévoir les conditions de passage et de séjour des gens du voyage sur son territoire, par la réservation de terrains, aménagés à cet effet. Dès la réalisation d'une telle aire d'accueil, le maire ou les maires qui se sont groupés pour la réaliser pourront, par arrêté, interdire le stationnement des caravanes sur le reste du territoire communal.

Voir aussi : Circ. 16 mars 1992 : *JCP* 1992, III, 65478, et Rép. min. : *JOAN* 20 sept. 1993, p. 3078.

2764 **Pouvoirs excessifs du maire.** En matière de police municipale, le maire de Lille a commis un excès de pouvoir en interdisant le stationnement des nomades pendant plus de 48 heures, et en l'interdisant hors des emplacements fixés par les arrêtés contestés, dès lors que ces derniers ne permettent l'accueil que d'un très petit nombre de véhicules et sont de surcroît dépourvus des aménagements indispensables, sur le plan sanitaire notamment (CE, 2 déc. 1983, *Ville de Lille* c/ *Ackermann : Rec. CE*, p. 470).
Selon le même arrêt, le maire ne pouvait ordonner la visite des véhicules des nomades, sous peine d'atteinte à l'inviolabilité du domicile.

C. urb., art. *R. 443-3-1 *(D. n° 84-227, 29 mars 1984).* **— Dans les communes où un** ***(Mots rempl., D. n° 2001-260, 27 mars 2001, art. 3)*** **« plan local d'urbanisme » a été approuvé, à l'exclusion des périmètres d'opérations d'intérêt national, l'arrêté d'interdiction de stationnement des caravanes est pris par le maire au nom de la commune ou par le président de l'établissement public de coopération intercommunale au nom de cet établissement.**

C. urb., art. *R. 443-3-2 *(D. n° 84-227, 29 mars 1984 ; D. n° 88-199, 29 févr. 1988).* **— Dans les autres communes, ainsi qu'à l'intérieur des périmètres d'opérations d'intérêt national, l'arrêté d'interdiction de stationnement des caravanes est pris par le préfet au nom de l'État.**

C. urb., art. **R. 443-4 *(D. n° 77-759, 7 juill. 1977 ; D. n° 80-694, 4 sept. 1980 ; D. n° 84-227, 29 mars 1984).* **— Tout stationnement pendant plus de trois mois par an, consécutifs ou non, d'une caravane est subordonné à l'obtention par le propriétaire du terrain sur**

lequel elle est installée, ou par toute autre personne ayant la jouissance du terrain, d'une autorisation délivrée par l'autorité compétente.

Toutefois, en ce qui concerne les caravanes qui constituent l'habitat permanent de leurs utilisateurs, l'autorisation n'est exigée que si le stationnement de plus de trois mois est continu.

L'autorisation de stationnement de caravanes n'est pas nécessaire si le stationnement a lieu :

***a)* Sur les terrains aménagés permanents pour l'accueil des campeurs et des caravanes, régulièrement autorisés et classés ;**

***b)* À l'intérieur des terrains désignés à l'article R. 444-3 *b* et *c* ;**

***c)* Sur les terrains aménagés en application de l'article R. 443-13 ;**

***d)* Dans les bâtiments et remises et sur les terrains où est implantée la construction constituant la résidence de l'utilisateur.**

Exemption. Les cas d'exemption d'autorisation sont limitatifs. Soulignons, à cet égard, que celui 2765
résultant du *b* se rattache directement à la réglementation spécifique aux habitations légères de loisirs.

Voir aussi : C. urb., art. R. 444-1 et s., p. 891.

Application de la notion de continuité. La notion antérieure de continuité du stationnement 2766
est désormais étrangère au décompte de la durée de trois mois sauf dans les cas où la caravane constitue l'habitat permanent de son utilisateur.

Voir aussi : C. urb., art. A. 443-3, p. 972, le modèle de la demande d'autorisation de stationnement isolé de plus de trois mois d'une ou de plusieurs caravanes.

Illégalité. Est illégale l'interdiction de stationnement fondée sur le seul fait que le terrain est inon- 2767
dable (CE, 10 oct. 1980, *Min. Équip.* c/ *Durand* : *Rec. CE*, T, p. 925).

Prescription. La prescription de l'action publique, en matière de stationnement irrégulier de 2768
caravane, ne court qu'à compter du jour où la situation illicite a pris fin en raison du caractère continu de cette infraction (Cass. crim., 30 sept. 1992 : *D.* 1993, inf. rap., 14).

C. urb., art. *R. 443-5 *(D. n° 77-759, 7 juill. 1977 ; D. n° 84-227, 29 mars 1984)*. — La demande d'autorisation de stationnement, établie en deux exemplaires selon le modèle national fixé par arrêté du ministre chargé de l'urbanisme, est adressée au maire par pli recommandé avec demande d'avis de réception postal ou déposé contre décharge à la mairie.

Dans les cas mentionnés au deuxième alinéa de l'article R. 443-5-2 et à l'article R. 443-5-3, le maire transmet la demande, avec ses observations, au responsable du service de l'État dans le département, chargé de l'urbanisme.

Guichet unique. Système du « guichet unique » comme en matière de permis de construire. 2769

Voir aussi : C. urb., art. R. 421-9, p. 781.

C. urb., art. *R. 443-5-1 *(D. n° 84-227, 29 mars 1984)*. — L'autorité compétente pour statuer sur la demande d'autorisation de stationnement fait application des dispositions de l'article R. 443-10 pour accorder cette autorisation, avec ou sans prescriptions, ou la refuser. L'autorisation ne peut être accordée pour une durée supérieure à trois ans. Elle peut être renouvelée.

Des prescriptions spéciales peuvent être imposées, notamment en ce qui concerne la surface minimale des emplacements de stationnement et le respect des distances par rapport aux limites des parcelles, ainsi que, le cas échéant, la création d'écrans de verdure. Lorsque plusieurs caravanes sont groupées dans un même lieu, la justification d'équipements sanitaires ou la réalisation de travaux de viabilité peut être exigée.

La décision doit être adressée à l'intéressé au plus tard dans le délai de deux mois à compter de la date de l'avis de réception ou de celle du dépôt de la demande. À défaut de notification dans ce délai, l'autorisation est réputée accordée.

2770 **Durée de l'autorisation.** La durée de l'autorisation est nécessairement limitée (trois ans au maximum).

2771 **Fréquence de renouvellement.** Le renouvellement de l'autorisation peut intervenir pour une durée inférieure à trois ans (Circ. n° 72-186, 20 oct. 1972).

2772 **Prescriptions spéciales.** Les exigences d'aménagement mentionnées au deuxième alinéa du présent article sont particulièrement indispensables (Circ. n° 72-186, 20 oct. 1972) :
a) lorsque le stationnement s'effectue à l'intérieur d'un périmètre de protection spéciale ou lorsqu'il s'agit d'assurer l'hébergement de travailleurs autour d'un chantier ;
b) chaque fois que plusieurs caravanes seront groupées au voisinage les unes des autres, même si elles sont sur des parcelles appartenant à des propriétaires différents, et ce, en vue d'empêcher l'apparition de bidonvilles ou l'occupation anarchique du sol.

2773 **Motifs du refus.** Le refus ne peut intervenir que pour des raisons d'environnement, d'application des règles d'urbanisme, ou de salubrité, tranquillité et sécurité publiques (C. urb., art. R. 443-10). En particulier, le refus ne saurait se fonder sur des raisons de discrimination ethnique (problème des nomades).

2774 **Autorisation tacite.** Un mécanisme d'autorisation tacite est prévu. Néanmoins une autorisation de stationnement de caravanes ne peut donner lieu à renouvellement tacite (Cass. crim., 20 mai 1992 : *JCP* G 1992, IV, 2768).

C. urb., art. *R. 443-5-2 *(D. n° 84-227, 29 mars 1984 ; D. n° 88-199, 29 févr. 1988).* — Dans les communes où un *(Mots rempl., D. n° 2001-260, 27 mars 2001, art. 3)* « plan local d'urbanisme » a été approuvé, l'autorisation de stationnement de caravanes est délivrée par le maire au nom de la commune ou par le président de l'établissement public de coopération intercommunale au nom de cet établissement.

Toutefois elle est délivrée dans les conditions prévues à l'article R. 443-5-3 dans les cas mentionnés au quatrième alinéa de l'article L. 421-2-1.

Copie de la décision est transmise, selon les cas :

– lorsqu'elle est prise au nom de la commune, au préfet, accompagnée du dossier complet de la demande ;

– lorsqu'elle est prise au nom de l'établissement public de coopération intercommunale, au préfet, accompagnée du dossier complet de la demande, et au maire de la commune concernée.

C. urb., art. *R. 443-5-3 *(D. n° 84-227, 29 mars 1984 ; D. n° 88-199, 29 févr. 1988).* — Dans les autres communes, l'autorisation de stationnement de caravanes est délivrée par le maire au nom de l'État. Copie de la décision est transmise au préfet.

§ 2 Camping

C. urb., art. *R. 443-6 *(D. n° 77-759, 7 juill. 1977 ; D. n° 80-694, 4 sept. 1980 ; D. n° 84-227, 29 mars 1984).* — Le camping est librement pratiqué, hors de l'emprise des routes et voies publiques, dans les conditions fixées par le présent chapitre, avec l'accord de celui qui a la jouissance du sol, sous réserve, le cas échéant, de l'opposition du propriétaire.

2775 **Nature de l'activité de camping.** Reproduction presque littérale de l'article 1er du décret du 7 février 1959, abrogé par le décret du 29 mars 1984. Toutefois, il n'est plus indiqué que le camping est une activité d'intérêt général.

C. urb., art. *R. 443-6-1 *(D. n° 84-227, 29 mars 1984).* — La pratique du camping en dehors des terrains aménagés peut être interdite par arrêté dans certaines zones, pour les motifs indiqués à l'article R. 443-10, sur demande ou après avis du conseil municipal.

L'arrêté d'interdiction du camping est pris après avis de la commission départementale d'action touristique. Faute de réponse de cette commission dans le délai de deux mois à compter de sa consultation, son avis est réputé favorable.

Les interdictions ne sont opposables que si elles ont été portées à la connaissance du public par affichage en mairie et par apposition des panneaux réglementaires aux points d'accès habituels vers les zones interdites.

Avis express. L'avis du conseil municipal ne se présume pas à la différence de celui de la commission départementale d'action touristique. 2776

Voir aussi : Notes sous C. urb., art. R. 443-3, p. 879 et C. urb., art. R. 443-6-1, p. 882.

C. urb., art. *R. 443-6-2 *(D. n° 84-227, 29 mars 1984)*. — Dans les communes où un *(Mots rempl., D. n° 2001-260, 27 mars 2001, art. 3)* « plan local d'urbanisme » a été approuvé, à l'exclusion des périmètres d'intérêt national, l'arrêté d'interdiction du camping est pris par le maire au nom de la commune ou par le président de l'établissement public de coopération intercommunale au nom de cet établissement.

C. urb., art. *R. 443-6-3 *(D. n° 84-227, 29 mars 1984 ; D. n° 88-199, 29 févr. 1988)*. — Dans les autres communes, ainsi qu'à l'intérieur des périmètres d'opérations d'intérêt national, l'arrêté d'interdiction du camping est pris par le maire au nom de l'État. Copie de l'arrêté est transmise au préfet.

Voir aussi : Sur les mesures d'interdictions locales de camping : *JCP* A avr. 2003, p. 527.

C. urb., art. *R. 443-6-4 *(D. n° 84-227, 29 mars 1984 ; D. n° 88-199, 29 févr. 1988)*. — La mise à la disposition des campeurs, de manière habituelle, de terrains ne nécessitant pas d'autorisation d'aménager préalable en application des articles R. 443-7 à R. 443-8-2 doit faire l'objet, de la part du propriétaire ou de celui qui a la jouissance du sol, d'une déclaration à la mairie, qui mentionne les dispositions prévues pour l'entretien du terrain. Lorsqu'il n'est pas lui-même compétent, en matière de terrains aménagés, le maire transmet cette déclaration à l'autorité compétente.

Le fonctionnement des terrains visés ci-dessus peut être soumis à des conditions particulières.

Des dérogations concernant le nombre de campeurs ou de caravaniers, et celui de tentes ou de caravanes, à partir desquels l'autorisation d'aménager doit être demandée, peuvent être décidées par le préfet sur proposition du conseil municipal et après avis de la commission départementale de l'action touristique.

Zones urbanisées. Le camping déclaré peut être admis hors des parties actuellement urbanisées sans que l'on puisse lui opposer l'article L. 111-1-2 (Circ. 19 avr. 1985). 2777

Modalités d'utilisation. Le présent article permet au maire de soumettre les terrains déclarés à des conditions particulières de fonctionnement en ce qui concerne l'hygiène et la salubrité (Rép. min. : *JOAN* 1er févr. 1993, p. 399). 2778

Section II Terrains aménagés pour l'accueil des campeurs et des caravanes

Organisation. Depuis le décret n° 84-227 du 29 mars 1984, le régime d'autorisation des terrains de camping est le même que celui des terrains de caravanage. 2779

L'article 1er du décret n° 85-453 du 23 avril 1985 relatif à la démocratisation des enquêtes publiques et à la protection de l'environnement soumet à enquête publique l'aménagement de terrains ayant pour effet de créer plus de deux cents nouveaux emplacements sur le territoire d'une commune non dotée, à la date du dépôt de la demande, d'un plan d'occupation des sols ou d'un document d'urbanisme en tenant lieu et ayant fait l'objet d'une enquête publique.

§ 1 Terrains aménagés permanents

C. urb., art. R. 443-7 ***(D. n° 77-759, 7 juill. 1977 ; D. n° 77-1141, 12 oct. 1977 ; D. n° 80-694, 4 sept. 1980 ; D. n° 84-227, 29 mars 1984).*** **— Toute personne physique ou morale qui reçoit de façon habituelle, sur un terrain lui appartenant ou dont elle a la jouissance, soit plus de vingt campeurs sous tentes, soit plus de six tentes ou caravanes à la fois, doit au préalable avoir obtenu l'autorisation d'aménager le terrain et un arrêté de classement déterminant le mode d'exploitation autorisé.**

2780 **Modalité d'aménagement suivant la taille du terrain.** En vertu de la circulaire du 19 avril 1985, l'autorisation d'aménager un terrain (lorsqu'il est important) de camping ou de caravanage ne peut être accordée que dans les communes dotées d'un POS ou d'un PLU ou dans celles qui ont adopté les modalités d'application du RNU conformément à la circulaire du 24 septembre 1984. Toutefois, pour les « terrains moins importants » (petite taille, faible densité, caractère saisonnier ou non...), une autorisation peut être accordée hors des parties actuellement urbanisées des communes non dotées d'un plan après délibération motivée du conseil municipal et si le projet respecte toutes les règles applicables : lois relatives à la montagne, au littoral ou au bruit des aérodromes, etc.

2781 **Procédure.** La procédure prévue aux articles suivants suppose que soient remplies à la fois la condition d'habitude et celle de simultanéité, cette dernière résultant du dépassement de l'un ou l'autre des deux seuils numériques prévus au présent article à savoir : soit vingt campeurs ou tentes, soit six tentes ou caravanes à la fois.

2782 **Contenu de l'autorisation.** L'arrêté d'autorisation d'ouverture précise les conditions dans lesquelles l'autorisation d'aménagement d'un terrain pour le stationnement de caravanes peut – bien qu'elle soit réputée permanente – être suspendue conformément à la procédure prévue par les quatre derniers alinéas de l'article 7 du décret n° 68-134 du 9 février 1968 pris en application du décret n° 59-275 du 7 février 1959 relatif au camping (Circ. n° 72-186, 20 oct. 1972).

2783 **Publicité.** La publicité de l'autorisation d'ouverture doit, aux termes du dernier alinéa du présent article, être effectuée dans les mêmes conditions que la publicité du permis de construire organisée par l'article R. 421-39 du présent code (publicité sur le terrain et affichage en mairie).

2784 **Classement.** Le classement d'un terrain aménagé pour l'accueil des campeurs et des caravanes répond aux normes fixées par l'arrêté du 11 janvier 1993.

Voir aussi : C. urb., art. A. 443-7, p. 973, et ses notes ; sur la mise en œuvre d'équipements sanitaires minimaux (eau destinée à la consommation humaine, évacuation des eaux usées, collecte et élimination des déchets ménagers, entretien des équipements communs et hygiène générale) dont le fonctionnement subordonne la délivrance de l'arrêté de classement, l'arrêté du 17 juillet 1985 : *JO* 26 juill. 1985 ; sur la réglementation spéciale aux habitations légères de loisirs, C. urb., art. R. 444-1 à R. 444-4, p. 891, introduits dans le présent code par l'article 11 du décret n° 80-694 du 4 septembre 1980 et plus particulièrement C. urb., art. R. 444-4, p. 893, qui règle le cas des opérations mixtes.

C. urb., art. *R. 443-7-1 ***(D. n° 84-227, 29 mars 1984 ; D. n° 86-514, 14 mars 1986).*** **— La demande d'autorisation d'aménager un terrain est établie conformément à un modèle national fixé par arrêté conjoint des ministres chargés de l'urbanisme et du tourisme.**

La demande, qui comporte l'engagement du demandeur d'exploiter le terrain selon le mode de gestion indiqué dans sa demande, est accompagnée d'un dossier composé, pour les constructions à réaliser, des pièces résultant de l'application des articles R. 421-1 à R. 421-7-1 ou le cas échéant de l'article R. 422-3 et, pour l'aménagement du terrain, de pièces dont la liste est fixée, le cas échéant, selon la nature et le lieu du stationnement, par arrêté conjoint des ministres chargés de l'urbanisme et du tourisme.

Ce dossier doit comporter également soit l'étude d'impact définie à l'article 2 du décret n° 77-1141 du 12 octobre 1977, lorsque la demande intéresse un projet compor-

tant 200 emplacements ou plus, soit une notice exposant les conditions dans lesquelles le projet satisfait aux préoccupations d'environnement définies par l'article 1er du même décret, lorsque la demande intéresse un projet comportant moins de 200 emplacements.

Voir aussi : Sur la composition du dossier, C. urb., art. A. 443-6, p. 882.

Notice d'impact. La notice d'impact exigée par l'article R. 443-7-1 en vue de l'autorisation de créer ou d'étendre un terrain de camping de moins de 200 places doit indiquer de façon précise les incidences éventuelles du projet sur l'environnement et les conditions dans lesquelles il satisfait aux préoccupations énumérées par les dispositions de la loi du 10 juillet 1976, notamment pour ce qui concerne l'assainissement (CAA Nantes, 15 oct. 2002, req. n° 00NT00636, SARL « *Côte d'Amour – Camping Mar Atlantis* » : *BJDU* n° 2/2003, p. 104). 2785

C. urb., art. *R. 443-7-2 *(D. n° 84-227, 29 mars 1984 ; D. n° 85-452, 23 avr. 1985 ; D. n° 86-984, 19 août 1986 ; D. n° 94-614, 13 juill. 1994).* — **Les conditions de dépôt, de transmission et d'instruction de la demande d'autorisation d'aménager un terrain de camping ou de caravanage sont régies conformément aux dispositions des articles R. 421-8, R. 421-9, alinéas 1 à 3, R. 421-10, R. 421-12 à R. 421-17, R. 421-19 à R. 421-28 et R. 421-38-1 à R. 421-38-19.**

Dans les quinze jours qui suivent le dépôt de la demande et pendant la durée d'instruction de celle-ci, le maire procède à l'affichage en mairie d'un avis de dépôt de la demande comprenant les mentions suivantes : nom du demandeur, numéro et date d'enregistrement de la demande, adresse et superficie du terrain et nombre d'emplacements projetés.

Outre les consultations énumérées à l'article R. 421-15, la demande d'autorisation d'aménager est soumise pour avis à la commission départementale de l'action touristique. Faute de réponse de cette commission dans le délai de deux mois à compter du dépôt de la demande, son avis est réputé favorable.

Le délai d'instruction des demandes d'autorisation d'aménager un terrain de camping et de caravanage est fixé à trois mois à compter de la date de décharge du dépôt de la demande complète, ou de l'avis de réception postal de son envoi. Toutefois, ce délai est porté à cinq mois lorsque le projet est soumis à enquête publique, lorsqu'il y a lieu de consulter une commission nationale, ou lorsqu'en application de l'article R. 421-38-4 ou de l'article R. 421-38-6, l'architecte des Bâtiments de France a fait connaître son intention d'utiliser un délai supérieur à un mois ou que le dossier est évoqué par le ministre compétent.

Faute pour l'autorité compétente d'avoir adressé notification de la décision dans le délai d'instruction prévu à l'alinéa précédent, l'autorisation est réputée accordée, sauf dans les cas énumérés à l'article R. 421-19 et au 2° de l'article R. 443-9 et lorsque le terrain de camping et de stationnement de caravanes est situé dans une zone délimitée par le préfet, en application de l'article R. 443-8-3, où l'autorisation ne peut être obtenue de façon tacite.

Régime PC. Le régime de l'autorisation d'aménager un terrain de camping ou de caravanage est aligné sur celui du permis de construire. 2786

Information des tiers. L'alinéa 2 de cet article, introduit par le décret du 19 août 1986, répond aux exigences de publicité formulées par l'article L. 300-1 du présent code et vise à une meilleure information des tiers. 2787

Autorisation tacite. Le dernier alinéa détermine les conditions dans lesquelles il y a obtention tacite de l'autorisation d'aménager un terrain de camping et de caravanage. 2788

C. urb., art. *R. 443-7-3 *(D. n° 84-227, 29 mars 1984 ; D. n° 86-514, 14 mars 1986 ; D. n° 93-614, 26 mars 1993, art. 9).* — **L'autorisation d'aménager un terrain de camping et de caravanage fixe le nombre maximum d'emplacements réservés aux tentes et aux cara-**

vanes, ou exclusivement aux caravanes. Elle impose le respect des normes d'équipement propres au mode d'occupation concerné.

Lorsqu'il est envisagé d'implanter sur le terrain des habitations légères de loisirs dans les conditions prévues à l'article R. 444-3, l'autorisation fixe en outre la délimitation de leurs emplacements.

L'autorisation d'aménager tient lieu du permis de construire ou de la décision de prescriptions prévue à l'article R. 422-9 ou vaut absence d'opposition à la déclaration prévue à l'article L. 422-2 pour les constructions et installations figurant dans la demande. L'autorisation d'aménager constitue le fait générateur des taxes et contributions éventuellement exigibles pour ces constructions et installations ; elle comporte les mentions prévues selon le cas à l'article R. 421-29 ou à l'article R. 422-9.

2789 **Harmonisation.** Le décret du 29 mars 1984 simplifie la procédure antérieure en faisant de l'autorisation d'aménager un permis de construire par équivalence. Le décret du 26 mars 1993 harmonise la procédure avec le régime de la déclaration préalable.

2790 **Prescriptions.** L'autorisation d'aménager est toujours assortie de prescriptions particulières et impose la mise en œuvre d'équipements sanitaires minimaux.

Voir aussi : C. urb., art. R. 443-7, p. 884, et ses notes.

2791 **Terrain hors exploitation touristique.** Pour les terrains de caravanage qui ne sont pas destinés à une exploitation touristique, une certaine liberté d'appréciation est laissée au préfet en ce qui concerne les conditions d'aménagement et de fonctionnement qui doivent nécessairement être adaptées aux cas particuliers qui peuvent se présenter, et en particulier pour ceux pouvant notamment recevoir les ouvriers de chantiers ou les gens du voyage (Circ. n° 72-186, 20 oct. 1972 ; Rép. min. : *JOAN* 31 mai 1974, p. 2376).

2792 **Division du sol.** La division d'une propriété foncière qui, aux termes de l'article R. 315-1 du présent code, constitue un lotissement lorsqu'elle est effectuée en vue de l'implantation de bâtiments, n'est pas considérée comme telle lorsque les lots résultant d'une division de propriété doivent être utilisés pour le stationnement de caravanes (Rép. min. : *JOAN* 8 oct. 1977, p. 6033 ; *JCP* N 1977, Prat. 6692-2). De toute manière, l'exploitation d'un tel terrain, par location d'emplacements ou cession de terrains, ne peut être commencée qu'après obtention d'un certificat délivré par le préfet constatant l'achèvement des travaux prescrits par la décision d'autorisation.

Voir aussi : C. urb., art. R. 443-8, p. 887 ; C. urb., art. L. 111-5-2, p. 18 et C. urb., art. R. 315-55 à R. 315-61, p. 679, sur les divisions soumises à déclaration préalable.

C. urb., art. *R. 443-7-4 ***(D. n° 84-227, 29 mars 1984 ; D. n° 88-199, 29 févr. 1988).*** **— Dans les communes où un** ***(Mots rempl., D. n° 2001-260, 27 mars 2001, art. 3)*** **« plan local d'urbanisme » a été approuvé, l'autorisation d'aménager un terrain de camping et de caravanage est délivrée par le maire au nom de la commune ou par le président de l'établissement public de coopération intercommunale au nom de cet établissement.**

Toutefois, elle est prise par le préfet dans les cas mentionnés au quatrième alinéa de l'article L. 421-2-1.

C. urb., art. *R. 443-7-5 ***(D. n° 84-227, 29 mars 1984 ; D. n° 88-199, 29 févr. 1988).*** **— Dans les communes où un** ***(Mots rempl., D. n° 2001-260, 27 mars 2001, art. 3)*** **« plan local d'urbanisme » n'a pas été approuvé, l'autorisation d'aménager un terrain de camping et de caravanage est délivrée par le préfet au nom de l'État.**

C. urb., art. *R. 443-7-6 ***(D. n° 84-227, 29 mars 1984).*** **— Les conditions de délivrance, de notification, de transmission et de validité de l'autorisation d'aménager sont régies conformément aux dispositions des articles R. 421-29 à R. 421-32, R. 421-34 et R. 421-35, R. 421-37 et R. 421-38.**

Voir aussi : C. urb., art. R. 443-7-2, p. 885.

C. urb., art. *R. 443-8 *(D. n° 77-759, 7 juill. 1977 ; D. n° 84-227, 29 mars 1984 ; D. n° 88-199, 29 févr. 1988).* — Le bénéficiaire de l'autorisation d'aménager ne peut commencer l'exploitation d'un terrain de camping et de caravanage par location d'emplacements ou, lorsque le terrain est destiné uniquement à la réception des caravanes, par location d'emplacement ou cession de terrain, qu'après avoir obtenu :

– un certificat constatant l'achèvement des travaux prescrits par la décision d'autorisation, délivré par l'autorité compétente pour accorder l'autorisation d'aménager et dans les conditions prévues aux articles R. 460-1 et suivants ; il tient lieu du certificat de conformité exigible pour les constructions pour lesquelles l'autorisation d'aménager tient lieu de permis de construire ;

– et un arrêté de classement délivré par le préfet, qui détermine le mode d'exploitation autorisé.

L'autorisation d'aménager comporte l'obligation pour le demandeur d'assurer ou de faire assurer la gestion des parties communes.

La publicité de l'autorisation d'aménager doit être effectuée dans les conditions prévues à l'article R. 421-39.

Conditions sanitaires. L'arrêté de classement et l'autorisation d'exploitation de ces terrains sont 2793
subordonnés à la mise en œuvre, au fonctionnement et à l'entretien des équipements sanitaires ainsi qu'aux conditions sanitaires fixées par l'arrêté du 17 juillet 1985.

Définition de l'infraction. Ne caractérise pas le délit d'exploitation d'un terrain de camping et de 2794
caravanage, en l'absence d'un arrêté de classement dont le prévenu a été déclaré coupable, la cour d'appel qui ne constate pas que le prévenu ait accueilli de manière habituelle sur son terrain, soit plus de 20 campeurs sous tente, soit plus de six tentes ou caravanes à la fois dès lors que l'article R. 443-7 du Code de l'urbanisme n'impose l'obtention de l'arrêté préfectoral de classement du terrain déterminant le mode d'exploitation autorisé que dans cette hypothèse (Cass. crim., 16 oct. 1996 : *Juris-Data* n° 1996-004888).

§ 2 Terrains aménagés saisonniers

C. urb., art. *R. 443-8-1 *(D. n° 84-227, 29 mars 1984).* — Conformément aux règles d'urbanisme applicables, l'autorité compétente mentionnée à l'article R. 443-7-4 ou R. 443-7-5 peut autoriser l'aménagement de terrains de camping et de caravanage à des fins d'exploitation strictement saisonnières, dans les formes et délais prévus aux articles R. 443-7 à R. 443-8 ; l'autorisation d'aménager fixe alors la période d'exploitation en dehors de laquelle tout maintien de tente ou de caravane est interdit.

§ 3 Dispositions communes à la section II

C. urb., art. *R. 443-8-2 *(D. n° 84-227, 29 mars 1984).* — Les normes d'équipement et de fonctionnement visées à l'article R. 443-7-3, les conditions de délivrance, de suspension et de retrait de l'arrêté de classement visé à l'article R. 443-8 ainsi que les conditions et les normes d'équipement et de fonctionnement propres à l'exploitation saisonnière prévue par l'article R. 443-8-1 sont fixées par arrêté conjoint des ministres chargés de l'urbanisme, de la santé publique et du tourisme.

C. urb., art. R. 443-8-3 *(D. n° 94-614, 13 juill. 1994).* — Pour l'application de l'article L. 443-2, le préfet de département délimite par arrêté les zones soumises à un risque naturel ou technologique prévisible. Ces zones comprennent notamment celles mentionnées à l'article 2 du décret n° 90-918 du 11 octobre 1990 relatif à l'exercice du droit à l'information sur les risques majeurs.

Modalités d'ouverture. L'ouverture d'un camping dans les zones ainsi délimitées n'est possible 2795
qu'après avis motivé du préfet et moyennant le respect des prescriptions d'information, d'alerte

et d'évacuation permettant d'assurer la sécurité de ses occupants, sur le fondement de l'article L. 443-2.

Voir aussi : A. 6 févr. 1995 et Circ. 6 févr. 1995 : *Mon. TP* 14 avr. 1995, p. 396.

C. urb., art. R. 443-8-4 *(D. n° 94-614, 13 juill. 1994).* — **En cas d'inexécution totale ou partielle par l'exploitant, dans les délais prévus, des prescriptions fixées par les articles 3 à 9 du décret du 13 juillet 1994 relatif aux prescriptions permettant d'assurer la sécurité des occupants des terrains de camping et de stationnement de caravanes soumis à un risque naturel ou technologique prévisible, l'autorité compétente mentionnée aux articles R. 443-7-4, premier alinéa, et R. 443-7-5 peut ordonner, après mise en demeure restée sans effet, la fermeture temporaire du terrain situé dans une zone visée à l'article R. 443-8-3 et l'évacuation des occupants jusqu'à l'exécution des prescriptions.**

En cas de carence de l'autorité mentionnée au premier alinéa de l'article R. 443-7-4, le préfet peut, après mise en demeure non suivie d'effet, s'y substituer.

C. urb., art. R. 443-8-5 *(Créé, D. n° 2001-569, 29 juin 2001, art. 1er).* — **Les dispositions de la présente section ne sont pas applicables aux aires d'accueil des gens du voyage aménagées en application des dispositions de la loi [n° 2000-614]du 5 juillet 2000 relative à l'accueil et à l'habitat des gens du voyage. La personne morale qui aménage une aire d'accueil des gens du voyage en informe préalablement l'autorité compétente en matière d'autorisation d'utiliser ou d'occuper le sol.**

Section III Dispositions générales

C. urb., art. **R. 443-9 *(D. n° 77-759, 7 juill. 1977 ; D. n° 80-694, 4 sept. 1980 ; D. n° 81-534, 12 mai 1981 ; D. n° 82-584, 29 juin 1982 ; D. n° 84-227, 29 mars 1984).* — **Le camping et le stationnement des caravanes pratiqués isolément ainsi que la création de terrains de camping et de caravanage sont interdits :**

1° Sur les rivages de la mer ;

2° Dans les sites classés ou inscrits, à l'intérieur des zones définies *(Mots rempl., Ord. n° 2004-178, 20 févr. 2004, art. 3)* **« aux articles L. 621-1 et L. 621-2 du Code du patrimoine », autour d'un monument historique classé, inscrit ou en instance de classement, dans les zones de protection du patrimoine architectural et urbain, ainsi que dans les zones de protection établies en application de l'article 17 de la loi du 2 mai 1930 sur la protection des monuments naturels et des sites ; sauf en ce qui concerne les sites classés ou en instance de classement, des dérogations à l'interdiction peuvent être accordées par l'autorité compétente pour statuer, après avis de l'architecte des Bâtiments de France et, le cas échéant, de la commission départementale des sites ; en ce qui concerne les sites classés, des dérogations peuvent être accordées par le ministre chargé des sites ou, s'il s'agit de sites naturels, par le ministre chargé de la protection de la nature et de l'environnement après avis de la commission départementale des sites ;**

3° Sauf avis favorable du conseil départemental d'hygiène, dans un rayon de 200 mètres des points d'eau captée pour la consommation, sans préjudice des dispositions relatives aux périmètres de protection déterminés conformément au décret n° 67-1093 du 15 décembre 1967 portant règlement d'administration publique pour l'application de l'article L. 20 du Code de la santé publique.

Voir aussi : Sur la prohibition en zone littorale, C. urb., art. L. 146-5, p. 129, qui subordonne l'ouverture de terrains de camping ou de stationnement de caravanes en dehors des espaces urbanisés à la délimitation de secteurs prévus à cet effet par le POS.

2796 **Sites pittoresques.** Est interdit, en application du présent article, le stationnement d'une camionnette aménagée pour l'exercice de l'activité de traiteur – dès lors que celle-ci est considérée comme une caravane – à proximité d'un lac qui a été inscrit sur l'inventaire des sites pittoresques par arrêté ministériel (TA Pau, 20 déc. 1991 : *Juris-Data* n° 1991-049274).

Fait générateur de l'infraction. L'infraction se trouve constituée par le seul fait pour la prévenue d'avoir laissé des caravanes stationner sur son terrain, alors que le stationnement des caravanes était interdit dans la commune, en raison de son classement sur l'inventaire des sites pittoresques. Les faits que le terrain lui appartenait et que les caravanes appartenaient à des membres de sa famille venus lui rendre visite sont sans incidence sur la constitution du délit (CA Aix-en-Provence, 10 févr. 1994 : *Juris-Data* n° 1994-040985). 2797

Dérogation. Des raisons d'environnement (al. 1er et 2) justifient le principe d'interdiction auquel il peut être toutefois dérogé ; en revanche, l'interdiction pour des raisons de salubrité publique (al. 3) ne peut jamais justifier de dérogation. 2798

Justification de la dérogation. La dérogation au principe d'interdiction de camping à moins de 500 mètres d'un monument historique classé ou inscrit ne peut être légalement accordée que dans le cas où, en raison notamment de la configuration particulière des lieux, l'installation de camping ne porte pas atteinte à l'environnement de ce monument (CE, 6 avr. 1979, *Consorts Tommy-Martin : Rec. CE*, p. 153). 2799

C. urb., art. *R. 443-9-1 *(D. n° 84-227, 29 mars 1984)*. — Le stationnement des caravanes est interdit dans les bois, forêts et parcs classés par un *(Mots rempl., D. n° 2001-260, 27 mars 2001, art. 3)* « plan local d'urbanisme » comme espaces boisés à conserver, sous réserve de l'application éventuelle des articles L. 130-1 à L. 130-3, ainsi que dans les forêts classées en application du titre I du livre IV du Code forestier.

EBC. L'autorisation d'aménager un terrain de camping dans un espace boisé classé ne peut être délivrée, alors même que ledit terrain était antérieurement affecté à cette activité et que son aménagement n'aurait entraîné aucune coupe ou abattage d'arbres (CE, 30 nov. 1994, *Merle* : retrait implicite d'un CU positif). 2800

C. urb., art. **R. 443-10 *(D. n° 77-759, 7 juill. 1977 ; D. n° 80-694, 4 sept. 1980 ; D. n° 84-227, 29 mars 1984)*. — Les interdictions prévues aux articles R. 443-3 et R. 443-6-1 sont prononcées, les autorisations prévues aux articles R. 443-4, R. 443-7, R. 443-8-1 et R. 443-8-2 sont délivrées conformément aux dispositions législatives et réglementaires en vigueur pour le mode d'occupation du sol prévu, notamment de celles qui résultent du *(Mots rempl., D. n° 2001-260, 27 mars 2001, art. 3)* « plan local d'urbanisme » rendu public ou approuvé ou du document d'urbanisme en tenant lieu.

Les interdictions prévues aux articles R. 443-3 et R. 443-6-1 peuvent être prononcées, les autorisations prévues aux articles R. 443-4, R. 443-7, R. 443-8-1 et R. 443-8-2 peuvent être refusées ou subordonnées à l'observation des prescriptions spéciales si les modes d'occupation du sol envisagés sont de nature à porter atteinte :

À la salubrité, à la sécurité ou à la tranquillité publique ;

Aux paysages naturels ou urbains, à la conservation des perspectives monumentales ;

À l'exercice des activités agricoles et forestières ou à la conservation des milieux naturels, de la faune ou de la flore.

Plans d'occupation des sols. Les motifs d'interdiction sont limitativement énumérés, mais leur définition est toutefois extensive. 2801
Le Conseil d'État a admis la possibilité pour l'autorité compétente d'édicter dans le règlement du POS (art. R. 123-18 et R. 123-21) l'interdiction de faire stationner des caravanes, alors même qu'elle aurait pu édicter cette interdiction selon la procédure définie à l'article ci-dessus (CE, 13 avr. 1983, *Assoc. pour le tourisme de plein air à Belle-Île-en-Mer : Rec. CE*, T, p. 902. – Rép. min. *JO Sénat* 25 mars 1993).
Cette jurisprudence a été étendue au camping (CE, 13 mai 1994, *Cne de La Tranche-sur-Mer : AJDA* 1994, p. 633, concl. Vigouroux ; *DA* 1994, 430).

Zone rurale. Le refus d'autorisation peut être fondé sur le fait que la parcelle destinée à recevoir des caravanes est située en zone rurale, dans un secteur hors périmètre d'agglomération où l'habi- 2802 tation, selon le programme d'aménagement de la ville, est réservée aux exploitants agricoles et aux ouvriers et artisans ruraux, catégories dans lesquelles n'entrerait pas le requérant (CE, 22 juin 1977, *Époux Fabulet : D.* 1978, inf. rap. 47).

2803 **Risques d'inondation.** L'exploitation d'un terrain de camping particulièrement exposé à des risques d'inondation ne peut être autorisée sans l'édiction de prescriptions particulières de nature à préserver la sécurité publique (CAA Lyon, 19 avr. 1994, *Starace : BJDU* 4/1994, concl. Richer, p. 78).

2804 **Pouvoir de police du maire.** En vertu de ses pouvoirs de police, le maire d'une commune peut interdire l'exploitation d'une partie d'un camping classée en zone inondable par le plan d'occupation des sols (CE, 17 mars 1997, *Cne de Pierrelongue*).

C. urb., art. *R. 443-11 et *R. 443-12 *(Ab., D. n° 84-227, 29 mars 1984).*

C. urb., art. **R. 443-13 *(D. n° 77-759, 7 juill. 1977 ; D. n° 80-694, 4 sept. 1980 ; D. n° 84-227, 29 mars 1984).* **— Le garage des caravanes peut être assuré dans les conditions prévues aux articles R. 443-7 à R. 443-8, R. 443-8-2 et R. 443-9 pour leur stationnement et conformément aux modalités fixées à cet effet par un arrêté conjoint des ministres chargés de l'urbanisme et du tourisme.**

En outre, les caravanes peuvent être garées :

1° Dans les terrains affectés au garage collectif des caravanes dont l'ouverture doit être autorisée conformément aux articles R. 442-1 et suivants ;

2° Librement dans les bâtiments et remises et sur le terrain où est implantée la construction constituant la résidence de l'utilisateur ;

3° Sur les aires de stationnement ouvertes au public et dans les dépôts de véhicules mentionnés à l'article R. 442-2 *b* ; dans ce cas, l'autorisation exigée quelle que soit la commune sur le territoire de laquelle le stationnement est envisagé tient lieu de l'autorisation prévue aux articles R. 443-7 et suivants.

2805 **Garages collectifs.** Les autorisations de garages collectifs de quelque nature qu'elles soient ne sauraient aboutir à la transgression des dispositions de l'article R. 443-4 dans le cas où la caravane est effectivement habitée même de manière occasionnelle (Circ. n° 72-186, 20 oct. 1972).

2806 **Régime spécial d'ITD.** Le dernier alinéa ajouté par le décret n° 80-694 du 4 septembre 1980 résulte de la volonté de contrôle de l'Administration. Les aires de stationnement ouvertes au public et les dépôts de véhicules lorsqu'ils sont susceptibles de contenir au moins dix véhicules sont en effet soumis à la réglementation relative aux installations et travaux divers.

Voir aussi : C. urb., art. R. 442-2, p. 865.

C. urb., art. **R. 443-14 *(Ab., D. n° 80-694, 4 sept. 1980).*

C. urb., art. *R. 443-15 *(D. n° 77-759, 7 juill. 1977 ; D. n° 84-227, 29 mars 1984 ; D. n° 88-199, 29 févr. 1988).* **— Les membres de la commission départementale d'action touristique ou les fonctionnaires désignés par le ministre chargé du tourisme ou par le préfet ou par le maire et porteurs d'un ordre de mission ou d'une commission sont habilités à inspecter, même inopinément, les terrains aménagés pour le camping et le caravanage en application des articles R. 443-7, R. 443-8-1 et R. 443-8-2 ou qui auraient dû l'être, et ceux sur lesquels se trouvent des caravanes dont le stationnement a été autorisé ou aurait dû l'être.**

Sera puni d'une amende de 1 000 F à 2 000 F et pourra l'être, en outre, d'un emprisonnement pendant huit jours au plus, quiconque aura entravé l'exercice du droit d'inspection desdits terrains.

C. urb., art. *R. 443-16 *(D. n° 77-759, 7 juill. 1977 ; D. n° 84-227, 29 mars 1984).* **— Sans préjudice de l'article 184 du Code pénal [ancien]** ***[nouveau C. pén., art. 226-4 et 432-8],***

sera puni de l'amende prévue pour les contraventions de la cinquième classe celui qui, sans l'autorisation de son propriétaire ou de son utilisateur, ouvrira une tente, une caravane ou, d'une manière générale, un abri de camping ou y pénétrera.

Harmonisation. L'article 184 du Code pénal qui réprime la violation de domicile est devenu l'article 226-4 et 432-8 du Nouveau Code pénal. **2807**

Chapitre IV
Habitations légères de loisirs

Objet de cette réglementation spécifique. La mise en place des articles R. 444-1 à R. 444-4 (D. n° 80-694, 4 sept. 1980) a eu pour but de déterminer le régime juridique applicable aux habitations légères de loisirs autres que les tentes et caravanes, telles qu'elles sont définies à l'article R. 444-2, dont l'implantation désordonnée ne pouvait se poursuivre sans constituer une menace sérieuse pour les espaces naturels et les sites. Il était en effet indispensable de prévoir pour cet habitat léger des structures d'accueil bien adaptées et qui puissent répondre à ses divers modes d'utilisation de manière à satisfaire le plus grand nombre d'usagers (Rép. min. n° 5583 : *JO Sénat*, 19 août 1982, p. 3911). **2808**

C. urb., art. *R. 444-1 *(D. n° 80-694, 4 sept. 1980).* — Les dispositions du présent chapitre sont applicables dans toutes les communes, même si celles-ci sont dotées d'un *(Mots rempl., D. n° 2001-260, 27 mars 2001, art. 3)* « plan local d'urbanisme » rendu public ou approuvé ou d'un des documents d'urbanisme en tenant lieu.

Champ d'application. À remarquer l'étendue du champ d'application qui englobe même les communes dotées de documents d'urbanisme et qui est donc absolument général et sans aucune exception. **2809**

Voir aussi : Sur la réalisation des opérations groupées d'habitations légères de loisirs dans des terrains aménagés pour leur accueil dans les communes dotées d'un plan d'occupation des sols, les réponses ministérielles n° 19638 : *JOAN* 5 déc. 1994, p. 6057 ; *JCP* N 1995, Prat. 3232 et n° 7090 : *JO Sénat* 8 déc. 1994, p. 2909.

C. urb., art. *R. 444-2 *(D. n° 80-694, 4 sept. 1980).* — Sont dénommées habitations légères de loisirs au sens du présent code des constructions à usage non professionnel, démontables ou transportables et répondant aux conditions fixées par l'article R. 111-16 du Code de la construction et de l'habitation.

Définitions. Par définition, les habitations légères de loisirs sont non seulement démontables ou transportables mais constitutives de logements destinés à l'occupation temporaire ou saisonnière dont la gestion et l'entretien sont organisés et assurés de façon permanente (CCH, art. R. 111-16). **2810**

Nature des habitations concernées. À comparer avec l'article R. 443-2 qui définit « la caravane ». La frontière entre caravane et maison mobile n'est néanmoins pas toujours facile à tracer. **2811**

Voir aussi : Circ. 13 mars 1980, ann. I ; sur le cas des « chalex », note sous C. urb., art. R. 443-2, p. 867.

Garantie décennale. La maison mobile livrée par camion et simplement posée sans travaux ni fondations n'est pas une construction d'ouvrage immobilier au sens des articles 1792 et suivants du Code civil, en leur rédaction issue de la loi du 4 janvier 1978. En conséquence, la réparation de désordres affectant ce type de maison ne peut être obtenue sur le fondement d'une action en garantie décennale (Cass. 3ᵉ civ., 28 avr. 1993 : *Bull. civ.* III, n° 710). **2812**

C. urb., art. *R. 444-3 *(D. n° 80-694, 4 sept. 1980 ; D. n° 84-227, 29 mars 1984 ; D. n° 86-514, 14 mars 1986 ; D. n° 93-614, 26 mars 1993, art. 10).* — Les habitations légères de loisirs ne peuvent être implantées que dans les conditions suivantes :

a) **Dans les terrains de camping et de caravanage permanents autorisés, conformément à la réglementation applicable à ce mode d'hébergement, à la condition que le nombre des habitations légères soit inférieur à 35 ou à 20 % du nombre d'emplacements ;**

b) **Dans les terrains affectés spécialement à cet usage. Dans ce cas le terrain fait l'objet d'une autorisation d'aménager délivrée dans les formes et délais mentionnés aux articles R. 443-7-1 à R. 443-8 et qui impose la réalisation par le constructeur d'installations communes dans les conditions définies par un arrêté conjoint des ministres chargés de l'économie, de l'urbanisme, de la santé publique et du tourisme ;**

c) **Dans les villages de vacances classés en hébergement léger et dans les dépendances des maisons familiales de vacances agréées, conformément à la réglementation applicable à ces modes d'hébergement, quel que soit le nombre des habitations légères.**

Dans les cas visés aux *a* et *b* ci-dessus, que le terrain soit destiné à être exploité par location ou cession d'emplacements, l'autorisation d'aménager impose au constructeur l'obligation d'assurer ou de faire assurer la gestion des parties communes. Le bénéficiaire de l'autorisation ne peut commencer l'exploitation du terrain qu'après avoir obtenu le certificat constatant l'achèvement des travaux mentionné à l'article R. 443-8.

Le service instructeur de la demande d'autorisation d'aménager un terrain destiné à l'accueil d'habitations légères de loisir consulte en tant que de besoin les autorités et services publics habilités à demander que soient prescrites les contributions mentionnées à l'article L. 332-12. À défaut de réponse dans le délai d'un mois, ces autorités et services publics sont réputés n'avoir aucune proposition de contribution à formuler.

L'autorisation d'aménager un terrain destiné à l'accueil d'habitations légères de loisirs énumère celles des contributions prévues à l'article L. 332-12 qu'elle met, le cas échéant, à la charge du bénéficiaire de l'autorisation.

Dans le cas où sont exigées la participation pour le financement d'équipements publics exceptionnels mentionnée au *c* de l'article L. 332-12 ou la participation forfaitaire mentionnée au d du même article, l'autorisation d'aménager en fixe le montant et énonce le mode d'évaluation de ce dernier.

Lorsque la participation forfaitaire inclut une cession gratuite de terrain, l'autorisation détermine la superficie à céder et en mentionne la valeur déterminée par le directeur des services fiscaux.

Lorsque la participation forfaitaire inclut le versement de la participation prévue à l'article L. 332-9 dans les programmes d'aménagement d'ensemble et que le bénéficiaire s'en acquitte en tout ou partie conformément à l'article L. 332-10 sous forme d'exécution de travaux ou d'apport de terrain, l'autorisation d'aménager mentionne :

– les caractéristiques des travaux et leur valeur déterminées d'un commun accord par le pétitionnaire et l'autorité compétente pour délivrer l'autorisation ;

– la superficie des terrains à apporter ainsi que leur valeur déterminée par le directeur des services fiscaux.

2813 **Pouvoir réglementaire.** L'article R. 444-3 est fondé sur l'article L. 111-1. Il n'excède pas les limites de l'habilitation législative (CE, 18 mars 1983, *Syndicat national de l'hôtellerie de plein air : Rec. CE*, p. 119).

2814 **Terrains de camping et de caravanage.** Il résulte du *a* que les terrains de camping et de caravanage aménagés à des fins strictement saisonnières (art. R. 443-8-1) ne peuvent accueillir des habitations légères de loisirs et que le nombre d'habitations légères de loisirs pouvant être admises dans les terrains de camping et de caravanage permanents est modulé en fonction de la taille des terrains concernés sans que soit réduit pour autant, dans les plus petits, le seuil maximum de 34 qui peut toutefois être dépassé dès lors qu'il reste inférieur au cinquième du nombre d'emplacements – plus de 170 – que comporte le terrain de camping et de caravanage en cause.

2815 **Caractéristiques du terrain.** L'autorisation d'implantation d'habitations légères de loisirs sur un terrain de camping permanent autorisé ne peut être délivrée qu'à la condition que le camping, compte tenu des habitations légères à implanter, réponde à la réglementation applicable à ce mode d'hébergement. Aussi, lorsque l'implantation des 31 habitations légères de loisirs au sein d'un camping est de nature à porter atteinte à la salubrité publique – conditions d'assainissement dépassant alors les capacités de traitement de la station d'épuration de la commune à laquelle l'ensemble du camping est raccordé –, le préfet commet une erreur manifeste d'appréciation en autorisant l'implantation de celles-ci (CE, 10 juill. 1995, *Mme Bazin : Rec. CE*, T, p. 1092).

Parcs résidentiels de loisirs. Les terrains affectés spécialement à l'implantation d'habitations légères de loisirs *(b)* font l'objet d'une autorisation spéciale d'aménagement délivrée suivant une procédure alignée purement et simplement sur celle des terrains de camping et de caravanage permanents. **2816**
Leur création est indépendante de quelque seuil que ce soit d'habitations légères de loisirs devant y être implantées : un tel parc peut donc être créé et aménagé dans une commune où la demande ne justifie la mise à disposition que d'un nombre restreint d'emplacements.
Les parcs résidentiels de loisirs doivent répondre à des caractéristiques minima d'équipement et de fonctionnement (Arr. 18 déc. 1980).

Villages de vacances. L'implantation d'habitations légères de loisirs dans les villages de vacances *(c)* doit se faire conformément à la réglementation applicable à ce mode d'hébergement et répondre aux caractéristiques minima d'équipement et de fonctionnement propres à ceux-ci (A. 8 déc. 1982). **2817**
Elle ne comporte aucune limitation en nombre ou en pourcentage en sorte qu'elle peut être mise en œuvre quel que soit le nombre d'habitations légères de loisirs pouvant matériellement en bénéficier.

Modes d'exploitation. L'exploitation du terrain, par ventes ou locations, suppose le certificat de conformité au bénéfice des installations communes, et non le certificat de conformité des habitations légères de loisirs. Ainsi, cette exploitation peut porter sur des terrains nus, l'acquéreur ou le locataire faisant son affaire personnelle de l'implantation de l'habitation légère. Dans un but d'harmonie et d'environnement, il est hautement recommandé de fixer, dans un cahier des charges précis, les obligations de l'acquéreur ou du locataire. Une telle opération ne constitue pas un lotissement au sens des articles R. 315-1 et suivants. **2818**

Régime hôtelier. L'exploitation du terrain peut également s'effectuer sous régime hôtelier, les installations qu'il comporte étant alors destinées à la location à la nuitée, à la semaine ou au mois pour une clientèle de passage qui n'y élit pas domicile. **2819**
Le terrain de ce parc de loisirs exploité sous régime hôtelier peut également être aménagé pour l'accueil des caravanes de passage.
Terrain et installations doivent répondre non seulement aux caractéristiques minima d'équipement et de fonctionnement prévues pour les parcs résidentiels de loisirs mais encore à des normes complémentaires et spécifiques (Arr. 18 déc. 1980. – Circ. 13 mars 1981).

C. urb., art. *R. 444-4 *(D. n° 80-694, 4 sept. 1980 ; D. n° 84-227, 29 mars 1984)*. — Dans le cas où l'opération visée à l'article R. 444-3 *b* ci-dessus comporte à la fois l'implantation d'habitations légères de loisirs et le stationnement de caravanes, l'autorisation d'aménager tient lieu de l'autorisation prévue aux articles R. 443-7 à R. 443-8. Elle impose la délimitation des espaces et fixe le nombre maximum d'emplacements réservés au stationnement des caravanes.

Régime mixte. Disposition spécifique aux opérations mixtes d'habitat léger de loisirs et de stationnement de caravanes pour lesquelles l'autorisation de stationnement de caravanes est absorbée par l'autorisation d'aménager qui règle en outre la composition de l'ensemble à créer. **2820**

Chapitre V
Remontées mécaniques et aménagements de domaine skiable

2821 **Sources.** Le décret n° 88-635 du 6 mai 1988, pris en application de l'article L. 445-4 du Code de l'urbanisme, précise les modalités d'application des procédures relatives au régime d'autorisation désormais applicable aux remontées mécaniques et à l'aménagement des pistes de ski alpin. Ce décret est entré en vigueur dès sa publication au *Journal officiel*.
Une circulaire n° 88-63 du 25 juillet 1988 relative aux autorisations de remontées mécaniques et d'aménagement des pistes de ski alpin a été publiée au *BOMELT* du 20 août 1988, n° 23, texte 745 (*Mon. TP* 23 sept. 1988).

Voir aussi : Sur le contrôle technique et de sécurité de l'État sur les remontées mécaniques, le décret n° 87-815 du 5 décembre 1987, l'arrêté du 26 mai 1994 : *JO* 21 juin 1994 et la circulaire n° 94-46 du 26 mai 1994, *Bomett*, 30 juin 1994, p. 45.

Section I Remontées mécaniques

Sous-section 1 Autorisation d'exécution des travaux

C. urb., art. R. 445-1 *(D. n° 77-759, 7 juill. 1977 ; D. n° 84-226, 29 mars 1984 ; D. n° 88-635, 6 mai 1988).* **— La demande d'autorisation d'exécution des travaux portant sur la réalisation des remontées mécaniques mentionnées à l'article 45 de la loi n° 85-30 du 9 janvier 1985 relative au développement et à la protection de la montagne est présentée par le maître d'ouvrage.**

Pour les travaux entrant dans le champ d'application du permis de construire, elle tient lieu de la demande de permis de construire, ou de la déclaration des travaux qui en sont exemptés. Dans ces cas, la demande précise l'identité et la qualité de l'auteur du projet, la localisation et la superficie des terrains d'implantation des constructions, la nature des travaux ainsi que la densité des constructions existantes et à créer.

2822 **Régime PC.** L'autorisation d'exécution des travaux tient lieu, le cas échéant, de permis de construire, pour des travaux soumis à ce permis en application de l'article L. 421-1 du Code de l'urbanisme, ou de l'absence d'opposition à la déclaration des travaux exemptés du permis de construire.
Pour les travaux entrant dans le champ d'application du permis de construire, lorsque ceux-ci sont également soumis à une autre autorisation affectant l'utilisation du sol, par exemple au titre des sites, des réserves naturelles ou de la protection de la navigation aérienne, l'autorisation d'exécution des travaux tient lieu de cette autorisation spécifique (Circ. 25 juill. 1988).
En revanche, pour les travaux exclus du champ d'application du permis de construire en application des articles L. 421-1 et R. 421-1 du Code de l'urbanisme, cette autorisation spécifique éventuelle reste nécessaire et devra donc être obtenue par le maître de l'ouvrage indépendamment de l'autorisation d'exécution des travaux (Circ. préc.).
Cette autorisation tient lieu, le cas échéant, du certificat de conformité prévu à l'article L. 460-2 du Code de l'urbanisme pour des travaux soumis au permis de construire (Circ. préc.).

C. urb., art. R. 445-2 *(D. n° 77-759, 7 juill. 1977 ; D. n° 84-226, 29 mars 1984 ; D. n° 88-635, 6 mai 1988).* **— Le dossier joint à la demande d'autorisation d'exécution des travaux est composé des pièces ci-après :**

a) (a rempl., D. n° 2003-425, 9 mai 2003, art. 52, I) **Un mémoire descriptif de l'installation indiquant notamment les caractéristiques principales et la capacité de transport de l'installation, la nature des ouvrages ou des modifications substantielles projetées et leur emplacement, l'identité et la qualité du maître d'œuvre et celles des spécialistes dont il s'entoure pour l'assister dans sa mission, ainsi que la répartition entre eux des fonctions et des tâches techniques et, le cas échéant, l'identité et la qualité de l'expert**

ou de l'organisme qualifié agréé dans les conditions prévues à l'article 7 du décret n° 2003-425 du 9 mai 2003 relatif à la sécurité des transports publics guidés ;

***b)* Une note sur les mesures de préservation et de réhabilitation du milieu naturel prévues ;**

***c)* L'échéancier prévu pour la construction *(Mots aj., D. n° 2003-425, 9 mai 2003, art. 52, II) (14)* « ou la modification substantielle » de l'installation ;**

***d)* Un plan de situation à une échelle comprise entre 1/5 000 et 1/25 000 comportant le tracé du projet ;**

***e)* Un profil en long comportant en particulier la représentation de tous les obstacles traversés ou survolés par l'installation, l'indication des pentes transversales importantes ainsi que la figuration du profil des câbles et de la trajectoire des véhicules à vide et en charge prévus ;**

***f)* La note de calcul correspondant au profil en long de l'installation ;**

***g)* La liste des éventuelles dérogations à la réglementation technique et de sécurité demandées et, s'il y a lieu, le programme des essais à effectuer en vue de corroborer les hypothèses retenues et vérifier les calculs ;**

***h)* Une note sur les dispositions de principe envisagées pour l'évacuation des usagers de la remontée mécanique ;**

***i)* Une note sur les risques naturels *(Mots aj., D. n° 2003-425, 9 mai 2003, art. 52, III)* « et technologiques » prévisibles et les dispositions principales prévues pour y faire face ;**

***j)* L'étude ou la notice d'impact prévue, selon le cas, par l'article 2 et 4 du décret n° 77-1141 du 12 octobre 1977.**

Le dossier comporte en outre :

***a)* Dans le cas où les terrains concernés par le projet ne sont pas inclus dans le périmètre d'une opération déclarée d'utilité publique en vue d'une expropriation pour la réalisation du projet ou n'ont pas fait l'objet d'une demande de la commune au préfet en vue de l'institution de la servitude prévue à l'article 53 de la loi n° 85-30 du 9 janvier 1985 relative au développement et à la protection de la montagne, l'accord de chacun des propriétaires des terrains concernés par le projet ou un titre habilitant le maître de l'ouvrage à réaliser le projet sur le terrain et, le cas échéant, l'autorisation d'occuper le domaine public ;**

***b)* Pour les travaux nécessitant la coupe ou l'abattage d'arbres soumis à l'autorisation prévue à l'article L. 130-1 du présent code ou aux articles L. 311-1 et L. 312-1 du Code forestier, une attestation selon laquelle l'autorisation de coupe ou d'abattage d'arbres et, le cas échéant, l'autorisation de défrichement ont été demandées. Lorsque ces autorisations ont été préalablement obtenues, elles sont jointes à la demande ;**

***c)* Lorsque les travaux projetés nécessitent la démolition de bâtiments soumis au régime du permis de démolir prévu par l'article L. 430-1, la justification du dépôt de la demande de permis de démolir ;**

***d)* Lorsque les travaux projetés sont soumis à l'avis de la commission consultative départementale de la protection civile, de la sécurité et de l'accessibilité ou de la commission de sécurité compétente en vertu des articles R. 123-13 et R. 123-22 du Code de la construction et de l'habitation, les plans et documents nécessaires à la formulation de cet avis ;**

***e)* *(e créé, D. n° 2003-425, 9 mai 2003, art. 52, IV)* Dans le cas d'une remontée mécanique empruntant un tunnel d'une longueur de plus de 300 mètres, le rapport d'un expert ou d'un organisme qualifié agréé dans les conditions prévues à l'article 7 du décret n° 2003-425 du 9 mai 2003 relatif à la sécurité des transports publics guidés, présentant les conditions d'exploitation de la remontée mécanique au regard des risques naturels et technologiques susceptibles d'affecter l'ouvrage et son avis sur la conception et l'exploitation de la remontée mécanique au regard de ces risques.**

Le dossier est complété, selon le cas :

1° Pour les travaux qui auraient nécessité un permis de construire, par :

***a)* Le plan de masse des constructions à édifier ou à modifier, coté dans les trois dimensions, ainsi que les plans des façades. Lorsque la demande concerne la construction de bâtiments ou d'ouvrages devant être desservis par des équipements publics, le**

plan de masse indique le tracé de ces équipements et les modalités selon lesquelles les bâtiments ou ouvrages y seront raccordés. À défaut d'équipements publics, le plan de masse indique les équipements privés prévus, notamment pour l'alimentation en eau et l'assainissement ;

***b)* Le cas échéant, tous éléments nécessaires au calcul des différentes impositions dont la délivrance du permis de construire constitue le fait générateur ;**

2° Pour les travaux exemptés de permis de construire, par :

***a)* Le plan de masse et une représentation de l'aspect extérieur des constructions à édifier ou à modifier ;**

***b)* Le cas échéant, tous éléments nécessaires au calcul des différentes impositions dont le défaut d'opposition sur la déclaration de travaux constitue le fait générateur.**

2823 **Cas particulier de la coupe et de l'abattage.** Alors que la réglementation antérieure imposait la production du dossier technique complet au stade de la demande d'autorisation d'exécution des travaux, une grande partie de ce dossier n'est désormais exigible qu'au niveau de la demande d'autorisation de mise en exploitation.

Dans le cas particulier où une autorisation de coupe ou d'abattage d'arbres en espace boisé classé ou de défrichement serait nécessaire, seule une attestation selon laquelle ces autorisations ont été demandées est désormais exigée à l'appui de la demande d'autorisation d'exécution des travaux.

Cependant, les maîtres de l'ouvrage auront intérêt à déposer leur demande d'autorisation de coupe ou d'abattage d'arbres ou de défrichement le plus tôt possible, de façon à éviter toute difficulté ultérieure lors de la délivrance de l'autorisation d'exécution des travaux.

Dans le cas où les accords des propriétaires des terrains concernés par le projet sont nécessaires, l'autorité compétente pour délivrer l'autorisation d'exécution des travaux n'a pas à vérifier que la seule production des accords sans pouvoir s'immiscer dans les relations de droit privé.

C. urb., art. R. 445-3 *(D. n° 88-635, 6 mai 1988).* — Les conditions de dépôt et d'instruction de la demande et les conditions de délivrance et de validité de l'autorisation d'exécution des travaux sont régies par les dispositions des articles R. 421-8 à R. 421-28 et R. 421-32 à R. 421-38.

Lorsque les travaux entrent dans le champ d'application du permis de construire, les dispositions des articles R. 421-38-1 à R. 421-38-19, R. 421-39, R. 421-40 et R. 421-53 sont également applicables.

Pour l'application des dispositions du quatrième alinéa de l'article L. 445-1, la demande est soumise au préfet ; celui-ci arrête éventuellement les réserves et les prescriptions auxquelles doit être subordonnée l'autorisation. À défaut de réponse dans le délai de deux mois à compter de sa consultation, le préfet est réputé avoir donné un avis favorable.

Si, dans ce délai de deux mois, le préfet estime que des pièces complémentaires nécessaires à la formulation de son avis conforme doivent lui être fournies, il le fait connaître, par décision motivée, à l'autorité compétente pour statuer. L'autorité compétente invite alors le demandeur, par lettre recommandée avec demande d'avis de réception postal, à fournir ces pièces complémentaires dans les conditions prévues à l'article R. 421-9 et lui fait connaître que le délai d'instruction de la demande est suspendu jusqu'à la production de ces pièces. Dès réception des pièces complémentaires, le préfet peut, par décision motivée fondée notamment sur des préoccupations de sécurité, prolonger le délai de consultation prévu à l'alinéa précédent d'un délai supplémentaire qui ne peut, en tout état de cause, excéder deux mois à compter de la réception de ces pièces. Il fait connaître sa décision à l'autorité compétente pour statuer qui notifie au demandeur la prolongation du délai d'instruction qui en résulte.

***(Alinéa créé, D. n° 2003-425, 9 mai 2003, art. 53)* Lorsque la remontée mécanique comporte un tunnel d'une longueur de plus de 300 mètres, le préfet doit, préalablement à l'émission de son avis conforme, recueillir l'avis de la commission consultative départementale de sécurité et d'accessibilité. Dans ce cas, le délai accordé au préfet pour émettre son avis est majoré d'un mois.**

Faute pour l'autorité compétente d'avoir adressé notification de la décision dans le délai d'instruction prévu aux alinéas précédents, l'autorisation est réputée accordée,

sauf dans les cas énumérés à l'article R. 421-19 et pour les projets nécessitant une dérogation aux règles techniques et de sécurité définies en application de l'article 9 de la loi n° 82-1153 du 30 décembre 1982 ainsi que pour les projets faisant appel à des techniques qui n'ont pas fait l'objet d'une réglementation et pour lesquels l'autorisation ne peut être obtenue de façon tacite.

Avis conforme du préfet. L'autorisation est délivrée après avis conforme du préfet. Cet avis est réputé favorable s'il n'est pas intervenu dans les deux mois à compter de sa consultation et l'autorité compétente pour statuer peut délivrer l'autorisation d'exécution des travaux. 2824

Instruction préfectorale. Si des pièces complémentaires sont nécessaires au préfet pour émettre un avis, il peut en demander communication auprès des autorités compétentes et peut aussi, par décision motivée, prolonger le délai de consultation d'une durée qui ne peut excéder deux mois à compter de la réception de ces pièces. 2825

Intervention du ministre. Si le projet de remontées mécaniques déroge à la réglementation technique établie par le ministre des Transports, le préfet doit transmettre à ce dernier la demande de dérogation ainsi que son rapport. Le ministre fait connaître au préfet sa décision, après avoir recueilli éventuellement l'avis de la commission des téléphériques. 2826

Rôle du préfet et sécurité. Le préfet donne un avis non seulement sur le respect de la réglementation technique et de sécurité, mais aussi sur la sécurité au regard des risques naturels ou encore de la circulation aérienne. 2827

Délai d'instruction. Le délai d'instruction de l'autorisation varie de 3 à 5 mois. 2828

Forme de la décision. La décision peut être expresse ou, sous réserve d'exceptions, tacite. 2829

C. urb., art. R. 445-4 *(D. n° 88-635, 6 mai 1988).* — **S'il y a lieu, l'autorisation de coupe ou d'abattage d'arbres prévue à l'article L. 130-1 et l'autorisation de défrichement prévue aux articles L. 311-1 et L. 312-1 du Code forestier doivent avoir été obtenues préalablement à la délivrance de l'autorisation d'exécution des travaux et la servitude prévue à l'article 53 de la loi n° 85-30 du 9 janvier 1985 relative au développement et à la protection de la montagne doit avoir été préalablement instituée.**

L'autorisation peut prévoir les conditions dans lesquelles tout ou partie de l'installation devra être démontée, soit temporairement soit définitivement, et les conditions de remise des lieux en état.

Coupe et abattage. Si l'autorisation de coupe et d'abattage d'arbres n'a pas été obtenue préalablement à la délivrance de l'autorisation d'exécution des travaux ou si la servitude prévue à l'article 53 de la loi n° 85-30 du 9 janvier 1985 n'a pas été préalablement instituée, l'autorisation d'exécution des travaux doit être refusée (Circ. préc.). 2830

C. urb., art. R. 445-5 *(D. n° 88-635, 6 mai 1988).* — **Lorsque les travaux envisagés sont également soumis à l'autorisation des installations et travaux divers prévue à l'article L. 442-1, l'autorisation d'exécution des travaux prévue à l'article L. 445-1 tient lieu de l'autorisation des installations et travaux divers.**

Sous-section 2. – Autorisation de mise en exploitation des remontées mécaniques

C. urb., art. R. 445-6 *(D. n° 88-635, 6 mai 1988).* — **La demande d'autorisation de mise en exploitation des remontées mécaniques est présentée par le maître d'ouvrage.**

C. urb., art. R. 445-7 ***(D. n° 88-635, 6 mai 1988).*** **— Le dossier joint à la demande comprend :**

1° Une déclaration du maître d'œuvre attestant que le projet a été réalisé et vérifié conformément aux spécifications techniques du projet autorisé, à la réglementation technique et de sécurité en vigueur et aux prescriptions imposées par l'autorisation d'exécution des travaux ;

2° S'il s'agit d'une installation autre qu'un téléski, une attestation du contrôleur technique mentionné à l'article 5 du décret n° 87-815 du 5 octobre 1987 relatif au contrôle technique et de sécurité de l'État sur les remontées mécaniques, et chargé par le maître d'ouvrage de contrôler la conception et l'exécution des fondations, ancrages et superstructures, à l'exclusion des parties mobiles ou sujettes à l'usure ;

3° Le dossier de récolement comprenant notamment les notes de calculs, les plans d'exécution et tous documents justificatifs relatifs à l'installation et à la bonne exécution du projet ;

4° La désignation de l'exploitant ;

5° Les propositions pour :

a) **Un règlement d'exploitation et un règlement de police particuliers ;**

b) **Un plan d'évacuation des usagers, le cas échéant ;**

c) **Le programme des essais définis par les règles techniques et de sécurité mentionnées à l'article R. 445-3, cinquième alinéa ;**

d) **Les consignes pour le personnel d'exploitation ;**

6° Une attestation d'assurance garantissant la responsabilité civile de l'exploitant.

C. urb., art. R. 445-8 ***(D. n° 88-635, 6 mai 1988).*** **— Les conditions de dépôt et d'instruction de la demande et les conditions de délivrance et de validité de l'autorisation de mise en exploitation des remontées mécaniques sont régies par les dispositions des articles R. 421-8, R. 421-9 (trois premiers alinéas), R. 421-12 (premier alinéa), R. 421-21, R. 421-23 à R. 421-28, R. 421-33, R. 421-34, R. 421-35 (premier alinéa) et R. 421-36 à R. 421-38.**

Si le dossier est incomplet, l'autorité compétente pour statuer invite, dans les quinze jours de la réception de la demande, par lettre recommandée avec demande d'avis de réception postal, le demandeur à fournir les pièces complémentaires dans les conditions prévues à l'article R. 421-9. Lorsque ces pièces ont été produites, il est fait application de l'article R. 421-12, premier alinéa. Le délai d'instruction part de la réception des pièces complétant le dossier.

L'autorité compétente s'assure en particulier, s'il y a lieu par un récolement des travaux, que ceux-ci ont été réalisés conformément aux prescriptions définies dans l'arrêté d'autorisation d'exécution des travaux.

Elle recueille l'avis conforme du préfet prévu à l'article L. 445-1, au titre de la sécurité des installations et des aménagements concernés par l'appareil. Cet avis conforme doit être donné de façon expresse et dans le délai de deux mois à compter de la réception de la demande. Le préfet arrête éventuellement les prescriptions auxquelles doit être subordonnée l'exploitation de l'appareil.

(Alinéa créé, D. n° 2003-425, 9 mai 2003, art. 53) **Lorsque la remontée mécanique comporte un tunnel d'une longueur de plus de 300 mètres, le préfet doit, préalablement à l'émission de son avis conforme, recueillir l'avis de la commission consultative départementale de sécurité et d'accessibilité. Dans ce cas, le délai accordé au préfet pour émettre son avis est majoré d'un mois.**

Le délai d'instruction de la demande d'autorisation de mise en exploitation est fixé à trois mois à compter de la date de la décharge du dépôt de la demande complète ou de l'avis de réception postal de son envoi.

2831 **Pas d'autorisation tacite.** À la différence de ce qui est prévu pour l'autorisation d'exécution des travaux, l'autorisation de mise en exploitation ne peut être délivrée de façon tacite sur le fondement de préoccupations de sécurité. La procédure de délivrance de cette autorisation est donc celle suivie en matière de permis de construire, hormis les dispositions relatives au permis tacite (Circ. préc.).

Avis préfectoral express. À noter que l'avis du préfet (al. 1) doit être, en l'espèce, donné de façon expresse. 2832

Effets du procès-verbal. Désormais et contrairement à ce que prévoyait l'arrêté du 24 décembre 1969, modifié par celui du 4 décembre 1974 pour les appareils de type courant, le procès-verbal de la visite d'inspection du service du contrôle des remontées mécaniques ne vaut pas autorisation d'exploiter. 2833

C. urb., art. R. 445-9 ***(D. n° 88-635, 6 mai 1988).*** **— La mise en exploitation peut être autorisée à titre provisoire aux conditions de fonctionnement et de sécurité fixées par le préfet en fonction des caractéristiques de l'appareil.**

La durée de cette mise en exploitation provisoire ne peut excéder un an, renouvelable une fois. Dans ce cas, le délai d'instruction prévu à l'article R. 445-8, cinquième alinéa, est suspendu jusqu'à la date d'expiration de l'autorisation provisoire. Seule l'autorisation de mise en exploitation définitive tient lieu du certificat de conformité prévu à l'article L. 460-2.

Pouvoir du préfet et durée de l'autorisation. L'avis du préfet doit préciser la durée pour laquelle une autorisation provisoire d'exploiter peut être délivrée. La prorogation éventuelle est soumise à un avis exprès de celui-ci. 2834

Section II Aménagements de domaine skiable

C. urb., art. R. 445-10 ***(D. n° 88-635, 6 mai 1988).*** **— La demande d'autorisation d'aménagement des pistes de ski alpin est présentée par le maître d'ouvrage.**

Dans le cas où les terrains concernés par le projet ne sont pas inclus dans le périmètre d'une opération déclarée d'utilité publique en vue d'une expropriation pour la réalisation du projet ou n'ont pas fait l'objet d'une demande de la commune au préfet en vue de l'institution de la servitude prévue à l'article 53 de la loi n° 85-30 du 9 janvier 1985 relative au développement et à la protection de la montagne, la demande est accompagnée de l'accord de chacun des propriétaires des terrains concernés par le projet ou un titre habilitant le maître de l'ouvrage à réaliser le projet sur le terrain et, le cas échéant, l'autorisation d'occuper le domaine public.

Voir aussi : Comm. sous C. urb., art. R. 445-2, p. 894.

C. urb., art. R. 445-11 ***(D. n° 88-635, 6 mai 1988).*** **— La demande comporte un plan de situation du projet dans le domaine skiable, la délimitation sur le plan cadastral des travaux faisant l'objet de la demande et les références cadastrales des parcelles concernées ; elle indique l'identité des propriétaires apparents.**

Elle comprend une note descriptive des travaux envisagés indiquant leur nature, les aménagements complémentaires de remise en état ou de réhabilitation et leurs délais de réalisation. Cette note est accompagnée d'un plan d'exécution coté.

Elle comporte, selon le cas, l'étude d'impact prévue à l'article 2 du décret n° 77-1141 du 12 octobre 1977 ou la notice d'impact prévue à l'article 4 de ce décret, qui précise les mesures de remise en état ou de réhabilitation mentionnées à l'alinéa précédent.

Lorsque le projet nécessite la coupe ou l'abattage d'arbres soumis à l'autorisation prévue à l'article L. 130-1 du présent code ou aux articles L. 311-1 et L. 312-1 du Code forestier, la demande est complétée par l'attestation selon laquelle l'autorisation de coupe ou d'abattage d'arbres et, le cas échéant, l'autorisation de défrichement ont été demandées. Lorsque ces autorisations ont été préalablement obtenues, elles sont jointes à la demande.

La demande d'autorisation d'aménagement des pistes de ski alpin tient lieu de la demande d'autorisation des installations et travaux divers prévue à l'article R. 442-4 pour les travaux soumis à ladite autorisation.

C. urb., art. R. 445-12 *(D. n° 88-635, 6 mai 1988).* — **Les conditions de dépôt et d'instruction de la demande et les conditions de délivrance et de validité de l'autorisation d'aménagement des pistes de ski alpin sont régies par les dispositions des articles R. 421-8, R. 421-9, R. 421-12 à R. 421-15, R. 421-18 à R. 421-28, R. 421-32 à R. 421-38 et R. 421-40.**

C. urb., art. R. 445-13 *(D. n° 88-635, 6 mai 1988).* — **L'autorisation d'aménagement des pistes de ski alpin ne peut être délivrée que si les aménagements satisfont aux dispositions législatives et réglementaires qui leur sont applicables en matière d'utilisation du sol, notamment celles mentionnées à l'article R. 442-6 (quatre premiers alinéas).**

S'il y a lieu, l'autorisation de coupe ou d'abattage d'arbres prévue à l'article L. 130-1 et l'autorisation de défrichement prévue aux articles L. 311-1 et L. 312-1 du Code forestier doivent avoir été obtenues préalablement à la délivrance de l'autorisation, et la servitude prévue à l'article 53 de la loi n° 85-30 du 9 janvier 1985 relative au développement et à la protection de la montagne doit avoir été préalablement instituée.

C. urb., art. R. 445-14 *(D. n° 88-635, 6 mai 1988).* — **Lorsque les travaux d'aménagement de pistes sont soumis à l'autorisation des installations et travaux divers prévue à l'article L. 442-1, l'autorisation d'aménagement prévue à l'article L. 445-2 tient lieu de l'autorisation des installations et travaux divers.**

Section III Dispositions diverses

C. urb., art. R. 445-15 *(D. n° 88-635, 6 mai 1988).* — **Un arrêté des ministres chargés de l'urbanisme et des transports fixe le modèle de la demande d'autorisation d'exécution des travaux portant sur la réalisation des remontées mécaniques prévue à l'article R. 445-1 et de la demande d'autorisation d'aménagement des pistes de ski alpin prévue à l'article R. 445-10.**

C. urb., art. R. 445-16 *(D. n° 88-635, 6 mai 1988).* — **Pour l'application du présent chapitre, le préfet peut déléguer sa signature au responsable du service de l'État dans le département chargé de l'urbanisme et au responsable du service de l'État dans le département chargé du contrôle des remontées mécaniques ou aux subordonnés de ceux-ci, sauf dans les cas prévus au 6° de l'article R. 421-36 et à l'article R. 421-38 (deuxième alinéa).**

Chapitre VI

Dispositions diverses

C. urb., art. **R. 446-1 *(D. n° 88-635, 6 mai 1988).* — **Les dispositions du présent titre ne font pas obstacle aux pouvoirs de police des préfets et des maires.**

C. urb., art. *R. 446-2 *(D. n° 88-635, 6 mai 1988).* — **Les dispositions des chapitres Ier à IV du présent titre, prises pour l'application des articles L. 441-4, L. 442-1, L. 443-1 et L. 445-1 ne peuvent être modifiées que par décret en Conseil d'État pris sur le rapport du ministre chargé de l'urbanisme après avis des ministres désignés à l'article R. 111-25, dans la mesure où leur département est concerné.**

TITRE V

DISPOSITIONS DIVERSES

Chapitre I
Dispositions propres à certaines utilisations de surfaces bâties

Section I Cours communes

C. urb., art. **R. 451-1 *(D. n° 77-756, 7 juill. 1977).* **— La demande tendant à l'institution d'une servitude dite de « cours communes » en application de l'article L. 451-1, est portée par le propriétaire intéressé à la création de la servitude devant le président du tribunal de grande instance du lieu de situation des parcelles qui statue comme en matière de référé.**

Le président doit, en rendant son ordonnance, concilier les intérêts des parties en cause tout en assurant le respect des prescriptions d'urbanisme.

Il entend les propriétaires intéressés, l'autorité administrative compétente et peut ordonner toutes mesures d'instruction et notamment se transporter sur les lieux.

Nature des constructions. La Cour de cassation admet la constitution judiciaire d'une servitude de cour commune pour l'édification d'un immeuble à usage de bureau (Cass. 3e civ., 14 oct. 1975 : *Bull. civ.* III, n° 294, p. 223). La construction d'un garage en sous-sol peut être compatible avec une servitude *non aedificandi* de cour commune, dans des conditions souverainement appréciées par le juge du fond (Cass. 3e civ., 5 mai 1975 : *JCP* 1976, II, 18269). 2835

Assiette domaniale. La création de cours communes ne se conçoit pas dans le périmètre d'un îlot bordé par des voies d'accès et en aucun cas par voie d'emprise sur tout ou partie d'un îlot voisin séparé par la voie publique sur laquelle ne saurait d'ailleurs s'étendre leur assiette (TGI Paris, [référé] 10 mars 1976 : *JCP* 1977, II, p. 15, note Liet-Veaux confirmé par Paris, 24 juin 1977, inédit). 2836

La question de la domanialité publique, faisant obstacle à la constitution de la cour commune, doit être appréciée à titre préjudiciel par les tribunaux de l'ordre administratif (T. confl., 28 avr. 1980, *Préfet de la Seine-Saint-Denis c/ Président du TGI de Bobigny ; SCIF « Résidence des Periers » c/ Centre hospitalier intercommunal de Montfermeil : AJDA* 1980, p. 607).

C. urb., art. **R. 451-2 *(D. n° 77-756, 7 juill. 1977).* **— L'ordonnance du président institue les servitudes. Elle détermine également les indemnités approximatives et provisionnelles qui doivent être payées avant le commencement des travaux par les bénéficiaires de servitudes aux propriétaires des terrains grevés, ou consignés par eux.**

L'acceptation de l'indemnité approximative et provisionnelle ne préjudicie pas aux droits des propriétaires intéressés quant à la fixation de l'indemnité définitive suivant la procédure définie à l'article L. 451-3.

C. urb., art. **R. 451-3 *(D. n° 77-756, 7 juill. 1977).* **— L'article 30 du décret n° 55-22 du 4 janvier 1955 portant réforme de la publicité foncière est applicable à l'ordonnance mentionnée à l'article R. 451-2.**

C. urb., art. **R. 451-4 *(D. n° 77-756, 7 juill. 1977).* **— Si le terrain sur lequel porte la servitude se trouve en indivision en application de la loi n° 65-557 du 10 juillet 1965 fixant le statut de la copropriété des immeubles bâtis et si le syndicat des copropriétaires consent, dans les conditions prévues par le chapitre II de cette loi, à la création de ces servitudes, l'ordonnance est réputée contradictoire à l'égard de ceux des propriétaires minoritaires qui ne se seraient pas fait représenter au jour de l'audience.**

L'ordonnance du président et le tribunal peuvent fixer des indemnités approximatives et provisionnelles et des indemnités définitives différentes pour chacun des copropriétaires, compte tenu de l'importance du préjudice subi par chacun d'eux.

C. urb., art. R. 451-5 à R. 451-7 *(Ab., D. n° 77-756, 7 juill. 1977).*

Section II

Néant.

Section III Création et construction de magasins de grande surface

C. urb., art. R. 451-8 *(Ab., D. n° 74-158, 25 févr. 1974).*

Chapitre II
Dispositions relatives à la région parisienne

Néant.

TITRE VI
CONTRÔLE

Section I Déclaration d'achèvement des travaux et certificat de conformité

Voir aussi : Sur la future réforme, notes sous C. urb., art. L. 460-1.

C. urb., art. *R. 460-1 *(D. n° 77-862, 26 juill. 1977 ; D. n° 84-225, 29 mars 1984).* — Dans le délai de trente jours à dater de l'achèvement des travaux, une déclaration attestant cet achèvement est établie conformément au modèle national fixé par arrêté du ministre chargé de l'urbanisme.

Elle est signée par le bénéficiaire du permis de construire.

Dans le cas où les travaux soumis à permis de construire ont été dirigés par un architecte ou un agréé en architecture, celui-ci déclare la conformité des travaux avec le permis de construire en ce qui concerne les points mentionnés au premier alinéa de l'article R. 460-3.

2837 **Intérêt fiscal.** La déclaration d'achèvement des travaux présente un intérêt considérable sur le plan fiscal : sous réserve de la preuve contraire, que l'Administration fiscale peut apporter, le récépissé de ladite déclaration constitue, en principe, le point de départ du délai pendant lequel la TVA s'applique à la première vente d'immeuble bâti (V. le Code général des impôts et le régime de la TVA immobilière et des droits de mutation, art. 257 et s., 1594 et s. et 1840 et s.).

2838 **Garanties.** La garantie extrinsèque d'achèvement ou de remboursement, dans le cadre des ventes d'immeubles à construire, prend fin lors de la déclaration d'achèvement des travaux, certifiée par un homme de l'art (D. n° 67-1166, 22 déc. 1967, art. 28 ; CCH, art. R. 261-24). Un arrêt semble subordonner l'achèvement de la garantie à la délivrance du certificat de conformité (Cass. 3e civ., 4 janv. 1977 : *JCP* N 1977, II, p. 88, note Mourocq et Stemmer).

Bibliographie : Sur cette question, SIZAIRE, *La garantie extrinsèque : le droit positif et les améliorations possibles : Droit et Ville* 1978, n° 5, p. 61. – DAGOT, *Pour une amélioration des garanties d'achèvement : JCP* N

1997, I, p. 1035. – GAYERIE, *Les conséquences administratives et fiscales de l'achèvement d'un immeuble : Droit et Ville* 1983, n° 15, p. 5.

Bibliographie :

Hommes de l'art. Est irrégulière la déclaration signée par un administrateur ad hoc d'une société civile immobilière, au regard de l'article R. 261-2 du Code de la construction et de l'habitation et du présent article. L'administrateur judiciaire ne saurait être assimilé à un homme de l'art doté des compétences techniques et professionnelles requises pour apprécier la conformité des travaux au permis (Aix-en-Provence, 19 sept. 2002 : *Juris-Data* n° 2002-193953). La garantie d'achèvement n'a donc pu prendre fin et le certificat de conformité a été refusé. 2839

C. urb., art. *R. 460-2 ***(D. n° 84-225, 29 mars 1984).*** **— La déclaration d'achèvement de travaux, établie en trois exemplaires, est adressée par pli recommandé avec demande d'avis de réception postal au maire de la commune où la construction a été édifiée ou déposée contre décharge à la mairie.**

Les exemplaires de la déclaration d'achèvement de travaux font l'objet des transmissions prévues à l'article L. 421-2-3.

Lorsque l'autorité compétente pour délivrer le certificat de conformité est différente de celle qui a délivré le permis de construire, le dossier de permis de construire correspondant à la déclaration dont elle est saisie lui est transmis.

Voir aussi : Sur la formule de déclaration d'achèvement de travaux, C. urb., art. A. 460-1, p. 980.

C. urb., art. R. 460-3 ***(D. n° 74-158, 25 févr. 1974 ; D. n° 77-862, 26 juill. 1977 ; D. n° 84-225, 29 mars 1984).*** **— Le service instructeur s'assure, s'il y a lieu, par un récolement des travaux, qu'en ce qui concerne l'implantation des constructions, leur destination, leur nature, leur aspect extérieur, leurs dimensions et l'aménagement de leurs abords, lesdits travaux ont été réalisés conformément au permis de construire.**

Le récolement est effectué d'office lorsque la déclaration d'achèvement de travaux n'a pas été effectuée dans le délai prévu à l'article R. 460-1.

Le récolement est obligatoire :

a) **Lorsqu'il s'agit de travaux soumis aux dispositions soit** ***(Mots rempl., Ord. n° 2004-178, 20 févr. 2004, art. 3)*** **« des articles L. 621-1 et suivants du code du patrimoine », soit de la loi du 2 mai 1930 sur la protection des monuments naturels et des sites, ou des travaux situés dans une zone de protection du patrimoine architectural et urbain ; il est alors effectué en liaison avec l'architecte des Bâtiments de France ou, le cas échéant, le représentant du ministre chargé de la protection des abords des monuments historiques, ou du ministre chargé des sites ;**

b) **Lorsqu'il s'agit de travaux soumis soit aux dispositions des articles R. 122-1 à R. 122-29 du Code de la construction et de l'habitation relatifs aux immeubles de grande hauteur et aux articles R. 421-47 à R. 421-50 du présent code, soit aux dispositions des articles R. 123-1 à R. 123-55 du Code de la construction et de l'habitation relatifs aux établissements recevant du public et à l'article R. 421-53 du présent code ; dans ce cas, il est effectué en liaison avec le directeur départemental des services d'incendie et de secours ;**

c) **Lorsqu'il s'agit de travaux réalisés soit à l'intérieur d'un parc national créé en application de la loi n° 60-708 du 22 juillet 1960, soit à l'intérieur d'une réserve naturelle soumise aux dispositions de la loi n° 76-629 du 10 juillet 1976 relative à la protection de la nature.**

d) (Créé, D. n° 95-1089, 5 oct. 1995, art. 10-IV) **Lorsqu'il s'agit de travaux réalisés dans un secteur couvert par un plan de prévention des risques naturels prévisibles prévu par l'article L. 562-1 du Code de l'environnement** ***(D. n° 2005-3, 4 janv. 2005, art. 8)*** **« , ou par un plan de prévention des risques miniers établi en application de l'article 94 du Code minier ».**

Récolement. Le récolement des travaux est en principe facultatif ; il est toutefois obligatoire dans certains cas, pour des raisons tenant à la sauvegarde de l'environnement (*a* et *c*) ou à la sécurité *(b)* 2840 et *d)* ajouté par le décret du 5 octobre 1995. L'Administration prévoit également le récolement en cas de permis tacite (Circ. n° 70-86, 14 août 1970). À notre avis, ce caractère limitatif subsiste faute de modification au premier alinéa du présent article, à la suite de la modification du champ d'application du permis de construire faisant désormais intervenir la destination des constructions (C. urb., art. L. 421-1, al. 2). Toutefois, le récolement demeure obligatoire, en cas de construction ayant fait l'objet de l'ancienne « déclaration préalable », en vertu des textes antérieurs à la loi du 31 décembre 1976 (D. n° 84-225, 29 mars 1984, art. 9).

Voir aussi : Sur le contrôle *a posteriori* des règles de construction non sanctionnées par le certificat de conformité, Circ. 17 juill. 1976. – Sur les législations des monuments historiques et des sites, V. C. urb., art. R. 421-38-4, p. 815, art. R. 421-38-5, p. 815 et art. R. 421-38-6, p. 824.

C. urb., art. *R. 460-3-1 ***(D. n° 77-862, 26 juill. 1977 ; D. n° 84-225, 29 mars 1984).*** **— Le certificat de conformité n'est pas exigé pour les travaux n'entraînant la création d'aucune surface hors œuvre brute et qui ne sont pas soumis aux dispositions énumérées aux *a, b* et *c* du dernier alinéa de l'article R. 460-3.**

2841 **Dispense.** La dispense du certificat de conformité, en cas de travaux n'entraînant la création d'aucune surface hors œuvre – modification de l'aspect des lieux, ou création d'ouverture par exemple – disparaît pour des raisons d'environnement ou de sécurité.

Voir aussi : Les cas où le récolement des travaux est obligatoire, C. urb., art. R. 460-3, p. 903.

C. urb., art. *R. 460-4 ***(D. n° 84-225, 29 mars 1984).*** **— Si les travaux ont été réalisés dans des conditions régulières au regard des dispositions du premier alinéa de l'article R. 460-3, le certificat de conformité est délivré dans le délai de trois mois à compter de la date de réception en mairie de la déclaration d'achèvement des travaux.**

Dans le cas contraire, le déclarant est avisé dans le même délai par l'autorité compétente pour délivrer le certificat des motifs pour lesquels le certificat de conformité ne peut être délivré. Cet avis notifié par lettre recommandée avec demande d'avis de réception postal rappelle les sanctions encourues.

I. – Principes

2842 **Habitation des locaux.** Le refus du certificat de conformité ne vaut plus interdiction d'habiter, comme c'était le cas avant le décret n° 61-1036 du 13 septembre 1961.

Voir aussi : C. urb., art. R. 460-7, p. 907.

2843 **Impact fiscal.** Mais un tel refus entraîne la remise en cause du régime fiscal relatif à l'achat du terrain : faute d'octroi du certificat de conformité, les droits de mutation se substituent à la TVA (V. le Code général des impôts et ses dispositions sur la TVA immobilière et les droits de mutation, art. 257 et s., 1594 et s., 1840 et s.).

2844 **Vente d'immeubles à construire.** En cas de vente d'immeubles en l'état futur d'achèvement, la Cour de cassation considère « que la garantie financière d'achèvement donnée par une banque à un constructeur a pour objet l'édification de l'immeuble conforme au permis de construire » (Cass. 3e civ., 4 janv. 1977 : *JCP* N 1977, II, p. 89, note Mourocq et Stemmer).

2845 **Architecte.** La responsabilité de l'architecte peut être engagée en cas d'inobservation des conditions d'un permis de construire (Cass. 3e civ., 3 juin 1968 : *Bull. civ.* III, n° 275, p. 212).

2846 **Délai.** Le délai de 3 mois visé au présent article n'est pas prescrit à peine de nullité (CE, 30 janv. 1995, *Époux Lambourdière : Rec. CE,* T, p. 1096 ; *BJDU* 1995, concl. Fratacci, p. 64).

II. – Recours

2847 **Liens avec le permis de construire.** Le recours contre le certificat de conformité ne permet pas de contester la légalité du permis de construire, si ce dernier n'a pas été attaqué en son temps (CE,

18 janv. 1980, *Sieur Boussard : AJPI* 1980, p. 311, note Moderne. – CE, 8 déc. 1982, *Bert : Rec. CE*, p. 421. – CE, 14 oct. 1988, *Époux Saussac*).
De même, si le permis – même obtenu par fraude – n'a pas été retiré, le certificat de conformité ne peut être légalement retiré (CE, 9 févr. 1996, *Cne de Coulangès-les-Nevers : Rec. CE*, p. 33 ; *DA* 1996, 242).

Questions de droit privé. À l'occasion de la délivrance d'un certificat de conformité, le Conseil d'État renvoie par une question préjudicielle devant les tribunaux judiciaires, dès lors que les moyens soulevés (caractère mitoyen d'un mur entre deux propriétés) impliquent que soit réglée une question de droit privé (CE, 14 mars 1986, *Bardy : DA* 1986, n° 204). 2848

Tiers recevables. L'acquéreur d'un appartement est recevable pour demander l'annulation du certificat de conformité (CE, 30 janv. 1995, *Lambourdière : Rec. CE*, T, p. 1096 ; *BJDU* 1/1995, p. 64, concl. Fratacci). Le certificat de conformité peut être attaqué par un tiers (CE, 4 janv. 1974, *Min. Équip.* c/ *Cie d'assurances Le Continent : Rec. CE*, p. 11), et il peut être retiré pour illégalité, dès lors qu'il n'a pas été publié (TA Dijon, 24 févr. 1975, *SCI « La Rente Logerot » : Rec. CE*, p. 689. – CE, 11 juin 1982, *Plottet : Rec. CE*, p. 217). Le constructeur d'un bâtiment est recevable à demander l'annulation du refus opposé par le maire au propriétaire de lui délivrer un certificat de conformité (CE, 25 oct. 1993, *Cne de Villars-les-Dombes : Rec. CE*, T, p. 1114 ; *DA* 1993, 588). 2849

III. – Applications de la notion de conformité

Motifs de refus. Le service instructeur n'a à s'assurer que du respect des prescriptions visées à l'alinéa 1er de l'article R. 460-3. En conséquence, un refus de certificat de conformité (dont l'obtention est par ailleurs obligatoire en vertu du « c » dudit article), fondé uniquement sur des motifs tirés de la réglementation de construction, est illégal (CE, 24 juill. 1987, *Sté d'Études, de réalisations, de gestion immobilière et de construction : Rec. CE*, p. 286 ; *DA* 1987, n° 542). 2850
Il a été jugé que l'aménagement de plusieurs logements de gardiens, non prévus par le permis de construire dans un ensemble de plus de 2 000 logements, ne justifiait pas un refus du certificat de conformité, dès lors que le constructeur « n'a modifié ni la destination ni la nature des constructions autorisées » ; dans la même affaire, il a été jugé de même que le défaut de versement de participation financière à la commune n'est pas de nature à permettre le refus dudit certificat (CE, 5 nov. 1975, *Sté Foncière Paris-Languedoc : Rec. CE*, p. 546). Le certificat de conformité ne peut être refusé que pour des motifs tirés de l'article R. 460-3 (CE, 13 juin 1980, *Cne de Saint-Maurice : Rec. CE*, 1980, p. 275). De même, le certificat de conformité ne peut être refusé au motif que le constructeur n'a pas effectué une cession gratuite de terrain prévue par le permis de construire (Circ. n° 70-86, 14 août 1970).

Plantations. Les plantations pouvant faire partie des prescriptions d'urbanisme figurant dans le permis de construire sont contrôlées par le certificat de conformité, s'agissant des abords de la construction ; toutefois – sauf cas particulier (mise en valeur de trames paysagères) – le certificat de conformité ne saurait être refusé au seul motif que les plantations mises en place ne respectent pas strictement les positions envisagées au niveau de la demande de permis de construire (Rép. min., *JOAN* 20 nov. 1989, p. 5118 ; *JCP* N 1990, Prat. 1461). 2851

Affectation de la construction. De même, en cas de simple divergence d'un aménagement intérieur (CE, 30 janv. 1995, *Lambourdière : Rec. CE*, T, p. 1096 ; *BJDU* 1/1995, p. 64, concl. Fratacci). En effet, plus largement, le certificat de conformité s'applique aux travaux immobiliers et non à l'affectation donnée à la construction (CE, 4 nov. 1996, *SARL Simofop : Rec. CE*, p. 440 ; *DA* 1996, 593). 2852

Écarts avec le permis. En revanche, le certificat de conformité doit être refusé si un constructeur, au mépris d'une disposition expresse du permis, n'a pas intercalé entre la couverture du toit et la charpente un matériau incombustible (CE, 26 nov. 1969, *Sté agricole et forestière de l'Eure : AJDA* 1970, p. 239, concl. Rougevin-Baville). De même, si des ouvertures prescrites par le permis n'ont 2853 pas été réalisées (TA Versailles, 27 mars 2001, *Schoreisz : Juris-Data* n° 2001-147029). Le certificat de conformité est illégal si la construction n'est pas conforme au permis de construire, même si une servitude de prospect a été par la suite consentie par un voisin (CE, 10 févr. 1976, *Époux Ferry : Rec. CE*, p. 86). Le certificat de conformité est à bon droit refusé si le pétitionnaire n'a pas réalisé un accès nouveau, imposé par le permis de construire, si la construction excède de 0,385 mètre celle prévue au permis (CE, 15 mai 1987, *Gosset : Rec. CE*, T, p. 1020), si la hauteur effective excède de 50 centimètres la hauteur autorisée (CE, 6 mai 1996, *SA Merlin-Immobilier*), ou si la construction dépasse de 48 m^2 celle autorisée (CAA Paris, 25 oct. 2000, *SCI Maison médicale Édison : Juris-Data* n° 2000-147186).

2854 **Non-achèvement des travaux.** Le certificat de conformité d'un permis de construire ne peut être refusé parce que demeurent inachevés les travaux prescrits par l'autorisation de lotissement (CE, 25 oct. 1993, *Cne de Villars-les-Dombes : Rec. CE*, T, p. 1114 ; *DA* 1995, 588 ; *D.* 1994, somm. comm. p. 105, note Charles).

2855 **Permis modificatif.** Dès lors que le certificat de conformité a été délivré et la construction achevée, le permis initial ne peut plus faire l'objet d'un modificatif ; le dépôt d'une nouvelle demande de nouveau permis est requis (CAA Paris, 31 déc. 2002, *M. Thierry Moser c/ Cne de Butry-sur-Oise : BJDU* n° 2/2003, p. 134).

C. urb., art. *R. 460-4-1 *(D. n° 84-225, 29 mars 1984)*. — Dans les communes où un *(Mots rempl., D. n° 2001-260, 27 mars 2001, art. 3)* « plan local d'urbanisme » a été approuvé, le certificat de conformité est délivré par le maire, au nom de la commune, ou par le président de l'établissement public de coopération intercommunale, au nom de cet établissement.

Toutefois, il est délivré dans les conditions prévues à l'article R. 460-4-2, dans les cas mentionnés au quatrième alinéa de l'article L. 421-2-1.

Le certificat de conformité délivré par le maire ou le président de l'établissement public de coopération intercommunale est complété avant notification au bénéficiaire du permis de construire par une mention précisant que ledit certificat est transmis dans les conditions prévues à l'article L. 421-2-4.

Outre la transmission prévue à l'article L. 421-2-4, copie du certificat de conformité est transmise, lorsqu'elle est prise au nom de l'établissement public de coopération intercommunale, au maire de la commune.

2856 **Compétence.** À compter du transfert de compétence au profit des communes, seul le maire est compétent pour délivrer ou retirer le certificat (CE, 5 déc. 2001, *Secr. d'Ét. log. c/ Sté Lotibat : BJDU* 1/2002, p. 13, concl. S. Austry).

2857 **Suppression de l'obligation de transmission au préfet.** Sur l'apport en ce sens de la loi du 13 août 2004 relative aux libertés et responsabilités locales, V. nos commentaires sous C. urb., art. L. 460-2.

C. urb., art. *R. 460-4-2 *(D. n° 84-225, 29 mars 1984 ; D. n° 88-199, 29 févr. 1988)*. — Dans les communes où un *(Mots rempl., D. n° 2001-260, 27 mars 2001, art. 3)* « plan local d'urbanisme » n'a pas été approuvé, le certificat de conformité est délivré au nom de l'État par le préfet.

Copie du certificat de conformité est transmise au maire, et le cas échéant, au président de l'établissement public de coopération intercommunale.

C. urb., art. *R. 460-4-3 *(D. n° 84-225, 29 mars 1984 ; D. n° 88-199, 29 févr. 1988)*. — Pour l'application de la présente section, le préfet peut déléguer sa signature au responsable du service de l'État dans le département, chargé de l'urbanisme, ou aux subordonnés de celui-ci.

Voir aussi : Comparer à l'article R. 421-42 en matière de permis de construire.

C. urb., art. *R. 460-5 *(D. n° 84-225, 29 mars 1984 ; D. n° 88-199, 29 févr. 1988).* — **À défaut de notification dans le délai de trois mois, le bénéficiaire du permis de construire requiert, par pli recommandé avec demande d'avis de réception postal, l'autorité compétente de délivrer le certificat. Il adresse copie de cette lettre au préfet lorsque celui-ci n'est pas l'autorité compétente pour statuer.**

La décision doit alors lui être notifiée dans les formes prévues à l'article R. 460-4, dans le mois de cette réquisition. À l'expiration de ce dernier délai, si aucune notification n'est intervenue, le certificat de conformité est réputé accordé.

Certificat tacite. Avant le décret du 29 mars 1984, il était possible de saisir le ministre, pour obtenir le certificat de conformité, de manière tacite le cas échéant. Il avait été jugé que, à l'expiration du délai prévu au présent article, le ministre est dessaisi et ne peut donc pas retirer le certificat de conformité tacite (CE, 18 janv. 1980, *Min. Équip.* c/ *SCI Chateaubriand-Étoile : Rec. CE,* 1980, p. 26 ; *D.* 1980 159, note Moderne). Ce principe était issu des textes de 1984 (CAA Lyon, 12 mai 1998, *Cne de Valloire : BJDU* 4/1998, p. 307). Mais depuis la loi du 12 avril 2000, les décisions tacites d'acceptation non publiées ne peuvent être retirées, pour illégalité, que dans un délai de deux mois à compter de leur intervention. Les règles de retrait des certificats exprès sont celles issues de l'arrêt *Ternon* (Circ. 23 avr. 2002 : *BO équip.* 2002, n° 9). 2858
Le dispositif de réquisition sanctionné par le certificat tacite a donné lieu à un arrêt intéressant de la cour administrative d'appel Paris du 25 octobre 2000, *SCI Maison médicale Edison* (*BJDU* 5/2000 p. 329) : lorsque la réquisition n'est pas adressée à l'autorité compétente, l'autorité saisie à tort a l'obligation de transmission à l'autorité compétente. Le certificat tacite ne peut intervenir que si cette transmission a bien eu lieu.

Voir aussi : Commentaires sous C. urb., art. R. 421-12, p. 783.

Certificats partiels. Ils concernent les grands projets en plusieurs tranches et doivent alors porter sur les constructions et les ouvrages et éléments indispensables à leur utilisation. L'Administration admet ces certificats partiels (Rép. min. 23 juin 1973 : *JOAN*, p. 2501). 2859

Bibliographie : B. Lamorlette, *Pour que vive le certificat de conformité partiel : AJPI* 1995, p. 110.

C. urb., art. *R. 460-6 *(D. n° 84-225, 29 mars 1984).* — **Postérieurement à la date à laquelle le certificat de conformité est réputé accordé en vertu de l'article R. 460-5, une attestation certifiant qu'aucun avis comportant des motifs s'opposant à la délivrance du certificat de conformité n'a été adressé à cette date au bénéficiaire du permis de construire est délivrée sous quinzaine, par l'autorité compétente, à toute personne intéressée, sur simple requête de celle-ci.**

Bibliographie : Texier, *Le certificat de conformité tacite : Droit et Ville* 1980, n° 10, p. 425.

Section II Dispositions spéciales aux immeubles de grande hauteur

C. urb., art. **R. 460-7 *(D. n° 76-589, 15 juin 1976).* — **Le maire peut ordonner, par décision motivée, la fermeture provisoire des établissements recevant du public exploités dans ces immeubles lorsque lesdits immeubles ne sont pas en conformité avec les dispositions du permis de construire délivré, ou de ceux de ces établissements dont le propriétaire a refusé de procéder aux travaux d'aménagement qui lui ont été imposés, jusqu'à ce que le certificat de conformité ait été obtenu.**

Il peut également, en cas d'urgence, ordonner l'évacuation de tout ou partie de l'immeuble si les prescriptions de sécurité ne sont pas respectées.

Cas visés. Le présent article vise la seule hypothèse où le refus du certificat de conformité peut rejaillir sur l'utilisation de l'immeuble. 2860
À notre avis, la procédure de l'article L. 480-2 est inapplicable.

TITRE VII
APPLICATION AUX DÉPARTEMENTS D'OUTRE-MER

Néant.

TITRE VIII
SANCTIONS

C. urb., art. **R. 480-1 *(D. n° 77-759, 7 juill. 1977)*. **— Sans préjudice de l'application de l'article L. 160-1 ou de l'article L. 480-4, sera punie d'une amende de 1 200 F à 3 000 F toute personne qui aura enfreint les dispositions des articles R. 442-1 à R. 442-7 et R. 442-10 ou qui n'aura pas respecté les conditions auxquelles les autorisations délivrées auront été subordonnées.**

C. urb., art. **R. 480-2 *(D. n° 83-1261, 30 déc. 1983)*. **— Toute infraction aux dispositions de l'article R. 421-49 concernant les immeubles de grande hauteur sera punie d'une amende de 600 F à 1 000 F. En cas de récidive, la peine d'amende pourra être portée à 2 000 F.**

C. urb., art. R. 480-3. — Les fonctionnaires et agents de l'État et des collectivités publiques commissionnés par le ministre chargé de l'urbanisme ou par les maires pour constater les infractions aux dispositions visées aux titres I, II, III, IV et VI du livre IV du présent code sont assermentés et exercent leurs fonctions dans les conditions fixées aux articles R. 160-1 à R. 160-3.

C. urb., art. R. 480-4 *(D. n° 77-1314, 29 nov. 1977)*. **— L'autorité administrative habilitée à exercer les attributions qui sont définies aux articles L. 480-2 (alinéas 1er et 4), L. 480-5, L. 480-6 (alinéa 3) et L. 480-9 (alinéas 1er et 2), est le préfet.**

Le préfet peut déléguer, en ce qui concerne les matières relevant de leur compétence, l'exercice des attributions mentionnées à l'alinéa ci-dessus aux chefs des services départementaux des administrations civiles de l'État ou à leurs subordonnés ainsi qu'aux agents relevant du ministère de la Culture et de l'Environnement.

C. urb., art. R. 480-5. — L'état nécessaire au recouvrement des astreintes prononcées par le tribunal en application de l'article L. 480-8 est, à défaut de diligence du maire, établi et recouvré au profit de l'État dans les conditions prévues aux articles 80 à 92 du décret n° 62-1587 du 29 décembre 1962.

C. urb., art. *R. 480-6. — Néant.

C. urb., art. *R. 480-7 *(D. n° 80-694, 4 sept. 1980 ; D. n° 84-227, 29 mars 1984)*. **— Pour l'application du premier alinéa de l'article L. 111-1 du présent code, il est interdit dans les terrains aménagés pour l'accueil des campeurs et des caravanes et dans les terrains mentionnés à l'article R. 444-3 :**

– d'entreposer ou d'ajouter, tant sur les emplacements que sur les parties communes, des objets usagés, des abris de bois, de tôle ou d'autres matériaux ;

– de laisser en état de délabrement des habitations légères de loisirs ou les véhicules ;

– de ne pas entretenir la végétation.

Si les prescriptions de sécurité et d'hygiène ou les prescriptions prévues dans l'autorisation d'aménager ne sont pas respectées, l'autorité compétente pour délivrer l'autorisation d'aménager le terrain peut ordonner la fermeture temporaire du terrain et l'évacuation des emplacements tant que les aménagements ou les réparations nécessaires n'auront pas été effectués par le propriétaire ou l'exploitant.

TITRE IX

DISPOSITIONS COMMUNES AU TITRE III DU LIVRE I, AU CHAPITRE V DU TITRE I DU LIVRE III ET AUX TITRES I À IV ET VI DU PRÉSENT LIVRE

C. urb., art. *R. 490-1 *(D. n° 83-1261, 30 déc. 1983).* **— La délégation de pouvoir à l'établissement public de coopération intercommunale mentionnée au premier alinéa de l'article L. 421-2-1 porte sur l'ensemble des autorisations et actes relatifs à l'occupation ou à l'utilisation du sol. Si la confirmation de cette délégation n'est pas intervenue dans les six mois qui suivent le renouvellement du conseil municipal ou l'élection du nouveau président de l'établissement public, la commune redevient, à l'expiration de ce délai, l'autorité compétente.**

Les demandes d'autorisation et les actes sur lesquels il n'a pas été statué à la date de la reprise de sa compétence par la commune continuent à être instruits et font l'objet de décisions dans les conditions prévues antérieurement à cette date.

L'établissement public de coopération intercommunale est tenu d'archiver les dossiers pour lesquels il a reçu compétence pour statuer.

C. urb., art. *R. 490-2 *(D. n° 83-1261, 30 déc. 1983 ; D. n° 87-885, 30 oct. 1987).* **— Le conseil municipal ou l'organe délibérant de l'établissement public de coopération intercommunale peut décider de confier par voie de convention l'instruction des autorisations et actes relatifs à l'occupation du sol à une collectivité territoriale, à un groupement de collectivités territoriales ou au service de l'État dans le département, chargé de l'urbanisme.**

Cette convention peut être dénoncée à tout moment par l'une ou l'autre des parties à l'issue d'un préavis de six mois.

Elle porte sur l'ensemble de la procédure d'instruction des autorisations ou actes dont il s'agit, de l'examen de la recevabilité de la demande ou de la déclaration au projet de décision.

La convention d'instruction prévoit notamment les conditions et délais de transmission des dossiers, les obligations réciproques des parties en matière de classement, d'archivage des dossiers et d'établissement des statistiques. Elle précise en outre les conditions de signature des actes concernés.

C. urb., art. *R. 490-3 *(D. n° 83-1261, 30 déc. 1983 ; D. n° 88-199, 29 févr. 1988).* **— Les décisions relatives aux autorisations d'occupation ou d'utilisation du sol et au certificat de conformité concernant l'édification d'ouvrages de production, de transport, de distribution et de stockage d'énergie ainsi que les travaux effectués sur ces ouvrages sont prises, sous réserve des dispositions de l'article R. 490-4 :**

1° Par le préfet, au nom de l'État, lorsque cette énergie n'est pas destinée, principalement, à une utilisation directe par le demandeur de l'autorisation ou de l'acte sollicité ;

2° Dans les autres cas, par l'autorité compétente pour statuer au nom de la commune, de l'établissement public de coopération intercommunale ou de l'État, dans les conditions de droit commun.

C. urb., art. *R. 490-4 *(D. n° 83-1261, 30 déc. 1983 ; D. n° 88-199, 29 févr. 1988).* **— Les décisions relatives aux autorisations d'occupation ou d'utilisation du sol et au certificat de conformité concernant l'édification d'installations nucléaires de base ou les travaux effectués sur ces ouvrages sont prises par le préfet au nom de l'État.**

C. urb., art. *R. 490-5 *(D. n° 83-1261, 30 déc. 1983 ; D. n° 86-669, 18 mars 1986).* **— Sont opérations d'intérêt national au sens des articles L. 421-2-1 *c* et L. 111-1-2 les travaux relatifs :**

a) Aux agglomérations nouvelles régies par la loi n° 83-636 du 13 juillet 1983, dans leur périmètre d'urbanisation défini en application des articles 3 et 4 de ladite loi ;

b) À l'aménagement de la Défense, dans un périmètre défini par arrêté du ministre chargé de l'urbanisme à l'intérieur du périmètre de compétence de l'établissement public pour l'aménagement de la Défense ;

c) Aux domaines industrialo-portuaires d'Antifer, du Verdon et de Dunkerque, dans les périmètres respectifs des ports autonomes du Havre, de Bordeaux et de Dunkerque ;

d) À l'aménagement de la zone de Fos-sur-Mer, dans un périmètre défini par décret en Conseil d'État.

e) *(Créé, D. n° 95-1103, 13 oct. 1995, art. 2)* À l'opération d'aménagement Euroméditerranée dans la commune de Marseille dans le périmètre de compétence de l'établissement public d'aménagement Euroméditerranée.

f) *(Créé, D. n° 2000-1238, 19 déc. 2000, art. 1er)* À l'opération d'aménagement de Nanterre dans le périmètre de compétence de l'Établissement public d'aménagement de Seine-Arche à Nanterre.

C. urb., art. *R. 490-6 *(D. n° 83-1261, 30 déc. 1983)*. — Un arrêté du ministre chargé de l'urbanisme fixe les éléments à fournir par le demandeur d'une autorisation ou d'un acte relatif à l'occupation ou l'utilisation du sol, et par l'autorité compétente pour délivrer ladite autorisation ou ledit acte en vue de la poursuite de l'établissement des statistiques dans le domaine de l'urbanisme et de la construction.

C. urb., art. R. 490-7 *(D. n° 88-471, 28 avr. 1988)*. — Le délai de recours contentieux à l'encontre d'un permis de construire court à l'égard des tiers à compter de la plus tardive des deux dates suivantes :

a) Le premier jour d'une période continue de deux mois d'affichage sur le terrain des pièces mentionnées, selon le cas, au premier ou au deuxième alinéa de l'article R. 421-39 ;

b) Le premier jour d'une période continue de deux mois d'affichage en mairie des pièces mentionnées au troisième alinéa de l'article R. 421-39.

Ces dispositions s'appliquent également :

1° Aux coupes et abattages d'arbres, le *b* étant alors seul applicable et la référence au troisième alinéa de l'article R. 421-39 étant remplacée par la référence au septième alinéa de l'article R. 130-5 ;

2° À l'autorisation de lotir, la référence aux premier, deuxième et troisième alinéas de l'article R. 421-39 étant remplacée par la référence aux premier, deuxième et troisième alinéas de l'article R. 315-42 ;

3° À la déclaration de travaux prévue à l'article L. 422-2, la référence au premier ou au deuxième alinéa et au troisième alinéa de l'article R. 421-39 étant remplacée par la référence au quatrième alinéa et au deuxième alinéa de l'article R. 422-10 ;

4° Au permis de démolir, la référence aux premier, deuxième et troisième alinéas de l'article R. 421-39 étant remplacée par la référence aux premier, deuxième et troisième alinéas de l'article R. 430-18 ;

5° À l'autorisation des installations et travaux divers, la référence aux premier, deuxième et troisième alinéas de l'article R. 421-39 étant remplacée par la référence aux premier, deuxième et troisième alinéas de l'article R. 442-8.

Voir aussi : Comm. sous C. urb., art. R. 421-39, p. 831 et C. urb., art. A. 421-8, p. 963.

C. urb., art. R. 490-8 *(D. n° 88-471, 28 avr. 1988)*. — Les dispositions de l'article R. 490-7 du Code de l'urbanisme ne s'appliqueront pas aux décisions ou, dans le cas de l'article L. 422-2, aux absences d'opposition dont la date est antérieure au premier jour du troisième mois suivant la date de publication du décret n° 88-471 du 28 avril 1988 modifiant le Code de l'urbanisme et relatif aux mesures de publicité et aux recours.

LIVRE CINQUIÈME

IMPLANTATION DES SERVICES, ÉTABLISSEMENTS ET ENTREPRISES

TITRE PREMIER

DISPOSITIONS ADMINISTRATIVES GÉNÉRALES

Évolutions. Deux décrets, n° 2000-368 du 26 avril 2000 et n° 2002-59 du 14 janvier 2002, modifient les conditions d'octroi de l'agrément, dans le sens énoncé dans l'introduction aux articles L. 510-1 et suivants du présent code. 2861

Agrément-utilisateur. Le décret n° 2000-368 du 26 avril 2000 (*JO* 29 avr., p. 6479) a supprimé définitivement l'agrément-utilisateur ; jusqu'alors les dispenses n'étaient que périodiques. Cette suppression était demandée de façon pressante par les acteurs économiques, en particulier au regard de la nécessité de renforcer l'attractivité de la région Île-de-France pour l'implantation des sièges sociaux des entreprises étrangères. 2862
Les professionnels de l'immobilier plaident, de manière récurrente, pour la suppression de tout agrément, qui pénalise la région Île-de-France, notamment au titre de l'installation de sociétés étrangères.

Bibliographie : LIET-VEAUX, *Un mythe tenace, l'agrément « utilisateurs » préalable en Île-de-France : JCP* N 1995, Prat. p. 1143 ; *la fin tourmentée de l'agrément-utilisateur, préalable à certaines activités en Île-de-France : JCP* G, 2000, I, n° 271. – R. LÉOST, *L'agrément administratif des activités en Île-de-France : libération et déconcentration : AJPI* 2000, p. 609.

CITEP. Le nouveau comité institué par le décret du 14 janvier 2002 a sa composition fixée par l'arrêté du 6 février 2002 (C. urb., art. A. 510-1 et s.). La circulaire (reproduite sous l'art. R. 510-15) du 25 avril 2002 (*JO* 31 août, p. 14465) précise ces nouvelles procédures applicables au secteur non concurrentiel, y compris lorsque l'activité ou le service dépasse la région d'Île-de-France. 2863

C. urb., art. R. 510-1 ***(D. n° 85-47, 14 janv. 1985 ; rempl., D. n° 95-690, 9 mai 1995, art. 1er).*** **— Dans la région d'Île-de-France, sont soumis à agrément, sous réserve des exceptions prévues aux articles R. 510-4 et R. 510-6, toute opération entreprise par toute personne physique ou morale de droit public ou de droit privé tendant à la construction, la reconstruction, la réhabilitation ou l'extension de tous locaux ou installations servant à des activités industrielles, commerciales, professionnelles, administratives, techniques, scientifiques ou d'enseignement ainsi que tout changement d'utilisateur ou d'utilisation desdits locaux.**

Les opérations mentionnées au premier alinéa sont soumises à agrément quelle que soit l'affectation des locaux existants et indépendamment de la qualité de leur propriétaire et quelles que soient les conditions juridiques de l'utilisation. Les transferts à titre gratuit sont exclus du champ d'application du présent titre.

Voir aussi : Comm. précédant C. urb., art. L. 510-1, p. 461.

Expropriation. L'agrément est indépendant des règles d'expropriation (CE, 29 juin 1979, *Min. Int. c/ Malardel : Rec. CE*, p. 294, concl. Dondoux). 2864

Permis de construire. L'agrément préalable à l'obtention du permis de construire est obligatoire dès lors que ce dernier est obligatoire (CE, 16 nov. 1984, *RATP : Rec. CE*, T, p. 781). 2865

C. urb., art. R. 510-2 ***(D. n° 86-288, 28 févr. 1986 ; rempl., D. n° 95-690, 9 mai 1995, art. 2).*** **— L'agrément institué à l'article R. 510-1 est accordé, accordé sous condition, refusé ou ajourné pour complément d'instruction :**

1° ***(Rempl., D. n° 2000-368, 26 avr. 2000, art. 1er-I ; D. n° 2002-59, 14 janv. 2002, art. 1er-I)*** **Par un comité pour l'implantation territoriale des emplois publics placé auprès**

des ministres chargés de la réforme de l'État et de l'aménagement du territoire, lorsque l'opération est réalisée par un service de l'État ou par les personnes publiques ou privées soumises à son contrôle dont l'activité ne s'exerce pas dans le secteur concurrentiel, et lorsque l'activité du service ou des personnes concernés s'exerce au-delà de la région d'Île-de-France.

En cas de refus d'agrément, le ministre intéressé peut, dans un délai de deux mois après la notification, saisir le Premier ministre, qui décide, après avis du ministre chargé de l'aménagement du territoire, du ministre chargé de l'urbanisme, du ministre chargé du budget et du ministre chargé de la réforme de l'État ;

2° Par le préfet de département pour toute opération de construction, reconstruction ou extension ne relevant pas des cas prévus au 1° du présent article, lorsqu'il existe une convention visée à l'article R. 510-5 en cours de validité ;

3° *(Rempl., D. n° 2000-368, 26 avr. 2000, art. 1er-II ; D. n° 2002-59, 14 janv. 2002, art. 1er-II)* Par le préfet de la région d'Île-de-France dans tous les autres cas. Il peut consulter le comité pour l'implantation territoriale des emplois publics sur toute demande d'agrément relevant de sa compétence. Sa décision fait l'objet d'un arrêté publié au Recueil des actes administratifs de la préfecture de la région d'Île-de-France.

Tout refus d'agrément ou agrément sous condition doit être motivé.

L'autorité compétente dispose d'un délai de trois mois à compter de la réception de la demande pour statuer. En l'absence de réponse dans ce délai, l'agrément est réputé accordé dans les termes où il a été demandé.

Toutefois, l'autorité compétente peut prendre une décision motivée d'ajournement pour complément d'instruction. Elle dispose alors de trois mois à compter de la réception de cette décision par le demandeur pour statuer. Faute de décision dans ce délai, l'agrément est réputé accordé dans les termes où il a été demandé.

2866 **Agrément tacite.** Le décret du 9 mai 1995 permet explicitement d'accorder l'agrément sous condition, ou d'ajourner l'examen du dossier. Il institue une procédure d'agrément tacite, et il impose la motivation des décisions du refus d'agrément ou d'agrément sous condition.

2867 **Retrait.** Les conditions de retrait sont celles du droit commun pour les agréments exprès, la jurisprudence *Ternon* est applicable (V. Circ., 23 avr. 2002 : *BO Équip.* 2002, n° 9), pour les agréments tacites, la loi du 12 avril 2000.

Voir aussi : Commentaire sous C. urb., art. R. 421-12, p. 783.

C. urb., art. *R. 510-3 ***(Mod., D. n° 95-690, 9 mai 1995, art. 3-I et II ; rempl., D. n° 2002-59, 14 janv. 2002, art. 2).*** **— Le comité pour l'implantation territoriale des emplois publics mentionné au 1° de l'article R. 510-2 est composé de douze membres.**

Son président est un fonctionnaire de l'État, nommé par arrêté du Premier ministre, après avis du ministre chargé de la réforme de l'État et du ministre chargé de l'aménagement du territoire.

Le comité ne délibère que si au moins cinq de ses membres sont présents.

La composition, l'organisation et les conditions de fonctionnement du comité sont précisées par arrêté du Premier ministre, après avis du ministre chargé de la réforme de l'État et du ministre chargé de l'aménagement du territoire.

Aucun membre du comité ne peut délibérer sur un dossier de demande d'agrément auquel il a un intérêt personnel et direct. Les membres du comité représentant un ministère dont un dossier est soumis au comité ne prennent pas part au vote.

Voir aussi : C. urb., art. A. 510-1 et s., p. 983.

C. urb., art. *R. 510-4 ***(D. n° 85-47, 14 janv. 1985).*** **— Les opérations entreprises par les collectivités locales sur leur territoire pour les besoins de leurs propres services publics sont exclues du champ d'application du présent titre.**

2868 **EPIC.** Sont concernés par le présent article les établissements publics industriels et commerciaux (CE, 16 nov. 1984, *RATP : Rec. CE*, p. 781).

Gymnase municipal. L'extension d'un gymnase municipal – dont le permis de construire ne comportait pas de prescriptions spéciales et n'avait pas à être motivé – est dispensé de l'agrément du comité de décentralisation en vertu des dispositions du présent article (CAA Paris, 2e ch., 25 avr. 1996 : *Juris Data* n° 1996-043717). 2869

C. urb., art. R. 510-5 *(Ab., D. n° 85-47, 14 janv. 1985 ; rétabli, D. n° 95-690, 9 mai 1995, art. 4).* — **La convention mentionnée au II de l'article L. 510-1 est passée pour une durée de trois à cinq ans entre le préfet de département et le maire ou le président de tout établissement public de coopération intercommunale compétent en matière d'aménagement et d'urbanisme. Par cette convention, les signataires s'engagent notamment à prendre, dans les limites de leurs compétences, les mesures nécessaires pour assurer l'équilibre entre les constructions destinées à l'habitation et celles destinées aux activités mentionnées au premier alinéa de l'article R. 510-1. Cet équilibre se mesure par le rapport de la surface de logements à la surface de locaux destinés à des activités.**

Ce rapport, ainsi que les surfaces de construction qui le déterminent, varient selon les zones concernées en fonction de la situation mesurée au 1er janvier 1990 et de son évolution depuis cette date, dans le respect notamment des directives territoriales d'aménagement et du *(Mots rempl., D. n° 2001-260, 27 mars 2001, art. 3)* **« schéma de cohérence territoriale » de la région d'Île-de-France.**

(Al. ab., D. n° 2000-368, 26 avr. 2000, art. 2).

Lorsque les termes de cette convention ne sont pas respectés, le préfet de département, après la mise en demeure restée sans effet, en suspend l'application ou la dénonce.

C. urb., art. R. 510-6 *(D. n° 75-839, 8 sept. 1975 ; D. n° 84-243, 3 avr. 1984 ; D. n° 85-47, 14 janv. 1985 ; D. n° 90-17, 3 janv. 1990 ; D. n° 92-1357, 28 déc. 1992 ; D. n° 93-477, 24 mars 1993 ; mod., D. 29 déc. 1994, art. 1er ; rempl., D. n° 95-690, 9 mai 1995, art. 5).* — **I. – Sont dispensées de l'agrément les opérations, autres que celles** *(Mots rempl., D. n° 2000-368, 26 avr. 2000, art. 3-I)* **« réalisées par un service de l'État ou par une personne publique ou privée soumise à son contrôle et dont l'activité ne s'exerce pas dans le secteur concurrentiel », qui répondent à l'une des conditions suivantes :**

1. Lorsqu'elles sont situées :

– dans les agglomérations nouvelles délimitées en application de la loi n° 83-636 du 13 juillet 1983 portant modification du statut des agglomérations nouvelles, ou dans les communes situées à l'intérieur du périmètre d'un établissement public d'aménagement de ville nouvelle et ayant passé convention avec l'État en application de l'article 10 de la même loi ;

– dans les cantons suivants :

Seine-et-Marne

Bray-sur-Seine.
Chapelle-la-Reine (La).
Château-Landon.
Châtelet-en-Brie (Le).
Coulommiers.
Donnemarie-Dontilly.
Ferté-Gaucher (La).
Ferté-sous-Jouarre (La).
Fontainebleau.
Lizy-sur-Ourcq.
Lorrez-le-Bocage-Préaux.
Montereau-Fault-Yonne.
Moret-sur-Loing.
Nangis.
Nemours.
Provins.
Rebais.

Villiers-Saint-Georges.
Yvelines
Bonnières-sur-Seine.
Houdan.
Essonne
Méréville.
Milly-la-Forêt.
Val-d'Oise
Magny-en-Vexin.

2. Lorsque ces opérations portent sur des locaux à usage :
– de magasin de vente ;
– industriel par un utilisateur déterminé ;
– *(Tiret créé, D. n° 99-858, 5 oct. 1999, art. 1er)* de salles de spectacles cinématographiques ;
– *(Tiret créé, D. n° 2000-368, 26 avr. 2000, art. 3-II)* d'équipement hospitalier ;

3. Lorsque ces opérations portent sur la reconstruction ou la réhabilitation de bureaux sans extension de surface.

4. Lorsque ces opérations ajoutées à celles éventuellement réalisées sur le même site au cours des douze mois précédents portent sur une superficie hors œuvre nette inférieure à :

– *(Tiret rempl., D. n° 2000-368, 26 avr. 2000, art. 3-III)* 1 000 mètres carrés pour la construction de locaux destinés à un usage technique, scientifique, d'enseignement ou de bureaux ;

– *(Tiret rempl., D. n° 2000-368, 26 avr. 2000, art. 3-IV)* 5 000 mètres carrés pour la construction de locaux destinés à un usage industriel sans utilisateur déterminé ou à un usage d'entrepôt.

5. *(Mod., D. n° 98-1248, 28 déc. 1998, art. 1er ; rempl., D. n° 2000-368, 26 avr. 2000, art. 3-V)* Lorsqu'elles portent sur le changement d'utilisateur ou d'utilisation de locaux, quelle que soit leur nature.

6. Lorsqu'elles portent sur des locaux d'internat à usage scolaire ou sur des résidences universitaires.

II *(Rempl., D. n° 2000-368, 26 avr. 2000, art. 1er-VI)*. – Les opérations réalisées par un service de l'État ou par une personne publique ou privée soumise à son contrôle et dont l'activité ne s'exerce pas dans le secteur concurrentiel sont dispensées d'agrément si elles répondent à l'une des conditions suivantes :

1. Lorsqu'elles portent sur une surface hors œuvre nette inférieure à 200 mètres carrés ;

2. Lorsqu'elles concernent des locaux des services déconcentrés de l'État à compétence départementale ou des locaux de services dont les activités ne s'exercent pas au-delà du département d'implantation.

2870 **Salles de spectacle cinématographique.** La dispense les concernant (I, 2, dern. al.) a été ajoutée au texte du présent article par le décret n° 99-858 du 5 octobre 1999 (*JO* 7 oct.).

C. urb., art. *R. 510-7 ***(D. n° 85-47, 14 janv. 1985 ; ab., D. n° 95-690, 9 mai 1995, art. 6 ; rétabli, D. n° 2002-59, 14 janv. 2002, art. 3).*** **— Le comité pour l'implantation territoriale des emplois publics, le préfet de la région d'Île-de-France et les préfets de département veillent, chacun en ce qui le concerne, à ce que les opérations qui leur sont soumises et les agréments délivrés soient compatibles avec les orientations fixées par les directives territoriales d'aménagement et le schéma directeur de la région d'Île-de-France, avec les orientations de la politique d'aménagement et de développement du territoire, ainsi qu'avec celles de la politique de la ville et notamment celles qui ont été approuvées en comité interministériel d'aménagement et de développement du territoire et en comité interministériel de la ville.**

C. urb., art. *R. 510-8. — Dans le cas où l'agrément est requis, l'accord préalable et le permis de construire ne peuvent être délivrés, les fonds publics ne peuvent être enga-

gés et l'affectation des bâtiments ne peut être prononcée que sur production de la décision d'agrément.

Permis de construire. En ce sens, CE, 16 nov. 1984, *Régie autonome des transports parisiens : Rec. CE*, T, p. 774. – Sur la compétence liée de l'autorité administrative pour refuser le permis de construire si l'agrément est refusé, voir CE, 7 janv. 1987, *SCI Étoile Neuilly : Rec. CE*, T, p. 1027. 2871

Maisons de retraite. . A été rejetée la requête tendant à l'annulation de l'arrêté par lequel un maire a délivré, nonobstant les dispositions des articles L. 510-1 et R. 510-1 et suivants du présent code, un permis de construire une maison de retraite, la circonstance que la construction litigieuse soit exploitée par une société à but commercial n'étant pas de nature à lui enlever le caractère d'équipement collectif (CAA Paris, 1re ch., 17 févr. 1998 : *Juris-Data* n° 1998-041971). 2872

Voir aussi : Note sous C. urb., art. R. 510-4, p. 912.

C. urb., art. *R. 510-9. — La décision accordant l'agrément fixe la *(Mots rempl., D. n° 95-690, 9 mai 1995, art. 7)* « superficie hors œuvre nette (SHON) » autorisée et détermine les conditions et réserves auxquelles est subordonnée l'opération.

La décision peut, soit subordonner la réalisation de l'opération à l'exécution effective d'engagements souscrits par le bénéficiaire, notamment quant à la création ou l'extension d'activités hors de la zone définie à l'article R. 510-1, soit imposer des conditions concernant notamment la nature des activités susceptibles d'être exercées dans les locaux ou installations en cause, la durée pendant laquelle elles peuvent être exercées, la localisation des bâtiments et installations, la désaffectation, l'abandon ou la démolition de certains locaux ou installations, l'effectif qui pourra être employé.

C. urb., art. *R. 510-10 *(D. n° 83-1261, 30 déc. 1983 ; D. n° 86-288, 28 févr. 1986)*. — La décision accordant l'agrément fixe le délai de validité pendant lequel doit intervenir, selon le cas, soit le dépôt de la demande de permis de construire, soit la passation des actes juridiques dont l'utilisation des locaux et installations dépend, soit l'utilisation effective des locaux et installations.

***(Al. rempl., D. n° 95-690, 9 mai 1995, art. 8 ; D. n° 2000-368, 26 avr. 2000, art. 4)* À l'expiration de ce délai, et sauf prolongation accordée par l'autorité compétente pour délivrer l'agrément, la décision d'agrément est caduque.**

C. urb., art. *R. 510-11. — L'agrément peut n'être accordé qu'à titre précaire et pour une durée limitée, en ce qui concerne tant l'utilisation de locaux ou d'installations existants que la construction ou la reconstruction de locaux ou installations. Dans ces derniers cas, le permis de construire peut être délivré dans les conditions fixées aux articles L. 423-3 à L. 423-5.

C. urb., art. *R. 510-12. — Lorsque, dans le cas d'une opération tendant à l'utilisation de locaux ou installations existants, l'agrément est demandé avant la passation définitive des actes juridiques dont l'utilisation des locaux ou installations dépend, la décision doit intervenir dans un délai de deux mois à dater de la réception de la demande, faute de quoi l'agrément est réputé être accordé.

C. urb., art. *R. 510-13 *(Mod., D. n° 2000-368, 26 avr. 2000, art. 5 ; rempl., D. n° 2002-59, 14 janv. 2002, art. 4)*. — Le comité pour l'implantation territoriale des emplois publics est chargé, dans des conditions définies par le ministre chargé de la réforme de l'État et par le ministre chargé de l'aménagement du territoire, de préparer les mesures propres à assurer une répartition équilibrée des emplois publics sur le territoire en prenant en compte, notamment, les besoins et les attentes des usagers des services publics, le souci d'amélioration de l'efficacité des services de l'État et de ses établissements publics et la modernisation de la gestion publique. À cette fin :

***a)* Il détermine ceux des services de l'État et celles des personnes morales soumises au contrôle de ce dernier, mentionnés au 1° de l'article R. 510-2, dont la présence dans**

la région d'Île-de-France ne s'impose ni par les tâches qu'ils ont à remplir, ni par les besoins auxquels ils répondent ;

b) Il entreprend toute enquête ou étude visant à définir les conditions techniques, financières et sociales, dans lesquelles ces services et personnes morales pourraient être en tout ou partie transférés en des points du territoire où ils contribueraient utilement à un développement équilibré des régions ;

c) Il propose à l'approbation du comité interministériel d'aménagement et de développement du territoire des opérations de transfert concernant des services ou personnes morales mentionnés au *a.* Le comité assure la coordination de ces opérations et, lorsqu'elles ont été approuvées par le comité interministériel d'aménagement du territoire, veille à ce qu'elles soient conduites à leur terme. Il peut adresser des recommandations aux services et personnes morales concernés par ces opérations.

C. urb., art. *R. 510-14. — Les terrains désignés à l'article L. 510-4, sur lesquels avaient été installées des usines dont l'exploitation est ou serait interrompue, pourront être réservés en tout ou partie pour un usage autre que l'usage industriel, par des arrêtés du préfet pris après avis du chef du service de l'équipement de la région parisienne et de l'inspecteur général de l'industrie et du commerce désigné par le ministre chargé de l'industrie ; les conditions de leur utilisation ultérieure sont fixées par des arrêtés pris par le ministre chargé de l'urbanisme et, le cas échéant, le ou les ministres intéressés.

C. urb., art. R. 510-15 *(Créé, D. n° 95-690, 9 mai 1995, art. 9).* — Les conventions prévues à l'article R. 510-5 sont tenues à la disposition du public dans les mairies et sous-préfectures concernées.

Toute suspension ou dénonciation de convention fait l'objet d'une information dans les conditions prévues à l'alinéa précédent.

Circulaire du 25 avril 2002
relative à l'implantation territoriale des emplois publics

« Objet : Implantation territoriale des emplois publics.

Le décret n° 2000-368 du 26 avril 2000, le décret n° 2002-59 du 14 janvier 2002 et l'arrêté du Premier ministre du 6 février 2002 ont successivement modifié les dispositions réglementaires du Code de l'urbanisme relatives à la procédure d'agrément préalable à toute opération d'implantation de locaux d'activités économiques en Île-de-France.

Le décret du 26 avril 2000 a établi une distinction entre, d'une part, le régime applicable à l'implantation des activités du secteur public n'intervenant pas dans le champ concurrentiel, et, d'autre part, le régime applicable aux activités du secteur privé comme à celles du secteur public intervenant dans le champ de la concurrence, par la déconcentration au préfet de la région d'Île-de-France de l'agrément des opérations du secteur concurrentiel privé et public.

Le décret n° 2002-59 du 14 janvier 2002 vient compléter le dispositif relatif au secteur public non concurrentiel par la création d'un nouvel organisme : le comité pour l'implantation territoriale des emplois publics (CITEP) qui se substitue au comité de décentralisation et à la mission territoriale des emplois publics.

Ce nouvel organisme, placé auprès des ministres chargés de la réforme de l'État et de l'aménagement du territoire, a pour mission de favoriser l'implantation des emplois publics en des points du territoire où ils contribueraient à un développement équilibré des régions. À ce titre, il est chargé, d'une part, de délivrer l'agrément prévu par l'article R. 510-1 du Code de l'urbanisme en région d'Île-de-France et, d'autre part, conformément à l'article R. 510-13 du Code de l'urbanisme, de déterminer les services et établissements de l'État ou soumis à son contrôle dont la présence dans la région parisienne ne s'impose pas.

La présente circulaire a pour objet de préciser les modalités de délivrance de l'agrément prévu par l'article R. 510-1 par le comité pour l'implantation territoriale des emplois publics et de définir le contenu des programmes prévisionnels pluriannuels d'implantation que vous serez amené à élaborer et à discuter avec ce comité.

Sommaire

I. – La procédure d'agrément.

I-1. Définition de l'agrément.

I-1.1. L'agrément : une autorisation pour les opérations de localisation.

Annexe

I. – La procédure d'agrément

I-1 Définition de l'agrément

L'article R. 510-1 du Code de l'urbanisme prévoit que, dans la région d'Île-de-France, est soumise à agrément, sous réserve des exceptions prévues aux articles R. 510-4 et R. 510-6 dudit code, toute opération entreprise par toute physique ou morale de droit public ou de droit privé tendant à la construction, la reconstruction, la réhabilitation ou l'extension de tous locaux ou installations servant à des activités industrielles, commerciales, professionnelles, administratives, techniques, scientifiques ou d'enseignement ainsi que tout changement d'utilisateur ou d'utilisation de ces locaux.

L'agrément est donc une autorisation administrative nominative, préalable à toute opération de localisation en Île-de-France.

I-1.1. L'agrément : une autorisation pour les opérations de localisation

L'obtention de l'agrément est nécessaire à chaque opération de localisation. Ainsi une opération d'extension, de réhabilitation ou de reconstruction, est soumise à agrément, même si les locaux sur lesquels elle porte ont déjà donné lieu à agrément et même si elle n'entraîne aucun changement d'affectation domaniale.

Tous les types de locaux affectés ou nécessaires à l'une des activités mentionnées à l'article R. 510-1 du Code de l'urbanisme sont soumis à l'agrément : bâtiments principaux, annexes et installations diverses. Les locaux collectifs à caractère social tels que les vestiaires, les installations sanitaires, les cantines, les infirmeries et les services médicaux sont inclus dans le champ de l'agrément : leur surface est prise en compte avec la surface des locaux d'activité dont ils constituent l'accessoire.

En revanche, les conditions juridiques de l'utilisation des locaux, c'est-à-dire la nature de l'acte qui permettra à la personne morale qui bénéficie de l'opération d'utiliser les locaux concernés (bail location-bail, indivision...) sont indifférentes.

I-1.2. L'agrément : une autorisation préalable

L'article R. 510-8 du Code de l'urbanisme précise le caractère préalable de l'agrément pour l'obtention du permis de construire dans le cas des opérations qui doivent en bénéficier.

En outre, l'engagement de fonds publics et l'affectation domaniale des bâtiments sont subordonnés à la production de la décision d'agrément. Dès lors, un service de l'État ou un établissement public de l'État ne peut occuper un immeuble sans avoir, au préalable, obtenu l'agrément.

Lorsque l'agrément n'a été délivré que pour une durée limitée, le renouvellement du bail n'est pas autorisé.

I-1.3. L'agrément : une autorisation nominative

L'agrément est une autorisation délivrée nominativement dont l'attributaire ne peut pas transférer le bénéfice à une autre personne juridique. Il est nécessaire à la personne morale de droit public ou privé qui réalise l'opération : celle-ci n'est pas nécessairement propriétaire du terrain ou des bâtiments qui font l'objet de l'opération et seule la qualité juridique de la personne qui bénéficie de l'opération est à prendre en compte.

I-2. Les opérations pour lesquelles l'agrément relève de la compétence du CITEP

L'article R. 510-2 du Code de l'urbanisme définit les autorités compétentes pour délivrer l'agrément.

Conformément à cet article, le comité pour l'implantation territoriale des emplois publics (CITEP) est compétent pour délivrer l'agrément, lorsque le demandeur est un service de l'État ou une personne publique ou privée soumise à son contrôle, dont l'activité ne s'exerce pas dans le secteur concurrentiel et lorsque l'activité du service ou des personnes concernées s'exerce au-delà de la région d'Île-de-France.

Les opérations entreprises par les collectivités locales, sur leur territoire, pour les besoins de leurs propres services publics sont donc exclues de la procédure d'agrément. Il en va également ainsi des écoles, collèges et lycées dont la construction et l'entretien incombent aux collectivités locales en application de la loi n° 83-663 du 22 juillet 1983 modifiée. Les opérations réalisées par un mandataire de la collectivité sont également exclues, dès lors que les mêmes conditions sont remplies, c'est-à-dire lorsque l'opération est réalisée pour les besoins d'un service public de la collectivité et sur le territoire de celle-ci.

a) Une opération réalisée par un service de l'État ou par une personne publique ou privée soumise à son contrôle.

Le contrôle de l'État s'entend ici du contrôle exercé par l'Administration sur l'activité économique et la gestion financière de certaines personnes publiques, parapubliques ou privées et non du contrôle juridictionnel ou du contrôle de légalité exercé par l'État.

Sont notamment visés :

– toutes les catégories d'établissements publics soumis à la tutelle de l'État ainsi que les groupements d'intérêt public (GIP) créés à l'initiative de l'État ou des établissements publics relevant de l'État ;

– les sociétés ou les groupements d'intérêt économique dans lesquels l'État détient plus de 50 % du capital ;

– les groupements et organismes professionnels ou interprofessionnels à caractère économique, autorisés à percevoir des taxes, redevances ou cotisations de caractère obligatoire ;

– les organismes centraux ou nationaux des divers régimes d'assistance, de sécurité sociale, de prestations familiales ou de mutualité agricole.

b) Un service ou une personne dont l'activité ne s'exerce pas dans le secteur concurrentiel.

Les services publics à caractère administratif répondent, en principe, à ce critère.

S'agissant des services et organismes qui exercent leur activité selon les règles de l'industrie et du commerce, il convient d'apprécier s'ils se trouvent exposés à la concurrence ou disposent, au contraire, de droits exclusifs, d'un monopole ou d'un quasi-monopole.

Si le service ou l'organisme exerce plusieurs activités, c'est l'activité principale, telle que l'on peut la déterminer en se fondant sur le chiffre d'affaires réalisé sur une période suffisamment longue (de l'ordre de trois années) qui doit être prise en compte.

Enfin, dans le cas d'organisme dotés de filiales, il conviendra de procéder à la même appréciation pour chacune des filiales en cause. En cas de doute, le demandeur pourra utilement consulter le comité.

c) L'activité du service ou de la personne concernée s'exerce au-delà de la région d'Île-de-France.

Les opérations des services déconcentrés de l'État à compétence départementale, ainsi que les locaux de services dont les activités ne s'exercent pas au-delà du Code de l'urbanisme, sont en vertu de l'article R. 510-6-II du Code de l'urbanisme dispensés d'agrément.

L'agrément des opérations des services déconcentrées de l'État à compétence régionale ainsi que des services dont l'activité, tout en ne s'exerçant pas au-delà de la région d'Île-de-France, concerne plusieurs départements au sein de cette région est délivré par le préfet de la région Île-de-France.

d) Les exceptions.

Les opérations du secteur public non concurrentiel qui portent sur une surface hors œuvre nette (SHON) inférieure à 200 mètres carrés (C. urb., art. R. 510-6-II) ne relèvent pas du champ d'application de l'agrément.

Il convient, en outre, de préciser que les dispositions relatives à l'agrément ne sauraient avoir d'effet sur les modalités de stationnement en Île-de-France des formations militaires dont l'implantation est liée à des besoins de défense et de sécurité. Pour les opérations ayant trait à des locaux de toute nature intéressant ces formations et quelle que soit la surface concernée, la simple communication du dossier au CITEP par le ministère de la Défense tient lieu de décision d'agrément au sens de l'article R. 510-1 du Code de l'urbanisme.

I-3. La demande d'agrément

I-3.1. Le demandeur

L'agrément doit être demandé par le service de l'État ou la personne publique ou privée soumise à son contrôle qui va réaliser l'opération de construction, reconstruction, extension, réhabilitation ou qui va utiliser des locaux.

Dans le cas d'un groupe, la demande peut être toutefois présentée par l'établissement ou la société mère pour l'ensemble des entités concernées du groupe. La demande doit alors comporter la liste des entités intéressées par l'opération et fait apparaître, à chaque fois que possible, la répartition des surfaces faisant l'objet de la demande d'agrément entre les différents éléments qui composent le groupe.

I-3.2. Présentation de la demande

La demande doit être déposée selon le modèle figurant en annexe de la présente circulaire.

Elle doit préciser les motifs qui justifient la réalisation du projet présenté dans la région d'Île-de-France et dans le secteur envisagé.

Des études portant sur d'autres sites d'implantations dans d'autres secteurs d'Île-de-France et dans d'autres régions doivent être jointes à la demande de façon à permettre au CITEP d'effectuer toutes analyses et comparaisons utiles.

L'instruction d'une demande recevable en la forme ne doit pas en principe excéder un mois. Son examen est inscrit à l'ordre du jour de la première séance du comité qui suit l'achèvement de l'instruction.

Il peut être demandé un agrément définitif ou, dans le cas d'installations ayant un caractère temporaire, un agrément à durée limitée.

I-3.3. L'instruction des demandes

Chaque demande d'agrément ou d'avis est instruite par un chargé de mission auprès du CITEP désigné à cette fin par son président. Le nom et les coordonnées du rapporteur sont communiqués au demandeur et aux membres du comité. Le rapporteur ainsi désigné présente son rapport aux membres du comité lors de la séance à l'ordre du jour de laquelle l'affaire a été inscrite.

I-4. L'avis préalable

Il est possible de solliciter l'avis préalable du CITEP avant d'engager les recherches de locaux pour une nouvelle implantation.

Une demande d'avis préalable permet, dans le cadre d'un dialogue entre le comité et l'organisme intéressé, de déterminer le secteur géographique le plus approprié à l'implantation projetée.

La demande d'avis préalable doit présenter l'opération envisagée et les raisons qui la motivent ainsi que le secteur géographique projeté. Par secteur géographique, il faut entendre, pour les implantations parisiennes, le ou les arrondissements et, pour les implantations en dehors de Paris intra-muros, les communes envisagées.

Cette procédure est particulièrement recommandée pour les prises à bail de locaux sur un marché immobilier tendu puisqu'elle réduit considérablement les délais nécessaires à l'obtention de l'agrément une fois les locaux identifiés, l'instruction des dossiers ayant été faite au moment de l'avis préalable.

Le CITEP formule son avis en séance après avoir entendu le rapporteur chargé de l'instruction du dossier et, le cas échéant, les représentants du ministère ou de l'établissement concerné.

L'avis du CITEP est transmis par son président au demandeur.

L'avis préalable défavorable est motivé et accompagné de propositions alternatives de secteurs géographiques à privilégier.

I-5. La décision d'agrément

Les décisions d'agrément délivrées par le CITEP sont signées au nom du comité par son président.

Lorsqu'une demande d'agrément est présentée en conformité avec un programme prévisionnel pluriannuel d'implantation dûment approuvé (V. II) ou avec un avis préalable favorable (V. 1.4), le comité délibère lors de sa séance immédiatement postérieure au dépôt de la demande au secrétariat du CITEP.

I-5.1. Les différentes décisions

Après en avoir délibéré, le CITEP se prononce sur chaque demande.

Il peut conclure :

– à un accord ;

– à un accord sous condition ;

– à un refus ;

– à un ajournement pour complément d'instruction.

I-5.1.1. Accord

La décision d'agrément précise :

– la surface hors œuvre nette (SHON) (par nature d'activité le cas échéant) pour laquelle l'agrément est délivré (C. urb., art. R. 510-9) ;

– le délai pendant lequel doit intervenir, sous peine de caducité (V. § 1.5.3, *infra*) et selon le cas, soit le dépôt de la demande de permis de construire, soit la signature de l'acte de location, soit l'utilisation effective des locaux et installations (C. urb., art. R. 510-10) ;

– les engagements pris par le bénéficiaire dans sa demande d'agrément (abandon de locaux, relocalisation de certaines activités dans les zones prioritaires de la région d'Île-de-France ou hors de cette région).

Dans le cas où la demande aurait été présentée par un groupe, la décision fait apparaître les noms des différentes entités du groupe qui sont concernées par l'opération et, à chaque fois que possible, la répartition des surfaces donnant lieu à agrément entre les différentes entités.

I-5.1.2. Accord sous condition

L'article R. 510-9 du Code de l'urbanisme prévoit que l'agrément peut être délivré sous certaines conditions.

Le CITEP peut ainsi imposer des conditions concernant, notamment, la nature des activités susceptibles d'être exercées dans les locaux ou installations objet de l'agrément, la durée pendant laquelle ces activités peuvent être exercées, la localisation des bâtiments et installations, la désaffectation, l'abandon ou la démolition de certains locaux ou installations ainsi que l'effectif maximum de l'implantation.

Ces prescriptions particulières sont motivées.

I-5.1.3. Refus

Le CITEP peut refuser d'autoriser l'implantation à l'adresse demandée. Les décisions de refus sont motivées. Elles indiquent notamment sur quel point et en quoi l'implantation projetée ne répond pas aux orientations de la politique d'aménagement et de développement du territoire ou à celles de la politique de la ville.

I-5.1.4. Ajournement

Le CITEP peut ajourner sa décision lorsque l'examen du dossier soulève des questions pour lesquelles le comité estime nécessaire d'obtenir des informations complémentaires du demandeur ou bien de consulter une autre autorité administrative et que le dossier ne peut être instruit de manière satisfaisante dans les délais réglementaires.

La décision d'ajournement est motivée dans les mêmes conditions que les décisions d'accord sous condition et de refus.

Le CITEP dispose alors d'un délai de trois mois pour se prononcer de manière définitive (V. I-5.3).

I-5.2. La motivation des décisions

La décision comporte l'énoncé des considérations de fait et de droit qui constituent son fondement. Lorsque plusieurs motifs fondent la décision, chacun d'eux est énoncé.

L'article R. 510-7 du Code de l'urbanisme précise que le CITEP veille à ce que les opérations qui lui sont soumises soient compatibles avec les orientations fixées par les directions territoriales d'aménagement et le schéma directeur de la région d'Île-de-France, avec les orientations de la politique d'aménagement et de développement du territoire ainsi qu'avec celles de la politique de la ville, et notamment celles qui ont été approuvées respectivement en comité interministériel d'aménagement et de développement du territoire (CIADT) et en comité interministériel de la ville (CIV).

Les décisions d'agrément sont prises, en particulier, dans le respect du schéma directeur de la région d'Île-de-France. Ainsi, par exemple, les opérations situées au nord et à l'est de Paris seront encouragées et les installations dans les villes nouvelles ou les zones prioritaires définies dans le contrat de plan État-région (Seine amont, Seine aval...) seront favorisées.

Il sera tenu compte des engagements pris par le demandeur en faveur d'implantations en dehors de la région d'Île-de-France.

Le CITEP veille, en outre, à ce que les décisions d'agrément soient cohérentes avec les mesures qu'il est chargé de préparer afin d'assurer une répartition équilibrée des emplois publics sur le territoire, conformément à l'article R. 510-13 du Code de l'urbanisme.

I-5.3. Les délais

La décision du CITEP doit intervenir dans les délais fixés par le Code de l'urbanisme.

Ces délais ne commencent à courir qu'à compter de la réception d'une demande appuyée de toutes les pièces et informations requises, figurant en annexe de la présente circulaire.

À défaut de décision expresse reçue par le pétitionnaire avant la date d'expiration du délai prévu, le demandeur bénéficie d'un accord tacite. Dans ce cas, l'agrément est accordé « dans les termes où il a été demandé » (art. R. 510-2), c'est-à-dire pour la SHON, la localisation, etc., qui figurent dans le dossier du demandeur.

Le comité dispose d'un délai de trois mois à compter de la réception de la demande pour instruire le dossier et prendre une décision (C. urb., art. R. 510-2).

Toutefois, dans le cas d'une utilisation de locaux existants, par exemple les acquisitions ou les prises à bail ne nécessitant pas de permis de construire, la décision du CITEP doit être notifiée dans un délai réduit à deux mois à compter de la réception de la demande.

Une décision d'ajournement pour complément d'instruction ouvre un nouveau délai de trois mois à compter de la réception de cette décision par le demandeur.

Il peut donc s'écouler un délai maximal de six mois entre la réception d'une demande d'agrément par l'autorité compétente et la notification de la décision d'agrément mais la plupart des demandes obtiennent une réponse dans un délai maximal de trois mois.

I-5.4. Durée de validité de la décision d'agrément

Conformément à l'article R. 510-10, la durée de validité est fixée par le CITEP dans la décision, que l'agrément soit accordé pour une durée limitée ou à titre définitif. La durée de validité est le

délai pendant lequel le permis de construire doit être déposé ou les actes de location passés. Ce délai est généralement d'un an.

La décision d'agrément devient caduque à l'expiration de cette durée. Elle peut toutefois être prolongée par le CITEP. La demande de prolongation doit être formulée dans les mêmes formes que la demande initiale. La décision de prolongation est prise et notifiée dans les mêmes délais et formes que la décision initiale.

I-5.5. Les recours contre les décisions

Les décisions accordant ou refusant l'agrément sont des actes administratifs nominatifs qui font grief. Elles peuvent donc être contestées, dans les conditions de droit commun :

– par les demandeurs qui n'ont pas obtenu une décision conforme à leur demande ;

– par les tiers qui ont qualité pour agir.

Les tiers à qui ces décisions font grief peuvent les contester par un recours gracieux auprès du comité à moins qu'ils ne préfèrent saisir directement le juge administratif d'un recours contentieux.

En cas de refus, le ministre intéressé, que la demande ait été présentée par l'un de ses services ou par une personne publique ou privée placée sous le contrôle de l'État entrant dans son champ de compétence, peut, dans un délai de deux mois après notification de la décision, faire appel de cette décision auprès du Premier ministre. Le Premier ministre prend sa décision après avis du ministre chargé de l'aménagement du territoire, du ministre chargé de l'urbanisme, du ministre chargé du budget et du ministre chargé de la réforme de l'État.

II. – Les programmes prévisionnels pluriannuels d'implantation

Les programmes prévisionnels pluriannuels d'implantation (précédemment dénommés plans de localisation) présentent de façon synthétique les implantations des services des ministères et établissements publics de l'État au regard des missions exercées.

Ce sont aussi des documents de prospective, établis pour une durée de cinq ans, qui mettent particulièrement en évidence les orientations et les projets éclairant les choix de localisation à venir.

Ils sont élaborés par les ministères et les établissements publics de l'État, et soumis à l'examen préalable du CITEP. L'article A. 510-6 du Code de l'urbanisme prévoit ainsi que les programmes prévisionnels pluriannuels d'implantation des ministères et établissements publics de l'État, mis à jour, sont présentés au CITEP à l'appui de chaque demande d'agrément.

L'élaboration de ces documents constitue une occasion privilégiée de réfléchir sur l'organisation et le fonctionnement des services.

Le cadre général dans lequel la réflexion doit s'inscrire est celui de la non-extension des surfaces occupées par les administrations de l'État dans Paris et de l'implantation en province de tout organisme nouvellement créé.

II-1. Contenu des programmes prévisionnels pluriannuels d'implantation

Chaque programme prévisionnel pluriannuel d'implantation doit comporter trois parties :

***a)* La première décrit les installations actuelles et les missions exercées dans les locaux concernés.**

Cette partie ne saurait recenser uniquement les adresses et les surfaces. Elle doit permettre d'identifier les fonctions exercées à chaque adresse, les surfaces qui y correspondent et les effectifs affectés. Elle précise en tant que de besoin la répartition des attributions entre les services centraux, les services à compétence nationale et les services déconcentrés ;

***b)* La deuxième partie dresse un bilan des opérations de délocalisation décidées lors des comités interministériels pour l'aménagement et le développement du territoire. Dans l'hypothèse où certaines décisions n'auraient pas encore été concrétisées, il convient d'indiquer le calendrier prévue de réalisation ou, le cas, échéant, des propositions d'opérations alternatives.**

Ce bilan est accompagné des mouvements immobiliers intervenus dans les cinq dernières années dans Paris et en région d'Île-de-France lorsque ceux-ci sont significatifs (regroupement des services, rationalisation des implantations) ;

***c)* La troisième partie se doit d'être prospective et de présenter les différentes opérations à venir, qu'il s'agisse de projets avancés ou de projets à échéances plus lointaines liés à un projet de réorganisation ou à une situation immobilière (fin de bail par exemple).**

C'est dans cette partie que trouvent place des projets de délocalisation susceptibles d'être soumis à l'approbation du CIADT.

Cette partie doit également présenter les perspectives de localisation de l'ensemble des implantations qui bénéficient d'un agrément à durée limitée.

II-2. Validation et approbation des programmes prévisionnels pluriannuels d'implantation

II-2.1. Instruction des programmes prévisionnels pluriannuels d'implantation

Chaque programme prévisionnel pluriannuel d'implantation est instruit dans les mêmes conditions qu'une demande d'agrément (V. I.3.2).

Le CITEP examine le programme lors de la première séance suivant l'achèvement de l'instruction. Celle-ci ne doit pas en principe excéder deux mois à compter de la réception du dossier. Il délibère après avoir entendu le rapporteur chargé de l'instruction du dossier et les représentants

du ministère ou de l'établissement concerné. Le CITEP peut alors approuver le programme tel qu'il a été présenté ou demander un complément d'instruction.

Les questions suscitées par le projet, les éclaircissements souhaités et les observations sur l'équilibre général du programme sont transmises par écrit au ministère ou à l'établissement concerné.

S'il juge l'équilibre général du programme trop peu volontariste en matière d'aménagement du territoire, le CITEP peut demander que le projet qui lui est soumis soit complété. Il peut ainsi demander l'inscription dans le programme d'une étude sur la localisation de tel service ou de telle activité. L'échéance de réalisation de l'étude peut différer de l'échéance du programme.

Les textes réglementaires ne fixent pas de délais pour que le comité se prononce définitivement sur un programme prévisionnel pluriannuel d'implantation. Il est toutefois souhaitable que l'examen de ces programmes soit réalisé dans les délais fixés par le Code de l'urbanisme pour une décision d'agrément, soit au maximum six mois.

II-2.2. L'avis du CITEP et la transmission au Premier ministre

Le CITEP se prononce de manière définitive après avoir entendu le rapporteur chargé de l'instruction du dossier et les représentants du ministère ou de l'établissement concerné sur le programme éventuellement amendé dans le cadre de l'instruction.

Chaque programme prévisionnel pluriannuel d'implantation est transmis par le président du CITEP, accompagné de l'avis du comité, au Premier ministre pour approbation. Le document transmis à l'approbation du Premier ministre doit reprendre tous les engagements définis dans le programme prévisionnel pluriannuel d'implantation.

II-3. Suivi des programmes prévisionnels pluriannuels d'implantation

Une fois le programme approuvé, le CITEP vérifie que les demandes d'agrément présentées y sont conformes.

Le CITEP organise avec chaque ministère ou établissements public de l'État une réunion annuelle de suivi du programme prévisionnel pluriannuel d'implantation.

À l'issue de cette réunion, une actualisation du programme pourra être demandée par le CITEP. »

Formulaire de demande d'agrément

« Comité pour l'implantation territoriale des emplois publics (CITEP)

Secrétariat permanent, 3, square Desaix, 75015 Paris (téléphone : 01 44 37 08 10, fax : 01 44 37 08 36).

La présente notice récapitule l'ensemble des renseignements nécessaires à l'établissement d'une demande auprès du CITEP.

La demande doit être établie en 3 exemplaires, datés et signés, et envoyée ou déposée à l'adresse ci-dessus par le demandeur. Elle fera l'objet d'un accusé de réception.

Une demande recevable en la forme sera inscrite à l'ordre du jour de la séance du CITEP immédiatement postérieure aux 4 semaines de délai d'instruction.

Remarque : les dossiers présentés doivent être établis en respectant l'ordre et la numérotation des rubriques de la notice.

Nota. – L'obtention de l'agrément ne dispense pas des obligations juridiques spécifiques applicables en matière d'urbanisme, de règles de sécurité, de domanialité publique ou comptable.

1° Demandeur :

Identification : ... n° SIRET (indispensable) : ...

Adresse : ...

Adresse postale (si différente) : ...

2° Responsable(s) pouvant être consulté(s) au sujet de la demande :

Nom, fonction, téléphone, télécopie, mél. : ...

3° Utilisateur(s) (s'il est, ou s'ils sont différents du demandeur) :

Identification : ... n° SIRET (indispensable) : ...

Adresse : ...

Adresse postale (si différente) : ...

4° Statut de l'utilisateur [joindre les statuts en vigueur (1)] :

– service central d'un ministère, service à compétence nationale ;

– établissements publics (EPA, EPIC, EPST, EPSCP, etc.) GIP ;

– organisme bénéficiant du concours financier de l'État ou d'une autre personne morale soumise à son contrôle sur lesquels la Cour des comptes est habilitée à exercer un contrôle ;

– organismes soumis au contrôle économique et financier de l'État ;

– entreprise publique soumise à la tutelle de l'État.

***Nota.* – Produire tous documents relatifs au statut, au capital et/ou au budget établissant que le demandeur et/ou sont soumis au contrôle de l'État.**

5° Ministère de tutelle (C. urb., art. A. 510-2) et direction assurant la tutelle technique :

Nom et coordonnées du directeur d'administration centrale.

Mentionner l'existence d'un programme prévisionnel pluriannuel d'implantation des services formellement approuvé par le Premier ministre ou en cours d'examen par le CITEP.

6° Nature de l'activité et principaux partenaires :

Objet de l'activité principale.

Indiquer la nature et la fréquence des liaisons du service ou de l'organisme avec ses principaux partenaires extérieurs ; le cas échéant, préciser leur adresse.

7° Effectifs :

Mentionner nombre, qualification, répartition et évolution des effectifs depuis cinq ans ainsi que les prévisions pour les années à venir.

8° Budget annuel :

Joindre le budget réalisé de l'exercice écoulé et le budget prévisionnel de l'exercice en cours.

9° Installations actuelles :

Adresse des localisations actuelles de l'utilisateur, en Île-de-France et en province (préciser le régime juridique d'occupation de chaque site).

Préciser si la demande concerne une création.

Surface hors œuvre nette (SHON), des installations (date de la première installation et extensions s'il y a lieu) par nature d'usage (V. liste du paragraphe 10 ci-après).

10° Nature de l'agrément demandé (à préciser par nature d'usage) :

NATURE D'USAGE	NATURE DE L'AGRÉMENT
Locaux à usage de bureaux.	Construction (*).
Locaux de magasinage et de stockage.	Réhabilitation (*).
Locaux industriels.	Extension (*).
Locaux à usage culturel.	Changement d'affectation (usage).
Locaux à usage d'enseignement.	Acquisition.
Locaux à usage hospitalier.	Affectation d'un immeuble domanial.
Locaux à caractère social affectés à l'usage collectif du personnel (sanitaires, vestiaires, cantines, services médicaux).	Prise à bail.

(*) Dans ces trois cas, préciser par qui le permis de construire sera sollicité.

11° Implantation projetée et surface hors œuvre nette soumise à agrément :

Adresse précise de la localisation : n°, rue, commune, département et, le cas échéant, étage(s).

Joindre un plan de situation de l'emplacement et un plan masse s'il s'agit d'une construction (format uniquement A4 ou A3).

Superficie du terrain d'assiette.

Surface hors œuvre nette (SHON) à construire et/ou à utiliser : ...

répartie en :

Locaux à usage de bureaux :

Locaux de magasinage et de stockage : ...

Locaux industriels : ...

Locaux à usage culturel : ...

Locaux à usage d'enseignement : ...

Locaux à usage hospitalier : ...

Locaux à caractère social affectés à l'usage collectif du personnel (sanitaires, vestiaires, cantines, services médicaux) : ...

Pour mémoire : locaux annexes :

– locaux d'habitation (gardien...) ;

– parkings (situation et nombre d'emplacements...).

12° Compensations proposées :

***a)* Indiquer les locaux libérés et leur destination future, donner à ce sujet toutes précisions d'adresse, d'emplacement, de surface et de nature d'usage ;**

***b)* Préciser également si le projet comporte une opération de réimplantation en province ou un engagement de procéder à terme à une telle opération, ou une étude de localisation ; donner dans ce cas aussi toutes précisions à cet égard, notamment s'agissant des effectifs concernés ;**

***c)* Indiquer, s'il y a lieu, l'état de réalisation des engagements pris lors des précédents agréments et/ou du dernier plan de localisation.**

13° Motifs invoqués :

Doivent être jointes à la demande, en particulier, les études portant sur d'autres sites d'implantation en d'autres secteurs d'Île-de-France et en d'autres régions.

Les motifs qui ont conduit au choix retenu doivent être argumentés de manière détaillée, en développant les raisons qui justifient la réalisation de ce projet, d'une part, dans la région Île-de-

France et, d'autre part, dans le secteur plus particulièrement envisagé par la demande. Le choix effectué ne peut, en effet, résulter que d'une comparaison entre plusieurs sites d'implantation.

Le coût prévisionnel de l'opération et des solutions alternatives doit également être présenté (valeur d'un bien domanial, coût d'acquisition ou de construction, montant du loyer, charges et frais de fonctionnement, etc.). »

(1) Lorsque les statuts ont déjà été fournis à l'occasion d'une précédente demande d'agrément et qu'ils n'ont pas été modifiés depuis lors, il suffit de faire référence à ladite demande.

TITRE II

DISPOSITIONS FINANCIÈRES CONCERNANT LA RÉGION PARISIENNE

Voir aussi : La circulaire n° 86-12 du 31 janvier 1986 relative au régime de la redevance pour la création de locaux à usage de bureaux ou de locaux de recherche en région Île-de-France.

Section I Dispositions générales

C. urb., art. *R. 520-1 *(D. n° 84-243, 3 avr. 1984)*. — **1. Sont considérés comme locaux de recherche en vue de l'application de l'article L. 520-1 les locaux et leurs annexes de toute nature utilisés pour des activités ayant le caractère de recherches fondamentales, de recherches appliquées ou d'opérations de développement, quelle qu'en soit la nature et quel qu'en soit l'objet ou la dénomination, effectuées soit en bureau d'études ou de calcul, soit en laboratoires, soit en ateliers-pilotes, soit en stations expérimentales ou encore opérées dans des installations agricoles ou industrielles.**

2. Lorsque à l'intérieur d'un même périmètre coexistent un établissement et un ou plusieurs bâtiments utilisés pour des activités de recherches distinctes du processus de fabrication exercé dans les bâtiments industriels, ce ou ces bâtiments sont considérés, sauf preuve contraire, comme constituant un établissement de recherche.

2873 **Locaux de recherche.** C'est en application de la loi n° 82-1020 du 3 décembre 1982 qui a modifié l'article L. 520-1 que le présent article définit avec précision les locaux de recherche désormais compris dans le champ d'application de la redevance due à l'occasion de la construction de locaux de cette nature dans certaines zones de la région Île-de-France. Sur cette définition des locaux de recherche, voir la circulaire n° 86-12 du 21 janvier 1986 (*Dr. fisc.* n° 15 ; ID 8757 et n° 16.17 ; ID 8758) qui fournit à cet égard une liste non exhaustive des activités de recherche.

C. urb., art. *R. 520-1-1 *(D. n° 84-243, 3 avr. 1984)*. — **Sont considérés comme locaux à usage de bureaux en vue de l'application de l'article L. 520-1 et sous réserve de la franchise de 1 000 mètres carrés par établissement mentionnée à l'article L. 520-7 :**

1. Tous les locaux et leurs annexes tels que couloirs, dégagements, salles de réunion, d'exposition, d'archives, salles d'attente et de réception, où sont exercées des activités de direction, de services, de conseil, d'étude, d'ingénierie, de traitement mécanographique ou d'informatique de gestion ;

2. Quelle que soit leur implantation les bureaux de la direction générale d'une entreprise industrielle, de ses services généraux, financiers, juridiques et commerciaux.

Au sens de la présente réglementation est réputé établissement industriel un ensemble de locaux et installations utilisés pour des activités concourant directement à la fabrication de produits commercialisables.

C. urb., art. *R. 520-1-2 *(D. n° 84-243, 3 avr. 1984)*. — **Ne sont pas pris en considération pour établir l'assiette de la redevance instituée par l'article L. 520-1 :**

1. Dans tous les établissements et leurs annexes de toute nature, les locaux de caractère social ou sanitaire ;

2. Dans les magasins de vente et dans les entrepôts commerciaux les locaux à usage de bureaux à concurrence de 5 % de la superficie totale de l'ensemble des locaux construits.

C. urb., art. *R. 520-2 *(D. n° 83-1261, 30 déc. 1983 ; D. n° 84-243, 3 avr. 1984).* — **Les montants prévus pour la redevance mentionnée à l'article R. 520-3 s'appliquent à la surface utile de plancher construite ou transformée telle qu'elle résulte soit du permis de construire, soit des déclarations visées aux articles L. 520-9 et R. 422-3, soit des constatations effectuées par l'autorité administrative après l'achèvement des travaux.**

La surface utile de plancher est réputée égale, sauf preuve contraire, à la surface couverte à chaque niveau affectée d'un abattement forfaitaire de 5 %.

C. urb., art. **R. 520-3 *(D. n° 76-267, 25 mars 1976 ; D. n° 84-243, 3 avr. 1984).* — **En cas de création par voie de construction ou de transformation, de locaux passibles de la redevance et sans préjudice de l'autorisation prévue à l'article L. 631-7 du Code de la construction et de l'habitation si celle-ci est requise, la déclaration d'achèvement des travaux prévue à l'article R. 460-1 doit être faite dans les formes particulières fixées par un arrêté du ministre chargé de l'urbanisme et mentionner, avec toutes justifications utiles à l'appui, la personne physique ou morale propriétaire des locaux.**

Si l'avis de mise en recouvrement est établi antérieurement au dépôt de la déclaration visée à l'alinéa précédent, il est décerné au titulaire du permis de construire, sauf à celui-ci à établir qu'il n'a pas la qualité de maître de l'ouvrage.

Dans le cas contraire, il est décerné au propriétaire des locaux.

C. urb., art. **R. 520-4. — **La déclaration prévue au deuxième alinéa de l'article L. 520-9 doit être faite préalablement à la nouvelle affectation donnée aux locaux. Elle doit comporter, outre tous renseignements utiles sur les propriétaires des anciens et des nouveaux locaux et, le cas échéant, sur le maître de l'ouvrage, l'indication de la nouvelle affectation des locaux et celle des surfaces de plancher transformées et des nouvelles surfaces.**

Les modalités d'application du présent article, notamment les formes du dépôt de la déclaration, seront fixées par le ministre chargé de l'urbanisme.

C. urb., art. **R. 520-5 *(D. n° 76-267, 25 mars 1976).* — **Les personnes passibles de la redevance en raison de la construction de locaux à usage de bureaux ou, en vertu de l'article L. 520-9, en raison de la transformation en de tels locaux de locaux précédemment affectés à d'autres usages, sont exonérées de ladite redevance à la condition de justifier d'une utilisation exclusive de ces locaux par des membres d'une profession libérale ou des officiers ministériels ou de leur affectation exclusive à un groupement constitué dans les formes prévues à l'article 10 de la loi du 1er juillet 1901.**

Les propriétaires de locaux exonérés de la redevance en vertu de l'alinéa précédent sont tenus, si l'utilisation ou l'affectation qui a entraîné l'exonération vient à cesser, d'en faire la déclaration dans un délai d'un mois à compter de cette cessation et d'acquitter la redevance si elle est due en vertu de la législation en vigueur à la date d'expiration dudit délai et au taux applicable à cette date.

Bureaux. Sont passibles de la redevance les bureaux affectés à la direction générale d'une société, au service de la comptabilité et aux ingénieurs chargés d'apporter une aide technique aux clients d'une entreprise (CE, 13 juin 1979, req. n° 10222, *SA « Transmission Stocks » : Dr. fisc.* 1980, n° 20, comm. 1069). 2874

Défaut de déclaration. Le défaut de déclaration dans le délai d'un mois qui suit la cessation d'affectation (al. 2) est sanctionné par l'application du taux double prévu à l'article R. 520-10. 2875

C. urb., art. **R. 520-6 *(D. n° 76-267, 25 mars 1976 ; D. n° 84-243, 3 avr. 1984).* — ***(Al. rempl. par trois alinéas, D. n° 2002-676, 30 avr. 2002, art. 1er)*** **La détermination de l'assiette et la**

liquidation de la redevance font l'objet de décisions du directeur départemental de l'équipement ou, dans les conditions prévues à l'alinéa suivant, du maire.

***(Al. issu, D. n° 2002-676, 30 avr. 2002, art. 1er)* Lorsque le maire est compétent pour délivrer les permis de construire au nom de la commune, en application du premier alinéa de l'article L. 421-2-1, il peut se voir confier, sur sa demande ou avec son accord, par arrêté du préfet pris sur proposition du directeur départemental de l'équipement, la détermination de l'assiette et la liquidation de la redevance.**

***(Al. issu, D. n° 2002-676, 30 avr. 2002, art. 1er)* Le directeur départemental de l'équipement et le maire peuvent déléguer leur signature aux agents placés sous leur autorité.**

À défaut de paiement de la redevance dans le délai fixé à l'avertissement portant notification de la décision visée à l'alinéa précédent, la créance du Trésor fait l'objet d'un avis de mise en recouvrement. Ce dernier est émis conformément aux dispositions de l'article L. 79 du Code du domaine de l'État par le service des domaines dans le délai de deux ans à compter soit de la délivrance du permis de construire, soit du dépôt des déclarations prévues par les articles L. 520-9 et R. 422-3 du présent code ou à défaut de la constatation du début des travaux.

2876 **Compétence.** Auparavant de la compétence du ministre, la détermination de l'assiette et de la liquidation de la redevance a été largement déconcentrée au profit du DDE et même décentralisée vers le maire dans les communes qui ont la maîtrise de la délivrance des permis de construire. Le décret du 30 avril 2002 abroge celui du 13 février 1968 portant délégation de pouvoirs du ministre aux préfets de la région parisienne.

Voir aussi : Pour un commentaire de cette réforme : N. Gonzalez-Gharbi : *Constr.-urb.* 2002, n° 7/8, n° 194.

C. urb., art. *R. 520-7 *(D. n° 84-243, 3 avr. 1984).* — À défaut de paiement par le débiteur désigné sur l'avis de mise en recouvrement, l'administration des domaines peut émettre de nouveaux avis de mise en recouvrement au nom des propriétaires successifs des locaux et en poursuivre le recouvrement en principal, pénalité et intérêts, pendant un délai d'un an après la déclaration d'achèvement des travaux ou de la constatation de l'achèvement de ces travaux.

C. urb., art. **R. 520-8 *(D. n° 83-1261, 30 déc. 1983 ; D. n° 84-243, 3 avr. 1984).* — Les redevances afférentes à des constructions réalisées à la suite d'un agrément à titre précaire et pour une durée limitée dans les conditions prévues par l'article R. 510-11 et d'un permis de construire délivré dans les conditions fixées par les articles L. 423-2 à L. 423-5 sont, le cas échéant, remboursées à la demande du redevable si celui-ci justifie que les locaux en cause ont été démolis dans les six mois à compter de l'expiration du délai de précarité.

C. urb., art. **R. 520-9 *(D. n° 83-1261, 30 déc. 1983 ; D. n° 84-243, 3 avr. 1984).* — Est exonérée de la redevance prévue à l'article L. 520-1 la reconstitution par leur propriétaire initial ou, dans le cas de mutation successorale, par le bénéficiaire de la mutation, de locaux détruits par sinistre ou expropriés pour cause d'utilité publique, sous réserve que le sinistre ou l'expropriation ait interrompu une activité économique effective. Cette exonération est applicable aux opérations ayant fait l'objet d'une demande de permis de construire au plus tard dans les dix-huit mois qui suivent le sinistre ou l'expropriation, dans la limite d'une superficie de planchers utile égale à celle des locaux sinistrés ou expropriés et à condition que la reconstitution soit effectuée, sans changement d'affectation, soit sur place, soit dans une localité comportant un montant de redevance qui ne soit pas supérieur au montant applicable dans la localité où étaient situés les locaux sinistrés ou expropriés.

2877 **Exclusions.** L'exonération paraît inapplicable en cas de cession amiable ou si la reconstruction est le fait d'une SCI, personne juridique distincte du propriétaire des locaux expropriés (concl.

P. Lobry sous CE, 7ᵉ et 8ᵉ sous-sect., 29 juill. 1978, req. n° 8220, *Min. Équip.* c/ *Sté Pallos : Droit fisc.* 1979, n° 31, comm. 1630).

C. urb., art. **R. 520-10. — Au cas où la construction de locaux passibles de la redevance a été entreprise avant la délivrance du permis de construire ou la transformation de locaux faite avant la déclaration prévue à l'article L. 520-9, ainsi qu'en cas d'inexécution des obligations découlant du deuxième alinéa de l'article R. 520-5, le ministre chargé de l'urbanisme arrêt d'office le montant de la redevance à un taux double du montant de la redevance éludée.

En cas d'énonciations inexactes dans la demande de permis de construire ou dans la déclaration prévue à l'article L. 520-9, la redevance correspondant aux surfaces non mentionnées est doublée.

En cas de retard, à compter de la date d'échéance dans le paiement de la redevance, il est dû un intérêt de 1 % par mois de retard.

C. urb., art. **R. 520-11 *(Rempl., D. n° 2002-676, 30 avr. 2002, art. 2).* **— Un arrêté conjoint du ministre chargé de l'urbanisme et du ministre chargé du budget fixe les conditions dans lesquelles la redevance est liquidée par les autorités mentionnées au premier alinéa de l'article R. 520-6 et perçue par le service des domaines.**

Voir aussi : C. urb., art. A. 520-4 à A. 520-11, p. 925.

Section II Montant des redevances

C. urb., art. *R. 520-12 *(D. n° 87-744, 9 sept. 1987 ; D. n° 89-86, 10 févr. 1989).* **— Le montant de la redevance instituée par l'article L. 520-1 est de :**

1° ***(Montant et unité monétaire remplacés à compter du 1er janvier 2002, D. n° 2001-1327, 28 déc. 2001, art. 1er, A et 6)*** **« 244 € » par mètre carré dans :**

– la partie de Paris comprenant les arrondissements suivants : 1er, 2ᵉ, 3ᵉ, 4ᵉ, 6ᵉ, 7ᵉ, 8ᵉ, 9ᵉ, 14ᵉ, 15ᵉ, 16ᵉ et 17ᵉ ;

– les communes ci-après du département des Hauts-de-Seine :

Asnières, Bois-Colombes, Boulogne-Billancourt, Châtillon, Colombes, Clichy, Courbevoie, Garches, Issy-les-Moulineaux, La Garenne-Colombes, Gennevilliers, Levallois-Perret, Malakoff, Marnes-la-Coquette, Nanterre, Neuilly-sur-Seine, Puteaux, Rueil-Malmaison, Saint-Cloud, Sèvres, Suresnes, Vanves, Vaucresson et Ville-d'Avray.

2° ***(Montant et unité monétaire remplacés à compter du 1er janvier 2002, D. n° 2001-1327, 28 déc. 2001, art. 1er, A et 6)*** **« 152 € » par mètre carré dans :**

– les communes ci-après du département des Hauts-de-Seine :

Bagneux, Bourg-la-Reine, Chaville, Clamart, Fontenay-aux-Roses, Medon, Montrouge, Le Plessis-Robinson et Sceaux ;

– les communes ci-après du département des Yvelines :

Bougival, Carrières-sur-Seine, La Celle-Saint-Cloud, Chatou, Croissy-sur-Seine, Le Mesnil-le-Roi, Montesson et Le Vésinet.

3° ***(Montant et unité monétaire remplacés à compter du 1er janvier 2002, D. n° 2001-1327, 28 déc. 2001, art. 1er, A et 6)*** **« 61 € » par mètre carré dans :**

– les arrondissements de Paris non visés au 1° ci-dessus ;

– les communes ci-après du département des Hauts-de-Seine :

Antony, Châtenay-Malabry et Villeneuve-la-Garenne ;

– le département de la Seine-Saint-Denis, à l'exception des communes de Gournay-sur-Marne, Neuilly-sur-Marne, Neuilly-Plaisance et Noisy-le-Grand ;

– le département du Val-de-Marne, à l'exception des communes de Bry-sur-Marne, Mandres-les-Roses, Marolles-en-Brie, Périgny, La Queue-en-Brie, Santeny et Villiers-sur-Marne ;

– les communes ci-après du département des Yvelines :

Achères, Aigremont, Les Alluets-le-Roi, Andrésy, Bailly, Carrières-sous-Poissy, Chambourcy, Chanteloup-les-Vignes, Chavenay, Le Chesnay, Crespières, Davron, L'Étang-la-

Ville, Feucherolles, Fontenay-le-Fleury, Fourqueux, Houilles, Jouy-en-Josas, Louveciennes, Maisons-Laffitte, Mareil-Marly, Marly-le-Roi, Medan, Morainvilliers, Noisy-le-Roi, Orgeval, Le Pecq, Poissy, Le Port-Marly, Rennemoulin, Rocquencourt, Saint-Cyr-l'École, Saint-Germain-en-Laye, Saint-Nom-la-Brètêche, Sartrouville, Triel-sur-Seine, VélizyVillacoublay, Verneuil-sur-Seine, Vernouillet, Versailles, Villennes-sur-Seine, Villepreux et Viroflay ;

– les communes ci-après du département de l'Essonne :

Athis-Mons, Bièvres, Boussy-Saint-Antoine, Brunoy, Bures-sur-Yvette, Chilly-Mazarin, Crosne, Draveil, Épinay-sous-Sénart, Épinay-sur-Orge, Gif-sur-Yvette, Gometz-le-Châtel, Igny, Juvisy-sur-Orge, Longjumeau, Massy, Montgeron, Morangis, Morsang-sur-Orge, Orsay, Palaiseau, Paray-Vieille-Poste, Quincy-sous-Sénart, Savigny-sur-Orge, Les Ulis, Vauhallan, Verrières-le-Buisson, Vigneux-sur-Seine, Villebon-sur-Yvette, Villemoisson-sur-Orge, Villiers-sur-Orge, Viry-Châtillon, Wissous et Yerres ;

– les communes ci-après du département du Val-d'Oise :

Andilly, Argenteuil, Arnouville-lès-Gonesse, Beauchamp, Bessancourt, Bezons, Bonneuil-en-France, Bouqueval, Chennevières-lès-Louvres, Deuil-la-Barre, Eaubonne, Enghien-les-Bains, Epiais-lès-Louvres, Ermont, Franconville, Garges-lès-Gonesse, Gonesse, Goussainville, Groslay, Louvres, Margency, Montlignon, Montmagny, Montmorency, Le Plessis-Bouchard, Roissy-en-France, Saint-Gratien, Saint-Leu-la-Forêt, Saint-Prix, Sannois, Sarcelles, Soisy-sous-Montmorency, Taverny, Le Thillay, Vaudherland, Vemars, Villeron et Villiers-le-Bel ;

– les communes ci-après du département de Seine-et-Marne :

Mauregard, Le Mesnil-Amelot, Mitry-Mory et Villeparisis.

C. urb., art. R. 520-13 à R. 520-15 ***(Ab., D. n° 87-744, 9 sept. 1987).***

TITRE III

IMPLANTATION HORS DE LA RÉGION PARISIENNE DE CERTAINES ACTIVITÉS

C. urb., art. R. 530-1 et R. 530-2 ***(Ab., D. n° 96-1022, 27 nov. 1996, art. 8-I).***

C. urb., art. R. 530-3. — Les prêts visés à l'article L. 530-1 sont imputés à la section 2 « Adaptation industrielle et agricole et décentralisation industrielle » du fonds de développement économique et social.

Les bonifications d'intérêt et les dépenses entraînées éventuellement par la mise en jeu de la garantie de l'État sont imputées sur les crédits budgétaires ouverts à cet effet.

C. urb., art. R. 530-4. — Les prêts consentis par l'État pour la construction de logements dont les caractéristiques sont fixées par arrêtés du ministre de l'Économie et des Finances et du ministre chargé de l'urbanisme et notamment pour l'application de la législation sur les habitations à loyer modéré sont imputés à la section de la construction du fonds de développement économique et social.

Ces prêts continueront à être attribués aux organismes d'habitations à loyer modéré dans les conditions prévues par l'article 196 du Code de l'urbanisme et de l'habitation.

La section de la construction reçoit :

1° Les sommes qui sont versées au fonds en application de la réglementation sur la participation des employeurs à l'effort de construction ainsi que le produit de la cotisation prévue à l'article 274 du code précité ;

2° Le montant des versements du Trésor effectués en contrepartie des emprunts que le ministre de l'Économie et des Finances est autorisé à contracter chaque année pour l'octroi de prêts aux organismes d'habitations à loyer modéré.

2878 **Codification.** L'article 196 du Code de l'urbanisme et de l'habitation a été codifié sous le numéro R. 431-1 du Code de la construction et de l'habitation.

L'article 274 du Code de l'urbanisme et de l'habitation a été codifié sous l'article L. 313-4 du Code de la construction et de l'habitation.

C. urb., art. R. 530-5. — **Un décret en Conseil d'État contresigné par le ministre de l'Économie et des Finances, le ministre chargé de l'urbanisme, le ministre des Transports, les ministres chargés de l'industrie, du travail, de l'agriculture, fixe, en tant que de besoin, les conditions d'application des articles R. 530-1 à R. 530-4.**

TITRE IV
CONSTRUCTION OU AMÉNAGEMENT DES IMMEUBLES À USAGE INDUSTRIEL EN VUE DE LEUR REVENTE

Néant.

TITRE V
SANCTIONS

C. urb., art. R. 550-1. — **Les fonctionnaires et agents de l'État et des collectivités publiques commissionnés par le ministre chargé de l'urbanisme ou par les maires pour constater les infractions aux dispositions de l'article L. 510-1 sont assermentés et exercent leurs fonctions dans les conditions fixées aux articles R. 160-1 à R. 160-3.**

LIVRE SIXIÈME

DISPOSITIONS RELATIVES AU CONTENTIEUX DE L'URBANISME ET DISPOSITIONS DIVERSES

Bibliographie : Commentaire des articles R. 600-1 et R. 600-2 par ODENT : *RD imm.* 1994, p. 633.

C. urb., art. R. 600-1 ***(D. n° 94-701, 16 août 1994 ; rempl. à compter du 1er janv. 2001, D. n° 2000-389, 4 mai 2000, art. 4-I et 7).*** **— En cas de déféré du préfet ou de recours contentieux à l'encontre d'un document d'urbanisme ou d'une décision relative à l'occupation ou l'utilisation du sol régie par le présent code, le préfet ou l'auteur du recours est tenu, à peine d'irrecevabilité, de notifier son recours à l'auteur de la décision et, s'il y a lieu, au titulaire de l'autorisation. Cette notification doit également être effectuée dans les mêmes conditions en cas de demande tendant à l'annulation ou à la réformation d'une décision juridictionnelle concernant un document d'urbanisme ou une décision relative à l'occupation ou l'utilisation du sol. L'auteur d'un recours administratif est également tenu de le notifier à peine d'irrecevabilité du recours contentieux qu'il pourrait intenter ultérieurement en cas de rejet du recours administratif.**

La notification prévue au précédent alinéa doit intervenir par lettre recommandée avec accusé de réception, dans un délai de quinze jours francs à compter du dépôt du déféré ou du recours.

La notification du recours à l'auteur de la décision et, s'il y a lieu, au titulaire de l'autorisation est réputée accomplie à la date d'envoi de la lettre recommandée avec accusé de réception. Cette date est établie par le certificat de dépôt de la lettre recommandée auprès des services postaux.

> **CJA, art. R. 411-7. — La présentation des requêtes dirigées contre un document d'urbanisme ou une décision relative à l'occupation ou l'utilisation du sol est régie par les dispositions de l'article R. 600-1 du Code de l'urbanisme.**
>
> **Voir aussi :** Commentaires sous C. urb., art. L. 600-3, p. 472.

Date d'effet. Le Décret n° 2000-389 du 4 mai 2000 est entré en vigueur le 1er janvier 2001. 2879

C. urb., art. R. 600-2 ***(D. n° 94-701, 16 août 1994 ; ab. à compter du 1er janv. 2001, D. n° 2000-389, 4 mai 2000, art. 4-II et 7).***

TITRE PREMIER

ORGANISMES CONSULTATIFS

Néant.

TITRE II

DISPOSITIONS DIVERSES

C. urb., art. R. 611-1 à R. 611-5 ***(Ab., D. n° 86-984, 19 août 1986).***

C. urb., art. *R. 620-1 ***(D. n° 80-559, 26 juin 1980).*** **— Pour l'application de la présente partie du Code de l'urbanisme, le directeur départemental peut déléguer sa signature à ses subordonnées en ce qui concerne les matières relevant en propre de ses attributions.**

TITRE III
DISPOSITIONS FINALES

Néant.

LIVRE PREMIER
RÈGLES GÉNÉRALES D'AMÉNAGEMENT ET D'URBANISME

TITRE PREMIER
RÈGLES GÉNÉRALES D'UTILISATION DU SOL

Chapitre I

Néant.

Chapitre II
Plafond légal de densité

Néant.

TITRE II
PRÉVISIONS ET RÈGLES D'URBANISME

Chapitre I
Dispositions générales communes aux schémas de cohérence territoriale et aux plans locaux d'urbanisme

C. urb., art. A. 121-1 à A. 121-3 *(Ab., A. 6 janv. 1989).*

C. urb., art. A. 121-4 *(A. 7 juill. 1977).* — La demande d'agrément d'une association locale d'usagers visée à l'article L. 121-8 est établie conformément au modèle fixé par l'arrêté du 7 juillet 1977 fixant le modèle de demande d'agrément des associations exerçant leurs activités dans le domaine de la protection de la nature et de l'environnement et de l'amélioration du cadre de vie.

Voir aussi : Sur les conditions de l'agrément, C. urb., art. R. 121-1, p. 511.

Chapitre II
Schémas de cohérence territoriale

C. urb., art. A. 122-1 et A. 122-2 *(Ab., A. 6 janv. 1989).*

Chapitre III
Plans locaux d'urbanisme

Section I Champ d'application

Néant.

Section II Instruction du plan d'occupation des sols

Néant.

Section III Contenu du plan d'occupation des sols

C. urb., art. A. 123-1 ***(A. 11 mai 1984).*** **— La représentation des différentes servitudes mentionnées aux I et II de l'article R. 123-18 et pouvant figurer sur les documents graphiques du plan d'occupation des sols est fixée conformément à la légende annexée au présent article.**

ANNEXE

Tableau des légendes affectant les servitudes d'urbanisme mentionnées à l'article 1er du présent arrêté

1. – Prescriptions édictées par le POS

A. Les zones et les secteurs

1 

Zone

2 
Zone industrielle (ou trame plus aérée)

3 

Secteur

4 

Plan de masse

5 
Secteur de point de vue

6 
Secteur de point à voir

B. Les autres indications

7 
Espace boisé classé à conserver ou à créer au titre du L. 130-1

8 
Terrain cultivé à protéger (en zone urbaine)

9 
Plantation à réaliser

10 
Emplacement réservé pour ouvrage public, installation d'intérêt général ou espace vert

11 
Emplacement réservé pour voie ou passage public à créer

12 
Emplacement réservé pour voie publique à élargir

13 
Emplacement réservé pour voie publique à élargir (faible élargissement)

14 
Emplacement réservé pour rue ou sentier piétonnier à créer

15	Emplacement réservé pour piste cyclable à créer
16	Numéro d'opérations (renvoie à la liste des emplacements réservés)
17	Emprise maximale de construction
18	Règle architecturale particulière
19	Alignement le long duquel le dépassement du COS est permis
20	Alignement le long duquel le dépassement du COS peut être imposé
21	Reculement
22	Ligne à haute tension
23	Voie existante à conserver (voie publique ou chemin rural)
24	Cheminement piétonnier existant à conserver
25	Piste cyclable à conserver
26	Voie bruyante de type I (bruit fort)
27	Voie bruyante de type II (bruit modéré)

2. – Prescriptions reportées sur le POS

A. Périmètres exclus du champ d'application du POS

28	Secteur sauvegardé (date de création)
29	ZAC dont le PAZ est approuvé (Indiquer la date d'approbation du PAZ)
30	ZAC seulement créée (indiquer la date)
31	Périmètre sensible (zone de préemption, indiquer la date)
32	ZAD (indiquer la date de création)
33	Périmètre de concession d'usage de certains terrains urbains (date de création à indiquer)
34	Zone de rénovation urbaine (date de création à indiquer)
35	Zone de résorption de l'habitat insalubre (date de création à indiquer)
36	Zone à urbaniser par priorité (date de création à indiquer)
37	Périmètre de développement prioritaire pour l'utilisation de la chaleur (date de création à indiquer)
38	Périmètres d'action forestière (date de création à indiquer)
39	Périmètres miniers (date de création à indiquer)

40 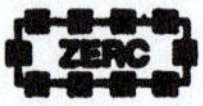

Périmètres de zones spéciales de recherche et d'exploitation de carrières et des zones d'exploitation et d'aménagement coordonné de carrières.
(date de création à indiquer)

C. urb., art. A. 123-2 *(A. 11 mai 1984).* **— La présentation du règlement du plan d'occupation des sols, prévue par l'article R. 123-21, est fixée conformément au modèle annexé au présent article.**

ANNEXE
Présentation du règlement du plan d'occupation des sols

Présentation du règlement du plan d'occupation des sols
Titre premier. – Dispositions générales
Article 1er : Champ d'application territorial du plan ;
Article 2 : Portée respective du règlement à l'égard d'autres législations relatives à l'occupation des sols ;
Article 3 : Division du territoire en zones ;
Article 4 : Adaptations mineures.
Titre II. – Dispositions applicables aux zones urbaines
Section 1. – Nature de l'occupation et de l'utilisation du sol
Article U.1 : Occupations et utilisations du sol admises ;
Article U.2 : Occupations et utilisations du sol interdites.
Section 2. – Conditions de l'occupation du sol
Article U.3 : Accès et voirie ;
Article U.4 : Desserte par les réseaux ;
Article U.5 : Caractéristiques des terrains ;
Article U.6 : Implantation des constructions par rapport aux voies et emprises publiques ;
Article U.7 : Implantation des constructions par rapport aux limites séparatives ;
Article n° 8 : Implantation des constructions les unes par rapport aux autres sur une même propriété ;
Article U.9 : Emprise au sol ;
Article U.10 : Hauteur maximum des constructions ;
Article U.11 : Aspect extérieur ;
Article U.12 : Stationnement ;
Article U.13 : Espaces libres et plantations, espaces boisés classés.
Section 3. – Possibilités maximales d'occupation du sol
Article U.14 : Coefficient d'occupation du sol ;
Article U.15 : Dépassement du coefficient d'occupation du sol.
Titre III. – Dispositions applicables aux zones naturelles
Section 1. – Nature de l'occupation et de l'utilisation du sol
Article n° 1 : Occupations et utilisations du sol admises ;
Article n° 2 : Occupations et utilisations du sol interdites.
Section 2. – Conditions de l'occupation du sol
Article n° 3 : Accès et voirie ;
Article n° 4 : Desserte par les réseaux ;
Article n° 5 : Caractéristiques des terrains ;
Article n° 6 : Implantation des constructions par rapport aux voies et emprises publiques ;
Article n° 7 : Implantation des constructions par rapport aux limites séparatives ;
Article n° 8 : Implantation des constructions les unes par rapport aux autres sur une même propriété ;
Article n° 9 : Emprise au sol ;
Article n° 10 : Hauteur maximum des constructions ;
Article n° 11 : Aspect extérieur ;
Article n° 12 : Stationnement ;
Article n° 13 : Espaces libres et plantations, espaces boisés classés.
Section 3. – Possibilités maximales d'occupation du sol
Article n° 14 : Coefficient d'occupation du sol ;
Article n° 15 : Dépassement du coefficient d'occupation du sol.

Section IV Effets du plan d'occupation des sols

Sous-section I Mesures de sauvegarde

Néant.

Sous-section II Mesures d'exécution

Néant.

Section V Modification et mise à jour du plan

Néant.

Chapitre IV
Dispositions transitoires relatives aux projets d'aménagement et aux plans d'urbanisme

Néant.

Chapitre V
Dispositions diverses

Néant.

Chapitre VI
Servitudes d'utilité publique affectant l'utilisation du sol

C. urb., art. A. 126-1 *(A. 11 mai 1984 ; A. 29 juill. 1987).* — **La représentation des différentes servitudes d'utilité publique figurant sur la liste mentionnée à l'article R. 126-1 est fixée conformément au Code alphanumérique et aux symboles graphiques annexés au présent article.**

ANNEXE

Tableau des légendes affectant les servitudes d'utilité publique mentionnées à l'article 1er du présent arrêté

CATÉGORIES DE SERVITUDES	CODE ALPHANUMÉRIQUE	SYMBOLE GRAPHIQUE
I. SERVITUDES RELATIVES À LA CONSERVATION DU PATRIMOINE		
A. Patrimoine naturel		
a. FORÊTS		
Servitudes de protection des forêts soumises au régime forestier et instituées en application des articles L. 151-1 à L. 151-6, L. 342-2, R. 151-1, R. 151-3 à R. 151-5 du Code forestier.	A_1	
Servitudes relatives aux forêts dites de protection instituées en application des articles L. 411-1, L. 412-1 à L. 412-3, L. 413-1, R. 411-1 à R. 411-10, R. 412-1 à R. 412-18, R. 413-1 à R. 413-4, L. 343-1 (infractions) du Code forestier.	A_7	
Prescriptions et interdictions auxquelles sont soumis les propriétaires en application des articles L. 531-1, R. 531-3 à R. 531-7, L. 424-3, R. 424-1 à R. 424-10, L. 541-2 et R. 541-1 à R. 541-3 du Code forestier. Prescriptions et interdictions auxquelles sont soumis les propriétaires en application des articles L. 421-1 à L. 421-5, R. 421-1 à R. 421-13, L. 343-1 (infractions) du Code forestier. Prescriptions et interdictions auxquelles sont soumis les propriétaires en application des articles L. 432-1 à L. 432-4, R. 432-1, R. 432-3 du Code forestier.	A_8	
b. LITTORAL MARITIME		
Réserves de terrains créées en application de l'article 4 de la loi n° 63-1178 du 28 novembre 1963.	EL_1	
Servitude de passage sur le littoral instituée en application de l'article L. 160-6 du Code de l'urbanisme.	EL_9	
c. EAUX		
Servitudes attachées aux conditions de flottage à bûches perdues sur les cours d'eau non domaniaux instituées en application des articles 30 à 32 de la loi du 3 avril 1893 sur le régime des eaux. Servitudes prévues aux articles 100 et 101 du Code rural ainsi que celles prévues par le décret n° 59-96 du 7 janvier 1959 relatif au passage des engins mécaniques d'entretien sur les berges et dans le lit des cours d'eau non domaniaux.	A_4	

CATÉGORIES DE SERVITUDES	CODE ALPHANUMÉRIQUE	SYMBOLE GRAPHIQUE
Servitudes attachées à la protection des eaux potables instituées en vertu de l'article L. 20 du Code de la santé publique et du décret n° 61-859 du 1er août 1961, modifié par le décret n° 67-1093 du 15 décembre 1967, pris pour son application. Servitudes attachées à la protection des eaux minérales instituées en application des articles L. 736 et suivants du Code de la santé publique.	AS_1	
d. RÉSERVES NATURELLES ET PARCS NATIONAUX		
Réserves naturelles instituées par l'autorité administrative en application de l'article 8 *bis* de la loi du 2 mai 1930 sur les sites ou du chapitre III de la loi n° 76-629 du 10 juillet 1976.	AC_2	
Zones de protection des réserves naturelles en application de l'article 27 de la loi n° 76-629 du 10 juillet 1976. Périmètres de protection autour des réserves naturelles instituées en application de l'article 27 de la loi n° 76-629 du 10 juillet 1976 relative à la protection de la nature, tel qu'il a été complété par l'article 58-1 de la loi n° 83-663 du 22 juillet 1983.	AC_3	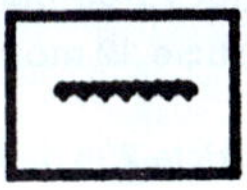
Parcs nationaux créés en application de la loi n° 60-708 du 22 juillet 1960.	EL_{10}	
B. Patrimoine culturel		
a. MONUMENTS HISTORIQUES		
Mesures de classement et d'inscription prises en application des articles L. 621-1 et suivants du Code du patrimoine avec l'indication de leur étendue ; Périmètres de protection éventuellement délimités par décrets en Conseil d'État en application de l'article L. 621-1 du Code du patrimoine ; Zones de protection des monuments historiques créées en application de l'article 28 de la loi du 2 mai 1930 modifiée ; Périmètres de protection des monuments historiques classés ou inscrits et portés sur la liste visée ci-dessus, tels qu'ils résultent des dispositions des articles L. 621-1 et suivants du Code du patrimoine ;	AC_1	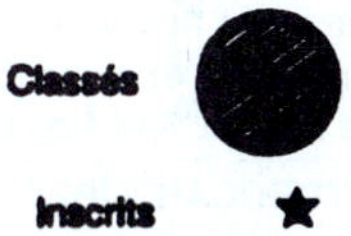
b. MONUMENTS NATURELS ET SITES		
Sites inscrits.		
Sites classés.		
Zone de protection des sites créée en application de l'article 17 de la loi du 2 mai 1930 modifiée.	AC_2	

CATÉGORIES DE SERVITUDES	CODE ALPHANUMÉRIQUE	SYMBOLE GRAPHIQUE
c. PATRIMOINE ARCHITECTURAL ET URBAIN		
Zones de protection du patrimoine architectural et urbain instituées en application de l'article 70 de la loi n° 83-8 du 7 janvier 1983.	AC_4	
C. Patrimoine sportif		
Terrains de sport dont le changement d'affectation est soumis à autorisation en application des dispositions de l'article 42 de la loi n° 84-610 du 16 juillet 1984.	JS_1	
II. – SERVITUDES RELATIVES À L'UTILISATION DE CERTAINES RESSOURCES ET ÉQUIPEMENTS		
A. Énergie		
a. ÉLECTRICITÉ ET GAZ Périmètres à l'intérieur desquels ont été instituées des servitudes en application : · de l'article 12 modifié de la loi du 15 juin 1906 ; · de l'article 298 de la loi de finances du 13 juillet 1925 ; · de l'article 35 de la loi n° 46-628 du 8 avril 1946 modifiée ; · de l'article 25 du décret n° 64-481 du 23 janvier 1964.	I_4 Électricité I_3 Gaz	 
Périmètres de protection institués en application de l'article 7 de l'ordonnance n° 58-1132 du 25 novembre 1958 relative au stockage souterrain de gaz.	I_7	
b. ÉNERGIE HYDRAULIQUE		
Périmètres auxquels s'applique la servitude de submersion et d'occupation temporaire instituée par l'article 4 de la loi du 16 octobre 1919.	I_2	
c. HYDROCARBURES		
Servitudes relatives à la construction et à l'exploitation de pipe-lines d'intérêt général instituées en application de l'article 11 de la loi n° 58-336 du 29 mars 1958 et du décret n° 59-645 du 16 mai 1959 pris pour l'application dudit article 11.	I_1	
Servitudes relatives à la construction et à l'exploitation de pipe-lines instituées en application de la loi nº 49-1060 du 2 août 1949, modifiée par la loi n° 51-712 du 7 juin 1951, et du décret du 8 juillet 1950 modifié par le décret nº 63-82 du 4 février 1963 (TRAPIL).	$I_{1\ bis}$	
Servitudes relatives aux périmètres de protection instituées en application de l'article 6 de l'ordonnance n° 58-1332 du 23 décembre 1958 relative aux stockages d'hydrocarbures liquides ou liquéfiés, modifiée par la loi de finances rectificative pour 1972 (n° 72-1147 du 23 décembre 1972).	I_8	

CATÉGORIES DE SERVITUDES	CODE ALPHANUMÉRIQUE	SYMBOLE GRAPHIQUE
d. CHALEUR		
Servitudes relatives aux canalisations de transport et de distribution de chaleur instituées en application de la loi n° 80-531 du 15 juillet 1980 relative aux économies d'énergie et à l'utilisation de la chaleur.	I_9	
B. Mines et carrières		
Périmètres à l'intérieur desquels sont applicables les dispositions des articles 71 à 73 du Code minier.	I_6	
C. Canalisations		
a. PRODUITS CHIMIQUES		
Zones auxquelles s'appliquent les servitudes attachées à la construction et à l'exploitation de canalisations de transport de produits chimiques, instituées en application de la loi n° 65-498 du 29 juin 1965.	I_5	
b. EAUX ET ASSAINISSEMENT		
Zones où ont été instituées, en application de la loi n° 62-904 du 4 août 1962 et du décret n° 64-158 du 15 février 1964, les servitudes attachées aux canalisations publiques d'eau et d'assainissement.	A_5	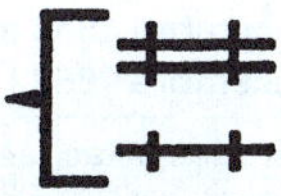
Servitudes attachées à l'établissement des canalisations souterraines d'irrigation instituées en application des articles 128-7 et 128-9 du Code rural.	A_2	
Servitude de passage des engins mécaniques d'entretien et dépôt des produits de curage et faucardement attachés aux canaux d'irrigation et émissaires d'assainissement institués en application des articles 128-6 et 138-1 du Code rural.	A_3	
Servitudes d'écoulement des eaux nuisibles attachées aux travaux d'assainissement des terres par le drainage instituées en application des articles 135 à 138 du Code rural.	A_6	
D. Communications		
a. COURS D'EAU		
Servitudes de halage et de marchepied instituées par les articles 15, 16 et 28 du Code du domaine public fluvial et de la navigation intérieure et par l'article 424 du Code rural.	EL_3	
b. NAVIGATION INTÉRIEURE		
Champs de vue auxquels s'appliquent les servitudes instituées par :		
– la loi du 18 juillet 1985 concernant la détermination et la conservation des postes électro-sémaphoriques, modifiée par la loi du 27 mai 1933 ;	EL_8	

CATÉGORIES DE SERVITUDES	**CODE ALPHANUMÉRIQUE**	**SYMBOLE GRAPHIQUE**
– la loi n° 57-262 du 2 mars 1957 étendant aux amers et aux phares les dispositions de la loi du 18 juillet 1895 modifiée	Ar_1	
c. VOIES FERRÉES ET AÉROTRAINS		
Zones auxquelles s'appliquent les servitudes instituées par : – la loi du 15 juillet 1845 sur la police des chemins de fer ; – l'article 6 du décret du 30 octobre 1935 modifié portant création de servitudes de visibilité sur les voies publiques ;	T1	
– la loi n° 66-1066 du 31 décembre 1966 établissant des servitudes au profit des lignes de transport public par véhicules guidés sur coussins d'air (aérotrains).	T_3	
d. RÉSEAU ROUTIER		
Servitudes grevant les terrains nécessaires aux routes nationales et aux autoroutes instituées en application de l'ordonnance n° 58-1311 du 23 décembre 1958 et du décret n° 58-1316 du 23 décembre 1958.	EL_5	Elles font l'objet d'un plan d'ensemble à grande échelle 
Servitudes attachées à l'alignement des voies nationales, départementales ou communales.	EL_7	Elles font l'objet d'un plan d'ensemble à grande échelle
Servitudes relatives aux interdictions d'accès grevant les propriétés limitrophes des routes express et des déviations d'agglomérations en application des articles 4 et 5 de la loi n° 69-7 du 3 janvier 1969.	EL_{11}	
e. CIRCULATION AÉRIENNE Servitudes aéronautiques de dégagement et de balisage instituées en application des articles L. 81-1 et R. 241-1 à R. 243-3 du Code de l'aviation civile.	T_5 Dégagement T_4 Balisage	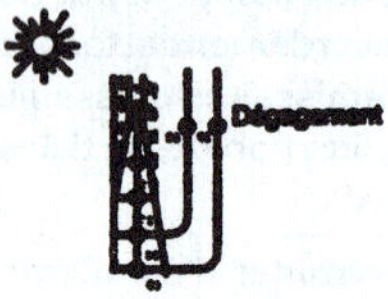
Servitudes grevant les terrains nécessaires aux besoins de la navigation aérienne instituées en application de l'article R. 245-1 du Code de l'aviation civile.	T_6	
Servitudes établies à l'extérieur des zones de dégagement en application des articles R. 244-1 et D. 244-1 à D. 244-4 du Code de l'aviation civile.	T_7	
f. REMONTÉES MÉCANIQUES ET PISTES DE SKI		
Zones auxquelles s'applique la servitude de survol instituée par la loi du 8 juillet 1941.	T_2	
Servitudes instituées en application de l'article 53 de la loi n° 85-30 du 9 janvier 1985 relative au développement et à la protection de la montagne.	EL_4	

CATÉGORIES DE SERVITUDES	CODE ALPHANUMÉRIQUE	SYMBOLE GRAPHIQUE
E. Télécommunications		
Servitudes de protection des centres radioélectriques d'émission et de réception contre les obstacles instituées en application des articles L. 54 à L. 56 et R. 21 à R. 26 du Code des postes et télécommunications.	PT_2	
Servitudes de protection des centres de réception radioélectriques contre les perturbations électromagnétiques instituées en application des articles L. 57 à L. 62 et R. 27 à R. 39 du Code des postes et télécommunications.	PT_1	
Servitudes attachées aux réseaux de télécommunications instituées en application de l'article L. 48 (al. 2) du Code des postes et télécommunications.	PT_3	
Servitudes d'élagage relatives aux lignes de télécommunications empruntant le domaine public, instituées en application de l'article L. 65-1 du Code des postes et télécommunications.	PT_4	
III. SERVITUDES RELATIVES À LA DÉFENSE NATIONALE		
Servitudes attachées à la sécurité de la navigation et à la défense des côtes instituées en application de la loi du 11 juillet 1933.	AR_2	
Zones et polygones d'isolement créés en application de la loi du 8 août 1929 concernant les servitudes autour des magasins et établissements servant à la conservation, à la manipulation ou à la fabrication des poudres, munitions, artifices ou explosifs.	Ar_3	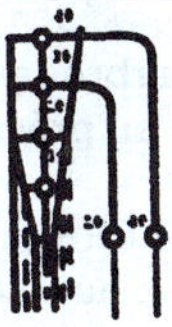
Servitudes concernant l'établissement de terrains d'atterrissage destinés en partie ou en totalité à l'armée de l'air instituées en application du décret du 30 octobre 1935.	Ar_4	
Servitudes relatives aux fortifications, places fortes, postes et ouvrages militaires instituées en application des lois des 8 juillet 1791, 17 juillet 1819 et 10 juillet 1851.	Ar_5	
Servitudes aux abords des champs de tir créées en application de l'article 25 de la loi du 13 juillet 1927.	Ar_6	
IV. – SERVITUDES RELATIVES À LA SALUBRITÉ ET À LA SÉCURITÉ PUBLIQUES		
A. SALUBRITÉ PUBLIQUE		
a. CIMETIÈRES		
Servitudes relatives aux cimetières instituées par :		
– l'article L. 361-1 du Code des communes ;	Int_1	

CATÉGORIES DE SERVITUDES	CODE ALPHANUMÉRIQUE	SYMBOLE GRAPHIQUE
– l'article L. 361-4 du Code des communes.		
b. ÉTABLISSEMENTS CONCHYLICOLES		
Périmètres de protection installés autour des établissements de conchyliculture et d'aquaculture et des gisements coquilliers en application de l'article 2 du décret du 30 octobre 1935 sur la protection des eaux potables et des établissements ostréicoles.	AS_2	
B. SÉCURITÉ PUBLIQUE		
Plans des surfaces submersibles établis en application des articles 48 à 54 du Code du domaine public fluvial et de la navigation intérieure.	EL_2	
Servitudes instituées, en ce qui concerne la Loire et ses affluents, par les articles 55 et suivants du Code du domaine public fluvial et de la navigation intérieure.	$EL_{2\ bis}$	A / B
Servitudes résultant des plans d'exposition aux risques naturels prévisibles et instituées en application de l'article 5-1, 1er alinéa, de la loi n° 82-600 du 13 juillet 1982.	PM_1	PER

TITRE III

ESPACES BOISÉS

C. urb., art. A. 130-1 ***(A. 6 janv. 1989).*** **— La demande d'autorisation de coupe ou d'abattage d'arbres prévue à l'article R. 130-2 est établie conformément au modèle joint en annexe au présent arrêté.**

2880 **Imprimé CERFA.** L'imprimé de demande d'autorisation de coupes ou d'abattages d'arbres est enregistré au CERFA sous le numéro 46-0386 (imprimé PC 021). Il peut être obtenu auprès des mairies ou des directions départementales de l'équipement.

C. urb., art. A. 130-2 ***(A. 28 avr. 1988 ; A. 10 juill. 1992).*** **— L'affichage de l'autorisation de coupe ou d'abattage d'arbres sur le terrain, prévu à l'article R. 130-5, alinéa 7, est assuré par les soins du bénéficiaire de cette autorisation sur un panneau rectangulaire dont les dimensions sont supérieures à 80 centimètres.**

Ce panneau indique le nom, la raison sociale ou la dénomination sociale dudit bénéficiaire, la date et le numéro de l'autorisation, la nature et la quotité de chaque coupe ou abattage, la superficie du terrain et l'adresse de la mairie où le dossier peut être consulté.

(Al. 3 ab., A. 10 juill. 1992).

Ces renseignements doivent demeurer lisibles de la voie publique pendant au moins deux mois et pour toute la durée des travaux.

Voir aussi : Sur le délai de recours contentieux, C. urb., art. R. 490-7, p. 910 et C. urb., art. R. 490-8, p. 910.

2881 **Arrêté du 10 juillet 1992.** L'arrêté du 10 juillet 1992 a supprimé l'obligation – qui résultait du présent article dans la rédaction que lui avait donnée l'arrêté du 28 avril 1988 – de mentionner sur le panneau d'affichage la modification par l'article R. 490-7 du délai de recours contentieux qui court désormais, en matière d'autorisation de coupes et d'abattages d'arbres, à compter du premier jour d'une période continue de deux mois d'affichage en mairie des pièces mentionnées au septième alinéa de l'article R. 130-5.

Voir aussi : C. urb., art. R. 490-7, p. 910 ; comparer avec l'article A. 421-7 en matière de permis de construire et voir les notes sous cet article.

C. urb., art. A. 130-2 *(A. 28 avr. 1988 ; A. 10 juill. 1992).* — **L'affichage de l'autorisation de coupe ou d'abattage d'arbres sur le terrain, prévu à l'article R. 130-5, alinéa 7, est assuré par les soins du bénéficiaire de cette autorisation sur un panneau rectangulaire dont les dimensions sont supérieures à 80 centimètres.**

Ce panneau indique le nom, la raison sociale ou la dénomination sociale dudit bénéficiaire, la date et le numéro de l'autorisation, la nature et la quotité de chaque coupe ou abattage, la superficie du terrain et l'adresse de la mairie où le dossier peut être consulté.

Ces renseignements doivent demeurer lisibles de la voie publique pendant au moins deux mois et pour toute la durée des travaux.

Voir aussi : Sur le délai de recours contentieux, la note sous l'article précédent et C. urb., art. R. 490-8, p. 910 ; comparer avec l'article A. 421-8 en matière de permis de construire et voir les notes sous cet article.

TITRE IV

DISPOSITIONS SPÉCIALES À CERTAINES PARTIES DU TERRITOIRE

Chapitre I

Dispositions particulières à Paris et à la région d'Île-de-France

Néant.

Chapitre II

Espaces naturels sensibles des départements

C. urb., art. A. 142-1 *(A. 11 mai 1987).* — **Les déclarations prévues par les articles L. 142-4, R. 142-9 et R. 142-13 doivent être établies conformément au modèle annexé à l'article A. 213-1.**

DIA. Il s'agit des déclarations d'intention d'aliéner un bien soumis au droit de préemption au titre des espaces naturels sensibles des départements. 2882
Le formulaire à utiliser est celui prévu pour les déclarations d'intention d'aliéner un bien soumis au droit de préemption urbain ou compris dans une ZAD ou un périmètre provisoire de ZAD et dont le modèle, ainsi que la notice explicative, sont annexés à l'article A. 213-1.

Chapitre III

Dispositions protégeant certaines communes

Néant.

TITRE V

DÉPARTEMENTS D'OUTRE-MER

Néant.

TITRE VI

SANCTIONS ET SERVITUDES

Section I Assermentation des agents chargés de constater les infractions

Néant.

Section II Contrôle de l'utilisation des droits de construire

Néant.

Section III Agrément des associations exerçant leurs activités dans le domaine de la protection de la nature et de l'environnement et de l'amélioration du cadre de vie

C. urb., art. A. 160-1 *(A. 7 juill. 1977).* — **La demande d'agrément des associations exerçant leurs activités dans le domaine de la protection de la nature et de l'environnement et de l'amélioration du cadre de vie visée aux articles L. 160-1 et L. 480-1 est établie conformément au modèle fixé par l'arrêté du 7 juillet 1977 fixant le modèle de demande d'agrément des associations exerçant leurs activités dans le domaine de la protection de la nature et de l'environnement et de l'amélioration du cadre de vie.**

Section IV Servitude de passage sur le littoral

Néant.

LIVRE DEUXIÈME

PRÉEMPTION ET RÉSERVES FONCIÈRES

TITRE PREMIER

DROITS DE PRÉEMPTION

Chapitre premier

Droit de préemption urbain

C. urb., art. A. 211-1 *(A. 11 mai 1987).* — Les demandes formulées en application des articles L. 211-5 et R. 211-7 doivent être établies conformément au modèle annexé à l'article A. 213-1.

Demandes concernées. Il s'agit des demandes d'acquisition d'un bien soumis au droit de préemption urbain et à l'égard duquel son propriétaire met en œuvre le droit de délaissement. 2883

Voir aussi : Les modèles et notices explicatives annexés à C. urb., art. A. 213-1, p. 947.

Chapitre II

Zones d'aménagement différé

C. urb., art. A. 212-1 *(A. 11 mai 1987).* — Les demandes formulées en application des articles L. 212-3 et R. 212-4 doivent être établies conformément au modèle annexé à l'article A. 213-1.

Demandes concernées. Il s'agit des demandes d'acquisition d'un bien compris dans une ZAD ou un périmètre provisoire de ZAD et à l'égard duquel son propriétaire met en œuvre le droit de délaissement. 2884

Voir aussi : Les modèles et notices explicatives annexés à C. urb., art. A. 213-1, p. 947.

Chapitre III

Dispositions communes au droit de préemption urbain et aux zones d'aménagement différé

C. urb., art. A. 213-1 *(A. 11 mai 1987).* — Les déclarations prévues par les articles L. 213-2, R. 213-5 et R. 213-15 doivent être établies conformément au modèle annexé au présent article.

DIA. Il s'agit des déclarations d'intention d'aliéner (DIA) un bien soumis au droit de préemption urbain ou compris dans une ZAD ou un périmètre provisoire de ZAD. 2885

Forme. Il ne semble pas que l'Administration soit fondée à retourner une DIA au seul motif qu'elle n'a pas été faite sur le formulaire officiel (cas des DIA informatiques) à condition que celle-ci « comporte les rubriques nécessaires » pour l'identification du bien (chron. Joël-Luc Bourgois : *JCP* N 1996, Prat. 3725. – Rappr. CA Paris, 23 avr. 1981 : *RD imm.* 1982, p. 225. – TGI Poitiers, 11 juill. 1985, *District de Poitiers* c/ *Consorts Verger*, inédit). 2886

Champ d'application. Le modèle ci-après annexé caractérise la volonté d'unification qui a présidé à la loi n° 85-729 du 18 juillet 1985. 2887

Il est utilisable non seulement dans les cas prévus au présent article mais également pour les déclarations d'intention d'aliéner un bien compris dans une zone de préemption délimitée au

titre des espaces naturels sensibles des départements (art. A. 142-1) et pour les demandes d'acquisition d'un bien, au titre du droit de délaissement, soumis au droit de préemption urbain (art. A. 211-1) ou compris dans une ZAD ou un périmètre provisoire de ZAD (art. A. 212-1).
Il est désormais également utilisé dans le cas des ZAD et des périmètres provisoires de ZAD ou un périmètre provisoire de ZAD créés avant le 1er juin 1987 (art. A. 214-1).

Voir aussi : C. urb., art. A. 142-1, p. 945, A. 211-1 et A. 212-1, p. 947, A. 214-1, p. 953.

2888 **Contenu.** La déclaration par laquelle le propriétaire d'un bien soumis au droit de préemption manifeste l'intention d'aliéner ce bien ne saurait comporter d'autres mentions ou conditions prévues au modèle de déclaration d'intention d'aliéner sans porter atteinte aux droits que le titre I du livre II du présent code confère au titulaire du droit de préemption (Rép. min. : *JOAN* 20 nov. 1989, p. 5117). La décision de préemption se faisant aux prix et conditions indiqués dans la déclaration d'intention d'aliéner, toute modification touchant à ces éléments, tels qu'ils ont été souscrits, doit donner lieu à transmission, au bénéficiaire du droit de préemption, d'une nouvelle déclaration d'intention d'aliéner (Rép. min. : *JOAN* 9 janv. 1995, p. 200).

2889 **Propriétés non contiguës appartenant au même propriétaire.** Lorsqu'un même propriétaire projette de vendre plusieurs parcelles soumises au droit de préemption urbain et non contiguës, ces parcelles ne constituent pas une unité foncière (telle qu'elle est définie par le décret n° 55-471 du 30 avril 1955 relatif à la rénovation et à la conservation du cadastre). S'agissant de biens distincts, ils doivent préalablement à leur aliénation faire l'objet de déclarations d'intention d'aliéner distinctes (TGI Paris, 18 juin 1981, *Ville de Paris c/ Institut Pasteur*), qui, en application de l'article L. 213-2 du Code de l'urbanisme, comportent obligatoirement l'indication du prix et des conditions de l'aliénation projetée. Une évaluation séparée des biens peut non seulement être exigée par la commune, mais elle constitue une des conditions de recevabilité de chacune des déclarations d'intention d'aliéner (Rép. min. n° 29244 : *JOAN* 26 juill. 1999, p. 4612).

2890 **Annexe.** Ayant relevé que le formulaire de la déclaration d'intention d'aliéner établie sur l'imprimé prévu par l'arrêté du 11 mai 1987 comportait une erreur concernant la superficie du bien cédé mais que la déclaration comportait en outre une annexe intitulée « note jointe » qui fournissait la désignation précise du bien, la cour d'appel a retenu, à bon droit, que si l'article A. 213-1 du Code de l'urbanisme dispose que la déclaration d'intention d'aliéner doit être établie conformément à un modèle fixé par l'arrêté du 11 mai 1987, ce qui avait été fait, aucune disposition n'interdisait de compléter ce document par une annexe, voire d'y joindre, le cas échéant, un plan de situation ou un plan de masse du terrain et que la note annexée à la déclaration d'intention d'aliéner, dont l'existence était attestée par les mentions portées sur l'imprimé lui-même devait être considérée comme partie intégrante de ce document (Cass. 3e civ., 17 févr. 1999 : *Juris-Data* n° 1999-000681 ; *JCP* G 1999, IV, 1649).

2891 **Annexe et conditions particulières de vente.** Plus généralement, les conditions particulières de la vente envisagée (charge de la commission due à un intermédiaire, modalités relatives à une rente viagère, etc.) peuvent être portées à la connaissance du titulaire du droit de préemption sous la forme de notes annexes à la DIA.

Bibliographie : Chronique Joël-Luc Bourgois : *JCP* N 1997, Prat. 3951.

2892 **Décision d'exercice.** Le retour au vendeur de la DIA avec la mention « Exercice par la commune de son droit de préemption urbain (décision municipale n° 25-91, 23 nov. 1991) » n'est qu'une information destinée aux parties à l'acte et ne comporte aucun accord exprès ou même implicite de la commune en vue de l'acquisition des biens au prix proposé par la société venderesse (Cass. 3e civ., 30 mai 1996 : *Bull. civ.* III, n° 132, p. 84).

ANNEXE
Modèle de déclaration d'intention d'aliéner ou de demande d'acquisition d'un bien soumis à l'un des droits de préemption prévus par le Code de l'urbanisme
(annexe à l'article A. 213-1, C. urb.)

☐ **DÉCLARATION D'INTENTION D'ALIÉNER UN BIEN (1) :**
☐ **Soumis au droit de préemption urbain (DUP) (C. urb., art. L. 211-1 et s.) (2).**
☐ **Compris dans une zone d'aménagement différé (ZAD) (C. urb., art. L. 212-1 et s.) (3).**
☐ **Compris dans une zone de préemption délimitée au titre des espaces naturels sensibles des départements (C. urb., art. L. 142-1 et s.) (4).**

☐ **DEMANDE D'ACQUISITION D'UN BIEN (1) :**
☐ **Soumis au droit de préemption urbain (DUP) (2).**
☐ **Compris dans une zone d'aménagement différé (ZAD) (3).**

A. – PROPRIÉTAIRE(S)

☐ ***Personnes physiques :***
Nom, prénom (nom de jeune fille, s'il y a lieu) : ....
Nom, prénom du conjoint (s'il y a lieu) : ....
☐ ***Personne morale :***
Dénomination ....
Forme juridique : ....
Nom, prénom et qualité du représentant : ....
☐ **ADRESSE ou SIÈGE SOCIAL (5) :** ....
☐ ***Si le bien est en indivision,* indiquer le(s) nom(s) de l'(des) autre(s) coïndivisaire(s) et sa (leur) quote-part(s) (6) :** ....

***B. – SITUATION DU BIEN* (7)**

Commune : Département : ....**Département :** ....
Adresse précise du bien : ....
Superficie totale du bien cédé : ....m^2
Références cadastrales de la (ou des) parcelle(s) :

SECTION	N°	LIEU-DIT (quartier, arrondissement)	SUPERFICIE total
....			
....			
....			

Plan(s) cadastral(aux) joint(s) : ☐ Oui ; ☐ Non.

C. – DÉSIGNATION DU BIEN

Immeuble :
☐ **non bâti :**
☐ **bâti, sur terrain propre ;**
☐ **bâti, sur terrain d'autrui. Dans ce cas, indiquer :**
☐ **le NOM et l'adresse du propriétaire du terrain :** ....
☐ **BÂTIMENTS VENDUS EN TOTALITÉ (8) :**
Surface construite au sol : ....m^2
Surface utile ou habitable : ....m^2
Nombre de :
☐ **niveaux :** ....
☐ **appartements :** ....
☐ **autres locaux :** ....

LOCAUX DANS UN BÂTIMENT EN COPROPRIÉTÉ (9) :

N° DU LOT	BÂTIMENT	ÉTAGE	QUOTE-PART Des parties communes	NATURE et surface utile ou habitable
....				
....				
....				

– Le bâtiment est achevé depuis :
☐ plus de 10 ans ;
☐ moins de 10 ans.

– Le règlement de copropriété a été publié aux hypothèques :
☐ depuis plus de 10 ans ;
☐ depuis moins de 10 ans.

En cas d'indivision, quote-part du bien vendu : ....

DROITS SOCIAUX (10) :
Désignation de la société : ....
Désignation des droits : ....
Nature : ....
Nombre : ....
Nombre de parts : ....

D. – USAGE ET OCCUPATION (11)

Usage	Occupation
☐ habitation	☐ par le(s) propriétaire(s)
☐ professionnel	☐ par un (ou des) locataire(s)
☐ mixte	☐ sans occupant
☐ commercial	☐ autre (préciser) : ....
☐ agricole	....
☐ autre (préciser) :	....
....	Le cas échéant, joindre un état locatif

E. – DROITS RÉELS OU PERSONNELS GREVANT LES BIENS

☐ Oui ☐ Non
Préciser la nature : ....
Indiquer si rente viagère antérieure : ....

F. – MODALITÉS DE LA CESSION

1. Vente amiable

Prix de vente ou évaluation (en lettres et en chiffres) : ....
Modalités de paiement :
– comptant à la signature de l'acte authentique : ....
à terme (préciser) : ....
☐ **PAIEMENT EN NATURE :**
Désignation de la contrepartie de l'aliénation : ....
Évaluation de la contrepartie : ....
☐ **RENTE VIAGÈRE :**
Montant annuel : ....
Montant comptant : ....
Bénéficiaire(s) de la rente : ....
☐ **DROIT D'USAGE ET D'HABITATION (à préciser) :** ....
Évaluation de l'usage ou de l'usufruit : ....
☐ **VENTE DE LA NUE-PROPRIÉTÉ (à préciser) :** ....
☐ **ÉCHANGE :**
Désignation des biens reçus en échange : ....
Montant de la soulte, le cas échéant : ....
Propriétaire(s) contre-échangiste(s) : ....
☐ **APPORT EN SOCIÉTÉ :**
Bénéficiaire : ....

Estimation du bien apporté : ....

☐ CESSION DE TANTIÈMES DE TERRAIN CONTRE REMISE DE LOCAUX À CONSTRUIRE : Estimation du terrain : ....

Estimation des locaux à remettre : ....

☐ LOCATION-ACCESSION :

Estimation de l'immeuble, objet du contrat de location-accession : ....

2. – Adjudication (12)

☐ Volontaire

☐ Rendue obligatoire par une disposition législative ou réglementaire

☐ Vente mettant fin à une indivision ne résultant pas d'une donation-partage

Date et lieu de l'adjudication : ....

Montant de la mise à prix : ....

Estimation de l'immeuble : ....

G. – LE(S) SOUSSIGNÉ(S) DÉCLARE(NT)

☐ Que le(s) propriétaire(s) nommé(s) à la rubrique A :

☐ Demande(nt) au titulaire du droit de préemption d'acquérir les biens désignés à la rubrique C aux prix et conditions indiqués (13)

☐ A (ont) recherché et trouvé un acquéreur disposé à acheter les biens désignés à la rubrique C aux prix et conditions indiqués.

Nom, prénom de l'acquéreur (14) : ....

Adresse : ....

Indications complémentaires concernant l'opération envisagée par l'acquéreur (facultatif) (15) :

☐ Qu'il est chargé de procéder à la vente par voie d'adjudication comme indiqué à la rubrique F2 des biens désignés à la rubrique C appartenant au(x) propriétaire(s) nommé(s) en A.

À ....Signature(s) :

Le ....(et cachet s'il y a lieu)

H. – RUBRIQUE À REMPLIR SI LE SIGNATAIRE N'EST PAS LE PROPRIÉTAIRE (16)

Nom, prénom : ....

Adresse : ....

Qualité : ....

***I. – NOTIFICATION DES DÉCISIONS DU TITULAIRE DU DROIT DE PRÉEMPTION* (17)**

Toutes les décisions relatives à l'exercice du droit de préemption devront être notifiées :

☐ À l'adresse du (des) propriétaire(s) mentionnée à la rubrique A

☐ À l'adresse du mandataire mentionnée à la rubrique H, adresse où le(s) propriétaire(s) a (ont) fait élection de domicile.

Notice explicative pour remplir la déclaration d'intention d'aliéner ou la demande d'acquisition d'un bien soumis à l'un des droits de préemption prévus PAR LE CODE DE L'URBANISME

(1) La déclaration ou la demande doit être établie en quatre exemplaires et adressée au destinataire (V. renvois [2], [3] et [4]) par pli recommandé avec demande d'avis de réception postal ou déposée contre décharge.

(2) Si le bien est soumis au droit de préemption urbain, la déclaration ou la demande doit être adressée à la mairie de la commune où se trouve situé ce bien.

(3) Si le bien est compris dans une zone d'aménagement différé créée avant le 1er juin 1987, la déclaration ou la demande est à adresser au préfet du département dans lequel se trouve situé ce bien.

Si le bien est compris dans une zone d'aménagement différé créée après le 1er juin 1987, la déclaration ou la demande est à adresser au maire de la commune où se trouve situé ce bien.

(4) Si le bien est compris dans une zone de préemption délimitée au titre de la législation sur les espaces naturels sensibles des départements, la déclaration est à adresser au président du conseil général du département dans lequel se trouve situé ce bien.

(5) Le siège à indiquer dans cette rubrique (si le propriétaire est une personne morale) est celui du principal établissement ; lorsque la déclaration ou la demande est présentée par un établissement secondaire, le signataire devra en indiquer l'adresse à la rubrique H et remplir également la rubrique I.

(6) Pour les immeubles en indivision, deux cas doivent être distingués :

– l'immeuble est soumis au droit de préemption urbain ou compris dans une zone d'aménagement différé créée après le 1er juin 1987 : les cessions de droits indivis, même si ceux-ci ne représentent pas la totalité de l'immeuble, doivent faire l'objet d'une déclaration d'intention d'aliéner, sauf si elles sont consenties à l'un des coïndivisaires ;

– l'immeuble est compris dans une zone d'aménagement différé créée avant le 1er juin 1987 ou dans une zone de préemption délimitée au titre des espaces naturels sensibles des départements : n'est soumise à déclaration d'intention d'aliéner que la cession de l'ensemble des droits indivis représentant l'immeuble dans son entier.

(7) Cette rubrique est à remplir dans tous les cas en ce qui concerne l'adresse.

Les renseignements relatifs à la superficie totale du terrain et aux références cadastrales n'ont à figurer que dans le cas de bâtiments vendus en totalité.

Si la cession du bien entraîne une division parcellaire, indiquez-le à cet endroit.

(8) Bâtiments vendus en totalité : les renseignements à fournir ne doivent porter que sur le bâtiment principal (la maison par exemple) :

– la surface construite au sol ainsi que la surface utile ou habitable peuvent être indiquées approximativement ;

– les niveaux s'entendent tant des étages proprement dits que des sous-sols, rez-de-chaussée ou combles le cas échéant ;

– locaux autres que les appartements : s'il s'agit des locaux principaux affectés à un usage autre que d'habitation (bureaux, magasins par exemple).

(9) Locaux dans un bâtiment en copropriété :

Nature des lots : précisez s'il s'agit d'un appartement, d'une cave, d'un box pour automobile, etc.

La surface utile ou habitable n'est à indiquer que pour les locaux principaux (appartement, bureau, etc.).

(10) Droits sociaux (si cette rubrique doit être remplie, il est nécessaire de remplir également la rubrique précédente : « locaux dans un bâtiment en copropriété ») :

Désignation de la société : indiquez seulement sa dénomination, sa forme juridique (par exemple : société civile), ainsi que l'adresse de son siège, comme prévu à la rubrique A ;

Nature des droits cédés : parts ou actions par exemple.

(11) Usage : il s'agit de l'usage actuel du bien.

Si vous souhaitez, en accord avec votre acquéreur, donner des indications sur l'usage futur qu'il entend conférer au bien, les faire figurer à la rubrique G.

(12) Adjudication :

Cette rubrique correspond à des cas dans lesquels la déclaration doit être obligatoirement établie par le notaire ou le greffier du tribunal compétent chargé de procéder à l'adjudication.

Au cas où l'adjudication serait faite sans qu'une mise à prix soit prévue, vous devez nécessairement évaluer le bien.

(13) Cette rubrique est à remplir lorsque le propriétaire fait exercice du droit de délaissement qui lui est offert par le Code de l'urbanisme lorsque son bien est compris dans une zone d'aménagement différé ou soumis au droit de préemption urbain.

(14) Les renseignements concernant l'acquéreur doivent être obligatoirement fournis si la personne qui se propose d'acquérir l'immeuble l'exige : en effet, en cas de non-utilisation aux fins prévues par les textes des biens acquis par préemption, l'ancien propriétaire et l'acquéreur évincé par la préemption disposent d'un droit de rachat préférentiel et, en cas de méconnaissance de ce droit, d'une action en dommages-intérêts.

Ces dispositions ne concernent pas les biens compris dans une zone d'aménagement différé créée avant le 1er juin 1987 ou dans une zone de préemption délimitée au titre des espaces naturels sensibles des départements.

(15) Indications complémentaires concernant l'opération envisagée par l'acquéreur : vous pouvez préciser à cet endroit, en accord avec l'acquéreur, l'usage que ce dernier entend conférer au bien :

– maintien de l'usage actuel ;

– ou, au contraire, changement de cet usage, par exemple, conversion de bureaux en logements. Vous pouvez préciser également les conditions dans lesquelles l'acquéreur envisage de conférer cette destination au bien : en le laissant en l'état, en le réhabilitant, en édifiant une construction neuve, etc.

(16) Signataire autre que le propriétaire :

Qualité : mandataire, fondé de pouvoirs, gérant de la société, propriétaire, etc.

Joindre à la déclaration ou à la demande une copie du pouvoir ou du mandat.

(17) Notification des décisions du titulaire du droit de préemption :

– Indiquez ici l'adresse à laquelle le titulaire du droit de préemption doit notifier ses offres ou décisions.

Chapitre IV

Dispositions communes aux zones d'aménagement différé et aux périmètres provisoires de zones d'aménagement différé créés avant le 1er juin 1987

C. urb., art. A. 214-1 *(A. 11 mai 1987).* — **Les déclarations ou demandes formulées en application des articles L. 212-2, L. 212-3, L. 213-1, R. 212-6, R. 212-14 et R. 213-2 dans leur rédaction antérieure à la loi n° 85-729 du 18 juillet 1985 relative à la définition et à la mise en œuvre de principes d'aménagement doivent être, à compter du 1er juin 1987, établies conformément au modèle annexé à l'article A. 213-1.**

Documents concernés. Il s'agit des déclarations d'intention d'aliéner ou des demandes d'acquisition pouvant être formulées pour les biens compris dans les ZAD ou dans les périmètres provisoires de ZAD créés avant le 1er juin 1987 ou, encore, postérieurement à la loi d'orientation pour la ville n° 91-662 du 13 juillet 1991 qui a rétabli la procédure autorisant le représentant de l'État à délimiter des périmètres provisoires de ZAD. 2893

Voir aussi : Les modèles et notices explicatives annexés à C. urb., art. A. 213-1, p. 947.

Chapitre V

Dispositions applicables aux zones à urbaniser en priorité

Néant.

TITRE II

RÉSERVES FONCIÈRES

Néant.

TITRE III

DÉPARTEMENTS D'OUTRE-MER

Néant.

LIVRE TROISIÈME

AMÉNAGEMENT FONCIER

TITRE PREMIER

OPÉRATIONS D'AMÉNAGEMENT

Chapitre I

Zones d'aménagement concerté

Néant.

Chapitre II

Rénovation urbaine

Néant.

Chapitre III

Restauration immobilière et secteurs sauvegardés

Néant.

Chapitre IV

Opérations d'urbanisation

Néant.

Chapitre V

Lotissements

C. urb., art. A. 315-1 *(Ab., A. 6 janv. 1989).*

C. urb., art. A. 315-2 *(A. 6 déc. 1977 ; A. 6 janv. 1989).* — **La demande d'autorisation de lotir prévue à l'article A. 315-4 doit être établie conformément au modèle figurant en annexe au présent article.**

Les documents qui l'accompagnent doivent porter les indications et respecter les échelles mentionnées aux paragraphes A et B de l'annexe du modèle de demande.

Imprimé. L'imprimé de demande d'autorisation de lotir est enregistré au CERFA sous le numéro 46-0387 (imprimé PC 151). Il peut être obtenu auprès des mairies et des directions départementales de l'équipement. 2894

C. urb., art. A. 315-3 *(A. 6 déc. 1977 ; A. 28 avr. 1988 ; A. 10 juill. 1992).* — **L'affichage de l'autorisation de lotir sur le terrain est assuré par les soins de son bénéficiaire sur un panneau rectangulaire dont les dimensions sont supérieures à 80 centimètres.**

Il en est de même d'une copie de la lettre prévue à l'article R. 315-15 ou, le cas échéant, R. 315-17, et d'une copie de la lettre de mise en demeure faite en application de l'article R. 315-21 lorsque l'autorisation sollicitée est réputée accordée.

Le panneau indique le nom, la raison ou la dénomination sociale dudit bénéficiaire, la date et le numéro de l'autorisation de lotir, la superficie du terrain à lotir, le nombre maximum de lots autorisés, la surface de plancher hors œuvre nette maximale dont la construction est autorisée dans l'ensemble du lotissement, ainsi que l'adresse de la mairie où le dossier peut être consulté.

Ces renseignements doivent demeurer lisibles de la voie publique jusqu'à la date de délivrance du certificat mentionnant l'exécution des prescriptions imposées dans l'arrêté d'autorisation, prévu à l'article R. 315-36 *a* ou *c*, sans que la durée de cet affichage puisse être inférieure à deux mois.

2895 **Preuve.** En principe, la preuve de l'affichage sur les lieux incombe au pétitionnaire.

2896 **Autorisation tacite.** Lorsque aucune décision expresse n'est intervenue, les pièces à afficher sont une copie de la lettre de notification du délai d'instruction visée à l'article R. 315-15 ou une copie de l'avis de réception postal de la requête en instruction prévue à l'article R. 315-17, accompagnée d'une copie de la lettre de mise en demeure prévue à l'article R. 315-21.

Voir aussi : Sur le délai de recours contentieux, C. urb., art. R. 490-7, p. 910 et C. urb., art. R. 490-8, p. 910.

2897 **Mentions obligatoires.** L'arrêté du 10 juillet 1992 a supprimé l'obligation – qui résultait du présent article dans la rédaction que lui avait donnée l'arrêté du 28 avril 1988 – de mentionner sur le panneau d'affichage la modification, par l'article R. 490-7, du délai de recours contentieux.

Voir aussi : Comparer avec C. urb., art. A. 421-7, p. 961, en matière de permis de construire et voir les notes sous cet article.

C. urb., art. A. 315-4 ***(A. 6 déc. 1977 ; A. 28 avr. 1988 ; A. 10 juill. 1992).*** **— L'affichage de l'autorisation de lotir sur le terrain est assuré par les soins de son bénéficiaire sur un panneau rectangulaire dont les dimensions sont supérieures à 80 centimètres.**

– les documents figurant dans le dossier déposé à l'appui de la demande d'autorisation de lotir ;

– les avis recueillis au cours de l'instruction ;

– l'arrêté autorisant le lotissement et les pièces qui y sont annexées.

Les dispositions du présent article ne font pas obstacle au droit à communication dans les conditions prévues par la loi n° 78-753 du 17 juillet 1978 portant diverses mesures d'amélioration des relations entre l'Administration et le public, et diverses dispositions d'ordre administratif, social et fiscal.

Voir aussi : La note sous l'article précédent, en ce qui concerne le délai de recours contentieux ; comparer avec C. urb., art. A. 421-8, p. 963, en matière de permis de construire et voir les notes sous cet article.

C. urb., art. A. 315-5 ***(A. 6 déc. 1977).*** **— Les dispositions des articles A. 315-2 et suivants du présent chapitre ne peuvent être modifiées que par arrêté du ministre chargé de l'urbanisme.**

Chapitre VI
Sanctions relatives aux lotissements

Néant.

Chapitre VII
Amélioration de certains lotissements

Néant.

Chapitre VIII
Dispositions relatives à certaines opérations

Néant.

TITRE II
ORGANISMES D'EXÉCUTION

Chapitre I
Sociétés d'économie mixte et établissements publics

Section I Aménagement d'agglomérations nouvelles, de zones d'habitation ou de zones industrielles

Néant.

Section II Modalités de constitution et de fonctionnement des établissements publics et des sociétés d'économie mixte

Néant.

Chapitre II
Associations foncières urbaines et sociétés civiles foncières

Néant.

TITRE III
DISPOSITIONS FINANCIÈRES

Chapitre I
Fonds national d'aménagement foncier et d'urbanisme

Néant.

Chapitre II
Participation des constructeurs et des lotisseurs

C. urb., art. A. 332-1 *(A. 24 juill. 1980).* — **Le montant forfaitaire au mètre carré hors œuvre de l'indemnité globale et unique due en application de l'article R. 332-16 aux constructeurs et aux lotisseurs pour la mise à la disposition des distributeurs d'électricité et de gaz d'un local destiné à l'installation d'un poste de transformation du courant électrique ou d'un poste de détente de gaz est fixé à** ***(unité monétaire modif., Ord. n° 2000-916, 19 sept. 2000, art. 3)*** **106,71 euros.**

Chapitre III
Versement résultant du dépassement du plafond légal de densité

Néant.

Chapitre IV
Dispositions diverses

Néant.

Chapitre V
Aide à la création et à l'aménagement d'espaces verts

Néant.

TITRE IV
DÉPARTEMENTS D'OUTRE-MER

Néant.

LIVRE QUATRIÈME

RÈGLES RELATIVES À L'ACTE DE CONSTRUIRE ET À DIVERS MODES D'UTILISATION DU SOL

TITRE PREMIER

CERTIFICAT D'URBANISME

C. urb., art. A. 410-1 *(A. 28 sept. 1981 ; A. 6 janv. 1989 ; rempl., A. 17 déc. 2002, art. 1er).* **— La demande de certificat d'urbanisme prévue à l'article R. 410-1 du Code de l'urbanisme est établie conformément au modèle annexé au présent article, enregistré à la commission pour les simplifications administratives sous le numéro 12107. Il peut être obtenu auprès des mairies ou des directions départementales de l'équipement et est accessible sur le site Internet du ministère de l'Équipement, du Logement, des Transports, du Tourisme et de la Mer.**

C. urb., art. A. 410-2 *(A. 6 janv. 1989).* **— La réponse à la demande de certificat d'urbanisme est établie conformément à l'un ou l'autre des deux modèles intitulés respectivement « Certificat d'urbanisme positif » et « Certificat d'urbanisme négatif » et annexés au présent article.**

C. urb., art. A. 410-3 *(A. 6 janv. 1989).* **— Les dispositions des articles A. 410-1 et A. 410-2 ne peuvent être modifiées que par un arrêté du ministre chargé de l'urbanisme.**

TITRE II

PERMIS DE CONSTRUIRE

Chapitre I

Régime général

Section I Présentation de la demande

C. urb., art. A. 421-1 *(A. 6 nov. 1978 ; A. 6 févr. 1980 ; A. 6 janv. 1989 ; A. 13 déc. 1991).* **— La demande de permis de construire prévue à l'article R. 421-1-1 est établie conformément à l'un des modèles annexés au présent article.**

Imprimés CERFA. Les imprimés de demande de permis de construire sont enregistrés au CERFA sous les numéros suivants : 2898

46-0323 : demande de permis de construire une ligne d'énergie électrique (imprimé PC 155 *bis*) ;
46-0398 : demande de permis de construire une maison individuelle (imprimé PC 157) ;
46-0399 : demande de permis de construire (imprimé PC 158) ;
46-0383 : demande de permis de construire modificatif (imprimé PC 158 *bis*).
Ils peuvent être obtenus auprès des mairies ou des directions départementales de l'équipement ou sur Internet, www.service-public.fr.

C. urb., art. A. 421-2 *(A. 6 nov. 1978 ; A. 2 avr. 1984 ; A. 6 janv. 1989).* **— La lettre de notification prévue à l'article R. 421-12 indique au demandeur :**

Le numéro d'enregistrement de sa demande ;

La collectivité au nom de laquelle la décision sera prise ;

La date de laquelle part le délai d'instruction, qui peut être selon le cas la date de la décharge ou de l'avis de réception postal prévus à l'article R. 421-9 ou la date de réception des pièces complétant le dossier ;

Le délai maximal d'instruction de la demande et la motivation de ce délai s'il est supérieur à deux mois ;

La date avant laquelle, compte tenu du délai réglementaire d'instruction, la décision devra lui être notifiée.

Lorsque le projet ne se trouve pas dans l'un des cas prévus à l'article R. 421-19, le demandeur est avisé :

Que si aucune décision ne lui a été adressée avant la date limite d'instruction, la lettre de notification vaudra permis de construire tacite et que le projet pourra être entrepris conformément au projet déposé, que toutefois le permis, s'il est illégal, peut être retiré par l'autorité compétente pendant le délai de recours contentieux.

Qu'en cas de permis de construire tacite, il peut demander une attestation certifiant qu'aucune décision négative n'est intervenue à l'égard de sa demande ;

Qu'une lettre rectificative peut le cas échéant lui être adressée en cas de majoration du délai d'instruction.

Lorsque le projet se trouve dans l'un des cas prévus à l'article R. 421-19, le demandeur est informé qu'il ne pourra bénéficier d'un permis tacite et que les travaux ne pourront être entrepris qu'après réception d'une décision positive.

C. urb., art. A. 421-3 *(A. 6 nov. 1978 ; A. 6 janv. 1989).* — **Les dispositions de l'article A. 421-1 et de l'article A. 421-2 ne peuvent être modifiées que par arrêté du ministre chargé de l'urbanisme.**

Section II Dépôt et transmission de la demande

Néant.

Section III Instruction de la demande

Néant.

Section IV Décision

C. urb., art. A. 421-6-1 *(A. 2 avr. 1984 ; A. 6 janv. 1989).* — **La décision prévue à l'article R. 421-29 :**

Indique la collectivité au nom de laquelle la décision est prise ;

Vise la demande de permis de construire et en rappelle les principales caractéristiques : nom et adresse du demandeur, objet de la demande, numéro d'enregistrement, lieux des travaux, destination de la construction et, en cas de décision positive, surface hors œuvre nette ou le cas échéant surface hors œuvre brute du projet ;

Vise les textes législatifs et réglementaires dont il est fait application ;

Vise les avis recueillis en cours d'instruction et leur sens ;

Indique la motivation spécifique dans le cas où elle comporte rejet de la demande, si elle est assortie de prescriptions, s'il s'agit d'un sursis à statuer ou si elle autorise une dérogation ou une adaptation mineure ;

Indique si le permis de construire est accordé ou refusé ou s'il est sursis à statuer sur la demande.

En cas de décision positive, elle indique, en tant que de besoin, les prescriptions imposées au constructeur. En cas d'application de l'article R. 421-7-1, elle comporte les indications mentionnées à l'article R. 421-29.

Elle rappelle au pétitionnaire : que le permis de construire est délivré sans préjudice du droit des tiers ; le délai de validité du permis tel qu'il résulte de l'article R. 421-32 ;

l'obligation d'affichage sur le terrain prévue à l'article R. 421-39, les délais et voies de recours contre la décision, l'obligation de souscrire l'assurance dommages-ouvrages prévue par la loi n° 78-12 du 4 janvier 1978 relative à la responsabilité et à l'assurance dans le domaine de la construction.

Lorsque la décision est prise au nom de la commune ou de l'établissement public de coopération intercommunale, elle est complétée par la mention prévue à l'article R. 421-34.

Section V Dispositions applicables aux constructions et travaux soumis au régime du permis de construire et à un autre régime d'autorisation

Néant.

Section VI Formalités postérieures à la délivrance du permis de construire

C. urb., art. A. 421-7 ***(A. 28 avr. 1988 ; A. 6 janv. 1989 ; A. 10 juill. 1992).*** **— L'affichage du permis de construire sur le terrain est assuré par les soins du bénéficiaire du permis de construire sur un panneau rectangulaire dont les dimensions sont supérieures à 80 centimètres.**

Ce panneau indique le nom, la raison sociale ou la dénomination sociale dudit bénéficiaire, la date et le numéro du permis, la nature des travaux et, s'il y a lieu, la superficie du terrain, la superficie du plancher autorisée ainsi que la hauteur de la construction exprimée en mètres par rapport au sol naturel et l'adresse de la mairie où le dossier peut être consulté.

Ces renseignements doivent demeurer lisibles de la voie publique pendant toute la durée du chantier.

I. – Modalités d'affichage

Modalités d'affichage. Un affichage sur le terrain peut être réalisé par l'apposition de l'affiche sur un immeuble à démolir, puis sur la palissade de protection du chantier (CE, 23 juill. 1993, *Sté Sobal : JCP* G 1993 IV, 2281). Le bénéficiaire du permis n'a pas l'obligation de procéder à l'affichage à plusieurs emplacements du terrain (CE, 2 juill. 1980, req. n° 23341, *M. Vergnes*. – CE, 21 mars 1986, req. n° 71543, *Comité de défense des sites de la Turbie et a.* – CE, 16 mars 1990, *Époux Calvi : Rec. CE*, T, p. 1047) même si ce terrain comporte plusieurs accès (CE, 8 nov. 1995, req. n° 126042, *Mme Marin et a.* : *D.* 1996, somm. p. 273). Si le panneau est visible depuis la voie de desserte du terrain ouverte au public, la nature de voie privée de cette desserte est sans incidence (CAA Marseille, 5 avr. 2001, *ASL Les Mas du Faron : Constr.-urb.* 2002, n° 3, comm. n° 78, N. Rousseau). 2899

Zone d'aménagement concerté. Un constructeur ayant fait disposer deux panneaux d'affichage à deux endroits du périmètre d'une ZAC a satisfait aux obligations réglementaires, bien que ledit affichage n'ait pas été implanté sur le terrain d'assiette de la construction future (CE, 23 oct. 1992, *Rueil : Mon. TP* 13 nov. 1992, p. 56). 2900

II. – Contenu de l'affichage

Date du permis. L'omission de la date du permis, sur le panneau visible de la voie, est inopérante dès lors que le numéro du permis permet d'identifier celui-ci (CE, 23 mars 1979, *Comité du quartier Puech-du-Teil ouest et dame Bellanger Lafond : DA* 1979, n° 154 ; *D.* 1979, inf. rap. 417). 2901
Il en est de même si l'affichage mentionne une date de délivrance erronée (CE, 24 juill. 1981, *M. et Mme Deschildre et autres : Rec. CE*, T, p. 978. – CE, 13 févr. 1987, req. n° 59864, *SA « Le Mas d'Entremont »*).

Et un affichage a pu être jugé suffisant bien que certaines mentions aient été illisibles (CE, 19 févr. 1988, req. n° 80900, *Époux Benoît*).

2902 **Nature des travaux.** Si l'affichage sur le terrain doit mentionner la nature des travaux, il n'impose pas pour autant certaines précisions, en particulier concernant la construction d'un escalier (CE, 29 janv. 1982, req. n° 18079, *Bena Joseph*. – CE, 24 janv. 1990, *Carl Weissfloch : Petites affiches*, 18 janv. 1991, p. 10).

2903 **Délai de recours.** L'arrêté du 10 juillet 1992 a supprimé l'obligation – qui résultait du présent article dans la rédaction que lui avait donnée l'arrêté du 28 avril 1988 – de mentionner sur le panneau d'affichage la modification, par l'article R. 490-7, du délai de recours contentieux.

2904 **Hauteur de construction.** L'affichage doit faire connaître la hauteur des constructions (CE, 29 mai 1981, *SCI Le Village aux Toits blancs : Rec. CE*, T, p. 978. – CE, 16 févr. 1994, *Northem Télécom immobilier : RD imm.* 1994, p. 438) alors que cette indication était nécessaire pour apprécier les volumes (CE, 12 févr. 1990 : *Gaz. Pal.* 1990, 2, pan. 542). Des arrêts sont néanmoins en sens contraire en ce qui concerne l'indication de la hauteur (CE, 21 mars 1986, req. n° 71543, *Comité de défense des sites de la Turbie et autres*. – CE, 14 oct. 1987, req. n°s 54955 et 54956, *M. et Mme Cazenave et autres*). Peu importe d'ailleurs qu'il reflète de manière imprécise leur hauteur réelle, dès lors que le dossier de permis de construire peut être aisément consulté à la mairie (CE, 28 mai 1980, req. n° 21758, *Assoc. Les Amis du chemin de ronde*).

III. – Affichages considérés comme insuffisants

2905 **Appréciation de fait.** Ont été considérés comme insuffisants les affichages suivants :
– un affichage créant une confusion entre deux permis distincts (CE, 25 févr. 1981, req. n° 14582, *Sté d'HLM « France-Habitation »*) ;
– un affichage non visible de l'extérieur du terrain (CE, 27 juill. 1984, req. n° 44251, *L'Union sportive avignonnaise « Tennis Club »*) ;
– un affichage non visible de la voie publique (CE, 16 oct. 1985, req. n° 46803, *Henri Costanzo*). En sens contraire, CE, 13 févr. 1987, req. n° 59864, *« Le Mas d'Entremont »* ;
– un affichage non lisible de la voie publique (CE, 13 mai 1992, *Bazile et a. : Gaz. Pal.* 1993, pan. dr. adm. p. 3. – CE, 8 oct. 1993, *Mme Dubois et a. : Gaz. Pal.* 1993, 2, lettre jurispr. p. 569) ;
– un affichage placé en bordure de la voie privée intérieure d'un lotissement (CE, 27 juill. 1984, req. n° 54305, *Gilbert Métral : Rec. CE*, T, p. 779) ;
– un affichage comportant un défaut des mentions réglementaires et l'indication erronée du numéro du permis (CE, 20 juin 1984, *Assoc. Les amis de la Terre : DA* 1984, n° 307 ; *Rec. CE*, p. 233). Une légère erreur sur le numéro du permis est sans conséquence (CE, 9 oct. 1989, req. n°s 100035 et 100850, *Syndicat des copropriétaires de l'immeuble du 2, place de la Grande-Fontaine : Petites affiches*, 18 janv. 1991, p. 9) ;
– un affichage annonçant les travaux à une adresse erronée (CAA Bordeaux, 6 déc. 1993, *Fenec : Rec. CE*, T, p. 1116) ;
– un affichage ne comportant que la date et le numéro du permis (CE, 22 avr. 1992, req. n° 91436, *SA des HLM de la ville de Laval : Petites affiches*, 2 nov. 1992, p. 11) ;
– un affichage qui n'indique que les bénéficiaires du permis (CE, 19 juin 1992, req. n° 129053, *Preda et a. : Petites affiches*, 2 nov. 1992, p. 11). Est, en revanche, suffisant un affichage qui ne mentionne pas le nom du bénéficiaire du permis dès lors qu'il comporte les autres indications requises (nom du propriétaire du terrain, numéro du permis, nature et caractéristiques de la construction) et permettant à d'éventuels auteurs de recours de l'identifier dans des conditions équivalentes (CE, 14 nov. 2003, *Ville de Nice : Constr.-urb.* 2004, n° 3, comm. n° 58, N. Rousseau ; *JCP* A 2004, n° 7, comm. n° 1103, P. Billet).
En tout état de cause, le caractère suffisant de l'affichage, en l'espèce sa visibilité depuis la voie publique, relève de l'appréciation souveraine des juges du fond ou du juge des référés ; il n'est pas possible de le contester lors d'un pourvoi en cassation devant le Conseil d'État et, donc, de présenter des éléments nouveaux en la matière (CE, 2 juin 2003, *Ville de Montpellier* c/ *M. et Mme Chong : BJDU* n° 4/2003, p. 296, concl. J.-H. Stahl, obs. J.-C. Bonichot).

Parcelle concernée. Le bénéficiaire d'un permis n'est pas tenu de procéder à son affichage sur chacune des parcelles composant le terrain d'assiette du projet, ni à proximité de chacun des accès de ce terrain depuis la voie publique (CE, 23 févr. 2004, *Société JUWI énergie éolienne : JCP* A 2004, n° 19, comm. n° 1328, P. Billet ; *Constr.-urb.* 2004, n° 4, comm. n° 92, P. Cornille ; *CJEG* 2004, p. 296, note T. Tuot). 2906

Dimensions de l'affiche. Peu importe la méconnaissance légère de certaines dimensions réglementaires (CE, 26 mars 1980, req. n° 9187, *Vallenet Joseph*). Mais un affichage est réputé insuffisant si les dimensions de l'affiche sont très inférieures aux normes prescrites (CE, 18 nov. 1987, req. n° 71380, *Robert Maloiseaux*). 2907

IV. – Preuves de l'affichage et recours

Modes de preuve. À propos de l'ambiguïté sur la charge de la preuve de l'affichage sur le terrain, voir, CE, 22 déc. 1978, req. n° 13000, *Lacoste Jean-Claude*. – CE, 14 nov. 1980, req. n° 17227, *Marchand*. – CE, 25 févr. 1981, req. n° 14582, *Sté HLM « France-Habitation »*. – CE, 8 janv. 1982, *Assoc. « Tradition et maintien des puces » : D.* 1983, inf. rap. 25 et la note ; *Gaz. Pal.* 1982, 2, somm. p. 263. – CE, 30 sept. 1994, req. n°s 132900, 132911 et 133395, *Assoc. pour la lutte contre la construction d'un centre commercial à Faches-Thumesnil et a.* – CE, 23 déc. 1994, req. n°s 112865 et 113218, *SARL « De l'homme à l'habitat » et a. : Juris Data* n° 1994-049559. 2908

L'affichage a été suffisamment prouvé par trois constats d'huissier en date des 13 mars 1989, 3 avril 1989 et 17 mai 1989, aucune pièce n'établissant que l'affiche n'avait pas été conservée d'une manière continue pendant deux mois (CE, 23 sept. 1991, req. n° 112785, *Synd. des copropriétaires de l'immeuble sis 9, bd Pugliesi-Conti à Ajaccio : JCP* G 1991 IV, 432, obs. M.-C. Rouault). Tel est encore le cas de deux constats d'huissier établissant une publicité sur le terrain (CE, 13 janv. 1992, req. n°s 107913 et 119161, *Mme Tourelle et a.* – CE, 26 nov. 1993, req. n° 132127, *Synd. copr. de l'immeuble du 9, rue de l'Essai*). Sont une preuve suffisante d'affichage et de permanence de celui-ci huit attestations de personnes n'ayant pas pour la plupart de lien entre le constructeur et dont l'adversaire n'établit pas l'inexactitude (CE, 19 mai 1989, req. n° 64247, *Delfosse* ; *JCP* N 1989, Prat. 1062). Certaines fois ces attestations émanent d'un agent de l'Administration (CE, 5 déc. 1990, *M. et Mme Allorant : Petites affiches*, 11 nov. 1991, p. 13).

En revanche la production de la facture d'une entreprise ayant procédé à la pose du panneau d'affichage ou les attestations des salariés de la société bénéficiaire du permis n'est pas de nature à justifier que la formalité de l'affichage a été accomplie dans les conditions imposées par la réglementation (CAA Paris, 4e ch., 14 juin 1994 : *Juris-Data* n° 1994-048100).

Constats d'huissier. Il convient en tout état de cause de faire dresser des procès-verbaux par huissier régulièrement, au moins le premier et le dernier jour des deux mois d'affichage réglementaire, et de les conserver pendant plusieurs années en cas de contentieux. 2909

Recours contentieux. L'affichage sur le terrain est une condition de publicité nécessaire pour faire partir le délai de recours contentieux (CE, 25 juill. 1975, *SCI « Les Hortensias » : Rev. adm.* 1975, p. 484, note Liet-Veaux ; *JCP* N 1975, Prat. 6102. – CE, 12 mai 1976, *Union des commerçants et artisans de Cholet : Rec. CE*, T., p. 748. – CE, 26 mai 1976, *Assoc. « SOS Paris » : Rec. CE*, p. 289. – CE, 30 mai 1979 et CE, 22 juin 1979 : *D.* 1979, inf. rap. 417. – CE, 14 déc. 1981, *SARL « European Homes » : Rec. CE*, p. 467. – CE, 19 févr. 1982, *SCI « La Résidence » : DA* 1982, n° 132). 2910

Voir aussi : Sur l'analyse plus complète de la jurisprudence en matière d'affichage et sur le délai de recours contentieux, C. urb., art. R. 421-39, p. 831 ; C. urb., art. R. 490-7, p. 910 et C. urb., art. R. 490-8, p. 910.

C. urb., art. A. 421-8 ***(A. 2 avr. 1984).*** **— Dès l'affichage à la mairie d'un extrait de la décision accordant le permis de construire ou du document en tenant lieu valant permis de construire et jusqu'à la déclaration d'achèvement des travaux, toute personne intéressée peut consulter, dans les locaux de la mairie, les pièces suivantes du dossier :**

La demande complète de permis de construire : formulaire de demande, pièces jointes, plan de situation, plan de masse et plan des façades ;

Les avis recueillis au cours de l'instruction ;

L'arrêté accordant le permis de construire ;

Éventuellement, les contrats ou décisions judiciaires en matière d'institution de servitudes dites de cours communes ou de minoration de densité sur les fonds voisins.

Les dispositions du présent article ne font pas obstacle au droit à communication dans les conditions prévues par la loi n° 78-753 du 17 juillet 1978 portant diverses mesures d'amélioration des relations entre l'Administration et le public et diverses dispositions d'ordre administratif, social et fiscal.

I. – Modalités de l'affichage

2911 **Panneau – Visibilité – Accessibilité.** En ce qui concerne les modalités de l'affichage en mairie, le Conseil d'État estime suffisante l'apposition sur « un panneau situé à l'entrée du bureau où sont instruites les demandes de permis de construire » (CE, 10 juill. 1968, *Secr. d'État Log.* c/ *Sieurs Courrejou et Pinatel : DA* 1968, n° 279) ou encore l'affichage dans les locaux de l'hôtel de ville, par extrait dans l'immeuble où les services municipaux de l'urbanisme sont installés et à l'emplacement librement accessible au public pendant les ouvertures de ses services réservés à l'affichage des permis de construire (CE, sect., 24 mai 1968, *Sieurs Tissot et Blaquière : Rec. CE*, p. 330).

Voir aussi : Jurisprudence citée sous C. urb., art. R. 421-39.

2912 **Insuffisance.** Mais le Conseil d'État a estimé insuffisant l'affichage effectué dans le bureau d'un chef de service municipal (CE, 25 oct. 1967, *Louchon : Rec. CE*, p. 392) ou la publication « sur les bords de la fenêtre » (CE, 8 déc. 1971, *Min. Équip. et Log. et Lecussan* c/ *Rumeau : Quot. Jur.* 24 févr. 1972, p. 6) ainsi que l'affichage en mairie comportant une erreur sur le lieu des travaux (CAA Bordeaux, 2e ch., 6 déc. 1993 : *Gaz. Pal.* 1995, 1, pan. dr. adm. p. 19).

II. – Personnes pouvant consulter

2913 **Personnes intéressées.** La notion de « personne intéressée », mentionnée au premier alinéa, doit être entendue comme « toute personne qui en fait la demande ». D'ailleurs le dernier alinéa rappelle, logiquement du fait de la hiérarchie des normes, que les dispositions précitées ne font pas obstacle à l'application de la loi du 17 juillet 1978. Par suite, lorsqu'une demande d'accès aux pièces d'un dossier de permis de construire est faite verbalement, aucune obligation pour le demandeur d'établir son identité n'est posée (Rép. min. : *JOAN* 9 sept. 1991, p. 3613). Un particulier peut demander à la mairie, directement ou par personne interposée, à sa convenance : simple tiers, notaire, huissier, avoué, avocat, etc. (Rép. min. : *JOAN* 10 mars 1973, p. 549), que lui soit fournie photocopie d'un dossier de permis de construire concernant une tierce personne, une fois la décision prise par l'autorité compétente en la matière, quelle que soit d'ailleurs cette autorité (Rép. min. : *JOAN* 30 déc. 1985, p. 5978). En effet un permis de construire délivré n'est plus seulement le simple projet d'ordre privé d'un demandeur mais constitue, une fois la décision prise par l'autorité compétente, une partie intégrante de cette décision et, comme telle, peut être communiqué au public (Rép. min. : *JOAN* 10 juill. 1995, p. 2983).

2914 **Permis refusé.** En revanche, lorsqu'un permis de construire a été refusé et donc qu'aucune décision créatrice de droits et susceptible de faire grief à des tiers n'est intervenue, l'autorité administrative qui avait compétence pour délivrer l'autorisation de construire sollicitée ne peut pas communiquer les pièces ayant constitué le dossier de la demande de ce permis (Rép. min. n° 32570 : *JOAN* 18 oct. 1999, p. 6085).

III. – Modalités de consultation

2915 **Consultations et copies.** En application des dispositions de l'article 4 de la loi n° 78-753 du 17 juillet 1978 portant diverses mesures d'amélioration des relations entre l'Administration et le public, la consultation peut s'opérer :

– soit gratuitement sur place ;
– soit, dès lors que la reproduction ne nuit pas à la conservation du document, par délivrance de copies en un seul exemplaire, aux frais de la personne qui les sollicite et sans que ces frais puissent excéder le coût réel des charges de fonctionnement créées par l'organisation d'un tel accès aux documents administratifs.

Délai. Dans la période postérieure à l'achèvement des travaux, la communication du dossier reste possible pendant la durée de l'archivage, soit au minimum 10 ans après la décision ou la dernière correspondance ou pendant la durée de l'autorisation s'il s'agit d'un permis à titre précaire (Rép. min. Landrain : *JOAN* 10 mars 2003, p. 1842). 2916

Voir aussi : Annotations sous C. urb. R. 421-39 , p. 831.

Pièces consultables. Le texte issu de l'arrêté du 2 avril 1984 a ajouté aux pièces pouvant être consultées « les avis recueillis au cours de l'instruction ». L'Administration n'est pas tenue de mettre à la disposition du public des pièces autres que celles prévues par le texte (CE, 8 mars 1968, req. n° 66872, *Dlle Manche*. – CE, 25 oct. 1968, *Perrière : Rec. CE*, p. 514). Mais en cas de modification du dossier pendant l'instruction de la demande, c'est le dernier projet sur lequel il a été statué qui doit figurer en mairie. 2917

Dossier technique. Le dossier technique ne faisant partie des pièces du dossier de permis de construire qui peuvent être consultées dans les locaux de la mairie, sa non-mise à la disposition des tiers est sans incidence sur la légalité externe du permis de construire (CAA Paris, 1re ch., 19 déc. 1996, *Cne d'Orsay : Juris-Data* n° 1996-048733). 2918

Connaissance acquise. La seule consultation du dossier en mairie ne vaut pas connaissance acquise par les tiers (CE, 18 déc. 2002, *Hagen : Dr. adm.* 2003, n° 3, comm. n° 79, D. P.) ; cette solution s'inscrit dans une jurisprudence classique qui considère que la prise de contact avec une décision administrative ne vaut pas connaissance acquise. 2919

IV. – Preuve de l'affichage et recours

Charge de la preuve. C'est à l'Administration qu'il appartient de fournir des preuves non dubitatives de l'affichage en mairie et de sa date (CE, 29 oct. 1975, req. n° 90871, *Tourret*. – CE, 25 nov. 1991, req. n° 78606, *Cne de Saint-Palais-sur-Mer c/ Assoc. des amis de la Pointe de Nauzan et a.*). 2920

Voir aussi : Sur le délai de recours contentieux, C. urb., art. R. 421-39, p. 831 et C. urb., art. R. 490-7, p. 910 ; C. urb., art. R. 490-8, p. 910 ; C. urb., art. A. 421-7, p. 961.

Bibliographie : R. Philippot, L. Teresi, *Commercialisation des informations issues du permis de construire : quelle marge de manœuvre pour les collectivités locales ? BJDU* 2/2003, p. 74.

C. urb., art. A. 421-9 ***(A. 25 mai 1977 ; A. 6 janv. 1989).*** **— La déclaration d'ouverture de chantier prévue à l'article R. 421-40 est établie conformément à la rédaction du modèle annexé au présent article.**

Voir aussi : L'imprimé de déclaration d'ouverture de chantier est enregistré au CERFA sous le numéro 46-0394 (imprimé PC 182-3). Il peut être obtenu auprès des mairies ou des directions départementales de l'équipement.

Section VII Dispositions diverses

Néant.

Chapitre II
Exceptions au régime général

Section I Déclarations de travaux exemptés du permis de construire

C. urb., art. A. 422-1 *(A. 28 déc. 1977 ; A. 6 nov. 1978 ; A. 6 janv. 1989 ; A. 11 janv. 1993).* **— La déclaration en vue de l'exécution de travaux exemptés de permis de construire, prévue à l'article R. 422-3, est établie conformément au modèle annexé au présent article.**

Voir aussi : L'imprimé de déclaration de travaux exemptés de permis de construire ou de déclaration de clôture (art. A. 441-1) est enregistré au CERFA sous le numéro 46-0403 (imprimé PC 156). Il peut être obtenu auprès des mairies ou des directions départementales de l'équipement.

C. urb., art. A. 422-1-1 *(A. 28 avr. 1988 ; A. 10 juill. 1992).* **— L'affichage sur le terrain soit de la mention selon laquelle il n'a pas été formé d'opposition de l'autorité compétente aux travaux projetés, soit d'un extrait de l'arrêté imposant des prescriptions, est assuré par les soins du déclarant sur un panneau rectangulaire dont les dimensions sont supérieures à 80 centimètres.**

Ce panneau indique le nom, la raison sociale ou la dénomination sociale du déclarant, la date à laquelle les travaux peuvent être exécutés et le numéro de la déclaration, la nature des travaux et, s'il y a lieu, la superficie du terrain, la superficie de plancher autorisée ainsi que la hauteur de la construction exprimée en mètres par rapport au sol naturel et l'adresse de la mairie où le dossier peut être consulté.

Ces renseignements doivent demeurer lisibles de la voie publique pendant au moins deux mois et pour toute la durée du chantier.

2921 **Irrégularité.** A été censuré comme un défaut de publicité un affichage ne mentionnant pas l'absence d'opposition aux travaux en cause (CE, 17 déc. 1993, req. n° 140212, *SA Transports Drouin*).

2922 **Mentions des délais de recours.** L'arrêté du 10 juillet 1992 a supprimé l'obligation – qui résultait du présent article dans la rédaction que lui avait donnée l'arrêté du 28 avril 1988 – de mentionner sur le panneau d'affichage la modification, par l'article R. 490-7, du délai de recours contentieux.

C. urb., art. A. 422-1-2 *(A. 6 janv. 1989).* **— Dès la date à laquelle les travaux peuvent être exécutés et pendant au moins deux mois, et pour toute la durée du chantier, toute personne intéressée peut consulter, dans les locaux de la mairie, les pièces suivantes du dossier :**

– la déclaration complète de travaux : formulaire de déclaration, pièces jointes, plan de situation, plan de masse et représentation de l'aspect extérieur de la construction ;

– les avis recueillis au cours de l'instruction ;

– le cas échéant, la décision de l'autorité compétente imposant des prescriptions ;

– le cas échéant, les contrats ou décisions judiciaires en matière d'institution de servitudes dites de cours communes ou de minoration de densité sur les fonds voisins.

Les dispositions du présent article ne font pas obstacle au droit à communication dans les conditions prévues par la loi n° 78-753 du 17 juillet 1978 portant diverses mesures d'amélioration des relations entre l'Administration et le public et diverses dispositions d'ordre administratif, social et fiscal.

Section II Grands camps à l'intérieur desquels les constructions et installations sont exemptées de permis de construire

C. urb., art. A. 422-2 *(A. 28 déc. 1977 ; inséré par A. 4 août 1978, art. 3).* **— La liste des grands camps visés à l'article R. 422-1, alinéa 2, est la suivante :**

Suippes (Marne et Ardennes), Mailly (Marne et Aube), Mourmelon (Marne), Sissonne (Aisne), Coëtquidan (Morbihan), Garrigues (Gard), Bitche (Moselle), Larzac (Aveyron), Le Valdahon (Doubs), Caylus (Tarn-et-Garonne), La Courtine (Creuse), Canjuers (Var) et Fontevrault (Maine-et-Loire).

Chapitre III

Permis de construire à titre précaire

Néant.

Chapitre IV

Établissement de l'assiette et liquidation des impositions dont le permis de construire constitue le fait générateur

C. urb., art. A. 424-1 *(A. 26 avr. 1984 ; A. 6 janv. 1989).* — **En application des dispositions de l'article R. 424-1, le maire ou le président d'un établissement public de coopération intercommunale peuvent se faire confier l'établissement de l'assiette et la liquidation de l'ensemble des impositions dont le permis de construire constitue le fait générateur, soit :**

La taxe locale d'équipement et la taxe complémentaire à la taxe locale d'équipement perçue en région d'Île-de-France ;

La taxe départementale d'espaces naturels sensibles ;

La taxe départementale pour le financement des conseils d'architecture, d'urbanisme et de l'environnement ;

La participation en cas de dépassement de coefficient d'occupation du sol ;

Le versement résultant du dépassement du plafond légal de densité ;

La redevance pour création de locaux à usage de bureaux et de locaux de recherche en région d'Île-de-France ;

La taxe spéciale d'équipement prévue à l'article 1599 OB du Code général des impôts.

Adaptation. Cet article devrait être toiletté au regard des réformes de la fiscalité de l'urbanisme : suppression ou création de participations. 2923

C. urb., art. A. 424-2 *(A. 26 avr. 1984 ; D. n° 88-199, 29 févr. 1988).* — **Lorsque le responsable du service de l'État dans le département, chargé de l'urbanisme, compétent en matière d'établissement de l'assiette et de liquidation des impositions précitées, est saisi d'une demande du maire ou du président de l'établissement public de coopération intercommunale compétent ou qu'il propose à ces derniers d'exercer cette mission fiscale au nom de l'État, il apprécie notamment que les services municipaux ou ceux de l'établissement public de coopération intercommunale compétents comportent une organisation technique suffisante.**

L'arrêté portant déconcentration auprès du maire ou du président de l'établissement de coopération intercommunale de l'établissement de l'assiette et de la liquidation de ces impositions est signé par le préfet sur proposition du responsable du service de l'État dans le département, chargé de l'urbanisme. Il fait l'objet d'une publication dans le *Recueil des actes administratifs du département*. Il est affiché en mairie et est inséré en caractères apparents dans l'un des journaux quotidiens publiés dans le département. Il est transmis au directeur des services fiscaux et au président du conseil général.

C. urb., art. A. 424-3 *(A. 26 avr. 1984 ; D. n° 88-199, 29 févr. 1988).* **— Les dispositions de l'arrêté préfectoral sont applicables aux demandes de permis de construire déposées en mairie à compter de la date de sa publication.**

Le préfet met fin à ces dispositions, par arrêté pris sur proposition du responsable du service de l'État dans le département, chargé de l'urbanisme, soit à l'initiative de celui-ci, soit sur la demande du maire ou du président de l'établissement public de coopération intercommunale compétent.

C. urb., art. A. 424-4 *(A. 26 avr. 1984).* **— Le responsable du service de l'État dans le département chargé de l'urbanisme reste compétent pour :**

1° L'établissement de l'assiette et la liquidation des impositions afférentes aux permis de construire délivrés par l'État dans les cas cités au dernier alinéa de l'article L. 421-2-1.

2° Veiller à l'application des lois et règlements dans l'exercice de la mission d'établissement de l'assiette et de liquidation des impositions citées à l'article A. 424-1. À ce titre, il lui appartient, le cas échéant, de rectifier toute erreur dans l'établissement de ces impositions et de se substituer au maire en cas de carence de celui-ci. Par ailleurs, il répond aux réclamations relatives à ces impositions lorsqu'il est saisi directement d'un recours hiérarchique.

3° L'instruction des demandes de remise gracieuse des amendes fiscales résultant des infractions à la législation sur le permis de construire, sur lesquelles se prononce le ministre chargé de l'urbanisme en vertu des dispositions de l'article 422-A de l'annexe III du Code général des impôts.

4° La collecte et la transmission des statistiques relatives à ces impositions.

C. urb., art. A. 424-5 *(A. 26 avr. 1984).* **— L'arrêté préfectoral comporte obligatoirement :**

1° La liste des impositions dont le permis de construire constitue le fait générateur et qui sont exigibles sur le territoire de chaque commune intéressée à la date d'intervention de cet arrêté. Cette liste est modifiée, le cas échéant, par un nouvel arrêté préfectoral.

2° Les conditions et les délais de transmission des fiches de liquidation, de dégrèvement ou de restitution, qui sont transmises par le maire ou par le président de l'établissement public de coopération intercommunale au directeur des services fiscaux, au responsable du service de l'État dans le département, chargé de l'urbanisme, et au titulaire du permis de construire.

Une fiche modificative est également transmise en cas de modification apportée au permis de construire ou à l'autorisation tacite de construire lorsque cette modification a une incidence sur l'assiette d'une taxe.

C. urb., art. A. 424-6 *(A. 26 avr. 1984).* **— Les demandes d'information ainsi que les réclamations sont examinées par le maire ou par le président de l'établissement public de coopération intercommunale, qui y répond.**

Le cas échéant, le maire ou le président de l'établissement public de coopération intercommunale compétent notifient les fiches modificatives nécessaires au directeur des services fiscaux, au chef du service de l'État dans le département, chargé de l'urbanisme, et au constructeur concerné.

TITRE III
PERMIS DE DÉMOLIR

Section I La demande

C. urb., art. A. 430-1 *(A. 8 juill. 1977 ; A. 6 janv. 1989 ; A. 29 oct. 1993).* **— La demande de permis de démolir prévue à l'article R. 430-1 est établie conformément au modèle joint en annexe au présent article.**

Voir aussi : Cet imprimé est enregistré au CERFA sous le numéro 46-0405 (imprimé PC 020). Il peut être obtenu auprès des mairies ou des directions départementales de l'équipement et sur Internet, www.service-public.fr.

C. urb., art. A. 430-2 *(A. 8 juill. 1977 ; A, 6 janv. 1989).* **— Toute demande de permis de démolir concernant un bâtiment comportant un ou plusieurs logements soumis à la loi n° 48-1360 du 1er septembre 1948 modifiée est accompagnée d'une copie du projet ou de la convention de relogement des locataires ou occupants ainsi que d'une notice indiquant le nombre de locataires ou occupants à reloger, le nombre de relogements provisoires et définitifs et, au cas de relogement définitif, les caractéristiques du local offert à chacun d'eux (adresse, habitabilité, montant du loyer, nature juridique de la location).**

Section II L'instruction

Néant.

Section III La décision

Néant.

Section IV Formalités postérieures à la délivrance du permis de démolir

C. urb., art. A. 430-3 *(A. 28 avr. 1988 ; A. 10 juill. 1992).* **— L'affichage du permis de démolir sur le terrain est assuré par les soins de son bénéficiaire sur un panneau rectangulaire dont les dimensions sont supérieures à 80 centimètres.**

Ce panneau indique le nom, la raison sociale ou la dénomination dudit bénéficiaire, la date et le numéro du permis de démolir ; il précise s'il s'agit d'une démolition totale ou partielle ; il mentionne l'adresse de la mairie où le dossier peut être consulté.

Ces renseignements doivent demeurer lisibles de la voie publique pendant au moins deux mois et pour toute la durée du chantier.

Mention des délais de recours. L'arrêté du 10 juillet 1992 a supprimé l'obligation – qui résultait 2924
du présent article dans la rédaction que lui avait donnée l'arrêté du 28 avril 1988 – de mentionner sur le panneau d'affichage la modification, par l'article R. 490-7, du délai de recours contentieux.

C. urb., art. A. 430-4 *(A. 8 juill. 1977 ; A. 6 janv. 1989).* **— Dès l'affichage à la mairie d'un extrait de la décision accordant le permis de démolir et pendant au moins deux mois, et pour toute la durée des travaux de démolition, toute personne intéressée peut consulter en mairie :**

– le dossier de demande de permis de démolir ;
– les avis recueillis au cours de l'instruction ;
– l'arrêté accordant ledit permis.

Les dispositions du présent article ne font pas obstacle au droit à communication dans les conditions prévues par la loi n° 78-753 du 17 juillet 1978 portant diverses

mesures d'amélioration des relations entre l'Administration et le public et diverses dispositions d'ordre administratif, social et fiscal.

TITRE IV

DISPOSITIONS RELATIVES AUX MODES PARTICULIERS D'UTILISATION DU SOL

Chapitre I

Clôture

C. urb., art. A. 441-1 *(A. 28 déc. 1977 ; A. 6 janv. 1989).* — **La déclaration de clôture prévue à l'article R. 441-3 est établie conformément au modèle visé à l'article A. 422-1.**

2925 **Imprimé.** Il résulte du renvoi ainsi fait à l'article A. 422-1 que l'imprimé à utiliser est celui prévu pour la déclaration de travaux exemptés de permis de construire.

C. urb., art. A. 441-2 *(A. 6 janv. 1989).* — **Les dispositions des articles A. 422-1-1 et A. 422-1-2 sont également applicables à la déclaration de clôture.**

Voir aussi : Sur les modalités d'affichage sur le terrain et de consultation dans les locaux de la mairie, C. urb., art. A. 422-1-1, p. 966 et C. urb., art. A. 422-1-2, p. 966, auxquels renvoie le présent article.

Chapitre II

Installations et travaux divers

Section I Champ d'application de la réglementation

Néant.

Section II Présentation, dépôt et transmission de la demande

C. urb., art. A. 442-1 *(A. 28 déc. 1977 ; A. 6 janv. 1989).* — **La demande d'autorisation des installations et travaux divers prévue à l'article R. 442-4 est établie conformément au modèle joint en annexe au présent article.**

2926 **Imprimé 46-0388.** L'imprimé de demande d'autorisation relative aux installations et travaux divers est enregistré au CERFA sous le numéro 46-0388 (imprimé PC 152). Il peut être obtenu auprès des mairies ou des directions départementales de l'équipement.

Section III Instruction de la demande

Néant.

Section IV Décision

Néant.

Section V Formalités postérieures à la délivrance de l'autorisation

C. urb., art. A. 442-2 *(A. 28 avr. 1988 ; A. 10 juill. 1992).* — **L'affichage de l'autorisation des installations et travaux divers sur le terrain, prévu à l'article R. 442-8, alinéas 1 et 2, est**

assuré par les soins du bénéficiaire de cette autorisation sur un panneau rectangulaire dont les dimensions sont supérieures à 80 centimètres.

Ce panneau indique le nom, la raison sociale ou la dénomination sociale dudit bénéficiaire, la date et le numéro de l'autorisation, la nature et les caractéristiques des installations ou travaux et l'adresse de la mairie où le dossier peut être consulté.

Ces renseignements doivent demeurer lisibles de la voie publique pendant au moins deux mois et pour toute la durée du chantier.

Arrêté du 10 juillet 1992. L'arrêté du 10 juillet 1992 a supprimé l'obligation – qui résultait du présent article dans la rédaction que lui avait donnée l'arrêté du 28 avril 1988 – de mentionner sur le panneau d'affichage la modification, par l'article R. 490-7, du délai de recours contentieux. 2927

Voir aussi : Sur le délai de recours contentieux, C. urb., art. R. 490-7, p. 910 et C. urb., art. R. 490-8, p. 910 ; comparer avec C. urb., art. A. 421-7, p. 961, en matière de permis de construire et voir les notes sous cet article.

C. urb., art. A. 442-3 *(A. 6 janv. 1989)*. — Dès l'affichage à la mairie d'un extrait de la décision accordant l'autorisation des installations et travaux divers ou du document tenant lieu de cette autorisation, et pendant au moins deux mois et pour toute la durée du chantier, toute personne intéressée peut consulter, dans les locaux de la mairie, les pièces suivantes du dossier :

– la demande complète d'autorisation : formulaire de demande, pièces et plans joints ;

– les avis recueillis au cours de l'instruction ;

– l'arrêté accordant l'autorisation des installations et travaux divers.

Les dispositions du présent article ne font pas obstacle au droit à communication dans les conditions prévues par la loi n° 78-753 du 17 juillet 1978 portant diverses mesures d'amélioration des relations entre l'Administration et le public et diverses dispositions d'ordre administratif, social et fiscal.

Voir aussi : La note sous l'article précédent, en ce qui concerne le délai de recours contentieux ; comparer avec C. urb., art. A. 421-8, p. 963, en matière de permis de construire et voir les notes sous cet article.

Chapitre III
Stationnement des caravanes

§ 1 Stationnement en dehors des terrains aménagés

C. urb., art. A. 443-1 *(A. 28 déc. 1977)*. — La réglementation, prévue à l'article R. 443-3, limitant ou interdisant le stationnement des caravanes, est portée à la connaissance des usagers par un affichage permanent à la mairie de la commune concernée.

Des panneaux implantés sur les principales voies d'accès à la commune signalent l'existence de cette réglementation.

Contenu de l'affichage. L'affichage permanent à la mairie porte sur le plan de la zone d'interdiction ainsi que sur la réglementation applicable et doit être effectué à des emplacements toujours accessibles, de telle sorte que les propriétaires des terrains concernés ou les personnes en ayant la jouissance puissent avoir connaissance des interdictions et en informer les usagers (Circ. n° 72-186, 20 oct. 1972). 2928

C. urb., art. A. 443-2 *(A. 28 déc. 1977)*. — Les panneaux de signalisation sont conformes au modèle annexé au présent article.

Modèle de panneau de signalisation. À titre d'information, nous reproduisons ci-après le modèle de panneau de signalisation : 2929

C. urb., art. A. 443-3 *(A. 28 déc. 1977 ; A. 6 janv. 1989 ; A. 29 oct. 1993).* **— La demande d'autorisation de stationnement isolé d'une ou plusieurs caravanes pendant plus de trois mois par an, rendue nécessaire en application des dispositions de l'article R. 443-4, est établie conformément au modèle annexé au présent article.**

2930 **Imprimé CERFA.** Cet imprimé est enregistré au CERFA sous le numéro 46-0406 (imprimé PC 153). Il peut être obtenu auprès des mairies ou des directions départementales de l'équipement.

C. urb., art. A. 443-4 *(A. 28 déc. 1977 ; A. 6 janv. 1989).* **— Les dispositions de l'article A. 443-3 ne peuvent être modifiées que par arrêté du ministre chargé de l'urbanisme.**

§ 2 Stationnement sur des terrains aménagés

2931 **Accueil des campeurs et des caravanes.** L'arrêté du 11 janvier 1993 relatif au classement des terrains aménagés pour l'accueil des campeurs et des caravanes dont les annexes sont reproduites sous l'article A. 443-7.

Le décret n° 90-918 du 11 octobre 1990 relatif à l'exercice du droit à l'information sur les risques majeurs pris en application de l'article 21 de la loi n° 87-565 du 22 juillet 1987 relatif à l'organisation de la sécurité civile, à la protection de la forêt contre l'incendie et à la prévention des risques majeurs – modifié par les décrets n° 91-461 du 14 mai 1991 et n° 95-1089 du 5 octobre 1995 – qui prévoit dans les terrains aménagés permanents pour l'accueil des campeurs et le stationnement des caravanes, lorsque leur capacité est supérieure soit à 50 campeurs sous tente, soit à 15 tentes ou caravanes à la fois, des mesures spécifiques d'affichage d'un document d'information, établi par le maire et recensant les mesures de sauvegarde répondant au risque sur le territoire dans la commune. Dans ce cas, les affiches, qui doivent être mises en place par l'exploitant ou le propriétaire de ces terrains, sont apposées à raison d'une affiche par 5 000 mètres carrés.

Et le décret n° 94-614 du 13 juillet 1994 permettant d'assurer la sécurité des occupants des terrains de camping et de stationnement des caravanes soumis à un risque naturel ou technologique prévisible, lequel énonce en son titre II les prescriptions d'information, d'alerte et d'évacuation qui doivent être présentées sous la forme d'un cahier de prescriptions de sécurité selon le modèle fixé par un arrêté du 6 février 1995 et reproduit au *Juris-Classeur Construction*, Fascicule 11-64.

C. urb., art. A. 443-6 *(A. 28 déc. 1977).* **— Le dossier prévu à l'article R. 443-7 doit comporter les pièces suivantes :**

1. Une fiche de renseignements donnant toutes indications sur :

Les nom, prénoms, nationalité et domicile du demandeur ;

La nature juridique du droit d'occupation du demandeur sur le terrain.

2. Un plan de 1/10 000 indiquant la situation du terrain par rapport aux agglomérations voisines, aux constructions les plus proches, aux voies de communication, au rivage s'il y a lieu, aux réseaux publics d'adduction d'eau ou d'assainissement et aux points d'eau captée pour l'alimentation s'il en existe, ainsi que l'état actuel d'utilisation du sol.

3. Un plan d'aménagement du terrain au 1/500 ou au 1/1 000 qui indique notamment le nombre d'emplacements et de personnes admis, les emplacements des installations projetées, les marges d'isolement obligatoires, les plantations existantes ou prévues,

le mode de clôture, les emplacements destinés au garage des automobiles, les réseaux de voirie, le dispositif d'adduction d'eau et d'assainissement, le mode d'élimination des déchets, les équipements électriques et téléphoniques, et l'éclairage du terrain.

4. Le programme des travaux et, le cas échéant, les étapes et conditions de leur réalisation.

5. L'indication des locaux collectifs et installations communes devant faire l'objet par ailleurs d'un permis de construire.

6. Un règlement précisant les conditions d'occupation desdits emplacements par les utilisateurs ainsi que les dispositions prévues pour assurer l'entretien du terrain et des équipements.

C. urb., art. A. 443-7 ***(A. 28 déc. 1977 ; A. 9 janv. 1984).*** **— Pour les terrains aménagés destinés à une exploitation touristique, et en ce qui concerne les éléments visés au 3 de l'article A. 443-6, deux types de dossiers seront proposés aux demandeurs en vue de garantir aux usagers certains éléments de confort. Les caractéristiques de ces dossiers sont précisées dans le tableau figurant en annexe au présent article.**

Mention de la catégorie choisie par le demandeur sera indiquée dans l'arrêté préfectoral portant autorisation d'ouverture.

Tableau. Le tableau formant l'annexe du présent article, issu de l'arrêté du 15 mars 1972 modifié par l'arrêté du 9 janvier 1984, est désormais sans intérêt, ces arrêtés ayant été abrogés par celui du 15 novembre 1985 qui a lui-même été abrogé depuis par l'arrêté du 11 janvier 1993 relatif au classement des terrains aménagés pour l'accueil des campeurs et des caravanes auquel sont annexés les tableaux suivants. 2932

ANNEXE
TABLEAU I
NORMES DES TERRAINS DE CAMPING

Désignation	1 étoile	2 étoiles	3 étoiles	4 étoiles
A. – CARACTÉRISTIQUES GÉNÉRALES				
Terrain ayant vocation à être implanté dans les espaces à dominante naturelle et, le cas échéant, dans les espaces urbains ou d'urbanisation future	X	X	X	X
1. Densité d'occupation :				
a) Pourcentage minimum de la superficie utilisable affectée aux dessertes intérieures, services communs, espace libres, jeux	10	10	15	20
b) Superficie minimum d'un emplacement (en mètres carrés) (1)	90	90	95	100
c) Superficie minimum d'un emplacement	70	70	80	80
d) Superficie maximale occupée par les installations sur l'emplacement (en %) (2)	30	30	30	30
2. Délimitation des emplacements :				
a) Délimitation sommaire	X			
b) Obligation de marquer les limites et de numéroter les emplacements		X	X	X
3. Alimentation en eau destinée à la consommation :				
a) Quantité d'eau minimale par emplacement et par jour (en litres)	200	200	250	250

Désignation	1 étoile	2 étoiles	3 étoiles	4 étoiles
4. Assainissement :				
Raccordement des équipements sanitaires communs au réseau public ou à un système d'épuration conforme à la réglementation	X	X	X	X
5. Ordures ménagères :				
***a)* Poubelles munies d'un dispositif de fermeture d'une capacité minimale de 75 litres avec sacs d'une contenance équivalente conformes à un modèle agréé (3)**	12	12	12	12
***b)* Ramassage quotidien des déchets ménagers ; sinon stockage dans une installation réservée à ce seul effet**	X	X	X	X
6. Voirie :				
***a)* Raccordement à une voie publique et voies intérieures carrossables par tous les temps pendant la durée d'ouverture du terrain**	X	X	X	X
– sol stabilisé propre à éviter poussière et boue		X	X	
– voies avec fondation et couche de surface				X
***b)* Places de parking à l'entrée**			X	X
7. Éclairage :				
***a)* Éclairage des parties communes et des postes de sécurité**		X	X	X
***b)* Éclairage nocturne des voies intérieures**			X	X
8. Sécurité :				
***a)* Clôture naturelle ou artificielle**	X	X	X	X
***b)* Gardiennage de jour (4)**		X		
***c)* Gardiennage permanent**			X	X
9. Abris de jardin :				
– autorisés uniquement sur les emplacements loisirs dans les limites fixées par les règles d'urbanisme et les règlements intérieurs des terrains	X	X	X	X
B. – ÉQUIPEMENTS COMMUNS				
1. Installations en matériaux de qualité	X	X	X	X
I. – avec sol carrelé ou revêtu d'un matériau équivalent			X	X
2. Bureau d'accueil (5)	Conseillé	X	X	X
3. Lieu de rencontre et d'animation		X	X	X
4. Salle de réunion et d'utilisation commune (4)				X
5. Terrains de jeux :				
***a)* Aire de jeux pour enfants**	X	X	X	X
***b)* Terrains équipés**			X	X
C. – ÉQUIPEMENTS SANITAIRES FIXES EN MATÉRIAUX DE QUALITÉ NETTOYÉS ET ENTRETENUS EN PERMANENCE (6)	X	X	X	X
Avec sol carrelé ou revêtu d'un matériau équivalent et pour les murs revêtement de carreaux de faïence ou d'un matériau équivalent			X	X

Désignation	**1 étoile**	**2 étoiles**	**3 étoiles**	**4 étoiles**
– Pour un nombre d'emplacements non desservis en eau et assainissement de	100	100	90	80
1. Lavabos avec glace et tablette (7) (8)	12			
***a)* Appareils individualisés (7)**		12	10	
***b)* En cabines**			6	
***c)* En cabines avec eau chaude**				16
2. Douches :				
***a)* Froides en cabines individuelles**	3			
***b)* Chaudes en cabines individuelles avec séparation d'un coin déshabillage**		6	9	12
3. W.-C. à chasse d'eau	9	9	9	9
4. Urinoirs à effet d'eau (9) (10)	3	3	3	3
5. W.-C. pour enfants (11)				1
6. Bacs à laver (12) (13) :				
***a)* La vaisselle**	6	7	8	
– avec eau chaude				8
***b)* Le linge**	3	3	5	
– avec eau chaude (machines à laver conseillées dans buanderie équipée)				5
***c)* Robinets de puisage d'eau chaude à proximité des points de lavage**		Conseillé	3 (14)	
7. Vidoirs pour eaux ménagères			1	1
8. Équipement électrique (intensité minimale 2 ampères en conformité avec les règles UTE et la norme NF C 15-100 en vigueur à la date de son installation) :				
Pourcentage d'emplacement à équiper			10	30
9. Prises de courant :				
***a)* Pour rasoirs**		8	8	8
***b)* Pour autres petits appareils électriques (chauffe-biberons, séchoirs, etc.)**		1	1	1
10. Points d'eau aménagés répartis sur le terrain	3	3	4	4
II. – Pour un nombre d'emplacements confort et grand confort destinés à accueillir tous types de matériels de	100	100	90	80
1. Lavabos avec glace et tablette (7) (8) :				
***a)* Nombre de robinets par appareil collectif**	4			
***b)* Appareils individualisés (7)**		4	3	
***c)* En cabines**			2	
***d)* En cabines avec eau chaude**				5
2. Douches :				
***a)* Froides en cabines individuelles**	2			
***b)* Chaudes en cabines individuelles avec séparation d'un coin déshabillage**		2	3	4
3. W.-C. à chasse d'eau :				
– confort	9	9	9	9
– grand confort	3	3	3	3
4. Urinoirs :				
– confort (9) (10)	3	3	3	3

Désignation	1 étoile	2 étoiles	3 étoiles	4 étoiles
– grand confort	1	1	1	1
5. W.-C. pour enfants (11)				1
6. Bacs à laver (13) :				
a) La vaisselle	3	3	3	
– avec eau chaude				3
b) Le linge	3	3	3	
– avec eau chaude (avec machines à laver conseillées dans une buanderie équipée)				3
c) Robinets de puisage d'eau chaude à proximité des points de lavage		Conseillé	2 (14)	
7. Vidoirs pour eaux ménagères			1	
8. Prises de courant :				
a) Pour rasoirs		3	3	3
b) Pour autres petits appareils électriques (chauffe-biberon, séchoir, etc.)		1	1	1
9. Points d'eau répartis sur le terrain	3	3	4	4
III. – Pour un nombre d'emplacements confort et grand confort destinés à l'accueil exclusif d'hébergements équipés pour se raccorder à tous les branchements (caravanes, résidences mobiles HLL) jusqu'à	100	100	90	80
et par tranche supplémentaire de	100	100	90	80
1. Lavabos avec glace et tablette	1			
a) Appareils individualisés		1		
b) En cabines			1	
c) En cabines avec eau chaude				1
2. Douches :				
a) Froides	1			
b) Chaudes en cabines avec séparation d'un coin déshabillage		1	1	1
3. W.-C. à chasse d'eau :				
– confort	9	9	9	9
– grand confort	1	1	1	1
4. Urinoirs :				
– confort (9) (10)	3	3	3	3
– grand confort	1	1	1	1
5. W. C. pour enfants (11) :				
– confort				1
D. – DISPOSITIONS DIVERSES				
1. Espaces verts, arbres et plantations :				
a) Compte tenu de la végétation existante, aménagement paysager avec plantations d'arbres ou d'arbustes adaptés à l'environnement, à l'intérieur du terrain, et en périphérie si nécessaire, pour une bonne insertion dans le paysage	X	X	X	X
b) Décoration florale			X	X
c) Séparation des emplacements par des plantations			X (15)	X (15)

Désignation	1 étoile	2 étoiles	3 étoiles	4 étoiles
2. Trousse de secours	X	X	X	X
3. Téléphone :				
– un poste téléphonique sur place ou à proximité immédiate	X	X		
– une cabine sur place pour un nombre d'emplacements non desservis par le téléphone de			180	160
4. Possibilité de dépôt de valeur au bureau (4)			X	X
5. Commerce d'alimentation sur place ou à proximité immédiate du terrain (4)			X	X
6. Service de boissons en haute saison (4)			X	X
7. Langues étrangères parlées à l'accueil (deux dont l'anglais) (4)			X	X
8. Conformité avec les prescriptions de sécurité et de protection contre l'incendie	X	X	X	X

(1) Permet de déterminer le nombre d'emplacements autorisés :
surface totale du terrain – pourcentage réservé aux dessertes, etc. /surface moyenne = nombre d'emplacements autorisés.
(2) La petite tente basse pour enfants venant en complément de la caravane familiale n'est pas comptée dans la superficie occupée par les installations.
(3) Un autre système de pré-collecte des déchets ménagers peut être autorisé par le préfet.
(4) Pour les terrains 100 p. 100 emplacements loisirs simplement conseillé.
(5) En catégorie deux étoiles le bureau d'accueil peut être constitué par une installation mobile.
(6) « Fixes » ne signifie pas forcément avec fondations.
(7) 30 p. 100 des lavabos requis peuvent être installés dans une cabine de douche.
(8) Au-delà de 75 p. 100 du nombre requis, deux lavabos peuvent être remplacés par une douche supplémentaire avec robinet de puisage.
(9) Deux urinoirs peuvent être remplacés par un W.-C.
(10) Urinoirs (deux par tranche supplémentaire).
(11) Ces équipements sanitaires viennent en déduction du nombre général d'équipements sanitaires prévu au C du tableau.
(12) Par tranche supplémentaire, le nombre de bacs à laver la vaisselle est de 4, 5, 6, 6 ; le nombre de bacs à laver le linge de 2, 2, 4, 4.
(13) Une machine remplace deux bacs à laver la vaisselle. Une machine remplace deux bacs à laver le linge.
(14) Sauf si nombre équivalent de bacs équipés en eau chaude.
(15) Les plantations peuvent ne séparer que des îlots d'emplacements.

Normes techniques d'accessibilité aux personnes handicapées
(création, extension, nouveaux aménagements)

Désignation	1 étoile	2 étoiles	3 étoiles	4 étoiles
1. Accessibilité aux personnes à mobilité réduite en application du décret n° 78-109 du 1er février 1978, des équipements et services du terrain	X	X	X	X
2. En cas d'accessibilité difficile de la totalité des emplacements du fait notamment de la topographie du terrain : Nombre minimum d'emplacements accessibles : un par tranche ou fraction de 50	X	X	X	X
3. Nombre d'équipements sanitaires adaptés (1) (2) (en fonction du nombre d'emplacements) :				

Désignation	1 étoile	2 étoiles	3 étoiles	4 étoiles
a) Un W.-C. par tranche ou fraction de	200	200	180	160
b) Un lavabo par tranche ou fraction de	200	200	180	
– avec eau chaude				160
c) Une douche par tranche ou fraction de :				
– froide	450			
– chaude avec séparation d'un coin déshabillage		300	270	240
d) Un bac à laver	X	X	X	
– avec eau chaude				X

(1) Les emplacements, au-delà de 500, peuvent n'être desservis que par un nombre d'équipements inférieur d'un tiers à ce qui est prescrit.

(2) Lorsque les normes n'imposent qu'un seul ensemble d'appareils, ceux-ci peuvent être regroupés en cabine.

TABLEAU II
Normes des camps de tourisme saisonniers
A. – Caractéristiques générales

Terrain ayant vocation à être implanté dans les espaces à dominante naturelle, le cas échéant, dans les espaces urbains ou d'urbanisation future et plus particulièrement dans les zones à forte fréquentation touristique.

1. Densité d'occupation :

***a)* Superficie maximale du terrain : 1 hectare et demi ;**

***b)* Nombre maximum d'emplacements à l'hectare : 80 ;**

***c)* Nombre maximum d'emplacements par terrain : 120.**

2. Délimitation sommaire des emplacements

3. Alimentation en eau destinée à la consommation :

***a)* Quantité d'eau minimale par emplacement et par jour (en litres) : 200 ;**

***b)* Points d'eau aménagés (pour 120 emplacements) : 3.**

4. Assainissement :

Raccordement des équipements sanitaires communs au réseau public ou à un système d'épuration conforme à la réglementation.

5. Voirie :

Raccordement à une voie publique et voies intérieures carrossables par tous les temps pendant la durée d'ouverture du terrain.

6. Sécurité :

***a)* Démarcation du terrain ;**

***b)* Clôture facultative.**

C. – Équipements sanitaires

(nettoyés et entretenus en permanence pendant la durée d'ouverture du terrain)

Pour 100 emplacements :

1. Lavabos avec glace et tablette (*) : 12 ;

2. Douches froides en cabine : 3 ;

3. W.-C. à chasse d'eau : 9 ;

4. Urinoirs à effet d'eau : 3 ;

5. Bacs à laver :

***a)* La vaisselle : 6 ;**

***b)* Le linge : 3 ;**

6. Poubelles munies d'un dispositif de fermeture et d'une capacité minimale de 75 litres avec sac d'une contenance équivalente, conformes à un modèle agréé (**) : 12 ;

7. Ramassage quotidien des déchets ménagers, sinon stockage dans un enclos réservé à cet effet.

(*) ***Au-delà de 75 p. 100 du nombre requis, deux lavabos peuvent être remplacés par une douche supplémentaire avec robinet de puisage.***

(**) ***Un autre système de pré-collecte des déchets ménagers peut être autorisé par le prêt.***

B. – Équipements communs

Abris des installations sanitaires : fixes ou déplaçables.

D. – Dispositions diverses

1. Trousse de secours ;
2. Conformité avec les prescriptions de sécurité et de protection contre l'incendie ;
3. Interdiction du garage de caravanes.

E. – Accessibilité aux personnes handicapées

1. Accessibilité aux personnes à mobilité réduite, en application du décret n° 78-109 du 1er février 1978, des équipements et services du terrain.
2. En cas d'accessibilité difficile de la totalité des emplacements du fait notamment de la topographie du terrain, nombre minimum d'emplacements accessibles adaptés un par tranche ou fraction de 50.
3. Nombre d'équipements sanitaires adaptés (parmi les équipements, déjà prévus au C) :
– 1 water-closet ;
– 1 lavabo ;
– 1 douche ;
– 1 bac à laver.

TABLEAU III
Normes des camps de tourisme. Aires naturelles

Caractéristiques générales

Terrain ayant vocation à être implanté dans les espaces naturels, notamment agricoles.
Respect de la végétation existante et de l'environnement naturel. Une seule aire naturelle par unité foncière.
Interdiction du garage de caravanes.

Densité d'occupation

Superficie maximale de l'aire naturelle : un hectare.
Nombre maximum d'emplacements à l'hectare : 25.
Nombre maximum d'emplacements par terrain : 25.
Obligation de marquer chaque emplacement par un jalon. Distance minimale entre deux jalons : 20 mètres.
Implantation obligatoire des installations à proximité immédiate des jalons à raison d'une seule installation par jalon. Déplacement annuel des jalons pour préserver la couverture végétale selon la nature des sols.

Équipements communs

Abris des installations sanitaires dans les bâtiments existants ou aménagés spécialement à cet effet, dissimulés aux vues, de préférence par un écran végétal. Ces abris peuvent être déplaçables et simplement installés pour la période d'ouverture de l'aire naturelle.

Équipements sanitaires (*)

Nettoyés et entretenus en permanence pendant la durée d'ouverture du terrain.
Pour 25 installations :
Points d'eau potable : 3 ;
Water-closet à chasse d'eau : 3 ou 2 water-closet et 1 vidoir ;

Bacs à laver : 2 ;

Poubelles de 75 litres minimum (avec couvercle) d'un modèle agréé, avec sacs d'une contenance équivalente.

Un autre système de pré-collecte des déchets ménagers peut être autorisé par le préfet.

Ramassage quotidien des déchets ménagers, sinon stockage dans un enclos réservé à cet effet.

Si la configuration du terrain permet l'accessibilité aux personnes handicapées, un des points d'eau, des water-closet et des bacs à laver doit être adapté.

Conformité avec les prescriptions de sécurité et de protection contre l'incendie.

(*) *Équipements complémentaires conseillés : trois lavabos, une douche avec eau chaude.*

C. urb., art. A. 443-8 *(A. 28 déc. 1977)*. — **Le préfet peut, en fonction, d'une part, de la nature du sol et du relief, d'autre part, de la durée d'ouverture du terrain, du type du stationnement, de la surface à aménager et de l'utilisation des caravanes, dispenser le demandeur de fournir certaines des pièces indiquées aux articles A. 443-6 et A. 443-7.**

C. urb., art. A. 443-9 *(A. 28 déc. 1977)*. — **Les dispositions des articles A. 443-6 et A. 443-7 ne peuvent être modifiées que par arrêté du ministre chargé de l'urbanisme pris après avis des ministres intéressés.**

§ 3 Dispositions communes et transitoires

Néant.

TITRE V
DISPOSITIONS DIVERSES

Chapitre I
Dispositions propres à certaines utilisations de surfaces bâties

Néant.

Chapitre II
Dispositions relatives à la région parisienne

Néant.

TITRE VI
CONTRÔLE

Section I Déclaration d'achèvement des travaux et certificat de conformité

C. urb., art. A. 460-1 *(A. 6 janv. 1989)*. — **La déclaration d'achèvement de travaux prévue à l'article R. 460-1 est établie conformément à la rédaction du modèle annexé au présent article.**

2933 **Imprimé.** L'imprimé de déclaration d'achèvement de travaux est enregistré au CERFA sous le numéro 46-0395 (imprimé PC 182-4). Il peut être obtenu auprès des mairies ou des directions départementales de l'équipement et sur Internet (www.service-public.fr).

C. urb., art. A. 460-2. — Les dispositions de l'article A. 460-1 ne peuvent être modifiées que par arrêté du ministre chargé de l'urbanisme.

Section II Dispositions spéciales aux immeubles de grande hauteur

Néant.

TITRE VII
APPLICATION AUX DÉPARTEMENTS D'OUTRE-MER

Néant.

TITRE VIII
SANCTIONS

Néant.

TITRE IX
DISPOSITIONS COMMUNES AU TITRE III DU LIVRE I, AU CHAPITRE V DU TITRE I DU LIVRE III ET AUX TITRES I À IV ET VI DU PRÉSENT LIVRE

C. urb., art. A. 490-1 *(A. 2 avr. 1984 ; A. 29 oct. 1993).* **— Le maire affecte aux demandes d'autorisations et actes relatifs à l'occupation du sol un numéro d'enregistrement de treize caractères dont la structure est la suivante :**

le numéro de code géographique INSEE du département (trois caractères) ;

le numéro de code géographique INSEE de la commune (trois caractères) ;

les deux derniers chiffres du millésime de l'année de dépôt de la demande (deux caractères) ;

le numéro de dossier composé de cinq caractères ; le premier (de ces cinq caractères) est réservé au service instructeur ; les quatre autres (caractères) sont utilisés pour une numérotation en continu par nature d'autorisation ou acte relatif à l'utilisation du sol.

LIVRE CINQUIÈME

IMPLANTATION DES SERVICES, ÉTABLISSEMENTS ET ENTREPRISES

TITRE PREMIER

DISPOSITIONS ADMINISTRATIVES GÉNÉRALES

C. urb., art. A. 510-1 *(A. 24 oct. 1980 ; A. 16 juin 1983 ; A. 28 févr. 1986 ; D. n° 88-199, 29 févr. 1988 ; A. 24 août 1992 ; rempl., A. 9 mai 1995, art. 1er ; A. 6 févr. 2002, art. 1er).* — **Le comité pour l'implantation territoriale des emplois publics institué par l'article R. 510-2 est composé, outre son président, de :**

1° Six représentants de l'Administration :

***a)* Un représentant du ministre chargé de la réforme de l'État ;**

***b)* Un représentant du ministre chargé de l'aménagement du territoire ;**

***c)* Un représentant du ministre chargé de l'urbanisme ;**

***d)* Un représentant du ministre chargé du budget ;**

***e)* Un représentant du ministre de l'Intérieur ;**

***f)* Un représentant du secrétaire général du Gouvernement ;**

2° Trois élus des conseils régionaux désignés sur proposition de l'Association des régions de France ;

3° Deux personnalités choisies en fonction de leur compétence ou de leur connaissance des problèmes d'aménagement du territoire ainsi que de la gestion des organisations publiques ou privées.

Les membres du comité mentionnés au 2° et au 3° du présent article ainsi que leurs suppléants sont nommés par arrêté conjoint du ministre chargé de la réforme de l'État et du ministre chargé de l'aménagement du territoire. Leur mandat, d'une durée de trois ans, est renouvelable une fois.

C. urb., art. A. 510-2 *(A. 16 juin 1983 ; A. 28 févr. 1986 ; rempl., A. 6 févr. 2002, art. 1er).* — **Pour chaque affaire soumise au comité pour l'implantation territoriale des emplois publics, le demandeur est avisé de l'inscription de l'affaire à l'ordre du jour du comité. Le représentant du demandeur est entendu par le comité, sur sa demande ou à la demande du président du comité.**

Dans le cas où le demandeur est une personne morale soumise au contrôle de l'État, le département ministériel dont elle relève est également avisé de l'inscription de l'affaire à l'ordre du jour du comité. Son représentant est entendu par le comité dans les mêmes conditions.

C. urb., art. A. 510-3 *(A. 28 févr. 1986 ; rempl., A. 9 mai 1995, art. 2 ; A. 6 févr. 2002, art. 1er).* — **La voix du président est prépondérante en cas de partage des voix.**

En cas d'absence ou d'empêchement de toute nature de son président, le comité est présidé par le représentant du ministre chargé de la réforme de l'État.

C. urb., art. A. 510-4 *(A. 28 févr. 1986 ; D. n° 88-199, 29 févr. 1988 ; ab., A. 9 mai 1995, art. 3 ; rétabli, A. 25 mai 1999, art. 1er ; rempl., A. 6 févr. 2002, art. 1er).* — **Le préfet de la région d'Île-de-France assiste aux séances du comité en tant qu'expert permanent. Il peut se faire représenter.**

C. urb., art. A. 510-5 *(A. 24 oct. 1980 ; A. 28 févr. 1986 ; ab., A. 9 mai 1995, art. 3).*

C. urb., art. A. 510-6 *(A. 28 févr. 1986 ; rempl., A. 6 févr. 2002, art. 1er).* — **Le président du comité pour l'implantation territoriale des emplois publics est assisté d'un secrétariat permanent.**

Les dossiers de demande d'agrément ou d'avis sont déposés auprès du secrétariat permanent qui en assure l'instruction.

Les programmes prévisionnels pluriannuels d'implantation des ministères et établissements publics de l'État, mis à jour, sont présentés au comité à l'appui de chaque demande d'agrément.

C. urb., art. A. 510-7 *(A. 28 févr. 1986 ; mod., A. 9 mai 1995, art. 3 et 4 ; A. 25 mai 1999, art. 2 ; rempl., A. 6 févr. 2002, art. 1er).* — **Le président du comité pour l'implantation territoriale des emplois publics, à son initiative ou à la demande d'un ou de plusieurs membres du comité, peut inviter toute personnalité pour évoquer une demande d'agrément particulière, un programme prévisionnel pluriannuel d'implantation ou un aspect de la politique d'aménagement du territoire.**

C. urb., art. A. 510-8 *(A. 16 juin 1983 ; A. 28 févr. 1986).* — **Les dispositions des articles A. 510-1 à A. 510-7 ne peuvent être modifiées que par arrêté du Premier ministre.**

C. urb., art. A. 510-9 à A. 510-13 *(Ab., A. 16 juin 1983 ; A. 28 févr. 1986).*

TITRE II

DISPOSITIONS FINANCIÈRES CONCERNANT LA RÉGION D'ÎLE-DE-FRANCE

Section I Dispositions générales

Sous-section 1 Perception des redevances

C. urb., art. A. 520-1 *(A. 5 déc. 1978 ; A. 31 janv. 1986 ; D. n° 88-199, 29 févr. 1988).* — **Lorsque la construction de locaux à usage de bureaux ou de locaux de recherche et de leurs annexes ou la transformation en de tels locaux de locaux précédemment affectés à un autre usage sont susceptibles de donner lieu à l'exigibilité de la redevance instituée par l'article L. 520-1, le dossier joint à la demande de permis de construire doit comprendre, outre les pièces mentionnées à l'article A. 421-1, une déclaration établie conformément au modèle annexé au présent article.**

Dans le cas d'opérations portant création de locaux à usage de bureau ou de locaux de recherche ne nécessitant pas de permis de construire, la déclaration ci-dessus visée doit être établie et adressée, en double exemplaire, à la direction départementale de l'équipement.

Voir aussi : L'imprimé constituant la déclaration est enregistré au CERFA sous le numéro 46-0389 et peut être obtenu auprès des directions départementales de l'équipement de la région d'Île-de-France.

C. urb., art. A. 520-2 *(A. 31 janv. 1986).* — **La déclaration d'achèvement des travaux prévue à l'article R. 460-1 et concernant des locaux passibles de la redevance instituée par l'article L. 520-1 doit être établie conformément au modèle annexé au présent article.**

Elle doit être adressée ou remise, dans le délai de trente jours à dater de l'achèvement des travaux, au maire de la commune où la construction a été édifiée, à charge pour celui-ci d'en saisir dans la semaine qui suit le dépôt de ladite déclaration, le préfet (direction départementale de l'équipement), en application des articles L. 421-2-3 et R. 460-2.

Pour les créations de locaux passibles de la redevance ne donnant pas lieu à permis de construire, la déclaration ci-dessus visée doit être adressée dans les mêmes conditions au préfet (direction départementale de l'équipement).

Voir aussi : L'imprimé constituant la déclaration d'achèvement des travaux enregistré au CERFA sous le numéro 46-0390 est remis au redevable en même temps que la décision fixant le montant de la redevance.

C. urb., art. A. 520-3. — Les articles A. 520-1 et A. 520-2 ne peuvent être modifiés que par arrêté du ministre chargé de l'urbanisme.

Sous-section 2 Modalités de liquidation et de recouvrement de la redevance

C. urb., art. A. 520-4. — La décision du ministre chargé de l'urbanisme ou de son délégué liquidant le montant de la redevance et, éventuellement, de la pénalité exigible est adressée au directeur départemental des services fiscaux, dans le délai de trois mois à compter de la date du permis de construire ou du dépôt de la déclaration prévue, soit au deuxième alinéa de l'article L. 520-9, soit au deuxième alinéa de l'article R. 520-5.

Cette décision précise les nom, adresse et qualité de la personne physique ou morale passible de la redevance. Elle indique également la date de délivrance du permis de construire ou celle du dépôt de la déclaration prévue, soit au deuxième alinéa de l'article L. 520-9, soit au deuxième alinéa de l'article R. 520-5.

Elle est notifiée par le directeur des services fiscaux au redevable, par lettre recommandée avec demande d'avis de réception.

Compétence. Le décret du 30 avril 2002 prévoit un arrêté conjoint des ministres chargés de l'urbanisme et du budget pour fixer les nouvelles modalités de liquidation suite aux transferts de compétence prévue à l'article R. 520-6. Cet arrêté est en attente de parution. 2934

C. urb., art. A. 520-5. — Le paiement de la redevance doit intervenir dans le délai de deux mois à compter de la date de réception de l'avertissement portant notification de la décision du ministre chargé de l'urbanisme ou de son délégué.

Le directeur des services fiscaux émet un avis de mise en recouvrement dans les deux ans qui suivent la délivrance du permis de construire.

La notification du titre de perception contient sommation d'avoir à payer sans délai la redevance réclamée. Celle-ci est immédiatement exigible. Il est dû un intérêt de 1 % par mois de retard à compter de la réception de ladite notification.

C. urb., art. A. 520-6. — Au cas où le titre de perception visé à l'article A. 520-5 ne peut être ramené à exécution en totalité ou en partie, le directeur des services fiscaux émet, jusqu'à l'expiration d'un délai d'un an à compter de la date de la déclaration d'achèvement des travaux, pour le recouvrement des sommes restant dues, de nouveaux titres de perception au nom des propriétaires successifs des locaux.

C. urb., art. A. 520-7. — La redevance peut être acquittée en obligations cautionnées dans les conditions prévues par l'article L. 73 du Code du domaine de l'État et les textes pris pour son application.

Règlement. L'Administration a publié un « Règlement du cautionnement » qui trouve à s'appliquer dans le cas de paiement par obligations cautionnées (Règlement du cautionnement n° 3751. – Instr. 14 févr. 1979 : *BODGI* 12-A-3-79 ; *Dr. fisc.* 1979, n° 15, E, 6064). 2935

C. urb., art. A. 520-8. — Le défaut d'opposition par le redevable au titre de perception ne met pas obstacle à la réduction ou à la suppression de la redevance par le ministre chargé de l'urbanisme dans les cas prévus par la loi.

C. urb., art. A. 520-9. — Le ministre chargé de l'urbanisme ou son délégué informe le directeur départemental des services fiscaux du dépôt de la déclaration d'achèvement des travaux dans le délai de trois mois à compter de la date de ce dépôt.

C. urb., art. A. 520-10.— Les litiges relatifs à l'assiette et à la liquidation de la redevance sont suivis par le ministre chargé de l'urbanisme devant les tribunaux administratifs.

Le directeur des services fiscaux est compétent pour les instances concernant le recouvrement de la redevance.

C. urb., art. A. 520-11. — Les dispositions des articles A. 520-4 à A. 520-10 ne peuvent être modifiées que par arrêté conjoint du ministre chargé de l'urbanisme et du ministre de l'Économie et des Finances.

TITRE III
IMPLANTATION HORS DE LA RÉGION PARISIENNE DE CERTAINES ACTIVITÉS

Néant.

TITRE IV
CONSTRUCTION OU AMÉNAGEMENT DES IMMEUBLES À USAGE INDUSTRIEL EN VUE DE LEUR REVENTE

Néant.

TITRE V
SANCTIONS

Néant.

LIVRE SIXIÈME

ORGANISMES CONSULTATIFS ET DISPOSITIONS DIVERSES

TITRE PREMIER

ORGANISMES CONSULTATIFS

Chapitre I

Commissions départementales d'urbanisme

C. urb., art. A. 611-1 à A. 611-7 ***(Ab., A. 6 janv. 1989).***

Chapitre II

Conférence permanente du permis de construire

C. urb., art. A. 612-1 à A. 612-9 ***(Ab., A. 6 janv. 1989).***

Chapitre III

Comité d'aménagement de la région d'Île-de-France

C. urb., art. A. 613-1 à A. 613-10 ***(Ab., A. 6 janv. 1989).***

Chapitre IV

Architectes-conseils et paysagistes-conseils

Objet. L'arrêté du 22 février 1999 fixant le montant (mis à jour par arrêté modificatif du 4 mai 2000) et les modalités d'attribution des indemnités susceptibles d'être allouées aux architectes-conseils et paysagistes-conseils du ministre de l'Équipement, des Transports et du Logement a, à la fois, modifié le titre du présent chapitre pour ajouter les paysagistes-conseils aux architectes-conseils qui y étaient seulement mentionnés auparavant et procédé à une refonte des dispositions des trois premiers des articles le constituant pour les aménager en conséquence de l'adjonction ainsi intervenue. 2936

Il faut les distinguer des architectes et urbanistes de l'État qui constituent un corps technique à caractère interministériel de catégorie A (D. n° 2004-474, 2 juin 2004, portant statut du corps des architectes et urbanistes de l'État et deux arrêtés du 2 juin 2004 : *JO* 3 juin, p. 9777 et s.).

Rôle des architectes-conseils. L'architecte-conseil remplit ses fonctions soit auprès des administrations centrales, soit auprès des directions départementales de l'équipement. 2937

En position auprès des administrations centrales, il remplit un rôle d'expert. Il est consulté et participe à la définition des politiques nationales par sa contribution à des groupes de travail et de réflexion. Il constitue un relais pour un observatoire des pratiques locales et des échanges d'expériences.

En position auprès des directions départementales de l'équipement, il exerce les missions de conseil qui relèvent de sa compétence en concertation étroite avec l'ensemble des services concernés, et notamment avec les services départementaux de l'architecture. Il exerce un rôle pédagogique d'information et d'animation en faveur de la qualité ainsi que de conseil autorisé sur les projets d'urbanisme et d'architecture les plus importants et les plus complexes.

Il peut être également consulté par le délégué régional à l'architecture et à l'environnement et le directeur régional de l'équipement, ainsi que par les différentes administrations régionales, en

particulier celles assurant des responsabilités de maîtrise d'ouvrage. Il peut, sur demande, apporter son concours au conseil d'architecture, d'urbanisme et de l'environnement pour la définition de ses actions. À cette fin, il peut siéger au conseil d'administration de cet organisme.
Enfin, des architectes-conseils honoraires peuvent être mis à disposition du conseil général des Ponts et Chaussées et placés auprès du président de la 5e section pour effectuer sous son autorité toutes missions de conseil entrant dans le cadre des fonctions des architectes-conseils auprès des services extérieurs. Ces missions de conseil et d'appui technique peuvent être demandées conjointement à la direction de l'architecture et de l'urbanisme par le directeur départemental de l'équipement et l'architecte-conseil qui lui est attaché. Les architectes-conseils honoraires peuvent également apporter leur concours à ceux des membres des missions d'inspection générale territoriale chargés de la mission d'inspection des services extérieurs dans le domaine de l'architecture et de l'urbanisme (Circ. 9 mai 1989 : *JO* 24 mai).

2938 **Intervention des paysagistes-conseils.** La loi n° 93-24 du 8 janvier 1993 (*JO* 9 janv.) sur la protection et la mise en valeur des paysages a prévu, en son article premier, que l'État pouvait, en certaines circonstances, prendre des directives de protection et de mise en valeur des paysages, lesquelles :
– déterminent les orientations et les principes fondamentaux de protection des structures paysagères ;
– sont élaborées à l'initiative de l'État ou de collectivités territoriales ;
– font l'objet d'une concertation avec l'ensemble des collectivités territoriales intéressées et avec les associations de défense de l'environnement et des paysages agréées et les organisations professionnelles concernées ;
– et sont approuvées par décret en Conseil d'État.
Les modalités d'application de ces dispositions législatives ont été fixées par le décret n° 94-283 du 11 avril 1994 (*JO* 12 avr.) selon lequel, en particulier, les orientations et les principes fondamentaux de protection et de mise en valeur énoncés par la directive – dont l'application peut s'étendre sur tout ou partie d'une ou plusieurs communes (art. 1er, dern. al.) – peuvent porter, notamment, en fonction de la localisation des espaces et des éléments de paysage concernés, sur (art. 4) :
a) Les conditions de réalisation de certaines catégories de travaux ou d'aménagements, tels que les carrières ou les installations classées ;
b) L'implantation, l'aspect extérieur, le volume ou la hauteur des constructions ;
c) La mise en œuvre des dispositions applicables en matière de camping, caravanage, clôtures, démolitions, défrichements, coupes et abattages, ainsi qu'en matière de publicité, d'enseignes et pré-enseignes.
Outre les documents graphiques faisant apparaître le périmètre d'application de la directive et comportant tous les éléments de nature à en éclairer les orientations et principes fondamentaux (art. 5), la directive peut aussi être accompagnée d'un cahier de recommandations relatif notamment aux modalités de restauration des espaces dégradés, de choix de certaines espèces végétales, d'entretien des éléments de paysage tels que haies, zones humides, chemins ou berges, arbres et plantations d'alignement, ou d'utilisation de certains matériaux de construction (art. 6).

C. urb., art. A. 614-1 ***(Rempl., A. 22 févr. 1999, art. 2, modif. A. 4 mai 2000, art. 1er).*** **— Dans les limites des crédits ouverts à cet effet, les directions d'administration centrale et les services déconcentrés du ministère chargé de l'urbanisme, du ministère chargé de l'architecture et du ministère chargé de l'environnement peuvent faire appel à des architectes et à des paysagistes qui leur apportent leur concours de façon continue ou intermittente, sans renoncer à leur emploi principal. Ils prennent alors respectivement le titre d'architecte-conseil ou paysagiste-conseil du ministère concerné.**

Ces architectes et paysagistes assurent les missions qui leur sont confiées par le ministre concerné ou ses délégués.

Lorsqu'ils sont affectés dans une région ou dans un département, ils ne peuvent intervenir à titre privé dans aucune opération dans cette région ou ce département, sauf dérogation expresse accordée par le ministre concerné.

2939 **Missions des architectes-conseils.** La circulaire du 9 mai 1989 décrit l'ensemble des missions qui peuvent être confiées aux architectes-conseils dans différents domaines qui sont à sélectionner en fonction des situations locales, des caractéristiques propres à chaque département et du temps d'intervention dont ils disposent.

La mise en œuvre d'une politique des villes, des quartiers et de l'habitat imposant des efforts accrus de qualité dans les opérations d'aménagement, d'urbanisme et de réhabilitation, justifie la mobilisation des architectes-conseils auprès des acteurs concernés pour programmer et concevoir les projets d'organisation de l'espace ou de composition urbaine en recherchant la meilleure qualité architecturale et urbaine de toutes leurs composantes : réhabilitation du bâti, construction neuve complémentaire et recomposition de l'espace public.

À cette fin, la circulaire du 9 mai 1989 recommande d'associer l'architecte-conseil à l'action des services qui ont en charge la préparation de la programmation des financements :

– le plus en amont possible des contacts préalables avec les maîtres d'ouvrage, pour favoriser la qualité des programmes et garantir une bonne localisation, notamment au moment de l'acquisition des terrains ;

– lors des choix de financement des opérations, l'architecte-conseil participera à leur analyse, afin de veiller au respect des intentions des programmes et à la qualité des projets. Dans ce cadre, il devra jouer un rôle d'animation dans la mise en place de procédures qualificatives des opérations.

Au titre de l'amélioration de la qualité architecturale et urbaine, les interventions, concours, avis ou recommandations des architectes-conseils sont souhaitables pour :

– le conseil architectural lors des projets les plus importants, les plus marquants ou les plus délicats ;

– la qualité des constructions publiques afin d'imposer une rigueur, une transparence et une équité dans l'attribution de la commande publique ;

– les routes et ouvrages d'art pour lesquels l'interface entre l'infrastructure elle-même et son environnement, les entrées d'agglomérations, leur insertion dans le tissu urbain, etc., doivent faire l'objet d'une réflexion approfondie ;

– le conseil global en aménagement permettant d'éclairer le choix des élus dans le cadre de la décentralisation en matière d'urbanisme et d'aménagement.

Enfin, l'architecte-conseil peut être à l'initiative ou associé aux actions de promotion de la qualité de l'urbanisme et de l'architecture. Ses relations privilégiées avec les milieux professionnels peuvent favoriser le partenariat entre l'Administration et tous les organismes qualifiés dans ces domaines.

À ce titre, il est consulté sur les dossiers présentés par les maîtres d'ouvrages publics et privés pour l'obtention d'aides à la création architecturale et à l'innovation accordées par la direction de l'architecture et de l'urbanisme ou pour la mise en œuvre, le suivi et l'évaluation de réalisations expérimentales menées par le plan Construction et architecture.

Voir aussi : Sur les paysagistes-conseils, le commentaire qui précède l'article A. 614-1 ; sur les architectes-consultants, la circulaire n° 89-14 du 8 février 1989 qui analyse la situation des architectes-consultants dans le cadre des missions assurées par les conseils d'architecture, d'urbanisme et de l'environnement (CAUE) les modalités de leur désignation et de leur renouvellement ainsi que les conditions de leur rémunération.

C. urb., art. A. 614-2 *(A. 26 mai 1978 ; A. 7 mars 1980 ; A. 6 janv. 1981 ; A. 23 déc. 1981 ; A. 26 oct. 1983 ; A. 12 janv. 1987 ; A. 10 janv. 1989 ; A. 28 janv. 1991 ; A. 23 mars 1994 ; rempl., A. 22 févr. 1999, art. 3 ; A. 4 mai 2000).* — **Les architectes-conseils et les paysagistes-conseils de l'équipement peuvent percevoir :**

– pour ceux affectés en métropole, une rémunération au titre de leur vacation journalière à hauteur de 1/100 du traitement brut annuel correspondant à l'indice brut 944 ;

– pour ceux affectés dans les régions ou départements d'outre-mer, une rémunération au titre de leur vacation journalière à hauteur de 120/10 000 du traitement brut annuel correspondant à l'indice brut 944.

Les frais de transport et de missions engagés dans le cadre de leurs vacations seront remboursés par application des décrets du 15 septembre 1989 et du 28 mai 1990 susvisés.

C. urb., art. A. 614-3 *(Rempl., A. 22 févr. 1999, art. 4 ; A. 4 mai 2000).* **— Les dépenses correspondantes à la rémunération et au remboursement des frais de transport et de missions des architectes-conseils et des paysagistes-conseils sont imputées sur les crédits des ministères concernés.**

C. urb., art. A. 614-4 *(A. 4 mai 2000).* **— Les dispositions des articles A. 614-1 à A. 614-3 ne peuvent être modifiées que par arrêté conjoint du ministre chargé de l'urbanisme, du ministre chargé de l'architecture, du ministre chargé de l'environnement et du ministre de l'économie et des finances.**

TITRE II

Néant.

TITRE III
DISPOSITIONS FINALES

Néant.

ANNEXE I

RÈGLES GÉNÉRALES D'URBANISME ET DOCUMENTS D'URBANISME DISPOSITIF ANTÉRIEUR À LA LOI SRU

I
PARTIE LÉGISLATIVE

C. urb., art. L. 111-5 ancien ***(L. n° 75-1328, 31 déc. 1975 ; L. n° 76-1285, 31 déc. 1976 ; L. n° 83-8, 7 janv. 1983 ; L. n° 85-729, 18 juill. 1985).*** **— Il ne peut plus être construit sur toute partie détachée d'un terrain dont la totalité des droits de construire, compte tenu notamment du coefficient d'occupation du sol en vigueur, a été précédemment utilisée.**

Lorsqu'une partie est détachée d'un terrain dont les droits de construire n'ont été que partiellement utilisés, il ne peut y être construit que dans la limite des droits qui n'ont pas été utilisés avant la division.

Toute convention entraînant le détachement ou faisant suite au détachement d'une partie d'un terrain qui provient d'une parcelle ou d'un ensemble de parcelles supportant une construction ou un groupe de constructions et qui appartient à un même propriétaire ou à une même indivision doit être précédée de la délivrance d'un certificat d'urbanisme portant, selon le cas, sur cette parcelle ou sur cet ensemble de parcelles lorsqu'un coefficient d'occupation des sols est fixé ou lorsque cette parcelle ou cet ensemble de parcelles est situé dans une zone d'aménagement concerté. Cette convention doit reproduire les indications énoncées dans le certificat d'urbanisme et faire l'objet de la publicité prévue à l'article 28 du décret n° 55-22 du 4 janvier 1955 portant réforme de la publicité foncière.

Lorsqu'une convention a été passée en violation des dispositions de l'alinéa précédent, l'autorité compétente pour délivrer le certificat d'urbanisme ou le représentant de l'État dans le département peut demander à l'autorité judiciaire de constater la nullité de ladite convention. L'action en nullité se prescrit par cinq ans à compter de la publication de la convention.

Un décret en Conseil d'État détermine les conditions dans lesquelles le contrôle exercé par l'autorité compétente au titre des dispositions du présent code sur les divisions ou cessions de terrains peut tenir lieu de la procédure prévue à l'alinéa 3 du présent article.

I. – Dispartion

Abrogation de l'article L. 111-5. Les dispositions de l'article L. 111-5 ne sont plus applicables après la loi SRU du 13 décembre 2000 (Rép. min. : *JOAN* 29 avr. 2002, p. 2234). Pour autant, un mécanisme intermédiaire entre l'ancien article L. 111-5 et l'abrogation de ce dernier qui a résulté de la loi SRU a été introduit par la loi de juillet 2003, voir article L. 123-1-1. 2940

II. – Origine

Fondements. Disposition anti-fraude, applicable à l'origine sur tout le territoire ; il s'agissait donc d'un texte à portée très générale, résultant d'un amendement parlementaire (L. n° 75-1328, 31 déc. 1975), en vue d'éviter qu'une partie détachée d'un terrain bâti, dont les droits de construire ont été précédemment utilisés, soit totalement soit partiellement, puisse ultérieurement servir d'assiette à une opération de construction dont la surface de plancher calculée conformément à 2941 l'article R. 112-2 serait supérieure à la constructibilité résiduelle dont peut bénéficier la parcelle à détacher (Circ. n° 76-07, 13 janv. 1976).

III. – Champ d'application

2942 **Utilisation.** Le champ d'application de l'article L. 111-5 fixé dans des conditions excessives et aberrantes par la loi du 31 décembre 1975 (V. notamment les critiques Bouyssou : *Droit et Ville* 1980, n° 9, p. 7) a été rendu supportable par la loi n° 85-729 du 18 juillet 1985. L'exigence procédurale du certificat d'urbanisme de l'article L. 111-5, préalablement à toute convention produisant la division foncière d'une propriété bâtie, était limitée à deux hypothèses :
– lorsqu'un COS est applicable à la propriété considérée (ce qui exclut non seulement toutes les communes non dotées de POS, mais encore les zones délimitées par des POS, lorsque le règlement desdites zones ne fixe pas de COS) ;
– lorsque la propriété est située dans une ZAC.

Voir aussi : C. urb., art. R. 311-19, p. 613 ; C. urb., art. R. 160-4g, p. 574.

2943 **Existence ou absence de convention.** L'expression « toute convention » vise non seulement la vente, mais encore la donation, la donation-partage, la licitation, la scission de copropriété, le partage d'immeubles bâtis (CRIDON Bordeaux-Toulouse : *Urbanisme et Propriété privée*, févr. 1977, p. 44) et même certaines opérations de remembrement rural.
En revanche, l'article L. 111-5 ne s'applique pas si le détachement ne procède pas d'une convention ; il en est ainsi en cas d'alignement ou d'élargissement de voies publiques (Rép. min. : *JOAN* 27 juin 1978, p. 3507 ; *JCP* N 1979, Prat. 7242. – Rép. min. : *JOAN* 24 févr. 1979, p. 1137 ; *JCP* N 1979, Prat. 7091) ou d'expropriation (Rép. min. : *JOAN* 22 sept. 1979, p. 7435 ; *JCP* N 1980, Prat. 7491). Cette dernière réponse était critiquable dans la mesure où elle assimilait la petite déclaration d'utilité publique (en vertu de l'ancien article L. 311-4 du Code des communes et de l'ancien article 1042 du Code général des impôts) à une expropriation véritable. Il en est de même pour celle qui préconise des solutions empiriques, par exemple pour le domaine public ferroviaire (Rép. min. : *JO Sénat* 21 sept. 1979, p. 2845).

Voir aussi : Rép. min. : *JO Sénat* 9 août 1977, p. 2104 ; de même, sont visés les baux de plus de 12 ans, Instr. 22 juin 1983 : *BODGI* 10 E-2-83 ; *JCP* N 1983, Prat. 8747.

2944 **Domaine privé communale.** L'article L. 111-5 s'applique au cas de détachement du domaine privé communal, jouxtant le domaine public communal (Rép. min. : *JOAN*, Q, 18 août 1980, p. 3505).

2945 **Nature du détachement.** Comme en matière de lotissements, on apprécie le détachement par rapport au terrain constitutif d'une unité foncière appartenant au même propriétaire ou à une même indivision (Rép. min. : *JOAN* 21 juin 1978, p. 3507 ; *JCP* N 1978, Prat. 6952).

2946 **Régime matrimonial.** En revanche, il faut tenir compte de chaque propriété, en cas de biens propres à un époux, juxtaposés à des biens communs (Rép. min. : *JOAN* 15 déc. 1980, p. 5244 ; *JCP* N 1981, Prat. 7853).

2947 **Nature du détachement.** D'autre part, la portée générale de l'article L. 111-5 résulte du fait que le but du détachement n'est pas pris en considération : cet article joue donc, même si le détachement n'a pas pour but la construction sur la parcelle détachée (V. *a contrario*, art. R. 315-54). Cette solution est confirmée par une réponse ministérielle (*JOAN* 21 janv. 1980, p. 200 ; *JCP* N 1980, Prat. 7491).
Il en est de même en cas de cessions peu étendues, telles qu'une cession de mitoyenneté (Rép. min. : *JOAN* 5 sept. 1983, p. 3921 ; *JCP* N 1984, Prat. 8922).
L'exigibilité du certificat d'urbanisme aux « détachements en jouissance » fait l'objet de controverses doctrinales.

Bibliographie : Page, *Le certificat d'urbanisme de l'article L. 111-5 : JCP* N 1985, II, p. 6.

Promesse de vente. La validité d'une promesse de vente n'est pas subordonnée à la délivrance préalable du certificat d'urbanisme de l'article L. 111-5, car elle engendre une simple créance mobilière, et non un droit réel immobilier (Rép. min. : *JOAN* 30 mai 1979 ; *JCP* N 1979, Prat. 7197). De même, en cas de testament-partage, le certificat doit être préalable au partage et non au testament (Rép. min. : *JOAN* 2 déc. 1977, p. 8174 ; *JCP* N 1978, Prat. 6952). 2948

Copropriété. La mise en copropriété d'un terrain n'est pas un détachement au sens du présent article (CE, 24 janv. 1990, *Nitsche et Marion : Petites affiches* 2 sept. 1994, note Roux). 2949

Certificat d'urbanisme. La dispense de certificat d'urbanisme prévue au dernier alinéa, joue restrictivement lorsque la décision est déjà contrôlée au titre d'une réglementation différente (*Textes d'application*, art. R. 160-4 et R. 160-5). 2950
En outre, la loi d'orientation pour la ville du 13 juillet 1991 ajoute un nouveau cas de dispense, lorsqu'un constructeur s'acquitte sous forme de dation en paiement de la participation à la diversité de l'habitat (V. art. L. 332-19, *a*).

Voir aussi : Sur le cas des ventes d'immeubles à construire, l'annotation sous l'article R. 160-5.

IV. – Particularisme

Calcul de constructibilité. Le Conseil d'État admet que, parmi les « droits à construire » attribués au titre du présent article, figure la règle de surface minimale des terrains supportant des constructions. En conséquence, est annulé un permis de construire délivré sur le terrain détaché d'une propriété de 1 076 m^2 supportant déjà une habitation alors que le POS exigeait une surface minimale de 1 200 m^2 pour tout terrain destiné à la construction d'une habitation (CE, 23 oct. 1987, *Campero : Rec. CE*, p. 326 ; *AJDA* 1988, p. 303, note J.-B. Auby. – Dans le même sens, CE, 12 mai 1989, *Min. urb. c/ Douay : DA* 1989, n° 368). 2951
En revanche, lorsque le droit de construire n'a fait l'objet d'aucune limitation quant à la superficie minimale exigible pour le terrain existant avant sa division, les dispositions de l'article L. 111-5, alinéa 2, ne trouvent pas à s'appliquer à la construction édifiée sur la partie déjà construite (CE, 28 oct. 1994, *Cne de Lamorlaye : Rec. CE*, p. 478 ; *DA* 1995, n° 115 ; *Defrénois* 1995, p. 1237, note Pérignon. – Dans le même sens, CE, 15 janv. 1996, *Préfet du Var*).
La règle de surface minimale s'apprécie après déduction de la surface à céder gratuitement pour l'élargissement ou la création d'une voie publique (CE, 6 nov. 1995, *Baki et Cne de Croissy-sur-Seine*).
Un certificat d'urbanisme est illégal s'il retient des droits à construire supérieurs à ceux ouverts par le POS, fixant un COS, et une surface maximale des constructions. Les droits à construire s'apprécient avant division (CE, 5 mars 1999, *Préfet du Var : Rec. CE*).

Publicité. Les conservateurs des hypothèques refusent à bon droit la « publication isolée » du certificat d'urbanisme de l'article L. 111-5. C'est la convention qui est publiée, dans les formes ordinaires et sans annotation particulière au fichier immobilier, tant sur l'existence que sur les indications contenues dans le certificat d'urbanisme. Ce dernier n'est pas mentionné dans les extraits délivrés en application des articles 42 et 42-1 du décret du 14 octobre 1955 (Instr. 22 juin 1983 : *BODGI* 10 E-2-83 ; *JCP* N 1983, Prat. 8747). 2952

Transfert de constructibilité. La globalisation des droits à construire, prévue par le présent article, ne permet pas d'effectuer des transferts de COS entre parcelles issues de la même unité foncière (CE, 25 mars 1990, *SCI « Les quatre saisons » : Rec. CE*, p. 139 ; *RD imm.* 1990, p. 482. – CE, 18 oct. 1995, *SCI du Parc de Vaugirard : Rec. CE*, T, p. 1080). 2953

Limite de la constructibilité. Le plafonnement des droits à construire résultant d'un certificat d'urbanisme délivré au titre de l'article L. 111-5 a une portée illimitée dans le temps. En particulier, alors que la définition du lotissement comporte un décompte des divisions foncières intervenues sur 10 ans, l'expiration d'une telle période reste sans effet sur le présent certificat d'urbanisme : après 10 ans, le terrain détaché ne retrouve pas la totalité de sa constructibilité (Rép. min. : *JOAN* 15 mars 1993, p. 955 ; *JCP* N 1996, Prat. 2613). 2954

V. – Sanctions

2955 **Principe et prescription.** La loi n° 85-729 du 18 juillet 1985 lève les ambiguïtés anciennes relatives à l'action en nullité sanctionnant la violation de l'article L. 111-5. Selon ses dispositions, qui nous semblent avoir un caractère interprétatif, l'action en nullité est réservée à l'autorité administrative compétente pour délivrer le certificat d'urbanisme (le maire dans les communes dotées d'un POS approuvé depuis plus de six mois ; le préfet dans les autres cas). Cette sanction est facultative et elle est soumise à une prescription courte. Comme par le passé (V. *Manuel du certificat d'urbanisme*, p. 113), il convient sans doute de réserver une telle action à des cas exceptionnels (en ce sens, Rép. min. : *JO* Sénat 16 janv. 1996, p. 109).

2956 **Certificat et permis de construire.** La violation de l'article L. 111-5 justifie le refus du permis de construire (CE, 17 janv. 1986, *Meyer*), ou l'annulation du permis de construire (CE, 23 avr. 1997, *SCI Domaine de Pré Marlis*). Mais ce texte n'étant pas rétroactif, il ne peut paralyser un accord préalable antérieur (CE, 26 févr. 1988, *Comité de défense du plateau des Soudanes*).
Mais le défaut de certificat d'urbanisme de l'article L. 111-5 n'est pas un motif d'illégalité du permis de construire consécutif à la division foncière en cause (CE, 19 févr. 1988, *Époux Benoît : DA* 1988, n° 150. – CE, 11 févr. 1991, *SA d'HLM Artois Logement : Rec. CE*, T, p. 1261).

Bibliographie : CATHELINEAU, *L'article L. 111-5 du Code de l'urbanisme et la jurisprudence récente du Conseil d'État : JCP* N 1991, Prat. 1073 et Rép. min. : *JOAN* 29 mai 1989, p. 2462 ; *JCP* N 1989, Prat. 1075. – CHARLES, *L'unité foncière : RFDA* 1996, p. 575.

C. urb., art. L. 112-1 ancien *(L. n° 75-1328, 31 déc. 1975 ; L. n° 82-1126, 29 déc. 1982 ; L. n° 85-729, 18 juill. 1985 ; L. n° 86-1290, 23 déc. 1986 ; L. n° 98-657, 29 juill. 1998).* **— Le droit de construire est attaché à la propriété du sol. Il s'exerce dans le respect des dispositions législatives et réglementaires relatives à l'utilisation du sol.**

Le rapport entre la surface de plancher d'une construction et la surface de terrain sur laquelle cette construction est ou doit être implantée définit la densité de construction.

Une limite de densité, appelée « plafond légal de densité », peut être instaurée :

– par le conseil municipal, après information sur le projet des communes limitrophes ;

– par le conseil de la communauté urbaine ;

– par l'organe délibérant du groupement de communes ayant compétence en matière d'élaboration de documents d'urbanisme ou en matière d'aménagement urbain, après accord des deux tiers des communes représentant la moitié de la population ou de la moitié des communes représentant les deux tiers de la population.

La limite de densité ne peut être inférieure à 1 et, pour la ville de Paris, à 1,5.

Aucune décision nouvelle instaurant, supprimant, modifiant le plafond légal de densité, ou prise en application du cinquième alinéa de l'article L. 112-2 ne peut intervenir avant l'expiration d'un délai de trois ans à compter de la date d'entrée en vigueur de la précédente délibération. Cependant, une nouvelle délibération peut être adoptée dans les six mois qui suivent le renouvellement du conseil municipal ou la désignation du conseil de la communauté urbaine ou de l'organe délibérant du groupement de communes compétent.

Toutefois, la première décision suivant la publication de la loi n° 86-1290 du 23 décembre 1986 tendant à favoriser l'investissement locatif, l'accession à la propriété de logements sociaux et le développement de l'offre foncière peut être prise sans condition de délai.

Au-delà du plafond, s'il en est fixé un, l'exercice du droit de construire relève de la collectivité dans les conditions fixées par les dispositions du présent chapitre.

C. urb., art. L. 122-1 ancien *(L. n° 83-8, 7 janv. 1983 ; L. n° 87-565, 22 juill. 1987 ; L. n° 91-662, 13 juill. 1991 ; L. n° 92-3, 3 janv. 1992 ; L. n° 96-1236, 30 déc. 1996).* **— Les schémas directeurs fixent les orientations fondamentales de l'aménagement des territoires intéressés, compte tenu de l'équilibre qu'il convient de préserver entre l'extension urbaine, l'exercice des activités agricoles, des autres activités économiques et la préservation**

de la qualité de l'air, des milieux, sites et paysages naturels ou urbains. Ils prennent en considération l'impact des pollutions et nuisances de toute nature induites par ces orientations ainsi que l'existence de risques naturels prévisibles et de risques technologiques.

Ils déterminent la destination générale des sols, et, en tant que de besoin, la nature et le tracé des grands équipements d'infrastructure, en particulier de transport, la localisation des services et activités les plus importants.

Au regard des prévisions en matière d'habitat, d'emploi et d'équipements, ils fixent les orientations générales de l'extension de l'urbanisation et de la restructuration des espaces urbanisés. Ils définissent la capacité d'accueil des espaces urbanisés ou à urbaniser en tenant compte notamment de l'équilibre entre emploi et habitat ainsi que des moyens de transport et de la gestion des eaux.

Les schémas directeurs prennent en compte les programmes de l'État ainsi que ceux des collectivités locales et des établissements et services publics. Ils orientent et harmonisent pour l'organisation de l'espace les programmes et les prévisions mentionnés ci-dessus.

Pour leur exécution, ils peuvent être complétés en certaines de leurs parties par des schémas de secteur qui en détaillent et précisent le contenu.

Les programmes et les décisions administratives qui les concernent doivent être compatibles avec leurs dispositions.

Présentation. Par son contenu, le schéma directeur constitue un trait d'union entre l'aménagement du territoire (chartes intercommunales notamment : V. annotations sous art. L. 121-1) et l'urbanisme réglementaire. 2957
Le contenu du schéma doit être compatible avec une série d'objectifs, que le présent article rappelle.

Voir aussi : C. urb., art. L. 121-10, p. 42.

Prise en compte de la gestion des eaux. La loi n° 92-3 du 3 janvier 1992 sur l'eau a complété le troisième alinéa afin de préciser que les schémas directeurs doivent prendre en compte la gestion des eaux pour définir la capacité d'accueil des espaces urbanisés ou à urbaniser. 2958

Prise en compte de la qualité de l'air et de l'impact des pollutions. La loi n° 96-1236 du 30 décembre 1996 a fait de même en ce qui concerne la qualité de l'air et l'impact des pollutions. 2959

Prise en compte de l'activité de camping. Les orientations d'un schéma directeur peuvent s'étendre à tout type d'utilisation des sols, notamment celle réalisée par les terrains de camping-caravaning, quand bien même ceux-ci seraient soumis à une réglementation spécifique. De sorte que les auteurs d'un schéma directeur peuvent valablement définir, à la charge des auteurs des POS, une interdiction dans les espaces naturels à protéger, de toute évolution des terrains de camping et de caravaning vers les parcs réditionnels de loisirs (CAA Bordeaux, 29 avr. 2004, req. n° 02BX00839, *Fédération départementale de l'hôtellerie de plein air*). 2960

Contrôle restreint. Comme sous le régime antérieur à la loi du 7 janvier 1983, le Conseil d'État exercera sans doute un contrôle restreint sur le contenu des schémas directeurs et des schémas de secteur (CE, 29 janv. 1982, *Cne de Contes et M. Dalbéra : JCP* N 1983, II, p. 90, concl. Genevois ; *Droit et Ville* 1982, n° 15, p. 189, note Bouyssou). 2961
Confirmation du contrôle restreint : absence d'erreur manifeste pour la rocade de Tours (CE, 19 mai 1989, *Engel*).
Mais annulation du schéma directeur de Cannes-Grasse-Antibes, pour l'absence de prise en compte de zones d'inondation, et l'absence de protection des terres agricoles, en contradiction avec la loi-montagne (TA Nice, 6 mars 1996, *Comité de Sauvegarde de Fort-Vauban : RFDA* 1996, p. 1215, concl. Calderaro).

Voir aussi : Sur l'appréciation de la compatibilité, les annotations sous article R. 122-27.

C. urb., art. L. 122-1-1 ancien ***(L. n° 83-8, 7 janv. 1983 ; L. n° 83-663, 22 juill. 1983 ; L. n° 84-747, 2 août 1984 ; L. n° 85-729, 18 juill. 1985 ; L. n° 92-125, 6 févr. 1992 ; L. n° 94-112, 9 févr.***

1994 ; L. n° 95-115, 4 févr. 1995). — **Le schéma directeur ou le schéma de secteur est élaboré ou révisé à l'initiative de communes présentant une communauté d'intérêts économiques et sociaux.**

Le périmètre du schéma directeur ou du schéma de secteur tient notamment compte des groupements de communes existants ainsi que des périmètres déjà définis en matière de chartes intercommunales, de plan d'aménagement rural, de schéma directeur et d'agglomération nouvelle.

Le périmètre est arrêté par le représentant de l'État, sur proposition des conseils municipaux des deux tiers au moins des communes intéressées représentant plus de la moitié de la population totale de celles-ci ou des conseils municipaux d'au moins la moitié des communes intéressées représentant plus des deux tiers de la population totale et après consultation des départements, ainsi que des régions pour les ensembles de communes qui dépassent 100 000 habitants. Dans les régions de Guadeloupe, de Guyane, de Martinique et de la Réunion, le conseil régional et le conseil général sont consultés, quel que soit le nombre d'habitants de l'ensemble des communes regroupées dans le périmètre du schéma directeur ou du schéma de secteur.

Les communes confient dans le périmètre mentionné au troisième alinéa du présent article et dans les mêmes conditions de majorité leurs compétences en matière de schéma directeur ou de schéma de secteur :

– soit à un établissement public de coopération intercommunale ;

– soit à un syndicat mixte regroupant les collectivités territoriales ou des groupements de ces collectivités.

Les dispositions du présent chapitre relatives aux établissements publics de coopération intercommunale sont applicables aux syndicats mixtes ci-dessus mentionnés.

L'établissement public de coopération intercommunale associe à cette élaboration l'État et, à leur demande, la région, le département, les autres établissements publics de coopération intercommunale concernés et les organismes mentionnés aux articles L. 121-4 et L. 121-7. Le président de l'établissement public compétent peut recueillir l'avis de tout organisme ou association ayant compétence en matière de construction, d'aménagement, d'urbanisme ou d'environnement.

Le représentant de l'État porte à la connaissance de l'établissement public les directives territoriales d'aménagement prévues à l'article L. 111-1-1 ou, en l'absence de celles-ci, les lois d'aménagement et d'urbanisme ainsi que les dispositions nécessaires à la mise en œuvre des projets d'intérêt général de l'État, de la région, du département ou d'autres intervenants lorsqu'ils correspondent aux définitions prises en application de l'article L. 121-12 et communique toutes informations utiles à l'élaboration du schéma directeur.

I. – Fixation de périmètre

2962 **Principe.** Le périmètre du schéma directeur est fixé par le représentant de l'État, mais sur proposition d'une majorité qualifiée des conseils municipaux intéressés.

Il est vrai que des éléments objectifs préexistent : il peut notamment s'agir du périmètre de chartes intercommunales (V. annotations sous l'article L. 121-1) ou d'anciens SDAU.

Le représentant de l'État vérifie que le périmètre proposé par la majorité des communes correspond à la communauté d'intérêts. Mais il ne peut substituer un périmètre différent de celui qui est proposé (commentaire officiel des lois du 7 janvier 1983 et 22 juillet 1983).

2963 **Communauté d'intérêts et rôle du préfet.** Le regroupement de dix-huit communes formant le syndicat intercommunal d'un canton doit être regardé comme caractérisant une communauté d'intérêts économiques et sociaux qui justifiait que ces communes prennent l'initiative ou s'associent au projet visant à favoriser la mise en œuvre d'un schéma directeur fixant les orientations fondamentales de l'aménagement des territoires compris dans le canton dont elles dépendent (CAA Nantes, 30 sept. 2003, req. n° 99NT01192, *M. Jacques Durand*). L'arrêté préfectoral fixant le périmètre du schéma directeur du canton, quand bien même inclurait des communes opposées à cette élaboration, ne méconnaît pas de ce seul fait les dispositions de l'article L. 122-1-1 (même arrêt).

II. – Élaboration du schéma directeur

Principe. La rédaction des quatrième et cinquième alinéas, relatifs aux organes pouvant être chargés de l'élaboration des schémas directeurs ou des schémas de secteur, résulte de la loi d'orientation n° 92-125 du 6 février 1992 relative à l'administration territoriale de la République. 2964
Sont désormais seuls qualifiés à cet égard les établissements publics de coopération intercommunale et les syndicats mixtes, à l'exclusion des syndicats intercommunaux d'études et de programmation qui, auparavant, avaient été créés à cette fin et qui étaient frappés automatiquement de dissolution au terme de leur mission et au plus tard cinq ans à compter de leur création.

Voir aussi : La note sous l'article L. 121-11 abrogé par la même loi ; les directives territoriales d'aménagement (qui remplacent les prescriptions particulières) ou à défaut les lois d'aménagement et d'urbanisme, C. urb., art. L. 111-1-1 dans sa rédaction issue de la loi du 4 février 1995 ; les directives de protection et de mise en valeur des paysages, C. urb., art. 1er, al. 3 de la loi du 8 janv. 1993 ; les projets d'intérêt général et les opérations d'intérêt national, C. urb., art. L. 121-12, p. 43 ; les schémas de mise en valeur de la mer, L. 7 janv. 1983, art. 57 ; aux schémas directeurs.

Servitudes d'utilité publique. Il est possible que certaines servitudes d'utilité publique s'imposent également au contenu des schémas, mais ces servitudes ne sont pourtant pas explicitement citées à propos des schémas directeurs, contrairement au cas particulier du schéma d'aménagement de la Corse. 2965

Voir aussi : C. urb., art. L. 144-2, p. 104.

C. urb., art. L. 122-1-2 ancien ***(L. n° 83-8, 7 janv. 1983 ; L. n° 83-663, 22 juill. 1983 ; L. n° 85-30, 9 janv. 1985 ; L. n° 92-125, 6 févr. 1992).*** **— Le projet de schéma directeur ou de schéma de secteur est arrêté par délibération de l'organe délibérant de l'établissement public de coopération intercommunale puis soumis pour avis aux conseils municipaux des communes intéressées ainsi qu'aux personnes publiques mentionnées à l'avant-dernier alinéa de l'article L. 122-1-1. Ces avis sont réputés favorables s'ils n'interviennent pas dans un délai de trois mois après transmission du projet de schéma. Le projet, auquel sont annexés les avis des personnes publiques consultées, est ensuite mis à la disposition du public pendant un mois.**

En zone de montagne, lorsque le projet de schéma directeur ou de schéma de secteur comporte des dispositions relatives à la création d'une ou plusieurs unités touristiques nouvelles telles que définies à l'article L. 145-9, ces dispositions sont soumises pour avis par le représentant de l'État visé à l'article L. 145-11 à la commission spécialisée du comité de massif. Cet avis est réputé favorable s'il n'intervient pas dans un délai de trois mois après transmission du projet de schéma. Ce projet, comportant en annexe l'avis de la commission spécialisée du comité de massif, est soumis aux dispositions du précédent alinéa. Les conditions d'application du présent alinéa sont précisées par décret.

Date de la consultation. C'est seulement après la délibération de l'établissement public intercommunal ou du syndicat mixte que les communes et les autres personnes publiques sont officiellement consultées sur le projet de schéma. Cette phase de consultation doit être distinguée des procédures énumérées au 6e alinéa de l'article précédent (association obligatoire de l'État, et facultative d'autres personnes publiques ; possibilité de recueillir l'avis de tout organisme ou association compétent). 2966

Mise à disposition du public. La mise à la disposition du public, prévue par le présent article, est beaucoup plus précise que l'information des populations intéressées, précédemment prévue par l'ancien article R. 122-10, mais demeurée en pratique en l'état de simple virtualité. Elle ne nécessite pas la désignation d'un commissaire enquêteur (V. art. R. 122-11), et n'est pas requise lorsque la procédure d'élaboration du schéma directeur est d'État (CE, 14 janv. 1994, *Collectivité territoriale de Corse : DA* 1994, 171 ; *BJDU* 2/1994, concl. J.-C. Bonichot, p. 20). 2967

C. urb., art. L. 122-1-3 ancien ***(L. n° 83-8, 7 janv. 1983 ; L. n° 83-663, 22 juill. 1983 ; L. n° 95-115, 4 févr. 1995).*** **— À l'issue du délai de mise à disposition du public prévu à l'arti-**

cle L. 122-1-2 et après que la commission de conciliation a publié, si elle a été saisie, ses propositions, le schéma directeur ou le schéma de secteur, éventuellement modifié pour tenir compte des résultats de la conciliation, des observations du public, des avis des communes ou des personnes publiques concernées, est approuvé par l'organe délibérant de l'établissement public de coopération intercommunale. Il est transmis pour information aux personnes publiques associées à l'élaboration du schéma.

La délibération de l'organe délibérant de l'établissement public de coopération intercommunale approuvant le schéma directeur ou le schéma de secteur devient exécutoire soixante jours après la transmission aux communes et au représentant de l'État, sauf si dans ce délai :

***a)* Le représentant de l'État a notifié des modifications qu'il estime nécessaire d'apporter au schéma lorsque les dispositions de celui-ci ne sont pas compatibles avec les directives territoriales d'aménagement et, en l'absence de celles-ci, avec les lois d'aménagement et d'urbanisme mentionnées à l'article L. 111-1-1, ou compromettent gravement la mise en œuvre de projets d'intérêt général relevant de l'État, de la région, du département ou d'autres intervenants et correspondant aux définitions formulées en application de l'article L. 121-12. Le représentant de l'État est tenu de motiver les modifications qu'il demande.**

L'établissement public dispose alors, à compter de l'expiration du délai de soixante jours, de six mois pour approuver le schéma directeur ou le schéma de secteur avec les modifications demandées ; à défaut, le représentant de l'État dans le département constate par arrêté que le schéma directeur ou le schéma de secteur devient exécutoire, tel que résultant, d'une part, de la délibération de l'organe de l'établissement public de coopération intercommunale approuvant le schéma directeur ou le schéma de secteur et, d'autre part, des modifications demandées par le représentant de l'État en application des dispositions de l'alinéa précédent du présent article ;

***b)* Le représentant de l'État ou le collège des élus constitué au sein de la commission de conciliation a notifié les modifications demandées par une commune membre lorsqu'elle estime que l'un de ses intérêts essentiels est compromis par les dispositions du schéma directeur ou du schéma de secteur et qu'elle a fait usage de la procédure prévue aux trois alinéas ci-après.**

Lorsque, dans un délai de quinze jours après la transmission qui lui a été faite en application des dispositions du deuxième alinéa du présent article, le conseil municipal de l'une des communes membres estime que le schéma approuvé est de nature à compromettre l'un de ses intérêts essentiels en lui imposant, notamment, des nuisances ou des contraintes excessives, il le fait connaître à l'établissement public et au représentant de l'État par une délibération motivée.

Le représentant de l'État notifie, s'il estime nécessaire, dans un délai de quinze jours à l'établissement public les modifications qu'il convient d'apporter au schéma directeur ou au schéma de secteur pour tenir compte de la délibération du conseil municipal. Le représentant de l'État est tenu de motiver les modifications qu'il demande. Si l'établissement public n'a pas approuvé dans un délai de six mois les modifications demandées et après une délibération du conseil municipal de la commune concernée demandant le retrait, le représentant de l'État, par dérogation à l'article L. 163-16 du Code des communes, constate le retrait de la commune de l'établissement public et du périmètre défini à l'article L. 122-1-1 du présent code.

Si le représentant de l'État n'a pas notifié dans le délai prévu à l'alinéa précédent les modifications demandées par la commune, celle-ci peut saisir le collège des élus locaux institué au sein de la commission de conciliation, quinze jours au moins avant l'expiration du délai de soixante jours prévu au deuxième alinéa. Le collège des élus notifie les modifications qu'il convient d'apporter au schéma directeur ou au schéma de secteur. Si l'établissement public n'a pas approuvé dans un délai de six mois les modifications demandées, et après une délibération du conseil municipal de la commune concernée demandant ce retrait, le représentant de l'État constate le retrait de la commune de l'établissement public et du périmètre défini à l'article L. 122-1-1.

Dans les cas prévus aux deux alinéas précédents, les dispositions du schéma directeur ou du schéma de secteur ne s'appliquent pas à la commune qui a exercé son droit de retrait.

Les schémas directeurs ou les schémas de secteur approuvés sont tenus à la disposition du public.

Principes. L'approbation du schéma est en principe la phase ultime de la procédure. Elle implique seulement une délibération de l'organe délibérant de l'établissement public intercommunal ou du syndicat mixte. 2968

Les divergences de contenu entre le schéma approuvé et le schéma arrêté (V. art. L. 122-1-2) paraissent limitativement énumérées (V. art. R. 122-12) : prise en compte des avis des personnes consultées, des observations du public, et des résultats de la conciliation (si cette procédure a été mise en œuvre : V. art. L. 121-9 et R. 121-2).

Voir aussi : C. urb., art. L. 122-1-2, p. 47 ; C. urb., art. R. 122-12, p. 521 ; C. urb., art. L. 121-9, p. 42 ; C. urb., art. R. 121-2, p. 511.

Caractère exécutoire et faculté de retrait. Par dérogation au principe posé par la loi du 2 mars 1982, la délibération n'est pas immédiatement exécutoire ; elle ne le devient que 60 jours après sa transmission au représentant de l'État. Mais deux hypothèses doivent être distinguées : 2969

– Si l'opposition du représentant de l'État se fonde sur un motif de légalité, l'établissement public *doit* apporter les modifications nécessaires dans un délai supplémentaire de 6 mois. À défaut, c'est le représentant de l'État qui rend le schéma exécutoire, mais son contenu comporte les modifications demandées par le représentant de l'État (ici encore, il faut observer une importante dérogation au mécanisme du contrôle administratif des délibérations locales, tel qu'il est prévu par la loi du 2 mars 1982 : en général, le représentant de l'État ne peut s'opposer aux délibérations illégales qu'en saisissant le tribunal administratif).

– Si l'opposition se fonde sur des motifs d'opportunité, à la demande d'une commune membre qui estime que le contenu du schéma compromet ses intérêts essentiels : l'opposition provient alors soit du représentant de l'État, soit du collège des élus au sein de la commission de conciliation ; mais l'initiative originelle de la commune doit intervenir dans un délai très rapide : 15 jours après avoir reçu le schéma approuvé. Le représentant de l'État, ou à défaut le collège des élus locaux au sein de la commission de conciliation, notifie à l'établissement public les modifications estimées nécessaires. Si l'établissement public n'approuve pas ces modifications dans le délai supplémentaire de 6 mois, le conseil municipal de la commune concernée peut demander, par une nouvelle délibération, le retrait de la commune. Le représentant de l'État se borne à *constater* le retrait de la commune de l'établissement public d'une part, et du périmètre du schéma d'autre part. Cette faculté de retrait n'a aucun précédent en matière d'urbanisme. Elle est de nature à remettre en cause la crédibilité des schémas directeurs, comme instruments de planification urbaine de même que le nouvel article L. 122-6, ajouté par la loi n° 85-729 du 18 juillet 1985.

Le délai prévu au 2e alinéa du présent article est porté à trois mois lorsqu'un schéma approuvé comporte des dispositions relatives à des unités touristiques nouvelles, au sens de l'article L. 145-9. Le schéma doit alors être transmis par le « préfet » du département territorialement compétent au « préfet » chargé du massif, désigné en vertu de l'article 7 de la loi du 9 janvier 1985 relative à la protection et au développement de la montagne. C'est ce dernier « préfet » qui notifie à l'établissement public les modifications nécessaires au respect des prescriptions des lois d'aménagement et d'urbanisme ou à la mise en œuvre des projets d'intérêt général (L. n° 85-30, 9 janv. 1985, relative au développement et à la protection de la montagne, art. 74).

La décision du collège des élus de ne pas modifier le schéma directeur, sur demande d'une commune, est susceptible d'être attaquée et annulée pour violation du règlement intérieur (CAA Nantes, 14 oct. 1998, *SIVOM de l'agglomération orléanaise* : *BJDU* 2/1999, p. 99, concl. Lalauze).

C. urb., art. L. 122-1-4 ancien ***(L. n° 83-8, 7 janv. 1983 ; L. n° 85-729, 18 juill. 1985 ; L. n° 95-115, 4 févr. 1995).*** **— Lorsque l'élaboration ou la modification d'un schéma directeur ou d'un schéma de secteur par un établissement public de coopération intercommunale est rendue nécessaire pour l'application locale des directives territoriales d'aménage-**

ment et, en leur absence, des lois d'aménagement et d'urbanisme mentionnées à l'article L. 111-1-1 ou pour la réalisation d'un projet d'intérêt général relevant de l'État, de la région, du département ou d'autres intervenants et correspondant aux définitions prises en application de l'article L. 121-12, elle peut être demandée par le représentant de l'État.

Si dans un délai de deux ans à compter de cette demande, le schéma n'a pas été approuvé dans les conditions définies par les articles L. 122-1-1 à L. 122-1-3, le représentant de l'État peut, par arrêté motivé, décider son élaboration et procéder à son établissement dans les conditions prévues aux articles L. 122-2 et L. 122-3.

2970 **Pouvoir du représentant de l'État.** Malgré la décentralisation de l'urbanisme, le représentant de l'État peut prendre l'initiative de l'élaboration d'un schéma directeur ou d'un schéma de secteur, ou de sa modification. Mais ce pouvoir est lié : il faut que le futur schéma soit rendu nécessaire pour l'application de normes supérieures (directives territoriales d'aménagement et à défaut lois d'aménagement et d'urbanisme ou réalisation d'un projet d'intérêt général).

2971 **Projet d'unité touristique.** La loi n° 85-30 du 9 janvier 1985 relative au développement et à la protection de la montagne a ajouté le cas du projet d'unité touristique nouvelle non prévu par le schéma directeur.

Voir aussi : C. urb., art. L. 145-12, p. 119.

2972 **Échec de la procédure.** En cas d'échec de la procédure décentralisée (élaboration associée) dans un délai relativement rapide (2 ans), le représentant de l'État peut mettre en œuvre la procédure ancienne, telle qu'elle était prévue par la loi du 30 décembre 1967 (élaboration conjointe par l'État et les communes).

C. urb., art. L. 122-2 ancien *(L. n° 80-502, 4 juill. 1980 ; L. n° 83-8, 7 janv. 1983).* **— Dans les cas prévus au deuxième alinéa de l'article L. 122-1-4, les schémas directeurs et les schémas de secteur sont élaborés conjointement par les services de l'État, notamment ceux qui ont en charge l'agriculture, l'industrie et l'urbanisme, et les communes intéressées ou, lorsqu'ils existent, les établissements publics groupant lesdites communes et ayant compétence en matière d'urbanisme. La région et le département peuvent, à leur demande, être associés à cette élaboration.**

Ils sont approuvés après délibération prise par les conseils municipaux desdites communes ou les organes compétents desdits établissements publics. Cette délibération est réputée prise si elle n'intervient pas dans un délai de trois mois.

2973 **Application de la procédure ancienne.** Lorsque s'applique, par substitution au nouveau droit commun de la procédure décentralisée, la procédure ancienne d'élaboration conjointe, la loi du 7 janvier 1983 ajoute la possibilité d'association de la région et du département.

2974 **Élaboration conjointe.** Sur les modalités de l'élaboration conjointe, et le contentieux pouvant résulter de l'opposition entre les communes et l'État, voir CE, sect., 29 janv. 1982, *Cne de Contes de M. Dalbéra : JCP* 1982, II, 19863, concl. Genevois ; *Droit et Ville* 1982, n° 13, p. 189, note Bouyssou. Depuis la loi n° 85-729 du 18 juillet 1985, la procédure d'élaboration conjointe des schémas peut trouver à s'appliquer dans deux nouveaux cas prévus par les articles L. 122-5 et L. 122-6.

C. urb., art. L. 122-3 ancien *(L. n° 83-8, 7 janv. 1983).* **— Dans les cas prévus au deuxième alinéa de l'article L. 122-1-4, l'approbation des schémas directeurs et des schémas de secteur ne peut résulter que d'un décret en Conseil d'État :**

Lorsqu'un quart au moins des conseils municipaux susvisés ou un ou plusieurs de ces conseils représentant plus du quart de la population totale du territoire concerné par un schéma directeur ou un schéma de secteur font connaître leur opposition dans des conditions déterminées par les décrets prévus à l'article L. 125-1 ;

Lorsque les organes compétents d'un ou plusieurs des établissements publics mentionnés au deuxième alinéa de l'article L. 122-2, représentant un quart au moins de la

population totale du territoire concerné, font connaître leur opposition dans les mêmes conditions.

Les schémas directeurs et les schémas de secteur approuvés sont tenus à la disposition du public.

Remarque. Voir l'arrêt cité sous l'article précédent. 2975
Lorsqu'il a été approuvé par décret, un ancien SDAU a valeur de directive d'aménagement national du territoire.

Voir aussi : C. urb., art. R. 111-15, p. 498 et tableau sous C. urb., art. L. 111-1-1, p. 4.

C. urb., art. L. 122-4 ancien *(L. n° 83-663, 22 juill. 1983)*. **— Sont validés les schémas directeurs et les schémas de secteur approuvés antérieurement à la date de publication de la loi n° 83-8 du 7 janvier 1983 relative à la répartition de compétences entre les communes, les départements, les régions et l'État, en tant qu'ont participé à leur élaboration des représentants élus des collectivités publiques en plus de ceux légalement habilités à y participer.**

Participation des conseillers généraux. Mesure de validation législative, concernant notamment le SDAU de l'agglomération lyonnaise, déclaré illégal par le Conseil d'État en raison de la participation de conseillers généraux à la commission locale d'aménagement et d'urbanisme (CE, 9 juin 1982, *Assoc. de Sauvegarde des espaces verts des Monts d'Or : Rec. CE*, p. 216 ; *D.* 1982, inf. rap. p. 518, note Charles). 2976

C. urb., art. L. 122-5 ancien *(L. n° 85-729, 18 juill. 1985)*. **— À la demande d'une ou plusieurs communes, ou d'un établissement public de coopération intercommunale ayant compétence en matière d'urbanisme, la modification d'un schéma directeur approuvé avant le 1er octobre 1983 peut être décidée par arrêté motivé du représentant de l'État et effectuée dans les conditions prévues aux articles L. 122-2 et L. 122-3 s'il constate, avant qu'un projet de plan d'occupation des sols ne soit arrêté, que ce plan, sans remettre en cause les intérêts de l'ensemble des communes concernées, contient des dispositions susceptibles d'être incompatibles avec ledit schéma.**

Le représentant de l'État peut également engager une telle modification si celle-ci est rendue nécessaire, en raison de sa nature ou de son importance, par l'un des motifs visés au premier alinéa de l'article L. 122-1-4.

Préalablement à la modification du schéma directeur, le représentant de l'État recueille l'avis des communes intéressées par le schéma, ou, lorsqu'ils existent, des établissements publics de coopération intercommunale compétents en matière d'urbanisme : cet avis est réputé donné s'il n'est pas intervenu dans un délai de trois mois.

Application de la procédure. Procédure de modification des anciens SDAU : élaboration conjointe (c'est-à-dire application des règles procédurales en vigueur avant la loi du 7 janvier 1983) ; selon cette procédure, dont l'usage est d'ailleurs facultatif (à la discrétion du représentant légal de l'État), la constitution d'un établissement public de coopération intercommunale est écartée. 2977
Cette procédure allégée est utilisable dans deux cas :
– pour la réalisation d'un projet d'intérêt général ou l'application locale de directives territoriales d'aménagement ou, en leur absence, de lois d'aménagement et d'urbanisme (art. L. 122-1-4) : le présent article permet dans ce cas d'éviter la tentative d'élaboration associée, qui dure normalement deux ans ;
– pour permettre l'adoption d'un POS incompatible avec le schéma directeur, sans remettre en cause les intérêts des autres communes concernées. Ceci est une grave atteinte à la primauté des schémas sur les POS.

C. urb., art. L. 122-6 ancien *(L. n° 85-729, 18 juill. 1985 ; L. n° 95-115, 4 févr. 1995)*. **— En cas de modification d'un schéma directeur, il peut être fait application des orientations en**

cours d'établissement intéressant les programmes de l'État, des collectivités locales et des établissements et services publics ainsi que les décisions qui les concernent, dès lors que ces orientations ne sont pas susceptibles de compromettre la réalisation d'un projet d'intérêt général au sens de l'article L. 121-12 ou l'application des directives territoriales d'aménagement et, en leur absence, des lois d'aménagement et d'urbanisme prévues à l'article L. 111-1-1.

Les programmes et décisions concernés font l'objet, à la demande des autorités compétentes intéressées et dans les conditions définies par décret en Conseil d'État, d'un accord du représentant de l'État après avis, selon le cas, soit de l'établissement public de coopération intercommunale chargé d'élaborer la modification du schéma directeur, soit des personnes publiques visées au premier alinéa de l'article L. 122-2 qui l'élaborent conjointement.

Si, dans un délai de trois ans à compter de l'accord visé à l'alinéa précédent, les orientations en cours d'établissement concernant les programmes et décisions n'ont pas été approuvées, le représentant de l'État peut décider la modification du schéma conformément à l'article L. 122-5.

2978 **Effets de la procédure d'application anticipée.** La procédure d'application anticipée de la modification d'un schéma directeur est précisée par l'article R. 122-28. Elle implique des études complètes, mais permet de gagner quelques mois (mise à disposition du public, consultation des communes et approbation finale). Issue de la « loi Méhaignerie » du 23 décembre 1986, qui a également permis l'application anticipée des révisions de POS, elle pourrait disparaître en même temps.

Voir aussi : Rép. min., 8 avr. 1991, citée sous C. urb., art. L. 123-4, p. 63.

C. urb., art. L. 123-1 ancien ***(L. n° 76-1285, 31 déc. 1976 ; L. n° 83-8, 7 janv. 1983 ; L. n° 83-663, 22 juill. 1983 ; L. n° 85-30, 9 janv. 1985 ; L. n° 87-565, 22 juill. 1987 ; L. n° 91-662, 13 juill. 1991 ; L. n° 92-3, 3 janv. 1992 ; L. n° 93-24, 8 janv. 1993 ; L. n° 94-112, 9 févr. 1994 ; L. n° 95-115, 4 févr. 1995 ; L. n° 96-1236, 30 déc. 1996).*** **— Les plans d'occupation des sols fixent, dans le cadre des orientations des schémas directeurs ou des schémas de secteur, s'il en existe, les règles générales et les servitudes d'utilisation des sols, qui peuvent notamment comporter l'interdiction de construire.**

Les plans d'occupation des sols doivent, à cette fin, en prenant en compte la préservation de la qualité des paysages et la maîtrise de leur évolution :

1° Délimiter des zones urbaines ou à urbaniser en prenant notamment en compte les besoins en matière d'habitat, d'emploi, de services et de transport des populations actuelles et futures. La délimitation de ces zones prend en considération la valeur agronomique des sols, les structures agricoles, les terrains produisant des denrées de qualité supérieure, les orientations des plans de déplacements urbains s'ils existent, l'existence de risques naturels prévisibles et de risques technologiques, la présence d'équipements spéciaux importants. Les plans d'occupation des sols déterminent l'affectation des sols selon l'usage principal qui doit en être fait ou la nature des activités dominantes qui peuvent y être exercées.

2° Définir, en fonction des situations locales, les règles concernant le droit d'implanter les constructions, leur destination et leur nature.

Ils peuvent, en outre :

3° Déterminer des règles concernant l'aspect extérieur des constructions, leurs dimensions et l'aménagement de leurs abords ;

4° Fixer pour chaque zone ou partie de zone, en fonction notamment de la capacité des équipements collectifs existants ou en cours de réalisation et de la nature des constructions à édifier, un ou des coefficients d'occupation des sols qui déterminent, éventuellement pour chaque nature de construction, la densité de construction qui y est admise ;

5° Délimiter les zones ou parties de zones dans lesquelles la reconstruction sur place ou l'aménagement de bâtiments existants pourra, pour des motifs d'urbanisme ou d'architecture, être imposé ou autorisé avec une densité au plus égale à celle qui était

initialement bâtie, nonobstant les règles fixées au 4° ci-dessus et fixer la destination principale des îlots ou immeubles à restaurer ou à réhabiliter ;

6° Préciser le tracé et les caractéristiques des voies de circulation à conserver, à modifier ou à créer, y compris les rues ou sentiers piétonniers et les pistes cyclables et délimiter les zones qui sont ou peuvent être aménagées en vue de la pratique du ski et les secteurs réservés aux remontées mécaniques en indiquant, le cas échéant, les équipements et aménagements qui peuvent y être prévus ;

7° Identifier et localiser les éléments de paysage et délimiter les quartiers, rues, monuments, sites et secteurs à protéger ou à mettre en valeur pour des motifs d'ordre esthétique, historique ou écologique et définir, le cas échéant, les prescriptions de nature à assurer leur protection ;

8° Fixer les emplacements réservés aux voies et ouvrages publics, aux installations d'intérêt général ainsi qu'aux espaces verts ;

9° Localiser, dans les zones urbaines, les terrains cultivés à protéger et inconstructibles quels que soient les équipements éventuels qui les desservent ;

10° Délimiter les secteurs dans lesquels la délivrance du permis de construire peut être subordonnée à la démolition de tout ou partie des bâtiments existants sur le terrain où l'implantation de la construction est envisagée ;

11° Délimiter les zones dans lesquelles pourront s'implanter les magasins de commerce de détail dont l'octroi du permis de construire ou la réalisation est soumis à autorisation préalable de la commission départementale d'urbanisme commercial par l'article L. 451-5 du présent code ;

12° Délimiter les zones visées à l'article L. 372-3 du Code des communes.

Les règles mentionnées aux 2° et 3° ci-dessus peuvent prévoir des normes de construction différentes de celles qui résultent de l'application du coefficient d'occupation du sol, soit en raison des prescriptions d'urbanisme ou d'architecture, soit en raison de l'existence de projets tendant à renforcer la capacité des équipements collectifs.

Les règles et servitudes définies par un plan d'occupation des sols ne peuvent faire l'objet d'aucune dérogation, à l'exception des adaptations mineures rendues nécessaires par la nature du sol, la configuration des parcelles ou le caractère des constructions avoisinantes.

Les plans d'occupation des sols doivent être compatibles, dans les conditions fixées à l'article L. 111-1-1, avec les orientations des schémas directeurs ou schémas de secteur ou les directives territoriales d'aménagement ou les lois d'aménagement et d'urbanisme et respecter les servitudes d'utilité publique affectant l'utilisation du sol ainsi que les dispositions nécessaires à la mise en œuvre de projets d'intérêt général relevant de l'État, de la région, du département ou d'autres intervenants. Ils prennent en considération les dispositions des programmes locaux de l'habitat lorsqu'ils existent.

I. – Règles supérieures au POS

Quatre catégories de règles. Les catégories sont énumérées au dernier alinéa du présent article. 2979

II. – Règles ou politiques inspirant les POS

Politiques inspirant les POS. Elles se sont multipliées au fil des lois sectorielles successives : outre les schémas directeurs ou de secteurs et le principe d'équilibre, depuis l'origine des POS (1967) on peut citer les risques naturels et technologiques (depuis 1987 : V. al. 1er), les programmes locaux de l'habitat (depuis 1991 : dernier al.), les plans de déplacement urbain (depuis 1996 : V. al. 1er). 2980

Voir aussi : C. urb., art. L. 121-10, p. 42.

III. – Contenu minimal

2981 **Principe.** Le contenu minimal des POS est fixé par les deux premiers alinéas et précisé par l'article R. 123-21 et par l'article R. 123-18. Par leur contenu (zonage et règles de localisation des constructions), les POS à contenu minimal évoquent les anciennes « cartes communales ».

Voir aussi : Annotations sous C. urb., art. L. 111-1-3, p. 12.

2982 **Plafond de population.** Aucun plafond de population n'est fixé pour les communes qui peuvent être dotées de POS à contenu minimal. Cependant, une commune de 30 000 habitants ne saurait, sans illégalité, retenir un POS à contenu minimal.

Voir aussi : C. urb., art. R. 123-21, p. 531 et C. urb., art. R. 123-18, p. 530.

2983 **Contenu complémentaire.** Les autres alinéas sont relatifs au contenu complémentaire des POS correspondant à l'ancien droit commun de la planification urbaine (COS, tracé des voies, emplacements réservés, etc.)

Voir aussi : C. urb., art. R. 123-21, p. 531.

IV. – Adaptations mineures

2984 **Légalité de l'adaptation mineure.** L'avant-dernier alinéa interdit les dérogations autres que les adaptations mineures. La légalité de l'adaptation mineure suppose, outre le faible dépassement de la norme, un motif résultant limitativement de la nature du sol, de la configuration des parcelles ou du caractère des constructions avoisinantes.

Voir aussi : Commentaire introductif au présent chapitre, avant C. urb., art. L. 123-1, p. 58.

2985 **Principe.** L'adaptation mineure doit être explicite et motivée CE, 9 nov. 1992, *Tamby : Rec. CE*, p. 401 ; *DA* 1992, 549).

Il y a erreur de droit à ne pas examiner, sur recours gracieux, la possibilité d'accorder une adaptation mineure CE, 15 mai 1995, *Cne de Marnaz : Rec. CE*, T, p. 1080 ; *BJDU* 4/1995, p. 310).

2986 **Exemples d'adaptations mineures.** Le dépassement de la marge de reculement de quelques décimètres sur une faible longueur, justifié par des contraintes tirées de la forte dénivellation d'un terrain, est bien une adaptation mineure (CE, 23 févr. 1977, *Cts Lahellec : Rec. CE*, p. 114), de même que le retrait sur voie de 2,20 mètres au lieu de 5 mètres, prévu sur une faible distance, en raison de la courbure de la rue et de la présence dans le sous-sol de vestiges archéologiques (CE, 13 oct. 1978, *SCI de la Rue des Farges : Rec. CE*, p. 375) ou la construction d'un terrain de 7,10 m à 7,45 m de large au lieu de 8 mètres (CE, 4 nov. 1987, *Thomas*), ou une largeur de voie d'accès inférieure de 18 centimètres aux 6 mètres réglementaires (CE, 26 avr. 1989, *Ville de Montpellier* c/ *Bonnet : Rec. CE*, T, p. 1004), ou un mur de soutènement, protégeant la voie publique et dérogeant à la règle de prospect sur voie (CE, 10 nov. 1989, *Hasler : DA* 1990, n° 71 ; *AJDA* 1990, p. 116, concl. de Guillenschmidt), ou une adaptation prévue par le POS lui-même sur un terrain en pente (CE, 10 avr. 1991, *Min. Équip.* c/ *M*me *Chemineau*), ou un léger dépassement du COS, de 0,528 au lieu de 0,5 (CE, 30 juill. 1997, *Sté parisienne de réalisations immobilières : Rec. CE*, T, p. 1121 ; *DA* 1997, 362).

Mais au contraire, ne constitue pas une adaptation mineure la construction à la limite séparative de deux parcelles, lorsque les règles d'urbanisme exigent que les constructions soient implantées à 12 mètres au moins des limites séparatives (CE, 11 févr. 1981, *Maitrot*), de même qu'une hauteur des constructions de 8,80 mètres, lorsque le règlement prévoit un maximum de 6 mètres (CE, 3 juill. 1981, *Runtz*) ou que la construction sur une parcelle de 327 m^2, dans un secteur où la surface minimum constructible a été fixée par le POS à 500 mètres carrés (CE, 10 févr. 1982, *Landry*) ; de même, une emprise au sol supérieure de 40 % à celle autorisée par le POS ne constitue pas une adaptation mineure (CE, 12 janv. 1983, *Assoc. de l'Institution du Mont-Saint-Jean*), ni l'admission d'une hauteur de 14,40 mètres au lieu de 12 mètres (CE, 24 mars 1989, *Ville de Nantes*) ni une adaptation non motivée légalement (CE, 2 juin 1989, *Sté Élysée-Kléber*).

Annulation des autorisations. Au cours des années 1980 à 1986, tous les arrêts du Conseil d'État (une vingtaine) ont annulé les autorisations faisant l'objet d'une prétendue adaptation mineure (*Hocreitere : Petites affiches*, 26 janv. 1987). 2987

Absence d'adaptation mineure. Ne constitue pas une adaptation mineure, et viole des règles de hauteur : une construction de 14 mètres au lieu de 12 (CE, 24 mars 1989, *Ville de Nantes*), un silo de 15 mètres au lieu de 10 (CE, 5 mai 1990, *Sté Coopérative du Puy-de-Dome et Cne de Billom* c/ *Époux Chazeau*), une construction de 13 à 14 mètres au lieu de 12 (CE, 8 oct. 1990, *SCI Tourrades Sud*), ou encore un dépassement de 2,50 mètres (en plus de 16) de faible emprise, pour les besoins de machineries d'ascenseur impossibles à localiser en sous-sol en raison du caractère inondable de ce dernier (CE, 10 juin 1990, *Talmier*). 2988

De même, une construction en intersection de voie ne peut avoir une certaine hauteur sur 17 mètres, si le POS ne la permet que sur 15 (CE, 31 oct. 1990, *Ville du Touquet-Paris Plage : DA* 1990, 6424), une station d'épuration ne peut violer une règle de prospect, sous couvert d'adaptation mineure (CE, 6 avr. 1990, *Cne d'Ozoir-la-Ferrière* c/ *Préfet de Seine-et-Marne*). Si la construction est imposée sur l'alignement, elle ne peut former un retrait de 5,40 mètres sur 12,80 mètres de longueur, ce qui n'est pas mineur, ni justifié par les motifs adéquats (CE, 5 avr. 1991, *Carron*). De même, si la construction doit être édifiée sur la limite séparative, pour la construction d'une coursive et d'un escalier circulaire (CE, 11 juill. 1990, *Caisse de retraite interprofessionnelle* c/ *Guadet*). De la même façon, un dépassement de hauteur est illégal, alors même que le POS l'autorise « en cas de nécessité absolue », pour une usine, le préfet s'étant fondé sur « l'intérêt général qu'elle représente », ce qui n'est pas un motif prévu par le POS (CE, 14 juin 1991, *Payet*), tout comme la construction d'une centrale à béton en zone NC (CE, 24 févr. 1990, *Cne de Saint-Mathieu de Tréviers : DA* 1990, 198).

Ne constitue pas une adaptation mineure l'aggravation de la violation du POS par un immeuble existant, tel que le passage d'une densité de 4,03 à 4,05 dans une zone où le COS est fixé à 2,7 (CE, 10 juill. 1995, *Timsit : DA* 1995, 650), ou le passage de 30 % à 39 % d'emprise (CE, 30 juill. 1997, *Rousset*), ou encore – quel que soit le motif – le rehaussement de rez-de-chaussée de 1,10 mètre au lieu de 30 centimètres (CE, 9 juin 1999, *Roveyraz*), ou encore la localisation d'une grande partie de la façade de 2,80 à 3,60 mètres de l'alignement au lieu des 6 mètres prescrits.

Appréciation souveraine. La cour administrative d'appel apprécie souverainement le caractère mineur de l'adaptation (CE, 30 juin 1999, *Guttierez*). 2989

V. – Divers

Terrains cultivés à protéger. Selon une réponse ministérielle, les terrains cultivés à protéger (9e al.) peuvent n'être pas effectivement exploités à la date de classement (Rép. min. : *JOAN* 2 janv. 1989, p. 61). 2990

Eaux. Le 12° a été ajouté par la loi n° 92-3 du 3 janvier 1992 sur l'eau et renvoie à l'article L. 372-3 du Code des communes dans la rédaction que lui a donnée la même loi, ce qui détermine quatre catégories de zones qui pourront ainsi figurer dans le POS (zones d'assainissement ou zones nécessitant des mesures de maîtrise des eaux pluviales). 2991

Paysages. Le 2e alinéa et la formulation actuelle de la 7e rubrique sont issus de la loi du 8 janvier 1993 relative à la protection des paysages. 2992

Autres alinéas. L'antépénultième alinéa, relatif au dépassement de COS, a donné lieu à une importante jurisprudence, rapportée sous l'article R. 123-22. 2993

Le dernier alinéa modifié par la loi n° 95-115 du 4 février 1995 rappelle les diverses règles qui s'imposent au contenu des POS et dont la violation constituerait un motif d'illégalité du POS.

Il faut ajouter les parcs naturels régionaux, qui s'imposent aux POS par application de l'article L. 244-1 du Code rural.

Voir aussi : Sur le contentieux des POS, Bouyssou : *Études et documents du CE*, n° 34, 1983 ; C. urb., art. L. 146-2, p. 122 ; C. urb., L. 146-6, p. 130.

2994 **Loi d'orientation sur la ville.** La loi d'orientation pour la ville du 13 juillet 1991, dans un souci d'habitat diversifié, a ajouté le 11e alinéa et modifié le 1er, le 5e et le dernier alinéas (pour les modifications rédactionnelles du présent article par la loi du 31 décembre 1976, V. commentaire précédant le présent article).

Voir aussi : Pour le plan local de l'habitat, cité par le dernier alinéa, les annotations sous C. urb., art. L. 311-4, p. 227.

2995 **Exemple de terrains à cultiver protégés.** Peuvent être classés « terrains à cultiver protégés », en vertu du présent article, des terrains clos de murs, à usage de jardins d'agrément, vergers ou potagers, sans valeur agronomique particulière, même s'ils ne sont pas actuellement cultivés (CE, 12 juill. 1993, *Communauté urbaine de Strasbourg : Rec. CE*, T, p. 1090 ; *DA* 1993, 481).

Voir aussi : Sur le contrôle juridictionnel du contenu des POS, Bouyssou : *Droit et Ville* 1987, n° 23, p. 247.

Bibliographie : HUBRECHT et ROUYERE, *L'application des POS : Fausses adaptations et vraies interprétations : Droit et Ville* 1989, n° 27, p. 55. – PÉRINET-MARQUET, *Les limites au choix des communes dans le contenu de leurs POS : Droit et Ville* 1989, n° 27, p. 37. – YOURSI, *Le contrôle du détournement de pouvoir en matière de POS : RFDA* 1989, p. 545. – LIET-VEAUX, *Réflexions sur les exceptions et les dérogations : RD imm.* 1995, p. 1. – CELERIER, *Guide de la légalité des POS*, EFE, 2e éd., 1998.

C. urb., art. L. 123-2 ancien *(L. n° 76-1285, 31 déc. 1976 ; L. n° 83-8, 7 janv. 1983)*. — Dans les zones à protéger en raison de la qualité de leurs paysages dont la définition est fixée par les décrets prévus à l'article L. 125-1, les plans d'occupation des sols peuvent déterminer les conditions dans lesquelles les possibilités de construction résultant du coefficient d'occupation du sol fixé pour l'ensemble de la zone pourront être transférées en vue de favoriser un regroupement des constructions sur d'autres terrains situés dans un ou plusieurs secteurs de la même zone.

Dans ces secteurs, les constructions ne sont autorisées qu'après de tels transferts, les possibilités de construire propres aux terrains situés dans ces secteurs s'ajoutant alors aux possibilités transférées ; la densité maximum de construction desdits secteurs est fixée par le plan.

En cas de transfert, la totalité du terrain dont les possibilités de construction sont transférées est frappée de plein droit d'une servitude administrative d'interdiction de construire constatée par un acte authentique publié au bureau des hypothèques. Cette servitude ne peut être levée que par décret pris sur avis conforme du Conseil d'État.

2996 **Présentation.** Le présent article résulte d'une disposition très controversée de la loi du 31 décembre 1976. Elle constitue une voie moyenne entre deux tendances opposées : les partisans d'un transfert généralisé des COS assurant une péréquation des valeurs foncières (Gilli, *Redéfinir le droit de propriété*, CRU 1975) et les adversaires d'un tel transfert, susceptible d'ouvrir une brèche dans le principe des non-indemnisations des servitudes d'urbanisme (Lenotre-Villecoin : *Études* 1975, p. 531).

La loi a tranché en limitant le transfert de COS à des secteurs de zone ND, spécialement délimités par le POS. Selon l'administration, pour éviter la hausse des prix agricoles, le transfert des COS ne peut être autorisé dans les zones NC des POS, mais seulement dans les zones ND (Rép. min. : *JOAN* 8 déc. 1979, p. 11503 ; *JCP* N 1980, Prat. 7402).

Voir aussi : La formule notariale commentée de H. Hegner : *JCP* N 1980, I, p. 179 ; le commentaire général des dispositions relatives au transfert de COS dans la brochure de la DUP : *Les coefficients d'occupation des sols* (1982) ; C. urb., art. R. 123-22, p. 531.

Bibliographie : Sur la pratique des transferts de COS, DUBOIS-MAURY, *Le transfert de COS, un outil de protection des espaces naturels : Rev. Norois* 1983, n° 119, p. 393. – PÉRIGNON, *L'acquisition d'une parcelle attenante : Defrénois* 1991, I, p. 923).

C. urb., art. L. 123-2-1 ancien *(L. n° 94-624, 21 juill. 1994 ; L. n° 98-657, 29 juill. 1998)*. — Il ne peut, nonobstant toute disposition du plan d'occupation des sols, être exigé la réali-

sation de plus d'une aire de stationnement par logement lors de la construction de logements locatifs financés avec un prêt aidé par l'État. Les plans d'occupation des sols peuvent en outre ne pas imposer la réalisation d'aires de stationnement lors de la construction de ces logements.

L'obligation de réaliser des aires de stationnement n'est pas applicable aux travaux de transformation ou d'amélioration de bâtiments affectés à des logements locatifs financés avec un prêt aidé par l'État, y compris dans le cas où ces travaux s'accompagnent de la création de surface hors œuvre nette, dans la limite d'un plafond fixé par décret en Conseil d'État.

C. urb., art. L. 123-3 ancien ***(L. n° 83-8, 7 janv. 1983 ; L. n° 83-663, 22 juill. 1983 ; L. n° 85-30, 9 janv. 1985 ; L. n. 91-662, 13 juill. 1991 ; L. n° 95-115, 4 févr. 1995).*** **— Le plan d'occupation des sols est élaboré à l'initiative et sous la responsabilité de la commune.**

Après délibération du conseil municipal, une commune peut confier l'élaboration d'un plan d'occupation des sols à un établissement public de coopération intercommunale.

Sont associés à cette élaboration l'État et, à leur demande et dans les formes que la commune ou l'établissement public détermine, la région, le département et les organismes mentionnés aux articles L. 121-6 et L. 121-7 ; le maire ou le président de l'établissement public peut recueillir l'avis de tout organisme ou association ayant compétence en matière de construction, d'aménagement ou d'urbanisme. En zone de montagne, la commission communale d'aménagement foncier est consultée à l'initiative du maire dans toute commune où est décidée l'élaboration d'un plan d'occupation des sols.

Au vu de la décision prescrivant l'élaboration d'un plan d'occupation des sols, le représentant de l'État porte à la connaissance de la commune ou de l'établissement public compétent les directives territoriales d'aménagement ou, en l'absence de celles-ci, les lois d'aménagement et d'urbanisme, servitudes et dispositions mentionnées au dernier alinéa de l'article L. 123-1, précise les objectifs minima à atteindre en matière de politique locale de l'habitat et lui communique toute autre information qu'il juge utile à l'élaboration du plan.

Le conseil municipal ou l'organe délibérant de l'établissement public compétent arrête le projet de plan d'occupation des sols. Celui-ci est alors soumis pour avis aux personnes publiques associées à son élaboration ainsi que, à leur demande, aux communes limitrophes et aux établissements publics de coopération intercommunale directement intéressés. Ces personnes donnent un avis dans les limites de leurs compétences propres, au plus tard trois mois après transmission du projet de plan ; à défaut, ces avis sont réputés favorables.

Lorsque le projet de plan d'occupation des sols est arrêté par l'organe délibérant de l'établissement public groupant les communes et ayant compétence en matière d'urbanisme, il est également soumis pour accord aux conseils municipaux des communes membres. Les conseils municipaux doivent faire connaître leur accord ou leur désaccord dans un délai de trois mois ; à défaut, l'accord est réputé donné.

Le projet de plan d'occupation des sols est rendu public par le maire ou le président de l'établissement public compétent avec en annexe les avis ou les accords des personnes publiques consultées.

Initiative du POS. Sur l'initiative du POS, le principe est néanmoins l'initiative et la responsabilité de la commune. 2997

Voir aussi : Sur l'initiative du POS, C. urb., art. L. 123-7-1, p. 64 ; sur le rôle de l'État, C. urb., art. L. 121-2, p. 35.

Transfert de compétences. Le transfert des compétences aux communes vaut au profit d'un établissement public intercommunal, dans la stricte mesure où il était doté de la compétence transférée avant la loi du 7 janvier 1983. Ainsi, les « études d'urbanisme » étant confiées à un district avant ladite loi, une commune adhérente ne peut les engager elle-même (CE, 10 mai 1989, 2998

District de Reims c/ *Cne de Cormontreuil : Rec. CE*, p. 121). Mais cette compétence, qui est réservée aux seules « études d'urbanisme », ne confère pas au district le pouvoir d'élaborer le POS ou tout autre document d'urbanisme à la place des communes membres (CE, 10 mai 1989, *District de Reims* c/ *Cne de Cormontreuil : Rec. CE*, p. 121 ; *AJDA* 1989, p. 638, note J.-B. Auby ; *RFDA* 1990, p. 188, concl. Stirn).

Bibliographie : DUROY, *À la recherche de l'intérêt districal : AJDA* 1995, p. 94 et thèse J.-L. MAILLOT, *L'intercommunalité et les politiques d'aménagement de l'espace*, Montpellier 1995, dactylographiée.

2999 **EPCI.** En cas d'existence d'un établissement public de coopération intercommunale, les communes membres doivent néanmoins donner leur accord (avant-dernier alinéa). Sur l'intercommunalité en matière de POS.

Bibliographie : J.-L. MAILLOT, *Communauté de communes et aménagement de l'espace : Petites affiches*, 18 juin 1993 ; *Intercommunalité : coopérer pour aménager : Ét. fonc.* 1993, n° 58.

3000 **Absence du POS.** Aucune commune n'est tenue obligatoirement d'élaborer un POS, mais l'absence de POS entraîne l'application de la règle de constructibilité limitée (art. L. 111-1-2). En revanche, aucun POS ne peut disparaître (art. L. 123-4-1).

3001 **Association de l'État.** L'association de l'État et, sur leur demande, des autres personnes publiques concernées, se fait comme en matière de schéma directeur.

Voir aussi : C. urb., art. L. 122-1-1, p 46.

3002 **Divergences entre le projet de POS et le POS.** Des divergences semblent possibles entre le projet de POS tel qu'il est arrêté, et tel qu'il est rendu public. Mais, les divergences doivent se limiter alors, nous semble-t-il, à la prise en considération des avis des personnes publiques consultées.

3003 **Publicité du POS.** Le projet de plan d'occupation des sols est rendu public par le maire ou le président de l'établissement public compétent avec en annexe les avis ou les accords des personnes publiques consultées.

3004 **Zone de montagne.** En zone de montagne, la création de la commission communale d'aménagement foncier est de droit, à la demande de toute personne prévue à l'article 1er *bis* du Code rural (art. L. 121-2).

Voir aussi : C. urb., art. L. 600-1, p 469, les limitations apportées au droit, pour des requérants, d'invoquer des vices de forme ou de procédure au-delà d'un certain délai.

Bibliographie : DOREAU-TRANQUARD, *Élaboration des POS : les erreurs à éviter : Droit et Ville* 1989, n° 27, p. 11.

C. urb., art. L. 123-3-1 ancien *(L. n° 83-8, 7 janv. 1983)*. — Le plan d'occupation des sols rendu public est soumis à enquête publique par le maire ou par le président de l'établissement public de coopération intercommunale.

Après l'enquête publique, le plan d'occupation des sols, éventuellement modifié, est approuvé par délibération du conseil municipal ou de l'organe délibérant de l'établissement public.

Les plans d'occupation des sols rendus publics ou approuvés sont tenus à la disposition du public.

3005 **Enquête publique.** L'enquête publique sur le projet de POS, sur sa modification ou sur la révision, obéit aux règles fixées en application de la loi du 12 juillet 1983.

Voir aussi : C. urb., art. R. 123-11, p. 527 ; C. urb., art. R. 123-35-1 et R. 123-35-3, p. 536.

C. urb., art. L. 123-3-2 ancien *(L. n° 83-8, 7 janv. 1983 ; L. n° 83-663, 22 juill. 1983 ; L. n° 91-662, 13 juill. 1991)*. — Dans les communes non couvertes par un schéma directeur ou un

schéma de secteur approuvé, l'acte rendant public le plan d'occupation des sols ou l'acte approuvant le plan d'occupation des sols ou sa modification devient exécutoire dans le délai d'un mois suivant sa transmission au représentant de l'État, sauf si, dans ce délai, celui-ci a notifié à la commune les modifications qu'il estime nécessaire d'apporter à ce plan, lorsque certaines de ses dispositions sont illégales, de nature à compromettre la réalisation d'un schéma directeur, d'un schéma de secteur ou d'un schéma de mise en valeur de la mer en cours d'établissement, insuffisantes pour satisfaire les besoins en matière d'habitat ou pour permettre la maîtrise de l'urbanisation future, ou ont fait apparaître des incompatibilités manifestes avec l'utilisation ou l'affectation des sols des communes voisines.

Les dispositions du plan d'occupation des sols rendu public ou approuvé ou sa modification sont inopposables aux tiers tant que la commune ou l'établissement public de coopération intercommunale n'a pas apporté les modifications demandées.

Caractère exécutoire. Par dérogation à la loi du 2 mars 1982, qui prévoit le caractère immédiatement exécutoire des délibérations et des autres textes des collectivités locales (le représentant de l'État ne pouvant s'y opposer qu'en saisissant le tribunal administratif), le présent article diffère le caractère exécutoire des actes rendant public, approuvant ou modifiant un POS mais seulement dans des communes non couvertes par un schéma directeur ou un schéma de secteur approuvé (*a contrario*, lorsqu'il existe un tel schéma, l'acte relatif au POS est immédiatement exécutoire). 3006

Modifications et opposition du représentant de l'État. Le représentant de l'État peut imposer des modifications dans ce délai, et l'opposabilité du POS est suspendue jusqu'à ce que de telles modifications aient été apportées. 3007
Ce pouvoir d'opposition du représentant de l'État ne se limite pas à des hypothèses d'illégalité du POS ; il comporte aussi un pouvoir qui s'exerce en opportunité (le cas le plus typique étant celui des incompatibilités manifestes avec le régime des sols des communes voisines).

Opposition du préfet. L'opposition du préfet à un POS au motif qu'il ne respectait pas les limites d'une zone NC, telles que prévues par un avis préfectoral, est annulée, le Conseil d'État ayant même écarté une substitution de motifs invoquée par le préfet en cours d'instance (CE, 9 avr. 1993, *Cne des Contamines-Montjoie : Rec. CE*, p. 126 ; *RFDA* 1993, p. 1018, concl. Bonichot ; *DA* 1993, p. 318). De même, le préfet n'est pas compétent pour fixer *a priori* les espaces à protéger en application de l'article L. 146-6 (TA Pau, 26 mai 1992, *Les amis de la Terre : Rev. jur. env.* 1993, p. 213, note Madec et Rey). 3008

Pouvoir du représentant de l'État en présence d'un schéma approuvé. Si la commune est couverte par un schéma approuvé, le représentant de l'État ne dispose que de son pouvoir de contrôle administratif ordinaire : il ne peut s'opposer aux actes communaux relatifs au POS, ni suspendre leur opposabilité. En revanche, il peut saisir le tribunal administratif, pour des motifs de légalité seulement, et lui demander le cas échéant de prononcer le sursis à exécution (L. 2 mars 1982). 3009

Sursis à exécution. La loi du 4 février 1995 a institué, en matière d'urbanisme, un régime spécial de sursis à exécution à l'appui d'un déféré préfectoral : la demande de sursis, à condition d'être formulée par le préfet dans les dix jours de la transmission de l'acte qu'il défère au tribunal administratif, suspend les effets de cet acte pendant une durée d'un mois. 3010

Délai. En application de la jurisprudence (CE, 18 déc. 1994, *Lestavel et Cosyn*), une circulaire du 24 juillet 1995 (*Mon. TP* 18 août 1995) précise que le délai d'un mois à l'expiration duquel le POS est exécutoire court de la dernière formalité de publicité, c'est-à-dire de l'expiration du délai d'affichage en mairie pendant un mois, de la transmission au préfet au titre du contrôle de la légalité et de la publication d'un extrait dans deux journaux. C'est de ce même jour que commence à courir le délai de recours pour excès de pouvoir contre la délibération rendant public, approuvant, révisant ou modifiant le POS. 3011
Mais la jurisprudence récente a rétabli le délai de droit commun, pour le recours pour excès de pouvoir contre le POS : sous réserve de la publicité dans la presse, ce délai court du premier (et

non du dernier) jour de l'affichage en mairie (CE, sect., 28 juin 1996, *Féd. des espaces naturels catalans : DA* 1996, 506, note C. M. ; *BJDU* 5/1996, p. 366, concl. Maugüe).

3012 **Constitutionalité de l'article L. 123-3-1.** La constitutionnalité du présent article apparaît douteuse, eu égard à la décision du Conseil constitutionnel du 21 janvier 1994 relative à la loi Bosson.

Bibliographie : BOUYSSOU, *La loi du 9 février 1994 : AJDA* mars 1994.

C. urb., art. L. 123-4 ancien *(L. n° 76-1285, 31 déc. 1976 ; L. n° 83-8, 7 janv. 1983 ; L. n° 83-663, 22 juill. 1983 ; L. n° 86-1290, 23 déc. 1986 ; L. n° 95-115, 4 févr. 1995).* **— Le plan d'occupation des sols est révisé dans les formes prévues aux six premiers alinéas de l'article L. 123-3, puis soumis à enquête publique par le maire ou le président de l'établissement public de coopération intercommunale, puis est approuvé dans les conditions prévues au second alinéa de l'article L. 123-3-1.**

Un plan d'occupation des sols approuvé peut également être modifié par délibération du conseil municipal après enquête publique à la condition qu'il ne soit pas porté atteinte à son économie générale et que la modification ne concerne pas les espaces boisés classés ou ne comporte pas de graves risques de nuisance.

Toutefois, lorsque la modification ne concerne que la suppression ou la réduction d'un emplacement réservé inscrit au plan d'occupation des sols au bénéfice d'une commune ou d'un établissement public de coopération intercommunale, il n'y a pas lieu de procéder à une enquête publique. Cette disposition n'est applicable que pour les terrains non acquis par la commune ou l'établissement public de coopération intercommunale.

À compter de la décision prescrivant la révision d'un plan d'occupation des sols, le conseil municipal peut décider de faire une application anticipée des nouvelles dispositions du plan en cours d'établissement dans les conditions définies par décret en Conseil d'État, dès lors que cette application.

***a)* N'est pas incompatible avec les dispositions d'un schéma directeur ou d'un schéma de secteur approuvé ou en cours d'établissement ;**

***b)* N'est pas de nature à compromettre la réalisation d'un projet d'intérêt général au sens de l'article L. 121-12 ou l'application des directives territoriales d'aménagement et, en leur absence, des lois d'aménagement et d'urbanisme prévues à l'article L. 111-1-1 ;**

***c)* N'a pas pour objet ou pour effet de supprimer une protection édictée en faveur d'un espace boisé ou de réduire de façon sensible une protection édictée en raison de la valeur agricole des terres, des risques de nuisance, de la qualité des sites, des paysages ou des milieux naturels.**

La délibération du conseil municipal prévoyant l'application anticipée des nouvelles dispositions devient exécutoire dans le délai d'un mois suivant sa transmission au représentant de l'État. Cette délibération est valable six mois. Elle peut être renouvelée.

I. – Distinction entre révision et modification

3013 **Principe.** Le présent article fonde, sur le plan législatif, la distinction entre révision et modification du POS. À la différence de la modification, la révision peut porter atteinte à l'économie générale du plan et concerner des espaces boisés classés ou comporter des risques de nuisances. En outre, la modification est l'affaire presque exclusive de la commune, alors que la révision implique l'association des partenaires qui participent à l'élaboration initiale du POS. Enfin, la décision de procéder à une modification ne permet pas de recourir au sursis à statuer contrairement à la mise en révision (art. L. 123-5).

La *loi Méhaignerie* du 23 décembre 1986 a ajouté au présent article les 3e, 4e et 5e alinéas. D'une part, une modification très simplifiée est prévue pour supprimer un emplacement réservé (au profit de la commune) sans enquête publique. D'autre part, la faculté de « dérogation-anticipation », en cas de révision du POS, supprimée par la loi du 22 juillet 1983, est rétablie. La durée est limitée (5e al.), et les conditions sont nombreuses (4e al.). Il est probable que le Conseil d'État interprète ce texte de manière restrictive, comme c'était précédemment le cas sous le régime antérieur à la loi du 22 juillet 1983, étant précisé que « l'application anticipée » est plus large que l'ancienne « dérogation-anticipation », puisqu'elle peut être défavorable aux demandeurs d'autorisations.

Voir aussi : TA Paris, 7 nov. 1988, *Caisse d'assurance vieillesse des professions libérales : Rec. CE*, T, p. 1072 et 1082 ; l'abondante jurisprudence relative à la distinction entre révision et modification du POS sous C. urb., art. R. 123-34, p. 535.

II. – Application anticipée

Voir aussi : Sur l'application anticipée, la circulaire n° 88-26 du 25 mars 1988 : *JCP* N 1988, Prat. 557.

Exemple d'application anticipée. La suppression d'un emplacement réservé pour des espaces verts, sans enquête publique en vertu du présent article, est légale car les terrains n'avaient pas été acquis par la ville, et il existe d'autres projets d'espaces verts dans le même secteur (CE, 28 juill. 1993, *Ville de Bois-Colombes* c/ *Tournet : Petites affiches* 1er déc. 1993, note Bouyssou). 3014
Sur le contrôle de l'application anticipée, CE, 26 juin 1987, *Assoc. SOS Paris (AJDA* 1988, p. 71, note J.-B. Auby ; *Petites affiches*, 20 avr. 1988, note Moderne ; *Rec. CE*, T, p. 1019 et CE, 26 mai 1989, *Chauvin : Rec. CE*, p. 133. – CE, 19 sept. 1990, *SCA du Nord-Est de la Brie : DA* 1990, 523. – CE, 21 sept. 1991, *Mme Chantillon*. – CAA Lyon, 10 nov. 1993, *L'Hôtel : DA* 1994, 111. – CE, 3 juin 1994, *Luneau* c/ *Cne de St-Jean-Cap-Ferrat : DA* 1994, 428. – CE, 5 déc. 1994, *Cne d'Allone*. – CE, 30 janv. 1995, *Mme Blanc*. – CE, 1er oct. 1997, *SAN des Portes de la Brie : BJDU* 5/1997, p. 335, concl. contraires Bergeal. – CE, 14 nov. 1997, *Cne de Martory-Flaurelle*. – CE, 7 oct. 1998, *Assoc. Aujourd'hui pour demain*. – CE, 21 juin 1999, *Cne de Sainte-Léocadie*.

Modification. Les règles applicables pendant six mois peuvent être modifiées pendant cette période (TA Nice, 29 mars 1990, *Préfet des Alpes-Maritimes* c/ *Ville de Nice : D.* 1991, somm. p. 258, note Charles). 3015

Réponse ministérielle. Une réponse ministérielle envisage la suppression, par voie législative, de la procédure d'application anticipée (Rép. min. : *JOAN* 8 avr. 1991, p. 1433). 3016
Ce point de vue est repris par le Conseil d'État dans son rapport de 1992, « L'urbanisme : pour un droit plus efficace » (La Documentation française 1992).

Bibliographie : J.-B. Auby, *Modification et révision des POS. Problèmes actuels : Droit et Ville* 1989, n° 27, p. 77. – Le Cornec, *Faut-il supprimer l'application anticipée des documents d'urbanisme ? : AJPI* 1992, p. 683. – Sur le même thème, Baranès : *Petites affiches*, 10 mars 1995.

C. urb., art. L. 123-4-1 ancien *(L. n° 83-8, 7 janv. 1983)*.— Un plan d'occupation des sols ne peut être abrogé. En cas d'annulation par voie juridictionnelle d'un plan d'occupation des sols, concernant tout ou partie du territoire intéressé par le plan, l'autorité compétente est tenue d'élaborer sans délai un nouveau plan d'occupation des sols.

I. – Principes

Modification législative. Les conséquences de l'annulation ou de la déclaration d'illégalité d'un POS sont bouleversées par le nouvel article L. 125-5, issu de la loi Bosson du 9 février 1994. 3017
Ce nouveau texte rend partiellement obsolètes les observations ci-après, relatives aux effets de l'illégalité du POS, néanmoins utiles à la suite pratique de jurisprudences antérieures à 1994.

Principe de l'interdiction d'abrogation. L'interdiction d'abroger un POS vise à empêcher les communes de renoncer par ce moyen à leur compétence pour délivrer, en leur nom propre, le permis de construire et les autres autorisations d'occupation du sol. 3018

Voir aussi : C. urb., art. L. 421-2, p. 335, qui subordonne la compétence propre de la commune à l'existence d'un POS approuvé. Ce transfert de compétence est alors définitif, C. urb., art. L. 421-2-1, p. 336.

II. – Effets de l'illégalité du POS (solutions anciennes)

3019 **Exemples.** L'annulation juridictionnelle d'un POS n'entraîne pas l'illégalité par voie de conséquence de tous les actes subséquents – permis de construire notamment – (CE, 28 janv. 1987, *Comité de défense des espaces verts* c/ *SA Le Lama : AJDA* 1987, p. 275, concl. Vigouroux), mais des seuls permis de construire délivrés sur le fondement de dispositions *spécialement édictées* en vue de cette délivrance (CE, 12 déc. 1986, *Sté Gepro : CJEG* 1987, p. 518, concl. Vigouroux).
L'annulation du POS approuvé ne fait pas disparaître la compétence de la commune pour délivrer les autorisations d'urbanisme (CE, 5 févr. 1988, *SCI des Granges blanches : AJDA* 1988, p. 357, concl. Fornacciari). En cas d'annulation partielle, le règlement de la zone contiguë ne s'applique pas (CE, 21 juill. 1989, *Min. Équip. et Élena*).
L'annulation du POS en raison de la nécessité d'une nouvelle enquête publique n'est pas de nature à empêcher la délivrance d'un permis de construire (CE, 27 mai 1991, *Époux Bouquet : Rec. CE*, p. 213).
L'exception d'illégalité du POS est recevable à l'appui d'un recours en annulation contre une décision de préemption (CE, 1er déc. 1993, *Mme Chiarazzo : AJDA* 1994, p. 152, concl. Arrighi de Casanova).

3020 **Abrogation.** L'interdiction d'abroger, prévue au présent article, prime l'obligation d'abroger un règlement illégal prévue par le décret du 28 novembre 1983 (CE, 15 avr. 1988, *SCI Le Tahiti : Petites affiches*, 9 déc. 1988, note Frier ; *Rec. CE*, p. 140).

3021 **Annulation partielle du POS.** L'annulation partielle du POS (emplacement réservé) n'oblige pas à établir un nouveau POS sans délai (CE, 31 juill. 1996, *Assoc. Volvienne de défense de l'environnement : Rec. CE*, T, p. 1108).

3022 **Révision ou modification régulière du POS.** Sauf cas particulier d'indivisibilité entre dispositions du POS originel et du POS révisé, la révision régulière du POS approuvé paralyse les effets d'une exception d'illégalité à l'encontre des dispositions du POS approuvé auxquelles ont été substituées celles du POS révisé. Il en est de même en cas de modification régulière du POS approuvé. Ainsi, des ZAC peuvent être créées, et le droit de préemption urbain peut être institué sur l'étendue des *nouvelles* zones U ou NA résultant de la procédure de révision ou de modification (Avis du Conseil d'État, rendu en assemblée générale, 8 déc. 1988, *Études et Documents*, n° 40, p. 292).
Pour un exemple contentieux de légalité d'une ZAC, malgré l'illégalité du POS, CE, 3 juill. 1996, *Min. Équip. : DA* 1997, 38 ; *Rec. CE*, p. 259.

3023 **Conditions de la révision.** Rien n'impose de modifier, lors d'une révision, l'ensemble des dispositions illégales du POS précédent, ni de limiter la révision aux dispositions précédemment annulées par le juge administratif. On ne peut se prévaloir des illégalités préexistantes, mais indépendantes de la révision nouvelle (CE, 14 avr. 1995, *Mme Michaud-Jeannin : Rec. CE*, T, p. 1075 ; en sens apparemment contraire, CE 31 mai 1995, *SA Plâtres Lambert Productions*).
En cas d'illégalité d'un POS, à la fois pour des motifs de fond et de forme, concl. Frydman, sous CE, 21 juill. 1989, *Party* et CE, 21 juill. 1989, *Min. Urb.* c/ *Assoc. de défense de l'environnement et de la qualité de la vie de Golfe Juan et Vallauris* : *CJEG* 1989, p. 407 ; *Rec. CE*, p. 166.

3024 **Application du RNU.** L'illégalité du POS entraîne l'application du RNU, et non celle du POS antérieur (CE, sect., 8 juin 1990, *Assoc. de sauvegarde du patrimoine martiniquais : Rec. CE*, p. 149 ; *CJEG* 1991, p. 1, concl. Toutée, note Jegouzo ; *AJDA* 1990, p. 701, chron. Honorat et Schwartz. – CE, 28 sept. 1998, *Cne de Saint-Bon-Tarentaise*)

3025 **Circulaire du ministère de l'Équipement.** Les conséquences de l'annulation ou de la déclaration d'illégalité d'un POS ont suscité une très abondante jurisprudence (CE, 25 nov. 1991, *Assoc.*

des amis de Saint-Palais-sur-Mer : Rec. CE, p. 408 ; *DA* 1992, 59 ; *AJDA* 1992, chron. de jurispr. p. 116 ; *JCP* N 1993, II, p. 101 ; *Petites affiches*, 29 avr. 1992, note Morand-Deviller. – CE, 2 déc. 1991, *Tanguy : CJEG* 1992, p. 547, concl. Abraham. – CE, 14 juin 1991, *Assoc. des amis de Saint-Palais-sur-Mer : AJDA* 1991, p. 818, concl. Stirn) et de nombreux commentaires de doctrine (V. bibliographie ci-après).

Elles ont été résumées par deux circulaires du ministre de l'Équipement (Circ. n° 92-67, 20 oct. 1992 : *Mon. TP* 13 nov. 1992 ; *JCP* N 1992, Prat. 2437. – Circ. n° 93-09, 20 janv. 1993 : *Mon. TP* 2 avr. 1993). Les effets de l'illégalité du POS, retenue par voie d'exception, ou de son annulation, sont identiques (mais ils ne s'étendent ni à son retrait, ni du sursis à exécution). – Granier, *Les incidences du contrôle juridictionnel des POS sur la validité du permis de construire : JCP* N 1989, I, p. 26. – Sestier, *Annulation et constats de l'illégalité : l'unification jurisprudentielle des POS se fera-t-elle au détriment de la stabilité des situations juridiques existantes ? : JCP* N 1993, I, p. 73. – Maugüe et Schwartz, *Les conséquences de l'illégalité des POS ? : AJDA* n° spécial mai 1993, p. 50.

Mais les conséquences de l'annulation ou de la déclaration d'illégalité du POS ont été bouleversées par l'article L. 125-5, issu de la loi du 9 février 1994.

L'article L. 125-5, issu de la loi du 9 février 1994 ; sur la double exception d'illégalité du POS et du schéma directeur, TA Versailles, 22 juin 1993, *Sourine c/ Préfet de Seine-et-Marne : AJDA* 1994, p. 164, note Lamorlette ; *DA* 1993, 535.

Annulation d'une modification. L'annulation de la *modification* d'un POS entraîne le retour au POS approuvé (CE, 3 juill. 1992, *Cne de Ridisneim* et *Sté les Glycines : Rec. CE*, p. 279 ; *DA* 1992, 399 ; *AJDA* 1993, p. 71, note Jacquot). 3026

Annulation d'une révision. Dès lors que l'annulation de la révision entraîne le retour au RNU (et non à un POS quelconque), la procédure d'application anticipée d'une révision de POS est illégale (CE, 2 déc. 1992, *Assoc. des amis de Saint-Palais-sur-Mer : AJDA* 1993, p. 71, note Jacquot). Sur l'annulation du POS, voir aussi CE, 10 juin 1992, *Cne de Falicon : DA* 1992, 361. 3027

Annulation de l'approbation. L'annulation de l'approbation du POS approuvé entraîne le retour au POS rendu public, mais seulement si ce dernier remonte à moins de trois ans (CAA Nantes, 11 déc. 1996, *Thomas : DA* 1997, 153. – CE, 29 déc. 1995, *Cne de Fontvieille : DA* 1996, 119). 3028

Illégalité d'une disposition particulière. En cas de constatation d'illégalité d'une disposition particulière du POS, il convient d'appliquer la disposition homologue du RNU (en l'espèce, l'article R. 111-19), s'il en existe une (CE, sect., 3 déc. 1993, *Murtin : Rec. CE*, p. 346 ; *RD publ.* 1994, p. 1219, concl. Abraham ; *BJDU* 3/1994, p. 9, concl. Abraham). 3029

Illégalité de la modification d'un secteur de zone. L'illégalité de la modification d'un secteur de zone rétablit l'application du règlement de l'ensemble de la zone (CE, 12 avr. 1995, *Cne de Saint-Bon-Courchevel*). 3030

Voir aussi : Sur le cas particulier d'application du présent article en cas de modification des limites communales, Blais : *BJDU* 3/1995, p. 183.

Proposition du Conseil d'État. Dans son rapport de 1992, « L'urbanisme : pour un droit plus efficace », le Conseil d'État a proposé d'abroger le présent article. 3031

Le législateur n'est pas allé aussi loin, même s'il a bouleversé les solutions jurisprudentielles précitées.

Voir aussi : C. urb., art. L. 125-5, p 75.

Bibliographie : Chauvin, *L'illégalité du POS*, LGDJ 1996. – Debouy, *L'illégalité du POS, drame ou péripétie : Droit et Ville* 1989, n° 27, p. 95.

C. urb., art. L. 123-5 ancien *(L. n° 76-1285, 31 déc. 1976 ; L. n° 83-8, 7 janv. 1983 ; L. n° 83-663, 22 juill. 1983 ; L. n° 93-3, 4 janv. 1993).* — Lorsque l'établissement d'un plan d'occupation des sols est prescrit ou lorsque la révision d'un plan approuvé a été ordonnée, l'autorité compétente peut décider de surseoir à statuer, dans les conditions et délais

prévus à l'article L. 111-8, sur les demandes d'autorisation concernant des constructions, installations ou opérations qui seraient de nature à compromettre ou à rendre plus onéreuse l'exécution du futur plan.

L'acte par lequel est prescrit l'établissement d'un plan d'occupation des sols ou l'acte par lequel est ordonnée la révision d'un plan d'occupation des sols approuvé fait l'objet d'une publicité dans les conditions déterminées par les décrets prévus à l'article L. 125-1.

Le plan rendu public est opposable à toute personne publique ou privée pour l'exécution de tous travaux, constructions, plantations, affouillements ou exhaussements des sols, pour la création de lotissements et l'ouverture des installations classées appartenant aux catégories déterminées dans le plan. Lorsqu'un plan a été rendu public avant le classement des carrières dans la nomenclature des installations classées, seules sont opposables à l'ouverture des carrières les dispositions du plan les visant expressément.

Si l'approbation du plan n'intervient pas dans un délai de trois ans à compter du jour où le plan a été rendu public, celui-ci cesse d'être opposable aux tiers.

I. – Sursis à statuer

Voir aussi : Sur le mécanisme de sursis à statuer, C. urb., art. L. 111-8, p. 23 et jurisprudence citée.

3032 **Principes du sursis à statuer.** La loi du 7 janvier 1983 supprime le monopole préfectoral en matière de sursis à statuer. Dans les conditions fixées par décret (V. art. R. 123-26), le maire peut également opposer un tel sursis.

Mais le sursis ne peut être opposé qu'à partir de la publication de l'acte qui décide l'élaboration d'un POS (CE, sect., 13 déc. 1974, *Min. Aménag. terr.* c/ *Dame Girod : Rec. CE*, p. 632).

Le juge administratif vérifie si, à la date où le sursis à statuer est prononcé, le projet est de nature à compromettre ou à rendre plus onéreuse l'exécution du plan ; ainsi est annulé un sursis décidé alors que le futur POS est dans un état d'avancement insuffisant pour justifier légalement cette décision (CE, 4 déc. 1981, *Manceau : AJPI* 1982, p. 102, note Ricard. – CE, 6 févr. 1991, *Cne de Sorèze* c/ *Carriès*. – CE, 17 mars 1993, *Cne de Gasny*. – CE, 9 avr. 1993, *SNC Texin et Cie*. – CE, 14 mars 1995, *Pastorino* c/ *Cne de Contes*).

Le juge n'ordonne pas le sursis à exécution des décisions de sursis à statuer, compte tenu du caractère provisoire de ces dernières (CE, 14 mars 1981, *Sté des Centres commerciaux : DA* 1980, n° 130).

Le sursis à statuer peut être opposé à une déclaration de travaux (TA Versailles, 9 juill. 1996, *Cagnard* c/ *Cne de Quincy-Voisins : Ét. fonc.* 1997, n° 74. – CAA Paris, 12 nov. 1998 : *BJDU* 1/1999, p. 63).

II. – Opposabilité du POS rendu public ou approuvé

3033 **Principe de l'opposabilité.** L'opposabilité d'un POS dépend en principe de la décision qui le rend public. Mais, depuis la loi du 7 janvier 1983, cette opposabilité peut être suspendue par le représentant de l'État.

Voir aussi : C. urb., art. L. 123-3-2, p. 63 et les annotations sous cet article.

3034 **Remise en cause de la constructibilité.** La constructibilité résultant d'un POS rendu public peut être remise en cause du fait d'une DUP (art. L. 123-8), d'une directive d'aménagement national ou d'une règle visée à l'article R. 111-1 (Rép. min. : *JO Sénat* 16 janv. 1980, p. 93 ; *JCP* N 1980, Prat. 7491).

3035 **POS non approuvé dans le délai.** Il n'y a pas caducité du POS rendu public si ce dernier n'est pas approuvé dans les trois ans, mais une simple suspension de ses effets (concl. Genevois, sous CE, 31 déc. 1976, *Les amis de l'Île de Groix : JCP* 1977, II, 18589). Sur les conséquences procédurales d'une telle situation (Circ. n° 78-53, 10 mars 1978 relative aux effets des POS [n° 3]).

Un sursis à statuer peut être opposé pendant la période de suspension des effets du POS rendu public (CE, 6 déc. 1985, *Cie immobilière Pierre Chemineau : DA* 1986, n° 78).

Voir aussi : Sur la dérogation-anticipation rétablie par la *loi Méhaignerie* du 23 décembre 1986, C. urb., art. L. 123-34 et Circ. n° 87-40, 27 avril 1987 : *JCP* N 1987, Prat. 173.

Annulation de juridictionnelle de l'arrêté approuvant le POS. Pendant la durée de 3 ans prévue par le dernier alinéa du présent article, le POS rendu public reste en vigueur en cas d'annulation juridictionnelle de l'arrêté approuvant le POS (CE ass., 15 févr. 1980, *Assoc. pour la protection du site du vieux Pornichet et l'amélioration de son port : Rec. CE*, p. 85 ; *JCP* G 1980, II, 19375, concl. Genevois, note Liet-Veaux. – CE, 20 févr. 1981, *Assoc. pour la protection du site du vieux Pornichet : Rec. CE*, p. 93 ; *AJDA* 1981, p. 259, concl. Genevois). **3036**

Voir aussi : Dans le même sens, CE, 29 déc. 1995, *Cne de Fontvieille : DA* 1996, 119. – CAA Nantes, 11 déc. 1996, *Thomas : DA* 1997, 153.

Création d'une ZAC sur une partie inconstructible. L'opposabilité du POS ne fait pas obstacle à la création d'une zone d'aménagement différé dans une partie déclarée inconstructible par le POS (CE, sect., 24 juill. 1981, *Thiébaut : Rec. CE*, p. 339 ; *Droit et Ville* 1981, n° 12, p. 273, note Bouyssou). **3037**

Annulation d'un bail emphytéotique. Au-delà des actes énumérés au présent article, auxquels s'applique sans discussion l'opposabilité du POS, une cour administrative d'appel annule un bail emphytéotique incompatible avec un POS (CAA Bordeaux, 20 févr. 1995, *Cne de Loix-en-Ré : DA* 1995, 259). **3038**

C. urb., art. L. 123-6 ancien *(L. n° 76-1285, 31 déc. 1976 ; L. n° 83-8, 7 janv. 1983)*. — Dans les zones d'aménagement concerté créées en application de l'article L. 311-1, les dispositions du plan d'occupation des sols rendu public ou approuvé, à moins que l'acte de création de la zone ne décide de les maintenir en vigueur, cessent d'être applicables à compter de la publication de l'acte portant approbation du plan d'aménagement de zone, à l'exception de celles qui sont relatives aux espaces boisés classés.

L'achèvement de l'aménagement de la zone est constaté par une décision de l'autorité compétente prise sur la demande ou après avis des organes délibérants des communes ou des établissements publics groupant lesdites communes et ayant compétence en matière d'urbanisme. Cette décision abroge l'acte de création de la zone d'aménagement concerté, prononce l'incorporation au plan d'occupation des sols du plan d'aménagement de la zone et des dispositions destinées à assurer l'unité d'urbanisme et d'architecture dans la zone incluse dans les cahiers des charges de concession et les cahiers des charges de cession de terrains approuvés, et fixe les modalités de cette incorporation. Le territoire à l'intérieur du périmètre considéré est alors soumis au régime juridique des plans d'occupation des sols tel qu'il est défini par le présent code.

Modification issue de la loi de 1976. Avant la loi du 31 décembre 1976, l'opposabilité du POS était interrompue par la décision de *création* de la ZAC. **3039**

C. urb., art. L. 123-7 ancien *(L. n° 76-1285, 31 déc. 1976 ; L. n° 83-8, 7 janv. 1983)*. — L'autorité compétente peut surseoir à statuer sur les demandes d'autorisation concernant des constructions, installations ou opérations intéressant les périmètres définis à l'article précédent. Le sursis à statuer ne peut excéder deux ans.

Voir aussi : C. urb., art. L. 111-8, p. 23.

C. urb., art. L. 123-7-1 ancien *(L. n° 83-8, 7 janv. 1983 ; L. n° 87-565, 22 janv. 1987 ; L. n° 95-115, 4 févr. 1995)*. — Lorsqu'un plan d'occupation des sols doit être révisé ou modifié pour être rendu compatible, dans les conditions prévues par l'article L. 111-1-1, avec les orientations d'un schéma directeur ou d'un schéma de secteur approuvé ou arrêté postérieurement à l'approbation du plan, ou avec les directives territoriales d'aménagement, ou avec les lois d'aménagement et d'urbanisme ou pour permettre la réalisation

d'un nouveau projet d'intérêt général, le représentant de l'État en informe la commune ou l'établissement public de coopération intercommunale.

Dans un délai d'un mois, la commune ou l'établissement public fait connaître au représentant de l'État s'il entend opérer la révision ou la modification nécessaire. Dans la négative ou à défaut de réponse dans ce délai, le représentant de l'État peut engager et approuver après avis du conseil municipal ou de l'organe délibérant de l'établissement public et enquête publique, la révision ou la modification du plan. Il en est de même si l'intention exprimée de la commune ou de l'établissement public de procéder à la révision ou à la modification n'est pas suivie, dans un délai de six mois à compter de la notification initiale du représentant de l'État, d'une délibération approuvant le projet correspondant.

Lorsqu'un plan d'occupation des sols a été rendu public, le représentant de l'État peut mettre en demeure le maire ou le président de l'établissement public de coopération intercommunale de rendre publiques de nouvelles dispositions du plan pour permettre la réalisation d'un nouveau projet d'intérêt général. Si ces dispositions n'ont pas été rendues publiques dans un délai de trois mois à compter de cette demande par le maire ou le président de l'établissement public, après avis du conseil municipal ou de l'organe délibérant de l'établissement public, le représentant de l'État peut se substituer à l'autorité compétente et les rendre publiques.

3040 **Représentant de l'État.** Le pouvoir du représentant de l'État de se substituer à la commune, pour l'élaboration d'un POS est homologue du pouvoir qu'il détient pour prescrire un schéma directeur (V. art. L. 122-1-4). Une telle décision, très limitatrice des principes de décentralisation posés par la loi du 7 janvier 1983, ne peut intervenir que pour des motifs très précis. En revanche, le délai imparti à la commune par la mise en demeure du représentant de l'État est particulièrement bref.

3041 **Délai.** La procédure a encore été accélérée par la loi du 22 juillet 1987 relative à l'organisation de la sécurité civile, à la protection de la forêt contre l'incendie et à la prévention des risques majeurs. La commune a un mois pour répondre et six mois pour approuver la modification ou la révision du POS ; le préfet peut intervenir désormais dès la publication du POS (sans attendre son approbation) et la commune dispose alors d'un délai de trois mois pour rendre publiques les nouvelles dispositions avant que le préfet ne se substitue à elle (texte d'application, art. R. 123-35-1).

Voir aussi : Le pouvoir d'État, en matière de report des servitudes d'utilité publique sur les POS, C. urb., art. L. 126-1, p 76.

C. urb., art. L. 123-8 ancien ***(L. n° 83-663, 22 juill. 1983 ; L. n° 85-729, 18 juill. 1985).*** **— La déclaration d'utilité publique d'une opération qui n'est pas compatible avec les dispositions d'un plan d'occupation des sols rendu public ou approuvé ne peut intervenir que si :**

– l'enquête publique concernant cette opération ouverte par le représentant de l'État dans le département, a porté à la fois sur l'utilité publique de l'opération et sur la mise en compatibilité du plan qui en est la conséquence ;

– l'acte déclaratif d'utilité publique est pris après que les dispositions proposées par l'État pour assurer la mise en compatibilité du plan ont fait l'objet d'un examen conjoint de l'État, de la commune ou de l'établissement public de coopération intercommunale, de la région, du département et des organismes mentionnés aux articles L. 121-6 et L. 121-7, et après avis du conseil municipal ou de l'organe délibérant de l'établissement public compétent en la matière.

La déclaration d'utilité publique emporte approbation des nouvelles dispositions du plan.

3042 **DUP.** C'est un revirement de jurisprudence qui subordonne la légalité des DUP au respect des règles d'urbanisme (CE, 11 janv. 1974, *Dame Barbaro : D.* 1974, p. 400, note Gilli ; *AJPI* 1974, p. 428, note Hostiou et Girod).

L'incompatibilité entre la DUP et le POS ne peut être retenue par le juge que si le POS a été rendu public (CE, 23 mars 1979, *Dame Canu : Rec. CE*, p. 126 ; *JCP* 1980, II, 19418, note Ricard) et si elle existe à la date de la DUP (CE, 10 nov. 1982, *Noiron : Rec. CE*, T, p. 781).

Renforcement du pouvoir de l'État. La loi n° 85-729 du 18 juillet 1985 renforce le pouvoir d'État en cas d'incompatibilité entre un projet de DUP et un POS préexistant. 3043
D'une part, c'est le représentant de l'État qui lance l'enquête publique, contrairement au droit commun des enquêtes en matière de POS (art. R. 123-11). Ceci est destiné à vaincre l'éventuelle inertie du maire. D'autre part, la « mise en compatibilité » du POS avec la DUP résulte d'une procédure « d'élaboration conjointe » (du type de 1967) plus que « d'élaboration associée » (du type 1983).

Voir aussi : C. urb., art. R. 123-11, p. 527 ; sur la distinction procédurale entre l'élaboration d'un POS et sa modification dans le cadre du présent article, CE, 23 déc. 1987, *Centre national d'ophtalmologie des Quinze-Vingts : Rec. CE*, p. 433 ; *RFDA* 1988, p. 965, concl. Schrameck ; sur l'application de l'article L. 123-8, la circulaire n° 87-64 du 21 juillet 1987 : *JCP* N 1987, Prat. 302 ; à propos d'une ligne électrique, CE, 27 janv. 1994, *EDF/Bergé : CJEG* 1994, p. 602, note Reisszadeh.

Enquêtes publiques conjointes. La procédure de l'article L. 123-8 peut donner lieu à deux enquêtes publiques conjointes (CE, 22 mai 1996, *Min. Mer c/ Assoc. Bernerie-Environnement : DA* 1996, 505). 3044

Mise en compatibilité. La mise en compatibilité peut comporter application anticipée des orientations d'un nouveau schéma directeur (CE, 24 mai 1991, *Collectif d'associations de l'environnement lyonnais et Cne de Simandres*). 3045
La mise en compatibilité prévue par le présent article n'est pas nécessaire, lorsque le plan d'aménagement d'une zone de réserves foncières pour la réalisation d'une zone d'activités aéroportuaires n'est pas encore établi (CE, 3 avr. 1991, *Mme Fabre : DA* 1991, 262).

Composition du dossier. La composition du dossier soumis à enquête préalable à une DUP a été rappelée par la circulaire du 26 mars 1993 (*Mon. TP* 7 mai 1993), qui a été précédée par la circulaire du 15 décembre 1992 relative à la réalisation des grands ouvrages (*Mon. TP* 25 déc. 1993). 3046

Procédure. Le recours contre un jugement du tribunal administratif, intervenu à l'égard d'une DUP assortie de la mise en compatibilité du POS, relève directement du Conseil d'État, et non de la cour administrative d'appel (Avis CE, 28 avr. 1993, *Ville de Royan : Rec. CE*, p. 139 ; *RFDA* 1994, p. 230, note Pouyaud, concl. Vigouroux). 3047
Il n'est pas soumis à la procédure de notification prévue par l'article L. 600-3, l'acte attaqué à titre principal étant la DUP et non le POS (CE, ass., 28 mars 1997, *Assoc. contre le projet d'autoroute transchablaisienne : Rec. CE*, p. 120 ; *DA* 1997, 148 ; *AJDA* 1997, note Chrestin).

Mise en compatibilité et zone ND. La mise en compatibilité du POS ne s'impose pas, dans le cas d'une route passant en tunnel sous une zone ND (CE, 23 sept. 1991, *Fournier et Assoc. de sauvegarde des sites d'Eze : Rec. CE*, T, p. 1149). 3048

Publicité. Les règles de publicité relatives au POS ne sont pas applicables à ce cas particulier de DUP (CE, 23 juill. 1993, *Assoc. de défense des propriétaires fonciers et protection environnement La Flotte en Ré : DA* 1993, 543 ; *D.* 1994, somm. comm., p. 103, note Charles. – TA Versailles, 3 mai 1994, *Assoc. de défense des amis de Saint-Fargeau-Ponthierry c/ Préfet de Seine-et-Marne : Gaz. Pal.* 25 déc. 1994). 3049

C. urb., art. L. 123-9 ancien *(L. n° 76-1285, 31 déc. 1976 ; L. n° 85-729, 18 juill. 1985 ; L. n° 86-13, 6 janv. 1986 ; L. n° 86-1290, 23 déc. 1986 ; L. n° 89-550, 2 août 1989).* — Le propriétaire d'un terrain bâti ou non bâti réservé par un plan d'occupation des sols pour un ouvrage public, une voie publique, une installation d'intérêt général ou un espace vert peut, dès que le plan est opposable aux tiers, même si à cette date une décision de sursis à statuer lui ayant été opposée est en cours de validité, exiger de la collectivité

ou du service public au bénéfice duquel le terrain a été réservé qu'il soit procédé à son acquisition.

Au cas où le terrain viendrait à faire l'objet d'une transmission pour cause de décès, les ayants droit du propriétaire décédé peuvent, sur justification que l'immeuble en cause représente au moins la moitié de l'actif successoral et sous réserve de présenter la demande d'acquisition dans le délai de six mois à compter de l'ouverture de la succession, si celle-ci n'a pas été formulée par le propriétaire décédé, exiger qu'il soit sursis, à concurrence du montant du prix du terrain, au recouvrement des droits de mutation afférents à la succession tant que ce prix n'aura pas été payé.

La demande d'acquisition doit mentionner les fermiers, locataires, ceux qui ont des droits d'emphytéose, d'habitation ou d'usage et ceux qui peuvent réclamer des servitudes. Les autres intéressés seront mis en demeure de faire valoir leurs droits par publicité collective à l'initiative de la collectivité ou du service public bénéficiaire, et tenus de se faire connaître à ces derniers, dans le délai de deux mois, à défaut de quoi ils seront exclus de tout droit à indemnité.

La collectivité ou le service public au bénéfice duquel le terrain est réservé doit se prononcer dans le délai d'un an à compter de la réception en mairie de la demande du propriétaire. En cas d'accord amiable, le prix d'acquisition doit être payé au plus tard deux ans à compter de la réception en mairie de cette demande.

À défaut d'accord amiable à l'expiration du délai d'un an mentionné à l'alinéa précédent, le juge de l'expropriation, saisi soit par le propriétaire, soit par la collectivité ou le service public bénéficiaire de la réserve, prononce le transfert de propriété et fixe le prix du terrain. Ce prix, y compris l'indemnité de réemploi, est fixé et payé comme en matière d'expropriation, le terrain étant considéré comme ayant cessé d'être compris dans un emplacement réservé. Toutefois, la date de référence prévue à l'article L. 13-15 du Code de l'expropriation pour cause d'utilité publique est celle à laquelle est devenu opposable aux tiers le plus récent des actes rendant public, approuvant, révisant ou modifiant le plan d'occupation des sols et délimitant la zone dans laquelle est situé l'emplacement réservé.

Le juge de l'expropriation fixe également, s'il y a lieu, les indemnités auxquelles peuvent prétendre les personnes mentionnées au troisième alinéa ci-dessus.

Le propriétaire d'un terrain partiellement réservé par un plan d'occupation des sols peut en requérir l'emprise totale dans les cas prévus aux articles L. 13-10 et L. 13-11 du Code de l'expropriation pour cause d'utilité publique.

Si, trois mois après l'expiration du délai d'un an mentionné au quatrième alinéa ci-dessus, le juge de l'expropriation n'a pas été saisi, la réserve n'est plus opposable au propriétaire comme aux tiers, un mois après la mise en demeure de procéder à sa levée, adressée à l'autorité compétente par le propriétaire. Cette faculté ne fait pas obstacle à la saisine du juge de l'expropriation au-delà de ces trois mois, dans les conditions prévues au cinquième alinéa ci-dessus.

L'acte ou la décision portant transfert de propriété éteint par lui-même et à sa date tous droits réels ou personnels existants sur les immeubles cédés, même en l'absence de déclaration d'utilité publique antérieure. Les droits des créanciers inscrits sont reportés sur le prix dans les conditions prévues à l'article L. 12-3 du Code de l'expropriation pour cause d'utilité publique.

Les dispositions de l'article L. 221-2 sont applicables aux terrains réservés par un plan d'occupation des sols et acquis par la collectivité ou le service public bénéficiaire de la réserve, quel que soit le mode d'acquisition.

I. – Principes : définition des emplacements réservés

3050 **Localisation précise.** Le POS doit localiser avec précision la surface et la position des parcelles. Ainsi jugé à propos de la contestation d'une autorisation de clôture : l'administration ne peut imposer un retrait sur l'alignement actuel, au motif d'un empiétement sur un emplacement réservé insuffisamment localisé (CE, 30 janv. 1991, *Gascon : D.* 1991, somm. p. 257, note Charles). Mais la jurisprudence qui admet la localisation imprécise des emplacements réservés peut, en pratique, paralyser le droit de délaissement.

Outre l'arrêt précité, CE, 21 oct. 1992, *Mme Deshayes et Consorts Quaggio : Rec. CE*, T, p. 1376 ; *DA* 1992, 552 ; la circulaire n° 78-14 du 17 janvier 1978 relative aux emplacements réservés par les POS, se substituant à la circulaire n° 73-126 du 29 juin 1973.

Terrains bâtis ou non. Les emplacements réservés peuvent porter sur des terrains bâtis ou non bâtis. Ils ne peuvent être institués que dans certains buts, limitativement énumérés par le présent article, ce qui interdit d'utiliser cette procédure pour la réalisation de lotissements ou de logements communaux (Circ. préc., n° 1.2.3.). 3051

Un emplacement réservé ne peut être institué pour la constitution d'une réserve foncière, mais il peut l'être pour un édifice du culte que doit construire une association diocésaine, et figure au compte de la ville de Paris (CE, 25 sept. 1996, *Synd. copropriétaires de l'immeuble 75, rue Dutot : Rec. CE*, p. 352 ; *DA* 1996, 598).

Le Conseil d'État refuse de comparer les mérites de plusieurs localisations d'emplacements réservés (CE, 18 nov. 1996, *Patin*. – CE, 16 oct. 1998, *Durin*). Il n'applique pas la « jurisprudence du bilan » propre au contrôle des DUP à la détermination des emplacements réservés (CE, 15 avr. 1996, *Cne du Marin : Rec. CE*, p. 140 ; *DA* 1996, 504), contrairement au tribunal administratif de Nice (TA Nice, 18 janv. 1996, *SCI Bepyjo et SARL carrelages Mormorini : RFDA* 1996, p. 580, concl. Calderaro ; *BJDU* 1/1996, p. 27, concl. Calderaro).

Espace boisé à créer. La délimitation par un POS d'un espace boisé à créer, au sens de l'article L. 130-1, ne vaut pas création d'un emplacement réservé au sens de l'article L. 123-9 (CE, 14 nov. 1984, *Cts Cordier : RD imm.* n° 109, obs. Bouyssou). 3052

Cession gratuite. La cession gratuite d'un emplacement réservé peut donner lieu, dans certaines circonstances, à un transfert de COS. 3053

Voir aussi : C. urb., art. R. 123-22, al. 2, p. 531.

Appréciation invariable. L'affectation d'un emplacement réservé reste invariable, avant toute révision du POS, même s'il a été acquis par le bénéficiaire de la réserve (CE, 14 oct. 1991, *Assoc. des résidents de Courbevoie Bécon : AJDA* 1992, p. 227, note Morand-Deviller). 3054

Décision du juge de l'expropriation. La décision du juge de l'expropriation portant transfert de propriété n'étant pas assimilable à une ordonnance d'expropriation, elle est susceptible d'appel et ne peut être directement attaquée par la voie du pourvoi en cassation (Cass. 3e civ., 22 oct. 1980 : *Bull. civ.* III, n° 163, p. 121). 3055

II. – Mise en œuvre

Copropriété. Un copropriétaire ne peut exercer le droit de délaissement (Cass. 3e civ., 10 mars 1982 : *JCP* N 1983, II, p. 140, note Bernard ; V. cependant *contra*, TGI Nice, 27 juin 1997 et TGI Nice, 17 févr. 1998 : *Gaz. Pal.* 25-27 oct. 1998). 3056

Retrait de la mise en demeure. Le propriétaire peut retirer sa mise en demeure d'acquérir, jusqu'à ce que le prix soit fixé et le transfert de propriété prononcé par une décision passée en force de chose jugée (Cass. 3e civ., 5 nov. 1985 : *JCP* N 1986, Prat. p. 489). 3057

Délai se suppression de l'emplacement réservé. La Cour de cassation admet la suppression de l'emplacement réservé jusqu'à la date du jugement, par la révision du POS, rendue opposable aux tiers et exécutoire, même si cette révision n'est devenue exécutoire qu'après l'expiration du délai de réflexion du bénéficiaire de la réserve (Cass. 3e civ. 5 déc. 1990 : *Bull. civ.* III, n° 259, p. 146). Cette privation de garantie nous semble incompatible avec la Déclaration européenne des droits de l'homme, telle que l'interprète la Cour européenne de Strasbourg. Elle supporte la modification effective du POS (Cass. 3e civ., 17 juill. 1997 : *Bull. civ.* III, n° 171, p. 114 ; *Defrénois* 1998, p. 614, note Pérignon). 3058

Suppression de l'emplacement réservé. La levée de l'emplacement réservé, par modification du POS, devait intervenir avant la saisine du juge de l'expropriation, pour rendre irrecevable la 3059 demande de transfert de propriété à la diligence du propriétaire (Cass. 3e civ., 20 juill. 1988 : *AJPI* 1989, somm. p. 26).

Mais le Conseil d'État admet la légalité d'une décision supprimant l'emplacement réservé, jusqu'à la décision du juge de l'expropriation (CE, 4 févr. 1991, *Mme Étienne : Rec. CE*, p. 37 ; *DA* 1991, 207), à la suite d'un revirement en ce sens de la Cour de cassation (Cass. 3e civ., 14 juin 1989, *Min. Urb.* c/ *Mme Delaine : AJDA* 1989, p. 727, note J.-B. Auby ; *JCP* N 1990, II, p. 304 ; *DA* 1989, n° 608) ou après l'audience sur le transfert de propriété (Cass. 3e civ., 4 déc. 1996 : *BJDU* 2/1997, p. 88).

Le Conseil d'État paraît admettre la légalité de la localisation de nouveaux emplacements réservés, après un précédent refus d'acquérir de précédents emplacements réservés (CE, 6 sept. 1995, *Sté 3 M France* c/ *Cne de Beauchamp*).

III. – Date de référence et fixation du prix

3060 **Expropriation d'un emplacement réservé.** En cas d'expropriation véritable d'un emplacement réservé (le propriétaire n'ayant pas utilisé son droit de délaissement), la date de référence se situe, selon le droit commun de l'expropriation, un an avant l'ouverture de l'enquête préalable à la DUP ; et le juge de l'expropriation tenait compte de la réduction de valeur résultant de l'emplacement réservé, qui constitue une servitude administrative. Depuis la loi n° 85-729 du 18 juillet 1985, la date de référence est expressément fixée par le cinquième alinéa du présent article, dans des conditions analogues aussi bien en cas de délaissement qu'en cas d'expropriation (V. art. L. 212-3 et L. 211-5) ou de préemption (V. art. L. 213-4) ; l'analogie a été accrue par la loi du 2 août 1989.

La loi du 18 juillet 1985 a apporté d'autres précisions, par rapport au texte antérieur : obligation de faire connaître les fermiers et occupants lors de la mise en demeure et institution d'une mesure de publicité collective destinée à révéler d'autres ayants droit (3e al.), indemnisation de ces derniers (5e al.), précisions sur la date de saisine du juge de l'expropriation (6e al., 2e phrase), renvoi à l'article L. 221-2.

3061 **Loi de 1986.** La loi du 6 janvier 1986 a modifié, une seconde fois, le présent article : désormais, la réquisition d'emprise totale est recevable en cas du délaissement (remise en cause de Cass. civ., 19 déc. 1984 : *AJPI* 1985, p. 405), dans les mêmes conditions qu'en matière d'expropriation (ce qui est assez restrictif néanmoins).

En outre, le délai de décision du bénéficiaire de la réserve est raccourci (un an au lieu de deux ou trois ans) et un délai supplémentaire d'un an s'impose pour le paiement. Mais ces dispositions nouvelles, souhaitées par le Médiateur ne s'appliquent pas en cas de délaissement antérieur à la loi du 6 janvier 1986.

Bibliographie : Le commentaire de cette loi par Bouyssou : *JCP* N 1986, Prat. 9706.

3062 **Application de la loi dans le temps.** Les trois changements législatifs récents posent un redoutable problème de loi applicable dans le temps, notamment en ce qui concerne la date de référence. Trois critères sont concevables :

– la date de la mise en demeure d'acquérir ;
– la date de saisine du juge ;
– la date du transfert de propriété.

La jurisprudence n'a pas encore tranché dans le cas où la formulation actuelle, issue de la loi du 2 août 1989 (al. 5 du présent art.) n'est pas applicable.

3063 **Indemnité pour dépréciation.** En cas de délaissement, le prix étant fixé comme en matière d'expropriation, le propriétaire a droit, le cas échéant, à une indemnité pour dépréciation du surplus de propriété (Cass. 3e civ., 19 févr. 1992, *Gec Alsthom* : *DA* 1992, 216).

Bibliographie : Les changements législatifs ont aussi stimulé la doctrine, V. GIVAUDAN, *Des emplacements de moins en moins réservés : RFDA* 1986, p. 644. – DOUCEDE, *Le sort des terrains réservés par les POS : AJPI* 1987, p. 13. – CORDELIER, *Le nouveau régime des emplacements réservés : RD imm.* 1987, p. 1. – MUSSO, *Suppression d'emplacements réservés : JCP* N 1987, Prat. 87. – BROCHEN et DEJOIE, *Le droit de délaissement : Petites affiches*, 5 juill. 1993. – BERNARD, *Emplacements réservés et POS : AJPI* 1992, p. 360. – MUSSO, *Le point sur les emplacements réservés : BJDU* 3/1996, p. 158.

C. urb., art. L. 123-10 ancien.— *(Ab., L. n° 83-8, 7 janv. 1983).*

C. urb., art. L. 123-11 ancien *(L. n° 76-1285, 31 déc. 1976 ; L. n° 91-662, 13 juill. 1991 ; L. n° 94-112, 9 févr. 1994).*— Les zones à urbaniser en priorité sont supprimées de plein droit à compter du premier jour du troisième mois qui suit la publication de la loi d'orientation pour la ville n° 91-662 du 13 juillet 1991. L'abrogation ne porte pas atteinte aux relations contractuelles éventuelles entre les collectivités publiques concédantes et les concessionnaires.

Suppression des anciennes ZUP. La suppression de plein droit des anciennes ZUP est une mesure « antighetto », instituée par la loi d'orientation pour la ville du 13 juillet 1991. Elle crée l'obligation, pour la commune d'implantation, d'engager des études urbaines d'insertion, sous le nom de « programme de référence », avant juillet 1992, et d'élaborer un POS qui prend ce dernier en considération avant juillet 1993. 3064

L'élaboration du programme de référence nécessite la concertation préalable prévue à l'article L. 300-2.

Outre son effet sur le POS, le programme de référence sert de cadre aux opérations d'aménagement, et il est pris en considération pour l'autorisation de commerces de proximité (L. 13 juill. 1991, art. 46, complétant art. 28, L. 27 déc. 1973).

Voir aussi : Circ. 30 mars 1992 relative au programme de référence : *Mon. TP* 19 juin 1992.

C. urb., art. L. 123-12 ancien *(L. n° 76-1285, 31 déc. 1976 ; L. n° 83-8, 7 janv. 1983 ; L. n° 91-662, 13 juill. 1991).*— Dans les zones d'habitation et dans les zones industrielles, créées avant l'institution des zones d'aménagement concerté, les dispositions destinées à assurer l'unité d'urbanisme et d'architecture dans la zone considérée qui sont incluses dans les cahiers des charges de concession et dans les cahiers des charges de cession de terrains approuvés doivent, postérieurement à la fin de la concession, être incorporées au plan d'occupation des sols, s'il en existe un, par une décision de l'autorité compétente. Le régime juridique des plans d'occupation des sols est applicable aux dispositions ainsi incorporées.

Lorsque l'établissement d'un plan d'occupation des sols n'a pas été prescrit ou si le plan d'occupation des sols n'est pas rendu public ou approuvé au moment de la fin de la concession, les dispositions des cahiers des charges destinées à assurer l'unité d'urbanisme et d'architecture dans la zone peuvent être modifiées par décision de l'autorité administrative. Cette décision est prise après enquête publique et délibération du conseil municipal ou de organe délibérant de l'établissement groupant plusieurs communes et ayant compétence en matière d'urbanisme.

Suppression des programmes de référence. La loi Bosson du 9 février 1994 a supprimé les programmes de référence qu'avait institués la loi d'orientation pour la ville du 13 juillet 1991. 3065

II
PARTIE RÉGLEMENTAIRE

C. urb., art. *R. 122-1 ancien *(D. n° 83-812, 9 sept. 1983).*— Les schémas directeurs et les schémas de secteur sont établis pour des communes, parties ou ensembles de communes comprises dans des agglomérations ou des ensembles géographiques présentant une communauté d'intérêts économiques et sociaux et dont les perspectives d'évolution, de mise en valeur et de protection requièrent la définition d'orientations fondamentales d'aménagement.

Recours contre la décision d'établir un schéma directeur. La décision d'établir un schéma directeur paraît dépourvue, par elle-même, d'effets juridiques. Aussi, le recours contre une telle 3066 décision est irrecevable (CE, 5 avr. 1974, *Dame Prebot : Rec. CE*, p. 1207). La modification du schéma directeur de Cherbourg, à seule fin de prévoir une centrale nucléaire est légale, alors même que la composition de la CLAU a été modifiée et que le décret modificatif n'a pas reçu le contreseing du ministre de la Culture (CE, 11 janv. 1980, *Comité d'information et de lutte anti-nucléaire de Basse-Normandie : Rec. CE*, T, p. 926 ; *AJPI* 1981, p. 592, note Hostiou). À l'occasion de cet arrêt, le Conseil d'État a admis un recours à l'encontre de l'arrêté ordonnant la modification du schéma directeur. La solution adoptée par l'arrêt du 5 avril 1974 paraît donc abandonnée (en ce sens, Circ. 25 oct. 1984 : *JO* 22 déc.).

Ces jurisprudences paraissent transposables aux nouveaux schémas directeurs.

3067 **Cas du SDAU d'Île-de-France.** Le SDAU de la région Île-de-France n'est pas une directive d'aménagement national (CE, 25 juill. 1985, *Cne de Maisons-Laffitte : Rec. CE*, T, p. 805), mais une loi d'aménagement et d'urbanisme (C. urb., art. L. 141-1).

Voir aussi : Sur la délimitation du périmètre des schémas, C. urb., art. L. 122-1-1, p. 46.

C. urb., art. *R. 122-2 ancien *(D. n° 83-812, 9 sept. 1983 ; D. n° 88-199, 29 févr. 1988).* — Le projet de périmètre du schéma directeur ou du schéma de secteur est proposé par les conseils municipaux des communes intéressées, selon les règles de majorité fixées à l'alinéa 3 de l'article L. 122-1-1 :

***a)* Au préfet du département lorsque le périmètre du schéma directeur ou du schéma de secteur est entièrement compris à l'intérieur d'un même département ;**

***b)* Aux préfets des départements intéressés lorsque le périmètre englobe un territoire s'étendant sur deux ou plusieurs départements.**

Le projet de périmètre est transmis pour avis par le ou les préfets aux conseils régionaux et aux conseils généraux des régions et départements intéressés lorsqu'il englobe des communes dont la population totale dépasse 100 000 habitants et aux conseils généraux dans les autres cas. Faute de réponse dans un délai de deux mois à compter du jour où ceux-ci ont été saisis, leur avis est réputé favorable.

Le périmètre est fixé conformément à l'article L. 122-1-1 par arrêté du préfet dans le cas prévu au *a)* ci-dessus. Il est fixé par arrêté conjoint des départements intéressés dans le cas prévu au *b)* ; l'arrêté conjoint désigne le préfet qui sera chargé de suivre pour le compte de l'État la procédure d'élaboration du schéma directeur ou du schéma de secteur.

3068 **Double exception d'illégalité.** Le tribunal administratif de Versailles admet la recevabilité de la double exception d'illégalité : à l'occasion d'un contentieux contre un permis de construire, le requérant soutient que le POS est illégal parce que la modification du schéma directeur est elle-même illégale (TA Versailles, 22 juin 1993, *Sourine* c/ *Préfet de Seine-et-Marne : AJDA* 1993, p. 164, note Lamorlette).

C. urb., art. *R. 122-3 ancien *(D. n° 83-812, 9 sept. 1983 ; D. n° 98-913, 12 oct. 1998).* — L'élaboration du schéma directeur ou du schéma de secteur est confiée à un établissement public de coopération intercommunale ayant compétence en la matière dans le périmètre fixé conformément au dernier alinéa de l'article R. 122-2.

Lorsque les communes confient l'élaboration du schéma directeur ou du schéma de secteur à un syndicat mixte, dans les conditions prévues au cinquième alinéa de l'article L. 122-1-1, ce syndicat dispose, pour l'application de la présente section, des mêmes pouvoirs qu'un établissement public de coopération intercommunale.

3069 **Dissolution automatique.** Seul était frappé par la dissolution automatique (avant la loi du 6 février 1992), à l'expiration d'un délai de cinq ans, le syndicat intercommunal d'études et de programmation régi par l'article L. 121-11. Tel n'était pas le cas pour un établissement public de coopération intercommunale préexistant ou pour un syndicat mixte (V. annotations sous l'art. L. 122-1-1).

Voir aussi : Sur la coopération intercommunale, en matière d'urbanisme, Circ. n° 85-158, 16 juin 1985 : *Mon. TP* 30 août 1985.

C. urb., art. *R. 122-4 ancien *(D. n° 83-812, 9 sept. 1983 ; D. n° 98-913, 12 oct. 1998).* — **L'organe délibérant de l'établissement public de coopération intercommunale prescrit l'élaboration du schéma directeur ou du schéma de secteur.**

Il fixe par la même délibération les modalités de l'association des personnes publiques, autres que l'État, à l'élaboration du schéma. Il désigne les services ou organismes chargés des études nécessaires à son élaboration.

Voir aussi : C. urb., art. R. 123-3, p. 524 en matière de POS et les annotations y afférentes.

C. urb., art. *R. 122-5 ancien *(D. n° 83-812, 9 sept. 1983 ; D. n° 88-199, 29 févr. 1988).* — **Dès que la délibération prescrivant l'établissement du schéma a été transmise au préfet, celui-ci définit, avec le président de l'établissement public de coopération intercommunale, les modalités d'association de l'État à son élaboration. Il lui fait connaître la liste des services de l'État qui seront, à ce titre, associés à cette élaboration.**

Le préfet ou son représentant accompagné, le cas échéant, des représentants des personnes publiques associées qu'il aura désignées, est entendu, à sa demande, par l'organe délibérant ou par le président de l'établissement public, qui en rend compte à l'organe délibérant.

Sous l'autorité du préfet, le service de l'État dans le département chargé de l'urbanisme assure la collecte des informations et la conservation des documents nécessaires à l'association de l'État dans l'élaboration du schéma et dans sa gestion.

Voir aussi : C. urb., art. R. 123-4, p. 524 en matière de POS et les annotations y afférentes.

C. urb., art. *R. 122-6 ancien *(D. n° 83-812, 9 sept. 1983 ; D. n° 88-199, 29 févr. 1988 ; D. n° 98-913, 12 oct. 1998).* — **Dans un délai de trois mois à compter de la transmission de la délibération prévue à l'article R. 122-4, le préfet porte à la connaissance du président de l'établissement public de coopération intercommunale les directives territoriales d'aménagement ou les lois d'aménagement et d'urbanisme ainsi que les projets d'intérêt général, au sens de l'article L. 121-12, et éventuellement, parmi les dispositions prévues aux articles R. 122-25 et R. 122-26, celles qui sont nécessaires à la mise en œuvre de ces projets. Il porte également à la connaissance du président de l'établissement public toutes informations utiles à l'élaboration du schéma, notamment l'obligation, conformément à l'article L. 112-2 du Code rural, de consulter la carte des terres agricoles approuvée.**

Au cours de l'élaboration du schéma, le préfet communique au président de l'établissement public dans les meilleurs délais les projets et informations nouveaux.

Les communications relatives aux projets d'intérêt général deviennent caduques à l'expiration d'un délai de trois ans si elles n'ont pas été confirmées dans la même forme pour une égale durée.

Porter à connaissance préfectoral. Le porter à connaissance préfectoral s'étend aux directives territoriales d'aménagement ou à défaut aux lois d'aménagement et d'urbanisme au sens de l'article L. 111-1-1 modifié par la loi du 4 février 1995. **3070**
Le délai du porter à connaissance est fixé à 3 mois (et non plus 2 mois comme précédemment), depuis le décret du 12 octobre 1998.

Voir aussi : Sur les modalités d'information de l'établissement public de coopération intercommunale par le préfet, Circ.27 juill. 1983 (*Mon. TP* 2 août 1983).

C. urb., art. *R. 122-7 ancien *(D. n° 83-812, 9 sept. 1983 ; D. n° 98-913, 12 oct. 1998).* — **La délibération prévue à l'article R. 122-4 est notifiée aux présidents du conseil général et du conseil régional du ou des départements et régions concernés par le projet de schéma directeur ou de schéma de secteur ainsi qu'aux présidents de chambres de commerce et d'industrie, de chambres de métiers et de chambres d'agriculture et aux présidents des autres établissements publics de coopération intercommunale également concernés. Le cas échéant, elle est aussi notifiée aux présidents des sections régionales de la conchyliculture et, lorsque tout ou partie du territoire concerné par le**

schéma directeur ou de secteur est situé dans un parc national, ou sa zone périphérique, compris dans un massif de montagne, au directeur de l'établissement public du parc.

Dans un délai de deux mois à compter de la transmission de cette délibération, leurs destinataires font connaître au président de l'établissement public de coopération intercommunale si les collectivités et personnes publiques mentionnées à l'alinéa précédent ont décidé d'être associées à l'élaboration du schéma directeur ou du schéma de secteur selon les modalités prévues à l'article R. 122-4 et, dans l'affirmative, désignent à cet effet leurs représentants.

C. urb., art. *R. 122-8 ancien ***(D. n° 83-812, 9 sept. 1983 ; D. n° 88-199, 29 févr. 1988).*** **— Le président de l'établissement public de coopération intercommunale conduit la procédure d'élaboration du schéma directeur ou du schéma de secteur.**

Il fait afficher au siège de l'établissement public ainsi que dans les mairies des communes membres concernées la liste des services de l'État communiquée par le préfet, conformément à l'article R. 122-5, ainsi que celle des personnes publiques associées, conformément à l'article R. 122-7. Il publie dans les mêmes conditions l'indication des services ou organismes mentionnés au second alinéa de l'article R. 122-4.

3071 **Conditions de l'affichage.** L'affichage des mentions obligatoires, en vertu du présent article, paraît être une formalité substantielle de la procédure d'élaboration des schémas.
Le vice de procédure peut être facilement retenu, dans la mesure où l'affichage doit intervenir dans toutes les mairies des communes membres concernées.
La durée de l'affichage en mairie n'est pas explicitée. Il est pourtant douteux qu'un tel affichage s'impose de manière permanente, jusqu'à l'approbation des schémas.

C. urb., art. *R. 122-9 ancien ***(D. n° 83-812, 9 sept. 1983 ; D. n° 96-717, 9 août 1996 ; D. n° 98-913, 12 oct. 1998).*** **— Le président de l'établissement public de coopération intercommunale entend, à leur demande, les présidents des associations mentionnées à l'article L. 121-8 ou leurs représentants ainsi que les présidents des organismes de gestion des parcs naturels régionaux ou leurs représentants.**

Il peut recueillir l'avis de tout organisme ou association ayant compétence en matière de construction, d'aménagement, d'urbanisme ou d'environnement et entendre toute personne qualifiée.

C. urb., art. *R. 122-10 ancien ***(D. n° 83-812, 9 sept. 1983 ; D. n° 86-52, 10 janv. 1986 ; D. n° 88-199, 29 févr. 1988 ; D. n° 96-717, 9 août 1996 ; D. n° 98-913, 12 oct. 1998).*** **— Le projet de schéma directeur ou de schéma de secteur, arrêté par l'organe délibérant de l'établissement public de coopération intercommunale est soumis pour avis par son président simultanément aux conseils municipaux des communes membres concernées, au préfet et aux organes délibérants des personnes publiques autres que l'État associées à son élaboration et, en zone de montagne lorsque le projet comporte des dispositions relatives à la création d'une ou plusieurs unités touristiques nouvelles, à la commission spécialisée du comité de massif. Lorsque le projet de schéma comporte une réduction grave des terres agricoles, il est soumis pour avis, dans les mêmes conditions, à la commission départementale d'orientation de l'agriculture et à la chambre d'agriculture, en application de l'article L. 112-3 du Code rural. Faute de réponse dans un délai de trois mois à compter de la transmission du projet, leur avis est réputé favorable.**

Lorsqu'il en fait la demande au président de l'établissement public de coopération intercommunale, le président d'une association mentionnée à l'article L. 121-8 ou le président de l'organisme d'un parc national régional reçoit communication du projet de schéma directeur ou de schéma de secteur ou est invité à en prendre connaissance au lieu désigné à cet effet. Il peut faire connaître ses observations écrites sur le projet de schéma directeur ou de schéma de secteur dans le délai d'un mois courant à compter

de la réception du projet de schéma directeur ou de schéma de secteur ou de la date à laquelle il a pris connaissance de celui-ci.

Lorsque le préfet constate que le projet de schéma directeur ou de schéma de secteur arrêté compromet gravement la mise en œuvre d'un projet d'intérêt général déjà communiqué à l'établissement public de coopération intercommunale, il porte à la connaissance de ce dernier, parmi les dispositions prévues aux articles R. 122-25 et R. 122-26, celles qui sont nécessaires à la mise en œuvre de ce projet d'intérêt général. Cette communication précise la situation du projet, les objectifs à la réalisation desquels il concourt et, dans la mesure du possible, l'échéancier prévisionnel de sa réalisation.

Présomption d'avis favorable. La présomption d'avis favorable, en cas de silence des personnes publiques associées, est de nature à simplifier l'élaboration des schémas. 3072

Projet de schéma. Le projet de schéma, simplement arrêté en vertu du présent article, ne produit pas d'effet de droit. 3073

Avis des associations agréées. L'avant-dernier alinéa relatif à l'avis des associations agréées a été ajouté par le décret du 9 août 1996, et a été complété par le décret du 12 octobre 1998 qui prévoit également l'avis du président d'un PNR et des représentants du monde agricole. Le nouvel article L. 112-2 du Code rural, issu de la loi d'orientation agricole du 9 juillet 1999, impose en outre la consultation de l'institut d'appellation d'origine et du centre régional de la propriété forestière, en cas de réduction (sans précision quant à la gravité de cette réduction) des espaces agricoles ou forestiers, et prévoit un mécanisme d'avis favorable tacite, résultant de deux mois de silence. 3074

C. urb., art. *R. 122-11 ancien *(D. n° 83-812, 9 sept. 1983 ; D. n° 88-199, 29 févr. 1988 ; D. n° 96-717, 9 août 1996 ; D. n° 98-913, 12 oct. 1998)*. — Le projet de schéma directeur ou de schéma de secteur arrêté, accompagné des avis exprimés à la suite des consultations prévues au premier alinéa et au deuxième alinéa de l'article R. 122-10 et des communications du préfet mentionnées au troisième alinéa du même article, est mis par décision du président de l'établissement à la disposition du public pendant un mois au siège de l'établissement et dans les mairies des communes concernées.

Cette décision est affichée au siège de l'établissement public et dans les mairies des communes pendant la même durée de un mois. Mention en est insérée en caractères apparents dans deux journaux diffusés dans le ou les départements concernés huit jours au moins avant la date à compter de laquelle le projet est mis à la disposition du public.

La décision fixe :

***a)* La date à compter de laquelle le projet de schéma directeur ou de schéma de secteur est à la disposition du public ;**

***b)* Les modalités suivant lesquelles le public peut en prendre connaissance et formuler ses observations.**

Nature de la mise à disposition. La mise à disposition n'est pas une véritable enquête publique. Le présent article n'impose pas la désignation d'un commissaire-enquêteur ; en toute hypothèse, s'il en est désigné un, sa désignation par le président du tribunal administratif ne s'impose pas (comparer avec l'art. R. 123-11 en matière de POS). 3075

Absence de communication aux administrés. Les administrés ne sauraient se prévaloir de la loi du 17 juillet 1978 pour obtenir communication au cours de la procédure d'élaboration du schéma directeur, des procès-verbaux, états successifs du projet et autres pièces de la procédure (CE, sect. 9 mars 1983, *Min. Urb. c/ Assoc. « Atelier libre d'urbanisme de la région lyonnaise » : Rec. CE*, p. 56 ; *AJDA* 1983, p. 402 et 432, chron. Lasserre et Delarue). 3076

C. urb., art. *R. 122-12 ancien *(D. n° 83-812, 9 sept. 1983 ; D. n° 88-199, 29 févr. 1988 ; D. n° 98-913, 12 oct. 1998)*. — Le schéma directeur ou le schéma de secteur arrêté, éventuellement modifié pour tenir compte des avis et observations exprimés en application

des articles R. 122-10 et R. 122-11, des communications du préfet et des propositions de la commission de conciliation et, si la nature et l'importance des modifications le justifient, après consultation des services de l'État et des personnes publiques associées à son élaboration est approuvé par l'organe délibérant de l'établissement public de coopération intercommunale. Cette délibération est transmise aux maires des communes membres concernées et au préfet conformément au deuxième alinéa de l'article L. 122-1-3.

Le schéma directeur ou le schéma de secteur approuvé accompagné des avis exprimés en application de l'article R. 122-10, de la liste des organismes, associations ou personnes consultés ou entendus conformément à l'article R. 122-9 et éventuellement des communications du préfet et des propositions de la commission de conciliation est transmis pour information aux personnes publiques associées à son élaboration. La délibération de l'organe délibérant de l'établissement public approuvant le schéma directeur ou le schéma de secteur est exécutoire dans les conditions fixées à l'article L. 122-1-3.

3077 **Saisine de la commission de conciliation.** S'il y a lieu à saisine de la commission de conciliation (V. art. R. 121-9), cette dernière peut intervenir soit avant, soit après la mise à disposition du public du schéma directeur arrêté.

3078 **Pouvoir limité de modification.** Le pouvoir de modification du schéma, entre le moment où il est arrêté et celui où il est approuvé, semble très limité : la modification ne se justifie que pour tenir compte des avis, observations ou communications des personnes associées à l'élaboration du schéma, et des propositions de la commission de conciliation. Une modification plus étendue serait sans doute annulée pour vice de procédure. En revanche, l'organe délibérant de l'établissement public peut ne pas retenir certains des avis, observations, communications ou propositions précités.

Voir aussi : En matière de POS : notes sous article R. 133-12.

3079 **Contrôle du préfet.** La délibération est transmise au préfet pour permettre à ce dernier d'exercer le contrôle administratif prévu à l'article L. 122-1-3.

Voir aussi : Sur ce contrôle, voir les circulaires du 26 mars 1984 (*JO* 13 avr.) et du 25 octobre 1984 (*JO* 22 déc.).

3080 **Moment du retrait du schéma.** C'est après l'approbation du schéma que les communes membres, estimant que ce dernier est de nature à compromettre l'un de leurs intérêts essentiels, peuvent quitter l'établissement public de coopération intercommunale et se retirer du périmètre du schéma, après la procédure complexe prévue par l'article L. 122-1-3 *(b)*.

C. urb., art. *R. 122-13 ancien *(D. n° 83-812, 9 sept. 1983 ; D. n° 98-913, 12 oct. 1998)*. — Le schéma directeur ou le schéma de secteur approuvé est tenu à la disposition du public au siège de l'établissement public de coopération intercommunale, dans les mairies des communes membres concernées ainsi qu'à la préfecture du ou des départements concernés.

Mention des lieux où le schéma peut être consulté est insérée en caractères apparents dans deux journaux diffusés dans le ou les départements concernés et affichée pendant un mois au siège de l'établissement public ainsi que dans les mairies des communes membres concernées.

3081 **Absence de consultation.** À la différence de l'ancien article R. 122-15, la possibilité de consultation des schémas à la Direction départementale de l'Équipement n'est plus prévue par le présent article.

C. urb., art. *R. 122-14 ancien *(D. n° 83-812, 9 sept. 1983 ; D. n° 98-913, 12 oct. 1998)*. — Le schéma directeur ou le schéma de secteur approuvé est modifié dans les formes pré-

vues pour son établissement à l'exception du cas prévu au second alinéa de l'article L. 122-1-4 et des cas prévus à l'article L. 122-5.

Bibliographie : HOCREITÈRE, *Les dix pièges à éviter en matière de schémas directeurs : DA* mars 1993. – LAMORLETTE, *Le contentieux des schémas directeurs : AJDA* n° spécial mai 1993, p. 42 ; *L'abrogation des schémas directeurs locaux : RD imm.* 1992, p. 473.

C. urb., art. *R. 122-15 ancien *(D. n° 83-812, 9 sept. 1983 ; D. n° 88-199, 29 févr. 1988 ; D. n° 98-913, 12 oct. 1998)*. — Lorsque, en application du deuxième alinéa de l'article L. 122-1-4 et de l'article L. 122-5, l'élaboration ou la modification d'un schéma directeur ou d'un schéma de secteur est décidée par arrêté motivé du préfet, l'ensemble de la procédure est conduite :

***a)* Sous l'autorité du préfet du département, par le service de l'État chargé de l'urbanisme dans le département, lorsque le territoire concerné est situé à l'intérieur d'un même département ;**

***b)* Sous l'autorité de l'un des préfets des départements concernés, par le service de l'État chargé de l'urbanisme dans le département, lorsque le territoire couvert par le schéma appartient à plusieurs départements situés ou non à l'intérieur d'une même région. Le préfet sous l'autorité duquel est conduit l'ensemble de la procédure est désigné par arrêté conjoint des préfets des départements concernés ;**

***c)* Sous l'autorité du préfet de région, lorsque le ministre chargé de l'urbanisme le décide, dans le cas où le schéma directeur ou le schéma de secteur intéresse des territoires sur lesquels doivent être réalisées des agglomérations nouvelles.**

C. urb., art. *R. 122-16 ancien *(D. n° 83-812, 9 sept. 1983 ; D. n° 88-199, 29 févr. 1988 ; D. n° 95-995, 5 sept. 1995 ; D. n° 98-913, 12 oct. 1998)*. — Le schéma directeur ou le schéma de secteur est élaboré conjointement par les services de l'État et les communes intéressées, ou le cas échéant, l'établissement public de coopération intercommunale compétent groupant lesdites communes.

À cette fin :

Le préfet chargé de conduire la procédure constitue par arrêté une commission dénommée « commission locale d'aménagement et d'urbanisme » et en fixe les modalités de fonctionnement. Cette commission comprend des représentants élus du ou des établissements publics de coopération intercommunale compétents et de celles des communes comprises dans le périmètre qui n'ont pas transféré leurs compétences d'urbanisme à un tel établissement public de coopération intercommunale, des représentants des services de l'État, notamment, ceux chargés de l'agriculture, de l'industrie et de l'urbanisme et, sur leur demande, des représentants de la ou des régions et départements concernés. Lorsque, en raison de leur nombre, les communes ne peuvent être toutes représentées directement au sein de la commission, celles d'entre elles qui ne le sont pas sont réunies en un ou plusieurs groupes pour désigner leurs représentants à la commission.

Les représentants élus des communes ou de l'établissement public de coopération intercommunale compétent ainsi que les représentants élus des régions et départements sont désignés par leur assemblée délibérante. En même temps que chaque élu membre de la commission est désigné, selon les mêmes modalités, un suppléant ayant vocation à le remplacer, en cas d'absence ou d'empêchement pour quelque cause que ce soit.

Mention de l'arrêté du préfet constituant la commission locale d'aménagement et d'urbanisme et définissant les modalités de fonctionnement de celle-ci est insérée au recueil des actes administratifs du ou des départements concernés.

Commission mixte. Le principe d'élaboration conjointe se traduit par la constitution d'une commission mixte. Sa composition est fixée par la circulaire n° 69-122 du 4 décembre 1969 (n° 421). La commission est présidée par un élu local, sauf opposition irréductible entre eux (Circ. 11 mai 1971). 3082

La représentation directe des communes disparaît lorsque leur nombre est excessif, et lorsqu'elles sont déjà groupées dans des établissements publics intercommunaux compétents en matière d'urbanisme.

Voir aussi : Moderne, chronique citée avant C. urb., art. L. 121-1, p. 33. – Annotation sous C. urb., art. L. 122-4, p. 50.

3083 **Pouvoirs du préfet.** Depuis le décret du 5 septembre 1995, le préfet fixe unilatéralement les modalités de fonctionnement de la CLAU ; il n'a plus besoin de l'accord des représentants des communes, ce qui peut remettre en cause sa présidence par un élu local, précédemment recommandée par simple circulaire.

C. urb., art. *R. 122-17 ancien ***(D. n° 83-812, 9 sept. 1983 ; D. n° 95-995, 5 sept. 1995 ; D. n° 96-717, 9 août 1996 ; D. n° 98-913, 12 oct. 1998).*** **— Les chambres de commerce et d'industrie, les chambres de métiers et les chambres d'agriculture intéressées sont associées, en ce qui les concerne, aux travaux de la commission. Il en est de même pour l'établissement public d'un parc national lorsque tout ou partie du territoire concerné par un schéma directeur ou de secteur est situé dans un parc national ou sa zone périphérique, compris dans un massif de montagne.**

La commission consulte, à leur demande, dans les conditions prévues au deuxième alinéa de l'article R. 122-10, les associations mentionnées à l'article L. 121-8 ainsi que les organismes de gestion des parcs naturels régionaux.

La commission peut en outre recueillir l'avis de toutes personnes qualifiées et de tout organisme ou association ayant compétence en matière de construction, d'aménagement, d'urbanisme ou d'environnement.

3084 **Principe.** L'association des organismes consulaires est obligatoire en cas d'élaboration conjointe, alors qu'elle est facultative en cas d'élaboration associée.

Voir aussi : C. urb., art. R. 122-7, p. 518 ; sur la consultation de la chambre d'agriculture et de la commission départementale des structures agricoles, annotations sous C. urb., art. L. 121-7, p. 39.

3085 **Consultation obligatoire des associations locales d'usagers.** La consultation des associations locales d'usagers agréées n'est obligatoire qu'à la condition qu'elles en fassent préalablement la demande.

Voir aussi : C. urb., art. L. 121-8, p. 41.

3086 **Caducité des circulaires.** La modification du présent article, par rapport à l'ancien article R. 122-9, semble rendre caduques les nombreuses circulaires interministérielles qui avaient prévu la consultation d'un grand nombre de services ou organismes ayant la responsabilité de grandes opérations d'infrastructure et d'aménagement (pour un simple exemple, non limitatif : SNCF, EDF, etc.). Comparer en matière de POS, la circulaire du 17 juillet 1984, n° 2.1.6.3. (*Mon. TP* sept. 1984).

C. urb., art. *R. 122-18 ancien ***(D. n° 83-812, 9 sept. 1983 ; D. n° 95-995, 5 sept. 1995 ; D. n° 98-913, 12 oct. 1998).*** **— La commission est saisie d'un programme d'étude. Les options relatives aux perspectives et au parti d'aménagement lui sont soumises. Elle est tenue régulièrement informée des études et leurs résultats lui sont communiqués. En outre, elle organise l'information des populations intéressées. Le cas échéant, elle consulte, conformément aux dispositions de l'article L. 112-2 du Code rural, la carte des terres agricoles approuvée.**

3087 **Principe.** En cas d'élaboration conjointe, la procédure mise à disposition du public est inapplicable, de même que la saisine de la commission de conciliation.

Voir aussi : C. urb., art. R. 122-11, p. 519 et C. urb., art. R. 122-12, p. 521.

3088 **Historique.** Avant le décret du 5 septembre 1995, l'information de populations intéressées était organisée par la CLAU, « en accord avec les collectivités locales » ; cet accord n'est plus requis.

C. urb., art. *R. 122-19 ancien *(Ab., D. n° 95-995, 5 sept. 1995).*

C. urb., art. *R. 122-20 ancien *(D. n° 83-812, 9 sept. 1983 ; D. n° 88-199, 29 févr. 1988 ; D. n° 95-995, 5 sept. 1995 ; D. n° 98-913, 12 oct. 1998).*— Le projet de schéma directeur ou de schéma de secteur est communiqué par le préfet à ceux des services publics qui ne sont pas représentés au sein de la commission prévue à l'article R. 122-16 et qu'il y a lieu de consulter sur le projet ainsi qu'à la commission départementale d'orientation de l'agriculture et à la chambre d'agriculture, en application de l'article L. 112-3 du Code rural, lorsque le projet de schéma directeur ou de schéma de secteur comporte une réduction grave des terres agricoles. Faute de réponse dans le délai d'un mois à compter de cette transmission, leur avis est réputé favorable.

Voir aussi : Sur la consultation des organismes agricoles, l'apport de la loi d'orientation agricole du 9 juillet 1999 sous C. urb., art. R. 122-10, p. 518.

C. urb., art. R. 122-21 ancien *(D. n° 83-812, 9 sept. 1983 ; D. n° 88-199, 29 févr. 1988 ; D. n° 98-913, 12 oct. 1998).*— Le projet de schéma directeur ou de schéma de secteur éventuellement modifié pour tenir compte des avis des services consultés en application de l'article précédent est soumis par le préfet à l'établissement public de coopération intercommunale ou aux établissements publics de coopération intercommunale compétents et à celles des communes comprises dans le périmètre qui n'ont pas transféré leurs compétences d'urbanisme à un tel établissement public de coopération intercommunale.

Les conseils municipaux ou l'organe délibérant de cet établissement public se prononcent dans un délai de trois mois ; s'ils entendent faire connaître leur opposition, celle-ci doit être expressément formulée dans leur délibération.

Présomption d'accord favorable. Passé le délai de trois mois, l'accord ou l'avis favorable est présumé (Circ. n° 69-122, 4 déc. 1969). 3089

Bibliographie : Dans la procédure d'élaboration conjointe, l'autorité de l'État peut triompher assez aisément de l'opposition des communes, CE sect., 29 janv. 1982, *Cne de Contes et M. Dalbéra : JCP* G 1982, II, 19869, concl. GENEVOIS ; *Droit et Ville* 1982, n° 13, p. 189, note BOUYSSOU.

C. urb., art. R. 122-22 ancien *(D. n° 83-812, 9 sept. 1983 ; D. n° 88-199, 29 févr. 1988).*— Le schéma directeur ou le schéma de secteur est approuvé par arrêté du ou des préfets du ou des départements concernés.

Toutefois, il est approuvé :

***a)* Par décret en Conseil d'État, pris sur le rapport du ministre chargé de l'urbanisme et du ministre chargé de l'intérieur, dans les cas énumérés à l'article L. 122-3 ;**

***b)* Par décret pris sur le rapport des mêmes ministres dans le cas prévu à l'article R. 122-15 c).**

Voir aussi : Arrêt cité sous C. urb., art. R. 122-21, p. 522.

Approbation par le Conseil d'État. L'approbation du schéma directeur par décret en Conseil d'État doit revêtir un caractère exceptionnel (Circ. 11 mai 1971). 3090

Voir aussi : Sur la composition du dossier soumis à approbation, la circulaire n° 69-122 du 4 décembre 1969, n° 62.

Refus de permis de construire. Les schémas directeurs approuvés par décret peuvent fonder un refus de permis de construire, par application de l'article R. 111-15, depuis le décret du 7 juillet 1977. Cependant, ils doivent alors être considérés comme une norme permissive avec les conséquences qui en résultent (CE, 11 mai 1984, *Époux Cadiou et autres : Rec. CE*, p. 181). Sur ces conséquences, voir commentaire précédant l'article R. 111-1. 3091

C. urb., art. R. 122-23 ancien *(D. n° 83-812, 9 sept. 1983).*— L'acte approuvant le schéma directeur ou le schéma de secteur est communiqué aux maires des communes intéres-

sées ou au président de l'établissement public de coopération intercommunale compétent ainsi qu'aux personnes publiques associées à son élaboration.

3092 **Nouveauté issue du décret de 1983.** Cet article constitue une innovation du décret du 9 septembre 1983. Il n'avait pas d'équivalent, dans l'ancienne procédure d'élaboration conjointe.

C. urb., art. R. 122-24 ancien *(D. n° 83-812, 9 sept. 1983)*. — Le schéma directeur ou le schéma de secteur approuvé est tenu à la disposition du public dans les conditions prévues à l'article R. 122-13.

C. urb., art. *R. 122-25 ancien *(D. n° 77-1141, 12 oct. 1977 ; D. n° 83-812, 9 sept. 1983 ; D. n° 86-52, 10 janv. 1986 ; D. n° 92-966, 10 sept. 1992 ; D. n° 98-913, 12 oct. 1998)*. — Un schéma directeur se compose d'un rapport et de documents graphiques.

I. – Le rapport présente :

***a)* Une analyse de la situation existante et les principales perspectives d'aménagement du territoire considéré, compte tenu des évolutions démographiques, économiques, sociales et culturelles, des prévisions en matière d'habitat, d'emploi et d'équipement et des relations avec les territoires avoisinants ;**

***b)* L'analyse de l'état initial de l'environnement et la mesure dans laquelle le schéma prend en compte le souci de sa préservation ;**

***c)* Le parti d'aménagement adopté et sa justification ainsi que les orientations fondamentales de l'aménagement des territoires intéressés, compte tenu notamment des perspectives et des prévisions mentionnées au *a)* ci-dessus, de l'analyse de l'état initial de l'environnement, de l'équilibre entre le développement urbain et l'aménagement rural, de l'équilibre entre l'emploi et l'habitat, des moyens de transports existants et futurs et des grands équipements, de la gestion des eaux, de la protection des sites et paysages et de la prévention des risques naturels et technologiques ;**

***d)* L'indication des principales phases de réalisation du parti retenu et la définition de la capacité d'accueil des espaces urbanisés ou à urbaniser en tenant compte notamment de l'équilibre entre l'emploi et l'habitat ainsi que des moyens de transport ;**

***e)* La justification de la compatibilité du schéma directeur avec les directives territoriales d'aménagement et en l'absence de ces directives avec les lois d'aménagement et d'urbanisme ; la justification, en outre, de sa compatibilité avec un schéma de mise en valeur de la mer, avec les directives de protection et de mise en valeur des paysages ainsi qu'avec les orientations et les mesures de la charte d'un parc naturel régional, lorsque l'autorité compétente pour approuver le schéma a adhéré, après accord des communes concernées, à la charte ; la justification enfin que ses dispositions ne compromettent pas la mise en œuvre d'un projet d'intérêt général.**

II. – Les documents graphiques font apparaître :

– la destination générale des sols ;

– les sites d'extension de l'urbanisation et les secteurs de restructuration ;

– les espaces agricoles et forestiers ainsi que les espaces libres ou boisés à maintenir ou à créer ;

– les principaux sites et paysages urbains ou naturels à protéger ;

– les espaces à protéger compte tenu de l'existence de risques naturels prévisibles et de risques technologiques ;

– la localisation des principales activités et des équipements publics ou d'intérêt général les plus importants ;

– l'organisation générale de la circulation et des transports avec le tracé des principales infrastructures de voirie et, le cas échéant, de moyens de transport en site propre ;

– les éléments essentiels des réseaux d'eau et d'assainissement ainsi que du système d'élimination des déchets ;

– éventuellement, les périmètres des zones devant faire l'objet de schémas de secteur.

– en zone de montagne, l'implantation et l'organisation générale des unités touristiques nouvelles.

L'un des documents fait ressortir les éléments essentiels de la première phase de réalisation du parti d'aménagement.

Un arrêté du ministre chargé de l'urbanisme détermine la légende des documents graphiques mentionnés au II ci-dessus.

Décret du 12 octobre 1998. Depuis le décret n° 98-913 du 12 octobre 1998, le *e)* du présent article a été remanié afin d'inclure les modifications apportées par diverses législations : la loi n° 95-115 du 4 février 1995 a remplacé les prescriptions prises pour l'application des lois d'aménagement et d'urbanisme par les directives territoriales d'aménagement ; la loi « Paysages » du 8 janvier 1993 a introduit les directives paysagères et attribué une valeur juridique effective aux chartes des PNR. Ces nouveaux instruments s'imposent désormais aux schémas directeurs en termes de compatibilité, laquelle doit être justifiée dans le rapport. 3093
L'arrêt mentionné sous l'article R. 122-21 limite le contrôle du juge administratif sur le contenu des schémas : seule serait censurée une erreur manifeste d'appréciation.
L'impératif de complémentarité et de cohérence entre le rapport et les documents graphiques affirmé par la circulaire du 4 décembre 1969 garde toute son importance avec la loi nouvelle.

Rapport du schéma directeur. Même s'il prend en compte des préoccupations d'environnement dans la définition des orientations qu'il arrête le schéma directeur est irrégulier si son rapport de présentation ne comporte aucun diagnostic sérieux de l'état du milieu naturel, et notamment en l'espèce du lac d'Annecy dont la préservation des rives et des eaux constitue un enjeu majeur (CAA Lyon, 13 mai 2003, req. n° 98LY00792, *Association Lac d'Annecy Environnement : AJDA* 2004, p. 610, note Jacquot). 3094

Contrôle du juge. Le juge administratif exerce un contrôle minimum sur le contenu des schémas directeurs : dans un cas d'espèce, il juge que la localisation de la rocade de Tours n'est pas entachée d'erreur manifeste d'appréciation (CE, 19 mai 1989, *Engel*). 3095

Respect du SDAURIF. Le schéma directeur doit respecter le SDAURIF, qui a valeur de loi d'aménagement et d'urbanisme en vertu de l'article L. 141-1 (CE, 31 janv. 1992, *Cne de Croissy Beaubourg : Rec. CE*, p. 46 ; *DA* 1992, 172). 3096

Erreur manifeste d'appréciation. Le schéma directeur de Cannes-Antibes-Grasse est annulé pour erreur manifeste d'appréciation, faute de n'avoir pas déclaré inconstructibles des zones soumises à inondation, et faute d'avoir réservé des terres à l'agriculture, contrairement à la loi Montagne (TA Nice, 6 mars 1996, *Comité de Sauvegarde de Fort Vauban : RFDA* 1996, p. 1215, concl. Calderaro). De même, pour un schéma directeur ne faisant pas apparaître les zones de risques, les réseaux d'élimination des déchets et de surcroît incompatible avec le SDRIF (TA Melun, 23 déc. 1996, *Assoc. Seine et marnaise pour la sauvegarde de la nature : BJDU* 2-97, p. 79, concl. Savoie ; conf. par CAA Paris, 23 juin 1998, *SIEP pour la révision du schéma directeur des deux Morins : BJDU* 1-99, p. 21, concl. Phemolant). 3097

C. urb., art. R. 122-26 ancien *(D. n° 83-812, 9 sept. 1983)*. — Le schéma de secteur, établi dans le cadre des orientations fixées par le schéma directeur, se compose de documents graphiques qui précisent et détaillent, pour le secteur considéré, tout ou partie des éléments mentionnés à l'article R. 122-25-II et d'un rapport qui justifie ces dispositions.

C. urb., art. R. 122-27 ancien *(D. n° 83-812, 9 sept. 1983)*. — En application du cinquième alinéa de l'article L. 122-1, doivent être compatibles avec les dispositions du schéma directeur et, s'il en existe, du schéma de secteur :

***a)* Les plans d'occupation des sols ;**

***b)* La localisation, le programme et le plan d'aménagement des zones d'aménagement concerté ;**

***c)* Les projets d'acquisitions foncières des collectivités publiques, des établissements publics ou de leurs concessionnaires ;**

***d)* Les grands travaux d'équipement.**

I. – Principes

3098 **Historique.** Le contenu du présent article figurait précédemment à l'article R. 122-20. Il n'a reçu aucune modification de fond.

3099 **Effets juridiques des schémas.** Les schémas directeurs et les schémas de secteur ne produisent d'effet juridique qu'après leur approbation. Aucun texte ne prévoit de mesures de sauvegarde en vue de faciliter la réalisation d'un schéma directeur en cours d'élaboration si ce n'est l'article L. 123-3-1 qui permet au préfet de suspendre le caractère exécutoire d'un POS dans le mois de sa transmission, si les dispositions de ce plan sont de nature à compromettre la réalisation d'un schéma directeur en cours d'élaboration.

Voir aussi : Circ. 25 oct. 1984.

3100 **Énumération limitative.** L'énumération figurant au présent article est limitative : en particulier, la légalité des permis de construire ne s'apprécie pas par rapport au schéma directeur (CE, 2 mars 1977, *Sieur Domat : Droit et Ville* 1977, n° 4, p. 279, note Bouyssou ; *AJDA* 1977, II, p. 447, note Danan) ; de même pour une délibération de la CDUC (CE, 10 juin 1983, *Delahaye et autres : Rec. CE*, p. 237), une autorisation ministérielle d'urbanisme commercial (CE, 30 oct. 1987, *Sté CEDIS c/ Sté SADAL. : Rec. CE*, p. 606), une ZAD (CE, 22 juill. 1992, *Syndicat viticole de Pessac et Léognan : DA* 1992, 445. – Rép. min. : *JOAN* 15 mars 1993, p. 974 ; *Defrénois* 1993, p. 463, n° 35526) ou encore d'une délibération d'un conseil municipal autorisant le déclassement d'une voie (CAA Douai, 29 janv. 2004, req. n° 00DA00427, *Sarl Artisanale Sambre Modelage*).

Par contre, la légalité d'un permis de construire peut être directement confrontée à un schéma directeur approuvé par décret (CE, 26 avr. 1985, *Assoc. pour la sauvegarde du paysage rural de Saint-Martin-du-Vivier et de ses environs : AJDA* 1985, 383, obs. J. C.). En effet, depuis le décret n° 77-755 du 7 juillet 1977, certains schémas directeurs peuvent fonder un refus de permis de construire (art. R. 111-15 et R. 122-22).

De même, la légalité d'un permis de construire peut être indirectement confrontée à un schéma directeur par la voie de l'exception d'illégalité en invoquant l'incompatibilité entre le schéma et le POS sur le fondement duquel le permis contesté a été délivré (CAA Nancy, 7 oct. 1993, *Sté le Blanc Coulon* c/ *Cne de Lampret*, préc.).

Ceci n'est pas remis en cause par l'article L. 600-1 du Code de l'urbanisme issu de la loi du 9 février 1994.

3101 **Espaces naturels.** La politique des départements, en matière d'espaces naturels sensibles doit être compatible avec le schéma directeur (C. urb., art. L. 142-1).

3102 **Compatibilité avec le POS.** L'exigence de compatibilité du POS par rapport au schéma directeur n'implique pas l'antériorité de ce dernier (TA Nice, 9 nov. 1977 : *Rec. CE*, p. 997).

Bibliographie : Rép. min. : *JO Sénat* 17 juin 1980, p. 2787 et *JOAN* 23 juin 1980, p. 2594. – Sur le contentieux des schémas directeurs, voir aussi CE sect., 29 janv. 1982, *Cne de Contes et M. Dalbéra : JCP* G 1982, II, 19683, concl. GENEVOIS ; *Droit et Ville* 1982, n° 13, p. 189, note BOUYSSOU. – LAMORLETTE, *Le contentieux des schémas directeurs : AJDA* n° spécial, mai 1993, p. 42.

3103 **Effet de l'annulation d'une modification.** L'annulation de la modification d'un schéma directeur a pour effet de remettre rétroactivement en vigueur les dispositions du schéma directeur dans leur rédaction antérieure (CE, 5 déc. 1994, *Syndicat viticole de Pessac-Léognan : DA* 1995, 176).

II. – Appréciation de la notion de compatibilité

3104 **Appréciation souple du rapport de compatibilité.** Le Conseil d'État apprécie de manière souple le rapport de compatibilité, mais il admet que cette compatibilité constitue une condition de légalité d'une déclaration d'utilité publique (CE, 22 févr. 1974, *Sieur Adam et autres : D.* 1974, p. 430, note Gilli ; *RD publ.* 1974, p. 1780, note Waline ; *AJPI* 1974, p. 428, note Hostiou et Girod ; *RD publ.* 1975, p. 485, concl. Gentot ; *JCP* 1975, II, 18064, note Odent).

Le Conseil d'État a même admis que la zone ND d'un POS peut correspondre au passage d'une rocade prévue par un schéma directeur (CE, sect., 23 mars 1979, *Cne de Bouchemaine : AJDA* mai 1979, p. 80, chron. Dutheillet de Lamothe et Robineau ; *JCP* G 1979, II, 19171, note Bouyssou ; *D.* 1979, J, p. 534, note Broussole ; *Rev. jur. env.* 1979, note Hostiou et Pittard).

Renforcement de l'appréciation. Cette jurisprudence paraît aujourd'hui délaissée au profit d'une recherche de la compatibilité beaucoup plus poussée. Ainsi, si une légère discordance entre les limites d'une zone du POS et les indications graphiques du schéma directeur ne remet pas en cause la compatibilité (CE, 27 juill. 1984, *Baillou : Rec. CE,* p. 306), il en va tout autrement de la programmation par le POS d'une zone artisanale dans un secteur défini comme agricole par le schéma (CE, sect., 17 déc. 1982, *Chambre d'agriculture de l'Indre : Rec. CE,* p. 433 ; *CJEG* 1983, 135, concl. Genevois ; *JCP* G 1983, II, 20017, note Morand-Deviller). 3105

Est de même illégal le POS ne représentant pas un « espace vert-parc urbain » prévu au SDAU (CE, 18 mai 1988, *Moreels : AJDA* 1988, p. 767, note J.-B. Auby. – CE, 11 févr. 1991, *SA HLM Artois Logement : DA* 1991, 208), le PAZ prévoyant 65 ha d'aménagement au lieu des 10 ha permis par le SDAU à cet endroit (CE, 3 avr. 1998, *SEPAH Touraine : Rec. CE,* T) et le POS localisant une zone destinée à recevoir des constructions à usage commercial et de services à l'intérieur d'une coupure verte prévue par un SDAU (TA Toulouse, 1er déc. 1994, *Aspect et autres c/ Cne de Balma : Ét. fonc.* n° 67-1995, article Gasquet et Taulelle ; *Droit et Ville,* n° 39-1995, p. 213, concl. Larroumec confirmé par CAA Bordeaux, 16 nov. 1995). Mais le principe de compatibilité est si nuancé que le Conseil d'État, dans la même affaire, juge cette zone compatible avec le SDAU, dès lors que sa superficie rapportée à la superficie totale du territoire de la commune située dans la coupure verte, est très faible (CE, 10 juin 1998, *SA Leroy-Merlin : Rec. CE,* p. 221 ; *DA* 1998, 294 ; *Ét. fonc.* n° 90-1998 ; *BJDU* 4-98, 242, concl. Savoie).

Un POS est incompatible avec le schéma directeur, s'il classe en zone NA 160 hectares de terrains que le SDAU localisait en zone verte inconstructible (TA Bordeaux, 21 avr. 1988, *Assoc. de sauvegarde de la presqu'île de Lège-Cap-Ferret : Rec. CE,* T, p. 1071 ; *DA* 1991, 107 conf. par CE, 7 déc. 1990), la révision d'un POS aboutissant à la suppression de 160 ha de vignoble de « graves » (CE, 30 janv. 1991, *Cne de Portets : RFDA* 1991, p. 974, note Charbonneau), une zone d'habitat et d'activités de 17 ha si le COS est limité à 0,25 et la hauteur à 12 mètres – dans une « coupure verte d'activité agricole » (CE, 21 mars 1990, *Communauté urbaine de Lyon : RD imm.* 1990, p. 352), une zone NA de 27 000 m^2 en zone agricole (CE, 25 avr. 1990, *Cne de Villemoisson-sur-Orge*), une zone NAC (centre résidentiel de sports et de loisirs) en zone de protection (CE, 31 mai 1995, *SA Platres Lambert Productions*), une zone de carrière de 38 ha en zone de protection d'un vignoble AOC (CAA Nantes, 15 avr. 1998, *Cne de Mozé-sur-Louet : BJDU* 4-98, p. 304), une zone NCS dans laquelle est autorisée l'exploitation de carrières alors que le schéma ne le prévoit que dans deux secteurs et sous des conditions (CAA Lyon, 21 oct. 2003, req. n° 99LY01684, *Cne de Pont-du-Château*).

De même, sont incompatibles la ZAC du Front de Seine à Levallois (CE, 5 oct. 1990, *Cne de Levallois-Perret, SEMARELEP et Min. Équip. c/ Caen : Rec. CE,* p. 267 ; *DA* 1990, 565 ; *AJDA* 1991, p. 69, note J.-B. Auby ; *Petites affiches* 27 févr. 1991, note Holleaux), la ZAC Tolbiac, l'aménagement portuaire prévu au SDAURIF étant remplacé par des activités artisanales et industrielles légères (CE, 22 mai 1991, *Guillou, Parent et les Éts du Temple : Rec. CE,* p. 199 ; *DA* 1991, 311). Une zone ND admettant des tennis, piscine et logements de fonction dans un « espace naturel protégé, à caractère sauvage » du SDAU de Cannes (CE, 20 sept. 1991, *Cne de Spéracèdès*), une zone excessivement constructible (COS excessif par rapport au schéma directeur) de Juan-les-Pins (CE, 21 sept. 1992, *Assoc. de défense de Juan-les-Pins : Rec. CE,* T, p. 1373 ; *DA* 1992, 503), un golf en zone boisée du SDAURIF (CE, 23 oct. 1992, *Cne de Poligny : DA* 1992, 556 ; *Rev. jur. env.* 1993, p. 305 ; *DA* 1993, n° 376), une partie du POS de Maisons-Laffitte (CE, 19 mai 1993, *Beaucourt : Rec. CE,* T, p. 1080) ou le PAZ de Saint-Brice (CE, 26 mai 1993, *Letellier : Rec. CE,* p. 1108). De même sont annulées la ZAC Maillot-Champerret (CE, 8 nov. 1993, *Ville de Paris : DA* 1993, n° 595), la ZAC Rouge Fosse (TA Versailles, 30 nov. 1993, *Dehez c/ Cne de Vémars : Ét. Fonc.* n° 63, janv. 1994), la ZAC des « Portes de la Frange Verte », ainsi que le PAE, la DUP et la révision du POS correspondants (CE, 23 déc. 1994, *Cne de Poisat c/ Alizas : Rec. CE,* T, p. 1244 ; *Mon. TP* 12 mai 1995, p. 45). Une révision de POS compatible avec un schéma directeur local, peut s'avérer incompatible avec les orientations du SDAURIF (CE, 31 janv. 1992, *Cne de Croissy-Beaubourg : Rec. CE,* p. 46 ; *DA* 1992, 172). Est également jugé incompatible, un POS qui classe plus de 16 hectares constructibles à l'endroit où le schéma recommande une croissance modérée ainsi que la conservation des espaces boisés (CE, 21 mars 1994, *Cne de Chatelet-en-Brie* c/ *Proucelle*), une zone UB permettant la réalisation de lotissements et groupes d'habitations dans un secteur d'habitat diffus (CE, 9 sept. 1994, *Cne de St Georges d'Oléron*), une zone NA dans « un parc urbain – espace vert », alors même que cette zone ne représente que 5,64 hectares sur les 230 hectares de zone naturelle prévus au POS (CAA Nancy, 7 oct. 1993, *Sté le Blanc Coulon* c/ *Cne de Lampret : AJDA* 1994, p. 161 et obs. J. P. P. p. 126 ; *Gaz. Pal.* 25 déc. 1994), une zone de 38 hectares destinés à l'hôtellerie dans une coupure verte du SDAU (CE, 4 mars 1996, *Cne de la Teste*).

3106 **Autres exemples d'appréciation de la compatibilité.** L'exigence de compatibilité demeure néanmoins assez souple (V. par ex., CE, 3 avr. 1987, *Min. Urb.* c/ *Assoc. pour la protection de l'environnement des habitants de Châteauneuf-de-Grasse : AJDA* 1987, p. 695, note J.-B. Auby), de sorte qu'un POS peut localiser une autoroute selon deux variantes, l'une d'entre elles correspondant à la localisation prévue par le schéma directeur (CE, 3 juin 1988, *Union des associations de sauvegarde de l'Ouest parisien : DA* 1988, 399).

Une DUP peut localiser une voie nouvelle à 500 mètres du tracé prévu par le schéma (CE, 22 nov. 1989, Comité de défense de l'Environnement à Freneuse), une zone NB de surface limitée dans une coupure d'urbanisation (CE, 26 mars 1990, *Bertrand*), une zone d'habitat pavillonnaire à la place d'activités (CE, 21 mars 1990, *Communauté urbaine de Lyon* c/ *Assoc. de sauvegarde de l'Ouest Lyonnais : RD imm.* 1990, p. 352), une usine de traitement des déchets dans la ceinture verte de Colmar (CE, 14 oct. 1992, *Assoc. Lindenkuppel*), l'extension d'une zone industrielle de 2,4 ha seulement, dans une zone rurale (CE, 19 mars 1993, *Cne de St Egrève : Rec. CE*, T, p. 1083 ; *DA* 1993, 254), une zone NA pour « de petites activités artisanales compatibles, avec la zone verte qu'elle prolonge » dans un secteur que le SDAURIF qualifie de « zone d'intérêt récréatif, paysager, ou écologique » (CE, 19 mars 1993, *Cté de défense intercommunal Miromesnil* c/ *Ville de Maisons-Laffitte*). – l'agrandissement très limité d'une zone NA dotée d'un COS de 0,02 autorisant les constructions légères de loisir et de détente compatible avec une zone verte d'un schéma directeur (CE, 3 mai 2004, *Cne de Deuil-la-Barre*, req. n° 251 : *Constr.-urb.* juill.-août 2004, n° 146) une zone NC là où le schéma directeur prévoit un secteur urbanisable (CE, 27 avr. 1998, *Favre : Ét. fonc.* n° 90-1998), une zone NA avec une zone agricole prioritaire mais à combiner avec des activités industrielles également prévues par le schéma directeur (CE, 8 déc. 1997, *Lattard et Assoc. Antinuisances*). De même est légale la ZAC Dupleix à Paris (CE, 10 déc. 1993, *Assoc. pour l'aménagement de la ZAC Dupleix : Rec. CE*, T, p. 360), la ZAC dans un secteur pavillonnaire à maintenir, où il existe déjà des immeubles collectifs et où l'habitat actuel est dégradé (CE, 28 juill. 1993, *Ville de Bois-Colombes* c/ *Tournet : Rec. CE*, T, p. 969), la ZAC Boulainvilliers qui prévoit une « zone de maintien de la fonction résidentielle et une évolution limitée du cadre bâti » (CE, 8 juill. 1994, *Comité de défense de l'Îlot Gros-Boulainvilliers*), la ZAC qui prévoit une zone de loisirs mais aussi une urbanisation de part et d'autre d'une route (CE, 4 juill. 1994, *Cne des Ponts de Cé* c/ *Mme Aubry*), la ZAC de Sucy en Brie de 28 500 m^2 de SHON sur 45 000 m^2 de terrain, en six sites, dans une zone déjà urbanisée, essentiellement sur des terrains libres, là où le SDAURIF prévoit une « dominante d'habitat individuel et un contrôle rigoureux de la densification du bâti » (CAA Paris, 6 avr. 1995, *Assoc. Sucy Plus : Quot. Jur.* 12 oct. 1995), la ZAC de dimensions limitées à prépondérance d'habitat individuel, là où le SDAU préconise une vocation résidentielle, avec habitat de faible densité et préservation de l'environnement naturel (CE, 10 mai 1996, *Comité d'intérêt local de St Romain au Mont-d'Or*) ou bien encore la ZAC de Plessis-Robinson en centre ville (10 hectares et 700 logements) dès lors que le SDAURIF ne prohibe le collectif que dans les zones à dominante pavillonnaire (CE, 26 juill. 1996, *Bernard*).

Satisfait à l'exigence de compatibilité une zone ND interdisant une carrière, même souterraine, dans une zone boisée à préserver (CE, 13 oct. 1993, *Sté Placoplâtre*. – CE, 13 oct. 1993, *SA le Bois Saint Martin* c/ *Cne de Villevaudé*). De même, la densification d'un secteur de POS n'est pas incompatible avec le SDAURIF (CAA Paris, 22 sept. 1994, *Sté Marignan-Immobilier et Cne d'Asnières : BJDU* 6-94, concl. Mendras, p. 8), ou bien les zones NCa et Ndc du POS de la Baule prévoyant respectivement des loisirs liés à l'agriculture et l'extension de 50 % des campings existants dans une zone verte classée au SDAU (CE, 29 déc. 1995, *Assoc. Espace Benoît Suzer : JCP* 1996 N, II, p. 614, note Stemmer).

Un POS peut classer inconstructible un secteur que le schéma directeur considère constructible, sans enfreindre le principe de compatibilité (CE, 8 janv. 1992, *Mme Gaillard-Schouard : Rec. CE*, p. 9 ; *AJDA* 1992, p. 445, concl. Pochard. – CE, 19 févr. 1993, *SCI Les Rives de Bevera : DA* 1993, 197. – *Contra*, CE, 4 janv. 1995, *Bertrand*).
De même, un POS a pu interdire l'exploitation de carrières, dès lors que leur permission ne constituait pas une orientation fondamentale du SDAU (CE, 6 oct. 1995, *Cne de Claye Souilly c/ Plâtres Lambert SA*).
La compatibilité de travaux routiers ou déclarés d'utilité publique avec les schémas directeurs est plus facilement admise que celle des documents locaux tels que POS ou ZAC (CE, 4 nov. 1992, Chambre d'agriculture des Alpes-Maritimes, à propos d'un échangeur routier à Mandelieu. – CE, 27 mars 1992, *Cté de défense des riverains du tronc commun : DA* 1992, 276. – CE, 4 févr. 1994, *Assoc. Environnement Moreu, à propos d'une déviation routière non prévue au SDAURIF*. – CE, 8 juill. 1998, *EDF, à propos des travaux d'établissement d'une ligne électrique à deux circuits*).

Avis du Conseil d'État. Un avis du Conseil d'État du 2 octobre 1979 fait une application particu- 3107
lièrement souple du principe de compatibilité à propos du tracé des lignes électriques (*EDCE* 1979, p. 215). Il en est de même à propos de la force contraignante du SDAURIF dont les options et objectifs ne doivent pas être excessivement précis, et dont la mise en œuvre par les POS peut être échelonnée dans le temps (Avis CE, 5 mars 1991 : *EDCE* 1991, p. 391).

Bibliographie : Ministère de l'Équipement, *La compatibilité en droit de l'urbanisme*, 1991. – COULET : *AJDA* 1976, p. 291. – LAMORLETTE : *Études foncières* 1990, p. 34. – SAVINAS-HUBERTY : *Quotidien Juridique*, 19 févr. 1991. – LEBRETON : *AJDA* 1991, p. 491. – LARROUY-CASTERA, mémoire DESS, *Droit de l'urbanisme*, Toulouse 1991.

C. urb., art. *R. 122-28 ancien *(D. n° 86-669, 18 mars 1986 ; D. n° 88-199, 29 févr. 1988)*. — En application de l'article L. 122-6, lorsqu'un schéma directeur est en cours de modification, il peut être fait application par anticipation, dans les conditions définies au présent article, des orientations en cours d'établissement afin de permettre la réalisation des programmes de l'État, des collectivités locales et des établissements et services publics ainsi que les décisions qui les concernent si ces programmes et décisions sont compatibles avec les orientations envisagées.

Les orientations intéressant les programmes et décisions doivent :

***a)* Ne pas être de nature à compromettre la réalisation d'un projet d'intérêt général ou l'application des lois d'aménagement et d'urbanisme ;**

***b)* Avoir fait l'objet d'études suffisamment avancées afin de permettre d'apprécier la compatibilité de ces programmes et décisions avec les principales perspectives d'aménagement de l'ensemble du schéma futur et avec la destination générale des sols des zones, espaces ou sites intéressés ;**

***c)* Avoir été définies dans les formes prescrites par l'article R. 122-25, soit par l'organe délibérant d'un établissement public de coopération intercommunale compétent en association avec les services de l'État et les personnes publiques, visées au second alinéa de l'article R. 122-8, soit par le préfet selon les modalités fixées à l'article R. 122-16.**

L'application anticipée des orientations d'un schéma directeur intéressant les programmes et décisions mentionnés au premier alinéa du présent article est décidée par le préfet. Avant de se prononcer le préfet consulte, selon le cas, l'organe délibérant de l'établissement public de coopération intercommunale compétent ou les collectivités et personnes publiques, visées à l'article L. 122-2. Cet avis est réputé donné faute de réponse dans un délai de deux mois à compter de la date à laquelle il est demandé.

La décision du préfet fait l'objet d'un arrêté publié au recueil des actes administratifs du département et d'une mention en caractères apparents dans deux journaux régionaux ou locaux diffusés dans le département.

Historique. Le présent article a été ajouté par le décret du 18 mars 1986. Il contribue à limiter la 3108
portée effective des schémas.

Voir aussi : C. urb., art. L. 122-5, p. 50 ; comparer en matière de POS, C. urb., art. L. 123-4, p. 63.

3109 **Conditions d'application.** Le présent article peut être appliqué pour la déclaration d'utilité publique d'une autoroute et la mise en concordance du POS (CE, 24 mai 1991, *Collectif d'associations de l'environnement lyonnais et Cne de Simandres*).

3110 **Absence de consultation du SIEP.** L'application anticipée ne nécessite pas une consultation des communes membres du SIEP, ni du SIEP lui-même qui a sollicité l'anticipation, ni encore la consultation de la région, dès lors que le secteur concerné ne totalise pas 100 000 habitants (CE, 9 déc. 1998, *Assoc. Rassemblement pour l'étude de la nature et de l'aménagement de Roissy-en-Brie*).

C. urb., art. R. 123-1 ancien *(D. n° 76-276, 29 mars 1976 ; D. n° 77-736, 7 juill. 1977 ; D. n° 77-861, 26 juill. 1977 ; D. n° 83-813, 9 sept. 1983).* — Un plan d'occupation des sols peut être établi pour tout ou partie d'une commune ou pour tout ou partie d'un ensemble de communes.

3111 **Supression de la liste des communes devant établir un POS.** Désormais, il n'existe plus de liste des communes où l'établissement d'un POS est obligatoire (ancien art. R. 123-1). La décision d'élaborer un POS est donc purement communale. Toutefois, le représentant de l'État peut imposer sa modification ou sa révision dans les cas prévus par l'article L. 123-7-1.

Voir aussi : Sur l'ensemble du décret du 9 septembre 1983, la circulaire n° 179 du 17 juillet 1984 : *Mon. TP* 14 sept. 1984.

3112 **Nombre de communes dotées d'un POS.** Plus de 18 000 communes sont dotées de POS.

Bibliographie : Doreau-Tranquard, *Élaboration des POS : Les erreurs à éviter : Droit et Ville* 1989, n° 27, p. 11. – Taxil, *Élaboration des POS : AJDA* 1984, p. 281.

C. urb., art. R. 123-2 ancien *(D. n° 83-813, 9 sept. 1983).* — L'élaboration du plan d'occupation des sols commence lorsque l'établissement du plan est prescrit et s'achève lorsque le plan est approuvé. Elle est conduite, en application de l'article L. 123-3, sous l'autorité du maire ou si la commune a confié l'élaboration du plan à un établissement public de coopération intercommunale, sous l'autorité du président de cet établissement public. Dans ce cas, les compétences attribuées respectivement au maire et au conseil municipal sont exercées par le président de l'établissement public et par l'organe délibérant de cet établissement.

C. urb., art. R. 123-3 ancien *(D. n° 77-736, 7 juill. 1977 ; D. n° 83-813, 9 sept. 1983 ; D. n° 98-913, 12 oct. 1998).* — L'établissement d'un plan d'occupation des sols est prescrit par délibération du conseil municipal.

Cette délibération fixe les modalités de l'association des personnes publiques autres que l'État à l'élaboration du plan d'occupation des sols.

Elle fait l'objet pendant un mois d'un affichage en mairie ou au siège de l'établissement public de coopération intercommunale compétent et, dans ce cas, aux mairies des communes membres concernées. Mention en est insérée en caractères apparents dans deux journaux diffusés dans le département.

3113 **Généralités.** L'association des personnes publiques autres que l'État à la commune peut prendre des formes multiples. Par-delà la communication du projet de POS qui constitue une forme minimale prévue à l'article R. 123-9, il peut s'agir de la convocation à des réunions de travail, voire de l'association aux travaux de la commission municipale d'urbanisme. Il peut aussi s'agir de la création d'une commission *ad hoc*.

Voir aussi : Annotations sous C. urb., art. R. 123-1, p. 523.

I. – Publicité

3114 **Condition substantielle.** La publicité de la délibération est une condition de procédure substantielle.

Comme sous la jurisprudence antérieure à la décentralisation, l'absence d'une mesure de publicité réglementaire entraîne l'illégalité d'une décision de sursis à statuer (TA Toulouse, 27 juin 1985, *Sorbs*).
La publicité dans des journaux spécialisés *(Moniteur des travaux publics)* est insuffisante (CE, 15 mai 1987, *Ville de Levallois-Perret* c/ *Mme Levy et Caën : Rec. CE*, T, p. 1006 ; *Petites affiches* 20 avr. 1988, note Moderne), de même que dans un journal diffusé seulement au chef-lieu du département (CE, 16 oct. 1987, *Marignac*).
La publicité peut être faite dans deux journaux locaux « apparentés » ayant la même rédaction locale et le même siège social (CE, 29 oct. 1990, *Mme Kutshera*).
Elle ne peut être faite dans un journal insuffisamment diffusé, pourtant habilité. Il faut alors effectuer la publicité dans des journaux nationaux, diffusés dans tout le département (CE, 4 mars 1991, *Ville de Valence* c/ *Fourel : DA* 1991, 261).

Forme de la Publicité. Le décret du 12 octobre 1998 est venu supprimer la référence aux journaux *locaux ou régionaux*. Ce qui compte et suffit désormais, c'est que la publicité dans la presse soit faite dans deux journaux diffusés dans le département (solution préfigurée par CE, 20 mars 1998, *Cne de Coulommes : Rec. CE*, p. 101). 3115

II. – Sur les personnes publiques associées

Groupe de travail. En vue d'éviter « l'urbanisme de prétoire », le décret du 9 septembre 1983 a supprimé l'exigence formelle d'un groupe de travail (la jurisprudence relative à l'ancienne procédure ayant souvent annulé des POS en raison de la composition irrégulière ou du fonctionnement défectueux du groupe de travail. V. par ex., CE, 6 nov. 1995, *District de Trouville-Deauville*). 3116
Mais si un groupe de travail est constitué (ce qui est à la fois facultatif et commode), le POS est annulé si le quorum n'a pas été respecté à l'une de ses réunions (CE, 2 nov. 1991, *Noël : DA* 1991, 62. – CE, 1er févr. 1995, *Cne de Boissières*).
En revanche, la composition irrégulière du groupe de travail, dont l'existence n'est pas prévue par la réglementation, n'est pas sanctionnée (CE, 19 mars 1993, *Cté de défense intercommunal Maisons Mesnil* c/ *Ville de Maisons Laffitte*).
De même, en présence d'une réunion informelle, la méconnaissance du quorum est sans incidence (CE, 29 déc. 1995, *Assoc. Espace Benoît Suzer : JCP* N 1996, II, p. 614, note Stemmer).
La présence de l'Office national des forêts avec voix délibérative dans le groupe de travail a été jugée illégale (CE, 15 janv. 1996, *Billig*).
En cas d'établissement du POS par une communauté urbaine, les communes membres doivent donner leur avis et non leur accord (CE, 13 nov. 1995 : *Poperen : AJDA* 1996, p. 77, concl. Maugüe).

Vice de procédure. Il n'y a pas vice de procédure, si les études du POS sont réalisées par un architecte qui est un proche parent du maire (CE, 10 juin 1992, *Giroud* c/ *Cne de Cépet*), ou bien si le maire exerce une profession immobilière, mais demeure impartial (CE, 28 janv. 1998, *Merrain : Rec. CE*, T). 3117
De façon plus contestable, le vice de procédure est écarté alors que l'architecte chargé de la révision et de la modification du POS avait réalisé pour la commune une étude générale de ZAC dans le secteur modifié, puis avait été maître d'œuvre de la réalisation de lotissements communaux (CE, 17 juin 1998, *Bus : Rec. CE*, p. 239).
Deux délibérations successives peuvent prescrire un POS, la deuxième régulière se substituant à la première (CE, 9 févr. 1994, *Malfatto : Rec. CE*, T, p. 1231-1232).
En règle générale, la participation de conseillers municipaux propriétaires n'est pas un vice de procédure (CE, 18 févr. 1991, *Desmarez*. – CE, 17 mars 1993, *Mottuel*), leur influence n'étant pas déterminante. Il est parfois jugé l'inverse en cas d'influence déterminante d'un conseiller dont le terrain est passé de NC en UA (CE, 17 févr. 1993, *Desmonts : Rec. CE*, T, p. 649 ; *DA* 1993, 196).

Bibliographie : KERN, *Le groupe de travail dans l'élaboration du POS : BJDU* 2-95, p. 111.

C. urb., art. R. 123-4 ancien ***(D. n° 77-736, 7 juill. 1977 ; D. n° 83-813, 9 sept. 1983 ; D. n° 88-199, 29 févr. 1988).*** **— Dès que la délibération prescrivant l'établissement du plan d'occu-**

pation des sols a été transmise au préfet, celui-ci définit avec le maire les modalités d'association de l'État à son élaboration. Le préfet fait à cette occasion connaître au maire les services de l'État qui seront, à ce titre, associés à cette élaboration.

Le préfet ou son représentant, accompagné le cas échéant des représentants des personnes publiques associées qu'il aura désignées, est entendu à sa demande par le conseil municipal ou par le maire qui en rend compte au conseil municipal.

Sous l'autorité du préfet, le service de l'État dans le département chargé de l'urbanisme assure la collecte des informations et la conservation des documents nécessaires à l'association de l'État dans l'élaboration du plan d'occupation des sols et dans sa mise en œuvre.

3118 **Nombre de services associés.** La désignation de trop nombreux services associés, par le préfet, nous paraîtrait contraire à l'esprit de la décentralisation.

On peut néanmoins concevoir une association de services étatiques « à géométrie variable », les services étatiques associés étant différents selon les questions traitées, et la composition des groupes de travail étant différente au fil des réunions successives destinées à élaborer le POS.

3119 **Type d'intervention.** La circulaire du 17 juillet 1984 paraît envisager deux degrés d'intervention : d'une part, l'association au sens de l'alinéa 1er du présent article qui concerne les services de l'État *stricto sensu* (DDE, DDA, ABF...), la participation, d'autre part, qui devrait permettre à de multiples autres personnes morales plus ou moins liées au service public d'intervenir ponctuellement dans la procédure d'élaboration du POS (SNCF, EDF, ports autonomes...). On voit mal, cependant, sur quelles dispositions de texte peut se fonder le préfet pour imposer à la commune ces nouveaux participants et les modalités de leur intervention. Non seulement ces personnes morales imposent leurs PIG aux planificateurs locaux, mais elles interviennent dans l'élaboration même du document d'urbanisme.

Il est jugé que la SNCF ne peut être associée à l'élaboration d'un POS, en qualité de représentant de l'État (CE, 20 janv. 1988, *Le Roux : AJDA* 1988, p. 495, note J.-B. Auby).

3120 **Service de l'État.** Le service de l'État chargé de la collecte des informations et de la conservation des documents sera, en pratique et suivant le cas, la direction départementale de l'équipement ou la direction départementale de l'agriculture.

C. urb., art. R. 123-5 ancien ***(D. n° 77-736, 7 juill. 1977 ; D. n° 81-534, 12 mai 1981 ; D. n° 82-584, 29 juin 1982 ; D. n° 83-813, 9 sept. 1983 ; D. n° 88-199, 29 févr. 1988 ; D. n° 92-966, 10 sept. 1992 ; D. n° 98-913, 12 oct. 1998).*** **— Dans un délai de trois mois à compter de la transmission de la délibération prescrivant l'établissement du plan d'occupation des sols, le préfet porte à la connaissance du maire, les directives territoriales d'aménagement ou les lois d'aménagement et d'urbanisme et les servitudes d'utilité publique applicables au territoire concerné ainsi que les projets d'intérêt général au sens de l'article L. 121-12 et, éventuellement parmi les dispositions relatives au contenu du plan d'occupation des sols, prévues aux articles R. 123-15 à R. 123-24, celles qui sont nécessaires à la mise en œuvre de ces projets. En outre, il porte à sa connaissance les objectifs minima à atteindre en matière de politique locale de l'habitat, en tenant compte du programme local de l'habitat lorsqu'il existe.**

Il porte également à sa connaissance toute autre information qu'il juge utile à l'élaboration du plan notamment l'obligation, conformément à l'article L. 112-2 du Code rural, de consulter la carte des terres agricoles approuvée. Au cours de l'élaboration du plan, le préfet communique au maire dans les meilleurs délais les directives territoriales d'aménagement ou les lois d'aménagement et d'urbanisme, les servitudes d'utilité publique nouvellement instituées ou modifiées ainsi que tout élément nouveau d'information concernant les projets d'intérêt général.

Les communications relatives aux projets d'intérêt général deviennent caduques à l'expiration d'un délai de trois ans si elles n'ont pas été confirmées dans la même forme pour une égale durée.

3121 **Principe.** La nécessité, pour le préfet, de porter à la connaissance du maire l'ensemble des renseignements énumérés au présent article est d'une importance extrême. La première circulaire relative à la décentralisation des documents d'urbanisme y a particulièrement insisté (Circ. 27 juill. 1983).

Voir aussi : Sur les PIG, comm. sous C. urb., art. R. 121-13, p. 516. – Rép. min. : *JOAN* 1er juin 1987 ; *Mon. TP* 10 juill. 1987.

Bibliographie : Périnet-Marquet, *Les limites au choix des communes dans le contenu de leur POS : Droit et Ville* 1989, n° 27, p. 37.

C. urb., art. R. 123-6 ancien *(D. n° 83-813, 9 sept. 1983 ; D. n° 86-52, 10 janv. 1986 ; D. n° 98-913, 12 oct. 1998)*. — La délibération prescrivant l'établissement du plan d'occupation des sols est notifiée par le maire aux présidents du conseil régional et du conseil général des régions et départements concernés, aux présidents de la chambre de commerce et d'industrie, de la chambre de métiers, de la chambre d'agriculture, des sections régionales de la conchyliculture, aux maires des communes limitrophes et aux présidents des établissements publics de coopération intercommunale directement intéressés en raison de leur objet et de leur ressort territorial et, lorsque tout ou partie du territoire concerné par le plan est situé dans un parc national compris dans un massif de montagne ou en zone périphérique, au directeur de l'établissement public du parc.

Dans un délai de deux mois à compter de la transmission de cette délibération, les présidents du conseil régional, du conseil général, des chambres de commerce et d'industrie, des chambres de métiers, des chambres d'agriculture et, lorsque tout ou partie du territoire concerné par le plan est situé dans un parc national compris dans un massif de montagne ou en zone périphérique, le directeur de l'établissement public du parc, font connaître au maire si ces collectivités et personnes publiques ont décidé d'être associées à l'élaboration du plan d'occupation des sols selon les modalités prévues à l'article R. 123-3 et, dans l'affirmative, font connaître à cet effet les représentants que ces collectivités et personnes publiques ont désignés.

Dans le même délai, les maires des communes limitrophes et les présidents des établissements publics de coopération intercommunale directement intéressés font savoir si ces communes ou établissements de coopération intercommunale ont décidé d'être consultés sur le projet de plan d'occupation des sols lorsqu'il aura été arrêté.

Délai de réponse. Le délai de réponse des personnes qui peuvent être associées, sur leur demande, à l'élaboration du POS, est plus bref que celui imparti au préfet pour porter à la connaissance de la commune les renseignements nécessaires. 3122

Représentants des organismes consulaires. Le présent article ne précise pas si les représentants des organismes consulaires et des collectivités locales associées doivent être obligatoirement des élus, ou s'il peut s'agir de préposés de ces organismes. 3123
La chambre des métiers peut désigner un artisan par ailleurs conseiller municipal (CE, 22 févr. 1991, *Époux Fieujean*).

Effet de l'omission d'une formalité. À notre avis, il y a vice de forme substantiel en cas d'omission de l'une des formalités prévues par le présent article. 3124

C. urb., art. R. 123-7 ancien *(D. n° 77-736, 7 juill. 1977 ; D. n° 83-813, 9 sept. 1983 ; D. n° 88-199, 29 févr. 1988 ; D. n° 98-913, 12 oct. 1998)*. — Le maire conduit la procédure d'élaboration du plan d'occupation des sols. Il publie par arrêté :

***a)* La liste des services de l'État communiquée par le préfet conformément à l'alinéa 1er de l'article R. 123-4 ainsi que celle des personnes publiques associées conformément au 2e alinéa de l'article R. 123-6 ;**

***b)* La liste des communes limitrophes et des établissements publics de coopération intercommunale directement intéressés ayant demandé à être consultés sur le projet de plan d'occupation des sols ;**

***c)* L'indication des services ou organismes chargés de réaliser les études nécessaires à l'élaboration du plan d'occupation des sols.**

Cet arrêté fait l'objet pendant un mois d'un affichage en mairie ou au siège de l'établissement public de coopération intercommunale compétent et, dans ce cas, aux mairies des communes membres concernées. Mention en est insérée en caractères apparents dans deux journaux diffusés dans le département.

3125 **Publicité.** La formalité d'affichage et de mention dans la presse est substantielle, son omission ou son insuffisance constitue un vice de procédure entachant la légalité du POS (TA Poitiers, 12 mai 1993, *Assoc. des amis de Saint-Palais-sur-Mer : JCP* N 1994, II, 146). Mais cette solution est dépassée (CE, 17 juin 1998, *Assoc. de défense des propriétaires longevillais : BJDU* 5-98, p. 333, concl. Bonichot). En ce qui concerne les journaux pouvant légalement publier la mention de l'arrêté prévu au présent article, voir annotations sous l'article R. 123-3.

3126 **Pouvoir du conseil municipal.** À notre avis, c'est le conseil municipal qui doit décider si l'État est chargé des études nécessaires à l'élaboration du POS, au titre de la mise à la disposition gratuite prévue par l'article 40 de la loi du 7 janvier 1983. La question nous paraît trop importante pour que le maire puisse en décider seul. Une autre interprétation ne nous paraîtrait possible que sur le fondement du 4e alinéa de l'article L. 2122-22 du Code général des collectivités territoriales, lorsque le conseil municipal a donné délégation au maire pour prendre les décisions concernant les marchés.

3127 **Absence de mention du représentant du département.** Si l'arrêté prévu au présent article omet de mentionner le représentant du département, qui a demandé à s'associer à l'élaboration du POS, la procédure est viciée (CE, 24 juill. 1987, *Commissaire de la République de la Gironde c/ Cne de Génissac : Rec. CE*, p. 271 ; *Petites affiches* 12 janv. 1988, note Moderne). Les représentants du département doivent être désignés par le président du conseil général, et non par l'assemblée délibérante (CAA Paris, 17 déc. 1996, *SA Foncière Paris-Neuilly : BJDU* 1-97, p. 24, concl. Martel).

C. urb., art. R. 123-8 ancien *(D. n° 77-736, 7 juill. 1977 ; D. n° 81-225, 10 mars 1981 ; D. n° 83-813, 9 sept. 1983 ; D. n° 86-52, 10 janv. 1986 ; D. n° 96-717, 9 août 1996 ; D. n° 98-913, 12 oct. 1998).* — **Le maire entend à leur demande les présidents des associations mentionnées à l'article L. 121-8 ou leurs représentants ainsi que les présidents des organismes de gestion des parcs naturels régionaux ou leurs représentants.**

Il peut recueillir l'avis de tout organisme ou association défini à l'article L. 123-3 (3e alinéa) et décider d'entendre toute personne qualifiée.

En zone de montagne, là où elle existe, conformément aux dispositions des articles L. 121-2 et L. 121-4 du Code rural, il consulte la commission communale ou intercommunale d'aménagement foncier.

3128 **Association agrée.** À la différence des personnes publiques visées à l'article R. 123-6, les associations agréées peuvent se faire connaître sans condition de délai.
En cas d'omission de la consultation d'une association agréée ayant fait une demande en ce sens, la procédure d'élaboration du POS serait viciée (CE, 20 mars 1985, *Assoc. pour la sauvegarde du paysage rural de Saint-Martin-du-Vivier et de ses environs : Rec. CE*, T, p. 803. – CE, 25 janv. 1989, *Assoc. des amis de la Pointe de Nauzan*. – CE, 25 janv. 1989, *Cne de Saint-Palais-sur-Mer*, pour une modification du POS).
Mais l'association ne peut permettre de participer au groupe de travail chargé d'élaborer le POS (CE, 24 juill. 1987, *Le Bot*).

C. urb., art. R. 123-9 ancien *(D. n° 76-432, 14 mai 1976 ; D. n° 83-813, 9 sept. 1983 ; D. n° 88-199, 29 févr. 1988 ; D. n° 96-717, 9 août 1996 ; D. n° 98-913, 12 oct. 1998).* — **Le projet de plan d'occupation des sols arrêté par délibération du conseil municipal est communiqué par le maire pour avis, en ce qui les concerne, aux personnes publiques associées à l'élaboration du plan, et sur leur demande, aux communes limitrophes et aux établissements publics de coopération intercommunale directement intéressés. Lorsque le projet de plan d'occupation des sols comporte une réduction grave des terres agricoles, il est également soumis pour avis à la commission départementale d'orientation de**

l'agriculture et à la chambre d'agriculture, en application de l'article R. 112-3 du Code rural. Leur avis est réputé favorable faute de réponse dans un délai de trois mois à compter de la transmission.

Lorsque le préfet constate que le projet de plan d'occupation des sols arrêté ne permet pas la mise en œuvre d'un projet d'intérêt général communiqué à la commune, il porte à la connaissance de celle-ci, parmi les dispositions prévues aux articles R. 123-15 à R. 123-24, celles qui sont nécessaires à la mise en œuvre de ce projet d'intérêt général. Cette communication précise la situation du projet, les objectifs à la réalisation desquels il concourt et, dans la mesure du possible, l'échéancier prévisionnel de sa réalisation.

Dans le cas où le projet de plan a été arrêté par l'organe délibérant de l'établissement public de coopération intercommunale à qui a été confiée l'élaboration du plan d'occupation des sols, il doit être soumis pour accord aux conseils municipaux des communes membres concernées ; faute de réponse dans un délai de trois mois, l'accord est réputé donné.

Lorsqu'il en fait la demande au maire, le président d'une association mentionnée à l'article L. 121-8 ou le président de l'organisme de gestion d'un parc naturel régional reçoit communication du projet de plan d'occupation des sols ou est invité à en prendre connaissance au lieu désigné à cet effet. Il peut faire connaître ses observations écrites sur le projet de plan d'occupation des sols dans le délai d'un mois courant à compter de la réception du projet de plan d'occupation des sols ou de la date à laquelle il a pris connaissance de celui-ci.

Généralité. Le présent article se réfère à une phase technique importante de l'élaboration du POS : ce dernier est arrêté par le conseil municipal. Son contenu ne pourra être modifié que sous des conditions restrictives. 3129

Voir aussi : C. urb., art. R. 123-10, p. 526 et C. urb., art. R 123-12, p. 528.

Personnes associées. En ce qui concerne les personnes associées, le présent article prévoit les modalités minimales de l'association : ces personnes sont consultées. Mais il résulte de l'article R. 123-6 qu'une collaboration plus intense est possible entre la commune et les personnes associées, puisque ces dernières peuvent désigner des représentants. C'est sans doute la délibération initiale (C. urb., art. R. 123-3, 2e phrase), qui permet de déterminer l'intensité de la collaboration entre la commune responsable de son POS et les personnes publiques associées. 3130

Il semble à la lecture du texte que les « services de l'État », qui ne sont pas des personnes publiques, n'aient pas à se voir communiquer le projet de POS.

Voir aussi : Sur les conséquences du refus de communication du projet de plan au président d'une association agréée, note sous C. urb., art. R. 123-8, p. 525.

Effet de la délibération. La délibération arrêtant le POS n'est pas purement préparatoire. Elle peut donc faire l'objet d'un déféré préfectoral. Son annulation entraîne par voie de conséquence l'annulation des décisions ultérieures de publication ou d'approbation du POS (CE, 24 juill. 1987, *Commissaire de la République de la Gironde* c/ *Cne de Génissac : Rec. CE*, p. 271 ; *Petites affiches* 12 janv. 1988, note Moderne). 3131

Mais la jurisprudence récente rend caduque cette solution et retient désormais la solution inverse (CE, 10 févr. 1997, *Guerlin : Rec. CE*, T. – CE, 25 févr. 1998, *Cne d'Évreux et SCI du Bois Jolet : DA* 1998, 184 ; *BJDU* 2-98, p. 102, concl. Hubert).

Consultation de la chambre d'agriculture. Le décret du 12 octobre 1998 a ajouté la consultation de la chambre d'agriculture et de la commission départementale d'orientation de l'agriculture, transposant tardivement la loi d'orientation agricole du 4 août 1980, en cas de réduction grave des terres agricoles. 3132

Consultation de l'Institut national des appellations d'origine. Le nouvel article L. 112-2 du Code rural, issu de la loi d'orientation agricole du 9 juillet 1999, impose en outre la consultation de l'Institut national des appellations d'origine, et du centre régional de la propriété forestière, en cas 3133 de réduction (sans précision quant à la gravité de cette réduction) des espaces agricoles ou forestiers et prévoit un mécanisme d'avis favorable tacite, résultant de deux mois de silence. Il en est de même en cas de révision du POS (C. urb., art. R. 123-35 et R. 123-35-1) ou de mise en concordance du POS avec une déclaration d'utilité publique (C. urb., art. R. 123-35-3).

Voir aussi : Sur l'avis nécessaire de la commission départementale des structures agricoles, obs. sous C. urb., art. L. 121-7, p. 39.

3134 **Plan d'occupation des sols arrêté.** Le POS peut être arrêté successivement à deux reprises (CE, 5 avr. 1993, *Coz : Rec. CE*, p. 1084 ; *DA* 1993, 316).
Le projet de POS arrêté est communicable au public, par application de la loi du 17 juillet 1998 (Avis CADA, 29 juill. 1982).

C. urb., art. R. 123-10 ancien *(D. n° 77-736, 7 juill. 1977 ; D. n° 83-813, 9 sept. 1983 ; D. n° 88-199, 29 févr. 1988 ; D. n° 96-717, 9 août 1996 ; D. n° 98-913, 12 oct. 1998).* — **Lorsque les avis ou accords mentionnés à l'article R. 123-9 ont été recueillis ou sont réputés acquis, le projet de plan, éventuellement modifié par le conseil municipal pour tenir compte de ces avis, des communications du préfet et des propositions de la commission de conciliation instituée par l'article L. 121-9, est rendu public par arrêté du maire.**

Le plan d'occupation des sols rendu public comporte en annexe les avis des personnes publiques consultées mentionnées aux 1er et 3e alinéas de l'article R. 123-9, des associations mentionnées à l'article L. 121-8 et des organismes de gestion des parcs naturels régionaux ayant présenté des observations, les communications du préfet, ainsi que la liste des autres personnes consultées au cours de l'élaboration du plan d'occupation des sols.

L'arrêté rendant public le plan d'occupation des sols fait l'objet pendant un mois d'un affichage en mairie ou au siège de l'établissement public de coopération intercommunale compétent et, dans ce cas, aux mairies des communes membres concernées. Mention en est insérée en caractères apparents dans deux journaux diffusés dans le département.

L'arrêté rendant public le plan d'occupation des sols n'est exécutoire qu'après accomplissement des mesures de publicité mentionnées ci-dessus, et, dans les communes non couvertes par un schéma directeur ou un schéma de secteur approuvé, que dans les conditions prévues par l'article L. 123-3-2. Pour l'affichage en mairie, la date à prendre en considération est celle du premier jour où il est effectué.

3135 **Opposabilité.** Le POS rendu public est en principe opposable aux tiers, sous réserve d'avoir fait l'objet des mesures de publicité nécessaires (dernier alinéa du présent article) ; toutefois, une exception est prévue, qui n'avait pas d'équivalent dans l'ancienne procédure d'élaboration conjointe, tenant à la nécessité d'attendre que la décision devienne exécutoire.

Voir aussi : C. urb., art. L. 123-3-2, p. 63.

3136 **Régime précédent.** Sous le régime précédent de l'élaboration conjointe, il avait été jugé que l'opposabilité aux tiers ne prend effet qu'après la dernière formalité de publicité réglementaire. Cette jurisprudence sera sans aucun doute transposée dans le régime actuel.

3137 **Divergences de contenu.** Les divergences entre le contenu du POS rendu public et du POS précédemment arrêté sont en principe très limitées. Elles se limitent, en effet, à la prise en compte des avis divergents des personnes associées ou du préfet.

3138 **Pouvoir de modification.** Seul le conseil municipal, et non le maire, peut modifier le contenu du POS arrêté en application du présent article (CE, 28 avr. 1993, *Gorisse : Rec. CE*, p. 1084 ; *DA* 1993, 317).
Le recours contre un POS reste recevable si la mention réglementaire est publiée dans deux journaux diffusés dans une partie seulement du département (CE, 16 oct. 1987, *Marignac*).
L'irrégularité de la publicité de la décision de rendre public le POS ne rend pas illégale la décision ultérieure d'approbation (CE, 7 juin 1991, *Min. Équip. c/ Raccat ; Rec. CE*, p. 224 ; *CJEG* 1991, p. 380, note Delpirou ; *AJDA* 1991, p. 813, concl. De Montgolfier. – CE, 22 juin 1998, *Goz*).

La circonstance que le journal ne soit pas diffusé dans des communes éloignées est sans incidence dès lors que la publication de ce journal n'est pas limitée à un secteur du département, mais est assurée dans l'ensemble du département (CAA Nantes, 30 déc. 1996, *Le Chatas : BJDU* 2-97, concl. Devillers).

Voir aussi : Sur l'application du POS par anticipation, note sous C. urb., art. R. 123-35 ; annotations sous C. urb., art. R. 123-3, p. 524.

Bibliographie : HOCREITÈRE, *Le POS à l'heure de la décentralisation : RD imm.* 1983, n° 104, p. 79. – TAXIL, *Élaboration du POS : AJDA* 1984, p. 281.

C. urb., art. R. 123-11 ancien *(D. n° 83-813, 9 sept. 1983 ; D. n° 85-452, 23 avr. 1985 ; D. n° 88-199, 29 févr. 1988 ; D. n° 98-913, 12 oct. 1998).* — Le plan d'occupation des sols rendu public est soumis par le maire à enquête publique dans les conditions suivantes :

Le maire saisit le président du tribunal administratif en vue de la désignation d'un commissaire enquêteur ou d'une commission d'enquête dans les conditions prévues aux articles 8, 9 et 10 du décret n° 85-453 du 23 avril 1985.

Un arrêté du maire précise :

1. L'objet de l'enquête, la date à laquelle celle-ci sera ouverte, et sa durée qui ne peut être inférieure à un mois ;

2. Les nom et qualité du commissaire enquêteur ou des membres de la commission d'enquête ;

3. Les jours et heures et le ou les lieux où le public pourra prendre connaissance du dossier et formuler ses observations sur un registre ouvert à cet effet ; ces jours comprennent au minimum les jours habituels d'ouverture au public du lieu de dépôt du dossier et peuvent, en outre, comprendre plusieurs demi-journées prises parmi les samedis, dimanches et jours fériés ; le registre à feuillets non mobiles est coté et paraphé par le commissaire enquêteur, le président de la commission d'enquête ou un membre de celle-ci ;

4. Sur proposition du commissaire enquêteur ou du président de la commission d'enquête, le ou les lieux, les jours et heures où le commissaire enquêteur ou un membre de la commission d'enquête se tiendra à la disposition du public pour recueillir ses observations ;

5. Le lieu où le public pourra adresser ses observations écrites au commissaire enquêteur ou au président de la commission d'enquête ;

6. Le ou les lieux où, à l'issue de l'enquête, le public pourra consulter le rapport et les conclusions du commissaire enquêteur ou de la commission d'enquête.

Un avis portant ces indications à la connaissance du public est, par les soins du maire, publié en caractères apparents dans deux journaux diffusés dans le département quinze jours au moins avant le début de l'enquête et rappelé de même dans les huit premiers jours de celle-ci. Il est publié par voie d'affiches et éventuellement par tous autres procédés dans la ou les communes concernées.

L'enquête s'ouvre selon le cas :

***a)* À la mairie ;**

***b)* Ou au siège de l'établissement public de coopération intercommunale compétent et aux mairies des communes concernées.**

Pendant le délai fixé au 3e alinéa, les observations sur le plan d'occupation des sols peuvent être consignées par les intéressés sur le ou les registres d'enquête, ou adressées par écrit, au lieu fixé pour l'ouverture de l'enquête, au commissaire enquêteur ou au président de la commission d'enquête, lequel les annexe au registre mentionné à l'alinéa précité.

Le commissaire enquêteur ou le président de la commission d'enquête peut faire compléter le dossier, demander l'organisation d'une réunion publique ou décider de proroger la durée de l'enquête dans les conditions prévues aux articles 17 à 19 du décret n° 85-453 du 23 avril 1985.

À l'expiration du délai d'enquête, le ou les registres d'enquête sont clos et signés par le commissaire enquêteur ou le président de la commission d'enquête. Le commissaire enquêteur ou la commission d'enquête examine les observations consignées ou

annexées aux registres, établit un rapport qui relate le déroulement de l'enquête et rédige des conclusions motivées, en précisant si elles sont favorables ou défavorables. Le commissaire enquêteur ou le président de la commission d'enquête adresse le dossier accompagné du rapport et des conclusions au maire dans le délai d'un mois à compter de la date de clôture de l'enquête. Copie du rapport et des conclusions est communiquée par le maire au préfet et au président du tribunal administratif.

Le rapport et les conclusions sont tenus à la disposition du public à la mairie, ou, le cas échéant, au siège de l'établissement public compétent et aux mairies des communes concernées.

I. – Principes

3139 **Remarque.** L'application de la loi du 12 juillet 1983 n'était pas ici évidente puisqu'elle concerne « la réalisation d'aménagements d'ouvrages et de travaux » et qu'elle réservait le cas particulier des documents d'urbanisme.

3140 **Nouveautés.** Le nouveau texte apporte trois innovations importantes :
– le commissaire-enquêteur ou les membres de la commission d'enquête sont désignés par le président du tribunal administratif ;
– le commissaire-enquêteur ou le président de la commission d'enquête peut réclamer au maire la communication de tout document en sa possession ; avec l'accord du préfet, il peut organiser une réunion publique et prolonger l'enquête dans la limite de quinze jours ;
– les conclusions de l'enquête doivent expressément indiquer les points sur lesquels le commissaire enquêteur est favorable ou défavorable au projet de POS. Elles sont tenues à la disposition du public en mairie.

3141 **Entrée en vigueur.** Les dispositions du présent article sont entrées en vigueur le 1er octobre 1985. Les enquêtes dont l'arrêté prescriptif est antérieur à cette date devaient être poursuivies selon la procédure antérieure résultant du décret du 9 septembre 1983.

3142 **Jurisprudence antérieure.** Sous l'ancien régime d'élaboration conjointe, le Conseil d'État a annulé un POS approuvé, au motif que l'arrêté le rendant public a été publié dans la presse après l'ouverture de l'enquête, alors même que l'arrêté prescrivant l'enquête avait été publié avant cette ouverture (CE, 26 janv. 1979, *Lorans : Rec. CE*, p. 31 ; *D.* 1979, inf. rap. 416, obs. Charles ; *AJDA* mai 1979, p. 95 ; V. Givaudan, *L'annulation des POS de La Baule et de Pornichet : JCP* G 1979, I, 2956 ; N 1979, I, p. 185-186).

II. – Avis d'enquête

3143 **Publicité de l'arrêté.** L'arrêté fixant les conditions de l'enquête publique n'est pas entaché d'irrégularité substantielle s'il se réfère aux heures d'ouverture habituelle de la mairie, et s'il est publié dans les journaux en petits caractères (CE, 2 déc. 1992, *Cne du Beny Bocage c/ Mme Colmans*) ou si l'avis publié dans la presse ne précise pas la qualité et l'adresse du commissaire-enquêteur (CE, 21 sept. 1992, *Assoc. de défense de Juan Les Pins : Rec. CE*, T, p. 1369) ou s'il contient des dispositions contradictoires qui n'ont pas eu pour effet d'empêcher l'information du public (CE, 12 oct. 1994, *Mme Reznik c/ Cne de Combloux*), ou si l'avis dans la presse est erroné (édifice culturel au lieu d'édifice cultuel, CE, 25 sept. 1996, *Synd. des copr. de l'immeuble 75, rue Dutot à Paris : Rec. CE*, p. 352) ou en cas d'omission dans l'avis d'enquête des heures d'ouverture de la mairie (CE, 7 déc. 1990, *Cne d'Ampus*).
De même, dans les circonstances d'une espèce, l'omission d'indiquer dans l'arrêté lançant l'enquête publique, le lieu de consultation du rapport et des conclusions du commissaire-enquêteur à l'issue de l'enquête, n'a pas été considérée comme constitutive d'un vice substantiel (CE, 20 oct. 1995, *Cne de Saint Jean-Cap-Ferrat*).
L'avis d'enquête peut être publié dans la presse, en rubrique locale (CE, 22 avr. 1992, *Maubon : Rec. CE*, T, p. 1369).

L'avis d'enquête peut être rappelé dans les 9 jours (CE, 18 mai 1996, *Cne de Goxwiller*) ou 12 jours de l'ouverture de celle-ci (CE, 4 mars 1996, *Cne de la Teste : Rec. CE*, T, p. 1206), sans pour autant entacher le POS d'illégalité.
En revanche, est de nature à rendre l'enquête publique irrégulière, l'absence de mention dans la presse des jours de présence du commissaire-enquêteur, alors même que ces mentions figuraient dans l'affichage en mairie (CE, 19 févr. 1997, *Cne d'Echirolles : Rec. CE*, T, p. 1117). De même pour l'erreur sur l'indication des heures de consultation (CE, 28 oct. 1998, *Caën : BJDU* 6-98, p. 464. – CE, 3 juill. 1998, *Assoc. de défense et de protection de l'environnement de Saint-Come-d'Olt : Rec. CE*, T).
La délibération approuvant le POS de Montpellier est annulée, car l'avis d'enquête n'a pas été publié par affiches (CE, 19 juin 1992, *Comité de sauvegarde du patrimoine du pays de Montpellier : Rec. CE*, p. 241 ; *DA* 1992, 363. – TA Poitiers, 17 mars 1993, *Baudoin : JCP* N 1994, II, p. 146).

III. – Déroulement de l'enquête

Procédure. Constitue une illégalité, le fait d'adjoindre au dossier, le dernier jour de l'enquête publique, l'avis de l'État (CE, 4 déc. 1995, *Cne de Salses-le-Château : Rec. CE*, T, p. 1075 ; *DA* 1996, 54). 3144
Le dossier soumis à enquête publique doit comporter l'avis du préfet, sous peine d'illégalité, mais non l'avis de chaque chef départemental des services de l'État (CE, 29 nov 1993, *Cne d'Annecy le Vieux : Mon. TP* 24 déc. 1993 ; *Rec. CE*, T, p. 1084 ; *DA* 1993, n° 594), il doit également comporter l'avis des personnes associées (TA Nice, 2 avr. 1998, *SCI Lou Plan* c/ *Cne de Saint-André : BJDU* 1-99, p. 30, concl. Poujade).
Certains vices de forme ne sont pas substantiels, et sont sans incidence sur la légalité du POS paraphe du registre par un adjoint et non par le commissaire-enquêteur (CE, 3 avr. 1990, *Ceccaldi*), dépôt du rapport au-delà du délai d'un mois (CE, 8 janv. 1992, *Mme Gaillard Schouard : Rec. CE*, T, p. 9 ; *DA* 1992, 115), rapport du commissaire-enquêteur non daté (CE, 6 nov. 1995, *Clément*).

Prorogation de l'enquête et publicité. La prorogation de l'enquête publique ne nécessite pas de nouvelles mesures de publicité ; l'avis et le rapport du commissaire-enquêteur peuvent résulter d'un document unique (CE, 24 oct. 1990, *Mme Anguin*). 3145

IV. – Choix du commissaire-enquêteur

Commissaire-enquêteur. Un POS est annulé, si le commissaire-enquêteur est l'ancien ingénieur subdivisionnaire de la DDE, même s'il est prouvé qu'il n'a pas personnellement participé à son élaboration (TA Lyon, 21 mai 1990, *Marmorat*) ou s'il a participé à l'élaboration du POS comme représentant de la chambre d'agriculture (CE, 7 mars 1986, *Min. Urb.* c/ *Fourel : DA* 1986, 314), ou si c'est un architecte ayant participé à un PAZ inclus dans le POS (CE, 21 oct. 1992, *Ville de Narbonne : Rec. CE*, T, p. 1370 ; *DA* 1992, 500), ou s'il est propriétaire dans un secteur concerné par une révision du POS (TA Nice, 10 juin 1992, *Mazier* c/ *Assoc. syndicale autorisée des Issambres : DA* 1992, 362). 3146
En revanche, le commissaire-enquêteur peut être l'adjoint au maire d'une commune limitrophe (CE, 12 oct. 1992, *Mme Meulieu : DA* 1992, 554).

V. – Avis du commissaire-enquêteur

Avis défavorable. En cas d'avis défavorable du commissaire-enquêteur, le sursis à exécution de la délibération approuvant le POS est automatique, s'il est demandé au tribunal administratif, et si le recours comporte des moyens sérieux, en application de la loi du 22 juillet 1983. 3147
Le sursis à exécution se justifie également en l'absence de conclusions motivées du commissaire-enquêteur (CE, 27 oct. 1995, *Cne de Fontaine-Guérin*).
Dès lors que le commissaire-enquêteur a subordonné son avis favorable à la suppression d'un emplacement réservé et que le conseil municipal n'a déféré que pour partie à cette proposition,

l'avis est réputé défavorable. Une requête aux fins de sursis à exécution de l'arrêté approuvant le POS est donc recevable en vertu des dispositions de l'article 6 de la loi n° 83-630 du 12 juillet 1983 (TA Strasbourg, 19 déc. 1985 : *Rec. CE*, T, p. 803).

Mais le refus de suivre l'avis du commissaire-enquêteur ne constitue pas, par lui-même, une illégalité (CE, 8 juill. 1987, *Union des Commerçants de la Palmyre*. – CE, 17 mars 1997, *Cne de Pierrelargue*).

De façon plus surprenante, il est même jugé qu'aucune illégalité ne résulte de l'omission de soumettre l'avis du commissaire-enquêteur au conseil municipal (CE, 20 nov. 1987, *Mme Michel Dales*). Voir observations sous l'article R. 123-12.

3148 **Motivation de l'avis.** Le POS est annulé, faute d'avis « personnel et motivé » du commissaire-enquêteur (TA Lyon, 14 mai 1990, *Mme Durand-Terasson : Gaz. Pal.* 1991, 1, somm. 42. – TA Rennes, 10 juin 1993, *Kerloch : Gaz. Pal.* 17 juin 1994. – TA Grenoble, 4 juill. 1994, *Guichard : Gaz. Pal.* 17 févr. 1995). Sur la portée de son avis, voir observations sous l'article R. 123-12.

3149 **Dépot des observation.** La procédure est régulière, si la commune dépose des observations le dernier jour de l'enquête, entraînant ultérieurement une petite modification de voirie (CE, 14 juin 1991, *Clément*).

3150 **Absence de recours.** L'arrêté soumettant le POS à l'enquête est une simple mesure d'instruction non susceptible de recours (CE, 15 avr. 1983, *Maurel*, req. n° 25309).

Bibliographie : Sur le commissaire-enquêteur, Papin : *CJEG*, mai 1983, p. 165 ; Colloque de Toulouse (mai 1998) : *Quinze ans après la Loi Bouchardeau, le commissaire-enquêteur est-il majeur ? : Droit et Ville* n° 45-1998. – Hostiou, *Le commissaire-enquêteur nouveau est-il enfin arrivé ? : RFDA* 1998, p. 1147.

C. urb., art. R. 123-12 ancien *(D. n° 77-736, 7 juill. 1977 ; D. n° 83-813, 9 sept. 1983 ; D. n° 86-984, 19 août 1986 ; D. n° 96-717, 9 août 1996 ; D. n° 98-913, 12 oct. 1998)*. — Le plan d'occupation des sols, éventuellement modifié pour tenir compte des résultats de l'enquête publique et des propositions de la commission de conciliation, donne lieu, dans les conditions fixées au premier alinéa de l'article R. 123-9, à la consultation des services de l'État et des personnes publiques associées si le maire estime que la nature et l'importance des modifications envisagées justifient cette consultation. Le plan, accompagné par les avis des personnes publiques des associations et des organismes de gestion des parcs naturels régionaux ainsi que par les communications du préfet mentionnés au deuxième alinéa de l'article R. 123-10, est ensuite transmis au conseil municipal, qui l'approuve par délibération.

La délibération approuvant le plan d'occupation des sols fait l'objet des mesures de publicité mentionnées au 3e alinéa de l'article R. 123-10. Elle est exécutoire dans les conditions fixées au dernier alinéa du même article.

3151 **Nécessité d'une nouvelle enquête publique.** La modification rédactionnelle introduite par le décret du 19 août 1986 aligne exactement la concertation postérieure à l'enquête publique sur celle qui précède la publication du POS. On peut donc distinguer trois degrés de modifications postérieurement à l'enquête publique :

– la modification ponctuelle décidée par le conseil municipal seul ;

– la modification substantielle qui suppose la consultation des autorités associées à l'élaboration ;

– la modification portant atteinte à l'économie générale du plan et qui requiert une nouvelle enquête publique (Nombreux exemples de ce dernier cas, voir CE, 7 janv. 1987, *Duplaix : AJDA* 1987, p. 431, note J.-B. Auby ; *Petites affiches*, 30 mai 1987, concl. Bonichot ; *Rec. CE*, p. 2 ; *Petites affiches*, 20 avr. 1988, note Moderne. – V. aussi CE, 3 avr. 1987, *Min. Urb.* c/ *Assoc. pour la protection de l'environnement des habitants de Châteauneuf-de-Grasse : AJDA* 1987, p. 695, note J.-B. Auby, *Rec. CE*, p. 121 ; *Petites affiches*, 20 avr. 1988, note Moderne. – TA Strasbourg, 27 juill. 1983, *Andlauer : Rec. CE*, T, 901. – CE, 1er juin 1984, *Assoc. de défense des propriétaires et assimilés de Saint-Gervais : RD imm.* 1984, n° 107, p. 38. – CE, 21 sept. 1992, *Assoc. de défense de Juan-les-Pins*. – CE, 17 mars 1993, *Godfryd et Woodford*. – CE, 4 janv. 1995, *Cne de Narbonne* c/ *Mme Arditti : DA* 1995, 245 ; *DS* 1996, I, p. 162, note Liet-Veaux. – CE, 30 déc. 1998, *Vaillant Orsoni*), alors même que les modifications intervenues à la suite de l'enquête publique étaient nécessaires au respect de la loi littoral (CE, 17 janv. 1996, *Cne de Fontenay-sous-Bois* c/ *Mathieu*, confirmé par CE, 21 avr. 1997).

Est légale la modification intervenue seulement pour tenir compte des résultats de l'enquête publique (CE, 6 oct. 1995, *Abekhzer : DA* 1995, 799, note C. M.).

En revanche, une nouvelle enquête est superflue si la délibération retient des mesures plus contraignantes pour les zones naturelles, pour mieux respecter le rapport de présentation (TA Rennes, 19 mars 1992, *Conan : Gaz. Pal.* 1992, 2, pan. adm. p. 191).

Une erreur peut être rectifiée sans nouvelle enquête publique (CE, 26 nov. 1993, *SCI du Domaine de Maurevert : RD imm.* 1994, p. 34).

Approbation du POS. Le conseil municipal à qui le rapport du commissaire-enquêteur est soumis (V. néanmoins CE, 20 nov. 1987, *Dales*), n'est pas lié par les conclusions du commissaire-enquêteur (CE, 2 avr. 1993, *Kaminer*. – CE, 11 juin 1993, *Dubois*. – CE, 1er déc. 1993, *Nicolas*. – CE, 15 mai 1996, *Cne de Noyelles* c/ *Mer*. – CE, 22 sept. 1997, *SCI Benat Beach*). 3152

Le Conseil d'État annule la délibération approuvant le POS, si ce document n'était pas à portée immédiate des conseillers municipaux lors de cette approbation (CE, 29 nov. 1993, *Cne d'Annecy-le-Vieux : Rec. CE*, p. 1084 ; *Mon. TP* 24 déc. 1993 ; *DA* 1993, n° 594).

À notre avis, la jurisprudence devrait exiger une motivation de la délibération écartant l'avis, ou même les vœux, du commissaire-enquêteur, sous peine de réduire à un formalisme n'offrant guère de garanties le rôle de l'enquête publique. Certains auteurs souhaitent même que le conseil municipal soit dessaisi, en cas d'avis défavorable du commissaire-enquêteur (Colson, *La réforme des enquêtes publiques en France : Rev. jur. env.* 1993, p. 223).

Les divergences de contenu entre le POS rendu public et le POS approuvé sont limitées : elles doivent se borner à tenir compte des résultats de l'enquête publique et des propositions de la commission de conciliation. Toute divergence excédant ce but serait, nous semble-t-il, illégale.

La délibération approuvant le POS n'a pas à indiquer le sens de l'avis du commissaire-enquêteur (CE, 16 févr. 1996, *Cne de Montheux*), pas plus que la publication dans la presse de cette délibération n'a à préciser que le POS rendu public a été modifié à la suite de l'enquête publique (CE, 10 avr. 1991, *Mme Schlater*).

Lors de l'approbation du POS, l'administration peut, dans l'intérêt général, modifier son contenu rendu public, en vue d'autoriser dans un secteur où une carrière a été précédemment autorisée, les installations classées correspondant à l'exploitation rationnelle de ladite carrière (CE, sect. 7 févr. 1986, *Colombet : Rec. CE*, p. 29).

C. urb., art. R. 123-13 ancien *(D. n° 77-736, 7 juill. 1977 ; D. n° 83-813, 9 sept. 1983)*. — Le plan d'occupation des sols d'une commune ou d'un ensemble de communes peut être rendu public puis approuvé pour une partie seulement du territoire qu'il concerne.

C. urb., art. R. 123-14 ancien *(D. n° 77-736, 7 juill. 1977 ; D. n° 83-813, 9 sept. 1983 ; D. n° 98-913, 12 oct. 1998)*. — Le plan d'occupation des sols rendu public et le plan approuvé sont tenus à la disposition du public à la mairie ou, le cas échéant, au siège de l'établissement public de coopération intercommunale compétent et dans les mairies des communes membres concernées, ainsi que, dans tous les cas, à la préfecture.

Mention des lieux où les documents peuvent être consultés est insérée dans deux journaux diffusés dans le département et affichée à la mairie ou au siège de l'établissement public de coopération intercommunale compétent et, dans ce cas, aux mairies des communes membres concernées.

Voir aussi : Annotations sous C. urb., art. R. 123-10, p. 526.

Principe. Selon le présent article, les POS ne sont plus tenus à la disposition du public à la Direction départementale de l'Équipement. 3153

Voir aussi : C. urb., art. R. 123-3, p. 524, les journaux habilités à mentionner les informations relatives au POS.

Bibliographie : PÉRINET-MARQUET, *Les limites au choix des communes dans le contenu de leur POS : Droit et Ville* 1989, n° 27, p. 37. – YOUSRI, *Le contrôle du détournement de pouvoir en matière de POS : RFDA* 1989, p. 545.

C. urb., art. R. 123-15 ancien *(Ab., D. n° 83-813, 9 sept. 1983).*

C. urb., art. R. 123-16 ancien *(D. n° 98-913, 12 oct. 1998).* — Un plan d'occupation des sols comprend :

1° Un rapport de présentation ;

2° Un règlement ;

3° Un ou plusieurs documents graphiques ;

4° Des annexes.

Voir aussi : Cet article a été entièrement réécrit par le décret du 12 octobre 1998, mais le contenu du POS reste inchangé.

3154 **Principe.** Seules les dispositions réglementaires peuvent créer de véritables règles de servitude ; les représentations graphiques du plan ne peuvent, par elles-mêmes, créer de telles prescriptions, selon la jurisprudence du Conseil d'État en matière de plan d'urbanisme, transposable en matière de POS (CE, 27 mai 1977, *Min. Équip. c/ Sieur Chereau : Rec. CE*, p. 258. – CE, 24 févr. 1989, *Aurely*).

C. urb., art. R. 123-17 ancien *(D. n° 77-736, 7 juill. 1977 ; D. n° 83-813, 9 sept. 1983 ; D. n° 92-966, 10 sept. 1992 ; D. n° 98-913, 12 oct. 1998).* — Le rapport de présentation :

1. Expose à partir de l'analyse de la situation existante, les perspectives d'évolution démographique, économique et sociale, ainsi que celles relatives à l'habitat, à l'emploi, aux équipements publics, aux services et aux moyens de transports ;

2. Analyse, en fonction de la sensibilité du milieu, l'état initial du site, de l'environnement et du paysage et les incidences de la mise en œuvre du plan d'occupation des sols sur leur évolution ainsi que les mesures prises pour leur préservation et leur mise en valeur ;

3. Détermine les perspectives d'évolution des parties urbanisées de la commune ainsi que les conditions permettant à la commune de maîtriser son urbanisation future et énumère, le cas échéant, les moyens utiles à la mise en œuvre des options définies au plan d'occupation des sols en particulier en matière d'habitat pour respecter les objectifs de diversité de l'habitat tels qu'ils résultent de la loi n° 91-662 du 13 juillet 1991 ;

4. Justifie que les dispositions du plan d'occupation des sols respectent les servitudes d'utilité publique et ne compromettent pas la mise en œuvre de projets d'intérêt général ;

5. Justifie, dans les conditions prévues par l'article L. 111-1-1, de la compatibilité des dispositions du plan d'occupation des sols avec les orientations du schéma directeur ou du schéma de secteur, ou avec les directives territoriales d'aménagement ou avec les lois d'aménagement et d'urbanisme ; il justifie en outre de la compatibilité avec un schéma de mise en valeur de la mer, de la compatibilité avec les directives de protection et de mise en valeur des paysages ainsi que de la compatibilité avec les orientations et les mesures de la charte d'un parc naturel régional, lorsque l'autorité compétente pour approuver le plan d'occupation des sols a adhéré à la charte après accord de la commune concernée ; il justifie enfin de la prise en considération du programme local de l'habitat lorsqu'il existe. Il justifie en outre de la prise en considération du programme de référence élaboré en application des articles L. 123-11 et L. 123-13 ;

6. Comporte la superficie des différents types de zones urbaines et de zones naturelles ainsi que des espaces boisés classés au titre de l'article L. 130-1 et en cas de révision ou de modification d'un plan déjà existant, fait apparaître l'évolution respective de ces zones.

3155 **Document essentiel.** Le rapport de présentation constitue un document essentiel du POS. Sous peine d'annulation de ce dernier, le rapport doit contenir une analyse précise et détaillée tant de l'état initial de l'environnement que des orientations retenues pour sa sauvegarde (CE,

17 juin 1983, *Cne d'Avrillé*, req. n° 16612. – CE, 22 nov. 1985, *Min. Urb.* c/ *Daniau : Rec. CE*, p. 342 ; *AJDA* 1985, p. 752, chron. Hubac et Azibert. – CE, 20 sept. 1991, *Assoc. du Lac de Sainte-Croix* c/ *Cne d'Aiguines*. – CE, 19 janv. 1994, *Cne de Sanguinet* c/ *SEPANSO LANDES*. – CE, 27 avr. 1994, *Assaupamar*. – CE, 12 mai 1997, *Comité de Sauvegarde de Chateldon*).

Contradiction entre le rapport et le règlement. La contradiction entre le rapport de présentation et le règlement, ou l'incohérence entre ces deux documents, affaiblit indiscutablement la défense de la légalité interne du POS, en cas de recours contentieux. Mais des contrariétés ne suffisent pas à établir l'illégalité du POS (CE, 13 mars 1987, *Syndicat des copropriétaires, 17, rue Mégeraud à Besançon*), sauf si elles sont graves (CE, 18 mars 1988, *Sancho*). 3156
Ainsi, il n'y a pas incohérence entre rapport de présentation et zonage en cas de transformation d'une zone NC en zone ND, l'agriculture n'étant pas interdite en zone ND, même s'il y a interdiction des constructions de bâtiments agricoles (TA Nice, 20 juin 1991, *Toulon : Gaz. Pal.* 1992, 2, pan. adm. p. 172).

Environnement. Le rapport de présentation comporte de nombreux éléments relatifs à l'environnement. Il doit analyser l'état initial de l'environnement, mais une étude d'impact n'est pas nécessaire en matière de plan d'occupation des sols (CE, 24 juill. 1981, *Assoc. pour la sauvegarde du Pays de Rhuys : Rec. CE*, p. 341 ; *AJDA* 1982, p. 173, note Chapuisat). 3157

Surface. L'omission du tableau des surfaces des diverses zones du POS ne constitue pas une illégalité dans les circonstances de l'espèce (CE, 3 mars 1990, *Stockhausen : DA* 1990, 250). Pourtant, en cas de révision, une telle omission de tableau comparatif entraîne l'annulation (TA Grenoble, 1er avr. 1992, *Assoc. pour la protection de l'environnement collongeois : Gaz. Pal.* 1992, 2, pan. adm. p. 191. – CE, 8 janv. 1993, *Cne de Nogent-sur-Marne : DA* 1993, 99). 3158
Ce tableau peut figurer hors du rapport de présentation (CE, 9 sept. 1994, *SCI le Caurignan*).
En cas de création, lors d'une révision, d'un golf représentant 1/4 de la superficie de la commune, le rapport de présentation doit présenter une comparaison (TA Lyon, 22 juin 1994, *Sté Corsim : Gaz. Pal.* 17 févr. 1995), ce qui n'est pas nécessaire si le golf existe déjà (CE, 16 févr. 1996, *Cne de Montheux*). Lors d'une révision, le rapport de présentation peut se borner à indiquer la surface de chaque zone (CE, 30 oct. 1995, *Assoc. le cadre de vie des Brugérois : BJDU* 5-95, p. 375, concl. Arrighi de Casanova).

Motifs d'une délibération valant rapport. L'exposé des motifs d'une délibération peut valoir, dans certaines circonstances, rapport de présentation d'une modification de POS, après l'enquête publique (CE, 8 janv. 1993, *Assoc. des riverains du Front de Seine Parc de Passy*). 3159

Renseignement démographique. Ne vicie pas la procédure, le rapport de présentation dont les renseignements démographiques remontent à 8 ans (CE, 30 oct. 1995, *Mlle Cerneau*), à la différence de celui comportant des références de plus de 10 ans et sans description des perspectives d'évolution sociale (CE, 11 déc. 1996, *Assoc. pour l'amélioration du cadre de vie à Bourg-la-Reine*). 3160

Illégalité du POS. Est illégal le POS dont le rapport de présentation n'indique pas que deux emplacements réservés sont inondables, ni les conditions d'usage de la déchetterie (CE, 25 mars 1996, *Cne de Horbourg-Wihr*) ou qui omet de se référer au SDAU (CE, 19 mars 1997, *Joubert*) ou de justifier de sa compatibilité avec la loi-littoral (CE, 25 mars 1996, *Assoc. des propriétaires et résidents pour la sauvegarde du Moulleau*). 3161

Révision du POS. En cas de révision ou de modification du POS, le rapport de présentation doit être proportionnel aux changements envisagés. Ainsi, est annulée pour insuffisance du rapport de présentation la révision d'un POS destinée à permettre l'extension d'une usine existante, et quatre nouvelles zones d'activité (CE, 5 févr. 1997, *Cne de Roquevaire : BJDU* 2-97, p. 100, concl. Delarue). De même, est annulée la révision d'un POS, destinée à créer une zone NA à usage de thalassothérapie, faute de justification de la compatibilité avec la loi-littoral (CE, 25 mars 1996, *Assoc. des propriétaires et résidents pour la sauvegarde du Moulleau : Rec. CE*, T, p. 1205). 3162

Annulation du POS. Doit être annulé le POS dont le rapport de présentation ne justifie pas la compatibilité avec le SDAU (CE, 10 juin 1998, *Cne de Balma*), ou avec des servitudes administratives (CE, 29 juin 1998, *Assoc. de sauvegarde du bois de Saint-Martin*). 3163

3164 **Paysages.** Le décret du 12 octobre 1998 insiste sur la prise en compte des paysages.

Bibliographie : LARRALDE, *Le rapport de présentation des POS : Defrénois* 1993, 1, p. 923. – MINDU, *POS et Environnement : Rev. jur. env.* 3-95, p. 537. – MAÜGE, FRATACCI ET TOUVET, *Le rapport de présentation du POS : BJDU* 2-96, p. 95. – LE CORNEC, *Le rapport de présentation et la légalité du POS : RFDA* 1998, p. 390.

C. urb., art. R. 123-18 ancien *(D. n° 77-736, 7 juill. 1977 ; D. n° 83-813, 9 sept. 1983 ; D. n° 86-52, 10 janv. 1986 ; D. n° 86-192, 5 févr. 1986 ; D. n° 87-885, 30 oct. 1987 ; D. n° 98-913, 12 oct. 1998).* **— I. – Les documents graphiques doivent faire apparaître les zones urbaines et les zones naturelles.**

Ces zones, à l'intérieur desquelles s'appliquent les règles prévues à l'article R. 123-21 et s'il y a lieu, les coefficients d'occupation des sols définis à l'article R. 123-22 sont :

1. Les zones urbaines, dites « Zones U » dans lesquelles les capacités des équipements publics existants ou en cours de réalisation permettent d'admettre immédiatement des constructions et, éventuellement, à l'intérieur de ces zones, la localisation des terrains cultivés à protéger et inconstructibles en application de l'article L. 123-1 (9°) ;

2. Les zones naturelles, équipées ou non, dans lesquelles les règles et coefficients mentionnés ci-dessus peuvent exprimer l'interdiction de construire.

Ces zones naturelles comprennent en tant que de besoin :

***a)* Les zones d'urbanisation future, dites « Zones NA », qui peuvent être urbanisées à l'occasion soit d'une modification du plan d'occupation des sols soit de la création d'une zone d'aménagement concerté ou de la réalisation d'opérations d'aménagement ou de construction compatibles avec un aménagement cohérent de la zone tel qu'il est défini par le règlement ;**

***b)* Les zones, dites « Zones NB », desservies partiellement par des équipements qu'il n'est pas prévu de renforcer et dans lesquelles des constructions ont déjà été édifiées ;**

***c)* Les zones de richesses naturelles, dites « Zones NC », à protéger en raison, notamment de la valeur agricole des terres ou de la richesse du sol ou du sous-sol ;**

***d)* Les zones, dites « Zones ND », à protéger en raison, d'une part, de l'existence de risques ou de nuisances, d'autre part, de la qualité des sites, des milieux naturels, des paysages et de leur intérêt, notamment du point de vue esthétique, historique ou écologique ; à l'intérieur des zones qui constituent un paysage de qualité et à l'exclusion des parties de territoire présentant un intérêt pour le développement des exploitations agricoles ou forestières sont indiqués ceux des secteurs où est applicable le transfert des possibilités de construction prévu à l'article L. 123-2.**

3. Ces zones urbaines ou naturelles comprennent, le cas échéant :

***a)* Les espaces boisés classés à conserver ou à créer ;**

***b)* Les zones d'activités spécialisées ;**

***c)* Lorsqu'il y a lieu d'imposer des prescriptions architecturales, les secteurs pour lesquels un plan de masse côté à trois dimensions définit des règles spéciales.**

II. – Les documents graphiques font apparaître, s'il y a lieu :

1° Toute partie de zone où les nécessités du fonctionnement des services publics, de l'hygiène, de la protection contre les nuisances et de la préservation des ressources naturelles ou l'existence de risques naturels tels que : inondations, érosion, affaissements, éboulements, avalanches, ou de risques technologiques justifient que soient interdites ou soumises à des conditions spéciales les constructions et installations de toute nature, permanentes ou non, les plantations, dépôts, affouillements, forages et exhaussements des sols ;

2° Le tracé et les caractéristiques des voies de circulation à conserver, à modifier ou à créer, y compris les rues ou sentiers piétonniers et les pistes cyclables, les zones qui sont ou peuvent être aménagées en vue de la pratique du ski et les secteurs réservés aux remontées mécaniques ;

3° Les emplacements réservés aux voies et ouvrages publics, aux installations d'intérêt général et aux espaces verts ;

4° Les zones ou secteurs dans lesquels, pour des motifs d'urbanisme ou d'architecture, la reconstruction sur place ou l'aménagement de bâtiments existants peut être

imposé ou autorisé avec une densité au plus égale à celle qui était initialement bâtie, nonobstant le ou les coefficients d'occupation du sol fixés pour la zone ou le secteur ;

5° Les zones ou secteurs à l'intérieur desquels l'autorité compétente pour délivrer l'autorisation de construire peut subordonner cette autorisation à la démolition de tout ou partie des bâtiments existants sur le terrain où l'implantation de la construction est envisagée ;

6° Les éléments de paysage, quartiers, rues, monuments, sites et secteurs à protéger ou à mettre en valeur pour des motifs d'ordre esthétique, historique ou écologique, et notamment les secteurs dans lesquels la démolition des immeubles est subordonnée à la délivrance d'un permis de démolir.

Un arrêté du ministre chargé de l'urbanisme détermine la légende des différentes servitudes mentionnées aux I et II et pouvant figurer sur les documents graphiques du plan d'occupation des sols.

I. – Généralités

Précision. La distinction entre le I et le II du présent article correspond à la distinction des POS à contenu minimal et des POS à contenu exhaustif. 3165

Distinction entre zones urbaines et zones naturelles. La distinction entre les zones urbaines, d'une part, et les quatre catégories de zone naturelle, d'autre part, n'a pas varié avec le décret du 9 septembre 1983. 3166

Toutefois, les zones de transfert de COS, situées à l'intérieur des zones ND ont été définies de manière restrictive, puisque le décret du 9 septembre 1983 exclut désormais les parties de territoire présentant un intérêt pour le développement des exploitations agricoles ou forestières.

Les transferts de COS ne peuvent être admis qu'en zone ND mais non en zone NC, pour éviter la hausse des prix des terres agricoles (Rép. min. : *JOAN* 8 déc. 1979, p. 11503 ; *JCP* N 1980, Prat. 7402).

Les zones d'urbanisation future (NA) peuvent être dotées d'un COS nul, et constituent alors des réserves foncières dont la constructibilité effective implique la modification du POS. Elles peuvent être dotées, dès l'origine, d'un règlement précis, permettant une constructibilité immédiate sous réserve d'un projet d'une certaine ampleur, et de la réalisation des équipements publics ; on parle alors de zones NA « à règlement alternatif » (V. Note technique sur les zones NA, mai 1977). Voir aussi la controverse relative au financement des équipements publics en zone NA, in *Diagonal* déc. 1978 et mai 1979.

Malgré la décentralisation, la méthodologie des POS en matière de zonage sera sans doute conservée, dans la mesure où la base réglementaire constituée par le I du présent article est à peu près inchangée (V. brochure de la DUP, *Les plans d'occupation des sols*, 1981). C'est pourquoi, il nous semble possible de continuer à nous référer, en ce domaine, à des circulaires antérieures aux règles de décentralisation.

Contradiction entre règlement et documents graphiques. Sur l'éventuelle contradiction entre le règlement et les documents graphiques, voir annotations sous les articles R. 123-16 et R. 123-17. Mais de légères inexactitudes dans les graphiques n'affectent pas la légalité du POS (CE, 28 mars 1979, *Assoc. syndicale autorisée des Palus de Latresne : Rec. CE*, p. 139) pas plus que le POS soit établi sur le fondement d'un plan cadastral périmé ne prenant pas en compte un remembrement rural (CE, 5 juill. 1993, *Mignon*). Le plan de zonage ne nécessite pas une motivation (CE, 24 juill. 1981, *Letort*). 3167

II. – Contenu minimal des documents graphiques

A. – Catégories de zones

Zones urbaines. Le classement d'un terrain en zone urbaine oblige la commune à assurer la charge des équipements publics (Rép. min. : *JOAN* 1981, p. 1140). 3168

Malgré cela un permis de construire peut être refusé en zone U au motif que le délai et les modalités de réalisation des réseaux de viabilité ne sont pas fixés, selon une jurisprudence très critiquable (CE, 5 nov. 1984, *Min. Urb.* c/ *Assoc. SOS Bd de Strasbourg : Rec. CE*, T, p. 775).

Voir aussi : Annotations sous C. urb., art. L. 421-5, p. 353.

3169 **Zones naturelles.** Est illégal le règlement de la zone NA d'un POS qui subordonne la constructibilité à l'approbation d'un schéma général d'organisation approuvé par le conseil municipal, ce dernier ne pouvant édicter des règles d'urbanisme qu'en respectant la procédure d'élaboration, de modification ou de révision du POS, telle qu'elle est fixée par le Code de l'urbanisme (TA Nantes, 16 oct. 1985, *SARL-ABC Engeneering*, inédit).

Idem, en cas de renvoi à un tel schéma établi par la DDE (CE, 31 juill. 1996, *Sté ITM Entreprise : DA* 1996, 508, note D. M.).

Mais le plan-masse d'un projet étant complet et précis, et comportant un plan de l'ensemble du secteur, sans fixer des règles d'urbanisme, le permis de construire délivré en zone NA est légal (CE, 10 mai 1989, *Assoc. « Défense du patrimoine sétois »*).

3170 **Associations foncières urbaines.** Les associations foncières urbaines (C. urb., art. L. 322-1 et s.) peuvent être utilisées pour l'urbanisation des zones NA, concurremment avec la procédure de lotissement et de ZAC.

3171 **Construction en zone NC par des non-agriculteurs.** Sur la construction en zone NC par des non-agriculteurs, voir : *JCP* N 1982, Prat. p. 209 ; Rép. min. : *JO Sénat* 23 janv. 1986, p. 137 ; Rép. min. : *JOAN* 6 janv. 1986, p. 41.

En zone NC d'un POS, dès lors que la construction est liée à un usage agricole, un arrêté écarte l'application d'une condition de distance par rapport aux bâtiments préexistants (CE, 7 févr. 1986, *Guinebretière* c/ *Min. Urb.*).

Mais, dans une telle zone, le permis de construire est refusé à bon droit à un *ancien* agriculteur (CE, 29 mars 1989, *Mlle Ramonet*).

Le classement en zone NC n'est pas subordonné à la valeur ou à la qualité du site (CE, 7 mai 1997, *Cne de Sallebœuf* c/ *Eustache*).

Voir aussi : Sur l'implantation d'un terrain de golf en zone NC, la réponse mininstérielle : *JOAN* 2 févr. 1987, p. 535 ; *JCP* N 1987, Prat. 180 et Rép. min. : *JOAN* 14 déc. 1987, p. 6774 ; *JCP* N 1988, Prat. 534.

3172 **Exemple.** Le règlement de la zone ND d'un POS interdisant les installations classées fait obstacle à l'implantation d'une décharge contrôlée dans cette zone (CE, 4 déc. 1985, *Syndicat intercommunal de voirie du canton de Plancouët : Rec. CE*, T, p. 805).

B. – Contrôle juridictionnel du zonage

3173 **Principes.** Le contrôle du juge sur le zonage est en principe un contrôle minimum, limité à l'erreur manifeste d'appréciation. Bien que ce principe, affirmé par des arrêts relativement anciens (CE, sect. 23 mars 1979, *Cne de Bouchemaine : JCP* G 1979, II, 19171, note Bouyssou ; *D.* 1979, p. 354, note Broussolle ; *Rev. jur. env.* 1979, p. 23, note Hostiou et Pittard) ait été confirmé par de très nombreux arrêts, une évolution contentieuse se manifeste, par laquelle le juge accepte de rechercher l'erreur manifeste d'appréciation d'une manière concrète : un arrêt du 13 avril 1983, *Péreira*, a ainsi jugé que des terrains classés en zone NA par le POS de Vitry-sur-Seine devaient en réalité être classés en zone urbaine, dès lors qu'ils étaient desservis par des voies et réseaux suffisants et qu'existaient à proximité des équipements de superstructure correspondant aux besoins de la population future. Dans le même sens, CE, 15 févr. 1985, *Cne de Baillargues : Rec. CE*, p. 43 – TA Rennes, 18 déc. 1985, *Le Mitouard : Gaz. Pal.* 1986, somm. p. 394. – CE, 14 mars 1986, *Brown : DA* 1986, n° 249. – CE, 20 janv. 1988, *Guiot*. – CE, 8 juin 1988, *Cne de Pignan*. – CE, 1er févr. 1993, *Cne de Falicon*, dans le cas où la zone NA est motivée par le défaut d'équipements publics, alors que ceux-ci existent. – CE, 17 févr. 1993, *Clavel*, alors que la parcelle est entourée par des constructions récentes et est raccordable à tous les réseaux. – CE, 19 févr. 1993, *Cne de Riom*, dans un contexte ressemblant. (CE, 16 sept. 1994, *Mme Blandin*, classement en zone NA d'une propriété de 7 hectares totalement desservie à proximité du centre et entourée de constructions. – CE, 5 déc. 1994, *Marquez*, pour une parcelle construite sur trois côtés, précédemment constructible et raccordable aux équipements malgré la présence d'un emplacement réservé. – CE, 27 avr. 1998, *Cne de l'Ecotay l'Olme : Rec. CE*, T)

L'erreur manifeste est retenue aussi dans le cas d'une zone NA de 40 hectares dans un vignoble d'appellation contrôlée Muscadet (TA Nantes, 30 avr. 1992, *Syndicat viticole de côteaux d'Herbauges : Gaz. Pal.* 1993, 1, pan. adm. p. 35), d'une zone NA comprise entre le bourg et le littoral, au milieu de zones naturelles (CE, 1er déc. 1993, *Nicolas*) d'une zone NA en ZNIEFF et ZICO (TA Nantes, 13 juill. 1994, *Assoc. Estuaire écologie* c/ *Cne de Donges : AJDA* 1994, p. 644, note Romi), ou encore d'une zone NA industrielle située à 2 km du bourg, dans un ensemble naturel de la Sologne précédemment classé NC (CAA Nantes, 30 sept. 1998, *Cne de Dhuizon : BJDU* 1-99, p. 56).

Mais, en sens contraire, CE, 20 juill. 1988, *Mme Guyot d'Asnières-de-Salins*. – CE, 22 mars 1991, *Cne de St Jean Bonnefonds* c/ *Mlle Malécot : Rec. CE*, T, p. 1252. – CE, 8 janv. 1992, *Lefebvre de Plinval-Salgues : Rec. CE*, T, p. 1368. – CE, 2 avr. 1993, *Kaminer*, alors que la zone NA est partiellement desservie par des équipements publics. – CE, 9 avr. 1993, *Lepage : Rec. CE*, T, p. 941 ; *DA* 1993, 314, alors que la zone NA empêche l'extension des bâtiments agricoles. – CE, 4 mars 1994, *Palmarini*. – CE, 29 juill. 1994, *Cne de Chatillon-la-Palud* c/ *Millard* alors que les dessertes et réseaux sont insuffisants pour l'habitat dense qui est projeté dans ce secteur. – CE, 12 oct. 1994, *Mme Reznik* c/ *Cne de Combloux*.

Annulation pour erreur manifeste d'appréciation. Sont annulées, pour erreur manifeste 3174
d'appréciation : une zone UA localisée loin du centre urbain (CE, 26 juin 1987, *Cne de Saint-Sauveur-l'École*) ; en secteur non équipé (CE, 5 juill. 1993, *Cne de Villebois*) ; ou exposée au risque d'éboulement d'une falaise (CE, 30 janv. 1995, *Madrelle*) ; une zone ND en secteur bruyant (CE, 25 sept. 1987, *Laurent*) ; une zone NA dans une zone humide, constituée d'étangs abritant de nombreux exemplaires de plantes protégées et d'oiseaux nicheurs rares, en Sologne (TA Orléans, 29 mars 1988, *Rommel et Sologne Nature Environnement : Rev. jur. env.* 1989, p. 209, concl. Foucher). Une zone NB pour une petite parcelle faisant partie d'un ensemble forestier, précédemment classée en zone ND (CE, 28 janv. 1991, *Cne d'Auriol* c/ *Cauvin*), une zone ND comportant des parcelles dans une zone déjà urbanisée, ne constituant pas un site ni un paysage naturel à préserver, à St Pierre-de-Quiberon (CE, 11 mars 1991, *Mme Porcher*), un classement en zone NA dans la même commune, pour un terrain desservi par les réseaux, à proximité de parcelles constructibles, bien qu'il jouxte aussi une bande non desservie *(idem)*, une zone NC en bordure de la voie principale du village, bordée d'habitations (CE, 26 oct. 1992, *Tosseri : DA* 1992, 553. – *Contra*, CE, 18 nov. 1998, *Mme Klein : AFDUH* 1999, p. 240), une zone ND qui ne comporte pas de risques, malgré la déclivité du terrain (CE, 8 juill. 1992, *Cne de Salle des Alpes*), une zone ND à proximité des réseaux et enclavée dans une zone NB (CE, 2 déc. 1992, *Cne du Beny Bocage* c/ *Mme Colmant*), une zone ND dans un secteur construit et où la qualité d'un site n'est pas caractérisée (CE, 23 mai 1997, *Hugonnot*), une zone NC dans laquelle est prévue une école (TA Lyon, 17 mars 1993 : *Gaz. Pal.* 1993, 2, somm. p. 376), une zone NC entre des terrains construits et le bourg (CE, 10 déc. 1993, *Cne d'Attiches* c/ *Lahousse*), une zone NC déjà construite et à proximité d'une zone NB (CE, 1er déc. 1993, *Martinez*), une zone NC près du centre du village avec présence d'un important lotissement et des équipements publics (CE, 29 déc. 1993, *Cne de Maimard* c/ *Serret*) ; une localisation en zone mixte (habitation et industrie) alors que préexistent seulement des habitations (CE, 8 juin 1994, *Cne de Bourth*) ; une zone NC dans un secteur équipé ayant perdu son caractère rural (CE, 25 mai 1994, *Cne d'Herbeys : BJDU* 5-94, p. 14, concl. Bamchot) ; une zone NC dans un secteur déjà ouvert à l'urbanisation (CE, 8 sept. 1995, *Landrein*. – Dans le même sens, CE, 8 sept. 1995, *Hevrard : DA* 1995, 652) ; une zone NC au centre du village et comprise entre des zones UB et UC pour des parcelles non exploitées et équipées (CE, 19 oct. 1994, *Cne d'Astor*) ; une zone industrielle attenante à un site classé, même si cette zone est réservée à des activités non polluantes (CE, 21 oct. 1994, *Cne de Bennwihr : Rec. CE*, T, p. 1235) ; une zone ND pour un terrain proche de décharge et largement encombré par un dépôt d'usine de broyage de déchets (CE, 21 déc. 1994, *Sté Sémaire : Rec. CE*, T, p. 1240) ; une zone NB classée ND alors que le SDAU y prévoit une urbanisation future (CE, 4 janv. 1995, *Bertrand*) ou une zone NC située entre deux voies de circulation, desservie par des réseaux publics et à proximité d'un groupe d'habitations en zone NB (CE, 12 avr. 1995, *Mme Stribick-Bosc*) ;

une zone INAZ affectée aux « sports mécaniques » à proximité d'habitations (CE, 9 oct. 1995, *Cne de Thiel sur Huisne*) ou un POS comportant 13 zones urbaines sur des espaces agricoles, parfois peu équipées (CE, 11 mars 1996, *Cne de Madaillan*).
Diverses catégories de zones NA peuvent être créées (CE, 28 déc. 1988, *Ufilom*) ; un classement en zone NA est légal, malgré un précédent classement en zone NB (CE, 7 oct. 1988, *Sté Île-de-France Aménagement*), ou un terrain dans le prolongement d'un lotissement et particulièrement enclavé dans une zone urbanisée (CE, 29 juill. 1994, *Cne de Chatillon-la-Palud c/ Millon*).
De même, une zone NA est possible en secteur inondable, dès lors que des prescriptions particulières sont imposées (CE, 18 févr. 1994, *Cne de Crosne*). Des zones UN sont légales (CE, 15 avr. 1988, *Assoc. diocésaine de Nantes*) mais non une zone N non précisée (TA Nantes, 22 févr. 1989, *Assoc. des propriétaires de l'Île d'Yeu : Gaz. Pal.* 1990, 1, somm. 149).

3175 **Absence d'erreur manifeste d'appréciation.** En revanche, l'erreur manifeste est le plus souvent écartée, notamment pour une zone ND dans le prolongement d'un parc (CE, 15 févr. 1989, *Lefebvre*) ou aux abords du château de la Malmaison (CE, 8 mars 1989, *Desplanques*) ou pour des parcelles éloignées du centre et entourées de bois (CE, 29 nov. 1989, *Grangier*), même s'il existe un réseau d'assainissement (CE, 22 févr. 1991, *Clerc*), ou s'il s'agit du lot n° 2 d'un ancien lotissement simplifié (CE, 29 juill. 1994, *de Boissieu*), ou pour une parcelle à vocation sportive, avec des espaces boisés (CE, 7 déc. 1990, *Tourery*), pour des parcelles dans le périmètre d'un secteur en instance de classement (CE, 1er déc. 1993, *SCEA de la Marana*), ou incluses dans un site inscrit (CE, 30 mai 1994, *Le Guernevel : DA* 1994, 498), ou figurant à l'inventaire national du patrimoine naturel (CE, 17 juin 1998, *Assoc. de défense des propriétaires longevillais : BJDU* 5-98, p. 333, concl. Bonichot), pour le classement en zone NC, compte tenu du parti d'aménagement retenu consistant à interdire l'urbanisation dispersée (CE, 19 juin 1991, *Consorts Deschildre*). L'erreur manifeste est également écartée, pour le classement ND d'une zone inondable (CE, 8 janv. 1992, *Perrotey*. – Dans le même sens, CE, 12 juin 1995, *SARL Socexhol*. – CE, 28 janv. 1998, *Merrain : Rec. CE*, T) ou soumise à des risques de glissement de terrain (CE, 27 janv. 1997, *Pace*), ou en bordure de rivière (CE, 19 juin 1992, *Castellazzi*), d'une propriété d'agrément, alors même qu'un certificat d'urbanisme négatif (sur le fondement de l'article R. 111-14-1) a été annulé (CE, 22 avr. 1992, *Papelard*), pour une zone ND à Ramatuelle (CE, 19 févr. 1993, *Prévost Allard : DA* 1993, 193), pour le classement en zone NC de terrains entourés de bois sur trois côtés et précédemment classés NA (CE, 8 mars 1993, *Barbier*), pour une zone non desservie et éloignée d'un hameau (CE, 5 avr. 1993, *Coz : Rec. CE*, p. 1084 ; *DA* 1993, 316), en cas d'instabilité des sols (CE, 25 nov. 1994, *Mauvisseau*), pour une zone construite en partie et située à la limite de la zone urbaine (CE, 10 mai 1995, *Lampert*), pour une zone NA dans un secteur commercial du SDAU en raison des insuffisances de voirie (CE, 13 nov. 1995 : *AJDA* 1996, p. 77, concl. Maugüe ; *DA* 1996, 55, note C. M.), pour une zone UB devenue NA, en vue de la modification des conditions de la circulation (CE, 30 oct. 1995, *Assoc. « le cadre de vie des Bruyerois »*), pour une zone NA industrielle, malgré la proximité d'une école et l'espace boisé d'un centre aéré, en raison de la distance et de la configuration des lieux (CE, 28 févr. 1996, *Comité de Sauvegarde de Mions*), ou pour une zone NA en bordure d'un chemin rural, complètement desservie mais extérieure à l'agglomération et entourée de terrains inconstructibles (CE, 25 mars 1996, *Roze*).
En particulier, le juge administratif admet le classement en zone NC de terrains de faible valeur agricole, pour des terrains situés en milieu rural ou non équipés (CE, 22 avr. 1992, *Maubon : Rec. CE*, T, p. 1369. – CE, 8 janv. 1993, *Bonnet*. – CE, 17 mars 1993, *Mottuel*), alors même que les parcelles sont desservies (CE, 21 oct. 1992, *Hasle*. – CE, 14 janv. 1998, *Butan*) ou ont été viabilisées par leur propriétaire (CE, 11 juin 1993, *Dubois*), en se rattachant peut-être à la ligne jurisprudentielle selon laquelle l'affectation préexistante des sols ne limite pas la liberté des auteurs de POS (CE, 19 mai 1989, *Lardeyret* : légalité du classement ND d'une construction préexistante, dotée des équipements publics. – CE, 7 avr. 1993, *Mme Courdrier-Priou*, à propos d'une zone NAC).
Le Conseil d'État rejette un déféré préfectoral, la hauteur admise à Beausoleil se justifiant par la contiguïté de Monaco (CE, 23 juin 1993, *Préfet des Alpes-Maritimes*).
De même, le POS peut réserver la constructibilité aux terrains que la pente rend impropre à l'économie herbagère, et faire abstraction des installations desservant des habitations déjà implantées dans une zone destinée à l'élevage (CE, 22 mars 1991, *Mme Thibault*), ou classer NA un terrain

insuffisamment équipé, même situé au centre du village (CE, 22 mars 1991, *Cne de St Jean-Bonnefonds* c/ *M*[lle] *Malecot : Rec. CE*, p. 1252).
En l'absence d'une erreur manifeste d'appréciation, il ne saurait utilement être fait référence au principe d'égalité des citoyens devant la loi pour conclure à l'illégalité du zonage (CE, 28 févr. 1986, *Soleillet : DA* 1986, n° 250. – CE, 19 févr. 1993, *Assoc. syndicale libre des propriétaires des Parcs de Saint Tropez*, à propos d'une zone UC, bien desservie par les équipements publics, et classée en « espace boisé à protéger ». – V. également CE, 25 nov. 1994, *Mme le Rouge de Guerdavid : BJDU* 6-94, p. 21, concl. Dael).

Voir aussi : CE, 28 avr. 1989, *Consorts Silhol*, annulation partielle d'une révision de POS, un classement en espaces boisés à conserver ayant été maintenu, alors que les autres terrains classés semblablement à l'origine ont été déclassés. Cette situation évoque le détournement de pouvoir. De même, une modification du prospect latéral pour construire en limite séparative correspond à une volonté d'assouplissement et ne comporte pas de détournement de pouvoir (CE, 29 oct. 1993, *Cne de Caveirac*).

Détournement de pouvoir. Pour un détournement de pouvoir sanctionné par le juge administratif, voir CE, 3 avr. 1987, *Cne de Viry-Châtillon*. – CE, 19 juin 1991, *Époux Johannet : Rec. CE*, p. 244 : dans les deux affaires, il s'agissait d'avantager le maire ou sa famille, CE, 28 nov. 1990, *Puchelle* : détournement de pouvoir pour faire obstacle à la chose jugée. – CE, 19 juill. 1991, *SCI Mozart* c/ *Morin*. – CE, 9 nov. 1992, *M*[me] *Gauzes*. – TA Lyon, 22 nov. 1990, *Giraud* c/ *Cne de Balbigny : Gaz. Pal.* 1991, 2, somm. p. 69. – Dans le même sens, CE, 13 janv. 1995, *Cne de Saint Sauveur l'École*. – CE, 9 oct. 1995, *Cne de Bompas*. – CE, 29 déc. 1995, *Cne de Peynier* c/ *Mallet : Rec. CE*, T, p. 1076. – CE, 4 mai 1998, *Cne du Plessis-Trévise : BJDU* 2-98, p. 551). Au contraire, un classement en espaces boisés n'est pas annulé, car il n'est pas prouvé que le seul motif soit le désir de favoriser le voisin ou d'exiger une cession gratuite (CE, 28 mars 1990, *Debeaux*). Il en va de même pour l'extension d'un espace boisé classé pour toute une zone, même s'il en résulte une inconstructibilité (CAA Paris, 16 oct. 1997, *Cne de Taverny : BJDU* 6-97, p. 460). 3176

III. – Contenu facultatif des documents graphiques

Dénomination. Depuis la loi n° 95-101 du 2 février 1995, dite loi Barnier, les documents relatifs aux risques matériels sont unifiés dans leur dénomination : « plan de prévention des risques matériels prévisibles, et dans leur procédure d'élaboration ». Ce nouveau plan est annexé au POS et doit être compatible avec lui. 3177

Faculté des rédacteurs. Les dispositions de l'article R. 123-18-II-2° n'obligent pas les rédacteurs du POS à prendre parti sur la totalité du tracé d'une voie à créer. Ainsi, l'emprise d'une voie future peut n'être déterminée que dans la zone constructible du POS, aucun parti n'étant encore pris quant au tracé de la voie à l'intérieur d'une zone naturelle (CE, 9 oct. 1985, *Min. Urb. et Logement* c/ *Ferrari : Gaz. Pal.* 1986, 1, somm. 233). 3178

Voir aussi : Sur la prise en compte des nuisances par les POS et plus spécialement sur le plan des zones exposées aux avalanches, la circulaire interministérielle du 5 décembre 1974 et le décret n° 84-328 du 3 mai 1984 sur les plans d'exposition aux risques naturels prévisibles, C. urb., art. R. 111-13, p. 353 et la circulaire du 20 juin 1988 sur la prise en compte des risques naturels dans les documents d'urbanisme ; *sur le tracé des chemins et les moyens de transports*, les circulaires du 3 mai 1972 (projets d'infrastructures de voirie et de transport), du 19 septembre 1972 (infrastructure de transport, réservation d'emprise), du 22 février 1973 (désenclavement des plages), du 27 mars 1973 (accélération du choix des tracés routiers et acquisition des terrains intéressés) et du 18 décembre 1974 (emplacement réservé pour les tracés des sentiers à créer).

IV. – Emplacements réservés

Principe. Un emplacement réservé ne peut être institué pour la création d'une réserve foncière (CE, 10 juill. 1987, *Cne de Feucherolles* c/ *SCI Les Coulons : Rec. CE*, T, p. 1004) ; un chemin ne peut figurer dans un emplacement réservé pour équipements sportifs (CE, 18 févr. 1994, *Sourdill*). 3179

Selon un tribunal administratif, est illégal l'emplacement réservé empêchant le développement d'une entreprise alors que d'autres terrains sont disponibles (TA Nice, 18 janv. 1996, *SCI Bepyjo et SARL Carrelage Marmorini c/ Cie de la Trinité : BJDU* 1-96, p. 27, concl. Calderaro ; *RFDA* 1996, p. 580, concl. Calderaro) ; mais le Conseil d'État statue en sens contraire, en refusant d'appliquer la théorie du bilan, propre au contrôle des DUP, au cas des emplacements réservés (CE, 15 avr. 1996, *Cne du Marin : Rec. CE*, p. 140).

Doit être annulé, le classement ND (au lieu de NA) d'un emplacement réservé qui n'a pour but que d'abaisser la valeur du terrain (CE, 12 janv. 1994, *Esvan : Rec. CE*, T, p. 1240 ; *DA* 1994, 168).

Voir aussi : Sur le régime des emplacements réservés, la circulaire n° 78-14 du 17 janvier 1978 et la modification de la nouvelle rédaction de l'article L. 123-9. – Musso, *Le point sur les emplacements réservés : BJDU* 3-96, p. 158. – Sur le droit de délaissement dans les emplacements réservés, l'article L. 123-9.

V. – Divers

3180 **Illégalité d'une opération d'aménagement.** Lorsque est reconnue l'illégalité d'une opération d'aménagement qui constitue un des éléments importants du parti d'aménagement retenu pour la commune, l'arrêté approuvant le POS, doit être annulé dans son intégralité (CE, 2 mars 1984, *Assoc. de défense des droits des propriétaires de Sarlat-la-Canéda : Rec. CE*, T, p. 772 ; *Droit et Ville* 1984, n° 17, p. 167, concl. Genevois).

Voir aussi : Sur la notion de « zone touristique protégée », prévue par le schéma d'aménagement du littoral Languedoc-Roussillon, directive du ministre de l'Équipement du 25 octobre 1977 : *Mon. TP* 7 nov. 1977.

3181 **Espaces boisés classés.** Les espaces boisés classés bénéficient en outre de la protection prévue à l'article L. 130-1 (interdiction de tout changement d'affectation) explicitée dans les articles R. 130-1 à R. 130-3 (possibilité d'autorisation de coupe, dans certains cas).

Voir aussi : Sur les rapports entre urbanisme et archéologie et notamment les POS, Circulaire (Équipement, Culture), 12 oct. 1987 (*Mon. TP* 4 déc. 1987.

Bibliographie : J.-B. Auby, *Les documents graphiques du POS : RD imm.* 1988, p. 401.

C. urb., art. R. 123-19 ancien ***(D. n° 76-277, 29 mars 1976 ; D. n° 77-736, 7 juill. 1977 ; D. n° 81-542, 13 mai 1981 ; D. n° 83-813, 9 sept. 1983 ; D. n° 86-516, 14 mars 1986 ; D. n° 92-966, 10 sept. 1992 ; D. n° 95-21, 9 janv. 1995 ; D. n° 95-296, 15 mars 1995 ; D. n° 99-484, 9 juin 1999).*** **— Sont en outre reportés, s'il en existe, sur les documents graphiques, à titre d'information :**

1° Les périmètres suivants :

a) **Les secteurs sauvegardés, délimités en application des articles L. 313-1 et suivants, ainsi que les périmètres de restauration immobilière définis dans les conditions prévues à l'article L. 313-4 ;**

b) **Les zones de préemption délimitées en application de l'article L. 142-1 dans sa rédaction antérieure à la loi n° 85-729 du 18 juillet 1985 relative à la définition et à la mise en œuvre de principes d'aménagement et de l'article L. 142-3 dans sa rédaction issue de ladite loi, et les zones délimitées en application de l'article L. 430-1 *e)* à l'intérieur desquelles la démolition des immeubles est subordonnée à la délivrance d'un permis de démolir ;**

c) **Les périmètres à l'intérieur desquels s'applique le droit de préemption urbain défini par les articles L. 211-1 et suivants, ainsi que les périmètres provisoires ou définitifs des zones d'aménagement différé ;**

d) **Les plans des zones à risques d'exposition au plomb définis en application de l'article L. 32-5 du Code de la santé publique ;**

e) **Les périmètres de rénovation urbaine délimités en application de l'article R. 312-1 avant la publication de la loi n° 85-729 du 18 juillet 1985 relative à la définition et à la mise en œuvre de principes d'aménagement ;**

***f)* Les périmètres de résorption de l'habitat insalubre délimités en application de l'article L. 38 ou de l'article L. 42 du Code de la santé publique ;**

***g)* Les périmètres de développement prioritaires délimités en application de la loi n° 80-531 du 15 juillet 1980 relative aux économies d'énergie et à l'utilisation de la chaleur ;**

***h)* Les périmètres d'interdiction ou de réglementation des plantations et semis d'essences forestières, les périmètres d'actions forestières et les périmètres de zones dégradées à faible taux de boisement, délimités en application des 1°, 2° et 3° de l'article L. 126-1 du Code rural ;**

***i)* Les périmètres miniers définis en application des titres II, III et V du livre I du Code minier ;**

***j)* Les périmètres de zones spéciales de recherche et d'exploitation de carrières et des zones d'exploitation et d'aménagement coordonné de carrière délimités en application des articles 109 et 109-1 du Code minier ;**

***k)* Le périmètre des zones délimitées en application de l'article L. 111-5-2 à l'intérieur desquelles certaines divisions foncières sont soumises à déclaration préalable ;**

***l)* Les périmètres à l'intérieur desquels l'autorité compétente peut surseoir à statuer sur les demandes d'autorisation en application de l'article L. 111-10 ;**

***m)* Le périmètre des secteurs dans lesquels un programme d'aménagement d'ensemble a été approuvé en application de l'article L. 332-9 ;**

***n)* Le périmètre des secteurs situés au voisinage des infrastructures de transports terrestres qui sont affectés par le bruit, et dans lesquels existent des prescriptions d'isolement acoustique, déterminés en application de l'article 13 de la loi n° 92-1444 du 31 décembre 1992 relative à la lutte contre le bruit.**

2° Les zones d'aménagement concerté.

Historique. Les alinéas *h*, *i* et *j* ont été ajoutés par le décret du 9 septembre 1983 et les alinéas *b*, *c*, 3182
e, *k*, *l* et *m* réécrits ou ajoutés par le décret du 14 mars 1986.
L'alinéa h a été modifié par le décret du 15 mars 1995, l'alinéa n est issu du décret du 9 janvier 1995 et l'alinéa d résulte du décret du 9 juin 1999.

Omission du report d'un périmètre ZAD. Le POS n'est pas annulé, si le report d'un périmètre 3183
de ZAD a été omis (CE, sect., 23 mars 1979, *Cne de Bouchemaine : JCP* G 1979, II, 19171, note Bouyssou ; *D.* 1979, J, p. 354, note Broussolle. – CE, 19 oct. 1979, *Assoc. pour la sauvegarde du pays de Rhuys*, concl. Rougevin-Baville : *AJDA* 1980, p. 110). Ces arrêts ne règlent pas la question de l'opposabilité de la ZAD aux tiers en cas d'omission.
La même question se pose pour tous les autres périmètres énumérés par le présent article.

C. urb., art. *R. 123-20 ancien ***(D. n° 77-736, 7 juill. 1977 ; D. n° 83-813, 9 sept. 1983 ; D. n° 98-913, 12 oct. 1998 ; D. n° 99-256, 1er avr. 1999).*** **— Le report des servitudes visées à l'article L. 126-1 et des périmètres et zones mentionnés à l'article R. 123-19 se fait suivant la procédure de mise à jour prévue à l'article R. 123-36.**

Omission du report d'une servitude. L'omission du report d'une servitude entraîne son inop- 3184
posabilité, mais non l'illégalité du POS (CE, 3 mars 1990, *Stockhausen : DA* 1990, 259).

Erreur de tracé. Est inopérante l'erreur sur le tracé de la servitude littoral (CE, 28 juin 1989, *Assoc.* 3185
de sauvegarde du pays fouesnantais).

C. urb., art. *R. 123-21 ancien ***(D. n° 77-736, 7 juill. 1977 ; D. n° 83-813, 9 sept. 1983 ; D. n° 86-53, 10 janv. 1986 ; D. n° 92-966, 10 sept. 1992 ; D. n° 98-913, 12 oct. 1998 ; D. n° 99-266, 1er avr. 1999).*** **— Le règlement fixe les règles applicables aux terrains compris dans les diverses zones du territoire couvert par le plan.**

1° À cette fin, il doit :

***a)* Déterminer l'affectation dominante des sols par zones selon les catégories prévues à l'article R. 123-18 en précisant l'usage principal qui peut en être fait et, s'il y a lieu, la nature des activités qui peuvent y être interdites ou soumises à des conditions particu-**

lières, telles que l'ouverture ou l'extension d'établissements industriels, l'exploitation de carrières, les opérations d'affouillement ou d'exhaussement des sols, les défrichements, coupes et abattages d'arbres ainsi que les divers modes d'occupation du sol qui font l'objet d'une réglementation ;

***b)* Édicter, en fonction des situations locales, les prescriptions relatives à l'implantation des constructions par rapport aux voies, aux limites séparatives et aux autres constructions.**

2° Le règlement peut, en outre :

***a)* Édicter les prescriptions relatives à l'accès, à la desserte, à l'équipement en réseaux divers et, le cas échéant, aux dimensions et à la surface des terrains ;**

***b)* Édicter les prescriptions relatives à l'emprise au sol des constructions, à leur hauteur et, le cas échéant, à leur aspect extérieur ;**

***c)* Édicter les prescriptions relatives aux obligations imposées en matière de réalisation d'aires de stationnement, d'espaces verts et d'aires de jeux et de loisirs. Toutefois, lorsque le règlement édicte des prescriptions relatives aux obligations imposées en matière de réalisation d'aires de stationnement, ces obligations ne sont pas applicables aux travaux de transformation ou d'amélioration de bâtiments affectés à des logements locatifs financés avec un prêt aidé par l'État, y compris dans le cas où ces travaux s'accompagnent de la création de surface hors œuvre nette, dans la limite d'un plafond de 50 % de la surface hors œuvre nette existant avant le commencement des travaux ;**

***d)* Fixer les cas dans lesquels la démolition de tout ou partie d'un immeuble ou d'un groupe d'immeubles compris à l'intérieur d'une zone définie à l'article R. 123-18 (II-6°) peut être interdite ou soumise à des prescriptions spéciales ;**

***e)* Fixer le ou les coefficients d'occupation des sols de chaque zone ou partie de zone et les conditions dans lesquelles ces coefficients peuvent être éventuellement dépassés en application des articles L. 123-1 et L. 332-1 ;**

***f)* Fixer la destination principale des îlots ou immeubles à restaurer ou à réhabiliter ;**

***g)* Édicter les prescriptions relatives aux équipements et aménagements qui peuvent être autorisés dans les zones qui sont et peuvent être aménagées en vue de la pratique du ski et les secteurs réservés aux remontées mécaniques ;**

***h)* Édicter les prescriptions de nature à assurer la protection des éléments de paysage, quartiers, rues, monuments, sites et secteurs à protéger ou à mettre en valeur.**

3° Pour les zones dans lesquelles s'applique le transfert des possibilités de construction prévu à l'article L. 123-2, le règlement fixe les modalités de ce transfert et notamment la superficie minimale du terrain au profit duquel le transfert est effectué, ainsi que la densité minimale de construction exigée pour que le droit de construire puisse être reconnu sur ce même terrain.

Pour les secteurs prévus par l'article R. 123-18 (I-3°) pour lesquels un plan de masse coté à trois dimensions définit des disciplines spéciales, les prescriptions architecturales figurent sur ce plan de masse.

Un arrêté du ministre chargé de l'urbanisme fixe la forme de présentation du règlement du plan d'occupation des sols.

I. – Généralités

3186 **Prise en compte des paysages.** La modification par le décret du 12 octobre 1998 (2° *h*) introduit la prise en compte des paysages.

3187 **Distinction.** La distinction entre le 1° et le 2° du présent article correspond à la distinction entre les POS à contenu minimal et les POS à contenu exhaustif.

Est en conséquence illégal, un POS ne fixant pas de règles de prospect (TA Clermont-Ferrand, 14 sept. 1989, *Arnaud* c/ *Préfet de l'Allier : Gaz. Pal.* 1990, 2, somm. 404. – CE, 18 févr. 1994, *Cne de Crosne*).

3188 **Énumération limitative des activités.** Il semble que les POS ne peuvent pas régir des activités non énumérées au 1° du présent article (activités agricoles, ou affichage par exemple), qui peuvent

en revanche faire l'objet d'une autre réglementation distincte du Code de l'urbanisme. Ils ne peuvent davantage créer des servitudes nouvelles, non prévues au 2° du présent article (interdiction d'accès, par exemple).
Cependant un arrêt récent a considéré qu'un POS peut imposer l'enfouissement de fumier sous 24 h, en zone NC jouxtant une zone U (CE, 4 déc. 1995, *Ch. d'agri. de la Mayenne : Rec. CE*, T, p. 1076 ; *DA* 1996, 53, note D. P.).

Valeur des préambules du chapitre du règlement. Le préambule de chaque chapitre du règlement est une simple description, sans valeur normative (CE, 10 déc. 1993, *Peix*. – *Contra*, CAA Paris, 27 janv. 1995, *Sté Construction 2000 : DA* 1995, 317 dans le cas d'un préambule très précis. – CE, 6 déc. 1993, *Val. : DA* 1994, 112. 3189

Dispositions illégales. Les règlements de POS comportent souvent, dans la pratique, des dispositions illégales ou inopportunes (dispositions à caractère personnel ; privilèges pour les constructions publiques ; fixation d'un COS minimum ; normes permissives) ; les principales d'entre elles ont été recensées au Ve Colloque de Marly (*Les règlements d'urbanisme*, éd. CRU 1979). 3190

Voir aussi : Sur la contrariété éventuelle entre le règlement du POS et les documents graphiques, les annotation sous les articles R. 123-16 et R. 123-17.

II. – Dispositions jugées légales

Exemplaires de dispositions légales. Un POS peut à bon droit, pour des motifs d'urbanisme, plafonner les surfaces pouvant être affectées à des activités commerciales (CE, 7 mai 1986, *Sté Guyenne et Gascogne : AJDA* 1986, p. 523, note Bouyssou). De même, un POS qui autorise dans une zone industrielle les activités de commerce de gros peut y interdire les commerces de détail (CE, 26 nov. 1986, *Fol : D.* 1987, p. 163, note Charles. – V. aussi Bouyssou, *Le contrôle juridictionnel du contenu des POS en 1986 : Droit et Ville* 1987, n° 23, p. 247 et Périnet-Marquet : *Droit et Ville* 1989, n° 27, p. 37). 3191
De la même façon, un POS peut fixer des règles de hauteur différentes dans une même zone selon la destination des constructions (CE, 15 oct. 1986, *Devèze : DA* 1986, n° 664), fixer le nombre maximal de logements par hectare (CAA Nancy, 19 nov. 1993, *SCI Clos du Moulin : DA* 1994, 113) ou imposer la destination des constructions et interdire l'habitat collectif dans une zone (TA Versailles, 7 déc. 1993, *Époux Manach* c/ *Cne de Sartrouville : JCP* 1994, II, p. 136 et note).
Il peut même exclure l'application de la règle de hauteur pour les bâtiments publics (CE, 15 févr. 1993, *Cne d'Épinay sur Seine* c/ *Assoc. de défense des espaces verts de Béatus : Rec. CE*, T, p. 584 ; *DA* 1993, 195) ou imposer la prise en compte du découpage foncier à la date de sa prescription (CE, 2 juin 1995, *Magagli*).
Le règlement de la zone NC peut définir les constructions admises par référence à la surface minimale d'installation, sans erreur de droit (CE, 5 avr. 1991, *Mlle Chabanol*) et le règlement de la zone NA peut imposer le recours à une ZAC pour urbaniser (CAA Paris, 25 oct. 1995, *SCI Sergent Clémenceau : Gaz. Pal.* 29 déc. 1996).
Nonobstant la circulaire n° 74-188 du 14 novembre 1974, un POS peut interdire pour tout un périmètre l'exploitation des carrières (CE, 21 oct. 1983, *Quémin : Rec. CE*, p. 422) ; il peut même interdire l'ouverture de carrières en zone spéciale de recherches et d'exploitation de carrières visées à l'article 109 du Code minier (CE, 8 déc. 1997, *SA GSM Atlantique : Rec. CE*, T, p. 943). Cependant, certaines carrières pourraient constituer des PIG s'imposant au POS (V. art. R. 121-13 et TA Nice, 5 mai 1998, *Assoc. Équilibre* c/ *Préfet des Alpes-Maritimes : BJDU* 4-98, p. 259, concl. Poujade).
Un POS peut réserver une zone aux activités hippiques (CE, 30 déc. 1998, *Barbé : BJDU* 2-99, p. 105, concl. Combrexelle).
Un POS peut ne pas prévoir, contrairement à la loi Besson du 31 mai 1990, d'emplacement réservé pour le stationnement des gens du voyage (CE, 12 déc. 1997, *Ehrard : Rec. CE*, T, p. 488 ; *BJDU* 2-98, p. 96, concl. Hubac) ; mais la loi relative à l'accueil des gens du voyage, en discussion courant 1999, doit inverser la règle et un arrêt annule, dans les circonstances de l'espèce, un POS interdisant les carrières de façon générale (CE, 30 déc. 1996, *Cne la Boissière : DA* 1996, 80).

De même, un POS peut légalement interdire les dépôts d'ordures ménagères ou industrielles de toutes sortes (CE, 12 févr. 1997, *Sté Soccoim*).

Bibliographie : STEMMER, *Le pouvoir économique des POS : grandes surfaces, limitation du nombre de constructions par terrain : JCP* 1996, p. 569.

III. – Dispositions jugées illégales

3192 **Exemple de dispositions illégales.** Les POS ne peuvent imposer que des règles de fond pour la délivrance de permis de construire, ils ne peuvent imposer des règles procédurales, telles que des consultations non prévues par le Code de l'urbanisme (CE, sect., 21 mars 1986, *Copropriété de l'immeuble « Les Périades » : Rec. CE*, p. 78) ni la production de pièces non prévues par la réglementation générale, telles qu'un relevé des plantations existantes, à l'appui d'une demande de permis de construire (CE, 23 avr. 1993, *Mlle Amadieu*. – CE, 26 avr. 1993, *Beaucourt : Rec. CE*, T, p. 1089 ; *DA* 1993, 309) ni interdire la cession des espaces verts communs aux riverains (CE, 28 juin 1996, *Durnez : Rec. CE*, T, p. 876 ; *BJDU* 3-96, p. 182, concl. Schwartz ; *DA* 1996, 507), ni fixer la surface minimale des logements (CE, 9 juill. 1997, *Cne de Megève : Rec. CE*, p. 303 ; *BJDU* 5-97, p. 331, concl. Touvet).

Les POS ne peuvent interdire la réalisation de travaux d'entretien et de réparation sur les constructions existantes (CE, 30 sept. 1988, *Martres* c/ *Cne de Mimizan : AJDA* 1989, p. 43 concl. Moreau), pas plus qu'ils ne peuvent exiger un recul excessif des clôtures (CE, 29 déc. 1993, *Mlle Chan Hin Ying : Rec. CE*, T, p. 1089-1119 ; *DA* 1994, 167), imposer l'élaboration d'un projet de lotissement en commun avec la commune (CE, 4 févr. 1994, *Cne de Léognan : Rec. CE*, T, p. 1246) ou prévoir la possibilité d'appliquer des règles d'exception inconditionnées (CAA Lyon, 20 déc. 1994, *Mme Domenge : AJDA* 1995, p. 250 et note ; *Études foncières* n° 66, mars 1995 ; *DA* 1995, 244 ; *Gaz. Pal.* 29-30 mars 1996) ou encore créer des zones *non aedificandi* en zone urbaine pour éviter le mitage et privilégier une urbanisation future cohérente (TA Versailles, 12 nov. 1996, *Mme Deguy : BJDU* 1-97, p. 65 ; *Gaz. Pal.* 30 mai 1997), ou bien prohiber l'instruction de demande de permis de construire pour un changement ultérieur d'affectation (TA Caen, 22 sept. 1998, *Quéro : Gaz. Pal.* 17 mars 1999).

Un POS ne peut davantage limiter la durée d'exploitation des carrières dans une zone où elles sont autorisées (CE, 29 avr. 1998, *Sté Cosson* c/ *Min. de l'Environnement : Rec. CE*, p. 187 ; *BJDU* 3-98, p. 170, concl. Girardot).

Le POS ne peut fixer la surface hors œuvre nette, laquelle est définie à l'article R. 112-2 (CE, 15 juin 1990, *Cne d'Andressy* c/ *Crumeyrolle*).

Est illégal un POS permettant la construction dans une zone ND « à risques » (CE, 29 mai 1991, *Cne de Villefranche-sur-mer* c/ *Cne de Beaulieu-sur-mer*), ou celui qui prohibe trop restrictivement le camping et le caravaning (TA Nantes, 5 oct. 1989, *Assoc. tranchaise de défense des campeurs et caravaniers sur parcelles : Gaz. Pal.* 1990, 2, somm. 404).

En revanche, est légal le POS qui interdit les campings dans toute la commune, hors des terrains aménagés, compte tenu de l'afflux touristique et des mesures particulières qu'appelle la protection du site (CE, 13 mai 1994, *Cne de la Tranche-sur-Mer : DA* 1994, 430 ; *AJDA* 1994, p. 626, concl. Vigouroux).

Est illégal le règlement de zone NA renvoyant à « un schéma d'organisation » édicté par la DDE (CE, 31 juill. 1996, *Sté ITM Entreprise : DA* 1996, 508, note D. M.).

IV. – Dispositions facultatives

3193 **Principe.** Un décret en Conseil d'État doit énumérer les règles du droit de l'urbanisme applicables à la publicité extérieure, aux enseignes et pré-enseignes (L. n° 79-1150, 29 déc. 1979, art. 42-II. – Voir V. D. n° 80-923 et n° 80-924, 21 nov. 1980). Depuis la loi n° 95-101 du 2 février 1995, l'installation, le remplacement ou la modification des dispositifs ou matériels qui supportent de la publicité ainsi que les pré-enseignes doivent être soumis à déclaration préalable, dans des conditions à fixer par décret en Conseil d'État (D. n° 96-946, 24 oct. 1996).

Espaces verts. En matière d'espaces verts, les normes minimales habituellement reprises par les POS sont fixées par la circulaire interministérielle du 8 février 1973. 3194

Voir aussi : Obs. sous C. urb., art. R. 111-7, p. 492.

Places de stationnement. En matière de stationnement, les constructeurs peuvent s'affranchir des règles fixées par le POS, soit par la concession à long terme de places de stationnement dans des parcs publics, soit par une contribution financière (C. urb., art. L. 421-3) ; sur le régime de cette participation financière, voir les articles R. 332-17 à R. 332-23. 3195

Voir aussi : C. urb., art. L. 123-2, p. 62.

Dépassement du COS. Le COS ne peut être dépassé que si le règlement du POS autorise un tel dépassement ; mais cette autorisation de dépassement ne peut légalement correspondre qu'au seul cas où l'éventualité d'un dépassement est prévue par l'article L. 123-1 lui-même (CE, 21 mai 1982, *Sté Montchâteau*. – CE, 28 juill. 1993, *Ville de Bagnolet*). Le COS peut être fixé différemment en lotissement (plus strict) et hors lotissement (CE, 10 déc. 1993, *Peix*), mais il ne peut être écarté sur les terrains de moins de 150 mètres carrés, car ce n'est pas un motif d'urbanisme (CE, 1er déc. 1993, *Ville de Sceaux* c/ *Pique : Rec. CE*, p. 1089). 3196

Un POS est illégal, s'il fixe un secteur de zone soumis à un COS différent, mais si les documents graphiques ne permettent pas de localiser ce secteur (CE, 27 mai 1991, *SEFRICIE : Rec. CE*, T, p. 1252), ou bien s'il ne fixe pas de COS dans un secteur, pour régulariser des constructions irrégulières, dont le permis de construire avait été annulé pour dépassement de COS (CE, 7 avr. 1999, *Assoc. Noisy qualité de la Vie*).

V. – Transfert de COS/plan-masse

Principe. Les modalités du transfert de COS sont prévues par le 3° du présent article. 3197

Application. Est illégal, le POS permettant de faire la moyenne des COS si la construction est située dans plusieurs secteurs à la fois. Il s'agit d'un transfert de COS non prévu par le code (CAA Lyon, 19 avr. 1994, *Ville de Nice : RFDA* 1995, p. 443). 3198

L'absence des plans de masse prévus par le règlement d'un POS dans les documents graphiques n'entache pas d'illégalité ce plan, mais diffère l'application des dispositions particulières des plans de masse (CE, 6 juin 1980, *SARL Omnium de gestion, d'études et de réalisations immobilières : Rec. CE*, p. 264).

Bibliographie : Sur le transfert de COS, les formules commentées par Ph. HEGNER : *JCP* N 1980, I, p. 179. – V. aussi J.-P. MARTY, *Le transfert de COS et le droit privé de l'urbanisme : JCP* N 1982, I, p. 41. – Sur le droit d'enregistrement applicable en cas de transfert de COS, Rép. min. : *JOAN* 27 juin 1983, p. 2869. – J.-H. DRIARD, *Les conditions d'utilisation d'un plan de masse dans le cadre d'un POS : Mon. TP* 2 juill. 1999, p. 40).

VI. – Méthodologie des règlements de POS

Structure type de règlement d'urbanisme d'un POS. La méthodologie des règlements de POS ne nous paraissant pas nécessairement modifiée par les textes relatifs à la décentralisation, nous croyons utile de reproduire la structure type du règlement d'urbanisme d'un POS, en usage avant ces textes : 3199

Titre I. – Dispositions générales

Art. 1. – Champ d'application territorial du plan.

Art. 2. – Portée respective du règlement et des autres réglementations relatives à l'occupation des sols.

Art. 3. – Division du territoire en zones.

Art. 4. – Adaptations mineures de certaines règles.

Titre II. – Dispositions applicables aux zones urbaines

Chapitre 1 : Zone UA
Caractères de la zone UA :
Art. UA 1. – Types d'occupation ou d'utilisation des sols soumis à conditions spéciales.
Art. UA 2. – Types d'occupation ou d'utilisation des sols interdits.
Art. UA 3. – Accès et voirie.
Art. UA 4. – Desserte par les réseaux (eau, assainissement, électricité...).
Art. UA 5. – Caractéristiques des terrains (formes, surface...).
Art. UA 6. – Implantation par rapport aux voies et emprises publiques.
Art. UA 7. – Implantation par rapport aux limites séparatives.
Art. UA 8. – Implantation des constructions les unes par rapport aux autres sur une même propriété.
Art. UA 9. – Emprise au sol.
Art. UA 10. – Hauteur des constructions.
Art. UA 11. – Aspect extérieur (forme, matériaux...).
Art. UA 12. – Stationnement.
Art. UA 13. – Espaces libres et plantations.
Art. UA 14. – Possibilités maximales d'occupation du sol.
Art. UA 15. – Dépassement du coefficient d'occupation du sol.
On aura de même dans ce titre II le chapitre 2 pour la zone UB et le chapitre 3 pour la zone UC, etc. avec leurs 15 articles numérotés de U 1 à U 15.
Titre III. – Dispositions applicables aux zones naturelles
Caractères de la zone NA :
Art. NA 1. – Types d'occupation ou d'utilisation des sols soumis à conditions spéciales.
Art. NA 2. – Types d'occupation ou d'utilisation des sols interdits.
Art. NA 3. – Accès et voirie.
Art. NA 4. – Desserte par les réseaux (eau, assainissement, électricité...).
Art. NA 5. – Caractéristiques des terrains (formes, surface...).
Art. NA 6. – Implantation par rapport aux voies et emprises publiques.
Art. NA 7. – Implantation par rapport aux limites séparatives.
Art. NA 8. – Implantation des constructions les unes par rapport aux autres sur une même propriété.
Art. NA 9. – Emprise au sol.
Art. NA 10. – Hauteur des constructions.
Art. NA 11. – Aspect extérieur (forme, matériaux...).
Art. NA 12. – Stationnement.
Art. NA 13. – Espaces libres et plantations.
Art. NA 14. – Possibilités maximales d'occupation du sol.
Art. NA 15. – Dépassement du coefficient d'occupation du sol.
On aura de même dans ce titre III un chapitre 2 pour la zone NB avec 15 articles codés de NB1 à NB 15 et ainsi de suite pour les autres zones naturelles.

C. urb., art. *R. 123-22 ancien *(D. n° 76-276, 29 mars 1976 ; D. n° 77-739, 7 juill. 1977 ; D. n° 83-813, 9 sept. 1983 ; D. n° 87-885, 30 oct. 1987 ; D. n° 98-913, 12 oct. 1998)*. — 1° Sous réserve de ce qui est dit au 4° ci-dessous, le coefficient d'occupation du sol est le rapport exprimant le nombre de mètres carrés de plancher hors œuvre susceptibles d'être construits par mètre carré de sol. Pour une même zone ou partie de zone, des coefficients différents peuvent être fixés suivant la nature, la destination et les modalités de l'occupation ou de l'utilisation du sol.

2° Le coefficient d'occupation du sol s'applique à la surface du terrain qui fait l'objet de la demande d'autorisation de construire ou de lotir, y compris, le cas échéant, aux terrains classés comme espaces boisés en application de l'article L. 130-1 et aux terrains cédés gratuitement dans les conditions fixées par les articles R. 332-15 et R. 332-16. La surface des bâtiments existants conservés sur le terrain, appréciée comme il est dit à l'article L. 111-5, est déduite des possibilités de construction.

Les emplacements réservés visés à l'article R. 123-18 (II, 3°) sont déduits de la superficie prise en compte pour le calcul des possibilités de construction. Toutefois le propriétaire d'un terrain dont une partie est comprise dans un de ces emplacements et qui accepte de céder gratuitement cette partie à la collectivité bénéficiaire de la réserve peut être autorisé à reporter sur la partie restante un droit de construire correspondant à tout ou partie du coefficient d'occupation du sol affectant la superficie du terrain qu'il cède gratuitement à la collectivité. Cette autorisation est instruite et, le cas échéant accordée comme en matière de dérogations.

3° Le coefficient d'occupation du sol, appliqué à la superficie déterminée comme il est dit au 2°, fixe, sous réserve des autres règles du plan d'occupation des sols et des servitudes grevant l'utilisation du sol, une surface maximum de plancher hors œuvre nette susceptible d'être édifiée qui est calculée selon les règles fixées à l'article R. 112-2.

4° Lorsque le sol est destiné à une autre utilisation que la construction d'immeubles collectifs d'habitation, le premier terme du rapport défini au 1° ci-dessus peut être exprimé en unités autres que le mètre carré de plancher fixées par le règlement en application de l'article R. 123-21 (2°, *e*).

5° Le règlement peut désigner des zones ou parties de zones où le coefficient d'occupation du sol pourra être dépassé en application des articles L. 123-1 et L. 332-1. Le dépassement peut être imposé en raison des prescriptions d'architecture.

I. – Généralités

Principes du COS. Le COS est une règle de densité, dont l'application à la superficie de la parcelle indique la superficie maximale constructible. Il s'agit néanmoins d'un maximum théorique, car d'autres règles fixées par le POS (prospect, hauteur, etc.) peuvent s'opposer à la construction effective de la superficie résultant de l'application mathématique du COS. Le « droit à construire » découlant du COS peut aussi être tenu en échec par les dispositions de l'article R. 111-1 (Rép. min. : *JO Sénat* 15 déc. 1979, p. 5484). 3200

La superficie maximale dont il s'agit est la superficie hors œuvre nette (C. urb., art. R. 112-2). En revanche, la fixation d'une densité minimale, que les constructions seraient tenues de dépasser, semble illicite.

COS multiples. Depuis le décret n° 76-276 du 29 mars 1976, il est possible de fixer des COS multiples, pour une même zone (al. 1er). Le second alinéa du présent article précise la superficie de la parcelle à prendre en considération, pour déterminer mathématiquement par application du COS à cette superficie, la superficie maximum théoriquement constructible. 3201

Absence de COS. Un POS peut légalement ne comporter aucune disposition fixant des coefficients d'occupation des sols (CE, 18 nov. 1983, *Barats : Rec. CE*, T, 902 ; *D.* 984, inf. rap. 127, obs. Charles. – CE, 22 juin 1984, *SOS Paris : Rec. CE*, p. 781). Il en va autrement si cette absence de COS n'a pour objet que de régulariser des constructions irrégulières dont le permis de construire avait été annulé pour dépassement de COS (CE, 7 avr. 1999, *Assoc. Noisy qualité de la Vie*). 3202

II. – Modalités d'application

Application du COS à l'ensemble de la propriété. En principe, le respect du COS s'impose pour l'aménagement d'un immeuble existant (CE, 26 juill. 1978, *Dlle Garrigues : Rec. CE*, p. 345). 3203

Le COS s'applique à l'ensemble de la propriété faisant l'objet d'un programme de construction, même à la partie classée « espaces verts intérieurs » par le POS de Paris (CE, 2 juill. 1982, *Min. Envir.* c/ *Comité de défense du quartier de l'Observatoire : Rec. CE*, p. 266 ; *Droit et Ville* 1982, n° 14, p. 201, note Bouyssou) jusqu'à mi-lit d'un cours d'eau non domanial (TA Versailles, 16 oct. 1990, *Vignon : JCP* N 1993, II, p. 8), et avant la cession gratuite de terrains (CE, 19 juin 1992, *Assoc. de défense des copropriétaires de l'ensemble immobilier Atlas I*).

En cas de construction sur un seul lot de copropriété, le COS s'applique néanmoins en tenant compte de la surface du sol appartenant à la copropriété tout entière (CE, 24 juill. 1987, *SCI du 46 quai de Jemmapes : JCP* N 1987, II, p. 276, note Vandermeeren. – CE, 2 oct. 1987, *Min. Urb.* c/ *Brière*).

Toutefois, il ne doit pas être tenu compte de la fraction de terrain affectée « à perpétuité » à un usage de voie privée de circulation (CE, 22 juin 1984, *Comité de défense de la zone d'habitations individuelles de Neuilly-Plaisance : Rec. CE*, T, p. 777). Voir également CE, 26 juin 1985, *Syndicat des copropriétaires de la Résidence Trouz Ar Moor : Rec. CE*, T, p. 806 pour la non-prise en compte de la surface affectée à des aires de jeu.

Le COS ou le coefficient d'emprise ne peut se calculer sur une voie privée en indivision avec le pétitionnaire et un tiers (CE, 29 mars 1989, *Castex*) ou sur une cour commune (CE, 3 nov. 1989, *Sigler*) ; il se calcule à partir de la surface totale de la propriété, abstraction faite du parcellaire (CE, 25 janv. 1989, *Jacquet*), sous réserve des limitations apportées par l'article L. 111-5.

Voir aussi : Pour l'application du COS à un terrain indivis, TA Lyon, 12 juill. 1991, *Jannic : Gaz. Pal.* 1992, 2, pan. adm. p. 172.

3204 **Situation antérieur au décret de 1998.** Jusqu'au décret du 12 octobre 1998, le COS se calculait en principe après déduction des espaces boisés classés (CE, 30 nov. 1992, *Communauté immobilière « les Résidences de la Promenade »*. – CAA Paris, 22 janv. 1998, *Cne de Maisons-Laffitte : DA* 1998, 185 ; *BJDU* 3-98, p. 166, concl. Corouge). Pourtant, cette solution était loin de faire l'unanimité, tant jurisprudentielle (CAA Lyon, 19 juill. 1996, *Cardon*) que doctrinale (P. Hocreitere, *Droit de construire et constructibilité à propos des espaces boisés classés : DA* 1997, 4). Le décret précité vient mettre un terme à ces interprétations divergentes en autorisant de façon expresse l'intégration de la superficie des espaces boisés classés dans la détermination du COS applicable.

3205 **Terrains contigus.** En cas de permis de construire sollicité conjointement par deux propriétaires de terrains contigus, le COS doit être respecté sur chaque terrain (CAA Nantes, 27 juin 1996, *SA Bâtir-Centre et le nouveau logis : BJDU* 5-96, concl. Isaia) ; mais la solution est inversée, dans la même affaire, par le Conseil d'État (CE, 28 juill. 1999, *SAHLM Le Nouveau Logis Centre Limousin : Rec. CE*).

3206 **Parcelles séparées.** Le COS ne peut s'appliquer à la surface totale de parcelles séparées, même si elles sont réunies par un pont correspondant à un ancien funiculaire (CAA Lyon 26 sept. 1995, *Cne de Cannes : AJDA* 1996, p. 205, note C. L. ; *BJDU* 5-95, p. 394, concl. Gailleton).

3207 **Bail emphytéotique.** Le COS s'applique à la surface de terrain sur laquelle le constructeur bénéficie d'un bail emphytéotique, et non à l'ensemble de la surface de la propriété appartenant au bailleur (CE, 15 févr. 1993, *Cne d'Épinay-sur-Seine* c/ *Assoc. de défense des espaces verts de Béatus : Rec. CE*, T, p. 584). L'étendue du droit de construire s'apprécie compte tenu d'une promesse de vente, même si cette dernière est conditionnée par la délivrance du permis de construire (CAA Lyon, 24 févr. 1995, *Robbe : RFDA* 1995, p. 443).

3208 **Terrain à lotir.** Le décret du 30 octobre 1987 a permis l'application du COS à l'ensemble du terrain à lotir, pour briser la jurisprudence du Conseil d'État.

Voir aussi : C. urb., art. R. 315-29-1, p. 661 et C. urb., art. L. 315-9, p. 256.

III. – Dépassement de COS

3209 **Dépassement prévu par le POS.** Le dépassement n'est possible que si le POS l'a prévu ; ce document ne peut dispenser les constructeurs du paiement de la participation de surdensité prévue par l'article L. 332-1.

Voir aussi : Circ. n° 79-31, 19 mars 1979 relative au dépassement du COS.

3210 **Motifs limitatifs du dépassement.** Le POS serait illégal, s'il permettait un dépassement de COS pour des motifs autres que ceux limitativement énumérés à l'article L. 123-1 du Code de l'urbanisme (CE, 21 mai 1982, *SCI Montchâteau*. – CE, 7 oct. 1988, *Cne de Saint-Romain-de-Popey*).
Cette jurisprudence est partiellement privée d'effet par la possibilité de ne pas assujettir à un COS certains types de constructions (CE, 22 juin 1984, préc.).

3211 **Décharge de participation.** Le Conseil d'État accorde la décharge de la participation pour dépassement de COS, si le POS est illégal.

Voir aussi : Annotations sous C. urb., art. L. 332-1, p. 293.

3212 **Imprécision des motifs.** Illégalité du POS permettant le dépassement de COS pour des motifs peu précis (CE, 30 janv. 1991, *Ville de Moulins*. – TA Paris, 14 mai 1991 : *Mon. TP* 10 janv. 1992,

p. 42, comm. Nael) confirmé par CE, 2 déc. 1991, *Souillé c/ Ville de Paris : Rec. CE*, p. 418 ; *AJDA* 1992, p. 175, chron. de jurisprudence à propos du POS de Paris. – CE, 28 févr. 1994, *Cne de la Flotte-en-Ré*. – CE, 31 mars 1995, *Cne de Saint-Bon Tarentaise : Rec. CE*, p. 144 ; *BJDU* 3-95, p. 238, concl. Bonichot ; *DA* 1995, n° 480.
Cette illégalité de l'article 15 a longtemps entraîné la décharge de la participation pour dépassement de COS (CE, 14 déc. 1988, *Société générale : RJF* 1989, n° 182 ; *Dr. fisc.* 1989, n° 14, comm. 687 ; *Petites affiches*, 1er avr. 1992, concl. Fouquet), mais la cour administrative d'appel de Paris maintient l'imposition, lorsque le constructeur a effectivement bénéficié du dépassement (CAA Paris, 2 juill. 1996, *Cne de Bois-Guillaume : BJDU* 5-96, p. 380).

Adaptation mineure. Le dépassement de COS n'est pas une adaptation mineure (CE, 13 mai 1991, *Mme Frédéric*. – CE, 31 juill. 1992, *Syndicat des copropriétaires du 4 avenue Général Balfourrier : Rec. CE*, T, p. 1385. – CE, 2 déc. 1991, *Cne de Megève c/ Assoc. pour la protection du site de Megève : Rec. CE*, p. 1253). Mais un POS curieusement rédigé peut permettre des constructions additionnelles, qui ne constituent pas un dépassement de COS (CE, 3 juill. 1991, *Desault : Rec. CE*, p. 268). 3213

Aménagement intérieur d'un bâtiment. L'aménagement intérieur d'un bâtiment existant ne peut être refusé, pour des motifs tirés du COS (CE, 6 avr. 1990, *SA Supermarché Doc*), mais il peut en résulter un dépassement fictif de COS entraînant l'exigibilité de la participation pour dépassement du COS (V. jurisprudence citée sous l'art. L. 332-1). Voir Lamorlette, *Les avatars juridiques du dépassement de COS : Ét. fonc.*, n° 54, 1992. – Bertrand, *Comment rédiger l'article 15 du POS ? : Ét. fonc.*, n° 58, 1993. 3214

Voir aussi : Sur le dépassement du COS, C. urb., art. R. 123-21, 3°, p. 531.

IV. – Transfert de COS

Applications. Constitue un transfert de COS, reposant sur un POS illégal, la possibilité de faire la moyenne des COS, en cas de projet à cheval sur des secteurs distincts (CAA Lyon, 19 avr. 1994, *Ville de Nice : RFDA* 1995, p. 443). 3215
Est légal, le POS prévoyant une zone de transfert de COS, au profit de parcelles de vigne non exploitées (CE, 17 juin 1998, *Assoc. de l'amicale des loisirs et du temps libre des Longevillais : BJDU* 5-98, p. 333, concl. Bonichot).

Voir aussi : Sur le transfert de COS, C. urb., art. L. 123-2, p. 62 et C. urb., art. R. 123-21, p. 531 et leurs annotations.

Bibliographie : PERIGNON, *L'acquisition d'une parcelle attenante : Defrénois* 1992, art. 35365. – PERIGNON, *Peut-on vendre des droits à construire ? : Defrénois* 1993, art. 35486, p. 321. – GIVAUDAN, *Espaces naturels et développement urbain : Gaz. Pal.* 27 févr. 1998. – DRIARD, *Unité foncière et détermination des droits à bâtir : JCP* N 1998, p. 1450.

C. urb., art. *R. 123-23 ancien *(D. n° 77-736, 7 juill. 1977 ; D. n° 83-812, 9 sept. 1983 ; D. n° 92-966, 10 sept. 1992).* **— À l'intérieur des zones d'aménagement concerté créées en application de l'article L. 311-1, le plan d'aménagement de la zone fixe, en conformité avec les orientations du schéma directeur, s'il en existe un, les règles générales et les servitudes d'utilisation du sol, sauf lorsque l'acte créant la zone a décidé de maintenir en vigueur les prescriptions du plan d'occupation des sols.**

Les dispositions du plan d'aménagement de la zone ainsi que les règles particulières édictées par les cahiers des charges des cessions de terrains approuvés par le préfet sont incorporées au plan d'occupation des sols, suivant les modalités fixées par l'article L. 123-6 (al. 2).

Les dispositions destinées à assurer l'unité d'urbanisme et d'architecture dans les zones d'habitations et dans les zones industrielles créées avant l'institution des zones d'aménagement concerté sont incorporées au plan d'occupation des sols suivant les modalités fixées à l'article L. 123-12.

3216 **Principe.** Le présent article se borne à traduire des exigences figurant dans la partie législative du code. Tout d'abord, l'élaboration d'un PAZ est facultative, pour les ZAC situées sur un territoire couvert par un POS. D'autre part, l'achèvement des ZAC, ZUP et autres zones d'urbanisme opérationnel créées avant l'institution des ZAC donne lieu à l'incorporation au POS du statut de la zone considérée. Le territoire de la zone opérationnelle considérée est alors soumis au régime juridique des POS.

Voir aussi : C. urb., art. L. 123-6, p. 64 ; C. urb., art. L. 123-11, p. 65 et C. urb., art. L. 123-12, p. 65.

C. urb., art. *R. 123-24 ancien *(D. n° 77-736, 7 juill. 1977 ; D. n° 83-813, 9 sept. 1983 ; D. n° 86-514, 14 mars 1986 ; D. n° 87-340, 21 mai 1987 ; D. n° 95-21, 9 janv. 1995 ; D. n° 95-1089, 5 oct. 1995 ; D. n° 98-913, 12 oct. 1998).* **— Les annexes comprennent :**

1° La liste des emplacements réservés, mentionnés à l'article R. 123-18 (II, 3°), leur destination, leur superficie et l'indication des collectivités, services et organismes publics bénéficiaires ;

2° *(Ab., D. n° 98-913, 12 oct. 1998)* ;

3° Les éléments ci-après relatifs aux réseaux d'eau et d'assainissement et au système d'élimination des déchets :

***a)* Les schémas des réseaux d'eau et d'assainissement existants ainsi que les zones qui ont été délimitées en application de l'article L. 2224-10 du Code général des collectivités territoriales ;**

***b)* Une note technique accompagnée du plan décrivant les caractéristiques essentielles de ces réseaux en leur état futur et justifiant les emplacements retenus pour :**

Le captage, le traitement et le stockage des eaux destinées à la consommation ;

Les stations d'épuration des eaux usées ;

Les usines de traitement des déchets ;

***c)* Une note technique traitant du système d'élimination des déchets.**

4° Les servitudes d'utilité publique soumises aux dispositions de l'article L. 126-1 ainsi que les bois et forêts soumis au régime forestier ;

5° L'indication du lieu où le schéma directeur et les directives territoriales d'aménagement prises en application de l'article L. 111-1-1 du Code de l'urbanisme, s'ils existent, peuvent être consultés ;

6° La liste des lotissements dont les règles d'urbanisme ont été maintenues en application de l'alinéa 2 de l'article L. 315-2-1 ;

7° Le plan d'exposition au bruit d'un aérodrome, établi en application des articles L. 147-1 à L. 147-4 ;

8° Le classement des infrastructures de transports terrestres ainsi que les secteurs situés au voisinage de ces infrastructures qui sont affectés par le bruit, et dans lesquels existent des prescriptions d'isolement acoustique, déterminés en application de l'article 13 de la loi n° 92-1444 du 31 décembre 1992 relative à la lutte contre le bruit. Ces documents portent référence des arrêtés préfectoraux correspondants et indication des lieux où ils peuvent être consultés ;

9° Les dispositions d'un projet de plan de prévention des risques naturels prévisibles rendues opposables en application de l'article 40-2 de la loi n° 87-565 du 22 juillet 1987 relative à l'organisation de la sécurité civile, à la protection de la forêt contre l'incendie et à la prévention des risques majeurs.

3217 **Généralités.** Le 6° a été ajouté par le décret du 14 mars 1986 et le 8° par le décret du 9 janvier 1995. Le décret du 12 octobre 1998 a supprimé la nécessité de faire figurer en annexe du POS, la liste des opérations déclarées d'utilité publique à l'occasion de l'approbation du POS.

3218 **Applications jurisprudentielles.** Est légal le sursis à statuer opposé préalablement à l'établissement des annexes (CE, 3 déc. 1975, *Cie pour l'équipement, le financement et la construction et établissement particulier des filles de la Charité à Orsay : Rec. CE*, p. 612).
Une erreur minime sur le tracé d'une servitude n'entraîne pas l'illégalité du POS (CE, 28 juin 1989, *Assoc. pour la sauvegarde du pays fouesnantais* c/ *Ville de Fouesnant*).
La construction d'une voie rapide et d'une ligne électrique dont l'utilité publique n'a pas été déclarée à la date de l'ouverture de l'enquête sur le POS peuvent ne pas figurer aux annexes sans

entacher d'illégalité le document (CE, 6 mai 1983, *Assoc. Saint-Gilloise « Progrès et Avenir » : Rec. CE*, T, p. 901).
L'omission du report d'une servitude entraîne son inopposabilité, mais non l'illégalité du POS (CE, 3 mars 1990, *Stockhausen : DA* 1990, 259).
Il en va autrement de l'absence d'annexes relatives à l'eau et à l'assainissement qui entraîne l'annulation totale du POS (CE, 30 mai 1994, *Comité Écologique perpignanais*).
Les annexes ne comportent pas de documents relatifs aux déchets, si la commune ne dispose en la matière d'aucun système propre (CE, 10 juin 1993, *Giroux* c/ *Cne de Cépet*).
Les annexes n'ont pas à mentionner un simple projet de plan d'exposition au bruit (CE, 29 déc. 1995, *Ass. Espace Benoît Suzer*). Elles peuvent légalement indiquer qu'il y a incompatibilité entre une décharge et une prise d'eau (CE, 12 févr. 1997, *Sté Soccoim*).

C. urb., art. *R. 123-25 ancien *(D. n° 76-267, 25 mars 1976 ; D. n° 83-813, 9 sept. 1983 ; D. n° 88-199, 29 févr. 1988)*.**— Les dispositions des articles R. 123-26 à R. 123-26 à R. 123-29 sont applicables sur le territoire des communes, parties ou ensembles de communes, pour lequel l'établissement d'un plan d'occupation des sols a été prescrit, à dater du jour de cette prescription et jusqu'à ce que ledit plan ait été rendu public. En cas de révision du plan, ces dispositions sont applicables à compter de la date de publication de la délibération ou de l'arrêté du préfet prescrivant la révision du plan d'occupation des sols et jusqu'à ce que le plan révisé soit approuvé.**

Le décret ou l'arrêté portant création d'un secteur sauvegardé a les effets prévus aux articles R. 123-26 à R. 123-29 à compter de la date de sa publication.

Nouveau cas de sursis à statuer. Aux cinq anciennes hypothèses de sursis à statuer, la loi du 18 juillet 1985 ajoute un nouveau cas : les opérations d'aménagement prises en considération par le conseil municipal ou le représentant de l'État à l'intérieur du périmètre des opérations d'intérêt national (C. urb., art. L. 111-10). 3219

Date de sursis à statuer. Une décision de sursis à statuer ne peut légalement intervenir qu'après la publication de la décision prescrivant l'élaboration du POS (CE, sect., 13 déc. 1974, *Min. Équip.* c/ *Dame Girod : Rec. CE*, p. 632). 3220
La légalité interne du futur POS, fondant la décision du sursis à statuer, ne peut être contestée tant que ledit POS n'a pas été rendu public (CE, 21 mai 1986, *Lefebvre : DA* 1986, 373. – CE, 25 juill. 1986, *Min. Urb.* c/ *Dalla-Vera*. – CE, 18 août 1988, *Mme le Saout*. – CE, 22 mars 1991, *Min. Équip.* c/ *Mme Gerda Baër*).

Voir aussi : C. urb., art. L. 111-8, p. 23 et C. urb., art. L. 123-5, p. 63 ; en cas de publication du POS, C. urb., art. R. 123-31, al. 2, p. 535.

C. urb., art. *R. 123-26 ancien *(D. n° 83-813, 9 sept. 1983)*.**— Peuvent faire l'objet d'une décision de sursis à statuer les demandes d'autorisation concernant les divers modes d'occupation des sols faisant l'objet de réglementations particulières et notamment les constructions, les lotissements, l'exploitation de carrières et l'ouverture d'installations classées soumises à autorisation.**

La décision de sursis à statuer est prise par arrêté motivé de l'autorité compétente. Elle est notifiée au pétitionnaire dans les délais prévus par les textes qui réglementent les autorisations mentionnées ci-dessus.

Principes du sursis à statuer. En principe, les règles anciennes s'appliquent après la prescription du POS. Le sursis à statuer est une mesure de sauvegarde facultative. Si la réglementation antérieure peut fonder un refus de permis, un tel refus est préférable au sursis à statuer (Circ. n° 78-53, 10 mars 1978, n° 1-1-4-2). 3221
Une mesure de sursis à statuer peut être régulièrement opposée à une demande de permis de construire postérieurement à l'expiration d'un délai de 3 ans après la publication du POS et antérieurement à son approbation (CE, 6 déc. 1985, *Cie Immobilière Chemineau : Rec. CE*, T, p. 805).
Malgré les termes très généraux de l'article L. 123-5, l'Administration recommande de ne pas recourir au sursis à statuer en matière d'autorisation de coupe et d'abattage d'arbres, visé à l'article L. 130-1 (Circ. n° 74-81, 2 mai 1974 et conf. par Circ. n° 77-114, 1er août 1977).

3222 **Espaces boisés.** La prescription du POS entraîne, en ce qui concerne les terrains boisés, l'application des articles L. 130-1 et R. 130-5 (nécessité d'autorisation de coupe et d'abattage d'arbres) et R. 130-5 et R. 421-1 (nécessité de produire ladite autorisation comme condition de recevabilité des demandes de permis de construire).

3223 **Déclaration de travaux.** Le sursis à statuer est possible à l'égard d'une déclaration de travaux (TA Versailles, 9 juill. 1996, *Cagnard c/ Cne de Quincy-Voisins : Ét. fonc.* 1997, n° 74. – CAA Paris, 12 nov. 1998, *Cagnard : BJDU* 1-99, p. 63), mais est inopposable à une transformation intérieure (CAA Paris, 22 mars 1998, *Chalard : Gaz. Pal.* 17 mars 1999).

3224 **Pouvoir d'appréciation de l'administration.** Le sursis à statuer est une mesure facultative de protection, qui laisse à l'Administration un large pouvoir d'appréciation. L'autorité compétente n'est jamais tenue de surseoir à statuer, même en présence de réclamations émanant de tiers. Cependant, un arrêt du Conseil d'État marque peut-être un infléchissement de jurisprudence, en indiquant que la décision de sursis à statuer n'était pas obligatoire, dans les circonstances de l'espèce (CE, 28 janv. 1976, *Pascal : AJDA* 1976, p. 526). Cet infléchissement n'a pourtant pas été ultérieurement confirmé (CE, 9 févr. 1977, *Barbeau : DA* 1977, n° 90) bien que le juge se réserve de contrôler l'erreur manifeste d'appréciation, en cas de refus de sursis à statuer (CE, 14 oct. 1977, *Ville de Pouliguen : DA* 1977, n° 380. – CE, 26 janv. 1979, *Assoc. de défense de l'environnement en Vendée : D.* 1979, inf. rap. p. 416. – CE, 8 déc. 1978, *Michon : AJPI* 1979, p. 52, note Ricard).

L'erreur manifeste est sanctionnée, en cas de changement d'une règle de hauteur maximale en cours de révision du POS (CE, 23 oct. 1987, *Barnier : Rec. CE*, p. 321 ; *AJDA* 1988, p. 302, note J.-B. Auby), ou de réduction du COS de 0,30 à 0,15 lors de la délivrance d'un certificat d'urbanisme (CAA Lyon, 15 févr. 1994, *Sté Immobilière Programmation et Communication : Gaz. Pal.* 25 avr. 1995).

Compte tenu du large pouvoir d'appréciation de l'Administration, le sursis à statuer ne peut intervenir après l'expiration du délai d'instruction de la demande (CE, 19 févr. 1965, *Min. Constr. c/ Sté Dagomer et Baroche : Rec. CE*, p. 124).

3225 **Discriminations entre voisins.** Le Conseil d'État tolère les discriminations entre voisins : les conditions dans lesquelles des permis de construire ont été accordés pour d'autres terrains sont sans influence sur la régularité d'un sursis (CE, 10 déc. 1969, *Cts Fourel : Rec. CE*, p. 572).

3226 **Certificat d'urbanisme.** Constitue une simple information, et en conséquence ne fait pas grief, l'indication, par un certificat d'urbanisme d'une possibilité de sursis à statuer (TA Amiens, 17 févr. 1998, *Paternotte : BJDU* 6-98, p. 469).

3227 **Sursis à statuer tardif.** Lorsque l'autorisation a été obtenue tacitement, un sursis à statuer tardif ne saurait être considéré comme le retrait du permis tacite, par application de la jurisprudence *Roulin* : en effet, en n'opposant pas le sursis à statuer dans le délai légal, l'Administration est censée avoir porté une appréciation sur laquelle elle ne peut revenir, sauf erreur manifeste d'appréciation.

Voir aussi : CE, 21 janv. 1976, *Cne de Margon : JCP* 1976, II, 18466, note Liet-Veaux.

3228 **Motivation.** La motivation par simple référence à un texte est insuffisante (CE, 1er juill. 1974, *Cne de Piscop : Rec. CE*, p. 385).

3229 **Mesures de sauvegarde.** Les mesures de sauvegarde sont prononcées s'il apparaît qu'une demande d'autorisation risque de compromettre ou de rendre plus onéreuse l'exécution du plan. L'Administration doit donc, dans chaque cas, fournir un élément de preuve du risque allégué ; l'arrêté doit faire état d'un motif d'autant plus précis que les études sont plus avancées (Circ. n° 78-53, 10 mars 1978, n° 1-4-3).

3230 **Contrôle du conseil d'État.** Le Conseil d'État contrôle entièrement la valeur probante des motifs allégués (CE, 11 juill. 1939, *Sieur Chardin : Rec. CE*, p. 476). Mais il juge légal le sursis fondé sur un projet non définitif (CE, 13 mars 1970, *SCREG : AJDA* 1970, p. 295, concl. Rougevin-Baville), ou

fondé sur le fait que le terrain d'assiette des constructions projetées est situé dans une zone susceptible d'être réservée aux équipements publics, alors même que les annexes du POS n'étaient pas établies à la date de la décision de sursis (CE, 3 déc. 1975, *Cie pour l'Équipement, le Financement et la Construction, et établissements particuliers des filles de la charité de Saint-Vincent-de-Paul : Rec. CE*, p. 612). De même, est légal le sursis à statuer fondé sur « l'utilisation possible... dans un but universitaire » d'une propriété, dès lors que les projets de construction présentaient un caractère suffisamment sérieux à la date où a été pris l'arrêté de sursis à statuer (CE, 2 févr. 1977, *Époux Charpentier et Sieur Nicolas : AJDA* 1977, p. 631).
Le sursis à statuer peut être opposé valablement, si le POS en cours d'étude prévoit une zone NA à l'emplacement du projet (CE, 1er déc. 1978, *Consorts Dory : AJDA* janv. 1979, p. 32 et 36, chron. Dutheillet de Lamothe et Robineau ; *AJPI* avr. 1979, p. 52, note Ricard) ou une zone ND (CAA Paris, 26 déc. 1995, *Cne de Bois le Roi : Gaz. Pal.* 23 févr. 1997. Dans le même sens, CAA Lyon, 2 mai 1995, *Cne du Beausset*).

Autorité compétente. Depuis le décret du 9 septembre 1983, la décision de sursis à statuer n'est plus une prérogative exclusive du représentant de l'État. C'est l'autorité compétente qui dispose de cette faculté. En pratique, c'est donc le maire, dans le cas de communes dotées de POS exécutoire, mais mis en révision. 3231

C. urb., art. R. 123-27 ancien et R. 123-28 ancien *(Ab., D. n° 77-736, 7 juill. 1977).*

C. urb., art. R. 123-29 ancien *(D. n° 77-736, 7 juill. 1977 ; D. n° 86-984, 19 août 1986).* — La confirmation de la demande ayant fait l'objet d'un sursis à statuer et la décision définitive interviennent dans les conditions fixées au quatrième alinéa de l'article L. 111-8.

À l'expiration du délai de validité du sursis à statuer, l'autorisation ne peut être refusée pour des motifs tirés du projet de plan d'occupation des sols si celui-ci n'a pas encore été rendu public ou du projet de révision si celle-ci n'a pas encore approuvée.

Délai de confirmation de la demande. Pour la jurisprudence, il semblait que la confirmation de la demande dût intervenir avant l'expiration du délai prévu par le sursis (CE, 4 mai 1983, *SCI du Casino et des bains de Juan-les-Pins*). La nouvelle rédaction de l'article L. 111-8, reprise par le présent article, rompt avec cette analyse en disposant que la confirmation peut intervenir au plus tard deux mois après l'expiration du délai de validité du sursis à statuer. 3232
Le Conseil d'État admet, malgré les critiques de la doctrine, qu'un refus final puisse intervenir sur un fondement connu à la date où la décision de sursis à statuer a été prise (CE, 31 mai 1972, *Min. Équip.* c/ *Gaut : Rec. CE*, p. 406. – CE, 6 oct. 1982, *Époux Baron*).

Permis tacite. Le permis tacite prévu au dernier alinéa du présent article ne joue pas, si le POS a été publié et si la demande de permis a été confirmée avant l'expiration du délai de deux ans. 3233

Voir aussi : C. urb., art. R. 123-31, al. 2 ; sur la possibilité de nouveaux sursis à statuer, fondés sur un autre motif, C. urb., art. L. 111-8, p. 23.

Nature de la confirmation. La confirmation de la demande ne saurait être assimilée à une nouvelle demande. Le dossier ne doit donc pas être renouvelé. 3234

Effet de la confirmation. Après confirmation, l'autorité administrative est dessaisie à l'expiration de deux mois de silence ; le retrait d'un permis de construire tacite devient alors impossible (CAA Lyon, 7 févr. 1995, *Min. Équip.* c/ *Sté des transports Guiggui : RFDA* 1995, p. 862 ; *BJDU* 4-95, p. 304, concl. Barnet ; *DA* 1995, 795 ; *Gaz. Pal.* 12 mai 1996. Dans le même sens, CE, 25 mars 1996, *Fabbro*. – CAA Nantes, 30 déc. 1996, *Chauveau : BJDU* 4-97, p. 278 et CAA Nancy, 10 déc. 1998, *Cne de Cinqueux : DA* 1999, 120). Ce dessaisissement automatique prime la nécessité de consulter l'architecte des bâtiments de France (CAA Lyon, 21 juill. 1998, *Cne de Lans-en-Vercors : BJDU* 1-99, p. 59). 3235

C. urb., art. R. 123-30 ancien. — Les dispositions des articles R. 123-31 à R. 123-33 sont applicables sur le territoire couvert par un plan d'occupation des sols à partir de la date à laquelle ce plan a été rendu public.

3236 **Opposabilité des POS.** À la différence des anciens plans d'urbanisme (D. 31 déc. 1958), les plans d'occupation des sols sont en principe opposables dès qu'ils sont rendus publics, c'est-à-dire avant même d'être approuvés. C'est ce qui explique la recevabilité du recours pour excès de pouvoir contre la décision de publication du POS.
Toutefois, ce principe comporte un double tempérament. D'une part, l'opposabilité aux tiers ne commence qu'après l'ultime mesure de publicité de la décision rendant public le POS (C. urb., art. R. 123-10), et l'écoulement du délai d'un mois après la transmission au préfet (C. urb., art. L. 123-3-2).
D'autre part et surtout, le préfet peut suspendre les effets du POS rendu public, lorsqu'il n'existe pas de schéma directeur (C. urb., art. L. 123-3-2).

C. urb., art. *R. 123-31 ancien ***(D. n° 77-736, 7 juill. 1977 ; D. n° 77-759, 7 juill. 1977 ; D. n° 86-984, 19 août 1986).*** **— Les opérations, travaux et occupations du sol mentionnés à l'article R. 123-26 (1er al.) ne peuvent être autorisés que s'ils sont compatibles avec les dispositions du plan.**

Lorsque, à la date à laquelle le plan est devenu opposable aux tiers, le délai de validité d'un sursis à statuer n'est pas encore écoulé, une décision définitive doit sur simple confirmation par l'intéressé du maintien de sa demande être prise par l'autorité administrative compétente dans les formes et délais requis en la matière.

I. – Généralités

3237 **Compatibilité et conformité.** Le premier alinéa exige la *compatibilité* avec le POS des diverses formes d'occupation du sol soumises à autorisation ; pourtant l'article L. 421-3, relatif au permis de construire, exige un rapport de *conformité.*

3238 **Confirmation d'une demande d'autorisation.** Le second alinéa, ajouté par le décret n° 77-759 du 7 juillet 1977, est relatif à la confirmation d'une demande d'autorisation faisant suite à une décision de sursis à statuer, alors que la durée de validité du sursis (2 ans) n'est pas expirée. La solution diffère de celle prévue par le dernier alinéa de l'article R. 123-29, lorsque le délai de validité du sursis est expiré.

II. – Applications jurisprudentielles

3239 **Jurisprudence en matière de contentieux de permis de conduire.** La jurisprudence relative au respect du POS, en matière de contentieux des permis de construire principalement, est pléthorique. Sa portée est souvent limitée, s'agissant de documents locaux, à la rédaction circonstancielle et parfois maladroite. Le juge administratif ne soulève pas d'office l'illégalité des rédactions du POS et ne contribue guère à établir des principes directeurs, en donnant la primauté aux textes réglementaires (C. urb., art. R. 123-16 à R. 123-24), peut-être pour éviter la critique de « recentralisation ». C'est à propos de l'affectation dominante des sols (art. 1 et 2 du règlement de zone) que certaines solutions contentieuses peuvent dépasser les cas particuliers.
Ainsi, en zone urbaine, une mosquée ne porte pas atteinte au caractère résidentiel de la zone (CE, 3 févr. 1992, *Mme Girod : Rec. CE,* T, p. 1396) un atelier de réparation auto est admis, le règlement du POS autorisant « les installations classées correspondant à la commodité des habitants de la zone » (CE, 21 sept. 1992, *Ville d'Angers*), l'accolement d'une construction à un bâtiment préexistant ne suffit pas à constituer un immeuble collectif, prohibé par le règlement (CE, 13 nov. 1992, *Cne de Nogent-sur-Marne : Rec. CE,* T, p. 1389), une salle des fêtes est admise, dès lors que le règlement ne comporte pas de prohibition absolue (CE, 5 mai 1993, *Jeanneau*).
Mais le permis de construire un vélodrome à Hyères, de 2 000 places et 6 905 m² de SHON, est illégal en zone urbaine où sont interdites les installations présentant des inconvénients pour la commodité du voisinage (CE, 18 févr. 1994, *Comité d'intérêt local de Costebelle*), de même que le permis de construire un entrepôt de stockage de produits pour alimentation de bétail (CAA Nantes, 30 déc. 1997, *Ville de Vannes : BJDU* 2-98, p. 152).

Fraude du constructeur. La fraude du constructeur ne se présume pas : sa profession ne peut écarter sa déclaration de construire pour l'habitation dans une zone où les entrepôts sont interdits (CE, 10 mai 1995, *Méliane*) ; la règle de surface minimale de terrain (art. 5 du POS) étant respectée à la date de délivrance du permis de construire, peu importe la vente ultérieure d'une partie du terrain (CE, 14 avr. 1995, *Cne de Noisy-le-Grand*). 3240

Zone NC. *En zone NC,* est légalement refusé le permis de construire un abri de jardin, non lié à l'agriculture, même s'il remplace un abri de tôle préexistant (CE, 21 janv. 1991, *Imbert*) ou la transformation d'un bâtiment agricole en logement du personnel (CE, 22 mars 1991, *Cne de Change* c/ *Mme Cosson*) ou un garage à bateaux (CE, 22 juill. 1992, *Schiltz*), ou un bâtiment pour gaver les canards, qui se rattache à l'artisanat plus qu'à l'agriculture ! (CE, 5 mai 1993, *Chereau*) ou encore le changement de destination d'un hangar, malgré leur précédente autorisation de division foncière (CE, 26 mai 1993, *Giraud*) ou un centre équestre et de loisirs (CE, 28 juill. 1993, *Rosant : Rec. CE,* T, p. 1095) ou un institut de recherches en biotechnologies et industries agroalimentaires (CAA Bordeaux, 21 sept. 1995, *Cne de Narbonne : Gaz. Pal.* 18 déc. 1996 censuré par CE, 8 avr. 1998, *Ville de Narbonne : Constr.-urb.* 1998, 318) ou l'extension d'une scierie préexistante qui n'est pas en rapport avec la transformation de produits agricoles au sens du POS (CE, 12 mai 1997, *Boutelstellfer et Cne d'Ittenheim*). 3241

Mais est admis un chenil, qui se rattache à l'agriculture et non à l'industrie (CE, 6 mars 1991, *Comte et Kuhn : Rec. CE,* p. 695 ; *D.* 1991, somm. p. 260, note Charles. – Dans le même sens, CE, 6 mai 1996, *Préfet de Seine-Maritime : Rec. CE,* T, p. 1220. – CAA Nantes, 30 déc. 1997, *Cne de Chéry : BJDU* 4-98, p. 306) ; l'habitation et la grange d'un pluriactif, qui exploite effectivement ses terres et vend sur le marché (CE, 26 mars 1991, *Cne du Blanc des Alpilles ROM* c/ *Riondel*), un complexe de loisirs avec restaurant et discothèque compte tenu du libellé du règlement (CE, 15 juin 1992, *Cne de Lesmenils et Sté Saclom*). En zone NC, la principale difficulté tient à l'appréciation de la réalité du lien de la construction avec l'agriculture, qui suscite à elle seule une abondante jurisprudence, fondée sur un faisceau d'indices et de preuves, sans qu'émerge un critère déterminant, la même présomption étant tantôt retenue et tantôt écartée (immatriculation à la MSA, surface minimum d'installation).

Un arrêt examine le compte d'exploitation pour vérifier si les serres de production priment l'activité commerciale (CE, 16 févr. 1994, *Cne de Limonest : BJDU* 4-94, p. 61, concl. Arrighi de Casanova), mais le refus de permis au motif que le propriétaire du terrain n'est pas agriculteur est une erreur de droit (CE, 3 oct. 1991, *Mouret*). De même, une construction à usage agricole (pigeonnier) ne peut être refusée, même à une association cultuelle, car le permis n'est pas délivré en considération de la personne (CE, 18 juin 1993, *Cne du Barroux* c/ *Assoc. culturelle Sainte Madeleine*). Certains POS exigent que la construction soit nécessaire à l'activité agricole (CE, 14 mai 1986, *Loberot*).

Zone ND. *En zone ND,* est interdite l'implantation d'une décharge contrôlée (CE, 4 déc. 1985, *Syndicat intercommunal de voirie du canton de Plancouet : DA* 1986, 79), un golf miniature, alors que le camping est permis dans un autre secteur (CE, 11 févr. 1991, *Bosquette : Rec. CE,* T, p. 1262), un restaurant dans une zone où sont pourtant admis les constructions et aménagements d'intérêt public nécessaires à la zone estivale et hivernale des loisirs touristiques et sportifs liés à la montagne (CE, 13 mai 1992, *Bazile et Frison et Cne de Val d'Isère : Rec. CE,* T, p. 1396. – CE, 11 mai 1994, *Midali : Rec. CE,* T, p. 1257), une guinguette (CE, 27 mai 1994, *Liégard*), le déplacement d'un immeuble existant destiné à éviter sa démolition en conséquence de l'effondrement prévisible d'une falaise (CE, 10 févr. 1992, *Cne de Saint-Aubin sur Mer* c/ *Lavoinne : Rec. CE,* T, p. 1378), la réalisation d'une piste de karting (CE, 17 janv. 1990, *Cne de Witry les Reims*). La compatibilité d'un golf avec une zone ND a donné lieu à des jugements contradictoires (sur les golfs, V. Rép. min. : *JO* Sénat 7 mars 1991, p. 467 ; *JCP* N 1991, Prat. 1950). 3242

Constructions existantes ou nouvelles. En principe, le POS s'applique aux modifications de constructions existantes comme aux constructions nouvelles (CE, 19 mars 1993, *Bouvier ;* V. aussi obs. sous art. R. 111-19), étant précisé lorsqu'un régime particulier est prévu pour les constructions existantes, qu'un bâtiment délabré n'est pas assimilable à une telle construction (CE, 17 avr. 1992, *Flaig.* – CE, 15 mai 1995, *Cne de Brain-sur-L'authon*), et que la démolition et la construction 3243

ne sont pas assimilables à l'extension (cette dernière étant permise) des constructions existantes (CE, 2 juin 1993, *Mme Holdrinet : Rec. CE,* T, p. 1094. – CE, 10 févr. 1995, *Cne de Garges-les-Gonesses*), mais peu importe que la construction existante ait été inhabitée pendant plusieurs années (CE, 13 déc. 1993, *Cne de Châteauneuf-sur-Isère*). De même, une construction séparée n'est pas une extension (CE, 27 janv. 1995, *SCI Domaine de Tournon et Ville d'Aix-en-Provence*). Cependant, même à murs inchangés, la notion d'extension de l'existant est outrepassée si la charpente et la couverture de l'ancienne construction ont disparu (CAA Lyon, 23 juin 1998, *Hirzel : BJDU* 5-98, p. 388).
Sur la notion de hauteur par rapport au sol naturel, concl. Hubert sous CE, 26 févr. 1992, *Lemée et Znamic : CJEG* 1993, p. 283. – Sur l'analyse des règles de prospect prévues au POS, voir CE, 29 juill. 1994, *Cne de Molines-en-Queyras : BJDU* 5-94, p. 54, concl. Deal. – Voir aussi CAA Lyon, 15 mars 1994, *Ville de Lyon* c/ *Cadeau : BJDU* 5-94, p. 34, concl. Richer). Sur cette question, voir aussi les solutions contradictoires, CE, 3 févr. 1995, *Cne de Saint Georges-de-Didonne.* – CE, 24 févr. 1995, *Debord : Rec. CE,* T, p. 1079 ; *DA* 1995, 319, p. 1979 ; *BJDU* 3-95, p. 222, note Touvet. – CE, 6 janv. 1995, *Cne d'Aubagne.* – CE, 27 mars 1995, *Cne de Capestang : BJDU* 2-95, p. 129, concl. Loloum ; sur la notion de « prospect sur mer », voir CE, 29 juill. 1998, *Muliva : Rec. CE* ; sur la notion de « vue droite », voir CE, 26 janv. 1994, *Ville de Rennes : BJDU* 4-94, p. 58, concl. Arrighi de Casanova. – Sur la notion de « front de voie », voir CE, 27 mai 1994, *Ville de Pornic : BJDU* 1-95, p. 44, concl. Loloum. – Sur la notion de « plancher haut » voir CE, 9 nov. 1994, *Ville de Lyon : BJDU* 1-95, p. 22, concl. Vigouroux.

3244 **Terrain d'angle.** Un terrain d'angle comporte deux bandes de constructibilité, par rapport à chacune des deux voies qu'il borde (CAA Paris, 22 sept. 1994, *Sté Marignan Immobilier et Cne d'Asnières : BJDU* 6-94, p. 8, concl. Mendras).

3245 **Silo.** Un silo est un bâtiment industriel et non un bâtiment agricole (CE, 10 juin 1992, *Cne d'Audruie*).

Bibliographie : Sur les effets des POS sur les carrières, l'article UNTERMAIER, *Les carrières, l'environnement et la loi du 4 janvier 1993 : Rev. jur. env.* 1994, p. 175. – VIDALENC, *L'emprise du droit de l'urbanisme sur les constructions existantes : Defrénois* 1993, art. 35501, p. 401. – HOCREITERE, *La reconstruction après sinistre : Droit et Ville* 1998, n° 44.

C. urb., art. R. 123-32 ancien ***(D. n° 77-736, 7 juill. 1977 ; D. n° 83-813, 9 sept. 1983 ; D. n° 86-514, 14 mars 1986).*** **— Sous réserve des dispositions de l'article L. 423-1, la construction est interdite sur les terrains, bâtis ou non, inscrits en emplacement réservé par un plan d'occupation des sols.**

La demande d'acquisition présentée par le propriétaire en application des dispositions de l'article L. 123-9 est adressée sous pli recommandé avec demande d'avis de réception postal ou déposée contre décharge à la mairie de la commune où se situe le bien. Les délais d'un an et de deux ans prévus au quatrième alinéa de l'article précité partent de la date de l'avis de réception postal ou de la décharge.

La demande précise l'identité et l'adresse du propriétaire, les éléments permettant d'identifier l'emplacement réservé, la situation et la superficie du terrain ainsi que l'identité des personnes visées au troisième alinéa de l'article L. 123-9.

Le maire transmet la demande, dans les huit jours qui suivent son dépôt, à la collectivité ou au service public bénéficiaire de la réserve.

La publicité collective prévue au troisième alinéa de l'article L. 123-9 comporte au moins un avis publié durant un mois par voie d'affichage sur le lieu ou à proximité du bien, visible de la voie publique. Cet avis est en outre inséré dans un des journaux diffusés dans le département. Il doit préciser, en caractère apparents que les personnes intéressées autres que le propriétaire, l'usufruitier, les fermiers, les locataires, ceux qui ont des droits d'emphytéose, d'habitation ou d'usage et ceux qui peuvent réclamer des servitudes sont tenues de faire connaître au bénéficiaire de la réserve dans un délai de deux mois, à compter de l'achèvement de la dernière mesure de publicité, à défaut de quoi elles seront déchues de tous droits à l'indemnité. Ces mesures de publicité sont à la charge de la collectivité ou du service public bénéficiaire de la réserve.

La mise en demeure de lever la réserve, prévue au huitième alinéa de l'article L. 123-9, est adressée par le propriétaire sous pli recommandé avec demande d'avis de réception postal, ou déposée contre décharge à la mairie de la commune où est situé le bien. Le maire transmet, dans les huit jours, cette mise en demeure accompagnée de l'avis de réception postal ou de la décharge à la collectivité ou au service public bénéficiaire de la réserve, ainsi qu'aux diverses autorités compétentes pour instruire et délivrer les autorisations et actes relatifs à l'occupation ou l'utilisation des sols. Dans le cas où un établissement public de coopération intercommunal est compétent pour l'élaboration des documents d'urbanisme, le maire transmet la mise en demeure au président de l'établissement public aux fins de mise à jour du plan d'occupation des sols.

L'acquisition d'un terrain situé en emplacement réservé peut, avec l'accord de la personne publique au bénéfice de laquelle la réserve est inscrite au plan, être réalisée par une autre personne publique, la destination de l'emplacement réservé restant inchangée.

En cas de changement de bénéficiaire d'un emplacement réservé résultant soit de la modification, soit de la révision du plan d'occupation des sols, l'ancien bénéficiaire de la réserve doit transmettre sans délai au nouveau bénéficiaire les mises en demeure d'acquérir dont il a été antérieurement saisi. L'auteur de la mise en demeure est avisé de cette transmission par ancien bénéficiaire.

Principes. Les emplacements réservés doivent simultanément présenter un caractère d'intérêt général et une fonction collective. Il ne peut donc y avoir emplacement réservé pour un office d'HLM (CE, 30 mars 1981, *Belquioud*, rappelé par Rép. min. : *JOAN* 23 mars 1987, p. 1683 ; *JCP* N 1987, Prat. 241). 3246

L'affectation prévue par un emplacement réservé s'impose strictement lors de la délivrance d'un permis de construire, même si le bénéficiaire de la réserve en a acquis la propriété (CE, 14 oct. 1991, *Assoc. « Cadre de vie des résidents de Courbevoie-Bécons » : Rec. CE*, p. 336 ; *AJDA* 1992, p. 227, note Morand-Deviller).

Le présent article fixe les modalités procédurales d'exercice du droit de délaissement prévu à l'article L. 123-9.

Avant le décret du 9 septembre 1983, c'est le préfet (et non le maire) qui était destinataire des demandes de délaissement et qui faisait connaître l'éventuelle prorogation du délai d'acquisition.

Apport du nouvel article. La nouvelle rédaction du présent article le met en harmonie avec les deux modifications de l'article L. 123-9, résultant respectivement des lois du 18 juillet 1985 et du 6 janvier 1986. 3247

Deux innovations doivent être soulignées :

– l'obligation de publicité collective, de nature à informer les tiers, par affichage sur les lieux et insertion dans la presse (le texte ne précise pas le moment de ces mesures) ;

– la dénonciation spontanée des fermiers, usufruitiers.

Application de la loi dans le temps. À notre avis, la nouvelle rédaction de l'article L. 123-9 est entrée en vigueur dès la promulgation de la loi du 6 janvier 1986, c'est-à-dire sans attendre la publication du décret du 14 mars 1986. 3248

Depuis ladite promulgation, les nouveaux délais sont applicables, mais la mise en demeure d'acquérir n'est recevable que si elle a indiqué les ayants droit énumérés au 3e alinéa de l'article L. 123-9.

Le délai résiduel pour que le bénéficiaire de la réserve fixe son attitude (1 an à compter de la réception de la mise en demeure) est suffisant pour permettre l'information des tiers dans les conditions prévues au présent article.

C. urb., art. R. 123-32-1 ancien *(D. n° 77-736, 7 juill. 1977).* — Nonobstant les dispositions réglementaires relatives à l'alignement, les alignements nouveaux des voies et places résultant du plan d'occupation des sols rendu public ou approuvé se substituent aux alignements résultant des plans généraux d'alignement applicables sur le même territoire.

3249 **Précision.** Cet article, ajouté par le décret n° 77-736 du 7 juillet 1977, vise à résoudre de manière simple d'innombrables difficultés pratiques. Sa portée est cependant incertaine.

3250 **Plan d'alignement et POS.** Le POS ne produit pas les effets généraux d'un plan d'alignement : il ne saurait donc avoir un effet attributif de propriété à l'égard de terrains non bâtis, ni imposer la servitude de reculement à l'égard des terrains bâtis. Par ailleurs, les limitations jurisprudentielles relatives au plan d'alignement nous paraissent applicables dans le cadre des POS. L'élargissement ne doit pas s'étendre trop profondément sur la propriété privée et il ne doit pas déplacer l'axe de la voie publique (par ex., CE, 3 févr. 1978, *Ville de Limoges : AJDA* 1978, p. 391).

Mais, en revanche, l'élargissement de la voie publique peut être décidé par le POS, s'il est prévu – outre la fixation de nouveaux alignements – l'institution d'emplacements réservés correspondant à l'élargissement.

L'abandon d'un ancien plan d'alignement résulte simplement du non-report au POS de la servitude correspondant à l'ancien plan. Ou encore, de nouvelles caractéristiques (par rapport aux anciens plans d'alignement) peuvent résulter de l'institution d'emplacements réservés correspondant aux caractéristiques de la voie.

Ainsi, les nouveaux alignements peuvent correspondre à une réduction d'emprise (qui ne lèse pas les riverains, et n'implique donc pas un texte législatif) ou à une augmentation d'emprise. Dans ce dernier cas, le nouvel alignement n'est pas attributif de propriété ; son fondement législatif repose sur le régime des emplacements réservés par les POS.

La délimitation par le POS d'un emplacement réservé n'étant pas un alignement nouveau, le maire doit s'en tenir à la limite de fait (CE, 12 avr. 1995, *Laflorentie : Rec. CE*, T, p. 1080 ; *DA* 1995, 430 ; *Defrénois* 1995, p. 1233, note Pérignon).

À la différence du plan d'alignement, le POS ne peut interdire les travaux d'entretien et de réparation sur les immeubles existants (CE, 30 sept. 1988, *Martres c/ Cne de Mimizan : AJDA* 1989, p. 43, concl. Moreau).

3251 **Modification du POS.** Pour l'application du présent article, il ne peut être fait une application anticipée d'une modification de POS (CE, 25 mai 1990, *Rodriguez*).

C. urb., art. R. 123-33 ancien *(D. n° 76-432, 14 mai 1976 ; D. n° 83-813, 9 sept. 1983 ; D. n° 88-199, 29 févr. 1988).* **— L'approbation du plan d'occupation des sols dispense de l'enquête préalable aux classements et déclassements de voies et places publiques communales prévus audit plan, sous réserve que celui-ci précise la catégorie dans laquelle elles doivent entrer et que lesdits classements et déclassements figurent parmi les opérations soumises à l'enquête en application de l'article R. 123-11.**

Cette dispense n'est applicable aux voiries nationale et départementale que si l'acte d'approbation est accompagné selon le cas de l'avis conforme du préfet ou du président du conseil général relatif à cet objet particulier.

3252 **Illégalité d'une déclaration d'utilité publique.** Le prononcé de l'illégalité de la déclaration d'utilité publique de travaux routiers importants pour le parti d'aménagement retenu pour l'ensemble de l'agglomération, entache d'illégalité l'ensemble du POS lorsque l'utilité publique desdits travaux a été déclarée dans l'acte approuvant le POS (CE, 2 mars 1984, *Assoc. de défense des droits des propriétaires de la commune de Sarlat-la-Canéda : Rec. CE*, T, p. 647 ; *Droit et Ville* 1984, n° 17, p. 167, concl. Genevois).

Bibliographie : J.-B. AUBY, *Modification et révision des POS : problèmes actuels : Droit et Ville* 1989, n° 27, p. 77. – GIVAUDAN, *Le casse-tête de la modification et de la révision des POS : RFDA* 1988, p. 123.

C. urb., art. R. 123-34 ancien *(D. n° 77-736, 7 juill. 1977 ; D. n° 83-813, 9 sept. 1983 ; D. n° 86-984, 19 août 1986).* **— La modification ne peut porter atteinte à l'économie générale du plan, avoir pour effet de supprimer l'emprise ou la portée d'une protection édictée en faveur des espaces boisés classés, ni comporter de graves risques de nuisances.**

L'initiative de la modification d'un plan d'occupation des sols en application du deuxième alinéa de l'article L. 123-4 appartient au maire ou au président de l'établisse-

ment public de coopération intercommunale compétent. Le projet de modification est soumis à enquête publique, dans les formes définies à l'article R. 123-11, par le maire ou, le cas échéant, par le président de l'établissement public de coopération intercommunale. Le plan modifié est approuvé par délibération du conseil municipal ou le cas échéant de l'organe délibérant de l'établissement public.

L'acte approuvant la modification du plan devient exécutoire dans les conditions prévues à l'article R. 123-10.

Le plan d'occupation des sols modifié est mis à la disposition du public dans les conditions prévues à l'article R. 123-14.

I. – Généralités

Circulaire du 28 décembre 1977. La notion de modification, antérieure au décret du 9 septembre 1983, paraît demeurer valable, ce qui permet de citer la Circulaire du 29 décembre 1977 : la modification n'est ni ordonnée, ni rendue publique, car la procédure tendant à des changements partiels, mineurs et connus d'avance, est abrégée et ne donne pas lieu à des mesures de sauvegarde (Circ. préc., n° 2.1 et n° 1.2.1.). 3253

À titre indicatif, la Circulaire précitée (n° 1.2.2) cite des exemples de transformations échappant à la procédure de modification, car elles changeraient l'économie générale du plan (suppression ou adjonction d'emplacements réservés importants par leur destination ou leur superficie, transformation radicale du type d'urbanisation, transformation des zones NA ou NB en zones NC ou ND ou situation inverse). En revanche, de simples ajustements de zonage ou de règlement peuvent résulter de la procédure de modification, de même que le passage d'une zone NA à caractère alternatif à une zone NA inconstructible. À notre avis, la réciproque est vraie sous réserve de la concertation prévue par la loi du 18 juillet 1985.

Voir aussi : C. urb., art. L. 300-2, p. 215. La circulaire du 17 juillet 1984 ne fait que confirmer les orientations du texte de 1977 auquel elle se réfère expressément. – Comm. précédant C. urb., art. R. 123-34, p. 535.

Suppression ou réduction d'un emplacement réservé. La suppression ou la réduction d'un emplacement réservé peut relever, compte tenu des circonstances, soit d'une procédure de révision (s'il y a remise en cause de l'économie générale du POS ou graves risques de nuisances), soit de la procédure de modification du POS. Dans ce dernier cas, la dispense d'enquête publique, introduite par la loi du 23 décembre 1986 (art. L. 123-4, 3e al.) suppose la réunion de trois conditions : la modification doit seulement concerner la suppression ou la réduction de l'emplacement réservé, sans changement de règles dans la zone considérée, le bénéficiaire de l'emplacement réservé doit être la commune ou un établissement public intercommunal, et les terrains ne doivent pas avoir été acquis précédemment par la commune ou toute autre personne agissant pour son compte (Rép. min. : *JOAN* 1er juin 1987, p. 3202 ; *JCP* N 1987, Prat. 303). 3254

II. – Applications jurisprudentielles

Modifications jugées légales. La modification a été à juste titre utilisée pour transformer une zone NC en zone ND en vue de permettre l'installation d'un terrain de camping (CE, 19 oct. 1982, *Cne de Roumare*) ou pour fusionner deux zones à COS 0,15 et 0,65 en une zone unique à COS 0,35 (CE, 10 oct. 1990, *Arnaud*) ou pour un faible changement (CE, 31 oct. 1990, *Assoc. les amis de Saint-Gervais*), ou pour la réduction d'un espace vert de 21 000 m^2 à 15 000 m^2 (CE, 8 janv. 1993, *Assoc. des Riverains du Front de Seine Parc de Passy*), pour la suppression dans trois zones constructibles, de la limitation de hauteur à l'égout du toit et de la suppression de la limitation du nombre de niveaux sur l'ensemble des zones constructibles sans que soit apporté de changement à la hauteur totale des constructions à l'exception d'une partie réduite de ces zones (CE, 24 janv. 1994, *Cne de Lège Cap Ferret : Rec. CE*, T, p. 1232), pour la transformation d'une zone NA en NA f avec une zone de loisirs (CE, 10 mars 1995, *Cne de Septième les Vallons*) ou pour la réduction d'une zone UC au profit d'une zone NA (CE, 9 févr. 1996, *Cne de Gisors*), ou pour la construction d'une salle polyva- 3255 lente, entraînant le classement de 5 000 m² de zone NC en zone constructible, dans une commune de 410 hectares (CE, 10 mai 1996, *Synd. de défense des AOC Muscadet*), pour créer un parking et une voie de contournement (CE, 10 juill. 1996, *Gruss*, confirmant CE, 5 juill. 1995, *Chaigne : Rec. CE*, p. 284), pour augmenter de façon importante le COS sur 21 hectares (CE, 10 févr. 1997, *Vidal*), pour permettre l'installation d'une usine, par classement favorable de 1 % du territoire communal (CE, 12 mai 1997, *Assoc. pour la sauvegarde du site et de l'environnement de Vigoulet-Auzil*, pour l'extension d'une zone industrielle sur une zone UB et NC, pour 3 300 m², avec une emprise portée de 0,5 à 0,7 (CE, 4 févr. 1998, *Assoc. de défense de l'environnement de Dinsheim : BJDU* 2-98, p. 157).

3256 **Modifications jugées illégales.** La procédure de modification est illégale, compte tenu de l'atteinte à l'économie générale du POS, pour autoriser un golf en zone NC et non plus seulement des travaux agricoles ou déclarés d'utilité publique (CE, 20 juin 1990, *Fédération française de golf* c/ *Cne de Châteaufort : DA* 1990, 420), pour le doublement de la surface de l'unique zone industrielle de la commune, au détriment de zones urbaines (TA Nantes, 6 juill. 1989, *Lenormand : Gaz. Pal.* 1990, 1, somm. 149), pour une augmentation du COS antérieurement fixé à 0,3, sur une surface de 20 hectares, à 0,4 pour les constructions à usage d'habitation, à 0,6 pour les constructions à usage d'hôtel et les HLM, à 0,8 pour les commerces (CE, 29 juill. 1994, *Cne de Quiberon : BJDU* 6-94, p. 17, concl. Lasvignes), pour le passage de 10 hectares de zone NC en NA (CE, 31 juill. 1996, *Rialland*), pour autoriser une décharge publique et une carrière de 18 hectares (CE, 7 janv. 1991, *Cne de la Rochefoucauld* c/ *SA Sochater : Rec. CE*, p. 4), pour localiser une voie nouvelle dans un terrain boisé classé (CE, 11 mars 1991, *Péand*), pour permettre la construction dans une zone ND à risques (CE, 21 juin 1991, *Mme Chantillon*), pour porter de 7 à 11 hectares une zone industrielle, précédemment classée NC (CAA Lyon, 17 oct. 1991, *Préfet du Rhône* c/ *Cne de Les Chères : RD imm.* 1992, p. 310) ou pour introduire des installations classées liées à l'activité agricole en zone NC (CE, 2 déc. 1991, *Cne de la chaussée – Tirancourt : DA* 1992, 61), en raison de graves risques de nuisances, pour permettre un secteur ULM et hôtellerie (NDC) dans une zone ND résultant d'une ZNIEFF (TA Nantes, 1er avr. 1993, *Bouyer : Gaz. Pal.* 20 avr. 1994) ou une carrière de 5 ha à 500 mètres d'habitations (CE, 5 juill. 1995, *Cne de Vihiers*).

L'accroissement sensible de la zone NC pour renforcer les espaces inconstructibles autour d'une ZAC a été considéré comme attentoire à l'économie générale du plan (CE, 1er juin 1984, *Assoc. de défense des propriétaires de Saint-Gervais et autres*). De même, la procédure de révision s'impose pour décider du changement d'implantation d'un grand ouvrage public (TA Strasbourg, 17 avr. 1986 : *Gaz. Pal.* 1986, somm., p. 495) ou pour implanter en zone ND une usine de traitement de déchets, ce qui comporte de graves risques de nuisances (TA Limoges, 2 févr. 1989, *Assoc. de défense de Guéret Sud-Ouest* c/ *Cne de Guéret : Rev. jur. env.* 1989, p. 197, concl. Foucher), ou pour permettre l'implantation d'un supermarché (CE, 6 févr. 1998, *Mme Falcy : BJDU* 1-98, p. 42, concl. Touvet. – CE, 6 févr. 1998, *Assoc. des commerçants de Fayence : Constr.-urb.* 1998, 238).

III. – Autres cas d'annulations

3257 **Exemples d'annulations.** Est annulée la modification d'un POS destinée à paralyser une construction à laquelle la commune s'oppose de longue date, par l'institution d'un emplacement réservé qui n'est justifié par aucun motif d'urbanisme. La commune est condamnée à l'amende pour recours abusif (CE, 11 déc. 1985, *Cne de Ferney-Voltaire*).

Est également déclarée illégale, la modification portant sur 17 points secondaires et ayant en réalité pour objet de consolider le permis de construire attaqué (CE, 6 déc. 1996, *Batifoulier*) ou bien, la modification qui n'a pour but que de rendre constructibles des parcelles précédemment inconstructibles (CE, 12 févr. 1997, *Isfin*).

De même, le détournement de pouvoir est retenu en cas de modification pour régulariser une construction dont le permis de construire a été précédemment annulé (CE, 22 avr. 1992, *Cne de Saint-Germain les Belles*. – Dans le même sens, CE, 7 avr. 1999, *Assoc. Noisy Qualité de vie*).

La modification est annulée, faute d'indication de l'évolution des diverses zones par le rapport de présentation (art. R. 123-17, *in fine*), dans plusieurs cas (TA Grenoble, 1er avr. 1992, *Assoc. pour la protection de l'environnement collongeois : Gaz. Pal.* 1992, 2, pan. adm. p. 191. – CE, 1er avr. 1992, *Cne de Bullion*. – CE, 8 janv. 1993, *Cne de Nogent-sur-Marne : DA* 1993, 99), mais l'exposé des motifs de la délibération vaut rapport de présentation s'il est complet (CE, 8 janv. 1993, *Assoc. des riverains du Front de Seine Parc de Passy*).

En outre, il suffit que le rapport de présentation indique la nouvelle surface de chaque zone (CE, 30 oct. 1995, *Assoc. du cadre de vie des Brugérois : BJDU* 5-95, p. 375, concl. Arrighi de Casanova).

Est entaché d'erreur manifeste, le refus de modifier le POS, alors que la commune a précédemment refusé l'acquisition d'un emplacement réservé devenu inutile (CE, 6 oct. 1995, *Sécher : Rec. CE*, T, p. 1076 ; *DA* 1995, 797).

La modification du POS de Lyon est annulée alors qu'il n'y a pas atteinte à l'économie générale du plan, pour un motif de pure forme : la délibération la décrivant est inexactement rapportée (CE, 19 mai 1993, *Communauté urbaine de Lyon : Rec. CE*, T, p. 347).

IV. – Particularités procédurales et effets de l'annulation

Procédure. Le Conseil d'État admet la recevabilité d'un recours dirigé contre le refus de modifier le POS (CE, 30 janv. 1991, *Mme Regien*), mais une commune peut, pour un motif d'opportunité, renoncer à une modification malgré la demande pressante d'une entreprise et un avis très favorable du commissaire-enquêteur (TA Versailles, 9 nov. 1993, *Sté REOSC c/ Cne de Ballainvilliers : Gaz. Pal.* 23 oct. 1994). 3258

La délibération approuvant le projet de modification du POS est un acte préparatoire qui ne peut être attaqué (CE, 12 mai 1997, *Mathonnet*).

Effet de l'annulation. L'annulation de la modification entraîne l'application du POS antérieur (CE, 3 juill. 1992, *Cne de Ridiesheim et Sté Les Glycines : Rec. CE*, T, p. 279 ; *DA* 1992, 399 ; *AJDA* 1993, p. 71, note Jacquot. – CE, 29 juill. 1994, *Brugier : BJDU* 5-94, p. 19, concl. Lasvignes ; *AJDA* 1994, p. 921, note Debouy). 3259

Voir aussi : Sur le renforcement de la participation des administrés introduit par la loi du 18 juillet 1985, obs. sous C. urb., art. R. 123-35, p. 535 ; en ce qui concerne les modifications du plan arrêté, ou rendu public, mais non encore approuvé, annotations sous C. urb., art. R. 123-10, p. 526 et C. urb., art. R. 123-12, p. 528.

C. urb., art. R. 123-35 ancien *(D. n° 77-736, 7 juill. 1977 ; D. n° 83-813, 9 sept. 1983 ; D. n° 86-984, 19 août 1986 ; D. n° 88-199, 29 févr. 1988 ; D. n° 98-913, 12 oct. 1998).* — I. – La révision de tout ou partie d'un plan d'occupation des sols par application du premier alinéa de l'article L. 123-4 a lieu dans les conditions définies aux articles R. 123-3 à R. 123-9.

Lorsque les avis ou accords mentionnés à l'article R. 123-9 ont été recueillis ou sont réputés acquis, le projet de plan, éventuellement modifié par le conseil municipal pour tenir compte de ces avis et des propositions éventuelles de la commission de conciliation, et comportant en annexe les éléments visés au deuxième alinéa de l'article R. 123-10 est soumis à enquête publique par le maire dans les formes définies à l'article R. 123-11.

Ce projet de plan est ensuite éventuellement modifié dans les conditions définies au premier alinéa de l'article R. 123-12 puis approuvé conformément au deuxième alinéa de ce même article.

Le projet de plan peut être soumis à enquête publique pour une partie seulement du territoire qu'il concerne puis approuvé pour cette partie.

Le plan approuvé est tenu à la disposition du public à la mairie, ou, le cas échéant, au siège de l'établissement public de coopération intercommunale compétent et dans les mairies des communes membres concernées, ainsi, dans tous les cas, qu'à la préfecture.

Les lieux où le plan d'occupation des sols approuvé peut être consulté font l'objet des mesures de publicité mentionnées au deuxième alinéa de l'article R. 123-14.

II. – Il peut être fait une application anticipée des dispositions du plan d'occupation des sols en cours de révision dans le respect des règles prévues aux *a, b, c* du quatrième alinéa de l'article L. 123-4, dès lors, que ces dispositions :

1° Ont fait l'objet d'études suffisamment avancées en ce qui concerne les perspectives d'évolution des territoires intéressés, l'affectation des sols ainsi que les règles qui leur sont applicables ;

2° Ont été élaborées en association avec les services de l'État et les personnes publiques associées à la révision du plan d'occupation des sols ;

3° Ont été mises en forme dans les documents prescrits à l'article R. 123-16 et adoptées par délibération du conseil municipal.

Cette délibération accompagnée de ces dispositions, est transmise par le maire au préfet et aux personnes publiques autres que l'État associées à la révision du plan d'occupation des sols.

La délibération fait l'objet pendant un mois d'un affichage en mairie ou au siège de l'établissement public de coopération intercommunale compétent et dans les mairies des communes membres concernées. Les dispositions qu'elle a adoptées sont tenues à la disposition du public dans les conditions prévues au cinquième alinéa ci-dessus. Mention de la délibération et des lieux où le dossier peut être consulté est insérée dans deux journaux diffusés dans le département.

Le délai de six mois pendant lequel la délibération demeure en vigueur en application du dernier alinéa de l'article L. 123-4 court à compter de la date à laquelle cette délibération est devenue exécutoire.

I. – Généralités

3260 **Précision.** Le nouvel article L. 300-2 prévoit l'instauration d'une concertation accrue associant les habitants de la commune, les associations locales et toute personne concernée pendant toute la procédure de modification ou de révision du POS visant à ouvrir à l'urbanisation tout ou partie d'une zone d'urbanisation future. On doit se demander si, en pareil cas, le recours à une simple modification est bien opportun. Cette « concertation » n'est nullement réglementée et sera laissée à la discrétion des communes. Au surplus, il n'est pas sûr qu'il s'agisse d'une formalité substantielle.

Voir aussi : C. urb., art. L. 300-2, al. 5, p. 215.

3261 **Principe.** La procédure de révision est utilisée si des études doivent être longues, ou si elles sont susceptibles de porter atteinte à l'économie générale du POS ou aux espaces boisés, en cas de graves risques de nuisance, ou encore s'il est nécessaire d'opposer des mesures de sauvegarde.

3262 **Modification et révision simultanées.** La circulaire du 17 juillet 1984 admet avec prudence l'utilisation simultanée de la modification et de la révision, ce qui permet de disposer des mesures de sauvegarde propres à cette dernière procédure.

3263 **Demande en révision le jour de l'approbation du POS.** Bien qu'une telle pratique ait fait l'objet de nombreuses critiques, le Conseil d'État a admis la légalité d'une mise en révision le jour de l'approbation du POS, ce qui permet d'éviter que le POS rendu public ne cesse d'être opposable (CE, 6 mai 1983, *Assoc. Saint-Gilloise « progrès et avenir »*, req. n° 26004). En opportunité, cette pratique devrait, à notre avis, être évitée d'autant que la jurisprudence évoluera sans doute sur ce point (V. dans le même sens, la critique doctrinale de J.-B. Auby, colloque ADEF sur la « règle et l'urbanisme ») et le souhait du Conseil d'État de voir évitées les mises en révision du POS moins de trois ans après leur approbation (« *L'urbanisme : pour un droit plus efficace* », rapport du Conseil d'État, La documentation française, 1992).

Voir aussi : Comm. précédant C. urb., art. R. 123-34, p. 535.

II. – Procédure de révision

3264 **Moyens de recours.** Selon un tribunal administratif, un recours contre la révision du POS ne peut invoquer des moyens relatifs au POS primitif, non concernés par la révision en cause (TA

Nice, 4 juill. 1991, *Michaud-Jeannin : JCP* N 1993, II, p. 8). Cette solution est confirmée par le Conseil d'État (CE, 14 avr. 1995, *Mme Michaud-Jeannin et autres : Rec. CE*, T, p. 1075. – CE, 22 juill. 1994, *Assaupamar : BJDU* 5-94, p. 84, concl. Loloum).

Détournement de pouvoir. La révision d'un POS peut être annulée, pour détournement de pouvoir (TA Amiens, 22 janv. 1992, *Assoc. pour la sauvegarde de l'Angicourt* c/ *Cne de l'Angicourt : Gaz. Pal.* 1992, 2, pan. adm. p. 119. – CE, 19 mars 1993, *SA Leigniel et Cie et Cne de Brunstatt*, dans le cas d'une révision qui n'a d'autre objet que de permettre un lotissement, ce qui n'est pas d'intérêt général. – CE, 24 févr. 1995, *Mme Bernon : Rec. CE*, T, p. 1077). 3265

En revanche, la révision inspirée par le souci de permettre dans l'intérêt général, l'extension d'un établissement industriel, est fondée sur un motif d'urbanisme (CE, 25 mars 1994, *Lenormand et Pillioux : BJDU* 5-94, p. 10, concl. Scanvic), ou encore est légale, la révision dont le but est de tenir compte de l'ensemble des évolutions démographiques, économiques et urbaines et non de régulariser un permis de construire annulé (CE, 28 févr. 1997, *Motte*).

De même, est légale la révision qui ne comporte pas de réduction grave des terres agricoles, malgré un avis négatif de la chambre d'agriculture (CE, 4 déc. 1995, *Chambre d'agriculture de la Mayenne : Rec. CE*, T, p. 1076 ; *DA* 1996, 53, note D. P.).

Voir aussi : Sur la consultation des organismes agricoles, renforcée par le décret du 12 octobre 1998, obs. sous C. urb., art. R. 123-9, p. 525.

Ajout de modifications. La révision est annulée, si des modifications, même peu importantes, sont ajoutées après l'enquête publique, alors qu'elles ne résultent pas de cette dernière (CE, 28 juill. 1993, *Sté immobilière arlésienne Saint-Éloi*). 3266

Comparaison insuffisante du rapport. La révision est annulée, si le rapport de présentation établit une comparaison insuffisante entre l'ancien et le nouveau POS (CE, 30 janv. 1995, *Cne d'Orsay : BJDU* 1-95, p. 26, concl. Fratacci ; *DA* 1995, 318), ou s'il n'analyse pas les incidences sur le site du nouveau zonage (TA Melun, 2 juill. 1998, *Assoc. de défense de l'environnement de Marolles en Brie : Mon. TP* 9 oct. 1998). 3267

En revanche, la révision est légale si le rapport de présentation indique seulement la nouvelle surface de chaque zone (CE, 30 oct. 1995, *Assoc. le cadre de vie des Brugérois : BJDU* 5-95, p. 375, concl. Arrighi de Casanova).

Voir aussi : Sur l'insuffisance du rapport de présentation en présence de l'extension d'une usine et de la création de 4 nouvelles zones d'activités, CE, 5 févr. 1997, *Cne de Roquevaire : Rec. CE*, T, p. 1117 ; *BJDU* 2-97, p. 100, concl. Delarue.

Autres applications. Si la révision du POS est arrêtée à deux reprises, et s'il y a des options nouvelles, les consultations des personnes publiques associées doivent être renouvelées (CE, 31 mai 1995, *SA Plâtres Lambert Productions*). 3268

Après l'annulation d'une révision, quelle qu'en soit l'ampleur, la commune est dépourvue de POS et la procédure d'établissement initial est applicable ; la concertation au titre de l'article L. 300-2 est donc inapplicable (CE, 31 mars 1995, *Cne de Saint-Bon-Tarentaise : Rec. CE*, p. 144 ; *BJDU* 3-95, p. 238, concl. Bonichot).

Il est possible d'attaquer la mise en application anticipée et la délibération arrêtant le POS, mais non la délibération arrêtant le projet de révision du POS (TA Nice, 25 oct. 1996, *Assoc. information et défense de Cannes* c/ *Cne de Cannes : BJDU* 5-96, concl. Poujade).

III. – Application par anticipation

Principe. Les dispositions du II du présent article précisent de manière plus claire que dans le régime antérieur à la loi du 22 juillet 1983, les conditions requises pour l'application par anticipation du nouveau POS (Circ. 27 avr. 1987 : *Mon. TP* 22 mai 1987). 3269

L'application anticipée est plus extensive que l'ancienne « dérogation-anticipation » que la loi du 22 juillet 1983 avait interdite. En effet, elle peut être favorable aux constructeurs (comme l'ancienne « dérogation-anticipation »), mais elle peut aussi leur être défavorable.

Bien que la loi ne le précise pas, il semble que les dispositions du nouvel article L. 123-4 ne soient entrées en vigueur qu'avec la publication du décret n° 87-283 du 22 avril 1987.

Voir aussi : Sur la publication par voie de presse, annotations sous C. urb., art. R. 123-3, p. 524.

3270 **Application anticipée légale.** Est légale l'application anticipée permettant la construction d'un centre commercial (CE, 10 nov. 1993, *GIE Le Marmont : DA* 1993, n° 591).
De même, l'application anticipée est légale avant enquête publique et peut n'être que partielle (CE, 20 oct. 1995, *Cne de Nohanent : DA* 1995, 798).
Elle est en revanche illégale si elle permet le passage de zones NC et ND en NA (CE, 20 déc. 1995, *Cne de Kayserberg*).

3271 **Effet de l'application anticipée.** En cas d'application anticipée du POS, le conseil municipal peut modifier le contenu du plan sans attendre l'expiration du délai de six mois (TA Nice, 29 mars 1990, *Préfet des Alpes-Maritimes* c/ *Ville de Nice*).

3272 **Application anticipée illégale.** Le risque de nuisances résultant de l'implantation d'une usine d'incinération d'ordures ménagères rend illégale l'application anticipée d'une révision du POS (CE, 7 janv. 1991, *Cne de La Rochefoucauld : Rec. CE*, p. 4), comme le risque de nuisance résultant d'une augmentation du COS de 0,65 à 1 dans un site urbain classé (CE, 3 juin 1994, *Cne de Saint-Jean-Cap-Ferrat : BJDU* 4-94, concl. Dael).

Voir aussi : Sur les effets de l'annulation d'une délibération d'application anticipée, CE, 29 juill. 1994, *Bruguier : AJDA* 1994, p. 921, note Debouy ; *BJDU* 5-94, p. 23, concl. Lasvignes.

3273 **Annulation d'une application anticipée.** Une délibération prescrivant l'application anticipée est annulée, les documents graphiques et le règlement n'ayant pas encore été adoptés par le conseil municipal (CE, 11 mars 1992, *Assoc. pour la protection de la nature et de l'environnement à Lévis Saint Nom : DA* 1992, 274).

C. urb., art. R. 123-35-1 ancien ***(D. n° 83-813, 9 sept. 1983 ; D. n° 85-452, 23 avr. 1985 ; D. n° 87-885, 30 oct. 1987 ; D. n° 88-199, 29 févr. 1988 ; D. n° 98-913, 12 oct. 1998).*** **— Lorsqu'elle est prescrite en application des deux premiers alinéas de l'article L. 123-7-1 par le préfet, la modification ou la révision d'un plan d'occupation des sols approuvé a lieu suivant les modalités ci-après définies.**

Le préfet met en demeure, par arrêté, le maire de modifier ou de réviser le plan d'occupation des sols dans les conditions définies selon les cas aux articles R. 123-34 ou R. 123-35.

Lorsque cette mise en demeure a pour objet de permettre la réalisation d'un nouveau projet d'intérêt général, elle est accompagnée de la communication prévue au deuxième alinéa de l'article R. 123-9.

La modification ou la révision du plan d'occupation des sols approuvé peut, selon le cas, être prononcée à l'initiative du préfet ou prescrite par ce dernier si, dans un délai d'un mois à compter de la notification de l'arrêté prévu au deuxième alinéa, la commune ne lui a pas fait connaître qu'elle entendait opérer la révision ou la modification du plan d'occupation des sols ou si, dans un délai de six mois à compter de cette même notification, la modification ou la révision engagée par la commune n'a pas été approuvée. L'arrêté du préfet est publié au recueil des actes administratifs de la préfecture. Mention en est insérée en caractères apparents dans deux journaux diffusés dans le département.

Lorsque le projet comporte une réduction grave des terres agricoles, il est soumis pour avis à la commission départementale d'orientation de l'agriculture et à la chambre d'agriculture en application de l'article L. 112-3 du Code rural. Leur avis est réputé favorable faute de réponse dans un délai d'un mois.

Le projet de modification ou de révision élaboré par le préfet, éventuellement modifié pour tenir compte, le cas échéant, des avis recueillis est soumis par ce dernier à une enquête publique dans les formes prévues à l'article R. 123-11, le préfet étant toutefois substitué au maire pour l'application de cet article.

Ce projet, accompagné des conclusions du commissaire enquêteur ou de la commission d'enquête ainsi que du rapport du service de l'État chargé de conduire l'instruction, est soumis ensuite par le préfet au conseil municipal qui doit se prononcer dans un délai de deux mois. La délibération du conseil municipal est réputée favorable si elle n'est pas intervenue dans ce délai.

Lorsque l'avis mentionné à l'alinéa précédent a été recueilli ou est réputé acquis, la modification ou la révision du plan d'occupation des sols, tenant éventuellement compte des résultats de l'enquête et de cet avis, est approuvée par arrêté du préfet. Cet arrêté fait l'objet des mesures de publicité et d'information du public fixées au quatrième alinéa du présent article et à l'article R. 123-14.

Remarque. À respecter la lettre de l'article L. 300-2, il ne semble pas que la procédure de concertation doive être mise en place lorsque la modification ou la révision est conduite par le préfet. 3274

Modification du DUP. En cas de modification par DUP, une communauté urbaine doit être consultée, mais non chacun des conseils municipaux (CE, Ass., 8 juill. 1994, *Tête : DA* 1994, 567). 3275

Voir aussi : Sur la consultation des organismes agricoles, renforcée par le décret du 12 octobre 1998, obs. sous C. urb., art. R. 123-9, p. 525.

C. urb., art. R. 123-35-1-1 ancien ***(D. n° 87-885, 30 oct. 1987 ; D. n° 88-199, 29 févr. 1988).*** **— Lorsqu'en application du troisième alinéa de l'article L. 123-7-1 le préfet rend publiques de nouvelles dispositions d'un plan d'occupation des sols pour permettre la réalisation d'un nouveau projet d'intérêt général, cet arrêté fait l'objet des mesures de publicité et d'information du public fixées au quatrième alinéa de l'article R. 123-35-1 et à l'article R. 123-14.**

Précision. Le présent article a été pris pour l'application de la loi du 22 juillet 1987 (C. urb., art. L. 123-7-1) destinée à accélérer l'insertion dans le POS de nouveaux projets d'intérêt général, motivés par les risques technologiques majeurs. 3276

C. urb., art. R. 123-35-2 ancien ***(D. n° 83-813, 9 sept. 1983).*** **— Pendant la période de modification ou de révision du plan d'occupation des sols qui court de la date de publication de la délibération ou de l'arrêté prescrivant la modification ou la révision jusqu'à la date à laquelle le plan modifié ou révisé est approuvé, le plan d'occupation des sols demeure en vigueur.**

Précision. Les dispositions du présent article doivent désormais être nuancées par la réintroduction de la procédure d'application anticipée par la loi du 23 décembre 1986. 3277

Voir aussi : C. urb., art. L. 123-4, p. 63 et C. urb., art. R. 123-35, p. 535.

C. urb., art. R. 123-35-3 ancien ***(D. n° 85-452, 23 avr. 1985 ; D. n° 86-984, 19 août 1986 ; D. n° 88-199, 29 févr. 1988 ; D. n° 96-717, 9 août 1996 ; D. n° 98-913, 12 oct. 1998).*** **— Lorsque l'utilité publique d'une opération doit être déclarée dans les conditions prévues à l'article L. 123-8, la mise en compatibilité du plan d'occupation des sols est effectuée selon les modalités ci-après.**

Le préfet informe de la nature de l'opération et de ses implications sur le plan d'occupation des sols, le maire ou le président de l'établissement public de coopération intercommunale, ainsi que les présidents du conseil régional, du conseil général et des organismes consulaires. Il informe également, le cas échéant, les présidents des sections régionales de la conchyliculture et, lorsque tout ou partie du territoire concerné par le plan d'occupation des sols est situé dans un parc national ou sa zone périphérique compris dans un massif de montagne, le directeur de l'établissement public de ce parc. Lorsqu'il en fait la demande au préfet, le président d'une association mentionnée à l'article L. 121-8 ou le président d'un organisme de gestion d'un parc naturel régional est consulté dans les conditions prévues au dernier alinéa de l'article R. 123-9.

Lorsque le projet comporte une réduction grave des terres agricoles, il est soumis pour avis à la commission départementale d'orientation de l'agriculture et à la chambre d'agriculture en application de l'article L. 112-3 du Code rural. Leur avis est réputé favorable faute de réponse dans un délai d'un mois.

Simultanément, le préfet ouvre, par arrêté, l'enquête publique portant à la fois sur l'utilité publique de l'opération et sur la mise en comptabilité du POS. Cette enquête s'ouvre et s'effectue conformément aux dispositions des articles R. 11-14-1 et suivants du Code de l'expropriation pour cause d'utilité publique ou des textes prévoyant une procédure propre d'enquête préalable à la déclaration d'utilité publique régie par la loi du 12 juillet 1983.

Après la remise des conclusions de l'enquête par le commissaire-enquêteur ou le président de la commission d'enquête, le préfet réunit, pour examiner le projet de mise en comptabilité du POS, les personnes mentionnées au deuxième alinéa du présent article, ou leurs représentants, ainsi que les services de l'État intéressés.

Le dossier de mise en compatibilité du POS, le rapport et les conclusions du commissaire enquêteur ou de la commission d'enquête, ainsi que le procès-verbal de la réunion prévue à l'alinéa précédent sont soumis, pour avis, par le préfet au conseil municipal ou à l'organe délibérant de l'établissement public de coopération intercommunale, qui doit se prononcer dans un délai de deux mois. S'il n'est pas intervenu dans ce délai, l'avis est réputé donné.

Lorsqu'une déclaration d'utilité publique qui emporte approbation des nouvelles dispositions du plan d'occupation des sols ne relève pas de la compétence du préfet, elle est enregistrée ou cosignée par le ministre chargé de l'urbanisme.

3278 **Procédure spécifique.** Bien que la déclaration d'utilité publique d'une opération incompatible avec le POS doive toujours être combinée avec la modification du plan d'urbanisme, une procédure spécifique doit être utilisée qui s'inspire assez largement de la révision en ce que sont associés non seulement les services de l'État, mais également les personnes morales visées à l'article R. 123-6. Deux particularités conséquentes doivent cependant être relevées : d'une part, la procédure est conduite à la diligence du préfet, le conseil municipal n'intervenant que pour avis ; d'autre part, la phase d'élaboration associée se situe après l'enquête publique.

3279 **Entrée en vigueur.** Les dispositions du présent article dans sa rédaction du 23 avr. 1985 étaient entrées en vigueur le 1er octobre 1985.
Les enquêtes dont l'arrêté prescriptif a été pris antérieurement à cette date sont poursuivies selon la procédure antérieure.
Cette solution est transposable après la nouvelle modification du présent article par le décret du 19 août 1986, dont l'entrée en vigueur a été fixée au 1er septembre 1986 (Circ. n° 87-23, 25 févr. 1987).

3280 **Légalité du décret.** Le Conseil d'État a admis la légalité du décret dont est issu le présent article, qui a supprimé l'initiative communale (CE, 14 oct. 1992, *Assoc. Lindenkuppel : Rec. CE*, T, p. 1031 et 1378).

3281 **DUP et POS.** Il n'y a pas incompatibilité d'une DUP avec le POS, dès lors que la route prévue passe en tunnel sous la zone ND (CE, 23 sept. 1991, *Fournier et Assoc. de sauvegarde des sites d'Eze : Rec. CE*, T, p. 978).
La DUP fondant la modification du POS n'est pas soumise aux formalités de publicité du POS (CE, 23 juill. 1993, *Assoc. de défense des propriétés foncières et pour la protection de l'environnement de la Flotte en Ré : DA* 1993, n° 543. – TA Versailles, 3 mai 1994, *Assoc. de défense des amis de Saint-Fargeau-Ponthierry* c/ *Préfet de Seine-et-Marne : Gaz. Pal.* 25 déc. 1994).

3282 **Classement de site.** Un classement de site est possible sans mise en compatibilité du POS (CE, 16 nov. 1998, *Ferly : Rec. CE*).

Voir aussi : Sur la consultation des organismes agricoles, renforcée par le décret du 12 octobre 1998, obs. sous C. urb., art. R. 123-9, p. 525. – Circ. n° 87-64, 21 juill. 1987 ; Concl. Schrameck sous CE, 23 déc. 1987, *Centre national d'ophtalmologie des Quinze-Vingts : RFDA* 1988, p. 965.

C. urb., art. R. 123-36 ancien *(D. n° 76-277, 29 mars 1976 ; D. n° 77-736, 7 juill. 1977 ; D. n° 83-813, 9 sept. 1983 ; D. n° 86-514, 14 mars 1986 ; D. n° 86-516, 14 mars 1986 ; D. n° 86-984, 19 août 1986 ; D. n° 88-199, 29 févr. 1988)*.— Le plan d'occupation des sols est mis à jour dans les conditions définies au présent article.

La mise à jour est le report au plan :

***a)* Des périmètres et des zones mentionnées à l'article R. 123-19 (1° et 2°) ;**

***b)* Des modifications résultant d'une déclaration d'utilité publique prononcée en application de l'article L. 123-8 ;**

***c)* Des servitudes d'utilité publique mentionnées à l'article L. 126-1 ou instituées ou modifiées postérieurement à la date à laquelle le plan a été rendu public ou approuvé ;**

***d)* De la liste des lotissements devant être annexés au plan d'occupation des sols en application de l'article R. 123-24 (6°).**

Un arrêté du maire ou du président de l'établissement public de coopération intercommunale compétent constate dans chaque cas qu'il a été procédé à la mise à jour du plan.

Dans les cas visés au c) de l'alinéa précédent, si cette formalité n'a pas été effectuée dans le délai de trois mois suivant la notification par le préfet à la commune, le préfet y procède d'office par arrêté.

Précision. Le *d)* du présent article a été ajouté par le décret du 14 mars 1986. 3283

Forme de la mise à jour du POS. Il existe d'autres formes de mise à jour du POS : incorporation, après l'achèvement d'une zone opérationnelle, des dispositions d'urbanisme qui la régissaient (C. urb., art. L. 123-11, L. 123-12 et R. 123-23), DUP incompatible avec le POS (C. urb., art. L. 123-8), mise en demeure de lever un emplacement réservé (art. L. 123-9), autorisation de construire sur une partie d'un terrain boisé classé (L. 130-2, al. 2), publication d'un PAZ (C. urb., art. R. 311-11) ou d'un plan de sauvegarde et de mise en valeur (C. urb., art. R. 313-7). 3284

Publicité de l'arrêté. L'arrêté constatant la mise à jour ou la prononçant d'office fait l'objet de la publicité ordinaire des arrêtés municipaux ou préfectoraux. Si la mise à jour est de faible importance, aucune publicité supplémentaire n'est prévue ; si la mise à jour nécessite la réédition du plan, une large publicité s'impose, par affiches et journaux (Circ. n° 77-146, 10 oct. 1977, n° 3.2.2.). 3285

> **Voir aussi :** Sur le caractère purement matériel de la mise à jour, comm. précédant C. urb., art. R. 123-34, p. 535 et Circ. n° 77-146, 10 oct. 1977.

Mise à jour exhaustive. La mise à jour du POS doit être exhaustive ; mais sa périodicité est appréciée localement, et elle est de l'ordre de 6 mois à 2 ans (Circ. préc., nos 2-1 et 3-1-2). 3286

La mise à jour du POS ne fait pas grief par elle-même. En effet, puisque c'est le simple report d'une décision administrative autonome (qui peut être attaquée distinctement). Ainsi, l'incompatibilité de cette décision avec le schéma directeur ne peut être invoquée lors de la mise à jour de ce dernier (CE, 14 janv. 1987, *Syndicat intercommunal d'Honfleur : DA* 1987, n° 211, à propos d'une ligne électrique), ainsi que toute autre illégalité (CE, 7 oct. 1988, *Bienvenu* c/ *Cne de Saint-Sylvain-d'Anjou : Rec. CE*, p. 330 ; *DA* n° 610. – CE, 5 févr. 1988, *Assoc. Ouest-varoise pour la protection de l'environnement : DA* 1988, n° 215). 3287

ANNEXE II
TAXE LOCALE D'ÉQUIPEMENT

CGI, art. 1585 A *(Inséré 1er juill. 1979)*.— Une taxe locale d'équipement, établie sur la construction, la reconstruction et l'agrandissement des bâtiments de toute nature, est instituée :

1° De plein droit :

***a)* Dans les communes de 10 000 habitants et au-dessus ;**

***b)* Dans les communes de la région parisienne figurant sur une liste arrêtée par décret (*).**

Le conseil municipal peut décider de renoncer à percevoir la taxe. Cette délibération est valable pour une période de trois ans à compter de la date de son entrée en vigueur ;

2° Par délibération du conseil municipal dans les autres communes. Les délibérations par lesquelles le conseil municipal institue la taxe ou ultérieurement la supprime sont valables pour une durée de trois ans minimum à compter de la date de leur entrée en vigueur.

La taxe est perçue au profit de la commune. Elle a le caractère d'une recette extraordinaire.

***(Alinéa créé, L. n° 2005-157, 23 févr. 2005, art. 98, IV)* Toutefois, le conseil municipal peut prévoir un dégrèvement total ou partiel de la taxe pour la reconstruction de bâtiments présentant un intérêt patrimonial pour la collectivité et faisant l'objet d'une procédure d'autorisation spécifique tels que les anciens chalets d'alpage ou les bâtiments d'estive au sens de l'article L. 145-3 du Code de l'urbanisme.**

(*) *D. n° 72-988, 5 oct. 1972, art. 1er*.

CGI, art. 1585 C *(D. n° 73-1022, 8 nov. 1973, art. 3 : JO 13 nov. ; L. n° 85-729, 18 juill. 1985, art. 22-I, II, III, art. 23 : JO 19 juill. ; L. n° 92-125, 6 févr. 1992, art. 42 : JO 8 févr. modif. incorporée par le D. n° 92-836 à la date du 4 juill. 1992 ; L. n° 96-142, 21 févr. 1996, art. 1er, art. 11, art. 12, 117° : JO 24 févr. 1992 ; L. n° 2000-1208, 13 déc. 2000, art. 50-III : JO 14 déc. ; modif. L. n° 2003-699, 30 juillet 2003, art. 80-I)*.— I. Sont exclus du champ d'application de la taxe locale d'équipement :

1° Les constructions qui sont destinées à être affectées à un service public ou d'utilité publique, et dont la liste est fixée par un décret en Conseil d'État ;

2° Les constructions édifiées dans les zones d'aménagement concerté au sens de l'article L. 311-1 du Code de l'urbanisme lorsque le coût des équipements, dont la liste est fixée par un décret en Conseil d'État, a été mis à la charge des constructeurs ;

3° Les constructions édifiées dans les secteurs de la commune où un programme d'aménagement d'ensemble a été approuvé par le conseil municipal lorsque ce dernier a décidé de mettre à la charge des constructeurs tout ou partie du coût des équipements publics réalisés conformément à l'article L. 332-9 du Code de l'urbanisme ;

4° Les aménagements prescrits par un plan de prévention des risques naturels prévisibles ou un plan de prévention des risques technologiques sur des biens construits ou aménagés conformément aux dispositions du Code de l'urbanisme avant l'approbation de ce plan et mis à la charge des propriétaires ou exploitants de ces biens.

I *bis*. Lorsque le lotisseur, la personne aménageant un terrain destiné à l'accueil d'habitations légères de loisir ou l'association foncière urbaine de remembrement supporte la charge d'une participation forfaitaire représentative de la taxe locale d'équipement, les constructions édifiées sur les terrains concernés ne sont pas passibles de cette taxe.

II. Le conseil municipal peut renoncer à percevoir, en tout ou partie, la taxe locale d'équipement sur les locaux à usage d'habitation édifiés pour leur compte ou à titre de prestataire de services par les organismes mentionnés à l'article L. 411-2 du Code de la construction et de l'habitation et par les sociétés d'économie mixte définies par la loi n° 83-597 du 7 juillet 1983 modifiée, par le titre II du livre V de la première Partie du Code général des collectivités territoriales et par les articles L. 2253-2 et L. 2542-28 du

Code précité ou celles à capitaux publics majoritaires réalisant des locaux à usage d'habitation principale financés à titre prépondérant au moyen de prêts ouvrant droit au bénéfice des dispositions prévues au titre V du livre III du Code de la construction et de l'habitation.

Dans les départements d'outre-mer, le conseil municipal peut exonérer de la taxe :

a. **les locaux à usage d'habitation principale à caractère social financés à l'aide de prêts aidés par l'État et édifiés par les organismes et sociétés d'économie mixte mentionnés ci-dessus, pour leur compte ou à titre de prestataires de services ;**

b. **les logements à vocation très sociale ;**

Le conseil municipal peut également renoncer à percevoir en tout ou partie la taxe locale d'équipement sur les constructions édifiées par les propriétaires d'une habitation familiale reconstituant leurs biens expropriés, sous réserve que l'immeuble corresponde aux normes des logements aidés par l'État.

Le conseil municipal peut renoncer à percevoir en tout ou partie la taxe locale d'équipement sur les constructions de garage à usage commercial.

III. (*Ab.*).

IV. Le conseil municipal peut exempter de la taxe les bâtiments à usage agricole autres que ceux mentionnés à l'article L. 112-1 du Code de l'urbanisme.

CGI, art. 1585 D ***(L. n° 85-729, 18 juill. 1985, art. 22-IV : JO 19 juill. ; L. n° 91-716, 26 juill. 1991, art. 40 I : JO 27 juill. en vigueur le 15 juill. 1991 ; L. n° 95-1346, 30 déc. 1995, art. 86 ; Finances pour 1996 : JO 31 déc. 1995 ; L. n° 98-1267, 30 déc. 1998, art. 35 ; Finances rect. pour 1998 : JO 31 déc. 1998 ; L. n° 2000-1208, 13 déc. 2000, art. 52 : JO 14 déc. ; L. n° 2001-1276, 28 déc. 2001, art. 51-I, a, g ; Fin. rect. pour 2001 : JO 29 déc. ; modif. L. n° 2003-590, 2 juillet 2003 art. 74 ; modif. L. n° 2003-710, 1er août 2003, art. 16).*** **— I. L'assiette de la taxe est constituée par la valeur de l'ensemble immobilier comprenant les terrains nécessaires à la construction et les bâtiments dont l'édification doit faire l'objet de l'autorisation de construire.**

Cette valeur est déterminée forfaitairement en appliquant à la surface de plancher développée hors œuvre une valeur au mètre carré variable selon la catégorie des immeubles.

À compter du 1er janvier 2002, cette valeur est la suivante :

CATÉGORIES/Plancher hors œuvre (en euros)

1° Locaux annexes aux locaux mentionnés aux 2°, 4°, 5° et 8° et constructions non agricoles et non utilisables pour l'habitation, y compris les hangars autres que ceux qui sont mentionnés au 3°, pour les 20 premiers mètres carrés de surface hors œuvre nette : 73 euros.

2° Locaux des exploitations agricoles à usage d'habitation des exploitants et de leur personnel ; autres locaux des exploitations agricoles intéressant la production agricole ou une activité annexe de cette production ; bâtiments affectés aux activités de conditionnement et de transformation des coopératives agricoles, viticoles, horticoles, ostréicoles et autres : 134 euros.

3° Entrepôts et hangars faisant l'objet d'une exploitation commerciale, industrielle ou artisanale ; garages et aires de stationnement couvertes faisant l'objet d'une exploitation commerciale ou artisanale ; locaux à usage industriel ou artisanal et bureaux y attenants ; locaux des villages de vacances et des campings : 220 euros.

4° Locaux d'habitation et leurs annexes construits par les sociétés immobilières créées en application de la loi n° 46-860 du 30 avril 1946 ; foyers-hôtels pour travailleurs ; locaux d'habitation et leurs annexes bénéficiant d'un prêt aidé à l'accession à la propriété ou d'un prêt locatif aidé ; immeubles d'habitation collectifs remplissant les conditions nécessaires à l'octroi de prêts aidés à l'accession à la propriété ; locaux d'habitation à usage locatif et leurs annexes mentionnés au 3° de l'article L. 351-2 du Code de la construction et de l'habitation qui bénéficient de la décision favorable d'agrément prise dans les conditions prévues aux articles R. 331-3 et R. 331-6 du même code à compter du 1er octobre 1996 ou d'une subvention de l'Agence nationale pour la rénovation urbaine : 192 euros.

5° 1. Construction individuelle et ses annexes à usage d'habitation principale :

– pour les 80 premiers mètres carrés de surface hors œuvre nette : 273 euros ;

– de 81 à 170 mètres carrés : 399 euros.

2. Locaux des immeubles collectifs et leurs annexes à usage de résidence principale, par logement :

– pour les 80 premiers mètres carrés de surface hors œuvre nette : 192 euros ;

– de 81 à 170 mètres carrés : 273 euros.

6° Parties des bâtiments hôteliers destinés à l'hébergement des clients : 386 euros.

7° Partie des locaux à usage d'habitation principale et leurs annexes, autres que ceux entrant dans les 2e et 4e catégories et dont la surface hors œuvre nette excède 170 mètres carrés : 524 euros.

8° Locaux à usage d'habitation secondaire : 524 euros.

9°Autres constructions soumises à la réglementation des permis de construire : 524 euros.

Ces valeurs sont majorées de 10 p. 100 dans les communes de la région d'Île-de-France telle qu'elle est définie à l'article 1er de la loi n° 76-394 du 6 mai 1976.

Ces valeurs, fixées à la date de promulgation de la loi de finances rectificative pour 2001 (n° 2001-1276, du 28 déc. 2001) sont modifiées au 1er janvier de chaque année en fonction du dernier indice du coût de la construction publié par l'Institut national de la statistique et des études économiques.

II. Lorsqu'après la destruction d'un bâtiment par sinistre le propriétaire sinistré ou ses ayants droit à titre gratuit procèdent à la reconstruction sur le même terrain d'un bâtiment de même destination, la surface de plancher développée hors œuvre correspondant à celle du bâtiment détruit n'est pas prise en compte pour le calcul de la taxe, à la double condition :

***a)* Que la demande de permis de construire relative à la reconstruction soit déposée dans le délai de quatre ans suivant la date du sinistre ;**

***b)* Que le sinistré justifie que les indemnités versées en réparation des dommages occasionnés à l'immeuble ne comprennent pas le montant de la taxe locale d'équipement normalement exigible sur les reconstructions.**

Ces dispositions s'appliquent, dans les mêmes conditions, aux bâtiments de même nature reconstruits sur d'autres terrains de la même commune, lorsque les terrains d'implantation de locaux sinistrés ont été reconnus comme extrêmement dangereux et classés inconstructibles.

NOTA : Les valeurs de 73 euros, 134 euros, 220 euros, 192 euros, 273 euros, 399 euros, 386 euros et 524 euros sont respectivement portées en 2003 à 74 euros, 137 euros, 224 euros, 196 euros, 279 euros, 407 euros, 394 euros, 535 euros.

CGI, art. 1585 E *(L. n° 85-729, 18 juill. 1985, art. 22-V : JO 19 juill. ; L. n° 91-716, 26 juill. 1991, art. 40-II : JO 27 juill. ; L. n° 91-716, 26 juill. 1991, art. 40-III : JO 27 juill. ; D. n° 2002-923, 6 juin 2002, art. 4 : JO 8 juin).* **— I. Le taux de la taxe est fixé à 1 % de la valeur de l'ensemble immobilier dans les conditions prévues à l'article 1585 D.**

II. Ce taux peut être porté jusqu'à 5 % par délibération du conseil municipal.

Il ne peut faire l'objet d'aucune modification avant l'expiration d'un délai de trois ans à compter de la date de son entrée en vigueur.

Toutefois, si les éléments intervenant dans la détermination de la valeur des ensembles immobiliers, tels qu'ils sont indiqués à l'article 1585 D, viennent à être modifiés notamment par un décret pris en application de l'article 1585 H, le conseil municipal peut fixer un nouveau taux. Dans ce cas, pour l'application du délai de trois ans résultant des dispositions du deuxième alinéa, le nouveau taux est réputé avoir été fixé à la date à laquelle est entré en vigueur le taux auquel il se substitue.

III. À défaut de délibération du conseil municipal ou de l'organe délibérant de l'établissement public groupant plusieurs communes fixant les taux pour les catégories visées aux 7°, 8° et 9° du I de l'article 1585 D, les taux applicables à ces catégories sont ceux appliqués antérieurement au 15 juillet 1991 pour la catégorie visée au 7° du I du même article.

CGI, art. 1585 F *(Inséré 1er juill. 1979).* **— Pour une même catégorie de constructions, le taux est uniforme pour l'ensemble du territoire communal.**

Toutefois, lorsqu'une partie du territoire d'une commune est incluse dans une zone d'agglomération nouvelle, la taxe locale d'équipement peut, pour une même catégorie de constructions, être perçue, sur cette fraction du territoire, à un taux différent de celui qui est applicable à l'extérieur de ladite zone.

CGI, art. 1585 G *(L. n° 85-729, 18 juill. 1985, art. 22-VI : JO 19 juill. ; L. n° 92-1476, 31 déc. 1992, art. 88-IV ; Fin. rect. 1992 : JO 5 janv. 1993 ; Ord. n° 2000-916, 19 sept. 2000, art. 7 : JO 22 sept. en vigueur le 1er janv. 2002).* **— La taxe est liquidée au tarif en vigueur à la date, selon le cas, soit de la délivrance du permis de construire ou du permis modificatif, soit de l'autorisation tacite de construire, soit du procès-verbal constatant les infractions.**

Lorsque le produit de la liquidation de la taxe n'atteint pas la somme de 12 euros, elle n'est pas mise en recouvrement.

CGI, art. 1585 H *(Inséré 1er juill. 1979).* **— Des décrets déterminent, en tant que de besoin, les conditions d'application des articles 1585 A à 1585 G ainsi que les dispositions transitoires que l'application de ces articles peut comporter.**

CIRCULAIRE UHC/DU 3 N° 2004-66 DU 9 DÉCEMBRE 2004

relative à l'actualisation annuelle des valeurs de base pour le calcul de la taxe locale d'équipement, des taxes assimilées et de la redevance d'archéologie préventive

Conformément aux dispositions de l'article 1585 D-I du Code général des impôts (art. 51-I-A et G), les valeurs forfaitaires des ensembles immobiliers constituant l'assiette de la taxe locale d'équipement, des taxes assimilées et de la redevance d'archéologie préventive (C. patr. art. L. 524-7-I) sont actualisées au 1er janvier de chaque année, en fonction du dernier indice du coût de la construction connu à cette date. L'indice de référence est celui du coût de la construction au 4e trimestre 2001, soit l'ICC 1140 publié le 12 avril 2002.

Le dernier indice connu s'élevant à 1267 (indice du 2e trimestre 2004 – ***Journal officiel*** **du 21 octobre 2004), les bases d'imposition par mètre carré s'élèvent, pour la période du 1er janvier 2005 au 31 décembre 2005 aux valeurs suivantes :**

Catégories de constructions	Valeurs par m² de plancher hors œuvre (départements hors région Île-de-France), en euros	Valeurs par m² de plancher hors œuvre applicable en région Île-de-France, en euros
Catégorie 1	81	89
Catégorie 2	149	164
Catégorie 3	245	269
Catégorie 4	213	235
Catégorie 5° 1 : 1 m² à 80 m²	303	334
Catégorie 5° 1 : 81 m² à 170 m²	443	488
Catégorie 5° 2 : 1 m² à 80 m²	213	235
Catégorie 5° 2 : 81 m² à 170 m²	303	334
Catégorie 6	429	472
Catégorie 7	582	641
Catégorie 8	582	641
Catégorie 9	582	641

CIRCULAIRE UHC/DU3/14 N° 2004-36 DU 28 JUIN 2004

relative à la taxe locale d'équipement et portant application de l'article 80 de la loi n° 2003-699 du 30 juillet 2003 relative à la prévention des risques technologiques et naturels et à la réparation des dommages, modifiant l'article 1585 C du Code général des impôts

L'article 80 de la loi relative à la prévention des risques technologiques et naturels et à la réparation des dommages a modifié les articles 1585 C du Code général des impôts et L. 142-2 du Code de l'urbanisme.

Sont désormais exclus des champs d'application de la taxe locale d'équipement et de la taxe départementale des espaces naturels sensibles, certains aménagements effectués sur des constructions régulièrement édifiées avant l'approbation d'un plan de prévention des risques et générant de la surface hors œuvre nette. Ces aménagements doivent être prescrits par le plan de prévention des risques naturels prévisibles ou le plan de prévention des risques technologiques approuvés et mis à la charge des propriétaires ou bénéficiaires de ces constructions.

Les exonérations précitées concernent les autorisations délivrées à compter de l'entrée en vigueur dans votre département de la loi relative à la prévention des risques technologiques et naturels et à la réparation des dommages, c'est-à-dire, sauf situation exceptionnelle, le 2 août 2003, soit un jour franc après l'arrivée en préfecture ou sous-préfecture du *JO* du 31 juillet 2003.

Je vous précise que ce principe ne trouve pas à s'appliquer lors de la liquidation de la taxe départementale des conseils d'architecture, d'urbanisme et de l'environnement (art. 1599 B, 2e alinéa), de la taxe complémentaire à la TLE en région Île-de-France (art. 1599 *octies*, 3e alinéa) et de la taxe spéciale d'équipement du département de la Savoie (art. 1599-OB, 3°).

Vous informerez les maires de votre département, compétents pour liquider les taxes en application des articles L. 255 A du Livre des procédures fiscales et R. 424-1 du Code de l'urbanisme, de la teneur de la présente circulaire. Vous me communiquerez les éventuelles difficultés d'application sous le timbre du bureau de la fiscalité ; DGUHC/DU3.

CIRCULAIRE UHC/DU 3/4 N° 2003-22 DU 20 MARS 2003

relative aux modalités de classement des constructions pour déterminer l'assiette de la taxe locale d'équipement et des taxes assimilées (BO n° 2003-6)

Pour l'établissement de la taxe locale d'équipement et des taxes assimilées, l'article 1585-DI du Code général des impôts prévoit que les constructions sont réparties en dix catégories selon la nature de l'usage auquel elles sont appelées à être affectées.

Je vous rappelle que les surfaces de plancher d'une construction doivent être classées entre les différentes catégories de constructions définies par l'article précité, en fonction des destinations mentionnées dans les demandes d'autorisation ou déterminées lors de l'établissement des procès-verbaux constatant des infractions au Code de l'urbanisme.

Ainsi, à titre d'exemple et au cas d'une opération de construction à destination, pour partie de logements, et pour partie d'activités de restaurant, la surface hors œuvre nette du projet doit faire, le cas échéant, l'objet de la répartition suivante :

– classement en catégorie 2, 4, 5-1, 5-2, 7 ou 8 : des locaux et de leurs annexes affectés au logement ;

– classement en catégorie 9 : du hall d'accueil, de la salle à manger, des locaux de desserte et des sanitaires ;

– classement en catégorie 3, au titre de l'activité artisanale de fabrication et de préparation des repas : des cuisines et des locaux de stockage des denrées alimentaires.

Vous informerez les maires de votre département, compétents pour liquider les taxes en application des articles L. 255 A du Livre des procédures fiscales et R. 424-1 du Code de l'urbanisme, de la teneur de la présente circulaire. Vous me communiquerez les éventuelles difficultés d'application sous le timbre du bureau de la fiscalité – DGUHC/DU 3.

CIRCULAIRE N° 2001-56 DU 27 JUILLET 2001

relative à la réforme des contributions d'urbanisme issue de la loi n° 2000-1208 du 13 décembre 2000 (Extraits)

Réforme de la taxe locale d'équipement et des taxes assimilées

L'article 52 de la loi modifie les bases d'imposition à la TLE des logements à usage d'habitation principale en supprimant la référence aux modalités de financement, sauf pour les logements sociaux bénéficiant d'une aide de l'État. Il organise également une réduction de la base d'imposition en faveur des logements compris dans des immeubles d'habitat collectif.

Cette réforme conduit à la mise en œuvre de nouvelles modalités de la taxe locale d'équipement exigible des opérations de construction de locaux à usage d'habitation principale jusqu'à présent imposées en fonction de l'obtention de prêts conventionnés. Les définitions des catégories 5 et 7 du I de l'article 1585-D du Code général des impôts sont modifiées. La taxe doit, dorénavant, être calculée en fonction de l'importance de la superficie des locaux, indépendamment de la nature des prêts qui pourraient être obtenus pour les financer.

1° Règle générale

Section 1. – Logements concernés par les nouvelles catégories 5 et 7 de l'article 1585-D du Code général des impôts

Les nouvelles modalités de classement introduites à l'article 1585-D précité constituent désormais le régime de droit commun applicable aux constructions de locaux à usage d'habitation principale.

Ce dispositif est applicable à toutes les constructions pour lesquelles le bénéficiaire du permis de construire aura précisé, dans sa demande, affecter les logements en projet, à l'habitation principale des futurs occupants (propriétaires, locataires ou occupants à titre gratuit).

2° Exceptions

Deux catégories de constructions de locaux à usage de résidence principale sont exclues parce qu'elles relèvent de catégories distinctes, il s'agit :

– des constructions de logements sociaux bénéficiant d'une aide de l'État : ces opérations continuent de relever de la 4e catégorie définie à l'article 1585-D-I du Code général des impôts. Il s'agit actuellement des opérations, soit en accession à la propriété, financées avec un prêt à taux zéro (V. Circ. DAU/DHC n° 97/29, 19 mars 1997 : *BOMELTT* n° 97/6, 10 avr. 1997), soit des constructions de logements locatifs sociaux, placées dans le champ d'application du taux réduit de TVA à 5,5 % et bénéficiant des prêts PLUS, PLAI, PLS (V. Circ. n° 99-44/UHC/DU 14, 30 juin 1999 : *BOMELT* n° 99/13, 25 juill. 1999) ;

– des constructions de logements dépendants des exploitations agricoles qui continuent de relever de la 2e catégorie de l'article 1585-D-I précité.

Section 2. – Nouvelles modalités de classement des locaux à usage de résidences principales

L'article 52 de la loi SRU modifie la définition des catégories 5 et 7 de l'article 1585-D-I du Code général des impôts. Par leur nouvelle rédaction, ces deux catégories sont érigées en un dispositif unique de taxation des locaux à usage de résidence principale.

Pour la détermination de la base d'imposition de la taxe, la SHON des constructions de locaux à usage de résidence principale est répartie selon leur nature – construction individuelle ou logement compris dans un immeuble d'habitat collectif – dans deux catégories 5-1 et 5-2 créées en remplacement de la 5e catégorie du I de l'article 1585-D. Les surfaces dépassant les seuils définis pour chaque nouvelle catégorie sont classées en 7e catégorie.

I. – Définition des nouvelles 5e catégories

Le 5e du I de l'article 1585-D du Code général des impôts comporte désormais les deux catégories suivantes :

Catégorie 5-1 construction individuelle et ses annexes à usage d'habitation principale

Au sens de ces dispositions, sont exclusivement réputées constituer des constructions individuelles toutes les opérations tendant à la réalisation de locaux destinés à former une seule unité de logement ou plusieurs logements dont les accès se font sans utiliser des parties bâties communes.

Cette catégorie regroupe toutes les constructions de maisons individuelles et leurs dépendances telles que celliers, buanderie, ateliers et locaux divers affectés par exemple au rangement de matériel de loisirs et par ailleurs constitutifs de surface hors œuvre nette. Au sens des présentes dispositions constituent également des dépendances les locaux destinés au logement de personnel domestique, lorsqu'ils sont compris dans le même bâtiment que celui constituant le logement principal de l'employeur.

Ainsi, lorsqu'un permis de construire permet la réalisation de plusieurs constructions, accolées ou non, à usage de résidences principales, ces ensembles de constructions doivent être classés dans cette catégorie dès lors que les constructions formant chacun des logements disposent d'une entrée distincte sans utiliser des parties bâties communes.

Catégorie 5-2 locaux des immeubles collectifs et leurs annexes à usage de résidence principale

Cette catégorie regroupe toutes les constructions d'immeubles ou parties d'immeubles divisés en logements destinés à l'habitation principale de leurs occupants.

Pour l'application de ces dispositions, sont réputés constituer des immeubles collectifs les immeubles comportant plusieurs logements dont les accès, depuis l'extérieur, se font par des parties bâties communes.

Pour chacune des catégories 5-1 et 5-2, la loi prévoit l'application d'un barème comportant deux tranches de surface de plancher et pour lesquelles sont fixées deux valeurs forfaitaires applicables par mètre carré de surface hors œuvre nette :

– la première tranche concerne les 80 premiers mètres carrés ;

– la seconde tranche est applicable de 81 à 170 mètres carrés.

1° Application du barème de la catégorie 5-1 :

Les deux tranches du barème prévu pour la catégorie 5-1 doivent être appliquées pour chaque construction individuelle autorisée.

En conséquence et conformément aux dispositions du premier alinéa de l'article R. 421-4 du Code de l'urbanisme, les demandes de permis de construire, relatives à la réalisation de plusieurs constructions individuelles, doivent préciser la SHON de chaque construction individuelle autorisée.

2° Application du barème de la catégorie 5-2 :

L'article 1585-D-I prévoit expressément que ce barème doit être mis en œuvre en fonction du nombre de logements dont la réalisation est prévue dans l'immeuble d'habitat collectif autorisé.

Le barème de la catégorie 5-2 doit être appliqué autant de fois qu'il y a de logements en projet. La SHON excédentaire étant, le cas échéant, retenue au titre de la 7e catégorie.

Il n'y a donc pas lieu de se référer à la surface hors œuvre nette de chacun des logements : voir ci-dessous les exemples de calcul au IV, section V (3e exemple).

II. – Définition de la 7e catégorie

La 7e catégorie fixe la valeur forfaitaire par mètre carré exclusivement applicable à la fraction de surface hors œuvre nette supérieure à 170 mètres des projets de construction de tous les locaux à usage d'habitation principale, autres que ceux relevant de la 2e ou 4e catégorie (V. *supra,* section 1-2), voir exemples d'application ci-dessous, en section V.

III. – Champ d'application des catégories 5-1, 5-2 et 7

Conformément aux dispositions de l'article 1585-A du Code général des impôts, le nouveau dispositif de classement des locaux à usage de résidence principale est applicable aux opérations de construction, de reconstruction et d'agrandissement de bâtiments existants.

Les surfaces nouvelles créées relèvent, dans le cas d'une extension ou d'un ajout de bâtiment, de la catégorie dont elles relèveraient pour la délivrance d'un permis de construire global sur l'existant et les surfaces nouvelles : ainsi, pour ces opérations d'agrandissement, et même s'il s'agit d'annexes non accolées, les surfaces nouvellement créées sont ajoutées à la SHON des constructions existantes pour déterminer les valeurs applicables pour chaque mètre carré de SHON formant le projet.

Ce n'est que s'il s'agit de la création d'un ou plusieurs logements individuels nouveaux au sens de la catégorie 5-1, ou de la transformation d'une construction individuelle en immeuble collectif, que le barème sera appliqué dans les conditions décrites au paragraphe I ci-dessus.

En ce sens, la loi nouvelle a pour effet de rendre caduques les mesures de répartition de la SHON des projets d'agrandissement et aménagement des bâtiments d'habitation mises en place au paragraphe D de la circulaire n° 81-100 du 18 novembre 1981 (*BOULTE* n° 82-4, texte n° 118).

IV. – Conséquences de la réforme en matière de gestion différée à 15 mois après la date de délivrance des autorisations.

Jusqu'à l'entrée en vigueur de la présente réforme, le paragraphe IV de l'article 317 *sexies* de l'annexe II au Code général des impôts prévoyait que la taxation des constructions de logements à usage de résidence principale susceptibles d'être financés à l'aide d'un prêt conventionné ou de remplir les conditions d'attribution de tels prêts ne pouvait pas être mise en œuvre avant l'expiration d'un délai de 15 mois suivant la délivrance des permis de construire. Ce délai était consenti aux redevables pour leur permettre d'adresser les justificatifs utiles aux services liquidateurs.

Les nouvelles modalités de classement en catégories 5-1, 5-2 et 7 ne faisant plus référence aux conditions d'attribution de prêts conventionnés, les dispositions relatives à la gestion différée précitée sont devenues caduques pour les taxations exigibles des opérations de constructions autorisées à compter de l'entrée en vigueur de l'article 52 de la loi SRU.

1. Principe

Ainsi, sauf si l'opération satisfait à l'une des exceptions décrites ci-après, la liquidation de la TLE des locaux à usage de résidence principale peut désormais intervenir immédiatement après la délivrance des autorisations de construire.

2. Exception : construction à usage de résidence principale aidée de l'État (paragraphe III de l'art. 317 *sexies* de l'annexe II au CGI)

Le dispositif précité de la gestion différée demeure applicable pour les pétitionnaires d'autorisation de construire susceptibles d'être classés en 4e catégorie.

Il doit être systématiquement mis en œuvre lorsqu'il est précisé dans la demande de permis de construire que :

– le bénéfice d'un prêt à taux zéro est demandé pour financer une opération en accession à la propriété (V. Circ. n° 97-29, 19 mars 1997, relative aux conséquences de l'institution du prêt à taux zéro sur l'assiette de la TLE et des taxes assimilées) ;

– le bénéfice d'un prêt locatif aidé de l'État assorti du bénéfice du taux réduit de TVA à 5,5 % est demandé (V. Circ. n° 99-44/UHC/DU/14, 30 juin 1999, relative aux modalités de calcul de la TLE et des taxes assimilées exigibles lors de la construction de logement locatif social).

En l'absence d'informations spécifiques sur le mode de financement des constructions à usage de résidence principale, la gestion différée, prévue au paragraphe V de l'article 317 *sexies* précité, doit être écartée et la taxation effectuée par classement en catégorie 5-1, 5-2 et 7.

3. Absence d'information sur le caractère principal ou secondaire des constructions de logements

Par ailleurs, lorsque la nature des constructions de logements – usage de résidence principale ou usage de résidence secondaire – n'est pas précisée, une demande d'information complémentaire doit être systématiquement adressée au pétitionnaire. Cette demande d'information devra mentionner qu'en l'absence de réponse ou en cas de réponse incomplète dans le cas de construction de logements compris dans des immeubles collectifs, c'est le classement en 8e catégorie (locaux à usage de résidence secondaire) qui sera appliqué.

4. Application de la procédure de redressement contradictoire

Lorsque les éléments du dossier de demande d'autorisation utiles à la détermination de la taxe sont absents ou erronés, le service instructeur qui souhaite les corriger doit mettre en œuvre la procédure de redressement contradictoire telle qu'elle est définie aux articles L. 55 et suivants du Livre des procédures fiscales :

– envoi d'une notification de redressement fiscal avec accusé de réception, explicitant les motifs de correction, indiquant la possibilité de se faire assister du conseil de son choix et le délai de 30 jours pour formuler des observations ;

– en l'absence de réponse du pétitionnaire dans les 30 jours, établissement de l'imposition sur les éléments notifiés ;

– si le service accepte les éléments de réponse du pétitionnaire, l'imposition est établie sur la base des rectifications acceptées ;

– si le service refuse totalement ou partiellement les éléments de réponse, il en informe l'administré, par courrier avec accusé de réception. Ce dernier dispose à nouveau d'un délai de 30 jours pour présenter ses observations. Passé ce délai, sauf si le service retient les moyens invoqués par le contribuable, il est procédé à la liquidation de la taxe.

5. Traitement des justifications produites tardivement

Les redevables qui pourraient ne produire que tardivement les justifications utiles pour le bénéfice du classement en 4e catégorie, ou qui préciseraient tardivement l'usage d'habitation principale du bâtiment, peuvent présenter une réclamation jusqu'au 31 décembre de la deuxième année suivant, selon les situations, soit celle de leur dernier versement, soit, en l'absence de versement, celle de la mise en recouvrement de la taxe (art. 406 *nonies*, Ann. III au CGI).

La réclamation précitée peut tendre :

– soit à la reconnaissance du caractère principal de l'usage des constructions ;

– soit à la justification du bénéfice d'un financement aidé de l'État.

Section 3. – Valeurs forfaitaires applicables par mètre carré de SHON

Les valeurs mentionnées à l'article 52 de la loi SRU sont celles actuellement en vigueur à l'article 1585-D-I du Code général des impôts.

Conformément aux dispositions de l'article précité, ces valeurs sont revalorisées au 1er juillet de chaque année en fonction de l'évolution de l'indice du coût de la construction. L'indice de référence est celui du 4e trimestre 1990 soit 952. Elles sont en outre majorées de 10 % en région d'Île-de-France.

Section 4. – Taux applicables pour le calcul de la taxe locale d'équipement

1° Taux applicables dès la publication de la loi SRU :

Les taux votés par les conseils municipaux avant la date d'entrée en vigueur de la loi pour les catégories 5 et 7 continuent d'être applicables.

Le taux voté pour la catégorie 5 est immédiatement applicable aux nouvelles catégories 5-1 et 5-2.

Le taux voté pour la catégorie 7 est immédiatement applicable aux surfaces de plancher supérieures à 170 mètres carrés de SHON.

2° Faculté pour les conseils municipaux de réviser les taux actuellement en vigueur :

Le deuxième alinéa du II de l'article 1585-E du CGI prévoit que les taux votés en matière de TLE ne peuvent pas être modifiés avant l'expiration d'un délai de 3 ans. Toutefois, le dernier alinéa de l'article précité permet de déroger à cette limitation lorsqu'une modification (législative ou réglementaire) intervient dans la définition des éléments déterminant les valeurs des ensembles immobiliers constituant la base d'imposition de la TLE.

Ces dispositions s'appliquent compte tenu de la nature de la réforme engendrée par l'article 52 de la loi SRU. De nouvelles délibérations peuvent être prises alors même que les taux correspondant aux définitions antérieures des catégories 5 et 7 seraient en vigueur depuis moins de trois ans.

Les communes peuvent délibérer pour déterminer de nouveaux taux pour chacune des catégories 5-1 et 5-2 et pour la catégorie 7. En revanche, un seul taux doit être fixé pour les deux tranches (jusqu'à 80 mètres carrés et de 81 à 170 mètres carrés) de chacune des catégories 5-1 et 5-2.

Section 5. – Exemples d'application

Calcul des bases imposables des projets d'habitation principale ci-dessous.

Premier exemple : construction d'une maison individuelle de 185 mètres de SHON (hors région Île-de-France).

Nombre de constructions autorisées	1	Répartition SHON		Valeurs francs/mètre carré forfaitaires	Bases imposables brutes	Bases imposables nettes par catégories	Taux votés
SHON totale	185 m^2						
Catégories							
5-1	1 à 80 m^2 81 à 170 m^2	1 x 80 1 x 90	80 m^2 90 m^2	1 700 2 470	136 006 222 300	358 300	3 %
7	SHON > 170 m^2	15 m^2		3 250	48 750		4 %
Total base imposable					407 050	Total TLE	

Deuxième exemple : permis de construire autorisant la réalisation d'un ensemble de 30 constructions individuelles représentant une SHON totale de 6 300 mètres carrés, dont 10 de 90 mètres carrés, 10 de 190 mètres carrés et 10 de 350 mètres carrés (hors région Île-de-France).

Nombre de constructions individuelles autorisées	30	Répartition SHON		Valeurs francs/mètre carré forfaitaires	Bases imposables brutes	Bases imposables nettes par catégories	Taux votés
SHON totale	6 300 m^2						
Catégories							
5-1	1 à 80 m^2 81 à 170 m^2	30 x 80 10 x 10 20 x 90	2 400 m^2 100 m^2 1 800 m^2	1 700 2 470 2 470	4 080 000 247 000 4 446 000	8 773 000	3 %
7	SHON> 170 m^2	10 x 20 10 x 180	200 m^2 1 800 m^2	3 250 3 250	650 000 5 850 000	6 500 000	4 %
Total base imposable					15 273 000	Total TLE	

Troisième exemple : construction d'un immeuble collectif de 30 logements, SHON total autorisée : 6 300 mètres carrés (hors région Île-de-France).

Nombre de logements	**30**	**Répartition SHON**		**Valeurs francs/ mètre carré forfaitaires**	**Bases imposables brutes**	**Bases imposables nettes par catégories**	**Taux votés**
SHON totale	6 300 m²						
Catégories							
5-2	1 à 80 m² 81 à 170 m²	30 x 80 30 x 90	2 400 m² 1 800 m²	1 190 1 700	2 856 000 4 590 000	7 446 000	3 %
7	SHON> 170 m²	1 200 m²		3 250	3 900 000		4 %
Total base imposable					11 346 000	Total TLE	

Section 6. – Règles d'arrondissement applicables pour le calcul de la TLE

Pour le calcul de la TLE, il convient de faire application des règles d'arrondissement suivantes :

La SHON totale (déclarée par le pétitionnaire ou contradictoirement rectifiée) retenue pour le calcul de la base d'imposition doit être arrondie à l'unité inférieure, exemple : 80,99 mètres carrés est arrondie à 80 mètres carrés.

La base d'imposition et le montant de la taxe sont arrondis à l'unité la plus proche, la fraction égale à 0,50 étant compté pour 1, exemples :

– une somme de 15 040,50 francs doit être retenue pour 15 041 francs ;

– une somme de 15 040,49 francs doit être retenue pour 15 040 francs.

Section 7. – Effets de la réforme en matière de taxes d'urbanisme assimilées à la TLE

1° Détermination des bases d'imposition :

Les nouvelles modalités de classement des constructions à usage de résidence principale dans les catégories 5° 1, 5° 2 et 7 (autres que les logements sociaux qui relèvent de la 4ᵉ catégorie et des locaux d'habitation des exploitants agricoles et de leur personnel classés en catégorie 2), sont applicables pour l'assiette et la liquidation des taxes dont le mode de calcul de la base d'imposition est celui prévu pour l'assiette de la TLE.

2° Taux applicables :

Pour chacune des taxes assimilées à la TLE, les taux antérieurement applicables pour les catégories 5 et 7 demeurent applicables pour les catégories 5.1, 5.2 et 7 dans leurs définitions issues de la loi SRU.

Les conseils généraux peuvent cependant modifier les taux en vigueur, selon les modalités ci-dessous :

Taxe départementale des espaces naturels sensibles (C. urb., art. 142-2) ; Le conseil général peut fixer de nouveaux taux, dans la limite de 2 % pour chaque catégorie de construction définie à l'article 1585-D-I du CGI, y compris donc pour les nouvelles catégories 5-1 et 5-2.

Taxe départementale pour le financement des CAUE (CGI, art. 1599-B) ; Le conseil général peut fixer le taux jusqu'à 0,3 %. Ce taux est unique pour toutes les catégories de construction définies à l'article 1585-D-I du CGI. Le taux applicable pour les catégories 5-1, 5-2 et 7 ne peut donc pas être différents de celui prévu pour les autres catégories.

Taxe spéciale d'équipement du département de la Savoie (CGI, art. 1599-0B) ; Le conseil général fixe le taux de la taxe dans la limite de 5 % pour chaque catégorie de construction définie à l'article 1585-D-I du CGI, la taxe n'est toutefois exigible, par logement, que pour la partie de SHON supérieure à 170 mètres carrés relevant de la 7ᵉ catégorie.

En matière de taxe complémentaire à la TLE, exigible en région d'Île-de-France, article 1599 *octies* du CGI, le conseil régional, bénéficiaire de la taxe, ne peut pas en moduler le taux unique de 1 % applicable à toutes les catégories de construction.

Voir aussi : Circ. n° 2002-48 UHC/DU 3/19, 23 juill. 2002, sur l'assujettissement des jardineries à la TLE (*Mon. TP*, 4 oct. 2002, suppl. p. 353).

ANNEXE III

PARTICIPATION VOIES NOUVELLES ET RÉSEAUX

CIRCULAIRE UHC/DU 3/5 N° 2004-5 DU 5 FÉVRIER 2004

relative aux modalités de mise en œuvre de la participation pour voiries et réseaux

Textes sources : articles 49 à 53 et 61 de la loi n° 2003-590 du 2 juillet 2003, _JO_ page 11176.

Textes modifiés :

Articles L. 332-11-1, L. 332-15 du Code de l'urbanisme ;

Chapitre II du titre II de la circulaire n° 2001-56 UHC/DU16 du 27 juillet 2001 relative à la réforme des contributions d'urbanisme issue de la loi n° 2000-1208 du 13 décembre 2000. _Bulletin Officiel du ministère de l'équipement, des transports et du logement_ n° 2001-15 du 25 août 2001.

Publication : Bulletin officiel.

Le ministre de l'Èquipement, des Transports, du Logement, du Tourisme et de la Mer à Mesdames et Messieurs les préfets de département ; Mesdames et Messieurs les préfets de région (direction départementale de l'équipement, direction régionale de l'équipement, direction générale de l'urbanisme, de l'habitat et de la construction, SGGOU [pour attribution]) ; centre d'études techniques de l'équipement ; centres interrégionaux de formation professionnelle ; SGVN ; Agence nationale pour l'amélioration de l'habitat ; direction des affaires financières et de l'administration centrale ; direction des affaires économiques et internationales ; direction de la recherche et des affaires scientifiques et techniques ; direction du personnel et des services ; CGPC ; mission interministérielle d'inspection du logement social.

La loi Urbanisme et habitat du 2 juillet 2003 a pour objectif de simplifier les dispositions d'urbanisme issues de la loi SRU.

Ainsi la participation pour voie nouvelle et réseaux (PVNR) créée par la loi SRU et qui avait fait l'objet de très nombreuses critiques, a été remplacée par la participation pour voirie et réseau (PVR).

Afin d'éviter de nouvelles difficultés d'application, je vous invite à veiller tout particulièrement à une information précise des élus locaux sur ce sujet, en vous appuyant notamment sur ma lettre du 31 juillet 2003, par laquelle je vous ai fait part des orientations du Gouvernement pour l'application de cette loi et sur la brochure qui vous a été diffusée début septembre, dans le cadre du « service après vote » de la loi. Cette brochure comporte un chapitre consacré au financement des réseaux.

Sur certains sujets particuliers, une explication plus détaillée et plus technique semble néanmoins nécessaire. Afin d'éviter toute confusion, il m'a semblé utile de reprendre le texte figurant dans la brochure. Ces éléments figurent en italique. Ils sont complétés en tant que de besoin par des précisions ou des commentaires plus techniques visant notamment à répondre à des questions soulevées lors des premiers mois d'application du dispositif.

Vous voudrez bien me faire part, sous timbre de la DGUHC, de toute difficulté que vous rencontreriez dans la mise en œuvre de la présente circulaire.

Sommaire

Modèle 2. – Délibération spécifique pour la création ou l'aménagement d'une voie et des réseaux ;

Modèle 3. – Délibération spécifique pour le financement des réseaux sur une voie existante ;

Modèle 4. – Proposition de convention de préfinancement avec les propriétaires fonciers ;

Modèle 5. – Accord de financement de raccordement individuel par les constructeurs.

La participation pour voirie et réseaux

À quoi sert la PVR et que permet-elle de financer ?

La PVR permet aux communes de percevoir des propriétaires de terrains nouvellement desservis par un aménagement, une contribution correspondant à tout ou partie du financement des travaux nécessaires. Les travaux concernés sont :

– la réalisation ou l'aménagement d'une voie.

Cela peut inclure l'acquisition des terrains, les travaux de voirie (chaussée et trottoirs, y compris pistes cyclables ou stationnements sur voirie, ou espaces plantés...), l'éclairage public, le dispositif d'écoulement des eaux pluviales et les éléments nécessaires au passage, en souterrain, des réseaux de communication [1] (travaux de génie civil, gaines, fourreaux et chambres de tirage, à l'exclusion du coût des câbles) ;

– la réalisation des réseaux d'eau potable, d'électricité et d'assainissement (hors des secteurs d'assainissement individuel) ; (*nota :* il est rappelé que l'existence de ces réseaux conditionne la délivrance des permis de construire) ;

– les études nécessaires à ces travaux.

En revanche, les équipements qui ne figurent pas dans la liste ci-dessus ne peuvent pas être financés par la PVR. En particulier, ne peuvent être financés les équipements dont l'existence ne conditionne pas la délivrance des permis de construire, tels que :

– les réseaux de communication aériens, de gaz, de chauffage urbain ;

– les autres équipements communaux, crèches, écoles ou salles de sports par exemple.

Les collectivités locales peuvent mobiliser d'autres ressources pour financer de telles dépenses notamment la taxe locale d'équipement (TLE).

Contrairement à la PVNR, la PVR peut être utilisée pour financer des réseaux le long d'une voie existante sur laquelle aucun aménagement n'est réalisé. C'est le conseil municipal qui décide librement du type d'aménagement de chaque voie et du niveau des équipements nécessaires. Lorsque la voie existe, il peut décider d'y réaliser des aménagements, tels qu'un élargissement, la création de trottoirs, l'éclairage public..., ou estimer que les caractéristiques de la voie sont suffisantes et se contenter d'y installer les réseaux.

En revanche, la commune ne pourra mettre ultérieurement à la charge des propriétaires le financement des travaux qu'elle n'aurait pas prévus dans sa délibération et qui se révéleraient nécessaires après réalisation des constructions. Elle a donc intérêt à anticiper les aménagements futurs. Les élus sont libres de choisir l'aménagement qu'ils souhaitent à terme pour la voie mais ils ont tout intérêt à se poser la question au moment de la mise en place de la PVR.

La commune n'a pas l'obligation de réaliser en une seule fois tous les aménagements prévus. Par exemple dans le cas de l'aménagement d'une voie préexistante, elle peut prévoir dans la délibération à la fois les travaux concernant la voie (trottoirs, éclairage public,...) et la réalisation des réseaux d'eau et d'électricité. Elle peut réaliser les réseaux au moment du premier permis de construire et effectuer les autres travaux ultérieurement, au fur et à mesure de l'installation d'autres constructions. Elle peut également procéder à la réalisation de la voie par tronçons successifs.

Comment est instituée la PVR ?

La PVR est instituée sur le territoire de la commune [2] par une simple délibération du conseil municipal [3]. Cette participation peut être instituée dans toutes les communes, qu'elles soient ou non dotées d'un plan local d'urbanisme (PLU) ou d'une carte communale.

Ensuite une délibération, propre à chaque voie, précise les travaux qui sont prévus et le montant de la participation par mètre carré de terrain, qui sera mise à la charge des propriétaires. Du fait du principe constitutionnel d'égalité devant les charges publiques, les communes qui ont institué la PVR sur leur territoire sont tenues de l'appliquer chaque fois qu'elles décident de réaliser sur une

---

[1] La PVR ne peut cependant pas être mise en œuvre pour financer uniquement des éléments souterrains de communication. La loi prévoit leur prise en charge en tant qu'élément du coût de la voie.

[2] La PVR peut être instituée par un établissement public de coopération intercommunale ou un syndicat mixte dans deux cas :

– comme toute compétence communale, la compétence « création de la PVR » peut être transférée à un EPCI. Elle est alors prévue dans les statuts de l'établissement ;

– par application de l'article L. 332-13 du Code de l'urbanisme lorsqu'un EPCI ou un syndicat mixte est compétent pour la réalisation de tous les équipements susceptibles d'être financés par la PVR (voie y compris l'éclairage public et l'eau pluviale, eau potable, électricité, assainissement). Le transfert de compétence est alors automatique, même dans le silence des statuts. Ce cas est peu fréquent.

[3] Cette délibération a pour effet d'abroger le régime de la participation pour dépassement du plafond légal de densité si celui-ci était appliqué dans la commune.

voie, des travaux qui relèvent de la PVR pour permettre l'implantation de nouvelles constructions. En revanche, elles ne peuvent pas l'appliquer lorsqu'elles réalisent des travaux de voirie ou de réseaux qui ne sont pas destinés à permettre l'implantation de nouvelles constructions : routes de rase campagne, ou aménagement d'une rue existante déjà urbanisée, par exemple pour réaliser des trottoirs ou installer l'éclairage public.

Comment est calculé le montant de la PVR ?

La participation exigible par mètre carré de terrain ne peut excéder le coût des équipements publics à réaliser divisé par la surface totale des terrains « bénéficiant de la desserte ».

Dans la limite de ce plafond, la commune peut choisir, dans la délibération propre à chaque voie :

– de fixer voie par voie un montant au mètre carré de terrain compte tenu du coût prévisionnel des travaux, en veillant à respecter le principe d'égalité qui implique que les propriétaires se trouvant dans des situations comparables soient traités de façon comparable ;

– de fixer un forfait par mètre carré (par exemple : X Euro/m^2 pour la desserte par une voie et les réseaux, ou Y Euro/m^2 pour le réseau d'électricité, Z Euro/m^2 pour le réseau d'eau...). Attention, la délibération propre à chaque voie reste obligatoire ; elle doit alors citer les équipements prévus pour la voie et reprendre le montant du forfait. Ce forfait doit être suffisamment bas pour que la commune puisse, en cas de contestation, justifier qu'il n'excède pas le coût réel des travaux. Cette solution est plus simple ; elle implique néanmoins qu'une part du coût des travaux reste toujours à la charge de la collectivité.

La commune prend en compte le coût estimé des travaux prévus dans la délibération. Ce coût ne peut pas comprendre :

– la part du coût des aménagements prise en charge, selon les cas, par EDF, par le syndicat intercommunal compétent et donc répercutée sur l'usager par le biais de la tarification des consommations ;

– les subventions (fonds d'amortissement des charges d'électrification et fonds national pour le développement des adductions d'eau,...).

En ce qui concerne les sommes perçues au titre du fonds de compensation de la TVA, elles n'ont pas le caractère de subventions affectées à la réalisation de l'équipement. Même s'il est logique qu'elles ne soient pas répercutées, leur déduction relève d'un choix de la collectivité ou de l'établissement public maître d'ouvrage des travaux.

Le montant de la participation par mètre carré fixé dans une délibération est définitif. La délibération peut prévoir son indexation mais une délibération ultérieure ne pourra pas le réviser, même pour tenir compte d'un coût réel des travaux plus élevé que prévu.

Quels sont les propriétaires qui doivent payer la PVR ?

Ce sont les propriétaires des terrains situés de part et d'autre de la voie et qui vont bénéficier de son aménagement.

La participation que paye chaque propriétaire est calculée au prorata de la surface de son terrain. Sont pris en compte pour ce calcul les terrains ou parties de terrain situés dans une bande de 80 mètres de part et d'autre de la voie. Cette limite, fixée par la loi, peut être adaptée par la délibération propre à chaque voie et en fonction des circonstances locales, dans une fourchette comprise entre 60 et 100 mètres. Cette distance peut varier le long d'une même voie à condition que ces variations soient justifiées par des motifs d'urbanisme (notamment des zonages, la taille des terrains, la morphologie urbaine) ou des éléments physiques (tels qu'une rupture de pente) et ne soient pas fondés sur le seul parcellaire cadastral. Vous veillerez à appeler l'attention des élus sur ce qui pourrait constituer une atteinte même involontaire au principe d'égalité. Pour cela, il est essentiel que la délibération justifie les choix retenus.

Le paiement de la PVR est généré par la délivrance d'une autorisation de lotir ou d'un permis de construire [1]. La participation est ainsi due par les propriétaires lorsqu'ils demandent ou autorisent un tiers à demander une autorisation de construire ou d'aménager (permis de construire, autorisation de lotir, autorisation d'aménager un terrain en vue de l'implantation d'habitations légères de loisirs (terrains de camping ou parcs résidentiels de loisirs) ou lorsqu'ils réalisent un remembrement urbain dans le cadre d'une association foncière urbaine autorisée ou constituée d'office.

Toutefois un propriétaire peut, par convention, accepter de préfinancer la réalisation ou l'aménagement de la voie, pour obtenir que son terrain devienne rapidement constructible. Cette convention doit être approuvée par le conseil municipal, sauf si celui-ci a donné délégation au maire (CGCT, art. L. 2122-22).

En revanche, la commune ne peut pas percevoir la PVR des propriétaires des terrains déjà construits ou des propriétaires des terrains qui choisissent de ne pas construire.

Dans le cas de terrains déjà construits, le droit acquis est limité au terrain correspondant à la construction. Lorsque le terrain est susceptible de recevoir d'autres constructions après la réalisation ou l'aménagement de la voie, la participation sera due :

---

[1] *Remarque :* lorsqu'un terrain est concerné par plusieurs périmètres de PVR, la participation est due au titre de la voie sur laquelle est raccordée l'opération.

– en cas de délivrance d'une autorisation d'urbanisme sur un terrain résultant d'une division du terrain initial ;

– en l'absence de division, en cas de nouvelle autorisation portant sur la partie de l'unité foncière qui est considérée comme non bâtie pour l'établissement de la taxe foncière sur les propriétés non bâties en application de l'article 1381-4° du Code général des impôts ;

– en cas de démolition suivie d'une nouvelle construction ou de changement de destination de la construction existante lorsque la nouvelle construction ou la nouvelle destination n'aurait pas pu être autorisée sans les nouveaux équipements.

De plus, le conseil municipal peut exonérer les logements sociaux du paiement de la PVR.

En cas de réalisation, sur une même unité foncière, d'une opération mixte, la participation est alors réduite au prorata de la surface des logements locatifs sociaux construits.

Les sommes correspondantes aux terrains déjà construits ou non constructibles demeurent à la charge du budget communal. En effet, considérer que les terrains déjà construits, non constructibles ou destinés à recevoir des logements locatifs sociaux ne sont pas concernés et répartir le coût des travaux uniquement sur les autres terrains, reviendrait à reporter sur ceux qui construisent, le coût d'un équipement public qui bénéficie à tous. Il serait contraire au principe d'égalité de demander une somme supérieure à un propriétaire du seul fait que le terrain voisin est déjà construit ou que la commune a décidé, dans son PLU ou sa carte communale, de le rendre inconstructible ou encore qu'il accueille des logements locatifs sociaux que la commune a choisi d'exonérer.

Certains terrains peuvent toutefois être exclus.

La loi autorise à exclure de l'assiette des terrains concernés, et donc à répartir uniquement entre les autres terrains, les terrains durablement et définitivement inconstructibles et dont il est certain qu'ils ne bénéficieront pas de l'aménagement réalisé. Ces terrains sont ceux qui, pour des raisons physiques (présence d'un ravin, d'une rivière,...), sont durablement inconstructibles ou ne sont pas desservis (pour ces mêmes raisons) par les réseaux ou la voie concernés ou les terrains rendus inconstructibles du fait de prescriptions ou de servitudes administratives dont l'édiction ne relève pas de la compétence de la commune, comme les plans de prévention des risques. En revanche, des terrains dont l'inconstructibilité a été décidée par le conseil municipal lors de l'élaboration de la carte communale ou du PLU pour des motifs autres que ceux-ci ne pourront en aucun cas être exclus.

En ce qui concerne les terrains situés à l'intersection d'une voie existante et qui supportent déjà une construction raccordée à la voie existante, le conseil municipal peut estimer qu'ils ne bénéficient pas du nouvel aménagement. La partie de ce terrain considérée comme bâtie (c'est-à-dire soumise à la taxe foncière sur les propriétés bâties) peut alors être exclue des terrains bénéficiant de la desserte.

Lorsque la PVR ne porte que sur le financement des réseaux d'eau potable et/ou d'électricité, la loi autorise également à exclure les terrains déjà desservis dont on peut considérer qu'ils ne bénéficient pas de l'aménagement réalisé, à savoir :

– les terrains qui supportent une construction déjà raccordée ;

– les terrains pour lesquels le réseau existant permet la délivrance des permis de construire.

Dispositions particulières au réseau électrique.

Aux termes de la loi du 10 février 2000, le raccordement au réseau d'électricité est un droit pour qui le demande. Il ne peut pas être refusé (sous réserve des dispositions particulières du Code de l'urbanisme pour les constructions irrégulières). C'est la raison pour laquelle la loi précise de façon détaillée les modalités de financement de ces extensions.

Une partie de ce financement est intégrée, (selon des modalités qu'un décret précisera) dans le prix de l'électricité facturée aux usagers.

L'autre partie est assurée par une contribution spécifique. Cette contribution est à la charge de la commune lorsque l'extension du réseau est rendue nécessaire pour réaliser une opération d'aménagement ou délivrer une autorisation d'urbanisme [1], et à la charge du demandeur quand le raccordement est demandé dans un autre cadre, par exemple pour raccorder une construction existante dont on ne change pas la destination. Dans le premier cas, quand la contribution est à sa charge, la commune peut financer sa contribution par la mise en œuvre de la PVR et « répercuter » ainsi le coût sur l'usager.

Quelles sont les modalités pratiques à mettre en œuvre pour percevoir la PVR ?

Conformément à l'article L. 332-28, le montant et la ou les dates de versement de la participation doivent être prévus explicitement dans l'autorisation d'urbanisme.

Le versement est dû par le propriétaire du terrain, même lorsqu'il n'est pas le demandeur de l'autorisation. Dans ce cas, il est souhaitable d'adresser au propriétaire, dont le nom et l'adresse

[1] Il faut noter que la loi prévoit trois exceptions : la contribution est due par le constructeur lorsqu'elle est demandée au titre des équipements publics exceptionnels, en application de l'article L. 332-8, elle est due par l'aménageur dans les ZAC. Enfin, il n'y a pas de contribution de la commune lorsque celle-ci a décidé, en accord avec le syndicat gestionnaire du réseau, que la PVR lui serait versée directement par les propriétaires fonciers.

figure dans la demande, une copie de l'autorisation. Cette communication lui permet d'être informé des dates auxquelles il devra s'acquitter des sommes qui seront ultérieurement mises à sa charge.

Lorsque le dossier de demande est présenté par une personne bénéficiant d'une promesse de vente y compris sous condition suspensive d'obtention du permis de construire, la participation pour voirie et réseau est mise à sa charge.

La participation ne peut être exigée si la délivrance de l'autorisation d'urbanisme est antérieure à la délibération relative à la PVR et propre à la voie.

Les certificats d'urbanisme délivrés depuis le 1er avril 2001 doivent indiquer le régime des taxes et participations applicables aux terrains concernés et ont donc pour effet de stabiliser le régime de taxes et participations applicables, au même titre que les règles d'urbanisme. Trois situations peuvent se rencontrer :

– la PVR n'est pas instituée sur la commune à la date de délivrance du certificat d'urbanisme (délibération générale non intervenue ou non exécutoire). Celui-ci ne mentionne pas la PVR parmi les participations applicables. La PVR ne pourra pas être exigée si la demande de permis de construire est déposée dans le délai de validité du certificat d'urbanisme, même si la commune l'a instituée entre temps ;

– la PVR est instituée sur la commune (délibération générale exécutoire), mais la délibération particulière relative à la voie n'est pas encore intervenue. Le certificat d'urbanisme mentionne le fait que la PVR est exigible dans la commune. Si la délibération particulière concernant la voie est prise avant la délivrance du permis de construire, le propriétaire devra payer la PVR ;

– la PVR est instituée sur la commune (délibération générale exécutoire) et la délibération particulière est intervenue. Dans ce cas, le certificat d'urbanisme mentionne les deux délibérations.

En cas d'omission de cette mention, le certificat d'urbanisme est illégal et peut être retiré dans le délai de quatre mois de sa délivrance. Ce retrait permet de délivrer un nouveau certificat d'urbanisme indiquant la PVR. Le retrait ne peut intervenir qu'après que le bénéficiaire du certificat d'urbanisme ait été mis à même de présenter ses observations écrites, et, s'il le souhaite, orales. Le bénéficiaire du CU peut se faire assister (loi n° 2000-321, 12 avr. 2000, article 24). Cette procédure est la seule qui permette de retirer un certificat d'urbanisme. La jurisprudence antérieure qui considérait que le refus d'un permis de construire valait retrait du certificat d'urbanisme antérieur n'est plus applicable depuis la loi du 12 avril 2000.

Au-delà du délai de quatre mois, le certificat d'urbanisme illégal ne peut plus être retiré.

Néanmoins, l'existence d'un certificat d'urbanisme qui a omis illégalement de mentionner la participation n'exonère pas le demandeur de cette participation ; l'autorisation d'urbanisme devra donc comporter la prescription de la participation qui sera ensuite mise en recouvrement. En revanche, le demandeur pourra se retourner contre l'auteur du certificat d'urbanisme (commune, EPCI ou État) pour obtenir réparation.

Le certificat d'urbanisme peut être prorogé pour un an, cette prorogation étant renouvelable conformément aux dispositions de l'article R. 410-18 du Code de l'urbanisme. Le renouvellement doit toutefois être refusé si les prescriptions d'urbanisme, les servitudes administratives de tous ordres applicables aux terrains et les contributions exigibles ont évolué.

Cas du préfinancement par les propriétaires avant la délivrance d'une autorisation d'urbanisme.

Les conventions par lesquelles les propriétaires fonciers acceptent de préfinancer les équipements ne peuvent être signées que si les délibérations générale et spécifique sont exécutoires. Ces conventions doivent préciser :

– la date à laquelle la voie et les réseaux, financés par la participation, seront achevés ;

– les modalités de règlement de la participation par le propriétaire cocontractant.

La convention apporte les garanties suivantes :

– les dispositions d'urbanisme mentionnées par la convention ne peuvent pas être remises en cause pendant les cinq années qui suivent la signature de la convention alors même qu'une révision des documents d'urbanisme aurait pour effet de les restreindre ;

– la convention est créatrice de droit au sens de l'article L. 160-5 du Code de l'urbanisme qui prévoit l'indemnisation des atteintes à des droits acquis ;

– en cas de non-réalisation des travaux dans le délai fixé par la convention, le propriétaire bénéficie d'un droit à restitution sans préjudices d'indemnités éventuelles fixées par les tribunaux.

C'est pourquoi la loi prévoit que la convention doit préciser pour chaque terrain les informations qui figurent habituellement dans un certificat d'urbanisme, c'est-à-dire :

– les dispositions d'urbanisme et les limitations administratives au droit de propriété ;

– l'état des équipements publics existants ou prévus ;

– le régime des autres taxes et participations.

Les conventions conclues avec les propriétaires fonciers doivent être approuvées par le conseil municipal sauf dans le cas où cette compétence a été déléguée au maire.

Les conventions entre une commune et les propriétaires fonciers peuvent être établies sur la base du modèle joint en annexe.

Comment est recouvrée la participation ?

Elle est recouvrée comme en matière de produits locaux. Le propriétaire foncier sera invité à s'acquitter de sa participation par l'émission d'un titre de recette établi par le receveur municipal en application de la convention ou de l'autorisation.

Lorsque le conseil municipal a décidé de ne réaliser, sur une voie existante, que les réseaux d'eau potable, d'assainissement ou d'électricité et a prévu, avec leur accord, que la PVR serait versée directement à l'EPCI ou au syndicat mixte compétent pour ces réseaux, la prescription du montant de la participation dans les autorisations d'occuper le sol fera l'objet d'une répartition pour chaque réseau. Les titres de recettes seront établis par les comptables des EPCI ou syndicats mixtes bénéficiaires au vu des conventions signées ou des autorisations délivrées.

Quelles sont les autres taxes et participations d'urbanisme exigibles en plus de la PVR ?

Les taxes d'urbanisme sont cumulables avec la PVR. Il s'agit de la taxe locale d'équipement (TLE), de la taxe complémentaire à la TLE en région Île-de-France, de la taxe départementale pour des espaces naturels sensibles, de la taxe départementale pour le financement des CAUE, de la taxe spéciale d'équipement du département de la Savoie, de la redevance pour construction de locaux de bureaux ou de locaux de recherche en région Île-de-France et de la redevance d'archéologie préventive.

Les participations d'urbanisme mentionnées à l'article L. 332-6-1-2° sont cumulables avec la PVR à condition qu'elles ne portent pas sur un équipement financé en tout ou en partie par la PVR. Il en résulte que :

– la participation pour non réalisation d'aires de stationnement est toujours cumulable avec la PVR ; en effet cette participation n'est que la contrepartie de l'absence de réalisation d'équipement propre de stationnement ;

– la participation pour raccordement à l'égout et la participation pour équipement public exceptionnel peuvent être cumulées avec la PVR, si celle-ci n'a pas notamment pour objet de faire financer tout ou partie du réseau d'assainissement ou de l'équipement exceptionnel ;

– la cession gratuite de terrain ne peut pas être cumulée avec la PVR. Il ne serait pas équitable de faire contribuer deux fois certains propriétaires en exigeant d'une part qu'ils acquittent la PVR qui couvre les dépenses d'acquisition foncière et d'autre part qu'ils cèdent gratuitement une partie de leur terrain pour l'implantation de la voie ;

– la participation des riverains applicable dans les départements de Bas-Rhin, du Haut-Rhin et de la Moselle ne peut pas être cumulée avec la PVR. Les communes peuvent recourir soit à ce dispositif issu du droit local et maintenu en vigueur, soit au régime de la PVR. Dès lors que la PVR est instaurée, le régime de droit local ne peut plus être mis en application pour le financement de nouveaux travaux d'aménagement de voie.

La PVR n'est pas applicable à l'intérieur d'une zone d'aménagement concerté ou du périmètre d'un programme d'aménagement d'ensemble. En effet, un mécanisme propre de financement des équipements de la voirie et des réseaux est institué dans ces zones.

Comment passer de la PVNR à la PVR ?

Les dispositions relatives à la PVR sont applicables depuis l'entrée en vigueur de la loi Urbanisme et Habitat. Les communes ou EPCI compétents peuvent donc procéder aux délibérations utiles à sa mise en œuvre.

L'article 50 de la loi prévoit que les délibérations ainsi que tous actes établis par application du régime de la PVNR issu de la loi SRU valent instauration et exigibilité de la PVR.

En conséquence, les communes qui ont précédemment délibéré pour instaurer la PVNR sur leur territoire, peuvent délibérer pour déterminer les modalités de prise en charge des travaux de création, d'aménagement de voie ou d'établissement et d'adaptation de réseaux sans avoir à reprendre la délibération instituant la participation sur leur territoire. Elles appliquent alors, pour chaque nouvelle délibération propre à une voie, le nouveau régime de la PVR.

Les délibérations propres à une voie intervenues avant l'entrée en vigueur de la loi Urbanisme et Habitat demeurent applicables. Elles ne peuvent être modifiées pour tenir compte du nouveau régime que si aucune convention n'a été signée et aucune autorisation n'a été délivrée sur la base de cette délibération.

Comment se répartissent les rôles entre la commune et les syndicats intercommunaux d'eau, d'assainissement ou d'électricité ?

Qu'elle ait institué la PVR ou non, lorsque des équipements relèvent d'un syndicat intercommunal d'eau ou d'électricité, la commune doit s'entendre avec le syndicat sur les travaux à réaliser. Des pratiques très diverses existent concernant les relations entre les communes et les syndicats intercommunaux. La loi n'impose aucun formalisme.

Parce qu'elle est responsable de l'urbanisme et que la PVR est un moyen de financer les dépenses nécessaires au développement de l'urbanisation, c'est la commune qui décide la mise en place

de la PVR [1]. Que la commune effectue les travaux directement ou à travers un syndicat intercommunal n'y change rien.

Par exemple, une commune versera au syndicat d'eau les sommes dues pour les travaux d'eau, au syndicat d'électricité les sommes dues pour l'électricité et effectuera elle-même les dépenses de voirie. Si elle a institué la PVR, elle percevra des propriétaires une somme correspondant à tout ou partie de ces dépenses. Sinon, elle les financera sur le budget communal.

Dans un souci de simplicité, la loi a néanmoins prévu que lorsque le conseil municipal a décidé de ne réaliser, sur une voie existante, qu'un ou plusieurs réseaux (eau, assainissement, électricité), il peut décider, en accord avec les syndicats compétents, que la PVR leur sera versée directement. Dans ce cas, les sommes dues par les propriétaires fonciers ne transitent pas par le budget communal.

Le financement des raccordements à usage individuel.

La PVR permet d'assurer le financement des réseaux publics destinés à desservir plusieurs terrains. Dans certaines communes rurales, où les constructions nouvelles sont très peu nombreuses, la délivrance d'un permis de construire est parfois subordonnée à un simple raccordement aux réseaux existants.

Le Code de l'urbanisme prévoit que la partie des raccordements qui permet au particulier de se raccorder au réseau public au niveau de son terrain est à la charge du demandeur. Jusqu'à présent l'article L. 332-15 du Code de l'urbanisme réglait le cas des raccordements aux réseaux publics passant « au droit du terrain ». En revanche, le cas des raccordements empruntant la voie publique n'était pas traité.

La loi Urbanisme et Habitat donne à la commune la faculté de demander au constructeur le financement de raccordements à usage individuel sur les réseaux d'eau potable ou d'électricité, situés sur des emprises publiques, dans une limite de 100 mètres ; la partie située sur terrain privé, qu'il s'agisse du terrain du demandeur ou d'un passage par une servitude de droit privé, reste intégralement à la charge du demandeur.

Cette disposition est en particulier adaptée aux petites communes dans lesquelles des permis ne sont accordés que de façon isolée à proximité de réseaux publics qu'il n'est pas prévu d'étendre. Ce dispositif n'est ni comparable ni substituable à la PVR. Sa mise en œuvre nécessite l'accord préalable du demandeur d'une autorisation ; cet accord est visé dans l'autorisation à délivrer. Il s'agit seulement d'un raccordement à usage individuel, qui doit être dimensionné pour répondre aux seuls besoins de l'opération [2]. La loi dit explicitement qu'il ne doit en aucun cas être destiné à desservir d'autres constructions, existantes ou futures. Par conséquent un raccordement individuel ne peut desservir une deuxième construction ni servir de point de départ pour un autre raccordement individuel. Si la commune désire faire financer par les propriétaires un réseau pouvant desservir plusieurs constructions, il lui faut avoir recours à la PVR.

Le non-respect des conditions de mise en œuvre peut entraîner, à tous moments, à l'encontre du maître d'ouvrage du réseau public concerné, des demandes de remboursement de la part du pétitionnaire ou des acquéreurs successifs des biens construits. Les sommes à restituer sont augmentées d'intérêts légaux majorés.

Quels liens entre la délivrance des permis de construire et des certificats d'urbanisme et le raccordement aux réseaux ?

La délivrance des permis de construire et des certificats d'urbanisme, déterminée avant tout par les documents d'urbanisme (PLU, carte communale), suppose également la présence des principaux réseaux : eau potable, électricité, assainissement et accès pompiers. En revanche, l'absence ou la présence de la PVR, qui est une modalité de financement des réseaux, n'a aucun impact juridique direct sur la délivrance ou non d'un permis de construire ou d'un certificat d'urbanisme :

– dans les zones U des POS ou des PLU et dans les parties actuellement urbanisées des communes dotées d'une carte communale ou non dotées d'un document d'urbanisme, le permis de construire ne peut, en règle générale, pas être refusé pour absence de desserte [3]. Si les réseaux n'existent pas, le classement en zone urbaine implique que la commune les réalise. Si les réseaux existent à proximité du terrain, le permis de construire peut prévoir un raccordement à usage individuel, mais ne peut pas être refusé ;

– dans les zones à urbaniser des PLU et des POS (zones NA ou AU « strictes ») les terrains sont constructibles s'ils sont situés à proximité des voies et réseaux. Toutefois, le document d'urba-

[1] Voir note 2.

[2] Lorsque la longueur d'un raccordement implique, pour des raisons techniques, la mise en place d'un dispositif de plus forte capacité, la surcapacité doit être admise puisqu'elle est nécessaire pour desservir correctement la construction en projet. Le coût du raccordement mis à la charge du pétitionnaire englobe le coût du surdimensionnement. Toutefois, ce surdimensionnement ne peut être utilisé pour desservir d'autres constructions.

[3] Le cas où un terrain situé en zone U ne serait pas situé à proximité des réseaux et où la commune n'aurait pas l'intention de réaliser à court terme les réseaux ne devrait pas se rencontrer. Cependant, dans une telle situation, le permis devrait être refusé, mais le demandeur pourrait se retourner contre la commune qui ne pouvait légalement classer en zone urbaine des terrains non desservis sans avoir l'intention de les aménager.

nisme peut subordonner la délivrance des permis à la réalisation d'un aménagement d'ensemble de la zone ;

– dans les communes qui n'ont pas de document d'urbanisme, les permis de construire et certificats d'urbanisme ne sont délivrés que dans la partie actuellement urbanisée de la commune. Toutefois, le conseil municipal peut demander, dans l'intérêt de la commune, qu'un permis de construire soit délivré en dehors de la partie urbanisée. Cette possibilité n'est ouverte que lorsque le terrain est situé à proximité des réseaux et que son raccordement n'entraîne donc pas de frais importants pour la commune.

La notion de « proximité » doit être appréciée localement par la commune. La jurisprudence a en général retenu qu'un terrain situé à une centaine de mètres des équipements devait être considéré comme desservi, sauf circonstances locales particulières.

Réseaux et constructions existantes.

Lorsqu'un raccordement nécessitant une extension des réseaux publics est demandé en dehors de tout projet de construction, pour une construction existante régulièrement édifiée, le Code de l'urbanisme ne s'applique pas. Dans ces cas, la possibilité pour le service public local de conditionner l'extension du réseau au versement d'une participation et les modalités de calcul de cette participation sont définis par des textes spécifiques et le règlement du service public local. Pour l'électricité, cette possibilité est explicitement prévue par l'article 4 de la loi du 10 février 2000 sur le service public électrique [1].

Il en est de même lorsque la demande de raccordement concerne une habitation existante qui fait l'objet de simples travaux de confort, d'amélioration, de mise aux normes ou de réfection même s'ils requièrent à ce titre une déclaration de travaux ou un permis de construire.

En revanche, la restauration d'un bâtiment très dégradé ou le changement de destination d'un bâtiment sont traités de la même façon qu'une construction neuve.

Modèle 1. – Délibération instituant le principe de la PVR sur un territoire communal

Vu le Code de l'urbanisme et notamment ses articles L. 332-6-1-2° *d)*, L. 332-11-1 et L. 332-11-2 ;

Considérant que les articles précités autorisent de mettre à la charge des propriétaires fonciers les coûts de construction des voies nouvelles, de l'aménagement des voies existantes ainsi que ceux d'établissement ou d'adaptation des réseaux qui leur sont associés, réalisés pour permettre l'implantation de nouvelles constructions ;

Le conseil municipal décide :

– d'instituer sur l'ensemble du territoire communal, la participation pour le financement des voiries et réseaux publics définie aux articles L. 332-11-1 et L. 332-11-2 du Code de l'urbanisme ;

***(Décision complémentaire prise sur l'initiative du conseil municipal)* [2] :**

– en application du sixième alinéa de l'article L. 332-11-1 du Code de l'urbanisme, d'exempter en totalité (ou dans la limite de x %) de l'obligation de participation, les constructions de logements sociaux visés au II de l'article 1585-C du Code général des impôts.

Modèle 2. – Délibération spécifique pour création ou aménagement d'une voie publique

Vu le Code de l'urbanisme et notamment ses articles L. 332-6-1-2° *d)*, L. 332-11-1 et L. 332-11-2 ;

Vu la délibération du ... instituant la participation pour voirie et réseaux sur le territoire de la commune de ... :

– considérant que l'implantation de futures constructions dans le secteur de ... implique la création (ou la réalisation d'aménagements) sur la voie ... *(préciser les objectifs et le niveau de l'aménagement prévu à terme)* ;

– considérant *(expliquer les raisons pour lesquelles la commune met la totalité ou une part seulement du coût des travaux à la charge des propriétaires)* ;

– considérant qu'une adaptation de la limite des 80 mètres est motivée, dans le secteur concerné par les circonstances locales suivantes :

(Les circonstances locales doivent être motivées de façon concrète et précise ; ne pas faire une formulation générale telle que « pour des raisons de morphologie urbaine ».)

Le conseil décide de :

Article 1er

Engager la réalisation des travaux de voirie et de réseaux dont le coût total estimé s'élève à x Euros. Il correspond aux dépenses suivantes :

[1] Modifiée par l'article 61 de la loi Urbanisme et habitat.

[2] S'agissant d'une mesure générale applicable sur toute la commune, si la délibération initiale ne prévoit pas l'exonération des logements locatifs sociaux, une délibération ultérieure peut l'organiser.

TRAVAUX DE CONSTRUCTION OU D'AMÉNAGEMENT DE VOIE	COÛTS DES TRAVAUX
– Acquisitions foncières	... €
– Travaux de voirie	... €
– Écoulement des eaux pluviales	... €
– Éclairage public	... €
Éléments souterrains de communication	... €
TRAVAUX D'ÉTABLISSEMENT OU D'ADAPTATION DES RÉSEAUX	–
Eau potable	... €
Électricité	... €
Assainissement	... €
Dépenses d'études	... €
Coût total	... €
Déduction des subventions à recevoir (notamment FNDAE et FACE) (1)	– ... €
Coût total net	... y €

(1) Fonds national pour le développement des adductions d'eau et Fonds d'amortissement des charges d'électricité, article L. 3232-2 du Code général des collectivités territoriales.

Article 2

Fixe à ... y Euros la part du coût de la voie et des réseaux mis à la charge des propriétaires fonciers.

Article 3

Les propriétés foncières concernées sont situées :

LA DÉLIBÉRATION MENTIONNERA L'UNE DE CES OPTIONS :	
– Acquisitions foncières	... €
Options selon le cas	– à 80 mètres de part et d'autre de la voie (suivant le plan joint (1) ; – suivant le plan joint (2), entre 60 et 100 mètres de part et d'autre de la voie.

(1) Plan facultatif.
(2) Plan nécessaire si la distance n'est pas une limite unique le long de la voie.

Article 4

Fixe le montant de la participation due par mètre carré de terrain desservi à ... z Euros.

Article 5

Décide que les montants de participation dus par mètre carré de terrain sont actualisés en fonction de l'évolution de l'indice ... [1]. Cette actualisation s'applique lors de la prescription effectuée lors de la délivrance des autorisations d'occuper le sol ou lors de la signature des conventions visées à l'article L. 332-11-2 du Code de l'urbanisme.

Modèle 3. – Délibération spécifique pour l'établissement ou l'adaptation des réseaux d'eau, d'électricité ou d'assainissement sur une voie publique existante

Vu le Code de l'urbanisme et notamment ses articles L. 332-6-1-2° *d)*, L. 332-11-1 et L. 332-11-2 ;

Vu la délibération du ... instituant la participation pour voirie et réseaux sur le territoire de la commune de ... :

– considérant que l'implantation de futures constructions dans le secteur de la voie ... justifie des travaux d'établissement ou d'adaptation des réseaux d'eau potable ou d'électricité ou d'assainissement, sans nécessiter d'aménagements supplémentaires de la voie existante ;

– considérant *(expliquer les raisons pour lesquelles la commune met la totalité ou une part seulement du coût des travaux à la charge des propriétaires)* ;

[1] Nommer l'indice de référence (Indice du coût de la construction, du BTP...).

– considérant qu'une adaptation de la limite des 80 mètres est motivée par les circonstances locales de ce secteur qui sont :

(les circonstances locales doivent être motivées de façon concrète et précise ; ne pas faire une formulation générale telle que « pour des raisons de morphologie urbaine ») ;

– considérant que sont exclus les terrains déjà desservis par les réseaux d'eau et/ou d'électricité ;

Le conseil décide :

Article 1er

Engager la réalisation des travaux de voirie et de réseaux dont le coût total estimé s'élève à x Euros. Il correspond aux dépenses suivantes :

TRAVAUX D'ÉTABLISSEMENT OU D'ADAPTATION DES RÉSEAUX	COÛTS DES TRAVAUX
– eau potable	... €
– électricité	... €
– assainissement	... €
Dépenses d'études	... €
Coût total	... €
Déduction des subventions à recevoir (notamment FNDAE et FACE) (1)	– ... €
Coût total net	... y €

(1) Fonds national pour le développement des adductions d'eau et Fonds d'amortissement des charges d'électricité, article L. 3232-2 du Code général des collectivités territoriales.

Article 2

Fixe à ... y Euros la part du coût de la voie et des réseaux mis à la charge des propriétaires fonciers.

Article 3

Les propriétés foncières concernées sont situées :

LA DÉLIBÉRATION MENTIONNERA L'UNE DE CES OPTIONS :	
– Acquisitions foncières	... €
Options selon le cas	– à 80 mètres de part et d'autre de la voie (suivant le plan joint (1) ; – suivant le plan joint (2), entre 60 et 100 mètres de part et d'autre de la voie.

(1) Le plan doit faire apparaître, s'il y a lieu, les terrains déjà desservis qui sont exclus.
(2) Plan nécessaire si la distance n'est pas une limite unique le long de la voie. Il doit également faire apparaître, s'il y a lieu, les terrains déjà desservis qui sont exclus.

Article 4

Fixe le montant de la participation due par mètre carré de terrain desservi à ... z Euros.

Complément lorsque la commune n'est pas maître d'ouvrage des réseaux d'eau potable, d'électricité ou d'assainissement et que les maîtres d'ouvrage de ces réseaux ont accepté de percevoir directement la PVR :

Conformément aux accords intervenus avec les maîtres d'ouvrage, les propriétaires fonciers s'acquitteront des sommes dont ils sont redevables, directement auprès des comptables de l'EPCI ou des syndicats mixtes compétents à raison de :

– z 1 Euro par mètre carré pour le réseau d'eau potable ;

– z 2 Euro par mètre carré pour le réseau d'électricité ;

– z 3 Euro par mètre carré pour le réseau d'assainissement.

Article 5

Décide que les montants de participation dus par mètre carré de terrain sont actualisés en fonction de l'évolution de l'indice ... [1]. Cette actualisation s'applique lors de la prescription effectuée

[1] Nommer l'indice de référence (indice du coût de la construction, du BTP...).

lors de la délivrance des autorisations d'occuper le sol ou lors de la signature des conventions visées à l'article L. 332-11-2 du Code de l'urbanisme.

Modèle 4. – Participation pour voirie et des réseaux

Proposition de convention de versement préalable à la délivrance des autorisations d'occuper le sol

Préambule

En application des dispositions de l'article L. 332-II-1 du Code de l'urbanisme, le conseil municipal de la commune de X ..., a, par délibération en date du D1 ..., instauré le régime de la participation pour voirie et réseaux destinés à permettre l'implantation de constructions sur les terrains nouvellement desservis.

Par délibération du D2 ..., le conseil municipal a décidé, pour permettre la réalisation de nouvelles constructions sur le secteur Z ...,

– de créer une nouvelle voie publique ;

– ou de réaliser des travaux d'aménagement de la rue N ... ;

– ou de réaliser des travaux d'établissement ou d'adaptation des réseaux d'eau potable, d'électricité ou d'assainissement pour la voie existante N.

M ... est propriétaire des parcelles cadastrales numéros ...,...,... comprises dans le secteur de Z ... Ces parcelles sont en totalité ou pour partie situées dans le périmètre des terrains devant être desservis par la voie publique ou les réseaux en projet.

M ..., en application des dispositions de l'article L. 332-II-1 du Code de l'urbanisme, accepte de verser, avant la délivrance d'une autorisation d'occuper le sol, la part du coût de la voie publique (ou des réseaux) appelée à desservir ses terrains.

En conséquence, entre la commune de X ..., représentée par ...

et

M ...

il a été convenu ce qui suit :

Article 1er

La commune de X ... s'engage à réaliser l'ensemble des équipements publics de voirie et réseaux prévus dans la délibération en date du D2 ..., au plus tard, le ...

Article 2

M ... s'engage à verser à la commune de X ... la participation exigible pour le financement des travaux de création (ou d'aménagement) de la voie publique (ou d'établissement ou d'adaptation des réseaux).

Article 3

La superficie du (des) terrain(s) situé(s) compris dans le périmètre des terrains desservis, objet(s) de la présente convention, parcelle(s) cadastrale(s) n° ...,...,..., est de Y m^2.

Par application de la délibération D2 ..., le montant de participation exigible par mètre carré de terrain a été fixé à n euros. En conséquence, le montant de participation due par M ... est égal au produit de Y m^2 par n euros soit une somme global de N ... euros.

***Option :* Ce montant est actualisé, lors des échéances de paiement prévues à l'article 4 ci-après, en fonction de l'évolution de l'indice I...**

Article 4

En exécution d'un titre de recette émis [1] comme en matière de recouvrement des produits locaux, M ... procédera au paiement de la participation ci-dessus déterminée :

Exemples :

– en un versement, au plus tard, le jj/mois/année ;

– ou en un versement, x jours après la date de signature de la présente convention ;

– ou en x fractions égales, la première dans les x jours suivants la date de la signature de la présente convention, la seconde dans les x jours suivants la date d'exigibilité du premier versement.

***NB :* Les modalités de règlement peuvent être adaptées aux souhaites et possibilités de trésorerie de chaque propriétaire foncier. La commune doit veiller à ne pas perdre les avantages du moyen de préfinancement qui constitue l'intérêt majeur de la convention.**

En tant que de besoin, de nouvelles modalités de règlement seront prescrites dans les autorisations d'occuper le sol éventuellement délivrées avant la (ou les) échéance(s) ci-dessus fixée(s).

Article 5

Les règles d'urbanisme et les limitations administratives au droit de propriété applicables aux terrains de M ... sont les suivantes :

[1] Lorsque la PVR est mise en œuvre pour le financement des seuls réseaux d'eau potable, d'électricité ou d'assainissement, un titre de recette propre à chaque réseau pourra être émis par les comptables de chaque EPCI ou syndicats mixtes compétents, cf. l'article 4 du modèle de délibération spécifique pour l'établissement ou l'adaptation des réseaux d'eau potable, d'électricité ou d'assainissement sur une voie publique.

(Mentionner les informations devant normalement être précisées par un certificat d'urbanisme, ou annexer un certificat d'urbanisme à la convention.)

Article 6

État des équipements publics existants et à créer.

Équipements existants : soit « néant », soit descriptif des équipements publics existants.

Équipements à créer : reprise du descriptif du programme d'équipements publics de voirie et/ou réseaux prévus dans la délibération en date du D2 ...

Article 7

Les autres contributions d'urbanisme applicables aux terrains de M ... sont les suivantes :

(Listes des autres régimes de contribution d'urbanisme applicables aux terrains et prévues aux articles L. 332-6 et L. 332-6-1 du Code de l'urbanisme.)

Article 8

La présente convention est exécutoire à compter de la publication de la délibération du conseil municipal, transmise au représentant de l'État dans le département, qui l'approuve.

Si la demande d'autorisation d'occuper le sol est déposée dans le délai de cinq ans à compter de la signature de la convention et respecte les dispositions d'urbanisme mentionnées par la convention, celles-ci ne peuvent être remises en cause pour ce qui concerne le cocontractant de la commune ou ses ayant-droit.

Si la voie ou les réseaux n'ont pas été réalisés dans le délai fixé par la convention, les sommes représentatives du coût des travaux non réalisés sont restituées au propriétaire, sans préjudice des indemnités éventuelles fixées par les tribunaux.

Ou option :

Article 9

La présente convention est exécutoire dès sa signature par les deux parties [1] et sa transmission au représentant de l'Etat dans le département.

Si la demande d'autorisation d'occuper le sol est déposée dans le délai de cinq ans à compter de la signature de la convention et respecte les dispositions d'urbanisme mentionnées par la convention, celles-ci ne peuvent être remises en cause pour ce qui concerne le cocontractant de la commune ou ses ayants droit.

Si la voie ou les réseaux n'ont pas été réalisés dans le délai fixé par la convention, les sommes représentatives du coût des travaux non réalisés sont restituées au propriétaire, sans préjudice des indemnités éventuelles fixées par les tribunaux.

Fait ... à ...

Le

En x exemplaires originaux,

Signatures

M ...

Pour la commune de X ...

Modèle 5. – Accord du demandeur. Application du 3e alinéa de l'article L. 332-15 du Code de l'urbanisme

(Cet accord doit être remis avant la délivrance de l'autorisation si la commune veut mettre à la charge du pétitionnaire le raccordement individuel).

Je soussigné x ..., accepte de prendre en charge le financement du (des) raccordement (s) individuel (s) au(x) réseau(x) d'eau potable et/ou d'électricité, selon les conditions techniques définies par l'autorité organisatrice du service public de l'eau ou de l'électricité.

Mon accord de financement est établi sur le(s) devis qui m'a (ont) été remis par (selon le cas) :

– la régie municipale ;

– le Syndicat x, gestionnaire du réseau d'eau ;

– le Syndicat y, gestionnaire du réseau électrique ;

– EDF, gestionnaire du réseau électrique.

J'ai par ailleurs été informé qu'en application de l'article L. 332-15 du Code de l'urbanisme, le (les) raccordement(s) individuel(s) nécessaire(s) à la réalisation de mon projet ne pourra(ont) pas être utilisé(s) pour desservir d'autres constructions existantes ou futures.

Fait à ..., le ...

Signature

[1] En application du 19° de l'article L. 2122-22 du Code général des collectivités territoriales, le conseil municipal peut déléguer au maire le pouvoir de signer la convention prévue à l'article L. 332-11-2 du Code de l'urbanisme.

ANNEXE IV

ARCHÉOLOGIE PRÉVENTIVE

Code du patrimoine

LIVRE V. – ARCHÉOLOGIE

TITRE II. – ARCHÉOLOGIE PRÉVENTIVE

CHAPITRE I. – DÉFINITION

C. patr., art. L. 521-1. — **L'archéologie préventive, qui relève de missions de service public, est partie intégrante de l'archéologie. Elle est régie par les principes applicables à toute recherche scientifique. Elle a pour objet d'assurer, à terre et sous les eaux, dans les délais appropriés, la détection, la conservation ou la sauvegarde par l'étude scientifique des éléments du patrimoine archéologique affectés ou susceptibles d'être affectés par les travaux publics ou privés concourant à l'aménagement. Elle a également pour objet l'interprétation et la diffusion des résultats obtenus.**

CHAPITRE II. – RÉPARTITION DES COMPÉTENCES :
ÉTAT ET COLLECTIVITÉS TERRITORIALES

Section 1. – Rôle de l'État

C. patr., art. L. 522-1. — **L'État veille à la conciliation des exigences respectives de la recherche scientifique, de la conservation du patrimoine et du développement économique et social. Il prescrit les mesures visant à la détection, à la conservation ou à la sauvegarde par l'étude scientifique du patrimoine archéologique, désigne le responsable scientifique de toute opération d'archéologie préventive et assure les missions de contrôle et d'évaluation de ces opérations.**

C. patr., art. L. 522-2. — **Les prescriptions de l'État concernant les diagnostics et les opérations de fouilles d'archéologie préventive sont motivées. Les prescriptions de diagnostic sont délivrées dans un délai d'un mois à compter de la réception du dossier. Ce délai est porté à deux mois lorsque les aménagements, ouvrages ou travaux projetés sont soumis à une étude d'impact en application du Code de l'environnement. Les prescriptions de fouilles sont délivrées dans un délai de trois mois à compter de la réception du rapport de diagnostic. En l'absence de prescriptions dans les délais, l'État est réputé avoir renoncé à édicter celles-ci.**

C. patr., art. L. 522-3. — **Les prescriptions de l'État peuvent s'appliquer à des opérations non soumises à la redevance prévue à l'article L. 524-2.**

Lorsque l'intérêt des vestiges impose leur conservation, l'autorité administrative notifie au propriétaire une instance de classement de tout ou partie du terrain dans les conditions prévues par les dispositions relatives aux monuments historiques.

C. patr., art. L. 522-4. — **Hors des zones archéologiques définies en application de l'article L. 522-5, les personnes qui projettent de réaliser des aménagements, ouvrages ou**

travaux peuvent saisir l'État afin qu'il examine si leur projet est susceptible de donner lieu à des prescriptions de diagnostic archéologique. À défaut de réponse dans un délai de deux mois ou en cas de réponse négative, l'État est réputé renoncer, pendant une durée de cinq ans, à prescrire un diagnostic, sauf modification substantielle du projet ou des connaissances archéologiques de l'État sur le territoire de la commune.

Si l'État a fait connaître la nécessité d'un diagnostic, l'aménageur peut en demander la réalisation anticipée par l'établissement public institué par l'article L. 523-1 ou un service territorial. Dans ce cas, il est redevable de la redevance prévue à l'article L. 524-2.

C. patr., art. L. 522-5.— **Avec le concours des établissements publics ayant des activités de recherche archéologique et des collectivités territoriales, l'État dresse et met à jour la carte archéologique nationale. Cette carte rassemble et ordonne pour l'ensemble du territoire national les données archéologiques disponibles.**

Dans le cadre de l'établissement de la carte archéologique, l'État peut définir des zones où les projets d'aménagement affectant le sous-sol sont présumés faire l'objet de prescriptions archéologiques préalablement à leur réalisation.

C. patr., art. L. 522-6. — **Les autorités compétentes pour délivrer les autorisations de travaux ont communication d'extraits de la carte archéologique nationale et peuvent les communiquer à toute personne qui en fait la demande. Un décret détermine les conditions de communication de ces extraits ainsi que les modalités de communication de la carte archéologique par l'État, sous réserve des exigences liées à la préservation du patrimoine archéologique, à toute personne qui en fait la demande.**

Section 2. – Rôle des collectivités territoriales

C. patr., art. L. 522-7.— **Les services archéologiques des collectivités territoriales sont organisés et financés par celles-ci.**

Ces services sont soumis au contrôle scientifique et technique de l'État.

C. patr., art. L. 522-8.— **Pour pouvoir réaliser des opérations de diagnostic et de fouilles d'archéologie préventive selon les modalités prévues aux articles L. 523-4, L. 523-5 et L. 523-7 à L. 523-10, les services mentionnés à l'article L. 522-7 doivent avoir été préalablement agréés.**

L'agrément est attribué, à la demande de la collectivité territoriale ou du groupement de collectivités territoriales dont relève le service, par l'autorité administrative. À défaut de réponse dans un délai de trois mois à compter de la réception de la demande de la collectivité territoriale ou du groupement de collectivités territoriales, l'agrément est réputé attribué.

CHAPITRE III. – MISE EN ŒUVRE DES OPÉRATIONS D'ARCHÉOLOGIE PRÉVENTIVE

C. patr., art. L. 523-1.— **Sous réserve des cas prévus à l'article L. 523-4, les diagnostics d'archéologie préventive sont confiés à un établissement public national à caractère administratif qui les exécute conformément aux décisions délivrées et aux prescriptions imposées par l'État et sous la surveillance de ses représentants, en application des dispositions du présent livre.**

L'établissement public réalise des fouilles d'archéologie préventive dans les conditions définies aux articles L. 523-8 à L. 523-10.

L'établissement public assure l'exploitation scientifique des opérations d'archéologie préventive et la diffusion de leurs résultats. Il concourt à l'enseignement, à la diffusion culturelle et à la valorisation de l'archéologie.

Pour l'exécution de ses missions, l'établissement public peut s'associer, par voie de convention, à d'autres personnes morales dotées de services de recherche archéologique.

C. patr., art. L. 523-2. — **L'établissement public mentionné à l'article L. 523-1 est administré par un conseil d'administration. Le président du conseil d'administration est nommé par décret.**

Le conseil d'administration comprend, outre son président, des représentants de l'État, des personnalités qualifiées, des représentants des organismes et établissements publics de recherche et d'enseignement supérieur dans le domaine de la recherche archéologique, des représentants des collectivités territoriales et des personnes publiques et privées dont l'activité est affectée par l'archéologie préventive ou qui œuvrent en ce domaine, ainsi que des représentants élus du personnel. Les attributions et le mode de fonctionnement de l'établissement public ainsi que la composition de son conseil d'administration sont précisés par décret.

Le conseil d'administration est assisté par un conseil scientifique.

C. patr., art. L. 523-3. — **Les emplois permanents de l'établissement public sont pourvus par des agents contractuels. Le statut des personnels de l'établissement public est régi par le décret en Conseil d'État pris en application de l'article 7 de la loi n° 84-16 du 11 janvier 1984 portant dispositions statutaires relatives à la fonction publique de l'État et par un décret particulier.**

Les biens, droits et obligations de l'association dénommée « Association pour les fouilles archéologiques nationales » sont dévolus à l'établissement public dans des conditions fixées par décret.

C. patr., art. L. 523-4. — **Les services archéologiques qui dépendent d'une collectivité territoriale ou d'un groupement de collectivités territoriales établissent, sur décision de l'organe délibérant de la collectivité ou du groupement, dans les mêmes conditions que l'établissement public, les diagnostics d'archéologie préventive relatifs à :**

***a)* Soit une opération d'aménagement ou de travaux réalisée sur le territoire de la collectivité territoriale ou du groupement de collectivités territoriales ;**

***b)* Soit, pendant une durée minimale de trois ans, l'ensemble des opérations d'aménagement ou de travaux réalisées sur le territoire de la collectivité territoriale ou du groupement de collectivités territoriales.**

Lorsque son organe délibérant en a ainsi décidé, une collectivité territoriale ou un groupement de collectivités territoriales, doté d'un service archéologique, est compétent pour se livrer aux opérations mentionnées au présent article sur son territoire alors même que ce dernier serait inclus dans le ressort d'une autre collectivité territoriale également dotée d'un service archéologique.

C. patr., art. L. 523-5. — **La réalisation, par un service archéologique territorial, d'un diagnostic prescrit à l'occasion de travaux réalisés pour le compte d'une autre collectivité, d'un autre groupement ou de l'État est soumise à l'accord de cette collectivité, de ce groupement ou de l'État.**

C. patr., art. L. 523-6. — **Les collectivités territoriales peuvent recruter pour les besoins de leurs services archéologiques, en qualité d'agents non titulaires, les agents de l'établissement public mentionné à l'article L. 523-1 qui bénéficient d'un contrat à durée indéterminée. Les agents ainsi recrutés conservent, sur leur demande, le bénéfice des stipulations de leur contrat antérieur relatives à sa durée indéterminée, à la rémunération qu'ils percevaient et à leur régime de retraite complémentaire et de prévoyance. Ils conservent, en outre, le bénéfice des stipulations de leur contrat antérieur qui ne dérogent pas aux dispositions législatives et réglementaires applicables aux agents non titulaires de la fonction publique territoriale.**

C. patr., art. L. 523-7. — **Une convention, conclue entre la personne projetant d'exécuter des travaux et l'établissement public ou la collectivité territoriale ou le groupement de collectivités territoriales dont dépend le service archéologique territorial chargé d'établir le diagnostic d'archéologie préventive, définit les délais de réalisation des diagnostics et les conditions d'accès aux terrains et de fourniture des matériels, équipements et moyens nécessaires à la réalisation des diagnostics. Les délais courent à compter de la mise à disposition des terrains dans des conditions permettant de se livrer aux opérations archéologiques. Sous réserve des dispositions du troisième alinéa applicables en cas d'un dépassement de délai imputable à l'opérateur, la convention détermine les conséquences pour les parties du dépassement des délais.**

Faute d'un accord entre les parties sur les délais de réalisation des diagnostics, ces délais sont fixés, à la demande de la partie la plus diligente, par l'État.

Lorsque, du fait de l'opérateur, le diagnostic n'est pas achevé dans le délai fixé par la convention, la prescription de diagnostic est réputée caduque à l'expiration d'un délai fixé par voie réglementaire. Dans ce cas, les dispositions des articles L. 531-14 à L. 531-16 sont applicables aux découvertes faites sur le terrain d'assiette de l'opération. Les mesures utiles à leur conservation ou à leur sauvegarde sont prescrites conformément aux dispositions du présent titre.

Les conclusions du diagnostic sont transmises à la personne projetant d'exécuter les travaux et au propriétaire du terrain.

C. patr., art. L. 523-8. — **La réalisation des opérations de fouilles d'archéologie préventive mentionnées à l'article L. 522-1 incombe à la personne projetant d'exécuter les travaux ayant donné lieu à la prescription. Celle-ci fait appel, pour leur mise en œuvre, soit à l'établissement public mentionné à l'article L. 523-1, soit à un service archéologique territorial, soit, dès lors que sa compétence scientifique est garantie par un agrément délivré par l'État, à toute autre personne de droit public ou privé.**

Lorsque la personne projetant d'exécuter les travaux est une personne privée, l'opérateur de fouilles ne peut être contrôlé, directement ou indirectement, ni par cette personne ni par l'un de ses actionnaires.

Pour un lotissement ou une zone d'aménagement concerté, la personne publique ou privée qui réalise ou fait réaliser le projet d'aménagement assure les opérations de fouilles pour l'ensemble du projet d'aménagement.

C. patr., art. L. 523-9. — **Le contrat passé entre la personne projetant d'exécuter les travaux et la personne chargée de la réalisation des fouilles fixe, notamment, le prix et les délais de réalisation de ces fouilles ainsi que les indemnités dues en cas de dépassement de ces délais.**

L'État autorise les fouilles après avoir contrôlé la conformité du contrat mentionné *(Mots rempl., L. n° 2004-1343, 9 déc. 2004, art. 78, XIV, A, 10°)* « au premier alinéa » avec les prescriptions de fouilles édictées en application de l'article L. 522-2.

L'opérateur exécute les fouilles conformément aux décisions prises et aux prescriptions imposées par l'État et sous la surveillance de ses représentants, en application des dispositions du présent livre.

C. patr., art. L. 523-10. — **Lorsque aucun autre opérateur ne s'est porté candidat ou ne remplit les conditions pour réaliser les fouilles, l'établissement public mentionné à l'article L. 523-1 est tenu d'y procéder à la demande de la personne projetant d'exécuter les travaux. En cas de désaccord entre les parties sur les conditions de réalisation ou sur le financement des fouilles, le différend est réglé selon une procédure d'arbitrage organisée par décret en Conseil d'État.**

C. patr., art. L. 523-11. — **Les conditions de l'exploitation scientifique des résultats des opérations d'archéologie préventive sont définies par décret en Conseil d'État.**

Lorsque les opérations de fouilles d'archéologie préventive sont réalisées par un opérateur autre que l'établissement public mentionné à l'article L. 523-1, cet opérateur est

tenu de remettre à l'État et à l'établissement public un exemplaire du rapport de fouilles. L'auteur du rapport ne peut s'opposer à son utilisation par l'État, par l'établissement public ou par les personnes morales dotées de services de recherche archéologique avec lesquelles il est associé en application du quatrième alinéa de l'article L. 523-1 ou par des organismes de recherche et des établissements d'enseignement supérieur, à des fins d'étude et de diffusion scientifiques à l'exclusion de toute exploitation commerciale. Ce rapport d'opération est communicable selon les règles applicables aux documents administratifs.

La documentation afférente à l'opération est remise à l'État.

C. patr., art. L. 523-12. — **Le mobilier archéologique provenant des opérations d'archéologie préventive est confié, sous le contrôle des services de l'État, à l'opérateur d'archéologie préventive le temps nécessaire à la rédaction du rapport d'opération. Ce délai ne peut excéder deux ans. Il est ensuite fait application des dispositions de l'article L. 523-14.**

C. patr., art. L. 523-13. — **En cas de cessation d'activité de l'opérateur de fouilles ou de retrait de son agrément, le mobilier archéologique provenant des opérations d'archéologie préventive et la documentation qu'il détenait sont remis à l'établissement public mentionné à l'article L. 523-1, afin qu'il en achève l'étude scientifique.**

C. patr., art. L. 523-14. — **La propriété du mobilier archéologique issu des opérations d'archéologie préventive est partagée à parts égales entre l'État et le propriétaire du terrain.**

Si, à l'issue d'un délai d'un an à compter de la réception du rapport de fouilles mentionné à l'article L. 523-11, le propriétaire n'a pas exprimé une intention contraire, il est réputé avoir renoncé à la propriété des vestiges qui lui étaient échus par le partage. La propriété de ces vestiges est alors transférée à titre gratuit à l'État.

L'État peut toutefois transférer à titre gratuit la propriété de ces vestiges à la commune sur le territoire de laquelle ils ont été découverts, dès lors qu'elle en fait la demande et qu'elle s'engage à en assurer la bonne conservation.

Dans le cas où le propriétaire n'a pas renoncé à son droit de propriété, l'État peut exercer le droit de revendication prévu à l'article L. 531-16.

CHAPITRE IV. – FINANCEMENT DE L'ARCHÉOLOGIE PRÉVENTIVE

C. patr., art. L. 524-1. — **Le financement de l'établissement public mentionné à l'article L. 523-1 est assuré notamment :**

***a)* Par la redevance d'archéologie préventive prévue à l'article L. 524-2 ;**

***b)* Par les subventions de l'État ou de toute autre personne publique ou privée ;**

***c)* Par les rémunérations qu'il perçoit en contrepartie des opérations de fouilles qu'il réalise.**

C. patr., art. L. 524-2 *(Phrase rempl., L. n° 2004-804, 9 août 2004, art. 17, I).* — **Il est institué une redevance d'archéologie préventive due par les personnes publiques ou privées projetant d'exécuter des travaux affectant le sous-sol et qui :**

***a)* Sont soumis à une autorisation ou à une déclaration préalable en application du Code de l'urbanisme ;**

***b)* Ou donnent lieu à une étude d'impact en application du Code de l'environnement ;**

***c)* Ou, dans les cas des autres travaux d'affouillement, sont soumis à déclaration administrative préalable selon les modalités fixées par décret en Conseil d'État.**

En cas de réalisation fractionnée, la surface de terrain à retenir est celle du programme général des travaux.

C. patr., art. L. 524-3. — **Sont exonérés de la redevance d'archéologie préventive les travaux relatifs aux logements à usage locatif construits ou améliorés avec le concours financier de l'État en application des 3° et 5° de l'article L. 351-2 et des articles L. 472-1 et L. 472-1-1 du Code de la construction et de l'habitation, au prorata de la surface hors œuvre nette effectivement destinée à cet usage, *(Mots rempl., L. n° 2004-804, 9 août 2004, art. 17, II)* « les constructions de logements réalisées par une personne physique pour elle-même ainsi que les affouillements rendus nécessaires pour la réalisation de travaux agricoles, forestiers ou pour la prévention des risques naturels ».**

C. patr., art. L. 524-4. — **Le fait générateur de la redevance d'archéologie préventive est :**

***a)* *(a rempl., L. n° 2004-804, 9 août 2004, art. 17, III)* Pour les travaux soumis à autorisation ou à déclaration préalable en application du Code de l'urbanisme, à l'exception des lotissements, la délivrance de cette autorisation ou la non-opposition aux travaux ;**

***b)* *(b rempl., L. n° 2004-804, 9 août 2004, art. 17, III)* Pour les travaux et aménagements autres que ceux mentionnés au a et donnant lieu à une étude d'impact, à l'exception des zones d'aménagement concerté, l'acte qui décide, éventuellement après enquête publique, la réalisation du projet et en détermine l'emprise ;**

***c)* Pour les autres travaux d'affouillement, le dépôt de la déclaration administrative préalable.**

Dans le cas où l'aménageur souhaite que le diagnostic soit réalisé avant la délivrance de l'autorisation préalable ou la non-opposition aux travaux mentionnée au *a* ou avant l'édiction de l'acte mentionné au b, le fait générateur de la redevance est le dépôt de la demande de réalisation du diagnostic.

C. patr., art. L. 524-5 *(Abr., L. n° 2004-804, 9 août 2004, art. 17, IV).*

C. patr., art. L. 524-6 *(Rempl., L. n° 2004-804, 9 août 2004, art. 17, V).* — **La redevance d'archéologie préventive n'est pas due pour les travaux visés au I de l'article L. 524-7 lorsque le terrain d'assiette a donné lieu à la perception de la redevance d'archéologie préventive en application des dispositions issues de la loi n° 2003-707 du 1er août 2003 modifiant la loi n° 2001-44 du 17 janvier 2001 relative à l'archéologie préventive.**

Elle n'est pas due lorsque l'emprise des constructions a déjà fait l'objet d'une opération visant à la détection, à la conservation ou à la sauvegarde par l'étude scientifique du patrimoine archéologique, réalisée dans des conditions fixées par décret en Conseil d'État.

En cas de demande volontaire de réalisation de diagnostic, le montant de la redevance d'archéologie préventive acquittée à ce titre est déduit de la redevance due pour la réalisation de l'aménagement.

C. patr., art. L. 524-7 *(Rempl., L. n° 2004-804, 9 août 2004, art. 17, VI).* — **Le montant de la redevance d'archéologie préventive est calculé selon les modalités suivantes :**

I. – Lorsqu'elle est perçue sur les travaux visés au *a* de l'article L. 524-2, l'assiette de la redevance est constituée par la valeur de l'ensemble immobilier comprenant les terrains nécessaires à la construction, à la reconstruction ou à l'agrandissement et les bâtiments dont l'édification doit faire l'objet de l'autorisation de construire. Cette valeur est déterminée forfaitairement en appliquant à la surface de plancher développée hors œuvre une valeur au mètre carré variable selon la catégorie d'immeubles. Cette valeur est déterminée conformément aux dispositions de l'article 1585 D du Code général des impôts. Les constructions qui sont destinées à être affectées à un service public ou d'utilité publique sont assimilées, pour le calcul de l'assiette de la redevance, aux constructions visées au 4° du I de l'article 1585 D du même code. Il en est de même pour les espaces aménagés principalement pour le stationnement des véhicules, qui sont assujettis sur la base de la surface hors œuvre brute lorsqu'il s'agit de constructions et de la surface au sol des travaux dans les autres cas.

La redevance n'est pas due pour les travaux de construction créant moins de 1 000 mètres carrés de surface hors œuvre nette ou, pour les parcs de stationnement visés à l'alinéa précédent, de surface.

Le tarif de la redevance est de 0,3 % de la valeur de l'ensemble immobilier déterminée conformément à l'article 1585 D du Code général des impôts.

II. – Lorsqu'elle est perçue sur des travaux visés aux *b* et *c* de l'article L. 524-2, son montant est égal à 0,32 € par mètre carré. Ce montant est indexé sur l'indice du coût de la construction.

La surface prise en compte est selon le cas :

– la surface au sol des installations autorisées pour les aménagements et ouvrages soumis à autorisation administrative qui doivent être précédés d'une étude d'impact en application de l'article L. 122-1 du Code de l'environnement ;

– la surface au sol des aménagements et ouvrages non soumis à autorisation administrative qui doivent être précédés d'une étude d'impact en application de l'article L. 122-1 du Code de l'environnement sur la base du dossier transmis pour prescription de diagnostic éventuelle en application des articles L. 522-1 et suivants du présent code ;

– la surface de la zone sur laquelle porte la demande de réalisation du diagnostic prévue au dernier alinéa de l'article L. 524-4 ;

– la surface au sol des travaux soumis à déclaration administrative préalable visés à l'article L. 524-2 du présent code.

La redevance n'est pas due pour les travaux et aménagements réalisés sur des terrains d'une superficie inférieure à 3 000 mètres carrés.

C. patr., art. L. 524-8. — **Au vu des éléments transmis par l'autorité compétente pour délivrer les autorisations ou recevoir les déclarations ou demandes mentionnées aux articles L. 524-2 et L. 524-4, le montant de la redevance d'archéologie préventive est liquidé et ordonnancé par le représentant de l'État dans le département ou, dans les cas prévus par l'** *(Mots rempl., L. n° 2004-1343, 9 déc. 2004, art. 78, XIV, A, 11°)* **« article L. 255 A du Livre des procédures fiscales », par le maire lorsqu'il est fait application du *a* de l'article L. 524-4 et par le représentant de l'État dans la région lorsqu'il est fait application des *b* ou *c* ou du cinquième alinéa de l'article L. 524-4.**

Le représentant de l'État dans le département et le représentant de l'État dans la région peuvent déléguer leur signature respectivement au directeur départemental de l'équipement ou au directeur régional des affaires culturelles territorialement compétents pour tous les actes nécessaires à la liquidation ou l'ordonnancement de la redevance d'archéologie préventive. Ces autorités peuvent subdéléguer leur signature à leurs subordonnés pour ces attributions.

Lorsqu'il apparaît que la superficie déclarée par l'aménageur dans le cadre d'une demande effectuée conformément au cinquième alinéa de l'article L. 524-4 est erronée ou inexacte, le service responsable de la liquidation rectifie la déclaration et en informe le redevable, avant de liquider la redevance. Dans ce cas, la procédure prévue aux articles L. 55 et suivants du Livre des procédures fiscales est applicable.

L'émission du titre de recettes est prescrite à la fin de la quatrième année qui suit celle de la réalisation du fait générateur. Toutefois, lorsque l'autorisation administrative est accordée pour une durée supérieure à quatre ans, l'émission du titre de recettes est prescrite à la fin de l'année qui suit l'année d'expiration de l'autorisation administrative.

La redevance d'archéologie préventive est payée en un versement unique au comptable du Trésor compétent désigné par décision de l'autorité administrative. Toutefois, lorsque la redevance est afférente à une opération autre que celles mentionnées au a de l'article L. 524-4 faisant l'objet de réalisation par tranches de travaux, le service liquidateur fractionne l'émission du titre de recettes au début de chacune des tranches prévues dans l'autorisation administrative.

C. patr., art. L. 524-9.— La redevance d'archéologie préventive est exigible immédiatement à la date d'ordonnancement du titre de recettes. La date limite de paiement est fixée au dernier jour du mois qui suit la date de cet ordonnancement.

Lorsque le délai de remise des titres au comptable est supérieur à trois jours, la date de prise en charge des titres par le comptable constitue le point de départ pour l'application de la date limite de paiement.

Lorsque la redevance n'a pas été réglée à la date limite de paiement, elle fait l'objet de la majoration de 10 % prévue à l'article 1761 du Code général des impôts. Une lettre de rappel est adressée au redevable.

C. patr., art. L. 524-10. — Le titre de recettes établi par l'ordonnateur comporte les décomptes de liquidation et de répartition du produit de la redevance et indique l'identité des tiers tenus solidairement au paiement de la redevance.

Le recouvrement de la redevance est assuré par les comptables du Trésor dans les conditions fixées au titre IV du Livre des procédures fiscales. Il est garanti par le privilège prévu au I de l'article 1929 du Code général des impôts. Sont tenus solidairement au paiement de la redevance les établissements de crédit ou sociétés de caution mutuelle qui sont garants de l'achèvement de l'opération d'aménagement ou de travaux ainsi que les aménageurs successifs, dont l'identité est précisée dans le contrat prévu à l'article L. 523-9.

C. patr., art. L. 524-11.— Après encaissement de la redevance, le comptable du Trésor en reverse le produit à l'établissement public mentionné à l'article L. 523-1 ou, dans le cas mentionné au *b* de l'article L. 523-4, à la collectivité territoriale ou au groupement de collectivités territoriales après déduction des frais d'assiette et de recouvrement et après prélèvement du pourcentage du produit de la redevance alimentant le Fonds national pour l'archéologie préventive prévu à l'article L. 524-14. Le reversement intervient au plus tard à la fin du mois qui suit le mois d'encaissement.

Toutefois, lorsque l'établissement public réalise un diagnostic prescrit à l'occasion de travaux d'aménagement réalisés pour le compte d'une collectivité territoriale ou d'un groupement de collectivités territoriales qui, dans le cas prévu au quatrième alinéa de l'article L. 523-4, n'a pas donné son accord à l'intervention du service archéologique de la collectivité territoriale mentionnée au *b* de l'article L. 523-4, cette dernière reverse à l'établissement public le montant de la redevance d'archéologie préventive perçue au titre de ces travaux.

Dans le cas où une collectivité territoriale ou un groupement de collectivités territoriales assure l'intégralité d'un diagnostic en application du *a* de l'article L. 523-4, la redevance lui est reversée par l'établissement public, la collectivité territoriale ou le groupement de collectivités territoriales qui l'a perçue.

C. patr., art. L. 524-12.— Les dégrèvements sont prononcés par le service qui a procédé à la liquidation initiale de la redevance au vu des décisions préalables et conformes adoptées par l'établissement public ou la collectivité bénéficiaire et par l'autorité administrative.

Les décharges sont prononcées lorsque les travaux définis à l'article L. 521-1 ne sont pas réalisés par le redevable et que l'opération de diagnostic n'a pas été engagée.

Les dégrèvements et décharges sont imputés sur les titres émis dans les conditions fixées par décret en Conseil d'État.

Lorsque la redevance qui fait l'objet d'un dégrèvement ou d'une décharge a été acquittée par le redevable et répartie entre les bénéficiaires, le comptable recouvre préalablement le produit auprès de ces bénéficiaires sur le fondement de leurs propres décisions. Lorsqu'il n'obtient pas le remboursement spontané, le comptable peut procéder par voie de compensation avec le produit de la redevance qu'il répartit par ailleurs.

Après avoir obtenu le remboursement de la part des bénéficiaires initiaux, le comptable reverse au redevable figurant sur le titre le montant de la redevance à l'exception des frais d'assiette et de recouvrement.

C. patr., art. L. 524-13. — **Le recouvrement de la redevance est prescrit quatre années après l'émission du titre.**

L'admission en non-valeur de la redevance est prononcée comme en matière d'impôts directs. Lorsque la redevance bénéficie à une collectivité territoriale, le comptable public soumet la proposition d'admission en non-valeur à cette collectivité. La collectivité peut refuser la non-valeur dès lors qu'elle est à même de justifier au comptable public des éléments permettant le recouvrement de la créance.

À défaut de décision, la non-valeur est admise d'office après un délai de six mois suivant la demande formulée par le comptable public.

C. patr., art. L. 524-14. — **Il est créé, dans les comptes de l'établissement public mentionné à l'article L. 523-1, un Fonds national pour l'archéologie préventive.**

Les recettes du fonds sont constituées par un prélèvement sur le produit de la redevance d'archéologie préventive prévue à l'article L. 524-2. La part du produit de la redevance qui lui est affectée ne peut être inférieure à 30 %. Elle est fixée chaque année par décision de l'autorité administrative.

Ce fonds finance les subventions accordées par l'État aux personnes projetant d'exécuter des travaux qui ont donné lieu à l'édiction d'une prescription de fouille d'archéologie préventive conformément aux dispositions de l'article L. 522-2. Les interventions de ce fonds visent à faciliter la conciliation entre la préservation du patrimoine archéologique et le développement des territoires, en particulier ruraux.

Les subventions sont attribuées par décision de l'autorité administrative, conformément aux critères définis par une commission comprenant un député et un sénateur désignés par leur assemblée respective et, en nombre égal, des représentants de l'État, des représentants des collectivités territoriales, des représentants des personnes mentionnées à l'article L. 524-2 et des personnalités qualifiées. La commission élit son président en son sein.

Les travaux de fouilles archéologiques induits par la construction de logements à usage locatif construits ou améliorés avec le concours financier de l'État en application des 3° et 5° de l'article L. 351-2 et des articles L. 472-1 et L. 472-1-1 du Code de la construction et de l'habitation, au prorata de la surface hors œuvre nette effectivement destinée à cet usage, ainsi que les constructions de logements réalisées par une personne physique pour elle-même, y compris lorsque ces constructions sont effectuées dans le cadre d'un lotissement ou d'une zone d'aménagement concerté, sont pris en charge financièrement par le fonds précité dans des conditions fixées par décret en Conseil d'État.

C. patr., art. L. 524-15. — **Les litiges relatifs à la redevance d'archéologie préventive sont de la compétence des juridictions administratives. Les réclamations relatives à l'assiette de la redevance sont adressées au service liquidateur, celles relatives au recouvrement et aux poursuites sont adressées au comptable compétent désigné par l'autorité administrative. Elles sont présentées et instruites selon les règles des titres III et IV du Livre des procédures fiscales.**

C. patr., art. L. 524-16. — **Un décret en Conseil d'État fixe les modalités d'application du présent titre.**

DÉCRET DU 3 JUIN 2004 N° 2004-490

relatif aux procédures administratives et financières en matière d'archéologie préventive (JO 5 juin 2004)

Chapitre I. – Dispositions générales

Art. 1er. – Les opérations d'aménagement, de construction d'ouvrages ou de travaux qui, en raison de leur localisation, de leur nature ou de leur importance, affectent ou sont susceptibles d'affecter des éléments du patrimoine archéologique ne peuvent être entreprises que dans le respect des mesures de détection et, le cas échéant, de conservation et de sauvegarde par l'étude scientifique ainsi que des demandes de modification de la consistance des opérations.

Art. 2. – Les mesures mentionnées à l'article 1er sont prescrites par le préfet de région.

Toutefois, lorsque les aménagements, ouvrages ou travaux affectent ou sont susceptibles d'affecter des biens culturels maritimes, le ministre chargé de la culture exerce les compétences dévolues au préfet de région par le présent décret. Il est saisi du dossier par le maître d'ouvrage. La commission consultative compétente est le Conseil national de la recherche archéologique prévu au titre Ier du décret [n° 94-423] du 27 mai 1994 susvisé.

Art. 3. – Pour l'application du présent décret, sont dénommées :

***a)* « Aménageurs » les personnes qui projettent d'exécuter les travaux ;**

***b)* « Opérateurs » les personnes qui réalisent les opérations archéologiques.**

Art. 4. – Entrent dans le champ de l'article 1er :

1° Lorsqu'ils sont réalisés dans les zones prévues à l'article 5 et portent, le cas échéant, sur des emprises au sol supérieures à un seuil défini par l'arrêté de zonage, les travaux dont la réalisation est subordonnée :

***a)* À un permis de construire en application de l'article L. 421-1 du Code de l'urbanisme ;**

***b)* À un permis de démolir en application des articles L. 430-1 et L. 430-2 du même code ;**

***c)* À une autorisation d'installations ou de travaux divers en application des articles R. 442-1 et R. 442-2 du même code ;**

***d)* À une autorisation de lotir en application des articles R. 315-1 et suivants du même code ;**

***e)* À une décision de réalisation de zone d'aménagement concerté en application des articles R. 311-7 et suivants du même code ;**

2° La réalisation de zones d'aménagement concerté créées conformément à l'article L. 311-1 du Code de l'urbanisme et affectant une superficie supérieure ou égale à 3 hectares ;

3° Les opérations de lotissement régies par les articles R. 315-1 et suivants du Code de l'urbanisme, affectant une superficie supérieure ou égale à 3 hectares ;

4° Les travaux soumis à déclaration préalable en application de l'article R. 442-3-1 du Code de l'urbanisme ;

5° Les aménagements et ouvrages dispensés d'autorisation d'urbanisme, soumis ou non à une autre autorisation administrative, qui doivent être précédés d'une étude d'impact en application de l'article L. 122-1 du Code de l'environnement ;

6° Les travaux sur les immeubles classés au titre des monuments historiques qui sont dispensés d'autorisation d'urbanisme mais sont soumis à autorisation en application de l'article L. 621-9 du Code du patrimoine.

Entrent également dans le champ de l'article 1er les opérations mentionnées aux articles 6 et 7.

Art. 5. – Sont présumés faire l'objet de prescriptions archéologiques préalablement à leur réalisation les projets d'aménagements affectant le sous-sol qui sont réalisés dans les zones définies dans le cadre de l'établissement de la carte archéologique nationale, conformément aux dispositions du deuxième alinéa de l'article L. 522-5 du Code du patrimoine, par arrêté du préfet de région pris après avis de la commission interrégionale de la recherche archéologique, en fonction des informations scientifiques conduisant à envisager la présence d'éléments du patrimoine archéologique.

L'arrêté du préfet de région est adressé au préfet du département ou des départements intéressés par le zonage aux fins de publication au recueil des actes administratifs de la préfecture, ainsi qu'aux maires des communes intéressées. Il fait l'objet d'un affichage en mairie pendant un mois à compter du jour où il a été reçu. Il est tenu à la disposition du public dans les préfectures et dans les mairies.

Art. 6. – Lorsqu'il dispose d'informations lui indiquant qu'un projet qui ne lui est pas transmis en application de l'arrêté mentionné à l'article 5 est néanmoins susceptible d'affecter des éléments du patrimoine archéologique, le préfet de région peut demander au maire de lui communiquer au cours de l'instruction, selon le cas, le dossier de demande de permis de construire, de demande de permis de démolir, de demande d'autorisation de lotir, de demande d'autorisation relative à des installations ou travaux divers ou le dossier de réalisation de zone d'aménagement concerté qui correspond à ce projet.

Il peut, pour le même motif, demander au maire de lui communiquer le dossier d'une déclaration de travaux déposée en application de l'article L. 422-2 du Code de l'urbanisme.

Art. 7. – En dehors des cas prévus au 1° de l'article 4, les autorités compétentes pour autoriser les aménagements, ouvrages ou travaux mentionnés au même article ou pour recevoir la déclaration mentionnée au dernier alinéa de l'article 6 peuvent décider de saisir le préfet de région en se fondant sur les éléments de localisation du patrimoine archéologique dont elles ont connaissance.

Art. 8. – I. – Dans les cas mentionnés aux 1° à 5° de l'article 4, le préfet de région est saisi :

1° Pour les permis de construire, les permis de démolir, les autorisations d'installations ou de travaux divers et les autorisations de lotir, par le préfet de département qui lui adresse un exemplaire du dossier de demande dès qu'il a reçu les éléments transmis par le maire en application, respectivement, des articles L. 421-2-3, R. 430-5, R. 442-4-2 et R. 315-11 du Code de l'urbanisme ;

2° Pour les zones d'aménagement concerté, par la personne publique ayant pris l'initiative de la création de la zone qui adresse au préfet de région le dossier de réalisation approuvé prévu à l'article R. 311-7 du Code de l'urbanisme ;

3° Pour les aménagements et ouvrages mentionnés au 4° de l'article 4, dans les conditions définies à l'article R. 442-3-1 du Code de l'urbanisme ;

4° Pour les aménagements et ouvrages mentionnés au 5° de l'article 4 qui sont soumis à une autorisation administrative autre qu'une autorisation d'urbanisme, par le service chargé de recevoir la demande d'autorisation, qui adresse une copie du dossier de demande au préfet de région ;

5° Pour les aménagements et ouvrages mentionnés au 5° de l'article 4 qui ne sont pas soumis à une autorisation administrative, par l'aménageur. Celui-ci adresse au préfet de région un dossier décrivant les travaux projetés, notamment leur emplacement prévu sur le terrain d'assiette, leur superficie, leur impact sur le sous-sol et indiquant la date à laquelle ils ont été arrêtés.

II. – Pour les travaux sur des monuments historiques mentionnés au 6° de l'article 4, la saisine du préfet de région au titre de l'autorisation exigée par l'article L. 621-9 du Code du patrimoine vaut saisine au titre du présent décret.

Art. 9. – Lorsqu'il a reçu un dossier, le préfet de région délivre à l'autorité qui l'a saisi ainsi qu'à l'aménageur un accusé de réception indiquant la date à compter de laquelle court le délai prévu à l'article 18 ou, le cas échéant, le délai prévu au deuxième alinéa de l'article 19.

Art. 10. – Les aménageurs peuvent, avant de déposer une demande pour obtenir les autorisations requises par les lois et règlements ou avant d'engager toute autre procédure, saisir le préfet de région afin qu'il examine si leur projet est susceptible de donner lieu à des prescriptions archéologiques.

À cette fin, ils produisent un dossier qui comporte un plan parcellaire et les références cadastrales, le descriptif du projet et son emplacement sur le terrain d'assiette ainsi que, le cas échéant, une notice précisant les modalités techniques envisagées pour l'exécution des travaux.

Si le préfet de région constate que le projet est susceptible d'affecter des éléments du patrimoine archéologique, il informe le demandeur, dans le délai de deux mois à compter de la réception de la demande, que le projet qu'il lui a présenté donnera lieu à des prescriptions de diagnostic archéologique.

Art. 11. – Hors des zones mentionnées à l'article 5, en cas de réponse négative ou d'absence de réponse dans le délai prévu à l'article 10, le préfet de région est réputé avoir renoncé à prescrire un diagnostic sur le même terrain et pour le projet de travaux dont il a été saisi, pendant une durée de cinq ans, sauf modification substantielle du projet ou des connaissances archéologiques sur le territoire de la commune.

Sont considérées comme substantielles les modifications portant notamment sur l'implantation, la profondeur ou les modes de fondation des ouvrages projetés.

Si l'état des connaissances archéologiques sur le territoire de la commune conduit le préfet de région à modifier l'appréciation qu'il a portée sur la nécessité d'un diagnostic, il le fait connaître à l'aménageur, par acte motivé, dans les meilleurs délais et en informe le maire.

Art. 12. – Si le préfet de région a fait connaître, en application de l'article 10, la nécessité d'un diagnostic, l'aménageur peut le saisir d'une demande anticipée de prescription.

Le préfet de région prescrit alors, dans les conditions prévues par le présent décret, la réalisation d'un diagnostic archéologique et, si des éléments du patrimoine archéologique présents sur le site sont déjà connus, prend les autres mesures prévues à l'article 14.

La redevance d'archéologie préventive correspondante est due par le demandeur, conformément au dernier alinéa de l'article L. 524-4 du Code du patrimoine.

Chapitre II. – Régime des prescriptions archéologiques

Art. 13. – Le préfet de région édicte les prescriptions archéologiques, délivre l'autorisation de fouille et désigne le responsable scientifique de toute opération d'archéologie préventive.

Le responsable scientifique est l'interlocuteur du préfet de région et le garant de la qualité scientifique de l'opération archéologique. À ce titre, il prend, dans le cadre de la mise en œuvre du projet d'intervention de l'opérateur, les décisions relatives à la conduite scientifique de l'opération et à l'élaboration du rapport dont il dirige la rédaction. Il peut être différent pour la réalisation du diagnostic et pour la réalisation de la fouille.

Art. 14. – Les prescriptions archéologiques peuvent comporter :

1° La réalisation d'un diagnostic qui vise, par des études, prospections ou travaux de terrain, à mettre en évidence et à caractériser les éléments du patrimoine archéologique éventuellement présents sur le site et à présenter les résultats dans un rapport ;

2° La réalisation d'une fouille qui vise, par des études, des travaux de terrain et de laboratoire, à recueillir les données archéologiques présentes sur le site, à en faire l'analyse, à en assurer la compréhension et à présenter l'ensemble des résultats dans un rapport final ;

3° Le cas échéant, l'indication de la modification de la consistance du projet permettant d'éviter en tout ou partie la réalisation des fouilles ; ces modifications peuvent porter sur la nature des fondations, les modes de construction ou de démolition, le changement d'assiette ou tout autre aménagement technique permettant de réduire l'effet du projet sur les vestiges.

Les prescriptions sont motivées.

Art. 15. – Lorsqu'il prescrit un diagnostic en application du 1° de l'article 14, le préfet de région définit ses objectifs, l'emprise de l'opération, les principes méthodologiques à suivre ainsi que la qualification du responsable scientifique.

Art. 16. – Lorsque les opérations d'aménagement, de construction d'ouvrage ou de travaux mentionnées à l'article 1er portent sur des terrains recelant des vestiges archéologiques dont l'intérêt impose une conservation sur place faisant obstacle à la réalisation de l'aménagement, le préfet de région demande le classement parmi les monuments historiques de tout ou partie du terrain. Le ministre chargé de la culture notifie, dans ce cas, au propriétaire du terrain une proposition de classement dans les conditions prévues par le chapitre Ier du titre II du livre VI du Code du patrimoine.

Art. 17. – Lorsque des prescriptions archéologiques ont été formulées ou que le préfet a fait connaître son intention d'en formuler, les autorités compétentes pour délivrer les autorisations mentionnées à l'article 4 les assortissent d'une mention précisant que l'exécution de ces prescriptions est un préalable à la réalisation des travaux.

Lorsque l'aménageur modifie son projet en application du 3° de l'article 14, les modifications de la consistance du projet indiquées par le préfet ont valeur de prescription. Si celles-ci ne sont pas de nature à imposer le dépôt d'une nouvelle demande d'autorisation, ou d'une demande de modification de l'autorisation délivrée, l'aménageur adresse au préfet de région une notice technique exposant le contenu des mesures prises.

Art. 18. – Le préfet de région dispose d'un délai d'un mois à compter de la réception d'un dossier complet pour prescrire la réalisation d'un diagnostic ou faire connaître son intention d'édicter une prescription de fouille ou demander la modification de la consistance du projet. Ce délai est porté à deux mois lorsque les aménagements, ouvrages ou travaux projetés sont soumis à étude d'impact.

En l'absence de notification de prescriptions dans le délai applicable en vertu de l'alinéa précédent, le préfet de région est réputé avoir renoncé à édicter celles-ci.

Lorsque le préfet de région fait connaître à l'autorité compétente pour délivrer l'autorisation et à l'aménageur son intention d'édicter une prescription de fouille ou de demander la modification de la consistance du projet, il doit notifier le contenu de cette prescription dans un délai qui ne peut dépasser trois mois à compter de la date de réception du dossier. Passé ce délai, il est réputé avoir renoncé à édicter de telles prescriptions.

Art. 19. – La date de réception du rapport est notifiée par le préfet de région à l'autorité qui instruit la demande d'autorisation et à l'aménageur. À compter de cette date, le préfet de région dispose d'un délai de trois mois pour notifier le contenu des prescriptions postérieures au diagnostic. À défaut de notification dans ce délai, le préfet de région est réputé avoir renoncé à édicter de telles prescriptions.

Dans le cas où le diagnostic a déjà été réalisé en application de l'article 12, le délai de trois mois court à compter de la réception du dossier par le préfet de région dans les conditions prévues à l'article 8 ou de la confirmation par l'aménageur de son intention de réaliser les aménagements, ouvrages ou travaux projetés.

Art. 20. – Lorsque des prescriptions archéologiques ont été arrêtées à l'occasion de la création d'une zone d'aménagement concerté ou de l'autorisation d'un lotissement, aucune prescription supplémentaire ne peut être imposée lors de l'instruction des demandes d'autorisation d'urbanisme nécessaires à la réalisation de l'opération. Il en va de même si le préfet de région, régulièrement saisi du projet de réalisation de la zone ou du lotissement a fait savoir à l'aménageur que son projet n'appelait pas d'intervention archéologique préventive.

Si le préfet de région, saisi en application de l'article 10 d'une demande tendant à ce qu'il examine si un projet est susceptible de donner lieu à des prescriptions archéologiques, a prescrit la réalisation d'un diagnostic archéologique, il ne peut édicter que des prescriptions mentionnées au 2° ou 3° de l'article 14 lorsqu'il reçoit, dans les conditions prévues à l'article 8, un dossier relatif à la même opération. Il en est de même, lorsque, saisi en application des articles 10 et 12, il a prescrit des mesures postérieures au diagnostic ; il ne peut alors édicter aucune prescription supplémentaire lorsqu'il reçoit, dans les conditions prévues à l'article 8, un dossier relatif à la même opération.

Art. 21. – Lorsque des opérations sont réalisées par tranches successives, le calendrier prévisionnel de leur réalisation est communiqué au préfet de région qui peut décider de prescrire les mesures prévues à l'article 14 soit pour la totalité du projet, soit lors de l'exécution de chaque tranche. Dans ce dernier cas, il définit par arrêté les délais de sa saisine et la nature des documents à fournir.

Les opérations de diagnostic sont toutefois conduites pour l'ensemble du projet si la personne qui réalise ce projet en fait la demande.

Chapitre III. – Mise en œuvre des diagnostics

Section 1. – La désignation de l'opérateur chargé du diagnostic

Art. 22. – Les prescriptions archéologiques de diagnostic sont notifiées à l'autorité compétente pour délivrer l'autorisation de travaux, à l'aménageur, à l'Institut national de recherches archéologiques préventives ainsi que, s'ils disposent d'un service archéologique agréé, aux collectivités territoriales ou aux groupements de collectivités territoriales sur le territoire desquels l'opération d'aménagement doit avoir lieu.

Art. 23. – Les collectivités territoriales ou les groupements de collectivités territoriales dont le service archéologique a été agréé peuvent décider :

1° De réaliser le diagnostic d'archéologie préventive pour une opération d'aménagement ou de travaux entrepris sur leur territoire ;

2° De réaliser l'ensemble des diagnostics d'archéologie préventive prescrits pour les opérations d'aménagement ou de travaux entrepris sur leur territoire.

Art. 24. – Les collectivités ou groupements de collectivités mentionnés à l'article 23 qui entendent réaliser le diagnostic d'archéologie préventive pour une opération, en application du 1° de cet article, doivent faire connaître leur décision en ce sens au préfet de région dans le délai d'un mois à compter de la réception de la notification de prescription de diagnostic. À défaut de la notification de leur décision dans ce délai, ces collectivités ou groupements de collectivités sont réputés avoir renoncé à exercer cette faculté.

Art. 25. – La décision des collectivités territoriales ou des groupements de collectivités territoriales d'établir, conformément au 2° de l'article 23, l'ensemble des diagnostics prescrits sur leur territoire doit fixer la durée pendant laquelle elle s'applique, qui ne peut être inférieure à trois ans. Elle est notifiée au préfet de région, au préfet de département, aux autres collectivités territoriales incluses dans le territoire de la collectivité ou du groupement ainsi qu'à l'Institut national de recherches archéologiques préventives.

Art. 26. – La réalisation, par un service archéologique territorial, d'un diagnostic prescrit à l'occasion de travaux effectués pour le compte d'autres collectivités territoriales ou leurs groupements ou de l'État est soumise à l'accord de ces collectivités ou de leurs groupements ou de l'État. Cet accord est regardé comme acquis, sauf décision expresse de refus notifiée au préfet de région dans un délai d'un mois à compter de la réception de la prescription de diagnostic.

Art. 27. – À l'expiration des délais mentionnés aux articles 24 et 26, le préfet de région notifie l'attribution du diagnostic à l'opérateur compétent et informe l'aménageur de l'identité de celui-ci.

Sous réserve des dispositions de l'article 26, l'opérateur compétent est par ordre de priorité :

1° La commune ou le groupement de communes ;

2° Le département ;

3° La région ou, en Corse, la collectivité territoriale de Corse ;

4° L'Institut national de recherches archéologiques préventives.

Section 2. – Les conditions de réalisation du diagnostic

Art. 28. – À la réception de la notification de l'attribution du diagnostic, l'opérateur élabore un projet d'intervention détaillant la mise en œuvre de la prescription et le soumet au préfet de région pour approbation. Si le projet soumis n'est pas conforme à la prescription qu'il a édictée, le préfet de région demande à l'opérateur de le modifier. Faute d'observation de la part du préfet dans le délai d'un mois, l'approbation est réputée acquise.

Dès que le projet d'intervention a été approuvé et au plus tard deux mois après avoir reçu la notification de l'attribution du diagnostic, l'opérateur adresse à l'aménageur un projet de convention précisant les conditions de réalisation du diagnostic, telles que prévues à l'article 29.

Art. 29. – I. – La convention prévue à l'article 28 définit notamment :

1° Les délais de réalisation du diagnostic et de remise du rapport ;

2° Les conditions et délais de mise à disposition du terrain par l'aménageur et de préparation des opérations par l'opérateur ainsi que, le cas échéant, les conditions de restitution du terrain ;

3° L'indication des matériels, équipements et moyens apportés par l'aménageur et, le cas échéant, les modalités de leur prise en charge financière par l'opérateur ;

4° Le montant des pénalités par jour de retard dues soit par l'opérateur en cas de dépassement des délais définis au 1°, soit par l'aménageur en cas de dépassement des délais prévus au 2°.

II. – La convention ne peut avoir pour effet la prise en charge, par l'opérateur, de travaux ou d'aménagements du chantier qu'impliquait, en tout état de cause, la réalisation du projet.

Art. 30. – Les délais de réalisation du diagnostic et de remise du rapport prévus au 1° du I de l'article 29 courent à compter de la mise à disposition des terrains dans des conditions permettant de se livrer aux opérations archéologiques, telles que déterminées au 2° du I du même article.

En cas de désaccord sur ces délais entre l'aménageur et l'opérateur, ceux-ci sont fixés par le préfet de région, saisi par la partie la plus diligente. Le préfet se prononce dans les quinze jours de sa saisine après avoir, s'il le juge utile, consulté la commission interrégionale de la recherche archéologique.

Art. 31. – La convention prévue à l'article 28 est transmise au préfet de région.

Art. 32. – Le rapport de diagnostic est transmis au préfet de région, qui le porte à la connaissance de l'aménageur et du propriétaire du terrain.

Art. 33. – Le délai de caducité de la prescription de diagnostic prévu au troisième alinéa de l'article L. 523-7 du Code du patrimoine est d'un mois à compter de la date conventionnelle d'achèvement des travaux archéologiques sur le terrain. Ce délai est porté à deux mois quand le diagnostic a été prescrit à l'occasion de travaux soumis à étude d'impact en application du Code de l'environnement. Le délai est suspendu en cas de force majeure.

Art. 34. – Dès qu'il apparaît que le diagnostic ne peut être réalisé dans les délais, l'opérateur en informe le préfet de région. Il indique si des vestiges ont été découverts et en fournit une première caractérisation.

Si le diagnostic inachevé a établi la présence de vestiges archéologiques ou que leur découverte est faite pendant les travaux d'aménagement, ils sont soumis aux dispositions des articles L. 531-14 à à L. 531-16 du Code du patrimoine. Toutefois, pour leur conservation ou leur sauvegarde, le préfet de région peut édicter une des prescriptions postérieures au diagnostic prévues à l'article 14 du présent décret.

Chapitre IV. – Mise en œuvre des fouilles

Section 1. – Les prescriptions archéologiques de fouilles

Art. 35. – Lorsque le préfet de région prescrit, dans les conditions prévues par l'article 19, la réalisation d'une fouille, il assortit son arrêté de prescription d'un cahier des charges scientifique qui :

a) Définit les objectifs, les données scientifiques ainsi que les principes méthodologiques et techniques de l'intervention et des études à réaliser ;

b) Précise les qualifications du responsable scientifique de l'opération et, le cas échéant, celles des spécialistes nécessaires à l'équipe d'intervention ;

c) Définit la nature prévisible des travaux nécessités par l'opération archéologique, en indique, le cas échéant, la durée minimale et fournit une composition indicative de l'équipe ;

d) Détermine les mesures à prendre pour la conservation préventive des vestiges mis au jour ;

e) Fixe le délai limite pour la remise du rapport final.

Art. 36. – L'arrêté de prescription archéologique de fouilles est notifié à l'autorité compétente pour délivrer l'autorisation de travaux et à l'aménageur.

Section 2. – Les conditions de réalisation des fouilles

Art. 37. – Les opérations de fouilles archéologiques prescrites par le préfet de région ou, pour les opérations sous-marines, par le ministre chargé de la culture, sont réalisées sous la maîtrise d'ouvrage de l'aménageur.

Art. 38. – Les opérations de fouilles peuvent être confiées à l'Institut national de recherches archéologiques préventives, à un service archéologique territorial agréé ou à toute autre personne de droit public ou privé titulaire de l'agrément prévu au chapitre IX du présent décret.

Art. 39. – Si l'aménageur est une personne publique soumise au Code des marchés publics, la passation du contrat de fouilles est soumise aux règles de passation des marchés de travaux fixées par ce code.

Si l'aménageur est une personne publique ou privée soumise à la loi [n° 91-3] du 3 janvier 1991 susvisée, la passation du contrat de fouilles est régie par les règles de passation des marchés de travaux fixées par le décret [n° 92-311] du 31 mars 1992 susvisé.

Art. 40. – L'aménageur conclut avec l'opérateur un contrat qui définit le projet scientifique d'intervention et les conditions de sa mise en œuvre. Ce projet détermine les modalités de la réalisation de la prescription, notamment les méthodes et techniques employées et les moyens humains et matériels prévus. Il est établi par l'opérateur sur la base du cahier des charges scientifique.

Le contrat précise :

1° La date prévisionnelle de début de l'opération de fouilles, sa durée et le prix de réalisation des fouilles ;

2° Les conditions et délais de la mise à disposition du terrain par l'aménageur et de l'intervention de l'opérateur ;

3° Les indemnités dues par l'une ou l'autre partie en cas de dépassement des délais convenus ;

4° La date de remise du rapport final d'opération.

Si l'aménageur est une personne publique soumise au Code des marchés publics, le contrat contient en outre les mentions obligatoires prévues par ledit code.

Art. 41. – Le contrat prévu à l'article 39, signé par les deux parties et accompagné du justificatif de l'agrément de l'opérateur, est transmis par l'aménageur au préfet de région. Cette transmission vaut demande de l'autorisation de fouille prévue au deuxième alinéa de l'article L. 523-9 du Code du patrimoine.

Lorsque l'aménageur est une personne privée, la transmission est complétée par une déclaration sur l'honneur dûment datée et signée attestant que les conditions prévues à l'article 44 sont satisfaites.

Art. 42. – Le préfet de région dispose d'un délai d'un mois à compter de la réception du dossier transmis pour délivrer l'autorisation de fouilles ou la refuser en cas de non-conformité du projet soumis au cahier des charges scientifique. L'absence de décision notifiée dans le délai précité vaut refus de l'autorisation.

En cas de refus, le préfet peut proposer à l'aménageur de lui présenter un projet amendé dans un délai et selon des modifications qu'il lui indique. Le préfet dispose alors d'un délai de quinze jours à compter de la nouvelle présentation du projet pour notifier sa décision. À défaut, la demande d'autorisation est réputée rejetée.

L'arrêté d'autorisation comporte le nom du responsable scientifique de la fouille, désigné par le préfet de région, sur proposition de l'opérateur.

Art. 43. – Lorsque le déroulement des opérations fait apparaître la nécessité d'une modification substantielle du projet scientifique d'intervention, un projet révisé est soumis au préfet de région, qui dispose d'un délai de quinze jours pour l'approuver ou en demander la modification. À défaut de notification d'une décision dans ce délai, le projet révisé est réputé refusé.

En cas de découvertes survenues pendant l'opération conduisant à remettre en cause les résultats du diagnostic et les données scientifiques du cahier des charges, le préfet de région peut formuler des prescriptions complémentaires.

Les modifications et prescriptions complémentaires mentionnées aux alinéas précédents ne peuvent conduire à modifier l'économie générale du contrat mentionné à l'article 40.

En cas de découverte d'importance exceptionnelle, le préfet peut, par une décision motivée prise après avis de la commission interrégionale de la recherche archéologique, prolonger la durée d'intervention et, le cas échéant, demander une modification du projet de construction ou d'aménagement. Le surcoût éventuel de la fouille archéologique induit par ces décisions peut être financé sur les crédits du Fonds national pour l'archéologie préventive.

Art. 44. – Lorsque l'aménageur est une personne privée, il ne peut confier l'opération archéologique prescrite à un opérateur que lui-même ou un de ses actionnaires contrôle, directement ou indirectement.

Art. 45. – Afin d'établir l'indépendance de l'opérateur à l'égard de l'aménageur avant la délivrance de l'autorisation de fouilles, le préfet de région peut demander communication des documents suivants :

a) Description de la composition du capital social ;

b) Répartition des droits de vote au conseil d'administration ou conseil de surveillance de l'opérateur ;

c) Compte de résultats certifié des trois exercices précédents et budget prévisionnel de l'exercice en cours précisant l'origine des recettes lorsqu'il ne s'agit pas des rémunérations perçues en contrepartie des opérations de fouilles préventives réalisées ;

d) Description des contributions matérielles ou des apports en main-d'œuvre dont bénéficie l'opérateur de la part de tiers.

Art. 46. – Dans le cas où aucun opérateur ne s'est porté candidat à la fouille ou ne remplit les conditions pour la réaliser, l'aménageur demande à l'Institut national de recherches archéologiques préventives d'y procéder en lui communiquant la prescription correspondante.

Dans les deux mois suivant la réception de la demande, l'Institut national de recherches archéologiques préventives adresse au demandeur un projet de contrat contenant les clauses prévues à l'article 40. Il est alors fait application des dispositions des articles 41 et 42.

Section 3. – La procédure d'arbitrage

Art. 47. – Si, dans le cas mentionné à l'article 46, les parties sont en désaccord sur les conditions de réalisation ou sur le financement des fouilles, elles désignent d'un commun accord un arbitre parmi ceux figurant sur la liste dressée en application de l'article 48.

Art. 48. – Les arbitres sont nommés pour une durée de trois ans renouvelable par un arrêté du ministre chargé de la culture, qui en dresse la liste.

Art. 49. – Si l'arbitre estime que son indépendance ou son impartialité n'est pas garantie dans le litige en cause, il doit en informer les parties. Celles-ci peuvent alors décider de choisir un autre arbitre.

Sauf accord entre les parties, la mission de l'arbitre ne peut excéder trois mois à compter de la date à laquelle il a été désigné.

Art. 50. – L'arbitre recueille les observations des parties, fixe la date à laquelle aucune demande ne peut plus être formée ni aucun moyen soulevé. Il peut faire appel aux experts de son choix.

La décision de l'arbitre expose succinctement les prétentions respectives des parties et leurs moyens. Elle contient en outre les mentions prévues à l'article 1472 du Nouveau Code de procédure civile.

La décision est motivée et signée par l'arbitre.

Art. 51. – Les arbitres perçoivent pour chaque cas traité une indemnité forfaitaire dont le montant, à la charge des parties, est fixé par arrêté du ministre chargé de la culture.

Art. 52. – La décision de l'arbitre a, dès qu'elle est rendue, l'autorité de la chose jugée relativement à la contestation qu'elle tranche et le dessaisit de celle-ci.

L'arbitre a néanmoins le pouvoir d'interpréter la décision, de réparer les erreurs et omissions matérielles qui l'affectent et de la compléter lorsqu'il a omis de statuer sur un chef de demande.

La décision de l'arbitre a valeur de jugement de tribunal administratif.

Section 4. – Achèvement des fouilles

Art. 53. – Dans les quinze jours suivant la notification par l'aménageur de l'achèvement des opérations de fouilles sur le site, le préfet de région lui délivre une attestation de libération du terrain. Faute de notification dans ce délai de l'attestation, celle-ci est réputée acquise. Tout intéressé peut alors demander au préfet de région de lui délivrer un certificat attestant qu'aucune décision négative n'est intervenue.

Chapitre V. – Le contrôle des opérations d'archéologie préventive

Art. 54. – Les opérations d'archéologie préventive sont exécutées sous la surveillance des services de l'État. L'aménageur et l'opérateur de l'intervention archéologique sont tenus de faire connaître aux services intéressés les dates de début et de fin du diagnostic ou de la fouille, au moins cinq jours ouvrables avant le début de l'opération.

Les observations du représentant de l'État formulées à l'issue des visites de contrôle ou réunions de chantier sont communiquées par écrit à l'opérateur et, dans le cas des fouilles, à l'aménageur.

L'aménageur, l'opérateur et le responsable scientifique de l'opération assurent, chacun pour ce qui le concerne, la mise en œuvre effective des observations et des instructions du représentant de l'État.

Art. 55. – En cas de non-respect des observations et instructions du représentant de l'État, le préfet de région met le responsable scientifique et l'opérateur en demeure de s'y conformer. Il procède de même en cas d'obstruction au contrôle. Dans le cas des fouilles, l'aménageur est informé de cette mise en demeure.

Si les intéressés ne prennent pas les mesures demandées dans le délai prescrit, le préfet de région peut :

– en cas de manquement imputable au responsable scientifique, en désigner un nouveau ;

– en cas de manquement imputable à l'opérateur, engager la procédure de retrait de l'autorisation des fouilles, telle que prévue à l'article L. 531-6 du Code du patrimoine. Il doit notifier à l'aménageur et à l'opérateur son intention de provoquer le retrait. Les fouilles sont alors suspendues. Pendant la durée de la suspension, l'aménageur prend toute mesure utile à la conservation des vestiges mis au jour et à la sécurité du chantier. Les fouilles ne peuvent être reprises que sur décision expresse du préfet. Toutefois, si celui-ci ne s'est pas prononcé dans un délai de six mois sur la suite à donner à son intention de provoquer le retrait, les fouilles peuvent être reprises dans les conditions fixées par l'arrêté d'autorisation.

En cas de retrait de l'autorisation de fouilles du fait de l'opérateur, les dispositions du premier alinéa de l'article L. 531-7 sont applicables.

Chapitre VI. – Dispositions relatives aux rapports d'opérations, à la documentation scientifique et aux objets mobiliers

Art. 56. – À l'issue de toute opération, sont remis à l'État, dans les délais et les formes précisés au présent chapitre, un rapport d'opération, la documentation scientifique constituée au cours de l'opération ainsi que le mobilier archéologique découvert.

Art. 57. – L'opérateur de la fouille remet au préfet de région le rapport de fouilles, élaboré à l'issue de l'analyse et de l'exploitation des données, sous l'autorité du responsable scientifique de l'opération, dans le délai fixé par le cahier des charges scientifique. Il informe l'aménageur de cette remise.

Le préfet de région vérifie la conformité du rapport aux normes visées à l'article 58 et fait procéder à son évaluation scientifique par la commission interrégionale de la recherche archéologique. Il informe l'aménageur, l'opérateur et le responsable scientifique de la fouille et leur communique, le cas échéant, des recommandations en vue de l'exploitation scientifique du rapport.

Un exemplaire du rapport est adressé à l'aménageur et à l'Institut national de recherches archéologiques préventives.

Art. 58. – Les normes de contenu et de présentation du rapport de fouilles, ainsi que celles du rapport de diagnostic, sont définies par arrêté conjoint du ministre chargé de la culture et du ministre chargé de la recherche [1].

Art. 59. – Les objets mobiliers provenant des opérations d'archéologie préventive ne peuvent être placés sous la garde de l'opérateur pendant une durée supérieure à deux ans à compter de la date de délivrance de l'attestation de libération du terrain.

Pendant cette durée, l'opérateur dresse l'inventaire des objets correspondant à chaque opération, qui est annexé au rapport de diagnostic ou de fouilles, prend les dispositions nécessaires à la sécurité des objets et assure, en tant que de besoin, leur mise en état pour étude.

À la remise du rapport et, au plus tard, à l'expiration du délai de deux ans, le mobilier est remis à l'État.

Avec le mobilier, l'opérateur remet à l'État, aux fins d'archivage, la documentation scientifique constituée en cours d'opération.

Art. 60. – Le ministre chargé de la culture définit par arrêté, après avis du ministre chargé de la recherche et consultation du Conseil national de la recherche archéologique, les normes d'identification, d'inventaire, de classement et de conditionnement de la documentation scientifique et du mobilier issu des diagnostics et fouilles [2].

Art. 61. – Dans un délai de six mois à compter de leur remise par l'opérateur, l'État transmet le rapport et l'inventaire des objets au propriétaire du terrain et l'informe qu'il dispose d'un an pour faire valoir, s'il le souhaite, son droit de propriété sur la moitié du mobilier inventorié. Dans ce cas, le mobilier est partagé, à l'amiable ou à dire d'expert, en deux lots équivalents en valeur, attribués par tirage au sort. L'État peut toutefois exercer sur tout ou partie des objets le droit de revendication prévu à l'article L. 531-16 du Code du patrimoine.

La détermination de la valeur des objets par expertise s'effectue selon les modalités prévues par le décret du 19 avril 1947 susvisé [3]. Les experts sont choisis sur la liste prévue à l'article 1er de ce même décret.

Si, à l'expiration du délai d'un an, le propriétaire du terrain n'a pas fait valoir ses droits, l'État prend acte de sa renonciation. Le préfet de région constate par arrêté la propriété de l'État sur le mobilier issu de l'opération en cause dont l'inventaire est annexé à cet arrêté. Il en informe le propriétaire du terrain et la commune sur le territoire de laquelle le terrain se situe.

Art. 62. – La commune sur le territoire de laquelle les objets mobiliers ont été découverts peut demander que la propriété des vestiges attribués à l'État lui soit transférée à titre gratuit.

Au cas où la commune intéressée renonce à en faire la demande ou qu'elle n'offre pas des conditions de conservation satisfaisantes, le transfert de propriété des vestiges mobiliers à titre gratuit peut être sollicité par toute autre collectivité territoriale ou groupement de collectivités dans le ressort desquels les objets ont été trouvés.

Un arrêté du ministre chargé de la culture précise les conditions exigées pour une bonne conservation des vestiges mobiliers [4].

---

[1] V. T. appl. : A. 27 sept. 2004 : *JO* 14 oct. 2004.
[2] V. T. appl. : A. 16 sept. 2004 : *JO* 28 sept. 2004.
[3] Décret du 19 avril 1947 concernant les expertises des objets provenant des fouilles archéologiques. – NDLR.
[4] V. T. appl. : A. 25 août 2004 : *JO* 7 sept. 2004.

Chapitre VII. – Dispositions relatives aux vestiges archéologiques immobiliers et à leurs inventeurs

Art. 63. – Sauf lorsque le propriétaire du fonds contenant un vestige archéologique immobilier, issu de fouilles ou découvert fortuitement, établit qu'il est propriétaire de ce vestige, un arrêté du préfet de région constate que ce dernier est propriété de l'État par l'effet des dispositions du premier alinéa de l'article L. 541-1 du Code du patrimoine et de l'article 713 du Code civil. Cet arrêté est publié au fichier immobilier de la conservation des hypothèques dans les conditions de droit commun.

Si l'intérêt archéologique du vestige le justifie, le préfet de région autorise l'incorporation du bien au domaine public affecté au ministère chargé de la culture, après avis de la commission interrégionale de la recherche archéologique.

Lorsque le vestige n'est pas incorporé au domaine public, il peut être cédé à l'amiable par l'État, dans les conditions définies au sixième alinéa de l'article R. 129 du Code du domaine de l'État.

Si, dans un délai de six mois à compter de la découverte du vestige, le préfet n'a procédé ni à son incorporation au domaine public de l'État ni à sa cession amiable, l'État est réputé avoir renoncé à la propriété de ce vestige. Le propriétaire du fonds peut, à tout moment après l'expiration de ce délai, demander au préfet de constater cette renonciation par un acte qui est publié au fichier immobilier de la conservation des hypothèques dans les conditions de droit commun.

Art. 64. – Le préfet de région peut, après avis de la commission interrégionale de la recherche archéologique, faire procéder sur place à l'étude scientifique du vestige ou, dès lors que ce dernier a été incorporé au domaine public de l'État et que sa nature le permet, le faire enlever pour qu'il soit procédé à son étude scientifique ou à sa présentation au public.

S'il décide de conserver le vestige sur place, il peut mettre en œuvre, dans les conditions de droit commun, la procédure d'expropriation du fonds où se trouve celui-ci.

Art. 65. – Le montant de l'indemnité prévue au deuxième alinéa de l'article L. 541-1 du Code du patrimoine est fixé par arrêté du préfet de région, compte tenu de la durée de la période pendant laquelle les services de l'État estiment devoir accéder au vestige après l'achèvement des fouilles.

En cas de désaccord, le montant de l'indemnité est fixé par le tribunal de grande instance dans le ressort duquel est situé le fonds, saisi par la partie la plus diligente.

Art. 66. – L'inventeur d'un vestige immobilier découvert fortuitement et déclaré au maire de la commune en cause peut bénéficier d'une récompense dont la nature et le montant sont fixés par le ministre chargé de la culture, après avis du Conseil national de la recherche archéologique, selon des modalités fixées par arrêté conjoint du ministre chargé de la culture et du ministre chargé du budget.

Art. 67. – Lorsqu'un vestige immobilier découvert fortuitement donne lieu à une exploitation, l'exploitant et l'inventeur conviennent :

1° Du versement à l'inventeur, à la charge de l'exploitant, d'une indemnité forfaitaire en relation avec l'intérêt archéologique de la découverte ;

2° À défaut, d'un intéressement de l'inventeur à l'activité pendant trente ans, sous la forme d'un pourcentage du résultat dès la première année d'exploitation ; cet intéressement est fonction de l'importance archéologique de la découverte.

Le ministre chargé de la culture saisi par la partie la plus diligente évalue, après avis du Conseil national de la recherche archéologique, l'importance de la découverte en fonction d'une échelle commune aux modalités mentionnées aux 1° et 2°. Dans le cas prévu au 2°, l'intéressement ne peut excéder 25 % du résultat.

Art. 68. – Les dispositions des articles 66 et 67 ne sont pas applicables aux agents publics et aux personnes travaillant pour le compte d'opérateurs agréés pour les découvertes de vestiges archéologiques immobiliers qu'ils effectuent dans l'exercice de leurs fonctions.

Chapitre VIII. – Carte archéologique nationale

Art. 69. – La carte archéologique nationale comporte

1° Des éléments généraux de connaissance et de localisation du patrimoine archéologique pouvant être utilisés par les autorités compétentes pour délivrer les autorisations de travaux et permettant l'information du public ;

2° L'état complet de l'inventaire informatisé des connaissances et de la localisation du patrimoine archéologique.

Art. 70. – Les éléments de la carte archéologique nationale mentionnés au 1° de l'article 69 sont communiqués par le préfet de région ou, pour le domaine public maritime, par le service chargé des recherches sous-marines, sur leur demande, aux autorités administratives chargées de l'élaboration des documents d'urbanisme ou de l'instruction des demandes d'autorisation de travaux susceptibles d'affecter le patrimoine archéologique. Ils peuvent également être consultés à la

direction régionale des affaires culturelles territorialement compétente ou, pour le domaine public maritime, auprès du service précité, par toute personne qui en fait la demande.

Art. 71. – Les informations mentionnées au 2° de l'article 69 sont accessibles aux agents de l'État, de l'Institut national de recherches archéologiques préventives, des services archéologiques et des autres services patrimoniaux des collectivités territoriales, à tout titulaire de l'agrément régi par le chapitre IX du présent décret ainsi qu'aux enseignants et chercheurs des établissements publics d'enseignement supérieur ou de recherche, pour l'exercice de leurs missions. Elles sont également communiquées aux personnes justifiant qu'elles effectuent une recherche scientifique. Les informations concernant une parcelle cadastrale sont en outre accessibles au propriétaire de celle-ci ou à la personne mandatée par lui, s'ils font état d'un projet de travaux susceptibles d'affecter le patrimoine archéologique.

Art. 72. – Les modalités de collaboration entre les services de l'État, les collectivités territoriales et établissements publics mentionnés à l'article L. 522-5 du Code du patrimoine, pour l'établissement de la carte archéologique, sont définies par des conventions.

Ces conventions déterminent en particulier les modalités de contribution, de normalisation des données numérisées ainsi que les conditions réciproques d'accès aux bases de données.

Chapitre IX. – Agrément des opérateurs d'archéologie préventive

Section 1. – Agrément pour la réalisation de diagnostics

Art. 73. – L'agrément pour la réalisation de diagnostics ne peut être délivré qu'aux services archéologiques de collectivités territoriales ou de groupement de collectivités territoriales. Il permet de réaliser tous types d'opérations de diagnostic prescrites dans le ressort territorial de la collectivité ou du groupement de collectivités dont relève le service archéologique.

Section 2. – Agrément pour la réalisation des fouilles

Art. 74. – L'agrément pour l'exécution des fouilles peut être délivré aux services archéologiques de collectivités territoriales ou de leurs groupements ainsi qu'à toute personne de droit public ou privé. Il peut être limité à certains domaines de la recherche archéologique. La demande d'agrément précise éventuellement les domaines souhaités.

Section 3. – Dispositions communes

Art. 75. – Les agréments prévus aux articles 73 et 74 sont délivrés par arrêté conjoint du ministre chargé de la culture et du ministre chargé de la recherche aux services et personnes de droit public ou privé mentionnés auxdits articles, qui disposent de personnels permanents justifiant des qualifications requises en matière d'archéologie et de conservation du patrimoine, ainsi que de la capacité administrative, technique et financière de réaliser les opérations d'archéologie préventive susceptibles de leur être confiées, dans les conditions exigées par le présent décret. Les qualifications requises sont fixées par arrêté du ministre chargé de la culture.

Art. 76. – Le dossier de demande d'agrément comporte :

I. – Pour l'ensemble des demandeurs :

1° Les qualifications, le statut, les spécialités et l'expérience professionnelle, dans le domaine de la recherche archéologique, des personnels employés par le service ou l'entité dont l'agrément est demandé ;

2° La capacité technique et financière du service ou de l'entité ;

3° L'organisation administrative du service ou de l'entité ainsi que sa place dans l'organisme dont il relève.

II. – Pour les personnes de droit privé et les établissements publics industriels et commerciaux :

1° La présentation générale de l'organisme et le bilan financier ;

2° Un descriptif de l'activité de l'entreprise dans le domaine de l'archéologie ;

3° La déclaration sur l'honneur prévue à l'article 45 (4°) du Code des marchés publics ;

4° Et lorsque l'agrément est sollicité par une association :

***a)* Un exemplaire ou une copie du *Journal officiel de la République française* contenant l'insertion mentionnée à l'article 5 de la loi du 1er juillet 1901 relative au contrat d'association, ou, dans les départements du Bas-Rhin, du Haut-Rhin et de la Moselle, une copie de la décision du tribunal d'instance ou de la juridiction supérieure inscrivant l'association ;**

***b)* Le rapport moral et le rapport financier approuvés lors de la dernière assemblée générale.**

Art. 77. – La demande d'agrément est adressée au ministre chargé de la culture par lettre recommandée avec demande d'avis de réception. Une copie du dossier est adressée au préfet de région territorialement compétent.

Lorsque le dossier est incomplet, le ministre sollicite les pièces manquantes dans les mêmes formes. À défaut de production de ces pièces dans le mois suivant la réception de la lettre du ministre, le demandeur est réputé avoir renoncé à sa demande.

Le ministre chargé de la culture et le ministre chargé de la recherche se prononcent, après consultation du Conseil national de la recherche archéologique, dans un délai de trois mois à compter de la réception du dossier complet. En cas de demande d'agrément pour la réalisation de diagnostic, l'absence de décision expresse à l'expiration de ce délai vaut agrément. Dans les autres cas, l'absence de notification de décision dans ce délai vaut rejet de la demande.

L'arrêté délivrant l'agrément énonce les conditions au vu desquelles l'agrément est accordé. Il est notifié au demandeur et publié au *Journal officiel de la République française*.

Art. 78. – L'agrément est accordé pour une durée de cinq ans.

Il est renouvelable à la demande du bénéficiaire dans les mêmes conditions que l'agrément initial. Les époques ou domaines pour lesquels l'agrément a été attribué peuvent être modifiés, à la demande du bénéficiaire et selon la même procédure.

Le ministre chargé de la culture est informé par l'organisme dans un délai de deux mois de tout changement substantiel affectant les conditions au vu desquelles l'agrément a été accordé.

Art. 79. – L'agrément peut être retiré par arrêté conjoint du ministre chargé de la culture et du ministre chargé de la recherche lorsque l'organisme agréé ne remplit plus l'une des conditions au vu desquelles il a été agréé, ainsi qu'en cas de non-respect des obligations prévues par le présent décret, de manquements graves ou répétés dans l'exécution des opérations archéologiques ou de mises en demeure prononcées en application de l'article 55 et demeurées infructueuses.

Le ministre chargé de la culture notifie au titulaire les raisons pour lesquelles il est envisagé de retirer l'agrément et lui impartit un délai, qui ne peut être inférieur à un mois, pour présenter ses observations écrites, qui sont portées à la connaissance du Conseil national de la recherche archéologique, consulté préalablement à la décision de retrait. L'arrêté de retrait est publié au *Journal officiel de la République française*.

Chapitre X. – Dispositions relatives à la redevance d'archéologie préventive

Art. 80. – Au plus tard à la fin du mois qui suit le mois d'encaissement de la redevance d'archéologie préventive, le comptable du Trésor en verse le produit net des frais d'assiette et de recouvrement au bénéficiaire indiqué sur le titre de recettes. Il prélève sur le montant de redevance perçu la part destinée au Fonds national pour l'archéologie préventive et la verse à l'Institut national de recherches archéologiques préventives.

Art. 81. – Lorsque l'opération de diagnostic n'est pas réalisée par le bénéficiaire indiqué dans le titre de recettes, la personne publique qui a effectivement réalisé le diagnostic demande au bénéficiaire le reversement du montant perçu. Celui-ci est reversé par le bénéficiaire initial dans le délai d'un mois à compter de la réception de la demande.

Cette demande doit être accompagnée des éléments justifiant que l'opération de diagnostic a bien été engagée.

Art. 82. – Lorsque la redevance est afférente à une opération autre que celles visées à l'alinéa *a* de l'article L. 524-4 du Code du patrimoine faisant l'objet d'une réalisation par tranches de travaux, un titre de recettes et un avis d'imposition sont émis au début de chacune des tranches prévues dans l'autorisation administrative.

La redevance est perçue pour chaque tranche et reversée conformément aux articles 80 et 81.

Art. 83. – Lorsqu'elle dépose un dossier de demande d'autorisation auprès de l'autorité compétente, la personne qui projette de réaliser des travaux exonérés du paiement de la redevance doit joindre au dossier les éléments justifiant qu'il bénéficie de l'une ou l'autre de ces exonérations.

Art. 84. – Les réclamations relatives à l'assiette de la redevance sont instruites par le service liquidateur conformément au titre III du Livre des procédures fiscales. Le service liquidateur adresse une copie des demandes de décharge ou de dégrèvement au préfet de région.

En cas de demande de dégrèvement, le préfet de région sollicite sans délai l'accord de l'Institut national de recherches archéologiques préventives ou de la collectivité bénéficiaire et du ministre chargé de l'archéologie. Cet accord est réputé donné à défaut de notification de la réponse dans un délai de trois mois à compter de la saisine de ces organismes.

Art. 85. – Les décisions de dégrèvement et de décharge sont transmises au trésorier-payeur général. Elles mentionnent les références du titre de recettes initial.

Art. 86. – Le comptable du Trésor impute le montant du dégrèvement ou de la décharge sur le montant du titre initialement pris en charge.

Art. 87. – La majoration de 10 % prévue à l'article 1761 du Code général des impôts ainsi que les frais de poursuites sont versés à l'État.

Art. 88. – La fixation du taux de la redevance, tel que prévu par l'article L. 524-7 du Code du patrimoine, est opérée, par arrêté du ministre chargé de la culture, au 1er août de chaque année en prenant en compte le dernier indice du coût de la construction publié par l'Institut national de la statistique et des études économiques intitulé « moyenne associée ». Le taux actualisé appliqué comporte deux décimales après la virgule. La valeur est arrondie au centième d'euro le plus proche, la fraction égale à 0,005 étant comptée pour 0,01.

Chapitre XI. – Dispositions relatives au Fonds national pour l'archéologie préventive

Art. 89 ***(V. D. n° 2002-90, 16 janv. 2002, art. 13 et 25-1).***

Section 1. – La commission du Fonds national pour l'archéologie préventive

Art. 90. – La commission chargée de définir les critères d'éligibilité à l'attribution d'une subvention comprend :

1° Un député et un sénateur désignés par leur assemblée respective ;

2° Quatre représentants de l'État, dont trois désignés sur proposition respectivement du ministre chargé du budget, du ministre chargé de l'équipement et du ministre chargé de la recherche ;

3° Quatre représentants des collectivités territoriales, dont deux maires, un président de conseil général et un président de conseil régional désignés sur proposition respectivement de l'association des maires de France, de l'assemblée des départements de France et de l'association des régions de France ;

4° Quatre représentants des personnes publiques ou privées assujetties à la redevance d'archéologie préventive prévue par l'article L. 524-2 du Code du patrimoine, dont un désigné sur proposition du ministre chargé de l'industrie, un sur celle du ministre chargé du logement et deux sur celle du ministre chargé de l'équipement ;

5° Quatre personnalités qualifiées, compétentes en matière d'archéologie, dont deux désignées sur proposition du ministre chargé de la recherche.

Les membres de la commission sont nommés par arrêté du ministre chargé de la culture pour une durée de trois ans renouvelable.

Art. 91. – Un suppléant est désigné dans les mêmes conditions pour chaque membre titulaire, à l'exception des membres désignés au titre du 5° de l'article 90.

Art. 92. – La commission élit son président en son sein.

Le secrétariat de la commission est assuré par les services du ministère de la culture.

Art. 93. – La commission se réunit au moins une fois par an. Elle est tenue informée du bilan annuel des subventions attribuées.

Art. 94. – Les membres de la commission exercent leurs fonctions à titre gratuit. Toutefois, leurs frais de séjour et de déplacement supportés à l'occasion des réunions de la commission sont pris en charge dans les conditions prévues par la réglementation applicable aux fonctionnaires de l'État.

Les crédits nécessaires au fonctionnement de la commission, et notamment à la prise en charge des frais de séjour et de déplacement de ses membres, sont inscrits au budget du ministère de la culture.

Section 2. – Les subventions du Fonds national pour l'archéologie préventive

Art. 95. – Les dispositions du décret [n° 99-1060] du 16 décembre 1999 susvisé s'appliquent aux subventions prévues à l'article L. 524-14 du Code du patrimoine sous réserve des dispositions de la présente section.

Art. 96. – La demande de subvention est présentée par l'aménageur ou son représentant légal en même temps qu'est transmis le contrat prévu à l'article 41 dont la présentation vaut demande d'autorisation de fouilles. Le contenu de la demande de subvention ainsi que les pièces à produire pour la constitution du dossier complet sont définis par un arrêté du ministre chargé de la culture et du ministre chargé du budget.

Les travaux de fouilles peuvent commencer dès l'obtention de l'autorisation de fouilles, celle-ci ne valant pas promesse de subvention.

Art. 97. – La demande de subvention est adressée au préfet de région dans le ressort duquel la fouille doit avoir lieu.

Le préfet de région transmet le dossier au ministre chargé de la culture accompagné de son avis.

Art. 98. – Pour chaque décision attributive, le montant maximum prévisionnel de la subvention est déterminé par application à la dépense éligible prévisionnelle, d'un taux qui ne peut excéder 50 %.

La dépense éligible prévisionnelle est le prix prévisionnel de la fouille convenu entre l'aménageur et l'opérateur.

La décision d'attribution est prise par le ministre chargé de la culture et notifiée à l'aménageur.

Art. 99. – Si, par suite de prescriptions complémentaires du préfet de région modifiant substantiellement l'équilibre économique du projet de fouille, le coût réel est supérieur à la dépense éligible prévisionnelle, un complément de subvention peut être alloué. Celui-ci fait l'objet d'une nouvelle décision attributive.

Art. 100. – Le versement de la subvention intervient, par prélèvement sur le Fonds national pour l'archéologie préventive, sur justification par l'aménageur de la réalisation de l'opération de fouille archéologique.

Sur demande de l'aménageur, une avance, qui ne peut dépasser 30 % du montant prévisionnel alloué, peut être versée lors du commencement d'exécution.

Des acomptes peuvent être versés au fur et à mesure de la réalisation de l'opération de fouilles.

Le montant cumulé de l'avance et des acomptes ne peut excéder 80 % du montant prévisionnel de la subvention.

Le solde est versé après remise du rapport final d'opération sur production par l'aménageur de l'attestation prévue à l'article 53 et de la facture qu'il a acquittée établissant le coût réel de la fouille.

Section 3. – La prise en charge des fouilles

Art. 101. – Lorsque les travaux de fouilles archéologiques entrent dans le champ d'application des dispositions prévues au dernier alinéa de l'article L. 524-14 du Code du patrimoine, l'aménageur adresse au préfet de région une demande de prise en charge de leur coût en même temps que la demande d'autorisation de fouilles.

Le contenu de la demande de prise en charge ainsi que les pièces à produire pour la constitution du dossier sont définis par un arrêté du ministre chargé de la culture et du ministre chargé du budget.

Pour les zones d'aménagement concerté et lotissements, lorsque la destination finale des lots est encore incertaine à la date de demande d'autorisation de fouilles, la demande indique la part prévisionnelle des surfaces affectées à des constructions ouvrant droit à une prise en charge du coût des fouilles.

Art. 102. – Le préfet de région dispose d'un délai de trois mois, à compter de la réception de la demande dont il accuse réception, pour vérifier si les conditions posées pour une prise en charge par l'article L. 524-14 du Code du patrimoine sont remplies. Toutefois, le préfet peut par décision motivée adressée à l'aménageur proroger de trois mois le délai d'instruction. À défaut de notification d'une décision dans ce délai, la prise en charge intervient de plein droit.

Art. 103. – Si, à l'expiration d'un délai de deux ans à compter de la décision expresse de prise en charge ou de la naissance de la décision implicite, la fouille n'a reçu aucun commencement d'exécution, le préfet constate la caducité de sa décision et en informe le gestionnaire du Fonds national pour l'archéologie préventive. Le préfet de région peut toutefois fixer un délai inférieur ou, exceptionnellement, proroger la validité de sa décision pour une période qui ne peut excéder un an.

Art. 104. – La décision expresse de prise en charge comporte notamment, outre le montant prévisionnel de la prise en charge, les modalités de paiement ainsi que les clauses de reversement. Elle vise le contrat prévu à l'article 40.

Art. 105. – Le montant prévisionnel de la prise en charge est arrêté après vérification par le préfet du bien-fondé du montant de la demande. Celui-ci est apprécié au regard du cahier des charges scientifique de la prescription et de la nature de l'opération archéologique.

Art. 106. – Le montant attribué peut être révisé si des prescriptions complémentaires du préfet de région entraînent un coût final de l'opération de fouilles archéologiques excédant de plus de 5 % le coût prévisionnel objet de la décision de prise en charge. Le complément de prise en charge éventuel fait l'objet d'une nouvelle décision.

Art. 107. – La liquidation de la prise en charge correspond au coût réel de l'opération de fouilles, plafonné au montant prévisionnel de la dépense prise en charge.

Le paiement de la prise en charge est réalisé par prélèvement sur les crédits du Fonds national pour l'archéologie préventive, sur justification par l'aménageur de la réalisation de l'opération de fouilles.

À l'exception des demandes prévisionnelles présentées pour les zones d'aménagement concerté et les lotissements, une avance peut être versée lors du commencement d'exécution, qui ne peut dépasser 30 % du montant prévisionnel alloué.

Des acomptes peuvent être versés au fur et à mesure de la réalisation de l'opération de fouilles.

Le montant cumulé de l'avance et des acomptes ne peut excéder 80 % du montant prévisionnel de la prise en charge.

Le solde est payé sur production par l'aménageur, dans un délai de six mois à compter de la date de remise du rapport final, de l'attestation d'achèvement prévue à l'article 42 et de la facture qu'il a acquittée établissant le coût réel de la fouille.

Art. 108. – Les personnes physiques construisant pour elles-mêmes et les organismes construisant les logements visés au dernier alinéa de l'article L. 524-14 du Code du patrimoine peuvent donner mandat à l'opérateur pour qu'il encaisse directement les sommes accordées pour la prise en charge et qu'il procède, le cas échéant, à leur reversement total ou partiel à la demande du préfet de région. Ce mandat doit être transmis à ce dernier en même temps que la demande de prise en charge. Dans ce cas, le solde est payé par prélèvement sur le fonds, sur production par le mandataire de la facture établissant le coût réel de la fouille accompagnée de l'attestation d'achèvement ou du certificat prévus à l'article 53.

Art. 109. – Lorsqu'est intervenue une décision implicite de prise en charge par application de l'article 102, ses modalités de mise en œuvre sont définies par le préfet de région par référence, en tant que de raison, aux articles 104 à 108.

Art. 110. – Le préfet de région exige le reversement total ou partiel des sommes allouées si l'opération n'est pas réalisée dans les conditions prévues par la décision de prise en charge.

Chapitre XII. – Dispositions diverses et transitoires

Art. 111 ***(V. C. urb., art. R. 315-11, R. 315-29, R. 315-30, R. 421-9, R. 421-32, R. 421-38-10-1, R. 430-5, R. 442-3-1 et R. 442-4-2)*** [1].

Art. 112 ***(V. D. n° 77-1133, 21 sept. 1977, art. 4, 17 et 17-1).***

Art. 113 ***(V. D. n° 93-742, 29 mars 1993, art. 3 et 13).***

Art. 114 ***(V. D. n° 95-1204, 6 nov. 1995, art. 3-1).***

Art. 115 ***(V. CJA, art. R. 322-1 et R. 811-6).***

Art. 116. – Les attributions conférées par le présent décret au préfet de région sont exercées dans la collectivité territoriale de Corse par le représentant de l'État dans cette collectivité.

Art. 117. – Pour l'application du présent décret dans les départements d'outre-mer, les attributions de la commission interrégionale de la recherche archéologique sont exercées par la commission pour l'archéologie d'outre-mer du Conseil national de la recherche archéologique.

Art. 118. – Les travaux dont la réalisation est fractionnée dans le temps et qui, à la date d'entrée en vigueur du présent décret, ont déjà fait l'objet d'une autorisation au titre du Code de l'environnement, ou d'une autorisation d'exploitation de carrières, sont soumis aux dispositions de l'article 21 en ce qui concerne les tranches dont l'exécution intervient postérieurement à l'entrée en vigueur du présent décret.

Art. 119 ***(V. D. n° 97-1200, 19 déc. 1997, ann., titre II).***

Art. 120. – Les articles 69 et 72 du présent décret pourront être ultérieurement modifiés par décret. Les autres dispositions du présent décret pourront être ultérieurement modifiées par décret en Conseil d'État, à l'exception de celles figurant au deuxième alinéa de l'article 2, à l'article 16, à l'article 37, à l'article 48, à l'article 51, au cinquième alinéa de l'article 55, à l'article 66, au quatrième alinéa de l'article 67, à l'article 75, au troisième alinéa de l'article 77, au premier alinéa de l'article 79, au troisième alinéa de l'article 98 et à l'article 118 qui seront modifiées, le cas échéant, dans les conditions prévues à l'article 2 du décret [n° 97-34] du 15 janvier 1997 susvisé.

Art. 121. – Le décret n° 2002-89 du 16 janvier 2002 pris pour l'application de la loi n° 2001-44 du 17 janvier 2001 et relatif aux procédures administratives et financières en matière d'archéologie préventive est abrogé.

Art. 122. – Sous réserve des dispositions de l'article 16 de la loi n° 2003-707 du 1er août 2003 susvisée, les dispositions du présent décret entrent en vigueur le premier jour du deuxième mois suivant sa publication au *Journal officiel*.

Art. 123. – À compter de leur entrée en vigueur dans les conditions définies à l'article 123 [2], les dispositions des chapitres Ier, II et III et des sections 1 à 3 du chapitre IV du présent décret s'appliquent aux demandes, déclarations ou transmissions de la nature de celles prévues aux articles 4, 6 ou 7 présentées postérieurement à cette entrée en vigueur.

---

[1] Le VII du présent article prescrit le remplacement de l'article R. 421-32-101 du Code de l'urbanisme, lequel est inexistant. Il fallait lire « article R. 421-38-10-1 du Code de l'urbanisme ». – NDLR.

[2] Lire : « ...définies à l'article 122 ». – NDLR.

ARRÊTÉ DU 8 JUILLET 2004

portant définition des qualifications requises des personnels des services et personnes de droit public ou privé candidats à l'agrément d'opérateur d'archéologie préventive

Le ministre de la Culture et de la Communication,

Vu le Code du patrimoine, notamment son livre V, articles L. 522-8 et L. 523-8 ;

Vu le décret n° 2004-490 du 3 juin 2004 relatif aux procédures administratives et financières en matière d'archéologie préventive, notamment son article 75,

Arrête : Article 1. – Les personnels permanents dépendant des services archéologiques de collectivités territoriales ou d'autres personnes de droit public ou privé candidats à l'agrément en qualité d'opérateur d'archéologie préventive en application des articles 73 et 74 du décret du 3 juin 2004 susvisé doivent présenter les qualifications définies par le présent arrêté.

Article 2. – Présentent les qualifications requises pour exercer les responsabilités scientifiques liées à la réalisation des opérations d'archéologie préventive dans un service archéologique dépendant d'une collectivité territoriale :

***a)* Les fonctionnaires appartenant à un cadre d'emplois de conservateur territorial du patrimoine ou d'attaché territorial de conservation du patrimoine ;**

***b)* Les agents contractuels titulaires d'un diplôme d'archéologie sanctionnant soit un second cycle d'études supérieures, soit un mastère, soit un travail de recherche de type doctorat, diplôme d'études approfondies, diplôme d'études supérieures spécialisées, inscrit au répertoire national de la certification professionnelle, ou d'un diplôme d'enseignement supérieur de même niveau homologué ;**

***c)* Les agents contractuels justifiant d'une formation initiale autre que celle définie à l'alinéa précédent, complétée par une expérience professionnelle de responsabilité d'au moins trois ans sur des chantiers ou dans des services archéologiques, ayant donné lieu à des publications archéologiques ;**

***d)* Les agents contractuels qui ont exercé des responsabilités scientifiques équivalentes pendant au moins trois ans antérieurement à la date de publication du présent arrêté dans un service archéologique, en France ou à l'étranger.**

Article 3. – Présentent les qualifications requises pour exercer les responsabilités scientifiques liées à la réalisation des opérations d'archéologie préventive au sein d'un établissement public de recherche ou d'enseignement supérieur :

***a)* Les fonctionnaires appartenant aux corps de directeurs de recherche, chargés de recherche, professeurs ou assimilés, maîtres de conférences, conservateurs du patrimoine, ingénieurs de recherche ou ingénieurs d'étude ;**

***b)* Les agents contractuels titulaires d'un diplôme d'archéologie sanctionnant soit un second cycle d'études supérieures, soit un mastère, soit un travail de recherche de type doctorat, diplôme d'études approfondies, diplôme d'études supérieures spécialisées, inscrit au répertoire national de la certification professionnelle, ou d'un diplôme d'enseignement supérieur de même niveau homologué ;**

***c)* Les agents contractuels justifiant d'une formation initiale autre que celle définie à l'alinéa précédent, complétée par une expérience professionnelle de responsabilité d'au moins trois ans sur des chantiers ou dans des services archéologiques, en France ou à l'étranger, ayant donné lieu à des publications archéologiques ;**

***d)* Les agents contractuels qui ont exercé des responsabilités scientifiques équivalentes pendant au moins trois ans antérieurement à la date de publication du présent arrêté dans un service archéologique, en France ou à l'étranger.**

Article 4. – Présentent les qualifications requises pour exercer les responsabilités scientifiques liées à la réalisation des opérations de fouilles dans un service archéologique dépendant d'une personne de droit privé :

***a)* Les personnes titulaires d'un diplôme d'archéologie sanctionnant soit un second cycle d'études supérieures, soit un mastère, soit un travail de recherche de type doctorat, diplôme d'études approfondies, diplôme d'études supérieures spécialisées, inscrit au répertoire national de la certification professionnelle, ou d'un diplôme d'enseignement supérieur de même niveau homologué ;**

***b)* Les personnes justifiant d'une formation initiale autre que celle définie à l'alinéa précédent, complétée par une expérience professionnelle de responsabilité d'au moins trois ans sur des chantiers ou dans des services archéologiques, en France ou à l'étranger, ayant donné lieu à des publications archéologiques ;**

***c)* Les personnes qui ont exercé des responsabilités scientifiques équivalentes pendant au moins trois ans antérieurement à la date de publication du présent arrêté dans un service archéologique, en France ou à l'étranger.**

Article 5. – Présentent les qualifications requises pour exercer les activités techniques liées à la réalisation des opérations d'archéologie préventive dans un service archéologique dépendant d'une collectivité territoriale :

a) **Les fonctionnaires relevant des cadres d'emplois d'assistant territorial qualifié de conservation du patrimoine et des bibliothèques et d'assistant territorial de conservation du patrimoine et des bibliothèques ;**

b) **Les agents contractuels justifiant soit d'un diplôme de niveau au moins égal au brevet de technicien supérieur, au diplôme universitaire de technologie ou au baccalauréat de l'enseignement secondaire, soit d'un certificat d'aptitude professionnelle dans leur spécialité et d'une expérience professionnelle d'au moins une année sur des chantiers archéologiques.**

Article 6. – Présentent les qualifications requises pour exercer les activités techniques liées à la réalisation des opérations d'archéologie préventive au sein d'un établissement public de recherche ou d'enseignement supérieur :

a) **Les fonctionnaires relevant d'un corps de techniciens de recherche ;**

b) **Les agents contractuels justifiant soit d'un diplôme de niveau au moins égal au brevet de technicien supérieur, au diplôme universitaire de technologie ou au baccalauréat de l'enseignement secondaire, soit d'un certificat d'aptitude professionnelle dans leur spécialité et d'une expérience professionnelle d'au moins une année sur des chantiers archéologiques.**

Article 7. – Présentent les qualifications requises pour exercer les activités techniques liées à la réalisation des opérations d'archéologie préventive dans un service archéologique dépendant d'une personne de droit privé les personnes justifiant soit d'un diplôme de niveau au moins égal au brevet de technicien supérieur, au diplôme universitaire de technologie ou au baccalauréat de l'enseignement secondaire, soit d'un certificat d'aptitude professionnelle dans leur spécialité et d'une expérience professionnelle d'au moins une année sur des chantiers archéologiques.

Article 8. – Le directeur de l'architecture et du patrimoine est chargé de l'exécution du présent arrêté, qui sera publié au *Journal officiel de la République française*.

ARRÊTÉ DU 27 SEPTEMBRE 2004

portant définition des normes de contenu et de présentation des rapports d'opérations archéologiques

Le ministre de l'Éducation nationale, de l'Enseignement supérieur et de la Recherche et le ministre de la Culture et de la Communication,

Vu le livre V du Code du patrimoine ;

Vu le décret n° 2000-1276 du 26 décembre 2000 portant application de l'article 89 de la loi n° 95-115 du 4 février 1995 modifiée d'orientation pour l'aménagement et le développement du territoire relatif aux conditions d'exécution et de publication des levés de plans entrepris par les services publics ;

Vu le décret n° 2003-141 du 21 février 2003 portant création de services interministériels pour la réforme de l'État, notamment son article 4 ;

Vu le décret n° 2004-490 du 3 juin 2004 relatif aux procédures administratives et financières en matière d'archéologie préventive, notamment son article 58,

Arrêtent :

TITRE PREMIER. – DISPOSITIONS GÉNÉRALES

Article 1. – Les rapports d'opérations d'archéologie préventive, mentionnés aux articles 13, 14, 29, 30, 32, 35, 40, 56 à 59 et 61 du décret du 3 juin 2004 susvisé, et dénommés rapport de diagnostic et rapport final, sont établis sous l'autorité du responsable scientifique désigné par l'arrêté du préfet de région ayant prescrit l'opération. Ils sont rédigés en langue française.

Les formats numériques respectent les standards et les normes définis par le cadre commun d'interopérabilité des systèmes d'information publics élaboré par l'agence pour le développement de l'administration électronique prévue par le décret du 21 février 2003 susvisé.

TITRE II. – ORGANISATION DU RAPPORT D'OPÉRATION

Article 2. – Le rapport comprend, outre la page de titre, les trois sections suivantes :

– la première section rassemble, sous forme de fiches, de notices et de documents, les données administratives, techniques et scientifiques caractérisant l'opération ;

– la deuxième section décrit en détail l'opération et ses résultats ;

– la troisième section regroupe les inventaires techniques.

Article 3. – La page de titre du rapport comporte les éléments permettant l'établissement de la notice catalographique :

– nom de la série, pour les grandes opérations ;
– titre mentionnant la localisation de l'opération : région, département, commune, lieudit et/ou adresse ;
– code INSEE de la commune, numéro du site et/ou numéro de l'entité archéologique ;
– nature et références de l'opération : numéro de l'arrêté de prescription et numéro de l'opération dans le système national d'information ;
– noms des auteurs ;
– date de rédaction du rapport, mois et année.

Article 4. – La première section comporte les éléments suivants :

1° Un sommaire.

2° Une fiche signalétique résumant les données administratives et techniques de l'opération :
– localisation : région, département, commune, lieudit ou adresse ;
– code INSEE de la commune, numéro du site et/ou numéro de l'entité archéologique ;
– coordonnées géographiques et altimétriques selon le système national de référence ;
– références cadastrales actualisées : commune, année, section, parcelle, lieudit ;
– statut du terrain au regard des législations sur le patrimoine et l'environnement ;
– propriétaire du terrain ;
– nature et références de l'opération : numéros de l'arrêté de prescription, de l'opération dans le système national d'information, de l'arrêté de désignation du responsable scientifique ;
– maître d'ouvrage des travaux ayant nécessité la prescription de diagnostic ou de fouille et nature de l'aménagement ;
– opérateur chargé de la réalisation de l'opération ;
– responsable scientifique de l'opération et organisme de rattachement ;
– dates d'intervention sur le terrain ;
– mots-clés des thésaurus « chronologie » et « interprétation » de la base de données nationale.

3° Un générique détaillant tous les intervenants techniques, administratifs et financiers de l'opération ainsi que l'organigramme de l'équipe scientifique précisant les contributions respectives.

4° Une notice scientifique résumant les principaux résultats de l'opération. Destinée à une diffusion rapide, en particulier dans les chroniques archéologiques dites « Archéologie de la France-Informations », elle comporte éventuellement des plans, relevés et photographies.

5° Une fiche d'état du site renseigne sur les éléments du patrimoine archéologique conservés en place à l'issue de l'opération et signale l'extension connue ou supposée du site en surface et en profondeur ;

6° Pièces à fournir :
– documents cartographiques, dont obligatoirement un extrait de carte topographique au 1/250 000 et un au 1/25 000, précisant la localisation de l'opération ;
– extrait du cadastre sur lequel figurent l'emplacement et la géométrie de l'opération ;
– copie de l'arrêté de prescription contenant le cahier des charges ;
– copie du projet d'intervention approuvé ou autorisé par le préfet de région ;
– copie de l'arrêté de désignation du responsable scientifique ;
– copie de l'arrêté d'autorisation dans le cas d'une opération de fouille.

Article 5. – La deuxième section constitue le corps du rapport. Elle doit distinguer les conditions de réalisation de l'opération, la description raisonnée des données et les propositions d'interprétation. Elle comporte au moins les éléments suivants :

1° État des connaissances avant l'opération : le rapport présente les informations essentielles relatives aux contextes géologique, environnemental, archéologique et historique du site.

2° Stratégie et méthodes mises en œuvre : le rapport présente la démarche adoptée ainsi que les méthodes et techniques d'investigation : études documentaires et archivistiques ; méthodes de prospection, décapage, sondage ou fouille, en précisant le degré de reconnaissance de la série sédimentaire. Il détaille les protocoles d'enregistrement et de traitement des données et des vestiges archéologiques, des prélèvements et de l'étude environnementale.

Il précise le volume et l'organisation des moyens humains et techniques mis en œuvre, le calendrier de réalisation, et évoque les éventuelles contraintes. Ainsi, il indique les aspects de la prescription qui n'ont pu être pris en compte ou qui n'ont pas fourni de résultats ainsi que les difficultés rencontrées dans la mise en œuvre du projet d'intervention.

Il signale les études et analyses complémentaires en cours dont les résultats sont attendus, en précisant leurs échéances.

En cas de sondages négatifs dans un diagnostic, ce caractère doit être explicite et précisé : contraintes techniques, modalités d'intervention, état et nature des terrains, profondeurs d'investigation, moyens humains et techniques mis en œuvre.

3° Description archéologique : le rapport détaille les acquis de l'opération. Il comporte une analyse raisonnée des données constituées à cette occasion. Il précise la source des autres informations utilisées.

Le rapport présente la hiérarchisation progressive des données – faits, phases, périodes – en s'appuyant notamment sur l'analyse de la stratigraphie, des structures et du mobilier, et s'attache

à identifier et à caractériser des ensembles archéologiques cohérents sur un plan spatial, fonctionnel et chronologique.

Les documents graphiques et photographiques nécessaires à la justification des descriptions, des chronologies et interprétations accompagnent l'exposé.

Les études et analyses spécialisées sont mises en corrélation avec les résultats des fouilles.

4° Plans et relevés : le rapport fournit d'une part les plans masses figurant les données générales sur le chantier, d'autre part, des relevés de détail, précisant les observations faites dans chaque zone d'intervention. Ces documents, référencés par un code identifiant, sont légendés, situés géographiquement et fournis à un facteur d'échelle simple parfaitement lisible, complétés systématiquement d'un repère d'orientation et d'une échelle graphique.

Les plans masses et relevés généraux portent la délimitation de toutes les zones ouvertes au cours de l'opération et la référence précise permettant l'identification, en emplacement, en profondeur et en géométrie, de tous les sondages, carottages et décapages réalisés, positifs ou négatifs. Les limites et références cadastrales y sont reportées.

Les plans et relevés de détail sont positionnés et référencés par rapport au plan d'ensemble. Ils sont raccordés au nivellement général du chantier et au système national de référence altimétrique. La stratigraphie, les structures et les principaux vestiges mobiliers et immobiliers rencontrés sont précisément figurés ainsi que la nature et l'altitude de la totalité des séries sédimentaires rencontrées, substrat géologique compris là où il est atteint.

5° Conclusion : la conclusion du rapport de diagnostic récapitule les principaux résultats et formule des propositions d'interprétation des fonctions du site et des éventuelles phases de son occupation, en le replaçant dans un contexte régional. Elle comporte une évaluation du niveau de complexité des ensembles stratigraphiques et des structures observés, de leur volume, de leur extension présumée et de leur état de conservation.

La conclusion du rapport final présente une synthèse des résultats de la fouille, établit des corrélations avec des structures ou des sites similaires et formule une interprétation culturelle des ensembles étudiés. Enfin, elle propose une estimation de la représentativité des résultats sur un plan territorial, chronologique et fonctionnel.

Article 6. – La bibliographie et les tables sont placées en fin de deuxième section. La bibliographie, établie selon les recommandations minimales des Documents d'archéologie française, mentionne toute la documentation utilisée dans le rapport.

La table des illustrations récapitule l'ensemble des tableaux, dessins, photographies, plans et relevés, et rappelle la mention de leurs auteurs.

Article 7. – La troisième section regroupe les inventaires de la totalité des données constituées à l'occasion de l'opération :

1° Inventaire des unités stratigraphiques et des structures archéologiques, en précisant leurs relations ;

2° Inventaire technique et systématique du mobilier archéologique, ordonné par catégorie, par unité d'enregistrement et par parcelle cadastrale, sous forme de listes ou de tableaux. Il peut être réalisé par ensembles quantifiés de mobiliers, en détaillant les éléments caractéristiques et leur stade d'étude. Il indique le lieu de conservation et l'état sanitaire du mobilier archéologique en précisant les mesures engagées ou envisagées pour sa préservation ;

3° Inventaire des prélèvements. La nature des échantillons, l'auteur et l'objectif des prélèvements sont clairement explicités. La copie des résultats d'expertise est fournie ;

4° Inventaire des documents graphiques (plans, relevés, minutes, dessins), avec mention des auteurs et nature des supports ;

5° Inventaire des documents photographiques et audiovisuels, avec mention des auteurs et nature des supports ;

6° Inventaire des documents numériques ;

7° Inventaire de la documentation écrite (carnets et fiches d'enregistrement de terrain, correspondance).

TITRE III. – FORME ET TRANSMISSION DU RAPPORT

Article 8. – La réalisation matérielle du rapport se conformera aux recommandations courantes des directions départementales des archives. Deux exemplaires du rapport, dont un non broché, sont destinés à la conservation à long terme ; les photographies y sont présentées en tirage argentique. Dans tous les cas, les illustrations graphiques et photographiques imprimées doivent être fournies sur papier spécifique.

La version papier est au format A4, paginée en totalité et en continu. Les documents d'un format supérieur sont pliés et placés hors texte à la fin du volume.

Lorsque l'opérateur fournit une version numérique, elle est identique à la version papier et respecte les standards et les normes définis par le cadre commun d'interopérabilité des systèmes d'information publics. Les informations de la page de titre du rapport, définies à l'article 2, et la configuration requise pour la lecture sont portées sur la jaquette du média.

Article 9. – Le rapport, réalisé en huit exemplaires dont un non broché, est transmis par l'opérateur à la direction régionale des affaires culturelles qui en assure la répartition après validation.

La notice scientifique mentionnée à l'article 4 est également transmise sous forme numérique.

Article 10 – Le directeur de l'architecture et du patrimoine au ministère de la Culture et de la Communication et le directeur de la recherche au ministère de l'Éducation nationale, de l'Enseignement supérieur et de la recherche sont chargés, chacun en ce qui le concerne, de l'exécution du présent arrêté, qui sera publié au *Journal officiel de la République française*.

Direction générale de l'urbanisme, de l'habitat et de la construction

CIRCULAIRE N° 2003/019 DAG/SDAJ/CDJA DU 5 NOVEMBRE 2003

relative à la redevance d'archéologie préventive Textes sources : lois n° 2001-44 du 17 janvier 2001 et n° 2003-707 du 1er août 2003

Le ministre de l'Économie, des Finances et de l'Industrie ; le ministre de l'Équipement, des Transports, du Logement, du Tourisme et de la Mer ; le ministre de la Culture et de la Communication ; le ministre délégué aux libertés locales, auprès du ministre de l'Intérieur, de la sécurité intérieure et des libertés locales, à Madame et Messieurs les préfets de région ; Mesdames et Messieurs les préfets de département ; direction départementale de l'équipement (pour attribution) ; direction générale de l'urbanisme, de l'habitat et de la construction (mission territoriale) ; direction des routes ; direction des transports terrestres ; CGPC ; centre d'études sur les réseaux, les transports, l'urbanisme et les constructions publiques (pour information).

La loi n° 2003-707 du 1er août 2003 modifie la loi n° 2001-44 du 17 janvier 2001 relative à l'archéologie préventive. Elle substitue notamment aux redevances de diagnostics et de fouilles une redevance unique assise non plus sur la prescription d'archéologie préventive mais sur tout projet d'aménagement portant sur un terrain d'une superficie égale ou supérieure à 3 000 m^2. Elle est donc due, qu'il y ait ou non par la suite intervention sur le terrain au titre de l'archéologie préventive.

Elle a pour objet de procurer à l'institut national de recherches archéologiques préventives (INRAP) et aux services archéologiques dépendant des collectivités territoriales une partie des ressources nécessaires à l'exercice de leurs missions et d'abonder un fonds national pour l'archéologie préventive pouvant subventionner les opérations de fouilles archéologiques dont le coût est susceptible de remettre en cause l'équilibre général du projet d'aménagement.

Les dispositions ayant trait à la redevance d'archéologie préventive sont applicables à compter du 1er novembre 2003.

La présente circulaire a pour objet d'expliciter les modalités d'assiette, de liquidation, de recouvrement et d'affectation de la redevance instituée. Sa mise en œuvre nécessite la collaboration des services déconcentrés des ministères chargés de la culture, de l'équipement, des finances.

Chapitre I. – Principes généraux

La redevance est destinée à financer des recherches d'archéologie préventive, qui ont « pour objet d'assurer, à terre et sous les eaux, dans les délais appropriés, la détection, la conservation ou la sauvegarde par l'étude scientifique des éléments du patrimoine archéologique affectés ou susceptibles d'être affectés par les travaux publics ou privés concourant à l'aménagement. Elle a également pour objet l'interprétation et la diffusion des résultats obtenus (L. du 17 janv. 2001, art. 1er). »

Elle est due à l'occasion de travaux affectant le sous-sol : opérations d'aménagement, de construction, réalisation d'infrastructures, affouillements.

Le fait générateur est soit une autorisation (ou déclaration) administrative, soit une demande volontaire, portant sur un terrain ou une emprise de travaux : c'est l'ensemble de ce terrain ou de cette emprise qui sert de base au calcul de la redevance.

Un terrain ne peut être assujetti qu'une seule fois à la redevance.

Sur un même terrain supportant plusieurs opérations successives, seule la première pourra donner lieu à redevance (c'est par exemple le cas des zones d'aménagement concerté (ZAC) et des lotissements où se succèdent aménagement et construction).

La redevance n'est due que pour les opérations dont l'impact peut être significatif ; la loi a fixé à 3000 m^2 le seuil de surface de terrain en dessous duquel la redevance n'est pas due.

La loi prévoit des exemptions de la redevance en faveur des logements locatifs sociaux, des logements réalisés par une personne physique pour elle-même et des travaux d'affouillement agricoles ou forestiers.

Les opérations d'assiette, de liquidation et de recouvrement sont confiées aux services déconcentrés de l'État.

La liquidation et l'ordonnancement sont de la responsabilité :

du préfet de département pour les travaux soumis à autorisation ou déclaration préalable en application du Code de l'urbanisme ;

du préfet de région dans tous les autres cas.

Le recouvrement est effectué par le Trésor public.

Chapitre II. – L'assiette de la redevance d'archéologie préventive

La redevance d'archéologie préventive est due par les personnes publiques ou privées projetant d'exécuter, sur un terrain d'une superficie égale ou supérieure à 3 000 m^2, des travaux affectant le sous-sol.

La loi du 1er août 2003 distingue deux catégories de travaux :

1re catégorie : Travaux soumis à autorisation ou déclaration préalable en application du Code de l'urbanisme, c'est-à-dire permis de construire, y compris permis tacites, déclaration de travaux préalables, autorisations d'aménager un terrain de camping, de caravanage, d'accueil d'habitations légères de loisirs, arrêtés portant approbation des plans de remembrement des associations foncières urbaines de remembrement autorisées ou constituées d'office, installations et travaux divers, autorisations de lotir.

En revanche, alors même que leurs régimes sont organisés par le Code de l'urbanisme, les ZAC et déclarations prévues à l'article R. 442-3-1 relèvent de la seconde catégorie de travaux.

2e catégorie : Travaux non soumis à autorisation ou déclaration préalable en application du Code de l'urbanisme donnant lieu à étude d'impact en application du Code de l'environnement, autres types d'affouillement soumis à déclaration préalable et demandes volontaires de diagnostic.

Section 1. – Imposition des travaux autorisés en application du Code de l'urbanisme

A. Travaux soumis à la redevance

Les autorisations délivrées en application du Code de l'urbanisme constituent le fait générateur de la redevance d'archéologie préventive lorsque le terrain d'assiette, c'est-à-dire l'unité foncière, est d'une superficie égale ou supérieure à 3 000 m^2.

La redevance n'étant due que pour des travaux qui affectent le sous-sol, sont imposables les travaux qui tendent à la construction de nouveaux bâtiments ou à l'installation de toute nature lorsqu'ils comportent des fondations ou nécessitent des travaux de terrassement. En ce sens, sont imposables les travaux tendant à la construction de nouveaux bâtiments, mais également les travaux d'extension ou d'agrandissement de bâtiments.

Dans les lotissements, la création de lots est légalement réputée affecter le sous-sol par l'implantation ultérieure des bâtiments ainsi que par les affouillements liés aux voiries, réseaux et tous aménagements des abords. La redevance est due pour la totalité des terrains qui font l'objet de l'autorisation même si le lotissement doit être réalisé en plusieurs tranches.

Les installations et travaux divers soumis à autorisation au titre de l'article L. 442-1 du Code de l'urbanisme sont également soumis à la redevance dans les mêmes conditions que les permis de construire.

B. Travaux exclus du champ d'application de la redevance

En revanche, les constructions sans fondations ni terrassements (telles que résidences mobiles de loisirs, habitations légères de loisirs, vérandas, modules préfabriqués, chapiteaux...) qui sont simplement posées sur le sol n'entraînent pas l'exigibilité de la redevance d'archéologie préventive.

De même, les travaux de rénovation, de surélévation de bâtiments existants ou les changements d'affectation ne sont pas soumis à la redevance.

Par ailleurs, la loi n'a pas entendu soumettre à la redevance les installations ayant un impact négligeable sur le sous-sol telles que poteaux ou pylônes, ni les petites constructions et extensions d'une surface hors œuvre brute inférieure à 20 m^2 et habituellement dispensées de permis de construire et simplement soumises à déclaration de travaux.

Enfin, il est précisé que les permis de démolir ne donnent jamais lieu à redevance, car leur impact est limité au volume déjà bâti et est sans incidence notable sur le sous-sol environnant. Les attein-

tes éventuelles portées au sous-sol environnant par les démolitions de maçonnerie sont considérées également comme d'un impact négligeable.

C. Travaux exonérés de redevance

Conformément aux dispositions de l'article 9-1, sont exonérés les travaux suivants, même s'ils portent sur une superficie de terrain égale ou supérieure à 3 000 m^2 :

1. Les constructions de logements à usage locatif construits ou améliorés avec le concours financier de l'État en application des 3° et 5° de l'article L. 351-2 et des articles L. 472-1 et L. 472-1-1 du Code de la construction et de l'habitation.

Cette exonération vise, en métropole comme dans les départements d'outre-mer, les logements locatifs sociaux qui bénéficient d'une aide financière de l'État et les logements foyers qui leur sont assimilés. Elle ne vise pas les logements en accession à la propriété.

Ces travaux sont exonérés au prorata de la surface hors œuvre nette (SHON) effectivement destinée au logement locatif. Par conséquent, dans le cadre d'une opération mixte, la redevance sera calculée sur la surface de terrain diminuée du prorata correspondant à la surface hors œuvre nette affectée au logement social.

Exemple :

Pour un terrain de 3 500 m^2, la redevance sera de 3 500 x 0,32 euro = 1 120 euros.

Si un quart de la surface hors œuvre nette (SHON) correspond à des logements sociaux, la redevance sera diminuée de 25 % et donc ramenée à 840 euros.

Cette exonération s'applique aussi dans le cadre des lotissements, si une ou des parcelles sont destinées à accueillir de tels logements. Lorsque, à la demande du pétitionnaire, l'arrêté de lotir prévoit que la totalité ou une fraction du terrain retenu pour l'opération de lotissement est destinée à la construction de logements locatifs sociaux, l'exonération s'applique au prorata de la surface hors œuvre nette affectée à la construction des locaux précités. Il est précisé que l'utilisation des terrains pour un autre usage nécessitera un arrêté modificatif qui constituera le fait générateur du montant de redevance éludé.

2. La construction de logement par une personne physique pour elle-même. Le bénéfice de cette mesure est ouvert à toute personne physique déclarant construire pour son usage personnel.

Cette exonération s'applique au logement et à toutes ses annexes telles que garages, cellier, appentis, remise, bûcher, atelier familial, abri de jardin, piscine et abri de piscine.

3. Les affouillements rendus nécessaires pour la réalisation de travaux agricoles ou forestiers, même s'ils nécessitent d'importants travaux de creusement. Ainsi, par exemple, l'aménagement d'un bassin piscicole de plus de 100 m^2 nécessitant des affouillements de plus de deux mètres de profondeur, autorisé comme installation et travaux divers au titre de l'article R. 442-2 du Code de l'urbanisme ne relève pas de la redevance.

D. Principes de non-cumul de la redevance sur un même terrain

Outre les travaux réalisés sur des terrains inférieurs à 3 000 m^2 ou sur des terrains supérieurs mais qui n'affectent pas le sous-sol, la loi exclut du champ de la redevance les terrains pour lesquels elle a déjà été perçue ou qui ont fait l'objet d'une opération d'archéologie préventive.

Lors de la délivrance de l'autorisation d'occuper le sol, si le pétitionnaire justifie, par tous moyens – avis d'imposition antérieur ou tout document attestant que le terrain a déjà fait l'objet d'une opération d'archéologie, que son terrain a déjà été assujetti, la redevance ne doit pas être liquidée. L'INRAP devra vérifier que la redevance antérieure n'aurait pas été annulée après son émission pour cause d'annulation de la prescription ou d'abandon de travaux. Si les éléments de justification ne sont produits qu'ultérieurement, la redevance sera dégrevée selon la procédure décrite au chapitre V.

En ZAC et en lotissement, les autorisations délivrées ne sont jamais taxées puisque l'aménageur ou le lotisseur sont redevables de la redevance pour l'ensemble de leur opération. Sont également exclues du champ d'application de la redevance, les constructions édifiées dans des ZAC créées ou lotissements autorisés avant le 31 octobre 2003.

Seules les autorités compétentes pour liquider la redevance sont habilitées à apprécier le bien fondé des demandes d'exemption de redevance. Aucun tri des dossiers, préalable à la transmission aux services liquidateurs ne doit être effectué par les personnes qui autorisent, approuvent ou décident les travaux.

Section 2. – Imposition des travaux donnant lieu à étude d'impact ou à déclaration administrative préalable

A. Travaux soumis à la redevance

1. Travaux donnant lieu à étude d'impact en application du Code de l'environnement :
– ZAC (C. urb. art. L. 311-1 et s. et R. 311-1 et s.) ;
– installations classées au titre de la protection de l'environnement (C. env. art. L. 512-1 et s.) ;
– aménagements non soumis à autorisation administrative : projets linéaires (routes, autoroutes, voies ferrées, voies navigables...), extension de ports, travaux relatifs à des digues, et tous travaux visés par le Code de l'environnement, articles L. 122-1 et suivants et par le décret n° 77-1141 du 12 octobre 1977.

Lorsqu'une autorisation qui donnera lieu à la liquidation de la redevance est sollicitée au titre du Code de l'urbanisme en même temps qu'une autorisation administrative dans le cadre d'une procédure soumise à étude d'impact, le fait générateur applicable est la délivrance de l'autorisation d'urbanisme.

2. Travaux soumis à déclaration préalable auprès du préfet de région en application de l'article R. 442-3-1 du Code de l'urbanisme, créé par le décret n° 2002-89 du 16 janvier 2002. Il s'agit de travaux d'affouillement portant sur des superficies supérieures à 10 000 m^2 et affectant le sol sur une profondeur de plus de 0,50 m.

B. Travaux exclus du champ d'application de la redevance

1. Les travaux exécutés sur un terrain d'une superficie inférieure à 3 000 m^2.

2. Les travaux réalisés sur un terrain qui a déjà fait l'objet d'une perception de la redevance ou d'une opération archéologique.

Pour les ZAC, il est rappelé que les opérations postérieures à la création de la ZAC ne seront jamais taxées puisque l'aménageur a déjà été redevable pour l'ensemble de l'aménagement.

Il appartient au redevable de justifier, par tous moyens, qu'il satisfait aux conditions d'exclusions.

C. Travaux exonérés de redevance

1. En ZAC, travaux relatifs aux logements à usage locatif construits ou améliorés avec le concours financier de l'État en application des 3° et 5° de l'article L. 351-2 et des articles L. 472-1 et L. 472-1-1 du Code de la construction et de l'habitation. Ces travaux sont exonérés au prorata de la surface hors-œuvre nette effectivement destinée au logement locatif social.

2. Les affouillements visés à l'article R. 442-3-1 du Code de l'urbanisme lorsque ces affouillements sont rendus nécessaires pour la réalisation de travaux agricoles ou forestiers.

Il appartiendra à la personne qui projette les travaux de justifier, auprès des services liquidateurs, son droit à exonération de la redevance.

Seules les autorités compétentes pour liquider la redevance sont habilitées à apprécier le bien fondé des demandes d'exonération de la redevance. Aucun tri des dossiers préalable à la transmission aux services liquidateurs ne doit être effectué par les personnes qui autorisent, approuvent ou décident les travaux.

D. Principes de non-cumul de la redevance sur un même terrain

Ces principes sont identiques à ceux exposés au D de la section 1 du présent chapitre.

Chapitre III. – Le fait générateur de la redevance

Les actes constituant le fait générateur de la redevance diffèrent selon la nature des travaux affectant le sous-sol. Il s'agit respectivement :

1. Pour les travaux soumis à autorisation ou déclaration préalable en application du Code de l'urbanisme de la délivrance des permis de construire, des autorisations d'installations et de travaux divers, des autorisations pour aménager des terrains de camping et de caravanage, des autorisations pour aménager un terrain pour l'accueil d'habitations légères de loisirs, des arrêtés de lotir, des arrêtés portant approbation des plans de remembrement des associations foncières

urbaines de remembrement autorisées ou constituées d'office, et des déclarations de travaux non frappées d'opposition au sens des articles L. 422-2 du Code de l'urbanisme. Les permis obtenus tacitement constituent également le fait générateur de la redevance.

2. Pour les travaux soumis à étude d'impact, l'acte qui décide, autorise ou approuve, éventuellement après enquête publique, la réalisation du projet et en détermine l'emprise.

Pour les autorisations d'installations classées pour la protection de l'environnement, il s'agit de l'arrêté préfectoral autorisant l'installation.

Pour les ZAC, de l'acte qui crée la zone d'aménagement concerté : arrêté préfectoral ou délibération du conseil municipal ou de l'organe délibérant de l'établissement public de coopération intercommunal.

Pour les aménagements pouvant nécessiter une procédure d'expropriation pour cause d'utilité publique, il s'agit du dernier des arrêtés de cessibilité des terrains nécessaires à la réalisation de la tranche de travaux considérée.

À défaut de tout autre acte spécifique, le dossier transmis par le maître d'ouvrage aux fins d'instruction archéologique constitue le fait générateur. La date du fait générateur est la date de réception du courrier de transmission du dossier au Préfet de région/direction régionale des affaires culturelles, si ce dossier est complet. Lorsque ce dossier est incomplet, la date du fait générateur est la date de réception du courrier d'envoi des éléments complémentaires.

3. Pour les travaux soumis à déclaration préalable en application de l'article R. 442-3-1 du Code de l'urbanisme, le dépôt de la déclaration auprès du préfet de région.

4. En cas de demande volontaire de réalisation d'un diagnostic, le fait générateur est la réception par le préfet de région de cette demande.

Le 6e alinéa de l'article 9-I précise qu'une telle demande volontaire peut être présentée lorsque l'aménageur souhaite que le diagnostic soit réalisé avant la survenance de l'un des faits générateurs énumérés ci-dessus aux points 1) à 3). Elle peut être présentée au cours de l'instruction du dossier.

Chapitre IV. – Autorités compétentes pour asseoir et liquider la redevance

Les services compétents pour asseoir la redevance d'archéologie préventive et liquider son montant diffèrent selon la nature des travaux en projet.

La redevance d'archéologie préventive due pour les travaux relevant de la première catégorie est assise et liquidée par les services placés sous l'autorité du préfet de département, qui peut déléguer sa signature au directeur départemental de l'équipement, ou dans certaines situations, par les maires.

La redevance d'archéologie préventive due pour les travaux de la seconde catégorie est assise et liquidée par les services placés sous l'autorité du préfet de région, qui peut déléguer sa signature au directeur régional des affaires culturelles.

Section 1. – Compétence du préfet de département

L'article 9-III de la loi donne compétence au préfet de département pour procéder à l'assiette et à la liquidation de la redevance pour les travaux soumis à autorisation préalable en application du Code de l'urbanisme (cf. plus haut, section 1, chapitre II).

A. Délégation de signature au directeur départemental de l'équipement

En faisant référence à l'article L. 255-A du Livre des procédures fiscales, la loi rapproche la procédure d'assiette, de liquidation et de recouvrement de la redevance d'archéologie préventive de celle prévue pour les taxes d'urbanisme.

Si le préfet souhaite effectivement que la redevance soit liquidée par le directeur départemental de l'équipement, déjà directement compétent en matière de taxe d'urbanisme, il importe qu'il prenne sans délai (selon le modèle joint en annexe) un arrêté portant délégation de signature. Pour faciliter le fonctionnement des services la délégation de signature peut également concerner des agents placés sous l'autorité du DDE. Ces agents doivent nominativement être désignés dans l'arrêté à intervenir.

Pour assurer la sécurité juridique de ces opérations, il convient de veiller au renouvellement des actes de délégation lors de l'installation d'un nouveau préfet et lors de l'installation d'un nouveau directeur départemental de l'équipement.

B. Transfert de compétences aux maires

L'article 9-III prévoit expressément que les maires compétents pour délivrer les permis de construire au nom de la commune peuvent se voir transférer la compétence pour asseoir et liquider la redevance. Ce transfert s'exerce dans les conditions prévues pour permettre au préfet de transférer la compétence en matière de taxe d'urbanisme du DDE au maire. Par application des dispositions de l'article L. 255-A du Livre des procédures fiscales, et des articles R. 424-1 et A. 424-1 à A. 424-5 du Code de l'urbanisme, le préfet peut, par arrêté, transférer sa compétence en matière de redevance d'archéologie préventive aux maires compétents pour délivrer les autorisations d'urbanisme.

Le préfet saisira donc sans délai les maires des communes auxquels les compétences en matière de taxe d'urbanisme ont été transférées pour leur proposer de leur confier également la compétence en matière de redevance d'archéologie préventive. Ce transfert doit viser l'avis favorable du directeur départemental de l'équipement, qui doit s'assurer que la collectivité dispose de moyens suffisants, et notamment que les progiciels et programmes informatiques utilisés sont compatibles avec ceux de l'État.

Il importe qu'à bref délai et en tout cas avant la fin de l'année 2003 soient pris les arrêtés préfectoraux nécessaires à ces transferts.

En l'absence d'arrêté préfectoral organisant ce transfert de compétence, le préfet (ou le DDE s'il a reçu délégation) demeure compétent pour procéder à la détermination de l'assiette et à la liquidation de la redevance. Par ailleurs, en application des dispositions de l'article A. 424-4 du Code de l'urbanisme, le préfet (ou le DDE) reste compétent pour liquider la redevance due pour les permis délivrés par l'État, pour veiller à l'exacte application du régime de la redevance, pour répondre aux réclamations des administrés, instruire le contentieux et collecter et transmettre les statistiques relatives à la redevance d'archéologie préventive.

Section 2. – Compétence du préfet de région

L'article 9-III de la loi donne compétence au préfet de région pour procéder à la détermination de l'assiette et à la liquidation de la redevance pour les travaux soumis à certaines études d'impact ou à déclaration administrative préalable auprès de ses services (cf. section 2, Chapitre II).

Le préfet de région peut déléguer sa signature au directeur régional des affaires culturelles.

Seuls les éléments utiles à l'établissement de la redevance devront être transmis au DRAC pour lui permettre de liquider la redevance.

Ces éléments sont :

1. Pour les travaux soumis à étude d'impact, une copie de l'acte décidant, autorisant ou approuvant la réalisation des travaux, comprenant la superficie du terrain d'assiette, les coordonnées de l'aménageur et la destination des ouvrages. À défaut d'acte spécifique, le dossier fourni par le maître d'ouvrage à fin de prescription archéologique mentionnera la superficie globale concernée, les coordonnées de l'aménageur, la nature et la destination des ouvrages. Lorsqu'une partie des constructions est destinée à des logements locatifs aidés, leur SHON devra être précisée ainsi que la SHON globale du projet, afin que l'exonération correspondante puisse être calculée.

2. Pour les travaux soumis à déclaration, une copie de cette déclaration.

3. Pour les demandes volontaires, un extrait de cette demande contenant la superficie sur laquelle elle porte, les coordonnées de l'aménageur ainsi que la nature et la destination de l'ouvrage ou de l'aménagement projeté.

Chapitre V. – Détermination de l'assiette et modalités de liquidation de la redevance

La loi précise que les autorisations d'urbanisme et les actes qui constituent les faits générateurs de la redevance sont transmis au service liquidateur par l'autorité compétente pour délivrer ces autorisations ou établir les actes.

En application du 2e alinéa de l'article 9-III, l'ensemble des opérations de liquidation doit impérativement intervenir avant la fin de la 4e année qui suit celle de la délivrance de l'autorisation.

Section 1. – Base d'imposition

La base d'imposition est constituée soit de la superficie du terrain présentée pour la réalisation des travaux et aménagements projetés, soit de l'emprise ou de la surface au sol retenue pour certaines installations ou, certains aménagements.

1. Pour les travaux autorisés en application des dispositions du Code de l'urbanisme :

Le terrain d'assiette est constitué de l'unité foncière, à savoir l'ensemble des parcelles contiguës appartenant à un même propriétaire tel qu'il figure dans la demande d'autorisation.

Cependant, par exception législative, pour les bâtiments agricoles il s'agit de la superficie de l'emprise au sol figurant dans le dossier au titre de la surface hors œuvre brute (SHOB) du rez-de-chaussée de la construction. En conséquence, seuls les bâtiments d'exploitation agricole dont la SHOB du rez-de-chaussée est égale ou supérieure à 3 000 m² sont taxables.

Lorsqu'une acquisition foncière permet d'augmenter la taille d'une propriété qui aurait déjà été taxée, la redevance ne sera liquidée, en cas de réalisation de travaux passibles de la redevance, que pour la surface de terrain nouvellement acquise. Par exemple, une autorisation délivrée sur un terrain de 5 000 m² qui aurait été taxé antérieurement pour une superficie initiale de 4 000 m² ne donnera lieu à liquidation de la redevance que pour 1 000 mètres carrés.

2. En ZAC, doit être prise en compte la surface totale incluse dans le ou les périmètres de la zone.

3. Pour les aménagements soumis à étude d'impact et à autorisation administrative au titre des installations classées pour la protection de l'environnement (hors celles nécessitant une autorisation d'urbanisme traitées en 1), il s'agit de la surface au sol des installations telle qu'elle ressort de l'autorisation administrative ou de la demande d'autorisation.

4. Pour les travaux soumis à étude d'impact mais non soumis à autorisation au titre des installations classées pour la protection de l'environnement, il s'agit de la surface au sol des aménagements mentionnés dans le dossier transmis pour prescription de diagnostic éventuelle ; ce dossier décrit les travaux projetés, notamment leur emplacement prévu sur le terrain d'assiette.

Pour les routes, la surface à retenir recouvre les chaussées, bandes d'arrêt d'urgence, remblais, zones de sécurité, aires de services et aires de repos, zones techniques, bandes circulantes permanentes et temporaires, zones de dépôt de matériaux permanentes et temporaires ainsi que les fossés et autres ouvrages d'assainissement ou d'évacuation des eaux.

Pour les voies ferrées, il s'agit des voies proprement dites, des zones de ballast, des remblais, des zones sécurisées le long des voies, des zones techniques.

Lorsqu'une clôture de protection entoure ces ouvrages, la totalité de la surface incluse dans la clôture doit, a minima, être prise en compte.

5. Pour les travaux soumis à déclaration au titre de l'article R. 442-3-1 du Code de l'urbanisme, la surface au sol déclarée auprès du préfet de région.

6. Pour les demandes volontaires, la superficie sur laquelle porte la demande. Il conviendra donc d'exiger de l'auteur de cette demande un dossier complet. À défaut, la saisine devra être considérée comme incomplète et la demande ne pourra pas être prise en considération.

Pour les travaux fractionnés non soumis à autorisation d'urbanisme, c'est-à-dire les travaux pour lesquels la décision administrative les autorisant prévoit une réalisation par tranches (carrières), la surface à prendre en considération est celle de l'ensemble du programme de travaux.

En revanche, pour les travaux qui font l'objet d'une déclaration d'utilité publique (grands linéaires), la surface à prendre en considération est celle indiquée dans chaque arrêté de cessibilité.

Sous réserve d'un contrôle à la diligence des services (direction départementale de l'équipement ou DRAC), la surface de terrain à prendre en compte est celle déclarée par le pétitionnaire.

Lorsqu'il apparaît que la superficie déclarée est manifestement erronée, le service liquidateur doit procéder à sa rectification avant de liquider la redevance. La rectification appelle la mise en œuvre de la procédure de redressement contradictoire telle que définie aux articles L. 55 à L. 59 du Livre des procédures fiscales.

Section 2. – Mode de calcul

Le montant de la redevance est le produit du ratio suivant : superficie du terrain ou emprise au sol telle que définie par la loi, en mètres carrés x 0,32 Euro.

Le cas échéant, le montant de la redevance est diminué du montant des exonérations résultant de la réalisation de logements locatifs sociaux.

Le terrain retenu est l'ensemble de l'unité foncière. Un terrain de 3 010 mètres carrés sera taxé pour l'ensemble de cette superficie, et non pour 10 mètres carrés.

L'article 9-II prévoit que le montant légal de 0,32 Euro par mètre carré est indexé en fonction de l'évolution de l'indice du coût de la construction.

L'indice de référence est le dernier indice du coût de la construction connu à la date de parution de la loi n° 2003-707 du 1er août 2003, soit celui du 1er trimestre 2003 paru le 16 juillet 2003 : indice 1183.

L'indice d'actualisation est le dernier indice connu à la date du fait générateur. Avant chaque liquidation, il conviendra donc de vérifier sa valeur. La direction de l'architecture et du patrimoine fournira chaque trimestre aux DRAC l'indice actualisé.

Le taux actualisé appliqué comporte trois décimales après la virgule et est arrondi au millième supérieur.

Section 3. – Redevable

La redevance d'archéologie préventive est due par toute personne publique ou privée bénéficiaires des autorisations ou actes qui en constituent le fait générateur.

Lorsque des autorisations ou actes font l'objet de décisions de transferts, le nouveau titulaire est solidairement responsable du paiement de la redevance.

Section 4. – Établissement des avis d'imposition et titres de recette

L'ordonnancement de la redevance donne lieu à l'établissement de titres de recette accompagnés d'avis d'imposition émis par les préfets de département ou de région. Seuls les titres de recettes sont soumis à la signature des préfets ou des maires rendus compétents ou des personnes bénéficiaires des délégations de signature prévues au chapitre IV ci-avant.

Les titres de recettes et avis d'imposition doivent déterminer les éléments relatifs à l'assiette (n° de l'autorisation, nom et adresse du bénéficiaire de l'autorisation), à la liquidation (date du fait générateur de la redevance [délivrance de l'autorisation d'urbanisme ; décision autorisant la réalisation des travaux ; dépôt de la déclaration préalable ou de la demande volontaire de réalisation du diagnostic ; pour les travaux à réalisation fractionnée, la durée de l'autorisation et la date prévue dans l'arrêté d'autorisation pour l'ouverture de la tranche imposable], base d'imposition, taux de la redevance par mètre carré de terrain, montant de la redevance dû) et au recouvrement de la redevance.

Les titres de recettes et les avis d'imposition mentionnent également l'organisme bénéficiaire de la taxe : INRAP ou collectivité territoriale en fonction des informations communiquées par le DRAC aux services liquidateurs. Le directeur régional des affaires culturelles communique aux directions départementales de l'équipement (DDE) la liste des collectivités territoriales ayant choisi de réaliser pour une durée minimale de trois ans l'ensemble des diagnostics prescrits sur leur territoire et qui à ce titre doivent bénéficier du produit de la redevance.

Cette information est indispensable aux services liquidateurs qui doivent obtenir l'avis des organismes effectivement bénéficiaires pour instruire une demande de dégrèvement.

Lorsqu'ils sont connus du service liquidateur, le titre de recette mentionne l'identité des tiers tenus solidairement au paiement de la redevance.

Les avis d'imposition et titres de recette sont établis selon les modèles joints en annexe. Ils sont transmis au trésorier-payeur général du département. Le comptable chargé du recouvrement adresse les avis aux redevables.

Lorsque les travaux de la deuxième catégorie (cf. chapitre II, section 1) donnant lieu à redevance sont réalisés par tranches, le paiement de la redevance est lui-même fractionné au début de chacune des tranches prévues. Un titre de recette est émis au début de chaque tranche pour un montant égal au prorata de la superficie de la tranche par rapport à la superficie totale de l'opération.

S'agissant des projets linéaires dont le tracé et les emprises ne sont pas fixées dans l'autorisation de travaux, le titre de recette est alors émis sur la base de la surface figurant dans l'arrêté de cessibilité relatif à chaque tranche de travaux concernée, celui-ci constituant le fait générateur.

Section 5. – Annulations et dégrèvements

Les contribuables peuvent obtenir dans certains cas soit l'annulation, soit le dégrèvement de la redevance.

A. – Cas des annulations de l'autorisation ou des abandons de travaux.

La redevance est annulée lorsque les travaux donnant lieu à redevance ne sont pas réalisés et que l'opération de diagnostic n'a pas été engagée. Lorsque l'annulation appelle une restitution au bénéfice du contribuable, les sommes à rembourser sont réduites des frais d'assiette et de recouvrement. Toutefois, en application de l'article 9-IV, la redevance est maintenue si des travaux de diagnostic ont été entrepris sur le terrain d'implantation du projet d'aménagement abandonné.

Pour obtenir l'annulation correspondante, le redevable doit présenter une demande de dégrèvement de la redevance justifiant l'abandon des travaux (retrait de l'autorisation, caducité, annulation contentieuse...).

Afin de vérifier si un diagnostic a été entrepris, le service liquidateur adresse copie de la demande du redevable au DRAC.

Compte tenu du délai de six mois prévu à l'article R. 199-1 du Livre des procédures fiscales, au terme duquel le silence de l'administration vaut rejet de la demande, il est souhaitable que le DRAC

fasse connaître, dans un délai de trois mois, si un diagnostic a été engagé. L'absence de réponse à cette demande d'avis sera interprétée comme une absence de diagnostic et l'annulation de la redevance sera accordée s'il apparaît que les travaux autorisés n'ont pas été réalisés.

B. – Dégrèvements

Toutes les demandes tendant à la réduction totale ou partielle de la redevance sont soumises à l'accord de l'INRAP, ou, le cas échéant, de la collectivité bénéficiaire, et du ministre chargé de la culture. En conséquence, les services liquidateurs (notamment DDE ou maires compétents) transmettent toutes les demandes aux DRAC.

Comme pour les annulations, à l'expiration du délai de six mois prévu à l'article R. 199-1 du Livre des procédures fiscales, le défaut de réponse du service liquidateur vaut rejet de la demande. Par conséquent, il est nécessaire que le DRAC communique les avis requis dans les trois mois suivant la date de réception de la réclamation adressée au service liquidateur.

Le ministre de la Culture donne délégation au directeur de l'INRAP pour se prononcer pour la part de redevance destinée au FNAP.

Les propositions de dégrèvement transmises par les services liquidateurs aux DRAC mentionnent les références du titre de recette initial, comportent une copie de l'avis d'imposition et précisent les motifs, et, en tant que de besoin, un avis sur l'opportunité des dégrèvements demandés.

Les décisions expresses de rejet total ou partiel doivent être motivées. Elles sont notifiées au redevable dans les conditions prévues à l'article R. 198-10 du Livre des procédures fiscales.

Dans le cas exceptionnel où le dégrèvement est motivé par une erreur matérielle de l'ordonnateur, le dégrèvement est immédiatement décidé et le DRAC en est informé.

Sauf lorsque le dégrèvement est prononcé pour rectifier une erreur de service, les sommes à rembourser sont également réduites du montant des frais d'assiette et de recouvrement.

Les décisions de dégrèvement font l'objet d'un titre de recette rectificatif et sont transmises au trésorier-payeur général selon les états modèles ci-joints en annexe.

Chapitre VI. – Le recouvrement de la redevance

Section 1. – Le recouvrement amiable et précontentieux

Les services ordonnateurs assigneront les titres de recettes sur la caisse :

– du trésorier-payeur général du département pour les DDE et les collectivités territoriales compétentes ;

– du trésorier-payeur général de la région pour les DRAC.

En l'occurrence, le bordereau collectif de transmission des avis des sommes à payer individuels vaut titre de recette. Il est signé par l'ordonnateur.

En cas de transfert de l'autorisation de construire à un nouveau titulaire, les services liquidateurs doivent adresser à la trésorerie générale assignataire un arrêté de transfert valant titre de recette individuel à l'égard du nouveau titulaire.

Après avoir contrôlé les documents et pris en charge les montants dus, la trésorerie générale transmet les documents (bordereau collectif + avis individuels) au(x) comptable(s) spécialisé(s) chargé(s) du recouvrement de la redevance d'archéologie préventive dans le département, pour validation et envoi des avis aux redevables.

La prise en charge est extra-comptable.

Des interfaces informatiques pourront être mises en place entre les services liquidateurs de l'État et des collectivités territoriales et les services du Trésor.

L'action en recouvrement du comptable du Trésor s'exerce dans un délai de quatre ans à compter de la date d'ordonnancement du titre de recette.

A. – Le paiement

La redevance d'archéologie préventive doit être acquittée en un versement unique au comptable du Trésor compétent (ou en autant de versements que de titres de recette émis dans le cadre des opérations à plusieurs tranches de travaux).

Elle est immédiatement exigible à la date d'ordonnancement du titre de recette. La date limite de paiement est fixée au dernier jour du mois qui suit la date d'ordonnancement du titre de recette.

En conséquence, l'attention des services ordonnateurs est attirée sur le respect des délais d'émission. Lorsque le délai de transmission des titres au trésorier-payeur général est supérieur à

trois jours et ce, afin de ne pas pénaliser le redevable, la date limite de paiement fait l'objet d'un report au dernier jour du mois qui suit la date de prise en charge du titre.
À défaut de paiement à cette date ou en cas de paiement partiel, une majoration de 10 % est décomptée sur le solde du dossier. La majoration est exigible dans les conditions définies à l'article L. 80 D du Livre des procédures fiscales.

B. – Le traitement des réclamations

Les litiges relatifs à la redevance d'archéologie préventive sont de la compétence des juridictions administratives.
Les réclamations sont présentées, instruites et jugées selon les règles de procédure applicables en matière de contributions directes (procédure préalable devant le service liquidateur puis saisine du tribunal administratif) avec la possibilité de demander le sursis légal de paiement prévu aux articles L. 277 et suivants du Livre des procédures fiscales.
– Les réclamations relatives à l'assiette (à la liquidation, au bien-fondé, aux calculs) de la redevance doivent être adressées aux services liquidateurs au plus tard le 31 décembre de la deuxième année suivant celle au cours de laquelle le titre de recette a été émis, en application de l'article R. 196-1 du Livre des procédures fiscales.
– Les réclamations relatives au recouvrement, à adresser au comptable du Trésor, sont traitées dans les mêmes conditions que celles relatives au recouvrement des impôts directs (art. L. 281 et R. 281-1 et suivants du Livre des procédures fiscales).
Elles ne peuvent porter que :
1° Soit sur la régularité en la forme des actes de poursuites.
2° Soit sur l'existence de l'obligation de payer, sur le montant de la dette compte tenu des paiements effectués, sur l'exigibilité de la somme réclamée, ou sur tout autre motif ne remettant pas en cause l'assiette et le calcul de la redevance.
Les recours contre les décisions prises par l'administration sur ces contestations sont portés, dans le premier cas, devant le juge de l'exécution, dans le second cas, devant le juge administratif.

Section 2. – Le recouvrement contentieux

Les dispositions du titre IV du Livre des procédures fiscales relatives aux poursuites exercées par le comptable du Trésor sont applicables en cas de non-paiement de la redevance d'archéologie préventive, c'est-à-dire :
– l'envoi d'une lettre de rappel avant la notification du premier acte de poursuite donnant lieu à des frais ;
– la notification du commandement par La Poste ;
– l'exercice des poursuites par les agents huissiers du Trésor ;
– l'utilisation de l'avis à tiers détenteur.
Le recouvrement contentieux s'effectue conformément aux procédures fiscales et civiles d'exécution en vigueur.
Les comptables du Trésor bénéficient du privilège institué au 1 de l'article 1929 du Code général des impôts.
Sont tenus solidairement au paiement de la redevance les établissements de crédit ou sociétés de caution mutuelle qui sont garants de l'achèvement de l'opération d'aménagement ou de travaux, ainsi que les aménageurs successifs.

Section 3. – La répartition des sommes recouvrées

Elle résulte de l'application combinée des articles 10 (point 9-IV) et 11 de la loi.
Le comptable chargé du recouvrement établit mensuellement un état de répartition et adresse tous les éléments nécessaires au trésorier-payeur général. Celui-ci répartit entre les bénéficiaires les montants nets effectivement encaissés.

A. – Les bénéficiaires

L'article 11 de la loi précise que « pour ses frais d'assiette et de recouvrement, l'État effectue un prélèvement de 1,5% sur le montant de la redevance d'archéologie préventive prévue à l'article 9 ».
Le comptable prélève donc en premier lieu 1,5% du montant en principal au titre des frais d'assiette et de recouvrement. Ce prélèvement est versé au budget général de l'Etat.

La majoration de 10 % et les frais de poursuites sont également versés au budget général de l'Etat.

Le comptable prélève ensuite 30 % calculé sur le montant total du titre (30 % au moins selon l'article 9-2 de la loi). Ce prélèvement est versé à l'INRAP pour être affecté au FNAP.

Enfin le solde est réparti entre l'INRAP et les collectivités territoriales qui ont choisi d'assurer l'ensemble des diagnostics sur leur territoire selon les informations portées sur les titres.

B. – Les modalités de versement

Le versement des sommes aux organismes bénéficiaires intervient au plus tard à la fin du mois qui suit le mois d'encaissement.

La répartition est opérée par transfert comptable à la recette générale des finances, pour imputation sur le compte de dépôt de fonds au Trésor de l'établissement public, sous deux spécifications comptables permettant de distinguer d'une part les sommes revenant au budget général de l'INRAP et, d'autre part, les sommes destinées au Fonds national d'archéologie préventive (FNAP) ; le FNAP étant créé dans les comptes de l'INRAP, le versement au FNAP par le Trésor se fait par l'intermédiaire de l'établissement public.

Lorsqu'une collectivité territoriale en est bénéficiaire, le montant est transféré au comptable chargé du service financier de cette collectivité, par avis de règlement 0.402.

Section 4. – Dégrèvements, annulations et restitution

Les dégrèvements et annulations, intervenus dans les conditions précisées au chapitre V, sont imputés sur les titres émis et pris en charge correspondants.

Au moment de la décision de dégrèvement ou d'annulation, le redevable peut avoir déjà réglé le titre initial. Dans cette hypothèse, lorsque la redevance a déjà été répartie aux bénéficiaires, le trésorier-payeur général doit récupérer les sommes auprès des bénéficiaires, au besoin par compensation, avant de rembourser le redevable.

Les sommes versées au FNAP sont restituées au trésorier-payeur général sur lequel a été assigné le titre de recette par l'établissement public.

Les remboursements effectués par les collectivités territoriales sont transférés au trésorier-payeur général par le comptable chargé de leur service financier.

En cas de dégrèvement, cette demande de restitution peut s'appuyer sur les décisions prises sur ce point par les bénéficiaires.

Pour des raisons de simplification du circuit de restitution et afin de permettre un remboursement plus rapide du redevable, dès constatation d'un trop-perçu, le trésorier-payeur général peut demander au préfet l'émission d'un ordre de reversement à l'encontre du bénéficiaire concerné.

Dans les cas où ce bénéficiaire est l'INRAP et que celui-ci a reversé le montant de redevance perçu à une collectivité territoriale ou inversement (cf. art. 9-IV de la loi), cette opération est transparente pour le Trésor public. Le trésorier-payeur général peut demander l'émission de l'ordre de reversement à l'encontre du bénéficiaire auquel il a versé les sommes indues.

Après en avoir obtenu la restitution par les bénéficiaires, le comptable reverse au redevable le montant de la redevance, à l'exception des frais d'assiette et de recouvrement (art. 9-IV).

Section 5. – Apurement de la redevance d'archéologie préventive

A. – Remise gracieuse

Aucune remise gracieuse du principal de la redevance n'est possible.

Le comptable chargé du recouvrement est compétent pour accorder la remise gracieuse de la majoration de 10 %.

B. – Admission en non-valeur

L'admission en non-valeur de la redevance est prononcée par le trésorier-payeur général.

Lorsque la redevance bénéficie à une collectivité territoriale, la proposition d'admission en non-valeur faite par le comptable est soumise par le trésorier-payeur général à l'avis de l'assemblée délibérante de la collectivité. Celle-ci peut refuser la non-valeur sous réserve de fournir au comptable des renseignements permettant de relancer le recouvrement.

L'admission en non-valeur est prononcée d'office après un silence gardé plus de six mois par la collectivité territoriale à compter de la demande du comptable.

Chapitre VII. – Statistiques

La connaissance précise des flux financiers générés par la redevance est essentielle au bon fonctionnement du dispositif. En effet, la redevance ayant pour objet de financer les diagnostics et d'abonder le Fonds national pour l'archéologie préventive, destiné à permettre de subventionner certaines opérations de fouilles, il est indispensable que des données exactes concernant le budget dont disposeront tant les opérateurs pour réaliser des diagnostics que l'État pour accorder des subventions soit régulièrement établies.

Les services liquidateurs transmettront dans cette perspective un état statistique de la taxe liquidée, et un bilan synthétique du recouvrement de la redevance d'archéologie préventive sera établi annuellement par l'administration centrale. Les modalités d'établissement et de transmission de ces statistiques seront précisées par des instructions ultérieures.

Vous saisirez les services suivants des difficultés de mise en œuvre de cette circulaire :

– le ministère de l'Équipement, sous le timbre DGUHC-DU3, pour les questions relatives à l'assiette et la liquidation de la redevance due à l'occasion de travaux autorisés par le Code de l'urbanisme ;

– le ministère de la Culture, sous le timbre direction de l'architecture et du patrimoine, pour les questions relatives à la liquidation et à l'ordonnancement de la redevance due à l'occasion de travaux donnant lieu à étude d'impact ou a déclaration administrative préalable ;

– le ministère de l'Économie, des Finances et de l'Industrie, sous le timbre DGCP 4A, pour les questions relatives au recouvrement.

Suivent les signatures ci-après :
Francis Mer ;
Gilles de Robien ;
Jean-Jacques Aillagon ;
Patrick Devedjian.

ANNEXES

Annexe I. – Modèle titre de recettes DDE
Annexe II. – Modèle titre de recettes DRAC avec numéros renvoyant à la notice d'utilisation
Annexe III. – Notice d'utilisation du modèle titre de recettes DRAC
Annexe IV. – Modèle d'avis de sommes à payer
Annexe V. – Modèle d'avis de dégrèvement
Annexe VI. – Modèle délégation préfet
Annexe VII. – Verso de l'avis des sommes à payer
Annexe I. – Titre de recette redevance d'archéologie préventive
Annexe II. – Bordereau de transmission – trésor public redevance d'archéologie préventive
Annexe III. – Notice d'utilisation du bordereau de transmission – trésor public (titres individuels uniquement)

1. Préfet de région ordonnateur de la redevance (ou DRAC s'il a reçu délégation).

2. Trésorier-payeur général de la région.

3. Cette case permet le suivi comptable entre des bordereaux successifs, dans le cas des paiements fractionnés (travaux effectués par tranches successives).

4. La somme figurant dans cette case correspond à la redevance due.

5. Date d'émission du titre de recettes et signature du préfet de région (ou DRAC si délégation).

6. Il s'agit du dossier dont vous êtes saisi et qui constitue le fait générateur de la redevance (autorisation de ZAC, de carrière, DUP, décision de réaliser l'aménagement, demande volontaire de diagnostic, déclaration d'affouillement).

7. Préciser dans cette case l'origine du dossier (autorisation de ZAC, de carrière, DUP, décision de réaliser l'aménagement, demande volontaire de diagnostic, déclaration d'affouillement).

8. Préciser ici s'il ne s'agit pas de l'autorisation initiale mais d'une modification.

9. La date à reporter ici est celle de la décision – fait générateur de la redevance. Pour les demandes volontaires de diagnostic, il s'agit de la date à laquelle vous avez reçu la demande.

10. Cette case ne doit être renseignée que lorsque la ZAC ou la demande volontaire porte sur un terrain susceptible de recevoir des logements locatifs aidés, afin que l'aménageur bénéficie de l'exonération au prorata de la SHON de ces logements.

11. Dans le même cas que précédemment, il convient d'indiquer la SHON correspondant aux logements locatifs aidés.

12. Nom et adresse de l'aménageur.

13. Cette case ne peut être remplie que si ces personnes sont connues.

14. Il s'agit de la superficie incluse dans le périmètre de la ZAC, de la superficie des installations soumises à étude d'impact, de la superficie déclarée ou de la surface figurant dans la demande volontaire de diagnostic, sauf lorsque cette demande porte sur la construction d'un bâtiment agricole, auquel cas il ne faut tenir compte que de l'emprise au sol de la construction. Les surfaces exonérées (logement locatif aidé) doivent être déduites.

15. La base est égale à la superficie totale incluant les surfaces exonérées.

16. Il s'agit du produit de la surface imposable (14) multipliée par 0,32 Euro. Ce chiffre doit être identique à celui inscrit au (4).

17. Cette case n'est à remplir qu'en cas de dégrèvement : elle correspond à la somme dégrevée.

18. Ce chiffre correspond à 1,5 % de l'imposition (16).

19. Frais d'assiette afférents au dégrèvement.

20. Part de la redevance revenant au bénéficiaire (INRAP ou collectivité territoriale qui aura pris la décision d'assumer l'ensemble des diagnostics pendant 3 ans minimum). Elle correspond à l'imposition moins la part revenant au Fonds national pour l'archéologie préventive (30 % minimum). Elle est calculée après déduction des frais d'assiette et de recouvrement.

21. Sommes dégrevées imputées sur les comptes du bénéficiaire de la redevance.

22. Part revenant au Fonds national pour l'archéologie préventive (30 % minimum).

23. Sommes dégrevées imputées sur les comptes du Fonds national pour l'archéologie préventive.

24. Cette case rappelle l'origine du dossier : il conviendra de cocher la case « origine du dossier » correspondant au type d'autorisation constituant le fait générateur de la redevance (ZAC, demande volontaire, carrière, DUP, autres études d'impact) et qui a déjà été inscrit en case (7).

Annexe IV

Annexe V

Annexe VI. – Arrêté du 11 décembre 2003 portant délégation de signature pour la redevance d'archéologie préventive

Le préfet,

Vu la loi n° 2001-44 du 17 janvier 2001 modifiée relative à l'archéologie préventive, notamment son article 9 paragraphes I et III ;

Vu l'article L. 332-6-4° du Code de l'urbanisme ;

Vu l'arrêté du ministre de l'Équipement, des Transports et du Logement en date du, nommant M, (titre), directeur départemental de l'équipement de,

Sur proposition du secrétaire général de la préfecture,

Arrête :

Article 1er. – Délégation est donnée à M, directeur départemental de l'équipement et, en cas d'absence ou d'empêchement, à M, (fonction), à effet de signer les titres de recettedélivrés en application de l'article 9-III de la loi n° 2001-44 du 17 janvier 2001 modifiée relative à l'archéologie préventive, tous actes, décisions et documents relatifs à l'assiette, à la liquidation et aux réponses aux réclamations préalables en matière de redevance d'archéologie préventive dont les autorisations et déclarations préalables du Code de l'urbanisme constituent le fait générateur.

Article 2. – Le secrétaire général de la préfecture et le directeur départemental de l'équipement sont chargés, chacun en ce qui le concerne, de l'exécution du présent arrêté qui sera publié au recueil des actes administratifs de la préfecture.

Le préfet,

Annexe VII. – Ministère de l'Équipement, des Transports, du Logement, du Tourisme et de la Mer redevance d'archéologie préventive

L'archéologie préventive « a pour objet d'assurer, à terre et sous les eaux, dans les délais appropriés, la détection, la conservation ou la sauvegarde par l'étude scientifique des éléments du patrimoine archéologique affectés ou susceptibles d'être affectés par les travaux publics ou privés concourant à l'aménagement. Elle a également pour objet l'interprétation et la diffusion des résultats obtenus » (L. 17 janv. 2001 mod., art. 1er). Les mesures de détection – le diagnostic – sont décidées par le préfet de région et peuvent être réalisées soit par l'Institut national de recherches archéologiques préventives (INRAP), établissement public ayant pour mission de réaliser les opérations d'archéologie préventive et de diffuser leurs résultats, soit par un service archéologique agréé de collectivité territoriale.

La redevance d'archéologie préventive a pour objet de financer les diagnostics ainsi que de subventionner une partie des fouilles par le Fonds national d'archéologie préventive. Elle constitue une contribution essentielle à la protection du patrimoine national enfoui et au développement des connaissances de notre passé, produites en grande majorité par les opérations d'archéologie préventive.

L'autorisation d'aménagement ou de travaux, affectant le sous-sol, mentionnée sur l'avis d'imposition ci-joint et délivrée en application du Code de l'urbanisme appelle l'exigibilité, conformément à l'article L. 332-6 de Code de l'urbanisme et à l'article 9 de la loi n° 2001-44 du 17 janvier 2001 modifiée par la loi n° 2003-707 du 1er août 2003, de la redevance d'archéologie préventive.

Le montant de cette redevance est égal au produit de la superficie du terrain (ou de l'emprise au sol pour les bâtiments agricoles) par un montant de 0,32 euro indexé sur l'indice du coût de la construction. Le cas échéant, le montant de la redevance est diminué du montant des exonérations résultant de la réalisation de logements locatifs sociaux.

Dès réception de cet avis d'imposition, et au plus tard à la date précisée au recto, vous devez verser au comptable du Trésor désigné la somme mise à votre charge.

Le défaut de paiement vous exposerait aux poursuites ordonnées par la loi. Tout paiement hors délai entraîne l'exigibilité de la majoration de 10 % prévue à l'article 1761 du Code général des impôts.

Les informations utiles, notamment sur l'exigibilité de la redevance et les éléments servant de fondement à son calcul peuvent être obtenues auprès du service d'assiette (direction départementale de l'équipement ou mairie) dont l'adresse est précisée sur l'avis d'imposition.

Les réclamations sont recevables jusqu'au 31 décembre de la deuxième année suivant celle au cours de laquelle le titre de recettes a été émis.

Le comptable du Trésor, dont l'adresse est également indiquée sur l'avis d'imposition, est seul compétent pour vous renseigner en ce qui concerne le recouvrement et les modalités de paiement de la redevance, notamment pour communiquer les coordonnées du compte courant du Trésor à la Banque de France.

***Important :* En cas de renonciation à votre projet de construction, il vous appartient de solliciter l'annulation ou de faire constater la caducité de l'autorisation de construire auprès de la mairie, afin d'obtenir le dégrèvement de la redevance.**

ANNEXE V

ZONES D'AMÉNAGEMENT CONCERTÉ – DISPOSITIF ANTÉRIEUR À LA LOI SRU

C. urb., art. *R. 311-1 ancien. — Les zones d'aménagement concerté ont pour objet l'aménagement et l'équipement de terrains bâtis ou non bâtis, notamment en vue de la réalisation :

1° De constructions à usage d'habitation, de commerce, d'industrie, de services ;

2° D'installations et d'équipements collectifs publics ou privés.

Principe. La ZAC est essentiellement un mode de production de terrains équipés ; sa création se 3288
justifie donc pour équiper une zone constructible à terme, mais actuellement inconstructible par absence ou insuffisance d'équipements publics (zones NA par exemple).

ZAC et périmètre de restauration immobilière. Les procédures permettant aux personnes 3289
publiques de réaliser des opérations d'aménagement urbain en créant des périmètres de restauration immobilière ou des secteurs sauvegardés n'ont pas un caractère obligatoire et leur existence n'interdit pas pour autant à l'Administration de réaliser l'aménagement qu'elle envisage en créant une ZAC alors même que l'opération ainsi mise sur pied impliquerait la restauration d'immeubles existants et la démolition d'immeubles vétustes à remplacer par des constructions neuves (CE, 11 mai 1984, *Évrard : Rec. CE*, p. 180).

Mais un périmètre de restauration immobilière peut être institué à l'intérieur d'une ZAC (CE, 9 janv. 1985, req. n° 44207 : *DA* 1985, 114).

Expropriation. La possession des terrains par la collectivité n'est pas un préalable : les acquisi- 3290
tions foncières sont alors réalisées, au besoin, par voie d'expropriation. La déclaration d'utilité publique, nécessaire pour exproprier, est indépendante de la procédure de création de la ZAC, de sorte que l'illégalité d'une de ces deux procédures n'entache pas la légalité de l'autre (CE, 8 mars 1974, *Cts Challe : Rec. CE*, p. 1210. – CE, 10 mars 1979, *Valentini : AJDA* nov. 1979, p. 53, note Souloumiac ; *Droit et Ville* 1979, n° 8, p. 237, note Bouyssou. – CE, 28 oct. 1987, *Assoc. pour la défense des sites et paysages : Rec. CE*, p. 327. – CE, 8 juin 1988, *Ville d'Amiens* c/ *Crépin : DA* n°s 422 et 446. – CE, 28 juill. 1993, *Cne de Chamonix-Mont-Blanc : Rec. CE*, p. 251 ; *Petites affiches* 1er déc. 1993, note Bouyssou).

Le principe indiqué ci-dessus est infléchi, par les arrêts qui admettent que l'illégalité du PAZ résultant de l'incompatibilité avec le schéma directeur, entraîne l'annulation de la déclaration d'utilité publique (CE, 5 oct. 1990, *Cne de Levallois-Perret, SEMARELP et Min. Équip.* c/ *Caen : Rec. CE*, p. 268 ; *DA* 1990, 565 ; *AJDA* 1991, p. 69, note J.-B. Auby ; *Petites affiches* 27 févr. 1991, note Holleaux. – TA Paris, 19 mars 1993, *Parent : Petites affiches*, 13 juill. 1993, note Morand-Deviller. – CE, 27 févr. 1995, *Assoc. des quartiers de Fréjus : AJDA* 1995, p. 468, concl. Du Marais. – CE, 24 mai 1995, *Ville de Meudon : DA* 1995, 553). Procéduralement, la ZAC et la DUP étant connexes, un recours unique est recevable contre les deux décisions (CE, 26 mai 1993, *Letellier : Rec. CE*, T, p. 1100).

En outre, le droit d'exproprier pour les besoins d'une ZAC (notamment d'une ZAC privée) n'est pas dépourvu d'ambiguïtés (V. intervention Moreau au colloque de Caen d'octobre 1990 : *Droit et Ville* 1991, n° 31, p. 105 et interventions de MM. Bon et Périnet-Marquet au colloque de Caen de novembre 1992 : *Droit et Ville* 1993, n° 36, p. 231 et 255).

Permis de construire. La création de la ZAC permet le sursis à statuer sur les demandes d'autori- 3291
sation de construire ou de lotir (C. urb., art. L. 123-7), mais les propriétaires peuvent en contrepartie exercer un droit de délaissement (C. urb., art. L. 311-2).

Décision de création motivée. La décision de créer une ZAC doit être suffisamment motivée (TA 3292
Marseille, 19 déc. 1987, *Mme Bernardi : Rec. CE*, p. 494. – *Contra*, CE, 27 févr. 1985, *MUL* c/ *Cne de Fuveau*). Mais le contrôle de fond est très restreint (contrôle minimum), CE, 11 mars 1988, *Assoc. des résidents de Vars*. – CE, 11 mars 1988, *Guérin et Sarlat*. – CE, 4 oct. 1989, *Assoc. de défense des pavillons de la rue du Tage*.

Cependant, est illégale la création d'une ZAC ne comportant pas la réalisation d'équipements publics d'une importance suffisante (CE, sect., 28 juill. 1993, *Cne de Chamonix-Mont-Blanc : Rec. CE*, p. 251 ; *Petites affiches* 1er déc. 1993, note Bouyssou ; *BJDU* 1-94, p. 27, concl. Lasvignes ; *D.* 1994, somm. comm., p. 107, note Charles). En revanche, un arrêt admet de manière contestable que l'essentiel de la superficie d'une ZAC puisse être affecté à des aménagements de sauvegarde ou de mise en valeur d'espaces naturels (CAA Marseille, 8 déc. 1998, *Cne des Pennes Mirabeau : BJDU* 1-99, p. 57).

L'erreur manifeste a été retenue, en raison de l'insuffisance des voies de desserte (TA Versailles, 30 sept. 1993, *Époux Delange* c/ *Cne de Bures-sur-Yvette : Ét. fonc.*, déc. 1993, p. 53), ou de ZAC traversée par une voie départementale fréquentée par 3 000 véhicules-jour (TA Versailles, 6 juill. 1993, *Assoc. Magny-Environnement* c/ *Préfet des Yvelines : Gaz. Pal.* 17 juin 1994), ou de ZAC localisée sur une ZNIEFF, malgré le caractère non réglementaire de cette dernière (CAA Lyon, 31 déc. 1996, *AIDE* c/ *Cne de Grimaud : Petites affiches*, 11 juin 1997, note Halna du Fretoy).

3293 **Zone de création.** La ZAC doit être compatible avec le schéma directeur, s'il existe, et être localisée dans les zones urbaines ou les zones NA d'un POS, s'il existe (C. urb., art. L. 311-1) et elle doit être précédée par la procédure de concertation (C. urb., art. L. 300-2).

Une ZAC peut être créée dans la partie laissée vide par une autre ZAC (TA Strasbourg, 20 janv. 1994, *Assoc. des résidents du groupe d'habitations de la brasserie à Lutterbach : BJDU* 3-95, p. 206, concl. Blais).

C. urb., art. *R. 311-2 ancien *(D. n° 77-757, 7 juill. 1977 ; D. n° 86-517, 14 mars 1986).* — Une zone d'aménagement concerté est créée à l'initiative d'une collectivité publique, ou d'un établissement public ayant vocation, de par la loi ou ses statuts, à réaliser ou à faire réaliser l'objet de ladite zone.

3294 **Délégation de droit de préemption urbain.** Les collectivités publiques ou établissements publics pouvant prendre l'initiative de la création d'une ZAC peuvent bénéficier par délégation du droit de préemption urbain (C. urb., art. L. 213-3) ou encore du droit de préemption dans les ZAD dans la mesure où le terrain est compris à la fois dans une ZAD et dans une ZAC (C. urb., art. L. 213-3).

3295 **Compétence.** Pour les établissements publics, il y a lieu de vérifier la compétence territoriale, la compétence matérielle (par ex., une chambre de commerce et d'industrie ne saurait demander la création d'une ZAC d'habitation) et la compétence statutaire.

Voir aussi : Pour un exemple de modification de PAZ par un SIVOM, voir CE, 18 déc. 1991, *SIVOM de Sainte-Geneviève des Bois : Rec. CE*, p. 450 ; *JCP* 1992, II, p. 392, obs. Rouault.

3296 **Absence de compétence d'un district.** Un district n'est pas compétent de plein droit pour créer une ZAC (CE, 24 mai 1995, *Ville de Meudon : DA* 1995, 553 ; *BJDU* 4-95, p. 291, concl. Bachelier), à la différence d'une communauté de communes.

Voir aussi : Pour Paris, Lyon, Marseille et les communes issues d'une fusion et comportant une ou plusieurs communes associées, C. urb., art. R. 318-16 à R. 318-22, p. 694.

C. urb., art. *R. 311-3 ancien *(D. n° 77-757, 7 juill. 1977 ; D. n° 77-1141, 12 oct. 1977 ; D. n° 86-517, 14 mars 1986 ; D. n° 88-199, 29 févr. 1988 ; D. n° 92-966, 10 sept. 1992).* — La personne publique qui a pris l'initiative de la création de la zone constitue un dossier de création, approuvé sauf lorsqu'il s'agit de l'État, par son organe délibérant, et l'adresse au maire de la commune concernée ainsi que, lorsque la création de la zone relève de sa compétence, au préfet du département.

Le dossier de création comprend :

***a)* Un rapport de présentation, qui indique notamment l'objet et la justification de l'opération, comporte une description de l'état du site, et de son environnement et énonce les raisons pour lesquelles, au regard des dispositions d'urbanisme en vigueur et de l'insertion dans l'environnement naturel ou urbain, le projet faisant l'objet du dos-**

sier de création a été retenu. Ce rapport comprend l'étude d'impact définie à l'article 2 du décret n° 77-1141 du 12 octobre 1977, sauf dans le cas prévu au dernier alinéa de l'article L. 311-4 ;

***b)* Un plan de situation ;**

***c)* Un plan de délimitation du ou des périmètres composant la zone ;**

***d)* L'indication du mode de réalisation choisi ;**

***e)* Le régime de la zone au regard de la taxe locale d'équipement ;**

***f)* L'indication du document d'urbanisme applicable à l'intérieur de la zone ;**

***g)* L'indication du programme global de construction.**

Études préalables nécessaires. Le dossier prévu par le présent article suppose que des études importantes aient été réalisées auparavant (étude d'impact notamment). Ces études préalables doivent faire l'objet d'un financement qu'il appartient normalement, selon la circulaire du 3 mars 1977 relative aux études préalables aux opérations d'urbanisme, aux collectivités maîtres d'ouvrages de dégager. 3297

Cette circulaire n'ayant pas toutefois un caractère réglementaire (CE, 18 mars 1994, *Copropriété le Melchior : Rec. CE*, T, p. 1244 ; *DA* 1994, 378).

Voir aussi : Sur le contenu du dossier de réalisation, l'annexe technique à la circulaire n° 77-97 du 1er juillet 1977 ; notes sous C. urb., art. R. 311-2, p. 609.

PAZ. Si l'acte de création prévoit de doter la zone d'un PAZ, l'établissement d'un POS n'est plus possible dans son périmètre (TA Versailles, 19 nov. 1996, *Assoc. les Amis du Vieux-Saint-Brice*). 3298

Le même architecte peut élaborer l'étude d'impact et le plan d'aménagement de zone (CE, 12 mai 1989).

En cas de procédure de création-réalisation, la note de présentation et l'étude d'impact peuvent être dans le dossier de PAZ, et non dans le dossier de création (CE, 5 oct. 1990, *Assoc. de défense du secteur 9 des ZAD de Levallois-Perret : DA* 1990, 564). Cette solution est écartée en cas de ZAC pour laquelle la procédure normale distinguant la phase de création et la phase de réalisation est retenue (CE, 28 juill. 1993, *Ville d'Évreux : Petites affiches* 1er déc. 1993, note Bouyssou).

Le rapport de présentation du PAZ est plus complet que le rapport de présentation du dossier de création (comparer la rédaction de l'alinéa *a* du présent article à l'article R. 311-10-1).

Concertation préalable. La décision de création doit être précédée par la concertation préalable (V. annotations sous art. L. 300-2). Elle doit être compatible avec le schéma directeur, s'il en existe un (V. annotations sous art. R. 122-27), avec les lois d'aménagement et d'urbanisme (V. annotations sous art. L. 146-1 et s.) et les directives territoriales d'aménagement (C. urb., art. L. 111-1-1). 3299

Étude d'impact. Les insuffisances de l'étude d'impact, qui ne peuvent être corrigées après la décision de création de la ZAC, sont à l'origine de nombreuses annulations de ZAC (par ex., TA Paris, 9 juill. 1992, *Sté Gang : Gaz. Pal.* 10 nov. 1993. – CE, 23 mars 1994, *Sté Groupe de recherche et construction : Rec. CE*, T, p. 1244 ; *DA* 1994, 378). En cas de procédure de création-réalisation, l'étude d'impact peut être complétée après la clôture de l'enquête et avant la décision de création (CE, 28 oct. 1998, *Assoc. SEVDOR : BJDU* 6-98, p. 465). 3300

Les constructions réalisées dans la ZAC, après DUP, ne nécessitent pas d'étude d'impact (CE, 23 mars 1994, *Syndicat des copropriétaires du groupe d'immeubles du rond-point Mirabeau : Rec. CE*, T, p. 1245). En outre, les mesures compensatoires n'ont pas à être chiffrées par l'étude d'impact d'une ZAC, compte tenu de la consistance du projet et des précautions intrinsèques qu'il comporte en matière d'environnement et de commodité du voisinage (CE, 10 déc. 1993, *Assoc. pour l'aménagement de la ZAC Dupleix : Rec. CE*, p. 360 ; *BJDU* 1994, n° 2, p. 53, concl. Le Chatelier ; *D.* 1994, 118 ; *D.* 1994, somm. comm., p. 105, note Charles). Le contenu de l'étude d'impact, fixé à l'origine par le décret du 12 octobre 1977, a été complété par le décret du 25 février 1993 (V. Circ. 27 sept. 1993 : *Mon. TP* 26 nov. 1993).

Elle comporte l'étude de l'état initial du site, l'analyse des effets directs et indirects du projet sur l'environnement, les raisons du choix du projet parmi les partis envisagés, les mesures compensatoires, l'analyse des méthodes utilisées pour une telle évaluation. La jurisprudence exige une étude d'impact proportionnelle à l'importance du projet ; c'est pourquoi, en milieu déjà urbanisé, elle est moins rigoureuse qu'en site naturel ou en milieu sensible (montagne et littoral), allant jusqu'à admettre, à propos d'une ZAC de réhabilitation d'un centre ancien, que l'indication de mesures compensatoires n'est pas nécessaire (CE, 16 déc. 1993, *Assoc. contre la ZAC Dupleix : DA* 1994, 118. – CE, 20 nov. 1995, *Assoc. Victor Schœlcher : Rec. CE*, T, p. 1984. – *Contra*, CAA Paris, 18 juill. 1995, *Cne d'Esbly : Gaz. Pal.* 30 oct. 1996). En revanche, en milieu urbanisé, doivent figurer dans l'étude d'impact les éléments correspondant à la commodité du voisinage : circulation, stationnement, espaces verts notamment (CE, 6 déc. 1985, *Sté de Promotion Jean-Ache : Rec. CE*, T, p. 807).

C. urb., art. *R. 311-3-1 ancien ***(D. n° 77-757, 7 juill. 1977 ; D. n° 86-517, 14 mars 1986 ; D. n° 88-199, 29 févr. 1988).*** **— Lorsque la création de la zone relève de la compétence du préfet du département, le conseil municipal de la commune sur le territoire de laquelle il est envisagé de créer la zone, ou l'organe délibérant de l'établissement public de coopération intercommunale compétent, émet un avis sur le dossier de création.**

L'avis est réputé favorable s'il n'est pas émis dans le délai de trois mois à compter de la réception par le maire ou le président de l'établissement public de coopération intercommunale du dossier de création.

C. urb., art. *R. 311-3-2 ancien et R. 311-3-3 ancien ***(Ab., D. n° 86-517, 14 mars 1986).***

C. urb., art. *R. 311-4 ancien ***(D. n° 76-163, 16 févr. 1976 ; D. n° 77-757, 7 juill. 1977 ; D. n° 86-517, 14 mars 1986).*** **— L'aménagement et l'équipement de la zone sont :**

1° Soit conduits directement par la personne morale qui a pris l'initiative de sa création ;

2° Soit à la demande de ladite personne morale, réalisés par un établissement public constitué en application de l'article L. 321-1 ou concédés à un établissement public répondant aux conditions définies à l'article R. 311-2 ou à une société d'économie mixte répondant aux conditions définies à l'article L. 300-4 ;

3° Soit confiés, par cette personne morale, selon les stipulations d'une convention à une personne privée ou publique.

3301 **Procédures.** La réalisation de la ZAC peut être conduite selon quatre procédures : réalisation directe, mandat, concession ou convention.

3302 **Cahier des charges type.** Le cahier des charges type des concessions de ZAC, annexé au décret n° 69-401 du 16 avril 1969, a été remplacé par un cahier des charges type annexé au décret n° 77-204 du 18 février 1977. Voir aussi les deux arrêtés du même jour et la circulaire n° 77-121 du 11 août 1977 et le *Juris-Classeur Construction*, fasc. 13-85.
Le cahier des charges type des conventions de ZAC est annexé au décret n° 70-513 du 5 juin 1970.

Voir aussi : Circ. n° 70-117, 27 oct. 1970 et le *J.-Cl. Construction*, fasc. 13-D-2.

3303 **Conventions type.** Depuis la loi n° 82-213 du 2 mars 1982 modifiée par celle n° 83-663 du 22 juillet 1983, les conventions-types ne sont plus que de simples modèles. La remontée à un arrêté ministériel pour l'approbation de conventions y dérogeant ne s'impose donc plus.

Voir aussi : Sur le contenu du dossier de réalisation, l'annexe technique à la circulaire n° 77-97 du 1er juillet 1977.

3304 **Responsabilité.** Dans le cas d'une ZAC publique (régie ou concession), la collectivité publique garde la responsabilité globale de bonne fin et de risque financier. Dans les ZAC privées, c'est le « conventionné » qui prend les risques. Toutes les personnes visées à l'article R. 311-2 peuvent réaliser la ZAC en régie directe ; le mandat est limité à certains établissements publics (V. *Guide pratique*, n° 3-1-3). Dans les ZAC privées, le conventionné s'assure au préalable la maîtrise des sols, par promesse de vente le plus souvent (*Guide pratique*, n° 4-1-1-3).
Un contentieux sur l'apurement des comptes peut survenir entre un concédant et un concessionnaire de ZAC (CE, 18 mai 1988, *SEMA Bures Orsay : RFDA* 1989, p. 663, note Gilli). La responsabilité

administrative est engagée en cas de travaux entrepris prématurément (CE, 14 nov. 1984, *Ville de Beauvais : DA* 1985, n° 26), mais non en cas de pourparlers n'ayant pas abouti en ayant entraîné des frais pour l'aménageur pressenti (CE, 29 avr. 1977, *Sté d'aménagement de Bray-Dunes : Rec. CE*, p. 1000).

Voir aussi : Pour les concessions antérieures, circulaire du 29 mars 1979 (les rémunérations des organismes aménageurs sont révisées en hausse) ; l'arrêté type de création de ZAC (*Guide pratique*, n° 2-3-7).

Contrat administratif. La convention de ZAC (ZAC privée) est un contrat administratif (CAA Paris, 25 oct. 1996, *Sté ZAC Jean Lemoin : BJDU* 2-97, p. 144). Sur cette question, v. aussi CE, 13 nov. 1987, *Synd. intercommunal pour la création et le fonctionnement de l'école des clos : Rec. CE*, p. 365 ; *RFDA* 1988, p. 380, note Moderne, concl. Robineau. 3305

Compétence de l'article L. 311-4. Le présent article ne peut prévaloir sur les règles de compétence prévues à l'article L. 311-4 (CA Versailles, 30 oct. 1987, *Assoc. « Les amis du vieux Saint-Brice » : Rec. CE*, T, p. 1008). 3306

Effet de l'annulation de l'arrêté de création. L'annulation de l'arrêté de création entraîne, par voie de conséquence, l'illégalité de la convention d'aménagement et du choix des constructeurs (CAA Paris, 29 mars 1993, *Assoc. information et défense de l'environnement : Rec. CE*, T, p. 1099 ; *DA* 1993, 251). 3307

Voir aussi : Sur la liberté de choix de l'aménageur, C. urb., art. L. 300-4, p. 218. Si la collectivité a elle-même lié son pouvoir de décision par une procédure particulière de choix de l'opérateur, elle doit respecter la procédure qu'elle a elle-même fixée (CE, 26 mars 1997, *Cne de Sceaux*).

Bibliographie : Mode de réalisation de la ZAC et partenariat public privé, rapports au colloque de Caen (nov. 1992) de MM. Mallard et Piette, de MM. Jacquot et Martin et de M. Pérignon : *Droit et Ville* 1993, n° 36, p. 105, 133 et 153. – Fatome et Richer, *La nature juridique des contrats d'aménagement : Mon. TP* 3 sept. 1993.

C. urb., art. *R. 311-5 ancien ***(D. n° 77-757, 7 juill. 1977 ; D. n° 86-517, 14 mars 1986 ; D. n° 92-966, 10 sept. 1992).*** **— La décision créant la zone d'aménagement concerté en délimite le ou les périmètres, indique le programme global de construction, mentionne le mode de réalisation choisi et précise le régime applicable au regard de la taxe locale d'équipement.**

Dans les communes, parties de communes ou ensembles de communes dotés d'un plan d'occupation des sols rendu public ou approuvé, la décision créant la zone précise en outre si les dispositions de ce plan demeureront en vigueur à l'intérieur du ou des territoires compris dans la zone, ou s'il sera établi un plan d'aménagement de zone.

Abandon du projet. L'organisme aménageur n'a pas de droits acquis à la réalisation d'une ZAC, après la création de cette dernière. Il ne peut donc obtenir réparation du préjudice que lui cause l'abandon du projet (CE, 28 nov. 1986, *SCI Domaine de la Seigneurie*). La solution est inverse après la signature de la convention (CE, 15 avr. 1992, *SCI Vallières : Rec. CE*, p. 182). 3308

Textes. Le second alinéa du présent article est la simple application de l'avant-dernier alinéa de l'article L. 311-4. 3309

Le décret du 10 septembre 1992 a ajouté au texte antérieur l'indication du programme global de construction.

Illégalité du POS. L'acte de création de la ZAC n'étant pas une mesure d'application du POS, l'exception d'illégalité à l'encontre du POS est le plus souvent inopérante (CE, 25 sept. 1992, *Min. Équip. c/ Cne de Bernardi*. – CE, 3 déc. 1993, *Ville de Paris : Rec. CE*, p. 340 ; *RFDA* 1994, p. 583, concl. Bonichot ; *DA* 1994, 63 ; *AJDA* 1993, p. 893, chron. de jurispr. – Conf. CE, 3 juill. 1996, *Min. Équip. : Rec. CE*, p. 259 ; *DA* 1997, 38). Pourtant, lorsque l'objet de la révision du POS était précisément la création de la ZAC, l'illégalité de cette révision entraîne celle de la création de ZAC (CE, 23 déc. 1994, *Cne de Poizat*). 3310

Voir aussi : Sur l'illégalité de la création de ZAC, le jour même où est dressé le bilan de la concertation préalable, TA Versailles, 27 sept. 1994, *Renard c/ Cne de Pontault-Combault : Ét. fonc.*, n° 66-1995.

3311 **Illégalité du schéma directeur.** La création de la ZAC est illégale, en conséquence de l'illégalité d'une modification du schéma directeur (CE, 5 déc. 1994, *Syndicat viticole de Pessac-Léognan : DA* 1995, 176).

3312 **Annulation de la décision de création.** L'annulation de la décision de création entraîne, par voie de conséquence, celle du PAZ et du dossier de réalisation et de la convention d'aménagement (CAA Paris, 29 mars 1993, *Assoc. Information et défense environnement et urbanisme : Rec. CE*, p. 437 ; *AJDA* 1993, p. 736 ; *DA* 1993, 251). Mais son illégalité pour vice de forme ou de procédure ne peut plus – depuis la loi Bosson du 9 février 1994 – être soulevée par la voie procédurale de l'exception d'illégalité (C. urb., art. L. 600-1).

3313 **Sursis à exécution.** Le juge administratif peut ordonner le sursis à exécution de la décision créant la ZAC (CE, 20 janv. 1988, *SEPANSO*).

C. urb., art. *R. 311-6 ancien *(D. n° 77-757, 7 juill. 1977 ; D. n° 86-517, 14 mars 1986 ; D. n° 88-199, 29 févr. 1988)*. — La délibération du conseil municipal ou de l'organe délibérant de l'établissement public de coopération intercommunale compétent ou l'arrêté du préfet qui crée une zone d'aménagement concerté est affiché pendant un mois en mairie. Mention en est en outre insérée en caractères apparents dans deux journaux régionaux ou locaux diffusés dans le département.

Lorsqu'il s'agit d'un arrêté du préfet, il est en outre publié au recueil des actes administratifs du département.

Les effets juridiques attachés à la création de la zone ont pour point de départ l'exécution de l'ensemble des formalités de publicité prévues aux deux alinéas précédents. Pour l'application du présent alinéa, la date à prendre en compte pour l'affichage en mairie est celle du premier jour où il est effectué.

3314 **Publicité.** Les formalités de publicité ont lieu aux frais de la personne publique à l'origine de la création de la ZAC (Circ. n° 77-91, 1er juill. 1977).

La publication de l'arrêté préfectoral créant la ZAC doit être faite au recueil des actes administratifs de la préfecture, et non plus du département (Rép. min. : *JOAN* (Q) 17 mai 1999, p. 3004).

Avant l'accomplissement de toutes les formalités de publicité, le projet de création ne produit aucun effet juridique. En particulier, le sursis à statuer de l'article L. 123-7 est inapplicable.

Voir aussi : Obs. sous C. urb., art. R. 311-1, p. 608.

3315 **Droit de délaissement.** Le droit de délaissement prévu à l'article L. 311-2 peut être exercé dès que toutes les formalités de publicité ont été accomplies.

C. urb., art. *R. 311-7 ancien. — Sont considérées comme des zones d'aménagement concerté, pour l'application de l'article L. 123-7, les zones, quel que soit leur mode de réalisation ou leur régime juridique, qui ont été créées ou définies par une collectivité publique ou un établissement public y ayant vocation.

Le préfet arrête la liste de ces zones.

3316 **Compétence du préfet.** À notre avis, le préfet dispose d'une compétence liée : la liste qu'il arrête comprend toutes les ZAC du département, sans aucune exception.

C. urb., art. *R. 311-8 ancien *(D. n° 77-757, 7 juill. 1977 ; D. n° 86-517, 14 mars 1986 ; D. n° 88-199, 29 févr. 1988)*. — Lorsqu'il est prévu que les dispositions du plan d'occupation des sols rendu public ou approuvé ne seront pas maintenues en vigueur à l'intérieur du ou des territoires compris dans la zone, la décision créant la zone devient caduque si, dans le délai de deux ans à compter de la publication dont elle fait l'objet, le plan

d'aménagement de zone n'est pas approuvé. Le délai peut être prorogé pour une durée d'un an par délibération du conseil municipal ou de l'organe délibérant de l'établissement public de coopération intercommunale compétent ou, lorsque la création de la zone relève de sa compétence, par arrêté du préfet du département. Cette délibération ou cet arrêté est publié dans les conditions définies à l'article R. 311-6.

Le point de départ du délai de deux ans mentionné à l'alinéa précédent est le 30 juin 1977, lorsque l'acte créant la zone a été publié avant cette date.

Remarque. La gravité extrême que constituerait la caducité de l'acte créant la ZAC devrait, selon nous, inciter les collectivités publiques à ne recourir au PAZ qu'en cas de ZAC créée en dehors du territoire couvert par un POS, ou, encore, dans une zone NA définie par un POS. En effet, le bilan financier résultant de la caducité de l'acte créant une ZAC pourrait être considérablement déficitaire. 3317

Prorogation du délai. Le délai de deux ans pour approuver le PAZ ne peut faire l'objet de plus d'une prorogation d'un an (CE, 4 mars 1987, *SCI du château de Chilly-Mazarin : Rec. CE*, p. 86). 3318

Caducité. L'annulation du PAZ plus de trois ans après la création de la ZAC rend cette dernière caduque et le POS s'applique intégralement sur les terrains inclus dans son périmètre (CE, 10 juin 1988, *SCI de la ZAC de Villarceau : Rec. CE*, p. 240). 3319

C. urb., art. *R. 311-9 ancien *(Ab., D. n° 76-276, 29 mars 1976).*

C. urb., art. *R. 311-10 ancien *(D. n° 76-276, 29 mars 1976 ; D. n° 77-757, 7 juill. 1977 ; D. n° 95-21, 9 janv. 1995).* — Lorsque la décision de création n'a pas prévu le maintien en vigueur des dispositions du plan d'occupation des sols rendu public ou approuvé, il est établi un plan d'aménagement de zone compatible avec le schéma directeur ou le schéma de secteur, s'il en existe un.

Ce plan comprend :

***a)* Un ou plusieurs documents graphiques ;**

***b)* Un règlement.**

Il est accompagné d'un rapport de présentation ainsi que des annexes énumérées à l'article R. 123-24 (2°, 3°, 4° et 8°).

Généralités. Le présent article, comme les suivants, démontre que le POS sert de modèle aux PAZ : cet article est en effet la transposition de l'article R. 123-16. 3320
Le présent article exige la compatibilité entre le PAZ et le schéma directeur (C. urb., art. R. 122-27).
Le rapport de présentation du PAZ est plus complet que celui de l'acte de création (C. urb., art. R. 311-3).

Étude d'impact. L'étude d'impact figure, le cas échéant, dans le dossier de création (V. art. R. 311-3) et non dans le dossier de réalisation (CE, 6 févr. 1981, *Union régionale des Bouches-du-Rhône pour la sauvegarde de la vie et de la nature : Rec. CE*, p. 70 ; *AJDA* 1981, p. 215. – CE, 5 févr. 1982, *Le Sciellour : RD imm.* 1982, 28, note Bouyssou). 3321
La solution est réaffirmée par l'administration (Rép. min. : *JOAN* 26 oct. 1987, p. 5950 ; *JCP* N 1988, Prat. 526).
Toutefois, en cas de procédure de création-réalisation, l'insuffisance de l'étude d'impact peut être suppléée par les éléments fournis par le rapport de présentation du PAZ soumis à enquête publique (CE, 5 oct. 1990, *Assoc. de défense du secteur 9 des ZAD de Levallois-Perret : DA* 1990, 564. – CE, 11 janv. 1991, *Leroy*).
L'étude d'impact et le PAZ peuvent être établis par le même architecte (CE, 12 mai 1989, *Martel*).

Voir aussi : Sur l'élaboration du PAZ, Circ. 3 mars 1987 : *JCP* N 1987, Prat. 129.

C. urb., art. *R. 311-10-1 ancien *(D. n° 77-757, 7 juill. 1977 ; D. n° 83-812, 9 sept. 1983 ; D. n° 92-966, 10 sept. 1992).* — Le rapport de présentation :

***a)* Expose comment le programme retenu pour l'opération tient compte des perspectives de développement démographique et économique de la commune ou, s'il en existe un, du groupement de communes intéressé ;**

***b)* Justifie que les dispositions du plan d'aménagement de zone sont compatibles avec les lois d'aménagement et d'urbanisme et les prescriptions prises pour leur application, avec les dispositions du schéma directeur ou du schéma de secteur, ainsi que de la prise en considération du programme local de l'habitat, si ces documents existent ;**

***c)* Indique les grandes options d'urbanisme retenues à l'occasion de l'élaboration du plan ainsi que les conditions dans lesquelles les préoccupations d'environnement sont prises en compte par ce plan ;**

***d)* Présente le programme des équipements publics à réaliser dans la zone.**

3322 **Généralités.** Les *a, b, c,* de cet article transposent dans notre matière les dispositions de l'article R. 123-17 relatif aux POS.

Le dernier alinéa *(d)* correspond à la fonction spécifique de la ZAC : aménagement de la zone.

3323 **Rapport de présentation.** Le PAZ est annulé si le rapport de présentation ni aucun document soumis à enquête publique ne justifie la compatibilité du PAZ avec le schéma directeur (CE, 19 févr. 1993, *Bertrand*. – CE, 29 nov. 1996, *Assoc. de défense du bourg de Meyzieu : DA* 1997, 82).

Le rapport de présentation du PAZ est plus complet que le rapport de présentation du dossier de création (comparer le présent article à l'article R. 311-3 *a*).

Le rapport de présentation a une portée limitée : sa violation, pas plus que celle des documents graphiques du PAZ, n'entraîne pas l'annulation du permis de construire (CE, 8 juill. 1994, *Syndicat des copropriétaires de l'immeuble sis 11-13, rue de Boulainvilliers*).

C. urb., art. *R. 311-10-2 ancien *(D. n° 77-757, 7 juill. 1977 ; D. n° 95-21, 9 janv. 1995).* — Les documents graphiques font apparaître notamment :

***a)* L'organisation de la zone en ce qui concerne :**

– la localisation et les caractéristiques des principales voies de circulation à conserver, à modifier ou à créer ;

– la localisation prévue pour les principaux ouvrages publics, les installations d'intérêt général et les espaces verts ;

***b)* Le ou les îlots à l'intérieur desquels s'appliquent les règles visées à l'article R. 311-10-3 ;**

***c)* Les espaces boisés soumis aux dispositions de l'article L. 130-1 ;**

***d)* Les servitudes d'utilité publique existantes et affectant l'utilisation du sol à l'intérieur de la zone considérée ;**

***e)* Les secteurs situés au voisinage des infrastructures de transports terrestres qui sont affectés par le bruit, et dans lesquels existent des prescriptions d'isolement acoustique, déterminés en application de l'article 13 de la loi n° 92-1444 du 31 décembre 1992 relative à la lutte contre le bruit.**

3324 **Remarque.** Transposition de l'article R. 123-18, sous l'observation que le PAZ ne comporte pas de zones naturelles.

3325 **Îlot unique.** Une ZAC peut comporter un îlot unique (CE, 11 juin 1993, *Assoc. « Groupement de défense de la colline des Baumettes » : Rec. CE,* T, p. 11 ; *Petites affiches* 1er déc. 1993, note Bouyssou).

3326 **Absence de précision des documents graphiques.** La ZAC « Seine Rive Gauche » est annulée pour erreur manifeste d'appréciation en raison de l'insuffisance des espaces verts prévus (3,5 ha pour 130 hectares de surface globale), malgré la présence d'espaces verts hors ZAC et le projet d'aménagement des berges de la Seine « pour la promenade et les loisirs », cette intention figurant dans le rapport de présentation n'étant pas reprise dans les documents graphiques (TA Paris,

11 mars 1993, *Parent : Petites affiches* 13 juill. 1993, note Morand-Deviller, infirmé par CE, 3 déc. 1993, *Ville de Paris : Rec. CE,* p. 340).

Équipements publiques. Le Conseil d'État a annulé partiellement la délibération approuvant le dossier de réalisation, l'exemption de taxe locale d'équipement étant subordonnée à la prise en charge minimale par l'aménageur, des équipements publics énumérés à l'article 317 *quater* de l'annexe II du Code général des impôts, ce qui n'était pas le cas en l'espèce (CE, 18 janv. 1993, *Tete*). 3327

Annulation du permis de construire. Par analogie avec la jurisprudence relative à l'illégalité des POS (voir annotations sous l'article L. 123-4-1), l'illégalité de la ZAC ou du PAZ peut entraîner l'annulation des permis de construire subséquents (CE, 31 juill. 1992, *Sté Bréguet Construction : DA* 1992, 504), mais cette annulation n'est pas automatique et dépend de la règle d'urbanisme qui se substitue aux règles propres à la ZAC (TA Nice, 26 sept. 1991 : *DA* 1992, 307). 3328

C. urb., art. *R. 311-10-3 ancien *(D. n° 77-757, 7 juill. 1977 ; D. n° 83-813, 9 sept. 1983)* — Le règlement fixe notamment :

***a)* Les règles applicables aux terrains situés dans chacun des îlots de la zone conformément aux dispositions de l'article R. 123-21 (1°, 2°) ;**

***b)* La surface de plancher développée hors œuvre nette dont la construction est autorisée dans chaque îlot, en fonction, le cas échéant, de la nature et de l'affectation future des bâtiments.**

Des adaptations mineures peuvent être apportées aux règles prévues au *a)* ci-dessus, dans les conditions prévues par l'article L. 123-1 (al. 5).

Principe. Le règlement du PAZ est semblable au règlement du POS. Cependant, la densité des constructions n'est pas exprimée par un COS, mais par la surface hors œuvre nette (C. urb., art. R. 112-2) de chacun des futurs îlots. 3329

Surface de plancher. Le règlement est illégal s'il fixe seulement la hauteur maximale et un COS volumétrique, car la surface des constructions peut alors varier selon le nombre de planchers (TA Versailles, 31 août 1993, *Assoc. de défense du site de Varennes-Jarcy : Rec. CE,* T, p. 1099). Comme pour le POS (V. annotations sous art. R. 123-22), le dépassement de la règle de densité doit être encadré par des conditions prévues par le règlement (CAA Paris, 12 avr. 1994, *Lemoine : DA* 1994, 379). 3330
Des transferts de droits de construire entre les différents secteurs d'un même îlot sont possibles (CE, 4 nov. 1998, *Assoc. de sauvegarde du patrimoine dinardais*).
Mais le PAZ peut comporter des parcelles sans affectation précise et les règles générales d'urbanisme s'appliquent dans ce cas (CE, 7 oct. 1994, *Min. Équipement c/ Jaumont : Rec. CE,* p. 438 ; *BJDU* 5-94, p. 26, concl. Vigouroux).

Adaptations mineures. Par analogie avec l'avant-dernier alinéa de l'article L. 123-1 (adaptations mineures), on peut prendre les exemples cités par la circulaire du 17 mars 1972 et la jurisprudence citée sous ledit article. 3331

Surface hors œuvre. La surface hors œuvre nette est définie par l'article R. 112-2. 3332

Contenu du PAZ. Le PAZ ne peut comporter que des règles de fond, à l'exclusion des règles spécifiques de procédure de délivrance des permis de construire dans la ZAC (CE, 21 mars 1988, *Syndicat des copropriétaires de l'immeuble « les Périades » : Rec. CE,* p. 78 ; *AJDA* 1986, p. 385, concl. Bonichot). 3333

SHON. Le PAZ n'est pas illégal si la SHON est fixée par le rapport de présentation, et non par le règlement (CE, 6 déc. 1989, *Assoc. un poumon pour Saint-Blaise*), mais une règle (surface d'un jardin) est néanmoins inopposable, si elle est prévue par le plan, et le bilan de la ZAC, et non par le règlement (CE, 9 mai 1990, *Comité de défense de l'îlot Gros-Boulainvillers*). 3334

3335 **Cahier des charges architecturales.** Le cahier des charges architecturales auquel renvoie le règlement du PAZ est dépourvu de portée réglementaire (CAA Paris, 26 oct. 1993, *Cne de Châtillon : Gaz. Pal.* 17 févr. 1995).

C. urb., art. *R. 311-10-4 ancien ***(D. n° 86-517, 14 mars 1986 ; D. n° 88-199, 29 févr. 1988 ; D. n° 89-381, 9 juin 1989).*** **— La personne publique qui a pris l'initiative de la création de la zone définit, dès la publication de l'acte ayant créé la zone, avec le préfet du département et le maire ou le président de l'établissement public de coopération intercommunale compétent, les modalités d'association de l'État et de la commune ou de l'établissement public de coopération intercommunale à l'élaboration du plan d'aménagement de zone, s'il en est établi un.**

La personne publique qui a pris l'initiative de la création de la zone adresse sans délai copie de l'acte de création au président du conseil régional et au président du conseil général qui, dans le délai d'un mois à compter de sa réception, lui font respectivement savoir si la région ou le département souhaite être associé à l'élaboration du projet de plan d'aménagement de zone.

Dans un délai de trois mois à compter de la publication de l'acte ayant créé la zone, le préfet porte à la connaissance de la personne publique qui a pris l'initiative de la création de la zone les éléments mentionnés à l'article R. 123-5 ou, en région d'Île-de-France, les éléments mentionnés à l'article R. 141-4. Lorsque la zone n'a pas été créée à l'initiative de la commune ou de l'établissement public de coopération intercommunale compétent, il adresse copie de ces éléments au maire ou au président de l'établissement public.

Voir aussi : Sur l'établissement éventuel d'un PAZ, note sous C. urb., art. R. 311-8, p. 611 ; note sous C. urb., art. R. 123-5, p. 524.

3336 **Décision préparatoire.** La délibération de la collectivité qui prend l'initiative de la création de la zone est préparatoire et le recours à son encontre est donc irrecevable (CE, 22 mai 1987, *Téte* c/ *Cne de Caluire : DA* 1987, n° 440).

C. urb., art. *R. 311-11 ancien ***(D. n° 76-276, 29 mars 1976 ; D. n° 77-757, 7 juill. 1977 ; D. n° 86-517, 14 mars 1986 ; D. n° 88-199, 29 févr. 1988 ; D. n° 89-381, 9 juin 1989).*** **— La personne publique qui a pris l'initiative de la création de la zone constitue un dossier de réalisation comprenant :**

a) **Le programme des équipements publics à réaliser dans la zone ;**

b) **Le projet de plan d'aménagement de zone, sauf si la décision de création a maintenu en vigueur les dispositions du plan d'occupation des sols ;**

c) **Les modalités prévisionnelles de financement de l'opération d'aménagement, échelonnées dans le temps.**

Lorsque le programme des équipements publics comporte des équipements dont la maîtrise d'ouvrage et le financement incombent normalement à d'autres collectivités ou établissements publics, le dossier doit comprendre les pièces faisant état de l'accord de ces personnes publiques sur le principe de la réalisation de ces équipements, les modalités de leur incorporation dans leur patrimoine et, le cas échéant, sur leur participation au financement. Ce dossier, accompagné, sauf lorsque la zone est créée à l'initiative de l'État, de la délibération de la personne publique qui a pris l'initiative de la création de la zone, est adressé au maire, au préfet du département et, en région d'Île-de-France, au préfet de la région.

3337 **Principe.** Le dossier de réalisation de la zone est tout à fait distinct du dossier de création (C. urb., art. R. 311-3). Toutefois, le projet de PAZ peut être inclus dans le dossier de création de la zone (C. urb., art. R. 311-16-1).

3338 **Étude d'impact.** Le PAZ qui constitue un document d'urbanisme au sens du troisième alinéa de l'article 1er du décret n° 77-1141 du 12 octobre 1977, pris pour l'application de l'article 2 de la loi n° 76-629 du 10 juillet 1976 relative à la protection de la nature, n'a pas, quelle que soit la date de son approbation, et bien qu'il soit soumis ensuite à la procédure de l'enquête publique, à faire l'objet d'une étude d'impact (CE, 27 févr. 1985, req. n° 46042, *Assoc. de sauvegarde des sites et de l'environnement au nord-est de Marseille et Chaîne de l'Étoile*. – CE, 28 oct. 1983 : *D.* 1984, inf. rap. 128. – CE, 6 févr. 1981, *Union départementale des Bouches-du-Rhône pour la sauvegarde de la vie et de la nature : Rec. CE*, p. 70 ; *D.* 1982, inf. rap. 522 ; *AJDA* 1981, p. 215).

Non-établissement d'un PAZ. Si un PAZ n'est pas établi, le dossier de réalisation porte seulement sur les programmes d'équipements publics et sur leur financement, assortis d'un échéancier. 3339

Instruction administrative distincte. Chacun des trois documents constituant le dossier de réalisation peut faire l'objet d'une instruction administrative distincte, par souci de souplesse (Circ. n° 77-97, 1er juill. 1977). En revanche, les différents éléments du dossier de réalisation ne peuvent être approuvés par des délibérations séparées (TA Versailles, 20 oct. 1998, *Van Schaïk : BJDU* 6-98, p. 465). 3340

Nombre d'exemplaire. Le nombre d'exemplaires à fournir du dossier de réalisation est très variable ; dans certains cas, le chiffre de 40 a été avancé (Rép. min. : *JOAN* 22 sept. 1979, p. 7437). 3341

Participation financière des constructeurs. Les participations financières des constructeurs dans une ZAC peuvent être discutées au contentieux, dès lors qu'elles sont fixées par les permis de construire (CE sect., 12 févr. 1988, *AFTRP, Cne d'Aulnay-sous-Bois et Conseil régional d'Île-de-France* c/ *Sté Citroën : Rec. CE*, p. 64). 3342

Cette solution ne nous paraissait pas transposable au cas de l'aménageur de la zone qui est lié par contrat à l'administration. Le contentieux – contractuel – de l'apurement des comptes relevait de la juridiction administrative (CE, 18 mai 1988, *SEMA Bures Orsay : RFDA* 1988, p. 663, note Gilli). Pourtant, le Conseil d'État a admis, au profit de l'aménageur, l'action en répétition de l'article L. 322-6, dans une ZAC (CE, 28 juill. 1989, *Communauté urbaine de Brest : DA* 1989, 610). Peut seulement être imposé à l'aménageur le coût des équipements publics situés à l'intérieur de la ZAC ou, s'ils se situent hors ZAC, ceux réalisés dans l'intérêt principal des constructeurs intervenant dans la ZAC (*ibid.*, V. art. L. 311-4-1).

Le document déterminant les modalités prévisionnelles de financement de l'opération n'a pas de caractère réglementaire ; il ne fige donc pas notamment les conditions de commercialisation des terrains (CE, 3 nov. 1997, *Sté Top Loisirs, Guy Merlin*).

Bibliographie : LAMORLETTE, *L'acte détachable de la convention de ZAC : RD imm.* 1993, p. 453.

C. urb., art. *R. 311-12 ancien *(D. n° 77-757, 7 juill. 1977 ; D. n° 85-452, 23 avr. 1985 ; D. n° 86-517, 14 mars 1986 ; D. n° 88-199, 29 févr. 1988)*.— Le maire ou le président de l'établissement public de coopération intercommunale compétent ou, lorsque la création de la zone relève de sa compétence, le préfet du département transmet pour avis le projet de plan d'aménagement de zone à la chambre de commerce et d'industrie et à la chambre des métiers intéressées. Ces établissements disposent d'un délai d'un mois pour faire connaître leurs observations éventuelles.

Le projet de plan d'aménagement de zone est soumis à une enquête publique dans les formes prévues par les articles R. 11-14-1 et suivants du Code de l'expropriation pour cause d'utilité publique. Toutefois, lorsque la création de la zone relève de la compétence du conseil municipal ou de l'organe délibérant de l'établissement public de coopération intercommunale compétent, le maire ou le président de l'établissement public exerce les compétences attribuées au préfet par les articles R. 11-14-2 à R. 11-14-5 et R. 11-14-7 à R. 11-14-15 dudit code.

L'enquête publique effectuée en application de l'alinéa précédent vaut enquête préalable à la déclaration d'utilité publique des opérations, acquisitions ou expropriations prévues au plan d'aménagement.

Lorsque la création de la zone relève de sa compétence, le préfet adresse au maire ou au président de l'établissement public de coopération intercommunale compétent, en vue de recueillir l'avis du conseil municipal ou de l'organe délibérant de l'établissement

public, le projet de plan d'aménagement de zone et les conclusions du commissaire enquêteur ou de la commission d'enquête. Cette formalité n'est pas obligatoire si la commune ou l'établissement public de regroupement a pris l'initiative de la création de la zone et si l'avis du commissaire enquêteur ou de la commission d'enquête est favorable.

L'avis est réputé favorable s'il n'est pas intervenu dans un délai de deux mois. Si le conseil municipal ou l'organe délibérant entend faire connaître son opposition, celle-ci doit être expressément formulée.

3343 **DUP.** Lorsque l'enquête porte sur la DUP, le dossier comporte aussi une estimation sommaire des dépenses (C. expr., art. L. 11-2 et L. 11-3).

Voir aussi : Sur l'obligation d'indiquer les caractéristiques principales des ouvrages et l'appréciation sommaire des dépenses (CE, 3 avril 1981, *Min. Équip. et Aménag. territ.* c/ *Assoc. des propriétaires de la région soustonnaise et autres*, req. n° 11828. – CE, 27 juill. 1990, *Ville de Fréjus*). Mais l'enquête publique n'a pas à porter sur l'accord de l'État du point de vue financier (CE, 20 nov. 1995, *Carlier : Rec. CE*, T, p. 1085) ; pour Paris, Lyon, Marseille et les communes issues d'une fusion et comportant une ou plusieurs communes associés, C. urb., art. R. 318-16 à R. 318-22, p. 694.

3344 **Principes.** La procédure est viciée si le commissaire-enquêteur, qui ne doit pas avoir un intérêt personnel à l'opération (CE, 22 juin 1984, *Assoc. de la sauvegarde de Choisy-au-Bac : DA* 1984, n° 373), n'émet pas un avis personnel (CE, 20 mars 1985, *Cne de Marigny-Champigny : Rec. CE*, T, p. 807 ; *RFDA* 1985, p. 704, note Pacteau ; *D.* 1986, inf. rap. 412, note Bon). Le projet peut être modifié après enquête publique, s'il n'y a pas atteinte à son économie générale (CE, 11 mai 1984, *Evrard : Rec. CE*, p. 180).

La réduction des surfaces de bureaux de 13 000 à 9 500 m^2 ne constitue pas une atteinte à l'économie générale du PAZ et peut avoir lieu après l'enquête publique, dès lors que la ZAC reste à dominante d'habitat avec 6 900 m^2 de SHON (TA Versailles, 16 déc. 1997, *Sontag : Ét. fonc.* n° 90-1998). Le droit d'exproprier une ZAC privée n'est pas dépourvu d'ambiguïtés (V. rapport Moreau au Colloque de Caen d'octobre 1990 : *Droit et Ville* 1991, n° 31, p. 105 et annotations sous l'article R. 311-1). Lorsque le projet de ZAC est suffisamment avancé, l'enquête préalable à la déclaration d'utilité publique doit porter sur un dossier comprenant le coût des travaux, et non pas seulement celui des terrains (CE, 27 juill. 1990, *Ville de Fréjus*).

3345 **Recours.** Malgré l'indépendance entre la DUP et l'approbation du PAZ (V. annotations sous art. R. 311-1), ces deux actes administratifs sont connexes, de sorte qu'un recours unique contre les deux actes est recevable, la jurisprudence n'y voyant pas un recours collectif (CE, 26 mai 1993, *Letellier : Rec. CE*, T, p. 1100 ; *DA* 1993, 376).

3346 **Avis favorable.** En cas d'avis défavorable du commissaire-enquêteur, sur un projet de PAZ, ce dernier est illégal (par application combinée du présent article et de l'article R. 11-4 du Code de l'expropriation) si le conseil municipal ne motive pas les raisons pour lesquelles il ne respecte pas les réserves émises par le commissaire-enquêteur (CE, 28 juill. 1993, *Ville de Bois-Colombes* c/ *Tournet : Rec. CE*, T, p. 969 ; *Petites affiches* 1er déc. 1993, note Bouyssou). En cas d'avis défavorable, le préfet ne peut prendre la DUP éventuellement nécessaire pour la réalisation de la ZAC, un décret en Conseil d'État étant alors nécessaire. L'organisation d'une deuxième enquête, suivie de l'avis favorable du commissaire-enquêteur, ne rétablit pas la compétence du préfet pour prendre la DUP (CE, 6 mai 1996, *Assoc. Parmentier-Village : Rec. CE*).

3347 **ZAC reconnues légales.** Deux ZAC importantes sont reconnues légales par le Conseil d'État, très nombreux moyens étant rejetés (CE, 3 déc. 1993, *Ville de Paris : DA* 1994, n° 63. – CE, 10 déc. 1993, *Assoc. pour l'aménagement de la ZAC Dupleix : Rec. CE*, p. 360 ; *BJDU* 2-94, p. 53, concl. Le Chatelier).

Bibliographie : DUBOIS-TAINE, *Les PAZ : Mon. TP* 21 mars 1977.

C. urb., art. *R. 311-13 ancien *(D. n° 77-757, 7 juill. 1977 ; D. n° 86-517, 14 mars 1986 ; D. n° 88-199, 29 févr. 1988)*. — Le conseil municipal ou l'organe délibérant de l'établisse-

ment public de coopération intercommunale compétent ou, lorsque la création de la zone relève de sa compétence, le préfet du département, après avis du conseil municipal ou de l'organe délibérant de l'établissement public de coopération intercommunale compétent, approuve le programme des équipements publics, après avoir :

***a)* Vérifié que la personne publique qui a pris l'initiative de la création de la zone s'est engagée à assumer les conséquences financières de sa réalisation et a défini les conditions dans lesquelles l'opération d'aménagement doit se dénouer ;**

***b)* Vérifié que les différentes collectivités ou établissements publics qui participent à l'aménagement de la zone ont donné leur accord sur la maîtrise d'ouvrage des équipements qui leur incombe.**

Maîtrise d'ouvrage déléguée. L'article 4 g de la loi du 12 juillet 1985 sur la maîtrise d'ouvrage public permet expressément de confier la maîtrise d'ouvrage déléguée à l'aménageur public ou privé d'une ZAC (à la différence des PAE de l'article L. 332-9). 3348

Approbation illégale. L'approbation du programme des équipements publics serait illégale, faute d'accord des diverses collectivités publiques intéressées par des ouvrages relevant de leur autorité. 3349

Bibliographie : Sur le régime juridique des travaux immobiliers dans la ZAC, J. COURRECH, *Les ZAC*, 1997, chapitre M. ; sur celui des travaux d'aménagement et d'équipement, le régime corrélatif des marchés, *ibid.*, chapitre J.

C. urb., art. *R. 311-14 ancien *(Ab., D. n° 86-517, 14 mars 1986).*

C. urb., art. *R. 311-15 ancien *(D. n° 77-757, 7 juill. 1977 ; D. n° 86-517, 14 mars 1986 ; D. n° 88-199, 29 févr. 1988).* **— Lorsque le plan d'aménagement de zone est approuvé par arrêté du préfet du département, cet arrêté peut, le cas échéant, sous réserve des dispositions du décret en Conseil d'État pris en application de l'article L. 11-2 (alinéa 2) du Code de l'expropriation pour cause d'utilité publique, porter déclaration d'utilité publique de certaines opérations, acquisitions ou expropriations prévues au plan.**

Principe. En matière de déclaration d'utilité publique, la restriction figurant au présent article est relative à l'autorité compétente pour prononcer certaines DUP : le préfet, compétent pour approuver le PAZ en vertu du *a*, ne saurait déclarer d'utilité publique certaines opérations pour lesquelles un décret en Conseil d'État est indispensable. 3350

Voir aussi : Annotations sous C. urb., art. R. 311-12, p. 612.

C. urb., art. *R. 311-16 ancien *(D. n° 77-757, 7 juill. 1977).* **— L'acte approuvant le plan d'aménagement de cette zone fait l'objet des mesures de publicité et d'information du public mentionnées à l'article R. 311-6.**

Formalités de publicité. Seule l'approbation du PAZ donne lieu à publicité ; l'approbation de la concession ou de la convention d'aménagement n'est pas publiée dans la presse. De même, la publicité du programme des équipements publics n'est pas imposée ; il est cependant opportun d'en faire mention au recueil des actes administratifs du département. 3351

Sursis à exécution. Sur la possibilité pour le juge administratif de prononcer, aux conditions habituelles, le sursis à exécution de l'arrêté approuvant un PAZ, voir CE, 6 févr. 1981, *Union départementale des Bouches-du-Rhône pour la sauvegarde de la vie et de la nature : Rec. CE*, p. 70 ; *D.* 1982, inf. rap. 522 ; *AJDA* 1981, p. 215. 3352

L'enquête publique étant régie par la loi du 12 juillet 1983, le sursis à exécution peut être prononcé au simple motif que les moyens invoqués sont sérieux, sans qu'il soit besoin d'invoquer un préjudice difficilement réparable, si le commissaire-enquêteur a formulé un avis défavorable.

C. urb., art. *R. 311-16-1 ancien *(D. n° 77-757, 7 juill. 1977 ; D. n° 86-517, 14 mars 1986 ; D. n° 88-199, 29 févr. 1988).* **— Le conseil municipal ou l'organe délibérant de l'établisse-**

ment public de coopération intercommunale compétent peut décider que le projet de plan d'aménagement de zone sera soumis à enquête publique avant la création de la zone. La délibération du conseil municipal ou de l'organe délibérant de l'établissement public de coopération intercommunale est notifiée au préfet du département et à la personne publique qui a pris l'initiative de la création de la zone. Le plan d'aménagement de zone est alors élaboré comme il est dit aux articles R. 311-10-4 et suivants.

3353 **Procédure de création-réalisation.** Le présent article aboutit à admettre la procédure de « création-réalisation », bien que les deux phases de la procédure de ZAC (dossier de création, puis dossier de réalisation) soient en principe distinctes.

La procédure de création-réalisation, prévue au présent article, ne peut donner lieu à l'élaboration du PAZ selon la procédure simplifiée prévue au cinquième alinéa de l'article L. 311-4. Cette dernière, qui écarte l'association obligatoire de l'État et l'association facultative des collectivités locales, suppose un projet qui ne porte pas atteinte à l'économie générale du POS, qui ne concerne pas les espaces boisés et qui ne comporte pas de risques de nuisances.

En cas de procédure de création-réalisation, le PAZ peut être soumis à enquête publique avant que soit émis l'avis des personnes publiques associées, et son approbation peut intervenir avant que le mode de réalisation de la ZAC ait été choisi (TA Versailles, 4 juill. 1995, *Comité de défense du Parc* c/ *Cne d'Houilles : Petites affiches*, 15 juill. 1996, concl. Demouveaux).

Voir aussi : Les conditions de fond de la procédure simplifiée d'élaboration du POS au cinquième alinéa et C. urb., art. L. 311-4, p. 227.

3354 **Illégalité de l'approbation du PAZ.** Est illégale l'approbation du PAZ qui interviendrait avant la décision de créer la ZAC (TA Paris, 2 juin 1994, *Préfet du Val-de-Marne* c/ *Cne de Vincennes : Ét. fonc.*, n° 64-94).

C. urb., art. *R. 311-17 ancien. — L'acte déclarant d'utilité publique les acquisitions de terrains nus ou bâtis situés dans la zone d'aménagement concerté peut prévoir que l'expropriation sera réalisée par l'organisme concessionnaire visé au 2° de l'article R. 311-4.

3355 **Principe du droit d'exproprier.** L'aménageur d'une ZAC privée (c'est-à-dire conventionnée, et non pas concédée, C. urb., art. R. 311-4) ne peut bénéficier du droit d'exproprier.

Le droit d'exproprier pour une ZAC privée n'est pas dépourvu d'ambiguïtés (V. rapport Moreau au Colloque de Caen d'octobre 1990 : *Droit et Ville* 1991, n° 31, p. 105 et interventions de MM. Bon et Périnet-Marquet au Colloque de Caen de novembre 1992 : *Droit et ville* 1993, n° 36, p. 231 et 255).

C. urb., art. *R. 311-18 ancien. — Les immeubles expropriés peuvent être cédés de gré à gré et sans aucune formalité par les collectivités publiques aux établissements publics et aux organismes concessionnaires à condition que le prix de vente soit au moins égal au prix d'achat majoré des frais exposés par la collectivité intéressée.

3356 **Cession à une société d'aménagement.** La décision de cession de terrain à une société d'aménagement peut légalement intervenir alors que le PAZ n'est pas approuvé, que la convention d'aménagement n'est pas signée, et que la société n'est pas inscrite au registre du commerce (CE, 4 mars 1996, *Richez*).

3357 **Vente par une collectivité.** Lorsque la vente est consentie par une collectivité locale, elle est soumise à l'article L. 2241 du Code général des collectivités territoriales, qui impose l'évaluation préalable par le service des Domaines.

Bibliographie : Van Doorne, *Le contrôle des opérations immobilières des collectivités locales : JCP* 1997 N, Prat. p. 370.

3358 **Cession à une personne privée.** Les cessions de terrains expropriés au profit de personnes privées sont soumises obligatoirement au cahier des charges approuvé par décret du 3 février 1995.

Les cessions de terrains à des entreprises privées ne doivent pas violer le droit des aides publiques, qui interdit les rabais supérieurs à 25 % par rapport à la valeur vénale (CE, 27 janv. 1995, *Cne de Châlons-sur-Marne : DA* 1995, 249). Voir aussi circulaire du 24 avril 1995 (intérieur) relative à la prime d'aménagement du territoire et au respect du droit communautaire et du droit intérieur (*Mon. TP* 18 août 1995). Mais une commune peut accorder sa garantie d'emprunt pour une opération d'aménagement destinée au développement d'activités économiques (TA Lille, 3 nov. 1995, *Préfet du Nord* c/ *Cne d'Hoyville : BJDU* 1-96, p. 31, concl. Celerier).
Les cessions de terrains à des entreprises peuvent être refusées pour éviter l'implantation de grandes surfaces, et échappent au principe d'égalité (CE, sect., 10 mars 1995, *Ville de Digne : AJDA* 1995, p. 479).

Voir aussi : Annotations sous C. urb., art. R. 311-19, p. 613.

Prix de vente. Le Conseil d'État admet la vente de terrains pour le franc symbolique pour un motif d'intérêt général, dès lors que le cocontractant fournit des contreparties suffisantes, par exemple en termes de création d'emplois (CE, 3 nov. 1999, *Cne de Fougerolles : Rec. CE*, p. 391 ; *CJEG* 1998, 16, concl. Touvet). 3359
La vente de terrains à des constructeurs à des prix nettement différents par une collectivité n'est pas considérée comme portant atteinte au principe de libre concurrence (CE, 3 nov. 1997, *Sté Top Loisirs-Guy Merlin*).

Contestation du choix de l'acquéreur. Les tiers ne peuvent contester le choix de l'acquéreur du terrain par la collectivité publique, donnant son accord à l'aménageur pour vendre à une personne déterminée, car il s'agit d'une mesure d'exécution de la convention (CE, 19 mars 1997, *Cne de Soisy-sous-Montmorency : Rec. CE*, p. 105). 3360

C. urb., art. *R. 311-19 ancien ***(D. n° 77-757, 7 juill. 1977 ; D. n° 86-517, 14 mars 1986 ; D. n° 88-199, 29 févr. 1988).*** **— Pour tenir lieu de certificat d'urbanisme prévu à l'article L. 111-5, le cahier des charges de cession, de location ou de concession d'usage des terrains à l'intérieur des zones d'aménagement concerté doit :**

a) **indiquer le nombre de mètres carrés de surface hors œuvre nette dont la construction est autorisée sur la parcelle cédée, louée ou concédée et fixer les prescriptions techniques, urbanistiques et architecturales imposées aux constructeurs pendant la durée de la réalisation de la zone ;**

b) **être approuvé, lorsque la création de la zone relève de la compétence du conseil municipal ou de l'organe délibérant de l'établissement public de coopération intercommunale compétent, par le maire ou le président de l'établissement public, et par le préfet du département dans les autres cas.**

Lorsque l'acquisition des terrains inclus dans la zone a été déclarée d'utilité publique, le cahier des charges doit comprendre les clauses type approuvées par décret en Conseil d'État, en application de l'article L. 21-3 du Code de l'expropriation pour cause d'utilité publique. Il détermine alors les conditions dans lesquelles les cessions, locations ou concessions d'usage sont résolues en cas d'inexécution des charges.

Conditions de validité du cahier des charges. Pour valoir certificat d'urbanisme de l'article L. 111-5, le cahier des charges de cession doit, conformément au *g)* ajouté à l'article R. 160-5, préciser les droits à construire affectés à la parcelle et être approuvé par l'autorité compétente dans les conditions prévues aux *a)* et *b)* du présent article. 3361
Pour l'application des dispositions des articles 41 à 43 de l'ordonnance n° 58-997 du 23 octobre 1958, codifiés sous les articles L. 21-1 à L. 21-3 du Code de l'expropriation pour cause d'utilité publique, la circulaire du 1er septembre 1959 a précisé qu'il n'était pas nécessaire de prévoir de décret particulier d'application, et que, par suite, les actes de cession de terrains expropriés pouvaient n'être assortis que des clauses types prévues par le décret n° 55-216 du 3 février 1955.
Les cahiers des charges type approuvés par le décret précité demeurent impératifs, même pour des collectivités locales (Avis CE, 5 janv. 1988 : *Études et Documents*, n° 40, p. 299).

Cahier des charges et PAZ. Les dispositions du cahier des charges de cession ne sauraient primer les dispositions du plan d'aménagement de zone (CE, 31 mars 1989, *Assoc. pour la protection* 3362 *et l'amélioration du cadre de vie du secteur des 16 arpents* c/ *Cne de Verrières-le-Buisson : Rec. CE*, T, p. 1002). La modification du PAZ entraîne la modification du cahier des charges (Cass. 3e civ., 30 juin 1993 : *Bull. civ.* III, n° 106). Le cahier des charges architecturales est dépourvu de portée réglementaire, même si le règlement du PAZ y renvoie (CAA Paris, 26 oct. 1993, *Cne de Châtillon : Gaz. Pal.* 17 févr. 1995).

3363 **Particularités.** La commercialisation des terrains peut commencer avant l'achèvement des travaux (*Guide pratique*, n° 4.5.2.). Certains acquéreurs sont tenus à des procédures spécifiques de fixation du prix : HLM, acquéreurs publics, etc. (*Guide pratique*, n° 4-5-4). Sur la nature juridique et la portée du cahier des charges de cession ainsi que sur les rapports entre la personne publique et l'aménageur privé.

Bibliographie : J. COURRECH, *Les ZAC*, 1997, chapitre L.

C. urb., art. *R. 311-20 ancien *(D. n° 86-517, 14 mars 1986 ; D. n° 93-614, 26 mars 1993)*. — Mention des contributions exigées, des taxes et contributions versées ou obtenues dans le cadre de la réalisation des zones d'aménagement concerté est portée sur le registre prévu à l'article R. 332-41 dans les conditions que déterminent cet article et l'article R. 332-42.

Voir aussi : C. urb., art. L. 332-29, p. 311 et C. urb., art. L. 332-30, p. 311.

C. urb., art. R. 311-21 ancien à R. 311-29 ancien *(Ab., D. n° 86-517, 14 mars 1986)*.

C. urb., art. *R. 311-30 ancien *(Ab., D. n° 89-381, 9 juin 1989)*.

C. urb., art. R. 311-31 ancien *(Ab., D. n° 86-517, 14 mars 1986)*.

C. urb., art. *R. 311-32 ancien *(D. n° 77-757, 7 juill. 1977 ; D. n° 86-517, 14 mars 1986 ; D. n° 88-199, 29 févr. 1988)*. — La suppression d'une zone d'aménagement concerté ou la modification de son acte de création est prononcée dans les formes prescrites pour sa création. La modification ou l'abrogation d'un plan d'aménagement de zone est prononcée dans les formes prescrites pour son approbation.

Toutefois, lorsque la modification du plan d'aménagement de zone est décidé par le préfet du département en application du dernier alinéa de l'article L. 311-4, il est procédé suivant les modalités ci-après définies.

Le préfet met en demeure, par arrêté, la personne publique qui a pris l'initiative de la création de la zone de procéder à la modification du plan d'aménagement de zone. Lorsque la modification a pour objet de permettre la réalisation d'un nouveau projet d'intérêt général, l'arrêté précise les dispositions qui sont nécessaires à la mise en œuvre de ce projet. Copie de l'arrêté de mise en demeure est adressée au maire ou au représentant de l'établissement public de coopération intercommunale compétent.

Si dans un délai de six mois à compter de la notification de l'arrêté prévue à l'alinéa précédent, le plan d'aménagement de zone n'a pas été modifié, le préfet élabore le projet de modification, procède aux consultations et à l'enquête prévues à l'article R. 311-12, et l'approuve dans les conditions définies à l'article L. 311-4.

La décision qui supprime la zone, ou qui notifie son acte de création, fait l'objet des mesures de publicité et d'information édictées par l'article R. 311-6.

3364 **Principe.** Le premier alinéa affirme le principe du parallélisme des formes sous la seule réserve des dispositions pouvant être mises en œuvre, sur le fondement du dernier alinéa ajouté à l'article L. 311-4 par la loi n° 85-729 du 18 juillet 1985, dans les conditions prévues aux alinéas suivants du présent article.

3365 **Publicité.** Les mesures de publicité et d'information sont identiques à celles prévues en matière de création de ZAC.

Voir aussi : C. urb., art. R. 311-6, p. 610.

Modification du PAZ. Le PAZ est soumis à une unique procédure de modification, sans dualisme entre révision et modification : c'est une importante différence avec la procédure du POS. La modification du PAZ ne permet pas de transformer la destination de la ZAC : une ZAC à usage d'industrie ne peut être transformée en ZAC à usage de commerce qu'en renouvelant toute la procédure, depuis la phase de création (CE, 7 nov. 1990, *Cne de Dammarie-les-Lys : DA* 1991, 52). 3366

C. urb., art. *R. 311-33 ancien ***(D. n° 77-757, 7 juill. 1977 ; D. n° 86-517, 14 mars 1986 ; D. n° 88-199, 29 févr. 1988).*** **— La déclaration d'utilité publique d'une opération qui n'est pas compatible avec les prescriptions d'un plan d'aménagement de zone ne peut intervenir que si l'autorité compétente a préalablement modifié ledit plan. Lorsque l'autorité compétente pour modifier le plan est le préfet du département, et si l'acte déclaratif d'utilité publique est pris dans des conditions conformes aux prescriptions concernant la modification des plans d'aménagement de zone, la déclaration d'utilité publique emporte modification du plan.**

Remarque. Comparer avec l'article L. 123-8 en matière de POS. 3367

Autorité compétente autre que le préfet. Lorsque l'autorité compétente pour modifier le PAZ n'est pas le préfet, et qu'elle refuse la modification nécessaire préalablement à la DUP, le préfet doit mettre en œuvre la procédure prévue à l'article L. 311-4 (dernier alinéa), qui nécessite la qualification de PIG, la mise en demeure de l'autorité compétente, et le délai de six mois avant que le préfet puisse lui-même modifier le PAZ. 3368

C. urb., art. *R. 311-34 ancien ***(D. n° 77-757, 7 juill. 1977 ; D. n° 83-813, 9 sept. 1983 ; D. n° 86-517, 14 mars 1986).*** **— L'acte qui supprime la zone ou en réduit le périmètre incorpore au plan d'occupation des sols le plan d'aménagement de zone ainsi que les dispositions des cahiers des charges de cession de terrain comprenant des prescriptions techniques, urbanistiques et architecturales, lorsque ce cahier des charges a été approuvé par l'autorité administrative avant le 30 juin 1977.**

Principe. Le PAZ a une portée transitoire : il s'incorpore au POS compte tenu de la vocation synthétique de ce dernier, dès l'achèvement de la ZAC (C. urb., art. R. 311-37). Le présent article rappelle les prescriptions de l'article L. 123-6 ; pour les zones antérieures à l'existence des ZAC, voir, par analogie, les articles L. 123-11 et L. 123-12, qui exigent en outre une enquête publique. 3369

Suppression de la zone. La suppression de la zone peut résulter de la caducité de l'acte créant la ZAC (C. urb., art. R. 311-8) ou d'une décision d'opportunité, pouvant intervenir à tout moment entre la création et l'achèvement de la zone. 3370
La suppression de la zone fait cesser les effets attachés à sa création : faculté de sursis à statuer, droit de délaissement des propriétaires, absence de droit à rétrocession des terrains acquis par préemption dans une ZAD.

Effet de la suppression. L'organisme aménageur pressenti n'a pas de droits acquis à la réalisation d'une ZAC, après la création de cette dernière. Il ne peut donc obtenir réparation du préjudice que lui cause l'abandon du projet (CE, 28 nov. 1986, *SCI Domaine de la Seigneurie*). Alors que l'acte de création de la ZAC et le PAZ peuvent être abrogés, la convention de ZAC ne peut l'être légalement (CE, 25 sept. 1996, *Sté EURL au service du développement*). 3371

Voir aussi : annotations sous C. urb., art. R. 311-4, p. 609.

Légalité du PAZ. Si le PAZ, attaqué devant le juge administratif, est incorporé au POS, sa légalité est examinée par le juge, qui ne prononce pas un non-lieu du fait de l'incorporation du PAZ au POS (CE, 30 déc. 1996, *Assoc. de défense contre la rocade Ouest*). 3372

Bibliographie : Charles, *L'achèvement de la ZAC : Droit et Ville* 1993, n° 36, p. 273. – Meng, *L'achèvement de la ZAC : Droit et Ville* 1993, n° 36, p. 311.

C. urb., art. *R. 311-35 ancien *(D. n° 77-757, 7 juill. 1977).* — L'achèvement d'une zone d'aménagement concerté doit être constaté lorsque le programme des équipements publics approuvé a été exécuté.

En outre, si l'aménagement de la zone est réalisé dans les conditions fixées au 2° ou au 3° de l'article R. 311-4, la constatation de l'achèvement ne peut intervenir avant la fin de la concession ou de la convention.

3373 **Demandeur.** C'est normalement la personne qui a pris l'initiative de demander la création de la ZAC (C. urb., art. L. 311-1 et R. 311-2) qui demande la constatation de son achèvement.

3374 **Conditions de l'achèvement.** La condition physique d'achèvement est la réalisation des équipements de superstructure, et de voirie primaire ; la voirie secondaire, permettant la desserte des terrains, doit également être réalisée (il n'est pas nécessaire que la voirie tertiaire, à caractère privatif, soit réalisée).

La condition juridique d'achèvement résulte de la venue du terme de la concession ou de la convention ou, à défaut, d'un avenant y mettant fin (*Guide pratique*, n° 5-1).

Bibliographie : Sur l'inachèvement des ZAC, GILLI, *Les opérations d'urbanisme inachevées à l'expiration de la concession : RFDA* 1989, p. 677.

C. urb., art. *R. 311-36 ancien *(D. n° 77-757, 7 juill. 1977 ; D. n° 86-517, 14 mars 1986).* — L'achèvement de la zone est constaté par l'autorité compétente pour créer la zone.

C. urb., art. *R. 311-37 ancien *(D. n° 77-757, 7 juill. 1977).* — L'acte constatant l'achèvement de la zone produit les effets mentionnés à l'article R. 311-34.

3375 **Principes.** Le PAZ s'incorpore au POS ou devient POS partiel ; si une modification du PAZ est prévue, le conseil municipal peut délibérer à la fois sur l'achèvement de la ZAC et sur ses modifications, ces dernières n'étant applicables qu'après enquête publique et approbation.

Les règles d'urbanisme prévues par les cahiers des charges de cession deviennent caduques (C. urb., art. R. 311-34) ; elles s'incorporent au POS dans les mêmes conditions que le PAZ lui-même, si elles ont été approuvées avant le 30 juin 1977 (C. urb., art. R. 311-34).

Le droit de délaissement et le sursis à statuer cessent d'être possibles, et le droit commun retrouve son application en ce qui concerne le PLD et les divisions de propriété (les articles L. 333-8 et R. 315-2 *b* cessent d'être applicables).

Les droits de rétrocession en matière de droit de préemption urbain, de ZAD et de DPU demeurent régis par les textes propres à ces procédures, sans que l'achèvement de la ZAC crée un droit spécifique à cet égard.

C. urb., art. *R. 311-38 ancien *(D. n° 77-757, 7 juill. 1977).* — L'acte constatant l'achèvement de la zone fait l'objet des mesures de publicité et d'information édictées par l'article R. 311-6.

TABLE DES TEXTES CODIFIÉS REPRODUITS

TABLE CHRONOLOGIQUE DES TEXTES NON CODIFIÉS REPRODUITS

INDEX ALPHABÉTIQUE

A

D

E

F

G

H

I

L

M

TABLE DES MATIÈRES

pages

pages

pages

Conception graphique intérieure : Cécile Declerck

Traitement informatique par JOUVE
11, bd de Sébastopol, 75001 Paris
N° 367790B. Dépôt légal : Mai 2005

Achevé d'imprimer sur les presses de Mame Imprimeurs, Tours (n° 05042108)
Dépôt légal : mai 2005 - Flashage numérique CTP
Imprimé en France